D1693590

Hans-Dieter Warda

Das große Buch der Garten- und Landschaftsgehölze

Das große Buch der Garten- und Landschaftsgehölze
Hans-Dieter Warda
2. erweiterte Auflage – Bruns Pflanzen Export GmbH 2001
ISBN 3-9803833-3-4

Reproduktionen: Litho Niemann + M. Steggemann GmbH, Oldenburg
Druck: Prull-Druck GmbH & Co. KG. Oldenburg

© 1998, 2001 Bruns Pflanzen Export GmbH
Johann-Bruns-Allee 1
26160 Bad Zwischenahn

Printed in Germany

Hans-Dieter Warda

Das große Buch der Garten- und Landschaftsgehölze

Herausgegeben von

Vorwort

Das im Februar 1999 in großer Auflage herausgegebene "Große Buch der Garten- und Landschaftsgehölze" war ein durchschlagender Erfolg sowohl bei den Gartenfachleuten als auch bei den privaten Garteninteressierten.

Angeregt durch das "Späth-Buch", ein einmaliges Werk deutscher Baumschulgeschichte, hatten wir den Versuch gewagt, etwas Ähnliches für die heutige Baumschulzeit zu erarbeiten.

Schon nach wenigen Monaten war das Buch vergriffen. Dies veranlaßt uns heute, eine zweite Auflage vorzustellen.

Wir haben das große Glück, mit Herrn Prof. Dipl.-Ing. Hans-Dieter Warda den idealen Autor für dieses große Werk gefunden zu haben. Die Begeisterung für die Pflanze findet sich in allen Pflanzenbeschreibungen und in den vielen ergänzenden Aufnahmen wieder. Herr Prof. Warda überarbeitete noch einmal viele Pflanzenporträts und bereicherte das Werk mit zahlreichen neuen Gehölzfotos. Hinzugekommen ist ein Anhang mit brillanten fotografischen Darstellungen von Knospen und Trieben, die eine Gehölzbestimmung im Winter ermöglichen.

Herrn Prof. Warda möchten wir an dieser Stelle unseren besonderen Dank für diese großartige Arbeit aussprechen.

Ebenfalls möchten wir uns bei Frau Swantje Warda und Frau Susanne Warda herzlich bedanken, die auch dieses Mal wieder alle gesetzten Texte mehrmals gegengelesen und korrigiert haben.

Wir sind besonders stolz darauf, daß wir im Jahr 2001, d.h. 125 Jahre nach unserer Firmengründung, diese neue Auflage vorstellen können.

Die Betrachtung zur Geschichte der Baumschule Bruns wurde mit weiterem Fotomaterial ergänzt. Ebenfalls wurde ein breites Spektrum von Projekten in ganz Europa, die mit Bruns-Pflanzen begrünt wurden, mit aufgenommen.

125 Jahre Bruns-Pflanzen – Dieses ist ein besonderer Grund, allen ehemaligen und heutigen Mitarbeitern der Baumschule Joh. Bruns zu danken. Durch ihre besonderen Leistungen war es möglich, die Baumschule Bruns zu einer der führenden Baumschulen in Europa zu entwickeln.

Wir wünschen Ihnen viel Freude beim Studieren dieses Buches und hoffen, daß es Ihnen eine hilfreiche Grundlage bei Ihren Planungen und zugleich auch ein besonderes Nachschlagewerk sein wird.

Bad Zwischenahn, im Januar 2001

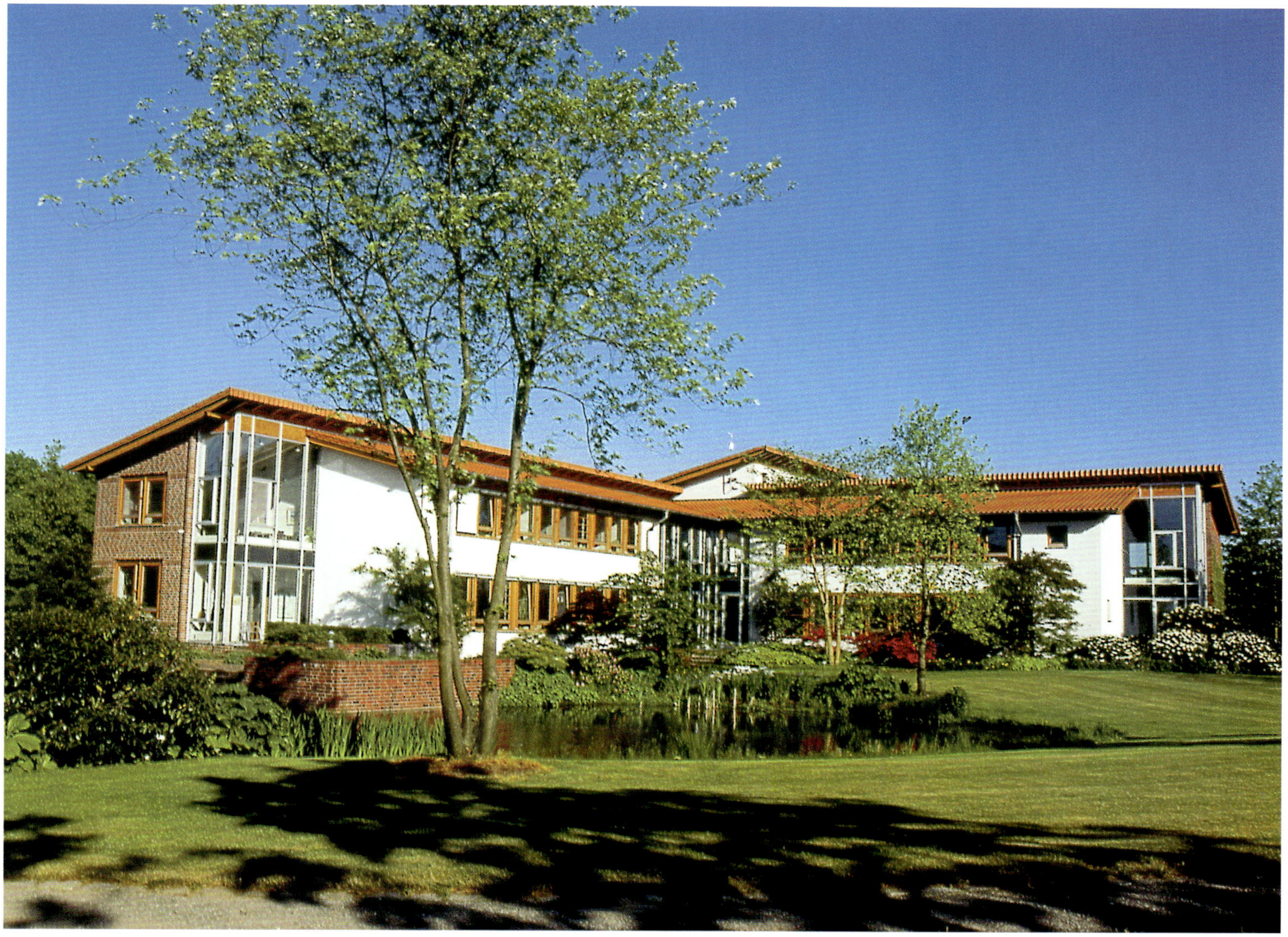

Das neue Bürogebäude vom Schaugarten aus gesehen

Betrachtung zur Geschichte der Baumschule Joh. Bruns

125 Jahre

Voraussetzungen der Baumschulwirtschaft im Ammerland

Mit dem Namen Ammerland verbindet sich heute nicht nur in der gartenbaulichen Fachwelt in Deutschland, Europa und Übersee, sondern auch bei allen Besuchern dieser Region ein Bild von blühenden Rhododendren und Azaleen.

Zugleich ist das Ammerland zum Inbegriff der Rhododendronkultur und der Baumschulen in Deutschland geworden.

Die Geschichte der Oldenburgischen Baumschulwirtschaft reicht nahezu 200 Jahre zurück. In der zweiten Hälfte des 18. Jahrhunderts wurde der Englische Landschaftsgarten in Deutschland durch die gartenkundigen Fürsten der Kleinstaaten etabliert. Herzog Peter Friedrich Ludwig von Oldenburg war als junger Prinz nach einem Aufenthalt in England derart von den Landschaftsgärten begeistert, daß er einen Landsitz in Rastede im Ammerland erwarb. Zusammen mit dem Hofgärtner Carl Ferdinand Bosse und dessen Nachfolger Christian Ludwig Bosse gestaltete er hier ab 1780 einen Garten im englischen Stil.

Der Herzog hatte in England auch die ersten Rhododendronpflanzungen kennen- und schätzen gelernt und ab etwa 1800 ließ er aus England bezogene Rhododendron im Schloßgarten zu Rastede entlang einer Bäke anpflanzen. Die Exemplare zeigten ein sehr gutes Wachstum. Die dafür erforderlichen und hier vorhandenen Bedingungen wurden von dem Hofgärtner erkannt: ein humoser, sandiger Boden, niedrige pH-Werte und vor allem eine hohe Luftfeuchtigkeit. Kennzeichnend sind ein Jahres-Temperatur-Mittelwert von $+8,74\,°C$. mit nur geringen Schwankungen und hohe Niederschläge mit einem Jahres-Mittelwert von 704 mm. In den Monaten Juni, Juli und August – in der Hauptvegetationszeit – fallen die Hauptniederschlagsmengen.

Windschutz ist im Ammerland durch den reichen Waldbestand und die unzähligen Knicks gegeben. Förderlich ist ein lichter Schatten von lockerkronigen Bäumen, ideal gedeihen Rhododendron unter Kiefern.

Die ersten Rhododendren, Sämlinge der Wildarten, sind auf Initiative des Herzogs in das Ammerland gekommen. Die nachfolgenden Großherzöge haben die Sammlung, die die älteste in Deutschland darstellt, ab 1830 stetig mit den nun in England in den Handel gelangenden Rhododendronsorten ergänzt.

1805 erwarb der Hofgärtner C. L. Bosse in Neusüdende bei Rastede eine Heidefläche und gründete hier 1811 die erste Handelsgärtnerei im Ammerland. Er ist damit der Pionier der Oldenburgischen Baumschulwirtschaft. Das Sortiment enthielt neben Ziergehölzen auch großkronige Laubbäume, u.a. Tilia, Acer saccharum und saccharinum, Liriodendron tulipifera und Rhododendron. Sein Schwiegersohn C. J. Walther begann 1844 mit der Rhododendronzucht.

Die nächsten Baumschulgründungen folgten 1845 in Westerstede (Böhlje), 1870 in Edewecht (Heinje) und 1876 in (Bad) Zwischenahn mit der Gärtnerei D. G. Bruns, dem Gründungsbetrieb von Joh. Bruns Deutsche Exportbaumschulen.

Nach 1930 etablierten sich weitere Baumschulbetriebe. Im Zuge der negativen Agrarentwicklung nach 1945 absolvierten viele Söhne vor allem der kleineren Höfe, die keine Marktchancen mehr besaßen, eine Gärtnerlehre und begannen auf der elterlichen Landfläche mit Vermehrungskästen und dem ersten Aufschulen. So ergab sich im Ammerland eine ideale Umstrukturierung von der Landwirtschaft zur florierenden Baumschulwirtschaft. Viele dieser Betriebe sind heute Zulieferer für die größeren Unternehmen. Die Zahl der Baumschulen ist inzwischen auf 500 (einschließlich der Nebenerwerbsbetriebe) angestiegen.

Rhododendron Yakushimanum F.C.C.

Von der Handelsgärtnerei zum europäischen Marktführer

Diedrich Gerhard Bruns (1853-1925) gründete als erster Gärtner in der Familie im Jahre 1876 in Zwischenahn einen Gartenbaubetrieb.

Das Sortiment umfaßte zunächst Topfpflanzen und Sommerblumen. Die Ausführung von Gartenanlagen schuf ein weiteres Arbeitsfeld. Ab 1887 firmierte der Betrieb als Kunst- und Handelsgärtnerei.

Der Oldenburger Obst- und Gartenbauverein besichtigte 1891 die Gärtnerei und vermerkte im Jahresbericht: „Die Rosen-, Koniferen- und sonstigen Kulturen waren in bestem Zustande und erfreuten das Auge des Besuchers."

Der Sohn **Johann Bruns** (1876-1957) absolvierte eine Gärtnerlehre in Bremen-Oberneuland und besuchte zwei Jahre die Lehranstalt für Gartenbau in Köstritz. Im Jahre 1900 übernahm er den Betrieb. Die Besichtigung des niederländischen Baumschulzentrums in Boskoop vermittelte Bruns entscheidende Anregungen. Nachhaltig beeindruckte ihn das Sortiment, die immergrünen Gehölze und die Qualität der Pflanzen. Johann Bruns erweiterte systematisch die Gärtnerei zu einer leistungsfähigen Baumschule mit dem Schwerpunkt Rhododendron, Freilandazaleen und Koniferen.

Dietrich Gerhard Bruns und Frau im Jahre 1900

Zugleich führte er eine strenge Qualitätskontrolle in den Pflanzenbeständen ein. Damit wurde der Grundstein für die erfolgreiche Betriebsentwicklung gelegt. Im Jahre 1912 wurde auf dem inzwischen erworbenen benachbarten Besitz Brokhoff ein neues Wohnhaus, das Büro und weitere Betriebseinrichtungen erbaut. Ein erster Katalog mit Abbildungen erschien 1913.

Johann Bruns

Der Erste Weltkrieg unterbrach jedoch vorerst die positive Entwicklung. Die nachfolgende Geldentwertung verursachte in der deutschen Wirtschaft starke Einbußen.

Johann Bruns hatte drei Söhne, von denen zwei die Baumschule weitergeführt haben.

Erich Bruns (1905-1989), der älteste Sohn, trat bereits 1928 in die Baumschule ein. Nach der Gärtnerlehre und Tätigkeiten in verschiedenen Baumschulen hatte er die Höhere Lehr- und Forschungsanstalt in Dresden-Pillnitz besucht.

1928 wurde der erste Zweigbetrieb in Gristede gegründet. Die Weltwirtschaftskrise im Jahre 1929 bildete für die deutschen Baumschulen eine weitere Zäsur. Nach schwierigen Jahren konnte der Aufwärtstrend aber fortgeführt werden.

Der heutige Seniorchef **Wilhelm Bruns** (* 1912) erhielt seine Ausbildung in deutschen und ausländischen Baumschulen, davon ein Jahr in Boskoop. Es folgte das Studium an der Fachhochschule für Gartenbau in Weihenstephan.

Wilhelm Bruns begann 1937 seine Tätigkeit im väterlichen Unternehmen. Für den Pflanzenverkauf wurde jetzt die Reisetätigkeit aufgebaut. Gartenbaubetriebe, Friedhofsgärtnereien, Stadtgartenämter und auch Gartenarchitekten wurden besucht und über das Pflanzensortiment informiert. In dieser Zeit beschäftigten die Baumschulen Joh. Bruns in der Saison bis zu 100 Arbeiter und Angestellte.

Während des Zweiten Weltkrieges galt es die Pflanzenbestände so gut wie möglich zu pflegen. Im Sommer 1945 mußten jedoch die Kulturen aufgrund eines Alliiertenbefehles geräumt und vernichtet werden. Ab 1. Juli 1946 durften 40 % der Flächen wieder mit Baumschulpflanzen aufgeschult werden.

Erich und Wilhelm Bruns begannen sofort mit 70 Mitarbeitern mit dem Wiederaufbau. Am Tage der Währungsreform 1948 enthielten die Pflanzenquartiere bereits wieder verkaufsfertige Ware in guter Qualität. Zunächst beschränkte sich der Absatzbereich auf das Bundesgebiet, nach 1955 begann das Exportgeschäft, das systematisch ausgebaut wurde und Bruns als Deutsche Exportbaumschulen zu einem Begriff werden ließ.

Im Jahre 1977 nahm **Jan-Dieter Bruns,** der Sohn von Wilhelm Bruns, als vierte Generation im Familienunternehmen seine Tätigkeit auf und ist seit 1990 in der Geschäftsführung. Seine praktische Ausbildung absolvierte er in deutschen, englischen, französischen und amerikanischen Baumschulen und studierte an der Fachhochschule für Gartenbau in Osnabrück.

Seit dem Tode von Erich Bruns im Jahre 1989 ist dessen Tochter Gisela Conrad Mitgesellschafterin. 1994 hat ihr Sohn **Erich Conrad** seine Mitarbeit im Unternehmen begonnen. Nach der praktischen Ausbildung im In- und Ausland erfolgte in Weihenstephan das Gartenbaustudium. Seit 1998 ist er in der Geschäftsführung tätig.

Das Unternehmen Joh. Bruns Baumschulen hat stets Wert auf eine besonders gute Schulung der Auszubildenden gelegt. Etliche von ihnen sind heute mit verantwortungsvollen Führungsaufgaben bei Bruns und anderen Unternehmen betraut oder leiten einen eigenen Betrieb.

Ein Wirkungsfeld, das weit über den betrieblichen Rahmen des Unternehmens hinausstrahlt, stellen die Beiträge auf den großen Ausstellungen und Messen dar, die über die Darstellung der eigenen Leistung hinaus der deutschen Produktion die ihr zukommende Anerkennung verschaffen.

Erich Bruns und Wilhelm Bruns haben sich in besonderer Weise für den Bund deutscher Baumschulen und den Landesverband Weser-Ems eingesetzt. Erich Bruns führte von 1948 bis 1958 den Vorsitz des Landesverbandes, sein Interesse galt auch der Ausbildungsförderung in der Baumschulwirtschaft. 1975 wurde ihm für dieses Engagement das Bundesverdienstkreuz verliehen.

Wilhelm Bruns war von 1968 bis 1977 der Vorsitzende des BdB. Als Vorsitzender des Ausschusses 'Immergrüne und Koniferen' erwarb er sich dar-

über hinaus große Verdienste um die deutsche Baumschulwirtschaft. An seinem 80. Geburtstag im Oktober 1992 wurde dem erfolgreichen Züchter und Unternehmer die höchste Auszeichnung des deutschen Gartenbaues, die Georg Arends-Gedächtnis-Münze, durch den Präsidenten des Zentralverbandes Gartenbau überreicht.

Aufgrund der engagierten Leistung der ehemaligen und heutigen Betriebsinhaber und Mitarbeiter hat sich die Baumschule Joh. Bruns zu einem herausragenden Unternehmen in der deutschen und europäischen Baumschulwirtschaft entwickelt.

Wilhelm Bruns und Erich Bruns

Baumschularbeiten in den 50er und 60er Jahren

LKW-Transport im Jahre 1950

Rhododendron-Versand 1950

Bahnwaggon-Versand 1955

Kulturarbeiten im Jahre 1958

Transport innerhalb der Baumschule

Versand von Allee- und Parkbäumen in den 60er Jahren: Geländetransport mit dem Bagger, …

… mit Treckern und Lastwagen, …

… Lastwagenbeladung mit Gabelstaplern, …

… Bahnbeladung mit Spezialfahrzeugen, …

… Bahncontainerbefüllung mit Gabelstaplern, …

… und immer wird auch schweres Gerät behutsam eingesetzt.

Baumschularbeiten
in der heutigen Zeit

Verladung mit dem ferngesteuerten Anbaukran

Innerbetrieblicher Transport von Versandware

Umpflanzen mit einem Ballenstecher

Einsatz einer 2500 Ballenstechmaschine zum Versand

Kulturpflege mit dem Hochradschlepper

Sommerschnitt an Säuleneichen

Die Gehölzkulturen

Für den Pflanzenliebhaber und Gehölzliebhaber, den Garten- und Landschaftsarchitekten ist es ein faszinierendes Erlebnis, die Kulturflächen der Baumschule Joh. Bruns zu besichtigen.

Der Hauptbetrieb in Bad Zwischenahn und die Zweigbetriebe liegen eingebettet in der herrlichen Ammerländer Parklandschaft im Umkreis des Zwischenahner Meeres.

Die einzelnen Zweigbetriebe werden durch jeweils eigenständige Kulturen charakterisiert. Das außerordentlich vielseitige Sortiment wirkt beeindruckend. Dem Kunden wird bei der Besichtigung der Freiland- und der Containerflächen bewußt, daß bei Bruns 'Alle Pflanzen aus einer Hand' vorrätig sind.

Die Baumschulquartiere werden nach einer neuen ästhetisch und ökologisch wirkungsvollen Konzeption gepflegt. Zwischen den Pflanzreihen gedeiht Grüneinsaat von Raps bis Rotschwengel. Der Boden und die Natur werden als wertvoller Partner behandelt. Auch dieses innovative Pflegekonzept kennzeichnet Bruns als richtungsweisend für die Baumschulwirtschaft. Auf großzügig gestalteten Flächen sind die Solitärgehölze angeordnet, von vierjährigen Pflanzen bis hin zu den 40 Jahre alten Allee- und Parkbäumen:

75 % laubabwerfende Gehölze
20 % Nadelgehölze
  5 % Rhododendron und immergrüne Laubgehölze

Die Gehölze werden regelmäßig verschult, d.h. umgepflanzt, („sie gehen in die Schule"): die Allee- und Parkbäume alle drei bis vier Jahre. Damit wird ein sicheres Weiterwachsen am späteren Standort gewährleistet.

Bereits 1960 erkannten Erich und Wilhelm Bruns den sich abzeichnenden Bedarf für Großgehölze und begannen mit dem Aufbau dieser Kulturen. Lieferbar sind heute Allee- und Parkbäume mit einem Stammumfang bis zu 1,20 m und stärker, einer Gesamthöhe von 12–14 m und einer Kronenbreite von 6–8 m. Der limitierende Faktor ist der Transport.

Deutschland und die europäischen Länder bilden das Absatzgebiet der Pflanzen und Gehölze. Der Exportanteil beträgt 20% des Gesamtumsatzes und trägt damit maßgeblich zum Erfolg der Baumschule Joh. Bruns bei. Zum Kundenkreis zählen Garten- und Landschaftsbaubetriebe, Gartencenter, Gartenarchitekten, städtische und staatliche Verwaltungen, Gartenbauabteilungen der Großindustrie sowie Privatkunden mit besonderen Ansprüchen.

Die Bestandsführung, Angebots- und Auftragsabwicklung wird über eine moderne EDV-Anlage organisiert. Insgesamt sind über 40000 Positionen EDV-mäßig erfaßt, dies entspricht ca. 4000 Pflanzenarten und -sorten in durchschnittlich zehn Größen. Die Verladung und der Versand der Pflanzen erfolgt zentral im Hauptbetrieb an der Joh.-Bruns-Allee in Bad Zwischenahn. 1997 ist im Zusammenhang mit dem Neubau der Verwaltung ein neues und großzügig konzipiertes Logistikzentrum errichtet worden. Bis Ende der 1980er Jahre erfolgte ein Hauptanteil des Versandes per Eisenbahnwaggon über den eigenen Gleisanschluß an die Deutsche Bundesbahn, inzwischen ist dieses System von dem flexibleren LKW-Transport mit der direkten Baustellen-Anlieferung abgelöst worden.

BRUNS PFLANZEN verfügen über einen umfangreichen und hochtechnisierten Maschinenpark. Ballenstechmaschinen in allen Größen bis zu 1,80m Ballendurchmesser ermöglichen das Herausnehmen und Umpflanzen der Gehölze. Zur Bewältigung des Versandes ist ein umfangreicher Fahrzeugpark vorhanden. In den Saison-Spitzenzeiten werden mehr als 30 LKW am Tag beladen. Die Gesamtleistung beträgt über 2500 LKW-Transporte im Jahr.

Die Betriebsgröße umfaßt insgesamt 500 Hektar.

Quercus robur Solitärbäume

Die Container-Kulturen

Wilhelm Bruns und Jan-Dieter Bruns erkannten bereits 1975 die Bedeutung der damals in den USA sich am Markt durchsetzenden Container-Kulturen. Das Gespür für Innovationen und Marktentwicklungen ließ hier auch für Deutschland und Europa eine bedeutende Chance für zukünftige Absatzmärkte erwarten.

Containerpflanzen (in einem Behälter gezogen) stehen ganzjährig für den Verkauf bereit. In den 80er und 90er Jahren vollzog sich in der Belieferung der Gartencenter und Fachmärkte ein Wandel von der Ballenware zur ganzjährig verwendbaren Containerware. Dank dieser Kulturform kann die Pflanze während ihres attraktivsten Erscheinungsbildes – zum Beispiel in Blüte bzw. mit Fruchtbehang – verkauft werden. Auch der Garten- und Landschaftsbau nutzt zunehmend die Möglichkeit der Sommerpflanzung mit vorkultivierter Containerware.

Inzwischen umfaßt die Gesamtfläche des 1975 gegründeten Containerbetriebes 30 ha. Der Betrieb ist unterteilt in die beiden Abteilungen Container I mit einem breit gefächerten Gartencentersortiment und Container II mit Alleebäumen und Solitärgehölzen für den Garten- und Landschaftsbau.

Alle Flächen werden mit Kreisregner bzw. mit Gießwagen beregnet, die Allee- und Parkbäume mit einer Tröpfchenbewässerung versorgt. Das Beregnungswasser wird aufgefangen und in die Beregnungsteiche zurückgeführt.

Taufe der Rhododendron-Hybride 'Christiane Herzog' am 5. Juli 1997 anläßlich der Einweihung des neuen Logistikzentrums in Bad Zwischenahn

Die Rhododendron-Kulturen und Züchtungen

Das Ammerland ist seit Anbeginn der Rhododendronkultur in Deutschland das Zentrum der Vermehrung und Züchtung. 90 % der in Deutschland produzierten Rhododendron stammen aus dem oldenburgisch-ostfriesischen Anbaugebiet.

Die Rhododendren und Azaleen bilden nach wie vor eine Spezialkultur der Joh. Bruns Deutsche Exportbaumschulen. Nach Eintritt von Wilhelm Bruns 1937 in den Betrieb wurden Rhododendronsorten aus England für Kreuzungsvorhaben erworben. Die Züchtungsarbeit begann auf seine Initiative und steht noch heute unter seiner persönlichen Aufsicht.

Einige Rhododendron-Sorten wurden von Joh. Bruns-Baumschulen von Exbury Gardens in England und von Waterer Sons & Crisp, Bagshot, erworben, selektiert, benannt und später in den Handel gebracht. Auch Züchtungen von Victor v. Martin sind von Bruns benannt worden, dazu gehört u.a. die Williamsianum-Hybride 'Rothenburg'.

Großblumige Hybriden, darunter die Wildarten Rh. discolor, Rh. insigne und Rh. wardii, bilden die Grundlage der Kreuzungen. Im Vordergrund der Zuchtkriterien stehen die Winterhärte, ein geschlossener Habitus, die Blütenfarbe und Kalktoleranz.

Desgleichen sind zahlreiche Yakushimanum-Hybriden entstanden, die aufgrund ihres kompakten Habitus und ihres Blütenreichtums viele Verwendungsmöglichkeiten bieten. Die Erfolge der Züchtungsarbeit von Wilhelm Bruns haben über die persönliche Anerkennung und die des Unternehmen hinaus den Rang des Oldenburgischen Baumschulgebietes gestärkt.

Rhododendron-Züchtungen der Baumschulen Joh. Bruns – Züchter: Wilhelm Bruns

Großblumige Hybriden in einer Auswahl:

'Ariane' – Goldmedaille Bundesgartenschau Frankfurt 1989

'Berliner Liebe' – Goldmedaille Bundesgartenschau Berlin 1985
Taufe durch den Bundespräsidenten Richard von Weizsäcker

'Christiane Herzog' – am 5.7.1997 getauft durch Frau Christiane Herzog

'Diamant' – Goldmedaille Bundesgartenschau Kassel 1981

'Diana' – Goldmedaille Bundesgartenschau Kassel 1981

'Gloria' – Goldmedaille Bundesgartenschau Kassel 1981

Pflanzung der Rhododendron-Hybride 'Christiane Herzog' im Park des Schlosses Bellevue, Berlin.

Foto: Helmut R. Schulze

Bundespräsident Richard von Weizsäcker im Park der Villa Hammerschmidt. Im Vordergrund die von ihm anläßlich der Eröffnung der Buga 85 in Berlin getaufte Rhododendron-Hybride „Berliner Liebe"

Foto: Schmidt

Taufe der Rhododendron-Hybride 'Marianne von Weizsäcker' im Rhododendronpark Gristede am 22. Mai 1990

Taufe der Rhododendron-Hybride 'Gräfin Sonja' im Rhododendronpark Gristede am 19. Mai 1994

'Gräfin Sonja' – am 5.5.1994 getauft durch Gräfin Sonja Bernadotte, Präsidentin der Deutschen Gartenbau-Gesellschaft, Goldmedaille Bundesgartenschau Cottbus 1995

'Johann Bruns' – am 23.5.1986 in Bremen anläßlich des 50jährigen Bestehens der Dt. Rhododendron-Gesellschaft getauft.

'Marianne von Weizsäcker' – am 22.5.1990 getauft durch Frau Marianne von Weizsäcker. Goldmedaille Bundesgartenschau Dortmund 1991

'Mona Lisa' – Goldmedaille Bundesgartenschau Berlin 1985

'Nofretete' – Goldmedaille Bundesgartenschau Kassel 1981

'Rosa Perle' – Goldmedaille Bundesgartenschau Kassel 1981

'Schneewittchen' – Goldmedaille Bundesgartenschau Frankfurt 1989

'Seestadt Bremerhaven' – Goldmedaille Bundesgartenschau Frankfurt 1989

'Silvia' – Goldmedaille Bundesgartenschau Kassel 1981

'Sirius' – Goldmedaille Bundesgartenschau Cottbus 1995

'Solist'

'Stadt Delmenhorst'

Yakushimanum-Hybriden

Diese kleinwüchsigen Sorten, die Wildart stammt aus Japan, sind Züchtungen von Wilhelm Bruns. Sie bilden ideale Pflanzen bei der Planung kleinerer Gärten, für Grabbepflanzungen und für mobiles Grün.

'Bad Sasssendorf' – Goldmedaille Bundesgartenschau Frankfurt 1989

'Bad Zwischenahn' – Goldmedaille Bundesgartenschau Kassel 1981

'Colibri' – Goldmedaille Bundesgartenschau Frankfurt 1989

'Emden'

'Frühlingsanfang' – Goldmedaille Bundesgartenschau Berlin 1985

'Frühlingserwachen' – Goldmedaille Bundesgartenschau Berlin 1985

'Frühlingsgold' – Goldmedaille IGA Stuttgart 1993

'Inca'

'Leuchtfeuer'

'Liane'

'Loreley' – Goldmedaille Bundesgartenschau Berlin 1985

'Rosa Wolke' – Goldmedaille Bundesgartenschau Kassel 1981

'Wilhelmine von Bayreuth'

Der Rhododendronpark Gristede

Farbenpracht in naturnaher Parkland-schaft: Der Rhododendronpark Gristede bietet dem Besucher nicht nur Raum für einen ausgedehnten Spaziergang, sondern birgt auch eine einzigartige Sammlung von über achthundert Sorten Rhododendren und Freilandazaleen.

Im Gristeder Wald an der Landstraße von Bad Zwischenahn nach Wiefelstede liegt der Rhododendronpark Gristede der Joh. Bruns Baumschulen.

Die Anlage des Rhododendronparks im Schutz hoher Kiefern erfolgte systematisch ab 1950 unter der Initiative von Erich Bruns. Sein besonderes Interesse galt der Parkgestaltung. Rhododendron aus dem Himalaja und aus Japan, das er aus eigener Anschau kannte, schenkte er seine ganz persönliche Aufmerksamkeit.

Über 800 verschiedene Rhododendronsorten und Freilandazaleen bilden den Kern der Sammlung.

Neben dem älteren Parkbereich sind seit 1985 weitläufige Partien mit einer herrlichen Teichanlage ergänzt worden. Chinesische Mammutbäume spenden hier Schatten. Japanische Ahorn- und Cornus-, Hamamelis-, Magnolienarten und -sorten und weitere Solitärgehölze bilden zusätzlich interessante Blickpunkte inmitten der faszinierenden Rhododendronsammlung.

Während der Blütezeit sind die Rhododendron mit Namensschildern gekennzeichnet. Der zehn Hektar umfassende Park dient zugleich als Schaugarten der eigenen Züchtungen, bisher sind hier insgesamt 80 Sorten entstanden.

Auf der Bundesgartenschau Berlin 1985 taufte der damalige Bundespräsident Richard von Weizsäcker eine Rhododendron-Neuheit auf den Namen 'Berliner Liebe'. Hohe Ehren waren mehrere Rhododendrontaufen im Rhododendronpark Gristede. Ausgewählte Züchtungen von Wilhelm Bruns tauften:

Marianne von Weizsäcker, die Gemahlin des damaligen Bundespräsidenten, im Mai 1990 auf ihren Namen;

Gräfin Sonja Bernadotte, die Präsidentin der Deutschen Gartenbau-Gesellschaft, im Mai 1994 auf den Namen 'Gräfin Sonja';

Christiane Herzog, die Gemahlin des Bundespräsidenten, im Juli 1997 auf ihren Namen.

Von Ende April bis Anfang Juni verwandelt sich der Park in eine herrliche Blütenpracht. Der Rhododendronpark Gristede ist der Öffentlichkeit eintrittsfrei zugänglich.

Dr. Eberhard Pühl

Objekt-Beispiele

In Deutschand und Europa sind BRUNS-PFLANZEN Kennzeichen der innovativen Garten- und Parkgestaltungen:

Aachen Quellenhof

Berlin Neugestaltung des Pariser Platzes
Schloß Bellevue
Sony Center
Lustgarten
Kranzler Eck
Platz der Republik
Spreeeichen am Reichstag

Bonn Neuer Plenarsaal
Haus der Geschichte
Hardthöhe

Bundesgartenschauen/IGA
IGA München
Bundesgartenschau Berlin
Bundesgartenschau Düsseldorf
Bundesgartenschau Frankfurt
Bundesgartenschau Dortmund
IGA Stuttgart
Bundesgartenschau Cottbus
Bundesgartenschau Gelsenkirchen
Bundesgartenschau Magdeburg
Bundesgartenschau Potsdam
IGA Rostock

Deggendorf Fachhochschule

Dresden Berufsförderungswerk

Düsseldorf Victoria Versicherung
Seestern

Erfurt Deutsches Gartenbaumuseum

Essen Ruhrverband

Frankfurt Deutsche Bundesbank
Innenbegrünung Commerzbank
Innenbegrünung DG Bank
Behördenzentrum
Frankfurter Flughafen

Frankreich Chateau de Villandry, Blois
Paris, Rueil 2000
Disneyland, Paris
Grand Stade, Paris
Platanen für die Champs Elysee,
Parc Diderot
Parc de Bercy, Paris
Place de la Paix, Lyon
Parc André Citroën

Großbritannien London, Harrisons Wharf
Legoland Windsor
Glaxo, Stevenage
Oracle, Reading
Trafford-Parc
Chelsea Flower Show

Hamburg Hansa Carrée
Japanischer Garten in
'Planten un Blomen'

Hannover Expo 2000
Allee der vereinigten Bäume
Neuanlage der Parkplätze
Gärten im Wandel
Expo Park Süd
DVG

Kiel Norwegenkai
Architektendamm
AOK, Kiel

Hannover, DVG

Hannover, DVG

XXII

Wolfsburg, Autostadt, Foto I. & J. Fritzsche-WOB

Berlin, Mauerpark

Großbritannien, Stevenage, Glaxo

Sony Center, Berlin

Bonn, Haus der Geschichte

Lyon, Place de Bercy

Köln, Beethovenpark

Paris, Parc Diderot

Hannover EXPO 2000, Allee der vereinigten Bäume

Hannover Expo 2000, Gärten im Wandel und Expo Plaza

Hannover, EXPO 2000, Holländischer Pavillon

Moskau, Einweihung des mit Bruns-Pflanzen neu gestalteten „Grabmals des unbekannten Soldaten" am 29. August 1998 durch den Moskauer Bürgermeister Jurij Luzkov und dem deutschen Botschafter in Moskau Dr. Ernst-Jörg von Studnitz

Köln, Neven Dumont

Kassel, Sozialversicherung für den Gartenbau

Frankfurt a. M., DG Bank

Berlin, Schloß Bellevue

Prag, Deutsche Botschaft

Berlin, Schloß Bellevue

München, Airport Hotel Kempinski

Paris, Cimetière de Neuilly

The Masterpiece Collection by Johann Bruns®

Paris Parc du Bataillon Francaisde l'O.N.U. en Corrée

Paris, Parc André Citroën

Schwerin: Marktplatz

Foto: Mrotzkowski

Berlin: Pflanzung der ersten Spree-Eichen am Deutschen Bundestag am 27. März 2000 durch den Präsidenten des Bundestages Herrn Wolfgang Thierse, den Leiter des Bundeskanzleramtes Herrn Frank Walter Steinmeier und den Senator für Stadtentwicklung, Herrn Peter Strieder

London, St. Katharine's Dock by the Tower Estate

Schwerin: Strandpromenade Zippendorf

Berlin, Pariser Platz mit dem Brandenburger Tor

Leipzig, Neue Messe

Paris, Grand Stade

Lieferung für den Deutschen Pavillon auf der Gartenbauausstellung EXPO 99 in Kunming, China

Manchester, Trafford Park

Mannheim, Am Wasserturm

Gut Schierensee

Luxemburg, Palais du Luxembourg

Bamberg, Privatgarten Dippold

Hannover, Hausgarten Gerns

Braunschweig, Hausgarten Richi

Vorwort zur 2., erweiterten Auflage

Für die Baumschule Bruns und natürlich auch für mich war es eine freudige Überraschung, das große Interesse an diesem Buch zu erleben. Innerhalb weniger Monate war die hohe 1. Auflage bereits vergriffen.

Dieser Erfolg bestärkte uns darin, unsere Konzeption, mit dem "**Großen Buch der Garten- und Landschaftsgehölze**" ein etwas anderes Gehölzwerk zu präsentieren, weiterzuverfolgen. Wir haben uns daher entschlossen, eine 2., erweiterte Auflage vorzulegen. Dabei konnten Korrekturen und kurze Ergänzungen vorgenommen sowie zahlreiche neue Fotos eingearbeitet werden. Völlig neu ist ein etwa 60 Seiten umfassender Anhang mit dem Titel "**Gehölze im Winter – Knospen, Rinde und Früchte – Faszination von Formen und Farben**". Fachleute und Pflanzenliebhaber sollten in der Lage sein, die wichtigsten Bäume und Sträucher nach ihren Wintermerkmalen zu erkennen. Denn zur Pflanzzeit, in der der Umgang mit ihnen am intensivsten ist, befinden sich die meisten Gehölze im laublosen Zustand. Es ist für die Identifizierung der einzelnen Gattungen, Arten und Sorten informativer, wenn die Abbildungen der Wintertriebe und weiterer Detailmerkmale unmittelbar nebeneinander verglichen werden können. Deshalb wurden sie nicht mit in den allgemeinen, beschreibenden Teil eingearbeitet, sondern in dem neuen Anhang zusammengefaßt und auf neutralem Hintergrund abgebildet.

Ich hoffe, daß die über 400 Detailaufnahmen und mikroskopischen Darstellungen nicht nur eine sichere Bestimmungshilfe sind, sondern auch die faszinierende Vielfalt der Formen und Farben erkennen lassen und uns an die Schönheit der Gehölze im Winter heranführen.

Ganz besonders bedanken möchte ich mich bei der Firma Joh. Bruns, die mir jeden Wunsch bei der Verwirklichung des sehr kostenintensiven Anhangs erfüllt hat. Auch wurde die qualitative Gesamtausstattung des Buches nochmals gesteigert. Ferner verdient die kulturelle Leistung der Firma Bruns, die mit der Herausgabe dieses Buches verbunden ist, Anerkennung.

Außerdem gilt mein Dank all' denen, die mich mit Fotos und fachlicher Beratung unterstützt haben. Hier möchte ich vor allem Herrn Dipl.-Ing. D. Münstermann, Herrn Prof. Dr. K. Arndt, Frau S. Westermann und Herrn M. Schröder, alle Fachhochschule Osnabrück, nennen, die bei der Erstellung des Anhangs mitgewirkt haben.

Auch den Firmen Prull-Druck und Litho-Niemann & M. Steggemann möchte ich herzlich danken. Sie haben sich wieder intensiv mit dem schwierigen Fachgebiet der Dendrologie auseinandergesetzt und auch mit der 2. Auflage ein sehr gutes Arbeitsergebnis vorgelegt.

Ohne die außerordentliche Unterstützung meiner Frau Swantje hätte ich das Arbeitspensum niemals schaffen können. Ihr bin ich zu allergrößtem Dank verpflichtet.

Abschließend möchte ich sagen, daß mir die Arbeit an der 2. Auflage wieder unendlich viel Freude bereitet hat. Ich hoffe, daß die neue Fassung noch speziellere Gehölzinformationen vermittelt und darüber hinaus auch dazu beiträgt, Mensch und Baum einander näherzubringen.

Hans-Dieter Warda

Hans-Dieter Warda
Fachhochschule Osnabrück
und Arboretum Ellerhoop-Thiensen
im Januar 2001

Hans-Dieter Warda, Jahrgang 1941, studierte nach einer Baumschullehre und verschiedenen Praxisjahren Landespflege in Berlin.

Als Dipl.-Ingenieur war er zunächst im Gartenamt des Bezirksamtes Hamburg-Mitte tätig und wechselte dann, seiner Liebe zu den Pflanzen entsprechend, zum Botanischen Garten der Universität Hamburg, wo er maßgeblich am Aufbau des Neuen Botanischen Gartens in Flottbeck beteiligt war. Hier konnte er in 20jähriger Tätigkeit – davon mehr als 10 Jahre als Gärtnerischer Leiter – seine Botanik- und Pflanzenkenntnisse vertiefen und spezielle Gehölzstudien, u. a. durch umfangreiche Reisen zu den Naturstandorten der Gehölze, betreiben.

1992 wurde Hans-Dieter Warda als Professor an die Fachhochschule Osnabrück berufen. Hier lehrt er im Fachbereich Landschaftsarchitektur die Fächer Dendrologie und Bepflanzungsplanung. Außerdem betreut er dort ein umfangreiches, von der Fachhochschule finanziertes Gehölzforschungsprojekt.

Seit 1985 ist er auf ehrenamtlicher Basis als Wissenschaftlicher und Künstlerischer Leiter des bekannten Arboretums Ellerhoop-Thiensen, Kreis Pinneberg, tätig, dessen umfangreiche Thematik und Bepflanzungsplanung er auch erarbeitete.

Zahlreiche Veröffentlichungen und Vorträge im In- und Ausland zum Thema Gehölze sowie seine regelmäßigen, begeisternden Rundfunk- und Fernsehsendungen machten Hans-Dieter Warda bei einem breiten Publikum bekannt.

„Weißt Du nicht, daß die Wälder das Leben eines Landes sind?"

3000 Jahre alte babylonische Inschrift

Schon vor 3000 Jahren hat ein Weiser die große Bedeutung der Bäume oder des Grüns im weitesten Sinne erkannt. Was damals galt, ist auch heute höchst aktuell. Denn wir haben im Glauben an die Unzerstörbarkeit der Natur nicht nur die fossilen Energieressourcen genutzt, sondern auch gedankenlos in die Ökologie und den Bestand der lebenden Wälder eingegriffen. Durch den Menschen sind die Bäume und Wälder, die ihn viele Jahrtausende beschützt und ernährt haben, in Bedrängnis geraten und ernsthaft gefährdet.

Der anhaltende Verbrauch von Landschaft, ganz besonders in den Ballungszentren, wo der Mensch sie am dringendsten benötigt, läßt den Schutz des vorhandenen Grüns und die Schaffung neuer grüner Freiräume als gesellschaftspolitische Aufgabe von allerhöchster Priorität erscheinen.

Bei der Konzeption neuer grüner Inseln sollten wir uns aber davor hüten, Baum und Strauch nur als architektonisches Gestaltungselement und Nutzobjekt anzusehen. Sie sind viel mehr!

Nicht umsonst spielen große alte Bäume in Religionen, Sagen und Bräuchen fast aller Völker eine bedeutende Rolle.

Manchmal habe ich den Eindruck, daß das innige Zusammenleben von Mensch und Baum früherer Zeiten heute kaum noch spürbar ist. Um die uralte Baumverehrung ist es still geworden.

Sicherlich haben sich die Zeiten gewandelt, aber dennoch würde es uns Menschen gut tun, die Bäume wieder als unsere unentbehrlichen Mitbewohner und Gefährten auf dieser Erde zu betrachten.

Wenn wir sie als Freunde behandeln, wird uns vielleicht wieder klar, daß nur ein im Einklang befindliches Zusammenleben von Pflanze, Tier und Mensch der einzig sinnvolle Weg für die Zukunft ist. Gerade die umweltökologischen Aspekte sind beim Umgang mit Bäumen von großer Bedeutung und sollten vom Bepflanzungsplaner ernsthaft berücksichtigt werden.

Um unsere Bäume zu verstehen, müssen wir mehr Zeit für sie haben und jede Gelegenheit wahrnehmen, sie besser kennenzulernen. Je mehr wir unser Wissen über Bäume und Sträucher erweitern und festigen, um so deutlicher wird uns die Faszination ihrer Erscheinung und ihre kraftvolle Schönheit bewußt.

Mit ihren markanten Wuchsformen prägen sie ganz entscheidend das Bild unserer Landschaft, Städte, Parkanlagen und Gärten.

Um Interesse und Zuneigung für Bäume und Sträucher zu wecken, darf man sie meiner Meinung nach nicht nur nüchtern wissenschaftlich beschreiben, sondern sollte sich darüber hinaus auch bemühen, ihre Individualität, ihren ganz persönlichen Charakter und ihre Schönheit herauszustellen.

Diesem Anspruch habe ich versucht, in dem vorliegenden Buch gerecht zu werden. Wenn ich dabei gelegentlich ins Schwärmen geraten bin, so möge man mir ganz persönliche Anmerkungen und „Liebeserklärungen" verzeihen.

In diesem Zusammenhang liegt mir sehr am Herzen anzumerken, daß die Pflanzenkunde sicher die wichtigste Grundlage unserer landschaftsgärtnerischen Arbeiten ist. Wenn wir dieses Wissen vernachlässigen, verlieren wir Gärtner den Boden unter den Füßen.

Die ausführliche Beschreibung der jeweiligen Pflanze, ihres heimatlichen Standortes, der Vergesellschaftung, der Ansprüche und ihrer speziellen Eigenschaften sowie der ökologischen Funktion ist eine wichtige Grundlage für eine standortgerechte und den Umweltbedingungen angepaßte Verwendung.

Bei der Erarbeitung der Texte habe ich außerdem besonderen Wert auf den Verwendungsteil gelegt. Zu fast allen Pflanzen gebe ich oftmals mehrere konkrete Gestaltungs- bzw. Bepflanzungsbeispiele und Hinweise zur Ökologie an. Untermauert werden diese Hinweise durch zahlreiche, großformatige Abbildungen.

Da zu einer ökologisch und ästhetisch ausgewogenen Pflanzung auch die krautartigen Gewächse gehören, habe ich Stauden, Gräser, Farne, Zwiebelpflanzen und Sommerblumen in Arten und Sorten mitangeführt.

Seit vielen Jahren setze ich mich mit der ökologischen Funktion heimischer und nichteinheimischer Pflanzen auseinander. Deshalb erscheinen auch zu diesem Komplex viele großformatige Fotodokumentationen. Hierzu vertrete ich die klare Meinung, daß nichteinheimische Gehölze nicht in der freien Landschaft verwendet werden sollten. Sie aber mit dem Argument ökologischer Wertlosigkeit

aus den Gärten und Parkanlagen zu verbannen, ist fachlich nicht gerechtfertigt (s. hierzu meine Veröffentlichung Lit. Verz.).

Bei der Fülle der angebotenen Gehölz-Arten und -Sorten sowie pausenlos erscheinender Neuzüchtungen ist es für den Pflanzenverwender kaum mehr möglich, den Überblick zu behalten. Ich habe versucht, die meiner Meinung nach besten, schönsten und wichtigsten Sorten auszuwählen, wobei ich auch alte, in Vergessenheit geratene Gehölzkostbarkeiten berücksichtigt habe. Eine vollständige Dokumentation ist heute nicht mehr möglich.

Abschließend möchte ich mich sehr herzlich bei der Firma Bruns bedanken, die in großzügigster Weise die Ausstattung dieses Buches ermöglicht hat und meinen vielen Sonderwünschen geduldig entgegengekommen ist. Hervorheben möchte ich auch die ausgesprochen freundliche und entspannte Atmosphäre, die ich im Hause Bruns immer empfunden habe.

Das Schönste in meinem beruflichen Leben war immer das Pflanzen von Bäumen. Vorher aber geht man in die Baumschule, um die Pflanzen zu sichten und auszubinden. Durch die Baumschule Bruns zu streifen und bei jedem Besuch neue Entdeckungen von interessanten und auch seltenen Gehölzen machen zu können, war und ist für mich stets ein besonderes Erlebnis und eine große Freude.

Bedanken möchte ich mich auch bei Frau Matina Buttjes, der Druckerei Prull und dem Litho-Betrieb Niemann für das mir entgegengebrachte Verständnis und das sehr gute Arbeitsergebnis.

Ein ganz besonderer Dank gilt meiner Frau Swantje und meiner Tochter Susanne, ohne deren Unterstützung und vielfaches Korrekturlesen dieses Buch nicht zustandegekommen wäre.

Ich kann mir nur wünschen, daß es mir mit diesem Buch gelingt, Freude und Begeisterung für Bäume und Sträucher zu wecken, konkrete Informationen zu vermitteln und viele neue Gehölzliebhaber zu gewinnen.

Hans-Dieter Warda

Hans-Dieter Warda
Ellerhoop-Thiensen
im Januar 2001

XXXIX

Frag die Bäume,
frag sie nach dem Sinn,
frag sie, warum sie dort stehen,
so still,
winters und sommers,
im Herbst und im Frühjahr,
alles ertragend
und ohne Klage.

Die Antwort
ist ein leises Rauschen
voll stummer Weisheit.

Susanne Warda

Laubgehölze

Abbildung Vorseite: Acer palmatum 'Osakazuki'

ABELIA R. BR.
Abelie – Caprifoliaceae,
Geißblattgewächse

'Edward Goucher'
(= A. x grandiflora x A. schumannii)

Abelia 'Edward Goucher'

Kleiner, halbimmergrüner, feintriebiger Strauch mit eiförmigen, 1,5 bis 3 cm langen, glänzend grünen Blättern. Die lavendelrosafarbenen, etwa 2 cm großen, glockig geformten Blüten erscheinen von Juli bis September.

A. x grandiflora
(ROVELLI EX ANDRÉ) REHD.
(= A. chinensis x A. uniflora)

Ein zierlicher, halbimmergrüner, dichtbuschiger Strauch mit schlanken, überhängenden Trieben und kleinen, dunkelgrünen, stark glänzenden Blättern, die sich im Herbst bronzebraun bis purpurn färben. An geschützten Standorten kann A. x grandiflora eine Höhe von 1,50 m bis 2,00 m erreichen. Die 2 cm langen, rosaweißen Glockenblüten erscheinen in großer Fülle ununterbrochen von Juli bis Oktober.

A. mosanensis CHUN,
Korea-Abelie

A. mosanensis wurde 1991/92 von H. J. Albrecht, Berlin, und der Fa. Kordes-Jungpflanzen in den Handel gebracht.

Sommergrüner, breit aufrechter Strauch mit locker ausgebreiteten und überhängenden Zwei-

gen. Im Mai/Juni erscheinen die zunächst zart rosafarbenen, später reinweißen, sehr stark duftenden Blüten. Dieser etwa 1,5 m hohe Blütenstrauch, der unsere Gärten im Herbst mit einer orangeroten Laubfärbung bereichert, gilt als die frosthärteste Art der Gattung. Das Herbstlaub wird von Frühfrösten um minus 8 °C noch nicht geschädigt. Übersteht Spätfröste besser als die Weigelien. Am heimatlichen Standort treten Fröste bis minus 25 °C auf.

Abelien gehören mit ihren anmutigen, kolkwitzienähnlichen, relativ spät erscheinenden Blüten zu den schönsten Ziergehölzen. Leider sind sie bis auf A. mosanensis nicht überall zuverlässig winterhart. Sie verlangen sonnig-warme, geschützte Pflanzplätze und einen gut durchlässigen, kalkfreien Boden. Die Pflanzung sollte nur im Frühjahr erfolgen. Winterschutz ist besonders bei Jungpflanzen erforderlich. Ein gelegentlicher Rückschnitt älterer Sträucher fördert die Bildung junger, blühfreudiger Triebe.

Verwendung als Einzelstrauch zusammen mit niedrigen Stauden, immergrünen Berberitzen, wie z.B. B. candidula, und schwachwüchsigen Cotoneaster-Formen. Besonders wirkungsvoll vor dunklen Nadelgehölzen oder Ilex-Arten. Schöne Kübelpflanze.

Ökologie: *A. mosanensis wird sehr stark von Insekten beflogen.*

ABELIOPHYLLUM NAKAI
Weiße Forsythie
Oleaceae, Ölbaumgewächse

distichum NAKAI,
Weiße Forsythie, Schneeforsythie

Verbreitung: Korea.

Wuchs: Zierlicher Strauch, im Alter mit ausgeprägt hängender Bezweigung.

Größe: Bis 1,50 m, gelegentlich auch 2 m hoch und meist genauso breit.

Rinde: Junge Zweige vierkantig, kahl, mit gefächertem Mark.

Blätter: Sommergrün, gegenständig, eiförmig, lang zugespitzt, 3 bis 8 cm lang.

Blüten: Zartrosa bis weiß, mit 4zipfeliger Krone, innen gelborange, 1,5 cm breit, erinnern an kleine Forsythienblüten, duften stark nach Mandeln, erscheinen im Vorfrühling in großer Fülle, März bis Anfang Mai.

Früchte: Rundliche, zusammengedrückte, geflügelte Nüsse.

Abelia mosanensis

Boden: Keine besonderen Ansprüche, alle kultivierten, nicht zu feuchten Böden vertragend.

Standort: Vollsonnig bis lichter Schatten, geschützte Lage.

Eigenschaften: In ungünstigen Lagen gelegentlich spätfrostempfindlich, wärmeliebend.

Verwendung: Schöner Vorfrühlingsblüher; Einzelstellung, Gruppenpflanzung; Gehölz- und Staudenrabatten, Pflanzkübel und Tröge.

Abeliophyllum distichum

Acanthopanax sieboldianus

Acanthopanax sieboldianus 'Variegatus'

ACANTHOPANAX
(DECNE. & PLANCH.) MIQ.
Fingeraralie – Araliaceae,
Araliengewächse

A. sieboldianus MAKINOI,
Fingeraralie, Stachelkraftwurz
(= A. pentaphyllus (SIEB. & ZUCC.)
MARCH.) Von vielen Autoren auch
unter **Eleutherococcus sieboldianus**
(MAK.) KOIDS aufgeführt.

1874 nach Europa eingeführt.

Verbreitung: China und Japan in Laubwäldern.

Wuchs: Strauch mit aufrechten Grundtrieben und bogig abstehenden, bestachelten Seitenzweigen, Verzweigung insgesamt locker und etwas unregelmäßig, im Alter überhängend.

Größe: 1 bis 2 (bis 4) m hoch und im Alter genauso breit wie hoch.

Rinde: Triebe weißlichgrau, später gelblichgrau, nur wenig Stacheln.

Blätter: Sommergrün, wechselständig, meist 5-zählig, Blättchen verkehrt eiförmig bis lanzettlich, Rand kerbig gesägt, glänzend grün, Laub haftet sehr lange am Strauch, keine Herbstfärbung, Blätter sehr dekorativ.

Blüten: Gelblichgrüne, kugelige Dolden im Juni bis Juli, wenig auffallend.

Früchte: Kugelig, schwarz, 6 bis 8mm dick.

Standort: Volle Sonne bis Schatten.

Boden: Außerordentlich anspruchslos, gedeiht auf fast allen Böden, frisch bis feucht, sandig bis tonig-lehmig, verlangt guten Wasserabzug, sauer bis kalkhaltig.

Eigenschaften: Gut stadtklimafest, frosthart, verträgt sommerliche Trockenzeiten, schnittfest, läßt sich problemlos verpflanzen, Krankheiten sind nicht bekannt.

Verwendung: Ein relativ unbekannter, aber durch seine sehr attraktive Belaubung und die große Anspruchslosigkeit hochinteressanter Strauch. Als Solitärgehölz läßt sich Acanthopanax gut mit Bambus kombinieren (Blatt-Textur, Wuchs), weiterhin für breite, freiwachsende Hecken, die durch die Bestachelung zu undurchdringlichen Barrieren werden.

A. sieboldianus 'Variegatus',
Weißbunte Fingeraralie
(= Panax quinquefolium variegatum;
Eleutherococcus sieboldianus 'Variegatus')

Wuchs: Locker aufrechter Strauch mit bogig abstehenden Trieben und etwas unregelmäßiger Verzweigung, im Alter etwas überhängend, schwachwüchsiger als die Wildform.

Größe: 1 bis 1,50 m hoch und genauso breit werdend. Sehr alte Exemplare auch bis 2,5 (3) m hoch und breit.

Rinde: Triebe weißlichgrau.

Blätter: Sommergrün, wechselständig, meist 5-zählig, Blättchen verkehrt eiförmig bis lanzettlich, kerbig gesägt, Blattrand breit unregelmäßig cremeweiß gezeichnet, sehr attraktiv.

Standort: Volle Sonne bis absonnig.

Weitere Angaben und Merkmale wie bei A. sieboldianus.

Verwendung: Gehört zu den schönsten weißbunten Gehölzen überhaupt, zu verwenden für Kontrastpflanzungen und zur Belebung von Gehölzpartien in Garten- und Parkanlagen. Passende Pflanzen, die einen farblichen Gleichklang bringen und durch die unterschiedliche Textur der Blätter gleichzeitig für Spannung sorgen, wären: Hosta fortunei 'Aureomaculata' und andere weißbunte Funkien, Hakonechloa macra 'Aureola', als weißbunter Teppich im Vordergrund Euonymus fortunei 'Gracilis' oder 'Emerald'n Gold', sehr schön auch Pleioblastus viridistriatus; denkbar sind auch Benachbarungen mit Purpurtönen oder rotlaubigen Gehölzen wie Prunus x cistena oder Berberis thunbergii 'Atropurpurea Nana'.

ACER L.
Ahorn – Aceraceae, Ahorngewächse

Die Gattung Acer umfaßt etwa 150 Arten, die überwiegend in den Waldgebieten der nördl. gemäßigten Zone beheimatet sind. Besonders schöne Wildarten kamen aus China, Japan und Nordamerika zu uns nach Europa.

Die außerordentliche Vielgestaltigkeit der Ahorn-Arten und Sorten wird von keiner anderen Baumgattung überboten.

Verschiedenste Wuchsformen, die vom filigranen Kleinstrauch bis zum mächtigen Großbaum reichen, Rindenbilder, farbiger Austrieb, Blattstruktur, Blüten, zierende Früchte und leuchtende Herbstfarben bieten unerschöpfliche Verwendungsmöglichkeiten.

Die Einzelbeschreibungen im Textteil geben detaillierte Auskünfte über die jeweiligen Arten und Sorten.

Unabhängig davon soll die nachstehende Zusammenfassung eine allgemeine Übersicht über die Vielgestaltigkeit des Ahornsortiments geben.

Acer pseudoplatanus, ein über 200jähriges Exemplar im Hirschpark in Hamburg-Blankenese

Ahornarten und -formen über 20 m
Großbäume (Bäume 1. Ordnung)

Acer platanoides
- platanoides 'Schwedleri'
- platanoides 'Summershade'
- pseudoplatanus
- pseudoplatanus 'Atropurpureum'
- pseudoplatanus 'Erectum'
- pseudoplatanus 'Negenia'
- pseudoplatanus 'Rotterdam'
- saccharinum
- saccharinum 'Pyramidale'
- saccharinum 'Wieri'

Ahornarten und -formen 12/15 – 20 m
Mittelgroße Bäume (Bäume 2. Ordnung)

Acer campestre 'Elsrijk'
- cappadocicum
- cappadocicum 'Rubrum'
- macrophyllum
- negundo
- platanoides 'Cleveland'*
- platanoides 'Crimson King'
- platanoides 'Crimson Sentry'
- platanoides 'Deborah'*
- platanoides 'Drummondii'
- platanoides 'Emerald Queen'*
- platanoides 'Faassen's Black'
- platanoides 'Farlake's Green'
- platanoides 'Olmstedt'*
- platanoides 'Reitenbachii'*
- platanoides 'Royal Red'
- rubrum
- rubrum 'Armstrong'
- rubrum 'October Glory'
- rubrum 'Red Sunset'
- rubrum 'Schlesingeri'
- saccharum*

Ahornarten und -formen 5/7 – 12 m
Kleinbäume (Bäume 3. Ordnung)

Acer campestre 'Nanum'
- capillipes
- carpinifolium
- ginnala
- griseum
- maximowiczianum
- monspessulanum
- x neglectum 'Annae'
- negundo 'Aureo-Variegatum'
- negundo 'Flamingo'
- negundo 'Odessanum'
- negundo 'Variegatum'
- opalus
- pensylvanicum
- platanoides 'Columnare'
- platanoides 'Globosum'
- pseudoplatanus 'Brilliantissimum'
- rubrum 'Scanlon'
- rufinerve
- triflorum

Ahornarten und -formen 2/5 – 7 m
(Schwachwüchsige Sträucher u. Kleinbäume)

Acer campestre 'Royal Ruby'
- circinatum
- japonicum 'Aureum'
  (= A. shirasawanum 'Aureum')
- japonicum 'Aconitifolium'
- palmatum und Formen

Wichtigste Arten für die freie Landschaft:

Acer campestre
- platanoides
- pseudoplatanus

Auserlesene Arten für Park und Garten:

Acer capillipes
- griseum
- japonicum 'Aconitifolium'
- x neglectum 'Annae'
- negundo – Formen
- opalus
- palmatum und Formen
- pensylvanicum
- rubrum
- rufinerve
- saccharinum 'Wieri'
- saccharum

Rindenfärbung (weiß gestreift):

Acer capillipes
- pensylvanicum
- rufinerve

Rindenfärbung (braunrot):

Acer griseum
- triflorum

Besonders farbenprächtiger Austrieb:

Acer japonicum 'Aconitifolium' (feurigrot)

- x neglectum 'Annae' (dunkelrot)
- negundo 'Flamingo' (flamingorosa)
- palmatum 'Deshojo' (karminrot)
- platanoides 'Faassen's Black'
  (leuchtendrot)
- platanoides 'Globosum' (rotbraun)
- platanoides 'Reitenbachii'
- (blutrot bis bräunlich purpur)
- platanoides 'Schwedleri' (blutrot)

Bunte Blattfärbungen:
weißbunt:

Acer negundo 'Variegatum'
- platanoides 'Drummondii'

gelblich:

Acer japonicum 'Aureum'
- negundo 'Odessanum'
- negundo 'Aureo-variegatum'
- pseudoplatanus 'Brilliantissimum'

rot:

Acer palmatum 'Atropurpureum'
- palmatum 'Bloodgood'
- palmatum 'Dissectum Atropurpureum'
- platanoides 'Crimson King'
- platanoides 'Crimson Sentry'
- platanoides 'Faassen's Black'
- platanoides 'Reitenbachii'
- platanoides 'Royal Red'

rot, im Sommer vergrünend:

Acer cappadocicum 'Rubrum'
- x neglectum 'Annae'
- platanoides 'Deborah'
- platanoides 'Schwedleri'
- pseudoplatanus 'Atropurpureum'

Sehr feine und zierliche Belaubung:

Acer japonicum 'Aconitifolium'
- palmatum und Formen
- saccharinum 'Wieri'

Herbstfärbung:
orange bis rote Töne:

Acer capillipes
- ginnala
- circinatum
- griseum – japonicum 'Aconitifolium'
- maximowiczianum
- opalus
- palmatum
- palmatum dissectum 'Atropurpureum'
- palmatum dissectum 'Viridis'
- platanoides 'Faassen's Black'
- platanoides 'Reitenbachii'
- platanoides 'Schwedleri'
- rubrum
- rubrum 'Armstrong'
- rubrum 'October Glory'
- rubrum 'Red Sunset'
- rubrum 'Scanlon'
- rubrum 'Schlesingeri'
- rufinerve
- triflorum
- saccharum

gelbe Töne:

Acer campestre
- campestre 'Nanum'
- cappadocicum
- carpinifolium
- monspessulanum (auch orange bis rot)
- negundo
- negundo 'Aureo-Variegatum'
- pensylvanicum
- platanoides (auch orange bis scharlach)
- pseudoplatanus
- rufinerve (auch gelborange bis karmin)
- saccharinum (auch rötlich)
- saccharinum 'Wieri'

*können gelegentlich auch höher als 20 m werden

6

A. campestre L.,
Feld-Ahorn, Maßholder

Lat. campestris = Feld

Verbreitung: Europa (außer Irland, Schottland, Skandinavien und Zentralalpen), Kleinasien, Nordiran und Nordafrika, im Niedersächsischen Tiefland nur eingebürgert, im Gebirge bis auf 1000 m ansteigend; Eichen-Hainbuchen-Mischwälder, Auenwälder, Waldränder, Hecken, Knicks und Feldgehölze.

Wuchs: Kleiner bis mittelgroßer Baum mit eiförmiger, im Alter mehr rundlicher Krone oder mehrstämmiger, dicht und sparrig verzweigter Strauch.

Größe: 5 bis 15 m, selten bis 20 (bis 25) m hoch und 5 bis 10 (15) m breit. Jahreszuwachs in der Höhe 40 bis 45 cm, in der Breite 25 bis 35 cm.

Rinde: Zweige braun, an jungen Pflanzen oft sehr ausgeprägte, flügelartige Korkleistenbildung, Borke längs- und querrissig, rechteckig gefeldert.

Blätter: Sommergrün, gegenständig, 5 bis 8 cm lang und 5 bis 10 cm breit, 3 bis 5lappig, stumpfeckig, dunkelgrün, Milchsaft führend, Herbstfärbung leuchtend gelb bis orange, gelegentlich auch mit roten Tönen.

Blüten: Gelbgrüne Rispen während des Laubaustriebs, eingeschlechtliche und zwittrige Blüten in einem Blütenstand, Mai.

Früchte: Die beiden Fruchtflügel sind waagerecht angeordnet, braun, Fruchtreife ab August/September.

Wurzel: Herzwurzler, auf gutem Boden flach angelegtes Wurzelsystem, dicht verzweigt mit sehr hohem Feinwurzelanteil.

Standort: Volle Sonne bis lichter Schatten.

Acer campestre

Acer campestre

Boden: Keine besonderen Ansprüche, trockene bis frische Böden, liebt kalkhaltige Substrate, meidet staunasse Standorte.

Eigenschaften: Sehr frosthart, wärmeliebend, Hitze vertragend, besonders windfest, schattenverträglich, verträgt Trockenheit besser als A. platanoides und A. pseudo-platanus, verträgt Schnitt und Wildverbiß sehr gut, Pflanzen stehen früh im Saft (Schnitttermin beachten), wird bis zu 150 Jahre alt. SCHROFF (1996) berichtet über eine gewisse Mehltauanfälligkeit von A. campestre-Hecken.

Acer campestre

Verwendung: Unser heimischer Feld-Ahorn ist eines der vielseitigsten und robustesten Gehölze für den Garten- und Landschaftsbau. Hervorragend für Windschutzpflanzungen, Hangbefestigung, wichtiges Waldrand- und Knickgehölz, kleinkroniger Straßenbaum in nicht befestigten Flächen, geschnittene und freiwachsende Hecken, Gehölzmischpflanzungen aller Art, Solitärgehölz; Bienenweide (Honigtau! und Blüten), Vogelnähr- und -schutzgehölz.

Anmerkung: Zweige wurden früher zur Viehfuttergewinnung geschnitten. Das Holz des Feld-Ahorns ist rötlich getönt, fest, hart, zäh und elastisch. Man verwendete es zum Drechseln und zur Herstellung landwirtschaftlicher Geräte.

Acer campestre

A. campestre 'Elsrijk'

Wuchs: Kleiner Baum mit zunächst kegelförmiger, später mehr breit eiförmiger Krone und bis zum Wipfel durchgehendem Stamm, Äste regelmäßig, aufrecht, dicht verzweigt; im Wuchs schmaler und gleichmäßiger als die Art.

Größe: 6 bis 12 (15) m hoch und 4 bis 6 m breit. Jahreszuwachs in der Höhe 40 cm, in der Breite 20 bis 25 cm.

Blätter: Sommergrün, gegenständig, Blätter insgesamt kleiner als bei der Art, 4 bis 8 cm breit, Rand und Blattspreite stark gewellt, Blattstiel bis 6 cm, 3 bis 5lappig, stumpfeckig, dunkelgrün, Gefäße Milchsaft führend, Herbstfärbung leuchtend gelb, später Laubfall.

Blüten, Früchte, Wurzel, Standort, Boden und Eigenschaften wie bei der Art.

Verwendung: Auf Grund der kompakten, kegelförmigen und regelmäßig ausgebildeten Krone besonders gut geeignet als Straßenbaum für enge Räume, Plätze und schmale Abpflanzungen in nicht befestigten Flächen.

Acer campestre 'Elsrijk'

A. campestre 'Nanum'
(A. campestre 'Compactum')

Bekannt seit 1874.

Acer campestre 'Nanum'

Wuchs: Aufrechter, rundlicher und dicht geschlossener Busch, im Alter meist breiter als hoch.

Größe: Die größte Pflanze sah ich 1983 in Pruhonice; sie war 8 m hoch und 9 m breit.

Verwendung: Langsamwüchsige, kompakte Form, die als kleinkroniger Baum (Hochstammveredlung) sehr wertvoll ist.

A. campestre 'Royal Ruby'

Seit 1985 in Kultur.

Wuchs: Kleiner Baum oder nur Strauch.

Blätter: Purpurrot, im Laufe des Sommers stumpf dunkelgrün.

A. cappadocicum GLEDITSCH,
Kolchischer Ahorn
(= A. laetum, A. colchicum)

Acer cappadocicum

Verbreitung: Kaukasus und Kleinasien.

Wuchs: Mittelhoher Baum mit breit rundlicher, dichter Krone.

Größe: 12 bis 15 (bis 20) m hoch, in England einige Exemplare über 20 m. Breite 8 bis 10 m. Jahreszuwachs in der Höhe 40 cm, in der Breite 25 bis 35 cm.

Rinde: Zweige noch im zweiten Jahr glänzend grün oder rötlich.

Blätter: Sommergrün, gegenständig, 5 oder 7lappig, Lappen dreieckig, lang zugespitzt, oft auch gedreht schwanzartig ausgezogen, 8 bis 14 cm breit, Blattspreite dünn, grün, leicht glänzend, Herbstfärbung prachtvoll gelb.

Blüten: In hellgelben Doldentrauben im Mai bis Juni.

Früchte: Fruchtflügel 3 bis 5 cm lang, weit gespreizt.

Acer cappadocicum

Standort: Sonnig (bis absonnig).

Boden: Insgesamt sehr anpassungsfähig, gedeiht sowohl auf kalkhaltigen wie auch auf sauren Standorten, bevorzugt aber alkalische, gleichmäßig feuchte, gut drainierte Böden.

Eigenschaften: Gut frosthart.

Verwendung: Schöner, dekorativer Einzelbaum mit regelmäßig einsetzender Herbstfärbung.

A. cappadocicum 'Rubrum',
Kolchischer Blut-Ahorn
(= A. laetum 'Rubrum',
A. colchicum 'Rubrum')

Verbreitung: Die Wildart ist im Kaukasus und in Kleinasien beheimatet.

Wuchs: Mittelhoher Baum mit breit rundlicher, dichter Krone.

Größe: 10 bis 15 (bis 18) m hoch, in England einige Exemplare über 20 m. Breite 6 bis 10 m. Jahreszuwachs in der Höhe 40 cm, in der Breite 25 bis 35 cm.

Rinde: Zweige noch im zweiten Jahr glatt, glänzend grün oder rötlich.

Blätter: Sommergrün, gegenständig, 5 oder 7lappig, Lappen dreieckig, lang zugespitzt, oft auch schwanzartig ausgezogen, 8 bis 14 cm breit, Blattspreite dünn; im Austrieb herrlich blutrot bis schwarzrot, später vergrünend, Johannitrieb dann wieder leuchtend rot, Herbstfärbung auffallend goldgelb.

Blüten: In hellgelben Doldentrauben im Mai bis Juni.

Früchte: Fruchtflügel 3 bis 5 cm lang, weit gespreizt.

Standort: Sonnig (bis absonnig).

Boden: Insgesamt sehr anpassungsfähig, gedeiht sowohl auf kalkhaltigen wie auf sauren Standorten, bevorzugt aber alkalische, gleichmäßig feuchte, gut drainierte Böden.

Eigenschaften: Gut frosthart.

Verwendung: Eine sehr alte und beliebte Gartenform, die um etwa 1845 von der Hamburger Baumschule Booth verbreitet wurde. Diese rote Sorte ist allgemein bekannter als die eigentliche Wildform des Kolchischen Spitz-Ahorns. Ein prachtvoller, mittelgroßer Baum, der auch neben seinen beiden Höhepunkten, im Frühjahr und Herbst, immer eine imposante Erscheinung ist. Der Kolchische Spitz-Ahorn sollte viel stärker beachtet werden. Wegen der besonders leuchtend goldgelben Herbstfärbung wäre ein vollsonniger Platz unbedingt empfehlenswert. Erwähnenswert ist auch die gelblaubige Form **A. cappadocicum 'Aureum'**.

Acer cappadocicum 'Aureum'

A. capillipes MAXIM.,
Rotstieliger Schlangenhaut-Ahorn

Acer capillipes

Verbreitung: Bergwälder Japans.

Wuchs: Kleiner, mittelstark wachsender Baum oder Großstrauch mit aufrechten, locker verzweigten Ästen.

Größe: 7 bis 9 m hoch, gelegentlich auch höher werdend. Breite 4 bis 5 m. Jahreszuwachs in der Höhe 20 bis 25 cm, in der Breite 15 cm.

Rinde: Glänzend olivgrüne Zweige und Stämme mit weißen Längsstreifen, Rindenbild ist außerordentlich attraktiv.

Blätter: Sommergrün, gegenständig, 3lappig, 6 bis 10 cm lang, Blattnerven und Stiele rötlich, glänzend dunkelgrün; Herbstfärbung leuchtend karminrot.

Acer capillipes

Blüten: Gelblich, in hängenden Trauben, Mai.

Früchte: Fruchtflügel meist waagerecht, zuerst grün, später rotbraun.

Wurzel: Flach ausgebreitet, fein verzweigt.

Standort: Sonnig bis absonnig.

Boden: Humose, nahrhafte Böden mit gutem Wasserabzug; wird chlorotisch bei zu hohem Kalkgehalt.

Eigenschaften: Gut frosthart, rauchhart, stadtklimafest.

Verwendung: Der Schlangenhaut-Ahorn gehört zu den attraktivsten und wertvollsten Arten dieser Gattung. Seine schöne Belaubung, die leuchtende Herbstfärbung und vor allem das dekorative Rindenbild machen ihn zu einem besonders anziehenden Solitärgehölz. Wir sollten ihn niemals verstecken, sondern immer in Sichtweite, an Wegen, Plätzen und Terrassen oder frei in Gartenhöfe setzen. Wegen seines aufrechten, lockeren, lichtdurchlässigen Wuchses sehr gut mit Kleingehölzen und Stauden zu unterpflanzen wie z. B. Hosta, Gräsern und Farnen.

A. carpinifolium S. & Z.,
Hainbuchen-Ahorn

Dieser auch in Mitteleuropa gut frosthare und anspruchslose Ahorn, dessen hainbuchenähnliche Blätter immer wieder für Verblüffung sorgen, ist in den subalpinen Bergwäldern Japans beheimatet. In unseren Gärten bleibt er meist strauchförmig und erreicht dann Höhen von 5 bis 6 (bis 8) m. Aus den englischen Parkanlagen sind uns baumartig wachsende Exemplare von 10 m Höhe bekannt.

Ein interessantes Solitärgehölz mit schöner, goldbrauner Herbstfärbung.

A. circinatum PURSH,
Weinblatt-Ahorn

Die intensive, orangene und glühend rote Herbstfärbung ist sicherlich die größte, aber bei weitem nicht die einzige Zierde dieser aus Nordamerika stammenden Ahorn-Art. Zusammen mit den wohlgeformten, an Acer japonicum erinnernden, 7 bis 9lappigen Blättern erscheinen sehr attraktive Blüten mit weißlichen Kronblättern und purpurnem Kelch. In den mitteleuropäischen Gärten entwickelt sich A. circinatum, dessen Blatt als Vorlage für das Dienstgradabzeichen des Majors und Oberstleutnants der US-Armee diente, zu einem 4 bis 5 m hohen Großstrauch, der im Alter den Charakter eines malerischen Kleinbaumes annimmt.

In seiner Heimat wächst der Weinblatt-Ahorn als Unterstand in feucht-schattigen Nadelwäldern auf fruchtbaren Böden entlang der Flußufer. Auch bei uns sollten wir diesem wertvollen und

absolut frostharten Gehölz einen leicht absonnigen Platz zuweisen.

Acer circinatum

Ökologie: Die Früchte, die anfangs sehr schön rot gefärbt sind, werden von verschiedenen Vogelarten und Kleinsäugern gefressen.

A. x conspicuum 'Phoenix'

In den letzten Jahren hat es wohl keine aufregendere Neuheit in der Gruppe der Rindenfärber gegeben.

Mit seinen feurigroten und weiß gestreiften Wintertrieben übertrifft A. x conspicuum 'Phoenix' selbst den Korallenrinden-Ahorn, A. palmatum 'Sangokaku'. Selektiert wurde diese Sorte 1982 von der Fa. ESVELD, Boskoop, Holland. 'Phoenix' entwickelt sich zu einem aufrechten Großstrauch von etwa 4 (6?) m Höhe. Seine 3lappigen Blätter sind 12 bis 20 cm lang und 10 bis 15 cm breit. Auf sonnigen Standorten färben sie leuchtend gelb, gelegentlich nehmen sie auch eine orangegelbe Färbung an.

Eine weitere, unbedingt empfehlenswerte winterliche Gartenschönheit ist die von HILLIER 1975 benannte Sorte A. x conspicuum 'Silver Vein'. Sie zeichnet sich durch eine blau-grüne Rinde aus, von der sich die kalkweißen Längsstreifen besonders kontrastreich abheben.

Acer x conspicuum 'Phoenix'

A. x freemanii MURRAY (1969)

Hybride zwischen A. rubrum und A. saccharinum. Benannt nach OLIVER M. FREEMAN, U. S. National Arboretum, der diese beiden Arten erstmalig 1933 kreuzte. Es wurden jedoch später auch am Naturstandort von A. rubrum und A. saccharinum Hybriden dieses Typs gefunden.

Wuchs: Großer Baum mit ovaler bis rundlicher Krone und aufrechten Ästen.

Größe: 20 bis 25 m hoch.

Rinde: Silbergrau, Triebe graubraun.

Blätter: Sommergrün, gegenständig, kleiner und tiefer geschlitzt als die von A. saccharinum. Blätter im Herbst oft zweifarbig, gelb und leuchtend rot.

Früchte: Oft steril.

Standort und **Boden** wie A. saccharinum.

Eigenschaften: Gut frosthart.

Verwendung: Diese zwischen den beiden Eltern stehende Hybride eignet sich zur Bepflanzung größerer Garten- und Parkanlagen. Möglicherweise entwickelt sie sich auch zu einem brauchbaren Straßenbaum. Einige bekannte Sorten von A. x freemanii sind: **'Autumn Blaze'**, Blätter 5lappig, im Herbst orangefarben, Krone aufrecht, schmal; **'Autumn Fantasy'**, Krone aufrecht, oval, Herbstfärbung brillant, Blätter erinnern mehr an A. saccharinum; **'Elegant'**, Krone kompakter als von A. saccharinum, Blätter verhältnismäßig klein.

A. ginnala MAXIM.,
Feuer-Ahorn
(heute gültig = **A. tataricum ssp. ginnala**)

Verbreitung: Mittel- und N-China, Mandschurei und Japan.

Wuchs: Großstrauch oder kleiner Baum, locker

Acer ginnala

aufrecht, später mit weit ausladenden Hauptästen und überhängenden, dünnen Zweigen.

Größe: 5 bis 7 m hoch und 4,5 bis 8 m breit. Sehr alte Exemplare auch noch breiter. Jahreszuwachs in der Höhe 35 cm, in der Breite 35 bis 40 cm.

Rinde: Junge Wintertriebe sonnenseits rotbraun, schattenseits oft gräulich überzogen, 2jährige Zweige hellbraun, später graubraun.

Blätter: Sommergrün, gegenständig, 4 bis 8 cm lang, 3lappig, einzelne Blätter auch ungelappt, Herbstfärbung leuchtend feuerrot bis dunkelrot.

Früchte: Fruchtflügel meist parallel stehend, rötlich leuchtend.

Wurzel: Flach ausgebreitet, fein verzweigt.

Standort: Sonne bis Halbschatten.

Boden: Keine besonderen Ansprüche, trocken bis frisch, meidet zu kalkhaltige und staunasse Böden.

Eigenschaften: Sehr frosthart, rauchhart, Hitze vertragend, stadtklimafest, windfest.

Verwendung: Einzelstellung, Gruppen, Abpflanzungen, Windschutz, Böschungsbefestigung, Pflanzkübel. Wichtiges Gehölz für den Herbstfärbergarten: Kommt als Frühfärber zusammen mit Euonymus alatus, Acer rubrum 'Schlesingeri', Aronia arbutifolia und Amelanchier lamarckii.

A. griseum (FRANCH.) PAX,
Zimt-Ahorn

In Gehölzsammlungen ist ein ausgewachsener Zimt-Ahorn immer eine große Attraktion. Eine Ausnahmeerscheinung im Ahorn-Sortiment. Kleiner, lockerkroniger Baum, oft aber auch mehrstämmiger, malerischer Großstrauch, der in vierzig Jahren eine Höhe von 6 bis 7 m erreicht. Neben A. cissifolium, A. nikoense und A. triflorum hat auch A. griseum 3zählige Blätter, die im Spätherbst leuchtend rot bis rotorange färben. Seine größte Zierde, die zimtfarbene bis rotbraune, papierartig abrollende Rinde, wird schon am vierjährigen Holz ausgebildet, besonders auffallend aber ist sie an den älteren Ast- und Stammpartien. A. griseum gehört zweifellos zu den schönsten Rindenfärbern und damit zu den kostbarsten winterlichen Gartenschönheiten. Ein leider immer noch viel zu seltenes Gehölz in unseren Gärten und Parkanlagen. Einzelstellung an Wegen, auf Rasenflächen und an Gehölzrändern. Interessante Farbspiele (Rinde-Bronzelaub) ergeben sich mit Heuchera micrantha 'Palace Purple', rotlaubigen Sedum-Arten, Carex buchananii und anderen Gräsern.

Acer ginnala

Acer griseum, Winterzierde

Acer griseum

Acer griseum, Herbstfärbung

Acer griseum ist nicht nur ein exzellenter Rinden- und Herbstfärber, er hat auch das zukünftige Hausbaumformat, in 40 Jahren 6 bis 7 m hoch, Arboretum Ellerhoop-Thiensen

A. japonicum 'Aconitifolium',
Eisenhutblättriger Japan-Ahorn

Verbreitung: Heimat der Wildart sind die Bergwälder in Japan.

Wuchs: Malerisch baumartig wachsender Strauch mit kurzem Stamm und locker aufrechten, im Alter breit ausladenden Hauptästen.

Standort: Sonnig (bis leicht absonnig).

Boden: Humoser, gut durchlässiger, nahrhafter Oberboden, empfindlich gegen Kalk, Vernässung und Verdichtung, optimal auf schwach sauren, frischen bis feuchten, lockeren Substraten.

Eigenschaften: Etwas spätfrostempfindlich, treibt sehr früh aus, neigt auf der Sonnenseite zu Rinden-

Acer japonicum

Acer japonicum 'Aconitifolium'

Größe: 3 bis 5 m hoch und im Alter meist genauso breit wie hoch. Sehr alte, freistehende Exemplare sind auch breiter als hoch. Jahreszuwachs in der Höhe 25 cm, in der Breite 25 bis 30 cm.

Blätter: Sommergrün, gegenständig, 8 bis 14 cm lang und breit, fast bis zur Basis fiederschnittig gelappt, Blätter sehr dekorativ, erinnern in ihrer Form an das Blatt des Eisenhuts; Herbstfärbung jedes Jahr leuchtend orangerot bis feurig weinrot, sie gehört zu dem Schönsten, was unser Gehölzsortiment zu bieten hat.

Blüten: Purpur, in kurzen Trauben, mit auffallend gelben Staubgefäßen, im April/Mai während des Austriebs.

Früchte: Fruchtflügel im Sommer glänzend rot.

aufbrüchen, junge Pflanzen auf exponierten Standorten schattieren.

Verwendung: Wer in einem kleineren Gartenraum nur einen Platz für einen absolut sicheren Herbstfärber mit ausgesprochenem Solitärcharakter zu vergeben hat, dem dürfte die Wahl eigentlich nicht schwerfallen. An oberster Stelle stehen hier A. japonicum 'Aconitifolium' und A. palmatum 'Osakazuki'. Herrlich auf Rasenflächen vor immergrünen Gehölzen; in Staudenpflanzungen und größeren Pflanzgefäßen stellt er mit seinem hellgelbgrünen Laub, das immer ein wenig Frühlingsstimmung vermittelt, einen Blickfang dar. Dezent verstärken können wir diese Farbsituation durch die Verbindung mit zitronengelb bis tiefgelb (orangegelb) blühenden Kleingehölzen und Stauden wie z. B. Alchemilla mollis (flächig), Meconopsis cambrica und M. pa-

niculata, Hypericum x moserianum und Hosta fortunei 'Albopicta'; herrlich passen auch die ahornblättrige, gelb blühende Kirengeshoma palmata, Pleioblastus viridistriatus und Lilium auratum in diese Gesellschaft. Weiterhin bieten sich als Übergang die Komplementärfarben Blau und Violett gut an. Geranium x magnificum, G. meeboldii 'Johnson', Clematis integrifolia, C. x durandii sowie Sorten von C. alpina und C. viticella wären nur einige Beispiele dafür.

Ökologie: Die attraktiven Blüten werden gern von Bienen und Hummeln beflogen.

A. japonicum 'Aureum' HORT.

Gehört nicht zu A. japonicum, korrekte Bezeichnung ist: **A. shirasawanum 'Aureum'**

Wuchs: Mittelhoher Strauch, gelegentlich auch kleiner baumartiger Strauch mit kurzem Stamm und dichter, flach rundlicher Krone, Zweigpartien oft fächerartig gestellt, besonders in der Jugend langsamwüchsig.

links: Acer japonicum 'Aconitifolium'
Herbstlaub mit Cyclamen hederifolium

Acer japonicum 'Aureum'

Größe: 2,5 bis 4,5 (bis 6) m hoch und im Alter immer genauso breit, in Holland hat ein 110jähriges Exemplar eine Höhe von 5 m und eine Breite von ebenfalls 5 m erreicht.

Rinde: Junge Triebe bläulichgrün, bereift.

Blätter: Sommergrün, gegenständig, mit meist 11 (9 bis 13) spitzen, doppelt gesägten Lappen, 6 bis 8 cm breit, Nerven und Blattstiele besonders im Frühjahr rötlich, zur Zeit des Austriebs leuchtend hellgelb bis grünlichgelb, gelbe Farbe bleibt auch während des Sommers erhalten, im Herbst kann die Belaubung herrlich gelb, orange und sogar rötlich färben.

Blüten: Blaßgelb bis weiß, Kelchblätter rötlich.

Früchte: Fruchtflügel horizontal, rot, bilden einen schönen Kontrast zu dem gelben Laub.

Wurzel: Flach ausgebreitet, mit sehr hohem Feinwurzelanteil.

Standort: Absonnig (bis sonnig), geschützt.

Boden: Guter Oberboden, frisch bis feucht, humos, gut durchlässig, schwach sauer, kränkelt auf zu schweren Böden.

Eigenschaften: Laub ist gegenüber zu intensiver Sonneneinstrahlung empfindlich, absonnige, leicht schattige Plätze auswählen.

Verwendung: Dieser langsam und gedrungen wachsende Ahorn gehört zu den wertvollsten buntlaubigen Solitärgehölzen überhaupt. Seine Laubfarbe ist niemals aufdringlich, es läßt sich bestens zur Kontrastierung und Belebung von Gehölzpflanzungen einsetzen. Schönes Solitärgehölz für den „Gelben Garten".

A. macrophyllum PURSH, Großblättriger Ahorn

Von allen Ahornarten hat A. macrophyllum die größte und eindrucksvollste Belaubung. Auf den ersten Blick sieht das 5lappige und bis 30 cm breite Blatt aus wie ein überdimensionales Riesenblatt unseres Spitz-Ahorns. Dieser dekorative Baum ist im Westen Nordamerikas beheimatet, wo er als Schattholzart im Unterstand von Pseudotsuga, verschiedenen Kiefern, Sequoia sempervirens, Abies grandis, Alnus rubra, Fraxinus oregona, Chamaecyparis lawsoniana und Thuja plicata wächst. Der sehr auf Bodenfeuchtigkeit angewiesene Ahorn ist nur in Talsenken längs der Flüsse und Bäche oder aber im Nebelgürtel entlang der Pazifik-Küste zu finden. Bei uns entwickelt sich diese Ahorn-Art zu einem 10 bis 15 (bis 20) m hohen, rundkronigen Baum. Neben der ungewöhnlichen Blattzierde und der gelben bis orangeroten Laubfärbung hat A.

macrophyllum auch noch sehr auffallende, bis 20 (bis 25) cm lange, gelbe, duftende Blütenrispen, die mit dem Blattaustrieb erscheinen. Als junge Pflanze wird er – besonders auf zu schweren und nährstoffreichen Böden – gelegentlich von Frühfrösten geschädigt. Die Selektion kälteresistenterer Rassen wäre hier außerordentlich lohnenswert. Ältere Exemplare sind jedoch ausreichend frosthart. Ein imposanter Baum für sonnige bis halbschattige, nicht zu trockene, geschützte Standorte. In früheren Zeiten wurde diese Art auch von deutschen Baumschulen angeboten. Mannshohe Pflanzen kosteten 1939 bei der Fa. H. A. HESSE IN WEENER pro Stück 1,50 RM.

A. maximowiczianum MIQ., Nikko-Ahorn

(= A. nikoense)

Es gibt eine Reihe wunderschöner Ziergehölze, bei denen man sich die Frage stellt, warum sie denn nicht viel häufiger in unseren Gärten vertreten sind. Oftmals liegt der Grund in ihrer nicht ausreichenden Frosthärte. Bei dem Nikko-Ahorn liegt der Fall allerdings anders. Der aus den Bergwäldern Japans stammende Kleinbaum ist auch bei uns völlig hart, es ist nur sehr schwierig, von ihm genügend keimfähige Saat zu bekommen. A. maximowiczianum, den viele noch unter dem Namen A. nikoense kennen, ist sehr langsamwüchsig und entwickelt sich zu einem schlank und locker-trichterförmig aufrechten Großstrauch oder gelegentlich auch Kleinbaum von 6 bis 8 (bis 12) m Höhe. Aus England kennen wir sogar 14 und 15 m hohe Exemplare. Die mehr hellgrünen Blätter sind, wie bei A. griseum und A. triflorum, 3zählig. Im Herbst färben sie leuchtend scharlachrot. Ein prachtvoller Ahorn, der zu den schönsten Herbstfärbern zählt und der aufgrund seiner Langsamwüchsigkeit auch in kleineren Gartenräumen verwendet werden kann.

A. monspessulanum L., Dreilappiger Ahorn, Burgen-Ahorn, Französischer Ahorn

Verbreitung: Mittelmeergebiet bis zum Kaukasus und Nordpersien; in Deutschland nur isolierte Vorkommen des mediterranen Hauptareals im Weinbauklima, Mittelrheingebiet, im ganzen Moseltal bis Koblenz, im Main-, Nahe- und auch Saaletal; auf warmen, trockenen Felshängen, im lichten Trockengebüsch, an Waldrändern, vergesellschaftet mit: Quercus pubescens, Prunus mahaleb, Prunus spinosa, Colutea arborescens, Rosa pimpinellifolia, Viburnum lantana, Sorbus aria, Sorbus torminalis, Acer opalus und Amelanchier ovalis.

Acer monspessulanum in Blüte

Wuchs: Kleiner Baum oder Großstrauch mit meist drehwüchsigen Stämmen und unregelmäßiger, breit eiförmiger oder rundlicher Krone, langsam wachsend.

Größe: 5 bis 8 (bis 11 m hoch und 4 bis 7 (bis 9 m breit. Jahreszuwachs in der Höhe 35 cm, in der Breite 3 cm. In 40 Jahren ca. 10 bis 12 m hoch und meist genauso breit. Zuwachs im Alter 10 bis 15 cm.

Rinde: Zweige graubraun, später dunkelbraune, längsrissige, im Alter rechteckig gefelderte Borke.

Blätter: Sommergrün, gegenständig, 3lappig, Lappen glattrandig, Blätter verhältnismäßig klein, 3 bis 6 cm lang, Stiele 2 bis 6 cm lang, dunkelgrün, glänzend, etwas derb; Herbstfärbung schön gelb, gelegentlich auch orange bis kräftig rot, Oktober.

Blüten: Gelbgrüne Doldentrauben im April/Mai während des Austriebs, attraktiv.

Früchte: Fruchtflügel fast parallel zueinander stehend.

Wurzel: Herzwurzler.

Acer monspessulanum, Fruchtflügel fast parallel, bei A. campestre waagerecht

Standort: Sonnig bis absonnig (bis Halbschatten).

Boden: Toleriert alle kultivierten, gut durchlässigen Böden, Kalk liebend, gedeiht auch auf trockenen Böden.

Eigenschaften: Konkurrenzschwache Gehölzart, licht- und wärmeliebend, hitzefest, ausreichend frosthart, windfest, wirft in Trockenjahren das Laub ab, natürliche Reaktion, die keine Schäden hinterläßt, wird kaum von Krankheiten befallen, schnittfest.

Verwendung: Dieser heimische Ahorn wird viel zu wenig beachtet. Freistehende Exemplare können sich zu sehr malerischen Baumgestalten entwickeln. Für Mischpflanzungen, lichte Schutzgehölze und kleine Straßenräume. Ein schönes Herbstbild ergibt sich Jahr für Jahr mit Cotoneaster acutifolius.

Ökologie: Die Blüten werden auffallend stark von Hummeln, Faltern, Bienen und Käfern beflogen. Insektenmagnet!

A. x neglectum 'Annae' SCHWERIN
(= A. x zoeschense 'Annae')

Acer x neglectum 'Annae'

Wuchs: Malerischer, meist mehrstämmiger Kleinbaum mit breit ausladenden Kronen-ästen.

Größe: 5 bis 8 m hoch und im Alter meist breiter als hoch. Nach 40 Jahren auf gutem Boden 10 m hoch und breit. Jahreszuwachs in der Höhe und Breite 40 cm.

Blätter: Sommergrün, gegenständig, 8 bis 12 cm breit, 5lappig, dunkelgrün, im Austrieb leuchtend dunkelrot, später seidig glänzend, etwas ledrig, mit auffallend roten, 6 bis 9 cm langen Blattstielen, Herbstfärbung verhältnismäßig spät, leuchtend dunkelgelb.

Blüten: Gelbgrüne Doldentrauben im Mai.

Früchte: Fruchtflügel beinahe waagerecht angeordnet.

Acer x neglectum 'Annae'

Wurzel: Flach ausgebreitet, stark verzweigt, sehr hoher Feinwurzelanteil.

Standort: Sonnig bis halbschattig.

Boden: Toleriert jeden kultivierten, durchlässigen Boden, trocken bis feucht, sauer bis alkalisch.

Eigenschaften: Gut frosthart, stadtklimafest, rauchhart, hitzeverträglich.

Verwendung: Hervorragendes, sehr gesundes Gehölz für Einzelstellung in Garten- und Parkanlagen; Gruppen, größere Pflanzkübel. Guter Herbstfärber. A. x neglectum 'Annae' sollte zukünftig viel häufiger verwendet werden; diese aus A. campestre und A. lobelii entstandene Hybride gehört zu den anpassungsfähigsten und stattlichsten Solitärgehölzen der Ahorn-Gruppe.

A. negundo L.,
Eschen-Ahorn, Box Elder

Acer negundo

Verbreitung: Nordamerika, an Seeufern und in Auenwäldern.

Wuchs: Baum oder Großstrauch, meist mehrstämmig mit lockerer, breiter Krone, Äste im Alter weit ausladend, Zweige malerisch überhängend, raschwüchsig.

Größe: Bis 15 (bis 20) m hoch und 10 bis 12 (14) m breit. Jahreszuwachs in der Höhe 45 cm, in der Breite 30 bis 40 cm (junge Pflanzen wesentlich stärker).

Rinde: Zweige in der Jugend glänzend grün, häufig blau bereift.

Blätter: Sommergrün, gegenständig, gefiedert, Blättchen meist 5 (bis 7) oder 3, hellgrün, Herbstfärbung lichtgelb, gelegentlich auch leuchtend orange.

Acer negundo

Blüten: Blaßgelb, vor dem Laubaustrieb im März/April, in hängenden Trauben, männliche Blütenbüschel sind eine große Zierde.

Früchte: Gelblichweiße Fruchtflügel in Trauben. Im Winter sehr attraktiver Fruchtschmuck!

Wurzel: Hauptwurzeln tief, aber mit vielen Feinwurzeln im Oberboden.

Standort: Sonnig bis halbschattig.

Boden: Sehr anspruchslos, toleriert alle Bodenarten, sowohl trockene als auch vernäßte Böden mit hohem Grundwasserstand, kalkverträglich.

Eigenschaften: Pioniergehölz, unempfindlich gegen Luftverunreinigung, stadtklimafest, im Alter Windbruchgefahr, leicht verpflanzbar, verträgt Überschwemmungen.

Verwendung: Schnellwüchsiges, sehr dekoratives, transparentes Gehölz für Solitärstellung und Gruppenpflanzung in größeren Gärten und Parkanlagen, Wasserläufe, weite Rasenflächen, Abpflanzungen, Pioniergehölz zur Ödlandbegrünung.

A. negundo 'Aureo-Variegatum', Goldeschen-Ahorn

Acer negundo 'Aureo-Variegatum'

Wuchs: Kleinkroniger Baum oder Großstrauch, mittelstark wachsend.

Größe: 5 bis 7 (bis 10) m hoch und 4 bis 6 m breit. Jahreszuwachs in der Höhe 25 cm, in der Breite 15 cm.

Rinde: Zweige in der Jugend glänzend grün, stark blau bereift.

Blätter: Sommergrün, gegenständig, gefiedert, Blättchen dunkelgrün mit unregelmäßigen, goldgelben Flecken.

Wurzel: Hauptwurzeln tief, aber mit vielen Feinwurzeln im Oberboden.

Standort: Sonnig, windgeschützt.

Boden: Sehr anspruchslos, toleriert alle kultivierten Bodenarten.

Verwendung: Farbenprächtiges Gehölz für Kontrastpflanzungen, Einzelstellung, Gärten, Pflanzkübel.

A. negundo 'Flamingo', Flamingo-Ahorn

Wuchs: Kleinkroniger Baum oder Großstrauch, mittelstark wachsend.

Größe: 5 bis 7 m hoch und 4 bis 6 m breit. Jahreszuwachs in der Höhe 25 bis 30 cm, in der Breite 20 cm.

Rinde: Junge Zweige hellgrün, bläulichweiß bereift.

Blätter: Sommergrün, gegenständig, silbriggraugrün, später mittelgrün, weiß bis rosa-weiß gerandet und marmoriert, junger Austrieb zart flamingorosa gefärbt oder lebhaft grünrosa gefleckt.

Verwendung: Eine farblich besonders auffallend gezeichnete Gartenform für spezielle Pflanzsituationen, Einzelstellung, Gärten, Pflanzkübel. Sehr schön mit rosa-weißen Buschmalven (Lavatera olbia 'Barnsley'), Buntschopf-Salbei und Limonium sinuatum (Fliedertöne).

Bemerkung: Um den farbenprächtigen Austrieb zu fördern, sollte man den Flamingo-Ahorn von Zeit zu Zeit scharf zurückschneiden.

Acer negundo 'Flamingo'

A. negundo 'Odessanum'

1890 von ROTHE, Odessa, in den Handel gebracht.

Wuchs: Kleinkroniger Baum oder auch mächtiger Großstrauch, in der Jugend raschwüchsig.

Größe: 7 bis 10 m hoch und 5 bis 7 m breit. Jahreszuwachs in der Höhe 30 bis 35 cm, in der Breite 25 cm.

Rinde: Junge Triebe dicht weißlich behaart, später dunkelgrün.

Blätter: Sommergrün, gegenständig, gefiedert. Blättchen im Austrieb bronzefarben, später leuchtend goldgelb.

Wurzel: Hauptwurzeln tief, aber mit vielen Feinwurzeln im Oberboden.

Acer negundo 'Odessanum'

Standort: Sonnig, windgeschützt.

Boden: Sehr anspruchslos, toleriert alle kultivierten Bodenarten.

Eigenschaften: Blätter vergrünen im Schatten.

Verwendung: Sehr schöne, wüchsige Sorte für den vollsonnigen Stand, wo das leuchtend goldgelbe Laub gut zur Wirkung kommt. Hintergrund für den „Goldgelben Garten".

A. negundo 'Variegatum', Silbereschen-Ahorn

Wuchs: Kleinkroniger Baum oder Großstrauch, mittelstark wachsend.

Acer negundo 'Variegatum'

Größe: Bis 7 m hoch und 3,5 bis 5 m breit. Jahreszuwachs in der Höhe 30 cm, in der Breite 20 cm.

Rinde: Junge Zweige dunkelgrün, in der Jugend stark weiß bereift.

Blätter: Sommergrün, gegenständig, Blättchen unregelmäßig weiß gerandet oder gebändert, im Austrieb rosa.

Verwendung: Einzelstellung, Gärten, Pflanzkübel.

A. opalus MILL., Schneeballblättriger Ahorn, Italienischer Ahorn (= A. italum LAUTH., A. opulifolium VILL.)

Verbreitung: Mediterrane Gehölzart; südeuropäische Gebirge, nördliche Verbreitungsgrenze liegt im Schweizer Jura, in den Südalpen und im Illyrischen Gebirge; in Deutschland nur ein Vorkommen im Südschwarzwald; in lichten Buchen- und Eichenwäldern mit Quercus pubescens, Sorbus aria, Sorbus torminalis, Prunus mahaleb, Buxus sem-

Acer opalus

Acer opalus

pervirens, Ilex aquifolium, Cornus mas, Coronilla emerus, Acer campestre, Corylus avellana und Acer monspessulanum.

Wuchs: Kleiner Baum bis mittelgroßer Baum.

Größe: 8 bis 12 (bis 20) m hoch und 5 bis 15m breit. Im Bot. Gart. Bonn 18 m hoch, Stamm ∅ 60 cm.

Rinde: Zweige stielrund, glatt, glänzend rotbraun bis olivbraun. Alte Borke schuppig

Blätter: Sommergrün, gegenständig, 3 bis 5lappig, Lappen kurz und breit, Austrieb oft rötlich, später dunkelgrün, unterseits hellgraugrün, dicht behaart, später kahl; Herbstfärbung leuchtend orange bis rot.

Blüten: Lebhaft zitronengelbe, etwas nickende Doldentrauben vor der Laubentfaltung, sehr attraktiv und zierend.

Früchte: Fruchtflügel rechtwinklig abstehend.

Standort: Sonnig bis absonnig.

Boden: Auf trockenen bis frischen, kalkhaltigen Standorten. Auf zu schweren Böden Frostschäden.

Eigenschaften: Wärmeliebend, hitzeverträglich, trockenheitsresistent, etwas spätfrostempfindlich, Baum steht scheinbar früh im Saft, junge Stämme im Februar bis April gegen Frostrisse schattieren.

Verwendung: A. opalus wird schon seit Anfang des 19. Jahrh. in den Gärten kultiviert, ist aber leider bei uns kaum bekannt. Ein kleiner, malerischer Baum mit wunderbarer, leuchtend orangeroter Herbstfärbung, der unbedingt Eingang in unsere Garten-und Parkanlagen finden sollte.

Ökologie: Blüten werden stark von Hummeln, Bienen und anderen Insekten beflogen.

A. palmatum THUNB., Fächer-Ahorn

Verbreitung: Japan, Korea, Wälder der Berge und des Tieflandes.

Wuchs: Baumartiger Großstrauch, gelegentlich auch kleiner, malerischer Baum, meist mehrstämmig. Krone rundlich, im Alter schirmartig übergeneigt, langsam wachsend.

Größe: 5 bis 7 (8 m) hoch und genauso breit. Jahreszuwachs (auch noch an 30jährigen Pflanzen) in Höhe und Breite etwa 20 bis 35 cm.

Blätter: Sommergrün, gegenständig, meist 5 (7)-lappig, selten mit 9 Lappen, 6 bis 11 cm breit, Blattlappen schwertartig zugespitzt, in der Regel bis über die Blattmitte eingeschnitten, bei den Kultursorten variierend, (Acer japonicum 7 bis 9 (11) lappig!), frischgrün, Herbstfärbung leuchtend orange bis rot.

Acer palmatum

Blüten: In purpurnen Trauben, Mai.

Früchte: Fruchtflügel stehen stumpfwinklig zueinander, sehr schön rot, später braun, attraktiv.

Wurzel: Flachwurzler, Oberboden wird intensiv durchwurzelt, hoher Anteil an Feinwurzeln. Auf sehr sonnigen, trockenen Plätzen Wurzelbereich mulchen, da Kühle und Feuchte liebend.

Standort: Sonnig bis halbschattig, auf sehr leichten, sandigen Böden ist eine lichtschattige Position vorteilhaft; windgeschützt.

Boden: Optimal auf frischen bis feuchten, gut durchlässigen, lockeren, sandig-humosen Lehmböden, schwach sauer; Acer palmatum ist aber viel anspruchsloser und bodentoleranter, als allgemein angenommen wird, und gedeiht auf den verschie-

Acer palmatum

densten Bodentypen. Sauer bis neutral bis schwach alkalisch. A. palmatum versagt auf sehr schweren, undurchlässigen, verdichteten und nassen Böden. Frostschäden und Pilzerkrankungen sind die Folge.

Eigenschaften: In der Jugend frostgefährdet, im Alter hart, durch frühen Austrieb gelegentliche Spätfrostschäden, längere Sommertrockenheit nicht gut vertragend.

Verwendung: Acer palmatum ist eine unserer größten Gartenkostbarkeiten. Außergewöhnliches Solitärgehölz für Einzelstellung in Garten- und Parkanlagen, herrlich in Innenhöfen oder in genügend großen Kübeln und Containern. Da ein zuverlässiger Färber, kann man mit ihm fein abgestimmte Herbstthemen planen. Wundervoll mit Azaleen, Enkianthus, Fothergilla, Molinia coerulea und Crocus speciosus. In lichtschattigen Gehölzrandpartien

lassen sich mit Carex morrowii, Dryopteris-Arten, Polystichum aculeatum, P. setiferum 'Proliferum', Hosta-Arten (Herbstfärbung leuchtend gelb), Polygonatum, Kirengeshoma und Cimicifugen eindrucksvolle Gartenbilder schaffen. Verschiedene Garten-Bambus-Arten wie Phyllostachys aureosulcata, Pseudosasa japonica, Sinarundinaria nitida und S. murielae passen ebenfalls ausgezeichnet zum Fächerahorn und bilden gerade auch zu der orangeroten Herbstfärbung einen idealen Hintergrund. A. palmatum gehört zusammen mit Pinus parviflora 'Glauca', den Prunus serrulata-Formen, versch. Magnolien, Bambus, Ilex crenata, Sciadopitys, Skimmien, Rhododendron, Azaleen und Strauch-Paeonien zu den typischen Japan-Garten-Pflanzen.

A. palmatum 'Atropurpureum', Roter Fächer-Ahorn

Acer palmatum 'Atropurpureum'

Acer palmatum 'Atropurpureum'

Wuchs: Kleiner, malerisch baumartig wachsender Strauch.

Größe: 3 bis 5 m hoch, im Alter oft breiter als hoch.

Blätter: Sommergrün, gegenständig, 6 bis 11 cm breit, 5 (bis 7)lappig, über die Blattmitte tief geschlitzt, im Sommer konstant dunkelrot bis granatrot, Herbstfärbung leuchtend rot.

Wurzel, Standort, Boden wie bei der Art.

Verwendung: Einzelstellung, kleine Gartenräume, Parkanlagen, Dachgärten, Pflanzkübel.

links: Acer palmatum mit Herbst-Enzian (Gentiana sinoornata)

A. palmatum 'Bloodgood'

Wuchs: Mittelhoher, malerisch baumartig wachsender Strauch oder kleiner Baum mit breit rundlicher Krone, starkwüchsig, jedoch kleiner bleibend als A. palmatum 'Atropurpureum'.

Größe: Bis 4 (bis 6) m hoch und immer genauso breit.

Blätter: Sommergrün, gegenständig, 5 (bis 7)lappig; Lappen bis zur Hälfte der Blattspreite eingeschnitten, wenig gesägt, 5 bis 10 cm lang und bis 12 cm breit, Blattstiel 5 cm lang, herrlich dunkelpurpurrot bis schwarzrot, die Farbe bleibt bis zum Spätsommer konstant erhalten, Herbstfärbung leuchtend scharlachrot.

Weitere Angaben und Merkmale wie bei A. palmatum.

Verwendung: 'Bloodgood' ist eine der besten und beständigsten roten A. palmatum-Formen überhaupt und hat auch von allen die dunkelste Farbe. Einzelstellung, Kleingärten, Pflanzkübel.

Benachbarungsbeispiele für den dunkelpurpurroten Fächerahorn A. palmatum 'Bloodgood' und andere rotlaubige Gehölze wie z. B. Cotinus coggygria 'Royal Purple' oder Corylus maxima 'Purpurea'.

Acer palmatum 'Bloodgood' als Solitär vor einer Gartenmauer oder Pergola.

Folgende Kletterpflanzen wären farblich ein idealer Hintergrund: Actinidia kolomikta mit dem rosaweißen Laub kann ich nur wärmstens empfehlen; ein herrlicher Farbklang ist auch mit den zartrosalila und purpurrosafarbenen Clematis-Hybriden 'Comtesse de Bouchaud' und 'Hagley Hybrid' zu erzielen, bei denen unser Auge die Farbverwandtschaft zum Ahornlaub sofort aufnimmt; wunderbar auch das Rosa von Clematis montana 'Rubens' als

Acer palmatum 'Bloodgood'

Hintergrund. Die Unterpflanzung könnte aus dem rotviolettlaubigen Ajuga reptans 'Atropurpurea' und einzelnen blaublättrigen Hosta sieboldiana bestehen; als weitere Nachbarn kämen auch die weinrotlaubige Berberis thunbergii 'Bagatelle' und Festuca mairei in Frage.

Eine andere Variante wäre die Verbindung des dunkelpurpurroten Laubes mit graublättrigen und blaublühenden Pflanzen. Pyrus salicifolia 'Pendula' wäre hier ein ausgezeichneter Hintergrund, Juniperus virginiana 'Grey Owl' und Pinus parviflora 'Glauca' würden diese Stimmung noch unterstreichen. Als Bodendecker oder staudig an halbhohen Rankgestellen empfehle ich Clematis x durandii, die Hybride 'Perle d'Azur' und die herrlich blaue 'Fujimusume'. Der blaue Farbton wird noch von Geranium x magnificum, Campanula lactiflora, Eryngium x zabelii und Hosta sieboldiana verstärkt.

Farblich sehr wirkungsvoll und dauerhaft ist eine Unterpflanzung des roten Ahorns mit weiß- und gelbbunten Euonymus fortunei-Sorten. Ein ganz einfacher Tip und doch ungeheuer wirkungsvoll: Chrysanthemum Maximum-Hybriden zusammen mit rotlaubigen Gehölzen.

Fantastisch auch das purpurrote Laub in Verbindung mit zartrosa bis violettrosafarbenen Strauch- und Bodendeckerrosen wie R. 'Centifolia Muscosa', 'Lavender Dream', 'Roseromantic' und 'Sommerwind'. Vorzüglich paßt zu dieser Stimmung auch das bläuliche, purpurn überlaufene Blatt unserer heimischen Rosa glauca.

A. palmatum 'Deshojo'

Acer palmatum 'Deshojo'

Wuchs: Kleiner, aufrecht wachsender, malerischer Strauch.

Größe: Bis 3 m hoch und genauso breit.

Blätter: Sommergrün, gegenständig, 5 bis 7lappig, Blattlappen bis über die Blattmitte eingeschnitten, 5 bis 6 cm breit und genauso lang, Stiel dünn, bis 4 cm lang, Austrieb herrlich karminrot, später hellgrün.

Wurzel, Standort und Boden wie bei der Art.

Verwendung: Eine schwachwüchsige Form, die sich durch einen brillanten, leuchtend karminroten Austrieb auszeichnet. Sehr schön für kleinere Gärten, Innenhöfe und Kübelbepflanzungen.

A. palmatum 'Dissectum', Grüner Schlitz-Ahorn (= A. palmatum 'Dissectum Viride')

Wuchs: Kleiner, gedrungener, flach bis halbkugeliger Strauch, Mittelstamm und Hauptäste malerisch

Acer palmatum 'Dissectum'

geschwungen, Zweige schirmförmig ausgebreitet und bogig überhängend, schwachwüchsig.

Größe: Bis 2 m hoch und dann oft 2 bis 3 m breit.

Blätter: Sommergrün, gegenständig, 5 bis 7lappig, bis zur Basis geteilt und fein geschlitzt, hellgrün, Herbstfärbung leuchtend gelb bis orange.

Wurzel, Standort und Boden wie bei der Art.

Acer palmatum 'Dissectum'

Verwendung: Einzelstellung, Gärten, Gartenhöfe, kleinräumige Parkanlagen, Gehölz- und Staudenrabatten, Pflanzkübel.

A. palmatum 'Dissectum Atropurpureum', Roter Schlitz-Ahorn (= A. palmatum 'Dissectum Ornatum')

Wuchs: Kleiner, gedrungener, flach- bis halbkugeliger Strauch, Krone dicht und geschlossen, Astpartien etagenförmig übereinanderliegend, Zweige bogenförmig abwärts gerichtet.

A. palmatum 'Dissectum Atropurpureum'

Größe: Bis 3 (bis 5 m hoch und 4 m breit.

Blätter: Sommergrün, gegenständig, 5 bis 7lappig, fast bis zur Mitte geteilt, Lappen fein und tief geschlitzt, zuerst braunrot, später warm bronzegrün, Herbstfärbung feurigrot.

Wurzel, Standort und Boden wie bei der Art.

Verwendung: Einzelstellung, Gärten, Innenhöfe, kleinräumige Parkanlagen, Gehölz- und Staudenrabatten, Pflanzkübel.

A. palmatum 'Dissectum Garnet', Dunkelroter Schlitz-Ahorn

A. palmatum 'Dissectum Garnet'

A. palmatum 'Dissectum Garnet'

Wuchs: Kleiner, gedrungener, flachkugeliger, breit ausladender Strauch, schwachwüchsig.

Größe: Bis 2 m hoch und mehr als doppelt so breit.

Blätter: Sommergrün, gegenständig, 5 bis 7lappig, tief und fein geschlitzt, tiefpurpur bis schwarzrot, die Farbe hält sich ohne Abschwächung bis zum Herbst, Austrieb leuchtend rot.

Wurzel, Standort und Boden wie bei der Art.

Verwendung: Einzelstellung, Gärten, Innenhöfe, kleinräumige Parkanlagen, Gehölz- und Staudenrabatten, Pflanzkübel.

A. palmatum 'Inaba shidare'

(YOKOHAMA NURSERIES 1930)

Wuchs: Mittelhoher, unregelmäßig flach-rundlicher Strauch, Äste locker gestellt, zunächst aufwärts wachsend, im Alter malerisch herabhängend.

Größe: 1,50 bis 2 (2,50) m hoch, im Alter immer breiter als hoch. Bei 1 m Höhe oft bis 2,30 m breit.

Blätter: Tief 5 bis 7lappig, einzelne Lappen wiederum in zahlreiche, spitze Seitenlappen zerteilt, 7 bis 9,5 cm lang, 10 bis 14 cm breit, Stiel 3,5 bis 6 cm lang, tiefpurpurrot, auch noch im Spätsommer, Herbstfärbung feurig hellrot.

Wurzel, Standort und Boden wie bei der Art.

Verwendung: Sehr schöne, konstant rotlaubige Form für Einzelstellung in Gärten, Innenhöfen und kleinräumigen Parkanlagen.

A. palmatum 'Dissectum Nigrum', Schwarzroter Schlitz-Ahorn

Wuchs: Kleiner, dicht gedrungener, kugeliger Zwergstrauch, Zweige schirmförmig ausgebreitet und bogenförmig abwärts gerichtet, sehr schwachwüchsig.

Größe: 1,50 bis 2,00 m hoch und meist doppelt so breit.

Blätter: Sommergrün, gegenständig, 5 bis 7lappig, tief und fein geschlitzt, den ganzen Sommer über dunkelbraunrot, im Austrieb leuchtend rot.

Wurzel, Standort und Boden wie bei der Art.

Verwendung: Sehr langsam und gedrungen wachsender Schlitz-Ahorn für Einzelstellung, Gärten, Innenhöfe, kleinräumige Parkanlagen, Kleingehölz- und Staudenrabatten, Schalen und Pflanzkübel.

A. palmatum 'Okushimo'
(= A. palmatum 'Crispum')

Wuchs: Hoher Strauch, schmal trichterförmig, Grundäste straff aufrecht, Triebe in der Krone dicht und betont aufrecht wachsend, interessante Wuchsform!

Größe: 4 bis 6 (bis 8) m hoch und 2,5 bis 3,5 m breit.

Blätter: Sommergrün, gegenständig, verhältnismäßig kleinblättrig, alle Blätter auffallend aufwärts gerichtet, 5lappig, Lappen bis zu 2/3 der Spreite eingeschnitten, Blattränder und Blattspitzen nach oben eingerollt, teilweise so stark, daß sich die umgeschlagenen Ränder berühren, Lappen wirken dadurch sehr schmal und spitz, 3,5 bis 4,5 cm lang, 2,5 bis 4,5 cm breit, Blattstiel 2,5 bis 3,5 cm, Herbstfärbung leuchtend gelb, attraktive Belaubung.

Wurzel, Standort und Boden wie A. palmatum.

Verwendung: Ein japanischer Fächer-Ahorn mit einer unverwechselbaren und sofort ins Auge fallenden Wuchsform und einer sehr interessanten Belaubung, die darüberhinaus eine der schönsten Herbstfärbungen dieser Gehölzgruppe annimmt. Einzelstand, kleine Gartenräume, Parkanlagen, Pflanzkübel.

A. palmatum 'Osakazuki'
(= A. palmatum 'Taihai')

Acer palmatum 'Osakazuki'

Wuchs: In der Jugend raschwüchsiger, breitbuschig aufrechter Strauch, im Alter mit rundlicher Krone.

Größe: 4 bis 6 m hoch und meist genauso breit. Jahreszuwachs in der Höhe 15 (20) cm, in der Breite 15 cm.

Blätter: Sommergrün, gegenständig, für eine Palmatum-Form verhältnismäßig groß, 6 bis 10 (bis 14) cm breit, 7lappig, kräftig grün, im Herbst von dunkelorange bis leuchtend karminrot, färbt regelmäßig jedes Jahr.

Wurzel, Standort und Boden wie bei der Art.

Verwendung: A. palmatum 'Osakazuki' hat von allen Acer palmatum-Formen die brillanteste Färbung. In der Herbstsonne gleicht er einem brennenden Busch; die Farbe ist so intensiv, daß sie noch in der Dämmerung zu glühen scheint. Einzelstellung, Gärten, Parkanlagen, Wasserränder, Rasenflächen, vor dunklen Koniferen, Pflanzkübel.

A. palmatum 'Sango-kaku',
Korallenrinden-Ahorn
(= A. palmatum 'Senkaki')

Ein 4 bis 6 m hoher Strauch mit auffallender Rindenfärbung. Die Zweige sind besonders in den Wintermonaten leuchtend korallenrot. Blätter 5 bis 7lappig, im Sommer ein typisches, helleres „Palmatum-Grün", im Herbst von goldgelb über aprikosenfarben bis hellrot.
Der Korallenrinden-Ahorn gehört zu den kostbarsten winterlichen Gartenschönheiten, die das Gehölzsortiment zu bieten vermag.

A. pensylvanicum L.,
Streifen-Ahorn

Acer pensylvanicum, Herbstfärbung

Verbreitung: Östliches Nordamerika, O-Kanada, bildet das Unterholz in schattigen, feuchten Bergwäldern.

Wuchs: Mehrstämmige, baumartige Sträucher oder bisweilen kleine Bäume mit kurzem Stamm

und lockerer, im Freistand breiter Krone, sehr ansprechender Habitus.

Größe: 6 bis 9 (bis 12) m hoch und 3 bis 6 (bis 8) m breit. Jahreszuwachs in der Höhe 20 bis 35 cm, in der Breite 15 bis 25 cm.

Rinde: Glatt, hellgrün, mit dekorativen, weißen Längsstreifen.

Blätter: Sommergrün, gegenständig, 12 bis 18 cm lang, 3lappig, dunkelgrün, Herbstfärbung leuchtend hellgelb.

Blüten: Gelblich in hängenden Trauben, Mai.

Früchte: Fruchtflügel sichelförmig gekrümmt, hellbraun.

Wurzel: Flach ausgebreitet, dicht verzweigt.

Standort: Sonne bis Schatten.

Boden: Guter Oberboden, bevorzugt frische bis feuchte, humose, durchlässige, saure bis neutrale Böden.

Verwendung: Wegen des auffallenden Rindenbildes und der schönen Herbstfärbung ein besonders attraktives Gehölz für Einzelstellung in Gärten und Parkanlagen. Pflanzkübel.

A. platanoides L.,
Spitz-Ahorn
Lat. platanoides = platanenähnlich (bezieht sich auf die Blätter)

Acer platanoides

Acer platanoides hat aufrechte Blütendolden

Verbreitung: Europa, nach Osten bis zum Ural, im Süden bis zum Kaukasus, Kleinasien und Nordpersien; in Mischwäldern auf feuchten, nährstoffreichen, humosen Böden.

Wuchs: Großer, rundkroniger Baum mit dichtgeschlossener Krone und im Freistand mächtigen, weit ausladenden, stark verzweigten Ästen, schnellwüchsig.

Größe: 20 bis 30 m hoch und 15 bis 22 m breit (Freistand!). Jahreszuwachs in der Höhe 45 bis 60 cm, in der Breite 30 bis 40 cm. Zuwachs in der Jugend stärker.

Rinde: Zweige hellbraun, Winterknospen rot bis rotviolett, bei A. pseudoplatanus grün!, Borke schwärzlichgrau, längsrissig.

Blätter: Sommergrün, gegenständig, bis 20 cm breit, 5 bis 7lappig, bogig gezähnt, milchsaftführend; Herbstfärbung intensiv goldgelb, oft auch rötlich gezeichnet.

Blüten: Gelbgrün in endständigen, aufrechten Doldentrauben vor Laubaustrieb, blühende Bäume sind von großer Schönheit.

Acer platanoides

Früchte: Fruchtflügel stumpfwinklig bis fast waagerecht angeordnet, braun. Samen leicht aufgehend, Sämlinge können in Staudenflächen lästig werden.

Wurzel: Flaches Herzsenkerwurzelsystem, Hauptmassen der Wurzeln liegen im oberen Horizontalbereich, sehr intensives Feinwurzelwerk.

Standort: Sonnig bis halbschattig.

Boden: Keine besonderen Ansprüche, toleriert alle Bodenarten, schwach sauer bis alkalisch, versagt aber auf moorigen, torfigen Standorten.

Eigenschaften: Sehr frosthart, hitzeverträglich, außerordentlich trockenheitsresistent, sehr windfest, gut schattenverträglich, stadtklimafest, gehört nach den neuesten Erhebungen zu den gesündesten und vitalsten Stadtbäumen überhaupt. Acer plat. steht sehr früh im Saft. In frostgefährdeten Lagen und bei ungünstigem Witterungsverlauf Frostrisse an jungen Stämmen. Schattieren der Stämme! Wildart ist aber insgesamt frosthärter als die bekannten Sorten! Höchstalter liegt bei 150 Jahren.

Acer platanoides

Verwendung: Aufgrund der vielen guten Eigenschaften gehört der heimische Spitz-Ahorn zu den wichtigsten Gehölzen für Pflanzmaßnahmen in der freien Landschaft und im städtischen Raum. Einzelstellung, Gruppenpflanzung, Pioniergehölz, Bodenbefestigung, Aufforstungen, Schutzgrüngürtel, Lärm- und Windschutz, Dorf- und Hofbaum, Straßenbaum, Bienenweide, Vogelnährgehölz.

Ökologie: Neben dem reichlich gebildeten Blüten-Zuckersaft wird auch der von Blattläusen verursachte Honigtau eifrig von Bienen gesammelt. Die Früchte sind eine beliebte Winternahrung von Dompfaffen.

Anmerkung: Das Holz ist mäßig hart, schwer, sehr fest, feinfaserig und biegsam. Gut geeignet zur Herstellung von Furnieren, Tischplatten, Küchengeräten und Musikinstrumenten.

A. platanoides 'Cleveland'
(E. H. SCANLON, 1947)

Acer platanoides 'Cleveland'

Wuchs: Mittelgroßer Baum mit ovaler, später breit eiförmiger, kompakter und regelmäßiger Krone, die auch im Alter geschlossen bleibt.

Größe: Bis 15 m hoch und 4 bis 6 (bis 8) m breit. Wohl auch bis 20 m hoch und dann 10 bis 12 m breit! Jahreszuwachs in der Höhe 40 cm, in der Breite 30 cm.

Blätter: Sommergrün, gegenständig, 5 (bis 7) lappig, bogig gezähnt, Austrieb und Triebspitzen leuchtend rot, später frischgrün, glänzend, Herbstfärbung wundervoll goldgelb bis gelborange.

Blüten, Früchte, Wurzel, Standort, Boden wie bei der Art.

Eigenschaften: Gut hitzeverträglich, sehr stadtklimafest, erfordert wenig Schnittmaßnahmen.

Verwendung: Wertvoller, kompaktkroniger Baum für engere Straßenräume, eine der besten Formen für den innerstädtischen Bereich.

A. platanoides 'Columnare'

Wuchs: Mittelgroßer Baum, jung mit eiförmiger Krone, später schmal säulenförmig, meist mit gerader Stammverlängerung, Äste geschlossen aufstrebend, langsamer wachsend als die Art.

Größe: Bis 10 m hoch und 4 m breit. Wohl auch bis 16 m hoch und dann 7 m breit. Jahreszuwachs in der Höhe 30 cm, in der Breite 15 cm.

Blätter: Bis 15 cm breit, im Austrieb rötlich, später dunkelgrün, sonst wie die Art.

Blüten, Früchte, Wurzel, Standort, Boden wie bei der Art.

Verwendung: Wertvoller, schmalkroniger Baum, insbesondere für beengte städtische Straßenräume, Plätze, Innenhöfe, schmale Abpflanzungen.

Anmerkung: Von A. platanoides 'Columnare' sind sehr unterschiedliche Typen im Handel, wertvoll ist nur der schmal säulenförmige Typ!

Acer platanoides 'Columnare'

A. platanoides 'Crimson King'
(BARBIER)

Wurde von BARBIER, Orleans, 1946 in den Handel gegeben.

Laub bis zum Herbst gleichbleibend purpurschwarzrot. Vollentwickelte Blätter leicht glänzend. Wohl die schönste rotblättrige Form.

A. platanoides 'Crimson Sentry'

Schmalkronige, dicht verzweigte und schwachwüchsige Form mit konstant purpurschwarzroter Belaubung. Hat Ähnlichkeit mit 'Crimson King', wächst aber schwächer und bleibt niedriger.

A. platanoides 'Deborah'
(CANNOR NURSERIES, 1975)

In den Handel gebracht von HOLMLUND NURSERY, Gresham, Oregon, USA

Wuchs: Mittelgroßer Baum mit rundlicher bis breit rundlicher Krone.

Größe: 15 bis 20 m hoch und 10 bis 15 m breit. Jahreszuwachs in der Höhe 40 bis 45 cm, in der Breite 35 cm.

Blätter: Sommergrün, gegenständig, 12 bis 15 cm lang und 15 bis 20 cm breit, 5(bis 7)lappig, Blattränder runzelig, Austrieb brillant leuchtend blutrot, geht später über in ein Braungrün bis Dunkelgrün, Oberseite glänzend, Herbstfärbung gelborange. Blüten, Früchte, Wurzel, Standort, Boden wie bei der Art.

Eigenschaften: Nicht so frosthart wie 'Schwedleri', stadtklimafest.

Verwendung: Acer platanoides 'Deborah' ist ein Sämling von 'Schwedleri', der Austrieb ist jedoch brillanter und leuchtender. Darüber hinaus wächst 'Deborah' besser und bildet gute, gerade Stämme. Einzelstellung, Allee- und Straßenbaum.

A. platanoides 'Drummondii'

1903 von DRUMMOND, Stirling, England, verbreitet.

Acer platanoides 'Drummondii'

Wuchs: Mittelgroßer Baum mit geschlossener, breit pyramidaler, im Alter rundlicher Krone.

Größe: 10 bis 12 (bis 15) m hoch und 7 bis 9 m breit.

Blätter: Sommergrün, gegenständig, 5 bis 7lappig, entsprechen der Wildform, Grundfarbe hellgrün, sehr breit und regelmäßig weiß bis cremeweiß gerandet, im Austrieb zartrosa.

Blüten, Früchte, Wurzel wie bei der Art.

Standort: Sonnig bis absonnig.

Boden: Guter Oberboden, schwach sauer bis alkalisch, versagt auf moorigen, torfigen Standorten.

Eigenschaften: Nicht so frosthart wie 'Schwedleri', stadtklimafest.

Acer platanoides 'Drummondii'

Verwendung: Sehr schöne, weißbunte Form, die aus einiger Entfernung hellgrün wirkt und immer ein wenig Frühlingsstimmung verbreitet. Verwendbar zur Kontrastierung und Belebung von Gehölzpflanzungen. Kann gut kombiniert werden mit anderen weiß- oder gelbbunten Sträuchern und Stauden, doch sollte dieser Aspekt nie überbetont werden, sondern lediglich ein Lichtpunkt im Gesamtbild bleiben. Guter Hintergrund für das Thema „Gelber Garten".

A. platanoides 'Emerald Queen'
(A. MC GILL & SON, 1961)

Acer platanoides 'Emerald Queen'

Wuchs: Mittelgroßer Baum mit ovaler Krone und auffallend geradem Stamm, Äste oft sehr stark, etwas unregelmäßig, in der Jugend betont aufrecht, Krone im Alter breiter und rundlicher werdend, doch immer geschlossen, schnellwüchsig.

Größe: Bis 15 m hoch und 8 bis 10 m breit, in 20 Jahren etwa 7,50 m hoch und 6 m breit. Jahreszuwachs in der Höhe 40 (50) cm, in der Breite 20 cm.

Blätter: Sommergrün, gegenständig, 10 bis 18 cm breit, 5lappig, dunkelgrün, glänzend, im Austrieb hell rosarot, Herbstfärbung leuchtend hellgelb.

Blüten, Früchte, Wurzel, Standort und Boden wie bei der Art.

Eigenschaften: Hitzeverträglich, sehr stadtklimafest, bildet schnell starke Stämme. In ungünstigen Lagen frostgefährdet.

Verwendung: Bepflanzung von Straßen und Plätzen im städtischen Bereich. Wegen der geschlossenen und verhältnismäßig schmal bleibenden Krone gut geeignet auch für etwas engere Straßenraumverhältnisse.

A. platanoides 'Eurostar'

Wurde 1977 in Ede, Holland, selektiert und 1992 als bester Klon von 27 handelsüblichen A. platanoides-Sorten ausgezeichnet.

Wuchs: Mittelgroßer bis großer Baum mit pyramidaler, regelmäßig aufgebauter Krone und geradschäftigem Stamm, Leittrieb bis zum Wipfel durchgehend, Äste und Zweige relativ schwach ausgebildet, schräg ansteigend.

Größe: Endgültige Höhe noch nicht bekannt, sicher aber 12 bis 15/20 m hoch.

Blätter: Sommergrün, gegenständig, 5lappig, hellgrün, Herbstfärbung intensiv gelb.

Blüten, Früchte, Wurzel, Standort und Boden wie bei der Art.

Eigenschaften: Frosthart, treibt etwas später aus als andere Sorten, stadtklimafest, windresistent.

Verwendung: Wertvolle Neuheit! A. platanoides 'Eurostar' ist sehr gut geeignet als Allee- und Straßenbaum.

A. platanoides 'Faassen's Black'

Wuchs: Mittelstark, Krone breitkegelig bis rundlich, im Aufbau locker, unregelmäßig.

Größe: 12 bis 15 (20) m hoch und 8 bis 10 (15/20) m breit. Jahreszuwachs in der Höhe 40 cm, in der Breite 20 bis 25 cm.

Blätter: Sommergrün, gegenständig, 10 bis 16 cm

Acer platanoides 'Faassen's Black'

breit, 5lappig, im Austrieb leuchtend rot, bis zum Laubfall konstant dunkelpurpurbraun.

Blüten: In aufrechten Doldentrauben, Blütenstiele, Narben und Hüllblätter glänzend dunkelrot, die gelben Blütenblätter und Staubgefäße bilden dazu einen schönen Kontrast.

Früchte, Wurzel, Standort, Boden, Eigenschaften wie bei der Art.

Verwendung: Farbenprächtiges Solitärgehölz, Gruppen, Straßenbaum für engere Räume.

A. platanoides 'Farlake's Green'

Wuchs: Mittelgroßer Baum mit gleichmäßig aufgebauter Krone, Äste und Zweige in der Jugend straff aufrecht, später lockerer, mehr breit-rundlich; stark wachsend.

Größe: Endgültige Höhe noch nicht bekannt, sicher aber 12 bis 15 (20) m hoch und 6 bis 8 (10) m breit.

Rinde: Olivgrün.

Blätter: Sommergrün, gegenständig, 5lappig, groß, derb, dunkelgrün, im Herbst gelb bis orange.

Blüten, Früchte, Wurzel, Standort und Boden wie bei der Art.

Eigenschaften: Stark wachsend, stadtklimafest.

Verwendung: Holländische Selektion, die ein wertvoller Straßenbaum zu werden verspricht.

A. platanoides 'Globosum', Kugel-Ahorn

Acer platanoides 'Globosum'

Wuchs: Kleiner Baum, ohne Schnitt eine regelmäßig dicht verzweigte, geschlossene Kugelkrone bildend, im Alter mehr flachkugelig, schwachwüchsig.

Größe: Bis 6 m hoch und Kronendurchmesser dann 5 bis 6 m. Jahreszuwachs in Höhe und Breite 15 cm.

Blätter: Lebhaft hellgrün, sonst wie bei der Art.

Blüten, Früchte, Wurzel, Standort, Boden wie bei der Art.

Eigenschaften: Ausgesprochen stadtklimafest.

Verwendung: Straßenbaum für beengte Stadträume, ohne Schnittmaßnahmen ein gutes Formelement und ein dekorativer Raumbildner, um in formal gestalteten Gartenanlagen oder auf Stadtplätzen streng geometrische Akzente zu setzen; geeignet auch für Kübel und Container; ausgezeichnetes Vogelschutzgehölz, wird gern als Nistgehölz angenommen.

A. platanoides 'Olmstedt' (E. H. SCANLON, 1952)

Wuchs: Mittelgroßer Baum, junge Krone ausgeprägt säulenförmig, später spitz oval oder kegelförmig. Seitenäste im Winkel von 45° ansetzend, mäßig stark bis langsam wachsend.

Größe: 10 bis 12 (bis 15) m hoch und bis 5 (bis 6) m breit.

Blätter: Sommergrün, gegenständig, sehr groß, im Austrieb bronzefarben, später mittelgrün, glänzend, Herbstfärbung gelb.

Blüten, Früchte, Wurzel, Standort, Boden wie bei der Art.

Acer platanoides 'Olmstedt'

Eigenschaften: Gut resistent gegen Hitze und Trockenheit, wind- und standfest.

Verwendung: Wertvolle, schmalkronige Form für enge Räume in exponierter, lufttrockener Stadtlage; hat Ähnlichkeit mit A. platanoides 'Columnare'.

A. platanoides 'Reitenbachii'

Acer platanoides 'Reitenbachii'

Wuchs: Mittelgroßer bis großer Baum, breitkronig, Äste stark, leicht aufstrebend.

Größe: Bis 15 bis 20 (bis 25) m hoch und 10 (12) bis 13 (17) m breit. Jahreszuwachs in der Höhe 40 cm, in der Breite 20 bis 25 cm.

Blätter: Sommergrün, gegenständig, 10 bis 18 cm breit, 5 bis 7lappig, im Austrieb rötlichbraun, dann schwarzrot, später vergrünend.

Acer platanoides 'Reitenbachii'

Blüten: Hüllblätter, Blütenstiele und Kelch außen rot, gelbe Blüten und Staubgefäße bilden einen schönen Kontrast dazu.

Früchte, Wurzel, Standort, Boden wie bei der Art.

Verwendung: Einzelstellung, Straßenbaum, wegen der kontrastreichen Blüten sehr dekoratives Ziergehölz.

A. platanoides 'Royal Red'
(PACIFIC COAST NURSERIES, 1963)

Wuchs: Mittelgroßer Baum mit breitkegeliger bis rundlicher, etwas aufgelockerter Krone, kräftig wachsend.

Größe: 15 (bis 20) m hoch, in 10 Jahren etwa 6 m hoch und 5 m breit. Jahreszuwachs in der Höhe 35 bis 40 cm, in der Breite 20 bis 25 cm.

Blätter: Sommergrün, gegenständig, 5 (bis 7)lappig, im Austrieb leuchtend rot, danach bis zum Herbst konstant purpurschwarzrot, glänzend, Herbstfärbung rot.

Blüten: In aufrechten Doldentrauben, Blütenstiele, Narben und Hüllblätter glänzend dunkelrot, die gelben Blütenblätter und Staubgefäße bilden zu dieser dunklen Farbe einen herrlichen Kontrast.

Früchte, Wurzel, Standort, Boden, Eigenschaften wie bei der Art.

Verwendung: A. platanoides 'Royal Red' ist wohl die schönste und leuchtendste rote Form des Spitz-

Ahorns. Sein Rot ist etwas heller als das von 'Crimson King' und 'Faassen's Black'. Einzelstellung, Gruppenpflanzung, Allee- und Straßenbaum.

A. platanoides 'Schwedleri'

Acer platanoides 'Schwedleri'

Wuchs: Mittelgroßer bis großer Baum, Krone breitkegelig, dicht geschlossen, schwachwüchsiger als die Art.

Größe: 15 bis 20 (bis 25) m hoch und 10 bis 13 (17) m breit. Jahreszuwachs in der Höhe 40 cm, in der Breite 25 cm.

Blätter: Sommergrün, gegenständig, bis 20 cm breit, 5 bis 7lappig, im Austrieb leuchtend blutrot, später bronzegrün, Blattstiele und Adern bleiben rot, Herbstfärbung orangerot bis kupferfarben.

Acer platanoides 'Schwedleri'

Blüten: Dunkler als bei der Art, Hüllblätter braunrot.

Früchte, Wurzel, Standort, Boden wie bei der Art.

Eigenschaften: Extrem stadtklimafest.

Verwendung: Einzelstellung, Straßenbaum, auffallender Blütenbaum für Parkanlagen.

A. platanoides 'Summershade'
(PRINCETON NURSERY, USA, 1957)

Wuchs: Mittelgroßer bis großer Baum mit breit ovaler Krone, geradschäftigem Stamm und oft bis zum Wipfel durchgehendem Leittrieb, Äste locker stehend, raschwüchsig.

Größe: 20 bis 25 m hoch und 15 bis 20 m breit. Jahreszuwachs in der Höhe 45 cm, in der Breite 30 bis 40 cm.

Blätter: Sommergrün, gegenständig, 5 (bis 7) lappig, Lappen tiefer eingeschnitten als bei der Wildart, junge Blätter bronzefarben, später tief dunkelgrün, auffallend derb, fast ledrig, das Laub bleibt im Herbst lange haften.

Früchte, Wurzel, Standort, Boden wie bei der Art.

Eigenschaften: Besonders hitze- und strahlungsresistent, gut schattenverträglich, frei von Krankheiten.

Verwendung: Nach amerikanischen Erfahrungen besonders gut geeignet für den innerstädtischen Straßenraum in heißen, sommertrockenen Gebieten.

A. pseudoplatanus L.,
Berg-Ahorn

Acer pseudoplatanus

Verbreitung: Gebirge von Süd- und Mitteleuropa, Ostseeküstenraum, Pyrenäen, Kaukasus, Westasien; in Bergmisch- und Schlucht-Wäldern und krautreichen Linden-, Ahorn- und Buchen-Mischwäldern; im norddeutschen Flachland wohl nicht ursprünglich, aber schon seit dem 17. Jahrh. eingebürgert.

Beim Berg-Ahorn, Acer pseudoplatanus, löst sich die Borke in Schuppen

Der Spitz-Ahorn, Acer platanoides, hat ein eher unauffälliges, längsrissiges Borkenbild

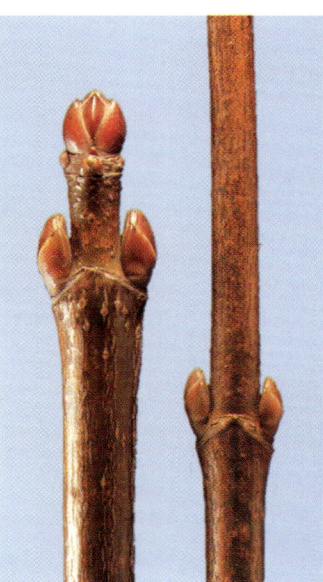

r pseudoplatanus, Fruchtflügel ± rechtwinklig
eordnet

Acer platanoides, Fruchtflügel stumpfwinklig bis fast waagerecht angeordnet

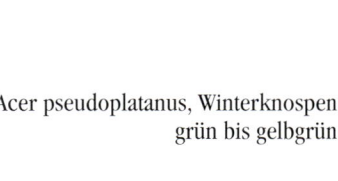

Acer pseudoplatanus, Winterknospen
grün bis gelbgrün

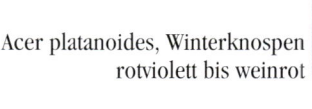

Acer platanoides, Winterknospen
rotviolett bis weinrot

Acer pseudoplatanus

Wuchs: Großer, stattlicher Baum mit eiförmiger oder mehr breitgewölbter, meist tief angesetzter Krone, Hauptäste kräftig, im Freistand malerisch ausladend.

Größe: 25 bis 30 (bis 40) m hoch und 15 bis 20 (25) m breit. Jahreszuwachs in der Höhe zunächst 80 cm, später 40 bis 50 cm, in der Breite 50 cm, später 35/40 cm.

Rinde: Zweige grau bis olivgrün, Winterknospen grün, bei A. platanoides rot, im Alter silbrige bis graubraune Schuppenborke, sehr zierend.

Blätter: Sommergrün, gegenständig, 5lappig, Lappen bis zur Hälfte eingeschnitten, stumpf gesägt, spitz auslaufend, derb, oben dunkelgrün, unten grau behaart, keinen Milchsaft führend, Herbstfärbung prächtig goldgelb.

Blüten: Gelbgrüne, hängende Trauben nach dem Laubaustrieb, Mai bis Juni.

Früchte: Fruchtflügel ± rechtwinklig angeordnet.

Wurzel: Herzsenkerwurzelsystem mit sehr hohem Horizontalwurzelanteil, mitteltief, Oberboden wird intensiv durchwurzelt.

Standort: Sonnig bis halbschattig, liebt luftfeuchte Lagen.

Boden: Keine besonderen Ansprüche, bevorzugt aber frische bis feuchte, tiefgründige, kalkhaltige Böden, Staunässe wird nicht vertragen, wohl aber fließendes Grundwasser.

Eigenschaften: Außerordentlich frosthart, sehr windresistent, ± salzverträglich, gegenüber Luftverschmutzung sehr empfindlich, hitzeempfindlich, im

Acer pseudoplatanus, Blütentrauben hängend

Stadtbereich etwas problematisch, spätfrostempfindlich, schattenverträglich, wird bis 500 Jahre alt, hat mit 100 Jahren seine endgültige Höhe erreicht.

Verwendung: Stattlicher Großbaum für die freie Landschaft und für weitläufige Garten- und Parkanlagen, Waldbaumaßnahmen, Windschutz, sehr gute Bodenbefestigung (Hanglagen, Sicherung von Schuttböden, Ufer von Gebirgsbächen und in feuchten Gebirgstälern, befestigt Rutschhänge, EHLERS), Lärmschutz, Straßen- und Alleebaum, prachtvoller Schattenspender durch dichtes Laubdach, gehört zu den besten Pollen- und Honigspendern, Vogelnährgehölz.

Acer pseudoplatanus

Ökologie: Neben Pollen und Nektar wird auch der von den Blattläusen verursachte Honigtau von Bienen und anderen Insekten gesammelt.

Anmerkung: Das Holz des Berg-Ahorns ist wertvoller als das vom Spitz-Ahorn. Es werden daraus Seitenwände von Streichinstrumenten, Tischplatten und Parkettbeläge hergestellt. Früher war es sehr beliebt in der Stellmacherei und Drechslerei

(siehe hierzu auch A. platanoides).

A. pseudoplatanus 'Atropurpureum'
(= A. pseudoplatanus spaethii HORT.)
Baumschulen SPÄTH, 1883.

Der echte A. pseudoplatanus 'Spaethii' befindet sich nicht mehr in Kultur.

Acer pseudoplat. 'Atropurpureum'

Wuchs: Großer Baum mit eiförmiger oder mehr breit gewölbter Krone, Hauptäste kräftig, im Freistand malerisch ausladend.

Größe: 20 bis 25 (bis 30) m hoch und 12 bis 18 (22) m breit.

Blätter: Sommergrün, gegenständig, stumpf 5lappig, dunkelgrün, unterseits dunkelviolettpurpur, Austrieb rotbraun, Blätter sind sehr attraktiv.

Blüten, Früchte, Wurzel, Standort, Boden und Eigenschaften wie bei der Wildart.

Verwendung: Eine sehr alte, starkwüchsige Selektion mit dekorativer Belaubung. Einzelstellung, Allee- und Straßenbaum.

A. pseudoplatanus 'Brilliantissimum'
In England seit 1905 bekannt.

Wuchs: Mittelhoher Strauch oder, hochstämmig veredelt, kleiner Baum mit rundlicher, dichter Krone, schwachwüchsig.

Größe: Als Strauch 4 bis 5 m hoch, als Stammveredlung bis 6,50 m hoch und dann etwa 4,50 m breit.

Acer pseudoplat. 'Brilliantissimum'

Blätter: Sommergrün, gegenständig, 5lappig, im Austrieb blaßrosa bis lachsrosa, dann goldfarben und später hellgelb gefleckt, Unterseite grün (bei A. pseudoplatanus 'Prinz Handjeri' rot).

Wurzel: Hauptwurzeln herzförmig angeordnet, mit hohem Anteil an tiefgehenden Feinwurzeln.

Standort: Sonnig.

Verwendung: Ein kleiner, schwachwüchsiger Solitärbaum, der im Frühjahr zur Austriebszeit mit seiner gelb-rosa Belaubung zu einem ganz besonderen Blickfang im Garten wird. In den englischen Gärten ist er nach wie vor sehr beliebt. Zu verwenden als Einzelpflanze oder zur Belebung und Kontrastierung von Gehölz- und Staudenpflanzungen. Als Strauch ein farblich sehr schöner Hintergrund für Syringa chinensis und Syringa vulgaris.

Acer pseudoplat. 'Brilliantissimum'

A. pseudoplatanus 'Erectum'
(= A. pseudoplatanus 'Nachtegaalplein')

Wuchs: Großer Baum, junge Krone straff aufrecht, später mehr eiförmig.

Größe: 12 bis 20 m hoch und 5 bis 10 m breit. Jahreszuwachs in der Höhe 50 cm, in der Breite 20 cm, später etwa die Hälfte.

Acer pseudoplat. 'Erectum'

Blätter: Sommergrün, gegenständig, stumpf 5-lappig, derb, oben dunkelgrün, unten grau behaart, Blattstiele kurz und dick, kein Milchsaft.

Blüten, Früchte, Wurzel, Standort, Boden wie bei der Art.

Eigenschaften: Bäume stehen früh im Saft, oft starke Schäden bei wechselnden Klimalagen, besonders im süddeutschen Raum! Etwas empfindlich gegen längere Trockenheit und Hitzerückstrahlung.

Verwendung: Einzelstellung, schmalkroniger Straßenbaum, schmale Abpflanzungen, Lärm-schutzwand, Windschutz.

A. pseudoplatanus 'Negenia'

Wuchs: Großer Baum mit breit pyramidaler Krone, Stamm bis zum Wipfel durchgehend, Äste aufstrebend, insgesamt schmalkroniger und dichter als die Art, schnellwüchsig.

Größe: 20 bis 30 m hoch und 8 bis 10 (12) m breit. Jahreszuwachs in der Höhe 40 cm, in der Breite 20 (30) cm.

Blätter: Sommergrün, gegenständig, groß, tiefgrün, an langen, roten Blattstielen, sonst wie die Art.

Blüten, Früchte, Wurzel, Standort, Boden, wie bei der Art.

Eigenschaften: Bäume stehen schon sehr früh im Saft! Häufig Schäden bei wechselnden Klimalagen, besonders im süddeutschen Raum!

Verwendung: Wertvolle, schmalkronige Form für Einzelstellung in Parkanlagen, Straßenbaum für enge Räume, Plätze, schmale Schutzpflanzungen. In ungünstigen Klimalagen wegen mangelnder Frosthärte nicht empfehlenswert (Stammschäden!). Es ist gelegentlich auch eine gewisse Unverträglichkeit mit der Unterlage beobachtet worden.

A. pseudoplatanus 'Rotterdam'

Wuchs: Großer Baum mit regelmäßig aufgebauter, breit pyramidaler Krone, Stamm bis zum Wipfel durchgehend, Hauptäste dicht verzweigt, aufstrebend.

Größe: 20 bis 25 (30) m hoch und 10 bis 12 (14) m breit. Jahreszuwachs in der Höhe 40 cm, in der Breite 20 bis 30 cm.

Blätter: Sommergrün, gegenständig, dunkelgrün, Blattbasis tief herzförmig ausgeschnitten, sonst wie die Art.

Blüten, Früchte, Wurzel, Standort, Boden, wie bei der Art.

Eigenschaften: Bäume stehen sehr früh im Saft, häufig Schäden bei wechselnden Klimalagen, besonders im süddeutschen Raum! Etwas empfindlich gegenüber Hitze und längeren Trockenperioden.

Verwendung: Einzelstellung, Parkanlagen, städtischer Straßenraum, Windschutz.

Acer pseudoplat. 'Rotterdam'

Acer rubrum 'October Glory' im Arboretum Ellerhoop-Thiensen, diese Sorte gehört zu den brillantesten Herbstfärbern, die ich kenne

Acer rubrum: oben männliche,
links weibliche Blüten

A. rubrum L.,
Rot-Ahorn, Scharlach-Ahorn, Sumpf-Ahorn, Red Maple

Acer rubrum

Verbreitung: Östl. Nordamerika, an Flußufern, in Sümpfen, auf feuchten bis nassen Böden, aber auch auf trockenen Bergrücken in Mischwäldern. Am Sumpfstandort häufig vergesellschaftet mit Taxodium, Nyssa, Fraxinus carolineana, Chamaecyparis thyoides, Magnolia virginiana, Larix laricina, Betula lutea, Betula nigra und Liquidambar styraciflua.

Wuchs: Mittelgroßer Baum mit kegelförmiger oder rundlicher, geschlossener Krone, im Alter Bezweigung locker überhängend.

Größe: 10 bis 15 (bis 20) m hoch und 6,5 bis 10 (14) m breit. Jahreszuwachs in der Höhe 40 cm, in der Breite 15 bis 20 cm.

Rinde: Zweige rötlich, alte Borke grau.

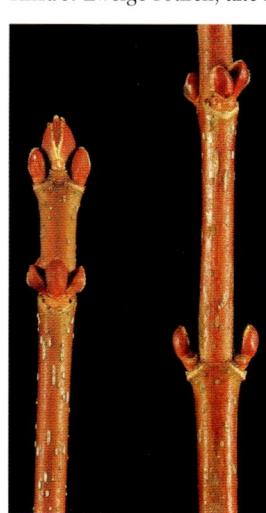

Blätter: Sommergrün, gegenständig, 6 bis 10 cm lang, 3 (bis 5)lappig, dunkelgrün, unterseits bläulichweiß, Herbstfärbung von gelb über orange bis leuchtend rot.

Blüten: A. rubrum ist zweihäusig! Weibliche Blüten sind attraktiver. Dunkelrot, vor dem Laubaustrieb, März bis April, auffallend.

Früchte: Fruchtflügel spitzwinklig angeordnet.

Wurzel: Herzwurzel, hoher Anteil von Feinwurzeln im Oberboden.

Standort: Sonnig.

Boden: Frisch-feucht (naß), toleriert aber auch noch trockenere Standorte, nährstoffreich, sauerneutral, meidet schweren Ton und Klei.

Eigenschaften: Frosthart bis minus 31°C, auf kalkhaltigen und zu trockenen Böden kaum Herbstfärbung, wenig windfest, verträgt keinen Seewind, auf verdichteten Böden unbefriedigendes Wachstum, zeitweilig Überschwemmungen vertragend, hitzeempfindlich. Steht früh im Saft. Junge Stämme schattieren! Äste weniger brüchig als bei A. saccharinum (SCHENCK).

Acer rubrum am Naturstandort, Potomac-River, Maryland

Verwendung: Gehört zu den auffälligsten und dankbarsten Herbstfärbern, gute Kombination mit Herbstastern und Aconitum x arendsii. Färbt zur gleichen Zeit wie Cladrastis (gelb!). Beginn der Färbung immer 15. September! Einzelstellung in Gärten und Parkanlagen, Straßenbaum für enge Räume, wertvoller Blütenbaum.

Ökologie: Der Rot-Ahorn wird von Bienen beflogen. Wegen der frühen Blüte gehört er zu den wertvollen Insektennährgehölzen.

A. rubrum 'Armstrong'
(E. H. SCANLON, 1951)

Wird von einigen Autoren auch zu A. x freemanii gerechnet.

Wuchs: Mittelgroßer Baum mit säulenförmiger Krone, im Alter etwas breiter und unregelmäßig, doch immer betont aufrecht und geschlossen, raschwüchsig.

Größe: 10 bis 15 (bis 20) m hoch, ein 4jähriger Baum erreichte bei 4,60 m Höhe eine Breite von 1,35 m. Bei 15 m Höhe etwa 5 m breit.

Rinde: Herrliche, silbergraue Borke.

Blätter: Sommergrün, gegenständig, kleiner als bei der Wildart A. rubrum, erinnern an die Blätter des Silber-Ahorns, 5lappig, hellgrün, bläulich getönt, unterseits silbrig, Blätter hängen an auffallend langen Stielen, Herbstfärbung nicht konstant, orange-braunrot.

Blüten: Vor dem Blattaustrieb orangefarben.

Wurzel: Herzwurzel, hoher Anteil von Feinwurzeln im Oberboden, Wurzelkörper bleibt innerhalb der Kronentraufe, mehr oder weniger tolerant.

Standort: Sonnig.

Boden: Toleriert alle kultivierten Böden außer schwerem Ton und Klei, bevorzugt frische bis feuchte, nährstoffreiche Substrate, gedeiht auch noch auf trockeneren Standorten, wo allerdings die Herbstfärbung nicht so ausgeprägt ist, kalkmeidend, siehe Wildart.

Eigenschaften: Sehr frosthart, verträgt keinen Seewind, Wachstum auf verdichteten Böden unbefriedigend, hitzeempfindlich.

Verwendung: Durch seine schmale Wuchsform und das im Sommer sehr attraktive, bläulich-grüne Laub ein sehr schöner Baum für schmalere Straßen, wo der Boden offen und nicht verdichtet ist. Einzelstellung, Gruppen in größeren Garten- und Parkanlagen.

A. rubrum 'October Glory'
(PRINCETON NURSERIES, 1961)

Wuchs: Kleiner bis mittelgroßer Baum, Krone breit pyramidal, oben zugespitzt, Äste, besonders im oberen Teil, aufrecht, insgesamt etwas unregelmäßig, aufgelockert.

Größe: 10 bis 15 (bis 18) m hoch, ein 4jähriger Baum erreichte eine Höhe von etwa

3,5 m bei einer Breite von 2 m. Bei 10 m Höhe etwa 6,5 m, bei 15 m etwa 10 m breit.

Rinde: Borke lange glatt bleibend, graubraun, erinnert an das Borkenbild einer Rot-Buche.

Blätter: Sommergrün, gegenständig, 3 bis 5lappig, 6 bis 10 cm lang, glänzend grün, derber als das von anderen A. rubrum-Formen, verliert das Laub sehr spät, Herbstfärbung orangerot bis scharlachrot, ungeheuer leuchtend und attraktiv.

Blüten: Dunkelrot, vor dem Laubaustrieb, März bis April, auffallend.

Wurzel: Herzwurzel, hoher Anteil von Feinwurzeln im Oberboden.

Standort: Sonnig.

Boden: Toleriert alle kultivierten Böden außer schwerem Ton und Klei, bevorzugt frische bis feuchte, nährstoffreiche Substrate, gedeiht auch noch auf trockeneren Standorten, kalkmeidend, siehe Wildart.

Eigenschaften: Behält sehr lange das Laub, dadurch ist die Herbstfärbung gelegentlich beeinträchtigt, wenig windfest, nicht so extrem frosthart wie die Wildart, auf kalkhaltigen und zu trockenen Standorten nur mäßige Färbung, verträgt keine verdichteten Böden, hitzeempfindlich. Steht früh im Saft!

Verwendung: Eine sehr schöne, zuverlässige „Herbstfärber-Selektion", die auch unter ungünstigen Bedingungen immer fantastische Farben in unsere Garten- und Parkanlagen bringt. Färbt etwa 3 Wochen nach A. rubrum 'Red Sunset', dadurch kann die brillante Herbstfärbung um Wochen verlängert werden. Einzelstellung, Straßenbaum (wenn Boden offen und nicht verdichtet), auch wertvoller Blütenbaum.

Pflegetip: Junge Stämme im Frühjahr schattieren!

A. rubrum 'Red Sunset'
(Selektiert von J. FRANK SCHMIDT & SONS CO., Troutdale, Oregon)

Wuchs: Kleiner bis mittelgroßer Baum mit regelmäßig pyramidaler, im Alter mehr rundlicher, dichtverzweigter Krone, raschwüchsig.

Größe: 10 bis 15 (bis 18) m hoch, ein 4jähriger Baum erreichte eine Höhe von 4 m bei einer Breite von 2,30 m. Breite wie 'October Glory'.

Rinde: Zweige braunrot mit vielen länglichen Lentizellen, Borke auffallend grau.

Blätter: Sommergrün, gegenständig, 3 bis 5lappig, etwas ledrig, glänzend grün, größer als die von A. rubrum, Herbstfärbung leuchtend orange bis tiefdunkelrot, Herbstlaub bleibt sehr lange am Baum.

Blüten: Weibliche Form; dunkelrot, vor dem Laubaustrieb, März bis April, auffallend.

Wurzel: Herzwurzel, hoher Anteil an Feinwurzeln im Oberboden.

Standort: Sonnig.

Boden: Toleriert alle kultivierten Böden außer schwerem Ton und Klei, gedeiht auch noch auf trockeneren Standorten, kalkmeidend, bevorzugt aber gleichmäßig feuchte, nahrhafte Standorte, siehe Wildart.

Eigenschaften: Extrem frosthart, überstand in Amerika Winter mit minus 28° C und minus 31,5° C unbeschadet, Herbstfärbung hält sehr lange an, auf verdichteten Böden Wachstum unbefriedigend, hitzeempfindlich.

Verwendung: Wohl zur Zeit die schönste und zuverlässigste „Herbstfärber-Selektion" von Acer rubrum. Ein prachtvoller Baum, der im Herbst mehrere Wochen orange bis leuchtend tiefrot gefärbt ist. Mit Acer rubrum 'Red Sunset' kann der Pflanzenverwender „todsichere", herbstliche Farbkombinationen planen. Einzelstellung, Gruppen; bei entsprechenden Bodenverhältnissen auch als Straßenbaum verwendbar.

Acer rubrum 'Red Sunset' im Arboretum Ellerhoop-Thiensen

A. rubrum 'Scanlon'
(E. H. SCANLON, 1955)

Wuchs: Kleiner Baum mit schmal-kegelförmiger, dichtverzweigter Krone und bis zum Wipfel durchgehendem, sehr geradem Hauptstamm.

Größe: 10 bis 12 m hoch und etwa 3 bis 4 m breit.

Rinde: Borke auffallend grau.

Blätter: Sommergrün, gegenständig, 3 bis 5lappig, glänzend grün, im Herbst leuchtend orangerot bis purpur, auffallender Herbstfärber.

Wurzel: Herzwurzel, hoher Anteil an Feinwurzeln im Oberboden.

Acer rubrum 'Scanlon'

Acer rufinerve

Acer rufinerve

Standort: Sonnig.

Boden: Toleriert alle kultivierten Böden außer schwerem Ton und Klei, gedeiht auch noch auf trockeneren Standorten, kalkmeidend, bevorzugt gleichmäßig feuchte, nahrhafte Standorte, siehe auch Wildart.

Eigenschaften: Auf kalkhaltigen und zu trockenen Böden nur mäßige Herbstfärbung, wenig windfest, versagt auf verdichteten Böden bzw. Wachstum ist unbefriedigend, hitzeempfindlich. Steht früh im Saft!

Verwendung: Wegen seiner dichten und kräftigen, kegelförmigen Säulenkrone, der regelmäßigen Verzweigung und der spektakulären Herbstfärbung eine besonders

wertvolle Form des Rot-Ahorns. Besonders gut verwendbar bei beengten Platzverhältnissen. Einzelbaum, für säulenartige Alleen in großräumigen Garten- und Parkanlagen, wo der Boden offen und nicht verdichtet ist.

Pflegetip: Junge Stämme im Frühjahr schattieren, Frostrisse!

A. rubrum 'Schlesingeri'

Wurde im Garten von Mr. SCHLESINGER, USA, gefunden und von der Baumschule SPÄTH, Berlin, 1888 in den Handel gebracht.

Wuchs: Mittelgroßer Baum mit rundlicher Krone, Zweige im Alter locker überhängend.

Größe: 10 bis 15 (bis 20) m hoch und 6,5 bis 10 (14) m breit. Jahreszuwachs in der Höhe 40 cm, in der Breite 15 bis 20 cm.

Blätter: Etwas größer als bei der Art, regelmäßig ab Mitte September als erster Rot-Ahorn leuchtend orangerot färbend.

Blüten: Männliche Form.

Wurzel, Standort, Boden und Eigenschaften wie bei der Art.

Verwendung: Wichtiger Ahorn für den Herbstfärbergarten, da er sehr regelmäßig und immer ab Mitte September mit Euonymus alatus, Amelanchier lamarckii, Aronien, Photinia villosa, Kalopanax septemlobus und Acer ginnala färbt. Besonders wertvoll auch wegen der sehr langen Färbungsdauer, die oft 4 bis 6 Wochen anhält.

A. rufinerve S. & Z.,
Rostbart-Ahorn
Lat. rufinervis = rotnervig, fuchsrot geadert

Verbreitung: Bergwälder in Japan.

Wuchs: Kleiner Baum, meist aber mehrstämmiger Großstrauch mit lockerer Krone und starken, aufrecht strebenden Ästen.

Größe: 6 bis 8 (bis 10) m hoch und 4 bis 6 (8) m breit. Jahreszuwachs in der Höhe 20 bis 30 cm, in der Breite 15 cm.

Rinde: Junge Zweige olivgrün, bereift, Äste mit auffallend weißen Längsstreifen, die besonders im Winter eine große Zierde sind.

Blätter: Sommergrün, gegenständig, 6 bis 15 cm lang, 3lappig, dunkelgrün, unterseits auf den Adern anfangs rotbraun behaart, im Herbst gelborange bis karminrot.

Blüten: Grüngelb in aufrechten, rostrot behaarten Trauben, nach dem Austrieb, Mai.

Standort: Sonnig bis absonnig.

Boden: Guter Oberboden, sauer bis leicht alkalisch.

Eigenschaften: Gut frosthart, etwas hitzeempfindlich.

Verwendung: Wegen der weißgestreiften Rinde und der prachtvollen Herbstfärbung ein kostbares Ziergehölz für Einzelstellung in Gärten und Parkanlagen; Innenhöfe, Pflanzkübel.

Acer rufinerve

A. saccharinum L.,
Silber-Ahorn, Soft Maple
(= A. dasycarpum EHRH.)

Acer saccharinum

Verbreitung: Überschwemmungsböden, Niederungen, Sümpfe, Auenwälder; Nordamerika.

Wuchs: Großer, stattlicher Baum mit hochgewölbter Krone, Hauptäste weit ausladend, locker stehend, Zweige malerisch durchhängend, starkwüchsig.

Größe: 15 bis 20 (bis 30) m hoch und 12 bis 20 (25) m breit. Jahreszuwachs in der Höhe 50 cm, in der Breite 35 cm.

Rinde: Zweige glatt, rotbraun, Borke silbergrau, längsrissig.

Blätter: Sommergrün, gegenständig, 10 bis 15 cm lang, tief 5lappig, hellgrün, unterseits silbrigweiß, Herbstfärbung leuchtend gelb, aber auch orange bis weinrot.

Blüten: Grünlichgelb bis rot, März, vor dem Austrieb.

Acer saccharinum

Acer saccharinum

Früchte: Fruchtflügel stehen sichelförmig in weitem Winkel ab.

Wurzel: Hauptwurzeln weitstreichend, flach, Oberboden wird stark durchwurzelt, Feinwurzelanteil sehr hoch, insgesamt ein etwas aggressives, intolerantes Wurzelsystem. Hebt Bodenbeläge.

Standort: Sonnig bis absonnig, windgeschützt.

Boden: Toleriert alle kultivierten Böden von sauer bis schwach alkalisch, gedeiht auch auf armen Böden, mäßig trocken bis feucht, bevorzugt aber tiefgründige, genügend feuchte Substrate, neigt bei hohem Kalkgehalt zu Chlorose.

Eigenschaften: Gut frosthart, verträgt zeitweilige Trockenheit, leicht verpflanzbar, stadtklimafest, rauchhart, neigt zu Windbruch. Steht oft schon im Januar/Februar im Saft! Schnittermin beachten! In Deutschland sind 130- bis 180jährige Exemplare bekannt.

Verwendung: Raschwüchsiges Parkgehölz, das sehr schnell zu ausdrucksstarken Baumgestalten heranwächst. Einzelstellung, Gruppen, in größeren Parkanlagen, auf Rasenflächen, besonders schön an Wasserläufen. Durch intolerantes Wurzelwerk und hohen Wasserbedarf problematisch in Kleingehölz- und Staudenflächen.

Ökologie: Interessant ist, daß auf diesem nordamerikanischen Gehölz mit Vorliebe unsere heimische Laubholz-Mispel (Viscum album ssp. album) parasitiert.

Anmerkung: A. saccharinum wurde in N-Amerika zur Zuckergewinnung angebaut, die Erträge sind aber geringer als beim echten Zucker-Ahorn, A. saccharum.

A. saccharinum 'Borns Graciosa'

1959 von GEORG BORN, Rosenheim, in den Handel gebracht.

Wuchs: Locker aufrecht, starkwüchsig.

Blätter: Sommergrün, gegenständig, 10 bis 16 cm lang, bis fast zur Mittelrippe bzw. zur Basis gelappt, die 1 bis 2 cm breiten Lappen unregelmäßig tief eingeschnitten oder nochmals gelappt.

Verwendung: Sehr attraktive Belaubung, gut wüchsiger Solitärbaum für große, weitläufige Gartenräume.

A. saccharinum 'Laciniatum Wieri',
Geschlitzter Silber-Ahorn
(= A. saccharinum 'Wieri')

Acer saccharinum 'Laciniatum Wieri'

Wuchs: Großer Baum, Kronenäste locker aufrecht, weit ausladend, Seitenbezweigung schleppenartig, tief herunterhängend.

Acer saccharinum 'Laciniatum Wieri'

Größe: 15 bis 20 m hoch und 12 bis 20 m breit. Jahreszuwachs in der Höhe 50 cm, in der Breite 35 bis 40 cm.

Blätter: Sommergrün, gegenständig, 8 bis 14 cm breit, tief 5lappig, Lappen sehr fein, teilweise fadenförmig geschlitzt, im Austrieb bronzefarben, hellgrün, unterseits silbrigweiß, glänzend, Herbstfärbung gelb.

Blüten, Früchte, Wurzel, Standort, Boden wie bei der Art.

Eigenschaften: Im Alter wenig Windbruch.

Verwendung: Einer der schönsten, ausdrucksstärksten Solitärbäume für große Gartenräume, weitläufige Parkanlagen, Uferpartien, Wassergärten.

A. saccharinum 'Pyramidale'

Wuchs: Großer Baum, junge Krone breit säulenförmig, später oval bis rundlich, Äste bogig aufrecht.

Größe: Bis 20 m hoch und dann 12 m breit. Jahreszuwachs in der Höhe 40 cm, in der Breite 20 cm.

Blätter: Sommergrün, gegenständig, besonders tief gelappt, dunkelgrün, unterseits silbrigweiß, im Austrieb zartrosa bis bläulich-rot.

Blüten, Früchte, Wurzel, Standort, Boden, Eigenschaften wie die Art.

Verwendung: Einzelstellung in größeren Parkanlagen, Straßenbaum.

A. saccharum MARSH.,
Zucker-Ahorn, Hard Maple

Kanadisches Wappen.

Verbreitung: Östl. Nordamerika, im Hochland und in den Tallagen auf frischen bis feuchten Böden mit Fagus, Tsuga, Betula und Prunus-Arten.

Wuchs: Mittelgroßer bis großer Baum mit aufrechter, ovaler bis rundlicher, geschlossener Krone.

Größe: 15 bis 20 (bis 25) m hoch, in Amerika bis 30 m; in 28 Jahren ca. 7 m hoch, in 128 Jahren ca. 19 m hoch. Breite 10 bis 14 (16) m. Jahreszuwachs in der Höhe 25 bis 35 cm, in der Breite 25 bis 30 cm.

Rinde: Zweige braun bis grünlichbraun, Borke graubraun.

Blätter: Sommergrün, gegenständig, 8 bis 14 cm breit, 3 bis 5lappig, dünn, Herbstfärbung von gelborange bis feurig rotorange. Blätter haben große Ähnlichkeit mit denen des Spitz-Ahorns, sie führen aber keinen Milchsaft!

Blüten: Grüngelb, vor dem Austrieb, April.

Acer saccharum

Acer saccharum

Früchte: Fruchtflügel fast parallel bis spitzwinklig.

Wurzel: Hauptwurzeln flach ausgebreitet, fein verzweigt, mit vielen Feinwurzeln.

Standort: Sonne bis Schatten.

Boden: Guter Oberboden, gleichmäßig feucht, durchlässig, nicht austrocknend, pH-tolerant, bevorzugt aber schwachsaure Böden, auf denen der Zucker-Ahorn frohwüchsiger ist.

Eigenschaften: Benötigt größeren und offenen Wurzelraum, gut frosthart, mäßig salztolerant, verträgt sehr viel Schatten.

Verwendung: Prachtvoller Herbstfärber, der leider viel zu wenig gepflanzt wird. Einzelstellung,

Acer triflorum, Rinde

Gruppenpflanzung. Eine Selektion mit brillanter Laubfärbung ist **'Luisa Lad'**.

Anmerkung: Der Zucker-Ahorn diente in Nordamerika und Kanada bis zur Einführung der Zuckerrübe als Zuckerlieferant. Aus den 50 (bis 150) l Zuckersaft, die ein Baum jährlich liefert, können 12 bis 35 kg Zucker hergestellt werden. Vor 100 Jahren wurden in Nordamerika 18 Millionen kg Zuckersirup gewonnen. 1940 waren es noch 10 Mio. kg Sirup. Auch heute noch ist der Ahornsirup, besonders im Konditorbereich, sehr beliebt. Sollten nicht auch wir den Anbau einmal versuchen? Vieleicht ist das Geschäft ganz lohnend, insbesondere vor dem Hintergrund einer immer größeren Bedeutung der Naturprodukte. Acer saccharum liefert ein ziemlich hartes Holz. Wegen seines hohen Abnutzungswiderstandes wird es u. a. in Warenhäusern, Tanzstätten, Sporthallen und sogar Rollschuhbahnen verarbeitet.

A. tataricum ssp. ginnala
siehe unter A. ginnala

A. triflorum KOMAR.,
Dreiblütiger Ahorn

Seitdem ich den überwältigenden Indiansummer in Nordamerika erlebt habe, lassen mich diese Bilder nicht mehr los, und ich bin ständig auf der Suche nach immer neuen und schöneren Herbstfärbern. Die gezielte Verwendung von Herbstfärbern wird in der Bepflanzungsplanung leider sträflichst vernachlässigt. Dabei sollten wir doch wissen, daß gerade von herbstfärbenden Gehölzen und Stauden zauberhafte Farbstimmungen ausgehen können, die nicht nur länger anhalten, sondern auch viel intensiver wahrgenommen werden als die Blütenexplosionen im Frühjahr. Meine Neuentdeckung ist der Dreiblütige Ahorn, A. triflorum. Er stammt aus Korea und Nordostchina und steht dort in Gemeinschaft mit dunkelnadligen Kiefern- und Tannenarten. Ein Bepflanzungsplaner hätte das nicht besser kombinieren können. Die herrlich gelb und orangerot leuchtenden Baumkronen wirken besonders vor einer solchen Kulisse. Diese in der Heimat bis 25 m hohe Ahorn-Art wurde 1917 von dem legendären WILSON eingeführt und 1923 in Europa in Kultur genommen.

Wenn auch das Rindenbild mit dem von A. griseum nicht ganz mithalten kann, so hat es doch eine gewisse Ähnlichkeit. Stämme und Äste sind dunkelzimtrot und die Rinde löst sich auch hier in Streifen ab. Die Blätter sind wie beim Zimt-Ahorn 3zählig, wobei die einzelnen Blättchen eilänglich bis lanzettlich geformt sind. Wie die Artbezeichung es ausdrückt, stehen die Blüten immer zu 3 beisammen.

A. triflorum bevorzugt einen frischen, sandig-humosen, schwach sauren Boden und einen sonnigen bis absonnigen Stand. Ein langsam wachsender, frostharter, 5 bis 7 (bis 10) m hoher Großstrauch oder Kleinbaum mit ovaler bis rundlicher Krone und einer unglaublichen Herbstfärbung. Er ist angetreten, genauso wie auch die Autos aus seinem Heimatland Korea, den europäischen Markt zu erobern.

Actinidia arguta

ACTINIDIA LINDLEY
Strahlengriffel – Actinidiaceae, Strahlengriffelgewächse

Die Gattung Actinidia umfaßt windende Sträucher mit kahlen, borstenhaarigen oder filzig behaarten Blättern und Trieben. Die Blätter sind wechselständig, einfach, lang gestielt und oft sehr zierend. Im Juni erscheinen in achselständigen Scheindolden meist weißliche bis gelbliche Blüten, die zwittrig, polygam und eingeschlechtig, aber auch zweihäusig verteilt sein können. Die Früchte des Strahlengriffels – vielsamige Beeren – sind oft sehr groß, sie sind alle eßbar und werden wegen ihres sehr köstlichen Geschmacks und des hohen Vitamin C-Gehalts vielerorts erwerbsmäßig angebaut.Von den etwa 40 Arten, die in China, Ostsibirien, auf Sachalin, in Japan und auf Java beheimatet sind, werden in Mitteleuropa 7 Arten im Gartenbau kultiviert. Beim Pflanzenverwender sind sie wegen ihrer Raschwüchsigkeit und wegen der äußerst gesunden und dekorativen Belaubung sehr beliebt. Alle Arten mögen eine warme, sonnige Lage und bevorzugen einen nahrhaften, aber gut durchlässigen Boden.

A. arguta (SIEB. & ZUCC.), Scharfzähniger Strahlengriffel

Verbreitung: Japan, Korea, China und Amur-Region.

Wuchs: Kletterstrauch, stark windend.

Größe: An Kletterhilfen über 7 m hoch, wächst in der Heimat bis in die Wipfel der höchsten Bäume.

Blätter: Sommergrün, wechselständig, 8 bis 12 cm lang, elliptisch bis breit eiförmig, dunkelgrün, Blattstiele rot, heben sich gut ab, Herbstfärbung leuchtend rein gelb, sehr früh einsetzend.

Blüten: Pflanze ist zweihäusig; weiß, in Scheindolden, Einzelblüte bis 2 cm breit mit dunkelpurpurnen Staubgefäßen, Juni.

Früchte: Stachelbeerartig, 2 bis 2,5 cm lang, eßbar, süß, Vitamin C-Gehalt sehr hoch.

Wurzel: Hauptwurzeln flach und tiefgehend, stark verzweigt.

Standort: Sonnige, warme Lage, Kletterhilfe.

Boden: Alle gut kultivierten Böden, durchlässig, nahrhaft, gleichmäßig feucht.

Actinidia arguta, männliche Blüten

Actinidia arguta

Eigenschaften: Ausgesprochen stadtklimafest, rauchhart, Pflanze ist zweihäusig, beide Geschlechter pflanzen. Spätfrostempfindlich.

Verwendung: Eine frostharte, anspruchslose, sehr schnellwüchsige Kletterpflanze für Wandbegrünung, Pergolen, Zäune und starkwüchsige Bäume. Pflanzabstand 2 m. Guter Herbstfärber!

Ökologie: Die Früchte werden gern von Elstern, aber auch von anderen Vogelarten gefressen.

Anmerkung: Eine gute Fruchtsorte ist 'Weiki', Selektion aus Weihenstephan. Die von MITSCHURIN in Rußland selektierten Fruchtsorten sind leider bei uns nicht bekannt.

A. chinensis PLANCH.,
Chinesischer Strahlengriffel, Kiwi

Verbreitung: China, in den Provinzen Schensi, Hupeh, Jünnan; sie wird dort in Flußtälern angebaut.

Actinidia chinensis

Wuchs: Kletterstrauch, sehr starkwüchsig.

Größe: An Kletterhilfen über 7 m hoch.

Rinde: Junge Triebe auffallend braunrot, filzig behaart.

Blätter: Sommergrün, wechselständig, auffallend groß, über 15 cm lang, eirund, dunkelgrün, unten dicht weiß behaart.

Blüten: Pflanze ist zweihäusig, zuerst cremeweiß, später ockergelb, in Scheindolden, Einzelblüte 3,5 bis 3,8 cm breit, männliche Blüten kleiner als die weiblichen, Juni.

Früchte: Die bekannte Kiwi-Frucht, 3 bis 5 cm lang, gelblichgrün, braun behaart, wohlschmeckend, Vitamin C-Gehalt sehr hoch.

Wurzel: Hauptwurzeln flach und tiefgehend, stark verzweigt.

Actinidia chinensis

Standort: Sonnige, warme, geschützte Lage, Kletterhilfe.

Boden: Guter Oberboden, durchlässig, nahrhaft, gleichmäßig feucht.

Eigenschaften: Frostempfindlich, kann in strengen Wintern zurückfrieren, treibt aber immer wieder gut durch, blüht am vorjährigen Holz, in den Sommermonaten, besonders aber an warmen Tagen, hoher Wasserverbrauch! Pflanze ist zweihäusig, beide Geschlechter pflanzen, auf sechs weibliche Pflanzen eine männliche.

Verwendung: Starkwüchsige Kletterpflanze mit großen, dekorativen Blättern und schmackhaften Früchten, die auch in Mitteleuropa ausreifen. Kletterhilfe erforderlich. Rankgerüste, Pergolen, Sichtschutzwände, Zäune.

Anmerkung: Junge Pflanzen in ungünstigen Lagen mit einer Laubschüttung im Winter schützen, Formschnitt kann an allen Actinidien den ganzen Sommer über durchgeführt werden. Von den z. Z. im Handel befindlichen Sorten können folgende empfohlen werden: 'Abbot' hat einen schwächeren Wuchs, die Fruchtreife liegt um etwa 14 Tage früher als bei der wohl bekanntesten, starkwüchsigen und sehr wärmebedürftigen 'Hayward', deren Früchte oft erst im November reifen. 'Jenny' ist eine neuere, selbstfruchtende!, winterharte Selektion. 'Starella' gedeiht auch bei weniger Wärme und hat einen früheren Reifetermin. Eine gute Bestäubersorte ist A. chinensis 'Tomuri'.

Schnitt: 1. Winterschnitt im Februar/März: Zug- und Fruchtäste fördern, überzählige Nebentriebe entfernen. Nicht zu spät schneiden, bluten sehr stark.

2. Sommerschnitt: Pflanzen offenhalten (Besonnung), Triebe beim 5. bis 6. Blatt nach der Frucht pinzieren. Früchte werden meist an der Basis der Neutriebe angesetzt.

A. kolomikta (MAXIM et RUPR.) MAXIM.,
Flamingo – Strahlengriffel

Verbreitung: Ostsibirien, Mandschurei, China, auf Sachalin und in Japan, in Bergwäldern.

Wuchs: Schwach schlingender Kletterstrauch.

Größe: 3 (bis 6) m hoch.

Actinidia kolomikta

Actinidia kolomikta, männliche Blüte

Rinde: Zweige kahl, dunkelbraun mit gekammertem Mark.

Blätter: Sommergrün, wechselständig, breit eiförmig, zugespitzt, Blattspreite dünn, bis 15 cm lang; bei den männlichen Pflanzen färben sich im Laufe des Frühsommers die Blattspitzen, die oberen Blatthälften, gelegentlich aber auch ganze Blätter weiß bis hellrosa, unerhört attraktiv und zierend.

Blüten: Weiß, duftend, bis etwa 1,5 cm breit, Juni.

Früchte: Stachelbeerähnliche, bis 2 cm lange, gelbgrüne, äußerst wohlschmeckende Beeren im September/Oktober.

Standort: Sonnig, geschützt.

Boden: Toleriert alle kultivierten Gartenböden, bevorzugt nahrhafte, gleichmäßig feuchte Standorte.

Eigenschaften: Zu schattige Plätze beeinträchtigen die Färbung der Blätter, junge Pflanzen färben noch nicht so kräftig.

Verwendung: Eine ungeheuer interessante und attraktive Kletterpflanze, die in einem Gartenhof, an einer Pergola, Mauer oder kletternd in einem Baum alle Blicke auf sich zieht. Da die Pflanze nur sehr schwach klettert, ist sie auch als Zierstrauch in Staudenrabatten oder sehr gut an Böschungen und Mauerkronen verwendbar.

Bemerkung: Angesichts dieses ungewöhnlichen Farbspiels will man kaum glauben, daß es sich hier um eine Wildpflanze aus den Wäldern der nördlich gemäßigten Zone handelt. Reisende berichten, daß diese Wälder im Amurgebiet schon aus großer Entfernung auffallen. Die Sorten 'Ananasja Mitschurina' und 'Klara Zetkin' sind selektierte Fruchtformen, die sich durch saftige und süße, bis 3,5 cm lange Früchte auszeichnen. Am Naturstandort färben die Blätter beider Geschlechter!

AESCULUS L.
Roßkastanie – Hippocastanaceae, Roßkastaniengewächse

Die Gattung umfaßt etwa 25 Arten, die in Ostasien, Indien, Nordamerika und Südosteuropa beheimatet sind. Es sind stattliche, großkronige Bäume oder Sträucher mit sehr dekorativen, handförmigen, gegenständig angeordneten Blättern und weißen, gelben oder roten, aufrechten Blütenrispen. Charakteristisch sind auch die großen, z. T. mit harzigen Schuppen bedeckten Winterknospen und die glänzend braunen Samen, die bekannten Kastanien. Roßkastanien gehören zu den beliebtesten Zierbäumen, die wegen ihres dichten Kronendaches gern als schattenspendende Park-, Allee- oder auch Hofbäume gepflanzt werden. Sie gedeihen auf allen nicht zu trockenen Böden. In genügend großen Anlagen, auf Rasenflächen oder an Wasserläufen entwickeln sich die Roßkastanien zu einmalig schönen Baumgestalten.

A. x carnea HAYNE, Rotblühende Roßkastanie
(= A. hippocastanum x A. pavia)

Aesculus x carnea

Wuchs: Mittelgroßer Baum mit rundlicher bis breitgewölbter, dicht geschlossener Krone.

Größe: 10 bis 15 (bis 20) m hoch und 8 bis 12 (16) m breit. Jahreszuwachs in der Höhe 25 (30) cm, in der Breite 20 cm.

Blätter: Sommergrün, gegenständig, 8 bis 15 cm lang, 5teilig, dunkelgrün, leicht glänzend, Herbstfärbung gelbbraun.

Blüten: Hellrot, in aufrechten, 15 bis 20 cm langen Rispen, 2. Maihälfte, Baum blüht im Alter von 10 Jahren.

Früchte: Kugelig, 3 bis 4 cm breit, kaum bestachelt, Fruchtansatz sehr gering.

Wurzel: Herzwurzelsystem, tiefgehend, dichtverzweigt, hoher Feinwurzelanteil.

Standort: Sonne bis Halbschatten.

Boden: Keine besonderen Ansprüche, bevorzugt nährstoffreiche, nicht zu trockene, sandig-lehmige Böden, kalkverträglich.

Eigenschaften: Stadtklimafest, vorübergehende Trockenheit vertragend, rauchhart.

Verwendung: Schöner Blütenbaum und Schattenspender für Einzelstellung und Gruppenpflanzung in großen Garten- und Parkanlagen, beliebter Hausbaum, Allee- und Straßenbaum in unbefestigten Flächen.

A. x carnea 'Briotii', Scharlach-Roßkastanie

Aesculus x carnea 'Briotii'

Wuchs: Mittelgroßer Baum mit rundlicher bis breit pyramidaler, geschlossener Krone, langsamwüchsiger als A. x carnea.

Größe: 10 bis 15 m hoch und 8 bis 12 m breit. Jahreszuwachs in der Höhe 20 (25) cm, in der Breite 15 bis 20 cm.

Blätter: Sommergrün, gegenständig, 8 bis 15 cm lang, 5teilig, dunkelgrün, leicht glänzend, Herbstfärbung gelbbraun.

Blüten: Leuchtend blutrot, größer als bei A. x carnea, Rispen 25 cm lang, 2. Maihälfte, Baum blüht im Alter von 10 Jahren.

rechts: 200 Jahre alte Kastanienallee im Schloßpark Haseldorf

Früchte, Wurzel, Standort, Boden, Eigenschaften wie bei der Art.

Verwendung: Auffälliger Blütenbaum und Schattenspender für Einzelstellung und Gruppenpflanzung in großen Garten- und Parkanlagen, beliebter Hausbaum, Allee- und Straßenbaum in unbefestigten Flächen.

Aesculus x carnea 'Briotii'

A. flava 'Vestita',
Gelbe Pavie
(= A. octandra var. vestita)

Verbreitung: Die Wildart ist im östlichen Nordamerika beheimatet, in Mischwäldern auf feuchten, tiefgründigen und nahrhaften Böden entlang der Flüsse.

Wuchs: Mittelgroßer bis großer Baum mit lockerer, breit kegelförmiger Krone, im Alter mehr rundlich, die unteren Äste oft malerisch herabhängend.

Größe: 12 bis 15 (bis 20) m hoch, in der Heimat bis 27 m hoch. Breite 9 bis 12 (15) m.

Aesculus flava 'Vestita'

Rinde: Zweige hellbraun, oft behaart, Winterknospen nicht klebrig, Borke braun, in großen, rundlichen, flachschuppigen Platten, ähnlich wie bei der Platane, ablösend, sehr dekorativ.

Blätter: Sommergrün, gegenständig, handförmig geteilt, Blättchen zu 5 bis 7, 10 bis 15 cm lang, dunkelgrün, Unterseite dicht behaart, rosagelb überlaufen; Herbstfärbung herrlich tiefgelb, relativ früh abfallend.

Blüten: Hellgelb mit purpurrosa Flecken, in 10 bis 15 cm langen, aufrechten Rispen, Ende Mai.

Früchte: Kugelig bis entfernt birnenförmig, 5 bis 6 cm dick, ohne Stacheln; giftig.

Standort: Sonnig bis absonnig.

Boden: Keine besonderen Ansprüche, bevorzugt aber tiefgründige, nahrhafte Standorte, kalkverträglich.

Eigenschaften: Gut frosthart, stadtklimafest, rauchhart, krankheitsfrei. Früchte giftig, Triebe giftig für das Vieh.

Verwendung: Schöner, malerischer Baum, der häufiger gepflanzt werden sollte! Einzelstellung in Parkanlagen, aber auch als Straßenbaum in Vorstadtgebieten bei entsprechenden Bodenvoraussetzungen.

Anmerkung: Die nordamerikanischen Indianer aßen die Früchte, nachdem sie das Gift durch Wässern und Rösten unwirksam machten.

A. hippocastanum L.,
Roßkastanie

Griech.: hippos = Pferd, kastanon = Kastanie

Angeblich verwendeten die Türken die Früchte zur Bekämpfung des Hustens bei Pferden.

Verbreitung: Nordgriechenland, Albanien, Südjugoslawien, Ostbulgarien, in feuchten Gebirgswäldern auf nährstoffreichen, tiefgründigen Sand- und Lehmböden. Seit dem 16. Jahrh. in Mitteleuropa eingebürgert.

Wuchs: Großer Baum mit breiter bis hochgewölbter, dicht geschlossener Krone, untere Zweigpartien im Alter malerisch überhängend.

Größe: Bis 25 (bis 30) m hoch und 15 bis 20 (25) m breit. Jahreszuwachs in der Höhe 45 bis 50 cm, in der Breite 25 bis 35 cm.

Rinde: Triebe graubraun, bis 2 cm dick, im Alter dunkelgraue Schuppenborke.

Blätter: Sommergrün, gegenständig, Blattstiel und Spreite je 10 bis 20 cm lang, handförmig, 5 bis 7teilig, dunkelgrün, Herbstfärbung leuchtend gelb bis braun.

Blüten: Weiß, gelbrot gefleckt, in 20 bis 30 cm langen, aufrechten Rispen, interessant ist der „Farbwechsel" der Blüte, die Saftmale sind zuerst gelb, am 2. Tag ziegelrot, dann karminrot, Mai.

Geschnittene Roßkastanien am Zürichsee

Aesculus hippocastanum 'Baumannii'

Früchte: Groß, stachelig, mit 1 bis 2 glänzend dunkelbraunen Samen (Kastanien).

Wurzel: Herzwurzelsystem, tiefgehend und weitstreichend, mit hohem Anteil von Feinwurzeln, aber auch stärkeren Seitenwurzeln im oberen Bereich.

Standort: Sonnig bis absonnig.

Boden: Keine besonderen Ansprüche, liebt frische bis feuchte, tiefgründige, nährstoffreiche Böden, schwach sauer bis alkalisch, kalkverträglich, empfindlich gegen Oberflächenverdichtung.

Eigenschaften: Sehr frosthart, empfindlich gegen Hitze, Strahlung, Immissionen und Salz, Kastanienblüten produzieren viel Nektar, sehr gute Bienenweide.

Verwendung: Prachtvoller Einzelbaum für großräumige Garten- und Parkanlagen, früher Schattenspender, Bodenfestiger, auffälliger Blütenbaum, Straßenbaum im Vorstadtbereich, Bienenweide, Tiernährgehölz.

Ökologie: Die Blüten der Roßkastanie werden von Bienen und Hummeln bestäubt. Interessant ist, daß sich ein Farbwechsel der Saftmale vollzieht. Die jungen Blüten sind gelb gefärbt und signalisieren den Insekten, daß sie bestäubungsfähig sind bzw. daß sich ein Besuch lohnt. Am 2. und 3. Tag färben sich die Saftmale ziegelrot bis karminrot. Gleichzeitig verändert sich der Duft und die Nektarproduktion erlischt. Sie werden von Insekten nicht mehr angeflogen (Ökonomie).

Anmerkung: Die stärke- und saponinhaltigen Früchte wurden im 1. Weltkrieg zur Seifenherstellung bzw. als Seifenersatz genutzt. In Blättern, Blattstielen und Fruchtschalen ist das phytotoxische, wachstumshemmende Aesculin eingelagert.

A. hippocastanum 'Baumannii', Gefülltblühende Roßkastanie

Wuchs: Großer Baum mit hochgewölbter, regelmäßiger Krone, im Habitus sonst wie die Art, aber insgesamt nicht so riesig.

Größe: 20 bis 25 m hoch und 12 (15) bis 20 m breit. Jahreszuwachs in der Höhe 40 cm, in der Breite 25 cm.

Blätter: Sommergrün, gegenständig, 10 bis 20 cm lang, handförmig, 5 bis 7teilig, dunkelgrün, Herbstfärbung leuchtend gelb bis braun.

Blüten: Reinweiß, überwiegend gefüllt, steril, Blütezeit länger als bei der Art.

Früchte: Es werden kaum Früchte angesetzt.

Wurzel, Standort, Boden, Eigenschaften wie bei der Art.

Verwendung: Einzelbaum für großräumige Garten- und Parkanlagen, Schattenspender, da kein Fruchtansatz, auch als Straßenbaum einsetzbar, jedoch nur in unbefestigten Flächen.

A. hippocastanum 'Globosum', Kugel-Roßkastanie

Wuchs: Kleiner Baum, Krone in der Jugend ohne Schnitt kugelig, im Alter breit kegelig mit starken Ästen.

Größe: Bis 8 m hoch und ebenso breit.

Blätter: Sommergrün, gegenständig, 10 bis 20 cm lang, Blattstiel 15 cm, 5 bis 7teilig, dunkelgrün, Herbstfärbung leuchtend gelb bis braun.

Blüten: Weiß, gelbrot gefleckt, in 20 cm langen, aufrechten Rispen, Mai.

Weitere Angaben und Merkmale wie bei der Art.

Verwendung: Schöner, rundkroniger Blütenbaum für Garten- und Parkanlagen, geeignet als Straßenbaum für enge Räume.

A. hippocastanum 'Pyramidalis'

Schon vor 1900 bekannt.

Wuchs: Schmal aufrecht, Krone dicht mit steil ansteigenden Hauptästen.

Verwendung: Interessant für kleinere Straßen und schmale Randstreifen.

A. x neglecta 'Erythroblasta' (SPÄTH)

Von BENSCH in Schlesien gefunden und der Baumschule SPÄTH als Aesculus pavia fol. roseis zur Weiterkultur übergeben.

Mittelhoher Baum mit zunächst rundlicher, später mehr breiter, ausladender Krone. Blätter 5zählig, Blättchen verkehrt eilänglich, 10 bis 17 (bis 20) cm lang, Rand fein gesägt, Austrieb leuchtend karminrosa, später vergrünend; Herbstfärbung gelb bis hellorange. Blüten im Juni, rötlichgelb. Ein prachtvoller Baum, dessen spektakulärer Austrieb im April/Mai den Zierwert von so manchem Blütengehölz übertrifft.

Aesculus hippocastanum

Aesculus hippocastanum 'Baumannii'

Aesculus x neglecta 'Erythroblasta'

A. parviflora WALT., Strauch-Roßkastanie

Aesculus parviflora

Verbreitung: Südöstliches Nordamerika, in lichten Wäldern oder an Waldrändern.

Wuchs: Großer Strauch mit wenig verzweigten, bogig aufrechten Grundtrieben, im Alter zunehmend dichter werdend, durch Ausläuferbildung sich ausbreitend.

Größe: 3 bis 4 (bis 5) m hoch, im Alter meist viel breiter als hoch. Jahreszuwachs in der Höhe 15 cm, in der Breite 20 bis 30 cm.

Rinde: Triebe braun bis graubraun.

Blätter: Sommergrün, gegenständig, 8 bis 20 cm lang, handförmig, 5 bis 7teilig, im Austrieb bronzefarben, später hellgrün, Herbstfärbung leuchtend gelb.

Blüten: Weiß, in 30 cm langen, aufrechten Rispen, die in großer Zahl über dem Laub stehen, Juli bis August.

Früchte: Verkehrt eirund, ohne Stacheln.

Aesculus parviflora

Wurzel: Flach ausgebreitet, zahlreiche Feinwurzeln. Ausläuferbildung!

Standort: Volle Sonne bis Halbschatten, gedeiht auch noch im Schatten von Bäumen.

Boden: Frische, gut durchlässige Substrate, bevorzugt schwach saure Böden, ist aber insgesamt sehr anpassungsfähig, versagt nur auf kalten Böden mit schlechter Wasserführung.

Eigenschaften: Vollkommen frosthart, stadtklimafest, etwas wärmeliebend.

Verwendung: Gehört wegen des dekorativen Blattes und der späten Blüte zu den größten Kostbarkeiten für unsere Garten- und Parkanlagen, freistehende Einzelexemplare sind zur Blütezeit eine große Attraktion. Besonders wirkungsvoll auf Rasenflächen, vor immergrünen Hecken oder ruhigen Gehölzpflanzungen.

A. pavia 'Atrosanguinea', Dunkelrote Pavie

Aesculus pavia 'Atrosanguinea'

Verbreitung: Die Wildart ist im südöstlichen Nordamerika beheimatet, auf feuchten Böden an Steilufern der Flüsse, am Rande von Wasserläufen und Sümpfen, als Unterholz von Mischwäldern.

Wuchs: Strauch oder kleiner Baum mit aufrechten Ästen und einer geschlossenen, rundlichen Krone.

Größe: 3 bis 6 (bis 7,5) m hoch und 2 bis 5 m breit.

Rinde: Zweige dick, rötlichbraun, Knospen nicht klebrig, Borke braungrau bis hellgrau.

Blätter: Sommergrün, gegenständig, handförmig geteilt, Blättchen zu 5 bis 7, verkehrt schmal eiförmig, 6 bis 17 cm lang, Stiel 3 bis 17 cm lang, dunkelgrün, verliert die Blätter früh, gelbliche Herbstfärbung nicht bemerkenswert.

Blüten: Dunkelrot, in 10 bis 25 cm langen, aufrechten Rispen im Mai, sehr zierend.

Früchte: Eirund, 3,5 bis 6 cm dick, glatt, hellbraun, Oktober.

Standort: Sonnig bis absonnig.

Boden: Bevorzugt gleichmäßig feuchte, durchlässige, nahrhafte Böden, ist aber insgesamt sehr tolerant.

Eigenschaften: Gut frosthart.

Verwendung: Ein sehr schöner, auffälliger Blütenbaum für kleinräumige Anlagen.

Bemerkung: In Amerika wird der Baum wegen seiner prächtigen, hellroten bis dunkelroten Blütenkerzen auch „Firecracker" genannt. Die Indianer benutzten die zerriebenen Früchte und zerkleinerten Triebe zum Fischfang. Die Pioniere stellten aus den gummiartigen Wurzeln Seife und aus der bitteren Borke Medizin her.

AILANTHUS DESF.
Götterbaum – Simaroubaceae, Bittereschengewächse

Ailanto ist ein auf den Molukken gebräuchlicher Name und bedeutet Baum des Himmels (hoch genug, um den Himmel zu erreichen).

Sommergrüne Bäume mit auffallenden, beinahe tropisch anmutenden Blättern. Von den 10 Arten, die in Ost- und Südasien sowie in Australien beheimatet sind, werden bei uns nur 1 bis 2 Arten angepflanzt. Ailanthus altissima hat in China als Futter für Seidenraupen eine gewisse wirtschaftliche Bedeutung.

A. altissima (MILL.) SWINGLE, Götterbaum
(= A. glandulosa DESF.)

Verbreitung: China.

Wuchs: Großer, stattlicher, gelegentlich auch mehrstämmiger Baum mit breiter Krone, Kronenäste im Alter malerisch geschwungen, eschenähnlich.

Größe: Bis 25 m hoch, in 20 Jahren ca. 15 m hoch. Breite etwa 10 bis 15 (20) m. Jahreszuwachs in der Höhe 50 cm, in der Breite 25 cm (in der Jugend noch stärker).

Ailanthus altissima

Rinde: Junge Triebe dick, mit nicht gefächertem Mark, rotbraun, samtig behaart, Borke grünlich graubraun, weißstreifig, später längsrissig.

Blätter: Sommergrün, wechselständig, auffallend groß, bis 60 cm lang, unpaarig gefiedert, riechen unangenehm scharf. Blättchen gestielt, eilanzettlich, ein gutes Erkennungszeichen sind die am Grunde befindlichen Zähne, die unterseits in großen Drüsen enden. Kaum Herbstfärbung, meist grün und sehr spät abfallend.

Blüten: Grünlichgelb, in 15 bis 20 cm langen, aufrechten Rispen, stark duftend, Juli.

Früchte: Geflügelt, eschenähnlich, erscheinen in großer Menge, sonnenseits oftmals leuchtend rot.

Wurzel: Fleischig, grobfaserig, wenig Feinwurzeln, flach, in der Jugend Ausläuferbildung.

Standort: Sonnig, warme Lage bevorzugt.

Ailanthus altissima

Boden: Anspruchslos an Boden und Standort, wächst auf den schlechtesten, trockensten Böden. Schwach sauer bis stark alkalisch.

Eigenschaften: Außerordentlich schnellwüchsig, verträgt extreme Trockenperioden, besonders stadtklimafest, wärmeliebend, wird nicht vom Wild verbissen, salztolerant. Samen benötigen hohe Keimtemperatur. Krankheiten sind nicht bekannt. Höchstalter liegt bei etwa 50 Jahren.

Verwendung: Imposanter Solitärbaum für großräumige Garten- und Parkanlagen, Straßenbaum, Pioniergehölz für Rohböden, Bienenweide. Alte Exemplare werden sehr malerisch und erinnern dann ein wenig an unsere Eschen. Da sie nie tief beastet und auch gut lichtdurchlässig sind, lassen sie sich gut mit Stauden, auch sehr schön mit Bambus unterpflanzen.

Ailanthus altissima

Ökologie: Die Blüten produzieren reichlich Nektar und Pollen. Sie werden sehr stark von Bienen, Hummeln und anderen Insekten beflogen.

Anmerkung: Blüten, junge Rinde und Austriebe enthalten Ailanthin und Gerbstoffe. Die Inhaltsstoffe werden in China gegen Durchfallerkrankungen eingesetzt.

Ailanthus altissima

AKEBIA DECNE.
Akebie – Lardizabalaceae,
Fingerfruchtgewächse

Akebia ist ein jap. Pflanzenname.

A. quinata (HOUTT.) DECNE.,
Fingerblättrige Akebie

Akebia quinata

Akebia quinata

Verbreitung: Japan, China und Korea, in Gebüschen und Wäldern der Hügel und Gebirge, weit verbreitetes Schlinggehölz.

Wuchs: Schlingstrauch, hochwindend, in der Jugend langsam, später raschwüchsig.

Größe: Bis 6 (bis 10) m hoch.

Blätter: Sommergrün, in milden Wintern immergrün, wechselständig, 5 handförmig zusammengesetzte Einzelblättchen, langgestielt, dunkelgrün, Blätter sind sehr dekorativ.

Blüten: Eingeschlechtig, weibliche Blüte violettbraun (schokoladen-purpur), faszinierend in der Form, männliche Blüten kleiner, rosa, duftend, Mai.

Früchte: Purpurviolett oder hellviolett, bereift, gurken- bis wurstförmig, 5 bis 10 cm lang, eßbar.

Wurzel: Hauptwurzel kräftig, flach und tiefgehend, stark verzweigt.

Standort: Sonnig bis halbschattig, warme, geschützte Lage.

Boden: Nahrhafte, lehmige Böden werden bevorzugt, mäßig trocken bis feucht, die Akebie ist aber allgemein anpassungsfähig und gedeiht auch auf sandigen Standorten.

Eigenschaften: Bodentriebe wurzeln, in der Jugend etwas frostempfindlich, wärmeliebend.

Verwendung: Interessanter, dekorativer Schlingstrauch für Pergolen, Sichtschutzwände, Zäune, zur Begrünung älterer, starkwüchsiger Bäume; Kletterhilfe erforderlich. Das gallertartige, süß schmekkende Fruchtfleisch wird roh gegessen.

Ökologie: Akebien-Früchte sind eine Lieblingsspeise der Schnee-Affen in Japan.

A. trifoliata (THUNB.) KOIDZ., Dreiblättrige Akebie

Die Dreiblättrige Akebie hat ihr Heimatgebiet in Mittelchina und Japan. Sie wird jedoch nur 4 bis 6 m hoch und ist somit auch für die Begrünung kleinerer Pergolen, Rankgerüste, Zäune und Mauern geeignet. Die weiblichen Blüten sind kastanienbraun, die männlichen auch bei dieser Art etwas heller und kleiner. Eine ganz beachtliche Größe erreichen die gurkenähnlichen, hellpurpurnen Früchte, die 10 bis 15 cm lang werden können. Ihr gallertartiges, süßlich schmeckendes Mark wird in Asien roh gegessen. Frosthärte, Standort- und Bodenansprüche wie A. quinata.

ALANGIUM LAM. – Alangiaceae
Einzige Gattung der Familie.

A. platanifolium (SIEB. & ZUCC.) HARMS
(= Marlea platanifolia)

Am Heimatstandort baumartig, in unseren mitteleuropäischen Gärten jedoch nur ein aufrechter Strauch von 1,5 bis 3 (?) m Höhe mit markigen Trieben. Blätter sommergrün, wechselständig, stark an Platanen- bzw. Ahorn-Laub erinnernd, 10 bis 20 cm lang, meist 3 bis 5 (7)lappig. Blüten weiß, 2 bis 2,5 cm lang, duftend, bestehend aus 4 bis 10 schmalen, rückwärts eingerollten Kronblättern und deutlich

Alangium platanifolium Albizia julibrissin

hervortretenden Staubblättern. Blütezeit Juni/Juli. Frucht oval, 0,6 bis 1 cm lang, dunkelblau.

Das sowohl von seinen dekorativen Blättern als auch von der interessanten Blüte her überaus bemerkenswerte Gehölz hat seine natürlichen Verbreitungsgebiete in Mittelchina und Japan. Auf Hokkaido tritt es in den Bergwäldern zusammen mit dem Katsurabaum, Cercidiphyllum jap., auf.

Leider habe ich mit dieser dendrologischen Kostbarkeit nie lange Glück gehabt, doch weiß ich, daß dieses Gehölz z. B. in Geisenheim und im Botanischen Garten Mainz gut gedeiht und dort auch Samen ansetzt. Bei dem Dendrologen BLACHIAN in Icking (Bayern) wurde Alangium in dem strengen Winter 84/85 mit Tiefst-Temperaturen von minus 19,6° C und wochenlangen Frösten um minus 14° C zwar sehr stark geschädigt, soll sich jedoch davon wieder erholt haben. Ich werde es im Frühjahr wieder einmal versuchen, denn Alangium hat für den Dendrologen einfach etwas Unwiderstehliches an sich.

ALBIZIA DURAZZ.
Seidenbaum – Mimosaceae, Mimosengewächse

julibrissin DURAZZ., Seidenbaum, Seidenfädenakazie
(= Acacia nemu)

Wenn ein Gehölz südländische Atmosphäre in unsere Gärten zu zaubern vermag, dann ist es

der Seidenbaum. Allein die filigranen, doppelt gefiederten Blätter sind von unvergleichlicher Schönheit und Eleganz. Ihr Anblick fasziniert mich immer wieder und erinnert mich an die subtropischen und tropischen Akazienarten, aber ganz besonders an den wohl schönsten Blütenbaum der Welt, den Flamboyant (Delonix regia), der, wie unser Seidenbaum, auch zur Ordnung der Leguminosae gehört.

A. julibrissin kommt wild im Iran, in Japan, Korea und Mittelchina vor. Heute ist dieser dekorative Baum beinahe weltweit verbreitet. Besonders häufig finden wir ihn in den Gärten am Mittelmeer. Wie seine berühmten Vorbilder, die echten Akazien und der Flamboyant, so bildet auch der in unseren Gärten 4–6 m hoch werdende Seidenbaum eine flachgewölbte Schirmkrone aus. Interessant ist, daß die Fiederblättchen sich mit Einbruch der Dunkelheit in Schlafstellung zusammenfalten. Im Juli – August erscheinen die rosafarbenen, köpfchenartigen Blüten, die aus zahlreichen, seidigen Staubfäden bestehen.

Die Sorte 'Ernest Wilson' ist bedeutend frosthärter als die Art. Sie entstand im Arnold Arboretum aus Saat, die Ernest H. Wilson in Korea gesammelt hat. Auf sonnig-warmen, geschützten Standorten gedeiht sie selbst in Norddeutschland. Im Botanischen Garten Hamburg und im Arboretum Ellerhoop-Thiensen kommen die Pflanzen regelmäßig zur Blüte. Auf Grund des sehr späten Austriebs stellen Spätfröste für den Seidenbaum keine Gefahr dar. Frostschäden sind verstärkt auf zu nährstoffreichen, feuchten und schweren Böden zu beklagen, wo ein rechtzeiti-

Alnus cordata

Albizia julibrissin 'Ernest Wilson'

A. cordata (LOISEL.) DESF.,
Herzblättrige Erle, Italienische Erle

Verbreitung: Süditalien und Kreta, in Niederungen.

Wuchs: Kleiner bis mittelgroßer Baum mit lockerer, eiförmiger bis kegeliger Krone.

Größe: Bis 15 m hoch und etwa 8 m breit. Jahreszuwachs in der Höhe 35 cm, in der Breite 20 cm.

Rinde: Junge Triebe kantig, braunrot, leicht klebrig, Borke im Alter graubraun, längsrissig.

Blätter: Sommergrün, wechselständig, breit rundlich, 5 bis 10 cm lang, Basis herzförmig, glänzend dunkelgrün, treibt sehr früh aus und behält das Laub bis November.

ges Abschließen und Ausreifen der Triebe nicht gewährleistet ist. A. julibrissin neigt zur Zwieselbildung, die aber unbedingt vermieden werden sollte, da sie bei diesem windbruchgefährdeten Gehölz leicht zu Trennungsrissen, schlechter Wundheilung und anschließendem Rotpustelbefall führen kann.

ALNUS MILL.
Erle – Betulaceae,
Birkengewächse

Alnus ist der alte römische Name der Erle.

Sommergrüne Sträucher oder Bäume mit meist gestielten Winterknospen, wechselständigen Blättern und eingeschlechtlichen Blüten. Charakteristisch sind die weiblichen und männlichen Blüten- bzw. Fruchtkätzchen. Die etwa 35 Arten sind vornehmlich in der Nordhemisphäre, in Amerika allerdings bis nach Peru verbreitet.

Im Garten- und Landschaftsbau werden die Erlen überwiegend für die Bepflanzung feuchter, nasser Standorte verwendet, obwohl es auch Arten gibt, die vorzüglich auf Normalböden gedeihen (A. cordata, A. japonica). Ein weiteres Charakteristikum ist ihre Fähigkeit, mit Hilfe von Strahlenpilzen Luftstickstoff zu binden, der ihnen besonders auf armen Rohböden zugute kommt. Frosthärte, Robustheit, Überflutungstoleranz und ihre Anspruchslosigkeit machen die Erlen zu einer außerordentlich wichtigen Gehölzgattung für den Pflanzenverwender.

Alnus cordata

Blüten: Eingeschlechtig, männliche Kätzchen 5 bis 7,5 cm lang, meist zu 3 bis 6, gelblichgrün, März.

Früchte: Fruchtzapfen auffallend groß, größer als bei anderen kultivierten Erlen, eiförmig, 2,5 bis 3 cm lang und bis 1,7 cm dick.

Wurzel: Flach ausgebreitet, weitverzweigt, überwiegend Feinwurzeln, Stickstoffsammler.

Standort: Sonnig bis absonnig.

Boden: Keine besonderen Ansprüche, feucht bis mäßig trocken, kalkverträglich.

Eigenschaften: Treibt sehr früh aus, gelegentlich spätfrostgefährdet, industrie- und stadtklimafest, sehr windresistent, Baum mit sehr weiter Standortamplitude.

Verwendung: Einzelbaum, Abpflanzungen, auch auf trockenen Rohböden, gute Erfolge als Straßenbaum, Windschutz.

A. glutinosa (L.) GAERTN., Schwarz-Erle, Rot-Erle
Lat.: glutinosus = klebrig

Alnus glutinosa

Verbreitung: Fast ganz Europa, Sibirien, Westasien, Persien und Nordafrika, landschaftsprägender Baum an Bächen, Flüssen, in Niederungen und auf staunassen Überschwemmungsböden, in Bruchwäldern und Übergangsmooren.

Wuchs: Großer Baum mit pyramidaler, lockerer, im Alter malerischer Krone, Stamm meist bis zum Wipfel durchgehend, oft aber auch vielstämmig.

Größe: 10 bis 20 (bis 25) m hoch und 8 bis 12 (14) m breit. Jahreszuwachs in der Höhe 30 bis 40 cm, in der Breite 20 cm.

Rinde: Junge Triebe grünlichbraun, im Austrieb klebrig, nicht behaart, Borke später dunkelgrau, längsrissig.

Blätter: Sommergrün, wechselständig, 4 bis 10 cm lang, stumpfeiförmig bis rundlich, dunkelgrün, während der Austriebszeit klebrig, lange haftend, keine Herbstfärbung.

Blüten: Eingeschlechtig, männliche Kätzchen bräunlich, März bis April, weibliche Blüten unscheinbar, windbestäubt.

Früchte: Eiförmige, 1,8 cm lange, verholzende Zapfen, die ab September/Oktober reif sind, Windverbreitung.

Wurzel: „Glockenförmiges", intensives Herzwurzelsystem mit vielen mittelstarken Senkerwurzeln, die sehr tief gehen, wurzelt von allen heimischen Baumarten am tiefsten, Horizontalwurzeln sind kaum ausgeprägt. Senkrechte Stelzwurzeln bis 3 m tief, wobei Erlenwurzeln bis 1,5 m in ständig nassen Bodenschichten stehen können (SCHLÜTER).

Standort: Sonnig bis halbschattig (lichtliebend!).

Boden: Keine besonderen Ansprüche, nährstoffreiche, frische bis feuchte (nasse), schwach saure Böden werden bevorzugt.

Eigenschaften: Pioniergehölz erster Klasse, besiedelt mit Salix caprea auch sterile Sande, hohe Überflutungstoleranz, windfest, Böden werden gut erschlossen, wenig wärmebedürftig, in Symbiose mit Strahlenpilzen wird freier Luftstickstoff gebunden, Laub verrottet schnell, ergibt guten Humus; langlebig, bis 150 Jahre.

Verwendung: Baum für die freie Landschaft, Pioniergehölz auf Rohböden, Spülfeldern, Knickbegrünung, Halden, Uferbefestigung, Gewässerreinhaltung, Windschutz, sehr schönes, malerisches Einzel- und Gruppengehölz für feuchte Parkwiesen und Gewässerränder, Vogelnährgehölz.

70-jährige Schwarz-Erle mit einem „Gesicht"

Alnus glutinosa

Anmerkung: Erlen sollten an Fließgewässern ca. 20 bis 40 cm über der Mittelwasserlinie dicht am Ufer gepflanzt werden. An Prallufern Erlen, an Gleitufern oder in 2. Reihe der Prallufer können Eschen oder Bruch-Weiden zur Erreichung eines verflochtenen Wurzelsystems zum Einsatz kommen. Schwarz-Erlen können nach 15 bis 20 Jahren auf den Stock gesetzt werden (SCHLÜTER).

Alnus glutinosa, Erlen-Bruchwald

Ökologie: Die Beschattung der Fließgewässer durch Erlen und andere Ufergehölze gewährleistet, daß auch in den Sommermonaten keine Temperaturextreme auftreten. Alle bachtypischen Tierarten benötigen unbedingt kaltes Wasser. Das ins offene Wasser ragende Wurzelwerk der Erlen ist Lebensraum für verschiedene Fischarten, Flußkrebse, Libellen- und Steinfliegenlarven. Von dem ins Wasser gefallenen Laub leben Bachflohkrebse und andere Kleintiere.

Durch Strahlenpilze
verursachte
Knöllchenbildung an
Schwarz-Erlen-Wurzeln

Alnus glutinosa – Stammquerschnitt

Das Holz der Rot- oder Schwarz-Erle hatte früher eine große wirtschaftliche Bedeutung. Es diente zur Herstellung von bäuerlichen Geräten, Holzschuhen, Zigarrenkisten, Sperrholzplatten und Nähmaschinentischen. Im Wasser verbaut, hält es über 100 Jahre.

A. glutinosa 'Imperialis', Bambus-Erle

Vor 1859 entstanden.

Wuchs: Kleiner Baum oder Großstrauch mit schlanken, trichterförmig aufstrebenden Grundstämmen und lockerer, eleganter, bambusartig überhängender Bezweigung. Langsam wachsend.

Größe: 6 bis 10 m hoch.

Blätter: Sommergrün, wechselständig, sehr fein und filigran, jederseits mit 3 bis 4 unregelmäßigen, schmalen und bis über die Blattspreitenhälfte eingeschnittenen Lappen, die oft hahnensporn-ähnlich oder schwach bogenförmig nach außen geschwungen sind. (Alnus glutinosa 'Laciniata' nicht so elegant, Lappen kürzer, dreieckig eingeschnitten).

Verwendung: Im Botanischen Garten Linz sah ich diese Erle zum ersten Mal an einem Weiher zusammen mit Polygonum weyrichii, Polygonum amplexicaule, Gräsern, Uferstauden und Sinarundinaria murielae. Aus einiger Entfernung glaubte ich damals tatsächlich, einen Riesenbambus vor mir zu haben. Fortan hieß sie nur noch die Bambus-Erle. Ein fantastisches Gehölz für Ufergärten, Bambus- und Gräser-Kombinationen. Wichtig ist, daß man dieser Pflanze genügend Platz einräumt, damit sie ihre unerhörte Eleganz auch voll ausspielen kann. Hervorragend für das Thema Blatt-Textur und Kontraste. Bestechend schön ist auch **A. glutinosa 'Pyramidalis'**, angeblich läßt sie sich jedoch nicht vermehren. Ein großes Exemplar steht im Arboretum Trompenburg.

A. incana (L.) MOENCH., Grau-Erle, Weiß-Erle

Lat.: incanus = aschgrau oder fast grau

Verbreitung: Europa bis zum Kaukasus, in Mitteleuropa fast überall verbreitet, im Nordwest-deutschen Tiefland und in Schleswig-Holstein fehlend, das Hauptverbreitungs-gebiet der Grau-Erle liegt in Süddeutschland, in der montanen Stufe, in den Alpen bis auf 1600 m ansteigend; an feuchten Hängen und Hangrutschflächen, im Überschwemmungsbereich der Gebirgsbäche und -ströme wie Rhein und Donau, in Auenwäldern des Berglandes.

Wuchs: Großer Baum mit dichter, pyramidaler

Alnus incana

Krone, oft aber nur Großstrauch, durchgehender Stamm selten, unregelmäßiger Aufbau.

Größe: 6 bis 10 (bis 20) m hoch und 4 bis 8 (12) m breit. Jahreszuwachs in der Höhe 35 cm, in der Breite 20 cm.

Rinde: Junge Triebe grau, nicht klebrig, schwachfilzig behaart, Borke silbergrau, lange glatt bleibend.

Blätter: Sommergrün, wechselständig, breit eirund, deutlich zugespitzt, dunkelgrün, unterseits grau behaart bis filzig.

Blüten: Eingeschlechtig, männliche Kätzchen während der Blütezeit im März/April 7 bis 10 cm lang, weibliche Blüten klein und unscheinbar, windbestäubt.

Früchte: Fruchtzapfen bis 1,6 cm lang, eiförmig, graubraun, reif ab September, Windverbreitung.

Wurzel: Herzwurzler, wurzelt flacher als die Schwarz-Erle, bildet Ausläufer.

Standort: Sonnig bis lichter Schatten.

Boden: Keine besonderen Ansprüche, mäßig trocken bis feucht (naß), kalkhaltige Böden werden bevorzugt, verträgt Staunässe nicht so gut wie die Schwarz-Erle.

Eigenschaften: Sehr frosthart, hohes Ausschlagsvermögen, sehr windresistent, salztolerant, Stickstoffsammler mit Hilfe von Strahlenpilzen, kurzlebig, bis 50 Jahre.

Verwendung: Pioniergehölz auf Rohböden, Spülfeldern, Halden, Uferbefestigung. Böschungsschutz, Windschutzpflanzungen, Autobahnbegrünung, Straßen- und Alleebaum, Vogelnährgehölz.

A. incana 'Aurea', Gold-Erle

Wuchs: Kleiner Baum mit schmaler Krone oder nur mehrstämmiger Großstrauch, schwachwüchsiger als die Art.

Größe: 10 bis 12 m hoch und 5 bis 7 m breit. Jahreszuwachs in der Höhe 30 cm, in derBreite 20 cm.

Die Rinde der Grau-Erle bleibt lange glatt

Alnus glutinosa 'Imperialis'

Rinde: Junge Triebe hellgelb bis orange, rötlich gezeichnet, Winter/Frühjahrstriebe aprikosengelb bis braunorange.

Blätter: Sommergrün, wechselständig, im Austrieb gelb, später gelbgrün.

Blüten: Männliche Kätzchen herrlich orange bis kupfrigrot, März/April.

Wurzel, Standort, Boden, Eigenschaften wie bei der Art.

Verwendung: Wegen des ungewöhnlichen Farbspiels ganz besonders zierender Blütenbaum für Einzelstellung in Garten und Parkanlagen, interessant für Floristik, Pflanzkübel, mobiles Grün. Weitere erwähnenswerte Sorten sind **A. incana 'Laciniata'** mit schmal gelappten Blättern und die malerische Hängeform **A. incana 'Pendula'.**

A. x spaethii CALL.
(= A. japonica x A. subcordata)

Alnus x spaethii

Wuchs: Raschwüchsiger Baum mit breit pyramidaler Krone, Äste locker, aufrecht, im Alter mehr waagerecht ausgebreitet. Bildet einen Leittrieb aus.

Größe: 12 bis 15 (bis 18) m hoch, ein etwa 40jähriges Exemplar erreichte eine Höhe und eine Breite von 8,50 m. Jahreszuwachs in der Höhe 50 cm, in der Breite 30 cm, nach 15 Jahren schwächer.

Rinde: Einjährige Triebe grau bis grauoliv, an den Spitzen ein wenig grünoliv und sonnenseits braunoliv, Winterknospen ca. 1 cm lang, am Triebende gestielt, kahl, mehrjährige Zweige olivbraun mit vielen, quer angeordneten Lentizellen, Borke graugraubraun, längsrissig.

Alnus x spaethii

Blätter: Sommergrün, wechselständig, lanzettlich bis elliptisch, sehr groß, 6 bis 16 (bis 18) cm lang, dunkelgrün, leicht glänzend, etwas ledrig, das Laub haftet sehr lange.

Blüten: Männliche Blütenkätzchen braungelb, bis 5,5 cm lang, oft schon Ende Januar stäubend. Sehr zierend.

Früchte: Zäpfchen zu 3 (2 bis 4), groß, eiförmig, bis 2,5 cm lang und 1,5 cm breit.

Standort: Sonnig bis absonnig.

Boden: Anspruchslos, gedeiht auf allen Bodenarten, mäßig trocken bis feucht, kalkverträglich.

Eigenschaften: Frosthart, Laub bleibt im Herbst lange am Baum haften, windfest.

Verwendung: Sehr guter, kleiner Straßen- und Parkbaum, der aufgrund seines gefälligen Wuchses und seiner gesunden, sehr ansprechenden Belaubung viel größere Beachtung verdient. Benötigt als Straßenbaum keine oder kaum Pflegeschnittarbeiten. Wegen des tiefgehenden Wurzelwerks auch gut mit Kleingehölzen, Stauden und Zwiebelblumen zu unterpflanzen. Frühes Blütengehölz!

A. viridis (CHAIX) DC.,
Grün-Erle, Berg-Erle, Laublatsche, Alpen-Erle

Sommergrüner, 1 bis 3 m hoher, meist mehrstämmiger, breitbuschig ausladender Strauch. Stämme auch niederliegend, bis zu 8 m lang (KIERMEIER). Triebe schwach kantig, olivgrün bis bräunlich, sehr elastisch. Knospen bis 1 cm lang, länglich-oval, spitz, oftmals vom Zweig abgewandt nach außen gebogen. Blätter wechselständig, eiförmig, 5 bis 8 cm lang, zugespitzt,

Alnus viridis

Rand doppelt gesägt, oberseits dunkelgrün, unterseits heller, Achselbärte. Keine Herbstfärbung. Blüten z. Z. des Laubaustriebs. Männliche Kätzchen bereits im Sommer des Vorjahres angelegt, oftmals mit weißlicher Harzkruste belegt. Weibliche Kätzchen im März/April/Mai, unscheinbar. Früchte zapfenähnlich, verholzend.

Die Grün-Erle hat ihr Hauptverbreitungsgebiet in den europäischen Hochgebirgen, kommt aber auch in den Hochlagen der Balkan-Halbinsel vor.

Alnus viridis

In Deutschland finden wir sie im Südschwarzwald, Alpenvorland, Bayerischen Wald und in den Alpen bis zur Baumgrenze in 2400 m Höhe. Sie liebt feuchte bis frische, schwach saure bis neutrale Böden in kühler und luftfeuchter Lage. Mit ihrem intensiven und weitstreichenden Wurzelwerk und den sehr elastischen Trieben und Stämmen ist sie ein außerordentlich wichtiges Pioniergehölz im Alpenraum, das zur Festigung von Lawinenhängen, Erosionsrinnen, Hangrutschflächen und ganz allgemein zur Begrünung von Geröll- und Schotterflächen eingesetzt wird.

AMELANCHIER MEDIC.
Felsenbirne – Rosaceae,
Rosengewächse

Amelanchier laevis

Zur Gattung Amelanchier gehören etwa 25 Arten, die fast alle in Nordamerika verbreitet sind, nur 2 Arten sind in Europa bis Kleinasien und 1 Art ist in Ostasien beheimatet. Es sind sommergrüne Sträucher oder kleine Bäume mit wechselständigen Blättern, oft mit farbenprächtigem Austrieb und weißen, endständigen Blütentrauben, die jedes Jahr in übergroßer Fülle erscheinen. Die blauschwarzen, beerenartigen Kernäpfel sind eßbar und dienten früher als Korinthenersatz. Hervorzuheben ist auch die leuchtend gelbe bis feurigrote Herbstfärbung.

Ihre fast sprichwörtliche Anspruchslosigkeit an Standort und Klima, die leichte Verpflanzbarkeit, aber auch ihr malerischer, natürlicher Wuchs machen die Felsenbirne zu einem der vielseitigsten Sträucher, die sowohl als exzellente Solitärgehölze

Bei Amelanchier laevis hängen die Blütentrauben

wie auch als äußerst robuste Gruppensträucher eingesetzt werden können. Die vielen Wildarten sind noch nicht hinreichend genug gesichtet worden. Aufmerksam machen möchte ich z. B. auf **A. sanguinea**, eine sehr großblütige und spätblühende Art, die unbedingt gartenwürdig ist. Sehr wertvoll sind auch die kompakt wachsenden Ausleseformen der heimischen Felsenbirne.

A. laevis WIEG.,
Kahle Felsenbirne

Verbreitung: Östliches Nordamerika.

Wuchs: Mehrstämmiger Strauch bis Großstrauch, locker aufrecht, im Alter malerisch ausgebreitet mit einigen stark ausgeprägten, horizontalen Seitenästen und überhängenden Zweigspitzen.

Größe: 3 bis 5 (bis 6) m hoch, in der Heimat über 10 m, im Freistand meist genauso breit wie hoch. Jahreszuwachs in der Höhe 15 bis 20 cm, in der Breite 15 cm.

Blätter: Sommergrün, wechselständig, 3 bis 7 cm lang, eiförmig bis elliptisch, Austrieb herrlich bronzerot, im Sommer bläulichgrün, Herbstfärbung prachtvoll gelb bis orange-scharlach.

Blüten: Weiß, in großer Fülle, in dichten, bis 12 cm langen, hängenden Trauben.

Früchte: Kugelige Beeren, dunkelpurpurn, bereift, eßbar, sehr schmackhaft.

Wurzel: Hauptwurzelmasse flach, dicht verzweigt.

Standort: Sonnig bis absonnig.

Boden: Normale kultivierte Böden, sauer bis leicht alkalisch, mäßig trocken bis feucht, allgemein anspruchslos.

Eigenschaften: Sehr frosthart, stadtklimafest, verträgt Trockenperioden, aber auch zeitweilige Nässe, leicht verpflanzbar.

Verwendung: Gehört zu den schönsten und anspruchslosesten Ziergehölzen in der Gartengestaltung. Einzelstellung, Gruppen, Pflanzkübel, Dachgärten, Vogelnährgehölz, wichtige Insektenfutterpflanze.

Ökologie: Blüten werden stark von Insekten besucht, Früchte sind beliebte Vogel- und Kleinsäugernahrung.

A. laevis 'Ballerina'

Zugehörigkeit nicht eindeutig geklärt, verm. Hybride.

Wuchs: Hoher, aufrechter Strauch oder kleiner Baum mit ausgebreiteten Ästen, im Alter Zweige mehr oder weniger überhängend.

Größe: 3 bis 6 (bis 8) hoch und breit.

Blätter: Sommergrün, wechselständig, breit elliptisch, (3) 5 bis 7 (bis 10) cm lang und (1,5) 3 bis 4 (bis 5,5) cm breit, Rand gesägt-gezähnt, kahl, mattglänzend, dunkelgrün, unterseits hellgraugrün; junge Blätter im Austrieb bronzefarben, Herbstfärbung dunkelpurpurbraun, nicht so intensiv wie bei der Art.

Blüten: Reinweiß, sternförmig, sehr groß, Einzelblüte 2,5 bis 3 cm breit, zu 6 bis 8 (bis 12) beisammen, in 7 bis 10 cm langen, mehr oder weniger überhängenden Trauben, Ende April bis Mai.

Früchte: Rot, im Reifezustand purpurschwarz, schwach bereift, 1 bis 1,25 cm dick, saftig und süß, sehr zahlreich, eßbar, Anfang Juli.

Wurzel: Hauptwurzelmasse flach, dicht verzweigt.

Standort: Sonnig bis absonnig.

Boden: Normale, kultivierte Böden, sauer bis leicht alkalisch, mäßig trocken bis feucht, allgemein anspruchslos.

Eigenschaften: Außerordentlich frosthart, windfest, stadtklimafest, zeitweilige Nässe und Trockenheit vertragend, leicht verpflanzbar.

Verwendung: Eine neue Sorte (Hybride?) von Amelanchier laevis, die sich durch auffälligere Blüten, aber vor allem durch größere Früchte auszeichnet. Es ist der beste Fruchtstrauch für Korinthenersatz. Der Strauch setzt jedes Jahr reichlich Früchte an. Einzelstellung, Gruppen, Fruchtstrauchhecken, Pflanzkübel.

Ökologie: Beeren sind beliebte Vogel- und Kleinsäugernahrung.

A. lamarckii F.-G. SCHROEDER,
Kupfer-Felsenbirne
(= A. canadensis der Baumschulen)

Verbreitung: O-Nordamerika.

Wuchs: Großer, mehrstämmiger Strauch, in der

Amelanchier lamarckii

Amelanchier lamarckii im Arboretum Ellerhoop-Thiensen

Jugend locker aufrecht, im Alter zunehmend breiter mit etwas schirmförmiger Krone und leicht überhängenden Seitenästen.

Größe: 4 bis 6 (bis 8) m hoch, im Alter oft etwas breiter als hoch, in 40 Jahren etwa 6 m hoch und 7 (8) m breit. Jahreszuwachs in der Höhe 20 bis 25 cm, in der Breite 15 bis 25 cm.

Blätter: Sommergrün, wechselständig, 3 bis 8,5 cm lang, elliptisch, im Austrieb kupferrot, Herbstfärbung leuchtend gelb, orange bis rot.

Blüten: Weiß, Einzelblüte sternförmig, in aufrechten Trauben, überreich blühend, April.

Früchte: Blauschwarze, kugelige Beeren, bereift, eßbar, recht schmackhaft (früher Korinthenersatz).

Wurzel: Hauptwurzelmasse flach, dicht verzweigt.

Standort: Sonnig bis absonnig (halbschattig).

Boden: Normale, kultivierte Böden, sauer bis leicht alkalisch, mäßig trocken bis feucht, allgemein anspruchslos.

Amelanchier lamarckii hat aufrechte Blütentrauben

Allendorf, Eschwege und südl. bis Hünfeld; Nordrhein-Westfalen, Rothaargebirge; an südexponierten, sommerwarmen Standorten, in lichten Gebüschen und Hecken, am Rande von Flaum-Eichen-Mischwäldern, in Kiefernwäldern und im Berg-Kieferngebüsch des Alpenvorlandes, auf humus-, feinerde- und nährstoffarmen, kalkhaltigen bis mäßig sauren Böden.

Wuchs: Mittelhoher, aufrecht wachsender Strauch, locker verzweigt, im Alter rundlich.

Größe: 1 bis 3 m hoch und genauso breit.

Rinde: Junge Triebe zunächst weißfilzig, später kahl und dunkelbraun, älteres Holz grau-graubraun.

Blätter: Sommergrün, wechselständig, eiförmig bis breitoval, 2,5 bis 4 cm lang, im Austrieb weißwollig, oberseits dunkelgrün, unten graufilzig, im Laufe des Sommers verkahlend; Herbstfärbung orange bis scharlachrot.

Blüten: In weißen, kurzen Trauben im April/Mai, vor den Blättern.

Amelanchier ovalis

Eigenschaften: Außerordentlich frosthart, windfest, stadtklimafest, zeitweilige Nässe und Trockenheit vertragend, leicht verpflanzbar, auch größere Exemplare.

Verwendung: Wegen der vielen guten Eigenschaften eines der allerwichtigsten Gehölze für den Pflanzenverwender. Für Einzelstellung in Gartenräumen genauso gut geeignet wie für robuste, windexponierte Schutzpflanzungen. Dachgärten, Pflanzkübel, gute Bienenweide, Vogelnährgehölz.

Ökologie: Die Beeren der Felsenbirne sind eine außerordentlich beliebte Vogel- und Kleinsäugernahrung. Bereits im unreifen Zustand werden sie sehr gern von Meisen, Ringeltauben und Drosseln verzehrt.

A. ovalis MED.,
Gewöhnliche Felsenbirne
(= A. vulgaris MOENCH;
A. rotundifolia (LAM.) DUM.-COURS.;
Crataegus rotundifolia LAM.)

Darf nicht verwechselt werden mit der amerikanischen Art Amel. ovalis BORKH.

Verbreitung: Süd- und Mitteleuropa, Kleinasien und Nordafrika; in Deutschland in drei größeren und einem kleineren Areal vertreten; Baden-Württemberg, Südschwarzwald; Freiburg, Tübingen; Rheinland-Pfalz, Koblenz, Mainz, Trier; Bayern, Alpenvorland, nördl. bis Starnberg; Hessen, ein kleineres Vorkommen bei Witzenhausen, Bad Soden-

Amelanchier ovalis

Früchte: Dunkelblau bis schwarz, kugelig, 8 bis 10 mm dick, saftig-fleischig mit süßlichem Geschmack.

Wurzel: Paßt sich dem jeweiligen Standort an, Flach-Herzwurzler, auf steinigen und felsigen Böden dringen die Wurzeln tief ein, treibt gelegentlich Ausläufer.

Standort: Sonnig bis absonnig.

Boden: Nicht wählerisch, bevorzugt aber warme, duchlässige, kalkreiche (bis mäßig saure) Standorte, trocken bis frisch.

Eigenschaften: Gut frosthart, krankheitsfrei, stadtklimafest, außerordentlich hitzeverträglich, sommerliche Trockenperioden werden schadlos überstanden, windresistent, nicht sehr konkurrenzstark, bei Bodenverdichtung etwas problematisch, „gegen chronische Einwirkung von Rauchsäuren und Gasen gilt sie als nur wenig empfindlich" (EHLERS).

Verwendung: Ein anspruchsloser, heimischer Strauch für trockene, warme bis heiße Sonderstandorte im urbanen Bereich und in der Landschaft. Pioniergehölz, ausgezeichnet zur Befestigung trockenwarmer Böschungen und Kalkhänge. Sehr gut für lichte, lockere Gehölzränder und Blütenhecken, auch als Einzelstrauch verwendbar, gutes Vogel- und Insektennährgehölz (reichlich Nektar).

Bemerkung: Am Naturstandort ist Amelanchier ovalis vergesellschaftet mit: Berberis vulgaris, Cotoneaster integerrimus, Ligustrum vulgare, Viburnum lantana, Rosa pimpinellifolia, Prunus spinosa, Sorbus aria, Sorbus torminalis, Crataegus monogyna und Prunus mahaleb.

Ökologie: Wertvolles Insekten- und Vogelnährgehölz.

A. ovalis 'Helvetica'

(Wird auch unter der Bezeichnung **A. ovalis 'Pumila'** geführt)

Wuchs: Mittelhoch, dichtbuschig und kompakt. Auch im Alter geschlossen und rundlich bleibend, viele Bodentriebe bildend, langsam wachsend..

Größe: 1 bis 1,50 m hoch und breit, in 10 Jahren etwa 1 m hoch (BÖHLJE).

Verwendung: Außerordentlich wertvolle Zwerg-Form unserer heimischen Felsenbirne. Geeignet für trocken-heiße Böschungen, Stein- und Heidegartenanlagen sowie Dachgärten, Gehölzränder, Kleingehölzrabatten und Pflanzgefäße. Hat sicherlich eine große Zukunft.

Eine weitere Sorte mit weißfilzigem Austrieb und großen aufrechten Blütentrauben ist **A. ovalis 'Edelweiß'**.

AMORPHA L.
Bastardindigo, Bleibusch – Papilionaceae, Schmetterlingsblütler

A. canescens PURSH.,
Bleibusch

Amorpha canescens

Verbreitung: Nordamerika, Unterholz in den trockenen Prärien und Ebenen.

Wuchs: Niedriger Halbstrauch, breit aufrecht, feinzweigig, Triebe kantig, dicht grau behaart.

Größe: Bis 1 m hoch und bis 1,5 m breit.

Blätter: Sommergrün, wechselständig, bis 20 cm lang, unpaarig gefiedert, Blättchen eiförmig, beiderseits graugrün, dicht behaart.

Blüten: Violettblau, in 10 bis 15 cm langen, endständigen Trauben, Juni bis Juli.

Standort: Sonnig, warm, geschützt.

Boden: Keine besonderen Ansprüche, gedeiht auch auf sehr trockenen, nährstoffarmen Standorten, kalkvertragend.

Eigenschaften: Friert als junge Pflanze gelegentlich zurück, treibt jedoch willig wieder durch.

Verwendung: Interessantes Gehölz für Einzelstellung in Gärten; Pflanzkübel, Dachgärten.

A. fruticosa L.,
Bastardindigo

Amorpha wurde von den amerikanischen Siedlern zum Blaufärben benutzt, als Ersatz für den echten Indigo, Indigofera tinctoria.

Amorpha fruticosa

Verbreitung: Nordamerika, auf Hügeln sowie auf sumpfigem Gelände und an Flußufern in Louisiana, Alabama bis Florida.

Wuchs: Strauch, locker, breit ausladend, Grundäste sparrig verzweigt.

Größe: 2 bis 3 m hoch und genauso breit.

Rinde: Hellgrau bis bräunlich, später dunkelgrau, behaart, mit Stachelborsten, Triebe leicht brechend.

Blätter: Sommergrün, wechselständig, Fiederblätter bis 30 cm lang, unpaarig gefiedert, Blättchen elliptisch, paarweise, frischgrün.

Blüten: Violettblau, in 15 bis 20 cm langen, endständigen Trauben, Juni bis August.

Früchte: Hülsenfrüchte mit meist 2 Samenkörnern.

Standort: Volle Sonne, warm, geschützt.

Boden: Keine besonderen Ansprüche, gedeiht noch sehr gut auf extrem trockenen, nährstoffarmen, sandigen Böden, anpassungsfähig an den pH-Wert.

Eigenschaften: Etwas salztolerant, stadtklimafest, rauchhart.

Verwendung: Interessantes Gehölz für extrem trockene und nährstoffarme Sonderstandorte. Gruppengehölz, Böschungen, Schutthalden.

Ökologie: Wertvolles Bienenweidegehölz. (ALBRECHT)

AMPELOPSIS MICHX.
Scheinrebe – Vitaceae,
Weinrebengewächse

Griech.: ampelos – Weinstock, opsis = Aussehen

A. brevipedunculata (MAXIM.)
TRAUTV., Ussuri – Scheinrebe

Wer die Farbe Blau liebt, wird auch begeistert sein von dem in allen Tönen und Übergängen schillernden Farbspiel der Ampelopsis-Früchte. Es reicht von grünlichblau über türkis und tiefblau bis hin zum glänzenden Amethyst auf dunkel gepunktetem Untergrund. Die kugeligen, etwa erbsengroßen Früchte sehen aus wie die schönsten Perlen. Ich sah sie das erste Mal in der Baumschule BÖHLJE, Westerstede, in der man ohnehin bei jedem Besuch neue Entdeckungen machen kann.

A. brevipedunculata ist ein stark wachsender, frostharter Kletterstrauch mit bis zu 12 cm langen, breit-herzeiförmigen, 3lappigen Blättern. In seiner Heimat, in Japan, am Amur und im Ussurigebiet, berankt er die Stämme und Kronen der Waldbäume. Die sehr frohwüchsige und gesunde Kletterpflanze eignet sich vorzüglich zur schnellen Begrünung von Zäunen, Pergolen und Wänden. An Boden und Standort stellt sie keine sonderlichen Ansprüche; sie gedeiht sowohl in sonniger wie auch in halbschattiger Lage. Die Ussuri-Scheinrebe ist für mich eines der faszinierendsten Fruchtschmuckgehölze.

Ampelopsis brevipedunculata

ANDROMEDA L.
Lavendelheide – Ericaceae,
Heidekrautgewächse

A. polifolia L.,
Echte Lavendelheide, Rosmarinheide,
Gränke, Poleiheide

Andromeda polifolia

Die Lavendelheide wurde von Linné nach Andromeda, der Tochter des äthiopischen Königs Kepheus und der Kassiope, benannt, die wegen ihrer Schönheit mit der Juno wetteiferte.

Immergrüner, heimischer Zwergstrauch, der früher verhältnismäßig häufig in unseren Hochmooren auf nassen, sauren Torfböden anzutreffen war. Dieser, heute recht selten gewordene Kriechstrauch wird 15 bis 30 (bis 40) cm hoch. Seine schmalen, ledrigen Blätter sind am Rand umgerollt, oberseits glänzend dunkelgrün und unterseits bläulich bis weißlichgrün. Eine große Zierde sind die im Mai bis Juni (Juli) zahlreich erscheinenden, hellrosafarbenen Glöckchen. Verwendung findet die Echte Lavendelheide bei der Rekultivierung von Mooren und Torfsümpfen, wo sie vergesellschaftet wächst mit Sonnentau, Moosbeere (Vaccinium oxycoccus), Heidekraut (Calluna vulgaris) und Sumpf-Porst (Ledum palustre). Im Garten läßt sich A. polifolia problemlos auch noch auf genügend frischen, humosen, sauren Böden kultivieren. Von ihrem Charakter her paßt sie sehr gut in den Heidegarten oder zu Rhododendron und Azaleen.

Von den vielen, im Handel befindlichen Sorten sind die gedrungen wachsende **'Compacta'**, *die in allen Teilen etwas größere* **'Major'** *und die nur 15 cm hoch werdende, sehr reich blühende* **'Nikko'** *die bekanntesten.*

Anmerkung: Die Lavendelheide ist stark giftig. Vergiftungssymptome sind Speichelfluß, Brennen im Mund, Atembeschwerden, Erbrechen und blutiger Durchfall.

Ökologie: Die glockigen Blüten sind innen mit einer Haarsperre ausgestattet und somit an den Besuch langrüssliger Insekten wie Hummeln, Bienen und Falter angepaßt. Es gelingt wohl nur den Ameisen, die Haarsperren in der Kronröhre und an den Staubfäden zu überwinden und einzudringen, wobei nach Beobachtungen von STAUFFER Griffel und Staubfäden ganz oder teilweise abgebissen werden.

ARALIA L.
Aralie – Araliaceae,
Kraftwurzgewächse

A. elata SEEM., Japanische Aralie

Aralia elata

Verbreitung: Ostsibirien, Mandschurei, Korea, Japan, Gebüsche und lichte Wälder des Tieflandes und der Berge.

Wuchs: Bizarrer, mehrstämmiger und dicktriebiger Großstrauch mit großen, dekorativen Fiederblättern, Stämme stachelig, wenig verzweigt, straff aufrecht.

Größe: 5 (bis 7) m hoch und bis 3 m breit. Jahreszuwachs in der Höhe 25 cm, in der Breite 15 cm.

Rinde: Triebe hellgrau bis bräunlich, später dunkelgrau, stark bestachelt, dick.

Blätter: Sommergrün, wechselständig, doppelt gefiedert, bis 70 cm lang, Blättchen dünn, bis 12 cm lang, zugespitzt, dunkelgrün, unterseits stachelig, Herbstfärbung gelb, aber auch rotorange bis violett. Junger Austrieb in China beliebtes Gemüse (ALBRECHT).

Aralia elata

Blüten: Weiß, in 50 cm breiten, endständigen Trugdolden, August bis September.

Früchte: Einzelfrüchte kugelig, bis 3 mm dick, schwarz.

Wurzel: Dick, fleischig, flach ausgebreitet, Ausläufer treibend.

Standort: Sonne bis Halbschatten, windgeschützt.

Boden: Guter Oberboden; kalkverträglich, nässeempfindlich, mäßig trocken bis feucht.

Verwendung: Dekoratives Solitärgehölz mit tropisch anmutendem Charakter; passende Nachbarn wären z. B. Bambus, Aesculus parviflora, Hydrangea sargentiana, Hosta-Arten, Ligularien, Aristolochia macrophylla, Catalpa und Paulownia.

Ökologie: Wertvoller Spätblüher, Insektenmagnet!

Aralia elata kann im Herbst rotorange färben

A. elata 'Variegata'

Aralia elata 'Variegata'

Wuchs: Bizarrer, mehrstämmiger und dicktriebiger Strauch mit großen, dekorativen Fiederblättern, Stämme stachelig, wenig verzweigt, straff aufrecht, schwachwüchsiger als die Art.

Größe: Bis 3 m hoch und 2 m breit.

Rinde: Triebe hellgrau bis bräunlich, später dunkelgrau, stark bestachelt, sehr dick.

Blätter: Sommergrün, wechselständig, doppelt gefiedert, bis 70 cm lang, Blättchen dünn, bis 12 cm lang, dunkelgrün und unregelmäßig weiß gerandet, sehr auffallend.

Blüten: Weiß, in bis zu 40 cm breiten, endständigen Trugdolden von August bis September. Blüten werden sehr stark von Insekten beflogen.

Früchte: Einzelfrüchte kugelig, bis 3 mm dick, schwarz.

Wurzel: Dick, fleischig, flach ausgebreitet, Ausläufer treibend.

Standort: Sonnig bis leicht absonnig.

Boden: Guter Oberboden, kalkverträglich, nässeempfindlich.

Verwendung: Ein ausgesprochenes Solitärgehölz mit ornamentaler Wirkung, dessen Pflanzplatz mit Bedacht ausgewählt werden sollte. Kann gut kombiniert werden mit anderen weiß- oder gelbbunten Gehölzen und Stauden, die farblich einen Gleichklang bringen und durch unterschiedliche Textur der Blätter gleichzeitig für Spannung sorgen. Der weißbunte Aspekt sollte jedoch nie überbetont werden, sondern lediglich ein

Lichtpunkt im Gesamtbild bleiben. Benachbarung: Hosta fortunei 'Aureo-maculata' und andere weißbunte Funkien, Hakonechloa macra 'Aureola', Alchemilla mollis, Bambus, Ligularia-Arten, im Hintergrund Catalpa, Aristolochia, Hydrangea sargentiana und Acanthopanax sieboldianus 'Variegatus'.

ARCTOSTAPHYLOS ADANS.
Bärentraube – Ericaceae,
Heidekrautgewächse

Arctostaphylos uva-ursi

A. uva-ursi (L.) SPRENG.,
Rotfrüchtige Bärentraube

Niederliegender Zwergstrauch, der in fast ganz Europa, dem nördlichen Sibirien und in Nordamerika beheimatet ist. In Deutschland stellenweise recht selten geworden. Die bis zu 1 m langen, dem Boden aufliegenden, rötlichbraunen Triebe bilden im Laufe der Jahre dichte, mattenartige Polster. Die Blätter sind immergrün, derbledrig und etwa 1 bis 3 cm lang. Im April/Mai erscheinen an kurzen, überhängenden Trauben kleine, glöckchenförmige, rosaweiße Blüten. Die scharlachroten, erbsengroßen Früchte verbleiben verhältnismäßig lange an der Pflanze. Sie werden von Schneehühnern, Hähern, Wacholderdrosseln und Seidenschwänzen verzehrt. Die Norweger backen sie ins Brot, (HECKER). Am Naturstandort kommt die Bärentraube auf sonnigen bis lichtschattigen Plätzen in lockeren Kiefern-, Lärchen-, Zirbel-Kiefern- und Krummholz-Kiefern-Beständen vor. Sie bevorzugt mäßig trockene bis frische, gut durchlässige, sandiglehmige, schwachsaure bis neutrale Böden. Auf reinen Torfböden versagt sie.

Verwendung findet die Bärentraube bei Rekultivierungsmaßnahmen in der Landschaft, wie z. B. Begrünung von Sand- und Geröllböschungen im alpinen Bereich, im Flachland als Unterwuchs lichter Kiefernwälder. Für den Gartengestalter ist A. uva-ursi ein wertvoller, immergrüner Bodendecker.

Anmerkung: *Die Blätter sind schwach giftig. Sie werden als Teedroge gegen Blasen- und Nierenleiden verwendet.*

ARISTOLOCHIA L.
Pfeifenblume – Aristolochiaceae,
Osterluzeigewächse

A. macrophylla LAM.,
Pfeifenwinde, Osterluzei
(= A. durior, A. sipho)

Verbreitung: Nordamerika, in den Bergwäldern von Pennsylvania bis Georgia und westlich bis Minnesota und Kansas.

Wuchs: Starkwüchsiger, hochwindender Schlingstrauch.

Größe: An geeigneten Kletterhilfen bis 10 m hoch und 2 bis 6 m breit.

Rinde: Triebe auffallend dunkelgrün, glatt und kahl, auch ältere Stämme noch lange grün.

Blätter: Sommergrün, wechselständig, auffallend groß, herzförmig, bis 30 cm lang, spät abfallend, gelegentlich goldgelb färbend.

Blüten: Pfeifenartig, außen gelbgrün, innen purpurbraun, bis 8 cm lang, erscheinen von Juni bis August.

Früchte: Eine keulenförmige, 6 klappige Kapsel.

Wurzel: Hauptwurzel dick, fleischig, wenig verzweigt.

Standort: Halbschattig bis schattig, bei genügend Bodenfeuchtigkeit auch sonnig.

Boden: Bevorzugt nahrhafte, genügend feuchte, etwas lehmige Böden, ist aber insgesamt anpassungsfähig an den Boden, verträgt Kalk.

Eigenschaften: Stadtklimafest, frosthart.

Verwendung: Durch die großen, dunkelgrünen Blätter ein besonders auffallendes, dekoratives Schlinggehölz, das in halbschattigen Gartenräumen eine beinahe tropische Atmosphäre verbreitet. Die dicht übereinander liegenden Blätter schaffen in einer Laube absoluten Schatten. Passende Nachbarn sind Hydrangea sargentiana, Hydrangea petiolaris, Aralia elata, Sinarundinaria- und Phyllostachys-Arten, Mahonia bealei, großblättrige Rhododendronarten; ein idealer Hintergrund wäre Catalpa bignonioides. Rankgerüste, Hauswände, größere Bäume, Laubengänge.

Anmerkung: Die Arten **A. manshuriensis, A. moupinensis** und **A. tomentosa,** die gelegentlich auch als A. macrophylla angeboten werden, sind zwar frosthart, doch weniger attraktiv.

Aristolochia macrophylla

ARONIA MEDIK.
Apfel- oder Zwergvogelbeere – Rosaceae,
Rosengewächse

A. arbutifolia (L.) PERS.,
Rote Apfelbeere, Erdbeerbaumblättrige
Apfelbeere

Arbutus ist der im Mittelmeerraum und in Nordamerika beheimatete Erdbeerbaum.

Verbreitung: Meist auf feuchten bis sumpfigen Böden in Nordamerika, aber auch auf trockeneren Standorten.

Wuchs: Kleiner bis mittelhoher, zunächst betont aufrecht wachsender, später mehr auseinanderstrebender Strauch mit zahlreichen Grundtrieben und im Alter oft kolonienartiger Ausläuferbildung. Langsam wachsend.

Größe: 1,20 bis 2 m hoch und meist genauso breit, durch Ausläuferbildung oftmals wesentlich breiter als hoch.

Blätter: Sommergrün, wechselständig, im Austrieb bronzebraun, elliptisch bis verkehrt eiförmig, 4 bis 7 cm lang, Rand kerbig gesägt, mit schwärzlichen, spitzen Zähnen besetzt, Mittelrippe mit kurzen, schwarzen Drüsenhaaren, Blattoberseite tiefgrün, unterseits graufilzig, Blattstiel 0,7 bis 1 cm lang, Herbstfärbung leuchtend krebsrot bis lackrot (schwedischrot), attraktiver als bei A. melanocarpa; Färbung setzt relativ früh ein, oft schon Ende September.

Blüten: Weiß oder rosa, knospig rot, Einzelblüte bis 1 cm breit, zu 9 bis 20 in kleinen, graufilzig behaarten Schirmrispen im Mai/Juni.

Früchte: Leuchtend rot, rundlich, erbsengroß, sie reifen spät und haften bis Dezember. Bester Fruchtansatz auf sonnigen Standorten.

Wurzel: Feines Faserwurzelwerk, flach, Ausläuferbildung.

Standort: Sonne bis Halbschatten.

Boden: Anpassungsfähig, gedeiht auf vielen Bodentypen, toleriert sowohl feuchte als auch trockene Böden, besseres Wachstum auf feuchten Standorten.

Eigenschaften: Frosthart, anspruchslos, Ausläuferbildung, windfest, leicht verpflanzbar.

Verwendung: Sehr guter Strauch für Vorpflanzungen, einsetzbar im Straßenbegleitgrün, zur Flächenbegrünung, brillanter und zuverlässiger Herbstfärber, dessen Laub im Gegensatz zu anderen Gehölzen Frühfrösten von −6 bis −8 °C schadlos widersteht. Fruchtschmuckgehölz!

Ökologie: Wertvolles Insekten- und Vogelnährgehölz.

Aronia arbutifolia

A. melanocarpa (MICHX.) ELLIOT,
Schwarzfrüchtige Apfelbeere
(= Sorbus melanocarpa)

Verbreitung: Im östlichen Nordamerika, Ontario, Michigan und Florida.

Wuchs: Kleiner, mehrtriebiger Strauch, Triebe mehr oder weniger straff aufrecht, im Alter etwas übergeneigt, bildet Ausläufer, so daß vieltriebige Kolonien entstehen.

Aronia melanocarpa

Größe: 1 bis 1,50 (bis 2,50) m hoch und im Alter oft breiter als hoch.

Blätter: Sommergrün, wechselständig, elliptisch bis verkehrt eiförmig, 2 bis 5,5 cm lang, Blattstiel 0,5 bis 0,8 cm, Blatt oberseits glänzend grün, unterseits kahl, hellgrün, im Austrieb grünlich, schwach behaart; Herbstfärbung sehr schön leuchtend weinrot bis dunkelrot, teilweise auch hellrot.

Blüten: Reinweiß, zu 10 bis 20 in Schirmrispen, Einzelblüte etwa 1 cm breit, Mai.

Früchte: Zuerst rot, später glänzend schwarz, kugelig, erbsengroß, eßbar, sie werden in der Konservenmittelindustrie als Färbemittel eingesetzt. September.

Wurzel: Flach ausgebreitet, viele Feinwurzeln, bildet Ausläufer.

Standort: Sonnig bis halbschattig.

Boden: Allgemein sehr anspruchslos und ausgesprochen anpassungsfähig, gedeiht sowohl in tiefen, feuchten Böden als auch auf trockenen, sandigen Standorten.

Eigenschaften: Sehr frosthart (wird gern in Finnland und Schweden angepflanzt), frei von Krankheiten, gut salzverträglich, windfest.

Verwendung: Sehr schöner, immer ansprechender Kleinstrauch, der sich vielseitig verwenden läßt. Einzelstellung, Gruppenpflanzung, sehr gut in größeren Trupps zur Unterpflanzung von Hochstämmen. Guter Fruchtstrauch, verlangt dann aber volle Sonne (süße Früchte), Vogelnährgehölz. Früher Herbstfärber (ab Mitte September).

Ökologie: Die Früchte sind eine außerordentlich beliebte Vogelnahrung.

A. x prunifolia 'Viking'

Wuchs: Kleiner Strauch mit vielen, straff aufrechten Grundtrieben, im Alter lockerer und etwas übergeneigt, bildet Ausläufer, so daß dichtbuschige Horste entstehen.

Größe: 1 bis 1,50 m hoch und als alte Pflanze oft breiter als hoch.

Blätter: Sommergrün, wechselständig, elliptisch bis breit elliptisch, 3 bis 5,5 cm lang und 1,8 bis 3 (3,5) cm breit. Blattstiel 0,5 bis 0,7 cm, Rand sehr fein und gleichmäßig gesägt, oberseits dunkelgrün, schwach seidig glänzend bis stumpf; Herbstfärbung leuchtend weinrot bis dunkelrot, aber auch hellrot, frühe Färbung.

Blüten: Reinweiß, zu 10 bis 20 in Schirmrispen, Mai.

Früchte: Zuerst rot, dann glänzend purpurschwarz, flachkugelig, beide Enden abgeplattet, 0,8

Aronia x prunifolia 'Karhumäcki'

bis 0,9 cm lang und 0,7 bis 0,8 cm dick, außerordentlich zahlreich, eßbar, Geschmack süßlich, frisch.

Wurzel, Standort, Boden und Eigenschaften wie A. melanocarpa.

Verwendung: Großfrüchtige und reichtragende Sorte mit allen anderen guten Eigenschaften der Wildart. Einzelstellung, Gruppenpflanzung, Unterpflanzung von Hochstämmen; Gehölzränder und Rabatten. Guter Fruchtstrauch, Naschobst! Wird außerordentlich gern auch von den verschiedensten Vogelarten angenommen.

Weitere großfrüchtige Sorten sind **'Karhumäcki'**, **'Nero'** und **'Serina'.**

Anmerkung: Die oben genannten Sorten werden von einigen Autoren auch der Art A. melanocarpa zugeordnet.

ARTEMISIA L.
Beifuß – Compositae, Korbblütler

Wurde nach der griech. Göttin Artemis benannt.

A. abrotanum L.,
Eberraute

Zierlicher, steif aufrechter, etwa 0,5 bis 0,8 (1) m hoher, stark aromatisch duftender Halbstrauch. Blätter sommergrün, 2 bis 6 cm lang, fein doppelt fiederspaltig, graugrün. Blüten unscheinbar, gelblich, in traubigen Ständen, Juli bis Oktober.

Die ursprüngliche Heimat der Eberraute ist kaum noch feststellbar, da sie bereits seit Jahr-

hunderten als Heil- und Gewürzpflanze im südeuropäischen und vorderasiatischen Raum kultiviert wird und dort jetzt vielfach verwildert vorkommt. Bereits in den ersten Schriften über die „Gärten der Bauern" wird auf das Vorkommen von Artemisia abrotanum hingewiesen. Die Eberraute, die neben ätherischen Ölen auch verschiedene Gerb- und Bitterstoffe enthält, wird gegen Blähungen, Appetitlosigkeit, bei Durchfällen sowie bei Husten und Verschleimung eingesetzt.

Mit ihrem graugrünen, sehr filigranen Laub ist sie auch im Ziergarten vielfältig einsetzbar. Sie paßt vorzüglich in den Steppen- oder Gräsergarten, kann aber auch mit ihrem ruhigen, weichen Farbton und der feinen Blatt-Textur eine ausgleichende Funktion in Rosenpflanzungen und Staudenrabatten übernehmen. Auf warmen, sonnigen und nicht zu nährstoffreichen Plätzen fühlt sie sich am wohlsten.

A. absinthium L.,
Wermut

Buschiger, bis 1 m hoher, aromatisch duftender Halbstrauch mit weißgrauen, aufrechten, an der Basis verholzenden, kräftigen Trieben. Blätter 2 bis 3fach fiederteilig, beiderseits auffallend silbrig behaart. Blüten gelb, in aufrechten, stark verzweigten, rispigen Ständen, Juli bis September.

Der Wermut hat ein sehr großes Verbreitungsgebiet, das Europa, Nordafrika, das gesamte Mittelmeergebiet und Teile Asiens umfaßt. In Mitteleuropa wird er schon seit Jahrhunderten als Heil- und Gewürzpflanze angebaut und ist vielerorts auch verwildert. Blätter und Triebe enthalten ein ätherisches Öl, das schwach giftige bis giftige Thujon, auch Absinthin genannt, Bitterstoffe und natürliche Pestizide. In hohen Dosen genossen, können Zubereitungen aus Wermutkraut, das gegen Appetitlosigkeit, Magenbeschwerden und bei Verdauungsstörungen eingesetzt wird, schwere Gesundheitsstörungen hervorrufen. Aus diesem Grund ist auch der Verkauf von dem früher so bekannten Wermutbranntwein (Absinthbranntwein) in beinahe allen Ländern verboten.

Der sehr ansehnliche, grauweiße Halbstrauch ist gut in Staudenrabatten, Rosenbegleitpflanzun-

Artemisia absinthium

gen und für das Thema „Weißer Garten" zu verwenden. Schön auch zusammen mit grausilbrigen Steppenpflanzen und Gräsern, wo er wegen seiner guten Winterstabilität ganz besonders geschätzt wird. Guter Ausgleich und sanfter „Weichmacher" für allzu bunte und harte Farben. Um den an sich schon hohen und kräftigen Wermut noch strukturstärker erscheinen zu lassen, sollte man ihn im Frühjahr etwas „rundlich" schneiden, damit er buschiger und kompakter wird. Auf sonnig-warmen, gut durchlässigen Standorten fühlt er sich am wohlsten und entwickelt dort auch eine schöne, grausilbrige Belaubung.

*Die Engländer verwenden gern **A. absinthium 'Lambrook Silver'**, eine Sorte, deren Blätter leuchtend silbrigweiß sind.*

Arundinaria pumila siehe unter Sasa pumila

ASIMINA ADANS.
Papau (Pawpaw) – Annonaceae, Flaschenbaumgewächse

A. triloba (L.) DUN,
Papau, „Pawpaw-apple", „False-banana"

Sommergrüner Großstrauch oder kleiner, kurzstämmiger, 5 bis 8 (10) m hoher Baum mit geschlossener, ovaler bis breitrundlicher Krone. Blätter attraktiv, groß, wechselständig, verkehrt eiförmig, 12 bis 25 cm lang, kurz zugespitzt, spät austreibend. Auf sonnig-warmen Standorten können sie eine leuchtend gelbe bis braungelbe Herbstfärbung annehmen. In unseren mitteleu-

ropäischen Gärten bleibt sie jedoch meist aus. Im Mai/Juni erscheinen mit den Blättern die 3 bis 4 cm großen, zunächst grünlichen, dann rotbraunen, glockigen Blüten. Sie bestehen aus drei Kelchblättern sowie drei äußeren und drei kleineren, inneren Kronblättern. Die 5 bis 8 (13) cm langen, wurstförmigen, grünen, zur Reife gelben Beerenfrüchte werden meist nur in den südlichen Gärten reif. Das Fruchtfleisch ist zart und weich und hat einen süßen, bananenähnlichen Geschmack.

Dieses hochinteressante Gehölz ist der einzige winterharte Vertreter der großen tropischen Familie der Annonaceae, die ihrer eßbaren Früchte wegen angebaut werden.

Asimina triloba ist im östlichen Nordamerika beheimatet und wächst dort auf frischen bis feuchten, fruchtbaren, sauren bis neutralen Böden entlang der Flüsse. Auch wenn der Baum am Heimatstandort häufig im tiefen Schatten großer Bäume wächst, so sollten wir das wärmeliebende Gehölz in unseren Gärten auf einen sonnigen Platz setzen. Asimina hat ein empfindliches Wurzelwerk, alte Exemplare lassen sich nach meinen Erfahrungen nur schwer verpflanzen. Ich empfehle deshalb im Container gezogene, wüchsige Pflanzen.

Einen sehr schönen, 7 m hohen, voll fruchtenden Baum sah ich 1985 im Botanischen Garten Freiburg. Auf der Insel Mainau entdeckte ich, ebenfalls 1985, ein 4 m hohes und 6 m breites Exemplar. Aber auch in den Gärten des Nordens kann dieses attraktive Blattschmuckgehölz mit den interessanten, braunpurpurnen Blüten erfolgreich angepflanzt werden. Fröste bis minus 20°C werden schadlos überstanden. Junge Stämme sollte man im Spätwinter mit Tannenreisig schattieren (Vermeidung von Frostrissen). Ein

etwa 2,50 m hohes Exemplar wird im Arboretum Thiensen, besonders zur Blütezeit, von den Besuchern immer wieder bewundert.

Die Früchte waren schon bei den ersten amerikanischen Siedlern geschätzt. Auf den Märkten der Mittelstaaten der USA wurden sie unter dem Namen Pawpaw angeboten (UPHOF, 1933).

Großfrüchtige Sorten sind 'Davis', 'Overleese' und 'Sunflower'.

AUCUBA THUNB.
Aukube – Cornaceae,
Hartriegelgewächse

Aokiba ist der japanische Name der Pflanze.

A. japonica THUNB.,
Aukube, Orangenkirsche

Immergrüner, in der Jugend etwas steif aufrechter, später breitbuschiger und dicktriebiger Strauch, der in unseren Gärten 1,50 bis 2,50 m hoch werden kann. Recht dekorativ sind die glänzend grünen, bis zu 20 cm langen, schmal ovalen bis elliptischen, ledrigen Blätter. Während die Blüten der männlichen Pflanzen aus aufrechten, rötlich gefärbten Rispen bestehen, sind die Blütenstände der weiblichen Pflanzen beinahe unscheinbar. Eine große Zierde stellen die 1 bis 1,5 cm langen, elliptischen Früchte dar, die oft bis weit in das nächste Frühjahr hinein am Strauch haften bleiben. Mit ihrer leuchtend roten Farbe bilden sie einen guten Kontrast zu dem glänzend grünen Laub.

Sandig-humoser, schwach saurer bis neutraler, durchlässiger, nicht zu nährstoffreicher Boden und ein halbschattiger bis schattiger Standort in geschützter Lage sind die Voraussetzungen für ein gutes Gedeihen dieser Pflanze. Sehr vorteilhaft ist auch ein Schutz vor der gefährlichen Märzsonne. Leider ist die Aukube nicht überall zuverlässig frosthart. Sie verträgt zwar längere Kälteperioden um minus 10 °C, doch treten zwischen minus 18 °C und minus 20 °C schwerere Blatt- und Trieb-

schäden auf. Die Früchte halten Frösten bis minus 13 °C stand. Im mehr atlantisch geprägten Klimabereich kann Aucuba japonica jedoch bedenkenlos gepflanzt werden. Sie erträgt viel Schatten, ist sehr schnittfest und extrem unempfindlich gegenüber Luftverschmutzung. Eingewurzelte Pflanzen verkraften sommerliche Trockenperioden unter Bäumen erstaunlich gut.

Verwendung findet die Aukube als dekoratives Gehölz in immergrünen Pflanzungen. Passende Nachbarn wären Kirschlorbeer, Bambus, Ilex, Azaleen und Rhododendron, Samthortensien, Mahonien und viele Nadelgehölze wie Taxus, Thujopsis und Chamaecyparis. Akuben gehören auch zu den unverwüstlichsten Kübelpflanzen, die bei uns kultiviert werden. Hier benötigen sie aber einen genügend lehmhaltigen und nährstoffreichen Boden. Die Überwinterung erfolgt in frostfreien, luftigen (auch dunklen) Räumen.

Die bekanntesten Sorten wären:

'Crotoniifolia'. Blätter fein gelb punktiert. 'Longifolia'. Blätter elegant länglich-lanzettlich, reich fruchtend. Sehr schön zu den filigranen Blättern der Bambusse passend. 'Picturata'. Blätter eilänglich, Blattspreite innen mit einem großen, gelben Fleck, der von vielen gelben Punkten umgeben ist. 'Rozannie'. Sehr wertvoll. Pflanze ist einhäusig und setzt überreich leuchtend rote, große Beeren an. 'Variegata'. Blätter mit ungleich großen Flecken und Punkten. Diese Sorte ist außerordentlich robust und hart. Sie wird deshalb häufiger gepflanzt als die grüne Art.

Asimina triloba hat schmackhafte Früchte

Aucuba japonica 'Variegata' – die Früchte sind giftig

rechts: Asimina triloba

BASHANIA - BERBERIS

Bambus siehe unter folgenden Gattungen:

Bashania	Pseudosasa
Chusquea	Sasa
Hibanobambusa	Semiarundinaria
Indocalamus	Shibataea
Phyllostachys	Sinarundinaria
Pleioblastus	

BASHANIA P. C. KENG et T.P.Y.
Bambus – Gramineae,
Süßgräser,

Unterfamilie Bambusoideae, Bambusgräser

B. fargesii E. G. Camus
(= Arundinaria fargesii)

Dichtbuschig aufrechter, 3 bis 4 (5) m hoher, Ausläufer treibender Bambus mit dunkelgrünen, dickwandigen Halmen. Zweige gehäuft am Knoten entspringend, Blätter nicht so dicht stehend wie bei Pseudosasa, lanzettlich, 15 bis 20 (25/30) cm lang und etwa 2 cm breit, etwas steif abstehend.

Diese sehr attraktive, stark an Pseudosasa erinnernde Gattung wurde erst vor wenigen Jahren aus China nach Deutschland eingeführt. Sie hat sich in unseren Gärten als erstaunlich frosthart erwiesen, zumindest ist sie genauso hart wie Pseudosasa. Schöner, strukturstarker Bambus für buschige Hintergrundpflanzungen und Flächenbegrünungen. Einen makellosen Bestand sah ich bei dem bekannten Bambus-Freund

Bashania fargesii

ROBERT SCHECK in seinem Garten in Salzburg. Dort wächst Bashania an einem kalkhaltigen Südhang in voller Sonne.

BERBERIS L.
Berberitze, Sauerdorn – Berberidaceae, Sauerdorngewächse

Mittelhohe oder hohe Sträucher, seltener kleine Bäume mit immergrünen oder sommergrünen, wechselständigen, einfachen Blättern und meist gelben, oft sehr zierenden Blütenständen. Die Blätter sind an den Langtrieben zu einfachen oder 3teiligen Dornen umgebildet.

Die Gattung Berberis umfaßt rund 500 Arten, die in Ost- und in Mittelasien, in Südamerika, in Europa und Nordafrika beheimatet sind.

Während die sommergrünen Arten sonnige Lagen bevorzugen, fühlen sich die immergrünen im lichten Halbschatten wohler. Alle Arten aber stellen an den Boden kaum Ansprüche; sie gedeihen noch ausgezeichnet in leichten, sandigen Substraten und widerstehen dem Wurzeldruck größerer Bäume. Sommerliche Hitze- und Trockenperioden vertragen sie schadlos. Berberitzen eignen sich hervorragend für freiwachsende und geschnittene Hecken, zur Unterpflanzung von Bäumen, für Pflanzkübel und Dachgärten.

Die Rinde, insbesondere die Wurzelrinde, ist bei allen Arten giftig. Während die Früchte von Berberis vulgaris harmlos sind oder sogar für Kompott und Erfrischungsgetränke verwendet werden können, sind die Früchte anderer Arten wohl als schwach giftig einzustufen.

Ökologie: Alle Berberis-Arten und -sorten sind außerordentlich wertvolle Insekten- bzw. Vogelnähr- und -schutzgehölze!

Bashania fargesii

B. buxifolia 'Nana'
Buchsbaumblättrige Berberitze

Verbreitung: Die Wildart ist in S-Chile, von Valdivia bis zur Magellanstraße beheimatet.

Wuchs: Rundlich wachsender, dichtbuschiger Zwergstrauch, schwachwüchsig.

Größe: Bis 0,5 m hoch und bis 0,8 m breit.

Rinde: Triebe rötlichbraun, mit 3teiligen Dornen.

Blätter: Immergrün, wechselständig, elliptisch, 1 bis 2 cm lang, dunkelgrün, rötlich gerändert, etwas ledrig.

Blüten: Leuchtend orangegelb, Mai, Blüten erscheinen selten.

Wurzel: Hauptwurzel kräftig, Feinwurzeln dicht verzweigt.

Standort: Sonnig bis absonnig.

Boden: Keine besonderen Ansprüche, gedeiht selbst in trockeneren Sandböden.

Eigenschaften: Vollkommen frosthart, verträgt schadlos sommerliche Trockenperioden, windresistent, industriefest, hohes Ausschlagsvermögen.

Verwendung: Hervorragend für niedrige Einfassungen, freiwachsende Hecken, Flächenbegrünung, Pflanztröge, Dachgärten.

Berberis buxifolia 'Nana'

B. candidula SCHNEID.,
Schneeige Berberitze

Verbreitung: China, Provinz W-Hupeh.

Wuchs: Halbkugeliger, dicht geschlossener Zwergstrauch mit leicht abwärts geneigten Triebspitzen, langsamwüchsig.

Größe: Bis 0,8 (bis 1,20) m hoch und oft doppelt so breit.

rechts: Berberis thunbergii hat eine glühendrote Herbstfärbung

Rinde: Gelblichweiß, kaum warzig, Dornen bis 2 cm lang.

Blätter: Immergrün, wechselständig, elliptisch, 2 bis 3 cm lang, Rand eingerollt, mit kleinen Zähnen, glänzend dunkelgrün, unterseits schneeweiß.

Blüten: Goldgelbe, glockige Einzelblüten im Mai.

Wurzel: Dichtes Feinwurzelwerk mit einigen kräftigen Hauptwurzeln.

Standort: Sonnig bis schattig, halbschattige Lage wegen der schädlichen Frühjahrssonne geeigneter.

Boden: Keine besonderen Ansprüche, toleriert alle Bodenarten, mäßig trocken bis feucht, schwachsauer bis alkalisch.

Eigenschaften: Vollkommen frosthart, verträgt schadlos sommerliche Trockenperioden, stadtklimafest, windresistent und industriefest.

Verwendung: Wohl die zierlichste aller immergrünen Berberis-Arten, problemloser Flächenbegrüner, freiwachsende Hecken, immergrüne Gärten, Friedhöfe, Pflanzkübel, Dachgärten.

B. darwinii HOOK.

Immergrüner, 1,20 bis 2 m hoher, breit- und dichtbuschig aufrechter Strauch mit ledrigen, verkehrt eiförmigen, bis 3 cm langen Blättern. Die größte Zierde dieses in Chile und Argentinien beheimateten Gehölzes sind die im April bis Juni erscheinenden, glühend orangefarbenen Blüten. Sicherlich eine der schönsten Berberis-Arten überhaupt. Leider etwas frostempfindlich, aber für den atlantisch beeinflußten Klimabereich und genügend geschützte Standorte ein herrliches Blütengehölz.
Die nur 50 cm hohe Sorte 'Prostrata' ist frosthärter.

Berberis darwinii

B. x frikartii 'Amstelveen'

(Hybride aus B. candidula x B. verruculosa)

Wuchs: Dicht und rundlich-gedrungen wachsender Strauch mit zierlich überhängenden Zweigspitzen.

Größe: 1,20 m bis 1,50 m hoch und breit. Im Alter sicher auch bis 2 m hoch.

Blätter: Immergrün, wechselständig, sehr ähnlich denen von B. candidula, (1,5) 1,8 bis 2,5 (bis 3,2) cm lang und 0,5 bis 1 cm breit, mittelgrün, glänzend, unterseits bläulichweiß.

Verwendung: Eine raschwüchsige, frostharte und gesunde Sorte.

B. x frikartii 'Telstar'

Wuchs: Dicht geschlossen, aufrecht, Triebe grob, Zweigspitzen bogig übergeneigt, starkwüchsig.

Größe: 1,5 bis 2,00 m hoch und genauso breit.

Blätter: Immergrün, wechselständig, 2,5 bis 3,5 cm lang und 0,8 bis 1,4 cm breit, dunkelgrün, unterseits bläulichweiß.

Verwendung: Sehr robuste und raschwüchsige Sorte.

B. x frikartii 'Verrucandi'

Wuchs: Dicht und rundlich wachsender Zwergstrauch mit bogig überhängenden Seitentrieben.

Größe: Bis 1,50 m hoch und genauso breit.

Rinde: Braungelb bis graugelb, mit 2 cm langen, 3teiligen Blattdornen.

Blätter: Immergrün, wechselständig, verkehrt

Berberis x frikartii 'Verrucandi'

eiförmig, 1 bis 2,5 cm lang, Rand etwas eingerollt, mit 3 bis 6 nach vorn gerichteten Zähnen je Blattrandhälfte.

Blüten: Gelb, große Einzelblüten, Mai.

Wurzel: Flach ausgebreitet, dicht verzweigt, mit vielen Feinwurzeln.

Standort: Sonnig bis schattig.

Boden: Toleriert alle normal kultivierten Gartenböden, schwach sauer bis alkalisch.

Eigenschaften: Sehr frosthart, stadtklimafest, rauchhart, verträgt sommerliche Trockenperioden.

Verwendung: Ausgezeichnetes Gehölz für immergrüne, undurchdringliche Hecken, Gruppenpflanzungen, Flächenbegrünung, Pflanzkübel, Dachgärten. Zu immergrünen Berberitzen passen Bodendecker mit feiner Blatt-Textur des „Vinca-Typs", Paxistima und Kleinstrauchrosen.

B. gagnepainii var. lanceifolia AHRENDT.

Berberis gagnepainii var. lanceifolia

Verbreitung: China, Provinz W-Hupeh.

Wuchs: Mittelhoher, dicht verzweigter Strauch mit aufrechten Grundtrieben und später überhängenden Zweigen.

Größe: 2 bis 3 m hoch und breit.

Rinde: Triebe rund, gelblich, Blattdornen 3teilig, 1−2 cm lang, sehr dünn.

Blätter: Immergrün, wechselständig, schmal lanzettlich, gewellt, bis 10 cm lang, stumpfgrün, unterseits gelbgrün, oft glänzend, Blattrand mit nach vorn gerichteten Stachelzähnen.

Blüten: Leuchtend goldgelb, zu 3 bis 10 in Büscheln vereint, Mai.

Früchte: Blauschwarz, bereift, länglich, 1 cm lang.

Wurzel: Dichtes Feinwurzelwerk mit einigen kräftigen Hauptwurzeln.

Standort: Sonnig bis absonnig.

Boden: Keine besonderen Ansprüche, mäßig trocken bis feucht, schwach sauer bis alkalisch.

Eigenschaften: Vollkommen frosthart, verträgt schadlos sommerliche Dürreperioden, stadtklimafest, windresistent, industriefest.

Verwendung: Einzelstellung, Gruppen, Hecken, Einfassungen, Pflanzkübel.

B. hookeri LEM.

Berberis hookeri

Verbreitung: Himalaja, Sikkim, Bhutan.

Wuchs: Mittelhoher, aufrecht wachsender, dicht-triebiger Strauch, Außenzweige bei alten Pflanzen überhängend.

Größe: 1 bis 1,50 m hoch und genauso breit.

Rinde: Gelb bis graugelb, 3teilige, starke Blattdornen, bis 3 cm lang.

Blätter: Immergrün, wechselständig, elliptisch bis lanzettlich, mit 2 bis 3 vorwärts gerichteten Zähnen je Blattrand, glänzend grün, unten bläulichweiß, 4,0 bis 8,5 cm lang und 1 bis 2,5 cm breit.

Blüten: Schwefelgelb, zu 2 bis 6 in Büscheln, im Mai bis Juni.

Früchte: Länglich, schwarzpurpurn.

Wurzel: Dichtes Feinwurzelwerk mit einigen kräftigen Hauptwurzeln.

Standort: Sonnig bis absonnig.

Boden: Keine besonderen Ansprüche, mäßig trocken bis feucht, sauer bis alkalisch.

Verwendung: Einzelstellung, Gruppen, freiwachsende Hecken, bestes Vogelschutzgehölz, Pflanzkübel.

B. x hybrido-gagnepainii SURING.

Wuchs: Mittelhoher Strauch, breitbuschig, Grundtriebe aufrecht, dicht verzweigt.

Größe: Bis 3 m hoch.

Rinde: Gelblichgrün, spitz bedornt, mit 3teiligen, bis 3 cm langen Dornen.

Blätter: Immergrün, wechselständig, lanzettlich, 3 bis 7 cm lang, leicht gewellt, Rand dornig gezähnt, dunkelgrün, unterseits blaugrün.

Blüten: Intensiv gelb, in Büscheln, Mai bis Juni.

Früchte: Länglich, schwarz, blaubereift.

Wurzel: Dichtes Feinwurzelwerk mit einigen kräftigen Hauptwurzeln.

Standort: Sonnig bis absonnig.

Boden: Keine besonderen Ansprüche, mäßig trocken bis feucht, schwach sauer bis alkalisch, verträgt Trockenheit.

Eigenschaften: Frosthart, stadtklimafest, industriefest.

Verwendung: Einzelstellung, Gruppen, freiwachsende, höhere Hecken, bestes Vogelschutzgehölz, Pflanzkübel, Dachgärten.

Die Sorte 'Barmstedt' ist schwachwüchsiger und hat kleinere, schmal-elliptische Blätter.

B. x interposita 'Wallich's Purple'
Bei W. KEESEN in Aalsmeer entstanden.

Wuchs: Dichtbuschig aufrecht, Zweige bogig übergeneigt.

Größe: 1,20 bis 1,5 (2,00) m hoch.

Blätter: Immergrün, wechselständig, breitelliptisch, im Austrieb sehr schön kupferrot, später glänzend grün, unterseits stumpf bläulichgrün.

Verwendung: Wertvolle Form, die mehr beachtet werden sollte.

B. julianae SCHNEID.

Verbreitung: Mittelchina, Provinz W-Hupeh.

Wuchs: Mittelhoher, aufrecht und sehr dicht wachsender Strauch, im Alter Zweige bogig übergeneigt.

Größe: 2 bis 3 (bis 4) m hoch und im Freistand oft noch breiter als hoch.

Rinde: Triebe gefurcht, gelblich, mit dem Alter grauer werdend, 3teilige, sehr kräftige, bis zu 4 cm lange Blattdornen.

Blätter: Immergrün, wechselständig, verkehrt eiförmig, bis 10 cm lang und 2,5 cm breit, derb le-drig, je cm Blattrand mit 3 bis 4 Sägezähnen, dunkelgrün, unten blaßgrün.

Blüten: Gelb, in Büscheln, von Mai bis Juni.

Früchte: Länglich, schwarz, blaubereift.

Wurzel: Hauptwurzel kräftig, wenig verzweigt, flach und tief ausgebreitet.

Standort: Sonnig bis absonnig.

Boden: Guter Oberboden, mäßig trocken bis feucht, sauer bis alkalisch.

Eigenschaften: Frosthart, stadtklimafest, verträgt zeitweilige Trockenheit.

Verwendung: Berberis julianae gehört zu den allerhärtesten immergrünen Berberitzen. Ausgezeichnet für hohe, undurchdringliche Hecken und Grundstücksabpflanzungen, gutes Vogelschutzgehölz.

Berberis julianae

'Klugowski'
(= 'Klugowskiana')

(Um 1960 bei Alfons Klugowski, Flein bei Heilbronn, entstanden)

Wuchs: Mittelhoher Strauch, breit kugelförmig, dichtgeschlossen, langsam wachsend.

Größe: Bis 2 m hoch und dann genauso breit.

Rinde: Gelblichgrün, 3teilige, bis 2 cm lange Dornen.

Blätter: Immergrün, wechselständig, schmal lanzettlich, 5 bis 8 cm lang, Rand dornig gesägt, dunkelgrün, unterseits blaugrün.

Blüten: Goldgelb, in Büscheln, Mai bis Juni.

Früchte: Länglich, schwarz, blaubereift.

Wurzel: Dichtes Feinwurzelwerk mit einigen kräftigen Hauptwurzeln, flach und tief ausgebreitet.

Standort: Sonnig bis absonnig.

Boden: Keine besonderen Ansprüche, normale, kultivierte Böden, mäßig trocken bis feucht, schwachsauer bis alkalisch.

Eigenschaften: Absolut frosthart, verträgt zeitweilige Trockenheit, stadtklimafest, industriefest.

Verwendung: Einzelstellung, Gruppen, freiwachsende höhere Hecken, Vogelschutzgehölz, Pflanzkübel, Dachgärten.

B. koreana PALIBIN,
Korea-Berberitze

Verbreitung: Korea.

Wuchs: Buschig aufrecht.

Größe: 1,5 bis 2,00 m hoch und genauso breit.

Blätter: Sommergrün, wechselständig, verkehrt eiförmig bis oval, 3 bis 7 cm lang, Rand dornig gesägt, Herbstfärbung sehr schön dunkelrot.

Blüten: Gelb, in hängenden Trauben.

Früchte: Leuchtend rot, eirundlich, wirtschaftlich verwertbar.

Verwendung: Diese absolut frostharte Berberitze ist außerordentlich gartenwürdig und verdient größere Beachtung.

B. x media 'Parkjuweel'
(Cultivar aus B.x hybrido-gagnepainii 'Chenault' x B. thunbergii)

Berberis x media 'Parkjuweel'

Wuchs: Rundlich und geschlossen wachsender Strauch mit aufrechten Grundtrieben und im Alter breit nach außen übergeneigten Seitenzweigen.

Größe: Bis 1,50 (bis 2,50) m hoch und meist breiter als hoch (30jährige Pflanze: 2,50 m hoch und 4 m breit!).

Rinde: Rotbraun bis graubraun, gefurcht, Blattdornen einzeln oder 3teilig, bis 2,5 cm lang, rotbraun glänzend.

Blätter: Halbimmergrün, verkehrt eiförmig, 2 bis 4 (bis 5) cm lang und 1,5 cm breit, glänzend dunkelgrün, unten blaugrün, orangerote Herbstfärbung.

Berberis x media 'Parkjuweel'

Blüten: Gelb, in Büscheln, Mai bis Juni.

Früchte: Klein, länglich, schwarz.

Wurzel: Hauptwurzeln kräftig, stark verzweigt, hoher Anteil an Feinwurzeln.

Standort: Sonnig bis schattig.

Boden: Keine besonderen Ansprüche, mäßig trocken bis feucht, sauer bis alkalisch.

Eigenschaften: Sehr frosthart, rauchhart, stadtklimafest, industriefest.

Verwendung: Einzelstellung, Gruppenpflanzungen, Hecken und mittelhohe Einfassungen, Vogelschutzgehölz.

B. x media 'Red Jewel'

Wuchs: Strauch, gedrungen, kugelig, dicht verzweigt.

Größe: Bis 1,50 (bis 2) m hoch und genauso breit.

Rinde: Rotbraun, starke, spitze, 3teilige Dornen, bis 3 cm lang.

Blätter: Halbimmergrün, länglich, 2 bis 3 cm lang, bis 2 cm breit.

Blüten: Gelb, in Büscheln, Mai bis Juni.

Früchte: Klein, länglich, schwarz.

Wurzel: Hauptwurzeln kräftig, stark verzweigt, hoher Anteil an Feinwurzeln.

Standort: Sonnig bis schattig.

Boden: Keine besonderen Ansprüche, mäßig trocken bis feucht, sauer bis alkalisch.

Eigenschaften: Frosthart, stadtklimafest, rauchhart.

Verwendung: Einzelstellung, Gruppen, Einfassungen

Berberis x media 'Red Jewel'

B. x ottawensis 'Auricoma'

Wuchs: Raschwüchsiger Strauch mit aufrechten Grundtrieben und bogig überhängenden Zweigspitzen.

Größe: Bis 2,50 m hoch und breit.

Rinde: Tiefrotbraun, Dornen an den Langtrieben oft dreiteilig, bis 1,5 cm lang.

Blätter: Sommergrün, wechselständig, sehr groß, über 5 cm lang, rundlich, besonders an den jungen Trieben intensiv tiefpurpurrot, Herbstfärbung prachtvoll hellrot bis orange.

Blüten: Gelb-rot, in Büscheln oder gestielten Dolden, Einzelblüte bis 1 cm, Mai.

Früchte: Eiförmig, hellrot, sind eine große Zierde, da sie noch lange nach dem Laubfall, oft bis zum Dezember, am Strauch haften.

Wurzel: Intensiv und weitstreichend, tief wurzelnd, unempfindlich, verträgt Einschüttungen.

Standort: Sonnig (bis absonnig).

Boden: Keine besonderen Ansprüche, mäßig trocken bis feucht, sauer bis alkalisch.

Verwendung: Gesunder, rotlaubiger Strauch für Einzelstellung, aber besonders gut für Gruppenpflanzungen, Gehölzränder, Hecken, gutes Vogelnähr-, -nist- und Schutzgehölz.

B. x ottawensis 'Superba'
(= B. thunbergii atropurpurea superba)

Wuchs: Hoher Strauch, Grundtriebe locker, aufrecht, kräftig, Zweige überhängend.

Größe: Bis 4 m hoch und breit.

Rinde: Rotbraun, 3teilige, spitze Dornen, bis 2 cm lang.

Blätter: Sommergrün, wechselständig, rundlich, 3 bis 5 cm lang, dunkelrot, mit bläulichem Glanz, oft gelb gerandet, Herbstfärbung leuchtend orange bis hellrot.

Blüten: Leuchtend gelb mit rot, in langgestielten Dolden.

Früchte: Länglich, hellrot, bis zum Winter haftend.

Wurzel: Flach ausgebreitet, dicht verzweigt, viele Feinwurzeln.

Standort: Sonnig bis absonnig.

Boden: Keine besonderen Ansprüche, gedeiht auch auf trockeneren, sauren bis alkalischen Böden.

Verwendung: Einzelstellung, Gruppen, hohe, freiwachsende Hecken, Pflanzkübel. Eine weitere Sorte ist: '**Decora**', Wuchs breitbuschig aufrecht, Blätter verhältnismäßig klein, stumpf bläulich-purpurrot.

Berberis x ottawensis 'Superba'

B. x stenophylla LINDL.
(= B. x stenophylla 'Handsworth',
B. x stenophylla 'Stenophylla')
(Kreuzung aus B. darwinii x B. empetrifolia)

Berberis x stenophylla

Wuchs: Mittelhoher Strauch mit zunächst aufrechten, später locker ausladenden, bogig überhängenden Trieben.

Größe: Bis 2 m hoch, in milden Lagen auch darüber.

Rinde: Gelbbraun, mit 3teiligen, spitzen Dornen.

Blätter: Immergrün, schmal, spitz lanzettlich, 1,5 bis 2 cm lang, Rand stark eingerollt, dunkelgrün, unten bläulichweiß.

Blüten: Goldgelb bis orange, in Büscheln, sehr zahlreich, im Mai bis Juni.

Früchte: Klein, kugelig, blauschwarz, stark bereift.

Wurzel: Hauptwurzeln kräftig, dicht verzweigt, hoher Anteil an Feinwurzeln.

Standort: Sonnig bis absonnig, warm, geschützt.

Boden: Keine besonderen Ansprüche, toleriert alle Bodenarten, mäßig trocken bis frisch, damit das Holz besser ausreift, nicht zu nährstoffreiche und zu feuchte Böden.

Eigenschaften: Friert in strengen Wintern zurück, treibt jedoch nach kräftigem Rückschnitt gut wieder durch, verträgt sommerliche Trockenperioden, für Stadtklima geeignet.

Verwendung: Außerordentlich wertvolles Blütengehölz, sicherlich eine der schönsten Blütenberberitzen überhaupt; im Mai sind die bogig überhängenden Triebe auf der ganzen Länge mit einer Fülle goldgelber bis orangefarbener Blüten besetzt. Einzelstellung, Gruppenpflanzung, vor dunklen Koniferen, an Böschungen, in Pflanzkübeln. Erwähnens-

werte Sorten sind: '**Crawley Gem**', Zwergform mit locker überhängenden Zweigen, Blüten tiefgelb, außen rötlich; '**Irwinii**', im Wuchs an B. darwinii erinnernd, Blüten orange.

B. thunbergii DC.

Verbreitung: China, Japan; Honshu, Kyushu, Shikoku, an Gebirgshängen.

Wuchs: Mittelhoher, dicht verzweigter, vieltriebiger Strauch, Grundtriebe trichterförmig aufrecht, Zweige nach außen überhängend.

Größe: 2 bis 3 m hoch und oft genauso breit.

Rinde: Triebe rotbraun, kantig, Blattdornen meist einzeln.

Blätter: Sommergrün, wechselständig, eiförmig, bis 3,5 cm lang, frischgrün, unten bläulich oder grün, Herbstfärbung prachtvoll scharlachrot bis orange.

Berberis thunbergii

Blüten: Gelb bis rötlich, in Büscheln, Mai.

Früchte: Korallenrot, elliptisch, bis in den Winter am Strauch haftend.

Wurzel: Flach ausgebreitet, dicht verzweigt, hoher Anteil an Feinwurzeln.

Standort: Sonnig bis absonnig.

Boden: Alle sauren bis schwach alkalischen Böden, liebt mehr frische Standorte.

Eigenschaften: Sehr frosthart, stadtklimafest, verträgt zeitweilige Trockenheit, hohes Ausschlagsvermögen, schnittfest, windresistent.

Verwendung: Außerordentlich robustes, anspruchsloses Gehölz, das sich bestens für freiwachsende und geschnittene Hecken, als Vorpflanzung im Straßenbegleitgrün sowie als Abstufung für Gehölzpflanzungen in Garten- und Parkanlagen eignet. Berberis thunbergii ist absolut hundesicher; Vogelschutzgehölz für niedrig nistende Buschbrüter, gute Bienenweide.

B. thunbergii 'Atropurpurea'

Berberis thunbergii 'Atropurpurea'

Wuchs: Mittelhoher, dicht verzweigter, straff aufrechter Strauch mit überhängenden Triebspitzen.

Größe: 2 bis 3 m hoch und oft genauso breit.

Rinde: Triebe leuchtend rot, später dunkelrot, kantig, Blattdornen meist einzeln.

Blätter: Sommergrün, wechselständig, eiförmig, bis 3,5 cm lang, purpurrot bis rotbraun, Herbstfärbung wundervoll leuchtend karminrot.

Blüten: Gelb bis rötlich, in Büscheln, Mai.

Früchte: Korallenrot, elliptisch, bis in den Winter am Strauch haftend.

Wurzel: Flach ausgebreitet, dicht verzweigt, hoher Anteil an Feinwurzeln.

Standort: Sonnig bis absonnig.

Boden: Alle sauren bis schwach alkalischen Böden, liebt mehr frische Standorte.

Eigenschaften: Sehr frosthart, stadtklimafest, ver-

Berberis thunbergii 'Atropurpurea'

trägt zeitweilige Trockenheit, hohes Ausschlagsvermögen, schnittfest, windresistent.

Verwendung: Rotlaubiger Strauch als Farbelement, Hintergrund in Staudenpflanzungen wie z. B. Lysimachia punctata, Ligularia oder Achillea, hervorragend für dunkle Hecken. Guter Partner für rosafarbene Strauch- und Beetrosen. Sehr schön zusammen mit Rosa glauca, Clematis 'Ernest Markham' und Lychnis coronaria im „Purple Border". Einzelstellung, Gruppenpflanzung, Vogelschutzgehölz, gute Bienenweide.

B. thunbergii 'Atropurpurea Nana'

Wuchs: Flachkugelig und dichtbuschig wachsender Zwergstrauch.

Größe: Bis 60 cm hoch und bis 1 m breit.

Rinde: Triebe rotbraun, kantig, mit 3teiligen, kleinen, spitzen Dornen.

Blätter: Sommergrün, wechselständig, eiförmig, 1 bis 2 cm lang, dunkelpurpurbraun, früh austreibend, Herbstfärbung leuchtend scharlachrot.

Blüten: Gelb bis rötlich, in Büscheln, Mai.

Wurzel: Flach ausgebreitet, dicht verzweigt, hoher Anteil an Feinwurzeln.

Berberis thunbergii 'Atropurpurea'

Berberis thunbergii 'Atropurpurea Nana'

Standort: Sonnig.

Boden: Alle sauren bis schwach alkalischen Böden, liebt mehr frische Standorte.

Eigenschaften: Sehr frosthart, stadtklimafest, verträgt zeitweilige Trockenheit, hohes Ausschlagsvermögen, schnittfest, windresistent.

Verwendung: Für niedrige, auf die Nachbarpflanzung farblich abgestimmte Einfassungen. Gruppenpflanze vor gelblaubigen Ziergehölzen oder in Verbindung mit gelb- bzw. weißbunten Euonymus fortunei-Sorten, Flächenbegrünung, Pflanzkübel.

B. thunbergii 'Bagatelle'
(= B. thunbergii 'Kobold' x 'Atropurpurea Nana')

Berberis thunbergii 'Bagatelle'

Wuchs: Langsamwüchsiger, dicht und kurztriebig verzweigter, flachkugeliger Zwergstrauch.

Größe: Bis 0,4 m hoch und mehr als doppelt so breit!

Blätter: Sommergrün, wechselständig, eiförmig, 1 bis 1,5 cm lang, braunrot bis schwarzrot, Herbstfärbung herrlich scharlachrot.

Blüten: Gelb, in kleinen Büscheln, Mai.

Wurzel: Flach ausgebreitet, dicht verzweigt, hoher Anteil an Feinwurzeln.

Standort: Sonnig.

Boden: Alle sauren bis schwach alkalischen Böden, liebt mehr frische Standorte.

Eigenschaften: Sehr frosthart, stadtklimafest, verträgt zeitweilige Trockenheit, schnittfest.

Verwendung: Freiwachsende und geschnittene Einfassungen, Gruppen, Pflanzkübel.

B. thunbergii 'Golden Ring'
Selektion aus B. thunbergii 'Atropurprea', LOMBARTS, 1950

Wuchs: Mittelhoher, dicht verzweigter Strauch, Grundtriebe trichterförmig aufrecht, später breit wachsend, Zweige nach außen übergeneigt.

Größe: 2 bis 3 m hoch und immer genauso breit.

Rinde: Triebe leuchtend rot, später dunkelrot, kantig, Blattdornen meist einzeln.

Blätter: Sommergrün, wechselständig, eiförmig bis spatelig, größer als von B. thunb. 'Atropurpurea', über 4 cm lang, dunkelpurpurrot mit einem schmalen gelben bis gelbgrünen Rand; Herbstfärbung herrlich tiefrot.

Blüten: Gelb bis rötlich, in Büscheln, im Mai.

Früchte: Korallenrot, elliptisch, bis in den Winter am Strauch haftend.

Wurzel: Flach ausgebreitet und weitstreichend, einige Wurzeln tiefgehend, Anteil an Feinwurzeln sehr hoch.

Standort: Sonnig bis absonnig.

Boden: Alle sauren bis schwach alkalischen Böden, bevorzugt mehr frische Standorte.

Eigenschaften: Sehr frosthart, stadtklimafest, verträgt zeitweilige Trockenheit, hohes Ausschlagsvermögen, schnittfest.

Verwendung: Gesunder, rotlaubiger Strauch als Farbelement; Hintergrund in Staudenpflanzungen wie z. B. Lysimachia punctata, Ligularia oder Achillea; farblich auch sehr gut mit Grautönen von Lavendel, Perovskia, Caryopteris, Salix helvetica oder Artemisia pontica und Artemisia ludoviciana 'Silver Queen'; hervorragend für dunkle Hecken. Einzelstellung, Gruppenpflanzung, Vogelschutz-, -nähr- und -nistgehölz.

B. thunbergii 'Green Carpet'

Wuchs: Flach und gedrungen wachsender Zwergstrauch.

Größe: Bis 1 m hoch und 1,50 m breit.

Rinde: Braungelb, kantig, dicht besetzt mit 3teiligen, spitzen Dornen.

Blätter: Sommergrün, wechselständig, breit elliptisch bis rund, 1 bis 2 cm lang, glänzend lichtgrün, Herbstfärbung leuchtend gelb bis scharlachrot.

Blüten: Gelb bis rötlich, sehr zahlreich in kleinen Büscheln, Mai.

Früchte: Länglich, rosa bis rot.

Wurzel, Boden und Eigenschaften wie vorige Sorte.

Standort: Sonnig bis absonnig.

Verwendung: Einzelstellung, Gruppen, Flächenbegrünung, Pflanzkübel, Dachgärten.

B. thunbergii 'Green Ornament'

Wuchs: Mittelgroßer, aufrechter Strauch mit dicken Trieben.

Größe: Bis 1,50 m hoch und breit.

Rinde: Braungelb, kantig, mit 3teiligen, kleinen, spitzen Dornen.

Blätter: Sommergrün, wechselständig, rundlich bis elliptisch, 2 bis 3 cm lang, Austrieb bräunlich, danach gelblichgrün, später tiefgrün, Herbstfärbung bräunlichgelb.

Blüten: Gelb, in kleinen Büscheln, Mai.

Früchte: Leuchtend rot.

Wurzel, Standort, Boden und Eigenschaften wie vorige Sorten.

Verwendung: Gruppen, freiwachsende Hecken, Einzelstellung, Pflanzkübel, Dachgärten.

B. thunbergii 'Kobold'

Berberis thunbergii 'Kobold'

Wuchs: Kugeliger, dicht verzweigter Zwergstrauch.

Größe: Bis 0,5 m hoch, im Alter breiter als hoch.

Rinde: Rotbraun, mit 3teiligen, kleinen, spitzen Dornen.

Blätter: Sommergrün, wechselständig, eiförmig, 1 bis 1,5 cm lang, glänzend dunkelgrün, im Austrieb rötlich, Herbstfärbung leuchtend gelb bis scharlachrot.

Blüten: Gelb, außen rötlich, in kleinen Büscheln, Mai.

Früchte: Klein, rosa bis rot.

Wurzel, Standort, Boden und Eigenschaften wie vorige Sorten.

Verwendung: Freiwachsende und geschnittene Einfassungen, Gruppen.

B. thunbergii 'Red Chief'

Wuchs: Raschwüchsiger Strauch mit aufrechten Grundtrieben und schirmförmig überhängenden Zweigen.

Größe: Bis 4 m hoch und breit.

Rinde: Rotbraun, kantig, mit 3teiligen, bis 2 cm langen, spitzen Dornen.

Blätter: Sommergrün, wechselständig, lanzettlich bis verkehrt eiförmig, frisch purpurbraunrot, Herbstfärbung leuchtend rot.

Blüten: Gelb, in Büscheln, Mai.

Früchte: Rosa bis rot, lange haftend.

Wurzel, Standort, Boden und Eigenschaften wie vorige Sorten.

Verwendung: Einzelstellung, Gruppen, Pflanzkübel, Dachgärten.

B. verruculosa HEMSL. & WILS., Warzen-Berberitze

Berberis verruculosa

Verbreitung: China, W-Setschuan.

Wuchs: Langsam und sehr kompakt wachsender Strauch, kugelig bis breit aufrecht, Seitentriebe bogig überhängend.

Größe: 1 bis 1,5 (bis 2) m hoch und breit.

Rinde: Braungelb, dicht mit schwärzlichen Warzen bedeckt, Dornen 3teilig, 1 bis 2 cm lang.

Blätter: Immergrün, wechselständig, eiförmig, stark gewellt, 1 bis 2 cm lang, dunkelgrün, unterseits blaugrün, Herbstfärbung vereinzelt scharlachrot.

Blüten: Goldgelb, in großen Einzelblüten, Mai bis Juni.

Früchte: Länglich, schwarz, blau bereift.

Wurzel: Flach ausgebreitet, dicht verzweigt, hoher Anteil an Feinwurzeln.

Standort: Sonnig bis schattig.

Boden: Toleriert alle normalen, kultivierten Böden, mäßig trocken bis frisch, schwach sauer bis alkalisch.

Eigenschaften: Sehr frosthart, stadtklimafest, übersteht sommerliche Dürreperioden selbst in trockener Stadtluft erstaunlich gut, sehr schattenverträglich, schnittfest, windresistent.

Verwendung: Eine der allerrobustesten, immergrünen Berberitzen für Einzelstellung und Gruppenpflanzungen in Gärten, Parkanlagen und auf Friedhöfen; frei wachsende und geschnittene Hecken, Pflanzkübel, Dachgärten. Zu immergrünen Berberitzen passen Bodendecker mit feiner Blatt-Textur des „Vinca-Typs", Paxistima und Kleinstrauchrosen.

B. vulgaris L., Gewöhnliche Berberitze, Sauerdorn

Berberis vulgaris, Blüten

Verbreitung: Mittel-, Süd- und Südosteuropa bis Westasien; in Deutschland besonders häufig und regelmäßig im Südosten, Alpenvorland, Alpen (bis auf 1700 m), Bayerischer Wald, Schwäbische Alb, verbreitet in Rheinland-Pfalz; nordwärts der Linie Bonn, Gießen nicht mehr so geschlossen auftretend, ab Hannover, Braunschweig, Magdeburg bis zur Elbe nur noch ganz vereinzelte, punktartige Vorkommen (eingebürgert, verwildert?), Emsland, Oldenburg und Schleswig-Holstein ganz fehlend; an Waldrändern, in lichten Eichen- und Kiefernwäldern, am Rand von Trockengebüschen, an trockenwarmen Hängen und schottrigen Flußuferböschungen (nicht im Überschwemmungsbereich), auf nährstoffreichen, tiefgründigen, humosen, meist kalkhaltigen Lehm-, Ton- und Mergelböden.

Wuchs: Mittelhoher, dicht verzweigter Strauch, in der Jugend straff aufrecht, später breit ausladend und Zweige bogig überhängend, bildet im Alter, auch durch Ausläufer, undurchdringliche Dickichte.

Größe: Bis 3 m hoch und meist genauso breit.

Rinde: Junge Triebe kantig-gefurcht, graubraun, Blätter zu 3teiligen, 1 bis 2 cm langen Dornen umgewandelt.

Blätter: Sommergrün, wechselständig, verkehrt eiförmig, spatelig, aber auch länglich elliptisch, 1,5 bis 4 cm lang, frischgrün, Austrieb etwas rötlich; Herbstfärbung leuchtend orange-rot. Die Blätter haben einen säuerlichen Geschmack.

Blüten: Gelbe, duftende Schalenblüten in 2 cm langen, hängenden Trauben, im Mai, in großer Fülle.

Früchte: Leuchtend rote bis dunkelrote, längliche Beeren, Reife ab September; eßbar, enthalten Apfelsäure und viel Vitamin C, Geschmack süß-sauer, sie wurden früher zur Herstellung von Marmeladen, Wildfruchtsäften und Obstweinen benutzt.

Wurzel: Flach ausgebreitet, stark verzweigt und weitstreichend, Anteil an Feinwurzeln ist sehr hoch, einzelne tiefgehende Hauptwurzeln, Adventivwurzel- und Ausläuferbildung; die gelbe Wurzelrinde ist giftig.

Standort: Sonne bis Halbschatten.

Boden: Trockene bis frische, kalkreiche Substrate, B. vulgaris ist aber insgesamt außerordentlich anpassungsfähig und genügsam.

Eigenschaften: Gut frosthart, verträgt schadlos sommerliche Trockenperioden, wärmeliebendes Gehölz, schnittfest, ausläufertreibend, Zwischenwirt des Getreiderostes (Anbauverbot ist nicht mehr in Kraft).

Verwendung: Die heimische Berberitze verdient es, daß sie zukünftig stärker beachtet wird. Ein mittelhoher Strauch, der neben seinem hohen ökologischen Wert auch als Blüten- und Fruchtstrauch in Gärten und öffentlichen Anlagen gepflanzt werden kann. Pioniergehölz zur Bodenbefestigung von trockenwarmen, schottrigen Steilufern und Böschungen, Waldrandgestaltung, freiwachsende und geschnittene Hecken, Mischpflanzungen, zur Abstufung von Gehölzpflanzungen, wertvoll als Vogelschutz-, -nähr- und -nistgehölz, wichtige Insektenweide z. B. für Distelfalter, Baumhummel und Schwebfliegen. Am Naturstandort vergesellschaftet mit: Rosa canina, Crataegus monogyna, Prunus spinosa, Cornus sanguinea, Ligustrum vulgare, Rosa rubiginosa.

Anmerkung: Holz, Rinde und die gelbe Wurzel (giftig!) wurden früher zum Gelbfärben von Wolle und Leder benutzt. Berberitzen haben eine interessante Blütenökologie. Die Staubgefäße, die in Ruhestellung den Blütenblättern anliegen, krümmen sich bei Berührung durch ein Insekt zur Narbe hin, um den Blütenbesucher mit Pollen zu beladen.

B. wilsoniae var. subcaulialata
(SCHNEID.) SCHNEID.
(= B. coryi)

Verbreitung: China, W-Setschuan.

Wuchs: Dicht verzweigter, doch locker aufgebauter, mittelhoher Strauch, Grundtriebe straff aufrecht, Seitenbezweigung bogig überhängend.

Größe: 1,5 bis 3 m hoch und breit.

Rinde: Grünlichgelb, kantig, mit 3teiligen, bis 1 cm langen, spitzen Dornen besetzt.

Berberis wilsoniae, nur 1 m hoch, Früchte durchsichtig-glasig, lachs- bis korallenrot. Wertvoll!

Berberis vulgaris, die Beeren sind genießbar, alle anderen Pflanzenteile dagegen giftig.

Blätter: Sommergrün, wechselständig, lanzettlich bis elliptisch, 1 bis 3 cm lang, leicht gewellt, graugrün, unterseits mehr weißlich, Herbstfärbung leuchtend gelb bis orange.

Blüten: Hellgelb, zu 8 bis 10 in Büscheln, erst im Juni/Juli.

Früchte: Kugelig, lachs- bis gelbrot, bereift, lange am Strauch haftend, außerordentlich zierend.

Wurzel: Flach ausgebreitet, dicht verzweigt, viele Feinwurzeln.

Standort: Sonnig bis absonnig.

Boden: Toleriert alle normalen, kultivierten Böden, mäßig trocken bis frisch, schwach sauer bis alkalisch.

Verwendung: Sehr schönes Gehölz für Einzelstellung, Gruppenpflanzung, freiwachsende und geschnittene Hecken.

Betula L. – Birke – Betulaceae, Birkengewächse

Die meisten der etwa 40 Birken-Arten gehören in die Gruppe der hohen oder mittelhohen Bäume, während die Arten, die im Hochgebirge, in Mooren und in der arktischen Zone beheimatet sind, strauchförmig oder niederliegend wachsen.

Kaum eine andere Gehölzgattung ist so bekannt und beliebt und wird so gern gepflanzt wie Betula. Sie entwickeln sich meist alle zu äußerst malerischen Baumgestalten mit schlanken Stämmen und zierlich überhängender Bezweigung. Am allerschönsten sind Birken wohl zur Zeit des Austriebs; ihr zartes Grün ist für uns alle das Symbol des Frühlings.

Im Herbst überraschen viele Arten wie z. B. Betula ermanii, aber auch unsere heimische Birke, mit einer leuchtend gelben Laubfärbung. Eine weitere große Zierde sind die unterschiedlichsten Färbun-

Betula pendula

gen und Borkenstrukturen der einzelnen Birkenarten. Während sie an den Boden kaum Ansprüche stellen, sind sie doch alle ausgesprochen lichthungrig und verlangen einen sonnigen, freien Platz.

B. albosinensis BURK., Chinesische Birke, Kupfer-Birke

Verbreitung: Westchina, in lichten Bergwäldern, in Höhen um 2000 bis 4000 m.

Wuchs: Kleiner Baum mit lockerer, breit pyramidaler Krone und leicht überhängenden, dünnen Trieben.

Größe: 6 bis 8 (bis 10) m hoch, gelegentlich auch höher. Breite 5 bis 6 m. Jahreszuwachs in der Höhe 25 cm, in der Breite 20 cm.

Rinde: In großen Fahnen dünn abrollend, kupferfarben-glänzend bis braunorange, junge Stämme und Äste sind oft zart bläulich bereift.

Blätter: Sommergrün, wechselständig, eiförmig, 4 bis 7 cm lang, gelbgrün, unterseits heller, im Herbst färben sie sich goldgelb.

Blüten: Grünlichgelb, in hängenden Kätzchen, April.

Wurzel: Flach ausgebreitet, dicht verzweigt mit hohem Anteil an Feinwurzeln.

Standort: Sonnig.

Boden: Toleriert alle normalen, in Kultur befindlichen Böden, (trocken) mäßig trocken bis frisch, schwach sauer bis alkalisch.

Eigenschaften: Treibt früh aus, gelegentlich etwas spätfrostempfindlich, langsamwüchsig.

Verwendung: Gehört wegen der prachtvollen, kupferfarbenen Rinde zu den schönsten Birken. Aufgrund ihres langsamen Wuchses und der relativ geringen Endhöhe ist sie für die Bepflanzung auch kleinerer Gartenräume geeignet. Einzelstellung, Gruppenpflanzung.

rechts: Betula pendula 'Tristis Boegs Varietät' im Arboretum Ellerhoop-Thiensen – Leider ist diese schöne Sorte nicht mehr in Kultur

Betula albosinensis

Betula albosinensis

Betula ermanii

Blätter: Sommergrün, wechselständig, eckig herzförmig, 8 bis 10 cm lang, farngrün, im Herbst leuchtend goldgelb, Färbung setzt sehr früh ein.

Blüten: Gelbgrün, bis 3 cm lange Kätzchen, April.

Wurzel: Flach ausgebreitet, dicht verzweigt.

Standort: Sonnig.

Boden: Toleriert alle in Kultur befindlichen Böden, trocken bis feucht, sauer bis schwach alkalisch.

Eigenschaften: Die auffallend runden Stämme behalten bis ins hohe Alter ihre glatte Rindenstruktur und die cremeweiße Färbung, Betula ermanii treibt früh aus.

Verwendung: Eine außerordentlich schöne Birkenart für Einzelstellung und Gruppenpflanzungen in größeren Garten- und Parkanlagen. Selektionen mit besonders schöner Rindenausbildung sind **B. ermanii 'Blush'** und **B. ermanii 'Holland'**.

Ökologie: Die Samen von Betula ermanii werden gern von Buchfinken und Sperlingen gefressen. Ich habe immer wieder beobachtet, daß sie in den späten Nachmittagsstunden in großen Trupps einfallen.

B. ermanii CHAM., Gold-Birke, Ermans-Birke

Verbreitung: Japan, Korea, auf Sachalin, in Bergwäldern, auf flachgründigen, oft sehr armen Böden (daher auch die russische Bezeichnung Felsenbirke).

Wuchs: Mittelgroßer Baum, oft mehrstämmig, Krone breit und locker auseinanderstrebend.

Größe: 15 bis 20 m hoch und 8 bis 10 (12) m breit. Jahreszuwachs in der Höhe 35 bis 45 cm, in der Breite 25 bis 30 cm.

Rinde: Stämme schon ab 5 bis 8 cm Durchmesser mit rosaweißer bis cremeweißer, dünn abrollender Rinde.

Betula ermanii

B. humilis SCHRANK., Strauch-Birke

Verbreitung: Mitteleuropa, Alpenvorland, zerstreut im Norddeutschen Tiefland, nach Westen seltener werdend, in Schleswig-Holstein nur noch ein Vorkommen, weiterhin in Mecklenburg und Brandenburg, Charakterart des Betuletum humili-pubescentis, in feuchten, nährstoffarmen Torfböden, auf Zwischenmoor- und Flachmoorwiesen.

Wuchs: Niedriger Strauch mit aufrechten, etwas sparrigen Grundtrieben.

Größe: 1 bis 1,5 (bis 2,5) m hoch und im Alter genauso breit.

Rinde: Zweige bräunlich, dicht drüsig behaart.

Blätter: Sommergrün, wechselständig, klein, rundlich-eiförmig bis eiförmig mit 4 bis 5 Seitenaderpaaren, Herbstfärbung gelb.

Betula humilis

Wurzel: Flach, treibt Ausläufer.

Standort: Sonnig.

Boden: Feuchte, moorig-torfige Böden werden bevorzugt, gedeiht auch auf normalen, nicht zu trockenen Substraten, schwachsauer bis sauer.

Eigenschaften: Außerordentlich frosthart.

Verwendung: Heimisches Gehölz für Rekultivierungsmaßnahmen an Reliktstandorten in der freien Landschaft. Einzelgehölz oder Gruppengehölz an Gartenteichen, Wasserläufen und auf feuchten Parkwiesen. Als Vertreter einer der Eiszeit entstammenden Reliktvegetation sollte diese heimische Birken-Art nicht vergessen werden.

B. maximowicziana REGEL.,
Lindenblättrige Birke

Betula maximowicziana

Verbreitung: Japan.

Wuchs: Schnellwüchsiger, mittelgroßer Baum mit weit ausladenden, locker und regelmäßig gestellten Ästen.

Größe: 15 bis 20 m hoch, in der Heimat bis 30 m. Breite 8 bis 10 (12) m. Jahreszuwachs in der Höhe 35 bis 45 cm, in der Breite 30 cm.

Rinde: Triebe dunkelbraunrot, glänzend, Borke weißorange bis kirschbraun, dünn abrollend.

Blätter: Sommergrün, wechselständig, auffallend groß, fast lindenartig, breit herzförmig, bis 15 cm lang, Herbstfärbung hell buttergelb.

Blüten: Grünlichgelb, männliche Kätzchen bis 7 cm lang, sehr dick, März bis April.

Wurzel: Herzwurzelsystem, flach angelegt mit vielen Feinwurzeln im Oberbereich.

Standort: Sonnig bis absonnig.

Boden: Toleriert alle normalen, kultivierten Böden, mäßig trocken bis feucht, schwachsauer bis alkalisch.

Verwendung: Entwickelt sich zu einem herrlichen Solitärgehölz, dem man aber genügend Raum zu seiner Entwicklung geben muß.

B. nana L.,
Zwerg-Birke

Verbreitung: Arktisches und nördliches Europa, Mitteleuropa; im Norddeutschen Tiefland, Harz, Erzgebirge, Böhmerwald, Bayern und in den Alpen; in offenen Hoch- und Kiefernmooren, auf nassen, nährstoffarmen, sauren Torfböden.

Wuchs: Kleiner, meist niederliegender, aber auch aufstrebend wachsender Zwergstrauch.

Größe: 0,5 bis 1,20 m hoch und breit.

Rinde: Zweige samthaarig mit brauner, später schwarzgrauer, leicht abblätternder Rinde.

Blätter: Sommergrün, wechselständig, klein, fast kreisrund, tief gekerbt, 0,5 bis 1,5 cm lang, Herbstfärbung gelbgrün bis gelb, aber auch gelborange bis leuchtend rot (besonders im Norden und im Gebirge).

Wurzel: Flach.

Boden: Torfige, schwachsaure bis saure Substrate, gedeiht aber auch auf normalen Gartenböden!

Eigenschaften: Sehr frosthart.

Verwendung: Seltenes heimisches Gehölz für Heide-, Sumpf- und Wassergärten, Steingartenanlagen; sehr dekorativ in Pflanzkübeln mit Zwerg-Azaleen, Zwerg-Weiden, Silberwurz und Gräsern.

Betula nana

B. nigra L.,
Schwarz-Birke, Fluß-Birke

Verbreitung: Östliches Nordamerika, auf feuchten Böden an Seen, Flußufern, in Sümpfen, Lagunen und Überschwemmungszonen.

Wuchs: Mittelgroßer Baum mit trichterförmiger, malerisch ausladender, offener Krone, Hauptäste steil aufstrebend, Seitenäste bogenförmig ansetzend, im Alter überhängend.

Größe: 12 bis 15 (20) m hoch und 10 bis 15 (18) m breit. Jahreszuwachs in der Höhe 30 bis 40 cm, in der Breite 30 bis 35 (40) cm.

Rinde: Hellrotbraun bis silbergrau, im Alter schwarzbraun, rollt sich kraus auf und verbleibt am Stamm (Wahrzeichen).

Blätter: Sommergrün, wechselständig, eiförmig, 3 bis 10 cm lang, glänzend grün, unten grau, im Herbst leuchtend gelb.

Wurzel: Herzwurzelsystem, flach angelegt, mit vielen Feinwurzeln im Oberboden.

Standort: Sonnig bis absonnig.

Betula nigra

Boden: Trotz ihrer Vorliebe für feuchte Standorte gedeiht sie auch problemlos auf mäßig trockenen Böden.

Eigenschaften: Sehr frosthart, verträgt zeitweilige Überschwemmungen.

Verwendung: Aufgrund ihres ausgeprägten, unverwechselbaren Wuchscharakters und der dekorativen Rinde eine sehr schöne, empfehlenswerte Birken-Art für Einzelstellung und Gruppenpflanzungen in Garten- und Parkanlagen, besonders ge-

Betula nigra, Altersborke

eignet für Wassergärten, Ufer- und Teichanlagen, nasse Parkwiesen.

In Nordamerika, besonders im Mississippi-Gebiet, wertvolles Uferschutzgehölz. Beliebter Alleebaum in Louisiana. Tritt oft am Rande von Taxodium-Sümpfen auf.

B. papyrifera MARSH.,
Papier-Birke

Betula papyrifera

Verbreitung: Nordamerika, auf gut drainierten, sandigen Lehmböden sowie auf feuchten bis nassen Standorten, oft in Reinbeständen.

Wuchs: Großer Baum mit pyramidaler Krone, geradem Stamm und aufwärtsstrebenden Ästen, die im Alter eine fast waagerechte bis leicht hängende Stellung einnehmen.

Größe: 15 bis 20 m hoch und 10 bis 15 m breit. Jahreszuwachs in der Höhe 45 cm, in der Breite 25 cm.

Rinde: Junge Triebe rotbraun, Rinde blendend weiß bis in die Wipfeläste.

Blätter: Sommergrün, wechselständig, eiförmig, 5 bis 10 (bis 13) cm lang, im Herbst leuchtend gelb, gehört zu den besten Herbstfärbern in Amerika.

Blüten: Grüngelb, Kätzchen bis 5 cm lang, April.

Wurzel: Flachwurzler, dicht verzweigt.

Standort: Sonnig.

Boden: Toleriert alle Böden, Baum von größter Anpassungsfähigkeit (SCHENCK), sauer bis leicht alkalisch, gedeiht aber auf feuchtem, gut drainiertem, sandigem, saurem Lehm am besten.

Eigenschaften: Gut frosthart.

Verwendung: Gehört zu den schönsten weißrindigen Birken. Auffallendes Solitärgehölz für Garten- und Parkanlagen, besonders wirkungsvoll sind freistehende Gruppen auf Rasen- und Wiesenflächen; die blendend weißen Stämme bilden auch einen guten Kontrast zu immergrünen Pflanzungen. Kann auch als Straßenbaum in unversiegelten Flächen verwendet werden.

B. pendula ROTH,
Sand-Birke, Warzen-Birke, Weiß-Birke
(= B. verrucosa EHRH.; B. alba sensu COSTE)

Das Wort Birke geht auf das althochdeutsche „bircha" oder „biricha" zurück, was so viel wie weiß oder glänzend bedeutet (Rinde!).

Breitkronige Sand-Birken sind nicht schneedruckfest

Verbreitung: Europa, Kleinasien, Kaukasus, Nordpersien; in lichten Laub- und Nadelmischwäldern, auf Mooren, Magerweiden und Heiden; auf feuchten bis trockenen, mäßig nährstoffarmen, meist sauren Böden.

Wuchs: Großer Baum mit schlankem, meist durchgehendem Stamm und lockerer, hochgewölbter Krone, Hauptäste malerisch ausgebreitet, Seitenbezweigung oft lang herunterhängend, raschwüchsig; B. pendula ist in der Wuchsform außerordentlich vielgestaltig.

Größe: 18 bis 25 (30) m hoch und 7 (9) bis 12 m breit. Jahreszuwachs in der Höhe 45 cm, in der Breite 25 cm.

Rinde: Junge Triebe grau bis schwarzbraun, dicht besetzt mit warzigen Harzdrüsen, später weiß abrollend, Borke an der Basis der Stämme schwarz, tief gefurcht und längsrissig.

Blätter: Sommergrün, wechselständig, dreieckig bis rautenförmig, 3 bis 7 cm lang, grob gesägt, hellgrün, früher Austrieb, Herbstfärbung goldgelb.

Blüten: Grüngelb, Kätzchen bis 5 cm lang, März/April.

Wurzel: Herzwurzelsystem mit flachstreichenden Hauptseitenwurzeln (oft brettartig) und sehr hoher Feinwurzelkonzentration in der obersten Bodenzone.

Standort: Sonnig.

Boden: Toleriert jede Bodenart, verträgt auch sehr trockene, nährstoffarme Sandböden.

Eigenschaften: Außerordentlich frosthart, trockenheitsresistent, mäßig windfest, Bodenfestiger, früher Austrieb, Schnittmaßnahmen nur in der Vegetationsruhe, Höchstalter 90 bis 120 Jahre, nach 50 Jahren endgültige Höhe.

Verwendung: Wegen des malerischen Wuchses und seiner insgesamt belebenden Wirkung ein sehr gern gepflanzter Baum. Einzelstellung, besonders schön aber auch in freistehenden Gruppen auf Rasen- und Wiesenflächen, vor dunklen Koniferen; Pioniergehölz in der freien Landschaft, Straßenbaum in nicht versiegelten Flächen, Vorstadtbereich, Wohnstraßen. Birken, besonders größere Exemplare, sollten nur im Frühjahr kurz vor dem Blattaustrieb (Mausohrstadium, bereits kleine grüne Spitzen) verpflanzt werden. Vor der Olympiade 1936 wurden in Döberitz etwa 1500 Birken, z. T. weit über 100 Jahre alt, ohne Vorbereitung verpflanzt. Nicht ein Baum ging verloren. (WIEPKING, 1963).

Bemerkung: Nachfolgende Pflanzen widerstehen dem Wurzeldruck der Birke auch auf trockenen Böden: Empetrum nigrum, Hedera helix, Lonicera nitida und L. pileata, Mahonia aquifolium, Prunus laurocerasus, Pyracantha-Sorten, Digitalis purpurea, Buglossoides purpurocaerulea.

Ökologie: Sehr wichtige Futterpflanze für zahlreiche heimische Falterarten.

Wirtschaftliche Nutzung: Das Holz wird zu Furnieren für Schlaf- und Musikzimmer, zu Tischen,

Die Birke ist ein Pioniergehölz, hier wächst sie auf einer Kopfweide

Die Sand-Birke schafft mit ihren weißen Stämmen zauberhafte Landschaftsbilder.

Stühlen, Wäscheklammern und anderen Gegenständen des hauswirtschaftlichen Gebrauchs verarbeitet. Die Rinde ist wegen des Gehalts an Betulin (harzähnlicher Stoff, der dem Stamm die weiße Farbe gibt, gegen Tierfraß schützt und wasserundurchlässig ist) vielseitig verwendbar. Zum Dachdecken, als Unterlage für Balken auf feuchtem Boden, für Körbe, Schuhe und Kleidungsstücke. In Skandinavien wurde sie in Notzeiten gemahlen und zu Brot verbacken. Rinde dient auch zur Herstellung von Birkenteer, der ein gutes Lederkonservierungsmittel ist. Das zum Einfetten des sog. Juchtenleders benutzte Juchtenöl wird aus dem Birkenteer destilliert.

Den zucker- und kaliumhaltigen Birkensaft verwendet man zur Produktion von Haarwasser, Limonade, verschiedenen medizinischen Getränken und Birkenwein.

B. pendula 'Dalecarlica',
Ornäs-Birke

(= B. pendula 'Crispa')

(1767 bei Lilla Ornäs in Dalekarlien, Südschweden, in einem Wald gefunden)

Wuchs: Hoher Baum mit schmal aufrechter Krone und meist durchgehendem Stamm; Hauptseitenäste im spitzen Winkel ansetzend, Seitenzweige zierlich überhängend.

Größe: 10 bis 15 m hoch und 5 bis 7 m breit. Jahreszuwachs in der Höhe 35 cm, in der Breite 20 cm.

Rinde: Reinweiß, dünn abrollend.

Blätter: Sommergrün, wechselständig, 6 bis 10 cm lang, tief gelappt und unregelmäßig gesägt bis geschlitzt, im Herbst hellgelb.

Blüten: Grüngelb; kleine, bis 1 cm lange Kätzchen, März bis April.

Wurzel: Herzwurzelsystem mit flachstreichenden Hauptseitenwurzeln und sehr hoher Feinwurzelkonzentration in der obersten Bodenzone.

Standort, Boden und Eigenschaften wie bei der Art.

Verwendung: Eleganter, schmalkroniger Solitärbaum mit dekorativer Belaubung, auch geeignet als Straßenbaum für enge Wohnstraßen in nicht befestigten Flächen.

B. pendula 'Fastigiata',
Säulen-Birke

Betula pendula 'Fastigiata'

Wuchs: Mittelhoher Baum mit straff-säulenförmiger Krone, die stärkeren Äste spiralig verdreht oder wellenförmig aufrecht.

Größe: 15 (bis 20) m hoch und 4 bis 6 m breit. Jahreszuwachs in der Höhe 35 (40) cm, in der Breite 10 cm.

Blätter: Sommergrün, wechselständig, dreieckig bis rautenförmig, 3 bis 7 cm lang, grob gesägt, hellgrün, früher Austrieb, Herbstfärbung gelb.

Blüten, Früchte, Wurzel, Standort, Boden, Eigenschaften wie bei der Art.

Verwendung: Interessante, auch im Alter schlank bleibende Säulenform der Sand-Birke; Einzelstellung, Gruppen, schmale Abpflanzungen auf sandigen, nährstoffarmen Böden.

B. pendula 'Gracilis'
(= B. verrucosa elegans gracilis,
B. laciniata gracilis pendula)

1888 zuerst in Muskau bekannt.

Wuchs: Baumartig, mit schlankem Mittelstamm, der sich jedoch frühzeitig in mehrere gleichstarke Hauptäste gabelt. Seitenäste leicht schräg ansteigend, Zweige im Bogen, beinahe senkrecht herabhängend, Triebe dicht, sehr dünn und vorhangartig herabfallend.

Größe: In 20 Jahren etwa 5 m hoch, Endhöhe 6 m.

Rinde: Stamm und Äste herrlich weiß.

Blätter: Sommergrün, wechselständig, sehr fein und tief geschlitzt, viel feiner als bei B. pendula 'Dalecarlica'.

Verwendung: Vielleicht die schönste Birke für kleine Gärten, sieht aus wie eine besonders malerisch gewachsene Mini-Ausgabe der 'Tristis'. Stämme und Äste schon frühzeitig weiß. Für diese Birke muß viel stärker Werbung gemacht werden, gerade im Hinblick auf die immer kleiner werdenden Gärten. Es ist mir unverständlich, warum diese Kostbarkeit so selten angeboten wird.

B. pendula 'Laciniata'

Wuchs: Großer Baum mit schlankem Stamm und lockerer, hochgewölbter Krone, Seitenzweige zierlich überhängend, im Wuchs schwächer als B. pendula 'Dalecarlica'.

Größe: 10 bis 12 m hoch und 8 bis 10 m breit.

Rinde: Reinweiß, dünn abrollend, Knospen der jungen Zweige spitz! (bei 'Dalecarlica' stumpf).

Blätter: Sommergrün, wechselständig, tief eingeschnitten und gezähnt; im Herbst hellgelb; sehr zierend.

Blüten, Wurzel, Standort, Boden und Eigenschaften wie bei der Art.

Verwendung: Eine sehr schöne, geschlitztblättrige Zierform der Sand-Birke, die mäßig stark wächst. Einzelstellung in Garten- und Parkanlagen.

B. pendula 'Purpurea',
Blut-Birke

Wuchs: Kleiner Baum mit lockerer, schmaler Krone und meist durchgehendem Stamm, langsamwüchsig.

Größe: Bis 10 (bis 15) m hoch und 4 bis 5 m breit.

Rinde: In der Jugend rotbraun, später dunkelgrau bis schwärzlich.

Blätter: Sommergrün, wechselständig, dreieckig, 2 bis 3 cm lang, im Austrieb dunkelrot, später dunkelpurpurn, im Herbst bronzefarben, braunrot bis teilweise leuchtend rot.

Wurzel, Standort, Boden wie bei der Art.

Verwendung: Einzelstellung in Garten- und Parkanlagen. Um eine dunkle Laubfärbung zu erreichen, sollte ein vollsonniger Platz gewählt werden. Auf diese Form kann man getrost verzichten, ich habe noch nie einen schönen Baum gesehen; im übrigen lieben wir doch gerade das Birkengrün als Frühlingssymbol.

B. pendula 'Tristis',
Hänge-Birke

Betula pendula 'Tristis'

Wuchs: Mittelhoher bis hoher Baum mit gerade durchgehendem Stamm, Hauptäste zunächst ansteigend, im Alter aber unter der Last der senkrecht herunterhängenden Äste sanft nach außen übergebogen.

Größe: 15 bis 20 (bis 25) m hoch und 6 bis 10 (12) m breit. Jahreszuwachs in der Höhe 35 bis 40 cm, in der Breite 20 cm.

Weitere Merkmale wie bei der Art.

Verwendung: Eine äußerst malerische Wuchsform unserer heimischen Birke, freistehende Exemplare sind auch im Winter, ganz besonders bei Rauhreif, von einmaliger Schönheit und Eleganz.

B. pendula 'Youngii',
Trauer-Birke

Wuchs: Kleiner Baum mit schirmartiger Krone und senkrecht herunterhängenden Ästen, die oft bis zum Boden reichen; langsamwüchsig.

Größe: 4 bis 6 (8) m hoch und 4 bis 6 (8) m breit. Jahreszuwachs in der Höhe 20 bis 30 cm, in der Breite 30 cm.

Blätter: Sommergrün, wechselständig, 3-eckig, lang zugespitzt, Rand meist doppelt gesägt, Herbstfärbung gelb.

Wurzel, Standort, Boden wie bei der Art.

Verwendung: B. pendula 'Youngii' hat von allen Gartenformen den stärksten Hängewuchs. Einzelstellung in Gärten, Innenhöfen, Parkanlagen, wird gern in Friedhofsanlagen gepflanzt. Als Hochstamm veredelt ein idealer „Sonnenschirm" an Sitzplätzen und Terrassen.

B. platyphylla var. japonica
(MIQ) HARA.,
Japanische Weiß-Birke
(= B. mandshurica var. japonica, B. tauschii)

Die Japanische Weiß-Birke ist immer der erste grüne Baum im Frühjahr. Der Austrieb der heimischen Sand-Birke (rechts im Bild) erfolgt 14 Tage später.

79

Verbreitung: Bergwälder in Japan, Mandschurei, Nordchina.

Wuchs: Mittelgroßer bis großer Baum mit ovaler, offener Krone, sehr ähnlich unserer heimischen Birke, Hauptäste jedoch mehr aufrecht, Seitenbezweigung auch im Alter kaum hängend.

Größe: 15 bis 20 m hoch und 10 bis 12 m breit. Jahreszuwachs in der Höhe 25 bis 40 cm, in der Breite 20 bis 25 cm.

Rinde: In der Jugend dunkelpurpurbraun, dann schneeweiß, alte Stämme grauweiß.

Blätter: Sommergrün, wechselständig; 3-eckig bis eiförmig, größer als die unserer heimischen Birke, Austrieb 14 Tage vor allen anderen Arten, im Herbst leuchtend goldgelb.

Wurzel: Herzwurzelsystem mit flachstreichenden Hauptseitenwurzeln, sehr hoher Anteil an Feinwurzeln in der oberen Bodenzone.

Standort: Sonnig.

Boden: Toleriert jede Bodenart, anspruchslos, schwach sauer bis alkalisch, mäßig trocken bis feucht.

Eigenschaften: Ungewöhnlich früher Austrieb, gelegentliche Spätfrostschäden an Blättern und im Extremfall auch Absterben ganzer Astpartien.

Verwendung: Frostharter, malerisch wachsender Baum, der den Frühling um volle zwei Wochen vorverlegt. Findet als erster grüner Baum immer sehr große Beachtung. Interessant auch für die Floristik. Einzelstellung, Gruppenpflanzung. Herrlich in Heidegartenpartien mit Erica carnea-Sorten oder in Innenhöfen und Krankenhausanlagen, wo das frühe Grün oft die beste Medizin ist.

Betula platyphylla var. japonica

B. pubescens EHRH., Moor-Birke

Verbreitung: Mitteleuropa bis Sibirien; Charakterbaum der Birkenmoore, Eichen-Birken-Wälder, Erlenbrüche; auf feuchten bis nassen, mäßig nährstoffreichen, sauren, humosen Moor-, Torf- und Sandböden.

Wuchs: Mittelgroßer Baum, im Gebirge auch Großstrauch, oft kurzstämmig, Kronenäste aufsteigend bis waagerecht, meist unregelmäßig, aber nicht hängend, Krone rundlich bis oval.

Größe: 10 bis 20 m hoch und 8 bis 12 m breit.

Rinde: In der Jugend bräunlich, später grauweiß bis schwärzlich, rissig, quer abrollend.

Blätter: Sommergrün, wechselständig, rundlich bis eiförmig, 3 bis 5 cm lang, im Austrieb weich behaart, später kahl, beiderseits dunkelgrün, etwas glänzend, derb, Herbstfärbung sehr schön gelb.

Blüten: Männliche Kätzchen gelblich, April bis Mai.

Früchte: In kleinen Zapfen, Samenreife ab August.

Wurzel: Wurzelt etwas tiefer als Betula pendula.

Standort: Sonnig.

Boden: Anspruchslos, gedeiht sowohl auf naßfeuchten wie auch auf trockeneren, sauren, nährstoffarmen Sandböden.

Eigenschaften: Frosthärter als B. pendula, windfest.

Verwendung: Pioniergehölz für Sonderstandorte, Rekultivierungsmaßnahmen in der freien Landschaft, Knickbepflanzung, große Heidegärten, Straßenbaum für moorige, naß-feuchte Standorte.

'Trost's Dwarf'

Die Artzugehörigkeit ist noch nicht einwandfrei geklärt, möglicherweise ist 'Trost's Dwarf' eine Form von B. pendula. Gefunden von DIETER TROST, USA (1978).

Wuchs: Niedriger Strauch mit bogig aufrechten Ästen und stark überhängenden, dünnen Zweigen, schwachwüchsig.

Größe: Als Strauch wohl nicht über 1 m hoch.

Zweige: Braun, später dunkelbraun, mit auffallend vielen Warzen besetzt und sich dadurch rauh anfühlend, sehr dünn und biegsam.

Blätter: Sommergrün, wechselständig, auffällig filigranartig, tief und hauchdünn bis zur Mittelrippe fein geschlitzt, 4,5 bis 5 cm lang, 2,5 cm breit, Blattstiel 1,5 cm, im Frühjahr hellgrün, oft nur entlang der Adern grün, im Laufe des Sommers graugrün.

Standort: Sonnig bis halbschattig.

Boden: Toleriert jeden kultivierten Gartenboden.

Verwendung: Eine durch ihre interessante, allerfeinste filigrane Blattstruktur auffallende Zierform, die für Einzelstellung in niedrigen Gehölzrabatten, Hochbeeten, Steingartenanlagen und vor allem auch in Pflanzgefäßen geeignet ist. Noch ansprechender als die Buschform sind Hochstammveredelungen. Wer sie das erste Mal sieht, wird kaum eine Birkenverwandtschaft vermuten, sondern eher an einen Japanischen Schlitz-Ahorn denken, mit dem sie sehr große Ähnlichkeit hat.

B. utilis 'Doorenbos', Weißrindige Himalaja-Birke (= B. utilis HORT., B. jacquemontii HORT.)

Betula utilis 'Doorenbos'

Verbreitung: Westhimalaja.

Wuchs: Mittelgroßer Baum, meist mehrstämmig, mit breitovaler und lockerer, transparenter Krone, Hauptäste trichterförmig aufsteigend, Seitenäste mehr waagerecht, Zweige überhängend, insgesamt nicht so starkwüchsig.

Größe: 8 bis 10 (bis 15) m hoch und 5 bis 7 m breit. Jahreszuwachs in der Höhe 20 bis 30 cm, in der Breite 20 cm.

Rinde: Junge Triebe olivbraun, im 4. Jahr glänzend braungelb und nach 6 Jahren reinweiß, dünn abrollend.

Blätter: Sommergrün, wechselständig, herzförmig, 5 bis 7 cm lang, im Herbst goldgelb.

Blüten: Grüngelb, Kätzchen bis 12 cm lang, Mai.

Wurzel: Flach ausgebreitet, hoher Anteil an Feinwurzeln in der oberen Bodenzone.

Standort: Sonnig.

Boden: Keine besonderen Ansprüche, wächst auf allen neutralen bis sauren Böden.

Verwendung: B. utilis 'Doorenbos' hat das strahlendste Weiß aller Birken. Sie ist eine der allerschönsten Gartenformen und wegen des schwächeren Wuchses auch geeignet für die Bepflanzung kleinerer Räume. Besonders wirkungsvoll auf Rasenflächen, vor immergrünen Hecken oder einer dunklen Koniferenkulisse. Sehr anmutig wirkt ein kleiner, nicht zu weit gepflanzter Hain (Frühlingsstimmung, Winterzierde).

BROUSSONETIA L'HERIT. ex VENT.
Papiermaulbeerbaum – Moraceae, Maulbeerbaumgewächse

Wurde nach dem französischen Arzt, Botaniker und Zoologen P. M. A. BROUSSONET, 1761 bis 1807, benannt.

B. papyrifera (L.) VENT.,
Papiermaulbeerbaum

Broussonetia papyrifera

Mittelhoher bis hoher, mehrstämmiger Strauch, bisweilen auch Kleinbaum mit breitovaler, lockerer, im Alter oft sehr malerischer Krone. Triebe graugrün bis olivgrün, stark behaart, Zweige etwas sparrig-steif, weißes Mark enthaltend. Die sommergrünen, wechselständig angeordneten, im Umriß breit eiförmigen Blätter deuten auf die Verwandtschaft mit der Feige und dem Maulbeerbaum hin. Sie enthalten, wie diese, Milchsaft und sind in Form und Größe sehr

vielgestaltig. Wir finden sowohl ganzrandige als auch 2 bis 3lappige, feigenähnliche Blätter, die 7 bis 20 cm lang sein können. Oberseits sind sie mittelgrün, rauh, unterseits dicht wollig behaart. Die zweihäusig verteilten Blüten erscheinen im Mai. Interessant hierbei ist, daß die Antheren der in hängenden Ähren zusammengefaßten männlichen Blüten mit einer kleinen Explosion aufspringen, die weiblichen sitzen in einer krugförmigen Hülle. Die bei uns meist nicht reifenden, kugeligen, bis 2 cm breiten, orangeroten bis roten, unangenehm süßlich schmeckenden Früchte weisen ebenfalls auf die Verwandtschaft mit dem Maulbeerbaum hin. An seinen heimatlichen Standorten, in China und Japan, entwickelt sich Broussonetia zu einem bis 15 m hohen Baum. In unseren mitteleuropäischen Gärten wird er meist nur 4 bis 5 (6) m hoch. Als Jungpflanze ist dieses sehr wärmeliebende Gehölz empfindlich, und nicht selten friert es in strengen Wintern zurück, treibt aber dennoch immer wieder willig aus. Größere, alte Exemplare, die man auch im norddeutschen Raum antrifft, machen jedoch deutlich, daß dieser interessante Baum, zumindest in geschützten, warmen Lagen, auf gut durchlässigen, vorzugsweise kalkhaltigen Böden auch in unseren Breiten dauerhaft aushält. Sehr schöne Exemplare stehen auf den sogenannten Mittelmeerterrassen im Alten Botanischen Garten Hamburg. Bei meinem letzten Besuch in der Baumschule Bruns war ich doch außerordentlich überrascht, als ich hier in einem Quartier Seite an Seite mit Styrax obassia, Nyssa sylvatica, Acer griseum und Disanthus cercidifolius herrlich gewachsene Exemplare des doch wirklich nicht alltäglichen Papiermaulbeerbaums entdeckte. In südlichen Ländern, wie z. B. Jugoslawien, kann man Broussonetia papyrifera auch als rundkronigem Straßenbaum begegnen.

Anmerkung: *Aus dem aufgeschwemmten und abgesiebten, feinen Rindenfaserfilz, der anschließend mit Leim zusammengefügt und geglättet wurde, haben die Chinesen um 100 nach Christi ihr erstes Papier hergestellt.*

BRUCKENTHALIA REICHENB.
Ährenheide – Ericaceae, Heidekrautgewächse

Benannt nach S. von BRUCKENTHAL (1721–1803), einem österreichischen Staatsmann.

B. spiculifolia (SALISB.) RCHB.

Niedriger, sehr zierlicher, an Erica erinnernder, etwa 10 bis 20 cm hoher Zwergstrauch mit dünnen, aufrechten, später auch niederliegend-auf-

Bruckenthalia spiculifolia

rechten Trieben. Blätter nadelförmig, immergrün, sehr dicht stehend, gegenständig oder zu 5 quirlständig angeordnet, 2,5 bis 5 mm lang, sehr fein und dünn, frischgrün. Blüten hellrosa, zu vielen in endständigen Ähren (Ende Juni) Juli/August.

Die Ährenheide ist in Südosteuropa, vor allem aber in Rumänien beheimatet. Ihr großer Wert für den Garten besteht darin, daß sie als erste der Heidekräuter die sommerliche Blüte in unseren Heidegärten einleitet. Sie ist ausreichend frosthart und liebt einen frischen, humosen, durchlässigen und kalkfreien Boden. Winterschutz ist nur in besonders ungünstigen Lagen notwendig. Ein regelmäßiger Schnitt, wie z. B. bei Calluna, sollte unterbleiben. **'Balkan Rose'** *hat auffallend dunkelrosa gefärbte Blüten.*

BUDDLEJA L.,
Buddleia – Buddlejaceae, Sommerfliedergewächse
(= Buddleia)

Sommergrüne oder auch immergrüne Sträucher mit meist 4 kantigen Zweigen und in der Regel gegenständigen Blättern (B. alternifolia wechselständig!). Die auffälligen Blüten erscheinen in dichten Büscheln an den vorjährigen Zweigen (B. alternifolia) oder in langen, dekorativen, etwas übergeneigten, endständigen Rispen am diesjährigen Holz (B. davidii). Die etwa 100 Buddleja-Arten sind in den Tropen und Subtropen Ostasiens, Südamerikas und Südafrikas beheimatet. Bei uns sind etwa 10 Arten, 2 bis 3 Arthybriden und vor allem viele Cultivare von B. davidii in Kultur. Ein Sommer ohne die Buddleien-Blüten ist kaum vorstellbar. Der Pflanzenverwender kann auf diesen anspruchslosen Strauch mit seinen vielfarbigen, duftenden Blütenrispen nicht verzichten. Buddleien lassen sich z. B. zusammen mit Rosen, Perovskien, Potentillen, Tamarisken, Salvien und silbergrauen Gräsern zu be-

Buddleja 'Pink Delight', Salvia horminum und Acer negundo 'Flamingo' im Arboretum Ellerhoop-Thiensen

zaubernden Gartenbildern verbinden. Der ökologische Wert dieses Gehölzes ist unbestritten. Kaum eine andere Blütenpflanze wird im Spätsommer so intensiv von Faltern, Schwebfliegen, Hummeln und Bienen besucht. Alle Buddleien lieben einen möglichst vollsonnigen, warmen und geschützten Platz,

wo sie auch in sommerlichen Hitzeperioden unermüdlich Blüten bilden.

Bei den B. davidii-Hybriden wirkt sich ein scharfer Rückschnitt (mit Ausnahme von den Sorten 'Nanho Blue' und 'Nanho Purple') im Frühjahr ungemein

positiv auf Blütengröße und Blütenfülle aus. Jungpflanzen sind in ungünstigen Lagen und strengen Wintern für einen Schutz im Basisbereich dankbar.

Ökologie: Alle Buddleja-Arten und -Sorten gehören zu den bedeutendsten Insektenfutterpflanzen.

B. alternifolia MAXIM.,
Wechselblättriger Sommerflieder

Verbreitung: Nordwestchina.

Wuchs: Raschwüchsiger, breit ausladender Strauch mit starken, aufrechten Hauptästen und langen, dünnen, malerisch überhängenden Seitenzweigen.

Größe: 2 bis 3 (bis 4) m hoch, in milden Gegenden auch höher. Breite 2 bis 4 m.

Rinde: Triebe grau behaart.

Buddleja alternifolia

Blätter: Sommergrün, wechselständig (B. davidii gegenständig), 6 bis 10 cm lang, schmal lanzettlich, stumpfgrün, unterseits silbriggrau.

Blüten: Hellviolette Büschel am vorjährigen Trieb, erscheinen in großer Fülle, stark duftend. Blütezeit Juni/Juli.

Wurzel: Fleischig, oberflächennah ausgebreitet, wenig verzweigt.

Standort: Sonnig, warm, geschützt.

Boden: Normale, in Kultur befindliche Gartenböden, schwach sauer bis alkalisch, trockenere, warme und vor allem durchlässige Standorte werden bevorzugt.

Eigenschaften: Blüht am alten Holz, kein Rückschnitt, nur auslichten, außerordentlich frosthart, trockenresistent.

Verwendung: Herrlicher Blütenstrauch, der sich vielseitig verwenden läßt. Erhöhte Pflanzplätze wie z. B. Böschungen, Mauerkronen, Pflanzbeete, Steingartenanlagen, Treppenanlagen kommen der überhängenden Wuchsform entgegen und bringen den Strauch voll zur Geltung. Ideale Benachbarung wären z. B. Clematis recta (weiße, kleinblütige Trugdolden), Strauchrosen, Ginster, Kolkwitzien, Hypericum, Lavendel, Weigelien, im Hintergrund Blau-Zedern, Elaeagnus, Sorbus und Pyrus salicifolia 'Pendula'. Besonders schön ist auch die graulaubige Form, **B. alternifolia 'Argentea'** zusammen mit Artemisia schmidtiana 'Nana' und Allium schoenoprasum. Pflanze für den Duftgarten!

B. davidii Hybriden

Verbreitung: Die Wildart ist in China beheimatet.

Wuchs: Strauch mit trichterförmig-aufrechten Hauptästen und ausgebreiteten, leicht überhängenden Seitenzweigen.

Größe: 3 bis 4 m hoch und breit.

Blätter: Sommergrün, gegenständig, eilanzettlich, 10 bis 20 (bis 25) cm lang, dunkelgrün, unten fein graufilzig, bei mildem Wetter lange haftend.

Blüten: In langen, bogig übergeneigten, endständigen Rispen. Etwas herber Duft. Juli bis Herbst.

Wurzel: Fleischig, oberflächennah, ausgebreitet.

Standort: Sonnige, warme Gartenplätze.

Boden: Normale, in Kultur befindliche Gartenböden, schwach sauer bis stark kalkhaltig, durchlässig, gedeihen noch prächtig in trockenen, nährstoffarmen Böden.

Eigenschaften: Außerordentlich trockenresistent, sehr hitzefest, rauchhart, stadtklimafest, Blüten erscheinen am einjährigen Holz, jährlicher Rückschnitt fördert Blütengröße und Blütenreichtum. Auf trockenen, nährstoffarmen Böden besseres Ausreifen des Holzes.

Verwendung: Unermüdlich blühender, sehr auffälliger Zierstrauch für Einzelstellung und Gruppenpflanzung in Garten- und Parkanlagen, für Pflanzkübel und Dachgärten. Fühlt sich auf den trockensten und heißesten Plätzen am wohlsten. Ideale Benachbarung wären z. B.: Amorpha, Ceanothus, Cotoneaster dielsianus, C. franchetii, C. multiflorus, Caryopteris, Lespedeza, Perovskia, Potentilla, Pyracantha, Rosen, insbesondere auch Strauch- und Wildrosen, Tamarix; größere Bäume und Sträucher für den Hintergrund wären z. B.: Cedrus atlantica 'Glauca', Elaeagnus angustifolia, Hippophae, Juniperus chinensis 'Hetzii', Juniperus virginiana 'Glauca', Pyrus salicifolia 'Pendula' und Sorbus-Arten. Eine Traumkombination ergibt sich mit Buddleja 'Pink Delight', Lavatera 'Barnsley', Lavatera thuringiaca und Gypsophila paniculata 'Flamingo'. 'Empire Blue', 'Dart's Papillon Blue', aber auch rosaviolette Sorten lassen sich wunderschön mit Heliotropium, Limonium sinuatum, Salvia horminum und Verbena bonariensis verbinden.

Pflegetip: Siehe Einleitung.

Ökologie: Wertvolles Insektennährgehölz. Wird ungewöhnlich stark von den verschiedensten Falterarten besucht.

Buddleja 'Nanho Blue' hat ein klares Violettblau

Buddleja 'Empire Blue'

Buddleja 'Nanho Blue'

Buddleja 'Nanho Purple'

Buddleja 'Summer Beauty'

'African Queen'

Blüten: Dunkelviolett, Rispen verhältnismäßig kurz.

'Black Knight'

Blüten: Purpur bis dunkelviolett, Kronröhre innen orange, in bis zu 30 cm langen Rispen, reichblühend, Juli bis Oktober.

'Border Beauty'

Blüten: Rotviolett, Rispen kräftig, reichblühend.

'Burgundy'

Blüten: Tief und leuchtend purpurrot, in bis zu 20 cm langen Rispen, Laub dunkelgrün.

'Cardinal'

Blüten: Tiefpurpurrot, in 30 bis 40 cm langen Rispen.

'Dart's Ornamental White'

Blüten: Weiß, in langen, schlanken Rispen.

'Dart's Papillon Blue'

Blüten: Puderblau bis hell-lavendelblau, Rispen lang und kräftig. Eine sehr elegante Farbe.

'Empire Blue'

Blüten: Purpur bis blauviolett, Kronröhre innen dunkelorange, in bis zu 30 cm langen Rispen, Juli bis Oktober.

'Fascinating'

Blüten: Purpurrosa, in 30 bis 50 cm langen Rispen, Juli bis Oktober.

'Ile de France'

Blüten: Violettrot bis amethystviolett, im Verblühen dunkler und blauer werdend, Kronröhre innen dunkelorange, in 30 bis 50 cm langen Rispen, Juli bis Oktober.

'Nanho Blue'

Blüten: Ein klares Violettblau, Rispen 15 bis 25 (bis 30) cm lang, außerordentlich zahlreich, Juli bis Oktober.

Pflegetip: Nur zurückschneiden, wenn Planzen wirklich überaltert sind!

'Nanho Purple'

Blüten: Purpurrot, in 12 bis 15 cm langen und 4,5 cm breiten Rispen, sehr reichblühend, Juli bis Oktober.

Pflegetip: Nur zuurückschneiden, wenn Planzen wirklich überaltert sind!

'Orchid Beauty'

Blüten: Reinlilarosa (malvenfarben), dicht geschlossene, lange Rispen.

'Peace'

Blüten: Weiß, Kronröhre innen gelborange, in bis zu 30 cm langen Rispen, Juli bis Oktober.

'Pink Delight'

Blüten: Rosa, in auffallend großen und dicht geschlossenen Rispen, 25 bis 30 (bis 50) cm lang, Blüten sehr früh und außerordentlich zahlreich, wohl die schönste und auffallendste rosafarbene Sorte.

'Purple Prince'

Blüten: Tiefviolett, in 30 bis 50 cm langen Rispen, Juli bis Oktober.

'Royal Red'

Blüten: Purpurrot, Kronröhre innen orange, in 30 bis 50 cm langen Rispen, Juli bis Oktober.

'Summer Beauty'

Blüten: Lilarosa, sehr leuchtend.

'White Ball'

Blüten: Weiß, in kurzen gedrungenen Rispen.

'White Profusion'

Blüten: Weiß, in kräftigen, langen Rispen. Sehr gute Sorte.

B. x weyeriana WEYER
(= Buddleja davidii x B. globosa)

1914 gezüchtet von W. VAN DE WEYER, Smedmore House, Corfe Castle, Dorset, England.

Wuchs: Breit aufrechter Strauch mit weißfilzigen Trieben.

Größe: Bis 2 m hoch und breit.

Blätter: Sommergrün, gegenständig, lanzettlich, bis 20 cm lang.

Blüten: Gehäuft in kugeligen Köpfen, die zu endständigen, 15 bis 20 cm langen Rispen vereint sind, gelb bis grau oder violett; Blütezeit Juli bis Oktober.

Buddleja x weyeriana 'Sungold'

Wurzel: Fleischig, oberflächennah.

Standort: Sonnig, sehr geschützt.

Boden: Auf allen schwach sauren bis alkalischen, gut durchlässigen, nicht zu feuchten Gartenböden.

Eigenschaften: Nur bedingt winterfest, Blüten erscheinen am einjährigen Holz, jährlicher Rückschnitt erforderlich. Winterschutz ist unbedingt empfehlenswert!

Verwendung: Durch die gelben bis violetten Farbtöne eine sehr interessante Bereicherung des Buddleja-Sortiments. Besonders wertvoll ist die Sorte: **B. x weyeriana 'Sungold'**. Sie hat attraktive, orangegelbe Blütenrispen. Gefunden wurde sie als Sport von 'Golden Glow' in der Baumschule ZWIJNENBURG in Boskoop. Winterschutz erforderlich!

BUXUS L.
Buchsbaum – Buxaceae, Buchsbaumgewächse

Theophrast nannte den Buchsbaum „pyxos", abgeleitet von dem Wort „pyxis" = Büchse. Aus dem festen Buxus-Holz wurden im Altertum Arzneibüchsen hergestellt.

B. microphylla S. et Z.,
Kleinblättriger Buxus

Verbreitung: Stammt vermutlich aus japanischer Gartenkultur.

Wuchs: Mittelhoher Strauch, buschig aufrecht, oft etwas unregelmäßig bis sparrig wachsend.

Größe: 1,20 (bis 2) m hoch und mindestens ebenso breit.

Triebe: Gelbgrün, deutlich vierkantig.

Blätter: Immergrün, gegenständig, verkehrt eiförmig bis lanzettlich-eiförmig, 0,8 bis 1,5 (2,5) cm lang und 0,3 bis 0,8 cm breit, Spitze rundlich oder schwach eingekerbt, Basis keilförmig, Blätter von verhältnismäßig dünner Textur, oberseits glänzend mittelgrün, unterseits frischgrün, im Winter gelbgrün bis gelbgrün-bräunlich.

Blüten: Im April/Mai an den Triebspitzen gedrängt, unscheinbar, gelblichgrün.

Wurzel: Dicht verzweigtes Herzwurzelsystem mit z. T. tiefgehenden, aber auch sehr oberflächennahen Wurzeln.

Standort: Sonnig bis halbschattig (schattig).

Boden: Auf allen gleichbleibend frischen, nahrhaften, gut durchlässigen, schwach sauren bis alkalischen Böden.

Eigenschaften: Frosthärter als B. sempervirens, mäßig windfest, sehr schnittverträglich.

Verwendung: Eine sehr robuste und frostharte Buxus-Art für immergrüne Bepflanzungen. Gutes Hecken- und Formgehölz in historischen Gartenanlagen.

B. microphylla 'Faulkner'

Wuchs: Breitbuschig aufrecht, dicht verzweigt.

Größe: 2 bis 3 m hoch und im Alter meist genauso breit.

Blätter: Immergrün, gegenständig, ledrig, eiförmig, verhältnismäßig klein, 1,5 bis 2,3 cm lang und 1,1 bis 1,5 cm breit, Stiel 0,15 cm, mittel-dunkelgrün, glänzend.

Blüten, Früchte, Wurzel, Standort, Boden, Eigenschaften wie bei der Art.

Verwendung: Eine neue, sehr gesunde und gut winterharte Form für Einzelstellung, Gruppen, zur Unterpflanzung von Bäumen, für Hecken und Pflanzkübel.

B. microphylla 'National'

Wuchs: Mittelhoher Strauch, dichtbuschig und geschlossen, aber mehr schlank aufrecht.

Größe: 1,5 bis 2 m hoch.

Triebe: Sehr kräftig, hellrehbraun.

Blätter: Auffallend groß, breitelliptisch, 2 bis 3 cm lang und 1,3 bis 1,7 cm breit, dunkelgrün.

Sonstige Angaben siehe B. microphylla.

Verwendung: Auffallend groblaubige, frostharte und robuste Sorte.

B. microphylla 'Winter Beauty'

Wuchs: Breitbuschiger, etwas sparriger Strauch.

Blätter: Breitelliptisch bis eiförmig, 1,2 bis 1,6 cm lang und 0,8 bis 1,1 cm breit, Spitze meist eingekerbt, mittelgrün.

Weitere empfehlenswerte Sorten und Varietäten sind: 'Compacta', eine Zwergform, die in den USA in 47 Jahren eine Höhe von 30 cm und eine Breite von 1,20 m erreichte. Sehr ähnlich ist 'Green Pillow', sie hat jedoch längere Blätter, die Sorte 'Herrenhausen' wächst ebenfalls niedrig und gedrungen.

B. microphylla var. japonica
(MUELL. ARG.) REHD. & WILS.,

der Japanische Buxus, wird höher als die Art und hat verkehrt eiförmige bis rundlich verkehrt eiförmige Blätter, die 1 bis 2 cm lang und meist ebenso breit sind. Im Sommer haben sie oberseits eine hellgrüne, in den Wintermonaten eine mehr rostbraune Färbung. Die Blattspreite ist im Gegensatz zu B. microphylla dick und derb ledrig.

B. microphylla var. koreana NAKAI

ist eine aus Korea und China stammende Varietät mit schwach behaarten Jungtrieben und 0,6 bis 1,5 cm langen Blättern, deren Mittelader oberseits bis zum Blattstiel ebenfalls behaart ist. Die Pflanzen werden etwa 60 cm hoch und zeichnen sich durch eine extreme Winterhärte aus. In Nordamerika haben sie Fröste zwischen minus 28°C bis minus 31,5°C überstanden!

B. sempervirens var. arborescens L., Gewöhnlicher Buchsbaum

Verbreitung: Europa bis Kaukasus; in Mitteleuropa gibt es im Moseltal von Trier bis Koblenz und in Südbaden natürliche Bestände; als Unterholz in Flaum-Eichen-Buschwäldern an warmen Südhängen, auf mäßig trockenen, neutralen bis kalkreichen, humosen, steinigen Lehmböden.

Wuchs: Hoher, breit aufrechter, dichtbuschiger Strauch, gelegentlich auch kleiner Baum mit kurzen, drehwüchsigen Stämmen.

Größe: 2 bis 4 (bis 8) m hoch, oft genauso breit.

Rinde: Triebe vierkantig, grün, später rundlich, graubraun.

Blätter: Immergrün, gegenständig, ledrig, eiförmig bis länglich-elliptisch, 1,5 bis 3 cm lang, dunkelgrün glänzend, unten heller.

Buxus sempervirens var. arborescens

Blüten: Eingeschlechtig, kleine unscheinbare, gelblichgrüne Blütenbüschel in den Blattachseln, März/April.

Früchte: 7 bis 8 mm lange, 3teilige Kapsel, Fruchtreife August/September.

Wurzel: Herzwurzelsystem, dicht verzweigt, weitstreichend und tief.

Standort: Sonnig bis schattig.

Boden: Neutraler bis stark kalkhaltiger, nahrhafter, nicht zu trockener, durchlässiger Boden.

Eigenschaften: Obwohl feuchtigkeitsliebend, verträgt Buxus sommerliche Hitze- und Trockenperioden erstaunlich gut (Sommer 1983!); stadtklimafest, Bienenweide, Buxus kann mehrere

Buxus sempervirens

hundert Jahre alt werden, mäßig windfest, in allen Teilen giftig.

Verwendung: Hervorragendes immergrünes Gehölz für Einzelstellung und Gruppen in schattigen Gartenpartien, Unterpflanzung von Bäumen, Heckenpflanze für historische Gartenanlagen und Friedhöfe, Vogelschutzgehölz. Alte, freistehende Exemplare sind von einmaliger Wirkung.

Ökologie: Die Blüten produzieren reichlich Nektar und Pollen. Sie werden von Bienen, Fliegen und anderen Insektenarten besucht. Die Samen werden von Ameisen verschleppt, die sich vom Duft der Samenwarze angezogen fühlen (HECKER).

Anmerkung: Aus dem harten, fast hornartigen Holz werden Schachfiguren, Schublehren, Druckstöcke für Holzschnitte, Pfeifenköpfe und Intarsien gefertigt. Da Buchsbaum sehr langsam wächst, ist das Holz äußerst knapp und teuer. Im Kaukasus werden Stämme geschlagen, die 6 m lang und 30 cm dick sind. Der Buchsbaum kann dort bis 16 m hoch werden.

Buxus sempervirens var. arborescens

B. sempervirens 'Blauer Heinz'

Ende der sechziger Jahre in Hannover-Herrenhausen als Mutation entstanden.

Wuchs: Sehr langsam und gedrungen wachsend, Triebe straff nach oben gerichtet, nicht so weich wie bei 'Suffruticosa', Internodien auffallend kurz.

Blätter: Immergrün, gegenständig, größer als bei 'Suffruticosa', im Austrieb blaugrün, in den Wintermonaten dunkelgrün!

Verwendung: Eine neuere, sehr wertvolle Selektion, die sich hervorragend für niedrige Hecken und Einfassungen eignet. Frosthärter und kompakter als 'Suffruticosa'. Eine weitere sehr gute Sorte ist 'Andersen', die sich allerdings schwer vermehren läßt.

rechts: Weißer Garten von Hidcote Manor. Keine anderen Gehölze eignen sich so gut zur Schaffung von grünen Architekturelementen wie Buxus und Eibe.

B. sempervirens 'Handsworthiensis'

Wuchs: Breitbuschiger, aufrechter Strauch, dicht verzweigt mit starken, aufstrebenden Grundtrieben.

Größe: 2 bis 3 (bis 5) m hoch, in der Jugend etwa doppelt so hoch wie breit, im Alter breiter werdend.

Blätter: Immergrün, gegenständig, ledrig, breit eirund, Rand nach unten gewölbt, 2 bis 4 cm lang, dunkelgrün, unterseits blaugrün.

Blüten, Wurzel, Standort, Boden, Eigenschaften wie bei der Art.

Verwendung: Einzelstellung, Gruppen in schattigen Gartenpartien, Unterpflanzung von Bäumen, Pflanzkübel.

B. sempervirens 'Rotundifolia'

Wuchs: Breitbuschig aufrechter, gelegentlich baumartiger Großstrauch. Kräftig wachsend.

Größe: 2,5 bis 4 (8) m hoch, im Alter meist so breit wie hoch.

Blätter: Immergrün, gegenständig, von breit elliptisch über verkehrt eiförmig bis fast rund, bis 2,5 (3) cm lang, Basis breit-keilförmig, bläulichgrün.

Blüten, Wurzel, Standort, Boden wie bei der Art.

Buxus sempervirens 'Suffruticosa'

Eigenschaften: Gut frosthart, stadtklimafest, verträgt eingewurzelt auch sommerliche Trockenzeiten.

Verwendung: Gehört zu den besten und härtesten immergrünen Gehölzen für Einzelstellung und Gruppenpflanzungen in schattigen Gartenpartien; Unterpflanzung von Bäumen, freiwachsende Hecken, wegen der interessanten, feinen Blatt-Textur gut mit Rhododendron, Ilex, Taxus und Kirschlorbeer kombinierbar.

B. sempervirens 'Suffruticosa', Einfassungs-Buchsbaum

Wuchs: Langsam und gedrungen wachsender, straff aufrechter Strauch.

Größe: Nicht über 1 m hoch werdend.

Blätter: Immergrün, gegenständig, eiförmig oder verkehrt eiförmig, 1 bis 2 cm lang.

Blüten, Wurzel, Standort, Boden, Eigenschaften wie bei der Art.

Verwendung: B. sempervirens 'Suffruticosa' ist der bekannte Einfassungs-Buchsbaum für niedrige Hecken in Bauern-, Kloster- und Barockgärten, Friedhofsanlagen und Kleingärten.

Pflegehinweis: Der Schnitt sollte im Juli (nach Johanni) oder im Frühjahr (April) möglichst bei trübem Wetter durchgeführt werden. Bei strengen Kahlfrösten (unter minus 15°C) und intensiver Sonneneinstrahlung Schattierung mit Tannenreisig oder anderen Materialien. Bei zu spätem und zu scharfem Rückschnitt reift der Neutrieb nicht genügend aus, Gefahr von Winterschäden.

Buxus, flächig geschnitten im Parc André Citroën, Paris

Originell geschnittene Buxus Figuren – Die Hüte einer Ministerpräsidentin

Buxus und Santolina in einem formalen Garten

Alte Buxus-Hecke, phantasievoll und lebendig gestaltet

Buxus-Skulpturen

Villandry

Versailles

Buchsbaum-Verwendung im Park Villandry

CALLICARPA L.
Schönfrucht – Verbenaceae,
Eisenkrautgewächse

Die Gattung Callicarpa umfaßt etwa 100 Arten, die im tropischen und subtropischen Asien, in Australien, Nord- und Mittelamerika beheimatet sind. Bei uns in Mitteleuropa sind etwa 6 Arten und 4 Sorten in gärtnerischer Kultur. Es sind immergrüne und sommergrüne Sträucher, in der Heimat teils auch Bäume, mit gegenständigen Blättern und achselständigen, unauffälligen Blüten. Die im Herbst sehr zahlreich erscheinenden, glänzend violetten, beerenartigen Steinfrüchte gehören zu den spektakulärsten Gartenattraktionen, die uns das Gehölzreich zu bieten hat. Sonnige, geschützte Lage und ein gleichmäßig feuchter, saurer Boden sind Voraussetzungen für eine erfolgreiche Gartenkultur. Herrliche Kombinationen ergeben sich mit leuchtend gelben und orangefarbenen Herbstfärbern wie z. B. Hamamelis, Cercidiphyllum, Photinia und Acer palmatum 'Dissectum'.

Callicarpa bodinieri var. giraldii

C. bodinieri var. giraldii
(HESSE) REHD.,
Schönfrucht, Liebesperlenstrauch

Verbreitung: Mittel- und Westchina, Korea.

Wuchs: Mittelhoher Strauch mit aufrechten Grundtrieben und lockerer, etwas sparriger Verzweigung.

Größe: 2 bis 3 m hoch und 2 m breit.

Blätter: Sommergrün, gegenständig, elliptisch lang zugespitzt, 5 bis 12 cm lang, stumpfgrün, Herbstfärbung hellgelb bis orange.

Blüten: Lila, in gestielten Trugdolden, unscheinbar, Juli bis August.

Früchte: Beerenartige Steinfrüchte, rotviolett, glänzend, außerordentlich zahlreich, bis 4 mm dick, sehr zierend.

Wurzel: Hauptwurzeln dick, flach und tief ausgebreitet, wenig verzweigt.

Standort: Sonnig, geschützt.

Callicarpa bodinieri var. giraldii

Boden: Leicht bis mittelschwer, gleichbleibend feucht, humos, sauer bis schwach sauer, gut durchlässig.

Eigenschaften: Fruchtansatz größer, wenn mehrere Pflanzen beisammenstehen; friert in starken Wintern gelegentlich zurück, treibt jedoch im Frühjahr gut wieder durch, junge Pflanzen sind dankbar für einen Winterschutz aus Laub, strohigem Stalldünger oder lockerem Kompost; die relativ späte Blüte wird auffallend stark von Hummeln, Bienen und Schwebfliegen besucht; Früchte sind giftig.

Verwendung: Herrlicher Fruchtstrauch für Gruppenpflanzungen in Gärten und Parkanlagen, interessant für Pflanzkübel im Stadtbereich, guter Vasenschmuck.

Ökologie: Die Blüten der Schönfrucht werden sehr stark von Insekten besucht. Obwohl die violette Färbung der Früchte keine reine Vogelfarbe ist, werden sie in den letzten Jahren von Meisenarten und Drosseln verzehrt. Vögel sind sehr lernfähig.

C. bodinieri 'Profusion'

Wuchs: Mittelhoher Strauch mit aufrechten Grundtrieben und lockerer, etwas sparriger Verzweigung.

Größe: 2 bis 3 (bis 4) m hoch und bis 2,5 m breit.

Blätter: Sommergrün, gegenständig, elliptisch lang zugespitzt, 5 bis 12 cm lang, stumpfgrün, Herbstfärbung hellgelb bis orange.

Blüten: Lila, in gestielten Trugdolden, unscheinbar, sehr zahlreich, auch schon an jungen Pflanzen.

Früchte: Beerenartige Steinfrüchte, rotviolett, glänzend, auch an jungen Pflanzen schon sehr zahlreich.

Wurzel, Standort, Boden und Eigenschaften wie bei der Art.

Callicarpa bodinieri 'Profusion'

Verwendung: Außerordentlich reich fruchtende Gartenform, die schon als junge Pflanze dicht mit Früchten besetzt ist, Gruppenpflanzung in Gärten und Parkanlagen, Pflanzkübel, guter Vasenschmuck.

Callicarpa japonica

CALLUNA SALISB.
Besenheide – Ericaceae,
Heidekrautgewächse

C. vulgaris (L.) HULL,
Besenheide

Verbreitung: Europa, nördliches Kleinasien, Nordmarokko; Charakterpflanze der europäischen Heide- und Moorlandschaften, Heiden, Magerweiden, in lichten Eichen- und Kiefernwäldern, auf sandigen Böschungen, Felsenhängen und Mooren, auf mäßig feuchten bis sommertrockenen, nährstoffarmen, sauren, humosen Sand-, Stein-, Lehm- oder Torfböden.

Calluna vulgaris

Wuchs: Niederliegender bis aufrechter, dichtbuschiger Zwergstrauch, langsamwüchsig.

Größe: 0,2 bis 0,8 (bis 1,0) m hoch.

Blätter: Immergrün, gegenständig, 1 bis 3 mm lang, nadelförmig.

Blüten: Rosalila, glöckchenförmig in reichblütigen, aufrechten Trauben.

Früchte: Braune, kleine Kapseln, Samen bis zu 0,3 mm lang, Windverbreitung.

Wurzel: Hauptwurzeln tiefgehend und weitstreichend, mit einem intensiven, verfilzenden Feinwurzelwerk.

Standort: Sonne bis lichter Halbschatten.

Boden: Auf allen sauren, nährstoffarmen Sand-, Lehm-, Torf- und Moorböden, (trocken) mäßig trocken bis feucht.

Eigenschaften: Etwas spätfrostgefährdet, Nektar wird reichlich gebildet, ausgezeichnete Bienenweide, verträgt sommerliche Hitze- und Trockenperioden gut.

Verwendung: Rekultivierungsmaßnahmen in der freien Landschaft, Pionierpflanze für nährstoffarme, starksaure Standorte, Sandböschungen, Felshänge; Flächenbepflanzung in Heideanlagen, Rhododendron- und Azaleengärten.

C. vulgaris-Kulturformen

Unsere heimische Besenheide ist sehr variabel und außerordentlich anfällig für Mutationen (Veränderungen im Erbgut), so daß man schon am Naturstandort zahlreiche, von der Wildart abweichende Formen finden kann. Darüber hinaus sind seit vielen Jahren Sämlingsselektionen und gezielte Kreuzungen durchgeführt worden. Heute gibt es von Calluna vulgaris eine große Anzahl herrlichster Sorten mit unterschiedlicher Blütenfarbe und Blütezeit. Bei geschickter Auswahl kann der Heidegarten von August bis Oktober in Blüte stehen.

Pflege: Calluna-Flächen müssen immer jung, d. h. im Trieb gehalten werden, damit sie nicht verkahlen und in der Blühwilligkeit nachlassen.

Calluna Kulturformen

Grundsätzlich sollte man den Rückschnitt nach den Winterfrösten, im März/April, bei trübem Wetter vornehmen.

Wuchs: Niederliegender bis aufrechter, dichtbuschiger Zwergstrauch, langsamwüchsig.

Größe: 0,2 bis 0,5 m hoch.

Blätter: Sommergrün, gegenständig, 1 bis 3 mm lang, nadelförmig bis schuppenförmig.

Blüten: Glöckchenförmig, in reichblütigen, aufrechten Trauben.

Wurzel: Hauptwurzeln tiefgehend und weitstreichend, mit einem intensiven, verfilzenden Feinwurzelwerk.

Standort: Sonne bis lichter Halbschatten.

Boden: Auf allen sauren, nährstoffreichen bis mäßig nährstoffarmen Sand-, Torf- und Moorböden.

Verwendung: Heidegärten, Rhododendron- und Azaleenpflanzungen, Tröge, Pflanzkübel, Vasenschmuck-Schnitt.

CALLUNA Übersicht

Sorten/Übersicht	Blütenfarbe	Blütezeit
'Alba Plena'	weiß, gefüllt	August bis September
'Allegro'	dunkelkarminrot, einfach	Mitte August bis Ende September
'Alportii'	tiefkarminrot, einfach	August bis September
'Annemarie'	purpurrot bis dunkelrosa, gefüllt	September bis Oktober
'Aurea'	hellviolett, einfach	Mitte August bis Anfang Oktober
'Boskoop'	lilarosa, einfach	August bis September
'Carmen'	rosaviolett, einfach	Mitte August bis Ende September
'County Wicklow'	hellrosa, gefüllt	Mitte August bis Mitte September
'Dark Beauty'	leuchtend rot, halbgefüllt	September bis Mitte Oktober
'Darkness'	purpurrot, einfach	August bis September
'Dark Star'	reinrot, halbgefüllt	Anfang September bis Mitte Oktober
'Dirry'	lilarosa, einfach	Mitte August bis Ende September
'Elsie Purnell'	hellrosa, gefüllt	Anfang September bis Anfang November
'Gold Haze'	weiß, einfach	August bis September
'Hammondii'	weiß, einfach	August bis Mitte September
'H. E. Beale'	hellrosa, gefüllt	September bis Oktober
'Heidezwerg'	purpurlila, einfach	Ende August bis Mitte Oktober
'J. H. Hamilton'	lachsrot, gefüllt	September bis Oktober
'Kinlochruel'	weiß, gefüllt	August bis September
'Long White'	weiß, einfach	Anfang September bis Ende Oktober
'Marleen'	rosaviolett	September bis November (Dezember)
'Melanie'	reinweiß	September bis November (Dezember)
'Mullion'	violettrosa, einfach	August bis September
'Peter Sparkes'	rosa, gefüllt	August/September bis Ende Oktober
'Radnor'	zartrosa, gefüllt	Mitte August bis Anfang Oktober
'Red Favorite'	dunkellachsrosa, gefüllt	Mitte August bis Ende September
'Red Star'	purpurrot, gefüllt	September bis Mitte Oktober
'Romina'	dunkelpurpurrot	September bis November (Dezember)
'Roswitha'	rosarot	September bis November (Dezember)
'Silver Knight'	blaßlilarosa, einfach	Mitte August bis Mitte September

Altweibersommer im Heidegarten

Calluna Kulturformen

93

CALLUNA

Calluna vulgaris-Sorten

'Alba Plena'
Wuchs: Breitbuschig aufrecht, kompakt, 20 bis 30 cm hoch.
Blätter: Frischgrün.
Blüten: Weiß, gefüllt, in bis zu 20 cm langen Trauben, August bis September.

'Allegro'
Wuchs: Dichtbuschig, kräftig aufrecht, 40 bis 50 (60) cm hoch.
Blätter: Dunkelgrün.
Blüten: Dunkelkarminrot, einfach. Mitte August bis Ende September.

'Alportii'
Wuchs: Straff aufrecht, 50 bis 60 cm hoch, starkwüchsig.
Blätter: Dunkelgrün.
Blüten: Tiefkarminrot, in bis zu 20 cm langen Trauben, August bis September.

'Annemarie'
Wuchs: Breitbuschig aufrecht, 40 bis 50 cm hoch, mittelstark wachsend.
Blätter: Sattgrün.
Blüten: Knospig purpurrot, später dunkelrosa, gefüllt, in bis zu 20 cm langen Trauben, September bis Oktober.
Bem.: Sehr gute Schnittsorte.

'Aurea'
Wuchs: Breit aufrecht, 30 bis 40 cm hoch.
Blätter: Im Sommer goldgelb, im Winter braunrot.
Blüten: Hellviolett, in bis zu 15 cm langen Trauben, Mitte August bis Anfang Oktober.

Calluna vulgaris 'Alportii'

'Boskoop'
Wuchs: Breitbuschig kompakt, aufrecht, 30 bis 40 cm hoch.
Blätter: Goldgelb mit rosa Anflug, im Winter orangerot.
Blüten: Lilarosa, in bis zu 10 cm langen Trauben, August bis September.
Bem.: Gehört zu den Sorten mit bester Winterfärbung!

'Carmen'
Wuchs: Breit aufrecht, 30 bis 40 cm hoch.
Blätter: Dunkelgrün.
Blüten: Rosaviolett, in bis zu 20 cm langen Trauben. Mitte August bis Ende September.

'County Wicklow'
Wuchs: Breitbuschig aufrecht, 20 bis 30 cm hoch.
Blätter: Frischgrün, im Winter dunkelgrün.
Blüten: Hellrosa, dicht gefüllt, in bis zu 15 cm langen Trauben. Mitte August bis Mitte September.
Bem.: Vergreist relativ schnell.

'Dark Beauty'
Wuchs: Buschig-kompakt, aufrecht, 30 bis 40 cm hoch.
Blätter: Hellgrün.
Blüten: Leuchtend rot, halbgefüllt. September bis Mitte Oktober.

'Darkness'
Wuchs: Breit aufrecht, kompakt, 30 bis 45 cm hoch.
Blätter: Mittelgrün, im Winter dunkler.
Blüten: Purpurrot, in bis zu 15 cm langen Trauben, August bis September.

'Dark Star'
Wuchs: Kompakt aufrecht, 30 bis 40 cm hoch.
Blätter: Mittelgrün.
Blüten: Reinrot, halbgefüllt. Anfang September bis Mitte Oktober.

'Dirry'
Wuchs: Niedrig kompakt, 10 bis 20 cm hoch.
Blätter: Dunkelgrün, Triebspitzen heller.
Blüten: Lilarosa, einfach. Mitte August bis Ende September.

'Elsie Purnell'
Wuchs: Breitbuschig, locker aufrecht, 40 bis 50 (60) cm hoch, starkwachsend.
Blätter: Dunkelgraugrün.
Blüten: Hellrosa, gefüllt. Anfang September bis Anfang November.
Bem.: Eignet sich gut für den Schnitt!

Calluna vulgaris 'Annemarie'

Calluna vulgaris 'Gold Haze'

Calluna vulgaris 'Ralph Purnell'

Calluna vulgaris 'Red Star'

Calluna vulgaris 'H. E. Beale'

Calluna vulgaris 'Kinlochruel'

Calluna vulgaris 'Silver Knight'

'Gold Haze'

Wuchs: Breit aufrecht, kompakt, 30 bis 40cm hoch.

Blätter: Ganzjährig leuchtend hellgelb.

Blüten: Weiß, in bis zu 20cm langen Trauben, August bis September.

'Hammondii'

Wuchs: Mittelhoch, kompakt, 40 bis 50cm hoch.

Blätter: Frischgrün.

Blüten: Weiß, einfach. August bis Mitte September.

'H. E. Beale'

Wuchs: Dichtbuschig, breit aufrecht, 40 bis 50cm hoch.

Blätter: Mittelgrün.

Blüten: Hellrosa, dichtgefüllt, in bis zu 20cm langen Trauben, September bis Oktober.

'Heidezwerg'

Wuchs: Niedrig, kriechend, Zweige überhängend, 10 bis 15 (25)cm hoch.

Blätter: Hellgrün bis bräunlichgrün.

Blüten: Purpurlila, einfach. Ende August bis Mitte Oktober.

Bem.: Sehr interessante, teppichbildende Sorte. Gut geeignet auch für Tröge, Steingärten und an Böschungen, wo die überhängenden Zweige besonders zur Wirkung kommen.

'J. H. Hamilton'

Wuchs: Breit aufrecht, kompakt, 40 bis 50cm hoch.

Blätter: Dunkelgrün.

Blüten: Lachsrot, dicht gefüllt, in langen Trauben, September bis Oktober.

Bem.: Bleibt viele Jahre gut im Trieb!

'Kinlochruel'

Wuchs: Niedrig, dichtbuschig, kompakt, 20 bis 25cm hoch.

Blätter: Mittelgrün.

Blüten: Weiß, gefüllt, sehr groß. August bis September.

'Long White'

Wuchs: Straff aufrecht, wenig verzweigt, 40 bis 60cm hoch.

Blätter: Frischgrün.

Blüten: Weiß, in bis zu 25 cm langen Trauben, Anfang September bis Ende Oktober.

'Marleen'

Wuchs: Dichtbuschig, breit aufrecht, 20 bis 30cm hoch.

Blätter: Mittelgrün.

Blüten: Rosaviolett, in bis zu 20cm langen Trauben, Knospenblüher, September bis November (bis Dezember).

'Melanie'

Wuchs: Breit aufrecht, 50 bis 60cm hoch.

Blätter: Hellgrün.

Blüten: Reinweiß, Knospenblüher.

'Mullion'

Wuchs: Dicht gedrungen, flach-breitbuschig, 20 bis 30cm hoch.

Blätter: Mittelgrün.

Blüten: Violettrosa, in kurzen, etwas gedrehten Trauben, August bis September.

'Peter Sparkes'

Wuchs: Breitbuschig, locker aufrecht, 40 bis 50cm hoch.

Blätter: Mittelgrün.

Blüten: Rosa, dicht gefüllt, in langen Trauben, Anfang September bis Ende Oktober.

Bem.: Gute Schnittsorte!

'Radnor'

Wuchs: Dichtbuschig aufrecht, 20 bis 30cm hoch.

Blätter: Frischgrün.

Blüten: Zartrosa, gefüllt. Mitte August bis Anfang Oktober.

Bem.: Zeigt auch nach mehreren Standjahren keine Vergreisung.

'Red Favorite'

Wuchs: Niedrig kompakt, 20 bis 30cm hoch, mittelstark wachsend.

Blätter: Frischgrün.

Blüten: Dunkellachsrosa, gefüllt. Mitte August bis Ende September.

Bem.: Hat von allen Calluna-Sorten den intensivsten Farbton, sehr große Leuchtkraft. Bleibt viele Jahre gut im Trieb.

'Red Star'

Wuchs: Breitbuschig aufrecht, 40 bis 50cm hoch.

Blätter: Graugrün.

Blüten: Purpurrot, gefüllt. September bis Mitte Oktober.

'Romina'

Wuchs: Kompakt aufrecht, 50 bis 60cm hoch.

Blätter: Dunkelgrün.

Blüten: Dunkelpurpurrot, Knospenblüher.

'Roswitha'

Wuchs: Breit aufrecht, 50 bis 60cm hoch.

Blätter: Mittelgrün.

Blüten: Rosarot, Knospenblüher.

'Silver Knight'

Wuchs: Gedrungen, dichtbuschig aufrecht, 30 bis 40 (45)cm hoch.

Blätter: Silbergrau.

Blüten: Blaßlilarosa, einfach. Mitte August bis Mitte September.

Bem.: Sehr interessante Laubfarbe, Blüten aber nicht sehr zahlreich.

CALYCANTHUS L.
Gewürzstrauch – Calycanthaceae,
Gewürzstrauchgewächse

C. floridus L., Echter Gewürzstrauch

Calycanthus floridus, Blüte

Verbreitung: Südöstliches Nordamerika; auf nährstoffreichen, gut drainierten Böden.

Wuchs: Breitbuschig aufrechter, etwas sparrig verzweigter Strauch.

Größe: 1,50 bis 3 m hoch und 2 m breit.

Rinde: Triebe kantig, olivbraun, filzig, Rinde getrocknet sehr aromatisch nach Gewürznelken duftend.

Blätter: Sommergrün, gegenständig, oval bis eirund, 5 bis 12 cm lang, lebhaft grün, unterseits graugrün.

Blüten: Dunkelrotbraun, 4 bis 5 cm breit, duften besonders stark in den Abendstunden nach Erdbeeren.

Früchte: Bräunlich, 5 bis 7 cm lang, oval oder verkehrt eiförmig, an der Spitze stark verschmälert, werden nur selten ausgebildet.

Wurzel: Fleischig, flach ausgebreitet.

Standort: Sonnig bis leicht halbschattig, geschützt.

Boden: Nicht zu trockene, nahrhafte, schwach alkalische bis saure, humose Böden.

Eigenschaften: Pflanze hat einen aromatischen Duft; Gewürzstrauch der Indianer, früher auch Ersatz für Cinnamomum (Zimt-Kampfer).

Verwendung: Schöner und interessanter Blütenstrauch für Einzelstellung und Gruppenpflanzungen in Parkanlagen, wichtiges Gehölz für den Duftgarten.

C. fertilis WALT.,
Fruchtbarer Gewürzstrauch

fertilis = fruchtbar, bildet im Gegensatz zu anderen Calycanthus-Arten recht häufig Früchte aus.

Breitbuschig aufrechter, 1 bis 2 (3) m hoher Strauch. Triebe in der Jugend schwach behaart, kaum duftend. Blätter sommergrün, gegenständig, eiförmig elliptisch, 6 bis 15 cm lang, zugespitzt, oberseits dunkelgrün glänzend, rauh, unterseits bläulich, kahl oder nur schwach behaart, im Herbst oft schön gelb. Blüten grünlichpurpurn bis rotbraun, sternförmig-gefüllt, 3 bis 5 cm breit, schwach duftend, Juni bis Juli. Früchte einer schlanken Mohnkapsel sehr ähnlich, gefleckt, 5 bis 7 cm lang. Leider wird C. fertilis sehr häufig mit C. floridus verwechselt. C. fertilis unterscheidet sich vom Echten Gewürzstrauch durch die dunkelgrün glänzenden, oberseits rauhen Blätter und den geringeren Duft. Die Früchte sind für Rinder und Schafe giftig.

Verwendung und Ansprüche wie C. floridus.

CAMELLIA L.
Kamelie – Theaceae,
Teegewächse

Georg Joseph Kamel (latinisiert Camellus) lebte von 1661–1706 und war Apotheker der mährischen Brüder-Mission auf Manila.

C. japonica L.,
Japanische Kamelie

Zu Beginn des 18. Jahrhunderts gelangte die Kamelie nach Europa, und schon bald danach erreichte sie einen sehr großen Bekanntheitsgrad. Sie wurde die Modeblume des 19. Jahrhunderts. Damals, als es noch keine doppelt verglasten Fenster und Zentralheizungen gab und die Räume kühler und luftfeuchter waren, gehörte die Kamelie zum festen Bestandteil der „Fensterflora" und war sozusagen Charakterpflanze der Wintergärten.

Was fasziniert die Menschen an dieser Pflanze so? Der Hauptgrund liegt sicherlich in der großen Vollkommenheit der Kamelienblüte, die für uns das Idealbild einer Blüte schlechthin verkörpert. Kamelienblüten vereinigen in sich den seidigen Glanz der ebenfalls aus ihrer Heimat China stammenden Paeonien mit der Eleganz und dem duftigen Charme der schönsten Rosen und Nelken. Nicht zu vergessen das dunkelgrün glänzende Laub, das stets einen edlen und würdigen Rahmen bietet. Das alles zusammen macht die Faszination und den Charakter der Kamelienblüte aus.

Neben der Verwendung der Kamelie als Zimmer- und Kübelpflanze haben Pflanzenliebhaber immer wieder versucht, dieses edle Blütengehölz auch in unseren mitteleuropäischen Gärten anzusiedeln. Ständig wurden neue Sorten und Sortengruppen auf dem Markt angeboten, die angeblich unseren Wintern standhalten sollten. In letzter Zeit waren es ausgerechnet die klimaverwöhnten Neuseeländer, die mit besonders frostharten Sorten für Verwirrung sorgten. Nach jahrelangen Erfahrungen kann ich nur feststellen, daß es bisher keine Kamelien-Sorte gibt, die in allen mitteleuropäischen Klimaverhältnissen ohne Schutzmaßnahmen dauerhaft im Freiland gedeiht, also in unserem Sinne winterhart ist. Dennoch kann der Liebhaber einige wenige Sorten, die tatsächlich frosthärter sind, mit einem geringen zusätzlichen Aufwand im Garten kultivieren.

Kamelien benötigen einen gut durchlässigen, sandig-humosen oder sandig-lehmigen Boden mit einem pH-Wert zwischen 4,5 und 5,5 (6). Besonders im norddeutschen Raum sollte man der wärmeliebenden Kamelie unbedingt einen sonnigen bis vollsonnigen Platz zuweisen, damit die Triebe bereits im Juli/August abschließen, Knospen ansetzen und bis zum Frosteinbruch gut ausreifen können. Knospenansatz erfolgt nur, wenn die Temperaturen eine längere Zeit deutlich über 15°C liegen. Er ist allerdings auch sortenabhängig. Vor kühlen, halbschattigen oder gar schattigen Positionen kann ich, zumindest in Norddeutschland, nur warnen. Der Pflanzplatz sollte so gewählt werden, daß weder austrocknende Winde noch die gefährliche Märzsonne Schaden anrichten können. Notfalls muß mit ausgedienten Weihnachtsbäumen o. ä. schattiert werden. Gegen ein zu starkes Eindringen des Frostes sollte der Wurzelbereich mit einer Laubschicht abgedeckt werden. Laub ist immer noch der beste Winterschutz. In rauhen Lagen empfiehlt sich das Umstellen der Pflanzen mit Reet- oder Strohmatten, die oben zusammengebunden oder mit Schattier-Gewebe o. ä. abgedeckt werden können. Um ein zu frühzeitiges Antreiben zu verhindern, sollte bei mildem Wetter gut gelüftet werden. Im süddeutschen Raum, im Weinbauklima oder anderen begünstigten Lagen ist oft nur ein Wurzelschutz notwendig.

Ganz neue Verwendungsmöglichkeiten für Kamelien ergeben sich durch den Bau der immer beliebter werdenden Innenhöfe, die oftmals sogar frostfrei sind. Hier können die Kamelien mit anderen subtropischen Gehölzen wie Fatsia, Eriobotrya, Punica, Hanfpalme, Lorbeer und Erdbeerbaum kombiniert werden.

Die frosthärtesten Sorten von Camellia japonica sind:

'**Billie Mc Caskill**', rosa, halbgefüllt (eigene Erfahrung). '**Black Lace**', rot, gefüllt. '**Donckelarii**', rot mit weißen Einfärbungen, halbgefüllt (eigene Erfahrung). '**Elegans**' (= 'Chandleri elegans'), rosa, gefüllt (eigene Erfahrung). '**Grand**

Camellia jap. 'Billie Mc Caskill' in einem Innenhof, Hamburg

Prix', leuchtend rot, gelbe Staubgefäße. **'Flame'** (= 'Moshio'), dunkelrosa, halbgefüllt, anemonenblütig. **'Hagoromo'** (= 'Magnoliiflora'), hellrosa, halbgefüllt, anemonenblütig. **'Nuccios Gem'**, weiß, leicht gefüllt. **'Oki No Nami'**, rosa mit roten Streifen, anemonenblütig.

Anmerkung: *Im Arnold Arboretum, USA, soll eine* **Camellia japonica 'Leucantha'** *Minustemperaturen von 25,5 °C überstanden haben.*

CAMPSIS LOUR.
Trompetenblume, Klettertrompete
– Bignoniaceae,
Klettertrompetengewächse

C. grandiflora (THUNB.) K. SCHUM.,
Chinesische Trompetenblume
(= C. chinensis, Tecoma grandiflora)

Diese aus China stammende Trompetenblume blüht in lockeren, endständigen, auffallend langen Blütenrispen. Auch die Einzelblüte ist, im Gegensatz zu C. radicans, größer. Die trichterförmige Blütenkrone kann leicht bis zu 8 cm breit werden. Sie ist außen tief orangerot und innen gelb gefärbt. An älteren Blüten nehmen die Kronröhren innen die rötliche Färbung an. Bei kühlerem Wetter (Mitte/Ende September) sind die jungen Blüten einheitlich orangerot.

Leider ist dieses fantastisch blühende Klettergehölz, das übrigens nur wenig Haftwurzeln ausbildet, nicht zuverlässig winterhart. Obwohl es auch schon im Botanischen Garten Hamburg

Campsis grandiflora

geblüht hat, reicht in Normaljahren die Wärmemenge zum Ausreifen des Holzes in Norddeutschland wohl nicht aus. Das schönste Exemplar, das ich in Deutschland gesehen habe, war mehrere Jahrzehnte alt, hatte eine Höhe von 6 m und blühte an einer Südwand in Baden-Baden.

C. radicans (L.) SEEM.,
Amerikanische Trompetenblume

Verbreitung: Nordamerika; in feuchten Wäldern und Sümpfen entlang der Flüsse.

Wuchs: Starkwachsender, mittels Haftwurzeln kletternder und leicht windender Strauch.

Größe: Bis 10 m hoch.

Blätter: Sommergrün, gegenständig, Fiederblätter bis 25 cm lang, 9 bis 11 Blättchen, frischgrün.

Blüten: Orange bis hellorange, röhrig-glockig, bis 7 cm lang, Kronröhre innen gelb, Kronsaum leuchtend scharlachrot, Juli bis September.

Früchte: Schmale, zweiklappig aufspringende Kapsel, 7 bis 10 cm lang.

Wurzel: Fleischig, flach ausgebreitet.

Standort: Vollsonnige, warme, geschützte Lage.

Boden: Toleriert jeden normalen, kultivierten, nahrhaften Boden, ist sehr anpassungsfähig an den pH-Wert, liebt kühl-feuchten Wurzelbereich, mäßig trocken bis frisch.

Campsis grandiflora hat ein hohes Wärmebedürfnis

Campsis radicans, beliebter Fangplatz für den Laubfrosch

Eigenschaften: Stadtklimafest, rauchhart, alte, eingewurzelte Pflanzen vertragen sommerliche Trockenheit.

Verwendung: Ein herrliches Klettergehölz, dessen leuchtend orangerote, gloxinienähnliche Blütentrompeten sich erst im warmen Spätsommer öffnen. Campsis radicans gehört unbestritten zu den wertvollsten Kletterpflanzen. Geeignet zum Begrünen von Mauern, Terrassenwänden, Pergolen und Baumstämmen. Nennenswerte Sorten wären: 'Flamenco', Wuchs stark, Blätter etwas rauh, behaart, Blüten hellorange bis rosaorange, blüht sicherer als C. radicans, ist aber nicht so wertvoll wie 'Madame Galen'. **'Flava'** (= 'Yellow Trumpet'), Blüten gelb, fauler Blüher. Siehe Einzelbeschreibung.

Bemerkung: An glatten Hauswänden sollte man der Trompetenblume eine zusätzliche Kletterhilfe geben oder zumindest die Hauptstämme anbinden. Da die Trompetenblume am diesjährigen Holz blüht, ist alljährlich im Frühjahr oder Spätsommer ein scharfer Rückschnitt durchzuführen.

Ökologie: Blüten und unreife Früchte werden auffallend stark von Käfern, Fliegen, Bienen, Hummeln, Wespen und Ameisen besucht. Wegen des großen Nahrungsangebotes an Insekten ist die Trompetenblume ein sehr beliebter Aufenthaltsort für Laubfrösche und Libellen.

Früchte von Campsis radicans;
Triebe, Blüten und Früchte werden sehr stark von Insekten besucht.

Campsis radicans mit Libelle und Wespe

Campsis radicans 'Flava'

Campsis x tagliabuana 'Madame Galen'

C. radicans 'Flava',
Gelbe Klettertrompete
(= C. radicans 'Yellow Trumpet')

Wuchs: Starkwachsender, mittels Haftwurzeln kletternder und leicht windender Strauch.

Größe: Bis 8 m hoch.

Blätter: Sommergrün, gegenständig, Fiederblätter bis 25 cm lang, 9 bis 11 Blättchen, hellgrün.

Blüten: Orangegelb bis gelb, röhrig-glockig, bis 8 cm lang, Kronröhre innen orange mit roten Längsstreifen.

Wurzel, Standort, Boden, Eigenschaften wie bei der Art.

Verwendung: Rankgerüste, Mauern, Bäume. Nur sehr mäßig blühend. Sorte ist entbehrlich.

C. x tagliabuana 'Madame Galen'
(Selektion aus C. grandiflora x C. radicans)

Wuchs: Mittels Haftwurzeln kletternder und windender Strauch.

Größe: Bis 8 m hoch.

Blätter: Sommergrün, gegenständig, Fiederblätter 30 bis 40 cm lang, bis 15 Blättchen, glänzend grün.

Blüten: Orange, röhrig-glockig, bis 8 cm lang und 6 cm breit, Kronröhre innen ebereschenrot, Juli bis September.

Wurzel: Fleischig, flach ausgebreitet.

Standort: Vollsonnige, warme, geschützte Lage.

Boden: Toleriert jeden normalen, kultivierten, nahrhaften Boden, ist sehr anpassungsfähig an den pH-Wert, liebt kühl-feuchten Wurzelbereich, mäßig trocken bis frisch.

Eigenschaften: Bildet weniger Haftwurzeln aus als C. radicans.

Verwendung: Schönste und blühfreudigste aller Trompetenblumen, benötigt eine Kletterhilfe; Pergolen, Spaliere, Zäune, Gartenmauern, Pflanzkübel mit Rankgerüst, kleinklimatisch günstige Innenstadträume.

Bemerkung: Knospen und Blüten aller Campsis-Formen werden noch im Oktober von unzähligen Käfern, Ameisen und Erdwespen besucht.

CARAGANA FABR.
Erbsenstrauch – Papilionaceae (Fabaceae),
Schmetterlingsblütler

C. arborescens LAM.,
Gewöhnlicher Erbsenstrauch

Caragana arborescens

Verbreitung: Sibirien und Mandschurei.

Wuchs: Straff aufrecht wachsender Strauch mit dicken, wenig verzweigten Grundtrieben.

Größe: 4 bis 5 (bis 6) m hoch, in der Regel immer höher als breit. Bei 5 m Höhe etwa 4 m breit.

Rinde: Triebe behaart, später verkahlend; grün, später gelbgrün, abfasernd.

Blätter: Sommergrün, wechselständig, Fiederblätter paarig, bis 15 cm lang, Blättchen elliptisch, zu 9 bis 11, frischgrün, nach dem Laubfall bleibt die Spindel oft bis zum Frühjahr haften.

Blüten: Gelbe Schmetterlingsblüten, einzeln oder zu viert, Mai.

Früchte: Walzenförmige Hülsen.

Wurzel: Fleischig, flach ausgebreitet, Stickstoffsammler.

Standort: Sonne bis Halbschatten.

Boden: Keine besonderen Ansprüche, trocken bis frisch, sauer bis alkalisch.

Eigenschaften: Hat sich in Salzresistenzversuchen bestens bewährt, sehr windfest, verträgt sommerliche Dürreperioden sehr gut (Sommer 1983), rauchhart, stadtklimafest, bindet Luftstickstoff.

Verwendung: Einer der anspruchslosesten Decksträucher für extrem arme, trockene und salzhaltige Rohböden, Windschutzhecken. Schmale Mittelstreifen von Stadtautobahnen und ganz allgemein Verkehrsbegleitgrün (Salz).

Anmerkung: Alle Pflanzenteile wenig giftig.

Ökologie: Caragana wird stark von Insekten beflogen. Der Honigertrag liegt bei 50 bis 350 kg pro ha.

C. arborescens 'Lorbergii'

Caragana arborescens 'Lorbergii'

Wuchs: Graziler Strauch mit straff aufrechten Grundtrieben, zierlicher Bezweigung und überhängenden Triebspitzen.

Größe: Bis 3 m hoch und 2 (2,5) m breit.

Rinde: Gelb bis grünlichgelb.

Blätter: Sommergrün, wechselständig, Fiederblätter unpaarig, bis 20 cm lang, Blättchen schmal lineallanzettlich, federartig.

Blüten: Gelbe Schmetterlingsblüten, sehr zahlreich, Mai.

Wurzel, Standort und Boden wie bei der Art.

Verwendung: Mit seiner zierlichen, durchsichtigfederartigen Belaubung ein reizvoller Solitärstrauch, der sich z. B. gut mit Rosen, Potentillen, Buddleien, Tamarisken, Perovskien, Spiraea japonica-Sorten, Gräsern und Yucca benachbaren läßt. Gruppenpflanzung, Pflanzkübel, Dachgärten.

C. arborescens 'Pendula'

Wuchs: Meist hochstämmig veredelt, Zweige dann bogig herabhängend, eine der ausgeprägtesten „Trauerformen".

Größe: Abhängig von der Veredlungshöhe.

Blätter: Sommergrün, wechselständig, Fiederblätter bis 15 cm lang, Blättchen elliptisch, zu 8 bis 10, hellgrün.

Blüten: Gelbe Schmetterlingsblüten, in Büscheln zu 1 bis 4, im Mai.

Wurzel, Standort und Boden wie bei der Art.

Verwendung: Einzelstellung, Gärten, Pflanzkübel.

C. arborescens 'Walker'
(= C. arborescens 'Pendula' x
C. arborescens 'Lorbergii')

Züchter: Prof. JOHN WALKER, Kanada

Caragana arborescens 'Walker'

Wuchs: Niederliegend, kriechend, bei Kronenveredlungen hängen die Zweige senkrecht bis zum Boden herab.

Größe: Abhängig von der Veredlungshöhe.

Blätter: Sommergrün, wechselständig, Fiederblätter bis 10 cm lang, Blättchen lineallanzettlich, nicht so geschlitzt wie bei 'Lorbergii', hellgrün.

Blüten: Gelbe Schmetterlingsblüten, in Büscheln, im Mai.

Wurzel, Standort und Boden wie bei der Art.

Verwendung: Interessante Hängeform für Einzelstellung in Gärten und Pflanzkübeln.

C. jubata (PALL.) POIR.,

Mähnen-Erbsenstrauch

Die Heimat dieses unregelmäßig und sparrig wachsenden Strauches sind die Gebirge Turkestans, Ostsibiriens und die Wüsten- und Steppengebiete der nördlichen Mongolei. Zu seinem skurrilen Aussehen tragen die schuppenförmigen, borstigen Hüllblätter bei und die kurzen, auffallend dicken Zweiglein, die dicht besetzt sind mit bis zu 8 cm langen, verdornten Blatt-

spindeln. Im Sommer ist der Busch, der bis zu 1 m hoch werden kann, locker bedeckt mit kurzen, hellgrünen Fiederblättern. Die im Mai/Juni erscheinenden Schmetterlingsblüten sind weißlichgelb, teils aber auch rötlich gezeichnet.

Dieses außerordentlich bizarre und in unseren Gärten völlig frostharte Gehölz paßt sehr gut zusammen mit Freilandkakteen (Opuntien), Acantholimon-Arten (Igelpolster), Yucca und Gräsern wie Carex buchananii. Eine Besonderheit für den Steppengarten, aber auch geeignet für größere Schalen und Tröge.

CARPINUS L.
Weißbuche, Hainbuche – Betulaceae, Birkengewächse

C. betulus L.,
Hainbuche

Schon die Römer nannten diesen Baum carpinus.

Carpinus betulus, Fruchtstand

Verbreitung: Europa, Balkan-Halbinsel, Kaukasus, Nordpersien; Charakterbaumart der Eichen-Hainbuchen-Mischwälder, auf mäßig nährstoffreichen, tiefgründigen, mäßig trockenen bis feuchten, sauren bis alkalischen Sand- und Lehmböden.

Wuchs: Mittelgroßer Baum mit kegelförmiger, im Alter hochgewölbter, mehr rundlicher Krone, Stamm oft drehwüchsig, in der Jugend etwas trägwüchsig.

Geschnittene Hainbuchengruppe

Carpinus betulus 'Fastigiata'

Größe: 10 bis 20 (bis 25) m hoch und 7 bis 12 (16/18) m breit. Jahreszuwachs in der Höhe 35 cm, in der Breite 25 bis 30 cm.

Rinde: Zweige grauschwarz, Borke silbrig bis dunkelgrau, lange glatt bleibend.

Blätter: Sommergrün, wechselständig, eiförmig bis länglich-elliptisch, 5 bis 10 cm lang und 3 bis 6 cm breit, frischgrün, Herbstfärbung leuchtend gelb, oftmals bleiben die Blätter bis zum Frühjahr am Baum.

Blüten: Pflanze ist einhäusig, männliche Kätzchen gelb, 4−7 cm lang, vor oder während des Austriebs, weibliche Kätzchen grün, 3 cm lang, unauffällig, Windbestäubung.

Carpinus betulus

Früchte: In hellgrünen Büscheln, kleine Nüßchen an 3lappigen Hochblättern.

Wurzel: Regelmäßiges Herzwurzelsystem, bis 1,40 m tief, strahlenförmig ausgebreitet, sehr hoher, gleichmäßiger Feinwurzelanteil im Oberboden, jedoch nur mäßig intolerant, sehr anpassungsfähig gegenüber den unterschiedlichen Bodenverhältnissen.

Standort: Sonne bis Schatten.

Boden: Toleriert die meisten Böden, mäßig trocken bis feucht, tiefgründig, sauer bis alkalisch, gedeiht auch noch auf nicht zu nährstoffarmen Sand- und Tonböden, verträgt höheren Grundwasserstand und kurze Überschwemmungen, aber keine Staunässe.

Eigenschaften: Zuverlässig frosthart, sehr hohes Ausschlagsvermögen, windresistent, wärmeliebend, bedingt hitzeverträglich, reagiert auf längere Trockenzeiten, besonders als Straßenbaum, empfindlich, Laub wirkt bodenverbessernd, Hainbuchen können bis 150 Jahre alt werden.

Verwendung: Eines der wichtigsten Landschaftsgehölze, Windschutzpflanzungen, Knicks, Dorfbegrünung; Prachtvoller Einzelbaum für Parkanlagen, freiwachsende und geschnittene Hecken, Bodenfestiger, Vogelschutz, Vogelnahrung, Allee- und Straßenbaum für nicht befestigte Flächen.

Anmerkung: Das Wort „hanebüchen" ist zurückzuführen auf die schwere Spaltbarkeit des Hainbuchen-Holzes.

C. betulus 'Columnaris'

Wurde 1891 von der Baumschule SPÄTH in den Handel gegeben.

Wuchs: Mittelgroßer Baum, in der Jugend schmal säulenförmig, im Alter mehr breit-eiförmig, Krone dicht verzweigt, oben abgerundet.

Größe: 8 bis 10 (bis 15) m hoch und etwa 6 bis 7 (10) m breit.

Weitere Angaben und Verwendung wie C. betulus 'Fastigiata'.

C. betulus 'Fastigiata', Pyramiden-Hainbuche

Wuchs: Mittelgroßer Baum mit regelmäßig kegelförmiger Krone und bis zum Wipfel durchgehendem Stamm.

Größe: 10 bis 15 (20) m hoch und 4 bis 5 m breit. Jahreszuwachs in der Höhe 30 cm, in der Breite 10 cm.

Blätter: Sommergrün, wechselständig, eiförmig bis länglich-elliptisch, 5 bis 10 cm lang und 3 bis 6 cm breit, frischgrün, Herbstfärbung leuchtend gelb.

Blüten, Früchte, Wurzel, Standort, Boden, Eigenschaften wie bei der Art.

Verwendung: Sehr schöner Baum, mit dem man ohne aufwendigen Formschnitt streng geometrische Akzente setzen kann; historische oder formale Gartenanlagen, Stadtplätze, schmale Alleen.

Eine weitere Form mit geschlossenem, aufrechtem Wuchs ist Carpinus betulus **'Frans Fontaine'**, Krone kompakt, schmal pyramidal, auch im Alter kaum über 3 m breit werdend.

Geeignet als Straßenbaum oder für schmale Abpflanzungen und Windschutzhecken, sonst wie C. betulus 'Fastigiata'.

C. betulus 'Fastigiata Monument'
(= C. betulus 'Monumentalis')

Wuchs: Auffallend kompakte und extrem dichttriebige, schmale Säulenform, langsam wachsend.

Größe: Endhöhe wohl 4 bis 5 (6) m. 2,50 m hohe Pflanzen sind etwa 60 cm breit. Jahreszuwachs 7 bis 10 cm.

Triebe: Jahrestriebe kräftig, dick; Knospen lang.

Verwendung: Ein ausgezeichnetes Formgehölz, mit dem man ohne Schnittmaßnahmen streng geometrische Akzente setzen kann. Bestens geeignet für historische und formale Gartenanlagen, schmale Abpflanzungen, Stadtplätze und enge Straßen. Gehölz mit großer Zukunft!

C. betulus 'Pendula'

Wuchs: Äste zunächst waagerecht wachsend, später kuppelförmig abwärts, langsamwüchsig.

Verwendung: Ältere, freistehende Exemplare sind oft sehr malerisch.

C. betulus 'Quercifolia',
Eichenblättrige Hainbuche

Schon vor 1783 bekannt.

Wuchs: Mittelgroßer Baum mit kegelförmiger, im Alter hochgewölbter, mehr rundlicher Krone.

Größe: 10 bis 20 (bis 25) m hoch und 6 bis 10 (15) m breit.

Rinde: Zweige grauschwarz, Borke silbrig bis dunkelgrau, lange glatt bleibend.

Blätter: Sommergrün, wechselständig, insgesamt sehr klein und schmal, Mittelrippe nicht immer gerade, Blätter unregelmäßig tief gelappt oder gebuchtet, Blattlappen meist breit (eichenartig) abgerundet, gelegentlich aber auch spitz auslaufend, Ränder gesägt, Blätter in Form und Größe sehr veränderlich, einzelne Zweige mit normalen Blättern, Herbstfärbung leuchtend gelb.

Blüten, Früchte, Wurzel, Standort, Boden und Eigenschaften wie bei der Art.

Verwendung: Ein sehr schöner, gesunder Baum mit interessanter Belaubung. Einzelstellung, Hausbaum, Parkanlagen, Allee- und Straßenbaum, Vogelschutz- und -nährgehölz.

CARYA NUTT.
Hickorynuß – Juglandaceae, Walnußgewächse

Die in Europa kultivierten Hickorynuß-Arten sind alle in Nordamerika beheimatet, wo sie zu den vitalsten und in einigen Gebieten auch zu den typischsten Waldbäumen gehören. Ihr eleganter Wuchs, das sehr dekorative, gefiederte Laub, die schmackhaften Früchte und ihre außerordentlich hoch geschätzten Holzeigenschaften machen die Hickorynuß zu einem der wertvollsten Großbäume der nordamerikanischen Wälder. Leider werden die Carya-Arten in den deutschen Baumschulen so gut wie gar nicht angeboten. Die gelegentliche Spätfrostempfindlichkeit in der Jugend und die schlechte Verpflanzbarkeit – wir haben doch heute Container – sollten kein Hinderungsgrund sein, diese prächtigen Parkbäume wieder verstärkt zu verwenden.

Von den nahe verwandten Walnußbäumen unterscheiden sich die Hickory-Nüsse durch das in den jungen Trieben nicht gefächerte Mark und die glattschaligen Früchte. Die bekannten Arten haben meist eine herrliche, goldgelbe Herbstfärbung und zeichnen sich darüber hinaus noch durch eine im Alter sehr interessante Borke aus, die sich in langen Streifen löst und schuppig absteht oder auffällig tief gefurcht ist. Der Boden sollte frisch bis feucht, genügend nahrhaft und kalkarm sein. Lehmhaltige Substrate werden bevorzugt.

C. cordiformis (WANGH.) K. KOCH,
Bitternuß
(= C. amara, C. minima)

Carya tomentosa

Raschwüchsiger, 18 bis 25 (bis 30) m hoher Baum mit grauer bis hellbrauner, dünnschuppiger Borke und auffallend gelbdrüsigen Winterknospen, die auch ein sicheres Erkennungsmerkmal dieser Art sind. Ihre Blätter sind (15) 20 bis 25 (bis 40) cm lang und meist 9zählig. Es ist die einzige Hickorynuß, deren Früchte ungenießbar sind. Am heimatlichen Standort wächst C. cordiformis sowohl in feuchten Tallagen als auch im trockeneren Hügelland. Ein schöner Einzelbaum für weitläufige Garten- und Parkanlagen.

Die ersten amerikanischen Siedler gewannen Öl aus den Früchten der Bitternuß und betrieben damit ihre Lampen. Weiterhin wurden die Früchte als Mittel gegen Rheumatismus benutzt.

C. illinoinensis (WANGH.) K. KOCH,
Pekannuß

Sie ist der wertvollste und beliebteste Nußbaum Nordamerikas. Ihre glattschaligen Früchte sind süß, fetthaltig und von allerfeinstem Geschmack. C. illinoensis entwickelt sich zu 30 m hohen Bäumen mit mächtigen Stämmen, starken Ästen und rundlichen Kronen. Die Borke ist hellbraun bis grau, sehr dick, unregelmäßig tief gefurcht und rissig. Die Blätter werden 30 bis 50 cm lang und sind aus 11 bis 17 länglich-lanzettlichen, dunkelgrünen Blättchen zusammengesetzt. Sie färben im Herbst gelbbraun. Auffallender Solitärbaum für größere Garten- und Parkanlagen. Ist in der Jugend empfindlicher als die anderen Arten.

C. ovata (MILL.) K. KOCH,
Schindelborkige Hickorynuß
(Shagbark Hickory)
(= C. alba)

In Arboreten, Botanischen Gärten und älteren Parkanlagen trifft man diese Carya-Art wohl noch am häufigsten an. Ein großer Baum mit hohem Stamm und schlanker Krone. Nach etwa 30 bis 40 Jahren entwickelt sich das typische Borkenbild mit den eigenartig steif abstehenden, großen, schindelförmigen Borkenschuppen. Die Blätter werden 20 bis 35 cm lang; sie sind zusammengesetzt aus 5 (sehr selten 7) verkehrt eilanzettlichen, zugespitzten Blättchen, die im Herbst herrlich leuchtend goldgelb färben. Prachtvoller Parkstrauch für frische, tiefgründige Böden.

Der Name "hickory" kommt von "pawco-hiccora", dem Wort der amerikanischen Indianer

Abb. oben – von links nach rechts:
Carya cordiformis, Carya ovata,
Carya tomentosa

für die ölige Speise, die aus zerstoßenem und in kochendem Wasser eingeweichten Kernen zubereitet wird. Diese süße Hickory-Milch wurde zum Kochen von Maiskuchen und -brei verwendet. Pioniere stellten aus der inneren Rinde des Baumes eine gelbe Farbe her.

C. tomentosa (POIR.) NUTT., Spottnuß, „Mockernut", „White Hickory"

Spottnuß, weil die Frucht fast leer ist, bzw. der Samen sehr klein ist.

Großer Baum mit rundlicher Krone und dunkelgrauer bis schwärzlicher, längs gefurchter Borke. Blätter 20 bis 30 (bis 50) cm lang, bestehend aus 7 bis 9 länglich zugespitzten Blättchen. Blätter gerieben sehr aromatisch (süßlich) duftend. Im Herbst verfärbt sich das Laub leuchtend gelb. Früchte kugelig bis birnförmig, Samen klein, süß schmeckend. Die Spottnuß wächst in Nordamerika auf nährstoffreichen, feuchten Böden und ist dort häufig mit Eichen, aber auch mit Kiefern vergesellschaftet. C. tomentosa liefert das beste Hickory-Holz. Es ist sehr fest und von hoher Elastizität. Man verwendet es überall dort, wo es plötzlich dynamischen Festigkeitsansprüchen ausgesetzt ist, wie z. B. im Maschinen-, Werkzeug-, Mühlen- und Flugzeugbau, ferner für Schlittenkufen, Ski sowie Barrenholme (DAHMS). Das Vollholz dient zur Herstellung von Whisky- und Cognacfässern. Die Bezeichnung "Mockernut" haben wohl die holländischen Siedler geprägt, die das feste Holz zur Anfertigung von Schmiedehämmern (im holländischen "Mocker" genannt) benutzten.

CARYOPTERIS BUNGE
Bartblume – Verbenaceae,
Eisenkrautgewächse

C. x clandonensis 'Arthur Simmonds'

1930 in Westengland aus C. incana x C. mongolica entstanden.

Wuchs: Kleiner, vieltriebiger, buschig aufrechter Strauch oder Halbstrauch.

Größe: Bis 1 m hoch und breit.

Rinde: Triebe grausilbrig, filzig.

Blätter: Sommergrün, gegenständig, länglich-lanzettlich, 4,5 bis 8 cm lang, oben tiefgrün, unten graugrün, aromatisch duftend.

Blüten: Dunkelblau, in achsel- und endständigen Büscheln an den Jahrestrieben.

Wurzel: Hauptwurzeln dick, wenig verzweigt, flach und tief ausgebreitet.

Standort: Vollsonnig, geschützt.

Boden: Guter Oberboden, schwach sauer bis alkalisch, kalkverträglich. Boden sollte nicht zu schwer und gut durchlässig sein, trocken bis frisch.

Verwendung: Äußerst wertvoller Spätsommerblüher, der gut zu Rosen, Buddleien, Potentillen, graulaubigen Stauden und Gräsern paßt. Weiterhin wären als Nachbarn geeignet: Perovskien, Salix repens ssp. argentea, Salix helvetica, Lavendel, Heliotropium, Salvia farinacea und für den Hintergrund Pyrus salicifolia. Einzelstellung, Gruppenpflanzungen, Gärten, Parkanlagen, Pflanzkübel, Dachgärten.

Bemerkung: Caryopteris friert in strengen Wintern zurück, was uns aber nicht zu beunruhigen braucht, denn die Blüte erscheint am einjährigen Holz, und der Strauch sollte ohnehin im Frühjahr kräftig zurückgeschnitten werden. Jungpflanzen gibt man zur Sicherheit einen Wurzelschutz aus Laub oder Decktanne.
Die nachfolgenden Sorten sind frosthärter.

Ökologie: Wird von Hummeln beflogen.

rechts: Caryopteris x clandonensis

105

Caryopteris x clandonensis 'Heavenly Blue'

C. x clandonensis 'Heavenly Blue'

Wuchs: Kleiner, vieltriebiger, straff aufrechter Strauch oder Halbstrauch, im Wuchs schwächer als die vorige Sorte.

Größe: Bis 1 m hoch.

Blätter: Sommergrün, gegenständig, länglich-lanzettlich, 5 bis 8 cm lang, oben tiefgrün, unten graugrün, aromatisch duftend.

Blüten: Tief dunkelblau, von August bis September.

Wurzel, Boden und Verwendung wie bei voriger Sorte.

C. x clandonensis 'Kew Blue'

Wuchs: Aufrecht, feintriebig.

Blätter: 4,5 bis 6,5 cm lang und 1 bis 1,7 cm breit, oben mehr graugrün, unten silbrig, lanzettlich bis schmal elliptisch, zur Spitze hin gezähnt.

Blüten: Tiefblau, dunkler als 'Heavenly Blue'.

C. incana (HOUTTUYIN) MIQ.

Verbreitung: Ostchina, Japan.

Wuchs: Vieltriebiger, buschig aufrechter Strauch.

Größe: 0,60 bis 1 (bis 1,50) m hoch.

Blätter: Verkehrt eiförmig bis verkehrt länglich eiförmig, (2) 4,5 bis 5,5 (7) cm lang und 2 bis 2,8 cm breit, grob gezähnt, blaugrün bis graugrün, unten grau.

Blüten: Violettblau, Ende August bis Anfang Oktober.

Boden und Verwendung wie C.x clandonensis 'Arthur Simmonds'.

Ökologie: Caryopteris wird von Hummeln besucht.

CASSIOPE D. DON
Schuppenheide – Ericaceae, Heidekrautgewächse

Name aus der griech. Sage. Kassiope war die Mutter der Andromeda.

Immergrüne, bodendeckende, oft mattenförmig wachsende, heidekrautartige Zwergsträucher, die in der nördlich kalten Zone und im Himalaja ihr natürliches Areal haben. Interessant sind ihre 4kantigen Zweiglein mit den dachziegelartig übereinander stehenden Blättern. Die Blüten sind glockenförmig und stehen einzeln in den Blattachseln oder am oberen Ende der Jahrestriebe.

'Edinburgh'

Vermutlich ist die dunkelgrüne, grobtriebige, mehr aufrechte, 30 bis 40 cm hohe, kräftig wachsende und gesunde Sorte eine Hybride aus Cassiope fastigiata x Cassiope saximontana. Die verhältnismäßig großen, weißen Blüten erscheinen im April/Mai.

C. lycopodioides 'Major'

Mattenförmig wachsender, bis 10 cm hoher Zwergstrauch mit glockigen, reinweißen Blüten. Die dachziegelartig in vier Reihen angeordneten Blätter färben sich im Herbst kupferbraun. Eine sehr gesunde und wichtige Sorte.

'Muirhead'
(= C. wardii x C. lycopodioides)

Dichtbuschig aufrecht wachsende, 10 bis 15 cm hohe, sehr gesunde Hybride. Die reinweißen Blütenglöckchen erscheinen sehr zahlreich im April/Mai.

C. tetragona (L.) D. DON,
Zypressen-Schuppenheide

Beheimatet ist dieser 20 bis 30 cm hohe Zwergstrauch in Nordamerika, Grönland und Nordasien. Triebe dünn, zierlich, smaragdgrün, oft auch niederliegend. Im April/Mai erscheinen die glockig geformten, reinweißen, gelegentlich auch zartrosa gefärbten Blüten. In unseren Gärten die bekannteste Schuppenheide.

Verwendung finden die reizenden Cassiope-Arten und -Sorten im Heidegarten, Alpinum oder als Vorpflanzung zu Rhododendron und anderen Moorbeetpflanzen. Die Schuppenheide bevorzugt

Cassiope tetragona 'Bearsden'

einen kühlen, frischen bis feuchten, torfreichen oder zumindest sandig-humosen, sauren Boden. Besonders wohl fühlen sich die polster- und mattenförmig wachsenden Pflanzen zwischen Findlingen, da auf solchen Plätzen das Wurzelreich permanent kühl und feucht bleibt. Leicht absonnige Standorte sind vorteilhaft. Im Winter sollten sie vor austrocknenden Winden und der gefährlichen Märzsonne geschützt werden. Ihre Frosthärte ist im allgemeinen recht gut.

CASTANEA MILL.
Edelkastanie, Marone – Fagaceae, Buchengewächse

C. sativa MILL.,
Eßbare Kastanie

Castanea war die römische Bezeichnung für die Eßkastanie.

Verbreitung: Südeuropa, Nordafrika, Kleinasien; in grasreichen Eichenwäldern auf mäßig trockenen bis frischen, kalkarmen, mittelgründigen, humosen, sandig-steinigen und lehmigen Böden; in sommerwarmer, wintermilder Klimalage, in Deutsch-

Castanea sativa

Castanea sativa – 185 Jahre alt

Castanea sativa

Castanea sativa

land in Eichenmischwäldern am Westhang des Schwarzwaldes, des Odenwaldes und im Mosel-, Saar- und Nahegebiet.

Wuchs: Großer Baum mit kurzem, kräftigem, oft drehwüchsigem Stamm und breit ausladender Krone.

Größe: 15 bis 30 (35) m hoch und 12 bis 20 (25) m breit. Jahreszuwachs in der Höhe 35 bis 45 cm, in der Breite 30 cm.

Rinde: Junge Triebe rotbraun oder olivgrün, Borke dunkelgrau, im Alter längsrissig, eichenähnlich.

Blätter: Sommergrün, wechselständig, länglich-lanzettlich, grob gesägt, 12 bis 20 cm lang, dunkelgrün, glänzend, unten zunächst filzig, dann kahl, Herbstfärbung gelb.

Blüten: Pflanze ist einhäusig, männliche Blüten in grünlichweißen, bis 20 cm langen, aufrechten Ähren, stark riechend, weibliche Blüten einzeln, unscheinbar, klein, grünlich, Juni bis Juli.

Früchte: 2 bis 3 cm lange Nüsse in großen, stacheligen Fruchtbechern, eßbar (Maronen), kommen auch in Norddeutschland zur Reife, Oktober.

Wurzel: Tiefwurzler, weitstreichend.

Standort: Sonnig bis lichter Schatten.

Boden: Keine besonderen Ansprüche, bevorzugt aber nicht zu trockene, nährstoffreiche, saure Böden, meidet nasse Standorte (s. Verbreitung).

Eigenschaften: Etwas empfindlich gegen Früh- und Spätfröste und niedrige Wintertemperaturen, hitzeverträglich, sommerliche Trockenzeiten werden gut vertragen, wärmeliebend, wind- und sturmfest, hohes Ausschlagsvermögen (früher Niederwaldbetrieb), Holz ist sehr dauerhaft und auch widerstandsfähig gegen Feuchtigkeit, anfällig für Kastanienkrebs, wird bis 500 Jahre alt.

Verwendung: Einer der schönsten und gewaltigsten Solitärbäume für unsere Parkanlagen; wichtiger Fruchtbaum, besonders in Südeuropa; wegen des guten Holzes (Niederwaldbetrieb) zur Gewinnung von Rebpfählen; Hausbaum, Allee- und Straßenbaum, Insektenfutterpflanze.

Ökologie: Blühende Bäume riechen unangenehm streng nach Trimethylamin. Eßkastanienblüten, insbesondere die reichlich Nektar produzierenden männlichen, werden sehr stark von Bienen, Hummeln, Käfern und Fliegen besucht. Der Honigertrag liegt bei 30 bis 100 kg pro ha.

CATALPA SCOP.
Trompetenbaum – Bignoniaceae, Trompetenbaumgewächse

C. bignonioides WALT.,
Trompetenbaum

Catalpa ist ein indianischer Name.

Verbreitung: Südöstliches Nordamerika, in nährstoffreichen, feuchten Böden entlang der Flußläufe.

Wuchs: Schnellwüchsiger, mittelgroßer Baum mit breit gewölbter, rundlicher Krone und weit ausladenden Seitenästen, bei alten Exemplaren Äste fast schleppenartig auf dem Boden liegend.

Größe: 10 bis 15 m hoch und 6 bis 10 m breit. Alte Exemplare oft breiter als hoch. Jahreszuwachs in der Höhe 30 bis 35 cm, in der Breite 30 cm. In 35 Jahren ca. 13 m hoch, Stammdurchmesser 40 cm.

Rinde: Borke hellgraubraun, dünn, längsrissig.

Blätter: Sommergrün, gegenständig, meist aber zu 3, wirtelig, sehr groß, herzförmig, 10 bis 20 cm lang, frischgrün, gerieben unangenehm riechend, im Herbst hellgelb, früh abfallend.

Blüten: In vielblütigen, aufrechten Rispen, Einzelblüte glockenförmig, weiß, Kronröhre innen mit 2 gelben Streifen und purpurnen Flecken. Blütezeit Juni/Juli.

Catalpa bignonioides

Früchte: Bis zu 35 cm lange und 6 bis 8 mm dicke, bohnenförmige Fruchtkapseln. Früchte wesentlich dünner als bei C. speciosa.

Wurzel: Herzwurzler, fleischig, dick.

Standort: Sonnig bis halbschattig, windgeschützt.

Boden: Insgesamt anspruchslos, liebt aber frische, fruchtbare Böden, trockene Bedingungen werden erstaunlich gut ertragen, nicht kalkfeindlich.

Eigenschaften: Auf trockeneren, nicht so nährstoffreichen Böden reifen die Triebe besser aus, weniger Frostschäden, industriefest, stadtklimafest. Wird etwa 100 Jahre alt.

Verwendung: Eines der auffallendsten Blütengehölze, das darüber hinaus mit seinen großen, dekorativen Blättern eine fast tropische Atmosphäre verbreitet. Guter Schattenbaum für die Terrasse. Einzelstellung in Garten- und Parkanlagen. Geeignete Nachbarn wären z. B.: Großblattmagnolien, Aralia elata, Aristolochia macrophylla, Mahonia bealei, Sinarundinaria-, Phyllostachys-und Sasa-Arten, Decaisnea, Hydrangea aspera 'Macrophylla', H. sargentiana, Rodgersia, Ligularia und Hosta.

Ökologie: Insektennährgehölz.

Anmerkung: Der Trompetenbaum wird im Volksmund auch „Beamtenbaum" genannt, da er später austreibt als andere Gehölze und seine Blätter als erste im Frühherbst abfallen, – kommt spät, geht früh!

Alle Pflanzenteile, bis auf die Samen, enthalten das nur wenig giftige Catalpin. Das Holz zeichnet sich durch große Dauerhaftigkeit bei der Verwendung im Boden aus. Gut für Pfosten geeignet.

C. bignonioides 'Aurea',
Gold-Trompetenbaum

Schon vor 1877 bekannt.

Wuchs: Mittelgroßer Baum mit breit gewölbter, rundlicher Krone und weit ausladenden Seitenästen, bei alten Exemplaren Äste fast schleppenartig auf dem Boden liegend, wächst etwas schwächer als die Art.

Größe: 8 bis 10 m hoch und 5 bis 8 m breit. Sehr alte Exemplare oft breiter als hoch. Jahreszuwachs in der Höhe 25 bis 30 cm, in der Breite 25 cm.

Rinde: Borke hellgraubraun, dünn, längsrissig.

Blätter: Sommergrün, gegenständig, meist aber zu 3, wirtelig, sehr groß, herzförmig, im Austrieb leuchtend goldgelb, im Laufe des Sommers hellgelbgrün werdend, im Herbst schön gelb, früh abfallend.

Blüten, Früchte, Wurzel, Standort, Boden, Eigenschaften wie bei der Art.

Catalpa bignonioides 'Aurea'

Verwendung: Prachtvolles Einzelgehölz für größere Garten- und Parkanlagen mit auffallender Belaubung. Das sehr früh färbende Herbstlaub des Gold-Trompetenbaums paßt auch zeitlich sehr gut zusammen mit anderen Frühfärbern wie Acer japonicum 'Aconitifolium', Euonymus alatus und Acer rubrum 'Schlesingeri'. Guter Mittelpunkt und Hintergrund für das Thema „Gelber Garten". Verwendbar zur Kontrastierung und Belebung von Gehölzpflanzungen. Kombinierbar mit anderen gelbbunten Sträuchern oder Stauden wie z. B.: Cornus alba 'Spaethii', Acer negundo 'Aureo-Variegatum', Hosta x fortunei 'Aureomaculata' und anderen gelb- bzw. weißbunten Sorten. Dieser Aspekt sollte jedoch nie überbetont werden, sondern lediglich ein Lichtpunkt im Gesamtbild bleiben.

C. bignonioides 'Nana'
(= C. bungei der Baumschulen)

Wuchs: Kleiner Baum, Krone in der Jugend kugelförmig, sehr dichttriebig, später mehr flachrund und doppelt so breit wie hoch, sehr langsam wachsend. (Wird meist in Kronenhöhe veredelt, sonst strauchig).

Größe: Je nach Veredlungshöhe 4 bis 7 (10) m hoch und 4 bis 7 (12) m breit.

Blätter: Sommergrün, gegenständig oder zu 3, wirtelig, kleiner als bei der Art, 10 bis 15 cm lang, herzförmig, frischgrün; im Herbst hellgelb.

Wurzel: Fleischig, dick, herzförmig angeordnet.

Standort: Sonnig bis halbschattig, windgeschützt.

Boden: Insgesamt anspruchslos, bevorzugt aber frische, fruchtbare Böden, trockene Bedingungen werden erstaunlich gut ertragen, nicht kalkfeindlich.

Eigenschaften: Auf trockeneren, nicht so nährstoffreichen Böden reifen die Triebe besser aus, weniger Frostschäden, industriefest, stadtklimafest.

Verwendung: Sehr schöner, rundkroniger Kleinbaum, mit dem man besonders in formalen Gartenanlagen auffallende, geometrische Akzente setzen kann. Straßenbaum für schmale Passagen, Solitärgehölz für größere Kübel und Container.

Ökologie: Nach meinen Beobachtungen wird Catalpa bignonioides 'Nana' wegen der Dichttriebigkeit besonders gern von Buschbrütern als Nistplatz angenommen.

C. bungei C. A. MEY.
Verbreitung: Nordchina.

Wuchs: Großstrauch oder Kleinbaum mit etwas buschiger Krone.

Größe: 5 bis 8 m hoch.

Blätter: Sommergrün, gegenständig, eiförmig, einige Blätter auch dreieckig, lang zugespitzt, bis 15 cm lang und 11 cm breit, Basis gestutzt oder keilförmig, oben kahl, unterseits nur auf den Nerven schwach behaart.

Blüten: Nur selten beobachtet; in 3 bis 12 blütigen Rispen, Krone 3 bis 3,5 cm lang, blaßrosa bis weiß, innen purpurn gefleckt.

Früchte: Bedeutend länger als bei anderen Arten, können 50 bis 100 cm lang werden.

Standort und **Boden** wie C. bignonioides.

Eigenschaften: Frosthart.

Verwendung: Interessante, doch sehr seltene Art, die oft verwechselt wird mit C. ovata und C. bignonioides 'Nana'.

C. x erubescens 'Purpurea'
(= C. x hybrida 'Purpurea')

C. x erubescens ist eine Hybride aus C. bignonioides x C. ovata, 'Purpurea' ist vor 1886 bei WATERER in England entstanden.

Wuchs: Kleiner bis mittelgroßer Baum mit zunächst pyramidaler, im Alter mehr eiförmiger bis rundlicher Krone.

Größe: 8 bis 10 (15) m hoch und 6 bis 8 m breit. Jahreszuwachs in der Höhe 25 bis 30 cm, in der Breite 20 bis 25 cm.

Rinde: Grau bis graubraun.

Ceanothus x delilianus 'Gloire de Versailles'

Ceanothus x delilianus 'Topaze'

Ceanothus x pallidus 'Marie Simon'

Blätter: Im Austrieb schwärzlichrotbraun, während des Sommers vergrünend, breit eiförmig oder leicht 3lappig, Seitenlappen häufig oberhalb der Blattmitte angeordnet. Blätter deutlich kleiner als die von C. bignonioides.

Blüten: Weiß, in vielblütigen, aufrechten Rispen, Einzelblüte glockenförmig, 3 cm lang, Ende Juli bis August.

Früchte: Bis zu 40 cm lange, bohnenförmige Fruchtkapseln.

Wurzel, Standort, Boden und Eigenschaften wie C. bignonioides.

Verwendung: Attraktives Solitärgehölz, besonders gut geeignet als Hintergrund für Red-Border-Kompositionen. Leider ist der rotlaubige Trompetenbaum nur wenigen bekannt.

C. speciosa (WARDER ex BARNEY) ENGELM.,
Prächtiger Trompetenbaum, in Amerika „Northern Catalpa", „Hardy Catalpa", „Cigartree" und „Indian-bean" genannt. (= C. cordifolia)

Verbreitung: Nordöstliches Nordamerika, in feuchten, fruchtbaren Tälern und Auenwäldern entlang der Flüsse.

Wuchs: Kleiner bis mittelhoher Baum mit schlanker, offener, unregelmäßiger, ovaler Krone.

Größe: 12 bis 18 (24) m hoch und 6 bis 10 (15) m breit.

Rinde: Zweige rötlich- bis gelblichbraun mit zahlreichen großen Lentizellen, Borke graubraun, tief gefurcht, bei einigen Bäumen auch als dicke Schuppenborke ausgebildet.

Blätter: Sommergrün, gegenständig oder wirtelig, herzförmig bis eiförmig, zugespitzt, 15 bis 25 (30) cm lang, mittelgrün, teils auch hellgrün, kahl, unterseits dicht behaart, nicht riechend (C. bignonioides unangenehm riechend).

Blüten: In 10 bis 20 cm langen, aufrechten, wenigblütigen Rispen, Krone 5 cm breit, weiß, innen mit 2 gelben Streifen und kleinen, purpurnen Punkten. Blütezeit Juni, 3 Wochen vor C. bignonioides. Blühfähig nach 12 Jahren.

Früchte: Bohnenartige Kapseln, 20 bis 45 cm lang und 1,2 bis 1,5 cm dick, dickwandig. Es werden nur wenige Früchte ausgebildet.

Wurzel, Standort und Boden wie bei C. bignonioides.

Eigenschaften: Gut frosthart, leidet gelegentlich unter Spätfrösten, sehr widerstandsfähig gegen Hitze und Trockenheit.

Verwendung: C. speciosa ist nicht nur frosthärter als C. bignonioides, sondern auch von ihrer Ge-

samterscheinung her der attraktivere Baum. Leider ist diese Art noch zu wenig bekannt.

Pflegetip: C. speciosa wird gern von Rehen und Hasen verbissen; Wühlmäuse können erhebliche Wurzelschäden verursachen.

CEANOTHUS L.
Säckelblume – Rhamnaceae, Kreuzdorngewächse

C. x delilianus 'Gloire de Versailles'
(C. americanus x C. coeruleus)

Verbreitung: Die Wildarten sind in Ost- und Mittelamerika sowie in Mexiko beheimatet.

Wuchs: Kleiner, locker aufrecht wachsender Strauch.

Größe: Bis 1,50 m hoch, in milden Gebieten auch höher und meist genauso breit.

Blätter: Sommergrün, wechselständig, elliptisch bis eilänglich, 4 bis 8 cm lang, dunkelgrün, unten filzig behaart.

Blüten: Violett bis puderblau, in großen, locker verzweigten Rispen, Juli bis Oktober.

Wurzel: Hauptwurzel kräftig, wenig verzweigt, flach ausgebreitet.

Standort: Vollsonnig, warm, geschützt.

Boden: Leichter bis mittelschwerer, kalkhaltiger Boden mit gutem Wasserabzug.

Eigenschaften: Pflanzen blühen am einjährigen Holz, etwas frostempfindlich, sommerliche Hitze- und Trockenperioden gut vertragend.

Verwendung: Ceanothus-Hybriden gehören wegen ihrer puderblauen Blütenrispen, die von Juli bis Oktober erscheinen, zu den größten Kostbarkeiten des Gehölzsortiments. Es gibt für diesen prachtvollen Blütenstrauch keinen Ersatz, deshalb sollte man ihm die nicht immer ganz vorbildliche Frosthärte nachsehen. Ideale Nachbarn wären Rosen, Potentillen, Zwerggehölze, Stauden und Gräser; sehr schön als Spalierstrauch an warmen, geschützten Hauswänden und Gartenmauern, Pflanzkübel. Jährlicher Rückschnitt empfehlenswert.

Anmerkung: Blätter und Wurzelrinde von C. americanus enthalten Gerbstoffe und das Alkaloid Ceanothin. Indianer nutzten die Inhaltsstoffe gegen Fieber. Blätter als Tee-Ersatz.

Weitere Sorten:
'Henri Défossé', mittelstarker Wuchs und dunkelblaue Blüten in großen Rispen. *'Topaze',* guter Wuchs, Blüten dunkelpuderblau.
'Marie Simon' ist eine rosafarbene, recht harte Sorte, die zu C. x pallidus gehört.

CELASTRUS L.
Baumwürger – Celastraceae,
Spindelstrauchgewächse

C. angulatus MAXIM.,
Kantiger Baumwürger

Starkwüchsiger Kletterstrauch, der leicht Höhen von 6 bis 8 m erreicht. Zweige dick und kantig. Seine Blätter sind auffallend groß, breit eiförmig bis rundlich herzförmig, 10 bis 18 cm lang, 8 bis 14 cm breit. Blüht im Juni in endständigen, 10 bis 15 cm langen, hängenden Rispen. Neben der sehr dekorativen Belaubung sind die im Herbst/Winter überreich mit Früchten besetzten Rispen eine sehr große Zierde. Hat von allen Celastrus-Arten den auffallendsten Fruchtbehang.

C. angulatus ist völlig frosthart und sollte zukünftig viel stärkere Beachtung finden. Geeignet zum Begrünen großer Pergolen, Zäune, Mauern und älterer, starkwüchsiger Bäume.

C. orbiculatus THUNB.,
Rundblättriger Baumwürger

Verbreitung: China, Japan und auf Sachalin.

Wuchs: Stark windendes Klettergehölz.

Größe: In Bäumen bis über 10 m hoch.

Rinde: Triebe anfangs grün, später braun, rund.

Blätter: Sommergrün, wechselständig, eirundlich bis kreisrund, 5 bis 10 cm lang, plötzlich kurz zugespitzt, beiderseits hellgrün, im Herbst leuchtend gelb.

Blüten: Pflanze ist zweihäusig, gelegentlich auch mit zwittrigen Blüten (polygam), grüngelb, in achselständigen Trugdolden, Einzelblüte klein, mit 5 Kronblättern.

Celastrus angulatus

Früchte: Runde, 3klappige Früchte, nach dem Aufplatzen der leuchtend gelben Kapseln werden die von einem orangeroten Arillus umgebenen, kugeligen Samen sichtbar, außerordentlich auffallend und attraktiv. Ungenießbar!

Wurzel: Lange Laufwurzeln, stark mit Faserwurzeln besetzt, insgesamt flach.

Standort: Sonne bis Halbschatten.

Boden: Keine besonderen Ansprüche, toleriert jeden kultivierten, mäßig trockenen bis feuchten, nicht zu alkalischen Gartenboden, bevorzugt tiefgründige, nährstoffreiche Böden, auf denen sich der Baumwürger beinahe schon zu üppig entwickelt.

Eigenschaften: Rauchhart, stadtklimafest, absolut frosthart, sollte auf Grund seines stark schlingenden Wuchses nicht in jüngere Bäume gesetzt werden; Pflanzen sind zweihäusig, ganz selten zwittrig, beide Geschlechter pflanzen.

Verwendung: Einer der attraktivsten Fruchtsträucher; die in unglaublicher Fülle erscheinenden

Früchte bleiben sehr lange am Strauch haften und sind für viele Wintermonate eine große Zierde; an Wänden ist eine Kletterhilfe erforderlich. Pergolen, Hauswände, Gartenmauern, Zäune, ältere Bäume, Lärmschutzwände an Straßen, Felspartien, Bindereizwecke, herrlicher, jahrelang haltender Vasenschmuck.

Ökologie: Celastrus-Früchte werden von Drosseln und anderen Vogelarten gefressen.

C. scandens L.,
Amerikanischer Baumwürger

Diese im Gegensatz zu C. orbiculatus „nur" etwa 7 m hoch windende Art hat ihr Heimatgebiet im östlichen Nordamerika, wo sie an Flußufern undurchdringliche Dickichte bildet. Ein weiteres Unterscheidungsmerkmal zum Rundblättrigen Baumwürger sind hier die eiförmigen bis eilänglichen, lang zugespitzten Blätter. Die ebenfalls reichlich ansetzenden Früchte sind etwa erbsengroß und genauso auffallend gefärbt wie bei C. orbiculatus. Eigenschaften, Standort- und Bodenansprüche siehe C. orbiculatus.

CELTIS L.
Zürgelbaum – Ulmaceae,
Ulmengewächse

C. australis L.,
Südlicher Zürgelbaum

In Südtirol heißen die kugeligen, eßbaren Früchte „Zürgeln".

Verbreitung: Südeuropa, Kaukasus, Nordafrika, Himalaja und dort östl. bis Nepal in Höhenlagen bis 2500 m; in trockenen Karstgebieten und auf felsigen

Celastrus orbiculatus

Hängen mit geringer Bodenauflage. Im Himalaja wächst der Zürgelbaum in Vergesellschaftung mit Cedrus deodara, Pinus wallichiana, verschiedenen Quercus-Arten, Aesculus, Acer und Prunus. Er kommt dort aber auch in mehr oder weniger reinen Beständen in den Sümpfen der Tieflagen bei 600 m Meereshöhe vor (R. S. TROUP).

Wuchs: Mittelgroßer bis großer Baum mit breitrundlicher, meist weit ausladender, etwas unregelmäßiger Krone, alte Exemplare können oft sehr malerisch werden. In der Jugend langsam wachsend.

Größe: 15 bis 20 (25) m hoch.

Rinde: Junge Triebe wollig behaart, dünn, grünlich, im Zickzack verlaufend, Stämme buchenartig, grau, lange glatt bleibend.

Blätter: Sommergrün, eiförmig-elliptisch, mit langer, schwanzartig ausgezogener Spitze (bei C. occidentalis nur kurz zugespitzt!), 5 bis 15 cm lang und 2 bis 4 cm breit, Basis unsymmetrisch, Rand scharf gesägt, oberseits dunkelgrün, zunächst mit steifen Haaren besetzt, später kahl und rauh, unterseits graugrün und bleibend weich behaart.

Blüten: Unscheinbar, weibliche Blüten 3 mm groß, meist einzeln an dünnen, behaarten, etwa 1 cm langen Stielen in den Blattachseln, männliche Blüten in Büscheln. Ende Mai.

Früchte: Kugelig, bis 1,2 cm dick, rötlich, später purpurbraun-violettbraun, bei einigen Herkünften (Himalaja) auch zuerst gelblich, dann dunkel; süßlich, Fleisch mehlig, eßbar.

Wurzel: Tiefgehend.

Standort: Sonnig, warm, geschützt.

Boden: Toleriert die meisten Bodenarten, Ansprüche nur gering, bevorzugt tiefgründige Standorte, schwach sauer bis alkalisch.

Eigenschaften: Frostempfindlich, besonders im Jugendstadium, junge Triebe werden häufig durch Frühfröste geschädigt, was allerdings älteren Pflanzen nicht viel schadet, wärmeliebend, Hitze und Trockenheit vertragend, Krankheiten sind nicht bekannt.

Verwendung: In den wärmeren Gebieten Deutschlands ein sehr schöner Baum mit malerischer Krone. Kann auch als Straßenbaum eingesetzt werden. Laub und Zweige dienten im Himalaja als Viehfutter. Aus den Blattfasern hat man früher Seile hergestellt. In Süd-Frankreich wurden aus den Stockausschlägen qualitativ hochwertige Peitschenstiele gefertigt. Das Holz ist hart, schwer und biegsam. Es wurde bekannt unter der Bezeichnung „Triester Holz" und fand Verwendung für verschiedene technische Zwecke, für die Stellmacherei, zum Drechseln, für Haushaltsgeräte und Blasinstrumente.

C. occidentalis L., Nordamerikanischer Zürgelbaum

Verbreitung: Kanada, Nordamerika, wo der Baum ein sehr großes Verbreitungsgebiet besitzt; Quebec bis Georgia, im Westen bis Washington und südwärts bis Colorado, wächst bevorzugt auf grundwassernahen Standorten, häufig entlang der Flüsse, die er bis ins Felsengebirge begleitet, in Niederungen (Mississippi) und Flußtälern, aber auch auf Kalkklippen.

Wuchs: Mittelgroßer bis großer Baum mit breiter, häufig auch unregelmäßiger Krone, untere Äste meist hängend. In der Jugend raschwüchsig.

Größe: 15 bis 20 m hoch, auch in Deutschland gelegentlich bis 25 m (Schloßpark Dyck, in der Nähe von Mönchen-Gladbach, SCHENCK 1939).

Rinde: Junge Triebe mehr oder weniger behaart, Fruchttriebe oft kahl, dünn, Wintertriebe hellbraun bis rotbraun, glänzend, im Zickzack verlaufend (Merkmal für alle Celtis-Arten). Stamm grau, tief, gefurcht, grob wulstig, im Alter schuppig.

Blätter: Sommergrün, wechselständig, schiefeiförmig bis eiförmig-länglich, meist kurz zugespitzt (C. australis schwanzartig lang zugespitzt), 5 bis 12 cm lang und etwa 2,5 bis 5 cm breit, Basis unsymmetrisch, Rand bis zur Mitte, gelegentlich auch tiefer scharf gesägt, Blätter dünn, oberseits glänzend grün, kahl, unterseits auf den Nerven schwach behaart, Herbstfärbung schön hellgelb bis gelb.

Blüten: Unscheinbar, grünlich, weibliche Blüten einzeln in den Blattachseln, männliche Blüten in Büscheln.

Früchte: Kugelig, 0,7 bis 1 cm dick, orange-rot bis dunkelpurpur oder dunkelbraunrot, süßlich schmeckend.

Wurzel: Tiefgehend.

Standort: Sonnig.

Boden: Toleriert alle durchlässigen Substrate, bevorzugt tiefgründige, nährstoffreiche Böden, schwach sauer, aber auch kalkverträglich.

Eigenschaften: Frosthart, Hitze und Trockenheit ertragend, stadtklimafest, frei von Schädlingen und Krankheiten, läßt sich gut verpflanzen, wird 150 bis 200 Jahre alt.

Verwendung: Malerischer Baum für größere Garten- und Parkanlagen, schöner Herbstfärber und Borkenbildner. Wegen der breit ausladenden und oftmals sparrigen Krone nur für genügend weite Straßenräume verwendbar. In Frankfurt/Oder war im Jahre 1931 ein 120 Jahre altes Exemplar registriert.

Das Holz ist dem der Esche sehr ähnlich. Man verwendet es für die Herstellung von Spankörben, Gerätestielen, Wagenteilen und für Innenverkleidungen.

Ökologie: Die Früchte sind ein beliebtes Futter für zahlreiche Vogelarten.

Anmerkung: Innerhalb der Gattung Celtis gibt es sicherlich noch weitere interessante Arten und Varietäten wie z. B. **Celtis occidentalis var. cordata**, ein großer Baum, der härter ist als der Typ. Nennen möchte ich hier auf jeden Fall auch **Celtis reticulata**, eine Zürgelbaum-Art, die enorm widerstandsfähig ist gegen Hitze und Trockenheit und sich möglicherweise gut für die Bepflanzung im städtischen Straßenraum eignet. Beheimatet ist C. reticulata in Kansas, Colorado, New Mexiko, Arizona und Kalifornien, wo sie am Rande von Wüsten auf steinigen Böden vorkommt.

CEPHALANTHUS L.
Kopfblume, Knopfbusch – Rubiaceae, Rötegewächse (Krappgewächse)

griech.: kephale = Kopf, anthos = Blume

C. occidentalis L.

Cephalanthus – Insektenmagnet

Dieser 1,20 m bis 2 m hohe, breitbuschige Strauch fällt vor allem in den Monaten Juli/August auf, wenn die gelblichweißen, kugeligen Blütenköpfchen erscheinen. Sie werden dann von unzähligen Insekten geradezu umschwärmt. Insbesondere haben es unsere Hummelarten auf den aus Nordamerika stammenden Strauch abgesehen. Hummelschützer würden beim Anblick eines blühenden Knopfbusches ihre wahre Freude haben. In seiner Heimat wächst der sommergrüne Strauch mit den gegenständig oder quirlig angeordneten Blättern in sumpfigen Niederungen und an Wasserläufen. In unseren Gärten und Parkanlagen könnten wir ihn also an den Rand von Teichen und Bächen, aber auch direkt ins flache Wasser setzen. Geeignete Nachbarn wären Kleinstrauchweiden und Sumpfstauden wie Iris kaempferi, Filipendula ulmaria, Geum rivale, Iris sibirica, Lysimachia vulgaris, Lythrum salicaria, Myosotis palustris und Mimulus luteus.

Hummelfreunden ohne Teich kann ich verraten, daß dieser frostharte Strauch auch auf genügend frischen, sauren Böden gedeiht. Ein leichter Auslichtungs- bzw. Rückschnitt im zeitigen Frühjahr wirkt sich positiv auf die Blütenbildung aus.

Ökologie: *Außerordentlich wichtige Insektenfutterpflanze. Hummel- und Faltermagnet!*

Cercidiphyllum japonicum,
links: männliche, rechts weibliche Blüte

CERCIDIPHYLLUM SIEB. & ZUCC.
Kuchenbaum, Katsurabaum –
Cercidiphyllaceae,
Kuchenbaumgewächse, Katsurabaumgewächse

C. japonicum SIEB. & ZUCC.,
Kuchenbaum, Katsurabaum, Judasblatt

Verbreitung: Japan, an Flußufern und Gebirgsbächen im Bergland.

Wuchs: Kleiner, oft mehrstämmig wachsender Baum oder Großstrauch mit zunächst trichterförmiger, im Alter breitkegelförmiger, rundlicher und zuletzt auch schirmförmiger, malerischer Krone.

Größe: 8 bis 10 m hoch und 4,5 bis 7 (8) m breit (in Reutlingen ist ein 1921 gepflanztes Exemplar 20 m hoch), im Alter nicht selten breiter als hoch. Jahreszuwachs in der Höhe 30 cm, in der Breite 15 cm.

Rinde: Triebe rotbraun glänzend, mit hellen Lentizellen, Borke graubraun, längsrissig.

Cercidiphyllum japonicum

Leider sind wir technisch immer noch nicht so weit, daß wir unseren Lesern auch den wunderbaren Zimt-Karamelduft der Herbstblätter des Kuchenbaumes vermitteln können. Wir hoffen, daß uns dies mit der 3. Auflage gelingt.

114

Blätter: Sommergrün, meist gegenständig, breit-rund, kerbig gesägt, bis 8 cm lang, Basis herzförmig, Blattstiel schön rot gezeichnet und sich gut abhebend von den frischgrünen bis bläulichgrünen Blättern; Austrieb früh, fast karminrot; im Herbst von hellgelb über aprikosenorange bis zu karmin- und scharlachrot, das Fallaub duftet schon aus größerer Entfernung angenehm nach Zimt und Karamel.

Blüten: Pflanze ist zweihäusig, männliche Blüten einzeln oder in Köpfchen, 15–20 Staubblätter, weibliche Blüten mit sehr dekorativen, leuchtend purpurroten Narbensäumen, vor Laubaustrieb.

Früchte: 15 bis 22 mm lange, bananenartig gebogene Hülsen.

Wurzel: Flachwurzler mit hohem Feinwurzelanteil im oberen Bodenbereich.

Standort: Sonnig bis absonnig.

Boden: Bevorzugt tiefgründige, frische, nährstoffreiche, saure bis kalkhaltige Böden.

Eigenschaften: Etwas spätfrostempfindlich, reagiert in Hitzeperioden bei gleichzeitiger Lufttrockenheit auf trockenen Standorten gelegentlich mit Blattfall, treibt jedoch nach Wässern innerhalb kurzer Zeit wieder voll aus (Sommer 1983 und 1990). Herbstfärbung auf sauren Böden wesentlich intensiver. Nach warmen Jahren auch in Mitteleuropa durch Sämlinge sich ausbreitend!

Verwendung: Prachtvoller Solitärbaum für Garten- und Parkanlagen, der durch die dekorativen Blätter, seinen gefälligen Wuchs und das leuchtende, duftende Herbstlaub zu den ganz besonders wertvollen Gehölzen zählt. Gehört zu den 10 schönsten Herbstfärbern! Herrlich mit Miscanthus sacchariflorus und M. sinensis 'Silberfeder', Chrysanthemum serotinum, Herbstastern und Aconitum x arendsii.

Ökologie: Die Früchte werden in den Wintermonaten von Dompfaffen, Erlenzeisigen, Buchfinken und Meisen gefressen.

Cercidiphyllum Früchte werden gern von Dompfaff und Erlenzeisig gefressen.

CERCIS L.
Judasbaum – Caesalpiniaceae, Caesalpiniengewächse

Griech. kerkis = Weberschiffchen, das eine gewisse Ähnlichkeit mit den braunen Schoten-Früchten hat.

C. canadensis L., Amerikanischer Judasbaum

Dieser Judasbaum ist nicht, wie der Artname es ausdrückt, in Kanada beheimatet, sondern als Unterholz in Wäldern und in Flußtälern von New Jersey bis Florida verbreitet. Großstrauch oder Kleinbaum mit breiter, feinästiger Krone. Die Blätter sind breit rundlich, vorn plötzlich zuge- *spitzt und am Grunde leicht herzförmig bis fast abgestutzt. Im Mai, manchmal auch schon Ende April erscheinen die purpurrosafarbenen Schmetterlingsblüten, die etwas kleiner sind als bei C. siliquastrum. C. canadensis ist die frosthärteste Art der Gattung. Sie wächst im Gegensatz zu C. siliquastrum sehr zügig und erreicht auch in unseren Gärten eine Höhe von 6 bis 8 m. Neigt als junger Baum zur Bildung von Zwieseln, die bei Sturm und regenschwerem Laub leicht zu Trennungsrissen führen können. Ein windgeschützter Platz ist daher empfehlenswert. Alte Exemplare sind sehr malerisch und entwickeln bis zu 30 cm dicke, kräftige und geschwungene Stämme und weit ausladende Äste.*

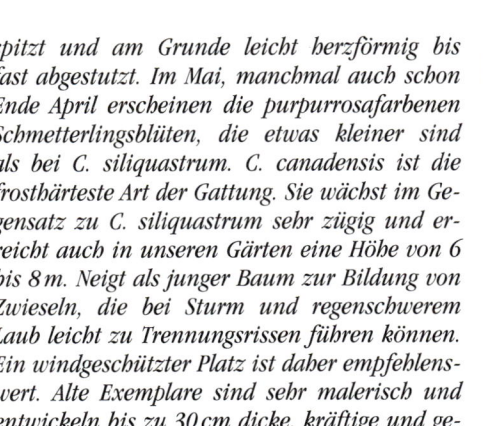

Cercis canadensis

Im Alter von der Wuchsform her viel schöner als C. siliquastrum.

C. canadensis gehört zu den schönsten und wegen der Stammblütigkeit (Cauliflorie) auch zu den interessantesten Blütengehölzen. In den mitteleuropäischen Gärten überall winterhart. Standort- und Bodenansprüche wie bei C. siliquastrum. Ein Traumpaar ergibt sich durch die Verbindung mit 'Bettina', einer Clematis alpina-Sorte, deren tiefmagentafarbene Glockenblüten wundervoll mit dem Purpurrosa des Amerikanischen Judasbaumes harmonieren. Für den Liebhaber buntlaubiger Gehölze gibt es seit einiger Zeit die Sorte **C. canadensis 'Forest Pansy'**. *Ihre Blätter sind bis zum Herbst dunkelbraunrot.*

C. siliquastrum L.,
Gewöhnlicher Judasbaum

Cercis siliquastrum

Verbreitung: Südeuropa bis Afghanistan; in Wäldern, an Flußufern, aber auch auf sehr trockenen Berghängen, auf mittelgründigen, mäßig nährstoffreichen, meist kalkhaltigen Böden.

Wuchs: Hoher Strauch, in milden Gegenden auch kleiner Baum, in der Jugend straff aufrecht mit starken, etwas sparrig verzweigten Ästen, im Alter mehr breit ausladend, oft sehr malerisch.

Größe: 3,5 bis 6 m hoch und breit.

Rinde: Triebe rotbraun bis schwarzbraun, glänzend, Borke olivbraun bis braunschwarz, fein quadratisch oder rechteckig gefeldert.

Blätter: Sommergrün, wechselständig, rundlich herzförmig oder nierenförmig, 7 bis 12 cm lang, bläulichgrün, unten graugrün.

Blüten: Purpurrosa Schmetterlingsblüten in kurzen Trauben am mehrjährigen Holz oder aus älteren Stämmen hervorbrechend (!), vor dem Austrieb.

Cercis siliquastrum 'Alba'

Früchte: 10 bis 12 cm lange, flache, braune Hülsen, die auch im Winter am Strauch verbleiben.

Wurzel: Kräftige, tiefe Hauptwurzeln, wenig Seiten- und Feinwurzeln.

Standort: Vollsonnig, warm, geschützt.

Boden: Sandige, gut durchlässige Lehmböden, mäßig trocken bis trocken, kalkliebend, gedeiht auch noch auf schwachsauren Standorten.

Eigenschaften: Verträgt größte Hitze- und Trockenperioden, in der Jugend frostempfindlich, im Alter wesentlich härter, wird kaum von Schädlingen befallen; Blüten haben einen süßsäuerlichen Geschmack, Salatzusatz.

Verwendung: Aufsehenerregendes Blütengehölz für Einzelstand, Gruppen und Pflanzkübel, z. B. auf

Cercis siliquastrum - Stammblütigkeit

warmen, geschützten Stadtplätzen, sehr gut auch als Spalierpflanze an Südwänden.

Bemerkung: Die Stammblütigkeit (Cauliflorie) ist ein Phänomen, das man nur noch von einigen tropischen Gehölzen kennt wie z. B. beim Kakao, wo auch aus den alten, verborkten Stämmen Blütenknospen hervorbrechen.

Anmerkung: Angeblich hat sich Judas an einem Cercis erhängt, daher auch der deutsche Name.

CHAENOMELES LINDL.
Zierquitte – Rosaceae, Rosengewächse

Die Gattung Chaenomeles umfaßt 4 Arten, die ihr Verbreitungsgebiet in Ostasien haben. Es sind sommergrüne Sträucher mit dornigen Trieben, wechselständigen Blättern und meist rötlichen, auffallenden, sehr attraktiven Blüten, die vor dem Austrieb in großer Fülle erscheinen. Eine weitere Zierde sind die quittenähnlichen oder birnenförmigen, gelben, herrlich aromatisch duftenden Apfelfrüchte. Sie sind eßbar und können in der Küche zu bestem Gelee und Kompott verarbeitet werden.

In der Gartengestaltung gehören die verschiedenen Chaenomeles-Arten und -Hybriden wegen ihrer Anspruchslosigkeit, der Blütenfülle und der sehr vielfältigen Wuchsformen zu den beliebtesten und dankbarsten Ziersträuchern. Sie eignen sich für die Einzelstellung ebenso wie für die robuste, flächige Unterpflanzung im Straßenbegleitgrün und als freiwachsende oder geschnittene Hecke. In der Floristik wird die Zierquitte als Treibgehölz und gute „Schnittblume" geschätzt. An den Standort stellen sie kaum Ansprüche, sie geben sich mit jedem, nicht zu nassen, sauren bis neutralen Boden zufrieden. Gegenüber mechanischen Verletzungen (Maschinenschnitt) sind sie völlig unempfindlich.

Ökologie: Alle Chaenomeles-Formen werden auffallend stark von Insekten besucht. Sehr gutes Schutz- und Nährgehölz für Säuger und Vogelarten.

C. japonica (THUNB.) LINDL. & SPACH,
Japanische Zierquitte
(= Cydonia maulei)

Verbreitung: Japan, Bergwälder auf Hondo und Kyushu.

Wuchs: Kleiner, breitbuschiger Strauch mit sparrigem Wuchs und dornigen Trieben, im Alter sehr dicht, bodendeckend, fast halbkugelig wachsend.

Größe: Bis 1 (1,50 bis 2,00) m hoch und genauso breit.

Rinde: Junge Triebe dornig, in der Jugend rauhfilzig.

Chaenomeles japonica

Blätter: Sommergrün, wechselständig, breit eiförmig, 3 bis 5 cm lang, meist stumpf, grob kerbig gesägt.

Blüten: Ziegelrot, zu 2 bis 4 beisammen, Einzelblüte 2 bis 3 cm breit, nicht voll geöffnet, erscheinen mit den Blättern, März bis April.

Früchte: Gelb, flachkugelig bis breitrundlich, mit tiefen Furchen, herrlich aromatisch duftend, am Strauch sehr zierend, eßbar.

Wurzel: Sparrige, unterschiedlich tiefe und sehr zähe Wurzeln, Ausläufer treibend.

Standort: Sonne bis Halbschatten.

Boden: Keine besonderen Ansprüche, toleriert die meisten Bodenarten von sauer bis neutral, auf zu

Chaenomeles japonica

kalkhaltigen Böden neigen sie zu Chlorose, trockene Standorte werden vertragen, bevorzugt auf frischen bis feuchten Substraten.

Eigenschaften: Gut frosthart, vertragen Trockenzeiten, gesunder Kleinstrauch mit sehr langer Blütezeit!

Verwendung: Blüten- und Zierfruchtgehölz für Einzelstellung, Gruppenpflanzung und Flächenbegrünungen, Abstufung und Vorpflanzung von Gehölzrändern, Unterpflanzung von Straßenbäumen und Solitärgehölzen, Böschungsbegrünung, niedrige Hecken, herrlich als Wandspalier, Vogelschutzgehölz, gutes Treibgehölz, Pflanzkübel. In Lettland werden Zierquitten für Saftgewinnung und Bonbonherstellung angebaut.

Ökologie: Die Zierquitte wird sehr stark von Insekten beflogen. Die Nektarproduktion liegt bei 27,4 mg pro Blüte und Tag.

C. japonica 'Cido'
Gezüchtet von ALBERT TICS, Lettland.

Wuchs: Kleiner, buschiger Strauch mit leicht hängenden Zweigen.

Größe: Bis 1,50 m hoch und breit.

Triebe: Dornenlos.

Blüten: Ziegelrot, reichblühend, März/April.

Früchte: Gelb bis orangegelb. Reife von Anfang September bis Mitte Oktober.

Boden: Frisch bis feucht, nahrhaft, gern auf Lehm, sauer bis leicht alkalisch, verträgt keine Staunässe.

Verwendung: Sehr wertvolle Fruchtsorte. 100 g Fruchtfleisch enthalten 100 mg Vitamin C. Geeignet zur Herstellung von Säften, Marmelade, Konfitüre, Dessertwein und Likör.

C. speciosa (SWEET) NAKAI,
Chinesische Zierquitte
(= C. lagenaria (LOISEL.) KOIDZ.,
Cydonia japonica LOISEL.)

Verbreitung: China und Japan.

Wuchs: Mittelhoher Strauch mit dichten, sparrig verzweigten, aufrechten Grundtrieben, im Alter breit ausladend mit zum Teil überhängenden Zweigen.

Größe: Bis 3 m hoch und im Alter genauso breit.

Rinde: Junge Triebe dornig, kahl.

Blätter: Sommergrün, wechselständig, schmal eiförmig, spitz zulaufend, scharf gesägt, dunkelgrün glänzend.

Blüten: Rosa bis dunkelrot (ohne Orangeton), 3 bis 5 cm breit, flach, sich voll öffnend, März bis April.

Früchte: Gelblichgrün, oft etwas gerötet, länglich, glatt, eßbar, in der Küche verwendbar.

Wurzel: Sparrig, unterschiedlich tiefe und sehr zähe Wurzeln.

Standort: Sonne bis Halbschatten.

Boden: Keine besonderen Ansprüche, toleriert die meisten Bodenarten von sauer bis neutral, auf zu kalkhaltigen Böden Neigung zu Chlorose, trockene Standorte werden vertragen, bevorzugt auf frischen bis feuchten Substraten.

Chaenomeles speciosa

Eigenschaften: Gut frosthart, gesunder Kleinstrauch mit sehr langer Blütezeit.

Verwendung: Einzelstellung, Gruppenpflanzung und Flächenbegrünung wie vorige Art.

Chaenomeles speciosa

Chaenomeles 'Brilliant'

C. speciosa 'Brilliant'

Wuchs: Kleiner Strauch, buschig gedrungen, langsam wachsend, Triebe leicht bedornt.

Größe: Bis 1,50 m hoch und genauso breit.

Blüten: Orangerot, 2 bis 3 cm groß, April bis Mai.

Früchte: Länglich rund, bis 5 cm dick, grün, später leuchtend gelb.

C. speciosa 'Nivalis'

Wuchs: Kleiner Strauch, Grundtriebe straff aufrecht, später breit ausladend, Triebe bedornt.

Größe: Bis 2 m hoch und genauso breit.

Blüten: Reinweiß, einfach, mittelgroß, bis 3 cm, April bis Mai, im August oft nachblühend.

Früchte: Apfelförmig, bis 8 cm dick, grün, später leuchtend gelb.

Chaenomeles-Kulturformen

Hierunter werden alle Selektionen aus den Wildarten und die um die Jahrhundertwende begonnenen Kreuzungen von C. japonica mit C. lagenaria zusammengefaßt. Die daraus entstandenen Chaenomeles x superba-Sorten haben alle hervorragenden Eigenschaften der Eltern übernommen und stehen mit ihren morphologischen Merkmalen zwischen beiden. Darüber hinaus zeichnen sie sich durch unterschiedlichen Wuchs, enorme Großblütigkeit und leuchtende Farben aus, die von dunkelrot über zartrosa bis hin zum reinsten Weiß reichen. Die angebotenen Sorten werden durch Stecklinge vermehrt und sind somit wurzelecht, was vor allem für die späteren Pflegearbeiten in Flächenbepflanzungen von großer Bedeutung ist.

CHAENOMELES

Das lästige Auftreten von Wildtrieben ist ausgeschlossen.

Da die Blüten der Zierquitten am mehrjährigen Holz erscheinen, ist bei Solitärexemplaren lediglich ein Auslichtungsschnitt zu empfehlen. Flächenpflanzungen können selbstverständlich radikal zurückgeschnitten werden, doch sollte dieses höchstens im Turnus von 5 Jahren geschehen.

Chaenomeles x superba-Sorten
'Andenken an Carl Ramcke'

Wuchs: Kleiner Strauch, breitbuschig aufrecht, nicht so sparrig, Triebe leicht spitz bedornt.

Größe: 1,50 (bis 2,00) m hoch und genauso breit.

Blüten: Leuchtend zinnoberrot, 2 bis 3 cm groß, April bis Mai, verhältnismäßig spät.

Früchte: Rund, bis 5 cm dick, grün, später leuchtend gelb.

'Crimson and Gold'

Wuchs: Kleiner Strauch, flach ausgebreitet, dicht, feintriebig, gut bodendeckend.

Größe: Bis 1,20 m hoch und meist breiter als hoch.

Blüten: Dunkelrot, einfach, mit auffallend gelben Staubgefäßen, 2 bis 3 cm groß, sehr reichblühend.

Früchte: Apfelförmig, bis 5 cm dick, grün, später gelb.

'Elly Mossel'

Chaenomeles 'Elly Mossel'

Wuchs: Kleiner Strauch, breit ausladend, sehr sparrig, Triebe bedornt.

Größe: Bis 1,50 m hoch und 2 m breit.

Blüten: Feuerrot, sehr großblumig, 4 bis 4,5 cm, April bis Mai, blüht nochmals im Sommer.

Früchte: Länglich rund, bis 5 cm dick, grün, später leuchtend gelb.

'Fire Dance'

Wuchs: Kleiner Strauch, breit aufrecht, gedrungen, sparrig, Triebe leicht bedornt.

Größe: Bis 1,20 (bis 1,50) m hoch und genauso breit.

Blüten: Signalrot, sehr groß und reichblühend, 4 bis 4,5 cm, weit geöffnet, gute Fernwirkung, April.

Früchte: Apfel- bis birnenförmig, bis 5 cm dick, grün, später leuchtend gelb.

'Hollandia'

Chaenomeles 'Hollandia'

Wuchs: Kleiner Strauch, breitbuschig, fein verzweigt, langsamwüchsig, Triebe leicht bedornt.

Größe: Bis 1,50 m hoch und genauso breit.

Blüten: Leuchtend tieflachsrot, einfach, sehr zahlreiche, große Einzelblüten, April bis Mai.

Früchte: Apfelförmig, bis 5 cm dick, grün, später leuchtend gelb.

'Nicoline'

Wuchs: Kleiner Strauch, breit ausladend, kräftig, Triebe bedornt.

Größe: 1 (bis 1,50) m hoch und genauso breit.

Blüten: Tiefscharlachrot, groß, 4 bis 4,5 (bis 5) cm, sehr reichblühend, April bis Mai.

Früchte: Eiförmig, bis 5 cm dick, grün, später leuchtend gelb.

'Pink Lady'

Wuchs: Kleiner Strauch, breit aufrecht, Triebe bedornt.

Größe: Bis 1,50 m hoch und genauso breit.

Blüten: Rosa bis dunkelrosa, einfach, große Einzelblüten, April bis Mai.

Früchte: Apfelförmig, bis 5 cm dick, grün, später leuchtend gelb.

'Vesuvius'

Wuchs: Kleiner Strauch, bodendeckend, niederliegend, Triebe bedornt.

Größe: Bis 1 m hoch und 1,50 m breit.

Chaenomeles 'Vesuvius'

Blüten: Johannisbeerrot, Einzelblüte 3 cm groß, reichblühend, April bis Mai.

Früchte: Apfelförmig, bis 5 cm dick, grün, später leuchtend gelb.

CHAMAEDAPHNE MOENCH
Zwerglorbeer – Ericaceae,
Heidekrautgewächse
griech.: chamai = niedrig, daphne = Lorbeer

C. calyculata (L.) MOENCH

Immergrüner, dichtbuschiger, etwa 0,5 m hoher Kleinstrauch mit bogig gespreizten oder waagerecht abstehenden Seitentrieben. Jungtriebe und Blätter dicht rostrot beschuppt (wichtiges Unter-

scheidungsmerkmal zur Gattung Leucothoë). Blätter wechselständig, eilanzettlich, aber auch rundlich bis länglich elliptisch, 1 bis 4 cm lang, ledrig, stumpf dunkelgrün, Unterseite gelblichgrün oder rostrot schuppig. Blüten weiß, krugförmig, 6 bis 8 mm lang, in 4 bis 12 cm langen, endständigen Trauben im März/April.

Chamaedaphne ist eine Pflanze der Torf- und Moorgebiete des nördlichen Polarkreises. Wir finden sie am Naturstandort vergesellschaftet mit verschiedenen Sphagnum-Arten, Betula nana, Ledum palustre, Andromeda polifolia und Vaccinium uliginosum.Ein sehr interessantes, schön blühendes Kleingehölz für sonnige bis halbschattige Plätze in genügend feuchten, sauren, torfhaltigen Böden. Sehr schön mit immergrünen Zwergrhododendron, Gaultherien, Eriken und Callunen.

Die Zwergsorte 'Nana' zeichnet sich durch einen besonders dichtbuschigen Wuchs, kleinere Blätter und einen reichen Blütenansatz aus. Rückschnitt sollte nur im Frühjahr kurz vor dem Austrieb erfolgen.

Chamaedaphne calyculata 'Nana'

CHILIOTRICHUM CASS.
Compositae – Korbblütler

C. diffusum 'Siska'

Liebhaber der englischen und schottischen Gärten werden, zumindest bei ihrer ersten Reise, ganz begeistert die Namen der dort verwendeten Olearia-Arten in ihr Notizbuch geschrieben haben. Diese häufig gepflanzten Kleinsträucher bestechen nämlich durch ihr attraktives, immergrünes Laub und die bei einigen Formen sehr schönen, an Astern und Margeriten erinnernden Blüten. Leider müssen wir in unseren Gärten auf die Olearia-Arten verzichten, denn keine von ihnen ist dauerhaft winterfest. Ein beinahe vollwertiger Ersatz wäre hier Chiliotrichum diffusum 'Siska', ein immergrüner

Chiliotrichum diffusum 'Siska'

Strauch, der sehr nahe mit Olearia verwandt ist und auch große Ähnlichkeit mit diesen Pflanzen hat.

Dieses in Chile und Argentinien beheimatete Gehölz entwickelt sich zu einem buschig-aufrechten Strauch, der nach meiner Erfahrung etwa 1 m bis 1,50 m hoch und im Alter auch genauso breit wird. Die Triebe sind dicht verzweigt und weißfilzig. Seine wechselständig angeordneten, graufilzigen Blätter erinnern sehr stark an Rosmarin, während die im Juni/Juli erscheinenden, 2,5 bis 5 cm breiten Blüten große Ähnlichkeit mit Margeriten haben.

Sonnig-warme, gut geschützte Pflanzplätze und ein durchlässiger Boden wären die einzigen Ansprüche, die dieses Gehölz stellt.

Ein zierlicher, rosmarinähnlicher Strauch, der wundervoll zu dem Thema „Grausilberner Garten" paßt. Chiliotrichum, Caryopteris, Perovskien, Lavendel, Artemisien, blaue Linum-Arten, blaugraue Eryngium und feine Silbergräser würden gut zusammenklingen.

CHIMONANTHUS LINDL.
Winterblüte – Calycanthaceae,
Gewürzstrauchgewächse

C. praecox (L.) LINK
(= Chimonanthus fragrans, Calycanthus praecox)

Verbreitung: China.

Wuchs: Sommergrüner, aufrechter, etwas sparrig verzweigter Strauch.

Chimonanthus praecox

CHIONANTHUS L.
Schneeflockenstrauch – Oleaceae,
Ölbaumgewächse

C. virginicus L.

Chionanthus virginicus

Chusquea culeou

Größe: 2 bis 3 m hoch, in milden Gebieten auch höher. Breite 1,5 bis 2,5 m.

Rinde: Junge Triebe graubraun, schattenseits auch grauoliv, glatt, später grau.

Blätter: Sommergrün, gegenständig, lanzettlich bis eiförmig-elliptisch, 7 bis 15 (bis 20) cm lang, lang zugespitzt, glänzend hellgrün, oben kurzborstig, rauh, unten heller und auf den Nerven behaart; im Herbst gelbgrün, lange haftend.

Blüten: Bis 2,5 cm breite, glockige, interessant geformte Einzelblüten am 2jährigen Holz, äußere Tepalen hellgelb (wachsgelb), innere etwas kürzer und purpurn gestreift bis gefleckt, stark duftend, in milden Wintern oft schon im Dezember geöffnet und dann bis Februar/März blühend. Blüten sehr attraktiv und wegen der sehr frühen Blütezeit auffallend.

Früchte: Urnenförmig, 5 bis 7 cm lang, reifen in warmen Sommern auch bei uns aus.

Standort: Sonnig bis leicht absonnig, sehr warm und geschützt.

Boden: Nährstoffreicher, aber nicht zu schwerer, gut durchlässiger Boden, pH-tolerant.

Eigenschaften: Sehr lange Blütezeit, oft von Dezember bis März, ältere Pflanzen gut frosthart.

Verwendung: Die Winterblüte gehört zu den allergrößten Gehölzkostbarkeiten, die wir überhaupt kennen. Gartenräume und Innenhöfe werden bei mildem Wetter oft schon im Dezember/ Januar von dem sehr angenehmen, süßen Vanilleduft erfüllt. Empfehlenswert sind geschützte Plätze an Mauern, auf Terrassen oder vor Immergrünen, auch sehr gut als Spalierstrauch zu verwenden, ausgezeichneter Vasenschmuck.

Verbreitung: Südöstliches Nordamerika; auf tiefgründigen, nährstoffreichen Böden an Flußufern und Sümpfen.

Wuchs: Langsam und breitbuschig aufrecht wachsender Strauch; in seiner Heimat kleiner Baum.

Größe: 3 (bis 5) m hoch und breit. Jahreszuwachs 15 cm.

Rinde: Grau, mit deutlichen Lentizellen, glatt, später schuppig bis borkig.

Blätter: Sommergrün, gegenständig, elliptisch bis eilänglich, ganzrandig, 10 bis 20 cm lang, ledrig, dunkelgrün, bleiben sehr lange haften, oft auch gelbe Herbstfärbung.

Blüten: Weiße, überhängende, bis 20 cm lange Rispen, duftend, Pflanze ist zweihäusig, männliche Blütenrispen länger! Blütezeit Juni.

Wurzel: Oberflächennahe Hauptwurzeln, weit ausgebreitet, hoher Anteil an Feinwurzeln.

Standort: Sonnig bis absonnig, geschützt.

Boden: Liebt feuchte, sandige, schwachsaure Lehmböden mit einem pH-Wert von 6 bis 6,5, toleriert aber auch trockenere Standorte, hier besseres Ausreifen der Triebe gewährleistet.

Eigenschaften: Nach amerikanischen Angaben sehr stadtklimafest und rauchhart; sehr später Austrieb, als junge Pflanze frostgefährdet.

Verwendung: Außerordentlich attraktiver Blütenstrauch für Einzelstand und Gruppenpflanzung in Garten- und Parkanlagen. Passende Nachbarn wären Bambus, Clethra, Decaisnea, Calycanthus, Leucothoë, Ligustrum ovalifolium, Syringa chinensis, Weigela, Viburnum plicatum und Stauden wie Ligularien, Lysimachia punctata, Lysimachia clethroides, Iris sibirica und Hemerocallis.

CHUSQUEA KUNTH
Bambus-Gramineae, Süßgräser,
Unterfamilie Bambusoideae, Bambusgräser

In den letzten Jahren hat die Bambus-Gattung Chusquea nicht nur den Liebhabern die Köpfe verdreht, sondern auch den Botanikern die Ruhe geraubt, weil eine exakte Bestimmung äußerst schwierig ist. Man weiß zwar, daß es hier und dort in den Sammlungen und Gärten herrliche Bestände gibt, kennt aber weder die korrekte wissenschaftliche Bezeichnung, noch kommt man über den normalen Handel an diese Wunderpflanzen heran. Zur tatsächlichen Frosthärte gibt es nur widersprüchliche, und leider immer noch keine gesicherten Angaben. Doch eines steht jetzt schon unerschütterlich fest, die Chusqueen gehören zu einer der aufregendsten und schönsten Bambusgattungen, und sie sind auch robuster und härter als wir zunächst vermutet haben. Der momentane Engpaß in der Versorgung aller Interessenten mit Pflanzenmaterial wird hoffentlich bald überwunden sein.

Chusqueen bestechen durch ihren breitbuschigen, lockeren und horstigen Wuchs, die auffallend quirlig stehende, kurze Bezweigung und das dekorative, bläulichgrüne Laub. Zur Zeit des Austriebs kontrastieren die weißlichen Halmscheiden sehr schön mit den dunkelbraunroten, jungen Halmen.

C. breviclumis ähnlich im Wuchs wie C. culeou, doch insgesamt niedriger und schwächer. Gesamthöhe um 4 m.

C. culeou ist eine bekannte Art, die man in den englischen Gärten häufiger antrifft. Halme 3 bis 6 (8) m hoch, kräftig und dick, ausgereift grünlichgelb bis hellgelb, dicht besetzt mit quirlig stehenden Zweigetagen, Zweiglein auffallend kurz. Blätter bläulichgrün, Halmscheiden grauweiß. Ältere Pflanzen sind wohl hart bis minus 16 bis 18 °C.

C. nigricans ist im Hochland von Valdivia be-

Hummel auf Cladrastis Blüte

heimatet, wo der Bambus in Höhenlagen um 1000 m wachsen soll. Die Halme erreichen dort Längen von 8 bis 10 m (W. VOGEL).

Die im Hamburger Botanischen Garten kultivierten, etwa 5 m hohen Chusquea-Bestände, die der unvergessene MEYER (Tönisvorst) eingeführt hat, gehören möglicherweise zu C. nigricans. Sie sind enorm wüchsig und haben den Winter 84/85 gut überstanden. Im Laufe der Jahre ist auch eine Zunahme der Frosthärte zu verzeichnen, sie dürfte bei minus 17 (20) °C liegen. Das Laub dieser äußerst dekorativen Bambus-Art ist auffallend windfest. Sie gehört daher zusammen mit Phyllostachys bissetii, P. decora, P. rubromarginata, P. propinqua und Sasa kurilensis zu den windresistentesten Bambus-Arten. Eine weitere, interessante Art dürfte C. parviflora sein, die bei W. VOGEL unter leichtem Laubschutz Fröste von minus 24 °C ohne Schäden überstanden hat.

Ich bin fest davon überzeugt, daß die Bambus-Liebhaber Mitteleuropas in den nächsten Jahren noch einige hochinteressante Entdeckungen aus den südamerikanischen Gebirgen erwarten können. Verschiedenen Chusquea-Arten prophezeie ich schon heute eine erfolgreiche Garten-Zukunft, zumindest in den milderen Klimaräumen.

CISTUS L.
Zistrose – Cistaceae,
Zistrosengewächse

C. laurifolius L.,
Lorbeerblättrige Zistrose

Zistrosen und Lavendel sind Charakterpflanzen der mediterranen Flora. Sie gehören zu jenen aromatischen Sträuchern, die der Macchie den so berühmten und betörenden Duft verleihen, den man nie wieder vergißt, der sogar süchtig machen kann. Für den „Garten eines Macchia-Süchtigen" kann ich leider nur C. laurifolius empfehlen. Alle anderen Arten sind nicht frosthart und müssen als Kübelpflanze im Kalthaus überwintert werden.

Die Lorbeerblättrige Zistrose wächst buschig aufrecht und wird etwa 1 bis 1,5 (2) m hoch. Ihre Blätter sind eilänglich, ledrig, oben dunkelgrün, unten graufilzig und leicht klebrig. Im Juli/August erscheinen die weißen, wohlriechenden Schalenblüten, die am Grunde einen gelben Basalfleck aufweisen. C. laurifolius liebt einen vollsonnigen Standort und gut durchlässigen, warmen, kalkhaltigen Boden.

Den Wurzelbereich sollte man im Winter mit einer trockenen Laubschicht schützen. Herrliche Duftpflanze für den Mittelmeer- oder Steppengarten. Passende Nachbarn wären: Lavendel, Perovskien, Caryopteris, Artemisia-Arten, Yucca, Caragana jubata, Salvia officinalis, Veronica spicata ssp. incana, Festuca glauca und Helictotrichon sempervirens.

Bei einem Besuch des Botanischen Gartens Osnabrück im Frühjahr 1995 fiel mir an einem vollsonnigen, trockenen und kalkreichen Hang eine makellose Gruppe von Cistus populifolius L. auf. Wir müssen uns mit dieser Art unbedingt näher auseinandersetzen.

CLADRASTIS RAF.
Gelbholz – Papilionaceae,
Schmetterlingsblütler

C. lutea (MICHX. f.) K. KOCH,
Amerikanisches Gelbholz
(= C. kentukea, Virgilia lutea)

Verbreitung: Östliches Nordamerika; auf feuchten, nährstoffreichen Böden entlang den Ufern von Bergflüssen, in feuchten Bergtälern, auf tiefgründigen, steinig-lehmigen Felsböden.

Cladrastis lutea

Wuchs: Mittelgroßer, meist kurzstämmiger Baum mit starken, weit ausladenden Ästen, oft auch mehrstämmig, Krone breit und rundlich.

Größe: 8 bis 10 (bis 15) m hoch, 40jähriges Exemplar hat auf gutem Boden eine Höhe von 9 m und eine Breite von 14 m erreicht.

Rinde: Junge Triebe hin- und hergebogen (zickzack), olivbraun bis braun, leicht glänzend, kahl, Borke grau, dünn, buchenähnlich, Knospen 2 bis 5 mm lang, ohne Schuppen, hellbraun, wollig behaart.

Blätter: Sommergrün, wechselständig, unpaarig gefiedert, robinienähnlich, Fiederblättchen 7 bis 11, eiförmig-elliptisch, kahl, hellgrün, 7 bis 10 cm lang; Herbstfärbung leuchtend hellgoldgelb, sehr auffallend.

Blüten: Weiß, in bis zu 40 cm langen, hängenden Doppeltrauben, angenehm süßlich duftend, Ende Mai bis Mitte Juni, blüht nicht regelmäßig, oft auch nur alle zwei oder drei Jahre eine Vollblüte. Sehr reicher Blütenansatz nach warmen Sommern.

Früchte: 7 bis 8 cm lange, hellbraune Hülsen.

Wurzel: Tiefgehend und ausgebreitet.

Standort: Volle Sonne, windgeschützt.

Boden: Toleriert jeden kultivierten Gartenboden, gedeiht sowohl auf Böden mit einem hohen pH-Wert als auch auf sauren Substraten, bevorzugt frische, tiefgründige, nährstoffreiche Standorte.

Eigenschaften: Frosthart, nur in der Jugend etwas empfindlich, wärmebedürftig, wird kaum von Krankheiten befallen, steht früh im Saft, Holz hat gelbe Farbe, sehr hart, aber auch etwas brüchig, blüht nicht regelmäßig, angeblich auf Kalk nicht so langlebig, übersteht Trockenzeiten relativ gut.

Verwendung: Durch sein hellgrünes Fiederlaub und die weißen, duftenden Blütentrauben ein sehr kostbares Solitärgehölz; das Gelbholz ist einer der schönsten Blütenbäume, die wir haben, es ist leider noch sehr unbekannt; herrlicher Schattenbaum, wegen des späten Austriebs gut geeignet für Unterpflanzung mit Crocus, Scilla, Anemonen, Narzissen, Leucojum und anderen Frühjahrsblumenzwiebeln. Wir sollten dem Gelbholz einen genügend großen Pflanzplatz einräumen, da der Baum betont breit ausladend wächst. Alte Exemplare sind ausgesprochen malerische, imposante Baumgestalten. Guter, früher Herbstfärber (ab Ende September).

Bemerkung: Das Holz wurde in Amerika zur Herstellung einer klaren, gelben Farbe benutzt.

Pflegehinweis: Schnittarbeiten sollten im Sommer oder während der völligen Vegetationsruhe durchgeführt werden, bereits im Nachwinter besteht große Blutungsgefahr. Besonders an jungen Bäumen Entlastungsschnitt vornehmen und gefährdete Gabeläste im Sommer entfernen, da Windbruchgefahr.

Ökologie: Wichtige Insektennährpflanze; Blütenbesucher sind vor allem Hummeln, Bienen und verschiedene Falterarten.

Clematis montana 'Rubens' in Syringa vulgaris - Hybride

CLEMATIS L.
Waldrebe – Ranunculaceae
Hahnenfußgewächse

Die Gattung Clematis ist außerordentlich formenreich und vielgestaltig; sie umfaßt etwa 250 Arten, die beinahe auf der ganzen Erde verbreitet sind. Sie gehören zur großen Familie der Ranunculaceae, der Hahnenfußgewächse. Es sind sommergrüne oder immergrüne, mit den Blättern rankende Lianen, aufrechte Halbsträucher oder Stauden. Ihr größter Schmuckwert ist die unglaublich massive Blütenfülle, die sie zu einer der attraktivsten und beliebtesten Kletterpflanzen gemacht hat. Form und Anordnung der Blüten sind sehr unterschiedlich. Die Wildarten haben meist krug- oder glockenförmige, nickende Einzelblüten, aber auch vielblütige, duftige Rispen. Sie zeichnen sich durch gesunden Wuchs, eine kaum erreichte Eleganz in der Blütenform und durch den sehr zierenden, fedrig-silbrigen Fruchtschmuck aus.

Bei den Hybriden überwiegen die Formen mit den großen, tellerförmigen Einzelblüten. Bis auf die gelbe Farbe, die wir z. Z. nur bei den Wildformen finden, ist bei den großblumigen Sorten die gesamte Farbpalette vom reinsten Weiß über Porzellanrosa, Rubinrot und Violettblau vertreten. Die Japaner haben das Clematis-Sortiment gerade in jüngster Zeit mit der Sorte 'Fujimusume' um das reinste und schönste Himmelblau bereichert.

Die Verwendungsmöglichkeiten von Clematis sind beinahe unbegrenzt. Mauern, Rankgerüste und Zäune lassen sich in blühende Wände verwandeln. Weniger bekannt ist, daß man Clematis auch sehr gut an bereits eingewachsene Kletterpflanzenbestände wie Efeu und Wisterien pflanzen kann. Herrliche Farbklänge ergeben sich in der Kombination mit Kletterrosen. Auch als Bodendecker oder an einem Dreibock halbhoch gezogen, lassen sich die Waldreben bestens mit Stauden verbinden. Schöne Benachbarungsbeispiele wären: 'Jackmanii' mit Thalictrum dipterocarpum und gelben Hemerocallis! oder Clematis 'Perle d'Azur' mit der Kletterrose 'New Dawn'!; weitere Benachbarungsstauden für Clematis-Hybriden sind Delphinium in violettblau, Campanula lactiflora, Lythrum salicaria, Macleaya cordata und Phlox.

Clematis 'Hagley Hybrid'

rechts: Ein Traumpaar: Clematis-Hybride 'Gipsy Queen' und Thalictrum dipterocarpum im Arboretum Ellerhoop-Thiensen.

'Purple Border' in Sissinghurst Castle mit C. viticella 'Mme. Julia Correvon' (links), C.-Hybride 'Viktoria' (rechts), *Lythrum salicaria* 'Firecandle', *Nepeta sibirica*, *Clematis x durandii*, *Campanula lactiflora*, Monarda und Liatris

C. alpina (L.) MILL., Alpen-Waldrebe

Clematis alpina

Verbreitung: Alpen, Seealpen, Apennin und Karpaten; in Deutschland verbreitet in den Bayrischen Alpen. In alpinen, strauchreichen, lichten Nadelwäldern, im vollsonnigen Alpenrosen-Latschen-Gebüsch, auf trockenen bis frischen, nährstoffarmen, kalkhaltigen bis sauren, humosen Lehm-, Stein- und schottrigen Felsböden. Vergesellschaftet mit Larix decidua, Pinus cembra, Pinus mugo, Rhododendron ferrugineum, Erica carnea und Vaccinium myrtillus.

Wuchs: Schwach kletternde, teils auch niederliegende, kriechende Rankenpflanze.

Größe: An geeigneter Kletterhilfe bis 3 m hoch.

Blätter: Sommergrün, gegenständig, unpaarig gefiedert, mit doppelt 3zähligen Blättern, Blättchen lanzettlich bis eiförmig, grob gesägt.

Blüten: Einzeln an 12 cm langen Stielen, nickend, aus 4-glockig geformten bis gespreizten, violettblauen oder weißen Tepalen, Blüten erscheinen in großer Fülle von Mai bis Juni.

Früchte: Fruchtstand aus nußartigen Einzelfrüchten zusammengesetzt, diese mit silbrig-fedrigen, sehr zierenden Haarbüscheln besetzt.

Wurzel: Fleischig, feintriebig, flach.

Standort: Lichter Schatten bis Halbschatten, geschützt, in kühlen, luftfeuchten Lagen auch vollsonnig, Wurzelschutz.

Boden: Humose, durchlässige, frische Gartenböden von sauer bis alkalisch.

Eigenschaften: Vollkommen frosthart, in der Jugend ein wenig trägwüchsig, frei von Schädlingen und Krankheiten. Erstaunlich widerstandsfähig gegenüber Spätfrösten. 30 cm lange Austriebe haben Temperaturen von minus 9 °C schadlos überstanden.

Verwendung: Wundervolle, sehr früh und außerordentlich reichblühende, zierliche Wildart für die Berankung von Zäunen, Pergolen und Felspartien in Steingärten (bodendeckend); Pflanzung in Sträucher und Kleinbäume, die zur selben Zeit blühen: Amelanchier laevis, Halesia, Malus 'Prof. Sprenger', M. sargentii, Magnolia stellata, M. x loebneri, Prunus serr. 'Kiku-shidare-zakura', Prunus persica 'Klara Meyer'; weitere Blütennachbarn wären: Prunus tenella, Deutzia gracilis, Virburnum carlesii und Teppiche aus Anemone nemorosa und A. blanda.

Bemerkung: Rückschnitt nicht erforderlich, falls zu üppig, unmittelbar nach der Blüte schneiden.

C. alpina 'Bettina'

Wuchs: Zierliche, mittelstark wachsende Waldrebe.

Größe: 2,50 m bis 3 m hoch.

Blätter: Sommergrün, gegenständig, unpaarig gefiedert, Blätter doppelt 3zählig, Blättchen lanzettlich bis eiförmig, grob gesägt.

Blüten: Einzeln stehend, nickend, glockig, tiefmagenta bis dunkelmagenta, Tepalen 4 cm lang und 1,5 bis 1,8 (bis 2) cm breit, Staminodien gelblichgrün, April/Mai.

Weitere Merkmale und Verwendung wie Clematis alpina.

C. alpina 'Frances Rivis'
(= C. alpina 'Blue Giant')

Wuchs: Zierliche, mittelstark wachsende Rankenpflanze.

Größe: 2,50 m bis 3 m hoch.

Blätter: Sommergrün, gegenständig, unpaarig gefiedert, mit doppelt 3zähligen Blättern, Blättchen lanzettlich bis eiförmig, grob gesägt.

Blüten: Tiefblau-violettblau, sehr groß, aus 4-glockig geformten bis gespreizten, 6 cm langen Tepalen, außerordentlich reichblühend, von April bis Juni.

Weitere Merkmale und Verwendung wie C. alpina.

Bemerkung: Rückschnitt nicht erforderlich, falls zu üppig, unmittelbar nach der Blüte schneiden.

C. alpina 'Pamela Jackman'

Wuchs: Zierliche, mittelstark wachsende Rankenpflanze.

Größe: 2,50 bis 3 m hoch.

Clematis alpina 'Frances Rivis'

Blätter: Sommergrün, gegenständig, unpaarig gefiedert mit doppelt 3zähligen Blättern, Blättchen lanzettlich bis eiförmig, grob gesägt.

Blüten: Violettblau bis tiefblau, Blüten mehr aufrecht, nicht so hängend wie bei C. alpina, Blütenblätter insgesamt auch mehr gespreizt und dadurch offener, bis 7 cm breit, Tepalen 3,5 bis 4 cm lang und bis 1,2 cm breit, Rand oft nach außen gerollt, Staminodien 1,5 cm lang, spatelförmig, gelblichgrün, zur Spitze hin weißlich; leicht remontierend; April, Mai.

Weitere Merkmale wie bei C. alpina.

Verwendung: Neben 'Frances Rivis' vielleicht die schönste und ausdrucksstärkste Form der Alpen-Waldrebe, ein überreicher Blüher; an leicht absonnigen Plätzen, wo sich die Alpen-Waldrebe ohnehin besonders wohlfühlt, erscheint ihr wunderbares, tiefes Blau besonders rein. Benachbarung wie C. alpina.

Bemerkung: Rückschnitt nicht erforderlich, falls zu üppig, unmittelbar nach der Blüte schneiden.

C. alpina 'Ruby'

Wuchs: Zierliche, mittelstark wachsende Waldrebe.

Größe: 2,50 m bis 3 m hoch.

Blätter: Sommergrün, gegenständig, unpaarig gefiedert, Blätter doppelt 3zählig, Blättchen lanzettlich bis eiförmig, grob gesägt.

Blüten: Einzeln stehend, nickend, glockig, violettrot, Tepalen 4,5 bis 5,0 cm lang und 1,8 bis 2 cm breit, Staminodien gelblichweiß, schwach violettrot überzogen, April/Mai.

Weitere Merkmale und Verwendung wie Clematis alpina.

Clematis alpina 'Ruby'

C. alpina 'White Moth'

Ein Sämling von C. alpina ssp. sibirica, doch hat 'White Moth' große Ähnlichkeit mit einer C. macropetala-Form.

Wuchs: Zierliche, mittelstark wachsende Waldrebe.

Größe: 2 bis 3 m hoch.

Blätter: Sommergrün, gegenständig, unpaarig gefiedert.

Blüten: Einzeln stehend, nickend, glockig, weiß, gefüllt.

Weitere Merkmale und Verwendung wie Clematis alpina.

Clematis alpina 'White Moth'

C. x durandii KUNTZE
(C. integrifolia x C. x jackmanii)

Vor 1870 bei FRÈRES in Lyon entstanden.

Wuchs: Aufrecht, nicht oder bisweilen nur ganz schwach kletternd.

Größe: 1,5 bis 2,5 m hoch.

Blätter: Sommergrün, gegenständig, einfach, 8–12 cm lang, eiförmig, Basis keilförmig bis fast herzförmig, derb, mittelgrün, leicht glänzend.

Blüten: Violettblau mit 4 (bis 6) Tepalen, die sich nicht überlappen, Rand gewellt, Spitzen nach hinten geschlagen, Staubgefäße hellgelb bis bräunlich, außerordentlich attraktiv, Juli bis August.

Standort: Sonne bis leichter Halbschatten, Wurzelfuß kühl und feucht.

Boden: Durchlässige, frische, humose, nahrhafte

Clematis x durandii

Gartenböden, die nicht unter pH 5,5 bis 6 liegen sollten, verträgt keine Staunässe.

Eigenschaften: Frosthart, obwohl kaum rankend, ist sie in der Lage, in Sträuchern, Koniferen oder an Drahtwänden emporzuwachsen. Triebe nur mäßig verholzend.

Verwendung: Eine attraktive Clematis-Hybride, deren Blüte im Sonnenlicht violettblau erscheint, bei gedämpftem Licht herrlich dunkelblau ist; ein markantes Merkmal sind die in der Blütenblattmitte vertieft liegenden, parallelen Adernpaare, die die Blüte sehr beleben. Hervorzuheben ist die sehr lange Blütezeit. Sehr schön wirkt diese Waldrebe in Staudenpflanzungen, wo sie 60–80 cm hohe Kreuzbögen aus Haselnußgerten oder niedrige Rankgerüste mit ihren Blüten völlig überzieht und zusammen mit

gleichfarbigem Rittersporn für lange Zeit den Ton im „blauen Garten" angibt. C. x durandii scheut aber auch keinen Bodenkontakt! Sehr schön in rosa Kletterrosen, wo diese reizende, aber doch etwas haltlose „Durandii" die genügende Unterstützung findet. Dankbare Schnittblume.

Rückschnitt: Clematis x durandii ist ein Neuholzblüher und sollte im Februar/März auf 30 cm zurückgeschnitten werden.

C. x fargesioides

Clematis x fargesioides

1964 im Nikita Botanical Gardens, Yalta, aus einer Kreuzung zwischen Clematis fargesii var. souliei (= C. potaninii var. potaninii) und Clematis vitalba entstanden. Namensgebung unkorrekt. Pflanze ist allerdings in Rußland und den Baltischen Staaten seit nunmehr 30 Jahren unter dieser Bezeichnung bekannt.

Synonyme: 'Fargesioides'; C. x fargesioides **'Summer Snow'** (Dänemark); **'Paul Farges'** (Holland).

Wuchs: Starkwüchsiger, bis 7 m hoch wachsender Kletterstrauch.

Blätter: Sommergrün, gegenständig, 5 bis 7zählig, grün, unterseits hellgrün.

Blüten: Rahmweiß, 4 bis 4,5 (bis 5) cm breit, 6 Blütenblätter, selten 4 oder 7, zu mehreren in rispenartigen Ständen, Juni bis September (Oktober).

Eigenschaften: Sehr frosthart (Mittelschweden, Baltische Staaten).

Verwendung: Gehört zu den schönsten und wertvollsten Clematis-Neuentdeckungen. Wird mit Sicherheit unsere Gärten im Sturm erobern. Die duftigen, transparenten Blüten (Summer Snow!) sind ein herrlicher Hintergrund für den Weißen Garten. Sie passen ausgezeichnet zu Spinnenpflanzen und weißen Kosmeen.

Clematis x fargesioides mit Ammi visnaga (Knorpelmöhre)

Größe: 2,5 bis 3,5 m hoch.

Blätter: Sommergrün, gegenständig, doppelt-drei-zählig, die 9 Blättchen eiförmig bis lanzettlich, 2 bis 3,5 cm lang, grob gezähnt oder etwas gelappt.

Blüten: Einzeln, nickend, 5 bis 10 cm breit, die 4 Blütenblätter sind etwas glockig geformt, blau bis violettblau, Staminodien sind sehr zahlreich, innere gelbgrün, äußere Staminodien hellviolettblau, sehr breit und fast so lang wie die Blütenblätter, dadurch entsteht der Eindruck einer gefüllten Blüte, außerordentlich attraktiv!, April bis Juni.

Standort: Sonne bis Halbschatten.

Boden: Humose, sandig-lehmige, durchlässige, frische Gartenböden, neutral bis stark alkalisch.

Eigenschaften: Sehr frosthart und gesund, wird nicht von der Clematis-Welke befallen. Erstaunlich widerstandsfähig gegenüber Spätfrösten. 20 cm lange Austriebe haben Temperaturen von minus 9 °C schadlos überstanden.

Clematis macropetala

C. integrifolia L., Ganzblättrige Waldrebe

Verbreitung: Südosteuropa bis Westasien.

Wuchs: Niederliegender Halbstrauch.

Größe: 40 bis 60 cm hoch.

Blätter: Ungeteilt, eirundlich bis lanzettlich.

Clematis integrifolia

Blüten: Violettblau, einzeln an den Triebenden, Blütenblätter glockenförmig, Spitzen gespreizt, Juli bis August.

Früchte: Samenstände fedrig, attraktiv.

Verwendung: Eine der wertvollsten niedrigen Clematis-Arten. Einfach reizend mit den überaus zahlreichen blauen Blüten und den gleichzeitig erscheinenden, silbrigen Fruchtständen. Anmutiger Bodendecker für absonnige bis sonnige Standorte. Sehr schön zusammen mit blauen und weißen Platycodon. Bitte diese Clematis nicht aufbinden, niederliegend wirken sie nicht nur natürlicher, sondern erfüllen auch ihre Funktion als Bodendecker sehr viel besser.

C. macropetala LEDEB., Akelei-Waldrebe

Verbreitung: Nordchina, Mandschurei, Sibirien; 1742 durch D'INCARVILLE in den Bergen nördlich von Peking entdeckt, 1912 nach Europa eingeführt.

Wuchs: Zierlicher Kletterstrauch, mit Hilfe von Blattranken an Pergolen, Drähten und Sträuchern haftend, Triebe kantig, in der Jugend behaart.

Verwendung: Die Akelei-Waldrebe gehört mit ihren anmutigen Blüten, die jedes Jahr in großer Fülle erscheinen, zu den schönsten Wildarten. Leider ist sie noch viel zu wenig bekannt. Geeignet zur Berankung von Pergolen, Gartenmauern, Säulen, Zäunen, Büschen und Laubbäumen. Clematis macropetala ist eine wertvolle Insektenweide, sie wird stark von Bienen und Hummeln beflogen.

Bemerkung: Blüht am alten Holz, Rückschnitt nicht erforderlich, falls zu üppig, unmittelbar nach der Blüte schneiden.

Den Namen Akelei-Waldrebe habe ich ihr auf Grund der Blütenform gegeben.

C. macropetala 'Markham's Pink'

Clematis macropetala 'Markham's Pink'

Wuchs: Zierlicher Kletterstrauch mit kantigen und in der Jugend behaarten Trieben.

Größe: 2 bis 2,50 m hoch.

Blätter: Sommergrün, gegenständig, doppelt-dreizählig, die 9 Blättchen eiförmig bis lanzettlich, 2 − 3,5 cm lang, grob gezähnt oder etwas gelappt.

Blüten: Rosaweiß bis purpurrosa, 5 bis 8 cm breit, nickend, Blütenblätter sind anmutig glockig geformt, Staminodien zahlreich, ähneln Blütenblättern, dadurch entsteht der Eindruck einer gefüllten Blüte, April bis Juni, eine der schönsten Blütenformen von C. macropetala, besonders auffallend.

Weitere Merkmale wie bei der Wildart.

Verwendung: 'Markham's Pink' bezaubert durch ihre akeleiartigen, leuchtend rosaweißen Blüten, die schon im April in großer Menge diesen zier-

Clematis macropetala 'Rosy O' Grady'

lichen Kletterstrauch bedecken. Geeignet zur Berankung von Pergolen, kleinen Gartenmauern, Säulen, Zäunen, Büschen, Laubbäumen, älteren Nadelgehölzen, Gartenlaternen und auch als Bodendecker zwischen Stauden und Kleingehölzen, sehr dekorativ in Pflanzgefäßen, möglich auch an einer älteren Efeuwand, die einen guten Hintergrund abgibt. Eine weitere empfehlenswerte Sorte ist **'Rosy O'Grady'**. Tepalen außen rotlila, innen rosalila, die blütenblattähnlichen Staminodien haben die gleiche Färbung, die inneren Staminodien sind weißlichgelb.

Bemerkung: Blüht am alten Holz, Rückschnitt nicht erforderlich, falls zu üppig, unmittelbar nach der Blüte schneiden.

C. montana 'Rubens',
Anemonen-Waldrebe

Clematis montana 'Rubens'

Wuchs: Starkwüchsige und sehr hoch kletternde Waldrebe.

Größe: Bis 8 m, in wintermilden Gebieten, wo sie kaum zurückfriert, noch höher.

Blätter: Sommergrün, gegenständig, 3zählig, Blättchen kurz gestielt, einfach, eiförmig, bis 10 cm lang, gezähnt, bronzegrün.

Blüten: Einzelblüten anemonenähnlich, bis 6 cm breit, im Aufblühen rosarot, später heller werdend, erscheinen in außerordentlicher Fülle am vorjährigen Holz, Mai.

Wurzel: Fleischig, feintriebig, wenig verzweigt, Wurzelbereich durch Bepflanzung oder Mulchen kühl halten.

Standort: Sonne bis Halbschatten, geschützte Lage.

Boden: Humoser, nährstoffreicher, gleichmäßig feuchter, schwachsaurer bis alkalischer Boden, gut kalkverträglich.

Eigenschaften: Friert gelegentlich zurück, regeneriert sich aber gut, Schäden können bereits bei den ersten Frühfrösten auftreten, da die Pflanze lange im Wuchs bleibt, Blüte erscheint am alten Holz; wenn Rückschnitt erforderlich, nur unmittelbar nach der Blüte.

Verwendung: Eine der schönsten und reichblühendsten Clematis-Sorten. Pergolen, hohe Mauern, Hauswände, große Bäume; Vorsicht bei jüngeren, lichthungrigen Koniferen wie Kiefern, die von dieser raschwüchsigen Waldrebe schnell überwachsen werden und dann zumindest partiell absterben. Genügend stabile Kletterhilfen sind erforderlich. Benachbarung: Syringa vulgaris (violettrosa), Nepeta x faassenii, Salvia officinalis 'Purpurascens' (violettes Laub!) und Heuchera micrantha 'Palace Purple'. Die Sorte **'Tetrarose'** ist starkwüchsig und zeichnet sich durch tiefrosa bis pinkrosa Blüten aus.

C. montana 'Superba'

Wuchs: Starkwüchsige und sehr hoch kletternde Waldrebe.

Größe: Bis 8 m, in wintermilden Gebieten, wo sie kaum zurückfriert, noch höher.

Blätter: Sommergrün, gegenständig, 3zählig, Blättchen bis 10 cm lang, gezähnt, bronzegrün.

Blüten: Einzelblüten anemonenähnlich, weiß, etwas größer als beim Typ, Mai.

Weitere Merkmale und Verwendung wie vorige Sorte.

Bemerkung: C. montana ist ein Altholz-Blüher, Rückschnitt ist nicht erforderlich, falls zu üppig, dann unmittelbar nach der Blüte schneiden.

Clematis montana 'Superba'

Clematis montana

C. orientalis L., Orientalische Waldrebe

Verbreitung: Himalaja.

Wuchs: Zierlicher, schwach- bis mittelstarkwüchsiger Kletterstrauch mit kahlen Trieben.

Größe: 2,5 bis 4 (bis 5) m hoch.

Blätter: Sommergrün, gegenständig, einfach bis doppelt gefiedert, Blättchen bläulichgrün, eiförmig bis lanzettlich, 1,5 bis 5 cm lang (bei C. tangutica 3 bis 8 cm), gelappt oder grob gezähnt.

Blüten: Gelb bis knallgelb, meist einzelne Blüten an bis zu 10 cm langen Stielen, etwas hängend, glockig, in Vollblüte leicht gespreizt, 3 bis 5 cm breit, Tepalen auffallend dickfleischig, etwa 2,5 cm lang und 1,5 cm breit, an den Spitzen etwas hochgeschlagen, Staubfäden auffallend lila-schwarz (bei C. tangutica braunpurpurn, weniger attraktiv), Narben gelblichgrün. Blütezeit August bis Oktober.

Früchte: Silbrig-fedrig, zierend.

Standort: Volle Sonne, um reichen Blütenansatz zu erzielen.

Boden: Humoser, nährstoffreicher, gleichmäßig feuchter, schwach saurer bis alkalischer Boden.

Eigenschaften: Frosthart, Trockenheit nicht gut vertragend!

Verwendung: Wunderschöne, gelbblütige Clematis-Art, die durch ihre späte Blüte, die dickfleischigen Blütenblätter und den silbrigen Fruchtstand sehr wertvoll ist.

Clematis orientalis

Unter der Sortenbezeichnung 'Orange Peel' wird eine bisher nicht eindeutig identifizierte Art/Form gehandelt, die sich durch tiefgelbe bis maisgelbe Blüten mit besonders dickfleischigen Tepalen auszeichnet.

Clematis orientalis 'Orange Peel'

C. paniculata THUNB. non GMEL., Herbst-Waldrebe
(= C. maximowicziana FRANCH & SAV., C. dioscoreifolia var. robusta (CARR.) REHD., C. terniflora)

Verbreitung: Japan, Mandschurei und Korea.

Wuchs: Starkwüchsiger, sehr hoch wachsender Kletterstrauch.

Größe: Bis 10 m hoch.

Blätter: Sommergrün, gegenständig, 3 bis 7zählig, gefiedert, Blättchen ganzrandig, eiförmig, 5 bis 7 cm lang, erinnern in Form und Farbe an die Blätter von Syringa vulgaris.

Blüten: Weiß, in vielblütigen Rispen, Einzelblüte 3 cm breit, wohlriechend, erscheinen in großer Fülle von September bis Oktober.

Wurzel: Fleischig, feintriebig, wenig verzweigt.

Standort: Sonnig bis leicht absonnig.

Clematis paniculata

Boden: Toleriert jeden normal kultivierten, mäßig trockenen bis frischen Gartenboden von schwachsauer bis alkalisch, insgesamt anspruchslos.

Eigenschaften: Friert in strengen Wintern gelegentlich zurück, treibt jedoch gut wieder durch. Gute Kletterhilfe nötig, da relativ wenig Ranken ausgebildet werden.

Verwendung: Überaus reichblühender, relativ anspruchsloser Spätblüher für Häuserwände, Gartenmauern, Zäune und ältere Bäume.

Bemerkungen: C. paniculata ist ein Neuholz-Blüher und sollte im Frühjahr auf 30 bis 60 cm zurückgeschnitten werden.

C. tangutica (MAXIM.) KORSH., Gold-Waldrebe
(= C. tibetana ssp. tangutica)

Verbreitung: Mongolei, Nordwestchina.

Clematis tangutica

Wuchs: Schwachwüchsiger, dünntriebiger Kletterstrauch.

Größe: 3 (bis 5) m hoch.

Blätter: Sommergrün, gegenständig, einfach bis doppelt gefiedert, Blättchen länglich bis lanzettlich, frischgrün.

Blüten: Goldgelb, an 15 cm langen, dünnen, aufrechten Stielen, nickend, Einzelblüte zunächst glockig, im Verblühen gespreizt, Juni, Nachblüte im Herbst; sehr anmutige, attraktive Blüten.

Früchte: Silbrig glänzende, federartige Samenstände, die bis in den Winter eine große Zierde sind.

Wurzel, Standort und Boden wie C. montana 'Rubens'.

Verwendung: Durch die leuchtend goldgelben

Blüten eine Besonderheit im Clematis-Sortiment. Rankgerüste, Gartenmauern, Zäune, Felspartien im Steingarten, kleine Bäume, Böschungen.

Bemerkungen: C. tangutica blüht am Neuholz, sie sollte im Frühjahr auf 30 bis 60 cm zurückgeschnitten werden.

C. texensis BUCKL., Texas-Waldrebe

Wurde um 1868 eingeführt.

Verbreitung: Texas.

Wuchs: Halbstrauchig oder auch nur staudig wachsende Liane mit braunroten Trieben.

Größe: 1,5 bis 2 (2,5) m hoch..

Blätter: Gefiedert, zusammengesetzt aus 4 bis 8 bläulichgrünen Einzelblättchen.

Blüten: Krugförmig, einzeln an 15 bis 18 cm langen Stielen, nickend, 2 bis 3 cm lang, bei den Sorten länger, karmin- bis scharlachrot. Juli bis September.

Standort: Sonnig, warm und windgeschützt..

Boden: Mäßig trocken bis frisch, gut durchlässig, nicht zu nährstoffarm.

Eigenschaften: Friert in strengen Wintern bis zum Boden zurück, treibt jedoch gut wieder durch.

Verwendung: Eine kleinblumige, sehr anmutige Waldrebe für den Liebhaber. An Rankgerüsten, vor warmen Mauern, zum Überspinnen von mittelhohen Sträuchern oder bodendeckenden Gehölzen, die unter dieser grazilen Clematisart nicht zu leiden haben. Bei jungen Pflanzen und in ungünstigen Lagen ist eine Laubdecke als Winterschutz empfehlenswert.

Clematis texensis 'Pagoda'

Clematis texensis 'Duchess of Albany'

Wertvolle Sorten sind:

C. texensis 'Duchess of Albany', Blüten glockenförmig, dunkelrosa mit roten Streifen, aufrecht.

C. texensis 'Etoile Rose', Blüten kirschrot, silbern gerandet, nickend.

C. texensis 'Gravetye Beauty', Blüten glockenförmig, rubinrot, aufrecht.

C. texensis 'Pagoda', Blüten rosa, im Aufblühen glockenförmig, später Blütenblätter gespreizt.

C. vitalba L.,
Gewöhnliche Waldrebe

Clematis vitalba

Verbreitung: West- und Mitteleuropa, Orient, Kaukasus; gesellig in Auenwäldern, häufig an Waldrändern, auf Kahlschlägen und Böschungen; auf nährstoffreichen, oft kalkhaltigen, tiefgründigen Lehm-, Löß- und Tonböden.

Wuchs: Stark kletternde, heimische Liane.

Größe: In Bäumen bis 30 m hoch, oft aber auch niederliegend, flächendeckend an Böschungen. Wuchsbreite 3 bis 8 m.

Rinde: Kantig und gefurcht, ältere Stämme graubraun, Rinde in langen Streifen ablösend.

Blätter: Sommergrün, gegenständig, unpaarig gefiedert mit 3 bis 5 Blättchen, eiförmig, ganzrandig, seltener gesägt, frischgrün.

Blüten: Gelblichweiß, in end- oder achselständigen Rispen, Einzelblüte bis 2 cm breit, erscheinen ab Juli bis September/Oktober, etwas unangenehm duftend.

Früchte: Außerordentlich zierende, silbrigweiße, perückenartige Fruchtstände, die bis zum Frühjahr haften.

Wurzel: Fleischig, feintriebig, wenig verzweigt.

Standort: Sonne bis Halbschatten.

Boden: Keine besonderen Ansprüche, toleriert jeden normalen Boden, mäßig trocken bis frisch, bevorzugt kalkhaltige, mehr feuchte Lehme.

Eigenschaften: Gut frosthart, Stickstoffzeiger,

Rohbodenkeimer, Pionierpflanze, Linkswinder, Pflanzen erreichen ein Alter von etwa 40 Jahren, mäßig salzverträglich (Helgoland!), mäßig windfest.

Verwendung: Pioniergehölz, Böschungsbegrünung, Bodenbefestigung, Lärmschutzwände an Verkehrsstraßen, auf Grund des starken Wuchses nur für größere Pergolen, Zäune, alte Bäume. Vorsicht bei Nadelbäumen, insbesondere bei Kiefern.

Bemerkung: C. vitalba ist eine der wenigen heimischen Lianen. In unseren Wäldern gehört sie zu den imposantesten Erscheinungen. Auf feuchten, stickstoffreichen Böden schafft sie innerhalb kürzester Zeit urwaldähnliche Situationen und erreicht mühelos 30 m hohe Baumwipfel. Die frei hängenden Lianenstränge, die bis 20 Jahre alt und 8,5 cm dick werden können, tragen mehrere Zentner! Herrliches Gehölz für den Abenteuer-Spielplatz.

C. viticella L.,
Italienische Waldrebe

Verbreitung: Süd-Europa bis Kleinasien; von der Iberischen Halbinsel über Italien, Griechenland bis zum Kaukasus; bereits seit 1569 in Kultur.

Wuchs: Zierlicher, feintriebiger, mittelstarkwüchsiger Kletterstrauch.

Größe: 4 bis 5 m hoch und bis 3,5 m breit.

Blätter: Sommergrün, gegenständig, gefiedert, 5 bis 7 Blättchen, breit elliptisch bis schmal lanzettlich, meist ganzrandig bis dreilappig.

Blüten: Meist einzeln auf 5 bis 10 cm langen, dünnen Stielen, aufrecht oder nickend, 3 bis 5 cm breit, purpur bis violett, die vier Blütenblätter glockenförmig oder schalenförmig ausgebreitet, erscheinen in großer Fülle von Juni bis September.

Früchte: Mit kurzen, kahlen Griffeln.

Wurzel: Fleischig, feintriebig, wenig verzweigt.

Standort: Sonne bis Halbschatten, geschützt.

Boden: Humose, sandig-lehmige, durchlässige Gartenböden, mäßig trocken bis feucht, neutral bis stark alkalisch.

Eigenschaften: Gut frosthart, wärmeliebend, sehr gesund, wird nicht von der Clematis-Welke befallen.

Verwendung: Die Italienische Waldrebe gehört zu den anmutigsten Wild-Clematis. Wegen ihrer violettblauen Blüten war sie schon im 16. Jahrhundert eine sehr begehrte Gartenpflanze. Geeignet zur Berankung von Pergolen, Gartenmauern, Säulen, Zäunen, Büschen und Laubbäumen. Sehr schön auch als zierlicher Bodendecker zwischen Stauden und

Clematis viticella

Gehölzen. Passende Nachbarn wären hier z.B. weiße und rosafarbene Strauch- und Bodendecker-rosen, Clematis integrifolia, Campanula latifolia 'Alba' und Campanula poscharskyana 'Blauranke'; Potentilla 'Kobold', P. 'Abbotswood'; schön auch zu Hydrangea arborescens 'Annabelle'. In eine Gold-Ulme gesetzt, werden Sie Ihr „dunkelblaues Wunder" erleben, sehr interessant auch mit dunkellila Phlox. Eine andere Möglichkeit ist die Verbindung mit gelblaubigen Nadelgehölzen wie z. B. Juniperus x media 'Old Gold'.

Bemerkung: Die feinen, zierlichen Triebe verholzen nicht besonders stark, ein jährlicher Rückschnitt bis auf 30–60 cm ist im Frühjahr empfehlenswert.

C. viticella 'Etoile Violette'
(1885 MOREL, Frankreich)

Wuchs: Zierlicher, feintriebiger, mittelstarkwüchsiger Kletterstrauch.

Größe: 3 bis 4 m hoch.

Blätter: Sommergrün, gegenständig, gefiedert, 5 bis 7 Blättchen, breit elliptisch bis schmal lanzettlich, meist ganzrandig bis dreilappig.

Clematis viticella 'Etoile Violette'

CLEMATIS

Blüten: Tiefviolett, Blütenblätter (Tepalen) im Gegensatz zur Wildart schalenförmig gespreizt, Einzelblüte 6 bis 10 cm breit.

Weitere Merkmale wie bei C. viticella.

Verwendung: 'Etoile Violette' ist von Blütenform und -farbe her eine kleine, zierliche Ausgabe der berühmten Clematis-Sorte 'Jackmanii'; ein unglaublich reicher Blüher.

Benachbarung wie C. viticella.

Bemerkung: Rückschnitt im Februar/März auf 30 bis 60 cm.

C. viticella 'Kermesina'

Wuchs: Zierlicher, feintriebiger, mittelstarkwüchsiger Kletterstrauch.

Größe: 2,50 bis 4 m hoch.

Blätter: Sommergrün, gegenständig, gefiedert, 5 bis 7 Blättchen, breit elliptisch bis schmal lanzettlich, meist ganzrandig bis dreilappig.

Blüten: Rubinrot bis tiefmagenta, Blütenblätter

Clematis viticella 'Prince Charles'

(Tepalen) im Gegensatz zur Wildart schalenförmig gespreizt, 5 bis 10 cm breit.

Weitere Merkmale wie bei C. viticella.

Verwendung: Eine sehr alte, gut wüchsige und außerordentlich anspruchslose Sorte, die auch auf der Nordseite eines Hauses Jahr für Jahr reich blüht. Sehr schön mit Monarda 'Beauty of Cobham', Eupatorium purpureum, Echinops ritro, rosa Astilben, Lythrum salicaria 'Happy', Phlox pan. 'Mies Copijn', Clematis 'Hagley Hybrid' und Clematis 'Comtesse de Bouchaud'.

Bemerkung: Rückschnitt im Februar/März bis auf 30 bis 60 cm.

Weitere empfehlenswerte Sorten und Hybriden von C. viticella:

C. viticella 'Betty Corning', Blüten hell-lavendel-blau, 6 bis 8 cm groß, glockig, nickend, sehr anmutige Blütenform.

C. viticella 'Entel', Blüten offen, zartrosa, 5 bis 10 cm groß, reichblühend. Neue, sehr wertvolle Sorte aus dem Baltikum.

C. viticella 'Mme Julia Correvon', Blüten rubinrot bis tiefweinrot, samtig, bis 10 cm groß, reichblühend.

C. viticella 'Minuet', Blüten in der Grundfarbe grau- bis cremeweiß, Ränder hellviolett, 2,5 bis 5 cm groß.

C. viticella 'Prince Charles', Blüten hellblau, 5 bis 10 cm groß, außerordentlich reichblühend, fantastische Sorte mit viel Charme.

C. viticella 'Purpurea Plena Elegans', Blüten rosettenartig gefüllt, erinnern an Winterchrysanthemen, purpurviolett bis magenta, 3 bis 6 cm groß, sehr wüchsig und reichblühend, auffallende Blütenform.

Clematis viticella 'Mme Julia Correvon'

C. viticella 'Rubra', Blüten weinrot, 6 bis 8 cm groß, reichblühend.

C. viticella 'Venosa Violacea', Grundfarbe weiß, zum Rand hin violettblau, Adern blauviolett bis rötlichviolett, sie bilden einen interessanten Kontrast zur hellen Grundfarbe.

Anmerkung: Den Sorten und Hybriden von C. viticella sollte zukünftig unbedingt mehr Aufmerksamkeit geschenkt werden. Sie sind nicht nur gesünder und wüchsiger als die großblumigen Hybriden, sie bringen mit ihren anmutigen Blüten auch mehr Transparenz, Beweglichkeit und Natürlichkeit in unsere Waldrebenpflanzungen.

rechts: Clematis viticella 'Purpurea Plena Elegans'

Clematis-Hybriden

Wuchs: Kletterstrauch, mit Hilfe von Blattranken an Pergolen, Drähten und Sträuchern haftend.

Größe: Je nach Wuchsstärke der Sorte 2 bis 4 (bis 6) m hoch.

Blätter: Sommergrün, gegenständig, 3zählig oder gefiedert, Blattstiele führen nach einem Berührungsreiz Krümmungsbewegungen durch, verholzen anschließend und befestigen so die Pflanze dauerelastisch.

Blüten: Bei Clematis sprechen wir nicht von Kronblättern (Petalen), sie entfallen hier. Die blütenblattähnlichen Gebilde sind in Wirklichkeit umgewandelte Kelchblätter (Sepalen). Derartig umfunktionierte Blütenorgane werden als Tepalen bezeichnet.

Wurzel: Fleischig, feintriebig, wenig verzweigt.

Standort: Sonne bis Halbschatten, Wurzelfuß kühl und feucht, Bepflanzung mit Stauden und flach wurzelnden Bodendeckern unbedingt empfehlenswert.

Boden: Durchlässige, frische bis feuchte, humose, nahrhafte Gartenböden, die nicht unter pH 5,5 bis 6 liegen sollten. Nasse oder sogar staunasse Böden müssen unbedingt mit einer Drainage versehen werden!

Pflanzung: Empfehlenswert ist die Frühherbstpflanzung, damit die Clematis noch vor den ersten Frösten einwurzeln kann, oder die Frühjahrspflanzung. In strengen Wintern sollten die Jungpflanzen mit einem Laubfuß geschützt werden.

Verwendung: Pergolen, Säulen, Mauern, Wände, Zäune, ältere Bäume, Kombination mit bereits eingewachsenen Kletterpflanzen wie Efeu, Wisterien, Rosen; Bodendecker, halbhohe Rankgestelle in Staudenpflanzungen, Pflanzkübel, Dachterrassen.

Schnittmaßnahmen siehe spezielle Sortenbeschreibung.

Anmerkung: Die Blattranken der Clematis-Arten und -Sorten können nur Kletterhilfen umschlingen, deren Durchmesser nicht mehr als 2 bis 2,5 cm beträgt. Wer dies beachtet, erspart sich unnötiges Aufbinden und Befestigen der Triebe.

CLEMATIS - SORTEN

Clematis 'Fujimusume'

Clematis 'Crimson King'

rechts:
Clematis 'Multiblue'

Clematis 'Perle d'Azur'

Clematis 'The President'

Clematis 'Niobe'

Clematis 'Elsa Späth'

links: Clematis 'Perle d'Azur' in Sissinghurst Castle.

oben: Clematis 'Nelly Moser'

links: Clematis 'Mme le Coultre'

Großblumige Clematis-Hybriden (Auswahl bewährter, attraktiver Sorten)

Sorte	Blütenfarbe	Blütezeit	Blütengröße in cm	Wuchshöhe	Rückschnitt
'Bees Jubilee'	hellila/violettrosa mit purpurroten (orchideen-purpur) Streifen	Mai – Juni 2. Blüte Sept.	12 – 18	2,5 – 3 m	im Februar/März bis auf 40–80 cm
'Boskoop Beauty'	hellblauviolett, tiefmagenta gestreift	Mai – Juni 2. Blüte Sept.	16 – 20	2,5 – 3 m	im Februar/März nur leichter Rückschnitt
'Comtesse' de Bouchaud'	rosa bis rosalila	Juli – Aug.	10 – 14	2,5 – 3,5 m	im Februar/März bis auf 40–80 cm
'Crimson King'	rubinrot bis magenta, halbgefüllt	Juni – Sept.	15 – 20	2,5 – 3,5 m	im Februar/März nur leichter Rückschnitt
'Daniel Deronda'	violettblau	Mai – Juli	15 – 18	3 m	im Februar/März nur leichter Rückschnitt
'Dr. Ruppel'	pastellviolett mit tief weinroten Streifen	Mai – Juni 2. Blüte Sept.	12 – 18	2,5 m	im Februar/März nur leichter Rückschnitt
'Elsa Späth'	blauviolett mit purpurfarbenen Schattierungen	Juni – Sept.	12 – 18	2,5 – 3,5 m	im Februar/März bis auf 40–80 cm
'Ernest Markham'	purpurweinrot (tiefmagenta, roterübenfarbig)	Juni – Sept.	10 – 14	3,5 m	im Februar/März bis auf 40–80 cm
'Frau Mikiko'	blau	Juni – Sept.	12 – 18	2,5 – 3,5 m	im Februar/März bis auf 40–80 cm
'Fujimusume'	leuchtend hellblau, blaueste aller Sorten!	Mai – Okt.	11 – 14	2,5 m	im Februar/März nur leichter Rückschnitt
'Gipsy Queen'	tiefviolett, sehr samtig	Aug. – Sept.	.12 – 14	4 m	im Februar/März bis auf 40–80 cm
'Hagley Hybrid'	purpurrosa, im Verblühen heller	Juli – Aug.	8 – 13	2,5 – 3 m	im Februar/März bis auf 40 – 80 cm
'Huldine'	weiß mit silbrigem Schimmer	Juli – Okt.	5 – 10	4 – 5 (bis 6) m	im Februar/März bis auf 40 – 80 cm
'Jackmanii'	tiefviolett (violettpurpur)	Juni – Sept.	10 – 15	3,5 – 6 m	im Februar/März bis auf 40 – 80 cm
'Jackmanii Superba'	samtig dunkelviolett (clematisblau)	Juli – Okt.	10 – 15	3,5 – 6 m	im Februar/März bis auf 30 – 60 cm
'Königskind'	königsblau	Mai – Okt.	6 – 10	1,5 – 2 m	im Februar/März nur leichter Rückschnitt
'Lady Betty Balfour'	violettblau	Juli – Okt.	12 – 18	3,5 – 6 m	im Februar/März bis auf 40 – 80 cm

Großblumige Clematis-Hybriden (Auswahl bewährter, attraktiver Sorten)

Sorte	Blütenfarbe	Blütezeit	Blütengröße in cm	Wuchshöhe	Rückschnitt
'Lady Northcliff'	violettblau	Juni – Sept.	10 – 15	1,5 – 2,5 m	im Februar/März nur leichter Rückschnitt
'Lasurstern'	blauviolett mit gelblichen Staubgefäßen	Mai – Juni 2. Blüte Aug. – Sept.	17 – 22	2,0 – 3,5 m	im Februar/März nur leichter Rückschnitt
'Mme Le Coultre'	weiß	Juni – Sept.	12 – 18	2,5 – 5 m	im Februar/März bis auf 40 – 80 cm
'Maria Louise Jensen'	violettblau, halbgefüllt	Mai – Okt.	10 – 14	2,5 – 3 m	im Februar/März bis auf 40–80 cm
'Mrs. Cholmondoley'	pastellviolett	Juni – Sept.	15 – 20	3,5 – 5 m	im Februar/März nur leichter Rückschnitt
'Multiblue'	dunkelviolettblau, gefüllt	Juni – Aug.	8 – 12	2,5 – 3 m	im Februar/März nur leichter Rückschnitt
'Nelly Moser'	lilarosa, rot gestreift	Mai – Juni 2. Blüte Aug. – Sept.	10 – 14	2,5 – 3 m	im Februar/März nur leichter Rückschnitt
'Niobe'	samtig tiefmagenta (tiefweinrot)	Mai – Juni 2. Blüte Aug. – Sept.	12 – 18	2 – 3 m	im Februar/März bis auf 40 – 80 cm
'Perle d'Azur'	himmelblau, Mitte rosalila	Juli – Sept.	10 – 14	2,5 – 3,5 m	im Februar/März bis auf 40 – 80 cm
'Prins Hendrik'	blauviolett, dunkellila Staubgefäße	Juni – Juli 2. Blüte Sept.	10 – 18 (22)	2 – 3 m	im Februar/März bis auf 40–80 cm
'Romantika'	dunkelviolett	Juni – Sept.	12 – 15	2,5 – 3,5 m	im Februar/März bis auf 40 – 80 cm
'Rouge Cardinal'	tiefmagenta, samtig	Juni – Sept.	10 – 12	2,5 – 3,5 m	im Februar/März bis auf 40 – 80 cm
'The President'	blauviolett bis tiefviolett, samtig	Juni – Sept.	12 – 18	2,5 – 3 m	im Februar/März nur leichter Rückschnitt
'Ville de Lyon'	rubin bis tiefmagenta	Juli – Sept.	10 – 14	2,5 – 3 m	im Februar/Märzt bis auf 40 – 80 cm
'Viola'	blauviolett	Juli – Sept.	12 – 15	1,5 – 3 m	im Februar/März bis auf 40 – 80 cm
'William Kennett'	tief lavendelblau	Juni – Sept.	12 – 18	2,5 – 5,5 m	im Februar/März bis auf 40 – 80 cm

CLERODENDRUM L.
Losbaum – Verbenaceae,
Eisenkrautgewächse

C. trichotomum THUNB.

Clerodendrum trichotomum

Sommergrüner, Ausläufer treibender, etwa 2 m hoher Strauch. Triebe braun bis rotbraun mit auffallend hell gefärbten Lentizellen, im oberen Bereich stark behaart, Triebspitzen lilarot (tiefmagenta, roterübenfarbig), wenn Holz nicht gut ausgereift ist! Blätter eiförmig bis elliptisch, 8 bis 14,5 cm lang, 6 bis 11 cm breit, beiderseits weich behaart, nicht glänzend. Blattstiele an der Basis oder durchgehend lilarot gefärbt, stark behaart. Blätter zerrieben sehr unangenehm duftend (hefeähnlich, Vit. B1). Blüten weiß, in bis zu 20 cm breiten Trugdolden im August/September, in kühlen Jahren oftmals erst Ende Oktober. Früchte leuchtend blaue Beeren, die auf den glänzend krapproten, 5zipfeligen Kelchen sitzen. Aufgrund der, zumindest im norddeutschen Raum, häufig zu späten Blüte kaum Fruchtansatz.

Ein sehr dekoratives Fruchtziergehölz, aber vornehmlich nur für mildeste Klimaräume und extrem sonnig-warme Standorte.

Da die beiden Clerodendrum-Arten sowohl in der Literatur als auch in den Baumschulbetrieben immer wieder verwechselt werden, habe ich mir erlaubt, auch die weniger frostharte Art etwas ausführlicher zu beschreiben. Immerhin gehören sie doch zu den faszinierendsten Zierfruchtsträuchern, die unser Gehölzsortiment zu bieten vermag. Wer das erste Mal die glänzend türkisfarbenen Beeren auf den sternförmig ausgebreiteten, krapproten Kelchen sieht, wird ungläubig mit dem Kopf schütteln und dies zunächst für ein künstliches Gebilde halten.

C. trichotomum var. fargesii
(DODE) REHD., Losbaum
(= C. fargesii DODE)

Clerodendrum trichotomum var. fargesii

Verbreitung: China.

Wuchs: Mittelhoher, mehr oder weniger straff aufrechter Strauch, gelegentlich auch kleiner, kurzstämmiger Baum, kräftig wachsend, Ausläufer bildend.

Größe: 2 bis 3 (bis 5) m hoch und durch Ausläuferbildung oft genauso breit, im Alter gelegentlich auch fast doppelt so breit wie hoch.

Rinde: Junge Triebe hell sandfarben, kahl, nur an den Triebspitzen dunkler und wenig behaart (C. trichotomum stark behaart, im oberen Bereich tiefmagenta, roterübenfarbig, wenn mangelhaft ausgereift, was im Norden häufig der Fall ist).

Blätter: Sommergrün, gegenständig, eiförmig, zugespitzt, 8 bis 15 cm lang, 5,5 bis 9,5 cm breit, hellgrün, oft etwas glänzend, kahl, unterseits heller und spärlich behaart, Blattstiel grün oder rötlich angelaufen, schwach behaart, Blätter riechen unangenehm, hefeähnlich, Vit. B1, (Blätter von C. trichotomum beidseitig behaart, fühlen sich viel weicher an als C. trichotomum var. fargesii, oberseits nicht glänzend), Belaubung auf guten Standorten sehr üppig und attraktiv.

Clerodendrum trichotomum var. fargesii

Blüten: Weiß, in endständigen Dolden, Einzelblüten 1,5 cm, Kelch 5zählig, Kelchzipfel 1,5 bis 1,7 cm lang, zur Blütezeit rosa-grünlich, später fleischig und leuchtend krapprot. Blütezeit August/September.

Früchte: Türkis- bis preußischblaufarbene, 6–8 mm große, kugelige Beeren, die auf den krapp-roten, glänzenden, sternförmig ausgebreiteten Kelchen sitzen, sehr attraktiv.

Standort: Sonnig, warm und windgeschützt.

Boden: Toleriert jeden kultivierten, durchlässigen Gartenboden, mäßig trocken bis frisch, gedeiht sowohl in sauren wie auch in alkalischen Substraten; das schönste Exemplar steht in England auf schwach kalkhaltigem Boden.

Eigenschaften: Etwas frostempfindlich, kann als junger Strauch in sehr harten Wintern bis zum Boden zurückfrieren, treibt jedoch aus der Wurzel willig wieder aus. Bodenschutz aus Laub ist empfehlenswert.

Verwendung: Der Losbaum gehört mit seinen spektakulären, beinahe künstlich aussehenden, türkisfarbenen Früchten und den roten Kelchblättern zu den interessantesten und am meisten bewunderten Fruchtsträuchern. Einzelstrauch für warme und geschützte Pflanzplätze. Sollte aber immer in Sichtnähe plaziert werden. Es sei nochmals darauf hingewiesen, daß C. trichotomum var. fargesii, zumindest in klimatisch nicht so begünstigten Lagen, gartenwürdiger ist als C. trichotomum!

Clerodendrum trichotomum var. fargesii

CLETHRA L.
Scheineller, Zimterle – Clethraceae,
Scheineller-, Zimterlengewächse

C. alnifolia L.

Clethra alnifolia 'Pink Spire', Insektenmagnet

Clethra alnifolia mit Schwebfliege

Verbreitung: In Nordamerika von Maine bis Florida auf feuchten Böden in Wäldern und Sümpfen.

Wuchs: Mittelhoher Strauch, in der Jugend straff aufrecht, später ovale bis rundliche Form, kann auf zusagenden Standorten durch Wurzeltriebe dichte Horste bilden.

Größe: Bis 2 (bis 3) m hoch, im Alter oft genauso breit.

Rinde: Junge Zweige hellbraun bis rotbraun, anfangs fein behaart, altes Holz graubraun bis dunkelbraun, Rinde längs abrollend.

Blätter: Sommergrün, wechselständig, verkehrt schmal eiförmig, scharf gezähnt, 4 bis 10 cm lang, frischgrün bis mittelgrün; Herbstfärbung blaßgelb über rötlich bis goldbraun.

Blüten: Weiß, in bis zu 15 cm langen, aufrechten, aromatisch duftenden Trauben, Juli bis September.

Wurzel: Oberflächennahes, sehr fein verzweigtes Wurzelsystem mit einigen kräftigen Hauptwurzeln; auf zusagenden Standorten bildet die Pflanze Ausläufer.

Standort: Sonnig bis schattig, geschützt.

Boden: Bevorzugt feuchten (bis nassen), lehmfreien, sauren, humosen Boden.

Eigenschaften: Ist frei von Krankheiten und Schädlingen, leidet sehr schnell bei Trockenheit!

Verwendung: Wichtiger Spätsommerblüher für die Bepflanzung schattiger Baumpartien und feuchter Standorte in Garten- und Parkanlagen; liebt Rhododendron-Atmosphäre, womit eigentlich schon alles gesagt ist. Silberkerzen, Eisenhut, Farne, Gräser und Bambus wären ebenfalls eine passende Umgebung. Empfehlenswerte Sorten sind die rosa blühenden 'Pink Spire' und 'Rosea'.

Ökologie: Insektenmagnet! Die Zimterle wird sehr stark von Fliegen, Faltern, Bienen und Hummeln besucht!

C. barbinervis S. & Z.

Clethra barbinervis

Verbreitung: In Gebirgswäldern Japans.

Wuchs: Aufrechter, breitwüchsiger Großstrauch mit kräftigen Ästen.

Größe: 3 bis 5 (bis 6) m hoch und im Alter meist genauso breit.

Rinde: Triebe feinfilzig, später kahl, rotbraun, alte Stämme auffallend glatt mit kaffeebrauner Borke, die in gelblichen bis hellbraunen Feldern platanenartig abblättert. Außerordentlich attraktiv.

Blätter: Sommergrün, wechselständig, verkehrt eiförmig, 6 bis 12 cm lang, an den Triebenden auffallend dicht stehend, Rand scharf gesägt, dunkelgrün, unten heller.

Blüten: Weiß, in endständigen, bis 15 cm langen, aufrechten, duftenden Trauben, Juli bis September.

Wurzel: Oberflächennah, fein verzweigt.

Standort: Sonnig bis schattig, geschützt.

Boden: Frisch bis feucht (naß), saurer, humoser Boden.

Eigenschaften: Ausreichend frosthart, leidet bei Trockenheit, Blätter bzw. Blattränder dann bräunlich. Boden mulchen. Darf nicht ballentrocken werden.

Verwendung: C. barbinervis gehört mit dem attraktiven Rindenbild zu den kostbarsten winterlichen Gartenzierden. Ich möchte allerdings darauf aufmerksam machen, daß man schon ein wenig Geduld haben muß, denn die schöne Borkenstruktur stellt sich erst bei älteren Pflanzen ein. Doch dies sollte wirklich kein Hinderungsgrund sein, C. barbinervis viel häufiger zu pflanzen.

Clethra barbinervis

COLUTEA L.
Blasenstrauch – Papilionaceae (Fabaceae), Schmetterlingsblütler

C. arborescens L.,
Gewöhnlicher Blasenstrauch

Colutea arborescens

Verbreitung: Nordafrika, Südeuropa; in Deutschland nur im oberen Rheintal und Kaiserstuhlgebiet natürlich vorkommend, vielerorts aber verwildert und eingebürgert wie z. B. Ludwigsburg, Moseltal, Württemberg, Bayern und Thüringen; Charakterpflanze des Hopfenbuchen-Orient-Hainbuchen Mischwaldes, auf sommerwarmen, trockenen, meist kalkhaltigen, flachgründigen, lehmigen Substraten; auf Südhängen an sonnigen, lichten Waldrändern, in trockenen Laubmisch- und Föhrenwäldern. Am Naturstandort vielfach vergesellschaftet mit: Quercus pubescens, Acer monspessulanum, Sorbus aria, Ostrya carpinifolia, Carpinus orientalis, Fraxinus ornus, Viburnum lantana, Cotinus coggygria, Cornus mas, Hippophae und verschiedenen Buschweiden.

Wuchs: Mittelhoher bis hoher Strauch, Grundtriebe aufrecht, mäßig verzweigt, im Alter Seitenzweige mehr waagerecht ausgebreitet bis leicht überhängend.

Größe: 2 bis 3 (bis 4) m hoch und breit.

Rinde: Junge Zweige graugrün, behaart, längs abfasernd, Triebe im Winter mit Blattspindeln, älteres Holz schwarzgrau oder grüngrau, dicht mit Lentizellen besetzt.

Blätter: Sommergrün, wechselständig, unpaarig gefiedert, 7 bis 10 cm lang, Blättchen zu 9 bis 13, elliptisch bis verkehrt eiförmig, 1,5 bis 3 cm lang, frischgrün.

Blüten: Auffällige, gelbe Schmetterlingsblüten, in 3- bis 8blütigen Trauben, Einzelblüte bis 2 cm lang, von Mai bis Oktober ununterbrochen erscheinend.

Früchte: Pergamentartig durchscheinende, stark aufgeblasene Hülsen, 5 bis 8 cm lang, zuerst grün-

Colutea arborescens

lichrot, glänzend, später hellgrau; Samen schwarzbraun, bitter schmeckend, giftig.

Wurzel: Tiefes und sehr weitstreichendes Wurzelsystem, bindet Luftstickstoff mittels Knöllchenbakterien.

Standort: Sonnig.

Boden: Keine besonderen Ansprüche, gedeiht auf allen sandigen, auch ausgesprochen trockenen, kalkhaltigen Böden.

Eigenschaften: Hochgradig hitze- und trockenresistent, windfest, salzverträglich, stadtklimafest; hat gewisses Lichtbedürfnis. Auf zu nährstoffreichen Böden frostgefährdet!

Verwendung: Problemloses Gehölz für Pflanzungen und Erstbegrünungen auf kalkhaltigen Rohböden in sonnenexponierter Trockenlage, gut geeignet für heckenartige Abpflanzungen, Straßenbegleitgrün; wegen der ansehnlichen, gelben Blüten und der sehr attraktiven, „aufgeblasenen Ballonfrüchte" auch als Ziergehölz für Garten- und Parkanlagen interessant.

Anmerkung: An den Blüten des Blasenstrauches kann man einen hochinteressanten Bestäubungsmechanismus beobachten, der von größeren Insekten wie Hummeln oder Holzbienen ausgelöst wird.

C. x media WILLD.
(C. arborescens x C. orientalis)

Colutea x media

Colutea x media 'Copper Beauty'

Aufrecht wachsender, 1,20 bis 2,00 m hoher und genauso breiter, rundlicher Strauch. Blätter wechselständig, unpaarig gefiedert, 5 bis 7 cm lang, auffallend graugrün (C. arborescens frischgrün). Fahne gelbbraun mit rötlichbraunen Streifen, an der Basis mit dunkelgelbem Fleck, der rötlichbraun gerandet ist; Schiffchen und Flügel orangebraun; Blütezeit von Juni bis Oktober.

Wegen des schwachen Wuchses, der geringen Endhöhe und der ansehnlichen Blüten ist C. x media ein sehr interessantes Ziergehölz. Läßt sich ausgezeichnet mit graulaubigen Gehölzen wie Elaeagnus angustifolia, E. commutata, Buddleja alternifolia 'Argentea', Caryopteris und Lonicera microphylla 'Blue Haze' kombinieren. Ein passendes Blütengehölz für den orange-gelben Garten. Eine besonders reich und farblich intensiv blühende Selektion ist **'Copper Beauty'**. Rundlicher Strauch, deutlich kompakter als C. x media, Blätter unpaarig gefiedert, 8,5 bis 12 cm lang, Blättchen zu 9 bis 11 (13), meist 11, fast rund bis verkehrt breit eiförmig, kurz zugespitzt, 1,6 bis 2,3 cm lang und 1,2 bis 1,6 cm breit, graugrün. Blüten 1,7 cm lang, Fahne 2,3 cm breit, orange mit rotbraunen Streifen, an der Basis mit gelbem Fleck, Schiffchen braunorange, Blüte oft noch im Oktober. Die pergamentartigen Hülsen sind über eine lange Zeit sehr schön bräunlichrot gefärbt. Ein sehr beachtenswerter Strauch, der viel häufiger verwendet werden sollte.

COMPTONIA L'HÉR.
Farnmyrte – Myricaceae,
Gagelstrauchgewächse

C. peregrina (L.) COULT

Die mit unserem heimischen Gagelstrauch (Myrica gale) sehr nahe verwandte Farnmyrte ist ein bei Liebhabern und Kennern außerordentlich begehrtes Gehölz. Der bis 1 m hohe, Ausläufer bildende, sommergrüne Strauch besticht durch seine farnähnlichen, tief fiedrig geschlitzten, dunkelgrün glänzenden Blätter. Ein herrliches Gehölz für das Thema Blatt-Textur. Das aus den Wäldern Nordamerikas stammende Gehölz bevorzugt mäßig trockene bis frische, gut durchlässige, lockere, nicht zu schwere und zu nährstoffreiche, mehr sandige, schwach saure Böden und einen halbschattigen Standort. Wunderbar zusammen mit Kleingehölzen und Stauden aus dem Lebensbereich Gehölz – Gehölzrand.

Bei der Auswahl der Benachbarungspflanzen sollte die Konkurrenzschwäche der Farnmyrte beachtet werden. Asarum europaeum, Hylomecon japonica, Tiarella spec., Arabis procurrens, Cotula spec., Cyclamen hederifolium, Gaultheria procumbens, Corydalis lutea, Cardamine trifolia, Carex plantaginea, Carex ornithopoda 'Variegata', Luzula nivea, Festuca scoparia und feingliedrige Farne wären z. B. einige Partner.

Die Varietät **C. peregrina var. asplenifolia** ist in allen Teilen feiner und zierlicher. Sie erinnert sehr stark an den Streifenfarn (Asplenium).

CORNUS L.
Hartriegel – Cornaceae,
Hartriegelgewächse

Die Gattung Cornus umfaßt etwa 45 Arten, deren Verbreitungsgebiet hauptsächlich in der nördlich gemäßigten Zone liegt.

Cornus kousa var. chinensis 'China Girl'

Es sind meist sommergrüne Sträucher oder Bäume, gelegentlich aber auch Stauden mit gegenständigen, ausnahmsweise auch wechselständigen Blättern (C. alternifolia, C. controversa). Die meist weißen Blüten erscheinen in Schirmrispen, Köpfchen oder bei den Blumenhartriegeln mit sehr attraktiven Hochblättern.

Für den Pflanzenverwender ist die Gattung Cornus außerordentlich bedeutungsvoll, denn sie enthält eine Reihe wichtiger Arten mit sehr unterschiedlichen Einsatzmöglichkeiten. Cornus mas, der bekannte heimische Vorfrühlingsblüher, kann sowohl als Solitärgehölz wie auch als anspruchsloser Deck- oder Heckenstrauch verwendet werden. Eine weitere heimische Art ist C. sanguinea, ein ökologisch wertvolles Gehölz mit einer sehr großen Standortamplitude.

Zu den alleredelsten Blütengehölzen gehören die im Frühsommer überreich blühenden Blumenhartriegel aus Nordamerika und Asien, die darüber hinaus noch zu den schönsten Herbstfärbern zählen.

C. canadensis und C. suecica sind bodendeckende Stauden, die sich wie ihre großen Brüder, die Blumenhartriegel, auf sauren, humosen Böden wohlfühlen, in halbschattiger Rhododendron-Atmosphäre schneeweiße Blütenteppiche bilden und im Herbst rote Früchte tragen. Eine andere Cornus-Gruppe besticht im winterlichen Garten durch ihre leuchtend korallenroten, gelbgrünen oder schwärzlich glänzenden Rindenbilder.

C. alba L.,
Weißer Hartriegel, Tatarischer Hartriegel

Cornus alba

Verbreitung: Europäische UdSSR über Sibirien bis zur Mandschurei und N-Korea.

Wuchs: Mittelhoher bis hoher Strauch, in der Jugend breit aufrecht, im Alter mit bogig niederliegenden, sich bewurzelnden Zweigpartien; kann auf zusagenden, feuchten Standorten, besonders in Wassernähe, große, zusammenhängende Flächen bilden.

Größe: 3 bis 4 (5) m hoch und breit. Im Alter meist breiter als hoch.

Rinde: Junge Triebe blutrot, älteres Holz rotbraun bis olivbraun; Rindenbild ist im Winter sehr attraktiv.

Blätter: Sommergrün, gegenständig, elliptisch bis eiförmig, 4 bis 8 cm lang, lebhaft grün, unterseits bläulich, Herbstfärbung gelb bis orangerot.

Blüten: Gelblichweiß in 3 bis 5 cm großen Trugdolden im Mai.

Früchte: Weißlich bis hellblau, rund, erbsengroß.

Wurzel: Oberflächennahes, stark verzweigtes Feinwurzelwerk.

Standort: Sonnig bis absonnig, auch Halbschatten möglich.

Boden: Keine besonderen Ansprüche, toleriert auch mäßig trockene Pflanzplätze, bevorzugt aber feuchte Böden, kalkverträglich.

Eigenschaften: Sehr frosthart, C. alba hat ein hohes Ausschlagsvermögen; durch scharfen Rückschnitt erzielt man wieder schöne, rote Triebe; kann auf feuchten Böden durch starken Ausbreitungsdrang lästig werden.

Verwendung: Eines der anspruchslosesten Gehölze für Abpflanzungen, Gehölzränder, an Wasserläufen in Parkanlagen, Windschutz, aber auch für Einzelstellung, Pflanzkübel; problemloses, außerordentlich dekoratives Treibgehölz, gutes Vogelschutzgehölz.

Cornus alba

C. alba 'Elegantissima'
(= C. alba 'Argenteomarginata')

Cornus alba 'Elegantissima'

Wuchs: Mittelhoher, breitbuschig aufrecht wachsender Strauch.

Größe: Bis 3 m hoch und meist genauso breit.

Rinde: Dunkelrot, Basis hellrot, später schwarzrot.

Blätter: Sommergrün, gegenständig, bis 10,5 cm lang, elliptisch bis schmal elliptisch mit lang ausgezogener Spitze, an jungen Trieben gelegentlich gebuchtet, Blattmitte graugrün, Rand unregelmäßig rahmweiß gefärbt, an jüngeren Blättern mehr gelblichweiß, Blätter auffallend löffelförmig, Herbstfärbung gelb bis hellbraunrot.

Cornus alba 'Elegantissima'

Blüten, Früchte, Wurzel, Standort, Boden und Eigenschaften wie bei der Art.

Verwendung: Farbenprächtiges Gehölz für stimmungsvolle Kontrastpflanzungen, besonders wirkungsvoll vor dunklem Hintergrund, sehr schön in größeren Pflanzkübeln mit dunkelgrünem Efeu und Euonymus fortunei-Sorten; zur Belebung können auch Stauden oder Sommerblumen hinzugefügt werden.

C. alba 'Kesselringii'

Wuchs: Hoher Strauch, Grundtriebe straff aufrecht, wenig verzweigt, breit aufrecht.

Größe: 3 bis 4 (5) m hoch und im Alter genauso breit.

Rinde: Schwarzbraun.

Blätter: Sommergrün, gegenständig, 4 bis 8 cm lang, eielliptisch, im Austrieb dunkelbraun, später bläulichgrün, Herbstfärbung gelb.

Blüten, Früchte, Wurzel, Standort, Boden und Eigenschaften wie bei der Art.

Verwendung: Sehr schöner Rindenfärber, mit dem man besonders im Winter durch Zusammenpflanzen gelb- und rotrindiger Formen einen wirkungsvollen Kontrast erreicht.

C. alba 'Sibirica'

Wuchs: Mittelhoher Strauch, in der Jugend straff aufrecht, später breitbuschig, locker, untere Zweigpartien bodenaufliegend.

Cornus alba 'Sibirica'

Größe: Bis 3 m hoch und meist genauso breit.

Rinde: Korallenrot, besonders bei seitlichem Lichteinfall von intensiver Leuchtkraft, sehr zierend.

Cornus alba 'Sibirica'

Blätter: Sommergrün, gegenständig, mehr breiteirund, sonst wie die Art.

Blüten, Früchte, Wurzel, Standort, Boden und Eigenschaften wie bei der Art.

Verwendung: Herrlicher Rindenfärber, Gehölz für Einzelstand und Gruppenpflanzungen, besonders wirkungsvoll zusammen mit C. stolonifera 'Flaviramea'.

Bemerkung: Von Zeit zu Zeit sollte das Gehölz scharf zurückgeschnitten werden, damit sich wieder leuchtend rote Jungtriebe bilden.

C. alba 'Spaethii',
Gelbbunter Hartriegel

Wuchs: Mittelhoher Strauch, in der Jugend straff aufrecht, später breitbuschig.

Größe: Bis 3 m hoch und breit. Alte Pflanzen meist breiter als hoch.

Rinde: Dunkelrot.

Blätter: Sommergrün, gegenständig, elliptisch bis spitzelliptisch, 4 bis 8 cm lang, Austrieb braunorange bis mattrot, Blattrand sehr schön maisgelb bis hellgelb.

Blüten, Früchte, Wurzel, Standort, Boden und Eigenschaften wie bei der Art.

Verwendung: Farbenprächtiges Gehölz für Kontrastpflanzungen und zur Belebung von Strauchpflanzungen in Garten- und Parkanlagen, farblich sehr gut passend zu gelb und hellorange blühenden Stauden wie Lilien, Ligularien oder Helianthus; andere passende Pflanzen, die farblich einen Gleichklang bringen und durch die unterschiedliche Textur der Blätter gleichzeitig für Spannung sorgen, wären: Pleioblastus viridistriatus, Euonymus fortu-

nei 'Emerald'n Gold', Hosta fortunei 'Aureomaculata' und andere weißbunte Funkien, Lamiastrum maculatum 'Aureum', Alchemilla mollis und Hakonechloa macra 'Aureola'; denkbar sind auch Benachbarungen mit Purpurtönen oder rotlaubigen Gehölzen wie Prunus x cistena, Prunus cerasifera 'Nigra' oder Berberis thunbergii 'Atropurpurea Nana'; attraktiv können auch Komplementärkombinationen mit blau blühenden Gehölzen und Stauden sein.

C. alternifolia L.,
Wechselblättriger Hartriegel

Verbreitung: Östliches Nordamerika; in feuchten

Cornus alternifolia

Lagen als Unterholz in Laubmisch- und Nadelwäldern, ferner an Flußufern und in Sümpfen auf feuchten, gut drainierten Böden.

Wuchs: Hoher, aufrechter Strauch, breit ausladend, Seitenäste in waagerechten Etagen abstehend; sehr ausgeprägte, interessante Wuchsform.

Größe: 3 bis 6 m hoch und 2 bis 5 m breit.

Rinde: Insgesamt sehr veränderlich in Farbe und Struktur; junge Triebe meist purpurbraun oder braunviolett, **bereift!,** altes Holz grau oder dunkelrotbraun.

Blätter: Sommergrün, wechselständig, breit eiförmig bis elliptisch, 6 bis 12,5 cm lang, plötzlich kurz zugespitzt, 4 (bis 6) Paar Seitennerven, unterseits bläulich, Herbstfärbung leuchtend gelb bis scharlachrot.

Blüten: Gelblich-weiß, in 5 cm breiten Schirmrispen, von Mai bis Juni.

Früchte: Blauschwarz, bereift, rund, 6 mm dick, an roten Stielen.

Wurzel: Dicht verzweigte, oberflächennahe Feinwurzeln.

Standort: Sonnig bis halbschattig, liebt den kühlen, beschatteten Wurzelbereich.

Boden: Saurer bis neutraler, humoser, genügend frischer Boden mit gutem Wasserabzug.

Verwendung: Sehr schönes Gehölz, sollte wegen seiner ausgeprägten Wuchsform möglichst im Einzelstand zur Geltung kommen, wo es zu vertikal betonter Architektur das nötige Gegengewicht bildet.

C. canadensis L., Teppich-Hartriegel

Cornus canadensis

Verbreitung: Nordamerika, Grönland bis Alaska, Kalifornien, Japan; in lichten Laub- und Nadelwäldern auf feuchten, neutralen bis sauren Laub-, Nadelhumus- und Moorböden.

Wuchs: Mit unterirdischen Wurzelausläufern flach kriechende, bodendeckende Staude.

Größe: 10 bis 20 cm hoch.

Blätter: Sommergrün bis wintergrün, gegenständig, an den Triebenden quirlig angeordnet, eiförmig, 2 bis 4 cm lang, mit 2 bis 3 Nervenpaaren, im Herbst teilweise orangerötlich färbend.

Blüten: Grünlichrote Köpfchen, umgeben von 4 weißen großen Hochblättern, bis 3 cm breit, Juni.

Früchte: Leuchtend hellrot, zu mehreren vereint, erbsengroß.

Wurzel: Sehr flaches, fädiges Wurzelwerk mit unterirdischen Ausläufern.

Standort: Bevorzugt halbschattige Plätze, bei gleichbleibendem Feuchtigkeitsangebot auch absonnig.

Boden: Lockere, feuchte, schwachsaure Laubhumus- und Moorböden, kalkmeidend.

Verwendung: Herrlicher Bodendecker, der auf zusagenden Standorten schnell zusammenhängende Blütenteppiche bildet. Geeignet zur Kombination mit Rhododendronpflanzungen und anderen Immergrünen wie z. B. Gaultheria, Vaccinium, Leucothoë, Skimmia, Viburnum davidii, Ilex, Kalmia und Andromeda; sehr schön im Halbschatten von Kiefern zusammen mit Farnen, Schattengräsern und Japanischen Azaleen.

Cornus canadensis

C. controversa HEMSL., Pagoden-Hartriegel

Verbreitung: Osthimalaja, Korea und Japan; an trockenen Waldrändern, aber auch an feuchten Standorten.

Wuchs: Hoher Strauch oder kleiner, sehr dekorativer Baum mit auffallend waagerechten, etagenförmig ausgebildeten Astpartien.

Größe: 5 bis 8 (bis 10) m hoch und im Alter oft genauso breit.

Rinde: Junge Triebe meist rötlichbraun, aber auch grünlich, nicht bereift, im Alter schwarzbraun.

Blätter: Sommergrün, wechselständig, eiförmig bis breit elliptisch, kurz zugespitzt (sehr veränderlich in der Form!), 7 bis 16 cm lang, 6 bis 7 (bis 9) Seitennervenpaare, Blätter von C. controversa runzliger und derber als bei C. alternifolia, auf der Unterseite bläulich, Herbstfärbung purpurrot, aber unsicher.

Blüten: In weißen, bis 15 cm breiten Schirmrispen im Juni, sehr attraktiv.

Cornus controversa

Früchte: Blauschwarz, 6 mm dick, sehr zahlreich.

Wurzel: Weit ausgebreitetes, oberflächennahes Feinwurzelwerk.

Standort: Sonnig bis halbschattig, liebt den kühlen, beschatteten Wurzelbereich.

Boden: Saurer bis neutraler, humoser, genügend frischer Boden mit gutem Wasserabzug.

Eigenschaften: C. controversa steht sehr früh im Saft, Schnitt nur im Herbst oder Sommer durchführen, in Trockenperioden sollte zusätzlich gewässert werden, das Feuchtigkeitsbedürfnis ist groß.

Verwendung: Mit seinem auffallend etagenförmigen Wuchs gehört C. controversa zu den dekorativ-

Cornus controversa

sten Solitärgehölzen. Alte Exemplare sind von einmaliger Schönheit; sie können in Deutschland auch Höhen von 10 m bei einem Stammdurchmesser von gut 30 cm erreichen.

C. controversa 'Variegata'

Wurde 1896 von BARBIER in den Handel gebracht.

Cornus controversa 'Variegata'

Wuchs: Sehr dekorativer Großstrauch oder kleiner, breit kegelförmig wachsender Baum, Astpartien in deutlichen Etagen angeordnet, Äste und Zweige waagerecht ausgebreitet, im unteren Bereich elegant durchhängend. Langsam wachsend.

Größe: 4 bis 6 (8) m hoch.

Rinde: Triebe rötlichbraun oder grünlich.

Blätter: Wechselständig, eiförmig bis breit elliptisch, weiß gerandet, zur Zeit des Austriebs erscheint der Baum lebhaft grüngelblichweiß. Außerordentlich auffallende Laubfärbung!

Standort: Sonnig, vorzugsweise jedoch leicht absonnig, sehr geschützt!

Boden: Sauer bis neutral, frisch bis feucht, guter Wasserabzug ist wichtig! Der Boden sollte nicht zu nährstoffreich sein.

Eigenschaften: C. controversa 'Variegata' ist empfindlicher als die ausreichend frostharte Wildart.

Verwendung: Eines der prachtvollsten Solitärgehölze für genügend geschützte Gartenräume und Parkanlagen. Mit dem leuchtenden Frühjahrsaustrieb und den im Sommer lebhaft weiß gerandeten Blättern ist es hervorragend geeignet, um dunklere Gartenpartien aufzuhellen. Vor immergrünen Laub- und Nadelgehölzen kommt die besondere Wuchsform dieses wunderbaren Gehölzes sehr gut zur Geltung.

C. florida L.,
Blumen-Hartriegel, Dogwood

Verbreitung: Nordamerika; in feuchten Laubwäldern, aber auch in trockenen Bergwäldern die zweite Etage bildend, häufig auch in aufgelassenen Feldern und entlang der Straßen.

Cornus florida

Wuchs: Langsam wachsender, breit ausladender, dekorativ verzweigter Großstrauch oder kurzstämmiger, kleiner Baum.

Größe: 4 bis 6 m hoch (gelegentlich auch höher)

und genauso breit. Sehr alte Pflanzen auch breiter als hoch.

Rinde: Junge Triebe grünlich bis purpur und oft bereift, alte Borke rechteckig gefeldert (sieht aus wie der Rücken eines Alligators).

Blätter: Sommergrün, gegenständig, eiförmig bis elliptisch, 7 bis 15 cm lang, kurz zugespitzt, Rand leicht gewellt, dunkelgrün, unterseits weißlich, Herbstfärbung prachtvoll scharlachrot bis violett.

Blüten: Grünliche, 12 mm große Köpfchen, die von 4 weißen Hochblättern umgeben sind; die bis zu 9 cm breiten „Blüten" sind außerordentlich attraktiv und erscheinen von Mai bis Juni in unglaublicher Fülle.

Früchte: Scharlachrot, eiförmig, bis 1,5 cm dick.

Wurzel: Dichtverzweigtes Feinwurzelwerk im obersten Bodenbereich.

Standort: Sonne bis Halbschatten, Wurzelbereich sollte durch Bepflanzung oder eine Mulchschicht feucht gehalten werden.

Boden: Frische, locker-humose, schwachsaure bis

Cornus florida, ein sehr gesunder, blühreicher Typ, Fachhochschule Osnabrück

neutrale, nahrhafte Böden, Kalk und Staunässe werden nicht vertragen.

Verwendung: Der amerikanische Blumen-Hartriegel gehört zu dem Schönsten, was unser Gehölzsortiment überhaupt zu bieten hat. Durch die überreiche Blüte, die leuchtenden Herbstfarben und den dekorativen Wuchs ist dieser Strauch zu jeder Jahreszeit attraktiv. Herrliche Bilder ergeben sich mit zartrosa Rhododendron Williamsianum-Hybriden, frischgrünen Farnen (Matteuccia) und blauen Teppichen aus Scilla non-scripta, in denen horstweise die edle, weiße Waldlilie, Trillium grandiflorum, blüht; zur selben Zeit stehen auch Zierkirschen, Felsenbirnen, Zieräpfel, Magnolien, Halesia und weiße Narzissen „zur Verfügung".

Empfehlenswerte, blühsichere Sorten sind: **'Cherokee Princess',** Blüten weiß, groß; **'Cloud Nine',** wüchsig, Blüten reinweiß; **'White Cloud',** Laub bronzefarben, Blüten weiß. **'Cherokee Chief'** ist die bekannteste rote Selektion. Sie scheint jedoch etwas anfällig zu sein.

Anmerkung: Inhaltsstoffe der Rinde wurden in Amerika als Fiebermittel genutzt. C.florida leidet in letzter Zeit verstärkt unter Pilzbefall.

C. florida 'Rubra',
Roter Blumen-Hartriegel

Cornus florida 'Rubra'

Wuchs: Langsam wachsender, breit ausladender, dekorativ verzweigter Großstrauch oder kurzstämmiger, kleiner Baum.

Größe: 4 bis 6 m hoch (gelegentlich auch höher).

Blätter: Sommergrün, gegenständig, eiförmig bis elliptisch, 7 bis 15 cm lang, kurz zugespitzt, stark gewellt, dunkelgrün glänzend, unterseits weißlich, Herbstfärbung leuchtend rot bis violett.

Cornus florida 'Rubra'

Blüten: Grünliche, 12 mm große Köpfchen, die von 4 rosafarbenen Hochblättern umgeben sind, Mai.

Früchte, Wurzel, Standort, Boden und Eigenschaften wie bei der Art.

Verwendung: Der zartrosafarbene Blumen-Hartriegel ist wohl noch schöner als die weiße Form. Freistehend auf einer naturhaften Rasenfläche, die durchwoben ist von dem himmelblauen Ehrenpreis, Veronica filiformis, schafft dieses Blütengehölz ein beinahe traumhaftes Gartenbild. In der Gehölzrabatte kann man es mit unserem heimischen Buschwindröschen oder mit Anemone apennina und A. blanda unterpflanzen, die beide blau blühen. Brunnera macrophylla, Omphalodes verna und Myosotis alpestris sorgen ebenfalls für einen wohltuenden blauen Unterton. Weitere Stauden für eine Benachbarung wären Polemonium caeruleum, Aquilegia vulgaris, bitte auch einige rosafarbene einstreuen, und weißbunte Hosta.

C. kousa HANCE,
Japanischer Blumen-Hartriegel

Verbreitung: In Bergwäldern auf Honshu, Shikoku und Kyushu, Japan, ferner auch in Korea.

Wuchs: Großer, eleganter Strauch mit vasenförmig gestellten Hauptästen und etagenartig angeordneten Zweigpartien; im Alter sind die horizontalen Linien sehr ausgeprägt, insgesamt langsamer Wuchs.

Größe: Bis 6 m, gelegentlich aber auch höher. Breite 4 bis 4,5 (5,5) m.

Blätter: Sommergrün, gegenständig, eiförmig bis elliptisch, 5 bis 9 cm lang, leicht gewellt, dunkelgrün, unterseits blaugrün, Herbstfärbung leuchtend gelb bis scharlachrot.

Blüten: Grünlichgelbe Köpfchen, umgeben von 4

Cornus florida 'Rubra'

Cornus kousa var. chinensis

Cornus kousa var. chinensis

Cornus kousa var. chinensis

großen, weißen Hochblättern, die bis zu 8,5 cm breiten „Blüten" erscheinen Ende Mai bis Juni, etwa 3 Wochen nach C. florida.

Früchte: Himbeerartig, rosa, etwa 2 cm dick, auf 4 bis 6 cm langen Stielen, sehr attraktiv.

Wurzel: Hauptwurzeln kräftig, Oberboden wird intensiv durchwurzelt, hoher Feinwurzelanteil.

Standort: Sonnig bis halbschattig, geschützt.

Boden: Frische, sandig-humose, saure bis neutrale, genügend nahrhafte Böden, Kalk und Staunässe meidend. C. kousa gedeiht auch auf mäßig trockenen, sandig-humosen Böden und verträgt insgesamt mehr Trockenheit als C. florida.

Eigenschaften: C. kousa vergreist schneller als C. kousa var. chinensis. Empfindlich gegenüber Früh- und Spätfrösten.

Verwendung: Zur Blütezeit ist dieses Gehölz ein ganz besonderer Blickfang. Einzelstand oder in Gruppen vor ruhigem Hintergrund aus Tsuga canadensis, Taxus baccata oder Pinus-Arten. Gute Pflanzplätze ergeben sich auch an Hausecken oder vor Mauern, wo der stark horizontal betonte Astaufbau die vertikalen Linien der Bauwerke auflöst.

Bemerkung: Alle Blumen-Hartriegel sollten nicht geschnitten werden, erlaubt ist höchstens ein gefühlvoller Auslichtungsschnitt. Die etwas fade schmeckenden Früchte werden in Japan roh oder eingelegt gegessen.

C. kousa var. chinensis OSBORN, Chinesischer Blumen-Hartriegel

Verbreitung: China.

Wuchs: Höher und stärker als C. kousa, Zweigpartien im Alter breit überhängend.

Größe: 5 bis 7 (10) m hoch und 4 bis 6 (8) m breit. Jahreszuwachs in der Höhe 20 bis 25 cm, in der Breite 15 bis 20 cm. Im Alter deutlich geringer.

Rinde: Triebe insgesamt stärker als bei C. kousa, Winterknospen auch dickbauchiger.

Blätter: Sommergrün, gegenständig, 8 bis 12 cm lang, eielliptisch, kaum gewellt, mittelgrün, unterseits weißlich, stärker behaart als C. kousa, Herbstfärbung leuchtend rot.

Blüten: Grünlichgelbe Köpfchen, umgeben von 4 großen, weißen Hochblättern; die bis zu 10 cm breiten „Blüten" erscheinen Ende Mai bis Juni.

Früchte: Himbeerartig, dunkelrosa, etwa 2 cm dick, auf 4 bis 6 cm langen Stielen, sehr attraktiv.

Wurzel, Standort und Boden wie bei der Art.

Eigenschaften: C. kousa var. chinensis ist insgesamt wüchsiger, auch im Alter, bei C. kousa tritt frühere Vergreisung ein. Empfindlich gegenüber Früh- und Spätfrösten.

Verwendung: Wer nur Platz für einen Blumen-Hartriegel hat, der sollte unbedingt C. kousa var. chinensis wählen. Er ist neben C. nuttallii der absolut großblütigste, vor allem aber der zuverlässigste und auch malerischste Blüher dieser Gruppe.

C. kousa var. chinensis 'China Girl'

Wuchs: Hoher Strauch mit breit trichterförmiger, locker aufrechter Krone und verhältnismäßig feinen Trieben, auch im Alter kaum überhängend.

Größe: 4 bis 5 (6) m hoch und 2,5 bis 3,5 m breit.

Rinde: Triebe dünn, hellbraun, ältere Zweige graubraun.

Blätter: Sommergrün, gegenständig, eielliptisch

Cornus kousa var. chinensis

Cornus kousa var. chin. 'China Girl'

mit lang ausgezogener Spitze, 7 bis 10 cm lang, (hellgrün) mittelgrün, unterseits graugrün, Blattstiel ein wenig gelblich, bis 1 cm lang, Herbstfärbung leuchtend rot.

Blüten: Weiß mit zartem, grünlichem Schimmer. Brakteen unterschiedlich geformt, breit eiförmig bis schlank eiförmig, häufig mit 0,5 cm langer Spitze, „Einzelblüte" 8,5 bis 10,5 cm breit, Blüten sind zierlicher und schlanker als bei anderen Hybriden, reichblühend; Juni/Juli, früher als andere Sorten.

Früchte: Himbeerartig, dunkelrosa, etwa 2 cm dick, auf 4 bis 6 cm langen Stielen, sehr attraktiv.

Wurzel, Standort und Boden wie C. kousa.

Verwendung: Eine reichblühende Sorte mit mittelgroßen Brakteen. Setzt in warmen Jahren reichlich Früchte an.

C. kousa var. chinensis 'Milky Way'

Eine reichblühende Sorte aus Amerika mit spitz eiförmigen, cremeweißen Brakteen und einem Blütendurchmesser bis 11 cm.

C. kousa var. chinensis 'Satomi'

(Zugehörigkeit nicht eindeutig geklärt, evtl. auch eine Sorte von C. kousa)

Cornus kousa var. chin. 'Satomi'

Zur Zeit der Blumenhartriegelblüte der unbestrittene Star! Die herrlich rosa gefärbten, regelmäßig aufgebauten Blüten haben einen Durchmesser von 8 cm. Sie erscheinen in großer Fülle und halten 6 bis 8 Wochen. Blüht von Anfang Juni bis Ende Juli. Als ganz junge Pflanze frostempfindlich. Bei −24 °C am Boden sind in der Baumschule WIETING Pflanzen erfroren.

C. kousa var. chinensis 'Schmetterling'

Wuchs zunächst straff aufrecht, später breiter werdend. Brakteen grünlichweiß, rundlich mit kurzer Spitze, insgesamt sind die Brakteen etwas unregelmäßig geformt. Einzelblüte 9 bis 10 cm breit. Die Sorte 'Schmetterling' blüht bereits als junge Pflanze überreich. Leider ist die Blütezeit nicht allzu lang.

C. kousa var. chinensis 'Weiße Fontäne'

Wohl z. Z. die reichblühendste Sorte, die sich darüber hinaus auch noch durch eine sehr lange Blütezeit auszeichnet. Brakteen grünlich-cremeweiß, auffallend schlank, spitz ausgezogen, Länge 6 cm, Breite bis 2,3 cm. Blüht bereits als junge Pflanze.

Cornus kousa var. chin. 'Weiße Fontäne'

C. kousa var. chinensis 'Wietings Select'

Blüten verhältnismäßig klein, aber in großer Fülle erscheinend. Zeichnet sich durch einen reichen Fruchtbehang und eine rote Herbstfärbung aus.

C. mas L., Kornelkirsche, Herlitze, Dirlitze

Lat. mas = männlich, bezieht sich auf das sehr harte Holz.

Verbreitung: Europa bis Kleinasien; in Deutschland nur im Saar-Mosel-Gebiet, im niedersächsischen Hügelland, im Harz, in Thüringen und im Fränkischen Jura ursprünglich beheimatet, vieler-

Cornus kousa var. chin. 'Satomi' im Arboretum Ellerhoop-Thiensen

CORNUS

Cornus mas

Cornus mas, Kugelkronen, Wilhelma, Stuttgart – Die Kornelkirsche eignet sich gut als Formgehölz.

orts verwildert und eingebürgert; in lichten Eichen- und Laubmischwäldern, an sonnigwarmen Waldrändern, in Gebüschen, auf sommerwarmen, trockenen Hängen, auf trockenen bis frischen, nährstoffreichen, lockeren, gut drainierten, humosen Lehm- und Steinböden.

Wuchs: Großstrauch mit meist mehreren starken Grundtrieben, zunächst aufrecht, sparrig verzweigt, mit vielen Kurztrieben, im Alter oft auch baumförmig, breitrunde Krone dann mit überhängenden Zweigen, langsamwüchsig.

Größe: 4 bis 7 m, gelegentlich auch höher, im Alter meist genauso breit. Jahreszuwachs in der Höhe 20 bis 30 cm, in der Breite 25 cm.

Rinde: Junge Triebe graugrünlich, sonnenseits bräunlichrot, Borke braunschuppig abblätternd.

Blätter: Sommergrün, gegenständig, eiförmig bis elliptisch, 4 bis 10 cm lang, Rand oft wellig, glänzend grün, unterseits etwas heller, beiderseits behaart, Herbstfärbung gelblich bis rotorange, aber unsicher.

Blüten: Gelb, in kleinen, kugeligen Dolden, lange vor dem Laubaustrieb, oft schon im Februar, gewöhnlich aber März/April, außerordentlich zierend.

Früchte: Glänzend rote, ovale bis eiförmige, 2 cm große, eßbare Steinfrüchte, im Geschmack säuerlich, ausgezeichnetes Wildobst, Fruchtfleisch enthält 14 % Zucker, bestens für Marmelade, Kompott, Saft und Obstwein geeignet; werden von Vögeln verbreitet.

Wurzel: Dichtverzweigtes, intensives Herzwurzelsystem.

Standort: Sonne bis Halbschatten, liebt warme Lagen.

Boden: Keine besonderen Ansprüche, toleriert alle

Böden von schwachsauer bis stark alkalisch, bevorzugt aber Böden über pH 7,4.

Eigenschaften: Stadtklimafest, Hitze- und längere Trockenperioden gut vertragend, windresistent, sehr schnittverträglich. In der Jugend sehr trägwüchsig, in Mischpflanzungen freistellen (geringe Konkurrenzkraft!).

Verwendung: Ein völlig frostharter, sehr robuster Strauch, der auf Grund seines großen Verwendungsbereichs zu den wichtigsten Gehölzen im Garten- und Landschaftsbau gehört. Als einer der allerersten Vorfrühlingsblüher hat die heimische Kornelkirsche auch für unsere Insektenwelt eine sehr große Bedeutung. Herrliches Solitärgehölz, sehr gut als Deckstrauch für Schutzpflanzungen aller Art, freiwachsende und geschnittene Hecken, Wind- und Vogelschutz, Pflanzkübel; Früchte werden gern von Haselmaus, Siebenschläfer, Kernbeißer, Dompfaff und anderen Vogelarten gefressen.

C. mas 'Kasanlak' ist ein aus Bulgarien stammender, sehr starkwüchsiger Typ mit bis zu 3 cm langen Früchten (Fa. KORDES, Jungpflanzen).

Ökologie: Wichtiges Insektennährgehölz.

Amerkung: Das im Splint hellgelb bis rötlichweiße und im Kern rotbraune Holz ist schwer und zäh. Es ist das härteste aller heimischen Hölzer, und schon im Altertum wurden daraus Speerschäfte gefertigt. Weiterhin diente es zur Herstellung von Radspeichen, Werkzeugstielen, Leitersprossen, Reitpeitschen und Spazierstöcken.

Eine weitere, sehr ähnliche Art ist die aus Japan stammende Kornelkirsche, **C. officinalis** S. & Z. Sie wächst etwas kräftiger, und ihre größeren Blüten sollen sich angeblich ein bis zwei Wochen früher öffnen.

Von einem besonders großblütigen Typ **'Lasso'** berichtet H. J. PERSSON, Holstenplant.

C. nuttallii AUDUBON, Nuttalls Blüten-Hartriegel

Verbreitung: Westliches Nord-Amerika; als Unterholz in Nadelwäldern der Bergregion, auf feuchten, aber gut durchlässigen Böden.

Wuchs: Hoher, breit aufrechter Strauch, in seiner Heimat kleiner bis mittelgroßer Baum mit kegelförmiger oder rundlicher Krone.

Größe: 3 bis 6 m, in der Heimat bis 15 m hoch. Breite 2 bis 5 m.

Rinde: Junge Zweige grün, behaart, später sonnenseits dunkelbraunrot bis braunrotviolett, schattenseits olivgrün, zweijähriges Holz hellbraun, durch absterbende Epidermis grau überzogen, ältere Borke rötlich-braun.

Blätter: Sommergrün, gegenständig, elliptischeiförmig bis verkehrt eiförmig, kurz zugespitzt, 6 bis 12 cm lang, 3 bis 7 cm breit, im Herbst leuchtend gelb bis orangerot.

Blüten: Eigentliche Blüten sehr klein, in halbkugeligen, grünlich-purpurnen Köpfchen, umgeben von 4 bis 8, meist jedoch 6 großen, rundlich-ovalen, zuerst cremeweißen, später weißen, etwas rosa überhauchten Brakteen, Durchmesser der „Gesamtblüte" kann über 10 cm betragen, Mai.

Früchte: In 4 cm großen Köpfchen, Einzelfrucht elliptisch, 1 cm lang, rot oder orange, Reife im Oktober.

Wurzel: Dicht verzweigt, hoher Feinwurzelanteil im oberen Bodenbereich.

Standort: Sonnig bis halbschattig, vor kalten Winden geschützt, luftfeuchte Lagen sind besonders vorteilhaft.

Boden: Liebt feuchte, humose, saure bis neutrale Böden mit gutem Wasserabzug.

Cornus nuttallii 'Eddies White Wonder'

CORNUS

C. nuttallii
'Eddie's White Wonder'

(Zugehörigkeit nicht einwandfrei geklärt)

Sommergrüner Großstrauch oder Kleinbaum mit meist durchgehendem Stamm und waagerecht ausgebreiteten, später durchhängenden Seitenästen. Blätter elliptisch-eiförmig bis verkehrt eiförmig, kurz zugespitzt, sehr ähnlich denen von C. nuttallii; Herbstfärbung gelbrot bis leuchtend orangerot. Das halbkugelige Blütenköpfchen hat einen Durchmesser von 0,7 bis 0,8 cm, bei C. nuttallii 'Ascona' 1,8 bis 2 cm! Es wird umgeben von 4 (sehr selten 5), oft nach oben gewölbten, rundlichen, kurz zugespitzten, gelblichweißen Brakteen (RHS 157 D bis 158 B). Der Blütendurchmesser beträgt 8 bis 10 (12) cm. Im Winter liegen die bereits vorgebildeten Brakteen bei 'Eddie's White Wonder' den Blütenköpfchen an, bei C. nuttallii 'Ascona' stehen sie ab!

'Eddie's White Wonder' *ist eine wüchsige, frostharte und zuverlässig blühende Sorte, die einen gleichwertigen Ersatz für den nicht überall*

Cornus nuttallii 'Eddie's White Wonder'

winterfesten C. nuttallii **'Ascona'** *darstellt. Oftmals wird sie auch mit C. nuttallii verwechselt und unter diesem Namen angeboten. Standort-, Bodenansprüche und Verwendung wie bei C. nuttallii.*

Eigenschaften: Als junge Pflanze empfindlich, auch später frostgefährdet, anscheinend kurzlebig, auf zu nahrhaften Böden schlechtes Ausreifen.

Verwendung: Eines der schönsten und auffälligsten Blütengehölze, hat von allen Blumenhartriegeln die größten Brakteen und wohl auch die intensivste Herbstfärbung. Gruppenpflanzung und Einzelstellung für sonnige und halbschattige Plätze in Garten- und Parkanlagen. Benachbarung: Cornus florida 'Rubra', Exochorda racemosa, Halesia monticola, Malus Hybriden wie 'Makamik' und 'Profusion', Prunus serrulata 'Shirofugen', Rhododendron williamsianum 'Stadt Essen', Polemonium reptans und Myosotis alpestris (großflächig).

Bemerkung: In spätfrostgefährdeten Lagen sollte man die wertvollen Blumen-Hartriegel unter den lockeren Schirm von Lärchen, Kiefern, Eichen, Hemlocktannen, Hainbuchen und Birken (nicht direkt im Wurzelbereich!) setzen, wo sie sich, in Gruppen zusammengepflanzt, nicht nur besonders wohlfühlen, sondern auch ihren natürlichen Charme voll zur Geltung bringen können. Einige wenige zartrosafarbene Japan-Azaleen verwandeln diesen weißen Blütenhain in ein traumhaftes Gartenbild, das man von Jahr zu Jahr sehnsüchtiger erwartet.

Cornus nuttallii

Cornus nuttallii 'Ascona'

C. sanguinea L.,
Roter Hartriegel

Der Name Hartriegel bezieht sich auf das harte Holz, das zur Herstellung von Werkzeuggriffen und Spazierstöcken verwendet wurde.

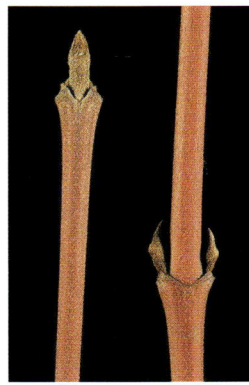

Cornus sanguinea

Verbreitung: In ganz Europa; in Mitteleuropa vom Norddeutschen Tiefland bis zu den Alpen; in lichten, krautreichen Laubmisch- und Auenwäldern, an Waldrändern vorzugsweise auf kalkhaltigen bis mäßig sauren, humosen Ton- und Lehmböden.

Wuchs: Mittelhoher bis hoher Strauch, Grundtriebe zunächst aufrecht, reich verzweigt, im Alter breit ausladend, mit dünnen, überhängenden Zweigen.

Größe: Bis 4 (bis 6) m, gelegentlich auch noch höher, im Alter meist genauso breit.

Rinde: Junge Triebe besonders im Winter dunkelblutrot, sonst grünlichgrau, älteres Holz graubraun.

Blätter: Sommergrün, gegenständig, breitelliptisch, 5 bis 12 cm lang, beiderseits zerstreut dünn behaart, dunkelgrün, Herbstfärbung leuchtend weinrot, aber auch gelborange.

Blüten: Weiße, 4 bis 8 cm große, streng duftende Schirmrispen nach dem Laubaustrieb im Mai/Juni.

Früchte: Schwarzviolette, 5 bis 8 mm große, kugelige Steinfrüchte an roten Stielen; in rohem Zustand ungenießbar (schwach giftig), Geschmack bitter; früher zu Fruchtsäften, Marmeladen und Ölgewinnung verwendet.

Wurzel: Dicht verzweigtes Herzwurzelsystem mit hohem Feinwurzelanteil im oberen Bodenbereich; bildet Wurzelausläufer.

Standort: Sonne bis Halbschatten.

Boden: Keine besonderen Ansprüche, Gehölz mit einer sehr großen Standortamplitude, gedeiht sowohl auf trockenen als auch auf feuchten Böden, kalkliebend.

Eigenschaften: Sehr frosthart, hitzetolerant, gut schattenverträglich, durch hohe Ausschlagsfähigkeit und Wurzelausläufer bodenfestigend, windverträglich, stadtklimafest.

Verwendung: Ein sehr wichtiges Gehölz für die freie Landschaft, Rekultivierungsmaßnahmen, Erstbesiedlung von Rohböden, Windschutzhecken, Knicks; Straßenbegleitgrün, Schutzpflanzungen aller Art, Hecken, gutes Bienen- und Vogelnähr- sowie -schutzgehölz.

Eine neuere Sorte ist **'Midwinter Fire'**, 1- bis 2jährige Triebe im Winter sonnenseits hellbraunrötlich bis leuchtend rötlich-orange, schattenseits grünlichgelb-orange. Zumindest sind junge Pflanzen eine winterliche Gartenzierde. Diese Sorte wird gelegentlich auch als **C. sanguinea 'Winter Beauty'** angeboten. Selektiert von NYNATTEN, Zundert, Niederlande.

Weitere Sorten mit besserem Wuchs sind: **'Magic Flame'**, Triebe orange; **'New Red'**, Triebe rotorange; **'Yellow Light'**, Triebe gelblich mit rötlichen Spitzen.

Anmerkung: Samen wurden zur Ölgewinnung noch bis zum 18. Jahrh. gesammelt. Das nicht trocknende Öl nutzte man für Brennzwecke.

C. stolonifera 'Flaviramea',
Gelbholz-Hartriegel

Verbreitung: Westliches und östliches Nordamerika; auf feuchten Böden entlang der Wasserläufe und in den Seengebieten.

Wuchs: Aufrechter, vieltriebiger Strauch mit schleppenartig dem Boden aufliegenden Zweigpartien, auf zusagenden Standorten breitet sich der Strauch durch bewurzelte Bodentriebe rasch aus.

Größe: 1,50 m bis 3 m, gelegentlich auch bis 4,50 m hoch, im Alter meist genauso breit.

Rinde: Leuchtend hellgrüngelb, besonders im Winter auffallend und sehr zierend.

Blätter: Sommergrün, gegenständig, eiförmig bis lanzettlich, 5 bis 10 cm lang, hellgrün.

Blüten: Gelblichweiße Schirmrispen im Mai.

Früchte: Weiß, rundlich, 7 bis 9 mm dick.

Wurzel: Dicht verzweigt, oberflächennah, sehr ausgedehnt, verträgt Überflutung.

Cornus sanguinea

Standort: Sonnig bis absonnig.

Boden: Keine besonderen Ansprüche, toleriert alle Böden von schwach sauer bis alkalisch, liebt aber mehr feuchte Standorte.

Eigenschaften: Absolut frosthart, stadtklimafest, hoher Ausbreitungsdrang auf zusagenden Standorten, kann in Staudenpartien lästig werden, verträgt Überschwemmungen.

Verwendung: Prachtvoller Rindenfärber, ein besonders wirkungsvolles Winterbild entsteht durch Zusammenpflanzen mit rotrindigen Cornus-Arten. Einzelstellung, Gruppen.

Ökologie: Früchte werden gern von der Mönchsgrasmücke angenommen.

C. stolonifera 'Kelseyi'
(= Cornus sericea 'Kelsey's Dwarf')

Wuchs: Kleiner, breitbuschiger, dicht- und dünntriebiger Strauch mit aufliegenden Zweigen, breitet sich durch bewurzelte Bodentriebe aus.

Größe: Bis 0,75 m hoch und mehr als doppelt so breit.

Rinde: Einjährige Triebe auffallend dünn, im Winter sehr dekorativ rotbraun, zur Basis hin heller werdend, bis orangegrün und olivgrün, altes Holz dunkelolivgrün.

Blätter: Sommergrün, gegenständig, eiförmig bis lanzettlich, 6 bis 8 cm lang, leicht gewölbt, frischgrün, Herbstfärbung gelb bis orangerot.

Standort: Sonnig bis absonnig.

Boden: Keine besonderen Ansprüche, schwachsauer bis alkalisch, liebt feuchtere Böden.

Eigenschaften: Sehr hohes Ausschlagsvermögen, stadtklimafest, etwas spätfrostgefährdet.

Verwendung: Hervorragender Zwergstrauch für Vorpflanzungen und Flächenbegrünungen, auch im Straßenbegleitgrün, Böschungsbefestiger.

Cornus stolonifera 'Kelseyi'

CORONILLA L.
Kronwicke – Papilionaceae,
Schmetterlingsblütler

Die Bezeichnung Coronilla kommt aus dem Spanischen und bedeutet kleine Krone.

C. emerus L.,
Strauch-Kronwicke, Skorpions-Kronwicke

Breitbuschig und locker aufrechter, z. T. auch niederliegend wachsender, 1 bis 1,5 (bis 2) m hoher Kleinstrauch mit zunächst grünen, später graubraunen, elastischen Trieben. Blätter sommergrün, wechselständig, unpaarig gefiedert, 4 bis 6 cm lang, Fiederblättchen meist zu 7 bis 9, verkehrt eiförmig bis herzförmig, 1,5 bis 2 cm lang, hellgrün, unterseits blaugrün, kahl. Die gelben, bis 2 cm großen Schmetterlingsblüten stehen zu zweit in kleinen, achselständigen Dolden. Sie erscheinen im Mai/Juni zusammen mit dem jungen Blattaustrieb. Gelegentlich folgt noch im Spätsommer eine Nachblüte. Im September reifen die 5 bis 10 cm langen, sehr dünnen, gegliederten Hülsen.

C. emerus zählt zu den sehr seltenen, in der Roten Liste als potentiell gefährdet eingestuften, heimischen Pflanzen. In Deutschland ist der ausgesprochen wärmeliebende und hitzeresistente Kleinstrauch, der sein Hauptverbreitungsgebiet in Südeuropa hat, vor allem am Kaiserstuhl und Bodensee, im Hochrheingebiet sowie im westlichen Donautal und im Alpenvorland noch anzutreffen. Wir finden ihn in lichten, warmen Eichen-Trockenwäldern, aber auch in Buchen- oder Kiefernmischbeständen, an warmen, lichtschattigen Waldsäumen und auf Fels- und Geröllhängen. Die Kronwicke bevorzugt die trockenen bis mäßig trockenen, sommerwarmen, steinig-lehmigen und gut durchlässigen, kalkhaltigen Standorte. Verwendung findet dieser recht ansehnliche Blütenstrauch bei der Bepflanzung trockenheißer, nährstoffarmer Extremstandorte.

Auf tiefgründigen, stickstoffreichen Böden hat man mit der frostempfindlichen Kronwicke wenig Glück, da sie hier immer wieder stark zurückfriert. Bei Pflanzmaßnahmen in der freien Landschaft sollte ausschließlich autochthones Material verwendet werden. Im Handel befindet sich gelegentlich die sehr ähnliche, aber wesentlich frostempfindlichere, aus dem südeuropäischen und asiatischen Mittelmeergebiet stammende Form **C. emerus ssp. emeroides** *(BOISS. & SPRUN.) HAYEK. Ihre Blüten sind meist zu 5 bis 7 in lang gestielten Dolden vereint und erscheinen bereits im März/April vor dem Austrieb!*

Blütenökologie: Sehr interessant ist der Bestäubungsvorgang, er erfolgt nämlich nach dem sogenannten „Nudelpumpenprinzip". Die Staubblätter befinden sich der Form angepaßt in dem geschlossenen Schiffchen, das, ähnlich wie eine Spritze mit gebogener Nadel, eine schnabelartig nach oben ausgezogene Spitze mit einer kleinen Öffnung aufweist. Den breiig-klebrigen Pollen entladen die Staubblätter am Ende der schnabelartigen Verjüngung. Wenn nun ein Insekt auf der Blüte landet, wird über einen Hebelmechanismus das Schiffchen nach unten gedrückt und der feuchte Pollen bandnudelartig herausgepreßt, wobei er am Unterleib bzw. an der Bauchseite des Bestäubers, meist sind es Bienen oder Hummeln, kleben bleibt. Die verdickten Staubfäden übernehmen bei diesem Pumpvorgang, der sich mehrere Male wiederholen kann, die Funktion des Kolbens.

Corylopsis pauciflora

CORYLOPSIS SIEB. et ZUCC.
Scheinhasel – Hamamelidaceae,
Zaubernußgewächse

C. pauciflora SIEB. et ZUCC.,
Glockenhasel, Schlüsselblumenstrauch

Verbreitung: In den Bergen von Japan und Taiwan.

Wuchs: Kleiner, breitbuschiger und feintriebiger Strauch mit leicht überhängenden Triebspitzen.

Corylopsis pauciflora, Blüten zu 2 bis 3

Corylopsis pauciflora
mit Herbstastern

Größe: 1 bis 1,5 (bis 2) m hoch und dann meist genauso breit.

Blätter: Sommergrün, wechselständig, herz-eiförmig, 3 bis 7 cm lang, im Austrieb rötlichbraun, hellgrün, unterseits bläulichgrün, Herbstfärbung meist schön gelb.

Blüten: Hellgelb, glockig, zu 2 bis 3 in kurzen, hängenden Ähren, sie erscheinen vor Laubaustrieb im März/April und verströmen einen leichten Primelduft.

Wurzel: Feinverzweigtes, oberflächennahes Wurzelwerk.

Standort: Sonnig (bis halbschattig), gegen kalte Nord- und Ostwinde geschützt. Auf trockeneren Plätzen besser absonnig.

Boden: Gute, kultivierte, humose, frische (bis mäßig trockene), saure bis schwach alkalische, durchlässige Böden; auf zu nahrhaften und feuchten Böden schlechtes Ausreifen.

Eigenschaften: Treibt sehr früh, daher gelegentlich etwas spätfrostgefährdet (Schutz!), sonniger, warmer, nicht zu nahrhafter Standort ist am günstigsten, leidet bei Bodentrockenheit und Hitze.

Verwendung: Eines unserer wertvollsten und blühfreudigsten Frühlingsgehölze, das selbst im allerkleinsten Garten Platz findet. Wer einmal überreich blühende Glockenhasel in Teppichen aus Scilla 'Spring Beauty', weißen und blauen Anemone blanda erlebt hat, möchte diese Komposition auch in seinem Garten verwirklichen. Hervorragendes Treibgehölz, das schon zu Weihnachten blühen kann. Einzelstellung, doch wirkungsvoller in kleinen Gruppen.

Ökologie: Wird von verschiedenen Insektenarten besucht.

C. spicata SIEB. et ZUCC.,
Ährige Scheinhasel

Corylopsis spicata, Blüten zu 6 bis 10

Verbreitung: Wälder in Japan und in der chinesischen Provinz Kiangsi.

Wuchs: Aufrechter, locker verzweigter Strauch, Triebe oft leicht gedreht, sparrig, im Alter breit, gelegentlich auch schirmartig auseinanderstrebend.

Größe: Bis 2 (bis 3,50) m hoch und genauso breit.

Blätter: Sommergrün, wechselständig, breit eiförmig, 5 bis 10 cm lang, von blaßgrün bis bläulichgrün, matt schimmernd, unterseits blaugrün, Herbstfärbung gelb bis orange.

Blüten: Hellgelb, duftend, zu 6 bis 12, in 4 cm langen, hängenden Ähren, die vor dem Laubaustrieb im April/Mai erscheinen. Staubgefäße purpurbraun!

Früchte: Verholzende, gehörnte Kapseln.

Wurzel: Feinverzweigtes, oberflächennahes Wurzelwerk.

Standort: Sonnig (bis halbschattig), geschützt gegen kalte Nord- und Ostwinde. Auf trockeneren Plätzen besser absonnig.

Boden: Gute, kultivierte, frische (bis mäßig trockene), saure bis schwach alkalische, durchlässige Böden; auf zu nahrhaften und feuchten Böden schlechtes Ausreifen.

Eigenschaften: Treibt sehr früh, daher gelegentlich etwas spätfrostgefährdet (Schutz!), sonniger, warmer, nicht zu nahrhafter Standort ist am günstigsten, leidet bei Bodentrockenheit und Hitze.

Verwendung: Überreich blühender und viel bewunderter Frühlingsbote für unsere Gehölzpflanzungen in Garten- und Parkanlagen. Herrliche Kombinationen ergeben sich mit Primula denticulata, Omphalodes verna und blau blühenden Zwiebelpflanzen wie Scilla, Chionodoxa und Crocus tommasinianus; wer den Kontrast liebt, sollte rote Wildtulpen oder die sehr leuchtende Rosenprimel wählen, passende Gehölznachbarn wären Rhododendron, Sternmagnolien und als neutraler, ruhiger Hintergrund dunkelgrüner Taxus.

Ökologie: Blüten werden auffallend stark von Käfern, Hummeln und Honigbienen besucht.

Anmerkung: In den Baumschulangeboten taucht gelegentlich die C. spicata sehr nahestehende Art **C. sinensis** HEMSL. auf. Ihr Wuchs ist ausgesprochen stark, aufrecht, und die etwas später erscheinenden Blüten haben gelbe Staubbeutel. C. sinensis ist nach meinen Erfahrungen (geringfügig) frosthärter als C. spicata. Sehr wertvoll für Spätfrostlagen. (Sichtung erforderlich, da es im Corylopsis-Sortiment „Versagertypen" gibt, denen die nötige „Härte" fehlt). C. sinensis ist sehr reichblühend und durch die größere Härte zukünftig wohl die bedeutendere und auch schönere Art für unsere Gärten.

CORYLUS L.
Haselnuß – Betulaceae,
Birkengewächse

C. avellana L.,
Gewöhnliche Hasel, Haselnuß

Corylus = Name in der Antike für Hasel. Avella = Stadt in Kampanien (Westküste Italiens), war bekannt wegen ihrer guten Nüsse.

Corylus avellana

Corylus avellana

Verbreitung: Europa, Westasien, in lichten Laubwäldern, an Waldrändern, Feldsäumen, in Auenwäldern, Buchen- und Eichen-Mischwäldern, in Hecken, Feldgehölzen und Knicks; meist auf tiefgründigen, nährstoffreichen Böden mit Humus- und Lehmgehalt, schwachsauer bis alkalisch, die Hasel meidet nährstoffarme, stark saure und sumpfige Standorte.

Wuchs: Breit aufrecht wachsender, vielstämmiger Großstrauch, im Alter mit weit auseinanderstrebenden, schirmartigen Ästen.

Größe: 5 (bis 7) m hoch und breit.

Rinde: Junge Triebe braunoliv mit vielen Lentizellen, altes Holz braungrau und längsrissig.

Blätter: Sommergrün, wechselständig, rundlich bis breit eiförmig, 6 bis 10 cm lang, doppelt gesägt, etwas gelappt, dunkelgrün, Herbstfärbung gelb bis gelborange.

Blüten: Pflanze ist einhäusig, männliche Kätzchen gelb, lange vor dem Laubaustrieb, in milden Jahren schon im Januar/Februar blühend, normal März bis April, weibliche Blüten bis auf die leuchtendroten, fädigen Narben in den Knospen verborgen.

Früchte: Zu 1 bis 4 in zerschlitzten Becherhüllen, Fruchtreife ab September/Oktober.

Wurzel: Flach- und weitstreichendes Horizontalwurzelsystem mit hohem Feinwurzelanteil und einigen Vertikalwurzeln, gelegentlich Ausläufer bildend.

Standort: Sonne bis Halbschatten (bis Schatten).

Boden: Toleriert alle Bodenarten, auch Rohböden, trocken bis feucht, von schwach sauer bis alkalisch, bevorzugt fruchtbare Standorte und meidet stark saure, sumpfige Böden.

Eigenschaften: Absolut frosthart, sehr gutes Ausschlagsvermögen selbst nach stärkstem Rückschnitt, Bodenfestiger, Laub wirkt bodenverbessernd, relativ windresistent, schattenverträglich, kann bis 100 Jahre alt werden.

Verwendung: Wichtiges heimisches Gehölz für Pflanzmaßnahmen in der freien Landschaft; Windschutzpflanzungen, Knickbegrünung, Waldrandgestaltung, Unterholz, Böschungsbefestigung, Ödlandbegrünung; aber auch in städtischen Anlagen wertvoll als 2. Etage im Schatten und Wurzeldruck großer Bäume, ferner für Deck- und Schutzpflanzungen im Straßenbegleitgrün, zur Fruchtgewinnung verschiedene Sorten nebeneinander pflanzen; trotz des sehr intensiven, oberflächennahen Wurzelwerks gut zu unterpflanzen mit Gehölzrand- und Schattenstauden; sehr wichtige Bienenweide, Früchte werden von vielen heimischen Vogelarten und Kleinsäugern gefressen. Die Blätter der Haselnuß sind Nahrung für die Raupe des Birkenzipfelfalters und vieler anderer Falterarten. Pollen wird von Bienen gesammelt.

Anmerkung: Haselnußgerten wurden früher zur Herstellung von Faßreifen, Korbbügeln und Spazierstöcken verwendet.

C. avellana 'Contorta',
Korkenzieher-Hasel

Wuchs: Hoher Strauch, breit-schirmförmig aufrecht, Grundtriebe und Zweige sehr stark korkenzieherartig gedreht und gewunden, im Alter dichtverzweigt und überhängend, wächst schwächer als die Art.

Größe: Bis 5 (bis 6) m, ein 30jähriges Exemplar

Corylus avellana 'Contorta'

Corylus avellana 'Contorta'

erreichte auf gutem Boden eine Höhe von 5 m bei gleicher Breite. Jahreszuwachs in Höhe und Breite 25 cm.

Blätter: Unterschiedlich geformt, breitrundlich, kraus und stark eingerollt, Herbstfärbung gelb.

Blüten: Die männlichen Kätzchen sind im Frühjahr an den gedrehten Zweigen eine große Zierde.

Früchte: Nicht so zahlreich, sind kleiner und werden später braun, sind auch eßbar! (Es kommen diesbezüglich immer wieder Fragen).

Standort und Boden wie bei der Art.

Verwendung: Interessantes Solitärgehölz, dem besonders im winterlichen Rauhreifschmuck, aber

Corylus avellana 'Contorta'

auch im Frühling mit den Blütenkätzchen immer große Aufmerksamkeit entgegengebracht wird. Einzelstellung, Pflanzkübel, Dachgärten, Floristik (dekorativer Vasenschmuck).

Anmerkung: Durch gelegentlichen Rückschnitt erzielt man die überall beliebten und vielbegehrten, langen „Vasentriebe". Wildtriebe sollten sofort an der Basis entfernt werden.

C. avellana 'Pendula'

Bereits vor 1867 in Frankreich entstanden.

Wuchs: Hoher Strauch mit zunächst aufrechten Ästen, Zweige und Triebe dann weich und elegant überhängend.

Verwendung: Zur Blütezeit, in der die langen Kätzchen den malerischen Hängewuchs noch unterstreichen, ein wirklich beeindruckendes Gehölz. In mein Tagebuch habe ich vor vielen Jahren einmal geschrieben: „In der Blütezeit unsterblich schön".

C. avellana 'Fuscorubra'
(= C. avellana 'Rotblättrige Zellernuß')

Wuchs: Hoher, mittelstarkwüchsiger, im Alter breit ausladender Strauch.

Größe: 4 bis 6 m hoch.

Blätter: Sommergrün, gegenständig, breitrund, 6 bis 10 cm lang, Rand doppelt gesägt, im Austrieb blutrot, später vergrünend.

Blüten: Pflanze ist einhäusig, männliche Kätzchen gelb, lange vor dem Laubaustrieb, in milden Wintern oft schon im Januar/Februar blühend, normal März bis April.

Früchte: Rotbraun, in roten, später braunen Becherhüllen, Fruchtreife ab September/Oktober.

Weitere Angaben wie bei der Art.

Verwendung: Als Einzelgehölz oder in Gruppen zur Kontrastierung von Pflanzungen. Sollte nicht in die freie Landschaft gesetzt werden.

C. colurna,
Baum-Hasel, Türkische Hasel

Corylus colurna

Verbreitung: Von Istrien, Bosnien, Südosteuropa über Kleinasien, dem Kaukasus bis zum Himalaja, als Einzelbaum, aber auch bestandsbildend in Wäldern auftretend.

Wuchs: Stattlicher, mittelgroßer bis großer Baum mit regelmäßiger, breit kegelförmiger Krone und meist sehr geradem, bis zum Wipfel durchgehendem Stamm. Langsam wachsend.

Größe: Auch bei uns nicht selten über 20 m hoch, meist 15 bis 18 m hoch und 8 bis 12 (16) m breit. Jahreszuwachs in der Höhe 20 bis 35 cm, in der Breite 15 cm.

Rinde: Triebe grau bis hellgelblichgrau, alte Borke hellgrau bis bräunlich, korkig, längsrissig.

Blätter: Sommergrün, wechselständig, breit eiförmig, 8 bis 12 cm lang, doppelt gesägt, auch kurz gelappt, dunkelgrün, Herbstfärbung goldgelb.

Blüten: Männliche Blütenkätzchen grüngelb, bis 12 cm lang, zu mehreren vereint, Blütezeit ist sehr

Corylus colurna

früh, manchmal schon im Februar, normal März/April.

Früchte: Nüsse sitzen in Büscheln, umgeben von einer tief zerschlitzten, drüsigen Hülle; eßbar.

Wurzel: Herzwurzelsystem, Hauptwurzeln tiefgehend, Feinwurzeln oberflächennah.

Standort: Sonne bis Halbschatten.

Boden: Liebt tiefgründigen, anlehmigen, kalkhaltigen Boden, ist aber andererseits sehr anpassungsfähig, auch was den pH-Wert betrifft, und gedeiht noch gut auf trockenen, schwach sauren Standorten.

Eigenschaften: Wärmeliebend, extrem hitzetolerant, trockenresistent, stadtklimafest, ziemlich frei von Krankheiten und Insektenbefall.

Verwendung: Prachtvoller Baum für Einzelstand und Gruppenpflanzung in Garten- und Parkanlagen. In Blüte stehende Baum-Hasel sind von großer Schönheit. Sehr gut geeignet für den innerstädtischen Straßenraum.

Anmerkung: Wenn Ahorne in Hitzeperioden bereits leiden und das Laub abwerfen, besticht C. colurna immer noch mit frischgrünen Blättern.

Corylus colurna

C. maxima MILL.,
Lambertsnuß, Weiße Hasel

Wuchs: Hoher Strauch, buschig aufrecht, mit starken Haupttrieben, fein verzweigt.

Größe: Bis 5 m hoch.

Blätter: Sommergrün, wechselständig, breitrundlich, 10 bis 15 cm lang, leicht gelappt, dunkelgrün, Herbstfärbung leuchtend gelb.

Blüten: Männliche Blütenkätzchen gelb, 10 cm lang, im März.

Früchte: 2 bis 4 cm große Nüsse in einer langen, röhrigen Fruchthülle.

Wurzel: Hauptwurzeln kräftig, weit ausgebreitet, hoher Anteil an Feinwurzeln.

Standort: Sonnig bis leicht absonnig.

Boden: Keine besonderen Ansprüche, kalkverträglich.

Verwendung: Einzelstellung, Gruppen, Fruchtstrauch. Durch Zusammenpflanzen mehrerer Sorten bessere Befruchtung und höherer Ertrag.

Großfrüchtige Haselnüsse:

‘Cosford’
Nüsse rundlich, bis 2 cm dick, dünnschalig, guter Pollenspender.

‘Hallesche Riesen’
Nüsse rundlich, bis 4 cm dick, sehr ertragreich.

‘Webbs Preisnuß’
Nüsse länglich oval, bis 3 cm dick, früh- und reichtragend. Kleiner Strauch für kleinere Gärten.

‘Wunder von Bollweiler’
Nüsse kegelförmig, bis 4 cm dick, sehr ertragreich.

C. maxima ‘Purpurea’,
Blut-Hasel

Verbreitung: Die Wildart ist in Südosteuropa und Kleinasien beheimatet.

Wuchs: Mittelhoher Strauch, Grundtriebe straff aufrecht, im Alter weit auseinanderstrebend bis schirmförmig ausgebreitet.

Größe: Bis 4 m hoch und oft genauso breit.

Blätter: Sommergrün, wechselständig, rundlich, großblättrig, im Austrieb leuchtend hellrot, den ganzen Sommer über konstant tief schwarzrot, auch im Schatten.

Blüten: Männliche Blütenkätzchen ebenfalls rot, bis 6 cm lang, im März/April vor dem Austrieb.

Corylus maxima 'Purpurea'

Früchte: Rotbraune, runde Nüsse, bis 2 cm dick, eßbar.

Wurzel: Hauptwurzeln kräftig, weit ausgebreitet, hoher Anteil an Feinwurzeln.

Standort: Sonne bis lichter Halbschatten.

Boden: Guter Oberboden, schwachsauer bis alkalisch, feucht bis trocken, nahrhaft.

Verwendung: Einzelstrauch oder in Gruppen; herrlicher Hintergrund für andere buntlaubige Gehölze wie z. B. Cornus alba-Sorten. Auch auf schattigen Plätzen bleibt die rote Laubfärbung erhalten.

Weitere Verwendung/Benachbarung siehe Acer palmatum 'Bloodgood'.

Corylus maxima 'Purpurea'

COTINUS MILL.
Perückenstrauch – Anacardiaceae, Sumachgewächse

C. coggygria SCOP.,
Perückenstrauch

Cotinus coggygria

Cotinus hieß bei Plinius ein Strauch, aus dem eine Purpurfarbe gewonnen wurde. Coggygria ist eine Ableitung von kokkygea, einem Namen, den Theophrast für einen Strauch benutzte, den man zum Rotfärben von Wolle verwendete.

Verbreitung: Östliches Mittelmeergebiet, Balkan-Halbinsel, bis nach Asien, nördlichste Vorkommen in Europa Südtirol und Tessin, an felsigen, trockenen Hängen, in lichten Gebüschen, meist auf kalkhaltigen, mäßig nährstoffreichen Böden.

Wuchs: Strauch mit breit ausladendem, etwas sparrigem, aufrechtem Wuchs, bei alten Exemplaren legen sich die Außenäste schleppenartig nieder.

Größe: 3 bis 5 m hoch, im Alter genauso breit wie hoch.

Rinde: Junge Triebe hellbraun oder rötlich mit vielen kleinen Höckern (Korkwarzen), alte Borke kleingefeldert.

Blätter: Sommergrün, wechselständig, verkehrt eiförmig bis elliptisch (Form ist sehr veränderlich!), 3 bis 8 cm lang, sehr dünn, Austrieb sehr spät, frischgrün, Herbstfärbung von mildgrün über leuchtend gelborange bis scharlachrot.

Blüten: Gelblichgrüne, etwas unscheinbare, 15 bis 20 cm lange, endständige Rispen im Juni/Juli.

Früchte: Auffallend perückenartige Fruchtstände, die aus den seidig-fedrig behaarten Stielen der unfruchtbaren Blüten bestehen.

Cotinus coggygria

Wurzel: Hauptwurzeln dick, flach und tief ausgebreitet.

Standort: Sonnig.

Boden: Stellt nur geringe Ansprüche an den Boden, sehr anpassungsfähig, gesunde Pflanzen auf mäßig nährstoffreichen, trockenen bis frischen, gut durchlässigen, stark alkalischen Böden in sonnig-warmer Lage.

Eigenschaften: Extrem trocken- und hitzeresistent, absolut stadtklimafest, Triebe werden gelegentlich von einer Pilzkrankheit befallen.

Verwendung: Zur Fruchtzeit, im August/September, wenn der Strauch dicht besetzt ist mit den wollig-fedrigen Samenständen, gehört er zu den meist bewunderten Gartengehölzen. Wenige Wochen später überrascht er mit leuchtenden Herbstfarben. Zweifellos einer der schönsten

Cotinus coggygria

Ziersträucher für Einzelstellung, Gruppenpflanzung und Pflanzkübel.

Anmerkung: Blätter und Rinde des Perückenstrauchs enthalten Gerbstoffe, die man früher in der Gerberei verwendete.

Aufgrund ihrer zusammenziehenden (adstringierenden) Wirkung sind die Blätter auch als blutstillendes Mittel eingesetzt worden. Das Kernholz von Cotinus enthält den Farbstoff Fisetin, mit dem Seide bräunlich und Wolle orange bis scharlachrot eingefärbt wurde. Zur Gewinnung des Fisettholzes hat man früher im Elsaß, in Ungarn und in Südtirol Perückenstrauchpflanzungen angelegt.

C. coggygria 'Royal Purple'

Cotinus coggygria 'Royal Purple'

Cotinus coggygria 'Royal Purple'

Wuchs: Mittelhoher Strauch, breitbuschig, im Alter ausladend.

Größe: Bis 3 m hoch und genauso breit.

Blätter: Sommergrün, wechselständig, verkehrt eiförmig bis elliptisch (Form ist sehr veränderlich), 3 bis 8 cm lang, intensiv schwarzrot, metallisch glänzend.

Blüten: Gelblichrot, etwas unscheinbare, 15 bis 20 cm lange, endständige Rispen im Juni/Juli. Herbstfärbung orangerot bis scharlachrot.

Früchte: Auffallend silbrigrötliche, perückenartige Fruchtstände, die aus den wollig-fedrig behaarten Stielen der unfruchtbaren Blüten bestehen.

Wurzel, Standort, Boden, Eigenschaften wie bei der Art.

Verwendung: Wegen der beständig roten Farbe und der interessanten Fruchtstände eines der reizvollsten Gehölze für Einzelstellung, Gruppenpflanzung und Pflanzkübel. Stellt wie die Art keine Bodenansprüche und ist mit dem ärmsten und trockensten Standort zufrieden. Silberblau und silbergrau sind vornehme Farben und steigern das Rot in seiner Wirkung. Ideale Nachbarn wären deshalb für den Hintergrund: Cedrus atlantica 'Glauca', Elaeagnus angustifolia, Pyrus salicifolia 'Pendula', Buddleja alternifolia, und als Vordergrund eignen sich Perovskien, Caryopteris, Königskerzen, gelbe Schafgarbe, Schleierkraut, Stachys 'Silver Carpet', Lavendel, Asphodeline und Tuffs niedrig bleibender Potentillen wie z. B. P. fruticosa var. mandshurica. Herrliches Hintergrundgehölz für das Thema „Red Border". Den Übergang zu den blaugrauen und graupurpurfarbenen Tönen kann man sehr gut mit Rosa glauca schaffen. Ein Traumpaar: C. c. 'Royal Purple', Clematis 'Nelly Moser' und Euphorbia griffithii 'Fire Glow'.

Weitere Verwendung/Benachbarung siehe Acer palmatum 'Bloodgood'.

C. obovatus RAF.,
Amerikanischer Perückenstrauch
(= C. americanus, Rhus cotinoides)

Hoher, aufrechter, raschwüchsiger Strauch oder kleiner, kurzstämmiger Baum mit offener Krone und ausgebreiteten Ästen. Borke recht dekorativ grau bis graubraun, ältere Stämme fischartig geschuppt. Blätter breit-elliptisch, Blattbasis keil-

Cotinus coggygria 'Rubrifolius'

förmig auslaufend (bei C. coggygria Basis rund bis abgestutzt), 5 bis 12 (15) cm lang und 4 bis 7,5 cm breit, bläulichgrün bis dunkelgrün, Herbstfärbung prächtig gelb, orange, scharlachrot bis rotpurpur. Fruchtstände kürzer als bei C. coggygria.

Das Verbreitungsgebiet von C. obovatus liegt in den nordamerikanischen Bundesländern Tennessee, Alabama und Texas. Er wächst dort gewöhnlich in isolierten Talschluchten oder in Dickichten, zerstreut auf trockenen, felsigen Berghängen. Der völlig frostharte Strauch hat die gleichen Standortansprüche wie C. coggygria.

Amerikanische Fachleute sagen, daß C. obovatus der am intensivsten färbende Strauch der heimischen Gehölzflora sei. Auch in unseren Gärten können wir die exzellente Laubfärbung beobachten. Auf ein fantastisch färbendes Exemplar im Garten der Baumschule Wohlt machte mich im Oktober '86 Herr SCHWERDTNER aufmerksam. Wir sollten diesem Gehölz zukünftig unbedingt mehr Aufmerksamkeit schenken.

__C. obovatus 'Red Leaf'__ ist eine neuere, amerikanische Herbstfärber-Selektion. Die in England angebotene Sorte __'Flame'__ färbt brillant orangerot, sie gehört wahrscheinlich zu den sog. Dummer-Hybriden (C. coggygria 'Velvet Cloak' x C. obovatus). Hierzu zählt auch __'Grace'__, Blätter purpurrot, Blüten rosa, Herbstfärbung scharlachrot.

COTONEASTER MED.
Zwergmispel – Rosaceae,
Rosengewächse

Von der Gattung Cotoneaster gibt es etwa 50 Arten, die ihr Hauptverbreitungsgebiet im Himalaja und in den Gebirgen Südwestchinas, aber auch in Europa und Nordafrika haben. Es sind immergrüne, sommer- und wintergrüne Sträucher und Zwergsträucher, in milden Gebieten gelegentlich auch kleine Bäume. Ihre Blätter sind wechselständig, ungeteilt und ganzrandig. Die weißen bis hellrosafarbenen Blüten erscheinen in Schirmrispen oder Schirmtrauben. Eine ganz besondere Zierde dieser Gattung ist der überaus reiche und lang haftende Fruchtbehang, der wohl von kaum einer anderen Gehölzart übertroffen wird. Es ist gerade die Komplementärkombination von dem dunkelgrün glänzenden Laub zu den leuchtend roten „Apfelfrüchten", die dieses Gehölz besonders in den Wintermonaten so attraktiv macht.

Für den Pflanzenverwender liegt der große Wert der Zwergmispeln in den verschiedenartigsten Wuchsformen, wodurch sich die mannigfaltigsten Verwendungsmöglichkeiten ergeben. Während einige Arten auf Grund ihres dekorativen Aufbaues einen ausgesprochenen Solitärcharakter haben, eignen sich andere hervorragend für eine lockere Gruppenpflanzung. Hier sollten wir allerdings beherzigen, daß gerade die Cotoneaster zu ihrer vollen Entfaltung viel mehr Raum und Licht benötigen, als wir ihnen gewöhnlich zubilligen. Sie werden höher und vor allem viel breiter als allgemein angenommen wird. Im Gedränge mit starkwüchsigen Sträuchern gehen einige Arten unter, andere aber wachsen dann (un)förmlich über sich hinaus. Beinahe ehrfurchtsvoll schaut man in einer solchen Situation zu einem 5 m hohen, gertenschlanken Cotoneaster dielsianus auf.

Die niedrigwachsenden Arten und Formen werden auch zukünftig eine sehr große Bedeutung als problemlose und robuste Bodendecker haben. Immer mehr wird auch der Wert der Felsenmispeln für die Bepflanzung von Kübeln, Schalen und Trögen erkannt. Alle Arten sind sehr anspruchslos, sie gedeihen auf jedem kultivierten Boden und lieben mehr oder weniger sonnige Standorte.

Ökologie: Alle Cotoneaster-Formen sind sowohl wichtige Insektenfutterpflanzen als auch bedeutende Vogelnährgehölze.

C. acutifolius LINDL. non TURZ.!
(gültiger Name heute: C. lucidus SCHLECHTD.)

In den Baumschulen wird C. lucidus oft mit der echten Spitzblättrigen Zwergmispel, C. acutifolius TURZ., verwechselt. C. lucidus hat dunkelgrün glänzende Blätter, C. acutifolius stumpfgrüne!

Auswahl einiger Gehölze, die sich für eine Benachbarung mit strauchförmigen Cotoneaster-Arten anbieten:

Amelanchier
Berberis, sommer- und immergrüne Arten
Buddleja
Chaenomeles
Colutea
Cotoneaster, niedrige Arten und Sorten
Crataegus
Cytisus
Exochorda
Hippophae

Hypericum
Kolkwitzia
Lonicera nitida, auch andere
Nothofagus
Potentilla
Pyracantha
Rosa, Strauchrosen, Wildrosen
Spiraea
Sorbus
Symphoricarpos

Cotoneaster acutifolius

Verbreitung: Nordchina.

Wuchs: Mittelhoher Strauch, in der Jugend straff aufrecht, später mehr breit wachsend, stark verzweigt mit überhängenden Triebspitzen.

Größe: Bis 3 m hoch und 2 bis 3 m breit.

Rinde: Wintertriebe rotbraun bis braunoliv, an den Spitzen dicht graubraun behaart.

Blätter: Sommergrün, wechselständig, eiförmig bis elliptisch, 2 bis 6 cm lang, glänzend dunkelgrün, unterseits weißlichgrün, Herbstfärbung leuchtend braunrot.

Blüten: Weiß mit rötlichem Anflug, 3 bis 12 in kleinen end- oder achselständigen Schirmtrauben im Mai/Juni.

Früchte: Schwarz, eirund, nicht bereift.

Wurzel: Locker verzweigt, tiefwurzelnd.

Standort: Sonnig bis absonnig.

Boden: Keine besonderen Ansprüche, toleriert alle kultivierten Böden, auch trockenere Standorte, kalkliebend.

Eigenschaften: Sehr frosthart, stadtklimafest, rauchhart, hohes Ausschlagsvermögen.

Verwendung: Problemloser Strauch für Gruppenpflanzungen, geschnittene und freiwachsende Hecken, ausgezeichnete Bienenweide.

Ökologie: Wird stark von Hornissen beflogen.

C. adpressus BOIS,
Niedrige Zwergmispel

Verbreitung: Westchina.

Wuchs: Schwachwüchsiger, kriechender Zwergstrauch mit bodenaufliegenden, dekorativ fächrig verzweigten Trieben.

Größe: Bis 0,3 m hoch und 1 m breit.

Blätter: Sommergrün, wechselständig, breit-eiförmig mit feiner Spitze und gewelltem Rand, 0,5 bis 1,5 cm lang, stumpfgrün, unterseits hellgrün, Herbstfärbung dunkelweinrot. Herbstlaub widersteht Frühfrösten bis −8 °C!

Blüten: Rosa, ungestielt, zu 1 bis 2, im Juni.

Früchte: Rot, eirundlich.

Wurzel: Hauptwurzeln dick, flach ausgebreitet, wenig verzweigt.

Cotoneaster adpressus

Standort: Sonnig bis halbschattig.

Boden: Keine besonderen Ansprüche, toleriert alle Böden von alkalisch bis sauer.

Eigenschaften: C. adpressus hat sich als sehr windfest erwiesen, gute Erfolge an exponierten Standorten wie z. B. Helgoland, frosthart, stadtklimafest.

Verwendung: Guter Bodendecker, kleine Hecken, geeignet auch für Staudenpflanzungen, in Heideanlagen, Steingärten, Grabbepflanzung, ausgezeichnet für Pflanzkübel, Tröge und Dachgärten.

Cotoneaster bullatus

C. bullatus BOIS,
Runzlige Zwergmispel

Verbreitung: Westchina, an Waldrändern.

Wuchs: Locker und breit ausladend wachsender Strauch, Zweige bei älteren Pflanzen malerisch weit nach außen überhängend.

Cotoneaster bullatus

Größe: Bis 3 m hoch, gelegentlich auch weitaus höher, oft viel breiter als hoch.

Blätter: Sommergrün, wechselständig, spitz eilänglich, 3 bis 7 cm lang, dunkelgrün, etwas ledrig, runzlig, unten graugrün behaart, Herbstfärbung orange bis braunrot. Herbstlaub widersteht Frühfrösten bis − 8 °C!

Blüten: Rötlich, zu 3 bis 7 beisammen in Doldenrispen, Mai/Juni.

Früchte: Auffallend lebhaft rot, kugelig, etwa 8 mm groß, erscheinen sehr zahlreich und sind vom Herbst bis zum Winter eine große Zierde.

Wurzel: Flach und tief ausgebreitet, hoher Anteil dicker Hauptwurzeln, wenig verzweigt.

Standort: Sonne bis Halbschatten.

Boden: Toleriert alle kultivierten, schwach sauren bis alkalischen Böden, bevorzugt frische, nicht zu nährstoffarme Standorte.

Eigenschaften: Gut frosthart, für Stadtklima bedingt geeignet, windfest.

Verwendung: Ein hervorragender Strauch für Solitär- und Gruppenpflanzung, gehört zu den schönsten, aufrechtwachsenden Cotoneaster-Arten.

Ökologie: Wird besonders stark von Insekten beflogen. Die Beeren sind eine beliebte Vogelnahrung. Im Arboretum Ellerhoop-Thiensen wird ein großer Solitärstrauch im Spätsommer/Herbst regelmäßig von Goldhähnchen-Trupps nach Insekten abgesucht.

C. dammeri 'Coral Beauty'

Gehört nicht zu C. dammeri. Muß wohl korrekterweise als **C. x suecicus 'Coral Beauty'** bezeichnet werden. C. x suecicus wurde von G. KLOTZ (Jena 1982) beschrieben und ist eine Hybride aus C. dammeri x C. conspicuus.

Wuchs: Zwergstrauch mit niederliegenden, teils bogig überhängenden, langen, vielverzweigten Jahrestrieben, gut bodendeckend, mittelstarker Wuchs.

Cotoneaster bullatus – Blüten werden stark von Hornissen besucht. Hornissen sind kurzrüsselig; sie benötigen zuckerreiche Nahrung, ihre Larven sind Fleischfresser

Größe: Bis 0,6 m hoch.

Blätter: Immergrün, wechselständig, elliptisch länglich, 0,5 bis 2 cm lang, stark glänzend, dunkelgrün, unterseits hellgrün, ein Teil der älteren Blätter nimmt im Herbst eine schöne gelbe bis orangerote Färbung an.

Blüten: Weiß, in großer Fülle von Mai bis Juni.

Früchte: Leuchtend orangerot, Einzelfrüchte bis 1 cm dick, außerordentlich reich fruchtend, bis zum Frühjahr am Strauch haftend.

Cotoneaster dammeri 'Coral Beauty'

Wurzel: Oberflächennah und tiefgehende, lange Hauptwurzeln, wenig verzweigt.

Standort: Sonne bis Halbschatten (bis Schatten).

Boden: Toleriert alle Gartenböden von schwach

sauer bis alkalisch, bevorzugt kalkhaltige, gleichmäßig feuchte, nahrhafte Substrate.

Eigenschaften: Stadtklimafest, frosthart, windfest.

Verwendung: Hervorragender, robuster und völlig anspruchsloser Flächenbegrüner, der durch seine dunkelgrüne Belaubung und den leuchtend orangeroten Fruchtbehang besticht. Eingrünen von Gartentreppen, Böschungen, Mauerkronen, Unterpflanzung von Solitärgehölzen, Pflanzgefäße an Terrassenhäusern, auf Dachgärten, wertvoll für Friedhofsanlagen.

Bemerkung: Natürlich ist 'Coral Beauty' ein ausgezeichneter Bodendecker, der beinahe jede Situation meistert, dennoch sollte man ihn nicht gleich hektarweise ansiedeln. Unser Baumschulsortiment ist außerordentlich vielfältig und bietet dem Verwender eine Fülle ungeahnter Möglichkeiten. Das Zeitalter der leblosen Monokulturen dürfte weit hinter uns liegen.

C. dammeri 'Eichholz'
(= C. radicans 'Eichholz')

Wird von einigen Autoren als C. radicans 'Eichholz' bezeichnet. Wegen der nicht eindeutigen Zugehörigkeit schlage ich vor, diese Zwergmispel unter Cotoneaster-Hybride 'Eichholz' aufzuführen.

Wuchs: Niedriger, kompakter Zwergstrauch mit kriechenden, teils bogig abstehenden, sehr dicht verzweigten Trieben.

Größe: 0,25 m bis 0,4 m hoch und 0,5 bis 0,8 m breit.

Blätter: Immergrün, wechselständig, elliptischlänglich, 1,5 bis 2 cm lang, dunkelgrün glänzend, Herbstfärbung an einem Teil der Blätter von gelb bis orangerot.

Blüten: Weiße, einzeln sitzende Blüten ab Mai bis Juni.

Cotoneaster dammeri 'Hachmanns Winterjuwel'; die Früchte sind eine beliebte Vogelnahrung

Cotoneaster dammeri 'Eichholz'

Früchte: Orangerot, rundlich, bis 0,5 cm dick, fruchtet sehr regelmäßig, doch nur geringer Fruchtbehang.

Wurzel: Oberflächennah ausgebreitet, hoher Anteil an Feinwurzeln.

Standort: Sonne bis Halbschatten (bis Schatten).

Boden: Toleriert alle Gartenböden von schwach sauer bis alkalisch, bevorzugt gleichmäßig feuchte, nahrhafte Substrate.

Eigenschaften: Stadtklimafest, sehr frosthart.

Verwendung: Gut bodendeckendes Zwerggehölz für Flächenbegrünungen, Treppenwangen, Mauerkronen, Steingärten und Pflanzgefäße.

C. dammeri 'Hachmanns Winterjuwel'

Wuchs: Breitwachsender, stark verzweigter Zwergstrauch mit vielen kräftigen, aufrechten Kurztrieben.

Größe: Bis 0,5 m hoch und meist dreimal so breit wie hoch.

Blätter: Immergrün, wechselständig, elliptisch, 1,5 bis 2 cm lang, mittelgrün, matt glänzend.

Blüten: Weiß, im Mai/Juni.

Früchte: Korallenrot, erscheinen in großer Menge.

Standort: Sonne bis Halbschatten.

Boden: Toleriert alle Gartenböden, schwach sauer bis alkalisch, bevorzugt gleichmäßig feuchte, nahrhafte Substrate.

Eigenschaften: Stadtklimafest.

Verwendung: Sehr guter Bodendecker für Flächenbegrünung, Vorpflanzungen, Pflanzkübel und Dachgärten.

C. dammeri 'Holsteins Resi'

Selektion der Bundesforschungsanstalt in Ahrensburg. Wurde 1989 erstmals im Handel angeboten.

Wuchs: Niedriger Zwergstrauch, Triebe dem Boden dicht aufliegend, ausgebreitet, stark verzweigt und gut flächendeckend, Triebe mit Bodenkontakt Wurzeln bildend.

Größe: 20 bis 25 cm hoch.

Blätter: Immergrün, wechselständig, elliptisch bis verkehrt eiförmig, 3 bis 4 cm lang und 2 cm breit.

Weitere Angaben und Merkmale wie bei C. dammeri var. radicans HORT.

Eigenschaften: Resistent gegenüber dem Erreger der Feuerbrandkrankheit (Erwinia sp.).

Verwendung: Wertvolle, feuerbrandresistente Selektion. Sehr guter Flächenbegrüner, der schnell eine geschlossene Bodendecke bildet. Vom Erscheinungsbild her der Form C. dammeri var. radicans gleichzusetzen.

C. dammeri 'Jürgl'

Wuchs: Niedriger Zwergstrauch mit kriechenden, teils bogig überhängenden, dicht verzweigten Trieben; raschwüchsig und Flächen schnell überziehend.

Größe: 0,4 bis 0,6 m hoch und etwa 1 m breit.

Blätter: Immergrün, wechselständig, elliptisch bis eiförmig, 1 bis 1,5 cm lang, stumpfgrün.

Blüten: Weißlichrosa, einzeln sitzend, Mai bis Juni.

Früchte: Hellrot, rundlich, bis 1 cm dick, erscheinen sehr zahlreich und bleiben lange am Strauch haften.

Wurzel: Oberflächennahe, ausgebreitete Hauptwurzeln, hoher Anteil an Feinwurzeln.

Standort: Sonne bis Halbschatten (bis Schatten).

Boden: Toleriert alle Gartenböden von schwach sauer bis alkalisch, bevorzugt gleichmäßig feuchte, nahrhafte Substrate.

Eigenschaften: Stadtklimafest, sehr frosthart.

Verwendung: Hervorragender Flächenbegrüner für Böschungen, Mauerkronen und Treppenwangen.

C. dammeri var. radicans DAMMER

Wird oft verwechselt mit C. dammeri 'Major'!

Wuchs: Niedriger Zwergstrauch, Zweige dem Boden flach anliegend, ausgebreitet und gut flächendeckend, Triebe mit Bodenkontakt Wurzeln bildend.

Größe: Flach bleibend, kaum über 10–15 cm hoch.

Blätter: Immergrün, wechselständig, elliptisch bis verkehrt eiförmig, 1 bis 1,5 cm lang, oberseits glänzend dunkelgrün.

Blüten: Weiß bis rötlich, erscheinen in großer Zahl von Mai bis Juni.

Früchte: Hellrot, kugelig, für die zierliche Pflanze auffallend groß.

Wurzel: Oberflächennah ausgebreitet, hoher Anteil an Feinwurzeln.

Standort: Sonne bis Halbschatten (bis Schatten).

Boden: Toleriert alle Gartenböden von schwach sauer bis alkalisch, bevorzugt gleichmäßig feuchte, nahrhafte Substrate.

Eigenschaften: Stadtklimafest, gut frosthart.

Verwendung: Rasenersatz für kleinere Gartenplätze, Böschungen, Friedhofsanlagen, Stein- und Heidegärten, hängend an Gartenmauern, für Kübel- und Trogbepflanzung, Dach- und Terrassengärten.

Bemerkung: Bei anhaltenden Kahlfrösten (über −15 °C) und gleichzeitiger Sonneneinstrahlung kommt es zu Blattbräunungen. Leichte Schattierung verhindert diese Schäden.

C. dammeri 'Skogholm'

Gehört nicht zu C. dammeri.
Korrekte Bezeichnung heute: **C. x suecicus 'Skogholm'**. C. x suecicus ist eine von G. KLOTZ (Jena 1982) beschriebene Hybride aus C. dammeri x C. conspicuus.

1941 von O. GÖRANSON, Skogsholmens Plantskolor in Hindby, Schweden, selektiert.

Wuchs: Starkwüchsiger Zwergstrauch mit teils kriechenden, teils bogig überhängenden, langen, vielverzweigten Trieben.

Größe: Bis 1 (bis 1,50) m hoch und immer viel breiter als hoch.

Blätter: Immergrün, wechselständig, elliptisch-länglich, 1 bis 2 (bis 3,5) cm lang, dunkelgrün, matt glänzend, unterseits hellgrün bis weißlich, Herbstfärbung an einem Teil der Blätter gelb bis orangerot.

Blüten: Weiß, zu 2 bis 6 beisammen, Mai bis Juni.

Früchte: Leuchtend rot, 0,6 bis 1 cm dick, nicht sehr reich fruchtend.

Wurzel: Oberflächennahe und tiefgehende Hauptwurzeln, wenig verzweigt.

Standort: Sonne bis Halbschatten (bis Schatten).

Boden: Toleriert alle Böden von schwach sauer bis alkalisch, gedeiht auch auf nährstoffarmen Standorten.

Eigenschaften: Stadtklimafest, rauchhart, sehr gute Frosthärte, hohes Ausschlagsvermögen, auch nach radikalem Rückschnitt.

Verwendung: Äußerst robuster, starkwüchsiger Flächenbegrüner für Böschungen, Unterpflanzung von Solitärgehölzen, zum Eingrünen von Treppenwangen, hängend an Mauern, für Pflanzgefäße an Terrassenhäusern und mobiles Grün.

Bemerkung: Hochhäuser und Terrassenhäuser mit geeigneten Pflanztrögen können innerhalb kürzester Zeit unter Cotoneaster dammeri 'Skogholm' völlig verschwinden. Die vielverzweigten Triebe hängen bis zu 3 m an den Mauerwänden herab.

C. dammeri 'Streibs Findling' siehe unter C. microphyllus 'Streibs Findling'

C. dammeri 'Thiensen'

Selektion der Bundesforschungsanstalt in Ahrensburg. Wurde 1989 erstmals im Handel angeboten.

Cotoneaster dammeri 'Thiensen'

Wuchs: Niedriger Zwergstrauch mit sehr flach kriechenden, dicht verzweigten Trieben.

Größe: 10 bis 15 cm hoch.

Blätter: Immergrün, wechselständig, elliptisch bis verkehrt eiförmig, 4 bis 5 cm lang und 2,5 cm breit.

Weitere Angaben wie bei C. dammeri var. radicans HORT.

Eigenschaften: Resistent gegenüber dem Erreger der Feuerbrandkrankheit (Erwinia sp.).

Verwendung: Wertvolle feuerbrandresistente Selektion. Sehr guter Flächenbegrüner, der in seinem Erscheinungsbild der Sorte C. dammeri 'Major' ähnelt.

Cotoneaster dielsianus

C. dielsianus PRITZ.,
Graue Felsenmispel
(= C. applanatus DUTHIE ex. VEITCH)

Verbreitung: Setschuan, Yunnan, China.

Wuchs: Breit aufrechter, locker verzweigter Strauch, Zweige an älteren Exemplaren bis 1 m bogig überhängend, oft sehr malerisch.

Größe: Bis 2,50 (bis 3,50) m hoch und im Alter meist genauso breit.

Blätter: Sommergrün, wechselständig, eirundlich, 1 bis 2,5 cm lang, dunkelgrün, glänzend, unterseits gelb-graufilzig, Herbstfärbung oft sehr schön gelb bis braunrot. Herbstlaub widersteht Frühfrösten bis −8 °C!

Blüten: Im Juni ist der Strauch übersät mit rosa oder weißen, 3- bis 7blütigen Schirmtrauben.

Früchte: Hochrot, kugelig, 0,5 bis 0,8 cm dick, sie erscheinen in großer Fülle.

Cotoneaster divaricatus

Wurzel: Oberflächennahe, ausgebreitete Hauptwurzeln, Feinwurzelanteil sehr hoch.

Standort: Sonne bis Halbschatten.

Boden: Toleriert alle Gartenböden, nimmt auch mit trockeneren Standorten vorlieb.

Eigenschaften: Gut frosthart, stadtklimafest, hitze- und trockenresistent, Blätter überdauern gelegentlich milde Winter.

Verwendung: Eine der besten und wichtigsten Cotoneaster-Arten für unsere Garten- und Parkanlagen. Wenn man ihr genügend Raum gibt, kann sie sich zu sehr malerischen Einzelexemplaren entwickeln. In gemischten Gehölzpflanzungen sollte man die strauchförmigen Arten möglichst in den etwas freieren Gehölzrandbereich setzen. Sehr gut geeignet auch für ungeschnittene Hecken oder als Solitär für größere Pflanzkübel.

Ökologie: Insektenmagnet.

C. divaricatus REHD. et WILS.,
Sparrige Zwergmispel

Verbreitung: Hupeh, Setschuan, China.

Wuchs: Mittelhoher, sehr sparrig verzweigter Strauch, Grundstämme an älteren Exemplaren zunächst breit aufrecht, dann betont bogig abstehend und eine schirmförmige Krone bildend; Seitenzweige auffallend fächerförmig abstehend.

Größe: 2 bis 3 m hoch und im Alter nicht selten bis 5 m breit.

Blätter: Sommergrün, wechselständig, elliptisch, 1 bis 2,5 cm lang, glänzend dunkelgrün, unterseits hellgrün, etwas behaart, Herbstfärbung dunkelorange bis braunorange, sehr zierend. Herbstlaub widersteht Frühfrösten bis −8 °C!

Cotoneaster divaricatus

Blüten: Weiß bis rötlich, zu 2 bis 4, im Juni.

Früchte: Glänzend dunkelrot, oval-walzenförmig, 0,9 bis 1,1 cm lang und 0,6 bis 0,7 cm dick.

Wurzel: Oberflächennahe Hauptwurzeln mit einem hohen Anteil an Feinwurzeln.

Standort: Sonne (bis Halbschatten).

Boden: Toleriert alle Bodenarten, schwach sauer bis alkalisch.

Eigenschaften: Außerordentlich frosthart, stadtklimafest, schattenverträglich, Hitze und Trockenheit gut vertragend.

Verwendung: Einzelpflanze, Gruppenpflanzung, freiwachsende, ungeschnittene Hecken.

Ökologie: C. divaricatus hat stark honigende Blüten und wird daher außerordentlich lebhaft von Insekten besucht, insbesondere auch von Hornissen.

C. franchetii BOIS.

Verbreitung: Setschuan, Yunnan, China; Oberburma.

Wuchs: Wintergrüner Strauch mit trichterförmig aufrechten Grundtrieben und elegant überhängender Seitenbezweigung, insgesamt ein sehr ansprechender, transparenter Wuchs.

Größe: Bis 2 m hoch und meist genauso breit.

Blätter: Halbimmergrün, wechselständig, spitz eiförmig bis spitz elliptisch, 2 bis 3,5 cm lang, mittelgrün, etwas ledrig, schwach glänzend, unterseits graugelblich-filzig; im Herbst färben einige Blätter gelb bis rotorange.

Blüten: Ab Juni weiße bis rosa Blüten, die zu 5 bis 11 vereint auf filzigen Stielen sitzen.

Früchte: Orangerot bis hochrot (mennige), oval bis tonnenförmig, gelegentlich auch tropfenförmig, 0,7 bis 1,1 cm

Cotoneaster franchetii

Cotoneaster franchetii

lang und bis 0,8 cm dick; die Früchte haften sehr lange, außerordentlich zierend.

Standort: Sonnige, geschützte Lage.

Boden: Toleriert alle kultivierten Gartenböden, schwach sauer bis stark alkalisch, bevorzugt nahrhafte, kalkhaltige Substrate.

Eigenschaften: Etwas frostempfindlich (leichter Winterschutz in ungünstigen Lagen), stadtklimafest, Hitze und Trockenheit gut vertragend.

Verwendung: C. franchetii ist eine außerordentlich dekorative Art, die man sehr gut mit Potentillen, Rosen, Gräsern wie Pennisetum, Molinia, Festuca mairei, Helictotrichon, Koeleria und bunten Herbstastern verbinden kann.

C. horizontalis DECNE.,
Fächer-Zwergmispel

Verbreitung: Setschuan, W-China.

Wuchs: Kleiner Strauch mit zunächst flach ausgebreiteten, fast waagerechten Zweigpartien, Haupttriebe später bogig aufstrebend und sehr dekorativ fischgrätenartig verzweigt.

Größe: Bis 1 m hoch, gelegentlich auch höher, an

Cotoneaster horizontalis

Hauswänden und Gartenmauern etwa 2 m hoch, dann oft doppelt so breit.

Blätter: Sommergrün, wechselständig, fast kreisrund mit feiner Spitze, ledrig, bis 1,2 cm lang, dunkelgrün, glänzend, unterseits hellgrün, Herbstfärbung leuchtend orange bis scharlachrot. Herbstlaub widersteht Frühfrösten bis −8 °C!

Blüten: Weiß oder rötlich, zu 1 bis 2 an den vorjährigen Trieben, im Juni.

Früchte: Leuchtend rot, rundlich, etwa erbsengroß, erscheinen in großer Fülle und sind oft bis Dezember eine große Zierde.

Wurzel: Flach ausgebreitet, einige Hauptwurzeln in tieferen Schichten.

Standort: Sonne bis Halbschatten.

Boden: Toleriert alle Böden, schwach sauer bis alkalisch.

Eigenschaften: Stadtklimafest, gut frosthart, Hitze und Trockenheit gut vertragend, windfest.

Verwendung: Einzelpflanze, Flächenpflanzungen, Böschungen, Steingärten, Gartentreppen, sehr dekorativer Spalierstrauch für Gartenmauern und Hauswände, Solitärgehölz für Pflanzkübel und Tröge.

Ökologie: Ausgezeichnete Insektenfutterpflanze.

C. horizontalis 'Saxatilis'

Wird von einigen Autoren unter C. perpusillus geführt, was nomenklatorisch äußerst bedenklich ist.

Wuchs: Niedriger Zwergstrauch, Triebe fest dem Boden aufliegend und sehr regelmäßig, dekorativ fischgrätenartig verzweigt, schwachwüchsige Selektion.

Größe: Bis 0,3 m hoch und etwa doppelt so breit.

Blätter: Sommergrün, wechselständig, rundlich, bis 7 mm lang, glänzend dunkelgrün, unterseits hellgrün, Herbstfärbung leuchtend rot.

Blüten: Weißrötlich, im Juni.

Früchte: Hellrot, erscheinen sehr zahlreich und bleiben bis zum Frühjahr am Strauch haften.

Standort: Sonne bis Halbschatten.

Boden: Toleriert alle Böden, schwach sauer bis alkalisch.

Verwendung: Für niedrige Gruppenpflanzungen und Flächenbegrünungen, Gräber, Böschungen, Pflanzkübel, Schalen und Dachgärten.

Eine weitere, wertvolle, schwachwüchsige Sorte ist **C. horizontalis 'Tangstedt'**. Wird in Holland fälschlicherweise unter C. atropurpureus 'Tangstedt' geführt.

Cotoneaster integerrimus

C. integerrimus MED.,
Gewöhnliche Felsenmispel

Sommergrüner, 0,5 bis 1,5 (2,5) m hoher, breit aufrechter, etwas steif und sparrig verzweigter Strauch. Im Alter mehr auseinanderstrebend bis übergeneigt, teils auch niederliegend. Triebe braunrot, filzig behaart, später fast kahl. Blätter wechselständig, spitz-eiförmig, oberseits stumpfgrün, kahl, unterseits weiß- oder graufilzig. Blüten zu 1 bis 4 in traubenartigen Ständen, Einzelblüte glockig, blaßrosa, April bis Mai. Früchte erbsengroß, leuchtend rot, nicht giftig.

C. integerrimus ist ein heimisches Gehölz, das bei uns schwerpunktmäßig in Südwest- und Süddeutschland vorkommt. In den Alpen bis auf 2000 m ansteigend. Die Gewöhnliche Felsenmispel besiedelt u. a. zusammen mit Amelanchier ovalis, Berberis vulgaris und Quercus pubescens sonnige, südexponierte Felshänge auf trockenen bis mäßig trockenen, kalkhaltigen bis schwach

Cotoneaster integerrimus

sauren Böden. Verwendung findet C. integerrimus als Pioniergehölz zur Begrünung und Bodenfestigung extrem trockener Hanglagen, Stein-, Sand- und Geröllflächen. Die Gewöhnliche Felsenmispel kann aber auch als Zierstrauch (Blüten- und Fruchtschmuck) eingesetzt werden. Sehr gut geeignet zur Bepflanzung genügend offener Gehölzränder (Lichthunger beachten) auf sonnigen und trocken-heißen Standorten.

Ökologie: *Die nektarreichen Blüten werden am Naturstandort vor allem von Bienen und Feldwespen besucht. Die Verbreitung der Früchte geschieht durch viele beerenfressende Vogelarten.*

C. microphyllus 'Cochleatus'

(= C. microphyllus melanotrichus HORT.; C. microphyllus var. cochleatus; C. cochleatus)

Cotoneaster microphyllus 'Cochleatus'

Verbreitung: Die Wildart ist im Himalaja, Nepal, Sikkim und in Südwestchina beheimatet.

Wuchs: Niederliegender, sehr dichte und feste, dunkelgrüne Polster bildender Zwergstrauch, Zweige steif, flach und bogig nach unten gerichtet.

Größe: 0,3 bis 0,5 m hoch und mindestens doppelt so breit.

Blätter: Immergrün, wechselständig, auffallend klein, elliptisch bis verkehrt eiförmig, 0,5 bis

1,3 cm lang, dunkelgrün, glänzend, unterseits graufilzig, Blattrand nach unten eingerollt.

Blüten: Weiße Einzelblüten im Mai/Juni.

Früchte: Leuchtend rot, kugelig, 5 bis 6 mm dick.

Wurzel: Flach ausgebreitet, einzelne kräftige Hauptwurzeln in tieferen Schichten.

Standort: Sonne (bis Halbschatten), warme, geschützte Lage.

Boden: Alle kultivierten Böden, anpassungsfähig an den pH-Wert.

Eigenschaften: Stadtklimafest, ausreichend frosthart, verträgt kurzzeitige Hitze- und Trockenperioden gut.

Verwendung: Fällt durch seine dunkelgrüne Belaubung und den flachen, dichten Wuchs sofort ins Auge. Hervorragender Bodendecker für Steingärten, Trockenmauern, Treppenwangen, Pflanzkübel, Dachgärten.

C. microphyllus 'Streibs Findling'

1961 von K. STREIB in den Handel gebracht. Entstehung unbekannt. "Alles deutet darauf hin, daß C. dammeri maßgeblich beteiligt ist" (STREIB, 2000). Die Zugehörigkeit zu **C. procumbens** ist nicht eindeutig geklärt. Sollte daher unter **C.-Hybr. 'Streibs Findling'** geführt werden.

Wuchs: Dichter und niedriger Wuchs, den keine andere Sorte erreicht.

Größe: 0,10 bis 0,15 m hoch.

Blätter: Immergrün, wechselständig, auffallend klein, breit elliptisch, 0,8 bis 1,5 cm lang, dunkelgrün, matt glänzend, unterseits hellgrün bis weißlich, Herbstfärbung an einem Teil der Blätter gelb bis orangerot.

Blüten: Weiß bis rötlich, einzeln sitzend, Mai/Juni.

Früchte: Rot, rundlich, bis 0,5 cm dick, sehr zahlreich.

Wurzel: Oberflächennah ausgebreitet, Feinwurzelanteil sehr hoch.

Standort: Sonne bis Halbschatten.

Boden: Toleriert alle Gartenböden, schwach sauer bis alkalisch, bevorzugt gleichmäßig feuchte, nahrhafte Substrate.

Eigenschaften: Stadtklimafest. Bildet auch im Halbschatten vollständig geschlossene Flächen!

Verwendung: Sehr dekorativer, flacher Bodendecker für kleinere Flächen; auf Grund seines extrem schwachen Wuchses besonders gut geeignet für Steingärten, Atriumhöfe, Grabbepflanzungen, Tröge und Pflanzkübel.

C. multiflorus BUNGE, Vielblütige Zwergmispel

Cotoneaster multiflorus

Verbreitung: Kaukasus bis Ostasien.

Wuchs: Mittelhoher, aufrechter Strauch, Zweige locker, bogig überhängend.

Größe: 2 bis 3 m hoch, gelegentlich auch höher, kann im Freistand oft viel breiter als hoch werden.

Rinde: Zweige zunächst flaumhaarig, später rotbraun, glänzend.

Blätter: Sommergrün, wechselständig, für Cotoneaster auffallend groß, eiförmig bis breit eiförmig, mittelgrün, 2 bis 5 (bis 6) cm lang, Blattstiel 1 bis 1,8 cm, sehr dünne Blattspreite, Herbstfärbung gelblich bis rotbraun.

Blüten: In Schirmrispen mit über 20 weißen Blüten, Einzelblüte etwa 1 cm breit, überreich blühend von Mai bis Anfang Juni.

Früchte: Kirschrot, rundlich bis eiförmig, 6 bis 9 mm lang.

Wurzel: Flach ausgebreitet, einzelne Hauptwurzeln in tieferen Schichten, wenig verzweigt.

Standort: Sonne (bis Halbschatten).

Cotoneaster multiflorus

Boden: Toleriert alle kultivierten Böden, schwach sauer bis alkalisch, verträgt auch trockenere Standorte.

Eigenschaften: Stadtklimafest, sehr frosthart.

Verwendung: C. multiflorus gehört zu den besten hochwachsenden Arten. Ein sehr schöner Blütenstrauch, der mit seinen unzähligen, weißen Schirmrispen an Spiraea nipponica oder Spiraea x vanhouttei erinnert. Auch im Alter noch sehr ansehnlich. Solitärstellung, Gruppenpflanzung, freiwachsende Blütenhecken, niedrige Windschutzhecken, Pflanzgefäße, Dachgärten, sehr gute Insektenfutterpflanze.

C.-Hybride 'Pendulus'
(= C. x watereri 'Pendulus',
C. x hybrida pendula HORT.)

Zugehörigkeit ungeklärt, neuerdings auch zu C. salicifolius gestellt.

Wuchs: Halbimmergrüner Strauch, Triebe dem Boden locker aufliegend, durch Aufbinden einen Stamm bildend, von dem die Seitenäste bogig herabhängen, insgesamt raschwüchsig.

Größe: Bei natürlichem, niederliegendem Wuchs ca. 0,5 m hoch und oft mehr als 2 m breit, gestäbte Pflanzen bis 3 m hoch.

Blätter: Halbimmergrün bis immergrün, wechselständig, elliptisch, 4 bis 8 cm lang, glatt, dunkelgrün, leicht glänzend, im Herbst verfärbt ein Teil der Blätter gelb.

Blüten: Weiß, in zahlreichen, bis zu 5 cm großen Schirmtrauben von Mai bis Juni.

Früchte: Leuchtend rot, kugelig, bis 0,8 cm dick, sehr attraktiv.

Wurzel: Hauptwurzel dick, wenig verzweigt, flach und tief ausgebreitet.

Standort: Sonne bis Halbschatten, windgeschützte Lage, morgendliche Wintersonne sollte möglichst abgehalten werden.

Boden: Toleriert alle Gartenböden von schwach sauer bis alkalisch, bevorzugt gleichmäßig feuchte, nahrhafte Substrate.

Eigenschaften: Stadtklimafest, nicht ganz zuverlässig frosthart, Laub bleibt in milden Wintern und an geschützten Plätzen bis zum Frühjahr grün.

Verwendung: Aufgebundene Pflanzen sind mit ihrem überreichen Fruchtbehang prachtvolle Solitärgehölze für Pflanzplätze an Terrassen, Hauseingängen, in flachen Staudenrabatten, Heideanlagen, Gräsergärten, Innenhöfen und Pflanzkübeln, natürlich wachsend sehr dekorativ als Hängepflanzen an Gartenmauern, Treppenwangen, Böschungen.

Cotoneaster 'Pendulus' mit Sandbiene

C. praecox (BOIS & BERTH.)
VILM.-ANDR.,
Nan-Shan-Zwergmispel
(= C. adpressus var. praecox (VILM.)
BOIS & BERTH.

Korrekt Bezeichnung heute: **C. nanshan** VILM.

Verbreitung: Westchina, Setschuan, Nan-Shan.

Wuchs: Niedriger Zwergstrauch mit bogig überhängenden, abwärts gerichteten, sparrigen Zweigen und dornigen Kurztrieben; die bodenaufliegenden Triebe bilden Wurzeln und können über 1 m lang werden.

Größe: Bis 0,8 m hoch und meist mehr als doppelt so breit.

Blätter: Sommergrün, wechselständig, rundlich bis elliptisch, 1 bis 2,5 cm lang, Rand gewellt, dunkelgrün glänzend, unten hellgrün, Herbstfärbung leuchtend rot, aber sehr bald abfallend. Herbstlaub widersteht Frühfrösten bis −8 °C!

Blüten: Rosa, zu 1 bis 3 in den Blattachseln, sehr zahlreich im Mai.

Früchte: Lebhaft rot, kugelig, auffallend groß, bis 12 mm dick, schon ab August, jedoch bald abfallend.

Wurzel: Flach ausgebreitet, einzelne, kräftige Hauptwurzeln in tieferen Schichten, wenig verzweigt.

Cotoneaster praecox

Standort: Sonnig.

Boden: Toleriert alle Gartenböden, schwach sauer bis alkalisch.

Eigenschaften: Stadtklimafest, gut frosthart, Trockenperioden werden gut überwunden, windresistent.

Verwendung: Sehr geeignet für Steingärten, niedrige Einfassungen, Böschungsbegrünung, Treppenwangen, Heidegärten, Pflanzbeete in Innenhöfen, Atriumgärten, Dachgärten, für Pflanzgefäße aller Art, ausgezeichnete Insektenfutterpflanze.

C. salicifolius var. floccosus
RHED. & WILS.,
Weidenblättrige Felsenmispel
(= C. floccosus)

Verbreitung: Westchina, Setschuan.

Wuchs: Meist mehrstämmig aufrecht wachsender Strauch mit elegant bogig überhängenden und breit ausladenden Seitenästen, mittelstark wachsend.

Größe: Bis 3 (bis 5) m hoch und meist genauso breit wie hoch.

Blätter: Immergrün, wechselständig, länglich lanzettlich, 4 bis 9 cm lang, dunkelgrün, glänzend, durch vertieft liegende Nervatur runzlig, unten filzig behaart, Herbstfärbung zum Teil gelb bis rot.

Blüten: Im Juni erscheinen zahlreiche, weiße, vielblütige Schirmtrauben, stark duftend.

Früchte: Herrlicher Fruchtschmuck durch große Mengen orangeroter, bis 6 mm langer Früchte.

Wurzel: Flach ausgebreitet, dickere Hauptwurzeln in tieferen Schichten, wenig verzweigt.

Cotoneaster salicifolius var. floccosus

Standort: Sonne bis Halbschatten, geschützte Lage.

Boden: Toleriert alle kultivierten Böden, schwach sauer bis alkalisch.

Eigenschaften: Stadtklimafest, übersteht Trockenzeiten recht gut, mäßig windfest.

Verwendung: Wegen seines malerischen Wuchses, der ansprechenden Belaubung und des überreichen Fruchtschmucks ein außerordentlich häufig gepflanztes Solitärgehölz. Löst strenge Konturen und stark vertikal betonte Architektur mildernd auf; sehr dekorativ auch in größeren Pflanzgefäßen, gute Insektenfutterpflanze.

C. salicifolius 'Herbstfeuer'
(H. BRUNS)
(= C. x hybridus 'Herbstfeuer')

Wuchs: Flach kriechender, bodendeckender Zwergstrauch, der mit seinen übereinanderliegenden Zweigpartien die Flächen sehr schnell überzieht.

Größe: Bis 0,4 m hoch und meist dreimal so breit.

Blätter: Immergrün, wechselständig, oval bis elliptisch, haben Ähnlichkeit mit denen von C. salicifolius, 4 bis 8 cm lang, ledrig, dunkelgrün, glänzend.

Blüten: Weiß, zu 5 bis 12 in Schirmtrauben, im Mai/Juni.

Früchte: Hellrot, bis 8 mm dick, werden in großen Mengen angesetzt und halten bis tief in den Winter, werden erst sehr spät von den Vögeln angenommen.

Wurzel: Flach ausgebreitet, einzelne, kräftige Hauptwurzeln in tieferen Schichten.

Standort: Sonne bis Halbschatten.

Boden: Toleriert alle kultivierten Böden, schwach sauer bis alkalisch.

Eigenschaften: Stadtklimafest, übersteht Trockenzeiten recht gut.

Verwendung: Ein ausgezeichneter Bodendecker für Flächenbegrünung, Böschungen, Mauerkronen, Steingärten, Friedhofsanlagen, Dachgärten, größere Pflanzgefäße.

C. salicifolius 'Parkteppich'

Wuchs: Niedriger Zwergstrauch mit bogig überhängenden bis flach aufliegenden Zweigen, starkwüchsig.

Größe: Bis 0,5 m (gelegentlich auch 0,8 m) hoch und oft mehr als doppelt so breit.

Cotoneaster salicifolius 'Parkteppich'

Blätter: Immergrün, wechselständig, lanzettlich, 2,5 bis 3 cm lang, dunkelgrün glänzend.

Blüten: Im Juni in weißen, dichten Schirmtrauben.

Früchte: Hellrot, sehr zahlreich.

Wurzel: Oberflächennah ausgebreitet, dickere Hauptwurzeln in tieferen Schichten, wenig verzweigt.

Standort: Sonne bis Halbschatten

Boden: Toleriert alle kultivierten Böden, schwach sauer bis alkalisch.

Eigenschaften: Stadtklimafest.

Verwendung: Raschwüchsiger Bodendecker für schnelle Flächenbegrünung, Böschungen, Mauerkronen, Steingärten, Friedhofsanlagen, Dachgärten. Im Alter sehr grobtriebig, lückig und unordentlich.

C. salicifolius 'Repens'
(= C. salicifolius 'Avondrood')

Wuchs: Zwergstrauch, Zweige bogig niederliegend, sehr dicht und Flächen schnell deckend, Triebe nicht wurzelnd.

Größe: 0,4 bis 0,5 m hoch und mehrfach breiter.

Blätter: Immergrün, wechselständig, oval, 2,5 bis 3,5 cm lang, glänzend dunkelgrün.

Blüten: Weiß, in dichten Schirmtrauben.

Früchte: Hellrot, kugelig, sehr zahlreich.

Wurzel: Oberflächennah ausgebreitet, dickere Hauptwurzeln in tieferen Schichten, wenig verzweigt.

Standort: Sonne bis Halbschatten.

Boden: Toleriert alle kultivierten Böden, schwach sauer bis alkalisch.

Eigenschaften: Stadtklimafest.

Verwendung: Flächenbegrünung, Böschungen, Mauerkronen, Steingärten, Friedhofsanlagen, Dachgärten.

C. sternianus (TURRILL) BOOM
(= C. franchetii var. sternianus TURRILL)

Verbreitung: SO-Tibet, N-Burma.

Wuchs: Kleiner, aufrecht wachsender Strauch mit locker ausgebreiteten und dünnen, überhängenden Zweigen.

Größe: Bis 2 (bis 3) m hoch und genauso breit.

Blätter: Halbimmergrün bis immergrün, elliptisch, deutlich zugespitzt, derb ledrig, 2,5 bis 3,5 cm lang, dunkelgrün, unterseits weißzottig behaart.

Blüten: Ab Mai bis Juni in rötlichen Schirmtrauben.

Früchte: Hellrot, länglichrund, 8 bis 10 mm lang, bleiben lange am Strauch haften.

Wurzel: Oberflächennah ausgebreitet, einzelne, kräftige Hauptwurzeln in tieferen Schichten, wenig verzweigt.

Standort: Sonnige, geschützte Lage.

Boden: Toleriert alle kultivierten Gartenböden, schwach sauer bis alkalisch, bevorzugt gleichmäßig feuchte, nahrhafte Substrate.

Eigenschaften: Stadtklimafest.

Verwendung: Sehr schöner Strauch mit dekorativer Belaubung für Einzelstellung, Gruppen, freiwachsende Hecken, Pflanzkübel, Dachgärten.

Cotoneaster sternianus

C. tomentosus LINDL.,
(C. nebrodensis (GUSS.) KOCH),
Filzige Felsenmispel

Sommergrüner, 0,5 bis 1,5 m hoher, locker aufrechter, im Alter mehr ausgebreitet und leicht überhängend wachsender Strauch. Junge Triebe graufilzig. Blätter wechselständig, rundlich-eiförmig, 3 bis 6 cm lang, oberseits graugrün, fast verkalkend, unterseits dicht weiß- bis graufilzig, Herbstfärbung gelegentlich gelb. Blüten zu 2 bis 15 in kurz gestielten Doldentrauben, Einzelblüte glockig, weißlich, April/Mai (Juni). Früchte erbsengroß, rot, nicht giftig.

C. tomentosus ist in Deutschland sehr selten und kommt nur im Kaiserstuhl, im südlichen Jura, im Voralpenraum und in den Alpen bis auf 1700 m Höhe vor.

Die Filzige Felsenmispel wächst an vollsonnigen, steinigen und schottrigen Felshängen, an Wald- und Gebüschrändern und in lichten Eichen- und Kiefernbeständen auf sehr trockenen bis mäßig trockenen, gut durchlässigen, kalkreichen Böden (Kalkzeiger) in sommerwarmer Lage. Verwendung wie C. integerrimus.

C. x watereri 'Cornubia'

Wuchs: Starkwüchsiger Strauch mit trichterförmig aufwärts gerichteten Grundstämmen und regelmäßiger, schwachbogig abstehender Seitenbezweigung.

Größe: 3 bis 4 m hoch, im Alter etwa 3 m breit.

Rinde: Dunkelbraun, glatt, glänzend, weiße Lentizellen.

Blätter: Halbimmergrün bis immergrün, wechselständig, länglich elliptisch bis lanzettlich, bis 10 cm lang und 3 (bis 4) cm breit, dunkelgrün, Herbstfärbung zum Teil gelb bis tief orangerot.

Blüten: Ab Juni in großen, weißen Schirmrispen.

Früchte: Leuchtend rote Fruchtstände, Einzelfrüchte bis 9 mm dick, der Fruchtbehang ist außerordentlich attraktiv und bleibt in milden Wintern bis zum Frühjahr am Strauch haften.

Wurzel: Flach und tief ausgebreitet, Hauptwurzeln dick, wenig verzweigt.

Standort: Sonne bis Halbschatten, morgendliche Wintersonne sollte den etwas empfindlichen Strauch nicht treffen, windgeschützte Lage.

Boden: Ohne große Ansprüche, toleriert alle kultivierten Böden von schwach sauer bis alkalisch, bevorzugt feuchte, nahrhafte Substrate.

Cotoneaster x watereri 'Cornubia'

Eigenschaften: Stadtklimafest, vorübergehende Trockenheit und Nässe ertragend, wenig windfest, etwas frostempfindlich.

Verwendung: Ein prachtvolles Solitärgehölz, das durch seinen überreichen Fruchtbehang und die damit gut kontrastierende, dunkelgrüne Belaubung besonders im Herbst und Winter ins Auge fällt. Herrlich vor Hauswänden und immergrünen Laub- und Nadelgehölzen. Dekorativ auch in Gruppen, für Pflanzkübel, mobiles Grün.

C. x watereri 'John Waterer'
(= C. watereri HORT.)

Wuchs: Halbimmergrüner, starkwüchsiger Strauch mit schräg aufwärts gerichteten, weit ausladenden Hauptästen und sehr lockerer, fast waagerecht abstehender Bezweigung.

Größe: 2,50 bis 5 m hoch und meist genauso breit.

Blätter: Halbimmergrün bis immergrün, wechselständig, elliptisch bis länglich lanzettlich, bis 12 cm lang, stumpfgrün, im Herbst teils rot verfärbend.

Blüten: Ab Juni in großen weißen Schirmtrauben, Blüten duften stark.

Früchte: Hellrot glänzend, 8 bis 9 mm dick, werden in großer Menge angesetzt und haften in milden Wintern bis zum Frühjahr.

Wurzel: Oberflächennah ausgebreitet, einzelne kräftige Hauptwurzeln in tieferen Schichten, wenig verzweigt.

Standort: Sonne bis Halbschatten, windgeschützt, Schutz vor morgendlicher Wintersonne.

Boden: Toleriert alle kultivierten Gartenböden von schwach sauer bis alkalisch, bevorzugt gleichmäßig feuchte, nahrhafte Substrate.

Cotoneaster x watereri 'John Waterer'

Eigenschaften: Stadtklimafest, ausreichend frosthart, größerer Fruchtansatz durch Hinzufügen geeigneter Pollenspender wie z. B. C. salicifolius var. floccosus.

Verwendung: Ein prachtvolles Solitärgehölz, das besonders im Herbst und Winter durch seinen überwältigenden Fruchtschmuck ins Auge fällt. Herrlich vor Hauswänden, in Einzelstellung vor immergrünen Gehölzen, in kombinierten Stauden-Gehölzrabatten mit immergrünen Gräsern wie Carex morrowii und Luzula silvatica oder in Kombination mit Lonicera nitida 'Elegant', Euonymus fortunei-Sorten, Efeu-, Pachysandra- und Hypericum calycinum-Unterpflanzung, sehr dekorativ auch in größeren Pflanzgefäßen, Innenhöfen, geschützten Dachgärten.

CRATAEGUS L.
Weißdorn – Rosaceae,
Rosengewächse

Der Gattungsname ist aus dem griechischen krataigos = stark, fest, abgeleitet und bezieht sich auf das harte Holz des Weißdorns.

Die Gattung umfaßt etwa 90 Arten in Eurasien und bis zu 1100 in Nordamerika, von denen die meisten dieser botanisch äußerst schwer abgrenzbaren Kleinarten in der östlichen Hälfte der USA vorkommen.

Es sind sommergrüne Bäume oder Sträucher mit meist verdornten Zweigen und einfachen, gezähnten oder gelappten Blättern. Bei Crataegus x lavallei 'Carrierei' sind sie z. B. dunkelgrün, ledrig, äußerst dekorativ und haften in milden Wintern bis Dezember/Januar. Verschiedene Crataegus-Arten wie C. coccinea und C. x prunifolia zeichnen sich durch eine gelbe bis rotorange Herbstfärbung aus. Eine

Crataegus laciniata

weitere Zierde dieser vielgestaltigen Gehölzgattung sind die weißen, rosafarbenen oder roten Blüten, die in oft auffallend großen Schirmtrauben oder -rispen den gesamten Strauch bedecken. Der in den flachen Schalenblüten sehr offen und überreich angebotene Nektar hat für die heimische Insektenwelt, insbesondere auch für viele Kleininsekten, eine große Bedeutung. Ein besonders hoher ökologischer Wert der Weißdorn-Arten liegt auch in dem sehr attraktiven Fruchtbehang, der vielen Kleinsäugern und Vögeln als Herbst- und Winternahrung dient.

Verwendung finden die Crataegus-Arten als kleinkronige, schön blühende Straßen- und Solitärbäume ebenso wie als robuste Sträucher für Hecken, Vogelschutzgehölze und Mischpflanzungen aller Art. Durch ihr tiefgehendes Wurzelsystem und ihre derbe Blattstruktur sind sie bestens an Hitze, Trockenheit, vor allem auch an hohe Lufttrockenheit angepaßt. Im allgemeinen sind die Weißdorn-Arten nicht sehr anspruchsvoll an Boden und Lage, sie bevorzugen trockene bis frische, durchlässige, mehr oder weniger nährstoffreiche, kalkhaltige Standorte.

C. coccinea L.,
Scharlach-Weißdorn
(= C. pedicellata)

Verbreitung: Östliches Nordamerika.

Wuchs: Breit aufrecht wachsender, häufig auch mehrstämmiger Großstrauch oder kleiner Baum.

Größe: 5 bis 7 m hoch und 3 bis 4 (6) m breit. Jahreszuwachs in der Höhe 30 (bis 35) cm, in der Breite 20 cm.

Rinde: Triebe hellbraun bis purpurbraun, glatt, später graubraun, längsrissig, Dornen 3 bis 5 cm lang, sehr hart und scharf, meist gerade.

Blätter: Sommergrün, wechselständig, breit eiförmig mit kurzen, zugespitzten Lappen, scharf doppelt gesägt, 5 bis 7 cm lang, Blattstiel 2,5 bis 3 cm, im Herbst leuchtend gelb bis orange.

Blüten: Weiß mit rosa Staubgefäßen, ca. 1 bis 2 cm breit, in großen Schirmrispen, im Mai.

Früchte: Scharlachrot, sehr auffallend und attraktiv, apfelförmig-rundlich, 1 bis 1,5 (bis 2) cm dick.

Wurzel: Tiefgehende, sehr harte und in sich gedrehte, grob verzweigte Hauptwurzeln, Feinwurzelanteil sehr gering.

Standort: Sonne (bis Halbschatten).

Boden: Toleriert alle Böden, bevorzugt mittelschweren bis leichten Boden, trocken bis feucht (bis naß), neutral bis stark alkalisch, aber insgesamt anpassungsfähig, auch an den pH-Wert.

Eigenschaften: Sehr frosthart, stadtklimafest, verträgt sommerliche Trockenheiten, aber auch zeitweilige Nässe sehr gut, windresistent.

Verwendung: C. coccinea gehört zu den gesündesten und problemlosesten Weißdorn-Arten. Einzelstellung, Gruppenpflanzungen, ausgezeichnet für Hecken, Straßenbegleitgrün, Pflanzkübel, gutes Vogelnähr- und -schutzgehölz.

C. crus-galli L.,
Hahnensporn-Weißdorn

Verbreitung: Östliches Nordamerika und westlich bis Pennsylvania; Wiesen und Waldränder, auf feuchten, nährstoffreichen, aber gut durchlässigen Böden, in Tälern und an Hängen niedriger Berge.

Wuchs: Mehrstämmiger Großstrauch oder kleiner Baum mit breitrunder Krone und meist kurzem Stamm, Äste horizontal, weit ausladend und sehr dicht übereinanderliegend; alte Exemplare haben oft eine malerische, abgeflachte, schirmartige Krone mit durchhängenden Ästen.

Größe: 5 bis 7 (bis 9) m hoch, im Freistand oft breiter als hoch. Jahreszuwachs in Höhe und Breite 25 cm.

Rinde: Zweige graubraun mit vielen, bis 8 cm langen, leicht gebogenen, schlanken Dornen.

Crataegus crus-galli

Blätter: Sommergrün, wechselständig, verkehrt schmal eiförmig, etwas ledrig, bis 7,5 cm lang und 3,5 cm breit, dunkelgrün glänzend, im Herbst von gelb über orange bis bronzerot.

Blüten: 1,5 cm große, weiße Blüten in bis zu 10 cm großen Schirmrispen im Mai/Juni.

Früchte: Dunkelrot, rundlich, 1,5 cm dick, erscheinen in großer Fülle und bleiben sehr lange am Baum haften, in milden Wintern oft bis zum Frühjahr; attraktiver Fruchtstrauch.

Wurzel: Oberflächennah, Hauptwurzeln tiefgehend, grob verzweigt, wenig Feinwurzeln.

Standort: Sonne (bis Halbschatten).

Boden: Toleriert alle Böden, wächst sowohl auf trockeneren als auch auf feuchten Standorten, bevorzugt frische, nährstoffreiche, aber stets gut drainierte Böden, ist anpassungsfähig an den pH-Wert.

Eigenschaften: Sehr frosthart, stadtklimafest, erprobt rauchhart, ausgesprochen windfest (Küste!), salzverträglich, insgesamt robust und anspruchslos.

Verwendung: Prachtvolles Einzelgehölz, ausgezeichnet für Schutzpflanzungen aller Art, Gehölzränder, Straßenbegleitgrün, sehr gut geeignet für größere Pflanzgefäße, wichtiges Gehölz für undurchdringliche Barrieren, Hecken, gern angenommenes Vogelschutz- und -nährgehölz. Durch die dichte Beastung stark schattend; Farne, Blumenzwiebeln (unter den dornigen Zweigen haben sie ihre Ruhe).

Bemerkung: Die sehr langen, harten und spitzen Dornen wurden in Amerika als Nadeln und Stifte benutzt. Sollte wegen der Verletzungsgefahr nicht an Kinderspielplätzen gepflanzt werden.

Crataegus crus-galli

C. laciniata UCRIA, Orientalischer Weißdorn (= C. orientalis)

Crataegus laciniata

Locker aufrechter, 5 bis 7 m hoher Großstrauch oder Kleinbaum. Zweige bedornt, im Alter malerisch ausgebreitet und besonders im unteren Bereich leicht durchhängend. Junge Triebe graufilzig behaart. Blätter ähnlich wie bei C. monogyna, jedoch graugrün, behaart, unterseits graufilzig. Früchte auffallend groß, kugelig, 1,5 cm dick, orangerot, behaart, sehr attraktiv.

C. laciniata ist in Südosteuropa und Westasien beheimatet. Mit seinen grau behaarten Blättern ist dieser Weißdorn ein sehr schönes Gehölz, das gut zum Thema „Grausilberner Garten" paßt. Diesem anspruchslosen und sehr dekorativen Gehölz sollte zukünftig mehr Aufmerksamkeit geschenkt werden.

Crataegus laciniata

C. laevigata (POIR.) DC., Zweigriffliger Weißdorn (= C. oxyacantha L. em. JACQ.)

Crataegus laevigata

Verbreitung: Europa; häufig an Waldrändern, in Gebüschen, Hecken und Knicks, an Felshängen, auf nicht bewirtschafteten Flächen, im krautreichen, lichten Unterwuchs von Eichen-, Buchen- und Kiefernwäldern, auf frischen, nährstoffreichen, mäßig sauren bis schwach alkalischen, humosen, tiefgründigen Lehmböden. „Im Rheinischen Schiefergebirge ist C. laevigata in den Höhenlagen über 200 m deutlich vorherrschend, während C. mon. die planaren Gebiete darunter, die Täler und Auen besiedelt." (EHLERS).

Wuchs: Aufrechter, sparrig verzweigter, sehr dichtastiger Großstrauch oder kleiner, kurzstämmiger Baum; im Wuchs schwächer als C. monogyna.

Größe: 2 bis 6 (bis 10) m hoch und 2 bis 6 (8) m breit. Jahreszuwachs in der Höhe 20 bis 30 cm, in der Breite 15 bis 20 (25) cm.

Rinde: Junge Triebe olivgrün bis graugrün, Zweige lange glatt bleibend, dornig, Rinde später braungrau, Borke schuppig abblätternd.

Blätter: Sommergrün, wechselständig, verkehrt eiförmig, 3 bis 5lappig, Blätter höchstens bis zur Mitte der Blattspreitenhälfte eingeschnitten (bei C. monogyna wesentlich tiefer, fast fiederspaltig), oft nur gekerbt, ledrig, glänzend dunkelgrün, unterseits mattgrün, Blattgrund spitzkeilförmig verschmälert; Herbstfärbung gelb bis gelborange, schöner als bei C. monogyna.

Blüten: In weißen, endständigen Schirmrispen im Mai, meist 2, seltener 1 oder 3 Griffel, die Blütezeit liegt ca. 2 Wochen vor C. monogyna.

Früchte: Scharlachrot, glänzend, eiförmig, mehlig-

150 bis 170 Jahre alter Zweigriffliger Weißdorn auf der Ostseeinsel Hiddensee. Sicherlich werden ihn schon viele Besucher auf dem Wege zum Grabe Gerhart Hauptmanns (1862-1946) bewundert haben.

fleischig mit 2 (1–3) Steinkernen, eßbar, im Geschmack fad, früher Kompott und Marmelade.

Wurzel: Tiefgehendes und sehr weitstreichendes Wurzelwerk, Wurzeln sehr hart.

Standort: Sonne bis Halbschatten.

Boden: Toleriert alle nicht zu nährstoffarmen und zu leichten Böden, mäßig trocken bis feucht, schwach sauer bis alkalisch, bevorzugt aber insgesamt feuchtere, nährstoffreichere Standorte als C. monogyna, liebt Sommerwärme und hohe Luftfeuchtigkeit.

Eigenschaften: Extrem frosthart, außerordentlich windfest, gut schnittverträglich, unempfindlich gegenüber mechanischen Verletzungen, besitzt hohes Ausschlagsvermögen, Licht-, Halbschattenpflanze.

Verwendung: Außerordentlich wichtiges Gehölz für Pflanzmaßnahmen in der freien Landschaft, Pioniergehölz, Böschungsbefestigung, Knickbegrünung, Windschutz, besonders im Küstenbereich, hervorragende Heckenpflanze, Straßenbegleitgrün. Blätter und Blüten werden als Heilmittel mit blutdrucksenkender Wirkung eingesetzt.

Ökologie: Der Zweigrifflige Weißdorn ist genauso wie C. monogyna eine wertvolle Futterpflanze für viele heimische Kleinsäuger, Vogel- und Falterarten. Er sollte daher häufiger in unseren Parkanlagen, im Siedlungsgrün und auch in Hausgärten angepflanzt werden. Ältere Weißdorne können im Freistand außerordentlich malerisch werden. Als sicheres Vogelschutzgehölz ist er für viele Busch- und Bodenbrüter unentbehrlich. Seine Blätter sind Nahrung u. a. für Segelfalter-, Baumweißlings- und Trauergrünwidderchenraupen. Die nektarreichen Blüten werden von einer Vielzahl heimischer Insekten besucht.

Bemerkung: Wegen möglicher Feuerbrandgefährdung Vorsicht in Obstanbaugebieten.

C. laevigata 'Plena'
(= C. laevigata 'Alboplena')

War bereits vor 1770 in Kultur.

Wuchs: Großstrauch oder malerischer kleiner Baum, Kronenaufbau etwas unregelmäßig, aufrecht, im Alter mehr rundlich mit horizontal stehenden bis leicht übergeneigten Zweigpartien. Mittelstark wachsend.

Größe: 4 bis 6 (8) m hoch und 3 bis 4 (6) m breit. Jahreszuwachs in der Höhe 20 bis 25 cm, in der Breite 20 cm.

Blätter: Sommergrün, wechselständig, breit eiförmig, 3–5lappig, glänzend dunkelgrün.

Blüten: Weiß, gefüllt, im Verblühen schwachrosa, Mai.

Standort, Boden und Eigenschaften wie bei der Art.

Verwendung: Eine alte, verbreitete Zierform des Zweigrifflligen Weißdorns. Sehr ansehnlicher, kleinkroniger Blütenbaum für Gärten, Parkanlagen und Straßenräume.

C. laevigata 'Paul's Scarlet',
Echter Rotdorn
(= C. monogyna 'Kermesina Plena' der Baumschulen)

Wuchs: Großstrauch oder kleiner Baum mit breitkegelförmiger, später mehr rundlicher Krone und breit ausladenden Seitenästen.

Größe: 4 bis 6 (8) m hoch und 3 bis 4 bis 6 (8) m breit. Jahreszuwachs in der Höhe 25 cm, in der Breite 20 cm.

Rinde: Gelbbraun, später graubraun, rissig, Dornen bis 2,5 cm lang, dünn und scharf.

Blätter: Sommergrün, wechselständig, breiteiförmig, 3–5lappig, glänzend dunkelgrün, unterseits hellgrün.

Blüten: Leuchtend karmesinrot, gefüllt, Mai bis Juni.

Wurzel: Tiefgehendes und sehr weitstreichendes Wurzelwerk, Wurzeln sehr hart.

Standort: Sonnig.

Boden: Toleriert alle nicht zu nährstoffarmen und zu leichten Böden, mäßig trocken bis feucht, schwach sauer bis alkalisch, bevorzugt aber insgesamt feuchtere, nährstoffreichere Standorte als C. monogyna.

Crataegus laevigata 'Paul's Scarlet'

Eigenschaften: Extrem frosthart, stadtklimafest.

Verwendung: Der altbekannte Rotdorn gehört zu den schönsten und beliebtesten kleinkronigen Blütenbäumen für Einzelgärten, Parkanlagen, Straßenräume, Kübel und Container. Starke Schnittmaßnahmen (z. B. Kugelkrone) verhindern Blütenansatz!

Bemerkung: Rotdorn neben Goldregen gepflanzt ist ein uralter Gärtnertip. Sie blühen beinahe auf die Stunde zur gleichen Zeit. Bilder, die wir schon in unserer Kindheit wahrgenommen haben und über die wir uns auch heute immer wieder freuen. Solange Menschen Gartenkultur pflegen, wird das so bleiben.

C. x lavallei 'Carrierei'
(= C. carrierei VAUVEL)

Crataegus laevigata 'Paul's Scarlet'

Crataegus x lavallei 'Carrierei'

Weißdorne sind sehr windresistente Gehölze – hier eine ausgeprägte Windschur durch die unmittelbare Nähe der Nordseeküste

Crataegus x lavallei 'Carrierei', 80-100 Jahre alt, 9 m hoch und 15 m breit, Stammdurchmesser 60 cm

Crataegus x lavallei 'Carrierei'

Crataegus monogyna

C. x lavallei ist eine Kreuzung zwischen C. crus-galli x C. pubescens f. stipulacea, sie ist um 1870 im Arboretum Segrez, Frankreich, entstanden.

Wuchs: Kleiner Baum oder Großstrauch mit zunächst kugeliger, später ausgeprägt breiter, flach gewölbter Krone.

Größe: Bis 7 m hoch, aber gelegentlich auch höher. Sehr alte, ausgewachsene Exemplare können fast doppelt so breit wie hoch werden. Bei 5 m Höhe etwa 4 m breit. Jahreszuwachs in der Höhe 20 bis 35 cm, in der Breite 20 bis 30 cm.

Rinde: Graugrün bis olivgrün, später graubraun, mit bis zu 5 cm langen, leicht gebogenen Dornen.

Blätter: Sommergrün, wechselständig, elliptisch-länglich, 5 bis 15 cm lang, ledrig, glänzend dunkelgrün; Blätter haften oft bis Dezember, Herbstfärbung gelbbraun bis orange.

Blüten: Weiß bis rosa, in Schirmrispen, im Mai.

Früchte: Orangerot, gesprenkelt, elliptisch, 1,3 bis 1,8 cm dick, werden oft in Massen angesetzt und haften in milden Wintern bis Dezember/Januar, sehr attraktiv.

Wurzel: Dicke, sehr harte Hauptwurzeln, tiefgehend, grob verzweigt, weit ausgebreitet, wenig Feinwurzeln.

Standort: Sonnig bis absonnig.

Boden: Liebt mittelschweren bis leichten Boden, trocken bis frisch, neutral bis stark alkalisch, ist aber insgesamt sehr anpassungsfähig.

Eigenschaften: Gut frosthart, stadtklimafest, verträgt viel Trockenheit und Hitze, windfest.

Verwendung: Sehr schöner, kleinkroniger Baum für städtische Grünanlagen, schmale Straßen und Fußgängerzonen. C. 'Carrierei' läßt mit seiner an-

mutigen Krone, den glänzenden, „immernochgrünen" Blättern und den leuchtend orangeroten Früchten noch Anfang Dezember fast ein wenig südliche Atmosphäre aufkommen.

C. monogyna L., Eingriffliger Weißdorn

Verbreitung: Europa bis Westasien; an Wegen, Waldrändern, in Gebüschen, Hecken und Knicks, an Felshängen, in Laub- und Nadelmischwäldern, auf trockenen bis frischen, vorzugsweise kalkhaltigen, sandig-steinigen oder reinen Ton- oder Lehmböden.

Wuchs: Aufrechter, stark bedornter Großstrauch oder kleiner, rundkroniger Baum. Alte Exemplare bilden eine flach gewölbte Krone mit malerisch ausladenden Astpartien, im Wuchs stärker als C. laevigata.

Größe: 2 bis 6 (bis 10) m hoch, alte Büsche im Freistand oft breiter als hoch. Jahreszuwachs in der Höhe 20 bis 30 cm, in der Breite 15 bis 20 (30) cm.

Rinde: Triebe olivgrün bis graugrün, glatt, Dornen 2 bis 2,5 cm lang, Borke am Grunde alter Stämme schuppig abblätternd.

Blätter: Sommergrün, wechselständig, im Umriß eirund, jederseits mit 1 bis 3 (bis 4), oft bis zur Mittelrippe eingeschnittenen Lappen (an Langtrieben tiefer als an Kurztrieben), dunkelgrün, kaum oder nicht glänzend, unterseits bläulichgrün, Herbstfärbung gelb, gelegentlich auch tiefrot.

Crataegus monogyna

Crataegus monogyna

Crataegus monogyna – ökologisch wertvolles Gehölz für das Siedlungsgrün; die nektarreichen Blüten werden von etwa 60 heimischen Insektenarten besucht

Crataegus monogyna mit pilzförmig geschnittener Krone

Blüten: In weißen, endständigen Schirmrispen, in großer Fülle im Mai/Juni, 14 Tage später als C. laevigata.

Früchte: Dunkelrote, 8 bis 9 mm dicke Steinfrüchte, mehlig-fleischig mit 1 Kern, eßbar, im Geschmack fad, früher Kompott und Wildfruchtmarmeladen, Früchte sind bei minus 8 °C noch gut.

Wurzel: Tiefgehendes und sehr weitstreichendes Wurzelwerk, Wurzeln sehr hart.

Standort: Sonne bis Halbschatten.

Boden: Toleriert alle nicht zu nährstoffarmen und zu leichten Böden, trocken bis frisch, schwach sauer bis alkalisch, bevorzugt aber kalkhaltige, tiefgründige, nahrhafte Substrate.

Eigenschaften: Extrem frosthart, sehr windfest, verträgt Hitze und Trockenheit, vor allem auch hohe Lufttrockenheit, stadtklimafest, übersteht auch auf exponierten Standorten (Böschungen) sommerliche Dürrezeiten sehr gut (Sommer 1990!), im Wurzelbereich salzempfindlich wie die meisten Rosengewächse, unempfindlich gegenüber mechanischen Verletzungen, Licht-, Halbschattenpflanze; das Regenerationsvermögen ist unglaublich, selbst 100jährige Pflanzen, die direkt über dem Boden abgeschnitten werden, treiben gut wieder durch.

Verwendung: Außerordentlich wichtiges heimisches Gehölz für Pflanzmaßnahmen in der freien Landschaft; Pioniergehölz, Windschutz besonders auch im Küstenbereich, Knicks, Böschungsbefestigung, Heckenpflanze, Straßenbegleitgrün.

Ökologie: Der Weißdorn ist eine wertvolle Futterpflanze für viele heimische Kleinsäuger, Vogel- und Falterarten. Seine Blätter sind Nahrung u. a. für Segelfalter-, Baumweißlings- und Trauergrünwidderchenraupen. Die nektarreichen Blüten werden allein von 60 heimischen Falterarten besucht. Für Busch- und Bodenbrüter ist er als sicheres Schutzgehölz unentbehrlich. Aus diesen Gründen sollte der Weißdorn viel häufiger in unseren Parkanlagen, im Siedlungsgrün und auch in größeren Hausgärten angepflanzt werden. Heilmittel wie C. laevigata.

Bemerkung: Wegen möglicher Feuerbrandgefährdung Vorsicht in Obstanbaugebieten.

C. monogyna 'Compacta' (SPÄTH)
(= C. monogyna inermis compacta SPÄTH)

1907 von der Baumschule SPÄTH, Berlin, in den Handel gebracht.

Wuchs: Rundlich und gedrungen wachsende Kugelform, Triebe steif aufrecht.

Größe: In 10 bis 15 Jahren 0,8 bis 1 m hoch. Eine 25jährige Pflanze war 1,20 m hoch und 1,30 m

breit, der Stamm hatte einen Durchmesser von 10 cm!

Rinde: Triebe kurz, dick, dornenlos.

Blätter: Sehr groß, tief bis zur Mittelrippe gelappt, 4,5 bis 6 (8) cm lang und 4 bis 7,5 cm breit, Stiel 4,5 bis 5 cm. Blätter sitzen sehr dicht an den gestauchten Trieben.

Früchte: Dunkelrot, 1,2 cm lang und 1 cm dick, größer als bei der Art.

Verwendung: Hübsche Kugelform, die als Kronenveredlung und Busch angeboten wird. Ein reich blühendes und gut fruchtendes, wurzelechtes Exemplar steht im Berggarten in Hannover. Könnte als heimisches Zwerggehölz für kleine Gärten an Bedeutung gewinnen.

C. monogyna 'Flexuosa'
(= C. monogyna tortuosa HORT.)

Wuchs: Mittelhoher Strauch bis Großstrauch, unregelmäßig aufrecht, Grundtriebe und Zweige korkenzieherartig gedreht oder schraubig gewunden, jedoch nicht so ausgeprägt wie bei Corylus avellana 'Contorta'. Im Alter dicht verzweigt mit vielen aufrecht gewundenen Trieben. Recht malerisch.

Größe: In 10 Jahren etwa 2,00 m hoch und 1,50 m breit, in 50 Jahren etwa 3,50 bis 4,00 m hoch und genauso breit.

Weitere Merkmale und Eigenschaften wie Crataegus monogyna.

Verwendung: Interessante, langsamwüchsige Form unseres Weißdorns. Wertvolles heimisches Gehölz für kleinste Gärten. Sollte viel mehr beachtet werden. Zwei schöne Exemplare stehen im Arboretum Ellerhoop-Thiensen.

Ökologie: Eine der besten Insektennährpflanzen. Früchte sind beliebte Nahrung von verschiedenen Vogelarten und Kleinsäugern. Sehr gutes Schutz- und Nistgehölz.

C. monogyna 'Stricta'

Wuchs: Großstrauch oder kleiner Baum mit zunächst regelmäßiger, dichter und säulenförmiger Krone, später aufgelockert und breiter.

Größe: Bis 6 m hoch und dann etwa 3 m breit.

Blätter: Sommergrün, wechselständig, im Umriß eirund, jederseits mit 1 bis 3 (bis 4), oft bis zur Mittelrippe eingeschnittenen Lappen, die an Langtrieben tiefer sind als an Kurztrieben, dunkelgrün, kaum oder nicht glänzend, unterseits bläulichgrün, Herbstfärbung gelb, gelegentlich auch tiefrot.

Crataegus monogyna 'Stricta'

Blüten: In weißen, endständigen Schirmrispen im Mai/Juni, 14 Tage später als C. laevigata.

Früchte: Dunkelrote, 8 bis 9 mm dicke Steinfrüchte, mehlig-fleischig mit jeweils einem Kern, eßbar, im Geschmack fad, früher Kompott und Wildfruchtmarmeladen.

Wurzel, Standort, Boden und Eigenschaften wie bei der Art.

Verwendung: Sehr gut geeignet für schmale Abpflanzungen, kleine Alleen, als Straßenbaum, auch für Hausgärten, Windschutz, Pflanzkübel.

C. x mordenensis 'Toba'

Kreuzung zwischen C. laevigata 'Paul's Scarlet' und C. succulenta.

Aufrechter, 5 bis 7 m hoher, dicht und etwas sparrig verzweigter Großstrauch oder Kleinbaum mit zunächst rundlicher, im Alter mehr abgeflachter Krone, Seitenäste ausladend. Dornen kräftiger als bei C. laevigata, etwa 1,5 cm lang. Blätter 5 bis 7 cm lang, jederseits mit 2 bis 4 Lappen, glänzend dunkelgrün, insgesamt größer als bei C. laevigata. Blüten im Mai, weiß, gefüllt, später rosa werdend, in 5 cm breiten Schirmrispen, Einzelblüte bis 2 cm breit. Früchte kugelig, rot. 'Snowbird' ist ein weiß blühender Sämling von 'Toba'.

C. x mordenensis und seine Sorten sind 1935 in der MORDEN EXPERIMENTAL STATION, Manitoba, Canada, im Hinblick auf eine höhere Wi-

derstandskraft gegen Rost selektiert worden. Nach amerikanischen Beobachtungen sind diese Formen nicht sehr gesund und sollen dieselben Probleme haben wie Paul's Scarlet!

C. phaenopyrum (L. f.) MED., in Amerika „Washington-thorn" genannt (= C. cordata)

Crataegus phaenopyrum

Dieser leider sehr unbekannte, völlig frostharte Dorn gehört ganz sicher zu den attraktivsten Arten der Gattung. Wir sollten diesem Gehölz, das sich zu einem 6 bis 8 m hohen Großstrauch oder Kleinbaum mit zunächst ovaler, später rundlicher, aufrechter Krone entwickelt, allergrößte Aufmerksamkeit schenken. Triebe kahl, glänzend braun, Dornen bis 7 cm lang?, zumindest im Alter nicht sehr zahlreich und dann auch nur bis 2,5 cm lang (Exemplar Arboretum Thiensen). Sehr dekorativ sind die vom Umriß her dreieckigen bis herzförmigen, hellgrünen bis grasgrünen, wachsig-glänzenden Blätter. Meist haben sie 3 bis 5, ganz selten 7 kurze, scharf gesägte Lappen. Ihre Größe ist sehr verschieden, sie können 3 bis 8 cm lang sein. Im Herbst färben sie prachtvoll orangerot bis scharlachrot, können dann aber noch purpurn überlaufen. Die zu Schirmrispen vereinten, weißen Blüten erscheinen später als bei allen anderen Dornarten. Eine große Zierde sind die erst im Herbst reifenden, flachkugeligen, 5 bis 8 mm dicken, orangeroten bis hellroten Früchte, die oft massenhaft angesetzt werden und nicht selten bis zum Frühjahr am Baum bleiben. Zweifellos gehört C. phaenopyrum zu den auffallendsten Fruchtziergehölzen. In seiner Heimat, Virginia, Florida, Arkansas und Missouri, kann dieser Dorn bis 10 m hoch werden. Als er im

19. Jahrh. aus Washington (D. C.) nach Pennsylvania für die Anlage von Hecken eingeführt wurde, erhielt er den Namen „Washington-thorn". Heute wird er in Nordamerika auch gern als attraktiver Solitärstrauch oder hochstämmiger Kleinbaum in öffentlichen Anlagen oder auf Stadtplätzen verwendet.

Im Arboretum Thiensen hat ein etwa 40jähriges Exemplar die Höhe von gut 7 m und eine Breite von 6,50 bis 7,50 m erreicht. Von Dezember bis zum Frühjahr ist C. phaenopyrum neben C. 'Carrierei', Ilex, Malus und Cotoneaster-Arten das meistbewunderte Fruchtgehölz. Wertvolles Tiernährgehölz! Sehr interessant dürfte auch die säulenförmig wachsende Sorte **C. phaenopyrum 'Fastigiata'** sein, der ich allerdings noch nie begegnet bin.

C. x prunifolia (LAM.) PERS., Pflaumenblättriger Weißdorn

Von einigen Autoren geführt als: **C. persimilis 'Mac Leod'**. (Vermutlich C. crus-galli x C. succulenta var. macrantha.) Seit 1783 in Deutschland in Kultur.

Crataegus x prunifolia

Wuchs: Hoher Strauch oder kleiner Baum mit straff aufrechten Hauptästen und stark bedornten, dicht verzweigten und weit ausladenden Seitenästen.

Größe: 6 bis 7 m hoch, im Alter meist genauso breit. Bei 5 bis 6 m Höhe 4 bis 5 (6) m breit. Jahreszuwachs in der Höhe 25 cm, in der Breite 20 bis 25 cm.

Crataegus x prunifolia

Rinde: Graubraun, glatt, bis 4 cm lange, leicht gebogene Dornen.

Blätter: Sommergrün, wechselständig, breit elliptisch, aber auch rundlich, 5 bis 8 cm lang, Rand scharf gesägt, glänzend dunkelgrün, unterseits hellgrün, Herbstfärbung flammend gelborange bis rot.

Blüten: Ab Mai/Juni in zahlreichen, vielblütigen Schirmrispen.

Früchte: Scharlachrot, kugelig, bis 1,5 cm dick, sie erscheinen in großen Mengen.

Wurzel: Hauptwurzeln sehr tiefgehend, wenig Feinwurzeln.

Standort: Sonne (bis Halbschatten).

Boden: Toleriert alle Böden, wächst sowohl auf trockenen als auch auf feuchten Standorten, bevorzugt frische, nährstoffreiche, aber stets gut drainierte Böden, ist insgesamt anpassungsfähig an den pH-Wert.

Eigenschaften: Sehr frosthart, Hitze und Trockenheit gut vertragend, stadtklimafest, erprobt rauchhart, windfest, schnittverträglich.

Verwendung: Durch seine dunkelgrün glänzende, gesunde Belaubung, die flammend gelbe bis orangerote Herbstfärbung ein äußerst dekorativer Großstrauch oder kleinkroniger Straßenbaum für unsere Gartenanlagen und den innerstädtischen Straßenraum, wertvoll auch für Schutzpflanzungen sowie für freiwachsende und geschnittene Hecken, gutes Vogelschutz- und -nährgehölz.

C. x prunifolia 'Splendens'
(= C. crus-galli HORT.)

(Wird neuerdings in Holland auch unter C. persimilis 'Splendens' geführt)

Crataegus x prunifolia 'Splendens', ein vorzüglicher, kleinkroniger Straßenbaum

Wuchs: Hoher Strauch oder kleiner Baum mit gutem, aufrechtem Wuchs, geradem Stamm und regelmäßig kegelförmigem Kronenaufbau, Hauptäste aufstrebend, sehr dicht verzweigt, im Alter Krone immer noch geschlossen, kompakt, aber mehr breit bis rundlich gewölbt, Seitenäste ausladend, bei alten Pflanzen leicht überhängend; mittelstark wachsend.

Größe: 5 bis 7 m hoch und 4 bis 5 m breit, im Alter wohl genauso hoch wie breit.

Rinde: Graubraun, glatt, bis 4 cm lange, leicht gebogene Dornen.

Blätter: Sommergrün, wechselständig, breit elliptisch, aber auch rundlich, 5 bis 8 cm lang, Rand scharf gesägt, glänzend dunkelgrün, unterseits hellgrün, Herbstfärbung flammend gelborange bis rot.

Blüten, Früchte, Standort und Boden wie C. x prunifolia.

Eigenschaften: Sehr frosthart, stadtklimafest, erprobt rauchhart, windfest, schnittverträglich.

Verwendung: Wertvolle Selektion, die sich von der Normalform durch einen besseren, aufrechten Wuchs mit geradem Stamm unterscheidet. Vorzüglicher, kleinkroniger Straßenbaum.

CYDONIA MILL.
Quitte – Rosaceae,
Rosengewächse

Der Gattungsname leitet sich ab von der griech. Stadt Kydon, dem heutigen Canea auf der Insel Kreta.

C. oblonga MILL.,
Quitte

Sommergrüner, dornenloser, 4 bis 5 m hoher und bis 6 m breiter Strauch oder Kleinbaum mit weißgraufilzigen Zweigen und rundlich-eiförmigen Blüten. Die weißen bis zartrosa Blüten stehen meist einzeln und erscheinen bei der Quitte im Mai/Juni, nach den Blättern. Außerordentlich attraktiv sind die aromatisch duftenden, apfel- oder birnförmigen, gelben Früchte. Sie sind nicht nur vielseitig verwendbar, sondern machen die Quitte auch zu einem sehr ansehnlichen Fruchtschmuckgehölz, das viel häufiger gepflanzt werden sollte. C. oblonga gedeiht auf allen nährstoffreichen, nicht zu trockenen, durchlässigen Böden und bevorzugt einen geschützten Standort.

Die Quitte, die ihr natürliches Verbreitungsgebiet in Transkaukasien, Persien, Turkestan und Südostarabien hat, ist eine uralte Kulturpflanze, die im Verlauf der Jahrhunderte weit verbreitet wurde. Heute findet man sie in Kleinasien und Nordafrika bereits vielerorts verwildert.

CYRILLA GARD.
Lederholz – Cyrillaceae

C. racemiflora L.

Dieser in unseren Parkanlagen äußerst seltene, 1 bis 1,5 m hoch werdende Strauch ist in den Feuchtgebieten des östlichen Nordamerikas beheimatet. Recht häufig finden wir ihn in Florida, wo er große Sumpfgebiete bedeckt oder an trockeneren Plätzen der Wasserwälder wächst. Hier kann sich Cyrilla zu einem 3, gelegentlich auch bis zu einem 8 m hohen, locker aufrechten Strauch entwickeln. Die glänzend grünen, lanzettlichen bis verkehrt eiförmigen Blätter können in besonders milden Gebieten immergrün sein; in unseren Breiten sind sie sommergrün und überraschen mit einer sehr späten, orangeroten Herbstfärbung. Im Juni, meist jedoch erst im Juli/August erscheinen sehr zierende, 8 – 15 cm lange, weiße Blütentrauben. Die von der Baumschule Bruns gelieferten, 1,2 m hohen Solitärpflanzen, die zur Erprobung im Arboretum Thiensen gepflanzt wurden, haben sich in den Wintern 96/97 und 97/98 gut gehalten. Ein interessanter Sommerblüher und Herbstfärber, dem man größere Aufmerksamkeit schenken sollte.

CYTISUS L.
Geißklee – Papilionaceae (Fabaceae),
Schmetterlingsblütler

(griech. kytisos = Kleestrauch)

Die Gattung Cytisus umfaßt etwa 70 Arten, die in Mitteleuropa, vor allem aber im Mittelmeergebiet beheimatet sind. Es sind sommergrüne oder immergrüne Sträucher, gelegentlich auch kleine Bäume mit meist 3zähligen, seltener einfachen, wechselständigen Blättern. Die Blattspreite ist oft sehr klein ausgebildet, bisweilen fehlt sie völlig. Die bekannten „Schmetterlingsblüten" bestehen aus einem 5blättrigen Kelch und einer 5blättrigen Blütenkrone, die in Fahne, 2 Flügel und das zweiteilige Schiffchen gegliedert ist. Bei den meisten Ginster-Wildarten überwiegt die gelbe bis weißliche Blütenfarbe, sehr selten finden wir rötliche Farbtöne. Die mit einer Nabelwulst (Unterschied zu Genista) versehenen Samen sitzen in einer flachen Hülse und werden durch plötzliches Aufreißen der trockenen Frucht und Verdrehen der beiden Fruchtblatthälften explosionsartig herausgeschleudert.

In unserer Natur gibt es wohl kaum einen Strauch, der so massiert die gelbe Farbe in die Landschaft bringt, wie der Besenginster. Bahndämme, Autobahnböschungen, Heiden und trockene Waldränder sind im Mai/Juni über und über ginstergelb gefärbt.

Während C. scoparius in der Landschaft als Pionierpflanze und bodenverbesserndes Gehölz eingesetzt wird (bindet Luftstickstoff und verbessert stickstoffarme Böden), passen die strauchförmigen und niederliegenden Arten ganz hervorragend in den Heidegarten, zu Gräsern, feinlaubigen Wildrosen, flachen Staudenpflanzungen und an lockere Gehölzränder.

Alle Ginster-Arten lieben den vollsonnigen Stand und einen leichten, warmen und vor allem auch durchlässigen Boden, der auf keinen Fall zu nahrhaft sein darf. In sehr strengen Wintern mit langen Kahlfrösten, in denen auch unser heimischer Besenginster am Naturstandort arg leidet, ist es empfehlenswert, den Gartenhybriden und empfindlichen Wildarten Fichtenreisigschutz zu geben. Die Ginster-Arten sind eine Lieblingsspeise von Hasen und Kaninchen. In einem nicht eingefriedigten Gelände sollten sie unbedingt gegen Wildverbiß geschützt werden.

Wuchstypen der Gattung Cytisus

Aufrecht:	Niedrig, kriechend:
C. x preacox	C. x beanii
– – 'Allgold'	– x beanii 'Osiris'
– – 'Hollandia'	– decumbens
– – 'Zitronenregen'	– x kewensis
– scoparius-Hybriden alle	– purpureus

C. x beanii NICHOLS.
(= C. ardoinii x C. purgans)

Um 1900 in Kew Gardens entstanden.

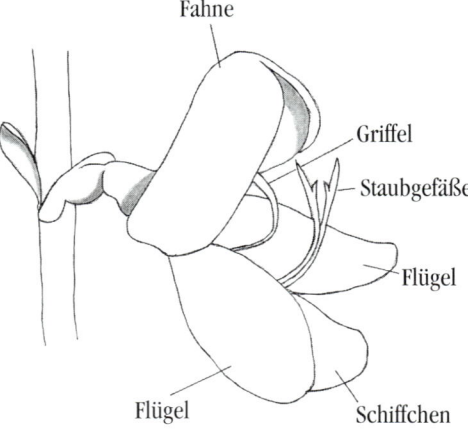

Fahne

Griffel

Staubgefäße

Flügel

Schiffchen

Flügel

Cytisus – Blütenaufbau

Wuchs: Niederliegender bis kriechender Zwergstrauch.

Größe: 0,4 (bis 0,8) m hoch und oft doppelt so breit.

Blätter: Sommergrün, wechselständig, linealisch, 1,2 cm lang, behaart, dunkelgrün.

Cytisus x beanii

Blüten: Intensiv gelb, zu 1–3, bis 2 cm lang, außerordentlich reichblühend, im Mai.

Standort: Vollsonnig.

Boden: Sandig-humose, gut durchlässige Böden.

Eigenschaften: Gut frosthart.

Verwendung: Reichblühender, kleiner Strauch für Heideanlagen, Steingärten, Kombination mit Rosen, Stauden und Gräsern, Pflanzkübel.

Anmerkung: Wird gelegentlich mit dem höher werdenden C. purgans verwechselt.

C. decumbens (DUR.) SPACH, Niederliegender Geißklee, Kriech-Ginster

Verbreitung: Südeuropa, von Südfrankreich bis zum Balkan.

Wuchs: Niedriger, dem Boden ganz flach aufliegender Zwergstrauch, Zweige bewurzeln sich.

Größe: Bis 0,2 m hoch und bis 0,8 m breit.

Rinde: Triebe 5kantig, grün, in der Jugend behaart.

Blätter: Sommergrün, wechselständig, einfach, lanzettlich-länglich, 8–20 mm lang, dunkelgrün.

Blüten: Leuchtend gelb bis dunkelgelb, zu 1–3, die 1,5 cm langen Einzelblüten erscheinen im Mai in großer Fülle.

Wurzel: Fleischig, fadenförmig ausgebreitet, einzelne, tiefgehende Hauptwurzeln.

Standort: Sonnig.

Boden: Leichte, sandige Böden mit gutem Wasserabzug, neutral bis alkalisch, trocken bis frisch.

Eigenschaften: Gut frosthart, hitzeverträglich.

Verwendung: Herrlicher, völlig harter und anspruchsloser Zwergstrauch, dem man die große Blütenfülle überhaupt nicht zutraut. Eine der

Cytisus decumbens

Cytisus nigricans

schönsten flachen Ginster-Arten; unentbehrlich in Heideanlagen, Steingärten, für Mauerkronen, Treppenwangen, flache Staudenpflanzungen an sonnigen Terrassen, Hochbeete und Pflanzgefäße. 'Osiris' ist eine sehr reichblühende, etwas niedrigere, rundlich-kompakte Sämlingsselektion.

C. x kewensis BEAN, Zwergelfenbein-Ginster (= C. ardoinii x C. multiflorus)

Wuchs: Niedriger, flach breitwüchsiger Zwergstrauch mit locker überhängenden bis niederliegenden Trieben.

Größe: 0,3–0,5 m hoch und bis 1 m breit.

Blätter: Sommergrün, wechselständig, linealisch, fast immer 3zählig, behaart, graugrün bis hellgrün.

Blüten: Weiß bis creme, bis 1,5 cm lang, überreich im Mai.

Wurzel: Fleischig, fadenförmig ausgebreitet, mit einigen tiefgehenden Hauptwurzeln.

Standort: Vollsonnige, warme Lage.

Boden: Leichter, sandiger Boden mit gutem Wasserabzug, schwach sauer bis neutral, trocken bis frisch, sonst allgemein sehr anspruchslos.

Eigenschaften: Stadtklimafest, trockenresistent, hitzeverträglich.

Verwendung: Ein unglaublich reichblühender Zwerg-Ginster für Heide- und Steingärten, hängend an Mauerkronen, für Treppenwangen, wertvoller Kleinstrauch für niedrige Gehölz- und Staudenpflanzungen, passend zu Cotoneaster, Potentillen und Gräsern wie Festuca amethystina, F. glauca und Stipa pennata.

C. nigricans L., Schwarzer Ginster (= Lembotropis nigricans, Genista nigricans)

Buschig aufrechter Kleinstrauch, der meist nur 0,6 bis 0,8 m hoch wird, gelegentlich aber auch Höhen von 1,5 bis 2 m erreichen kann. Triebe rutenartig, seidig behaart und leicht gerieft. Blätter 3zählig, dunkelgrün, unterseits behaart. Blüten von Juni bis August, in langen, blattlosen, endständigen Trauben. Oftmals im September noch eine Nachblüte. Welkende Blüten schwarz werdend.

C. nigricans ist in einigen Gebieten Mitteleuropas heimisch, zum Teil aber auch eingebürgert und verwildert. Er kommt vor in lichten Trockenwäldern, an sonnigen Waldrändern und auf offenen Hängen. Bevorzugt wächst der Schwarze Ginster auf sommerwarmen, trockenen bis mäßig trockenen, schwach sauren bis stark alkalischen, sandig-steinigen Ton- und Lehmböden.

*Ein sehr reich blühender Kleinstrauch für Heideanlagen; zusammen mit Stipa- und Linum-Arten an sonnigen Gehölzrändern in Stauden- und Kleingehölzrabatten (Konkurrenzschwäche beachten!). In der freien Landschaft (natürliches Verbreitungsgebiet) kann C. nigricans als Rohbodenpionier und Bodenverbesserer eingesetzt werden. **C. nigricans 'Cyni'** ist eine neuere Sorte aus Dänemark mit breitbuschigem Wuchs und aufrechten, nicht auseinanderfallenden Trieben.*

Ökologie: *Wichtige Insektenfutterpflanze.*

C. x praecox BEAN, Elfenbein-Ginster (C. multiflorus x C. purgans)

1867 in einer englischen Gärtnerei aufgefunden.

Wuchs: Kleiner, dichtbuschiger Strauch mit bis zum Boden überhängenden, rutenförmigen Zweigen.

Größe: Bis 2 m hoch und genauso breit werdend.

Blätter: Sommergrün, wechselständig, lanzettlich bis linealisch, 0,8–2 cm lang, hellgrün.

Blüten: Hellgelb bis rahmweiß, in überschäumender Fülle im April/Mai; Blütenduft etwas streng.

Wurzel: Fleischig, oberflächennah ausgebreitet, Stickstoffsammler.

Standort: Volle Sonne.

Boden: Leichter, sandiger Boden mit gutem Wasserabzug, schwach sauer bis neutral, kalkempfindlich.

Eigenschaften: Sehr frosthart, industriefest, nicht sehr langlebig, läßt sich gut treiben.

Verwendung: Sicher der beliebteste und verbreitetste Ginster in unseren Garten- und Parkanlagen. Durch seine zuverlässige Winterhärte und seinen enormen Blütenreichtum hat sich der Elfenbein-Ginster einen sicheren Platz in unseren Gärten erobert. Ein wichtiger Blütenstrauch in Heideanlagen, wo er gut zu Wacholder, Birken, Kiefern, Ebereschen, Wildrosen, kleinblättrigen Rhododendron- und Azaleensorten, Zwergnadelgehölzen, insbesondere Pinus mugo-Formen und Gräsern wie z. B. Helictotrichon, Molinia caerulea 'Variegata' und Pennisetum u. a. paßt. C. x praecox läßt sich weiterhin gut mit Rhod. impeditum, Daphne cneorum, Tuffs von hellavendelblauem Phlox divaricata ssp. laphamii und Scilla hispanica verbinden, sehr reizvoll sind auch blaue oder hellila Bartiris vor dem rahmweißen Elfenbein-Ginster, für den Hintergrund bieten sich in diesem Fall Rosa pimpinellifolia und die herrliche Rosa hugonis an.

C. x praecox 'Allgold'

Cytisus x praecox 'Allgold'

Wuchs: Kleiner, dichtbuschiger Strauch mit bis zum Boden überhängenden, rutenförmigen Zweigen.

Größe: Bis 1,50 m hoch, gelegentlich auch höher. Breite 1,5 bis 2 m.

Blätter: Sommergrün, wechselständig, lanzettlich bis linealisch, 0,8–2 m lang, hellgrün.

Blüten: Gelb, in großer Fülle im April/Mai, Blütenduft etwas streng.

Wurzel: Fleischig, oberflächennah ausgebreitet, Stickstoffsammler.

Standort: Volle Sonne.

Boden: Leichter, sandiger Boden mit gutem Wasserabzug, schwach sauer bis neutral, kalkempfindlich.

Eigenschaften: Frosthart, industriefest, nicht sehr langlebig, läßt sich gut treiben.

Verwendung: Heidegärten, besonders schön in Verbindung mit Zwergnadelgehölzen, Wacholdern, Birken, Kiefern, Ebereschen, Wildrosen, verschiedenen Heidekräutern und Gräsern. Weitere Benachbarung siehe C. x praecox.

C. x praecox 'Hollandia'

Wuchs: Kleiner Strauch, junge Triebe aufrecht, später bogig überhängend.

Größe: Bis 2 m hoch und breit.

Blätter: Sommergrün, wechselständig, lanzettlich bis linealisch.

Blüten: Fahne außen rubinrot, innen malvenfarben, am Grunde zart gelblich, Flügel rubinrot mit

Cytisus x praecox 'Hollandia'

schwach gelblichem Rand, in der oberen Hälfte rötlich überzogen, Schiffchen schwach gelbgrundig mit rosa Einfärbungen; April/Mai.

Wurzel: Fleischig, oberflächennah ausgebreitet, Stickstoffsammler

Standort: Volle Sonne.

Boden: Leichter, sandiger Boden mit gutem Wasserabzug, schwach sauer bis neutral, kalkempfindlich.

Eigenschaften: Frosthart, industriefest, nicht sehr langlebig, läßt sich gut treiben.

Verwendung: Eine sehr bewährte, überreich blühende, rubinrote bis rosafarbene Sorte mit guter Leuchtkraft. Für Heidegärten, mit Zwergnadelgehölzen, Kiefern, Wacholdern, Birken, Ebereschen und Wildrosen.

C. purpureus SCOP.,
Purpur-Geißklee, Purpur-Ginster
(= Chamaecytisus purpureus)

Cytisus purpureus

Verbreitung: Süd- und Ostalpen, Nordjugoslawien und Albanien; auf Felshängen, in Felsheiden, an Waldrändern unter lichten Gebüschen und in Hainen auf meist kalkhaltigem Gestein.

Wuchs: Zwergstrauch mit bogig aufsteigenden, später mehr niederliegenden, rutenförmigen Zweigen, Ausläufer bildend.

Größe: 0,40 bis 0,75 m hoch und im Alter oft doppelt so breit.

Blätter: Sommergrün, wechselständig; Blätter 3zählig, Blättchen verkehrt eiförmig, bis 2,5 cm lang, dunkelgrün, meist kahl.

Blüten: Purpurn bis rosa, etwa 2 cm lang, meist zu 1–4 beieinander, außerordentlich zahlreich, die gesamte Zweiglänge bedeckend; Mai/Juni (Anfang Juli).

Früchte: Bis 4 cm lange, behaarte Hülsen.

Cytisus purpureus

Wurzel: Fleischig, oberflächennah.

Standort: Sonnig.

Boden: Toleriert alle durchlässigen Böden von schwach sauer bis stark alkalisch, kalkliebend.

Eigenschaften: Frosthärter als Cytisus scoparius, stadtklimafest, hitzeverträglich, trockenresistent. Wird sehr stark von Kaninchen verbissen!

Verwendung: Mit seinen verhältnismäßig großen, überreich erscheinenden Blüten und dem seltenen Purpurfarbton stellt dieser Zwergstrauch eine Besonderheit im Cytisus-Sortiment dar. Sehr wirkungsvoll sind Gruppenpflanzungen in Steingärten, Heideanlagen, Staudenpflanzungen; Begrünung von trockenen Böschungen, in Trockenmauern, für Pflanzkübel und Dachgärten.

C. ratisbonensis SCHAEFF.,
Regensburger Ginster
(= Chamaecytisus ratisbonensis)

Buschig aufrechter bis niederliegender, 0,5 bis 0,8 m hoher Zwergstrauch mit seidig behaarten Trieben und lang gestielten, 3zähligen Blättern. Im Mai/Juni erscheinen gelbe, rotbraun gezeichnete Schmetterlingsblüten.

Der Regensburger Ginster gehört zu den selteneren heimischen Pflanzen. Sein natürliches Verbreitungsgebiet liegt im süddeutschen Raum, wo sein Vorkommen nur auf das Donautal, das Alpenvorland, den Fränkischen Jura und den Bayerischen Wald beschränkt ist.

Wir finden ihn in lichten und trockenen Kiefernwäldern, an sonnigen Waldrändern, in Zwergstrauchheiden und in Trockenrasengesellschaften auf trockenen bis mäßig trockenen, durchlässigen, schwach sauren bis alkalischen Kies-, Sand- und Felsböden.

Ein leider wenig bekannter, gut frostharter, überreich blühender Zwergstrauch für trockene und sonnige Pflanzplätze in Steingarten- und Heideanlagen, ferner für Dachgärten und Pflanzgefäße. Im natürlichen Verbreitungsgebiet zur Begrünung offener, grasiger Flächen.

C. scoparius (L.) LINK.,
Besen-Ginster
(Sarothamnus scoparius (L.) WIMM.)

Lat. scopae = Besen

Verbreitung: West- und Mitteleuropa; häufig an Waldrändern, Wegsäumen, auf Kahlschlägen, Böschungen, Brachflächen und in lichten, bodensauren Laub- und Nadelmischwäldern; auf frischen

Cytisus scoparius

bis mäßig trockenen, mehr oder weniger nährstoffreichen, lockeren und humosen, sauren Lehm-, Sand- oder Steinböden; auf Kalkboden selten (Frankreich, Insubrien, Mittelrhein, Böhmen).

Wuchs: Vieltriebiger, besenartiger, aufrechter Strauch.

Größe: Bis 2 m hoch, nach einer Periode milder Winter gelegentlich auch wesentlich höher, im Alter genauso breit wie hoch.

Rinde: Junge Triebe dünn, 5kantig bis schwach geflügelt, mittelgrün.

Blätter: Sommergrün, wechselständig, an Langtrieben lanzettlich, an Kurztrieben 3zählig, dunkelgrün.

Blüten: Ginstergelbe Schmetterlingsblüten mit strengem Geruch, von Insekten wird ein interessanter Explosionsmechanismus beim Bestäuben ausgelöst, Mai/Juni.

Früchte: Flache, schwarze Hülsen, nur wenig giftig, Samen besitzen am Samenstielchen einen ölhaltigen Wulst (Ameisenbrot), Ameisenverbreitung.

Wurzel: Fleischig, tiefgehend (Pfahlwurzel), lebt in Symbiose mit Bakterien, die Luftstickstoff binden.

Standort: Sonnig.

Boden: Sandig-humose, saure, auch nährstoffarme, mäßig trockene bis frische Substrate, insgesamt sehr anspruchslos, verträgt aber keine Nässe.

Eigenschaften: Lichtpflanze und Lichtkeimer, Samen können Jahrzehnte überliegen, Ameisenverbreitung, Pionierpflanze, Bodenbereiter und Bodenfestiger, Lebensdauer bis 12 Jahre, frostempfindlich, gegen langanhaltende Hitze und Regenlosigkeit empfindlicher als allgemein angenommen, Ginster vertrocknet relativ schnell, Laub und Triebe haben berauschende Wirkung (Cytisin und Spartein), Schafe können beim Aufenthalt in reinen Ginsterfeldern sogar verenden.

Verwendung: Überreich blühender Zierstrauch für Hausgärten und Gartenanlagen; gut passend zu Heide- und Steingärten, besonders in Verbindung mit Kiefern und Wacholder; Pioniergehölz für extreme Standorte in der freien Landschaft, Straßenböschungen, Kiesgruben, Haldenbegrünung und Bodenbefestigung, forstmäßig zur Bodenverbesserung (Stickstoffanreicherung).

Anmerkung: Wegen der Konkurrenzschwäche und des hohen Lichtbedarfs nicht als Unterpflanzung von Bäumen und Großsträuchern einsetzen, offene Flächen und sonnige Gehölzränder sind der bevorzugte Lebensbereich.

Wirtschaftliche Bedeutung: Um 1915 gewann die Ginsterfaser als Juteersatz eine sehr große Bedeutung. Gründung einer Ginsterfasergesellschaft im Bühlertal in Baden. Pro Hektar wurden 18 dz Holz und Stengel geerntet. Das lufttrockene Material ergab 5 bis 9 % spinnfähige Faser (Flachs und Hanf 8 bis 9 %). Das Holz war wertvoll für Drechsler- und Tischlerarbeiten (Furniere), sehr bewährt auch als Armbrustbogen (gleichwertig mit Eibenholz). Der gelbe Blütenfarbstoff wurde zum Färben von Papier und Stoffen benutzt. Zweige für Besen und Flechtwerk.

Cytisus scoparius-Gartenformen

Die Selektion und Züchtung der Cytisus scoparius-Formen begann bereits im Jahre 1884, als nämlich E. ANDRÉ in der Normandie eine zweifarbig blühende Pflanze fand, bei der Fahne und Schiffchen gelb, die beiden Flügel aber leuchtend rotbraun gefärbt waren.

Aufgrund der ausgeprägten Eigenschaft zur Mutation und der leichten Kreuzbarkeit vergrößerte sich das Sortiment sehr rasch. Englische, deutsche und holländische Züchter wie BURKWOOD & SKIPWITH, REINHOLD ARNOLD und K. WEZELENBURG waren maßgeblich an der Züchtungsarbeit beteiligt.

Heute, nach 100 Jahren, steht uns eine beinahe unübersehbare Zahl von Selektionen und Kreuzungen zur Verfügung, die von den einfarbig knallgelben, riesenblumigen über leuchtend granatrote bis hin zu den faszinierenden, zweifarbigen Blüten reichen.

Aus diesem großen Sortiment wurden die blühfreudigsten und winterhärtesten Gartenformen ausgesucht. Standortansprüche, Eigenschaften und weitere Merkmale entsprechen der Wildart, Cytisus scoparius.

Die Hybriden sind wegen ihrer unglaublichen Blü-

Sortenbeschreibung:

Hinweis: Blütenfarbe und Farbbezeichnungen sind nach der international gültigen R.H.S. Colour Chart in Verbindung mit dem „Taschenlexikon der Farben" ermittelt worden.

'Andreanus Splendens'

Wuchs:	Straff aufrecht, breitbuschig.
Größe:	Bis 1,50 m hoch und ebenso breit.
Blüten:	Fahne knallgelb (signalgelb), am Grunde mit ganz zarten, braunen Streifen; Flügel rotbraun mit 1 bis 1,5 mm breitem, gelbem Rand; Schiffchen knallgelb (signalgelb); Mai bis Juni.

'Burkwoodii'

Wuchs:	Locker aufrecht, breitbuschig, guter Aufbau.
Größe:	Bis 1,50 m hoch und ebenso breit.
Blüten:	Fahne innen blaßgelb, rosa überhaucht, außen rosa bis rubin; Flügel am Ansatz rosa, übergehend in rotbraun, oberer Rand kardinalrot, unten mit schmalem, goldgelbem Saum; Schiffchen blaßgelb, schwach rosa überhaucht; Mai bis Juni.

'Daisy Hill'

Wuchs:	Breit aufrecht, stark verzweigt.
Größe:	Bis 1,50 m hoch und 2 m breit.
Blüten:	Fahne reingelb, Flügel rötlich mit gelbem Saum; Mai bis Juni.

'Dorothy Walpole'

Wuchs:	Straff aufrecht, stark verzweigt, dicke Triebe.
Größe:	Bis 2 m hoch und ebenso breit.
Blüten:	Fahne innen und außen knallgelb (chromgelb); Flügel intensiv kardinalrot auf gelbem Grund; Schiffchen knallgelb (chromgelb) bis ginstergelb; Mai bis Juni.

'Dragonfly'

Wuchs:	Triebe bogig aufrecht, vielverzweigt.
Größe:	Bis 1,50 m hoch und ebenso breit.
Blüten:	Fahne butterblumengelb; Flügel kardinalrot mit sehr schmalem, gelbem Saum (fehlt gelegentlich); Schiffchen ginstergelb; Mai bis Juni.

'Firefly'

Wuchs:	Aufrecht, Triebe legen sich später oft um.
Größe:	Bis 2 m hoch und ebenso breit.
Blüten:	Fahne butterblumengelb, innen am Grunde ganz zarte braune Streifen; Flügel kardinalrot mit schmalem, gelbem Saum; Schiffchen knallgelb; Mai bis Juni.

'Golden Sunlight'

Wuchs:	Breit aufrecht, dichtbuschig, schwachwüchsig.
Größe:	Bis 1,50 m hoch und ebenso breit.
Blüten:	Fahne knallgelb; Flügel dunkelgelb mit Tendenz nach orange; Schiffchen knallgelb, sehr großblumig; Mai bis Juni.

'Luna'

Wuchs:	Straff aufrecht, stark verzweigt, sehr gesund.
Größe:	Bis 1,50 m hoch und genauso breit.
Blüten:	Fahne innen und außen gelb, innen am Grunde mit zarten, braunen Streifen; Flügel knallgelb (signalgelb); Schiffchen pastellgelb; großblumig; Mai bis Juni.

'Roter Favorit'

(Die Bezeichnung 'Red Favorite' ist nicht zulässig, da der Züchter ARNOLD, Alveslohe, sie 'Roter Favorit' genannt hat)

Wuchs:	Locker aufrecht, Zweige etwas überhängend.
Größe:	Bis 1,50 m hoch und ebenso breit.
Blüten:	Fahne außen bronzerot, innen etwas blasser, an der Basis lichtgelb; Flügel kardinalrot; Schiffchen blaßrot mit gelber Spitze; Mai bis Juni.

'Red Wings'

Wuchs:	Breit aufrecht, starke Triebe, leicht überhängend.
Größe:	Bis 1,50 m hoch und ebenso breit.
Blüten:	Fahne außen granatrot bis weinrot, an der Basis gelblicher Fleck; Flügel granatrot, aber einen Ton dunkler als die Fahne; Schiffchen altrosa, gelegentlich mit gelber Spitze; Mai bis Juni.

Cytisus 'Dragonfly'

Cytisus 'Luna'

tenfülle wichtige Farbträger im Frühlingsgarten. Sie eignen sich besonders gut zur Belebung von Heide- und Steingartenpflanzungen. Herrlich in Verbindung oder besser noch als Vordergrund vor dunklen Bergkiefern und Wacholder-Formen. Weiterhin für Dachgärten und Kübelbepflanzung.

C. supinus L.,
Kopf-Zwergginster
(= Chamaecytisus supinus (L.) LINK)

supinus = niederliegend

Sommergrüner, etwa 30 bis 60 (80) cm hoher, aufrechter, im Schatten niederliegender Strauch mit steifen, sparrig abstehenden, zottig behaarten Trieben und dreizähligen Blättern. Sehr attraktiv sind die im Juni und August erscheinenden, bis 2 cm großen, sattgelben Blüten, die zu mehreren in Köpfen am Ende junger Triebe stehen. Der Kopf-Zwergginster gedeiht auf allen trockenen bis mäßig frischen, schwach sauren bis alkalischen, gut durchlässigen Böden. Wegen seines ausgeprägten Lichthungers sollte er nur vollsonnige, warme Pflanzplätze erhalten. Ein viel zu selten gepflanztes, frosthartes Blütengehölz, das sehr gut in Stein- und Heidegärten sowie in Steppen- und Dachgärten paßt. C. supinus ist verbreitet in Mittel-, Süd-, Südost- und Osteuropa. In Deutschland finden wir das Gehölz im Alpenvorland, im Bayerischen Wald sowie im Fränkischen Jura und im Donaugebiet.

Cytisus 'Andreanus Splendens'

Cytisus 'Burkwoodii'

Cytisus 'Boskoop Ruby'

Cytisus 'Roter Favorit'

Cytisus supinus

DABOECIA D. DON
Irische Heide – Ericaceae,
Heidekrautgewächse

D. cantabrica-Sorten, Kulturform der Irischen Heide

Verbreitung: Die Wildart wächst an der Atlantikküste rund um die Biscaya, in Südwestfrankreich, Nordspanien, Portugal und an der Küste Irlands.

Wuchs: Heideähnlicher Zwergstrauch mit locker aufrechten bis dichten, niederliegenden Trieben.

Größe: Je nach Sorte 0,25–0,50 (bis 0,60) m hoch und mindestens genauso breit, im Alter oft doppelt so breit wie hoch.

Blätter: Immergrün, wechselständig, elliptisch bis oval, bis 1,4 cm lang, Rand etwas eingerollt, dunkelgrün und glänzend, unten weißfilzig.

Blüten: In lockeren, endständigen Trauben, Einzelblüte krugförmig, etwa 1 cm lang, Juli bis September (Oktober).

Wurzel: Dicht verzweigt, oberflächennah, Feinwurzeln verfilzend, mit Wurzelpilzen (Mykorrhiza) verbunden.

Standort: Sonnig bis absonnig, vor kalten und austrocknenden Winden geschützt.

Boden: Nicht zu trockener, humoser, auf jeden Fall kalkfreier Boden, pH 4–5.

Eigenschaften: Nicht zuverlässig winterhart, treibt aber nach radikalem Rückschnitt wieder aus, feuchtigkeitsliebend, verträgt keine Ballentrockenheit, leidet dann sofort.

Verwendung: Sehr gut geeignet als Vorpflanzung zu Rhododendron und Azaleen, schöne Ergänzung des Heidepflanzen-Sortiments, auffallendes Blütengehölz, für genügend große Pflanzschalen, Kübel

SORTE:	BLÜTENFARBE:	WUCHS:	BLÄTTER:
'Alba'	reinweiß	kräftig, breitbuschig, bis 40 (bis 60) cm hoch	hellgrün
'Atropurpurea'	purpurrosa	stark, buschig, bis 50 cm hoch	dunkel bronzegrün
'Bicolor'	purpurn, teils auch weiß oder gestreift	buschig, bis 50 (bis 60) cm hoch	tiefgrün
'Cupido'	rosarot	mittelstark, bis 25 cm hoch	mittelgrün
'Globosa Pink'	rosaviolett	ausgebreitet, kräftig, bis 35 cm hoch	dunkelgrün
'Praegerae'	rosarot	mittelstark, breitbuschig, bis 35 cm hoch	dunkelgrün

und Tröge, wo sie z. B. im Schutz von Zwergwacholdern und Berg-Kiefern mit einer Fülle sehr großer, glockenförmiger Blüten überrascht, wie man sie einem so zierlichen Zwergstrauch kaum zutraut.

Pflegehinweis: In winterkalten Gebieten und bei Kahlfrösten sollte der Wurzelbereich der Irischen Heide mit Nadelstreu geschützt werden. Gegen die Wintersonne empfiehlt sich eine Abdeckung aus Fichtenreisig, Vlies oder Hostalen-Gewebe.

D. x scotica 'William Buchanan'
(D. azorica x D. cantabrica)

Wuchs: Heideartiger Zwergstrauch, breitbuschig aufrecht, schwach wachsend.

Größe: 25–30 cm hoch.

Blätter: Immergrün, wechselständig, elliptisch bis oval, glänzend dunkelgrün.

Blüten: Purpurrosa, in kurzen Trauben, Ende Juli bis Ende Oktober.

Wurzel, Standort und Boden wie bei Daboecia cantabrica.

Eigenschaften: Frosthärter als D. cantabrica.

Verwendung: Rhododendron- und Azaleenpflanzungen, Heidegärten mit genügend feuchtem Boden, größere Schalen, Tröge, Topfpflanze für kühle, luftfeuchte Räume.

Daboecia cantabrica 'Alba'

Daboecia cantabrica 'Atropurpurea'

Daboecia x scotica 'William Buchanan'

DAPHNE L.
Seidelbast – Thymelaeaceae, Seidelbastgewächse

Die Gattung Daphne besteht aus niedrigen bis mittelhohen Sträuchern mit sommer- oder immergrünen, meist wechselständigen Blättern. Die Blüten sind in end- oder achselständigen Trauben oder Dolden angeordnet. Seidelbastblüten besitzen keine eigentlichen Kronblätter; die Kelchröhre ist hier schmal glockenförmig ausgebildet, und die 4 Kelchblätter sind zu blütenblattartigen „Schauapparaten" umgewandelt. Früchte und alle anderen Pflanzenteile sind sehr giftig.

Wegen der frühen Blüte und des süßen Duftes wird besonders Daphne mezereum schon seit alters her in unseren Garten- und Parkanlagen gezogen. Der Rückgang in der Nähe größerer Orte ist daher unzweifelhaft auf das massenhafte Ausgraben durch gewissenlose Liebhaber zurückzuführen. Hier sei darauf hingewiesen, daß der Seidelbast zu den geschützten Pflanzen gehört und daß nur vorkultivierte Ballenpflanzen aus der Baumschule erfolgreich weiterwachsen.

Von den etwa 70 Arten, deren Hauptverbreitungsgebiet in Asien liegt, werden etwa 28 Arten und Sorten in Europa kultiviert. Bis auf unseren heimischen Rosmarin-Seidelbast, Daphne cneorum, lieben alle anderen einen halbschattigen bis schattigen Pflanzplatz. Für unsere leider viel zu duftlosen Gärten sind gerade die Daphne-Arten unverzichtbar.

An Kinderspielplätzen und im Schulgrün sollte Daphne selbstverständlich nicht verwendet werden.

In Asien haben einige Seidelbast-Arten eine gewisse wirtschaftliche Bedeutung. Der Bast der Pflanzen wird zur Herstellung von feinstem Papier verwendet.

D. x burkwoodii 'Somerset'

(Auslese aus den Hybriden zwischen D. caucasica x D. cneorum).

Wuchs: Kleiner Strauch, buschig aufrecht, dicht verzweigt.

Größe: Bis 1 (bis 1,50) m hoch und im Alter oft breiter als hoch.

Blätter: Sommergrün, in milden Lagen wintergrün, wechselständig, verkehrt eilanzettlich, 2,5–4 (bis 5) cm lang und 0,8–1,2 cm breit, mattglänzend, tiefgrün, an den Triebenden gehäuft.

Blüten: Weißlichrosa bis leicht purpurrosa, in großen, endständigen Büscheln im Mai/Juni, angenehm duftend; neuer Blattaustrieb verdeckt einen Teil der Blüten.

Daphne x burkwoodii 'Somerset'

Daphne cneorum

Früchte: Werden bei uns nicht angesetzt.

Wurzel: Fleischig, wenig verzweigt, Flachwurzler mit einigen tiefergehenden Hauptwurzeln, Wurzelwerk oft so schwach ausgebildet, daß die Pflanze instabil wird.

Standort: Sonnige bis halbschattige Lage, windgeschützt.

Boden: Toleriert alle Gartenböden, bevorzugt sandige, humose, mäßig trockene bis frische, gut durchlässige und kalkhaltige Standorte, verträgt keine stehende Nässe, auf zu nahrhaften Böden reift das Holz oft nicht genügend aus.

Eigenschaften: Gut frosthart; obwohl allgemein keine lange Lebensdauer nachgesagt wird, sind 20jährige Exemplare bekannt, Trockenperioden werden gut vertragen.

Verwendung: Ein schönes Blütengehölz, das den aufrechten Strauchcharakter von Daphne caucasica mit dem Blütenreichtum und dem herrlichen Duft des Rosmarin-Seidelbastes verbindet. Wird leider noch viel zu selten gepflanzt. Einzelstellung oder Gruppenpflanzung in Steingärten, Staudenrabatten, Naturgärten, Heideanlagen, Duftgärten, Pflanzgefäße.

D. cneorum L., Rosmarin-Seidelbast

Verbreitung: Nordwestspanien, Südpolen, Mähren, Siebenbürgen, Bulgarien bis zur Ukraine; in Deutschland sehr selten, nur in der Pfalz, im Oberrheingebiet, Schwäbische Alb, Bodenseegebiet, Alpenvorland und Alpen (bis auf 1280 m); Halbtrockenrasen, Zwergstrauchgesellschaften (mit Erica carnea, Genista sagittalis, Cytisus nigricans,

Pinus mugo), in lichten Kiefernwäldern, an Waldrändern und auf sonnigen Felshängen; auf mäßig trockenen, meist kalkreichen, nährstoffarmen, humosen Schotter- oder Felsstandorten.

Wuchs: Zwergstrauch mit niederliegenden, dünnen und sehr dichten Trieben, im Alter mattenartig ausgebreitet.

Größe: 0,20–0,40 m hoch und meist doppelt so breit.

Blätter: Immergrün, wechselständig, länglich lanzettlich, 1–2 cm lang, derb ledrig, mittelgrün.

Blüten: Leuchtend rosa, in sehr dichten, endständigen Köpfchen, Ende April bis Mai, außerordentlich wohlriechend, besonders in den Abendstunden.

Früchte: Gelb- bis rötlichbraune, kugelige Beeren, giftig.

Daphne cneorum

Wurzel: Fleischig, fein verzweigt, tiefwurzelnd und weit ausgebreitet.

Standort: Volle Sonne bis lichter Schatten.

Boden: Mäßig trockene bis frische, nicht zu nährstoffreiche, gut durchlässige Substrate. Daphne cneorum hat einen eng begrenzten Optimalbereich. Beste Pflanzenentwicklung und höchster Blütenansatz liegen bei einem pH-Wert um 5 (KURZMANN 1984).

Eigenschaften: Gut frosthart, wärmeliebend, allgemein nicht sehr langlebig, in der Jugend langsamwüchsig, konkurrenzschwach gegenüber starkwüchsigen Stauden und höheren Gehölzen.

Verwendung: Zur Blütezeit gehört der über und über leuchtend rosa gefärbte und nach Nelken duftende Rosmarin-Seidelbast zu den auffälligsten und begehrtesten Zwerggehölzen. Gruppenpflanzungen in Steingärten und niedrigen Staudenpflanzungen; in Heidegärten mit Zwergwacholder, Bergkiefern, Erica carnea, Arctostaphylos, Genista sagittalis, Cytisus x beanii, Prunus pumila var. depressa; farblich gut passend sind schneeweiße Teppiche aus Zwergstauden wie Arabis caucasica 'Plena', Iberis saxatilis und Arabis procurrens; eine blaue Variante könnte man mit Aubrieta, Hornveilchen, Phlox divaricata var. laphamii, Anemone blanda und dem Enzian, Gentiana acaulis, erreichen, Ton in Ton erreicht man durch die Benachbarung mit Prunus tenella 'Fire Hill'. Herrlich auch als rosa Sockel vor Viburnum carlesii.

Pflegetip: Der Rosmarin-Seidelbast will ungestört wachsen, erst nach etwa 5 Jahren setzt die volle Blüte ein; gegenüber zu hohen Einzeldüngergaben ist er etwas empfindlich. Wenn blühfaul gewordene Exemplare regelmäßig geschnitten werden, können sie ein Alter von 20 Jahren erreichen. Der Rückschnitt sollte unbedingt vor der Blüte durchgeführt werden, nach der Blüte reagiert die Pflanze kaum darauf.

Empfehlenswerte Sorten sind: **D. cneorum 'Eximia',** kräftiger Wuchs, wird höher als der Typ, Blüten tiefrosa. **D. cneorum 'Major',** in allen Teilen kräftiger, wird ebenfalls höher und ausladender.

D. mezereum L.,
Seidelbast, Kellerhals

Verbreitung: Europa, Kleinasien, Kaukasus, Sibirien, in krautreichen Buchen-, Eichen-, Hainbuchen- oder Nadelmischwäldern auf nährstoffreichen, frischen bis feuchten, meist kalkhaltigen bis mäßig sauren, humosen Lehm- und Mullböden.

Wuchs: Kleiner, aufrechter, wenig verzweigter Strauch.

Daphne mezereum

Größe: Bis etwa 1,20 m, gelegentlich auch 1,50 bis 1,80 m hoch und breit.

Rinde: Junge Triebe kahl, glatt, grüngrau, später graubraun, sehr biegsam, alle Pflanzenteile giftig.

Blätter: Sommergrün, wechselständig, länglich lanzettlich, bis 8 cm lang, mattgrün, unterseits bläulichgrün, Herbstfärbung gelb, giftig, Hautreizungen hervorrufend.

Blüten: Rosa, erscheinen bereits im März/April, oft auch schon früher, in großer Zahl entlang den jungen Zweigen, Blüten sehr auffallend, starker Duft, kann Kopfschmerzen verursachen.

Früchte: Ab Juni glänzend rote, 8 mm große, kugelige Steinfrucht, stark giftig, Geschmack pfefferähnlich, verursachen Kratzen und Brennen in Hals und Mund, Gesichtsschwellung, Heiserkeit, Schluckbeschwerden, Kopf- und Bauchschmerzen, verbunden mit Durchfall.

Wurzel: Fleischig, wenig verzweigt, tiefwurzelnd, empfindlich.

Daphne mezereum

Standort: Lichter Schatten bis Halbschatten, geschützt.

Boden: Ist bodentolerant, auch was den pH-Wert betrifft, bevorzugt allerdings den gleichmäßig feuchten, schwereren, kalkhaltigen, am besten lehmigen Boden. Beste Pflanzenentwicklung nach KURZMANN auf Böden mit einem pH-Wert bei 6,5. Auf zu sauren Substraten Ausfälle. Ist nährstoffbedürftig, verträgt hohe Nährstoffgaben.

Eigenschaften: Frosthart, reagiert empfindlich auf längere Trockenperioden, Rückschnitt wird schlecht vertragen, alle Pflanzenteile sind giftig, Rinde enthält das giftige Daphnetoxin, Samen das sehr giftige Mezerein.

Verwendung: Seit alters her beliebter Frühlingsblüher und Duftstrauch. Sehr schön als Einzelpflanze in niedrigen Gehölz- und Staudenrabatten, wirkungsvoll in Gruppen als Unterpflanzung von lichten Laub- und Nadelgehölzen zusammen mit Haselnuß, Christrosen, Adonis amurensis, Schneeglöckchen, Eranthis und Hepatica nobilis; schöne Farbklänge ergeben sich durch die Benachbarung mit Helleborus purpurascens und mit der Helleborus-Hybride 'Atrorubens'.

Anmerkung: Der Seidelbast sollte nicht an Kinderspielplätzen und im öffentlichen Grün gepflanzt werden. Wegen der attraktiven, aber sehr giftigen Beeren – bereits wenige können zum Tode führen – ist im Juni zur Fruchtreife größte Vorsicht geboten.

Pflegetip: Verjüngungsschnitt muß unbedingt vor der Blüte durchgeführt werden, nach der Blüte reagiert die Pflanze kaum darauf.

D. mezereum 'Alba',
Weißer Seidelbast

Wuchs: Kleiner, straff aufrechter, wenig verzweigter Strauch.

Daphne mezereum 'Alba'

Daphne mezereum 'Rubra Select'

Größe: Bis etwa 1,20 m hoch und breit.

Rinde: Junge Triebe kahl, glatt, grüngrau, auffallend dick, sehr biegsam, alle Pflanzenteile giftig.

Blätter: Sommergrün, wechselständig, länglich lanzettlich, bis 8 cm lang, mittelgrün bis hellgrün, unterseits bläulichgrün, im Herbst gelb.

Blüten: Rahmweiß, erscheinen bereits im März/April, oft auch schon früher, in großer Zahl entlang den einjährigen Trieben, starker Duft, kann Kopfschmerzen verursachen.

Früchte: Ab Juni, glänzend gelbe, kugelige, etwa erbsengroße Steinfrucht, stark giftig, Geschmack pfefferähnlich, verursachen Kratzen und Brennen in Mund und Hals, Gesichtsschwellung, Heiserkeit, Schluckbeschwerden, Kopf- und Bauchschmerzen, verbunden mit Durchfall.

Wurzel, Standort, Boden und Eigenschaften wie bei der Art.

Verwendung: Interessante, weiße Form des Seidelbastes. Einzelstellung, wirkungsvoll vor dunklen, immergrünen Gehölzen oder zusammen mit rosa blühenden Schneeheidesorten.

D. mezereum 'Rubra Select'

Wuchs: Kleiner, aufrechter, wenig verzweigter Strauch.

Größe: Bis etwa 1,20 m, gelegentlich auch 1,50 bis 1,80 m hoch und breit.

Rinde: Junge Triebe kahl, glatt, dick, grüngrau, später graubraun, sehr biegsam, alle Pflanzenteile giftig.

Blätter: Sommergrün, wechselständig, länglich lanzettlich, bis 8 cm lang, mattgrün, unterseits bläulichgrün, Herbstfärbung gelb, giftig, Hautreizungen hervorrufend.

Blüten: Intensiv dunkelrosa bis dunkelrot, erscheinen bereits im März/April, oft auch schon früher, in großer Zahl entlang den jungen Trieben, Blüten sehr auffallend, starker Duft, kann Kopfschmerzen verursachen.

Früchte: Wurzel, Standort, Boden und Eigenschaften wie bei der Art.

Verwendung: 'Rubra Select' ist eine Auslese mit leuchtend dunkelrosafarbenen bis roten Blüten. Benachbarung wie bei D. mezereum.

DAVIDIA BAILL.
Taubenbaum – Nyssaceae, Tupelogewächse

D. involucrata var. vilmoriniana
(DODE) WANGER.,
Taschentuchbaum, „Aufwiedersehenbaum"

Verbreitung: Westchina.

Wuchs: Kleiner bis mittelgroßer Baum mit zunächst regelmäßig-breitpyramidalem Aufbau und im Alter mehr rundlicher, lockerer Krone, auf ungünstigen Standorten oft auch nur Großstrauch.

Größe: 8 – 15 m hoch, in Westerstede wurde eine Davidia in 35 Jahren 9 Meter hoch und 7 m breit, hier und dort sind auch in Deutschland 15 m hohe Exemplare anzutreffen, in der Heimat erreicht er eine Höhe von 20 m. Jahreszuwachs in der Höhe 20 bis 25 cm, in der Breite 15 bis 20 cm.

Rinde: Triebe dick, glatt, olivbraun bis gelblichbraun, mit wenigen, kleinen, dunklen Lentizellen, Borke später grau, längsfurchig, abschuppend, Winterknospen auffallend groß, spitzrundlich, etwas abstehend, rötlich, glänzend.

Blätter: Sommergrün, wechselständig, etwas lindenähnlich, breiteiförmig mit herzförmigem Grund, 8 – 14 cm lang, Blattstiel 4 – 5 cm lang, Blattrand grob gezähnt, Zähnchen grannenartig zugespitzt, insgesamt sehr ansehnliches, dekoratives Laub.

Davidia involucrata var. vilmoriniana

Davidia hat walnußähnliche Früchte

Davidia involucrata var. vilmoriniana

Blüten: Außerordentlich auffallend und interessant konstruiert; die etwa 2 cm großen, rotbraunen, runden Köpfchen, die jeweils aus zahlreichen männlichen und nur einer weiblichen Blüte bestehen, werden von zwei cremeweißen, kahnartig geformten Hochblättern umgeben, von denen das eine etwa 16 cm, das andere nur halb so lang ist; Blütezeit dauert ca. 3 Wochen, Mai bis Juni.

Früchte: Äußerlich einer grünen Walnuß ähnlich; die etwa 2,5 cm großen, langgestielten Steinfrüchte enthalten 3 – 5 Samen.

Wurzel: Kräftig, fleischig, tiefgehend, wenig verzweigt, empfindlich (Ballenpflanzung).

Standort: Sonnig bis halbschattig, geschützte, warme Lage.

Boden: Sehr bodentolerant, bevorzugt aber nahrhafte, nicht zu trockene, schwachsaure bis alkalische Böden mit gutem Wasserabzug, nässeempfindlich.

Eigenschaften: In der Jugend etwas empfindlich,

im Alter ausreichend frosthart; die Blüten erscheinen nach 12 bis 15 (bis 20) Jahren, bei umstochenen oder verpflanzten Exemplaren auch schon früher.

Verwendung: Der Taubenbaum gehört zu den sehenswertesten Blütenbäumen in unseren Gärten und Parkanlagen. Zur Blütezeit im Mai ist er über und über dekoriert mit den sich im leichtesten Wind wiegenden und schwenkenden, schneeweißen „Taschentuchblüten". Dieser faszinierende und ungewöhnliche Anblick hat ihm in China auch den Namen „Aufwiedersehenbaum" eingebracht. Herrlicher Solitärbaum für Gärten und Parkanlagen.

DECAISNEA HOOK. f. et THOMS.
Blauschotenstrauch – Lardizabalaceae, Fingerfruchtgewächse

D. fargesii FRANCH.,
Blauschote

(1890 eingeführt)

Verbreitung: Westchina, in Bergwäldern.

Wuchs: Hoher Strauch, straff aufrecht wachsend, wenig verzweigt, im Alter etwas übergeneigt.

Größe: 3 bis 5 m hoch und 2 bis 4 m breit. Jahreszuwachs in der Höhe 25 cm, in der Breite 20 cm.

Rinde: Junge Triebe dick, olivbraun bis olivbraungrün, blaugrau bereift, Knospen groß, länglich zugespitzt, olivgrün.

Blätter: Sommergrün, wechselständig, unpaarig gefiedert mit 13 – 25 Fiedern, Blättchen 6 – 15 cm lang, untere eiförmig, lang zugespitzt, obere elliptisch, Gesamtlänge der Blätter 50 – 80 cm; matt hellgrün, unterseits bläulichgrün, Herbstfärbung goldgelb.

Decaisnea fargesii

Decaisnea fargesii

Blüten: Erscheinen im Juni, in lockeren, hängenden Trauben, Einzelblüte glockig, grünlichgelb.

Früchte: Bis 10 cm lange, bohnenartige, etwa daumendicke Balgfrüchte, die im Spätsommer kobaltblau gefärbt und weißlich bereift sind, zusammen mit dem gelben Herbstlaub sehr auffallend, nicht giftig.

Wurzel: Fleischig, Hauptwurzel dick, flach und tief ausgebreitet, wenig verzweigt.

Standort: Sonnig, warm und geschützt, spätfrostfreie Lagen.

Boden: Toleriert sowohl saure als auch alkalische Böden, gedeiht auch auf ärmeren Standorten, bevorzugt tiefgründige, nahrhafte, aber gut durchlässige Substrate, frisch bis feucht.

Eigenschaften: Gut frosthart, aber etwas spätfrostgefährdet, da die Pflanze sehr früh austreibt, reift auf mageren Substraten besser aus.

Verwendung: Interessantes, dekoratives Solitärgehölz, das durch die attraktive Belaubung, die ungewöhnlichen Früchte, aber auch im Winter durch die dicken, straff aufrechten und bereiften Triebe auffällt. Das gefiederte Laub läßt sich gut mit Bambus, Aralien, Kalopanax, Acanthopanax und Clerodendrum verbinden. Großblattstauden wie Bergenien, Hosta und Rodgersien schaffen einen spannungsreichen Gegensatz zu dem gefiederten Laub.

Anmerkung: Die kobaltblauen Früchte werden in China gegessen. In den Wäldern am Emei Shan sind sie auch eine beliebte Speise einer dort wildlebenden Affenart.

DEUTZIA THUNB.
Deutzie – Hydrangeaceae,
Hortensiengewächse

(oft auch geführt unter Saxifragaceae)

Aufgrund ihrer Wüchsigkeit, Robustheit und ihres überreichen Blütenflors gehören die Deutzien zu den Blütengehölzen, die unsere Frühjahrsgartenbilder entscheidend mitprägen. Es sind kleine bis mittelhohe, meist straff aufrechte, dichte Sträucher mit hohlen Trieben und gegenständigen Blättern. Die glockigen oder schalenförmigen Blüten sind rosa oder weiß gefärbt und zu Trauben, Rispen oder Schirmrispen vereint. Die Früchte bestehen aus kleinen, 3–5fächrigen Kapseln, die oft bis zum Frühjahr am Strauch haften.

Von den etwa 50 Wildarten, die in O-Asien, im Himalaja, auf den Philippinen und in Mexiko verbreitet sind, finden wir nicht allzu viele in Kultur. Meist sind es die Hybriden, die hauptsächlich von dem berühmten französischen Züchter LEMOINE zwischen 1885 und 1936 in den Handel gebracht wurden. Die Unterschiede zwischen den einzelnen Sorten sind oft sehr gering, so daß es außerordentlich schwer ist, sie zu beschreiben und zu charakterisieren.

In unseren Gärten können wir sie sowohl als Einzelsträucher in Stauden- und Gehölzrabatten, wie aber auch als freiwachsende Blütenhecken verwenden. Die höheren und wüchsigeren Arten und Sorten eignen sich gut für 2–3 m hohe, dichte Abpflanzungen. Wichtig ist, daß alle Deutzien, besonders während der Blütezeit, gut mit Feuchtigkeit versorgt sind, anderenfalls schlappen sie schnell und reagieren mit Blatt- und Blütenabwurf. Ältere, blühfaule Sträucher können unmittelbar nach der Blüte ausgelichtet oder auch kräftig zurückgeschnitten werden.

Ökologie: Deutzien werden sehr stark von Insekten besucht. Bienenweide!

D. gracilis SIEB. et ZUCC.,
Zierliche Deutzie, Maiblumenstrauch

Verbreitung: Japan, in den Bergen auf Honshu, Shikoku und Kyushu.

Wuchs: Straff aufrecht wachsender, dichtbuschiger Zwergstrauch.

Größe: 0,60 bis 0,80 m hoch und im Alter etwas breiter als hoch.

Blätter: Sommergrün, gegenständig, eiförmig bis länglich lanzettlich, 3–6 cm lang, Rand fein scharf gesägt, mittelgrün.

Blüten: Weiß, Einzelblüte glockig, 1,5–2 cm breit,

Wuchsformen der Gattung Deutzia:	
Schwachwachsend:	**Blüte:**
'Boule de Neige'	rahmweiß
gracilis	weiß
x rosea	rosa
Starkwachsend:	
x kalmiiflora	innen weißlichrosa, außen kräftig rosa
x magnifica	reinweiß
'Mont Rose' 'Perle Rose' 'Pink Pompon'	malvenrosa
scabra 'Candidissima'	reinweiß
scabra 'Plena'	innen weiß, außen rosa

in 4–9 cm langen, aufrechten Rispen, überaus reichblühend, Mai bis Juni.

Standort: Sonnig.

Boden: Keine besonderen Ansprüche, bevorzugt aber den gleichmäßig feuchten, nahrhaften Standort, anpassungsfähig an den pH-Wert.

Eigenschaften: Allgemein gut frosthart, Neuaustrieb kann gelegentlich durch Spätfröste geschädigt werden.

Verwendung: Herrlicher Zwergstrauch mit natürlichem Charme und beinahe staudenhaftem Wesen, der sich vielseitig verwenden läßt. Er ist nicht nur für sterile Gruppenpflanzungen und niedrige Hecken geeignet, sondern auch zu etwas Höherem geboren. Fantastisch locker und natürlich wirken

Kombinationen mit blau- und gelbblühenden Stauden wie z. B. Phlox divaricata ssp. laphamii, Polemonium reptans, P. x richardsonii und Trollius-Hybriden. Ein besonderer Kontrast ergibt sich durch die Benachbarung mit der rotlaubigen Berberis thunbergii 'Atropurpurea Nana', gut geeignet auch als weißer Sockel vor rot und rosa blühenden Weigelien. D. gracilis ist auch ein problemloses Treibgehölz, das im Spätwinter als blühende Zimmerpflanze eine gute Figur macht.

D. x hybrida 'Mont Rose'

Wuchs: Mittelhoher, locker aufrechter Strauch, in der Jugend etwas auseinanderfallend, später jedoch geschlossen aufrecht mit leicht überhängenden Seitenzweigen.

Größe: Bis 1,50 (bis 2,00) m hoch und 1 bis 1,5 cm breit.

Blätter: Sommergrün, gegenständig, breitelliptisch, 6–10 cm lang, Rand scharf gesägt, dunkelgrün.

Blüten: Große, weit offene, malvenrosa Schalenblüten, aus denen die breit geflügelten, gelben Staubgefäße herausleuchten, Einzelblüte 2,5–3 cm breit, im Verblühen heller werdend, bis fast weiß, Kelchzipfel bläulichgrün, Juni.

Wurzel, Standort und Boden wie bei D. x magnifica.

Verwendung: Sehr wirkungsvoller Blütenstrauch mit guter Fernwirkung und ausdrucksstarken Einzelblüten. Sicherlich eine der schönsten Deutzien-Hybriden. Ideale Partner wären hier die verschiedenen Weigelien-Sorten.

Deutzia gracilis mit Schneefeder-Funkie

Deutzia x hybrida 'Mont Rose' mit Hummel

Deutzia x hybrida 'Perle Rose'

D. x hybrida 'Perle Rose'

Wuchs: Mittelhoher, straff aufrechter, etwas grobtriebiger Strauch. Stärker wachsend als 'Mont Rose'.

Größe: 1,50 bis 2,00 m hoch und 1,50 m breit.

Blätter: Sommergrün, gegenständig, breitelliptisch, 6 bis 10 cm lang, Rand scharf gesägt, dunkelgrün.

Blüten: Rosaweiße Schalenblüten mit auffallend dunkelgelben, 0,7 cm langen Staubgefäßen, Einzelblüte etwa 2,5 (bis 3,5) cm breit, im Verblühen fast weiß werdend, Blütenblätter auf der Rückseite mit deutlichem, blaurosa Mittelstreifen, der auch im Verblühen noch Farbe zeigt, Kelch mittelgrün (bei 'Mont Rose' graugrün bis bläulichgrün), Kelchzipfel gelbgrün, meist anliegend (bei 'Mont Rose' hell- bis mittelgrün, rötlich überlaufen und meist nach unten zurückgeschlagen), Juni.

Wurzel, Standort und Boden wie bei x magnifica.

Verwendung: wie 'Mont Rose'.

D. x hybrida 'Pink Pom-Pom'
(= D. x hybrida 'Pink Pompon')

Wuchs: Mittelhoher, breitbuschig und etwas sparrig aufrechter Strauch.

Größe: Bis 1,50 (bis 2) m hoch und 1,50 m bis 1.80 m breit.

Blätter: Sommergrün, gegenständig, breitelliptisch, 6 bis 10 cm lang, dunkelgrün.

Blüten: Dicht gefüllt, 2 bis 2,5 cm breit, zu mehreren in Doldenrispen; knospig rosa bis malvenfarben, voll aufgeblüht innen zartrosa bis fast weiß, Blütenblätter außen mit rosafarbenem Mittelstreifen, Juni.

Wurzel, Standort und Boden wie bei x magnifica.

Verwendung: Herrliche neue Deutzien-Selektion, die von keiner anderen gefüllten Sorte übertroffen wird.

Deutzia x kalmiiflora

D. x kalmiiflora LEMOINE
(D. parviflora x D. purpurascens)

Wuchs: Kleiner, locker aufrecht wachsender Strauch mit zierlichen und bogig überhängenden Zweigen.

Größe: 1,00 bis 1,20 (1,50) m hoch und breit.

Blätter: Sommergrün, gegenständig, eilänglich bis eilanzettlich, 3 – 6 cm lang, Rand fein gesägt, hellgrün, unterseits behaart.

Blüten: Innen weißlichrosa, außen kräftig rosa bis blaurot, etwas streifig, Einzelblüte etwa 2 cm breit, zu 5 bis 12 in einer aufrechten Doldenrispe vereint, sehr reichblühend, Knospen malvenfarben, Juni.

Wurzel, Standort, Boden, Eigenschaften und Verwendung wie 'Boule de Neige'.

D. x lemoinei 'Boule de Neige'

Wuchs: Kleiner Strauch, Haupttriebe straff aufrecht, Zweige dünn, bogig abstehend.

Größe: Bis 1,50 m hoch und genauso breit.

Blätter: Sommergrün, gegenständig, lanzettlich, 3 – 6 cm lang, graugrün, Herbstfärbung gelb.

Blüten: Rahmweiß, bis 2,5 cm breit, Staubgefäße auffallend gelb, in 10 cm langen Rispen, Juni.

Wurzel: Oberflächennah ausgebreitet, hoher Anteil an Feinwurzeln.

Standort: Sonnig.

Boden: Keine besonderen Ansprüche, bevorzugt aber den gleichmäßig feuchten, nahrhaften Standort, anpassungsfähig an den pH-Wert.

Eigenschaften: Gut frosthart.

Verwendung: Solitärstrauch oder für Gruppenpflanzungen und freiwachsende Blütenhecken.

Deutzia x hybrida 'Perle Rose'

Deutzia x hybrida 'Pink Pom-Pom'

Deutzia x magnifica

D. x magnifica
(D. scabra x D. vilmoriniae)

Wuchs: Hoher, straff aufrechter Strauch mit dicken, sparrig ausgebreiteten Zweigen, starkwachsend.

Größe: 3 bis 4 m hoch und 2,5 bis 3 m breit.

Rinde: Triebe kräftig, dick, braun.

Blätter: Sommergrün, gegenständig, länglich lanzettlich, 4–6 cm lang, an Langtrieben bis 14 cm, Rand fein kerbig gesägt, rauh, lebhaft grün, unterseits graugrün.

Blüten: Reinweiße, sehr große, locker rosettenartig gefüllte Einzelblüten, 2,5–3,0 cm breit, in dichten, rundlichen Doldenrispen, Juni.

Wurzel: Oberflächennah ausgebreitet, hoher Anteil an Feinwurzeln; Hauptwurzel tiefgehend.

Standort: Sonnig bis absonnig.

Boden: Keine besonderen Ansprüche, bevorzugt

Deutzia x magnifica

Deutzia x rosea

aber den gleichmäßig feuchten, nahrhaften Standort, anpassungsfähig an den pH-Wert.

Eigenschaften: Sehr gut frosthart.

Verwendung: Einzelstellung, Gruppenpflanzung.

D. x rosea (LEMOINE) REHD.
(D. gracilis x D. purpurascens)

Wuchs: Kleiner Strauch, dichtbuschig, aufrecht, mit überhängenden Triebspitzen.

Größe: 1–1,50 m hoch und 1 m breit.

Blüten: Rosa, innen weiß, Einzelblüte offen, glockig, bis 2 cm breit, in kurzen Rispen, Juni bis Juli.

Wurzel: Oberflächennah ausgebreitet, hoher Anteil an Feinwurzeln.

Standort: Sonnig bis absonnig.

Boden: Keine besonderen Ansprüche, bevorzugt aber den gleichmäßig feuchten, nahrhaften Standort, anpassungsfähig an den pH-Wert.

Verwendung: Einzelstellung, Gruppen, freiwachsende Hecken.

D. scabra 'Candidissima'

Wuchs: Hoher, straff aufrechter Strauch, im Alter trichterförmig ausladend.

Größe: Bis 3 m hoch und 1,5 bis 2 m breit.

Rinde: Rotbraun, erst spät abblätternd.

Blätter: Sommergrün, gegenständig, eiförmig bis lanzettlich, 5–10 cm lang, beiderseits rauh, dunkelgrün.

Blüten: Knospen zartrötlich überlaufen, Blüte spä-

Deutzia scabra 'Plena'

ter reinweiß und dicht gefüllt, bis 3 cm breit, in bis zu 12 cm langen Rispen, überreich blühend, Juni bis Juli.

Wurzel: Oberflächennah ausgebreitet, Hauptwurzeln tiefer gehend, hoher Anteil an Feinwurzeln.

Standort, Boden und Verwendung wie 'Mont Rose'.

D. scabra 'Plena'

Wuchs: Hoher Strauch, Grundtriebe horstartig angeordnet, straff aufrecht.

Größe: Bis 4 m hoch und 2 bis 2,5 m breit.

Blätter: Sommergrün, gegenständig, eiförmig bis länglich lanzettlich, 5–10 cm lang, an Langtrieben auch 10–14 cm, dunkelgrün, beiderseits rauh.

Blüten: Weiß, außen ganz schwach rosa, dicht gefüllt, Einzelblüte 1,5–2 cm breit, in bis zu 12 cm langen Rispen, von Juni bis Juli in Massen blühend.

Wurzel, Standort, Boden und Verwendung wie bei 'Candidissima'.

DIERVILLA MILL.
Caprifoliaceae – Geißblattgewächse

Benannt nach dem franz. Arzt DIERVILLE, 18. Jahrhundert.

D. lonicera MILL.

Verbreitung: Östliches Nordamerika, auf trockenen, steinigen Böden.

Wuchs: Breitwüchsiger und sehr dichtbuschiger, Ausläufer treibender Kleinstrauch.

Größe: Bis 1 m hoch und mindestens 1,5 m breit.

Rinde: Triebe bräunlich, rund, kahl.

Diervilla lonicera mit Hummel

Disanthus cercidifolius

Blätter: Sommergrün, gegenständig, länglich lanzettlich bis eilänglich, 4 bis 10 cm lang, sattgrün, unterseits heller. Herbstfärbung braunorange. Herbstlaub widersteht Frühfrösten von - 8 °C!

Blüten: Grünlichgelbe, schmal röhrenförmige Blüten; Juni bis Juli.

Früchte: Längliche, braune, 2fächerige Kapseln.

Standort: Sonnig bis halbschattig.

Boden: Anspruchslos, auf allen trockenen bis frischen, durchlässigen Substraten.

Eigenschaften: Frosthart, hitzeverträglich, robust und anspruchslos, stadtklimafest, sommerliche Trockenperioden gut vertragend, Ausläufer treibend.

Verwendung: In Vergessenheit geratener, sehr anspruchsloser, robuster Kleinstrauch, der sich zur Unterpflanzung und Bodenbegrünung bestens eignet. Nach v. FINTEL (1977) hat D. lonicera neben R. rugosa 'Alba' die beste Bewertung als Bodendeckerpflanze im Straßenbegleitgrün erhalten. In Dänemark ist die Selektion **'Dilon'** (noch bessere Wuchseigenschaften) in den Handel gebracht worden.

Ökologie: D.lonicera wird sehr stark von Hummeln beflogen.

DIPELTA MAXIM.
Doppelschild – Caprifoliaceae, Geißblattgewächse

Die Bezeichnung Doppelschild bezieht sich auf die schildförmigen Hochblätter, die die Frucht umgeben.

D. floribunda MAX., Doppelschild

Wurde 1902 von Wilson nach England eingeführt.

Sommergrüner, vieltriebiger, vom Habitus an Weigelien erinnernder, 3 bis 4,5 (5,5) m hoher Strauch. Zweige drüsig behaart, Rinde gelbbraun, an älteren Grundtrieben in langen Streifen ablösend. Blätter elliptisch-lanzettlich, 5 bis 12 cm lang, mit ausgezogener Spitze, stumpfgrün, später kahl. Blüten im Mai/Juni, erinnern an blasse Kolkwitzienblüten, Einzelblüte 3 cm lang, Krone trichterförmig-glockig, hellrosa, Schlund orangegelb gezeichnet, duftend. Dieser sehr hübsche und auch bei uns frostharte Blütenstrauch ist in den Gebirgswäldern Mittel- und Zentralchinas beheimatet, wo er in Höhen um 1800 m auf sonnigen Standorten wächst. Dipelta hat ähnliche Standortansprüche wie die Weigelien, gedeiht aber auch noch gut auf kalkhaltigen Böden. Es ist außerordentlich bedauerlich, daß dieses exzellente Blütengehölz so wenig bekannt ist.

DISANTHUS MAX.
Doppelblüte – Hamamelidaceae, Zaubernußgewächse

griech. dis = zwei oder doppelt; anthos = Blüte.

D. cercidifolius MAXIM., Doppelblüte

Ein Gehölz, das von einer ganz besonderen Aura umgeben ist, die selbst für den älteren Gehölzliebhaber unerklärlich bleibt und die ihn immer wieder fasziniert. Bei Disanthus gerät man unweigerlich ins Schwärmen. Allein die Beschaffung dieses äußerst seltenen, schwer vermehrbaren Strauches ist schon ein dendrologisches Abenteuer. Wenn die formschönen, cercisähnlichen Blätter im Herbst von Gelborange bis leuchtend Karminrot oder von Weinrot bis hin zum metallischen Violettrot färben, dann wird einem bewußt, daß es wohl kaum einen schöneren Herbstfärber geben kann. Auch die Färbungsdauer ist mit bis zu 6 Wochen überdurchschnittlich lang. Die an Hamamelis erinnernden, sternförmigen Blüten stehen in zweiblütigen Köpfchen an den diesjährigen Trieben. Sie sind violettpupurn und erscheinen zur Zeit des Laubfalls im Oktober. Beheimatet ist dieses begehrte Gehölz in den Gebirgen Japans.

In einem Reisebericht von Tor Nitzelius kann man lesen, daß er im Kiso-Tal in 1200 m Höhe „kilometerweite, flammendrot gefärbte Disanthus-Bestände" gesehen habe. Unfaßbar! Bei uns entwickelt sich Disanthus zu einem 2 bis (5) m hohen, dichttriebigen Strauch. Er verlangt einen geschützten, sonnig-warmen Standort und frische, gut durchlässige, schwach saure bis höchstens neutrale Böden. Im Botanischen Garten München hat man Jungpflanzen sehr erfolgreich bei pH 6,5 kultiviert. Disanthus ist, zumindest in der Jugend, spätfrostempfindlich. Junge Pflanzen – sie wachsen übrigens sehr langsam – sind für einen Wurzelschutz aus Laub dankbar. Ein kostbares Solitärgehölz, das besonders vor immergrünen Gehölzen oder in Verbindung mit niedrigen, wintergrünen Stauden und Kleinsträuchern zur Geltung kommt.

ELAEAGNUS L
Ölweide – Elaeagnaceae,
Ölweidengewächse

Die Familie der Elaeagnaceae, die botanisch zur Ordnung der Proteales, der Silberbaumartigen, gehört, umfaßt die Gattungen Elaeagnus, Hippophae und Shepherdia (Büffelbeere). Die eigentiche Gattung Elaeagnus ist mit etwa 45 Arten vertreten, die ihr Verbreitungsgebiet in Asien, S-Europa und N-Amerika haben. Es sind sommer- und immergrüne Sträucher oder Bäume mit oft dornigen Zweigen und wechselständig angeordneten, einfachen Blättern. Triebe und besonders auch die Unterseite der Blätter sind mehr oder weniger stark mit silbrigen Schuppen- oder Sternhaaren besetzt. Die wohlriechenden, aber wenig attraktiven, gelblich-weißen Blüten stehen in den Achseln der Laubblätter.

Alle sommergrünen Arten sind außerordentlich anspruchslos, insbesondere hitzefest, wind- und auch salzresistent. Sie eignen sich zur Begrünung von trocken-heißen Sonderstandorten. Im Hinblick auf eine intensive und gute Wurzelstabilität sollte der Boden nicht zu nahrhaft sein. Die sehr dekorativen, immergrünen Arten verlangen einen vor Winden und Wintersonne geschützten Platz und einen gleichmäßig feuchten, kalkarmen Boden.

E. angustifolia L.,
Schmalblättrige Ölweide,
Russische Olive

(griech. elaios = Olive, agnos = Weide)

Verbreitung: Mittelmeergebiet bis zur Mongolei; an Küsten, Fluß- und Seeufern, in Flußbetten von Wüsten und Halbwüsten, in Steppen- und Dünengelände; auf mittel- bis tiefgründigen, sehr durchlässigen Stein-, Kies- und Sandböden.

Elaeagnus angustifolia

Wuchs: Hoher Strauch oder kleiner Baum mit sparrigen, breit ausladenden Ästen, Zweige im Alter oft malerisch überhängend, sehr eigenwillige, unregelmäßige Wuchsform.

Größe: 5 bis 7 m, gelegentlich auch höher, im Alter meist genauso breit, oft auch breiter als hoch. Jahreszuwachs in der Höhe 30 bis 35 cm, in der Breite 20 bis 25 cm.

Rinde: Triebe silbrig-schülfrig, später mit graubrauner, längsrissiger Streifenborke, Dornen 1 bis 3 cm lang.

Blätter: Sommergrün, wechselständig, länglich-lanzettlich, 4–8 cm lang und 2,5 cm breit, oberseits grünlichgrau, unterseits dicht sternhaarig, silbrig, weich.

Blüten: Zu 1 bis 3 in den Blattachseln junger Kurztriebe, Einzelblüte ca. 1 cm lang, röhrige, schlanke Glöckchen, innen gelb, außen silbrig, angenehm duftend, sehr reichblühend im Mai/Juni.

Früchte: Die olivenförmige, gelbe, silberschuppige Frucht (Scheinbeere) ist 1 cm lang, eßbar, Geschmack mehlig, süß.

Wurzel: Fleischig, wenig Feinwurzeln, mäßig tiefgehend, auf zu fetten Böden gelegentlich instabil.

Standort: Vollsonnig.

Boden: Toleriert jede Bodenart, verträgt feuchte und sehr trockene Standorte, bevorzugt lockere, durchlässige und kalkhaltige Substrate.

Eigenschaften: Gut frosthart, sehr trockenheitsresistent, hat in Salzresistenzversuchen am besten abgeschnitten, verträgt höchste Streusalzbelastung, hitzefest, windresistent, für trocken-heißes Stadtklima geeignet, rauchhart, verträgt Einsanden, leidet nicht unter Wildverbiß, Totholz wird leicht von Rotpusteln befallen, wertvolle Bienenweide.

Verwendung: Sehr anspruchsloses Gehölz für Schutzhecken, Windschutzpflanzungen, Halden- und Ödlandbegrünung, bestens geeignet für trocken-heiße Sonderstandorte. Aufgrund des malerischen Wuchses und der grausilbrigen Belau-

Elaeagnus angustifolia

bung wirkungsvolles Gehölz für die „Grautonpflanzung" mit Sorbus aria 'Lutescens', Tamarisken, Sanddorn, Elaeagnus commutata, Caryopteris, Perovskia, Salix helvetica, Salix lanata, Pyrus salicifolia, Buddleja, Gräsern, Lavendel, Potentilla 'Abbotswood' und in großen Flächen Stachys byzantina 'Silver Carpet', Artemisia ludoviciana 'Silver Queen' und Artemisia pontica. Eine schöne Kombination: Elaeagnus angustifolia, Juniperus virginiana 'Grey Owl' (flach gezogen), Potentilla 'Abbotswood', Anaphalis triplinervis 'Sommerschnee', Artemisia giganteum, Allium christophii, Stipa barbata, Nepeta, Calamintha nepeta, Perovskien, Cerastium tomentosum und rosafarbene Strauch- und Kleinstrauchrosen.

Ökologie: Wird stark von Insekten beflogen. Der Honigertrag liegt bei 100 kg pro ha.

E. commutata BERNH. ex RYDB.,
Silber-Ölweide
(= E. argentea PURSH non MOENCH.)

Verbreitung: N-Amerika; an Flußufern und anderen feuchten Standorten, aber auch in trockenen Wäldern, von der Prärie bis zur borealen Nadelwaldstufe.

Wuchs: Hoher, breitbuschig aufrecht wachsender Strauch mit starker Ausläuferbildung.

Größe: 3 (bis 5) m hoch und breit.

Rinde: Triebe rotbraun, schülfrig, biegsam, keine Dornen.

Blätter: Sommergrün, wechselständig, eiförmig bis elliptisch, bis 10 cm lang, beiderseits silbrig glänzend.

Blüten: Trichterförmig bis glockig, zu 1–3, achselständig, innen gelb, außen silbrig, stark duftend, Mai bis Juni.

Elaeagnus commutata

ELAEAGNUS

Früchte: Walzenförmig, bis 1 cm lang, dunkelbraun-silbrige Steinfrucht, eßbar, mehlig-trockenes Fleisch.

Wurzel: Fleischig, tiefgehend und oberflächennah ausgebreitet, Ausläufer auf sandigen Flächen bis 1 m lang, verlaufen dicht unter der Oberfläche.

Standort: Vollsonnig.

Boden: Toleriert jede Bodenart, bevorzugt sandige, trockene, kalkhaltige Standorte.

Eigenschaften: Gut frosthart, ist ausgesprochen windfest, hitzebeständig, trockenresistent, verträgt aber auch längerfristige Überschwemmungen, durch Ausläuferbildung in gärtnerischen Anlagen leicht lästig.

Verwendung: Einzelpflanze, Gruppengehölz für Bodenbefestigung auf trockenen, mageren Standorten (Böschungen); Charakterpflanze für die Themen „Steppengarten" oder „Grauer Garten" mit Buddleja alternifolia, Pyrus salicifolia, Hippophae, Salix repens ssp.argentea, Perovskia, Caryopteris, Echinops ritro, Eryngium alpinum 'Blue Star', E. bourgatii, Artemisia-Arten, Verbascum bombiciferum und graulaubigen Gräsern.

Eine sehr wertvolle Sorte ist **E. commutata 'Zempin'**, Wuchs kräftig, bis 4 m hoch, Triebe und Blätter hell silbrig-schülfrig. Durch starke Ausläuferbildung schnelle Flächenbegrünung. Wurde als Dünenschutz an der Ostseeküste erfolgreich eingesetzt.

E. x ebbingei BOOM
(E. macrophylla x E. pungens)

1928 in Den Haag entstanden, 1939 von DOORENBOS in den Handel gegeben.

Wuchs: Hoher, straff aufrecht wachsender, wenig verzweigter Strauch, im Alter breitbuschig.

Größe: Bis 3 m hoch und im Alter genauso breit.

Rinde: Zunächst silbrig, später kupfrig-braun, zweijährige Triebe grauschilfrig.

Blätter: Wintergrün, in milden Gebieten immergrün, wechselständig, elliptisch, 6–10 cm lang, lederartig, glänzend dunkelgrün, unterseits silbergrau mit braunen oder schwarzen Punkten.

Blüten: Weiß, kleinröhrig, zu 3 bis 6 in Büscheln, in den Blattachseln, duftend, Oktober bis November.

Wurzel: Fleischig, oberflächennah ausgebreitet, wenig verzweigt.

Standort: Lichter Schatten bis halbschattig, geschützt.

Boden: Toleriert alle kultivierten Gartenböden von

Elaeagnus multiflora

schwach sauer bis alkalisch, reift auf mageren Böden besser aus.

Verwendung: Sehr schöner Solitärstrauch, auch geeignet für Gruppen, Hecken und Pflanzkübel. Erwähnenswerte Sorten sind **'Coastal Gold'**, Blätter innen gelb, Rand unregelmäßig schmal grün; **'Gilt Edge'**, Blätter schmal gelb gerandet; **'Limelight'**, Blattmitte unregelmäßig gelb, Rand grün.

E. multiflora THUNB.,
Vielblütige Ölweide, Eßbare Ölweide
(E. edulis CARR.)

Verbreitung: Japan, China; Gebüsche und lichte Wälder der Ebenen und des Berglandes.

Wuchs: Hoher, breitbuschiger Strauch mit sparrig abstehenden, überwiegend dornenlosen Trieben, im Alter locker übergeneigt.

Größe: 3 bis 5 m hoch und breit.

Rinde: Triebe in der Jugend braunschülferig, im Winter dunkelbraun. An Langtrieben auch sehr vereinzelt Sproßdornen.

Blätter: Sommergrün, wechselständig, breitelliptisch, 6–8 cm lang, dunkelgrün, unterseits silbrig mit glänzenden, braunen Schuppen.

Blüten: Weißlichgelb, duftend, zu 1–2, in zahlreichen Büscheln, Mai.

Früchte: Länglich, 1,5 cm lang, dunkelrotbraun, an 2–3 cm langen Stielen, eßbar, saftig, herbsauer, sie werden zu Konserven und einem alkoholischen Getränk verarbeitet.

Wurzel: Fleischig, oberflächennah ausgebreitet, wenig verzweigt.

Standort: Sonnig (bis absonnig).

Boden: Toleriert alle kultivierten Böden von schwach sauer bis alkalisch, trocken bis frisch, gedeiht auch auf Rohböden.

Elaeagnus pungens 'Maculata'

Eigenschaften: Für innerstädtisches Klima geeignet, bildet keine Ausläufer, gute Bienenweide.

Verwendung: Einzelpflanze, Gruppenpflanzungen, Hecken und Pflanzkübel, Früchte lassen sich vielseitig verwenden.

Ökologie: Früchte sind beliebte Vogelnahrung.

E. pungens 'Maculata',
Buntlaubige Ölweide

Verbreitung: Die Wildart ist in Japan beheimatet.

Wuchs: Niedriger Strauch, buschig aufrecht und sparrig verzweigt, oft unregelmäßig dicht und breit gedrungen wachsend.

Größe: 1 (bis 2) m hoch und meist genauso breit.

Blätter: Immergrün, wechselständig, elliptisch-länglich, bis 10 cm lang, dunkelgrün, in der Mitte mit einem unregelmäßigen, leuchtend gelben Fleck.

Wurzel: Fleischig, oberflächennah ausgebreitet, wenig verzweigt.

Standort: Sonnig bis absonnig, auf jeden Fall aber vor Winden und Wintersonne geschützt!

Boden: Guter Oberboden, gleichmäßig feucht, aber durchlässig, kalkfrei.

Eigenschaften: Nicht ganz sicher frosthart, die einheitlich grün beblätterten Rückschläge sollten entfernt werden.

Verwendung: Außerordentlich wirkungsvolles, dekoratives Gehölz für geschützte Rabatten im „immergrünen Garten" und für genügend große Pflanzgefäße.

Pflegetip: Damit dieser wertvolle Strauch auch die kalten Winter gut übersteht, ist es empfehlenswert, den Wurzelbereich mit einer Laubschicht und die attraktiven Blätter bei Kahlfrost und Wintersonne mit Fichtenreisig oder einer Rohrmatte zu schützen.

Eleutherococcus sieboldianus siehe unter Acanthopanax

EMPETRUM L.
Krähenbeere, Rauschbeere – Empetraceae, Krähenbeerengewächse

Griech. „empetron" = „auf Felsen wachsend".

E. nigrum L.,
Schwarze Krähenbeere

Empetrum nigrum

Verbreitung: N-Asien, N-Amerika, N-Europa; bei uns von Norddeutschland über die Mittelgebirge, Schwarzwald, Bayerischer Wald bis zum Alpenvorland; in den Dünengebieten der Nord- und Ostsee, in Binnendünen, Heiden, lichten Kiefernwäldern, Zwergstrauchheiden, Kiefernmooren; auf nährstoffarmen, sauren, humosen Sand- oder Torfböden.

Wuchs: Schneeheideähnlicher, dicht kissenförmig wachsender Zwergstrauch.

Größe: Bis 0,25 (bis 0,50) m hoch.

Blätter: Immergrün, wechselständig oder zu 3 – 5 in Scheinwirteln, nadelartig, Einzelblatt 4 bis 5 mm lang, glänzend grün, erinnern sehr an die Blätter von Erica carnea, die aber zu 4 in Quirlen angeordnet sind.

Blüten: Pflanzen sind zweihäusig, sehr klein, blaßrot-purpurn, unscheinbar, Mai.

Früchte: Glänzend schwarz, erbsengroß, nicht giftig, im Geschmack süßsauer-bitter, in Nordosteuropa werden die Beeren roh gegessen oder zu Gelee verarbeitet, Fruchtreife ab August, Vogelverbreitung.

Wurzel: Oberflächennah ausgebreitet mit einigen

Empetrum nigrum auf der Insel Bornholm

tiefergehenden Wurzeln (bis 0,50 m), Feinwurzelanteil sehr hoch, lebt in Symbiose mit Wurzelpilz, verträgt Einsanden.

Standort: Vollsonnig bis lichter Schatten (bis schattig).

Boden: Bevorzugt saure, humose, lockere, ausreichend feuchte Sand-, Kies- und Torfböden, ist etwas pH-tolerant, leidet unter Staunässe und Bodenverdichtung.

Eigenschaften: Sehr frosthart, obwohl feuchtigkeitsliebend, doch erstaunlich trockenresistent, Licht-, Halbschattenpflanze, Rohhumusbildner.

Verwendung: Gesunde, anspruchslose, heimische Bodenbedeckungspflanze für Sandböden, Heideanlagen, Rhododendron- und Azaleenpflanzungen, Steingärten; in der freien Landschaft zur Befestigung von Dünen und Sandböschungen; sehr gut noch als Flächenbegrüner unter Birken! Interessant ist die Sorte **'Bernstein'**, die in den Wintermonaten leuchtend orange bis orange-gelbbraun färbt. **'Smaragd'** wächst dicht und hat im Winter frischgrünes Laub.

Anmerkung: Empetrum läßt sich in zwei Unterarten gliedern:

1. Empetrum nigrum ssp. nigrum, verbreitet von der Küste bis zum Alpenvorland.

2. Empetrum nigrum ssp. hermaphroditum, die Zwittrige Krähenbeere, wächst an den schneereichen Hängen der Alpen zusammen mit Vaccinium vitis-idaea, V. uliginosum, V. myrtillus, Rhododendron hirsutum und Rh. ferrugineum.

Empetrum nigrum 'Bernstein'

ENKIANTHUS LOUR.
Prachtglocke – Ericaceae, Heidekrautgewächse

E. campanulatus (MIQ.) NICHOLS.

Verbreitung: Japan; in den Bergen von Hokkaido und Honshu.

Wuchs: Schlank aufrecht wachsender Strauch mit deutlich quirlständig angeordneten Zweigetagen, im Alter und besonders auch in schattigen Lagen unregelmäßig locker, breit aufrecht.

Größe: 2 bis 3 (bis 4) m hoch und 1,5 bis 2,5 (3) m breit. Im Alter oft so breit wie hoch.

Blätter: Sommergrün, wechselständig, an den Triebenden auffallend quirlig gehäuft, elliptisch,

Enkianthus campanulatus

3 bis 7 cm lang, lebhaft grün, Herbstfärbung feurigrot bis gelb.

Blüten: Vor dem Blattaustrieb erscheinen Büschel aus vielen kleinen, glockenförmigen, gelben Blüten mit feiner rötlicher Zeichnung.

Wurzel: Starke Feinwurzelentwicklung im obersten Bodenbereich.

Standort: Halbschattig bis schattig, bei genügend Bodenfeuchtigkeit auch sonnig.

Boden: Liebt gute, humose, schwach saure bis saure Böden mit gleichbleibender Feuchtigkeit; kalkmeidend.

Eigenschaften: Gut frosthart, lange Blütezeit.

Enkianthus campanulatus

Verwendung: Ein wunderschöner Blütenstrauch für den schattigen Gehölzbereich unter Lärchen und Kiefern; in Rhododendron-Atmosphäre fühlt er sich besonders wohl und befindet sich auch hier in der richtigen Gartenpflanzengesellschaft, von der er sich im Herbst durch eine gelbe bis feurigrote Laubfärbung abhebt. Vor einem ganz ruhigen Hintergrund sind die hellgetönten Glöckchen nicht nur besser zu sehen, sondern beinahe schon zu hören. In einem anspruchsvollen Garten gehören die Prachtglocken wirklich zum guten Ton. Ein wahres Glockenspiel ergibt sich durch die Benachbarung mit Waldrandstauden wie Polygonatum, Epimedium, Dicentra 'Luxuriant', Trillium, Smilacina, Tellima, Omphalodes, Uvularia, Gillenia, Astilben und Cimicifuga. Erwähnenswert ist die Sorte **E. campanulatus 'Albiflorus',** deren Blüten weiß sind.

Berühmt für ihre prachtvolle, sehr intensive Herbstfärbung sind: **E. cernuus var. rubens** (MAXIM.) MAK., Heimat Japan, Blätter elliptisch

bis eiförmig-rhombisch, Herbstfärbung tief purpurrot, ausreichend frosthart, und **E. perulatus** (MIQ.) SCHNEID., Heimat ebenfalls Japan, Blätter elliptisch eiförmig bis verkehrt eiförmig, im Herbst leuchtend scharlachrot. ROB NICHOLSON schreibt: „Eine Überraschung, die ich in Japan erlebte, war die Verwendung von E. perulatus als Heckenpflanze. Der dramatische Einsatz der Herbstfarbe in der Landschaft war ein so lebendiger Effekt, daß ich ihn gern in meiner Heimat wiedersehen würde."

ERICA L. - Heide
Glockenheide – Ericaceae, Heidekrautgewächse

Die Gattung Erica ist außerordentlich umfangreich. In ihrem Hauptverbreitungsgebiet, in Südafrika und in den afrikanischen Gebirgen, sind über 500 Arten beheimatet. Auch die bei uns im europäisch-atlantischen Gebiet von Portugal bis Skandinavien vorkommenden 10 Arten sind südafrikanischen Ursprungs. Wahrscheinlich sind sie zu Beginn des Tertiärs eingewandert. Die Gattung umfaßt immergrüne Sträucher, ausnahmsweise auch kleinere Bäume (Erica arborea, bis 5 m hoch).

Hauptmerkmale sind die dünnen, nadelförmigen Blätter, die meist quirlständig angeordnet sind, und die kleinen, glockigen Blüten, die einzeln oder in mehrblütigen Dolden, Trauben oder Rispen entlang den jungen Trieben stehen. Der Kelch ist im Gegensatz zu Calluna fast bis zum Grunde vierteilig.

Wegen ihres gleichmäßigen, mattenförmigen Wuchses, der überreichen und sehr frühen Blüte und wegen ihrer eigentlich eher geringen Ansprüche gehören die Eriken zu den bedeutendsten und beliebtesten Gartenpflanzen.

Alle Arten und Sorten eignen sich zur flächigen Bepflanzung in Heide-, Stein- und Naturgärten. Sie sind in der Regel recht langlebig und bilden dichte, ruhige, immergrüne Bodenteppiche, die man – im Gegensatz zu Calluna vulgaris – nur in Abständen von 3 oder auch 5 Jahren nach der Blüte zurückschneiden muß.

Die größte Bedeutung haben die Gartenformen von E. carnea, die oft schon im Dezember ihre Blüten öffnen. E. cinerea und E. vagans sind etwas empfindlichere Arten, doch auf ihre leuchtend kirschroten und lilapurpurnen Blüten, die von Juli bis Anfang Oktober erscheinen, mag man nicht mehr verzichten. Aufsehen erregen die ungeheuer wüchsigen, beinahe strauchförmigen Sorten der Hybride E. x darleyensis, die eine wirkliche Bereicherung des Sortiments darstellen. 'Arthur Johnson' z. B. wird über 60 cm hoch und hat, wie viele Sorten dieser Gruppe, eine außerordentlich lange Blütezeit.

Ökologie: Alle Erica-Arten und -Sorten sind wertvolle Insektenfutterpflanzen.

E. carnea L., Schneeheide
(= E. herbacea L.)

Verbreitung: Alpen und Alpenvorland, Apenninen und jugoslawische Gebirge; in Mitteleuropa nördlich bis zum Fichtelgebirge, Oberpfälzer Wald und entlang den Alpenflüssen bis zur Donau; in sonnigen Kiefern- und Legföhrenbeständen, Zwergstrauchheiden, auf Fels- und Schotterflächen; auf mäßig trockenen, basenreichen, meist kalkhaltigen, oft entkalkten, neutral modrig-humosen, steinigen Ton- und Lehmböden.

Wuchs: Dichte Teppiche bildender Zwergstrauch mit kriechenden, niederliegend-aufstrebenden Trieben.

Größe: 0,15 bis 0,35 (bis 0,60) m hoch und 0,5 m breit.

Blätter: Immergrün, wechselständig, nadelförmig, in Quirlen zu 4 angeordnet, dunkelgrün glänzend.

Blüten: Rosafarbene, glockige Einzelblüten, die zu 3 – 10 cm langen, endständigen Trauben zusammengefaßt sind. Die Blüten werden bereits im Sommer angelegt und überwintern ohne Knospenschutz; oft zeigen sie schon im Spätherbst Farbe, eigentliche Blütezeit Februar bis April.

Früchte: Kleine bräunliche Kapseln.

Wurzel: Feines, intensives Wurzelwerk in der obersten Bodenschicht (Humuswurzler), Symbiose mit Bodenpilzen (Mykorrhiza); empfindlich gegen Bodenverdichtung.

Standort: Zwar sonnenliebend, gedeiht aber auch im lichten Schatten.

Boden: Sandige, humose, torfige Lehm- oder lockere, leichte Tonböden mit gutem Wasserabzug, von sauer bis alkalisch, mäßig trocken bis frisch, insgesamt sehr bodentolerant, verträgt aber keine Staunässe und Bodenverdichtung.

Eigenschaften: Frosthart, Trockenheiten werden nur sehr kurzfristig vertragen, liebt Luftfeuchtigkeit, eine der wenigen Heidearten, die kalkhold ist.

Verwendung: Die Schneeheide ist eine außerordentlich beliebte Gartenpflanze, da sie als einer der ersten Frühlingsboten oft schon Ende Februar in voller Blüte steht. Unentbehrlich für flächige Bepflanzungen in Heide-, Rhododendron- und Azaleenanlagen. In Steingärten sehr schön vor dunklen Zwergkoniferen mit Gräsern und Polsterstauden. Ein herrlicher Kontrast ergibt sich z. B. mit der dunkellaubigen, altbewährten 'Vivellii', silbergraulaubigen Zwergweiden und Cerastium tomentosum, das als flächige Vorpflanzung benutzt wird. Herbst-

rechts (v. li. n. re.): Erica carnea 'Snow Queen', Erica carnea 'Vivellii', Erica carnea 'Winter Beauty'

Erica carnea-Kulturformen

Sorten/Übersicht:	Blütenfarbe:	Blütezeit:
E. carnea 'Atrorubra'	dunkelrosa	Mitte Januar bis Anfang Mai
E. carnea 'Challenger'	rot	Januar bis April
E. carnea 'Lohses Rubin'	rubinrosa	Anfang Januar bis Ende April
E. carnea 'March Seedling'	purpurrosa	Februar bis Mai
E. carnea 'Myretoun Ruby'	rotlila	Mitte Februar bis Mitte Mai
E. carnea 'Snow Queen'	reinweiß	Ende Januar bis Mitte Mai
E. carnea 'Vivellii'	rotviolett	Anfang März bis Mitte Mai
E. carnea 'Winter Beauty'	lilarosa bis hellilarosa	Anfang Dezember bis Ende April

E. carnea Sortenbeschreibung:

E. carnea 'Atrorubra'

Wuchs: Buschig aufrecht, dicht und kompakt, relativ niedrig, 15–20 (bis 30) cm hoch.
Blätter: Dunkelgrün.
Blüten: Dunkelrosa; Mitte Januar bis Anfang Mai.

E. carnea 'Challenger'

Wuchs: Breit kompakt, 20 cm hoch.
Blätter: Tief dunkelgrün, in den Wintermonaten bronzegrün.
Blüten: Rot, Januar bis April.

E. carnea 'Lohses Rubin'

Wuchs: Gedrungen breit, bis 20 cm hoch.
Blätter: Dunkelgrün.
Blüten: Rubinrosa, Anfang Januar bis Ende April.

E. carnea 'March Seedling'

Wuchs: Breit aufrecht, 20 bis 25 cm hoch, mittelstark wachsend.
Blätter: Graugrün.
Blüten: Purpurrosa, Februar bis Mai.

E. carnea 'Myretoun Ruby'

Wuchs: Breitbuschig, mittelstark, bis 30 cm hoch, Pflanzen sollten in der Jugend häufiger gestutzt werden, damit sie buschig wachsen; nach längerer Standzeit ist der Wuchs gut und gleichmäßig.

E. carnea 'Snow Queen'

(1934 von den Gebrüdern VERBOOM, Niederlande, gefunden)

Wuchs: Schwach, kompakt, etwas lagernd, bis 15 cm hoch; Holz ist etwas spröde-brüchig.
Blätter: Frisch hellgrün.
Blüten: Reinweiß, sehr groß; Ende Januar bis Mitte Mai.

E. carnea 'Vivellii'

(1906 von PAUL THEOBOLDT im Engadin gefunden)

Wuchs: Breit aufrecht, mittelstark, bis 20 cm hoch.
Blätter: Laub im Sommer dunkelgrün, im Winter bronzegrün.
Blüten: Rotviolett, Anfang März bis Mitte Mai, sehr schöne, intensive Farbe, die nicht verblaßt.

E. carnea 'Winter Beauty'

Wuchs: Breitbuschig, kompakt, mittelstark.
Blätter: Dunkelgrün.
Blüten: Lilarosa bis hellilarosa, Anfang Dezember bis Ende April.

krokusse (Crocus speciosus und C. kotschyanus), aber auch die unverwüstlichen Herbstzeitlosen überraschen uns jedes Jahr immer wieder aufs Neue, wenn sie ganz plötzlich aus den silbergrauen Polstern des Hornkrauts aufsteigen. Die vielen, unterschiedlich blühenden Heidearten und -Sorten ermöglichen es uns, die so geliebte „Hermann Löns-Landschaft" beinahe ununterbrochen vom Frühjahr bis zum Spätherbst in Blüte zu genießen.

Sorgen Sie z. B. durch die Pflanzung von Kalmien, Pieris, Enkianthus, Pernettya oder mit dem bezaubernden Rhod. vaseyi in doppelter Hinsicht für Höhepunkte in Ihrer Heidelandschaft. Für die vertikale Betonung eignen sich natürlich auch viele andere Ericaceen. Großblattrhododendren passen allerdings nicht so recht in diese eher feingliedrige Gesellschaft.

Mit Ginster-Arten und -Sorten, niedrigen Strauchrosen wie 'Roseromantic', 'Heideröslein-Nozomi', 'Heideschnee' oder 'Lavender Dream', mit Eryngium bourgatii, Iberis, Daphne cneorum, Thymian und Origanum vulgare (wird unglaublich von Insekten beflogen) bringen Sie eine heitere Note in die oft zu düsteren Heidepflanzungen. Natürlich sollte das Thema nicht verwässert werden, die Stimmung muß eindeutig von Birken, Kiefern und Heidekräutern ausgehen.

Ein Garten ohne Gräser ist „gräslich" (K. FOERSTER). Dies trifft besonders auch für den Heidegarten zu. Auf Helictotrichon sempervirens, Deschampsia caespitosa 'Bronzeschleier', Molinia arundinacea 'Karl Foerster' und Festuca-Arten können wir nicht verzichten.

Ökologie: Wegen der frühen Blüte ist E. carnea auch eine wichtige Nahrungspflanze für heimische Insekten. Der reichlich produzierte Nektar wird begierig von Bienen, Wildbienen und Faltern angenommen.

E. cinerea L., Grau-Heide

Verbreitung: Von Südwestnorwegen über die Britischen Inseln, Belgien, Holland, Südostfrankreich, Norditalien bis Portugal und auf Madeira. In Deutschland sehr selten, einziges Naturvorkommen wohl nur im äußersten Nordwesten des Rheinlandes (Heide bei Wankum); in atlantischen Zwergstrauchheiden mit Stechginster, Heidekraut, Adlerfarn und Pfeifengras; auf trocken-warmen, nährstoffarmen, sauren, sandigen oder steinigen Böden.

Wuchs: Dichttriebiger Zwergstrauch mit aufrechten, im Alter auch niederliegenden Trieben.

Größe: 0,20 bis 0,60 m hoch und 0,5 m breit.

Blätter: Immergrün, nadelartig, in 3zähligen Wirteln, dunkelgrün, Lebensdauer der Blätter 2 Jahre.

Blüten: Hell- bis purpurviolett, in lockeren, endständigen Trauben oder quirlig stehend, glöckchenförmig, 5 bis 7 mm lang mit 1 mm langen Zipfeln, Juni/Juli.

Früchte: Kleine, kugelige, weißfilzige Kapseln, Windverbreitung, Fruchtreife September/Oktober.

Wurzel: Feinverzweigt, flach, empfindlich, konkurrenzschwach.

Standort: Sonne bis lichter Schatten, geschützt.

Boden: Humose, sandige oder torfige, saure Böden, mäßig trocken bis frisch.

Eigenschaften: Bei uns frostgefährdet, daher im Winter mit Fichtenreisig oder Vlies abdecken, verträgt die Wintersonne überhaupt nicht.

Verwendung: Herrlicher Zwergstrauch für Gruppenpflanzungen im Heide- oder Steingarten. Trotz der nicht immer vorbildlichen Frosthärte hat sich die Grau-Heide bei den Kennern schon lange einen festen Platz im Heidepflanzensortiment erobert. Ihre intensiven Blütenfarben haben eine enorme Leuchtkraft, die wohl von keiner anderen Heide erreicht wird. Das Farbspektrum reicht von weiß über rosa, blaulila, rubinrot bis lilapurpur. Sehr schön kann die Grau-Heide auch für Schalen-, Balkon- und Trogbepflanzung verwendet werden.

Pflegetip: Pflanzungen nicht vor Mitte/Ende April abdecken, da gerade diese Zeit der Nachtfröste die größten Schäden bringt. Erforderlicher Rückschnitt kann im Mai durchgeführt werden.

Sorten/Übersicht:

Sorten/Übersicht:	Blütenfarbe:	Blütezeit:
E. cinerea 'Alba Major'	weiß	Anfang Juli bis Mitte Oktober
E. cinerea 'C. D. Eason'	intensiv rotlila	Ende Juni bis Anfang Oktober
E. cinerea 'Pallas'	rotlila	Anfang Juli bis Mitte Oktober
E. cinerea 'Pink Ice'	leuchtend rosa	Ende Juli bis Mitte Oktober

Sortenbeschreibung:

E. cinerea 'Alba Major'

Wuchs: Aufrecht, mittelstark, bis 25 cm hoch.
Blätter: Hellgrün.
Blüten: Weiß, Anfang Juli bis Mitte Oktober.

E. cinerea 'C. D. Eason'

(1931 in der Baumschule MAXWELL & BEALE, England, gefunden)
Wuchs: Breit, dicht aufrecht, mittelstark, bis 30 cm hoch.
Blätter: Dunkelgrün.
Blüten: Intensiv rotlila, Ende Juni bis Anfang Oktober.
Anmerkung: Wohl die meist kultivierte Gartenform.

E. cinerea 'Pallas'

(1970 in Holland benannt)
Wuchs: Breit aufrecht, mittelstark, bis 35 cm hoch.
Blätter: Dunkelgrün-graugrün.
Blüten: Rotlila, sehr zahlreich an langen Rispen, Anfang Juli bis Mitte Oktober.

E. cinerea 'Pinke Ice'

(Von JOHN F. LETTS, England, gefunden)
Wuchs: Breit, gedrungen, schwach bis mittelstark, bis 20 cm hoch.
Blätter: Dunkelgrün, sehr attraktiv und gesund.
Blüten: Leuchtend rosa, Ende Juli bis Mitte Oktober.
Anmerkung: Auch als Topf- und Balkonpflanze verwendbar, gute, kompakt wachsende Sorte.

Erica cinerea 'C. D. Eason'

Erica cinerea 'Pallas'

Erica cinerea 'Pink Ice'

Erica x darleyensis BEAN

Erica x darleyensis ist eine Hybride zwischen unserer heimischen Schneeheide E. carnea und E. erigena, die in Südwestfrankreich und Nordspanien beheimatet ist. Von der Schneeheide hat sie die Robustheit und Gesundheit geerbt, von E. erigena stammen der starke Wuchs und die leider etwas geringere Winterhärte. Besonders wertvoll sind die relativ lange Blühdauer – von November bis Mitte Mai – und der oftmals farbige Austrieb.

Standort: Sonnig bis absonnig, geschützt.

Boden: Humose, sandige, auch nährstoffärmere Böden, (sauer) schwach sauer bis alkalisch.

Eigenschaften: Nicht immer zuverlässig frosthart.

Verwendung: Durch den kräftigen, bis zu 70 cm hohen Wuchs eine Bereicherung des Sortiments.

Pflegetip: In starken Wintern Schutz aus Fichtenzweigen.

Erica cinerea Kulturformen

Sortenbeschreibung:

E. x darleyensis 'Arthur Johnson'

Wuchs: Kräftig, buschig aufrecht, kann über 70 cm hoch werden.
Blätter: Dunkelgraugrün.
Blüten: Violettrosa, Dezember bis April.

E. x darleyensis 'Darley Dale'

Wuchs: Breit aufrecht, aber etwas locker, 35 bis 40 cm hoch.
Blätter: Dunkelgrün bis graugrün.
Blüten: Hellilarosa, sehr zahlreich, November bis März.

E. x darleyensis 'Kramers Rote'

Wuchs: Kräftig, buschig aufrecht, 35 bis 40 cm hoch.
Blätter: Dunkelgraugrün.
Blüten: Rosarot, von November bis Mai.

E. x darleyensis 'White Perfection'

Wuchs: Kräftig, buschig aufrecht, 35 bis 40 cm hoch.
Blätter: Grün, gelber Austrieb.
Blüten: Weiß bis leicht cremeweiß, November bis Mai.

Erica x darleyensis 'Darley Dale'

Erica tetralix

E. tetralix L.,
Glocken-Heide,
Moor-Heide

Verbreitung: Atlantisches Europa, Portugal, Nordspanien, Frankreich, Britische Inseln, Deutschland, Dänemark und Südwestschweden; in Heide- und Torfmooren, auf feuchten bis nassen, nährstoffarmen, sauren Torfböden oder sauren, humosen Sandböden; im Gegensatz zu Calluna vulgaris liebt E. tetralix mehr die feuchten Standorte.

Wuchs: Aufrecht wachsender bis niederliegender Zwergstrauch.

Größe: 0,2 bis 0,5 m hoch und 0,5 m breit.

Blätter: Immergrün, nadelförmig, zu 4 in Quirlen, graugrün, weißfilzig behaart, Lebensdauer der Blätter 2 Jahre.

Blüten: Rosafarbene Glöckchen in endständigen Doldentrauben, Insektenbestäubung, Juni bis September.

Früchte: Kleine, 4fächrige Kapselfrucht, Reife August bis Oktober.

Wurzel: Feines, oberflächennahes Wurzelgeflecht, Humuswurzler, konkurrenzschwach.

Standort: Sonnig (bis lichter Schatten).

Boden: Humose, torfige, saure, nicht zu trockene Substrate, der E. tetralix-Standort sollte zumindest zu einer bestimmten Zeit im Jahr naß sein, verträgt auch zeitweilige Austrocknung, kalkfliehend.

Eigenschaften: Sehr frosthart, Lichtpflanze, Lichtkeimer.

Verwendung: Wertvolle Heidepflanze für feuchtere Plätze in den Moorbeetpflanzungen, wichtig für Rekultivierungsmaßnahmen in der freien Landschaft (Bepflanzung von ehemaligen Heidemooren, lichten Moorwäldern, abgetorften Moorflächen).

Sortenbeschreibung:

E. tetralix 'Alba'

Wuchs: Aufrecht, locker, mittelstark, bis 30 cm hoch.
Blätter: Hellgraugrün, silbergrau behaart.
Blüten: Weiße Glöckchen, Knospe rahmweiß, Ende Juni bis Anfang Oktober.
Anmerkung: Wohl die älteste und bekannteste weiße Form.

E. tetralix 'Con Underwood'

(1983 in England gefunden)

Wuchs: Mittelstark, aufrecht, bis 25 cm hoch.
Blätter: Graugrün.
Blüten: Dunkellilarosa, in sternförmigen Dolden, Mitte Juli bis Anfang Oktober.
Anmerkung: Eine der besten und bewährtesten E. tetralix Sorten, die starke, überreich blühende Pflanzen bildet.

E. tetralix 'Hookstone Pink'

(1953 in England gefunden)

Wuchs: Mittelstark, locker aufrecht.
Blätter: Silbrig-graugrün.
Blüten: Leuchtend rosa, Ende Juni bis Anfang Oktober.

E. tetralix 'Pink Star'

Wuchs: Locker aufrecht, 20 bis 25 cm hoch.
Blätter: Silbrig-graugrün.
Blüten: Knospen rosarot, später hellrosa, Mitte Juli bis Anfang Oktober.

Erica tetralix 'Con Underwood'

Erica x darleyensis 'Kramers Rote'

E. vagans L.,
Cornwall-Heide

Verbreitung: Cornwall, Westfrankreich, Nordspanien; an felsigen Standorten in Meeresnähe auf durchlässigen Humusschichten.

Wuchs: Polsterartig wachsender Zwergstrauch mit niederliegenden bis aufrechten Trieben, im Alter große, kompakte, leicht gewölbte Flächen bildend.

Größe: 0,30 bis 0,50 m hoch und 0,5 m breit.

Blätter: Immergrün, in Wirteln zu 4 angeordnet, dunkelgrün glänzend.

Blüten: Rosafarbene, kugelige bis urnenförmige Einzelblüten in zylindrischen Scheintrauben von August bis Oktober.

Wurzel: Feines, oberflächennahes Wurzelgeflecht, Humuswurzler, konkurrenzschwach.

Standort: Sonnig (bis lichter Schatten).

Boden: Humose, durchlässige, schwach saure Substrate (pH 4,5−6), leicht kalktolerant, mäßig trocken bis frisch.

Eigenschaften: Nicht zuverlässig winterhart, Luftfeuchte liebend.

Verwendung: Wertvoller, wüchsiger Bodendecker mit leuchtenden Farben und einer vom Sommer bis zum Herbst reichenden Blütezeit.

Pflegetip: Rückschnitt ist besonders nach härteren Wintern im Mai empfehlenswert, treibt gleichmäßig und sicher durch.

ESCALLONIA MUTIS
Escalloniaceae

Benannt nach ihrem Entdecker ESCALLON.

E. rubra var. macrantha
(HOOK. et ARN.) REICHE,
Eskallonie, Chilenischer Buchsbaum

Wer in Cornwall die gewaltige Landschaft an der Atlantik-Küste bereist hat, dem wird in den Gärten und Anlagen unmittelbar am Meer ein Strauch aufgefallen sein, der Salzgischt und Stürmen widersteht und als immergrüne Hecke den Häusern nicht nur Schutz bietet, sondern der mit seinen von Juni bis September erscheinenden, hellkarminroten Blütenrispen auch eine große Gartenzierde darstellt. Er paßt so vorzüglich in diese Landschaft und ist auch so häufig anzutreffen, daß man meinen könnte, hier in seiner Ur-Heimat zu sein. Verstärkt wird dieser Eindruck auch dadurch, daß Hummeln, Bienen und andere, hier an der Atlantik-Küste heimische Insekten ihn so vereinnahmen, daß ihm das eigentlich schon unangenehm sein müßte, zumal die nicht in die glockige Kronröhre passenden Hummeln diese kurzerhand von außen anbeißen, um so an den Nektar zu gelangen.

In meinen Tagebuch-Eintragungen steht weiter, daß dieser Strauch jenen betörend-würzigen Duft verströmt, den man sonst nur von der berühmten Macchie des Mittelmeers kennt. Und dies alles weitab in Cornwall.

Die Heimat der Escallonie liegt zwar auch am Meer, nämlich am Pazifischen Ozean, jedoch auf der anderen Hälfte unserer Erdhalbkugel. Es ist die chilenische Insel Chileó.

Der 1,5 bis 2,5 (3,5) m hohe Strauch mit den immergrünen, breit eiförmigen bis verkehrt eiförmigen Blättern wird bei uns auch in den günstigsten Klimalagen immer nur eine Reihe von Jahren aushalten. Allerdings erholen sich wintergeschädigte Pflanzen wieder relativ schnell. Wertvoller für unsere Gärten sind auf jeden Fall die Hybriden, die größtenteils aus Kreuzungen zwischen der sommergrünen und ziemlich harten E. virgata (RUIZ & PAV.) PERS. und E. rubra (RUIZ & PAV.) PERS. bzw. E. rubra var. macrantha (HOOK. & ARN.) REICHE entstanden sind.

Einige der bekanntesten Sorten wären:

'C. F. Ball', Wuchs breit überhängend, 1,5 m hoch, Blüten karminrosa, groß.

'Donard Beauty', bis 1 m hoch, Blüten rosarot.

'Donard Radiance', starkwüchsig, 1 bis 2 m hoch, Blüten tiefrosa.

'Donard Seedling', starkwüchsig, Blüten rosaweiß.

Erica vagans 'Lyonesse'

Erica vagans 'Mrs. D. F. Maxwell'

Erica vagans 'St. Keverne'

Sortenbeschreibung:

E. vagans 'Lyonesse'
Wuchs: Dichtbuschig aufrecht, mittelstark, bis 30 cm hoch.
Blätter: Tief frischgrün.
Blüten: Weiß mit goldfarbenen Antheren, sehr reichblühend von Ende Juli bis Ende Oktober, wird stark von Insekten beflogen.
Anmerkung: Eine sehr gesunde, wüchsige Sorte.

E. vagans 'Mrs. D. F. Maxwell'
Wuchs: Breitbuschig aufrecht, gedrungen, mittelstark, bis 30 cm hoch.
Blätter: Mittelgrün.
Blüten: Tiefrosa in bis zu 10 cm langen Trauben, Ende Juli bis Ende Oktober.

Anmerkung: Immer noch die bekannteste aller E. vagans-Gartenformen. Sie wurde von Mr. und Mrs. D. F. MAXWELL in Cornwall gefunden. Ist auch als Topfpflanze verwendbar.

E. vagans 'St. Keverne'
(1914 gefunden)
Wuchs: Aufrecht, dicht und buschig, etwas kugelig, 20 bis 30 cm hoch.
Blätter: Lebhaft frischgrün.
Blüten: Lachsrosa, in 5 bis 7 cm langen Trauben, sehr reichblühend, Ende Juli bis Ende Oktober.
Anmerkung: Wohl die schönste unter den rosa blühenden Gartenformen.

'Edinensis', starkwüchsig, Blüten rosa.

'Glory of Donard', bis 1,5 m hoch, Blüten tief karminrot.

'Langleyensis', Wuchs stark, Blüten karminrosa.

'Pride of Donard', Wuchs dicht, Blüten hellrot.

'Slieve Donard', bis 1,5 m hoch, Blüten groß, rosarot.

Escallonien lieben einen nicht zu schweren, gut durchlässigen (sauren) schwach sauren bis neutralen (mäßig alkalischen), warmen Boden in vollsonniger bis absonniger, vor Wintersonne und austrocknenden Winden geschützter Lage.

Ökologie: *Escallonien werden auffallend stark von Hummeln, Bienen und anderen Insekten beflogen!*

EUCALYPTUS L' HÉR.
Myrtaceae,
Myrtengewächse

Hohe, immergrüne Bäume, die in allen Teilen ätherische Öle enthalten. Die Blätter entwickeln eine Jugend- und Altersform (Heterophyllie) mit deutlich unterschiedlichem Laub. In der Jugend sind sie meist eirundlich und gegenständig, im Alter wechselständig, ledrig, weidenähnlich oder sichelförmig. Sehr interessant ist der Blütenbau. Die 4 Kronblätter sind zu einer Kappe verwachsen, die sich beim Öffnen deckelartig von der becherförmigen Knospe ablöst und dann Stempel und zahlreiche weiße oder gelb gefärbte, bei einigen Arten auch leuchtend rote Staubgefäße freigibt. Die Frucht ist eine holzige, 4fächrige Kapsel.

Bekannt sind etwa 500 bis 600 Arten, die bis auf zwei in Australien verbreitet sind. Wegen ihrer Anspruchslosigkeit und Wüchsigkeit werden sie in vielen Ländern forstlich genutzt. E. globulus wurde als sogenannter „Fieberbaum" zur Trockenlegung von Malaria-Sümpfen eingesetzt.

Die Frosthärte von Eucalyptus-Arten ist bei Gehölzliebhabern ein immer wieder heiß diskutiertes Thema. Forstwissenschaftler, die sich für dieses enorm schnellwüchsige Gehölz interessierten, stellten intensive Untersuchungen über die Winterhärte einzelner Arten an. Botanische Gärten haben es mit Eucalyptus versucht, und Spezialisten erfanden immer neue, angeblich noch härtere Arten und Ökotypen.

Tatsache ist, daß sich aus den vielen gepflanzten Bäumen keine Exemplare entwickelt haben, die in Deutschland mehr als drei Jahrzehnte überlebten. Wir haben leider (noch) kein englisches

Klima. Das müssen wir, auch wenn es uns noch so schwerfällt, akzeptieren.

Der größte Eukalyptus, den ich in Deutschland gesehen habe, war ungefähr 8 m hoch. Im Winter '79 fror dieser Baum bis auf den Stock zurück – es handelte sich um E. gunnii. In Neunkirchen/Odenwald stehen bei dem Dendrologen K. Fuchs 8jährige, bereits fruchtende E. gunnii, die 1994 9 bis 12 m! hoch waren.

Bei unseren milden Wintern wird es immer eine Reihe von Jahren gutgehen. Man sollte aber wissen, daß längere Frostperioden um minus 15 °C (bis minus 18 °C) auch für die härtesten Arten die absolute Grenze darstellen.

Ein ganz neues Eucalyptus-Zeitalter könnte mit den immer beliebter werdenden, oftmals hoch umbauten und klimatisch sehr günstigen Innenhöfen und Einkaufspassagen anbrechen. Die hier aufgeführten Arten verlangen einen schwach sauren bis neutralen, frischen bis mäßig trockenen Boden. Winterschutz ist, besonders bei jungen Pflanzen, ratsam.

E. gunnii HOOK.f.

Eine der robustesten Arten, die in England 20 bis 30 m hoch werden kann. Jugendblätter fast kreisrund, graublau, Altersblätter lanzettlich, grün. Blüten im Oktober bis Dezember, weiß. Sie erscheinen nach etwa sieben Jahren. E. gunnii ist hart bis minus 15 ° (18 °) C. **E. gunnii var. archeri** *wird höher und soll noch frosthärter sein!?*

Eucalyptus gunnii

E. niphophila MAIDEN & BLAKELY

Kleiner, oft mehrstämmiger Baum oder Strauch mit sehr dekorativem Borkenbild. In England 5 bis 6 m hoch. Heimat O-Australien, im Gebirge bis zur Baumgrenze vorkommend. Hart bis minus 15 °C. Bei minus 10 °C Schäden an alten Blättern, Jungtriebe dagegen gut (17. 1. '84).

E. pauciflora SIEB. ex. SPRENG., Schnee-Eucalyptus

Kleiner Baum, meist jedoch nur Strauch mit drehwüchsigem Stamm und streifig ablösender, weißer bis dunkelgrauer Borke. Beheimatet in SW-Australien und Tasmanien in den kältesten Gebirgsregionen. Hart bis minus 15 °C. Selektion bester Hochlagentypen unbedingt vorantreiben! Die sehr ähnliche **E. pauciflora ssp. debeuzevillei** *MAIDEN (Gebirgsform) ist noch härter als die Art (T.ROSS).*

EUODIA J. R & G. FORST .
Stinkesche, Duftesche – Rutaceae,
Rautengewächse
(= Evodia; Tetradium)

griech. euodes = wohlriechend

E. daniellii (BENN.) HEMSL., Koreanische Stinkesche

Sommergrüner Großstrauch oder kleiner Baum mit breit-rundlicher Krone und 20 bis 25 cm langen, unangenehm riechenden Fiederblättern.

Euodia hupehensis

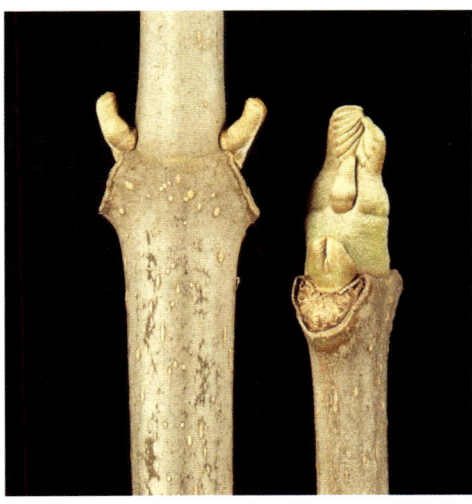

Euodia hupehensis

Triebe und Blätter behaart, Blättchen kurz gestielt oder fast sitzend und auf der Mittelrippe zottig behaart. Von Juli bis August erscheinen bis zu 15 cm breite, weißblühende Schirmrispen. Sie enthalten außerordentlich viel Nektar und werden stark von Insekten beflogen. In unseren Gärten wird E. daniellii 6 bis 8 (12) m hoch. Wertvoller, ausreichend winterharter Spätsommerblüher, der von den Imkern sehr geschätzt wird. Stinkeschen gedeihen in jedem Gartenboden, bevorzugen aber frische, gut durchlässige Substrate in sonnig-warmer Lage. Junge Bäume sind frostempfindlich. Schäden treten besonders auf zu schweren Böden auf. Stinkeschen gehören zu den kurzlebigen Bäumen. Sie werden manchmal nur 15 bis 40 Jahre alt (DIRR). Eine weitere, ebenfalls frostharte Art ist **E. hupehensis** DODE, die von einigen Autoren auch als Unterart von E. danielli geführt wird und dieser sehr ähnlich ist. Sie kommt aus China und kann in unseren Gärten Höhen bis 15 (18) m erreichen.

EUONYMUS L.
Spindelbaum – Celastraceae, Spindelbaumgewächse

Euonymus gehört zu einer sehr alten Pflanzenfamilie, die im Tertiär in Europa, Grönland, in Nord- und Südamerika weit verbreitet war. Die heute noch sehr umfangreiche Gattung umfaßt etwa 175 Arten, die in Asien, N- und Mittelamerika, auf Madagaskar, in Australien und in Europa vorkommen. Überwiegend sind es laubabwerfende Sträucher und Kleinbäume, seltener immergrüne und kriechende oder mit Haftwurzeln kletternde Sträucher.

Ein wichtiges Erkennungszeichen sind die oft 4kantigen Zweige, die gelegentlich mit Korkleisten besetzt sind, und die bis auf E. nanus gegenständigen Blätter. Die in der Regel zwittrigen Blüten sind 4- bis 5zählig, sehr klein und unauffällig. Eine große

Euonymus europaea 'Red Cascade'

Schalen, Töpfen und Kübeln bestens eignet; hervorragend auch zur Unterpflanzung von kleinen Solitärgehölzen wie Acer palmatum-Formen oder Corylopsis. Wenn eine Klettermöglichkeit gegeben ist, kann E. fortunei 'Minimus' auch Höhen über 3 m erreichen. Wunderschöner Bodendecker für den „Immergrünen Garten". Harmoniert gut mit Stauden.

E. fortunei var. radicans (MIQ.) REHD. (= E. fortunei 'Radicans')

Verbreitung: Mitteljapan.

Wuchs: Kriechstrauch, bodenaufliegend, im Alter mehr buschig aufrecht; dicht verzweigt, rasch wachsend; mit Hilfe von Haftwurzeln an Mauern und Bäumen emporkletternd.

Größe: Bis 0,30 m hoch und im Alter leicht über 1 m breit, an Bäumen und Mauern über 3 m hoch.

Blätter: Immergrün, gegenständig, eielliptisch, 2–4 cm lang, dunkelgrün, Herbstfärbung zum Teil orangerot bis rötlichbraun.

Wurzel, Standort, Boden, Eigenschaften wie bei 'Coloratus'.

Verwendung: Ein sehr frostharter, immergrüner Bodendecker für sonnige und ausgesprochen schattige Lagen; die Flächen werden schnell und sehr dicht überzogen; E. fortunei var. radicans eignet sich ebenfalls gut zur Begrünung von Wänden, Gartenmauern und alten Bäumen.

E. fortunei 'Silver Queen'

Wuchs: Dichtbuschig aufrechter Kleinstrauch.

Größe: Kann im Alter 1,5 bis 2,5 m hoch werden.

Blätter: Elliptisch bis eiförmig, verhältnismäßig groß, bis 6 cm lang und 2,5 bis 3 cm breit, mit schmalem, milchweißem Rand.

Eigenschaften: Frosthart.

Verwendung: Bewährte, sehr robuste Sorte, ist z. Z. die schönste weißbunte Form. Wurde 1990 vom Arbeitskreis Gehölzsichtung als „sehr gute" Sorte bewertet.

E. fortunei 'Sunshine'

Wuchs: Zwergstrauch, breitbuschig, dicht verzweigt, im Alter ausgeprägt aufrecht.

Größe: Bis 60 cm hoch und meist mehr als doppelt so breit.

Blätter: Elliptisch, verhältnismäßig groß, Blattmitte grün marmoriert, Rand hellgelb bis leuchtend gelb.

Eigenschaften: Frosthart.

Verwendung: Sport aus 'Emerald'n Gold'. Erhielt auf der Herfstweelde in Boskoop 1978 eine Goldmedaille! Gute Sorte für flächige Bepflanzungen, siehe hierzu 'Emerald'n Gold'. Kugeln, Hochstämme. Wurde 1990 vom Arbeitskreis Gehölzsichtung als „gute bis sehr gute" Sorte eingestuft.

E. fortunei 'Sunspot'

Wuchs: Als junge Pflanze kriechend, dichte Matten bildend, im Alter breitbuschig aufrecht, gut verzweigt, kräftig wachsend. Junge Triebe hellgelb.

Größe: In 10 Jahren 1,20 m hoch und doppelt so breit. Endhöhe sicher bei 1,50 m, evtl. auch höher.

Blätter: Elliptisch, dunkelgrün mit unregelmäßigem, hellgelbem bis zitronengelbem Mittelfleck. Die gelbe Zeichnung beginnt am Blattgrund bzw. am Blattstiel und breitet sich über die Blattmitte bis oft zur Spitze flammenartig aus.

Früchte: Orangerot, sehr zierend. Winterliche Vogelnahrung.

Eigenschaften: Gut frosthart.

Verwendung: Neben 'Blondy' wohl eine der schönsten und zuverlässigsten gelbbunten Sorten. Sehr attraktiv. Kann zur Belebung und als Lichtpunkt in dunkelgrünen Pflanzungen und düsteren Gartenpartien eingesetzt werden. Weiterhin für Kübel, Terrassenhäuser, Dachgärten und ganz allgemein zur Flächenbegrünung. Kugeln, Hochstämme. Wurde 1990 vom Arbeitskreis Gehölzsichtung mit „sehr gut" bewertet.

E. fortunei 'Vegetus' (= E. radicans 'Vegetus', E. radicans var. vegetus)

Euonymus fortunei 'Vegetus'

Wuchs: Kriechstrauch, breitbuschig, Triebe bodenaufliegend bis locker aufrecht, an Mauern, Zäunen und Bäumen auch kletternd.

Größe: 0,40 bis 1 m hoch und etwa 1 m breit, an Mauern und Zäunen auch über 2 m.

Rinde: Triebe auffallend dick, leicht brechend.

Blätter: Immergrün, gegenständig, elliptisch bis fast rund, 2–4 cm lang, Rand kerbig gesägt, Spitze stumpf; derb und fest, hellgrün bis mittelgrün, keine Herbstfärbung.

Euonymus fortunei 'Sunspot'

Euonymus hamiltonianus var. maackii mit Rotkehlchen

Euonymus hamiltonianus var. maackii

Euonymus oxyphyllus

Blüten: Unscheinbar, grüngelb, Mai/Juni.

Früchte: Reicher Fruchtbehang, Kapseln gelblich, Samenmantel leuchtend orange.

Wurzel, Standort und Boden wie bei 'Coloratus'.

Eigenschaften: Gut frosthart, verträgt Formschnitt, kann buschartig gezogen werden. Sehr windfest! (Helgoland). Wird in harten Wintern stark von Kaninchen geschält.

Verwendung: Eine der schönsten E. fortunei-Formen, fällt im Sortiment durch die frischgrünen, rundlichen Blätter und die oft in großen Mengen erscheinenden Früchte auf. Gesunder, dekorativer Bodendecker für das Thema „Immergrüner Garten". Sehr schön auch an schattigen Hauswänden, Gartenmauern und in größeren Bäumen. Weiterhin für Böschungen, Gehölzpflanzungen, größere Pflanzkübel und niedrige Hecken.

Ökologie: Die Euonymus fortunei-Sorten sind mit ihrem niederliegenden, dichtbuschigen, teilweise kletternden Wuchs und der immergrünen Belaubung nicht nur hervorragende Bodendecker, sondern sie werden auch sehr gern von Igeln als Winterquartier benutzt. Für unsere heimischen Bodenbrüter wie Fitis und Rotkehlchen sind sie beliebte Nistplätze. Blüten werden sehr stark von Insekten beflogen.

E. hamiltonianus var. maackii (RUPR.) KOMAR

Der vom Ussuri- und Amurgebiet über die Mandschurei bis nach Japan und Korea verbreitete Spindelstrauch gehört zu den attraktivsten Arten der Gattung.

Er entwickelt sich in unseren Gärten zu einem rundlich-kompakten Strauch oder Großstrauch von 2,5 bis 4 (5) m Höhe. Seine lanzettlichen, 5 bis 8 cm langen und bis 3 cm breiten Blätter färben sich im Herbst pastellgelb, sie können aber in sonnig-warmen Herbstmonaten auch eine rosa bis zart rötliche Tönung annehmen. Im Juni öffnen sich kleine, sternförmige, gelbliche Blüten, die stark von Insekten besucht werden.

Die Hauptzierde dieses Strauches aber sind die in großer Fülle erscheinenden, rosafarbenen Früchte, bei denen der Arillus orange und die eigentlichen Samen rot gefärbt sind. Auch wenn ihre Farbe nach den ersten starken Frösten verblaßt, so bleiben sie doch den ganzen Winter über am Strauch haften.

Ökologie: *Wichtiges Insekten- und Vogelnährgehölz. Im Arboretum Thiensen sind die Früchte von E. hamiltonianus var. maackii eindeutig die Lieblingsspeise der Rotkehlchen. Darüber hinaus waren sie im langen Frostwinter 95/96 eine der Hauptnahrungsquellen.*

E. japonicus L., Japanischer Spindelstrauch

Wer sich einmal auf Helgoland die interessante Gartenvegetation näher angesehen hat, dem wird neben großen Feigenbäumen (siehe auch unter Ficus), Freilandfuchsien, Zimmeraralien (Fatsia) und prächtig gedeihenden Strauchvero-nica-Arten ein immergrünes Gehölz aufgefallen sein, das die Helgoländer gern an ihre Hauswände pflanzen. In dem ausgesprochen wintermilden Klima wird der Strauch hier leicht 3 bis 4 m hoch, ja er kann sogar die Dächer mit seinen dunkelgrünen, schwach 4kantigen Trieben erreichen. Seine Blätter sind verkehrt eiförmig bis länglich eiförmig, 3 bis 6 cm lang, stumpf gesägt, derb ledrig und dunkelgrün glänzend. Im Juli erscheinen kleine, weißliche, vierzählige Blüten, aus denen sich 8 mm große, rosafarbene Früchte mit einem orange gefärbten Arillus entwickeln. Der in Japan und Korea beheimatete Strauch ist nur für milde Lagen interessant. Einen besonderen Wert hat E. japonicus als immergrünes Element für die Gärten auf unseren Inseln und im Küstenbereich. Die Helgoländer Pflanzen, die gelegentlich schon einmal das 3. Stockwerk eines Hauses erreichen, sind Sonne, Stürmen und Salzgischt beinahe ungeschützt preisgegeben. Sie gelten dort als die robustesten, immergrünen Pflanzen. In meinen Helgoländer Notizen steht: „E. japonicus ist außerordentlich wind- und salzresistent. An den Blättern sind keinerlei Schäden feststellbar. Unglaublich!"

Von dem Jap. Spindelstrauch, der übrigens auch als anspruchslose, schattenverträgliche Kübelpflanze gehalten wird (Lorbeerersatz), gibt es viele, z. T. auch buntblättrige Sorten. Ich möchte hier nur **E. japonicus 'Robustus'** *empfehlen, eine sehr harte Form mit breitelliptischen bis verkehrt eiförmigen, ca. 5,5 cm langen, dunkelgrünen und derb ledrigen Blättern. Im Arboretum Thiensen entwickelt sie sich zu einem buschig aufrechten Strauch.*

Ökologie: Blüten werden sehr stark von Insekten beflogen, Früchte sind beliebte Vogelnahrung.

E. oxyphyllus MIQ., Spitzblättriger Spindelstrauch

Breit aufrechter Strauch mit locker aufsteigenden, im Alter leicht überhängenden, dünnen Zweigen. Blätter sommergrün, gegenständig, eiförmig bis eiförmig-elliptisch mit lang ausgezogener Spitze, Blattbasis meist abgerundet, 6 bis 12 cm lang und 3 bis 4,5 cm breit, stumpf hellgrün, Herbstfärbung dunkelrot bis weinrot. Aus den bräunlichgrünen, im Mai erscheinenden Blüten entwickeln sich flachkugelige, 1 bis 1,2 cm dicke und 0,8 bis 1 cm hohe, dunkelrote, 5fächerige Fruchtkapseln. Die grauen, 0,7 cm langen und 0,4 cm breiten Samen werden von

Euonymus oxyphyllus

einem orangeroten Arillus umgeben. Der in Japan, Korea und China beheimatete Spitzblättrige Spindelstrauch ist auch in Mitteleuropa völlig hart und wird hier etwa 2,5 m hoch und breit. Er gehört mit seinen kugeligen, glänzend roten, von 5 schwärzlichen Streifen dekorativ gezeichneten Früchten und der sehr früh einsetzenden, weinroten Herbstfärbung zu den attraktivsten Euonymus-Arten.

E. phellomanus LOES. ex DIELS, Kork-Spindelstrauch

Sommergrüner, 1,5 bis 3 (5) m hoher Strauch, Zweige vierkantig, oft bogig wachsend, mit starken Korkleisten besetzt. Blätter länglich bis elliptisch-eiförmig, 6 bis 8 (10) cm lang, Rand fein

Euonymus phellomanus

kerbig gesägt, stumpfgrün. Früchte intensiv bläulich rosa (krapprot bläulich), 1,5 bis 1,7 cm dick, vierkantig, Samen schwarzbraun, vom kirschroten Arillus fast umschlossen. Dieser sehr schöne Zierstrauch hat seine Heimat in der Mandschurei, dem Amurgebiet, Zentralchina und Japan.

E. planipes (KOEHNE) KOEHNE, Großfrüchtiges Pfaffenhütchen (E. sachalinensis HORT.)

Verbreitung: Japan, Mandschurei und auf Sachalin.

Wuchs: Mittelhoher Strauch, locker und breit aufrecht, später auseinanderstrebend und leicht überhängend.

Größe: 3 bis 4 (bis 5) m hoch und genauso breit. Jahreszuwachs in Höhe und Breite 20 bis 25 cm.

Rinde: Junger einjähriger Trieb schwach vierkantig, später rund, grün, im zweiten Jahr braun bis grünbraun, dreijährige Zweige durch absterbende Epidermis braungrau, Knospen rötlichbraun, lang und spitz, buchenähnlich.

Blätter: Sommergrün, gegenständig, elliptisch bis eiförmig, lang zugespitzt, Blattgrund keilförmig, 5 bis 12 cm lang, Blattstiel 5 bis 8 mm lang, oben flach, nicht gefurcht, dunkelgrün, früher Austrieb, Herbstfärbung ebenfalls früh einsetzend, gelb bis orangerot, sehr auffallend.

Blüten: Grünlichgelb, in 10- bis 30blütigen Zymen, Einzelblüte bis 1 cm breit, etwas unangenehm riechend, Mai.

Früchte: Leuchtend karminrot, glänzend, Fruchtkapseln lang gestielt, 5flügelig, bis 2 cm groß, Samenmantel orange, sehr attraktiv; Früchte stark giftig.

Wurzel: Herzwurzler, hoher Anteil an Feinwurzeln, die den Oberboden sehr intensiv durchwurzeln.

Standort: Sonne bis Schatten.

Boden: Toleriert alle kultivierten Gartenböden, mäßig trocken bis feucht, bevorzugt gleichmäßig feuchte, nahrhafte Substrate von schwach sauer (bis sauer) bis alkalisch.

Eigenschaften: Gut frosthart, stadtklimafest, Früchte sind sehr giftig.

Verwendung: Das Pfaffenhütchen mit den „Buchenknospen" ist vielleicht die schönste Art der ganzen Gattung. Der lockere Wuchs, die großen, karminroten Früchte und die prachtvolle, orangerote Herbstfärbung machen es zu einem außergewöhnlichen Ziergehölz. Als Solitärstrauch sehr wirkungsvoll im Heidegarten vor dunklen Koniferen; Gehölzrand und Staudenrabatten, gut auch für Pflanzkübel und Dachgärten (wenn genügend feucht); wertvolle Nahrungspflanze für heimische Vogelarten. Früher Herbstfärber, oft schon ab Mitte/Ende September.

Euonymus planipes

Euonymus planipes, Großfrüchtiges Pfaffenhütchen – Die orangefarbenen Früchte sind eine beliebte Vogelnahrung

EXOCHORDA LINDL.
Prunkspiere, Radspiere – Rosaceae,
Rosengewächse

E. x macrantha 'The Bride'
(E. korolkowii x E. racemosa)

Exochorda x macrantha 'The Bride'

Wuchs: Strauch, locker aufrecht mit stark überhängender Bezweigung, im Alter breit rundlich.

Größe: 1 bis 1,5 (bis 2) m hoch und genauso breit.

Rinde: Junger Trieb und Blattstiele rötlich, Zweige graubraun.

Blätter: Sommergrün, wechselständig, verkehrt eilänglich, hellgrün, ganzrandig, 3 bis 7 cm lang.

Blüten: Reinweiß, in bis zu 10 cm langen, übergeneigten, sehr dichten Trauben, die jeweils aus 6 bis 11 Blüten zusammengesetzt sind, Einzelblüte 3 bis 4,5 cm breit; außergewöhnlich reich blühend, auch schon als junge Pflanze.

Standort: Sonnig.

Boden: Gedeihen in jedem tiefgründigen, nährstoffreichen Substrat, frisch bis feucht, sauer bis neutral, kalkmeidend.

Eigenschaften: Der sehr frühe Austrieb ist erstaunlich frosthart, Spätfröste bis minus 10 °C (April '91) haben den knospigen, voll entwickelten Blütentrauben nicht geschadet.

Verwendung: Ein unglaublich auffallender Strauch, der wohl das strahlendste und absolut reinste Weiß aller Blütengehölze besitzt. Wunderschön in einem weißen Garten vor einer dunkelgrünen, streng geschnittenen Taxus-Hecke. Etwas weicher und nicht so kontrastreich die Kombination mit Gruppen aus Salix helvetica, die bereits zur

Blütezeit der Prunkspiere ihre grausilbrigen Blätter voll entfaltet haben. Mit flächig gepflanzten Stachys byzantina 'Silver Carpet' können wir die vornehme Grautonpflanzung fortsetzen.

Ein völlig anderes, aber farblich sehr wirkungsvolles Bild ergibt sich, wenn wir zu dem Weiß der Prunkspiere das Blau von Rhododendron impeditum oder Scilla campanulata hinzufügen. Aubrieta-Hybriden, Arabis caucasica 'Plena', Trollius, die himmelblauen Iris pumila und Hornveilchen blühen ebenfalls zur gleichen Zeit. Auf Grund des hängenden Wuchses sehr schön an Treppenwangen, auf Mauerkronen und Böschungen.

E. racemosa (LINDL.) REHD., Chinesische Radspiere

Verbreitung: China.

Wuchs: Großstrauch, Grundäste trichterförmig aufrecht, Zweige besonders im oberen Bereich weit auseinanderstrebend und später bogig überhängend.

Größe: 3 bis 4 m hoch und im Alter genauso breit. Jahreszuwachs in der Höhe 15 bis 25 cm, in der Breite 15 bis 20 (25) cm.

Rinde: Zweige rotbraun mit auffallenden, weißen Lentizellen.

Blätter: Sommergrün, wechselständig, elliptisch bis verkehrt eiförmig, hellgrün, früher Austrieb.

Blüten: Reinweiß, in Trauben zu 6 – 10, Einzelblüte bis 4 cm breit, überreich blühend, Mai.

Früchte: 5rippige, braune Kapseln.

Wurzel: Hauptwurzel kräftig, flach und tief ausgebreitet, wenig verzweigt.

Standort: Sonnig.

Boden: Guter, nahrhafter Oberboden mit gleichmäßiger Feuchte, sauer bis neutral, kalkmeidend.

Eigenschaften: Ausreichend frosthart, treibt sehr früh, junge Triebe einschließlich der Blütenrispen haben Spätfröste im April bis minus 10 °C schadlos überstanden.

Verwendung: Ein herrliches Blütengehölz, das seine volle Schönheit erst nach längerer Standzeit erreicht. Zu verwenden als Solitärgehölz oder in Gruppenpflanzungen zusammen mit Syringa chinensis, Malus-Hybriden, Viburnum x carlcephalum oder Chaenomeles. Durch seine Vorliebe für saure Böden auch in Verbindung mit Rhododendron Repens-Hybriden, immergrünen Azaleen und Cornus florida 'Rubra' sehr gut möglich; staudige Nachbarn wären Trollius europaea, die blaue Prärielilie Camassia quamash, Omphalodes verna, Brunnera macrophylla, Euphorbia polychroma, Hyacinthoides non-scripta und Lunaria annua. Mit der malerisch wachsenden Prunkspiere und diesen Wildstauden lassen sich zauberhafte Naturgartenstimmungen verwirklichen.

Pflegetip: Ein Rückschnitt der zu lang gewordenen Triebe sollte unmittelbar nach der Blüte erfolgen, ein spätsommerlicher Formschnitt ist ebenfalls möglich. Der radikale Verjüngungsschnitt bei älteren Sträuchern kann nicht empfohlen werden.

Exochorda racemosa

FAGUS L.
Buche – Fagaceae, Buchengewächse

Die Gattung Fagus umfaßt 10 Arten, die ihr Verbreitungsgebiet in der nördlich gemäßigten Zone, in Kleinasien, China, Japan und im östlichen N-Amerika haben.

Es sind sommergrüne, meist große, stattliche Bäume mit auffallend silbergrauer, glatter Borke, wechselständigen Blättern und etwas unscheinbaren Blüten, die aus kugeligen, grün-braunen Büscheln bestehen. Die Früchte sind die gut bekannten, 3kantigen Bucheckern, die wegen ihres hohen Anteils an Oxalsäure, in großen Mengen genossen, schwach giftig sind.

Die warme Eichenmischwaldzeit (etwa 5000 vor Christi) wurde in Mitteleuropa durch eine kühlere, feuchte Periode abgelöst, die bis heute anhält. Wir nennen sie die „Buchen-Zeit".

Die Rot-Buche ist eine Schattbaumart, die eine sehr dichte, stark schattende Krone entwickelt, unter der eine so große Lichtarmut herrscht, daß weitere Baumarten, insbesondere die Pioniergehölze, keinen Lebensraum mehr finden. Auf optimalen Standorten ist die Buche allen anderen heimischen Baumarten überlegen. Sie bleibt letztendlich Sieger im Konkurrenzkampf und bildet in unseren Wäldern meist das Schlußstadium in der Waldsukzession. Fagus sylvatica neigt zur Bildung strauch- und schichtarmer Hallenwälder.

Für den Pflanzenverwender ist die Rot-Buche ein sehr wichtiger Baum für Mischpflanzungen, Windschutzanlagen, freiwachsende Hecken und Knicks. In unseren Parkanlagen sind freistehende Einzelbäume von überwältigender Schönheit. In kleineren Gartenräumen hat Fagus sylvatica eine große Bedeutung als robuste und dekorative Heckenpflanze.

F. orientalis LIPSKY, Orient-Buche

20 bis 25 (30) m hoher Baum mit breit kegelförmiger, dichter Krone und aufstrebenden Ästen. In der Jugend sehr raschwüchsig, hat oft doppelte Wuchsleistung von F. sylvatica. Junge Triebe auch noch Mitte des Sommers behaart, Knospen auffallend groß und lang, Blätter elliptisch-verkehrt-eiförmig, mit 9 bis 12 Seitenadern jederseits, meist sind es 10, (6) 8 bis 12,5 (14) cm lang und bis 6,5 cm breit, ganzrandig oder wellig-buchtig, dunkelgrün, Blattnerven und Blattstiel unterseits leicht behaart. Sehr zeitiger Austrieb, Herbstfärbung leuchtend gelb, 2 bis 3 Wochen früher als bei F. sylvatica.

Fagus orientalis

Fruchtkapseln 2 bis 3 cm lang, mit starken Borsten besetzt, hängen an 3 cm langen Stielen abwärts (bei F. sylvatica aufrecht!), zur Reifezeit dekorativ sternförmig gespreizt. Die Orient-Buche hat ihre Heimatstandorte in Bulgarien, Kleinasien, im Kaukasus und im Nordiran. Sie ist im mitteleuropäischen Klima winterhart und kann in unseren Parkanlagen als schöner, gesunder Solitärbaum verwendet werden. Hervorzuheben sind der rasche Jugendwuchs, die großen, dekorativen Blätter und ihre auffallend frühe, goldgelbe Herbstfärbung.

In den niederschlagsreichen Wäldern des Pontischen Gebirges finden wir F. orientalis zusammen mit Abies nordmanniana, Abies bornmuelleriana, Picea orientalis (sie werden hier bis 60 m hoch!), Pinus sylvestris, Pinus nigra ssp. pallasiana, Populus tremula und Acer cappadocicum. Im Unterholz wachsen: Rhododendron ponticum, Rhododendron luteum, Prunus laurocerasus und Vaccinium arctostaphylos. Über die „Anbauwürdigkeit" der Orient-Buche in unseren Wäldern können wir bei SCHENCK (1939) lesen: „Für den Anbau der F. orientalis hat sich Professor MÜNCH wiederholt und meines Erachtens mit vollem Recht eingesetzt; die F. orientalis ist in der Jugend raschwüchsiger als F. sylvatica und entwächst daher rascher als diese dem Geäse des Wildes."

F. sylvatica L., Rot-Buche

Der Name Buche ist aus dem althochdeutschen „buoha" entstanden. Das Wort Buch leitet sich ab von den dünnen, zusammengehefteten Buchenholztafeln, auf denen früher geschrieben wurde.

Verbreitung: In Europa allgemein verbreitet, vom

Fagus sylvatica rechts, Fagus orientalis links

Tiefland bis in die Alpen in Höhen von 1600 m; bestandsbildend in Wäldern auf lockeren, feuchten bis frischen, gut drainierten, warmen, kalkarmen und -reichen, mittelgründigen, sandig-steinigen Lehmböden, in kühl-humider Klimalage mit Niederschlägen über 500 mm.

Wuchs: Großer, breit- und rundkroniger Baum mit starken, bis zum Boden herabhängenden Ästen (Freistand), im Bestand und in Gruppen mächtige, hohe, gerade Stämme bildend.

Größe: 25 bis 30 m hoch, im Freistand sind alte Exemplare genauso breit. Jahreszuwachs in der Höhe 50 cm, in der Breite 40 cm.

Rinde: Junge Zweige graubraun, im Alter glatte, silbergraue Rinde.

Blätter: Sommergrün, wechselständig, breit elliptisch bis oval, 5 bis 10 cm lang, mit 5 bis 9 Nervenpaaren, Rand leicht wellig, anfangs sind die Blätter seidig behaart, später oben dunkelgrün, glänzend

links: Junge, früh austreibende Rot-Buche

Fagus sylvatica

und glatt, unterseits auf den Adern behaart; Herbstfärbung leuchtend gelb bis rotbraun.

Blüten: Pflanze ist einhäusig, männliche Blüten zu vielen, in langgestielten, kugeligen Büscheln, die weiblichen Blütenstände nur 2blütig; in 15 bis 20 Jahren erscheinen die ersten Blüten; Mai.

Früchte: Immer zwei einsamige Nüsse (Bucheckern) in einer borstigen, waagerecht oder aufrecht stehenden Fruchthülle. In größeren Mengen genossen schwach giftig (hoher Oxalsäuregehalt)!

Wurzel: Typisches Herzwurzelsystem; sehr kräftig ausgeprägt sind die weitstreichenden, untereinander stark verwachsenen Hauptseitenwurzeln; die Buche hat die intensivste Oberbodendurchwurzelung von allen heimischen Waldbäumen; bei alten Bäumen oft sehr ausgeprägter Wurzelanlauf; Wurzeltiefen liegen zwischen 1 m bis 1,40 m, auf verdichteten Böden oder bei hohem Grundwasserstand oft nur 30 cm tiefer Wurzelteller, Wurzelsystem der Buche auf leichteren, sandigen Böden gelegentlich doppelt so breit wie der Kronendurchmesser! Wurzeln gegen Verdichtung, Einschüttung, Abgrabungen, Versiegeln, Veränderung des Grundwasserstandes, Überschwemmungen äußerst empfindlich.

Standort: Sonne bis Schatten.

Boden: Insgesamt anspruchslos, bevorzugt aber frische bis feuchte, nahrhafte, anlehmige Böden mit einem gewissen Kalkgehalt, warme Kalkböden in luftfeuchter Lage sind der optimale Standort, es muß aber darauf hingewiesen werden, daß die Buche auch noch auf schwach sauren, nährstoffärmeren Böden zufriedenstellend gedeiht.Die absoluten Grenzwerte liegen bei pH 3,5 und 8,5.

Eigenschaften: Schattbaumart, hohe Schattenverträglichkeit (Buchen gedeihen noch bei 1/60 des vollen Tageslichts), winterhart bis minus 30 °C, darunter Zweig- und Kronenschäden, etwas spätfrostgefährdet, hitzeempfindlich, windfest, liebt hohe Luftfeuchtigkeit, leidet unter Staunässe und längeren Trockenheiten, empfindlich gegenüber Luft- und Bodenverschmutzung, reagiert mit Rindenschäden (Sonnenbrand) bei Freistellung älterer Stämme; Buchen erreichen ein Alter von 300 bis 400 Jahren.

Verwendung: Wichtige Baumart für Pflanzmaßnahmen in der freien Landschaft, Windschutz, Knicks, Baumgruppen, Alleen, in einigen Gegenden beliebter Dorf- oder Hofbaum; herrlicher Einzelbaum in großräumigen Garten- und Parkanlagen, robustes, langlebiges Heckengehölz. Buchenholz ist hart und zäh, es läßt sich gut über Dampf biegen und wird vornehmlich für strapazierfähige Möbel, Treppen, Parkett, Dachschindeln und Eisenbahn-schwellen verwendet.

Anmerkung: Die Hauptmasse der aktiven Buchenwurzeln befindet sich in der obersten, lockeren und sauerstoffreichen Mullschicht. Gegen Verdichtung durch Überfahren, Lagern von Materialien und andere Eingriffe reagiert sie mit Abstand am empfindlichsten von allen Baumarten. Schäden werden oft erst nach einigen Jahren sichtbar. Hilfe kommt dann meist zu spät.

Ökologie: Früchte sind wichtige Tiernahrung. Mäuse-Arten, Eichhörnchen, Schwarzwild, Tauben, Eichelhäher und Bergfinken.

F. sylvatica 'Ansorgei'

1904 entstanden in der Baumschule ANSORGE in Hamburg Klein-Flottbek aus einer gezielten Kreuzung zwischen F. sylvatica 'Asplenifolia' und F. sylvatica atropurpurea.

Wuchs: Hoher, stämmiger Strauch oder kleiner, gedrungener Baum mit dünnen, locker stehenden Ästen. Sehr langsam wachsend.

Größe: Bis 4 (5) m hoch und etwa 3 m breit. Die Originalpflanze steht im Alten Botanischen Garten Hamburg, sie hat ein Alter von 91 Jahren bei einer Höhe von 4 m.

Blätter: Sehr unterschiedlich, meist weidenartig schmal bis unregelmäßig lanzettlich, ganzrandig oder wellig eingeschnitten bis gekerbt, bis 15 cm lang und 2 cm breit; im Austrieb kupfrigrot, dann dunkelpurpurrot und im Laufe des Sommers braunrot bis grünlichrot, matt glänzend.

Verwendung: Ist mit ihrer zierlichen Gestalt, der braunroten weidenähnlichen Belaubung eine interessante Erscheinung. Sehr schön für das Thema Blatt-Textur. Lockeres, filigranes Solitärgehölz für die purpurrote Rabatte in Verbindung mit weiteren braunrotlaubigen Gehölzen und Stauden wie Berberis thunbergii 'Atropurpurea Nana', Berberis buxifolia 'Nana', Physocarpus opulifolius 'Diabolo', Heuchera 'Palace Purple', Salvia officinalis 'Purpurascens', Ajuga reptans 'Purpurea', Euphorbia amygdaloides 'Purpurea' und Gräsern wie Stipa gigantea oder das violett schimmernde, einjährige Gras Pennisetum rueppellii.

F. sylvatica 'Asplenifolia',
Farnblättrige Buche

Stattlicher, 15-25 m hoher Baum mit zunächst breitpyramidaler, später rundlich hochgewölbter und auffallend dicht beasteter Krone. Blätter sehr unterschiedlich ausgeprägt. Tief fiederspaltig bis geschlitzt, "spitzlappige" Fiedern oft hahnenspornähnlich nach außen gebogen, an den

Fagus sylv. 'Ansorgei'

Triebspitzen häufig schmal linealisch. Gelegentlich treten auch Blätter ähnlich der Normalform auf. Ein sehr ansprechendes Gehölz mit filigraner Blatt-Textur.

F. sylvatica 'Atropunicea',
Veredelte Blut-Buche
(= F. sylvatica 'Purpurea')

Wuchs: Großer Baum von gleichmäßigem Wuchs mit hochgewölbter, rundlicher Krone und starken, weit ausladenden Hauptästen, Zweige an älteren, freistehenden Exemplaren bis zum Boden herabhängend.

Größe: 25 (bis 30) m hoch, im Alter meist genauso breit. Jahreszuwachs in der Höhe 45 cm, in der Breite 40 cm.

Blätter: Im Austrieb dunkelrot, später schwarzrot, glänzend, Form und Struktur wie bei Fagus sylvatica; Herbstfärbung gelbbraun bis teilweise orange.

Blüten: Rötlich mit gelblichen Staubgefäßen, Mai.

Früchte, Wurzel, Boden und Eigenschaften wie bei der Art.

Standort: Sonnig.

Verwendung: Prachtvoller Einzelbaum für den sehr großen Garten oder die Parkanlage. In einem betont naturnahen Park sollte man vielleicht auf die

Verwendung der sehr dominierenden Blut-Buche verzichten. Sie aber ganz zu verdammen, wäre falsch. Große, alte Blut-Buchen sind Bäume, die Ernst und Würde ausstrahlen, beinahe ehrfurchtsvoll bleibt man vor ihnen stehen.

Anmerkung: Rotlaubige Gehölze sind keine gewollten Züchtungen des Menschen, sondern ganz „natürliche Ausrutscher", die uns immer wieder in der Natur begegnen. Wir Gärtner haben sie nur in Verwahrung genommen. Die roten Pflanzenfarbstoffe, sogenannte Anthozyane, treten im Hautgewebe des Blattes sehr gehäuft auf und verdecken die in tieferen Zellschichten liegenden, grünen Chlorophyllkörner.

Fagus sylvatica 'Atropunicea'

F. sylvatica 'Dawyck',
Säulen-Buche
(= F. sylvatica fastigiata)

1864 in den Wäldern von Dawyck, Schottland, gefunden, 1913 von HESSE eingeführt.

Wuchs: Großer Baum mit säulenförmigem Wuchs, Stamm gabelt sich bald in mehrere Hauptäste, die geschlossen nebeneinander bis zum Wipfel führen, Seitenäste leicht wellenförmig, straff aufrecht.

Größe: 15 bis 20 (bis 25) m hoch und nur etwa 3 m breit; die Originalpflanze auf dem Landgut Dawyck hat eine Höhe von ca. 25 m erreicht. Jahreszuwachs in der Höhe 40 cm, in der Breite 5 cm.

Blätter, Blüten, Früchte, Wurzel, Standort und Eigenschaften wie die Wildart.

Verwendung: Schöner, säulenartiger Solitärbaum, der auch für Gruppenpflanzungen und schmale Windschutzhecken verwendet werden kann; Raumbildner für Plätze und Sondergärten in Parkanlagen; eine Säulenform zur Vertikalbetonung.

Fagus sylvatica 'Dawyck'

F. sylvatica 'Laciniata',
Geschlitztblättrige Buche
(= F. sylvatica f. incisa HORT., F. sylvatica f. heterophylla HORT.)

Wuchs: Großer Baum, in der Jugend breitpyramidal, später mit weit ausladender, aufgelockerter, rundlicher Krone. Wuchs schwächer als 'Asplenifolia' (DÖNIG).

Größe: 15 bis 20 m hoch und bis 15 (18) m breit. Jahreszuwachs in der Höhe 30 cm, in der Breite 25.

Fagus sylvatica 'Asplenifolia'

Fagus sylvatica 'Laciniata'

Blätter: Spitz eiförmig, Rand meist regelmäßig grob gezähnt bis fiederspaltig, teils auch geschlitzt. Blätter nicht so filigran wie bei F. s. 'Asplenifolia'. Blätter der Normalform treten nicht auf (DÖNIG).

Verwendung: Ein stattlicher Solitärbaum mit dekorativer Belaubung für den Einzelstand in Garten- und Parkanlagen. Durch die sehr hohe Schattenverträglichkeit der Rot-Buche (sie gedeiht noch bei 1/60 des vollen Tageslichts) ist die Fieder-Buche auch mit einem Platz auf der Nordseite eines Gebäudes oder im Schattenbereich größerer Bäume zufrieden.

F. sylvatica 'Pendula',
Hänge-Buche

Wuchs: Großer Baum, Stamm bis zum Wipfel durchgehend, bei älteren Exemplaren auch mit mehreren, unregelmäßig aufsteigenden Hauptästen, Seitenäste waagerecht oder bizarr bogenförmig, weit ausladend, Seitenbezweigung malerisch bis zum Boden herabhängend.

Größe: 15 bis 25 (bis 30) m hoch und 20 bis 25 m breit. Jahreszuwachs in der Höhe 40 cm, in der Breite 25 bis 35 cm.

Weitere Merkmale wie bei der Art.

Fagus sylvatica 'Pendula'

Standort: Sonnig.

Verwendung: Ausdrucksstarker Einzelbaum, der durch seine markante Wuchsform auch in den Wintermonaten auffällt. Benötigt viel Freiraum, um sich voll entfalten zu können.

F. sylvatica f. purpurea (AIT.) SCHNEID., Sämlinge der Blut-Buche

Fagus sylvatica f. purpurea

Wuchs: Großer Baum mit breiter, rundlicher Krone, Stamm meist durchgehend bis zum Wipfel, Hauptäste stark und weit ausladend, Zweige an älteren, freistehenden Exemplaren bis zum Boden herabhängend.

Größe: 25 bis 30 m hoch, im Freistand sind alte Exemplare genauso breit. Jahreszuwachs in der Höhe 45 cm, in der Breite 40 cm.

Blätter: Im Austrieb dunkelrot, später rotgrün, Form und Struktur wie bei F. sylvatica; Herbstfärbung rotbraun.

Blüten, Früchte, Wurzel, Standort, Boden und Eigenschaften wie bei der Art.

Verwendung: Einzelstellung und Gruppen in großräumigen Garten- und Parkanlagen, freiwachsende oder geschnittene Hecken.

F. sylvatica 'Purpurea Pendula', Hänge-Blut-Buche
(= F. sylvatica 'Purpureopendula', F. s. 'Atropurpurea Pendula', F. s.'Purpurea Pendula Nova')

Um 1865 in Deutschland entstanden.

Wuchs: Schwachwüchsiger Baum mit meist schmaler, gleichmäßiger Krone, Äste kurzbogig, fast senkrecht bis zum Boden herunterhängend,

Fagus sylvatica 'Purpurea Pendula'

bildet keinen Mitteltrieb, gelegentlich Rückschläge durch aufwärts wachsende Äste.

Größe: 3 bis 5 (6) m hoch und 2,5 bis 5 m breit. Jahreszuwachs in der Höhe 10 (15) cm, in der Breite 10 (15) cm.

Blätter: Im Austrieb tiefrot, später schwarzrot, Form und Struktur wie F. sylvatica, Herbstfärbung braunrot.

Wurzel, Boden und Eigenschaften wie die Art.

Standort: Sonnig.

Verwendung: Eine schwachwüchsige Hänge-Blut-Buche, die besser F. sylvatica 'Purpurea Pendula Nana' heißen sollte. Einzelstellung. Läßt sich sehr gut zu „roten Kugeln" schneiden.

F. sylvatica 'Rohanii'

Wuchs: Mittelgroßer Baum mit rundlicher Krone.

Größe: Bis 15 m hoch und dann 10 bis 12 m breit.

Blätter: Dunkelrot, Rand gebuchtet, stark gewellt oder tief eingeschnitten mit mehr oder weniger spitzen Lappen.

Anmerkung: Von F. sylvatica 'Rohanii' sind verschiedene Typen im Handel. Erwähnenswert wäre die säulenartig wachsende Form **'Red Obelisk'**.

F. sylvatica var. suentelensis SCHELLE, Süntel-Buche
(F. sylvatica 'Tortuosa')

Kleiner bis mittelgroßer Baum mit rundlicher oder schirmartiger Krone. Äste und Zweigspitzen besonders im äußeren Bereich mehr oder weniger herabhängend.

Die Süntel-Buche unterscheidet sich von der Normalform durch eine andere Gestalt und Anordnung der Knospen. Dadurch wachsen die Äste nicht aufrecht und gerade, sondern knieartig und im Zick-Zack hin und her gebogen. Im Alter sind die Kronenäste schlangenartig gewunden, verdreht und verwoben und bilden besonders im Innern der Krone ein Gewirr von Schlingen und winkligen Absätzen. Wegen dieser absonderlichen Wuchsform wurde sie auch Gespenster- oder Schlangenbuche genannt. Ihren Namen erhielt sie nach dem ersten Fundort im Süntel. Später hat man auch Exemplare im Deister, im Teutoburger Wald, im Wiehengebirge, in Lothringen, in Schweden und auf der dänischen Insel Seeland gefunden. Heute ist die Süntel-Buche fast ausgestorben. Nicht ganz unschuldig daran sind die Forstleute, die den Baum mit dem verdrehten und verwinkelten

Fagus sylvatica var. suentelensis

Holz gnadenlos ausrotteten. 1843 ist wohl das traurigste Jahr in der Geschichte der Süntelbuchen. Der letzte zusammenhängende Bestand Europas, eine ca. 230 ha große Fläche im Süntel, wurde in Brand gesteckt. Alle Bemühungen des damaligen Landrats, wenigstens ein kleines Areal dieses einmaligen Baumes, den die Forstleute „Deuwelsholt" oder „Kröppelholt" nannten, der Nachwelt zu erhalten, waren leider vergeblich. Die Süntel-Buche ist übrigens ein idealer Lauben-Baum. Ein schönes Exemplar steht im Berggarten in Hannover.

Nachzuchten der einst berühmtesten und gewaltigsten Süntelbuche Deutschlands, der Radener Tillybuche, können im Arboretum Ellerhoop-Thiensen bewundert werden.

FARGESIA siehe unter Sinarundinaria

FICUS L.
Feige – Moraceae,
Maulbeerbaumgewächse

F. carica L.,
Feigenbaum

Reife Feigen im eigenen Garten zu ernten sind keine Träume, die unserer Südsehnsucht entspringen müssen, sondern Realität. Insider wissen es längst, es geht! Es funktioniert sogar im kühlen Norden, wo sich F. carica an einer Südwand in wenigen Jahren zu einem 2 bis 4 m ho-

ben, breitrundlichen Strauch entwickeln kann. Angesichts dieser Üppigkeit und Genügsamkeit gegenüber Wärme vergißt man beinahe, daß es sich hier um ein Gehölz handelt, das in subtropischen Zonen beheimatet ist. Für viele ist es ein sogenannter Urlaubsbaum, dessen Bekanntschaft man auf den warmen Inseln des Mittelmeeres, in Griechenland, der Türkei und neuerdings auch in Kalifornien gemacht hat. Frosthärte und Anspruchslosigkeit des Feigenbaumes werden allgemein unterschätzt. Man sollte aber auch wissen, daß bei sehr lang andauernder Kälte von minus 16° bis minus 18°C die Triebe, aber auch armdicke Stämme, wenn sie nicht geschützt sind, erfrieren können. Besonders große Feigenbäume findet man auf den wintermilden Nordseeinseln und auf Bornholm. Wenn sie nicht schon auf Rügen vertreten sind, so könnte sich diese größte deutsche Insel ganz heimlich zu einem Feigen-Paradies entwickeln. Die stärksten Exemplare mit einem Stammumfang von 1,20 m gab es vor dem Kriege auf Helgoland. Aber auch heute kann man dort schon wieder vom Balkon eines Hauses Feigen ernten.

Ficus carica gehört zusammen mit dem Maulbeerbaum und dem Ölbaum zu den ältesten Kulturpflanzen. Hochinteressant und beinahe einmalig im Pflanzenreich sind die komplizierten Bestäubungsverhältnisse der Feigen. Die Wildfeige bildet pro Jahr 3 verschiedene Blütengenerationen aus. Zuerst erscheinen die Vorfeigen (Profichi), dann im Juni die Blüten der Echten Feigen (Fichi) und später die Nachfeigen (Mamme). Die Bestäubung erfolgt durch die Feigengallwespe (Blastophaga psenes), die im März in die geöffneten Vorfeigen ihre Eier legt. Die jungen Larven leben vom Fruchtknotengewebe, entwickeln sich bis zur Geschlechtsreife in den Vorfeigen und verlassen diese im Juni, mit Pollen behaftet, um dann die zweite Blütengeneration, die Echten Feigen (Fichi), aufzusuchen und dabei die weiblichen Blüten zu bestäuben. Eine Eiablage gelingt ihnen aber

wegen der zu langen, weiblichen Griffel nicht. Nur wenige Weibchen überleben. Sie legen ihre Eier in die 3. Generation (Nachfeigen), in denen sich die Gallwespen entwickeln. Sie schlüpfen, wenn sich die Blüten der Vorfeigen gerade wieder öffnen. Der Entwicklungszyklus kann nun wieder beginnen. Bei den Kulturfeigen gibt es heute schon Sorten und Rassen, bei denen eine Fruchtentwicklung auch ohne Bestäubung möglich ist.

Von den drei Feigengenerationen, die sich pro Jahr entwickeln, können wir meist nur die Sommerfeigen, evtl. auch die Herbstfeigen, ernten, die sich beide am diesjährigen Holz bilden. Die Frühjahrsfeigen werden vor dem Blattfall angelegt und müssen überwintern, was bei uns nur selten möglich ist.

Ficus carica ist aber nicht nur ein begehrtes Fruchtgehölz. Das sehr dekorative, immer gesunde Laub macht die Feige auch zu einer Blattschmuckpflanze.

Im Garten verlangt das wärmeliebende Gehölz den sonnigsten und geschütztesten Platz. Ideal sind nach Süden gelegene Mauern und Hauswände. Aus Sicherheitsgründen sollte man dem Gehölz eine mindestens 30 cm hohe Laubschüttung als Winterschutz geben. So ist gewährleistet, daß auch bei stärksten Frösten noch genügend gesundes Holz verbleibt. Feigen treiben in der Regel immer wieder gut durch. In klimatisch ungünstigen Gebieten Deutschlands wird Ficus carica auch gern als Kübelpflanze gezogen. Da sie nur sommergrün ist, kann der Kübel auch in einem dunklen, halbwegs frostfreien Raum überwintert werden.

Ficus carica

217

FORSYTHIA VAHL – Forsythie, Goldglöckchen – Oleaceae, Ölbaumgewäche

Benannt zu Ehren des königlich-englischen Gartendirektors, WILLIAM FORSYTH, 1737 bis 1804. Die erste Forsythie kam 1833 nach Europa.

Die Gattung Forsythia umfaßt 7 Arten, die, bis auf F. europaea, ihr Verbreitungsgebiet in Ostasien haben. Es sind sommergrüne Sträucher, deren Zweige gekammertes Mark aufweisen (bei F. suspensa ausnahmsweise hohl!), und bei denen die Blätter, wie bei allen anderen Ölbaumgewächsen, gegenständig angeordnet sind.

Die auffälligen Blüten bestehen aus 4 Kelch- und 4 Kronblättern, 2 Staubgefäßen und einer 2spaltigen Narbe. Die Früchte sind harte, ledrige Kapseln, die besonders zahlreich bei der fertilen Sorte 'Beatrix Farrand' ausgebildet werden.

Anspruchslosigkeit, Winterhärte und die frühe Blüte sind wohl die Hauptgründe für die schnelle Eroberung unserer Gärten. Forsythien gehören zu den beliebtesten und bekanntesten Frühlingsgehölzen. Sie sind zum Inbegriff des Frühlings geworden.

Leider wird dieser schöne Strauch oft zu massiert und zu dicht gepflanzt. Einzeln stehende Forsythien in himmelblauen Flächen von Chionodoxa oder Scilla 'Spring Beauty' ergeben ein fantastisches Gartenbild.

F. x intermedia 'Beatrix Farrand'
(Arnold Arboretum 1944)

Forsythia x interm. 'Beatrix Farrand'

Wuchs: Mittelhoher bis hoher Strauch, kräftig straff aufrecht mit dicken, leicht brechenden Zweigen, im Alter weitbogig überhängend, dicht verzweigt.

Größe: Bis 4 m hoch und 3 m breit, im Alter genauso breit wie hoch. Jahreszuwachs in der Höhe 30 bis 45 cm, in der Breite 20 bis 35 cm.

Rinde: Einjährige Triebe hellbraun.

Blätter: Sommergrün, gegenständig, eilanzettlich, 10 bis 15 cm lang, grob gezähnt.

Blüten: Knallgelb (signalgelb, chromgelb), Einzelblüte 3,5 bis 4,5 cm breit, Kronblätter bis 0,8 cm breit, am Grunde mit jeweils 3 dunkelgelben Streifen, am Ende rundlich, teilweise eingekerbt; Blüten erscheinen oft einzeln, nicht so gehäuft wie bei 'Lynwood' oder 'Spectabilis'; April bis Mai.

Früchte: 2 schnabelige, harte, braune Kapseln, werden reichlich angesetzt.

Wurzel: Fleischig, Hauptwurzeln flach ausgebreitet, wenig verzweigt.

Standort: Sonnig, warm (frühe Blüte).

Boden: Gedeihen in jedem, nicht zu trockenen, nahrhaften Boden, sauer bis alkalisch; bevorzugen frische, nicht zu kalkhaltige Standorte.

Eigenschaften: Gut frosthart, empfindlich gegenüber sommerlichen Trockenzeiten, schlappt relativ schnell, erträgt andererseits aber erstaunlich viel Wurzelkonkurrenz durch ältere Bäume, gutes Ausschlagsvermögen, blüht teilweise am vorjährigen Holz, ältere Pflanzen etwas blühfaul.

Verwendung: Einzelstellung, Gruppen, Pflanzkübel.

Ökologie: Blüten von 'Beatrix Farrand' werden im Gegensatz zu anderen Forsythien gut von Insekten besucht!

F. x intermedia 'Lynwood'
(= F. x intermedia 'Lynwood Gold')

Wuchs: Mittelhoher Strauch, in der Jugend schlank und schmal aufrecht, später bogig überhängend, Kurztriebe oft dicht dem Trieb anliegend.

Größe: 2 bis 3 m hoch und 2 m breit, alte Exemplare genauso breit wie hoch. Jahreszuwachs in der Höhe 25 bis 30 cm, in der Breite 25 cm.

Blätter: Sommergrün, gegenständig, eilanzettlich, 8 bis 12 cm lang, zum Teil dreizählig, lebhaft grün, lange anhaftend, Herbstfärbung gelegentlich lichtgelb und violett überlaufen.

Blüten: Knallgelb (signalgelb, chromgelb), Einzelblüte 2,5 bis 3,5 cm breit, erscheinen in dichtgedrängter Fülle gut verteilt an den Zweigen, große Leuchtkraft, April/Mai.

Wurzel: Fleischig, Hauptwurzeln flach ausgebreitet, wenig verzweigt.

Standort: Sonnig, warm (frühe Blüte).

Forsythia x interm. 'Lynwood'

Boden: Gedeihen in jedem, nicht zu trockenen, nahrhaften Boden, sauer bis alkalisch, bevorzugen frische, nicht zu kalkige Standorte.

Eigenschaften: Gut frosthart, empfindlich gegenüber sommerlichen Trockenzeiten, schlappen schnell, ertragen andererseits aber erstaunlich viel Wurzelkonkurrenz durch ältere Bäume, gutes Ausschlagsvermögen, blühen auch teilweise am vorjährigen Holz.

Verwendung: Einzelstellung, lockere Gruppen und Pflanzkübel. Sehr gutes Treibgehölz. Damit sie ihre volle Schönheit zeigen können, sollten Forsythien niemals zu dicht gepflanzt werden. Sträucher für eine gute, harmonische Nachbarschaft wären: Ribes sanguineum-Sorten, Chaenomeles, Spiraea thunbergii und S. x arguta, Amelanchier, Prunus subhirtella 'Autumnalis Rosea', Prunus 'Kursar', Corylopsis spicata, Cornus mas, Salix caprea 'Mas', Rhododendron 'Praecox', Daphne mezereum, Viburnum x bodnantense und Prunus mume, die leuchtend rosarote Zier-Aprikose aus Japan. Mit Wildblumenzwiebeln und Stauden bringen wir Leben und Natürlichkeit in die oft etwas zu einseitig ausgerichteten Gehölzpflanzungen. Eine lebendige Krautschicht ist auch ein guter Beitrag für mehr Ökologie im Garten.

Herrliche Bilder schaffen wir mit Chionodoxa luciliae und Ch. sardensis; noch früher, aber immer noch zusammen mit den Forsythien blüht Scilla tubergeniana. Weiterhin kann ich wärmstens empfehlen: Iris danfordiae und Iris reticulata, Galanthus nivalis, Crocus tommasinianus und Crocus-Hybriden, das wunderbare, himmelblaue Omphalodes verna, in dem die Forsythie wie in einem blauen See schwebt, Brunnera macrophylla, das entzückende Duftveilchen, Viola odorata und rote Wildtulpen für den, der Kontraste liebt. Doch immer wieder fällt mir blauviolett ein, die Komplementärfarbe zu dem Gelb der Forsythie. Einmal gepflanzte Trupps von Muscari armeniacum, der Traubenhyazinthe, oder Scilla siberica 'Spring Beauty', entwickeln sich zu immer größeren, blauen Teppichen, die zusammen mit Forsythien, der weißen Zierquitte Chaenomeles speciosa 'Nivalis' und Arabis procurrens einen wunderbaren Frühlingsdreiklang ergeben.

Pflegetip: Forsythien sollten alle 2 bis 3 Jahre nach der Blüte ausgelichtet werden. Blühfaule, alte Triebe werden direkt an der Basis entfernt.

Forsythia x interm. 'Lynwood'

F. x intermedia 'Melisa'

Wuchs: Kleiner Strauch, buschig aufrecht, mehr gedrungen und schwach wachsend.

Größe: Bleibt deutlich niedriger als 'Lynwood'.

Blüten: Sehr zahlreich, groß, goldgelb, früh; März/April.

Blüten, Standort, Boden, Eigenschaften wie 'Lynwood'.

Verwendung: Eine neue, kompakt wachsende Selektion für kleine Gartenräume und Pflanzkübel. Sehr wertvoll!

F. x intermedia 'Spectabilis'

Von der Baumschule SPÄTH 1906 in den Handel gebracht und auch heute noch eine der allerbesten Sorten.

Wuchs: Mittelhoher Strauch, breit aufrecht, Hauptäste straff aufrecht, später malerisch überhängend, gleichmäßiger Ansatz von Seitenzweigen, kaum eine andere Sorte verzweigt sich so gut.

Größe: Bis 3 m hoch und im Alter genauso breit. Jahreszuwachs in der Höhe 25 bis 35 cm, in der Breite 20 bis 30 cm.

Forsythia x interm. 'Spectabilis'

Blätter: Sommergrün, gegenständig, eilanzettlich, 8 bis 12 cm lang, zum Teil dreizählig, lebhaft grün, lange anhaftend, Herbstfärbung gelegentlich lichtgelb und violett überlaufen.

Blüten: Dunkelgelb, Einzelblüte bis 3 cm breit, erscheinen in großer Fülle, April/Mai.

Wurzel, Standort, Boden, Eigenschaften und Verwendung wie 'Lynwood'.

F. x intermedia 'Spring Glory'

Um 1930 bei H. H. HORVARTH, Ohio, USA, entstanden, Abkömmling von 'Primulina'.

Wuchs: Mittelhoher Strauch, breitbuschig aufrecht, später mit locker überhängender, dichter Bezweigung, insgesamt sehr guter, stabiler Wuchs.

Größe: Bis 3 (bis 4) m hoch und 3 m breit. Jahreszuwachs in der Höhe 25 bis 30 cm, in der Breite 20 bis 30 cm.

Forsythia x interm. 'Spring Glory'

Forsythia x interm. 'Spring Glory'

Blätter: Sommergrün, gegenständig, eilanzettlich, 8 bis 12 cm lang, zum Teil dreizählig, lebhaft grün, lange haftend, Herbstfärbung gelegentlich lichtgelb und schwach violett überlaufen.

Blüten: Hellgelb (primelgelb), Einzelblüte bis 3,5 cm breit, Kronblattzipfel leicht gedreht, sehr reichblühend, April/Mai.

Eigenschaften: Setzt am vorjährigen Trieb nur sehr vereinzelt Blüten an, am mehrjährigen Holz allerdings sehr zahlreich.

Verwendung: Wem das Gelb der bekannten Sorten zu kräftig und zu dominierend ist, dem empfehle ich die hübsche, nie aufdringliche 'Spring Glory', die sonst alle anderen guten Wuchseigenschaften von 'Spectabilis' hat. Von allen hellgelben Sorten ist sie die beste.

F. x intermedia 'Week-End'
(= F. x intermedia 'Courtalyn')

Wuchs: Mittelhoher Strauch, auffallend dicht und vieltriebig, nach etwa 4 bis 5 Jahren bogig überhängend bis stark auseinanderfallend, Bodentriebe wurzeln, dadurch seitliche Ausbreitung.

Größe: 1,5 bis 2 (2,5) m hoch.

Blüten: Knallgelb (signalgelb), in großer Fülle, erinnern an 'Lynwood'; 'Week-End' hat wohl den frühesten Blühtermin aller F. x intermedia-Sorten.

Wurzel, Standort, Boden, Eigenschaften wie 'Lynwood'.

Verwendung: Eine wertvolle, reichblühende Neuheit, die sich durch einen niedrigeren Wuchs und den frühen Blühtermin auszeichnet.

Forsythia ovata

F. ovata NAKAI

Wuchs: Breitbuschig aufrechter, im Alter mehr rundlicher, dicht verzweigter, aber auch etwas sparriger Strauch. Langsam wachsend.

Größe: 1,2 bis 2 m hoch und meist genauso breit.

Triebe: Graugelb, rund (nicht kantig!), Mark gefächert.

Blätter: Sommergrün, wechselständig, eiförmig bis fast rund, meist ganzrandig oder nur schwach gesägt, 5 bis 7 cm lang.

Blüten: Zu 1 bis 3 beisammen, Kronröhre kurz, Gesamtblüte 1,2 bis 1,5 cm lang und 1,5 bis 1,7 cm breit, Kronzipfel breit eiförmig, bis 6 mm breit, chromgelb (R. H. S. C. Ch. 9 A); Blütezeit März, immer vor den anderen Forsythien.

Wurzel: Fleischig, Hauptwurzeln flach ausgebreitet.

Standort: Sonnig, warm (frühe Blüte).

Boden: In jedem nicht zu trockenen, nahrhaften, sauren bis alkalischen Substrat, bevorzugt frische, nicht zu kalkhaltige Böden.

Eigenschaften: Frosthart.

Verwendung: Besonders wertvoll wegen der frühen Blüte, die etwa 10 Tage vor den anderen Arten und Sorten einsetzt.

Empfehlenswerte Sorten:

'Dresdner Vorfrühling' (= F. ovata x F. suspensa var. fortunei). Gezüchtet von den ehemaligen VEG SAATZUCHT BAUMSCHULEN DRESDEN.

Blüten 3 bis 4 cm breit, früheste aller Forsythien. Wuchs dichtbuschig und betont aufrecht. Blüht bereits am vorjährigen Langholz mit 20 bis 30 Blüten an einem Nodium. Sehr wertvoll!

'Robusta', Wuchs breitbuschig, Blätter dunkelgrün, Blütezeit Ende März/Anfang April.

'Tetragold', dieser tetraploide Klon wurde 1963 von der holländischen PROEFSTATION V. D. BOOMKWEKERIJ durch Colchizin-Behandlung erzielt. Wuchs breit und sparrig, im Alter etwas unansehnlich. Blüten bis 3 cm breit, Kronzipfel 8 mm breit. Blütezeit Ende März/Anfang April. Ältere Pflanzen oft sehr blühfaul und auch vom Aussehen her unbefriedigend. Wertvoller ist die Sorte 'Dresdner Vorfrühling'.

F. suspensa var. fortunei (LINDL.) REHD.

Verbreitung: China.

Wuchs: Mittelhoher Strauch, breit aufrecht, im Alter bogig überhängend bis zum Boden, Zweigspitzen oft wurzelnd.

Größe: Bis 3 m hoch und genauso breit. Jahreszuwachs in der Höhe 20 bis 35 cm, in der Breite 30 cm.

Rinde: Triebe hellbraun, hohl!

Blätter: Sommergrün, gegenständig, eiförmig, scharf gesägt, an Langtrieben häufig dreiteilig, 8 bis 10 cm lang, dunkelgrün.

Blüten: Kleiner als bei anderen Sorten, gelb (gingstergelb), Kronblätter 1 bis 1,3 cm lang, etwas gedreht, Kronzipfel spitz auslaufend; April.

Wurzel, Standort, Boden, Eigenschaften und Verwendung wie 'Lynwood'.

Wegen des überhängenden Wuchses sehr gut für Böschungen, Treppenwangen und Mauerkronen.

FOTHERGILLA L.
Federbuschstrauch – Hamamelidaceae, Zaubernußgewächse

F. gardenii MURRAY.,
Erlenblättriger Federbuschstrauch
(= F. alnifolia L. f., F. carolina BRITT.)

Fothergilla gardenii mit Herbststeinbrech

Fothergilla gardenii

Verbreitung: Nordamerika; von Virginia bis Georgia in Wäldern.

Wuchs: Kleinstrauch mit straff aufrechten Grundtrieben, später breitbuschig bis ausladend.

Größe: Bis 0,8 m hoch und im Alter breiter als hoch.

Blätter: Sommergrün, wechselständig, in Form und Größe sehr variabel, verkehrt eiförmig bis länglich, auch breit elliptisch, 2 bis 6 cm lang, oben dunkelgrün, sternhaarig, unten blaugrün; Herbstfärbung von gelb bis leuchtend scharlachrot, am schönsten in voller Sonne.

Blüten: Vor dem Laubaustrieb in 2 bis 3,5 cm langen Ähren, Kronblätter fehlend, Staubgefäße cremeweiß; sehr auffallend durch etwas außergewöhnlichen Aufbau; Blüten duften nach Honig, Blütezeit Mai.

Wurzel: Hauptwurzeln kräftig, in der Jugend mehr flach, später auch tiefgehend, hoher Anteil an Feinwurzeln.

Standort: Sonne bis Halbschatten, geschützte Lage.

Boden: Sandig-humoser, aber auch anlehmiger, genügend frischer bis feuchter, nahrhafter Oberboden (Lauberde günstig), sauer bis neutral, kalkmeidend.

Eigenschaften: Gut frosthart, stadtklimafest, langsam wachsend, sehr gesund, keine Krankheiten bekannt.

Verwendung: Das Schleierkraut für die Rhododendronpflanzungen! Der Federbuschstrauch gehört zu den kostbarsten Gehölzen in unseren Gärten, darin sind sich hoffentlich alle Pflanzenkenner einig. Es sind aber nicht nur die ungewöhnlichen Blüten, sondern es ist auch die prachtvoll leuchtende Herbstfärbung, die so leicht von keinem anderen Strauch übertroffen wird. Auf sonnigen, schwachsauren Standorten haben die gelben, orangefarbenen und scharlachroten Töne eine unglaubliche Leuchtkraft; oft sind diese Farben als wundervolle Kombination in einem Blatt vereint.

Wirkungsvoll ist eine flächige Bepflanzung aus dunkelroten Rhododendron Repens-Hybriden und einzelnen Federbüschen. Wer mehr Farbe liebt, dem empfehle ich, in den Hintergrund Rhododendron luteum zu setzen. Neben dem schönen Farbdreiklang erfüllen der Federbuschstrauch und die Pontische Azalee den Gartenraum mit einem herrlichen Duft.

Für Rhododendron Williamsianum-Hybriden, Rh. Yakushimanum-Sorten, purpur, rot und rosa blühende Japan-Azaleen wie 'Blaue Donau', 'Beethoven', 'Rosalind' und andere haben lockere Trupps von Fothergillen die gleiche Bedeutung wie z. B. das Schleierkraut für die Rosenbeete. Sie bringen Leichtigkeit, Transparenz, Helligkeit und einen farblichen Ausgleich in die manchmal schon zu massiv blühenden Rhododendronpflanzungen. Flächen aus Tiarella cordifolia mit eingestreuten Hyacinthoides non-scripta machen das Bild noch lebendiger.

Gut zusammen paßt auch die weiße Blüte von Fothergilla mit den besonders im Austrieb kräftig braunrot gefärbten Blättern von Acer palmatum 'Atropurpureum'. Einen beeindruckenden Farbdreiklang erzielen wir mit dem glänzend purpurroten Laub und den blauen Blütenähren von Ajuga reptans 'Atropurpurea', dem anspruchslosen, heimischen Günsel. Die Federbuschsträucher steigen wie vieltriebige Silberkerzen aus den blauroten Flächen auf. Die Partner vertragen sich ausgezeichnet, denn beide lieben den sauren Boden.

Pflegetip: Vergreiste Äste können unmittelbar über dem Boden abgeschnitten werden. Ist der Strauch genügend tief gepflanzt worden, entwickeln sich von der Basis her neue Grundtriebe. Für eine organische Düngung sind sie sehr dankbar, aber das oberste Gebot ist der saure Boden, er ist durch nichts zu ersetzen. Bei jungen Exemplaren empfehle ich einen Wurzelschutz aus Laub.

F. major LODD.,
Großer Federbuschstrauch
(= F. monticola ASHE)

Fothergilla major

Verbreitung: Nordamerika; in den Alleghany Mountains von Virginia bis S-Carolina.

Wuchs: Kleiner, rundlicher Strauch mit zahlreichen, dichtstehenden, aufrechten Grundtrieben, Wuchsform recht unterschiedlich, gelegentlich auch oval-aufrecht bis kegelförmig; langsam wachsend.

Größe: 1,5 bis 2,5 (bis 3) m hoch und 1 bis 2 m breit.

Blätter: Sommergrün, wechselständig, breit-

Fothergilla major

eiförmig, 5 bis 10 cm lang, unterseits blaugrün, mehr oder weniger sternhaarig, etwas ledrig, 5 bis 10 mm lang gestielt, Herbstfärbung von goldgelb über orangerot bis ganz rot.

Blüten: Zugleich mit den Blättern erscheinend in 2,5 bis 5 cm langen, aufrechten Ähren, Kronblätter fehlend, Staubgefäße weiß, aber groß ausgebildet; duften nach Honig; sehr attraktiv, interessant aufgebaute Blüten, Blütezeit Mai.

Fothergilla major

Wurzel, Standort, Boden, Eigenschaften wie F. gardenii.

Verwendung: F. major ist die größere Form des Federbuschstrauches, die auf zusagenden Plätzen auch 3 m Höhe erreichen kann. Herrlicher Einzelstrauch für Heidegärten und Rhododendronpflanzungen. Im sehr lichten Gehölzrandbereich zusammen mit Astilben, Farnen, Flächen aus Cornus canadensis und Gaultheria procumbens. Herrlich auch die Benachbarung mit Clematis alpina-Sorten (weißblau), die auch bodendeckend eingesetzt werden können, dazu, ebenfalls in Blau, Pulmonaria angustifolia-Sorten. Auf zu schattigen Plätzen bleiben Blütenflor und Herbstfärbung fast völlig aus. Allerdings sollte man Fothergilla auch nicht auf zu sonnige und heiße Standorte pflanzen. Fast naturhaft wirken sie in Flächen aus Dicentra 'Luxuriant', zusammen mit Smilacina, Tiarella und Farnen wie Polystichum setiferum 'Proliferum', Cyrtomium fortunei und Blechnum spicant.

Weitere Verwendungsangaben siehe F. gardenii.

Ökologie: Fothergilla-Arten werden gern von Hummeln beflogen.

FRANKLINIA MARSH.
Franklinie – Theaceae,
Teestrauchgewächse
(früher auch Ternstroemiaceae)

F. alatamaha MARSH.
(= Gordonia alatamaha SARG.)

Franklinia alatamaha

Eine beinahe unglaubliche Geschichte! Franklinia, so sagen es wenigstens die Amerikaner, ist das seltenste Gehölz der Welt. Als JOHN BARTRAM 1770 an den Ufern des Alatamaha-Flusses in Georgia Saat für den Botanischen Garten in Philadelphia sammelte, übrigens der erste in Amerika, entdeckte er einen bisher unbekannten, außerordentlich schönen Strauch, den er nach seinem Freund Benjamin Franklin benannte. 1790 wurde Franklinia nochmals am Wildstandort beobachtet. Danach hat man diesen Strauch nie wieder in der Natur gefunden. Alle Pflanzen, die heute in den Bot. Gärten und Gehölzsammlungen existieren, stammen aus der Saat, die J. BARTRAM in Georgia sammelte. Franklinia ist also ein Gehölz, das nur als Kulturpflanze überlebt hat.

Der Strauch wird 4 bis 7,5 m hoch, gelegentlich entwickelt er sich auch zu einem kleinen Baum von etwa 9 bis 10 m Höhe. Die sommergrünen Blätter sind wechselständig angeordnet, 12 bis 15 cm lang, verkehrt länglich eiförmig, an der Basis schmal keilförmig, glänzend grün, unterseits behaart. Im Herbst färben sie sich leuchtend orange, pink und burgunderrot. Eine Besonderheit sind die weißen, 5 bis 7,5 cm großen Schalenblüten, aus denen die goldgelben Staubgefäße herausleuchten. Sie erscheinen erst im

September und öffnen sich noch im Oktober, wenn bereits die Herbstfärbung eingesetzt hat.

Franklinia ist auch in unseren mitteleuropäischen Gärten ausreichend winterhart. In Botanischen Gärten, wie z. B. in Hamburg, oder in privaten Sammlungen stehen größere Exemplare. In North Carolina überstand eine 15jährige Pflanze 3 Tage lang eine Temperatur von minus 20 °C ohne Schaden. Dennoch sollten wir diesem auserlesenen Gehölz einen geschützten Sonderplatz zuweisen, zumal junge Pflanzen empfindlich sind. Um ein gutes Ausreifen, einen optimalen Blütenansatz und eine schöne Herbstfärbung zu garantieren, wäre ein vollsonniger Standort erforderlich. Die Franklinie benötigt, wie auch ihre Verwandten aus der Familie der Teestrauchgewächse, die Kamelien und Stewartien, einen frischen bis feuchten, gut durchlässigen, humosen, sauren Boden. In den ersten Jahren empfehle ich einen Winterschutz aus Laub und Fichtenreisig.

Die Franklinie hat nicht nur eine aufregende Vergangenheit, sie ist auch ein Gehölz der Superlative. Mit ihrem schönen Laub, der spektakulären Herbstfärbung und ihrer spätsommerlichen Blüte ist sie eine der größten Kostbarkeiten des Gehölzreichs. Nachdem ich diese Zeilen geschrieben habe, treibt es mich unverzüglich in das Arboretum, um mich über das Wohlbefinden der beiden frisch gepflanzten Franklinien zu vergewissern und mich an ihnen zu freuen.

FRAXINUS L.
Esche – Oleaceae,
Ölbaumgewächse

Die Gattung umfaßt 65 Arten, die alle auf der nördlichen Halbkugel verbreitet sind. Meist sind es hohe, laubabwerfende Bäume; nur wenige Arten wie z. B. F. bungeana und F. caroliniana, die Sumpf-Esche, wachsen strauchförmig. Sehr charakteristisch für die Gattung Fraxinus sind die dicken Winterknospen, die bei unserer heimischen Esche, Fraxinus excelsior, tiefschwarz sind, bei anderen Arten aber grau und braun sein können. Die Blätter sind gegenständig (an Langtrieben gelegentlich auch wechselständig) und unpaarig gefiedert. Die Blüten sind in achselständigen oder endständigen Rispen bzw. Trauben angeordnet. Gewöhnlich überwiegt bei der Gattung Fraxinus die Zweihäusigkeit, doch gibt es hier keine einheitliche Regel. Auch bei unserer heimischen Esche sind einhäusige und zweihäusige Bäume bekannt, darüber hinaus gibt es aber auch zwittrige Blüten. Eschenblüten sind meist unscheinbar, sie können allerdings in der Sektion Ornus, in der das Auftreten von Kronblättern dominiert, sehr ansehnlich und zie-

rend sein. Fraxinus ornus, die Blumen-Esche, wird auch als dekorativer Blütenbaum in unseren Garten- und Parkanlagen gepflanzt. Die Frucht ist eine Nuß mit einem lang ausgezogenen Flügel. Sie gehört zu den sogenannten „Drehschraubenfliegern", die sich im freien Fall zum einen um ihre Längsachse drehen, sich aber gleichzeitig noch in einer schraubenförmigen Flugbahn bewegen. Die Flügelnüsse der Esche können bis 150 m weit fliegen.

Für den Pflanzenverwender haben die Eschen eine große Bedeutung als schnellwüchsige und langlebige Gehölze, die sowohl für Pflanzmaßnahmen in der freien Landschaft als auch für Begrünungen von Straßen und Alleen im dörflichen und städtischen Bereich eingesetzt werden können. Wegen ihres festen, biegsamen und tragfähigen Holzes gehören die Eschen auch zu den wertvollsten Nutzhölzern in der Forstwirtschaft. Die Blumen- oder Manna-Esche hat seit dem 15. Jahrhundert eine große wirtschaftliche Bedeutung als Lieferant für den berühmten, süßen Manna-Saft.

F. angustifolia 'Raywood',
Schmalblättrige Esche, Purpur-Esche
(= F. angustifolia 'Wollastonii', F. oxycarpa 'Raywood', F. oxycarpa 'Flame')

In Australien selektiert, um 1927 von der Baumschule NOTCUTT in England verbreitet.

Wuchs: Mittelgroßer bis großer Baum mit eiförmiger, etwas unregelmäßiger, halboffener Krone, geradem Stamm, aufrechten Ästen und verhältnismäßig dünnen Zweigen, mäßig stark wachsend.

Fraxinus angustifolia 'Raywood'

Größe: 15 bis 18 (bis 25) m hoch und 10 bis 12 (bis 15) m breit.

Rinde: Junge Triebe kahl, braun, Zweige grau, Knospen dunkelbraun bis braunschwarz, fein behaart.

Blätter: Sommergrün, gegenständig, unpaarig gefiedert, 12 bis 25 cm lang, Blättchen zu 9 bis 13, länglich oval, zugespitzt, sitzend, ganzrandig bis schwach gesägt, oben glänzend dunkelgrün, unten heller, kahl; Herbstfärbung violettpurpur (bordeauxrot), besonders auf trockeneren oder gut entwässerten Böden.

Früchte: Werden nicht angesetzt.

Wurzel: Herzwurzelsystem mit vertikal wachsenden Senkern, Hauptseitenwurzeln flach und sehr weitstreichend.

Standort: Sonnig bis absonnig.

Boden: (Trocken) mäßig trocken bis frisch, gut durchlässig, liebt Kalk.

Eigenschaften: Ausreichend frosthart, stadtklimafest, verträgt Strahlungshitze.

Verwendung: Sehr attraktiver, zierlich belaubter und anspruchsloser Baum, der in England und Holland häufig für die Bepflanzung von Alleen und Straßen verwendet wird. Solitärgehölz für größere Garten- und Parkanlagen.

F. excelsior L.,
Gewöhnliche Esche
(lat. excelsior = höher, herausragend)

Das Wort Esche ist aus dem althochdeutschen „asc" entstanden. In der nordischen Mythologie ist der Weltenbaum Yggdrasil eine Esche.

Fraxinus excelsior

Verbreitung: Europa, Kleinasien bis Transkaukasien und Nordpersien; in Mitteleuropa überall verbreitet, vor allem im westlichen und südlichen Teil, in den Alpen bis auf 1400 m; in Auen- und Schluchtwäldern, in krautreichen Laubmischwäldern, an Bächen und Flüssen, an steinigen Hängen, auf feuchten, lockeren, tief- bis gelegentlich flachgründigen, nährstoffreichen, kalkhaltigen bis mäßig sauren Ton- und Lehmböden.

Wuchs: Hoher, in der Jugend schnellwüchsiger Baum mit ovaler bis rundlicher, lichter Krone, einzelne Äste im Alter oft sehr stark ausgebildet und weit ausladend.

Größe: 25 bis 40 m hoch und 20 bis 30 (bis 35) m breit. Jahreszuwachs in der Höhe 30 bis 45 cm, in der Breite 20 bis 30 cm, in den ersten 10 Jahren deutlich stärker.

Rinde: Von olivgrün bis graugrün, später grau, lange glatt bleibend; Winterknospen schwarz!

Blätter: Sommergrün, gegenständig, unpaarig gefiedert, bis 40 cm lang, 9 bis 13 Blättchen, eiänglich bis lanzettlich, gegenständig, 5 bis 12 cm lang, 1,5 bis 4,5 cm breit; Herbstfärbung gelb, doch nur selten, meist nach Frosteinbruch grün abfallend.

Blüten: Erscheinen vor den Blättern, in seitenständigen, 10 cm langen Rispen, gelblich bis rötlichgrün, unscheinbar, zwittrig oder eingeschlechtlich, Windbestäubung, April bis Mai.

Früchte: Nußfrüchte, schmal länglich, geflügelt, zu vielen büschelig beisammen, Fruchtreife im September/Oktober, oft bis zum Frühjahr am Baum hängend; gehört zu den Drehschraubenfliegern, im freien Fall schraubenförmige Flugbahn, wobei sich die Flügelfrucht auch noch um ihre Längsachse dreht; fliegt bis zu 150 m weit.

Wurzel: Pfahlwurzel in den ersten 10 Jahren, später Senkerwurzelsystem mit sehr kräftigen, flach liegenden und weit über die Kronentraufe streichenden, stark brettartigen Hauptseitenwurzeln, an deren Unterseite vertikal wachsende Senker entspringen, die Tiefen bis 1,50 m erschließen; größte Wurzelausdehnung aller heimischen Baumarten; oft kann ein riesiger Wurzelanlauf beobachtet werden; Wurzelwachstumszeit nur von Mai bis Anfang September; reagieren empfindlich auf Absenkung des Grundwasserspiegels.

Standort: Sonne bis lichter Schatten bis Halbschatten.

Boden: Bevorzugt humose, genügend frische bis feuchte, tiefgründige, nährstoffreiche und lockere, gut durchlüftete Böden, kalkliebend, gedeiht aber noch auf mäßig sauren Standorten, versagt auf verdichteten und zu trockenen Böden, meidet Staunässe, liebt sauerstoffreiches, fließendes Wasser (Wasseresche).

Eigenschaften: Halbschattholz, in der Jugend schattenfest, etwas wärmeliebend, junge Bäume

Fraxinus excelsior

Fraxinus excelsior,
Deutsche Alleenstraße
in Mecklenburg-Vorpommern

spätfrostempfindlich, windfest, sehr hohes Ausschlagsvermögen, bei Grundwasserabsenkung Wipfeldürre, wird bis etwa 200 Jahre alt; Blütenstände werden häufig von einer Milbe befallen, Gallbildung verursacht mißgestaltete, verholzende Blütenstände, die im Winter am Baum verbleiben; Rinde wird gern von Wild und Vieh verbissen; in Industriegebieten hochempfindlich gegen chronische Rauchsäuren- und Gaseinwirkung (EHLERS).

Verwendung: Wichtiger Großbaum für Pflanzmaßnahmen in der freien Landschaft; Windschutzpflanzungen; durch reiche Faserwurzelbildung wertvoll für Schutzpflanzungen an Hängen und Böschungen; Uferbefestigung an Bächen und Flüssen, Brettwurzeln und starker Wurzelanlauf verhindern Auskolkungen; Begrünungsmaßnahmen an Landstraßen, Straßen- und Alleebaum bei entsprechenden Bodenverhältnissen, herrlicher Einzelbaum für weitläufige Parkanlagen, an Wasserläufen und Teichen; Bodenentwässerung durch sehr hohe Transpirationsleistung (pumpende Gehölzart). In südlichen Ländern ist das Laubheu beliebtes Viehfutter. Noch im Jahre 1938 hat man in Teilen Mecklenburgs Eschen zwecks Viehfütterung geschneitelt. Das harte, feste, biegsame und tragfähige Holz zählt

zu den wertvollsten Nutzhölzern. Es wurde früher für Maschinen-, Wagen- und Pferdeschlittenbau (Kufen) verwendet. Die Stiele für Lanzen und Speere wurden ebenfalls aus Eschenholz gefertigt.

Anmerkung: Eschen sind in der Natur vergesellschaftet mit: Populus tremula, Alnus glutinosa, Corylus avellana, Salix caprea, Salix cinerea und Salix viminalis.

F. excelsior 'Altena'
(= Fraxinus excelsior 'Monarch')

1943 in Holland selektiert.

Wuchs: Großer Baum, junge Krone straff aufrecht, später regelmäßig pyramidal, geschlossen, Stamm durchgehend.

Größe: 20 bis 25 m hoch und bis etwa 15 m breit. Jahreszuwachs in der Höhe 45 cm, in der Breite 35 cm.

Rinde: Olivgrün bis graugrün, später grau, sehr lange glatt bleibend, Winterknospen schwarz.

Blätter: Sommergrün, gegenständig, unpaarig ge-

fiedert, 30 (bis 40) cm lang, Blättchen zu 9 bis 11, bis 8 cm lang, ziemlich kurz gestielt, grob und scharf gesägter Rand, Adern tiefliegend, mattgrün;

Fraxinus excelsior 'Altena'

Fraxinus excelsior 'Pendula'

Herbstfärbung gelegentlich gelb, oft aber nach Frosteinbruch grün abfallend.

Früchte: Nicht beobachtet, möglicherweise männlich?

Wurzel, Standort, Boden und Eigenschaften wie die Art. Hervorzuheben ist die große Windfestigkeit und die Vorliebe für hohe Bodenfeuchtigkeit.

Verwendung: Guter Straßenbaum, Gruppenpflanzungen in großräumigen Garten- und Parkanlagen. Eine weitere empfehlenswerte, kompaktkronige Sorte ist **F. excelsior 'Atlas'**.

F. excelsior 'Diversifolia',
Einblatt-Esche
(= Fraxinus excelsior 'Monophylla',
Fraxinus veltheimii HORT.)

1789 in England gefunden.

Wuchs: Großer Baum mit regelmäßiger, pyramidaler Krone und aufrechten, aber locker gestellten Ästen, Stamm gerade und durchgehend bis zur Terminale, an älteren Bäumen unterste Äste durchhängend. Nach 40 Jahren Krone offen, häufig auch unregelmäßig, auseinanderstrebend, kein durchgehender Leittrieb, starke Gabelbildung, oft unharmonisches Kronenbild.

Größe: 10 bis 25 m hoch und etwa 6 bis 15 (bis 18) m breit. Jahreszuwachs in der Höhe 25 bis 35 cm, in der Breite 10 cm.

Rinde: Olivgrün bis graugrün, später grau, sehr lange glatt bleibend; Winterknospen schwarz.

Fraxinus excelsior 'Diversifolia'

Blätter: Sommergrün, gegenständig, einfach bis 3zählig, eiförmig, meist eingeschnitten gesägt, mattgrün, Blattstiel etwa 10 cm lang; Herbstfärbung gelegentlich gelb, meist grün abfallend.

Wurzel, Standort, Boden und Eigenschaften wie die Art.

Verwendung: Wegen der Schmalkronigkeit geeignet als Straßenbaum (s. Altersform), gesunder Zierbaum mit interessanter Blattform für großräumige Garten- und Parkanlagen, an Wasserläufen und Teichen.

F. excelsior 'Eureka'

Wuchs: Großer Baum mit breit-kegelförmiger Krone, Äste locker gestellt, mehr oder weniger spitzwinklig aufstrebend.

Größe: 20 bis 25 m hoch.

Blätter: Groß, dunkelgrün glänzend, 9 bis 13 Blättchen.

Wurzel, Standort, Boden und Eigenschaften wie bei der Art.

Verwendung: Wertvoller Straßenbaum, insbesondere auch für windige Lagen.

F. excelsior 'Geesink'

Wuchs: Mittelhoher Baum mit zunächst kegelförmiger, später mehr eiförmiger Krone und durchgehendem Leittrieb, Äste und Seitenbezweigung schräg ansteigend, im Alter nicht so ausgeprägt.

Größe: 15 bis 18 (25) m hoch und etwa 10 bis 12 m breit.

Wurzel, Standort, Boden und Eigenschaften wie bei der Art.

Verwendung: Allee- und Straßenbaum, aber nicht für küstennahe Standorte.

F. excelsior 'Nana',
Kugel-Esche
(= F. excelsior f. globosa, F. excelsior potemonifolia)

Wuchs: Meist hochstämmig veredelte Zwergform, Krone dicht und kugelig, langsam wachsend.

Größe: 4 bis 6 m hoch, in Einzelfällen wohl auch noch höher, Kronenbreite 2,5 bis 4,5 m.

Blätter: Zierlicher als bei der Art, später Laubfall.

Wurzel, Standort, Boden und Eigenschaften wie bei der Art.

Verwendung: Kugelförmiger Kleinbaum für Parkanlagen und ländliche Bereiche.

F. excelsior 'Pendula',
Hänge-Esche

1838 in England gefunden.

Wuchs: Mittelhoher Baum, Äste und Zweige in weitem Bogen kaskadenartig senkrecht bis zum Boden herunterhängend, im Alter eine schirmartige Krone bildend.

Größe: 10 bis 12 (bis 15) m hoch und 8 bis 10 m breit, im Alter oft genauso breit wie hoch. Jahreszuwachs in der Höhe 20 cm, in der Breite 15 bis 20 cm.

Rinde: Olivgrün bis graugrün, später grau, sehr lange glatt bleibend; Winterknospen schwarz.

Blätter: Sommergrün, gegenständig, unpaarig gefiedert, 30 bis 40 cm lang, 9 bis 13 Blättchen, oval, Adern tiefliegend, Rand gesägt, mattgrün; Herbstfärbung gelegentlich gelb, meist grün abfallend.

Wurzel, Standort, Boden und Eigenschaften wie bei der Art.

Verwendung: Ausdrucksstarker Einzelbaum für großräumige Garten- und Parkanlagen, an Wasserläufen und Teichen, häufig gepflanzt auf Friedhöfen.

F. excelsior 'Westhof's Glorie'

1947 in Holland aus einer 20jährigen Straßenbepflanzung selektiert.

Wuchs: Großer Baum mit ovaler, später rundlicher, regelmäßiger und geschlossener Krone, Stamm geradschäftig und weit in die Krone reichend, Seitenäste schräg ansteigend, im Alter mehr ausladend, schnellwüchsig.

Größe: 20 bis 25 (bis 30) m hoch und 12 bis 15 m breit, im Alter noch breiter werdend. Jahreszuwachs in der Höhe 40 cm, in der Breite 25 cm.

FRAXINUS - FUCHSIA

Rinde: Junge Zweige graugrün bis grasgrün, Lentizellen dunkel.

Blätter: Sommergrün, gegenständig, unpaarig gefiedert, 30 (bis 40) cm lang, Blättchen zu 9 bis 11, schmal eiförmig, kurz gestielt, gesägt, glänzend dunkelgrün; Austrieb dunkelbraun, sehr spät, Herbstfärbung gelegentlich gelb, oft nach Frosteinbruch grün abfallend.

Früchte: Fruchtansatz sehr gering, meist keine Früchte.

Wurzel, Standort, Boden und Eigenschaften wie die Art.

Verwendung: Eine wertvolle Selektion, die aufgrund ihres sehr späten Austriebs besonders geeignet ist für Anpflanzungen in spätfrostgefährdeten Gebieten. Solitärbaum, Gruppenpflanzung in Parkanlagen, Allee- und Straßenbaum, Baum mit großem Holzertrag, da außerordentlich schnellwüchsig.

F. ornus L.,
Blumen-Esche, Manna-Esche

Verbreitung: S-Europa, Kleinasien; bei uns in Mitteleuropa durch die Forstkultur teilweise eingebürgert wie z. B. im Oberrheingebiet. Auf sonnigen, warmen, trockenen, kalkreichen Lehm- oder Steinböden.

Wuchs: Kleiner Baum oder Großstrauch mit rundlicher oder breitpyramidaler Krone, Stamm meistens kurz, nur selten über den Kronenansatz durchgehend, in der Jugend locker verzweigt, im Alter oft sehr dichtastig.

Größe: 8 bis 10 m hoch (gelegentlich trifft man auch über 15 m(!) hohe Bäume) und 4 bis 8 (bis 10) m breit. Jahreszuwachs in der Höhe 2 cm, in der Breite 15 cm.

Rinde: Zweige grau, glatt, Winterknospen mausgrau, filzig behaart, ältere Borke grauschwarz.

Blätter: Sommergrün, gegenständig, unpaarig gefiedert, 15 bis 20 cm lang, Blättchen meist zu 7, eiförmig bis länglich, 3 bis 7 cm lang, sattgrün,

unterseits hellgraugrün, Mittelrippe an der Basis rostrotbraun behaart, Herbstfärbung gelegentlich sehr schön gelb bis gelbviolett und später braunviolett.

Blüten: Cremeweiß, in dichten, endständigen, bis zu 15 cm langen Rispen, die den ganzen Baum bedecken und einen angenehmen Duft verbreiten; zierender Blütenbaum; Mai/Juni.

Früchte: 2 bis 4 cm lange und 7 bis 10 mm breite, geflügelte Nüßchen; Fruchtreife ab September/Oktober.

Wurzel: Herzwurzelsystem mit vertikal wachsenden Senkern, Hauptseitenwurzeln flach und sehr weitstreichend.

Standort: Sonnig bis absonnig.

Boden: Im Gegensatz zu F. excelsior sehr genügsam, toleriert alle Bodenarten von neutral bis stark alkalisch, gedeiht auf trockenen bis frischen, warmen, durchlässigen Böden sehr gut, ist kalkliebend.

Eigenschaften: Frosthart, Hitze und Trockenheit außerordentlich gut vertragend, wärmeliebend, rauchhart, stadtklimafest.

Verwendung: Anspruchsloser, sehr dekorativer Kleinbaum für Einzelstellung oder Gruppenpflanzungen in Garten- und Parkanlagen, wertvoller, hitzefester Straßenbaum für innerstädtische Sonderstandorte in nicht befestigten Flächen; gut geeignet für Kübel und Hochbeete. **Fraxinus ornus 'Rotterdam'** ist eine Selektion mit schmaler, kegelförmiger Krone.

Anmerkung: Am Naturstandort ist Fraxinus ornus vergesellschaftet mit anderen wärmeliebenden Gehölzen wie: Prunus mahaleb, Coronilla emerus, Paliurus spina-christi, Ostrya carpinifolia, Quercus cerris, Quercus pubescens, Pinus nigra, Tilia tomentosa, Castanea sativa, Laburnum anagyroides und Cotinus coggygria.

Seit dem 15. Jahrh. hat der Baum eine große Bedeutung als Lieferant für den wertvollen Manna-Saft, der nach dem Anritzen der Rinde austritt und aufgefangen wird. 5000 Bäume liefern bis zu 1000 kg Manna. Dieser sehr begehrte, süßlich schmeckende Saft enthält zu 75 % Mannit, einen Alkohol mit honigartigem Geruch, der vornehmlich in der Volksmedizin angewendet wird.

Fraxinus ornus

Fuchsia magellanica 'Gracilis'

FUCHSIA L.
Fuchsie – Onagraceae, Nachtkerzengewächse

Erhielt ihren Namen nach Leonard Fuchs, 1501–1566, Botaniker und Mediziner.

F. magellanica 'Gracilis'

Sommergrüner, dünntriebiger Strauch mit überhängenden Zweigen und gegenständigen, meist zu dritt quirlig stehenden Blättern. Blüten sehr grazil mit schräg abwärts gerichteten, schmalen Kelchblättern und weit herausragenden Staubgefäßen. Gesamtlänge der Blüte bis 6 cm. Röhre und Kelchblätter leuchtend karminrot, Krone purpurn. Fuchsia magellanica 'Gracilis' kann in unseren Gärten eine Höhe von 1 bis 1,30 (1,50) m erreichen. Auf klimatisch begünstigten Standorten (Helgoland), Nordseeküste und Ostseeinseln auch bis 2 m.

'Riccartonii'

Sie ist neben der 'Gracilis' die härteste Gartenfuchsie, die wir kennen. Röhre und Kelchblätter sind karminrot, die Krone tiefmagenta. Die Staubgefäße ragen 2 cm aus der Blüte heraus. Länge der Blüte 4,5 cm. Im Gegensatz zu 'Gracilis' sind die Kelchblätter stark gespreizt. Insgesamt ist 'Riccartonii' etwas dicktriebiger und steifer im Aufbau.

Weitere Sorten, die ich für die Freilandkultur mit Winterschutz empfehlen kann:

Fuchsia magellanica **'Gracilis Variegata'**
Fuchsia Hybride **'Grasmere'**
Fuchsia Hybride **'Margaret'**
Fuchsia Hybride **'Phyllis'**
Fuchsia Hybride **'Mrs. Popple'**
(weichhautmilbenanfällig)
Fuchsia Hybride **'Mme. Cornelissen'**

Fuchsien gehören zu den wertvollsten Spätsommer- und Herbstblühern. Sie leben erst dann richtig auf, wenn die Nächte etwas kühler werden und die Luftfeuchtigkeit allgemein ansteigt. Wochenlanges norddeutsches Regenwetter lieben sie geradezu, denn die etwa 100 Arten stammen fast alle aus Gebirgswäldern in Mittel- und Südamerika, wo sie in kühlfeuchten Höhenlagen um 3000 m vorkommen.

Fuchsia magellanica 'Gracilis' — Hummeln beißen die Kronröhre seitlich an, um so an den Nektar zu gelangen

Der von den Hummeln geschaffene „Seiteneinstieg" wird auch von Bienen und Schwebfliegen genutzt.

Schwebfliegen gehen gern auf die mit Pollen beladenen Staubbeutel von Fuchsia magellanica 'Gracilis'

Fuchsia 'Riccartonii' mit Gamma-Eule

Fuchsia magellanica 'Gracilis'

Fuchsia 'Flash'

FUCHSIA

Fuchsia magellanica 'Gracilis Variegata'

Fuchsia 'Riccartonii'

Fuchsia 'Margaret'

Fuchsia 'Mrs. Popple'

Fuchsia 'Phyllis'

dings lockerer und lichter sind. Da sie zu den konkurrenzschwachen Gehölzen zählen, sollte man sie von intensiv wurzelnden Bäumen, Sträuchern und Stauden fernhalten. Beim Pflanzen ist darauf zu achten, daß sie mindestens 5 bis 10 cm tiefer in den Boden kommen, als sie vorher gestanden haben. Die Regenerierfähigkeit ist auch dann gewährleistet, wenn der Winterschutz einmal vergessen wurde. Wer wirklich große, makellose Fuchsien jahrelang im Garten halten möchte, sollte die Pflanzen mit einer 30 bis 35 cm dicken Laubschicht eindecken. Vorher schneidet man sie bis auf 60 bis 80 cm leicht zurück, der endgültige Rückschnitt auf 10 bis 20 cm oder bei älteren, gut verholzten Pflanzen bis ins gesunde, grüne Holz, erfolgt im Frühjahr. Keine Angst, sie entwickeln sich wieder zu mannshohen Pflanzen.

Eine dringende Empfehlung: Bitte, bleiben Sie auch bei noch so verführerischem Frühjahrswetter cool und decken Sie die Pflanzen nicht vollständig ab. Die weichen Fuchsientriebe sind extrem frostempfindlich. Warten Sie die Eisheiligen ab und entfernen Sie den Rest des Laubes erst nach dem 15. Mai. Gerade in dieser Zeit entstehen die größten Schäden, nicht in der Winterruhe. Wenn Sie das beherzigen, werden Sie die Fuchsien an Ihre Kinder weitergeben können.

Ökologie: Fuchsien zählt man zu den sogenannten Vogelblumen. Ihre langen, sehr nektarreichen Röhrenblüten werden am Heimatstandort von Kolibris bestäubt. In unseren Gärten werden die F. magellanica-Formen stark von Hummeln beflogen. Wenn sie es über „den normalen Weg" nicht schaffen, beißen sie die Kronröhre von außen an, um so an den süßen Nektar zu gelangen. Dieser von den kräftigen Hummeln nun einmal geschaffene Seiteneinstieg wird auch von Bienen und Schwebfliegen genutzt. Tiere sind lernfähig.

Pflegetip: Fuchsien gedeihen besonders gut in einem frischen bis feuchten, gut durchlässigen Boden, der schwach sauer bis alkalisch sein kann. Nur bei ausreichender Feuchtigkeit und gutem Nährstoffangebot blühen sie ununterbrochen von Juli bis November. Der Phosphor- und Kaliversorgung kommt eine besondere Bedeutung zu (Blütenansatz, Winterhärte). Fuchsien gedeihen sowohl in voller Sonne als auch im Halbschatten unter hohen Bäumen, wo sie aller-

x GAULNETTYA MARCHANT
Gaultheria x Pernettya –Ericaceae, Heidekrautgewächse

Entstanden 1929 in Wisley aus einer Kreuzung zwischen Gaultheria shallon und Pernettya mucronata, deren korrekter Name heute Gaultheria mucronata lautet.

x G. wisleyensis 'Pink Pixie'
(heute: Gaultheria x wisleyensis 'Pink Pixie')

Kleiner, kompakter und sehr dichtbuschiger, 0,7 bis 1 m hoher, Ausläufer treibender Strauch mit rötlichen bis rotbraunen, robusten Trieben. Blätter immergrün, spitz herzförmig bis länglich-elliptisch, 3,5 bis 4 cm lang und 1,3 bis 2,2 (2,7) cm breit, mittelgrün, derb ledrig, Rand fein gesägt, Stiel 0,4 cm. Blüten im Juni, weiß, rosa überlaufen, in kleinen Trauben, Einzelblüte breit krugförmig, 0,6 cm lang und 0,7 cm breit, Blütenstiele rosafarben, behaart. Früchte flachkugelig, 5rippig, purpurrot.

Ein sehr robuster, durch die Ausläuferbildung flächig wachsender Kleinstrauch, der sich gut für die Bepflanzung von Heide- und Rhododendronanlagen eignet. Pflegeleichter Bodendecker auf sauren Böden.

Ökologie: Wird zur Blütezeit auffallend stark von Insekten besucht. Die Beeren werden von Drosseln und anderen Vogelarten gefressen.

Weitere Sorten sind **'Ruby'** *mit rubinroten Früchten und* **'Wisley Pearl'**, *Typ der Kreuzung mit tief weinroten, deutlich 5rippigen, 0,6 bis 0,8 cm großen Früchten.*

GAULTHERIA L.,
Rebhuhnbeere, Scheinbeere – Ericaceae, Heidekrautgewächse

Benannt nach dem kanadischen Arzt und Botaniker H. GAULTHIER, 18. Jahrhundert.

G. procumbens L.,
Niederliegende Rebhuhnbeere

Verbreitung: Östl. N-Amerika; auf sandig-sterilen Böden in Wäldern und auf Lichtungen.

Wuchs: Teppichbildender Zwergstrauch, Triebe horstartig angeordnet, breitet sich durch Wurzelausläufer langsam aus.

Größe: Bis 0,2 m hoch, Einzelpflanzen erreichen in 3 bis 5 Jahren eine Breite von 0,4 m.

Blätter: Immergrün, wechselständig, elliptisch bis verkehrt eiförmig, 1 bis 3 cm lang, in Kultur oft

Gaultheria procumbens

Gaultheria shallon

auch größer, glänzend dunkelgrün, lederartig, Winterfärbung auffallend bronzerot, Blätter insgesamt sehr zierend.

Blüten: Hellrosa, nickend, einzeln, seltener in kleinen Trauben, Einzelblüte urnenförmig, Juli/ August, Blüten werden stark von Hummeln besucht.

Früchte: Rote, kugelige, etwa 8 bis 15 mm dicke Scheinbeeren; sie sind eine große Zierde und halten bis zum späten Frühjahr (werden wegen des ätherischen Öls von Vögeln gemieden), aromatisch duftend, nicht giftig; in Amerika zur Dekoration von Fruchttorten verwendet.

Wurzel: Fadenförmig, dicht verzweigt in der obersten Humusschicht; bildet unterirdische Wurzelausläufer.

Standort: Lichter Schatten bis Halbschatten, gedeiht bei genügend Bodenfeuchtigkeit auch sonnig.

Boden: Genügend feuchter, humoser (torfiger) Oberboden, sauer bis schwach sauer, kalkmeidend.

Eigenschaften: Gut frosthart, verträgt Wurzeldruck und Konkurrenz größerer Bäume recht gut, längere Trockenzeiten werden nicht gut vertragen.

Verwendung: Ist einer der allerfeinsten und wertvollsten Bodendecker für Heide- und Steingärten, Rhododendronanlagen und andere Pflanzungen von Immergrünen. Wegen des langsamen Wuchses und des immer einheitlich sauberen Bildes außerordentlich beliebt in der Friedhofsgärtnerei, wo man G. procumbens auch für die Begrünung kleinster Grabstellen einsetzt; weiterhin gut geeignet für Tröge, Kübel und winterliche Schalenbepflanzung. G. procumbens ist ganz besonders attraktiv während der Herbst- und Wintermonate, wenn die zahlreichen roten Früchte aus dem dunkelgrün glänzenden Laub herausleuchten. In mehr sonni-

gen Lagen nehmen die obersten Blätter einen warmen, braunroten Bronzeton an, der eine weitere Zierde dieses vorzüglichen Bodendeckers darstellt.

Anmerkung: Bereits zur Zeit des amerikanischen Unabhängigkeitskrieges wurden die Blätter als Genußmittel benutzt. Frische oder getrocknete Blätter, mit kochendem Wasser übergossen, ergaben den berühmten „Salvador Tea" oder „Mountain-Tea". Durch Wasserdampfdestillation wurde aus den Blättern ferner das sogenannte „Wintergreen-Öl" gewonnen, das zu 96 bis 99 % aus Salicylsäuremethylester (Rheumaheilmittel) besteht. Außerdem wurde das Öl als Geschmacksstoff für Bonbons und Kaugummi verwendet.

Ökologie: Alle Gaultherien werden stark von Hummeln beflogen.

G. shallon PURSH.,
Hohe Rebhuhnbeere
(shallon = indianischer Eigennahme)

Verbreitung: N-Amerika, Alaska bis Kalifornien, Unterholz in schattigen, feuchten Wäldern.

Wuchs: Niedriger Strauch, aufrecht wachsend, Triebe horstartig angeordnet, stark Ausläufer treibend und dadurch eine dichte, geschlossene Bodendecke bildend.

Größe: 0,4 bis 0,8 m hoch, Einzelpflanzungen werden im Alter breiter als hoch.

Blätter: Immergrün, wechselständig, eiförmig bis fast rund mit kleiner, kurzer Spitze, 5 bis 10 (bis 12) cm lang, borstig gesägt, dunkelgrün, ledrig; sehr dekorative Belaubung.

Blüten: Weiß oder rosa in 12 cm langen, einseitswendigen, hängenden, bis 15blütigen Trauben, Einzelblüte breit krugförmig; Mai/Juni.

Früchte: Schwarzrot, rundlich, bis 1 cm dick, etwas drüsig behaart; Fruchtreife September/Oktober. Nicht giftig!

Wurzel: Fadenförmig, stark verzweigt, oberflächennah ausgebreitet.

Standort: Lichter Schatten bis Halbschatten, bei genügend feuchtem Boden auch sonnig.

Boden: Guter Oberboden, feucht, humos (torfig), sauer bis schwach sauer, kalkmeidend.

Eigenschaften: Gut frosthart, Ausläufer treibend, liebt Luftfeuchtigkeit.

Verwendung: Sehr schöner, breitbuschig wachsender Strauch, der sich vorzüglich für Flächenbegrünungen vor Rhododendron und Azaleen, aber auch zur Unterpflanzung von Nadelhölzern eignet. Will ungestört wachsen! Sehr beliebt bei den Floristen als gutes Bindegrün, das sich wochenlang in der Vase hält.

Anmerkung: Man sollte wissen, daß Gaultheria shallon auf ein Verpflanzen gelegentlich mit einem längeren Stillstand reagiert. In sehr kalten Wintern mit lang anhaltenden, trockenen Ostwinden können die Pflanzen, die ein sehr hohes Luftfeuchtigkeitsbedürfnis haben, leiden. Nach einem Rückschnitt treiben sie jedoch gut wieder durch. Trotz allem handelt es sich um einen guten, dekorativen Bodenbegrüner, der viel häufiger verwendet werden sollte.

GENISTA L.

Ginster – Papilionaceae (Leguminosae, auch Fabaceae), Schmetterlingsblütler

Die Gattung Genista umfaßt etwa 100 Arten sommergrüner oder halbimmergrüner, unbewehrter und dorniger Sträucher oder Halbsträucher, die in Europa, im Mittelmeergebiet und in Westasien beheimatet sind. Die Zweige sind grün, oft längs gerieft, ihre Blätter einfach, seltener 3zählig. Ein wichtiges Unterscheidungsmerkmal zur Gattung Cytisus sind die ohne Nabelwulst ausgestatteten Samen. Alle Pflanzenteile sind giftig.

Die Genista-Arten sind außerordentlich genügsam, sie bevorzugen einen lockeren, warmen Boden und ertragen sommerliche Dürreperioden ohne Schaden. Für den Pflanzenverwender haben sie eine große Bedeutung als anspruchslose, überreich blühende Kleinsträucher für Heide- und Steingärten, Trog- und Dachgartenbepflanzung sowie für die Begrünung trocken-heißer Sonderstandorte. Wegen ihrer sehr harten, ausgeprägten Pfahlwurzel sollten nur Pflanzen mit Topfballen verwendet werden.

G. anglica L.
Englischer Ginster, Stechkraut, Heidorn

Linné gab diesem Ginster den Artnamen anglica, weil er auf den Britischen Inseln so häufig anzutreffen ist.

Meist niederliegender, breit-sparrig verzweigter, 0,1 bis 0,5 (0,8) m hoher, sommergrüner Zwergstrauch. Junge Triebe kahl oder nur schwach behaart, Seitentriebe an den Enden 1 bis 2 cm lange Dornen. Blätter lanzettlich, 6 bis 8 mm lang, an den Dornentrieben oft kleiner oder fehlend. Blüten im Juni bis Juli in endständigen, 5- bis 10-blütigen Trauben, gelb, zitronengelb. Der Englische Ginster hat sein natürliches Verbreitungsgebiet im atlantisch beeinflußten Küstenbereich Europas. Bei uns kommt er fast ausschließlich in Nordwestdeutschland vor, sehr häufig auf den Nordseeinseln. Südlich bis Nordrhein-Westfalen und Harz.

G. anglica ist eine Charakterpflanze der Zwergstrauchheiden, kommt aber auch in lichten Kiefern- und Laubmischwäldern und hier sehr gern unter Birken- und Eichenbeständen vor. Als atlantische Gehölzart bevorzugt der Englische Ginster kühle und luftfeuchte Standorte. Die Böden sind sauer, nährstoffarm, frisch, gut durchlässig und meist sandig-humos bis sandig-lehmig, können aber auch torfig sein.

Verwendung findet G. anglica bei Rekultivierungsarbeiten in der Landschaft (Verbreitungsgebiet beachten!). Da der Englische Ginster frostempfindlich ist, kann er als Ziergehölz nur bedingt eingesetzt werden. Stein- und Heidegärten sowie niedrige Staudenpflanzungen wären die passende Umgebung für ihn. G. anglica ist nicht immer zuverlässig frosthart.

G. germanica L.,
Deutscher Ginster

Sommergrüner, niederliegend bis aufsteigend wachsender, 0,3 bis 0,6 m hoher Zwergstrauch. Langtriebe kantig, behaart, unbedornt, Seitentriebe im nicht mit Blüten besetzten Teil dornig. Blätter lanzettlich, 8 bis 15 mm lang. Blüten im Mai/Juni in bis zu 5 cm langen, gelben Trauben am Ende junger, nicht bedornter Seitentriebe. Beheimatet in Mittel- und Osteuropa. Bei uns sehr verbreitet im mittleren und südlichen Deutschland. Im Gebirge bis auf 750 m ansteigend.

G. germanica ist wie G. anglica Charakterpflanze der Ginster-Heidekraut-Gesellschaften. Man findet ihn in lichten, verheideten Kiefern-, Ei-chen- und Birkenwäldern, an Waldrändern, Säumen und auf sonnig-warmen Böschungen. Der Deutsche Ginster besiedelt (mäßig) trockene bis frische, nährstoffarme, saure (kalkmeidend, Versauerungs-Zeiger), sandig-kiesige oder reine Lehmböden. Er bevorzugt sonnige bis lichtschattige Standorte in kühl-feuchten Lagen.

Verwendung findet er als Pionierpflanze bei Rekultivierungsmaßnahmen in der Landschaft. Begrünung von Sandflächen, Böschungen, Kiesgruben und Gehölzrändern. Konkurrenzschwäche und Lichthunger beachten! Im Garten als Zierpflanze in Heide-, Stein- und Steppengärten sowie in niedrigen Stauden-Gräser-Pflanzungen verwendbar. G. germanica ist nicht immer zuverlässig frosthart.

G. lydia BOISS.,
Goldland-Ginster

Genista lydia

Verbreitung: Balkan, Syrien.

Wuchs: Zwergstrauch, niedrig-breitwüchsig, Triebe graugrün, dichtstehend und bogig überhängend.

Größe: Bis 0,5 m hoch und etwa 1 m breit.

Blätter: Sommergrün, wechselständig, einfach, linealelliptisch, spitz, etwa 2 cm lang.

Blüten: Goldgelb, in großer Fülle den Busch überdeckend, Einzelblüte relativ groß, Mai/Juni.

Wurzel: Fleischig, stark verzweigt, Pfahlwurzel wird primär ausgebildet.

Standort: Sonnig.

Boden: Toleriert jeden lockeren, sandig-humosen, nicht zu feuchten, durchlässigen Boden, schwach sauer bis alkalisch, bevorzugt trockene, warme Plätze.

Eigenschaften: Frostempfindlich, auf nährstoffarmen Standorten besseres Ausreifen, Hitze und Trockenheit sehr gut vertragend.

Verwendung: Eine der herrlichsten Ginsterarten, die zur Blütezeit ganze Flächen goldgelb überzieht; schön für Böschungen, an Mauerkronen und Trockenmauern; farblich sehr wirkungsvoll zusammen mit roten Strauchrosen wie z. B. Rosa moyesii in Heidegärten und Gehölz-Staudenrabatten; für „gelbe Blickpunkte" zusammen mit Ulex europaeus, Asphodeline lutea, Rosa hugonis, Rosa pimpinellifolia, Euphorbia cyparissias, Isatis tinctoria, Königskerzen, Euphorbia polychroma und anderen Ginsterarten. Atemberaubende Blütenfarben und -formen ergeben Genista lydia (Gruppen), Asphodeline lutea, Euphorbia cyparissias (flächig) und eingestreute Trupps von Allium christophii und A. giganteum. Einen idealen Hintergrund und zugleich Höhepunkt könnte man hier mit Laburnum x watereri 'Vossii' schaffen.

G. pilosa L.,
Behaarter Ginster, Sand-Ginster, Heide-Ginster

lat. pilosus = behaart

Niederliegend bis aufsteigend wachsender, dichtverzweigter, 0,2 bis 0,3 (0,4) m hoher Zwergstrauch. Zweige gerieft, weiß behaart, ohne Dornen. Blätter sommergrün, einfach, an Langtrieben wechselständig, an Kurztrieben rosettenartig stehend; Blätter 3 bis 16 mm lang, kahl, unterseits dicht behaart. Blüten goldgelb, im Mai bis Juli in endständigen Trauben an kurzen Seitentrieben.

Der Sand-Ginster ist verbreitet von Südwestschweden über Dänemark, Südwestpolen, Mitteleuropa, England, Frankreich bis Nordostspanien.

Genista pilosa 'Vancouver Gold'

Genista pilosa 'Lemon Spreader'

Im Süden von Italien bis Südosteuropa. Bei uns in Nord-, Mittel- und Südwestdeutschland. Südlich der Donau, im Alpenvorland und in den Alpen fehlend.

Er kommt vor an sonnigen Wald- und Wegerändern, in Zwergstrauchheiden, lichten, verheideten Eichen- und Kiefernwäldern, auf steinig-felsigen Hängen und in Trockenrasengesellschaften.

G. pilosa wächst am Naturstandort auf (mäßig) trockenen bis frischen (feuchten), nährstoffarmen, meist sauren, humosen, sandigen, kiesig-steinigen Fels- und Torfböden in luftfeuchter, wintermilder Klimalage. Als licht- und wärmeliebende Gehölzart bevorzugt er sonnig-warme bis leicht schattige Standorte.

Verwendung findet der Sand-Ginster bei Rekultivierungsmaßnahmen in der Landschaft. Pioniergehölz für Sandflächen, Böschungen, anmoorige Böden. Konkurrenzschwäche und Lichthunger beachten. Schönes Blütengehölz für Heide- und Steingärten. Der Wert dieser Pflanze wird immer noch unterschätzt. Gute Sorten: 'Goldilocks' 0,4 bis 0,6 m hoch, sehr reichblühend, 'Lemon Spreader', Wuchs niederliegend, Triebenden später aufgerichtet, dichttriebig; Blüten 1,7 cm groß, Schiffchen gelb, Fahne 1 cm lang, 0,8 cm breit, leuchtend gelb (zitronengelb), Flügel einen Ton dunkler, reichblühend, Nachblüte im Herbst; 'Vancouver Gold', 0,1 bis 0,3 m hoch, lange Blütezeit! Der Sand-Ginster und seine Sorten sind nicht immer zuverlässig winterhart. Im Winter 95/96 hat es sogar Totalausfälle gegeben.

G. radiata (L.) SCOP.,
Strahlen-Ginster
(= Cytisanthus radiatus O. F. LANG)

Verbreitung: Südfrankreich, Spanien, von der Schweiz über Kärnten bis Istrien, Dalmatien und in Mittelasien; in trockenen Bergregionen, an felsigen Hängen.

Wuchs: Buschig aufrecht wachsender Kleinstrauch, im Alter sehr breit lagernd, Zweige und achselständige Kurztriebe strahlenartig ausgebreitet.

Größe: Bis 0,8 m hoch und als ältere Pflanze oft mehr als doppelt so breit.

Rinde: Zweige gegenständig, rundlich oder kantig, gerieft, mittelgrün, behaart bis kahl.

Blätter: Sommergrün, gegenständig, 3zählig, lineallanzettlich, im Sommer abfallend.

Blüten: Gelb, bis zu 10 (bis 20) in endständigen Köpfchen, Mai/Juni.

Früchte: Eiförmige Hülse, nach oben gekrümmt, mit 1 bis 2 schwarzen Samen.

Standort: Sonnig, warm.

Boden: Keine besonderen Ansprüche, trocken bis frisch, schwach sauer bis alkalisch, bevorzugt trockene, warme Standorte, kalkliebend.

Genista radiata

Eigenschaften: Frosthart, sehr langlebig, Blätter werden schon recht bald im Sommer abgeworfen, Hitze und Trockenheit gut vertragend.

Verwendung: Ein sehr anspruchsloser, langlebiger Ginster für trocken-warme Plätze in Heideanlagen, Steingärten, Dachgärten, für Kübel und Hochbeete. Schön in Verbindung mit anderen Ginster-Arten, Kleingehölzen und Sträuchern wie Cotoneaster praecox, Cotoneaster franchetii, Potentilla-

Sorten, Caryopteris- Sorten, Juniperus sabina 'Tam No Blight', Juniperus squamata 'Blue Carpet', Pinus mugo-Formen, Salix helvetica, Salix repens ssp. argentea, Rosa pimpinellifolia, Caragana arborescens 'Lorbergii' und Caragana arborescens 'Walker', Caragana jubata, Caragana pygmaea; passende Stauden wären z. B.: Artemisia ludoviciana 'Silver Queen', Artemisia schmidtiana 'Nana', Anaphalis spec., Asphodeline lutea und Acaena spec.; Gräser wie Carex buchananii, Festuca glauca und Stipa spec. passen bestens in diese „trockene Gesellschaft".

G. sagittalis L.,
Flügel-Ginster, Pfeil-Ginster
(= Genistella sagittalis (L.) GAMS.,
Chamaespartium sagittale (L.) GIBBS)

Genista sagittalis

Verbreitung: Südeuropa, von Spanien bis zur Balkanhalbinsel. In Deutschland im Bayerischen Alpenvorland, in Teilen des Bayerischen Waldes, Rheinland-Pfalz, Eifel, Baden-Württemberg, Südhessen, Taunusgebiet. Gesellig in mehr oder weniger sauren Magerrasen und sonnigen Magerweiden, an Wald- und Wegrändern, in lichten Kiefern- und Eichenwäldern, auf warmen, mäßig trockenen, mehr oder weniger nährstoffreichen, neutralen bis mäßig sauren, humosen, sandigen oder steinigen Lehmböden, mit Vorliebe an warmen Südhängen.

Wuchs: Rasenbildender, kriechender Zwergstrauch mit wurzelnden Holzstämmchen und kurzen, aufrechten Trieben.

Größe: Bis 0,2 m hoch, aber als ältere Pflanze oft dreimal so breit.

Rinde: Triebe immergrün, mit 2 langen, breiten Flügelkanten, die an den Sproßknoten unterbrochen sind.

Blätter: Sommergrün, einfach, 5 bis 20 mm lang, bis 7 mm breit, es werden nur wenige ausgebildet, hellgrün.

Blüten: Goldgelb, in endständigen, rundlichen Trauben, Juni.

Früchte: Zottig behaarte Hülsen, nicht sehr zahlreich.

Wurzel: Fleischig, bis mindestens 40 cm tief.

Standort: Sonnig.

Boden: Sehr anspruchslos, toleriert alle Gartenböden von neutral bis sauer, mäßig trocken bis frisch, bevorzugt nicht zu nährstoffreiche, warm-trockene, gut durchlässige, kalkarme Substrate.

Eigenschaften: Frosthart, Kriechpionier, Magerkeits- und Säurezeiger, liebt luftfeuchte Klimalagen (OBERDORFER).

Verwendung: Durch die auffallend kantig geflügelten Triebe, den mattenartigen Wuchs und die im Juni zahlreich erscheinenden Blüten eine besonders interessante Ginsterart, die in ihrem Aussehen von allen anderen Arten gänzlich abweicht. Völlig anspruchsloses Zwerggehölz für trocken-warme Steingartenpartien, Trockenmauern, Böschungen, Pflanzkübel und Dachgärten. Blüht zusammen mit Campanula portenschlagiana und Gypsophila repens. In der Natur finden wir den Flügel-Ginster vergesellschaftet mit Agrostis tenuis, Nardus stricta, Carlina vulgaris, Antennaria dioica, Campanula rotundifolia und Calluna vulgaris.

G. tinctoria L.,
Färber-Ginster

Verbreitung: Europa bis Kleinasien. In Mitteleuropa ziemlich verbreitet, fehlt in den Alpen und ist selten in den Küstengebieten. Auf trockenen Mager-

Genista tinctoria

wiesen, an Wald- und Wegrändern, in lichten Eichen- und Föhrenwäldern, Halbtrockenrasen, Heiden, an trockenen Felshängen und Gebüschrändern; auf wechseltrockenen oder wechselfeuchten, neutral bis mäßig sauren, humosen, mittel-tiefgründigen, durchlässigen Lehm- und Tonböden.

Wuchs: Locker aufrecht wachsender Kleinstrauch, in der Jugend buschig, dichttriebig.

Größe: 0,4 bis 0,8 (bis 1,2) m hoch und genauso breit.

Rinde: Junge Triebe tief gefurcht, hellgrün, unbewehrt.

Blätter: Sommergrün, wechselständig, einfach, lanzettlich, 1 bis 2,5 cm lang, dunkelgrün, glänzend.

Blüten: Goldgelb, in endständigen, vielblütigen Trauben, von Juni bis Anfang August, oft im Herbst eine Nachblüte.

Früchte: Braungraue, bis 3 cm lange Hülsen.

Wurzel: Einfache, kräftige Pfahlwurzel, bis 1 m tiefgehend (OBERDORFER), Stickstoffsammler.

Standort: Sonne bis lichter Schatten (Gehölzrandsituation).

Boden: Keine besonderen Ansprüche, trockener bis frischer, humoser, mäßig nährstoffreicher, durchlässiger Boden, neutral bis mäßig sauer, insgesamt aber pH-tolerant, verträgt auch etwas Kalk, keine zusätzliche Düngung.

Eigenschaften: Frostempfindlich, schlechtes Ausreifen auf zu nährstoffreichen Böden, friert gelegentlich bis kurz über dem Boden zurück, treibt jedoch willig wieder durch, etwas wärmeliebend, Lichtpflanze, Magerkeits- und Grundfeuchtezeiger (OBERDORFER), in einigen Gebieten Weideunkraut.

Genista tinctoria

Verwendung: Der heimische Färber-Ginster ist ein attraktiv blühender Kleinstrauch, der aufgrund seiner Anspruchslosigkeit und großen Bodentoleranz für Begrünungen von sandig-warmen Straßenböschungen, Randstreifen, Kies- und Sandgruben in der freien Landschaft verwendet werden kann. In Garten- und Parkanlagen sehr schön auf trockeneren, mageren Standorten (Hügel- und Hangsituationen), in entsprechenden Gehölz- und Staudengesellschaften wie z. B. Caryopteris, Perovskia, Salix helvetica, Caragana arborescens 'Lorbergii' u. a. Spec., Ephedra spec. und Elaeagnus commutata. Eine herrliche Farbsituation, die über Wochen anhält, erreichen wir mit größeren Trupps von Färber-Ginstern, die wir in himmelblaue Hügelflächen aus Linum narbonense und L. perenne setzen. Mit dunkelblauen Iris Barbata-Elatior-Hybriden, die übrigens beinahe identische Standortansprüche haben, läßt sich der Färber-Ginster ebenfalls kombinieren. Eine sehr fein abgestimmte Gelb- bis Orangetonpflanzung könnte sich aus folgenden Partnern zusammensetzen: Colutea arborescens und Verbascum olympicum (Hintergrund), Helenium-Hybriden 'Gartensonne' und 'Goldrausch', Achillea tomentosa, Lysimachia punctata, Inula ensifolia u. a. Arten, Calendula officinalis, Eschscholzia californica und Potentilla fruticosa in Sorten. Weiterhin für Pflanzkübel, Tröge und Dachgärten.

Pflegetip: Ältere Pflanzen alle 2 bis 3 Jahre stark zurückschneiden.

Anmerkung: Die Bestäubung der Blüten erfolgt durch Insekten, die einen raffiniert konstruierten Explosionsmechanismus auslösen. Seit alters her wurden die Zweige, Laubblätter und Blüten zum Gelbfärben von Leinen und Wolle verwendet.

G. tinctoria 'Plena',
Gefüllter Färber-Ginster

Genista tinctoria 'Plena'

Wuchs: Niederliegender, vieltriebiger und feinverzweigter Zwergstrauch mit kurzen, aufrechten Trieben.

Größe: Bis 0,5 m hoch und mehr als doppelt so breit.

Blüten: Goldgelbe, große, gefüllte Einzelblüten in vielblütigen Trauben, sehr attraktiver Blütenflor von Juni bis Anfang August, oft im September/Oktober Nachblüte.

Wurzel: Einfache, kräftige Pfahlwurzel.

Standort, Boden und Eigenschaften wie bei der Art.

Verwendung: Überreich blühender Zwergstrauch für Heideanlagen, Steingärten, Kleinstaudenrabatten, Trockenmauern, Pflanzkübel und Dachgärten. Passende Stauden und Gehölze wären: Campanula rotundifolia, Campanula glomerata, Campanula persicifolia, Veronica spicata, Arnica montana und Potentilla fruticosa in Sorten, Lavandula in Sorten, Euphorbia myrsinitis, Euphorbia cyparissias, Anchusa azurea, Allium spec., Eryngium bourgatii, Thymus serpyllum, Salvia officinalis, Caryopteris in Sorten und niedrige, einfach blühende Strauchrosen wie z. B. 'Roseromantic', 'Lavender Dream' oder 'Pink Meidiland'.

Weitere empfehlenswerte Sorten: **G. tinctoria 'Humifusa'**, Triebe dem Boden fest anliegend bis angepreßt, Blätter dunkelgrün, 1,3 bis 1,8 cm lang und 0,4 bis 0,6 cm breit, Blüten gelb, Juni; **G. tinctoria 'Royal Gold'**, etwa 80 cm hoch, Blüten gelb, sehr spät blühend, Juli.

GLEDITSIA L.
Gleditschie, Lederhülsenbaum
– Caesalpiniaceae,
Ordnung: Leguminosae, Hülsenfrüchtler

Die Gattung Gleditsia wurde zu Ehren des deutschen Botanikers und Direktors des Botanischen Gartens Berlin, GLEDITSCH (1714–1786), benannt.

G. triacanthos L.,
Dreidorniger Lederhülsenbaum, Gleditschie

Fälschlich auch Christusdorn genannt; der echte Christusdorn ist Paliurus spina-christi, ein sommergrüner Strauch, der im gesamten Mittelmeergebiet beheimatet ist.

Verbreitung: Nordamerika; in Mischwäldern ent-

Gleditsia triacanthos

lang der Flüsse auf frischen-feuchten, nährstoffreichen Böden, gelegentlich auch auf trockenen, nährstoffarmen, sandig-kiesigen, anlehmigen Hügeln.

Gleditsia triacanthos, Fruchthülsen

Wuchs: Großer Baum mit unregelmäßigem, offenem und lockerem Kronenaufbau, Hauptäste nur in der Jugend schräg aufwärtsstrebend, später waagerecht ausgebreitet, im Alter oft eine außergewöhnlich malerische Schirmkrone bildend.

Größe: 10 bis 25 (bis 30) m hoch und 8 bis 15 (bis 20) m breit; alte, schirmförmige Exemplare können im Freistand auch breiter werden. Jahreszuwachs in der Höhe 30 cm, in der Breite 20 cm, jüngere Pflanzen deutlich stärker, auch über 70 bis 80 cm.

Gleditsia triacanthos

Rinde: Triebe etwas hin- und hergebogen (zickzack), rotbraun, später olivbraun und grau, Dornen einfach oder verzweigt, an Ästen bis 8 cm lang, am Stamm bis 20 cm; Borke alter Stämme graubraun, oft schwärzlich, in langen, schmalen, tiefgefurchten, schuppenartigen Platten sich ablösend, Borkenbild sehr dekorativ.

Blätter: Sommergrün, wechselständig, einfach oder doppelt gefiedert, Fiederblätter mit 20 bis 30 länglich-lanzettlichen, bis 3 cm langen Blättchen, doppelt gefiederte Blätter mit 8 bis 14 Fiedern, hellgrün, im Herbst goldgelb, Färbung tritt sehr zeitig ein.

Blüten: Hellgrün, in 5 bis 7 cm langen Trauben, unauffällig, eingeschlechtig, duftend, honigreich; Blütezeit Juni/Juli.

Früchte: Flach verdrehte, dunkelbraun glänzende, bis 40 cm lange, ledrige Hülsen, die bis weit in den Winter am Baum bleiben, sehr auffallender Fruchtschmuck.

Wurzel: Dicke, fleischige, nur wenig verzweigte, sehr tiefgehende, weitstreichende Wurzeln. Kein Stickstoffsammler.

Standort: Sonnige, windgeschützte Plätze.

Boden: Insgesamt ist die Gleditschie sehr bodentolerant und auch anpassungsfähig an den pH-Wert, sie wächst auf allen normal kultivierten Böden und versagt selbst auf ärmeren Sandstandorten nicht (siehe hierzu Verbreitung); sie bevorzugt aber die gleichmäßig feuchten, nährstoffreichen, durchlässigen Standorte; schwach sauer bis alkalisch bis stark alkalisch; auf zu tiefgründigen, feuchten Böden besteht die Gefahr von Frostschäden.

Eigenschaften: Leicht verpflanzbar, ausreichend frosthart, hat den schweren Winter 1928/29 mit minus 32 °C überstanden, treibt in feuchten Jahren sehr lange, stadtklimafest, strahlungsfest, erstaunlich trockenresistent, reagiert auf zu trockenen Standorten in langen, sommerlichen Dürreperioden mit Blattfall, treibt jedoch nach Wässern so-

fort wieder durch; widerstandsfähig gegen Luftverschmutzung, nach amerikanischen Aussagen eines der salztolerantesten Gehölze, Holz etwas brüchig (Windbruchgefahr auf exponierten Standorten und Böden mit zu starker N-Versorgung); Baum mit großer ökologischer Amplitude, überschwemmungstolerant (Uferbaum in den USA)! In Amerika eines der am meisten gepflanzten Gehölze, wird oft schon zu massiert angepflanzt. Krankheiten: Rost, Blattkrebs, Spinnmilben, Webwurm, Mehltau, Brand- und Honig-Robinien-Bohrer (in Amerika teilweise problematisch).

Verwendung: Sehr schöner, ausgesprochen malerischer Einzelbaum für Garten- und Parkanlagen; gibt herrlichen, lichten Schatten, daher bestens für Unterpflanzung mit Kleingehölzen und Stauden geeignet; wegen der abfallenden, verholzten Dornen gefährlich an Wegen und Plätzen. „Kostprobe" aus SCHENCK, 1939, Fremdländische Wald- u. Parkbäume. „Als Straßenbaum gefährdet sie die Barfüßler unter Menschen und Tieren und insbesondere die Autoreifen."

Ökologie: Die honigreichen Blüten werden sehr stark von Insekten besucht. Insektenmagnet! In Amerika wird die Gleditschie auch Honey Locust genannt. Der Honigertrag liegt bei 85 bis 250 kg pro ha.

Die Früchte werden in Amerika vom Rindvieh gierig gefressen, dadurch große Verbreitung (SCHENCK).

G. triacanthos f. inermis WILLD.

Wuchs: Großer Baum mit unregelmäßigem, offenem und lockerem Kronenaufbau, im Alter mit

Gleditsia triacanthos f. inermis

GLEDITSIA

schirmförmiger Krone und waagerecht ausgebreiteten Hauptästen.

Größe: 10 bis 25 m hoch und 8 bis 15 (bis 20) m breit. Jahreszuwachs in der Höhe 25 cm, in der Breite 20 cm.

Rinde: Triebe etwas hin- und hergebogen (zickzack), rotbraun, später olivbraun und grau, dornenlos.

Blätter: Sommergrün, wechselständig, einfach oder doppelt gefiedert, Fiederblätter mit 20 bis 30 länglich-lanzettlichen, bis 3 cm langen Blättchen, doppelt gefiederte Blätter mit jeweils 8 bis 14 Fiedern, hellgrün, im Herbst goldgelb, Färbung tritt sehr zeitig ein.

Blüten: Hellgrün, in 5 bis 7 cm langen Trauben, unauffällig, eingeschlechtig, duftend, honigreich, Blütezeit Juni/Juli.

Gleditsia triacanthos f. inermis

Früchte: Flach verdrehte, dunkelbraun glänzende, bis 40 cm lange, ledrige Hülsen, die bis weit in den Winter am Baum bleiben, Fruchtansatz nicht sehr groß.

Wurzel, Standort, Boden und Eigenschaften wie bei der Art.

Verwendung: Wegen der fehlenden Dornen, die eine Gefahr auf Geh- und Radwegen darstellen, ein sehr guter und bewährter Straßenbaum. Weiterhin für Einzelstellung und Gruppen in Garten- und Parkanlagen.

G. triacanthos 'Rubylace'

Wuchs: Kleiner bis mittelgroßer Baum mit breitaufrechter, lockerer Krone.

Größe: 8 bis 10 (15) m hoch.

Blätter: Im Austrieb glänzend braunrot, später schmutzig bronzegrün.

Standort, Boden und Eigenschaften wie die Art.

Verwendung: Wenig attraktive Form.

G. triacanthos 'Shademaster'

(Princeton Nurseries, 1956)

Wuchs: Großer Baum mit breit eiförmiger Krone, Mitteltrieb zu Gabelungen neigend, Äste aufsteigend, wenig verzweigt, Seitenäste waagerecht abstehend, Krone in der Jugend hochgewölbt, später schirmförmig.

Größe: Bis 20 m hoch und 10 m breit, im Alter wohl noch breiter werdend. Jahreszuwachs in der Höhe 25 cm, in der Breite 20 cm.

Rinde: Rotbraun, später olivbraun und grau, dornenlos.

Blätter: Sommergrün, wechselständig, einfach oder doppelt gefiedert, Blättchen bis 2,2 cm lang und 0,8 cm breit, dunkelgrün; Herbstfärbung lichtgelb.

Früchte: Es werden kaum Früchte angesetzt.

Wurzel: Dicke, fleischige, nur wenig verzweigte, sehr tiefgehende und ausgesprochen weitstreichende Wurzeln, die den Baum gut verankern.

Standort, Boden und Eigenschaften wie die Art.

Verwendung: Ein gesunder, wüchsiger Baum für Einzelstellung in Garten- und Parkanlagen. Die Dornenlosigkeit, das dunkelgrüne Laub, seine besondere Resistenz gegenüber Trockenheit, Strahlungshitze und Luftverunreinigung machen die Sorte 'Shademaster' zu einem besonders wertvollen Stadtbaum. In New York sehr häufig als Straßenbaum verwendet.

G. triacanthos 'Skyline'

(Amfac Cole Nurseries, 1957)

Wuchs: Mittelgroßer Baum, Krone regelmäßig pyramidal, obere Äste aufsteigend, untere Astpartien mehr waagerecht ausgebreitet, im Alter leicht durchhängend, insgesamt nicht so ausladend wie andere Gleditsia-Formen, Krone kompakter und geschlossener.

Größe: Bis 15 m hoch und etwa 7 m breit. Jahreszuwachs in der Höhe 25 bis 30 cm, in der Breite 15 bis 20 cm.

Rinde: Rotbraun, später olivbraun und grau, dornenlos!

Blätter: Sommergrün, wechselständig, einfach oder doppelt gefiedert, Blättchen bis 2,2 cm lang und 1 cm breit, dunkelgrün, glänzend; Herbstfärbung lichtgelb.

Blüten: Hellgrün, in 5 bis 7 cm langen Trauben, Juni/Juli.

Früchte: Werden nicht angesetzt.

Wurzel, Standort, Boden und Eigenschaften wie die Art.

Verwendung: Aufgrund der pyramidalen, mehr geschlossenen Kronenform und der Dornenlosigkeit sehr gut geeignet für die Bepflanzung engerer Straßenräume. Wie alle anderen Gleditschien gedeiht auch 'Skyline' sowohl auf sandigen wie auch auf lehmigen oder tonigen Böden.

G. triacanthos 'Sunburst',
Gold-Gleditschie

(Amfac Cole Nurseries, 1954)

Wuchs: Kleiner Baum, gelegentlich auch nur Großstrauch, Krone breit kegelförmig, locker verzweigt, oft auch unregelmäßig.

Größe: 8 bis 12 m hoch und 6 bis 7 m breit. Jahreszuwachs in der Höhe 25 cm, in der Breite 15 cm.

Rinde: Graugrün glänzend, Triebspitzen goldgelb, dornenlos.

Blätter: Sommergrün, wechselständig, einfach oder doppelt gefiedert, Blättchen 2 bis 3 cm lang, spitz länglich, zu 20 bis 30, goldgelb, später hellgrün; Herbstfärbung bräunlich.

Blüten: Weißlich, in kleinen Trauben, Juni.

Gleditsia triacanthos 'Sunburst' in der Herbstfärbung

Früchte: Werden nicht angesetzt.

Wurzel, Standort, Boden und Eigenschaften wie die Art. Gleditsia triacanthos 'Sunburst' ist etwas frostempfindlicher als die Art.

Verwendung: Besonders zur Zeit des Laubaustriebs ein farbenprächtiges Gehölz, das man zur Aufhellung und Kontrastierung von dunklen Gehölzpflanzungen einsetzen kann. Herrlich auch als Solitär und Farbträger in großen Pflanzkübeln und Hochbeeten zusammen mit Heliotropium und Salvia farinacea. Gleditsien eignen sich wegen der spät einsetzenden Belaubung und der den ganzen Sommer über lichtdurchlässigen Krone gut zur Unterpflanzung mit Zwiebelblumen und Gehölzrandstauden.

Gleditsia triacanthos 'Skyline'

Gleditsia triacanthos 'Sunburst'

GYMNOCLADUS LAM.
Geweihbaum – Caesalpiniaceae,
Ordnung: Leguminosae, Hülsenfrüchtler

(griech. gymnos = nackt, klados = Ast)

G. dioicus (L.) K. KOCH,
Geweihbaum, Kentucky Coffeetree
(= Gymnocladus canadensis LAM.)

Gymnocladus dioicus

Verbreitung: Nordamerika; von New York, Ontario, Pennsylvania, Michigan bis Arkansas und Tennessee; auf feuchten, tiefgründigen Böden in Tälern und Flußniederungen.

Wuchs: Mittelhoher Baum mit kurzem Stamm und ovaler Krone, später breit auseinanderstrebend, im Alter auffallend dicht und kurz beastet, Triebe dick und knorrig, langsam wachsend.

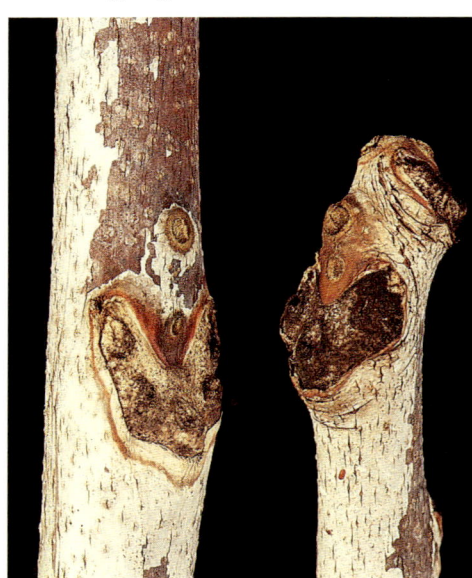

Gymnocladus dioicus

Größe: 12 bis 15 (bis 20) m hoch, auf gutem Boden in 20 Jahren 12 m hoch und 6 bis 10 m breit. Jahreszuwachs in der Höhe 25 bis 30 cm, in der Breite 20 cm, nach 15 Jahren nur die Hälfte.

Rinde: Triebe dick, bläulichgrau bereift mit vertieft liegenden, großen Blattnarben und vielen länglichen Lentizellen besetzt, Blattnarben senkrecht-schildförmig mit 5 Höckern; Triebe später graubraun; Borke grau bis graubraun, sehr rauh und längsrissig, in schmalen Streifen abblätternd.

Blätter: Sommergrün, wechselständig, doppelt gefiedert, außerordentlich groß, bis 80 cm lang und 50 cm breit mit 3 bis 7 Fiederpaaren, Blättchen kurz gestielt, eielliptisch zugespitzt, am Grunde rundlich, gelegentlich auch etwas gelappt; Austrieb rosa überlaufen, sehr spät!, im Sommer

Gymnocladus dioicus

blaugrün; im Herbst bei einigen Bäumen prachtvoll gelb.

Blüten: Polygam oder eingeschlechtig, meist zweihäusig verteilt, weißlich, klein, am einjährigen Holz in endständigen, breitpyramidalen Rispen, weibliche Blütenstände bis 25 cm lang, männliche bedeutend kleiner; Juni.

Früchte: Rotbraune Samen in 10 bis 15 cm langen, braunen, bereiften Hülsen. Giftig.

Wurzel: Hauptwurzel kräftig, tiefgehend und sehr weitstreichend, wenig verzweigt.

Standort: Volle Sonne.

Boden: Der Geweihbaum bevorzugt tiefgründige, nahrhafte Böden, ist aber insgesamt anpassungsfähig und wächst auch auf trockenen, ärmeren Standorten; schwach sauer bis stark alkalisch.

Eigenschaften: Ausreichend winterhart, Baum mit großer ökologischer Standortamplitude, treibt als einer der letzten Bäume aus, verträgt Trockenheit, gut stadtklimafest, wird nicht von Krankheiten und ernstzunehmenden Schädlingen befallen; auf sandigem Boden Wuchs stärker, auf schwerem Boden mehr breitverästelt (OLBRICH).

Verwendung: Prachtvoller Einzelbaum, der mit seinen außergewöhnlich großen Fiederblättern eine beinahe tropische Atmosphäre verbreitet. Im Winter fällt dieser Baum sofort durch seine bizarren, dicken Zweige und die im Alter weit auseinanderstrebende, etwas steife Krone auf.

Weil der Geweihbaum eine ganz besondere Erscheinung ist, sollte ihm auch ein genügend großer Einzelplatz zugewiesen werden. Wegen der lichtdurchlässigen Krone und der tiefgehenden Wurzel gut geeignet zur Unterpflanzung mit Kleingehölzen und Stauden. Gute Nachbarn wären z. B. Gleditsien, Bambus, Aralien und Solitärgräser wie Miscanthus. Großblättrige Gehölze wie Aesculus parviflora, Magnolia tripetala, Paulownien oder Catalpa bignonioides sind nicht nur interessante Gegenspieler, die mit ihren kräftigen, flächigen Blattformen für starken Gegensatz und Spannung sorgen, sondern sie würden auch die tropisch-üppige Atmosphäre noch zusätzlich steigern. Der Geweihbaum läßt sich aber auch auf trocken-warmen Plätzen mit Robinien, Ailanthus und Rhus zu überzeugenden Pflanzbildern verbinden. Früher Herbstfärber, oft schon ab Mitte/Ende September.

Anmerkung: Die Samen wurden früher von den Siedlern in Kentucky als Kaffee-Ersatz verwendet. Frische, unbehandelte Samen und auch die Blätter enthalten das Alkaloid Gytisin und sind giftig. Die Farmer legten die grünen Blätter in Milch und benutzten dies als Fliegengift.

Gymnocladus dioicus, Blattstiele

HALESIA ELLIS
Schneeglöckchenbaum – Styracaceae,
Storaxgewächse

Die Gattung wurde nach dem engl. Pflanzenphysiologen HALES (1677 – 1761) benannt.

H. carolina L.,
Schneeglöckchenbaum
(= H. tetraptera ELLIS)

Halesia carolina

Verbreitung: Östliches Nordamerika; in feuchten Wäldern, an Ufern und feuchten Gebirgshängen; auf nährstoffreichen, sauren Böden.

Wuchs: Hoher Strauch oder kleiner Baum mit breiter, abgerundeter Krone; Seitenäste malerisch ausladend, im Alter locker herabhängend.

Größe: Bis 6 (bis 8) m hoch und im Alter oft genauso breit. Jahreszuwachs in der Höhe 30 cm, in der Breite 25 cm.

Rinde: Zunächst grau, später graubraun bis schwärzlich.

Blätter: Sommergrün, wechselständig, eiförmig elliptisch, 5 bis 10 cm lang, Blattrand fein gesägt, mattdunkelgrün bis dunkelgelbgrün, Unterseite gelblichgrün, behaart; Herbstfärbung gelb oder gelbgrün, spät färbend.

Blüten: Weiße, bis 1,5 cm lange, glockenförmige Einzelblüten, die an dünnen Stielen in Büscheln zu 2 bis 5 am vorjährigen Holz hängen, April bis Mai, kurz vor dem Laubausbruch oder mit den Blättern erscheinend, außerordentlich attraktive Blüte.

Früchte: Braun, 2,5 bis 3,5 cm lang, mit 4 breiten, flügelartigen Rippen, bleiben oft bis zum Frühjahr am Baum hängen, Winterzierde.

Wurzel: Hauptwurzeln ausgebreitet und tiefgehend, hoher Anteil an Feinwurzeln; Wurzelholz ist sehr hart, lieben den kühlen, bedeckten Wurzelbereich.

Standort: Sonne bis Halbschatten, geschützte Lage.

Boden: Guter humoser, durchlässiger Gartenboden mit einer gleichbleibenden Feuchtigkeit (frisch-feucht), der pH-Wert ist bei 5 bis 6 optimal, bei sehr hohem pH-Wert Neigung zu Chlorose. Eine Faustregel könnte lauten: Wo Azaleen und Rhododendron gut wachsen, gedeiht auch der Schneeglöckchenbaum.

Eigenschaften: Gut frosthart, außergewöhnlich krankheitsresistent.

Verwendung: Herrliches, überreich blühendes Solitärgehölz für Rasenflächen, Gehölzränder und zur Auflockerung allzu steifer Rhododendronpflanzungen (identische Blütezeit). Wegen der weißen Blüten besonders wirkungsvoll vor dunklen Nadelgehölzen oder immergrünen Hecken. Schön auch an Wasserläufen und Teichen, wenn sich die Blütenzweige mit den weißen Glöckchen im Wasser spiegeln. Besonders gut passende Blütennachbarn wären frühe Rhododendron wie z. B. Rhod.-Williamsianum-, Rh.-Russatum- und Rh.-Repens-Hybriden, weiterhin Cornus florida 'Rubra', Cornus nuttallii, Exochorda racemosa, Malus-Hybriden wie 'Liset' und 'Profusion' oder die rahmweiß blühende Schneeball-Hybride Viburnum x carlcephalum. Die himmelblauen Traubenblüten der „Blue Bells" (Hyacinthoides non-scripta) mit den leuchtend hellgrün austreibenden Wedeln des Becherfarns ergeben eine wundervolle, frühlingshafte Unterpflanzung, die noch um die wüchsige, weiß blühende Narzissensorte 'Actaea' bereichert werden sollte.

Verblüffend wirkt eine Unterpflanzung mit Leucojum aestivum, der Sommerknotenblume, deren reinweiße Glockenblüten eine unglaubliche Ähnlichkeit mit dem Flor des Schneeglöckchenbaumes haben.

Eine völlig andere Variante der Unterpflanzung wäre ein Sockel aus rosa oder rot blühenden, niedrigen Chaenomeles-Hybriden. Aber immer sollte man berücksichtigen, daß der Schneeglöckchenbaum viel Platz benötigt und erst im Freistand seine volle Schönheit zeigt.

Ökologie: Blüten werden sehr stark von Bienen und Hummeln besucht.

H. monticola (REHD.) SARG.,
Schneeglöckchenbaum

Verbreitung: Bergwälder im nordöstlichen Nordamerika.

Wuchs: Hoher Strauch oder kleiner bis mittelgroßer Baum mit breit kegelförmiger Krone und mehr aufrechtem Wuchs.

Halesia monticola, über 100 Jahre alt, Baumschule Böhlje

Größe: 6 bis 12 m hoch und bis 10 m breit, in der Heimat bis 25 m hoch. Jahreszuwachs in der Höhe 25 bis 30 cm, in der Breite 20 bis 25 cm.

Rinde: Jungtriebe hellbraun, im 2. Jahr graubraun; Borke später grauschwarz, quadratische, tiefrissige Schuppen.

Blätter: Sommergrün, wechselständig, elliptisch bis eilänglich, bis 10 cm lang, Blattrand gesägt, sonst wie bei H. carolina.

Blüten: Weiß, bis 2,5 cm lang (wesentlich größer als bei H. carolina), glockig, Knospen zartrosa; Blütezeit Mai; außerordentlich attraktive Blüte.

Früchte: Braun, bis 5 cm lang(!), mit 4 breiten, flügelartigen Rippen, bleiben oft bis zum Frühjahr (bis zur Blütezeit) am Baum und sind eine sehr große Zierde.

Wurzel, Standort, Boden und Eigenschaften wie bei H. carolina.

Halesia monticola

Halesia monticola mit Rhododendron Williamsianum - Hybriden

Verwendung: Wegen der noch größeren Blüten wertvoller als H. carolina. Man sollte dabei aber berücksichtigen, daß H. monticola stärker wächst und deshalb auch mehr Standraum benötigt. Benachbarung wie H. carolina.

Anmerkung: Wenn die Sprache auf den Schneeglöckchenbaum kommt, sage ich, ohne auch nur einen Augenblick zu zögern: Er ist eines meiner Lieblingsgehölze, und mir ist es unverständlich, warum man diesen anmutigen, frostharten Blütenstrauch noch so selten in unseren Gärten antrifft. Auch für den Floristen dürfte dieses Gehölz von Interesse sein, denn es läßt sich ausgezeichnet treiben und hält gut in der Vase. SCHENCK schreibt 1939: „So verdient denn der Baum im deutschen Park eine bevorzugte Stelle; und wenn der Forstmann die Halesia hier und da am Waldrand einschmuggelt, so wird er im Frühjahr seine Freude daran haben und sie anderen bereiten."

Ökologie: Im Garten werden Halesien auffallend stark von Bienen und Hummeln beflogen.

HALIMODENDRON FISCH. ex DC.
Salzstrauch – Papilionaceae,
Schmetterlingsblütler

griech.: halimos = salzig, dendron = Baum

H. halodendron (PALL.) SCHNEID.
(= H. argenteum)

Sommergrüner, locker aufrechter, 1,5 bis 2 m hoher, dorniger Strauch, Triebe dünn, zunächst seidig behaart, später kahl, kantig, graugrün, überhängend. Blätter wechselständig, paarig gefiedert, grau bis blaugrün, Blattspindeln und Nebenblätter, wie bei einigen Caragana-Arten, verdornend. Im Juni/Juli erscheinen am alten Holz hellviolette bis purpurrosafarbene, 1,5 bis 1,8 cm lange Schmetterlingsblüten. Seine Heimat sind die Salzsteppen und Trockengebiete in der Südostukraine, in Südostrußland, Transkaukasien, Turkestan und im Altai-Gebirge.

Für den Bepflanzungsplaner ist das einem Erbsenstrauch etwas ähnliche Gehölz eine ganz interessante Erscheinung. Mit seiner grauen Belaubung und den graugrünen, überhängenden Wintertrieben paßt es herrlich zu dem Thema „Steppengarten", „Rosenbegleitung" oder „Grau-silberner Garten". Sehr schön zusammen mit dem Silberbusch (Perovskia), Caryopteris, Colutea x media, Chiliotrichum diffusum, Elaeagnus commutata und Artemisien. Halimodendron liebt vollsonnige, warme Pflanzplätze, einen schwach sauren bis neutralen, trockeneren, gut durchlässigen Boden, der mit Kies oder Sand stark abgemagert werden sollte (Ausreife!).

Anmerkung: *Empfehlenswert sind nur wurzelecht vermehrte Pflanzen, die sich in leichten Böden durch Ausläuferbildung gut bestocken. Veredlungen auf Caragana sind immer problematisch, weil die viel stärker wachsende Unterlage durchtreibt, das Edelreis entweder erstickt oder abwirft.*

HAMAMELIS L.
Zaubernuß – Hamamelidaceae,
Zaubernußgewächse

Die Gattung Hamamelis umfaßt 6 Arten, deren Verbreitungsgebiete in Ostasien und Nordamerika liegen. Es sind sommergrüne Sträucher und Kleinbäume mit wechselständigen, einfachen, ungleichseitigen Blättern, die von ihrer Form und Struktur her stark an die Gattung Corylus erinnern, zu der es aber keine verwandtschaftlichen Beziehungen gibt. Die Zaubernüsse gehören mit Fothergilla, Parrotia, Corylopsis, Liquidambar und Platanus in die Ordnung der Hamamelidales (Zaubernußartige), während die Haselnuß der botanischen Ordnung der Fagales (Buchenartige) angehört.

Hamamalis x intermedia 'Arnold Promise'

Die Blüten von Hamamelis sind zwittrig, 4zählig und stehen in kurz gestielten, achselständigen Köpfchen. Ihre Kronblätter sind schmallinear und im knospigen Zustand, aber auch bei Minustemperaturen, zusammengerollt. Der beinahe quadratische, 4teilige Kelch ist oft rötlich gefärbt und bildet dann einen schönen Kontrast zu den gelben Blütenblättern. Die Frucht ist eine zweiklappige, verholzende Kapsel, die bei Reife (Spätherbst) von der Spitze her aufspringt und die 2 länglich-elliptischen, glänzend schwarzen Samen weit hinausschleudert.

Interessant ist, daß die hauchdünnen, zarten Blütenblätter der Zaubernuß selbst Frösten um minus 10 bis minus 12 °C widerstehen. Bei einem Kälteeinbruch rollen sich die bandförmigen Blütenblätter zu den Knospenschuppen hin zusammen und öffnen sich erst wieder bei Temperaturen, die über dem Gefrierpunkt liegen. Dieser Mechanismus ist außerordentlich wirkungsvoll und kann sich im Laufe der Blühperiode einige Male wiederholen. Die Blütezeit der frühen Sorten beginnt bei entsprechenden Wetterlagen oft schon im Dezember und kann sich bis in die Monate März/April hinziehen. Zaubernüsse haben also nicht nur eine außergewöhnliche Blütezeit, sondern sie gehören auch zu den Gehölzen mit sehr langer Blühdauer.

Einige Sorten, wie z. B. die frühblühende 'Pallida', haben einen herrlich süßen Duft. Es genügt schon ein kleiner Zweig in der Vase, um das ganze Zimmer damit zu füllen.

Zaubernüsse sind wegen ihrer spektakulären Blüte, der oft prachtvollen Herbstfärbung und wegen ihres gefälligen Wuchses ausgesprochene Einzelgehölze, die einen Sonderplatz an Wegen, Terrassen, Hauseingängen, auf Rasenplätzen, vor dunklen Hecken oder in gemischten Strauch-Stauden-Rabatten unbedingt verdient haben. Sie benötigen einen guten, nahrhaften, durchlässigen, sauren bis neutralen Boden und einen geschützten Standort. Man darf nicht sofort die Geduld verlieren, wenn Sträucher oft bis zu 3 Jahren nach der Pflanzung kaum Zuwachs haben. Diese „angeborene Zurückhaltung" sollten wir dem kostbaren Winterblüher, für den es ohnehin keinen Ersatz gibt, schon verzeihen. Ein Rückschnitt bzw. Verjüngungsschnitt ist möglich, sollte aber nur in Ausnahmefällen durchgeführt werden.

Neben der Verwendung als Ziergehölz hat die im Herbst blühende Zaubernuß, H. virginiana, auch eine Bedeutung in der Pharmazie. Sie liefert eine viel gebrauchte, adstringierende und kühlende Lotion für kleinere Verletzungen.

Ökologie: Hamamelis-Blüten werden von Bienen und Schwebfliegen besucht. Ebenfalls konnte ich im Februar Meisen beobachten, die sich an den Blüten zu schaffen machten (Nektar, Insekten?).

H. x intermedia REHD.
(= H. japonica x H. mollis)

Wuchs: Hoher Strauch, locker trichterförmig bis breit ausladend, mittelstark wachsend.

Größe: Bis 4 m hoch, im Alter oft breiter als hoch. Jahreszuwachs in der Höhe 15 bis 20 bis 25 cm, in der Breite 20 bis 25 cm.

Blätter: Sommergrün, wechselständig, verkehrt eiförmig bis breit eiförmig, kurz zugespitzt, Basis schief herzförmig, 10 bis 15 cm lang, dunkelgrün; Herbstfärbung gelb bis orangerot.

Blüten: Je nach Sorte von hellgelb über tiefgelb bis rot.

Wurzel, Standort, Boden, Eigenschaften und Verwendung wie H. japonica und mollis.

H. x intermedia 'Arnold Promise'

(1963 im Arnold Arboretum selektiert.)

Hamamelis x interm. 'Arnold Promise'

Wuchs: Gedrungen, dichttriebig, aufrecht, mäßig starker Wuchs.

Blüten: Leuchtend primelgelb bis schwefelgelb, Petalen 1,5 bis 1,7 cm lang und 1 bis 1,5 mm breit, Rand stark gekräuselt und gewellt; Kelch innen grünlichgelb mit rötlichem Mittelstreifen; Blütezeit auffallend lang, spät.

Bemerkung: Eine außerordentlich wertvolle Sorte, die bereits als sehr junge Pflanze überreich Blüten ansetzt. Interessant ist, daß die Petalen während der Blütezeit immer länger werden. Gehört neben 'Pallida' und 'Sunburst' zu den Zaubernuß-Hybriden mit der größten Leuchtkraft und Fernwirkung. Wegen des schwächeren und gedrungenen Wuchses auch für kleine Gartenräume verwendbar. Von 'Arnold Promise' sind zwei Typen mit unterschiedlicher Blütezeit (mittelfrüh und spät) im Handel.

H. x intermedia 'Diane' (DE BELDER)

Wuchs: Breit aufrechter, mittelstarker Wuchs, guter, gleichmäßiger Aufbau.

Blüten: Petalen an der Basis braunviolett bis leuchtend weinrot, zur Spitze hin lackrot, 1,5 bis 1,7 cm lang und 1,7 bis 2 mm breit, Petalen flach, nicht gebogen, etwas gewellt; Kelch innen violettbraun bis dunkelrubin, außen braunfilzig; kaum duftend; Blütezeit spät.

Hamamelis x interm. 'Diane'

Bemerkung: Zur Zeit die beste rotblühende Sorte. 'Diane' hat einen guten Wuchs, gesundes, kräftiges Laub und eine schöne, gelbe bis scharlachrote Herbstfärbung.

Leider wechselt die Blütenfarbe. Nach milden Wintern blüht 'Diane' oft nur schmutzig-orangerot.

H. x intermedia 'Feuerzauber'
(HERM. A. HESSE, 1958)

Außerhalb von Deutschland auch als 'Fire Charm' oder 'Magic Fire' im Handel

Wuchs: Mittelhoher bis hoher Strauch, breit aufrecht, dichttriebig, starkwüchsig.

Blüten: Petalen am Grunde braunviolett bis weinrot, zur Spitze hin heller werdend, 1,4 bis 1,7 cm lang und 1 bis 1,5 mm breit, leicht gekräuselt, Kelch innen granatrot bis violettbraun, außen braunfilzig; stark, angenehm süßlich duftend, Blütezeit mittelfrüh.

Bemerkung: Herbstfärbung rot, 'Feuerzauber' behält oft bis zum Frühjahr das Laub.

H. x intermedia 'Hiltingbury'
(= H. japonica 'Hiltingbury')

Aufgezogen in der Baumschule HILLIER.

Wuchs: Mittelhoher bis hoher Strauch mit breit trichterförmig ausladenden Ästen.

HAMAMELIS

Blätter: Sommergrün, wechselständig, verhältnismäßig groß, im Herbst leuchtend orange, rot oder scharlachrot gefärbt. Sehr attraktiv.

Blüten: Mittelgroß, blaß kupfrig-rot.

Bemerkung: Der große Zierwert dieser Sorte liegt nicht in der Blüte, sondern in der auffallenden Herbstfärbung, die oftmals spektakulär sein kann. Man sollte 'Hiltingbury' aber auf einen gut sonnigen, nicht zu nährstoffreichen und nicht zu feuchten Platz setzen.

H. x intermedia 'Jelena'
(KORT/DE BELDER)

1937 im Arboretum Kalmthout entstanden, 1955 benannt

Wuchs: Mittelhoher bis hoher Strauch, breit trichterförmig aufrecht, etwas sparriger, unregelmäßiger Aufbau.

Blüten: Petalen an der Basis schwedischrot bis granatbraun, zur Spitze hin heller werdend und in

Hamamelis x interm. 'Jelena'

orange bis orangegelb übergehend, 2 bis 2,4 cm lang, 1 bis 1,5 (bis 2) mm breit, Spitzen der Petalen oft spiralig gedreht; schwach duftend; Kelch innen granatrot bis violettbraun, außen braunfilzig; Blütezeit früh.

Bemerkung: 'Jelena' gehört zu den attraktivsten Hamamelis-Sorten. Ihre orangefarbenen, auffallend großen Blüten haben eine stärkere Leuchtkraft als die der roten Cultivare. Darüber hinaus ist die Laubfärbung prachtvoll orange, scharlach- bis leuchtendrot.

H. x intermedia 'Pallida'

(Wisley Gardens 1932)

Wuchs: Mittelhoher Strauch, aufrecht, Hauptäste breit auseinanderstrebend, locker und offen.

Hamamelis x interm. 'Sunburst'

Blüten: Hellgelb, schwefelgelb, an der Basis weinrot überlaufen, Kelch innen violettbraun bis granatrot, außen braunfilzig, Petalen 1,7 bis 2,2 cm lang und 1,5 bis 2 mm breit, nur leicht gewellt, Petalen wirken dadurch sehr breit, stark duftend, sehr reich blühend, Nebentriebe dicht mit Einzelblüten besetzt; Blütezeit sehr früh, wohl die erste Sorte überhaupt.

Bemerkung: 'Pallida' hat mit ihren schwefelgelben Blüten die größte Leuchtkraft, ihr ebenbürtig ist wohl nur **'Sunburst',** die aber nicht duftet und häufig ihr Laub bis zum Frühjahr behält, was in der Blütezeit sehr störend ist. Für mich ist 'Pallida' die schönste frühe Sorte; ihre großen Blüten und der angenehme Duft sind in den grauen Wintermonaten ungeheuer attraktiv.

Hamamelis x interm. 'Pallida'

H. x intermedia 'Primavera'
(DE BELDER)

Wuchs: Breit aufrecht, etwas sparrig.

Blüten: Petalen gelb (kadmiumgelb hell), an der Basis rötlich überzogen, 1,5 bis 1,9 (bis 2,2) cm lang und 1,5 bis 1,7 (bis 2,2) mm breit, stark nach außen gebogen und leicht gewellt; Kelch innen granatrot bis dunkelrubin, außen braunfilzig; mittelstarker, angenehmer Duft; Blütezeit früh.

Bemerkung: Eine sehr reich blühende Sorte, die durch ihre hellgelbe Blüte besonders bei trübem Wetter eine gute Leuchtkraft besitzt. Gehört zu den allerbesten und zuverlässigsten Selektionen.

Hamamelis x interm. 'Primavera'

H. x intermedia 'Ruby Glow'
(= 'Adonis', H. japonica 'Flavopurpurascens Superba')

1935 durch KORT (Arboretum Kalmthout) erzielt.

Hamamelis x intermedia 'Ruby Glow'

Wuchs: Mittelhoher bis hoher Strauch, Hauptäste breit ausladend.

Blüten: Petalen an der Basis braunviolett bis weinrot, zur Spitze hin schwächer werdend, 1,5 bis 1,8 cm lang und 1 bis 1,2 mm breit, stark nach außen gebogen und schwach gewellt; Petalen am Ende deutlich zungenförmig gespalten; Kelch innen violettbraun bis granatrot, außen braunfilzig; schwach duftend; Blütezeit früh.

H. x intermedia 'Westerstede'

Wuchs: Mittelhoher bis hoher Strauch, Hauptäste straff aufrecht, entwickelt sich zu stattlichen Pflanzen mit gleichmäßigem Aufbau.

Blüten: Hellgelb, Petalen 1,5 bis 1,7 (bis 2) cm lang und 1,2 mm breit, etwas nach außen gebogen, schwach gewellt; Kelch rotbraun (cuba), außen braunfilzig; späte Blütezeit.

Bemerkung: Blüht bereits als junge Pflanze sehr reich, duftet angenehm, gute Winterhärte.

H. japonica S. & Z.,
Japanische Zaubernuß

1860 eingeführt.

Verbreitung: Bergwälder in Japan.

Wuchs: Hoher Strauch mit trichterförmigem, breit ausladendem Wuchs, langsam wachsend.

Größe: 3 bis 4 m hoch und im Alter mindestens ebenso breit. Jahreszuwachs in der Höhe 10 bis 15 cm, in der Breite 15 (20) cm.

Hamamelis japonica

Blätter: Sommergrün, wechselständig, veränderlich, breit eiförmig, auch schiefherzförmig, 5 bis 10 cm lang, mit 6 bis 9 Nervenpaaren, oberseits mittelgrün, unten hellgrün, derb, Herbstfärbung prachtvoll gelb bis orangerotgelb.

Blüten: Petalen gelb, Kelch purpurn, Blütezeit je nach Witterungsverlauf Januar bis März.

Wurzel: Hautpwurzel tiefgehend, kräftig verzweigt, hoher Anteil an Seiten- und Feinwurzeln, oberflächennah ausgebreitet, verfilzend.

Standort: Sonnig bis absonnig, möglich auch noch leichter Schatten, geschützt.

Boden: Nahrhafter, frischer bis feuchter, aber durchlässiger, gut humushaltiger, schwach saurer bis neutraler Boden. Sehr empfindlich gegen Verdichtung.

Eigenschaften: Als junge Pflanze etwas frostempfindlich, später gut hart, nach dem Verpflanzen oft bis zu 3 Jahren nur wenig Zuwachs, Hamamelis setzt gelegentlich mit der Blüte aus, nach einer Vollblüte nur sehr geringer Blütenansatz (bei den Sorten ist dieses Verhalten noch ausgeprägter); leidet wie Acer palmatum gelegentlich unter Verticillium-Pilz (Blätter, Triebe werden braun und welken), leidet unter sommerlicher Trockenheit, Wurzelkonkurrenz größerer Bäume wird schlecht vertragen, wird 50 bis 60 Jahre alt.

Verwendung: Einzelstellung und Gruppenpflanzung in Garten- und Parkanlagen.

Für blühende Zaubernüsse ist der Hintergrund außerordentlich wichtig. Unruhige, im Winter unbelaubte, rötlichbraune oder braungraue Strauchpartien sind besonders für die roten Sorten sehr unvorteilhaft, da ihre Farbe völlig untergeht. Zur Wirkung kommen die Blüten der Zaubernuß vor dunkelgrünen Koniferen, immergrünen Laubgehölzen und Hecken, in immergrünen Staudenpflanzungen und gehölzartigen Bodendeckern, auf Rasenflächen oder vor Gartenmauern und Hauswänden. Wegen der konkurrenzschwachen Wurzel sollten nur ältere, eingewachsene Sträucher unterpflanzt werden. Auf die Verwendung von starkwüchsigen Stauden und Bodendeckern sollte verzichtet werden. Für die immergrüne Unterpflanzung eignen sich z. B.: Arabis procurrens 'Neuschnee', Cardamine trifolia, Saxifraga umbrosa, Vinca minor, Erica carnea, Gaultheria procumbens, Asarum europaeum, Azorella trifurcata, Waldsteinia ternata, Festuca scoparia und bei älteren Pflanzen auch Pachysandra terminalis.

H. japonica 'Zuccariniana'

1891 aus Japan eingeführt.

Wuchs: Hoher Strauch, straff trichterförmig aufrecht, dichttriebig, im Alter mehr ausgebreitet.

Blüten: Primelgelb, Petalen 1 bis 1,2 cm lang und 1,2 bis 1,5 mm breit, schwach nach außen gebogen, stark gewellt; Kelch innen braungrün, Spitzen gelegentlich rötlich überzogen, Rückseite hellbraunfilzig; Blütezeit spät.

Standort, Boden, Eigenschaften und Verwendung wie H. japonica.

Verwendung: Sehr wertvoll durch späte Blüte!

H. mollis OLIV.,
Chinesische Zaubernuß

Von CH. MARIES 1879 nach England eingeführt.

Hamamelis mollis

Verbreitung: China, in den Provinzen Hubei und Jiangsu in Höhen zwischen 1300 und 2500 m.

Wuchs: Hoher Strauch mit breit trichterförmig gestellten, meist nur wenigen, kräftigen Hauptästen und lockerer Bezweigung, langsam wachsend.

Größe: 3 bis 5 m hoch und oft genauso breit. Jahreszuwachs in der Höhe 15 (20) cm, in der Breite 15 cm, im Alter in der Breite stärker.

Rinde: Junge Triebe dicht und weich silbrig-graugrün behaart.

Blätter: Sommergrün, wechselständig, eirundlich bis verkehrt eiförmig, kurz zugespitzt, Basis schief herzförmig, 8 bis 15 cm lang, 6 bis 12 cm breit; Blattstiel 5 bis 10 mm, dunkelgrün, etwas glänzend, unterseits dicht graufilzig behaart; Herbstfärbung goldgelb.

Blüten: Intensiv gelb, Petalen 1,2 bis 1,5 (bis 2) cm lang und 1,5 (bis 2) mm breit, leicht gekräuselt, Kelch innen rotbraun (cuba), Kelchblätter außen braunfilzig; schwach duftend; Blütezeit (Januar) Februar/März.

Wurzel: Einige Hauptwurzeln tiefgehend, hoher Anteil an Feinwurzeln, oberflächennah ausgebreitet. Konkurrenzschwach, besonders in der Jugend.

Standort: Sonnig bis absonnig, geschützt.

Boden: Nahrhafter, frischer bis feuchter, aber durchlässiger, gut humushaltiger, schwach saurer bis neutraler Boden. Sehr empfindlich gegen Verdichtung.

Eigenschaften: Als junge Pflanze etwas frostempfindlich, später gut hart, in den ersten Jahren nach der Pflanzung oft nur wenig Zuwachs. Hamamelis setzt gelegentlich mit der Blüte aus, nach einer Vollblüte nur sehr geringer Blütenansatz; leidet wie Acer palmatum gelegentlich unter Verticillium-Pilz (Blatt- und Triebwelke), verträgt längere sommerliche Trockenheit nicht gut, Wurzelkonkurrenz größerer Bäume oder gehölzartiger Unterpflanzung wird zumindest auf ärmeren Standorten schlecht vertragen, in Trockenzeiten werden kaum Blüten angesetzt.

Verwendung: Kaum eine andere Gehölzgruppe erregt soviel Erstaunen und löst soviel tiefe Bewunderung in uns aus wie die Zaubernuß. Ihr Blühtemperament überrascht uns immer wieder; oft schon nach wenigen Stunden milder Vorfrühlingsahnung – Schnee bedeckt manchmal noch die Flächen – öffnen sich die Blüten der Zaubernuß. Mit Adonis amurensis, Crocus tommasinianus, Iris reticulata, Galanthus nivalis, Cyclamen coum und Scilla tubergeniana können wir eindrucksvolle Gartenbilder schaffen, wobei ich aber darauf hinweisen möchte, daß diese Gesellschaft nur in Normaljahren zusammen in Blüte geht. Oft eilt die Zaubernuß der Zeit weit voraus und trifft sich dann mit Prunus subhirtella 'Autumnalis', die ebenfalls das Frühjahr nicht abwarten kann, deren Blüten allerdings bei minus 3 °C bis minus 5 °C erfrieren.

Einzelstellung und Gruppenpflanzung in Garten- und Parkanlagen. Weitere Hinweise zur Verwendung siehe H. japonica.

Ökologie: Wertvolle Insektennährpflanze. Im Hamburger Stadtpark beobachtete ich im Frühjahr 1996 Schwanz-Meisen und Weiden-Meisen, die eine ganz bestimmte Flechtenart von den waagerecht ausgebreiteten Zweigen der Zaubernuß absammelten. Mit Sicherheit handelte es sich hier um Nistmaterial. Bei den nachfolgend aufgeführten Gehölzarten, die in unmittelbarer Nähe der Zaubernuß wuchsen, konnte ich kein Flechtenvorkommen feststellen. Lediglich bei Viburnum plicatum f. tomentosum hatte sich die Flechte auf einigen Zweigen angesiedelt.

Aesculus parviflora	Fagus sylvatica
Amelanchier lamarckii	Forsythia intermedia
Catalpa bignonioides	Ginkgo biloba
Cercidiphyllum japonicum	Ilex aquifolium
Clethra alnifolia	Prunus serrulata
Cornus florida	Prunus padus
Corylus avellana	Prunus cerasifera
Cotinus coggygria	Pterostyrax hispida
Crataegus 'Carrierei'	Viburnum plicatum f. tomentosum
Euonymus alatus	

H. mollis 'Brevipetala'

Hamamelis mollis 'Brevipetala'

Wuchs: Aufrecht, betont breit ausladend, Laub haftet sehr lange.

Blüten: Dunkelgelb bis chromgelb, Petalen auffallend kurz, 0,8 bis 1,2 cm lang und 1,5 bis 2 mm breit, nur leicht gewellt, angenehm stark duftend; spätblühend.

Bemerkung: Eine gute, bewährte Sorte, die eigentlich erst im Alter immer schöner wird; bei sonnigem Stand außerordentlich reichblühend. Leider bleibt das braune Laub häufig bis zum Frühjahr haften. Kalidüngung kann Abhilfe schaffen.

H. vernalis 'Sandra'

Hamamelis vernalis 'Sandra'

Wuchs: Mittelhoher, breitbuschig aufrechter Strauch.

Blätter: Sommergrün, verkehrt eilänglich, 6 bis 12 cm lang, im Austrieb violett, Herbstfärbung orangerot bis scharlachrot.

Blüten: Gelblich, orangebraunrot getönt, klein, wenig auffällig, Ende Januar bis März.

Standort und Boden wie H. virginiana.

Eigenschaften: Frosthart.

Verwendung: Herrliche Herbstfärberselektion, die in der Baumschule HILLIER 1966 entstanden ist. Bitte sonnig und nicht auf zu nährstoffreiche Böden setzen.

Ökologie: Blüten werden sehr stark von Insekten beflogen.

H. virginiana L.,
Virginische Zaubernuß, Herbstblühende Zaubernuß

Seit über 200 Jahren bei uns in Kultur.

Verbreitung: Östliches Nordamerika; an Waldrändern, in Gebüschen, als Unterholz in Wäldern oder an steinig-felsigen Ufern der Flüsse; auf tiefgründigen, nährstoffreichen Böden.

Wuchs: Hoher Strauch, in der Heimat auch kleiner Baum mit kurzem Stamm, Hauptäste breit trichterförmig, weit ausladend; bei baumförmigen Exemplaren Krone offen und locker verzweigt.

Größe: 3 bis 6 m hoch und im Alter meist genauso

Hamamelis virginiana

Hamamelis virginiana

breit; baumförmig bis 9 m hoch. Jahreszuwachs in der Höhe 20 cm, in der Breite 15 bis 20 cm, später in der Breite stärker.

Rinde: Junge Triebe grau oder bräunlichrot behaart, Borke später hellbraun, glatt oder leicht schuppig.

Blätter: Sommergrün, wechselständig, verkehrt eiförmig, 8 bis 15 cm lang, ungleichseitig, hell stumpfgrün, unterseits heller, schwach behaart; Herbstfärbung prachtvoll gelb.

Blüten: Hellgelb, Petalen bis 1 cm lang, duftend; erscheinen zur Zeit des Laubfalls von Oktober bis November.

Früchte: Eine zweiklappige, verholzende Kapsel; Samen reifen erst im folgenden Herbst, sie werden beim Aufspringen der Früchte bis zu 9 m weit hinausgeschleudert.

Wurzel: Hauptwurzeln tiefgehend, hoher Anteil an Feinwurzeln, oberflächennah ausgebreitet.

Standort: Sonnig bis halbschattig (bis schattig).

Boden: Guter, nahrhafter, frischer bis feuchter, aber durchlässiger, schwach saurer (auch saurer) bis neutraler Boden, gedeiht auch noch auf leicht alkalischen Standorten, empfindlich gegen Bodenverdichtung und extrem trockene Pflanzsituationen.

Eigenschaften: Gut frosthart, sehr schattenverträglich, bedingt stadtklimafest, ernsthafte Krankheiten sind nicht bekannt.

Verwendung: Einzelstellung, Gruppen und größere Pflanzkübel.

Die Herbstblühende Zaubernuß ist ein sehr schönes Solitärgehölz für naturhaft gestaltete Gehölzrandpartien und Waldrandsituationen, wo mit Wildstauden, Gräsern und Farnen die richtige Atmosphä-

re geschaffen werden kann. Freistehende Sträucher können sich zu herrlichen, breitausladenden Exemplaren entwickeln. Aufgrund ihrer mehr oder weniger regelmäßig einsetzenden Laubfärbung kann man sie bei der Planung eines Herbstfarbengartens einsetzen. Nicht unerwähnt bleiben darf ihr angenehmer Duft, der viele Insektenarten, besonders aber auch die Herbstschmetterlinge anlockt. Eine weitere gute Eigenschaft ist die sehr hohe Schattenverträglichkeit. H. virginiana gedeiht auch als Unterholz/Unterpflanzung waldartiger, schattiger Baumpartien, wo ihre Herbstfärbung zwar nicht so ausgeprägt ist, sie aber dennoch Blüten bildet.

Anmerkung: Die Blätter wurden schon von den Indianern als Arzneimittel verwendet. Auch heute noch haben Blätter und Rinde in der Medizin und Pharmazie eine Bedeutung.

Ökologie: Wird stark von Insekten besucht.

HEBE COMM. ex. JUSS.
Strauchveronica – Scrophulariaceae, Braunwurzgewächse

H. ochracea B. M. ASHWIN
(= H. armstrongii HORT.)

Immergrüner, 30 bis 50 cm hoher Zwergstrauch mit etwas steifen, mehr oder weniger waagerechten Hauptästen. Seitenzweige dicht und gleichmäßig angeordnet und bogig in eine Richtung weisend. Blätter schuppenförmig, nur 2 mm lang, auffallend olivbraun. Blüten im Juni/Juli (August), weiß, in endständigen Büscheln, Einzelblüte kurzkronig, vierlappig und bis 8 mm breit.

Hebe ochracea wurde lange Zeit unter dem nicht korrekten Namen „H. armstrongii" geführt. Die

Heimat dieses hübschen Zwergstrauches sind die subalpinen Regionen der Südinsel Neuseelands. Für unsere Gärten ist diese Form mit Sicherheit die härteste. Alle Hebe-Arten bevorzugen einen mäßig trockenen, sandigen, warmen, vor allem auch gut durchlässigen und nicht zu nährstoffreichen (Ausreife!), schwach sauren bis neutralen Boden in sonniger bis absonniger, geschützter Lage. In strengen, schneelosen Wintern ist eine Abdeckung auf jeden Fall empfehlenswert. Hebe ochracea besticht durch ihre im Pflanzenreich sehr seltene olivbraune Laubfärbung. Auf den ersten Blick sieht diese Pflanze eher aus wie ein flacher Wacholder, zu dem allerdings die weißen, wie übergestreut aussehenden Blüten gar nicht so recht passen wollen. Ein auffallendes Zwerggehölz für Stein- und Heidegärten. Herrlich mit Gräsern und Kleinstauden wie Ca-

Hebe ochracea

rex buchananii und Acaena microphylla 'Kupferteppich'. Eine sehr niedrige, kompakte Zwergform ist **H. ochracea 'James Stirling'.**

Von den vielen, im Handel befindlichen Hebe-Arten sind die härtesten:

Hebe anomala *(ARMSTR.) COCK., Wuchs schmal aufrecht, bis 0,6 m hoch, Blätter schmallänglich, glänzend grün, Blüten weiß bis hellrosa, Juni/Juli.*

Hebe buxifolia *(BENTH.) COCK. & ALLAN, Wuchs aufrecht, bis 30 cm hoch, Blätter regelmäßig kreuzständig, glänzend dunkelgrün, Blüten weiß, Juni/Juli.*

Hedera colchica

Hebe carnosula (HOOK. f.) COCK. & ALLAN, Wuchs niederliegend, bis 30 cm hoch, Blätter dicht dachziegelartig angeordnet, bläulichgrün, Blüten weiß, Juli bis August.

Hebe cupressoides (HOOK. f.) COCK. & ALLAN, Wuchs aufrecht-rundlich, Blätter schuppenförmig, zypressenähnlich, bläulich, Blüten mattlila, Juni/Juli.

Hebe pimeloides (HOOK. f.) COCK. & ALLAN, Wuchs niederliegend, bis 40 cm hoch, Blätter blaugrün, elliptisch, eiförmig bis verkehrt eiförmig, Blüten blaßlila, Juni/August.

Hebe pinguifolia (HOOK. f.) COCK. & ALLAN, Aufrecht bis niederliegend, 0,3 bis 0,8 m hoch, Blätter verkehrt eiförmig bis rundlich, blaugrün, Blüten weiß, Juni/August.

HEDERA L.
Efeu – Araliaceae,
Araliengewächse

Die Gattung Hedera gehört zu den Araliaceen, einer sehr alten Pflanzenfamilie, die im Tertiär, vor etwa 20 bis 50 Mio. Jahren, auf der gesamten Nordhalbkugel weit verbreitet war. Heute finden wir die Vertreter dieser Familie größtenteils in tropischen Wäldern. Bekannte Efeugewächse in unseren Gärten sind die bizarre Aralie und die baum- und strauchförmigen Kalopanax- und Acanthopanax-Arten. Zur eigentlichen Gattung Hedera gehören, je nach Auffassung, 6 bis 15 Arten, die ihr Verbreitungsgebiet in Europa, auf den Kanarischen Inseln, in Nordafrika und in Ostasien haben. Es sind auf dem Boden kriechende oder mit kurzen Haftwurzeln kletternde Sträucher. Ihre Blätter sind wechselständig und entwickeln eine Jugend- und Altersform (Heterophyllie), mit deutlich unterschiedlichem Laub. Die grünlichgelben, kugeligen Blütendolden erscheinen recht spät im September/Oktober. Aus ihnen entwickeln sich erbsengroße, zunächst rötlichviolette Beeren, die erst im darauffolgenden Jahr reifen und dann eine blauschwarze Färbung annehmen. Die Früchte enthalten, wie auch alle anderen Organe, Saponine, die sicherlich für die schwache Giftigkeit verantwortlich sind.

Hedera colchica und Hedera helix gehören zu den wenigen immergrünen Kletterpflanzen, die in unseren Gärten winterhart sind. Zur Begrünung von Zäunen, Mauern, häßlichen Gebäudefassaden und zur Unterpflanzung stark schattender Bäume ist Efeu hervorragend geeignet. Kaum eine andere Gehölzart verträgt soviel Wurzeldruck wie Efeu und ist imstande, den Wurzelraum von Spitz-Ahorn und Sandbirke auch unter ungünstigen Bodenverhältnissen dauerhaft zu begrünen.

Von Efeu berankte Hausfassaden verleihen dem Gebäudekomplex eine individuelle Note und anheimelnde Atmosphäre. Sie tragen zur Verschönerung des städtischen Straßenbildes und damit auch zur Steigerung der Wohn- und Lebensqualität bei. Darüber hinaus haben Efeuwände eine sehr große ökologische Bedeutung. Sie sind Lebensraum für viele wärmeliebende Insektenarten, Kleinsäuger und Vogelarten. Bachstelze, Sperling, Fliegenschnäpper, Zaunkönig und verschiedene Eulen benutzen den Efeu gern als Nistplatz.

Der Efeu gehört morphologisch, ökologisch, biologisch und pflanzengeographisch gesehen zu den interessantesten Pflanzenarten unserer mitteleuropäischen Flora. Er ist auch der einzige heimische Wurzelkletterer.

Efeu bevorzugt ein wintermildes, ozeanisches Klima, luftfeuchte Lagen, einen mehr oder weniger nährstoffreichen, lockeren, humosen Boden und einen halbschattigen bis schattigen Standort. Aufgrund der vielen standörtlichen Ökotypen, die es von Hedera gibt, und der starken Neigung dieser Pflanzengruppe, Blattmutationen hervorzubringen, haben Liebhaber und Gärtner seit etwa 1775 bis heute mehrere hundert Sorten selektiert. Die meisten Cultivare besitzen jedoch einen reinen Liebhaberwert, für eine dauerhafte Freilandpflanzung im mitteleuropäischen Raum scheiden sie in erster Linie wegen ungenügender Frosthärte aus.

H. colchica (K. KOCH) K. KOCH,
Kolchischer Efeu, Persischer Efeu

Verbreitung: Südeuropa, Kleinasien und Kaukasus bis Nordiran.

Wuchs: Kriechender oder mit Haftwurzeln an Bäumen und Mauern kletternder Strauch.

Größe: 10 bis 15 (bis 20) m hoch.

Rinde: Triebe steif, dicht beschuppt.

Blätter: Immergrün, wechselständig, sehr groß, an nicht blühenden Trieben breit eiförmig bis elliptisch, kaum gelappt, 10 bis 15 (bis 25) cm lang, derb ledrig, dunkelgrün, gerieben nach Sellerie riechend.

Blüten: Erst an älteren Pflanzen erscheinend, im Gegensatz zu H. helix mit deutlichem Kelch.

Früchte: Blauschwarz, bis 8 mm dick, größer als bei H. helix.

Wurzel: Dicht verzweigt, oberflächennahe Feinwurzeln.

Standort: Absonnig bis schattig.

Boden: Nährstoffreicher, lockerer, humoser Oberboden, mäßig trocken bis feucht, sauer bis stark al-

kalisch; insgesamt sind aber alle Efeu-Arten anspruchslos und gedeihen in jedem kultivierten Gartenboden.

Eigenschaften: Frostempfindlicher als H. helix.

Verwendung: Herrlicher, ausdrucksstarker Efeu für Flächen- und Wandbegrünung. Besticht durch seine grobe Blatt-Textur und die dunkle Laubfarbe. Empfehlenswert aber nur für milde Lagen.

H. colchica 'Arborescens',
Strauchiger Kaukasus-Efeu

Wuchs: Kleiner Strauch, breit aufrecht, später rundlich bis halbkugelig, dicht verzweigt, nicht kletternd.

Größe: 1,5 (bis 1,8) m hoch und genauso breit.

Blätter: Immergrün, wechselständig, oval, ganzrandig, 8 bis 12 cm lang, mittelgrün bis dunkelgrün

Hedera colchica 'Arborescens'

245

mit weißlichem Adernetz, unten hellgrün, gelbschuppig, gerieben aromatisch harzig duftend.

Blüten: Weißlich, mit deutlichem Kelch, in dichten Doldentrauben, Juli bis September.

Früchte: Kugelig, schwarz.

Wurzel: Dicht verzweigt, oberflächennahe Feinwurzeln.

Standort: Absonnig bis schattig, in wintermilden Gebieten oder bei Schutz vor Wintersonne ist auch ein sonniger Platz möglich.

Boden: Nährstoffreicher, lockerer, humoser Oberboden, mäßig trocken bis feucht, sauer bis stark alkalisch; insgesamt sind aber alle Efeu-Arten anspruchslos und gedeihen in jedem kultivierten Gartenboden.

Eigenschaften: Stadtklimafest, rauchhart, etwas frostempfindlich.

Verwendung: Sehr dekoratives Gehölz für Solitärstellung oder Gruppenpflanzung im halbschattigen Bereich zusammen mit anderen immergrünen Gehölzen wie Leucothoë walteri, Viburnum davidii, Gaultheria procumbens, Euonymus fortunei 'Minimus', Zwerg-Cotoneaster und Pachysandra.

H. colchica 'Dentata',
Elefantenohr – Efeu, Riesenblättriger Efeu
(= H. colchica var. dentata, H. colchica „amurensis")

Wurde vermutlich von dem deutschen Botaniker JOSEPH RUPPRECHT (1814 – 1870) im Kaukasus gefunden.

Wuchs: Kriechender oder mit Haftwurzeln an Bäumen und Mauern kletternder Strauch. Starkwüchsiger als die Art.

Größe: Bis 20 m hoch.

Blätter: Größer als bei der Art, bis 22 cm lang und 15 bis 17 cm breit, eiförmig, ungelappt, Blattrand fein gezähnt! Blattspreite etwas dünner, Blätter an kletternden Trieben herabhängend (wie „Elefantenohren") und Blattspreite älterer Blätter nach innen eingerollt.

Eigenschaften: Robuster und frosthärter als die Wildart.

Verwendung: Der „Riesenblättrige Efeu" ist sicherlich die eindrucksvollste aller Efeusorten. In absonnigen oder halbschattigen Gartenräumen, wo sich die Blätter besonders üppig entwickeln, ist er eine großartige Pflanze für das Thema Blattformen und Kontraste. Ich möchte nochmals darauf verweisen, daß diese Form bedeutend frosthärter ist als der Typ. Hat den Winter 95/96 besser überstanden als verschiedene H. helix-Formen.

H. colchica 'Dentata Variegata'

Wurde vor 1907 von L. R. RUSSEL in Richmond, England, gefunden. Am 9. Juli 1907 erhielt diese Sorte bei der Königlichen Gartenbau-Ausstellung einen Ehrenpreis.

Hedera colchica 'Dentata Variegata'

Wuchs: Kriechender oder mit Haftwurzeln kletternder Strauch.

Blätter: Eiförmig, ungelappt, 15 bis 20 cm lang und 10 bis 12 cm breit, hellgrün bis graugrün marmoriert, Rand unregelmäßig gelb bis beige gefärbt, einzelne Blätter gelegentlich zur Hälfte, aber auch ganz gelb gefärbt.

Eigenschaften: Ausreichend frosthart.

Verwendung: Farblich sehr auffällige Kletterpflanze für besondere Gartenthemen wie z. B. „Gelber Garten", Blattfarben und Kontraste. Eine weitere gelbbunte Sorte ist **'Sulphur Heart'** mit großen tiefgrünen Blättern, die in der Mitte unregelmäßig gelb oder gelbgrün gefleckt sind.

H. helix L.,
Gewöhnlicher Efeu

Hedera oder edera wurde der Efeu von den Römern genannt; helix ist abgeleitet vom griech. helissein = winden.

Verbreitung: Der Efeu hat etwa das gleiche Verbreitungsgebiet wie die Rot-Buche, dringt aber weiter nach Süden vor. Europa bis zum Kaukasus und von Schottland bis Spanien.

Häufig als Kriech- oder Kletterpflanze in krautreichen Eichen- und Buchen-Mischwäldern (Buchenbegleitpflanze); in Auenwäldern, an Felsen, Mauern

und alten Bäumen, in Gebüschen, Knicks, auf Schutthängen, verwildert auf Friedhöfen und in alten Gartenanlagen; auf nicht zu trockenen, nährstoffreichen, humosen, kalkreichen bis mäßig sauren Böden; im Gebirge bis auf 1800 m ansteigend.

Wuchs: Kriechender oder mit Haftwurzeln an Bäumen und Mauern kletternder Strauch.

Größe: Bis 20 m hoch, gelegentlich auch darüber.

Rinde: Triebe auf der lichtabgewandten Seite mit 6 bis 10 mm langen Haftwurzeln, Blütentriebe grün, wurzellos; ältere Stämme grauschuppig.

Blätter: Immergrün, wechselständig, sehr variabel, meist 3lappig, aber auch 5lappig, ledrig, dunkelgrün, oft mit schöner weißlicher Blattnervatur; Blätter der Altersform (Blühsprosse) ungelappt, rauten- bis herzförmig, lang zugespitzt, glänzend dunkelgrün.

Blüten: Grüngelb, in kugeligen Dolden, produzieren reichlich Nektar, der offen dargeboten wird für Wespen, Käfer, Fliegen und Bienen; Efeu ist einer der wenigen echten Herbstblüher, September bis Oktober. Pflanzen sind in 8 bis 10 Jahren blühreif.

Früchte: Kugelig, erbsengroß, zunächst rötlichviolett, reifen aber erst im darauffolgenden Früh-

Hedera helix

jahr und nehmen dann eine schwarzblaue Färbung an; nach neuesten Untersuchungen schwach giftig.

Wurzel: Dichtverzweigtes Herzwurzelsystem; bei den Wurzeln kommt es zur Arbeitsteilung in Nährwurzeln und in Luft- bzw. Haftwurzeln; Haftwurzeln bis 10 mm lang, besitzen große Zugfestigkeit, lichtempfindlich, nur im Vollschatten optimale Entwicklung rings um den Trieb, junge Haftwurzeln können in einem dauerfeuchten Milieu zu Adventivwurzeln auswachsen und Ernährung übernehmen.

Standort: Absonnig bis sehr schattig, in wintermil-

Hedera helix,
Efeuhäuschen in Wyk

Efeu an einem Garten-
pavillon im alten Bota-
nischen Garten, Kiel

Hedera helix, Altersform

Hedera helix an Quercus robur

Hedera helix 'Arborescens'

den Gebieten oder bei ausreichendem Schutz vor praller Wintersonne auch sonniger Platz möglich.

Boden: Wächst auf allen Bodenunterlagen außer auf reinem Torf, (trocken) mäßig trocken bis feucht, insgesamt anspruchslos, bevorzugt aber nährstoffreiche, frische, humose, kalkhaltige Böden, gedeiht auch in schwach sauren bis sauren Substraten.

Eigenschaften: Frostempfindlich, besonders in der Austriebsphase, liebt wintermildes, luftfeuchtes Klima, wärmeliebend, verträgt sommerliche Hitzeperioden erstaunlich gut, stadtklimafest, hohes Ausschlagsvermögen, in luftfeuchten Gebieten gut windfest, sehr langlebig, kann über 400 Jahre alt werden, Stämme dann bis 1 m dick (HECKER); verträgt sehr gut Wurzeldruck. Blätter, Triebe und Früchte schwach giftig (Saponine).

Verwendung: Immergrünes Klettergehölz zur Begrünung von Fassaden, Mauern, Zäunen, Holzwänden und alten Bäumen; unverwüstlicher Bodendecker, auch im Wurzeldruck stark schattender und zehrender Großbäume wie Spitz-Ahorn und Birke, weiterhin für Säulen, mobile Wände, Kübel, Lärmschutzwände und Dachgärten, auch für Mauerkronen zum Überhängen, Vogelschutz- und nährgehölz, wichtige Insektenfutterpflanze. Alte, eingewachsene Efeuwände sind auch ein guter Hintergrund für Clematispflanzungen. Diese Kombinationsmöglichkeit wird noch viel zu selten genutzt. Der Efeu erträgt einen leichten, sommerlichen „Waldrebenvorhang" ohne Schaden.

In der Antike war der Efeu Bacchus, dem Gott des Weins, geweiht. Sein gummiartiges Harz wurde als Zusatz zu Räuchermitteln, aber auch als Wundheilmittel genutzt. Die in den Blättern enthaltenen Saponine wirken krampfstillend und hustenlindernd (SCHUSTER).

Anmerkung: Eingewurzelte Efeuflächen haben oft

ein so starkes Wachstum, daß Farne, Gräser und niedrige Gehölze leicht überwachsen werden. In kleinräumigen Mischpflanzungen kann dieser robuste Bodendecker auch lästig werden. Will man in bereits bestehende Efeuflächen Gehölze einbringen, so müssen diese über mehrere Vegetationsperioden von dem Wurzeldruck des Efeus freigehalten werden. Ebenso sollte Efeu nur in größere und ältere Bäume gesetzt werden. Nach VAN HOEYSMITH kann Efeu selbst noch 30jährige Bäume zum Absterben bringen. Efeu ist viel langlebiger als die meisten unserer Baum-Arten. Dieses ist auch der Grund, weshalb man immer wieder mit Efeu bedeckte, abgestorbene Birken, Pappeln oder Ahorne findet.

Efeu an Wandflächen: Efeu kann bedenkenlos an intaktes Mauerwerk gepflanzt werden. Solide, alte Gebäude sind oft schon seit einem Jahrhundert von Efeu berankt, ohne Schaden zu nehmen. Das Mauerwerk bleibt trocken und im Sommer kühl. Feuchtebelastetes und rissiges Mauerwerk muß vor der Bepflanzung gründlich saniert werden.

Aus verschiedenen Gründen dürfen Wurzelkletterer nicht an dispersions- und dispersions-Silikatbeschichteten Oberflächen angepflanzt werden (ALTHAUS 1987).

Die Beeinträchtigungen der Oberflächenbeschichtungen entstehen in Form von Unterwachsen durch sproßbürtige Wurzeln.

Ökologie: Efeublüten werden sehr stark von Insekten beflogen. Der Honigertrag liegt bei 230 kg pro ha.

H. helix 'Arborescens', Strauch-Efeu
(= H. helix f. arborea HORT.)

Wuchs: Kleiner, nicht kletternder, buschiger Strauch, breit aufrecht bis unregelmäßig rundlich,

im Alter ausladend, Triebe auffallend dick, kurz und dicht verzweigt. Vegetativ vermehrte Altersform.

Größe: Bis 1,50 (bis 2,00) m hoch und mindestens genauso breit.

Rinde: Triebe rundlich, dick, grün, ohne Haftwurzeln.

Blätter: Immergrün, wechselständig, ungelappt, rauten- bis herzförmig, lang zugespitzt und leicht gewellt, derbledrig, glänzend dunkelgrün, Nervatur mehr oder weniger parallel verlaufend, sehr attraktives Blatt.

Blüten: Grünlichgelb, in kugeligen Dolden, produzieren reichlich Nektar, der offen für Wespen, Käfer, Fliegen und Bienen dargeboten wird; Efeu ist einer der wenigen echten Herbstblüher, September bis Oktober.

Früchte: Kugelig, erbsengroß, zunächst rötlichviolett, reifen erst im darauffolgenden Frühjahr und sind dann schwarzblau, schwach giftig.

Wurzel: Dicht verzweigt, oberflächennahe Feinwurzeln.

Standort: Absonnig bis sehr schattig, in wintermilden Gebieten oder bei ausreichendem Schutz vor Wintersonne auch sonniger Platz möglich, geschützt.

Boden: Wächst auf allen Bodenunterlagen, bevorzugt nährstoffreiche, nicht zu trockene, humose Böden, kalkliebend, gedeiht aber auch in schwach sauren bis sauren Substraten.

Eigenschaften: Erstaunlich frosthart, stadtklimafest, rauchhart.

Verwendung: Sehr attraktives Solitär- oder Gruppengehölz für Pflanzbeete, Kübel und Dachgärten. Dekorativ im schattigen Gehölzbereich mit Festuca scoparia, Ajuga reptans 'Atpropurpurea', Blechnum spicant, Chiastophyllum oppositifolium, Euonymus fortunei 'Minimus', Oxalis acetosella (großflächig!), Polystichum aculeatum, Ilex glabra, Leucothoë walteri, Cyrtomium fortunei, Luzula pilosa, Asarum europaeum und für den Hintergrund Sinarundinaria murielae 'Simba' (schwachwüchsige Form!). Weitere ideale Partner wären auch Ilex crenata 'Stokes' oder I. crenata 'Green Lustre', Lonicera nitida 'Elegant', Buxus sempervirens 'Suffruticosa', Pachysandra terminalis, Taxus baccata 'Repandens' und großflächig im Vordergrund, wo auch der Strauch-Efeu stehen sollte, Vinca minor.

H . helix 'Goldheart'
(= 'Oro del Bogliasco', 'Goldherz', 'Golden Jubilee')

Hedera helix 'Goldheart'

Wuchs: Kriechender oder mit Haftwurzeln an Bäumen, Mauern und Steinen kletternder Strauch, anfangs gedrungen und langsam wachsend, später jedoch guter Zuwachs.

Größe: In 5 Jahren an einer Ostwand bis 3 m hoch und eine Gesamtfläche von ca. 4 m 2 bedeckend. Zuwachs: ca. 50 bis 70 cm.

Rinde: Junge Triebe rosa bis gelblichrosa, im Alter bräunlich.

Blätter: Immergrün, wechselständig, sehr unterschiedlich in Form und Größe, überwiegend 3lappig, Mittellappen am längsten, Spitze meist lang ausgezogen, Seitenlappen gelegentlich mit mehr oder weniger deutlich ausgeprägten Nebenlappen; dunkelgrün, Blattmitte sehr auffällig leuchtend hellgelb bis gelb gefärbt, zum Rand grün überlaufen und gefleckt; 4 bis 6 (bis 8) cm lang und ebenso breit.

Standort: Sonnig bis absonnig, Schutz vor praller Wintersonne.

Boden: Wächst auf allen Bodenunterlagen außer auf reinem Torf, insgesamt anspruchslos, bevorzugt aber nährstoffreiche, frische, humose, kalkhaltige Böden, gedeiht auch in schwachsauren bis sauren Substraten.

Eigenschaften: Frosthart, gut kletternd!, bildet gelegentlich grüne Rückschläge (sollten rechtzeitig entfernt werden!); bei der Verwendung als Bodendecker besteht die Neigung, überwiegend einfarbig grünes Laub zu entwickeln. Sollte nicht geschnitten werden, da Neuaustriebe meist grün werden.

Verwendung: 'Goldheart' ist die beste und härteste gelbbunte Efeusorte. Die leuchtend gelbe Blattzeichnung dieser wüchsigen und gesunden Form ist unerhört attraktiv. Auch an schattigen Standorten wird sie gut ausgebildet. Ein herrlicher Kontrast ergibt sich bei der Bepflanzung braunroter Ziegelmauern oder absonniger Gartenhöfe, die von blauer Akelei, verschiedenen Hosta-Sorten und Campanula lactiflora geprägt werden. Ein farblich idealer Kletternachbar wäre Clematis viticella 'Etoile Violette', die „zierliche Ausgabe" von 'Jackmanii', die mit ihrem Tiefviolettblau die Komplementärfarbe zu dem gelben, belebenden Blattfleck des Efeus bildet.

H. helix 'Plattensee'

1968 gefunden von G. JÜRGL am Plattensee/Ungarn.

Wuchs: Kletterstrauch, breit mattenförmig wachsend oder mit Haftwurzeln an Mauern und Bäumen kletternd.

Größe: 10 bis 15 m hoch.

Blätter: Immergrün, wechselständig, stumpf 3lappig, mittelgroß, 4 bis 6 cm breit, dunkelgrün mit

Hedera helix 'Plattensee'

auffallend silbrigweißer Aderung. Unter Sonneneinfluß im Winter braunviolett marmoriert.

Eigenschaften: Ausgezeichnete Frosthärte, gut trockenresistent, Klettereigenschaften wie andere Sorten.

Weitere Merkmale wie bei H. helix.

Verwendung: Sehr guter Bodendecker, auf Grund seiner Wuchseigenschaften auch hervorragend zur Zaunberankung geeignet. Besonders hervorzuheben ist das gesunde und attraktiv gezeichnete Blattwerk.

H. helix 'Woerner'
(= H. helix 'Woerneri', H. helix 'Remscheid')

Wuchs: Kletterstrauch, breit mattenförmig wachsend oder mit Haftwurzeln an Bäumen und Mauern kletternd.

Größe: 10 bis 15 m hoch.

Blätter: Immergrün, wechselständig, meist stumpf 3lappig, 5 bis 7 cm breit und 5 bis 6,5 cm lang, größer als bei 'Plattensee', dunkelgrün, mit weißlichgrüner, sehr zierender Blattaderung, unter Sonneneinfluß im Winter braunviolett marmoriert.

Eigenschaften: Frosthart, gut kletternd.

Weitere Merkmale wie bei H. helix.

Verwendung: Ist neben H. hibernica wohl der beste und gesündeste Bodendecker unter den Efeu-Sorten.

H. hibernica HORT. ex KIRCHNER, Irischer Efeu
(= H. helix 'Hibernica', H. helix var. hibernica)

Wurde bereits 1838 in Irland gefunden.

Hedera hibernica

Wuchs: Kletterstrauch, breit mattenförmig wachsend oder mit Haftwurzeln an Mauern und Bäumen stark kletternd, raschwüchsig.

Größe: 6 bis 20 m hoch, eine Pflanze bedeckt in 3 bis 4 Jahren 9 m².

Triebe: Grün, dicht grau sternhaarig, Triebspitzen mehr dunkelbraunrot, Internodien 5 bis 7 cm.

Blätter: Immergrün, wechselständig, 5lappig, Lappen dreieckig, Mittellappen länger als Seitenlappen, Blätter größer als bei H. helix, 7,5 bis 15 cm breit, mattgrün mit hellgrauer bis hellgrüner Aderzeichnung, Blattstiele violettgrün. Typisch sind die leicht nach oben geschlagenen Blätter.

Blüten: Grünlichgelb in kugeligen Dolden im September bis Oktober.

Früchte: Kugelig, erbsengroß, schwarzblau. Nach neuesten Untersuchungen schwach giftig!

Wurzel: Dicht verzweigtes Herzwurzelsystem.

Weitere Merkmale wie bei H. helix.

Eigenschaften: Nicht so frosthart wie H. helix, leidet im Kontinentalbereich bei starkem Frost und Wintersonne; schattige Bereiche sind deshalb günstiger.

Verwendung: Sehr dekorativ durch die großen Blätter, die Art wird auf Grund ihrer kräftig rankenden Triebe mehr als Bodendecker eingesetzt, geeignet aber auch zur Begrünung von Wänden, Bäumen, Efeusäulen, Pergolen, Zaunhecken; in seiner Altersform sehr gut als niedrige Hecke zu verwenden, wirkungsvoll sind mit schwachwüchsigen Clematis-Arten und -Sorten berankte Efeuwände.

Anmerkung: Vor dem Kriege wurde Efeu in transportablen Kästen mit 1,80 m hohen Rankgestellen von Gartenbaubetrieben gezogen und während der Sommermonate an Gastwirtschaften und Straßencafés verliehen. Überwintert hat man die immergrünen Sichtschutzwände in kühlen, feuchten Kellerräumen, wo sie bis zum Ausräumen im Frühjahr frischgrün blieben. „Mobiles Grün" ist also keine neue Erfindung.

H. pastuchovii G. VORONOV

Diese noch relativ unbekannte Efeuart ist im Westkaukasus und in den Kaspischen Wäldern Rußlands und des Iran beheimatet. Die Blätter sind 4 bis 6 cm lang, ganz schwach gelappt, glänzend dunkelgrün und ledrig. Von H. helix unterscheidet sich diese Art durch eine mehr schlanke, lang zugespitzte Form der Blätter, die bei H. pastuchovii auch gelegentlich einen schwach gezähnten Rand aufweisen. Wird in Holland bereits angeboten. Auf Grund der bei Efeu sehr ausgeprägten Neigung, Blatt-Mutationen hervorzubringen, wird es sicherlich bald die ersten Sorten geben. Liebhaberpflanze.

HEPTACODIUM REHD.
Caprifoliaceae,
Geißblattgewächse

Eine aus zwei Arten bestehende, noch weitgehend unbekannte Gattung, die nahe verwandt ist mit Abelia.

H. jasminoides AIRY SHAW,
"Seven Son Flower of Zhejiang"

Sommergrüner, etwa 2,5 bis 4 (?)m hoher, buschig aufrechter Strauch mit abblätternder Rinde. Blätter dekorativ, auffallend 3nervig, 7,5 bis 10cm lang und 5 bis 5,5cm breit, bis weit in den Spätherbst am Strauch haftend. Blüten verhältnismäßig klein, cremeweiß, Krone zweilippig, zu 7 vereint in rispenartigen Ständen am Ende der jungen Triebe, duftend, im Spätsommer erscheinend.

Fruchtstände mit dem bleibenden Kelch sehr attraktiv. Zur Vollreife purpurrot bis leuchtend rot.

Der in den Gebirgen Zentralchinas beheimatete Strauch wurde 1955 von AIRY SHAW nach älteren Herbarbelegen aus Kew Gardens, die in der chinesischen Provinz Chekiang gesammelt worden sind, beschrieben.

Die Pflanzen, die heute im Handel sind, stammen wohl größtenteils aus Samen, die anläßlich einer 1980 durchgeführten, chinesisch-amerikanischen Expedition gesammelt wurden.

Das HILLIER ARBORETUM soll allerdings Saatgut direkt vom BOTANISCHEN GARTEN HANGZHOLL bezogen haben.

Heptacodium jasminoides ist ein sehr wertvoller Spätsommerblüher und attraktiver Fruchtschmuckstrauch.

Zur optimalen Blüten- und Fruchtentwicklung benötigt jedoch das wärmeliebende Gehölz sonnenreiche, milde Spätsommer- und Herbstmonate.

HIBANOBAMBUSA MUR. et H. OKUM. –
Bambus – Gramineae, Süßgräser,
Unterfamilie Bambusoideae, Bambusgräser

H. tranquillans MURAYAMA et.
H. OKAMURA

Verbreitung: Japan.

Wuchs: Ausläufer treibend, buschig aufrecht, kräftig wachsend.

Größe: 1,2 bis 2,5 (3) m hoch.

Halme: Olivgrün.

Blätter: Kräftig grün, verhältnismäßig groß, 15 bis 20 (25) cm lang und 3 bis 5 cm breit.

Wurzel: Bildet Ausläufer.

Standort: Sonnig bis halbschattig, geschützt.

Boden: Frisch bis feucht, nährstoffreich, gut durchlässig, schwach sauer bis alkalisch.

Eigenschaften: Frosthart wohl bis minus 20 (22) °C. Erste Laubschäden nach minus 16 °C.

Verwendung: Einzelstellung und Flächenbegrünung. Durch die grobe Blatt-Textur ein sehr strukturstarker Bambus.

Sehr dekorativ ist die Sorte **Hibanobambusa tranquillans 'Shiroshima'**, deren Blätter cremeweiß bis lichtgelb gestreift sind.

HIBISCUS L.
Eibisch – Malvaceae,
Malvengewächse

H. syriacus L.
Garten-Eibisch, Strauch-Eibisch

Verbreitung: China und Indien.

Wuchs: Straff aufrechter, etwas steifer, mittelhoher Strauch, langsam wachsend.

Größe: 1,50 bis 2 (bis 3) m hoch und 1 bis 1,50 m breit, sehr alte Exemplare sind oft genauso breit wie hoch (sortenbedingt).

Rinde: Grau, in der Jugend weich behaart.

Blätter: Sommergrün, wechselständig, erinnern an Chrysanthemen, eiförmig, 3lappig, mittelgrün, Austrieb spät, in kühlem Frühjahr junge Blätter oft gelblichweiß, Herbstfärbung gelblich.

Blüten: Große, sehr attraktive, malvenähnliche Einzelblüten von Ende Juni bis Ende September.

Früchte: Braune, fünfklappige Kapseln.

Wurzel: Fleischig, Herzwurzelsystem.

Standort: Sonnig bis leicht absonnig, geschützt.

Boden: Nährstoffreiche, frische bis mäßig trockene, sandige Lehmböden mit gutem Wasserabzug, schwach sauer bis alkalisch. Auf zu armen Böden schlechter Blütenansatz.

Eigenschaften: In der Jugend etwas frostempfindlich, kann in sehr strengen Wintern zurückfrieren; da der Garten-Eibisch aber am diesjährigen Holz blüht und sich nach einem Rückschnitt immer wieder gut erholt, ist das nicht weiter beklagenswert. Reagiert mit Knospenabwurf auf längere Trockenheit. Wärmeliebendes Gehölz, stadtklimafest.

Pflegetip: Junge Pflanzen sind in den ersten Wintern dankbar für einen Schutz aus Laub und Fichtenreisig.

Hibiscus 'Red Heart'

Bitte von Zeit zu Zeit kontrollieren, da sich hier nur allzugern Mäuse einnisten, die erhebliche Fraßschäden an Wurzeln und Rinde anrichten können.

Verwendung: Der Garten-Hibiscus zaubert mit seinen farbenprächtigen Blütenbechern eine beinahe tropische Atmosphäre in unsere Gärten. Ein besonderer Wert dieses Gehölzes liegt aber auch in der späten und sehr ausgedehnten Blütezeit.

Auf seinen Lieblingsplätzen, wie z. B. Terrassen, vor warmen Südwänden (auch als Spalierstrauch zu verwenden), in geschützten Gartenhöfen, zwischen Hecken, im Café-Garten, an Gehölzrändern und in Staudenrabatten, kann er auch im „kühlen Norden" über 2,50 m hoch werden. Sehr wirkungsvoll in genügend großen Hochbeeten oder Hydro-Containern im Innenstadtbereich, z. B. Fußgängerzonen; auffallendes Gehölz in Schmuckabteilungen öffentlicher Parkanlagen. Passende Nachbarn wären Stockrosen, Bechermalven, Lavatera olbia, Lavatera thuringiaca 'Barnsley', rosalilafarbene Kosmeen, Heliotropium,

schwachwüchsige Bodendeckerrosen und Lavendel; für den Hintergrund bieten sich Clematis an. Ganz in Blau: Hibiscus syriacus 'Blue Bird', unterpflanzt mit hellblauen Petunien, Ageratum houstonianum, Heliotropium arborescens oder Ceratostigma plumbaginoides.

Ökologie: Hibiscus-Blüten werden sehr stark von Bienen, Ameisen und Fliegen, aber ganz besonders von Hummeln besucht. Wichtige Insektenfutterpflanze in relativ blütenarmer Jahreszeit.

Hibiscus 'Helena'

Hibiscus 'Woodbridge' mit Bibio marci, Märzfliege

Hibiscus
'Blue Bird'

HIBISCUS

Sortenübersicht:

'Ardens'
Wuchs: Breit kompakt.
Blüten: Purpur bis rotviolett mit weinrotem (= bordeauxrot) Mittelfleck, dicht gefüllt, Blütendurchmesser bis 9,5 cm.

'Blue Bird'
Wuchs: Straff aufrecht, gut wüchsig.
Blüten: Blauviolett mit tiefmagenta (= roterübenfarbig) Mittelfleck, einfach, großblumig, Blütendurchmesser 12 bis 14 cm.

'Coelestis'
Wuchs: Straff aufrecht, kurztriebig.
Blüten: Pastellviolett (helles Blauviolett) mit tiefmagenta (= roterübenfarbig) Mittelfleck, einfach, Blütendurchmesser 8 bis 9 cm.
Anmerkung: Frosthärteste Sorte.

'Duc de Brabant'
Wuchs: Mittelstark, aufrecht.
Blüten: Blaurot mit dunkelrotem bis bordeauxrotem Mittelfleck, gefüllt, Blütendurchmesser 9 bis 11 cm.
Anmerkung: Durch interessantes Farbspiel und die locker gefüllte Blüte eine sehr schöne Sorte.

'Hamabo'
Wuchs: Aufrecht, starkwüchsig.
Blüten: Rosa, Blütenblätter zum Rand hin etwas dunkler, streifig, mit dunkelrotem, sehr großem Mittelfleck, einfach, Blütendurchmesser 9 bis 10,5 cm.
Anmerkung: Eine der besten Sorten!

'Lady Stanley'
Wuchs: Schmal aufrecht.
Blüten: Zartrosa (offizielle Farbbezeichnung rosaweiß oder rotweiß bis blaßrot) mit dunkelrotem Mittelfleck, gefüllt, nelkenähnlich, Blütendurchmesser 9,5 cm.

Hibiscus 'Red Heart'

'Red Heart'
Wuchs: Aufrecht.
Blüten: Weiß mit verhältnismäßig kleinem, dunkelrotem bis weinrotem (= bordeauxrot) Mittelfleck, einfach, außerordentlich großblumig, Blütendurchmesser bis 13 cm.

'Rubis'
Wuchs: Kurztriebig, aufrecht.
Blüten: Rubinrot mit karminrotem Mittelfleck, einfach.
Anmerkung: Zwar etwas kleinblumig, aber doch eine sehr frostharte und regenfeste Sorte.

'Totus Albus'
Wuchs: Aufrecht.
Blüten: Weiß, einfach, Blütendurchmesser 10 cm.

'William R. Smith'
Wuchs: Aufrecht.
Blüten: Weiß, sehr großblumig, weit offen, Blütenblätter kreppartig gewellt, Blütendurchmesser bis 14 cm.
Anmerkung: Eine der besten weißen Sorten.

'Woodbridge'
Wuchs: Straff aufrecht, starkwüchsig.
Blüten: Blaurot bis malvenfarben, mit relativ kleinem, dunkelrotem Mittelfleck, einfach, Blütendurchmesser bis 12,5 cm.
Anmerkung: Sicher die beste ungefüllte, rotfarbene Sorte. Sie zeichnet sich durch einen starken Wuchs, gesundes Laub und regenfeste Blüten aus, die auch bei kühlem, trübem Wetter immer weit geöffnet sind. Alte Blüten werden relativ gut abgeworfen (Selbstreinigung).

Hibiscus 'Woodbridge'

Hibiscus 'Duc de Brabant'

Hibiscus 'Rubis'

Hibiscus 'Hamabo'

HIPPOPHAE L.
Sanddorn – Elaeagnaceae,
Ölweidengewächse

H. rhamnoides L.
(= kreuzdornähnlich)

Verbreitung: Europa, Asien. In Deutschland hauptsächlich in den Alpen, im Alpenvorland, Rheingebiet, an den Nebenflüssen der Donau, an der Ost- und Nordseeküste und hier besonders auf den Ostfriesischen Inseln. Pioniergebüsch in alpinen Flußschotterauen, in trockenen, lichten Kiefernwäldern, auf sandigen Küstenstreifen, im Binnenland auf zeitweise überfluteten Kies- und Sandböden, an Kiesgruben und verwildert auf Ödländereien.

Wuchs: Oftmals sparrig und unregelmäßig wachsender Großstrauch oder kleiner Baum mit dornigen Kurztrieben und z. T. starker Ausläuferbildung.

Größe: 3 bis 6 (bis 10) m hoch und 2 bis 3 m breit, im Alter oft genauso breit wie hoch. Jahreszuwachs in der Höhe 30 cm und in der Breite 20 cm.

Rinde: Zweige anfangs silbergrau schülfrig, später graubraun bis schwärzlich, dornig, Borke längsrissig, schwärzlichbraun.

Knospen: Weibl. Blütenknospen rundlich, 2 bis 2,5 mm groß, männliche kegelförmig bis spitzeiförmig, bis 6,5 mm lang.

Blätter: Sommergrün, wechselständig, weidenähnlich, lineal-lanzettlich, 1 bis 6,5 cm lang und 7 bis 8 mm breit, silbrig-grau, lange haftend, keine Herbstfärbung.

Blüten: Pflanze ist zweihäusig, unscheinbar grünlichbraun, vor Blattentwicklung im März/April (Mai).

Früchte: Orange, eiförmig bis walzenförmig, 6 bis 8 mm lang, sehr saftig. Multivitaminträger. Sanddornfrüchte enthalten neben der sehr hohen Vitamin C-Konzentration 10 weitere Vitamine wie z. B. Vitamin A (Carotin) und Vitamin E.

Wurzelsystem: Tiefgehende Hauptwurzeln, Seitenwurzeln oberflächennah, weit ausgebreitet, bildet Ausläufer; Wegbeläge wie Platten, Pflaster u. ä. werden angehoben; Stickstoffsammler mit Hilfe von Strahlenpilzen, verträgt Sandeinschüttung.

Standort: Volle Sonne, im Schatten Kümmerwuchs!

Boden: Keine besonderen Ansprüche, bevorzugt gut drainierte, sandig-kiesige Böden, trocken bis feucht, gedeiht noch gut auf nährstoffarmen Standorten, neutral bis stark alkalisch, bevorzugt Kalk.

Eigenschaften: Pioniergehölz, Lichtpflanze, gut frosthart, hitzeresistent, windfest, stadtklimafest,

Hippophae rhamnoides 'Hergo'

verträgt Überschwemmungen, zwar salzverträglich, jedoch nicht so salzresistent wie immer behauptet wird. Kräftiges Mulchen mit Rindenhäcksel führt zu Kümmerwuchs bzw. allmählichem Absterben (humusmeidend) (KIERMEIER).

Verwendung: Wichtiges Gehölz für Windschutzpflanzungen und Rekultivierungsmaßnahmen in der freien Landschaft, Ödlandbegrünung, Böschungs- und Dünenbefestigung, Vogelschutz- und -nährgehölz. Wegen des grausilbrigen Laubes schöner Hintergrund für Rosenpflanzungen aller Art, besonders wirkungsvoll in Verbindung mit rosafarbenen Wildrosen, Riesenschleierkraut (Crambe-cordifolia), Buddleja alternifolia, Perovskien und Lavendel. Pyrus salicifolia wäre ein weiteres graulaubiges Gehölz, das sehr gut zu Sanddorn und den Wildrosen paßt. Hellrosa und Grau verstehen sich gut miteinander. In der Nähe von Wege- und Terrassenbelägen können die Wurzelausläufer nicht nur lästig, sondern auch unfallgefährdend sein. Sanddorn ist in der Floristik sehr beliebt als Vasenschmuck und Dekorationsgehölz. Die Sorten 'Leikora' und 'Dorana' sind hier besonders wertvoll wegen guter Farbintensität und -stabilität.

Ökologie: Neben seiner Funktion als ausgezeichnetes Schutzgehölz werden die Früchte des Sanddorns von 42 Vogelarten angenommen.

Anmerkung: Sanddorn ist eine ernährungsphysiologisch wertvolle Wildfruchtart, die auch auf Standorten mit geringer Bodenqualität und in mikroklimatisch ungünstigen Gebieten (Frostlöchern) hohe Erträge bringt. Wegen der Zweihäusigkeit sollten in Plantagen 10 % männliche Exemplare gepflanzt werden. 1 kg Kultursanddorn enthält durchschnittlich 2660 mg Vit. C, 1 kg Äpfel dagegen nur 14 mg (VETTERS).

Die nachfolgend aufgeführten Sorten sind Züchtungen aus der Baumschule Berlin Baumschulenweg GmbH.

'Dorana', *Wuchs schwach bis mittelstark, niedrig bleibend, Ausläuferbildung gering; überreicher Fruchtansatz, Früchte tieforange, behalten bis weit in den Winter hinein ihre Farbe. 'Dorana' hat den höchsten Vitamin C-Gehalt. Diese Sorte ist besonders für die Anpflanzung in Hausgärten geeignet. Ascorbinsäuregehalt 340 mg %.*

'Frugana', *Wuchs stark, frühreifend (Mitte/Ende August), Früchte mittelgroß, hoher Ertrag. Ascorbinsäuregehalt 160 mg %.*

'Hergo', *mittelfrühe Reifezeit (Anfang bis Ende September), liefert Höchstbeträge. Früchte mittelgroß, hellorange. Ascorbinsäuregehalt 150 mg %.*

'Leikora', *spätreifend (Mitte September bis Mitte Oktober), 'Leikora' hat große, walzenförmige Früchte, die auch nach Frösten ihre tief orangerote Farbe behalten. Ein sehr reichtragender, attraktiver Schmuckstrauch. Der Ascorbinsäuregehalt liegt mit 240 mg % zwar hinter 'Dorana' (340 mg %), aber immer noch weit über dem Durchschnitt. Sehr wertvoll auch für die Floristik.*

'Pollmix'. *Für den erfolgreichen Fruchtanbau sind gute Bestäubersorten unerläßlich. Die aus der Züchtung der Baumschule Berlin Baumschulenweg GmbH hervorgegangenen Pollmix-Klone 1 bis 4, die unterschiedlich abgestufte Blütenzeiten haben, bieten im Plantagenanbau die Gewähr für eine maximale Bestäubung.*

HOLODISCUS MAXIM.
Scheinspiere – Rosaceae,
Rosengewächse

H. discolor var. ariifolius (SM.)
ASCHERS et GRAEBN.,
Schaumspiere, Kaskadenstrauch

Verbreitung: Westliches Nordamerika.

Wuchs: Breit aufrecht wachsender, mittelhoher Strauch mit dünnen, bogig überhängenden Zweigen. Langsam wachsend.

Größe: 2 bis 3 (bis 4) m hoch und im Alter meist genauso breit.

Blätter: Sommergrün, wechselständig, eiförmig oder elliptisch länglich, gelappt, 2 bis 7 cm lang, stumpfgrün, etwas runzlig, unterseits graugrün behaart.

Blüten: Bis zu 25 cm lange, reichverzweigte, gelblichweiße Rispen von Juni/Juli bis August, außerordentlich zierend.

Holodiscus discolor var. ariifolius

Holodiscus discolor var. ariifolius

Früchte: Bräunliche Rispen, die den Winter über am Strauch haften. Sie gefallen aber nicht jedem.

Standort: Sonnig bis absonnig.

Boden: Keine besonderen Ansprüche, normaler, kultivierter Gartenboden, frisch bis feucht, nicht zu nährstoffarm, liebt während der Vegetationszeit gleichbleibende Feuchtigkeit, schwach sauer bis neutral, bei zu alkalischen Böden Chlorose.

Eigenschaften: Gut frosthart, reagiert empfindlich auf längere Trockenzeiten.

Verwendung: Bei diesem Gehölz möchte ich spontan sagen: Eleganter und duftiger geht es nun wirklich nicht. Ein herrlicher Blütenstrauch zur Einzelstellung und Gruppenpflanzung. Zusammen mit dem Riesenschleierkraut (Crambe cordifolia) ein idealer Partner für zartfarbene Strauch- und Beetrosenpflanzungen. Als Hintergrund für die schaumigweißen Blütenkaskaden stelle man sich eine schwarzgrüne Taxus-Hecke vor. Eine ganz andere Stimmung verbreitet die Scheinspiere am Rande einer lichten, waldartigen Gehölzpartie mit Campanula latifolia var. macrantha, Campanula lactiflora (helles Himmelblau), Aruncus dioicus, Farnen und Gräsern. Der Winteraspekt darf hier nicht unerwähnt bleiben. Die bis zum Frühjahr haftenden Fruchtstände wirken im Rauhreif zauberhaft.

Aufmerksam machen möchte ich auf die ebenfalls im westl. Nordamerika beheimatete, nur 0,8 bis 1 m hohe Zwergform **H. microphyllus** RYDB. Kleiner Strauch mit hellbraunen, behaarten Trieben und 1,3 bis 1,7 cm langen, grau behaarten, 3 bis 5lappigen Blättern. Blüten weiß, in zierlichen, aufrechten Rispen. Reizende kleine Scheinspiere, die erprobt werden sollte!

HUMULUS L.
Hopfen – Cannabaceae,
Hanfgewächse

(früher Moraceae, Maulbeerbaumgewächse)

H. lupulus L.
Gewöhnlicher Hopfen

(lat. Pflanzenname für Hopfen)

Verbreitung: Die eigentliche Heimat des Hopfens ist heute nicht mehr feststellbar, da der bereits im 9. Jahrhundert praktizierte Anbau (Bierwürze) sehr stark zur Verbreitung dieser Pflanze weit über ihr ursprüngliches Areal hinaus beigetragen hat. Ursprünglich ist der Hopfen wohl nur im südlichen Europa und südwestlichen Asien beheimatet. In Auenwäldern, Knicks und Gebüschen, häufig in stickstoffliebenden Buschwaldgesellschaften in der Nähe von Siedlungen und Dörfern. Auf nassen, auch zeitweise überschwemmten, nährstoffreichen, schwach sauren bis mäßig sauren Sand-, Ton- und Lehmböden.

Wuchs: Kletterstaude mit verholzenden Trieben, rechtswindend, stark wachsend.

Größe: Nach dem Anwachsjahr erreichen die einjährigen Klettertriebe, je nach Nährstoffgehalt des Bodens, Höhen zwischen 2,50 und 6 (bis 8) m.

Blätter: Sommergrün, gegenständig, rundlich bis eiförmig, 3 bis 7lappig oder ungeteilt, dunkelgrün, rauh, dicht anliegend borstig behaart, Rand grob gesägt, Blattstiele ebenfalls rauhborstig behaart. Belaubung sehr dekorativ.

Blüten: Pflanze ist zweihäusig; männliche Blüten in achselständigen Rispen, unscheinbar, weiblicher Blütenstand mit zapfenähnlichen, papierartigen Früchten.

Wurzel: Tiefgehend, Ausläufer bildend.

Standort: Halbschattige bis sonnige Lagen.

Boden: Keine besonderen Ansprüche, frisch bis feucht, bevorzugt tiefgründige, gleichmäßig feuchte, nährstoffreiche Substrate.

Eigenschaften: Frostharte, ausdauernde Staude, rechtswindend, zweihäusig, etwas wärmeliebend, Heilpflanze.

Verwendung: Erst in den letzten Jahren sind die Schönheit des heimischen Hopfens, seine dekorative Belaubung und die hellgrünen, zapfenartigen Früchte wiederentdeckt worden. Als schnellwüchsige Kletterpflanze ist er bestens geeignet, um Zäune, Pergolen, Mauern und Bäume zu begrünen. Auch bei Rekultivierungsarbeiten in der freien Landschaft sollte er nicht vergessen werden. Wegen der zierenden Früchte ist die Verwendung vornehmlich weiblicher Pflanzen zu empfehlen (Zweihäusigkeit!). An kleineren Pergolen oder beengten Rankgerüsten ist es ratsam, die Pflanzen im Frühjahr auf 3 oder 5 Triebe zu reduzieren.

Ökologie: Der Hopfen ist eine wichtige Futterpflanze für eine Reihe von heimischen Schmetterlingsraupen wie z. B. Vanessa atalanta, Admiral; Polygonia c-album, Weißes C; Calliteara pudibunda, Rotschwanz; Acronicta rumicis, Ampfereule und weitere Eulen-Arten.

Humulus lupulus

Hydrangea macrophylla Kulturform

HYDRANGEA L.
Hortensie – Hydrangeaceae,
Hortensiengewächse
(früher auch Saxifragaceae)

(= griech. hydor = Wasser und angeion = Gefäß)

Meist sommergrüne, aufrecht wachsende, schattenverträgliche Sträucher oder Kletterpflanzen. Die etwa 80 Arten der Gattung Hydrangea sind in Ost-
und Südostasien, Nordamerika sowie in den Anden und im südl. Chile beheimatet. Wichtige Merkmale sind die gegenständigen Blätter (zumindest bei den in Kultur befindlichen Arten) und vor allem die dekorativen Blütenstände, bei denen es im Laufe ihrer Entwicklungsgeschichte zu einer Arbeitsteilung gekommen ist.

Im Inneren der endständigen Rispen oder Schirmrispen befinden sich kleine, fruchtbare Blüten. Der
Rand ist besetzt mit sehr dekorativen, aber sterilen „Schauapparaten", die durch blütenblattartige Vergrößerung der Kelchblätter entstanden sind. Bei den ballförmigen und großrispigen, den sogenannten „gefüllt blühenden" Gartenformen, überwiegen die sterilen Blüten.

In der Gattung Hydrangea gibt es eine ganze Reihe gartenwürdiger Arten und Formen. Neben H. petiolaris, der vielseitig einsetzbaren Kletter-Hortensie,

Hydrangea macrophylla Sorten als
Wandspalier auf der Isola Bella - Lago Maggiore

und den attraktiven Großblatt- oder Samthortensien haben H. arborescens, H. paniculata und H. macrophylla eine große Bedeutung als farbenprächtige Spätsommerblüher.

Alle Hortensien bevorzugen einen nicht zu trockenen, eher frischen bis feuchten, schwach sauren Boden bei pH 5,5 bis 6.

H. arborescens 'Annabelle'
Selektiert von J. C. Mc. DANIEL/ Universität Illinois.

Verbreitung: Die Wildart ist im östl. Nordamerika beheimatet.

Wuchs: Kleiner bis mittelhoher Strauch, breitbuschig aufrecht, mit vielen Grundtrieben.

Größe: 1 bis 1,5 (bis 3) m hoch, im Alter meist sogar noch breiter als hoch. Zuwachs in Höhe und Breite 20 cm.

Blätter: Sommergrün, gegenständig, eiförmig bis elliptisch, 8 bis 15 cm lang, hellgrün bis mittelgrün, keine Herbstfärbung.

Hydrangea arborescens 'Annabelle'

Hydrangea arborescens 'Annabelle' im Verblühen

Blüten: Sehr große, flachkugelige Blütenbälle (Schirmrispen), zunächst grünlich, dann rahmweiß, sie erreichen einen Durchmesser von 15 bis 25 cm und bestehen aus sehr dichtgedrängt sitzenden, sterilen Blüten, „Einzelblüte" 3 bis 5zählig, 1,7 bis 2,3 cm breit, Ende Juni bis Anfang September.

Früchte: Werden nicht angesetzt.

Wurzel: Dick, wenig verzweigt, weit ausgebreitet.

Standort: Sonne bis Schatten, windgeschützt.

Boden: Nährstoffreicher, humoser, frischer bis feuchter Boden, sauer bis neutral (pH 5,5 bis 6 am besten).

Eigenschaften: Frosthart, erstaunlich schattenverträglich, breitet sich durch Bodentriebe aus, jüngere, starkwüchsige Pflanzen müssen nicht selten wegen ihrer übergroßen, schweren Blütenlast gestäbt werden.

Verwendung: Unglaublich großblumige und ausgesprochen blühfreudige Gartenform, deren Wert auch in ihrer sehr ausgedehnten Blütezeit liegt. Im Verblühen nehmen die ballförmigen Blütenstände einen dezenten, zartgrünen Ton an, der für viele Wochen das Bild bestimmt. Wie bei anderen Hortensien ist auch hier der Winteraspekt durch die lang haftenden Blütenstände von Bedeutung.

Ein immer beliebter werdender Spätsommerblüher für Einzelstellung und Gruppenpflanzungen in Gehölz- und Staudenrabatten.

Ein schönes Benachbarungsgehölz wäre Spiraea x bumalda 'Anthony Waterer' mit den malvenfarbenen bis rubinroten Doldentrauben. Auf der Stauden- und Sommerblumenrabatte würde ich 'Annabelle' mit den blauen Farben von Aconitum napellus, Aconitum henryi 'Spark' (beide für den Hintergrund), mit Campanula persicifolia, C. trachelium (kann auch ein wenig in die Hortensie hineinwachsen) und mit den blauen Blütenbällen der Liebesblume, Agapanthus, vermählen. Sehr schön ist auch die Kombination mit Heliotropium arborescens, dem Vanillestrauch. Das braunrote Laub von Acer palmatum 'Atropurpureum' bildet einen kontrastreichen, doch nie zu aufdringlichen Hintergrund für das Cremeweiß von 'Annabelle'.

Anmerkung: In trockenen Sommern müssen wir die Schneeball-Hortensien gut im Auge behalten. Über ihre großen Blattflächen geben sie viel Wasser ab und machen deshalb bei zu geringem Nachschub schnell schlapp, besonders dann, wenn sie sonnenexponiert stehen.

Da sie am diesjährigen Holz blühen, sollten sie im Frühjahr regelmäßig ausgeputzt und, wenn erforderlich, sogar bis zum Boden zurückgeschnitten werden.

H. arborescens 'Grandiflora'

Wuchs: Kleiner bis mittelhoher Strauch, breitbuschig aufrecht, mit sehr vielen Grundtrieben. Gelegentlich etwas niederliegender, fast bodendeckender Wuchs.

Größe: 1,50 bis 2 (bis 3) m hoch, durch die wurzelnden Bodentriebe im Alter viel breiter als hoch, oftmals richtige Dickichte bildend. Jahreszuwachs in Höhe und Breite 20 cm.

Blätter: Sommergrün, gegenständig, eiförmig bis elliptisch, 6 bis 16 cm lang, hellgrün bis mittelgrün, früher Austrieb, keine Herbstfärbung.

H. arbor. 'Grandiflora' (rechts), 'Annabelle' (links)

Blüten: Bis zu 20 cm große, cremeweiße, flachrunde Blütenbälle (Doldenrispen) von Ende Juni/Anfang Juli bis August/September.

Früchte: Werden nicht angesetzt.

Weitere Angaben siehe 'Annabelle'.

Eigenschaften: Frosthart, erstaunlich schattenverträglich, breitet sich durch wurzelnde Bodentriebe stark aus.

Verwendung: Attraktives, spät blühendes Gehölz für sonnige, vor allem aber auch für halbschattige, kühle Gartenplätze, Gehölzränder, Rhododendronpflanzungen und Kombinationen mit Stauden wie Hosta und Geranium.

H. arborescens 'Grandiflora' ist sehr wertvoll, weil sie im Laufe der Jahre durch die wurzelnden Bodentriebe und den dichten, niederliegenden Wuchs eine 80 bis 100 cm hohe, geschlossene Bodendecke bildet.

Schneeball-Hortensien sind auch gut als Kübelpflanzen, z. B. in Terracotta Gefäßen, zu verwenden. Halbschattige Gartenhöfe, Terrassen und absonnige Mauern wären ideale Plätze.

H. aspera D. DON.,
Rauhe Hortensie

Verbreitung: Himalaja, Wälder in 1500 bis 2300 m Höhe; China, Formosa, Sumatra, Java.

Wuchs: Mittelhoher Strauch, aufrecht, wenig verzweigt, mit auffallend dicken Grundtrieben und locker gestellten, im Alter überhängenden Zweigen.

Größe: 1,50 bis 2 (bis 4) m hoch und breit. Zuwachs in Höhe und Breite 20 cm.

Rinde/Triebe: Junge Triebe bräunlich bis rötlich, weiß behaart (keine Zotten wie bei H. sargentiana!).

Blätter: Sommergrün, gegenständig, lanzettlich bis schmal eiförmig (Blattformen sehr variabel). 15 bis 27,5 (bis 30) cm lang und 4,5 bis 5,5 cm breit (nach Wildmaterial!), Blattoberseite dunkelgrün, kurz anliegend behaart, Unterseite dicht anliegend behaart, Blätter fühlen sich rauh an, Blattstiel ebenfalls behaart, keine Herbstfärbung, insgesamt sehr attraktive Belaubung.

Blüten: In 15 bis 20 (bis 30) cm breiten, flachen Schirmrispen, Farbe der fertilen Blüten rosa, violett oder bläulich, Randblüten 4teilig, 2 bis 3 cm breit, weiß, später rosa überlaufen.

Früchte: Unscheinbar.

Standort: Halbschattig, geschützt.

Boden: Frischer bis feuchter, aber gut drainierter, nahrhafter, humoser Boden, sauer bis neutral, kalkmeidend.

Eigenschaften: Frosthart, leidet gelegentlich unter Spätfrösten, da früh austreibend.

Verwendung: Ein sehr dekoratives Einzelgehölz für den halbschattigen Gartenplatz. Paßt zu Rhododendronpflanzungen und anderen Immergrünen wie Kirschlorbeer, immergrüne Schneeballarten, Ilex, Taxus, Tsuga und Efeu.

H. aspera 'Macrophylla',
Riesenblatt-Hortensie
(= H. aspera ssp. strigosa)

Wuchs: Mittelhoher, wenig verzweigter Strauch mit dicken, aufrechten Grundtrieben und locker ausgebreiteten, einzelnen Seitenästen (nicht so steif wie H. sargentiana).

Größe: 2 (bis 3,50) m hoch und im Alter meist genauso breit. Jahreszuwachs ca. 20 cm.

Hydrangea aspera 'Macrophylla'

links: Hydrangea arborescens 'Annabelle' und Hydrangea serrata 'Preziosa' mit Buschmalven, Kosmeen und Zinnien im Arboretum Thiensen

259

Rinde/Triebe: Rötlichbraun, kurz behaart (bei H. sargentiana Triebe mit fleischigen Zotten (Trichomen) besetzt), nur an jungen Trieben leichte, 1 mm lange Zottenbildung.

Blätter: Sommergrün, gegenständig, auffallend groß, lanzettlich, bis 35 cm lang(!), dunkelgrün (bei H. sargentiana deutlich heller, mehr smaragdgrün und nicht so lang), oberseits rauh behaart, unterseits dicht anliegend weiß behaart, Blattstiele bräunlichviolett überlaufen, kurz behaart, keine Herbstfärbung.

Blüten: In 15 bis 30 cm breiten, flachen Schirmrispen, Farbe der fertilen Blüten rosalila bis hellviolett, im Verblühen blauer werdend, Randblüten weiß, bilden einen schönen Kontrast, 4 cm breit, Rand der „Blütenblätter" leicht gesägt (bei H. sargentiana glatt!), im Verblühen lindgrün werdend; Juli bis August.

Früchte: Unscheinbar.

Standort: Halbschattig, geschützt.

Boden: Frischer bis feuchter, aber gut durchlässiger, nahrhafter, humoser Boden, sauer bis neutral, kalkmeidend. Boden nicht zu mastig, sonst Frostschäden!

Eigenschaften: Pflanzen leiden gelegentlich unter Spätfrösten (frühtreibend) und können in sehr starken Wintern zurückfrieren, treiben jedoch nach Rückschnitt gut wieder durch. Bei zu gutem Boden kein rechtzeitiges Ausreifen, Trieb muß im Juli abschließen! Schwache Ausläuferbildung.

Verwendung: Eine faszinierende Ausnahmeerscheinung im Gehölzsortiment. Mit den riesigen, überaus dekorativen Blättern, die noch attraktiver und größer sind als bei H. sargentiana, wirkt dieses Gehölz wie eine Gestalt aus der Tropenwelt.

Und zu diesem Thema „auffällige Blatt-Texturen" passen folgende Nachbarn: Aralia elata, Mahonia bealei, Viburnum rhytidophyllum, Hedera colchica, Großblattrhododendron wie Rh. calophytum, Oplopanax horridus (fantastische, kraftvolle Blattform), Prunus laurocerasus ‘Rotundifolia’, Bambus-Arten wie Phyllostachys aureo-sulcata, Sinarundinaria-Arten und Sasa palmata. Aus der Fülle des Staudensortiments möchte ich nur Hosta, Rodgersien, Ligularia przewalski, weiße Astilben und Osmunda regalis nennen.

H. aspera ‘Macrophylla’ ist aber keineswegs nur eine Blattschmuckpflanze, sondern mit den blauvioletten Schirmrispen und den kontrastierenden, weißen Randblüten auch ein auffallendes Blütengehölz für halbschattige Gehölzpartien.

Ökologie: Wird sehr stark von Bienen, Schwebfliegen, Hummeln und Käfern besucht. Insektenmagnet!

Hydrangea heteromalla ‘Bretschneideri’

H. heteromalla ‘Bretschneideri’
(= H. bretschneideri DIPP.;
H. pekinensis HORT.)

Man nimmt an, daß ‘Bretschneideri’ als Selektion aus der Saat hervorgegangen ist, die Dr. BRETSCHNEIDER in den Bergen um Peking gesammelt hat.

Diese in China beheimatete Hydrange entwickelt sich auch in unseren Gärten zu einem kräftigen und grobtriebigen, etwa 2 bis 3 m hohen Strauch. Ein gutes Erkennungsmerkmal ist die im zweiten Jahr sich ablösende, kastanienbraune Rinde. Seine Blätter sind länglich-eiförmig, 7 bis 12 cm lang und 2,5 bis 6 cm breit. Im Juni/Juli erscheinen die 10 bis 15 cm breiten, flach-rundlichen Blütenstände, bei denen sowohl die zahlreichen, fruchtbaren Innenblüten als auch die 4-zähligen Randblüten milchweiß gefärbt sind.

Von H. heteromalla gibt es eine größere Zahl von Formen und Sorten mit z. T. unterschiedlichen Wuchsstärken (bis 6 m hoch!) und Blüten. Bei dem Typ sind die flach-rundlichen Blüten zunächst weiß und gehen dann in einen warmen Rosaton über. Im Verblühen nehmen sie oft eine interessante, braunorange Färbung an.

H. involucrata SIEB.

lat.: involucratus = mit Hüllblättern versehen.

FRANZ VON SIEBOLD, der bekannte deutschholländische Botaniker, Pflanzensammler und Japanforscher, *hat diese Hydrangenart um 1840 auf der japanischen Insel Honshu entdeckt und wohl auch nach Europa eingeführt.*

In unseren mitteleuropäischen Gärten wird der langsam wachsende Strauch 0,8 bis 1,20 m hoch und ebenso breit, oft erreicht er jedoch nur eine Höhe von 0,5 bis 0,6 m. Die eiförmig-lanzettlichen Blätter sind etwa 10 bis 18 cm lang, auf beiden Seiten behaart, spitz gesägt und wirken durch das vertiefte Adernetz runzlig.

Sehr interessant ist die Entwicklung der Blütenstände. Die bis 3 (4) cm dicken, kugeligen Blütenknospen werden von mehreren Brakteen umschlossen. Sie öffnen sich je nach Witterung von Anfang August bis September. In kühlen und feuchten Sommern bleiben sie gelegentlich stecken und blühen dann nur unvollkommen auf. Bei gutem Wärmeangebot, wie wir es in den Sommern 1994 und 1995 erlebt haben, sind die zahlreichen, flach gewölbten, 8 bis 10 (12) cm breiten Blütenstände recht attraktiv. Die fruchtbaren Innenblüten, die je nach pH-Wert des Bodens blau oder violettrosa gefärbt sind, kontrastieren sehr schön mit den weißen, meist 4-zähligen, 1,5 bis 2 cm breiten Randblüten.

Aufgrund ihrer auffallend großen, ballonartigen Blütenknospen spielt H. involucrata eine kleine Sonderrolle innerhalb des Hortensien-Sortiments. Auch wenn sie nicht ganz winterhart ist und gelegentlich zurückfriert, möchte ich sie doch dem Liebhaber empfehlen.

Hydrangea involucrata

Hydrangea macrophylla Gartenformen

1. Ballförmig:
H. macrophylla 'Alpenglühen'
BRUGGER, 1950

Raschwüchsiger, buschig aufrechter Strauch, der in unseren Gärten etwa 1,20 (1,50) m hoch und breit wird. Die ballförmigen, flachkugeligen Blüten haben einen Durchmesser von 20 bis 23 cm. Ihre karmesinrote Farbe soll an das berühmte Alpenglühen erinnern. Die Frosthärte dieser Sorte ist nicht immer befriedigend. Sie scheint aber härter zu sein als 'Masja', die bekanntlich ein Sport von 'Alpenglühen' ist.

Hydrangea macrophylla, Winteraspekt

H. macrophylla 'Altona'

Wuchs: Breitbuschig aufrecht mit kräftigen Trieben, starkwüchsig.

Größe: 1,20 bis 1,50 m hoch und mindestens genauso breit.

Blätter: Sommergrün, gegenständig, sehr groß, breit eiförmig, 11 bis 17 cm lang.

Blüten: Ballförmig, sehr groß, 18 bis 25 cm breit, Einzelblüten 4,5 bis 5 (6) cm, Ränder unregelmäßig grob gezähnt. Blütezeit Juli bis Oktober. Farbe altrosa bis tief himmelblau.

Eigenschaften: Frosthärte durchaus befriedigend, liebt etwas Schatten.

Verwendung: Eine sehr wertvolle, attraktive, großblumige Sorte, derer man sich erinnern sollte. Im Garten muß man ihr nur ein wenig Zeit zur Entwicklung lassen.

Hydrangea macrophylla-Sorten vor einem alten Bauernhaus

Ökologie: Die Randblüten vieler Hortensien werden von den heimischen Vögeln gern als Nistmaterial verwendet.

H. macrophylla 'Ayesha'
(= 'Silver Slipper', in japanischen Baumschulen auch H. macrophylla var. concavosepala genannt)

Diese Sorte ist etwas ganz Besonderes im Hortensien-Sortiment. Sie besticht durch ihre halbkugeligen, herrlich lockeren Blütendolden, die mit ihren schalenförmig gewölbten, zierlichen Blütenblättern nicht nur stark an Flieder erinnern, sondern auch leicht duften. Die Farbe wechselt je nach pH-Wert des Bodens von blaßrosa über blaßmauve bis zart hellblau. Blühend habe ich sie immer nur auf Ausstellungen und Blumengroßmärkten als Topfpflanze gesehen. Die auf der Plantarium 1991 in Boskoop erstandenen Exemplare haben bei mir im Arboretum Ellerhoop-Thiensen leider seitdem nie wieder geblüht. Die noch sehr spät im Jahr wachsenden Triebe sind bisher immer bis zum Boden zurückgefroren. Sicher nur für sommerwarme und wintermilde Lagen. Schade.

Hydrangea macrophylla 'Bouquet Rose' mit Hosta

H. macrophylla 'Bouquet Rose',
Garten-Hortensie, Bauern-Hortensie

Wuchs: Kleiner, dichtbuschiger Strauch, breit aufrecht, Triebe oftmals dünn, etwas instabil.

Größe: 1 bis 1,30 (bis 1,50) m hoch und breit.

Triebe: Verholzte Jahrestriebe auffallend dunkelbraun, schwarzbraun.

Blätter: Sommergrün, gegenständig, eiförmig bis breit eiförmig, grob gesägt, 10 bis 14 (bis

Hydrangea 'Bouquet Rose' mit Lilium 'Grand Cru'

16) cm lang und 4,5 bis 7,5 cm breit, hellgrün bis mittelgrün, im Gegensatz zur Wildart und den meisten Sorten nicht glänzend und fleischig, sondern stumpf, matt und dünn; keine Herbstfärbung.

HYDRANGEA

Blüten: Ballförmig, etwas unregelmäßig, 12 bis 20 (bis 25) cm breit, bei gut ernährten, jüngeren Pflanzen bis 35 cm, Farben von rosa über rosalila bis helltürkisblau, Einzelblüten 2,5 bis 6 cm breit, 3 bis 6zählig. Blütenansatz außerordentlich gut. Blütezeit von Juni bis September.

Wurzel: Hauptwurzeln dick, fleischig, flach ausgebreitet, hoher Anteil an Feinwurzeln.

Hydrangea macrophylla 'Bouquet Rose'

ernährten Pflanzen, etwas instabil. 'Bouquet Rose' ist weniger sonnenempfindlich als 'Compacta' u. a. Keine Blattverbrennungen!

Verwendung: 'Bouquet Rose' kann ich vorbehaltlos empfehlen. Sie zeichnet sich durch enorme Blühwilligkeit aus, blüht auch am diesjährigen Holz, was besonders nach sehr starken Win-

Hydrangea macrophylla 'Bouquet Rose' mit Campanula lactiflora

Standort: Sonnig bis halbschattig, geschützt.

Boden: Gleichmäßig feuchter, aber gut durchlässiger, nahrhafter, humoser Boden, sauer bis neutral, kalkmeidend. Auf zu stickstoffreichen Böden Ausreifen und Verholzen gefährdet.

Eigenschaften: Neben 'Compacta' (= 'Parsifal'), 'Générale Vicomtesse de Vibraye' und 'Otaksa' ist 'Bouquet Rose' sicher die härteste aller im Handel befindlichen H. macrophylla-Sorten. Sehr wichtig: Blüten werden auch am diesjährigen Holz angesetzt! Blütenstiele, besonders bei zu gut

tern wichtig ist. Bildet selbst nach heftigsten Spätfrostschäden unermüdlich Blüten aus. Wirklich bewundernswert.

Die Benachbarung ist bei den Garten-Hortensien ein gewisses Problem. Hier einige Möglichkeiten: Hosta in Arten und Sorten, wobei auch die buntlaubigen Formen, besonders in Verbindung mit Scharen dunkelblauer Aquilegia vulgaris, gut zu dem Thema „Romantischer Garten" oder „Bauerngarten" passen. Campanula lactiflora, Thalictrum dipterocarpum, T. polygamum, Eupatorium rugosum und Lilium regale sind schöne Partner für Hortensien.

Weiterhin bodendeckende Hedera helix-Sorten und im Halbschatten die edle, strauchartige Altersform H. helix 'Arborescens', Farne und Gräser wie Carex morrowii, Hakonechloa macra und H. macra 'Aureola'. Hydrangea macrophylla-Sorten eignen sich sehr gut für Kübelbepflanzungen.

Hinweis: Alle H. macrophylla-Formen sind von Natur aus mehr oder weniger rosa. Um nun bei Freiland- oder Kübelpflanzen die so vielfach ersehnte, hellenzianblaue Blütenfarbe zu erzielen, muß zunächst der Boden sauer sein, d. h. der pH-Wert

Hydrangea macrophylla 'Générale Vicomtesse de Vibraye'

sollte bei 4,5 liegen. Für die blaue Farbe ist vor allem die Konzentration von verfügbaren Aluminiumionen verantwortlich. Will man die Färbung verstärken, können die Pflanzen mit Ammoniakalaun oder Aluminiumsulfat (3 g pro Liter Wasser) 1 mal wöchentlich gegossen werden. Die Behandlung sollte 4 bis 5 mal während des Blütenansatzes erfolgen. Es lassen sich allerdings nicht alle roten Sorten färben. H. macrophylla 'Masja' ist z. B. eine davon.

Schnittmaßnahmen – Blütenansatz

Immer wieder taucht die Frage auf, warum die H. macrophylla-Sorten kaum oder überhaupt nicht blühen. Hierfür drei Gründe:

1. Zu heftige Winter, letztjährige Triebe erfrieren (oft auch eine Folge zu starker Düngung)

2. Falscher Rückschnitt. Da die Blütentriebe sich überwiegend aus dem letztjährigen Holz entwickeln, sollten nur zu dicht stehende Triebe oder die erfrorenen Spitzen abgeschnitten werden.

3. Während der Blütenbildung von Juni bis August zu feucht. Pflanzen treiben wieder durch.

Färbung der Hortensienblüten in Abhängigkeit vom pH-Wert (nach HAWORTH-BOOTH)	
pH 4,56	intensiv blau
pH 6,51	lilarosa
pH 5,13	blaue Blüten
pH 6,89	dunkelrosa-pink
pH 5,50	blaurosa
pH 7,36	reinrosa

H. macrophylla 'Compacta'

Was in den Baumschulen unter 'Compacta' gezogen wird, ist die 1922 von WINTERGALEN gezüchtete **'Parsifal'!**

Wuchs: Kleiner, buschiger, rundlich geschlossener Strauch, Triebe sehr dichtstehend, straff und steif aufrecht.

Größe: 1 bis 1,30 (bis 1,50) m hoch und breit.

Blätter: Sommergrün, gegenständig, verhältnismäßig klein, eiförmig bis sehr breit eiförmig oder rundlich, Rand grob gesägt, 7 bis 12 (bis 14) cm lang; keine Herbstfärbung.

Blüten: Ballförmig, dichtgeschlossen, regelmäßig, 12 bis 20 (bis 25) cm breit, Durchmesser der Einzelblüten 3 bis 5 cm, 4 bis 6zählig, Rand der „Blü-

Hydrangea macrophylla 'Compacta'

tenblätter" tief eingeschnitten (fransig), rosa bis dunkelblau. Blütezeit von Juli bis September, später und länger blühend als 'Bouquet Rose'.

Weitere Angaben wie bei 'Bouquet Rose'.

Eigenschaften: Nicht ganz so frosthart wie 'Bouquet Rose', gehört aber insgesamt zu den härtesten Gartenformen, bildet auch Blüten am diesjährigen Holz, doch nicht so ausgeprägt wie 'Bouquet Rose'; kann aber dennoch als sehr blühwillig bezeichnet werden. Wertvoll wegen der späten Blüte. Bei anhaltend feuchtem Wetter werden die alten Blüten leicht braun (bei 'Bouquet Rose' nicht).

H. macrophylla 'Générale Vicomtesse de Vibraye'

Hydrangea macrophylla 'Générale Vicomtesse de Vibraye'

Buschiger, straff aufrechter Strauch, der in unseren mitteleuropäischen Gärten eine Höhe von 1,20 bis 1,50 (1,80) m erreicht. Blüten ballförmig, auf sauren Böden rein hellblau, 12 bis 20 (25) cm breit. Eine der frosthärtesten und blühwilligsten Sorten. Blüht auch gut im Halbschatten unter Bäumen.

Diese Sorte, die bereits 1909 von MOUILLÈRE gezüchtet wurde, müßte unbedingt ins Sortiment aufgenommen werden. Ich kann wirklich nicht nachvollziehen, warum dies nicht schon längst geschehen ist. Gleichzeitig sollten aber auch wenig taugliche, nicht genügend frostharte, nur den Ruf dieser Pflanzengruppe schädigende Sorten wieder zurück in die Gewächshäuser oder in die vom milden Klima verwöhnten Gärten Cornwalls.

H. macrophylla 'Hamburg'
H. SCHADENDORFF, 1931

Bis 1,50 m hohe, rundlich-buschige, gut wüchsige Sorte, die auch schon als jüngere Pflanze blüht. Blüten ballförmig, etwa 20 cm breit, Einzelblüten verhältnismäßig klein, tief pinkfarben bis violettblau oder auf sehr saurem Boden auch tiefblau. Eine befriedigend frostharte Sorte, die sicherlich zu den besten Freiland-Hortensien gehört.

H. macrophylla 'Masja'

Wuchs: Kleiner, buschiger Strauch, breit aufrecht, gedrungen und kompakt wachsend, Jahrestriebe dick und kurz.

Hydrangea macrophylla 'Masja'

Größe: 1 bis 1,30 m hoch und breit, Jahrestriebe 30 bis 40 cm lang.

Blätter: Sommergrün, gegenständig, sehr groß, breit eiförmig, Rand scharf gesägt, mittelgrün, fleischig, dick, glänzend, sehr dekorativ; keine Herbstfärbung.

Blüten: Ballförmig, sehr groß, 15 bis 30 cm breit, leuchtend dunkelrosa bis violett, Einzelblüten sehr groß, 3 bis 5, meist jedoch 4zählig, 2,5 bis 6cm breit, am oberen Rand gesägt. Blüten von 'Masja' sind sehr ausdrucksstark. Blütezeit Juli bis September/Oktober.

Weitere Angaben wie bei 'Bouquet Rose'.

Eigenschaften: Etwas empfindlich. Setzt gelegentlich auch am diesjährigen Holz Blüten an. Wird auch auf saurem Boden nicht blau. In Norddeutschland kein zuverlässiger Blüher.

H. macrophylla 'Otaksa'

1860 von THUNBERG aus Japan eingeführt.

Wuchs buschig aufrecht, nur mäßig hoch werdend (bis 1 m etwa), Triebe nicht sehr kräftig, junge Triebe grün, blauschwarz punktiert. Blätter hellgrün, nicht glänzend. Blüten ballförmig, rosa bis blau, leicht blau färbend. 'Otaksa' ist eine sehr alte, gut bewährte, frostharte Sorte.

H. macrophylla 'Tovelit'

Wuchs: Niedriger, buschiger Strauch, gedrungen und kompakt wachsend, durch die zahlreichen, dichten Bodentriebe beinahe bodendeckend.

Größe: 0,5 bis 1 m hoch und im Alter breiter als hoch.

Blätter: Sommergrün, gegenständig, auffallend

länglich eiförmig bis elliptisch, mittelgrün, glänzend, dekorative Belaubung; keine Herbstfärbung.

Blüten: Flach-rundlich, unregelmäßig, kleiner und zierlicher als bei anderen Sorten, 10 bis 12 cm breit, von rosarot über blaurot bis hellblau, Einzelblüten meist 4zählig, 2 bis 3 cm breit, „Blütenblätter" sehr schmal und spitz auslaufend, Ränder glatt!, Blüten überwiegend steril. Juni bis September.

Weitere Angaben wie bei 'Bouquet Rose'.

Eigenschaften: Etwas frostempfindlich. Auch nach 10 Jahren immer noch blühfaul.

Verwendung: Durch den niedrigen Wuchs, die hortensienuntypischen, doch sehr dekorativen Blätter und die zierlichen Blüten eine wertvolle Bereicherung des Sortiments. Kann beinahe als Bodendecker in halbschattigen Gehölz- und Staudenrabatten eingesetzt werden.

2. Lacecap-Hortensien (Spitzenhäubchen)

Blütenstände flach, tellerförmig, rundum mit Randblüten besetzt. Diese Gruppe wird z. Z. immer beliebter, da die Blüten noch den Charme der Wildpflanze besitzen.

H. macrophylla 'Blue Wave'
(= H. macrophylla 'Mariesii Perfecta', 'Mariesii' HORT.)

Wuchs: Kleiner, breitbuschiger Strauch mit steifen Trieben.

Größe: Bis 1,20 (bis 1,50) m hoch und breit.

Blätter: Sommergrün, gegenständig, spitz elliptisch.

Hydrangea macrophylla 'Blue Wave'

Blüten: Schirmförmig, flach, fruchtbare Blüten blau, Randblüten sehr groß, rosa, lilarosa oder blau.

Eigenschaften: Frosthärte gut.

Weitere Angaben über Standort, Boden und Verwendung siehe 'Bouquet Rose'

H. macrophylla 'Lanarth White'

Wuchs: Kleiner, breitbuschiger Strauch.

Größe: Bis 1,20 m hoch und breit.

Blätter: Sommergrün, gegenständig, gelblichgrün.

Blüten: Schirmförmig, flach, fruchtbare Blüten blau, Randblüten reinweiß, 4zählig, spitz, ganzrandig; Blütezeit Mitte Juli bis August/September.

Standort, Boden und Verwendung siehe 'Bouquet Rose'.

Anmerkung: 'Lanarth White' ist eine der anmutigsten und zugleich härtesten Lacecaps, die ich kenne. Sie wächst sowohl in voller Sonne als auch in schattigen Partien und gedeiht selbst noch auf ärmeren Standorten. Ausgezeichnet für kleinste Gartenräume.

Hydrangea macrophylla 'Tovelit'

Hydrangea macrophylla 'Blue Wave'

Hydrangea macrophylla 'Lanarth White'

H. macrophylla 'Lilacina'
(= H. macrophylla lilacina,
'Mariesii Lilacina')
LEMOINE, 1902/1904

Wuchs: Breitbuschig aufrecht, starkwüchsig.

Größe: 1,50 (bis 1,80) m hoch und oft doppelt so breit.

Blätter: Groß, dunkelgrün, etwas gepunktet.

Blüten: Schirmförmig, flach, je nach Boden von pink über lila bis violettblau. Juli bis Oktober.

Eigenschaften: Frosthärte befriedigend.

Verwendung: Eine bewährte, reichblühende Randblüten-Hortensie.

H. macrophylla 'Veitchii'

Von MARIES um 1881 aus Japan nach England eingeführt.

Wuchs: Breitbuschig aufrecht, Triebe dick, starkwüchsig.

Größe: Bis 1,80 m hoch und als alte Pflanze oft mehr als doppelt so breit.

Blätter: Sehr groß, breit eiförmig, an gut ernährten Pflanzen 20 bis 25 cm lang, dunkelgrün, schwach glänzend.

Eigenschaften: Frosthart.

Verwendung: 'Veitchii' gehört neben 'Lanarth White' zu den härtesten und blühfreudigsten Randblüten-Hortensien.

H. paniculata 'Grandiflora',
Rispen-Hortensie

Hydrangea paniculata 'Grandiflora'

Hydrangea paniculata 'Grandiflora'

Wuchs: Mittelhoher Strauch, aufrecht, stark gabelig verzweigt, gelegentlich Großstrauch mit starkem Stamm und rundlicher Krone. Die Wildform wächst in ihrer Heimat, Japan und China, oft baumförmig und erreicht dort Höhen von ca. 9 m!

Größe: 2 bis 3 m hoch (gelegentlich auch höher) und breit. Jahreszuwachs in Höhe und Breite 25 cm.

Rinde/Triebe: Einjährige Triebe zunächst graubraun mit aufreißender und sich lösender Rinde, brüchig.

Blätter: Sommergrün, gegenständig, z. T. auch zu dreien quirlig angeordnet, eiförmig, 7 bis 15 cm lang, Oberseite mattgrün, rauh; Unterseite graugrün, Herbstfärbung unbedeutend.

Blüten: Breit kegelförmige, endständige Rispen, 20 bis 30 cm lang, rahmweiß, im Verblühen rosa färbend, Juli bis September.

Früchte: Werden nicht angesetzt.

Wurzel: Hauptwurzeln flach ausgebreitet, hoher Anteil an Feinwurzeln.

Standort: Sonnig bis absonnig, windgeschützt.

Boden: Sandig-humos, genügend nahrhaft, frisch bis feucht, sauer bis neutral.

Eigenschaften: Frosthärteste aller Hydrangen, lichthungrig, konkurrenzschwach, verträgt keinen Wurzeldruck von Bäumen, gute Ernährung ist wichtig; Blüten entwickeln sich am diesjährigen Trieb, stadtklimafest; bei starkwüchsigen Pflanzen Windbruchgefahr, besonders zur Blütezeit.

Verwendung: Die bekannteste und wohl auch verbreitetste aller Hortensien. Ihre jährliche Blütenfülle ist überwältigend. Besonders prachtvolle Exemplare sieht man in den sandig-sauren Böden der Heidedörfer und Bauerngärten Norddeutschlands, wo sie oft über 3 m hoch sind. Einzelstand, Gruppengehölz, auch geeignet für Blütenhecken. Belebt Koniferen- und Rhododendronpflanzungen und paßt z. B. als Kronenbäumchen sehr gut in die Stauden- und Sommerblumenrabatte, wo sie mit ihrem wochenlangen, weißen Flor besonders die dunkelblauen Farben des Eisenhuts oder des Vanillestrauchs (Heliotropium) zum Leuchten bringt. Sehr schön zu Clethra alnifolia, auch im Winter durch die braunbeigefarbenen Blütenstände gute Harmonie. Wertvolles Treibgehölz; Trockenblüten sind ein dekorativer Winter- und Vasenschmuck.

Pflegetip: H. paniculata-Formen blühen am diesjährigen Holz. Ein Rückschnitt der Triebe im Frühjahr um etwa zwei Drittel sowie ein Entfernen zu dicht stehender und vor allem zu schwacher Triebe fördert Blütenansatz und -größe. Will man aber möglichst schnell einen großen, eleganten Strauch, sollte der Schnitt unterbleiben. Wühlmäuse können an Wurzeln und Rinde große Schäden anrichten. Gemulchte Pflanzen kontrollieren.

H. paniculata 'Kyushu'
Wildform von der Insel Kyushu, Japan.

Hydrangea paniculata 'Kyushu'

Wuchs: Mittelhoher Strauch, Grundtriebe kräftig, straff aufrecht, im Alter vasenförmig auseinanderstrebend.

Größe: Bis 3 m hoch und breit.

Blätter: Sommergrün, gegenständig, an stärkeren Trieben zu dreien wirtelig angeordnet, elliptisch bis eiförmig, 12 bis 15 cm lang und 4 bis 7 cm breit, mittelgrün bis dunkelgrün, leicht glänzend, etwas ledrig, unterseits glänzend und auf den Adern behaart, Blattrand gleichmäßig gesägt, Blattstiele rötlich, 2,5 bis 4 cm; Blätter insgesamt sehr attraktiv, erinnern mehr an H. petiolaris als an H. paniculata; keine Herbstfärbung.

HYDRANGEA

Blüten: Schlank kegelförmige, sehr große, endständige, lockere Rispen, cremeweiß, 20 bis 35 cm lang und 15 bis 20 cm breit, Anteil der fruchtbaren Blüten sehr hoch, starker Duft! Beginnt Mitte Juli mit der Blüte und endet Mitte September.

Wurzel, Standort und Boden siehe H. paniculata 'Grandiflora'.

Eigenschaften: Sehr frosthart, angenehmer Blütenduft, wird auf Grund der vielen fruchtbaren Blüten von allen Hortensien am stärksten von Insekten beflogen. Insektenmagnet!

Verwendung: Wertvolle Bereicherung des H. paniculata-Sortiments durch naturhafte Blütenausbildung, Duft und lange Blütezeit.

Ökologie: Insektenmagnet!

H. paniculata 'Praecox'

Hydrangea paniculata 'Praecox'

Wuchs: Breitbuschig aufrecht, Triebe sehr grob.

Blüten: Ähnlich denen der Wildart, Rispen kurz, mehr gestaucht, cremeweiß bis gelblichweiß, Randblüten auffallend lang und schmal. Blütezeit schon Anfang Juli, früheste aller H. paniculata-Sorten.

Eigenschaften: Etwas anfällig, spätfrostempfindlich oder Pilz (?). Im Arboretum Thiensen sind mehrfach größere Pflanzen stark geschädigt worden oder sogar total abgestorben.

Verwendung: Interessant wegen der frühen Blüte, leider hat sie durch die gelblichweiße Farbe keine so große Leuchtkraft.

Hydrangea paniculata 'Tardiva'

H. paniculata 'Tardiva'

lat.: tardiflorus = spätblühend

Selektiert durch WINDSOR GREAT PARK.

Wuchs: Breitbuschig, locker aufrecht, gelegentlich auch etwas sparrig.

Größe: 2,50 bis 3,50 m hoch und breit.

Blätter: Sommergrün, gegenständig, z. T. auch zu dreien quirlig, eiförmig, 12 bis 15 cm lang und 6 bis 7 cm breit.

Blüten: Kegelförmige, bis 20 cm lange, weiße, lockere Rispen, die zur Hälfte fruchtbare Blüten enthalten, Randblüten aus 4 bis 5 kronblattähnlichen Kelchblättern bestehend, etwa 3,5 cm breit. Blüht später als alle anderen Sorten, oft erst ab Mitte September und dann bis (Ende) Oktober.

Eigenschaften: Frosthart.

Verwendung: Außerordentlich wertvoll, verlängert die H. paniculata-Blüte beträchtlich.

Ökologie: Wird sehr stark von Schmetterlingen, Schwebfliegen, Bienen und Hummeln beflogen.

Tagpfauenauge auf Hydrangea paniculata 'Tardiva'

Hydrangea aspera 'Macrophylla' mit Bienen

Hydrangea aspera 'Macrophylla' mit Grauer Fleisch-Fliege

Hydrangea paniculata mit Tagpfauenauge

Hydrangea paniculata 'Kyushu' wird sehr stark von den verschiedensten Insektenarten besucht und ist ein bevorzugtes Jagdrevier vom Fitis-Laubsänger

H. paniculata 'Unique'

Selektiert von JELENA DE BELDER

Wuchs: Mittelhoher Strauch, aufrecht, stark gabelig verzweigt, gelegentlich auch Großstrauch.

Größe: 2 bis 3 m hoch und breit. Auf günstigen Standorten auch 4 m und höher.

Blätter: Sommergrün, gegenständig, z. T. auch zu dreien quirlig angeordnet, eiförmig, 10 bis 14 cm lang und 5 bis 8 cm breit, hellgrün bis mittelgrün, Oberseite rauh; Herbstfärbung unbedeutend.

Blüten: Breit kegelförmige, weniger spitze, endständige, dicht gedrungene Rispen, rahmweiß, 20 bis 25 (bis 30) cm lang und bis 25 cm breit, zu einem Drittel aus fruchtbaren Blüten bestehend, im Verblühen intensiv rosa färbend, sehr attraktiv. Ende Juli bis September, rosa „Nachblüte" bis Mitte Oktober.

Weitere Angaben siehe H. paniculata 'Grandiflora'.

Eigenschaften: Blüte entwickelt sich langsam, blüht nicht auf einmal, dadurch sehr lange Blütezeit.

Verwendung: Leider noch etwas unbekannt, aber z. Z. wohl die schönste und attraktivste Gartenform von H. paniculata. Ökologisch wertvoll wegen der vielen fruchtbaren Blüten, die sich im Innern der Rispe befinden und stark beflogen werden.

H. petiolaris S. & Z.,
Kletter-Hortensie
(= H. anomala ssp. petiolaris, H. tiliaefolia)

Hydrangea paniculata 'Unique'

Verbreitung: Wälder in Japan, Taiwan und Korea.

Wuchs: Kletterstrauch, auf dem Boden kriechend, dichte, zusammenhängende Flächen bildend oder mit Haftwurzeln an Bäumen und Mauern kletternd und leicht schlingend; in der Jugend etwas trägwüchsig.

Größe: An Bäumen und Mauern 10 bis 15 m hoch, in der Heimat noch höher; freistehend bis 1,50 m hohe, dichtbuschige Sträucher bildend.

Rinde/Triebe: Hellrotbraun, leicht glänzend, auf der lichtabgewandten Seite Haftwurzeln.

Blätter: Sommergrün, gegenständig, eirundlich, 6 bis 10 cm lang, oben glänzend, dunkelgrün, unten heller, etwas ledrig-fettig, auffallend langer Blattstiel, bis 15 cm, Herbstfärbung gelb.

Blüten: Flache, weiße, bis 25 cm breite Schirmrispen mit einem Kranz weißer, steriler Randblüten, süßlich duftend. Juni bis Juli.

Wurzel: Kräftig, dicht verzweigt und kompakt, mitteltief mit vielen oberflächennahen Feinwurzeln.

Standort: Sonnig bis schattig, liebt kühl-feuchte Lagen (Waldpflanze!).

Boden: Bevorzugt lockere und gut durchlässige, frische bis feuchte, nahrhafte, saure bis neutrale Standorte, kalkmeidend, empfindlich gegen Oberflächenverdichtung.

Eigenschaften: Gut frosthart, leidet gelegentlich unter Spätfrösten; auf entsprechenden Pflanzplätzen stadtklimafest, verträgt tiefen Schatten und Wurzeldruck größerer Bäume.

Verwendung: Einer der besten Klettersträucher und Bodenbegrüner. Vielseitig einsetzbar. Entwickelt sich an Mauern, Böschungen und alten Bäumen sehr malerisch. Hervorragend zur Flächenbegrünung auch im tiefsten Schatten unter flachwurzelnden Bäumen. Vorsicht bei jüngeren Gehölzen! Zur Begrünung von Pergolen, Treppenwangen, Holzpyramiden; zur Säulenbegrünung in Innenhöfen und für Kübel und Dachgärten, da genügend windfest.

Ökologie: H. petiolaris ist ein schönes Gehölz für den Duftgarten, aber vor allem eine ökologisch wertvolle Insekten-Futterpflanze.

H. petiolaris 'Cordifolia'

cordifolius = herzblättrig

Sommergrüner, zierlicher Zwergstrauch mit dünnen, dem Boden aufliegenden, wurzelnden Trieben. Blätter klein, herzförmig, 2,5 bis 3,5 (4) cm breit, Rand scharf gesägt, hellgrün. Diese kriechende, bodendeckende Sorte ist leider wenig bekannt. Sie eignet sich zur Begrünung kleinerer Flächen und kann wegen ihres langsamen Wuchses und zarten Gesamtcharakters gut mit feineren Halbschattenstauden kombiniert werden. Prädestiniert auch zur Bepflanzung von Trögen, Hochbeeten, Treppenwangen und Mauerkronen.

H. quercifolia BARTR.,
Eichenblatt-Hortensie

Verbreitung: Südöstliches Nordamerika, Georgia, Florida und Mississippi.

Wuchs: Breitbuschiger, aufrechter Strauch, im Alter Ausläuferbildung.

Größe: 1 bis 1,70 m hoch und breit, ältere Exemplare werden durch Ausläuferbildung noch breiter.

Hydrangea petiolaris

HYDRANGEA

Jahreszuwachs: 20 bis 25 (bis 30) cm. In milden Gegenden kann H. quercifolia auch über 2 m werden.

Triebe: Jahrestriebe leuchtend zimtbraun, fein behaart.

Blätter: Sommergrün, gegenständig, 12 bis 20 cm lang und 10 bis 18 cm breit, in der Form völlig abweichend von allen anderen Hortensien, eirundlich, meist fiederartig tief 5lappig, Lappen grob und ungleich gesägt; tiefgrün, wenig behaart, etwas runzelig, unterseits filzig graugrün, Herbstfärbung prachtvoll orangerot bis rot oder dunkelweinrot und violettbraun. Herbstlaub übersteht Fröste um −9 °C schadlos!

Blüten: 10 bis 20 (bis 25) cm lange und 10 bis 15 cm breite, lockere Rispen, weiß, im Verblühen werden die sterilen Blüten rosa; Juli bis August.

Standort: Sonnig bis leicht absonnig, geschützt.

Boden: Frischer bis feuchter, aber gut durchlässiger, humoser Boden, sauer bis neutral, kalkmeidend. Die Eichenblatt-Hortensie liebt einen gemulchten, kühlen Wurzelbereich. Auf zu nahrhaften Böden schlechtes Ausreifen der Triebe.

Eigenschaften: Frosthart bis etwa minus 23 °C, danach Schäden an jungen Trieben möglich. Nach eigenen Beobachtungen überstehen 10 bis 15 cm lange Neutriebe Spätfröste bis minus 10 °C (April '91) dagegen völlig schadlos. Empfindlich gegenüber Frühfrösten!

Verwendung: Ein außerordentlich attraktives Blattschmuck-Gehölz, dem viel mehr Beachtung geschenkt werden müßte. Die „Eichenblätter", ihre weißen Blütenrispen und die prachtvolle Herbstfärbung machen dies Gehölz zu einer Ausnahmeerscheinung im Hortensien-Sortiment. Wichtiger Partner für die Themen „Herbstfarbe" und „Blattstrukturen". Einzelstand und Gruppenpflanzung.

Hydrangea quercifolia 'Harmony'

links u. oben: Hydrangea quercifolia

Sonnige bis absonnige Gehölzränder und -rabatten. Wildrhododendron. Ilex crenata-Formen, Japanische Azaleen, Mahonia bealei, Hedera helix 'Arborescens', Hosta in Sorten, Heuchera micrantha 'Purple Palace', Kirengeshoma palmata (Blattverwandschaft!), Waldsteinia ternata, Carex plantaginea, Deschampsia caespitosa und Polystichum-Arten und -Sorten schlage ich als Nachbarn vor. Die neuen amerikanischen Blüten- und Herbstfärberselektionen wie **'Tennessee Clone'**, **'Harmony'**, **'Sikes Dwarf'** und **'Snowflake'** sind sehr vielversprechend.

Hinweis: Auf frischen, nahrhaften Böden empfehle ich, die Eichenblatt-Hortensie wegen des besseren Ausreifens und einer guten Herbstfärbung in die volle Sonne zu setzen. Junge Pflanzen sollten im Winter einen leichten Wurzelschutz aus Laub o. ä. erhalten.

Hydrangea quercifolia 'Snowflake'   271
Einzelblüte

H. sargentiana REHD.,
Samt-Hortensie
(= H. aspera ssp. sargentiana)

Hydrangea sargentiana

Verbreitung: China und dort nur im W. Hupeh.

Wuchs: Aufrechter Strauch mit dicken, wenig verzweigten, etwas steifen Trieben.

Größe: Bis 2,50 (bis 3,50) m hoch und breit, durch Ausläuferbildung sind alte Pflanzen nicht selten breiter als hoch.

Rinde/Triebe: Triebe fingerdick, im jüngeren Bereich sehr dicht mit fleischigen Zotten (Trichomen) besetzt, die 2 bis 6 mm lang sind.

Blätter: Sommergrün, gegenständig, auffallend groß, länglich eiförmig bis breit eiförmig, 10 bis 27 cm lang, Blattstiel 5 bis 11,5 cm, Blattoberseite

Hydrangea sargentiana

mittelgrün (samtgrün), leicht rauh, mit wenigen weißen, abstehenden Haaren, unterseits samtig bis schwach rauh, dicht mit weißen, abstehenden! Haaren besetzt, Blattstiele dicht besetzt mit 2 bis 4 mm langen, spitzen, bräunlichen Haaren, darunter 1 mm lange, weißliche Behaarung, Zotten nur im Bereich des Blattstielansatzes und auf den Mitteladern; keine Herbstfärbung.

Blüten: In flachen Schirmrispen, 15 bis 20 cm breit, Innenblüten hellila bis hellviolett, im Verblühen blauer werdend, Randblüten weiß, 2,7 cm breit, zu viert (glückskleeähnlich), Ränder meist glatt, gelegentlich eingebuchtet, aber nicht gesägt! Blütezeit Ende Juli bis Mitte September.

Früchte: Unscheinbar.

Wurzel: Dick, wenig verzweigt, weit ausgebreitet, Ausläuferbildung kräftig!

Standort: Halbschattig, geschützt, luftfeuchte Lagen liebend. In der Sonne Blattverbrennungen.

Boden: Frischer bis feuchter, gut durchlässiger, nahrhafter, humoser Boden, sauer bis neutral, kalkmeidend. Auf zu nährstoffreichen Substraten schlechtes Ausreifen.

Eigenschaften: Etwas spätfrostempfindlich, im allgemeinen aber frosthart, treibt nach Frostschäden oder Rückschnitt gut wieder durch, trockenheitsempfindlich.

H. sargentiana treibt früher aus als H. aspera 'Macrophylla'.

Verwendung: Einzelstand und Gruppenpflanzungen in halbschattigen Gartenpartien. Benachbarung siehe H. aspera 'Macrophylla'.

Hinweis: Gerade die Samthortensien benötigen im Sommer reichlich Wasser, einen halbschattigen Platz und lieben feuchte Luft. Wir sollten mit diesem wunderbaren Blattschmuckgehölz ein wenig Nachsicht haben und ihm den Streß der heißen Mittagssonne ersparen. Der Dank sind übergroße, samtiggrüne, makellose Blätter.

Anmerkung zur Ökologie: H. sargentiana wird außerordentlich stark von Insekten beflogen.

H. serrata 'Acuminata'
(= H. serrata f. acuminata HORT.;
wird in Holland jetzt unter H. serrata
'Intermedia' geführt)

Wuchs: Kleiner, dichtbuschiger, schmal und straff aufrechter Strauch.

Größe: 1 bis 1,50 m hoch, ältere Sträucher meist breiter als hoch.

Triebe: Hellbraun bis rötlich, dünn.

Blätter: Sommergrün, gegenständig, zierlicher als die von H. macrophylla, spitz eiförmig, bis 10 cm lang, Rand zur Spitze hin gesägt, oberseits im Bereich der Basis dunkelgrün, sonst dunkelrotbraun überlaufen, unterseits hellgrün, Adern und Blattstiele rötlich, beiderseits kahl; keine Herbstfärbung.

Blüten: In zierlichen, flachen Schirmrispen, 5 bis 6 (bis 8) cm breit, fruchtbare Innenblüten schwachlila bis bläulich, Randblüten 2 bis 2,5 (bis 3,5) cm breit, unregelmäßig geformt, 4zählig, Rand gezähnt, weißlichrosa (veränderlich!), Juli bis August.

Standort: Sonnig bis halbschattig, geschützt.

Boden: Frischer bis feuchter, aber gut durchlässiger, nahrhafter, humoser Boden, sauer bis neutral, kalkmeidend.

Eigenschaften: Gut frosthart.

Verwendung: Die zierlichen und durch ihre Tellerblüten noch sehr naturhaft wirkenden H. serrata-Gartenformen werden viel zu wenig beachtet. Im Gegensatz zu den etwas „problematischen" Bauern-Hortensien, den H. macrophylla-Sorten, lassen sich 'Acuminata', 'Bluebird', 'Preziosa' und 'Rosalba' gut mit anderen Ziergehölzen, Azaleen- und Staudenpflanzungen kombinieren. Sie wirken keineswegs fremd im Garten. Passen sehr gut zu Rhododendron, Kalmien und Leucothoë; farblich keine Dissonanzen, da ihre Blüten viel später erscheinen und eigentlich nur zur Belebung beitragen. Schönes Kübel-Blütengehölz, gute Wirkung auch als Solitär auf Rasenplätzen vor ruhigem, dunklem Hintergrund. Benachbarung sonst wie 'Bouquet Rose'.

Ökologie: Insektennährgehölz.

H. serrata 'Bluebird'

Hydrangea serrata 'Bluebird'

Hydrangea serrata 'Bluebird'

Wuchs: Kleiner, breitbuschiger, locker aufrechter Strauch.

Größe: 1 bis 1,50 m hoch und breit. Sehr alte Exemplare auch noch höher.

Triebe: Jahrestriebe grün, im Bereich der Nodien rötlich überlaufen (doch längst nicht so stark wie bei 'Acuminata' oder gar bei 'Preziosa'), verholzte Triebe dunkelbraun.

Blätter: Sommergrün, gegenständig, spitz eiförmig, 5,5 bis 15 cm lang, hell- bis mittel-grün (heller als bei 'Acuminata' und 'Preziosa'), einige Blätter leicht rot überlaufen, Blattstiele ebenfalls schwach rötlich, doch nicht so ausgeprägt wie bei 'Acuminata'; keine Herbstfärbung.

Blüten: In zierlichen, flachen Schirmrispen, etwa 10 cm breit, fruchtbare Innenblüten rotlila bis purpur mit blauen Staubgefäßen (Farben veränderlich), Randblüten 2 bis 3 cm breit, Ränder glatt, schwachlila, violettweiß oder blau. Auf sauren Böden einheitlich hellblau; guter Blütenansatz schon bei jungen Pflanzen. Juli/August bis Ende Oktober.

Standort: Sonnig bis halbschattig, geschützt.

Boden: Frischer bis feuchter, aber gut durchlässiger, nahrhafter, humoser Boden, sauer bis neutral, kalkmeidend.

Eigenschaften: Frosthart, gesunde Gartenform. Auf sauren Böden gesamte Blüte blau. Wird von Insekten beflogen.

Verwendung: Die schönste Pflanze, die ich je sah, war ein 1,60 m hohes und etwa 4 m breites Exemplar am Rande einer Rasenfläche im HILLIER Arboretum. Die Hortensie war über und über mit klarblauen Tellerblüten bedeckt, so daß kaum ein Blatt zu sehen war.

'Blue Bird' ist eine sehr gesunde Gartenform, die viel häufiger gepflanzt werden sollte. Benachbarung siehe 'Acuminata' und 'Bouqet Rose'.

Ökologie: Insektennährgehölz.

Hydrangea serrata f. koreana, eine kleinwüchsige Hortensie mit großer Garten-Zukunft.

H. serrata f. koreana

Breitbuschig wachsender, Ausläufer bildender!, 0,4 bis 0,6 (0,8) m hoher Zwergstrauch. Blätter spitz eiförmig, früh austreibend. Blüten in zierlichen, flachen, 10 cm breiten Schirmrispen, rosaviolett, von Juli bis September. Diese absolut frostharte und schon als ganz junge Pflanze überreich blühende Wildform stammt aus Gebirgslagen um 950 m Höhe.

Im Arboretum Kalmthout war geplant, diese Hortensie unter dem Namen 'Carl Ferris Miller' in den Handel zu bringen. Im Arboretum Thiensen hat eine Pflanze in 6 Jahren eine Höhe von 0,6 m und eine Breite von 1,20 m erreicht. Dieser Sorte sollte, auch im Hinblick auf ihren flächigen Wuchs, allergrößte Beachtung geschenkt werden.

Ökologie: *Insektennährgehölz.*

H. serrata 'Preziosa'
(= H. -Hybride 'Preziosa' wäre die korrektere Bezeichnung)

G. ARENDS 1961, wahrscheinlich entstanden aus einer Kreuzung zwischen H. serrata x H. macrophylla.

Wuchs: Kleiner Strauch, in der Jugend Grundtriebe straff aufrecht, später mehr breitbuschig.

Größe: Bis 1,50 m hoch und breit.

Triebe: Junge Triebe auffallend dunkelbraunrot, verholzte Jahrestriebe hellbraun, dünntriebig.

Blätter: Sommergrün, gegenständig, spitz eiförmig, mehr oder weniger dunkelbraunrot überlaufen, Blattstiele ebenfalls dunkelbraunrot, keine Herbstfärbung.

Blüten: Ballförmig wie bei den H. macrophylla-Hybriden, nur kleiner und zierlicher, schwachrosa bis intensiv rosa, Durchmesser der Blüten 10 bis 15 cm, Einzelblüten 3 bis 4zählig, 2 bis 3,5 cm breit, Blütenbälle bestehen überwiegend aus sterilen Blüten, nur wenige fertile Einzelblüten mit lilablauen Staubgefäßen. Im Verblühen violettrot bis tief magenta. Sehr attraktiv! Juli bis Ende Oktober.

Hydrangea serrata 'Preziosa'

Hydrangea serrata 'Preziosa'

Standort: Sonnig bis halbschattig, geschützt.

Boden: Frischer bis feuchter, aber gut durchlässiger, nahrhafter, humoser Boden, sauer bis neutral, kalkmeidend.

Eigenschaften: Sehr frostharte, gesunde Sorte, kaum spätfrostempfindlich. Blühwillig. Konkurrenzschwäche beachten.

Verwendung: Wem die großen, massiven Ballhortensien aus der H. macrophylla-Gruppe zu aufdringlich sind, der wird sicherlich Gefallen an der anmutigen und zierlichen, außerordentlich frostharten 'Preziosa' finden. Ihr leuchtendes Rosa paßt in halbschattigen Gehölzpartien sehr gut zu immergrünen Gräsern und filigranen Farnen wie Polypodium interjectum 'Cornubiense'. Sehr schön auch mit dem blauen Blatt von Hosta sieboldiana 'Elegans' oder H. x tardiana 'Halcyon'.

Auf sauren Böden zeigen die Blüten von 'Preziosa' ein ungewöhnliches Farbspiel, das von einem klaren Wasserblau über violette Töne, Mauve und Magenta bis hin zu einem warmen, leuchtenden Altrosa reicht. Im Verblühen werden die Farben durch zarteste Übergänge und Farbbrechungen noch schöner. Für mich eine der kostbarsten Hortensien.

H. serrata 'Rosalba'

Wuchs: Kleiner, dichttriebiger, aufrechter Strauch.

Größe: 0,7 bis 1,20 m hoch und breit.

Blätter: Sommergrün, gegenständig, spitz eiförmig, bis 10 (bis 13) cm lang, gelblichgrün, matt; keine Herbstfärbung.

Blüten: In kleinen, flachen Schirmrispen, 7 bis 8 cm breit, fruchtbare Innenblüten rosa, violettrot bis purpur oder blau; sie sind umgeben von meist 6 bis 7 sterilen Randblüten, diese sind zuerst weiß, dann karminrosa bis rot, sehr schöner Kontrast zwischen weißen und roten Randblüten; Juli bis August/September.

Standort: Sonnig bis halbschattig, geschützt.

Boden: Frischer bis feuchter, aber gut durchlässiger, nahrhafter, humoser Boden, sauer bis neutral, kalkmeidend.

Eigenschaften: Frosthart, sehr unempfindlich gegenüber Spätfrösten!, blühwillig, Konkurrenzschwäche beachten.

Verwendung: 'Rosalba' war schon um 1844 in England bekannt und gehört heute zu den am meisten verbreiteten H. serrata-Gartenformen. Eine zierliche, attraktive Hortensie für kleine, schattige Gartensituationen. Benachbarung siehe H. macrophylla 'Bouquet Rose', 'Acuminata' und andere. Weiterhin empfehlenswert ist die gut harte Sorte **H. serrata 'Imperatrice Eugenie'**.

HYPERICUM L.
Hartheu, Johanniskraut – Clusiaceae (früher Guttiferae)

Meist niedrig bleibende, sommergrüne oder immergrüne Sträucher, Halbsträucher oder Stauden. Gemeinsame Merkmale sind die gegenständigen, z. T. auch quirlig angeordneten, kurz gestielten und meist ganzrandigen Blätter. Bei einigen Arten befindet sich in besonderen Öldrüsen (schwarze Punkte und Streifen in Blättern und Blüten) ein durch Anthocyan und Xanthophyll dunkel gefärbtes, aromatisch riechendes, bitter schmeckendes Harz. Beim Zerquetschen der grünen Pflanzenteile oder Blütenblätter tritt es als blutroter Saft zutage.

Die Blüten sind zu endständigen Thyrsen zusammengesetzt. Eine Einzelblüte besteht aus 5 Kelch- und 5 Kronblättern, die gelb gefärbt sind. Die Frucht ist eine fünfklappige Kapsel, Steinfrucht oder Beere.
Es gibt etwa 400 Arten, die vor allem in der nördlichen Hemisphäre, aber auch in trop. Gebirgen beheimatet sind.
Die Hypericum-Arten und -Sorten gehören wegen ihres gefälligen Wuchses, der schönen Belaubung und der unermüdlich den ganzen Sommer über erscheinenden gelben Schalenblüten zu den beliebtesten Zwergsträuchern. Wie die Potentillen, so haben auch die Johanniskräuter ein beinahe staudenhaftes Wesen und können sehr vielseitig als niemals aufdringlich wirkende Blüh-Partner eingesetzt werden. Viele von ihnen gehören in die sonnenliebenden Pflanzengesellschaften, aber einige, wie z. B. H. calycinum, lassen sich auch sehr gut im schattigen Bereich einsetzen.

Ökologie: Johanniskräuter sind sehr wertvolle Insektenfutterpflanzen.

H. androsaemum L., Mannsblut

Hypericum androsaemum

Verbreitung: Von West- und Südeuropa bis zur Türkei; unter lichten Gebüschen, auf feuchten oder schattigen Plätzen.

Wuchs: Kleiner, aufrechter, halbimmergrüner Strauch.

Größe: 0,8 bis 1 m hoch und mindestens genauso breit.

Blätter: Sommergrün bis wintergrün, eiförmig bis eirund-länglich, 5 bis 10 cm lang, Basis herzförmig, fein durchsichtig punktiert, gerieben aromatisch duftend.

Blüten: Goldgelbe Schalenblüten, einzeln oder zu 3 bis 9 in Thyrsen, Enzelblüten 2 (bis 2,5) cm breit; Juni bis Ende August.

Früchte: Kugelig, zunächst rot, später zur Reife glänzend schwarze, beerenartige Kapseln, die auf einem bleibenden Kelch sitzen; sehr zierend!

Standort: Sonnig bis absonnig.

Boden: Keine besonderen Ansprüche, bevorzugt aber nicht zu trockene Standorte.

Verwendung: Sehr schöner Kleinstrauch, der als Einzelgehölz oder in Gruppen zur flächigen Bepflanzung verwendet werden kann. Gut mit anderen Kleinsträuchern wie z. B. Potentilla, Spiraea x bumalda und S. japonica-Sorten, aber auch mit Stauden zu verbinden.

Eine besondere Zierde sind die unterschiedlich reifenden, schwarzen und roten Früchte, die sehr dekorativ auf den bleibenden Kelchen sitzen. Sie haben für den Floristen als Vasenschmuck und Dekorationsmaterial einen großen Wert. Dazu einige neue Sorten wie 'Orange Flair' mit tief orangeroten bis leuchtend hellroten Früchten, 'Excellent Flair', Früchte sind wesentlich größer, nämlich bis 1,5 cm lang und 1 cm breit, und 'Autumn Blaze' mit purpurnen Herbstblättern und reichem Fruchtansatz.

H. androsaemum 'Albury Purple'

Wuchs: Rundlich-buschiger, aufrechter Strauch, ähnlich H. androsaemum.

Größe: 0,7 bis 0,9 m hoch.

Blätter: Halbimmergrün, länglich eiförmig, 5,5 bis 7 (9) cm lang, junge Blätter purpurbraunrot, zur Blattbasis hin mehr grünlich, ältere Blätter tief blaugrün mit purpurrotem Hauch.

Blüten: Gelb, zu mehreren in Thyrsen, Ende Juni/Anfang Juli bis Ende August.

Früchte: Stumpf-eiförmig, 1 bis 1,3 cm lang, wie bei H. androsaemum zunächst rot, später schwarz, sehr zierend.

Verwendung: Besonders wertvoll wegen der purpurlilafarbenen Belaubung. Farblich sehr schön mit Ajuga reptans 'Purpurea', Heuchera 'Palace Purple', Viola labradorica und violettblütigen Datura metel. Friert gelegentlich total zurück, treibt jedoch gut wieder durch. Etwas Winterschutz ist empfehlenswert.

H. androsaemum 'Autumn Blaze'

Wuchs: Kleiner, straff aufrechter, halbimmergrüner Strauch mit langen, sehr stabilen Trieben.

Größe: Bis 1 m hoch und genauso breit.

Blätter: Sommergrün bis wintergrün, eiförmig, 5 bis 7 (bis 10) cm lang, dunkelgrün, im Herbst purpurn gefärbt.

Blüten: Goldgelbe Schalenblüten, 2 bis 2,5 cm breit.

Früchte: Kugelig, zunächst rot, später glänzend schwarz, in großer Fülle, lange haftend.

Standort und Boden wie bei der Art.

Verwendung: Eine neuere Selektion mit langen und stabilen Trieben und einem sehr reichen Fruchtansatz. Sehr wertvoll für den Floristen. Eine weitere Sorte ist 'Orange Flair' mit zunächst hellroten, dann tief orangeroten, 1,2 cm langen und 0,8 cm breiten Früchten und einem etwas kompakteren, schwächeren Wuchs. Die Sorte 'Excellent Flair' hat größere Früchte, die bis 1,5 cm lang und 1 cm dick sind.

Anmerkung: H. 'Autumn Blaze', 'Orange Flair' und 'Excellent Flair' werden von einigen Autoren auch zu H. x inodorum gerechnet.

H. calycinum L., Niedriges Johanniskraut

Hypericum calycinum

Verbreitung: Südost-Europa bis Kleinasien, oft in Buchenwäldern.

Wuchs: Wintergrüner, durch Ausläufer teppichbildender Halbstrauch, schnellwachsend.

Größe: Bis 0,3 m hoch.

Triebe: Jahrestriebe grünlich, sonnenseits rötlich.

Blätter: Wintergrün bis immergrün, gegenständig, eiförmig, 5 bis 10 cm lang, stumpfgrün, ledrig, unterseits grün.

Blüten: Goldgelbe Schalenblüten, 5 bis 7 (bis 8) cm breit, sie erscheinen ununterbrochen von Juli bis September. Sehr zierend sind die aus der Blüte weit herausragenden Staubgefäße, Länge bis 3 cm, gelb. Griffel gelb, kürzer als Staubgefäße, Petalen sich nie überlappend.

Wurzel: Oberflächennah ausgebreitet, dicht verzweigt, Bildung von langen Ausläufern.

Standort: Sonnig bis schattig.

Boden: Mäßig trockene bis frische, humose und gut durchlässige Substrate, gedeiht auch auf ärmeren Sandböden, sauer bis leicht alkalisch, auf zu schweren, verdichteten Böden unbefriedigend und verstärkt Rostpilzbefall.

Eigenschaften: Frostempfindlich, frieren in sehr kalten Wintern zurück, treiben jedoch nach Rückschnitt gut wieder durch, hohes Ausschlagsvermögen, verträgt Hitze und gewisse Trockenheit, gedeiht im Wurzeldruck von Bäumen, stadtklimafest.

Verwendung: H. calycinum ist einer der besten, blühenden Bodendecker, der durch sehr starke Ausläuferbildung schnell große Flächen überzieht; Flächenbegrünung auch im Vollschatten unter Bäumen möglich. Schöner Bodendecker vor Gehölzrändern. Kombination mit Zwiebelpflanzen möglich. Bei winterlichem Rückschnitt – er ist ohnehin meist erforderlich – schließen auch die zarten und anmutigen Traubenhyazinthen eine dauerhafte Freundschaft mit dem Johanniskraut. Übrigens sind die Blätter von H. calycinum auch ein guter Vasenschmuck.

Ökologie: Insektenmagnet.

H. densiflorum PURSH.
(= H. prolificum var. densiflorum GRAY)

Verbreitung: Südöstl. Nordamerika.

Wuchs: Immergrüner, rundlich-buschiger, aufrechter Strauch mit 2kantigen Trieben.

Größe: Bis etwa 1 m hoch.

Blätter: Immergrün, 1 bis 5 cm lang, linealischlänglich, Rand eingerollt.

Blüten: Gelbe, 1 bis 1,5 cm große Schalenblüten, in dichtverzweigten, vielblütigen Trugdolden. Juli bis September.

Boden: Verträgt auch trockenere Standorte, sauer bis neutral (leicht alkalisch).

Verwendung: Sehr schöne, frostharte Art, die an H. prolificum erinnert, doch in allen Teilen kleiner ist. Heidegärten, gemischte Kleinstaudenrabatten und mit anderen sonneliebenden Pflanzengesellschaften.

Die Sorte 'Goldball' wird etwa 0,7 m hoch, sie besticht durch ihre 2 cm großen, goldgelben Blüten, bei denen die Staubgefäße weit über die Kronblätter hinausragen.

Hypericum densiflorum 'Goldball'

HYPERICUM

Hypericum 'Hidcote'

'Hidcote'
(= H. patulum 'Hidcote', 'Hidcote Gold')

Ursprung unbekannt, seit etwa 1920 in England in Kultur.

Wuchs: Kleiner Strauch mit aufrechten Grundtrieben und leicht bogig übergeneigten Triebenden.

Größe: 0,80 bis 1,50 m hoch und breit.

Triebe: Drehrund, braun.

Blätter: Meist nur wintergrün, gegenständig, länglich eiförmig, 4 bis 5 cm lang, dunkelgrün, stumpf, unterseits bläulich.

Blüten: 5 bis 7 cm breite, leuchtend gelbe Schalenblüten, zu mehreren in Thyrsen, Länge der Staubgefäße 0,7 bis 0,9 cm, blüht ununterbrochen von Mitte Juli bis Anfang Oktober.

Standort: Sonnig bis absonnig.

Boden: Keine besonderen Ansprüche, mäßig trocken bis frisch, schwach sauer bis alkalisch, wichtig ist guter Wasserabzug.

Eigenschaften: Ausreichend frosthart, hohes Ausschlagsvermögen, stadtklimafest, gut hitzeverträglich. Laub bleibt im Winter grüner als das von H. moserianum.

Verwendung: Herrlicher, duftiger Dauerblüher für Einzelstellung und Gruppenpflanzungen. Gehölz- und Staudenrabatten, flächige Unterpflanzung von lichten Gehölzpartien und Großbäumen, zur Abstufung von Gehölzrändern und niedrigen Blütenhecken.

Pflegetip: Sollte im Hinblick auf Blühwilligkeit und Blütengröße im Frühjahr kräftig zurückgeschnitten werden.

H. hircinum L.

Verbreitung: Nördl. Mittelmeergebiet.

Wuchs: Halbimmergrüner, rundlich-buschiger Strauch mit bräunlichen, flügelkantigen Trieben.

Größe: 0,5 bis 1,20 m hoch.

Blätter: Halbimmergrün, 3 bis 6 cm lang, eilänglich, gerieben bocksartig riechend, dunkelgrün.

Blüten: Gelb, in größeren Ständen am Ende der Triebe oder achselständig, Juli bis September.

Eigenschaften: Frosthart.

Verwendung: Hübscher Blütenstrauch für sonnige Pflanzpositionen. Die dänische Selektion **'Loke'** zeichnet sich durch 3 cm große Blüten und dekorative, braune Früchte aus. Sie wird von einigen Autoren auch zu **H. x inodorum** gerechnet.

Hypericum kalmianum 'Gemo'

H. kalmianum L.

Verbreitung: Östl. Nordamerika und Kanada.

Wuchs: Immergrüner, dichttriebiger, rundlicher Strauch mit 4kantigen Zweigen und oft nur 2kantigen Trieben.

Größe: 0,6 bis 1 m hoch und breit.

Blätter: Immergrün, 3 bis 3,5 (4,5) cm lang und 0,5 bis 1 cm breit, länglich linealisch, blaugrün.

Blüten: Gelb, 1,5 bis 3 cm breit in wenigblütigen, end- oder achselständigen Trugdolden. August.

Eigenschaften: Frosthart.

Verwendung: Leider zu wenig bekannter Blütenstrauch. Sehr schön in sonneliebenden Pflanzengesellschaften.

Ökologie: Früchte werden gern von Meisen verzehrt.

Hypericum hircinum

Hypericum kalmianum 'Sonnenbraut'

H. kalmianum 'Gemo'

Dänische Selektion

Verbreitung: Die Wildform ist in Japan beheimatet.

Wuchs: Niedriger, halbimmergrüner Strauch, in der Jugend straff aufrecht, später mehr breitbuschig, rundlich.

Größe: 0,6 bis 1 m hoch und zumindest im Alter breiter als hoch.

Triebe: Hellgrün, zierlich.

Blätter: Halbimmergrün, gegenständig, lanzettlich, 4 bis 7 cm lang und 0,5 bis 1 cm breit, frischgrün.

Blüten: Knallgelbe, verhältnismäßig kleine Schalenblüten, 2,5 bis 3 cm breit, Staubgefäße 0,7 cm lang, dunkler als die Petalen, Stempel und Narbe hellgrün; außerordentlich reichblühend von Juli bis September.

Früchte: Länglich-ovale Kapseln, 1 cm lang und 0,3 cm breit.

Standort: Sonnig.

Boden: Keine besonderen Ansprüche, mäßig trocken bis frisch, schwach sauer bis alkalisch, wichtig ist guter Wasserabzug.

Eigenschaften: Frosthart, friert im Winter nicht zurück.

Verwendung: Wertvolle Neuheit, die auf Grund ihres dekorativen Laubes und ihrer ganzen Erscheinung in sonneliebende Pflanzengesellschaften paßt. Eine gute Benachbarung wären z. B. Genista tinctoria, Verbascum nigrum, niedrige Potentilla-Sorten,

Inula ensifolia, Linum narbonense, Hypericum patulum var. henryi und Stipa barbata. Die Sorte **'Sonnenbraut'**, eine Züchtung der Baumschule Berlin, Baumschulenweg GmbH, wird etwa 1 m hoch und zeichnet sich durch 4 cm große, goldgelbe Blüten aus.

H. x moserianum LUQUET ex ANDRÉ
(= H. calycinum x H. patulum)

1887 bei MOSER in Versailles entstanden.

Wuchs: Kleiner Halbstrauch oder Zwergstrauch mit straff aufrechten Grundtrieben und übergeneigten Triebenden.

Größe: Bis 0,6 (bis 0,8) m hoch und breit.

Blätter: Meist wintergrün, gegenständig, eiförmig, 4 bis 5 cm lang, mattgrün, etwas ledrig.

Blüten: 5 bis 6 cm breite, leuchtend gelbe Schalenblüten, zu mehreren in Thyrsen, Staubgefäße 1,7 bis 1,9 (bis 2,0) cm lang, gelb, nach Regen herrlich orangerot färbend (Erkennungszeichen), unermüdlich blühend von Juli bis Oktober.

Wurzel: Oberflächennah ausgebreitet, bildet keine Ausläufer.

Standort: Sonnig bis absonnig.

Boden: Keine besonderen Ansprüche, mäßig trocken bis frisch, schwach sauer bis alkalisch, wichtig ist guter Wasserabzug.

Eigenschaften: Friert in starken Wintern zurück, treibt jedoch nach Rückschnitt gut wieder durch, H. x moserianum ist spätfrostempfindlicher als 'Hidcote', gut hitze- und trockenheitsverträglich.

Verwendung: Gruppenpflanzungen, Flächenbegrünung. Kombination mit Stauden und Halbsträuchern wie Lavendel, Perovskia, Caryopteris oder Ceanothus, Ton in Ton: H. x moserianum oder 'Hidcote' mit Lysimachia punctata, Potentilla 'Kobold', einzelnen Verbascum bombiciferum, Oenothera tetragona 'Fyrwerkeri', Inula ensifolia 'Compacta' und als flacher, gelbblühender Bodendecker für den Vordergrund Sedum floriferum 'Weihenstephaner Gold'.

Mit dem fiedrigen Laub und den tiefgelben Blüten des Wilden Fenchels (Foeniculum vulgare) und den Gräsern Festuca mairei und Helictotrichon sempervirens bringen wir Transparenz und Natürlichkeit in die „Gelbe Rabatte", für die ein idealer Hintergrund Robinia pseudoacacia 'Frisia' wäre.

Damit das Gelb nicht zu hart wirkt, kann man die Gelbtonpflanzung mit wenigen Orangetupfern – ich denke an Potentilla frut. 'Tangerine' oder Geum coccineum 'Feuermeer' – wärmer tönen. Eine andere Variante für den absonnigen Bereich wäre:

Hypericum x moserianum

Alle Hypericum-Arten werden stark von Insekten besucht

Acer japonicum 'Aureum', Gruppen von Hypericum x moserianum, dazu Meconopsis cambrica, Digitalis grandiflora und D. lutea, Alchemilla mollis, Lilium regale 'Royal Gold', Deschampsia caespitosa und Festuca scoparia als Vorpflanzung.

Eine empfehlenswerte, aber etwas empfindliche Sorte wäre **H. x moserianum 'Tricolor'**, zierlicher Zwergstrauch mit sehr feinen, überhängenden Trieben, Blätter elliptisch, 3,2 bis 4,5 cm lang und 1,7 bis 2 cm breit, Ränder schmal weißlichgelb bis rosaweiß gezeichnet oder grünweiß marmoriert, im Herbst rosa überlaufen. Schalen, Tröge und Sonderthemen.

H. patulum var. henryi
(= H. forrestii)

Verbreitung: China, S-Yunnan, Himalaja.

Wuchs: Kleiner, aufrechter Strauch, zunächst straff aufrecht, später dichtbuschig mit waagerechten bis übergeneigten Seitenzweigen.

Größe: Bis 1 m hoch und breit, in milden Gebieten auch höher.

Blätter: Meist nur sommergrün, gegenständig, lanzettlich bis eiförmig, 5 bis 7 cm lang, mattgrün, unterseits hellgrün, im Herbst rötlichbraun.

Blüten: Leuchtend gelbe Schalenblüten, zu mehreren in Thyrsen, Einzelblüten 4 bis 5 cm breit, reichblühend, Juli bis September.

Früchte: Unscheinbar.

Standort: Sonnig bis absonnig, geschützt.

Boden: Keine besonderen Ansprüche, mäßig trocken bis frisch, schwach sauer bis alkalisch, wichtig ist guter Wasserabzug.

Eigenschaften: Ausreichend frosthart.

Verwendung: Wertvoller Kleinstrauch mit langer Blütezeit. Einzelstellung oder Gruppenpflanzungen. Vor sonnigen oder absonnigen Gehölzrändern, in Staudenrabatten, als lockere, niedrige Blütenhecke oder in Pflanzkübeln.

Benachbarung siehe andere Hypericum-Sorten.

Ilex aquifolium, 120 Jahre alt

IDESIA MAXIM.
Orangenkirsche – Flacourtiaceae

Die Gattung wurde nach dem holländischen Pflanzensammler IDES benannt.

Entdeckt hat sie 1860 der russische Botaniker MAXIMOWICZ in Japan. Nach Europa eingeführt um 1865.

I. polycarpa MAXIM.

Wenn man das erste Mal diesem Baum begegnet, glaubt man, eine Catalpa oder eine Großblattpappel vor sich zu haben. Die Orangenkirsche hat nämlich ebenfalls große, herzförmige, sehr dekorative Blätter, die bis 15 cm lang werden können. Auch die Blattstiele sind wie bei Populus lasiocarpa rot, doch werden sie bei Idesia wesentlich länger und sind darüber hinaus mit 1 bis 8 auffälligen Nektarien besetzt. Der auch in Mitteleuropa etwa 6 bis 10 (12) m hohe, regelmäßig aufgebaute Baum ist mit seinen grünlichgelben, duftenden, 10 bis 20 cm langen Rispen zur Blütezeit im Mai/Juni zwar keine auffallende Schönheit, dafür sind aber seine, besonders nach warmen Sommern oft massenhaft erscheinenden, erbsengroßen, orangeroten Früchte eine außerordentliche Zierde. Noch lange nach dem Laubfall hängen die roten Fruchtrispen an den weit ausgebreiteten, sehr hellrindigen Ästen. An ihren Heimatstandorten in Japan, China, auf Taiwan und in Korea wächst Idesia auf feuchten, nährstoffreichen Waldböden.

Da der Baum sehr wärmeliebend ist und als junge Pflanze in kalten Wintern gelegentlich zurückfrieren kann, empfehle ich, einen warmen, geschützten Standort auf nicht zu schwerem und zu feuchtem, gut durchlässigem, schwach saurem bis neutralem Boden auszuwählen. Leider wurde bisher wenig Wert auf die Selektion frosthärterer Provenienzen gelegt. Immer wieder tauchen Herkünfte auf, die auch in nicht so strengen Wintern regelmäßig zurückfrieren, während andere deutlich robuster sind. In den Anfangsjahren muß man eben ein wenig Geduld mit diesem schönen Baum haben. Im Botanischen Garten Bonn hat eine Idesia Temperaturen um minus 22 °C ohne größeren Schaden überstanden (Winter 1978/79).

Ilex L.
Stechpalme, Hülse – Aquifoliaceae, Stechpalmengewächse

Die etwa 400 sommergrünen oder immergrünen Baum- und Straucharten der Gattung Ilex (Ordnung Celastrales) sind überwiegend in den tropischen und subtropischen Zonen der Erde beheimatet. Nur im westl. Nordamerika und in Australien gibt es keine Vorkommen. Einige Arten sind aber auch in der nördlichen Hemisphäre beheimatet.

Charakteristisch sind die wechselständigen, einfachen, häufig ledrigen Blätter, die oft mit auffälligen Randdornen besetzt sind.

Die Blüten sind klein, weißlich, meist eingeschlechtig und zweihäusig verteilt (wichtig für Fruchtbehang!), selten polygam. Bei vielen Ilex-Formen sind die Früchte sehr attraktiv und neben der makellosen, dunkelgrünen Belaubung die größte Zierde dieser Gehölzgattung.

Für den Pflanzenverwender ist die Gattung Ilex mit ihren Gartenformen außerordentlich bedeutungsvoll und vielseitig einsetzbar. Besonders die heimische Art, Ilex aquifolium, ist eines der zuverlässigsten Gehölze für das Thema „Immergrüner Garten", für Hecken, immergrüne Abpflanzungen und für Begrünungsmaßnahmen im Schatten- und Wurzelbereich auch von intoleranten Baumarten.

Anmerkung: Interessant ist auch, daß die Blätter von 20 bis 30 tropischen und subtropischen Arten zur Teegewinnung genutzt werden. Ilex paraguariensis ist der berühmte Mate-Teestrauch.

I. x altaclerensis 'Belgica Aurea',
Großblatt-Stechpalme
(= I. perado aurea, HORT., I. x altaclerensis 'Silver Sentinel') KOSTER & ZN. 1908

Ilex x altaclerensis 'Belgica Aurea'

Wuchs: Hoher, breitpyramidaler Strauch mit kräftigem Mitteltrieb.

Größe: 3 (bis 6) m hoch und 2 m breit. Jahreszuwachs: ca. 15 cm.

Blätter: Immergrün, wechselständig, eiförmig, etwa 6 bis 10 cm lang und 4 cm breit, Blattdornen selten, Rand unregelmäßig breit goldgelb, Mitte dunkelgrün und graugrün, sehr attraktiv.

Früchte: Kugelig, rot, ca. 5mm dick.

Wurzel, Standort und Boden wie bei Ilex aquifolium.

Eigenschaften: Frostempfindlicher als I. aquifolium.

Verwendung: Sehr dekorative Ilex-Form für Einzelstellung in geschützten Gartenanlagen.

I. x altaclerensis 'Golden King'

(oft falsch als I. aquifolium 'Golden King' bezeichnet) LAWSON 1884.

Wuchs: Aufrechter, breiter Strauch mit locker abstehenden Seitenzweigen.

Ilex x altaclerensis 'Golden King'

Größe: 3 bis 4 (bis 5) m hoch und im Alter genauso breit. In milden Gebieten auch höher.

Zweige: Grün.

Blätter: Immergrün, wechselständig, eiförmig, flach, 4 bis 6 cm lang und 2 bis 4 cm breit, mit nur wenigen Randdornen, dunkelgrün, glänzend, mit breitem goldgelbem Rand, einzelne Blätter ganz gelb.

Früchte: Kugelig, 5 mm dick, rot.

Standort: Absonnig, sehr geschützt.

Boden: Nicht zu nährstoffarme, mäßig trockene bis frische, humose, saure bis neutrale Böden.

Eigenschaften: Frostempfindlich.

Verwendung: Eine sehr auffallende Ilex-Form für Einzelstellung in mikroklimatisch sehr günstigen Lagen.

I. aquifolium L.,
Stechpalme, Hülse

Verbreitung: Europa, Nordwestafrika. In Mitteleuropa überwiegend im Norddeutschen Tiefland und im Alpenvorland. Als Unterholz in Buchen- und Buchen-Tannen-Wäldern, seltener in frischen Eichen-Hainbuchen- oder Eichen-Birken-Wäldern; auf mäßig trockenen bis frischen, nährstoffreichen, schwach sauren bis sauren, meist sandigen oder steinigen Lehmböden mit einer Mull- oder Moderhumusauflage.

Wuchs: Immergrüner, spitz kegelförmiger bis breit pyramidaler Großstrauch oder kleiner Baum mit breit eiförmiger, oft rundlich gewölbter Krone, Äste sparrig und dicht stehend, im Alter, besonders im unteren Bereich, hängend, langsam wachsend.

Größe: 3 bis 6 (bis 10/15) m hoch und 3 bis 5 m breit. Es gibt sehr unterschiedliche Wuchstypen. Jahreszuwachs in der Höhe 20 cm, in der Breite 10 cm.

Blätter: Immergrün, wechselständig, eiförmig bis lanzettlich, 3 bis 8 cm lang, derb-ledrig, Rand ungleichmäßig wellig, dorniggezähnt, dunkelgrün glänzend, unterseits hellgrün, Blätter an älteren Pflanzen wenig bedornt oder Rand glatt; Lebensdauer der Blätter 1 bis 3 Jahre.

Blüten: Pflanze ist zweihäusig; klein, weiß, weibliche Blüten mit 4 Kronblättern, Fruchtknoten und Narbe, die 4 Staubblätter sind steril; männliche Blüten ohne Fruchtknoten und Narbe, Mai bis Juni.

Früchte: Leuchtend rote Steinfrüchte, erscheinen in großer Menge und haften sehr lange, an einigen Exemplaren bis zum Frühjahr, sehr attraktiver Fruchtschmuck. Früchte sind giftig!

Wurzel: Fleischig, dicke Hauptwurzeln tiefergehend, Feinwurzeln in der obersten Bodenschicht sehr ausgebreitet. Bildet Wurzelschosse, dadurch im Wald sich ausbreitend.

Standort: Absonnig bis schattig, in luftfeuchten Lagen auch sonnig, windgeschützt.

Boden: Bevorzugt nicht zu nährstoffarme, mäßig trockene bis feuchte, humose, saure bis neutrale Böden, gedeiht aber auch auf leicht alkalischen Substraten und in absonnigen Positionen noch gut auf trockeneren Standorten.

Eigenschaften: In der Jugend etwas frostempfindlich, langsamwüchsig, Schattenpflanze/Halbschattenpflanze, zweihäusig; gut ausschlagsfähig. Gegen chronische Einwirkung von Rauchsäuren und Gasen in Industriegebieten hat sich die Stechpalme als unempfindlich erwiesen (EHLERS). Ilex kann bis zu 300 Jahre alt werden und Stammdurchmesser von 50 cm erreichen! Früchte sind giftig; Symptome einer Intoxikation mit Ilex-Früchten: Leibschmerzen, Erbrechen, u. U. Durchfälle nach Verzehr von mehr als 2 Beeren (FROHNE/PFÄNDER). Schwere Symptomatik ist aber erst nach Aufnahme einer großen Menge von Früchten zu erwarten.

Verwendung: Ilex aquifolium gehört zusammen mit Taxus baccata, Ligustrum vulgare 'Atrovirens',

Ilex aquifolium

Kirschlorbeer, Buxus sempervirens, Efeu und Mahonien zu dem ganz harten Kern der Pflanzengruppe, auf die man immer wieder zurückgreift, wenn es darum geht, z. B. im Schatten und Wurzeldruck von intoleranten Baumarten wie Spitz-Ahorn, überzeugende immergrüne Pflanzungen zu schaffen.

Sehr gut zur Anlage von freiwachsenden und geschnittenen Hecken, diese sollte man wegen möglicher Winterschäden im Frühjahr (Mai) schneiden.

Im atlantischen Bereich oder in wintermilden, kontinentalen Klimazonen auch als kleiner Alleebaum möglich. Knickbegrünung, Bienenweide, Vogelschutz- und -nährgehölz, Waldrandgestaltung. Beliebtes Gehölz für die Blumenbinderei. Die Bestände in unseren Wäldern wurden z. T. auch durch rigorose Schmuckreisiggewinnung dezimiert. Das schwer spaltbare, sehr zähe und gut polierfähige Holz verwendete man gern für Handgriffe, Spazierstöcke, Peitschen und Hammerstiele. Es wurde ihm die Eigenschaft nachgesagt, an den Händen keine Blasen zu erzeugen.

Hinweis: Pflanzung sollte nur mit Ballen erfolgen. Größere Pflanzen stocken 1 bis 2 Jahre nach der Pflanzung, Laubfall möglich.

I. aquifolium 'Alaska'
NISSEN, Wuppertal-Aprath, vor 1960.

Wuchs: Schmal pyramidaler, kompakt wachsen-

Ilex aquifolium

Ilex aquifolium

Ilex aquifolium 'Alaska'

der, hoher Strauch, im Alter breiter werdend, Zweige alle aufrecht gestellt, sehr dicht und sparrig; langsamer wachsend als die Wildform.

Größe: Bis 5 (bis 7) m hoch und 3 m breit. In 40 Jahren 3,50 m hoch und 2 bis 2,50 m breit. Jahreszuwachs in der Höhe 15 cm, in der Breite 10 cm.

Blätter: Immergrün, wechselständig, kleiner und zierlicher als bei der Normalform, 3,5 bis 5,5 (bis 7) cm lang und 1,5 bis 2 cm breit, beiderseits mit je 5 bis 7 Randdornen besetzt, stark glänzend, mittelgrün bis dunkelgrün.

Früchte: Bei gutem Pollenspender überreich Früchte ansetzend, sie bleiben lange haften.

Wurzel, Standort, Boden und Eigenschaften wie bei I. aquifolium.

Verwendung: Gute, winterharte Form, die wegen ihrer Langsamwüchsigkeit und des schmalen, kompakten Wuchses besonders für beengte immergrüne Abpflanzungen und Hecken wertvoll ist.

I. aquifolium 'I. C. van Tol'

Um 1895 in Boskoop entstanden.

Wuchs: Breit aufrechter, hoher Strauch oder im Alter auch kleiner Baum, Äste zunächst breit abstehend, wenig verzweigt, später beinahe schleppenartig durchhängend, langsam wachsend.

Größe: 6 bis 8 m hoch und dann 3 bis 4 m breit. Jahreszuwachs in der Höhe 20 cm, in der Breite 10 cm.

Rinde/Triebe: Junge Triebe purpurn.

Blätter: Immergrün, wechselständig, schlank eiförmig bis elliptisch, 5,5 bis 7,5 cm lang und 2,7 bis 3,5 (bis 4) cm breit, nur wenige Dornen am oberen Blattrand, ältere Blätter teilweise unbedornt, Blattspitze oft nach unten gekrümmt, Blätter auffallend dunkelgrün, glänzend.

Ilex aquifolium 'J. C. van Tol'

Früchte: Sehr stark fruchtend, Beeren 8 bis 11 mm dick, tief orangerot bis hellrot, bleiben lange haften. Pflanze ist einhäusig!

Wurzel, Standort und Boden wie I. aquifolium.

Eigenschaften: Frosthärter als die Art, Wurzeln ebenfalls härter, wichtig für Containerbepflanzung.

Verwendung: Eine sehr beliebte Gartenform, deren besonderer Wert in dem attraktiven, glatten und beinahe dornenlosen, dunkelgrünen Laub, dem starken Fruchtbehang und in der großen Frosthärte liegt. Einzelstellung, Gruppenpflanzung, Kübel- und Containerbepflanzung, auch als Heckenpflanze gut verwendbar.

I. aquifolium 'Myrtifolia'

Wuchs: Spitz kegelförmig wachsender, sehr dicht-

buschiger Strauch, Triebe verhältnismäßig dünn, aufrecht; sehr langsam wachsend.

Größe: 2,5 bis 4 (bis 6) m hoch. Jahreszuwachs in der Höhe 10 (15) cm, in der Breite 5 cm, im Alter stärker wachsend.

Blätter: Immergrün, wechselständig, lanzettlich zugespitzt, 2,5 bis 4,5, meist jedoch 3 cm lang und 0,5 bis 1 cm breit, jederseits mit 4 (bis 5) feinen Randdornen besetzt, glänzend dunkelgrün, an älteren Pflanzen treten im Spitzenbereich Rückschläge auf.

Wurzel, Standort und Boden wie bei I. aquifolium.

Eigenschaften: Sehr winterhart.

Verwendung: Eine äußerst zierliche Gartenform, die dem Pflanzenliebhaber sofort ins Auge fällt. Wegen des schwachen und schmalen Wuchses auch für kleinste Gartenräume und Friedhofsanlagen geeignet. Gut auch für kleine Einfassungen/Hecken; sehr dekorativ in Kübeln mit Efeu oder Euonymus fortunei 'Minimus' unterpflanzt.

Ilex aquifolium 'Myrtifolia'

I. aquifolium 'Pyramidalis'

Wuchs: Hoher Strauch oder kleiner Baum, straff kegelförmig aufrecht, dicht geschlossen; meist einen kräftigen Mittelstamm bildend.

Größe: Bis 6 (bis 8) m hoch und 2 bis 2,5 m breit. Jahreszuwachs in der Höhe 15 bis 20 cm, in der Breite 6 cm.

Blätter: Immergrün, wechselständig, Blätter stehen spitzwinklig am Trieb!, elliptisch, 5,5 bis 6,5 cm lang und 2,5 bis 3 cm breit, ganzrandig oder in der Mitte buchtig gezähnt, dunkelgrün, stark glänzend.

Früchte: Leuchtend rot (knallrot), 7 bis 10 mm dick, werden reichlich angesetzt.

Wurzel, Standort, Boden wie bei I. aquifolium.

Eigenschaften: Verliert nach dem Umpflanzen gelegentlich einen Teil des Laubes, wächst jedoch gut weiter. Frosthart.

Verwendung: Eine sehr gesunde, wüchsige Sorte, die für Einzelstellung, Gruppen, Hecken und für Pflanzkübel (Lorbeerersatz!) verwendbar ist. Wegen des guten Fruchtansatzes und der aufrechten, geraden Triebe wertvoll für die Binderei.

I. aquifolium 'Rubricaulis Aurea'
(= I. aquifolium 'Latifolia Aureomarginata')

Wuchs: Breit kegelförmig wachsender, hoher Strauch, langsamwüchsig.

Größe: 2,50 bis 4,50 m hoch und 2,50 bis 3,00 m breit. Jahreszuwachs in der Höhe 10 cm, in der Breite 5 bis 10 cm.

Triebe: Grün, sonnenseits dunkelbraunrotlila.

Blätter: Immergrün, wechselständig, oval bis rundlich, unregelmäßig mit Randdornen besetzt, 5 bis 6 cm lang und 3,5 bis 4 (bis 4,5) cm breit, dunkelgrün, glänzend, mit 1 bis 5 mm breitem, gelblichem Rand, unterseits gelblichgraugrün, stumpf.

Früchte: Orangerot, sehr zahlreich.

Wurzel, Standort, Boden wie I. aquifolium.

Eigenschaften: Frosthart.

Ilex aquifolium 'Rubricaulis Aurea'

Verwendung: Zugegeben, das Ilex-Sortiment bietet attraktivere gelbbunte Formen, aber 'Rubricaulis Aurea' möchte ich allen Verehrern buntlaubiger Gehölze als die wirklich frosthärteste gelbbunte Stechpalmen-Gartenform ans Herz legen. Bei den gelblaubigen Gehölzen soll man nicht gleich die Nase rümpfen und diese Pflanzen abtun. Die große englische Gartenarchitektin GERTRUDE JEKYLL hat sich nicht gescheut, in ihren „Gelben Rabatten" oder in ihrem „Goldenen Garten" Gehölze wie Ligustrum ovalifolium 'Aureum' oder gelbbunte Ilex-Sorten einzusetzen. Der Vorteil der gelbbunten Stechpalme liegt neben ihrer strukturgebenden Formqualität auch darin, daß sie während des ganzen Jahres „Sonnenlicht" in den Garten bringt. Gelbblühende Hypericum-Sorten, Alchemilla mollis, gelbe Lilien und zarte Gräser wie Deschampsia caespitosa oder – wenn wir beim „Goldenen Thema" bleiben wollen – Hakonechloa macra 'Aureola', verstehen sich übrigens ausgezeichnet mit der gelbbunten Stechpalme.

I. aquifolium 'Silver Queen'

Wuchs: Hoher Strauch, aufrecht, regelmäßig, schmal kegelförmig, Zweige abstehend.

Größe: Bis 4 m hoch und 1,5 cm breit. Jahreszuwachs in der Höhe 15 cm, in der Breite 10 cm.

Blätter: Immergrün, wechselständig, verhältnismäßig klein, eiförmig, 4 bis 5 cm lang, graugrün marmoriert, mit breitem, weißem Randsaum, meist ganz ohne Dornen oder nur sehr kleine an der Blattspitze.

Früchte: Kugelig, 5 bis 7 mm dick, orangerot.

Wurzel, Standort, Boden siehe I. aquifolium.

Eigenschaften: Frostempfindlich.

Verwendung: Zwar eine der schönsten weißbunten Sorten, aber leider etwas empfindlich.

I. aquifolium 'Swantje'

1985 entdeckt als Triebmutation an einer sehr alten, baumförmigen Pflanze auf Bornholm. Die Mutterpflanze steht im Arboretum Thiensen. Benannt nach SWANTJE WARDA.

Wuchs: Hoher Strauch oder kleiner Baum, breitbuschig aufrecht mit ausgeprägter Mitteltriebbildung und kräftigen, ansteigenden Trieben.

Größe: Bis 6 bis 8 (10) m hoch. In 10 Jahren 2,5 m hoch und 1,60 (1,80) m breit.

Blätter: Immergrün, wechselständig, auffallend groß und glatt, in der Regel keine Randdornen, von breit eiförmig über fast rund bis breit ellip-

Ilex aquifolium 'Swantje'

tisch, kurz zugespitzt, 6,5 bis 7,5 (8) cm lang und 4,5 bis 5,5 (6) cm breit, Stiel 1,2 bis 1,5 cm, Blätter dunkelgrün, glänzend.

Früchte: Leuchtend orangerot bis hellrot, sehr groß, bis 1,1 cm dick.

Wurzel, Standort und Boden wie Ilex aquifolium.

Verwendung: Durch die auffallend großen, rundlichen und glatten Blätter und die leuchtenden Früchte eine sehr attraktive Sorte. Für Einzelstellung und lockere Gruppen. Außerordentlich reizvoll stelle ich mir einen größeren Ilex-Hain vor, von dem besonders in den Wintermonaten eine nicht zu unterschätzende Erholungswirkung ausgeht. Kuranlagen, Krankenhausgrün.

I. crenata THUNB.,
Japanische Hülse

Verbreitung: Japan, Hokkaido, Honshu, Shikoku, Kyushu; auf feuchten Standorten im Tiefland und in den Bergen.

Wuchs: Immergrüner, straff aufrechter Strauch, im Alter unregelmäßig wachsend, mit abstehenden, breit ausladenden bis überhängenden Seitenästen.

Größe: 2 bis 3,50 m hoch, auf günstigen Standorten nicht selten auch 4 bis 5 m hoch und dann 3 m breit. Jahreszuwachs in der Höhe 15 cm, in der Breite 10 cm.

Blätter: Immergrün, wechselständig, oval bis lanzettlich, 2 bis 3 cm lang, mittelgrün.

Blüten: Pflanze ist zweihäusig, Blüten sehr klein, mattweiß, Mai/Juni.

Früchte: Schwarz, 6 mm groß, lange haftend; giftig.

Wurzel: Dicht verzweigt, viele Feinwurzeln in der obersten Bodenschicht.

Standort: Sonnig bis schattig, vor Wintersonne und Zugluft geschützt.

Ilex crenata-Hecken

Boden: Humoser, nahrhafter, genügend feuchter, aber gut durchlässiger Boden, sauer bis neutral; stark lehmig-tonige, verdichtete oder zu Staunässe neigende Standorte sind völlig ungeeignet, bei zu hohem pH-Wert Chlorose.

Eigenschaften: Gut hart, problemlos bis minus 27 °C, liebt hohe Luftfeuchtigkeit; Hitze und längere Trockenheit nicht gut vertragend, sehr schattenverträglich, unempfindlich gegenüber Wurzeldruck, gut schnittverträglich, stadtklimafest.

Verwendung: Einzelstand, aber vornehmlich für Gruppenpflanzungen, Hecken, Unterholz, Abstufung von Gehölzpflanzungen, Kombination mit Rhododendron und jap. Azaleen, Pflanzkübel, Dachterrassen (windgeschützt!).

I. crenata 'Bruns'

Wuchs: Kleiner Strauch, breit aufrecht, Äste breit ausladend, dicht verzweigt, langsam wachsend.

Größe: Bis 1,50 m hoch und 2 m breit. Jahreszuwachs in der Höhe 10 cm, in der Breite 15 bis 20 cm.

Blätter: Immergrün, wechselständig, eiförmig, 2 bis 3 cm lang, stumpfgrün, gehäuft.

Blüten: Unscheinbar, weiß, Mai.

Früchte: Kugelig, bis 6 mm dick, schwarz, lange haftend.

Wurzel, Standort, Boden siehe I. crenata.

Eigenschaften: Sehr frosthart.

Verwendung: Eine wüchsige, gesunde und frostharte Selektion für Flächenbegrünungen, Pflanzkübel und Dachterrassen (geschützt!).

I. crenata 'Convexa'

Wuchs: Breit trichterförmig aufrecht wachsender Kleinstrauch, dicht verzweigt, oft unregelmäßig, kompakt bis ausgebreitet, langsam wachsend.

Ilex crenata 'Convexa'

Größe: 1,50 bis 2 m hoch und im Alter meist breiter als hoch. Jahreszuwachs in der Höhe 10 cm, in der Breite 15 cm.

Blätter: Immergrün, wechselständig, elliptisch, 1,5 bis 2,5 cm lang und 0,7 bis 1,2 cm breit, Blattspreite auffällig blasig nach oben gewölbt, Blätter erinnern an Buxus (Buxus gegenständig!).

Wurzel, Standort, Boden siehe I. crenata.

Eigenschaften: Eine der frosthärtesten Sorten, außerordentlich schattenverträglich, stadtklimafest, sehr schnittverträglich.

Verwendung: Sehr ansprechende Form für flächige Unterpflanzungen, Hecken, Vorpflanzung, Abstufung von Gehölzrändern, halbschattige Böschungen, Kübel und Dachterrassen (geschützt!).

Pflegetip: Um Winterschäden zu vermeiden, sollten I. crenata-Formen nicht im Herbst scharf zurückgeschnitten werden. Empfehlenswert ist ein zweimaliger Schnitt, und zwar im Frühjahr und im Juli (nach Johanni).

Wurde vom Arbeitskreis Gehölzsichtung als „sehr gute" Sorte eingestuft.

I. crenata 'Fastigiata'

Wuchs: Schmale, dicht geschlossene Säulenform der Japanischen Hülse.

Größe: Endhöhe noch nicht bekannt, sicherlich aber bis 1,8 (2,2) m hoch werdend.

Ilex crenata 'Fastigiata'

Blätter: Immergrün, wechselständig, länglich eiförmig, mittelgrün bis dunkelgrün, glänzend.

Eigenschaften: Ausreichend frosthart.

Verwendung: Sehr wertvolle Neuheit aus Japan. Durch den kompakten Säulenwuchs ein sehr gutes Formelement für kleinere Gartenräume. Weiterhin für Trog- und Containerbepflanzungen geeignet.

I. crenata 'Golden Gem'

Wuchs: Breit ausladender, niedrig bleibender Kleinstrauch, sehr langsam wachsend.

Größe: 0,6 bis 0,8 m hoch, aber breiter werdend.

Blätter: Immergrün, wechselständig, etwas kleiner als bei der Normalform, 1 bis 2 cm lang, goldgelb, später vergrünend.

Standort: Sonnig bis leicht absonnig (Farbintensität in der Sonne am besten), geschützt, besonders auch vor winterlicher Zugluft.

Boden: Siehe I. crenata.

Eigenschaften: Etwas empfindlicher als die grünen Formen.

Verwendung: Farbenprächtige Gartenform zur Belebung von Gehölz- und Staudenrabatten (s. „Goldener Garten", Ilex aquifolium 'Rubricaulis Aurea'), für Azaleen- und Rhododronpflanzungen, sehr schön auch zu dunkellaubigen Erica- und Calluna-Sorten im Heidegarten, weiterhin für Kübel und Tröge.

Ilex crenata 'Golden Gem'

I. crenata 'Green Lustre'

Wuchs: Flach ausgebreitet, dicht und kompakt wachsender Kleinstrauch, mit zunehmendem Alter mehr aufrecht, dabei etwas unregelmäßig, malerisch, langsam wachsend.

Größe: 1 bis 1,50 m hoch und 2 bis 2,50 m breit. In 10 Jahren 0,9 m hoch und 1,60 m breit.

Blätter: Immergrün, wechselständig, verhältnismäßig groß, elliptisch, 2,5 bis 2,8 (bis 3) cm lang und 1 bis 1,2 cm breit, dunkelgrün, stark glänzend.

Wurzel, Standort, Boden wie bei I. crenata.

Eigenschaften: Sehr frosthart, in Amerika getestet bis minus 27° C, danach Laubschäden.

Verwendung: Wertvoll durch die Frostresistenz und die sehr große, dekorative, dunkelgrün glänzende Belaubung. Für Unterpflanzungen wie auch für Einzelstellung und niedrige Hecken.

Wurde vom Arbeitskreis Gehölzsichtung als „ausgezeichnete" Sorte eingestuft.

I. crenata 'Hetzii'

Wuchs: Flach ausgebreitet bis breit aufrecht wachsender Kleinstrauch, im Alter mehr rundliche, geschlossene Form, langsam wachsend.

Größe: 1,50 (bis 2) m hoch, im Alter etwas breiter als hoch. In 30 Jahren 1,30 m hoch und 1,80 m breit.

Blätter: Immergrün, wechselständig, elliptisch bis verkehrt eiförmig, 2 bis 3 (bis 3,5) cm lang, flach gewölbt (ähnlich wie bei I. crenata 'Convexa', Blatt jedoch größer), hellgrün bis mittelgrün, glänzend.

Wurzel, Standort, Boden wie bei I. crenata.

Eigenschaften: Frosthärte etwas geringer als bei I. crenata 'Convexa'.

Verwendung: Ein kompakt wachsender, großblättriger Klon von I. crenata 'Convexa'. Einzelstellung, Gruppen, zur Unterpflanzung und für niedrige Hecken.
Wurde vom Arbeitskreis Gehölzsichtung als „sehr gute" Sorte eingestuft.

I. crenata 'Mariesii'
(= I. nummularioides)

Wuchs: Buschig aufrechter Kleinstrauch mit steifen und kurzen, gestauchten Trieben.

Größe: Etwa 1,2 bis 1,8 m hoch. Jahreszuwachs von 3 bis 10 cm.

Blätter: Immergrün, wechselständig, breit eiförmig bis fast rund, 0,5 bis 1,2 cm breit, dunkelgrün, glänzend.

Eigenschaften: Ausreichend frosthart.

Verwendung: Interessanter Kleinstrauch für das Thema Blatt-Textur. In Japan viel verwendet für Zwergformen und Figuren (KRÜSSMANN).

I. crenata 'Rotundifolia'

Wuchs: Kompakter, buschig aufrechter, rundlicher Kleinstrauch, dicht verzweigt, im Alter mehr aufgelockert, langsam wachsend.

Größe: 1,5 (bis 3) m hoch und breit. In 30 Jahren 2 m hoch und 2,50 m breit.

Blätter: Immergrün, wechselständig, verhältnismäßig groß, eirundlich, 2 bis 3 cm lang, mittelgrün, glänzend.

Wurzel, Standort, Boden wie bei I. crenata.

Eigenschaften: In Amerika getestet bis minus 27 °C, danach Totalschaden an Blättern; weibliche Form.

Verwendung: Eine sehr frostharte, großblättrige Sorte, die sich auch vorzüglich für den Formschnitt (Kugel, Kegel, Pyramiden u. ä.) eignet.

I. crenata 'Stokes'

Wuchs: Zwergstrauch, in der Jugend regelmäßig breit-kissenförmig, dicht und gedrungen wachsend, später mehr rundlich, Kurztriebe auffallend steif, langsamwüchsig.

Größe: Bis 0,8 m hoch und 1 m breit, in 27 Jahren 0,55 m hoch und 0,9 m breit.

Blätter: Immergrün, wechselständig, viel kleiner als bei der Normalform, elliptisch, 1 bis 1,5 cm lang, 0,5 bis 0,8 cm breit, schwach glänzend, dunkelgrün.

Wurzel, Standort, Boden wie bei I. crenata.

Eigenschaften: Sehr winterhart, keine Schäden nach Einwirkung von minus 28 °C, männliche Form.

Verwendung: Eines der besten, echten immergrünen Zwerggehölze für kleine Gartenräume, Miniaturgärten, Friedhofsanlagen, Japanische Gärten, Pflanzkübel, Tröge und Dachgärten.
Wurde vom Arbeitskreis Gehölzsichtung als „ausgezeichnete" Sorte eingestuft.

I. crenata 'Zwischenahn'

Wuchs: Mittelhoher Strauch, Grundtriebe straff aufrecht, Seitenäste waagerecht, kurz verzweigt, langsam wachsend.

Größe: Bis 3 m hoch und 1,50 m breit. Jahreszuwachs in der Höhe 15 cm, in der Breite 10 cm.

Blätter: Immergrün, wechselständig, elliptisch bis eiförmig, 1 bis 2 cm lang, graugrün.

Wurzel, Standort, Boden wie bei I. crenata.

Eigenschaften: Sehr frosthart, stadtklimafest, weibliche Form.

Verwendung: Einzelstellung, Gruppen, Hecken, Pflanzkübel.

I.-Hybride 'Heckenpracht'
(H. HACHMANN 1995)

Kreuzung zwischen I. aquifolium 'Pyramidalis' x I. x meserveae 'Blue Prince'.

Wuchs: Breit säulenförmig aufrechter, dichtbuschig verzweigter Strauch.

Größe: In 10 Jahren etwa 2 m hoch. Endhöhe sicherlich um 3,5 bis 4,5 m.

Blätter: Immergrün, wechselständig, elliptisch, 4 bis 5 cm lang und 1,5 bis 2,5 cm breit, Blattspreite leicht gewellt, Randdornen sehr deutlich ausgebildet, glänzend frischgrün.

Blüten: Männliche Sorte.

Eigenschaften: Sehr gut winterhart, mindestens bis minus 25 °C.

Verwendung: Ausgezeichnete, wertvolle Neuheit, die sich für Solitärstellung, lockere Gruppen und Abpflanzungen, aber insbesondere auch für Heckenpflanzungen in mikroklimatisch ungünstigen Lagen eignet. Vogelschutz- und -nistgehölz.

I.-Hybride 'Hecken-Star'
(H. HACHMANN 1995)

Kreuzung zwischen I. aquifolium 'Pyramidalis' x I. x meserveae 'Blue Prince'.

Wuchs: Gleichmäßig breit säulenförmig aufrecht, dichtbuschig verzweigt.

Größe: In 10 Jahren etwa 2 m hoch. Endhöhe sicherlich um 3,5 bis 4,5 m.

Blätter: Immergrün, wechselständig, elliptisch, 4 cm lang und 1,5 bis 2 cm breit, Blattspreite leicht gewellt, Randdornen mittelgroß, frischgrün.

Blüten: Männliche Sorte.

Eigenschaften: Sehr gut winterhart, mindestens bis minus 27 °C.

Verwendung: Auf Grund des sehr gleichmäßigen, dichten und schlanken Wuchses ist 'Hecken-Star' noch besser zur Anlage von Hecken und schmalen, immergrünen Abpflanzungen geeignet als J. x merserveae 'Blue Prince'. Selbst ohne Formschnitt kann man mit dieser Sorte streng geometrische Akzente setzen.

I.-Hybride 'Winterglanz'
(H. HACHMANN 1995)

Kreuzung zwischen I. aquifolium 'Alaska' x I. x meserveae 'Blue Prince'.

Wuchs: Breitbuschig aufrecht.

Größe: In 10 Jahren etwa 1,2 bis 1,5 m hoch. Endhöhe sicher bei 2,5 bis 3 m.

Blätter: Immergrün, wechselständig, elliptisch, Randdornen stark ausgeprägt, Blattspreite kaum gewellt, dunkelgrün glänzend, im Winter mit violettem Schimmer.

Triebe: Violett.

Blüten: Weibliche Form.

Früchte: Leuchtend rot, werden reichlich angesetzt.

Eigenschaften: Sehr gut winterhart, mindestens bis minus 26 °C.

Verwendung: Robustes und attraktives, immergrünes Blattschmuckgehölz. Die Sorte 'Winterglanz' kann als Verbesserung von I. x meserveae 'Blue Angel' angesehen werden.

I. x meserveae 'Blue Angel'

Besonders frostharte Selektionen aus den Hybriden zwischen I. aquifolium x I. rugosa (Ostsibirien, Japan), 1964 – 1972. MRS. MESERVE, St. James, New York, wurde für diese Leistung von der American Horticultural Society ausgezeichnet.

Wuchs: Breitbuschig aufrechter, sehr dichttriebiger Strauch, meist ohne Mitteltriebausbildung, sehr langsam wachsend.

Größe: Sicherlich erreicht die Sorte eine Höhe von 3,50 m bei gleicher Breite. In 15 Jahren ca. 1,30 m hoch und maximal 2 m breit.

Triebe: Bläulichviolett bis braunlila.

Blätter: Immergrün, wechselständig, elliptisch, 3 bis 5 cm lang und 2,5 bis 3 cm breit, Stiel 0,6 bis 0,8 cm, Blattrand stark gewellt, jederseits mit 8 bis 12, meist jedoch 8 Dornen besetzt, oberseits dunkelgrün, stark glänzend mit violettem Schimmer, im Winter schwarzgrün, mehr an I. aquifolium erinnernd.

Blüten: Weiß, klein, Mai.

Früchte: Kugelig, leuchtend rot, 5 mm dick, von Oktober bis häufig zum März haftend.

Standort: Sonnig bis schattig.

Boden: Keine besonderen Ansprüche, bevorzugt aber guten Oberboden, sauer bis alkalisch, gleichbleibend feucht und nahrhaft. Insgesamt anspruchsloser als I. aquifolium.

Eigenschaften: Sehr frosthart, härter als Ilex aquifolium, hohes Ausschlagsvermögen, windfest, sonnenverträglich, Wurzel ist frosthärter als die von I. aquifolium, wichtig z. B. für Pflanzgefäße.

Verwendung: Ausgezeichnetes immergrünes Gehölz für Einzelstellung, Gruppen, Flächenpflanzung, sehr gutes Heckengehölz, da hohe Regenerationsfähigkeit, Vogelschutz- und -nährgehölz.

I. x meserveae 'Blue Prince'

Wuchs: Buschig aufrechter bis breit pyramidal wachsender Strauch, dicht verzweigt und kompakt.

Größe: Bis 3 (bis 4) m hoch und breit. In 15 Jahren ca. 2,70 m hoch. Jahreszuwachs: in der Jugend 40 bis 50 cm, im Alter 30 cm.

Triebe: Gerieft, braunviolett, jung rötlich.

Blätter: Immergrün, wechselständig, elliptisch bis spitzeiförmig, 4 bis 5 cm lang und 3 bis 3,5 cm breit, Blattspreite leicht gewellt bis ganz glatt, jederseits mit 6 bis 8 (9) nach vorn gerichteten Randdornen, mittelgrün glänzend. Blätter nur wenig an I. aquifolium erinnernd.

Blüten: Weiß, Mai, Blütenknospen sehr gehäuft am Trieb, guter Pollenspender.

Standort und Boden wie bei I. x meserveae 'Blue Angel'.

Ilex x meserveae 'Blue Prince'

Eigenschaften: Extrem frosthart, nach amerikanischen Beobachtungen (DIRR 1982) waren bei Frösten bis minus 27 °C keinerlei Blattschäden aufgetreten. Die Pflanzen befanden sich in exzellenter Verfassung. Hohes Ausschlagsvermögen, windfest, sonnenverträglich, Wurzel ist frosthärter als die von I. aquifolium, wichtig für Pflanzgefäße.

Verwendung: Absolut harter Ilex, der für Einzelstellung und Gruppenpflanzungen in offenem Gelände verwendet werden kann, wohl zur Zeit das beste immergrüne Laubgehölz für Heckenanlagen. Mit 'Blue Prince' pflanzt man eine Hecke für die Ewigkeit! In den Wintern 84/85 und 85/86 konnte ich auch nach wochenlangen Frösten, Tiefsttemperaturen um minus 22 °C, Ostwindeinwirkung und starker Besonnung keine Schäden an der 'Blue Prince'-Hecke feststellen. Gutes Gehölz für Schalen- und Kübelbepflanzung, da die Wurzel frosthärter ist als die von I. aquifolium.

I. x meserveae 'Blue Princess'

Wuchs: Breitbuschig aufrechter, dicht verzweigter Strauch, Mitteltrieb wird selten ausgebildet, schwach wachsend.

Größe: 1,50 bis 2 m hoch, evtl. im Alter noch höher bei annähernd gleicher Breite. Jahreszuwachs in der Höhe 15 cm, in der Breite 5 bis 10 cm.

Triebe: Braunlila.

Blätter: Immergrün, wechselständig, elliptisch mit mehr oder weniger lang ausgezogener Spitze, 4 bis 5 cm lang, 2 bis 2,5 cm breit, Blattstiel 0,5 bis 0,7 cm, Blattrand wellig mit 6 bis 7 (bis 8) Dornen auf jeder Seite, dunkelgrün mit violettblauem Schimmer, der aber nicht so ausgeprägt ist wie bei 'Blue Angel', feine Ziselierung durch tiefliegende Aderung.

Ilex x meserveae 'Blue Princess'

Ilex verticillata, begehrte Vogelnahrung

Ilex verticillata

Blüten: Weiß, Mai.

Früchte: Beeren leuchtend hellrot, in Büscheln, kugelig, 5 bis 7 mm dick, Fruchtstiele weinrot, haften lange.

Standort: Boden wie bei I. x meserveae 'Blue Angel'.

Eigenschaften: Extrem frosthart, keine Schäden nach Frösten bis minus 27 °C (DIRR). Hohes Ausschlagsvermögen, windfest, sonnenverträglich. Wirft gelegentlich im November einen Teil der Blätter ab. Ähnlicher Vorgang auch nach dem Verpflanzen, treibt aber immer wieder gut durch, Wurzel ist frosthärter als die von I. aquifolium, wichtig z. B. für Pflanzgefäße.

Verwendung: Neben 'Blue Prince' die härteste aller I. x meserveae-Sorten. Einzelstellung, Gruppenpflanzung und Hecken. Wegen der Frosthärte gut für Kübel und Dachgärten.

I. verticillata (L.)
GRAY., Rote Winterbeere

Verbreitung: Nordamerika, Neuschottland bis Ontario, Missouri und Florida; in feuchten Niederungen und an Waldrändern.

Wuchs: Mittelhoher, aufrechter Strauch mit etwas sparrig verzweigten Ästen, im Alter mehr oval-rundlich, neigt zu Ausläuferbildung, schwach wachsend.

Größe: Bis 3 m hoch und breit. Jahreszuwachs in der Höhe 15 bis 20 cm, in der Breite 15 bis 20 cm.

Rinde/Triebe: Olivbraun bis violettbraun, später schwärzlich mit hellen Lentizellen, Teile der mehr-

jährigen Zweige hellgrau durch ablösende Epidermis.

Blätter: Sommergrün, wechselständig, sehr vielgestaltig, von elliptisch bis lanzettlich, 4 bis 7 cm lang, dunkelgrün, Herbstfärbung gelb bis orange, oft aber unscheinbar.

Blüten: Weiß, in den Blattachseln, Juli/August. Blüten haben einen mehr oder weniger strengen Geruch, sie werden sehr stark von Bienen und Hummeln beflogen.

Früchte: Kugelig, 6 bis 8 mm dick, leuchtend rot, in großer Fülle entlang der jungen Triebe; sie sind sehr zeitig ausgefärbt und haften vom Herbst bis zum Spätwinter am Strauch. Sehr attraktiv.

Standort: Volle Sonne bis leichter Halbschatten.

Boden: Gedeiht sowohl auf trocken-leichten wie auch auf schweren, feuchten bis nassen Standorten (in der Heimat teilweise in Sümpfen), bevorzugt frische, humose Böden mit einem pH-Wert von 4,5 bis 5,5, bei zu hohem pH-Wert wird Chlorose beobachtet (DIRR).

Eigenschaften: Gut frosthart, Ausläuferbildung, zweihäusig!

Verwendung: Die Rote Winterbeere gehört zu den auffallendsten Fruchtsträuchern überhaupt. Neben dem reichen Fruchtbesatz zeichnen sich die Beeren durch eine enorme Leuchtkraft aus, die wohl von keinem anderen Gehölz übertroffen wird. Einmalige Bilder bieten sich auch in der winterlichen Schneelandschaft. Einzelstellung, Gruppengehölz, Floristik. Wichtig: Beide Geschlechter pflanzen!

Eine empfehlenswerte Sorte, die sich durch einen überreichen, leuchtend roten Fruchtschmuck auszeichnet, ist **I. verticillata 'Oosterwijk'**.

Ökologie: Gutes Insektennährgehölz, die Früchte sind eine außerordentlich beliebte Vogelnahrung.

Die Rote Winterbeere ist immer der Strauch, den die Vögel zuerst „plündern".

INDIGOFERA L.
Indigostrauch – Leguminosae, Hülsenfrüchtler

Das berühmte „Indigoblau" wurde aus der in Indien beheimateten Indigofera tinctoria gewonnen. Im ausgehenden Mittelalter, als man ein ähnliches Blau noch aus dem in riesigen Feldern angebauten Färberwaid, Isatis tinctoria, herstellte, war es zum Schutz der „Waidbauern" strengstens verboten, das neue Indigoblau zu verwenden. In Sachsen, es war ein Zentrum des Färberwaidanbaues, wurde sogar die Todesstrafe verhängt.

Indigofera heterantha

I. heterantha WALL. ex BRANDIS
(falscher) Indigostrauch
(= I. gerardiana, I. dosua)

Sommergrüner, reich verzweigter Halbstrauch, der in unseren Gärten 1,2 m, auf geschützten Standorten auch 1,5 bis 2 m hoch werden kann. Triebe rutenartig, kantig, behaart. Blätter bis 10 cm lang, wechselständig, unpaarig gefiedert, frischgrün, farnartig grazil, Blättchen 13 bis 21.

Blüten purpurrosa, in 7 bis 15 cm langen, dichten, aufrechten Trauben von Juli bis September. Der Indigostrauch liebt vollsonnige Standorte auf (mäßig) trockenen bis frischen, gut durchlässigen, schwach sauren bis leicht alkalischen, sandig-lehmigen Böden. Wurzeln zäh, wenig verzweigt und tiefgehend. Als Halbstrauch friert Indigofera gewöhnlich bis auf den Boden zurück, treibt aber nach dem Frühjahrsrückschnitt willig wieder durch und blüht im gleichen Jahr am jungen Holz. Empfehlenswert ist die Frühjahrspflanzung. Jungpflanzen sollten im Winter einen Wurzelschutz erhalten.

Der Indigostrauch gehört mit seinen purpurrosafarbenen Blütentrauben in dem frischgrünen, farnähnlichen Laub zu den schönsten Blütenüberraschungen, die uns der Spätsommer beschert. Passende Nachbarn wären Hypericum, Verbena rigida, niedrige weiße Herbstastern, Lespedeza und Gräser.

INDOCALAMUS NAKAI
Gramineae
Bambus

I. tesselatus (MUNRO) P.C. KENG,
Riesenblatt-Bambus

Indocalamus tesselatus

Breitbuschiger, Ausläufer bildender Bambus mit dünnen, grünen Halmen und sehr großen, 40 bis 45 (50) cm langen und 5 bis 10 cm breiten, mittelgrünen, matt glänzenden Blättern. In den ersten Jahren mehr kompakt und borstartig wachsend, später durch mittelstarke Ausläufer lockere Bestände von 4 bis 6 m² pro Pflanze bildend. Erreicht in unseren Gärten Höhen von (1,0) 1,20 bis 1,5 (2,0) m. Frosthärte wohl bis minus 18° (minus 22°) C. Dieser Bambus besticht durch seine riesigen Blätter, die in ihrer Größe von keiner anderen Gartenbambus-Art erreicht werden.

Auffallende Blattschmuckpflanze für das Thema Blattformen und Kontraste. Wirkungsvoll mit anderen Bambus-Arten und Immergrünen als Unterpflanzung lichter Baumgruppen.

ITEA L.
Rosmarinweide – Escalloniaceae, Eskalloniengewächse.

(Oft auch unter Saxifragaceae oder Iteaceae geführt)

I. virginica L.
Amerikanische Rosmarinweide, Moorstrauch

Sommergrüner, dichtbuschiger Strauch mit vielen, rutenförmigen Grundtrieben. Bildet auf zusagenden Standorten (genügend feucht) durch

Itea virginica

ausläuferartige Bodentriebe kleine, dickichtartige Bestände. Wird in unseren Gärten 1 bis 1,2 (1,50) m hoch. Blätter wechselständig, 4 bis 10 cm lang, elliptisch länglich, Herbstfärbung leuchtend rot bis violettrot. Das Herbstlaub widersteht Frühfrösten bis mindestens -8 °C! Im Juni/Juli erscheinen weiße Blüten in 5 bis 15 cm langen, aufrechten bis übergeneigten Trauben. Sehr reichblühend und gut duftend. Früchte: Kleine, spitze, tütenförmige Kapseln, die bis zum Frühjahr am Strauch haften bleiben.

I. virginica ist in nordamerikanischen Wäldern beheimatet und wächst dort auf frischen bis feuchten, humosen, sauren Böden. Für unsere mitteleuropäischen Gärten ist die Amerikanische Rosmarinweide besonders wertvoll wegen ihrer wirklich spektakulären, brennend roten Herbstfärbung. Nach meiner Erfahrung sollte der Strauch, der zwar feuchte Standorte liebt, eben im Hinblick auf eine kontinuierliche Herbstfärbung und ein besseres Ausreifen nicht zu feucht und nährstoffreich stehen. Auf solchen Böden bleiben die Blätter – besonders auch bei feuchter Herbstwitterung – grün und haften oft noch bis zum Frühjahr an den Sträuchern. In vollsonniger Lage vor Immergrünen oder in Verbindung mit anderen Herbstfärbern ein prächtiger Strauch. Er wird sich bei richtiger Behandlung bald zu Ihrem Lieblingsfärber entwickeln. Bitte, verbieten Sie Ihrem Gärtner, mit dem Spaten zwischen diesen Sträuchern zu graben und dadurch Ausläufertriebe zu beschädigen. Sie fühlen sich vereint bedeutend wohler. Das dürfte doch auch für Ihren Gärtner keine so „Brandt-neue" Weisheit sein: „Es wächst zusammen, was zusammengehört."

JASMINUM L.
Jasmin – Oleaceae,
Ölbaumgewächse

J. nudiflorum LINDL.,
Winter-Jasmin

Verbreitung: Nordchina, Ostasien.

Wuchs: Spreizklimmer mit langen, rutenförmigen und bogig überhängenden Trieben, entweder aufrecht an Bäumen, Mauern und Gerüsten oder niederliegend und bodendeckend; in den ersten Jahren langsam wachsend.

Größe: An Kletterhilfen über 3 m hoch und etwa 2 bis 3 m breit.

Rinde/Triebe: 4kantig, grün, später hellbraun.

Blätter: Sommergrün, gegenständig, 3zählig, Blättchen 1 bis 3 cm lang, lanzettlich, dunkelgrün.

Jasminum nudiflorum

Blüten: Primelgelb, forsythienähnlich, haben aber 5 bis 6 Blütenblätter (Kronzipfel), Forsythien dagegen 4, erscheinen je nach Witterung von Dezember bis April.

Standort: Vollsonnig bis leicht schattig, geschützt.

Boden: Ist sehr anpassungsfähig, gedeiht auf allen kultivierten, auch ärmeren und trockeneren Gartenböden noch gut, bevorzugt gleichbleibend feuchte, nahrhafte, gut durchlässige und lockere! Substrate, schwach sauer bis stark alkalisch.

Eigenschaften: Ausreichend frosthart, stadtklimafest, rauchhart, Hitze und Windeinwirkung vertragend (Naturstandort an Felshängen), Bodentriebe wurzeln, können so ganze Kolonien bilden.

Verwendung: Der Echte Jasmin ist einer unserer wertvollsten Winterblüher; kaum ein Gehölz öffnet so früh seine Blüten. Bei geeigneter Witterung kann sich ein 4 m hohes Südwandspalier innerhalb weniger Tage in einen leuchtend primelgelben Blütenteppich verwandeln. Da die Knospen nur nach und nach aufblühen, gehört der Winter-Jasmin zu den Gehölzen mit der längsten Blütezeit.

Geeignet für Mauer- und Böschungskronen, viel bewundert in Hochbeeten, an Rankgerüsten und Kübeln in Fußgängerzonen und auf Stadtplätzen als Frühlingsbote, kann in mehrstämmige, lichtdurchlässige Gehölze gepflanzt werden. Möglich auch in größeren Pflanzgefäßen/Balkonkästen an Terrassenhäusern. Nach wenigen Jahren hängen die Blütentriebe über 2 m herunter. Fassadenbegrünung.

Pflegetip: Da der Winter-Jasmin am jungen Holz blüht, ist von Zeit zu Zeit ein Frühjahrs-Rückschnitt empfehlenswert.

Juglans nigra

JUGLANS L.
Walnuß – Juglandaceae,
Walnußgewächse

J. nigra L.,
Schwarznuß, Black Walnut

Der Name bezieht sich auf die tiefrissige, schwarzbraune Borke, die bei J. regia silbergrau gefärbt ist.

Die Schwarznuß entwickelt sich zu einem der mächtigsten Bäume, die man in den mitteleuropäischen Garten- und Parkanlagen antrifft. Am Heimatstandort, in den Wäldern Nordamerikas, kann sie bis 50 m hoch werden. In unseren Gärten erreicht sie Höhen von 20 bis 25 (35) m. In Geisenheim steht ein Exemplar, das bei einer Höhe von ca. 25 m einen Stammumfang von 4,10 m und einen Kronendurchmesser von 33 m aufweist. Imposant sind die breitgewölbte Krone mit den starken, weit ausladenden Hauptästen und die tiefgefurchte Borke. Triebe in der Jugend grau, behaart, Mark gefächert.

Blätter wechselständig, Blättchen 15 bis 23, eiförmig bis lanzettlich, 6 bis 12 cm lang, oben kahl, dunkelgrün, leicht glänzend, unterseits heller, weich behaart und drüsig; Endblättchen oft fehlend oder sehr klein! Früchte kugelig, meist einzeln, bis 5 cm dick, mit harter, rauher, dicker Schale.

Die Schwarznuß ist in ihrer Heimat ein sehr wertvoller Holz- und Fruchtlieferant. Sie bevorzugt frische bis feuchte, nährstoffreiche, durchlässige Böden. Herrlicher Solitärbaum für großräumige Garten- und Parkanlagen.

J. regia L. (= königlich),
Wal- oder Welschnuß = Nuß der Walen oder Welschen (Italiener)

Verbreitung: Kleinasien, Griechenland, Bosnien, West-China; auf tiefgründigen, sickerfeuchten, nährstoff- und kalkreichen bis mäßig sauren Lehm- und Tonböden.

Wuchs: Mittelgroßer bis großer, stattlicher, rundkroniger Baum, Hauptäste stark, malerisch geschwungen, weit ausladend, Stamm walzig, bei uns meist kurz, Krone im Alter hochgewölbt; in der Jugend rasch, im Alter langsam wachsend.

Größe: 15 bis 20 (bis 30) m hoch und 10 bis 15 (bis 20) m breit. Jahreszuwachs in der Höhe 30 bis 40 (45) cm, in der Breite 25 bis 35 cm.

Rinde/Triebe: Dick, rundlich, mattglänzend, olivgrün bis braun, Knospen wechselständig, Endknospe kugelig bis eiförmig, grünlichbraun bis schwärzlich, mit dünnen Schuppen bedeckt; Blattnarben groß, dreilappig, mit 3 Gefäßbündelspuren, Mark graugrün, quer gefächert, Borke silbergrau, korkig, im Alter tiefrissig, dunkelgrau (OLBRICH).

Blätter: Sommergrün, wechselständig, unpaarig gefiedert, 25 bis 35 cm lang, mit 5 bis 9 Einzelblättchen, Blättchen elliptisch bis eilänglich, 6 bis 12 cm lang, ganzrandig oder undeutlich gezähnt, dunkelgrün. Zerrieben aromatisch duftend, keine bemerkenswerte Herbstfärbung. Die Blätter enthalten vor allem Gerbstoffe (Ellag- und Gallussäure) und

Juglans regia

etwa 80 mg % Vitamin C. In den frischen Blättern ist Juglon und ein ätherisches Öl vorhanden. Ein Absud der Blätter soll Ungeziefer von Haustieren, insbesondere von Pferden fernhalten (HEGI).

Blüte: Pflanze ist einhäusig, gelbgrüne männliche Kätzchen aus Achselknospen am zweijährigen Trieb, weibliche Blüten an den Triebspitzen des einjährigen Holzes, grün, kugelig. Blütezeit vor dem Austrieb im Mai.

Früchte: Kugelig, Schale dick, glatt, grün; Nuß mit zwei wulstigen Kanten, eßbar; sie enthalten bis zu 60 % ein fettes, nicht eintrocknendes Öl.

Wurzel: Hauptwurzel tief und sehr dick, weit ausgebreitet, hoher Feinwurzelanteil in der obersten Bodenschicht.

Standort: Sonnig bis absonnig.

Boden: Auf allen nicht zu trockenen bis feuchten, nahrhaften und durchlässigen Böden, schwach sauer bis kalkreich (s. Naturstandort/Verbreitung).

Eigenschaften: Ausreichend frosthart, in der Jugend allerdings empfindlich, besonders gegenüber Spätfrösten; RUBNER gibt für Juglans regia einen Schwellenwert von minus 28 °C an; stadtklimafest, wärme- und lichtbedürftiges Gehölz, kann bis zu 600 Jahre alt werden, steht sehr früh im Saft.

Das Holz der Walnuß gehört zu den wertvollsten Möbelhölzern. Es ist hart, dauerhaft, hat eine schöne Maserung und läßt sich gut polieren.

Verwendung: Trotz der Frostgefährdung in der Jugend ein prachtvoller Solitärbaum für Garten- und Parkanlagen, auch im norddeutschen Raum, beliebter Hofbaum, Obstgehölz, auch als Alleebaum in Wohnstraßen möglich. Aus dem Öl der Samen lassen sich Firniß und verschiedene Ölfarbenprodukte herstellen. Extrakte der Vitamin C-haltigen Fruchtschalen dienen zur Herstellung des sog. Nußöls, das für Hautbräunungspräparate verwendet wird. Blätter, Rinde und Fruchtschalen hat man früher zum Braunfärben von Wolle genutzt.

Anmerkung: Die Walnuß ist zumindest seit der Römerzeit im südlichen Mitteleuropa weit verbreitet. Auf Grund der Arbeiten von BERTSCH 1951 und WERNEK 1953 wird es sogar für möglich gehalten, daß kleinfrüchtige Rassen von J. regia auch im südlichen Deutschland immer heimisch waren. Vielerorts ist die Walnuß heute verwildert, und in den Dörfern finden wir im Schutz der Gehöfte oft herrliche Bäume.

Pflegetip: Schnittarbeiten sollten im Sommer oder Herbst durchgeführt werden (im Spätwinter/Frühjahr starkes Bluten).

---

links: Jasminum nudiflorum läßt sich gut in lockere Blütensträucher oder Kleinbäume setzen, die er mit einer zweiten Blüte belebt. Selbst blühunwillige Gehölze können das nicht verhindern.

KALMIA L.
Lorbeerrose, Kalmie – Ericaceae,
Heidekrautgewächse

Kalmia angustifolia 'Rubra'

K. angustifolia 'Rubra',
Schmalblättrige Lorbeerrose,
Kleiner Berglorbeer

Verbreitung: Die Wildform ist im östlichen Nordamerika beheimatet und wächst dort als Unterholz auf feuchten bis nassen, sterilen, sauren Torf- und Sumpfböden.

Wuchs: Aufrechter, breitbuschiger Kleinstrauch mit zahlreichen dichten, wenig verzweigten Trieben, auf zusagenden Böden Ausläuferbildung und sich dadurch langsam ausbreitend.

Größe: 0,6 bis 1 m hoch, im Alter meist etwas breiter als hoch.

Blätter: Immergrün, wechselständig, gelegentlich wirtelig, länglich-lanzettlich, 4 bis 6 cm lang und etwa 1 cm breit, graugrün, oft auch bläulichgrün, matt, unterseits hellgrün mit gelblicher Mittelrippe.

Blüten: Intensives Blaurosa, zu mehreren in dichten, achselständigen Büscheln an den Triebenden, Einzelblüten schüsselförmig, 1 cm breit, Juni bis Juli.

Früchte: Braune, unscheinbare, 5klappige Kapseln.

Wurzel: Dichtes, oberflächennahes Feinwurzelwerk.

Standort: Sonnig bis halbschattig.

Boden: Gut humoser, genügend feuchter, saurer bis schwach saurer Boden, kalkmeidend.

Eigenschaften: Absolut frosthart, Ausläuferbildung.

Verwendung: Einzelgehölz, Gruppenpflanzungen in Rhododendron- und Heideanlagen.

Pflegetip: Reagiert empfindlich auf Mineraldünger.

K. latifolia, L.,
Breitblättrige Lorbeerrose,
Großer Berglorbeer

Verbreitung: Östliches Nordamerika; als Unterholz in mäßig trockenen, feuchten und sandigen Bergwäldern.

Wuchs: Breitbuschig aufrechter, dicht und etwas sparrig verzweigter Strauch, besonders in der Jugend sehr langsam wachsend.

Größe: 1,5 bis 2 (bis 3) m hoch und breit, gelegentlich auch höher werdend.

Blätter: Immergrün, wechselständig, einem Lorbeerblatt ähnlich, elliptisch-lanzettlich, 5 bis 10 cm lang, dunkelgrün, glänzend, unterseits gelblichgrün.

Blüten: In zartrosafarbenen, endständigen Doldentrauben, Einzelblüten dekorativ schüsselförmig, die dunkleren Staubgefäße kontrastieren gut mit der Blütenfarbe; sie werden bis zum Stäuben in 10 kleinen, spitzen Grübchen, die rings um den Blütengrund angeordnet sind, festgehalten. Mai bis Juni.

Früchte: Rundliche, fünfklappige, verholzende Kapseln.

Wurzel: Dichtes, oberflächennahes Feinwurzelwerk, empfindlich gegenüber Verletzungen (Graben u. ä.).

Standort: Sonnig bis halbschattig.

Boden: Gut humoser, lockerer, genügend feuchter, saurer bis schwach saurer Boden, kalkmeidend.

Kalmia latifolia

Eigenschaften: Frosthart.

Verwendung: Kalmien gehören mit ihrem faszinierenden Blütenbau zu den schönsten immergrünen Blütengehölzen. Damit man die an rosa Spitzenröckchen erinnernden, anmutigen Blüten gebührend bewundern kann, sollte man sie in den Rhododendron-, Azaleen- und Heidepflanzungen möglichst in Wegnähe pflanzen. Hinzu kommt der schöne Farbkontrast zwischen den dekorativ rippig gefalteten, roten Knospen und den rosa und später weißen Einzelblüten.

Anmerkung: Die Kalmienblüte ist die offizielle Staatsblume von Connecticut und Pennsylvania. Interessant ist auch der Bestäubungsmechanismus. Die 10 Staubblätter werden bis zur Pollenfreigabe in taschenförmigen Vertiefungen der Blumenkrone bogenförmig eingespannt, die zum Ausschleudern des Pollens aufspringen (s. hierzu auch Blütenbeschreibung).

Kalmia latifolia 'Ostbo Red'

Kalmia latifolia 'Ostbo Red' in Knospe

K. latifolia 'Ostbo Red'

1940 selektiert von E. OSTBO, USA

Wuchs: Breitbuschig aufrechter, locker und etwas sparrig verzweigter Strauch, sehr langsam wachsend.

Größe: 1,20 bis 1,50 m hoch und 2 m breit.

Blätter: Immergrün, wechselständig, Blätter etwas schmaler und mehr gedreht als bei der Normalform, 6,5 bis 8 cm lang und 2,5 bis 3 cm breit, kahnförmig nach oben gebogen, Rand grob gewellt oder Blatt in sich gedreht, hellgrün, matt, Stiel 1,5 cm.

Blüten: In endständigen Doldentrauben, die rippig gefalteten Knospen leuchtend kirschrot bis krapprot, Einzelblüte 2 bis 2,5 cm breit, außen von rosa bis krapprot, Kronblattspitzen mit 1 bis 3 mm breitem, weißem Rand, innen rosa bis rosaweiß, Staubbeuteltaschen dunkelrot; Mai bis Juni.

Früchte, Wurzel, Standort und Boden wie bei K. latifolia.

Eigenschaften: Frosthart, rote Knospenfarbe besonders intensiv bei sonnigem Stand, blüht bereits als junge Pflanze überreich.

Verwendung: Obwohl es inzwischen eine ganze Reihe weiterer, aufregender Kalmien-Neuheiten aus Nordamerika gibt, gehört 'Ostbo Red' immer noch zu den allerschönsten roten Selektionen. Außergewöhnlich zierend ist auch das krapprot leuchtende, lang anhaltende Knospenstadium dieser Sorte.

Pflegetip: Etwas empfindlich gegenüber Mineraldüngern, sollte gut mit organischem Dünger versorgt werden.

Weitere empfehlenswerte Sorten sind:

Kalmia latifolia 'Elf'

K. latifolia 'Elf'

Eine niedrige, kompakt und langsam wachsende Selektion mit hellrosa Knospen und zartrosafarbenen, zuletzt reinweißen Blüten. Reichblühende, sehr anmutige Sorte.

K. latifolia 'Kaleidoscope'

Knospen tiefpurpurrot, Blüten innen mit einem breiten, dunkelroten bis schwarzroten Band gezeichnet, Schlund weiß, Blütensaum weiß mit roter Punktierung, Belaubung dunkelgrün, Austrieb rötlich.

Eine auffällige Neuheit mit unglaublich verspielter Blütenzeichnung, für deren exakte Beschreibung man eigentlich eine ganze DIN A 4 Seite benötigte. Man kann ein Kunstwerk aber auch zerreden und kaputtbeschreiben.

K. latifolia 'Pinwheel'

Knospen zartrosa, Blüten schalenförmig, weit geöffnet, innen mit einem breiten, braunroten, gemusterten Band, im Zentrum weiß, sternförmig

Kalmia latifolia 'Pinwheel'

gezeichnet, Blütensaum weiß bis weißlichrosa, braunrot punktiert.

K. latifolia 'Richard Jaynes'

Knospen dunkelscharlachrot, im Aufblühen rosa, silbrigweiß überhaucht, später einheitlich dunkelrosa.

Kalmia latifolia 'Kaleidoscope'

Kalopanax septemlobus var. maximowiczii

KALOPANAX MIQ.
Baumaralie – Araliaceae,
Araliengewächse

griech. kalos = schön; Panax ist abgeleitet von dem Namen Panakeia, der Allesheilerin, die eine Tochter des Asklepios war. Auch in China gilt Kalopanax als wertvolle Heilpflanze.

K. septemlobus (THUNB.) KOIDZ.,
Baumaralie, Kraftwurz
(= K. pictus; K. ricinifolius;
Acanthopanax ricinifolius)

Kleiner bis mittelgroßer Baum mit steif aufrechten, wenig verzweigten, dicken Ästen. Erreicht in Mitteleuropa Höhen von 7 bis 10 m, in der Jugend raschwüchsig. Junge Triebe auffallend dick, blau bereift und dicht mit bläulichen,

Kerria japonica

großen Stacheln besetzt, Zweige später grau färbend. Blätter sommergrün, wechselständig, 10 bis 25 cm breit, 5 bis 7lappig, Lappen breit – 3eckig. Herbstfärbung früh einsetzend, leuchtend sattgelb. Blüten im August in gelbgrünen, endständigen Doppeldolden. Früchte kugelig, 4 bis 5 mm dick, blauschwarz.

Dieser in China, Ostsibirien, Korea und Japan beheimatete Baum – er wird dort bis 30 m hoch – gedeiht auf allen frischen bis feuchten, nahrhaften Böden. Die Baumaralie ist ein sehr eindrucksvolles Gehölz, das mit seinen auffallend großen Blättern eine üppig-tropische Atmosphäre in unsere Gärten zaubert. Herrliches Hintergrundgehölz für Bambuspflanzungen und für das Thema Blattformen, Blatt-Texturen und Kontraste.

Kalopanax ist als Jungpflanze etwas frostempfindlich, später jedoch völlig hart und auch in rauhen Lagen verwendbar. Noch attraktiver ist **Kalopanax pictus var. maximowiczii***. Ihre Blätter sind bis über die Mitte tief handförmig gelappt. Auch bei der Varietät färben sich die Blätter schon Ende September, Anfang Oktober leuchtend goldgelb.*

Ökologie: *Die späte Blüte wird stark von Insekten besucht. Bienenweide.*

KERRIA DC.
Kerrie, Ranunkelstrauch - Rosaceae,
Rosengewächse

Die Gattung wurde nach dem Gärtner und Pflanzensammler KERR benannt, der in China Pflanzen sammelte.

K. japonica (L.) DC.,
Kerrie, Ranunkelstrauch

Verbreitung: China.

Wuchs: Buschig aufrechter, vieltriebiger Strauch mit dünnen, rutenförmigen, wenig verzweigten Grundtrieben, im Alter bogig überhängend, durch Ausläuferbildung oft dichte Horste bildend.

Größe: 1,50 (bis 2) m hoch und breit.

Rinde/Triebe: Grün, kahl, rutenförmig; Winterzierde!

Blätter: Sommergrün, wechselständig, eirund, bis 5 cm lang, frischgrün, früh austreibend; Herbstfärbung grünlichgelb.

Blüten: Goldgelbe Schalenblüten, bis zu 3 cm breit, Ende April bis Ende Mai.

Früchte: Einsamige Steinfrüchte.

Wurzel: Oberflächennah ausgebreitet, bildet Ausläufer.

Standort: Sonnig bis schattig.

Boden: Toleriert alle durchlässigen, lockeren und nicht zu trockenen Böden.

Eigenschaften: Frosthart, hohe Schattenverträglichkeit, Blüten in voller Sonne etwas ausbleichend, auf zu stark gedüngten Böden dickichtartige Ausbreitung bei geringem Blütenansatz (DIRR). Kerrien werden gern von Kaninchen verbissen.

Verwendung: Gehört zwar zu den bekanntesten und problemlosesten Blütensträuchern, wird aber leider viel zu wenig eingesetzt. Immer noch nicht genügend herumgesprochen hat sich die Tatsache, daß der Ranunkelstrauch auch im Schatten vorzüglich gedeiht und dort nicht nur seine Blütenfarbe behält, sondern auch eine längere Blütezeit hat. Wiederholt sah ich prachtvoll blühende Kerrien im Schatten von Bäumen, sogar unter Birken. Einzelstellung und Gruppenpflanzungen in sonnigen und schattigen Gehölz- und Staudenrabatten wie auch in Zierstrauchhecken. Die Farben Gelb, Blau, Violett und Weiß passen sehr gut zueinander. Für diesen Farbklang schlage ich einige Benachbarungspflanzen vor, die zusammen mit dem Ranunkelstrauch blühen:

1. sonnig: Laburnum x watereri 'Vossii' (letzte Blühphase wird noch erwischt), Philadelphus 'Virginal', Spiraea x arguta, Syringa vulgaris 'Andenken an Ludwig Späth' (bildet genau die Komplementärfarbe zur Kerrie!), Campanula poscharskyana 'Blauranke' und C. glomerata, Euphorbia polychroma und

Kerria japonica 'Pleniflora'

Koelreuteria paniculata   Blüten   Früchte   Herbstfärbung

E. cyparissias, Trollius europaeus und Muscari armeniacum 'Blue Spike'.

2. halbschattig: Cornus florida, Cornus nuttallii, Clematis alpina (blau und weiß), Aquilegia vulgaris, Hylomecon japonica (verblüffende Blütenverwandtschaft), Meconopsis cambrica, Tiarella cordifolia, Waldsteinia geoides und Scilla campanulata.

Wer Komplementärfarben liebt, wird seine Freude an der Kombination von Kerria japonica und Lunaria annua haben. Fast wie verabredet blühen sie wochenlang miteinander. Dieses Traumpaar entdeckt man immer wieder in bäuerlichen Gärten.

Pflegetip: Winterschnitt (Auslichtung) von Zeit zu Zeit empfehlenswert.

K. japonica 'Pleniflora',
Gefüllter Ranunkelstrauch

Wuchs: Straff aufrecht wachsender, vieltriebiger Strauch, starkwüchsig.

Größe: 1,5 bis 2 m hoch und ebenso breit.

Rinde/Triebe: Grün, kahl, rutenförmig; Winterzierde.

Blätter: Sommergrün, wechselständig, etwas größer als bei der Art, 5 bis 7 cm lang, eilänglich, hellgrün, früh austreibend, Herbstfärbung grünlichgelb.

Blüten: Dicht gefüllt, goldgelb, einer Ranunkelblüte ähnlich, Hauptblütezeit Mai bis Anfang Juni, im September oft eine Nachblüte.

Wurzel, Standort, Boden und Eigenschaften wie K. japonica.

Verwendung: Einzelstellung, Gruppenpflanzungen. Benachbarung s. K. japonica.

Pflegetip: Zur Erhaltung der Blühwilligkeit sollten im Winter die 3 bis 4jährigen Triebe an der Basis entfernt werden.

KOELREUTERIA LAXM.
Blasenbaum – Sapindaceae, Seifenbaumgewächse

Benannt nach dem deutschen Naturwissenschaftler J. G. KOELREUTER, 1733–1806.

K. paniculata LAXM.,
Blasenbaum, Blasenesche

Verbreitung: China, Korea und Japan.

Wuchs: Locker- und breitkroniger, oft schiefwüchsiger Kleinbaum oder nur Großstrauch, Krone in der Jugend rundlich, später flach gewölbt bis schirmförmig.

Größe: 6 bis 8 (bis 15) m hoch, 5 m breit, alte Exemplare oft genauso breit wie hoch. Jahreszuwachs in der Höhe 20 bis 25 cm, in der Breite 15 cm.

Blätter: Sommergrün, unpaarig gefiedert, bis 35 cm lang, Blättchen 7 bis 15, eiförmig, länglich, gesägt bis eingeschnitten gelappt, 3 bis 8 cm lang, dunkelgrün; Herbstfärbung gelb bis orange oder orangebraun, oft sehr attraktiv. Austrieb leuchtend rot.

Blüten: Gelbe, aufrechte Blütenrispen, 15 bis 30 cm lang, locker aufgebaut; Ende Juli bis Ende August.

Früchte: Aufgeblasene, lampionartige, papierdünne Kapseln, zunächst grünlich, später rötlichbraun gefärbt, sehr auffallend, lange am Baum haftend. Samen kugelig, schwarz, zu dreien in einer Kapsel. In Japan werden daraus Rosenkränze hergestellt.

Wurzel: Hauptwurzeln kräftig, fleischig, flach ausgebreitet, wenig verzweigt, empfindlich gegenüber Oberflächenverdichtung.

Standort: Sonnig, geschützt.

Boden: Normale, durchlässige, trockene bis frische Böden, ist anpassungsfähig an den pH-Wert.

Eigenschaften: In der Jugend etwas frostempfindlich, besonders auf zu nahrhaften Böden, wärmebedürftig, gut Hitze vertragend, stadtklimafest, verträgt große Trockenheit (Heimatgebiet sind kontinentale Klimazonen!). Anfällig gegenüber der Rotpustelkrankheit.

Verwendung: Einer der wenigen, gelbblühenden Bäume, ganz besonders wertvoll auch wegen der späten Blüte und der interessanten Früchte, die einen hohen Schmuckwert haben. Im Herbst nimmt das dekorative, farnähnliche Laub eine schöne gelbe bis orange Färbung an. Solitärbaum für Garten- und Parkanlagen, hochstämmig auch als Straßenbaum verwendbar. Schöner Schattenbaum an Terrassen und auf Rasenflächen.

Eine wertvolle, schmalwüchsige Sorte ist **K. paniculata 'Fastigiata'**.

Ökologie: Hummelpflanze

KOLKWITZIA GRAEBN.
Kolkwitzie – Caprifoliaceae, Geißblattgewächse

Benannt nach dem deutschen Botaniker R. KOLKWITZ.
1901 von WILSON in China entdeckt und nach Europa eingeführt.

K. amabilis GRAEBN., Kolkwitzie
(= lieblich)

Verbreitung: Westliches China.

Wuchs: Aufrecht wachsender, dicht aufgebauter Strauch, später locker ausgebreitet mit elegant überhängenden Zweigpartien.

Größe: 2 bis 3 m hoch und breit. Jahreszuwachs in Höhe und Breite 20 bis 25 cm.

Ein Traumpaar in Purpurrot und Rosa: Robinia 'Casque Rouge' und Kolkwitzia amabilis

Rinde/Triebe: Braunrot, kahl, etwas rauh, ältere Triebe mit zunächst weißgrauer, später brauner, abblätternder Rinde.

Blätter: Sommergrün, gegenständig, breit eiförmig, lang zugespitzt, 3 bis 7 cm lang, Blattrand steif gewimpert, oft auch weit gesägt, oben stumpfgrün, unterseits hellgrün; Herbstfärbung bräunlich.

Blüten: Rosaweiß in endständigen Doldentrauben, Einzelblüten glockenförmig, erinnern an kleine Weigelienblüten, bis 1,5 cm lang, rosaweiß mit gelbem bis orangefarbenem Schlund, Blütenstiel und Kelch sind borstig behaart, Blüten haben zarten, süßlichen Duft und werden sehr stark von Bienen und Hummeln beflogen. Sehr attraktiver Blütenstrauch. Blütezeit Ende Mai bis Ende Juni.

Früchte: Einsamige, dunkelgraue, borstige Kapsel.

Standort: Sonnig bis halbschattig.

Boden: Stellen an den Boden keine besonderen Ansprüche, vertragen auch leicht alkalische Substrate.

Eigenschaften: Sehr frosthart, industrie- und stadtklimafest, ertragen ohne Schäden sommerliche Dürrezeiten (Sommer '83), gedeihen und blühen noch auffallend gut im Halbschatten von Bäumen. Auf zu nahrhaften Böden zwar gutes Wachstum, aber ungenügender Blütenansatz! Kolkwitzien werden gern von Kaninchen verbissen.

Verwendung: Dieses unglaublich vitale, dabei aber sehr elegante Blütengehölz kann gar nicht oft genug empfohlen werden. Man kommt aus dem Staunen nicht heraus, wenn man diesen Strauch in trocken-heißen Sommern mit Blüten überschüttet z. B. im kargen Randstreifen einer vielbefahrenen Stadtstraße entdeckt.

Malerisches Einzelgehölz für Terrassenplätze, auf Rasenflächen, vor rotbraunen Gartenmauern, in Staudenflächen oder als rosa Farbträger in Rosenpflanzungen. Weiterhin für freiwachsende Blütenstrauch-Hecken zusammen mit Philadelphus, Deutzien und Weigelien. Passende Stauden in Blau wären: Polemonium caeruleum, Veronica teucrium, Geranium himalayense 'Johnson', Geranium x magnificum, Linum narbonense. In dieses Blau könnte man zur Aufhellung Gruppen der staudenhaften Deutzia gracilis setzen, und als flächige Vorpflanzung bietet sich Cerastium tomentosum an. Farblich paßt die rosa blühende Kolkwitzie auch bestens zu dem Rotbraunviolett der niedrigen Berberis thunbergii 'Atropurpurea Nana', die als Fuß oder Sockel gepflanzt werden kann. Ein Traumpaar in Purpurrot und Rosa: Robinia 'Casque Rouge' und Kolkwitzia. Herrlich auch diese Blaurosa-Kombination: Kolkwitzien flächig unterpflanzt mit Saxifraga umbrosa, in die wir einzelne Tuffs blau blühender Aquilegia vulgaris setzen.

Kolkwitzia amabilis

Pflegetip: Auslichtungsschnitt und Sommerschnitt nach der Blüte erhalten die Pflanze jung und fördern Blütenansatz.

Anmerkung: Die Sorten '**Pink Cloud**' und '**Rosea**' haben mich nicht überzeugt!

Kolkwitzia amabilis

+ LABURNOCYTISUS SCHNEID.
Papilionaceae,
Schmetterlingsblütler

+ L. adami (POIT.) SCHNEID.
(Laburnum + Cytisus purpureus)

Als J. L. ADAM im Jahre 1825 durch seine Baumschule in Vitry bei Paris ging, wird er sicherlich verwundert und ungläubig seinen Purpur-Ginster angeschaut haben, den er auf das Stämmchen eines Goldregens gepfropft hatte. Unmittelbar aus der Veredlungsstelle entsprang ein Trieb, an dem neben den reingelben, „echten" Goldregenblüten auch blaßpurpurn gefärbte Goldregenblüten auftraten. Aus demselben Zweig entwickelten sich zu seinem größten Erstaunen aber auch richtige kleine Purpur-Ginsterbüsche mit normal ausgebildeten, rosafarbenen Ginsterblüten. Was war passiert? Aus dem Kallus (Wundgewebe) der Veredlungsstelle entstand ein Adventivsproß, der aus den miteinander verwachsenen Geweben von Goldregen (Unterlage) und des aufgepfropften Purpur-Ginsters zusammengesetzt war.

Es handelt sich hier also nicht um einen geschlechtlich entstandenen Bastard, sondern um einen Pfropf-Bastard, eine sogenannte Periklinal-Chimäre, bei der trotz engster Verwachsungen jede Zelle und jede ineinander verschobene Zellschicht ihren erblichen Artcharakter behält.

Sicher war dies für ADAM die größte und aufregendste Entdeckung seines Gärtnerlebens. Ihm zu Ehren nannte man diesen wohl berühmtesten Pfropf-Bastard + Laburnocytisus adami.

Der „Goldregen", aus dessen Zweigen Purpur-Ginsterbüsche wachsen und an dem neben den normalen gelben auch blaßpurpurne „Goldregenblüten" erscheinen, wird etwa 3 bis 5 m hoch. Er ist zwar zur Blütezeit keine überragende Schönheit, aber immerhin eine botanische Sensation oder auch Kuriosität.

In meinem Lehrbetrieb, in der Baumschule CARLSSON in Hamburg-Farmsen, stand noch 1959 ein etwa 4 m hoher + Laburnocytisus, den wir Lehrlinge – die Bezeichnung Auszubildende wurde später erfunden – fasziniert bewunderten.

Die Vermehrung dieses Gehölzes ist durch Okulation im Sommer oder durch Pfropfen im Frühjahr auf Goldregen möglich. Leider verschwindet + Laburnocytisus immer mehr aus den Baumschulsortimenten. Man kann nur hoffen, daß dieser hochinteressante Pfropf-Bastard in Botanischen Gärten und Arboreten überlebt und so den nachfolgenden Generationen als botanisches Lehrobjekt erhalten bleibt.

Laburnum anagyroides

LABURNUM MED.
Goldregen – Papilionaceae,
Schmetterlingsblütler

Laburnum ist der lateinische Name für einen „breitblättrigen Bohnenbaum".

L. anagyroides MED.,
Gewöhnlicher Goldregen, Bohnenbaum,
in den Alpenländern auch Kleebaum
genannt.
(= L. vulgare)

Verbreitung: Eine nordmediterrane Gehölzart, Südeuropa, in S-Deutschland eingebürgert. In lichten Eichen- und Kiefernwäldern, seltener in Buchenwäldern, an sonnigwarmen Hängen, auf mäßig trockenen, nährstoffreichen, meist kalkhaltigen Böden. In den Karstwäldern zusammen mit Cotinus, Colutea, Daphne alpina, Fraxinus ornus, Acer monspessulanum, Quercus pubescens, Sorbus aria und Ostrya.

Wuchs: Hoher Strauch oder kleiner Baum mit trichterförmig gestellten Grundästen und locker ausgebreiteten, überhängenden Seitenästen.

Größe: 5 bis 7 m hoch und bis 4 m breit. Jahreszuwachs in der Höhe 25 bis 30 cm, in der Breite 15 bis 20 cm.

Rinde/Triebe: Junge Triebe graugrün, feinfilzig behaart, ältere Zweige olivgrün bis dunkelgraugrün.

Blätter: Sommergrün, wechselständig, 3zählig, Blättchen 3 bis 8 cm lang, oben dunkelgrün, unten graugrün, angedrückt behaart.

Blüten: Hellgelb in lockeren, bogig überhängenden, 10 bis 30 cm langen Trauben, nicht duftend, Mai bis Anfang Juni.

Früchte: Seidig behaarte, bis 8 cm lange Hülsenfrüchte. Giftig!

Wurzel: Fleischig, wenig verzweigt und nicht tief.

Laburnum x watereri 'Vossii'

Standort: Sonnig bis absonnig.

Boden: Keine besonderen Ansprüche, trockener bis frischer, mittelschwerer, anlehmiger Boden, schwach sauer bis stark alkalisch, Kalk bevorzugend. Sehr anpassungsfähig an Bodenverhältnisse, wächst auch auf sauren Substraten.

Eigenschaften: Gut frosthart, stadtklimafest (s. Naturstandort), zeitweilige Trockenheit gut vertragend, große Wunden überwallen schlecht, Holz fault; wird gern vom Wild verbissen; fast alle Pflanzenteile sind giftig, sie enthalten das Alkaloid Cytisin, das besonders konzentriert in den Samen vorkommt. Laburnum kann 150 Jahre alt werden.

Verwendung: Bekanntes und beliebtes Blütengehölz für Einzelstellung und Gruppenpflanzung in Garten- und Parkanlagen. Wirkungsvoll neben Rotdorn, der zur selben Zeit seine Blüten öffnet. Herrlich auch als Hintergrund von Syringa x chinensis, dem Chinesischen Flieder, der die Komplementärfarbe zum Goldregen bildet.

Wer den Goldregen liebt, aber nur einen halbschattigen Gartenplatz zur Verfügung hat, sollte nicht verzagen. Goldregen gedeiht und blüht auch im Halbschatten unter Bäumen.

Anmerkung: Der Goldregen ist seit alters her eine beliebte Gartenpflanze. VALERIUS CORDUS berichtet im 16. Jahrh., daß die Einwohner von Innsbruck den „Kleebaum" in ihre Gärten verpflanzen.

Laburnum x watereri 'Vossii'

rechts: Lavendel-Farm auf der Insel Jersey

L. x watereri 'Vossii'
(L. alpinum x L. anagyroides)

Wuchs: Hoher Strauch oder kleiner Baum, Grund-äste straff aufrecht bis trichterförmig, Seitenzweige leicht übergeneigt, ältere Pflanzen im oberen Kronenbereich stark verzweigt und breit ausladend.

Größe: Bis 5 (bis 6) m hoch und etwa 3 bis 4 m breit. Jahreszuwachs in der Höhe 25 cm, in der Breite 15 cm.

Rinde/Triebe: Dicker als bei L. anagyroides, oliv-grün, später graugrün.

Blätter: Sommergrün, wechselständig, 3zählig, bis 10 cm lang, Blättchen 3 bis 8 cm lang, länglich elliptisch, oben etwas glänzend, dunkelgrün, unten nur Nerven behaart.

Blüten: Goldgelb, in bis zu 50 cm langen, dicht besetzten Trauben, duftend; Mai bis Anfang Juni.

Früchte: Seidig behaarte Hülsen. Giftig.

Wurzel, Standort, Boden und Eigenschaften wie L. anagyroides.

Verwendung: Es muß schon eine ganz besondere Faszination vom Goldregen ausgehen,denn nicht umsonst kultiviert der Mensch seit 4 Jahrhunderten dieses Gehölz in seinen Gärten. Die Blütenfülle ist auch wirklich überwältigend. Jahr für Jahr wird der Strauch von einem wahren Blühehrgeiz gepackt, wobei er sich so bedingungslos veraugabt, daß es gelegentlich schon beängstigend wirkt. Man wundert sich, daß er diese Strapazen immerhin 30 (bis 40) Jahre durchsteht. Mit der Selektion 'Vossii' haben nun die Holländer eine noch großblütigere Sorte herausgebracht. Zur Zeit der allerschönste Goldregen im Sortiment.

Für Einzelstellung und Gruppenpflanzungen, wobei der unvergessene Gartenarchitekt PLOMIN auch die hainartige Anpflanzung von 20 bis 50 Stück! empfiehlt. Der beste Blühpartner ist immer noch der Blauregen, Wisteria sinensis oder W. floribunda. (Gartenfreundschaft mit „Familienanschluß"). Auch rotlaubige Gehölze wie Corylus maxima 'Purpurea' oder Fagus sylvatica 'Purpurea' ergeben einen guten Hintergrund. Weißblühende Zieräpfel wie M. x zumi 'Calocarpa' oder 'Prof. Sprenger' passen ausgezeichnet dazu.

In dieser Zeit blühen auch die Hohen Bartiris (Barbata-Elatior-Gruppe), die unter den licht-durchlässigen Goldregenbüschen bestens gedeihen. Hellblau, Dunkelblau, Violettblau und Gelb wären in diesem Fall ideale Farben. Um das Dunkelblau besonders zum Leuchten zu bringen, sind die schneeweiße 'Winter Carnival' und die zart elfenbeinfarbene 'Lugano' genau das Richtige. Laburnum, dunkelgelbe Bartiris und große Gruppen aus Allium aflatunense 'Purple Sensation' erge-ben ein beeindruckendes Bild. Man ist geneigt, den Goldregen in dieser Gesellschaft mit Durchlaucht anzureden.

In England läßt man den Goldregen auch häufig über ein Gerüst wachsen und schafft so faszinierende Blütenlauben oder Bogengänge.

LAVANDULA L.
Lavendel – Labiatae,
Lippenblütler

L. angustifolia MILL.

Verbreitung: Südeuropa, Mittelmeergebiet, meist auf flach- bis mittelgründigen, kalkhaltigen, gut durchlässigen, steinig-lehmigen Böden.

Wuchs: Breitbuschig aufrechter, vieltriebiger Kleinstrauch.

Triebe: Junge Triebe vierkantig.

Blätter: Immergrün, gegenständig, linealisch, grau-filzig, aromatisch duftend, abgestorbene Blätter noch längere Zeit an der Pflanze haftend.

Blüten: In lang gestielten Scheinähren, blau bis violettblau, aromatisch duftend, Juni bis Juli.

Standort: Sonnig, warm.

Lavendel-Feld auf Jersey

Lavendel-Kulturformen

Boden: Trockene bis mäßig trockene (bis frische), gern auch rein mineralische, gut durchlässige, kalkreiche, aber auch schwach saure Böden.

Eigenschaften: Ausreichend frosthart, schnittfest.

Verwendung: In einem offenen, sonnigen Garten geht es niemals ohne Lavendel. Dieser herrlich duftende, blaugraue Schatz aus dem Mittelmeergebiet läßt sich ungeheuer vielseitig einsetzen. Schönster Rosenbegleiter, aber bitte nicht zu sparsam einsetzen, holen Sie sich die blauen Lavendelfelder der Provence in Ihren Garten, weiterhin für Staudenra-batten, Terrassengärten, Vorgartenbepflanzungen, Duft-, Gewürz- und Gemüsegärten, für Tröge, Schalen, Hochbeete sowie am Fuße von südexponierten Gartenmauern, in Geröllbeeten und Heideanlagen.

Pflegetip: Der Rückschnitt im Frühjahr fördert die Bildung von Blütentrieben, bei Heckenpflanzen und Einfassungen ist er ohnehin unerläßlich.

Ökologie: Lavendel ist bei unseren heimischen Insekten außerordentlich beliebt.

Anmerkung: Die getrockneten Blätter werden als Gewürz gehandelt, die verschiedenen, stark duften-den, ätherischen Öle finden in der Parfümindustrie Verwendung.

Empfehlenswerte Sorten:

'**Alba**', Blüten weiß; '**Dwarf Blue**', Wuchs sehr gedrungen, Blüten dunkelblau, Blätter grün; '**Hidcote**', etwa 50 cm hoch, tief violettblau; '**Hidcote Pink**', Blüten zart violettrosa; '**Munstead**', 40 bis 50 cm hoch, breitwüchsig, Blätter graugrün, blauviolett, gehört zusammen mit 'Hidcote' zu den besten Sorten; '**Rosea**', 50 cm hoch, Blüten helllilarosa.

LEDUM L.
Porst – Ericaceae,
Heidekrautgewächse

L. groenlandicum OED.,
Labrador-Porst

Verbreitung: Nördl. Nordamerika, Grönland, in kalten Torfmooren und Sümpfen.

Wuchs: Kleiner, rundlich-aufrechter Strauch mit braunfilzigen Trieben.

Größe: Bis 1 m hoch.

Blätter: Immergrün, 3 bis 5 cm lang, elliptisch, unterseits stark rostbraun filzig, Mittelrippe dadurch kaum erkennbar! (Bei L. palustre deutlich erkennbar!). Besonders junge Blätter sehr intensiv nach Terpentin riechend.

Blüten: In weißen, 5 cm breiten Dolden. Mai bis Juni.

Sonstige Angaben siehe L. palustre.

Sehr wertvoll ist die niedrige, bis 0,5 m hohe Sorte **L. groenlandicum 'Compactum'**, Blütendolden 3 cm breit, cremeweiß, reichblühend.

L. palustre L.,
Sumpf-Porst,
Motten- oder Wanzenkraut

Ledum palustre

Verbreitung: Nordeuropa, Nordasien. Auf Hoch- und Übergangsmooren sowie in Kiefernwaldmooren. Vergesellschaftet mit Andromeda polifolia, Calluna vulgaris, Drosera rotundifolia, Erica tetralix, Vaccinium oxycoccus, Salix myrtilloides, Aspidium cristatum und Eriophorum vaginatum. Auf nassen, nährstoffarmen, sauren Torfböden. Gelegentlich kommt Ledum auch auf trockeneren Sandböden

Ledum palustre

vor, allerdings verlangt der Porst hier höhere Luftfeuchtigkeit (Dünen Ostseeküste). Stark bedroht. Bestände gehen stetig zurück!

Wuchs: Kleiner, aufrechter, fast quirlig verzweigter Strauch.

Größe: 1 bis 1,5 m hoch, meist aber nur 0,8 bis 1 m hoch und breit.

Blätter: Immergrün, wechselständig, lineal lanzettlich bis breit lanzettlich, 1,8 bis 3,5 (bis 4) cm lang und 3 bis 8 mm breit, Ränder nach unten umgerollt, Blattstiel 2 bis 3 mm lang, Blätter derbledrig, riechen nach Bohnerwachs, oberseits olivgrün, unterseits rostrot wollig. Leicht giftig.

Blüten: In weißen, reichblütigen, gedrungenen Dolden, duftend, Mai/Juni.

Früchte: Unscheinbare Kapseln.

Wurzel: Flach, empfindlich.

Standort: Sonnig bis halbschattig.

Boden: Torfige, humose, saure, genügend feuchte Substrate.

Eigenschaften: Frosthart, Blätter leicht giftig.

Ökologie: Pflanze wird stark von Insekten beflogen, allerdings werden auch viele Insekten von dem intensiven Blütenduft getötet.

Verwendung: Für Heide- und Rhododendronpflanzungen. Rekultivierung von Moorgebieten.

Anmerkung: Blätter enthalten das bekannte Porstöl. Wikinger benutzten Blätter und Triebe als Hopfenersatz in der Bierbrauerei. Porst hat eine ähnlich berauschende Wirkung wie der Gagelstrauch (Myrica gale). Die berauschende Wirkung des Bieres soll auch Grundlage der sogenannten Berserkerwut der Wikinger gewesen sein. Blätter wurden gepulvert und z. B. in Berlin als Motten- und Wanzenmittel verkauft.

LEIOPHYLLUM HEDW. f.
Sandmyrte – Ericaceae,
Heidekrautgewächse

Griech.: leios = glatt, phyllon = Blatt.

L. buxifolium (BERGIUS) ELL.

Immergrüner, 5 bis max. 30 cm hoher Zwergstrauch mit niederliegenden, dicht verzweigten Trieben. Blätter klein, glänzend dunkelgrün, wechsel- und gegenständig, 3 bis 8 mm lang, elliptisch bis länglich. Blüten weiß bis hellrosa, im April/Mai, in etwa 3 cm langen, endständigen Trauben, Einzelblüten krugförmig, Kelch und Krone 5zählig.

Leiophyllum buxifolium

Dieser völlig frostharte Strauch ist in der montanen Stufe der Appalachen beheimatet, wo er mit seinen dunkelgrünen Polstern das flache Felsgestein überzieht. Wir finden die Sandmyrte aber auch in den Kiefernwäldern von New Jersey und Carolina. Ein wertvoller, zierlicher Zwergstrauch für sonnige bis halbschattige Plätze in Steingärten oder Heideanlagen. Möglicherweise eignet er sich auch zur Begrünung von Grabflächen. Die Sandmyrte liebt sandig-humose, frische und kalkfreie Böden.

LESPEDEZA MICHX.
Buschklee – Papilionaceae,
Schmetterlingsblütler

Die Pflanze wurde nach einem Gouverneur von Florida benannt.

L. thunbergii (DC.) NAKAI.,
Buschklee

Verbreitung: Ostasien, Mittel- und Südjapan, teilweise China.

Wuchs: Kleiner Strauch, bisweilen nur Halb-

Lespedeza thunbergii

strauch, Grundtriebe zunächst aufsteigend, dann elegant bogig überhängend bis niederliegend.

Größe: In günstigen Klimagebieten, wo die Grundstämme verholzen, bis 2 m hoch, meist aber nur 1 m. Breite 1 bis 2 (3) m.

Blätter: Sommergrün, wechselständig, 3teilig, Blättchen elliptisch länglich, spitz, 3 bis 5 cm lang, dunkelgrün, keine Herbstfärbung.

Blüten: Purpurrosa, in bis zu 80 cm langen, endständigen Rispen, von September bis zum Frost; auffallender Spätblüher.

Wurzel: Weit ausgebreitet, flach, Stickstoffsammler.

Standort: Sonnig, warm, geschützt.

Boden: Keine besonderen Ansprüche, gedeiht auf allen trockenen bis frischen, durchlässigen Böden, sauer bis neutral.

Eigenschaften: Frostgefährdet, friert stark zurück, verholzt nur in ganz milden Gegenden, wärmebedürftig, verträgt Hitze, stadtklimafest, auf feuchteren und schwereren Böden zwar üppiges Wachstum, aber nur geringer Blütenansatz und darüber hinaus erhöhte Frostgefährdung.

Verwendung: Wertvoller und interessanter Spätblüher, der sich an geschützten Plätzen gut entwickelt. Der ausgeprägte Hängewuchs kommt am besten zur Wirkung an Böschungen, Mauerkronen, Treppenläufen, in Hochbeeten, Kübeln, in Pflanzgefäßen auf Terrassenhäusern, die der Buschklee in einen purpurrosafarbenen Wasserfall verwandeln kann, oder auf kleinen Erdhügeln zusammen mit gelbblühenden oder violetten Herbststauden und Gräsern wie Molinia oder Pennisetum. **Lespedeza bicolor** wächst strauchig aufrecht und blüht ab August in violettroten oder purpurrosafarbenen Trauben. Sie ist zwar frosthärter als L. thunbergii, aber lange nicht so attraktiv.

LEUCOTHOË D. DON
Traubenheide – Ericaceae, Heidekrautgewächse

Benannt nach einer griechisch-mythologischen Gestalt.

L. walteri (WILLD.) MELVIN, Traubenheide
(= L. catesbaei; L. fontanesiana)

Verbreitung: Östliches Nordamerika, von Georgia bis Virginia als Unterwuchs in Wäldern und an Flußufern.

Wuchs: Kleiner, dichttriebiger Strauch mit bogig überhängenden Trieben, Ausläufer treibend und dadurch große, lockere Horste bildend.

Größe: Bis 1,20 (bis 1,50) m hoch bei mindestens gleicher Breite.

Blätter: Immergrün, wechselständig, eilanzettlich, 8 bis 15 cm lang und 2,5 bis 3,5 cm breit, 1 bis 1,5 cm gestielt, Blattstiele rötlich; oben dunkelgrün, glänzend, unterseits hellgrün, Blattrand gewimpert und fein spitz gesägt (scharfzähnig!); Austrieb rötlich bis bronzebraun, Winterfärbung unter Sonneneinwirkung rötlichweinrot.

Blüten: Weiß, in bis zu 6 cm langen, duftenden Trauben, an den Triebenden gehäuft; Mai/Juni.

Früchte: Braungrau, bleiben oft über ein Jahr am Strauch, wenig zierend.

Wurzel: Flach, dicht verzweigt, Ausläufer treibend.

Standort: Halbschattig bis schattig, bei genügend Bodenfeuchtigkeit auch in der Sonne möglich, vor trockenen Winden geschützt.

Boden: Humose, frische bis feuchte, gut drainierte, lockere und saure Substrate, reagiert sehr empfindlich auf zu nasse, undurchlässige Böden (Pilzkrankheiten, Absterben).

Eigenschaften: Frosthart, wind- und hitzeempfindlich, leicht verpflanzbar, schnittfest, gut schattenverträglich (Vollschatten).

Verwendung: Leucothoë gehört für mich zu den anmutigsten immergrünen Kleingehölzen. Ein sehr zuverlässiger, wüchsiger Bodendecker in halbschattigen bis vollschattigen Gehölz- und Waldpartien. Auch in der Heimat sah ich es an Gehölzrändern, vor Rhododendrongruppen oder Flächen bildend auf halbschattigen Waldlichtungen mit robusten Waldstauden und Farnen.

In einer alten, romantisch verwilderten Parkanlage behauptet sich Leucothoë nun schon seit Jahrzehnten als geselliges, absolut pflegeleichtes Unterholz, dessen schönes Grün man immer erst im Winter nach dem Laubfall wieder voll zu Gesicht bekommt; die Genügsamkeit ist bewundernswert.

Immer saubere und ansehnliche Flächen ergeben sich in der Kombination mit Efeu und Pachysandra. Mahonien, Kirschlorbeer, Rhododendron und Taxus vervollständigen diese harmonische Abstufung, wobei von der anmutigen Traubenheide immer eine gewisse Bewegung und Beschwingtheit ausgeht. Lonicera pileata,

Leucothoë walteri

Leucothoë walteri 'Carinella' in Winterfärbung

LEUCOTHOË - LEYCESTERIA

LEYCESTERIA WALL.
Caprifoliaceae,
Geißblattgewächse

Benannt nach dem Engländer LEYCESTER, der in Vorderindien als Verwaltungsbeamter eingesetzt war und sich darüber hinaus als Pflanzensammler betätigte.

L. formosa WALL.

Sommergrüner, straff aufrecht wachsender, 1,20 bis 2,00 m hoher Strauch. Triebe hohl, grün, in der Jugend bläulich bereift. Blätter gegenständig angeordnet, bis 17 cm lang, lanzettlich bis breit eiförmig, mittelgrün, unterseits bläulich. Blüten in 3 bis 10 cm langen, hängenden, end- oder seitenständigen Ähren; Einzelblüten weißlich bis purpurn, trichterförmig, am Grunde bauchig erweitert, 1,5 bis 2 cm lang, in den Achseln 1,5 bis 3,5 cm langer, purpurvioletter Deckblätter stehend. Ab September erscheinen 1 cm dicke, purpurrote bis schwärzlichrote Beeren, die von den violetten Hochblättern umgeben werden.

Leycesteria formosa ist in Westindien verbreitet und in unseren mitteleuropäischen Gärten leider nicht ganz frosthart. Die oft bis zur Basis zurückfrierenden Pflanzen treiben jedoch gut wieder durch und kommen auch im gleichen Jahr wieder zur Blüte. Eine 20 bis 30 cm hohe Laubabdeckung im Wurzelbereich ist auf jeden Fall empfehlenswert. Die Pflanze bevorzugt einen frischen, aber nicht zu schweren und zu nährstoffreichen Boden in sonnig-geschützter Lage. Mit den auffallenden Blütenähren, der sehr langen Blütezeit und dem attraktiven Beerenschmuck gehört Leycesteria zu den ungewöhnlichsten Ziergehölzen. Wer die Mühe mit dem Winterschutz nicht scheut, kann diesen Strauch über viele Jahre im Garten halten. Darüber hinaus ist Leycesteria ein dekorativer Vasenschmuck, an dem man lange Freude hat.

Hedera colchica und Mahonia bealei sind ebenfalls willkommene Partner dieser Halbschattenwelt. Es fehlt eigentlich nur noch der Bambus, dessen Laub prächtig zur Blattstruktur der Traubenheide paßt.

Empfehlenswerte amerikanische Sorten sind:

L. walteri 'Carinella'

Wuchs breit und geschlossen, Jahrestriebe elegant flachbogig überhängend, etwa 40 bis 50 (60) cm hoch und meist doppelt so breit, Blätter lanzettlich, bei Sonneneinwirkung im Herbst/Winter sehr schön bronzerot.

L. walteri 'Lovita'

Wuchs breitbuschig, Triebe überhängend, Blätter auffallend groß, sehr unterschiedlich in Form und Größe, breit eiförmig, zugespitzt, dann meist 8 cm lang und 3,5 bis 4,8 cm breit, Stiel 0,5 cm, oder schmal lanzettlich, dann 8 bis 10 cm lang und 2,5 bis 3 cm breit, Blattstiel 0,7 bis 1 cm, glänzend dunkelgrün, im Herbst/Winter wunderschön tiefweinrot bis rotbraun überlaufen.

L. walteri 'Rainbow'
(= L. walteri 'Multicolor')

Wuchs etwas lockerer und schwächer als die Art, Triebe oft ein wenig drehwüchsig, Blätter des Neutriebs grünrosa oder rötlich marmoriert mit gelben Streifen und unregelmäßig eingestreuten Flecken, oft ist eine Blatthälfte rötlich gefärbt, während die andere ein leuchtendes Rosagelb mit hellgrünen Flecken aufweist. Ältere Blätter dunkelgrün mit hellgrüner und gelber Marmorierung. Sehr reizvoll ist auch der Winteraspekt, wenn das gesamte Farbspiel von der roten Laubfärbung überlagert wird. Blätter 7 bis 11 cm lang und 2,2 bis 4 cm breit, Rand fein spitz gesägt, Stiel 0,7 bis 1 cm lang.

Interessante Sorte zur Belebung und als Lichtpunkt in dunkelgrünen und schattigen Pflanzungen, wo die hellen Blattflecken den Eindruck eines Schattenspiels erwecken.

L. walteri 'Scarletta'
(= L. axillaris 'Scarletta')

Kreuzung zwischen L. axillaris und L. walteri.

Wuchs breitbuschig, gedrungen, Triebe elegant überhängend, zierlicher als bei anderen Sorten. Blätter lanzettlich bis lanzettlich-elliptisch, 7 bis 10 cm lang und 2,5 bis 3,5 cm breit, Stiel 0,7 cm lang, im Austrieb rötlich, später grün, bei Sonneneinwirkung Herbstfärbung jedes Jahr eintretend, leuchtend weinrot bis dunkelrot. 'Scarletta' ist gut frosthart. Wohl die wertvollste aller amerikanischen Sorten.

Leycesteria formosa

LIGUSTRUM L.
Liguster – Oleaceae,
Ölbaumgewächse

Ligustrum gehört zur großen Familie der Ölbaumgewächse, wozu z. B. auch die Gattungen Abeliophyllum, Forsythia, Fraxinus, Jasminum, Olea und Syringa zählen.

Von den etwa 50 Arten ist nur Ligustrum vulgare in Europa und Nordafrika beheimatet. Bei uns ist diese wichtige Art hauptsächlich in Mittel- und Süddeutschland heimisch. Alle anderen Liguster-Arten kommen vorwiegend im östlichen Asien und auf dem Malayischen Archipel vor. Es sind immer- oder sommergrüne, hohe Sträucher mit gegenständigen, ungeteilten, ganzrandigen Blättern. Die weißen oder gelblichen, streng duftenden Blüten sind wie bei den Syringen vielfach in endständigen Rispen angeordnet.

Die Frucht ist eine 1 bis 4samige, meist schwarze Beere, die, zumindest von L. vulgare, schwach giftig ist.

Liguster ist auf Grund seiner hervorragenden Eigenschaften und Verwendungsmöglichkeiten seit alters her eine geschätzte Gartenpflanze. Die weidenähnlichen, biegsamen Triebe wurden früher gern zum Körbeflechten verwendet. Möglicherweise leitet sich die Bezeichnung Ligustrum daher auch vom lat. „ligare" ab, was soviel wie binden bedeutet. Hohe Ausschlagskraft, Dichttriebigkeit und Langlebigkeit machen ihn zu einer der besten Heckenpflanzen überhaupt. Liguster ist aber auch als Pionierpflanze auf Rohböden oder als schattenverträgliches Solitärgehölz einzusetzen.

Alle bei uns in Kultur befindlichen Arten sind anspruchslos und gedeihen sowohl auf trockenen als auch auf feuchten Standorten.

L. delavayanum HARIOT.,
Kugel-Liguster
(= L. ionandrum, L. prattii)

Verbreitung: Südwestchina und Burma.

Wuchs: In der Natur breit verzweigter, buschiger Strauch; in Kultur als hochstämmiges Zierbäumchen mit Kugelkrone gezogen; wegen mangelnder Frosthärte meist als Kübelpflanze.

Größe: Als freiwachsender Strauch bis 2 m hoch und breit, in Kultur auf Stammhöhen zwischen 100 und 150 cm veredelt.

Blätter: Immergrün, gegenständig, eiförmig elliptisch, 1 bis 3 cm lang, spitz, oben glänzend dunkelgrün, unten heller.

Blüten: In 3 bis 5 cm langen Rispen, weiß, Juni.

Ligustrum delavayanum, geschnittene Kugelkronen

Standort: Sonnig bis halbschattig, geschützt.

Boden: Guter Oberboden, schwach sauer bis alkalisch, feucht und nahrhaft.

Eigenschaften: Für die Freilandkultur nicht ausreichend frosthart.

Verwendung: Sehr dekorative Kübelpflanze für Terrassen, Innenhöfe und Dekorationen.

L. obtusifolium var. regelianum
(KOEHNE) REHD.,
Busch-Liguster

Eingeführt 1985.

Verbreitung: Japan.

Wuchs: Breitbuschiger und dicht verzweigter Strauch mit horizontal abstehenden, leicht bogig geneigten Zweigen.

Größe: Bis 2 m hoch und breit. 40jährige Pflanze im Freistand 3 m hoch und 5 m breit. Jahreszuwachs in Höhe und Breite 10 bis 15 cm.

Blätter: Sommergrün, gegenständig, elliptisch, aber auch länglich- bis verkehrteiförmig, (4) 5,5 bis 7 (bis 8) cm lang und 1,5 bis 2 (bis 2,5) cm breit, Blattstiel 1 bis 2 mm lang, beinahe sitzend, dichtzeilig, deutlich in einer Ebene stehend, oberseits lebhaft grün, unterseits graugrün, Herbstfärbung bräunlich- bis bläulichviolett, lange haftend.

Blüten: In weißen, kurzen und dichten Rispen von Juni bis Juli; auffallender Blütenflor.

Ligustrum obtusifolium var. regelianum

Früchte: Kleine, etwa erbsengroße, bleigraue bis schwarze Beeren in großer Fülle, sehr ansehnlich, ab September; schwach giftig.

Standort: Sonnig bis halbschattig.

Boden: Trockene bis frische Böden, sauer bis alkalisch, sehr anpassungsfähig, kaum Ansprüche, allerdings darf der Boden nicht zu nährstoffarm sein.

Eigenschaften: Gut frosthart, stadtklimafest, verträgt, wie die meisten Liguster-Arten, sommerliche Hitze, windfest, auf zu mageren Böden schlechter Wuchs und gelbliche Blätter.

Verwendung: Sehr wirkungsvoller Einzel- und Gruppenstrauch, den man auf Grund seines überreichen Flors auch zu den Blütengehölzen zählen müßte. Ebenfalls sehr zierend sind die bleigrauen, etwas bereiften Früchte, die sehr lange am Strauch haften bleiben. Gut geeignet auch für freiwachsende Hecken und dichte, mittelhohe Flächenbegrünungen.

L. ovalifolium HASSK.,
Ovalblättriger Liguster

Ligustrum ovalifolium

Ligustrum ovalifolium - Heimat Japan - ist ein Insektenmagnet, hier mit einer Schwebfliege

Verbreitung: Japan, auf den Inseln Honshu, Shikoku und Kyushu, Gebüsche und lichte Wälder in Meeresnähe.

Wuchs: Straff aufrecht wachsender, hoher Strauch, im Alter, besonders in halbschattigen Lagen, etwas lockerer bis leicht übergeneigt.

Größe: Bis 3 (bis 5) m hoch und bis 3 m breit. Jahreszuwachs in der Höhe 15 bis 25 cm, in der Breite 15 cm.

Blätter: Meist wintergrün, gegenständig, elliptisch länglich bis oval, 3 bis 7 cm lang, mittelgrün bis dunkelgrün, glänzend, unten gelblichgrün, derb, in ungünstigen Lagen meist nur sommergrün.

Blüten: Cremeweiß, in 10 cm langen, aufrechten Rispen im Juni/Juli; stark duftend; Blüten werden auffallend stark von Faltern, Hummeln und Bienen besucht.

Früchte: Erbsengroß, kugelig, schwarz; schwach giftig.

Standort: Sonnig bis halbschattig, geschütze Lagen.

Boden: Toleriert alle kultivierten Böden von schwach sauer bis alkalisch, gedeiht auch gut auf stark kalkhaltigen Substraten.

Eigenschaften: Frostempfindlich, kann in starken Wintern oder in ungünstigen Lagen zurückfrieren; Sommerhitze gut vertragend, Gehölz für warme Lagen, stadtklimafest, hohes Ausschlagsvermögen, auch nach radikalem Rückschnitt ins alte Holz.

Verwendung: Ausgezeichnete immergrüne(!) Heckenpflanze für wintermilde Gebiete. Auf den Nordseeinseln und an der Küste prächtig gedeihend. In ungünstigen Lagen meist nur wintergrün. Auch als dekoratives, wintergrünes Blattschmuckgehölz für Einzelstellung und lockere Gruppenpflanzungen in absonnigen Gehölzpartien sehr wirkungsvoll. Das dunkelgrüne Laub harmoniert sehr gut mit dem hellen Blatt verschiedener bodendeckender Bambus-Arten wie z. B. Sasaella ramosa oder Pleioblastus pumilus.

Ökologie: L. ovalifolium hat eine große Bedeutung als Futterpflanze für Hummeln, Bienen und Falter.

L. ovalifolium 'Aureum', Gold-Liguster

Wuchs: Straff aufrecht wachsender Strauch, schwächer im Wuchs als die Wildart.

Größe: 2 bis 3 m hoch und 1,50 bis 2 m breit.

Blätter: Meist wintergrün, gegenständig, dunkelgrün und sehr dekorativ breit goldgelb gerandet, teilweise völlig gelb.

Weitere Angaben wie die Art.

Eingeschaften: Empfindlicher als L. ovalifolium, gute Färbung nur bei sonnigem Stand.

Verwendung: Sehr farbenprächtiges Gehölz zur Belebung von Gehölz- und Staudenpflanzungen, schön auch für Kübel und Bindereizwecke. GERTRUDE JEKYLL, die berühmte englische Gartenarchitektin, hat diesen Liguster sehr gern zur Bereicherung des „Goldenen Gartens" verwendet. Das ganze Jahr über bringt eine solche Pflanze Sonnenlicht in den Garten.

L. vulgare L., Gewöhnlicher Liguster, Rainweide, Zaunriegel

Verbreitung: Europa, Nordafrika und Kleinasien. In Deutschland südlich der Weser bis zum Boden see überall vertreten. Im Norden vielfach eingebürgert oder verwildert. Um Hamburg einige nachgewiesene Naturvorkommen. Häufig in lichten, artenreichen Eichen- oder Kiefernwäldern, an Waldrändern, Böschungen, Magerwiesen, im Trockengebüsch, in Hecken und im Niederwald. Auf sommer-warmen, humosen, mäßig trockenen Ton-, Lehm- und Sandböden. Meist auf kalkhaltigen Substraten.

Wuchs: Locker aufrecht wachsender, hoher Strauch, Seitenäste breit ausladend, etwas unregelmäßig, in schattigen Lagen oft niederliegend und wurzelnd (Ableger und Ausläufer bildend!).

Größe: 2 bis 5 (bis 7) m hoch und genauso breit. Jahreszuwachs in der Höhe 25 cm, in der Breite 20 cm.

Blätter: Sommer- bis wintergrün, gegenständig, eilänglich bis lanzettlich, 4 bis 6 cm lang und 2 cm breit, Spitze lang ausgezogen, oberseits dunkelgrün, matt glänzend, unterseits hell- bis gelblichgrün, etwas ledrig.

Blüten: In 8 cm langen, rahmweißen Rispen im Juni/Juli, wohlriechend. Blüten werden gern von Insekten beflogen.

Früchte: Erbsengroß, glänzend schwarz; Vogelverbreitung; schwach giftig. Früher wurde der Saft zum Färben von Wein verwendet. Im Wallis hat man aus den Früchten Tinte hergestellt.

Wurzel: Flach, dichtes Netz feiner Wurzeln, die den Boden so eng durchziehen, daß im Wurzelbereich kaum Unterwuchs aufkommen kann (intolerant). Ausläufer bildend!

Standort: Sonnig bis schattig.

Ligustrum vulgare, Früchte

Boden: Sehr anpassungsfähig! Gedeiht sowohl auf trockenen als auch auf feuchten Standorten, bevorzugt kalkhaltige Substrate.

Eigenschaften: Frosthart, wie alle anderen Liguster-Arten wärmeliebend, hitzeverträglich, stadtklimafest, Gehölz mit weiter Standortamplitude, verträgt vorübergehende Bodennässe (EHLERS), sehr schattenverträglich, Salzresistenz ist nicht so hoch wie immer behauptet wird, gute Windfestigkeit, Bodenfestiger. Liguster wird in kalten Wintern sehr stark von Kaninchen verbissen.

Verwendung: Der Liguster gehört wegen seiner sehr breiten Standortamplitude (vom Auenwald bis zum Trockengebüsch), seiner unerhörten Robustheit und Wüchsigkeit zu den unentbehrlichsten Gehölzen im Garten- und Landschaftsbau. Im Siedlungsbereich gibt es kaum eine bessere, regenerationsfähigere Heckenpflanze. Bei der Wiederbegrünung bzw. -bewaldung trockener Böschungen, Grashänge und Rohböden ist Liguster neben Prunus spinosa, Cornus sanguinea, Viburnum lantana und Rosa canina einer der wichtigsten Pioniere überhaupt. Verträgt längere Sommerdürre auch auf Extremstandorten (Böschungen) sehr gut (Beobachtung Sommer 1990). Weiterhin für Rekultivierungsmaßnahmen in der freien Landschaft, Autobahnbegrünung, Schutzgrün im Industriebereich. Wind und Vogelschutz; hervorragend auch für freiwachsende Hecken.

Ökologie: Insektenfutterpflanze. Der Honigertrag liegt bei 20 kg pro ha.

L. vulgare 'Atrovirens'

Wuchs: Aufrecht wachsender, hoher Strauch, dicht verzweigt mit kurzen, abstehenden Seitentrieben, ältere Pflanzen breit und locker, wächst in den ersten Jahren langsam, insgesamt aufrechter als die Art.

Größe: 3 bis 4 m hoch und breit. Jahreszuwachs in der Höhe 25 cm, in der Breite 20 cm.

Blätter: Wintergrün, gegenständig, eilänglich bis lanzettlich, 4 bis 6 cm lang und etwa 2 cm breit, Spitze lang ausgezogen, dunkelgrün bis schwarzgrün, im Winter oft violettbraun, metallisch glänzend.

Blüten, Früchte, Wurzel, Standort, Boden, Eigenschaften wie die Art.

Verwendung: Wertvolles, immergrünes bzw. wintergrünes Gehölz für geschnittene und freiwachsende Hecken. Auf Grund der hohen Schattenverträglichkeit sehr geeignet zur Unterpflanzung düsterer Baumpartien, wo der Liguster auch in trockenen Sommern mit dem Wurzeldruck einer so intoleranten Baumart wie z. B. Acer platanoides fertig wird. Immergrüne Nachbarn mit ähnlicher Kampfkraft wären Taxus baccata, Prunus laurocerasus, Mahonia aquifolium, Ilex aquifolium, Hedera helix und Buxus sempervirens.

L. vulgare 'Lodense', Zwerg-Liguster (= L. vulgare f. nanum REHD.)

Um 1924 bei KOHANKE & SONS, Painesville, Ohio, USA, gefunden.

Wuchs: Dichtbuschiger, sehr kompakter, niedriger Strauch, Grundtriebe steif aufrecht, stark verzweigt, langsam wachsend.

Größe: Bis 0,70 (bis 1) m hoch und breit. Jahreszuwachs in Höhe und Breite 8 cm.

Blätter: Wintergrün, gegenständig, schmal elliptisch, 3 bis 5 cm lang, tiefgrün, im Winter bronzebraun.

Weitere Angaben wie bei L. vulgare.

Verwendung: Geschnittene und freiwachsende, niedrige Hecken, flächige Unterpflanzung von Großgehölzen, besonders im halbschattigen Bereich; Böschungsbegrünung, Verkehrsbegleitgrün.

LINNAEA GRONOV. ex L.
Moosglöckchen – Caprifoliaceae, Geißblattgewächse

Wurde von dem holländischen Botaniker Gronovius (Erster Schüler und Anhänger Linnés in Mitteleuropa) nach Linné benannt. Die Pflanze war auch die Wappenblume der Familie Linné.

L. borealis L., Moosglöckchen

Etwa 10 bis 15 cm hoher, lockere Teppiche bildender, immergrüner Zwergstrauch mit kriechenden, langen, fadenförmigen Trieben. Blätter gegenständig, eirundlich, im Durchschnitt 1 cm groß. Blüten glockig, hellrosa, 6 bis 9 mm lang, duftend. Sie erscheinen im Juni paarweise an langen, aufrechten Stielen. Das Moosglöckchen ist in den kühleren Gebieten der nördlichen Halbkugel weit verbreitet. In Mittel- und Nordeuropa von der Lombardei bis Grönland, im Osten von Sibirien bis Sachalin. Zwei Varietäten kommen in Nordamerika vor.

Es besiedelt kühlschattige Standorte. In den Alpen sehr häufig in moosreichen Lärchen-, Zirbel- und Fichtenwäldern. In der Gartenkultur ist dieses reizende Zwergsträuchlein, das wohl das kleinste heimische Gehölz ist, äußerst schwierig zu halten. Das Moosglöckchen benötigt unbedingt stark humose, lockere, frische, saure Substrate und fühlt sich nur wohl im kühl-feuchten Schattenbereich lichter Nadelgehölze. Bitte nicht düngen! Auch am Naturstandort sind die Rohhumus-Böden, die übrigens 50 cm tief durchwurzelt werden, nährstoffarm.

Ökologie: Das Moosglöckchen wird von Schwebfliegen bestäubt.

LIQUIDAMBAR L.
Amberbaum – Hamamelidaceae, Zaubernußgewächse
(Lat. liquidus = flüssig, und arabisch ambar = Amber-Duftstoff)

L. formosana HANCE,
Chinesischer Amberbaum,
Chinese sweet-gum
(= L. acerifolia, L. maximowiczii)

Wurde 1844 nach England eingeführt.

Liquidambar formosana

LIQUIDAMBAR

Amberbäume üben wegen ihrer paläobiologischen Bedeutung – sie waren im Tertiär auch in unseren Wäldern heimisch – eine ganz besondere Faszination auf mich aus. Darüber hinaus spielen alle Arten eine große Rolle in der Volksmedizin als Harz- bzw. Storax-Lieferanten. Ein weiterer Reiz ist ihre fantastische Herbstfärbung, die zu dem Schönsten zählt, was uns das Gehölzreich zu bieten vermag.

Obwohl dem Chinesischen Amberbaum keine ausreichende Frosthärte nachgesagt wird, habe ich dennoch einen Anbauversuch unternommen. Sowohl die Art als auch die Varietät (L. formosana var. monticola) haben die letzten 15 Jahre ohne gravierende Schäden überstanden. Gelegentliche Frostschäden an nicht ausgereiften Trieben wurden schnell überwunden.

Von L. styraciflua unterscheidet sich L. formosana durch die meist dreilappigen Blätter und die fehlenden Korkleisten. Die Herbstfärbung geht von einem warmen Orange in den Rot- und Purpurbereich über.

In seiner Heimat, Taiwan und den chinesischen Provinzen Szetchuan, Yunnan und Kwangtung, wächst L. formosana zu einem etwa 40 m hohen Baum heran. Bei uns wird er sich möglicherweise auch zu einem kleinen bis mittelgroßen Baum von (5) 7 bis 15 m entwickeln. Damit das Holz gut ausreift, sollte man ihn nicht auf zu schwere und zu feuchte Böden setzen. Frische, mit Nährstoffen normal versorgte, gut durchlässige, schwach saure bis neutrale Substrate wären optimal. In exponierten, frostgefährdeten Lagen ist eine Pflanzung nicht empfehlenswert.

Der morphologische Unterschied zwischen der Art und **L. formosana var. monticola** RHEDER et WILSON ist nicht eindeutig, da L. formosana in seiner Blattform und der Behaarung sehr variabel ist. Möglicherweise handelt es sich hier lediglich um eine Standortrasse. In der Frosthärte konnte ich bisher keinen Unterschied feststellen. L. formosana ist ein sehr schönes Herbstfärbergehölz, das einen Versuch allemal wert ist.

Anmerkung: Das Laub wurde in China früher als Seidenraupenfutter verwendet. Das Harz gehört zu den bekanntesten ostasiatischen Naturheilmitteln.

L. orientalis MILLER, Orientalischer Amberbaum (= L. imberbe)

Von den in Mitteleuropa kultivierten Amberbäumen ist L. orientalis die schwachwüchsigste und kleinste Art. Auch am Heimatstandort, in den in Meeresnähe gelegenen, feuchten Niederungswäldern des westlichen Kleinasiens, entwickelt sich der Orientalische Amberbaum nur zu 15 bis 20 m hohen, schlankkronigen Bäumen. Seine Blätter sind bis über die Mitte tief 5lappig eingeschnitten, wobei die einzelnen Lappen jeweils weitere, 3eckige Seitenlappen aufweisen. Die Blattlänge beträgt etwa 4 bis 7 cm, die Breite 5 bis 8 cm. Die Blätter sitzen an 4 bis 6 cm langen, grünen Stielen. Bis auf nur gelegentlich ausgebildete Achselbärte sind die Blätter kahl. Auch L. orientalis hat eine ausgeprägt schöne Herbstfärbung, die spät einsetzt und von leuchtend orangerot bis scharlachrot reicht.

Liquidambar orientalis

Auf Grund seiner Schwachwüchsigkeit ist diese Art als Herbstfärber für kleine Gärten sehr interessant. Leider aber reicht die Frosthärte, zumindest in Normallagen, wohl nicht aus. Wenn auch im Arboretum Thiensen ein Exemplar seit Jahren wundervoll färbt, so ist das angesichts der insgesamt milden Winter noch kein Maßstab. Die Selektion kälteresistenter Rassen aus größeren Höhenlagen (Taurus-Vorkommen) hätte längst anlaufen müssen.

Anmerkung: L. orientalis liefert (neben Styrax officinalis) das im orientalischen Raum berühmte Storax-Harz, das in der Heilkunde (Asthma, Katarrhe), zur Tabakaromatisierung, in der Parfümherstellung und als Räucherkerzenwachs (Weihrauch) verwendet wird.

Liquidambar orientalis Stammquerschnitt. Man erkennt die vielen, aus den Adventivwurzeln entstandenen Nebenstämme

Liquidambar orientalis mit Adventivwurzeln am Naturstandort in einem Niederungswald in der Türkei

Liquidambar orientalis im Arboretum Thiensen

Liquidambar styraciflua

Liquidambar styraciflua

Liquidambar styraciflua

L. styraciflua L.,
Amberbaum,
American Sweetgum, Red Gum

Verbreitung: Südöstliches Nordamerika; im Norden bis S-Illinois, westlich bis O-Texas, südlich bis Mittel-Florida, außerdem in Mexiko und Guatemala; auf feuchten, fruchtbaren Böden in Tälern, in Uferwäldern, im häufig überschwemmten Mississippital, auf Hängen in Laubmisch-Wäldern und als Pioniergehölz auf alten, nicht mehr bewirtschafteten Ländereien.

Wuchs: Mittelgroßer, stattlicher Baum mit geradem, bis zur Terminale durchgehendem Stamm, in der Jugend kegelförmiger Kronenaufbau, später mehr rundliche, zuletzt offene Krone mit einzelnen, starken, ausgebreiteten Hauptästen. In der Jugend langsam wachsend.

Größe: 10 bis 20 (bis 30) m hoch und 6 bis 12 m breit. Jahreszuwachs in der Höhe 35 cm, in der Breite 20 cm. Auf tiefgründigen Böden oft wesentlich stärker.

Rinde/Triebe: 1jährige Triebe grün bis bräunlich, später graubraun und mehr oder weniger mit Korkleisten besetzt. Im Winter eine große Zierde.

Blätter: Sommergrün, wechselständig, ahornähnlich, 5 bis 7lappig, 12 bis 15 cm breit, oberseits dunkelgrün, etwas glänzend, unterseits mattgrün, Adernwinkel bärtig behaart; Herbstfärbung prachtvoll tiefpurpur, violettbraun, gelb-orange, scharlach- und weinrot.

Blüten: Pflanze ist einhäusig; männliche Blüten in grünen, endständigen und aufrechten, 5 bis 7 cm langen Ähren, weibliche Blüten in hängenden, langgestielten, kugeligen Köpfen; Blütezeit Mai.

Früchte: Kugelig, aus vielen verholzten Kapseln bestehend, etwa 2,5 bis 3 cm dick, an langen Stielen, ein wenig an Platanenfrüchte erinnernd, haften oft noch im Winter am Baum.

Liquidambar styraciflua, Früchte

Wurzel: Herzförmig angeordnet, sehr weitstreichend, benötigt zur Ausdehnung viel Raum. Auf gut durchlässigen Böden entwickelt L. styraciflua eine starke Pfahlwurzel; auf versumpftem Boden ist das Wurzelwerk so flach wie ein Teller (SCHENCK).

Standort: Vollsonnig (wichtig zum Ausreifen und für Herbstfärbung!).

Boden: Frische bis feuchte, nahrhafte, durchlässige Böden, sauer bis neutral, kalkmeidend, bei zu hohem pH-Wert Neigung zu Chlorose; auf zu armen und verdichteten Böden kaum Zuwachs.

Eigenschaften: In der Jugend frostempfindlich bzw. spätfrostgefährdet, auch bei älteren Pflanzen können in sehr strengen Wintern gelegentlich die Knospen oder 1jährigen Triebe erfrieren, kritische Grenze dürfte bei minus 28 °C liegen, der Baum treibt dann oft erst im Juni aus den schlafenden Augen und regeneriert sich wieder gut. Bäume sollten nicht auf zu nährstoffreichen und zu feuchten Böden stehen! Wärmeliebend, lichthungrig, bedingt stadtklimafest, verlangt großen, offenen und lockeren Wurzelraum. Sollte wegen möglicher Winterschäden (Totalausfälle bei jüngeren Bäumen) nur im Frühjahr gepflanzt werden. Rinde und Wurzeln werden sehr gern von Mäusen gefressen. Vorsicht, oft starke Schädigungen in den Wintermonaten!

Verwendung: Auch wenn der Amberbaum in ungünstigen Lagen in der Jugend einiges zu überstehen hat, so sollte uns das nicht davon abhalten, diesen prachtvollen Baum viel häufiger zu pflanzen. Die gut entwickelten, alten und großen Exemplare in unseren Gärten und Parkanlagen beweisen eindeutig, daß der Amberbaum hier in Mitteleuropa gedeiht. Bei entsprechender Bodenherrichtung und Zurverfügungstellung ausreichenden Wurzelraumes! ist er auch gut als Straßenbaum, zumindest in den Außenbereichen einer Stadt, verwendbar. Wenn ich die meiner Meinung nach fünf schönsten Herbstfärber nennen sollte, wäre Liquidambar styraciflua mit Sicherheit darunter.

Sonnige Einzelplätze auf Rasenflächen, in Wassernähe (Spiegelung) oder vor dunklen Immergrünen würden die Wirkung noch steigern. Geeignete Herbstnachbarn, die zur gleichen Zeit färben, wären Liriodendron (gelb), Ginkgo biloba (gelb), Acer campestre (gelb), Acer rubrum 'Red Sunset' (rot), Nyssa sylvatica (orange-rot), Acer rufinerve (gelb-orangerot).

Anmerkung: Liquidambar gehörte zusammen mit Ginkgo, Taxodium und Magnolien zur tertiären Flora. Der bei Verwundungen austretende, angenehm riechende, dicke Saft wurde in Amerika zur Kaugummiherstellung benutzt. Daher stammt auch die Bezeichnung American Sweetgum. Das ziemlich weiche, aber zähe Holz läßt sich vielseitig verwenden. Im Musikinstrumentenbau gilt es als gutes Resonanzholz.

L. styraciflua 'Burgundy'

Wuchs: Mittelgroßer Baum mit durchgehendem Leittrieb und gleichmäßig kegelförmigem Kronenaufbau, später mehr eiförmig-rundlich, Seitenäste ansteigend, im Alter waagerecht ausgebreitet.

Größe: Bis 15 (20) m hoch und (4) 6 bis 10 m breit. Jahreszuwachs in der Höhe 35 cm, in der Breite 20 cm. Auf tiefgründigen, nährstoffreichen Böden oft wesentlich stärker.

Blätter: Sommergrün, 5- bis 7lappig, dunkelgrün, Austrieb relativ früh, Herbstfärbung weinrot bis dunkelrot.

Weitere Merkmale wie die Normalform.

Eigenschaften: Frostempfindlich, spätfrostgefährdet.

Verwendung: Schöne Herbstfärberselektion, die als Jungbaum leider etwas empfindlich ist. Sollte vorzugsweise nur in milden Klimazonen gepflanzt werden. Als Straßenbaum bedingt einsetzbar, siehe dazu Angaben bei L. styraciflua.

L. styraciflua 'Festival'

Wuchs: Mittelgroßer Baum mit ovaler bis breit kegelförmiger, aufrechter Krone, die auch im Alter schmaler bleibt als bei der Normalform.

Größe: 10 bis 18 (20) m hoch und (4) 6 bis 8 (10) m breit. Jahreszuwachs in der Höhe 35 cm, in der Breite 20 cm. Auf tiefgründigen, nährstoffreichen Böden oft wesentlich stärker.

Blätter: Sommergrün, 5- bis 7lappig, dunkelgrün, Herbstfärbung leuchtend gelb bis purpurrot.

Weitere Merkmale wie die Normalform.

Eigenschaften: Frostempfindlich, spätfrostgefährdet, nicht so robust wie 'Burgundy'.

Verwendung: Prachtvoller Herbstfärber für ausreichend geschützte Standorte. Als Straßenbaum bedingt einsetzbar, siehe dazu Angaben bei L. styraciflua.

L. styraciflua 'Moraine'

Wuchs: Mittelgroßer Baum mit pyramidaler, aufrechter Krone; stärker wachsend als die Normalform.

Größe: 10 bis 25 (30) m hoch, 6 bis 10 (15) m breit. Jahreszuwachs in der Höhe 40 bis 45 (50) cm, in der Breite 30 cm.

Blätter: Sommergrün, 5 bis 7lappig, mittelgrün, glänzend, Herbstfärbung leuchtend rot.

Weitere Merkmale wie die Normalform.

Eigenschaften: Sehr frosthart, wohl der frosthärteste Cultivar überhaupt. In USA ohne Schäden bei minus 28 bis minus 31 °C.

Verwendung: Auf Grund der erwiesenen Frosthärte und der prachtvollen Laubfärbung wohl die wertvollste amerikanische Selektion. Herrlicher Solitärbaum für das Thema „Herbstfärbergarten". Als Straßenbaum bedingt einsetzbar, siehe dazu Angaben bei L. styraciflua.

L. styraciflua 'Palo Alto'

Wuchs: Mittelgroßer Baum mit gleichmäßigem, pyramidalem Aufbau und durchgehendem Leittrieb, im Alter Krone mehr eiförmig-rundlich.

Größe: 10 bis 20 m hoch und 5 bis 10 (12) m breit. Jahreszuwachs in der Höhe 35 cm, in der Breite 20 cm. Auf tiefgründigen Böden oft wesentlich stärker.

Blätter: Sommergrün, 5- bis 7lappig, dunkelgrün, alle Blätter gleichzeitig färbend, orangerot.

Weitere Merkmale wie die Normalform.

Verwendung: Gute Herbstfärber-Selektion. Als Straßenbaum bedingt geeignet, siehe dazu Angaben bei L. styraciflua.

Liriodendron tulipifera

LIRIODENDRON L.
Tulpenbaum – Magnoliaceae, Magnoliengewächse
(gr. leirion = Lilie, dendron = Baum; lat. tulipifera = tulpentragend)

Wurde 1663 nach England und 1697 nach Deutschland eingeführt.

L. tulipifera L.,
Tulpenbaum

Verbreitung: Östliches Nordamerika; auf feuchten, gut durchlässigen Böden, sehr gern in Tälern und an sickerfeuchten Hängen, in Mischwäldern häufig aber auch in Reinbeständen.

Wuchs: Hoher Baum mit schlankem, geradem Stamm und pyramidaler Krone, Hauptäste im Alter mehr auseinanderstrebend, im unteren Bereich oft malerisch herabhängend, Wuchsformen können sehr unterschiedlich sein, gelegentlich auch mit unregelmäßig ansetzenden, mächtigen, ausladenden Seitenästen.

Größe: 25 bis 35 m hoch und 15 bis 20 m breit. 25 m hohe Bäume sind in deutschen Parkanlagen keine Seltenheit. Ein 1914 im Arboretum Reutlingen gepflanztes Exemplar hatte 1980 eine Höhe von 30 m erreicht. Jahreszuwachs in der Höhe 35 bis 40 cm, in der Breite 20 cm.

Blätter: Sommergrün, wechselständig, auffallende, ungewöhnliche Blattform, im Umriß fast viereckig, mit jeweils einem sattelförmigen Mittellappen und 2 großen, geschwungenen Seitenlappen, frischgrün; Herbstfärbung prachtvoll goldgelb.

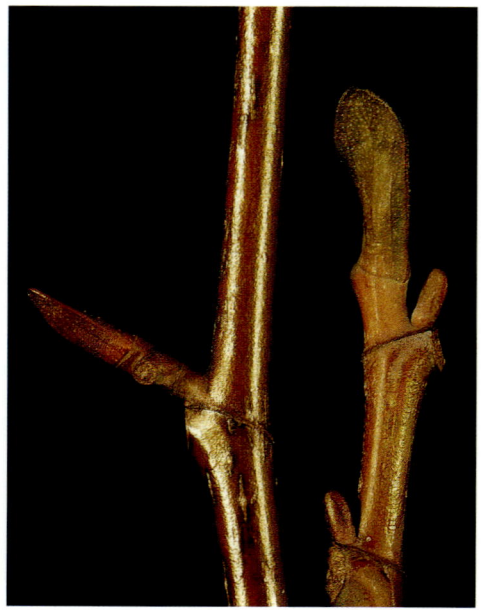

Liriodendron tulipifera

Liriodendron tulipifera

Blüten: In Form und Größe einer Tulpenblüte sehr ähnlich, Grundfarbe schwefelgelb bis gelbgrün, innen an der Basis der Kronblätter orangefarbene Saftmale (Nektarausscheidung), Ende Mai bis Ende Juni.

Früchte: In aufrechten, spindelartigen, 6 bis 7 cm langen Zapfen.

Wurzel: Herzwurzel, fleischig, weit ausgebreitet, liebt ähnlich großen Wurzelraum wie Liquidambar.

Standort: Sonnig.

Boden: Bevorzugt nährstoffreiche, tiefgründige, frische bis feuchte, gut drainierte Böden, sauer bis neutral (leicht alkalisch); gedeiht auch auf trockeneren Standorten, Zuwachs aber dann sehr gering.

Eigenschaften: Frosthart, liebt Wärme, neigt zu Windbruch, besonders bei regennassem Laub und Wind, (kann auch am Naturstandort beobachtet werden); Liriodendron sollte wegen seiner empfindlichen, fleischigen Wurzeln nicht im Herbst, sondern im Frühjahr bei Austriebsbeginn gepflanzt werden. Für Stadtklima nur bedingt empfehlenswert. Blüht erst als 20 bis 30 (bis 35) jähriger Baum. Kann am Heimatstandort 500 bis 700 Jahre alt werden (SCHENCK). Wertvolles Nutzholz! Es dient unter anderem zur Herstellung von Sperrholzplatten, Furnieren (werden nicht wellig!), Klavier-, Harmonika- und Orgelteilen. Aufgrund seiner Säureresistenz wurde es früher im Akkumulatorenbau verwendet. In den USA werden jährlich 1,2 Millionen m³ Schnittholz verarbeitet.

Verwendung: Der Tulpenbaum ist einer unserer

Liriodendron tulipifera

Liriodendron tulipifera, Fruchtstand im Rauhreif

Liriodendron chinense

stattlichsten Großbäume für weiträumige Garten- und Parkanlagen. Damit sein imposanter Habitus und sein attraktives Laub zur Geltung kommen, aber auch die interessanten und echten Tulpenbaumblüten „aus der Nähe" bewundert werden können, sollte er völlig frei stehen. Die unteren Äste haben so die Möglichkeit, sich malerisch bis zum Boden auszubreiten. Bei engem Stand entwickelt der schnellwüchsige Jungbaum einen pappelähnlichen Wuchs mit schlankem, hohem und astlosem Stamm. (In Amerika deshalb auch „Tulip-poplar" oder „Yellow-poplar"). Die leuchtend goldgelbe Herbstfärbung können wir steigern mit den Rottönen von Liquidambar, Quercus coccinea, Q. rubra, Acer rubrum 'Red Sunset', Parrotia und Nyssa sylvatica.

Die Sorte **'Fastigiatum'** wächst straff-kegelförmig aufrecht. Sie wird etwa 15 bis 18 m hoch. Leider ist sie nur in der Jugend schön, im Alter fällt sie auseinander. **'Aureomarginatum'** , **'Glen Gold'** u. **'Mediopictum'** sind gelbbunte Zierformen.

Anmerkung: L. tulipifera und L. chinense werden häufig verwechselt. **L. chinense**, China, bis 15 m hoch, Blätter deutlich tiefer gelappt (oft bis über die Blattspreitenhälfte), Blüten kleiner.

LOISELEURIA DESV.
Alpenheide – Ericaceae,
Heidekrautgewächse

L. procumbens (L.) DESV.,
Alpenheide, Felsenröschen,
Alpenazalee,Gamsheide
(= Azalea procumbens)

Niederliegender, dichte Teppiche bildender, bis 0,3 m hoher, heimischer Zwergstrauch. Zweige sehr dünn, dem Boden dicht aufliegend. Blätter immergrün, klein, gegenständig, ledrig, 5 bis 7 mm lang, dunkelgrün, glänzend. Blüten klein,

rosafarbene Glöckchen in endständigen Trauben im Juni/Juli. Die Alpenheide ist verbreitet über Mittel- und Nordeuropa, von Sibirien nach Ostasien, Nordamerika und Grönland. In den Alpen nur im westlichen Bereich zwischen 1600 und etwa 3000 m. In Zwergstrauch-Heiden, oft oberhalb der Legföhrenzone in stark windexponierten und häufig auch schneefreien Kammlagen (frosthart bis minus 40 °C!). Sie wächst dort auf frischen, nährstoffarmen, sauren bis stark sauren, humosen, oftmals flachgründigen Steinböden.

Ein interessantes Liebhabergehölz für Stein- und Heidegartenanlagen, wo der Alpenheide aber ein genügend frischer, kühlfeuchter Standort zugewiesen werden sollte.

Ökologie: *Wichtiges, Rohhumus bildendes Pioniergehölz auf Schutt- und Schotterflächen im Hochgebirge.*

Anmerkung: *Kleine Pflanze mit großer Bedeutung. Vielleicht werden Wissenschaftler eines Tages das Frosthärte-Gen der winzigen Alpenheide (frosthart bis minus 40 °C) für die Züchtung, z. B. von harten Avocado-Bäumen für Mitteleuropa, nutzbar machen.*

LONICERA L.
Heckenkirsche, Geißblatt, Caprifoliaceae,
Geißblattgewächse

Benannt nach dem Frankfurter Stadtphysikus ADAM LONITZER, der um die Mitte des 16. Jahrhunderts lebte und ein bekanntes Kräuterbuch geschrieben hat.

Die Gattung Lonicera umfaßt etwa 180 sommer- und immergrüne Sträucher und Kletterpflanzenarten, die überwiegend auf der nördlichen Erdhalbkugel vorkommen.

Die Blätter der Heckenkirschen- und Geißblattarten sind gegenständig, einfach, selten gelappt und meist ganzrandig. Bei den aufrecht wachsenden Sträuchern stehen die Blüten paarweise nebeneinander auf einem Stiel, während sie bei den windenden Ästen 6blütige Quirle bilden. Die 5zähligen Blüten sind entweder radiär aufgebaut, wie z. B. bei L. caerulea und L. ledebourii, oder deutlich 2lippig (2-seitig-symmetrisch mit 4lappiger Oberlippe und 1lappiger Unterlippe), wie wir es bei L. tatarica und L. xylosteum vorfinden. Bei einigen Arten, insbesondere bei den windenden, wie bei L. caprifolium oder L. periclymenum, ist die Kronröhre sehr lang und schmal trichterförmig ausgebildet, oft auch sehr attraktiv gefärbt und angenehm duftend.

Die mehrsamigen Beeren oder verwachsenen Doppelbeeren sind meist unbekömmlich, sehr schwach giftig, aber teilweise auch eßbar.

Dem Pflanzenverwender beschert die Gattung Lonicera eine Reihe wichtiger, vielseitig verwendbarer Gehölze. Dabei kommt den sommergrünen, strauchförmigen, aufrechten Arten, deren Frosthärte, Anspruchslosigkeit, Vitalität und Schattenverträglichkeit kaum zu überbieten ist, eine ganz besondere Bedeutung zu. Aber auch die immergrünen Formen von L. nitida und L. pileata mit ihrer filigranen Belaubung sind als niedrige, bodendeckende oder sockelbildende Kleingehölze gut in halbschattigen Gehölzpartien einzusetzen. Von den windenden Arten und Gartenformen, die oft sehr

ÜBERSICHT ÜBER DAS LONICERA-SORTIMENT:

Sommergrüne, aufrecht wachsende Arten:
L. alpigena
L. caerulea
L. korolkowii 'Zabelii'
L. ledebourii
L. maackii
L. x purpusii
L. tatarica
L. tatarica 'Arnold Red'
L. tatarica 'Rosea'
L. tatarica 'Zabelii'
L. x xylosteoides 'Clavey's Dwarf'
L. xylosteum

Sommergrüne, niedrige Arten:
L. albertii

Immergrüne, niedrige Arten:
L. nitida 'Elegant'
L. nitida 'Maigrün'
L. pileata

Kletternde Arten, sommergrün:
L. x brownii 'Dropmore Scarlet'
L. caprifolium
L. x heckrottii
L. x heckrottii 'Goldflame'
L. japonica 'Aureoreticulata'
L. periclymenum
L. x tellmanniana

Kletternde Arten, immergrün:
L. acuminata HORT.
L. henryi

rechts: Lonicera x tellmanniana

attraktive und duftende Blüten hervorbringen, müssen L. acuminata und L. henryi besonders erwähnt werden. Neben Clematis armandii (nur für milde Lagen), den Hedera-Arten, Rubus henryi und bedingt auch Euonymus fortunei-Formen gehören sie zu den wenigen brauchbaren, immergrünen Kletterpflanzen.

Alle Lonicera-Arten sind sehr genügsam und stellen an den Boden keine großen Ansprüche. Sind sie mit ihrem tiefgehenden Wurzelwerk erst einmal fest eingewachsen, so überstehen sie sommerliche Trockenzeiten, auch im Wurzeldruck größerer Bäume, sehr gut.

L. albertii REG.
(= L. spinosa var. albertii (REG.) REHD.)

Sommergrüner, etwa 0,5 m hoher, flach- und breitwüchsiger Kleinstrauch mit überhängenden Zweigen. Die linealischen, höchstens 3 cm langen Blätter sind oben blaugrün bis graugrün und unterseits bläulichweiß gefärbt. Im Mai/Juni erscheinen in achselständigen Paaren lilarosafarbene, duftende Blüten, aus denen die Staubgefäße weit herausragen. Die rundlichen Beerenfrüchte haben eine blaurötliche bis fast weiße Färbung. Dieser kleine, anmutige, völlig frostharte und anspruchslose Strauch, der aus Turkestan und Tibet stammt, wird bei uns leider kaum beachtet. Mit seinen graugrünen Blättern paßt er hervorragend in den Steppengarten, wo Perovskien, Lavendel, Chiliotrichum und Caryopteris ideale Nachbarn wären. Auf Grund seines flachen Wuchses eignet er sich auch gut für den Steingarten oder zur Begrünung von kleineren Böschungen.

L. alpigena L.,
Alpenheckenkirsche

Verbreitung: Gebirge Mittel-, Süd- und Südosteuropas; Pyrenäen, Schweizer Jura, Alpen, Apennin, Karpaten und Balkan. In Deutschland nördlich bis zur Donau, auf der Schwäbischen Alb, im Alpenvorland und in den Bayerischen Alpen, bis auf 2000 m. In krautreichen Laub- und Bergmischwäldern, in Schluchten; auf frischen, humosen, nährstoff- und kalkreichen Ton-, Lehm- und Mullböden.

Wuchs: Mittelhoher, breit aufrechter, nur mittelstark wachsender Strauch.

Größe: 1,20 bis 2,00 (bis 3,00) m hoch und meist genauso breit.

Triebe: Junge Triebe schwach behaart, später kahl, graubraun, etwas kantig, Rinde von älteren Zweigen streifig ablösend.

Blätter: Sommergrün, gegenständig, elliptisch bis länglich, zugespitzt, 8 bis 12 cm lang, oberseits dunkelgrün, glänzend, unterseits heller, auf den Adern behaart, keine nennenswerte Herbstfärbung.

Blüten: Gelblichgrün bis blaßbräunlichrot, paarweise, zweilippig (4lappige Oberlippe und 1lappige Unterlippe), Krone trichterförmig, 1 bis 1,8 cm lang, bilden reichlich Nektar. Mai/Juni.

Früchte: Paarweise, glänzend rot, etwa 1 cm dick, saftig, sehr zierend. Schwach giftig.

Wurzel: Flach, erträgt Wurzelkonkurrenz größerer Bäume!

Standort: Halbschattig bis schattig, in genügend luftfeuchten Lagen auch sonnig.

Boden: Gedeiht in jedem frischen bis feuchten, schwach sauren bis alkalischen Boden. Liebt lehmige und tonige Substrate (siehe Verbreitung).

Eigenschaften: Frosthart, erträgt Wurzeldruck größerer Bäume erstaunlich gut.

Verwendung: Harter und robuster, heimischer Strauch für Begrünungsmaßnahmen in schattigen Garten- und Parkbereichen. Sehr gut unter Bäumen und höheren Großsträuchern. Zierend durch die lebhafte Blatt-Textur und die leuchtend roten Beeren. Man sollte der Alpen-Heckenkirsche mehr Aufmerksamkeit widmen.

L. acuminata HORT. (der Baumschulen), Kriechende Heckenkirsche

(Gehört zu L. japonica, in Holland wird sie unter L. japonica 'Dart's Acumen' geführt)

Lonicera acuminata HORT.

Verbreitung: Himalaja.

Wuchs: Schlingstrauch, Triebe bodenaufliegend, mattenförmig oder an Zäunen, Bäumen und anderen Kletterhilfen emporschlingend, schnellwüchsig.

Größe: 0,5 bis 1 m hoch, kletternd bis 3 (bis 5) m.

Blätter: Halbimmergrün, gegenständig, elliptisch, 6 bis 10 cm lang, mittelgrün.

Blüten: Cremegelb, 6zählige Quirle an den Triebenden bildend, duftend, Juni bis Juli.

Standort: Absonnig bis schattig, geschützt.

Boden: Ansprüche sehr gering, bevorzugt frische bis feuchte, neutrale bis alkalische Substrate.

Eigenschaften: Ausreichend winterhart, oft nur wintergrün.

Verwendung: Flächenbegrünung, Böschungen, als Kletterpflanze für Pergolen, Zäune und Mauern (Kletterhilfe).

L. x brownii 'Dropmore Scarlet'
(L. hirsuta x L. sempervirens Selektion)

Gezüchtet von F. L. SKINNER, Dropmore, Manitoba, Kanada, vor 1950.

Wuchs: Schwach windender Schlingstrauch, in den ersten Jahren etwas trägwüchsig, später mittelstark wachsend.

Größe: 2 bis 3 (bis 5) m hoch und ca. 1,5 bis 2 m breit.

Triebe: Junge Triebe blaugrün, sonnenseits rötlich überlaufen.

Lonicera x brownii 'Dropmore Scarlet'

Blätter: Sommergrün, gegenständig, elliptisch, 6 bis 8 (bis 10) cm lang, dunkelgrün, unterseits blaugrün, fein behaart, obere Blattpaare zu fast runden, stengelumfassenden Scheiben verwachsen.

Blüten: Leuchtend hochrote bis orangerote Röhrenblüten, bis 4,5 cm lang, deutlich 2lippig, Kronzipfel mit teilweise orangen Einfärbungen, Kronröhre innen dunkelgelb bis orange, Stempel und Staubgefäße überragen die Kronzipfel, Staubgefäße rot bis braunrot gefärbt, Narbe gelbgrün, Blüten sitzen zu mehreren in Quirlen übereinander, sie erscheinen in großer Fülle von Juni bis September, oft auch noch im Oktober.

Standort: Lichter Schatten bis Halbschatten, bei kühlem, genügend feuchtem Fuß auch sonnig.

Boden: Frische bis feuchte, genügend nährstoffreiche, humose und durchlässige Substrate, neutral bis alkalisch.

Eigenschaften: Sehr frosthart, in Zentral-Kanada, wo diese Sorte gezüchtet wurde, kann die Temperatur bis auf minus 50 °C absinken.

Verwendung: Dieser blühfreudige Schlingstrauch gehört zu den zuverlässigsten und winterhärtesten Kletterpflanzen. Die leuchtend orangeroten Röhrenblüten erscheinen von Juni bis September. Pergolen, Zäune, Lauben, Bäume und Mauern. Kletterhilfe erforderlich.

L. caerulea L.,
Blaue Heckenkirsche

Verbreitung: Europäische Hochgebirge; verbreitet im Bayerischen Wald, Alpenvorland, kommt nicht vor im Schwarzwald und in den Vogesen. In Kiefern-Hochmooren, in lichten Bergmischwäldern aus Arven und Lärchen, wo L. caerulea vergesellschaftet ist mit Alnus viridis, Clematis alpina und Vaccinium myrtillus. Auf feuchten bis nassen, nährstoffarmen Rohhumus-Böden sowie auf humosen Sand- und Lehmböden.

Wuchs: Aufrechter, sehr dichtbuschiger, rundlicher Strauch, Verzweigungen auffallend waagerecht und sparrig.

Größe: 1 bis 2,5 m hoch, ältere Exemplare im Freistand doppelt so breit.

Rinde/Triebe: Einjährige Triebe rundlich bis leicht kantig, kahl oder etwas behaart, im Winter rotbraun, im Alter dunkel- bis schwarzbraun, alte Borke in langen Streifen sehr dekorativ abblätternd. Knospen waagerecht abstehend, oft zu 3 bis 4 an jedem Knoten übereinander, bis 0,5 cm lang, die obersten Knospen oft nur als Höcker unter der Rinde angedeutet.

Blätter: Sommergrün, gegenständig, eiförmig bis el-

Lonicera caerulea

liptisch, sehr veränderlich, 3 bis 8 cm lang, dunkelgrün, unterseits bläulichgrün, keine Herbstfärbung.

Blüten: Gelblichweiß, röhrig-trichterförmig, bis 1,5 cm lang, paarig an kurzen, nickenden Stielen, Einzelblüte 1 bis 1,5 cm lang, Kronzipfel 3 bis 5 mm lang, April bis Mai.

Früchte: Kugelige, schwarze und hellblau bereifte, verwachsene Doppelbeere, deren fleischiger Becher zwar eßbar, aber nicht wohlschmeckend ist.

Wurzel: Flach und stark verzweigt.

Standort: Sonnig bis halbschattig.

Boden: Anspruchslos, wächst auf jedem sauren bis neutralen, humosen Substrat, bevorzugt gleichbleibend feuchte Standorte, kalkmeidend.

Eigenschaften: Frosthart, Halbschattenpflanze.

Verwendung: Anspruchsloser, Schatten und Wurzeldruck ertragender Strauch, der im Winter durch seine hellbraunrote, abfasernde Rinde auffällt. Bietet durch seine außerordentlich dichte Verzweigung auch in unbelaubtem Zustand guten Windschutz. Vogelschutzgehölz. Die Blaue Heckenkirsche wird meiner Meinung nach viel zuwenig beachtet.

L. caprifolium L.,
Echtes Geißblatt
(lat. capra = Ziege, folium = Blatt)

Verbreitung: Mitteleuropa, Kaukasus bis Kleinasien; ursprüngliches Heimatgebiet läßt sich kaum noch feststellen, bei uns vielerorts verwildert und eingebürgert. In lichten Laubmisch- und Auenwäldern, an Waldrändern, in Gebüschen, Hecken und Knicks; auf mäßig trockenen bis feuchten, meist kalkhaltigen Lehmböden.

Lonicera caprifolium

Wuchs: Mittelstark wachsender, rechtswindender Schlingstrauch.

Größe: 3 bis 6 (bis 8) m hoch und 1 bis 3 m breit.

Blätter: Sommergrün, gegenständig, elliptisch bis breit eiförmig, 4 bis 10 cm lang und 2 bis 6 cm breit, ganzrandig, dunkelgrün; die obersten Blattpaare zu rundlichen, stengelumfassenden Blattscheiben verwachsen.

Blüten: In 6zähligen Quirlen über den obersten Blättern sitzend oder achselständig; Einzelblüte lang, röhrig, zweiseitig symmetrisch, innen gelblichweiß, außen oft rötlich überlaufen; in den Abendstunden intensiv süßlich duftend. Nachtfalterblume, Bestäubung durch Schwärmer und Eulen. Nektarproduktion ist beachtlich, Kronröhre oft halbvoll. Blütezeit Mai bis Juni (bis Juli).

Lonicera caprifolium

Früchte: 8 mm dicke, orangerote Beeren. Verbreitung erfolgt durch Vögel.

Standort: Sonnig bis halbschattig. Wurzelbereich aber immer genügend schattig und feuchtkühl!

Boden: Frische bis feuchte, nährstoffreiche, humose und durchlässige Böden, neutral bis alkalisch, Kalk liebend.

Eigenschaften: Frosthart, Rechtswinder, Blütenansatz nur bei genügend hellem Standort, im Schatten nur vegetatives Wachstum.

Verwendung: Alte Pflanze des Bauerngartens zur Berankung von Zäunen, Pergolen, Lauben und Bäumen. Kletterhilfe erforderlich.

L. x heckrottii HORT. ex REHD.
(L. x americana x L. sempervirens)

Vor 1895 in Amerika entstanden.

Wuchs: Buschig aufrechter, schwach windender Schlingstrauch, im Alter von unten etwas aufkahlend.

Größe: 2 bis 4 m hoch und 1,5 bis 3 m breit. Jahreszuwachs 30 bis 50 cm.

Triebe: Junge Triebe purpurrot, in voller Sonne tief purpurrot.

Blätter: Sommergrün, gegenständig, breit elliptisch, bis 8 (bis 10) cm lang und 3 bis 5,5 cm breit, bläulichgrün, fast sitzend; oberste Blattpaare unterhalb der Blüten zu rundlichen Tellern verwachsen.

Blüten: Zu 15 bis 30 in quirlartigen Ständen angeordnet, Einzelblüte röhrig, Gesamtlänge etwa 4 cm, 2lippig (zweiseitig symmetrisch), Kronröhre außen blaurot bis purpurrot (heller als bei 'Goldflame'), innen hellgelb, im Verblühen gelb. Reichblühend! Angenehmer, süßlicher Duft, intensiv. Blütezeit: Juni bis September (bis Oktober/November).

Lonicera x heckrottii

Früchte: Erbsengroße, rote Beeren, werden nur sporadisch angesetzt.

Standort: Lichter Schatten bis Halbschatten. Sonnige Plätze bei genügend Bodenfeuchtigkeit und bedecktem Wurzelbereich möglich. Im Schatten nur vegetatives Wachstum.

Boden: Frische bis feuchte, genügend nährstoffreiche, humose und gut durchlässige Substrate, neutral bis alkalisch; im allgemeinen aber anspruchslos und jeden kultivierten Gartenboden tolerierend.

Eigenschaften: Gut frosthart, blühwillig.

Verwendung: Reichblühender, herrlich duftender Schlingstrauch für Terrassenwände, Pergolen, Mauern, Zäune, Lauben und Bäume. Kletterhilfe erforderlich.

L. x heckrottii 'Goldflame'

WILLIS Nursery, USA, vor 1962.

Wuchs: Buschig aufrechter, stark windender Schlingstrauch. Starkwüchsiger als L. x heckrottii.

Größe: 3 bis 6 m hoch und 2 bis 4 m breit. Jahreszuwachs: ca. 60 cm.

Triebe: Junge Triebe kahl, dunkelrotlila, sonnenseits noch dunkler.

Blätter: Sommergrün, gegenständig, breit elliptisch, 4 bis 8 (bis 10) cm lang und 3 bis 5,5 cm breit, dunkelbläulichgrün, unterseits bläulichweiß bereift, oberste Blattpaare rundlich verwachsen.

Blüten: Zu 15 bis 30 in quirlartigen Ständen angeordnet, Einzelblüte röhrig, Gesamtlänge 3,7 (bis 4,5) cm , 2lippig (zweiseitig symmetrisch), 4teilige Oberlippe, 2 bis 2,2 cm lang, 1,4 bis 1,6 cm breit, mit 1 mm breitem, gelblichweißem Rand, Unterlippe 0,5 cm breit; Kronröhre außen blaurot bis purpurrot, am Grunde dunkler (magenta), Röhre streifig, innen gelblichweiß, im Verblühen gelb. Reichblühend und duftend! Blütezeit: Juni bis September (Oktober/November).

Früchte: Werden nicht angesetzt, Pflanzen wohl steril.

Standort: Lichter Schatten bis Halbschatten. Sonnige Plätze bei genügend Bodenfeuchtigkeit und bedecktem Wurzelbereich möglich. Im Schatten nur vegetatives Wachstum.

Boden: Frische bis feuchte, genügend nährstoffreiche, humose und gut durchlässige Substrate, neutral bis alkalisch; im allgemeinen aber anspruchslos und jeden kultivierten Gartenboden tolerierend.

Eigenschaften: Gut frosthart und sehr blühwillig.

Verwendung: Eine sehr reichblühende, gesunde Form, die wesentlich wüchsiger ist als L. x heckrottii. Terrassenwände, Pergolen, Mauern, Zäune, Lauben und Bäume. Kletterhilfe erforderlich.

L. henryi HEMSL.,
Immergrünes Geißblatt

Verbreitung: China.

Wuchs: Immergrüner, stark wachsender Schlingstrauch, in den ersten Jahren etwas trägwüchsig.

Größe: 4 bis 6 (bis 8) m hoch, auf günstigen Standorten und mit entsprechender Kletterhilfe (Bäume) auch höher. Jahreszuwachs 60 bis 100 (250) cm.

Rinde: Triebe dicht angedrückt behaart, Zweige ohne Mark, kahl, glänzend braun.

Blätter: Immergrün, gegenständig, länglich lanzettlich, Spitze lang ausgezogen, (4) 6 bis 9 (bis 12) cm lang und 2,5 bis 3 cm breit, frisch mittelgrün, schwach glänzend, gewimpert, unterseits bis auf die Mittelrippe kahl, hellgrün.

Blüten: Klein, meist paarweise, gelblich bis rötlich, Juni bis Juli (bis August).

Früchte: Kugelige, schwarze Beeren.

Standort: Absonnig bis tiefer Schatten.

Boden: Frische bis feuchte, genügend nährstoffreiche, humose, durchlässige Substrate.

Eigenschaften: Ausreichend frosthart, büßt in strengen Wintern, besonders bei trockenen Ostwinden und Sonneneinwirkung (ungünstiger Standort), gelegentlich einen Teil des Laubes ein, das jedoch im Frühjahr wieder ersetzt wird, stadtklima-verträglich.

Verwendung: L. henryi gehört für mich wegen der

Lonicera henryi

Lonicera henryi

immergrünen Belaubung zu den allerwertvollsten Kletterpflanzen überhaupt. Immer mehr bewundere ich dieses Gehölz, das halbschattige Baumpartien, Sitzplätze und absonnig gelegene Gartenmauern, auch in den Wintermonaten, zu wildromantischen, anheimelnden Gartenräumen verzaubern kann. Neben den Euonymus fortunei-Sorten, den Hedera-Gartenformen und Rubus heryi zählt L. henryi zu den wenigen, wirklich immergrünen Klettergehölzen. Ich kann mir nicht erklären, warum dieses dekorative und vielseitig verwendbare Gehölz noch so unbekannt ist. Die üppigste Entwicklung findet man in geschützten, absonnigen bis schattigen Lagen. Es ist keine Pflanze für eine vollsonnig gelegene Pergola oder gar eine Südwand. Von schattigen Mauerkronen, Böschungen und Zäunen kann sie mehrere Meter schleppenartig herabhängen.

L. japonica 'Aureoreticulata'

Verbreitung: Die Wildart stammt aus Japan und China.

Wuchs: Breit aufrechter, stark wachsender Schlingstrauch, ohne Klettermöglichkeit niederliegend, über den Boden kriechend.

Größe: Bis 4 (bis 6) m hoch. Jahreszuwachs: ca. 60 cm.

Blätter: Sommergrün, gegenständig, breit eiförmig, 6 bis 8 cm lang, dunkelgrün mit gelblichweißer Aderung.

Blüten: Weiß, gelb und purpur getönt, duftend; Juni bis September.

Früchte: Schwarze, kleine Beeren.

Standort: Sonnig bis absonnig.

Boden: Guter Oberboden, neutral bis alkalisch, frisch bis feucht und nahrhaft.

Eigenschaften: Frostempfindlich.

Verwendung: Sehr hübscher, zierlicher Schling-

strauch für Zäune und Rankgerüste. Belebend auch als Bodendecker in absonnigen Gehölz- und Staudenpartien, wo er an zusagenden, genügend geschützten Plätzen (Fallaub!) gut überwintert. Reizend auch für größere Pflanzkübel; hier kann das dekorative Blatt sehr schön zur Kontrastierung eingesetzt werden. Wirkungsvoll in Verbindung mit immergrünen Laub- und Nadelgehölzen. Allerdings sollte man diesen schnellwüchsigen Schlinger fest im Auge behalten, denn er gerät mit nicht ganz so beweglichen Nachbarn sehr leicht in Grenzstreitigkeiten.

L. korolkowii var. zabelii (REHD.) REHD.
(= L. zabelii REHD.)

Darf nicht verwechselt werden mit Lonicera zabelii HORT. (= Lonicera tatarica 'Zabelii').

Verbreitung: L. korolkowii ist östl. des Kaspischen Meeres verbreitet.

Wuchs: Breit aufrechter, buschig verzweigter Strauch mit straff aufsteigenden Grundtrieben und feingliedriger Verzweigung, im Alter ausgebreitet und etwas schirmförmig.

Größe: 1,50 bis 2 m hoch und breit. Jahreszuwachs: ca. 20 cm.

Lonicera korolkowii var. zabelii

Blätter: Sommergrün, gegenständig, eiförmig, 3 bis 3,5 cm lang, graugrün, stumpf, unterseits graugrün.

Blüten: Rosa oder weißlichrosa, paarweise nebeneinander, Blütenkrone etwa 1,5 cm lang, zweilippig, röhrig; reich blühend und stark duftend; Blütezeit Mai/Juni.

Früchte: Klein, hellrot.

Standort: Sonnig bis schattig.

Boden: Wächst auf allen schwach sauren bis alkalischen Substraten, mäßig trocken bis feucht, anspruchslos.

Eigenschaften: Sehr frosthart, stadtklimafest, rauchhart.

Verwendung: Ein sehr anspruchsloser Strauch für Einzelstellung und robuste Mischpflanzungen; Unterpflanzung schattiger Gehölzgruppen.

L. ledebourii ESCH.,
Kalifornische Heckenkirsche

Benannt nach dem russ. Botaniker C. F. LEDEBOUR (1785 – 1851).

Verbreitung: Küstenregion von Kalifornien.

Wuchs: Breit aufrechter, wenig verzweigter Strauch mit langen, rutenartigen, schlanken Trieben, in der Jugend vasenförmig, später mehr auseinanderstrebend.

Größe: 2 (bis 3) m hoch, gelegentlich auch höher werdend und 1,5 bis 2,50 m breit, im Alter so breit wie hoch. Jahreszuwachs in der Höhe 35 cm, in der Breite 20 cm.

Rinde: 1jährige Triebe 4fach gerieft (bis kantig), braun glänzend, 2jähriges Holz grau bis leicht hellbraun, etwas abfasernd, altes Holz hellbraun abfasernd; Knospen auffallend schwach ausgebildet, an Langtrieben 1 bis 3 mm lang, aufwärts gerichtet.

Lonicera ledebourii

Blätter: Sommergrün, gegenständig, eiförmig bis lanzettlich, 6 bis 12 cm lang, etwas grob, runzelig und dicklich, dunkelgrün, mattglänzend, unterseits heller, graugrün, weich behaart.

Blüten: Gelb, sonnenseits rötlich überlaufen, paarweise nebeneinander auf rötlich gefärbten, kahnartigen Deckblättern sitzend, Einzelblüte bis 2 cm lang, röhrig; sehr attraktiver Blütenstand. Blütezeit Mai bis Juni (bis Juli).

Früchte: Bis 1 cm dicke, kugelige, glänzend schwarze Beeren, umgeben von den sich purpurrot färbenden Deckblättern.

Standort: Sonnig bis schattig.

LONICERA

Lonicera maackii

Lonicera maackii

Boden: Gedeiht auf allen schwach sauren bis alkalischen Substraten, mäßig trocken bis feucht, kaum Ansprüche.

Eigenschaften: Sehr frosthart, weite Standortamplitude. Verträgt Trockenheit und Nässe, stadtklimafest, rauchhart, sehr schattenverträglich, gutes Ausschlagsvermögen, gedeiht gut in Meeresnähe, Laub ist windresistent.

Verwendung: Ein völlig problemloser, vitaler Strauch, der für robuste Abpflanzungen genauso geeignet ist wie für Unterpflanzungen im Schattenbereich größerer Gehölze. Wer als Pflanzenverwender das erste Mal in Ruhe Blüten und Früchte aus der Nähe betrachtet hat, wird nicht nur begeistert gewesen sein von Farbe und Form, sondern er wird diesem Gehölz zukünftig auch einen Einzelplatz als attraktives Ziergehölz zuweisen.

L. maackii (RUPR.) MAXIM.,
Baum-Heckenkirsche,
Schirm-Heckenkirsche

Benannt nach dem russischen Botaniker R. MAACK (1825 – 1886).

Verbreitung: Amurgebiet, Mandschurei, China, Japan und Korea.

Wuchs: Aufrechter, breit ausladender Großstrauch mit sehr starken, beinahe stammartigen Hauptästen und im Alter schirmförmigem Habitus.

Größe: 4 bis 5 m hoch und breit. Jahreszuwachs in Höhe und Breite 35 cm.

Rinde/Triebe: 1jährige Triebe oft sehr dick, grau bis hellbraungrau, Knospen bis 1 cm lang, etwas nach oben gerichtet (nicht waagerecht); nach dem 3. Jahr Zweige abfasernd, grau mit lang aufreißender Rinde.

Blätter: Sommergrün, gegenständig, veränderlich, eiförmig bis elliptisch, aber auch eiförmig-lanzettlich, 5 bis 8 cm lang, lang zugespitzt, dunkelgrün, leicht glänzend. Unterseits hellgrün, beidseitig schwach behaart.

Blüten: Paarweise nebeneinander auf 8 mm langen Stielen. Einzelblüte etwa 2 cm lang, zweilippig, Röhre sehr kurz, zuerst weiß, dann gelblich, herrlich duftend und überreich blühend. Blütezeit Mai bis Juni.

Früchte: Erbsengroße, leuchtend rote Beeren, sehr zahlreich.

Standort: Volle Sonne bis Halbschatten.

Boden: Keine Ansprüche, gedeiht in jedem kultivierten Boden, mäßig trocken bis feucht, schwach sauer bis alkalisch.

Eigenschaften: Sehr frosthart, Gehölz mit weiter Standortamplitude, verträgt Trockenheit, Hitze und Nässe, stadtklimafest.

Verwendung: Einzelstellung, Gruppenpflanzungen, Mischpflanzungen. Gehölzränder, breite Rabatten mit niedrigen Sträuchern und Stauden, absonnige Räume mit Gräsern, Farnen und Stauden. **L. maackii var. podocarpa** mehr breit wachsend, Blätter breiter, plötzlich zugespitzt, dunkelgrün, stärker behaart, Blüten etwas kleiner. Die Sorte '**Erubescens**' hat rosa getönte Blüten.

Anmerkung: Mehr kann man nun wirklich nicht von einem Gehölz verlangen! Absolute Frosthärte, keine Ansprüche an Standort und Boden, verträgt Sonne, Hitze und Halbschatten. Darüber hinaus hat L. maackii eine sehr ansprechende, dunkelgrüne Belaubung, von der sich die in großen Mengen erscheinenden, beinahe orchideenhaften, weißlichgelben Einzelblüten und der anschließend leuchtend rote Fruchtschmuck gut abheben. Hier kann ich nur noch auf bayerisch sagen: Die Lonicera mag I.

Ökologie: Die Blüten werden stark von Insekten, insbesondere von Hummel-Arten beflogen.

L. nitida 'Elegant'
(= L. pileata 'Yunnanensis')

Wuchs: Breitbuschiger, dicht verzweigter Kleinstrauch, Grundtriebe aufrecht, Seitenzweige waagerecht oder bogig abstehend mit feingliedrigen, stark überhängenden Trieben. Dem Boden aufliegende Zweige wurzeln.

Größe: 1 (bis 1,50) m hoch und breit. Jahreszuwachs ca. 15 cm.

Blätter: Immergrün, gegenständig, eiförmig bis eirund, 1 bis 2 cm lang, zweizeilig angeordnet, oberseits dunkelgrün, matt bis schwach glänzend, unterseits hellgrün.

Blüten: Rahmweiß, röhrig, 8 bis 10 mm lang, paarig an kurzen Stielen; Mai.

Früchte: Kugelig, bis 4 mm dick, purpurn glänzend.

Standort: Sonne bis Halbschatten, geschützte Lage.

Boden: In allen kultivierten Gartenböden von sauer bis stark alkalisch, recht anspruchslos.

Eigenschaften: Frosthart, Pflanzen können in starken Wintern bis zum Boden zurückfrieren, regenerieren sich jedoch schnell, stadtklimafest, Trockenheit, Hitze und Wurzeldruck vertragend, schattenverträglich, sehr schnittfest.

Verwendung: Durch das filigrane Laub und den lockeren Wuchs ein sehr ansprechendes Kleingehölz für Pflanzungen in sonnigen, besser noch absonnigen Gartenräumen, Abstufung von Gehölzrändern, Flächenbegrünung, Unterwuchs, Einfassungen, Böschungen, Eingrünen von Treppenwan-

Lonicera periclymenum

gen, auch für niedrige Hecken (in milden Lagen). Dauerhaft und sehr schön mit Kirschlorbeer und Feuerdorn unter Birken! Sehr ansprechend als Sockel vor Bambus oder immergrünen Cotoneaster-Formen (Blattstruktur!). Weiterhin für Pflanzkübel und Dachterrassen.

Anmerkung: In klimatisch ungünstigen Gebieten (Lufttrockenheit, starke Fröste und Wintersonne) besser halbschattig pflanzen. Bei jungen Pflanzen leichter Reisigschutz vorteilhaft. Nach Frostschaden auch starker Rückschnitt möglich.

L. nitida 'Hohenheimer Findling'

Wurde 1940 von DIETRICH in Stuttgart-Hohenheim gefunden.

Wuchs: Breitbuschiger, dicht verzweigter Kleinstrauch, Grundtriebe aufrecht, Seitenzweige horizontal oder bogig abstehend.

Größe: 0,5 bis 0,7 m hoch (alte Pflanzen auch über 1 m) und bis 1 (1,50) m breit.

Blätter: Immergrün, gegenständig, klein, zweizeilig angeordnet, oberseits dunkelgrün, unterseits hellgrün.

Eigenschaften: Frosthart, Pflanzen können in starken Wintern zurückfrieren, regenerieren sich jedoch schnell.

Verwendung: Flächenbegrüner, Unterwuchs, Einfassungen, in milden Lagen auch als Hecke. Wurde 1987 vom Arbeitskreis Gehölzsichtung mit „gut" bewertet.

L. nitida 'Maigrün'

Entstanden bei G. JÜRGL, Sürth.

Wuchs: Breitbuschiger, dicht verzweigter und kompakter Kleinstrauch, Grundtriebe aufrecht, Seitenzweige bogig abstehend mit feingliedrigen, hellgrünen Trieben.

Größe: Bis 1 m hoch und breit. Im Alter auch breiter als hoch.

Blätter: Immergrün, gegenständig, klein, eiförmig, zweizeilig angeordnet, frischgrün bis mittelgrün (heller als bei L. nitida 'Elegant'), mehr glänzend.

Weitere Merkmale und Angaben wie bei L. nitida 'Elegant'.

Eigenschaften: Frosthärter als L. nitida 'Elegant'! Wertvolle Verbesserung.

Verwendung: Flächenbegrüner, Unterwuchs, Einfassungen, in milden Lagen auch als geschnittene Hecke, Abstufung von Gehölzrändern, Böschungen, Kübel und Dachterrassen. Benachbarung siehe vorige Form. Wurde 1987 vom Arbeitskreis Gehölzsichtung mit „sehr gut" bewertet.

L. nitida 'Silver Beauty'

Wuchs: Breitbuschiger, dicht verzweigter, aufrechter Kleinstrauch mit elegant überhängenden Trieben.

Größe: 0,6 bis 0,8 m hoch.

Blätter: Immergrün, gegenständig, unregelmäßig elliptisch, olivgraugrün, 1,2 bis 1,7 cm lang und 0,4 bis 0,6 cm breit, mit silbrigweißem, schmalem Rand.

Verwendung: Sehr zierliche, ansprechende Sorte, herrlich mit weißbunten Gräsern, durch das gedeckte Olivgraugrün und den feinen, silbrigweißen Rand ein guter Partner „für den Weißen Garten".

Eine weitere Sorte ist **L. nitida 'Tibet'**. Wuchs sehr flach, Blätter auffallend klein, intensiv grün. Gute Winterhärte. Selektion mit großer Zukunft.

L. periclymenum L., Wald-Geißblatt

Verbreitung: Mittel- und Westeuropa. In Deutschland regelmäßig vorkommend. Häufig als Unterwuchs in Eichen-Birkenwäldern, aber auch in Eichen-Hainbuchenwäldern und in Erlenwaldgesellschaften des Auenwaldbereiches. Nicht selten an Wald- und Wegerändern, in Hecken und Knicks. Auf frischen bis feuchten, schwach sauren bis sauren, humosen und torfigmodrigen Böden, gern auf sandigem Lehm.

Wuchs: Mittelstark wachsender, rechtswindender Schlingstrauch.

Größe: 3 – 6 (10) m hoch.

Blätter: Sommergrün, gegenständig, eiförmig bis elliptisch oder eilänglich, 4 bis 6 (8) cm lang, dunkelgrün, unterseits bläulich., Blätter stets frei, auch an den Zweigenden nicht miteinander verwachsen! (bei der ebenfalls heimischen L. caprifolium! schüsselartig verwachsen).

Blüten: Röhrenblüten in kopfigen Ständen, mehrere Quirle übereinander am Ende junger Kurztriebe; Einzelblüte 4 bis 5 cm lang, zweiseitig symmetrisch, gelblichweiß oder rosa-weiß mit rötlich überlaufener Kronröhre; in den Abendstunden intensiv süßlich duftend. Blütezeit Mai bis Juni (Juli).

Früchte: Dunkelrote, 7 bis 8 mm große, kugelige Beeren. Schwach giftig!

Standort: Sonnig bis halbschattig, Wurzelbereich aber immer schattig und feuchtkühl halten. Auf trockeneren Böden besser halbschattige Position.

Boden: Frische bis feuchte, humose, schwach saure bis saure Böden (kalkmeidend).

Eigenschaften: Frosthart, guter Blütenansatz nur auf genügend hellen Plätzen, im Schatten nur vegetatives Wachstum. Verträgt Hitze und Trockenheit

nicht gut, Kümmerwuchs auch auf zu trockenen Böden.

Verwendung: Berankung von Zäunen, Lauben, Pergolen und Bäumen (nur ältere!). Kletterhilfe erforderlich.

Ökologie: Nachtfalterblume, Bestäubung durch Schwärmer und Eulen. Nektarproduktion ist beachtlich, Kronröhre oft halbvoll. Verbreitung der Früchte erfolgt durch Vögel.

Kultursorten von L. periclymenum:

'Belgica Select' mit gelblichweißer, außen tiefpurpurfarbener Kronröhre. Reichblühend.

'Serotina'. Starkwachsend. Blüten zu 15 – 30 in Quirlen. Kronröhre innen reinweiß, im Verblühen gelb, Kronröhre außen lilarot. Blütezeit von Juni bis Juli mit einer Nachblüte im Oktober. Sehr wertvolle und schon gut bekannte Sorte.

L. pileata OLIV.

Verbreitung: China, W-Hupeh, W-Setschuan.

Wuchs: Niedrig und flach ausgebreitet wachsender Kleinstrauch.

Größe: Bis 0,8 m hoch und bis 1,50 (bis 2) m breit.

Triebe: Etwas starr und steif, dicker als bei L. nitida 'Elegant'.

Blätter: Immergrün, gegenständig, länglich lanzettlich, 1,2 bis 2,4 cm lang, zweizeilig angeordnet, fast sitzend, tiefgrün, glänzend, unterseits heller.

Blüten: Rahmweiß, paarig an kurzen Stielchen, Einzelblüte röhrig, duftend, Mai.

Früchte: Kugelig, purpurviolett, größer als bei L. nitida 'Elegant'.

Standort: Sonnig bis schattig, geschützte Lagen vorteilhaft.

Boden: In allen kultivierten Gartenböden von sauer bis stark alkalisch, recht anspruchslos.

Eigenschaften: Etwas frosthärter als L. nitida 'Elegant', Pflanzen können in starken Wintern zurückfrieren, regenerieren sich jedoch schnell, stadtklimafest, Trockenheit, Hitze, Schatten und Wurzeldruck vertragend, sehr schnittfest.

Verwendung: Besonders in wintermilden Gebieten ein hervorragender, kissenartig ausgebreiteter Bodendecker zur Bepflanzung von Böschungen, Unterpflanzung halbschattiger bis schattiger Baum-

Links: Lonicera nitida-Hecke. Durch den Gegensatz von der abgeschrägten, wellig fließenden Oberfläche zu den scharfen Schnittkanten der Hecke entsteht ein spannungsreiches Gesamtbild, das durch Licht und Schatten zusätzlich betont wird. Im Vordergrund ein Buxus-Poller.

partien, Ränder und Vorpflanzung von Gehölzrabatten, besonders gut zur Abstufung von immergrünen Gehölzpflanzungen. Für Pflanzkübel, Hochbeete und Dachterrassen. Benachbarung siehe L. nitida 'Elegant'.

L. x purpusii REHD.,
Winter-Duft-Heckenkirsche
(= L. fragrantissima x L. standishii)

Entstanden vor 1920 im Botanischen Garten Darmstadt.

Sommergrüner bis gelegentlich auch wintergrüner, 2 m hoher und 3 m breiter Strauch. Blätter eiförmig, 5 bis 8 (10) cm lang und 3,5 cm breit, oben dunkelgrün, unten blaugrün, beiderseits fast kahl. Auf geschützten Standorten oftmals auch den Winter über durchhaltend. Ältere Zweige mit bräunlichen, lang abfasernden Rindenstreifen. Blüten rahmweiß bis blaßgelb, sehr intensiv duftend! Sie erscheinen oftmals schon ab Dezember. Hauptblütezeit liegt im Februar/März. Lichtschattige bis halbschattige Standorte auf frischen bis feuchten Böden sagen am meisten zu. Lonicera x purpusii gehört zu den sogenannten Winterblühern, die nach dem Foersterschen Motto handeln: „Es wird durchgeblüht".

Leider ist dieses reizende Gehölz, das sich zusammen mit Viburnum x bodnantense, Scilla tubergeniana, Cyclamen coum und den zahlreichen, immer attraktiver werdenden Helleborus-Hybriden in bester Frühlings-Gesellschaft befindet, viel zu wenig bekannt.

L. tatarica L.,
Tatarische Heckenkirsche

Verbreitung: Südliche Gebiete der GUS bis China und Turkestan.

Wuchs: Straff aufrechter, dicht und buschig verzweigter Strauch, im Alter mehr breit ausladend, aber dennoch geschlossen bleibend, als junge Pflanze schmaler als L. xylosteum.

Größe: 3 bis 4 m hoch und breit. Jahreszuwachs in der Höhe 30 bis 35 cm, in der Breite 20 bis 25 cm.

Rinde/Triebe: 1jährige Triebe grau bis leicht hellbraungrau, Knospen auch zu mehreren übereinander, Langtriebe oft ein wenig wellig, älteres Holz grau, abfasernd.

Blätter: Sommergrün, gegenständig, eiförmig bis lanzettlich, Spreitengrund bei älteren Blättern oft herzförmig, 4 bis 6 (bis 8,5) cm lang, dunkelgrün-bläulichgrün, beidseitig kahl; sehr früh austreibend, oft schon Ende Februar, vor L. xylosteum.

Lonicera tatarica

Blüten: Paarweise nebeneinander, Einzelblüte bis 2 cm breit, zweilippig, Oberlippe fast bis zum Schlund gespalten, Röhre kürzer als die Zipfel, Blütenfarbe weiß bis rot, kein Duft; Blütezeit Mai bis Juni.

Früchte: Kugelig, hellrot; unbekömmlich, allenfalls sehr schwach giftig (FROHNE/PFÄNDER).

Standort: Sonnig bis halbschattig.

Boden: Gedeiht in jedem kultivierten Boden, auch auf Rohböden, verträgt Trockenheit und Nässe, keine besonderen Ansprüche.

Eigenschaften: Außerordentlich frosthart, trockenresistent, stadtklimaverträglich, rauchhart; leiden gelegentlich unter Virus-Erkrankungen, Triebspitzen verkrüppeln.

Verwendung: L. tatarica gehört zu den genügsamsten und robustesten Sträuchern, die, wo überall man sie auch pflanzt, ihren Dienst tun. In vielen alten Garten- und Parkanlagen bildet dieses Gehölz immer noch das Grundgerüst und Rückgrat von Schutz- und Deckpflanzungen. Man möchte direkt wissen, ob dieser Strauch für seine Leistungen jemals eine Auszeichnung erhalten hat.

Ökologie: Insektennährgehölz. Der Honigertrag liegt bei 20 kg pro ha.

L. tatarica 'Arnold Red'

1947 als Zufallssämling im Arnold Arboretum entstanden.

Wuchs: Dicht und breitbuschig aufrecht wachsender Strauch.

Lonicera tatarica 'Arnold Red'

Größe: 3 bis 4 m hoch und im Alter meist genauso breit.

Rinde/Triebe: 1jährige Triebe grau bis leicht hellbraungrau, älteres Holz grau, abfasernd.

Blätter: Sommergrün, gegenständig, eiförmig bis lanzettlich, dunkelgrün-bläulichgrün, beidseitig kahl, früh austreibend.

Blüten: Paarweise nebeneinander, zweilippig, kräftig blaurot, groß, sehr ansehnlich, hat von allen Sorten die dunkelste Farbe.

Früchte: Tiefrot, bis 9 mm dick.

Weitere Angaben und Merkmale wie bei der Art.

Verwendung: L. tatarica 'Arnold Red' hat alle guten Wuchseigenschaften der Art und ist darüber hinaus durch die besonders dunklen und großen Blüten auch ein attraktives Blütenziergehölz. Eine weitere Sorte ist die ähnliche **'Hack's Red'**, deren tiefpurpurrosafarbene Blüten zwar nicht so dunkel sind wie die von 'Arnold Red', aber schöner und auffallender als die der Art.

L. tatarica 'Rosea'

Wuchs: Dicht und breitbuschig aufrecht wachsender Strauch.

Größe: 3 bis 4 m hoch und im Alter meist genauso breit.

Rinde/Triebe: 1jährige Triebe grau bis leicht hellbraungrau, älteres Holz grau, abfasernd.

Blätter: Sommergrün, gegenständig, eiförmig bis lanzettlich, dunkelgrün-bläulichgrün, beidseitig kahl, früh austreibend.

Blüten: Paarweise nebeneinander, zweilippig, zart pinkrosa, innen heller, groß, etwa 2 cm breit, sehr zierend.

Früchte: Dunkelscharlachrot.

Weitere Angaben und Merkmale wie bei der Art.

Lonicera tatarica 'Rosea'

Verwendung: Ist mit ihren großen, rosafarbenen Blüten vielleicht die schönste und anmutigste aller L. tatarica-Sorten. Wertvoller Deck- und Blütenstrauch, der in Garten- und Parkanlagen unbedingt in die erste Reihe gehört.

L. tatarica 'Zabelii'

Darf nicht verwechselt werden mit L. korolkowii var. zabelii.

Lonicera tatarica 'Zabelii'

Wuchs: Straff aufrechter, dicht und buschig verzweigter Strauch, im Alter breit ausladend.

Größe: 3 bis 4 m hoch und breit. Jahreszuwachs: ca. 20 cm.

Blätter: Sommergrün, gegenständig, eiförmig, 4 bis 6 (bis 8) cm lang, dunkelgrün, etwas glänzend, unterseits hellgrün.

Blüten: Leuchtend purpurrot, paarweise nebeneinander, Einzelblüte bis 2,5 cm lang. Zweilippig, Oberlippe fast bis zum Schlund gespalten, Röhre kürzer als die Zipfel. Blütezeit Mai bis Juni.

Früchte: Kugelig, hellrot.

Standort, Boden, Eigenschaften wie L. tatarica.

Verwendung: Ein rot blühender Auslesetyp von L. tatarica. Einzelstellung, Gruppen, Unterpflanzung im Schatten.

L. x tellmanniana MAGYAR ex SPÄTH. (Lonicera sempervirens 'Superba' x L.tragophylla)

Von J. MAGYAR, Budapest, 1920 gezüchtet und 1926 von L. SPÄTH in den Handel gebracht.

Wuchs: Kräftig wachsender Schlingstrauch mit breit abstehenden, bogig überhängenden Trieben.

Größe: 4 bis 6 m hoch. Jahrestriebe bis 1,50 m.

Triebe: Olivbraun, kahl!

Blätter: Sommergrün, gegenständig, breit elliptisch bis eiförmig, 6 bis 10 cm lang, tiefgrün, unten weißlich bereift, etwas fleischig, oberste Blattpaare tellerartig verwachsen; Herbstfärbung gelb.

Blüten: In quirlartigen Ständen am Ende der Triebe angeordnet, Einzelblüten röhrig, Gesamtlänge 5,5 bis 6 cm, zweilippig (zweiseitig symmetrisch), 4zipfelige Oberlippe, 1,5 bis 2 cm lang, Röhre außen gelboranger Grundton, schwach hellrot überlaufen wie auch die Knospen, Röhre innen gelborange, kein Duft; Ende Mai bis 1. Woche Juli.

Früchte: Orangefarbene, erbsengroße Beeren.

Standort: Sonnig bis absonnig, geschützte Pflanzplätze, Wurzelfuß kühlschattig, mulchen oder flach wurzelnde Stauden und Kleinsträucher pflanzen.

Boden: Frische, genügend nährstoffreiche, humose, durchlässige Substrate; insgesamt aber anspruchslos, gedeiht auf trockeneren Standorten.

Eigenschaften: Ausreichend frosthart, kann in sehr strengen Wintern zurückfrieren, treibt aber immer wieder gut durch. Stadtklimafest, verträgt sommerliche Trockenzeiten bei gemulchtem Wurzelbereich gut. Kletterhilfen notwendig.

Verwendung: Stark wachsender Schlingstrauch, der sehr schnell Säulen, Spaliere, Zäune, Pergolen und Mauern mit seinen ausgebreiteten, dichten Trieben und den verhältnismäßig großen, gesunden Blättern zudeckt. Zur Hauptblütezeit im Juni haben die orangegelben Blütenstände, die außerordentlich zahlreich erscheinen, vielleicht die größte Leuchtkraft aller kletternden Lonicera-Formen. Wände, Pflanzkübel, berankte Baumstämme oder Holzpyramiden sind dann ein besonderer Blickfang. Guter Blühpartner für das Thema „Goldener Garten".

L. xylosteum L., Gewöhnliche Heckenkirsche, Rote Heckenkirsche, Beinholz

(griech. xylon = Holz, osteon = Knochen, bezieht sich auf das feste, beinharte Holz).

Verbreitung: In Mitteleuropa südlich der Linie Hildesheim—Magdeburg allgemein verbreitet. Fehlt im westlichen Norddeutschland, in Niedersachsen, Schleswig-Holstein einschließlich der gesamten Nordseeküste. Einzelne Vorkommen entlang der Elbe, besonders auch im Raume Hamburg—Lauenburg, verstärkt auftretend wieder in Ostholstein und an der Ostseeküste (Rügen!). In krautreichen Laub- und Nadelmischwäldern, in Hecken, im Gebüsch, gern in Buchenwäldern; auf sommerwarmen, frischen, nährstoffreichen, meist kalkhaltigen, lockeren, humosen und tiefgründigen Lehm- und Tonböden.

Wuchs: Breit aufrechter, reichverzweigter Strauch, Grundtriebe aufrecht, Seitenzweige waagerecht abstehend, Triebenden etwas überhängend. Sehr veränderliche Wuchsform.

Größe: 2 bis 3 m hoch und breit. Jahreszuwachs in der Höhe 35 cm, in der Breite 30 cm.

Triebe: Hellgrau, oft „zick-zack"-gebogen, Beiknospen an Langtrieben häufig zu dritt in einer Reihe übereinander stehend. Knospen sehr spitz ausgezogen. Älteres Holz ebenfalls hellgrau bis grau.

Blätter: Sommergrün, gegenständig, eiförmig bis elliptisch, 4 bis 6 cm lang, stumpfgrün, unterseits graugrün, beidseitig behaart; Herbstfärbung gelblich.

Blüten: Weiß, im Verblühen (nach der Bestäubung) gelblich, paarweise in den Achseln der Laubblätter, zweilippig (4lappige Oberlippe und 1lappige Unterlippe), Krone 1 bis 1,5 cm lang. Mai bis Juni.

Früchte: Paarweise, flachkugelig, dunkelrot, 5 bis 7 mm dick, ab August/September. Schwach giftig! Vogelnahrung.

Wurzel: Flach, stark verzweigt, sehr umfangreich, bodenfestigend.

Standort: Sonnig bis schattig.

Boden: Gedeiht in jedem schwach sauren bis stark alkalischen, auch trockeneren Substrat, bevorzugt humose, tiefgründige Lehmböden mit einem höheren Kalk-gehalt; insgesamt ist L. xylosteum aber sehr anspruchslos.

Eigenschaften: Sehr frosthart, stadtklimafest, rauchhart, wind-, schatten-, hitze- und trockenheitsverträglich, besitzt hohes Regenerationsvermögen, große Salzresistenz.

Verwendung: Gehört zu den anpassungsfähigsten und robustesten Sträuchern für Schutzpflanzungen, freiwachsende und geschnittene Hecken; weiterhin

Lonicera xylosteum

Lonicera xylosteum

für Rekultivierungsmaßnahmen in der freien Landschaft, Böschungsbefestigung, schattige Gehölzränder, auch im trockeneren Wurzelbereich von Großbäumen. In der Natur vergesellschaftet mit: Ribes alpinum, Viburnum opulus, Sambucus racemosa, Ligustrum vulgare, Berberis vulgaris und Daphne mezereum.

Weitere empfehlenswerte Sorten von L. xylosteum sind:

L. xylosteum 'Compacta' (=L. xylosteum 'Nana'; 'Emerald Mound') Langsam wachsende, rundlich - kompakte Form mit blaugrünen Blättern. Höhe bis 1,5 m

L. xylosteum 'Hedge King' (C lavey Nurseries). Dicht geschlossener, aufrechter Wuchs. Wertvoll für Einfassungen und Flächenbegrünungen.

Hinweis: L. xylosteum und L. tatarica werden von der Schwarzen Kirschfruchtfliege (Rhagoletis cerasi) befallen. Vorsicht bei der Verwendung in Kirschanbaugebieten.

Ökologie: L. xylosteum ist die Futterpflanze für den Kleinen Eisvogel (Limenitis camilla), eine Schmetterlingsart, die in einigen Teilen der Bundesrepublik bereits rückläufig oder ausgestorben ist. Weiterhin lebt die Raupe des Hummelschwärmers (Hemaris fuciformis) auf den Blättern der Heckenkirsche. Darüber hinaus werden die nektarreichen Röhrenblüten in den Abendstunden von verschiedenen Nachtschmetterlingen besucht. Die Früchte sind eine beliebte Vogelnahrung. Der Honigertrag liegt bei 26 kg pro ha.

L. x xylosteoides 'Clavey's Dwarf' (L. tatarica x L. xylosteum)

Entstanden in CLAVEY'S Ravinia Nurseries, Deerfield, Ohio, USA.

Wuchs: Dichtbuschig und kompakt wachsender, auch im Alter immer breitrundlich bleibender Strauch, besonders in der Jugend langsamwüchsig.

Größe: Bis 1,50 (bis 2) m hoch und breit, in der Versuchsstation in Boskoop 1,70 m hoch und 3 m breit! Jahreszuwachs in der Höhe 20 cm, in der Breite 15 cm.

Triebe: 1jährige Triebe grau, Knospen oft zu dritt übereinander, waagerecht sitzend, spitz.

Blätter: Sommergrün, gegenständig, eiförmig bis breit eiförmig, 4 bis 6 cm lang, bläulichgrün, durch die beidseitig anliegende Behaarung grau wirkend. Herbstfärbung gelblich.

Blüten: Weiß, im Verblühen gelblich, paarweise nebeneinander, Einzelblüte 1 bis 1,5 cm lang, zweilippig (4lappige Oberlippe und 1lappige Unterlippe). Mai bis Juni.

Früchte: Paarweise, flachkugelig, dunkelrot, ab August/September. Schwach giftig! Vogelnahrung.

Wurzel: Flach, stark verzweigt, sehr umfangreich.

Standort: Sonnig bis schattig.

Boden: Gedeiht in jedem schwach sauren bis stark alkalischen, auch trockeneren Substrat, bevorzugt humose, tiefgründige Lehmböden mit einem höheren Kalkgehalt.

Eigenschaften: Sehr frosthart, stadtklimafest, rauchhart, wind-, schatten-, hitze- und trockenheitsverträglich, hohes Regenerationsvermögen, treibt sehr früh aus, nach amerikanischen Beobachtungen ausgesprochen hohe Salzresistenz.

Verwendung: Durch die hohe Salzresistenz und den langsamen und kompakten Wuchs prädestiniert für Pflanzungen im Straßenbegleitgrün. Gute Heckenpflanze, absonnige oder schattige Gehölzränder (Abstufung), Unterpflanzung im Schatten- und Wurzeldruck von Bäumen. Bodenbefestigung.

LYCIUM L. – Bocksdorn, Teufelszwirn – Solanaceae, Nachtschattengewächse

(Lykion = altgriechischer Pflanzenname für einen bestimmten Dornstrauch)

L. barbarum L., Gewöhnlicher Bocksdorn, Chin. Bocksdorn (= L. europaeum HORT.; L. halimifolium)

Verbreitung: China.

Wuchs: Sommergrüner Strauch mit lang bogenförmig überhängenden, bedornten Zweigen.

Größe: 2 bis 3 m hoch und mindestens so breit, im Alter doppelt so breit wie hoch.

Blätter: Sommergrün, wechselständig, lanzettlich, 4 bis 6 (bis 10) cm lang, graugrün, leicht behaart, derb.

Blüten: Purpurn, später bräunlich, zu zweien oder zu vieren in den Blattachseln, kleine, unscheinbare, röhrige Glöckchen, von (Mai) Juni bis Oktober.

Früchte: Scharlachrote, 1 bis 2 cm lange, eiförmige Beeren, entlang den Trieben, zur Fruchtzeit eine große Zierde. Nicht eßbar.

Wurzel: Hauptwurzeln dick, tiefgehend, bildet reichlich Wurzelbrut, Wurzeln sind zäh.

Standort: Volle Sonne bis absonnig.

Boden: Keine besonderen Ansprüche. Schwach sauer bis stark alkalisch. Gedeiht auch auf trockenen Rohböden.

Eigenschaften: Gut frosthart, Trockenheit und Hitze gut vertragend, stadtklimafest, sehr salzverträglich, außerordentlich windfest, (Halligen Nordsee, Felsklippen Südengland), hohes Ausschlagvermögen, unempfindlich gegenüber mechanischen Einwirkungen. Etwas mehltauanfällig.

Verwendung: Unerhört robustes Gehölz zur Begrünung trockenheißer Böschungen; für die verschiedenen, extremen innerstädtischen Pflanzsituationen; zur Bepflanzung von häßlichen Mauern und Mauerkronen, von denen die Triebe mehrere Meter herabhängen; Betonsteinmauern an Straßen, Industriehalden, Aufspülungen; in der Stadt gutes Vogelschutzgehölz.

Ökologie: Insektennährgehölz. Der Honigertrag liegt bei 20 kg pro ha.

Lycium barbarum

MAACKIA RUPR. & MAXIM.
Leguminosae – Hülsenfrüchtler

Benannt nach dem russischen Naturforscher Richard Maack, 1825 bis 1886

M. amurensis (RUPR. & MAXIM.) K. KOCH, Asiatisches Gelbholz

Maackia amurensis im Arboretum Thiensen

Wenn wir etwas für unsere heimische Insektenwelt, besonders aber für den Hummelschutz tun wollen, dann sollten wir dem Asiatischen Gelbholz mehr Aufmerksamkeit schenken. Für dieses absolut frostharte und formschöne Solitärgehölz wird einfach zu wenig geworben.

Großstrauch oder kleiner, oft mehrstämmiger Baum mit breiter, trichterförmiger Krone.

In seiner Heimat China und der Mandschurei wird er 12 bis 15 m hoch, in unseren Gärten erreicht er Höhen von 5 bis (10) m. Blätter sommergrün, wechselständig, unpaarig gefiedert, 20 bis 30 cm lang mit 7 bis 11 (13) länglich-eiförmigen bis elliptischen Blättern.

Im Juli/August erscheinen gelblichweiße Schmetterlingsblüten in endständigen, aufrechten, bis 10 cm langen Trauben, die zu mehreren straußartig vereint sind. Die in flachen Hülsen ausgebildeten, gelblichbraunen, verhältnismäßig großen Samen erreichen auch bei uns Keimfähigkeit. Das Asiatische Gelbholz ist pH-tolerant und gedeiht in jedem Gartenboden. Es bevorzugt frische, durchlässige Substrate und einen möglichst sonnigen Standort.

Ökologie: *Wertvoller Sommerblüher, dessen Schmetterlingsblüten außerordentlich stark von Hummeln, Bienen, Faltern und anderen Insektenarten beflogen werden.*

Maackia Blüte mit Biene

MACLURA NUTT.
Osagedorn – Moraceae, Maulbeerbaumgewächse

Benannt nach dem amerikanischen Geologen und Naturforscher WILLIAM MACLURE, 1763 bis 1840.

M. pomifera (RAF.) SCHNEID., Osagedorn, Osageorange, „Bodark", „Horseapple"

Kleiner, malerischer Baum, meist mit kurzem, gebogenem Stamm und breit-rundlicher, unregelmäßiger, z. T. etwas schiefwüchsiger Krone, häufig auch mehrstämmig, Äste locker nach den Seiten aufsteigend, im Alter leicht überhängend. Zweige orange-braun, mit 0,6 bis 2,5 cm langen Dornen besetzt. Blätter sommergrün, wechselständig, einfach, eiförmig zugespitzt, 6 bis 13 cm lang und 4 bis 7,5 cm breit, glänzend mittelgrün, Milchsaft führend, Herbstfärbung gelb. Blüten grünlich, unscheinbar, Mai/Juni. Sehr attraktiv sind die kugeligen, 5 bis 13 cm dicken, orangeartigen, gelbgrünen Früchte, die auch in Mitteleuropa ausgebildet werden.

Der Osagedorn hat seine natürlichen Standorte in Arkansas, Oklahoma und Texas. Er wächst dort auf guten, feuchten Böden in Flußtälern. Bei der Verwendung hat sich allerdings herausgestellt, daß dieser interessante Baum, der heute auch außerhalb seines natürlichen Verbreitungsgebietes verwildert in Nordamerika vorkommt, Trockenheit, Hitze, Windeinwirkung und Luftverschmutzung in den Städten sehr gut widersteht. Auf Plätzen oder in Innenhöfen macht dieser malerische Baum eine ansprechende Figur.

Wenn M. pomifera auch bei uns im Norden gedeiht, so habe ich jedoch die schönsten Bäume in den südlicheren Gefilden gesehen. Ein prächtiges, 60jähriges und etwa 20 m hohes Exemplar sah ich 1984 im Botanischen Garten Zürich. Der regelmäßig fruchtende Baum hatte in 1 m Höhe einen Stammumfang von 2,10 m. Das Gießener Exemplar (Bot. Garten) ist etwa 6 bis 7 m hoch. Drei etwa 40 bis 45 Jahre alte, immer reichlich fruchtende Bäume kann man im Botanischen Garten Heidelberg bewundern. Im Jahre 1989 lagen die Höhen der z. T. 2- und 3stämmigen Exemplare zwischen 8 und 12 m, ihre Stammdurchmesser betrugen 30 bis 40 cm. Die dornige Pflanze diente in der nordamerikanischen Prärie vor Einführung des Stacheldrahts als „Zaunmaterial". Das fäulnisbeständige Holz – es enthält verschiedene pilztötende Stoffe – wurde von den Siedlern auch gern für Zaupfähle verwendet. „Das Holz ist schwer zu bearbeiten, so schwer, daß die Äxte, die Sägen und die Stimmung der Holzarbeiter darunter leiden." (SCHENCK, 1939). Der Name **'Bodark'** *stammt von dem französischen bois d'arc = Bogenholz. Es ist auf die Osage-Indianer zurückzuführen, die dieses Holz zur Bogenherstellung benutzten. Die frühen Siedler entzogen der Wurzelrinde einen gelben Farbstoff zum Färben von Textilien. Die orangeartige, fleischige Frucht wurde als Lebensmittel gegessen, was zu einem anderen gebräuchlichen Namen geführt hat: Pferdeapfel.*

Maclura pomifera 'Inermis' *ist eine dornenlose, männliche Form, die vielleicht eine gewisse Bedeutung als kleinkroniger, stadttauglicher Straßenbaum erlangen könnte. Beachtenswert ist die weit gespannte Standortamplitude, die von naß bis trocken und von sauer bis stark alkalisch reicht.*

Maclura pomifera

Magnolia x soulangeana, Tulpen-Magnolie

MAGNOLIA L.
Magnolie – Magnoliaceae,
Magnoliengewächse

Benannt nach dem franz. Botaniker Pierre Magnol, 1638 – 1715, Direktor des Botanischen Gartens in Montpellier.

Die Magnoliengewächse, zu denen auch der bekannte Tulpenbaum, Liriodendron tulipifera, gehört, sind eine uralte Pflanzenfamilie, deren Entwicklungsbeginn wohl über 100 Millionen Jahre zurückliegt. Sie stehen sozusagen am Anfang der stammesgeschichtlichen Entwicklung der Bedecktsamer, und wir können heute sagen, daß sie den Vorfahren unserer Blütenpflanzen wohl am ähnlichsten sind. Neben vielen anderen „primitiven" Merkmalen, wie z. B den zapfenförmigen Fruchtständen, zeigt sich ihre Ursprünglichkeit in erster Linie in der Organisation der Blüten. Sie sind häufig sehr deutlich spiralig aufgebaut, was auf die Sproßnatur hinweist. Darüber hinaus sind die Blütenblätter nie miteinander verwachsen, und auch die Anzahl ist nicht konstant. Auch dies sind Merkmale von Ursprünglichkeit.

Angesichts der wirklich attraktiven Blüten – die Magnolien gehören doch zweifellos zu den auffälligsten Ziergehölzen – ist es kaum verständlich, daß wir es hier sozusagen mit „Anfängern" der Entwicklungsgeschichte der Blütenpflanzen zu tun haben.

Die Gattung Magnolia umfaßt etwa 80 Arten, die in zwei großen, weit voneinander getrennten Arealen vorkommen, nämlich in Ostasien und in Nordamerika bzw. im nördlichen Südamerika. Vor den Eiszeiten waren die Magnolien auch in unseren mitteleuropäischen Wäldern vertreten. Während die aus Nordamerika stammenden Magnolien-Arten, wie M. acuminata und M. tripetala, sehr starkwüchsig sind und sich zu großen Bäumen entwickeln können, wachsen die meisten ostasiatischen Arten wie M. denudata, M. kobus, M. liliiflora, M. sieboldii und M. stellata schwächer und bleiben auch deutlich kleiner. Die wohl bekannteste Magnolie ist M. x soulangiana, von der es eine Unzahl an Gartenformen gibt. Zusammen mit M. kobus, M. denudata, M. stellata und den M. x loebneri Hybriden gehört sie zu den frühblühenden Magnolien, deren große Attraktivität und Beliebtheit wohl darin begründet ist, daß sie vor jeglicher Laubentwicklung ihre zahlreichen Blüten entfalten.

Doch auch die sommerblühenden Arten, wie M. sinensis oder die bekanntere M. sieboldii, haben mit ihren anemonenhaften, schneeweißen Blüten und den roten Staubgefäßen einen unaussprechlichen Reiz. Wenn auch bei uns nicht überall winterhart, so möchte ich doch die immergrüne Magnolie, M. grandiflora, mit den riesigen, cremeweißen Blüten und den glänzend dunkelgrünen

Blättern erwähnen. Im Weinbauklima, aber auch in Norddeutschland, gibt es einige Exemplare. Zu den auffälligsten Blattschmuckgehölzen gehören die völlig harte M. obovata und die Schirmmagnolie M. tripetala, die mit ihren gewaltigen Blättern Tropenatmosphäre verbreiten. Aufregend neue Farben und Blütenformen werden uns mit Sicherheit die amerikanischen Züchtungen bescheren, deren Sichtung in Mitteleuropa gerade angelaufen ist. Ich denke hier an die seerosenähnlichen, gelben Traumblüten von 'Elizabeth' und 'Butterflies'.

Alle Magnolien gedeihen am besten in sonniger bis leicht absonniger, gut windgeschützter Lage. Sie bevorzugen einen humosen, nahrhaften, gleichmäßig feuchten und vor allem auch einen lockeren, gut durchlässigen Boden, der sauer bis neutral sein sollte. Zu tiefes Pflanzen ist ebenso schädlich wie die Bodenbearbeitung im Wurzelbereich mit Spaten oder Grabegabel. Die Wurzeln der Magnolien liegen sehr flach im Oberboden und sind außerordentlich empfindlich. Empfehlenswert ist die Frühjahrspflanzung.

Ökologie: Magnolienblüten werden von verschiedenen Käferarten besucht. Die Früchte sind Winternahrung für Drosseln, Elstern, Eichelhäher und Eichhörnchen. Magnolien werden in starken Wintern von Kaninchen geschält.

M. acuminata (L.) L.,
Gurken-Magnolie

acuminatus = zugespitzt

Diese prächtige Magnolie, die an ihrem Heimatstandort im östlichen Nordamerika bis 40 m Höhe erreicht, entwickelt sich auch in unseren Gärten zu einem 20 bis 25 (35) m hohen Baum mit breitkegelförmiger Krone und regelmäßig angeordneten Ästen. Ende Mai bis Ende Juni erscheinen die etwa 5 cm langen, grünlichgelben Blüten. Ihren Namen hat die Gurken-Magnolie nach den walzenförmigen, 5 bis 8 cm langen, roten Fruchtzapfen. Sie bevorzugt frische bis feuchte, tiefgründige und nahrhafte Böden.

Herrlicher, absolut frostharter Parkbaum mit schönem Wuchs und großer, gesunder Belaubung. M. acuminata vermittelt uns einen Eindruck von der Üppigkeit der Baum-Magnolien, die noch vor Beginn der Eiszeiten in unseren Wäldern standen.

*Die zur Zeit viel diskutierten **M.-Acuminata-Hybriden** sind ab 1954 im Botanischen Garten Brooklyn (New York) durch Kreuzungen zwischen M. acuminata var. aurea und M. denudata erzielt worden. Das hervorstechendste Merkmal dieser auch bei uns absolut frostharten Sorten ist ihre mehr oder weniger gelb gefärbte Blüte, die vor dem Blattaustrieb erscheint.*

Magnolia acuminata

'Elizabeth', hat im Arboretum Thiensen hellgelb geblüht. Geöffnete Blüten sind 15 bis 18 cm breit, duftend.

'Butterflies', kleiner, kegelförmiger Baum, Blüten mittelgroß, tiefgelb. Schönste gelbblütige Magnolie.

'Sundance', Blüten bis 20 cm breit, cremegelb.

'Yellow Fever', starkwüchsig, Blüte hellgelb, außen rosa überlaufen.

M. x brooklynensis-Sorten sind aus Kreuzungen zwischen M. acuminata und M. liliiflora entstanden.

Bekannt sind: 'Evamaria', kleiner, meist mehrstämmiger Baum, Blüten bis 10 cm breit, außen gelborange und magentarot, innen rosa. Die Sorte ist nach der Züchterin EVAMARIA SPERBER benannt worden.

'Daybreak', hat duftende, rosafarbene Blüten.

'Flamingo', kegelförmiger Kleinbaum, Blüten rein flamingorosa, erscheinen vor den Blättern.

'Gold Crown', Blüten tiefgelb.

'Yellow Bird' (Kreuzung aus 'Evamaria' x M. acuminata var. subcordata, 1967), Blüten groß, reingelb, erscheinen mit den Blättern, lange Blütezeit. Eine der besten gelben Sorten!

M. grandiflora L.,
Großblütige Magnolie

Wenn sie auch nicht in allen Teilen Deutschlands im Freien kultiviert werden kann, so sollte man die berühmte immergrüne Magnolie mit den auffallend großen, dunkelgrün glänzenden Blättern und ihren Riesenblüten doch kennen. Auf seinen Reisen in den Süden trifft man diesen stattlichen Baum nicht erst südlich der Alpen, in

323

Meran oder in den Parklandschaften am Lago Maggiore. Bereits in den Gartenanlagen von Heidelberg und Baden Baden kann man bis zu 10 m hohe M. grandiflora bewundern. Wer jemals die cremeweißen, bis zu 30 cm großen und intensiv duftenden Blüten in dem dunkelgrünen Laub aus allernächster Nähe erlebt hat, wird es auch im eigenen Garten versuchen wollen. Ich kannte in der Nähe von Hamburg einen Garten, in dem sie viele Jahre stand und auch heute möglicherweise noch vorhanden ist. Ein 8 m hohes Exemplar sah ich im Jahre 1985 im Botanischen Garten Freiburg. Südlich der Alpen wird M. grandiflora bis zu 20 m hoch und besticht durch eine geschlossene, kegelförmige Krone. Ihre großen Blüten erscheinen unentwegt von Mai bis August. Beheimatet ist diese imposante Magnolie im südöstlichen N-Amerika.

Magnolia grandiflora in Locarno

Die aus Frankreich stammenden Sorten 'Galissonière' und 'Treyvei' sind frosthärtere Selektionen, wobei Boskooper Fachleute 'Treyvei' die größere Frostresistenz zusprechen.

Magnolia grandiflora

Weitere Sorten, die sehr hart sein sollen, sind: 'Edith Bogue', Kälteresistenz der Blätter minus 27 °C bis minus 30 °C, das Holz soll frosthart bis minus 30 °C sein. Die Sorte stammt aus Florida (PARDATSCHER).

Magnolia grandiflora

'Samuel Sommer', diese Sorte hat in Georgia minus 24 °C und Tornados überstanden (PARDATSCHER).

'Spring Grove', Kälteresistenz der Blätter soll bei minus 27 °C und die des Holzes bei minus 30 °C liegen.

'Victoria', bekannte, ausgesprochen frostharte Selektion.

'24 Below', Sorte aus Knoxville, hat im Januar 1985 ohne Schaden Temperaturen von minus 31 °C überstanden!? (PARDATSCHER).

Alte Exemplare ertragen erstaunliche Temperaturtiefstwerte. Eine 11 m hohe Pflanze auf der Mainau trieb nach minus 21,5 °C wieder aus! PARDATSCHER berichtet, daß sich die Sorte 'Goliath' nach Frösten mit minus 25 °C vom totalen Laubverlust und Triebschäden wieder erholt hat.

Magnolia grandiflora im Parc André Citroën, Paris

Anmerkung: SCHENCK schreibt 1939: „In der Südhälfte der Vereinigten Staaten wird M. grandiflora vielfach gepflanzt; sie gedeiht auch in den kleinen Hausgärten armer Leute auffallend gut."

M. hypoleuca S. & Z.
(= M. obovata)

Gehört mit M. macrophylla, M. officinalis und M. tripetala zu den bekanntesten sommergrünen „Großblatt-Magnolien", die durch ihre verkehrt eiförmigen, bis 40 cm langen und schirmförmig angeordneten Riesenblätter auffallen. M. hypoleuca hat schalenförmige, 10 bis 15 cm breite, duftende Blüten, die aus 6 bis 9 weißen Kronblättern bestehen und erst im Juni, also nach der Blattentwicklung, erscheinen. Diese aus Japan stammende Magnolie ist zuverlässig frosthart und wird in unseren Gärten 6 bis 10 (15) m hoch.

Ein sehr dekoratives Blüten- und Blattschmuckgehölz für das Thema Blattformen und Kontraste. Mit M. hypoleuca schaffen wir eine tropische Atmosphäre in unseren Gärten. Wegen der Riesenblätter ist ein windgeschützter, absonniger Platz zu wählen. Der Boden sollte frisch bis feucht, gut durchlässig und schwach sauer bis neutral sein.

Magnolia hypoleuca

M. kobus DC.,
Kobushi-Magnolie

Magnolia kobus

Verbreitung: Japan; Hokkaido, Honshu, Shikoku, Kyushu, in der Ebene wie auch in den Bergen in humusreichen, feuchten Böden.

Wuchs: Kleiner bis mittelgroßer Baum oder baumartiger Großstrauch mit zunächst kegelförmiger, später mehr breitrundlicher Krone, Hauptäste im Alter oft weit ausladend.

Größe: 10 bis 12 (bis 15) m hoch und 6 bis 8 m breit. In der Heimat 20 bis 30 m hoch. Jahreszuwachs in der Höhe 30 cm, in der Breite 20 cm.

Blätter: Sommergrün, wechselständig, verkehrt eiförmig, (6) 10 bis 18 cm lang und 5 bis 10 cm breit, über der Mitte am breitesten, plötzlich zugespitzt, mittelgrün, Herbstfärbung gelblich.

Blüten: Vor dem Laubaustrieb, weit geöffnete, etwa 10 cm große, weiße Blüten, die aus 6 (bis 9) Blütenblättern bestehen, gelegentlich außen am Grunde schwach lilarosa überlaufen. Überreich blühend, Mitte/Ende April bis 1. Woche Mai.

Früchte: Walzenförmige Sammelfrucht, rötlich.

Wurzel: Fleischig, Hauptwurzeln kräftig, flach und tief ausgebreitet; empfindlich.

Standort: Sonne bis lichter Schatten, geschützte Lage vorteilhaft (Spätfrostgefahr).

Boden: Bevorzugt tiefgründige, lockere, frische bis feuchte, nahrhafte und humose Böden, sauer bis schwach alkalisch. Insgesamt ist die Kobushi-Magnolie anpassungsfähig, der Boden sollte aber nicht zu flachgründig und zu trocken sein.

Eigenschaften: Sehr frosthart, die härteste aller ostasiatischen Arten, verträgt Temperaturen bis minus 34 °C! Bei Sämlingen kann die Blühfähigkeit bereits bei 7 Jahren, aber auch erst in 30 Jahren einsetzen! Vegetativ vermehrte Pflanzen blühen nach etwa 10 Jahren.

Verwendung: Prachtvoller Blütenbaum für Einzelstellung in mittelgroßen Gärten und Parkanlagen. Wenn genügend Raum vorhanden ist, sollte man den Mut haben, sie auch einmal hainartig zu pflanzen. Zur Blütezeit stehen sie wie riesige weiße Wolken in der Parklandschaft. Mit rosa und weißen Zierkirschen, einem Teppich aus weißen Narzissen und dem Blausternchen, Chionodoxa, schafft man vollendete Frühlingsbilder. Sehr schön ist auch eine flächige Unterpflanzung mit Erica carnea 'Winter Beauty', sie blühen fantastisch zusammen. Eine Kombination aus Weiß und Blau ergibt sich mit Rhododendron russatum 'Gletschernacht', Rhod. augustinii-Hybriden oder Rhod. impeditum-Hybriden. Wer den kräftigen Rotton liebt, sollte die Magnolien mit den Rhod. Repens-Hybriden unterpflanzen, die zur selben Zeit blühen.

Ökologie: Die Früchte vom M. kobus, die auch bei uns reichlich angesetzt werden, sind im Oktober/November eine beliebte Nahrung von Wacholderdrosseln, Amseln, Eichelhähern u. a. Vogelarten.

M. x loebneri 'Merrill'

M. x loebneri ist eine Hybride zwischen M. kobus x M. stellata. Sie wurde um 1900 von MAX LOEBNER gezüchtet. 'Merrill' entstand 1939 im Arnold Arboretum, USA.

Wuchs: Auf zusagenden Böden ein kräftiger, breit kegelförmiger Großstrauch oder auch einstämmig wachsender Kleinbaum mit starken, aufstrebenden Seitenästen, die erst nach 30 Jahren in den unteren Partien etwas lockerer durchhängen.

Größe: 5 bis 7 (bis 9) m hoch und 4 bis 5 (bis 6) m breit. In 20 Jahren 6 m hoch! Jahreszuwachs in der Höhe 15 bis 25 cm, in der Breite 10 bis 20 cm.

Blätter: Sommergrün, wechselständig, verkehrt eiförmig, 10 bis 15 cm lang, mittelgrün.

Blüten: Vor Laubaustrieb den ganzen Strauch überdeckend, Einzelblüten weiß, sternförmig, 10 bis 12 cm breit, Blütenblätter 11 bis 15, 5 bis 6,5 cm lang und 2,8 bis 3 (bis 3,5) cm breit, außen entweder reinweiß oder mit ganz schwachem lila Streifen, duftend; Blütezeit Ende April bis Mai.

Magnolia x loebneri

Wurzel: Fleischig, flach und tief ausgebreitet, empfindlich.

Standort: Sonnig.

Boden: Bevorzugt humose, gleichmäßig frische bis feuchte, sehr lockere und gut durchlässige Substrate, sauer bis leicht alkalisch.

Eigenschaften: Gut frosthart. Knospen und Blüten vertragen mehr Frost als M. x soulangiana. Wirklich erfrorene Blüten werden schnell abgeworfen, bei M. x soulangiana bleiben die braunen Blüten lange haften.

Verwendung: Eine sehr gesunde und wüchsige Gartenform, die von allen M. x loebneri-Hybriden am kräftigsten wächst und auch die größten Blüten aufweist. Einzelstellung und hainartige Gruppenpflanzung in Garten- und Parkanlagen. Blaue Flächen aus Omphalodes verna, dem Frühlingsgedenkemein, Scilla siberica, Chionodoxa sardensis, Muscari armeniacum und Ajuga reptans lassen das Weiß dieser herrlichen, wirklich gartenwürdigen Magnolie noch heller erstrahlen. Gute Kombinatiosmöglichkeiten ergeben sich auch mit frühblühenden Rhododendron-Hybriden im Hintergrund und einer dunkelgrünen Bodendecke aus Euonymus fortunei 'Dart's Blanket'.

Magnolia x loebneri 'Merrill'

M. x loebneri 'Leonard Messel'

Entstanden in NYMANNS Garden in Sussex, England. Sämling aus M. kobus x M. stellata 'Rosea'. Erhielt 1969 ein First Class Certificate der Royal Horticultural Society.

Wuchs: Breit aufrechter, stark verzweigter, meist mehrstämmiger Großstrauch oder kurzstämmiger, kleiner Baum, im Alter mit flachrundlicher, unregelmäßiger Krone und auseinanderstrebenden, oft malerisch geschwungenen Hauptästen und leicht hängender Seitenbezweigung. In der Jugend langsamwüchsig.

Größe: 3 bis 5 (bis 6) m hoch und meist breiter als hoch. Ein 40jähriges Exemplar hat eine Höhe von 4 m bei einer Breite von 6 m erreicht. Jahreszuwachs in der Höhe 25 cm, in der Breite 20 cm.

Blätter: Sommergrün, wechselständig, verkehrt eiförmig, mittelgrün.

Blüten: Vor dem Laubaustrieb in großer Fülle, Einzelblüten sternförmig, 12,5 cm breit, Blütenblätter 11 bis 13, 5,7 bis 7 cm lang und 0,8 bis 1,5 cm breit, weiß bis schwachrosa, die äußersten Blütenblätter haben einen ausgeprägten, blauroten bis rosavioletten Mittelstreifen, der so dominiert, daß die Blüten aus einiger Entfernung einheitlich violettrosa wirken, Blütenblätter rein weiß. Mitte/Ende April bis Mai.

Wurzel: Fleischig, flach und tief ausgebreitet, empfindlich.

Standort: Sonnig.

Boden: Bevorzugt humose, gleichmäßig frische bis feuchte, sehr lockere und gut durchlässige Substrate, sauer bis leicht alkalisch.

Eigenschaften: Gut frosthart. Knospen und Blüten vertragen mehr Frost als M. x soulangiana.

Magnolia x loebneri 'Leonard Messel'

Verwendung: Eine der schönsten Magnolien-Hybriden für Parkanlagen, aber auch für kleinere Gartenräume. Wenn der malerisch wachsende Strauch im April/Mai überschüttet ist mit den violettrosa gefärbten, anmutigen Sternblüten, gehört er unbestritten zu den größten Publikumslieblingen und wird oft mehr bewundert als die riesenblütigen, etwas steif wirkenden Tulpen-Magnolien. Hervorzuheben ist noch die sehr große Leuchtkraft der Blüten. Wunderschön mit weißen Narzissen und blauen Zwiebelblumen wie Scilla 'Spring Beauty', Chionodoxa luciliae, Scilla tubergeniana und Hyacinthella azurea.

Anmerkung: Blütenfarbe nach frostreichen, kühlen Wintern wesentlich intensiver.

M. liliiflora 'Nigra',
Purpur-Magnolie
(= M. x soulangeana nigra)

Wurde 1861 von J. G. VEITCH aus Japan nach England eingeführt.

Wuchs: Breit aufrechter, oft vielstämmiger Großstrauch, dichtbuschig, langsam wachsend.

Größe: Bis 4 m hoch und breit. Jahreszuwachs in Höhe und Breite 15 bis 20 cm.

Blätter: Sommergrün, wechselständig, verkehrt eiförmig, 10 bis 15 cm lang, dunkelgrün, besonders in der Jugend glänzend.

Magnolia x loebneri 'Leonard Messel'

Blüten: Erscheinen zugleich mit den Blättern, schmal vasenförmige, 10 bis 12 cm lange und 5 cm breite Blüten, die außen rubinrot bis magenta gefärbt sind und innen weiß mit zarten hellgraulila Beimischungen. Blütezeit Ende April bis Anfang Mai mit Nachblüte bis Mitte Juni, oft noch im September einige Blüten.

Wurzel: Fleischig, Hauptwurzeln kräftig, flach und tief ausgebreitet, empfindlich.

Standort: Sonne bis lichter Schatten, geschützt.

Boden: Bevorzugt humose, gleichmäßig frische bis feuchte, sehr lockere und gut durchlässige Substrate, sauer bis neutral.

Eigenschaften: Frosthart, insgesamt widerstandsfähiger als die Normalform. In der Knospe wesentlich frosthärter als M. x soulangiana.

Magnolia liliiflora 'Nigra' im Arboretum Thiensen

Verwendung: Eine fantastische Magnolie, die wegen ihres kompakten und langsamen Wuchses auch für sehr kleine Gartenräume geeignet ist. Wertvoll auch für spätfrostgefährdete Lagen, da sie später blüht als die bekannte M. x soulangeana und sich ihre Blüten auch nie alle zur gleichen Zeit öffnen, sondern nach und nach aufblühen. Oft kann man sich noch Anfang bis Mitte Juni – wenn der 1. Satz Blüten den Spätfrösten zum Opfer gefallen sein sollte – an einer guten Nachblüte erfreuen. M. liliiflora 'Nigra' besitzt von allen Arten und Gartenformen die dunkelste Blütenfarbe.

M. sieboldii K. Koch.,
Siebolds Magnolie, Sommer-Magnolie
(= M. parviflora)

Verbreitung: In Wäldern der japanischen Inseln Honshu, Shikoku und Kyushu, weiterhin in Korea und dort in Wäldern und an Waldbächen, in der Mandschurei häufig in den Stromtälern der Berge und in den chinesischen Provinzen Anhuei und Kwangsi.

Wuchs: Breit aufrechter Großstrauch, im Alter mit betont flach trichterförmig ansteigenden Hauptästen.

Größe: 2,50 bis 4 (bis 6) m hoch und breit. In England erreichte ein Exemplar in 15 Jahren eine Höhe von 6,70 m bei einer Breite von 6,40 m. Jahreszuwachs in der Höhe 15 bis 20 cm, in der Breite 15 cm.

Blätter: Sommergrün, wechselständig, elliptisch bis breit elliptisch, plötzlich zugespitzt, 10 bis 15 cm lang, bläulichgrün, Herbstfärbung gelblich.

Blüten: Erscheinen nach den Blättern im Juni bis Juli, Einzelblüten schalenförmig, reinweiß, mit auffallend leuchtend scharlachroten Staubgefäßen, 7 bis 10 cm breit, nickend an 3 bis 6 cm langen Stielen, angenehmer Duft.

Magnolia sieboldii

Früchte: Walzen- bis gurkenförmig, 3 bis 4 cm lang, lilarosa.

Wurzel: Flach, empfindlich, junge Pflanzen sind in den ersten Jahren für einen Wurzelschutz dankbar.

Standort: Liebt lichtschattige Plätze, sonnig auch möglich, spätfrostgefährdete und ungeschützte Lagen sehr ungünstig.

Boden: Bevorzugt einen gleichbleibend frischen bis feuchten, nahrhaften, humosen und lockeren Gartenboden, sauer bis leicht alkalisch.

Eigenschaften: In Winterruhe zwar gut frosthart, ausgereifte Pflanzen bis über minus 30 °C, aber durch den frühen Saftanstieg leider sehr spätfrostempfindlich.

Verwendung: Die bekannteste sommerblühende Magnolie mit anmutigen, anemonenhaften Schalenblüten, die das reinste Weiß aller Magnolien besitzen. Ein besonderer Blickfang sind die leuchtend roten Staubgefäße in der Blütenmitte. Voraussetzung für eine ungestörte Entwicklung dieses wertvollen Solitärgehölzes ist ein lichtschattiger, absolut geschützter Platz. Um die interessante Blüte beobachten zu können, sollte M. sieboldii immer in Sichtnähe an der Terrasse, in Innenhöfen, auf Rabatten, zusammen mit bodendeckenden Zwerggehölzen und Stauden gesetzt werden.

Anmerkung: Wie bei vielen anderen wertvollen Blütengehölzen, so ist auch hier noch eine Menge Sichtungsarbeit zu leisten. J. M. GARDINER berichtet, daß M. sieboldii-Herkünfte aus Korea gartentauglicher sein sollen als die bei uns kultivierte Form aus Japan.

M. x soulangeana SOUL.-BOD.,
Tulpen-Magnolie
(M. denudata x M. liliiflora)

Magnolia x soulangeana

SOULANGE-BODIN begann 1820 mit der Züchtung von Magnolien. 1826 blühte die erste M. x soulangiana im Königlichen Gartenbauinstitut in Fromont bei Ris, in der Nähe von Paris.

Wuchs: Großstrauch oder kleiner, kurzstämmiger Baum; in der Jugend mit pyramidaler Krone und locker aufsteigenden Ästen, im Alter rundlich mit ausladenden, markanten Hauptästen, die sich oft malerisch bis zum Boden senken. Langsam wachsend.

Magnolia x soulangeana

Größe: 4 bis 8 m hoch und breit, im Alter oft breiter als hoch. Jahreszuwachs in Höhe und Breite 25 (30) cm.

Blätter: Sommergrün, wechselständig, verkehrt eiförmig oder breit elliptisch, bis 15 cm lang, hellgrün bis mittelgrün; kaum Herbstfärbung, gelegentlich gelblich bis hellbraun.

Blüten: Vor dem Laubaustrieb, große tulpenförmige Einzelblüten mit weißer Grundfarbe und rosavioletten Einfärbungen, besonders bei älteren Exemplaren in unglaublicher Fülle an den etwas sparrigen Kurztrieben. April bis Mai.

Früchte: Rot, walzenförmig.

Wurzel: Fleischig, kräftig, flach und tief ausgebreitet, empfindlich; zu tiefes Pflanzen wird schlecht vertragen; Wurzelbereich gegen Austrocknen mit einer Mulchschicht abdecken.

Standort: Sonnig bis leicht absonnig.

Boden: Nahrhafter, humoser, genügend feuchter und lockerer, durchlässiger Gartenboden, sauer bis neutral, bei zuviel Kalk Neigung zu Chlorose, günstiger Bereich liegt zwischen pH 5,0 und 6,5. Zusatz von Lauberde ist bei der Pflanzung empfehlenswert.

Magnolia x soulangeana Fruchtstand

MAGNOLIA

Eigenschaften: Frosthart, aber spätfrostempfindlich durch die frühe Blüte.

Verwendung: Wohl der edelste Blütenbaum für Einzelstellung auf Rasenflächen, vor dunklen Immergrünen, faszinierend am Rande von Wasserflächen (Spiegelung); Gartenhöfe. Trotz ihrer etwas starren Zweige und fast unecht wirkenden, makellosen Riesenblüten ist keine andere Magnolie so beliebt und so begehrt wie die Tulpen-Magnolie. Für die Gehölzfreunde ist sie der Inbegriff der Magnolien schlechthin. Wenn die Tulpen-Magnolie die steife Vornehmheit des Knospenstadiums überwunden hat und der Baum über und über bedeckt ist mit sich öffnenden Schalenblüten, dann gibt es auch für mich kaum ein beeindruckenderes Blütengehölz.

M. x soulangeana 'Lennei Alba'

1905 erzielt von KARL OTTO FROEBEL, Zürich; 1931 durch KEESEN, Aalsmeer, in den Handel gebracht.

Magnolia x soulangeana 'Amabilis'

Magnolia x soulangeana 'Alexandrina'

Magnolia x soulangeana 'Alba Superba'

Wuchs: Breit aufrechter, gleichmäßig wachsender Strauch oder Großstrauch. Langsamwüchsig.

Größe: 2 bis 3 (4) m hoch und im Alter wesentlich breiter als hoch.

Blätter: Sommergrün, wechselständig, verkehrt eiförmig oder breit elliptisch, Herbstfärbung gelegentlich gelblich bis hellbraun.

Blüten: Vor dem Laubaustrieb, große, glockenförmige, reinweiße Einzelblüten, Blütenblätter 9 cm lang und 5 cm breit, geöffnete Blüten können einen Durchmesser von 20 cm erreichen. Blütezeit Ende April bis Mitte Mai.

Magnolia x soulangeana 'Brozzonii'

Wurzel, Standort und Boden wie bei M. x soulangeana.

Eigenschaften: Fängt erst nach 7 bis 8 Jahren, oft auch erst viel später, an zu blühen (GROOTENDORST).

Verwendung: Gehört zu den schönsten weißen Magnolien-Hybriden. Herrlicher Strauch für Einzelstellung auf Rasenflächen in dunkelgrünen Bodendeckern wie Efeu, Ilex crenata 'Stokes' oder Euonymus fortunei 'Dart's Blanket' oder ganz in Weiß mit Chaenomeles 'Nivalis', Cornus florida, Exochorda racemosa, Prunus glandulosa 'Alboplena', Erica x darleyensis 'Silberschmelze', Lunaria annua (weiß), Narzissus-Hybriden, Anemone blanda (weiß), Omphalodes verna 'Alba', Trillium erectum 'Album', Trillium grandiflorum und Arabis procurrens.Weitere Benachbarungen siehe M. x loebneri 'Merrill' oder M. kobus.

Empfehlenswert sind noch folgende Sorten:

M. x soulangeana 'Amabilis', M. x soulangeana 'Alexandrina', M. x soulangeana 'Alba Superba', M. x soulangeana 'Brozzonii' und M. x soulangeana 'Lennei'.

M. stellata (S. & Z.) MAXIM., Stern-Magnolie

Verbreitung: Japan, in den Bergen des südlichen Teiles der Insel Honshu. Sie wachsen dort in Sphagnum-Mooren mit Alnus hirsuta und Ilex crenata.

Wuchs: Langsam wachsender, dicht verzweigter, breitbuschiger Strauch oder gelegentlich Großstrauch mit rundlicher Krone.

Größe: 2 bis 3 m hoch und breit. Auf zusagenden Plätzen bis 5 (bis 6) m hoch. In 20 Jahren 3 m hoch und 3,70 m breit (HILLIER Arboretum). Jahreszuwachs in Höhe und Breite 15 cm. Im Berggarten Hannover steht eine M. stellata, die 3,50 m

Magnolia stellata

hoch und 10 m breit ist! Ihr Alter muß über 100 Jahre liegen.

Blätter: Sommergrün, wechselständig, elliptisch bis verkehrt eiförmig, 6 bis 10 cm lang und bis 5 cm breit, hellgrün bis mittelgrün, etwas glänzend.

Blüten: Vor dem Laubaustrieb, sternförmig, weiß, geöffnet 7,5 bis 10 cm breit, Blütenblätter variieren stark in der Anzahl, von 12 bis 15 bis 40; angenehm duftend; Blütezeit März/April.

Wurzel: Fleischig, flach und tief ausgebreitet, empfindlich.

Standort: Sonnig, zwar geschützte Lage, aber nicht zu südexponiert, da sie an solchen Plätzen noch früher treibt.

Boden: Bevorzugt einen frischen bis feuchten, nahrhaften, humosen und lockeren Gartenboden

Magnolia x soulangeana 'Lennei'

mit saurer Reaktion, M. stellata gedeiht aber auch auf mäßig trockenen Böden bei alkalischer Reaktion, wenn der Wurzelbereich regelmäßig mit organischem Material gemulcht wird.

Eigenschaften: Sehr frosthart, getestet wurde die noch etwas härtere M. stellata 'Royal Star' bis minus 37,2 °C (J. GARDINER). Knospen und Blüten ebenfalls härter als bei M. x soulangeana. M. stellata ist frei von Schädlingen und Krankheiten.

Verwendung: Eine Magnolie für den allerkleinsten Garten. Da sie härter und widerstandsfähiger ist als M. x soulangeana, auch geeignet für kühlere, ungünstigere Lagen. Frühlingsblüher wie Omphalodes verna, Puschkinia libanotica, Scilla siberica, Anemone blanda, Corydalis-Arten, Synthyris reniformis, Brunnera macrophylla, Hyacinthella azurea, Narcissus cylamineus-Hybriden, Leberblümchen, Vergißmeinnicht, Primeln, Corylopsis pauciflora, Rhod. Repens-Hybriden oder Schneeheide wären ideale Nachbarn mit identischer Blütezeit.

M. stellata 'Royal Star'

J. VERMEULEN & SON, USA 1960.

Wuchs: Dicht verzweigter, breitbuschiger Strauch oder gelegentlich Großstrauch mit rundlicher Krone, stärker wachsend als die Normalform.

Größe: 2,50 bis 3,50 m hoch und breit. Auf zusagenden Plätzen bis 6 m hoch.

Blätter: Sommergrün, wechselständig, elliptisch bis verkehrt eiförmig, 6 bis 10 cm lang und bis 5 cm breit, hellgrün bis mittelgrün, etwas glänzend.

Blüten: Vor dem Laubaustrieb, Einzelblüten sternförmig, reinweiß, größer und breiter als bei der Normalform, sie bestehen aus 18 bis 25 Blütenblättern. Blütezeit liegt etwa 7 bis 14 Tage später als bei M. stellata.

Wurzel, Standort, Boden wie bei M. stellata.

Eigenschaften: Noch frosthärter als die Normalform, 'Royal Star' widerstand Frösten bis minus 37,2 °C (J. M. GARDINER), besonders in der Jugend stärker wachsend als M. stellata.

Verwendung: 'Royal Star' ist eine wertvolle Bereicherung des Sortiments, da sie besser gedeiht und kräftiger und wüchsiger ist als die Normalform. Hinzu kommt, daß ihre spätere Blüte weniger nachtfrostgefährdet ist. Benachbarung s. M. stellata.

Weiterhin empfehlenswerte Sorten von M. stellata sind:

'**Centennial**', Blüten weiß, mit einem Durchmesser bis 15 cm; sie hat doppelt so viele Blütenblätter wie die Art.

'**Chrysanthemiflora**', Blüten weiß bis rosa, wohl die attraktivste, gefüllt blühende Sorte.

'**Massey**', Blüten mit 25 bis 30 Tepalen, weißlichrosa, reichblühend.

'**Rosea**', Blütenblätter außen zartrosa, später weiß.

'**Waterlily**', Blüten weiß, 25 bis 32 Blütenblätter, später blühend als die Art, sehr frosthart, kräftiger Wuchs.

Magnolia 'Susan'

'Susan'
(= M. liliiflora 'Nigra' x M. stellata 'Rosea')

Die Hybriden-Gruppe entstand 1955 und 1956 im National Arboretum in Washington D. C., Züchter sind F. DE VOS und F. KOSAR. 'Susan' wurde 1968 in den Handel gebracht.

Wuchs: Breit aufrechter, vielstämmiger Strauch oder auch Großstrauch, in der Jugend mehr pyramidal, später dichtbuschig und rundlich.

Größe: 2,50 bis 4 m hoch und breit.

Blätter: Sommergrün, verkehrt eiförmig bis elliptisch, 6 bis 10 (bis 15) cm lang und 3 bis 5 cm breit, dunkelgrün.

Blüten: Öffnen sich vor der Laubentfaltung oder während des Austriebs, schmal glockenförmig, lilienähnlich, aufrecht, Blütenblätter 6, Länge 9,5

Magnolia 'Randy'

bis 12 (bis 15) cm, Breite 3,5 bis 4,5 cm, teilweise nach innen eingerollt, Blütenfarbe außen am Grunde tiefmagenta (roterübenfarbig), zur Spitze hin etwas heller werdend von violettrot bis graumagenta; streng duftend. Blütezeit sehr lang, Ende April bis Mai/Juni.

Wurzel: Fleischig, Hauptwurzeln flach und tief ausgebreitet, empfindlich.

Standort: Sonnig, geschützt.

Boden: Humose, gleichmäßig frische bis feuchte, sehr lockere und gut durchlässige Gartenböden, sauer bis neutral.

Eigenschaften: Gut frosthart, relativ spätfrostsicher, blüht bereits als sehr junge Pflanze.

Verwendung: Eine sehr bedeutende Neuzüchtung, die sich in den nächsten Jahren schnell durchsetzen wird. Durch die verhältnismäßig späte und vor allem auch sehr lange Blütezeit relativ sicher vor Nachtfrösten. Der kompakte und langsame Wuchs prädestiniert sie auch für kleinste Gärten. Auffallend ist, daß 'Susan' schon als ganz junge Pflanze überreich blüht. Aus der Hybridengruppe, zu der die Sorten **'Ann'**, **'Betty'**, **'Jane'**, **'Judy'**, **'Randy'** und **'Ricki'** gehören, ist 'Susan' die auffallendste und wertvollste Neuheit.

M. tripetala (L.) L.,
Schirm-Magnolie
(= M. umbrella)

Ihren Namen erhielt diese Magnolie nach den großen, bis zu 60 cm langen, verkehrt-eilänglichen Blättern, die schirmartig an den Trieben-den ausgebreitet sind. Der Unterschied zu der sehr ähnlichen M. hypoleuca besteht darin, daß bei M. tripetala die Blätter länger sind und die Blattbasis schmal keilförmig ausläuft, während sie bei M. hypoleuca breit keilförmig bis gerundet ist. Die Blüten der Schirm-Magnolie sind weiß bis kalkweiß, oft ein wenig zerknittert und wellig. Ihr Duft ist sehr intensiv (unangenehm) und kann über eine Entfernung von 20 bis 30 m wahrgenommen werden. Die rosafarbenen, sehr zierenden Fruchtzapfen werden in warmen Jahren reichlich angesetzt. M. tripetala erreicht in unseren Gärten Höhen von 8 bis 12 (15) m.

Magnolia tripetala

Magnolia tripetala, Fruchtzapfen

Sehr attraktives Blüten- und Blattschmuckgehölz. Sollte aber wegen der besonders großen Belaubung unbedingt windgeschützt stehen. Zweifler seien nochmals darauf hingewiesen, daß es sich bei diesem tropisch anmutenden „bananenblättrigen Gewächs" um ein absolut frosthartes Gehölz handelt.

Ökologie: *Die Samen werden gern von Drosseln, Eichelhähern u. a. Vogelarten gefressen.*

M. virginiana L.,
Sumpf-Magnolie
(= M. glauca)

Den Themen Sumpf-, Insel- oder Ufergarten wird leider noch zu wenig Aufmerksamkeit geschenkt. Die Stauden für diesen ungeheuer interessanten Lebensbereich mögen wohl ausrei-chend bekannt sein, aber bei den Gehölzen gibt es noch eine Reihe unbekannter Schätze. Dabei könnten wir z. B. mit Nyssa sylvatica var. biflora, Cephalanthus occidentalis, Betula nigra, Gleditsia aquatica und Chamaecyparis thyoides Wasserlandschaften von seltener Schönheit schaffen. Die Sumpf-Magnolie gehört – wie es auch schon ihr Name ausdrückt – ebenfalls in diese wassergebundene Lebensgemeinschaft. Ich habe sie an ihren heimatlichen Standorten in Virginia und Florida gesehen, wo sie zusammen mit Taxodium distichum, T. ascendens, Nyssa aquatica, Cephalanthus occidentalis und Chamaecyparis thyoides in Sumpfwäldern oder gelegentlich auch direkt im Wasser wachsend vorkommt. Am heimatlichen Standort entwickelt sie sich zu 6 bis 18 m hohen Bäumen, in unseren mitteleuropäischen Gärten kann sie 4 bis 5 (6) m hoch werden. Die aromatischen, glänzend grünen, elliptisch bis länglich-lanzettlichen, 7 bis 15 cm langen Blätter sind sommer- oder halbimmergrün. Nach ihrer bläulichen Unterseite wurde diese Magnolie früher auch M. glauca genannt. Im Juni/Juli, gelegentlich bis September erscheinen ihre cremeweißen, beinahe kugeligen, 5 bis 7 cm großen, duftenden Blüten. Die elliptischen, zapfenähnlichen, dunkelrot gefärbten Früchte werden bei uns nur in sehr warmen Jahren angesetzt.

M. virginiana stellt schon eine kleine Ausnahmeerscheinung in der Gesellschaft der Wasser- und Ufergehölze dar. Das relativ frostharte, sehr wärmeliebende Gehölz gedeiht aber nicht nur im sumpfigen Milieu, sondern wächst auch auf genügend frischen, schwach sauren Böden. Dem Pflanzenliebhaber dürfte klar sein, daß eine solche Kostbarkeit einen ausreichend geschützten, sonnigwarmen Platz verdient.

Ein sehr schönes Exemplar sah ich unmittelbar am Rande eines Gewässers im Wörlitzer Park. Es hatte eine Höhe von etwa 4,5 m. Im Botanischen Garten Hamburg ist eine 1980 ausgepflanzte Sumpf-Magnolie – sie war 60/80 cm hoch – heute 2,50 m hoch. Die ersten Blüten erschienen im warmen Sommer 1994. Für junge Pflanzen empfehle ich einen Winterschutz im Wurzel- und Stammbasisbereich. M. virginiana ist ein attraktives Gehölz, das ich mir zusammen mit dem scharlachrot färbenden Tupelo-Baum, mit Taxodium und dem weiß blühenden Knopfbusch, Cephalanthus occidentalis, auf kleinen, flachen Inseln schwimmend, bestens vorstellen kann.

*In Amerika unterscheiden die Dendrologen zwischen der frosthärteren, nördlichen Form, M. virginiana, und der im Süden vorkommenden M. virginiana var. australis. Die Sorten **'Henry Hicks'**, **'Satellite'** und **'Willowleaf Bay'** sind Selektionen, denen eine Frosthärte von minus*

24 °C bis minus 27 °C bescheinigt wird. *'Ridgecrest Green'* ist ein M. virginiana var. australis-Sämling mit immergrüner Belaubung und einer Frosthärte bis minus 24 °C.

Aus einer Kreuzung zwischen M. virginiana und M. tripetala entstand 1808 in England **M. x thompsoniana.** *In unseren Gärten wächst diese beinahe wintergrüne, sehr großblütige Magnolie zu einem attraktiven Großstrauch heran. Leider sind alle diese Schätze kaum bekannt.*

Anmerkung: Die Siedler in Amerika nannten diese Magnolie auch „Biberbaum", weil sie mit den fleischigen Wurzeln als Lockspeise Biber in Fallen gefangen haben. Aus der Rinde wurden Mittel gegen Rheumatismus, Husten, Erkältungen und Fieber hergestellt.

x MAHOBERBERIS SCHNEID.
(Berberis x Mahonia)-
Berberidaceae – Sauerdorngewächse

Gattungshybride zwischen Berberis und Mahonia. Der Unterschied zu Berberis liegt in den unbedornten Zweigen, zu Mahonia darin, daß die Blätter einfach, gelegentlich auch 3zählig sind.

x M. aquisargentii KRÜSSM.
(Berberis sargentiana x Mahonia aquifolium)

Immergrüner, bis 2 m hoher, kräftig wachsender Strauch mit aufrechten Trieben. Blätter sehr unterschiedlich, teilweise wie Ilex mit starken Randdornen besetzt, an älteren Trieben eiförmig bis elliptisch, 5 bis 7 cm lang, gelegentlich 3zählig, in den Wintermonaten häufig bräunlich.

x M. neubertii (LEM.) SCHNEID.
(Berberis vulgaris x M. aquifolium)

Um 1850 im Elsaß entstanden und nach dem Tübinger Professor NEUBERT benannt. Wohl die bekannteste Form dieser Gattungshybride.

Wintergrüner bis immergrüner, locker aufrecht wachsender, 1,2 bis 2 m hoher Strauch mit mehr oder weniger schlank aufrechten Trieben. Blätter an Langtrieben bis 7 cm lang, buchtig gezähnt, derb ledrig, glänzend grün, an Kurztrieben und an der Basis der Langtriebe 3- bis 5zählig.

Interessante Sträucher für sonnige bis halbschattige Standorte in immergrünen Pflanzungen. Schön unter höheren Bäumen mit Farnen, Gräsern, Fuchsien, Kirengeshoma, Hortensien und Bambus. Aufgrund des buschig-aufrechten Wuch- ses auch gut für Abpflanzungen und Hecken geeignet. Durch Schnittmaßnahmen bilden sich viele Kurztriebe, die zu sehr strukturstarken Strauchgestalten führen. x M. neubertii bevorzugt humose, gleichbleibend frische bis feuchte, schwach saure bis alkalische Böden.

MAHONIA NUTT.
Mahonie – Berberidaceae,
Sauerdorngewächse

Benannt nach dem amerikanischen Gärtner B. MAC MAHON (1775 – 1816).

M. aquifolium (PURSH) NUTT.,
(= stechpalmenartig)
Gewöhnliche Mahonie

Mahonia aquifolium

Verbreitung: Westliches und pazifisches Nordamerika, als Unterholz auf feuchten, nahrhaften Böden. Bei uns vielerorts in den Wäldern verwildert.

Wuchs: Aufrechter, breitbuschiger und vieltriebiger Kleinstrauch. Wenig Ausläufer bildend.

Größe: Bis 1 m hoch und breit.

Blätter: Immergrün, wechselständig, gefiedert, bis 2,5 cm lang, Blättchen eiförmig bis elliptisch, 6 bis 8 cm lang, dornig gezähnt, dunkelgrün, glänzend, im Austrieb kupfrig, Herbstfärbung zum Teil purpur bis dunkelrot, Blätter unter Sonneneinwirkung im Winter violettbraun.

Blüten: In aufrechten, goldgelben Trauben. April bis Mai.

Früchte: Bis 1 cm dicke, runde Beeren, schwarz, hellblau bereift; nicht giftig. Früchte wurden auch in Deutschland zur Weinherstellung angebaut.

Wurzel: Hauptwurzeln tief, Seitenwurzeln flachstreichend und fein verzweigt. Verträgt Wurzeldruck größerer Bäume sehr gut. Empfindlich gegenüber Oberflächenverdichtung. Wurzeln haben einen sehr stark färbenden, gelben Saft.

Standort: Sonnig bis schattig.

Boden: Sehr anpassungsfähig, wachsen sowohl auf feuchten wie auch auf trockenen Böden, die sauer bis neutral (bis schwach alkalisch) sind, auf trockenen Standorten ist Halbschatten vorteilhaft.

Eigenschaften: Frosthart, Schatten und Wurzeldruck ertragend, rauchhart, stadtklimafest, sehr anpassungsfähig, schnittverträglich, in sehr strengen und trockenen Wintern Laubverlust möglich, treibt im Frühjahr jedoch gut wieder durch.

Verwendung: Obwohl die Mahonie ein bekanntes Gehölz ist, kann gar nicht oft genug auf die große Anpassungsfähigkeit, Robustheit und auf die vielseitigen Verwendungsmöglichkeiten dieser dekorativen Blattpflanze hingewiesen werden. Gehört zweifellos zu den wichtigsten, immergrünen Kleingehölzen.

Gruppenpflanzung, Flächenbegrünung im Straßenbegleitgrün, Unterpflanzung von schattigen Baumpartien, zur Abstufung und Sockelbildung immergrüner Pflanzungen, für Einfassungen, Hecken, auf Friedhofsanlagen; neben Kirschlorbeer, Ilex, Buxus, Efeu, Taxus, Lonicera nitida 'Elegant' und Ligustrum vulgare 'Atrovirens' gedeiht auch die Mahonie noch im Wurzel- und Schattenbereich intoleranter Baumarten wie Ahorn und Birke gut. Weiterhin geeignet für Kübel und Dachgärten; das Laub ist in der Blumenbinderei sehr begehrt.

Ökologie: Die Mahonie ist kein nutzloser Fremdländer, wie oft behauptet wird. Ihre Blüten werden von vielen Insekten besucht und die Früchte, die man in Amerika zur Weinherstellung benutzt, sind eine beliebte Vogelnahrung.

Der Honigertrag liegt bei 44 kg pro ha.

M. aquifolium 'Apollo'

Selektiert von BROUWERS, Groenekan, Holland, 1973.

Wuchs: Aufrechter, breitbuschiger und vieltriebiger Kleinstrauch, langsam wachsend.

Größe: 0,6 bis 1 m hoch und breit; bleibt etwas niedriger als die Normalform.

Blätter: Immergrün, wechselständig, gefiedert, bis 30 cm lang, Blättchen 6 bis 8 cm lang, 5- bis 11zählig, dunkelgrün glänzend, im Austrieb bronze, Herbst-Winterfärbung zum Teil purpur bis dunkelrotbraun.

Mahonia aquifolium 'Apollo'

MAHONIA

einem Gartenraum immer zur beherrschenden Persönlichkeit, die eine beinahe exotische Atmosphäre verbreitet. Die bizarren Umrißformen der riesigen, bedornten Blätter kommen noch stärker im Wechselspiel von Sonne und Schatten zur Wirkung. Das Thema Blatt-Textur können wir mit Farnen, Efeu (auch Altersform), Leucothoë, Ilex crenata 'Stokes', Bambus, Gräsern wie Carex morrowii oder Deschampsia, Hosta, Lonicera pileata und Ilex aquifolium-Formen wunderbar weiterentwickeln.

Anmerkung: In strengen Wintern kommt es zu Mäusefraßschäden an der Rinde.

Blüten: In aufrechten, goldgelben Trauben, die etwas größer sind als bei der Normalform. Sehr reichblühend.

Früchte, Wurzel, Standort und Verwendung wie bei M. aquifolium.

Eigenschaften: Sehr frostharte, kompakte Neuheit mit großen, glänzend dunkelgrünen Blättern und einer schönen Winterfärbung. Bester Flächendecker im Sortiment!

M. aquifolium 'Atropurpurea'

Bereits vor 1915 in Holland selektiert.

Wuchs: Aufrechter, breitbuschiger und vieltriebiger Kleinstrauch, langsam wachsend, niedriger und breiter als die Normalform.

Größe: Bis 0,6 m hoch und mindestens ebenso breit.

Blätter: Immergrün, wechselständig, gefiedert, bis 25 cm lang, Blättchen 6 bis 8 cm lang, 5- bis 11zählig, eiförmig bis elliptisch, dornig gezähnt, dunkelgrün, matt glänzend, Herbst- und Winterfärbung dunkelrot bis bronzebraun, sehr attraktiv.

Blüten: In aufrechten, goldgelben Trauben, etwas kleiner als bei der Normalform.

Früchte, Wurzel, Standort, Boden, Eigenschaften wie M. aquifolium.

Verwendung: Selektion mit auffallender Herbst-/Winterfärbung. Gut geeignet auch für größere Kübel, Schalen, Dachgärten und beliebt in der Binderei.

M. bealei (FORT.) CARR., Schmuckblatt-Mahonie, Lederblatt-Mahonie (= M. japonica var. bealei)

Wird in den Gärten häufig mit M. japonica verwechselt.

Verbreitung: China.

Wuchs: Etwas steif aufrechter, wenig verzweigter Strauch mit dicken, starren Trieben und auffallend großen, ledrigen Fiederblättern. Langsam wachsend.

Größe: Bis 2 m hoch, in wintermilden Gebieten auch bis 4 m und 1,50 m 3 m breit.

Blätter: Immergrün, wechselständig, gefiedert, 30 bis 40 cm lang, Blättchen 9 bis 15 (bis 17) (bei M. japonica 7 bis 13) cm, das unterste Paar sehr klein und sehr dicht an der Stielbasis, Endblättchen viel größer als die seitlichen, eirundlich bis mehr länglich, 5 bis 12 cm lang, seitliche Blättchen mit schief herzförmigem Grund, sich oft überlappend (bei M. japonica weniger schiefer Blattgrund und selten überdeckend), derb und starr ledrig, oben stumpf blaugrün (bei M. japonica stumpfgrün), dornig gezähnt.

Blüten: Hellgelb, primelgelb, duftend, in 7 bis 15 cm langen, aufrechten bis nickenden Trauben von (Ende Februar) März bis April.

Früchte: Runde, bis 1 cm dicke, schwarze, hellblau bereifte Beeren.

Wurzel: Hauptwurzeln tiefgehend.

Standort: Lichter Schatten bis Schatten, geschützt gegen Zugluft und Wintersonne.

Boden: Nahrhafte, humose, gleichbleibend frische bis feuchte, lockere Böden, sauer bis leicht alkalisch.

Eigenschaften: Frostempfindlich, besonders bei sonnigem Stand, verträgt Schattendruck und Wurzelkonkurrenz größerer Bäume, stadtklimafest, bei jungen Pflanzen Wurzelschutz empfehlenswert.

Verwendung: Sicherlich die auffallendste und dekorativste immergrüne Blattpflanze. Durch ihre strukturgebende Formqualität wird M. bealei in

M. japonica (THUNB.) DC.

Verbreitung: Japan.

Wuchs: Aufrechter, wenig verzweigter Strauch.

Größe: 1,20 bis 2,00 (bis 3) m hoch.

Blätter: Immergrün, wechselständig, gefiedert, 30 bis 40 cm lang, Blättchen 7 bis 13, schief eiförmig (weniger schief als M. bealei), jederseits mit 4 bis 6 scharfen Dornenzähnen. Das unterste Blattpaar unmittelbar an der Spindelbasis sitzend.

Blüten: Schwefelgelb, in aufrechten bis abstehenden Blütentrauben. Blütezeit je nach Witterung vom Spätherbst (Mitte/Ende Oktober) bis Mai.

Früchte: Eiförmige, dunkelpurpurne, bereifte Beeren.

Verwendung: Ungemein stattlicher Strauch für das Thema Blatt-Texturen.

Eine besonders schöne Selektion ist **M. jap. 'Hivernant'** (= M. jap. 'Hiemalis') mit breitbuschigem Wuchs und bis zu 40 (50) cm langen Blättern, deren Blättchen 5,5 bis 8 cm lang und 2,5 bis 4,5 cm breit sind. Ihre aufrechten bis fast waagerecht ausgebreiteten Blütentrauben sind etwa 30 cm lang.

M. x media 'Winter Sun' (= M. japonica x M. lomarifolia)

SLIEVE DONARD NURSERY, Newcastle, N-Irland, 1970.

Wuchs: Aufrechter, wenig verzweigter Strauch mit dicken Grundtrieben und immergrünen, großen, bedornten Fiederblättern. Langsam wachsend.

Größe: Bis 1,50 (bis 1,80 bis 2,50) m hoch und breit. In wintermilden Gebieten auch höher.

Blätter: Immergrün, Blättchen bis 21, schmal eiförmig, bis 10 cm lang, am Rand mit spitzen Blattdornen, oben tiefgrün, unten heller, Herbstfärbung an älteren Blättern gelb bis orangerot.

Mahonia bealei

Mahonia x media 'Winter Sun'

Blüten: Gelb, in 20 bis 30 cm langen, zu Büscheln vereinten, übergeneigten Trauben, duftend, oft schon sehr früh blühend, von Januar bis April, bei mildem Wetter auch früher.

Wurzel: Hauptwurzeln tiefgehend.

Standort: Lichter Schatten bis Schatten, geschützt gegen Zugluft und Wintersonne.

Boden: Nahrhafte, humose, frische bis feuchte, lockere Böden, sauer bis leicht alkalisch.

Eigenschaften: Frostempfindlicher als M. bealei, Blattschäden bei Wintersonne und Frost, Wurzeldruck ertragend, stadtklimafest, bei jüngeren Pflanzen Wurzelschutz empfehlenswert.

Verwendung: Durch die großen, immergrünen, bedornten Fiederblätter und die hellgelben Blütentrauben ein sehr attraktives Solitärgehölz für lichtschattige oder halbschattige Gartenräume in besonders geschützten Lagen. Benachbarung siehe M. bealei.

M. repens (LINDL.) G. DON

Verbreitung: Westl. Nordamerika.

Wuchs: Kleiner, langsam wachsender Strauch.

Größe: 0,4 bis 0,7 m hoch.

Blätter: Immergrün, 10 bis 20 cm lang, meist 5 Blättchen, 2,5 bis 6 cm lang, stumpfgrün, keine Winterfärbung.

Blüten: Gelb, in Trauben an den Triebenden.

Wurzel: Bildet keine oder kaum Ausläufer!

Verwendung: Flächenbegrüner; in der Literatur oft falsch beschrieben. Wird bis 0,7 m hoch und bildet keine oder kaum Ausläufer! Im Arboretum Thiensen konnte M. repens als Bodendecker nicht überzeugen.

MALUS MILL.
Zier-Apfel – Apfelbaum, Rosaceae, Rosengewächse

Die Gattung Malus umfaßt etwa 35 Wildarten, die in Europa, Asien und Nordamerika beheimatet sind. Als Zierbäume werden aber nur knapp 10 Arten in unseren Gärten und Parkanlagen kultiviert. Zu den schönsten Wildäpfeln zählen M. floribunda, M. hupehensis, M. prunifolia, M. toringo (= M. sieboldii) und M. toringo var. sargentii.

Eine noch größere Bedeutung aber haben die Art-Hybriden wie M. x atrosanguinea, M. x moerlandsii, M. x purpurea, M. x zumi und die vielen Zier-Apfel-Sorten, von denen es über 400 geben soll. Es waren vor allem die amerikanischen Züchter, die sich seit Ende des vorigen Jahrhunderts intensiv mit der Verbesserung des Zier-Apfel-Sortiments befaßt haben.

Nach den Magnolien und den japanischen Zier-Kirschen erleben wir mit der überwältigenden Blütenfülle der Zier-Äpfel einen der größten Höhepunkte des Gartenjahres. Im Sommer treten die Zier-Äpfel ein wenig in den Hintergrund, überraschen uns aber wieder im Herbst mit einem reichen, farbenprächtigen Fruchtbehang, der sich bei einigen Sorten wie M. x zumi var. calocarpa, M. toringo, 'Prof. Sprenger' und 'Evereste' oft bis in den späten Winter hinein am Baum hält. Die Früchte haben nicht nur einen großen Zierwert, sondern können auch zu bestem Gelee verarbeitet werden.

Ökologie: Wichtiges Insektennährgehölz. Frosthärtere, lange haftende Früchte haben eine nicht zu unterschätzende Bedeutung als Winterfutter für viele heimische Tierarten und Durchzügler.

Pflegetip: Die Zier-Äpfel werden meist als kurzstämmige Veredlungen (Buschbäume) gepflanzt, was auch ihrer natürlichen Wuchsform entspricht. In der Strauch-oder Buschform können sie im Laufe von Jahrzehnten ihre ganze Schönheit entfalten. Nach dem Aufbauschnitt in der Jugendphase sollten an den Zier-Äpfeln keine Schnittmaßnahmen durchgeführt werden.
Lediglich zu dichte, alte und vergreiste Bäume kann man gefühlvoll auslichten.

Benachbarungsgehölze:

Clematis alpina und Sorten,
auch in den Baum setzen

Chaenomeles-Hybriden, Cornus florida
oder C. florida 'Rubra',
schön zu M. x zumi var. calocarpa

Cornus nuttallii

Kerria japonica
mit frühen Sorten

Prunus serrulata 'Kanzan'
mit frühen Sorten

Spiraea x cinerea 'Grefsheim'
mit frühen Sorten wie 'Almey', 'Hopa',
'Liset' und 'Makamik'

Rhod. Williamsianum-Hybriden

Eine Kombination ganz in Weiß:

Malus 'Prof. Sprenger' unterpflanzt
mit Galium odoratum

Myrrhis odorata

Smilacina racemosa

Tiarella cordifolia

Anemone narcissiflora

Trillium grandiflorum

Narzissus 'Actaea'

Lunaria annua 'Alba'

Stauden:

Arabis procurrens

Ajuga reptans

Aquilegia vulgaris

Dicentra spectabilis

Dicentra eximia

Doronicum orientale

Euphorbia polychroma

Montia sibirica

Geranium x magnificum

Lunaria annua

Lunaria rediviva

Geranium himalayense 'Johnson'

Myosotis alpestris

Narzissus 'Actaea'

Omphalodes verna

Scilla non-scripta

Trillium grandiflorum

Polemonium caeruleum

Chionodoxa-Arten

Muscaria armeniacum

Vinca minor

Viola odorata

Malus Übersicht
Rosa bis weinrot blühend:

Art/Sorte	Blüte	Früchte	Größe in m		Wuchs
			Höhe	Breite	
'Eleyi'	dunkelweinrot	dunkelrot	4–6	3–5	Großstrauch
'Hillieri'	rosa halbgefüllt	gelborange bis hellrot	5–7 (10)	4–7 (8)	Großstrauch/ Kleinbaum
'Hopa'	lilarosa	hochrot	4–6	4–6	Großstrauch
'Liset'	blaurot	granatrot/ braunrot	5–7 (8)	5–7 (8)	Großstrauch/ Kleinbaum
'Makamik'	rosenrot bis intensiv rosa	dunkelrot	6–8	6–8	Großstrauch/ Kleinbaum
'Profusion'	blaurot bis rosenrot	mittelrot bis dunkelrot	5–6 (8)	4–5	Großstrauch/ Kleinbaum
'Royalty'	rubinrot	dunkelrot	4–6	4–5	Großstrauch
'Rudolph'	rosa	orangegelb	5–6	4–5	Großstrauch/ Kleinbaum
'Van Eseltine'	rosa/blaurot halbgefüllt	gelb bis orangerot	4,5–6	2,5–3	Großstrauch

Malus-Wildarten und Sorten

Anmerkung: Die aus Amerika stammenden, angeblich schorf- und krankheitsfreien Sorten, wie 'Adirondack', 'American Spirit', 'King Arthur', 'Lancelot', 'Red Jewel' und 'Satin Cloud', sind bei uns noch nicht erprobt und wurden daher hier nicht aufgeführt.

Ballerina-Äpfel

Die Ballerina-Sortengruppe umfaßt Zier-Apfel- und Fruchtsorten mit aufrechtem, schlanksäulenartigem Wuchs, gestauchter Seitenbezweigung, auffallend kurzen Internodien und starkem Fruchtholzansatz. Die heute im Handel befindlichen Sorten wurden in der bekannten Obstbau-

Ansprüche, Eigenschaften und Verwendung der Zier-Äpfel

Standort: Sonniger Stand.

Boden: Zier-Äpfel sind allgemein anpassungsfähig an Boden und Standort, sie bevorzugen einen mittelschweren, nährstoffreichen, nicht zu trockenen bis feuchten, humosen, lockeren Boden, von sauer bis neutral (bis alkalisch), DIRR gibt einen optimalen pH-Wert von 5 bis 6,5 an.

Wurzel: Herzwurzelwerk, auf lehmigen Böden bis 1 m, auf Sandböden bis 1,50 m tief, Hauptwurzeln stark, Seitenwurzeln waagerecht ausgebreitet, insgesamt locker verzweigt, sehr tolerant gegenüber Unterbepflanzung.

Eigenschaften: Gute Frosthärte, stadtklimafest, einige Sorten anfällig gegenüber Schorf, in der 1. Jahreshälfte gelegentlich Raupenbefall, langlebiger als Zierkirschen, 50jährige Bäume sind noch wüchsig und vital.

Blütezeit: Von Anfang Mai bis Anfang Juni.

Verwendung: Einzelstellung, Gruppengehölz auf Rasenflächen, in Blumenzwiebelwiesen oder am Rande von Gehölzpflanzungen. Bedingt auch als Straßenbaum verwendbar.

Ökologie: Wertvolle Insektenfutterpflanze und Vogel- bzw. Tiernährgehölz.

Weiß blühend:

Art/Sorte	Blüte	Früchte	Größe in m		Wuchs
			Höhe	Breite	
'Butterball'	weiß	gelb	4–6	3,5 - 5 (6)	Großstrauch/ Kleinbaum
'Charlottae'	rosaweiß halbgefüllt	grünlich	5 - 7	4 - 6	Großstrauch/ Kleinbaum
'Evereste'	weiß	orangerot	4–6 (8)	3 - 5 (7)	Großstrauch/ Kleinbaum
floribunda	weiß/ schwach rosa	gelb bis rötlich	4–6 (8)	4 - 6 (8)	Kleinbaum
'Golden Hornet'	weiß	gelb	4 - 6	4 - 6	Großstrauch/ Kleinbaum
'John Downie'	weiß	gelb bis hochrot	4–6 (8)	3 - 4 (6)	Kleinbaum
'Prof. Sprenger'	weiß	gelborange bis orangerot	5 - 6 (8)	4 - 5	Großstrauch/ Kleinbaum
'Red Jade'	weiß	leuchtend rot	1,5 - 2 (2,5-3)	3 - 4	Kleinbaum/ Strauch
'Red Sentinal'	weiß	kirschrot	4 - 5	2,5 - 3,5	Großstrauch
sargentii Veredlung	weiß	dunkelrot	2 - 3	2 - 3	Mittelhoher Strauch
'Street Parade'	weiß	blaurot	5 - 6	3 - 4	Großstrauch/ Kleinbaum
'Striped Beauty'	weiß	leuchtendrot	5 - 6	4 - 5	Großstrauch/ Kleinbaum
sylvestris	weiß	gelbgrün	6 - 10	5 - 7	Kleinbaum
toringo (= M. sieboldii)	weiß	gelborange/ maisgelb	6 (8)	6 - 12	Großstrauch/ Kleinbaum
tschonoskii	weiß mit rot	gelbgrün	8 - 12	5 - 7	Kleinbaum
'Wintergold'	weiß	gelb	4 - 6	4 - 6	Großstrauch/ Kleinbaum
x zumi 'Calocarpa'	weiß	orangerot bis kirschrot	6 - 8	6 - 7	Großstrauch/ Kleinbaum

links: Malus toringo gehört zu den schönsten und gesündesten Zieräpfeln

Ballerina-Sorte 'Maypole'

Forschungsanstalt EAST MALLING, Kent, England, gezüchtet. Auslöser für die Entwicklung dieses völlig neuartigen Baumtyps war die Entdeckung eines nach Kanada immigrierten polnischen Obstbauern, der 1960 eine außergewöhnliche Zweigmutation an der Sorte 'Mackintosh' beobachtete. Sie fiel durch sehr kurze, gestauchte Internodien auf, und die Seitentriebe waren zu Fruchtspießen umgebildet. Diese Sorte wurde nach ihrem Entdecker **'Wijcik'** genannt. Wuchs- und Fruchtqualität waren jedoch nicht befriedigend. Im Mai 1989 wurden schließlich die ersten Ballerina-Sorten aus EAST MALLING auf der berühmten Chelsea Flower Show vorgestellt. Auf Grund ihrer schmalen Säulenform eignen sie sich zur Bepflanzung kleinster Gartenräume, schmaler Randstreifen und Blumenrabatten (Strukturierung). Weiterhin können sie als blühende Kübelpflanze oder sog. Topf-Obst auf beengten Terrassen und Balkonen („Mini-Obstgarten") gezogen werden.

Empfehlenswerte Sorten:

'Bolero', Blüten knospig rosa, weiß aufblühend, Anfang bis Mitte Mai. Apfel groß, gelblichgrün, glänzend, saftig, erinnert im Geschmack an 'James Grieve'. Fruchtreife Anfang bis Mitte September.

'Maypole', Zierapfel-Sorte mit bronzegrünem Laub. Blüten groß, blaurosa, Anfang Mai. Früchte verhältnismäßig groß, tiefrot, schmackhaft, gut für Apfelgelee und Marmelade verwendbar.

'Polka', Fruchtsorte, Blüten knospig dunkelrosa, weiß aufblühend, Anfang bis Mitte Mai. Äpfel groß, grünrot, geschmacklich sehr gut. Frucht-

reife ab Ende September. Frisch vom Baum schmecken sie am besten!

'Waltz', Fruchtsorte, Blüten knospig purpurrosa, weiß aufblühend, Anfang Mai. Äpfel sehr groß, im Geschmack saftigsüß, erinnern an 'Red Delicious'. Früchte reifen spät (ab Ende September) und sind mehrere Monate lagerfähig.

'Butterball'

Wuchs: Großstrauch oder kleiner Baum, breit und locker aufrecht wachsend, Krone im Alter malerisch ausladend, Seitenäste überhängend..

Größe: 4 bis 6 m hoch und 3,5 bis 5 (6) m breit.

Blüten: Weiß, zartrosa überlaufen, knospig rosa, Einzelblüten 3 bis 4 cm breit.

Früchte: Rundlich apfelförmig bis flachkugelig, Kelch bleibend, teils aber auch abfallend, gelb, leicht glänzend, 2 bis 2,5 cm dick, Früchte haften sehr lange (!) und sind auch in der Küche gut verwertbar.

Eigenschaften: Malus 'Butterball' wird eine hohe Mehltau- und Schorfresistenz bescheinigt.

Verwendung: Gehört zu den besten Zierapfel-Sorten. Besondere Merkmale sind seine hohe Schorfresistenz und der überreiche, langhaftende Fruchtbehang.

'Charlottae'
(= M. coronaria 'Charlottae')

Wuchs: Großstrauch oder kleiner Baum mit steifem, breit ausladendem Astgerüst und abstehenden, starktriebigen Zweigen.

Größe: 5 bis 7 m hoch und 4 bis 6 m breit. Jahreszuwachs in Höhe und Breite 30 cm.

Blätter: Sommergrün, wechselständig, breit eiförmig bis länglich, schwach gelappt, an Langtrieben stärker, oft beiderseits mit 3 bis 4 Lappen, oberseits glänzend grün, unterseits weißfilzig, Herbstfärbung oft sehr eindrucksvoll orange bis rot.

Blüten: Rosaweiß, halbgefüllt, bis 5 cm breit, Knospe rosa mit pastellroten Adern. Spät blühend.

Früchte: Flachkugelig, bis 4 cm dick, grünlich.

Malus 'Charlottae'

'Eleyi'
(= M. x purpurea 'Eleyi'; M. 'Jay Darling')

C. ELEY, England, 1920.

Wuchs: Breitwüchsiger, dicht verzweigter Großstrauch mit unregelmäßigem, flachrundlichem Kronenaufbau.

Größe: 4 bis 6 m hoch und 3 bis 5 m breit. Jahreszuwachs in Höhe und Breite 30 cm.

Blätter: Sommergrün, wechselständig, verhältnismäßig groß, eiförmig, 8 bis 10 cm lang, im Austrieb rötlichgrün, dann schwach lilabraunrot, glänzend, später dunkelgrün.

Blüten: Dunkelweinrot bis blaurot, einfach, Blütenblätter am Ansatz heller, teilweise überlappend, Einzelblüte 3,5 bis 4 cm breit, sehr zahlreich. Blütezeit früh bis mittelfrüh.

Malus 'Eleyi'

Bild rechts: Malus 'Evereste' ist eine wertvolle, schorfunanfällige Sorte, die Früchte widerstehen Frösten bis minus 8 °C

Früchte: Rundlich-eiförmig, bis 2,5 cm lang und 1,7 cm breit, auch kugelrund, dann 1,8 bis 2 cm dick, dunkelrot, an bis zu 4 cm langen, dünnen Stielen, bis Oktober haftend, sehr schorfanfällig.

'Evereste'

Wuchs: Großstrauch oder kleiner Baum mit breitpyramidalem, lockerem Aufbau, Seitenäste ausgebreitet, im Alter etwas überhängend.

Größe: 4 bis 6 (bis 8) m hoch.

Blätter: Sommergrün, wechselständig, eiförmig, 6,5 bis 8 cm lang und 3,5 bis 5,5 cm breit, Rand unregelmäßig kerbig gesägt, dunkelgrün, mattglänzend, Blattstiel karminrot, 2,5 bis 3 cm lang, Blätter gelegentlich auch 3lappig.

Blüten: Weiß mit rosa Einfärbungen (Streifen an den Blütenblatträndern), einfach, Einzelblüten 3 (bis 3,5) cm breit, Blütenblätter nicht überlappend, faltig und schalenförmig nach innen gebogen, Knospe krapprot. Frühe Blütezeit.

Früchte: Flachkugelig, etwas unregelmäßig, meist ohne Kelch, 1,5 bis 2,3 cm lang und bis 2,6 cm dick, orangerot, auf der Sonnenseite leuchtend orangerot bis paprikarot (hummerrot), Früchte insgesamt rot gestreift und schwach blaugrau bereift, Stiele dünn, 3 cm lang.

Eigenschaften: Nicht schorfanfällig, Laub sehr gesund, haftet lange, sehr guter Pollenspender.

Verwendung: Eine der allerbesten Frucht-Sorten. Die großen Früchte haben eine enorme Leuchtkraft und sind sehr frostbeständig. Neben M. toringo (= M. sieboldii), 'Red Sentinal', 'Wintergold' und 'Prof. Sprenger' (bedingt) widerstehen sie Frösten bis minus 8° (bis minus 10°)C. Nach Dezemberfrösten (1989) um minus 8° bis minus 10°C waren 70 % der Früchte noch tadellos, die restlichen 30 % waren aufgeplatzt, aber nicht braun.

M. floribunda VAN HOUTTE.
Vielblütiger Apfel

Verbreitung: Heimat nicht sicher bekannt. 1862 aus Japan eingeführt.

Wuchs: Großstrauch oder kleiner, malerischer Baum mit breitgewölbter, dicht verzweigter Krone und stark überhängenden Ästen. Rasch wachsend.

Größe: 4 bis 6 (bis 8) m hoch und breit, im Alter auch breiter als hoch. Jahreszuwachs in Höhe und Breite 40 cm.

Blätter: Sommergrün, wechselständig, elliptisch bis eiförmig, 4 bis 8 cm lang, hellgrün, Herbstfärbung oft schön orangerot.

Blüten: Weiß mit schwachen rosa Einfärbungen, einfach, Knospen blaurot bis rosenrot, halbaufgeblüht rosa, Einzelblüten 3,5 bis 4,5 cm breit, an bis zu 5 cm langen Stielen, Blütenblätter sich nicht überdeckend. Sehr reich blühend. Blütezeit früh.

Früchte: Klein, etwa erbsengroß, zuerst gelbgrün, später etwas rötlich.

Verwendung: Von der Reichblütigkeit und vom Wuchs her einer der schönsten Zier-Äpfel.

'Golden Hornet'

Wuchs: Großstrauch oder kleiner Baum; in der Jugend straff aufrecht, dichtbuschig und trichterförmig, im Alter mit malerisch überhängenden Seitenzweigen.

Größe: 4 bis 6 m hoch und fast genauso breit.

Blätter: Sommergrün, wechselständig, glänzend grün.

Blüten: Weiß, einfach, knospig rosa.

Früchte: Typische Apfelform, 2,5 bis 3 cm lang und 1,8 bis 2,5 cm dick, mit deutlichem Kelch. 'Golden Hornet' fruchtet außerordentlich reich. Früchte nehmen allerdings bei minus 2 °C bis minus 4 °C Schaden.

Malus 'Golden Hornet'

'Hillieri'

HILLIER & SONS, Winchester, England, 1928.

Wuchs: Großstrauch oder kleiner Baum, kräftig und locker aufrecht wachsend mit langer, malerisch überhängender Seitenbezweigung, Krone im Alter breit rundlich.

Größe: 5 bis 7 (bis 10) m hoch und 4 bis 7 (bis 8) m breit. Jahreszuwachs in Höhe und Breite 35 cm.

Blätter: Sommergrün, wechselständig, elliptisch, gelegentlich leicht gelappt, 6 bis 8 cm lang, spitz auslaufend, grob gesägt bis gekerbt, dunkelgrün, etwas glänzend, Triebe dunkelrotbraun, Blattstiele dunkelrot.

Blüten: Rosa bis rosaweiß, innen und außen streifig, Einzelblüte 2,5 bis 3 cm breit, teils einfach, teils halbgefüllt, 7 bis 8 Blütenblätter, überlappend, 5 bis 6 in normaler Größe, 2 bis 3 etwas kleiner, Knospe blaurot-rosenrot, Blütenstiele 3 bis 3,5 cm lang, einseitig rötlich überlaufen. Außerordentlich reich blühend. Spät.

Früchte: Kugelig, gelborange bis hellrot, 1,5 bis 2 cm dick, Fruchtstiele dünn, 4 cm lang, Früchte verbleiben nicht lange am Baum, teilweise auch braun werdend und dann längere Zeit haftend.

Eigenschaften: Sehr guter Pollenspender, auch für den Erwerbsobstbau, schorfanfällig.

Verwendung: 'Hillieri' ist einer der schönsten Blüten-Äpfel. Die malerisch überhängenden, langen Seitentriebe sind sehr dicht besetzt mit rosenroten Knospen und zart rosaweißen Blüten. Herrlicher Kontrast. Zur Blütezeit einer der Publikumslieblinge.

'Hopa'

N. E. HANSEN, Brookings, S.-Dakota, USA, 1920.

Wuchs: Großstrauch oder kleiner Baum, breit und locker aufrecht mit kräftigen Seitenästen.

Malus 'Hillieri'

Größe: 4 bis 6 m hoch und breit.

Blätter: Sommergrün, wechselständig, eiförmig, zunächst hell-lilabraunrot überlaufen, später mehr grün, Blätter werden früh abgeworfen.

Blüten: Dunkellilarosa bis lilarosa, einfach, Einzelblüte 4 bis 4,5 cm breit, Blütenblätter nicht überlappend. Früh.

Früchte: Kugelig, bis 2 cm dick, hochrot, Anfang September bis Anfang Oktober.

Eigenschaften: Schorfanfällig.

Malus 'Hopa'

'John Downie'

E. HOLMES, Lichfield, England, 1885.

Wuchs: Kräftig wachsender Großstrauch oder kleiner Baum.

Größe: 4 bis 6 (bis 8) m hoch und 3 bis 4 (bis 6) m breit.

Blätter: Sommergrün, wechselständig, sehr

Malus 'John Downie'

variabel, meist breit eiförmig, 6 bis 9 cm, Rand fein gesägt, dunkelgrün, glänzend.

Blüten: Weiß, einfach, Einzelblüte 3,5 bis 4,5 cm breit, Blütenblätter nicht überdeckend, Knospe rosa.

Früchte: Auffallend groß, spitz eiförmig, 4 cm lang und 2,5 bis 3 cm breit, mit Kelch, sonnenseits

Bilder links: Malus floribunda im Schloßpark Haseldorf

hochrot, schattenseits dunkelgelb bis dunkelorange. Früchte sind sehr attraktiv und besitzen große Leuchtkraft. Von Anfang September bis Anfang Oktober.

Eigenschaften: Sehr frosthart, mäßig schorfanfällig.

Verwendung: Durch die großen Früchte und die leuchtenden Farben eine sehr wertvolle Frucht-Sorte.

'Liset'
(= M. x moerlandsii 'Liset')

S. G. A. DOORENBOS, Den Haag, 1952. Sämling von M. 'Profusion', gefunden 1938 und 1952 verbreitet.

Wuchs: Großstrauch oder kleiner Baum mit zunächst kompakter, rundlicher Krone, später mehr unregelmäßig, malerisch ausgebreitet und etwas überhängend.

Größe: 5 bis 7 (bis 8) m hoch und breit. Jahreszuwachs in Höhe und Breite 30 bis 35 cm.

Blätter: Sommergrün, wechselständig, elliptisch bis eiförmig, bis 11 cm lang, dunkelgrün, glänzend mit bräunlichem Schimmer, im Austrieb rot; Herbstfärbung orangerot.

Blüten: Blaurot (nicht purpurrot!), einfach, Einzelblüte 3 cm breit, 5 bis 6 Blütenblätter, sich teilweise überlappend, etwas unregelmäßig, breiter als bei 'Profusion' und weniger deutlich gestielt, Knospe rosenrot (cerise), Blütenstiele bis 5 cm lang, außerordentlich reich blühend.

Früchte: Flachkugelig bis ovalkugelig, am Kelch abgeplattet, 0,8 bis 1,5 cm dick, in der Regel ohne Kelch, Kelchnarbe 0,3 bis 0,7 cm breit!, Früchte sonnenseits granatrot bis rubin, schattenseits dunkelrot bis braunrot, leicht bläulich bereift, Fruchtstiele bis 4 cm lang und dunkelrotlila gefärbt. Früchte werden außerordentlich zahlreich angesetzt.

Eigenschaften: Mäßig schorfanfällig, weniger als M. 'Profusion', blüht bereits als ganz junge Pflanze. Früchte erfrieren bei etwa minus 4 °C (mehrere Tage Frosteinwirkung).

Verwendung: M. 'Liset' ist eine der besten, blaurot blühenden Sorten. Der Blütenflor wird nicht vom Neuaustrieb überdeckt.

'Makamik'

Wuchs: Großstrauch oder kleiner Baum, Hauptäste breit aufrecht, Krone im Alter rundlich bis unregelmäßig, Seitenbezweigung leicht überhängend. In der Jugend raschwüchsig.

Größe: 6 bis 8 m hoch und breit.

Blätter: Sommergrün, wechselständig, rundlich eiförmig bis elliptisch, bis 8 cm lang, gesägt, im Austrieb rötlich, später bronzegrün bis dunkelgrün, doppelt gesägt.

Blüten: Im Aufblühen rosenrot (blaurot), später intensiv rosa, im Verblühen heller werdend, einfach, Einzelblüte 3,5 bis 4 (bis 4,5) cm breit. Blütezeit früh.

Früchte: Rundlich bis eiförmg, 2 bis 2,5 cm lang mit Kelch, dunkelrot mit bräunlichem Schimmer, am Kelchansatz wulstig! September bis Oktober, nicht lange haltbar.

Eigenschaften: Sehr frosthart, wenig schorfanfällig, jedes Jahr reich blühend. Früchte nicht frostbeständig.

Verwendung: Der schönste rosafarbene Zierapfel.

Ökologie: Die herrlich duftenden Blüten werden auffallend stark von Insekten beflogen.

'Professor Sprenger'
(= M. x zumi 'Professor Sprenger')

S. G. A. DOORENBOS, Den Haag, vor 1952.

Wuchs: Großstrauch oder kleiner Baum mit kegelförmigem bis breit aufrechtem Aufbau, im Alter locker ausgebreitet, rasch wachsend.

Größe: 5 bis 6 (bis 8) m hoch, 4 bis 5 m breit. Jahreszuwachs in der Höhe 35 bis 40 cm, in der Breite 30 cm.

Blätter: Sommergrün, wechselständig, eiförmig bis elliptisch, 6 bis 8 cm lang, dunkelgrün, Herbstfärbung gelb bis rot.

Blüten: Weiß, einfach, bis 3 cm breit, Knospen rosa. Reich blühend. Blütezeit mittel bis spät.

Früchte: Kugelig, in der Regel ohne Kelch, 1 bis 1,5 (bis 1,8) cm dick, leuchtend gelb-orange bis orange, auf der Sonnenseite rot (orangerot, mennige) überlaufen. Früchte haften sehr lange am Baum!

Eigenschaften: Gut frosthart, sehr reich blühend, nicht schorfanfällig.

Verwendung: Gehört zu den wertvollsten Blüh- und Frucht-Sorten. Die massenhaft erscheinenden, gut leuchtenden Früchte sind frostbeständig. Bei minus 4 °C kaum Schäden.

Malus 'Liset'

Malus 'Makamik'

Malus 'Professor Sprenger'

'Profusion'

(= M. x moerlandsii 'Profusion')

S. G. A. DOORENBOS, Den Haag, 1946.

Wuchs: Großstrauch oder kleiner Baum, breit aufrecht, stark verzweigt, dicktriebig, im Alter mit eirundlicher Krone, Seitenäste überhängend.

Größe: 5 bis 6 (bis 8) m hoch und 4 bis 5 m breit. Jahreszuwachs in Höhe und Breite 30 bis 35 cm.

Blätter: Sommergrün, wechselständig, elliptisch bis eiförmig, 6 bis 10 cm lang, an Langtrieben teilweise 3lappig, Mittellappen länger als Seitenlappen, im Frühjahr dunkelrotbraun, später grün mit bräunlichem Schimmer; Herbstfärbung braunrot.

Blüten: Blaurot bis rosenrot, einfach, Einzelblüten 3,5 bis 4 cm breit, Blütenblätter nicht überlappend. Sehr reichblühend. Mittelfrüh bis spät.

Früchte: Kugelig bis leicht spitzkugelig, 1 bis 1,5 cm dick, an 4 bis 4,5 cm langen, dünnen Stielen, mittelrot bis dunkelrot (Farbe heller als bei 'Liset').

Eigenschaften: Schorfanfällig. Früchte erfrieren bei etwa minus 4 °C (mehrere Tage Frosteinwirkung).

'Red Jade'

1935 von Dr. G. M. REED, Brooklyn Botanic Garden, selektiert.

Wuchs: Hängeform, wird meist hochgezogen kultiviert oder auf Stamm veredelt. Zweige dünn, tief herabhängend.

Malus 'Profusion'

Größe: Je nach Wuchsform, 1,5 bis 2 m hoch, dann bis 4 m breit, als Kronenveredlung 2,5 bis 3 m hoch.

Blüten: Knospig rosa, aufgeblüht weiß mit zartrosa Hauch, einfach, Einzelblüten 4 cm breit.

Früchte: Eiförmig, 1,5 cm lang, leuchtend rot, lange haftend.

Verwendung: Wertvolle Sorte durch interessanten Wuchs und die zierenden Früchte. Angeblich wenig schorfanfällig.

'Red Sentinel'

Neuseeland, vor 1959.

Wuchs: Großstrauch oder kleiner Baum mit schlanker Krone und tief überhängenden Seitenästen.

Größe: 4 bis 5 m hoch und 2,50 bis 3,50 m breit.

Blätter: Sommergrün, wechselständig, oval, bis 7,5 cm lang und 3,5 cm breit, mittelgrün, Blattstiele rötlich überzogen.

Blüten: Weiß, einfach, Knospen hellrosa, Einzelblüten 3 cm breit. Mittelfrüh bis spät.

Früchte: Flachkugelig bis kugelig, unregelmäßig, oft ausgeprägt gerippt, meist ohne Kelch, Kelch vertieft liegend, Länge 1,8 bis 2,2 cm, Breite 2 bis 2,5 cm, sonnenseits kirschrot, auf der Schattenseite etwas heller bis gelborange, leicht bereift. Stiele 2,5 cm lang, rötlich überzogen. Haften sehr lange am Baum.

Eigenschaften: Schorffrei.

Verwendung: Es gibt wohl kaum eine bessere Frucht-Sorte. Die unglaublich zahlreichen, kirschroten Früchte bleiben wegen ihrer großen Frostbe-

Malus 'Red Sentinel'

ständigkeit länger am Baum haften als bei jeder anderen Sorte! Nach Frosteinwirkung von minus 8° (bis minus 10°) C! (Dezember '89) waren an den Früchten keine Schäden feststellbar. Mithalten konnten allenfalls 'Evereste', 'Wintergold' und M. toringo (= M. sieboldii), deren Früchte aber teilweise geschädigt waren.

M. 'Red Sentinel' kann wegen der schlanken Krone und der überhängenden Seitenbezweigung auch gut als Hochstamm gezogen werden.

'Royalty'

W. L. KERR, Sutherland, Sask., Kanada, 1962.

Wuchs: Aufrechter, kompakt wachsender, dicktriebiger Strauch oder baumartiger Großstrauch, im Alter mehr breit ausladend. Langsam wachsend.

Größe: 4 bis 6 m hoch und 4 bis 5 m breit.

Blätter: Sommergrün, wechselständig, eiförmig

Malus 'Royalty'

Größe: 2 bis 3 m hoch und breit, im Alter oft wesentlich breiter als hoch. In 30 Jahren etwa 2,50 m hoch und 4,50 m breit. Jahreszuwachs in der Höhe 20 cm, in der Breite 25 bis 30 cm.

Blätter: Sommergrün, wechselständig, eiförmig, teils 3lappig, 5 bis 8 cm lang, mittelgrün; Herbstfärbung orangegelb.

Blüten: Silberweiß, einfach, knospig zartrosa, Einzelblüte 2,5 bis 3 cm breit, leicht überdeckend, außerordentlich zahlreich. Blütezeit mittelfrüh.

Früchte: Kugelig, 0,7 bis 1 cm dick, dunkelrot, an 3,5 cm langen, dünnen Stielen. Überreich ansetzend, haften aber nur bis Oktober.

Eigenschaften: Wenig schorfanfällig.

Verwendung: Innerhalb des Sortiments nimmt M. sargentii eine Sonderstellung ein. Auf Grund seines langsamen und kompakten, aber dennoch malerischen Wuchses und seiner unglaublichen Blütenfülle ist er der schönste Zier-Apfel für kleinste Gartenräume. Geeignet für Atrium-Gärten, an Terrassen, für Pflanzkübel, Hochbeete und Dachgärten. Eine sehr schöne Selektion mit tiefrosa Knospen und zartrosa Blüten ist **M. sargentii 'Rosea'**.

Malus sargentii-Veredlung

bis länglich, 8 bis 12 cm lang, glänzend dunkelrotbraun, später dunkelgrünrot, Rand scharf gesägt; Herbstfärbung braunrot.

Blüten: Rubinrot, einfach, Einzelblüte 3,5 bis 4 cm breit, nicht überlappend. Blüten oft verdeckt vom Laub. Blütezeit früh bis mittelfrüh.

Früchte: Länglich, bis 1,5 cm, dunkelrot.

Eigenschaften: Wenig schorfanfällig.

Verwendung: Sehr schöner, rotlaubiger Zier-Apfel. Blüten heben sich vom dunklen und früh austreibenden Laub nicht gut ab. Dieser Nachteil verliert sich mit zunehmendem Alter.

'Rudolph'

1954 von F. L. SKINNER, Kanada, eingeführt.

Wuchs: Großstrauch oder kleiner Baum mit breitaufrechter Krone.

Größe: 5 bis 6 m hoch und 4 bis 5 m breit.

Blätter: Im Austrieb kräftig braunrot, im Sommer dunkelgrün mit leicht bräunlichem Schimmer.

Blüten: Blaurot bis rosarot, in der Knospe karminrot, einfach, Einzelblüten bis 4 (4,5) cm breit, sehr reichblühend.

Früchte: Länglich, 1,5 bis 1,8 cm, orange, haften nicht sehr lange am Baum.

Eigenschaften: Früchte erfrieren bei minus 2 °C bis minus 4 °C, M. 'Rudolph' ist wenig schorfanfällig.

Verwendung: Einzelstellung, im Außenbereich der Städte und im Siedlungsbereich auch als kleinkroniger Straßenbaum einsetzbar.

M. sargentii-Veredlung
(= M. toringo var. sargentii)

Wuchs: Breitwüchsiger, dichtverzweigter Strauch mit langen, bogenförmig überhängenden oder waagerecht ausgebreiteten Ästen. Langsam wachsend. Im Alter mit breitrundlichem Habitus.

'Street Parade'

Wuchs: Großstrauch oder kleiner Baum mit schmal eiförmiger, im Alter mehr rundlicher Krone.

Größe: 5 bis 6 m hoch und 3 bis 4 m breit.

Blüten: Reinweiß, knospig lachsrosa.

Früchte: Glänzend blaurot, bis 1,5 cm dick.

Eigenschaften: Gesund, soll nicht von Mehltau und Schorf befallen werden (?).

Verwendung: Solitärgehölz, möglich auch als schmalkroniger Straßenbaum im Außenbereich der Städte.

Malus 'Striped Beauty'

'Striped Beauty'

Wuchs: Großstrauch oder kleiner Baum mit zunächst trichterförmig aufstrebenden Hauptstämmen und im Alter breitrundlicher Krone und hängender Bezweigung.

Größe: 5 bis 6 m hoch und 4 bis 5 m breit. Jahreszuwachs in der Höhe 35 cm, in der Breite 30 cm.

Blätter: Sommergrün, wechselständig, meist schlank eiförmig, 6 bis 10 cm lang, dunkelgrün.

Blüten: Weiß, einfach, Knospen blaurot bis hell rosenrot, etwas streifig, Einzelblüte 3,5 bis 4 cm breit, Blütenblätter sich nicht überdeckend. Blütezeit früh.

Früchte: Kugelig, 2,5 cm dick, an 2 bis 3 cm langen Stielen, leuchtend rot, auf der Schattenseite manchmal gelb oder orange, Farbverteilung streifig. Regelmäßig sehr starker Fruchtbehang, der bis Oktober/November haften bleibt.

Eigenschaften: Kaum schorfanfällig.

Verwendung: Gehört zu den auffälligsten Frucht-Sorten.

M. sylvestris (L.) MILL., Holz-Apfelbaum
(= Malus communis ssp. silvestris, Pirus malus)

Verbreitung: Europa bis Westasien. In Auenwäldern, Knicks, Hecken, Gebüschen, Laubmischwäldern und feuchten Eichenwäldern; auf frischen, nährstoffreichen und meist tiefgründigen, humosen Lehm- und Steinböden.

Wuchs: Kleiner Baum oder baumartiger Strauch mit zunächst aufrechten, später bogenförmig abstehenden und im Alter weit überhängenden, bedornten Ästen.

Größe: 6 bis 10 m hoch und 5 bis 7 m breit, oftmals so breit wie hoch.

Triebe: Kahl, purpurbraun bis rotbraun, Seitentriebe oft dornig.

Borke: Graubraun, längsrissig, geschuppt, abblätternd.

Blätter: Eiförmig, 4 bis 6 cm lang, grün glänzend.

Blüten: Außen weißrosa, innen rosa, im Verblühen weiß. Mai bis Juni.

Früchte: Apfelfrucht, gelbgrün, schwach rötlich überlaufen, 2,5 bis 3 cm dick. Im Geschmack herbsauer. Erst nach Frosteinwirkung genießbar.

Wurzel: Flacher Herzwurzler, reich verzweigt und weitstreichend.

Standort: Sonne bis Halbschatten.

Boden: Nährstoffreich, tiefgründig, kalkliebend, ist aber anpassungsfähig.

Eigenschaften: Frosthart, sehr windresistent! Liebt luftfeuchte Lagen, verträgt zeitweilige Trockenheit.

Verwendung: Gehölz für die freie Landschaft, Windschutz, Rekultivierungsmaßnahmen.

Ökologie: Wichtige Nahrungspflanze für viele Insekten-, Vogel- und Säugetierarten.

Leider wird der echte Holz-Apfel in unserer Landschaft immer seltener.

M. toringo (SIEB.) ex DE VRIESE
(= M. sieboldii)

Verbreitung: Japan.

Wuchs: Großstrauch oder kleiner Baum. Grundstämme breit trichterförmig aufrecht, im Alter eine ausgebreitete, oft schirmartige Krone bildend mit weit ausladenden Hauptästen und übergeneigter Seitenbezweigung.

Größe: 6 (bis 8) m hoch und oft doppelt so breit.

Blätter: Sommergrün, wechselständig, eiförmig bis elliptisch, 3 bis 8 cm lang, grob gesägt, besonders an Langtrieben 3- (bis 5) lappig, Herbstfärbung gelbrot.

Blüten: Weiß, einfach, Einzelblüte 3 bis 3,5 cm breit, Blütenblätter nicht deckend, Knospen zartrosa mit dunkelrosa Streifen, Blütezeit mittelfrüh.

Früchte: Kugelig, etwa erbsengroß, 0,5 bis 0,7 cm dick, gelborange (sonnenblumengelb, maisgelb), an dünnen, roten Stielen, außerordentlich zahlreich, Früchte haften ausgesprochen lange.

Eigenschaften: Sehr frosthart, schorffrei, Früchte vertragen Fröste bis minus 8 °C.

Verwendung: M. toringo (= M. sieboldii) entwickelt sich im Freistand zu außergewöhnlich malerischen Kleinbäumen und gehört mit seinen rein-

Malus toringo, ein sehr malerischer Kleinbaum, die Früchte sind eine wertvolle Vogelnahrung im Winter

Malus toringo-Sämling

Malus tschonoskii

Malus 'Van Eseltine'

weißen, anemonenartigen Blüten und den lange haftenden Früchten zu den wertvollsten Wildarten.

Ökologie: Wegen der kleinen, lang haftenden Früchte ist dieser Apfel im Winter bei Buchfinken, Grünfinken, Bergfinken, Sperlingen und anderen Kleinvögeln sehr beliebt.

M. tschonoskii (MAXIM.) SCHNEID.

Verbreitung: Japan.

Wuchs: Kleiner, breit pyramidaler Baum mit meist durchgehendem Stamm, im Alter unregelmäßige, rundliche Krone.

Größe: 8 bis 12 m hoch.

Blätter: Sommergrün, wechselständig, elliptisch bis eiförmig, 7 bis 12 cm lang, Rand unregelmäßig gesägt, im Austrieb weißfilzig, Triebe dicht grauweiß-filzig. Blattunterseite dicht behaart; Herbstfärbung gelborange bis orangerot.

Blüten: Weiß, einfach, 3 bis 4 cm breit. Blütezeit mittelfrüh.

Früchte: Flachkugelig, 2 bis 2,5 cm dick, gelbgrün mit rötlicher Backe, Früchte fühlen sich rauh an, sind behaart und mit kleinen Narben versehen.

Eigenschaften: Schorffrei.

Verwendung: Ein baumartiger Zierapfel mit einer schönen, gelborangen bis orangeroten Herbstfärbung. Kleinbaum für Gärten, Parkanlagen, Siedlungen und Wohnstraßen.

'Van Eseltine'
(M. arnoldiana x M. spectabilis)

Gefunden 1930, zuerst unter dem Namen 'Geneva' verbreitet.

Wuchs: In der Jugend schmal säulenförmig wachsender Strauch, Triebe mehr oder weniger alle aufrecht, im Alter lockerer, schmal trichterförmig.

Größe: 4,50 bis 6 m hoch. In 40 Jahren 5 m hoch und etwa 2,50 bis 3 m breit.

Blätter: Sommergrün, wechselständig, elliptisch bis länglich, 5 bis 8 cm lang.

Blüten: Rosa mit blauroten Einfärbungen, innen zartrosa bis rosa, halbgefüllt, sehr groß, Einzelblüte 5 bis 5,5 cm breit, im Knospenstadium rosenrot. Blütezeit mittelfrüh.

Früchte: Rundlich, unten abgeplattet, 1,2 bis 1,7 cm dick, Kelchnarbe bis 1 cm breit, gelb, auf der Sonnenseite orangerot überlaufen, Stiele bis 5 cm lang. Früchte insgesamt nicht sehr attraktiv.

Eigenschaften: Mäßig schorfanfällig, Blätter etwas windanfällig, Baum sollte etwas geschützt gepflanzt werden.

Verwendung: 'Van Eseltine' ist aus zwei Gründen besonders wertvoll. Es ist einmal der schwache, säulenförmige Wuchs, der diese Sorte auch für Pflanzungen in beengten Gartenräumen prädestiniert, und zum anderen ist es die ausdrucksstarke, große Blüte, die sich durch ihre halbgefüllte, duftige und sehr lockere Form von allen anderen Sorten abhebt.

'Wintergold'

Wuchs: Großstrauch oder kleiner Baum mit aufrechter Krone und etwas abstehenden Zweigen, im Alter breit überhängend.

Größe: 4 bis 6 m hoch und breit.

Blätter: Sommergrün, wechselständig, breit elliptisch, oft 3- bis 5lappig, dunkelgrün.

Blüten: Zartrosa bis weiß, Rückseite der Blütenblätter etwas dunkler rosa und weiß gestreift, einfach, Einzelblüte 2,5 bis 3 cm breit, Blütenblätter sich etwas überdeckend. Im Knospenstadium rosenrot.

Früchte: Kugelig, bis 2,5 cm dick, mit Kelch, gelb, zahlreich. Früchte haften sehr lange.

Eigenschaften: Früchte sehr frostbeständig, bei minus 8 °C noch keine Schäden!

Verwendung: Eine sehr wertvolle, gelbfruchtende Sorte, deren leuchtend gelbe Früchte oft noch im Januar am Baum haften. Gutes Vogelnährgehölz.

M. x zumi 'Calocarpa'
(= M. x zumi var. calocarpa)

Wuchs: Großstrauch oder kleiner Baum, Hauptäste breit aufrecht, Krone im Alter malerisch weit ausladend, Seitenäste überhängend.

Größe: 6 bis 8 m hoch und 6 bis 7 m breit.

Blätter: Sommergrün, wechselständig, eiförmig zugespitzt, 5 bis 8 cm lang, an Langtrieben oft gelappt. Herbstfärbung gelbrot.

Blüten: Weiß, einfach, Knospenstadium rosa, Einzelblüte 3 cm breit, reich blühend. Blütezeit früh.

Früchte: Kugelig bis flachkugelig, orangerot bis rot (kirschrot), 1 bis 1,5 cm dick, schwach bereift, an 4 cm langen, dünnen Stielen, Früchte in der Regel ohne Kelch, Kelchnarbe bis 0,9 cm breit; sehr lange haftend.

Eigenschaften: Früchte sehr frostbeständig, bis minus 5° (bis minus 8°)C ohne Schäden, früh austreibend.

Verwendung: Wertvoll wegen der großen Fruchtfülle und der langen Haltbarkeit, Früchte haften noch im Dezember am Strauch. Dekorativer Vasenschmuck, Bedeutung für die Binderei.

Anmerkung: Viscum album keimt auf dieser Sorte sehr leicht.

Malus x zumi 'Calocarpa'

Menispermum canadense

MENISPERMUM L.
Mondsame – Menispermaceae, Mondsamengewächse

Griech.: mene = Mond, sperma = Same

Die Bezeichnung Mondsame bezieht sich auf die halbmondförmigen Samen.

M. canadense L.
Amerikanischer Mondsame

Sommergrüner, 3 bis 4,50 m, gelegentlich auch noch höher werdender Kletterstrauch. Triebe linkswindend, fein behaart!, im Laufe des Sommers kahl, rund, längsgerieft bis streifig, zunächst olivgrün, später braungelb bis glänzend braun.

Blätter wechselständig, 10 bis 20 cm lang, einfach oder schwach stumpflappig, dunkelgrün, Blätter unterseits anfangs behaart, lang gestielt, Blattstiel 5 bis 15 cm lang, nahe am unteren Blattrand angesetzt! Blüten gelbgrün, im Mai/Juni in 2 bis 6 cm langen Rispen.

Früchte weintraubenähnlich, 8 mm dick, blauschwarz, Samen nieren- oder halbmondförmig. Früchte giftig!

Der Amerikanische Mondsame ist in lichten Wäldern entlang der Flüsse im östlichen Nordamerika von Quebec, Manitoba und südlich bis Georgia und Arkansas verbreitet. Das relativ unbekannte Klettergehölz ist ausreichend frosthart und verlangt zum guten Gedeihen einen nicht zu trockenen Boden in vorzugsweise absonniger bis halbschattiger Lage. Gut geeignet zur Berankung von Zäunen, Pergolen, an schattigen Sitzplätzen und Bäumen.

*Eine weitere Art ist **M. dauricum** DC., der Dahurische Mondsame, der in Sibirien, China und Japan verbreitet ist. Seine Blätter sind kleiner, deutlich schildförmig und stets kahl. M. dauricum wird knapp 3 m hoch und bildet Ausläufer. Auch diese Art ist völlig frosthart.*

MENZIESIA J. E. SM.
Menziesie – Ericaceae, Heidekrautgewächse

Benannt nach dem englischen Arzt und Botaniker ARCHIBALD MENZIES, 1754 – 1842.

M. ciliicalyx (MIQ.) MAXIM.

Kleiner, 30 bis 70 cm hoher, sommergrüner Strauch mit eiförmigen bis verkehrt eiförmigen, 2 bis 5 cm langen Blättern, deren Rand und Mittelrippe borstig behaart sind. Blüten in hängenden Büscheln, Einzelblüte krugförmig, rosa bis rot, violett bereift; Mai bis Juni.

M. ciliicalyx ist in Japan beheimatet und in unseren mitteleuropäischen Gärten genügend frosthart. Die Menziesie ist nahe verwandt mit der Gattung Rhododendron, und so liebt auch sie den absonnigen, halbschattigen Gartenplatz und einen genügend frischen, humosen, nicht zu nährstoffarmen, sauren Boden.

***M. ciliicalyx var. purpurea** MAK. unterscheidet sich von der Art durch bläuliche Blütenknospen und purpurrosafarbene Blüten. Von den bekannten Arten und Varietäten wie z. B. **M. ferruginea, M. pentandra, M. pilosa und M. purpurea** (darf nicht mit **M. ciliicalyx var. purpurea** verwechselt werden!) ist sie die schönste und gartenwürdigste. Ein überaus reizender Kleinstrauch für besonders herausgehobene Pflanzplätze im Heide- oder Rhododendrongarten. Die rosaroten Blüten sehen aus wie riesige Enkianthus-Glocken.*

MESPILUS L.
Mispel – Rosaceae, Rosengewächse

M. germanica L.,
Mispel

Verbreitung: Südeuropa, Kaukasus, N-Iran.

In Deutschland heute eingebürgert oder verwildert in Büschen, Hecken, an sonnigen Gehölzrainen und Wegen. Auf mäßig trockenen bis frischen, nährstoffreichen, lockeren und humosen, oft steinigen Lehmböden in sommerwarmer Lage.

Wuchs: Breit aufrechter, oft etwas sparriger Strauch oder kleiner Baum mit gedrehten oder knieförmig gebogenen Ästen und meist nur kurzem Stamm. Langsam wachsend.

Größe: 3 bis 5 m hoch, im Alter breiter als hoch.

Rinde: Junge Triebe grün-grau-filzig, ältere Zweige bräunlichgrau, später silbriggrau bis grauschwarz, etwas glänzend, lange glatt bleibend. Wildform bedornt.

Blätter: Sommergrün, wechselständig, oval bis lanzettlich bis länglich eiförmig, 7 bis 12 cm lang und 5 cm breit, oberseits stumpfgrün bis leicht glänzend, wenig behaart, unterseits hellgrün, bleibend behaart. Herbstfärbung rotbraun, gelegentlich auch leuchtend orangegelb.

Blüten: Weiß, einzeln stehend, 3 bis 4 (bis 5) cm breit. Mai/Juni.

Früchte: Birnenförmig, im Kelchbereich stark abgeplattet, 2 bis 4 cm groß, braun, Schale etwas filzig, korkig, eßbar.

Wurzel: Tiefwurzler.

Standort: Sonnig bis halbschattig, warme Lage.

Mespilus germanica

Boden: Mäßig trockene, nicht zu arme Substrate; nährstoffreiche, tiefgründige und kalkhaltige Lehmböden werden bevorzugt.

Eigenschaften: Ausreichend frosthart, verträgt sommerliche Hitzeperioden sehr gut, wärmeliebendes Gehölz, stadtklimafest.

Verwendung: Wertvoller, breit malerisch wachsender kleiner Blüten- und Fruchtbaum für Einzelstellung in Hausgärten, Parkanlagen und Siedlungen. Pflanze des Bauerngartens.

Anmerkung: Die Mispel ist seit alters her in Kultur und hatte besonders im Mittelalter eine große Bedeutung. In Bauerngärten war sie ein gern ge-

Mespilus germanica

MORUS

pflanztes Fruchtgehölz. Aus den süß-säuerlichen Früchten, die allerdings erst nach Frosteinwirkung genießbar werden, lassen sich Marmeladen und Obstweine herstellen. Die jungen Früchte wurden wegen ihres hohen Gerbstoffgehalts auch zum Gerben benutzt.

Wir sollten diese alte Kulturpflanze nicht ganz vergessen; sicher lassen sich in Gärten, Parkanlagen, Siedlungen und Schulgärten geeignete Plätze für dieses interessante Gehölz finden. Die Früchte sind auch heute noch in den südlichen Ländern begehrt.

MORUS L.
Maulbeerbaum – Moraceae, Maulbeerbaumgewächse

M. alba L., Weißer Maulbeerbaum

Verbreitung: China, Mandschurei und Korea, auf mäßig nährstoffreichen, meist kalkhaltigen Böden.

Wuchs: Sommergrüner, mittelgroßer Baum mit rundlicher, sparriger Krone, gelegentlich auch nur baumartiger Großstrauch.

Größe: 8 bis 10 (15) m hoch und 4 bis 6 (8) m breit.

Rinde: Triebe grau oder graugelb, Borke längsrissig, grau.

Blätter: Sommergrün, wechselständig, breit eiförmig, unterschiedlich gelappt, 8 bis 20 cm lang, oberseits glatt oder nur schwach rauh, hellgrün, glänzend. Blätter dienen als Futter für die Seidenraupenzucht.

Blüten: Walzenförmige, hängende Ähren, unscheinbar; Mai/Juni.

Früchte: Veränderlich in der Farbe, weiß bis rosa, sie sehen länglichen Brombeeren sehr ähnlich, eßbar, Geschmack süßlich, doch etwas fade.

Standort: Sonnig, warm, geschützt.

Boden: Vorzugsweise auf nicht zu feuchten und nahrhaften Böden (Triebe reifen besser aus!), liebt Kalk, insgesamt anspruchslos und gedeiht noch auf ärmeren Sandböden.

Eigenschaften: Als junge Pflanze etwas frostempfindlich, wärmeliebend, verträgt Trockenheit und Windexponierung, rauch- und rußfest.

Verwendung: Interessanter und malerischer Einzelbaum für größere Gärten und Parkanlagen, Windschutzgehölz für hohe Hecken, Solitärbaum für Schulgärten u. ä., da altes Kulturgehölz.

Anmerkung: Seit 4500 Jahren ist der Weiße Maulbeerbaum in Kultur. Seine papierdünnen Blätter sind das Futter für die berühmten Seidenraupen.

Morus alba

3000 bis 4000 m lang ist der Seidenfaden, den eine Raupe zum Bau eines Kokons verspinnt. 900 m sind davon abhaspelbar.

FRIEDRICH DER GROSSE führte die Seidenraupenzucht in Deutschland ein. Große, alte, knorrige Bäume und alleeartige Pflanzungen um Hannover, in Schleswig-Holstein, Oldenburg und Baden-Württemberg sind Zeugen des damals behördlicherseits vorgeschriebenen Anbaues von Maulbeerbäumen.

M. alba 'Pendula'

Wuchs: Kleiner Zierbaum. Als Stammveredlung mit schirmartiger Krone, Zweige senkrecht bis zum Boden herabhängend.

Größe: Je nach Veredlungshöhe. Kronenbreite in 40 Jahren 3 bis 3,5 m.

Rinde: 1- und 2jährige Triebe graugrünlich bis graugelb.

Blätter: Sommergrün, wechselständig, breit eiförmig, Basis herzförmig, 8 bis 20 cm lang, (unterschiedlich) zugespitzt, sehr unterschiedlich gelappt, oft feigenblattähnlich, hellgrün, Oberseite glatt oder nur schwach rauh, mehr oder weniger glänzend, Rand grob gesägt.

Blüten: In gestielten, hängenden Ähren, unscheinbar. Mai/Juni.

Früchte: Eine 2 cm lange, brombeerähnliche Frucht, weiß, seltener rot bis schwarzrot; eßbar, Geschmack süßlich, doch etwas fad. Früchte des Schwarzen Maulbeerbaumes sind schmackhafter.

Standort: Sonnige Lage.

Morus alba 'Pendula'

Boden: Sehr anpassungsfähig, sandige, leichtere, kalkhaltige Böden.

Eigenschaften: Frosthart, verträgt Trockenheit und Windexponierung, gut stadtklimafest.

Verwendung: Sehr schöne Hängeform des Weißen Maulbeerbaumes.

M. nigra L., Schwarzer Maulbeerbaum

Morus nigra, Helgoland

Verbreitung: Orient, Vorderasien; ursprüngliches Verbreitungsgebiet nicht mehr bekannt, da der Schwarze Maulbeerbaum als beliebtes Fruchtgehölz in allen wärmeren Ländern angepflanzt wurde.

Wuchs: Kleiner bis mittelgroßer Baum mit rundlich-geschlossener, dichter und kurzzweigiger Krone. Bei uns oft auch nur als Großstrauch oder als Spalier gezogen.

Größe: 6 bis 15 (bis 20) m hoch und meist genauso breit.

Rinde: Triebe zunächst behaart, später kahl, olivgrün oder gelblichgraubraun.

Blätter: Sommergrün, wechselständig, herzförmig bis breit eiförmig mit deutlich herzförmigem Grund, 6 bis 12 (bis 20) cm lang, Blattstiel 1,5 bis 2,5 cm lang, Rand grob gesägt, Blatt oberseits sehr rauh, glänzend dunkelgrün, unterseits heller, behaart.

Blüten: In gestielten, hängenden Ähren, unscheinbar. Mai/Juni.

Früchte: Brombeerähnlich, eilänglich, bis 3 cm lang, purpurschwarz bis dunkelviolett. Fruchtreife August. Eßbar, sehr schmackhaft.

Standort: Sonnig, warm, geschützt.

Morus nigra

Boden: Sehr anpassungsfähig, sandige, leichtere, kalkhaltige Böden.

Eigenschaften: In sommerwarmen Gebieten (Weinbau) hart, sonst frostempfindlich.

Verwendung: Bekanntes, altes Kulturgehölz, das in milden Gebieten zu malerischen Bäumen heranwachsen kann. Auf der Insel Helgoland steht ein 1814 gepflanztes Exemplar, das die Bombardierung 1947 überstanden hat.

Anmerkung: Im Mittelalter beliebtes Fruchtgehölz in Klostergärten. Früchte werden entweder roh gegessen oder zu Marmelade, Gelee oder Maulbeerwein verarbeitet. In Afghanistan verwendet man die süßen, getrockneten Früchte wie Rosinen.

MUEHLENBECKIA MEISSN.
Polygonaceae, Knöterichgewächse

Benannt nach dem elsässischen Arzt und Botaniker Mühlenbeck (1798 – 1845).

M. axillaris (HOOK. f.) WALP.
(axillaris = achselständig)

Sommergrüner, teppichbildender, 5 bis 10 cm hoher, sehr langsamwüchsiger Zwergstrauch mit drahtartigen, fadendünnen, fein behaarten Trieben und winzigen Blättern. Blätter wechselständig, eiförmig bis rund, 3 bis 8 mm breit, olivgrün bis bräunlichgrün. Blüten klein, unscheinbar, ein bis zwei in den Blattachseln, grünlich; Blütezeit Juni/Juli.

Muehlenbeckia ist in den Gebirgen Neuseelands, Tasmaniens und Australiens beheimatet. In unseren Gärten verlangt die Pflanze einen sonnigwarmen, geschützten Platz und einen nicht zu nährstoffreichen, gut durchlässigen Boden. Für eine Winterabdeckung aus Fichtenreisig ist sie besonders dankbar. Muehlenbeckien sind aber insgesamt härter als allgemein angenommen wird.

Sie bilden die dichtesten, flachsten und filigransten Bodenteppiche, die ich aus dem Gehölzreich kenne. Ein Kleinod für den Steingartenfreund. Wunderbar auch für Schalen, Tröge und Kübel (Winterschutz, Kalthaus).

Myrica L.
Gagel – Myricaceae,
Gagelstrauchgewächse

M. gale L.,
Gagelstrauch

Verbreitung: Europa, Nordasien, Nordamerika, in Deutschland hauptsächlich im Westen und Norden. Oft in großen Kolonien auf nassen, überwiegend nährstoffarmen Niedertorfmooren, in feuchten Heiden und lichten Kiefernwäldern, auf nassen, moorigen Sandböden, an Grabenrändern oder sekundär auf degradierten, trockeneren Hochmooren, wo Myrica je nach Vegetationstyp zusammen mit Faulbaum, verschiedenen Weidenarten, dem Blauen Pfeifengras, der Moor-Birke und verschiedenen Torfmoosen vorkommt.

Wuchs: Straff aufrechter, dicht verzweigter Kleinstrauch mit dunkelbraunen, rutenförmigen Trieben. Im Alter rundliche, geschlossene Büsche bildend.

Größe: 0,5 bis 1,5 (bis 2,5) m hoch und breit.

Rinde/Triebe: Triebe rotbraun, reich mit golden glänzenden Harzdrüsen besetzt, aromatisch duftend.

Blätter: Sommergrün, wechselständig, verkehrt eiförmig, 3 bis 6 cm lang, 0,8 bis 1,5 cm breit, mattgrün, zerrieben sehr stark aromatisch duftend.

Blüten: Pflanze ist zweihäusig. Männliche Kätzchen in voller Blüte bernsteinfarben, sehr ansehnlich, 1 bis 1,5 cm lang, weibliche Kätzchen 0,5 bis 0,6 cm lang, vor dem Laubaustrieb April/Mai.

Früchte: Kleine, braune Zäpfchen, Samen eiförmig, stark golddrüsig.

Wurzel: Herzwurzel, Stickstoffsammler.

Standort: Sonnig.

Boden: Mäßig feuchte bis nasse, torfige oder sandig-humose, saure Böden.

Eigenschaften: Frosthart.

Verwendung: Sehr interessantes, heimisches Gehölz; wichtig für Rekultivierungsmaßnahmen in Moorgebieten, für Heidegartenanlagen, Teichränder, unentbehrlich für Moorbiotope in Schul- und Lehrgärten. Herrlich für den Duftgarten, in den Abendstunden wird selbst ein großer Gartenraum von dem betörenden Duft erfüllt. Auch zu empfehlen für den erwerbsmäßigen Anbau von Schmuckreisig, dadurch Schonung der Naturbestände.

Anmerkung: Der Gagelstrauch bildete vor Beginn der intensiven Landwirtschaft in den ausgedehnten Niederungsmooren, auf torfigen Heiden und in den riesigen Überschwemmungsgebieten Nordwestdeutschlands große, zusammenhängende Bestände. Heute sind die wenigen Restvorkommen durch Entwässerungsmaßnahmen und Abtorfung bedroht. Das aromatisch duftende Harz und andere Wirkstoffe haben Myrica gale schon sehr früh zu einer begehrten Pflanze gemacht. Seine Blätter wurden anstelle von Hopfen dem Bier zugesetzt, das eine stark berauschende Wirkung hatte. Dieses sogenannte Porstbier war vergleichbar mit jenem Bier, dem Blätter des Sumpf-Porstes (Ledum palustre) zugesetzt wurden.

Eine weitere, auch für den Bepflanzungsplaner recht interessante Art ist **Myrica pensylvanica** LOISEL. Sie wächst in ihrer Heimat Nordamerika an Seeufern und Meeresküsten auf armen, sterilen, sauren Sandböden und widersteht dort Salz- und Windeinwirkung völlig schadlos. Die halbwintergrünen, recht dekorativen Blätter sind verkehrt eiförmig bis länglich, dunkelgrün, stumpf-glänzend und etwa 4 bis 7 (10) cm lang. Eine große winterliche Gartenzierde stellen die 3 bis 5 mm großen, kugeligen, mit einem grauweißen Wachs überzogenen Früchte dar, die auch für die Floristik von Interesse sein dürften. Der völlig ausreichend frostharte, Ausläufer treibende Strauch bildet bei uns 1,50 m bis 2 m hohe, rundliche Dickichte. Schönes Gehölz für das Thema „Immergrüner Garten" oder „Grün und Blatt-Struktur". Sollte wegen seiner Salzresistenz auch im Straßenbegleitgrün getestet werden.

Ökologie: Die Früchte werden bei uns von Rotkehlchen gefressen!

Myrica gale

Muehlenbeckia axillaris

NEILLIA D. DON.
Traubenspiere – Rosaceae,
Rosengewächse

Benannt nach dem schottischen Botaniker NEILL.

N. affinis HEMSL.

*Sommergrüner, bis 2 m hoher, breitbuschig-aufrechter Strauch mit kantigen, überhängenden Trieben. Blätter wechselständig, eiförmig bis eilänglich, schwach gelappt, Rand doppelt gesägt, oberseits rauh, unten auf den Adern etwas behaart. Blüten rosa, in 3 bis 6 cm langen Trauben, Mai/Juni. Die in Westchina beheimatete Traubenspiere gedeiht auf allen sauren bis alkalischen Gartenböden, sie bevorzugt, wie auch die Spiräen, die mehr frischen bis feuchten, nährstoffreichen Substrate. Wenn Neillia auch nicht zu den aufregendsten Blütensträuchern gehört, so sind ihre rosaroten, an Knöterich erinnernden Blütenstände doch immer etwas Besonderes für mich. Noch auffallender sind **Neillia sinensis** und **Neillia longiracemosa**, deren Blütentrauben bis zu 18 cm lang sind. Alle Arten frieren gelegentlich in den Triebspitzen oder bis ins ältere Holz zurück, doch treiben sie problemlos wieder durch. Ein schönes Bild ergibt sich durch eine flächige Unterpflanzung mit Geranium himalayense 'Johnsons Blue' oder G. himalayense 'Alpinum' mit eingestreuten rosaroten Heuchera-Hybriden, deren Blütenform sehr schön mit Neillia harmoniert.*

NOTHOFAGUS BL.
Scheinbuche – Fagaceae,
Buchengewächse

N. antarctica,
Scheinbuche, Südbuche

Nothofagus antarctica

Nothofagus antarctica

Verbreitung: Feuerland bis Chile. Häufig in der andinen Region als Krummholz über der Baumgrenze auf sehr unterschiedlichen Böden, saure bis starksaure, gelegentlich grundwassernahe Grobkies-, Sand-, Lehm-, Moor- oder vulkanische Aschenböden mit einem durchschnittlichen pH-Wert von 4,5 bis 6,3 (HOGREBE).

Wuchs: Mehrstämmiger Großstrauch oder kleiner Baum mit eigenwilligem Wuchs, Hauptstämme oft kniefömig gebogen oder schräg aufwärts gewunden, Seitenäste horizontal ansetzend, häufig sich ganz einseitig ausbreitend und bogenförmig abwärts geneigt. Verzweigung auffallend fischgrätenartig. Wuchstypen sehr unterschiedlich, teilweise auch schlank und straff aufrecht.

Größe: 6 bis 10 (bis 15) m hoch. In der Heimat bis 35 m. In England in 33 Jahren 12 m hoch. Jahreszuwachs in der Höhe 25 cm, in der Breite 15 bis 20 cm.

Rinde: Dunkelbraun bis schwarz mit hellen Lentizellen.

Blätter: Sommergrün, wechselständig, eiförmig, 1 bis 3 cm groß, Rand fein gewellt und unregelmäßig gekerbt. Junger Austrieb angenehm duftend. Herbstfärbung spät, prächtig goldgelb.

Blüten: Unscheinbar, grünlichgelb, im Mai.

Früchte: Zu 3 in einem 4lappigen Kelchbecher, unscheinbar.

Wurzel: Herzwurzler, weit ausgebreitet.

Standort: Sonnig bis halbschattig.

Boden: Sehr anpassungsfähig, toleriert alle kultivierten Gartenböden von sauer bis neutral, bevorzugt frische bis feuchte, nahrhafte Substrate.

Eigenschaften: Frosthart bis minus 28 °C, in der Jugend etwas empfindlich, verträgt vorübergehend Trockenheit, Nässe und grundwassernahe Standorte, stadtklimafest. Frühjahrspflanzung empfehlenswert.

Verwendung: Sehr eigenwillig-dekoratives Solitärgehölz für Garten- und Parkanlagen, vor Gebäuden, Gartenmauern, in Atriumgärten; bizarr und ausdrucksstark in Kübeln oder auf Hochbeeten, wo man das Gehölz flach unterpflanzen sollte. Mastige, großblättrige Gehölze und Stauden passen nicht zur

Scheinbuche. In ihrer Heimat finden wir in derselben Region Berberis buxifolia, Pernettya mucronata und kleinblättrige Bambus-Arten.

In unseren Gärten kann man Nothofagus verbinden mit Lonicera pileata, Buxus sempervirens, Berberis candidula, flachen Cotoneaster-Arten und -Sorten, Euonymus fortunei in kleinblättrigen Formen,

Nothofagus antarctica mit Pleioblastus unterpflanzt

Taxus cuspidata 'Nana', Zwerg-Kiefern, Zwerg-Bambus, aber auch Sinarundinaria nitida und S. murielae. Gräser wie Pennisetum, Festuca scoparia, Deschampsia cespitosa und Carex morrowii gehören selbstverständlich dazu.

Eine farbenprächtige Herbstkombination ergibt sich mit Acer palmatum 'Osakazuki', Pleioblastus chino var. viridis f. humilis als grüner Bodendecker, Molinia arundinacea 'Karl Foerster' (im Herbst goldgelb) und Molinia caerulea 'Variegata' (ebenfalls goldgelbe Herbstfärbung).

Ökologie: Die unscheinbaren Blüten werden sehr stark von Insekten besucht!

Weitere empfehlenswerte Sorten und Arten von Nothofagus:

Nothofagus antarctica 'Benmore' (='Prostrata') ist eine sehr schöne, unregelmäßig breitwüchsige Zwergform, die man in schottischen und englischen Gärten häufiger, bei uns leider kaum antrifft.

Nothofagus obliqua (MIRBEL) BLUME, sommergrüner, schlank aufrechter, raschwüchsiger, auch in Mitteleuropa genügend frostharter Baum mit auffällig großen, länglich eiförmigen Blättern.

Nothofagus procera (POEPP. & ENDL.) OERST. (= N. nervosa) kann nur für mildeste Lagen empfohlen werden. Ein 20jähriger Bestand ist im Forst Burgholz (Ruhrgebiet) am 30. Dezember 1978 bei minus 20,5 °C bis auf wenige Bäume erfroren, wobei allerdings zu bemerken ist, daß die Pflanzen durch anhaltend mildes Spätherbstwetter mit hohen Niederschlägen bereits im Saft standen.

Nothofagus pumilio (POEPP. & ENDL.) KRASSER, Chile, im Gebirge noch oberhalb der Baumgrenze vorkommend. Sommergrüner Baum mit sehr unterschiedlichen Wuchsformen, oft auch nur strauchartig wachsend. Wird gelegentlich verwechselt mit N. antarctica, Blätter jedoch mit 5 bis 7 Nervenpaaren, Rand regelmäßig gekerbt, bei N. antarctica 3 bis 4 Nervenpaare, Rand unregelmäßig gekerbt, Blätter insgesamt schlanker und stark wellig.

Nothofagus betuloides (MIRBEL) BLUME, **N. dombeyi** (MIRBEL) BLUME, **N. menziesii** (HOOK. f.) OERST. und **N. solandri** (HOOK. f.) OERST. sind zwar wunderschöne, ausdrucksstarke Bäume, doch ist nach meinen Erfahrungen ein Anbau in unseren Gärten zwecklos. In England, Schottland und Irland können wir herrliche Exemplare davon bewundern. Zum Teil werden sie dort auch im forstlichen Versuchsanbau erprobt.

NYSSA L.
Tupelobaum – Nyssaceae, Tupelobaumgewächse

Nyssa ist der Name einer griechischen Wassernymphe.

Tupelo ist die Bezeichnung der Creek-Indianer für einen Sumpfbaum.

Nyssa sinensis

N. sinensis OLIV.

Kaum hat sich der hervorragende herbstliche Zierwert von N. sylvatica überall herumgesprochen, da taucht schon wieder ein neuer Stern am Herbstfärberhimmel auf, Nyssa sinensis. Auch in England ist dieses aus China stammende Gehölz noch nicht sehr lange in Kultur. Die Art entwickelt sich zu einem kleinen bis mittelhohen Baum mit lockerer, kegelförmiger Krone. Es ist anzunehmen, daß er auch in unseren mitteleuropäischen Gärten Höhen von 8 bis 12 (15) m erreicht. Seine Blätter sind eilänglich, 8 bis 12 cm lang, oben tiefgrün und leicht glänzend, der neue Austrieb ist purpurrot bis braunrot. Im Arboretum Thiensen steht ein 3,50 m hohes Exemplar, das im Herbst '94 trotz hoher Niederschläge und wenig Sonne eine schöne, gelbe bis orangerote Laubfärbung hatte. Nach meinen, leider nur sehr kurzen Erfahrungen könnte N. sinensis möglicherweise ein noch besserer Herbstfärber sein als N. sylvatica. Da das Gehölz sehr lange treibt, sollte es auf nicht zu feuchte und zu nährstoffreiche Böden gepflanzt werden. Vollsonnige, warme, geschützte Standorte sind unbedingt empfehlenswert. N. sinensis hat die Winter 94/95 und 96/97 bestens überstanden.

Ein kostbares Solitärgehölz mit einer spektakulären Herbstfärbung. Besonders wirkungsvoll auf Rasenflächen oder vor dunklen Immergrünen.

Nyssa sylvatica im Arboretum Ellerhoop-Thiensen

N. sylvatica MARSH.,
Wald-Tupelobaum, Nymphenbaum,
Black Gum
(= N. multiflora)

Verbreitung: Östliches Nordamerika, in Laub- und Nadelwäldern auf feuchten Böden, aber auch auf trockeneren Berghängen oder in kalten Bergsümpfen.

Wuchs: Mittelhoher bis großer Baum mit schmaler, kegelförmiger, seltener flachrunder Krone, Äste auffallend horizontal ansetzend, stark verzeigt, im unteren Bereich durchhängend.

Größe: 10 bis 20 (bis 30) m hoch und 5 bis 12 (bis 15) m breit. In 20 Jahren etwa 4,5 bis 5 m hoch und 3 m breit. Zuwachs in der Höhe 25 cm, in der Breite 10 cm.

Rinde: Triebe hellbraun, Rinde und junge Borke später grau. Knospen 3 bis 5 mm lang, eiförmig, zugespitzt.

Blätter: Sommergrün, wechselständig, verkehrt eiförmig bis elliptisch, sehr vielgestaltig, 5 bis 13 cm lang und 2,5 bis 7,5 cm breit, meist ganzrandig, selten mit einigen größeren Zähnen, glänzend grün, Herbstfärbung prachtvoll orangerot bis leuchtend scharlachrot, oft violett überlaufen.

Blüten: Grünlich, in kleinen, mehrblütigen Köpfchen, unscheinbar. April nach Blattaustrieb.

Früchte: Eiförmig, 0,8 bis 1,2 cm lang, schwarzblau, meist zu 2 oder zu 3 an einem Stiel, bei N. sylvatica var. biflora zu 2 und bei N. aquatica immer einzelne, olivenähnliche, 2,5 cm lange, dunkelpurpurne Früchte.

Nyssa sylvatica

Nyssa sylvatica

Nyssa sylvatica var. biflora mit Tillandsia usneoides behangen am Naturstandort im nördlichen Florida

Nyssa sylvatica im Arboretum Thiensen

Wurzel: Tiefgehende Pfahlwurzel, empfindlich.

Standort: Sonnig bis halbschattig.

Boden: Bevorzugt einen tiefgründigen, frischen bis feuchten, nahrhaften, lockeren und sauren Boden, günstiger Wert liegt bei pH 5,5 bis 6,5, kalkfeindlich!

Eigenschaften: Vollkommen frosthart, nicht spätfrostempfindlich, auf Grund der Pfahlwurzel schwierig zu verpflanzen, empfehlenswert nur im Frühjahr mit Ballen oder im Container. Verträgt im Winter/Frühjahr monatelange Überflutung.

Verwendung: Bei diesem Gehölz muß man eindeutig Farbe bekennen. Meiner Meinung nach gehört es zu den fünf besten Herbstfärbern! Auch die Amerikaner sagen, daß Nyssa einer ihrer schönsten heimischen Bäume sei. Der Tupelobaum hat eine sehr weite Standortamplitude, er wächst sowohl auf feuchten Böden (gern am Rande von Gewässern) als auch auf trockenen Normalstandorten, wenn sie sauer sind. Prächtig entwickelte Exemplare in vielen deutschen Botanischen Gärten und Parkanlagen machen deutlich, daß dieses Gehölz absolut frosthart ist. Der Grund, weshalb dieses herrliche Solitärgehölz immer noch so selten anzutreffen ist, liegt u.a. an seinem immer noch zu geringen Bekanntheitsgrad und an der langwierigen Anzucht. Mit den bestens vorbereiteten Solitärpflanzen der Fa. Bruns (bis 4,5 m hoch) habe ich 100 %ige Anwachsergebnisse erzielt.

Besonders wirkungsvoll sind freistehende Einzelexemplare auf Rasenflächen, an Wasserläufen (Spiegelung) oder vor dunklen Hintergründen. Färbt zusammen mit Liriodendron (gelb) und Liquidambar (rot), die auch ähnliche Standortansprüche haben. Sollte wegen seiner Bodentoleranz und der verhältnismäßig schmalen Krone als Straßenbaum für Vorortbereiche und Siedlungen erprobt werden. **N. sylvatica 'Autumn Cascade'** und **N. sylvatica 'Jermyn's Flame'** sind Selektionen mit guter Herbstfärbung. **N. sylvatica 'Gerhard Mahn'** (Benannt nach dem langjährigen Obergärtner im Arboretum Thiensen), wertvolle, regelmäßig orange- bis scharlachrot färbende Sorte. Selektion des Arboretums Ellerhoop-Thiensen, 1998.

Der Sumpf-Tupelobaum, **Nyssa sylvatica var. biflora,** ist in Nord- und Süd-Carolina, Georgia, Florida, Alabama, Mississippi und im westlichen Louisiana beheimatet. Er wächst dort in Sümpfen und an Seen, vergesellschaftet mit Taxodium, Magnolia virginiana, Cephalanthus occidentalis und Acer rubrum. Bei dieser schwachwüchsigen Varietät ist die Stammbasis der oft ganzjährig im Wasser stehenden Bäume, wie auch bei Taxodium, stark geschwollen (Sauerstoffbeschaffung, sicherer Stand im Sumpf?). Nyssa sylvatica var. biflora ist bei uns frosthart und kann in Sumpf- und Wassergärten verwendet werden. Diesem außerordentlich reizvollen Thema wird leider zu wenig Aufmerksamkeit geschenkt.

Nyssa aquatica, der Wasser-Tupelobaum, ist als Jungpflanze sehr empfindlich, im Alter jedoch ausreichend hart. Aufgrund der geringen Wärmemenge und der zu kurzen Vegetationszeit wächst N. aquatica in unseren Gärten auffallend langsam. Langtriebe reifen gelegentlich schlecht aus. 1997 habe ich im „Wasserwald" des Arboretums Thiensen eine über 2 m hohe Nyssa aquatica und etwa 50 junge Sämlinge gepflanzt. Einjährige Sämlinge können im Frühjahr unmittelbar ins flache Wasser (Sanduntergrund) gesetzt werden. Sie bilden innerhalb kurzer Zeit ein an den Wasserstandort angepaßtes Wurzelwerk aus.

Nyssa aquatica

Ökologie: Die Nyssa-Arten zählen zu den wertvollsten Honigpflanzen im südöstlichen Nordamerika. Prof. Dr. J. C. TH. UPHOF schreibt in den DDG-Mitteilungen 1931 hierzu: „Der beste Honig kommt von Nyssa aquatica; er ist weiß, sehr dickflüssig und hat ein angenehmes Aroma. Man schätzt, daß in dieser Gegend Floridas jährlich etwa 2000 Kübel Honig geerntet werden (jeder Kübel enthält 300 bis 500 Pfund Honig), und das für den kleinen Distrikt, der nicht mehr als 1,6 km lang und 1,5 bis 2 km breit ist, an beiden Seiten des Flusses." Die Früchte werden von einer Drosselart, aber auch von anderen Vögeln gefressen.

Anmerkung: „Kostprobe" aus C. A. SCHENCK, 1939, Fremdländische Wald- und Parkbäume. Nyssa sylvatica. „Die jungen Pflanzen leiden weder von Frost und Hitze noch von Insekten und Pilzen; aber alte Urwaldstämme sind häufig so hohl, daß sie von den Hinterwäldlern mit Vorliebe zu Bienenstöcken benutzt wurden; und im idiomatischen Englisch der „back woods" sind die Worte Nyssa und Bienenstock geradezu synonym.

„In der Nähe der großen amerikanischen Kupferwerke leidet N. sylvatica weniger von schwefligsauren Dämpfen als irgendeine andere Holzart."

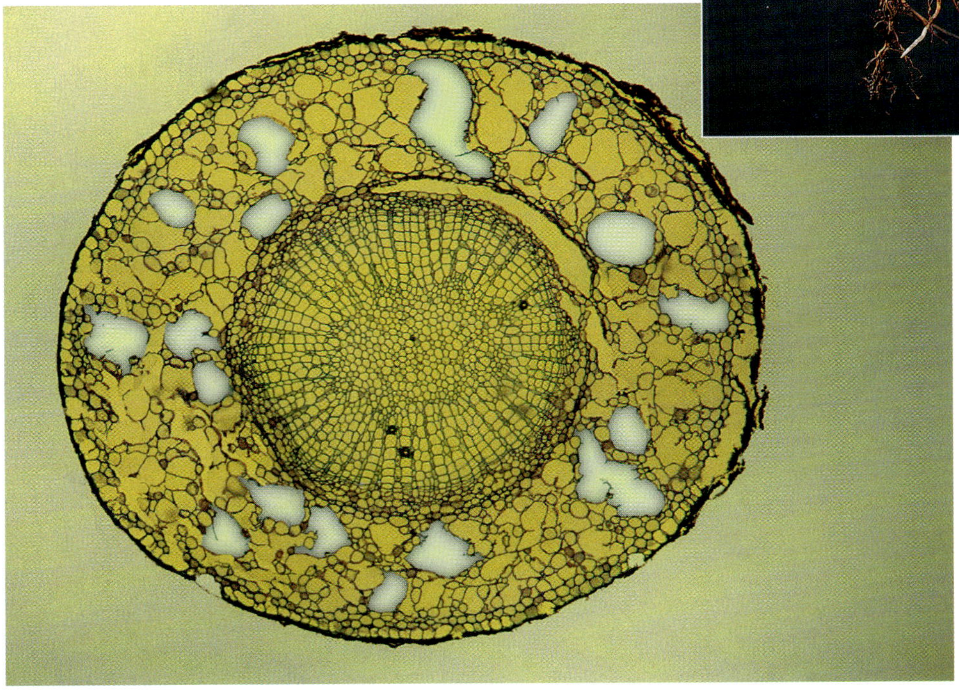

Junge Nyssa aquatica im Arboretum-Teich in Thiensen (oben). Sie bilden innerhalb kurzer Zeit ein an den Wasserstandort angepaßtes Wurzelwerk aus (Mitte außen). Am Wurzelquerschnitt von N. aquatica sind die großen Luftkanäle sehr auffallend. Sie dienen der Belüftung und Atmung der Wurzeln, die im sauerstoffarmen- bis freien Sumpf- oder Wassermilieu leben, siehe blau angefärbte Beispiele (unten).

OPLOPANAX MIQ.
Teufelskeule – Araliaceae,
Araliengewächse

O. horridus (SM.) MIQ.,
Teufelskeule, Igelkraftwurz
(= Echinopanax horridum, Fatsia horrida)

Oplopanax horridus

Wer für das Bepflanzungsthema „Blattformen" Gehölze mit grober Blatt-Textur sucht, kommt an den selteneren Araliengewächsen wie Kalopanax und Eleutherococcus nicht vorbei. Zu dieser Gruppe gehört auch die Teufelskeule, Oplopanax horridus. Der bei uns etwa 1,20 m bis 2,00 m hoch werdende, vielstämmige und dicktriebige Strauch fällt durch seine bis zu 25 cm breiten, 5 bis 7 lappigen Blätter sofort ins Auge. Triebe, Blattstiele und Blütenstandsachsen sind dicht mit abstehenden Stacheln besetzt. Die Blüten erscheinen in weißen, 8 bis 15 cm langen Rispen von Juli bis August. In sehr schönem Kontrast zu den sattgrünen, mastigen Blättern stehen dann im Spätsommer/Herbst die scharlachroten Früchte.

Oplopanax horridus ist im westlichen Nordamerika von Alaska bis Kalifornien beheimatet. Als Waldpflanze benötigt das Gehölz in unseren Gärten unbedingt den kühl-schattigen Standort und einen frischen bis feuchten, humosen, lockeren, schwach sauren Boden.

Die Teufelskeule ist ein sehr dekoratives, winterhartes Gehölz, das leider nur selten angeboten wird.

OSMANTHUS LOUR.
Duftblüte – Oleaceae,
Ölbaumgewächse

griech.: osme = Duft, anthos = Blüte

O. x burkwoodii (BURKW. et SKIPW.) P. S.GREEN
Kreuzung aus Osmanthus decorus x Osmanthus delavayi
(= x Osmarea burkwoodii)

Osmanthus x burkwoodii

Breitbuschiger, dicht verzweigter Strauch mit immergrünen, eiförmig-elliptischen, 2 bis 4 cm langen, glänzend dunkelgrünen Blättern. Blüten weiß, in achselständigen Büscheln

im April/Mai, stark duftend. In der Baumschule Böhlje, Westerstede, hat ein ca. 30 bis 40jähriges Exemplar eine Höhe von 1,80 m und eine Breite von 2,00 m erreicht.

Unvergeßlich bleibt für mich ein Duft-Erlebnis auf der Mainau, wo ich an einem 15. Mai die erste Begegnung mit Osmanthus x burkwoodii hatte. Ich fand dort eine Gruppe breitrundlicher, 3,5 m hoher und 5 m breiter Sträucher. Die gesamte Umgebung war erfüllt von einem unglaublich schönen Duft. Dieser Eintragung in mein Tagebuch habe ich damals noch drei Ausrufungszeichen hinzugefügt.

O. decorus (BOISS et BAL.) KASALP.
(= Phillyrea vilmoriniana, P. decora)

Immergrüner, breit-rundlicher und dichtbuschiger, 2 bis 4,50 m hoher und mindestens genauso

breiter Strauch. Blätter 7 bis 12 cm lang und 3 bis 4 cm breit, länglich lanzettlich, ganzrandig, glänzend dunkelgrün. Blüten im Mai, weiß, in lockeren Büscheln, außerordentlich zahlreich. Früchte eiförmig, bis 1,2 cm lang, blauschwarz.

Dieser aus den Wäldern des Kaukasus stammende Strauch ist eine sehr attraktive Blattschmuckpflanze, die in geschützten, halbschattigen Lagen gut verwendet werden kann.

O. heterophyllus (G. DON) P. S.GREEN,
Duftblüte
(= O. aquifolium, O. ilicifolius)

Locker aufrechter, breitbuschiger Strauch mit immergrüner, an Ilex erinnernder Belaubung. Blätter bei Osmanthus aber gegenständig! Sehr unterschiedlich in der Form, elliptisch, eiförmig oder elliptisch länglich, beiderseits mit 2 bis 4 dornigen Randzähnen, glänzend dunkelgrün, derb, ledrig. Bei älteren Pflanzen überwiegend ganzrandige Blätter. Blüten weiß, duftend, in achselständigen Büscheln, meist in den Herbstmonaten September/Oktober blühend. Interessantes, immergrünes Gehölz mit herrlich duftenden Blüten. In unseren Gärten 2,5 bis 4 m hoch werdend.

Verwendung und Bodenansprüche wie Ilex. Man sollte der Duftblüte einen geschützten, absonnigen Platz zuweisen, da sie frostempfindlicher ist als Ilex aquifolium.

OSTRYA SCOP.,
Hopfenbuche – Betulaceae,
Birkengewächse

O. carpinifolia SCOP.,
Gewöhnliche Hopfenbuche

Verbreitung: Südeuropa, Kleinasien, Kaukasus. Hauptverbreitung im östlichen Mittelmeergebiet. Auf trockenen, sommerwarmen Berghängen, an sonnigen Waldrändern und in lockeren Wäldern; auf steinigen, mäßig nährstoffreichen, bevorzugt kalkhaltigen Böden. In den Südalpen bis auf 1300 m Höhe ansteigend.

Wuchs: Mittelhoher Baum, in der Jugend kegelförmig, im Alter mit gleichmäßiger, rundlicher Krone.

Größe: 10 bis 15 bis 20 m hoch und 8 bis 12 bis 15 m breit.

Rinde/Triebe: Triebe olivgrün bis graubraun, mit hellen Korkwarzen, Rinde lange glatt bleibend, im Alter schwarzgrau, längsgefurcht und schuppig

Ostrya carpinifolia

Ostrya carpinifolia

OXYDENDRUM DC.
Sauerbaum – Ericaceae,
Heidekrautgewächse

Der Name Sauerbaum bezieht sich auf den säuerlichen Geschmack der Blätter.

griech.: oxyx = sauer, scharf; dendron = Baum

O. arboreum (L.) DC.,
Sauerbaum

Wer den berühmten Indiansummer im östlichen Nordamerika einmal miterlebt hat, wird die prächtige Färbung des Sauerbaums kennen und ihn deshalb auch unbedingt im eigenen Garten haben wollen. Er entwickelt sich am Heimatstandort zu einem 15 bis 20 m hohen Baum. In unseren Gärten wird das langsam wachsende Gehölz etwa (2) 3 bis 6 (10) m hoch. Aus den englischen Gärten sind uns sogar 12 m hohe Exemplare bekannt. Der größte Zierwert sind die sommergrünen, länglich-lanzettlichen, 8 bis 20 cm langen, glänzend grünen Blätter, die sich im Herbst leuchtend scharlachrot färben. Im Juni/August er-

(bei Carpinus längsstreifiges Netzmuster, kaum aufreißend).

Blätter: Sommergrün, wechselständig, an Carpinus erinnernd, spitz eilänglich, 4 bis 10 (bis 12) cm lang, Rand scharf doppelt gesägt, mit grannenartigen Spitzen, Oberseite dunkelgrün, glatt, Blattadern 2. Ordnung am Blattrand ausgeprägt (bei Carpinus nicht!), unterseits heller, auf den Nerven schwach behaart. Herbstfärbung gelb.

Blüten: In Kätzchen mit den Blättern, männliche Kätzchen zu 3 bis 5 an den Spitzen vorjähriger Zweige (bereits im Sommer des Vorjahres gebildet), etwa 4 cm lang, blühend bis 12 cm, weibliche Kätzchen unscheinbar, als Knospe überwinternd.

Früchte: Fruchtstände 4 bis 6 cm lang, erinnern an Hopfenfruchtstände, Frucht eine 0,5 cm lange Nuß, die von einer blasigen Hülle umgeben ist. Windverbreitung.

Standort: Sonnig, warm, geschützt.

Boden: Allgemein anpassungsfähig, mäßig nährstoffreiche, sandig-lehmige, kalkhaltige Substrate, auch für sehr trockene und arme Böden.

Eigenschaften: Ausreichend frosthart, wärmeliebend, Hitze und trockene Luft ertragend, stadtklimafest, wird bis zu 100 Jahre alt, hohes Ausschlagsvermögen.

Verwendung: Schöner Einzelbaum für sonnige, warme Lagen, besonders gut für trockenwarmes Stadt- und Weinbauklima, wo sie prächtig gedeiht.

Oxydendrum arboreum

Oxydendrum arboreum, ein prächtiger Herbstfärber

scheinen an Pieris erinnernde, weiße, 15 bis 20 cm lange, überhängende Blütenrispen. Wie alle Vertreter aus der Familie der Heidekrautgewächse liebt auch der Sauerbaum einen humosen, lockeren, kalkfreien Boden. Damit er gut ausreift und regelmäßig färbt, sollte er nicht zu feucht und zu nährstoffreich stehen. Ein geschützter, vollsonniger (bis absonniger) Platz

ist empfehlenswert. Beim Pflanzen bzw. Umpflanzen darf das Wurzelwerk nicht zu sehr beschädigt und keinesfalls trocken werden. Wächst schwer an!

Ein frosthartes, herrliches Herbstfärbergehölz, das zukünftig stärker beachtet werden sollte. Sehr schön in Rhododendron- und anderen Heidekrautpflanzungen. Hintergrund beachten, damit

die exzellente Laubfärbung gut zur Wirkung kommt. Die Blätter vertragen mehrere Grade Frost, ehe sie braun werden. Zusammen mit Pyrus calleriana 'Chanticleer' gehört er zu den allerletzten Färbern im Garten. Herrlich in Verbindung mit gelb färbenden Gräsern wie Molinia arundinacea 'Karl Foerster' oder Molinia caerulea 'Variegata'.

PACHYSANDRA MICHX.
Schattengrün – Buxaceae,
Buchsbaumgewächse

(griech. pachys = dick, aner = Mann, gemeint sind die dicken Staubgefäße).

P. terminalis S. & Z.,
Schattengrün, Dickmännchen

Pachysandra terminalis

Verbreitung: Laubmischwälder von Japan.

Wuchs: Mattenförmiger, Ausläufer bildender, niedriger Halbstrauch, langsam wachsend.

Größe: 20 bis 30 cm hoch.

Blätter: Immergrün, verkehrt eiförmig, 6 bis 10 cm lang, an den Triebenden gehäuft, lederartig, mittelgrün bis dunkelgrün, glänzend.

Blüten: Weißliche, aufrechte Ähren, (April) Mai.

Früchte: Unscheinbar.

Wurzel: Fleischig, fadenförmig, flach ausgebreitet, Ausläufer bildend, sehr empfindlich gegen Oberflächenverdichtung.

Standort: Lichter Schatten bis Schatten.

Boden: Gut in Kultur befindliche, vor allem lockere, nicht zu Verdichtung neigende, humose Böden, frisch bis mäßig trocken, pH-Wert 5,5 bis 6,5, möglich sind noch schwach alkalische Substrate, bei zu sauren Böden ebenfalls schlechtes Wachstum (gelbes Laub!).

Eigenschaften: Frosthart, in jungen Pflanzungen gelegentlich Spätfrostschäden, Wurzeldruck ertragend, sehr schattenverträglich, stadtklimafest; Pachysandra-Flächen können unglaubliche Laubmengen aufnehmen und verarbeiten (Laubschlucker!).

Verwendung: Wenn es darum geht, im tiefsten Schatten unter Bäumen eine niedrige, immer grüne, sauber aussehende, extrem pflegeleichte und langlebige Bodendecke zu schaffen, fällt mir zuerst Pachysandra ein, dann komme ich auf Efeu und Euonymus fortunei. Sehr gut in großblättrigen Rhododendronpflanzungen zusammen mit Leucothoë walteri und Ilex crenata. Schön auch in Verbindung mit Farnen, Astilben, Funkien, Aruncus und Rodgersien. Wo es nicht zu dunkel ist, halten sich auch Scilla campanulata und Corydalis cava in den Pachysandra-Flächen. Darüber hinaus liefert Pachysandra ein gutes Schnittgrün für kleinere Sträuße.

Anmerkung: Auf zu sonnigen und verdichteten Standorten wird man keine Freude an Pachysandra haben. Die Pflanzen bleiben kurzstielig, schließen nicht und bilden nur schwache, gelbliche Blätter aus. Wenn dieser Kleinstrauch zu hoch oder zu üppig werden sollte, kann man ihn bedenkenlos im Frühjahr mit der Heckenschere kürzen.

P. terminalis 'Green Carpet'

Wuchs: Niedriger, Ausläufer bildender Halbstrauch, sehr langsam wachsend.

Pachysandra terminals 'Green Carpet'

Größe: 15 bis 20 cm hoch.

Blätter: Zierlicher als bei der Art, nur 3 bis 6 cm lang, aber auffallend glänzend, etwas heller im Grün.

Eigenschaften: Frosthart.

Verwendung: Durch den sehr niedrigen, schwächeren Wuchs auch für die Begrünung kleinster Flächen im Halb- oder Vollschatten geeignet.

PAEONIA L.
Pfingstrose, – Paeoniaceae,
Pfingstrosengewächse

Paeon war der griechische Gott der Heilkunde.

P. delavayi FRANCH., Delavays Päonie

Paeonia delavayi

Sommergrüner, etwas steif aufrechter, Ausläufer treibender Strauch mit rutenartigen, kahlen Trieben. Blätter 20 bis 30 cm lang, doppelt 3zählig, Fiederblättchen 5 bis 10 cm lang, eiförmig bis lanzettlich, oberseits stumpf grün, unten blaugrün. Blüten im Gegensatz zu anderen Strauch-Paeonien relativ klein, dunkelrot bis braunrot, aber auch zweifarbig gelb-rot, meist etwas nickend, 5 bis 8 cm breit, im Mai/Juni. In unseren Gärten wird P. delavayi 1 bis 2 (3) m hoch.

Schöne, frostharte und völlig problemlos wachsende Strauch-Paeonie für frische bis feuchte, genügend nahrhafte, aber auch gut durchlässige Böden von schwach sauer bis alkalisch.

In Amerika wurde Paeonia delavayi wegen ihrer dunkelroten Blütenfarbe und der ausgesprochenen Frohwüchsigkeit als Kreuzungspartner für zahlreiche Strauch-Pfingstrosenzüchtungen benutzt.

357

'Shintenchi'

P. x lemoinei REHD.

Um 1900 gelang dem berühmten französischen Pflanzenzüchter LEMOINE die spektakuläre Kreuzung zwischen P. lutea und P. suffruticosa. Die daraus erzielten Pflanzen wurden etwa 1,20 bis 1,80 m hoch und zeichneten sich durch große, gelbe, meist gefüllte Blüten aus. Zu dieser Gruppe gehören einige sehr attraktive Sorten, die man zwar heute noch im Handel erhält, die aber leider ein wenig in Vergessenheit geraten sind.

'Alice Harding' (Lemoine 1935)
(= P. lutea x P. suffruticosa 'Yaso-okina')

Paeonia x lemoinei 'Alice Harding'

Blüten reingelb, ballförmig, dicht gefüllt. Eine gut wüchsige Sorte, die sich durch Bodentriebe stark ausbreitet. Frosthart.

'Chromatella' (Lemoine 1928)
Blüten schwefelgelb, ballförmig, dicht gefüllt. Sport von 'Souvenir de Maxime Cornu'.

'La Lorraine' (Lemoine 1913)
Blüten zartgelb, ballförmig, gefüllt, duftend.

'L' Esperance' (Lemoine 1909)
Blüten primelgelb, einfach, mit bräunlich gefärbtem Saum, karminrosa Basalfleck, roten Filamenten und goldgelben Staubgefäßen, Blüten bis 20 cm breit.

'Souvenir de Maxime Cornu' (Henry 1919)
Blüten gelb mit karminrotem Saum, groß, ballförmig, dicht gefüllt, duftend. Diese wüchsige, robuste und harte Sorte trifft man relativ häufig in den Päonien-Sammlungen. Leider hält sie ihre Blüten immer ein wenig versteckt im Laub. Gute Schnittsorte! Blüte sehr spät.

'Surprise' (Lemoine 1920)
Blüten hellgelb mit Lachs und Purpur, gefüllt, duftend, großblütig.

P. lutea DELAVAY ex FRANCH., Gelbe Strauch-Päonie

Sommergrüner, bis 1 m hoher Strauch mit wenigen, etwas steifen, dicken Trieben. Kaum Ausläufer bildend. Blätter doppelt 3zählig, die einzelnen Blättchengruppen 2,5 bis 5 cm lang gestielt, Blättchen gelappt und gezähnt, oberseits frisch mittelgrün, unterseits blaugrün. Die 5 bis 6 cm großen Blüten sind gelb und erscheinen meist einzeln, im Juni.

P. lutea ist wie auch P. delavayi in den Gebirgen Yunnans beheimatet. Man findet sie dort auf Waldlichtungen und an Waldrändern zusammen mit Rhododendronarten, Anemonen und Orchideen zwischen Höhen von 2400 bis 3400 m. Wertvoller für die Gartenkultur ist die aus Osttibet stammende P. lutea var. ludlowii STERN & TAYLOR, die etwa 1,5 bis 2 m hoch wird. Ihre Triebe färben sich im Herbst sehr dekorativ rotlila. Die 8 bis 12 cm großen, gelben Blüten stehen mehr aufrecht und erscheinen zu 4 beisammen an langen Stielen. Junge Pflanzen sollten zum Winter mit Laub und Tannenreisig, zumindest in den ersten beiden Jahren, geschützt werden.

Die großblütige, attraktive Wildform hat der berühmte amerikanische Paeonienzüchter Prof. Saunders sehr gern als Kreuzungspartner be-

Paeonia lutea var. ludlowii

nutzt. Leider sind die außerordentlich gartenwürdigen Strauch-Paeonien aus Amerika bei uns kaum bekannt.

P. ostii T. HONG & J. X. ZHANG

Von P. ostii gibt es, wie auch von anderen chin. Strauchpfingstrosen-Wildarten, leider nur noch sehr wenige Naturvorkommen. Das Hauptverbreitungsgebiet von P. ostii liegt wohl in den öst-

Paeonia ostii 'Phoenix White'

lichen Provinzen Chinas. Ein sehr bekannter Standort, der angeblich schon seit 600 Jahren schriftlich belegt ist, befindet sich in der Provinz Anhui, nahe der Stadt Chaohu. Hier wächst an einer Felswand in 100 m Höhe eine jahrhundertealte Pflanze, die zur Blütezeit um den 20. April von ganzen Pilgerscharen als das „Wunder auf dem Fels" bestaunt wird (RIECK). P. ostii hat große Ähnlichkeit mit P. rockii. Ihre Blüten sind ebenfalls weiß, jedoch fehlen ihr die rotbraunen Basalflecken. Einen sehr schönen Kontrast zu den weißen Blütenblättern bildet das dunkle, leuchtende Rot von Fruchtknoten, Narbe und Staubfäden.

Die in China schon seit der Mingzeit vor etwa 500 Jahren bekannte Sorte 'Phoenix White' ist sicherlich eine von P. ostii abstammende Kulturform.

P. potaninii KOMAR.
(= P. delavayi var. angustifolia)

Wurde von dem russischen Botaniker GRIGORIJ NIKOLAJEWITSCH POTANIN in den Bergen Westchinas entdeckt und 1904 von E. H. WILSON aus Szechuan eingeführt.

Sommergrüner, 0,6 (1) m hoher, Ausläufer treibender Strauch. Blätter tief fiederspaltig gelappt, frisch hellgrün. Blüten im Mai, dunkel kastanienrot mit gelben Staubgefäßen, 5 bis 6 cm breit, nickend. Früchte 2,5 cm lang.

P. potaninii var. trollioides
(STAPF ex F. C. STERN) F. C. STERN

Blattabschnitte mehr länglich, kurz zugespitzt. Blüten gelb, sich nie voll öffnend, erinnern daher an Trollblumen.

Samen wurden 1914 von GEORG FORREST in Yunnan gesammelt. Eingeführt wurde diese Päonie 1939 als P. forrestii.

P. rockii (HAW & LAUENER)
T. HONG et J. J. LI
(= 'Rock's Variety')

Es handelt sich um die Päonien-Form, die J. Rock 1925–26 in dem bekannten Lama-Kloster Choni im Süden der Provinz Gansu angetroffen hat, und aus deren Samen die berühmte 'Rock's Variety' hervorgegangen ist. Der chinesische Botaniker Prof. Hong Tao, der sich intensiv mit den Wildformen der Strauch-Päonien beschäftigt, hat diese Form zu einer eigenen Art erhoben.

Paeonia rockii, 45 Jahre alt, 1,90 m hoch, im Vordergrund Anemone sylvestris, Arboretum Thiensen. Die Päonie wurde in dieser Größe 1996 von Berlin nach Thiensen verpflanzt.

Aufrechter, locker verzweigter, bis 2,5 m hoher und 3 bis 4 m breiter Strauch. Triebe verhältnismäßig dick, grau bis hellbraun (sandfarben). Winterknospen mit dunklen Knospenschuppen. Etwas später austreibend als die Gruppe der Suffruticosa-Hybriden. Blätter doppelt gefiedert, hellgrün. Blüten weiß mit großem, portweinrotem bis violettbraunem (maron) Fleck an der Basis der Petalen. P. rockii gehört nicht nur zu den schönsten Strauch-Pfingstrosen, sie ist auch die wüchsigste und frosthärteste Art, die wir z. Z. kennen.

An ihrem Heimatstandort, den Gebirgsregionen Zentralchinas, herrschen Wintertemperaturen bis minus 30 °C (RIECK, 1996). Auch in unseren Gärten übersteht P. rockii in der Vegetationsruhe Fröste von minus 28 °C schadlos.

Eine große Gartenzukunft könnten die neuen, noch weitgehend unbekannten, chinesischen P.-Rockii-Hybriden erlangen. Ihre Blüten haben noch den Charme der Wildart, darüber hinaus zeichnen sie sich durch einen stabilen Aufbau, eine sehr gute Frosthärte und eine hohe Resistenz gegenüber Pilzbefall aus.

Folgende Sorten sind bereits im Handel:

'Bai-bi-lan-xia'
(syn. 'White Wall Shining Blue')

Blüte einfach, Basalflecke dunkelbraun.

'Hei-xuan-feng'
(syn. 'Black Whirlwind')

Blüte einfach, bläuliches Scharlachrot, Basalflecke schwarz.

PAEONIA

Bild links: P. rockii

Bild unten: P. rockii, halbgefüllt, mit weißem Günsel und weißer Akelei

'Hong-xian-nu'
(syn. 'Red Line Lady')

Rosa, Basalflecke dunkelbraun, Blütenblätter durch einen Streifen gezeichnet.

'Hu-die'
(syn. 'Grey Butterfly')

Halbgefüllt, gedecktes Rosa, Mittelrippe der Petalen rötlich, Basalflecke braunschwarz.

'Jin-cheng-nu-lang'
Blüten gut halbgefüllt, rot, bläulich überhaucht, Basalflecke schwärzlich.

'Lan-he'
(syn. 'Blue Lotus')

Blüte einfach, blauviolett, Basalflecke schwarz.

'Lan-mo-shuang-hui'
(syn. 'Blue and Black Shine')

Halbgefüllt, bläuliches Rosa, Basalflecke schwarz.

'Shu-shen-peng-mo'
(syn. 'Scholar holding ink')

Einfach, weiß, Basalflecke schwarz, auch auf der Rückseite der Petalen erkennbar.

'Zi-die-ying-feng'
(syn. 'Violet Butterfly facing the window')

Einfach, violettrot mit schwarzen Basalflecken.

Paeonia rockii-Hybride, noch ohne Namen

Paeonia suffruticosa-Hybride 'Hans-Günter Mohr', benannt nach einem verdienten Gärtner des Arboretums Ellerhoop-Thiensen

P. suffruticosa ANDR.,
Strauch-Päonie, Strauch-Pfingstrose

(P. suffruticosa ist nach Erkenntnissen von Prof. HONG TAO ein Sammelbegriff für eine große Gruppe von Kulturformen)

Verbreitung: Ursprünglich kommt die Strauch-Päonie nur in den nördlichen Provinzen Chinas und Tibets vor, wild findet man sie wohl heute nicht mehr in der Natur. Bereits zur Han-Zeit (206 v. Chr. bis 221 n. Chr.) wurde sie, zumindest als Heilpflanze, verwendet. Über ihre blutstillende Wirkung hat man damals schon Aufzeichnungen gemacht. Als Zierpflanze erlangte P. suffruticosa in der Jin- und Sui-Dynastie (265 bis 618 n. Chr.) eine sehr große Bedeutung. Es brach eine wahre Päonien-Leidenschaft in China aus. 1000 verschiedene Sorten kannte man damals schon. Auch heute noch spielt die Strauch-Päonie, die Blume der chinesischen Kaiserin, das Symbol des Reichtums, das sie immer verkörperte, eine tragende Rolle. Im 6. Jahrhundert n. Chr. gelangte P. suffruticosa mit dem Buddhismus nach Japan, wo sie auch sehr schnell zu einer beliebten Gartenpflanze wurde. Nach den japanischen Gärtnern haben sich auch französische, englische, deutsche und in den letzten Jahren auch verstärkt amerikanische Züchter mit ihr befaßt.

Wuchs: Aufrechter, wenig verzweigter Kleinstrauch mit dicken, etwas steifen Trieben und auffallend großen Winterknospen.

Größe: 1 bis 1,5 (bis 2,5) m hoch und breit.

Blätter: Sommergrün, wechselständig, doppelt gefiedert, hellgrün bis bläulichgrün, werden frühzeitig abgeworfen, keine Herbstfärbung.

Blüten: Innerhalb dieser Gruppe finden wir weiße, rosafarbene, rote und violette Blüten, die einfach, halbgefüllt oder dicht gefüllt sein können. Viele Sorten haben einen herrlichen Duft. Blütezeit Mitte bis Ende Mai.

Früchte: Braune Balgfrüchte mit großen, schwarzen, ölhaltigen Samen (Aussaat unmittelbar nach der Reife!).

Wurzel: Fleischig, flach ausgebreitet, sehr empfindlich, Wurzelkonkurrenz von starkwüchsigen Stauden und Gehölzen wird nicht vertragen.

Standort: Vollsonnig bis halbschattig, in Spätfrostlagen nicht zu geschützt, da vorzeitig austreibend.

Boden: Strauch-Pfingstrosen bevorzugen einen mineralischen, nährstoffreichen, (mäßig trockenen) frischen bis feuchten, gut durchlässigen Boden. Sie sind pH-tolerant, gedeihen also auf schwach sauren wie auch auf alkalischen Substraten. Optimale Entwicklung oberhalb von pH 6. Besonders prächtige, 1,80 m hohe Paeonien habe ich auf Böden mit einem pH-Wert um 7,6 gesehen. Insgesamt sind sie wohl anpassungsfähig und lassen sich auf beinahe allen kultivierten Gartenböden ziehen. Sie versagen auf torfigen und stark humushaltigen Substraten. Zu sandigen Böden sollte man Steinmehl oder Bentonit zusetzen. Besonders wichtig für die Ernährung sind

Phosphorsäure in Form von Knochenmehl oder als Mineraldünger (Thomasmehl für mehr saure Böden, Superphosphat für neutrale und alkalische Substrate) und Kali (Patentkali oder Schwefelsaures Kali), das in Gaben von 30 g/m² verabreicht werden sollte (SIMON). Die Mengenangabe gilt für normal versorgte Böden. Frische organische Dünger wie Stalldung oder unreifer Kompost sind ebenso ungeeignet wie sehr stickstoffbetonte Mineraldünger, denn sie fördern die Anfälligkeit gegenüber Pilzbefall. Gute Düngezeitpunkte sind das Frühjahr (vor der Blüte), 1 Monat nach der Blüte sowie die Monate September und Oktober.

Eigenschaften: Ausreichend frosthart, alte Pflanzen überstehen in der Vegetationsruhe Fröste bis minus 26 (bis 28) °C. P. rockii verträgt noch tiefere Temperaturen. Obwohl früh austreibend, werden Spätfröste erstaunlich gut vertragen. 10 cm lange Neutriebe überstanden Nachtfröste bis minus 9 °C schadlos (Winter/Frühjahr 90/91), Sommerwärme liebend, Wurzeldruck nicht ertragend. Wird gelegentlich von Botrytis befallen. Strauch-Pfingstrosen können über 100 Jahre alt werden. In China wird von mehrhundertjährigen Pflanzen berichtet.

Verwendung: Rosen und Kamelien haben zauberhafte Blüten, aber die Schönheit der duftigen und seidigen Päonien-Blüten mit ihren so unendlich zarten Pastelltönen ist unübertroffen. Kaum eine andere Blüte fasziniert mich so sehr wie die der Strauch-Pfingstrose.

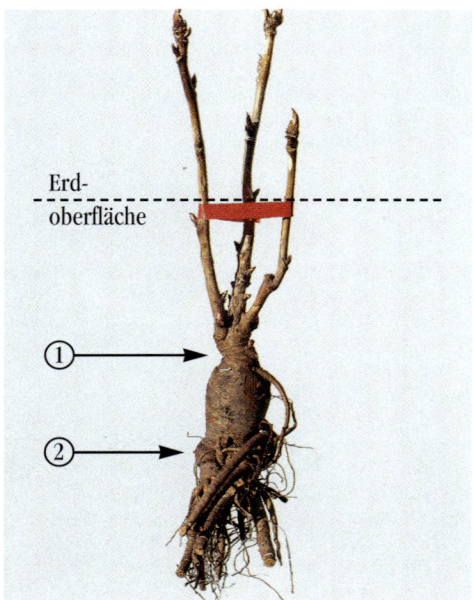

Strauch-Pfingstrose-3jährige Veredlung. Die Veredlungsstelle (1) sollte beim Pflanzen ca. 15 cm unter der Erdoberfläche liegen (rote Markierung). Wurzel der Veredlungsunterlage (2).

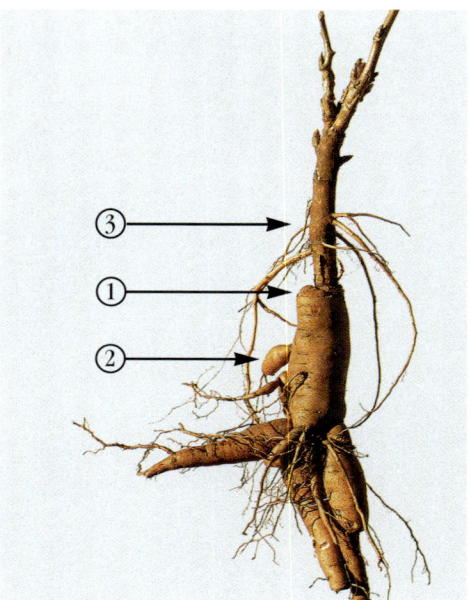

Strauch-Pfingstrose - 4jährige Veredlung. Das Edelreis hat oberhalb der Veredlungsstelle (1) bereits eigene Wurzeln gebildet (3). Wurzel der Veredlungsunterlage (2).

P. suffruticosa 'Blanche de His' ca. 20 Jahre alt. Durch zu hohes Pflanzen kaum eigene Wurzelbildung. Veredlungsbereich und Unterlage sind rübenartig verdickt (chimärenartige Gewebeverbindung?), Wurzelbildung sicher sortenbedingt.

P. suffruticosa 'Mme Stuart Low' ca. 10 Jahre alt. Nach ordnungsgemäßer Pflanzung sehr gute, eigene Wurzelbildung. Die Ammenfunktion der staudigen Unterlage erlischt mehr und mehr.

Besonders schön wirken sie in lockeren Gruppen vor einem Hintergrund aus Acer palmatum und A. japonicum. Eine passende Kulisse wären auch Sinarundinaria-Formen. Schon die Chinesen haben vor 2000 Jahren den Bambus als Nachbarpflanze gewählt. Mit Scilla campanulata, Aquilegia vulgaris, Polemonium caeruleum, Campanula portenschlagiana, Hornveilchen und Iris barbata-Sorten hat man zartblaue Nachbarn, die zu rosa und weißen Strauch-Päonien ausgezeichnet passen. Ein schöner,

P. rockii-Sämling, Pflanzung 17. September 1999. Neuwurzeln nach ca. 8 Wochen bis 4 cm lang.

nicht zu aggressiver Bodendecker wäre Ajuga reptans 'Atropurpurea', dessen braunrotes Laub die formschönen, graublauen Fiederblätter der Päonien erst richtig zur Wirkung kommen läßt. Auch das Laub vieler Hosta-Sorten läßt sich gut mit den Strauch-Päonien verbinden. Herrlich ist auch

die Verbindung mit weißen und rosafarbenen Dicentra spect., Vergißmeinnicht, Brunnera und Alchemilla (nur für die kräftig wachsenden Lutea-Hybriden).

Blütengehölze für Hintergrund und Gliederung wären: Viburnum x carlcephalum, V. carlesii, Chaenomeles-Hybride 'Nivalis', Clematis alpina (blau), Exochorda racemosa u. a., Halesia, Prunus serrulata-Formen, sowie weißer und violetter Flieder.

Anmerkung: Strauch-Päonien sind in der Regel auf Wurzelstücke von Paeonia lactiflora veredelt. Die Veredlungsstelle sollte beim Pflanzen 15 cm unter der Erdoberfläche liegen. Nur so kann sich das Edelreis in den künftigen Jahren bewurzeln und von der „Amme" befreien. Strauch-Pfingstrosen sind auf eigner Wurzel dauerhafter. In den ersten Wintern ist ein Wurzelschutz empfehlenswert.

Päonien nicht auf zu geschützte Plätze setzen. Auf luftigen und kühleren Standorten geringere Pilzinfektion und kein frühzeitiger Austrieb (Knospenschäden durch Spätfrost). Es darf kein Rückschnitt durchgeführt werden, da in den obersten Knospen die Blütenanlagen sitzen. Nur das Totholz sollte im Hinblick auf mögliche Pilzinfektionen entfernt werden. Selbstverständlich kann jedoch an Pflanzen, die sich schlecht aufbauen, ein Form- bzw. Rückschnitt bis ins alte Holz im zeitigen Frühjahr (Nachwinter) oder nach der Blüte vorgenommen werden.

Der halbtägige Schatten entfernt stehender, tief wurzelnder Bäume (Konkurrenz) wie z. B. Kiefern oder Eichen ist besonders in den heißen Mittagsstunden für die Haltbarkeit der seidigen Blüten von großem Vorteil.

Ökologie: Päonien werden sehr stark von Insekten besucht!

Pflanzzeit: Die beste Zeit sind die Monate September/Oktober, und wenn der Boden offen ist, könnte noch im November gepflanzt werden. Auch ältere

Pflanzen kann man in diesem Zeitraum ohne jeglichen Schaden völlig erdelos (ohne Ballen) transportieren und umsetzen.

Selbst eine 40jährige, 1,80 m hohe Strauch-Pfingstrose habe ich mit Erfolg verpflanzt. Hier kommt es nicht auf einen runden, festen Erdballen an, sondern darauf, daß man die Pflanze mit allen langen Haupt- u. Nebenwurzeln ausgräbt. Vorsicht, die fleischigen Wurzeln brechen sehr leicht! Ein gefühlvoller Auslichtungsschnitt erleichtert das Anwachsen.

Die Wurzelbildung setzt auch noch Mitte/Ende November innerhalb von 14 Tagen (3 Wochen) ein, vorausgesetzt, daß die Bodentemperaturen nicht schon zu tief liegen. Pflanzungen mit nackter Wurzel können ausnahmsweise bis zum 15. März durchgeführt werden. Danach wird es kritisch, weil die jetzt eher zögerliche Wurzelbildung mit dem sehr starken Austrieb nicht mehr Schritt hält und es unweigerlich zu Wassertransportproblemen kommt. Ein starker Rückschnitt wäre unvermeidbar. Es sei nochmals darauf hingewiesen, daß ein Umpflanzen erdeloser Päonien in der Vegetationsruhe (nicht im Saft stehend) immer am erfolgreichsten ist. Päonien im Container können beinahe zu jeder Zeit gepflanzt werden.

Nach der Pflanzung scheinbar abgestorbene Päonien bitte nicht aufgeben und abräumen. Die Lebenskraft der Strauch-Pfingstrosen ist bewundernswert. Nicht selten treiben sie erst nach einem Jahr aus den im Boden befindlichen Trieben oder Wurzeln wieder aus.

Die jungen Blätter schützen, gleichsam wie Hände, die Blütenknospe

Paeonia suffruticosa-Hybr. 'Seidai' mit Biene

oberes Bild: Paeonia rockii (halbgefüllt) mit Fliegen und Bienen – Die Blüten der Strauch-Pfingstrosen werden
von den verschiedensten Insektenarten besucht.

unteres Bild: Paeonia rockii (halbgefüllt) mit Bienen

PAEONIA

**Empfehlenswerte
europäische Strauch-Päonien-Sorten:**

'Athlète'
Wuchs: Stark.
Blüten: Groß, hell-lilarosa.

'Baronne d'Alès'
Wuchs: Gedrungen.
Blüten: Leuchtend rosa, Mitte dunkelrosa.

'Beauté de Twickel'
Wuchs: Kräftig.
Blüten: Karmin mit dunkler Mitte, sehr groß.

'Blanche de His'
Wuchs: Mittelstark.
Blüten: Im Aufblühen zartrosa, später weißlich,
locker gefüllt, sehr reichblühend.

'Heiderose'
Wuchs: Gesund, wüchsig.
Blüten: Altrosa, gefüllt.

'Mme. Stuart Low'

'Reine Elisabeth'

'Athlète'

'Beauté de Twickel'

'Jeanne d'Arc' mit Hyacinthoides hispanica

'Blanche de His'

'Baronne d'Alès'

'Negricans'

'La Ville de St. Dénis'

'Illinois'
Wuchs: Kräftig, hoch.
Blüten: Karminrosarot, Mitte dunkler.

'Jeanne d'Arc'
Wuchs: Stark.
Blüten: Hellrosa, Mitte dunkler.

'La Ville de St. Dénis'
Wuchs: Kräftig, hoch.
Blüten: Zartrosa, in der Mitte bläulichrosa.

'Louise Mouchelet'
Wuchs: Kräftig.
Blüten: Hellrosa, Mitte dunkler, großblumig.
Vollsonnig, in Spätfrostlagen geschützt.

'Mme. Laffay'
Wuchs: Mittelstark.
Blüten: Karmin, dicht gefüllt, sehr
großblumig.

'Mme. Stuart Low'
Wuchs: Mittelstark, gesund.
Blüten: Lachsrosa, am Rande silbrig,
halbgefüllt.

'Negricans'
Wuchs: Stark, gesund, hoch.
Blüten: Dunkelblaurot, einfach.

'Reine Elisabeth'
Wuchs: Gedrungen.
Blüten: Leuchtend rosa, nach außen
hin silbrigrosa, gefüllt, sehr groß,
schon als junge Pflanze reichblühend.

'Souvenir de Ducher'
Wuchs: Stark (in 50 Jahren 2 m hoch).
Blüten: Tief violettrot, gefüllt.

'Traum' (Klose)
Wuchs: Mittelstark.
Blüten: Leuchtend hellrosa, Mitte dunkler.

'Traum' (Gräfin von Zeppelin)
Wuchs: Mittelstark.
Blüten: Weiß, gefüllt.

'Mme. Laffay'

P. suffruticosa 'Illinois' ist eine sehr gesunde, wüchsige, spätblühende Sorte. Im Hintergrund weiße Akelei.

Auswahl chinesischer Strauch-Päonien-Sorten:

Die chinesischen Strauch-Päonien, die ich in letzter Zeit über den Handel bezogen habe, waren nicht auf P lactiflora veredelt. Es handelte sich vielmehr bereits um wurzelechte Pflanzen von starker Qualität mit sehr guter Wurzelentwicklung. Pflanzen, die Ende November in den Boden gesetzt wurden, haben bereits 14 Tage danach mit der Bildung frischer Wurzeln begonnen. Leider erhält man nicht immer sortenechtes Material, was allerdings auch für die japanischen Strauch-Päonien gilt.

'Bai Hua Du', *pfirsichrot.*

'Bai Hua Sheng', *pfirsichfarben.*

'Bei Guo Feng Guang', *grünlichweiß.*

'Dou Lu', *zartgrün.*

'Er Quiao', *rosa-violett.*

'Fen E Jiao', *weißlichrosa mit rotem Basalfleck.*

'Fen He', *rosa mit Basalfleck.*

'Guan Shi Mo Yu', *schwarzrot.*

'Jui Zu Yang Fei', *rosa.ähnlich P. rockii.*

'Ou Si Kui', *weißrosa.*

'Quing Xin Bai', *rosa.*

'Xiao Chun', *hellrosa.*

'Xing Tian Di', *rosa.*

'Yao Huang', *cremegelb.*

'Yu Huo Feng Guang', *weiß-rot-gelb*

'Yu Xi Ying Yue', *rosarot.*

'Zhao Fen', *rosa.*

'Zi Ban Bai', *weiß mit rotem Basalfleck,*

'Zi Yun Dian', *dunkelrot.*

Auswahl besonders empfehlenswerter japanischer Strauch-Päonien-Sorten:

'Anya No Hikare' - *Blüten dunkelrot, gefüllt.*

'Cho Jyraku' - *Blüten weiß, halbgefüllt.*

'Godaishu' - *Blüten sehr groß, reinweiß mit gelben Staubgefäßen, halb- bis vollgefüllt. Wüchsig.*

'Hakuo Jishi' - *Blüten weiß, halbgefüllt. Sehr wüchsig.*

'Hana Daigin'

'Haku Banryu' (= Haku Ban Ryiu) - *Blüten weiß, halbgefüllt.*

'Hana Daigin' - *Blüten dunkelviolett, halbgefüllt, groß.*

'Hana Kisoi' - *Blüten zartrosa, riesengroß, im Zentrum dunkler.*

'Haru No Akebono' - *Blüten groß, halbgefüllt, lichtrosa mit roter Mitte, reichblühend.*

'Hatsu Garashu' (Syn. 'Ubatama') - *Blüten halbgefüllt, dunkelrot bis fast schwarzrot. Pflanze kräftig und reichblühend.*

'Higurashi' - *Blüten purpurrosa, halbgefüllt.*

'Hinode Sekai' - *Blüten einfach, scharlachrot, im Verblühen heller werdend.*

'Houki' - *Blüten leuchtend rot, halbgefüllt. Pflanze sehr wüchsig und reichblühend.*

'Kamada Nishiki' - *Blüten purpurrot, halbgefüllt.*

'Kao' - *Blüten rot, halbgefüllt.*

'Oufujinishiki' - *Blüten halbgefüllt, ein helles Blauviolett.*

'Renkaku' - *Blüten reinweiß, groß, gefüllt. Eine bewährte Sorte.*

'Rimpoh' - *Blüten tief magenta, dicht gefüllt, großblumig, starkwüchsig. Wertvoll.*

'Seidai' - *Blüten hellrosa, halbgefüllt.*

'Shintenchi' - *Blüten hellrosa, Zentrum dunkler gezeichnet.*

'Taisho No Hokori' - *Blüten purpurn, halbgefüllt.*

'Taiyo' - *Blüten brillantrot, halbgefüllt.*

'Tama Fujo' - *Blüten hellrosa, gefüllt.*

'Hinode Sekai'

Bild rechts unten: 'Haku Banryu'

'Oufujinishiki'

'Hatsu Garashu'

'Seidai'

'Renkaku'

'Shintenchi'

'Tama Fujo' ist eine der wüchsigsten und zuverlässigsten Japanischen Strauch-Pfingstrosen. Ihre fantastischen Blüten erscheinen immer als erste im Päoniengarten.

374

Früheste Sorte.

'Tama Sudare' - *Blüten leuchtend weiß, dicht gefüllt, sehr groß. Pflanze mittelhoch, gut wüchsig.*

'Teni' - *Blüten halbgefüllt, lichtrosa mit gelber Mitte und roten Narben; schönes Farbspiel. Spitzensorte.*

'Yachiyo Tsubaki' - *Blüten hellrosa, halbgefüllt.*

'Yaezakura' - *Blüten rosa, gefüllt, groß.*

'Hana Kisoi'

Einige besonders empfehlenswerte amerikanische Strauch-Päonien-Sorten:

Es handelt sich hier um Kreuzungen zwischen P. suffruticosa, P. lutea, P. lutea var. ludlowii und P. delavayi, die SAUNDERS, GRATWICK und DAPHNIS durchgeführt haben. Seit den 60er Jahren begeistern sie die Pfingstrosenliebhaber in aller Welt.

Ich bin fest davon überzeugt, daß mit diesen spektakulären Sorten ein ganz neues Päonien-Zeitalter angebrochen ist. Nicht nur, daß die Farben Gelb und Orange in völlig neuen Blütendimensionen hinzugekommen sind, ihr großer Vorteil liegt auch darin, daß der Austrieb später erfolgt, ihre Blüte somit in den Juni fällt und sie dadurch weniger frostgefährdet sind. Darüber hinaus verlängern die amerikanischen Züchtungen die Blütezeit der Strauch-Päonien um mindestens zwei Wochen.

'Age of Gold' (Saunders 1948)
Wuchs breit und gedrungen. Blüten gelb bis goldgelb, halbgefüllt. Eine reichblühende Sorte, die von der 'American Peony Society' mit einer Goldmedaille ausgezeichnet worden ist.

'Aphrodite' (Nassos Daphnis)
Blüten leicht gefüllt, im Aufblühen lichtgelb, später beinahe weiß, Staubgefäße orangegelb.

'Banquet' (Saunders 1941)
Wuchs kräftig, Blüten erdbeerrot mit dunklerem Zentrum, halbgefüllt. Sehr reichblühend und spät.

'Black Pirate' (Saunders 1948)
Blüten schwarzrot, halbgefüllt, seidig glänzend. Wohl die dunkelste Sorte.

'Boreas' (Nassos Daphnis, 1977)
Blüten halbgefüllt, leuchtend burgunderrot mit goldgelben Staubgefäßen. Kräftiger Wuchs. Eine beeindruckende Sorte.

'Canary' (Saunders 1940)
Blüten leuchtend gelb. Eine bewährte, reichblühende Sorte.

'Chinese Dragon' (Saunders 1948)
Starkwüchsig, sicherlich bis 2 m hoch. Laub sehr dekorativ, gefiedert bis geschlitzt, gesund bis in den Herbst. Blüten karminrot, einfach bis leicht halbgefüllt, sie öffnen sich weit schalenförmig. Blütezeit dauert mehrere Wochen. Gehört zu den spektakulärsten Strauch-Pfingstrosen, die ich je kennengelernt habe.

'Gauguin' (Daphnis)
Blütenzentrum dunkelrot, Staubgefäße leuchtend goldgelb, Blütenblätter zum Rand hin rötlichgelb geadert. Von der Farbverteilung her eine faszinierende Blüte. Blütezeit sehr ausgedehnt. Wuchs kräftig, buschig aufrecht. Höhe bis 1,8 m.

'Golden Hind' (A. P. Saunders, 1948)
Blüten sehr groß, gefüllt, primelgelb (grüngelb bis schwefelgelb), Ränder ganz zart rötlich überlau-

PAEONIA

fen, Basisflecken rubinrot, Staubgefäße dottergelb. Eine wertvolle, sehr spät blühende Sorte.

'Golden Vanitie' (Saunders 1960)
*Blüten reingelb, einfach. Diese wüchsige, reich-
blühende Sorte gehört zu den besten amerikanischen Hybriden.*

'Harvest' (A. P. Saunders, 1948)
*Blüten halbgefüllt, bräunlichgelb, Blütenblätter
mit rosa Saum und scharlachroten Basalflecken, Staubgefäße leuchtend dottergelb.*

'High Noon' (Saunders 1952)
*Wird von allen gelben Hybriden wohl am höch-
sten. Blüten leuchtend gelb, halbgefüllt, stehen
ganz frei über dem Laub. Hat im Sommer häufig
eine Nachblüte.*

'Iphigenia' (Daphnis)
*Blüten einfach, auffallend groß, ausdrucks-
stark, leuchtend dunkelkarminrot mit schwärzlichen Basalflecken, Staubgefäße gelb, Narben
karminrot. Eine faszinierende, kostbare Sorte.*

oben: 'Age of Gold'

oben rechts: 'Nike'
rechts: 'Canary'

unten: 'Golden Vanitie'

PAEONIA

'Leda' (Daphnis 1977)
Gehört zu meinen ganz besonderen Lieblingen. Wuchs buschig und dicht. Blüte groß, schalenförmig, kräftig malvenrosa, halbgefüllt. Eine fantastische Sorte, die unsere Gärten erobern wird. Junge Pflanzen sind für einen leichten Schutz dankbar.

'Mystery' (Saunders 1948)
Blüten einfach bis ganz leicht gefüllt, Blütenblätter lavendelrosa mit tiefroter Basalzeichnung, Staubgefäße leuchtend gelb. Wuchs gedrungen. Sorte mit sehr seltener Blütenfarbe.

'Nike' (Nassos Daphnis)
Blüten leicht gefüllt, pfirsichfarben, zur Mitte hin orange bis blutorange schattiert, Basalfleck rubinrot, Staubgefäße dottergelb. Wuchs kräftig, buschig. Wertvolle Sorte mit einer faszinierenden Blütenfarbe.

'Renown' (Saunders 1949)
Sehr wertvoll, da sie Ende Juli - August nochmals blüht. Blüte einfach, weit schalenförmig, kupfrigrosa, Mitte gelblich.

'Themis' (Daphnis)
Blüten halbgefüllt, leuchtend rosa, zartblau überhaucht.

'Zephyrus' (Daphnis)
Blüte sehr groß, gefüllt, perlmuttfarben mit rötlichbraunen Einfärbungen. Eine farblich sehr ungewöhnliche, gut wüchsige Sorte mit dunklem, gesundem Laub.

oben: 'Gauguin'

links: 'Iphigenia'

unten: 'Chinese Dragon'

links: 'Leda'

PARROTIA C. A. MEY.
Parrotie, Eisenholzbaum – Hamamelidaceae, Zaubernußgewächse

Benannt nach dem deutschen Arzt und Naturforscher F. W. PARROT, 1792 bis 1841.

P. persica (D. C.) C. A. MEY.

Parrotia persica

Verbreitung: Vorderasien, Nordiran, im Kaspischen Urwald, Niederungswälder.

Wuchs: Großstrauch oder kleiner Baum, oft mehrstämmig, Hauptäste breit trichterförmig aufrecht, Seitenäste weit ausladend. In der Jugend langsamwüchsig.

Größe: 6 bis 10 (bis 12) m hoch und breit, im Alter oft wesentlich breiter als hoch. In England 15 m, im Kaspischen Urwald bis 30 m. Jahreszuwachs in der Höhe 20 bis 25 cm, in der Breite 25 bis 30 cm.

Rinde: Triebe olivbraun, kahl, mit hellen Lentizellen, Knospen sternfilzig, Borke bräunlich, im Alter oft vielfarbig, dekorativ (platanenartig) abblätternd.

Parrotia persica

Parrotia persica

Blätter: Sommergrün, wechselständig, verkehrt eiförmig, bis 10 cm lang, etwas ledrig, dunkelgrün, unterseits hellgrün, im Austrieb rot gerandet. Herbstfärbung gelb über orangerot bis hin zum violett überlaufenen Scharlachrot. Blätter oft mehrfarbig. Färbung hält lange an. Herbstlaub übersteht Fröste von –8 °C völlig schadlos!

Blüten: In kleinen Köpfchen, Staubgefäße leuchtend rot auf filzigen, sternförmigen Hochblättern, Blütenblätter fehlend, Blütezeit vor dem Austrieb im März.

Früchte: Zweiklappige Kapseln, unscheinbar.

Wurzel: Verlaufen mehr flach (OLBRICH).

Standort: Sonnig (bis leicht absonnig), beste Färbung nur in voller Sonne.

Boden: Anpassungsfähig, gedeiht auf allen kultivierten, nicht zu armen, durchlässigen Gartenböden, bevorzugt tiefgründige, frische bis feuchte Lehmböden bei einem pH-Wert von 6 bis 6,5. Leicht alkalische Substrate werden toleriert.

Eigenschaften: Frosthart, in der Jugend etwas empfindlich, wärmeliebend, stadtklimafest, nicht krankheitsanfällig.

Verwendung: Eines der schönsten Solitärgehölze, dem aber auf Grund des eigenwilligen, malerischen Wuchses ein genügend großer Platz zugewiesen werden muß. Gehört zu den sichersten Herbstfärbern. Wirkungsvoll in immergrünen Unterpflanzungen, so z. B. Euonymus fortunei-Sorten oder Cotoneaster. Herrlich auf Rasenplätzen oder vor dunklen Koniferen. Herbstfärber-Auslesen wie **P. persica 'Vanessa'** (= P. persica 'Select') Färbung beginnt schon ab Mitte September werden dem Pflanzenverwender zukünftig noch besseres Material für die gezielte Gestaltung mit herbstfärbenden Gehölzen bescheren. Dies ist hoffentlich erst der Beginn eines stärker werdenden Herbstfarben-Bewußtseins.

PARROTIOPSIS (NIEDENZU) SCHNEID.
Hamamelidaceae, Zaubernußgewächse

Abgeleitet von Parrotia; opsis = (ähnliches) Aussehen

P. jacquemontiana REHDER,
Scheinparrotie
(= Parrotia jacquemontiana, Parrotiopsis involucrata, Fothergilla involucrata)

Parrotiopsis jacquemontiana

Zur Familie der Zaubernußgewächse gehören einige unserer schönsten Blüten- und Herbstfärbergehölze. Man denke nur an so berühmte Gattungen wie Hamamelis, Corylopsis, Fothergilla, Liquidambar und Parrotia. Weniger bekannt sind die atemberaubende Herbstschönheit Disanthus und die reizende Parrotiopsis mit ihren weißen Blüten. Die Scheinparrotie wurde 1836 in den Bergen von Kashmir, im nordwestlichen Himalaja, gefunden, wo sie in Höhen von 900 bis 3000 m vorkommt. Weiterhin ist sie in Afghanistan, Pakistan und Nordwestindien beheimatet. Im Himalaja entwickelt sie sich zu einem kleinen Baum von 7 m Höhe. In unseren Gärten bleibt sie meist nur ein mittelhoher, mehr oder weniger straff aufrechter Strauch. Ihre Triebe sind graugelb und sternfilzig, später ist die Rinde glatt. Die rundlich-ovalen, 3 bis 5 (8) cm langen, grob und ungleich gezähnten Blätter haben Ähnlichkeit mit denen der Schwarz-Erle. Die Herbstfärbung kann sich allerdings mit der von Fothergilla oder Parrotia nicht messen. Die Blätter färben spät und nehmen einen goldgelben Farbton an; in manchen Jahren sind sie auch nur stumpfgelb und wenig zierend. Aufregender sind dagegen die duftenden, 1 bis 2 cm großen, gelben, kopfigen Blüten, die von 4 bis 6 weißen Hochblättern umgeben werden. Sie erscheinen in großer Menge im Mai zusammen mit dem

Laubaustrieb. Zum guten Gedeihen benötigt die Scheinparrotie frische, nährstoffreiche, durchlässige, schwach saure bis neutrale Böden und einen Platz in sonniger bis absonniger Lage. Ein sehr aparter, frostharter Zierstrauch für Einzelstellung. Besonders wirkungsvoll vor einer dunklen Gehölzkulisse.

PARTHENOCISSUS PLANCH.
Wilder Wein, Jungfernrebe – Vitaceae, Weinrebengewächse

P. quinquefolia (L.) PLANCH., Wilder Wein
(= Ampelopsis quinquefolia)

Parthenocissus quinquefolia

Verbreitung: Östliches Nordamerika, an Waldrändern, wo der Wilde Wein die Gehölze oft völlig überzieht.

Wuchs: Raschwüchsiger, mittels Haftscheiben kletternder Strauch (Selbstklimmer).

Größe: 10 bis 15 (bis 20) m hoch. Jahreszuwachs 0,6 bis 1 m.

Blätter: Sommergrün, wechselständig, 5zählig, Blättchen bis 10 cm lang, elliptisch bis schmal verkehrt eiförmig, stumpf dunkelgrün, unterseits bläulich. Herbstfärbung prachtvoll brennendrot bis scharlachrot, Schattenblätter gelb bis orange, oft schon Anfang September, gehört zu den ersten Färbern.

Blüten: Im Juli/August in weißen, endständigen Rispen.

Früchte: Kugelig, bis 6 mm dick, blauschwarz, schwach bereift.

Standort: Sonnig bis schattig.

Parthenocissus quinquefolia

Boden: Wächst auf allen Böden, vom salzhaltigen Dünensand(!) (Nordamerika) bis hin zu feuchten, tiefgründigen Lehmböden. Es gibt kaum einen Standort, den der Wilde Wein nicht akzeptiert.

Eigenschaften: Haftscheibenranker, Selbstklimmer, gut frosthart, wärmeliebend, verträgt trockene Innenstadtbereiche, industriefest, erwiesenermaßen unempfindlich gegenüber Luftverschmutzung, windresistent (Fabrikschornsteine!), gedeiht im tiefsten Schatten.

Verwendung: Ein unverwüstlicher, robuster Selbstklimmer, der zu den härtesten und langlebigsten Kletterpflanzen gehört. Er kann überall da eingesetzt werden, wo schnell große Flächen, Bauzäune, häßliche Fassaden, aber auch Böschungen begrünt werden sollen. Auch für alte Bäume, Mauerkronen und Terrassenhäuser, von wo die Triebe wie dichte Girlanden mehrere Meter herabhängen können.

Anmerkung: P. quinquefolia ist ein Haftscheibenranker, im Handel befindliche Parthenocissus-Formen, die keine oder nur sehr schwach entwickelte Haftscheiben ausbilden, gehören zu P. vitacea HITCHCOCK (= P. inserta [KERN.] FRITSCH).

Ökologie: P. quinquefolia ist eine wertvolle Insektennährpflanze.

P. quinquefolia 'Engelmannii', Engelmanns-Wein
(= P. quinquefolia var. engelmannii)

Verbreitung: Ursprünglich östliches Nordamerika.

Wuchs: Raschwüchsiger, mittels Haftscheiben kletternder Strauch (Selbstklimmer).

Größe: 10 bis 15 (bis 20) m hoch. Jahreszuwachs 0,5 bis 1 m.

Blätter: Sommergrün, wechselständig, 5zählig, Blättchen länger und schmaler als beim Typ, bis 12 cm lang und 3 cm breit, breit lanzettlich, sehr scharf und regelmäßig gesägt. Blattstiele ebenfalls länger, bis 15 cm, rötlich; Herbstfärbung leuchtend dunkelblutrot bis feuerrot.

Blüten, Früchte, Standort, Boden, Eigenschaften wie bei der Normalform.

Verwendung: Haftscheibenranker für die Begrünung von Fassaden, Mauern, Zäunen, Lärmschutzwänden u. ä.

Hinweis: Von P. quinquefolia 'Engelmannii' sind sehr unterschiedliche Wuchstypen im Handel.

P. tricuspidata 'Green Spring'

Wuchs: Raschwüchsiger Selbstklimmer mit kurzen, stark verzweigten Haftscheibenranken.

Größe: 12 bis 15 (bis 20) m hoch. Jahreszuwachs 0,5 bis 1,5 (bis 2,5) m.

Blätter: Sommergrün, wechselständig, sehr groß. 15 bis 20 (bis 25) cm lang, ungeteilt mit 3 Lappen, gelegentlich 3teilig, hellgrün glänzend, unterseits mattgrün, junger Trieb mit Blättern braunrötlich, später grün; Herbstfärbung leuchtend rotpurpur (Jungtriebe bleiben grün).

Blüten, Früchte, Standort, Boden und Eigenschaften wie P. tricuspidata 'Veitchii'.

Verwendung: Eine sehr großblättrige, gesunde Form, die in Holland bereits vor 1900 in Kultur war und 1965 in 'Green Spring' benannt worden ist.

P. tricuspidata 'Veitchii'

Verbreitung: Die Art ist in Japan, China und Korea beheimatet.

Parthenocissus tricuspidata 'Veitchii'

Wuchs: Raschwüchsiger Selbstklimmer mit kurzen, stark verzweigten Haftscheibenranken.

Größe: 12 bis 15 (bis 20) m hoch. Jahreszuwachs 0,5 bis 1,5 (bis 2,5) m.

Blätter: Sommergrün, wechselständig, sehr veränderlich, eiförmig, ungelappt bis 3zählig, Austrieb bronzefarben bis braunrötlich; im Sommer glänzend grün, Herbstfärbung von brennendgelborange über scharlachrot bis dunkelkarmin.

Blüten: Gelblichgrüne Trugdolden im Juni/Juli.

Früchte: Kugelige, bis 0,8 cm dicke, schwarze, blau bereifte Beeren.

Standort: Sonnig bis halbschattig.

Boden: Bevorzugt frische, nahrhafte Böden, neutral bis alkalisch, insgesamt aber sehr anpassungsfähig, gedeiht auch auf mäßig trockenen, sandigen Böden.

Eigenschaften: Haftscheibenranker, Selbstklimmer; frosthart, kann in sehr strengen Wintern leiden, Schäden wachsen sich aber schnell wieder aus, wärmeliebend, stadtklimafest, rauchhart, ausreichend windfest.

Verwendung: Eine der allerbesten und schnellwüchsigsten Kletterpflanzen. Sehr bekannt und beliebt wegen der attraktiven, glänzend grünen Blätter und der eindrucksvollen Herbstfärbung. Für Hauswände, Mauern, Industriebauten, Schornsteine, Lärmschutzwände, Zäune und Pergolen.

Ökologie: P. tricuspidata ist eine wertvolle Insektennährpflanze. Der Honigertrag liegt bei 188 bis 262 kg pro ha.

Anmerkung: Kletterpflanzen beleben unsere Häuser und verleihen eingegrünten Gebäudekomplexen, besonders im städtischen Raum, eine individuelle Note und anheimelnde Atmosphäre. Kletterpflanzen beanspruchen die geringste Grundfläche, ein großer Vorteil gerade im beengten Stadtraum. Kletterpflanzen leisten einen großen Beitrag zur Stadtökologie.

1. Allgemeiner Erholungswert des Grüns, Steigerung der Wohn- und Lebensqualität, Verschönerung des städtischen Straßenbildes.

2. Positive Beeinflussung des städtischen Kleinklimas; durch Transpiration an heißen Sommertagen kühlend, Minderung des Lärms, Staubfilterung.

3. Lebensraum und Futterpflanzen für viele Vogelarten und Kleinsäuger.

(Am Wilden Wein wurden 19, an Lonicera 23 Vogelarten festgestellt).

4. Schlupfwinkel für wärmeliebende Insektenarten.

Parthenocissus tricuspidata 'Veitchii'

Worauf muß beim Pflanzen von Klettersträuchern geachtet werden?

Haftscheibenranker (Wilder Wein) und Wurzelkletterer (Efeu) sollten nur an intaktes Mauerwerk und rissefreie Putzwände gesetzt werden. Eine gesunde Fassade wird nicht geschädigt. An dispersions- und dispersionssilikatbeschichteten Oberflächen dürfen Wurzelkletterer und Haftscheibenranker nicht gepflanzt werden. Die Beeinträchtigungen der Oberflächenbeschichtungen entstehen in Form von Unterwachsen durch sproßbürtige Wurzeln, die besonders häufig beim Efeu ausgebildet werden. Ebenso sollten keine Holzfassaden mit Haftscheibenrankern oder Wurzelkletterern besetzt werden. Vorsicht ist geboten bei Regenabflußrinnen, Dachziegeln, Firstpfannen u. ä., da beim Dickenwachstum der Triebe eine enorme Sprengwirkung auftritt.

PASSIFLORA L.
Passionsblume – Passifloraceae, Passionsblumengewächse

P. caerulea L.,
Blaue Passionsblume

Verbreitung: Südl. Brasilien, Paraguay, Argentinien.

Wuchs: Kräftig wachsender Kletterstrauch mit verholzenden Trieben und auffallenden Blüten.

Größe: 1,5 bis 4 m hoch.

Triebe: Bilden in den Blattachseln Ranken aus.

Blätter: Bläulichgrün, 5 bis 7 lappig, in milden Gebieten wintergrün, teils auch immergrün.

Passionsblumen sind Insektenmagneten, sie werden insbesondere von Hummeln, Bienen und Schwebfliegen besucht.

Blüten: 7 bis 9 cm breit, weiß oder zartrosa, Strahlenkrone an der Basis purpurn, im Mittelteil weiß und nach außen hin blau.

Früchte: Orangegelb, eirundlich, 6 cm lang, im Gegensatz zu P. edulis (Maracuja) leider ungenießbar.

Standort: Hell, sonnig, auf schattigen Plätzen keine Blütenbildung.

Boden: In den Sommermonaten gleichbleibend frisch bis feucht, gut durchlässig und nährstoffreich. Um Wurzelfäule zu verhindern, Boden in der winterlichen Ruhezeit trockener halten.

Eigenschaften: Kann nur in milden Gebieten und mit einem guten Winterschutz im Freien gehalten werden.

Verwendung: Sehr attraktiv blühende, begehrte Kletterpflanze für Wintergärten, Kübelkultur und klimatisch besonders bevorzugte Freilandstandorte. In der Nordschweiz und im Bodenseegebiet wird die Passionsblume von Pflanzenliebhabern mit Erfolg an geschützten Hauswänden und Gartenmauern gezogen.
Häufig in Kultur sind die großblumige **P. caerulea 'Kaiserin Eugenie'** und die sehr harte, reinweiße **'Constance Elliot'.** Für die Kübelkultur empfehle ich die sehr blühsichere **P. violacea.**

Pflegetip: Passionsblumen blühen am jungen Trieb, sie sollten im Herbst oder Frühjahr stark zurückgeschnitten werden.

Anmerkung: Beim Kauf von Passionsblumen sollte darauf geachtet werden, daß es sich um vegetativ vermehrte, blühwillige Selektionen oder Sorten handelt. Sämlingspflanzen blühen oft erst nach Jahren, häufig sind sie auch blühfaul und farblich nicht so attraktiv.

Ökologie: Passionsblumen werden sehr stark von heimischen Insekten beflogen.

PAULOWNIA S. & Z.
Paulownie – Scrophulariaceae,
Braunwurzgewächse

Die Paulownie trägt ihren Gattungsnamen nach ANNA PAWLOWNA, Tochter des russischen Zaren PAUL I. und Gemahlin des Königs WILHELM II. der Niederlande.

P. tomentosa (THUNDB.) STEUD.,
Paulownie, Blauglockenbaum
(= P. imperialis)

Verbreitung: China, in den Provinzen Hupeh, Kiangsi, Honan, nach Japan vor etwa 150 Jahren eingeführt.

Paulownia tomentosa

Wuchs: Mittelhoher Baum mit breiter, lockerer Krone und auffallend dicken, etwas steifen Trieben und großen, hellgrünen Blättern. In der Jugend sehr raschwüchsig.

Größe: In klimatisch begünstigten Gebieten Deutschlands (Weinbau) 12 bis 15 m hoch und meist genauso breit. Jahreszuwachs in der Höhe 40 bis 50 cm, in der Breite 20 cm. In den ersten 10 Jahren stärker. Im Alter nur noch 20 bis 30 cm Zuwachs.

Rinde: Junge Triebe dick, meist hohl und anfangs weich behaart, graubraun.

Knospen: Gegenständig, bei der ähnlichen Catalpa meist zu 3 quirlig.

Blätter: Sommergrün, gegenständig, sehr groß, an Langtrieben oft 3- bis 5lappig und 30 bis 40 (bis 50) cm lang, sonst 17 bis 30 cm lang, hellgrün bis mittelgrün, behaart, unten graufilzig, später Laubfall, ohne Herbstfärbung.

Blüten: Vor den Blättern in 20 bis 30 cm langen, aufrechten, kegelförmigen Rispen, violettblau, Einzelblüten fingerhutähnlich, Schlund innen gelb gestreift, duftend. Blütenstände werden im Spätsommer des Vorjahres angesetzt. Blütezeit April/Mai.

Früchte: Graubraune, spitzeiförmige, etwa walnußgroße, verholzte Kapseln, die bis zum Frühjahr am Baum bleiben.

Wurzel: Fleischig, Hauptwurzeln tiefgehend, empfindlich.

Standort: Sonnig, warm und geschützt.

Boden: Insgesamt anspruchslos, gedeiht auf allen nicht zu armen, mäßig trockenen bis frischen, durchlässigen Böden, schwach sauer bis stark alkalisch. Auf zu nährstoffreichen, tiefgründigen und zu feuchten Böden schlechtes Ausreifen der Jahrestriebe.

Eigenschaften: Ausreichend frosthart, zieht früh Saft, daher in ungünstigen Lagen Blütenschäden durch Spätfröste, als junge Pflanze empfindlich, ältere Exemplare, deren Holz gut ausreift, ertragen Fröste bis minus 28 °C und kurzfristig auch darunter. Die unter einem Haarfilz überwinternden Blütenanlagen bleiben in der Vegetationsruhe bis minus 17 °C (bis minus 20 °C) ungeschädigt; wärmeliebend, stadtklimafest, verträgt sommerliche Trockenperioden erstaunlich gut, rauchhart, wird in China als Windschutz und Stickstofflieferant gepflanzt, Blätter enthalten 3 % Stickstoff.

Verwendung: Blau blühende Bäume sind auch in den Tropen und Subtropen selten, und man denkt bei diesem Thema sofort an die blauen Jacaranda-Alleen auf Madeira. In unseren „gemäßigten" Gärten ist die Paulownie der einzige blau blühende Baum. Wer sie einmal in voller Blüte erlebt hat, kommt von ihr nicht mehr los. Besonders in klimatisch begünstigten Gebieten, etwa im Weinbauklima, könnte sie auch noch viel häufiger gepflanzt werden. Selbst in Norddeutschland gibt es große, blühfähige Exemplare. Neben der traumhaften Blüte besticht der Baum aber auch mit seiner riesigen, tropisch anmutenden Belaubung. Benötigt zur vollen Entwicklung genügend großen Standraum. In Weinbaugebieten häufig als Stadtbaum anzutreffen. Das hellbraune Holz gilt in Japan als das leichteste aller Nutzhölzer. Auf Grund der überragenden akustischen Eigenschaften wird es im Instrumentenbau verwendet. Weiterhin fertigt man daraus Möbel, Skulpturen, Haushaltsgegenstände wie Tassen, Schalen, Eßstäbchen und die bekannten japanischen Holzsandalen. Zur Geburt einer Tochter pflanzte man in Japan eine Paulownie, die zur Hochzeit das Holz eines Kimono-Schrankes lieferte. Aus Blättern, Blüten, Früchten und Wurzeln werden heute verschiedene Arzneimittel hergestellt.

Anmerkung: Wir sollten unseren Züchterfleiß nicht nur in neue Rosen- und Rhododendron-Sorten stecken. Spätere Generationen wären uns für eine Selektionsarbeit (in erster Linie Frosthärte) an diesem fantastischen Blütenbaum mit Sicherheit sehr dankbar. Sollte der von vielen Wissenschaftlern prognostizierte Temperaturanstieg bis zum Jahre 2100 um 3 °C eintreten, hätte sich diese Arbeit allerdings in rund hundert Jahren von selbst erledigt.

PAXISTIMA RAF.
Celastraceae, Spindelstrauchgewächse
(= Pachistima RAF.)

P. canbyi GRAY.

Immergrüner, durch Wurzelausläufer und wur-
zelnde Triebe sich mattenförmig ausbreitender,
bis 30 cm hoher Zwergstrauch. Triebe 4 kantig,
warzig, bräunlich. Blätter gegenständig, ellip-
tisch bis schmal eiförmig-länglich, 1 bis 2 cm
lang, Ränder leicht eingerollt, fein gesägt, ledrig,
dunkelgrün, schwach glänzend. Blüten sehr
klein und unscheinbar, sternförmig, zu 1 bis
3 achselständig an 0,6 bis 1 cm langen, dünnen,
gegabelten Stielchen; Blütezeit Mai. Frucht eine
4 mm lange Kapsel.

P. canbyi ist in den Gebirgen Virginias beheima-
tet und gedeiht dort auf felsigen, kalkhaltigen
Böden. Dieser zierliche Zwergstrauch mit der
ausgeprägt feinen Blatt-Textur ist bei uns aus-
reichend frosthart und eignet sich sehr gut zur
Begrünung kleinerer Flächen. Ein sehr span-
nungsreiches Bild erreicht man durch die Kom-
bination mit grobzaubigen Kleingehölzen und
Bodendeckern. In größeren Paxistima-Flächen
habe ich gelegentlich braune Zweigpartien beob-
achtet (Pilz, Spätfrostschäden?). H.-J. ALBRECHT
machte mich auf Dickmaulrüßlerschäden auf-
merksam.

Der Boden sollte frisch bis feucht, sehr locker,
gut durchlässig und kalkhaltig bis neutral
(schwach sauer) sein. Nach amerikanischen
Aussagen ist Paxistima sehr tolerant gegenüber
hohen pH-Werten! Gedeiht in der vollen Sonne
wie auch auf halbschattigen Pflanzplätzen im
trockeneren Wurzelbereich von Nadelgehölzen.
Da sie sehr empfindlich auf Mineraldünger rea-
gieren, sollte man sie – falls es nötig ist – mit
organischem Dünger versorgen.

PERIPLOCA L.
Baumschlinge – Asclepiadaceae,
Schwalbenwurzgewächse,
Seidenpflanzengewächse

griech.: peri = herum, plokein = schlingend

P. graeca L.,
Griechische Baumschlinge,
Orient-Baumschlinge

Sommergrüner, raschwüchsiger, 10 bis 15 m hoch
windender, in allen Pflanzenteilen giftigen
Milchsaft führender Strauch. Junge Triebe ver-
hältnismäßig dünn, drahtig, olivgrün bis gelb-
braun, ältere Triebe mit graugrüner, glatter
Rinde. Blätter gegenständig, elliptisch bis lan-
zettlich, 5 bis 10 (12) cm lang und 5 cm breit,

oberseits dunkelgrün glänzend, im Herbst grün
abfallend. Blüten im Juli/August zu 8 bis 12 in
lockeren Trugdolden, Einzelblüte radförmig mit
5 Kronzipfeln, innen blaß violettbraun, außen
grünlich, etwa 2,5 cm breit, duftend. Aus ihnen
entwickelt sich eine 10 bis 15 cm lange, walzen-
förmige Balgfrucht. P. graeca hat ihr natürliches
Verbreitungsgebiet in Südeuropa und Klein-
asien, wo sie recht häufig in Hecken, Gebüschen
und lockeren Waldbeständen vorkommt. Die
Griechische Baumschlinge bevorzugt sonnig-
warme Plätze und kann auch in unseren Gärten
sehr rasch Zäune, Bäume und Mauern begrünen.

P. sepium BUNGE, die Chinesische Baum-
schlinge, hat zartere Sprosse und wächst auch
schwächer, sie erreicht nur Höhen um 8 bis
10 m. Ihre, von der Form her ähnlichen Blätter
werden zwar auch bis 10 cm lang, erreichen
aber nur eine Breite von 2,5 cm. Im Herbst über-
raschen sie mit einer schönen Gelbfärbung.
Diese aus Nordchina stammende Art ist nicht zu-
verlässig winterhart. Sie friert gelegentlich bis
zum Boden zurück, treibt aber immer wieder
gut durch und entwickelt auch noch im selben
Jahr Blüten, bei denen jedoch die Kronzipfel
zurückgerollt sind (P. graeca ausgebreitet!).

Beide Arten sind recht interessante, reich
blühende Kletterpflanzen, die in jedem frischen,
nahrhaften und gut durchlässigen Boden wach-
sen. Jungen Pflanzen sollte man einen Wurzel-
schutz geben. Von Zeit zu Zeit ist ein Auslich-
tungsschnitt nötig.

PERNETTYA GAUD.
Torfmyrte – Ericaceae,
Heidekrautgewächse

P. mucronata 'Alba',
Torfmyrte

(Wurde von einigen Autoren auch als Gaultheria
mucronata geführt)

Pernettya mucronata 'Alba'

Pernettya mucronata

Verbreitung: Die Wildart ist in Südamerika, Feuerland beheimatet.

Wuchs: Aufrechter, buschiger und dichtverzweigter
Zwerg- oder Kleinstrauch, Ausläufer treibend.

Größe: 0,5 bis 1,5 m hoch und breit.

Blätter: Immergrün, wechselständig, ledrig, 1 bis
1,5 cm lang, mit dornigen Blattspitzen, dunkelgrün,
glänzend.

Blüten: Pflanze ist zweihäusig, weiß bis rosa, Einzelblüte krugförmig, 0,6 cm groß, Mai bis Juni.

Früchte: Weiß, rund bis flachkugelig, 1,2 cm dick,
gehäuft an den Trieben sitzend. Giftig (Acetylandromedol).

Wurzel: Dicht verzweigt und verfilzt, oberflächennah.

Standort: Sonnig bis halbschattig, geschützt gegen
Ostwinde und Wintersonne.

Boden: Feuchte und nahrhafte, moorig-humose
Substrate, sauer.

Eigenschaften: Meist zweihäusig, zu 5 weiblichen
1 männliche Pflanze, etwas frostempfindlich, kann
sich auf zusagenden Standorten (feucht, moorig-
sauer) durch Ausläuferbildung zu kleinen Dickichten
entwickeln. Nach Frostschäden ist ein Verjüngungsschnitt unproblematisch, gutes Ausschlagsvermögen, Früchte vertragen Fröste von minus 8 °C
bis minus 10 °C.

Verwendung: Sehr auffallender, farbenprächti-
ger Fruchtstrauch für Heide-, Moor- und Rhododendronanlagen. Wegen eines reicheren Fruchtansatzes sollte die Torfmyrte in Gruppen gesetzt
werden (Zweihäusigkeit beachten). Schöner Win-
terschmuck in Kübeln und Trögen.

Ökologie: Blüten werden stark von Insekten beflogen, die Früchte verzehren die Drosseln im Spätwinter.

P. mucronata 'Rosea'

Pernettya mucronata 'Rosea'

Wuchs: Aufrechter, buschiger und dichtverzweigter Zwerg- oder Kleinstrauch. Ausläufer treibend.

Größe: 0,5 bis 1,5 m hoch und breit.

Blätter: Immergrün, wechselständig, ledrig, 1 bis 1,5 cm lang, mit dornigen Blattspitzen, dunkelgrün, glänzend.

Blüten: Pflanze ist meist zweihäusig, weiß bis rosa, Einzelblüte krugförmig, 0,60 cm groß, Mai bis Juni.

Früchte: Rosa, rund bis flachkugelig, 1,2 cm dick, gehäuft an den Triebenden sitzend. Giftig (Acetylandromedol).

Wurzel, Standort, Boden, Eigenschaften und Verwendung wie P. mucronata 'Alba'.

P. mucronata 'Purpurea'

Wuchs: Aufrechter, buschiger und dichtverzweigter Zwerg- oder Kleinstrauch, Ausläufer treibend.

Größe: 0,5 bis 1,5 m hoch und breit.

Blätter: Immergrün, wechselständig, ledrig, 1 bis 1,5 cm lang, mit dornigen Blattspitzen, dunkelgrün, glänzend.

Blüten: Pflanze ist meist zweihäusig, weiß bis rosa, Einzelblüte krugförmig, 0,60 cm groß, Mai bis Juni.

Früchte: Rot, flachkugelig. Giftig (Acetylandromedol).

Wurzel, Standort, Boden, Eigenschaften und Verwendung wie P. mucronata 'Alba'.

PEROVSKIA KAREL.
Silberstrauch – Labiatae,
Lippenblütler

Benannt nach W. ALEKSIEWITCH PEROWSKI, Gouverneur der russischen Provinz Orenburg.

P. abrotanoides KAREL.,
Silberstrauch, Blauraute

Verbreitung: Vorderasien bis zum westlichen Himalaja in Steppen und lichten Trocken-Sommerwäldern.

Wuchs: Aufrechter, wenig verzweigter, locker breitbuschiger Halbstrauch mit schlanken, graufilzigen Trieben.

Größe: 0,5 bis 1 m hoch und breit, in milden Gebieten auch höher werdend.

Blätter: Sommergrün, gegenständig, fiederförmig bis doppelt fiederförmig, 3 bis 6 cm lang, silbergraufilzig, stark aromatisch duftend.

Blüten: Violettblaue, endständige Ähren von Mitte/Ende Juli bis Ende Oktober.

Früchte: Unscheinbar.

Wurzel: Flach.

Standort: Volle Sonne, warm.

Boden: Auf allen leichten, trockenen bis feuchten, gut durchlässigen Böden, an den pH-Wert anpassungsfähig, bevorzugt mehr alkalische Substrate, leidet auf winternassen Standorten.

Eigenschaften: Frostempfindlich, friert in strengeren Wintern oft bis zum Boden zurück, treibt jedoch nach ohnehin erforderlichem Rückschnitt willig wieder durch, wärmeliebend, sommerliche Hitze und Trockenheit gut ertragend (s. Naturstandort). Auf zu mastigen Böden lagernder Wuchs und schlechtes Ausreifen. Perovskien werden nicht von Kaninchen verbissen.

Verwendung: Ein wertvoller, langanhaltender, blauer Spätblüher, der sich mit silbergraulaubigen Gehölzen, Stauden und Gräsern zu stimmungsvollen Pflanzenbildern verbinden läßt. Mit Perovskien, Elaeagnus angustifolia, Pyrus salicifolia, Buddleja alternifolia, Salix helvetica, Caryopteris und Lavendel haben wir eine Auswahl klassischer Rosenbe-

Perovskia abrotanoides, der Silberstrauch – unverzichtbarer, blauer Gartenschatz

gleitgehölze. Stauden und Gräser wie Artemisia ludoviciana 'Silver Queen', A. stelleriana, A. schmidtiana 'Nana', Stachys byzantina 'Silver Carpet', Linaria purpurea (blaue Selektion), Veronica spicata ssp. incana, Festuca glauca und Helictotrichon sempervirens bringen diesen feinen, aber unüberhörbaren Silber-Ton erst richtig zum Klingen. Perovskien passen auch sehr gut zu graulaubigen Nadelgehölzen wie Cedrus atlantica 'Glauca', Juniperus virginiana 'Skyrocket', J. virginiana 'Grey Owl', J. chinensis 'Hetzii' oder Chamaecyparis pisifera 'Boulevard'. Perovskia abrotanoides, Potentilla 'Abbotswood', Buddleja davidii 'Nanho Blue' (Hintergrund) und rosafarbene Strauchrosen wie z. B. 'Rosenresli' ergeben zusammen ein fantastisches Bild. Perovskien passen auch sehr schön zu folgenden Sommerblumen: Chrysanthemum frutescens, Heliotropium und Salvia farinacea. Gleichzeitig mit Perovskien blühen auch die schlanken, rosafarbenen Rispen von Polygonum amplexicaule 'Roseum'. Wer die duftigen Gartenbilder liebt und zugleich unseren heimischen Insekten etwas Gutes tun möchte, sollte in etwas großzügiger angelegte Steinquendel-Flächen (Calamintha nepeta) – die Hummeln sind geradezu vernarrt in die hellblauen Blüten – tuffweise Perovskien setzen. Im Hintergrund könnten rosa Buschmalven stehen.

Pflegetip: Junge Pflanzen sollten in den ersten Wintern mit etwas Laub oder Decktanne geschützt werden. Rückschnitt muß sein, denn sie blühen am jungen Holz.

Ökologie: Perovskien werden auffallend stark von Schwebfliegen, Hummeln, Bienen und Faltern besucht.

P. atriplicifolia BENTH.

Benannt nach der Melde = Atriplex, atriplicifolia = meldeblättrig.

Verbreitung: Afghanistan, Westhimalaja und West-Tibet.

Wuchs: Locker aufrechter Halbstrauch mit schlanken, rutenartigen, silbrigen Trieben, oft niederliegend.

Größe: 1 bis 1,5 m hoch.

Triebe: Silbersternhaarig, duftend.

Blätter: Sommergrün, gegenständig, eilanzettlich, 3 bis 6 cm lang, Rand ungleich grob gesägt, Blattstiel etwa 1 cm lang, Blätter beiderseits graufilzig.

Blüten: Violettblau, in endständigen Scheinähren, die zu langen, rispenartigen Blütenständen vereint sind. Mitte/Ende Juli bis Ende Oktober.

Wurzel: Flach.

Standort: Sonnig, warm.

Boden: Auf allen leichten, trockenen bis feuchten, gut durchlässigen Böden, pH-tolerant, bevorzugt mehr alkalische Substrate, leidet auf winternassen Standorten.

Eigenschaften: Frostempfindlicher als P. abrotanoides!, treibt jedoch nach Schäden gut wieder durch, wärmeliebend, sommerliche Trockenheit gut ertragend. Auf zu mastigen Böden lagernder Wuchs und schlechtes Ausreifen. Winterschutz empfehlenswert.

Verwendung: Herrlicher, blau blühender und duftender Strauch für sonnigwarme, geschütztere Lagen. Sonst wie P. abrotanoides zu verwenden.

P. 'Hybrida' ist eine Kreuzung zwischen P. abrotanoides x P. atriplicifolia. Sie steht in ihren blattmorphologischen Merkmalen zwischen den Eltern. Hat sehr gute Eigenschaften und befindet sich mehr oder weniger unerkannt recht häufig (oder überwiegend?) in Kultur.

PHELLODENDRON RUPR.
Korkbaum – Rutaceae
Griech. phellos. = Kork, dendron = Baum.

P. amurense RUPR., Amur-Korkbaum

Phellodendron amurense

Verbreitung: Auenwälder und Niederungswälder im nordöstlichen China, der Mandschurei und im Amurgebiet.

Wuchs: Mittelhoher, kurzstämmiger, aber auch vielstämmiger Baum, Äste in der Jugend auffallend schräg aufrecht (im Winkel von 45°), Krone trichterförmig, im Alter sehr breit und stark abgeflacht, kein durchgehender Mitteltrieb. Malerischer Baum!

Größe: 10 bis 12 (bis 15) m hoch, im Alter genauso breit, oft auch breiter als hoch. Jahreszuwachs in der Höhe 40 cm, in der Breite 35 bis 40 cm.

Schnelles Jugendwachstum nach etwa 30 Jahren abgeschlossen.

Rinde: Triebe hellbräunlichgelb, alte Borke dick, längsrissig, korkig.

Blätter: Sommergrün, gegenständig, unpaarig gefiedert, bis 35 cm lang, Blättchen zu 9 bis 13, breit eiförmig bis lanzettlich, 5 bis 10 cm lang, dunkelgrün, leicht glänzend, unterseits bläulich und längs der Mittelrippe behaart; Herbstfärbung goldgelb, setzt früh ein.

Blüten: In 12 cm langen, behaarten Rispen, gelbgrün, Juni.

Früchte: Kugelige, etwa erbsengroße Steinfrucht, schwarz, stark nach Terpentin riechend.

Wurzel: Mehr flaches, weitstreichendes Faserwurzelwerk.

Standort: Sonnig.

Boden: Allgemein anpassungsfähig, bevorzugt frische bis feuchte, nährstoffreiche Böden, sauer bis alkalisch.

Phellodendron amurense

Philadelphus 'Belle Etoile' hat neben seinen ausdrucksstarken, hibiscusähnlichen Blüten auch einen betörenden Duft.

Eigenschaften: Frosthart, stadtklimafest, trockene Luft vertragend, lichthungrig, treibt spät aus, frei von Krankheiten, Laub und Früchte riechen gerieben nach Terpentin. In der Jugend rasch, im Alter langsam wachsend, gut verpflanzbar. Höchstalter liegt bei 300 Jahren.

Verwendung: Leider etwas unbekannter, aber im Sommer und Winter sehr dekorativer Baum für größere Garten- und Parkanlagen. Durch die offene und mehr flache, im Alter ausgesprochen malerische Krone gut lichtdurchlässig und für Unterpflanzung mit Kleingehölzen und Stauden geeignet. Man sollte diesem Baum aber genügend Freiraum geben, damit seine schöne Gestalt voll zur Wirkung kommt. Einzelstellung; durch die breite Krone weniger gut für Straßen; Bienenweide. Inhaltsstoffe der Rinde (Cortex phellodendri) wurden in China zur Ruhrbekämpfung verwendet. Der 2,5 bis 3 cm dicke Kork wird von den Fischern am Amur und Ussuri zur Herstellung von Schwimmern für ihre Netze genutzt. Aus dem gelbgoldbraunen Holz, das zu den beliebtesten Hölzern Ostasiens gehört, werden Möbel, Skier und Gewehrschäfte gefertigt.

Ökologie: Blüten werden stark von Insekten beflogen, die Früchte sind u. a. eine beliebte Nahrung der Rotdrossel.

PHILADELPHUS L.
Pfeifenstrauch, Falscher Jasmin
– Hydrangeaceae,
Hortensiengewächse

Benannt nach dem ägyptischen König Ptolomaeus Philadelphus, der seine eigene Schwester zur Frau nahm.

Durch ihre enorme Blütenfülle, den herrlichen Duft und die große Anspruchslosigkeit fanden einige Wildarten des Pfeifenstrauches schon vor Hunderten von Jahren Eingang in die Gartenkultur. Heute zählt Philadelphus zu den bekanntesten und beliebtesten Ziersträuchern unserer Gärten und Parkanlagen. Allerdings spielen die vielen Hybriden, die in den letzten 100 Jahren entstanden sind, und an denen besonders LEMOINE in Nancy beteiligt ist, eine weitaus größere Rolle als die Wildarten.

Die Gattung Philadelphus (LINNÉ 1753) umfaßt etwa 70 reine Arten, die von Südeuropa bis zum Kaukasus, im Himalaja, in Ostasien sowie in Nord- und Mittelamerika vorkommen. Meist sind es sommergrüne (in Mittelamerika auch immergrüne) Sträucher mit gegenständigen Blättern und markerfüllten Zweigen, die teilweise eine langabfasernde Streifenborke besitzen. Die Blüten sind zu wenigen in Trauben, Rispen oder Schirmrispen vereinigt. Die immer weißen Einzelblüten bestehen aus 4,

seltener 5 Kelch- und Blütenblättern. Die Frucht ist eine kleine, vierklappige, kreiselförmige Kapsel.

Alle Philadelphus-Arten und -Hybriden sind schöne Blütensträucher, die sich für Einzelstellung wie auch für weitläufige Gruppenpflanzungen eignen. Es ist bedauerlich, daß man dieses lockere und duftige Gehölz immer wieder eingepfercht zwischen Lonicera tatarica, Cornus alba und anderen Decksträuchern in schattigen Abpflanzungen und Gehölzriegeln vorfindet. Hinreißend schön können sie als Hintergrund, zusammen mit Rittersporn und Campanula persicifolia, in Rosenpflanzungen wirken.

Alle Philadelphus-Arten und -Hybriden sollten regelmäßig nach der Blüte (zunächst alle 2 bis 3 Jahre) von der Basis her ausgelichtet werden. Einkürzen der langen Grundtriebe sollte auf jeden Fall unterbleiben; es führt zu unschöner Besenbildung. Bei schwächer und kleiner werdender Blüte Düngung im März bis April!

'Albatre'

Philadelphus 'Albatre'

Wuchs: Kleiner bis mittelhoher, buschig aufrechter Strauch mit dunkelbraunen Trieben, schräg aufsteigenden Grundästen und wenig übergeneigter Seitenbezweigung.

Größe: 1,2 bis 1,8 (2) m hoch und 1,2 bis 1,5 m breit.

Blätter: Sommergrün, gegenständig, spitz eiförmig, 5 bis 9 cm lang und 3,5 bis 4,5 cm breit, mittelgrün bis dunkelgrün, duftend.

Blüten: Zu 5 bis 7, reinweiß, gefüllt, Blütenblätter leicht gedreht, mittlerer Duft.

Standort: Sonnig bis absonnig.

Boden: Anspruchslos, in jedem kultivierten Gartenboden, schwach sauer bis stark alkalisch, bevorzugt gleichmäßig feuchte Substrate.

Verwendung: Prachtvoller Blütenstrauch für Einzelstellung und Gruppenpflanzung. Schönes Begleitgehölz für Rosenpflanzungen.

P. coronarius L.,
Europäischer Pfeifenstrauch

Verbreitung: Südeuropa bis Kaukasus.

Wuchs: Straff aufrecht wachsender Strauch, Seitenzweige im Alter leicht überhängend.

Größe: 2 bis 3 (bis 4) m hoch und etwa 1,5 bis 2 (bis 3) m breit.

Rinde: Kastanienbraun (dunkelbraun), schwach glänzend, wenig abblätternd.

Blätter: Sommergrün, gegenständig, spitz-oval, 4,5 bis 9 cm lang, tiefgrün, matt, etwas rauh.

Blüten: Zu 5 bis 9 in Trauben, weiß, einfach, Einzelblüten bis 3 cm breit, stark duftend; (Mai) Anfang Juni.

Philadelphus coronarius

Früchte: Unscheinbar.

Wurzel: Kräftig, außerordentlich umfangreiches Herzwurzelsystem.

Standort: Sonnig bis halbschattig.

Boden: Gedeiht in jedem kultivierten Gartenboden, auch in trockeneren; schwach sauer bis stark alkalisch, bevorzugt gleichmäßig feuchte Substrate.

Eigenschaften: Frosthart, nicht sehr windfest, leicht verpflanzbar, hohes Ausschlagsvermögen auch nach Radikalschnitt, stadtklimafest.

Verwendung: Eine der wertvollsten und vor allem auch anspruchslosesten Wildarten. Blüht unentwegt jedes Jahr, auch ohne Pflege. Einzelstellung, Gruppenstrauch, freiwachsende Zierstrauchhecken, Duftgartengehölz.

Anmerkung: Seine überreiche, schneeweiße Blütenfülle, der herrliche Duft und die allgemeine Anspruchslosigkeit haben den Falschen Jasmin zu einem der beliebtesten Blütensträucher gemacht. Er ist aber nicht nur ein robuster Chorsänger für die Hecken- und Deckstrauch-Partien, sondern wir sollten ihm viel häufiger die Solistenrolle antragen. Freistehende Sträucher sehen mit ihren überhängenden, dicht besetzten Blütentrieben sehr malerisch aus.

P. inodorus var. grandiflorus
(WILLD.) A. GRAY.,
Großblütiger Pfeifenstrauch
(= P. grandiflorus)

Verbreitung: Östliches Nordamerika, in Virginia in feuchten Wäldern, an feuchten Felshängen, Ufern und am Rand der Gebirge.

Wuchs: Locker aufrecht wachsender Großstrauch mit schlanken, hellbraunen Trieben, im Alter malerisch breit überhängend. Rasch wachsend.

Größe: 3 bis 4 (bis 5) m hoch und im Alter 3 m breit.

Rinde/Triebe: Triebe im 2. Jahr braun und abblätternd.

Blätter: Sommergrün, gegenständig, eiförmig bis eielliptisch, 5 bis 11 cm lang, dunkelgrün.

Blüten: Weiß mit auffallend gelben Staubgefäßen, sehr groß, bis 5 cm breit, einzeln oder zu 7 bis 9 in Trauben, kein Duft. Juni.

Standort: Sonnig bis absonnig.

Boden: Gedeiht in jedem kultivierten Gartenboden.

Eigenschaften: Sehr frosthart.

Verwendung: Bekannter und weit verbreiteter Pfeifenstrauch, der zu den robustesten und auch

schönsten Blütensträuchern gehört. Alte, freistehende Exemplare sind ausgesprochen malerisch. Bestens für lockere Gruppenpflanzung, frei wachsende Zierstrauchhecken und Abpflanzungen geeignet.

'Belle Etoile'

Wuchs: Kleiner Strauch mit aufrechten Grundtrieben, gedrungen und langsam wachsend.

Größe: 1 bis 1,5 m hoch und breit. Jahreszuwachs in Höhe und Breite 15 cm.

Blätter: Sommergrün, gegenständig, spitz eiförmig, 3 bis 5 cm lang, mittelgrün.

Blüten: Weiß, mit rosalilafarbenem Basalfleck, Rand der Blütenblätter leicht fransig gerüscht, Staubgefäße leuchtend gelb, bis 1 cm lang, Einzelblüte 5 bis 5,5 (bis 6) cm breit, sehr groß und ausdrucksstark, angenehm duftend, Juni bis Juli.

Standort: Sonnig bis absonnig.

Boden: Anspruchslos, in jedem kultivierten Gartenboden, schwach sauer bis stark alkalisch, bevorzugt gleichmäßig feuchte Substrate.

Verwendung: Eine schöne, gedrungen wachsende Sorte, die sich sehr gut mit Rosen und Stauden verbinden läßt. Man traut diesem zierlichen Strauch die großen, an Hibiscus erinnernden Blüten gar nicht zu. Wunderschön mit Campanula persicifolia, C. poscharskyana 'Blauranke', Polemonium caeruleum und rosa Malven. Ein herrliches Duftgarten-Gehölz.

Ökologie: Wird stark von Faltern und Hummeln besucht.

'Dame Blanche'

Wuchs: Kleiner Strauch mit zahlreichen Grundtrieben, dicht verzweigt, gedrungen und langsam wachsend.

Größe: 1 bis 1,5 m hoch und fast genauso breit. Jahreszuwachs in der Höhe 20 cm, in der Breite 15 cm.

Blätter: Sommergrün, gegenständig, spitz eiförmig, 3,5 bis 5,5 cm lang und 2,5 bis 3 (bis 3,5) cm breit, Blattstiel 0,7 cm, dunkelgrün.

Blüten: Weiß, einfach bis halbgefüllt, Einzelblüte bis 4 cm breit, Blütenblätter teilweise gefranst, sehr stark duftend, reich blühend, Juni bis Juli.

Standort: Sonnig bis absonnig.

Boden: Anspruchslos, in jedem kultivierten Gartenboden, schwach sauer bis stark alkalisch, bevorzugt gleichmäßig feuchte Substrate.

Verwendung: Einzelstellung, Gruppen, freiwachsende Hecken.

'Erectus'

Wuchs: Kleiner Strauch mit straff aufrechten Grundtrieben, dicht verzweigt, im Alter mit überhängenden Zweigen.

Größe: 1,50 bis 2 m hoch und breit. Jahreszuwachs in Höhe und Breite 20 cm.

Blätter: Sommergrün, gegenständig, verhältnismäßig klein, lang eiförmig, 2 bis 3 bis 5 cm lang, dunkelgrün.

Standort: Sonnig bis absonnig.

Boden: Anspruchslos, in jedem kultivierten Gartenboden, schwach sauer bis stark alkalisch, bevorzugt gleichmäßig feuchte Substrate.

Verwendung: Einzelstellung, Gruppenpflanzung, sehr gut auch für geschnittene Hecken, schönes Rosenbegleitgehölz.

'Girandole'

Philadelphus 'Girandole'

Wuchs: Aufrechter, dicht und geschlossen wachsender Strauch, im Alter breitbuschig, etwas überhängend. Langsam wachsend.

Größe: 1,5 bis 2 m hoch, wird auf guten, feuchten Böden auch höher. Jahreszuwachs in Höhe und Breite 15 bis 25 cm.

Blätter: Sommergrün, gegenständig, eiförmig, 2,5 bis 4,5 cm lang und 1,3 bis 2,3 cm breit, kurz zugespitzt, mittelgrün.

Blüten: Rahmweiß, dicht gefüllt, bis 5 cm breit, leicht duftend, sehr zahlreich, Juni/Juli.

Standort: Sonnig bis absonnig.

Boden: Anspruchslos, in jedem kultivierten Gartenboden, schwach sauer bis stark alkalisch, bevorzugt gleichmäßig feuchte Substrate.

Verwendung: Eine der schönsten, gefüllt blühenden, auffallend großblütigen Philadelphus-Sorten, auch schon als Jungpflanze überreich blühend, verlangt einen nicht zu trockenen, nahrhaften Platz und Düngung. Auslichtungsschnitt nach der Blüte wichtig.

'Lemoinei'

Wuchs: Kleiner Strauch, straff aufrecht, langsam wachsend.

Größe: 1 bis 1,5 m hoch und breit.

Blätter: Sommergrün, gegenständig, spitz eiförmig, 5 bis 5,5 (bis 6) cm lang und 3 cm breit, Stiel 0,7 cm, Laub nicht ledrig wie bei 'Manteau d'Hermine', mittelgrün.

Blüten: Weiß, einfach, bis 3 cm breit, stark duftend; Juni bis Juli.

Standort: Sonnig bis absonnig.

Boden: Anspruchslos, in jedem kultivierten Gartenboden, schwach sauer bis stark alkalisch, bevorzugt gleichmäßig feuchte Substrate.

Verwendung: Einzelstellung, Gruppen, freiwachsende Blütenstrauchhecken, Rosenbegleitgehölz.

'Manteau d'Hermine'

Wuchs: Kleiner Strauch, breitbuschig aufrecht, Triebe dünn überhängend, im Alter auch ein wenig auseinanderfallend. Langsam wachsend.

Größe: 1 bis 1,5 m hoch und breit. Jahreszuwachs in Höhe und Breite 15 cm.

Blätter: Sommergrün, gegenständig, eielliptisch, verhältnismäßig klein, etwas wellig verdreht, 3,5 bis 5 cm lang, 1,8 bis 3 cm breit, Stiel 0,5 cm, Blatt etwas ledrig.

Blüten: Schneeweiß, locker bis dicht gefüllt, 2,5 bis 3 cm breit, Knospen außen etwas gerötet, kaum duftend, Juni bis Juli.

Standort: Sonnig bis absonnig.

Boden: Anspruchslos, in jedem kultivierten Gartenboden, schwach sauer bis stark alkalisch, bevorzugt werden gleichmäßig feuchte Substrate.

Verwendung: Kleiner, langsam wachsender, überaus reich blühender Pfeifenstrauch für Rosenpflanzungen, Gehölz- und Staudenrabatten. Regelmäßiger Auslichtungsschnitt und Düngung erhalten die Blühfreudigkeit.

'Schneesturm'

Philadelphus 'Schneesturm'

Wuchs: Raschwüchsiger Strauch mit straff aufrechten Grundtrieben und überhängender Seitenbezweigung.

Größe: Bis 3 m hoch und dann 2 m breit. Jahreszuwachs in der Höhe 25 bis 30 cm, in der Breite 20 bis 25 cm.

Blätter: Sommergrün, gegenständig, spitz oval, 3 bis 5 cm lang, dunkelgrün.

Blüten: Schneeweiß, stark gefüllt, Einzelblüte voll aufgeblüht 4 bis 5 cm breit, in dicht besetzten Trauben, gut duftend, Juni bis Juli.

Standort: Sonnig bis absonnig.

Boden: Anspruchslos, in jedem kultivierten Gartenboden, schwach sauer bis stark alkalisch, bevorzugt werden gleichmäßig feuchte Substrate.

Verwendung: Einzelstellung, lockere Gruppenpflanzungen und freiwachsende Blütenstrauchhecken.

'Virginal'
(= P. x virginalis)

Wuchs: Straff aufrecht wachsender Strauch, Seitentriebe im Alter überhängend, etwas aufkahlend, rasch wachsend.

Größe: 2 bis 3 m hoch und breit. Jahreszuwachs in der Höhe 25 bis 30 cm, in der Breite 20 cm.

Blätter: Sommergrün, gegenständig, spitzoval, 4 bis 7 cm lang, dunkelgrün.

Blüten: Weiß, gefüllt, aufgeblüht bis 5 cm breit, in dichten Trauben, in Massen blühend, duftend, Juni bis Juli.

Standort: Sonnig bis absonnig.

Boden: Anspruchslos, in jedem kultivierten Gartenboden, schwach sauer bis stark alkalisch, bevorzugt werden gleichmäßig feuchte Substrate.

Verwendung: Immer noch eine der schönsten, gefüllt blühenden Sorten für Einzelstellung, Gruppenpflanzungen und lockere Blütenhecken.

PHOTINIA LINDL
Glanzmispel – Rosaceae,
Rosengewächse

griech. photeinos = glänzend.

P. x fraseri (DRESS)
(= P. glabra x P. serrulata)

Wuchs: Breitbuschig und locker aufrecht wachsender Strauch mit immergrüner, glänzender Belaubung.

Größe: 1,5 bis 3 m hoch und breit, im Alter viel breiter als hoch.

Blätter: Immergrün, wechselständig, verkehrt eiförmig, 8 bis 12 cm lang, Rand fein gesägt, plötzlich zugespitzt, Basis breit keilförmig, frischgrün, glänzend, ledrig, im Austrieb bronzerot.

Blüten: Weiß, in 10 bis 12 cm breiten Schirmrispen. Mai bis Juni.

Früchte: Kugelig, bis 0,5 cm dick, rot.

Wurzel: Mehr flach angelegt, sehr stark verzweigt, hoher Anteil an Faserwurzeln.

Standort: Sonnig bis leicht absonnig, geschützt, nur für klimatisch günstige, wintermilde Gebiete.

Boden: Humose, nicht zu nährstoffarme, mäßig trockene bis frische, gut durchlässige Gartenböden, anpassungsfähig an den pH-Wert, verträgt sowohl saure als auch alkalische Böden! Auf zu feuchten, nahrhaften Substraten schlechtes Ausreifen.

Photinia x fraseri

Eigenschaften: Empfindlich, nicht zuverlässig hart, nur für wintermilde Gebiete.

Verwendung: Ein sehr attraktiver, breitrundlicher, immergrüner Strauch, der durch seine dunkelgrün glänzende Belaubung und den bronzeroten Austrieb auffällt. Einzelstellung, Gruppen, schön in größeren Kübeln.

P. x fraseri 'Red Robin'

Wuchs: Breitbuschig und sehr locker aufrecht wachsender Strauch mit leuchtend rotem Austrieb.

Größe: 1,50 bis 3 m hoch und breit, im Alter meist breiter als hoch.

Blätter: Immergrün, wechselständig, verkehrt eiförmig, 8 bis 15 cm lang, Rand scharf gesägt, plötzlich zugespitzt, mittelgrün bis dunkelgrün, im Austrieb leuchtend rot, später kupfrig grün.

Blüten: Weiß, in 10 bis 12 cm breiten Schirmrispen. Mai bis Juni.

Früchte: Kugelig, bis 0,5 cm dick, rot.

Wurzel, Standort, Boden und Eigenschaften wie P. x fraseri.

Verwendung: Ein immergrünes Solitärgehölz mit dekorativer, glänzend grüner Belaubung, die zur Zeit des Austriebs zu einem ganz besonderen Blickfang wird. Beinahe 4 Monate hält die leuchtend rote bis rotbraune Färbung an.

P. villosa (THUNB.) DC., Scharlach-Glanzmispel

Photinia villosa

Verbreitung: Japan, Korea, China, in den Bergen bis auf 1000 m.

Wuchs: Breitbuschig aufrechter, locker wachsender Großstrauch, im Alter mit ausgebreiteten, oft waagerechten Astpartien und übergeneigten Seitenzweigen. Rasch wachsend.

Größe: Bis 5 m hoch, oft genauso breit. Jahreszuwachs in Höhe und Breite 25 bis 30 cm.

Blätter: Sommergrün, wechselständig, verkehrt eiförmig bis schmal elliptisch, 5 bis 8 cm lang, derb, oben dunkelgrün, unten gelbgrün behaart; Herbstfärbung prachtvoll leuchtend gelb bis orangerot. Färbung setzt früh ein und hält lange an.

Blüten: Weiß, in bis zu 5 cm breiten Doldentrauben, weißdornähnlich, strenger Geruch; Ende Mai

Photinia villosa

bis Anfang Juni.

Früchte: Kugelige, bis 0,8 cm dicke, glänzend rote Kernäpfel, oft bis zum Winter am Strauch haftend, sehr zierend. Eßbar.

Wurzel: Tiefgehend und ausgebreitet.

Standort: Sonnig bis absonnig.

Boden: Toleriert alle kultivierten Gartenböden, anspruchslos, bevorzugt tiefgründige, gut drainierte, humose, nicht zu nährstoffarme, frische bis feuchte Substrate, sauer bis neutral.

Eigenschaften: Gut frosthart, stadtklimaverträglich, vorübergehende sommerliche Trockenheit gut vertragend. Anfällig gegenüber Rotpustelkrankheit.

Verwendung: Viel zu selten angepflanzter, völlig winterharter Großstrauch mit auffallenden Früchten und sehr attraktiver, früh einsetzender Herbstfärbung. Gehört zu den zuverlässigsten Färbern. Auf Grund seines trichterförmigen, lockeren Wuchses gut zur Unterpflanzung mit Stauden und Zwiebelblumen geeignet. Einzelstellung und Gruppenpflanzung.

Pflegetip: Rückschnitt sollte nach Möglichkeit nicht durchgeführt werden.

Ökologie: Die Glanzmispel wird ebenso stark von Insekten beflogen wie unser heimischer Weißdorn. Hohe Nektarproduktion, offene, flache Schalenblüten. Früchte sind Vogelnahrung.

PHYLLODOCE SALISB.
Blauheide – Ericaceae,
Heidekrautgewächse

Der Name Blauheide bezieht sich wohl auf die Blüten von Phyllodoce coerulea, die nach dem Verblühen blau werden.

P. empetriformis (SM.) D. DON.
(= Bryanthus empetriformis)

Kleiner, ericaähnlicher, 15 bis 25 cm hoher, breitbuschiger Strauch. Blätter nadelförmig, 6 bis 15 mm lang, an der Spitze abgerundet, Rand leicht gezähnt, frischgrün. Blüten gestielt, zu mehreren an den Triebenden; Einzelblüte glockig, 7 bis 9 mm lang; April bis Mai.

Ein reizender Zwergstrauch für den Heidegarten oder als Vorpflanzung von Zwergrhododendron und Japanischen Azaleen. Die Blauheide wächst sowohl in sonniger wie auch in halbschattiger Lage auf frischen, kalkfreien, sandig-torfigen Böden. Da sie ein wenig empfindlich ist, sollten

Phyllodoce empetriformis

wir die Pflanzen gegen Kahlfröste, austrocknende Winde und Wintersonne mit Fichtenreisig abdecken. Weitere Arten wären die nicht so harte P. breweri, die purpurn blühende P. caerulea und P. x intermedia (P. empetriformis x P. glanduliefera), von der es einige gute Ausleseformen gibt.

Photinia villosa im Arboretum Ellerhoop-Thiensen. Dieser gesunde, kontinuierliche Herbstfärber sollte viel häufiger gepflanzt werden.

Phyllostachys heterocycla f. pubescens in Prafrance

BAMBUS

Der Bambus nimmt innerhalb des Pflanzenreichs eine ganz besondere Position ein. Er gehört, botanisch gesehen, zur großen Familie der Gräser. Interessant ist, daß neben den krautartigen Bambusgräsern viele Arten einen strauch- oder auch baumförmigen Wuchs mit langlebigen, verholzenden Halmen und Seitenästen aufweisen. Die tropische Gattung Gigantochloa erreicht z. B. Halmhöhen um 40 m bei einem Rohrdurchmesser von 25 cm.

Wenn wir an die Verwendung von robusten, hohen und dickhalmigen Bambus-Arten denken, hat die Gattung Phyllostachys – zumindest in Mitteleuropa – die größte Bedeutung. Sie ist mit etwa 50 Arten in Ostasien und im Himalaja beheimatet. Von den Arundinaria-, Sinarundinaria- und Sasa-Arten unterscheiden sich die Phyllostachys-Arten durch ihre, an einer Seite deutlich abgeflachten Halme (daher auch Flachrohr-Bambus). Die meisten Arten breiten sich durch Ausläuferbildung stark aus und benötigen zu ihrer vollen Entwicklung viel Platz. Auch in unseren Gebieten können starkwachsende Formen, wie z. B. Ph. viridiglaucescens, Halme bis zu 10 m Höhe und Halmdurchmesser von 6 bis 7 cm erreichen. Beachtenswert ist auch die Wachstumsgeschwindigkeit der jungen Rohre. Im Botanischen Garten Hamburg wurden im warmen Sommer 1989 24-Stundenwerte von 42 cm gemessen (in Japan 1 m!).

In der Gartengestaltung bietet der Bambus mit seiner faszinierenden Eleganz und der betont graphischen Linienführung seiner Halme vielfältige Verwendungsmöglichkeiten. Am schönsten wirken sie als Solitärpflanzen in der Nähe von Gewässern, vor Gehölzrändern, in niedrigen Stauden-, Gräser- und Gehölzpflanzungen, als Riesengräser vor Stahl-, Glas- und Betonkonstruktionen oder als immergrüne Hecke und duftige Kulisse. Mit ihrem frühlingshaften Grün erfüllen sie Gartenräume mit allerfeinsten Stimmungen und beleben wie keine andere Pflanzengruppe unsere winterlichen Gärten.

An den Boden stellen die Phyllostachys-Arten keine besonderen Ansprüche. Sie sind pH-tolerant und wachsen auf sandigen wie auch auf lehmigen oder torfig-humosen Böden. Auf staunassen Standorten versagen sie. Will man starke und hohe Rohre, so müssen Wasser und Dünger im Sommer in ausreichendem Maße zur Verfügung stehen. Eine Winterabdeckung aus Rinder- oder Pferdedung sorgt nicht nur für gutes Sommerwachstum, sondern gleichzeitig auch für einen Frostschutz, der gerade jüngeren Pflanzungen gut tut. Ganz allgemein kann festgestellt werden, daß Phyllostachys-Arten mehr Wind ertragen können als Sinarundinaria-Arten, was ja gerade in den Wintermonaten eine große Rolle spielt. In den Monaten Dezember bis März geben Phyllostachys-Pflanzungen ein besseres Bild ab. Mit Laub abgedeckte Neupflanzungen – Laub ist der beste Winterschutz – rechtzeitig vor dem Austrieb im März/April räumen (1. Junge Triebe sehr empfindlich, 2. Bodenerwärmung).

Wer Bambus pflanzt, muß Geduld haben und warten können. Die so langersehnten, starken Halme wachsen erst in 10 bis 15 Jahren.

Der Blührhythmus des Bambus ist bis heute ein Geheimnis geblieben. Viele Arten blühen in sehr großen, aber artspezifisch unterschiedlich festgelegten Abständen von ca. 30, 60, 80 oder 120 Jahren. Die Überlebenschance blühender Phyllostachys-Pflanzen ist größer als bei den horstbildenden Gattungen wie z. B. Sinarundinaria und Formen. Im täglichen Leben der Menschen Asiens spielt der Bambus auch heute noch eine herausragende Rolle als Nahrungsquelle und Baustofflieferant. Möbel, Zäune, Baugerüste, Wasserleitungen, Gefäße aller Art, Werkzeuge, Seile, Matten und Hüte werden u. a. aus Bambus hergestellt.

Übrigens, die besseren Grammophon-Nadeln wurden früher aus Bambus gefertigt, und in der ersten Glühbirne Edisons glimmte eine haarfeine, verkohlte Bambus-Faser.

Bild oben:
Vielleicht eine chin. Liebeserklärung?

Bambusrohre als Baugerüst

Chin. Familie schält Bambussprosse

PHYLLOSTACHYS

Benachbarungspflanzen für Bambus:

Begleitgehölze (sonnig)

Alnus glutinosa 'Imperialis',
  Teichrandsituation

Salix sachalinensis 'Sekka',
  Teichrandsituation

Salix acutifolia 'Pendulifolia',
  Teichrandsituation

Salix elaeagnos 'Angustifolia',
  Teichrandsituation

Acer palmatum in Sorten

Acer japonicum in Sorten

Decaisnea fargesii

Aralia elata

Paeonia suffruticosa in Sorten

Nothofagus antarctica

Kalopanax pictus var. maximowiczii

Magnolia tripetala (Blatt-Textur)

Rhamnus frangula 'Asplenifolia'

Begleitstauden, Gräser und Farne (sonnig)

Datisca cannabina,

Hemerocallis in Arten und Sorten,
  Teichrandsituation

Iris sibirica in Sorten,
  Teichrandsituation

Polygonum weyrichii,
  Teichrandsituation

Ligularia in Arten und Sorten,
  Teichrandsituation

Helianthus salicifolius,
  Teichrandsituation

Peltiphyllum peltatum,
  Teichrandsituation

Amsonia angustifolia

Molinia alle

Miscanthus alle

Spartina pectinata 'Aureomarginata'

Carex muskingumensis

Arundo donax

Osmunda regalis

Begleitgehölze (halbschattig)

Hydrangea aspera 'Macrophylla'

Hydrangea sargentiana

Prunus laurocerasus-Sorten

Bambus besticht durch seine unerhörte Eleganz, seine Anmut und Transparenz. Er läßt sich sehr gut mit Steinen kombinieren.

Bambus mit Spartina pectinata 'Aureomarginata', Hakonechloa macra 'Aureola', Hosta und Bergenien. Durch die Verwendung unterschiedlicher Blatt-Texturen schaffen wir spannungsreiche Gartenbilder.

Bambus paßt mit seinem klaren und betont graphischen Halmaufbau sehr gut zu Glas und Beton

Phyllostachys viridiglaucescens im Schloßpark von Baden-Baden

Ilex crenata-Sorten

Mahonia bealei

Lonicera nitida 'Elegant'

Rhododendron

Viburnum 'Pragense'

Leucothoë walteri

Hedera colchia

Hedera helix

Rubus henryi

Rubus henryi var. bambusarum

Begleitstauden, Gräser und Farne (halbschattig)

Hosta in Arten und Sorten

Rodgersia tabularis

Kirengeshoma palmata

Ligularia przewalskii

Polygonatum spec.

Rodgersia spec.

Smilacina racemosa

Carex morrowii 'Variegata'

Deschampsia cespitosa

Cyrtomium fortunei

Matteuccia alle Arten

Herbstblätter im Wasser

Bambus-Blätter in einem Gartenteich. Die Kaulquappen wärmen sich in den reflektierenden Sonnenstrahlen.

Nest eines Teichrohrsängers im Bambus

Spinnennetz zwischen Bambushalmen

Admiral auf Bambusblatt

Im Sommerregen
So ab und zu beim Bambus
Ein Falter auftaucht
(Chora 1721-1772)

Buchfinkennest

Auswahl der z.Z. härtesten Phyllostachys-Arten und -Sorten für mitteleuropäische Gärten

PHYLLOSTACHYS S. & Z.
– Flachrohr-Bambus – Gramineae (Poaceae), Süßgräser, Unterfamilie Bambusoideae, Bambusgräser

Phyllostachys aurea

P. aurea (CARR.) A. et RIV.,
Knoten-Bambus, Kranichknie-Bambus
(= Bambusa aurea)

Verbreitung: China.

Wuchs: Schmal trichterförmig aufrecht, Halme sehr dicht stehend, horstartig, erst im Alter etwas übergeneigt, bildet nur kurze Ausläufer.

Größe: 2,50 m bis 4 m hoch.

Halme: Ältere Halme gelblichgrün oder graugrün, im unteren Bereich Internodien gestaucht, Knoten oft sehr dekorativ verdickt und angeschwollen (Kranichknie-Bambus), Halme 2 (bis 3) cm im Durchmesser.

Blätter: Verhältnismäßig klein, gelbgrün.

Wurzel: Bildet nur kurze Ausläufer, bleibt lange horstig.

Standort: Sonnig bis halbschattig, vor Wintersonne und Zugluft geschützt.

Boden: Anpassungsfähig, toleriert alle kultivierten, nicht zu armen Gartenböden, bevorzugt tiefgründige, frische bis feuchte, nährstoffreiche, aber gut durchlässige Substrate, schwach sauer bis alkalisch. Benötigt während der Wachstumsphase ausreichend Nährstoffe und Wasser.

Eigenschaften: Frosthart bis etwa minus 18 °C, kurzfristig bis minus 20 °C, Blattschäden ab minus 13° (bis 15°)C (Hamburg). P. aurea ist im Laub anfälliger als P. nigra.

Verwendung: Eine der bekanntesten Phyllostachys-Arten, die sich auf Grund ihres betont

Phyllostachys aurea

horstartigen Wuchses auch für kleinere Gärten eignet. Zu erkennen ist sie an dem gelbgrünen, frischen Laub und an den verdickten Nodien im Basalbereich der Stämme. Für Einzelstellung, lockere Gruppen und freiwachsende Hecken. Sehr schön auch als Kübelpflanze in luftigen Wintergärten.

Pflegetip: Junge Pflanzungen im Winter mit Stalldung oder einer 25 bis 30 cm dicken Laubschicht abdecken, die allerdings rechtzeitig im Frühjahr vor Triebbeginn entfernt werden sollte (Jungsprosse brechen leicht).

P. aureosulcata MC. CLURE

Verbreitung: China, Mount Yuntaishan, Provinz Jiangsu.

Wuchs: Ausläufer treibender Bambus mit starken, oft locker stehenden, straff aufrechten Halmen, im Alter Seitenzweige und äußere Halme übergeneigt bis hängend.

Größe: In Deutschland 4 bis 6 (bis 7) m hoch.

Halme: Dunkelgrün, die flache Seite (Sulcus) gelb, Halme entwickeln sich im unteren Bereich oft zickzackförmig oder sind knieartig gebogen, Oberfläche, besonders bei jungen Halmen, sehr rauh (Erkennungszeichen), Halme werden 2,5 bis 3,5 (bis 4) cm dick. In einem Salzburger Garten sah ich 7 bis 9 m hohe und 3,5 bis 4 cm dicke Halme. Der pH-Wert des Bodens liegt hier bei 8,0!

Blätter: Klein, dunkelgrün.

Wurzel: Bildet lange Ausläufer.

Phyllostachys aureosulcata im Botanischen Garten Hamburg

Standort: Sonnig bis halbschattig.

Boden: Anpassungsfähig, toleriert alle kultivierten, nicht zu armen Gartenböden, bevorzugt tiefgründige, frische bis feuchte, nährstoffreiche, aber gut durchlässige Substrate, schwach sauer bis alkalisch. Liebt möglicherweise Kalk. Benötigt während der Wachstumsphase ausreichend Nährstoffe und Wasser.

Eigenschaften: Gehört zu den allerhärtesten Phyllostachys-Arten. Frosthart bis etwa minus 25 °C, die Chinesen geben sogar bis minus 30 °C an.

Verwendung: Eine der wertvollsten Bambus-Arten für größere Garten- und Parkanlagen. Einzelstellung oder Gruppenpflanzung an Teichen, Wasserläufen und auf Rasenflächen. Herrlich wirkt ein lockerer Bambus-Hain. Junge Sprosse roh oder gekocht eßbar.

P. aureosulcata f. alata WEN, hat einen durchgehend grünen Halm, ohne jede Gelbfärbung, diese Form bleibt in ihrer Wuchsstärke deutlich hinter P. aureosulcata zurück.

P. aureosulcata f. aureocaulis C. P. WANG et N. X. MA besticht durch ihre leuchtend gelben, sonnenseits rötlichen Halme. Diese wertvolle Farbvariante ist ebenso hart wie der Typ.

P. aureosulcata 'Nigra' hat sonnenseits dunkelgrün-schwärzliche Halme.

P. aureosulcata f. spectabilis C. D. CHU et C. S. CHAO

Phyllostachys aureosulcata f. spectabilis

Phyllostachys aureosulcata f. spectabilis

Wuchs: Ausläufer treibender Bambus mit starken, straff aufrechten Halmen. Sehr raschwüchsig, übertrifft in der Wuchsleistung Ph. aureosulcata.

Größe: In Deutschland 4 bis 6 (bis 7) m hoch.

Halme: Leuchtend gelb, rauh, unter Sonneneinwirkung besonders im Basisbereich bordeaux- bis violettrot, die flache Seite (Sulcus) dunkelgrün, Halme

Phyllostachys aureosulcata

rechts: Phyllostachys aureosulcata – Halmknoten

Phyllostachys aureosulcata f. spectabilis – die jungen Sprosse sind sehr schmackhaft

P. bambusoides SIEBOLD et ZUCC., Holz-Bambus, Madake
(= P. quilioi RIV.)

Phyllostachys bambusoides 'Castilloni'
als Kübelpflanze

Verbreitung: China. In Japan zur Holzerzeugung angebaut.

Wuchs: Ausläufer bildender Bambus mit dunkelgrün glänzenden Halmen.

Größe: In milden Gebieten 6 (10) m hoch, in der Heimat 15 bis 20 m.

Halme: Dunkelgrün, nicht bemehlt, seidig glänzend.

Blätter: Groß, 8 bis 15 cm lang und 1 bis 3 cm breit, plötzlich lang zugespitzt.

Wurzel: Lange Ausläufer bildend.

Standort: Boden wie Ph. aureosulcata.

Eigenschaften: Nur frosthart bis minus 16 °C. Sehr wärmebedürftig. Wärmemengen reichen in Norddeutschland nicht aus, Wachstum setzt zu spät ein, so daß die nicht ausgereiften Triebe erfrieren.

im unteren Bereich gelegentlich knieartig oder im Zickzack wachsend. Halmscheiden hellgrüngrau bis hellbraun mit feinen, violetten und grünen Streifen.

Blätter: Verhältnismäßig klein, 7,5 bis 10,5 cm lang und 1,2 bis 1,5 (1,7) cm breit, mittelgrün, leicht glänzend.

Wurzel: Bildet lange Ausläufer.

Standort: Sonnig bis halbschattig.

Boden: Anpassungsfähig, toleriert alle kultivierten, nicht zu armen Gartenböden, bevorzugt tiefgründige, frische bis feuchte, nährstoffreiche, aber gut durchlässige Substrate, schwach sauer bis alkalisch. Benötigt während der Wachstumsphase ausreichend Nährstoffe und Wasser.

Eigenschaften: Gehört zu den allerhärtesten Phyllostachys-Formen. Frosthart bis mindestens minus 25 °C. Ist möglicherweise etwas frosthärter als Ph. aureosulcata. Auffallend windresistent.

Verwendung: Diese außerordentlich frostharte und mit ihren leuchtend gelben Halmen sehr attraktive Form ist ein vollwertiger Ersatz für den berühmten „Goldenen Brillanten-Bambus", P. bambusoides 'Castilloni', der in unseren mitteleuropäischen Gärten doch seine Schwierigkeiten hat. Bildet sehr schnell hainartige Gruppen, kann im Garten als Windschutz eingesetzt werden, die goldenen Halme sind ein herrlicher Hintergrund für den Gelben Garten.

Mit seiner enormen Wüchsigkeit, der überdurchschnittlichen Frosthärte und dem großen Zierwert gehört dieser Bambus zu meinen ganz besonderen Lieblingen. Ich prophezeie ihm eine große Gartenzukunft. Hoffentlich breitet sich die bereits hier und dort beobachtete Blüte nicht aus.

P. aureosulcata 'Spectabilis Beijing' soll wüchsiger und frosthärter sein.

Verwendung: Dieser bekannte Bambus ist für unsere mitteleuropäischen Gärten wenig tauglich. Im Norden sollte man einen Anbauversuch gar nicht erst wagen, da die Enttäuschung vorprogrammiert ist. Die außerordentlich attraktive Form **P. bambusoides 'Castilloni'** mit ihren leuchtend gelben Halmen und dem grünen Sulcus ist etwas frosthärter als die Art (bis minus 16/18 °C). Ein gleichrangiger Ersatz für 'Castilloni' wäre – zumindest in klimatisch nicht so begünstigten Gebieten – Ph. aureosulcata f. spectabilis, ein ungewöhnlich wüchsiger, gelbhalmiger, harter Bambus. Junge Sprosse sind sehr schmackhaft.

Phyllostachys bambusoides, der betont graphische Halmaufbau ist faszinierend

Phyllostachys bambusoides 'Castilloni'

links: Regentropfen an einem Bambushalm

403

P. bissetii MC CLURE

Verbreitung: Beheimatet in der chinesischen Provinz Sichuan.

Wuchs: Ausläufer treibender Bambus mit eng stehenden und dichtbuschig verzweigten Halmen und glänzend dunkelgrüner, fülliger Belaubung. Starkwüchsig.

Größe: 4 bis 6 (7,5) m hoch. In Salzburg (Südhang, pH 8) nach 14 Jahren 7,5 m hoch, Halmdicke 2,5 bis 2,7 cm.

Halme: Jung dunkeloliv mit dunkelbraunvioletten Einfärbungen, alte Halme olivgrün, elegant überhängend. Halmscheiden jung olivgrün bis bräunlich-olivgrün, fein längsgestreift, ältere Halmscheiden hellbraun bis sandfarben, fein bräunlich gestreift.

Blätter: Glänzend dunkelgrün, 7 bis 12 cm lang und 1,2 bis 1,7 (1,8) cm breit.

Phyllostachys bissetii

Wurzel: Bildet zahlreiche Ausläufer.

Standort: Sonnig bis absonnig.

Boden: Anpassungsfähig, toleriert alle kultivierten, nicht zu armen Gartenböden, bevorzugt tiefgründige, frische bis feuchte, nährstoffreiche, aber gut durchlässige Substrate, schwach sauer bis stark al-

Phyllostachys bissetii

kalisch. Benötigt während der Wachstumsphase ausreichend Nährstoffe und Wasser.

Eigenschaften: Frosthart bis minus 28 °C, bei minus 18 °C nur geringe Blattschäden, Laub sehr windfest.

Verwendung: Ein enorm raschwüchsiger, frostharter und windfester Bambus, der wie kaum ein anderer schnell dichte Haine und Hecken bildet. Herrliches Spielparadies für Kinder. Bestens geeignet zur Anlage von Dschungel-Pfaden und Urwald-Abenteuer-Spielplätzen. Im Garten sollte dieser Bambus unbedingt mit einer Rhizom-Sperre in Schach gehalten werden. Damit Haine locker und transparent wirken und die grafische Linienführung der eleganten Halme voll zur Wirkung kommt, empfiehlt es sich, die Pflanzung regelmäßig im zeitigen Frühjahr! auszulichten und die Halme auf etwa 0,6 bis 1 m Höhe aufzuputzen.

P. decora MC CLURE

Verbreitung: Kiangsu, China.

Wuchs: Ausläufer bildender Bambus mit elegant überhängenden Zweigen und frischgrüner bis mittelgrüner Belaubung, mittelstark wachsend.

Größe: 3,5 bis 6 m.

Halme: Ältere Halme graugrün, Halmscheiden violettrauchblau mit feinsten weißen Streifen, Basis himbeerrot, sehr attraktiv. Bei jüngeren Halmen oft nur violettrot mit feinen, dunkelblauen und hellen Streifen.

Blätter: Frischgrün bis mittelgrün, 7,5 bis 10 (bis 11,5) cm lang und 1,3 bis 1,8 (bis 2) cm breit.

Phyllostachys decora

Wurzel: Ausläufer treibend, zunächst schwach, später stärker.

Eigenschaften: Frosthart bis minus 23 °C. Laub ist sehr windfest. Schäden ab minus 18 °C.

Standort und Boden wie P. aureosulcata.

Verwendung: Gehört sicher zu den wertvollsten Phyllostachys-Arten. Im Arboretum Thiensen, wo die Pflanze völlig ungeschützt und frei steht, hat sie eine enorme Widerstandskraft gegenüber Frost, Wintersonne und Wind bewiesen.

Hat den Winter 95/96 bestens überstanden.

P. dulcis MC CLURE

Verbreitung: Zentral-China.

Wuchs: Ausläufer treibender Bambus, aufrecht, Spitzen überhängend.

Größe: 4 bis 6 (bis 8) m hoch.

Halme: Verhältnismäßig dick, mattgrün, häufig auch mit feinen, hellen Streifen. Halmscheiden gelblich-sandfarben mit braunen, unregelmäßigen Flecken. Scheidenspreite gewellt, purpurrot. Austrieb zierend.

Blätter: Zu 2 bis 4 an den Zweiglein, unterseits dicht behaart.

Wurzel: Bildet Ausläufer.

Standort und Boden wie P. aureosulcata.

Eigenschaften: Frosthart bis minus (20) 23 °C.

Verwendung: Diese Art sollte intensiver erprobt werden. Sprosse eßbar, zum Anbau geeignet.

rechts: Phyllostachys decora

P. flexuosa (CARRIÈRE) A. et C. RIVIÈRE

Verbreitung: China.

Wuchs: Ausläufer bildender Bambus mit locker stehenden und elegant übergeneigten bis weit überhängenden Halmen und Zweigen. Mittelstark bis stark wachsend.

Größe: 4 bis 6 m hoch.

Halme: Grün, gelegentlich im Zickzack wachsend, Halmscheiden braunviolett, fein längsgestreift und dunkel gefleckt.

Blätter: Mittelgrün, verhältnismäßig schmal und lang, 9 bis 13,5 cm lang und 1 bis 1,4 (bis 2) cm breit.

Wurzel: Bildet lange Ausläufer. Wurzeln sind frostempfindlicher als von anderen Phyllostachys-Arten. Im Container daher sehr gefährdet.

Standort und Boden wie P. aureosulcata.

Eigenschaften: Frosthart bis minus (20) 23 °C, etwas windempfindlich. Trockenresistente Phyllostachys-Art.

Verwendung: Ein sehr gefälliger, lockerer Bambus, der innerhalb weniger Jahre große Flächen bedeckt.

Anmerkung: P. flexuosa hat erstmals 1995 in Holland und Italien geblüht. 1996 Beginn der Blüte im Botanischen Garten Hamburg und im Arboretum Thiensen.

P. glauca MC CLURE

Verbreitung: China

Wuchs: Ausläufer treibender Bambus, Halme aufrecht, Spitzen weich überhängend.

Größe: 3 bis 5 (7) m hoch.

Halme: Junge Halme dunkelolivgrün, im Bereich der Knoten auffallend graublau bereift, im Alter mittelgrün bis gelbgrün. Halmscheiden rotbraun mit violettem Schimmer und wenigen, kleinen, dunkelbraunen Punkten.

Blätter: Mittelgrün, unterseits schwach bläulichgrün, (8) 10 bis 13 (15) cm lang und 1,5 bis 2 (2,5) cm breit.

Wurzel: Bildet Ausläufer.

Standort: Sonnig bis halbschattig.

Boden: Anspruchslos an Bodenqualität, verträgt Standorte mit hohem Grundwasserstand, auf denen andere Bambusarten bereits versagen (CROUZET).

Eigenschaften: Frosthart bis minus 23 °C, evtl. noch härter. Laubschäden ab minus 18 °C, wenig windempfindlich (VAUPEL/STECKHAHN).

Phyllostachys flexuosa – Samenstand, aufgenommen im Juli 1998

Verwendung: Durch die blaue Farbe der jungen Halme, die Feuchtigkeitsverträglichkeit und die äußerst schmackhaften Sprosse ein Bambus mit sehr hohem Gartenwert. Ob sich der „Blaue Bambus" auch für eine dauerhafte Auspflanzung in den weniger bevorzugten Klimazonen Mitteleuropas eignet, müssen zukünftige Härtetests zeigen.

P. heteroclada OLIVER

Verbreitung: China, südlich des Yangtze.

Wuchs: Aufrecht, Ausläufer treibend.

Größe: 2 bis 4 m hoch.

Halme: Grün, im zweiten Jahr gelbgrün; auffallend ist die starke Verjüngung zur Spitze hin. Halmscheiden grün.

Blätter: Zu 1 bis 3 an den Zweiglein, von kleiner Textur, dünn. Blattunterseite im Bereich der Basis behaart.

Wurzel: Ausläufer treibend.

Standort und Boden wie P. aureosulcata.

Eigenschaften: Frosthart bis minus (20) 23 °C.

Verwendung: Zierliche Phyllostachys-Art für kleinere Gartenräume.

P. heterocycla f. pubescens
(HOUZEAU DE LEHAIE) MUROI IN SUGIMOTO,
Moso-Bambus
(= P. pubescens, P. edulis)

Phyllostachys heterocycla f. pubescens

Verbreitung: China.

Wuchs: Ausläufer treibender Bambus mit auffallend starken Halmen.

Größe: Am Heimatstandort oder z. B. in Südfrankreich über 20 m hoch, an geschützten Standorten in Mitteleuropa 6 bis 8, bis 10 m?

Halme: Graugrün, in der Jugend rauh, weißgrau behaart und mehlig überpudert, Halmscheiden grünlichbraun, dicht braunfleckig.

Blätter: Zu 2 bis 3, lanzettlich, 4 bis 11 cm lang und 0,5 bis 1,2 cm breit, dünn, unterseits bläulich, für diesen stattlichen Bambus sehr zierlich!

Wurzel: Bildet Ausläufer.

Standort: Benötigt ausgesprochen warme, sonnige Lagen.

Boden siehe P. aureosulcata und andere.

Eigenschaften: Sehr wärmeliebend, nicht ausreichend frosthart.

Verwendung: Über die Frosthärte dieser ungemein faszinierenden Bambus-Art ist schon viel diskutiert worden. RECHT u. WETTERWALD nennen minus 23 °C, die Chinesen geben die Härte mit minus 15 °C an, während die Franzosen auch darauf schwören, daß ältere Pflanzen über minus 20 °C aushalten, was ich allerdings sehr bezweifle.

Phyllostachys heterocycla f. heterocycla

Wenn man über Bambus berichtet, kommt man am „Giant-Bamboo" einfach nicht vorbei, auch wenn er sich in unseren Breiten wohl doch nur für ausgesucht milde und sommerwarme Klimalagen eignet. Aber seine atemberaubenden Wuchsleistungen, die grauweißen, herrlich geschwungenen, bis 15 cm dicken Halme und das filigrane, hellgrüne Laub machen ihn zu der imposantesten Bambus-Erscheinung, die wir in Europa im Freien bewundern können. Niemand sollte sich diese Bilder in Prafrance entgehen lassen!

Den Liebhabern von Bambus-Gemüse sei noch verraten, daß es sich bei dieser Art um einen der bedeutendsten Lieferanten für Bambussprosse handelt.

P. heterocycla f. heterocycla ist der berühmte Kikku Chiku oder Schildkrötenpanzer-Bambus, den man in den chinesischen und japanischen Tempelgärten antrifft. Seine gewölbten Nodien haben eine gewisse Ähnlichkeit mit dem Panzer einer Schildkröte. Eine unglaublich faszinierende Form, die ihre typische 'Panzerstruktur' jedoch nur bei genügend Wärme hervorbringt. Sind die Wachstumsbedingungen nicht optimal, – ich habe das selbst bei im Kalthaus ausgepflanzten Exemplaren beobachtet – bleiben die Nodien glatt, bzw. es werden ganz normal geformte Halme gebildet. Für den Kübelpflanzen-Liebhaber eine Kostbarkeit.

P. humilis MUROI

Phyllostachys humilis, Bambusgarten Vaupel

Verbreitung: China.

Wuchs: Ausläufer bildender, fein verzweigter Bambus.

Größe: (2) 3 bis 4 (5) m.

Halme: Grün, im Alter olivgrün bis hellbraun, Halmscheiden zunächst braunrot und borstig behaart, später grün, oft nur fingerdick.

Blätter: Lanzettlich, 8 bis 10 (12) cm lang und 1 bis 1,5 cm breit.

Wurzel: Ausläuferbildung sehr stark.

Eigenschaften: Frosthart bis etwa minus 25 °C.

Standort und Boden wie P. aureosulcata.

Verwendung: Ein quicklebendiger Bursche, der sehr schnell Flächen erobert. Ist nur mit einer Rhizomsperre zu bändigen. Wertvoll wegen seiner Härte und Robustheit. Guter Hecken-Bambus.

P. iridescens C. Y. YAO et S. Y. CHEN
Verbreitung: China.

Wuchs: Locker aufrecht, Spitzen überhängend, sehr wüchsig.

Größe: 5 bis 8 (bis 12) m hoch, möglicherweise auch höher.

Halme: Grün, mit unterschiedlich breiten, hellgelben Streifen; in der Jugend unterhalb der Knoten blaugrau bemehlt. Halmscheiden rotbraun, bläulichschwarz gefleckt, zierender Austrieb.

Phyllostachys iridescens – oben links junger, Hintergrundbild alter Halm

Blätter: Mittelgrün, kräftig, gesund.

Wurzel: Ausläufer bildend.

Standort: Sonnig bis halbschattig.

Boden: wie P. aureosulcata.

Eigenschaften: Frosthart bis minus 23 °C (SI-MON), VAUPEL gibt sogar eine Härte bis minus 28 °C an. Trockenheitsverträglich (VAUPEL).

Verwendung: Wüchsiger, dekorativer Solitärbambus. Noch weitgehend unbekannt, könnte aber ein Bambus mit großer Gartenzukunft werden. Gehört auch in der Bambussammlung des Arboretums Thiensen zu den härtesten Arten.

P. nigra (LODD.) MUNRO, Schwarzer Bambus (= Bambusa nigra)

Verbreitung: China, im Tal des Yangtze.

Wuchs: Locker aufrecht, Zweige und Triebspitzen sehr fein, die äußeren Halme elegant und weich überhängend. Ausläuferbildung sehr schwach.

Größe: 3 bis 5 (bis 6) m hoch.

Halme: Nach dem Austrieb im ersten Jahr olivgrün, im zweiten mit schwarzen Punkten und ausgereift glänzend schwarz, Halmdicke 2 bis 3 (bis 4) cm.

Blätter: Dunkelgrün oberseits, glänzend, mattgraugrün unterseits, sehr dünn und papierartig.

Wurzel: Nur wenige kurze Ausläufer, lange horstig bleibend.

Standort: Sonnig bis halbschattig. Benötigt geschützte Pflanzplätze!

Boden: Anpassungsfähig, toleriert alle kultivierten, nicht zu armen Gartenböden, bevorzugt tiefgründige, frische bis feuchte, nährstoffreiche, aber gut durchlässige Substrate, schwach sauer bis alka-

lisch. Benötigt während der Wachstumsphase ausreichend Nährstoffe und Wasser.

Eigenschaften: Frosthart bis etwa minus 20 °C. Bei minus 16 °C nur einzelne Blätter geschädigt (Hamburg). Treibt sehr spät aus. Windempfindlich. Verträgt keine trockene Luft.

Verwendung: Durch seine lackschwarzen Stämme eine der begehrtesten Bambus-Arten. Hat im Botanischen Garten auch schwere Winter gut überstanden. Wertvoll auch wegen seines horstartigen Wuchses, der ihn für kleine Gärten und Innenhöfe prädestiniert. Benachbarung siehe Ph. aureosulcata. Sprosse eßbar.

P. nigra f. boryana (MITFORD) MAKINO (= P. nigra 'Bory')

Verbreitung: China, Japan.

Wuchs: Locker und breit aufrecht, Halme malerisch überhängend. Ausläuferbildung mittelstark.

Größe: 4 bis 6 (bis 7) m hoch.

Halme: Nach dem Austrieb im ersten Jahr olivgrün, etwas rauh, ausgereift mit unregelmäßigen, braunen Flecken. Halmdicke 2,5 bis 3,5 (bis 5) cm.

Blätter: Verhältnismäßig klein, frisch hellgrün, etwas glänzend.

Wurzel: Erst im Alter stärkere Ausläuferbildung.

Standort: Sonnig bis halbschattig.

Boden: Anpassungsfähig, toleriert alle kultivierten, nicht zu armen Gartenböden, bevorzugt tiefgründige, frische bis feuchte, nährstoffreiche, aber gut durchlässige Substrate, schwach sauer bis alkalisch. Benötigt während der Wachstumsphase ausreichend Nährstoffe und Wasser.

Eigenschaften: Frosthart bis minus 23 ° (bis minus 25 °) C. Härter als Ph. nigra. Laubschäden ab minus 16 °C.

Verwendung: Dieser robuste und harte Bambus hat einen besonders eleganten Wuchs und besticht neben der interessanten Halmfärbung durch sein helles, frisches Grün. Sprosse eßbar.

Zwei weitere, sehr empfehlenswerte Formen sind:

P. nigra f. henonis (MITFORD) MUROI

Ein bis minus 23 °C frostharter, robuster Bambus, bei dem die Halme grün bleiben. Die Ausläuferbildung hält sich in unserem mitteleuropäischen Klima im wahrsten Sinne des Wortes in Grenzen. Bei mir im Arboretum Thiensen benimmt er sich beinahe wie eine horstig wachsende Art. Mit seinen fontänenhaften, etwa 5 bis 6 m hohen Halmen gehört dieser Bambus zu den schönsten und auch zuverlässigsten Formen.

P. nigra f. punctata SCHELLE

Junge Halme grün, ab dem zweiten Jahr hellbraun mit schwarzroten Punkten, die sich in den folgenden Jahren verdichten, bis die Halme beinahe völlig schwarz erscheinen. Frosthärter und wuchsstärker als P. nigra.

P. nuda MC CLURE

Verbreitung: China.

Wuchs: Ausläufer treibender Bambus mit leicht überhängenden, kräftigen Halmen. Starkwüchsig.

Größe: 4 bis 6 (8) m hoch.

Halme: Graugrün bis grauoliv, junge Halme unterhalb der Knoten dicht bemehlt.

Blätter: Mittelgrün bis dunkelgrün, 8 bis 10 (15) cm lang und 1,5 bis 2 cm breit.

Wurzel: Ausläufer bildend.

Standort und Boden wie P. aureosulcata.

Eigenschaften: Frosthart bis mindestens minus 23 °C, sicherlich aber noch härter.

Verwendung: Eine noch unbekannte, aber sehr vielversprechende Art, der wir größte Aufmerksamkeit schenken sollten. Die Amerikaner, die ihre Halme zur Herstellung von Angelruten, Pflanzen-Stäben u. a. Gebrauchsmaterialien nutzen, halten P. nuda für eine der allerhärtesten Arten. Bei **Phyllostachys nuda f. localis** C. P. WAND et Z. H. YU wirken die jungen Halme durch große, schwärzlichviolettbraune Flecken und Einfärbungen insgesamt sehr dunkel. Ihre Frosthärte entspricht der von P. nuda. Die Pflanzen haben im Arboretum Thiensen den Winter 95/96 bestens überstanden. P. nuda ist begehrt wegen seiner schmackhaften Sprosse.

Phyllostachys nigra

Phyllostachys nigra 'Boryana'

Phyllostachys viridiglaucescens – Halm und Blätter im Gegenlicht

P. propinqua MC CLURE

1979 durch M. BEUCHERT aus China nach Deutschland eingeführt.

Phyllostachys propinqua mit Polygonum amplexicaule und Agapanthus

Verbreitung: China.

Wuchs: Breit trichterförmig aufrecht wachsend, Rohre schon in der Jugend auffallend stark, Seitenäste quirlig, fast waagerecht stehend, Zweigpartien in deutlich abgesetzten Etagen angeordnet. Ausläuferbildung, zumindest bei jungen Pflanzen, nicht übermäßig ausgeprägt. Stark wachsend.

Größe: Bis 6 m, möglicherweise bis 8 oder 10 m hoch.

Halme: Leuchtend dunkelgrün.

Blätter: Dunkelgrün, im Austrieb dunkelviolett, zu 2 bis 3 an den Zweigen, 7 bis 16 cm lang, etwas derb, oberseits glänzend.

Wurzel: Zumindest in der Jugend keine langen Ausläufer, mehr horstig.

Standort: Sonnig bis halbschattig.

Boden: Anpassungsfähig, toleriert alle kultivierten, nicht zu armen Gartenböden, bevorzugt tiefgründige, frische bis feuchte, nährstoffreiche, aber gut durchlässige Substrate, schwach sauer bis stark alkalisch. Benötigt während der Wachstumsphase ausreichend Nährstoffe und Wasser!

Eigenschaften: Frosthart (minus 23) bis minus 25 (minus 28) °C, evtl. empfindlich gegenüber Frühfrösten (Halmschäden, Wachstumsstockung?), bildet auffallend schnell dicke Rohre, treibt spät aus, verträgt mehr Wind als z. B. Sinarundinaria, Blattspreite derber.

Verwendung: Eine neue Art, die nach den bisherigen Erfahrungen zu den widerstandsfähigsten und frosthärtesten zählt. Hat sich auch unter den für Bambus ungünstigen Winterverhältnissen im Bayerischen Raum gut bewährt. Zwar stark wachsend, aber mehr horstig bleibend. Junge Sprosse sehr delikat.

Phyllostachys propinqua

Einzelstellung, Gruppen, Hecken. Benachbarung siehe P. aureosulcata.

Anmerkung: Rhizome werden gern von Mäusen gefressen. Pflanzen können absterben.

P. rubromarginata MC CLURE

Verbreitung: China.

Wuchs: Ausläufer bildender Bambus mit straff aufrechten, wenig überhängenden Halmen. Mittelstark bis starkwüchsig.

Größe: 4 bis 7 m.

Halme: Mittelgrün, meist nicht bereift, es werden relativ schnell kräftige, dicke Halme gebildet, junge

Phyllostachys rubromarginata

Phyllostachys rubromarginata

Halmscheiden olivgrün, dicht bräunlich gestreift, Rand braunviolett, ältere Halmscheiden hellbraun bis rötlich, fein braun längsgestreift.

Blätter: Hellgrün (gelbgrün), 9,5 bis 13 cm lang und 1,4 bis 2,0 (2,2) cm breit.

Wurzel: Bildet lange Ausläufer.

Standort und Boden wie P. aureosulcata.

Eigenschaften: Frosthart bis minus 23 °C, windfest, verträgt Wintersonne! Treibt leider sehr spät (Ausreife). Ist im Laub unempfindlicher als P. viridiglaucescens.

Verwendung: Eine der frost- und windfestesten Arten des Phyllostachys-Sortiments. Sehr gut für Hecken und größere Haine. Bildet relativ schnell dicke Halme.

In Peking 7 m hoch, Halme so dick wie eine mittlere Bierflasche (WEISS).

P. viridiglaucescens (CARR.) A. et C. RIV.

Wird oft unter dem Namen P. bambusoides oder P. quilioi gehandelt.

Verbreitung: China.

Wuchs: Sehr stark wachsend, in kühleren Gebieten Stämme steif aufrecht, bei mehr Wärme die äußeren Halme elegant und weit überhängend. Ausläufer bildend.

Größe: 6 bis 10 (bis 12) m hoch.

Halme: Junge Halme glänzend grasgrün bis dunkelgrün, später stumpfgelbgrün, unterhalb der Knoten nur im ersten Jahr bläulichweiß bemehlt; Halmdicke 2 bis 5 bis 7 cm; Zuwachs in warmen Tagen 50 cm/24 Std.!

Blätter: Groß, 12,5 bis 15,2 cm lang und bis 1,8 cm breit, glänzend grün.

Wurzel: Sehr lange Ausläuferbildung, auf zusagenden Standorten bis 6 m im Jahr!

Standort: Sonnig bis halbschattig.

Boden: Anpassungsfähig, toleriert alle kultivierten, nicht zu armen Gartenböden, bevorzugt tiefgründige, frische bis feuchte, nährstoffreiche, aber gut durchlässige Substrate, schwach sauer bis stark alkalisch. Benötigt während der Wachstumsphase ausreichend Nährstoffe und Wasser!

Eigenschaften: Frosthart bis etwa minus 23 °C, bei minus 16 °C kaum Blattschäden, Halme erfrieren bei längerer Kälteperiode um minus 23 °C.

Nur die einjährigen Halme von Phyllostachys viridiglaucescens sind unterhalb der Knoten bläulichweiß bemehlt

(Winter 84/85), treiben aber aus den Rhizomen gut wieder durch.

Verwendung: Eine robuste und wüchsige, seit Jahrzehnten bewährte Art. Auch wenn es mit P. bissetii, P. viridis, P. rubromarginata und P. vivax interessante und vielversprechende Bambus-Neuheiten gibt, die imposantesten Bestände mit den höchsten und stärksten Rohren werden in Deutschland immer noch von P. viridiglaucescens gebildet. Wir finden sie auf der Mainau, in Baden-Baden, in Seeheim und im Schloßpark in Umkirch. 1984 habe ich in Umkirch Höhen von 10 m und Rohrdurchmesser von 7 cm! ermittelt. Die Pflanze hatte ein Alter von rd. 25 Jahren. P. viridiglaucescens eignet sich auf Grund ihrer Wuchsstärke und der z. T. sehr langen Ausläufer nur für großräumige Anlagen.

Anmerkung: P. viridiglaucescens wurde 1864 nach Europa eingeführt. Der Bambus-Hain im Schloßpark von Baden-Baden ist etwa 85 Jahre alt.

Pflegetip: Die Pflanze muß regelmäßig ausgelichtet werden, erst dann bilden sich starke Halme.

„Nachgeben und ungebrochen wieder zurückkommen" – eine alte Lebensweisheit des Laotse

P. vivax MC CLURE

Verbreitung: Beheimatet in der chinesischen Provinz Chekiang.

Wuchs: Ausläufer treibender Bambus mit dicken und hohen Halmen, sehr starkwüchsig.

Größe: 7 bis 10 (bis 14?) m hoch. Im westlichen Nordamerika bis 21 m hoch.

Halme: Grün bis oliv-gelbgrün, längsgerieft, unterhalb der Nodien stark weißlich bemehlt, junge Halme bläulichgrün, Halme auffallend dünnwandig, Halmscheide hellgrün bis gelblich mit unregelmäßigen, sehr großen, dunkelbraunen Flecken und Feldern, die oft 3/4 der Halmscheide einnehmen, so daß diese häufig nur noch am Ansatz oder an den Rändern gelblichgrün gefärbt sind.

Blätter: Groß, schöne Laubhaltung, Blätter elegant überhängend, 10 bis 16 (18) cm lang und 1,5 bis 2,5 cm breit, mittelgrün.

Wurzel: Bildet lange Ausläufer.

Standort: Sonnig bis absonnig.

Boden: Anpassungsfähig, toleriert alle kultivierten, nicht zu armen Gartenböden, bevorzugt tiefgründi-

Phyllostachys vivax f. aureocaulis

Phyllostachys vivax erkennt man an den längsgerieften Halmen

ge, frische bis feuchte, nährstoffreiche, aber gut durchlässige Substrate, schwach sauer bis stark alkalisch. Benötigt während der Wachstumsphase ausreichend Nährstoffe und Wasser. Sollte nicht auf zu schwere Böden gepflanzt werden (Ausreife!).

Eigenschaften: Frosthart bis minus 20° (bis minus 23°)C? Nach vorläufigen Beobachtungen wohl etwas geringer in der Frosthärte als P. viridiglaucescens. Junge Sprosse nicht bitter. Halme sehr dünnwandig, nicht ausgereift brechen sie im Frost!

Verwendung: Ein Bambus, der mich fasziniert. Von allen Phyllostachys-Arten bildet er am schnellsten dicke, hohe Halme. Vorsicht in der Benachbarung, er wird möglicherweise alle Artgenossen überrennen, d. h. man sollte ihm genügend Platz einräumen. Könnte ein Bambus mit großer Zukunft werden.

Eine interessante Neuheit in unseren Bambus-Gärten ist **P. vivax f. aureocaulis** N. X. MA mit leuchtend maisgelben Halmen, die im unteren Bereich gelegentlich schmale, grüne Streifen aufweisen. Bei **P. vivax f. huangwenzhu** J. L. LU ex C. P. WANG & al. haben die grünen Internodien einen gelben Sulcus (Rinne).

PHYSOCARPUS (CAMBESS.) MAXIM.
Blasenspiere – Rosaceae,
Rosengewächse
griech. physa = Blase, karpos = Frucht.

P. opulifolius (L.) MAXIM., Blasenspiere
(= Spiraea opulifolia)

Physocarpus opulifolius

Verbreitung: Nordamerika, Bachufer und felsige Hänge.

Wuchs: Sommergrüner, starkwüchsiger Strauch mit zahlreichen, aufrechten Grundtrieben, Zweige im Alter breit überhängend; Rinde an stärkeren Ästen lang abfasernd. Stark wachsend.

Größe: 3 (bis 5) m hoch und breit. Jahreszuwachs in Höhe und Breite 30 bis 40 cm.

Rinde: Triebe hellbraun, oft hin- und hergebogen, etwas kantig, ältere Zweige braun mit lang abblätternden Rindenfetzen.

Blätter: Sommergrün, wechselständig, schneeballähnlich, eirundlich, 3- bis 5lappig, 5 bis 10 cm lang, mittelgrün; Herbstfärbung gelb bis braungelb. Herbstlaub übersteht Fröste von −8 °C schadlos!

Blüten: Weiß bis rosa, in vielblütigen, bis 5 cm breiten Doldentrauben. Juni/Juli.

Früchte: Blasig aufgetriebene, zweiklappige Balgfrüchte, rötlich gefärbt.

Standort: Sonnig bis schattig.

Boden: Anspruchslos, wächst auf trockenen wie auch auf feuchten Böden, sauer bis alkalisch.

Eigenschaften: Frosthart, robust, stadtklimaverträglich, sehr windfest, leicht verpflanzbar, hohes Ausschlagsvermögen, sehr rauchhart und industriefest.

Verwendung: Außergewöhnlich anspruchsloses und robustes Gehölz für Gruppenpflanzungen, freiwachsende Windschutzhecken, Abpflanzungen, Unterpflanzungen, Vogelnährgehölz (Früchte werden gern von Fasanen und anderen Vögeln angenommen). Empfehlenswerte Sorten sind: **P. opulifolius 'Dart's Gold'**, herrliche, goldgelblaubige Selektion der Fa. DARTHUIZER, Leersum. Wunderschön als „Dauerblüher" im „Gelben Garten", wo sich dieses Gehölz mit den 5lappigen Blättern auch zwischen Stauden auf Anhieb wohlfühlt. **P. opulifolius 'Diabolo'**, eine rotblättrige Form der Blasenspiere, die H. TH. SCHADENDORF, Ellerbek, 1967 unter 120000 Sämlingen gefunden hat. Belaubung blutrot, Blüten cremeweiß (Farbgegensatz). Wertvoll zur Kontrastierung und für das Thema „Red border". **P. opulifolius 'Luteus'**, im Wuchs stärker als 'Darts Gold', Blätter im Austrieb gelb, später gelblichgrün bis bronzegelb.

Was unter **P. opulifolius 'Nanus'** angeboten wird, ist **P. monogynus** (TORR.) COULT. (= Spiraea monogyna, Neillia torreyi, P. torreyi), kleiner Strauch, etwa 1 m hoch, Blätter breit elliptisch bis nierenförmig, tief 3 bis 5lappig, Lappen eingeschnitten gesägt, mehr oder weniger kahl, Blüten weiß bis zartrosa überhaucht, in 3 cm breiten Doldentrauben.

PIERIS D. DON
Lavendelheide – Ericaceae,
Heidekrautgewächse

Pieris ist ein Name aus der altgriechischen Mythologie.

P. floribunda (PURSH) BENTH. et HOOK., Vielblütige Lavendelheide, Amerikanische Lavendelheide
(= Andromeda floribunda)

Verbreitung: Östliches Nordamerika, von Virginia bis Florida; sehr verbreitet in den Alleghenies, an feuchten, schattigen Hängen als Unterholz.

Wuchs: Kleiner Strauch, breitbuschig, aufrecht und dicht verzweigt, im Alter lockerer, Seitenbezweigung leicht überhängend, langsam wachsend.

Größe: 1,50 bis 2,00 m hoch und breit. Jahreszuwachs 10 bis 15 cm.

Blätter: Immergrün, wechselständig, elliptisch bis

Pieris floribunda

schmal elliptisch, 3 bis 8 cm lang, ledrig, glatt, mattgrün.

Blüten: Weiß, in endständigen, aufrechten, bis 12 cm langen, dichten Rispen, Einzelblüte krugförmig, 5 bis 6 mm lang, April bis Mai. Die Blütenanlagen werden schon im Sommer des Vorjahres gebildet.

Früchte: Sehr zahlreiche, kugelförmige, braune Kapseln.

Wurzel: Flach, oberflächennah ausgebreitet, hoher Anteil an Feinwurzeln, empfindlich gegen Bodenverdichtung.

Standort: Absonnig bis schattig, nach Norden und Osten geschützt.

Boden: Humose, nicht zu nährstoffreiche(!), saure bis neutrale, durchlässige Böden mit ausreichender Feuchtigkeit, insgesamt anspruchslos, gedeiht auch auf armen Sandböden.

Eigenschaften: Frosthart, extrem schattenverträglich, blüht aber im Vollschatten nur gering, windempfindlich, toleriert höhere pH-Werte als andere Heidekrautgewächse, bedingt stadtklimafest, kränkelt auf zu schweren Böden.

Verwendung: Einzelstellung und Gruppenpflanzung in Rhododendron- und Heideanlagen, Unterwuchs in schattigen Gehölzpartien mit Farnen, Gräsern und Wildstauden.

Pflegetip: Die Lavendelheide reagiert sehr empfindlich auf Mineraldünger, es empfiehlt sich daher, die Pflanzen nur mit organischen Düngern zu versorgen. Ebenso sollten Bodenbearbeitungsmaßnahmen im Wurzelbereich unterbleiben. Mulchen mit Laub und Kompost sagt ihnen zu.

Ökologie: Blüten werden von Bienen, Hummeln und Käfern besucht.

'Forest Flame'

(= P. formosa var. forrestii x
P. japonica)
syn. Pieris japonica 'Flame of the Forest'

SUNNINGDALE Nurseries, England 1952.

Pieris 'Forest Flame'

Wuchs: Breitbuschig aufrechter, dicht verzweigter, langsam wachsender Strauch oder meist nur Kleinstrauch.

Größe: Unter günstigen Bedingungen bis 2,50 m hoch, in unseren Gärten jedoch nur 1 (bis 1,50) m hoch und breit.

Blätter: Immergrün, wechselständig, an den Triebenden quirlig gehäuft, lanzettlich bis länglich-oval, 3 bis 6 (bis 8) cm lang und 1,5 bis 2,5 (bis 3) cm breit, im Austrieb krapprot (hahnenkammrot), dann hellrot bis lachsfarben, später von rosa nach gelbgrün übergehend, Färbung hält sehr lange an, Blätter im Sommer dunkelgrün glänzend.

Blüten: Weiß, in dichten, bis 12 cm langen, leicht überhängenden Rispen, April bis Mai.

Wurzel: Flach, oberflächennah ausgebreitet, hoher Anteil an Feinwurzeln, empfindlich gegen Bodenverdichtung und Bodenbearbeitung im Wurzelraum. Mulchen mit Laub und Kompost vorteilhaft.

Standort: Sonnig bis halbschattig, sehr geschützt gegen Nord- und Ostwinde, Schutz vor Wintersonne!

Boden: Humose, nicht zu nährstoffreiche, saure, durchlässige Böden mit ausreichender Feuchtigkeit.

Eigenschaften: Bedingt frosthart, nur für sehr geschützte, milde Lagen.

Verwendung: Ich wüßte kein anderes immergrünes Gehölz mit einem so farbenprächtigen Austrieb. Leider ist dieser wertvolle Strauch nur für klimatisch begünstigte Lagen geeignet. Einzelstellung in lichten, keinesfalls zu schattigen Rhododendronpflanzungen oder Gehölzrabatten (Farbausprägung); weithin leuchtend als Solitär in geschützten Innenhöfen (Sonnenstand einplanen, da im Gegenlicht noch feuriger!).

P. japonica (THUNB.) D. DON,
Japanische Lavendelheide
(= Andromeda japonica)

Pieris japonica

Verbreitung: Japan, in Bergwäldern der Inseln Honshu, Shikoku und Kyushu.

Wuchs: Locker und breit aufrecht wachsender Strauch mit unregelmäßiger Aststellung und leicht überhängenden Seitenzweigen, im Alter oft starke, drehwüchsige Stämme bildend, langsam wachsend.

Größe: 2 bis 3 m hoch und breit, unter günstigen Bedingungen auch höher, im Rhododendronpark Bremen 3,50 m hoch!

Borke: Im Alter rotbraun, in Streifen ablösend.

Blätter: Immergrün, wechselständig, verkehrt schmal eiförmig bis lanzettlich, an den Triebenden auffallend quirlig gehäuft, bis 8 cm lang, oben mittelgrün, unten heller, beiderseits glänzend.

Blüten: Weiß, in überhängenden, bis 15 cm langen Rispen von Ende März bis Mai.

Pieris japonica

Früchte: Graubraune, kugelförmige Kapseln.

Wurzel: Flach, oberflächennah ausgebreitet, hoher Anteil an Feinwurzeln, empfindlich gegen Bodenverdichtung und Bodenbearbeitung. Mulchen mit Laub und Kompost vorteilhaft.

Standort: Absonnig bis schattig, windgeschützt.

Boden: Humose, nicht zu nährstoffreiche, saure, durchlässige Böden, frisch bis feucht, verträgt schwerere Böden als P. floribunda.

Eigenschaften: Frosthart, der frühe Austrieb ist gelegentlich spätfrostgefährdet, sehr schattenverträglich, rauchhart, bei ausreichender Wasserversorgung auch stadtklimafest. Verträgt mehr Trockenheit als Rhododendron.

Verwendung: Ein sehr anmutiges, immergrünes Gehölz, das durch den lockeren, im Alter sehr malerischen Wuchs und die dekorative Belaubung sehr zur Belebung von Rhododendronpflanzungen beiträgt. Die zierlichen, glänzend grünen Blätter schaffen einen guten Übergang zu feingliedrigen Wildrhododendron und Azaleen. Die sehr naturhaft wirkende Jap. Lavendelheide läßt sich mit Farnen, Gräsern und anderen Immergrünen zu bezaubernden Gartenbildern verbinden.

P. japonica 'Debutante'

Wuchs: Breitbuschig, niedrig und kompakt wachsender Kleinstrauch, sehr langsamwüchsig.

Größe: 1 (bis 1,50) m hoch und breit.

Blätter: Immergrün, wechselständig, verkehrt schmal eiförmig bis lanzettlich, an den Triebenden auffallend quirlig gehäuft, dunkelgrün, glänzend.

Blüten: Rahmweiß, in aufrechten, 8 bis 11 cm langen, stark verzweigten Rispen, in Vollblüte weiß, Kelch grünlich; (Mitte) Ende März bis Mitte (Ende) April, sehr reich blühend.

Früchte, Wurzel, Standort, Boden wie P. japonica.

Eigenschaften: Gut frosthart, schattenverträglich, rauchhart, bei ausreichender Wasserversorgung auch stadtklimafest und in sonniger Lage gedeihend.

Verwendung: Eine niedrig und kompakt wachsende Selektion, die bereits als junge Pflanze außerordentlich reich blüht. Besonders gut geeignet für kleine Gartenräume, Japan-Gärten, Kübel und Schalen.

P. japonica 'Mountain Fire'

W. GODDARD, Victoria B. C., Kanada 1976.

Pieris japonica 'Mountain Fire'

Wuchs: Kleiner Strauch, kompakt und gedrungen, langsam wachsend.

Größe: 1,20 bis 1,50 m hoch und breit.

Blätter: Immergrün, wechselständig, verkehrt schmal eiförmig bis lanzettlich, 3 bis 5 cm lang, dunkelgrün, glänzend, Blattaustrieb von bronzerot über kardinalrot bis leuchtend braunrot, Färbung hält lange Zeit an, später vergrünend.

Blüten: Weiß, in überhängenden Rispen von Ende März bis Mai.

Früchte, Wurzel, Boden wie P. japonica.

Standort: Sonnig bis halbschattig, geschützt.

Eigenschaften: Genügend winterhart, frosthärter als 'Red Mill', nicht sehr blühfreudig.

Verwendung: Wegen des leuchtend braunroten Austriebs ein sehr wirkungsvolles Gehölz, das sehr gut zur Belebung immergrüner Pflanzungen eingesetzt werden kann.

P. japonica 'Purity'

K. WADA, Japan 1967.

Pieris japonica 'Purity'

Wuchs: Zwergstrauch, rundlich bis kugelig, dicht verzweigt und kompakt; langsam wachsend.

Größe: Bis 1 m hoch, im Alter breiter als hoch.

Blätter: Immergrün, wechselständig, schmal lanzettlich, 3 bis 5 cm lang, hellgrün, schwach glänzend, auffallend waagerecht bis straff aufrecht stehend.

Blüten: Reinweiß, Blütenstände oft aus 3 oder 4 gleich langen, einzeln stehenden, aufrechten Rispen zusammengesetzt, Rispenlänge 6 bis 12 cm, Blütezeit 3 bis 4 Wochen später als andere P. japonica-Formen.

Wurzel, Standort, Boden und Eigenschaften wie P. japonica.

Verwendung: Eine sehr wertvolle, langsam wachsende und ausgesprochen spät blühende Zwergform für kleinere Gärten, Japan-Garten-Motive und zur Unterpflanzung absonniger, lockerer Gehölzpartien. Ferner geeignet für Pflanzkübel und größere Schalen.

P. japonica 'Purity' gedeiht auch sehr gut in voller Sonne.

P. japonica 'Red Mill'

Wuchs: Locker aufrechter, breitbuschiger Kleinstrauch, langsam wachsend.

Größe: Bis 1,50 m hoch und breit.

Blätter: Immergrün, wechselständig, schmal elliptisch bis lanzettlich, 6,5 bis 10 cm lang und 2 bis 2,5 cm breit, zur Spitze hin 1 bis 3 mal gewellt, Austrieb lackrot (schwedischrot) bis glänzend granatbraun, später frischgrün bis grasgrün.

Blüten: Weiß, in 8 bis 12 cm langen, waagerecht ausgebreiteten Rispen, Ende März bis Mai.

Früchte, Wurzel, Boden wie P. japonica.

Standort: Sonnig bis halbschattig, geschützt.

Eigenschaften: Gut frosthart.

Verwendung: Ersatz für die nur in milden Gegenden harte 'Forest Flame'. Der leuchtend lackrote Austrieb steht in einem wirkungsvollen Farbkontrast zu den frischgrünen Blättern. Bringt auch nach der Rhododendronblüte Farbe in die oft zu eintönig grünen Pflanzungen. Sollte wegen der intensiven Farbausbildung nicht zu schattig gesetzt werden.

Pieris japonica 'Red Mill'

P. japonica 'Rikuensis'
(= P. ryukuensis?)

Wuchs: Zwergstrauch, breitbuschig bis nestförmig, dicht verzweigt, langsam wachsend.

Größe: Bis 0,6 m hoch und im Alter doppelt so breit.

Blätter: Immergrün, wechselständig, schmal lanzettlich, 5 bis 8 cm lang, im Austrieb bronze, später dunkelgrün, glänzend, hängend.

Blüten: Weiß, in leicht überhängenden, schirmartig ausgebreiteten Rispen, Ende März bis April.

Früchte, Wurzel, Standort und Boden wie P. japonica.

Eigenschaften: Gut frosthart.

Verwendung: Sehr langsam wachsende Zwergsorte für kleinste Gärten, Japan-Garten-Motive und Pflanzkübel. Einzelstellung oder in Gruppen zur Unterpflanzung von absonnigen, lockeren Gehölzpartien zusammen mit anderen feinlaubigen Immergrünen, Gräsern und Wildstauden.

P. japonica 'Splendens'

Wuchs: Locker aufrechter, breitbuschiger Kleinstrauch mit starken Grundtrieben und leicht überhängenden Seitenzweigen.

Größe: 1,5 (bis 2) m hoch und breit.

Blätter: Immergrün, wechselständig, lanzettlich bis verkehrt eiförmig, 5 bis 8 cm lang, im Austrieb glänzend rotbraun, später dunkelgrün, unterseits hellgrün, beiderseits glänzend.

Blüten: Weiß, in 10 cm langen, ausgebreiteten, später überhängenden Rispen, Ende März bis April.

Früchte, Wurzel, Standort und Boden wie P. japonica.

Eigenschaften: Gut frosthart, sehr schattenverträglich, bei ausreichender Wasserversorgung auch stadtklimafest.

Verwendung: Eine gesunde, gut winterharte Selektion für Einzelstellung, Gruppen und zur Unterpflanzung schattiger Gehölzpartien.

P. japonica 'Valley Rose'

R. L. TICKNOR, USA, 1960.

Pieris japonica 'Valley Rose'

Wuchs: Breitbuschig und locker aufrecht wachsender Strauch, im Alter mit leicht überhängenden Seitenzweigen.

Größe: 1,5 bis 2,50 m hoch, in 10 Jahren etwa 1 (bis 1,20) m hoch und breit.

Blätter: Immergrün, wechselständig, verkehrt schmal eiförmig bis lanzettlich, 4 bis 8 cm lang, hellgrün bis mittelgrün.

Blüten: In der Knospe rosa, aufgeblüht cremeweiß, Blütenzipfel rosa gefärbt, erinnert an eine Enkianthusblüte, Kelchblätter rötlichbraun, Blütenstiele ebenfalls rotbraun überlaufen, Rispen 12 bis 16 cm lang und breit, überhängend, Blütezeit früh, bereits ab Mitte März.

Früchte, Wurzel, Standort und Boden wie P. japonica.

Eigenschaften: Frosthart.

Verwendung: Die schönste und winterhärteste, rosa blühende Gartenform. Einzelstellung und Gruppenpflanzung.

P. japonica 'Valley Valentine'

Wuchs: Breitbuschig und locker aufrecht wachsender Kleinstrauch.

Größe: 1,50 bis 2 m hoch und breit, in 10 Jahren etwa 1 m hoch.

Blätter: Immergrün, wechselständig, schmal elliptisch bis lanzettlich, 6 bis 8 (bis 10) cm lang, tiefgrün.

Blüten: Tiefrot, in 12 bis 15 cm langen und 14 cm breiten, überhängenden Rispen, Blütezeit ab Mitte März bis April/Mai.

Früchte, Wurzel, Standort, Boden und Eigenschaften wie P. japonica.

Verwendung: Außerordentlich attraktive, rot blühende Neuheit im Pieris-Sortiment. Einzelstellung und Gruppenpflanzung.

P. japonica 'Variegata'

Japan, etwa 1850.

Wuchs: Gedrungen und breitbuschig wachsender Zwergstrauch.

Pieris japonica 'Variegata'

Größe: 0,8 bis 1 m hoch, im Alter breiter als hoch. In England sind wesentlich höhere Pflanzen bekannt.

Blätter: Immergrün, wechselständig, kleiner als beim Typ, in der Form sehr unregelmäßig (unsymmetrisch), 2,5 bis 5 cm lang, Rand unterschiedlich breit, gelblich-weiß ausgebildet, beiderseits glänzend.

Blüten: Weiß, in aufrechten bis überhängenden, verhältnismäßig kleinen Rispen, April bis Mai.

Früchte, Wurzel und Boden wie P. japonica.

Standort: Absonnig bis halbschattig, geschützt.

Eigenschaften: Etwas empfindlich.

Verwendung: Farblich sehr interessante, äußerst zierliche Form zur Belebung von immergrünen Bepflanzungen, absonnigen Gehölzrabatten und Winterbepflanzung in Kübeln. Sehr schön auch für Sonderthemen der Bepflanzungsplanung wie „weißbuntes Blattwerk", „Blatt-Textur" oder „weißer Garten".

P. japonica 'White Pearl'

Pieris japonica 'White Pearl'

Wuchs: Zwergstrauch, dichtbuschig aufrecht, kompakt und langsam wachsend.

Größe: Bis 1 m hoch und breit, im Alter breiter als hoch.

Blätter: Immergrün, wechselständig, elliptisch bis länglich, 2 bis 3 cm lang, leicht hängend, mittelgrün, glänzend.

Blüten: Reinweiß, in bis zu 15 cm langen, dichten, aufrechten Rispen, sehr zahlreich, Ende März bis April.

Früchte, Wurzel, Standort, Boden und Eigenschaften wie P. japonica.

Verwendung: Eine sehr gesunde, außerordentlich reichblühende Selektion. Einzelstellung, Gruppen und Pflanzkübel.

Platanus x hispanica – Rindenbilder

PLATANUS

PLATANUS L.
Platane – Platanaceae,
Platanengewächse

Schon die alten Griechen nannten die Platane „platanos". Möglicherweise abgeleitet vom griech. „platys" = breit, was sich auf die ausladende Krone oder die breiten Blätter beziehen könnte.

P. x hispanica MÜNCH.,
Ahornblättrige Platane
(= P. x acerifolia, P. x hybrida)

Vermutlich eine Hybride zwischen P. orientalis und P. occidentalis.

Wuchs: Großer, schnellwüchsiger Baum mit starken Hauptästen und weit ausladender, hochgewölbter Krone, Äste des unteren Kronenbereichs im Alter leicht hängend.

Größe: 20 bis 30 m hoch, gelegentlich auch höher, Kronendurchmesser 15 bis 25 m, freistehende Exemplare sind im Alter oft breiter als hoch. Die Platanen am Schweriner Schloß haben ein Alter von 142 Jahren und einen Kronendurchmesser von 45 m! Jahreszuwachs in der Höhe 50 cm, in der Breite 40 cm, in den ersten 10 bis 15 Jahren stärker.

Platanus x hispanica

Platanus x hispanica, Früchte meist zu zweit

Rinde: Hellbraun, später gelblichgrün bis graubraun, alte Borke in großen, unregelmäßigen Platten ablösend, farblich sehr attraktiv.

Blätter: Sommergrün, wechselständig, ahornähnlich, 3- bis 5lappig, Lappen mehr oder weniger breit dreieckig, 12 bis 25 cm breit, Mittellappen ebenso lang wie breit, ledrig, mittelgrün, oberseits im Laufe des Sommers verkahlend, unterseits auf den Adern und in den Achseln behaart bleibend, lange haftend, Herbstfärbung oft nur grünlichgelb.

Blüten: Gelblichgrüne Köpfchen in langen, hängenden Ständen, erscheinen mit den Blättern, kaum auffallend.

Früchte: Kugelig, meist zu 2, seltener 3, in 15 bis 20 langen, hängenden Fruchtständen. Bleiben oft bis zum Frühjahr am Baum haften.

Wurzel: Herzwurzler, Hauptwurzeln tief, dicht verzweigt. Hohe Wurzelenergie. Flachliegende Hauptseitenwurzeln heben Wegebeläge, Überflutungen werden vertragen (siehe Heimatstandorte: Flußufer, feuchte Böden).

Standort: Sonnig bis absonnig.

Boden: Die Platane ist allgemein sehr anpassungsfähig, sie gedeiht selbst noch auf trockenen Böden, wenn diese nicht zu nährstoffarm sind. Sie bevorzugt tiefgründige, genügend feuchte, durchlässige, etwas anlehmige Substrate, neutral bis stark alkalisch.

Eigenschaften: Frosthart, wärmeliebend, rauchhart, industrie- und strahlungsfest, verträgt bestens trockenwarmes Stadtklima, leicht verpflanzbar, hohes Ausschlagsvermögen, Schnittmaßnahmen bis ins alte Holz werden gut vertragen (Formschnitt, Kastenschnitt), Platanenholz ist sehr bruchsicher, leidet gebietsweise durch Befall von Gloeosporium nervisequum, einer Pilzkrankheit, die austreibende Blätter befällt. In südlichen Ländern (Frankreich) auch Befall von Platanenkrebs. Monokulturen gefährdet!

Verwendung: Einzelstellung, Gruppen, Straßenbaum.

Geschnittene Platanen u. Kastanien am Zürichsee

PLATANUS

P. orientalis L.,
Morgenländische Platane

Verbreitung: Südosteuropa, Kleinasien, Westasien, östlich bis zum Himalaja. Sie folgt, wie auch die Amerikanische Plantane, P. occidentalis, am Naturstandort den Flüssen und Bächen, wir finden sie weiterhin in fruchtbaren Tallagen und feuchten Niederungen wie z. B. am Kaspischen Meer, wo sie zusammen mit Zelkova carpinifolia und Pterocarya fraxinifolia vorkommt.

Wuchs: Mittelgroßer bis großer Baum mit starken, weit ausladenden Hauptästen und mächtigen Stämmen. Krone im Alter breitrundlich bis hochgewölbt. Am Naturstandort gibt es riesige, mehrhundertjährige Exemplare. Bei uns nicht so raschwüchsig wie P. x hispanica.

Größe: 15 bis 25 (30) m hoch und im Freistand meist breiter als hoch.

Rinde: Alte Borke am Naturstandort sich in großen Schuppen ablösend, in unseren Gärten und Parkanlagen Borke jedoch meist kleinschuppig und nicht so dekorativ wie bei P. x hispanica (fehlende Wärme). Borkenbild aber insgesamt nicht sehr einheitlich. Es gibt sehr viele verschiedene Typen.

Blätter: Sommergrün, wechselständig, 15 bis 25 cm breit, 5 bis 7lappig, tief eingeschnitten, Lappen länger als die Breite ihrer Basis, Buchten bis

Platanus x hispanica dachförmig geschnitten – ein herrlicher Schattenspender in Ascona am Lago Maggiore

fast zur Blattmitte reichend, Lappen ganzrandig oder grob buchtig gezähnt, anfangs beiderseits behaart, im Spätsommer/Herbst bis auf die Hauptnerven kahl. Blattunterseite ist im Herbst kahler als die von P. x hispanica. Blattoberseite glänzend grün.

Früchte: Fruchtkugeln meist zu 3 bis 4, seltener zu 2 bis 6 (Unterscheidungsmerkmal zu P. x hispanica).

Wurzel: Herzwurzler.

Standort: Sonnig bis absonnig.

Boden: Sehr anpassungsfähig, mäßig trocken bis feucht. Sie bevorzugt tiefgründige, genügend feuchte, etwas anlehmige Substrate, neutral bis stark alkalisch.

Eigenschaften: Wärmeliebend, hitzeverträglich, junge Pflanzen frostempfindlicher als P. x hispanica. Auch bei älteren Exemplaren kann es in harten Wintern zu Schäden an Trieben und stärkeren Zweigen kommen. Am Naturstandort sind 600jährige Bäume bekannt.

Verwendung: Von der Morgenländischen Platane findet man auch in unseren Parkanlagen und Botanischen Gärten gelegentlich alte Exemplare. Sie erreichen jedoch nicht die Mächtigkeit und Schönheit wie in den südlichen Ländern und an ihren Naturstandorten. Auch der Hybride sind sie an Wüchsigkeit, Frosthärte und Größe unterlegen.

Platanus orientalis – Der Baum oben links ist etwa 590 Jahre alt!

PLEIOBLASTUS

PLEIOBLASTUS NAKAI –
Gramineae (Poaceae),
Süßgräser, Unterfamilie Bambusoideae,
Bambusgräser

P. chino var. viridis f. pumilus
(MAK.) S. SUZUKI
(= Arundinaria pumila MITF.;
Sasa pumila (MITF.) CAMUS)

Verbreitung: Süd-Japan.

Wuchs: Niedriger, bodendeckender Zwergstrauch mit schlanken, sehr dicht stehenden Halmen, durch starke Ausläuferbildung schnell größere Flächen besiedelnd.

Größe: 0,5 bis 0,8 m hoch.

Rinde: Halme hohl, grün, sonnenseits rötlich überlaufen, an den Knoten deutlicher Haarkranz.

Blätter: Immergrün, lanzettlich, lang zugespitzt, 7 bis 15 (20) cm lang und 2,5 cm breit.

Wurzel: Stark Ausläufer treibender Wurzelstock, intensiv und dicht verzweigt.

Standort: Halbschattig bis absonnig.

Boden: Im allgemeinen anspruchslos, auf allen feuchten bis mäßig trockenen (trockenen), durchlässigen Böden, pH-tolerant.

Eigenschaften: Frosthart bis etwa 22 °C, stark wuchernd. Auf freiem Stand treten bei minus 12 °C und Sonneneinwirkung schon nach 3 bis 4 Tagen Laubschäden ein.

Verwendung: Starkwüchsiger, unverwüstlicher, immergrüner Bodendecker zur Unterpflanzung von halbschattigen oder absonnigen Gehölzpartien, wo er binnen kurzer Zeit eine sehr ansehnliche, absolut dichte Fläche bildet. Sollte allerdings wegen seiner Wüchsigkeit und seines ungebrochenen Ausbreitungsdranges nicht auf Kleingehölze oder Stauden „losgelassen werden". Genügend Respekt hat er nur vor intensiv wurzelnden Bäumen, robusten Sträuchern wie Sorbaria sorbifolia oder ähnlich aggressiven Wucherern aus der eigenen Bambusfamilie, die seine Eroberungsfeldzüge im wahrsten Sinne des Wortes durchkreuzen und unterlaufen.

P. viridistriatus (SIEBOLD) MAK.
(= Arundinaria auricoma;
Pleioblastus auricoma)

Verbreitung: Japan.

Wuchs: Locker aufrechter Zwergbambus; Flächen bildend.

Größe: 0,6 bis 1,2 (1,8) m hoch.

Darmera peltata, eine der wenigen Stauden, die man in den Kampf gegen P. chino var. viridis f. pumilus schicken kann

Pleioblastus viridistriatus mit Silphium perfoliatum zur Aufhellung und als Gegenspieler zu Clematis 'Jackmanii' und Phlox paniculata (Wildform) in der berühmten Rabatte von Great Dixter

Benachbarungsbeispiel für den Gelben Garten: Pleioblastus viridistriatus, Ligustrum ovalifolium 'Aureum' (r. oben), Acanthopanax sieboldianus 'Variegatus' und im Hintergrund Telekia speciosa - Arboretum Ellerhoop-Thiensen

Halme: Grün bis rötlichviolett, dünn, fein.

Blätter: Auffallend weich, samtig, 15 bis 20 cm lang und 2,5 bis 3 cm breit, hellgelb mit unterschiedlich breiten, hell- bis mittelgrünen Streifen.

Wurzel: Ausläufer treibend.

Standort: Sonnig bis schattig, in Gebieten mit hoher Sonneneinstrahlung besser absonnig.

Boden: Frisch bis feucht, schwach sauer bis alkalisch.

Eigenschaften: Frosthart bis minus 22 °C, Blattschäden ab minus 18 °C.

Verwendung: Durch das leuchtend grüngelbe Laub ein sehr attraktiver Zwergbambus zur Aufhellung, Belebung und Kontrastierung von Gehölz- und Staudenpflanzungen. Sehr gut für das Thema Gelber Garten. Passende Begleitpflanzen wären: Ligustrum ovalifolium 'Aureum', Acanthopanax sieboldianus 'Variegatus', Ilex aquifolium 'Golden van Tol', Hosta fortunei 'Aureomarginata' u. Spartina pectinata 'Variegata'.

Pflegetip: Es empfiehlt sich, diesen Zwergbambus im Frühjahr zurückzuschneiden. Man erhält einen geschlossenen Wuchs und eine prächtige Ausfärbung der Blätter.

POLYGONUM L.
Knöterich – Polygonaceae, Knöterichgewächse

P. aubertii L. HENRY,
Schling-Knöterich, Kletter-Knöterich
(= Bilderdykia aubertii, Fallopia aubertii)

Verbreitung: China, Westsetschuan und Tibet, in Gebirgswäldern.

Wuchs: Stark und sehr dicht wachsender, oft auch lang überhängender Schlingstrauch.

Größe: 8 bis 15 m hoch und 4 bis 8 m breit. Jahrestriebe 3 bis 5 bis 8 m lang!

Blätter: Sommergrün, wechselständig, eiförmig bis länglich eiförmig mit spießförmiger Basis, 6 bis 9 cm lang, frischgrün, Herbstfärbung hellgelb bis gelbbraun.

Blüten: Weiß, sehr zahlreich, in aufrechten, bis zu 20 cm langen, achselständigen Blütenrispen, die von Juli bis September ununterbrochen erscheinen.

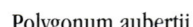

Polygonum aubertii

Früchte: Werden selten ausgebildet, 3kantige Nußfrüchte.

Wurzel: Fleischig, dicht verzweigt, weitstreichend.

Standort: Sonnig bis halbschattig, auch im Schatten möglich.

Boden: Toleriert alle kultivierten Gartenböden, optimales Wachstum auf frischen bis feuchten, nährstoffreichen Substraten, sauer bis stark alkalisch.

Eigenschaften: Frosthart, stadtklimafest, gut wärmeverträglich, hohes Ausschlagsvermögen, kurzer Rückschnitt möglich, Blütenbildung wird durch Verjüngung gefördert, leicht verpflanzbar.

Verwendung: Kein anderer, gehölzartiger Schlinger erreicht in einem Jahr derartig schwindelerregende Höhen wie der Kletter-Knöterich. Verdeckt mit seinem dichten, vorhangartigen Wuchs sehr schnell Zäune, Mauern, Lärmschutzwände und Fassaden. Weiterhin für Pergolen, Spaliere, alte Bäume und Laubengänge. Geeignet auch zur Böschungsbegrünung oder überhängend in großen Pflanzgefäßen z. B. auf Terrassenhäusern.

Die Wuchsleistung dieses Schlinggehölzes kann in kleinen Gartenräumen beängstigende Ausmaße annehmen. Zur Begrünung häßlicher Hausfassaden ist diese Ausbreitungswut geradezu erwünscht.

F. L. WRIGHT hat einmal treffend gesagt: „Ein Arzt kann seine Fehler vertuschen, ein Architekt kann höchstens ein kletterndes Gewächs pflanzen." Im Volksmund wird daher der Kletter-Knöterich auch „Architektentrost" genannt. Die aus der Bucharei stammende Art, **P. baldschuanicum** REGEL, hat rosafarbene Blüten. Wertvoll.

Ökologie: Polygonum aubertii wird stark von Hummeln und anderen Insekten beflogen.

Polygonum baldschuanicum

PONCIRUS RAF.
Bitterorange – Rutaceae, Rautengewächse

P. trifoliata (L.) RAF., Bitterorange, Dreiblattzitrone

Sommergrüner, dichtbuschiger Strauch mit auffallend dunkelgrünen, flachkantigen Trieben und langen, grünen Dornen. Blätter wechselständig, 3zählig, Blättchen verkehrt eiförmig bis elliptisch, 3 bis 6 cm lang, im Herbst oftmals gelb oder orangegelb färbend (spät). Blüten vor dem Blattaustrieb, weiß, schalenförmig mit goldgelben Staubgefäßen, 3 bis 5 cm breit, herrlich nach Orangen duftend. Ältere Pflanzen sind meist reichblühend. Früchte 4 bis 5 cm große, gelbe, feinfilzig behaarte, angenehm duftende Zitronen, bitter bzw. stark säuerlich schmeckend.

Wer kennt nicht das berühmte Lied der Mignon: „Kennst Du das Land, wo die Zitronen blühn? .. Dahin, dahin..." müssen wir aber nicht erst ziehn, denn Dreiblattzitronen gedeihen auch in unseren Gärten. Sie entwickeln sich selbst in Norddeutschland zu einem 3 bis 4 m hohen und ebenso breiten Strauch. (Alter Botanischer Garten Hamburg, Arboretum Thiensen). Im Botanischen Garten Freiburg sah ich 1985 ein Exemplar, das eine Höhe von 6 und eine Breite von 5 m hatte. Die Dreiblattzitrone verlangt einen absolut geschützten, sonnigwarmen Platz und einen nicht zu feuchten und zu nährstoffreichen (Frostgefahr), gut durchlässigen Boden, der schwach sauer bis neutral sein sollte. Ein günsti-

Poncirus trifoliata

Poncirus trifoliata

ger pH-Bereich liegt zwischen 5,5 bis 6,5. Längere Frostperioden unter (−18°) −20°C können Schäden verursachen. Dreiblatt-Zitronen sind spätfrostempfindlich. Es kommt dann – vornehmlich bei jüngeren Pflanzen – im Basisbereich der Grundtriebe, also oberhalb des Erdbodens, zu Rindenaufbrüchen. Pflanzen vor dem Winter mit einer Laubschüttung im Wurzelbereich und mit Tannenreisig gegen übermäßige Erwärmung durch Sonneneinwirkung schützen. Bei Poncirus braucht man nur ein wenig Geduld. Die Pflanzen wachsen in den ersten Jahren sehr langsam, entwickeln sich aber später prächtig und sind dann auch ausreichend hart.

Im Süden wird die Bitterorange gern als Formbaum oder Heckenpflanze genutzt. Der dichtbuschige Wuchs und die steifen, langen Dornen sind eine absolut sichere Grundstückseinfriedigung. Aus den Früchten wird in südlichen Ländern Marmelade hergestellt, auch lassen sie sich als Kuchengewürz verwenden.

In der Kübelkultur werden Zitronen, Orangen und Mandarinen meist auf die schwachwachsende Wurzel von P. trifoliata veredelt.

POPULUS L.
Pappel – Salicaceae, Weidengewächse

Populus ist der altrömische Pflanzenname für die Pappel.

Die Gattung Populus umfaßt etwa 40 sommergrüne Baumarten, die in Europa, Nordafrika, Nordamerika und Asien beheimatet sind. Allgemein zeichnen sie sich durch Raschwüchsigkeit aus, wobei viele Arten und Formen zu mächtigen Großbäumen heranwachsen können. Typisch für die Pappeln sind die oft harzigen, aus mehreren Schuppen bestehenden Winterknospen, die bei einigen Arten, wie z. B. der Balsam-Pappel, z. Z. des Austriebes angenehm duften. Pappeln sind zweihäusig, ihre Blüten er-

scheinen mit den Blättern als hängende Kätzchen. Ihre 2- bis 4klappigen Fruchtkapseln enthalten zahlreiche kleine Samen, die mit seidigen Flughaaren ausgerüstet sind.

Aufgrund ihrer Schnellwüchsigkeit und Robustheit haben die Pappeln sowohl für die Forstwirtschaft (Zellstoffgewinnung) als auch für den Garten- und Landschaftsbau eine größere Bedeutung. Sie eignen sich für die verschiedensten Pflanzmaßnahmen in der Landschaft wie Wind- und Küstenschutz, Ufer- und Böschungsbefestigung. Einige Arten sind auch bedingt als Straßenbäume verwendbar. Zu berücksichtigen ist dabei ihre oft kurze Lebensdauer, das mit dem Alter zunehmend brüchiger werdende Holz und die sehr aggressiven, weitstreichenden Wurzeln, die Wegebeläge anheben und Schäden an Dränagen und Abwasserleitungen anrichten können. Pappeln sind allgemein bodentolerant und anspruchslos, die meisten Arten und Kulturformen bevorzugen aber einen frischen bis feuchten, tiefgründigen Boden.

Ökologie: Pappeln sind wichtige Insektennährgehölze. Das Laub ist Futter für eine große Zahl heimischer Schmetterlingsraupen.

P. alba 'Nivea', Silber-Pappel

Verbreitung: Die Wildart ist beheimatet in Südeuropa, Nordafrika, Kaukasus bis Mittelasien. Verbreitung im Gebiet: Im südlichen und östlichen Deutschland, Rhein- und Donaugebiet, häufig auch angepflanzt und verwildert. Zerstreut in Auenwäldern oder Auenwaldlichtungen, in nicht regelmäßig überschwemmten Bereichen der Hartholz-

Populus alba 'Nivea'

aue, auf frischen, nährstoffreichen Lehm-, Ton-, Sand- oder Kiesböden. Die Silberpappel wächst in Gemeinschaft mit Stiel-Eichen, Ulmen, Eschen und Erlen.

Wuchs: Großer Baum mit breitrundlicher, lockerer Krone und meist kurzem, oft verzogenem und schiefem Stamm, Seitenäste unregelmäßig ansetzend, aufstrebend, im unteren Kronenbereich Zweige überhängend; schnell wachsend. Auf Sandböden (Dünen) oft nur strauchartig!

Größe: 20 bis 35 m hoch und 15 bis 18 m breit. Jahreszuwachs in der Höhe 50 bis 60 cm, in der Breite 40 cm.

Rinde/Borke: Junge Triebe stark weißfilzig, später olivbraun bis grünlichgrau, Zweige rund, Borke weißgrau, im Alter längsrissig.

Blätter: Sommergrün, wechselständig, sehr variabel, an Langtrieben meist 3- bis 5lappig, Blattlappen grob gezähnt, 6 bis 12 cm lang, oben dunkelgrün, kahl, unterseits kreideweiß, länglich elliptisch, Rand wellig, gezähnt, unterseits grauweißfilzig; Herbstfärbung gelblich.

Blüten: Pflanze ist zweihäusig, Blüten in gelbgrünen Kätzchen vor dem Laubaustrieb.

Wurzel: Auf Standorten mit hohem Grundwasserstand ausgesprochen flachwurzelnd, auf trockeneren Böden z. T. sehr tiefgehend. Die Hauptwurzeln entspringen in einem oder mehreren Kränzen übereinander in gerader, radialer Richtung vom Stamm (JOACHIM, 1953). Auf nährstoffarmen Böden sehr ausgedehnt, auf nährstoffreichen kaum über die Kronentraufe hinausgehend. Pappeln besitzen in hohem Maße die Fähigkeit zur Ausbildung von Adventivwurzeln; Ausläufer treibend.

Standort: Sonnig bis absonnig.

Boden: Bevorzugt frische bis feuchte, nährstoffreiche Böden, schwach sauer bis stark alkalisch, sie ist aber insgesamt sehr anpassungsfähig und gedeiht auch auf trockenen Böden, auf reinem Sand oft nur strauchförmig.

Eigenschaften: Gut frosthart, Lichtholzart, industrie- und stadtklimafest, verträgt Hitze, gut windresistent, verträgt salzhaltige Luft (Nordseeinseln, Küste). Wurzelwerk auf trockenen Böden ausgesprochen weitstreichend, kann bis zu einem Viertel-Hektar Flächenausdehnung erreichen (EHLERS). Verträgt kürzere Überschwemmungszeiten schadlos. Hat mit 40 Jahren meist die endgültige Höhe bei einem Stammdurchmesser von 50 bis 60 cm erreicht; bekannt sind 400- bis 500jährige Exemplare mit Stammstärken von 2,50 m (HECKER).

Verwendung: Einzelstand, bedingt auch als Straßenbaum einsetzbar (Kronenbreite!), Gruppenpflanzung in Parkanlagen und in der freien

Landschaft. Wind- und Küstenschutz, Pioniergehölz auf Rohböden, guter Bodenfestiger, da sie zu starker Wurzelbrut neigt (EHLERS).

Anmerkung: Junge Pappelpflanzungen in der freien Landschaft sind dankbar für Bodenpflege und Bodenbedeckung (Mulchen). Gegen Graswuchs und erst recht gegen eine dichte Grasnarbe sind sie sehr unverträglich (EHLERS).

Ökologie: Pappeln sind wichtige Futterpflanzen für eine große Zahl heimischer Schmetterlingsraupen.

P. balsamifera L.,
Balsam-Pappel
(= P. tacamahaca)

Verbreitung: Nordamerika, Kanada; in Auenwäldern, feuchten Tälern, Niederungen, an Fluß- und Seeufern, auf Sandbänken, an flachen Hängen, oft in Reinbeständen.

Wuchs: Großer Baum mit verhältnismäßig schmaler Krone und durchgehendem Stamm, Äste regelmäßig, ansteigend, in der Jugend sehr schnellwüchsig.

Größe: 18 bis 25 m hoch und etwa 10 m breit. Jahreszuwachs in der Höhe 70 bis 80 cm, in der Breite 30 cm, nach 10 Jahren schwächer.

Rinde: Einjährige Triebe olivbraun bis bräunlich, leicht glänzend, mit hellbraunen, länglichen Lentizellen. Seitenknospen 1,5 bis 2,5 cm lang und 0,4

Populus balsamifera

bis 0,7 cm dick, sehr schlank und spitz, Terminalknospen länger und dicker, etwas kantig, harzigklebrig, zur Zeit des Austriebs stark duftend, zweijähriges Holz hellbraun, Borke grau, stark rissig.

Blätter: Sommergrün, wechselständig, eiförmig bis breit eiförmig, zugespitzt, 5 bis 12 cm lang, 3 bis 8 cm breit, dunkelgrün, kahl, unterseits leicht behaart, derb, Blattstiel 2 bis 5 cm lang, rund, Austrieb sehr früh, Herbstfärbung gelb.

Blüten: Pflanze ist zweihäusig, männliche Kätzchen 5 bis 9 cm lang, weibliche 12 bis 14 cm, erscheinen vor dem Laubaustrieb.

Früchte: Weißwollige Samen.

Wurzel: Kräftig, flach ausgebreitet, stark verzweigt.

Standort: Sonnig bis absonnig.

Boden: Bevorzugt frische bis feuchte Standorte, ist aber insgesamt anspruchslos, sauer bis alkalisch.

Eigenschaften: Frosthart, während des Austriebs weithin duftend.

Verwendung: Schöner Parkbaum für Einzelstellung und Gruppen.

P. x berolinensis DIPP.,
Berliner Lorbeer-Pappel
(= P. laurifolia x P. nigra 'Italia')

Vor 1870 im Botanischen Garten Berlin entstanden.

Wuchs: Großer Baum mit breit säulenförmiger Krone und durchgehendem Stamm, Seitenäste und Zweige dick, aufstrebend; anfangs sehr schnellwüchsig.

Größe: 18 bis 25 m hoch und etwa 10 m breit. Jahreszuwachs in der Jugend 80 cm, später etwa 50 cm.

Rinde: Triebe kantig, graugelb, später dunkel, Knospen grünlich und klebrig, spitz, schief, stark nach Balsam duftend; alte Borke schwarzgrau, rissig.

Blätter: Sommergrün, wechselständig, eiförmig lang zugespitzt, 8 bis 12 cm lang, oberseits frischgrün, unterseits weißlichgrün, Blattstiel bis 4 cm lang, rundlich; Austrieb besonders hellgrün (Mitte April); Herbstfärbung gelblich.

Blüten: Pflanze ist männlich, Kätzchen vor den Blättern erscheinend.

Wurzel: Kräftig, flach ausgebreitet, dicht verzweigt, Anlage zur Brettwurzelbildung. Wurzel geht kaum über den Kronenbereich hinaus (EHLERS).

Standort: Sonnig.

Boden: Anspruchslos, gedeiht auch gut auf

Populus x berolinensis

schlechteren Böden, bevorzugt frische bis feuchte, nährstoffreiche, grundwasserbeeinflußte Standorte mit nicht zu hohem Grundwasserstand (40 bis 80 cm). Der Baum verträgt keine regelmäßigen Überschwemmungen. Andererseits übersteht er gut Trockenperioden, aber nicht auf kiesigen, schotterreichen Böden (EHLERS).

Eigenschaften: Sehr frosthart, rauchhart, stadtklimafest, neigt zu Wurzelausläufern, hohes Ausschlagsvermögen, kurzlebig, etwa 80 Jahre, neigt zur Brüchigkeit, krankheitsgefährdet (Braunfleckengrind, Krebsbefall).

Verwendung: Einzelstellung, Gruppen, bedingt geeignet als Straßenbaum, sehr guter Sicht- und Windschutz, da nicht aufkahlend.

P. x canadensis 'Robusta',
Holz-Pappel, Robusta-Pappel
(= P. x euramericana 'Robusta',
P. robusta SCHNEID.)

Populus x euramericana-Hybriden sind Auslesen aus den Kreuzungen zwischen der europäischen Schwarz-Pappel, P. nigra, und der amerikanischen Schwarz-Pappel, P. deltoides.

Wuchs: Großer, sehr schnellwüchsiger Baum mit auffallend geradem, bis zum Wipfel durchgehendem Stamm, Krone kegelförmig geschlossen, Seitenäste schräg aufrecht, im Winkel von 45 Grad, regelmäßig quirlständig angeordnet.

Größe: Bis 35 m hoch und 15 (bis 20) m breit. Alte Robusta-Pappeln können auch eine Höhe von 40 m

Populus x canadensis 'Robusta'

Populus x canadensis 'Robusta'

Populus x canescens

und eine Breite von 30 m erreichen. Jahreszuwachs zunächst 100 bis 150 cm, später etwa die Hälfte.

Rinde: Triebe schwach kantig oder kantenlos, braungrün, fein behaart, Zweige rotbraun.

Blätter: Sommergrün, wechselständig, im Austrieb ausgeprägt rotbraun, früh, dreieckig, 10 bis 12 cm lang, dunkelgrün, glänzend, derb, Blattstiel rot angelaufen; Herbstfärbung gelegentlich gelb, in der Regel aber schmutzig graugrün.

Blüten: Männliche Sorte, Kätzchen 7 bis 9 cm lang.

Wurzel: Kräftig, flach und horizontal ausgebildet, weitstreichend, empfindlich gegen Oberflächenverdichtung.

Standort: Sonnig.

Boden: Bevorzugt grundwassernahe, frische bis feuchte, nährstoffreiche, tiefgründige, sandige Lehmböden oder lehmigen Sand, schwach sauer bis alkalisch. Empfindlich gegen staunasse Standorte. Insgesamt aber ist die Robusta-Pappel sehr anpassungsfähig und gedeiht von allen Typen der Euramericana-Gruppe noch am besten auf weniger nährstoffreichen, leichteren Böden (EHLERS).

Eigenschaften: Frosthart, in rauhen Lagen gelegentlich etwas frostempfindlich (EHLERS); stadtklimafest, salzverträglich, rauchhart, gebietsweise, wie z. B. in Nordbaden und in der Pfalz, etwas schädlingsanfällig. Wird etwa 60 bis 80 Jahre alt, im Alter Holz sehr spröde, Windbruchgefahr.

Verwendung: Außerordentlich schnellwüchsiger, bewährter Großbaum, der mit Erfolg besonders dort eingesetzt werden kann, wo möglichst rasch eine Primärbegrünung erfolgen soll, wie z. B. Mülldeponien, Halden, Spülfelder, Windschutzpflanzungen in nicht zu exponierter Lage. Die Robusta-Pappel sollte immer in sehr lockeren, offenen Gruppen oder auch Reihen gepflanzt werden. Im dichten Bestand wird sie leicht krank. Wertvoller Rohstofflieferant für die Papierindustrie.

P. x canescens (AIT.) SMITH, Grau-Pappel
(= P. alba x P. tremula)

Wuchs: Großer Baum mit lockerer, breit ausladender, hoch gewölbter Krone, Stamm im Freistand meist kurzschäftig, Seitenäste schräg aufwärts, im Alter überhängend, schnellwüchsig.

Größe: 20 bis 25 (bis 30) m hoch und 15 bis 20 (bis 25) m breit, im Freistand oft so breit wie hoch. Jahreszuwachs ca. 50 bis 80 cm.

Rinde: Junge Triebe grau, nicht weiß, Stämme lange glatt bleibend.

Blätter: Sommergrün, wechselständig, an Langtrieben 3eckig eiförmig, oben dunkelgrün, unten locker graufilzig, 6 bis 12 cm lang, Blätter an Kurztrieben eirundlich, kleiner.

Blüten: Pflanze ist zweihäusig, in 6 bis 10 cm langen, grünlichgelben Kätzchen.

Wurzel: Kräftig, Hauptwurzeln tiefgehend, besonders auf trockeneren Standorten, neigt zu reichlich Wurzelbrut.

Standort: Sonnig bis halbschattig.

Boden: Sehr bodentolerant, bevorzugt zwar frische bis feuchte, tiefgründige und kalkreiche Böden, gedeiht aber auch noch gut auf grundwasserfernen, sandigen Böden, sogar auf anmoorigen, staunassen, sauren Standorten (EHLERS).

Eigenschaften: Sehr frosthart, stadtklimafest, sehr windresistent, die beste sturmsichere Pappelart in Norddeutschland (EHLERS), viel Schatten ertragend, verträgt von allen Pappeln am besten Grundwassersenkung.

Verwendung: Die Graupappel gehört zu den gesündesten und anpassungsfähigsten Baumarten. Freistehende Exemplare entwickeln sich zu sehr malerischen Baumgestalten mit landschaftsprägender Wirkung. Im norddeutschen Raum bewährt als Hofbaum, ausgezeichneter Windschutz, Pioniergehölz auf Rohböden, Bodenfestiger (weitstreichendes Wurzelwerk, Wurzelbrut), herrlicher Parkbaum, robustes Gehölz für Schutzgrüngürtel.

Anmerkung: Sollte etwa 35 cm tiefer gepflanzt werden, als sie vorher stand.

Populus x canescens

P. lasiocarpa OLIV.,
Großblatt-Pappel

Populus lasiocarpa

Verbreitung: China.

Wuchs: Mittelgroßer Baum mit zunächst kegelförmiger oder rundlicher, geschlossener Krone und aufsteigenden, wenig verzweigten Ästen, im Alter mehr offene, schlanke Krone, Äste im unteren Bereich waagerecht bis hängend.

Größe: 10 bis 15 (bis 20) m hoch und 6 bis 10 (bis 15) m breit. Jahreszuwachs in der Höhe 50 (80) cm, in der Breite 30 (40) cm, nach 15 Jahren schwächer.

Rinde: Triebe auffallend dick, zuerst dicht filzig, später kahl, etwas kantig; Knospen sehr groß, klebrig; alte Borke grau, längsrissig, schuppig.

Blätter: Sommergrün, wechselständig, herzeiförmig, 17 bis 25 (bis 30) cm lang, oben mattglänzend, tiefgrün, unten graugrün und hellbraun behaart. Blattstiele und Hauptadern sonnenseits rhabarberrot, mattglänzend, schöner Kontrast zu dem Grün der Blätter.

Blüten: Baum ist zweihäusig, Kätzchen bis 10 cm lang.

Wurzel: Kräftig, Hauptwurzeln tiefgehend, Feinwurzeln oberflächennah.

Standort: Sonnig.

Boden: Toleriert jeden kultivierten Boden, sauer bis alkalisch, bevorzugt frische bis feuchte, nährstoffreiche Substrate, versagt auf zu nassen Standorten.

Populus nigra

Eigenschaften: Frosthart, erstaunlich windresistent, keine Windschur, da Knospen nicht austrocknen.

Verwendung: Durch seine große, dekorative Belaubung ein sehr auffallender, schöner Parkbaum für Einzelstellung. Sehr gut harmonierend mit anderen großblättrigen Gehölzen und Stauden wie Catalpa, Populus wilsonii, Polygonum sachalinense, Polygonum weyrichii, Ligularien und Rheum palmatum. Mit dieser Pflanzenauswahl kann man die Üppigkeit eines Vegetationsbildes, wie wir sie von Ufer- und Teichrändern her kennen, noch betonen. Mit den Blattformen von Bambus, Hemerocallis, Decaisnea und Aralia elata bringen wir eine zusätzliche Spannung in das Pflanzenbild.

P. nigra L.,
Schwarz-Pappel

Verbreitung: Mittel-, Süd- und Osteuropa, Teile Asiens, Persien, Nordwestafrika. Die nördliche Verbreitungsgrenze ist sehr unsicher, da häufig angepflanzt und verwildert. In Mitteleuropa in den wärmeren Tälern der Donau, des Rheins, des Mains, der Elbe, Saale, Oder und Weichsel. In Flußniederungen und Auenwaldungen auf nassen, periodisch überschwemmten, lockeren, gut durchlüfteten, tiefgründigen und nährstoffreichen Sand-, Kies- und Lehmböden.

Wuchs: Großer Baum mit breiter, lockerer Krone und geradem, aber nicht durchgehendem Stamm, Äste unregelmäßig stehend und weit ausladend, schnellwüchsig.

Größe: 20 bis 25 (bis 30) m hoch und 15 bis 20 m breit, im Alter meist genauso breit wie hoch. Jahreszuwachs in der Höhe 70 (80) cm, in der Breite 50 (60) cm.

Rinde: Zweige gelbbraun, glänzend, knotig mit vielen erhabenen Lentizellen, Terminalknospen, 12 mm lang, Seitenknospen 6 mm, Spitzen nach außen gebogen, rotbraun, im Frühjahr klebrig; Borke schwärzlich, dick, längsgefurcht, tiefrissig.

Blätter: Sommergrün, wechselständig, sehr unterschiedlich, rhombisch-eiförmig bis dreieckig, lang zugespitzt, 5 bis 10 cm lang, 4 bis 8 cm breit, frischgrün; Herbstfärbung gelb.

Blüten: Pflanze ist zweihäusig, männliche Kätzchen rötlichpurpurn, 5 bis 8 cm lang, hängend, blühende weibliche Kätzchen gelbgrün, bis 10 cm lang. Blütezeit März/April.

Früchte: Samen weiß-wollig, ab Mai/Juni.

Wurzel: Böden werden flach, aber intensiv durchwurzelt, auf trockeneren Standorten tiefgehend und weitstreichend, Ausläufer bildend, verträgt als einzige Pappel Überschotterung (EHLERS), unempfindlich gegenüber periodischen Überschwemmungen.

Standort: Sonnig bis absonnig.

Boden: Allgemein anpassungsfähig, wächst auch auf trockeneren Standorten (Dünen), optimaler Wuchs mit geraden Stämmen auf feuchten, tiefgründigen, nährstoffreichen Böden mit alkalischer Reaktion, kalkliebend, sie meidet staunasse, saure Böden.

Eigenschaften: Gut frosthart, wärmeliebend, windresistent, stark schattende Baumart (Unterbau problematisch, Quercus robur möglich), wird bis zu 300 Jahre alt, Brüchigkeit nimmt mit dem Alter stark zu!

Populus nigra

Verwendung: Stattlicher Baum für die freie Landschaft, wo die Schwarz-Pappel leider durch die Gruppe der P. x canadensis stark bedroht und verdrängt wird. Geeignet als Einzelbaum oder für Gruppenpflanzungen in Park- und Grünanlagen; Straßen- und Alleebaum in der freien Landschaft (im Alter leider windbrüchig), Begrünungsmaßnahmen und Bodenbefestigung an Böschungen, Ufern und Hängen, Windschutzpflanzungen.

Ökologie: Die Schwarz-Pappel ist eine wichtige Bienenfutterpflanze, die nicht nur wegen des Pollens, sondern auch wegen des Knospenharzes, das die Bienen zur Verkittung benötigen, besucht wird. Populus nigra ist u. a. die Futterpflanze für den Großen Eisvogel (Limenitis populi), eine stark gefährdete bzw. in einigen Teilen der Bundesrepublik bereits ausgestorbene Schmetterlingsart.

P. nigra 'Afghanica'
(= P. nigra 'Thevestina',
P. nigra var. afghanica, P. usbekistanica)

Wuchs wie P. nigra 'Italica', doch Stamm rundlich, Triebe hellgrau, Rinde älterer Stämme auffallend grauweiß. Blätter dreieckig eiförmig. Weit verbreitet von Kashmir über die Türkei, Bulgarien, Jugoslawien bis nach Nordafrika. Eine sehr attraktive Form, deren Wuchsverhalten auch bei uns getestet werden sollte. Könnte vielleicht eine gute Alternative zu P. nigra 'Italica' sein.

P. nigra 'Italica',
Pyramiden-Pappel, Säulen-Pappel
(= P. nigra pyramidalis, P. pyramidalis,
P. fastigiata)

In der 2. Hälfte des 18. Jahrh. in der Lombardei, Italien, gefunden.

Wuchs: Großer Baum mit schmaler, säulenförmiger Krone und mehreren, bis zum Wipfel durchgehenden Hauptästen, oft auch nur mit einem Mittelstamm, Seitenäste straff aufrecht und dicht verzweigt.

Größe: 25 bis 30 m hoch und etwa 3 bis 5 m breit. Jahreszuwachs in der Höhe 70 cm, in der Breite 10 bis 15 cm.

Populus nigra 'Afghanica'

P. nigra 'Italica' Allee, etwa 70 Jahre alt, Insel Reichenau

Rinde: Triebe rund, rotbraun, Zweige grau, Borke dunkelgrau, längsrissig.

Blätter: Sommergrün, wechselständig, rhombisch, 6 bis 8 cm lang, hellgrün, glänzend, Herbstfärbung gelb.

Blüten: Die Pyramiden-Pappel ist ein männlicher Klon, hängende Kätzchen, März/April.

Standort: Sonnig.

Boden: Allgemein anpassungsfähig, bevorzugt aber frische bis feuchte, nahrhafte, alkalische Böden, kalkliebend, auf zu trockenen Standorten krankheitsanfällig, Wipfeldürre.

Eigenschaften: Genügend frosthart, wärmeliebend, windresistent, etwas krankheitsanfällig, Pilzinfektion, Aststerben, kurzlebig, im Alter brüchig (40 Jahre).

Verwendung: Sicht- und Windschutzpflanzung, schmale Abpflanzungen zwischen Farbrikhallen, Lagerhäusern, Sportstadien, wo wenig Pflanzraum zur Verfügung steht, Alleen, Betonung der Vertikalen an Plätzen, historischen Anlagen und Gebäuden.

Anmerkung: Die Pyramiden-Pappel ist auch bekannt als „Napoleon-Pappel", da sie in der napoleonischen Zeit gern als Straßenbaum verwendet wurde.

Populus nigra 'Italica'

POPULUS

P. simonii CARR.,
Birken-Pappel
(= P. brevifolia)

Verbreitung: Nordchina, sehr häufig um Peking.

Wuchs: Mittelgroßer, schmalkroniger Baum, Stamm meist durchgehend bis zum Wipfel, Äste verhältnismäßig dünn, aufstrebend, Seitenbezweigung birkenähnlich überhängend. Schnell wachsend.

Populus simonii

Größe: 12 bis 15 m hoch und 6 bis 8 (bis 10) m breit. Jahreszuwachs ca. 50 cm, im Alter etwas geringer.

Rinde: Triebe vierkantig, später rundlich, kahl, rotbraun mit weißen Lentizellen, Winterknospen spitz anliegend, klebrig, alte Borke graugrün, längsrissig.

Blätter: Sommergrün, wechselständig, Baum treibt sehr früh frisch hellgrün aus, voll entwickelte Blätter verkehrt eiförmig bis löffelförmig, 6 bis 12 cm lang, Rand kerbig gesägt, oberseits mittelgrün, unterseits heller, gelegentlich weißlich, Blattstiel und Mittelrippe oft rötlich, Herbstfärbung gelblich, unauffällig.

Blüten: Meist männliche Pflanzen, Kätzchen 2 bis 3 cm lang.

Wurzel: Flach wurzelnd.

Standort: Sonnig, bei Beschattung schiefwüchsig.

Boden: Keine besonderen Ansprüche, wächst auch auf trockeneren Standorten, bevorzugt frische bis feuchte, aber keine nassen Böden, schwach sauer bis alkalisch, kalkliebend.

Eigenschaften: Gut frosthart, aber gelegentlich spätfrostempfindlich (früher Austrieb), stadtklimafest, sehr gut hitzeverträglich (stammt aus einem Areal mit hohen Sommertemperaturen; Mittel des wärmsten Monats 19,9° bis 25,5°C, SCHENK, 1939), kurzlebig, wird selten über 50 Jahre alt, vergreist frühzeitig.

Verwendung: Durch den malerischen „Birken-Habitus" und den sehr frühen, leuchtend hellgrünen Austrieb einer der schönsten Frühjahrsbäume für unser städtisches Grün. Einzelstellung, Gruppen, bedingt als Straßenbaum, Straßenbegleitgrün, Parkanlagen.

P. tremula L.,
Zitter-Pappel, Espe oder Aspe
(tremulus = zitternd)

Populus tremula

Verbreitung: Europa, Nordafrika, Kleinasien, Sibirien. In Mitteleuropa allgemein verbreitet. In lichten Mischwäldern, an Waldrändern, in Hecken und Knicks, auf Ödländereien, Felshängen, Feldrainen und Steinschutthalden; auf mäßig nährstoffreichen, schwach sauren wie kalkreichen, lockeren oder bindigen Sand-, Löß- und Lehmböden.

Wuchs: Mittelgroßer Baum mit lockerer, unregelmäßiger, oft sehr malerischer Krone, Stamm schlank, gerade, auf armen Sandböden oder in Ge-

P. tremula 'Erecta'

birgslagen auch mehrstämmig, strauchartig und schiefwüchsig, oft Dickichte ausbildend.

Größe: Sehr unterschiedlich, (8) 10 bis 20 (30) m hoch und (5) 7 bis 10 (12) m breit. Jahreszuwachs in der Jugend 80 cm, nach etwa 15 Jahren 30 bis 40 cm.

Rinde: Junge Zweige gelbbraun, glänzend, später grau, Borke lange glatt bleibend, gelb oder grüngrau, im Alter rissig, schwärzlich.

Blätter: Sommergrün, wechselständig, eirund bis fast kreisrund, an Langtrieben zugespitzt, Rand buchtig gezähnt, 3 bis 8 cm lang und breit, oberseits mattgrün, unterseits bläulich, Herbstfärbung meist leuchtend gelb, aber auch orangerot.

Blüte: Pflanze ist zweihäusig; Blütenkätzchen 4 bis 10 cm lang, hängend, männliche Blüten mit 4 bis 12 Staubblättern, Staubbeutel anfangs purpurn; weibliche Blüten mit kurz gestieltem Fruchtknoten.

Früchte: Junge Fruchtkätzchen grün, hängend, später weißwollig.

Wurzel: Tiefe des Wurzelwerks richtet sich wie bei den meisten Pappeln nach der Beschaffenheit des Standortes. Flach- oder Herzwurzler, Boden wird intensiv durchwurzelt, starke Ausläuferbildung, auf Sandböden sehr weitstreichend (s. Populus alba). Bei Eingriffen in den Wurzelbereich verstärkte Ausläuferbildung.

Standort: Sonnig bis absonnig.

Boden: Toleriert alle Böden, man kann P. tremula als bodenvage bezeichnen, gedeiht selbst noch auf trockenen Sandböden und Moorstandorten, bevorzugt aber grundwasserbeeinflußte, mäßig nährstoffreiche Böden, sauer bis alkalisch (pH-tolerant).

Eigenschaften: Sehr frosthart, stadtklimafest, bildet Wurzelbrut, das Laub wirkt bodenverbessernd, stark verbißgefährdet, trocknet nasse Böden aus

POPULUS - POTENTILLA

(pumpende Gehölzart), wird nach etwa 40 Jahren etwas brüchig (trockene Äste!), kann bis 100 Jahre alt werden.

Verwendung: Die Zitter-Pappel kann sich im Freistand zu sehr malerischen Exemplaren entwickeln. Ihre bereits durch den geringsten Windhauch „zitternden" Blätter machen sie zu einem interessanten Einzelbaum. Wichtiges Gehölz für das Thema Herbstfärbung.

Pionierpflanze auf rohen Sandböden, Spülsandflächen, Halden, Kahlschlägen, Hängen und Böschungen, wo sie durch die intensive Wurzelausbildung den Boden festigt, zählt neben der Birke zu den zähesten Pioniergehölzen; Trieb-, Knospen- und Rindenäsung für das Wild. In der Natur häufig vergesellschaftet mit: Betula pendula, Salix caprea, Quercus robur und Cytisus scoparius.

Ökologie: Die Zitter-Pappel ist die Futterpflanze für den Großen Fuchs (Nymphalis polychloros), den Großen Eisfalter (Limenitis populi), den Trauermantel (Nymphalis antiopa), den Kleinen Schillerfalter (Apatura ilia), den Kleinen Gabelschwanz (Furcula bifida) u. a.; Biotoppflege und vermehrte Pflanzung von Populus tremula wären Voraussetzung für die Erhaltung dieser z. T. stark gefährdeten Schmetterlingsarten.

P. tremula 'Erecta', Säulen-Zitterpappel, Säulen-Espe

Wurde 1911 in Elgaras, Västergotland, Schweden, gefunden.

Wuchs: Mittelgroßer Baum mit schmaler, säulenförmiger Krone, Äste und Zweige straff aufrecht. Schnellwüchsig.

Größe: 10 bis 15 m hoch und 3 bis 5 m breit. Jahreszuwachs ca. 50 cm.

Blätter: Sommergrün, wechselständig, eirund bis fast kreisrund, an Langtrieben zugespitzt, Rand buchtig gezähnt, 3 bis 8 cm lang und breit, oberseits mattgrün, unterseits bläulich, Herbstfärbung leuchtend gelb, aber auch orangerot.

Blüten, Wurzel, Standort, Boden und Eigenschaften wie der Typ.

Verwendung: Wertvoller, anspruchsloser, schmalkroniger Baum für beengte Pflanzsituationen, schmale Randstreifen, Gebäudeabdeckung, Sicht- und Windschutzpflanzungen, Betonung der Vertikalen an Plätzen und Gebäuden.

P. tremula 'Tapiau'

Wuchs: Gleichmäßig aufrecht, Stamm durchgehend, Krone in der Jugend schmal und von regelmäßiger Form, sehr raschwüchsig.

Populus tremula 'Tapiau'

Größe: In 15 Jahren 15 m hoch.

Eigenschaften: Bis 40 Jahre guter, stabiler Baum mit Zuwachs, ab 50 bis 60 Jahre Vergreisung. Nicht spätfrostempfindlich.

Verwendung: Außerordentlich wertvolle Form der Zitter-Pappel. Hervorragender Böschungsbefestiger auf ärmsten Sandböden, Autobahnböschungen und Kanalufern. Schnellste Eingrünung von Industrieanlagen. Naturverjüngung durch Wurzelbrut.

POTENTILLA L.
Fingerstrauch – Rosaceae, Rosengewächse

Die Gattung umfaßt etwa 300 Arten, die in den gemäßigten und kalten Klimazonen der nördlichen Halbkugel, in tropischen Gebirgen südlich bis Peru und in Neuguinea vorkommen. Überwiegend sind es Stauden, nur wenige Arten sind strauchig. Für den Gehölzverwender hat Potentilla fruticosa die größte Bedeutung. Von diesem sommergrünen Kleinstrauch gibt es verschiedene geographische Rassen und Varianten, die auf der gesamten nördlichen Halbkugel, mit Ausnahme der kalten Zonen, verbreitet sind.

Die Potentilla-Formen und Sorten gehören auf Grund ihrer Anspruchslosigkeit, der außergewöhnlich langen Blütezeit und des dichten, bodendeckenden Wuchses zu den dankbarsten Kleinsträuchern. Die offenen, naturhaft wirkenden Schalenblüten und die zierliche Belaubung verleihen diesem Zwergstrauch ein beinahe staudenhaftes Wesen. Potentillen kann man fast allen Pflanzenbildern und Gartenthemen zuordnen, niemals sind sie aufdringlich, immer passen sie sich an und verbinden.

Die feine Gräsergarten-Melodie beherrschen sie genauso wie den etwas kräftigeren Chor der Rosen- und Begleitpflanzen-Gesellschaft, dem sie durch ihren langanhaltenden, klaren Farb-Ton eine wichtige Stütze sind.

Potentilla mit heimischen Stauden wie z.B. Königskerzen, Rainfarn, Storchschnabel und Wegwarte - Arboretum Thiensen

POTENTILLA

P. fruticosa L., Fünffingerstrauch

Verbreitung: Mit Ausnahme der kalten Zone auf der ganzen nördlichen Halbkugel, auf feuchten wie auch auf mäßig trockenen Böden. Kommt in Nordkorea in feuchten Wäldern vor (ALBRECHT).

Wuchs: Kleiner Strauch, Grundtriebe aufrecht, dicht verzweigt, breitbuschig.

Größe: Bis 1,50 m hoch und breit.

Blätter: Sommergrün, wechselständig, 3- bis 7zählig, Blättchen elliptisch bis lineallänglich, 1 bis 3 cm lang, grün.

Blüten: Gelbe Schalenblüten, bis 3 cm breit, außerordentlich zahlreich, Anfang Juni bis Oktober.

Früchte: Unscheinbar, braun.

Wurzel: Flach ausgebreitet, drahtartig, zähe Hauptwurzeln gehen auch tief, hoher Anteil an Feinwurzeln.

Standort: Sonnig bis absonnig.

Boden: Toleriert jeden durchlässigen, auch leichteren Gartenboden, allgemein anspruchslos, bevorzugt aber den etwas frischeren bis mäßig feuchten, nahrhaften, sauren bis schwach alkalischen Standort, bei zu hohem pH-Wert Eisenchlorose.

Potentilla und Rainfarn

Eigenschaften: Frosthart, lichthungrig, optimaler Blütenansatz nur bei vollsonnigem Stand und nicht zu großem Nährstoffangebot, Trockenheit relativ gut vertragend, stadtklimafest, sehr hohes Ausschlagsvermögen, relativ frei von Krankheiten, einige Sorten leiden allerdings unter Echtem Mehltau, leicht verpflanzbar.

Verwendung: Einzelstellung, Gruppen, freiwachsende Blütenhecken, Flächenbegrünung.

Pflegetip: Ein radikaler Rückschnitt im Frühjahr kurz über dem Erdboden bewirkt Blüten-Wunder. Pflanzen sollten nicht ballentrocken werden!

Auswahl von Gehölzen, Stauden und Gräsern, die sich gut mit Potentilla-Sorten verbinden lassen:

Laubgehölze:
Buddleja-Arten und Sorten
Calluna
Caryopteris
Ceanothus
Chaenomeles-Arten und Sorten
Cotoneaster-Arten und Sorten
Cytisus-Arten und Sorten
Elaeagnus
Genista-Arten und Sorten
Helianthemum
Hippophae
Hypericum-Arten und Sorten
Lavendel
Lonicera flachwachsend
Perovskia
Pyrus salicifolia
Rosen – Wildrosen, Strauchrosen, niedrige Rosen
Salix niedrig, graulaubig
Sorbus aucuparia und andere

Nadelgehölze:
Juniperus-Arten und Sorten
Pinus mugo-Sorten
Pinus parviflora 'Glauca' u. a.

Stauden:
Achillea
Alchemilla mollis
Anaphalis
Artemisia
Camassia
Campanula carpatica u. a.
Cerastium (als flächige Vorpflanzung)
Chrysanthemum vulgare
Delphinium (Hintergrund mit Rosen)
Linum
Nepeta (flächig)
Polemonium
Potentilla (rotblühende Arten und Sorten)
Salvia-Arten und Sorten
Santolina
Stachys
Veronica

Gräser:
Achnatherum brachytrichum
Achnatherum calamagrostis
Festuca-Arten und Sorten
Koeleria
Pennisetum

POTENTILLA

'Abbotswood'

Wuchs: Kleinstrauch, aufrecht, dichtbuschig und breitwüchsig, die unteren Zweigpartien schleppenartig aufliegend.

Größe: Bis 1 m hoch und 1,30 m breit.

Blätter: Hellgrün.

Blüten: Reinweiß, bis 2,5 cm breit, von großer Leuchtkraft.

Blütezeit: Juni bis Oktober.

Eigenschaften: Beste weiße Sorte, kein Befall mit Echtem Mehltau. Wurde in der Sichtungsprüfung Potentilla (1986) mit „gut" ausgezeichnet. Blüht oft schon im Mai.

'Elizabeth'
(= P. arbuscula HORT.)

Wuchs: Kleinstrauch, breit niederliegend, dichtbuschig.

Größe: Bis 0,8 m hoch und 1,20 m breit.

Blätter: Bläulichgrün.

Blüten: Hellgelb, bis 4 cm groß.

Blütezeit: Juni bis Oktober.

Eigenschaften: Kann in ungünstigen Lagen gelegentlich von Mehltau befallen werden.

Potentilla 'Abbotswood' mit Camassia leichtlinii

'Farreri'

Wuchs: Kleinstrauch, dichtbuschig, aufrecht, dünntriebig.

Größe: 0,6 bis 1 m hoch und bis 1,30 m breit.

Blätter: Frischgrün bis graugrün, sehr zierlich.

Blüten: Dunkelgelb, bis 3 cm breit.

Blütezeit: Juni/Juli bis August.

Eigenschaften: Ältere Sorte, aber immer noch beliebt, etwas mehltauanfällig.

'Floppy Disc'

Wuchs: Gedrungen, niedrig, feintriebig, zierlich.

Blätter: Hellgrün, klein.

Blüten: Rosarot, gute Fernwirkung.

'Goldfinger'

Wuchs: Kleinstrauch, dichtbuschig, straff aufrecht.

Größe: 1 bis 1,30 m hoch und bis 1,50 m breit.

Blätter: Dunkelgrün.

Blüten: Dunkelgelb, bis 5 cm breit, von intensiver Leuchtkraft.

Blütezeit: Juni bis Oktober.

Eigenschaften: Spitzensorte, schnitt bei der Potentilla-Sichtungsprüfung (1986) als Beste ab. Sehr widerstandsfähig gegen extreme Witterungsverhältnisse, kein Mehltaubefall. Blüht in großer Fülle kontinuierlich nach.

Potentilla 'Goldfinger'

'Golddigger'

Wuchs: Zwergstrauch, dichtbuschig, niederliegend.

Größe: Bis 0,5 m hoch und 1 m breit.

Blätter: Hellgrün.

Blüten: Goldgelb, bis 5 cm breit, sehr zahlreich.

Blütezeit: Juni bis Oktober.

Eigenschaften: Wertvolle, sehr niedrig bleibende Potentilla-Neuheit für Gruppenpflanzungen, Flächenbegrünung und Kübel.

Potentilla 'Golddigger'

'Goldkissen'

Wuchs: Zwergstrauch, dichtbuschig, rundlich, gleichmäßig wachsend.

Blätter: Dunkelgrün.

Blüten: Kanariengelb, Einzelblüte 2 cm, reichblühend.

'Goldstar'

Wuchs: Kleinstrauch, breitbuschig aufrecht.

Größe: 0,8 bis 1 m hoch und 1,20 m breit.

Blätter: Graugrün.

Potentilla 'Goldstar'

Blüten: Leuchtend gelb, ausgesprochen groß, 4 bis 5 cm breit, von intensiver Leuchtkraft.

Blütezeit: Juni bis September/Oktober.

Eigenschaften: Wurde bei der Potentilla-Sichtungsprüfung (1986) mit „sehr gut" bewertet. Sollte nur in freier Lage verwendet werden, da eine gewisse Mehltauanfälligkeit auftreten kann. Gehört aber auf jeden Fall in die Spitzengruppe der Potentilla-Sorten. Z. Z. die großblumigste Potentilla.

'Goldstern'

Wuchs: Kleinstrauch, breitbuschig aufrecht.

Größe: 0,5 bis 0,7 m hoch und oft doppelt so breit.

Blätter: Dunkelgrün.

Blüten: Leuchtend goldgelb, einfach bis halbgefüllt, Blütenmitte dunkler. Sehr attraktiv sind die röschenähnlichen Knospen.

Eigenschaften: Gesund, robust.

'Goldteppich'

Wuchs: Zwergstrauch, breitbuschig bis niederliegend, lockerer Aufbau, starktriebig.

Größe: 0,5 bis 0,7 m hoch und mindestens 1 m breit.

Blätter: Graugrün.

Blüten: Leuchtend gelb, mittelgroß bis groß, 4 bis 4,8 cm breit, von intensiver Leuchtkraft.

Blütezeit: Mai bis Oktober.

Eigenschaften: Kein Mehltaubefall, lange und auch sehr früh beginnende Blütezeit. Wegen des breiten Wuchses sehr guter Flächenbegrüner, sollte aber nicht zu eng gesetzt werden. Wurde bei der Potentilla-Sichtungsprüfung mit „sehr gut" bewertet.

Potentilla 'Goldteppich'

'Hachmanns Gigant'

Wuchs: Zwergstrauch, dichtbuschig, breitwüchsig, starktriebig.

Größe: 0,7 m hoch und 1 m breit.

Blätter: Hellgrün.

Blüten: Leuchtend gelb, mittelgroß bis groß, 3,5 bis 4 cm breit, von intensiver Leuchtkraft.

Blütezeit: Mai/Juni bis Oktober.

Eigenschaften: Wird gelegentlich von Mehltau be-

Potentilla 'Hachmanns Gigant'

fallen und sollte deshalb vorzugsweise in freien Lagen angepflanzt werden. Diese Sorte ist in der Potentilla-Sichtungsprüfung mit „gut" bewertet worden.

'Jackman'

Wuchs: Kleiner Strauch, breitbuschig, straff aufrecht, locker verzweigt, starktriebig.

Größe: 1,20 bis 1,50 m hoch und breit.

Blätter: Silbriggraugrün.

Blüten: Dunkelgelb, mittelgroß bis groß und von intensiver Leuchtkraft.

Blütezeit: Mai/Juni bis August.

Eigenschaften: Mehltauanfällig.

'Jolina'

Wuchs: Flach und dicht.

Größe: 40 bis 50 cm.

Blätter: Graugrün.

Blüten: Tiefgelb, von Anfang Juli bis November.

'Klondike'

Wuchs: Kleinstrauch, breitbuschig aufrecht.

Größe: Über 1 m hoch und bis 1,30 m breit.

Blätter: Mittelgrün bis dunkelgrün.

Blüten: Hellgelb, mittelgroß, bis 4 cm breit.

Blütezeit: Mai bis August.

Eigenschaften: Mehltauanfällig.

'Kobold'

Wuchs: Zwergstrauch, dichtbuschig aufrecht, rundlich.

Potentilla 'Kobold'

Größe: 0,6 bis 0,8 m hoch und 1,2 m breit.

Blätter: Hellgrün.

Blüten: Leuchtend gelb, mittelgroß, von intensiver Leuchtkraft.

Blütezeit: Juni/Juli bis September/Oktober.

Eigenschaften: Gelegentlich kann Mehltau auftreten, doch ist der Befall äußerst gering! Auf Grund des dichten Wuchses eignet sich 'Kobold' sehr gut für niedrige Hecken. Wurde in der Potentilla-Sichtungsprüfung insgesamt mit „sehr gut" bezeichnet. Besonders gut als Heckenpflanze geeignet.

var. mandshurica HORT.
(= P. 'Manchu')

Wuchs: Zwergstrauch, breit niederliegend, reich verzweigt.

Größe: Bis 0,5 m hoch und 0,8 bis 1,20 bis 1,60 m breit.

Blätter: Graugrün.

Blüten: Reinweiß, mittelgroß.

Blütezeit: Juni bis Oktober.

Eigenschaften: Reagiert auf Nährstoffmangel mit Blattvergilbungen, bevorzugt einen nahrhaften Gartenboden. Treibt sehr zeitig aus und ist daher etwas spätfrostempfindlich. Sonst aber eine sehr gute, niedrige, weiß blühende Form, die sich für Flächenbegrünungen, Pflanzkübel, Steingärten und Trogbepflanzungen eignet.

'Marian Red Robin'
(= 'Marrob')

Wuchs: Kleinstrauch, breitbuschig aufrecht.

Blüten: Leuchtend rot.

Die in Irland von L. DE JONG selektierte Sorte gilt als Verbesserung von 'Red Ace'.

'Pretty Polly'

Wuchs: Breitbuschig, rundlich und dicht, feintriebig.

Blätter: Mittelgrün, klein.

Blüten: Hellrosa, mittelgroß. Verbesserung der Sorte 'Princess'.

'Princess'

Wuchs: Kleinstrauch, Grundtriebe bodenaufliegend, Zweige regelmäßig, dichtbuschig, feintriebig.

Größe: 0,8 m hoch und 1,2 m breit.

Potentilla 'Princess'

Blätter: Dunkelgrün.

Blüten: Rosa, im Sommer hellrosa.

Blütezeit: Mai bis Oktober/November.

Eigenschaften: Wertvoll wegen der rosafarbenen Blüten, eine auffallende Neuheit in dem überwiegend gelb blühenden Potentilla-Sortiment.

'Red Ace'

Wuchs: Zwergstrauch, breitbuschig bis niederliegend, feintriebig.

Größe: Bis 0,65 m hoch und etwa 1,2 m breit.

Blätter: Hellgrün, zierlich.

Blüten: Der erste Blütenflor rotorange, bei intensiver Sonneneinstrahlung im Sommer deutlich heller, mehr orangegelb, mittelgroß.

Blütezeit: Juni/Juli bis September/Oktober.

Eigenschaften: Wird gelegentlich von Mehltau befallen, etwas hitze- und trockenheitsempfindlich, gedeiht gut in Gebieten mit hoher Luftfeuchtigkeit, Küstenregionen. 'Red Ace' liebt das feuchte, kühle Wetter, Blütenfarbe ist dann viel intensiver. Farblich

Potentilla 'Red Ace'

eine schöne Bereicherung des Potentilla-Sortiments. Guter Kontrast mit gelben Sorten und Stauden.

'Snowflake'

Wuchs: Buschig aufrecht, raschwüchsig.

Blätter: Mittelgrün bis dunkelgrün.

Blüten: Weiß, einfach bis etwas gefüllt, Blüten klein.

PROSTANTHERA LABIL.
Labiatae,
Lippenblütler

P. cuneata BENTH.,
Strauchminze
(cuneatus = keilförmig)

Wintergrüner bis immergrüner, breitwüchsiger, 0,8 bis 1 m hoher (im Alter wohl noch höher) und dann 1 bis 1,2 m breiter Kleinstrauch. Triebe grün, biegsam, seitwärts abstehend, bei älteren Pflanzen etwas übergeneigt bis schwach niederliegend, dicht besetzt mit Blättern und Kurztrieben. Blätter wintergrün bis immergrün, gegenständig, auffallend klein und sehr eng sitzend, rundlich, Basis keilförmig, Blätter in der oberen Hälfte schwach gekerbt, 0,5 bis 0,8 cm lang, beidseitig mit deutlichen Harzdrüsen besetzt, stark aromatisch duftend! Blüten für die zierliche Pflanze auffallend groß, zart lilaweiß, Blüte flachglockig (wie kleine Einzelblüten von Catalpa), Krone 2lippig (2 Kronblätter bilden die Oberlippe, 3 die Unterlippe). Kronröhre kurz, Krone etwa 2 cm breit, innen mit violetten Punkten, mittleres Kronblatt innen gelb- rotbraun gefleckt. Mitte Mai/Juni. Mit seinen dunkelgrünen, aromatisch duftenden Blättern und den auffallend großen und hübsch gezeichneten Lippenblüten ist Prostanthera z. Z. die große Neuentdeckung. Man trifft diesen Strauch auch schon in deutschen Baumschulen an. Hat sich in den letzten Jahren im Heidegarten des Arboretums Ellerhoop-Thiensen als erstaunlich hart erwiesen. Muß unbedingt intensiver beobachtet werden! Geeignet für Heideanlagen, Kleingehölz- und Staudenrabatten. Herrlicher Strauch für den Duftgarten und für das Thema Blatt-Texturen. Beansprucht (trockene) mäßig trockene bis frische, gut durchlässige, schwach saure Böden, auf zu kalkhaltigen Substraten Eisenmangelchlorose. Kann bedenkenlos nach der Blüte hart zurückgeschnitten werden. Winterschutz aus Deckreisig ist empfehlenswert. Sonnig bis absonnig, warm und geschützt. P. cuneata ist in Tasmanien und Australien beheimatet.

Prunus serrulata var. hupehensis im Arboretum Ellerhoop-Thiensen

PRUNUS L.
Kirsche, Pflaume, Pfirsich, Mandel,
Aprikose – Rosaceae,
Rosengewächse

Mit etwa 430 Arten sommergrüner, seltener immergrüner Bäume und Sträucher, die meist in der nördlich gemäßigten Zone vorkommen, ist die Gattung Prunus eine der umfangreichsten und vielfältigsten Gehölzgattungen überhaupt. Sie bietet uns eine riesige Fülle von Ziergehölzen mit unterschiedlichsten Wuchsstärken, Wuchsformen, Blütenfarben, -formen und -zeiten. Die bekanntesten und wohl auch schönsten Bäume sind die Japanischen Zier-Kirschen.

P. subhirtella 'Autumnalis' und P. subhirtella überraschen oft schon im Dezember/Januar mit ihren weißen oder zartrosa Blüten. Der eigentliche Blütenhöhepunkt aber wird im April von der unge-heuer locker wachsenden, ja beinahe schwebenden 'Accolade' eingeleitet. Obwohl die Zier-Äpfel meine heimlichen Favoriten sind, bin ich doch jedes Jahr aufs Neue beeindruckt und überwältigt von der frühen Blütezeit, der Leichtigkeit und Transparenz und den zarten Pastelltönen der Kirschblüten.

Neben den baumartigen Formen haben aber auch die niedrig bleibenden, schwachwüchsigen und schmalkronigen Prunus-Arten eine große Bedeutung, da sie auch im kleinsten Gartenraum Kirschblütenzauber ermöglichen. Ich denke hier z. B. an Prunus 'Hally Jolivette', Prunus kurilensis 'Brillant' und 'Ruby' oder an Prunus x hillieri 'Spire'.

Die vielseitigste Begabung unter den Zier-Kirschen ist Prunus sargentii, die im Frühjahr herrlich rosa blüht und den Herbstgarten mit einer leuchtend orangeroten Laubfärbung verzaubert.

Eine ganz andere Gruppe innerhalb der Gattung sind die Rindenfärber, die von Prunus serrula mit ihrer spektakulären, mahagonibraunen Rinde angeführt werden.

Prunus laurocerasus und P. lusitanica vertreten die immergrünen Arten der Gattung, wobei P. laurocerasus mit den vielen Formen die größere gärtnerische Bedeutung für uns hat. Auf den anspruchslosen, sehr schatten- und trockenheitsverträglichen Kirschlorbeer kann der Pflanzenverwender kaum verzichten.

Nicht unerwähnt bleiben sollten unsere heimischen Prunus-Arten wie P. avium, P. padus oder P. spinosa, die neben ihrer vielseitigen Verwendbarkeit als anspruchslose Landschaftsgehölze eine große ökologische Bedeutung für die Tierwelt haben. Im übrigen sind P. padus oder P. avium auch herrliche Blütengehölze, die sich in Garten- und Parkanlagen zu eindrucksvollen Exemplaren entwickeln können.

ÜBERSICHT ÜBER DIE GATTUNG PRUNUS

1. Heimische und eingebürgerte (Neophyten) Prunus-Arten und Sorten

Wildart/Sorte	Blüte	Blütezeit	Wuchs	Größe in m Höhe	Breite
P. avium	weiß	Ende April bis Mai	Mittelgroßer Baum mit eirundlicher Krone	15 – 20 (25)	10 – 15
P. avium 'Plena'	weiß, dicht gefüllt	Ende April bis Mai	Kleiner Baum mit rundlicher Krone	7 – 12	4 – 6 – 8
P. fruticosa 'Globosa'	weiß	April/Mai	Kleinbaum mit Kugelkrone	3 – 5	1,5 – 2,5
P. mahaleb	weiß	April/Mai	Großstrauch/Baum, sparrig, breit ausladend	4 – 6 (10)	3 – 6 (10)
P. padus	weiß, in Trauben	April/Mai	Großstrauch/Kleinbaum mit eiförmiger Krone	6 – 10 – 15 (18)	4 – 8 (10)
P. serotina	weiß, in Trauben	April/Mai (Juni)	Strauch/Großstrauch/ Kleinbaum, breit auseinanderstrebend	5 – 8 – 15 (25)	5 – 10 – 12
P. spinosa	weiß	April/Mai	Strauch/Großstrauch	1 – 3 (5)	breiter als hoch

2. Japanische Blüten-Kirschen und andere ostasiatische Zier-Kirschen

Wildart/Sorte	Blüte	Blütezeit	Wuchs	Größe in m Höhe	Breite
P. 'Accolade'	leuchtend rosa, leicht gefüllt	Anfang April	zierlicher Baum/ Großstrauch, trichterförmig aufrecht	5 – 7 (10)	3 – 7 (10)
P. 'Hally Jolivette'	weiß, mit rosa Mitte, gefüllt	April/Mai	Strauch, aufrecht, rundlich	2 – 3 (–4)	2 – 3
P. x hillieri 'Spire'	mandelrosa, einfach	April	Großstrauch/Kleinbaum, schmal säulenförmig	5 – 8	2 – 3

PRUNUS

Wildart/Sorte	Blüte	Blütezeit	Wuchs	Größe in m Höhe	Breite
P. kurilensis 'Brillant'	weiß, einfach	(Ende März) Anfang April	Strauch, aufrecht, locker verzweigt	1,5−2	1,50
P. sargentii	rosa, einfach	April	Großstrauch/Kleinbaum, trichterförmig, später breit ausladend	6−12 (15)	5−10
P. sargentii 'Rancho'	rosa, einfach	April	Kleinbaum, schmal aufrecht	6−12	2,50−4
P. serrula	weiß, einfach	April/Mai	Großstrauch/Kleinbaum, Krone rundlich	9	6−7
P. serrulata 'Amanogawa'	hellrosa, leicht gefüllt	Ende April, Anfang Mai	Großstrauch/Kleinbaum, straff säulenförmig	4−7 (8)	1−2
P. serrulata 'Hokusai'	hellrosa, halbgefüllt	Mai	Großstrauch/Kleinbaum, sehr breit ausladend	6	8−10
P. serrulata 'Kanzan'	rosa, dicht gefüllt	Anfang Mai	Großstrauch, Kleinbaum, trichterförmig, breit ausladend	7−10(12)	5−8
P. serrulata 'Kiku-shidare-zakura'	rosa, dicht gefüllt	Ende April/ Anfang Mai	Großstrauch/Kleinbaum, Hängeform	3−5−6	2−4 (6)
P. serrulata 'Pink Perfektion'	tiefrosa, einfach	April/Mai	Großstrauch/Kleinbaum, trichterförmig	8	5
P. serrulata 'Shiro-fugen'	reinweiß, gefüllt, im Verblühen rosa	Ende Mai (Anfang Juni)	Kleinbaum, trichterförmig, später breit ausladend	5−8	4−8 (12)
P. serrulata 'Shirotae'	weiß, einfach	Anfang Mai	Großstrauch/Kleinbaum, horizontal ausgebreitet	4−6	4−6
P. serrulata 'Taihaku'	schneeweiß, einfach	Ende April	Großstrauch/Kleinbaum, trichterförmig aufrecht	4−6 (7)	3−5
P. subhirtella 'Autumnalis'	weiß, weißlichrosa, halbgefüllt	Nov./Dez., März/April	Großstrauch/Kleinbaum, breit aufrecht	5	5
P. subhirtella 'Autumnalis Rosea'	weißlichrosa, Blütenmitte rosa, halbgefüllt	Nov./Dez., März/April	Großstrauch/Kleinbaum, breit aufrecht	5	5
P. subhirtella 'Fukubana'	tiefrosa, leicht gefüllt	April	Großstrauch/Kleinbaum, aufrecht	4−6	3−4
P. subhirtella 'Pendula'	rosa, einfach	April	Kleinbaum/Strauch, Hängeform	3−4−5	3−4
P. subhirtella 'Plena'	knospig rosa, aufgeblüht weiß, gefüllt	April	Kleinbaum/Großstrauch, breit aufrecht	4−6	3−5
P. x yedoensis	knospig rosa, aufgeblüht strahlend weiß, einfach	(Ende März) April	Kleinbaum/Großstrauch, trichterförmig, breit und locker	5−8−10	4−7
P. x yedoensis 'Ivensii'	knospig rosa, aufgeblüht reinweiß	(Ende März) April	Hängeform	5−8	4−5

Prunus 'Trailblazer'

Prunus x blireana

3. Zier-Pflaumen, -Mandeln und andere Prunus-Formen

Wildart/Sorte	Blüte	Blütezeit	Wuchs	Größe in m Höhe	Breite
P. x blireana	rosa, halbgefüllt	April/Mai	Großstrauch	4 – 7	3 – 5
P. cerasifera	weiß, einfach	Ende März/ Anfang April	Großstrauch/Kleinbaum mit unregelmäßiger, buschiger Krone	5 – 8	4 – 6
P. cerasifera 'Nigra'	rosa, einfach	Ende März/ Anfang April	Großstrauch/Kleinbaum mit unregelmäßiger, buschiger Krone	5 – 7	3 – 6
P. x cistena	knospig schwachrosa, später weiß, einfach	Mai	Strauch, aufrecht, dicht verzweigt	2 – 2,5	2 – 2,5
P. dulcis	rosa/weiß	März/April	Großstrauch/Kleinbaum	5 – 7(10)	4 – 6
P. glandulosa 'Alboplena'	weiß, dicht gefüllt	Ende April/ Anfang Mai	Kleiner Strauch, aufrecht	1,5	1,5
P. x gondouinii 'Schnee'	schneeweiß, einfach	Ende April/ Anfang Mai	Kleinbaum mit dichtbuschiger Kugelkrone	3 – 5	2 – 3
P. mume	weiß/dunkelrosa	März/April	Großstrauch/Kleinbaum	4 – 6	3 – 4

P. persica	rosarot	April/Mai	Großstrauch/Kleinbaum	4–6 (7)	3–4
P. pumila var. depressa	weiß	April/Mai	Bodendecker	0,20	1,50–2
P. x schmittii	blaßrosa	April/Mai	Kleinbaum	6–12	–
P. tenella 'Fire Hill'	rosarot, einfach	April/Mai	Kleinstrauch, locker aufrecht	1,2 (1,5)	breiter als hoch
P. 'Trailblazer'	cremeweiß, einfach	April	Kleinbaum/Strauch, trichterförmig aufrecht	5–7	3–5–6
P. triloba	rosa, gefüllt	April/Anfang Mai	Strauch, breitbuschig aufrecht	1,5–2	1,5–2

4. Immergrüne Lorbeer-Kirschen, Prunus laurocerasus-Sorten u. Prunus lusitanica

Wildart/Sorte	Wuchs	Größe in m Höhe	Breite	Blätter	Bemerkung
P. laurocerasus 'Herbergii'	breit aufrecht bis kegelförmig	2–3	1,5–3	schmal elliptisch	ausreichend frosthart
P. laurocerasus 'Mount Vernon'	flach ausgebreitet	0,3	1,5–?	elliptisch länglich	Zwergform
P. laurocerasus 'Otto Luyken'	breitbuschig, gedrungen	1,2–1,5	2–3	schmal zugespitzt	sehr frostharte Form
P. laurocerasus 'Reynvaanii'	straff aufrecht	2–3 (3,50)	2	schmal elliptisch	gut für Hecken
P. laurocerasus 'Rotundifolia'	straff aufrecht	2–3	2,5	verkehrt eiförmig, groß, hellgrün	mäßig hart
P. laurocerasus 'Schipkaensis Macrophylla'	locker, breit aufrecht	2–3 (3,50)	2–5	schmal elliptisch	frosthart
P. laurocerasus 'Van Nes'	breitbuschig, locker aufrecht	2,5 (3)	4–6	länglich elliptisch	frosthart
P. laurocerasus 'Zabeliana'	breit und flach	1,5 (2)	2–5	schmal eiförmig bis lanzettlich	gut frosthart
P. lusitanica	breit aufrecht	6	6	länglich eiförmig	frostempfindlich

Auswahl von Gehölzen, Stauden und Zwiebelpflanzen für die Benachbarung mit Blüten-Kirschen:

1. Hintergrund-Kulisse:

Acer platanoides	
Betula platyphylla var. japonica	Frühlingsstimmung, für größere Anlagen.
Betula pendula	Frühlingsstimmung, für größere Anlagen.
Betula utilis 'Doorenbos' (= B. jacquemontii HORT.)	Frühlingsstimmung, für kleinere Anlagen.
Paulownia tomentosa	herrlich das Blau zu rosa Kirschen, leider ist diese Kombination nur in milden Gebieten möglich.
Prunus avium Prunus cerasifera 'Nigra' Prunus padus	wird viel zu selten als Blütenbaum eingesetzt!

Pinus nigra	guter, dunkler Hintergrund, schnellwüchsig.
Pinus parviflora 'Glauca'	Japan-Garten-Motiv.
Pinus peuce	
Pinus strobus	
Pinus sylvestris	
Pinus wallichiana	lockerer, malerischer Wuchs, sehr guter Hintergrund.
Taxus baccata	sehr gut auch als Hecke, ruhiger, dunkler Hintergrund.

2. Auserlesene Solitär- und Blütengehölze:

Acer japonicum und Formen	Japan-Garten-Motiv.
Acer palmatum und Formen	Japan-Garten-Motiv.
Acer rubrum	auffallend rote Blüten.
Amelanchier-Arten und Sorten	

Cercidiphyllum japonicum	zierender Austrieb, Kontrast.
Cornus florida und Formen	
Exochorda racemosa	
Halesia-Arten	
Magnolia-Arten und Sorten	
Malus-Arten und Sorten (früh/mittelfrüh)	
Prunus mume	
Pyrus calleryana 'Chanticleer'	
Pyrus salicifolia 'Pendula'	gleichzeitig der schönste graulaubige Baum für den Rosengarten.

3. Gehölze als Vorpflanzung, Unterpflanzung oder Saum:

Chaenomeles-Arten und Sorten	zur Abstufung und Sockelbildung eines der besten Gehölze, Blütezeit sehr lang.
Corylopsis-Arten	
Clematis alpina-Sorten	können auch in den Baum gepflanzt werden, blühen zusammen mit Sorten wie 'Kanzan' oder 'Shiro-fugen'.
Clematis macropetala	
Erica carnea-Sorten Erica x darleyensis-Sorten	
Prunus glandulosa 'Alboplena' Prunus tenella Prunus triloba	
Rhododendron impeditum Rhododendron russatum	dunkelblaue Sorten wie 'Gletschernacht' passen wundervoll zu rosa oder weißen Kirschen.
Rhododendron Williamsianum-Hybriden	
Ribes sanguineum-Sorten	
Spiraea x arguta Spiraea thunbergii u. a.	

4. Stauden und Zwiebelpflanzen unter Zier-Kirschen:

Anemone apennina Anemone blanda	blaue Teppiche unter weißen und rosa Kirschen!
Anemone nemorosa	zum Verwildern, Gehölzrand, sie brauchen Ruhe.
Aubrieta-Hybriden	blaue Polster für sonnige, warme Plätze, Wegrand, Terrasse.
Bergenia-Arten und Sorten	rosa Blüte, unverwüstlicher Bodendecker.
Brunnera macrophylla	schöne blaue Begleitstaude (schattig).
Chionodoxa-Arten	für frühe Zier-Kirschen wie 'Accolade', durch selbst. Aussaat schnell blaue Teppiche webend.
Corydalis-Arten	zum Verwildern.
Dicentra eximia	etwas halbschattig unter späten Sorten wie 'Shiro-fugen', korrespondiert mit dem Rosa der Blüten.
Muscari-Arten	großflächig, blau.
Narzissen	unverzichtbare Zier-Kirschen-Begleitpflanze, am schönsten sind weiße.
Omphalodes verna	großflächig, blau, Gehölzrand, unendlich wertvoll!
Primula denticulata	frischer Boden.
Primula elatior	frischer Boden.
Pulmonaria angustifolia 'Azurea'	mit Primula veris schöne Farbkombination, frischer Boden.
Tulpen-Arten und Sorten	bitte unter rosa Zier-Kirschen nicht zu bunt pflanzen, Vorsicht mit Gelb!
Viola odorata	das Duft-Veilchen ist reizend unter Zwerg-Kirschen.

'Accolade'
(= P. sargentii 'Accolade')
Hybride aus P. sargentii x P. subhirtella.

Um 1952 erzielt von der Knap Hill Nursery, Woking, England.

Wuchs: Zierlicher Baum oder Großstrauch, Hauptäste locker, trichterförmig aufsteigend, im Alter malerisch schirmförmig ausladend, Zweige dann leicht überhängend.

Größe: 5 bis 7 (bis 10) m hoch und 3 bis 7 (bis 10) m breit. Im Alter gelegentlich breiter als hoch. Jahreszuwachs 30 bis 40 cm.

Blätter: Sommergrün, wechselständig, elliptisch, 8 bis 12 cm lang, Rand einfach bis doppelt gesägt, mittelgrün, Herbstfärbung ab Oktober gelb bis gelborange.

Prunus 'Accolade'

Prunus 'Accolade' wird stark von Insekten besucht

Prunus 'Accolade'

Prunus avium

Prunus avium

Blüten: Leuchtend rosa, leicht gefüllt, Einzelblüten bis 4 cm breit, in Büscheln; Blütezeit sehr früh, April.

Standort: Sonnig.

Boden: Bevorzugt frische bis feuchte, nährstoffreiche, sandig-lehmige Substrate, neutral bis stark alkalisch. Ist aber allgemein anspruchslos und toleriert auch trockenere Gartenböden.

Eigenschaften: Gut frosthart.

Verwendung: 'Accolade' ist zur Blütezeit eine der auffallendsten Zier-Kirschen. Auf Grund ihres schirmartig ausgebreiteten Wuchses und der feinen, zierlichen Bezweigung scheinen sie wie rosafarbene Blütenwolken zu schweben. Wirkungsvoll vor dunklen Hintergründen aus Kiefern, Tsuga oder Taxus. Die richtige Frühlingsstimmung kommt auf, wenn wir ihnen einen himmelblauen See aus Omphalodes verna, Scilla siberica 'Spring Beauty', Chionodoxa luciliae oder frühen Myosotis zu Füßen legen. Das Frühlings-Garten-Thema wäre perfekt mit dem zeitig austreibenden Grün von Betula platyphylla var. japonica.

Ökologie: Wird stark von Bienen, Hummeln und Käfern besucht. Knospen werden in den Wintermonaten gern von Dompfaffen gefressen.

P. avium L., Vogel-Kirsche
(avium = Vogel)

Verbreitung: Europa bis Kleinasien, Kaukasus und W-Sibirien. In Deutschland sehr verbreitet in den Mittelgebirgen, im süd- und südwestdeutschen Raum, in den Alpen bis auf 1700 m, im Norden seltener, sehr häufig verwildert. In krautreichen Laub- und Nadel-Misch-Wäldern, gern in Eichen-Hainbuchen-Wäldern, an Waldrändern, Bachufern, in Feldgehölzen, Hecken und Knicks; auf tiefgründigen, nährstoffreichen, feuchten und kalkreichen Lehmböden.

Wuchs: Mittelgroßer Baum mit eirundlicher Krone und geradem, weit in die Krone durchgehendem Stamm, Äste auffallend quirlig gestellt; mittelstark bis stark wachsend.

Größe: 15 bis 20 m, gelegentlich sogar 25 (30) m hoch, Kronenbreite 10 bis 15 m, Jahreszuwachs ca. 50 cm.

Rinde: Zweige braunrot, später glänzende Ringelborke.

Blätter: Sommergrün, wechselständig, eilänglich, grob und unregelmäßig gesägt, bis 15 cm lang, dunkelgrün; Herbstfärbung prächtig gelborange bis scharlachrot.

Blüten: Weiß, zu mehreren in Büscheln, Einzelblüte bis 2,5 cm breit, sie erscheinen kurz vor dem Laubaustrieb im April bis Mai. Außerordentlich schöner Blütenbaum.

Früchte: Ab Juli süße bis bittersüße, schwarzrote, etwa 1 cm große Kirschen, eßbar.

Wurzel: Flaches Herzwurzelsystem, die Hauptseitenwurzeln sind sehr stark, häufig sogar brettartig ausgebildet, vertikal gerichtete Wurzeln nur mäßig entwickelt, bei 50 bis 70jährigen Bäumen auf tiefgründigem Lößlehm nur bis 60 cm tief, auf Schlufflehm maximal 100 cm tief, auf tiefgründigem Sand mit Grundwasser in 3,90 m Tiefe hat WÄCHTER (1921) Wurzeltiefen von 2,80 m bzw. 3,25 m gemessen.

Standort: Sonnig bis leicht halbschattig.

Boden: Insgesamt anspruchslos, bevorzugt aber tiefgründige, nährstoffreiche, frische bis mäßig feuchte Lehmböden, neutral bis stark alkalisch, kalkliebend! Verträgt keine Staunässe. Ungünstig sind auch arme Sandstandorte.

Eigenschaften: Gut frosthart, lichthungrige Baumart, etwas wärmeliebend, Lehmzeiger, bildet Stockausschlag, auf nicht zusagenden, oft sauren Böden tritt der gefürchtete Gummifluß auf. P. avium-Blüten sind frostgefährdet, empfindlicher als Birnen und Pflaumen. Die Vogelkirsche ist in der freien Landschaft verbißgefährdet. Sie erreicht ein Alter von 80 bis 90 Jahren.

Verwendung: Prachtvoller Blütenbaum für Einzelstellung oder Gruppenpflanzung in größeren Garten und Parkanlagen, Siedlungen und Dörfern. Sollte viel häufiger gepflanzt werden. Waldrandgestaltung, Böschungsbegrünung (Wurzelfaktivität).

Benachbarung: Acer platanoides, Blütezeit fällt zusammen. Das Holz der Vogel-Kirsche ist für Tischlerarbeiten (Furniere) sehr wertvoll.

Ökologie: Die Vogelkirsche ist ein gutes Vogelnähr- und -nistgehölz, wertvolle Bienenfutterpflanze; der honigähnliche Saft, den die am Blattstiel sitzenden, rötlichen Nektarien über einen längeren Zeitraum produzieren, wird sehr gern von Ameisen angenommen. P. avium ist eine wichtige Futterpflanze für die Raupe des Großen Fuchses (Nymphalis polychloros).

Prunus avium

P. avium 'Plena'

Prunus avium 'Plena'

Wuchs: Kleiner Baum mit rundlicher, regelmäßig verzweigter, dichter Krone, im Alter mehr ausladend, Äste und Zweige dann überhängend.

Größe: 7 bis 12 m hoch und 4 bis 6 bis 8 m breit. Jahreszuwachs etwa 30 cm.

Rinde: Braunrot, glänzend, Borke im Alter längsrissig.

Blüten: Schneeweiß, dicht gefüllt, in Büscheln. Einzelblüte 2 bis 3 cm breit, Knospen und junge Blüten auffallend kugelig, sehr attraktiv. Ende April bis Mai.

Früchte: Werden kaum angesetzt.

Wurzel, Standort, Boden und Eigenschaften wie P. avium.

Verwendung: Schöner Blütenbaum für größere Garten- und Parkanlagen, kann auch als Straßenbaum im Vorstadtbereich, auf Plätzen oder in Einkaufszentren, Fußgängerpassagen usw. verwendet werden. Nicht in die freie Landschaft.

Ökologie: Blüten werden von Bienen und Hummeln beflogen.

P. x blireana ANDRÉ
(= P. cerasifera 'Atropurpurea' x P. mume)

Kreuzung entstand um 1895 in Frankreich.

Hoher, breitwüchsiger Strauch mit braunroten Trieben und rotbraunen, später etwas vergrünenden Blättern. Blüten rosa, halbgefüllt, einzeln stehend, im April/Mai. Stellt an den Boden kaum Ansprüche, bevorzugt mäßig trockene bis frische (feuchte), nährstoffreiche Substrate von neutral bis stark alkalisch.

Attraktiver, rotblättriger Blütenstrauch, der leider nicht sehr bekannt ist.

P. x blireana wird neuerdings mit großer Werbung unter der Bezeichnung P. cerasifera 'Pleniflora' als absolute Neuentdeckung gehandelt, was allerdings fast schon sträflich ist.

vgl. Abb. S.435

P. cerasifera EHRH.,
Kirsch-Pflaume, Myrobalane
(= P. myrobalana,
P. domestica var. myrobalana)

Verbeitung: Kleinasien, Kaukasus, auf der Krim, in Persien und Südwestsibirien, in Europa seit 400 Jahren angebaut. In unserer Landschaft vielfach verwildert.

Wuchs: Baumartiger Strauch oder Kleinbaum mit unregelmäßiger, aufstrebender, später ausgebreiteter Krone, sparrig und dichtbuschig verzweigt.

Größe: 5 bis 8 m hoch und 4 bis 6 m breit.

Rinde: Triebe kahl, grün!, Zweige graubraun, mit bis zu 2 cm langen Dornen, alte Borke schwärzlich.

Blätter: Sommergrün, wechselständig, elliptisch bis eiförmig, 5 bis 7 cm lang, mittelgrün bis frischgrün.

Blüten: Weiß, meist einzeln stehend! 2 bis 2,5 cm breit, lang gestielt, erscheinen vor den Blättern, gelegentlich auch mit den ersten Blättern; Ende März/Anfang April (vor der Schlehe).

Früchte: Kugelig bis leicht eiförmig, gelb oder rot, süß und saftig, 2 bis 3 cm dick.

Wurzel: Kräftig, Hauptwurzeln tief, treibt Wurzelausläufer.

Standort: Sonnig bis absonnig.

Boden: Anspruchslos, toleriert die meisten Bodenarten, bevorzugt mäßig trockene bis frische (feuchte), nährstoffreiche, lehmige Substrate, neutral bis stark alkalisch.

Eigenschaften: Sehr frosthart, für innerstädtisches Klima geeignet, Trockenheit und Nässe vertragend. Sehr windfest, in Rußland Windschutzpflanze!

Verwendung: Robuster, aber dennoch sehr zierender und zur Blütezeit auffallender Kleinbaum für Einzelstellung und Gruppen, für Schutzpflanzungen, Begrünung von Böschungen, Gehölzrandgestaltung, sehr gutes Vogelschutz- und Windschutzgehölz, für freiwachsende Hecken, wertvoll, frühe Bienenweide. War früher eine beliebte Veredlungsunterlage für Pflaumen.

Prunus avium 'Plena'

Prunus cerasifera

Prunus cerasifera

P. cerasifera 'Nigra', Blut-Pflaume

Um 1916 in Amerika entstanden.

Prunus cerasifera 'Nigra'

Wuchs: Baumartiger Strauch oder Kleinbaum mit rundlicher bis kegelförmiger Krone, im Alter etwas unregelmäßiger und offener, Zweige malerisch überhängend, langsam wachsend.

Größe: 5 bis 7 m hoch und 3 bis 6 m breit. Jahreszuwachs ca. 25 cm.

Rinde: Dunkelbraunrot, glänzend, später schwärzlich, oft bedornt.

Blätter: Sommergrün, wechselständig, elliptisch bis eiförmig, dunkelbraunrot (dunkel-purpurrot) bis schwarzrot mit metallischem Glanz, nicht verblassend.

Prunus cerasifera 'Atropurpurea'

446

Prunus cerasifera 'Nigra'

Blüten: Leuchtend rosa, einfach, 2,5 cm breit, vor oder mit dem Laubaustrieb im April.

Früchte: Dunkelrote, 2 bis 3 cm dicke, sehr saftige, süß schmeckende Pflaumen.

Standort: Sonnig bis absonnig.

Boden: Toleriert alle Gartenböden, bevorzugt mäßig trockene bis frische (feuchte), nährstoffreiche, lehmige Substrate, neutral bis stark alkalisch.

Eigenschaften: Frosthart, etwas wärmeliebend, für innerstädtisches Klima geeignet, übersteht sommerliche Trockenzeiten.

Verwendung: Rotbraunblättriger Einzelbaum zur Kontrastierung und Belebung von Pflanzungen. Schöner Laub-Akzent für das Thema „Rote Rabatte". Hierzu passen auch Acer palmatum 'Atropureum' und Cotinus coggygria 'Royal Purple'. Zur Abstufung (Sockel) eignen sich Berberis thunbergii 'Atropurpurea', Prunus x cistena oder Weigela florida 'Purpurea'. Diese Auswahl ist ein herrlicher Hintergrund für karmesinrote Rosen, dunkelrot blühende Stauden wie z. B. Lobelia cardinalis (rotbraunes Blattwerk) oder rote Dahlien mit dunkelpurpurrotem Blattwerk. Eine andere Farbkombination wären blasse Rosatöne von z. B. Clematis montana 'Rubens' oder Strauchrosen vor dem dunkelpurpurroten Laub der Blut-Pflaume.

Mit Clematis 'Jackmanii', 'The President' oder 'Jackmanii Superba' und Geranium x magnificum (flächig) schaffen wir eine feinsinnige Verbindung zu dem Blauanteil in den Blättern von Prunus cerasifera 'Nigra' und den anderen purpurfarbenen Nachbargehölzen wie Cotinus 'Royal Purple'.

Die Blut-Pflaume eignet sich aber auch hervorragend als kleinkroniger Straßenbaum im Vorstadtbereich, in Nebenstraßen oder in Kurzentren, wo über Nacht ganze Straßenzüge zu einer rosa Traumlandschaft werden können.

P. x cistena, Zwerg-Blut-Pflaume

(= P. cerasifera 'Atropurpurea' x P. pumila)

Wuchs: Breitbuschig aufrechter Strauch, dicht und etwas unregelmäßig verzweigt, langsamwüchsig.

Größe: 2 bis 2,50 m hoch und meist genauso breit. Jahreszuwachs ca. 15 cm.

Rinde: Dunkelrot, glänzend.

Blätter: Sommergrün, wechselständig, verkehrt eiförmig bis spitz elliptisch, 3 bis 6 cm lang, dunkelbraunrot (dunkelpurpurrot), leicht metallisch glänzend.

Blüten: Im Aufblühen schwachrosa, später weiß, rötliche Staubgefäße, Einzelblüten bis 2,5 cm breit, einfach, sehr zahlreich; Blütezeit Mai.

Früchte: Dunkelrot, eßbar.

Standort, Boden, Eigenschaften wie P. cerasifera 'Nigra'.

Verwendung: Dunkelpurpurrotblättriger Strauch zur Belebung, Kontrastierung und als Farbhintergrund für Kleingehölze und Stauden.

Acer palmatum 'Dissectum Nigrum', Berberis thunbergii 'Atropurpurea Nana', Berberis buxifolia 'Nana', 'Rosa glauca' und Clematis montana 'Rubens' wären geeignete Blattnachbarn. Zu dem Thema „purpurfarbene oder bronzebraunrote Laubfärbung" wären als Stauden bestens geeignet Ajuga reptans 'Atropurpurea', Salvia officinalis 'Purpurascens', Heuchera micrantha 'Palace Purple', Lychnis x arkwrightii 'Vesuvius', Sedum telephium 'Atropurpureum', Lobelia cardinalis und Viola labradorica. Eine farblich sehr feinsinnige Kombination ergibt sich auch mit Hemerocallis 'Green Eyed Giant', 'Wideyed' oder 'Gay Cravat', deren purpurnes Auge genau die Laubfarbe der Zwerg-Blut-Pflaume aufnimmt. P. x cistena ist auch ein schöner Hintergrund für blau blühende Kleinsträucher und Stauden wie Caryopteris, Perovskia und Campanula persicifolia. Zartrosa Wolken aus niedrigen und halbhohen Schleierkräutern sind vor dem dunkelpurpurroten Laub einfach himmlisch. Sie erge-

Prunus x cistena

ben zusammen mit rosafarbenen Rosen wie 'Sommerwind' oder 'The Fairy' und Trupps aus Lavendel ganz bezaubernde Gartenbilder.

Zu dem purpurroten Laub der Zwerg-Blut-Pflaume und rosa Strauchrosen passen übrigens auch ausgezeichnet das graugrüne Laub und die lindgrünen Blüten von Alchemilla mollis, dem Frauenmantel.

P. domestica L., Kultur-Pflaume, Zwetsche

Großstrauch oder kleiner, 6 bis 8 (10) m hoher, meist dornenloser Baum mit grauschwarzen Ästen. Triebe anfangs feinfilzig behaart, später jedoch verkahlend, nicht glänzend. Blätter elliptisch bis verkehrt eiförmig, 5 bis 10 cm lang, oberseits nur in der Jugend behaart, unterseits bleibend hell filzig behaart. Blüten im April vor den Blättern, weiß bis grünlichweiß, 1,5 bis 2 cm breit, zu 1 bis 3, meist jedoch nur 2 Blüten an den Kurztrieben. Blütenstiele und Innenseite der Kelchblätter behaart. Früchte sehr unterschiedlich, von elliptisch bis fast kugelig, blauschwarz bis purpurrot. Fruchtfleisch süß, saftig, sich leicht vom Stein lösend. Die Heimat von P. domestica ist nicht sicher bekannt. Möglicherweise stammt sie aus dem Kaukasus. Jahrhundertealte Kulturpflanze, in Europa weit verbreitet, stellenweise eingebürgert und verwildert.

P. domestica ssp. insititia (L.) SCHNEID., Hafer-Pflaume, Hafer-Schlehe, Spilling, Krieche
(P. insititia L.)

Großstrauch oder kleiner, 4 bis 7 m hoher, sehr sparrig wachsender, meist leicht bedornter Baum. Junge Triebe filzig behaart, Zweige grau bis schwärzlich, kahl. Blätter eiförmig bis elliptisch, bis 7 cm lang, in der Regel aber kleiner, nur in der Jugend behaart. Blüten im April, zu 2 beisammen, weiß, 2 bis 2,5 cm breit, Blütenstiele behaart. Früchte eirundlich bis kugelig, rötlich, gelb, gelegentlich auch blauschwarz, 2 bis 5 cm dick; Fruchtfleisch sich nicht vom Stein lösend. Seit altersher als Obstgehölz in Kultur. Bewährtes Windschutzgehölz.

P. dulcis D. A. WEBB., Mandelbaum
(= P. amygdalus, Amygdalus communis)

Die Mandel stammt ursprünglich aus Vorderasien. Durch ihre über 2000 Jahre alte Geschichte ist sie im gesamten Mittelmeerraum verbreitet und vielerorts auch verwildert. Sie entwickelt

sich zu einem 5 bis 7 (8/10) m hohen Baum mit breitrundlicher Krone. Blätter bis 12 cm lang, länglich bis länglich lanzettlich, zugespitzt, unterhalb der Mitte am breitesten, beiderseits kahl, oben hellgrün, unten heller. Blüten meist zu 2, rosa bis weiß, vor den Blättern im März/April, im Süden an der Bergstraße auch schon Ende Februar. Früchte länglich eiförmig, flach, 3 bis 6 cm lang, Schale pelzig behaart, Stein wenig gefurcht. Der Samen, die bekannte Mandel, enthält bei der Wildform P. dulcis var. amara ein giftiges Blausäureglykosid. Die Samen der Süßmandel, P. dulcis var. dulcis, werden vielfältig verwendet. Die schönsten Mandelbäume Deutschlands stehen an der Bergstraße und in der Vorderpfalz, aber auch in Norddeutschland blüht und fruchtet die Mandel, wenn sie an einen warmen, sonnigen Platz gepflanzt wird. Schnittmaßnahmen fördern den Blütenansatz.

P. fruticosa 'Globosa', Kugel-Steppen-Kirsche
(= P. cerasus var. pumila 'Globosa')

Verbreitung: Die Wildart ist in Mittel- und Osteuropa bis Sibirien beheimatet; anzutreffen auch von Italien bis zum Balkan; auf sonnigwarmen Hängen, an Waldrändern und in lichten Gebüschen. Im südlichen Deutschland heimisch!

Wuchs: Langsam wachsender, buschiger, auffallend kurztriebiger Strauch, als Hochstamm veredelt kleiner Baum mit regelmäßiger, dicht verzweigter, geschlossener Kugelkrone.

Größe: 1 bis 2 (bis 2,50) m hoch und genauso breit, als Hochstamm etwa 3 bis 5 m hoch mit 1,50 bis 2,50 m Kronenbreite.

Rinde: Grau, später dunkelrotbraun.

Blätter: Sommergrün, wechselständig, meist elliptisch bis verkehrt eiförmig, 4 bis 5,5 cm lang und

Prunus fruticosa 'Globosa'

Prunus fruticosa 'Globosa'

1,5 bis 2,2 cm breit, Blattstiel 1 cm lang, Blattrand feinkerbig gesägt, glänzend dunkelgrün, etwas ledrig; Herbstfärbung häufig schön gelborange. Herbstlaub widersteht Frühfrösten bis – 8 °C!

Blüten: Weiß, zu 2 bis 4, langgestielt in sitzenden Dolden, April/Mai.

Früchte: Dunkelrote, etwa erbsengroße, säuerlich schmeckende Kirschen.

Wurzel: Als Strauch sich durch Wurzelsprosse ausbreitend.

Standort: Sonnig bis lichtschattig.

Boden: Allgemein anspruchslos, bevorzugt nicht zu trockene bis frische, nahrhafte, kalkreiche Böden.

Eigenschaften: Ausreichend frosthart, stadtklimafest, sehr hitzeverträglich.

Verwendung: Sehr schöner, kleinkroniger Kugelbaum für Gartenhöfe, kleinere Plätze in der Stadt, Kübelpflanzungen und Dachgärten. Tier- bzw. Vogelnährgehölz.

P. glandulosa 'Alboplena'

Wuchs: Kleiner, aufrecht wachsender Strauch mit zahlreichen, verhältnismäßig dünnen Grundtrieben, äußere Zweige leicht bogig übergeneigt.

Größe: Bis 1,50 m hoch und breit, auf zusagenden Standorten auch bis 2 m hoch.

Blätter: Sommergrün, wechselständig, eilänglich bis länglich lanzettlich, 3 bis 9 cm lang.

Blüten: Weiß, röschenartig dicht gefüllt, Einzelblüte bis 2,5 cm breit, Blüten sitzen dicht an dicht entlang den Jungtrieben. Ende April, Anfang Mai.

Standort: Sonnig bis absonnig, kein Schatten.

Boden: Normaler Gartenboden, nicht zu feucht und nicht zu nährstoffreich (Pilzkrankheiten), günstig sind lehmig-sandige, durchlässige, mäßig trockene bis frische, kalkreiche Substrate.

Eigenschaften: Frosthart, bildet Ausläufer, leidet etwas unter Pilzbefall (Triebsterben) und auf nicht zusagenden Standorten unter Gummifluß.

Verwendung: Unverzichtbarer, schneeweiß blühender Frühjahrsstrauch für Gehölz- und Staudenrabatten. Einzelstellung und Gruppen. Schön in Verbindung mit Blumenzwiebeln wie Chionodoxa sardensis, Muscari armeniacum, M. tubergeniana, Scilla campanulata. Sehr gutes Schnitt- und Treibgehölz.

Pflegetip: Blühwilligkeit kann durch regelmäßigen Rückschnitt erhalten werden. Die abgeblühten Triebe sind auf 3 bis 5 Augen einzukürzen. Überalterte Büsche sollten wegen des befürchteten Gummiflusses während der Vegetationsperiode ausgelichtet werden.

P. x gondouinii 'Schnee'
(= P. avium x P. cerasus)

Wurde 1920 von WILH. PFITZER, Stuttgart, eingeführt.

Wuchs: Kleinbaum mit kugeliger, im Alter etwas abgeflachter, sehr dichtbuschiger, feintriebiger Krone.

Größe: 3 bis 5 m hoch und etwa 2 bis 3 m breit.

Blätter: Sommergrün, wechselständig, elliptisch, 5 bis 7 cm lang, dunkelgrün.

Blüten: Schneeweiß, einfach, außerordentlich zahlreich, groß, erscheinen Ende April, Anfang Mai.

Früchte: Werden nicht angesetzt.

Standort, Boden und Eigenschaften wie P. avium.

Verwendung: Leider etwas unbekannter, aber doch sehr dekorativer, kleinkroniger Kugelbaum für Gärten, Parkanlagen und beengte Straßen.

'Hally Jolivette' (SAX)
(= [P. subhirtella x P. yedoensis] x P. subhirtella)

Wurde 1940 von Dr. K. SAX, Arnold Arboretum, erzielt.

Wuchs: Breit aufrechter bis rundlicher Strauch mit sehr dichter, fein verzweigter Krone.

Größe: 2 bis 3 (bis 4) m hoch und breit.

Rinde: Triebe dünn, rotbraun, warzig punktiert.

Prunus 'Hally Jolivette'

Blätter: Sommergrün, wechselständig, eiförmig, klein, 4 bis 6 cm lang, Rand einfach bis doppelt gesägt.

Blüten: Weiß mit rosa Mitte, gefüllt, Blütenknospen rosa, sie öffnen sich über einen Zeitraum von 2 bis 3 Wochen nacheinander. April/Mai.

Standort: Sonnig.

Boden: Bevorzugt frische bis mäßig feuchte, nährstoffreiche, sandig-lehmige Böden, neutral bis stark alkalisch. Gedeiht aber auch auf allen normalen Gartenböden. Ungünstig sind saure, nährstoffarme Sandböden.

Eigenschaften: Frosthart.

Verwendung: Sehr wertvolle, früh und lang anhaltend blühende Zier-Kirsche, die sich auf Grund ihres schwachen Wuchses besonders für kleine Gartenräume eignet. Sie gehört uneingeschränkt zu den schönsten Zier-Kirschen. Benachbarung siehe auch Vorschlagsliste.

P. x hillieri 'Spire'
(= Typ der Kreuzung zwischen P. incisa x P. sargentii)

Ist um 1935 in der Baumschule HILLIER entstanden.

Wuchs: Kleiner Baum, schmal säulenförmig, Äste und Zweige straff aufrecht, im Alter mehr breit kegelförmig, langsam wachsend.

Größe: 5 bis 8 m hoch und 2 bis 3 m breit. In 25 Jahren etwa 5 m hoch und 2 m breit (England).

Blätter: Sommergrün, wechselständig, eiförmig zugespitzt, Rand doppelt gesägt, Herbstfärbung prachtvoll gelb, orange bis rot.

Prunus x hillieri 'Spire'

Blüten: Mandelrosa, einfach, vor dem Blattaustrieb, April, außerordentlich zahlreich.

Standort: Sonnig.

Boden: Bevorzugt frische bis mäßig feuchte, nährstoffreiche, sandig-lehmige Böden, neutral bis stark alkalisch. Gedeiht aber auch auf allen normalen Gartenböden. Saure, nährstoffarme Sandböden sind ungünstig.

Verwendung: Ein sehr reich blühender, schmalkroniger Baum, der genau wie Prunus sargentii im Herbst prachtvoll färbt. Geeignet als Einzelbaum oder in Gruppen für enge Straßen, schmale Abpflanzungen, zur Betonung der Vertikalen, in Frühjahrsgärten oder in größeren Pflanzkübeln. Benachbarung siehe auch Vorschlagsliste. Wartet noch auf seine Entdeckung als schmalkroniger Straßenbaum.

P. kurilensis 'Brillant',
Kurilen-Kirsche

Züchtung der ehemaligen VEB-Saatzucht-Baumschulen Dresden.

Wuchs: Schwachwüchsiger, aufrechter, locker verzweigter Strauch mit kräftigen Grundstämmen.

Größe: 1,50 bis 2 m hoch und 1,50 m breit werdend.

Blätter: Sommergrün, wechselständig, schmal eiförmig, lang zugespitzt, grün, im Herbst prachtvoll orangerot.

Blüten: Weiß, einfach, zu 1 bis 3 in sitzenden Dolden, Einzelblüten bis 3 cm breit, erscheinen oft schon Ende März/Anfang April in großer Fülle.

Standort: Sonnig.

Prunus kurilensis 'Brillant'

Boden: Wächst in jedem Gartenboden, bevorzugt frische, nährstoffreiche, sandig-lehmige Böden, neutral bis stark alkalisch.

Eigenschaften: Frosthart.

Verwendung: Eine der allerwertvollsten Zier-Kirschen für den kleinen Gartenraum. Blüht bereits als sehr junge Pflanze. 1 m hohe Exemplare sind schon über und über mit Blüten besetzt. Mit ihren verhältnismäßig großen Einzelblüten wirken sie wie Miniatur-Ausgaben Japanischer Zier-Kirschen. Diese Neuzüchtung verdient große Beachtung. Die ihr nachgesagte Monilia-Resistenz kann ich nach meinen Beobachtungen leider nicht bestätigen, aber dennoch ist sie eine wertvolle Zwerg-Zierkirsche für den kleinsten Gartenraum oder für Kübel- und Trogbepflanzungen.

Benachbarung: Chionodoxa luciliae, C. sardensis, Scilla tubergeniana, Crocus tommasinianus, Erica carnea in Sorten, Primula denticulata. Weitere Benachbarung siehe auch Vorschlagsliste.

P. laurocerasus 'Herbergii'

1930 von HERBERG, Lüdenscheid, als sehr winterharte Selektion in den Handel gebracht.

Verbreitung der Wildart: Prunus laurocerasus ist in Südosteuropa, auf dem Balkan und im Kaukasus beheimatet. Bereits seit dem 16. Jahrhundert in Kultur.

Wuchs: Breit aufrechter bis kegelförmiger, dicht und langsam wachsender Strauch.

Größe: 2 bis 3 m hoch und im Alter fast genauso breit.

Blätter: Immergrün, wechselständig, schmal elliptisch, 9 bis 11 (bis 15) cm lang und meist 3 (5) cm breit, Blattstiel 1 bis 1,5 cm; dunkelgrün.

Früchte: Weiß, in 1 cm langen, aufrechten Trauben, Mai. Spitz eiförmig bis kegelförmig, etwa 1 cm lang, zur Reifezeit schwarz; giftig.

Wurzel: Kräftig, Hauptwurzeln tief, auf Sandboden bis 1,50 m.

Standort: Sonnig bis schattig, Schutz vor Wintersonne und austrocknenden Winden, besonders in exponierter Lage und ungünstigen Klima-Zonen.

Boden: Mäßig trockene bis feuchte, humose, nahrhafte Gartenböden, schwach sauer bis alkalisch, P. laurocerasus ist aber insgesamt anpassungsfähig und gedeiht auch auf leichteren Sandböden.

Eigenschaften: Ausreichend frosthart, hitze- und trockenresistent (Sommer 1983), in Istanbul hochstämmig mit Krone als Schattenbaum für Straßen-Cafés gezogen!, verträgt viel Schatten und Wurzeldruck, gedeiht auf Grund seiner tiefen Wurzeln selbst unter Spitz-Ahorn und Birken; setzt im Gegensatz zu Rhododendron und anderen Gehölzen auch in Schattenpositionen Blüten an, verträgt radikalen Rückschnitt auch ins alte Holz (Frühjahr!), salzverträglich (USA). Blätter, Knospen und Samen giftig.

Verwendung: Einzelstand, Gruppengehölz in Garten- und Parkanlagen, sehr gut im trockenen Schattenbereich unter Bäumen, für immergrüne, halbhohe Abpflanzungen, Hecken, gute Kombination mit Rhododendron und anderen Immergrünen. Das dunkle Grün und die Blattstruktur passen sehr gut zu Bambus.

Weiterhin sind Taxus, die kurznadeligen, frischgrünen Hemlocktannen, Ilex crenata, immergrüne Cotoneaster-Formen, Buxus, Ligustrum-Arten und -Sorten, Lonicera nitida und L. pileata sowie Pieris-

Prunus laurocerasus 'Herbergii'

Arten und -Sorten wie auch Pyracantha passende Nachbarn. Ausgezeichnetes Gehölz zur Unterpflanzung sehr schattiger Baumpartien. Gehört zusammen mit Ilex aquifolium, Taxus baccata, Ligustrum vulgare 'Atrovirens', Buxus sempervirens, Mahonia aquifolium und Hedera helix zur ganz harten Truppe der „immergrünen Schatten- und Wurzeldruckbezwinger", auf die man sich bei der Eroberung derartig umkämpfter Standorte wirklich verlassen kann. Der Streß, den die Lorbeer-Kirsche in dieser Situation zu ertragen hat, ist ihr, zumindest äußerlich, nicht anzusehen. Sie macht das ganze Jahr über einen makellosen, immer grünen und stets glänzenden Eindruck.

Guter Flächenbegrüner (Sortenauswahl!); ruhiger, gediegener Hintergrund in waldartigen Partien mit Farnen, Astilben, Dicentra eximia (Kontrast der verschiedenen Laubfärbungen!), Epimedium, Hosta (Textur) und Gräsern wie Festuca scoparia, Luzula sylvatica, Deschampsia cespitosa und Carex morrowii.

Gute Heckenpflanze, (sollte allerdings nur in klimatisch günstiger Lage so eingesetzt werden); gute Kübelpflanze – Lorbeerersatz!; Zweige ergeben gutes Schnittgrün, lange haltbar.

Ökologie: Insekten- und Vogelnährgehölz.

P. laurocerasus 'Mount Vernon'

Wuchs: Flach ausgebreitet und kompakt wachsender, kleiner Strauch mit mehr oder weniger niederliegenden, dicht verzweigten Grundtrieben, langsam wachsend.

Größe: Ältere Pflanzen noch nicht bekannt, bei einer Höhe von 30 cm etwa 1 m breit.

Blätter: Immergrün, elliptisch länglich, 7 bis 10 cm lang und 2,5 bis 3 cm breit, Blattstiel 0,8 cm, dunkelgrün, glänzend, Rand gezähnt.

Standort, Boden und Eigenschaften wie P. laurocerasus 'Herbergii'.

Verwendung: Wertvolle, flach wachsende Zwerg-Form, die sich besonders für niedrige Flächenbegrünungen eignet. Weitere Verwendung siehe auch P. laurocerasus

Anmerkung: Bildet nach 10 bis 15 Jahren gelegentlich starke, aufrechte Triebe. Frostempfindlicher als andere Sorten.

Prunus laurocerasus 'Mount Vernon'

P. laurocerasus 'Otto Luyken'

1953 von der Baumschule HESSE in den Handel gegeben.

Wuchs: Breitbuschiger, dicht verzweigter und gedrungen wachsender Strauch, Äste flach ansteigend, Blätter auffallend nach oben gerichtet; langsamwüchsig.

Größe: 1,20 bis 1,50 m hoch und oft doppelt, im Alter auch mehrfach so breit.

Blätter: Immergrün, wechselständig, lorbeerblattähnlich, schmal, zugespitzt, bis 10 cm lang und 2 cm breit, tief dunkelgrün, glänzend, ganzrandig.

Blüten: Weiß, in bis zu 12 cm langen, aufrechten Trauben, Mai. Sehr reich blühend.

Früchte, Wurzel, Standort, Boden wie P. laurocerasus 'Herbergii'.

Eigenschaften: Sehr frostharte Sorte, sonst wie 'Herbergii'.

Verwendung: Siehe P. laurocerasus 'Herbergii'. Wichtige Sorte für halbhohe Flächenbegrünungen.

P. laurocerasus 'Reynvaanii'

1928 entstanden bei REYNVAAN in Velp, Holland.

Wuchs: Straff aufrecht wachsender, sehr dicht verzweigter, kräftiger Strauch.

Größe: 2 bis 3 (3,50) m hoch und im Alter bis 2 m breit.

Blätter: Immergrün, wechselständig, länglich bis schmal elliptisch, 9 bis 14 cm lang und 2,5 bis 4 cm breit, mattglänzend, hellgrün, unterseits gelbgrün.

Blüten: Weiß, in aufrechten Trauben, blüht als junge Pflanze sehr reich, ältere Pflanzen blühfaul.

Früchte, Wurzel, Standort und Boden wie P. laurocerasus 'Herbergii'.

Verwendung: Sehr gut geeignet für Hecken und immergrüne Wände. Weitere Verwendung wie P. laurocerasus 'Herbergii'.

P. laurocerasus 'Rotundifolia'

1865 bei L. C. B. BILLARD & BARRE, Frankreich, entstanden.

Wuchs: Kräftig wachsende, straff aufrechte, geschlossene Form, im Alter breiter und lockerer.

Größe: 2 bis 3 m hoch und 2,50 m breit.

Blätter: Immergrün, wechselständig, breit elliptisch bis verkehrt eiförmig, (10) 13 bis 17 cm lang, 6 bis 8 cm breit, Spitze mehr oder weniger abgerundet, lebhaft hellgrün, schwach glänzend.

Prunus laurocerasus 'Rotundifolia'

Blüten, Früchte, Wurzel, Standort und Boden wie P. laurocerasus 'Herbergii'.

Eigenschaften: Nicht zuverlässig frosthart.

Verwendung: Auffallende Blattschmuckpflanze durch die enorm große, dekorative Belaubung. Wertvoll für klimatisch günstige Lagen.

P. laurocerasus 'Schipkaensis Macrophylla'

G. D. BÖHLJE, Westerstede, 1930.

Wuchs: Locker und breit aufrecht wachsender, starktriebiger Strauch.

Größe: 2 bis 3 (3,50) m hoch und 2 bis 5 m breit.

Blätter: Immergrün, wechselständig, länglich bis schmal elliptisch, 10 bis 13 (bis 17) cm lang, 3,5 bis 4,5 cm breit, dunkelgrün, glänzend.

Blüten: Weiß, in bis zu 20 cm langen, aufrechten Trauben, im Herbst oft Nachblüte.

Prunus laurocerasus 'Schipkaensis Macrophylla'

Prunus laurocerasus 'Schipkaensis Macrophylla'

Früchte, Wurzel, Standort und Boden wie P. laurocerasus 'Herbergii'.

Eigenschaften: Frosthart, raschwüchsig, sonst wie 'Herbergii'.

P. laurocerasus 'Van Nes'

Seit 1935 bei P. VAN NES in Boskoop in Kultur.

Wuchs: Breitbuschiger, locker aufrechter, im Alter mehr ausgebreitet wachsender Strauch.

Größe: 2,50 (3) m hoch und 4 bis 6 m breit.

Blätter: Immergrün, wechselständig, länglichelliptisch, 7,5 bis 12,5 cm lang und 2,5 bis 4 (4,7) cm breit, Stiel 1 bis 1,5 cm lang, tief dunkelgrün, Rand glatt, glänzend.

Blüten: Weiß, in 20 cm lagen, aufrechten Trauben, August bis September.

Früchte, Wurzel, Standort, Boden wie P. laurocerasus 'Herbergii'.

Eigenschaften: Gut winterharte, reich blühende Form.

Verwendung: Siehe P. laurocerasus 'Herbergii'.

P. laurocerasus 'Zabeliana'

Von SPÄTH, Berlin, 1898 aus Bulgarien eingeführt.

Wuchs: Breit und flach wachsende Form, Hauptäste schräg aufsteigend bis waagerecht ausgebreitet.

Größe: Bis 1,5 (2) m hoch und oft 3mal so breit; bei einer Höhe von 0,8 m 3 m breit.

Blätter: Immergrün, wechselständig, schmal eiförmig bis lanzettlich, in eine scharfe Spitze auslaufend, 9 bis 12 cm lang und 2 bis 2,8 cm breit, Blattstiel 1 cm, hellgrün, glänzend.

Blüten: Weiß, in 18 cm lagen, aufrechten Trauben, im Mai nur mäßig, im September reichlicher blühend.

Früchte, Wurzel, Standort, Boden wie P. laurocerasus 'Herbergii'.

Eigenschaften: Sehr winterhart.

Verwendung: Eine von ihrer Wuchsform und Blattstruktur her sehr interessante, beinahe weidenblättrige Form, die sich besonders gut für Flächenbegrünungen und als Unterpflanzung schattiger Gehölzpartien eignet. Bestens auch zur Abstufung (Vorpflanzung, Sockel) immergrüner Gehölzpflanzungen geeignet. Weitere Verwendung siehe P. laurocerasus 'Herbergii'.

P. lusitanica L.,
Portugiesische Lorbeerkirsche

Immergrüner Großstrauch oder kleiner Baum mit unregelmäßiger, im Alter sehr breiter, malerischer Krone und roten bis rotbraunen Trieben. Blätter länglich eiförmig, 6 bis 12 cm lang, Rand gewellt, gesägt, oben dunkelgrün glänzend, unten heller, Blattspreite nur schwach ledrig, verhältnismäßig dünn. Blüten im Juni, weiß, in 12 bis 20 cm langen Trauben. Früchte eiförmig, etwa 8 mm lang, dunkelpurpurn.

Über die Frosthärte dieser sehr schönen, immergrünen Lorbeerkirsche, die ihre Heimat in Spanien und Portugal hat, ist unter Fachleuten immer wieder diskutiert worden. Bei dem Dendrologen BLACHIAN (Icking, Bayern) sind im Winter 84/85 bei Tiefsttemperaturen um minus 19,6 °C und wochenlangen Dauerfrösten um minus 10 °C bis minus 14 °C verschiedene Prunus laurocerasus erfroren, P. lusitanica soll jedoch den Winter überstanden haben.

*Ein 5 m hohes Exemplar im Botanischen Garten Freiburg hat in den Wintermonaten 84/85 Tiefsttemperaturen von minus 20 °C gut überlebt. Im Botanischen Garten Hamburg steht seit 1976/77 unter dem lockeren Schirm größerer Bäume **P. lusitanica 'Angustifolia'**. Nach anfänglichen Schwierigkeiten (leichte Trieb- und Blattschäden im Winter 78/79) gedeiht die Pflanze nunmehr gut. Ob die Form 'Angustifolia' tatsächlich härter ist als die Normalform, es wird immer*

wieder behauptet, konnte ich nicht überprüfen. P. lusitanica verlangt einen vor Wind und Wintersonne geschützten Platz in wintermilder Klimalage. Die schönsten Exemplare sah ich auf der Insel Mainau (6 m hoch und genauso breit) und im Botanischen Garten Kopenhagen, der ohnehin für seine Pflanzenschätze, aber auch für sein ausgeglichenes Klima bekannt ist.

Prunus mahaleb

P. mahaleb L.,
Weichsel-Kirsche, Steinweichsel

Verbreitung: Europa, Westasien. In Deutschland im Rheintal, in der Nordpfalz, im Donautal, bevorzugt im Weinbaugebiet, oft nur verwildert; an warmen und trockenen, auch heißen Südhängen, in lichten Mischwäldern, in Trockenbuschgesellschaften, Hecken, an sonnigen Waldrändern und an Felshängen; auf meist kalkhaltigen, mittel- bis tiefgründigen, auch flachgründigen Stein-, Lehm- oder Sandböden.

Wuchs: Großstrauch oder kleiner, etwas unregelmäßig wachsender, oft mehrstämmiger Baum mit breit ausladender, häufig auch sparriger Krone, Äste im Alter leicht überhängend.

Größe: 4 bis 6 (10) m hoch und meist genauso breit. Jahreszuwachs 30 bis 40 cm.

Rinde: Triebe dünn, rund, hellgrau oder graugrün, Zweige grau bis graubraun, leicht glänzend, alte Borke längsrissig, sehr schmal gefeldert.

Blätter: Sommergrün, wechselständig, rundlich bis herzförmig, 4 bis 6 cm lang, beidseits glänzend grün. Ohne Färbung.

Blüten: Weiß, bis 1,5 cm breit, in Doldentrauben, duftend, erscheinen kurz vor dem Laubaustrieb im April/Mai.

Früchte: Dunkelrot, bei Vollreife schwarz, rundlich, 0,8 bis 1 cm groß, schmecken meist herbbitter, eßbar.

Wurzel: Kräftig, gehen sehr tief.

Standort: Vollsonnig.

Boden: Toleriert die meisten Böden, wächst selbst noch auf sehr trockenen, steinigen Substraten, neutral bis stark alkalisch, kalkliebend.

Eigenschaften: Frosthart, sehr lichthungrig, wärmeliebend, verträgt extreme Trockenheit und Hitze (Heimatstandorte u. a. Steppenwälder im südöstl. Europa), gut für innerstädtische Extremstandorte, unempfindlich gegen chronische Einwirkung von Rauchsäuren und Gasen (EHLERS), hohes Ausschlagsvermögen.

Verwendung: Ausgezeichnetes Gehölz für innerstädtisches Schutzgrün, Baum für die freie Landschaft (unter Beachtung des natürlichen Verbreitungsgebietes), Windschutzpflanzungen, Halden- und Böschungsbegrünung von leichten, extrem trockenen, nährstoffarmen, kalkhaltigen Sandstandorten, freiwachsende Hecken, Vogelschutz, Duftstrauch! Sehr schön mit Syringa vulgaris.

Ist in der Natur vergesellschaftet mit Juniperus communis, Quercus pubescens, Corylus avellana, Prunus spinosa, Sorbus aria, Amelanchier ovalis, Crataegus monogyna, Cornus mas, Cornus sanguinea und Viburnum lantana.

Anmerkung: Die Weichsel-Kirsche wurde besonders im Elsaß und um Wien herum zur Gewinnung des berühmten „Weichselrohres" (Zigarrenspitzen, Pfeifenröhren, Spazierstöcke) angebaut.

Der angenehme Duft der jungen Sprosse beruht auf dem Gehalt von Kumarin, das im Holz und in der Rinde enthalten ist.

P. mume S. & Z., Japanische Aprikose
(= Armeniaca mume)

*Wenn die Blütezeit der Zaubernüsse mit H. x in-
termedia 'Westerstede' und H. jap. 'Zuccarinia-
na' zu Ende geht, beginnt die Blüte der Japanischen Aprikose. In unseren Gärten ist dieser
kleine, rundkronige Baum, der 4–6 m hoch
wird, noch recht unbekannt, obwohl seine
Frosthärte doch als ausreichend bezeichnet werden kann. Die Blütenanlagen überstehen kurzfristig Temperaturen von −18 °C (Bärtels). Ein*

Prunus mume 'Beni-shi-dori'

*gutes Erkennungszeichen sind die verhältnis-
mäßig dünnen, zahlreichen, grünrindigen Triebe, die auch im Winter ihre Farbe nicht verlieren.*

*Blüten weiß bis dunkelrosa, zu 1 bis 2 beisam-
men, bis 2,5 (3) cm breit, stark duftend, dicht
bei dicht entlang den vorjährigen Trieben. Die
Blütezeit beginnt gelegentlich schon Ende Februar, in Normaljahren liegt sie im März/April.
Von den zahlreichen Sorten, die es von dem in
Japan so außerordentlich bedeutungsvollen Blütengehölz gibt, hat sich bei uns 'Beni-shi-dori'
am stärksten durchgesetzt. Blüten dunkles Pink
(Rosenprimelrot, blaurot 12A7/B7 Taschenlexikon der Farben), einfach, etwa 2,5 cm breit, sehr
reichblühend. 'Beni-shi-dori' hat einen sehr
süßen, angenehmen Duft, den man schon aus
großer Entfernung wahrnimmt.*

*Um jedes Jahr einen reichen Knospenansatz zu
haben, sollte P. mume unmittelbar nach der Blüte stark zurückgeschnitten werden. Verlangt einen sonnig-warmen, gut geschützten Platz. In
ausgeprägten Spätfrostlagen sicher etwas problematisch.*

Prunus padus

P. padus L.,
Trauben-Kirsche

Verbreitung: Europa, Nordasien bis Korea und Japan. In Deutschland allgemein verbreitet, jedoch in
Kalkgebieten seltener und auf den Nordseeinseln
ganz fehlend. In feuchten Feldgehölzen, in Knicks,
zwischen Wiesen, Weiden und Äckern, an Waldrändern, als Unterholz in Auenwäldern, Flachmooren,
an Bächen und Gräben. Auf nährstoffreichen, humosen und tiefgründigen, oft kiesig-sandigen
Lehm- und Tonböden.

Wuchs: Mehrstämmiger Großstrauch oder kleiner
Baum mit schmal eiförmiger bis rundlicher, ge-
schlossener Krone, im Alter etwas unregelmäßig,
Zweige dann überhängend, raschwüchsig.

Größe: 6 bis 10 bis 15 (18) m hoch und 4 bis 8
(10) m breit. Jahreszuwachs ca. 50 bis 70 cm, später die Hälfte. Es sind 18 m hohe Exemplare bekannt mit über 1,60 m Stammumfang.

Rinde: Junge Zweige hellbraun bis dunkelbraun
mit zahlreichen Lentizellen; Rinde riecht bittermandelartig (Laurocerasin), sie enthält noch Gummi,
Gerbstoffe und Harze. Borke schwarzgrau.

Blätter: Sommergrün, wechselständig, elliptisch-
länglich bis breit verkehrt eiförmig,

6 bis 12 cm lang, dunkelgrün, matt, unterseits bläulichgrün, oft sehr früh austreibend, etwas runzlig;
Herbstfärbung gelb bis gelegentlich rötlich.

Blüten: Weiß, in 10 bis 15 (20) cm langen, lockeren, halb aufrechten bis überhängenden Trauben,
Blüten erscheinen nach den Blättern oder entwickeln sich gleichzeitig mit dem Laubaustrieb;
starker Duft; April/Mai.

Früchte: Kugelige, etwa erbsengroße Kirschen,
eßbar, bitterer Geschmack. Verarbeitung zu Saft,
Misch-Marmeladen, Essig.

Prunus padus

Wurzel: Kräftig, dicht verzweigt und sehr weit ausgebreitet, weniger in die Tiefe gehend. Wurzeln besitzen ein starkes Ausschlagsvermögen (EHLERS),
Stockausschläge und reichlich Wurzelbrut, besonders nach Verletzungen; Überschwemmungen werden vertragen.

Standort: Sonnig bis halbschattig.

Boden: Keine besonderen Ansprüche, toleriert
beinahe alle Böden, bevorzugt werden gleichbleibend feuchte, humose, nährstoffreiche Substrate,
sauer bis alkalisch. Die Trauben-Kirsche gedeiht
aber noch gut auf frischen, sandigen Standorten
und kann auch hier zu beträchtlichen Exemplaren
heranwachsen.

Eigenschaften: Sehr frosthart, der frühe Austrieb
ist gelegentlich spätfrostgefährdet, stadtklimaverträglich, pumpende Gehölzart, legt feuchte Boden-
stellen trocken, schattenverträglich, hohes Ausschlagsvermögen, widerstandsfähig gegen Schneedruck, verträgt zeitweilige Trockenheit, wenn Grundwasser erreichbar (EHLERS), Grundwasserzeiger,
leidet nicht unter Wildverbiß, erreicht ein Alter von
etwa 60 Jahren.

Verwendung: Die Trauben-Kirschen sind im
April/Anfang Mai, wenn sie in den Knicks zwischen
Feldern und Wiesen oder an feuchten Waldrändern
weithin sichtbar in Blüte stehen, eine ganz besondere Zierde unserer Landschaft. Sehr charakteristisch ist ihr Vorkommen in Auenwäldern, wo sie
mit Weiden- und Ribes-Arten, Alnus glutinosa,
Alnus incana, Humulus lupulus, Cornus sanguineum, Fraxinus excelsior, Viburnum opulus und
Clematis vitalba vergesellschaftet stehen.

Wichtiges Gehölz für Rekultivierungsmaßnahmen
und Schutzpflanzungen, verträgt als Unterholz
Halbschatten; zur Bodenbefestigung von Böschungen und Ufern.

PRUNUS

Herrliches Blütengehölz zur Einzelstellung und Gruppenpflanzung in größeren Garten- und Parkanlagen; sehr wirkungsvoll mit rosafarbenen Zier-Äpfeln vor dunklen Koniferen; auch geeignet als Hintergrund für Rhododendronpflanzungen (Abstand beachten!).

Ökologie: Eines der besten Insektennährgehölze (Nektar ist leicht zugänglich, Anlockung durch intensive Duftstoffe). Früchte werden gern von heimischen Vögeln angenommen. P. padus ist Futterpflanze für den Birkenzipfelfalter (Thecla betulae), den Höhlenspanner (Triphosa dubitata) und für Lomographa temerata.

Anmerkung: Eine wertvolle Selektion ist **P. padus 'Schloß Tiefurt'**. Sie bildet sehr gute Stämme und entwickelt sich zu einem ansehnlichen, kleinkronigen Baum, der sich zur Bepflanzung an Straßen, insbesondere im ländlichen Bereich eignet.

Prunus padus 'Colorata' ist eine rosablütige Form, deren Blätter zunächst braunrot, später mehr bronzebraun-grün gefärbt sind. Leider sehr selten in Kultur.

Prunus padus

P. persica (L.) BATSCH,
Pfirsichbaum
(= Amygdalus persica, Persica vulgaris)

Von dem bekannten Pfirsichbaum gibt es eine Reihe sehr schön blühender Selektionen. Eine bewährte, alte Zierform ist die um 1890 von der Baumschule SPÄTH eingeführte Sorte

'Klara Mayer'. Sie wächst mittelstark, wird etwa 4,5 bis 6 m hoch und zeichnet sich durch leuchtend rosarote, etwa 4 cm große, gefüllte Blüten aus, die sich im April/Mai öffnen.

Ein Traumpaar könnte sich aus der Vermählung von 'Klara Mayer' mit einer blauen Clematis alpina-Hybride ergeben. 'Frances Rivis' würde sie wohl am liebsten in ihre ausgebreiteten Äste aufnehmen. Ein bezaubernder Anblick die rosige 'Klara Mayer' eng umschlungen von dem sonst so kühlen Frances Rivis-Blau.

'Pink Peachy', 'Red Peachy' und 'White Peachy' sind Zwergformen mit meist halbgefüllten, rosafarbenen, roten und weißen, verhältnismäßig großen Blüten. Am schönsten wirken diese Sorten als Kronenbäumchen. Leider sind sie etwas frostempfindlich und nach meinen Erfahrungen auch anfällig für die Kräuselkrankheit, die man übrigens sehr wirksam mit Schachtelhalmbrühe bekämpfen kann. Auch für mich war das eine ganz neue Erfahrung.

P. pumila var. depressa (PURSH) BEAN,
Zwerg-Sand-Kirsche,
Kriechende Sand-Kirsche

Verbreitung: Die Art ist im östlichen Nordamerika beheimatet, wo sie an sandigen und felsigen Ufern der Großen Seen wächst.

Wuchs: Niedriger Zwergstrauch, Zweige dem Boden flach anliegend, junge Triebe und Blätter aufgerichtet.

Größe: 10 bis 20 cm hoch, im Alter bis 25 (30) cm; in 5 Jahren etwa 1,50 m bis 2 m breit.

Rinde: Junge Triebe rotbraun bis braunoliv, glänzend, dünn, niederliegende Zweige grau bis schwärzlich.

Blätter: Sommergrün, wechselständig, verkehrt eilanzettlich bis verkehrt schmal eiförmig, Basis schmal keilförmig, 6 bis 8 cm lang und bis 2 cm breit, Blattstiel 1 cm, Rand gesägt, mittelgrün, unten bläulich- bis graugrün, Herbstfärbung oftmals sehr schön braunrot bis scharlachrot.

Blüten: Weiß, etwa 1 cm breit, zu 2 bis 4 am älteren Holz, April/Mai.

Früchte: Eiförmig, schwarzpurpurn, 1 cm dick, eßbar.

Standort: Sonnig bis absonnig.

Boden: Anspruchslos, auf allen trockenen bis feuchten, durchlässigen Böden, schwach sauer bis alkalisch.

links oben: Prunus persica 'Klara Meyer' 453

links unten: Prunus persica 'Pink Peachy'

Eigenschaften: Frosthart.

Verwendung: Kein „Kriecher" im üblichen Sinne, sondern ein reizender, bodendeckender Blüten-Zwergstrauch für Steingartenanlagen, Heidegärten, Böschungen, Mauerkronen, Dachgärten und zum Eingrünen von Gartentreppen. Sehr schön an Rändern von Hochbeeten, in Pflanzgefäßen auf Terrassenhäusern, in Betonformsteinmauern und Betontrögen, wo er die oft allzu harten Linien mit seinen herabhängenden Blütentrieben locker überspielt. Neuerdings sieht man diesen erdverbundenen Zwerg in etwas ängstlich-verkrampfter Haltung auch hoch oben als Kronenveredlung hängen. In dieser Position bleibt ihm nicht anderes übrig, als die bekannte Trauerstammrolle zu spielen.

Prunus sargentii

P. sargentii REHD., Scharlach-Kirsche

Verbreitung: N-Japan, Sachalin.

Wuchs: Großstrauch oder kleiner Baum, Hauptäste trichterförmig aufrecht, im Alter locker und breit ausladend, sehr malerische, oft horizontal betonte Formen entwickelnd.

Größe: 6 bis 10 bis 12 (15) m hoch und 5 bis 8 bis 10 m breit (eine 20jährige Pflanze ca. 7,50 m hoch und 9 m! breit in England auf gutem Boden). Jahreszuwachs ca. 30 cm.

Rinde: Triebe rötlich, kahl, Borke kastanienbraun, glänzend.

Blätter: Sommergrün, wechselständig, verkehrt eiförmig, bis 12 cm lang und 6 cm breit, Rand scharf gesägt, süßkirschenähnlich, im Austrieb bronzefarben, im Sommer grün, Herbstfärbung

prächtig orange bis scharlachrot, setzt oft schon Ende September/Anfang Oktober ein.

Blüten: Rosa, einfach, Einzelblüten bis 4 cm breit, in 2- bis 4blütigen Trugdolden in großer Fülle im April.

Früchte: Eirundlich, 1 cm große, glänzend purpurschwarze, etwas bittere Kirschen.

Standort: Sonnig, windgeschützt.

Boden: Bevorzugt frische, nährstoffreiche, sandiglehmige Substrate, neutral bis stark alkalisch. Ist aber allgemein anspruchslos und toleriert alle kultivierten Gartenböden.

Eigenschaften: Sehr frosthart, stadtklimafest.

Prunus sargentii

Verwendung: Pflanzenkenner und -liebhaber scheuen sich oft, eine klare Entscheidung bei der Beurteilung einer Pflanze zu treffen. Viel lieber sagen sie: „... gehört zu den wertvollsten in der Gruppe." Bei Prunus sargentii könnte man aber wirklich spontan antworten: Wegen ihres ausge-

Prunus sargentii

Prunus sargentii 'Rancho'

sprochen malerischen Wuchses, der frühen und überschäumenden Blütenfülle, ihrer leuchtend orangeroten Herbstfärbung und nicht zuletzt wegen der im Winter sehr zierenden Rinde ist sie die schönste Zier-Kirsche für unsere Gärten.

Herrlich mit Blumenzwiebeln und Frühlingsstauden. Wegen der regelmäßigen Herbstfärbung lassen sich sehr schöne Kombinationen mit blauvioletten Herbstastern erzielen. Zu beachten ist, daß P. sargentii viel Platz zu ihrer Entwicklung benötigt. Weitere Benachbarung siehe auch Vorschlagsliste. Als Straßenbaum kaum einsetzbar, da P. sargentii im Alter eine sehr breite und oft horizontal betonte Krone entwickelt. Für diesen Zweck eignet sich die schmal aufrechte Form P. sargentii 'Rancho'. Sie wird in 30 Jahren 8 m hoch und 3 m breit. Leider hat sie nicht die spektakuläre Färbung der Art.

P. x schmittii REHD.

Entstand 1923 im Arnold Arboretum aus einer Kreuzung zwischen P. avium und P. canescens.

Wuchs: Kleiner Baum mit schmal-ovaler Krone, Äste aufstrebend, dicht und geschlossen, im Alter mehr breit eiförmig. Relativ raschwüchsig.

Größe: 6 bis 12 m hoch.

Rinde: Rotbraune Spiegelrinde mit zahlreichen, querliegenden Lentizellenbändern.

Blätter: Sommergrün, wechselständig, elliptisch-länglich, 5 bis 8 cm lang, oberseits dunkelgrün, im Sommer kahl, unterseits heller und auf den Nerven behaart, Herbstfärbung oft ansehnlich gelborange.

Blüten: Weiß, einfach, Einzelblüte bis 2 cm (2,5 cm) breit, an 1 bis 2,5 cm langen Stielen, Blütezeit April/Mai, kaum länger als eine Woche dauernd.

Standort und Boden wie P. avium, insgesamt aber etwas anspruchsloser.

Verwendung: Wertvoller Kleinbaum, der die Schmalkronigkeit und die schöne Spiegelrinde von der nur 2 m hohen, straff aufrechten Strauch-Kirsche, P. canescens, geerbt hat. Gut geeignet zur Bepflanzung kleinerer Straßen; als Blütengehölz sicherlich nicht attraktiv genug.

P. serotina EHRH.,
Spätblühende Trauben-Kirsche,
Black Cherry
(serotinus = spät)

Verbreitung: Östliches Nordamerika. Sehr bodentolerant, wächst dort sowohl auf sehr trockenen wie auf sehr nassen Böden, oft in Reinbeständen. In Mitteleuropa zählt P. serotina zu den Neubürgern (Neophyten) unserer Gehölzflora und ist vielerorts verwildert.

Prunus serotina

Wuchs: Strauchig, Großstrauch oder auf zusagenden Standorten auch kleiner bis mittelgroßer Baum. Krone verkehrt eiförmig, Seitenäste aufrecht, im Alter breit auseinanderstrebend. Zweige leicht überhängend; raschwüchsig.

Größe: 5 bis 8 bis 15 (25) m hoch und 5 bis 10 bis 12 m breit. Jahreszuwachs ca. 50 cm, später die Hälfte.

Rinde: Triebe zuerst grünoliv, später dunkelbraun bis rotbraun, glänzend, glatt, mit feinen, hellgrauen bis weißen Lentizellen; Rinde riecht bittermandelartig (Laurocerasin). Borke dunkelgrau, später feinschuppig.

Blätter: Sommergrün, wechselständig, länglich-elliptisch, zugespitzt, sind sehr variabel, 5 bis 13 cm lang und 3 bis 5 cm breit, oberseits dunkelgrün, glänzend, Blätter treiben spät aus und bleiben oft bis in den November am Baum haften. Färbung gelblich bis orange. Herbstlaub übersteht Fröste um −8 °C völlig schadlos.

Blüten: Weiß, in bis zu 15 cm langen, kahlen, aufrechten, walzenförmigen Trauben, Einzelblüte bis 1 cm breit, nach dem Laubaustrieb. April/Mai (bis Juni).

Früchte: 1 cm dicke, kugelige, dunkelpurpurne Kirschen, bitter, eßbar.

Wurzel: Kräftig, auch tiefgehend, weit ausgebreitet, dicht verzweigt, verträgt Überschwemmungen, standfest.

Standort: Sonnig bis leicht schattig.

Boden: Sehr anspruchslos, toleriert beinahe jede Bodenart, sauer bis alkalisch, trocken bis naß, wächst selbst noch auf nährstoffarmen, humosen Sandböden und auf festgelegten Dünen (Holland), P. serotina bevorzugt tiefgründige, feuchte und nährstoffreiche Substrate.

Eigenschaften: Frosthart, stadtklimafest, gut windresistent (Küste!), geeignet für extreme innerstädtische Pflanzsituationen, übersteht auch längere Trockenperioden ohne Laubschäden (Sommer 1983), unempfindlich gegenüber Spätfrösten, schattenverträglich, Laub verrottet schnell und gibt guten Humus, Rohbodenbesiedler, verträgt Salzluft (Meeresnähe), leidet nicht unter Wildverbiß, das trockene Laub ist für das Vieh giftig (EHLERS).

Verwendung: Ein Gehölz mit einer extrem weiten Standortamplitude. Einzelstellung, Gruppen, Schutzgrüngürtel im Stadt- und Industriebereich, **Sollte auf gar keinen Fall in die freie Landschaft gepflanzt werden. Verdrängt konkurrenzschwache, heimische Pflanzenarten!**

Anmerkung: Die Früchte werden in Nordamerika zur Herstellung von Kirsch-Sirup, Gelee, Wein und Rum benutzt. Getrocknete Rinde gilt als Droge gegen Bronchialleiden und als Beruhigungsmittel.

Ökologie: Blüten werden von zahlreichen Insektenarten besucht. Früchte sind beliebte Vogelnahrung.

Prunus serotina

P. serrula FRANCH., Mahagoni-Kirsche
(= P. serrula var. tibetica)

Verbreitung: Gebirge in Westchina.

Wuchs: Kleiner Baum oder vielstämmiger Großstrauch, Hauptäste in der Jugend straff aufrecht, im Alter Krone unregelmäßig, breit rundlich, dicht und strauchartig verzweigt.

Größe: Bis 9 m hoch und 6 bis 7 m breit. Jahreszuwachs ca. 30 cm.

Rinde: Mahagonibraun, glänzend.

Blätter: Sommergrün, wechselständig, spitzellip-

Prunus serrula

tisch, 8 bis 12 cm lang, dunkelgrün, im Austrieb gelblichbraun.

Blüten: Weiß, einfach, Einzelblüte bis 2 cm breit, einzeln, April bis Mai.

Standort: Sonnig bis absonnig.

Boden: Bevorzugt frische, nährstoffreiche, sandig-lehmige Substrate, neutral bis stark alkalisch. Ist aber allgemein anspruchslos und toleriert alle kultivierten Gartenböden.

Eigenschaften: Gut frosthart.

Verwendung: Mit der spiegelglatten, glänzend mahagonibraunen Rinde ist P. serrula einer der Stars unter den Rindenfärbern. Sollte zur Belebung unserer winterlichen Gärten aber immer in Sichtnähe an Wegen, vor Gehölzgruppen und auf Rabatten gesetzt werden. Benachbarung siehe Vorschlagsliste.

P. serrulata 'Amanogawa'
(= P. serrulata f. erecta)

Prunus serrulata 'Amanogawa'

Wuchs: Hoher Strauch oder Kleinbaum, Äste straff säulenförmig aufrecht, dicktriebig, oft mit mehreren gleichstarken Hauptstämmen.

Größe: 4 bis 7 (8) m hoch und 1 bis 2 m breit. Jahreszuwachs in der Höhe ca. 30 cm, in der Breite ca. 5 cm.

Rinde: Hellbraun.

Blätter: Sommergrün, wechselständig, spitz-elliptisch, 8 bis 12 cm lang, im Austrieb braungelblich,

Prunus serrulata 'Amanogawa'

im Sommer dunkelgrün; Herbstfärbung gelegentlich gelborange, sonst eher unauffällig.

Blüten: Hellrosa, leicht gefüllt, Einzelblüten bis 4 cm breit, zu 3 bis 5, sehr zahlreich, zart duftend; Ende April bis Anfang Mai.

Standort: Sonnig.

Boden: Ist allgemein anspruchslos, toleriert alle kultivierten Gartenböden, bevorzugt frische bis feuchte, nährstoffreiche, sandig-lehmige Substrate, neutral bis stark alkalisch.

Verwendung: Schöner Blütenbaum, der zugleich ein gutes Formelement darstellt, mit dem man in formal gestalteten Gartenanlagen geometrische Akzente setzen kann. Sehr dekorativer Raumbildner auf Stadtplätzen oder in größeren Innenhöfen. Betonung der Vertikalen in flach angelegten Bodendecker- bzw. Staudenflächen. Säulenförmige Blütenalleen in beengten Wohn- und Nebenstraßen, Stichwegen und vor Hauseingängen. Benachbarung siehe auch Vorschlagsliste.

Ökologie: Wird auffallend stark von Insekten beflogen.

P. serrulata 'Hokusai'
(= Cerasus julianae fl. roseo)

Wohl die erste rosa gefüllte Sorte, die aus Japan nach Europa kam.

Wuchs: Kleiner Baum mit breit ausladenden Ästen, wird breiter als hoch.

Größe: Bis 6 m hoch, dann aber oft 8 bis 10 m breit.

Blätter: Sommergrün, wechselständig, Austrieb braunrot, im Sommer dunkelgrün und etwas ledrig, Herbstfärbung lachsbraun bis orangerot.

Blüten: Hellrosa, halbgefüllt, Einzelblüten verhältnismäßig groß, bis 4,5 cm breit, Mai.

Standort: Boden wie 'Amanogawa'.

Verwendung: Einzelstellung, Gruppen. Benachbarung siehe Vorschlagsliste.

P. serrulata 'Kanzan',
Nelken-Kirsche
(= 'Hisakura' HORT., 'New Red', 'Kirin', 'Kwanzan', 'Naden')

Wuchs: Großstrauch oder kleiner Baum, Krone trichterförmig mit steif aufrechten, starken Hauptästen, im Alter breit ausladend, Zweige leicht überhängend, raschwüchsig.

Größe: 7 bis 10 (12) m hoch und 5 bis 8 m breit, Jahreszuwachs ca. 30 cm.

Rinde: Rotbraun, später braungrau, rissig.

Blätter: Sommergrün, wechselständig, spitz-elliptisch, 8 bis 12 cm lang, im Austrieb bronzefarben, im Sommer glänzend grün, Herbstfärbung gelborange.

Blüten: Rosa, dicht gefüllt (30 Petalen), bis zu 6 cm breite Einzelblüten, in Büscheln zu 2 bis 5, außerordentlich reich blühend.

Blütezeit: Ende April/Anfang Mai.

Standort: Sonnig.

Boden: Siehe 'Amanogawa'.

Eigenschaften: Sehr frosthart, bleibt lange Zeit sehr wüchsig; 40jährige Bäume können bei entsprechender Pflege noch vital sein.

Verwendung: Diese Sorte ist sicherlich nicht die eleganteste der Japanischen Kirschen, aber wir sollten sie mit unserer Kritik nicht völlig verreißen,

Prunus serrulata 'Kanzan'

Prunus serrulata 'Kanzan' – Hinterhofidylle

denn sie hat viele gute Eigenschaften. Sie ist absolut frosthart, blüht jedes Jahr überreich, ist von unerhörter Wüchsigkeit, Robustheit und Langlebigkeit. Auf Grund ihres aufrechten Wuchses können wir sie als Straßenbaum, zumindest in Wohnsiedlungen, an Nebenstraßen, auf Randstreifen oder an Parkstraßen und auf Friedhöfen verwenden.

In Berlin hat eine „Kanzan-Allee" eine solche Berühmtheit erlangt, daß sie alljährlich zur Blütezeit, Anfang Mai, zu einem allgemein beliebten Ausflugsziel wurde.

Die den Zier-Kirschen-Arten und -Sorten immer wieder vorgeworfene Kurzlebigkeit (übrigens ein relativer Begriff), sollte kein Grund sein, diese herrlichen Blütenbäume im innerstädtischen Raum nicht zu pflanzen. Benachbarung siehe Vorschlagsliste.

Prunus serrulata 'Kanzan'

P. serrulata 'Kiku-shidare-zakura', Hängende Nelken-Kirsche
(= P. serrulata 'Shidare-zakura',
P. serrulata 'Kiku-shidare')

Wuchs: Kleiner Baum mit bogig überhängenden Ästen und Zweigen, die im Alter oft eine halbkugelige Trauerkrone bilden.

Größe: 3 bis 5 bis 6 m hoch und 3 bis 4 m breit, oft genauso breit wie hoch. Jahreszuwachs ca. 20 bis 30 cm.

Blätter: Sommergrün, wechselständig, elliptisch, 8 bis 10 cm lang, im Austrieb bronzegrün, im Sommer hellgrün bis mittelgrün.

Blüten: Rosa, dicht gefüllt, Einzelblüten bis 6 cm breit, sitzen in dichten Büscheln, sehr zahlreich. Ende April bis Anfang Mai.

457

Prunus serrulata 'Kiku-shidare-zakura'

Verwendung: Eine starkwüchsige, sehr schöne und reich blühende Sorte, die an 'Kanzan' erinnert, aber eine hellere Blütenfarbe hat. Benachbarung siehe Vorschlagsliste.

P. serrulata 'Shiro-fugen'
(= P. serrulata albo-rosea)

Wuchs: Kleiner, starkwüchsiger Baum, Krone zunächst trichterförmig, im Alter malerisch breit ausladende, flachgewölbte Schirmkrone.

Größe: 5 bis 8 m hoch und nach etwa 10 Jahren genauso breit wie hoch, im Alter meist viel breiter als hoch. Jahreszuwachs ca. 30 cm.

Prunus serrulata 'Shiro-fugen'

Blätter: Sommergrün, wechselständig, elliptisch, 8 bis 12 cm lang, im Austrieb kupferfarben, Herbstfärbung gelb bis orangerot.

Blüten: Reinweiß, gefüllt (Knospe weißlich-rosa), Einzelblüte 4,5 bis 5 cm breit, im Verblühen schön

Prunus serrulata 'Shiro-fugen'

rosa, verhältnismäßig spät blühend, Ende Mai, oft erst Anfang Juni.

Standort, Boden wie 'Amanogawa'.

Eigenschaften: Frosthart, aber etwas empfindlicher als andere Sorten.

Verwendung: Eine der besten Sorten. Wertvoll wegen der sehr späten Blütezeit, interessant wegen der wechselnden Blütenfarben. Aus den zunächst rosafarbenen Knospen entwickeln sich weiße Blüten, die nach ca. 10 Tagen eine reinrosa Färbung annehmen. 'Shiro-fugen' besticht auch durch den sehr malerischen Schirmwuchs. Terrassenbaum, lebender Sonnenschirm! Benachbarung siehe auch Vorschlagsliste.

P. serrulata 'Shirotae'
(= P. serrulata 'Mount Fuyi')

Wuchs: Kleiner Baum oder Großstrauch, Äste beinahe horizontal ausgebreitet, im Alter malerisch überhängend.

Größe: 4 bis 6 m hoch und breit.

Blätter: Sommergrün, wechselständig, länglich-oval mit lang ausgezogener Spitze, im Austrieb bronzefarben, Blattrand tief gesägt, Herbstfärbung leuchtend gelb.

Blüten: Weiß, an jungen Pflanzen 4 bis 5,5 cm breit, einfach, an älteren Pflanzen 3,5 bis 4,5 cm, oft leicht gefüllt (5 bis 8 Blütenblätter), Anfang Mai.

Prunus serrulata 'Shirotae'

Standort, Boden wie 'Amanogawa'.

Eigenschaften: Gut frosthart, robuste Sorte.

Verwendung: Eine der schönsten Hängeformen, die jedes Jahr überreich blüht. Benachbarung siehe Vorschlagsliste.

P. serrulata 'Pink Perfektion'

Wuchs: Großstrauch oder kleiner Baum, Krone trichterförmig aufrecht, Haupttriebe straff aufrecht, Zweige leicht überhängend.

Größe: Bis 8 m hoch und 5 m breit. Jahreszuwachs ca. 30 cm.

Blätter: Sommergrün, wechselständig, spitz-elliptisch, 8 bis 10 cm lang, Rand doppelt gesägt, dunkelgrün, Herbstfärbung leuchtend orangerot.

Blüten: Tiefrosa, einfach, bis 3 cm breit, an langen Stielen, sehr zahlreich, April/Mai.

Standort, Boden wie 'Amanogawa'.

Standort, Boden wie 'Amanogawa'.

Verwendung: Gehört mit 'Taihaku' zu den schönsten weißen Zier-Kirschen. Benachbarung siehe Vorschlagsliste.

P. serrulata 'Taihaku'

Um 1900 aus Japan eingeführt. In England Great White Cherry genannt.

Wuchs: Großstrauch oder kleiner Baum, Hauptäste kräftig, trichterförmig aufrecht, starkwüchsig.

Prunus serrulata 'Taihaku'

Größe: 4 bis 6 (7) m hoch und 3 bis 5 m breit.

Blätter: Sommergrün, wechselständig, auffallend groß, bis 16 cm lang und 10 cm breit, im Austrieb rötlichbronze, Herbstfärbung gelb bis orange.

Blüten: Schneeweiß, einfach, auffallend groß, 4,5 bis 5,5 bis 6 cm breit, Knospen rosa, Ende April.

Standort, Boden wie 'Amanogawa'.

Verwendung: Es ist die schönste aller weißen Zier-Kirschen. Das Schneeweiß der Blüten kontra-

stiert gut mit dem bronzeroten Austrieb. 'Taihaku' ist eine sehr alte japanische Gartenform, die man in den Tempelgärten häufiger antrifft. Benachbarung siehe Vorschlagsliste.

P. spinosa L.,
Schlehe, Schwarzdorn

Schwarzdorn wegen der schwärzlichen Rinde.

Verbreitung: Europa, Nordafrika, Westasien. An sonnigen Wald- und Wegrändern, in Hecken, Knicks, als Pioniergebüsch auf Magerweiden und in Weinbergen, teilweise auch auf Waldlichtungen oder in verlichteten Wäldern. Auf mäßig trockenen bis frischen, nährstoffreichen, humosen, mittel- bis tiefgründigen, oft kalkhaltigen Böden.

Wuchs: Normalstrauch bis Großstrauch, Hauptäste kräftig, sparrig aufrecht, dichtbuschig verzweigt, oft undurchdringliche, dornige Dickichte bildend, sehr langsam wachsend.

Größe: 1 bis 3 (5) m hoch und durch Wurzelschößlinge viel breiter als hoch.

Rinde: Zweige zunächst bräunlichgrau, Rinde später schwarz, Kurztriebe gehen meist in Dornen über.

Blätter: Sommergrün, wechselständig, verkehrt eiförmig bis elliptisch, 3 bis 4 (5) cm lang, matt dunkelgrün. Herbstfärbung nicht sehr auffallend, meist nur gelblich bis gelegentlich rötlich.

Blüten: Weiß, meist einzeln, 1 bis 1,5 cm breit, Blütenstiele kaum über 5 mm lang!, kahl, erscheinen vor den Blättern im April/Mai.

Früchte: Kugelig bis eiförmig, 1 bis 1,5 cm dick, schwärzlich, blau bereift, sehr sauer, Fruchtfleisch löst sich nicht vom Steinkern, erst nach Frosteinwirkung roh genießbar, Geschmack süß-säuerlich.

Wurzel: Flachstreichend, Boden wird intensiv durchwurzelt, Wurzelschößlinge werden reichlich gebildet, verträgt Einschüttung, aber nicht Überschwemmung.

Prunus spinosa

Die Schlehe, ein ökologisch wertvolles Gehölz

Standort: Sonnig bis absonnig.

Boden: Ein sehr anpassungsfähiges Gehölz mit großer Standortamplitude; die Schlehe wächst sowohl auf sommertrockenen wie auch auf schwach sauren, feuchten Böden, sie bevorzugt nährstoffreiche, kalkhaltige Lehmböden.

Eigenschaften: Absolut frosthart, wärmeliebend, verträgt sommerliche Hitze- und Trockenperioden auch auf Extremstandorten (Südböschungen) sehr gut (Beobachtung Sommer '90), stadtklimafest, Licht-Halbschattengehölz, windresistent, hohes Ausschlagsvermögen (Knickpflanze), Ausläuferbildung.

Verwendung: Der Schlehdorn ist ein wichtiges und vielseitig einsetzbares Landschaftsgehölz mit großer ökologischer Anpassung. Rekultivierungsmaßnahmen, Schutzpflanzungen, Pioniergehölz für Halden, Böschungsbefestigung, Kiesgrubenbegrünung; Windschutzhecken, Knickbepflanzung, gutes Vogelschutzgehölz, Futterpflanze für zahlreiche Tierarten.

Früchte eignen sich vorzüglich zur Herstellung von Marmeladen, Säften und Likör. Die sparrigen Zweige werden als Packmaterial für Gradierwerke in Salinen verwendet.

Ökologie: Prunus spinosa ist ein Gehölz mit großer ökologischer Bedeutung. Der offen zugängliche Nektar wird von vielen kurzrüssligen Insekten wie Tanzfliege und Kaisergoldfliege angenommen. Weiterhin Futterpflanze für Raupen zahlreicher Schmetterlingsarten, die in der Bundesrepublik teilweise stark gefährdet sind, wie z. B. Segelfalter (Iphiclides podalirius), Pflaumenzipfelfalter (Strymonidia pruni), Baumweißling (Aporia crataegi), Nierenfleck (Thecla betulae) und Semiothisa alternaria. Früchte sind Nahrung für Vogel- und Säugetierarten. Bestes Nist- und Schutzgehölz.

Der Honigertrag liegt bei 25 bis 40 kg pro ha.

Anmerkung: Von Prunus spinosa sind Bastarde im Handel, die möglicherweise aus P. cerasifera-Kreuzungen stammen. Wuchs auffallend stark, Jahrestriebe grünlich!, Früchte größer, weniger Dornen. Nicht in die Landschaft pflanzen!

P. subhirtella 'Autumnalis'

Wuchs: Kleiner Baum oder Großstrauch, Krone breit aufrecht, Zweige und Triebe sehr fein, im Alter etwas sparrig, dicht verzweigt und überhängend; langsam wachsend.

Größe: Bis 5 m hoch und breit. Jahreszuwachs ca. 25 cm.

Rinde: Dunkelbraun, später grauschwarz.

Blätter: Sommergrün, wechselständig, spitzoval, 6 bis 8 cm lang, grob gesägt, Herbstfärbung gelborange bis violettbraunrot, auffallend.

Blüten: Weiß bis weißlichrosa, halbgefüllt, Einzelblüten 2,5 bis 3 cm breit, Staubgefäße teilweise rosa, die ersten Blüten erscheinen bei milder Witte-

Prunus subhirtella 'Autumnalis'

rung oft schon im November/Dezember. Hauptblüte März/April.

Standort, Boden wie 'Amanogawa'.

Verwendung: Besonders bemerkenswert ist die manchmal „weihnachtliche Blüte". Diese Kirsche kann man zu Recht als „Winterblüher" bezeichnen. Findet größte Beachtung in Fußgängerpassagen, auf geschützten Stadtplätzen, in Grünanla-

gen, Vorgärten und Friedhöfen. Eignet sich gut für die Bepflanzung von Hochbeeten und Kübeln. Blüten öffnen sich nach und nach. Deshalb auch sehr oft zwei Blütezeiten. Benachbarung siehe Vorschlagsliste.

Ökologie: Blüten werden gern von Schwebfliegen besucht. Knospen sind eine sehr beliebte Winternahrung von Dompfaffen.

P. subhirtella 'Autumnalis Rosea'

Wuchs: Kleiner, zierlicher Baum oder Großstrauch, Krone breit aufrecht, Zweige und Triebe sehr fein, im Alter etwas sparrig, dicht verzweigt und überhängend; langsam wachsend.

Größe: Bis 5 m hoch und breit. Jahreszuwachs ca. 25 cm.

Rinde: Dunkelbraun, später braunschwarz.

Blätter: Sommergrün, wechselständig, spitzoval, 6 bis 8 cm lang, grob gesägt, Herbstfärbung gelborange bis violettbraunrot.

Prunus subhirtella 'Autumnalis Rosea'

Blüten: Weißlichrosa, Blütenmitte rosa, halbgefüllt, Kelch rötlich, Einzelblüten 2,5 bis 3 cm breit; bei milder Witterung schon im November/Dezember blühend, Hauptblüte März/April.

Standort, Boden wie 'Amanogawa'.

Verwendung: Zartrosa blühende Form der Schnee-Kirsche. Einzelstellung, Gruppen. Benachbarung siehe Vorschlagsliste.

P. subhirtella 'Fukubana'

Prunus subhirtella 'Fukubana'

Wuchs: Hoher Strauch oder kleiner Baum mit kräftigen, aufrechten Grundästen und malerisch breit überhängender Bezweigung, langsam wachsend.

Größe: 4 bis 6 m hoch und 3 bis 4 m breit. Jahreszuwachs 15 cm.

Blätter: Sommergrün, wechselständig, elliptisch, bis 8 cm lang, dunkelgrün, Herbstfärbung gelb bis orangerot.

Blüten: Tiefrosa, leicht gefüllt, Blütenblätter am Rand tief eingeschnitten, gekraust, Einzelblüte 2 cm breit, Blütezeit April, 1 Woche später als P. subhirtella.

Standort, Boden wie 'Amanogawa'.

Verwendung: Ist wohl die schönste aller P. subhirtella-Sorten. Sie hat einen eleganten, lockeren, überhängenden Wuchs und zeichnet sich durch enorme Reichblütigkeit aus. Auch geeignet für kleinere Gartenräume. Benachbarung siehe Vorschlagsliste.

P. subhirtella 'Pendula'

Wuchs: Kleiner Baum oder Strauch mit breit schirmförmigem Aufbau und herunterhängenden Zweigen; langsam wachsend.

Größe: 3 bis 4 bis 5 m hoch und 3 bis 4 m breit. Jahreszuwachs 20 bis 30 cm.

Blätter: Wie beim Typ, doch etwas breiter.

Blüten: Weißlichrosa, einfach, Einzelblüte bis 2 cm breit, erscheinen in großer Fülle im April.

Standort, Boden wie 'Amanogawa'.

Verwendung: Einzelstellung in Frühlingsgärten, auf Rasenflächen, in Rabatten, auf Hochbeeten und an Terrassen. Sehr dekorative Hänge-Form, die auch durch ihre besondere Struktur im Winter sehr reizvoll ist. Benachbarung siehe Vorschlagsliste.

P. subhirtella 'Pendula Plena Rosea', Hänge-form mit rosafarbenen, halbgefüllten Blüten.

P. subhirtella 'Pendula Rubra', Blüten rosarot, einfach, an zierlichen, feintriebigen, kaskadenartig herabhängenden Zweigen.

Prunus subhirtella 'Pendula'

P. subhirtella 'Plena'

Wuchs: Kleiner, zierlicher Baum oder Groß-strauch, Krone breit aufrecht, Äste auffallend horizontal stehend, locker verzweigt.

Größe: 4 bis 6 m hoch und 3 bis 5 m breit. Jahreszuwachs 20 bis 30 cm.

Blätter: Sommergrün, wechselständig, spitzoval, 8 bis 10 cm lang, dunkelgrün, Herbstfärbung gelb bis rötlich.

Blüten: Knospig rosa, aufgeblüht weiß bis weiß-lichrosa, gefüllt, bis 2,5 cm breit, zu 2 bis 5 in Bü-scheln, sehr zahlreich im April.

Standort, Boden wie 'Amanogawa'.

Verwendung: Sehr schöne, aber noch relativ sel-ten anzutreffende Form. Einzelstellung, Gruppen. Benachbarung siehe Vorschlagsliste.

P. tenella 'Fire Hill',
Russische Zwerg-Mandel

Verbreitung: Die Wildart ist in Niederungen, Step-pengebieten und an sonnigen Hängen von Nieder-österreich entlang der Donau über den Kaukasus, das mittlere Rußland bis hin zum östl. Sibirien ver-breitet.

Wuchs: Kleinstrauch mit dünnen, feinverzweigten Trieben, zierlich, locker aufrecht, im Alter breit und oft niederliegend, durch Wurzelausläufer oft größere Horste bildend.

Größe: Bis 1,20 (1,50) m hoch, durch Ausläufer oft doppelt so breit.

Rinde: Graubraun bis silbergrau.

Blätter: Sommergrün, wechselständig, lanzettlich bis verkehrt eilanzettlich, Basis bis zum Blattstiel-grund schmal keilförmig, 3,5 bis 8 (9) cm lang und 2,5 (3) cm breit, Rand scharf gesägt, dunkel-grün glänzend, Laub ist sehr zierend.

Blüten: Rosarot, bis 3 cm breit, dicht gedrängt ent-lang den vorjährigen Trieben, April/Mai, kurz vor den Blättern.

Wurzel: Kräftige Hauptwurzel, auf leichten Böden starke Ausläuferbildung.

Standort: Sonnig, windgeschützt (zarte Blüten).

Boden: Toleriert alle durchlässigen, normalen Gartenböden, pH-tolerant, bevorzugt nicht zu trok-kene bis frische, sandig-lehmige Substrate mit gu-tem Wasserabzug, kalkliebend.

Eigenschaften: Gut frosthart, leidet unter Moni-lia, oft starker Ausbreitungsdrang, hitzeverträglich, stadtklimafest.

Verwendung: Herrlicher kleiner Blütenstrauch für Gehölzrabatten, Heide- und Steingärten, Tröge und Dachgärten.

Benachbarung: Prunus glandulosa 'Alboplena', Narzissensorte 'Actaea', Muscari armeniacum, Ane-mone blanda, Aubrieta-Hybriden, Chaenomeles, Rhod. russatum-Sorten, Scilla siberica, Arabis cau-casica, Arabis procurrens, Myosotis alpestris.

Pflegetip: Triebe unmittelbar nach dem Verblühen um mindestens zwei Drittel einkürzen (Blütenbil-dung).

Prunus tenella 'Fire Hill'

Prunus 'Trailblazer'

'Trailblazer'
(= P. cerasifera 'Trailblazer', P. cerasifera 'Hollywood')

Entstanden aus einer Kreuzung zwischen P. cerasi-fera 'Nigra' x japanische Pflaume 'Shiro' (USA 1953).

Wuchs: Kleiner Baum oder Strauch mit trichterför-mig gestellten, sehr locker verzweigten, kräftigen Hauptästen.

Größe: 5 bis 7 m hoch und 3 bis 5 bis 6 m breit. Jahreszuwachs ca. 30 cm.

Blätter: Sommergrün, wechselständig, eiförmig, bis 9 cm lang, junge Blätter zunächst grün, später mehr und mehr braunrot verfärbend.

Blüten: Knospen und Blüten cremeweiß, Kelch bronzerötlich überlaufen; Einzelblüten 1,4 bis 1,7 cm breit, an 1,5 bis 1,8 cm langen Stielen; April.

Früchte: Große, dunkelrote Pflaumen, eßbar und sehr schmackhaft.

Standort: Sonnig bis absonnig.

Boden: Toleriert alle Gartenböden, bevorzugt fri-sche bis feuchte, nährstoffreiche, sandig-lehmige Substrate, neutral bis stark alkalisch.

Eigenschaften: Frosthart.

Verwendung: Eine Zier-Pflaume mit braunrotem Laub, die zugleich sehr schmackhafte Früchte trägt. Einzelbaum und Gruppenpflanzung. Benachbarung siehe auch Vorschlagsliste.

PRUNUS

P. triloba LINDL.,
Mandelbäumchen
(= P. triloba 'Plena')

Wuchs: Strauch mit breit aufrechten, dicht verzweigten Grundtrieben.

Größe: Als Busch etwa 1,50 bis 2 (2,50) m hoch und breit, als Hochstamm 2,50 bis 3 m hoch.

Blätter: Sommergrün, wechselständig, breitelliptisch, oft auch dreilappig, dunkelgrün, Herbstfärbung gelegentlich gelb bis orange.

Blüten: Rosa, rosettenartig gefüllt, bis 3,5 cm breit, dicht bei dicht entlang den vorjährigen Trieben; April, Anfang Mai. Sehr auffallender Blütenstrauch.

Standort: Sonnig, geschützt.

Boden: Toleriert jeden normalen Gartenboden, bevorzugt frische bis mäßig feuchte, sandig-lehmige Böden, schwach sauer bis leicht alkalisch.

Verwendung: Das Mandelbäumchen mag einigen zu kultiviert und zu künstlich erscheinen, doch ist seine Beliebtheit „beim Volke" nach wie vor ungebrochen und das, wie ich meine, zu Recht. Ein blühender Busch inmitten schneeweißer Narzissen oder unterpflanzt mit Myosotis oder der blauen Anemone blanda bietet im April ein herrliches Bild. Noch faszinierender sind Mandelbäumchen, in größeren Gruppen gepflanzt. Einer der wirkungsvollsten Blütensträucher für den Frühlingsgarten. Voraussetzung ist, daß die Pflanze wurzelecht und regelmäßig beschnitten worden ist. Die Sorte '**Rosenmund**' hat dunklere Blüten und blüht geringfügig früher. Triebe und Blätter sind zierlicher. Sehr schön ist auch die Wildform **P. triloba f. simplex** mit einfachen, porzellanrosafarbenen Blüten.

Pflegetip: Da das Mandelbäumchen am vorjährigen Holz blüht, sollte es zur Erhaltung der Blühwil-

Prunus triloba

Prunus x yedoensis

ligkeit unmittelbar nach der Blüte um etwa die Hälfte eingekürzt werden. Bei jüngeren Pflanzen, die noch gut im Trieb sind, ist oft auch ein gefühlvoller Auslichtungsschnitt ausreichend. Sehr alte Exemplare können nach der Blüte bis auf wenige Augen zurückgeschnitten werden. Von Monilia (Spitzendürre) befallene Triebe rechtzeitig stark bis ins gesunde Holz zurückschneiden.

Ökologie: Die Wildform ist ein Insektenmagnet.

P. x yedoensis MATSUM,
Tokyo-Kirsche

Verbreitung: Der Ursprung dieser Hybride ist nicht bekannt. In Japan ab 1868 bekannt und dort in Massen angepflanzt.

Wuchs: Kleiner Baum oder Großstrauch, Krone zunächst trichterförmig, Äste im Alter breit und locker ausladend, Zweige und Triebe feingliedrig, leicht überhängend.

Größe: 5 bis 8 bis 10 m hoch und 4 bis 7 m breit, im Alter meist genauso breit wie hoch. Jahreszuwachs 40 cm, im Alter weniger.

Blätter: Sommergrün, wechselständig, elliptisch, 6 bis 12 cm lang, zugespitzt, frischgrün, Herbstfärbung gelb bis gelborangerötlich.

Blüten: Knospig rosa, später strahlend weiß, einfach, Einzelblüten 3 bis 4 cm breit, zu 5 bis 6 in Trauben, oft schon Ende März, Hauptblüte April.

Früchte: Schwarze, etwa erbsengroße Früchte, selten.

Standort: Sonnig, geschützt.

Boden: Toleriert alle kultivierten Gartenböden, bevorzugt frische bis feuchte, nahrhafte, sandig-lehmige Substrate, neutral bis stark alkalisch.

Prunus triloba f. simplex

Eigenschaften: Frosthart.

Verwendung: Gehört wegen der seidig-weißen Blüten, die besonders auch bei bedecktem Himmel eine unerhörte Leuchtkraft besitzen, zu den allerschönsten und beliebtesten Japanischen Zier-Kirschen. Besonders eindrucksvoll sind hainartig gepflanzte Gruppen auf weitläufigen Parkwiesen vor einer dunklen Kulisse aus Kiefern und Taxus. Benachbarung siehe Vorschlagsliste.

P. x yedoensis 'Ivensii'

Selektion der Fa. HILLIER, Winchester, England, Sämling von P. x yedoensis.

Wuchs: Hauptäste zunächst waagerecht bis leicht bogenförmig ausgebreitet und dann abwärts geneigt, oft lang herunterhängend, etwas unregelmäßig, Zweige und Triebe verhältnismäßig feingliedrig.

Größe: 5 bis 8 m hoch und 4 bis 5 m breit.

Blätter: Sommergrün, wechselständig, elliptisch, zugespitzt, frischgrün, Herbstfärbung gelb bis orangerötlich.

Blüten: Knospig rosa, aufgeblüht reinweiß, Ende März, meist aber April.

Standort: Sonnig, geschützt.

Boden: Toleriert alle kultivierten Gartenböden, bevorzugt frische bis feuchte, nahrhafte, sandig-lehmige Substrate, neutral bis stark alkalisch.

Eigenschaften: Frosthart.

Verwendung: Hängeform der bekannten Tokyo-Kirsche. Einzelstellung. Benachbarung siehe gesonderte Vorschlagsliste.

PSEUDOSASA MAK.
Bambus – Gramineae, Süßgräser,
Unterfamilie Bambusoideae,
Bambusgräser

P. japonica
(= Arundinaria japonica S. & Z.,
Bambusa metake SIEB.)

Verbreitung: Süd-Japan, Korea.

Wuchs: Straff aufrecht wachsender, dichtbuschiger Bambus mit auffallend breiten Blättern, mehr oder weniger horstig, wenig Ausläufer; in der Jugend langsamwüchsig.

Größe: 2 bis 3 m hoch, in milden Gegenden auch 3 bis 5 m.

Halme: Drehrund, dunkelgrün, die hellbraunen Halmscheiden verbleiben monatelang an den Stämmen.

Pseudosasa japonica

Blätter: Immergrün, für Bambus sehr groß, dichtstehend, lanzettlich, bis 25 cm lang und 3 cm breit, dunkelgrün, etwas ledrig, glänzend, Zweige und Blätter am Ende der Halme fächerartig gehäuft stehend.

Blüten: Typische Gräserblüten, erscheinen, wie auch bei anderen Bambusarten, im Abstand von vielen Jahren. Pseudosasa blüht seit etwa 1983 in ganz Europa.

Wurzel: Flach (30 bis 40 cm) kriechender Wurzelstock, im Gegensatz zu Phyllostachys nur mäßig starker Ausbreitungsdrang.

Standort: Sonnig bis schattig, bevorzugt Halbschatten, geschützt gegen austrocknende Ost-Winde und Wintersonne.

Boden: Nährstoffreiche, frische bis feuchte, gut in Kultur befindliche Böden, weitgehend pH-tolerant; Pseudosasa ist allgemein anspruchslos und gedeiht auch noch gut auf trockeneren Standorten, verträgt aber keine Staunässe!

Eigenschaften: Gehört zu den bekanntesten und härtesten Bambus-Arten. Laubschäden treten ein ab minus 17 °C bis minus 20 (22) °C; wärmeliebend.

Verwendung: Ein sehr dekorativer, ausreichend frostharter Großblatt-Bambus, der auf zusagenden Standorten kleine Dickichte bilden kann. Sehr gut zur Einzelstellung und Gruppenpflanzung an halbschattigen Wasserläufen oder als Solitär in waldartigen Gehölzpartien mit Rhododendron und Nadelgehölzen, Pseudosasa ist auch als immergrüne Hecke zu verwenden. Weitere Benachbarung siehe bei Phyllostachys. Interessant ist die Varietät **P. japonica var. tsutsumiana** mit flaschenförmig verdickten Internodien. Geringer in der Frosthärte als die Art.

P. japonica 'Halfling', Zwergsorte, Höhe 1 bis 1,5 m, winterhart. Holländische Sämlingsselektion.

Pflegetip: Bambus sollte entweder zeitig im Oktober oder besser noch im Frühjahr bei Triebbeginn gepflanzt werden. Nicht eingewurzelte Pflanzen sind während der warmen Wachstumszeit (allgemein sehr hoher Wasserbedarf) zusätzlich zu wässern! Junge Pflanzen sind dankbar für einen winterlichen Wurzelschutz aus Laub oder strohigem Stalldung.

Anmerkung: Pseudosasa japonica hat in den 80iger Jahren geblüht. Zurückgeschnittene, gewässerte und gedüngte Pflanzen haben in der Regel alle überlebt.

PTELEA L.
Kleeulme, Lederstrauch – Rutaceae,
Rautengewächse

Ptelea ist der griechische Name der Ulme, Früchte sehen denen der Ulme ähnlich. Die Pflanze ist verwandt mit den Apfelsinen und Zitronen.

P. trifoliata L.

Verbreitung: Östliches Nordamerika, auf trockenen, felsigen Hügeln, aber auch in Tälern und Schluchten.

Ptelea trifoliata

Wuchs: Hoher Strauch, seltener kleiner Baum mit rundlicher, buschiger Krone.

Größe: 3 bis 5 (6) m hoch und breit.

Rinde: Einjährige Triebe grün, später braungelb, zweijährig braun mit zahlreichen, hellen Lentizellen. Borke braungrau.

Blätter: Sommergrün, wechselständig, dreizählig, Blättchen eielliptisch, 6 bis 10 cm lang, Mittelblatt etwas länger, dunkelgrün, glänzend, unterseits graugrün und meist kahl, Blätter duften gerieben aromatisch; Herbstfärbung grüngelb, bei einigen Exemplaren auch leuchtend gelb.

Blüten: Gelblichweiße bis gelblichgrüne, unscheinbare Sternblüten, in kurzen, 5 bis 8 cm breiten Rispen, Einzelblüten 1 bis 1,5 cm breit, stark duftend, besonders in den Abendstunden; Juni, Nachblüte oft im August.

Früchte: Kreisrunde, 2 bis 2,5 cm große, ulmenähnliche, geflügelte Nüsse, gelbbraun, bleiben oft bis zum Winter am Strauch, zierend.

Wurzel: Wurzelrinde aromatisch, bitter.

Standort: Sonnig bis schattig.

Boden: Gehölz mit großer Standortamplitude, wächst noch auf trockeneren, armen Standorten, bevorzugt aber frischen, gut durchlässigen Boden.

Eigenschaften: Frosthart, stadtklimafest, windverträglich, verträgt Schattendruck größerer Bäume, frei von Krankheiten.

Verwendung: Durch das dekorative, gesunde Laub, die duftenden Blüten und zierenden Früchte ein sehr attraktives, aber leider unbekanntes Gehölz. Einzelstellung in sonniger Position, aber auch gut im Schatten größerer Bäume gedeihend. Früchte eignen sich als Vasenschmuck.

Ökologie: Blüten werden von vielen Fliegenarten besucht.

PTEROCARYA KUNTH.
Flügelnuß – Juglandaceae,
Walnußgewächse
griech. pteron = Flügel, carya = Nuß.

P. fraxinifolia (POIR.) SPACH,
Flügelnuß

Verbreitung: Feuchte Wälder vom Kaukasus bis nach Nordpersien. Meist in der Nähe fließender Gewässer.

Wuchs: Meist mehrstämmiger, großer Baum mit breit ausladender Krone und an der Basis bogenförmig geschwungenen, schräg aufrechten Hauptstämmen; raschwüchsig.

Pterocarya fraxinifolia

Größe: 15 bis 20 (25) m hoch (in England gibt es 33 m hohe Exemplare), bis 15 m breit, vielstämmige Bäume so breit wie hoch, im Alter durch zusätzliche Ausläuferbildung oft viel breiter als hoch. Jahreszuwachs ca. 40 bis 50 cm.

Rinde: Zweige olivbraun bis grünlichgrau, Mark im Querschnitt gefächert, alte Borke schwarzgrau mit auffallend hellen Längsfurchen, Knospen stets ohne Knospenschuppen, rostbraun, zwischen Knospenstiel und der Blattnarbe stets kleinere, ungestielte Beiknospen.

Blätter: Sommergrün, wechselständig, gefiedert, bis 50 cm lang, Blättchen 13 bis 21, eilänglich bis länglich lanzettlich, 8 bis 12 cm lang, dunkelgrün, Austrieb sehr früh, spätfrostgefährdet; Herbstfärbung gelb.

Pterocarya fraxinifolia

Blüten: Grün, in hängenden Kätzchen, männliche Blütenstände bis 20 cm lang; Mai.

Früchte: Halbkreisförmige, geflügelte Nüßchen, zu vielen wie aufgeschnürt an bis zu 40 cm langer, dünner Spindel.

Wurzel: Weit ausgebreitet, Hauptseitenwurzeln oft sehr flach, stark verzweigt, brettartig, auf feuchten Standorten starke Ausläuferbildung bis über die Kronentraufe hinaus.

Standort: Sonnig bis absonnig.

Boden: Die Flügelnuß ist sehr anpassungsfähig an Boden und pH-Wert, kalkverträglich, sie entwickelt sich optimal auf tiefgründigen, feuchten bis nassen,

Pterocarya fraxinifolia

nahrhaften Standorten (Erlenböden), gedeiht aber auch auf trockeneren Normalböden.

Eigenschaften: Frosthart, bei sehr frühem Austrieb spätfrostgefährdet, verträgt auch trockene Standorte ausgezeichnet, wenn das Wurzelwerk gut ausgebildet und entwickelt ist, stadtklimafest, hitzeverträglich, windresistent, erträgt längere Überschwemmungszeiten schadlos.

Verwendung: Durch den kräftigen, meist mehrstämmigen Wuchs, die etagenartige Verzweigung und die gefiederten Blätter ein sehr auffallender, stattlicher Parkbaum, der auf guten Standorten innerhalb weniger Jahre prächtige Kulissen bildet. Geeignet als Einzelbaum in der Nähe von Wasserläufen und auf Rasenflächen, sehr wirkungsvoll auch in Gruppen auf weitläufigen Parkwiesen, wo der sehr dekorative Baum durch Wurzelausläufer und Nebenstämme üppige, „urwaldähnliche" Situa-

tionen schafft. Hervorragender, völlig unempfindlicher „Kletterbaum" für Kinderspielplätze. Guter Schattenbaum. Das weiche Holz läßt sich gut schnitzen.

Nachbarn, die zur Flügelnuß passen und mit diesem imposanten Baum „mithalten können" wären: Acer negundo-Sorten, A. saccharinum-Sorten, Aesculus parviflora (Vorpflanzung), Catalpa, Fraxinus-Arten und -Sorten, Juglans, Salix, Phellodendron, Ailanthus, Populus lasiocarpa, Populus wilsonii; prächtig dazu Phyllostachys-Arten, Sinarundinaria murielae und Sinarundinaria nitida. Aus dem Bereich der Stauden schlage ich vor: Telekia speciosa, Polygonum weyrichii, Ligularia-Arten und -Sorten, Eupatorium, Rheum, Miscanthus-Arten und Gunnera, das Mammutblatt.

Pflegetip: Schnittmaßnahmen sollten an der Flügelnuß nur in den Sommer- bzw. Herbstmonaten durchgeführt werden. Alle Juglandaceae stehen außerordentlich früh im Saft, lange Blutungszeit.

P. rhoifolia S. & Z.

lat.: rhoifolius = sumachblättrig, was sich auf den bekannten Essigbaum bezieht.

Wurde 1880 von Prof. SARGENT in Japan gefunden.

P. rhoifolia stammt aus den Bergregionen Nord- und Mitteljapans, wo sie in Höhenlagen um 750 bis 1300 m an Bach- und Flußufern auf feuchten Böden vorkommt. Sie gehört dort zu den häufigsten und mit Höhen von gut 30 m auch zu den schönsten und mächtigsten Bäumen. Zusammen mit Carpinus japonica, Aesculus turbinata, Cercidiphyllum japonicum, Betula ermanii, Tsuga diversifolia, Pinus parviflora, Magnolia obovata, Prunus serrulata und Thujopsis dolabrata bildet sie dichte Wälder. In unseren mitteleuropäischen Gärten entwickelt sich P. rhoifolia zu einem 12 bis 15 (20) m hohen Baum mit geradem Stamm und ovaler, später mehr rundlicher Krone. Ein etwa 25jähriges Exemplar hat im Botanischen Garten Hamburg eine Höhe von 9,5 und eine Breite von 8 m erreicht. Aus englischen Gärten sind 15 m hohe Pflanzen bekannt. Im Gegensatz zu P. fraxinifolia treibt die japanische Art keine Ausläufer, wächst aber dennoch häufig mehrstämmig. Junge Triebe olivgrün bis olivbraun, kahl, Knospen mit 2 bis 3 Schuppen bedeckt (bei allen anderen Arten stets ohne Knospenschuppen). Blätter sommergrün, wechselständig, gefiedert, 20 bis 40 cm lang, Haupttriebe (Spindel) rund, ungeflügelt, meist braunrot gefärbt; Blättchen zu 11 bis 21, länglich eiförmig oder elliptisch, 6 bis 12 cm lang und 2,5 bis 3,5 cm breit, Rand fein und gleichmäßig ge-

zähnt, oben stumpfgrün, unterseits auf den Adern meist behaart. Männliche Kätzchen 7,5 cm lang, weibliche 2 bis 2,5 cm, Fruchtstände 20 bis 30 cm lang, Fruchtflügel ohrenförmig.

P. rhoifolia ist ein frostharter und krankheitsfreier Baum, der sich bei ausreichender Bodenfeuchte zu prächtigen Solitärgestalten entwickelt. Leider ist diese Art bisher nur wenig bekannt.

PTEROSTYRAX S. & Z

Flügelstorax – Styracaceae, Storaxbaumgewächse

griech.: pteron = Flügel (bezieht sich auf die geflügelten Früchte); storax = Bezeichnung für ein Harz, das aus der Rinde der Storaxbäume gewonnen wird.

Pterostyrax hispida

P. hispida S. & Z.,
Flügelstorax

Sommergrüner, raschwüchsiger, 4 bis 6 m hoher Strauch mit markigen Trieben und wechselständigen, eiförmig länglichen, 8 bis 20 cm langen, dünnen, oberseits runzligen Blättern. Blüten

Pterostyrax hispida

rahmweiß, duftend, in 10 bis 25 cm langen, hängenden Rispen. Einzelblüte 5teilig, Staubgefäße weit über die Blütenblätter hinausragend, sehr zierend, Blütezeit Juni. P. hispida ist in den Gebirgswäldern Japans und den westchinesischen Provinzen Setschuan und Hupeh beheimatet. Der in der Jugend etwas frostempfindliche Strauch verlangt einen warmen, geschützten Platz in sonniger bis leicht absonniger Lage. Damit das Holz gut ausreift, sollte der Boden nicht zu feucht und zu nährstoffreich sein. Bevorzugt wird ein schwach saures Substrat. Der Flügelstorax ist mit seinen duftigen, lang herabhängenden Blütenrispen eine ganz besondere Erscheinung im Gehölzbereich. Leider geht es ihm wie so vielen anderen Gehölzkostbarkeiten, die in der Jugend noch nicht die „nötige Härte und Durchsetzungskraft" besitzen, sie werden kurzerhand als Weichlinge abgetan.

Es ist schrecklich, daß wir mit Pflanzen so wenig Geduld haben. In den Botanischen Gärten und Parkanlagen gehört Pterostyrax zu den am meisten bewunderten Blütengehölzen.

PYRACANTHA M. J. ROEM.
Feuerdorn – Rosaceae, Rosengewächse

Gartenformen und Hybriden

Verbreitung: Die Wildarten P. coccinea, P. crenatoserrata, P. koidzumii und P. rogersiana, aus denen Garten-Hybriden und Sorten entstanden sind, haben ihr Verbreitungsgebiet in Südost-Europa, Kleinasien, China und auf Formosa.

Wuchs: Mehr oder weniger aufrechter, dichtbuschig und sparrig verzweigter Strauch.

Größe: Je nach Sorte 1,5 bis 4 m hoch und breit.

PYRACANTHA

Rinde: Zweige verdornt.

Blätter: Immergrün (wintergrün), wechselständig, eiförmig bis lanzettlich, dunkelgrün, glänzend, ledrig.

Blüten: Weiß, zu vielen in dichten Schirmrispen entlang den mehrjährigen Trieben, Form und Aufbau der Blüten dem Weißdorn ähnlich.

Früchte: Kugelige, etwa erbsengroße, auffällig orange, gelb oder rot gefärbte „Steinäpfel", ab Anfang September bis spät in den Winter; sehr attraktiver Fruchtstrauch. Früchte sind harmlos.

Wurzel: Kräftig, sehr tief und weit ausgebreitet, mäßig verzweigt.

Standort: Sonnig bis absonnig, auch halbschattig, empfindliche Sorten geschützt vor Wintersonne und Zugwinden.

Boden: Außerordentlich anpassungsfähig und genügsam, gedeiht auf jedem durchlässigen, trockenen bis frischen Boden bei einem pH-Wert von 5,5 bis über 7,5; entwickelt sich optimal auf nicht zu nährstoffarmen Standorten.

Eigenschaften: Frosthart, junge Pflanzen frieren gelegentlich etwas zurück; auf windexponierten Standorten (Zugwind) in strengen Wintern Laubverlust, Laubbräunung, Pflanzen treiben aber in der Regel gut wieder durch, sehr hitzeresistent, stadtklimaverträglich, rauchhart, sommerliche Trockenzeiten werden sehr gut vertragen (Sommer 1983), hohes Ausschlagsvermögen, Feuerdorn gedeiht auch im Halbschatten, bester Fruchtansatz jedoch in voller Sonne.

Verwendung: Einzelgehölz, Fruchtstrauch, Gruppenpflanzung, Flächenbegrünung, Hecken, geschnitten und freiwachsend, Wandspalier, Abstufung von Gehölzpflanzungen, Unterpflanzung von lichtkronigen Bäumen, auch unter Birken möglich (schöner Kontrast zwischen dem dunkelgrünen Laub und den weißen Birkenstämmen).

Ökologie: Insektenfutterpflanze, Blüten werden stark beflogen, Früchte sind sehr beliebte Vogelnahrung. Auf Grund der dichten und dornigen Bezweigung ein ideales Nist- und Schutzgehölz. Der Seidenschwanz schätzt die Beeren des Feuerdorns ganz besonders.

Pyracantha Übersicht

Sorte	Wuchs	Größe in m			Eigenschaften
		Höhe	Breite	Früchte	
'Bad Zwischenahn'	breit aufrecht, dichtbuschig	3	3	paprikarot	frosthart
'Kasan' (= P. coccinea 'Orange Giant')	breitbuschig, aufrecht	3	2–3	leuchtend rot	sehr frosthart, blüh- und fruchtwillig
'Mohave' (P. koidzumii x P. coccinea 'Wyattii')	breitbuschig, aufrecht	3–4	3	orangerot	schorfresistent, in ungünstigen Lagen etwas frostempfindlich
'Orange Charmer' (P. coccinea x P. rogersiana)	breitbuschig, aufrecht	2–2,5	2–3,5	orange	schorfresistent, wurde in der P.-Sichtung mit „sehr gut" bewertet
'Orange Glow' (P. coccinea x P. crenato-serrata?)	schmal aufrecht, locker verzweigt	2,5–3,5	2 (3)	orangerot	schorfresistent, wurde in der P.-Sichtung mit „gut" bewertet
'Praecox'	breitbuschig, dicht	1,5–2	2–3	orangerot	relativ schorfresistent, reichfruchtend
'Red Column'	straff aufrecht	2–3	1,5–2,5	leuchtend rot	gute Frosthärte, schorfresistent, wurde in der P.-Sichtung mit „gut" bewertet
'Red Cushion'	buschig ausgebreitet, flachwüchsig	0,6–0,9	1–1,5 (?)	orangerot	geeignet als Bodendecker/Flächenbegrüner
'Soleil d'Or' (= P. Sungold)	breitbuschig, aufrecht	1,5 (2)	1–1,5	leuchtend gelb	gute Frosthärte, schorfresistent, wurde in der P.-Sichtung mit „sehr gut" bewertet
'Teton' ('Orange Glow' x P. rogersiana 'Flava')	straff aufrechte Haupttriebe, waagerechte Seitenäste, kompakt	2–4	1–3	gelborange	schorfresistent, ausreichend frosthart; besonders geeignet für frei wachsende und geschnittene Hecken

Pyracantha 'Orange Glow'

Pyracantha 'Red Column'

Pyracantha 'Soleil d'or'

Zu Pyracantha passende Gehölze

Vorschlagsliste

1. Hintergrund

Laubgehölze:

Amelanchier-Arten
Crataegus-Arten und -Sorten
Elaeagnus angustifolia
Hippophae rhamnoides
Ilex aquifolium
Ligustrum vulgare-Sorten
Nothofagus antarctica
Ptelea trifoliata
Pyrus salicifolia
Rhamnus catharticus
Sorbus-Arten und -Sorten

Nadelgehölze:

Chamaecyparis-Arten und -Sorten
Pinus mugo
Taxus baccata
Thuja-Arten und -Sorten

2. Gehölze zur unmittelbaren Benachbarung

Berberis hochwerdende Arten und Sorten
Buddleja-Arten und -Sorten
Chaenomeles hochwerdende Sorten
Cotoneaster strauchförmige Arten
Kolkwitzia
Rosen, Wildrosen/Strauchrosen
Spiraea hochwerdende Arten und Sorten
Stranvaesia

3. Gehölze als Saum bzw. Sockel vor Pyracantha

Laubgehölze:

Berberis candidula u. a.
Buxus semp. 'Suffruticosa'
Caryopteris
Chaenomeles-Hybriden niedrig
Cotoneaster niedrig
Hypericum 'Hidcote'
Hypericum x moserianum u. a.
Lonicera nitida 'Elegant' u. a.
Mahonia aquifolium
Perovskia
Potentilla in Sorten
Rosa nitida u. a.
Salix repens ssp. argentea u. a.
Spiraea x bumalda Sorten u. a.
Stephanandra incisa 'Crispa'
Symphoricarpos x chenaultii 'Hancock'

Nadelgehölze:

Juniperus chinensis flache Formen
Juniperus communis flache Formen
Juniperus virginiana 'Grey Owl'
Taxus baccata 'Repandens'

PYRUS L.
Birne – Rosaceae,
Rosengewächse

Pirus war die römische Bezeichnung für den Birnbaum.

P. calleryana 'Chanticleer',
Chinesische Wild-Birne

Verbreitung: Die Wildart ist in China beheimatet und wächst dort an Flußufern und in Wäldern.

Wuchs: Kleiner Baum mit schmal kegelförmiger Krone und aufrechten Seitenästen, im Alter locker, breit pyramidal.

Größe: 8 bis 12 (15) m hoch und bis 5 m breit; Jahreszuwachs ca. 30 bis 40 cm.

Rinde: Kahl, bräunlich, dornenlos!

Blätter: Sommergrün, wechselständig, eiförmig bis rundlich, kurz zugepitzt, 8 bis 12 cm lang und bis 8 cm breit, dunkelgrün, glänzend, sehr früher Austrieb. Herbstfärbung von gelb über orange bis scharlach und purpur, spät einsetzend, oft erst Ende November; in kühleren, sonnenarmen Gebieten und auf feuchten Böden bleibt das Laub oft bis Anfang Dezember grün am Baum. Herbstlaub übersteht Frühfröste von – 8 °C schadlos!

Blüten: Weiß, in sehr zahlreichen Dolden. Einzelblüte bis 2 cm breit, erscheinen vor oder mit dem Laubaustrieb, schöner Blütenbaum, Ende April. Anfang Mai.

Früchte: Kugelige bis länglich-rundliche, ca. 1 cm dicke Birnen, grünlichbraun, wenig attraktiv.

Wurzel: Kräftig, tiefgehend.

Standort: Vollsonnig (Ausreifen, Herbstfärbung!).

Boden: Sehr anpassungsfähig, gedeiht auf allen durchlässigen Böden, toleriert auch sehr trockene

Pyrus calleryana 'Chanticleer'

Pyrus calleryana 'Chanticleer'

Standorte, bevorzugt etwas frischere, nicht zu nährstoffarme Substrate, neutral bis alkalisch.

Eigenschaften: In ungünstigen Lagen junge Pflanze bis zu Stammumfängen von 25-30 cm frostempfindlich (RITTER), im Alter ausreichend frosthart, früh austreibend, spätfrostgefährdet, Laub haftet sehr lange, auf feuchten Böden gelegentlich noch im Januar, Astbruchgefahr durch frühen Schneefall (Süddeutschland!), wegen der tiefen Wurzeln und der Laubstruktur sehr hitzeverträglich, unempfindlich gegenüber Luftverschmutzung (DIRR), gelegentlich stark angeschwollene Stammbasis durch zu starkwüchsige Unterlage, Sämlingsunterlage vorteilhafter?

Verwendung: Wegen der Anspruchslosigkeit, Hitzeresistenz, Schmalkronigkeit und nicht zuletzt wegen der attraktiven Belaubung und Herbstfärbung ein wertvoller Kleinbaum, vorzugsweise für mildere, sonnenreiche Gebiete. Einzelstellung, Gruppen, gut in schmalen Stadtstraßen.

P. x canescens SPACH

Wahrscheinlich eine Hybride zwischen P. nivalis x P. salicifolia.

Wuchs: Kleiner Baum mit kräftigen, aufwärts gerichteten Ästen und graufilzigen Trieben.

Größe: 6 bis 8 (10) m hoch.

Blätter: Sommergrün, wechselständig, lanzettlich bis fast oval, fein kerbig gesägt, im Austrieb und Jugendstadium auffallend weißfilzig, voll entwickelt dunkelgrün, glänzend, kahl.

Blüten: Weiß, einfach, Einzelblüte etwa 2,5 cm breit, in weißfilzigen Doldentrauben, sehr zahlreich im April/Mai.

Früchte: Kugelig, blaßgrün, verhältnismäßig kurz gestielt, werden bei uns nur wenig angesetzt.

Wurzel: Kräftig, tiefgehend.

Standort: Sonnig.

Boden: Auf allen trockenen bis feuchten, aber gut

durchlässigen Substraten, nicht zu nährstoffarm, schwach sauer bis alkalisch, kalkliebend.

Eigenschaften: Frosthart, relativ stadtklimafest.

Verwendung: Ist mit seiner silbrigen Belaubung ein durchaus attraktiver Kleinbaum, der ausgezeichnet zum Thema Steppengarten paßt. Gutes Rosenbegleitgehölz. Ältere Exemplare können sehr malerisch werden. Geeignet auch als kleinkroniger Straßenbaum. Sollte stärker beachtet werden!

P. caucasica FED.

Frostharter Großstrauch oder Kleinbaum mit pyramidaler, etwas sparriger Krone. Am Naturstandort (Kaukasus) 5 bis 6 m hoch, im Gebirge nur bis 4 m (GEIBEL). In Kultur und in Sammlungen häufig nicht echt, oft eine Form von P. communis. Straßenbaum-Versuch!

P. communis 'Beech Hill'

Verbreitung: Die Wildart ist in Europa und Kleinasien beheimatet und seit alters her in Kultur.

Wuchs: Mittelgroßer Baum mit schmal pyramidaler Krone.

Größe: Bis 10 (15) m hoch und 5 bis 7 m breit. Jahreszuwachs ca. 20 bis 40 cm.

Blätter: Sommergrün, wechselständig, eirund bis elliptisch, 2 bis 8 cm lang, hellgrün; Herbstfärbung lebhaft gelb bis orangerot.

Blüten: Weiß, in zottig behaarten Doldentrauben, April bis Mai; auffallender Blütenbaum.

Früchte: Birnenförmig bis fast kugelig, 2,5 bis 5 cm lang, zuletzt gelbgrün, herbsauer.

Wurzel: Kräftig, sehr tief, Pfahlwurzel.

Standort: Sonnig bis absonnig.

Boden: Allgemein anpassungsfähig an den Standort, trockene bis frische, nährstoffreiche, kalkhaltige Substrate, optimal sind lockere, tiefgründige Lehmböden in wintermilder, sommertrockener Klimalage, ungünstig sind nasse, kalte Böden.

Eigenschaften: Frosthart, etwas spätfrostgefährdet, stadtklimafest, sommerliche Hitze- und Trockenperioden werden gut vertragen, Licht-Halbschattenbaumart, wärmeliebend, auf Grund der ledrigen Blattstruktur gut windfest, kaum krankheitsanfällig, hohes Ausschlagsvermögen, verträgt Überflutung (Baum des Auenwaldes), wird bis zu 150 Jahre alt.

Verwendung: Sehr schöner, schmalkroniger Baum für Garten- und Parkanlagen, aber auch für Stadtstraßen. Weiterhin für Schutz- und Deckpflanzungen in Industriebereichen, Windschutzanlagen.

Nahrungslieferant für zahlreiche heimische Tierarten, Insektenfutterpflanze, Vogelschutzgehölz.

P. pyraster (L.) BURGSD., Holz-Birne, Wild-Birne

Pyrus war bei den Römern die Bezeichnung für den Birnbaum; „... aster" heißt hier sinngemäß unbrauchbar oder minderwertig.

Verbreitung: Europa, Westasien. In Mitteleuropa hauptsächlich im mittel- und süddeutschen Raum. In Auenwäldern außerhalb des Überschwemmungsbereichs, in lichten Eichen-Trockenwäldern, vereinzelt an sonnigen, verbuschten Felshängen, in Hecken, Knicks und Feldgebüschen; auf sommertrockenen bis frischen (feuchten), nährstoffreichen, meist kalkhaltigen bis schwach sauren Ton-, Lehm- oder Schotterböden.

Wuchs: Kleiner bis mittelgroßer Baum, gelegentlich auch nur Großstrauch mit hochgewölbter, mehr oder weniger schlanker, oftmals sparriger Krone und bedornten Ästen und Zweigen. Langsam wachsend.

Größe: 7 bis 20 m hoch.

Rinde: Triebe anfangs behaart, später kahl, grauoliv, leicht glänzend, alte Borke grau, kleinschuppig.

Blätter: Sommergrün, wechselständig, rundlicheiförmig, 3 bis 7 cm lang und 2 bis 5 cm breit, oberseits meist hellgrün bis mittelgrün, glänzend, anfangs beidseitig behaart, später kahl, Herbstfärbung gelb bis rötlich, oft aber auch nur wenig auffallend.

Blüten: Weiß, im April/Mai, in 3 bis 9blütigen Doldentrauben, Staubbeutel anfangs rot, Kelch bleibend filzig behaart, Blüten etwas unangenehm riechend (Trimethylamin).

Früchte: Rundlich bis fast birnförmig, 1,5 bis 3 cm lang, gelbgrün, zur Reife meist bräunlich punktiert oder gefleckt, kaum eßbar, säuerlich mit vielen Steinzellen.

Wurzel: Tiefwurzler, gelegentlich Ausläuferbildung.

Standort: Sonnig bis halbschattig.

Boden: Auf allen trockenen bis feuchten, einigermaßen nährstoffreichen, kalkhaltigen bis schwach sauren Böden. Kalkliebend.

Eigenschaften: Ausreichend frosthart, spätfrostgefährdet, wärmeliebend und hitzetolerant, Licht-Halbschattenholz, sehr gut windresistent, hohe Ausschlagsfähigkeit, Höchstalter ca. 150 bis 200 Jahre.

Verwendung: Wertvolles, anspruchsloses heimisches Gehölz für Pflanzmaßnahmen in der freien Landschaft und im Siedlungsbereich. Windschutzhecken, Knickgehölz, Waldrandgestaltung, sonnige, trockene Böschungen, Deckgehölz, Alleebaum für kleinere Straßen, Abpflanzungen im Industriebereich. Wir sollten unserer heimischen Wild-Birne zukünftig viel mehr Aufmerksamkeit schenken!

Ökologie: Blüten liefern reichlich Nektar, sie werden von Bienen und Fliegen bestäubt, Nahrung für Kleinsäuger, gutes Vogelschutzgehölz.

Anmerkung: Die Wild-Birne Pyrus pyraster darf nicht verwechselt werden mit der Kultur-Birne, Pyrus communis, die größere Früchte mit weniger Steinzellennestern hat und deren Zweige stets unbedornt sind (sein sollen). Durch die jahrhundertelange Kultur und mögliche Bastardbildungen und Verwilderungen ist allerdings eine exakte Abgrenzung kaum noch möglich. Baum des Jahres 1998.

P. regelii REHDER

Kleiner Baum oder Großstrauch mit sehr breiter, sparriger Krone. Am Heimatstandort in Turkestan 5 (-9) m hoch. Blüten weiß, Früchte 2-3 cm groß. Frosthart. Die Wildform ist als Straßenbaum wohl kaum geeignet.

P. salicifolia PALL., Weidenblättrige Birne

Verbreitung: Die Wildart kommt von den nördlichen Steppen der Kaukasus-Region bis in den Süden nach Armenien, weiterhin im nordöstlichen Anatolien und nordwestlichen Persien vor.

Wuchs: Kleiner Baum mit kurzem, häufig drehwüchsigem Stamm, waagerecht ansetzenden, oft knieförmig abwärts gebogenen Hauptästen und malerisch weit herabhängender, sehr dichter, graufilziger Bezweigung.

Größe: 4 bis 6 m hoch und im Alter meist genauso breit, Jahreszuwachs ca. 20 cm.

Rinde: Triebe dicht weißgraufilzig, im Spätherbst kahl, grün, Zweige dunkelgrau, häufig verdornt.

Blätter: Sommergrün, wechselständig, schmal elliptisch bis schmal lanzettlich, 6 bis 8 (9) cm lang und 1 bis 1,2 (1,5) cm breit, silbergrau, später silbriggrün, mattglänzend, erinnern sehr stark an Weidenblätter, Laub sehr lange haftend.

Blüten: Weiß, mit den Blättern zu 6 bis 8 in kleinen Doldentrauben.

Früchte: 2 bis 3 cm lange, grüne Birnen.

Wurzel: Tiefgehend.

Standort: Sonnig.

Boden: Sehr anpassungsfähig, gedeiht auf allen durchlässigen Böden, toleriert auch trockene Standorte, bevorzugt etwas frischere, nicht zu nährstoffarme Substrate, neutral bis stark alkalisch.

Eigenschaften: Frosthart, erträgt Hitze und Trockenheit, stadtklimafest.

Verwendung: Für den Pflanzenverwender ein sehr interessanter und wertvoller Kleinbaum. Wegen des lockeren, malerischen Wuchses und vor allem wegen des fein strukturierten, grausilbrigen Laubes ein außerordentlich wichtiges Begleitgehölz für den Steppen- oder Gräsergarten.

Eines der allerschönsten Hintergrundgehölze für Rosen- und Staudenpflanzungen. Der Silbergrauton der Weidenblättrigen Birne schafft weiche Übergänge und Strukturen. Er mildert die oft sehr harten Grün- bzw. Grünblautöne des Rosenlaubes und anderer Begleitpflanzen und bringt rosafarbene Rosen, aber auch blau blühende Stauden wie Rittersporn zum Leuchten. Der silbergraue Farbton bringt Helligkeit, wirkt immer fein, macht die Farben weicher, ohne den Farbton und die Gesamtharmonie zu stören. Weiterhin korrespondiert das grausilberne Laub von Pyrus salicifolia mit unseren Rosenbegleitern wie Artemisia ludoviciana 'Silver Queen', Artemisia schmidtiana 'Nana', Artemisia

Pyrus salicifolia

pontica oder Stachys byzantina 'Silver Carpet'. Ich frage mich, welches Gehölz denn die Engländer für ihre „Weißen Gärten" und Staudenrabatten genommen hätten, wenn es diesen wunderbaren Kleinbaum nicht geben würde?

Anmerkung: In Kultur häufig die etwas stärker hängende Form **P. salicifolia 'Pendula'**.

Pyrus salicifolia, ein unentbehrliches Gehölz für Rosen- und Staudenpflanzungen. Im Vordergrund Artemisia ludoviciana 'Silver Queen'.

QUERCUS L.
Eiche – Fagaceae,
Buchengewächse

Quercus ist der alte römische Name für die Eiche.

Eine sehr umfangreiche Gattung, zu der etwa 600 Arten gehören, die in Europa, Nordafrika, Asien, Nordamerika, im westlichen tropischen Südamerika und in tropischen Gebirgen beheimatet sind. Das Hauptverbreitungszentrum ist Nordamerika.

Meist sind es sommergrüne oder immergrüne, hohe Bäume mit mächtigen Kronen, seltener Sträucher.

Die Blätter sind wechselständig und in Form und Größe äußerst vielgestaltig; häufig sind sie fiedrig gelappt, bei einigen Arten aber auch ungeteilt und dann mit gesägtem oder gezähntem Rand wie z. B. bei Q. pontica oder Q. libani.

Bei den Blüten haben nur die männlichen Kätzchen einen gewissen Zierwert, während die ährigen oder kopfigen, aufrechten weiblichen Blütenstände sehr unscheinbar sind.

Für den Pflanzenverwender haben die Eichen eine sehr große Bedeutung. Es sind herrliche, meist großrahmige, langlebige Garten- und Parkbäume mit dekorativem Laub und einer oftmals prachtvollen Herbstfärbung, die zu dem Schönsten gehört, was uns das Pflanzenreich zu bieten vermag. Darüber hinaus eignen sich einige Arten gut als Allee- und Straßenbäume, die sich auch im innerstädtischen Bereich bewährt haben.

Stiel- und Trauben-Eiche gehören sicherlich zu den eindrucksvollsten und mächtigsten heimischen Baumarten. Für viele Gegenden sind alte, mehrhundertjährige Exemplare, die übrigens eine sehr große ökologische Gesamtbedeutung haben, von stark landschaftsprägender Wirkung. Beide Arten gehören forstwirtschaftlich zu den wertvollsten Nutzhölzern.

Von den immergrünen bzw. wintergrünen Eichen, die bei uns im Freien kultiviert werden können, ist Q. x turneri 'Pseudoturneri' die bekannteste. Auf Grund ihres schwachen Wuchses und der geringen Endhöhe ist diese interessante Eichenform auch für kleinere Gartenräume geeignet. Die Gattung Quercus ist insgesamt von großem wirtschaftlichem Interesse. Neben der Holznutzung hatte auch die Gerbstoffgewinnung in Deutschland eine große Bedeutung. Die stärkehaltigen Eicheln dienten den Menschen in Notzeiten als Nahrung (Mehlzusatz, Kaffeeherstellung). Dreiviertel der in Kalifornien lebenden Indianerstämme war angewiesen auf Eichelnahrung (u. a. Quercus lobata). Noch heute werden in ländlichen Gegenden Kleinasiens die Früchte bestimmter Eichenarten, die wenig Bitterstoffe enthalten, gegessen.

Schon seit dem Altertum wird die Kork-Eiche, Quercus suber, im gesamten Mittelmeerraum als Korklieferant genutzt.

Es ist nicht verwunderlich, daß die urigen und knorrigen, viele hundert Jahre alt werdenden Eichen in der Mythologie verschiedener Völker eine große Rolle gespielt haben. Bei den Germanen war die Stiel-Eiche dem Gewittergott Donar geweiht.

Q. alba L.,
Weiß-Eiche

Die Bezeichnung Weiß-Eiche ist möglicherweise auf die weißgraue Borke zurückzuführen, könnte sich aber auch auf die im Austrieb weiße Blattunterseite beziehen.

Verbreitung: Fast in der gesamten östlichen Hälfte der USA mit Ausnahme des südlichen Florida als waldbildender Baum vertreten. Die Weiß-Eiche ist die häufigste Eichenart in Nordamerika. Sie wächst auf allen schwach sauren, feuchten und gut dränierten Böden. Vergesellschaftet ist sie dort mit Liriodendron, Liquidambar, Quercus rubra, Carya-Arten und Magnolien.

Wuchs: Mittelgroßer bis großer Baum mit zunächst pyramidaler, später breit-rundlicher Krone und kräftigen, im Alter oft horizontal gestellten Seitenästen.

Größe: 12 bis 20 (bis 25) m hoch. Langsam wachsend, hat nicht den Zuwachs von Q. rubra.

Rinde: Junge Triebe bräunlich, zunächst behaart, später kahl, oft bläulichweiß bereift, Borke auffallend weißgrau bis hellgraubraun (hellgrünbraun), in vertikalen Schuppen oder Plättchen gegliedert, an sehr alten Bäumen auch tief gefurcht. Rindenbild sehr unterschiedlich!

Blätter: Sommergrün, wechselständig, verkehrt schmal eiförmig, 10 bis 23 cm lang und 5 bis 12 cm breit, beiderseits mit 3 bis 4 ganzrandigen Lappen, im Austrieb leuchtend rot, unterseits silbrig-weiß, ausgereift oberseits mittelgrün bis dunkelgrün, glänzend oder matt, unterseits graugrün bis bläulichgrün, nur anfangs behaart; Herbstfärbung spät, sie variiert von braun bis leuchtend dunkelweinrot.

Blüten: Gelbgrün, Juni.

Früchte: 2 bis 2,5 cm lange Eicheln, die zu einem Viertel von dem grauen, sitzenden oder kurz gestielten Becher umgeben sind.

Standort: Sonnig.

Boden: Optimal auf frischen bis feuchten, tiefgründigen, gut dränierten Böden bei einem pH-Wert zwischen 5,5 und 6,5 (DIRR).

Eigenschaften: Ältere Pflanzen gut frosthart, ist in

der Anzucht und beim Verpflanzen etwas problematisch, lebt mit Mykorrhiza-Pilzen in Symbiose. In der Jugend ggfs. etwas spätfrostempfindlich, Rindenaufbrüche, Stämme schattieren.

Verwendung: Herrlicher Parkbaum mit attraktiver, typischer Eichenbelaubung und einer oftmals schönen Herbstfärbung.

Anmerkung: „Das Kernholz der Weiß-Eiche gehört zu den dauerhaftesten Hölzern und kann im Freien auch ohne Holzschutzanstrich verwendet werden. Aufgrund der Gefäßanfüllungen durch Thyllen im Frühholz sind alle Weiß-Eichen nahezu wasserdicht, d. h. sie eignen sich bestens für Lagerfässer wie z. B. in den USA für „Whisky-Casks". Die hohe Biegefestigkeit bewirkte seinen bevorzugten Einsatz in der Stuhlfertigung und im Bootsbau" (DAHMS).

Weiterhin ist es geeignet für Wasserbaukonstruktionen, Fußböden, Waggonbau, Maschinenbau, Mühlenbau und für Fenster und Türen.

Q. bicolor WILLD.,
Sumpf-Weiß-Eiche, Zweifarbige Eiche
(= Q. platanoides)

Die Bezeichnung bicolor bezieht sich auf die Zweifarbigkeit der Blätter, die oberseits dunkelgrün und unterseits weiß-silbrig sind. Der alte Name Q. platanoides wurde wegen der platanenartig abblätternden Astborke gewählt.

Verbreitung: Im östlichen Nordamerika auf feuchten Böden an Flußufern sowie im Überschwemmungsbereich der Ströme, in frischfeuchten Niederungen und Sümpfen, aber auch auf trockeneren Böden. In den Flußniederungen vergesellschaftet mit Quercus rubra, Q. palustris, Carya pecan, Carya cordiformis, Fraxinus americana, Ulmus americana, Liquidambar styraciflua, Celtis occidentalis, Gleditsia triacanthos, Gymnocladus dioicus und Nyssa sylvatica. Auf trockenem Boden finden wir sie zusammen mit Fagus grandifolia, Acer saccharum, Tilia glabra und Aesculus glabra (SCHENCK).

Wuchs: Mittelgroßer bis großer Baum mit breitrundlicher, offener Krone und meist kurzem Stamm. Äste im unteren Kronenbereich bei älteren Exemplaren hängend. Charakteristisch sind viele größere, im Zickzack verlaufende Zweige. Baum wirkt dadurch vergreist und knorrig. Langsam wachsend.

Größe: 12 bis 20 (bis 25) m hoch. Ein 60jähriger Baum erreichte im Heimendahlschen Park in der Nähe von Kempen eine Höhe von 20 m (1928).

Rinde: Triebe rotbraun, oft auch purpurfarben

und bläulich bereift. Astborke hellgrau, platanenartig in großen Schuppen sich ablösend, innere Borkenfelder dann attraktiv grünlich.

Blätter: Sommergrün, wechselständig, verkehrt länglich eiförmig, 10 bis 18 cm lang und 5 bis 11 cm breit, beiderseits mit (5) 6 bis 8 (10) flachen, abgerundeten Lappen, oberseits glänzend dunkelgrün, unterseits weiß-silbrig bis graufilzig, Mittelader und der 1 bis 2 cm lange Blattstiel gelb; Herbstfärbung braun bis rot.

Früchte: Gewöhnlich zu 1 bis 2 an 3,5 bis 10 cm langen Stielen, Eicheln 2 bis 3 cm lang, zu einem Drittel vom Becher umgeben.

Standort: Sonnig.

Boden: Auf feuchten bis nassen, nährstoffärmeren bis nährstoffreichen, sauren Standorten, gedeiht aber auch auf frischen bis mäßig trockenen Böden (siehe auch Verbreitung).

Eigenschaften: Ältere Pflanzen nur ausreichend frosthart, jüngere Exemplare häufiger kränkelnd (Spätfröste, mangelnde Ausreife?), Baum mit sehr weit gespannter Standortamplitude, verträgt anscheinend sumpfige Böden mit mehr oder weniger stagnierendem Wasser, längere Überflutungen werden schadlos überstanden.

Verwendung: Interessanter Parkbaum, den man wegen seiner platanenartig abblätternden Astborke mit keiner anderen Eiche verwechseln kann. Obwohl ältere Bäume von 20 m Höhe in Deutschland schon seit etwa 1928 bekannt sind, gibt es noch keine umfassenden Erkenntnisse über die Verwendbarkeit. Ältere Bäume sehen immer etwas knorrig und kränklich aus. Die Engländer sagen, daß diese Eiche kein Baum der ersten Wahl sei.

Die beiden alten Sumpf-Weiß-Eichen im Berggarten in Hannover sind im Winter 96/97 (−22 °C) sehr stark geschädigt worden.

Q. cerris L.,
Zerr-Eiche

Verbreitung: Süd- und Südosteuropa bis Vorderasien. Wichtiges Waldgehölz. Im Tessin, der Steiermark und in Niederösterreich gibt es die einzigen mitteleuropäischen Naturvorkommen. Auf mittelbis tiefgründigen, stark kalkhaltigen bis schwach sauren, sommerwarmen Standorten.

Wuchs: Großer Baum mit breit-kegelförmiger bis breit-rundlicher Krone und meist durchgehendem Hauptstamm, Seitenäste aufsteigend, oft aber auch waagerecht abstehend, im Alter ausladend und übergeneigt.

Größe: 20 bis 30 m hoch und 10 (15) bis 20 (25) m breit. Jahreszuwachs Höhe 35 cm, Breite 25 cm.

Quercus cerris

Rinde: Triebe kantig, teils gefurcht, graufilzig, olivgrün oder bräunlich mit deutlichen Lentizellen, alte Borke schwärzlich, Knospen mit langen, bleibenden Stipeln!

Blätter: Sommergrün, wechselständig, Umriß sehr variabel!, länglich elliptisch bis schmal länglich, 6 bis 12 cm lang, tief buchtig gelappt oder fiederspaltig, mehr oder weniger wellig, ledrig, oberseits dunkelgrün glänzend, unterseits graugrün; Herbstfärbung schön gelbbraun, gelegentlich auch rötlich.

Früchte: Früchte erst im 2. Jahr reifend, Becher sehr stark von fädigen, abstehenden Schuppen umgeben, Eicheln zur Hälfte im Becher, 3 (4) cm lang, Früchte sehr attraktiv.

Wurzel: Hauptwurzeln tiefgehend.

Standort: Sonnig, warm.

Boden: Sehr anpassungsfähig an Boden und pH-Wert, gedeiht noch vorzüglich auf trockenen Standorten; stark alkalisch bis schwach sauer, kalkliebend, bevorzugt mittel- bis tiefgründige, nährstoffreiche, durchlässige Lehmböden.

Eigenschaften: Frosthart, wärmeliebend, hitze- und trockenresistent, ausgesprochen stadtklimafest, sehr windresistent, sehr hohes Ausschlagsvermögen (wird in südlichen Ländern zu Futter-

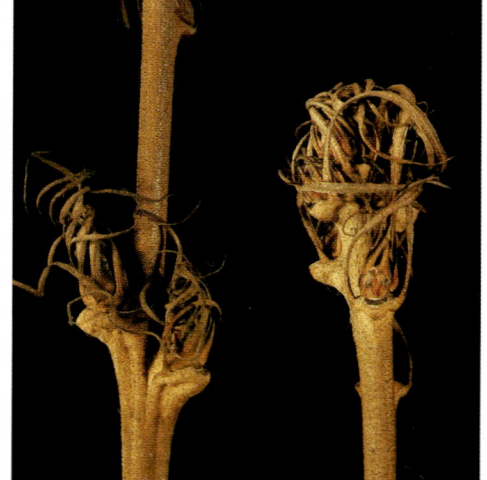

zwecken geschneitelt), später Austrieb, Laub haftet oft bis zum Frühjahr.

Verwendung: Stattlicher Baum für Einzelstellung und Gruppenpflanzung in größeren Garten- und Parkanlagen, besonders wertvoll, da anspruchslos und absolut stadtklimafest, geeignet auch als Straßenbaum und für innerstädtische Schutzpflanzungen auf trockenen Böden.

Q. coccinea MUENCHH.,
Scharlach-Eiche

Quercus coccinea

Verbreitung: Östliches Nordamerika. Wächst auf den unterschiedlichsten Böden, kommt häufig vor auf trockenheißen, ausgehagerten Kämmen, Steilhängen und in flacherem Gelände auf armem Sand- oder durchlässigem Kalkstein, zusammen mit anderen Eichen und in Mischwäldern.

Wuchs: Mittelgroßer Baum mit zunächst pyramidaler, später mehr rundlicher, offener Krone und lockeren, oft waagerechten Astpartien; Krone leider oft etwas unharmonisch; langsam wachsend.

Größe: 15 bis 18 bis 25 m hoch, 9 bis 12 bis 18 m breit. Jahreszuwachs 25 bis 40 cm, nach 30 bis 40 Jahren ca. 15 (20) cm.

Rinde: Triebe gelbbraun, kahl, Borke dunkelgrau bis schwärzlich, lange glatt bleibend. Knospen ellipsoid, dunkelrotbraun, in der oberen Hälfte behaart, untere kahl!

Blätter: Sommergrün, wechselständig, im Umriß elliptisch, 8 bis 15 (18) cm lang, jederseits mit 3 (4) Lappen, grob gezähnt, lebhaft grün, glänzend, unterseits gelegentlich braune bis rostfarbene Achselbärte; Herbstfärbung leuchtend scharlachrot.

Früchte: Einzeln, kurz gestielt, 1,5 bis 2,5 cm lang, zu einem Drittel oder bis zur Hälfte vom Becher umgeben. Sie reifen im 2. Jahr.

Wurzel: Flach, Hauptwurzeln oft dicht unter der Erdoberfläche streichend, Vorsicht bei Wegebelägen.

Standort: Sonnig, freier Stand, Luftbewegung.

Boden: Toleriert viele Bodenarten, frisch bis feucht, wächst noch gut auf trockeneren, sandigen Böden (siehe Naturstandort), sauer bis schwach alkalisch, reagiert auf Kalkböden nicht so empfindlich wie Q. palustris, bevorzugt jedoch auch die kalkfreien Substrate (DIRR).

Eigenschaften: Frosthart, aber empfindlicher als Q. palustris, verträgt Trockenheit und Hitze, stadtklimafest, industriefest, windresistent, weitgehend frei von Krankheiten und Schädlingen. Läßt sich leicht verpflanzen.

Verwendung: Sehr schöne, dekorative Eiche, auch für trockenere Standorte, mit Einschränkungen auch als Straßenbaum (s. Wuchs), Q. coccinea ist einer der prächtigsten Herbstfärber für größere Garten- und Parkanlagen; farblich sehr wirkungsvoll mit Liriodendron, Acer negundo und Birken (gelbe Färbung). Am Naturstandort vergesellschaftet mit Pinus rigida, P. strobus, Tsuga caroliniana, Juniperus virginiana, Acer rubrum, Amelanchier arborea, Castanea dentata und Robinia hispida. Das Holz ist nicht sehr wertvoll, meist wird es zu Brennzwecken genutzt. **Q. coccinea 'Splendens'**, mehr aufrechter Wuchs, Stamm gerade, Blätter größer, bis 20 cm lang, glänzend, ledrig. Als Straßenbaum besser geeignet als der Typ. Herbstfärbung leuchtend rot.

Pflegetip: Q. coccinea sollte vorzugsweise im Frühjahr mit Ballen gepflanzt werden.

Quercus coccinea

Q. dentata THUNB.,
Japanische Kaiser-Eiche
(= Q. daimio; Q. obovata)

Verbreitung: Japan (auf allen Inseln, häufig in den Wäldern von Nord-Hondo, M. YATAGAI), Korea, Mandschurei und China.

Wuchs: Kleiner bis mittelgroßer, rundkroniger Baum. Langsam wachsend.

Größe: In der Heimat bis 25 m hoch, in mitteleuropäischen Gärten 8 bis 12 (bis 15) m. In Karlsruhe wurde eine Kaiser-Eiche in 30 Jahren 13 m hoch.

Rinde: Junge Triebe sehr kräftig, dick, graufilzig, später braun. Alte Borke dick und tiefrissig.

Blätter: Sommergrün, wechselständig, auffallend groß, 15 bis 30 cm lang (an Langtrieben auch über 50 cm!) und 6 bis 18 cm breit, verkehrt eiförmig, Basis allmählich verschmälert, jederseits mit 5 bis 9 abgerundeten Lappen oder nur schwach buchtig gelappt, oben dunkelgrün, unterseits gelbgrün filzig, im Sommer mehr oder weniger sternhaarig. Blattstiel 2 bis 5 mm lang. Herbstfärbung meist braun, gelegentlich rötlich. Laub oft den Winter über haftend.

Früchte: Eicheln eiförmig-kugelig, 1,5 bis 2 cm lang, zur Hälfte vom schuppig behaarten Becher umgeben.

Wurzel: Tiefgehend.

Standort: Sonnig bis absonnig, geschützt.

Boden: Frischer, gut durchlässiger, mäßig nährstoffreicher, schwach saurer bis neutraler Boden. Wächst in China auf armen Böden.

Eigenschaften: Die Vorkommen in München, Karlsruhe, Darmstadt, Hamburg und Berlin machen deutlich, daß Q. dentata ausreichend frosthart ist. Möglicherweise sind unterschiedlich harte Provenienzen in Kultur. Junge Pflanzen etwas frostempfindlich.

Verwendung: Mit ihren riesigen Blättern ist die Japanische Kaiser-Eiche eine imposante Erscheinung. Einzelbaum in größeren Garten- und Parkanlagen.

Anmerkung: Q. dentata wird in China gern in der Nähe von Tempeln gepflanzt. Sie zählte früher zu den wichtigsten Seidenraupen-Futterbäumen Chinas. In Japan galt sie als bester Gerbstoff-Lieferant.

Q. frainetto TEN.,
Ungarische Eiche
(= Q. conferta, Q. pannonica)

Quercus frainetto

Verbreitung: Süd- und Südosteuropa; Balkan, Türkei, Süditalien; in sommerwarmer Lage auf trockenen Hügeln.

Wuchs: Großer, stattlicher Baum mit gleichmäßiger, ovaler bis rundlicher, geschlossener Krone; Hauptäste oft im Winkel von 45° ansetzend und straff nach außen aufsteigend, Krone im Alter lockerer, mehr breit und etwas hängend.

Größe: 15 bis 20 (25) m hoch und 10 bis 15 m breit. Jahreszuwachs ca. 25 bis 40 cm, nach 40 Jahren ca. 20 cm. 1885 gepflanzte Exemplare sind in England 27 m hoch.

Quercus frainetto

Rinde: Junge Triebe graugrün bis olivgrün, im 2. Jahr grau, lange glatt bleibend, Borke im Alter feinrissig, grau.

Blätter: Sommergrün, wechselständig, verkehrt eiförmig bis länglich verkehrt eiförmig, 10 bis 20 (25) cm lang, beiderseits mit 6 bis 10 sehr gleichmäßig geformten, annähernd symmetrischen Lappen und tiefen Buchten, Lappen an der Spitze dreilappig oder gezähnt, derb bis ledrig, intensiv dunkelgrün, matt glänzend, unten graugrün, sternhaarig; Herbstfärbung gelb bis gelbbraun. Belaubung ist sehr attraktiv.

Früchte: Eicheln eilänglich, 2 bis 2,5 cm lang, ein Drittel oder darüber vom Becher umgeben. Süß schmeckend.

Wurzel: Hauptwurzeln tiefgehend.

Standort: Sonnig.

Boden: Durchlässiger, nahrhafter Oberboden, mäßig trocken bis frisch, sauer bis stark alkalisch, insgesamt anspruchslos, gedeiht auch auf trockenen Standorten, bevorzugt werden lehmige Substrate.

Eigenschaften: Frosthart, hitze- und trockenheitsverträglich, wärmeliebend (siehe Naturstandort), stadtklimafest, hohes Ausschlagsvermögen (wird in der Heimat geschneitelt). Laub verrottet langsam, in Frühlingsstaudenrabatten etwas störend.

Verwendung: Die Ungarische Eiche hat das schönste Laub aller Eichen. Ein herrlicher, auffallender Solitärbaum für größere Gärten und Parkanlagen. In ihrer Heimat wird sie geschneitelt, das heißt, Zweige und Äste werden regelmäßig zur Viehfuttergewinnung geschnitten. Bedingt auch als Straßenbaum verwendbar.

C. A. SCHENCK schreibt 1939: „Die Q. conferta-Eicheln sind süß und werden nicht nur von den Schweinen, sondern insbesondere von den Hinterwäldlern des Balkans in Massen konsumiert." Die Aussage mag zwar sachlich richtig sein, sie liegt in der Formulierung jedoch entschieden daneben.

Q. macranthera FISCH et MEY., Persische Eiche

Verbreitung: Kaukasus, Armenien und Nordiran; in Bergregionen bis zur Baumgrenze.

Wuchs: Mittelgroßer Baum mit breit-eiförmiger Krone und locker gestellten, aufrechten Ästen, im Alter weit ausgebreitet, schwach wachsend.

Größe: 12 bis 20 m hoch und 8 bis 10 (15) m breit. Jahreszuwachs 15 bis 20 cm.

Quercus macranthera

Rinde: Jahrestriebe filzig behaart, im 2. Jahr verkahlend, auffallend dicktriebig, Knospen stumpf eiförmig, mit wenigen Schuppen, Endknospen mit langen, bleibenden Stipeln.

Blätter: Sommergrün, wechselständig, verkehrt eiförmig, 6 bis 18 cm lang, 5 bis 10 cm breit, jederseits mit 7 bis 11 rundlichen Blattlappen, oberseits dunkelgrün, unterseits graufilzig; Herbstfärbung gelb bis gelbbraun.

Blüten: Männliche Kätzchen auffallend lang, in großer Fülle, Ende Mai bis Anfang Juni.

Früchte: Meist zu mehreren (1 bis 4), etwa 2 cm lang, zur Hälfte vom Becher umgeben.

Wurzel: Tiefwurzler.

Standort: Sonnig.

Boden: Allgemein bodentolerant, bevorzugt mäßig trockene bis frische, nahrhafte Böden, schwach sauer bis alkalisch.

Eigenschaften: Frosthart, spätfrostgefährdet, Hitze gut vertragend, stadtklimafest.

Verwendung: Ein dekorativer Parkbaum mit auffallender Belaubung für Einzelstellung oder Gruppen.

Q. marilandica MUENCH, Schwarz-Eiche, „Black Jack" (= Q. ferruginea, Q. nigra - WANGH. non. L)

Den Namen Schwarz-Eiche erhielt sie nach der schwärzlichen Borke.

Verbreitung: Östliches Nordamerika auf den ärmsten, trockensten und sterilsten Böden, oft auch auf undurchlässigen Tonböden, als Unterholz in Kiefern- und Laubmischwäldern.

Wuchs: Großstrauch oder kleiner Baum mit breiter, unregelmäßiger und knorriger Krone. Sehr langsam wachsend.

Größe: In der Heimat 6 bis 15 (bis 20) m hoch, in den mitteleuropäischen Gärten oft nur strauchig und kaum bis 10 m hoch.

Rinde: Junge Triebe filzig, im zweiten Jahr braun, kahl, Borke schwärzlich, tief gefurcht und im Alter viereckig gefeldert.

Blätter: Sommergrün, wechselständig, 6 bis 13 cm lang, breit verkehrt eiförmig, flach dreilappig, Lappen mit borstigen Grannen, oft an der Spitze auch waagerecht abgeschnitten und dann mehr oder weniger zweilappig, oberseits glänzend dunkel-

Quercus marilandica

Quercus palustris

grün, unterseits orangebräunlich!, ledrig; Herbstfärbung braun oder gelblich.

Früchte: Im zweiten Herbst reifend, Eicheln eiförmig-kugelig, bis 2 cm lang, kurz gestielt, mindestens zur Hälfte vom Becher umgeben.

Wurzel: Bildet Wurzelausläufer.

Standort: Sonnig bis halbschattig, geschützt.

Boden: Gedeiht auf den ärmsten und trockensten, kalkfreien Substraten. „Trockenboden-Eiche".

Eigenschaften: Ausreichend frosthart.

Verwendung: Die Schwarz-Eiche besticht in erster Linie durch ihr attraktives, glänzend dunkelgrünes Laub, das allerdings von seiner Form her so gar nicht in unser „Eichenbild" paßt. Sehr schön für das Thema Blattformen und Blatt-Texturen. Von Quercus marilandica gibt es eine Reihe von Kreuzungen, so z. B. Q. x bushi (Q. marilandica x Q. velutina), die auch das herrliche, dunkelgrüne Blatt hat.

Q. palustris MUENCHH.,
Boulevard-Eiche, Sumpf-Eiche, Spree-Eiche

Verbreitung: Östliches Nordamerika. Häufig in Reinbeständen auf meist schlecht durchlässigen Standorten der submontanen Stufe, im Auenwaldbereich von Fluß-und Bachtälern der tieferen Lagen; auf tiefgründigen, feuchten bis nassen Ton- und Lehmböden, wo das Wasser oft für mehrere Wochen stehen kann. Eiche des Schwemmlandes und der Überschwemmungsgebiete am Rande der Flüsse, nicht der Sümpfe (SCHENCK).

Quercus palustris

Wuchs: Mittelgroßer bis großer Baum mit kegelförmiger Krone und meist geradem, bis in den Wipfel durchgehendem Stamm, Äste horizontal gestellt und weit ausgebreitet, im Alter, zumindest im unteren Kronenbereich, stark hängend, typisch ist die Bildung nestartiger, trockener Astpartien; langsam wachsend.

Größe: 15 bis 20 bis 25 m hoch, gelegentlich auch höher, Breite 8 bis 15 bis 20 m, Jahreszuwachs ca. 25 cm.

Rinde: Triebe jung grünlich bis grünlichbraun, nach dem 2. Jahr mehr grünlich, glänzend, Borke graubraun bis dunkelgrau, doch lange glatt bleibend. Knospen kastanienbraun, vollkommen kahl!

Blätter: Sommergrün, wechselständig, im Umriß sehr variabel, 7 bis 15 cm lang und fast genauso breit, beiderseits mit 2 bis 4, mehr oder weniger waagerecht abstehenden, spitzen und gezähnten Lappen, beiderseits glänzend grün, unterseits mit kräftigen!, grauen Achselbärten; Herbstfärbung rötlich oder braun, oftmals aber auch leuchtend scharlachrot.

Früchte: Sitzend oder kurz gestielt, 1,2 cm lang, halbkugelig, zu einem Drittel im Becher. Die auffallend kleine Frucht ist charakteristisch, sie reift im 2. Jahr.

Wurzel: Flaches Herzwurzelsystem.

Standort: Sonnig.

Boden: Anpassungsfähig, gedeiht sowohl auf normalen, mäßig trockenen Standorten wie auch auf feuchten bis nassen Überschwemmungsböden, bevorzugt tiefgründige, nahrhafte Substrate, sauer bis schwach alkalisch, bei zuviel Kalk Eisen-Chlorose!, kalkmeidend.

Eigenschaften: Frosthart, für Stadtklima geeignet, speziell tolerant gegen Schwefeldioxyd (DIRR), neigt zur Bildung trockener Astpartien (auch am Naturstandort), trockene Äste bleiben wie einge-

Quercus palustris

schlagene, große Nägel in den geraden Stämmen (die „vernagelte Eiche" der Amerikaner) verträgt längere Überschwemmungszeiten schadlos, windfest, leicht verpflanzbar, da keine Pfahlwurzel, sondern flaches Faserwurzelwerk.

Verwendung: Ein sehr anmutiger Baum mit schöner Blatt-Textur und oftmals herrlicher Herbstfärbung. Die Sumpf-Eiche will keineswegs nur feuchte Böden, sondern gedeiht sehr wohl auf allen sauren Normalstandorten. Geeignet auch als Allee- und Straßenbaum. Einzelstellung und Gruppen. Q. palustris wächst allgemein besser als die empfindlichere Q. coccinea. Am Naturstandort häufig mit Acer saccharinum, Carya ovata, Quercus bicolor, Fraxinus americana, Prunus serotina, Carpinus caroliniana, Populus deltoides, Ulmus americana und Quercus imbricaria vergesellschaftet (SCHENCK).

Q. palustris 'Crownright'
(= Q. palustris 'Crown Right',
Q. p. 'Crown Rite')

Amerikanische Selektion.

Wuchs: Mittelgroßer bis großer Baum mit schmal pyramidaler Krone, Hauptstamm durchgehend, Äste aufstrebend, auch im unteren Bereich nicht hängend, sondern im Winkel von 90° bis 45° ansetzend, langsam wachsend.

Größe: 15 bis 20 bis 25 m hoch, gelegentlich auch höher, Breite 6 bis 10 bis 15 m. Jahreszuwachs in der Höhe ca. 25 (bis 30) cm.

Blätter: Sommergrün, 7 bis 15 cm lang und fast genauso breit, jederseits mit 2 bis 4 spitzen und gezähnten Lappen, beiderseits glänzend grün, unterseits mit grauen Achselbärten; Herbstfärbung besonders schön rot bis scharlachrot.

Weitere Angaben und Merkmale wie bei der Normalform.

Verwendung: Prachtvoller Solitärbaum für große Gärten und Parkanlagen. Geeignet als Allee- und Straßenbaum. Schönes Gehölz für den „Herbstfärbergarten".

Q. petraea (MATTUSCKA) LIEBL., Trauben-Eiche, Winter-Eiche (= Q. sessiliflora)

Die lateinische Bezeichnung petraeus bedeutet Felsen-(Eiche).

Verbreitung: Europa bis Kleinasien, in Deutschland allgemein verbreitet. In waldartigen Beständen, auf nährstoffreichen bis -armen, mittelgründigen, sauren, mäßig trockenen bis frischen, sandig-lehmigen, steinigen oder reinen Lehmböden, bevorzugt in luftfeuchter, wintermilder und mäßig sommertrockener Klimalage. In Gebirgslagen bis 700 m, gelegentlich auch höher, in den Südalpen über 1500 m.

Wuchs: Großer Baum mit breiter, geschlossener, hoch gewölbter Krone und bis zum Wipfel durchgehendem Stamm.

Größe: 20 bis 30 (40) m hoch und 15 bis 20 (25) m breit. Jahreszuwachs in der Höhe 35 cm, in der Breite 25 cm.

Rinde: Triebe glänzend olivgrau, Knospen an der Terminale spitz-eiförmig, schlanker und spitzer als bei Q. robur, bis 9 mm lang; alte Borke graubraun, gleichmäßig, längsrissig, aber nicht so tief gefurcht wie bei Q. robur.

Blätter: Sommergrün, wechselständig, verkehrt eiförmig bis verkehrt länglich oval, 8 bis 12 cm lang und 5 bis 7 cm breit, jederseits mit 5 bis 7 regelmäßigen, rundlichen bis spitz-rundlichen Lappen, Blattstiel 1 bis 1,6 cm lang, Basis meist breit keilförmig oder gestutzt, dunkelgrün, glänzend, un-

Quercus petraea

terseits hellgrün; Herbstfärbung gelblich bis braun, Laub besonders an jüngeren Bäumen oft lange haftend.

Blüten: Gelbgrün, Mai bis Juni.

Früchte: Eicheln zu mehreren, sehr kurz gestielt, bis zu einem Viertel vom Becher umschlossen.

Wurzel: In den ersten 30 bis 50 Jahren stark ausgeprägte Pfahlwurzel, die etwa 1,50 m tief eindringt. Vom 30. Lebensjahr an bildet die Eiche sehr kräftige Seitenwurzeln, aus denen schwächere Senker entspringen und in die Tiefe gehen. In der Altersphase zeigt sich ein echtes Herz-Senkerwurzelsystem, wobei die Pfahlwurzel deutlich zurücktritt. Die starken Senker der Trauben-Eiche gehen 2 m tief und erschließen, ähnlich wie Tanne, Stiel-Eiche, Rot-Eiche, Hainbuche und Zitter-Pappel, selbst sauerstoffarme Unterböden. Auffallend ist der geringe Feinwurzelanteil. Die an Eichenwurzeln auftretenden Mykorrhizen haben besonders auf Sandböden Bedeutung (JENIK).

Standort: Sonnig bis absonnig, bevorzugt luftfeuchtere Lagen als Q. robur (HEGI).

Boden: Stellt an Nährstoffe und Bodenfeuchtigkeit geringe Ansprüche. Q. petraea wächst auch auf leichteren Böden noch gut, sie bevorzugt mäßig trockene bis frische, anlehmige, saure Sandböden, toleriert aber auch alkalische Substrate, meidet hohes Grundwasser und Staunässe.

Eigenschaften: Frosthart, aber spätfrostempfindlich, Lichtholzart, wärmeliebend, trockenresistent, übersteht sommerliche Dürre gut, stadtklimafest, verträgt mehr Wärme und Trockenheit als Q. robur (HECKER), hohes Ausschlagvermögen, stockausschlagsfähig, verträgt Freistellung, Laub sehr leicht zersetzlich, wirkt bodenversauernd; hat mit 100 bis 120 Jahren ihre endgültige Höhe erreicht, alte Bäume stark blitzgefährdet (EHLERS); Traubeneichen können 500 bis 800 Jahre alt werden.

Verwendung: Schöner, markanter Parkbaum, bewährt als Allee- und Straßenbaum in der Stadt, wertvoller Nutzbaum für die freie Landschaft, Rekultivierungsmaßnahmen, Windschutzpflanzungen, auch auf ärmeren Standorten, Bodenbefestigung, Aufforstungen, seit Jahrhunderten beliebter Hofbaum, Gehöfteingrünung, guter Schattenbaum für Rhododendron- und Staudenpflanzungen. Vergesellschaftet finden wir die Trauben-Eiche mit Quercus pubescens, Fagus sylvatica und Carpinus betulus. Die Rinde von 10- bis 20jährigen Eichen wurde als Gerberlohe gehandelt. Eichenholz zeichnet sich durch große Festigkeit und Elastizität aus. Eine besondere Bedeutung hat es im Erd- und Unterwasserbau, wo es selbst an den kritischen Punkten (Wechsel von naß und trocken) viele Jahrzehnte hält.

Ökologie: Unsere heimischen Eichen bieten etwa 200 Insektenarten und deren Larven Futter und Lebensraum; im Mai liefern sie Pollen, im Juni Blatthonig. Die Früchte sind eine wichtige Nahrung für viele Vogel- und Säugetierarten.

Anmerkung: Die mächtigsten Bäume finden wir im Spessart, wo es 400- bis 500jährige, urwaldähnliche Eichenbestände gibt. Sie erreichen dort Höhen von 46 m und stehen in Vergesellschaftung mit 200- bis 300jährigen Buchen.

Q. phellos L., Weiden-Eiche

Verbreitung: In Nordamerika auf feuchten Niederungsböden und im Überschwemmungsbereich der Flüsse; teilweise in Reinbeständen wachsend.

Wuchs: Mittelgroßer bis großer Baum mit kegelförmiger oder auch rundlicher Krone.

Größe: Am Heimatstandort 30 m hoch, in den mitteleuropäischen Gärten meist zwischen 12 und 15 (bis 25) m. Im Forstgarten der Stadt Cleve stand um 1940 ein 150jähriges Exemplar, das eine Höhe von 28 m aufwies.

Rinde: Junge Triebe kahl, glänzend olivbraun, Borke lange glatt bleibend, später dunkelgrau bis schwärzlich und gefurcht.

Blätter: Sommergrün, wechselständig, schmal lan-

Quercus petraea, Blätter deutlich gestielt, Borke nicht so tief gefurcht wie bei Q. robur

zettlich (weidenähnlich), 5 bis 11 cm lang und 1 bis 1,9 cm breit, oberseits glänzend grün, unterseits hellgrau, beiderseits anfangs schwach behaart, später kahl; Herbstfärbung hellgelb.

Früchte: Eicheln 1 bis 1,2 cm lang und breit, fast rund, in flachem, kurz gestieltem Becher sitzend.

Wurzel: Flach.

Standort: Sonnig.

Boden: Bevorzugt frische bis feuchte, nährstoffreiche, saure Böden.

Eigenschaften: Ausreichend frosthart, junge Pflanzen etwas empfindlich, leicht verpflanzbar.

Verwendung: Mit ihren weidenartigen Blättern ist Q. phellos eine sehr interessante Erscheinung im Eichen-Sortiment. Wichtig für das Thema Blatt-Texturen und -formen. Sehr schön zusammen mit Bambus an Gewässerrändern. In Amerika beliebter Straßenbaum.

Q. pontica K. KOCH,
Pontische Eiche, Armenische Eiche

Verbreitung: Im nördlichen Kleinasien, in Armenien und im Kaukasus in Gebirgswäldern.

Wuchs: Großer Strauch oder kleiner, gedrungener Baum mit zunächst breit kegelförmiger, später mehr rundlicher, kompakter Krone, Triebe auffallend dick und steif aufrecht; langsam wachsend.

Größe: 4 bis 6 m hoch und im Alter meist genauso breit. Jahreszuwachs ca. 10 cm.

Quercus pontica

Quercus pontica

Rinde: Triebe dick, kahl und oft kantig, Endknospen sehr groß, gelbbraun, kantig, Rinde grau, längsrissig.

Blätter: Sommergrün, wechselständig, auffallend groß, breit elliptisch bis verkehrt eiförmig, 15 bis 20 (25) cm lang und bis 10 cm breit, Rand scharf gezähnt, etwas ledrig, oben mittelgrün, glänzend, unterseits graugrün, Blätter erinnern an die Belaubung der Eßkastanien; Herbstfärbung leuchtend gelb bis braungelb, Laub bleibt oft sehr lange am Baum haften.

Blüten: Von Mai bis Juni in gelbgrünen, hängenden Kätzchen.

Früchte: Eicheln eiförmig, etwa 2 cm lang, vom Becher halb umgeben.

Wurzel: Hauptwurzeln tiefgehend.

Standort: Sonnig, etwas geschützt.

Boden: Trockene bis frische, aber gut durchlässige, nahrhafte Böden, pH-tolerant, schwach sauer bis alkalisch.

Eigenschaften: Im allgemeinen frosthart, junge Pflanzen etwas spätfrostgefährdet, hitzeresistent, stadtklimafest, durch das ledrige Laub gut windverträglich.

Verwendung: Die Pontische Eiche gehört wegen ihrer sehr großen, dekorativen Blätter und der prachtvollen Herbstfärbung zu den schönsten niedrigen Eichen. Geeignet als Solitärgehölz für kleinere Gartenräume, auf Rasenflächen, an Gehölzrändern und in Staudenpflanzungen.

Quercus pontica

Q. pubescens WILLD.,
Flaum-Eiche
(= Q. lanuginosa)

Sommergrüner, 4 bis 10 (bis 20) m hoher Großstrauch oder Kleinbaum mit breiter, lockerer Krone. Borke längsrissig, bei älteren und größeren Bäumen tiefgefurcht. Junge Triebe graubraun, dicht filzig behaart, später verkahlend. Blätter wechselständig, verhältnismäßig klein, lang gestielt, Blattstiel 0,8 bis 1,5 cm lang, Blattumriß verkehrt eiförmig, 5 bis 10 (bis 15) cm lang, jederseits mit 4 bis 9 rundlichen Lappen, anfangs beidseitig grauflaumig behaart, später verkahlend, oberseits dunkelgrün, unterseits graugrün filzig. Blattfall spät, oft erst ab November, Blätter aber auch den Winter über am Baum haftend. Die Blätter der Flaum-Eiche sind sehr vielgestaltig und erinnern oftmals an die Blattform von Q. petraea (Trauben-Eiche). Früchte zu 1 bis 4, sitzend oder kurz gestielt (ähnlich der Trauben-Eiche), Eicheln 2,4 bis 3,5 cm lang, fast zur Hälfte vom halbkugeligen, graugrün behaarten Fruchtbecher umgeben.

Die Flaum-Eiche hat ihr Hauptverbreitungsgebiet in Südeuropa und Kleinasien, wo sie seit alters her in Kultur ist. Einzelne, inselartige Vorkommen im Oberrhein- und Mittelrheingebiet, im Nahe- und Moseltal, in Thüringen und im Saaletal bilden die Nordgrenze der Verbreitung. Es sind dies Reliktstandorte aus der Wärme-Zeit, der sog. Eichen-Mischwaldzeit (5000 bis 2500 v. Chr.), als die Eichen die beherrschende Baumart in unserem Gebiet waren.

Quercus robur – Eichen sind, wie kaum eine andere heimische Baumart, von stark landschaftsprägender Wirkung.

Wir finden Q. pubescens in wärmeliebenden Eichenbuschwäldern, an sonnigen, steinigen Hängen. In Deutschland ist die Flaum-Eiche am Naturstandort vergesellschaftet mit: Buxus sempervirens, Acer opalus, Prunus mahaleb, Daphne laureola, Sorbus torminalis, Rosa eglanteria, Rosa jundzillii, Viburnum lantana, Anemone pulsatilla, Cotoneaster integerrimus, Cornus mas, Cornus sanguinea, Chrysanthemum corymbosum, Epipactis atrorubens, Anemone sylvestris, Dictamnus albus, Ligustrum vulgare, Buglossoides purpurocaerulea und Inula hirta.

Sie wächst auf sehr trockenen bis mäßig trockenen (frischen), gut durchlässigen und lockeren, mittelgründigen, nährstoffreichen, kalkhaltigen Lehm-, Löß- und Kiesböden. (Im Süden auch auf schwach sauren Substraten). Q. pubescens ist als ausgesprochene Lichtholzart sonnenliebend und verträgt allenfalls lichtschattige Standorte. Verwendung findet diese seltene, heimische Baumart bei der Begrünung extrem trockener, steiniger Kalkhänge. Das Holz der sehr langsam wachsenden und bis zu 500 Jahre alt werdenden Eiche ist äußerst hart und dauerhaft.

Q. robur L.,
Stiel-Eiche, Sommer-Eiche
(= Q. pedunculata) (blüht oft früher als
die Winter-Eiche, Q. petraea)

Verbreitung: Europa, nördliches Kleinasien. Die Stiel-Eiche liebt als Baum des Flachlandes Standorte in Auen und Niederungen, in artenreichen Laubmischwäldern, sie kommt ferner vor in Feldgehölzen und Knicks; im Bergland geht sie nicht so hoch hinauf wie die Trauben-Eiche. Auf tiefgründi-

Bild rechts: Auf Wunsch des Königs Ernst August von Hannover wurden 1844/45 diese herrlichen Stiel-Eichen als Großbäume an seinem Mausoleum in Herrenhausen gepflanzt. Die Bäume hatten eine Höhe von 13 bis 15 m und Stammdurchmesser von 35 bis 45 cm! Jede Eiche wurde mit ihrem 3 m großen Ballen aufrecht stehend auf einem eigens dafür konstruierten Wagen, der von 16 Pferden gezogen wurde, aus einem nördl. von Hannover gelegenen Forst nach Herremhausen transportiert. Alle 36 Eichen haben diese spektakuläre Großbaumverpflanzaktion gut überstanden. Übrigens betrug der Lohn für den Vorreiter, der für jede Fuhre Platz schaffen mußte, täglich einen Silbergroschen, 10 belegte Brote und 4 Flaschen Broyhanbier (PREISSEL).

gen, feuchten, nährstoffreichen, kalkhaltigen bis mäßig sauren Lehm- und Tonböden.

Wuchs: Mächtiger Baum mit breiter, hochgewölbter, lockerer und lichter Krone und meist kurzem Stamm, Äste stark, unregelmäßig, weit ausladend und im Alter knorrig und malerisch gedreht.

Größe: 25 bis 35 (40) m hoch, 15 bis 20 (25) m breit. Jahreszuwachs in der Höhe 35 cm, in der Breite 25 cm.

Rinde: Jahrestriebe zunächst oliv, später mehr bräunlich bis olivbraun, Terminalknospen kuppelförmig zugespitzt, bis 7 mm lang; alte Borke dunkelgrau bis schwärzlich, tief gefurcht.

Blätter: Sommergrün, wechselständig, im Umriß verkehrt eiförmig, zum Grund keilig verschmälert, Basis der Blattspreite geöhrt, 10 bis 15 cm lang, jederseits mit 3 bis 6 rundlichen Lappen, etwas ledrig, Blätter fast sitzend, Blattstiel bis 4 (8) mm lang, tiefgrün, unterseits hellgrün; Herbstfärbung oft prächtig gelb bis gelbbraun, Laub bleibt häufig bis zum Frühjahr am Baum.

Blüten: Gelblichgrüne Kätzchen, 2 bis 4 cm lang, weibliche Blüten in langgestielten Ähren.

Früchte: Eicheln 2 bis 3 cm lang, Stiel 5 bis 12 cm!

Wurzel: Tiefwurzler, im Alter Herz-Senkerwurzelsystem. Boden wird intensiv auch in der Tiefe durchwurzelt. Siehe Q. petraea.

Standort: Sonnig bis absonnig.

Boden: Stiel-Eichen sind allgemein bodentolerant, anspruchslos und robust; am optimalsten ent-

Tausendjährige Quercus robur in Ivenak

QUERCUS

Spülsand-, Ödland- und Uferbepflanzungen, einer der wichtigsten Bäume für den Waldbau; guter Schattenbaum für Rhododendron- und Staudenpflanzungen.

Ökologie: Unsere heimischen Eichen bieten etwa 200 Insektenarten und deren Larven Futter und Lebensraum. Für die Bienen liefern die Eichen im Mai Pollen, im Juni Blatthonig. Die Früchte sind eine wichtige Nahrung für viele Vogel- und Säugetierarten.

Anmerkung: Um Ausfälle zu vermeiden, sollten Eichen nur im Frühjahr gepflanzt werden. Wurzeln von Eichen sind licht- und luftempfindlich. Beim Verpflanzen älterer Bäume mit offenen Wurzeln, d. h. ohne Ballen, sollte man allergrößte Vorsicht walten lassen. Wurzelkörper abdecken, feucht halten und nach Möglichkeit die Arbeiten bei trübem Wetter durchführen.

Q. robur 'Concordia'

Ist vor 1843 bei VAN GEERT in Belgien entstanden.

Quercus robur

wickeln sie sich auf mineralkräftigen, tiefgründigen, frischen bis feuchten Böden, z. B. schweren Lehmböden, Schlickböden in den Überschwemmungsgebieten großer Flußläufe und Bruchhumusböden (EHLERS). Q. robur gedeiht aber auch gut auf trockenen Normalböden; sauer bis alkalisch.

Eigenschaften: Frosthart, wärmeliebend, Ansprüche an Luftfeuchtigkeit sind geringer als bei Trauben-Eichen (EHLERS), verträgt größere Temperatur- und Feuchtigkeitsextreme als Q. petraea. Q. robur verträgt sommerliche Trockenzeiten auch auf Extremstandorten (Böschungsflächen) ohne Schaden (Sommer '90), für innerstädtisches Klima geeignet, rauchhart, verträgt Stauwasser und Überschwemmungen bis zu 3 Monaten (DISTEL 1980), empfindlich gegen Grundwasserabsenkung (Wipfeldürre), wird in den letzten Jahren stärker vom Eichensplintkäfer und Eichenwickler befallen, in der Jugend schattenverträglich, außerordentlich sturmfest, starker Stockausschlag aus schlafenden Augen (Niederwaldwirtschaft), Laub wirkt bodenversauernd, mehltauanfällig. Stiel-Eichen können 500 bis 800 (1000) Jahre alt werden. Alte Bäume sind blitzgefährdet.

Verwendung: Die Stiel-Eiche gehört zu den eindrucksvollsten und mächtigsten Bäumen. Freistehende, alte Exemplare sind von großer Schönheit und wie kaum eine andere heimische Baumart von stark landschaftsprägender Wirkung. Q. robur hat sich auch gut als Allee- und Straßenbaum in unseren Städten bewährt. Wichtig für Schutzgrüngürtel in Industriebereichen; zur Bodenbefestigung; in der Landschaft als Sturmbrecher (EHLERS), hervorragend für Knicks und zur Gehöfteingrünung,

Quercus robur

Wuchs: Kleiner, gelegentlich auch mittelgroßer Baum mit zunächst breitpyramidaler, später mehr rundlicher Krone. Langsam wachsend.

Größe: 7 bis 12 (15) m hoch. In 40 Jahren 8 bis 9 m hoch.

Blätter: Sind in Form und Größe identisch mit denen der Art. Austrieb leuchtend gelb, Farbe bleibt auch den Sommer über erhalten. Sehr zierend!

Weitere Merkmale und Angaben wie Quercus robur.

Verwendung: Sehr attraktive Form, die sich zur

480

Zwei Eichen – Wind und Wasser des Meeres haben sie geformt

Größe: 20 bis 25 m hoch, gelegentlich auch noch höher und 12 bis 18 (22) m breit. Jahreszuwachs in der Jugend 40 bis 60 cm, später ca. 30 cm.

Rinde: Triebe olivbraun bis rötlich olivbraun, glatt, glänzend, alte Borke dunkelgrau bis schwärzlich, lange glatt bleibend, im Alter schuppig gefurcht.

Blätter: Sommergrün, wechselständig, im Umriß verkehrt eiförmig bis länglich, 10 bis 23 cm lang und 7,5 bis 15 cm breit, beiderseits mit 3 bis 5 nach vorn gerichteten, spitzen, gezähnten Lappen, die breiter als die Buchten sind; oberseits stumpf dunkelgrün, kahl, unterseits hellgrün; Herbstfärbung prachtvoll orangerot bis glühend scharlachrot, Blätter oft braun am Baum überwinternd.

Früchte: Eicheln bis 2,5 cm lang, nur ein Drittel vom flachen, kurzgestielten Becher umgeben.

Wurzel: Flach bis oberflächennah, weit ausgebreitet, EHLERS berichtet auch über z. T. tiefgehendes Wurzelwerk; Bodenbeläge und nahegelegene Kulturen können in Mitleidenschaft gezogen werden.

Standort: Sonne.

Quercus robur 'Concordia'

Belebung von Gehölzpflanzungen eignet. Schöner Hintergrund für den gelben Garten. Kletterbaum für violettfarbene Clematis-Arten (Komplementärfarbe!).

Q. robur 'Fastigiata',
Säulen-Eiche, Pyramiden-Eiche

Wuchs: Mittelgroßer Baum, schmal säulenförmig, Äste straff aufrecht und dicht stehend, oft etwas wellig gedreht, langsam wachsend.

Größe: 15 bis 20 m hoch und (2) 3 bis 4 m breit. Jahreszuwachs in der Höhe 25 cm, in der Breite 10 cm.

Blätter, Blüten, Früchte, Wurzel, Standort und Boden wie die Art.

Verwendung: Dekorativer Einzelbaum, gutes Form-element, um geometrische Akzente zu setzen, Betonung der Vertikalen; schmale Alleen, Abpflanzungen auf engen Räumen, guter Raumbildner auf Plätzen und in großen Höfen usw.

Die Selektion schmal säulenförmiger Typen ist dringend geboten!

Q. rubra L.,
Amerikanische Rot-Eiche, Red Oak
(= Q. borealis maxima)

Verbreitung: Östliches Nordamerika. Oft in Reinbeständen im Laubmischwald der montanen Stufe (1000 bis 1500 m); auf sehr verschiedenartigen Böden, feuchte, lehmige, sandige, felsige und tonige Standorte.

Wuchs: Starkwüchsiger, großer Baum mit rundlicher Krone und häufig bis zum Wipfel durchgehendem Stamm, Seitenäste kräftig, oft horizontal ansitzend, weit ausladend.

Quercus robur 'Fastigiata'

Quercus rubra

481

Boden: Rot-Eichen sind sehr anpassungsfähig und allgemein anspruchslos gegenüber Bodenverhältnissen; sie gedeihen noch gut auf sandigen, mäßig trockenen Standorten, selbst geringwertige Sand- und Rohböden bringen noch gute Wuchsleistungen, wenn es sich um grundwassernahe Standorte handelt; sie bevorzugen sandigen Lehm und gut durchlässige Substrate, frisch bis feucht, sauer bis neutral; reagieren mit Chlorose auf zuviel Kalk, tolerieren nur leicht alkalische Substrate.

Eigenschaften: Frosthart, übersteht sommerliche Hitzeperioden schadlos, gut stadtklimafest und industriefest, besonders unempfindlich gegenüber chronischer Einwirkung von Rauchsäuren (EHLERS), wächst schneller als Q. robur und ist auch anspruchsloser, Lichtholzart, gering lichtdurchlässig, Laub wirkt stark bodenverbessernd, kaum schädlingsanfällig, wird nicht von Mehltau befallen, Laubmassen können im Herbst auf Fahrbahnen gefährlich werden, Rutschgefahr!, leicht anwachsend, Ballen und Wurzelwerk dürfen aber nicht austrocknen.

Verwendung: Die Rot-Eiche gehört zu den gesündesten und widerstandsfähigsten Baumarten in unseren Garten- und Parkanlagen. Herrlicher, raschwüchsiger Einzelbaum, der auch auf trockeneren und ärmeren Böden, auf denen unsere heimische Eiche versagt, noch gute Wuchsleistungen erbringt. Einer der schönsten Herbstfärber. Geeignet als Allee- und Straßenbaum (genügend großer Wurzel- und Kronenraum erforderlich, Laubmassen verursachen Rutschgefahr!), für Schutzpflanzungen in Industriebereichen, Rohbodenpionier, Waldbaum. Am Naturstandort vergesellschaftet mit

Quercus x turneri 'Pseudoturneri'

Acer saccharinum, Fraxinus americana, Acer rubrum, Betula lenta, Betula lutea, Prunus serotina, Robinia pseudoacacia und Amelanchier laevis. In Amerika ist die Rot-Eiche eines der führenden Allzweck-Möbelhölzer (DAHMS). Wegen der hohen Elastizität wird ihr Holz auch bevorzugt für gebogene Teile im Bootsbau und bei der Möbelherstellung (Stühle, Sessel) genutzt.

Q. x turneri 'Pseudoturneri', Wintergrüne Eiche

Schon um 1800 bekannt und vermutlich eine Kreuzung aus Q. robur x Q. ilex.

Wuchs: Hoher Strauch oder kleiner Baum mit breitovaler, buschiger und geschlossener Krone und meist kurzem Stamm, im Alter (nach 40 Jahren!) Krone offener und lockerer, aber Äste immer noch dicht, aufrecht; langsam wachsend.

Größe: 6 bis 8 (12) m hoch und 4 bis 7 (9) m breit. Nach 40 Jahren ca. 8 m hoch und 6 bis 7 m breit. Jahreszuwachs in der Höhe ca. 20 bis 25 cm, in der Breite ca. 15 bis 20 cm. In England gibt es 15 m hohe Exemplare.

Blätter: Wintergrün, wechselständig, verkehrt eiförmig oder elliptisch, 7 bis 10 cm lang, spitz oder stumpf buchtig gezähnt, dunkelgrün, matt glänzend, ledrige Blätter, bleiben in Normalwintern bis zum Frühjahrsaustrieb am Baum.

Blüten: Gelblichgrün, Mai/Juni, in langen Kätzchen.

Früchte: Zu mehreren auf dünnen, filzigen Stielen, Eicheln eiförmig, ca. 2 cm lang.

Wurzel: Tiefwurzler.

Standort: Sonnig bis halbschattig, geschützt gegen kalte, austrocknende Winde und Wintersonne.

Boden: Toleriert jeden einigermaßen nahrhaften, trockenen bis frischen, durchlässigen Boden, sauer bis stark alkalisch.

Eigenschaften: Ausreichend frosthart, spätfrostempfindlich, da früh treibend, wärmeliebend, sommerliche Hitze gut vertragend, stadtklimafest.

Verwendung: Wegen ihres wintergrünen Laubes stellt Q. x turneri 'Pseudoturneri' eine Besonderheit innerhalb des Eichensortiments dar. Schöner, dekorativer Einzelbaum, der besonders in hainartiger Pflanzung außerordentlich wirkungsvoll ist. Ein solcher „immergrüner Eichenhain" hat gerade in den Wintermonaten etwas Faszinierendes an sich und findet zu dieser Zeit größte Beachtung. Besonders üppig und makellos entwickelt sich Q. x turneri 'Pseudoturneri' auf windgeschützten Standorten wie z. B. im lichten Halbschatten großer Kiefern. Sie gedeiht aber auch in sonnigen Innenhöfen oder auf freier Rasenfläche. Unverzichtbares Gehölz für das Thema „Immergrüner Garten".

Pflegetip: Bei starker winterlicher Sonneneinstrahlung und tiefen Nachttemperaturen empfiehlt es sich, die Stämme jüngerer Pflanzen mit Tannenreisig vor zu starker Erwärmung zu schützen. Neigung zu Rindenaufbrüchen durch Temperaturextreme und frühen Trieb.

Anmerkung: Weitere wintergrüne Eichen sind **Q. x hispanica 'Ambrozyana'**, **'Fulhamensis'** und **'Lucombeana'**. Es handelt sich hierbei um sehr interessante Hybriden zwischen Q. cerris x Q. suber, die neben dem dekorativen Laub auch durch eine dicke, korkige Borke auffallen.

Quercus x turneri 'Pseudoturneri'

RHAMNUS L.
Faulbaum, Kreuzdorn – Rhamnaceae, Faulbaumgewächse

Etwa 110 Arten, meist in der nördlich gemäßigten Zone, nur wenige Arten kommen in Brasilien und in Südafrika vor. In Europa ist die Gattung Rhamnus mit 13 Arten vertreten.

R. catharticus L.,
Echter Kreuzdorn, Purgier-Kreuzdorn

Früchte haben abführende (purgierende) Wirkung.

Rhamnus catharticus

Verbreitung: Mitteleuropa, vom Norden bis zu den Alpen weit verbreitet. An sonnig-warmen, trockenen Plätzen, aber auch in nicht nassen Auenwäldern, an Bachufern und Gräben außerhalb der Überschwemmungszone, weiterhin an Zäunen, Felshängen und trockeneren Waldrändern; auf humosen, lockeren, bevorzugt kalkhaltigen Lehm- und flachgründigen Steinböden.

Wuchs: Hoher, sparrig verzweigter Strauch oder krummstämmiger, kleiner Baum mit unregelmäßiger, lockerer Krone; gelegentlich auch nur niederliegend mit abstehenden Ästen, Zweigenden dornig; langsam wachsend.

Größe: 2 bis 6 (8) m hoch und 2 bis 6 m breit. Im Alter oft breiter als hoch. Bei 5,50 m Höhe 7 m breit!

Rinde: Junge Zweige grau bis graubraun, am Sproßende kreuzgegenständig verzweigt, Kurztriebe oft verdornt, im Alter schwarzbraune, quer abrollende Ringelborke.

Blätter: Sommergrün, gegenständig, eiförmig bis elliptisch, 4 bis 7 cm lang, stumpfgrün, unterseits hellgrün; Herbstfärbung gelb.

Blüten: Eingeschlechtig, klein, gelblichgrün, in achselständigen Büscheln zu 3 bis 5; Mai/Juni.

Früchte: Kugelige, 6 bis 8 mm große, schwarzviolette bis schwarze, glänzende, saftige Steinfrüchte, giftig.

Wurzel: Hauptwurzeln tiefgehend, weit ausgebreitet, Ausläufer treibend.

Standort: Sonnig bis halbschattig.

Boden: Allgemein sehr anspruchslos und robust, gedeiht auf trockenen, sandigen und feuchten Böden, bevorzugt werden kalkhaltige, durchlässige, warme Standorte, zu nasse Böden meidend.

Eigenschaften: Gut frosthart, verträgt Hitze und sommerliche Dürre, stadtklimafest, rauchhart, Rückschnitt älterer Pflanzen problematisch, Früchte sind giftig, rufen beim Menschen Durchfall und Erbrechen hervor, Rinde war als Abführdroge im Handel. R. catharticus ist der Zwischenwirt des Hafer-Kronenrostes (Puccinia coronifera), einer gefährlichen Pilzkrankheit beim Hafer, und Winterwirtspflanze der Grünen Gurkenlaus, die Überträger pflanzlicher Viruskrankheiten ist.

Verwendung: Sehr robustes Gehölz für Schutzpflanzungen aller Art; Straßenbegleitgrün, Deckstrauch, Windschutzpflanzungen, Unterholz im Gehölzrandbereich; wichtig für Rekultivierungsmaßnahmen in der freien Landschaft, Rohboden- und Böschungsbefestigung, gutes Vogelnist-, Vogelschutz- und -nährgehölz. In der Natur vergesellschaftet mit: Pinus sylvestris, Amelanchier ovalis, Corylus avellana, Sorbus aria, Sorbus torminalis, Cornus sanguinea, Viburnum lantana, Juniperus communis, Ligustrum vulgare, Populus tremula und Wildrosen.

Ökologie: Der Kreuzdorn ist unter anderem Futterpflanze für die Raupen des Zitronenfalters (Gonepteryx rhamni), des Kreuzdornspanners (Philereme transversata) und des Brombeerzipfelfalters (Callophrys rubi). Seine Blüten werden gern von Bienen, Kleinfliegen und zahlreichen Falterarten besucht. Die kreuzartigen, sparrigen Verzweigungen bieten der Vogelwelt gute Nistgelegenheit.

R. frangula L.,
Gemeiner Faulbaum, Pulverholz
(= Frangula alnus)

frangere = brechen, bezieht sich auf das brüchige Holz

Verbreitung: In Europa fast überall verbreitet. Charakterpflanze der Erlenbrüche, typisches Gehölz in Niederungen, an feuchten Ufern und in Auenwäldern, aber auch in Birkenmooren, lichten Kiefer- und Eichen-Buchen-Wäldern, auf staufeuchten bis nassen, sauren, tiefgründigen Lehm-, Sand-, Ton- oder Torfböden.

Rhamnus frangula

Wuchs: Hoher, raschwüchsiger, lockerer Strauch, gelegentlich auch kleiner Baum mit schlanken, häufig überhängenden Trieben.

Größe: 2 bis 4 m hoch und ca. 3 m breit, seltener baumartig, dann bis 7 m hoch und 4 bis 5 m breit.

Rinde: 1jährige Triebe graubraun bis graubraunviolett, mit hellen Lentizellen, später graubraune, flach-längsrissige Borke, frische Rinde hat unangenehmen, fauligen Geruch, wirkt brechreizerregend.

Blätter: Sommergrün, wechselständig, breit-eiförmig bis breitelliptisch, bis 7 cm lang, dunkelgrün, etwas glänzend, Herbstfärbung gelblich bis leuchtend goldgelb.

Blüten: Grünlichweiß, etwas unscheinbar, sehr lange Blütezeit, oft Blüten und reifende Früchte an einem Zweig; Hauptblüte mit der Laubentfaltung, Mai/Juni.

Früchte: Erbsengroße, 0,5 cm dicke Steinfrüchte, rot, später violettschwarz, glänzend, giftig, führen zu drastischen Durchfällen.

Wurzel: Tief, wenig verzweigt, bildet Wurzelbrut und Ausläufer, verträgt Überflutung.

Rhamnus frangula

Rhamnus frangula 'Asplenifolia'

Standort: Sonne bis Schatten.

Boden: Der Faulbaum liebt frische bis nasse, tiefgründige, saure Lehm-, Sand- und Tonböden, doch gedeiht er auch auf trockeneren Standorten (in der Natur als Unterholz in trockeneren Kiefernwäldern).

Eigenschaften: Sehr frosthart, verträgt sowohl starke Beschattung als auch volle Sonne (EHLERS), windfest, bildet viel Stockausschlag und Wurzelbrut, wird nicht vom Wild verbissen, leicht verpflanzbar, rauchhart; Früchte sind keineswegs harmlos, sie führen zu drastischen Durchfällen, in Tierversuchen auch z. T. mit tödlichem Ausgang. Rinde war früher als Abführmittel im Handel.

Verwendung: Wichtiges Gehölz für Rekultivierungsmaßnahmen in der freien Landschaft, Knickpflanze, Unterholz, auch auf nassen, moorigen Böden, Waldrandgestaltung, anspruchsloses, sehr schattenverträgliches Gruppengehölz für Parkanlagen und Schutzpflanzungen.

In der Natur häufig vergesellschaftet mit: Quercus robur, Tilia platyphyllos, Prunus padus, Alnus glutinosa und A. incana, Cornus sanguinea, Viburnum opulus, Lonicera xylosteum, Salix-Arten, Clematis vitalba und Humulus lupulus. Die Holzkohle diente früher der Schießpulverbereitung (daher Pulverholz). Das weiche und leichte Holz hat man zur Herstellung von Schirm- und Spazierstöcken genutzt. Sehr reizvoll sind die Sorten **'Angustifolius'**, Blätter schmal-länglich, Rand gekerbt, und **'Asplenifolius'**, Blätter 4 bis 6 cm lang und nur bis 4 mm breit, Rand unregelmäßig, gewellt und grob gekerbt. Letztere Sorte hat eine beinahe gräserhafte Blatt-Textur. Benachbarung mit Bambus, Gräsern und Teichrandstauden!

Ökologie: R. frangula ist die Futterpflanze für die Raupen des Brombeerzipfelfalters (Callophrys rubi), des Faulbaumbläulings (Celastrina argiolus) und des Zitronenfalters (Gonepteryx rhamni). Die Blüten werden gern von Bienen, Kleinfliegen und zahlreichen Falterarten besucht, seine Früchte sind Vogelfutter. Der Honigertrag liegt bei 35 kg je ha.

Anmerkung: Der starke Ausbreitungsdrang von Rhamnus frangula kann auf bestimmten Standorten auch zu einer Beeinträchtigung schutzwürdiger, heimischer Pflanzengesellschaften führen.

RHODODENDRON L.
Alpenrose, Rhododendron, Ericaceae, Heidekrautgewächse

Die Bezeichnung Rhododendron ist griechischen Ursprungs und setzt sich zusammen aus rhodon = Rose und dendron = Baum. Gemeint war mit Rosenbaum = Rhododendron aber der Oleander. Erst 1853 brachte CAESALPINUS den Namen mit Rhododendron ferrugineum in Verbindung.

Die Gattung Rhododendron umfaßt etwa 1000 Arten, deren Hauptverbreitungsgebiete in Südchina, im Himalaja, in Japan und Korea liegen. Einen zweiten Schwerpunkt bilden die Vorkommen im westlichen und östlichen Nordamerika, wo z. B. Rhod. catawbiense und Rhod. viscosum beheimatet sind. In Kleinasien und im Kaukasus liegt das Areal so bedeutender Arten wie Rhod. smirnowii, Rhod. luteum und Rhod. ponticum. Etwa 250 Arten kommen im tropischen und subtropischen Malaysien, Neu-Guinea und Nordaustralien vor. Von den 4 mittel- und südeuropäischen Arten sind in deutschen Gebirgen 2 heimisch, nämlich Rhod. ferrugineum und Rhod. hirsutum.

Die Gattung Rhododendron, die aus immergrünen und laubabwerfenden Arten besteht, ist im Hinblick auf die Wuchstypen außerordentlich vielgestaltig. 20 bis 30 m hohe, baumartige Rhododendron (Rhod. giganteum) stehen zwergigen Gebirgsarten gegenüber, die dem Boden nachgehen und oft nur 10 oder 15 cm hoch werden. Ein typisches Beispiel dafür ist Rhod. camtschaticum, eine Wildart aus Kamtschatka und Alaska, die zu den schönsten und wertvollsten Steingartengehölzen für kühlfeuchte Lagen zählt.

Ökologie: Unsere Rhododendron werden leider immer wieder zu Unrecht als ökologisch wertlose Gehölze abgestempelt. Diese Behauptung ist sachlich falsch. Wer jemals im Frühjahr beobachtet hat, wie z.B. R. carolinianum, R. dauricum, R. calophytum oder R. oreodoxa von Fliegen, Käfern, Bienen und Hummeln besucht werden, wird darüber anders denken. Immergrüne Rhododendron werden auch sehr gern als Schutz- und Nistgehölze angenommen.

Einführung – Züchtung

Gegen Ende des 18. und zu Beginn des 19. Jahrhunderts gelangten mit Rhod. carolinianum, Rhod. maximum und Rhod. ponticum die ersten wichtigen Rhododendron-Wildarten nach England.

Zusammen mit Rhod. caucasicum und Rhod. catawbiense, die 1803 und 1823 eingeführt wurden, bildeten sie die Grundlage für eine ausgedehnte Züchtungsarbeit.

1825 stand erstmalig das leuchtende, spektakuläre

Rot von Rhod. arboreum für Einkreuzungen zur Verfügung.

Es wurden aber nicht nur die großblumigen, immergrünen Wildarten kultiviert, sondern es stießen auch die Azaleen auf Interesse bei den Liebhabern und Sammlern. Bereits 1850 waren etwa 500 Azalea pontica-Hybriden im Handel. Auch nach 1900 gab es einen großen Zustrom bisher unbekannter Wildarten aus China, Tibet, dem Himalaja, Japan und Amerika. Die Zahl der Sorten und Hybriden, die seit den ersten Züchtungen Anfang des 19. Jahrhunderts in Europa entstanden sind, übersteigt wohl die der Wildarten um das Zehnfache.

Heute gehören Rhododendron und Azaleen neben den Rosen ganz eindeutig zu den beliebtesten Zierpflanzen unserer Garten- und Parkanlagen.

Die wichtigsten Rhododendron-Wildarten und ihre Sorten

R. ambiguum HEMSL.

Rhododendron ambiguum

Verbreitung: China, Setschuan, in 2500 bis 4500 m Höhe.

Rhododendron ambiguum

Rhododendron catawbiense 'Roseum Elegans'

Wuchs: Straff aufrecht, dicht verzweigt mit dünnen Trieben.

Größe: Bis 1,50 m hoch.

Blätter: Immergrün, länglich eiförmig, bis 9 cm lang, dunkelgrün, beschuppt, unterseits schwärzlich beschuppt.

Blüten: Grünlichgelb bis hell primelgelb, auch rötlich oder hellpurpur, Einzelblüte bis 5 cm breit. Ende April bis Mai.

Eigenschaften: Ausreichend winterhart.

Interessant sind die von HOBBIE und HACHMANN erzielten Kreuzungen wie z. B. **R. ambiguum 'Medley'** mit cremegelb- bis pastellrosafarbenen Blüten.

R. albrechtii MAXIM.

1862 entdeckt von Dr. M. ALBRECHT, einem russischen Schiffsarzt, auf der japanischen Insel Yeso.

Verbreitung: Nord- und Mitteljapan in Wäldern und an felsigen Hängen.

Wuchs: Locker aufrecht, buschig.

Größe: 1,5 (2) m hoch.

Rhododendron albrechtii

Blätter: Sommergrün, verkehrt eiförmig bis breit elliptisch, 4 bis 12 cm lang.

Blüten: Hellpurpur, zu 4 bis 5, Einzelblüte glockig, vor dem Laubaustrieb oder mit den Blättern im April/Mai.

Eigenschaften: Winterhart bis minus 26 °C, aber spätfrostgefährdet (HACHMANN).

Verwendung: Gehört zu den schönsten Wildformen.

R. arborescens (PURSH) TORR.

Verbreitung: Östliches Nordamerika, in Wäldern und an Flußufern.

Rhododendron arborescens

Wuchs: Locker aufrecht, Verzweigung etwas unregelmäßig.

Größe: In unseren Gärten bis 3 (4) m hoch.

Blätter: Sommergrün, verkehrt eiförmig bis lanzettlich, 4 bis 8 cm lang.

Blüten: Weiß bis rosa, zu 3 bis 6, Krone bis 5 cm breit, duftend, Juni/Juli.

Eigenschaften: Frosthart.

R. augustinii HEMSL.

Verbreitung: China, im Gebirge, in 1500 bis 4000 m Höhe.

Wuchs: Buschig aufrecht.

Größe: 1,5 bis 3 m hoch.

Blätter: Immergrün, lanzettlich, 4 bis 12 cm lang.

Blüten: Violett bis blauviolett, zu 3, Krone breit trichterförmig, April bis Mai.

Eigenschaften: Empfindlich. Sehr schön ist die HACHMANN-Sorte **'Aquamarin'**, die durch ein leuchtendes Himmelblau besticht. Sie soll bis minus 22 °C winterhart sein.

Rhododendron augustinii

R. brachycarpum D. DON
brachycarpus = kurzfrüchtig

Verbreitung: Nord- und Mitteljapan sowie in Korea.

Wuchs: Breit aufrecht, dichtbuschig und kompakt, Triebe dick, im Austrieb weißfilzig.

Blätter: Immergrün, breit-lanzettlich, 7 bis 15 cm lang, mittelgrün, unterseits hellbraunfilzig.

Blüten: Rahmweiß mit rosa Anflug oder hellrahmgelb mit rötlicher Tönung und bräunlicher bis grünlicher Zeichnung. Juni bis Juli.

Eigenschaften: Frosthart.

R. calophytum FRANCH.

Rhododendron calophytum

RHODODENDRON

Verbreitung: China und Tibet, in Wäldern.

Wuchs: Breitbuschig aufrecht, im Alter ein wenig etagenförmig, Triebe dick.

Größe: 4 (6) m hoch, in der Heimat bis 10 m.

Blätter: Immergrün, sehr groß, länglich lanzettlich, 20 bis 30 cm lang.

Blüten: Weißrosa bis fast weiß mit rubinrotem Basalfleck, Einzelblüte groß, glockig, oft bis zu 30 in lockeren Trauben, (Ende Februar) März bis April.

Verwendung: Für geschützte, absonnige Plätze eine ungeheuer imposante Rhod.-Wildart, die allein durch ihre großes Laub schon wirkt. Gut frosthart, doch wegen der frühen Blüte gefährdet.

Ökologie: Wird von Hummeln beflogen.

R. campanulatum D. DON

campanulatus = glockenförmig, was sich auf die Blütenform bezieht.

Verbreitung: Himalaja, in Höhen um 2700 bis 3500 m, in Wäldern und baumfreien Zonen, bevorzugt Nordlagen.

Wuchs: Buschig aufrecht, rundlich.

Größe: In unseren Gärten 1,5 bis 2 m hoch, am Heimatstandort bis 6 m.

Blätter: Immergrün, breit-eiförmig elliptisch, 7 bis 15 cm lang, derb, glänzend dunkelgrün, unterseits gelb bis rotbraunfilzig.

Blüten: Weiß bis purpurrosa, in lockeren Doldentrauben, Einzelblüte 3 bis 5 cm lang.

Verwendung: Befriedigend winterhart. Junge Pflanzen sind blühfaul.

R. camtschaticum PALL.

Rhododendron camtschaticum

Rhododendron calophytum

Verbreitung: Kamtschatka, Alaska, östliches Sibirien, Sachalin bis Nordjapan, in kühlen, feuchten Hochebenen, Mooren und Felslagen.

Wuchs: Zwergstrauch, niederliegend.

Größe: 20 bis 30 cm hoch.

Blätter: Sommergrün, verkehrt eiförmig bis spatelig, 1,5 bis 8 cm lang, Rand bewimpert, Herbstfärbung gelb bis rot.

Blüten: Dunkelpurpurviolett mit deutlichen, rotbraunen Punkten, Einzelblüte etwa 2,5 bis 4 cm breit. Mai, im August/September oft Nachblüte.

Verwendung: Eine entzückende, winterharte, sehr zierliche Zwergart, die sich im Alpinum oder in halbschattigen Heidegartenpartien wohlfühlt. Besonders gut gedeiht sie zwischen großen, lagerhaften Gesteinsbrocken, wo ihre Wurzeln die nötige Kühle und Feuchte finden.

R. canadense (L.) TORR., Kanadische Azalee (= Rhodora canadensis)

Verbreitung: Nordöstliches Nordamerika, Quebec, Ontario, New York, Pennsylvania, New Jersey, an Flußufern, auf sickerfeuchten Hängen und anderen feuchten, aber gut durchlässigen Standorten.

Wuchs: Straff aufrecht, Triebe dünn, langsam wachsend.

Größe: 0,8 bis 1 m hoch und genauso breit.

Blätter: Sommergrün, schmal oval, bis 4 (7) cm lang, stumpf blaugrün, unterseits blaugrau, graufilzig behaart; später kahl.

Blüten: Purpurlila, auch weiß, vor dem Austrieb, Einzelblüte tief geschlitzt, 3 cm breit. April bis Anfang Juni.

Verwendung: Schöne, winterharte Wildart für gut feuchte, windgeschützte Standorte.

Rhododendron canadense

R. carolinianum REHD.

Verbreitung: Östliches Nordamerika, in Gebirgen.

Wuchs: Kleiner, buschig aufrechter Strauch, locker verzweigt.

Größe: 1 bis 1,5 m hoch.

Blätter: Immergrün, elliptisch bis verkehrt eiförmig, 6 bis 10 cm lang, unterseits dicht beschuppt.

Blüten: Blaßrosa, zu 4 bis 9 beisammen, Einzelblüte etwa 3 cm lang, Mai bis Juni.

Verwendung: Winterharte, anspruchslose Art, die viel mehr beachtet werden sollte.

Empfehlenswert sind die Sorten: **'Dora Amateis'**, Zwergform, in 10 Jahren 35 cm hoch und 80 cm breit (HACHMANN), Blüten Anfang bis Ende Mai, cremeweiß bis reinweiß; **'P. J. M. Elite'**, sehr winterhart (bis minus 35 °C), purpurrosa bis purpurrötlich; **'P. J. Mezitt'**, Blüten dunkelpurpurrosa, Ende April bis Anfang Mai, sehr winterhart.

Ökologie: Wird stark von Bienen und Hummeln beflogen.

Rhododendron carolinianum 'P. J. Mezitt'

R. catawbiense MICHX.

Die Art ist benannt worden nach dem Catawba-Fluß.

Verbreitung: Östliches Nordamerika, in Bergwäldern in Höhen über 1300 m.

Wuchs: Aufrechter, dichtbuschiger und starkwüchsiger Großstrauch.

Größe: In unseren Gärten 4 bis 7 m hoch und im Freistand breiter als hoch.

Blätter: Immergrün, elliptisch bis schmal verkehrt eiförmig, dunkelgrün, ledrig, 7 bis 15 cm lang.

Blüten: Lila, zu 15 bis 20 beisammen, Einzelblüte bis 5 cm breit, Ende Mai, Anfang Juni.

Verwendung: R. catawbiense gehört zu den winterhärtesten und robustesten, immergrünen Rhododendron-Arten, die selbst in ungeschützten Lagen gedeihen. Diese Art wurde sehr häufig zu Kreuzungen benutzt.

R. caucasicum PALL.

Verbreitung: Kaukasus, in Höhen von 1600 bis 3000 m.

Wuchs: Mittelhoher, dichtbuschiger, breitrundlicher Strauch mit dichtfilzigen Jungtrieben.

Blätter: Immergrün, verkehrt eiförmig, 5 bis 10 cm lang, dunkelgrün, unterseits hellbraun filzig.

Blüten: Gelblichweiß, teils aber auch gelbe und hellrosa Formen, zu 7 bis 10, Krone glockig, Ende April/Mai.

Verwendung: Winterharte Wildart, die für viele Kreuzungen benutzt wurde. Die weltberühmte **'Cunningham's White'** ist aus einer R. caucasicum-Kreuzung hervorgegangen.

R. dauricum L.

dauricus = aus Daurien stammend.

Rhododendron dauricum

Verbreitung: Altai, Süd- und Ostsibirien, nördl. Mongolei, Mandschurei, Nord-Japan und Korea.

Wuchs: Kleiner bis mittelhoher, locker verzweigter, aufrechter Strauch.

Größe: 1 bis 1,50 (2) m hoch.

Blätter: Sommer bis Winter grün, elliptisch, 2 bis 4 cm lang, tiefgrün.

Blüten: Lilarosa bis blaurosa, Einzelblüten bis 4 cm breit, vor dem Laubaustrieb (Februar) März/April.

Solitärbiene auf Rhododendron dauricum

Verwendung: Gut frostharte, wertvolle Art, deren Blüten und Blütenknospen mehr Frost vertragen als die von R. 'Praecox'.

Ökologie: Blüten werden auffallend stark von Bienen, Fliegenarten und Hummeln besucht!

Anmerkung: R. dauricum var. sempervirens hat immergrüne Blätter, Blüten sind ausdrucksstärker, dunkler.

R. degronianum

Rhododendron degronianum

Verbreitung: Mittel- und Südjapan.

Wuchs: Kleiner, kugelig und gedrungen wachsender Strauch.

Größe: 1 (bis 1,5) m hoch und im Alter meist breiter als hoch.

Blätter: Immergrün, länglich elliptisch, bis 15 cm lang, dunkelgrün glänzend, unterseits dicht rötlichbraun- oder braunfilzig.

Blüten: Zartrosa, dunkelrot gerippt, zu 12 beisammen, Einzelblüte glockig, bis 5 cm breit, Mitte April.

Verwendung: Winterhart und widerstandsfähig gegenüber trockeneren Pflanzplätzen.

R. ferrugineum L., Rostblättrige Alpenrose

Verbreitung: Alpen, Pyrenäen, nördlicher Apennin, auf Granituntergrund.

Wuchs: Kleiner, dichttriebiger, rundlicher Strauch, bisweilen auch niederliegend.

Größe: Bis 1 m hoch.

Triebe: Jung dicht beschuppt.

Blätter: Immergrün, schmal lanzettlich, bis 4 cm

Rhododendron ferrugineum

lang, dunkelgrün, unterseits dicht rostbraun beschuppt. Rand umgerollt, nicht bewimpert.

Blüten: Purpurrosa, schmal röhrenförmig, Juni/Juli.

Verwendung: Völlig winterharte, entzückende heimische Alpenrose für saure Standorte. Die in unseren Gärten meist fehlende Schneedecke muß durch einen geschützten Platz ersetzt werden. Eine gut wüchsige und gesunde Sorte ist **R. ferrugineum 'Tottenheim'.**

R. fortunei LINDL.

Rhododendron fortunei

Verbreitung: China, in lichten Waldungen.

Wuchs: Mittelhoher Strauch bis Großstrauch, breitbuschig aufrecht.

Größe: 3 bis 4 m hoch, in der Heimat bis 10 m. Ältere Pflanzen sind genauso breit wie hoch.

Blätter: Immergrün, länglich, bis 20 cm lang, mittelgrün bis dunkelgrün, unterseits blaugrün.

Blüten: Zart weißlichrosa, zu 6 bis 12 beisammen, Einzelblüte bis 9 cm breit, duftend!, Mai.

Verwendung: Empfindlich, unbedingt gut geschützte Standorte wählen. Weniger geeignet für Spätfrostlagen. Beliebter und bewährter Kreuzungspartner.

R. hirsutum L., Almenrausch, Rauhhaarige Alpenrose.

Verbreitung: Mittel- und Ostalpen, alpine Regionen Nordwest-Jugoslawiens.

Rhododendron hirsutum am Naturstandort

Rhododendron hirsutum

Wuchs: Kleiner, gedrungen wachsender Strauch.

Größe: 0,6 bis maximal 1 m hoch.

Blätter: Immergrün, elliptisch, 3 cm lang, frisch-grün, Rand gekerbt, auffallend bewimpert.

Blüten: Purpurrosa, zu 3 bis 10 in Doldentrauben, Juni.

Verwendung: Winterharte, heimische Rhododen-dron-Art für Steingärten, Heideanlagen und Rabatten. Gedeiht am Naturstandort auf schwach sauren bis schwach alkalischen Böden. Sollte in der Gartenkultur nur auf schwach sauren Substraten gezogen werden (Chlorose!).

R. impeditum

Verbreitung: China, in Gebirgswäldern, aber auch auf offenen Flächen, Gebirgswiesen und Felshängen, in 3300 bis 5000 m Höhe.

Rhododendron impeditum 'Violetta'

Rhododendron impeditum 'Blue Tit Magor'

Wuchs: Zwergstrauch, flachkugelig, dicht und gedrungen.

Größe: Bis 0,4 (bis 0,5) m hoch, im Alter breiter als hoch.

Rhododendron impeditum 'Ramapo'

Blätter: Immergrün, eilänglich, bis 1,5 cm lang, grünlichgrau, beiderseits bräunlich beschuppt.

Blüten: Purpurviolett, purpurrosa bis violettblau, klein, Mitte April bis Anfang Mai.

Verwendung: Herrliche Zwergart für Steingärten-und Heideanlagen. Sollte wegen ihrer feinen Blatt-Textur nicht mit grobblättrigen Azaleen und Rhododendron zusammengepflanzt werden. Sehr wertvoll und empfehlenswert sind die Sorten: '**R. impeditum 'Azurika'**, Blüten tiefviolettblau, bis 40 cm hoch; **R. impeditum 'Blue Tit Magor'**, hellblau bis zartlila, bis 1,20 m hoch, sehr frosthart; **R. impeditum 'Gristede'**, Blüten tiefblau, Wuchs kugelig, kompakt, bis 1 m hoch, fantastische Sorte, die Ende April bis Anfang Mai blüht. **R. impeditum 'Luisella'**, himmelblau, reichblühend, sehr frosthart; **R. impeditum 'Moerheim'**, alte, bekannte Sorte, Blüten hellviolett, bis 40 cm hoch; **R. impeditum 'Ramapo'**, hellila bis leicht purpurrosa getönt, sehr winterhart; **R. impeditum 'Violetta'**, intensiv violettblau, gut winterhart.

R. insigne HEMSL. et WILS.
insigne = ausgezeichnet

Verbreitung: China, in Gebirgswäldern zwischen 2300 und 3000 m Höhe.

Wuchs: Rundlich und gedrungen, langsam wachsend, Triebe dick und dünnfilzig.

Blätter: Immergrün, länglich lanzettlich, bis 13 cm

Rhododendron insigne

lang, Rand schwach eingerollt, dunkelgrün, unterseits grausilbrig.

Blüten: Innen zartrosa, außen rötlich getönt, Einzelblüte bis 4 cm breit, Mai/Juni.

Verwendung: Gesunde und gut frostharte Wildart, die auch ein sehr dekoratives Laub hat. Wird gern als Kreuzungspartner benutzt.

R. japonicum (A. GRAY) SURING.
(= Azalea mollis (SIEB. & ZUCC.)
ANDRÉ, R. molle MIQ.)

Verbreitung: Japan, auf der Insel Kyushu in Hochgebirgslagen.

Wuchs: Mittelhoher, breitbuschig aufrechter, etwas sparrig verzweigter Strauch.

Größe: 1,20 bis 2 m hoch.

Blätter: Sommergrün, 6 bis 10 cm lang, stumpfgrün, unten bläulich.

Blüten: Von Gelb bis Dunkelrot mit orangefarbenem Mittelfleck, vor den Blättern im April/Mai.

Verwendung: Die berühmte Azalea mollis ist trotz der vielen neuen Kreuzungen immer noch hochaktuell. Sämlingspflanzen zeichnen sich nicht nur durch eine große Farbpalette aus, sondern sind sehr gut winterhart, wüchsig und robust.

R. kaempferi PLANCH.
(= R. obtusum var. kaempferi)

Verbreitung: Mittel- und Nordjapan.

Wuchs: Breit aufrechter Strauch.

Größe: 1 bis 1,5 (2) m hoch und breit.

Blätter: Immergrün, in kälteren Gebieten fast nur sommergrün, elliptisch, bis 6 cm lang.

Blüten: Purpurrosa bis scharlachrot, in wenigzähligen, endständigen Büscheln. Einzelblüte bis 5 cm breit, April/Mai, meist vor dem Laubaustrieb.

Verwendung: Wertvolle, kaum empfindliche Wildart, die häufig als Kreuzungspartner benutzt wurde.

R. luteum SWEET, Pontische Azalee
(= Azalea pontica, R. flavum)

Verbreitung: Im pontischen Gebirge (nördliche asiatische Türkei), mittlerer und westlicher Kaukasus, westliches Transkaukasien.

Wuchs: Mittelgroßer bis hoher, breitbuschig aufrechter Strauch.

Rhododendron luteum

Größe: 1 bis 3 (bis 4) m hoch und im Alter genauso breit.

Blätter: Sommergrün, schmal elliptisch, bis 12 cm lang. Herbstfärbung oft leuchtend orange bis weinrot. Herbstlaub übersteht Fröste um −8 °C schadlos!

Blüten: Gelb, zu 7 bis 12, Einzelblüte bis 5 cm breit, starkt duftend, Mai.

Verwendung: Die Pontische Azalee gehört zu den bekanntesten und beliebtesten Arten. Winterhärte, Wüchsigkeit und Anspruchslosigkeit sind unübertroffen. Herrlich an Gehölz- und Wasserrändern in großräumigen Anlagen, wo sie auch leicht verwildern kann und dann bezaubernd naturhafte Gartenbilder schafft. Im Herbst nochmals aufleuchtend mit einer prächtigen Laubfärbung.

R. makinoi TAGG.
(= R. yakushimanum ssp. makinoi;
R. degronianum)

Verbreitung: Japan, im Gebirge.

Wuchs: Mittelhoher, rundlicher Strauch.

Größe: Bis 2 m hoch und breit, langsam wachsend.

Blätter: Immergrün, linealisch, 10 bis 18 cm lang und nur 1,5 cm breit, dunkelgrün, glatt, unterseits rehbraun filzig, derb ledrig.

Blüten: Hellrosa, zu 6 bis 10, Einzelblüte trichterförmig, Krone 4 cm breit. Juni.

Verwendung: Winterharte, sehr interessante Wildart, die mit zunehmendem Alter immer reicher blüht. Sehr schön auch für das Thema Blatt-Texturen. Empfehlenswerte Sorten: **'Lanzette'**, Blüten hellrosa bis lilarosa, im Innern bräunlich gezeichnet, gesund und gut hart; **'Rosa Perle'**, Blüten offenglockig, rubin- bis dunkelrosa, schwachwüchsig.

Rhododendron makinoi 'Rosa Perle'

R. metternichii SIEB. et ZUCC.
(= R. hymenanthes,
R. japonicum var. japonicum)

Verbreitung: Japan, im Gebirge.

Wuchs: Kleiner, rundlich kompakter Strauch, langsam wachsend.

Größe: 1,2 (1,5) m hoch.

Blätter: Immergrün, länglich lanzettlich, 10 bis 15 cm lang, glänzend grün, unterseits bräunlichfilzig, Blätter stehen oft dicht wirtelig gedrängt.

Blüten: Hellrosa, zu 10 bis 15, Einzelblüte glockig, April/Mai.

RHODODENDRON

Verwendung: Gehört zu den schönsten Wildarten aus Japan. Wegen ihres kompakten Wuchses auch für kleinste Gartenräume geeignet. Die Sorte '**Hykoyama**' zeichnet sich durch sehr dekorative, tiefdunkelgrüne Blätter aus.

R. minus MICHX.
(= R. punctatum)

Verbreitung: Östliches und südöstliches Nordamerika.

Wuchs: Meist nur kleiner, allenfalls mittelhoher Strauch.

Größe: 1 bis 2 (3) m hoch, in der Heimat bis 9 m.

Blätter: Immergrün, relativ klein, elliptisch, 3 bis 7 cm lang.

Blüten: Purpurrosa, zu mehreren, Einzelblüte 2,5 cm breit, Mai/Juni.

Verwendung: Winterharte und robuste, auch weniger humose, trockenere Standorte vertragende Wildart.

R. mucronatum G. DON

mucronatus = stachelspitzig

Verbreitung: Angeblich China, in Japan seit langem in Kultur und dort, wie auch in Korea, häufig verwildert.

Wuchs: Breitbuschig aufrecht, im Alter oft schirmartig, reich verzweigt und feintriebig.

Blätter: Sommergrün, teils wintergrün, Frühjahrsblätter elliptisch, 4 bis 9 cm lang, nur sommergrün!, Sommerblätter verkehrt lanzettlich, 1 bis 4 cm lang, wintergrün!

Blüten: Meist weiß, gelegentlich auch zartrosa, zu 1 bis 3, Einzelblüte breit trichterförmig, duftend, Anfang bis Mitte Mai.

Verwendung: Gut frosthart. Wertvoll wegen der selteneren weißen Farbe. Gedeiht auch in halbschattigen Positionen gut.

R. mucronulatum TURCZ.
(= R. dauricum var. mucronulatum)

mucronatus = stachelspitzig

Verbreitung: Japan (Kyushu), Korea und Mandschurei, in lichten Wäldern, auf felsigen Böden.

Wuchs: Mittelhoher, aufrecht wachsender Strauch mit dünnen, dicht verzweigten Trieben.

Blätter: Sommergrün, elliptisch, 4 bis 10 cm lang, mit kleiner Stachelspitze, dunkelgrün.

Rhododendron mucronulatum

Blüten: Purpurrosa, seltener weiß, einzeln, 3 cm breit, Blütezeit oft schon Ende Januar, gewöhnlich Ende Februar bis Anfang März.

Verwendung: Einer unserer schönsten Vorfrühlingsblüher. Völlig winterhart, verlangt aber wegen der außerordentlich frühen Blüte einen geschützten Platz.

R. occidentale (TORR. et A. GRAY) A. GRAY

occidentalis = westlich, abendländisch

Verbreitung: Westliches Nordamerika, auf feuchten Standorten.

Wuchs: Mittelhoher, buschig aufrecht wachsender Strauch.

Größe: 1,2 bis 2 m hoch.

Blätter: Sommergrün, elliptisch bis länglich lanzettlich, 4 bis 10 cm lang. Herbstfärbung gelb bis rötlich.

Blüten: Weiß bis hellrosa, zu 6 bis 12, Einzelblüte bis 6 cm breit, stark duftend, mit den Blättern im Mai bis Anfang Juni erscheinend.

Verwendung: Völlig winterharte Rhododendronart, die wegen ihrer relativ späten und herrlich duftenden Blüte außerordentlich wertvoll ist. Bei gutem Witterungsverlauf überrascht R. occidentale mit einer schönen Herbstfärbung. Die Sorten '**Exquisita**' und '**Irene Koster**' bestechen durch große, dunkelrosa gestreifte Blüten, eine lange Blütezeit und einen wunderbaren Duft!

R. orbiculare DECNE

orbicularis = kreisförmig, was sich auf die Blattform bezieht

Verbreitung: China, in Gebirgswäldern, zwischen 2500 und 4000 m Höhe.

Rhododendron orbiculare

Wuchs: Mittelhoher, rundlich und gedrungen wachsender Strauch.

Größe: Bis 1 m hoch, im Alter meist breiter als hoch, in der Heimat bis 15 m.

Blätter: Immergrün, eirund bis fast kreisrund, 7 bis 12,5 cm lang, grün, unterseits bläulich.

Blüten: Blaurosa, zu 7 bis 10 in lockeren Doldentrauben, Einzelblüte glockig, 5 bis 6 cm breit, Ende April, Anfang Mai.

Verwendung: Etwas empfindliche, aber sehr attraktive Blattschmuckpflanze für geschützte Standorte. Auffallender von der Blüte her sind: **R. orbiculare 'Monika'**, Blüten reinrosa, Einzelblüte 6,5 bis 7 cm breit, ältere Pflanzen blühwilliger; **R. orbiculare 'Rotglocke'**, Blüten leuchtend rot, Winterhärte gut.

Rhododendron orbiculare 'Monika'

Rhododendron oreodoxa wird stark von Hummeln besucht

Größe: 3 bis 5 m hoch, in der Heimat bis 8 m.

Blätter: Immergrün, länglich lanzettlich, 10 bis 15 cm lang, dunkelgrün, beidseitig kahl.

Blüten: Hell purpurviolett, zu 10 bis 15, Einzelblüte 4 bis 5 cm breit, Anfang Juni.

Verwendung: Bekannte Art, die früher häufig als Veredlungsunterlage genutzt wurde. Erwähnenswerte Sorten: **'Imbricatum'**, Blätter dunkelgrün, auffällig nach unten eingerollt, langsam wachsend. **'Variegatum'**, Blätter mit unregelmäßig gelb-weißen Rändern.

R. 'Praecox', Vorfrühlings-Alpenrose (= R. x praecox)

Kreuzung zwischen R. ciliatum x R. dauricum

Rhododendron 'Praecox'

Wuchs: Kleiner bis mittelhoher, locker aufrechter Strauch.

Größe: 1,2 bis 1,5 (bis 2) m hoch.

Blätter: Wintergrün, elliptisch, 5 bis 7 cm lang, dunkelgrün, stark glänzend. Meist im Herbst abfallend.

Blüten: Lilarosa, meist zu 3 beisammen, Einzelblüte 4 cm breit. Februar/April.

Verwendung: Bekannter und beliebter Vorfrühlingsblüher, dessen reiche Blütenpracht leider sehr häufig den Spätfrösten zum Opfer fällt. Ein geschützter Platz ist unbedingt empfehlenswert!

R. oreodoxa FRANCH.

oreodoxus = Zierde der Berge, Bergruhm

Verbreitung: Westl. China.

Wuchs: Mittelhoher bis hoher, straff aufrecht wachsender Strauch.

Größe: In unseren Gärten bis 3 m hoch, am heimatlichen Standort bis 5 m und dort nicht selten baumförmig.

Blätter: Immergrün, schmal elliptisch bis schmal verkehrt eiförmig, 5 bis 10 cm lang, dunkelgrün, verhältnismäßig dünn, bei Frost, aber auch bei sonnigem Frühjahrswetter (Luftfeuchte) trotz ausreichend feuchtem Boden Blätter eingerollt.

Blüten: Hell bis dunkelrosa, zu 10 bis 12, Einzelblüte 5 cm breit, sehr früh, März/April.

Verwendung: Gut winterhart, doch wegen des frühen Blühtermins geschützt pflanzen. Empfehlenswert sind die **'Rohnsdorfer Frühblühenden'**, die in Belaubung und Wuchs besser sind.

R. ponticum L.

Verbreitung: Von Südspanien über Portugal, Südost-Bulgarien, Griechenland, Kleinasien (Pontisches Gebirge, Schwarzmeerküste) bis zum westlichen Kaukasus.

Wuchs: Mittelhoher bis hoher, aufrecht wachsender, rundlicher Strauch oder auch kleiner Baum.

Rhododendron ponticum

R. reticulatum D. DON ex G. DON

reticulatus = netzartig, was sich auf die Blattadern bezieht.

Verbreitung: Japan, auf vulkanischen Ascheböden in Bergwäldern.

493

Wuchs: Mittelhoher, locker aufrechter Strauch.

Größe: 1 bis 2 m.

Blätter: Sommergrün, eiförmig bis rautenförmig, 3 bis 7 cm lang, im Herbst dunkelrot färbend.

Blüten: Lila bis purpurrosa, zu 1 bis 2 (bis 4), vor dem Laubaustrieb, April/Mai.

Verwendung: Sehr schöne, völlig winterharte Rhododendronwildart für sonnige, offene Lagen.

R. russatum BALF. f. & FORREST

russatus = rot gefärbt

Rhododendron russatum

Verbreitung: China, im Gebirge.

Wuchs: Kleiner bis mittelhoher, buschiger Strauch.

Größe: In unseren Gärten nur bis etwa 0,8 m hoch, am heimatlichen Standort bis 1,5 m.

Blätter: Immergrün, länglich lanzettlich bis elliptisch, 1,5 bis 4 cm lang, oben graugrün, etwas beschuppt, unterseits rostbraun beschuppt.

Rhododendron russatum 'Gletschernacht'

Blüten: Dunkelviolett, Schlund weiß, zu 4 bis 6, Einzelblüte 2,5 cm breit, April/Mai.

Verwendung: Winterharte, außerordentlich wertvolle, sehr reichblühende Art für alpine Anlagen, Heidegärten und kleine Rabatten. Benötigt aber einen gleichmäßig feuchten Boden. Herrlich tiefviolettblau bis fast reinblau blühende Sorten sind: 'Azurwolke', tief reinblau, günstig ist ein halbschattiger/absonniger Platz; 'Blaufeder', Blüten blauviolett, groß; 'Enziana', Blüten tiefblau, nicht verblassend, gut winterhart; 'Gletschernacht', Blüten blauviolett bis dunkelblau; 'Lauretta', Blüten tiefviolettblau, sehr gut winterhart.

R. schlippenbachii MAXIM.

Benannt nach dem Entdecker BARON VON SCHLIPPENBACH, einem russischen Seeoffizier, der die Art 1853 an der Ostküste Koreas fand.

Verbreitung: Korea, Mandschurei, Japan, in lockeren Birken- und Kaiser-Eichen-Wäldern und auf lichtschattigen Hängen an der Meeresküste.

Wuchs: Kleiner bis mittelhoher, locker verzweigter, aufrechter Strauch.

Größe: 1 bis 1,5 (bis 2) m hoch, am Heimatstandort 4 m.

Blätter: Sommergrün, verkehrt eiförmig, 6 bis 10 cm lang, meist zu 5 quirlig am Ende der Kurztriebe, Herbstfärbung gelb bis karminrot.

Blüten: Rosa mit rotbrauner Zeichnung, zu 3 bis 6, Einzelblüte bis 8 cm breit, April/Mai.

Verwendung: Winterhart. Ist eine unserer schönsten und anmutigsten sommergrünen Azaleen. Herrlich auf lichtschattigen Plätzen mit Farnen und Waldrandstauden vor einer immergrünen Kulisse.

R. smirnowii TRAUTV.

Benannt nach dem russischen Arzt und Botaniker M. SMIRNOW.

Rhododendron smirnowii

Verbreitung: Türkei und am Oberlauf des Merisi, südöstlich von Batumi, Georgien (SOMMER).

Wuchs: Mittelhoher bis hoher, breit aufrechter Strauch mit auffallend weißfilzigen Trieben.

Blätter: Immergrün, groß, länglich lanzettlich, 6 bis 15 cm lang, im Austrieb weißfilzig, später oben kahl, unterseits hellbraunfilzig.

Blüten: Violettrosa, zu 7 bis 15, Einzelblüte 5 cm breit, Mai/Juni.

Verwendung: Winterharte, recht dekorative Art. Sie wurde vor 1900 von SEIDEL für die Züchtung frostharter Rhododendron-Sorten verwendet.

R. sutchuenense FRANCH.

Verbreitung: China, in Gebirgswäldern in Höhen um 2000 bis 3000 m.

Rhododendron sutchuenense

Wuchs: Hoher, breitwüchsiger, dicktriebiger und relativ locker verzweigter Strauch. Raschwüchsig.

Triebe: Dick, in der Jugend graufilzig.

Blätter: Immergrün, groß, länglich lanzettförmig, 11 bis 25 cm lang, dunkelgrün, matt.

Blüten: Rosa mit dunkleren Flecken, aber kein Basalfleck!, zu 8 bis 10, Einzelblüte offen, glockenförmig, Februar/März.

Verwendung: Mit den großen Blättern und der frühen Blüte eine überwältigende Rhododendron-Schönheit. Benötigt viel Platz und wegen des frühen Blühtermins eine gut geschützte Lage.

R. vaseyi A. GRAY

G. S. VASEY entdeckte diese Art 1878.

Verbreitung: Östliches Nordamerika in Bergwäldern.

Wuchs: Mittelhoher, locker verzweigter, aufrechter Strauch.

Größe: 1,5 bis 2,5 m hoch, in der Heimat bis 5 m.

RHODODENDRON

Blätter: Sommergrün, elliptisch länglich 5 bis 15 cm lang, dunkelgrün.

Blüten: Zartrosa, purpurrosa, auch weiß, die 3 oberen Lappen braunrot gefleckt, zu 5 bis 8, Einzelblüte 3 cm breit, vor Laubaustrieb, April/Mai.

Verwendung: Gehört wegen der anmutigen und zierlichen Blüten, die noch soviel Wildcharakter ausstrahlen, zu meinen ganz besonderen Lieblingen. Sollte viel häufiger gepflanzt werden. Zweige lassen sich gut treiben. R. vaseyi ist winterhart und benötigt eine offene, sonnige Lage.

R. viscosum (L.) TORR.

viscosus = klebrig, bezieht sich auf die Blüte.

Verbreitung: Östliches Nordamerika, oft in Sümpfen.

Wuchs: Mittelhoher, dicht und quirlig verzweigter, aufrechter Strauch.

Größe: 1,20 bis 2 m hoch.

Blätter: Sommergrün, verkehrt eiförmig, 3 bis 5 (10) cm lang, sattgrün.

Blüten: Weiß, seltener rosa, außen fein klebrig, zu 5 bis 10, Einzelblüte 3 cm breit, sehr angenehm süßlich nach Nelken duftend, Juli!

Verwendung: Herrliche, spät blühende Duft-Azalee. Bevorzugt gleichmäßig feuchte, humose Böden, die aber nicht naß sein müssen.

R. wardii W. W. SM.

Nach dem berühmten Pflanzensammler F. KINGDON-WARD (1885 – 1958) benannt.

Rhododendron wardii

Verbreitung: China, in Gebirgswäldern, zusammen mit anderen Rhododendron-Arten, in Höhen um 3000 bis 4300 m.

Wuchs: Breit aufrecht wachsender, rundlicher und dichtbuschiger Strauch.

Größe: Bis 2 (bis 2,5) m hoch und bis 2 m breit.

Rhododendron 'Old Port' mit Matteuccia struthiopteris. Farne sind wichtige Rhododendronbegleiter.

Blätter: Immergrün, elliptisch bis breit elliptisch, 7 bis 11 cm lang, dunkelgrün, glänzend.

Blüten: Reingelb bis lichtgelb, zu 5 bis 10 (15), Einzelblüte teller- oder schalenförmig, Mai.

Verwendung: Sehr wertvolle, gelbblühende Art, die häufig für Kreuzungen benutzt wird. Leider ist sie frostempfindlich und benötigt einen absolut geschützten Platz. R. wardii verlangt weiterhin gleichbleibende Feuchtigkeitsverhältnisse und Schutz vor Wintersonne.

R. williamsianum RHED. et WILS.

Verbreitung: China, in Gebirgswäldern, zwischen Höhen von 2500 bis 3000 m.

Wuchs: Kleiner, breit rundlich wachsender, dicht und etwas sparrig verzweigter Strauch.

Größe: In unseren Gärten 0,5 bis 1 m hoch, im Alter meist doppelt so breit wie hoch.

Blätter: Immergrün, breit rundlich, Basis herzförmig, 2 bis 4,5 cm lang, mittelgrün, im Austrieb auffallend bronzebraun.

Blüten: Rosa, zu 1 bis 3, hängend, Einzelblüte glockenförmig, 3 bis 4 cm breit, Ende April, Anfang Mai.

Verwendung: Die reine Art ist nicht überall befriedigend winterhart. Austrieb spätfrostgefährdet. Geschützter Platz unbedingt notwendig. Wertvoller sind die härteren und blühfreudigeren Hybriden.

R. yakushimanum NAKAI

Verbreitung: In den Bergen der japanischen Insel Yaku Shima zwischen 500 und 2000 m Höhe, oft in vollsonniger, windexponierter Lage.

Wuchs: Kleiner, dichttriebiger, rundlich und kompakt wachsender Strauch.

Größe: 0,6 bis 1 m hoch.

Blätter: Immergrün, länglich bis verkehrt eiförmig, deutlich aufgewölbt, 5 bis 10 cm lang, im Austrieb weißgraufilzig, später dunkelgrün, unterseits hellbraunfilzig.

Blüten: Knospig blaurosa, im Aufblühen zartrosa, dann fast weiß werdend, zu 5 bis 10 (15) in lockeren Doldentrauben, Einzelblüte bis 6 cm breit, Mai/Anfang Juni.

Verwendung: Herrliche Wildart mit vielen guten Eigenschaften. Prädestiniert für kleine Gärten und vor allem auch sonnigere, offene Standorte. Wird züchterisch intensiv und erfolgreich bearbeitet. H. HACHMANN ist mit seinen spektakulären Züchtungen weltbekannt geworden.

Rhododendron yakushimanum

Rhododendron Yakushimanum-Hybriden unter Malus toringo-Sämling – Arboretum Thiensen

Großblumige Rhododendron-Hybriden

Diese Rhododendron-Hybriden, die auch als „Großblättrige Hybriden" bezeichnet werden, stellen wohl die bedeutendste und auffallendste Gruppe innerhalb des Rhododendron-Sortiments dar. Es sind immergrüne, rundlich buschige, aufrecht wachsende Sträucher mit großen, mehr oder weniger länglich-elliptischen, in der Regel dunkelgrünen, ledrigen Blättern. Die meist kräftig wachsenden Pflanzen – insbesondere sind es die älteren Sorten – können Höhen von 4 und 6 m erreichen. Eine enorme Schmuckwirkung haben die großen Blüten, die es heute beinahe in allen Farben gibt. An der Entstehung dieser Hybriden-Gruppe sind zahlreiche Wildarten beteiligt. Abstammung und Erbverhältnisse sind jedoch in vielen Fällen ungeklärt und nicht mehr nachvollziehbar, so daß es sinnlos ist, eine Gliederung in Untergruppen vorzunehmen. Neben Rhod. catawbiense, dem wohl wichtigsten Kreuzungspartner, sind folgende Wildarten für die Züchtung dieser Gruppe genutzt worden:

R. arboreum	R. maximum
R. campylocarpum	R. metternichii
R. caucasicum	R. ponticum
R. decorum	R. smirnowii
R. fortunei	R. yakushimanum
R. griffithianum	

Standort, Boden, Pflege und Verwendung

Standort: Absonnig, im lichten Schatten von Bäumen (50 % Schattierung, HEFT), sie benötigen für einige Stunden am Tage volles Licht, nur bei ausreichender Boden- und hoher relativer Luftfeuchtigkeit (Küstennähe) auch sonniger Stand möglich. Die Pflanzen sollten so plaziert werden, daß sie vor der heißen Sonneneinstrahlung in den Mittagsstunden geschützt sind. An sehr geschützten, abgeschlossenen Standorten kann es durch den enormen Temperaturanstieg in den Blättern zu einem Hitzeschock kommen. Braunfärbung entlang der Blattmittelrippe und am Blattrand sowie matte, gelbgrüne Blätter können die Folge sein (HEFT). Windexponierte Standorte (Zugluft-Schneisen zwischen Gebäuden u. ä.) sind für eine Pflanzung von Rhododendron völlig ungeeignet. Ein Schutz gegen austrocknende Winde ist im Sommer wie auch im Winter unerläßlich.

Boden: Rhododendron benötigen einen lockeren, humosen, ausreichend feuchten, aber wasserdurchlässigen und gut durchlüfteten Boden. Verkittete und staunasse Substrate sind der Tod von Rhododendronpflanzungen. Leichte, sandige Böden sind verhältnismäßig unproblematisch mit organischen Materialien wie Stroh, Laub, Sägemehl, Rinderdung, Schreddergut (Nadel-und Laubholz) und Lehm aufzubessern.

Lehm- und Tonböden mit schlechter Wasserführung müssen unbedingt drainiert und durch Zugaben von Sand, Lauberde, Rindenmulch u. ä. aufgelockert werden.

Ist das Substrat völlig ungeeignet (schwerster, verkitteter Lehm oder Ton), sollte zumindest ein Teil des Bodens gegen leichtere, luftdurchlässige, organische Stoffe ausgetauscht werden. Rhododendron sind in der Regel Waldpflanzen, die zu ihrem Wohlbefinden nicht jedes Jahr – wie häufig noch praktiziert – mit reichlichen Torfgaben versorgt werden müssen. Die jährliche Laubstreu der Schattenbäume oder angemessene Laubmulchgaben reichen völlig aus. Die herrlichen, uralten und gesunden Rhododendronpflanzungen in Park- und Friedhofsanlagen oder die Verwilderungen in den Wäldern weisen uns sehr eindrucksvoll auf die optimalen Standortverhältnisse hin.

Bodenreaktion – pH-Wert – Kalktoleranz

Rhododendron lieben einen sauren Boden, nur wenige Arten sind bis zu einem gewissen Grade „kalkverträglich". Der günstigste Säurewert liegt zwischen 4,5 bis 5,5. Auf R. 'Cunningham's White' veredelte Sorten sind etwas anpassungsfähiger, sie gedeihen noch bis zu einem pH-Wert von 6 (6,5).

INKARHO-Rhododendron

Sehr vielversprechend ist in diesem Zusammenhang die Auslese kalktoleranter Rhododendron-Veredlungsunterlagen der Bundesforschungsanstalt für gartenbauliche Pflanzenzüchtung in Ahrensburg. Bisher ausgelesene Klone haben sich auf humuslosen Böden mit einem pH-Wert bis 7,1 bewährt.

Pflege/Düngung: Rhododendron sind ausgesprochene Flachwurzler. Umgraben, Hacken und andere grobe Bodenbearbeitungsmaßnahmen sollten nach erfolgter Pflanzung unterbleiben. Unbedingt empfehlenswert ist das Abdecken der Wurzelscheibe mit einer lockeren Mulchschicht aus gut verrottetem Rinderdung, Nadelstreu (Kiefern!) oder Laub von Eiche, Esche, Buche, Birke, Linde und Erle. Weiterhin geeignet sind Rasenschnitt, Stroh, Sägemehl, Brauereiabfälle u. ä.

Um einen guten, üppigen Blütenansatz zu erzielen, ist es besonders auf ärmeren Standorten nötig, zusätzlich Mineraldünger auszubringen. Geeignet sind schwefelsaures Ammoniak und Nitrophoska permanent (60 g/m² Anfang April auf die Mulchschicht).

Empfehlenswert sind auch organische Mischdünger wie Oscorna oder Hornoska, die im März/April und nochmals Mitte/Ende Juni (Rhododendron nicht später düngen!) mit jeweils 30 g/m² gegeben werden sollten.

Wässern: Die meisten Rhododendron-Wildarten kommen aus Gebieten mit einem jährlichen Niederschlag von 3000 bis 5000 mm und mehr. Daß sie auch in unserem Klima bei 600 bis 1000 mm Regen gedeihen, zeigt deutlich, wie anpassungsfähig diese Pflanzengruppe ist. Dennoch müssen sie bei Trockenheit im Frühjahr und Sommer, besonders aber zur Blüte- und Austriebszeit ausreichend mit Wasser versorgt werden. Hitze- und Trockenschäden (Blattbräunung und Eintrocknen von Zweigpartien) sind nicht mehr reparabel. Das Einrollen der Blätter sollte das letzte Signal sein.

Rückschnitt: Schnittmaßnahmen werden an Rhododendron in der Regel nicht durchgeführt. Jedoch können einzelne Äste und in Ausnahmefällen auch alte, unten verkahlte Büsche bis auf 40 bis 50 cm über dem Boden zurückgeschnitten werden (Verjüngungsschnitt). Es ist erstaunlich, wie regenerationsfähig die Pflanzen sind. Bester Zeitpunkt wäre der März. Spätere Schnittermine würden den Austrieb ganz erheblich schwächen. Zurückgeschnittene Pflanzen gut wässern und ausreichend mit Nährstoffen versorgen.

Verwendung: Einzelstellung, Gruppengehölz, freiwachsende Hecken, immergrüne Raumteiler, Hintergrundpflanzen. Rhododendron sind gesellige Pflanzen, je näher sie beieinander stehen, um so wohler fühlen sie sich und um so besser ist ihr Wuchs. Rhododendronanlagen, die nur aus Vertretern dieser Pflanzengruppe bestehen, sind immer etwas leblos und wirken im Sommer steif und düster. Neben den Schattenbäumen, die die meisten Arten und Hybriden zu ihrem Gedeihen benötigen, und die durch ihr helleres Laub schon für eine gewisse Auflockerung sorgen, schafft erst die richtig Auswahl von Benachbarungsgehölzen, Waldrandstauden, Gräsern, Farnen und Zwiebelblumen eine naturhafte Rhododendrongartenatmosphäre.

Immer wieder faszinierend sind Rhododendron- und Azaleengruppen an Gewässerrändern, wo die Blütenpracht durch die Spiegelung noch zusätzlich gesteigert wird.

Rhododendron-Sortenbeschreibung

'Adriaan Koster Selektion'

Rhododendron 'Adriaan Koster Selektion'

Wuchs: Kugelig, kompakt, mittelstark.

Höhe: Bis 2 m, Jahreszuwachs ca. 10 cm

Breite: Bis 2,5 m, Jahreszuwachs ca. 15 cm

Blätter: Eiförmig, dunkelgrün, glänzend, bis 7 cm lang.

Blüte: 3. Maiwoche bis 2. Juniwoche, hell rein-gelb.

Verwendung: Durch große Leuchtkraft an vor-gerückter Stelle einer Rhododendron-Abpflanzung, Einzelstellung, Gruppenpflanzung. Geschützte Lage.

'Alfred'

Wuchs: Breit kugelig, schwachwachsend.

Höhe: Bis 1,5 m, Jahreszuwachs ca. 10 cm

Breite: Bis 2,5 m, Jahreszuwachs ca. 15 cm

Blätter: Schmal oval, etwas gewölbt, junger Trieb und Blattstiel dunkelviolett.

Blüte: 3. Maiwoche bis 2. Juniwoche, lila, grün-gelb auf hellem Grund, Saum gekräuselt.

Verwendung: Mittelhoher Bereich einer Abpflan-zung, Einzelstellung, Gruppenpflanzung. Blüht be-reits als junge Pflanze. Gute Treibsorte. Ausrei-chend winterhart.

'Bismarck'

Wuchs: Breit aufrecht.

Höhe: 2 m

Breite: 2,5 m

Blätter: Dunkelgrün.

Blüte: 3. Maiwoche bis 2. Juniwoche, zartrosa, dann weiß mit rötlicher Zeichnung.

Rhododendron 'Blinklicht'

Verwendung: Einzelpflanzung, Gruppen. Winter-hart.

'Blinklicht'

Wuchs: Aufrecht, kompakt.

Höhe: In 15 Jahren 1,3 m

Breite: In 15 Jahren 1,7 m

Blätter: Breit oval, dunkelgrün.

Blüten: Ende Mai bis Anfang Juni, leuchtend dun-kelrot.

Verwendung: Einzelpflanzung, Gruppen, winter-hart bis minus 22 °C.

'Blue Peter'

Wuchs: Locker, kugelig, mittelstark.

Höhe: Bis 1,5 m, Jahreszuwachs ca. 10 cm

Breite: Bis 2 m, Jahreszuwachs ca. 15 cm

Blätter: Breit elliptisch, dunkelgrün, glänzend, bis 15 cm lang, leicht gewölbt.

Blüte: 4. Maiwoche bis 2. Juniwoche, helllavendel-blau, schwarzroter Fleck.

Verwendung: Gruppenpflanzung, besonders schöne Blatt-Textur, Einzelstellung, als Vorpflan-zung.

'Brigitte'

Wuchs: Breit aufrecht, kompakt.

Höhe: In 15 Jahren 1,1 m

Breite: In 15 Jahren 1,6 m

Blätter: Lanzettlich, dunkelgrün glänzend.

Rhododendron 'Brigitte'

Blüten: Ende Mai bis Anfang Juni, zartrosa nach innen weiß mit gelbgrüner Zeichnung, Blütensaum rosa getönt.

Verwendung: Sehr dekorativ belaubte Pflanze, reichblühend, winterhart bis minus 22 °C.

'Catawbiense Album'

Wuchs: Breit aufrecht, im Alter etwas gestuft, mit-telstark.

Höhe: Bis 2,5 m, Jahreszuwachs ca. 10 cm

Breite: Bis 2,5 m, Jahreszuwachs ca. 10 cm

Blätter: Oval, dunkelgrün, leicht gewölbt, bis 10 cm lang.

Blüte: 4. Maiwoche bis 3. Juniwoche, weiß, gelb-grüne bis braune Zeichnung.

Verwendung: Einzelpflanzung, Gruppenpflanzung, gute Kombinationsmöglichkeiten durch Farbneu-tralität. Winterhart bis minus 25 °C.

'Catawbiense Boursault'

Wuchs: Breitkugelig, starkwachsend, bis unten voll belaubt.

Höhe: Bis 5 m, Jahreszuwachs ca. 15 cm

Breite: Bis 5 m, Jahreszuwachs ca. 15 cm

Blätter: Elliptisch, frischgrün, leicht gewölbt.

Blüte: 1. Juniwoche bis 4. Juniwoche, kräftig lila, schwach gelbgrüne Zeichnung, großer Stutz, gute Treibsorte.

Verwendung: Gerüstpflanze einer Rhododendron-Abpflanzung, Gruppenstellung, Einzelpflanze, starker Rückschnitt bei älteren Exemplaren möglich, hohe Regenerationsfähigkeit. Ältere, sehr frostharte Sorte.

'Catawbiense Grandiflorum'

Wuchs: Breit aufrecht, starkwachsend, auch im Alter bis unten geschlossen.

Höhe: Bis 6 m, Jahreszuwachs ca. 15 cm

Breite: Bis 4 m, Jahreszuwachs ca. 15 cm

Blätter: Breit elliptisch, kräftig grün.

Blüte: 1. Juniwoche bis 4. Juniwoche, lila, gelbrote Zeichnung.

Verwendung: Gerüstpflanze, durch geschlossenen Wuchs Einzelstellung auf freien Flächen möglich, Gruppenpflanzung, Rückschnitt bis ins alte Holz möglich, hohe Regenerationsfähigkeit. Sehr frosthart.

'Catharine van Tol'

Wuchs: Breitkugelig, kompakt, mittelstark.

Höhe: Bis 3 m, Jahreszuwachs ca. 15 cm

Breite: Bis 3 m, Jahreszuwachs ca. 15 cm

Blätter: Breit oval, mattgrün, bis 10 cm lang.

Blüte: 3. Maiwoche bis 3. Juniwoche, rosa, gelbgrüne Zeichnung.

Verwendung: Flächige Pflanzung in mittleren Bereichen, Einzelstellung, Gruppenpflanze. Gut winterhart.

'Constanze'

Wuchs: Breitkugelig, kompakt, mittelstark.

Höhe: Bis 2 m, Jahreszuwachs ca. 15 cm

Breite: Bis 2,5 m, Jahreszuwachs ca. 15 cm

Blätter: Mattgrün, oval, etwas gewölbt.

Rhododendron 'Catawbiense Grandiflorum'

Rhododendron 'Constanze'

Blüte: 3. Maiwoche bis 2. Juniwoche, dunkelrosa mit brauner Zeichnung.

Verwendung: Exponierter Standort, besonders phantastische Blüte, Einzelstellung, Vordergrund.

'Cunningham's White'

Wuchs: Flachkugelig, bis unten voll belaubt, besonders kompakt.

Höhe: 3 bis 4 m, Jahreszuwachs ca. 15 cm

Breite: 4 bis 4,5 m, Jahreszuwachs ca. 20 cm

Blätter: Oval, auffallend dunkelgrün.

Blüte: 2. Maiwoche bis 1. Juniwoche, weiß, im Aufblühen rosa, zartgelbe oder gelbbraune Zeichnung.

Verwendung: Heckenpflanzung, d. h. Schnitt möglich, hohe Regenerationsfähigkeit, Gerüstpflanze, Einzelpflanzung, Gruppenpflanzung. Robust, trockenresistent, gut winterhart.

Rhododendron 'Cunningham's White'

Rhododendron 'Diadem'

'Diadem'

Wuchs: Breitrundlich, dicht und kompakt.

Höhe: In 12 Jahren 0,7 m

Breite: In 12 Jahren 1,2 m

Blätter: Dunkelgrün, sonnenempfindlich.

Blüten: Ende Mai bis Anfang Juni. Hellrubinrosa mit lila Zeichnung, innen weinroter Fleck.

Verwendung: Interessante, sehr lebhafte Blüte. Benötigt halbschattige Plätze. Winterhart.

'Dr. H. C. Dresselhuys'

Wuchs: Aufrecht, breit, fast schirmförmig, starkwachsend.

Höhe: Bis 3 m, Jahreszuwachs ca. 15 cm

Breite: Bis 2,5 m, Jahreszuwachs ca. 10 cm

Blätter: Breit elliptisch, frischgrün, bis 15 cm lang.

Blüte: 4. Maiwoche bis 1. Juniwoche, purpurrot.

Verwendung: Flächige Pflanzung, Einzelstellung in halbhoher Pflanzung, besondere Wirkung der Blüte. Sehr winterhart. Blüte etwas regenempfindlich.

'Duke of York'

Wuchs: Breit aufrecht, stark.

Höhe: 2 bis 2,5 m

Breite: 2,5 bis 3 m

Blätter: Groß, mittelgrün.

Blüten: Ende Mai bis Anfang Juni, zartlilarosa mit dunklerem Saum, grünlich bis orangebraun gezeichnet.

Verwendung: Alte Sorte mit intensivem, süßlichem Duft. Gut winterhart.

'Effner'

Wuchs: Schwach, rundlich-kompakt.

Höhe: In 15 Jahren 1 m

Breite: In 15 Jahren 1,4 m

Blätter: Klein, breit-elliptisch.

Blüten: Ende Mai bis Anfang Juni, lila mit grüngelber Zeichnung.

Verwendung: Alte, bewährte SEIDEL-Sorte mit interessanter Blütenfarbe. Für kleinste Gartenräume. Winterhart.

'Ehrengold'

Rhododendron 'Ehrengold'

Wuchs: Breit aufrecht, geschlossen, mittelstark.

Höhe: Bis 2,5 m, Jahreszuwachs ca. 15 cm

Breite: Bis 2,5 m, Jahreszuwachs ca. 15 cm

Blätter: Flach, breitoval.

Blüte: 3. Maiwoche bis 2. Juniwoche, rosagelbe Knospe, später hellprimelgelb mit ganz schwacher Zeichnung.

Verwendung: Vorpflanzung, Einzelstellung, Gruppenpflanzung vor dunkler Kulisse. Winterhart.

'Erato'

Wuchs: Breit und kompakt.

Höhe: In 12 Jahren 1,4 m

Breite: In 12 Jahren 1,5 m

Blätter: Mittelgün, leicht gewellt.

Blüten: Ende Mai bis Anfang Juni, tief dunkelblutrot, nicht verblauend.

Verwendung: Herrliche Neuheit, z. Z. wohl die schönste aller tiefroten Sorten (Züchter HACHMANN). Einzelstellung, Gruppen. Sehr winterhart.

'Everestianum'

Wuchs: Breitkugelig, sehr geschlossen, mittelstark.

Höhe: Bis 2,5 m, Jahreszuwachs ca. 10 cm

Breite: Bis 2,5 m, Jahreszuwachs ca. 10 cm

Blätter: Schmal elliptisch, glänzend.

Blüte: 1. Juniwoche bis 4. Juniwoche, hellila, gelbgrüne bis rotbraune Zeichnung.

Verwendung: Flächige Pflanzung, interessante Blatt-Textur, äußerst robust und winterhart.

'Furnivall's Daughter'

Rhododendron 'Furnivall's Daughter'

Wuchs: Kugelig, locker, mittelstark.

Höhe: Bis 2 m, Jahreszuwachs ca. 15 cm

Breite: Bis 2,5 m, Jahreszuwachs ca. 15 cm

Blätter: Breit oval, besonders groß, bis 15 cm lang, frischgrün.

Blüte: 3. Maiwoche bis 1. Juniwoche, hellrosa, auffallend dunkelroter Fleck.

Rhododendron 'Furnivall's Daughter' (vorn rechts)

Verwendung: Einzelstellung, besonders geschützter Standort, Schönheit der Blüte in den Vordergrund rücken.

'Germania'

Wuchs: Breitbuschig, locker, mittelstark.

Höhe: Bis 2,5 m, Jahreszuwachs ca. 10 cm

Breite: Bis 2,5 m, Jahreszuwachs ca. 10 cm

Blätter: Breit oval, groß, glänzend, dunkelgrün.

Blüte: 3. Maiwoche bis 1. Juniwoche, rosarot, große stabile Blüte.

Verwendung: Einzelstellung, Gruppen. Ausreichend winterhart.

'Goldbukett'

Wuchs: Breitrund, gedrungen.

Höhe: In 10 Jahren 0,9 m

Breite: In 10 Jahren 1,2 m

Blätter: Frischgrün, leicht gewellt.

Blüten: Anfang Mai bis Ende Mai, Knospen kupfrig, aufgeblüht cremegelb mit rotbrauner Zeichnung.

Verwendung: Eine sehr winterharte, gelb blühende Hybride. Halbschattiger Stand empfehlenswert. Gehört zu den härtesten Wardii-Hybriden.

'Gomer Waterer'

Wuchs: Breitkugelig, gedrungen, geschlossen, mittelstark.

Höhe: Bis 2,5 m, Jahreszuwachs ca. 15 cm

Breite: Bis 3 m, Jahreszuwachs ca. 15 cm

Blätter: Breit ellipsenförmig, bis 15 cm lang, dunkelgrün, glänzend.

Rhododendron 'Gomer Waterer'

Blüte: 1. Juniwoche bis 4. Juniwoche bis 1. Juliwoche, weiß, zartlila getönt, gelbgrüne Zeichnung, große Einzelblüte.

Verwendung: Einzelstellung, schöner Kontrast, gute Kombinationsmöglichkeiten aufgrund der Farbneutralität. Winterhart.

'Humboldt'

Wuchs: Kugelig kompakt, im Alter etwas gestuft.

Höhe: Bis 2,5 m, Jahreszuwachs ca. 10 cm

Breite: Bis 3 m, Jahreszuwachs ca. 10 cm

Blätter: Eiförmig, dunkelgrün, gewölbt, bis 15 cm lang.

Blüte: 3. Maiwoche bis 1. Juniwoche, lilarosa, schwarzroter Fleck.

Verwendung: Einzelstellung, Gruppenpflanzung, interessante Blüte. Etwas empfindliche Sorte.

'Jacksonii'

Wuchs: Rundlich, dicht geschlossen, schwachwachsend.

Höhe: Bis 1,5 m, Jahreszuwachs ca. 5 cm

Breite: Bis 2,5 m, Jahreszuwachs ca. 10 cm

Blätter: Breit oval, mattgrün, etwas gedreht, bis 10 cm lang.

Blüte: 1. Maiwoche bis 4. Maiwoche, weiß, im Aufblühen rosa, gelbe Zeichnung.

Verwendung: Halbhohe bis mittelhohe Pflanzung, Stellung im Vordergrund, Frühblüher. Ausreichend winterhart.

'Kokardia'

Rhododendron 'Kokardia'

Wuchs: Breitrund, dicht.

Höhe: In 15 Jahren 1,3 m

Breite: In 15 Jahren 1,8 m

Blätter: Dunkelgrün, elliptisch bis schmal eiförmig.

Blüten: Ende Mai bis Anfang Juni, rubinrosa mit auffallend großem, schwarzroten Fleck.

Verwendung: Winterharte Sorte mit farblich lebhafter Blüte. Einzelstellung. Treibsorte. Winterhart.

'Lee's Dark Purple'

Wuchs: Breit aufrecht, gestuft, locker, mittelstark.

Höhe: Bis 2,5 m, Jahreszuwachs ca. 10 cm

Breite: Bis 3 m, Jahreszuwachs ca. 15 cm

Blätter: Elliptisch, leicht gedreht, besonders schwarzgrün.

Blüte: 4. Maiwoche bis 3. Juniwoche, dunkelviolett, gelbbraune bis gelbgrüne Zeichnung.

Verwendung: Gerüstpflanze, Gruppenpflanze, Einzelstellung zur Gliederung mittelhoher Pflanzungen. Winterhart.

'Le Progrès'
(= 'Progrès')

Wuchs: Kräftig, breit aufrecht, mittelstark.

Rhododendron 'Le Progrès'

Höhe: Bis 2,5 m, Jahreszuwachs ca. 15 cm

Breite: Bis 2 m, Jahreszuwachs ca. 15 cm

Blätter: Breit elliptisch, mattgrün, gewölbt.

Blüte: 3. Maiwoche bis 1. Juniwoche, hellilarosa, kräftige dunkelrote Zeichnung, Saum gekräuselt, äußerst blühwillig.

Verwendung: Einzelstellung, Gruppen. Winterhart.

'Nova Zembla'

Rhododendron 'Nova Zembla'

Wuchs: Breit aufrecht, locker, starkwachsend.

Höhe: Bis 2,5 m, Jahreszuwachs ca. 15 cm

Breite: Bis 2,5 m, Jahreszuwachs ca. 15 cm

Blätter: Elliptisch, in sich gedreht, dunkelgrün, glänzend.

Blüte: 4. Maiwoche bis 3. Juniwoche, leuchtend rubinrot, schwarze Zeichnung.

Verwendung: Gerüstpflanze einer Rhododendronpflanzung, Einzelstellung, Gruppenpflanzung. Hybride aus dem Jahr 1920. Immer noch die härteste und robusteste rote Sorte. Frosthart bis minus 25 °C.

'Old Port'

Wuchs: Breit aufrecht, locker, starkwachsend.

Höhe: Bis 2 m, Jahreszuwachs ca. 15 cm

Breite: Bis 2,5 m, Jahreszuwachs ca. 15 cm

Blätter: Flach schalenförmig, breit elliptisch, frischgrün.

Rhododendron 'Old Port'

Blüte: 4. Maiwoche bis 3. Juniwoche, violettrot, dunkelbraune Zeichnung.

Verwendung: Interessante Blütenfarbe, Einzelstellung in Kombination mit ähnlichen Farbtönen. Winterhart.

'Parsons Gloriosum'

Wuchs: Aufrecht buschig, kräftig.

Höhe: Bis 3 m, Jahreszuwachs ca. 20 cm

Breite: Bis 3 m, Jahreszuwachs ca. 20 cm

Blätter: Frischgrün, gewölbt, bis 15 cm lang.

Blüte: 1. Juniwoche bis 4. Juniwoche, helllilarosa, gelbgrüne Zeichnung.

Verwendung: Zur Gliederung halbhoher Pflanzungen, Einzelstellung, Gruppenpflanzung. Winterhart.

'Pink Pearl'

Wuchs: Breit aufrecht, locker, stufig, starkwachsend.

Höhe: Bis 3 m, Jahreszuwachs ca. 20 cm

Breite: Bis 2,5 m, Jahreszuwachs ca. 20 cm

Blätter: Groß, flach, oval.

Blüte: 3. Maiwoche bis 1. Juniwoche, hellrosa, schwache, rotbraune Zeichnung, auffallend großer Stutz.

Verwendung: Einzelstellung in besonders geschützter Lage, phantastische Blühwirkung.

'Prof. Hugo de Vries'

Wuchs: Breit aufrecht, stufig, starkwachsend.

Höhe: Bis 3 m, Jahreszuwachs ca. 20 cm

Breite: Bis 2,5 m, Jahreszuwachs ca. 20 cm

Blätter: Breit oval, frischgrün.

Blüte: 3. Maiwoche bis 4. Maiwoche, hellrosa, rotbunte Zeichnung, große Einzelblüte.

Verwendung: Einzelstellung in halbhoher Pflanzung, eine der schönsten Hybriden in diesem Farbton. Treibsorte. Geschützt pflanzen.

'Queen Mary'

Wuchs: Aufstrebend, locker, stufig, starkwachsend.

Höhe: Bis 3 m, Jahreszuwachs ca. 20 cm

Breite: Bis 2,5 m, Jahreszuwachs ca. 20 cm

Blätter: Breit oval, dunkelgrün, glänzend, bis 15 cm lang.

Blüte: 3. Maiwoche bis 4. Maiwoche, dunkelrosa, großer, geschlossener Stutz.

Verwendung: Interessante Hybride zur Gliederung in halbhoher Pflanzung, Einzelstellung, Gruppenpflanzung. Treibsorte. Benötigt geschützten Standort.

'Roseum Elegans'

Wuchs: Breitkugelig, gedrungen, bis unten geschlossen, starkwachsend.

Höhe: Bis 3 m, Jahreszuwachs ca. 15 cm

Breite: Bis 4 m, Jahreszuwachs ca. 20 cm

Blätter: Lang oval, mattgrün, etwas gewölbt.

Blüte: 1. Juniwoche bis 4. Juniwoche, rosa, schwache, rotbraune Zeichnung.

Verwendung: Gerüstpflanze einer Rhododendronpflanzung, Einzelstellung, Gruppenpflanzung. Winterhart bis minus 30 °C.

'Schneespiegel'

Wuchs: Breitrund, gedrungen.

Höhe: In 12 Jahren 0,8 m

Breite: In 12 Jahren 1,10 m

Blätter: Dunkelgrün, glänzend.

Blüten: Anfang Mai bis Ende Mai, reinweiß mit dunkelweinroten Basalflecken.

Verwendung: Gut winterharte, weiße Hybride. Einzelstellung. Aufhellung dunkler Pflanzpartien.

'Scintillation'

Wuchs: Gedrungen, fast rundlich, mittelstark.

Höhe: Bis 2 m, Jahreszuwachs ca. 10 cm

Rhododendron 'Scintillation'

Breite: Bis 2,5 m, Jahreszuwachs ca. 10 cm

Blätter: Breit oval, frischgrün, gewölbt, bis 15 cm lang.

Blüte: 3. Maiwoche bis 2. Juniwoche, auffallend hoher Stutz, hellrosa, braunrote bis bräunliche Zeichnung.

Verwendung: Interessante Blatt-Textur, phantastische Blühwirkung, Einzelstellung, Gruppenpflanzung. Wohl die schönste rosa Sorte. Winterhart.

'Susan'

Wuchs: Breitkugelig, locker, starkwachsend.

Höhe: Bis 3 m, Jahreszuwachs ca. 15 cm

Breite: Bis 3 m, Jahreszuwachs ca. 15 cm

Blätter: Breit elliptisch, dunkelgrün, Blattrand etwas gewölbt, bis 15 cm lang.

Blüte: 1. Maiwoche bis 4. Maiwoche, sehr großer Stutz, hellblau, violette Zeichnung.

Verwendung: Interessante Wuchsform, Einzelstellung, Gruppenpflanzung. Ausreichend winterhart.

'Wilgen's Ruby'

Wuchs: Breit aufrecht, buschig, mittelstark.

Höhe: Bis 1,5 m, Jahreszuwachs ca. 10 cm

Breite: Bis 2 m, Jahreszuwachs ca. 15 cm

Blätter: Schalenförmig, lang oval, frischgrün.

Blüte: 4. Maiwoche bis 3. Juniwoche, leuchtend dunkelrot, schwarzrote Zeichnung.

Verwendung: Einzelstellung, Gruppenpflanzung. Treibsorte. Benötigt geschützten Pflanzplatz.

RHODODENDRON

Rhododendron 'Diamant'

Gristeder Neuheiten

Mit der Züchtung dieser Neuheiten hat die BAUM-SCHULE BRUNS vor mehr als 35 Jahren in Gristede begonnen. Das Zuchtziel sind winterharte Rhododendron mit neuen Blütenfarben, gesundem Laub und kompaktem Wuchs.

'Ariane'

Rhododendron 'Ariane'

Wuchs: Breit, rundlich, kompakt.
Höhe: Bis 1,2 m, Jahreszuwachs ca. 10 cm
Breite: Bis 1,8 m, Jahreszuwachs ca. 10 cm
Blätter: Ledrig, elliptisch, dunkelgrün.
Blüte: 1. Juniwoche bis 3. Juniwoche, hellrot.
Verwendung: Einzelstellung, Gruppen.

'Berliner Liebe'

Goldmedaille Bundesgartenschau Berlin 1985

Rhododendron 'Berliner Liebe'

Wuchs: Breit kompakt, dicht geschlossen, mittelstark.
Höhe: Bis 1,5 m, Jahreszuwachs ca. 10 cm
Breite: Bis 2,5 m, Jahreszuwachs ca. 10 cm
Blätter: Ledrig, breit elliptisch, glänzend dunkelgrün, leicht gewölbt.
Blüte: 3. Maiwoche bis 3. Juniwoche, großer Stutz, leuchtend rot.
Verwendung: Einzelstellung, Gruppen.

'Christiane Herzog'

getauft am 05.07.1997

Wuchs: Breitbuschig und geschlossen aufrecht, mittelstark wachsend.
Höhe: Bis 1,8 m, Jahreszuwachs ca. 10 cm.
Breite: Bis 2 m, Jahreszuwachs ca. 10 cm.
Blätter: Glänzend dunkelgrün, länglich elliptisch.
Blüten: 3. Maiwoche bis 3. Juniwoche. Saum hell-lilablau, innen zart pastellviolett bis fast weiß mit schwarzrotem Fleck, Blüten außen purpurlila.
Verwendung: Einzelstellung, Gruppen.

Rhododendron 'Christiane Herzog'

'Diamant'

Wuchs: Flach ausgebreitet, kompakt, geschlossen, mittelstark.
Höhe: Bis 1,2 m, Jahreszuwachs ca. 10 cm
Breite: Bis 2,5 m, Jahreszuwachs ca. 10 cm
Blätter: Ledrig, breit elliptisch, zugespitzt, bis 15 cm lang, glänzend dunkelgrün.
Blüte: 3. Maiwoche bis 3. Juniwoche, dunkelrot.
Verwendung: Einzelstellung, Gruppen, Vorpflanzung.

'Diana'

Goldmedaille Bundesgartenschau Kassel 1981

Rhododendron 'Diana'

Wuchs: Breit kugelig, dicht geschlossen, mittelstark.
Höhe: Bis 2 m, Jahreszuwachs ca. 10 cm
Breite: Bis 2,5 m, Jahreszuwachs ca. 10 cm
Blätter: Eiförmig, frischgrün, bis 15 cm lang, Blattstiel oberseits rot.
Blüte: 3. Maiwoche bis 3. Juniwoche, leuchtend lachsrosa.
Verwendung: Einzelstellung, Gruppen vor dunkler Kulisse.

'Gloria'

Goldmedaille Bundesgartenschau Kassel 1981
Wuchs: Breit aufrecht, locker, mittelstark.
Höhe: Bis 2 m, Jahreszuwachs ca. 10 cm

Rhododendron 'Gloria'

RHODODENDRON

Rhododendron 'Gloria'

Breite: Bis 2,5 m, Jahreszuwachs ca. 10 cm

Blätter: Breitelliptisch, frischgrün, bis 15 cm lang.

Blüte: 1. Juniwoche bis 4. Juniwoche, im Aufblühen zartrosa, später cremeweiß.

Verwendung: Einzelstellung, Gruppen.

'Joh. Bruns'

Wuchs: Breitrundlich, aufrecht.

Höhe: Bis 1,2 m

Breite: Bis 2 m

Blätter: Breitelliptisch, stark dunkelgrün.

Blüte: 4. Maiwoche bis 3. Juniwoche, rosa mit rotbrauner Zeichnung.

Verwendung: Einzelstellung, Gruppen zur Gliederung verschieden hoher Pflanzungen. Kälteverträglich.

'Marianne von Weizsäcker'

getauft am 22. 05. 1990

Goldmedaille Bundesgartenschau Dortmund 1991

Wuchs: Breit, rundlich, kompakt geschlossen, mittelstark.

Höhe: Bis 1,6 m, Jahreszuwachs ca. 10 cm

Breite: Bis 1,8 m, Jahreszuwachs ca. 10 cm

Blätter: Breitelliptisch, dunkelgrün.

Blüte: 3. Maiwoche bis 2. Juniwoche, leuchtend hellrot.

Verwendung: Einzelstellung, Gruppen, Vorpflanzung.

'Mona Lisa'

Wuchs: Breit aufrecht, geschlossen, starkwachsend.

Höhe: Bis 1,8 m

Breite: Bis 2,5 m

Blätter: Breitelliptisch, dunkelmattgrün.

Blüte: 3. Maiwoche bis 2. Juniwoche, purpurrot, schwarzbraune Zeichnung.

Verwendung: Einzelstellung, Gerüstpflanze einer Rhododendronpflanzung.

'Rosa Perle'

Goldmedaille Bundesgartenschau Kassel 1981

oben: Rhododendron 'Rosa Perle'

links: Rhododendron 'Marianne von Weizsäcker'

Wuchs: Leicht schirmförmig, kompakt, geschlossen, mittelstark.

Höhe: Bis 1,5 m, Jahreszuwachs ca. 10 cm

Breite: Bis 2,5 m, Jahreszuwachs ca. 10 cm

Blätter: Schmal lanzettlich, bis 20 cm lang, dunkelgrün.

Blüte: 2. Maiwoche bis 1. Juniwoche, auffallend tiefrosa, besonders blühwillig.

Verwendung: Einzelstellung, Gruppen, Vorpflanzung.

'Schneewittchen'

Rhododendron 'Schneewittchen'

Wuchs: Breit, kompakt, geschlossen, mittelstark.

Höhe: Bis 1,6 m, Jahreszuwachs ca. 10 cm

Breite: Bis 2,5 m, Jahreszuwachs ca. 10 cm

Blätter: Ledrig, breit elliptisch, leicht gedreht.

Blüte: 2. Juniwoche bis 4. Juniwoche, zartrosa bis weiß.

Verwendung: Einzelstellung vor dunkler Kulisse.

RHODODENDRON

'Seestadt Bremerhaven'

Wuchs: Breit, kompakt, geschlossen, mittelstark.

Höhe: Bis 1,5 m, Jahreszuwachs ca. 10 cm

Breite: Bis 2,5 m, Jahreszuwachs ca. 10 cm

Blätter: Ledrig, breitelliptisch, dunkelgrün, stark ausgebildete Blattadern, etwas gewölbt.

Blüte: 2. Maiwoche bis 1. Juniwoche. Großer Stutz, rosa mit dunkler Zeichnung.

Verwendung: Einzelstellung, Vorpflanzung, Gruppen, kalkverträglich.

'Silvia'

Goldmedaille Bundesgartenschau Kassel 1981

Rhododendron 'Silvia'

Wuchs: Kugelig, locker, im Alter etwas gestuft, mittelstark.

Höhe: Bis 2 m, Jahreszuwachs ca. 10 cm

Breite: Bis 2,5 m, Jahreszuwachs ca. 10 cm

Blätter: Elliptisch, dunkelgrün, starke Blattadern, etwas ledrig.

Blüte: 1. Juniwoche bis 3. Juniwoche, im Aufblühen zartrosa, später cremeweiß.

Verwendung: Einzelstellung, Gruppen.

'Sirius'

Wuchs: Breitrund, sehr kompakt.

Höhe: Bis 1,6 m

Breite: Bis 2,5 m

Blätter: Breitelliptisch, dunkelgrün, Blattunterseite stark dunkelbraunfilzig.

Blüte: 1. Juniwoche bis 3. Juniwoche, zart lila bis weiß, grüngelbe Zeichnung.

Verwendung: Interessante Blatt-Textur, zur Gliederung mittelhoher Pflanzungen. Einzelstellung.

Rhododendronpflanzungen erscheinen naturhafter und transparenter, wenn sie mit Kleingehölzen, Stauden, Gräsern und Farnen durchsetzt sind – Arboretum Thiensen

Yakushimanum-Hybriden

Innerhalb des letzten Jahrzehnts sind die Yakushimanum-Hybriden zu einem ganz festen Begriff für die Bepflanzungsplaner und Rhododendron-Liebhaber geworden. Diese relativ neue Hybriden-Gruppe ist durch die Kreuzung großblumiger Hybriden mit der japanischen Wildart R. yakushimanum entstanden, die in den sonnen- und windexponierten Gebirgsregionen der kleinen Insel Yaku Shima vorkommt. Yakushimanum-Hybriden zeichnen sich durch viele positive Eigenschaften aus, die dem Planer ungeahnte Verwendungsmöglichkeiten bieten. Von der Wildart haben die Hybriden den dicht gedrungenen, langsamen Wuchs und die große Sonnenverträglichkeit. Hinzu kommen gute Winterhärte und eine enorme Reichblütigkeit. Durch die kompakte, niedrige Wuchsform sind sie geradezu prädestiniert für die Verwendung in den heute immer kleiner werdenden Gartenräumen.

Rhododendron yakushimanum 'Koichiro Wada'

505

Sortenbeschreibung der Yakushimanum-Hybriden

'Anuschka'

Wuchs: Flach rundlich.

Höhe: In 10 Jahren 0,5 m

Breite: In 10 Jahren 1,1 m

Blätter: Tiefgrün, dichte Belaubung.

Blüte: Saum kräftig rosarot, innen heller bis fast weiß. Ende Mai bis Anfang Juni.

Verwendung: Sehr reichblühende, gut winterharte Sorte.

'Bad Sassendorf'

Yakushimanum-Hybride 'Bad Sassendorf'

Wuchs: Flach ausgebreitet, kompakt.

Höhe: Bis 1,2 m, Jahreszuwachs ca. 5 cm

Breite: Bis 2 m, Jahreszuwachs ca. 10 cm

Blätter: Lang oval, scharf zugespitzt, flach, lebhaft grün.

Blüte: 2. Maiwoche bis 4. Maiwoche, im Aufblühen rosarot, später reinrosa.

Verwendung: Einzelstellung, Gruppen, Vorpflanzung.

'Bad Zwischenahn'

Goldmedaille Bundesgartenschau Kassel 1981

Wuchs: Flach rundlich, kompakt, sehr geschlossen.

Höhe: Bis 1,2 m, Jahreszuwachs ca. 5 cm

Breite: Bis 1,8 m, Jahreszuwachs ca. 5 cm

Blätter: Lang oval, glänzend, flach, im Austrieb silbrig, filzig behaart.

Blüte: 2. Maiwoche bis 4. Maiwoche, im Aufblühen rosa, später blaßrosa, grüngelbe Zeichnung, sehr blühwillig.

Verwendung: Einzelstellung, flächige Vorpflanzung.

'Barmstedt'

Wuchs: Flach rundlich.

Höhe: In 10 Jahren 0,6 m

Breite: In 10 Jahren 1,1 m

Blätter: Dunkelgrün, dicht, Austrieb weißfilzig.

Blüte: Ende Mai bis Anfang Juni. Leuchtend rosarot, später hellrot, innen heller bis fast weiß.

Verwendung: Gut winterharte Sorte mit attraktivem Austrieb.

'Colibri'

Wuchs: Flach rundlich, kompakt.

Höhe: Bis 1,2 m, Jahreszuwachs ca. 5 cm

Breite: Bis 2 m, Jahreszuwachs ca. 5 cm

Blätter: Lang oval, etwas gewölbt, dunkelgrün.

Blüte: 3. Maiwoche bis 2. Juniwoche, hellrosa mit weißen Partien, dunkelrosa, gepunktete Zeichnung.

Verwendung: Einzelstellung, Gruppen, Vorpflanzung.

'Fantastica'

Wuchs: Breit rundlich, kompakt.

Höhe: In 10 Jahren 0,7 m

Breite: In 10 Jahren 1,2 m

Blätter: Glänzend dunkelgrün.

Blüte: Ende Mai bis Anfang Juni. Dunkelrosa, in-

Yakushimanum-Hybride 'Fantastica'

nen zartrosa mit dunkelrosa Saum und gelbgrüner bis ockerfarbener Zeichnung.

Verwendung: Makellose Sorte mit großem Blütenstutz, attraktiver Belaubung und guter Winterhärte.

'Flava'

Wuchs: Kugelig, kompakt, geschlossen.

Höhe: Bis 1,2 m, Jahreszuwachs ca. 5 cm

Breite: Bis 1,8 m, Jahreszuwachs ca. 5 cm

Blätter: Länglich oval, dunkelgrün, glänzend.

Blüte: 3. Maiwoche bis 2. Juniwoche, hellgelb mit rotem Fleck.

Verwendung: Einzelstellung, Gruppen, Vorpflanzung vor dunklem Hintergrund.

'Frühlingsgold'

Wuchs: Breitrund, geschlossen, etwas aufrecht.

Höhe: Bis 1 m, Jahreszuwachs ca. 5 cm

Breite: Bis 1,5 m, Jahreszuwachs ca. 10 cm

Blätter: Lang oval, mattgrün.

Blüte: 3. Maiwoche bis 2. Juniwoche, leuchtend reinrot, Blütenknospen im Winter braunrot.

Verwendung: Einzelstellung, Gruppenpflanzung.

'Frühlingserwachen'

Wuchs: Kompakt, aufrecht.

Höhe: Bis 1,2 m, Jahreszuwachs ca. 8 cm

Breite: Bis 1,5 m, Jahreszuwachs ca. 5 cm

Blätter: Länglich, leicht gewölbt, leicht bräunlich behaart. Blattunterseite beige behaart.

Blüte: 2. Maiwoche bis 2. Juniwoche, dunkelrosa, Blüten gekräuselt.

Verwendung: Einzelstellung, Gruppen.

'Kalinka'

Wuchs: Rundlich kompakt, sehr gleichmäßig.

Höhe: In 10 Jahren 0,7 m

Breite: In 10 Jahren 1,3 m

Blätter: Makellos glänzend grüne Belaubung.

Blüten: Mitte Mai bis Anfang Juni. Rubinrosa, innen hellrosa bis weiß.

Verwendung: Ausgezeichnete Sorte, besticht durch leuchtendrote Knospen und Blütenfülle. Sehr gute Winterhärte.

Yakushimanum-Hybride 'Kalinka'

Yakushimanum-Hybride 'Bad Sassendorf'

Yakushimanum-Hybride 'Colibri'

'Leuchtfeuer'

Wuchs: Breitrund, geschlossen, etwas aufrecht.

Höhe: Bis 1 m, Jahreszuwachs ca. 5 cm

Breite: Bis 1,5 m, Jahreszuwachs ca. 10 cm

Blätter: Lang oval, mattgrün.

Blüte: 3. Maiwoche bis 2. Juniwoche, leuchtend reinrot, Blütenknospen im Winter braunrot.

Verwendung: Einzelstellung, Gruppenpflanzung.

'Loreley'

Wuchs: Breit rundlich.

Höhe: Bis 1 m, Jahreszuwachs ca. 5 cm

Breite: Bis 1,2 m, Jahreszuwachs ca. 10 cm

Blätter: Länglich oval, etwas gewölbt, Austrieb silbergrau.

Blüte: 1. Maiwoche bis 2. Juniwoche, gelblichrosa Zeichnung auf gelblichem Untergrund.

Verwendung: Einzelstellung, flächige Vorpflanzung.

'Morgenrot'

Wuchs: Flach rundlich, kompakt.

Höhe: Bis 1,2 m, Jahreszuwachs ca. 5 cm

Breite: Bis 2 m, Jahreszuwachs ca. 10 cm

Blätter: Lang oval, fast lanzettlich, bis 10 cm lang, stumpfgrün.

Blüte: 3. Maiwoche bis 2. Juniwoche, hellrot, bräunlichrote Zeichnung, Saum gewellt.

Verwendung: Einzelstellung, Gruppen, Vorpflanzung.

'Polaris'

Wuchs: Dicht und flach kompakt, niedrig.

Höhe: In 10 Jahren 0,6 m

Breite: In 10 Jahren 1,2 m

Blätter: Dunkelgrün, leicht glänzend.

Blüte: Ende Mai bis Anfang Juni. Rubinrosa bis cyclamon mit schwacher, gelbgrüner Zeichnung.

Verwendung: Spitzensorte, reichblühend, sehr gut winterhart.

'Rosa Wolke'

Goldmedaille Bundesgartenschau Kassel 1981

Wuchs: Breit kugelig, geschlossen.

Höhe: Bis 1,2 m, Jahreszuwachs ca. 5 cm

Breite: Bis 2 m, Jahreszuwachs ca. 5 cm

Blätter: Lang oval, etwas gewölbt, hellgraue, filzig behaarte Unterseite, Austrieb silbrig, filzig behaart.

Blüte: 3. Maiwoche bis 2. Juniwoche, klarrosa, besonders reichblühend.

Verwendung: Einzelstellung, Gruppen, Vorpflanzung.

'Silberwolke'

Wuchs: Rundlich kompakt, raschwüchsig.

Höhe: In 15 Jahren 0,9 m

Breite: In 15 Jahren 1,7 m

Blätter: Dunkelgrün, gesund.

Blüte: Ende Mai bis Anfang Juni. Im Aufblühen rosa, dann rosaweiß bis silbrigweiß, innen gelbgrün gezeichnet.

Verwendung: Schöne, bewährte, überall frostharte Sorte.

Yakushimanum-Hybride 'Rosa Wolke'

Yakushimanum-Hybride 'Silberwolke'

RHODODENDRON

Williamsianum-Hybriden

Schwach wachsend, mit rund-ovalen Blättern und großen, glockigen Blüten.

Die erste Williamsianum-Hybride, die aus England eingeführt wurde, war die 1916 aus einer Kreuzung zwischen R. orbiculare x R. williamsianum entstandene Sorte 'Temple Bell'. 1933 folgte die von J. C. WILLIAMS gezüchtete Hybride 'Humming Bird'.

Leider waren die englischen Hybriden nicht frosthart genug für unsere mitteleuropäischen Klimaverhältnisse. Nach dem Kriege hat sich vor allem D. HOBBIE, Linswege, um die Züchtung von Williamsianum-Hybriden verdient gemacht.

Auffallende Merkmale sind der dichte, besonders in der Jugend kugelige Wuchs, die rundovalen Blätter, die sehr großen, glockenförmigen Blüten und der belebende, mehr oder weniger ausgeprägt bronzefarbene Austrieb.

Sortenbeschreibung der Williamsianum-Hybriden

'August Lamken'

Williamsianum-Hybride 'August Lamken'

Wuchs: Starkwachsend, breit aufrecht, geschlossen.

Höhe: Bis 1,5 m, Jahreszuwachs ca. 10 cm

Breite: Bis 1,5 m, Jahreszuwachs ca. 10 cm

Blätter: Eiförmig, frischgrün, Austrieb hellbronze.

Blüte: 3. Maiwoche bis 2. Juniwoche, dunkelrosa.

'Gartendirektor Glocker'

Wuchs: Breitkugelig, kompakt.

Höhe: Bis 1,25 m, Jahreszuwachs ca. 10 cm

Rhododendron Williamsianum-Hybride mit Brunnera macrophylla und Tulpensorte 'White Triumphator'

Breite: Bis 1,25 m, Jahreszuwachs ca. 10 cm

Blätter: Breitoval, bis 6 cm lang, ledrig, leicht gedreht, tiefbronzefarbener Austrieb.

Blüte: 1. Maiwoche bis 3. Maiwoche, rosarot, später aufhellend.

'Gartendirektor Rieger'

Wuchs: Breit aufrecht.

Höhe: In 10 Jahren 1,2 m

Breite: In 10 Jahren 1,4 m

Blätter: Mittelgrün, kräftig, glänzend.

Blüte: Anfang Mai bis Ende Mai. Cremeweiß mit dunkelroter Zeichnung und kleinem Basalfleck. Lange Blütezeit.

'Görlitz'

Wuchs: Kräftig, kugelig bis breit aufrecht.

Höhe: Bis 1,5 m, Jahreszuwachs ca. 10 cm

Williamsianum-Hybride 'Görlitz'

Breite: Bis 1,25 m, Jahreszuwachs ca. 10 cm

Blätter: Breitoval, flach, frischgrün, bis 7 cm lang, Austrieb hellbronzefarben.

Blüte: 1. Maiwoche bis 3. Maiwoche, leuchtend rosa, sehr blühwillig.

'Irmelies'

Wuchs: Rundlich, geschlossen.

Höhe: In 10 Jahren 0,9 m

Breite: In 10 Jahren 1,3 m

Blätter: Tiefgrün, oval-rund.

Blüte: Anfang Mai bis Ende Mai. Leuchtend rubinrosa, innen aufgehellt. Sehr reichblühend.

'Jackwill'

Wuchs: Flachkugelig, schwachwachsend, kompakt.

Höhe: Bis 0,8 m, Jahreszuwachs ca. 5 cm

Breite: Bis 1 m, Jahreszuwachs ca. 5 cm

Blätter: Breitoval, frischgrün, bis 6 cm lang, hellgrüner Austrieb.

Blüte: 2. Maiwoche bis 4. Maiwoche, im Aufblühen zartrosa, später rosaweiß.

'Lissabon'

Wuchs: Kugelig, kompakt.

Höhe: Bis 1,5 m, Jahreszuwachs ca. 10 cm

Breite: Bis 1,5 m, Jahreszuwachs ca. 10 cm

Blätter: Breitoval, tiefdunkelgrün, leicht gewölbt, bis 6 cm lang, auffallend bronzefarbener Austrieb.

Blüte: 2. Maiwoche bis 4. Maiwoche, karminrot, mittelgroßer Stutz.

Williamsianum-Hybride 'Vater Böhlje'

'Rothenburg'

Wuchs: Breit aufrecht, starkwachsend.

Höhe: Bis 2,5 m, Jahreszuwachs ca. 15 cm

Breite: Bis 2 m, Jahreszuwachs ca. 10 cm

Blätter: Breitoval, dunkelgrün, gewölbt, bis 8 cm lang.

Blüte: 4. Aprilwoche bis 1. Maiwoche, im Aufblühen zitronengelb, dann cremefarben, großer Stutz.

'Stadt Essen'

Wuchs: Breit aufrecht, locker.

Höhe: Bis 2 m, Jahreszuwachs ca. 10 cm

Breite: Bis 2,5 m, Jahreszuwachs ca. 15 cm

Blätter: Eirundlich, dunkelgrün, bronzefarbener Austrieb.

Blüte: 1. Maiwoche bis 3. Maiwoche, rosa, hellfarbener Schlund, große Einzelblüte.

'Vater Böhlje'

Wuchs: Kugelig-kompakt, gleichmäßig.

Höhe: In 10 Jahren 0,7 m

Breite: In 10 Jahren 0,9 m

Blätter: Mittelgrün rundlich-oval, etwas gewölbt.

Blüte: Anfang Mai bis Ende Mai. Rosalila bis hellila. Sehr frosthart.

Repens-Hybriden

Kompakt wachsende Zwerg-Rhododendron.

Die ersten, für deutsche Klimaverhältnisse frostharten Repens-Hybriden hat D. HOBBIE aus Kreuzungen zwischen der zwergigen Wildform R. forrestii var. repens und den großblumigen Gartenhybriden 'Britannia', 'Madame de Bruin', 'Essex Scarlet', 'Prometheus' u. a. erzielt.

Von R. forrestii var. repens haben alle Hybriden den schwachen, gedrungenen Wuchs und die leuchtend roten Blüten geerbt. Weitere Eigenschaften sind das dunkelgrüne Laub, die frühe Blüte und die gute Winterhärte. Wegen ihres ausgesprochen langsamen Wuchses und der geringen Endhöhe sind sie hervorragend für kleinste Gartenräume sowie für Schalen- und Kübelbepflanzungen geeignet. Darüber hinaus können sie auch an geeigneten Plätzen zur Flächenbegrünung eingesetzt werden. Wundervoll zusammen mit Fothergilla und Tiarella.

Rhododendron Repens-Hybriden

Sortenbeschreibung der Repens-Hybriden

'Baden-Baden'

Wuchs: Flach kompakt, rundlich.

Höhe: Bis 0,6 m, Jahreszuwachs ca. 5 cm

Breite: Bis 1,25 m, Jahreszuwachs ca. 5 cm

Blätter: Breit oval, dunkelgrün, glänzend, starke Blattadern, auffallend gedreht.

Blüte: 4. Aprilwoche bis 3. Maiwoche, leuchtend scharlachrot.

Repens-Hybride 'Baden-Baden'

'Bad Eilsen'

Wuchs: Flachkugelig.

Höhe: Bis 0,6 m, Jahreszuwachs ca. 5 cm

Breite: Bis 1,25 m, Jahreszuwachs ca. 5 cm

Blätter: Länglich oval, frischgrün.

Blüte: 1. Maiwoche bis 3. Maiwoche, scharlachrot, zierende braunrote Knospe.

rechts: Kein Farbenchaos, sondern eine meisterhafte "Ton in Ton-Pflanzung" von L.HEFT im Rhododendronpark Bremen

'Dr. Ernst Schäle'

Wuchs: Niedrig und breit, dicht geschlossen.

Höhe: Bis 0,8 m

Breite: Bis 1,5 m

Blätter: Breit eiförmig, bis 7 cm lang.

Blüte: Anfang Mai bis Ende Mai. Leuchtend tiefrot (RHS Colour Chart 53 B).

'Frühlingszauber'

Wuchs: Breit kompakt, geschlossen.

Höhe: Bis 0,6 m, Jahreszuwachs ca. 5 cm

Breite: Bis 1,25 m, Jahreszuwachs ca. 10 cm

Blätter: Breit oval, dunkelgrün.

Blüte: 1. Maiwoche bis 3. Maiwoche, scharlachrot.

Repens-Hybride 'Mannheim'

'Mannheim'

Wuchs: Aufrecht, rundlich.

Höhe: Bis 0,8 m

Breite: Bis 1,5 m

Blätter: Stumpf eiförmig, mittel- bis hellgrün.

Blüte: Mitte bis Ende Mai, sehr spät! Leuchtend dunkelrot, tiefe, gleichmäßige Färbung mit einigen dunklen Basalflecken (RHS Colour Chart 46 A).

'Scarlet Wonder'

Wuchs: Flach rundlich, geschlossen.

Höhe: Bis 0,6 m, Jahreszuwachs ca. 5 cm

Breite: Bis 1,25 m, Jahreszuwachs ca. 5 cm

Blätter: Stumpfgrün, breit oval, etwas gewölbt.

Blüte: 1. Maiwoche bis 3. Maiwoche, scharlachrot, braunrote Knospe.

Repens-Hybride 'Scarlet Wonder'

Sommergrüne Rhododendron-Hybriden, Azaleen

Die Bestrebungen, alle Azaleen im heutigen Sinne der Gattung Rhododendron zuzuordnen, sind schon verhältnismäßig alt. Bereits 1841 hat STEPHAN L. ENDLICHER, für den vor allem die identische Blütenmorphologie von Azalea und Rhododendron ausschlaggebend war, diesen Vorschlag unterbreitet. Seine Auffasung hat sich jedoch nicht durchsetzen können. Erst als der Petersburger Botaniker KARL JOHANN MAXIMOWICZ in seinem 1870 erschienenen Werk „Rhododendrae Asiae Orientalis" als Begründung für die Verschmelzung beider Gattungen nicht nur blütenmorphologische Merkmale, sondern auch die Stellung von Blatt- und Blütenknospen sowie die Art der Behaarung detailliert anführte, wurde der Schritt, die Azaleen als Gattung aufzugeben, von den Botanikern akzeptiert und vollzogen. Im gärtnerischen Bereich, wo man nicht ganz ohne Grund nomenklatorischen Änderungen immer etwas skeptisch gegenübersteht, hat sich die Bezeichnung Azalee für die sommer- und wintergrünen Arten und Sorten bis heute gehalten. Diese Tatsache ist aber durchaus zu verkraften.

Genter-Hybriden
auch Azalea-pontica-Hybriden genannt (Gandavensis-Gruppe)

Die belgische Stadt Gent, in der zu Beginn des 19. Jahrhunderts die ersten Kreuzungen entstanden, gab dieser Hybriden-Gruppe den Namen. Der

Durch ein ungeordnetes Nebeneinander der verschiedensten Hauptfarben wirken Rhododendron- und Azaleenpflanzungen in der Blütezeit häufig disharmonisch. Hier eine gelungene "Ton in Ton-Komposition" von L. HEFT im Rhododendronpark Bremen

Mollis x Sinensis-Hybriden und Rhod. luteum

Bäcker P. MORTIER, ein leidenschaftlicher Azaleen-Liebhaber und Züchter, begann etwa um 1820 mit der Kreuzung von R. calendulaceum x R. periclymenoides, woraus zunächst die „Mortieri-Hybriden" und später die Genter-Hybriden entstanden. Ab 1825 wurde auch R. luteum (man nannte die Pflanze damals noch Azalea pontica) eingekreuzt. Weitere Arten, die nicht nur MORTIER, sondern auch andere verdiente Züchter wie L. VERSCHAFFELT, van CASSEL und L. van HOUTTE und später auch Engländer und Holländer für Kreuzungen

Mollis x Sinensis-Hybride, rosa

benutzten, waren R. speciosum, R. viscosum und R. sinense (= Azalea sinensis).

Genter-Hybriden zeichnen sich durch große Winterhärte, Wüchsigkeit und Blühwilligkeit aus. Ein weiteres Merkmal sind die verhältnismäßig kleinen, aber sehr anmutigen, trompetenförmigen Blüten, die noch einen gewissen Wildcharakter ausstrahlen. Die Farbskala reicht von Hellgelb bis Karminrot.

Mollis-Hybriden

Die Bezeichnung bezieht sich auf die berühmte Azalea mollis (SIEB. & ZUCC.) ANDRÉ, die heute R. japonicum heißt.

Kurz nach der Einführung von R. japonicum (= Azalea mollis) im Jahre 1861 durch F. von SIEBOLD begann auch die Züchtung dieser Sorten, an deren Zustandekommen wohl auch R. molle (BJ.) G. DON (= Azalea sinensis LODD.) sowie R. visco-

Azaleen-Gruppe

sum beteiligt sind. Die ersten Hybriden zwischen R. japonicum und R. molle wurden von F. de CONINCK (Belgien) gezüchtet. Die Baumschule KOSTER & ZONEN, Boskoop, übernahm dieses Material und brachte es mit Sortennamen in den Handel. Einige dieser Sorten, wie z. B. 'Dr. Reichenbach' oder 'Hortulanus Witte' haben heute

Mollis x Sinensis-Hybride, rot

noch eine gewisse Bedeutung. Ein sehr großer Wert wurde aber auch auf die Kreuzung bzw. Auslese gut wüchsiger und großblumiger Sämlinge gelegt.

Mollis-Hybriden zeichnen sich durch breit trichterförmige Blüten, einen schwächeren Wuchs und eine verhältnismäßig geringe Endhöhe aus. Es empfiehlt sich, stecklingsvermehrtes Material oder Sämlinge mit Farbangabe zu pflanzen (mollis x sinensis). Veredlungen vergreisen relativ schnell, und nicht selten werden sie von der stärker treibenden Unterlage überwachsen.

Rustica-Hybriden

Ursprüngliche Bezeichnung: „Azalea rustica flore pleno".

Die Züchtung der Rustica-Hybriden wurde vor 1887 von L. de SMET, Belgien, durchgeführt. Leider ist ihre Abstammung bis heute unklar. Der berühmte Dendrologe GROOTENDORST nimmt an, daß gefüllt blühende Genter-Hybriden und R. japonicum (= Azalea mollis) an den Kreuzungen beteiligt sind.

Gemeinsames Merkmal dieser Hybriden sind die gefüllten Blüten und ein niedriger, gedrungener Wuchs.

Occidentale-Hybriden

Benannt nach R. occidentale, einer nordamerikanischen Wildart.

513

RHODODENDRON

Rhododendron catawbiense und Rhododendron luteum (= Azalea pontica). Durch die Spiegelung im Wasser erfährt das Gesamtbild noch eine Steigerung – Rhododendronpark Bremen.

Der im Jahre 1880 von A. WATERER aus einer Kreuzung zwischen R. molle BJ.) G. DON (= R. sinense SWEET) und R. occidentale erzielte Artbastard R. x. albicans war wohl der Ursprung dieser Hybriden-Gruppe. Später hat man in England und Holland Mollis-Hybriden mit R. occidentale gekreuzt.

Die hieraus enstandenen Sorten zeichnen sich durch Starkwüchsigkeit, Winterhärte, aber vor allem durch die herrlich duftenden, pastellfarbenen Blüten aus. Die Blütezeit liegt, wie auch bei R. occidentale, spät. Die bekanntesten Sorten sind **'Exquisita'** und **'Irene Koster'**.

Knap-Hill-Hybriden

Zu dieser bedeutenden Hybriden-Gruppe gehören nicht nur die bei A. WATERER in den Knap-Hill-Nurseries, England, gezüchteten Sorten, sondern auch die von L. de ROTHSCHILD erzielten Exbury-Hybriden und die Slocock-Azaleen. Sie haben alle einen gemeinsamen Ursprung und sind sich auch von Aufbau und Blütenform her sehr ähnlich. Die genaue Abstammung ist allerdings, wie auch bei anderen Azaleen-Gruppen, bis heute unklar. Sehr wahrscheinlich hat WATERER, der 1870 in Knap Hill die ersten Kreuzungen durchführte, R. molle (BJ.) G. DON, R. occidentale, R. calendulaceum, R. arborescens, R. japonicum, A. GRAY (= Azalea mollis) und R. viscosum benutzt. SLOCOCK und ROTHSCHILD haben durch die Beteiligung von R. luteum (= Azalea pontica) noch weitere Verbesserungen erzielen können.

In Deutschland hat sich H. HACHMANN sehr intensiv um die züchterische Weiterentwicklung der Knap-Hill-Azaleen bemüht. Sorten wie **'Feuerwerk'**, **'Goldflamme'**, **'Goldpracht'**, **'Goldtopas'**, **'Juanita'**, **'Nabucco'**, **'Parkfeuer'** und **'Schneegold'** sind Weltspitzen-Sorten geworden. Ihren wahren Wert wird man wohl erst im nächsten Jahrhundert so recht zu würdigen wissen.

'Coccinea Speciosa'

Sommergrüne Rhododendron-Hybriden, Azaleen — Sortenübersicht

Sorte	Blütenfarbe	Blütezeit	Zugehörigkeit, Bemerkungen
'Adriaan Koster'	tiefgelb	Mitte Mai	Mollis M. KOSTER & ZONEN, 1901 alte, bewährte Sorte
'Apple Blossom'	hellrosa mit schwacher gelblicher Zeichnung	Anfang Mai/ Mitte Mai	Mollis gute Treibsorte
'Cecile'	lachsrosa, gelber Fleck, großblumig	Mitte Mai	Knap Hill
'Coccinea Speciosa'	leuchtend dunkelorange mit roten Staubfäden	Ende Mai/ Anfang Juni	Genter-Hybride sehr reichblühend, wertvoll
'Daviesii'	rahmweiß mit gelber Zeichnung	Mitte Mai	Genter-Hybride Blüten duften

'Daviesii'

'Doloroso'	dunkelrot, nicht verblassend	Anfang bis Mitte Juni	Knap Hill gut winterhart
'Fanal'	leuchtend reinrot mit orangefarbener Tönung	Ende Mai bis Anfang Juni	Knap Hill
'Dr. Reichenbach'	hell lachsorange mit gelber Zeichnung	Mitte Mai	Kosterianum-Hybride
'Fanny'	purpurrosa, außen rötlich, Saum hellrosa, orange gefleckt	Ende Mai bis Anfang Juni	Genter-Hybride interessante Farbzusammensetzung, gut winterhart

'Daviesii' mit Hyacinthoides hispanica-Sorten

'Hotspur Red'

Knap-Hill-Azaleen zeichnen sich durch Wüchsigkeit, Anpassungsfähigkeit auch an schwierige Standortverhältnisse, große Winterhärte, Widerstandskraft gegenüber Krankheiten und Schädlingen, enorme Blütenfülle, Leuchtkraft und ein großes Farbspektrum aus.

'Feuerwerk'	glühend rot, innen zart orangefarben	Ende Mai bis Mitte Juni	Knap Hill Blüten etwas duftend, enorme Leuchtkraft
'Fireball'	orangerot bis reinrot Blütenmitte orangefarben	Ende Mai bis Mitte Juni	Knap Hill Austrieb braunrot
'Fritjof Nansen'	orange, rötlich gestreift, Kronblätter außen gelborange gefleckt	Ende Mai bis Anfang Juni	Knap Hill
'Gibraltar'	orange bis rotorange, Saum stark gekräuselt	Ende Mai bis Mitte Juni	Knap Hill eine der schönsten orangefarbenen Sorten
'Glowing Embers'	orange, rötlich gestreift, innen mit goldgelbem Fleck	Ende Mai bis Mitte Juni	Knap Hill Austrieb braunrot
'Golden Sunset'	reingelb mit dunkelgelbem Fleck	Ende Mai bis Mitte Juni	Knap Hill
'Goldflamme'	goldorange, orangerötlich geflammt	Ende Mai bis Mitte Juni	Knap Hill
'Goldpracht'	reingoldgelb mit großem, tief orangegelbem Fleck	Ende Mai bis Mitte Juni	Knap Hill duftend, eine der besten gelben Sorten
'Goldtopas'	reingelb mit orangefarbenem Fleck	Ende Mai bis Mitte Juni	Knap Hill

'Goldpracht'

Pontische Azaleen in der Herbstfärbung

Knap-Hill Azalee 'Goldtopas' mit Meconopsis cambrica und Scilla campanulata – Arboretum Thiensen

'Klondyke'

'Oxydol'

'Persil'

RHODODENDRON

'Harlekin'	tieforange, rot geflammt	Ende Mai bis Mitte Juni	Knap Hill
'Homebush'	karminrosa	Ende Mai bis Mitte Juni	Knap Hill alte, bewährte Sorte
'Hortulans H. Witte'	hell orangegelb mit gelbem Fleck	Ende Aprilbis Mitte Mai	Kosterianum-Hybride alte, bewährte Sorte von 1892
'Hotspur Red'	leuchtend orangerot	Ende Mai bis Mitte Juni	Knap Hill
'Juanita'	dunkelrosa mit goldgelbem Fleck	Ende Mai bis Mitte Juni	Knap Hill Herbstfärbung orange
'Klondyke'	goldgelb, rotorange geflammt	Anfang bis Mitte Juni	Knap Hill Austrieb braunrot
'Koster's Brilliant Red'	orangerot mit dunkler Zeichnung	Ende April bis Anfang Mai	Mollis alte Sorte, 1918
'Nabucco'	dunkelrot	Anfang bis Mitte Juni bis Ende Juni, spät!	Knap Hill
'Narcissiflora'	hellgelb, halbgefüllt	Ende Mai bis Mitte Juni	Genter-Hybride
'Otto Hahn'	karminrosa, orange getönt, innen gold-orangefarbener Fleck	Ende Mai bis Anfang Juni	Knap Hill
'Oxydol'	schneeweiß mit schwachem, gelbem Fleck	Ende Mai bis Mitte Juni	Knap Hill
'Parkfeuer'	reinrot, orangerot getönt, schwach duftend	Ende Mai bis Mitte Juni	Knap Hill
'Persil'	weiß mit großem, gelbem Fleck	Ende Mai bis Mitte Juni	Knap Hill
'Pink Delight'	reinrosa mit goldgelbem Fleck	Ende Mai bis Mitte Juni	Knap Hill
'Raimunde'	hellrosa, dunkelrosa gestreift mit gelborangem Fleck	Anfang Juni bis Mitte/Ende Juni	Knap Hill süßlich duftend
'Sarina'	lachsorange mit goldorangenem Fleck	Ende Mai bis Mitte Juni leicht	Knap Hill duftend
'Satan'	tief scharlachrot, kleinblumig	Anfang Juni bis Mitte Juni	Knap Hill
'Schneegold'	weiß mit zartrosa Saum und gelbem Fleck	Ende Mai bis Mitte Juni	Knap Hill

'Soir de Paris'

'Silver Slipper'	weiß bis zartrosa mit goldgelbem Fleck	Ende Mai bis Mitte Juni	Knap Hill
'Soir de Paris'	hellrosa dunkelrosa gestreift, süß duftend	Ende Mai bis Mitte Juni	Viscosum-Hybride angenehm duftend
'Spek's Brilliant'	orangerot	Ende April Anfang Mai	bis Kosterianum-Hybride
'Winston Churchill'	dunkel orangerot	Ende April bis Anfang Mai	Kosterianum-Hybride

Japanische Azaleen-Hybride 'Kermesina' im Japan-Garten in Planten un Blomen, Hamburg

RHODODENDRON

Japanische Azaleen

Unter dieser Sammelbezeichnung werden Sorten zusammengefaßt, die durch Züchtung aus einer größeren Zahl in Japan beheimateter, immergrüner, kleinblättriger Wildarten entstanden sind. Im wesentlichen waren am Entstehen der Japanischen Azaleen R. obtusum, R. obtusum var. amoenum und R. kaempferi beteiligt. Vom Typ her haben sie große Ähnlichkeit mit unseren bekannten „Topfazaleen" (R. simsii). Die meisten Sorten wachsen niedrig-buschig, werden etwa 0,5 bis 1,50 m hoch und mindestens genauso breit. Ein besonderes Merkmal ist ihre enorme Reichblütigkeit.

Auf Grund ihres besonders flachen Wurzelsystems muß stets auf gleichbleibende Bodenfeuchtigkeit geachtet werden. Das gilt ganz besonders auch für die trockenen Herbst- und gegebenenfalls auch Wintermonate. In frostgefährdeten Lagen empfiehlt sich ein Wurzelschutz aus Laub oder anderen geeigneten Materialien. Besonders gefährlich sind langanhaltende Ostwinde und Frühjahrssonne. Ein Abdecken mit Tannenreisig oder Vlies-Matten ist auf jeden Fall lohnend.

Japanische Azalee 'Allotria' in Waldsteinia ternata Fläche

Japanische Azaleen

Japanische Azalee 'Anne Frank'

Japanische Azaleen – Sortenübersicht

Sorte	Blütenfarbe	Blütezeit	Wuchs	Bemerkungen
'Agger'	hellila	mittelfrüh	breit aufrecht	Arendsii-Hybride, winterhart
'Alexander'	leuchtend orangerot	späteste Sorte	kissenförmig	
'Aladdin'	orangerot	mittelfrüh	breit aufrecht	Kurume-Hybride etwas empfindlich
'Allotria'	rosarot bis purpurrot	spät	halbhoch, kompakt	winterhart
'Anne Frank'	karminrosa-hellrot	spät	breit kompakt	winterhart
'Amoena'	violett	mittelfrüh	breit aufrecht, etwas unregelmäßig	von FORTUNE 1850 aus Japan eingeführt
'Beethoven'	purpur, rotbraune Zeichnung	mittelfrüh	breit aufrecht	Vuykiana-Hybride empfindlich
'Blaauw's Pink'	lachsrosa	früh	aufrecht, dicht-verzweigt	Kurume-Hybride
'Blanice'	zartrosa, weinrote Zeichnung	spät	flachkugelig, im Alter ausgebreitet	B. KAVKA, CR, 1969 winterhart

Japanische Azalee 'Schneeglanz' mit Ajuga reptans 'Atropurpurea', Planten un Blomen, Hamburg

Japanische Azalee 'Hinodegiri'

Japanische Azalee 'Hinomayo'

'Blaue Donau'	purpurviolett	spät	breitrund, locker	intensivstes Violett aller Jap. Azaleen winterhart bis -22°C
'Diamant'	lachs, purpur, rosa, rot und weiß	mittelfrüh	zwergig, niedrig, kompakt	FLEISCHMANN
'Falkenstein'	rosa, Saum schwach gewellt	früh	breitbuschig	VEG ZIERPFLANZEN Dresden Pillnitz bis -22°C hart
'Favorite'	tiefrosa, Blüten mittelgroß	früh	breitbuschig, dicht	Kaempferi-Hybride etwas empfindlich
'Fedora'	rosa mit roter Zeichnung	mittelfrüh	aufrecht	Kaempferi-Hybride etwas empfindlich
'Hatsugiri'	violett	mittelspät	breit-rundlich	Amoena-Hybride gut winterhart
'Hinocrimson'	leuchtend karminrot, kleine Blüten	früh	breit aufrecht, dicht etwas	Amoena-Hybride empfindlich
'Hinodegiri'	hell karminrot, kleine Blüten	früh	breit-rundlich, kompakt	Kurume-Hybride etwas empfindlich
'Hinomayo'	hellrosa	früh	breit aufrecht	Kurume-Hybride um 1910 aus Japan eingeführt
'John Cairns'	scharlachrot	mittelfrüh	breit, gedrungen	Kaempferi-Hybride
'Kathleen'	rosa, rotbraune Zeichnung	mittelfrüh	aufrecht	Kaempferi-Hybride etwas empfindlich

Japanische Azalee 'Kermesina'

Japanische Azalee 'Multiflora'

Japanische Azalee 'Rosalind'

RHODODENDRON

'Kermesina'	karminrosa, sehr kleinblumig	spät	kompakt flach-rund	gut winterhart
'Kermesina Rose'	hellrubinrosa, innen mit weinroter Zeichnung, Saum reinweiß	spät	kompakt, dicht	Sport von 'Kermesina' gut winterhart
'Königstein'	violett, Saum leicht gewellt	mittelfrüh	gedrungen	VEG ZIERPFLANZEN Erfurt gut winterhart
'Multiflora'	lilarosa	mittelfrüh	zwergig, dicht geschlossen	Kurume-Hybride winterhart
'Muttertag'	leuchtend dunkelrot	mittelfrüh	breit gedrungen	Kurume-Hybride empfindlich
'Nordlicht'	orangerot, innen braunrot gezeichnet	früh breit	gedrungen	HACHMANN, 1977 etwas empfindlich
'Orange Beauty'	hellorange mit schwacher, brauner Zeichnung	früh	breit aufstrebend	Kaempferi-Hybride ausreichend winterhart
'Palestrina'	weiß mit grünlicher Zeichnung	mittelfrüh	aufrecht, wird hoch	Vuykiana-Hybride etwas empfindlich
'Rosalind'	reinrosa, innen rötlich gezeichnet	mittelfrüh	locker aufrecht	HACHMANN, 1975 sehr winterhart

'Rotstein'	leuchtend ziegelrot	spät	breitbuschig	VEG ZIERPFLANZEN Dresden winterhart
'Rubinetta'	rubinrot	spät	flach ausgebreitet	HACHMANN, 1974 gut winterhart
'Schneeglanz'	reinweiß mit grüner Zeichnung	spät	locker aufrecht	HACHMANN, 1978 gut winterhart
'Schneewittchen'	reinweiß mit grüngelber Zeichnung	spät	kissenförmig, kompakt	HACHMANN, 1980 gut winterhart
'Signalglühen'	rötlichorange	früh	flach und	HACHMANN, 1979 geschlossen winterhart
'Tornella'	rosenähnliche Knospen, karminrot	spät	flach ausgebreitet	HACHMANN, 1978 gut winterhart
'Vuyk's Scarlet'	leuchtend rot, großblumig	spät	breit aufstrebend	Vuykiana-Hybride etwas empfindlich
'Stewartstonian' ('Stewartstown')	dunkel orangerot	früh mittelfrüh	bis breit, kräftig	Gable-Hybride

Japanische Azalee 'Palestrina'

Japanische Azalee 'Vuyk's Scarlet'

Begleitpflanzen für Rhododendron

I. Gehölze, die sich als Schattenbäume für Rhododendron-pflanzungen eignen

1. Große Bäume

Gattung/Art/Sorte	Anmerkungen
Fraxinus excelsior	
Liriodendron tulipifera	am heimatlichen Standort zusammen mit Rhod. catawbiense, Rhod. maximum u. a.
Magnolia acuminata	
Quercus cerris	
Quercus petraea	die heimischen Eichen gehören zu den besten Schattenbäumen, tiefes Wurzelwerk,
Quercus robur	lichtdurchlässige Krone
Quercus rubra	wurzelt flach, stark schattend, im Alter lichter, benötigt großen Kronenraum

2. Mittelgroße Bäume

Gattung/Art/Sorte	Anmerkungen
Alnus glutinosa	schneller Schattenspender
Cercidiphyllum japonicum	im Herbst besonders belebend
Davidia involucrata var. vilmoriniana	interessante Blüte
Liquidambar styraciflua	im Herbst besonders belebend
Magnolia kobus	
Quercus coccinea	flacher Herzwurzler, sehr guter Herbstfärber
Quercus macranthera	Tiefwurzler
Quercus palustris	flacher Herzwurzler, guter Herbstfärber

3. Kleinbäume

Gattung/Art/Sorte	Anmerkungen
Magnolia denudata	
Magnolia x loebneri Sorten	
Magnolia x soulangiana und Sorten	
Malus in Arten und Sorten	Vorsicht mit rotblühenden Formen, Disharmonie
Prunus in Arten und Sorten	
Pyrus calleriana 'Chanticleer' u. a. Sorten	im Herbst stark belebend
Quercus x turneri 'Pseudoturneri'	

4. Nadelbäume

Gattung/Art/Sorte	Anmerkungen
Abies in Arten und Sorten	nicht zu dicht pflanzen, da zumindest in der Jugend stark schattend
Cedrus atlantica und Sorten	
Cedrus deodara und Sorten	nicht überall hart, geprüfte Selektionen verwenden
Cedrus libani	
Ginkgo biloba	im Herbst belebend
Larix in Arten und Sorten	sehr gut geeignet, Tiefwurzler, Krone lichtdurchlässig, im Frühjahr und Herbst besonders belebend
Metasequoia glyptostroboides	schneller Schattenspender
Picea in Arten und Sorten	nicht zu dicht pflanzen, da zumindest in der Jugend stark schattend, Zwergformen sind gute Begleitpflanzen
Pinus in Arten und Sorten	sehr gut geeignet, Tiefwurzler, Krone lichtdurchlässig, im Alter malerisch
Pseudolarix amabilis	sehr gut geeignet, Tiefwurzler, Krone lichtdurchlässig, im Herbst belebend, malerisch

Gattung/Art/Sorte	Anmerkungen
Pseudotsuga menziesii var. caesia	nicht zu dicht pflanzen, besonders in der Jugend stark schattend
Sciadopitys verticillata	interessante Blatt-Textur
Sequoiendron giganteum	schneller Schattenspender
Taxus baccata in Sorten	stark schattend, aber bestens als Hintergrund und Hecke geeignet
Thuja in Arten und Formen	guter Hintergrund und Windschutz
Tsuga canadensis	lockerer, eleganter Wuchs, Hemlocktannen wirken belebend
Tsuga heterophylla	
Tsuga mertensiana	langsamwüchsig, für kleine Gartenräume
Tsuga mertensiana 'Glauca'	

II. Strauchartige Gehölze für den Hintergrund, zur Auflockerung, Solitärstellung und Vorpflanzung

Gattung/Art/Sorte	Anmerkungen
Abeliophyllum distichum	weißer Frühblüher, Vordergrund
Acer japonicum und Sorten	Flachwurzler, wirkt besonders im Herbst belebend
Acer palmatum und Sorten	Flachwurzler, wirkt besonders im Herbst belebend
Amelanchier in Arten und Sorten	
Aucuba japonica und Sorten	nicht zuverlässig winterhart, zierendes Blatt und lang haftende, rote Früchte
Berberis, immergrüne Arten und Sorten	
Buxus sempervirens und Sorten	Wurzeldruck und Schatten gut ertragend, Blatt-Textur!, im Alter malerisch
Camellia japonica und Sorten	nur für milde Gebiete, außergewöhnlich lange Blütezeit, kalktoleranter als Rhod.

Gattung/Art/Sorte	Anmerkungen
Clethra alnifolia und Sorten	bringt von Juli bis September Farbe in die Rhod.-Pflanzungen, wertvoll auch die rosa Formen
Cornus florida und Sorten	
Cornus kousa Formen und Sorten	blüht nach den Rhod.
Cotoneaster, immergrüne Strauch-Arten	lockerer Wuchs
Disanthus cercidifolius	brillanter Herbstfärber
Enkianthus campanulatus	interessante Blüte und leuchtende Herbstfärbung
Fothergilla Arten	das „Schleierkraut" für Rhod.-Pflanzungen, schön zu Rhod. Repens- und Russatum-Hybriden mit Tiarella; brillante Herbstfärber
Fuchsia magellanica und Formen	Vordergrund, Winterschutz!
Halesia Arten	
Hamamelis Arten und Sorten	Rhod. sind guter Hintergrund für die Blüte; Herbstfärbung!
Hydrangea aspera 'Macrophylla'	Blatt-Textur und Blüte
Hydrangea macrophylla in Sorten	blüht nach den Rhod.
Hydrangea quercifolia und Sorten	Blatt-Textur, Blüte und Herbstfärbung
Hydrangea sargentiana	Blatt-Textur und Blüte
Hydrangea serrata in Sorten	blüht nach Rhod.
Ilex Arten und Sorten	stark schattenverträglich, Wurzeldruck ertragend; Blatt-Textur, Ilex crenata-Sorten auch als Flächenbegrüner
Itea virginica	guter Herbstfärber, Kolonien bildend
Kalmia Arten und Sorten	klassisches Begleitgehölz
Leucothoë walteri (= L. catesbaei)	der lockere, überhängende Wuchs bringt „Schwung" in die Rhod.-Pflanzungen, auch flächig
Mahonia aquifolium	
Mahonia bealei	Blatt-Textur und frühe Blüte
Mahonia japonica	Blatt-Textur und frühe Blüte

Yakushimanum-Hybride in einer Gehölzrandsituation mit Geranium x cantabrigiense 'Biokovo', Symphytum grandiflorum (Beinwell) und Dryopteris filix-mas (Wurmfarn).

Osmanthus x burkwoodii	eine der besten immer-grünen Duftpflanzen
Osmanthus heterophyllus	Herbstblüher, Duftpflanze
Oxydendrum arboreum	Ericaceae mit prächtiger Herbstfärbung; geschützt pflanzen
Pernettya mucronata (= Gaultheria mucronata)	Fruchtschmuck hält bis weit ins Frühjahr
Phyllostachys Arten und Sorten	Vorsicht!, nur für großräumige Pflanzungen
Pieris Arten und Sorten	gehören zu den schönsten Rhododendron-Begleit-gehölzen
Pleioblastus Arten und Sorten (= Sasa)	Vorsicht!, stark wuchernd, nur für großräumige Anlagen
Prunus laurocerasus Sorten	Schatten und Wurzeldruck sehr gut ertragend
Pseudosasa japonica	dekoratives Blatt, Ausläufer bildend!
Sinarundinaria Arten und Sorten	helles Grün, belebender Hintergrund, Solitärgehölz, Windschutz, Hecken
Skimmia japonica und Sorten	Fruchtzierde
Stewartia in Arten	wertvoller Sommerblüher, brillanter Herbstfärber
Stranvaesia davidiana	Fruchtzierde
Vaccinium corymbosum	guter Herbstfärber
Viburnum, immergrüne Arten	duftende Blüten, dekoratives Laub
Zenobia pulverulenta	blaugrünes Blatt, reinweiße Blütentrauben

Cotoneaster, niedrige Arten und Sorten	Vorsicht! oft starkwüchsige Wucherer
Empetrum nigrum	verträgt auch Trockenheit
Erica in Arten und Sorten	pflegeleichter Bodendecker
Euonymus fortunei-Sorten	Vorsicht!, oft sehr starkwüchsig und kletternd; ausgesprochen pflege-leicht
Gaultheria-Arten	gehören zu den edelsten Bodendeckern und Flächenbegrünern
Hedera in Arten und Sorten	schwachwüchsige Formen oft geeigneter, Konkurrenz!
Hypericum calycinum	wird nicht von Kaninchen verbissen, gut zusammen mit Muscari azurea
Lonicera pileata	nur vor starkwüchsige Rhododendron; Blatt-Textur
Pachysandra in Arten und Sorten	im halbschattigen, humosen Bereich unschlagbar; Laubschlucker!
Phyllodoce in Arten und Sorten	reizende, krugförmige Blüten, etwas empfindlich
Vaccinium macrocarpon und Sorten	
Vaccinium vitis-idaea	
Vinca major	beide Arten auch für tiefen Schatten; pflegeleicht
Vinca minor	

III. Bodendeckende Gehölze

Gattung/Art/Sorte	Anmerkungen
Arctostaphylos uva-ursi	
Calluna vulgaris-Sorten	nicht zusammen mit großblättrigen Rhod. pflanzen

IV. Stauden für Rhododendronpflanzungen

Gattung/Art/Sorte	Anmerkungen
Anemone hupehensis in Sorten	alle Anemonen sind wertvolle Sommer- und Spätsommer-blüher, wirken belebend

Naturhafte Azaleenpflanzung im Gehölzrandbereich mit Wurmfarn, Dicentra eximia (Tränendes Herz), Kaukasusvergißmeinnicht, Hosta, Campanula latifolia var. macrantha (Glockenblume) und Luzula sylvatica (Hainsimse) – Planten un Blomen, Hamburg.

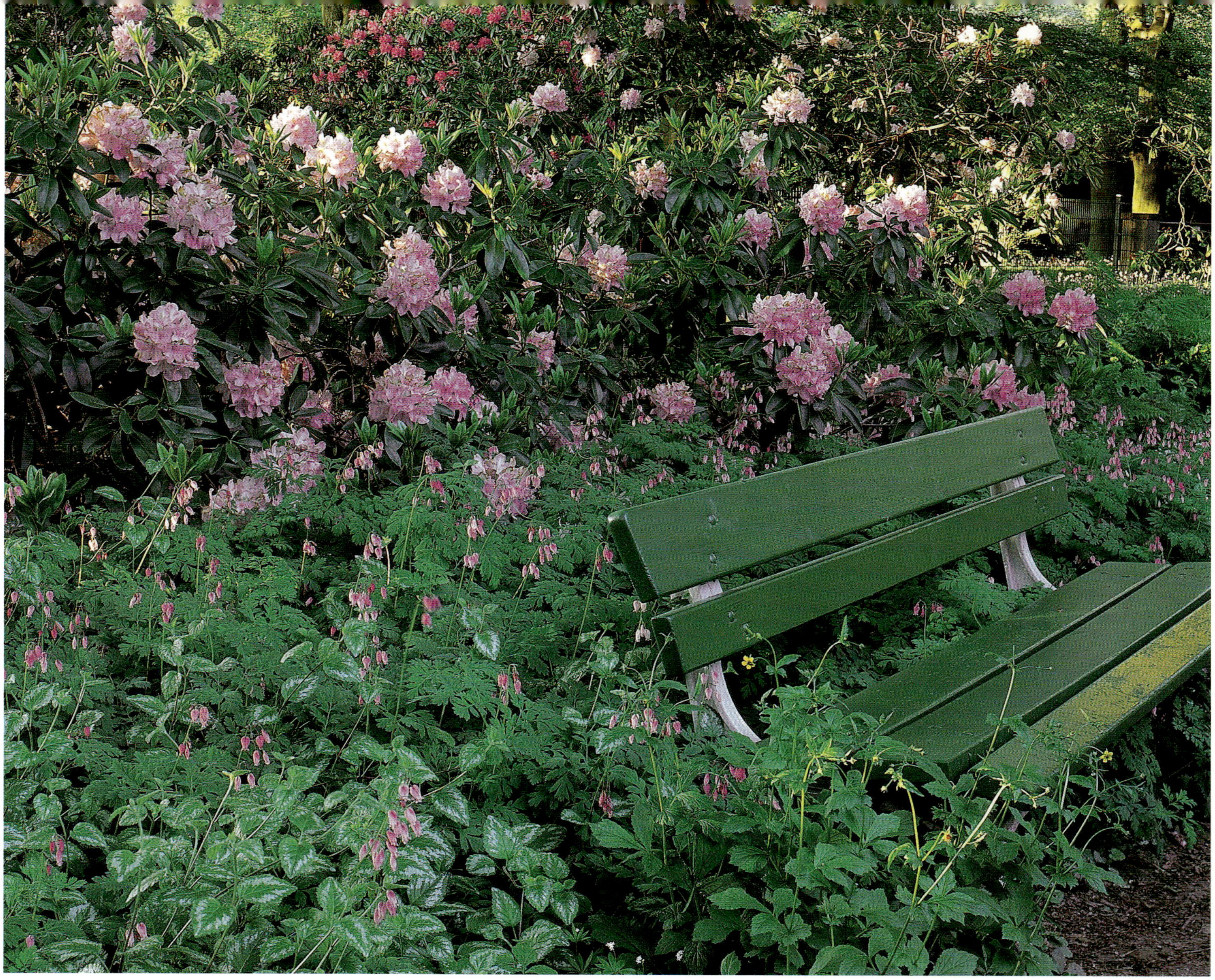

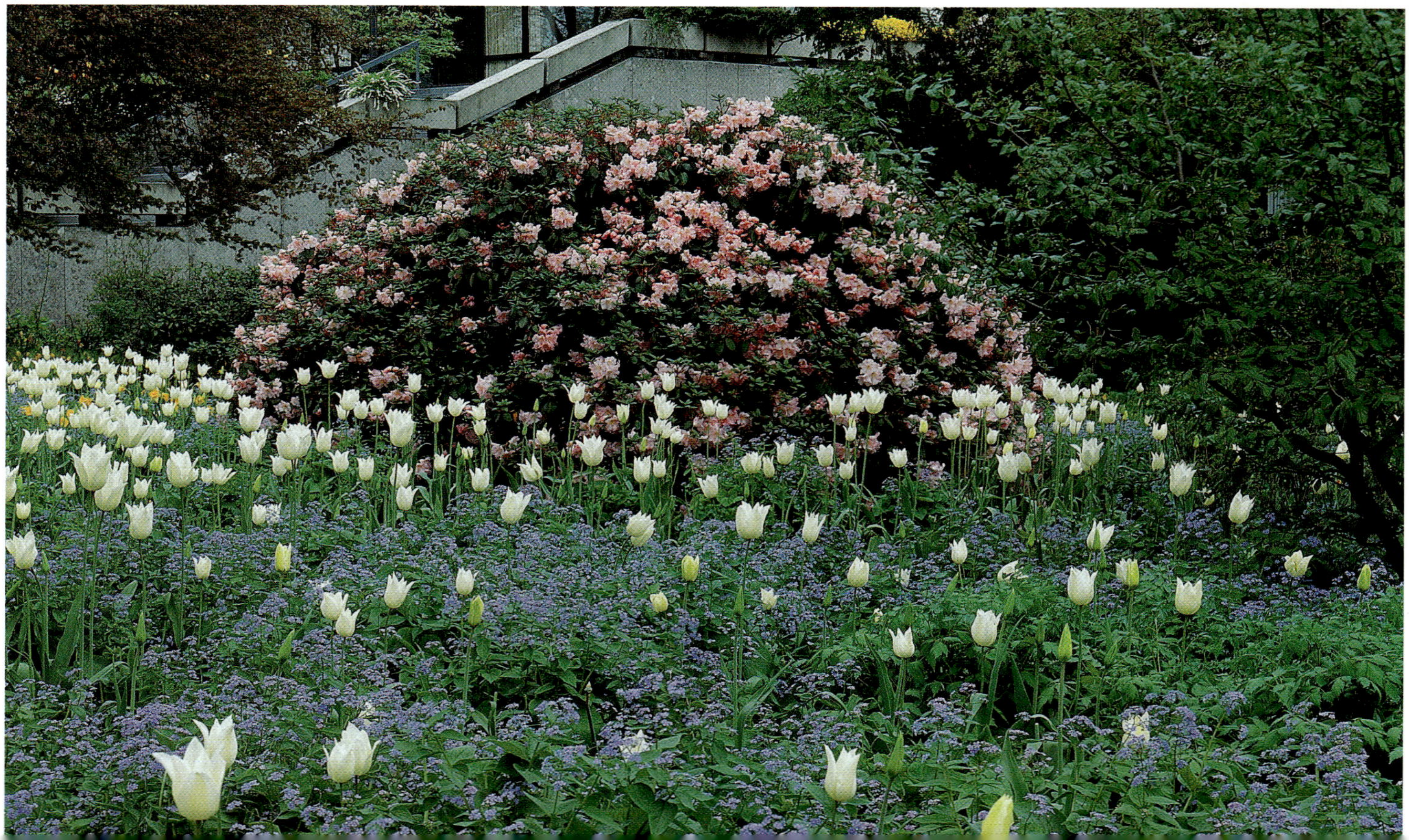

Ufergestaltung mit Gehölzsaum, Rhododendron und Straußenfarn. Zur Blütezeit ergeben sich eindrucksvolle Gartenbilder, deren Gesamtwirkung durch die Wasserspiegelung noch gesteigert wird.
oben links: Rhod. Catawbiense-Hybride mit Dicentra eximia (Tränendes Herz) und Lamiastrum 'Florentinum' (Goldnessel).
unten links: Rhod. Williamsianum-Hybride mit Brunnera macrophylla (Kaukasusvergißmeinnicht) und weißer Tulpe 'White Triumphator'.

Anemone x hybrida in Sorten (= A. japonica HORT.)	
Anemone tomentosa in Sorten	
Aquilegia olympica	blüht am Naturstandort zusammen mit Rhod. luteum, schöner Farbklang!
Aquilegia vulgaris	
Aruncus dioicus Solitärstaude	
Astilben in Sorten	Vorsicht mit Rot- und Violettönen, dunkle Farben mit viel Weiß aufhellen
Bergenia cordifolia und Hybriden	für schattige und sonnige Standorte
Brunnera macrophylla	sehr schön mit weißer Narzissen-Sorte 'Mount Hood' oder weißen Tulpen
Cimicifuga alle Arten und Sorten	Leitstaude, strukturstark
Dicentra formosa 'Luxuriant'	rosa Dauerblüher, filigranes Laub
Hosta in Arten und Sorten	Blatt-Textur, gut kombinierbar mit Blumenzwiebeln, da spät austreibend
Kirengeshoma palmata	wertvoll wegen des dekorativen Blattes und der späten Blüte
Meconopsis betonicifolia	gehört zu den edelsten Rhod.-Begleitstauden, größere Gruppen besonders wirkungsvoll; kühl, feucht, absonnig
Meconopsis cambrica	verwildert leicht durch Aussaat, wird aber kaum lästig, kurzlebig,
Mitella in Arten	sehr schön zu gelben Azaleen
Polygonatum in Arten	stattliche Leitstaude, Blatt-Textur
Primula in Arten und Sorten	Boden unbedingt frisch
Pulmonaria rubra (u. a. Arten)	gut bodendeckend, helles Laub, oft schon im Februar blühend

Rodgersia, alle Arten	Leitstaude, Blatt-Textur
Smilacina racemosa	dekoratives, hellgrünes Laub, langlebig
Waldsteinia geoides	

V. Bodendeckende Stauden

Gattung/Art/Sorte	Anmerkungen
Ajuga reptans und Sorten	
Asarum in Arten	sehr langsamwüchsig, Flächen oft erst nach mehreren Jahren geschlossen
Astilbe chinensis var. pumila	wertvoll, dichte Flächen bildend
Buglossoides purpurocaerulea	starkwüchsig, verträgt Trockenheit
Cardamine trifolia	immergrünes, bodendeckendes Schaumkraut, wertvoll
Cornus canadensis	schattig, humos
Cornus suecica	
Dicentra eximia	starkwüchsig, nicht zusammen mit niedrigen und jungen Rhod., sonst aber unverzichtbar
Duchesnea indica	Vorsicht, wuchernd
Epimedium in Arten und Sorten	gut kombinierbar mit Blumenzwiebeln
Galium odoratum	
Lamiastrum galeobdolon und Sorten	starkwüchsig!
Omphalodes verna und Sorten	
Oxalis acetosella	verträgt den tiefsten Schatten von allen Stauden, sehr schön mit Blechnum spicant oder auf helleren Plätzen mit Aquilegia

Saxifraga umbrosa	flache Rosetten, Blatt-Textur, weißlichrosa, Blüten sehr schön zusammen mit Scilla campanulata!
Symphytum grandiflorum	starkwüchsig!, Vorsicht bei jungen Rhod.
Tiarella cordifolia	wertvoll wegen des frischgrünen Laubes und der weißen Blüte, herrlich zusammen mit blauen Rhod. Russatum- oder Rhod. Repens-Hybriden
Viola odorata	
Waldsteinia ternata	wertvoller, flacher Bodendecker, gut kombinierbar mit niedrigen Blumenzwiebeln

VI. Farne für Rhododendronpflanzungen

Gattung/Art/Sorte	Anmerkungen
Adiantum pedatum	
Adiantum venustum	bildet Flächen
Blechnum penna-marina	oft starkwüchsig, dichte Flächen bildend
Blechnum spicant	sehr schön in Oxalis-Flächen
Dryopteris filix-mas u. a. Arten	robust, auch sonnig
Matteuccia in Arten	Vorsicht!, wuchert stark, nur für großflächige Pflanzungen, sonst wunderschön, frischgrüner Austrieb, Blatt-Textur
Onoclea sensibilis	bildet Ausläufer!
Osmunda regalis	Solitärfarn, genügend feucht
Polypodium interjectum 'Cornubiense'	wertvoll, immergrün
Polypodium vulgare	verträgt Trockenheit und Wurzeldruck
Polystichum aculeatum	
Polystichum setiferum-Sorten	filigrane Blatt-Textur

VII. Gräser für Rhododendronpflanzungen

Gattung/Art/Sorte	Anmerkungen
Carex morrowii und Sorten	wichtiges Gras, immergrün, auch flächig einzusetzen
Carex pendula	Solitärgras, kleine Gruppen, strukturstark
Carex umbrosa	
Deschampsia cespitosa und Sorten	
Hakonechloa macra	sehr belebend auch die weißbunte Form
Luzula nivea	
Luzula sylvatica und Sorten	robust, langlebig, kaum umzubringen
Molinia arundinacea und Sorten	Herbstaspekt, genügend Platz
Molinia caerulea und Sorten	Herbstaspekt!

VIII. Zwiebel- und Knollengewächse

Gattung/Art/Sorte	Anmerkungen
Anemone apennina	
Anemone blanda	Laubhumus, etwas geschützt
Anemone nemorosa	
Cardiocrinum giganteum	Riesen-Lilie, geschützter Standort
Chionodoxa in Arten	sehr schön in Waldsteinia ternata
Colchicum Arten und Sorten	
Cyclamen coum	halbschattig, gut unter Kiefern
Cyclamen hederifolium	Schutz vor Wintersonne
Eranthis hyemalis	Laubhumus, ungestörtes Wachstum
Erythronium Arten und Sorten	
Galanthus Arten und Sorten	gute Wirkung in dunkelgrünen Efeuflächen
Lilium Arten und Hybriden	klassische Begleitpflanzen zu Rhododendron
Muscari Arten und Sorten	
Narzissen, besonders Wildarten	
Scilla campanulata	sehr wertvoll, da späte Blütezeit, farblich sehr gut mit Rhod. luteum
Scilla non-scripta	
Scilla tubergeniana	

RHODOTHAMNUS REICHENB.
Zwergalpenrose – Ericaceae,
Heidekrautgewächse

griech.: rhodon = Rose, thamnos = Busch

R. chamaecistus (L.)REICHENB.

griech.: chamae = niedrig, lat.: cistus = Zistrose,
bezieht sich auf die zistrosenähnlichen Blüten.

*Dichttriebiger und gedrungener, höchstens 30
(40) cm hoher, meist aber deutlich niedriger
Zwergstrauch mit dünnen, drüsig behaarten
Trieben. Blätter immergrün, wechselständig, an
den Zweigenden gehäuft, schmal elliptisch bis
lanzettlich, etwa 1 bis 1,3 cm lang, dick ledrig,
oberseits glänzend grün, unterseits heller und
wenig behaart, Ränder auffallend borstig behaart. Blüten im Mai/Juni, verhältnismäßig
groß, hellrosa, zu 1 bis 3 an den Triebenden,
2 bis 2,5 cm breit.*

*Die Zwergalpenrose, deren Hauptverbreitungs-
gebiet in den Ostalpen liegt, kommt an ihrer
westl. Verbreitungsgrenze noch im Allgäu in
Höhen zwischen 1300 und 2450 m vor und zählt
somit zu den heimischen Gehölzen. Wir finden
sie in den subalpinen Kiefern- und Legföhrenbeständen sowie in Zwergstrauchgesellschaften
zusammen mit Erica carnea, Rhododendron hirsutum, Arctostaphylos und Primula auricula. Sie
wächst dort auf Geröll- und Schotterböden, in
Felsbändern, auf steinig kiesigen Rasenhängen
und anderen gut wasserdurchlässigen, schwach
sauren bis alkalischen Substraten.*

*Dieser wirklich reizende Alpenzwerg mit den
großen, ausdrucksstarken, azaleenähnlichen
Blüten, er kann übrigens bis 40 Jahre alt werden,*

Rhodothamnus chamaecistus

*hat es aber in sich. Nur der geduldige Liebhaber
wird mit ihm fertig. Er ist nämlich bei uns im
Tiefland äußerst eigensinnig und heikel. Genügend kühl-feuchte, absonnige Gartenstandorte
auf gut durchlässigen Heide- und Azaleenböden,
die allerdings auch leicht alkalisch sein dürfen,
sind die Grundvoraussetzungen für eine jahre-
lange Freundschaft.*

Rhodotypos scandens

RHODOTYPOS SIEB. et ZUCC.
Scheinkerrie – Rosaceae,
Rosengewächse

R. scandens (THUNB.) MAK.
(=R. kerrioides)

Verbreitung: Japan, China und Korea.

Wuchs: Breit aufrechter, locker verzweigter
Strauch, im Alter Zweige etwas hängend.

Größe: Bis 2 m hoch und 1,5 bis 2 m breit.

Rinde: Junge Triebe rundlich, glatt, bräunlichgrün
bis olivbraun, ältere Triebe braun.

Blätter: Sommergrün, kreuzgegenständig, eiförmig mit ausgezogener Spitze, 4 bis 10 cm lang,
Blattrand doppelt gesägt, Blattoberseite mittelgrün,
schwach glänzend, mit deutlichen Rippen, Blattunterseite hellgrün.

Blüten: Reinweiß, purpurweiß, wildrosenähnlich,
haben aber nur 4 Blütenblätter, Staubblätter leuchtend gelb, Blüten sitzen einzeln, bis 5 cm breit;
Blütezeit Mai bis Juni.

Früchte: Erbsengroße, glänzend schwarze Nüßchen, die von grünen Kelchblättern umgeben sind,
lange am Strauch haftend, sehr zierend.

Standort: Sonnig bis schattig.

Boden: Toleriert alle Gartenböden, gedeiht selbst
noch auf trockenen Standorten, bevorzugt aber tief-

gründige, frische und nahrhafte Böden, verträgt
Kalk.

Eigenschaften: Frosthart, trockenheits- und
schattenverträglich, stadtklimafest, verträgt Baum-
druck, hohes Ausschlagsvermögen (Hecken-
schnitt).

Verwendung: Ein das ganze Jahr über sehr ansehnlicher, vielfach verwendbarer und anspruchsloser Zierstrauch, der ein wenig stiefmütterlich behandelt wird. Wird leider viel zu selten gepflanzt.
Gehölzränder sonnig und halbschattig, mittelhohe
Abpflanzungen, Hecken, Unterpflanzung großer
Bäume.

Pflegetip: Regelmäßiges Auslichten notwendig,
überalterte Triebe bis zum Grund entfernen.

RHUS L.
Essigbaum – Anacardiaceae,
Sumachgewächse

Rhus = griech. Pflanzenname, er hängt zusammen
mit dem griech. rheein = fließen, was sich auf
den reichlich austretenden Milchsaft bezieht. Der
Milchsaft verschiedener Sumachgewächse wurde
zum Gerben und Färben benutzt, daher stammt
auch die Bezeichnung Gerber- oder Färberbaum.
Der Name Sumach ist nicht eindeutig geklärt. Su-
mac oder Schmock wurden die Blätter einer im
Mittelmeerraum wachsenden Rhus-Art genannt.

R. glabra L.,
Scharlach-Sumach
(glabra = kahl)

Rhus glabra

Verbreitung: Nordamerika, von Maine bis British Columbia, südl. bis Florida und Arizona; an Waldrändern, auf Ödland, an Straßenrändern und Böschungen; vorzugsweise auf sandigen Böden.

Wuchs: Meist mehrstämmiger, hoher Strauch mit etwas steifen, dicken Trieben, sehr selten auch kleiner, kurz- und schiefstämmiger Baum. Ausläufer bildend.

Größe: 2 bis 3 (6) m hoch und breit.

Rinde: Triebe dick, rundlich, ganz kahl(!), violett überlaufen und bereift.

Blätter: Sommergrün, wechselständig, unpaarig gefiedert, bis 30 cm lang, mit 11 bis 31 lanzettlichen Blättchen, Rand eng und scharf gesägt, kahl; Herbstfärbung prächtig orangerot, feurigrot bis scharlachrot.

Blüten: Pflanzen polygam oder eingeschlechtig, dann meist zweihäusig, grünlich, in aufrechten, 10 bis 25 cm langen Rispen im Juli/August.

Früchte: Weinrot, samtig behaart, in kolbenartigen Ständen, nicht giftig!

Wurzel: Fleischig, flach, Ausläufer bildend.

Standort: Sonnig.

Boden: Anspruchslos, toleriert alle durchlässigen Böden, gedeiht selbst auf trocken-armen Sandstandorten, sauer bis alkalisch.

Eigenschaften: Gut frosthart, hitzeverträglich, trockenheitsverträglich, stadtklimafest, industriefest, erreicht kein hohes Alter, besonders auf schweren Böden. Ausläufer bildend.

Verwendung: Prächtiger Solitärstrauch mit feuriger Herbstfärbung, bleibt kleiner als der Hirschkolben-Sumach, mit dem er immer wieder verwechselt wird. Ein klares Erkennungszeichen sind die kahlen(!), violett überlaufenen und bereiften Triebe. Einzelstellung und Gruppengehölz. Sehr schön an sonnigen Gehölzrändern mit Herbststauden und Gräsern.

Anmerkung: Die nordamerikanischen Indianer haben die jungen, rohen Sprosse als Salat gegessen; aus den Früchten stellten sie ein limonadenähnliches Getränk her.

R. glabra 'Laciniata'

Wuchs: Mehrstämmiger, hoher Strauch mit etwas steifen, dicken Trieben, sehr selten auch baumartiger Großstrauch.

Größe: 2 bis 3 (6) m hoch und breit.

Rinde: Triebe dick, rundlich, ganz kahl(!), violett überlaufen und bereift.

Blätter: Sommergrün, wechselständig, unpaarig gefiedert, bis 30 cm lang, mit 11 bis 31 tief fiederförmig geschlitzten Blättern; Herbstfärbung prächtig orangeort, feurigrot bis scharlachrot.

Blüten, Früchte, Wurzel, Standort, Boden, Eigenschaften wie die Art.

Verwendung: Eine Zwergform des Scharlach-Sumachs mit ungemein dekorativer, farnartiger Belaubung. Ein auserlesenes Gehölz für das Thema „Blattstruktur" und „Herbstfärbung". Einzelstellung in Rabatten, auf Rasenflächen, in halbhohen Staudenpflanzungen an sonnigen Gehölzrändern.

R. typhina L.,
Essigbaum,
Hirschkolben-Sumach

Verbreitung: Östliches Nordamerika, auf nährstoffreichen, gut drainierten Böden, aber ebenso auf Böschungen, an Straßenrändern, auf unbewirtschafteten Flächen, auf sehr trockenen und sterilen Böden.

Rhus typhina

Wuchs: Hoher Strauch, breit aufrecht, oft mehrstämmig, gelegentlich aber auch kleiner Baum mit steif aufrechten, dicken und geweihartig geformten Zweigen. In der Jugend (10 bis 12 Jahre) raschwüchsig, im Alter stagnierend. Auf humosen Böden starke Ausläuferbildung.

Größe: 4 bis 6 (10) m hoch und breit, durch Ausläuferbildung oft breiter als hoch. Jahreszuwachs 30 bis 40 cm, im Alter deutlich weniger.

Rinde: Triebe dick, rundlich, braunsamtig behaart, alte Borke dunkelbraun, dünn, milchsaftführend.

Blätter: Sommergrün, wechselständig, unpaarig gefiedert, auffallend groß, bis 50 (60) cm lang, 11- bis 31zählig, grün, glänzend, unterseits blaugrün; Herbstfärbung wunderbar leuchtend orange bis feurigrot.

Blüten: Grünlich, polygam oder eingeschlechtig, dann meist zweihäusig, in 15 bis 20 cm langen, endständigen Rispen im Juni bis Juli.

Früchte: Rot, in kolbenartigen Ständen, die den Winter über am Baum bleiben, Geschmack säuerlich, nicht giftig.

Wurzel: Fleischig, flach, auf humosen, sandigen Böden ausgeprägte Ausläuferbildung, sehr weitstreichend, nach Wurzelverletzung verstärkte Ausbreitung.

Standort: Sonnig.

Boden: Gehölz mit großer Standortamplitude, toleriert beinahe alle durchlässigen Böden (siehe hierzu auch Naturstandort), wächst sowohl auf trockenen, armen Sandböden wie auch auf feuchten, nährstoffreichen Substraten, sauer bis alkalisch.

Eigenschaften: Gut frosthart, verträgt warme, trockene Luft, erstaunlich trockenheitsverträglich, stadtklimafest, industriefest, erreicht allgemein kein hohes Alter. Ausläufer bildend.

Verwendung: Ein sehr dekoratives, vollkommen anspruchsloses Solitärgehölz für Garten-und Parkanlagen. Der Essigbaum gehört zu den prächtigsten Herbstfärbern, die uns das Gehölzsortiment bietet. Auch auf trockenen, sterilen Standorten in der Stadt (Böschungen, Abhänge) schafft er mit seinen auffallend großen, ornamental gefiederten Blättern eindrucksvolle Pflanzenbilder.

Benachbarung: Aesculus parviflora, Aralia elata, Decaisnea fargesii und Gymnocladus dioicus. Mit Herbstastern und Gräsern wie Miscanthus sacchariflorus, Spartina pectinata 'Aureomarginata', Achnatherum brachytrichum und Achnatherum calamagrostis ergeben sich zur Zeit der Laubfärbung die schönsten Gartenbilder.

Anmerkung: Der Milchsaft enthält keine hautreizenden Verbindungen. Zu Unrecht wird Rhus zu den häufigsten Giftpflanzen gezählt. Der Hirschkolben-Sumach wird immer wieder mit Rhus toxicodendron verwechsel. Die Früchte enthalten Gerbstoffe und Fruchtsäuren. Wenn man sie für eine kurze Zeit in Wasser legt, ergibt das ein angenehmes Getränk (Indianer-Rezept).

Ökologie: Blüten werden von zahlreichen Fliegenarten besucht.

R. typhina 'Dissecta',
Farnwedel-Sumach

Wuchs: Malerischer, oft gedrungen baumartig wachsender Strauch, Äste geschwungen, breit und tief ausladend, häufig schleppenartig dem Boden aufliegend; schwächer im Wuchs als die Art.

Größe: 2,5 bis 4 m hoch und meist doppelt so breit, Rosarium Uetersen: 2,75 m hoch und 6,50 m breit.

Blätter: Sommergrün, wechselständig, unpaarig gefiedert, Blättchen fein und tief farnartig geschlitzt, frischgrün; Herbstfärbung gelborange bis scharlachrot.

Blüten: Weibliche Sorte, Früchte ausbildend.

Weitere Merkmale und Angaben wie bei der Art.

Verwendung: Ein faszinierender „Baumfarn" mit feurig orangeroter Herbstfärbung. Wegen des schwächeren Wuchses auch für kleinere Garten-

Rhus typhina 'Dissecta'

Rhus typhina 'Dissecta'

räume, Innenhöfe und Terrassen verwendbar. Dekorativ in Hochbeeten und Kübeln. Guter Hintergrund für Rosen- und Staudenpflanzungen, wobei aber nicht die Gräser vergessen werden dürfen. Wertvoller Partner für das Gartenthema Blattstruktur, wobei einem sofort die üppigen Blätter der Samt-Hortensien, des Blauglockenbaumes, der Schirm-Magnolie, des Trompetenbaumes und der Blauschote einfallen. Spannung erzeugt auch die große, herzförmige Belaubung der Pfeifenwinde, der seltenen Igelkraftwurz und des Schaublatts. Doch auch mit der prachtvollen Herbstfärbung lassen sich in Verbindung mit Stauden und Gräsern einmalige Pflanzenbilder schaffen.

RIBES L.
Johannisbeere, Stachelbeere – Grossulariaceae (Saxifragaceae), Stachelbeergewächse

Ribes leitet sich ab von „Ribas", einer bei den Arabern kultivierten Rhabarberart (Rheum ribes), die sie für arzneiliche Zwecke benutzten. Auf der Iberischen Halbinsel fanden die arabischen Eroberer die säuerlich schmeckende Johannisbeere und gaben ihr den Namen Ribas, aus dem später Ribes wurde.

Die Gattung umfaßt etwa 150 Arten, die über die gesamte Nordhalbkugel und in den Gebirgen von Zentral- und Südamerika verbreitet sind. In der heimischen Gehölzflora finden wir 6 Arten, die für den Pflanzenverwender eine z. T. große Bedeutung haben. Bei der Gattung Ribes handelt es sich um sommergrüne, seltener immergrüne, niedrige bis hohe Sträucher, deren Triebe bei einigen Arten mit Stacheln bewehrt sind.

Während die europäischen Arten meist unschein-

bare Blüten haben, gehören die in Nordamerika beheimateten Ribes sanguineum und Ribes speciosum zu den wertvollsten Frühlingsblütengehölzen. Ribes aureum, die Gold-Johannisbeere, überrascht mit einer sehr frühen, rotvioletten Herbstfärbung. Alle Arten sind anspruchslose und robuste Sträucher, die sich mit jedem Standort zufriedengeben. Für den Pflanzenverwender besonders wertvoll ist Ribes alpinum, die heimische Alpen-Johannisbeere, die für kleine Hecken, Unterpflanzung schattiger Baumpartien und Abstufung von Gehölzrändern unverzichtbar ist.

R. alpinum 'Schmidt',
Alpen-Johannisbeere

Verbreitung der Wildart: Europa bis Ostsibirien und im nordwestlichen Afrika (Atlasgebirge). In

Ribes alpinum 'Schmidt'

Mitteleuropa vom Tiefland (seltener) über die Mittelgebirge bis in die Alpen auf 2000 m Höhe. In krautreichen Bergwäldern der montanen und hochmontanen Stufe, gern in Linden- und Buchenmischwäldern, in Schlucht-Wäldern, in Gebirgsauen, aber auch in Auenwäldern des Flachlandes und in Kiefern-Trockenwäldern. Auf frischen, nährstoffreichen, meist alkalischen, aber auch mäßig sauren, humosen, feuchten, lockeren, oft steinigen Lehmböden.

Wuchs: Kleiner Strauch, Grundtriebe straff aufrecht, dicht verzweigt, im Alter rundlich, leicht überhängend, langsam wachsend.

Größe: 1 bis 2 (2,5) m hoch und breit.

Rinde: Junge Triebe hell- bis graubraun, Rinde löst sich jährlich in unregelmäßigen Streifen.

Blätter: Sommergrün, wechselständig, 3- bis 5lappig, rundlich, 3 bis 5 cm lang, frischgrün, unterseits glänzend; sehr früh austreibend und lange haftend; Herbstfärbung gelb.

Blüten: Gelblichgrün, männlich, in aufrechten Trauben, April/Mai.

Wurzel: Dicht verzweigt, hoher Anteil an Feinwurzeln, mäßig tief.

Standort: Sonne bis Schatten.

Boden: Große Standortamplitude, sehr anpassungsfähig, trocken bis feucht (naß), schwach sauer bis alkalisch, bevorzugt kalk- und nährstoffreiche, frische, mittelschwere bis schwere Böden.

Eigenschaften: Gut frosthart, früh austreibend, verträgt tiefen Schatten und Wurzeldruck größerer Bäume, verträgt auch Trockenheit, windresistent, stadtklimafest, industriefest, nicht so anfällig gegen Pilzbefall wie die Art, wildverbißfest, sehr hohe Salzresistenz(!), hohes Ausschlagsvermögen. Dem Boden aufliegende Triebe bewurzeln sich (Ausbreitung!).

Verwendung: Ein ungemein wichtiges und wertvolles Gehölz für den Pflanzenverwender. Ausgezeichnet zur Unterpflanzung schattiger Baumpartien; es gibt kaum ein besseres, schattenverträglicheres Gehölz für niedrige Hecken; sehr wichtig für schattige Friedhofsbepflanzungen, Grabstätteneinfassungen, schattige Gehölzrandabstufung, Straßenbegleitgrün; durch den niedrigen und dichten Wuchs auch als Flächenbegrüner verwendbar; sehr ansehnliches, problemloses Treibgehölz (frühes Grün) z. B. für Ausstellungen; beliebtes Vogelnistgehölz, wertvolle Bienenweide im April/Mai.

In der Natur (bayerische Alpen) vergesellschaftet mit: Lonicera caerulea, Daphne mezereum, Salix appendiculata, Pimpinella major, Veronica latifolia, Pulmonaria mollis, Mercurialis perennis, Symphytum nodosum, Actaea spicata, Dryopteris filix-mas und Polygonatum verticillatum.

Ökologie: Wertvolle Insektenfutterpflanze.

R. aureum PURSH,
Gold-Johannisbeere

Verbreitung: Westliches Nordamerika, Texas, Kalifornien, Mexiko, nördlich bis Minnesota. An Flußufern und steinigen Hängen.

Wuchs: Straff aufrecht wachsender Strauch, im Alter leicht überhängend, gelegentlich auseinanderfallend.

Größe: Bis 2 (3) m hoch und breit.

Rinde: Braungelb.

Blätter: Sommergrün, wechselständig, 3lappig, rundlich, hellgrün; Herbstfärbung rötlich bis violett, sehr früh einsetzend (oft Anfang/Mitte September).

Blüten: Goldgelb, in lockeren, hängenden Trauben, duftend!; April/Mai.

Früchte: Purpurbraune bis schwarze, herbsauer schmeckende, erbsengroße Beeren, nicht giftig.

Wurzeln: Hauptwurzeln flach ausgebreitet, wenig verzweigt.

Standort: Sonnig bis schattig.

Boden: Anspruchslos, toleriert alle nicht zu trockenen, durchlässigen Böden, sauer bis schwach alkalisch, kalkempfindlich.

Eigenschaften: Frosthart, stadtklimafest, industriefest, hohes Ausschlagsvermögen, verträgt Salz (Autobahnmittelstreifen!).

Verwendung: Frühblühender, anspruchsloser Strauch mit z. T. schöner Herbstfärbung, der sich sowohl für freiwachsende und geschnittene Hekken, Mittelstreifenbepflanzung von Stadtautobahnen wie auch für schattige Gehölzunterpflanzungen eignet. Sehr gutes Insektennährgehölz, bietet eine gute Tracht für den Imker, guter Vogelschutz!

Pflegetip: Ältere Büsche (Totholz, Aufkahlen) von der Basis her auslichten oder stark zurückschneiden.

Ökologie: Wertvolle Insektenfutterpflanze, Vogelnähr- und -schutzgehölz.

R. divaricatum DOUGL.,
Sparrige Stachelbeere

Verbreitung: Küstengebirge im westlichen Nordamerika.

Wuchs: Breit aufrechter, dichtbuschiger und sparriger Dornstrauch.

Größe: 2 bis 3 m hoch und meist genauso breit.

Rinde: Triebe hellgrau, mit 1 bis 2 cm langen, hakigen Stacheln besetzt, teilweise auch borstig, älteres Holz braun.

Blätter: Sommergrün, wechselständig, rundlich herzförmig, 5lappig, frischgrün; Herbstfärbung gelb.

Blüten: Gelblichgrün, zu 2 bis 4 an dünnen Stielen; April bis Mai.

Früchte: Dunkelrote bis schwarze, 1 cm dicke Stachelbeeren, nicht giftig, mäßig schmeckend.

Wurzel: Fleischig, Hauptwurzeln tief, wenig verzweigt.

Standort: Sonnig bis absonnig.

Boden: Anspruchslos, gedeiht auf allen nicht zu trockenen, durchlässigen Böden, sauer bis alkalisch.

Ribes aureum, das bekannteste Autobahnmittelstreifen-Gehölz

Eigenschaften: Gut frosthart, stadtklimafest.

Verwendung: Robuster Gruppenstrauch für dornige Abpflanzungen, Unterpflanzung von lichtschattigen Gehölzbeständen, gutes Vogelschutzgehölz im Stadtbereich, undurchdringliche Hecken.

Ökologie: Insektennährgehölz.

R. nigrum L.,
Schwarze Johannisbeere

Sommergrüner, locker aufrechter, bis 1,5 (2) m hoher, wenig verzweigter Strauch. Junge Triebe gelbbraun, mit intensiv aromatisch riechenden Duftdrüsen besetzt, mehrjähriges Holz schwärzlich. Blätter wechselständig, 3 bis 5lappig, ebenfalls mit Duftdrüsen besetzt und besonders während des Austriebs riechend.

Blüten grünlich, in überhängenden Trauben, April/Mai. Früchte aromatisch riechende, schwarze Beeren, eßbar. Reich an Vitamin C, 100 g Beeren enthalten 177 mg. Der Vitamin C-Gehalt ist 5 mal höher als bei der Roten Johannisbeere (HECKER).

RIBES

Die Schwarze Johannisbeere gehört zu den gefährdeten Pflanzen in Deutschland. Aufgrund des jahrhundertelangen Anbaues läßt sich ihr genaues Verbreitungsgebiet kaum noch feststellen. Ursprünglich wohl nur im nord- und ostdeutschen Raum. Sie kommt vor in Erlenbrüchen, Auenwäldern (auch im Überschwemmungsbereich) und in feuchten Gebüschen auf nährstoffreichen, meist sauren, humosen Lehm-, Ton- und Bruchtorfböden.

Verwendung findet die Schwarze Johannisbeere bei der Bepflanzung feuchter, staunasser und z. T. zeitweise überschwemmter Problemstandorte. Bei genau identifiziertem Wildmaterial (dürfte aber sehr schwierig sein) wäre auch die Wiederansiedlung in Bruchwäldern möglich.

Anmerkung: *Die Schwarze Johannisbeere ist eine der Wirtspflanzen des Säulenrostes, der an den 5-nadeligen Kiefern den meist zum Tode führenden Blasenrost verursacht.*

R. sanguineum 'Atrorubens',
Blut-Johannisbeere

(sanguineum = blutrot)

Verbreitung der Wildart: Westliches Nordamerika. Wurde 1826 eingeführt.

Wuchs: Breit aufrechter, dichtbuschiger Strauch.

Größe: Bis 2 m hoch und 1,5 m breit, im Alter oft genauso breit wie hoch.

Blätter: Sommergrün, wechselständig, rundlich, 5 bis 10 cm lang, 3- bis 5lappig, dunkelgrün, unten hellgrün, weißfilzig, aromatisch duftend (Geruch

Ribes sanguineum 'Atrorubens'

der Schwarzen Johannisbeere, ein ätherisches Öl ist hierfür verantwortlich).

Blüten: Dunkelrot, in 6 cm langen, hängenden Trauben, erscheinen vor der Laubentwicklung im April (bis Anfang Mai).

Früchte: Schwarze Beeren, blauweiß bereift, ca. 1 cm dick, nicht giftig.

Standort: Sonnig, warm.

Boden: Kaum Ansprüche, gedeihen in jedem nicht zu trockenen Gartenboden; zu schwere, kalte und nasse Böden sind ungeeignet.

Eigenschaften: Frosthart, Trockenheit schlecht vertragend.

Verwendung: Nach den Forsythien gehören die Blut-Johannisbeeren zu den beliebtesten Frühlingsblütengehölzen. Sie sind besonders auffallend, da sie neben den vielen Gelbtönen des Frühjahrs das allererste Rot in unsere Gärten bringen. Geeignet zur Einzelstellung, Gruppenpflanzung oder für freiwachsende Blütenstrauchhecken.

Ökologie: Ribes sanguineum 'Atrorubens' ist eine wertvolle Insektenfutterpflanze, die wegen des knappen Blütenangebotes im Frühjahr sehr stark von verschiedenen Hummel-Arten, Bienen und anderen Insekten besucht wird.

R. sanguineum 'King Edward VII'

Wuchs: Langsam und gedrungen wachsender Strauch mit zahlreichen, bogig aufrechten, dicht

Ribes sanguineum 'King Edward VII'

verzweigten Grundtrieben, schwächer im Wuchs als 'Atrorubens'.

Größe: 1,5 bis 2 m hoch und breit.

Blüten: Reinrote, 8 cm lange Blütentrauben.

Weitere Merkmale und Verwendung wie 'Atrorubens'.

R. sanguineum 'Pulborough Scarlet'

Wuchs: Breitbuschig aufrecht, starkwüchsig.

Größe: 2 bis 2,5 m hoch.

Blüten: Tiefrot mit weißer Mitte, Trauben besonders groß. Schönste Sorte.

R. sanguineum 'Splendens'

Wuchs: Breitbuschig aufrecht.

Größe: 2 m hoch.

Blüten: Groß, hellrot.

R. uva-crispa L.,
Wilde Stachelbeere
(= R. grossularia)

Sommergrüner, dicht verzweigter, bis 1,2 m hoher und ebenso breiter Kleinstrauch. Junge Triebe kantig gerieft, weißgrau bis hellbraun, stark bewehrt mit einfachen und 3teiligen Stacheln. Blätter wechselständig, 3 bis 5lappig, 1,5 bis 4 cm lang und 2 bis 5 (6) cm breit, oberseits dunkelgrün, leicht glänzend, früh austreibend, lange haftend. Blüten zu 1 bis 3, Einzelblüte glockig, grünlich, unauffällig, April. Früchte bräunlichgrüne, borstig behaarte Beeren, zur Reife süß, eßbar.

Die Wilde Stachelbeere ist in Mitteleuropa seit Jahrhunderten in Kultur und dadurch vielerorts eingebürgert bzw. verwildert. Ihr natürliches Areal ist heute nicht mehr eindeutig abgrenzbar. Wir finden sie in Mitteleuropa vom Tiefland bis zu den Alpen in etwa 1000 m Höhe. Sie wächst in Auen- und Schluchtwäldern, an Wald- und Wegerändern, in Gebüschen und Hecken, auf (mäßig trockenen) frischen (bis feuchten), nährstoffreichen, humosen und lockeren, meist kalkhaltigen, sandig-steinigen Lehm- und Tonböden, in halbschattiger bis schattiger Position.

Auf Grund der hohen Schatten- und Wurzeldruckverträglichkeit sehr gut zur Unterpflanzung höherer Gehölze geeignet. Weiterhin für undurchdringliche Hecken und zur „frühen Begrünung" (Austrieb Ende März) von schattigen Innenhöfen, Nordseiten an Gebäuden, Mauern und Böschungen.

Ökologie: Blätter sind Raupennahrung für den C-Falter. Die nektarreichen Blüten werden von vielen Insektenarten, u. a. auch von Sandbienen, beflogen. Vogelschutz- und -nährgehölz.

ROBINIA L.
Robinie, Falsche Akazie, Scheinakazie, Schotendorn –
Papilionaceae (Leguminosae), Hülsenfrüchtler

Die Gattung wurde von Linné nach JEAN ROBIN (1550–1629), dem Hofgärtner von Heinrich IV. und Ludwig XIII., benannt.

Die etwa 20 Robinien-Arten haben ihr Verbreitungsgebiet in Nordamerika und im südlichen Mexiko. Es sind sommergrüne Bäume oder Sträucher mit wechselständigen, unpaarig gefiederten Blättern; die Stipeln sind oft als Dornen ausgebildet. Ihre Blüten erscheinen in weißen, rosa oder lilarosa Blütentrauben kurz nach dem Blattaustrieb. Sie haben einen angenehm süßlichen Duft und sind bei einigen Arten und Sorten wie z. B. Robinia 'Casque Rouge' oder Robinia hispida 'Macrophylla' eine große Zierde. Darüber hinaus zählen Robinienblüten zu den wertvollsten Insektenfutterpflanzen. Für die Bienen sind sie Ende Mai/Anfang Juni der Beginn der Haupttracht. Samen und Rinde sind bei einigen Robinien-Arten giftig.

Alle Arten haben ein großes Lichtbedürfnis, sind ausgesprochen wärmeliebend, hitze- und trockenheitsverträglich, stellen an den Boden kaum Ansprüche und eignen sich bestens zur Begrünung auch extremer, innerstädtischer Pflanzsituationen.

Robinia 'Casque Rouge'

'Casque Rouge'

Wuchs: Großer Strauch oder kleiner Baum mit unregelmäßiger, offener Krone, in der Jugend breit trichterförmig aufrecht, anfangs sehr schnellwüchsig.

Größe: 6 (10) m hoch und 5 (8) m breit.

Rinde: Einjährige Triebe braun, Nebenblattdornen klein, 0,5 cm lang.

Blätter: Unpaarig gefiedert, im Austrieb bräunlich, Blättchen 11 bis 19, elliptisch bis länglich lanzettlich, 3,5 bis 5 cm lang und 2 bis 2,5 cm breit, mittelgrün.

Blüten: Purpurrot (violettrot), in 15 cm langen Trauben, auf der Fahne ein hellgelber Fleck mit zarten Streifen, Einzelblüten 2,3 cm lang und breit, Kelch am Grunde bräunlich (rotgrün), Zipfel rötlich, fein behaart; Blütezeit Ende Mai, Anfang Juni.

Wurzel: Tiefwurzler.

Standort: Vollsonnig und windgeschützt.

Boden: Anspruchslos, toleriert alle durchlässigen Gartenböden, trocken bis frisch, schwach sauer bis stark alkalisch.

Eigenschaften: Frosthart, gut hitzeverträglich, wärmeliebend, stadtklimafest, in der Jugend windbruchgefährdet.

Verwendung: 'Casque Rouge' fällt schon als junge Pflanze durch eine Fülle purpurroter Blütentrauben auf. Eine der schönsten Blüten-Robinien. Da sie in der Jugend sehr starkwüchsig und somit auch windbruchgefährdet ist, sollte man ihr einen gut geschützten Pflanzplatz zuweisen. Herrliche Bilder ergeben sich durch die Benachbarung mit Kolkwitzien (Ton in Ton).

R. hispida 'Macrophylla',
Borstige Robinie

Verbreitung der Wildart: Östliches Nordamerika.

Wuchs: Sparrig aufrechter, wenig verzweigter Strauch, Ausläufer treibend, wenn wurzelecht.

Größe: 1,5 bis 2 (3) m hoch und breit.

rinde: Triebe olivbraun, später braunrot, dicht mit roten Borsten besetzt.

Blätter: Sommergrün, wechselständig, unpaarig gefiedert, 15 bis 20 cm lang, Blättchen bis 5 cm lang, rund bis breit elliptisch, stumpf tiefgrün, unterseits graugrün, Nebenblätter fadenförmig, nicht verdornend.

Blüten: Lilarosa, sehr groß, Einzelblüte bis 3 cm lang, in bis zu 15 cm langen, hängenden, borstigen Trauben; Blütezeit Ende Mai, Anfang Juli.

Früchte: Borstige Hülsen.

Wurzel: Tiefwurzler, wurzelechte Pflanzen breiten sich durch Wurzelausläufer schnell aus.

Standort: Sonnig-warm und windgeschützt!

Boden: Im allgemeinen anspruchslos, gedeiht auf allen durchlässigen Gartenböden, neutral bis alkalisch, wächst auch noch auf armen und trockenen Substraten.

Eigenschaften: Frosthart, gut hitzeverträglich, wärmeliebend, stadtklimafest, rauchhart, treibt Ausläufer, windbruchgefährdet, besonders als Hochstamm.

Verwendung: Ein prachtvolles Blütengehölz für Einzelstellung in windgeschützten Rabatten mit Stauden und Kleingehölzen, sehr gut geeignet als Spalierstrauch an Hauswänden und Gartenmauern (Windbruchgefahr ausgeschlossen). Eine herrliche Ton-in-Ton-Farbkombination ergibt sich mit dem Bodendecker Montia sibirica, sehr schön auch mit Linum narbonense, Potentilla 'Abbotswood', Deutzia gracilis oder Salvia nemorosa.

Robinia hispida 'Macrophylla'

Fliegenschnäppernest in den Borkenhöhlungen der Robinie

R. pseudoacacia L.,
Robinie, Scheinakazie, Locust

Verbreitung: Östliches Nordamerika. In Laub-mischwäldern, auf nicht mehr bewirtschafteten Feldern, Ödländereien und anderen offenen Flächen; auf mäßig nährstoffreichen, feuchten bis trockenen, lockeren Sand-, Lehm- und Felsböden.

Wuchs: Mittlerer bis großer Baum mit rundlicher und lockerer Krone, Äste unregelmäßig, waagerecht ansetzend, oft drehwüchsig, aufrecht oder weit ausladend, Krone im Alter malerisch schirmförmig, häufig Totholz; in der Jugend sehr starkwüchsig.

Größe: 20 bis 25 m hoch und 12 (15) bis 18 (20) m breit. Jahreszuwachs in der Jugend 1 bis 1,20 m, nach 10 Jahren 25 bis 50 cm, nach 40 Jahren etwa 20 cm.

Rinde: Triebe rotbraun, kantig, stark dornig, Dornen bis 3 cm lang, alte Borke dunkelbraun bis dunkelgrau, tief netzfurchig.

Blätter: Sommergrün, wechselständig, unpaarig gefiedert, 20 bis 30 cm lang, Blättchen zu 9 bis 19, elliptisch, 3 bis 4 cm lang, dunkelgrün bis blaugrün, unterseits hellgrün, spät austreibend, Herbstfärbung spät, gelblich. Blätter sind giftig.

Blüten: Weiß, in 10 bis 25 cm langen, hängenden Trauben an jungen Trieben; stark süßlich duftend, Ende Mai/Anfang Juni.

Früchte: Braune, 4 bis 10 samige Hülsen, oft den Winter über am Baum (Wintersteher), giftig.

Wurzel: In der Jugend Pfahlwurzel, die nach 15 bis 20 Jahren rübenartig abholzig wird, dann Ausbildung eines Senkerwurzelsystems mit sehr flach im Oberboden verlaufenden Hauptseitenwurzeln, die eine sehr große Reichweite haben.

(SCAMONI ermittelte an einer 70jährigen Robinie 14 m); Vertikalbewurzelung besteht aus Senkern

ROBINIA

Robinia pseudoacacia

oder abbiegenden Horizontalwurzeln (Kniewurzeln); Robinienwurzeln suchen mit ihren langen Wurzelsträngen zielsicher Stellen anhaltender Bodenfeuchtigkeit auf (BARNER). Auf Sandstandorten geht die Robinie 2,60 bis 3 m tief; Robinie entwickelt Wurzelbrut und Stockausschlag, reichliche Bildung von Wurzelknöllchen, die Luftstickstoff bindende Bakterien enthalten.

Standort: Vollsonnig.

Boden: Insgesamt anspruchslos, optimal auf nährstoffreichen, frischen bis mäßig trockenen, lockeren Lehmböden, gedeiht aber auch gut auf armen, trockenen Sand- und Kiesböden, schwach sauer bis alkalisch, versagt auf schweren, undurchlässigen, nassen und sauerstoffarmen Substraten. Robinien-Wurzeln haben ein großes Luftbedürfnis, daher die Vorliebe für lockere, sauerstoffreiche Böden.

Eigenschaften: Frosthart, in ungünstigen Lagen leiden Jungbäume gelegentlich unter Früh- und Spätfrösten, wärmeliebend, hitze- und dürrefest, für Stadtklima sehr gut geeignet, industriefest, salzresistent, lichthungrig, Boden wird durch Knöllchenbildung, aber noch stärker durch die Laubstreu mit Stickstoff angereichert, Robinien gehören zu den nektar- und zuckerreichsten Insektenfutterpflanzen; nach Wurzelverletzung starke Wurzelbildung; Rinde und Laub für Pferde giftig, für Kühe und Ziegen gutes Futter (EHLERS), Blätter, Früchte, Samen und Rinde für Menschen ebenfalls giftig. Giftige Wurzelausscheidungen und Laubstreu verdrängen verschiedene Pflanzen. Robinien werden 100 bis 200 (300) Jahre alt, sterben aber meist schon früher ab. Nach 40 Jahren Totholzbildung, Bruchgefahr. Auf verdichteten, sauerstoffarmen Standorten (innerstädtischer Bereich, Straßenraum) setzt eine frühe Vergreisung ein.

Verwendung: Einzelbaum, Gruppengehölz in Parkanlagen, im Siedlungsgrün und Straßenbegleitgrün; Rohbodenpionier auf Sand-, Kies- und Steinböden; Halden- und Böschungsbefestigung; Baum für extreme, innerstädtische Pflanzsituationen (trocken-heiße Standorte); ältere Bäume sind beliebte Nistgehölze, z. B. Fliegenschnäpper in tiefgefurchten Borkenhöhlungen.

Das Holz der Robinie ist außerordentlich fest und dauerhaft und hält auch ohne Imprägnierung doppelt so lange im Boden wie imprägniertes Buchenholz (SCHUSTER). Es wird verwendet im Schiff-, Erd- und Wasserbau, weiterhin zur Herstellung von Ruderstangen, Leitersprossen, Radspeichen, Turngeräten, Rebpfählen und Grubenholz. Früher wurden aus dem Holz auch Holznägel und Schrauben gefertigt.

Ökologie: Wertvolles Insektennährgehölz. Als Bienenweide liefern Robinien von Anfang bis Mitte Juni eine Honigtracht, die auf 1 ha 150 bis 1000 kg Honig einbringt.

Robinia pseudoacacia

Interessante Beobachtungen zur Gehölzökologie hat HEINRICH BIER gemacht, Forstmeister und Leiter der Außenstelle Sauen der Abteilung Waldbau des Instituts für Forstwissenschaften Tharandt. Er schreibt in „Gehölzkunde und Parkpflege, 1968":

„Die Fledermäuse, besonders die Bechstein-Fledermaus, bevorzugen Nistkästen, die in Robinienhorsten oder -gruppen hängen – vielleicht wegen dort vorkommender Insektenarten oder eines günstigen Mikroklimas. Daß die Robinie darauf Einfluß haben kann, zeigt sich am Glühwürmchen, das normalerweise südöstlich von Berlin nur auf feuchten Standorten, z. B. an Bachläufen oder Seerändern vorkommt. Trotzdem ist das Glühwürmchen in diesem Gebiet sogar auf trockenen Talsanden zu finden, wenn dort Robinien stehen. Das beruht darauf, daß die Robinie mit ihrer Begleitflora einen äußerst günstigen Bodenzustand schafft, durch den der Wasserhaushalt des Bodens so verbessert wird, daß sich Schnecken ansiedeln können, von deren Vorkommen wiederum das Glühwürmchen abhängig ist. Eine Waldpopulation des Grauschnäppers bevorzugt in Brandenburg eindeutig Kiefernbestände, die mit Robinien gemischt sind. Wald- und Gartenbaumläufer bevorzugen als Nistplatz alte Robinienstämme." Nach eigenen Beobachtungen fressen die Ringeltauben die süßen Robinienblüten.

R. pseudoacacia 'Bessoniana'

Wuchs: Mittlerer bis großer Baum mit breit kegelförmiger, dichter Krone und meist durchgehendem Hauptstamm, im Alter lockerer, rundlich-eiförmig bis sparrig.

Größe: (15) 20 bis 25 m hoch und 10 bis 12 (15) m breit. Jahreszuwachs nach 15 Jahren 25 bis 50 cm.

Rinde: Triebe hellbraun, meist ohne Dornen.

Blätter: Sommergrün, wechselständig, unpaarig gefiedert, 20 bis 30 cm lang, Blättchen zu 9 bis 19, elliptisch, 3 bis 4 cm lang, dunkelgrün bis bläulichgrün, unterseits hellgrün, spät austreibend; Herbstfärbung spät, gelblich. Blätter sind giftig.

Blüte: Wird selten ausgebildet.

Sonstige Merkmale und Angaben wie die Art.

Eigenschaften: Auf zu guten Böden und im Alter verstärkte Windbruchgefahr.

Verwendung: Einzelstellung, Gruppenpflanzung in Parkanlagen und im Siedlungsgrün, gut verwendbar im städtischen Straßenraum. Sonst wie R. pseudoacacia.

Robinia pseudoacacia 'Bessoniana'

R. pseudoacacia 'Culoteoides'
(R. pseudoacacia f. sophorifolia)

Wurde 1765 in England selektiert.

Wuchs: Kleiner, sehr malerisch wachsender Baum, zunächst schlank aufrecht, später wunderschön locker werdend.

Größe: 10 bis 11 m hoch und dann etwa 6 m breit.

Blätter: Frischgrün, nur halb so groß wie bei der Art, sehr attraktiv.

Verwendung: Verkörpert die Wuchsform einer alten, malerischen Robinie, bleibt aber kleiner. Sollte in Kultur genommen werden. Darüber hinaus zeichnet sich dieser Baum durch eine reiche Blüte aus.

R. pseudoacacia 'Frisia',
Gold-Robinie

Wuchs: Kleiner bis mittelgroßer Baum mit locker aufstrebenden Ästen, in der Jugend starkwüchsig, Krone lange schmal bleibend.

Größe: 8 bis 10 (15) m hoch und 5 bis 8 m breit. Jahreszuwachs 15 bis 25 cm.

Rinde: Triebe hellbraun mit weinroten Dornen.

Blätter: Sommergrün, wechselständig, unpaarig gefiedert, im Austrieb sehr schön orangegelb, im Sommer bis Herbst goldgelb.

Blüten, Früchte, Wurzel, Boden und Eigenschaften wie die Art.

Standort: Vollsonnig, windgeschützt.

Verwendung: Farbenprächtiges Gehölz zur Belebung und Kontrastierung von Pflanzungen. Lockert

Robinia pseudoacacia 'Frisia'

dunkle Nadelgehölzgruppen auf. Schöner Hintergrund für das Thema „Gelber Garten". Passende Nachbarn wären hier: Ligustrum ovalifolium 'Aureum', Cornus alba 'Spaethii', Physocarpus opulifolius 'Luteus', Sambucus canadensis 'Aurea' und Acer negundo 'Odessanum'. Als Stauden kämen in Frage: Verbascum-Arten, Alchemilla mollis, Kümmel, Fenchel (Foeniculum vulgare), x Solidaster u. a., geeignete Gräser wären Hakonechloa macra 'Aureola' und Spartina pectinata 'Aureomarginata'. Farblich passen zu den Gelbtönen auch hervorragend Purpurtöne oder rotlaubige Gehölze wie Prunus x cistena, Berberis thunbergii 'Atropurpurea', Cotinus coggygria 'Rubrifolius', und als Stauden empfehle ich Heuchera micrantha 'Palace Purple' oder flächig Ajuga reptans 'Atropurpurea'. Komplementärkombinationen mit violett blühenden Gehölzen und Stauden sind eine andere attraktive Möglichkeit.

R. pseudoacacia 'Pyramidalis'
(R. pseudoacacia var. fastigiata)

Um 1839 in Frankreich entstanden.

Wuchs: Mittelgroßer Baum, Krone in der Jugend spitzkegelig, später säulenförmig, Äste und Zweige straff aufrecht, im Alter leicht übergeneigt.

Größe: Bis 15 m hoch und dann etwa 3 bis 5 m breit. Jahreszuwachs ca. 15 cm.

Rinde: Triebe hellbraun, meist dornenlos.

Blätter: Blüten etwas kleiner als bei der Art, weitere Merkmale und Eigenschaften identisch.

ROBINIA

Robinia pseudoacacia 'Pyramidalis'

Verwendung: Einzelstellung, Gruppen, Alleen. Schöner Baum zur Betonung der Vertikalen, Raumbildner auf Plätzen oder in formal gestalteten Anlagen, weiterhin geeignet für schmale Abpflanzungen auf trockenwarmen Standorten mit schlechten Bodenverhältnissen, innerstädtische Extremstandorte.

R. pseudoacacia 'Rectissima'
(R. pseudoacacia var. rectissima RABER)

Wuchs: Aufrecht mit „kerzengeradem" Stamm.

Blätter: Entsprechen der Art.

Blüten: Werden nicht angesetzt.

Sonstige Merkmale wie die Art.

Eigenschaften: Übertrifft die Art an Dauerhaftigkeit und an Widerstandskraft gegen Pilze und Insekten (SCHENCK).

Verwendung: Allee- und Straßenbaum, Forstbaum. Da sie jedoch keine Blüten und Früchte trägt, sollte diese Form aus ökologischen Gründen nur bedingt eingesetzt werden.

Anmerkung: Dieser Robinien-Typ mit den kerzengeraden Stämmen kam auf der Insel Long Island (New York) in größeren Beständen vor. Angeblich ist sie dort von einem Schiffskapitän namens SAND vor 300 Jahren aus den Südstaaten eingeführt worden (SCHENCK).

R. pseudoacacia 'Sandraudiga'

Um 1937 bei P. LOMBARTS, Holland, gefunden.

Wuchs: Mittelgroßer bis großer, sehr stark wachsender Baum mit breit pyramidaler, auffallend lockerer Krone.

Größe: 20 bis 25 m hoch und 12 (15) bis 18 (20) m breit.

Rinde: Zweige sehr stark dornig.

Blätter: Sommergrün, wechselständig, unpaarig gefiedert, Blättchen zu 5 bis 7, sehr groß, graugrün.

Blüten: Weiß, zartrosa überlaufen, Blütezeit Juli.

Sonstige Merkmale und Eigenschaften wie die Art.

Verwendung: Guter Straßen- und Alleebaum. Einzelstellung, Gruppen in größeren Garten-und Parkanlagen.

R. pseudoacacia 'Semperflorens'

Um 1870 in Frankreich gefunden.

Wuchs: Mittlerer bis großer Baum mit zunächst aufrechtem, lockerem Wuchs, Krone später abgeplattet breit-oval, stark wachsend.

Größe: 20 bis 25 m hoch und 12 (15) bis 18 m breit.

Rinde: Zweige kaum verdornt.

Blätter: Entsprechen der Art.

Blüten: Weiß, sehr zahlreich im Juni, Nachblüte von August bis September, oft durchgehende Blüte von Juni bis September.

Eigenschaften: Windresistenter als die Art.

Verwendung: Wertvoller Baum für Parkanlagen, Straßen und Alleen.

R. pseudoacacia 'Tortuosa',
Korkenzieher-Robinie

Wuchs: Mittelgroßer Baum mit aufrecht gewundenen Ästen und korkenzieherartig gedrehten Zweigen und Trieben, im Alter malerische, schirmartige Krone, schwach wachsend.

Größe: 8 bis 12 (15) m hoch und 5 bis 8 m breit. Jahreszuwachs ca. 15 bis 20 cm.

Rinde: Dunkelbraun, dornig.

Blätter: Sommergrün, wechselständig, oft drehwüchsig, hängend, unpaarig gefiedert, bis 20 cm lang, Blättchen 2 bis 3 cm lang, elliptisch, dunkelgrün, unterseits graugrün, spät austreibend, Herbstfärbung gelb.

Robinia pseudoacacia 'Tortuosa'

Blüten: Selten blühend.

Sonstige Merkmale und Angaben wie bei der Art.

Verwendung: Ein sehr dekorativer, auffallender Baum für Einzelstellung in Innenhöfen, auf Rasenplätzen, in Stauden-, Rosen-, Gräser-Rabatten. Malerisches Solitärgehölz, das besonders im Alter mit seiner schirmförmigen Krone und den gedrehten und sich zum Kronenrand stark verjüngenden Ästen und Zweigen ein wenig an die Savannen-Akazien erinnert.

Gut zu verbinden mit Buddleja alternifolia, Cotoneaster divaricatus, Cotoneaster franchetii, Berberis stenophylla, Colutea x media, Lespedeza thunbergii, Pyracantha, Potentilla, Salix purpurea 'Nana', niedrige Strauch-Rosen sowie Cytisus- und Genista-Arten. Stauden und Gräser: Anaphalis, Achillea ageratifolia, Artemisia ludoviciana 'Silver Queen', Artemisia pontica, Artemisia schmidtiana 'Nana' u. a., Stachys olympica 'Silver Carpet', Veronica spicata ssp. incana, Festuca amethystina 'Aprilgrün', Festuca cinerea und Helictotrichon sempervirens.

R. pseudoacacia 'Umbraculifera',
Kugel-Robinie

umbraculiferum = schirmtragend

Wurde 1813 in Österreich gefunden.

Wuchs: Kleiner Baum mit dichter, kugelrunder, feintriebiger Krone, im Alter mehr flach-rund; langsam wachsend.

Größe: 5 bis 6 m hoch und etwa 4 m breit, im Alter meist genauso breit wie hoch. Jahreszuwachs ca. 15 cm.

Rinde: Hellbraun, dornenlos.

Blätter: Sommergrün, wechselständig, unpaarig gefiedert, insgesamt zierlicher und kleiner als bei der Art, bis 15 cm lang, hellgrün.

Blüten: Blüht nicht.

Weitere Angaben und Merkmale wie bei der Art.

Eigenschaften: Bildet kaum Ausläufer, hohes Aus-

Robinia pseudoacacia 'Umbraculifera'

Robinia pseudoacacia 'Unifoliola'

sehr groß ausgebildetes Endblatt, dunkelgrün, matt; Herbstfärbung gelb. Blätter giftig.

Blüten: Weiß, in 10 bis 15 cm langen, meist 10 bis 15 blütigen Trauben, stark süßlich duftend, Ende Mai/Anfang Juni.

Wurzel, Standort und Boden wie die Art.

Eigenschaften: Leidet unter Windbruch, im Alter sehr reich blühend.

Verwendung: Einzelstellung, Gruppengehölz, besonders gut im Straßenbegleitgrün und als Alleebaum zu verwenden.

R. pseudoacacia 'Unifoliola', Einblättrige Robinie
(= R. pseudoacacia 'Monophylla')

Wuchs: Mittelgroßer Baum mit unregelmäßig kegelförmiger Krone, Hauptäste schlank aufrecht, wenig verzweigt, Seitenäste schräg ausgebreitet, gelegentlich waagerecht, im Alter sehr lockere, transparente Krone.

Größe: 15 bis 18 (22) m hoch, 8 bis 10 (14) m breit. Jahreszuwachs 20 bis 35 cm.

Rinde: Hellbraun, Triebe unbewehrt.

Blätter: Sommergrün, wechselständig, unpaarig gefiedert, sehr unregelmäßig, Fiederblätter stark reduziert, nur 1 bis 7 Blättchen, oftmals nur ein

R. x slavinii 'Hillieri'
(= R. hillieri HORT.)

Kreuzung aus R. kelseyi x R. pseudoacacia. Entstand 1962 bei Hillier.

Kleiner Baum mit rundlicher Krone, im Alter mehr aufgelockert und malerisch ausgebreitet. In 40 Jahren etwa 10 m hoch und genauso breit.

Blätter wechselständig, unpaarig gefiedert, dunkelgrün. Blüten rosa bis lilarosa, im Juni mit den Blättern erscheinend. Außerordentlich reichblühend.

Ein fantastisches Solitär-Gehölz. Zur Blütezeit ein rosaroter Traum. Leider ist diese absolut frostharte und anspruchslose Blütenakazie kaum bekannt.

Robinia pseudoacacia 'Umbraculifera'

schlagsvermögen, verträgt radikalen Rückschnitt, wird aber häufig zu tief zurückgeschnitten, bildet dann Kröpfe, Holz brüchig.

Verwendung: Sehr guter Straßen- und Alleebaum, der ohne Schnitt kugelrunde, dichtverzweigte Kronen bildet. Herrliches Formelement, um auf Plätzen, in Fußgängerzonen und in formal gestalteten Gartenanlagen streng geometrische Akzente zu setzen. Schön auch für Kübel und Container.

Pflegetip: R. pseudoacacia 'Umbraculifera' sollte nach etwa 20 Jahren zurückgeschnitten werden. Durch die Lichtarmut im Kroneninneren oft sehr viel Totholzbildung.

Robinia x slavinii 'Hillieri'

Rosa gallica 'Officinalis'

ROSA L.
Rose – Rosaceae,
Rosengewächse

Wildrosen

Neben der unübersehbaren Fülle schöner und z. T. spektakulärer Gartensorten und Arthybriden, die die Rosenzüchtung uns in den letzten Jahrhunderten bis heute beschert hat, haben die reinen Wildarten mit ihren einfachen, ausdrucksstarken Schalenblüten an ihrer Beliebtheit beim Pflanzenverwender nichts eingebüßt. Ihr besonderer Charme, gepaart mit wertvollen, unübertroffenen Eigenschaften, machen sie zu einer außerordentlich wichtigen Gehölzgruppe.

Über die tatsächliche Zahl der Wildarten gibt es bei den Systematikern unterschiedliche Auffassungen. Es dürften wohl 100 bis 200 Arten sein, die über den größten Teil der gemäßigten Zonen unserer Erde verbreitet sind. Einige Arten finden wir sogar in den tropischen Gebirgen Mexikos, Abessiniens und auf den Phillipinen.

Die Gattung Rosa umfaßt sommergrüne, seltener immergrüne, aufrechte, teilweise auch kletternde, mittelgroße Sträucher mit stacheligen oder borstigen Trieben. Ihre Blätter sind wechselständig und unpaarig gefiedert. Die zahlreichen Schalenblüten erscheinen einzeln, in Rispen, Schirmrispen oder Schirmtrauben. Eine sehr große Zierde sind die rundlichen, ovalen oder auch flaschenförmigen, orangeroten Hagebutten, die oft bis tief in den Winter am Strauch haften. Für die heimische Vogelwelt und viele Kleinsäuger stellen sie eine wichtige Nahrungsquelle dar.

Wildrosen sind vielseitig verwendbar. Sie eignen sich sowohl zur Einzelstellung als auch für Gruppenpflanzungen oder freiwachsende Hecken. Blühende Wildrosenhecken sind absolute Höhepunkte im Gartenjahr. Arten mit dichtem Wuchs, starker Bewehrung und Ausläuferbildung können besonders gut zur Begrünung schwieriger Pflanzplätze wie Halden, Böschungen, Schutzpflanzungen im Industriebereich sowie zur Anlage von Wallhecken und Vogelschutzgehölzen in der freien Landschaft eingesetzt werden.

R. arvensis HUDS.,
Feld-Rose, Kriech-Rose
(= R. repens)

Verbreitung: West- und Südeuropa bis Westasien. In Mitteleuropa nur westlich der Elbe, hauptsächlich im Rhein-, Main- und Donaugebiet, in den Alpen um 1000 m NN; an Wald- und Wegerändern, in krautreichen Eichen- und Hainbuchen-Wäldern, seltener in Buchenwäldern oder Nadelmischwäldern, auf Lichtungen und in Hecken; auf nährstoffreichen, neutralen bis mäßig sauren, humosen Lehm- und Tonböden.

Wuchs: Strauch mit bogig überhängenden und weit ausgebreiteten, kriechenden oder kletternden, stacheligen Trieben, bei ungehinderter Entwicklung dichter, halbkugeliger Busch.

Größe: 0,5 bis 2 m hoch und 1 bis 2 (3) m breit.

Rinde: Triebe mit vielen hakenförmigen Stacheln besetzt.

Blätter: Sommergrün, wechselständig, unpaarig gefiedert, 5 bis 7 eiförmige bis elliptische Blättchen, sattgrün.

Blüten: Weiß, einzeln oder zu wenigen, 3 bis 5 cm breit, ohne Duft. Juli.

Früchte: Eiförmig, bis 2 cm lang, hellrot.

Standort: Sonnig bis halbschattig.

Boden: Allgemein anspruchslos, trocken bis feucht, nährstoffreich, neutral bis mäßig sauer.

Eigenschaften: Frosthart, etwas wärmeliebend, Bodentriebe wurzeln, Ausläuferbildung, Halbschattenpflanze!

Verwendung: Sehr wertvolle Wildrose zur Böschungs- und Hangbegrünung, verträgt von allen Wildarten mit den meisten Schatten!, bildet absolut dichte, undurchdringliche Flächen, gutes Vogelschutzgehölz.

R. blanda AIT.,
Eschen-Rose

Rosa blanda

Verbreitung: Östliches Nordamerika auf feuchten, steinigen Standorten.

Wuchs: Langsam wachsender, dicht verzweigter Strauch mit zunächst aufrechten, dann bogig überhängenden Grundtrieben.

Größe: Bis 3 m hoch und breit.

Rinde: Triebe schlank, braun, fast ohne Stacheln, nur in der Jugend wenig bewehrt.

Blätter: Sommergrün, wechselständig, unpaarig gefiedert, bis 15 cm lang, Blättchen zu 5 bis 7, 3 cm lang, elliptisch, dunkelgrün, Herbstfärbung rot.

Blüten: Rosa, Einzelblüten bis 6 cm breit, zu 1 bis 3; Juni bis Juli.

Früchte: Hagebutten bis 1 cm dick, rot.

Wurzel: Kräftig, wenig verzweigt, Tiefwurzler.

Standort: Sonnig.

Boden: Keine besonderen Ansprüche, trocken bis feucht, neutral bis stark alkalisch.

Eigenschaften: Frosthart.

Verwendung: Gruppen, Schutzpflanzungen, Hang- und Böschungsbegrünung.

R. canina L.,
Hunds-Rose, Gemeine Hecken-Rose

Rosa canina

Verbreitung: Europa, Nordasien, Nordafrika. In Hecken, Knicks, Feldgehölzen, in lichten Laub- und Nadelmischwäldern, an Wald- und Wegrändern, an Lesesteinhaufen und auf nicht mehr bewirtschafteten Wiesen, Weiden und Weinbergen; auf warmen, mäßig trockenen bis frischen, mäßig sauren bis alkalischen, tiefgründigen Lehmböden.

Wuchs: Locker aufrechter, raschwüchsiger Strauch mit weit ausladenden und bogig überhängenden Zweigen, durch Wurzelausläufer sich stark ausbreitend.

Größe: Bis 3 m hoch und breit.

Rinde: Triebe mit kräftigen, hakenförmigen Stacheln besetzt.

Rosa rubiginosa

Rosa canina

Blätter: Sommergrün, wechselständig, unpaarig gefiedert, 8 bis 12 cm lang, mit 5 bis 7 Fiederblättern, Blattstiel und Spindel bewehrt, Nebenblätter mit dem Blattstiel verwachsen, dunkelgrün bis bläulichgrün.

Blüten: Rosa bis weiße Schalenblüten, zu 1 bis 3, Einzelblüte 4 bis 5 cm breit, duftend; Ende Mai/Anfang Juni bis Juli.

Früchte: Ovale oder eiförmige (variabel) Hagebutten, scharlachrot, Kelch abfallend! Bei R. rubiginosa bleiben sie teilweise erhalten, eßbar, hoher Vitamin C-Gehalt.

Wurzel: Kräftig, tiefgehend, wenig verzweigt, starke Ausläuferbildung.

Standort: Sonnig bis absonnig.

Boden: Allgemein anspruchslos, liebt durchlässige, mäßig trockene bis frische, tiefgründige, nährstoffreiche Böden, schwach sauer bis alkalisch; R. canina gedeiht noch sehr gut auf armen, trockenen Standorten; auf nassen Böden kein optimales Wachstum.

Eigenschaften: Absolut frosthart, anspruchslos, robust, sehr trocken- und hitzeresistent, windfest, stadtklimafest, lichthungrig, verträgt aber etwas Schatten, bildet Ausläufer.

Verwendung: Einzelpflanze, Gruppengehölz in Garten- und Parkanlagen, für Schutzpflanzungen und Hecken, belebend an Gehölzrändern; außeror-

dentlich wichtige Wildrose für Pflanzmaßnahmen in der freien Landschaft, durch Ausläuferbildung und tiefe Haupt- und weitstreichende Seitenwurzeln guter Befestiger von Böschungen und Steilhängen in Südlage; Kiesgrubenbegrünung u. ä., Waldrandgestaltung; Vogelschutzgehölz, Bienenweide, die Wildrosen bieten den heimischen Tieren vitaminreiche Fruchtäsung. Vergesellschaftung in der Natur: Prunus spinosa, Crataegus monogyna, Rhamnus catharticus, Corylus avellana, Viburnum opulus, Euonymus europaeus, Sorbus aucuparia.

Ökologie: R. canina-Hagebutten sind außerordentlich reich an Vitamin C. In 100 g frischreifem Mark sind es zwischen 300 bis 700 mg! Orangen bringen

Rosa canina

es dagegen nur auf 50 mg! In der freien Natur werden die Früchte sowohl von größeren Vögeln wie Elstern, Krähen, Dohlen, Eichelhähern und Seidenschwänzen als auch von Kleinvögeln und Säugern verzehrt. Die Blüten der Hunds-Rose produzieren keinen Nektar, die vielen Insektenarten besuchen sie wegen des reichlichen Pollens.

R. carolina L.,
Wiesen-Rose, Carolina-Rose
(= R. humilis MARSH.,
R. virginiana var. humilis SCHNEID)

R. carolina wird oft fälschlich als „R. virginiana" angeboten, die echte Virginische Rose ist R. virginiana MILL. R. carolina ist die Wappenblume des Staates Iowa.

Verbreitung: Östliches Nordamerika. Von Quebec und Ontario im Norden bis Florida im Süden. Im Westen reicht das Areal bis Texas und Wisconsin. Auf unterschiedlichsten Böden, häufig auf nicht mehr bewirtschafteten Flächen, Straßenböschungen und Ödländereien, zusammen mit Juniperus virginiana, aber auch in feuchten Niederungen und am Rande von Sümpfen und Flüssen.

Wuchs: Kleiner Strauch mit schlanken, aufrechten, sehr borstigen Trieben, dickichtartige Ausbreitung durch starke Ausläuferbildung.

Rosa carolina

Größe: Bis 1 m, gelegentlich auch 1,5 m hoch und meist etwas breiter als hoch.

Rinde: Triebe rotbraun, junge sehr borstig, Stacheln schlank, dünn und gerade, Zweige aber auch unbewehrt.

Blätter: Sommergrün, wechselständig, unpaarig gefiedert, 6 bis 10 cm lang, Blättchen meist 5 (selten 7), elliptisch bis lanzettlich, 1 bis 3 cm lang, oberseits sattgrün, kahl, kaum glänzend, unterseits graugrün und meist kahl.

Blüten: Rosa, 4 bis 5 cm breit, einzeln oder zu mehreren in kleinen Trauben, Juli/August.

Früchte: Kugelig, 8 mm dick, rot, sehr frostbeständig, haften lange!

Standort: Sonnig bis absonnig.

Boden: Insgesamt anspruchslos, alle mäßig trockenen bis frischen, auch feuchte Standorte tolerierend (siehe Naturstandort), stark sauer bis neutral.

Eigenschaften: Frosthart, stadtklimafest, rauchhart, ausläufertreibend, etwas Schatten vertragend.

Verwendung: Gute Gruppenpflanze zur Begrünung unterschiedlichster Standorte, durch sehr starke Ausläuferbildung geeignet zur Bodenbefestigung an Böschungen und Hängen; Verkehrsbegleitgrün, Abstufung von Gehölzrändern, Schutzpflanzungen, auch auf feuchten bis nassen Böden, Vogelschutz- und -nährgehölz.

R. gallica L.,
Essig-Rose

Kleiner, gedrungener, 0,4 bis 1 m hoher Strauch mit unterirdischen, weit kriechenden Trieben und zahlreichen Schößlingen. Junge Triebe graugrün, dicht besetzt sowohl mit sichelförmigen Stacheln als auch Nadel- und Borstenstacheln sowie Drüsenborsten. Blätter wechselständig,

unpaarig gefiedert, 6 bis 12 cm lang, 3 bis 5 (7) Blättchen, breit elliptisch, ledrig, oberseits dunkelgrün und rauh, unten heller und behaart, Blattstiel, Spindel und Mittelrippe stachelig.

Blüten einzeln, seltener zu 2 bis 3, 4 bis 7 cm breit, karminrosa bis dunkelpurpurn, angenehm duftend, Juni/Juli.

R. gallica ist beheimatet in Mittel-, Süd- und Südosteuropa sowie im nördlichen Kleinasien und Kaukasus. Bei uns schwerpunktmäßig in Mittel- und Süddeutschland, in den Alpen fehlend.

An Wald- und Gebüschrändern, in gras- und krautreichen Eichenwäldern, auf sonnigen Hängen in Magerrasengesellschaften. Auf sommerwarmen, trockenen bis frischen, nährstoffreichen, neutralen (kalkliebend) Lehm- und Tonböden in sonniger Lage.

Die Essig-Rose zählt zu den bedrohten Pflanzen unserer heimischen Flora. Sie ist eine absolut frostharte, anspruchslose und sehr reichblühende Wildrose. Sie wird seit dem 13. Jahrhundert kultiviert und gilt als eine der bedeutendsten Stammpflanzen unserer Gartenrosen. Im 18. Jahrhundert wurde R. gallica in großem Umfang in Provins, einer kleiner Ortschaft 50 km südöstlich von Paris, gezogen und erhielt deshalb auch die Bezeichnung Provins-Rose. Bis heute kommt es immer wieder zu Verwirrungen und Verwechslungen mit der ähnlich klingenden Provence-Rose, R. centifolia.

Verwendung als Ziergehölz für Garten- u. Parkanlagen, Abpflanzung sonniger Gehölzränder, niedrige Hecken, Waldrandgestaltung, Bodenfestlegung.

Rosa gallica

R. gallica 'Officinalis',
Apotheker-Rose

Gedrungen und dichtbuschig wachsender, bis 80 cm hoher Strauch. Blättchen zu 5, eiförmig, oben kahl, unten behaart. Blüten karminrot, halbgefüllt, mit leuchtend gelben Staubgefäßen, wohlriechend. Früchte fast kugelig, dunkelrot.

Wohl die bekannteste Gallica-Sorte, die bereits im 1. Jahrh. n. Chr. von Plinius dem Älteren beschrieben wurde und 1310 nachweislich in Frankreich in Kultur war. Apotheker stellten aus den getrockneten und zu Pulver zerriebenen Blütenblättern den Rosenessig her. Die getrockneten Blütenblätter hat man früher zwischen die Wäsche gelegt, sie wurden aber auch zur Aromatisierung des Weines benutzt.

Rosa gallica 'Officinalis'

R. glauca POURR.,
Rotblättrige Rose, Bereifte Rose, Hecht-Rose
(= R. rubrifolia, R. ferruginea)

Verbreitung: Mittel- bis Südeuropa; von den Pyrenäen bis zu den Karpaten, Vogesen, Jura, Alpen, im nördlichen Apennin und in den Gebirgen Serbiens, Dalmatiens und Montenegros. An Lesesteinhaufen, trockenen Gehölzrändern, auf Schotterflächen und Waldlichtungen. Auf mehr oder weniger trockenen, durchlässigen, kalkreichen, aber auch kalkarmen Böden.

Rosa glauca

Rosa glauca

Rosa glauca

In Deutschland nur im Südschwarzwald, in der südlichen Schwäbischen Alb und im südöstlichen Bodenseegebiet verbreitet! Locker aufrecht wachsender Strauch mit langen, bogig überhängenden Grundtrieben. Keine Ausläuferbildung.

Größe: Bis 3 m hoch und breit.

Rinde: Triebe braunrot, bläulich bereift, Stacheln nicht zahlreich, meist gerade, aber auch hakenförmig gekrümmt.

Blätter: Sommergrün, wechselständig, unpaarig gefiedert, 12 bis 14 cm lang, Blättchen zu 5 oder 7, an Langtrieben meist 9, elliptisch, bläulichgrün und bereift, purpurn überlaufen, Blattstiele dunkelrotlila; Herbstfärbung gelegentlich gelb bis orangerötlich.

Blüten: Blaurot bis purpurrot, Blütenmitte weiß (R. H. S. Colour Chart 66A); Juni bis Juli.

Früchte: Kugelförmig, bis 1,5 cm dick, leuchtend rot.

Wurzel: Hauptwurzeln tiefgehend, Seitenwurzeln weitstreichend.

Standort: Sonnig bis absonnig.

Boden: Insgesamt anspruchslos, auf allen durchlässigen, trockenen bis mäßig frischen, kalkarmen und kalkreichen Böden.

Eigenschaften: Frosthart, hitzefest, stadtklimafest, hohes Ausschlagsvermögen, windhart, etwas schattenverträglich.

Verwendung: Trockene Gehölzränder (auch absonnig), lockere Zierstrauchhecken, Böschungsbegrünung, Schutzgrün, freie Landschaft (Verbreitungsgebiet beachten). Durch die blaugrüne Belaubung und die bereiften, braunroten Triebe eine sehr attraktive Wildrose, die nicht nur in Gruppenpflanzungen belebend wirkt, sondern auch als Solitärstrauch ungemein wirkungsvoll ist.

Sie paßt z. B. ausgezeichnet in den Heidegarten, wo ihre Blattfarbe sehr gut mit den verschiedenen Calluna-Blüten harmoniert. Ausgezeichnete Farb-Kompositionen erreicht man mit silbergraublättrigen Laub- und Nadelgehölzen wie Hippophae, Salix helvetica, Pyrus salicifolia, Perovskia, Caryopteris, Lavendel oder Juniperus virginiana 'Grey Owl' u. a. Da auch im Laub und den Trieben von R. glauca Rot- bzw. Purpurtöne vorkommen, bildet sie einen feinsinnigen Übergang zu den purpurrotlaubigen Gehölzen wie Cotinus coggygria 'Royal Purple', Prunus x cistena oder Berberis thunbergii 'Atropurpurea'. Passende Stauden wären Gypsophila paniculata, Eryngium-Arten, Artemisia-Arten, Stachys byzantina 'Silver Carpet' und Ajuga reptans 'Purpurea'.

R. hugonis HEMSL., Chinesische Gold-Rose

Rosa hugonis

Locker aufrechter, 2 bis 2,5 m hoher und ebenso breiter Strauch mit ausgebreiteten, im Alter weit überhängenden Zweigen.

Triebe tiefbraun, dicht mit geraden Stacheln besetzt, an Langtrieben auch stachelig-borstig. Blüten im April/Mai, hellgelb, einfach, schalenförmig, bis 5 cm breit, einzeln sitzend, aber in großer Fülle aufgereiht entlang der Kurztriebe. Hagebutten flachkugelig, etwa 1,5 cm breit, dunkel bis schwärzlichrot. R. hugonis ist im Norden Zentralchinas beheimatet und wächst dort auf felsig-steinigen, mäßig trockenen Böden.

Zu den großen Vorzügen gehört ihre Frosthärte und die immer überraschend früh einsetzende Blütezeit. Mit der Überfülle ihrer schwefelgelben, anmutigen Schalenblüten und dem filigranen Laub gehört die Chinesische Gold-Rose zu den außergewöhnlichen Erscheinungen des Wildrosensortiments. Währt ihre Blütezeit auch nur kurz, so ist aber die Wirkung auf uns um so nachhaltiger. Ein Traumpaar: R. hugonis und die azurblauen Blüten von Buglossoides.

R. jundzillii BESS., Rauhblättrige Rose (= R. marginata)

Aufrecht wachsender, 1 bis 3 m hoher, dichttriebiger und Ausläufer bildender Strauch mit leicht überhängender Bezweigung. Triebe mit fast geraden Stacheln, aber auch durchsetzt mit Nadelstacheln und Drüsenborsten. Blätter meist 7zählig, Blättchen oval, oberseits matt dunkelgrün, unterseits graugrün. Blüten im Juni/Juli, karmin bis hellrosa, später heller werdend, leicht duftend. Hagebutten rundlich, etwa 1,2 cm dick.

R. jundzillii ist heimisch in Mittel- und Osteuropa sowie in Westasien. Bei uns im mittleren bis südlichen Deutschland, fehlend im Norden sowie im Alpenvorland und in den Alpen.

In lichten Eichen- und Kiefernwäldern, an Wald- und Wegrändern.

Heimisches Pioniergehölz für sonnigtrockene Pflanzplätze, Begrünung von stillgelegten Steinbrüchen, Schotterhängen, Straßenböschungen und zur Bodenbefestigung. Vogelschutz- und -nährgehölz.

R. majalis HERRM.,
Zimt-Rose, Mai-Rose

Wurde früher auch fälschlich als R. cinnamomea geführt.

Aufrechter, bis 1,5 (3) m hoher, stark Ausläufer bildender Strauch. Triebe glänzend rotbraun mit kurzen und hakigen, häufig auch paarweise angeordneten Stacheln; im unteren Bereich der Triebe auch Nadelstacheln und Stachelborsten. Blätter 4 bis 9 cm lang, 5 bis 7zählig, Blättchen länglich elliptisch, 1,5 bis 3 cm lang und 0,8 bis 1,5 cm breit, oberseits stumpfgrün und behaart, unterseits heller, meist kahl, aber auch dicht grau behaart.

Blüten im Mai/Juni, hellrosa bis karmin, 5 cm breit. Früchte kugelig oder abgeflacht, etwa 1 cm breit, dunkelrot. Reich an Vitamin C und Provitamin A.

R. majalis ist verbreitet in Nordeuropa, Sibirien, südlich bis zu den Karpaten und Südrußland. In Deutschland einige Verbreitungsinseln im Oberrheingebiet, an der oberen Donau und im Voralpenraum. Wir finden sie in Auen- und Bruchwäldern, aber auch in trockeneren Waldgesellschaften. Am Naturstandort (Taiga) in nassen Wäldern zusammen mit Alnus incana, Prunus padus, Salix pentandra, Ribes nigrum und Rubus idaeus. In der Woronesh-Steppe östlich des Don wächst R. majalis vergesellschaftet mit Rhamnus frangula, Rh. catharticus, Viburnum opulus und oft Rubus caesius (NOACK).

Auf (mäßig trockenen) frischen bis feuchten, nährstoffreichen, tiefgründigen Lehm- und Tonböden, aber auch auf flachgründigen, steinigen Lehmböden in sonniger bis halbschattiger Position.

Sehr interessante Wildrose, die auch auf feuchten und halbschattigen Standorten gedeiht. Auenwälder, Wasserränder, Bodenbefestigung (starke Ausläuferbildung!). Vogelschutz- und -nährgehölz.

R. moyesii HEMSL. & WILS.,
Mandarin-Rose, Blut-Rose
(= R. macrophylla rubrostaminea)

Verbreitung: In den Gebirgen der chinesischen Provinz Setschuan.

Rosa moyesii

Wuchs: Locker aufrecht wachsender Strauch, Grundtriebe und Seitenzweige nur schwach übergeneigt. Starkwüchsig.

Größe: 3 bis 4,5 (5,5) m und 3,5 bis 6 m breit.

Rinde: Olivgrün bis braunoliv.

Blätter: Sommergrün, wechselständig, unpaarig gefiedert, 8 bis 12 cm lang, Blättchen zu 7 bis 13, breit elliptisch, 1,5 bis 3 (bis 4) cm lang und 1 bis 1,7 cm breit, fein und gleichmäßig gesägt, nur Mittelrippe schwach behaart, sonst kahl, mittelgrün.

Blüten: Dunkelkarminrot bis blaurot, Staubgefäße goldgelb, 5 bis 6 cm breit, Anfang Juni bis Ende Juni.

Früchte: Flaschenförmig, mit deutlichem Hals und großem, bleibendem Kelch, bis 5 cm lang und 1,7 bis 1,8 cm breit, hellrot bis dunkelorangerot (R.H.S. Colour Chart 43 B), borstig.

Wurzel: Hauptwurzel tiefgehend, Seitenwurzeln weitstreichend.

Eigenschaften: Frosthart, in der Jugend etwas empfindlich.

Verwendung: R. moyesii gehört mit ihren großen, schalenförmigen Blüten und den sehr attraktiven Früchten zu den schönsten Wildrosen. Sie wächst sehr schnell und erreicht schon in 10 Jahren eine Höhe von 3 m und eine Breite von 3,50 m. Man sollte ihr also einen genügend großen Einzelplatz zuweisen. Herrliches Hintergrundgehölz für die „Rote Rabatte".

Einige der schönsten Sorten und Hybriden von R. moyesii:

'Geranium', Wuchs kräftig, bis 3 m, Blüten scharlachrot/geranienrot, Früchte orangerot, sehr reich fruchtend.

'Highdownensis', locker-aufrechter bis leicht überhängender Wuchs, Blüten hellkarminrot, Blütezeit von Anfang Juni bis Ende Juni, Früchte hellrot.

Rosa moyesii

Sehr frostharte, dankbare Wildrose, die häufiger gepflanzt werden sollte.

'Marguerite Hilling', Wuchs locker überhängend, 2 bis 2,5 m hoch und genauso breit. Blüten karminrosa, leicht gefüllt, von großer Schönheit und viel naturhaftem Charme, sehr reich blühend, leicht remontierend. Gehört für mich zu den allerschönsten Strauchrosen!

'Nevada', Wuchs stark, doch locker und weit überhängend. 2 bis 3 m hoch und oft breiter als hoch. Blüten cremeweiß, schalenförmig, einmal blühend, aber in unglaublicher Fülle, so daß sich die dicht bei dicht mit Blüten besetzten Triebe neigen. Überrascht im Spätsommer mit einem zweiten, schwächeren, rosafarbenen Flor.

R. multibracteata HEMSL. et WILS., Kragen-Rose

Verbreitung: Westchina.

Wuchs: Breit aufrecht wachsender, dichttriebiger Strauch mit locker überhängenden, dünnen Zweigen.

Größe: 2,5 bis 3 (4) m hoch und breit.

Rinde: Triebe braunrot, Stacheln gepaart, gerade, schlank.

Blätter: Sommergrün, wechselständig, unpaarig gefiedert, bis 15 cm lang, Blättchen zu 7 bis 9, 3 cm lang, verkehrt eiförmig, dunkelgrün.

Blüten: Hellrosa, Einzelblüte bis 3 cm breit, sehr zahlreich; Juli.

Früchte: Eiförmig, bis 1,5 cm lang, leuchtend orangerot.

Wurzel: Hauptwurzeln tiefgehend.

Standort: Sonnig.

Boden: Auf allen durchlässigen, mäßig trockenen bis feuchten, nahrhaften Böden, sauer bis alkalisch.

Verwendung: Einzelstellung, Gruppen.

R. multiflora THUNB. ex MURR., Vielblütige Rose
(= R. polyantha SIEB. et ZUCC. non HORT.)

Verbreitung: China, Japan, Korea und Taiwan.

Wuchs: Raschwüchsiger Strauch mit breit ausladenden, bogig überhängenden, schlanken Zweigen.

Größe: 2 bis 3 m hoch (teilweise bis 5 m kletternd) und 3 m breit.

'Nevada'

Rosa multiflora

Rinde: Triebe bräunlich oder rötlichgrün, schwach bestachelt, teilweise auch unbewehrt.

Blätter: Sommergrün, wechselständig, unpaarig gefiedert, 5 bis 10 cm lang, Blättchen zu 7 bis 9, elliptisch oder verkehrt eiförmig, 2 bis 3 cm lang, oben glänzend grün, unterseits matter, lange haftend.

Blüten: Weiß, bis 2 cm breit, in kegelförmigen Doldenrispen, stark nach Honig duftend; Juni bis Juli.

Früchte: Rundlich, erbsengroß, rot, bleiben bis zum Winter am Strauch.

Standort: Sonnig bis halbschattig.

Boden: Anspruchslos, auf allen durchlässigen Böden, sauer bis neutral, bei zu hohem pH-Wert Eisenchlorose. R. multiflora wächst auch auf rohen, sterilen Böden.

Eigenschaften: Frosthart, sehr robust, relativ hohe Schattenverträglichkeit, sehr windresistent, verträgt Hitze und Trockenheit, hohes Ausschlagsvermögen, Früchte überdauern Fröste von minus 8 °C. Selbst wenn sie erfroren sind, halten sie noch lange am Strauch, da die Fruchthülle sehr derb ist.

Verwendung: Eine ungewöhnlich robuste und anspruchslose Wildrose, die vielfach eingesetzt werden kann. Sie bildet sehr schnell undurchdringliche Dickichte; Straßenbegleitgrün, Gehölzränder, Mittel- und Randstreifen von Stadtautobahnen (heckenartige Pflanzungen wirken aufprallmindernd), Böschungsbegrünung; durch die hohe Schattenverträglichkeit sehr gut zur Unterpflanzung größerer Bäume; Nordlagen von Gebäuden u. ä. Bestes Vogelschutz- und -nährgehölz; schöner Kletterstrauch für ältere Laubbäume (bis 6 m). Bei genügend Raum auch als Solitärstrauch sehr wirkungsvoll. Früchte sind schöner Vasenschmuck.

R. nitida WILLD.,
Glanz-Rose

Verbreitung: Nordöstliches Nordamerika. R. nitida wächst vorwiegend an Ufern von Seen, Teichen, Bächen und Flüssen. Auch in Sümpfen, feuchten Dickichten und Überschwemmungsgebieten begegnet man ihr, also auf Böden, die sauer sind (NOACK).

Wuchs: Durch starke Ausläuferbildung sehr dichttriebiger Kleinstrauch mit straff aufrechten, stark borstigen und stacheligen Trieben, Kolonien bildend.

Größe: 0,5 bis 0,8 m hoch und nach einigen Jahren breiter als hoch.

Rosa nitida

Rinde: Triebe rötlichrotbraun, dicht mit dünnen, borstigen Stacheln besetzt.

Blätter: Sommergrün, wechselständig, unpaarig gefiedert, Blättchen zu 7 bis 9, elliptisch länglich, 1 bis 3 cm lang, oben stark glänzend dunkelgrün, Herbstfärbung tiefbraunrot bis leuchtendrot.

Blüten: Rosa, 4 bis 5 cm breit, einzeln oder zu wenigen, Juni bis Juli.

Früchte: Flachkugelig bis kugelig, 0,8 bis 1 cm im Durchmesser, hellrot, Schattenseite orange (R. H. S. Colour-Chart 45 A), haften sehr lange. Winterzierde!

Standort: Sonnig.

Boden: Gehölz mit großer Standortamplitude; wächst sowohl auf mäßig trockenen wie auch auf nassen Böden, sauer bis neutral, bei zu hohem pH-Wert tritt Eisenchlorose auf.

Eigenschaften: Frosthart, stadtklimafest, Ausläuferbildung, verträgt Nässe. Auf zu trockenen, nährstoffarmen, tonig-lehmigen, verdichteten Böden Vergreisung, wenig Ausläufer.

Verwendung: Wird häufig als Bodendeckerrose empfohlen. Leider ist sie durch ihren niedrigen und offenen Wuchs anfällig gegenüber Wildkräutern. Im Verkehrsbegleitgrün oft nicht zu halten, da sehr pflegeintensiv.

R. pendulina L.,
Alpen-Rose, Alpen-Heckenrose
(= R. alpina)

Aufrechter, 0,5 bis 3 m hoher, sehr stark Ausläufer bildender Strauch. Triebe grün, oberseits auch rötlich, wenig bestachelt, nur im unteren Bereich Nadelstacheln und einzelne stärkere Stacheln. Blätter 10 bis 12 cm lang, 7 bis 11zählig,

Blättchen schmal elliptisch, oberseits frisch- bis dunkelgrün, unterseits hellgrün, kahl, Herbstfärbung oft schön gelb. Blüten im Mai/Juni karminrosa mit heller Mitte, sehr reichblühend. Hagebutten flaschenförmig, hellrot, überhängend, reich an Vitamin C.

R. pendulina ist verbreitet in den mittel- und südeuropäischen Gebirgen. In den Alpen noch in 1500 m Höhe. Zerstreut vorkommend als Unterholz in lichten Bergmischwäldern, in der Krummholzzone, in Zwergstrauchheiden, im Grünerlengebüsch, sowie in Hochstaudenfluren und in Bachschluchten. Auf (mäßig trockenen) frischen bis feuchten, schwach sauren bis neutralen, humosen, steinigen Lehmböden in sonniger bis halbschattiger kühlfeuchter Lage.

Es ist schon erstaunlich, wieviel Schatten die Alpen-Rose verträgt. Sie wächst und blüht selbst noch auf beinahe vollschattigen Standorten, wenn nur der Boden genügend feucht und nährstoffreich ist.

Zu verwenden als Unterpflanzung von Bäumen, Begrünung von Nordböschungen, für schattige Gehölzränder und Nordseiten von Gebäuden.

R. pimpinellifolia L.,
Bibernell-Rose, Dünen-Rose
(= R. spinosissima)

Benannt nach der Bibernelle oder Pimpinelle, einer doldenblütigen Staude, die ähnliche Blätter hat.

Verbreitung: Europa bis Asien. In Mitteleuropa von der Nordsee bis zum Mittelrheingebiet und in Süddeutschland. In sonnigen Gebüschen, an Waldrändern, auf Kalkmagerrasen, an der Küste besiedelt sie die sogenannte Graue Düne; auf trockenen, flachgründigen Sand- und Lehmböden, im Bodenseeraum und dem Rhein-Main-Gebiet oft auf Kalk und Gips (NOACK).

Wuchs: Ausläufer treibender, kleiner Strauch mit sparrig aufrechten Grundtrieben, dichte, vieltriebige Horste bildend.

Größe: 0,5 bis 1 (1,5) m hoch.

Rinde: Triebe dünn, sehr dicht mit geraden Stacheln und Borsten besetzt.

Blätter: Sommergrün, wechselständig, unpaarig gefiedert, Blättchen zu 5 bis 11, meist 7 bis 9, fast kreisrund, 1 bis 2 cm lang, tiefgrün; Herbstfärbung gelblich.

Blüten: Weiß oder gelblichweiß, bis 5 cm breit, einzeln, an kurzen Seitentrieben, sehr zahlreich; Mai bis Juni.

Früchte: Rundlich, schwarz bis schwarzbraun, 1 bis 1,5 cm dick.

Rosa pimpinellifolia, Nordseeküste

Rosa pimpinellifolia

Wurzel: Hauptwurzeln tiefgehend, weit verzweigt, stark Ausläufer treibend, verträgt Einsanden.

Standort: Sonne.

Boden: Insgesamt sehr anspruchslos, auf allen durchlässigen, trockenen bis frischen Böden, neutral bis stark alkalisch, kalkliebend. R. pimpinellifolia wächst noch sehr gut auf trockenen, armen Sandstandorten.

Eigenschaften: Gut frosthart, hitze- und dürreresistent, unempfindlich gegenüber permanenter Windeinwirkung, Salzluft und Sandschliff, Ausläufer bildend (Wurzel-Pionier), stadtklimafest, rauchhart.

Verwendung: Eine in der Natur immer seltener werdende, heimische Wildrosenart mit wertvollsten Eigenschaften. Sehr gut geeignet als Pioniergehölz für extreme Pflanzsituationen wie trockenheiße Sandböschungen, Sandaufspülungen, Fels- und Schotterhänge, nährstoffarme Rohböden, weiterhin für Bodenfestlegung im Küstenbereich (Dünen), Schutzgrüngürtel in stark windexponierter Lage, Flächenbegrünung, Verkehrsbegleitgrün, Gehölzränder und lockere Zierstrauchhecken. Die Bibernell-Rose ist aber auch ein sehr zierendes Blütengehölz, das sich in Rosenpflanzungen oder in Stauden- und Kleingehölzrabatten bestens zur Einzelstellung eignet. Gutes Vogelschutz- und Insektennährgehölz.

R. rubiginosa L.,
Wein-Rose, Schottische Zaun-Rose
(= R. eglanteria)

rubiginosus = rostig, was sich auf die bräunlichen Drüsen bezieht

Verbreitung: Europa; östlich bis Mittelrußland, nördlich bis Oslo. In Deutschland überall verbreitet. Pioniergehölz auf Kalk-Magerweiden, in trockenen Gebüschen, an felsigen Hängen, Weg- und sonnigen Waldrändern, auf Böschungen und Brachen. Auf mäßig trockenen bis trockenen, gern kalkhaltigen und tiefgründigen, sandigen Ton- und Lehmböden.

Wuchs: Starkwüchsiger und dichtbuschiger Strauch mit kräftigen, zunächst straff aufrechten Grundtrieben und bogig überhängenden Spitzen. Keine Ausläuferbildung.

Größe: 2 bis 3 m hoch und breit.

Rinde: Triebe dicht mit hakenförmigen Stacheln und Borsten besetzt.

Blätter: Sommergrün, wechselständig, unpaarig gefiedert, Blättchen zu 5 bis 7, eiförmig oder elliptisch, 2 bis 3 cm lang, dunkelgrün, Unterseite dicht mit Drüsen besetzt, apfel- bzw. weinartig duftend.

Blüten: Hellrosa bis rosa mit dunkler Aderung (R. H. S. Colour Chart 68 C), 3 bis 5 cm breit, zu 1 bis 3 an drüsig-borstigen Stielen.

Früchte: Eiförmig, 1,5 bis 2 cm lang, scharlachrot, glatt oder an der Basis etwas borstig, Kelchblätter lange haftend.

Wurzel: Hauptwurzeln tiefgehend (Tiefwurzler), keine Ausläuferbildung.

Standort: Sonnig bis absonnig.

Boden: Insgesamt anspruchslos, auf allen durchlässigen, mäßig trockenen bis trockenen, neutralen bis stark alkalischen Böden

Eigenschaften: Sehr frosthart, wärmeliebend, trockenheitsverträglich, stadtklimafest, Lehmzeiger, Tiefwurzler (keine Ausläufer), hohes Auschlagsver-

mögen, Blattunterseite, Frucht- und Blütenstiele sehr dicht mit Drüsenhaaren besetzt, die ein nach Äpfeln oder Wein duftendes, ätherisches Öl produzieren, das besonders zur Zeit der Blattentwicklung, auch auf größere Entfernung (15 bis 20 cm), wahrzunehmen ist.

Verwendung: Ausgezeichnete, anspruchslose und robuste Wildrose, die als Pioniergehölz zur Begrünung von sonnigwarmen Böschungen und Hängen eingesetzt werden kann. Weiterhin für Schutzpflanzungen im Stadt- und Industriebereich; schafft in wenigen Jahren undurchdringliche Hecken und ist aufgrund der stark bewährten Triebe eines der allerbesten Vogelschutzgehölze überhaupt. Weiterhin auch als Blüten- und Duftstrauch für Einzelstellung geeignet.

Rosa rugosa

R. rugosa THUNB.,
Kartoffel-Rose, Apfel-Rose

1854 nach Europa eingeführt.

Verbreitung: In einem verhältnismäßig schmalen Küstenstreifen von der chinesischen Provinz Shantung im Süden nordwärts über Korea, Rußland bis Kamtschatka. Weiterhin auf Sachalin, den Kurilen und Hokkaido. An sandigen Stränden.

Wuchs: Straff aufrecht wachsender, Ausläufer treibender Strauch mit wenig verzweigten, dicken, filzig behaarten, borstig-stacheligen Trieben.

Größe: 1 bis 2 m hoch, durch Ausläufer auf geeigneten Standorten sehr schnell Dickichte bildend.

Rinde: Triebe grau, filzig, stark stachelig und borstig.

Blätter: Sommergrün, wechselständig, unpaarig gefiedert, Blättchen zu 5 bis 9, elliptisch, bis 5 cm lang, derb, dunkelgrün, glänzend, runzlig, unterseits hellgrün; Herbstfärbung gelb.

Rosa rugosa

Blüten: Rosa, dunkelrosa und weiß, in kleinen, mehrblütigen Dolden, Einzelblüte 6 bis 8 cm breit, duftend, Juni bis Oktober.

Früchte: Scharlachrote, 2,5 cm breite, flachkugelige Hagebutten, werden in Mengen angesetzt.

Wurzel: Hauptwurzel tief, Seitenwurzeln weitstreichend.

Standort: Sonnig.

Boden: Außerordentlich anspruchslos, auf allen durchlässigen, trockenen bis frischen Böden, R. rugosa gedeiht selbst auf ärmsten Sandstandorten, sauer bis schwach alkalisch, bei zu hohem pH-Wert tritt Eisenchlorose auf.

Eigenschaften: Sehr frosthart, hitzefest, stadtklimafest, trockenheitsverträglich, hat mit Abstand von allen Rosen die höchste Salzresistenz, verträgt permanente Windeinwirkung, Salzluft, Sandschliff und Einsanden. Zeigt auch nach sommerlichen Salzstürmen im Küstenbereich keinerlei Blattschäden, Wurzelkriech-Pionier, Bodenfestiger, unempfindlich gegenüber mechanischen Verletzungen, starkes Ausschlagsvermögen, leidet weder unter Schädlingen noch unter Pilzkrankheiten.

Verwendung: Bekannte und beliebte Wildrose, die sich durch ihre dekorativen, glänzend grünen Blätter und die großen, duftenden Schalenblüten von allen anderen Wildarten deutlich abhebt. Außerordentlich bewährt für Schutzpflanzungen, im Straßenbegleitgrün, für Böschungs- und Flächenbegrünung. Hervorragend für Hecken, halbhohe Abpflanzungen und Windschutzanlagen auf armen, sterilen Sandböden.

Ökologie: R. rugosa wird auffallend stark von zahlreichen Insektenarten besucht. Die Hagebutten sind eine Lieblingsnahrung von Grünfinken, Dompfaffen, Feldsperlingen und anderen heimischen Vogelarten.

Anmerkung: Die Kartoffel-Rose ist seit der Mitte des vorigen Jahrhunderts bei uns in Kultur. Auf Grund ihrer herausragenden Wuchseigenschaften hat sie sich besonders im Küstenbereich (entspricht ihrem Naturstandort) sehr schnell ausgebreitet. Über viele Generationen haben sich scheinbar eigene „Küsten-Formen" herausgebildet. Ob es sich bei dem verwildert vorkommenden Typ um die unveränderte Ausgangsform oder um eine neue „europäische" Entwicklung handelt (wie etwa bei Amelanchier lamarckii), ist ungeklärt (MANG 1985). Auf jeden Fall gehört R. rugosa nach dem geltenden Naturschutzgesetz zu den sogenannten Neubürgern (Neophyten) und ist somit Bestandteil unserer heutigen Flora, also heimisch. Dennoch sollten wir bei der Verwendung in der freien Landschaft etwas zurückhaltender sein und sie nur auf Sonderstandorten einsetzen, wo andere heimische Gehölze versagen würden. Ganz falsch wäre es, sie bei Rekultivierungsmaßnahmen in Naturschutzgebieten zu verwenden. Man darf aber nicht übersehen, daß wir es besonders im Küstenbereich nicht nur mit unberührten Naturstandorten, sondern mit vom Menschen künstlich geschaffenen Sonderstandorten zu tun haben. Hier kann R. rugosa in bestimmten Einsatzbereichen eine sehr wichtige und äußerst wertvolle Schutzfunktion erfüllen.

R. rugosa 'Alba'

Wuchs: Straff aufrecht wachsender, Ausläufer treibender Strauch mit wenig verzweigten, dicken, filzig behaarten, borstig-stacheligen Trieben.

Größe: 1 bis 2 m hoch, durch Ausläufer Dickichte bildend.

Rinde: Triebe grau, filzig, stark stachelig und borstig.

Blätter: Sommergrün, wechselständig, unpaarig gefiedert, dunkelgrün, glänzend, Herbstfärbung gelb.

Blüten: Weiße Schalenblüten, von Juni bis September, stark duftend.

Früchte: Scharlachrote, 2,5 cm breite, flachkugelige Hagebutten.

Weitere Merkmale und Angaben wie bei der Art.

R. x rugotida DARTHUIS
(= R. rugosa x R. nitida)

Wuchs: Ausläufer treibender, straff aufrecht wachsender Kleinstrauch.

Größe: Bis 1 m hoch und breit.

Rinde: Triebe grau, filzig, dicht mit Stacheln besetzt, borstig.

Blätter: Sommergrün, wechselständig, unpaarig gefiedert, sehr ähnlich denen von R. rugosa, bis 10 cm lang, Blättchen zu 5 bis 9, elliptisch, bis 3 cm lang, dunkelgrün glänzend.

Blüte: Rosa, 5 bis 6 cm breit, ähnlich R. rugosa. Juni bis Juli.

Wurzel: Tiefwurzler, stark Ausläufer bildend.

Standort: Sonnig.

Boden: Anspruchslos, auf allen sauren bis neutralen, trockenen bis mäßig trockenen Böden, kalkmeidend.

Eigenschaften: Frosthart, salzverträglich, trockenheitsverträglich, stadtklimafest, bildet Ausläufer, windfest.

Verwendung: Robuste und anspruchslose Arthybride, die sich in allererster Linie zur Flächenbegrünung, Böschungsbefestigung, im Straßenbegleitgrün, für Halden, Ödland und Hecken eignet.

R. tomentosa SM.,
Filz-Rose

Filz-Rose nach den beidseitig filzigen Blättern.

Locker und breit ausladender, bis 2 m hoher Strauch, Zweige bei älteren Pflanzen weit nach außen überhängend. Junge Triebe meist bläulich bereift, Stacheln dick, gerade oder gebogen, oft zu zweit stehend, Blütentriebe und Blattstiele dicht stachelborstig behaart. Blätter 5 bis 10 cm lang, 5 bis 7zählig, Blättchen elliptisch bis eiförmig, 2 bis 4 cm lang und 1 cm breit, oberseits fein grau behaart, unterseits graufilzig. Blüten im Juni/Juli, hellrosa bis fast weiß, 4 cm breit, einzeln oder zu 2 bis 4 in Ständen. Früchte fast kugelig, 1 bis 2 cm dick, orangerot oder hochrot (hellrot), stark borstig, Kelchblätter vor der Reife abfallend.

R. tomentosa ist verbreitet in fast ganz Europa. Nach Norden bis Südnorwegen, südlich bis Nordspanien, Italien und Südjugoslawien, ostwärts bis Mittelrußland. Bei uns schwerpunktmäßig im Flachland und in den Juragebieten. An der Nordseeküste und auf den Inseln fehlend.

An sonnigen Waldrändern, auf Hängen in lichten Gehölzen und Hecken. Auf mäßig trockenen, tiefgründigen, vorzugsweise kalkhaltigen Böden, gern auf Löß- und Lehmböden.

R. tomentosa ist eine sehr frostharte und trockenresistente Wildrose. Sie wurde wegen ihrer stark fleischigen, verwertbaren Früchte und deren hohem Vitamin C-Gehalt früher häufig angebaut. Früchte werden nicht von der Hagebuttenfliege befallen (NOACK). Robuste und leicht anwachsende Wildrose für die freie Landschaft, aber auch für Garten- und Parkanlagen. Vogelschutz- und -nährgehölz.

Rosa villosa

R. villosa L.,
Apfel-Rose
(= R. pomifera HERRM.)

Aufrechter, 1,5 bis 2 (3) m hoher, dichttriebiger, nur schwach Ausläufer treibender Strauch. Zweige im Austrieb rötlich, bereift, Stacheln dünn, gerade, teils auch mit Borsten durchsetzt. Blätter 8 bis 9 cm lang, 5 bis 7 zählig, Blättchen elliptisch länglich, 3 bis 5 cm lang und 2 cm breit, oberseits graugrün (bläulich) filzig, unterseits grauweißfilzig, etwas harzig duftend.

Blüten im Juni/Juli, rosa, 3 bis 5 cm breit, einzeln oder zu 2 bis 3 beisammen. Hagebutten auffallend groß, rundlichoval, 2 bis 3 cm lang und 2,5 cm dick, rot, Kelchblätter bleibend. Eßbar, hoher Vitamin C-Gehalt, werden leider stark von der Hagebuttenfliege oder dem Hagebuttenwickler befallen (NOACK).

R. villosa ist heimisch in Europa, Kleinasien (Anatolien) sowie im Kaukasus und in Persien. Da die Apfel-Rose schon jahrhundertelang wegen ihrer eßbaren Früchte angebaut wurde, ist sie heute vielerorts eingebürgert oder auch verwildert. Das genaue Verbreitungsgebiet läßt sich daher kaum noch feststellen. In Deutschland sind wohl nur die Vorkommen im Alpenraum autochton.

In lichten Gebüschen und Hecken zusammen mit Corylus avellana, Acer campestre, Rosa canina und Berberis vulgaris, an Lesesteinhaufen und felsigen Hängen, als Unterwuchs in lockeren Flaum-Eichen-Kiefernwäldern; an kühlfeuchten Standorten vergesellschaftet mit Rosa pendu-

lina, Prunus padus, Laburnum alpinum und Acer pseudoplatanus (NOACK). Auf sommerwarmen, trockenen bis mäßig trockenen, schwach sauren bis alkalischen, mehr oder weniger flachgründigen Sand- oder Steinböden in sonniger bis halbschattiger Position. Verwendung findet die Apfel-Rose in der Landschaft zur Begrünung von sehr trockenen Stein- und Geröllhängen, Straßenböschungen, Bahndämmen und sonnigen, sommerwarmen Gehölzrändern. Vogelschutz- und -nährgehölz. Wegen der sehr attraktiven Hagebutten auch ein schönes Zierfruchtgehölz in Garten- und Parkanlagen.

R. virginiana MILL.,
Virginische Rose
(= R. carolinensis MARSH., R. lucida EHRH.)

Darf nicht verwechselt werden mit R. carolina, die oft als R. virginiana angeboten wird!

Verbreitung: Östliches Nordamerika.

Wuchs: Aufrechter Strauch mit braunroten Trieben und hakenförmigen Stacheln, Ausläufer bildend.

Größe: Etwa 1,50 m hoch und breit.

Rinde: Triebe braunrot bis rötlich, Stacheln sichelförmig gebogen (bei R. carolina gerade!), Jungtriebe meist borstig.

Blätter: Sommergrün, wechselständig, unpaarig gefiedert. 8 bis 12 cm lang, Blättchen zu 7 bis 9, 2 bis 6 cm lang, Rand gesägt, dunkelgrün, glänzend, Blattstiel und Mittelrippe mehr oder weniger stachelborstig, Herbstfärbung prächtig purpurn, dann orangerot bis karminrot und gelb.

Blüten: Hellrosa, ca. 5 cm breit, meist zu 5 angeordnet, wohlriechend. Ende Juni bis August.

Früchte: Flachkugelig, 1 bis 1,5 cm dick, rot, vereinzelt mit Borsten besetzt, Kelchblätter in der Regel abfallend. Früchte haften sehr lange am Strauch, bis minus 19 °C.

Wurzel: Ausläufer treibend.

Standort: Sonnig bis absonnig.

Boden: Insgesamt anspruchslos, alle mäßig trockenen bis frischen Standorte, sauer bis neutral.

Eigenschaften: Frosthart, stadtklimafest, Ausläufer treibend.

Verwendung: Eine robuste und anspruchslose Wildrose, die noch sehr gut auf ärmeren Böden gedeiht. Besonders auffallend ist sie im Herbst durch ihre prachtvolle Laubfärbung. Verkehrsbegleitgrün, Gehölzränder, Festlegung von Böschungen, Schutz-

Rosa virginiana

pflanzungen und Vogelschutzgehölz. In der Natur vergesellschaftet mit Juniperus virginiana, Amelanchier und Prunus serotina.

R. vosagiaca DESP.,
Blau-Grüne Rose
(= R. dumalis BECHTST., R. glauca VILL. non POURR.)

Aufrechter, bis 2 m hoher Strauch. Triebe bläulich bereift, später mehr bräunlich, Stacheln hakig gebogen. Blätter 5 bis 7 zählig, Blättchen breiteiförmig bis rundlich, beiderseits kahl, blaugrün, bläulich bereift.

Blüten im Juni/Juli, rosa, einzeln oder zu mehreren. Hagebutten kugelig bis eiförmig, tiefrot. R. vosagiaca ist beheimatet in Europa und Kleinasien. In Deutschland vor allem in den Mittelgebirgslagen zwischen 500 und 1000 m, in der Ebene sowie im norddeutschen Tiefland selten oder fehlend.

In lichten Bergwäldern (Steinschuttwäldern), in Gebüschen der montanen bis hochmontanen oder subalpinen Stufe, an Wegen und Waldrändern, an Lesesteinhaufen und auf Schotterhängen. Auf trockenen bis mäßig trockenen (frischen), meist kalkhaltigen, steinigen Lehmböden in sommerwarmer, sonniger bis halbschattiger Position.

Verwendung findet die Blau-Grüne Rose als Pioniergehölz zur Begrünung sonnigtrockener Stein- und Geröllhänge, Straßenböschungen, Bahndämmen, stillgelegten Steinbrüchen und zur Bodenfestlegung. Vogelschutz- und -nährgehölz.

ROSEN-SORTENVERZEICHNIS

Übersicht über die behandelten Rosengruppen

Beetrosen

Edelrosen

Öfterblühende Strauchrosen

Wild- und Parkrosen-Sorten (Einmalblühende Str.-Rosen)

Kletterrosen

Miniaturrosen (Zwerg-Bengalrosen)

Rosen zur Flächenbegrünung - Kleinstrauchrosen

Englische Rosen

Bei der Zusammenstellung der Sorten handelt es sich um das aktuelle Sortiment, wobei ein besonderer Wert auf die Auswahl von bewährten und auch weitgehend pilzresistenten Rosensorten gelegt wurde. Dabei liegt es mir am Herzen anzumerken, daß gerade die letztjährigen ADR-Rosen wohl sehr gesund und robust sind, aber einen gewissen Charme, der nun einmal zur Persönlichkeit der Rose gehört, vermissen lassen. Einige dieser „neuen Stars" wirken auf mich etwas zu steril. Dieser Eindruck wird noch durch den fehlenden Duft verstärkt. Sicherlich ist es für die Züchter sehr schwierig, Gesundheit, Schönheit und Duft miteinander zu verbinden. Ich sehe dieses Stadium der Rosenzüchtung nur als Übergang an und hoffe auf gesunde und duftende Rosenschönheiten in der Zukunft.

oben: Beetrose 'Golden Holstein'

rechts: Beetrose 'Bernsteinrose'

Beetrose 'Schneeflocke'

Beetrose 'Schöne Dortmunderin'

Beetrosen

Allgemeines: Polyantha-Hybriden – in Dolden, mit großen Einzelblüten, meist einfach; Floribunda – in Dolden, Blütenform edelrosengleich, auch als Schnittrosen verwendbar, öfterblühend.

Verwendung: Beete, Hecken, Gruppenpflanzung, Grabbepflanzung

Pflanzweite: ca. 40 bis 60 cm.

Standortansprüche: neutral bis alkalisch, sonnig bis absonnig

Sorte	Gruppe	Höhe ca. cm	Blütenfarbe	Duft	Blütenform
'Allgold'	Floribunda	50	goldgelb	–	gefüllt
'Amber Queen'	Floribunda	50	tiefgelb	–	gefüllt
'Andalusien'	Polyantha-Hybride	60	blutrot	–	halbgefüllt
'Ballade'	Floribunda	70	hellrosa	–	halbgefüllt
'Bella Rosa'	Floribunda	40/60	reinrosa	leicht	ungefüllt
'Bernsteinrose'	Floribunda	60	orangegelb		gefüllt
'Blühwunder'	Floribunda	60/80	rosa	–	halbgefüllt
'Bonica 82'	Floribunda	50/70	hellrosa	–	gefüllt
'Chorus'	Floribunda	60	zinnoberrot	–	ungefüllt
'Diadem'	Floribunda	80/100	rosa	–	gefüllt
'Dolly'	Floribunda	60/80	dunkelrosa	leicht	halbgefüllt
'Duftwolke'	Floribunda	60/80	rot	gut	gefüllt
'Edelweiß'	Floribunda	40	cremeweiß	–	gefüllt
'Escapade'	Floribunda	80/100	lila/weiß	–	halbgefüllt
'Europas Rosengarten'	Floribunda	60/80	rosa	–	gefüllt

Beetrose 'Leonardo da Vinci'

oben: Beetrose 'Ballade'
links: Beetrose 'Play Rose'

Beetrose 'The Queen Elizabeth Rose'

Beetrosen Fortsetzung

Sorte	Gruppe	Höhe ca. cm	Blütenfarbe	Duft	Blütenform
'Fama'	Floribunda-Grandiflora	80/100	gelb	–	gefüllt
'Frau Astrid Späth'	Polyantha-Hybride	40	korallenrosa	–	ungefüllt
'Friesia'	Floribunda	60	goldgelb	lieblich	gefüllt
'Gartenzauber 84'	Floribunda	40/60	dunkelrot	–	gefüllt
'Golden Border'	Floribunda	40/50	schwefelgelb	–	gefüllt
'Golden Holstein'	Floribunda	70	tiefgoldgelb	–	halbgefüllt
'Goldener Sommer 83'	Floribunda	50	gelb	–	gefüllt
'Goldmarie 82'	Floribunda	60	goldgelb	–	gefüllt
'Gruß an Bayern'	Polyantha-Hybride	65	blutrot	–	halbgefüllt
'Hans Rosenthal'	Floribunda	60/80	rot	–	gefüllt
'Happy Wanderer'	Floribunda	50	rot	–	gefüllt
'Heidefee'	Floribunda	40/60	rot	–	halbgefüllt

Bonica '82 ist eine der gesündesten und blühfreudigsten Beetrosen

Beetrosen Fortsetzung

Sorte	Gruppe	Höhe ca. cm	Blütenfarbe	Duft	Blütenform
'Heidelinde'	Floribunda	70	altrosa	leicht	halbgefüllt
'Heidepark'	Floribunda	60/80	rosa	–	halbgefüllt
'Insel Mainau'	Floribunda	35	rein blutrot	–	gefüllt
'Kronjuwel'	Floribunda	60	dunkelrot	–	halbgefüllt
'La Paloma 85'	Floribunda	60/80	weiß	–	gefüllt
'La Sevillana'	Polyantha-Hybride	70	leuchtendrot	–	halbgefüllt
'Leonardo da Vinci'	Floribunda	50/60	rosa	–	gefüllt
'Ludwigshafen a. Rhein'	Floribunda	50	karminrot	–	gefüllt
'Märchenland'	Floribunda	60/80	rosa	–	halbgefüllt
'Make Up'	Polyantha-Hybride	80/100	rosa	–	gefüllt
'Mariandel'	Floribunda	50	leuchtend rot	–	gefüllt
'Marie Curie'	Floribunda	40/60	kupfergelb	gut	gefüllt
'Matthias Meilland'	Floribunda	50/70	leuchtend rot	–	gefüllt
'Meteor'	Floribunda	35	scharlachrot	–	gefüllt
'Molde'	Floribunda	60/80	rot	–	gefüllt
'Montana'	Floribunda	90/100	blutorange	leicht	gefüllt
'NDR 1 Radio Niedersachsen'	Floribunda	100	altrosa	zart	halbgefüllt
'Neues Europa'	Floribunda	50	rotorange	–	gefüllt
'Nina Weibull'	Floribunda	50	blutorange	–	ungefüllt
'Paprika'	Polyantha-Hybride	50	paprikarot	–	halbgefüllt
'Pink La Sevillana'	Floribunda	60/80	rosa	–	halbgefüllt
'Play Rose'	Floribunda	60/80	rosa	–	gefüllt
'Rosamunde'	Floribunda	50	kräftig rosa	–	gefüllt
'Rosenfee'	Floribunda	50	reinrosa	leicht	gefüllt
'Royal Bonica'	Floribunda	50	dunkelrosa	–	gefüllt
'Sarabande'	Polyantha-Hybride	50/70	geranienrot	–	ungefüllt
'Schleswig '87'	Floribunda	60/80	hellrot	–	halbgefüllt
'Schloß Mannheim'	Floribunda	60	blutorange	–	gefüllt
'Schneeflocke'	Floribunda	40/60	weiß	–	halbgefüllt
'Schöne Dortmunderin'	Floribunda	60/80	rosa	–	halbgefüllt
'Schweizer Gruß'	Floribunda	50	dunkelrot	–	halbgefüllt
'Sommermorgen'	Floribunda	60/80	rosa	–	gefüllt
'Stadt Eltville'	Floribunda	60/80	rot	–	gefüllt
'Stadt Hildesheim'	Floribunda	70/90	lachsrosa	–	einfach
'The Queen Elizabeth Rose'	Floribunda-Grandiflora	120	rein silbrig-rosa	–	gefüllt
'Tornado'	Floribunda	60	blutrot	–	gefüllt
'Träumerei'	Floribunda	60/80	lachsorange	gut	gefüllt
'Travemünde'	Floribunda	50	dunkelrot	–	gefüllt
'Trier 2000'	Floribunda	80	rein rosa	leicht	gefüllt

Edelrose 'Burgund '81'

Edelrosen

Allgemeines:	Gartenrosen mit edel geformten, großen und gefüllten Blüten, meist einzeln, auf straffen Stielen.		
Verwendung:	Beete, Einzelpflanzung, Blumenschnitt.		
Pflanzweite:	ca. 40 bis 75 cm		
Standortansprüche:	Neutral bis alkalisch, sonnig bis absonnig.		

Sorte	Höhe ca. cm	Blütenfarbe	Duft
'Aachener Dom'	70	zart lachsrosa	–
'Alexander'	80/100	rot	angenehm
'Alexandra'	80/100	kupfergelb	leicht
'Ave Maria'	70	lachsrot	stark
'Banzai 83'	80/100	goldgelb, außen mit orangerotem Rand	leicht
'Barkarole'	80/100	samtig dunkelrot	stark
'Berolina'	80/100	zitronengelb mit rotem Anflug	stark
'Burgund 81'	80	leuchtend blutrot	–
'Caprice de Meilland'	80/100	pinkrosa	stark
'Carina'	70/90	silbrigrosa	–
'Cherry Brandy'	80	kupferfarben	stark
'Christoph Columbus'	70	kupfer-lachsrot	–
'Duftgold'	60/80	goldgelb	stark
'Duftrausch'	80/100	violettrosa	stark
'Duftzauber 84'	80	dunkelrot	stark
'Elina'	80	rahmgelb	angenehm
'Erotika'	60/80	dunkelrot	stark
'Evening Star'	60/80	leuchtend reinweiß	angenehm
'Feuerzauber'	70	feurigorange	leicht
'Florentina'	90	samtig blutrot	leicht
'Frederic Mistral'	60/80	rosa	angenehm
'Freude'	80/100	lachsfarben mit hellerer Unterseite	–
'Gloria Dei'	70/90	goldgelb	leicht
'Golden Medaillon'	80/100	gelb	–
'Hidalgo'	80/100	rot	stark
'Ingrid Bergmann'	70	dunkelrot	leicht
'Karl Heinz Hanisch'	60/80	cremeweiß	stark
'Königin der Rosen'	70/90	lachsorange	angenehm
'Lady Like'	100	dunkelrosa	stark
'Lady Rose'	70/90	lachsrot	angenehm
'Landora'	80	gelb	–
'Lolita'	80/100	Mitte goldbronze, Rand kupfriglachs	angenehm
'Mabella'	60	zitronengelb	–
'Mainauduft'	60/80	kirschrot	stark
'Mainauperle'	60	dunkelrot	stark
'Marco Polo'	80	goldgelb	angenehm

Edelrosen Fortsetzung

Sorte	Höhe ca. cm	Blütenfarbe	Duft
'Mildred Scheel'	80/100	rot	stark
'Nostalgie'	80/100	rot, innen cremeweiß	stark
'Pariser Charme'	60/80	reinrosa	stark
'Paul Ricard'	60/80	bernstein	stark
'Peer Gynt'	70/90	goldgelb	stark
'Piccadilly'	60	kupferrotgelb	angenehm
'Polarstern'	80/100	weiß	angenehm
'Rebecca'	80	goldgelb, innen hellrot	leicht
'Regatta'	60/80	rosa	stark
'Rendez-Vous'	60/80	rosa	angenehm
'Roter Stern'	80/100	mennigrot	–
'Starlite'	60/80	reingelb	–
'Super Star'	80/100	salmorange	leicht
'Sutters Gold'	70/100	goldgelb	–
'The McCartney Rose'	70	rosa	stark

Öfterblühende Strauchrosen

Allgemeines: Rosen für Park und Garten, offene Schalenblüte oder gefüllte Blüten.

Verwendung: Einzelstrauch, Beete, Gruppen, Hecken, Auflockerung von Blumenrabatten.

Pflanzweite: Je nach Wuchscharakter 60 bis 100 cm (bis 200 cm).

Standortansprüche: Neutral bis alkalisch, sonnig bis absonnig.

'Bischofsstadt Paderborn'

'Eden Rose'

Strauchrose 'Ballerina' mit Lychnis coronaria

Strauchrose 'IGA '83 München'

Öfterblühende Strauchrosen Fortsetzung

Sorte	Höhe ca. cm	Blütenfarbe	Duft	Blütenform
'Angela'	100/150	rosa	–	gefüllt
'Armada'	100/150	rosa	–	gefüllt
'Astrid Lindgren'	100/150	rosa	–	gefüllt
'Bischofsstadt Paderborn'	150	zinnoberrot	–	schalenförmig
'Ballerina'	80/100	zartrosa	–	einfach
'Bonanza'	200	leuchtend gelb	leicht	gefüllt
'Burghausen'	250	hellrot	leicht	locker gefüllt
'Centenaire de Lourdes'	100/150	rosa	–	gefüllt
'Dirigent'	170	blutrot	–	halbgefüllt
'Dornröschenschloß Sababurg'	100/150	rosa	–	gefüllt
'Eden Rose 85'	120/200	zartrosa	–	starkgefüllt
'Elmshorn'	170/200	hellrot	–	gefüllt
'Elveshörn'	100	hellrot	leicht	gut gefüllt
'Feuerwerk'	150	feurigorange	–	schalenförmig
'Flora Romantica'	120/150	cremeweiß	stark	gefüllt
'Fontaine'	150/200	dunkelrot	–	gefüllt
'Freisinger Morgenröte'	150	orange	–	gefüllt

rechts: Öfterblühende Strauchrose 'Schneewittchen' mit
Katzenminze und Woll-Ziest in Planten un Blomen, Hamburg

Öfterblühende Strauchrosen Fortsetzung

Sorte	Höhe ca. cm	Blütenfarbe	Duft	Blütenform, Bemerkungen
'Ghislaine de Feligonde'	150/200	goldgelb bis gelbweiß	stark	gefüllt, öfterblühend, fantastische Nostalgierose (1916)
'Grandhotel'	150/200	rot	–	gefüllt
'Gütersloh'	150	rot	–	gefüllt
'IGA '83 München'	100	kräftig rosa	–	halbgefüllt
'Ilse Haberland'	150	karminrosa	stark	gefüllt
'Kordes' Brillant'	130	feurigorange	angenehm	ganzgefüllt
'Lichterloh'	100	blutrot	leicht	halbgefüllt
'Lichtkönigin Lucia'	150	zitronengelb	angenehm	gefüllt
'Mannheim'	180	kirschrot	–	ganzgefüllt
'Polka 91'	120/150	bernsteingelb	gut	starkgefüllt
'Romanze'	120/150	kräftig rosa	zart	gut gefüllt
'Rosenresli'	150/200	rosa	angenehm	gefüllt, öfterblühend
'Rote Woge'	70	dunkelrot	–	gefüllt
'Rugelda'	150/200	gelb, rötlich gerandet	–	gefüllt, öfterblühend
'Schneewittchen'	100/150	reinweiß	–	gefüllt
'Sebastian Kneipp'	100	cremeweiß, innen gelblichrosa	stark	gefüllt
'Shalom'	200	ziegelrot	duftend	ganzgefüllt
'Souvenir de la Malmaison'	100	rosa	stark	gefüllt, Nachblüte
'Ulmer Münster'	150	leuchtend blutrot	angenehm	ganzgefüllt
'Westerland'	150	lichtgelborange	stark	halbgefüllt

Wild- und Parkrosen-Sorten (Einmalblühende Strauchrosen)

Angesprochen werden hier die Sorten und Formen der verschiedenen Wildrosenarten und die vielen einmalblühenden Strauchrosen, denen man die etwas unklare und irreführende Bezeichnung Parkrosen gegeben hat. Selbstverständlich sind sie nicht nur für den Park geeignet, sondern lassen sich auch bestens in kleinen Gartenräumen und Hausgärten verwenden. Wenn sie auch „nur" einmal blühen, was wir übrigens bei allen anderen Blütensträuchern und -bäumen kommentarlos akzeptieren, so beeindrucken sie uns doch mit einer geradezu überwältigenden Blütenfülle. Viele Parkrosen-Sorten haben noch die Eleganz und den Charme der Wildpflanze und passen deshalb auch vorzüglich in naturhaft gestaltete Gärten und Parklandschaften.

Weitere Vorteile sind ihre außerordentlich gute Frosthärte und Widerstandskraft gegenüber Krankheiten. Der Schnitt beschränkt sich auf das Auslichten alter Pflanzen, wobei die älteren, nicht mehr so blühwilligen Triebe direkt an der Basis entfernt werden sollten.

Sorte	Höhe ca. cm	Blütenfarbe	Duft	Blütenform, Bemerkungen
R. acicularis 'Dornröschen'	150	lachsrosa bis hellrot	–	gefüllt
R. x alba 'Königin von Dänemark'	170	porzellanrosa	stark	gefüllt; eine der schönsten alten Parkrosen
R. x alba 'Maiden's Blush'	150	rosa	stark	gut gefüllt
R. x alba 'Maxima'	200	rahmweiß, in der Mitte oft rosa Hauch	stark	gefüllt
R. x alba 'Suaveolens'	250	weiß	stark	gefüllt; herrliche Rose

Strauchrose 'Lichtkönigin Lucia' mit Katzenminze und Frauenmantel

'Parkjuwel'

'Rose de Resht'

Wild- und Parkrosen-Sorten (Einmalblühende Strauchrosen) Fortsetzung

Sorte	Höhe ca. cm	Blütenfarbe	Duft	Blütenform, Bemerkungen
R. canina 'Kiese'	200	blutrot	–	einfach; beliebte, wüchsige Parkrose
R. centifolia 'Muscosa'	100	rosa	stark	gefüllt; Blütenstiel und Kelchblätter stark mit drüsigen Borsten besetzt
R. centifolia 'Parkjuwel'	150	kirschrot	stark	gefüllt; die beste unter den modernen Moosrosen
R. centifolia 'Pompon de Bourgogne'	60	hellrosa	stark	gefüllt; eine unserer ältesten Kulturrosen
R. x damascena 'Rose de Resht'	120	violett/blaurot	stark	gefüllt; außerordentlich wertvolle und gesunde Rose, remontiert
R. x damascena 'Trigintipetala'	150	rosa	stark	gefüllt; berühmte „Rose von Kasanlik", bedeutendste Sorte für die Ölrosenkultur in Bulgarien, der Türkei und Persien
R. foetida 'Bicolor'	200	außen goldgelb, innen rotorange	–	einfach; sehr interessante Farbkombination; alle modernen gelben und orangefarbenen Gartenrosen stammen von dieser Rose ab
R. foetida 'Persian Yellow'	180	goldgelb	–	gefüllt; zwar sehr hübsch, aber regenempfindlich
'Fritz Nobis'	200	zart lachsrosa, innen heller	angenehm	gefüllt, eine unserer schönsten Parkrosen
R. gallica 'Officinalis'	80/100	karminrot	angenehm	halbgefüllt; wurde bereits im 1. Jahrh. nach Chr. von Plinius dem Älteren erwähnt, Apotheker stellten aus den Blütenblättern Rosenessig her

Strauchrose 'Fritz Nobis'

Strauchrose 'Marguerite Hilling'

Sorte	Höhe ca. cm	Blütenfarbe	Duft	Blütenform, Bemerkungen
R. gallica-Hybr. 'Scharlachglut'	200	karminrot	–	einfach, schalenförmig; eine bewährte Sorte, die im Herbst mit großen, roten Hagebutten überrascht
R. gallica 'Versicolor'	80	rosa-rot-weiß gestreift	leicht	halbgefüllt; gehört zu den schönsten alten Rosen, war möglicherweise schon im 12. Jahrh. bekannt
R. moyesii 'Geranium'	300	scharlachrot Staubfäden goldgelb	–	einfach; Früchte groß, flaschenförmig, karmin
R. moyesii 'Highdownensis'	200	hellkarminrot	–	einfach; Hagebutten hellrot, flaschenförmig
R. moyesii-Hybr. 'Marguerite Hilling'	200	blaurosa mit heller Mitte	–	leicht gefüllt, große schalenförmige Blüten, im Spätsommer leicht nachblühend; fantastische Sorte mit viel Charme
R. moyesii-Hybr. 'Nevada'	200	ein gedecktes Weiß	–	leicht gefüllt; Spätsommerblüte ist rosafarben, genauso wertvoll wie 'Marguerite Hilling'!
R. pendulina 'Bourgogne'	150	zartrosa	–	einfach; sehr zierende, leuchtend rote, große, längliche Hagebutten
R. pimpinellifolia-Hybr. 'Claus Groth'	150	lachsorange mit gelben Schattierungen	stark	halbgefüllt
R. pimpinellifolia-Hybr. 'Frühlingsanfang'	300	cremeweiß	angenehm	einfach, schalenförmig, im Herbst rote Hagebutten
R. pimpinellifolia-Hybr. 'Frühlingsduft'	200	rosa, innen gelb	stark	gefüllt; derbes, großes Laub, remontierend!

'Frühlingsgold'

R. foetida 'Bicolor'

Wild- und Parkrosen-Sorten (Einmalblühende Strauchrosen) Fortsetzung

Sorte	Höhe ca. cm	Blütenfarbe	Duft	Blütenform, Bemerkungen
R. pimpinellifolia-Hybr. 'Frühlingsgold'	250	goldgelb	–	einfach bis leicht gefüllt; zwar eine alte Sorte, aber immer noch beeindruckend durch schöne Wuchsform und Blütenfülle
R. pimpinellifolia-Hybr. 'Frühlingsmorgen'	200	karminrosa	–	einfach; schwachwüchsig
R. pimpinellifolia-Hybr. 'Frühlingszauber'	200	hellrot, innen zartgelb	stark	einfach bis leicht gefüllt, kräftiger Wuchs
R. pimpinellifolia-Hybr. 'Golden Wings'	150	schwefelgelb, orangerote Staubgefäße	angenehm	einfach, sehr großblumig; sehr wertvolle, völlig gesunde Sorte, erhielt 1956 in Amerika höchste Auszeichnung
R. pimpinellifolia-Hybr. 'Maigold'	300	bronzegelb	stark	halbgefüllt, alte Pflanzen remontieren, Laub glänzend grün, pilzanfällig, auch als Kletterrose verwendbar
'Raubritter'	200/300	rosa	–	gefüllt; sehr interessante Blütenform, erinnert an alte Rosen, schöne Stammrose
R. rugosa 'Alba'	150	weiß	angenehm	einfach
R. rugosa 'Apart'	80	blaurosa	stark	halbgefüllt; geeignet zur Flächenbegrünung, wird sehr stark von Insekten beflogen

Rosa omeiensis 'Pteracantha' mit Spinne

Wild- und Parkrosen-Sorten (Einmalblühende Strauchrosen) Fortsetzung

Sorte	Höhe ca. cm	Blütenfarbe	Duft	Blütenform, Bemerkungen
R. rugosa-Hybr. 'C. F. Meyer'	250	herrliches, weiches Rosa	stark	gefüllt; öfterblühend, sehr starkwüchsig, leider etwas pilzanfällig, ist häufig in Bauerngärten zu finden
R. rugosa 'Dagmar Hastrup'	80/100	rosa	stark	einfach; ziert im Herbst durch Hagebutten
R. rugosa 'F. J. Grootendorst'	120	karminrot	–	gefüllt; Ränder nelkenartig gefranst, auch als Nelkenrose bezeichnet
R. rugosa 'Gelbe Dagmar Hastrup'	60/80	gelb	stark	halbgefüllt
R. rugosa 'Foxi'	60/80	rosa	stark	lange Blütezeit, von Juni bis Oktober
R. rugosa 'Hansa'	100/150	rötlichviolett, etwas verblauend	stark	locker gefüllt, herrliche Rose, die allerdings Platz benötigt
R. rugosa 'Moje Hammarberg'	100	violettrot	stark	halbgefüllt
R. rugosa 'Pierette'	60	altrosa	stark	halbgefüllt, lange Blütezeit
R. rugosa 'Pink Grootendorst'	120	rosa	–	gefüllt
R. rugosa 'Pink Robusta'	150/200	reinrosa	leicht	halbgefüllt
R. rugosa 'Polareis'	80	zartrosa	leicht	gefüllt, Nachblüte
R. rugosa 'Polarsonne'	80	rot	leicht	gefüllt, Nachblüte
R. rugosa 'Repens Alba'	80	weiß	stark	einfach
R. rugosa 'Roseraie de l'Hay'	150	violett	stark	gefüllt; Nachblüte im September, gehört zu den besten u. schönsten Rugosa-Hybriden
R. rugosa 'Sir Henry'	100	magentalila	stark	gefüllt; erinnert an die Form der alten Rosen, öfterblühend
R. sweginzowii 'Macrocarpa'	200	karminrot	–	einfach; im Herbst sehr zierend durch bis zu 5 cm lange Früchte

Strauchrose 'Raubritter'

Rosa sweginzowii 'Macrocarpa'

Kletterrose 'New Dawn'

Kletterrosen

Allgemeines: Bilden lange, kletternde Ranken und müssen an ein entsprechendes Gerüst gebunden werden.

Verwendung: Anpflanzung von Pergolen, Lauben, Hauswände, Böschungen, Einzelstellung.

Pflanzweite: Je nach Wuchsstärke 100 bis 200 cm.

Standortansprüche: Neutral bis alkalisch, sonnig bis absonnig.

Sorte	Höhe ca. cm	Blütenfarbe	Duft	Blütenform, Bemerkungen
'Albéric Barbier'	300/500	cremeweiß	–	gefüllt, einmalblühend, Nachblüte
'Alchymist'	200	goldgelb, rot überhaucht	stark	gefüllt, einmalblühend
'Blaze Superior'	300	feurigscharlachrot	–	halbgefüllt, öfterblühend
'Bobby James'	300/600	weiß	leicht	einfach, einmalblühend
'Colonia'	300	dunkelblutrot	–	halbgefüllt, öfterblühend
'Compassion'	250/350	lachsrosa	angenehm	gefüllt, öfterblühend
'Coral Dawn'	300	korallenrosa	angenehm	gefüllt
'Dortmund'	300	leuchtend blutrot	–	einfach, öfterblühend
'Flammentanz'	500	leuchtend feurigblutrot	–	gefüllt, einmalblühend
'Goldener Olymp'	200	goldgelb, kupfrig überhaucht	leicht	gefüllt, öfterblühend
'Golden Showers'	250/350	gelb	–	gefüllt, öfterblühend
'Goldstern'	300	tiefgoldgelb	–	gefüllt, öfterblühend
'Gruß an Heidelberg'	300	intensiv feurigrot	angenehm	gefüllt, öfterblühend
'Ilse Krohn Superior'	300	reinweiß	angenehm	gefüllt, öfterblühend
'Kir Royal'	200/300	zartrosa, rötliche Zeichnung	leicht	gefüllt, schwach remontierend
'Lawinia'	300	leuchtend reinrosa	stark	gefüllt, öfterblühend

oben: Kletterrose 'Sympathie'

links: Kletterrose 'Coral Dawn'

Sorte	Höhe ca. cm	Blütenfarbe	Duft	Blütenform, Bemerkungen
'Manita'	250	dunkelrosa, Mitte gelblichweiß	leicht	halbgefüllt, öfterblühend,
'Morning Jewel'	300	rosa	angenehm	halbgefüllt, öfterblühend
'New Dawn'	300	weißlich rosa	angenehm	halbgefüllt, öfterblühend
'Parkdirektor Riggers'	250	rot	–	einfach, öfterblühend
'Ramira'	250	leuchtend rosa	angenehm	halbgefüllt, öfterblühend
'Rosarium Uetersen'	250	rosa	–	gefüllt, öfterblühend
'Salita'	200	leuchtend orange	–	gefüllt, öfterblühend
'Santana'	200	leuchtend dunkelblutrot	–	leicht gefüllt
'Sorbet'	200	zartrosa	–	gefüllt, öfterblühend
'Super Dorothy'	250	rosa	–	gefüllt, öfterblühend
'Super Excelsa'	250	karminrosa	–	gefüllt, öfterblühend
'Sympathie'	400	samtigdunkelrot	stark	gefüllt, öfterblühend
'Veilchenblau'	350	purpurviolett mit hellem Auge	–	leicht gefüllt, einmalblühend
'Venusta Pendula'	300	rosa	–	leicht gefüllt, einmalblühend

'Dorothy Perkins' an der Uferpromenade in Pörtschach/Wörther See

Miniaturrosen (Zwerg-Bengalrosen)

Allgemeines:	Kleinblütige, sehr niedrige, buschig wachsende Rosen.		
Verwendung:	Für Steingärten, zur Beeteinfassung, Pflanztröge, Grabbepflanzung, Dachgärten.		
Pflanzweite:	ca. 20 cm		
Standortansprüche:	Neutral bis alkalisch, sonnig bis absonnig.		

Sorte	Höhe ca. cm	Blütenfarbe	Blütenform
'Alberich'	30	johannisbeerrot	halbgefüllt
'Amulett'	40	rosarot	gefüllt
'Angelita'	40	weiß, innen gelb	gefüllt
'Baby Maskerade'	30	goldgelb-rot	halbgefüllt
'Baldwin'	35	rosa	einfach
'Bit O'Sunshine'	35	buttergelb	gefüllt
'Bluenette'	40	dunkelviolett	leicht gefüllt
'Bubikopf'	35	hellrosa	gefüllt
'Daniela'	25	zartrosa	gefüllt
'Dorola'	30	leuchtend goldgelb	gefüllt
'Maidy'	35	blutrot	gefüllt
'Mandarin'	25	rötlich, außen gelb	gefüllt
'Orange Jewel'	30	lachsorange	gefüllt
'Peach Meillandina'	30	lachsrosa	gefüllt
'Pink Symphonie'	40	rosa	gefüllt
'Rosmarin 89'	20	kräftig rosa	gefüllt
'Schneeküsschen'	30	weiß, zartrosa Hauch	gefüllt
'Sonnenkind'	35	goldgelb	gefüllt
'Zwergenfee'	30	orangeblutrot	gefüllt
'Zwergkönig '78'	35	leuchtend blutrot	gefüllt
'Zwergkönigin '82'	30	reinrosa	gefüllt

Rosen zur Flächenbegrünung – Kleinstrauchrosen

Allgemeines:	Flach- und breitwachsende sowie strauchartig aufrechte Sorten.	
Verwendung:	Bodendecker, Dachgärten, Gruppen, Einzelstellung.	
Pflanzweite:	Je nach Wuchscharakter, 40 bis 60 cm (bis 100 cm).	
Standortansprüche:	Neutral bis alkalisch, sonnig bis absonnig.	

Sorte	Höhe ca. cm	Blütenfarbe	Duft	Blütenform
'Alba Meidiland'	60	reinweiß	–	gefüllt
'Apfelblüte'	80/100	weiß	–	leicht gefüllt
'Aspirin'	60/80	weiß, im Verblühen hellrosa	–	halbgefüllt
'Ballerina'	60/80	zartrosa mit weißem Auge	–	einfach

Kleinstrauchrose 'Sommermärchen'   Kleinstrauchrose 'Relax Meidiland'   Kleinstrauchrose 'Sommerwind'

Kleinstrauchrose 'Mirato'   Kleinstrauchrose 'Heidekönigin

oben: Kleinstrauchrose 'Lavender Dream'

links: Kleinstrauchrosen 'Rote Max Graf' u. 'Swany'

rechts: 'The Fairy' mit Polygonum capitatum

Rosen zur Flächenbegrünung – Kleinstrauchrosen – Fortsetzung

Sorte	Höhe ca. cm	Blütenfarbe	Duft	Blütenform
'Bingo Meidiland'	50	weißrosa	–	einfach
'Candy Rose'	60/80	lachsrosa mit heller Mitte	–	halbgefüllt
'Celina'	60/80	gelb	–	halbgefüllt
'Cherry Meidiland'	60	rot	–	einfach
'Colossal Meidiland'	60/80	rot	–	halbgefüllt
'Dortmunder Kaiserhain'	80/100	rosa	–	gefüllt
'Fairy Dance'	40/60	blutrot	–	gefüllt
'Fairy Prince'	80/100	hellrot	–	leicht gefüllt
'Ferdy'	80/100	rosa	–	gefüllt
'Fiona'	70/90	kirschrot	–	halbgefüllt
'Fleurette'	100	karminrosa	–	einfach
'Heidekind'	80	kirschrot	–	gefüllt
'Heidekönigin'	80	reinrosa	leicht	gefüllt
'Heideröslein Nozomi'	30/40	perlmuttrosa	leicht	halbgefüllt
'Heidetraum'	60/80	rosa	–	leicht gefüllt
'Ice Meidiland'	40/50	weiß	–	halbgefüllt
'Immensee'	30/40	perlmuttrosa	stark	einfach
'Lavender Dream'	60/70	blaurosa	–	leicht gefüllt
'Lovely Meidiland'	40/50	rosa	–	gefüllt
'Magic Meidiland'	40/50	dunkelrosa	–	gefüllt
'Mainaufeuer'	50	blutrot	–	gefüllt
'Marondo'	80/100	leuchtend rosa, innen heller	–	halbgefüllt
'Max Graf'	50/700	rosa	–	einfach
'Medusa'	100	lavendelrosa	–	gefüllt
'Melissa'	60/70	zartrosa	–	gefüllt
'Mirato'	40/60	kräftig rosa	–	halbgefüllt
'Mozart'	100/150	hellrot mit weißem Auge	leicht	einfach
'Palmengarten Frankfurt'	70	kräftig rosa	–	gefüllt
'Pearl Meidiland'	50/60	pastellrosa	–	gefüllt
'Pink Bells'	50/70	rosa	–	gefüllt
'Pink Meidiland'	60/80	rosa	–	einfach
'Red Meidiland'	40/60	rot	–	einfach
'Relax Meidiland'	50/60	rosa	–	einfach
'Repandia'	50/60	leuchtend rosa	–	einfach
'Roselina'	100	rosa	–	einfach
'Rote Max Graf'	40/70	leuchtend rot	leicht	einfach
'Satina'	60	rosa	–	halbgefüllt
'Scarlet Meidiland'	60/80	leuchtend orangerot	–	leicht gefüllt
'Schnee-Eule'	50/60	weiß	stark	gefüllt
'Schneesturm'	70/80	cremeweiß	–	gefüllt

Sorte	Höhe ca. cm	Blütenfarbe	Duft	Blütenform
'Snow Ballet'	40/60	weiß	–	gefüllt
'Sommerabend'	50/150	leuchtendrot	–	halbgefüllt
'Sommermärchen'	60	reinrosa	–	halbgefüllt
'Sommerwind'	50/60	kräftig pink	–	halbgefüllt
'Swany'	30/50	reinweiß	–	gefüllt
'The Fairy'	60/80	zartrosa	–	gefüllt
'Vogelpark Walsrode'	100/150	zartrosa	leicht	gefüllt
'Weiße Immensee'	40	reinweiß	stark	einfach
'Weiße Max Graf'	100	leuchtend weiß	–	einfach
'White Meidiland'	40/60	reinweiß	–	gefüllt
'Wildfang'	60/80	rosa	–	halbgefüllt
R. rugosa 'Dagmar Hastrup'	70/100	pastellrosa	–	einfach
R. rugosa 'Moje Hammarberg'	100	violettrosa	stark	gefüllt
R. rugosa 'Polareis'	60	pastellrosa	–	halbgefüllt
R. rugosa 'Rosa Zwerg'	40	reinrosa	–	halbgefüllt
R. rugosa 'Rotes Meer'	40	kermesinrot	–	halbgefüllt
R. rugosa 'Schneekoppe'	50	weiß	–	halbgefüllt
R. x rugotida 'Dart's Defender'	70	violettrosa	–	einfach

'Mary Rose'

Englische Rosen

Den Begriff „Englische Rosen" hat der Züchter DAVID AUSTIN geprägt. Er begann vor etwa 30 Jahren, alte Rosen aus dem 18. und 19. Jahrhundert mit modernen Teehybriden und Floribunda-Rosen zu kreuzen. Die Sorten dieser neuen Rosenklasse wachsen mehr oder weniger strauchartig, sind meist öfterblühend und ihre Blüten haben die Form, den Duft und den Charme der alten historischen Rosen.

Eine Auswahl bewährter Englischer Rosen

Sorte	Höhe ca. cm	Blütenfarbe	Duft	Blütenform
'Abraham Darby'	150/200	kupfrig-apricot, außen mehr rosa	stark	gefüllt, öfterblühend
'Charles Austin'	150	apricot	kräftig	gefüllt, Nachblüte
'Chianti'	150/200	dunkelkarmesinrot bis tief purpurrot	stark	gefüllt, einmalblühend
'Constance Spry'	150/200	rosa	kräftig	gefüllt, einmalblühend
'Graham Thomas'	100/150	gelb	angenehm	gefüllt, öfterblühend; wohl die beste Englische Rose
'Heritage'	100/150	weiches Rosa	angenehm	gefüllt, öfterblühend
'Mary Rose'	120	rosa	leicht	gefüllt, öfterblühend
'The Miller'	150	rosa	kräftig	gefüllt, öfterblühend
'The Squire'	100	dunkelkarmesinrot	kräftig	gefüllt, öfterblühend
'Wife of Bath'	60/100	rosa	leicht	gefüllt, öfterblühend

'Graham Thomas'

Rosen und ihre Begleitpflanzen

In unseren Gärten und Parkanlagen wird das Thema Rosen und ihre Begleitpflanzen leider immer noch ein wenig stiefmütterlich behandelt. Dabei können wir mit den passenden Begleitpflanzen, in deren Gesellschaft Persönlichkeit und Wesen der Rose erst voll zur Geltung kommen, Gartenbilder von hinreißender Schönheit schaffen.

Mit zarten Stauden, Gräsern und Einjährigen bringen wir die so dringend benötigte Natürlichkeit, Transparenz und Beweglichkeit in unsere Rosenpflanzungen. Am Naturstandort finden wir die Wildrosen in sonnigen und luftigen Lagen, an Waldrand und Gebüschrändern, auf Magerwiesen, an Feldrainen, Böschungen, Südhängen und z.T. auch in steppenähnlichen Gebieten. Sie stehen dort in lockerer Vergesellschaftung mit Sträuchern, Stauden und Einjährigen, die den Lebensbereichen Freifläche, Gehölzrand und Felssteppe zuzuordnen sind. Sofern diese Pflanzen nicht zu aggressiv sind, können wir sie gut zur Gestaltung unserer Rosenpflanzungen verwenden. Beet- und Edelrosen, die auf Grund ihrer Konkurrenzschwäche gesonderte Dünge-, Schnitt- und Winterschutzmaßnahmen benötigen, dürfen nicht direkt mit Stauden unterpflanzt werden. In dieser Gesellschaft sollten sich vor allem die leicht aufdringlichen Stauden wirklich um eine vornehme Zurückhaltung bemühen. Hier sind wir zu folgender Erkenntnis gelangt: Beet- und Edelrosen entwickeln sich in Staudenbenachbarung mit „Abstand" am besten.

Bei unseren Rosenpflanzungen kommt den graulaubigen Stauden und Sommerblumen eine große Bedeutung zu. Sie assoziieren wie kaum eine andere Pflanzengruppe den Lebensbereich der sonnigen Freifläche und bringen den ganzen Sommer über Helligkeit in unsere Gartenbilder. Grau erzeugt Weichheit, schafft schimmernde Übergänge, gleicht das oft harte Dunkelgrün der Rosenblätter aus, verbindet die verschiedenen Blütenfarben und bringt sie zum Leuchten, ohne ihre Harmonie zu zerstören. Grau ist eine ganz und gar selbstlose Farbe. Darüber hinaus haben viele der graulaubigen Rosenbegleiter wie z. B. Artemisien, Lavandula, Perovskien, Santolina, Anaphalis, Salvia, Cerastium und Nepeta eine wundervolle, filigrane Blatt-Textur.

Die silbrig-graugrüne Stauden-Gräser-Benachbarung, die vor uns schon berühmte Gartenkünstler wie K. PLOMIN, G. KÜHN, K. FOERSTER und vor allem auch die Engländer als sehr passend empfunden haben, mögen zwar „alte Hüte" sein, wie ich kürzlich in einer Fachzeitschrift las, aber alte Hüte sind oft sehr kleidsam, deshalb hängt man so an ihnen. Neben den Graulaubigen gibt es selbstver-

ständlich auch viele andere Stauden, die vorzüglich mit Rosen kombiniert werden können, aber man hüte sich davor, die konkurrenzschwache und eher vornehme und feine Rose einer Dschungelpflanzung zu überlassen.

Farben im Rosengarten

Farben sind ein wesentliches Gestaltungselement in unseren Gärten. Damit kein visuelles Chaos entsteht, sollten sie gerade in den vielfältigen Rosenpflanzungen mit Bedacht und nach einem genau überlegten Konzept verwendet werden. Es ist immer wirkungsvoller, sich auf eine Hauptfarbe und ihre Abtönungen zu beschränken. Schreiende Farb-

effekte durch Massenpflanzungen, in denen die Rose nur als Farbträger benutzt wird, werden dem Wesen der Rose nicht gerecht. Die Leuchtkraft und Aggressivität der gelben und weißen Farbe darf nicht unterschätzt werden. Man sollte sie nur ganz gezielt und sparsam einsetzen. Kombinationen von gelben und rosa Tönen sind in der Regel nicht vorteilhaft. Das Blau von Caryopteris, Ceanothus, Perovskia, Lavendel, Rittersporn, Katzenminze, Salbei und Ehrenpreis ist für unsere Rosenpflanzungen unendlich wichtig und dürfte niemals fehlen. Es paßt ohne Einschränkung zu allen Rosenfarben. Blau hält andere Farben zusammen und bringt Ruhe und Ausgewogenheit in die Pflanzung.

Strauchrose 'Angela' mit Lavatera thuringiaca, Campanula lactiflora und Salvia nemorosa 'Ostfriesland'

oben: 'Mary Rose' auf Hochstamm veredelt im Bauerngarten des Arboretums Thiensen, umgeben von typischen Stauden eines ländlichen Gartens wie Bartnelken, Rittersporn, Lychnis chalcedonica und Margeriten.

links: Strauchrose 'Agathe incarnata' (Einführung vor 1815).

Rittersporne gehören nun schon seit Jahrzehnten zu den Klassikern unter den Rosenbegleitpflanzen. Sie begeistern nicht nur mit ihren so wunderbar zu den Rosen passenden Blautönen, sondern sind durch die oft mächtigen, ausgesprochen vertikal betonten, rispigen Blütenstände auch ein gutes Strukturelement. Die duftigen, schirmförmigen Dolden des Baldrians (Valeriana officinalis) lokkern auf und bringen zusätzlich Helligkeit und Transparenz.

Eine Auswahl empfehlenswerter, höherer Begleitstauden für Rosen (Höhe in cm):

Achillea filipendulina 'Parker' u.a., gelb, (120)
Agastache foeniculum, violett, (80)
Anchusa italica 'Dropmore' u. a. S., enzianblau (100)
Artemisia absinthium 'Lambrook Silver', Laub silbern (70)
Asphodeline lutea, gelb (100)
Aster divaricatus, weiß (60)
Aster ericoides, blau, weiß, lila (70 – 100)
Aster laevis, lavendelblau (130)
Baptisia australis, hellblau (100)
Boltonia asteroides 'Snowbank', zartrosa (120)
Campanula lactiflora, hellblau (100)
Campanula latifolia var. macrantha, blauviolett (80)
Centranthus ruber 'Albus', weiß (75)
Chrysanthemum maximum i. S., weiß-gelb (80)
Clematis recta 'Grandiflora', weiß (130)
Delphinium i. S., weiß, blau, violett (80 – 100)
Echinops ritro 'Veitch's Blue', stahlblau (120)
Eryngium giganteum, grauweiß (70)

Eryngium planum 'Blauer Zwerg', blau (60)
Foeniculum vulgare 'Atropurpureum', gelb (150)
Gaura lindheimeri, weißlich-rosa (80)
Gypsophila paniculata, rosa bis weiß (80 – 100)
Kalimeris incisa, weiß, lila getönt (60)
Kalimeris yommea, weiß (150)
Lavatera 'Barnsley', rosa-weiß (150)
Lavatera thuringiaca, rosa (150)
Linaria purpurea, rosa (80)
Phlox in Arten u. S., div. Farben (80 – 100)
Polemonium foliosissimum, blau (70)
Salvia sclarea, lila (100)
Solidago-Hybriden, goldgelb (70 – 100)
Solidago rugosa, gelb (120 – 150)
Verbascum alle, gelb bis weiß (100 – 200)
Verbena hastata, violett (100)
Veronica longifolia 'Blauriesin', blau (80)
Veronicastrum virginicum 'Albo-rosea', zartrosa (150)

Die Farbe Weiß in Rosenpflanzungen

oben: Weiße Pflanzenkompositionen wirken immer edel und elegant, bringen Licht, Frische und Brillanz in ein Gartenbild und leuchten bis in die späte Abenddämmerung. Das Nonplusultra ist der Weiße Garten, der durch seine differenzierten Weißtöne, unterschiedlichste Blütenformen, kontrastreiche Blatt-Texturen, eine ausgewogene Wuchshöhenstaffelung und die dunkle Taxusumrahmung besticht. Nicht nur die Engländer haben den besonderen Reiz des Weißen Gartens erkannt, auch wir sind schon seit Jahren zu dieser „Weißheit" gelangt. Den Mittelpunkt des berühmten Weißen Gartens in Sissinghurst bildet die duftende Kletterrose Rosa longicuspis, die in unseren Gärten leider nicht hart ist.

links außen: 'Bobby James' in einer Robinie, Rosarium Dortmund.

links: 3jährige 'Venusta Pendula' in Maackia amurensis.

Noch viel zu selten wagen wir es, Kletterrosen in Bäume zu setzen. Dabei schaffen gerade die starkwüchsigen Rambler-Rosen mit ihren enormen Blütenkaskaden einmalige Gartenbilder. Rosen sind ausgesprochen lichthungrig, deshalb eignen sich zur Bepflanzung nur locker- und lichtkronige Baumarten. Hier eine Auswahl:

Ailanthus altissima	Malus-Kultursorten
Elaeagnus angustifolia	Phellodendron amurense
Fraxinus angustifolia	Pinus sylvestris
Fraxinus ornus	Robinia i. Arten
Gleditsia triacanthos	Sophora japonica
Gymnocladus dioicus	Sorbus aucuparia
Larix i. Arten	

oben: Rosen und Stauden vor dem Münsterhofes im Arboretum Ellerhoop-Thiensen. In einem ländlichen Garten kann es nicht nur, sondern sollte es sogar gelegentlich bunt zugehen. Unsere alten Bauerngärten waren immer vielfältig und farbenfroh mit Rosen, Schmuckstauden und Einjährigen bepflanzt.

Strauchrosen brauchen Raum und sollten in einer Staudenfläche sehr locker verteilt werden, damit ihre volle Schönheit zur Geltung kommt.

Ist eine Gartensituation fast ausschließlich mit einmalblühenden Strauchrosen bepflanzt, wird die Fläche auch nach der überschwenglichsten Blüte im weiteren Verlauf des Sommers unattraktiv aussehen. Strauchrosen mit kurzem Auftritt sollte man die Möglichkeit geben, sich von ihrem einmaligen Erfolg unbemerkt hinter den Blütenvorhängen nachfolgender Stauden und Gräser erholen zu können.

rechts: Rosenpflanzungen in Sissinghurst. Nur wenn man exzellente Pflanzenkenntnisse und ein feines Farbempfinden hat, kann man solche Kompositionen schaffen. Das Bild beherrschen hier die zarten, träumerischen und romantischen Farben, von denen man nie genug bekommen kann. Rosen und Begleitstauden in den Farben Weiß, Rosa, Rosaviolett, Purpur, Violett und Blau mit all ihren feinen Übergängen.

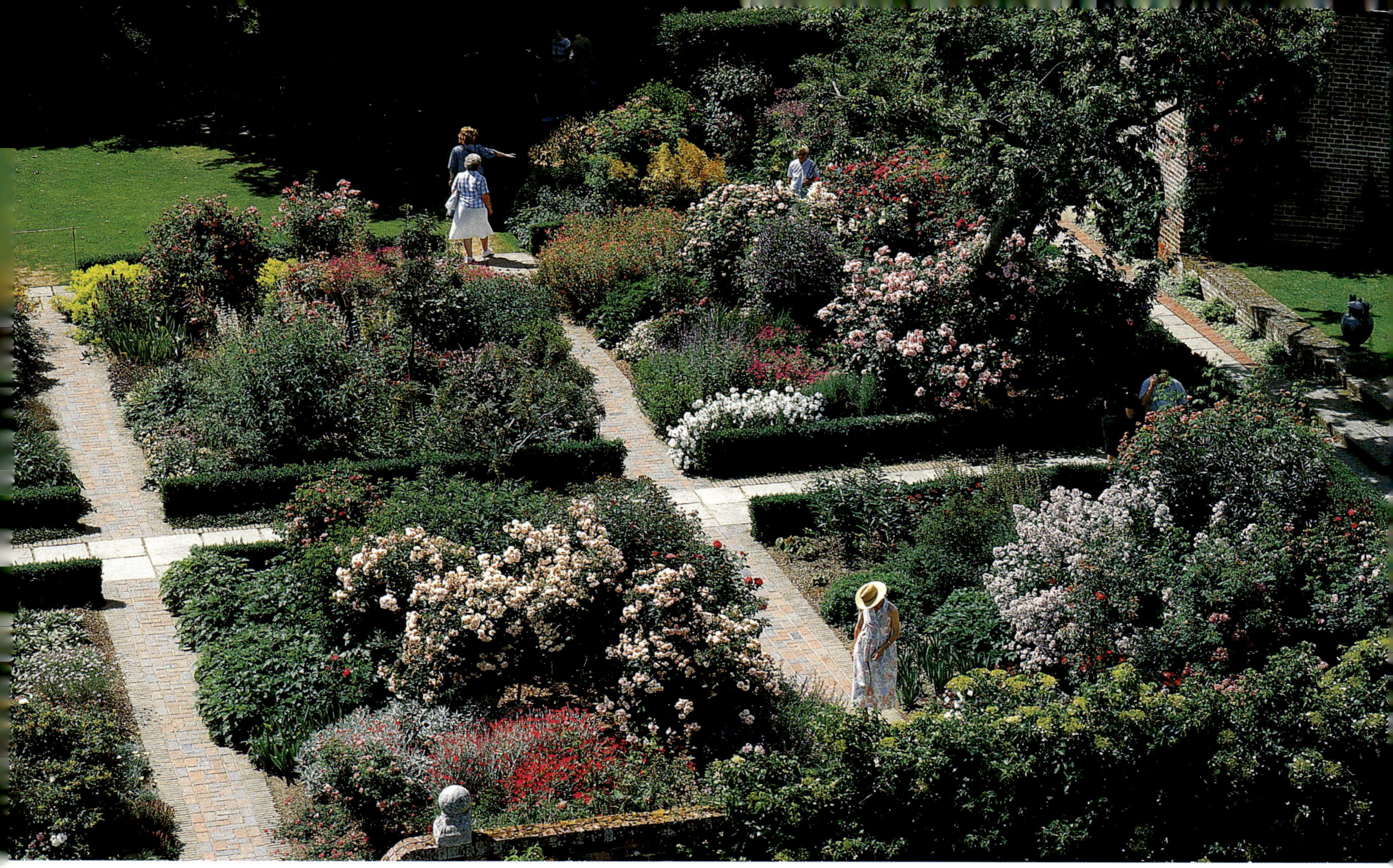
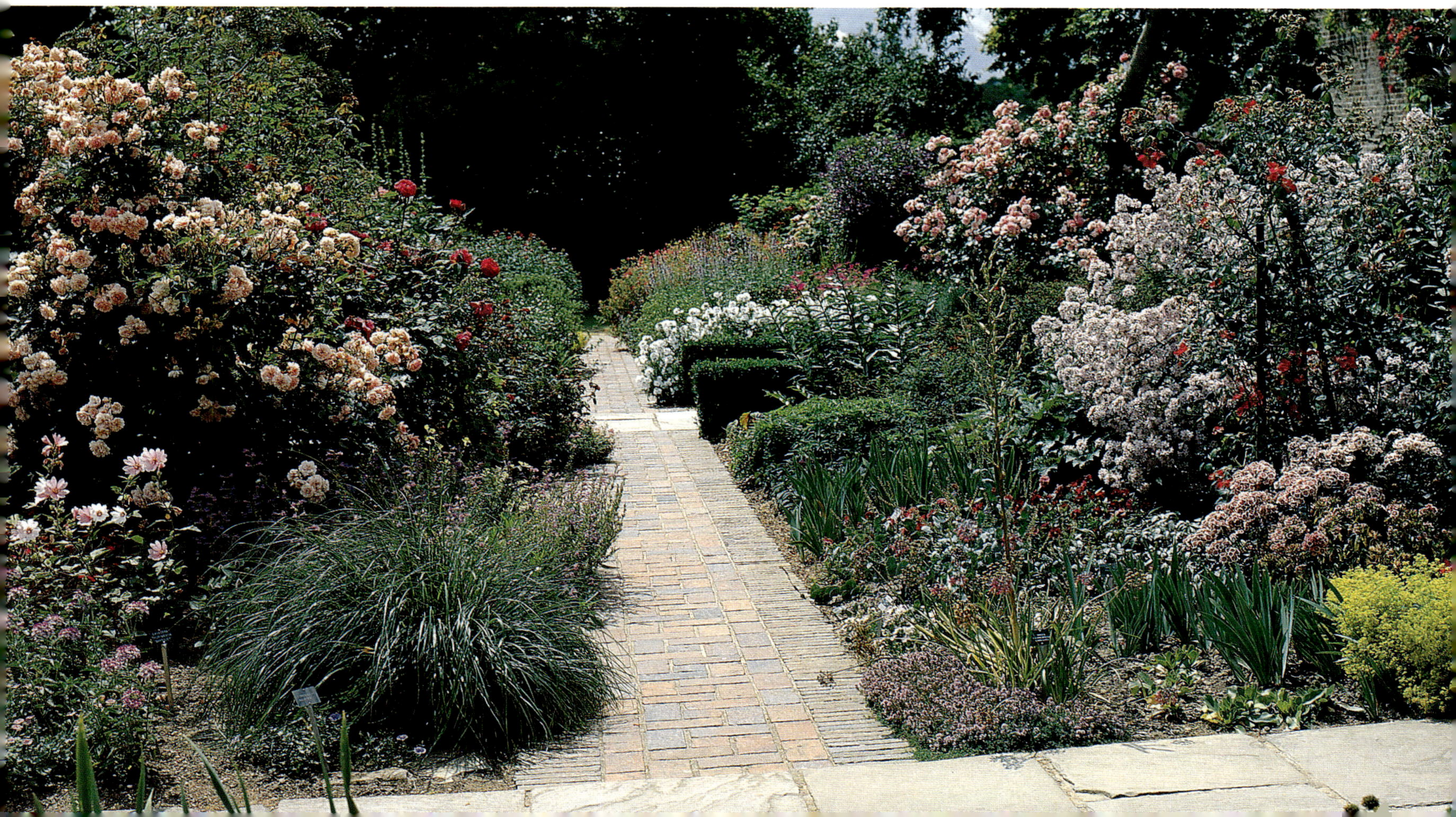

oben: Monochrome Gärten sind in England häufig anzutreffen. Sehr bekannt ist die Rote Rabatte von Hidcote Manor. Sie wird geprägt von purpurrotbraunblättrigen Hintergrundgehölzen wie Prunus spinosa 'Purpurea', Corylus maxima 'Purpurea' und Cotinus cogyggria 'Royal Purple'. Im Vordergrund der Rabatte rotblättrige Canna indica, Salvia officinalis 'Purpurascens', Hemerocallis, rotblättrige Dahlien, Rosen und Gräser. Lebhaftigkeit und Aggressivität reinroter Blüten werden durch die Benachbarung von purpurrotbraunblättrigen Pflanzen gemildert.

unten: Naturhafte Gehölzrandsituationen mit Strauchrosen, Campanula latifolia var. macrantha, Geranium endressii, G. x magnificum und G. san-guineum. Geranium-Arten sind typische Vertreter des Lebensbereiches Gehölzrand. Sie sind sehr wüchsig, langlebig, gut bodendeckend und können auch farblich bestens mit Rosen kombiniert werden.

rechts: Philadelphus-Hybr. 'Albatre' mit der Beetrose 'Mariandel'

Der duftende Jasmin gehört nun schon seit „Urzeiten" zu den klassischen Rosenbegleitpflanzen. Eine Steigerung würde dieses Gartenbild erfahren durch hellblaue Rittersporne, Veronica longifolia 'Blauriesin', einzelne Artemisia absinthium 'Lambrook Silver', die noch umspielt werden von den Blütenähren des Blaustrahlhafers.

links oben: Meisterhafte Farbzusammenstellung in Rosa, Blauviolett und Hellviolett mit der Beetrose 'Bonica 82', Phlox paniculata 'Le Mahdi' und Veronicastrum virginicum. Im Hintergrund der weiche Grauton von Salix exigua.

links unten: Schmale Rosenrabatte zur Auflockerung eines Gemüsegärtleins. Bepflanzt mit Petunien und den weißen Polstern des Steinkrauts, Alyssum maritium, dessen intensiver Honigduft auch noch in größeren Gartenräumen betörend wirkt. Eine Kombination von Rosen und Einjährigen ist selbstverständlich möglich und kann sehr reizvoll sein, zumal sie uns ohne Pause den ganzen Sommer über Farbe schenken. Zu Weiß passen helle Farben in der Regel besser als dunkle Töne, das Bild wirkt freundlicher und anmutiger.

rechts Mitte: Zarte Rosa-Komposition mit der öfterblühenden Kleinstrauchrose 'Ballerina' und der halbgefüllten, duftenden 'Nymphenburg'. 'Ballerina' ist mit ihren kleinen, wildrosenähnlichen Schalenblüten eine der charmantesten Rosen, die ich kenne. Im Herbst überrascht dieser vitale Strauch mit zierlichen, orangefarbenen Hagebutten.

rechts oben außen: Neben unserer bekannten Kleinstrauchrose 'The Fairy' und der Buddleja-Hybride 'Royal Red' zwei wundervolle, aber nicht ganz alltägliche Rosenbegleiter. Unmittelbar neben 'The Fairy' Acanthus mollis und links außen die Präriemalven-Hybride 'Elsie Heugh'. Bestechend bei dieser Zusammenstellung sind Farben und Blütenformen.

rechts unten außen: Mit der Jungfer im Grünen, Nigella damascena, die mir schon während der Kindheit im Garten meiner Mutter ans Herz gewachsen ist, haben wir eine sehr anmutige, liebenswerte Rosenbegleitpflanze. Ihre Ansiedlung macht keinerlei Probleme, da sie direkt an Ort und Stelle ausgesät werden kann. Eine zweite Nachsaat zu einem späteren Zeitpunkt garantiert Dauerflor bis zum Herbst.

Gräser für Rosengärten

„Ein Garten ohne Gräser ist gräslich."
K. Foerster

Dieser Ausspruch von K. Foerster gilt selbstverständlich auch für den Rosengarten. Mit den Gräsern bringen wir Natürlichkeit, Bewegung und Transparenz in unsere Rosen-Stauden-Pflanzungen.

links oben: Strauchrosen, Sommerblumen und Gräser wie z.B. Miscanthus sinensis-Sorten, Molinia arundinacea und Achnatherum calamagrostis im Arboretum Thiensen.

links Mitte: Helictotrichon (Avena) sempervirens, der Blaustrahlhafer, ist mit seinen brusthohen, überhängenden Blüten immer noch eines der wichtigsten Solitärgräser für unsere Rosenpflanzungen. Herrlich mit Dipsacus, Eryngium-Arten, Artemisia ludoviciana 'Silver Queen', Verbena hastata, V. bonariensis, Agastache foeniculum, Lavatera 'Barnsley', Veronica longifolia und rosafarbenen Strauchrosen.

links unten: Melica altissima 'Atropurpurea', Sibirisches Perlgras. Ein noch etwas unbekanntes Gras, das aber mit seinen purpurbräunlichen, 1–1,2 m hohen Blütenrispen fantastisch zu rosa- und rotfarbenen Strauchrosen paßt.

oben Mitte: Das wogende Silberhaar des Reiherfedergrases ist ohne Pause in Bewegung und schafft immer wieder neue Windspielbilder. Eines der faszinierendsten Gräser überhaupt. Das Reiherfedergras sollte man immer zu mehreren in Trupps pflanzen. Damit das silberne Gräser-Haar nicht schütter wird, müssen wir für einen sonnig-warmen Standort und einen nicht zu schweren, gut durchlässigen, kalkreichen Boden sorgen.

Mitte unten: Das Silberährengras, Achnatherum calamagrostis, gehört zu den schönsten Gräsern. Die beständigen Blütenähren stehen auch noch der Blumenzwiebelblüte des nächsten Frühjahrs zur Verfügung. Empfehlenswerte Sorten sind: 'Allgäu' u. 'Lemperg'.

rechts oben außen: Miscanthus sinensis, Artemisia, Lavendel und Beetrose 'Schneeflocke'

rechts unten außen: Die beliebten Blüten des Lampenputzergrases, an denen man auf seinen Gartenspaziergängen so gern vorbeistreicht, entwickeln sich oft erst im Spätsommer oder Frühherbst. Taubehangen bieten sie dann einmalige Morgenbilder. Die besten Lampenputzer sind Pennisetum alopecuroides 'Compressum', 'Hameln' und 'Herbstzauber'.

Weitere empfehlenswerte Gräser für Rosenpflanzungen sind:
Achnatherum brachytrichum (40/60)
Amophila breviligulata (60/80)
Andropogon scoparius (30/50)
Calamagrostis x acutiflora 'Karl Foerster'
Eragrostis curvula (40/100)
Eragrostis trichoides (60/100)
Festuca amethystina 'Aprilgrün' (20/30)
Festuca cinerea (glauca) (15/25)
Festuca mairei
Koeleria glauca (15/25)
Miscanthus sinensis, niedrige Sorten
Molinia i. Arten u. Sorten (40/150)
Panicum virgatum i. Sorten (70)
Schizachyrium scoparium
Sorghastrum nutans (80/120)
Sporobolus heterolepis
Stipa gigantea (50/180)
Stipa tenuifolia (40)
Themeda triandra var. japonica (60/120)

Bambus: Für die Hintergrundpflanzung von höheren Parkrosen und asiatischen Wildrosenarten eignen sich die horstig wachsenden Fargesia murielae-Sorten (Sinarundinaria). Die starkwüchsigen Phyllostachys-Arten, deren Unterbringung in einem normalen Hausgarten ohnehin schon problematisch ist, dürften für eine Benachbarung mit den konkurrenzschwachen Rosen wohl nur in Ausnahmefällen in Frage kommen.

Die Farbe Blau in Rosenpflanzungen

„Diese Farbe macht für das Auge eine sonderbare und fast unaussprechliche Wirkung ... Es ist etwas Widersprechendes von Reiz und Ruhe im Anblick".

Johann Wolfgang von Goethe

Blau gilt seit jeher als faszinierendste und geheimnisvollste Farbe. Blau symbolisiert Himmel und Wasser und vermittelt die Illusion von Tiefe und Unendlichkeit. Blau macht weit und begrenzt nicht. Im Gegensatz zu den warmen Gelb- und Rottönen, die in den Vordergrund drängen, weicht Blau als kühlste aller Farben deutlich zurück.

Aufgrund seiner raumschaffenden Fähigkeit wird die Tiefenwirkung eines Gartens beträchtlich verstärkt. So können wir auch in beengten Gartenräumen mit Blau Tiefe und Weite vorspiegeln.

Außerordentlich wirkungsvoll wird eine blaue Pflanzung, wenn wir die dazugehörige Komplementärfarbe, das Orange, als Gegenspieler einsetzen.

Für unsere Rosenpflanzungen ist das Blau eine der wichtigsten Farben. Nicht nur, daß man es mit jeder anderen Blütenfarbe kombinieren kann, Blau hält eine bunte Pflanzung zusammen und bringt Ruhe und Ausgewogenheit in ein Gartenbild.

Weitere blaue Partner für Rosen (Höhe in cm)

Aconitum x cammarum 'Bicolor' (120)
Aconitum carmichaelii 'Arendsii' (110)
Aconitum henryi 'Spark' (150)
Aconitum napellus (120)
Anchusa azurea 'Loddon Royalist' (100)
Aquilegia Vulgaris - Hybriden (60)
Aster ericoides 'Blue Star' (70)
Aster x frikartii 'Wunder von Stäfa' (60)
Aster laevis (120)
Aster sedifolius 'Nanus' (60)
Baptisia australis (100)
Buglossoides purpurocaerulea (30)
Calamintha nepeta ssp. nepeta (50)
Campanula lactiflora i. Sorten (80 – 100)
Campanula latifolia var. macrantha (100)
Campanula persicifolia 'Grandiflora' (30)
Campanula portenschlagiana i. Sorten (15)
Campanula poscharskyana 'Blauranke' (25)
Ceratostigma plumbaginoides (25)
Clematis integrifolia (60)
Delphinium i. Formen und Sorten (60)
Eryngium i. Arten und Sorten (60)
Geranium x magnificum (60)
Geranium Pratense-Hybride 'Johnson's Blue' (60)
Lobelia siphilitica (60)
Nepeta x faassenii (30)
Nepeta 'Six Hills Giant' (50)
Nepeta sibirica (90)
Salvia azurea 'Grandiflora' (100)
Salvia nemorosa 'Blauhügel' (100)
Veronica austriaca ssp. teucrium 'Kapitän'

Links außen oben und Mitte unten: Der betörend duftende Lavendel – man könnte süchtig nach ihm werden – ist mit seinem graugrünen Laub und den violettblauen, feingliedrigen Blüten einer der schönsten Rosenpartner.

Oben rechts: Obwohl das Blau der Rittersporne zu allen Blütenfarben paßt, ist die Kombination mit rosafarbenen Rosen besonders ansprechend.

Farbe Gelb in Rosenpflanzungen

..lb ist die nächste Farbe am Licht. Sie führt in ihrer höchsten ..heit immer die Natur des Hellen mit sich und besitzt eine ..ere, muntere, sanft reizende Eigenschaft."

Johann Wolfgang von Goethe

..b ist die hellste und leuchtendste aller bunten Farben (Weiß ..nbunt). Es lenkt die Aufmerksamkeit sofort auf sich, ist im.. ..aktiv, doch drängt es nicht ganz so in den Vordergrund wie .. Die gelbe Farbe verkürzt die Entfernung und läßt den Hin.. ..rund optisch näherrücken, was gestalterisch genutzt wer.. ..kann. Die Intensität des reinen gelben Farbtons ist verblüf.. ..l, selbst ein einzelner Tuff im Garten wird immer zum ..kfang und kann leicht zum beherrschenden Element wer.. .. Deshalb sollten wir das Gelb in einer gemischtfarbigen ..nzung sparsam einsetzen, damit die Nachbarfarben nicht ..rtönt werden. In einem reingelben Garten, in dem alle Ab.. ..ungen bis hin zum Orange vertreten sind und sich gegensei.. ..n ihrer Wirkung noch steigern, kommt Gelb besonders gut .. Geltung. Eine Aufwertung erfährt diese Farbkombination ..ch reichliche Verwendung von grausilbrigen und weißblüti.. ..Stauden. Die höchste Steigerung der gelben Farbe errei.. ..n wir mit dem Gegenspieler, der Komplementärfarbe Violett.

..s: Der Goldene Garten von Pashley Manor.

.. Farbe Gold wird von den meisten falsch interpretiert. Das ..ne Gold ist eher eine gedämpfte gelbe Farbe, die auch eine ..isse Tendenz zum grünlichen Ocker hat.

..s gelblich- bis bläulichgrüne, vielgestaltige Laub der Pflan.. ..g ist bis auf wenige Akzente durchwirkt von weißen, grün.. ..gelben, gelben bis mittelgelben Blüten. Eine ungemein zarte .. sanfte Farbmischung bestimmt dieses Bild. Kräftige, tiefgel.. ..und orangene Töne würden hier stören. Der hellblaue Tup.. ..von Nigella dagegen paßt wundervoll zu diesen leichten Far.. ..

..wendete Pflanzen: Englische Rose 'Graham Thomas' (hell.. ..b), Kletterrose 'Sunshowers' (weißlichgelb), Clematis tan.. ..ica, Verbascum i. Sorten, Chrysanthemum leucanthemum, ..rysanthemum parthenium, Nigella damascena, Tropaeolum ..us 'Tip Top Gold', Alchemilla mollis, Euphorbia polychroma ... Euphorbien und die grünblütige Clematis-Hybride 'Gekkyu.. ..n' (nicht im Bild).

..en rechts: Strauchrose 'Lichtkönigin Lucia' mit Salvia ne.. ..rosa 'Mainacht', deren violettblaue Blüten die Komple.. ..ntärfarbe zum Gelb bilden. Komplementäre Farbzusammen.. ..llungen steigern sich gegenseitig in ihrer Wirkung, sind aber ..mals falsch, weil sie sich harmonisch zu den drei Grundfar.. ..n (Gelb, Rot, Blau) ergänzen.

..im Umgang mit Farben im Garten sollte man allerdings nicht ..r mit derartigen Paukenschlägen arbeiten. Die verhaltenen ..ne werden auch gehört.

..ten: Einzelblüte 'Bernsteinrose'

..chts unten: Englische Rose 'Graham Thomas', Lilien, gelbe ..pinen, Frauenmantel u. Robinia pseudoacacia 'Frisia'

links außen oben: Rosenbenachbarung in den Farben Karminrosa, Violettblau, Karminrot und Purpurrot bis Violettrot. Verwendete Pflanzen: Floribundarose 'Regensberg', Hornveilchen, Allium sphaerocephalum (Zierlauch), Lychnis coronaria (Vexiernelke), Geranium psilostemon-Hybr. 'Ann Folkard', Salvia farinacea und im Hintergrund weißbunte Gräser, die sehr gut mit der extrem silberweißlaubigen Weide Salix exigua korrespondieren.

links außen Mitte: Strauchrose 'Leontine Gervais', Rosa gallica 'Versicolor', Santolina und Sisyrinchium striatum.

links außen unten: Strauchrosen, unterpflanzt mit dem von Juni bis August blühenden Scheinwaldmeister, Phuopsis stylosa 'Purpurea', und Hosta lancifolia (Funkie).

links Mitte: Strauchrose 'Pink Grootendorst' mit Ceanothus x delilianus 'Gloire de Versailles'.

Die aufsteigenden, puderblauen Blütenwolken der Säckelblume passen nicht nur ausgezeichnet zu rosafarbenen oder lichtgelben Rosen, sie sind auch eine ganz besondere blaue Kostbarkeit im Gehölzsortiment. Wer allerdings die englischen Gärten bereist hat, wird dort wahre Blauwolkentürme von bisher völlig unbekannten Ceanothus-Formen erlebt haben, hinter denen unsere kleine 'Gloire de Versailles' trotz ihres vielversprechenden Namens beinahe verschwindet. Versuche, diese blauen Englandgartenträume auch bei uns zu verwirklichen, haben wir nach jahrzehntelangen Prüfungen und Enttäuschungen bereits hinter uns. Bitte entnehmen Sie unsere Empfehlungen der nachfolgenden Auflistung.

Auswahl von blau blühenden, Rosenbegleitgehölzen

Buddleja alternifolia
Buddleja davidii 'Empire Blue'
Buddleja davidii 'Nanho Blue'

Caryopteris x clandonensis 'Arthur Simmonds'
Caryopteris x clandonensis 'Heavenly Blue'
Caryopteris x clandonensis 'Topaze'
Caryopteris incana

Ceanothus x delilianus 'Gloire de Versailles' (härteste Sorte)
Ceanothus x delilianus 'Henry Défossé'
Ceanothus x delilianus 'Topaze'

Ceratostigma plumbaginoides

Clematis-Arten u. -Sorten

Lavandula officinalis i. Sorten

Perovskia abrotanoides
Perovskia atriplicifolia
Perovskia 'Hybrida'

Rosmarinus officinalis (frostempfindlich)

Vinca major
Vinca minor
Vitex agnus-castus (frostempfindlich)

rechts außen oben: Unverzichtbare, sehr bewährte Rosenbegleitstauden sind Salvia nemorosa 'Ostfriesland', Alchemilla mollis, der gelbblühende Frauenmantel, und Veronica austriaca ssp. teucrium 'Knallblau'. Das Riesenschleierkraut, Crambe cordifolia, ist noch sehr jung, erwachsen wird es sich mit einer Höhe von gut 2 m locker über die Rosa rugosa-Hybride erheben.

rechts außen unten: Die berühmte purpurfarbene Rabatte in Sissinghurst. Purpurrosa- und karminrosafarbene Strauchrosen mit Rittersporn, Campanula lactiflora (Glockenblume), Lythrum salicaria 'Firecandle' (Blutweiderich), Nepeta sibirica (Katzenminze), Knautia macedonica (Witwenblume) und Clematis viticella-Hybride 'Mme. Julia Correvon'.

RUBUS L.

Brombeere, Himbeere – Rosaceae, Rosengewächse

caesius L.,

Kratzbeere, Ackerbeere

lat.: caesius = blaugrau, blaugrün

Sommergrüner, 0,5 bis 1 m hoher Strauch mit bogig überhängenden, meist aber niederliegenden, oft mehrere Meter langen Trieben. Zweigspitzen wurzelnd und dadurch vieltriebige Dickichte bildend. Triebe rund, blaßgrün, meist bläulich bereift, locker behaart oder kahl, Stacheln fast gerade, 2 bis 5 mm lang.

Blätter wechselständig, 3zählig gefiedert, oberseits hellgrün, kahl, runzlig, unterseits weich behaart. Herbstfärbung gelb bis orange, Blüten von Mai bis September, weiß, 3 cm breit, in wenigblütigen, drüsig behaarten, stacheligen Doldentrauben. Früchte (Brombeere) schwarz, bläulich bereift, nicht besonders schmackhaft. R. caesius ist beheimatet in Europa und N-Asien. In Mitteleuropa überall verbreitet. In den Alpen bis auf 1000 m ansteigend.

Häufig in lichten Auenwäldern, an Wald- und Ufersäumen, Acker- und Wegerändern, an Gräben, in Hecken und auf Schuttflächen. Auf nährstoffreichen, frischen bis nassen, zeitweise überschwemmten, vorzugsweise kalkhaltigen Lehm-, Lößlehm- und Tonböden (Schlickböden) in sonniger bis halbschattiger (schattiger) Position.

Verwendung findet R. caesius bei den verschiedensten Begrünungsmaßnahmen in der freien Landschaft und im Siedlungsbereich wie z.B.: Waldrandgestaltung, Gehölzränder, Knicks, Flächenbegrünung, Straßenbegleitgrün, Lärmschutzwälle, Betonformsteinelemente und Bahndämme.

Ökologie: *Die Kratzbeere ist eines der besten Schutz- und Nährgehölze für Kleinsäuger und viele Vogelarten. Darüber hinaus werden die nektarreichen Blüten von zahlreichen Insektenarten wie Hummeln, Bienen, Faltern, Schwebfliegen und Käfern besucht. Die Blätter sind Raupenfutter für Kaisermantel oder Brombeer-Perlmutterfalter. In den hohlen Trieben überwintern und brüten Solitärbienen.*

R. calycinoides HAYATA,
Kriech-Himbeere

Verbreitung: Taiwan.

Wuchs: Ausläufer treibender Zwergstrauch mit kriechenden und wurzelnden Trieben.

Größe: Etwa 10 cm hoch und durch kriechende und wurzelnde Triebe vielfach breiter.

Rinde: Triebe rotbraun, zottig behaart, mit einzelnen, kleinen Stacheln besetzt.

Blätter: Immergrün, wechselständig, breit eirundlich, dreilappig, Basis herzförmig, 2 bis 4 cm lang und breit, tiefgrün, unterseits weißfilzig.

Blüten: Weiß, zu 1 bis 2, an bogig aufgerichteten, bis 10 cm hohen Kurztrieben, etwa 1,5 cm breit; Mai bis Juni.

Früchte: Rot, kugelig, bis 1,5 cm dick, Fruchtbecher orange.

Standort: Halbschattig bis sonnig.

Rubus calycinoides

Boden: Mäßig trockener bis frischer (feuchter) Gartenboden, sauer bis alkalisch.

Verwendung: Sehr schöner Flächenbegrüner für halbschattige Standorte unter kleinen Solitärgehölzen; geeignet für Steingartenanlagen, Heidegärten und Kübel.

R. fruticosus L.,
Gewöhnliche Brombeere, Wilde Brombeere

Rubus fruticosus ist eine Sammelart für zahlreiche spezialisierte und morphologisch vielfältige Kleinarten, von denen es etwa 100 geben dürfte.

Verbreitung: Europa. In Hecken, Knicks, an Waldrändern oder in Steinbrüchen, an Dämmen,

Rubus fruticosus

auf feuchten Hängen; auf fast allen Böden, besonders häufig und oft in Massen auf nährstoffreichen, kalkarmen bis schwach alkalischen Standorten.

Wuchs: Sommergrüner bis wintergrüner Strauch mit langen, bogig überhängenden bis bodenaufliegenden Trieben.

Größe: 1 bis 3 m hoch und breit.

Rinde: Olivgrün bis rötlich, mit starken, oft sehr unterschiedlichen Stacheln besetzt.

Blätter: Sommergrün bzw. wintergrün, meist 5zählig, dunkelgrün glänzend oder mattgrün, unten heller, graugrün bis weißfilzig, Herbstfärbung gelblich, rotbraun und rötlich, oft bis zum Frühjahr haftend.

Blüten: Weiß bis rosa, in vielblütigen Doldentrauben, sehr zahlreich. Juni bis Juli.

Früchte: Schwarz glänzende Brombeeren (Sammelsteinfrucht), eßbar.

Wurzel: Langtriebig, wenig verzweigt, Ausläufer treibend.

Standort: Sonnig bis schattig.

Boden: Auf allen mäßig trockenen bis frischen, (mäßig) nährstoffreichen, humosen, sauren bis schwach alkalischen Böden (einige Unterarten auch auf kalkhaltigen Substraten). Brombeeren sind aber insgesamt sehr anspruchslos und bodentolerant.

Eigenschaften: Frosthart, Licht-Halbschattenpflanze, Bodenfestiger, durch reichlich Laubfall und intensive Durchwurzlung ein sehr guter Bodenverbesserer, Pionierpflanze, Ausläufer treibend.

Verwendung: Wertvolles Gehölz für Begrünungsmaßnahmen in der freien Landschaft, Besiedlung von Rohböden, z. B. auch Sand- und Kiesgruben, Flächenbegrüner/Bodendecker an Straßenböschungen und rutschgefährdeten Hängen, Begrünung von Steinschüttungen; eines der besten Vogelschutz- und -nährgehölze, Blätter sind beliebte Wildäsung im Winter. Verwendung der Blätter als Tee siehe bei Himbeere.

Ökologie: Die Brombeere ist Futterpflanze für zahlreiche heimische Schmetterlingsraupen. In den hohlen Langtrieben überwintern Solitär-Bienen-Arten. Die Sträucher sind Deckung und Nahrungslieferant für viele Kleintierarten.

Anmerkung: Bei Verwendung von Rubus fruticosus in der freien Landschaft sollten unbedingt die standortangepaßten Ökotypen bzw. Kleinarten gepflanzt werden.

R. fruticosus 'Dart's Robertville'

Wuchs: Flach niederliegender, dichttriebiger, gut bodendeckender Strauch.

Blätter: Sommergrün bis wintergrün, meist 3zählig, dunkelgrün.

Blüten: Weiß, in mehrblütigen Doldentrauben, Mai/Juni.

Früchte: Schwarz glänzende Brombeeren.

Standort: Sonnig bis schattig.

Boden: Auf allen mäßig trockenen bis frischen, mäßig nährstoffreichen, sauren bis schwach alkalischen Böden.

Verwendung: Wertvoller Naturfindling mit besten Bodendecker-Eigenschaften zur Begrünung von Böschungen, Hängen und zur Unterpflanzung lockerer Großgehölzpflanzungen.

R. henryi HEMSL., Kletter-Himbeere

Verbreitung: Westchina.

Wuchs: Immergrüner Kletterstrauch mit langen, dünnen, weißfilzigen Trieben.

Rinde: Triebe weißfilzig mit wenigen gekrümmten Stacheln.

Blätter: Immergrün, wechselständig, 3 bis 5lappig, Lappen tief eingeschnitten, lanzettlich zugespitzt, oben tiefgrün, unten weißfilzig.

Blüten: Hellrot, in kleinen, end- oder achselständigen, drüsigen Trauben; Juni.

Früchte: Schwarz, glänzend, Sammelsteinfrucht, 1 bis 1,5 cm breit.

Standort: Halbschattige Lage, geschützt.

Boden: Mäßig trockene bis feuchte, nahrhafte und durchlässige Böden.

Verwendung: Gehört zu den wenigen immergrünen Kletterpflanzen. Durch das dekorative, dreiteilige, glänzend grüne Blatt und die langen, girlandenartig herabhängenden Triebe ein hübscher Kletterstrauch für waldartige, schattige Gartenräume. Paßt wundervoll zu Bambus, Gräsern und feingliedrigen, immergrünen Gehölzen wie Lonicera pileata oder Ilex crenata. Geeignet zur lockeren Berankung von Mauern, Zäunen und Bäumen. Ein noch ausdrucksstärkeres, größeres Blatt hat R. henryi var. bambusarum. Diese Form wächst in den Bambuswäldern Chinas.

R. idaeus L., Himbeere

Verbreitung: Europa, sehr verbreitet. In Hecken, auf Waldlichtungen und Kahlschlägen, an Gehölzrändern und Wegen, in Knicks und auf Steinschutthalden; auf humosen, lockeren, frischen bis feuchten, nährstoffreichen, kalkhaltigen und sauren Lehmböden.

Wuchs: Kleiner Strauch mit straff aufrechten, wenig verzweigten Grundtrieben, Spitzen leicht überhängend.

Rubus idaeus

Größe: Bis 2 m hoch und 1 m breit, ältere Pflanzen durch starke Ausläuferbildung oft breiter als hoch.

Rinde: Ruten braun bis rotbraun, borstig.

Blätter: Sommergrün, wechselständig, unpaarig gefiedert, 3 bis 10 cm lang, hellgrün, unterseits weißfilzig.

Blüten: Weiß, in Trauben, Mai bis Juli.

Früchte: Rote, saftige Himbeeren (Sammel-Steinfrucht), eßbar.

Wurzel: Oberflächennah ausgebreitet, stark Ausläufer treibend.

Standort: Absonnig (halbschattig) bis sonnig.

Boden: Auf allen nicht zu trockenen bis feuchten, nährstoffreicheren Substraten, sauer bis alkalisch.

Eigenschaften: Frosthart, mit Kriechwurzeln und Wurzelbrut bodenlockernd, Waldpionierpflanze, Nitrifizierungsanzeiger, wertvolle Bienenweide.

Verwendung: Heimisches Gehölz, das sich gut zur Unterpflanzung absonniger oder schattiger Gehölzpartien in großräumigen Garten- und Parkanlagen eignet; Bodenfestlegung durch starke Ausläuferbildung, wertvolles Gehölz für den Waldbau, ist in der Lage, den hohen Stickstoffgehalt nach Kahlschlägen zu nutzen und sollte auf solchen Flächen geduldet werden (EHLERS).

Ökologie: Wie die Brombeere, so ist auch R. idaeus eine wichtige Futterpflanze für viele Schmetterlingsraupen. Zu nennen wären hier der Kaisermantel (Argynnis paphia), der Faulbaumbläuling (Celastrina argiolus), das Kleine Nachtpfauenauge und der Brombeerzipfelfalter (Callophrys rubi), Schmetterlingsarten, die in der Bundesrepublik z. T. vom Aussterben bedroht sind. Die Blüten der Himbeere sind weiterhin eine wichtige Bienenweide (Pollen und Nektar), während die Früchte gern von den verschiedensten Vogelarten und Säugetieren wie z. B. Haselmaus angenommen werden.

Anmerkung: Himbeer-Früchte sind schon seit der Steinzeit eine bedeutende Nahrung für die Menschen (Steinkernfunde bei Pfahlbauten). Junge Himbeerblätter enthalten Gerbstoffe und Vitamin C. Reiner Himbeerblättertee gilt als Volksmittel gegen Ruhr und Durchfall. Die Blätter werden aber auch für Mischtees (Brombeere, Erdbeere, Lindenblüten und Waldmeister) verwendet.

R. leucodermis DOUGL. ex TORR. & GRAY, Oregon-Himbeere

Verbreitung: Westliches Nordamerika.

Wuchs: Ausläufer treibender Strauch mit straff aufrechten Trieben und bogig überhängenden Spitzen.

Größe: Bis 2 m hoch und breit.

Rinde: Triebe braun, bläulichweiß bereift, mit flachen, hakenförmigen Stacheln.

Blätter: Sommergrün, wechselständig, unpaarig gefiedert, Blättchen 5 cm lang, breit eiförmig, hellgrün, unterseits graufilzig.

Blüten: Weiß, in Büscheln; Mai.

Früchte: Blauschwarze, kugelige Sammelsteinfrüchte, eßbar.

Wurzel: Langtriebig, oberflächennah, Ausläufer treibend.

Sträucher: Sonnig bis absonnig.

Boden: Auf allen nicht zu trockenen bis feuchten Substraten, sauer bis alkalisch.

Eigenschaften: Frosthart.

Verwendung: Gruppengehölz zur Bodenbefestigung, Unterpflanzung lichtschattiger Gehölzpartien.

R. odoratus L., Wohlriechende Himbeere, Zimt-Himbeere

Verbreitung: Östliches Nordamerika. An Waldrändern, auf steinigen Hängen.

Wuchs: Sommergrüner Strauch mit aufrechten, wenig verzweigten Trieben, Spitzen leicht übergeneigt, Ausläufer treibend.

Größe: 1,50 bis 2 (3) m hoch und durch Ausläuferbildung oft wesentlich breiter.

Rinde: Triebe rotbraun, borstig-drüsig.

Blätter: Sommergrün, wechselständig, handförmig, auffallend groß, bis 25 cm breit, 3 bis 5lappig, dunkelgrün, beiderseits behaart.

Blüten: Purpurn, für die Gattung Rubus sehr groß, Einzelblüten 3 bis 5 cm breit, in vielblütigen Rispen; Juni bis August.

Früchte: Rote, 0,5 cm dicke Himbeeren (Sammelsteinfrucht), eßbar, jedoch fader Geschmack.

Wurzel: Flach, langtriebig, wenig verzweigt, Ausläufer treibend.

Standort: Absonnig bis halbschattig, aber bei genügend frischem Boden auch sonnig.

Boden: Humoser, nicht zu trockener bis frischer (feuchter) Boden, neutral bis alkalisch. Auf zu kalk-

RUBUS

Rubus odoratus

haltigen Böden Eisenmangelchlorose.

Eigenschaften: Frosthart, Ausläufer treibend.

Verwendung: Durch die große, einem Ahornblatt sehr ähnliche Belaubung und die bis zu 5 cm breiten, purpurnen Schalenblüten eine äußerst dekorative Erscheinung im Rubus-Sortiment. Herrlich geeignet für das Thema Blattstruktur in absonnigen Garten- und Parkbereichen zusammen mit Farnen und Schattenleitstauden wie Rodgersia, Polygonatum, Aruncus, Kirengeshoma, Hosta und Astilben. Wegen der Ausläuferbildung sollte man R. odoratus genügend Raum zur Entwicklung lassen. Eignet sich zur Unterpflanzung von Bäumen und zum großflächigen Verwildern in Parkanlagen. Wertvoller Spätblüher.

Ökologie: Die Blüten werden stark von Schwebfliegen, Käfern, Bienen und Hummeln besucht!

R. phoenicolasius MAXIM., Japanische Weinbeere

Rubus phoenicolasius

Verbreitung: China, Korea und auf den japanischen Inseln Hokkaido, Honshu, Shikoku und Kyushu; im Flachland und im Gebirge auf Waldlichtungen und Ödländereien.

Wuchs: Sommergrüner Strauch mit aufrechten Grundstämmen und überhängenden bis niederliegenden, langen Seitentrieben, Ausläufer bildend, Triebe mit Bodenkontakt wurzeln.

Größe: Bis 3 m hoch und breit, alte Pflanzen benötigen eine Fläche von 4,5 x 4,5 m!

Rinde: Triebe rotbraun, dicht behaart, borstig, mit wenigen, dünnen Stacheln besetzt.

Blätter: Sommergrün, wechselständig, 3 bis 5zählig, breit eiförmig, 4 bis 10 cm lang, dunkelgrün, unterseits weißfilzig.

Blüten: Hellrosa, in kurzen Trauben; Juni bis Juli.

Früchte: Orangerot, halbkugelig, Sammelsteinfrucht, eßbar, Geschmack süßsauer. Früchte sehr zierend!

Wurzel: Flach ausgebreitet, langtriebig, wenig verzweigt, Ausläufer treibend.

Standort: Absonnig bis schattig.

Boden: Humoser, nicht zu trockener bis feuchter Boden, neutral bis alkalisch.

Verwendung: Bemerkenswert wegen der orangeroten Früchte und der rosafarbenen, sternförmigen Blüten. Im Winter fällt die Japanische Weinbeere durch ihre rotborstigen Triebe auf. Anspruchsloses, robustes Gruppengehölz für halbschattige bis schattige Unterpflanzungen, sehr gut auch für absonnige Böschungen; weiterhin zur Berankung und Begrünung von Mauern und Mauerkronen (überhängend). Wichtig ist, daß man diesem Gehölz genügend Raum zur Entwicklung läßt. Alte Pflanzen benötigen eine Fläche von 3 x 3 bzw. 4,5 x 4,5 m!

R. thibetanus 'Silver Fern'

Wuchs: Sommergrüner, aufrecht wachsender Strauch mit purpurbraunen, blauweiß bereiften Stämmen.

Größe: 1,5 bis 1,8 m hoch und breit.

Rinde: Triebe/Stämme purpurbraun, blauweiß bereift, unregelmäßig mit Stacheln besetzt.

Blätter: Sommergrün, wechselständig, farnähnlich gefiedert, 10 – 20 cm lang mit 7 bis 13 Blättchen: eiförmig, silbergrau behaart, unten graufilzig.

Blüten: Purpurn, etwa 1,5 cm breit. Juni.

Früchte: Kugelig, schwarz, 1,5 cm dick.

Standort: Sonnig bis halbschattig.

Boden: Anspruchslos, auf allen nicht zu trockenen bis frischen, nahrhaften Böden.

Verwendung: Wegen der bereiften Stämme und der grausilbernen, farnähnlichen Blätter eine der allerschönsten Rubus-Arten überhaupt. Einzelstellung und Gruppenpflanze.

R. tricolor FOCKE (= R. polytrichus)

Verbreitung: Westchina; Yunnan, Setschuan.

Wuchs: Flach niederliegender, dichttriebiger, bodendeckender Zwergstrauch mit langen, kriechenden Trieben.

Größe: 0,25 bis 0,4 m hoch und mindestens 1 m breit, ältere Pflanzen noch breiter.

Rubus tricolor

Rinde: Triebe graufilzig, dicht besetzt mit gelbbraunen, abstehenden, dünnen Borsten.

Blätter: Sommergrün bis wintergrün, wechselständig, eirundlich, oft leicht gelappt, unten schneeweißfilzig und auf den Nerven borstig; bei uns meist nur sommergrün, in milden Gegenden wintergrün.

Blüten: Weiß, zu 3 bis 4 in endständigen, borstigen Trauben, Einzelblüte 2 bis 2,5 cm breit; Juli bis August.

Früchte: Hellrot, etwa 1,5 cm dick, eßbar.

Wurzel: Fadenförmig, wenig verzweigt, oberflächennah, Ausläufer bildend.

Standort: Sonnig bis schattig.

Boden: Anspruchslos, auf allen trockenen bis feuchten, nahrhaften Böden.

Eigenschaften: Nicht immer ganz frosthart, friert im Winter in ungünstigen Lagen gelegentlich zurück, treibt jedoch gut wieder durch.

Verwendung: Ein attraktiver, raschwüchsiger Bodendecker mit sehr ansprechender, glänzend dunkelgrüner Belaubung. R. tricolor paßt gut in schattige, waldartige Gehölzpartien, wo die Pflanze schnell dichte Teppiche bildet. Sie versagt aber auch nicht in offener, vollsonniger Lage oder z. B. im Wurzelbereich von Birken!

R. x tridel 'Benenden'
Hybride aus R. deliciosus x R. trilobus (= R. 'Benenden'; R. 'Tridel')

Wuchs: Sommergrüner, breit aufrechter, sparriger Strauch, Endtriebe überhängend. Wuchert!

Größe: Bis etwa 2,5 m hoch und meist breiter.

Blätter: Sommergrün, wechselständig, eirund, 3 bis 5lappig, unregelmäßig gesägt, dunkelgrün.

Blüten: Kalkweiß, Staubgefäße hellgelb, bis 7,5 (8) cm breit, im Mai an den vorjährigen Trieben. Attraktiv!

Standort: Sonnig bis absonnig.

Boden: Auf allen mäßig trockenen bis feuchten, nahrhaften Böden.

Verwendung: Durch die großen, blendend weißen, rosenähnlichen Blüten eine sehr attraktive Rubus-Art. Geeignet zur Einzelstellung und Gruppenpflanzung.

SALIX L.
Weide – Salicaceae,
Weidengewächse

Es gibt keine Gehölzgattung, deren Arten so völlig unterschiedliche Wuchsformen aufweisen, wie die Weiden. Von den mächtigen Bäumen des Auenwaldes über Sträucher verschiedener Größen bis hin zu den nur wenige Zentimeter hohen Zwergformen der hochalpinen und polaren Gebiete ist alles vertreten.

Die Gattung umfaßt etwa 300 Arten, die überwiegend in der nördlichen, kühleren und gemäßigten Zone vorkommen. Es sind sommergrüne Gehölze mit wechselständigen, ungeteilten, linealischen, elliptischen, lanzettlichen oder eiförmigen Blättern.

Weiden sind zweihäusige Pflanzen, deren weibliche und männliche Kätzchen vor oder gleichzeitig mit den Blättern erscheinen. Bei vielen Arten wie z. B. Salix caprea, S. aurita oder S. acutifolia 'Pendulifolia' haben die männlichen Blüten einen sehr großen Zierwert. Weidenfrüchte reifen im Mai/Juli. Sie bestehen aus 2klappigen Kapseln mit zahlreichen Samen, die mit einem Haarschopf zur Windverbreitung ausgestattet sind.

Neben ihrem großen Wert als Vorfrühlingsblüher, Insektenfutterpflanze (150 kg Honig pro ha) und als dekorative Kleinsträucher haben die Weiden für den Landschaftsplaner und Pflanzenverwender eine große Bedeutung als robuste und widerstandsfähige Pioniergehölze in der freien Landschaft. Ein wichtiges Einsatzgebiet sind z. B. ingenieurbio-logische Bauobjekte. Boden- und Klimaschutz ganz allgemein, Wasserbau und Uferschutz sowie Sicherung von Steilhängen, Böschungen, Erosionsrinnen und Küstendünen sind nur einige Einsatzmöglichkeiten.

Aber auch schon in früheren Jahrhunderten war die Weide ein wichtiges Nutzgehölz. Elastizität und Haltbarkeit der Weidentriebe sowie das geringe Gewicht des hellen und weichen Holzes machten sie für Flechtarbeiten, aber auch für allerlei Gerätschaften wie z. B. Forken-, Schaufel-und Harkenstiele unentbehrlich. In den letzten Jahrzehnten ist die Nutzung, insbesondere der Korbweiden, durch die Kunststoffproduktion stark zurückgegangen.

Salix alba

Alle Weiden sind mehr oder weniger anspruchslos und bodentolerant und gedeihen selbst noch auf nährstoffarmen Standorten, wenn diese nicht zu trocken sind.

S. acutifolia 'Pendulifolia',
Spitz-Weide
(= S. pendulifolia)

Wuchs: Hoher Strauch oder kleiner Baum mit offener, transparenter Krone, Äste locker, schräg aufwärts steigend, Seitenäste und Triebe malerisch bogig überhängend; in der Jugend raschwüchsig, nach 20 Jahren stark nachlassend.

Salix acutifolia 'Pendulifolia'

Gliederung des Weiden-Sortiments

Kleinstrauch-Weiden bis 1,5 m

S. x boydii
S. helvetica
S. lanata
S. myrsinites
S. repens ssp. argentea
(S. repens var. nitida)
S. reticulata
S. rosmarinifolia HORT.
(S. elaeagnos 'Angustifolia')

Strauch-Weiden bis 3 m

S. aurita
S. caprea 'Pendula'
S. integra 'Hakuro Nishiki'
S. magnifica
S. melanostachys
S. purpurea 'Nana'
S. pyrifolia 'Mas'
S. rosmarinifolia HORT.
(S. elaeagnos 'Angustifolia')
S. 'Sekka'

Großstrauch-Weiden und Kleinbäume bis 10 (12) m

S. acutifolia 'Pendulifolia'
S. caprea
S. caprea 'Mas'
S. daphnoides 'Praecox'
S. pentandra
S. purpurea
S. 'Silberglanz'
(S. caprea 'Silberglanz')
S. x smithiana
S. 'Tortuosa'
(S. matsudana 'Tortuosa')
S. viminalis

Mittelgroße Bäume 15 bis 20 m

S. alba
S. alba 'Tristis'
(S. x sepulcralis 'Tristis')
S. fragilis

Großbäume über 20 m

S. alba
S. alba 'Liempde'
S. alba 'Tristis'
(S. x sepulcralis 'Tristis')

Weiden mit besonders zierenden Kätzchen – Insektenfutterpflanzen (Bienenweiden)

S. acutifolia 'Pendulifolia'
S. aurita
S. caprea 'Mas'
S. caprea 'Pendula'
S. cinerea
S. daphnoides var. pomeranica
S. daphnoides 'Praecox'
S. purpurea
S. x smithiana
S. viminalis
S. 'Wehrhahnii'
(S. hastata 'Wehrhahnii')

Heimische Weidenarten für die freie Landschaft

S. alba
S. aurita
S. caprea
S. cinerea
S. fragilis
S. purpurea
S. pentandra
S. repens ssp. argentea
(S. repens var. nitida)
S. viminalis

Größe: Bis 6 m hoch und mindestens ebenso breit. Jahreszuwachs zunächst 50 bis 80 cm, nach 15 Jahren 20 bis 30 cm.

Rinde: Dunkelrotbraun, blauweiß bereift.

Blätter: Sommergrün, wechselständig, 10 bis 16 cm lang, lanzettlich, oberseits frischgrün, glänzend, unterseits bläulichgrün, Blätter senkrecht herabhängend; Herbstfärbung leuchtend gelb.

Blüten: Männliche Kätzchen, 4 bis 6 cm lang, schlank, gelb, oft schon von Ende Januar bis Februar, in der Regel im März, sehr zierend.

Standort: Sonnig.

Boden: Wächst auf allen mäßig trockenen bis feuchten Böden, sauer bis alkalisch, insgesamt sehr anpassungsfähig.

Eigenschaften: Frosthart, Saft steigt sehr früh, spätfrostgefährdet, für Stadtklima geeignet, nicht sehr langlebig, nach 20 Jahren oft viel trockenes Holz.

Verwendung: Eine der anmutigsten Weidenarten; die Spitz-Weide entwickelt sich im Freistand zu sehr malerischen, ausdrucksstarken Kleinbäumen. Mit ihren lockeren, breit trichterförmig gestellten Ästen und den bogig überhängenden Zweigen bildet sie „transparente Vorhänge". Ist in jeder Jahreszeit attraktiv. Sehr schön auf Rasenflächen in Wassernähe oder als Hintergrund für Sumpf- und Uferstauden. Zu ihren Lieblingsbegleitern gehören: Bambus (Phyllostachys- und Sinarundinaria-Arten), Alnus glutinosa 'Imperialis', die „Bambus-Erle", Salix matsudana 'Tortuosa', Salix elaeagnos 'Angustifolia', Helianthus salicifolius (eine der schönsten Begleitstauden!), Ligularien in Arten und Sorten, Iris sibirica und vorzüglich auch Hemerocallis in Arten und Sorten. Passende Gräser wären Miscanthus sacchariflorus in Sorten, Miscanthus sinensis in Sorten und Molinia arundinacea.

Salix alba 'Sericea' in Planten un Blomen, Hamburg

Blätter: Sommergrün, wechselständig, lanzettlich, bis 10 cm lang, oberseits grau bis dunkelgraugrün, matt oder schwach glänzend, unten bläulich, beidseitig silbrig behaart; Herbstfärbung unbedeutend.

Blüte: Gelbe Kätzchen während des Laubaustriebs; April/Mai.

Wurzel: Flach, sehr weitstreichend, außerordentlich dichtes Feinwurzelwerk.

Standort: Sonnig.

Boden: Bevorzugt feuchte, nährstoffreiche, alkalische Böden (siehe Verbreitung), ist aber insgesamt sehr anpassungsfähig und gedeiht auch auf mäßig trockenen Standorten noch gut.

Eigenschaften: Frosthart, etwas wärmeliebend, windresistent, rauchhart, strahlungsfest, für Stadtklima geeignet, verträgt längere Überschwemmungsperioden dank eines sehr lufthaltigen Xylems, im Durchschnitt 190 Tage, im Extremfall bis zu 300 Tagen, gegenüber Staunässe und verdichteten Böden sehr empfindlich, Tonanzeiger und Zeiger guter Pappelstandorte, sehr hohes Ausschlagsvermögen, Silber-Weiden können 80 bis 200 Jahre alt werden (S. alba höchste und langlebigste Weide).

Verwendung: Stattlicher Baum für großräumige Parkanlagen, an Wasserläufen, Teichen und auf feuchten Wiesen. Einzelstellung oder lockere Gruppen in Schutzgrüngürteln um Industriebereiche. Wichtiger Baum für die freie Landschaft. Pioniergehölz für die Begrünung von Böschungen und Hängen, Windschutzpflanzungen, Bodenfestigung, Uferschutz, Bachbegleitung; wichtigste Art für Kopf-Weiden-Bewirtschaftung.

S. alba L., Weiß-Weide, Silber-Weide

Verbreitung: Europa, West- und Nordasien. Charakteristisch an Ufern von Bächen, Flüssen oder Seen, in Auenwäldern mit Pappeln, Erlen und anderen Weidenarten; auf frischen bis nassen, periodisch überschwemmten, nährstoffreichen, meist kalkhaltigen Auenböden oder reinen Schlick- und Tonböden.

Wuchs: Großer, stattlicher Baum mit hochgewölbter, lockerer Krone und breit ausladenden Ästen, gelegentlich aber auch mit breit pyramidaler Krone; rasch wachsend.

Größe: 15 bis 20 (25) m hoch und 10 bis 15 (20) m breit. Jahreszuwachs in der Jugend (ca. bis 15 Jahre) 60 bis 80 cm, danach etwa 30 cm, ab 30 Jahre nur noch 20 cm.

Rinde: Triebe elastisch, gelbbraun, alte Stämme grau, tiefrissig.

Salix alba

Salix alba

Hänge-Weide in Monets Garten, Giverny

Eine sehr wertvolle Sorte ist **S. alba 'Taucha'**. Sie wächst baumförmig mit pyramidaler Krone. In den Wintermonaten färben sich ihre Triebe leuchtend orange bis rot. **S. alba 'Sericea'** ist eine Form mit auffallend silbrig-grauer Belaubung.

Ökologie: Kopf-Weiden haben einen großen ökologischen Wert. Sie bieten Höhlen- und Halbhöhlenbrütern wie verschiedenen Meisenarten, Feldsperling, Bachstelze, Rotschwanz, aber auch Steinkauz, Sperlingskauz und Wendehals sehr gute Schutz- und Nistmöglichkeiten. Das innen oft morsche, vermoderte Holz ist Lebensraum für eine Unzahl von Insekten und deren Larven.

Anmerkung: Rinde, Blätter und Blüten enthalten Gerbstoffe und ein sehr bitteres Glykosid (Salicin). Aus diesem Grunde wurden die bitter schmeckenden Weidenrinden auch arzneilich als Fiebermittel, Antirheumaticum und Analgeticum verwendet (Cortex Salicis). Heute sind diese Mittel durch synthetische Salizylsäure-Präparate verdrängt (HEGI). Diese Inhaltsstoffe findet man auch in weiteren Weiden- und Pappelarten.

S. alba 'Liempde'

Salix alba 'Liempde'

Wuchs: Großer Baum mit schmal kegelförmiger Krone, Stamm gerade und durchgehend bis zum Wipfel, Seitenäste im spitzen Winkel ansetzend, straff aufrecht; rasch wachsend.

Größe: 20 bis 30 (40) m hoch und 10 bis 12 m breit. Jahreszuwachs in der Höhe 75 cm, in der Breite 30 cm.

Rinde: Gelblich, später hellbraun.

Blätter: Sommergrün, wechselständig, lanzettlich, bis 10 cm lang, beiderseits meist grün.

Weitere Angaben und Merkmale wie S. alba.

Eigenschaften: Sehr rasches Jugendwachstum.

Verwendung: Durch den straffen Wuchs auch für Wege, Straßen und Alleen im dörflichen Bereich geeignet. Sonst wie S. alba.

S. alba 'Tristis',
Hänge-Weide, Trauer-Weide

Gültige Bezeichnung heute: S. x sepulcralis 'Tristis'. Früher auch: S. alba var. vitellina pendula.

Wuchs: Mittelgroßer, malerischer Baum mit weit ausladenden, starken Ästen und senkrecht bis zum Boden herabhängenden Zweigen, rasch wachsend.

Größe: 15 bis 20 m hoch und genauso breit. Jahreszuwachs ca. 60 cm, in der Jugendphase (bis 20 Jahre) auch mehr.

Rinde: Gelb, später bräunlich, Triebe gelb, besonders kräftig im Austrieb.

Blätter: Sommergrün, wechselständig, lanzettlich, 8 bis 12 cm lang, grün, matt, im Austrieb leuchtend gelbgrün; Herbstfärbung gelbgrün.

Blüten: Gelbe, schlanke Kätzchen, im April zusammen mit den Blättern.

Standort: Sonnig.

Boden: Auf allen mäßig trockenen bis feuchten Böden, sauer bis alkalisch.

Eigenschaften: Verträgt auch sehr trockene Sandstandorte, bildet hier aber ein sehr weitstreichendes, oberflächennahes Wurzelwerk aus, das besonders in kleineren Anlagen lästig wird (Wurzelkonkurrenz, Nährstoffentzug, Trockenheit), im Alter bruchgefährdet. Zurücksetzen älterer Bäume ist gut möglich.

Verwendung: Einzelstand, Gruppen. An Bachläufen, Parkgewässern und Kanälen; Uferbefestigung. Die Hänge-Weide gehört zu den markantesten und wohl auch beliebtesten Bäumen des Frühlings. Um ihre volle Schönheit zu zeigen, benötigt sie aber einen genügend großen Raum in entsprechender Umgebung. Leider findet man sie oft eingepfercht in Vorgärten oder zwischen engen Häuserzeilen, wo sie von ihrer Physiognomie her nicht hingehört und auch nicht zur Wirkung kommt.

S. aurita L.,
Ohr-Weide, Öhrchen-Weide

Der Name bezieht sich auf die zwei rundlichen Nebenblätter (Öhrchen), die jeweils an der Blattstielbasis sitzen.

Verbreitung: Europa, Westasien. Häufig auf Moorwiesen, an Hochmoorrändern, Seeufern, in Bruch-wäldern, an Gräben und Kanälen sowie in Flach- und Quellmooren; auf feuchten, stau- und sickernassen, mäßig nährstoffreichen, kalkfreien, sauren Sand- und Torfböden.

Wuchs: Breit aufrechter, etwas sparrig verzweigter, gedrungener Strauch, dicht- und feintriebig, langsam wachsend.

Größe: 1,5 bis 3 m hoch und breit.

Rinde: Junge Triebe anfangs filzig behaart, graugrün bis rotbraun, später grau, glatt, alte Borke schwarzrissig.

Blätter: Sommergrün, wechselständig, verkehrt eiförmig, stumpfgrün und sehr runzlig, bis 5 cm lang und 2,5 cm breit, Nebenblätter groß, nierenförmig, nicht abfallend! Herbstfärbung unbedeutend.

Blüten: Gelbe Kätzchen, eiförmig, 1 bis 2 cm lang, vor dem Blattaustrieb, weibliche Kätzchen bis 3 cm lang. März/April.

Wurzel: Flach ausgebreitet, Ausläufer treibend.

Standort: Sonnig bis absonnig.

Boden: Auf allen sauren, frischen bis feuchten (nassen) Böden. Wächst aber auch auf trockenen Standorten.

Eigenschaften: Frosthart, schwachen Schatten vertragend, Bodenfestiger, bildet auf sumpfigen Böden mit Rhamnus frangula die Vorstufe natürlicher Wälder, im Küstengebiet guter Windschutz.

Verwendung: Gutes Gehölz für Rekultivierungsmaßnahmen in der freien Landschaft. Pioniergehölz auf sauren, nassen Rohböden; nimmt auch mit trockeneren Standorten vorlieb. Anspruchsloses Knickgehölz; Abstufung von Windschutzpflanzungen im Küstengebiet und Böschungsbegrünung.

S. x boydii LINTON
(= S. lanata x S. reticulata)

Um 1900 von BOYD in Schottland im Gebirge entdeckt.

Kleiner, 0,5 bis 0,7 m hoher, aufrechter Strauch mit kurzen, abstehenden Zweigen. Blätter sommergrün, wechselständig, sehr klein, breit verkehrt eiförmig oder fast kreisrund, 1 bis 1,25 cm lang, zunächst gänzlich weißwollig, später oben dunkelgrün und runzlig, unten weißwollig, Kätzchen bis 2 cm lang, leuchtend gelb.

Eine sehr hübsche, zierliche Weide, die sich zur Bepflanzung von Trögen, größeren Schalen oder als Solitärgehölz in Steingarten- und Heideanlagen bestens eignet.

S. caprea L.,
Sal-Weide

Verbreitung: Europa, Nordasien. An Waldrändern und Wegen, in Knicks, Kiesgruben, Ödländereien, Steinbrüchen, in lichten Wäldern und am Rande von Gewässern. Auf frischen bis nassen, nährstoffreichen, schwach sauren bis schwach alkalischen Lehmböden.

Wuchs: Großer Strauch oder kleiner Baum, Hauptäste breit aufrecht, etwas sparrig, im Alter untere Zweige leicht hängend; rasch wachsend.

Größe: 5 bis 8 m hoch, 3 bis 6 m breit. Gelegentlich kann S. caprea auch über 10 m hoch werden.

Rinde: Triebe dunkelrotbraun oder rötlicholiv, schattenseits oliv, Rinde später graugrün, im Alter grau.

Blätter: Sommergrün, wechselständig, länglich elliptisch bis breit-oval, bis 10 cm lang, sattgrün, runzlig, unterseits weißgrau, filzig behaart.

Blüten: Große, grausilbrige bis goldgelbe Kätzchen vor dem Laubaustrieb im März/April.

Wurzel: Flach ausgebreitet, dicht verzweigt.

Standort: Sonnig bis absonnig.

Boden: Anspruchslos, auf allen (mäßig) trockenen bis nassen Böden, (stark) sauer bis schwach alkalisch. S. caprea gedeiht noch sehr gut auf trockenen Sandböden, erreicht aber ihr optimales Wachstum auf frischen bis feuchten, sauren Niederungsböden.

Eigenschaften: Frosthart, aber etwas empfindlich gegen Spät- und Frühfröste (EHLERS), zwar lichtbedürftig, doch verträgt sie auch lichten Schatten; Rohboden- und Wald-Pionier, Bodenfestiger, Bodenverbesserer, windfest, hohes Austriebsvermögen, treibt nach Radikalschnitt gut durch.

Salix caprea

Verwendung: Charakteristisches Vorfrühlingsgehölz an Waldrändern, in Knicks, an Gewässern und Gehölzrändern in Garten- und Parkanlagen. Wichtiges Pioniergehölz in der freien Landschaft. Sicherung von Hängen und Böschungen, Uferschutz- und Windschutzpflanzungen, Begrünung von Sand- und Kiesgruben, Schutzpflanzungen aller Art. Insektennährpflanze.

Ökologie: Die Sal-Weide ist der erste große Pollenlieferant im Vorfrühling und somit eine der wichtigsten Bienen- und Hummelnährpflanzen überhaupt. Auf den Pollen sind die Bienen so versessen, daß sie die Kätzchen förmlich „abgrasen". Die Blütenzweige sehen dann regelrecht gerupft aus. Darüber hinaus produzieren die Blüten auch reichlich Nektar. Er enthält in den männlichen Blüten 66 bis 69 % Zucker, die weiblichen Blüten bringen es sogar auf 67 bis 79 %. Weiterhin ist Salix caprea die Futterpflanze für die Raupen zahlreicher heimischer Schmetterlingsarten wie z. B. Zickzackspinner (Eligmodonta ziczac), Rotes Ordensband (Catocala nupta), Eckfleck (Orgyia recens) und Großer Gabelschwanz (Cerura vinula).

S. caprea 'Mas',
Kätzchen-Weide

Wuchs: Großer Strauch oder kleiner Baum, Hauptäste breit aufrecht, etwas sparrig, im Alter untere Zweige leicht hängend, rasch wachsend.

Größe: 5 bis 8, ausnahmsweise auch über 10 m hoch und 3 bis 6 m breit.

Salix caprea 'Mas'

Blüten: Männliche Sorte mit großen goldgelben Kätzchen, die bis 5 cm lang werden, außerordentlich reichblühend, zart duftend; März/April.

Weitere Angaben und Merkmale wie bei S. caprea.

Verwendung: Prachtvolles Vorfrühlingsgehölz für Garten- und Parkanlagen, Insektenfutterpflanze, Treibgehölz für die Floristen, Vasenschmuck.

S. caprea 'Pendula',
Hänge-Kätzchen-Weide

Salix caprea 'Pendula'

Wuchs: Kleinkroniger Zierbaum, Zweige schleppenförmig bis zum Boden herabhängend.

Größe: Je nach Veredlungshöhe 1,8 bis 2,5 (3) m hoch.

Blätter: Sommergrün, wechselständig, länglich elliptisch, mattgrün, unterseits weißgrau.

Blüten: Männliche Sorte mit goldgelben Kätzchen, die dicht bei dicht entlang der vorjährigen Triebe sitzen, zart duftend; März/April.

Verwendung: Anmutiges Kronenbäumchen, das bei regelmäßigem Rückschnitt nach der Blüte immer wieder reich blüht. Einzelstellung und Pflanzkübel.

S. caprea 'Silberglanz',
siehe unter **S.'Silberglanz'**

S. cinerea L.,
Asch-Weide, Grau-Weide

Verbreitung: Europa bis Westasien. Häufig auf Moorwiesen, an Gräben, Bach- und Teichufern, in Quellsümpfen und Erlenbruchwäldchen; auf sicker- und staunassen, mäßig nährstoffreichen, neutralen bis sauren Sand-, Torf-, aber auch Tonböden.

Wuchs: Großer Strauch von halbkugeligem Wuchs, dicht verzweigt, Grundäste dick und bogig aufrecht, im Alter breit ausladend.

Salix cinerea

Größe: Bis 5 m hoch und breit, gelegentlich auch höher, dann baumartig. Jahreszuwachs ca. 40 bis 50 cm.

Rinde: Zweige samtig behaart, grüngrau, filzig, auf der Sonnenseite etwas rötlich.

Blätter: Sommergrün, wechselständig, elliptisch bis verkehrt eiförmig, oberseits aschgrau, unterseits samtartig, 6 bis 10 cm lang, Nebenblätter nierenförmig.

Blüten: In Kätzchen, vor dem Laubaustrieb, männliche Kätzchen eiförmig, gelb; März/April.

Wurzel: Flach ausgebreitet, dicht verzweigt, teilweise verfilzend.

Standort: Sonnig bis absonnig.

Boden: Anspruchslos, auf allen frischen bis feuchten, auch nassen, mäßig nährstoffreichen bis armen Böden; neutral bis sauer, kalkmeidend.

Eigenschaften: Sehr frosthart, verträgt längere Überschwemmungszeiten, windresistent, hohes Ausschlagsvermögen, schwachen Schatten vertragend.

Verwendung: Pioniergehölz zur Befestigung von nährstoffarmen Rohböden und Ufern, Sicherung

von Hängen und Böschungen, bestens geeignet für ingenieurbiologische Bauobjekte, Schutzpflanzungen aller Art, Knicks, Wallhecken, Windschutz. In der Natur vergesellschaftet mit: Alnus glutinosa, Rhamnus frangula, Salix aurita, Quercus robur, Viburnum opulus, Fraxinus excelsior, Lythrum salicaria, Molinia coerulea, Deschampsia cespitosa, Filipendula ulmaria, Rubus idaeus, Potentilla recta.

S. daphnoides var. pomeranica
(WILLD.) KOCH,
Reif-Weide, Schimmel-Weide

Wuchs: Großer Strauch, Äste in der Jugend straff aufrecht, später sparrig, dünntriebig, wenig verzweigt, raschwüchsig.

Größe: Bis 6 m hoch und 3 (4) m breit. Jahreszuwachs in der Höhe ca. 50 cm, in der Breite ca. 30 cm.

Rinde: Triebe rotbraun, blau bereift.

Blätter: Sommergrün, wechselständig, schmal lanzettlich, 8 bis 12 cm lang, dunkelgrün, unterseits blaugrün.

Blüten: Kätzchen silbrigweiß, bis 8 cm lang, außerordentlich zahlreich, März/April.

Wurzel: Flach, dicht verzweigt, hoher Feinwurzelanteil, verträgt keine Überschwemmungen.

Standort: Sonnig.

Boden: Anspruchslos, gedeiht auf allen mäßig trockenen bis feuchten Böden, neutral bis stark alkalisch, bevorzugt nährstoffreiche, kalkhaltige, lehmig-tonige Kies- und Sandböden.

Eigenschaften: Frosthart, regelmäßig und reichblühend, verträgt keine Überschwemmungen, stellt hohe Ansprüche an Luftfeuchtigkeit (EHLERS).

Verwendung: Sehr wertvolle Weide für ingenieurbiologische Bauobjekte; Befestigung von Sandflächen, Dünen, Böschungen und Hängen; beliebte, reichblühende Kätzchen-Weide für den Erwerbsgärtner, gute Bienenweide.

S. daphnoides 'Praecox',
Reif-Weide, Schimmel-Weide

Wuchs: Großer Strauch oder auch kleiner, locker- und rundkroniger Baum, Hauptäste zunächst straff aufrecht, später ausladender und bogig überhängend, raschwüchsig.

Größe: 6 bis 8 (10) m hoch und 4 bis 6 m breit.

Rinde: Junge Triebe glänzend braunrot, wie lackiert, später blauweiß bereift, alte Borke dunkel, längsrissig.

Blätter: Sommergrün, wechselständig, lanzettlich,

8 bis 10 cm lang, derb, dunkelgrün, glänzend, unterseits blaugrün.

Blüten: Kätzchen sehr früh, silbrig, später gelb, 6 bis 9 cm lang, Februar bis April (männliche Sorte).

Wurzel: Flach, dicht verzweigt, hoher Feinwurzelanteil. Verträgt keine Überschwemmungen.

Standort: Sonnig.

Boden: Anspruchslos, gedeiht auf allen mäßig trockenen bis feuchten Böden, neutral bis stark alkalisch, bevorzugt nährstoffreiche, kalkhaltige, lehmig-tonige Kies- und Sandböden. Gedeiht nicht auf sauren, moorigen Untergründen.

Eigenschaften: Frosthart, verträgt keine Überschwemmungen, stellt hohe Ansprüche an Luftfeuchtigkeit (EHLERS), hohes Ausschlagsvermögen.

Verwendung: Sehr wertvolle Weide für ingenieurbiologische Bauobjekte; Befestigung von Sandflächen (Aufspülungen), Dünen, Böschungen und Hängen, Uferschutz von Gewässern; weiterhin für Schutzpflanzungen und zur Einzelstellung als Zierbaum, blüht von allen Weidenarten am frühesten, gelegentlich schon im November oder während des Winters ohne Knospenschuppen! Sehr attraktiver Rindenfärber (Winterzierde). Wertvolle Insektenfutterpflanze.

Eine sehr wertvolle Sorte ist **S. daphnoides 'Leuka',** die sich auf trockenen Böden gut bewährt hat.

S. elaeagnos 'Angustifolia'

Synonyme: S. elaeagnos ssp. angustifolia
S. elaeagnos var. rosmarinifolia HORT.,
S. elaeagnos var. lavandulifolia
S. rosmarinifolia HORT.
Darf nicht verwechselt werden mit der echten, heimischen Rosmarin-Weide (Rosmarinblättrige Weide), Salix rosmarinifolia L. (syn.: S. repens ssp. rosmarinifolia (L.) WIMM. & GRAB.)

Wuchs: Breitbuschig wachsender Strauch mit aufrechten, schlanken, rotbraunen Trieben, nach wenigen Jahren äußere Zweige bogig überhängend.

Salix elaeagnos 'Angustifolia'

SALIX

Größe: (2) 2,5 bis 3 (3,5) m hoch und breit.

Rinde: Rotbraun.

Blätter: Sommergrün, wechselständig, linealisch bis schmal lanzettlich, 5 bis 10 cm lang, beide Enden spitz, oben dunkelgrün, unten weißfilzig; Herbstfärbung gelb.

Blüten: Schlanke, auffallend lange, gelbe, weibliche Kätzchen, mit den Blättern; April.

Standort: Sonnig.

Boden: Anspruchslos, auf allen trockenen bis feuchten Böden, sauer bis alkalisch, bevorzugt mehr feuchte, kalkhaltige Substrate.

Eigenschaften: Frosthart, stadtklimafest.

Verwendung: Gute, wüchsige Weiden-Art mit dekorativem Wuchs und attraktiver Belaubung. Geeignet für große Flächenbegrünungen, Böschungsbefestigung, auch auf nährstoffärmeren Böden. Schön für Teichränder, Ufer- und Wassergärten. Paßt gut zusammen mit: Salix acutifolia 'Pendulifolia', S. purpurea, S. purpurea 'Gracilis', S. pentandra, S. pyrifolia und S. 'Sekka'; herrlich mit Sinarundinaria-Arten, Phyllostachys-Arten und Alnus glutinosa 'Imperialis'. Geeignete Stauden wären: Helianthus salicifolius, Eupatorium maculatum 'Atropurpureum', Miscanthus sinensis 'Gracillimus' und Miscanthus sacchariflorus.

S. elaeagnos 'Schönemann'

Selektion der Baumschule SCHÖNEMANN, Fellach, aus S. elaeagnos 'Angustifolia'.

Wuchs: Mittelhoher, breitbuschig aufrechter, dicht verzweigter und kompakt wachsender Strauch mit

Salix x erythroflexuosa

schlanken, rotbraunen Trieben, nach einigen Jahren Zweige nach außen überhängend.

Größe: 2 bis 2,5 (3) m hoch und breit.

Blätter: Sommergrün, wechselständig, linealisch bis schmal lanzettlich, oberseits dunkelgrün, unterseits weißfilzig, Blattspreite leicht nach unten gewölbt, Herbstfärbung gelb.

Blüten: Männliche Form, Kätzchen hellgelb, erscheinen kurz vor oder mit der Blattentfaltung, sehr reichblütig, attraktiv.

Verwendung: Wertvolle, niedriger bleibende und mehr geschlossenere Sorte der Lavendel-Weide. Weitere Angaben siehe 'Angustifolia'.

S. x erythroflexuosa RAG.
(= S. alba 'Tristis' x S. matsudana 'Tortuosa'; S. x sepulcralis 'Erythroflexuosa')

1971 in Argentinien aufgetaucht und von den nordamerikanischen Baumschulen verbreitet.

Wuchs: Großstrauch oder kleiner Baum (baumartiger Strauch) mit aufstrebenden, korkenzieherartig gewundenen und verdrehten Ästen, ältere Exemplare meist mit ausgeprägtem Mittelstamm, Zweige und Triebe stark gedreht und gewellt und in Bögen girlandenartig herabhängend. Krone im Alter dicht verzweigt und rundlich.

Größe: In 20 Jahren etwa 4,5 m hoch und genauso breit.

Rinde: Triebe besonders im Winter leuchtend gelbrot, zierend auch durch Drehwuchs.

Verwendung: Interessante Weide, sieht aus wie eine Mini-Ausgabe der bekannten Trauerweide mit

gewellter und „gelockter" Bezweigung. Sehr schön an Teichanlagen in kleinen Gärten. Krone muß im Innern von Zeit zu Zeit von Totholz gesäubert werden. Wegen der anmutig gedrehten und im Winter leuchtend gelbroten Triebe sehr beliebt in der Floristik.

S. fragilis L.,
Knack-Weide, Bruch-Weide

Zweige brechen leicht an Gabelungen mit einem Knackgeräusch.

Verbreitung: Europa, Westasien. An Ufern und Gräben, auf feuchten Wiesen, im Überschwemmungsbereich von Bächen und Flüssen, zerstreut im Weidengebüsch, in Auenwäldern zusammen mit Erlen; auf sickernassen, zeitweilig überschwemmten, nährstoffreichen, meist kalkarmen Kies-, Sand- oder Lehmböden.

Wuchs: Mittelgroßer, meist mehrstämmiger Baum mit rundlicher, geschlossener Krone. Gelegentlich auch nur großer Strauch, raschwüchsig.

Salix fragilis

Salix x erythroflexuosa

Salix fragilis

Salix hastata 'Wehrhahnii'

Größe: (6) 10 bis 15 (20) m hoch und 8 bis 12 (15) m breit.

Rinde: Triebe kantig, grüngelb, ältere graugelb, lackartig glänzend, sehr brüchig (daher die Bezeichnung); alte Borke dunkelgrau, längsrissig.

Blätter: Sommergrün, wechselständig, lanzettlich lang zugespitzt, oben dunkelgrün glänzend, unten bläulichmatt, kahl! (S. alba beidseitig behaart!). Herbstfärbung unbedeutend.

Blüten: Männliche Kätzchen groß, walzenförmig, grüngelb, mit der Laubentfaltung im April/Mai.

Wurzel: Flach, ausgesprochen intensives Wurzelwerk, weitstreichend. Verträgt Überschwemmungen.

Standort: Sonnig bis absonnig.

Boden: Auf allen frischen bis nassen, vorzugsweise kalkarmen Sand-, Kies-, Lehm- oder Tonböden.

Eigenschaften: Frosthart, verträgt lange Überschwemmungszeiten, Pioniergehölz, Bodenfestiger, hohes Ausschlagsvermögen.

Verwendung: Wichtige Weidenart für ingenieurbiologische Bauobjekte; Pioniergehölz, Befestigung von Gewässerufern, Begrünung von Feuchtgebieten, wird häufig als Kopf-Weide genutzt.

S. hastata 'Wehrhahnii', Engadin-Weide

Wuchs: Dichtbuschiger, breitrundlicher Kleinstrauch mit bogig aufsteigenden Zweigen, langsam wachsend.

Größe: Bis 1 m hoch (gelegentlich auch höher!) und meist breiter als hoch.

Rinde: Triebe rotbraun.

Blätter: Sommergrün, wechselständig, eirund, schwach zugespitzt, 3 bis 6 cm lang, jung grauweiß behaart, später kahl, dunkelgrün, stumpf.

Blüten: Kätzchen sehr zahlreich, zuerst klein und kugelig, silberweißfilzig übersponnen, allmählich länglich auswachsend und in der eigentlichen Blühphase mit primelgelben Staubgefäßen, sehr zierend; April.

Standort: Sonnig.

Boden: Auf allen nicht zu trockenen, mehr frischen bis feuchten, nährstoffreichen Böden, alkalisch bis neutral (insgesamt wohl auch pH-tolerant, obwohl am Naturstandort bevorzugt auf Kalk).

Eigenschaften: Frosthart, längere Trockenzeiten

schlecht vertragend. Ältere Pflanzen neigen zur Vergreisung. Anfällig für Rost!

Verwendung: Wenn der Name Silber-Weide nicht schon vergeben wäre, so hätte ihn die kleine Engadin-Weide zu Recht verdient. Die mit leuchtend silberweißen Fäden übersponnenen Kätzchen an den dunkelrotbraunen Trieben sind für Wochen eine unerhörte Attraktion. Herrliches Solitärgehölz für Gehölz- und Staudenrabatten, an Gartenteichen, Wasserläufen, vor Nadelgehölzen, in großen Trögen und Kübeln.

Pflegetip: S. hastata 'Wehrhahnii' sollte von Zeit zu Zeit zurückgeschnitten werden. Verhinderung der Vergreisung.

S. helvetica VILL., Schweizer Weide

Verbreitung: Schweiz, Tirol, Tatra, hohe Lage der Karpaten; auf feuchten Böden meist oberhalb der Waldgrenze.

Wuchs: Kleiner, rundbuschiger Strauch mit dicken Ästen und dicht weißfilzigen Jungtrieben.

Größe: Bis 1 m hoch und meist etwas breiter.

Rinde: Triebe filzig behaart.

Blätter: Sommergrün, wechselständig, verkehrt eiförmig bis lanzettlich, 4 cm lang und 2 cm breit, silbrigweiß, auch im Sommer.

Blüten: Silbrigweiße, später goldgelbe Kätzchen kurz vor den Blättern. März/April.

Boden: Auf allen durchlässigen, nicht zu trockenen, sauren Böden, kalkfliehend, ist insgesamt aber anspruchslos.

Eigenschaften: Frosthart. Anfällig gegenüber Rost.

Salix helvetica

Verwendung: Gehört ohne Zweifel zu den allerschönsten silbergrauen Sträuchern. Herrliche Zwerg-Weide für Stein- und Heidegärten. Farblich sehr guter Begleiter für Rosenpflanzungen (siehe auch S. repens ssp. argentea). Wirkungsvoll in den bronzegrünen Flächen von Erica carnea 'Vivellii'.

Pflegetip: Rückschnitt verhindert Vergreisung.

S. integra 'Hakuro Nishiki'

Seit einigen Jahren belebt diese aus Japan stammende Zier-Weide nun schon unser Gartengeschehen. Zwar kennen wir ihre endgültige Größe noch nicht, aber sicherlich wird sie sich zu einem mittelhohen Strauch von 1,50 bis 2,00 m (oder höher?) entwickeln. Ihre Ausmaße sind auch deshalb so schwer abzuschätzen, weil wir sie meist regelmäßig zurückschneiden. Ihre lanzettlichen bis schmal elliptischen Blätter treiben zart flamingorosa aus, später sind sie auf rosa-weißlichem Grund grün gepunktet bis gefleckt und zuletzt grünweiß marmoriert. Diese anmutige und auf unsere Arboretum-Besucher immer anziehend wirkende Weide kommt besonders gut zur Geltung, wenn sie als Stämmchen gepflanzt wird. Der Rückschnitt sollte erst im Frühjahr erfolgen, da die orangerotbraunen Jahrestriebe eine schöne winterliche Gartenzierde darstellen. Ideale Nachbarn wären Houttuynia cordata 'Variegata', Molinia caerulea 'Variegata', rosa-weißer Buntschopf-Salbei und Hakonechloa macra 'Aureola'.

Salix integra 'Hakuro Nishiki'

SALIX

S. lanata L.,
Woll-Weide

Verbreitung: Nordeuropa und Nordasien.

Wuchs: Kleiner Strauch von buschigem, gedrungenem Wuchs mit verhältnismäßig dicken, dicht behaarten Ästen.

Größe: Bis 1 m hoch und breit.

Rinde: Triebe gelb, Äste weißwollig, dicht behaart.

Blätter: Sommergrün, wechselständig, breit bis rundlich elliptisch, 3 bis 7 cm lang, derb, in der Jugend beidseitig dicht seidig-langhaarig, später fast kahl, graugrün.

Blüten: Große, dicht goldgelb behaarte Kätzchen vor der Blattentfaltung, März/April.

Standort: Sonnig.

Boden: Bevorzugt mäßig trockene bis frische, neutrale bis schwach saure (saure) Böden.

Eigenschaften: Frosthart. Leider anfällig für Schorf und Rost. Empfindlich gegenüber sommerlicher Trockenheit.

Verwendung: Mit ihren weißwolligen Ästen, den seidig-langhaarigen Blättern und goldgelb behaarten Kätzchen ist S. lanata eine der allerschönsten Zwerg-Weiden. Geeignet für Stein- und Heidegärten, in Stauden- und Kleingehölzrabatten zusammen mit anderen graulaubigen Pflanzen.

Pflegetip: Rückschnitt verhindert Vergreisung.

S. magnifica HEMSL.,
Pracht-Weide

Sommergrüner, 2 bis 3 (bis 4) m hoher, schlanker, in der Jugend beinahe straff aufrechter Strauch. Knospen rot, Triebe verhältnismäßig dick, grünlichbraunoliv. Blätter wechselständig, ledrig, haben Ähnlichkeit mit denen von Magnolia sieboldii, elliptisch mit etwas gestauchter Spitze, 6,5 bis 11,5 (bis 20) cm lang und bis 8 cm breit, dunkelgrün bis bläulichgrün, unterseits heller, etwas rötlich schimmernd, Blattstiel rot, 2 bis 3 cm lang.

Blüten in schlanken, gelben Kätzchen im Mai. S. magnifica ist in der chinesischen Provinz Setschuan beheimatet und wurde 1903 nach Europa eingeführt. Sie ist eine attraktive Blattschmuckweide für frische bis feuchte Böden in etwas geschützter Lage.

S. matsudana 'Tortuosa'
siehe unter S. 'Tortuosa'

S. melanostachys MAK.,
Schwarze Kätzchenweide
(= S. gracilistyla var. melanostachys)

Sommergrüner, etwa 2 m hoher und dann 3 m breiter, buschiger Strauch. Blätter wechselständig, länglich lanzettlich, 8 bis 10 cm lang, beiderseits hellgrün. Kätzchen vor Laubaustrieb, 1 bis 2 cm lang, zunächst rußschwarz, im Aufblühen rötlich und in Vollblüte leuchtend gelb. Diese in Japan als S. 'Kurome' oder S. 'Kuroyangi' bekannte Weide ist mit ihren schwarzen Kätzchen eine wirkliche Kuriosität, die von unseren Arboretum-Besuchern immer sehr interessiert bewundert wird. Sie ist absolut frosthart und kann zusammen mit anderen Ufergehölzen und Stauden an Gartenteiche und Parkgewässer gepflanzt werden. Damit ihre Kätzchen aus allernächster Nähe betrachtet werden können, ist ein Platz in Sichtnähe empfehlenswert.

Salix melanostachys

S. myrsinites L.,
Myrten-Weide
(= S. myrsinites var. serrata)

Sommergrüner, höchstens 40 cm hoher Zwergstrauch mit kurzen, rotbraun glänzenden Jahrestrieben. Äste besenförmig dicht verzweigt, Rinde sehr ähnlich der des Haselnußstrauches. Blätter klein, eiförmig bis verkehrt eiförmig, aber auch lanzettlich, 1 bis 5 cm lang, beiderseits grün, glänzend, derb. Kätzchen klein, walzenförmig.

Diese subarktische Weidenart ist in den Hochgebirgen Nordeuropas beheimatet und wächst dort auf sumpfigen bis nassen Humusauflagen über Karbonatgestein.

Eine außergewöhnlich zierliche Zwergweide ist **S. myrsinites var. jaquiniana** (WILLD.) *KOCH mit sehr feinen Blättern und für diesen Strauch auffallend großen Kätzchen. Sie eignet sich vorzüglich für Schalen, Tröge und Steingartenanlagen.*

Herbstüberraschung im Moor – Die weißwolligen Samenstände des "Baumwollstrauchs", Salix pentandra, erscheinen erst um diese Jahreszeit.

S. pentandra L.,
Lorbeer-Weide, „Baumwollstrauch"
(= S. laurifolia)

Verbreitung: England, Frankreich, ostwärts über Europa bis Westsibirien, weiterhin im Mittelmeerraum, in den Pyrenäen und im Apennin.

Wuchs: Großstrauch oder kleiner Baum mit lockerer, (breit)rundlicher Krone und aufrechten Ästen. Schnellwüchsig.

Größe: 5 bis 8 (bis 15) m hoch.

Rinde: Knospen stark glänzend, Triebe grünlicholivbraun bis rotbraun, stark glänzend, Zweige leicht brechend! Äste und Stämme zunächst glatt, grau, im Alter dunkle, längsrissige Borke.

Blätter: Sommergrün, wechselständig, groß, elliptisch-eiförmig bis breit lanzettlich, 5 bis 12 cm lang, kurz zugespitzt, oben glänzend dunkelgrün, unten heller, kahl. Frisch austreibende Blätter mit Balsamharz bedeckt, daher etwas klebrig.

Blüten: Erscheinen erst lange nach dem Blattaustrieb (spätestblühende heimische Weidenart) Ende Mai bis Juni. Kätzchen groß, gelb, angenehm nach Honig duftend.

Früchte: Samenkapseln öffnen sich erst im Herst bei trockenem Wetter. Strauch dann wie mit unzähligen Wattebäuschchen oder Baumwollsamenständen behangen. Äußerst attraktiv.

Wurzel: Flach.

Standort: Sonnig.

Boden: Auf frischen bis nassen, nährstoffreichen, schwach sauren bis neutralen, torfig-humosen oder sandig-kiesigen Böden.

Eigenschaften: Frosthart.

Verwendung: Durch den spätherbstlichen „Baumwollschmuck", der immer wieder für Erstaunen und Verblüffung sorgt, eine der größten Überraschungen unseres heimischen Gehölzsortiments. In den Mooren, Auen- und Bruchwäldern unserer Landschaft trifft man Salix pentandra leider recht selten an. Ein außergewöhnlich dekoratives Gehölz für feuchte Gehölzränder und Wasserläufe in unseren Parkanlagen. Die Werbung für dieses Gehölz, das im Volksmund früher auch „Baumwollstrauch" genannt wurde, sollte unverzüglich anlaufen.

S. purpurea L.,
Purpur-Weide

Verbreitung: Süd- und Westeuropa, Nordafrika; in Mitteleuropa nördlich bis an die Linie Holstein, südliche Ostseeküste, Litauen, obere Wolga, südlicher Ural sowie Süd- und Mittelasien. Häufig im Auen-

gebüsch, in Auenwäldern, auf feuchten Böschungen und in Flußbetten; auf nassen, periodisch überschwemmten, nährstoffreichen, meist kalkhaltigen, tonigen Kies-, Sand- und Schlickböden.

Wuchs: Großer, breitbuschiger Strauch von besenförmigem Wuchs, gelegentlich auch baumartig; schnellwüchsig.

Größe: 3 bis 5 (10) m hoch und genauso breit.

Rinde: Rotbraun, später grau.

Blätter: Sommergrün, wechselständig, lanzettlich, 8 bis 10 cm lang, stumpfgrün, unten blau- bis bläulichgrün.

Blüten: Kätzchen mit dem Laubaustrieb, 3 bis 4 cm lang, zunächst rot, dann gelblich, März bis April.

Wurzel: Hauptwurzeln tief, sonst flach und dicht verzweigt, teilweise verfilzend. Verträgt Überschwemmungen und Einschütten.

Standort: Sonnig bis absonnig (halbschattig).

Boden: Anspruchslos, gedeiht auf allen mäßig trockenen bis nassen Böden, schwach sauer bis stark alkalisch, kalkliebend. Die Purpur-Weide versagt auch nicht auf trockenen, schottrigen Standorten, aber auf Moorböden.

Eigenschaften: Frosthart, hitzeverträglich, ist bekannt für ihre Dürreresistenz, etwas schattenverträglich, stadtklimafest, Pioniergehölz, hohes Ausschlagsvermögen, verträgt Einschüttungen.

Verwendung: Wertvolle Weide für ingenieurbiologische Bauobjekte; Pioniergehölz, Befestigung von Ufern und Böschungen (Lebendverbau), Sicherung von kalkhaltigen Steilhängen und Erosionsrinnen; Gruppengehölz für Schutzpflanzungen, Verkehrsbegleitgrün. Durch große Biegefestigkeit der Ruten sehr gute Korb- und Flechtweide. Bienennährpflanze.

S. purpurea 'Gracilis',
Kugel-Weide, Zwerg-Purpur-Weide
(= S. purpurea 'Nana')

Salix purpurea 'Gracilis'

Wuchs: Halbkugelförmig wachsender, dichtverzweigter, feintriebiger Strauch oder Kleinstrauch.

Größe: Bis 2 m hoch (gelegentlich auch noch höher!) und im Freistand doppelt so breit (30jährige Pflanze 2 m hoch und 5 m breit!).

Blätter: Sommergrün, wechselständig, lanzettlich, 6 bis 10 cm lang, silbergrau, unterseits bläulich.

Blüten: Weibliche Sorte, Blütenkätzchen unscheinbar, März bis April.

Verwendung: Gruppengehölz, freiwachsende, niedrige Hecken, Böschungen; sehr gut harmonisierend zusammen mit anderen graulaubigen Gehölzen als Leitpflanze in sonnigen Gräsergärten, Rosenpflanzungen, wunderschön auch mit Buddleja alternifolia, Salix repens ssp. argentea und Salix helvetica oder Pyrus salicifolia. Wertvolle Bindeweide.

S. purpurea 'Pendula',
Hänge-Purpur-Weide

Salix purpurea 'Pendula'

Wuchs: Zwergstrauch mit sehr dünnen, bogig überhängenden Zweigen, oft hochstämmig gezogen, als Busch niederliegend, langsamwüchsig.

Größe: Bis 0,6 m hoch, aber mehr als doppelt so breit.

Rinde: Rotbraun, glänzend.

Blätter: Sommergrün, wechselständig, schmal lanzettlich, oben hellgrün, unterseits silbriggrau. Weitere Angaben und Merkmale wie die Art.

Verwendung: Sehr zierliche, dekorative Weide, die sich gut zur Flächenbegrünung eignet, gestäbt (hochstämmig) ist sie eine anmutige Ampel- oder Kübelpflanze.

S. pyrifolia 'Mas'
(= S. balsamifera 'Mas')

Verbreitung: Östliches Nordamerika.

Wuchs: Kleiner Strauch, breit aufrecht, sparrig, stark verzweigt, durch Ausläufer sich ausbreitend.

Größe: 1,5 (2) m hoch und bis 2,5 m breit.

Rinde: Triebe gelblichgrün.

Blätter: Sommergrün, wechselständig, elliptisch, 5 bis 10 (12) cm lang, dunkelgrün, unterseits blaugrün, stark duftend. Herbstfärbung leuchtend gelb.

Blüten: Männliche Kätzchen gelbgrün, bis 2 cm lang, März bis April.

Standort: Sonnig.

Boden: Toleriert alle (mäßig) trockenen bis feuchten Standorte, bevorzugt aber mehr feuchtere, auch nasse Substrate, sauer bis alkalisch.

Eigenschaften: Frosthart, Bodenkriech-Pionier, guter Bodenfestiger, rasche Ausbreitung, bodenaufliegende Triebe wurzeln, salztolerant, stadtklimafest, rauchhart, insgesamt sehr gesund.

Verwendung: Pioniergehölz, Bodenfestiger an Ufern, Kanälen und Parkgewässern, auch für Schutzpflanzungen in trockeneren Böden. Bestens für flächige Bepflanzungen an Böschungen. Setzt sich gegen Wildkräuter gut durch, ohne sie jedoch vollständig zu verdrängen, gute Partnerschaft! Auffälliger Herbstfärber.

S. repens ssp. argentea (SM.)
E. G. et CAMUS, Sand-Kriech-Weide
(= S. repens var. nitida, S. arenaria)

Verbreitung: Zerstreut im Gebüsch der Küstendünen im atlantischen Europa von Westfrankreich bis Südskandinavien und im Küstengebiet der Ostsee.

Wuchs: Niedriger Zwergstrauch mit kriechender, unterirdischer Achse, Zweige dünn, bodenaufliegend bis aufsteigend, insgesamt sehr lockerer und etwas unregelmäßiger Wuchs, langsam wachsend.

Größe: 0,3 bis 0,8 cm hoch und mehr als doppelt so breit.

Rinde: Triebe dünn, hellgrau behaart.

Blätter: Sommergrün, wechselständig, breit elliptisch, bis 2 cm lang, im Austrieb glänzend silbrig, im Sommer grau, behaart.

Blüten: Männliche Kätzchen voll aufgeblüht schön gelb, bis 1,5 cm lang. April.

Wurzel: Flach ausgebreitet, sehr weitstreichend, verträgt häufige Übersandungen.

Standort: Sonnig.

Salix repens ssp. argentea

Boden: Auf allen mäßig trockenen bis feuchten, sauren bis kalkhaltigen, sandigen Böden.

Eigenschaften: Frosthart, lichtliebend, hitzeverträglich, wenig anfällig gegenüber Blattrost, ausgesprochen windfest, trockenresistent; verträgt bzw. liebt ständige Übersandungen (wie der Strandhafer) und zeigt dann ein üppiges Wachstum; der weit eingesandete Stamm bleibt am Leben und hält die Wasserversorgung aufrecht.

Verwendung: Reizende, graulaubige Zwergweide mit auffallend großen, gelben Kätzchen vor dem Blattaustrieb. Schöner Partner für das Thema grau-blauer Garten. Gutes Rosenbegleitgehölz zusammen mit Caryopteris, Perovskia, Lavendel, Salix helvetica, Elaeagnus commutata und E. angustifolia. Passende Stauden: Artemisia-Arten, Stachys byzantina' Silver Carpet', blaue Disteln, Helictotrichon sempervirens und Festuca glauca. Befestigung von sandigen Böschungen und Dünengebieten. Einzel- und Gruppengehölz für Heide- und Steingärten. Flächenbegrünung auf trockenen Standorten.

Salix aurita, S. cinerea und S. pentandra, die man auch vereinzelt in Dünentälern antrifft, fallen aber den Wanderdünen und den ständigen Überwehungen zum Opfer. Die kleine, zierliche Kriech-Weide bildet mit ihren speziellen Wuchseigenschaften insofern eine Ausnahme im Weidensortiment.

Ökologie: Salix repens ist die Futterpflanze für die Raupen folgender Schmetterlingsarten: Kleespinner (Lasiocampa trifolii), Brombeerspinner (Macrothylacia rubi), Schwarzes C (Xestia c-nigrum) und Xestia ashworthii.

Erwähnenswerte Sorten von **Salix repens:**

S. repens 'Bergen', gefunden von G. KRÜSSMANN in den Dünen bei Bergen (Nordseeküste Holland); obwohl die Mutterpflanze am Naturstandort nur eine Höhe von 30 cm und eine Breite von 4 m aufweist, entwickelt sich diese Sorte in Kultur zu einem 0,8 m hohen und etwa 1,5 (bis 2,5?) m breiten Kleinstrauch mit mehr oder weniger locker aufrecht stehenden Trieben. Blätter breit elliptisch, 2 bis 3 cm lang, oberseits stumpf dunkelgrün, unterseits silbriggrau. Kätzchen gelb, klein, werden reichlich angesetzt. Wertvoll wegen des recht attraktiven Kätzchenbesatzes, Pflanze ist aber anfällig für Spinnmilben.

S. repens 'Voorthuizen', 0,2 bis 0,4 m hohe und bis 1,5 m breite, schwachwüchsige Zwerg-Weide. Triebe dünn, dicht behaart, flach ausgebreitet, z. T. aufsteigend. Blätter verhältnismäßig klein, elliptisch, oben dunkelgrün, unten silbriggrau. Kätzchen klein, silbrig, sehr zahlreich entlang den jungen Trieben. Mit den zierenden Kätzchen und der gesunden Belaubung ein recht attraktiver Zwergstrauch.

S. reticulata L.
Netz-Weide

Im alten Botanischen Garten in Hamburg entdeckte ich sie zum ersten Mal im Alpinum zwischen groben Kalkgesteinsbrocken und war sofort begeistert von dieser Zwergweide, die ihre kräftigen Zweige so fest an Boden und Steine drückt.

Ihre Hauptzierde sind zweifellos die dunkelgrün glänzenden Blätter mit dem so markanten, tiefliegenden Adernetz. Sie werden 2 bis 5 cm lang und können rund, rundlich eiförmig, aber auch breit verkehrt-eiförmig sein. Die länglich schmalen Kätzchen erscheinen im Juni/Juli nach der Blattentfaltung. Beheimatet ist die Netz-Weide in der Arktis, in den europäischen Gebirgen bis Spitzbergen und in Nordamerika bis Labrador. Sie wächst auf nährstoffreichen, meist kalkhaltigen Schotter- und Felsböden, aber auch auf rasigen Flächen. Eine der allerschönsten Zwergweiden für Stein- und Troggärten, die gern in kühlfeuchter, absonniger Position stehen möchte, auf genügend feuchten Standorten auch sonnig.

'Sekka',
Japanische Drachen-Weide
(= S. sachalinensis 'Sekka', S.'Setsuka')

Wuchs: Großer, bizarrer Strauch, Triebe unregelmäßig verzweigt, gewunden aufrecht, Zweigenden mit auffallend breiten und flachen, teilweise gedrehten Verbänderungen.

Größe: 3 bis 4 m hoch und meist breiter als hoch.

Rinde: Triebe rotbraun, bei guter Ernährung bis zu 5 cm breite Verbänderungen, die sehr dicht mit Kätzchen besetzt sind.

Blätter: Sommergrün, wechselständig, lanzettlich, 10 bis 15 cm lang, glänzend mittelgrün bis dunkelgrün.

Blüten: Bis zu 5 cm lange, silbrige, später gelbe Kätzchen im April.

Wurzel: Flach ausgebreitet, dicht verzweigt.

Standort: Sonnig.

Boden: Keine besonderen Ansprüche, auf allen sauren bis neutralen, feuchten, vorzugsweise nährstoffreichen Böden, kalkmeidend.

Salix 'Sekka'

Eigenschaften: Frosthart.

Verwendung: Eigenartiges, bizarres Solitärgehölz für Garten- und Parkanlagen, aber auch für Schulgärten (Biologieunterricht, wie kommt es zur Fasciation?), Schnittgehölz, dekorativer Vasenschmuck.

Pflegetip: Förderung der Fasciation durch Rückschnitt möglich.

'Silberglanz'
(= S. caprea 'Silberglanz')

Wuchs: Kleiner Baum, meist aber großer, buschig aufrecht wachsender, mehrstämmiger Strauch, Zweige schlank, im Alter leicht überhängend.

Größe: 4 bis 6 (8) m hoch und 3 bis 5 m breit.

Rinde: Graugrün, im Alter grau.

Blätter: Sommergrün, wechselständig, länglich elliptisch bis breit-oval, etwas schmaler als bei S. caprea.

Blüten: Deckschuppen lösen sich oft schon im November/Dezember; die silbrigen Kätzchen sind bis zur Blüte im März/April (goldgelb!) eine große Zierde, sehr reichblühend, auffallendes Blütengehölz.

Weitere Angaben und Merkmale wie S. caprea.

Verwendung: Sehr wertvolle, frühe Kätzchen-Weide für Bindereizwecke (Allerheiligen, Totensonntag, Advent) und Frühtreiberei. Einzelgehölz oder Gruppenpflanze in Garten- und Parkanlagen. Gute Insektenfutterpflanze. Sonst wie S. caprea.

S. x smithiana WILLD.,
Kübler-Weide
(Kreuzung aus S. caprea x S. viminalis)

Wuchs: Großer Strauch oder kleiner, rundkroniger Baum, Hauptäste straff aufrecht, Triebe lang und dick, rutenförmig, raschwüchsig.

Größe: 5 bis 6 (7) m hoch und breit. Jahreszuwachs bei jungen Pflanzen bis 1 m, nach 5 bis 10 Jahren 50 bis 60 cm.

Rinde: Triebe graugrün, anfangs filzig, später kahl, im Alter mehr grau.

Blätter: Sommergrün, wechselständig, linealisch bis schmal elliptisch, 6 bis 12 cm lang, grün, leicht glänzend, unterseits grau.

Blüten: 4 cm lange, eiförmige, zunächst silbrige, später gelbe Kätzchen, die vor den Blättern im März/April erscheinen.

Standort: Sonnig.

Boden: Sehr anpassungsfähig, auf allen mäßig trockenen bis feuchten, nährstoffreichen Böden, sauer bis neutral.

Eigenschaften: Frosthart, stadtklimafest, auf sehr trockenen Standorten besonders weitstreichendes Wurzelwerk (Wurzelkonkurrenz für Nachbarpflanzen).

Verwendung: Schutzgrüngürtel im Stadt- und Industriebereich, Straßenbegleitgrün, ingenieurbiologische Bauobjekte, Lebendverbau im Ufer- und Böschungsschutz, wichtige Kätzchenweide für den Blumengroßmarkt, wertvolle Insektenfutterpflanze. Einzelstellung und Gruppengehölz für Parkanlagen.

'Tortuosa',
Korkenzieher-Weide
(= S. matsudana 'Tortuosa')

Wuchs: Großer Strauch oder Kleinbaum mit schlank aufstrebenden, korkenzieherartig gedrehten und gewundenen Ästen und Zweigen.

Größe: 4 bis 8 m hoch und 2,5 bis 3,5 (5) m breit.

Rinde: Triebe olivgrün bis gelblich, später graubraun.

Blätter: Sommergrün, wechselständig, schmal lanzettlich, 5 bis 10 cm lang, frischgrün, unten bläulich bis weißlich, spiralig gedreht.

Blüten: Grauweiße Kätzchen, 1,5 bis 2,5 cm lang, März/April.

Wurzel: Flach, dicht verzweigt.

Standort: Sonnig.

Boden: Anspruchslos, auf allen feuchten bis trockenen Böden, sauer bis alkalisch.

Eigenschaften: Frosthart, stadtklimafest.

Verwendung: Bizarres Solitärgehölz für Garten- und Parkanlagen, dessen Wuchsform besonders in den Wintermonaten zur Wirkung kommt. Einzigartige Bilder ergeben sich bei Rauhreif und Eisbildung. Dekorativ auch in Kübeln und Containern, beliebt für Bindereizwecke und als Vasenschmuck, wo die „Dauerwellen Weide" nicht selten durch spontane Wurzelbildung überrascht.

Salix 'Tortuosa'

S. viminalis L.,
Korb-Weide, Hanf-Weide,
Elb-Weide, Band-Weide

Verbreitung: Europa (mit Ausnahme der südlichen Teile) bis Nordasien und Himalaja. Charakteristischer Baum der Niederungen, an Fluß- und Bachufern, in Auenwäldern, Feuchtwiesen, an Gräben und in den Küstenmarschen; auf sickernassen, periodisch überschwemmten, nährstoffreichen, meist kalkreichen, schlickigen, tonigen oder sandigkiesigen Böden.

Wuchs: Kleiner Baum oder großer, breiter Strauch mit geraden, aufrechten, dicken Ästen, raschwüchsig.

Größe: 3 bis 8 (10) m hoch und 3 bis 6 (8) m breit. Jahreszuwachs 50 bis 100 cm.

Salix viminalis

Über 100 Jahre alte Kopfweide, Arboretum Thiensen

Rinde: Gelblichgrün, später grau.

Blätter: Sommergrün, wechselständig, lineallanzettlich, 10 bis 20 cm lang und 1,5 cm breit, am Ende lang zugespitzt, Blattrand deutlich nach unten eingerollt, oberseits mattgrün bis dunkelgrün, unterseits dicht seidig behaart.

Blüten: Goldgelbe, bis 5 cm lange Kätzchen vor dem Laubaustrieb im April bis Mai.

Wurzel: Flach ausgebreitet, dicht verzweigt, gegen Überflutung unempfindlich.

Standort: Sonne.

Boden: Insgesamt anspruchslos, gedeiht auf allen feuchten bis nassen, nährstoffreichen Böden, kalkliebend.

Eigenschaften: Frosthart, aber etwas spätfrostempfindlich, Lichtholzart, etwas wärmeliebend, verträgt Überschwemmungen, trockenheitsempfindlich, windunempfindlich, bildet im Wasser flutende, stammbürtige Wurzeln, hohes Ausschlagsvermögen.

Verwendung: S. viminalis ist seit alters her ein bekanntes und wichtiges Nutzgehölz. Ihre elastischen Triebe eignen sich hervorragend für Flecht- und Bindearbeiten. Die starken Ruten sind ein gutes Material für Grobflechtarbeiten; 3jährige Pflanzen liefern Ruten für Faßreifen. Häufig auch für Kopfweidenbewirtschaftung genutzt (s. S. alba). Wertvolle Weide für ingenieurbiologische Bauobjekte in der freien Landschaft. Pioniergehölz in den Bach-, Fluß- und Strombereichen; Sicherung von Ufern und Böschungen (Lebendverbau); Schutzpflanzungen aller Art, z. B. Windschutz; auf entsprechenden Böden auch im Straßenbegleitgrün als Einzel- und Gruppenstrauch; Zierbaum in Parkanlagen.

In der Natur vergesellschaftet mit: Salix alba, S. fragilis, Alnus glutinosa, Fraxinus excelsior, Rubus caesius. **Stauden/Gräser:** Phalaris arundinacea, Urtica dioica, Symphytum officinale, Filipendula ulmaria, Heracleum spondylium und Potentilla anserina.

SAMBUCUS L.
Holunder – Caprifoliaceae,
Geißblattgewächse

S. canadensis 'Aurea',
Kanadischer Gold-Holunder

Wuchs: Mittelhoher Strauch, breit aufrecht, sparrig verzweigt, später bogig überhängend.

Größe: Bis 3 m hoch und meist genauso breit.

Rinde: Hellgrau.

Blätter: Sommergrün, gegenständig, gefiedert, bis 30 cm lang, Blättchen bis 15 cm lang, eiförmig bis lanzettlich, an den Spitzen intensiv goldgelb, nach innen vergrünend.

Blüten: Rahmweiß, in bis zu 25 cm breiten Schirmrispen; Juli bis August.

Früchte: Kugelige, hellrote Beeren, wohlschmeckend.

Wurzel: Flach ausgebreitet, stark verzweigt, bildet Wurzelschosse.

Standort: Sonnig bis absonnig.

Boden: Anspruchslos, auf allen feuchten bis mäßig trockenen Böden, sauer bis alkalisch.

Eigenschaften: Frosthart, hohes Ausschlagsvermögen.

Verwendung: Farblich sehr interessanter Strauch zur Kontrastierung und Belebung von Pflanzungen. Einzelstellung, Gruppen.

Sambucus canadensis 'Aurea'

S. canadensis 'Maxima', Großfrüchtiger Holunder

Wuchs: Großer Strauch mit dicken, aufrechten, etwas sparrig verzweigten Hauptstämmen, Zweige bei älteren Pflanzen bogig überhängend, raschwüchsig.

Größe: Bis 5 m hoch und etwa 4 m breit. Jahreszuwachs ca. 40 cm.

Rinde: Grüngelb, später grau, borkig.

Blätter: Sommergrün, wechselständig, gefiedert, bis 25 cm lang, Blättchen bis 15 cm lang, elliptisch bis lanzettlich, zu 5 bis 7, hellgrün, unterseits leicht behaart.

Blüten: Cremeweiße Schirmrispen, bis 40 cm breit, Juni bis Juli.

Früchte: Kugelige, purpurschwarze Beeren, bis 0,5 cm dick, eßbar.

Wurzel: Flach ausgebreitet, stark verzweigt, bildet Wurzelschosse.

Standort: Sonnig bis halbschattig.

Boden: Anspruchslos, auf allen feuchten bis mäßig trockenen, vorzugsweise nährstoffreichen Böden, sauer bis alkalisch.

Eigenschaften: Frosthart, hohes Ausschlagsvermögen.

Sambucus canadensis 'Maxima'

Verwendung: Dekorativer Strauch mit riesigen, cremeweißen Doldenrispen für Einzelstellung und Gruppenpflanzungen an sonnigen bis halbschattigen Plätzen.

S. nigra L., Schwarzer Holunder, Fliederbeere, Holler, Holder

Sambucus ist der alte römische Name für den Holunder.

Verbreitung: Europa, Kaukasus, Kleinasien, Armenien, W-Sibirien. Besiedelt gern Plätze in Siedlungsnähe, an Stallgebäuden, Hauswänden und Wegen, in Hecken und Knicks, an Böschungen, auf Schuttplätzen und Waldlichtungen (Ruderalstrauch); seine natürliche Verbreitung hat der Holunder in feuchten Wäldern auf nährstoffreichen, tiefgründigen, mäßig trockenen, eher feuchten, humosen Ton- und Lehmböden.

Wuchs: Breitbuschig und locker aufrechter Großstrauch, gelegentlich auch kleiner, kurzstämmiger

Sambucus nigra

Baum mit rundlicher bis hochgewölbter Krone und überhängender Bezweigung.

Größe: 3 bis 7 m hoch und 3 bis 5 m breit. Jahreszuwachs in der Höhe ca. 60 cm, in der Breite 45 cm.

Rinde: Junge Triebe dick, hellgrau mit auffallenden Lentizellen, alte Borke grau, tief gefurcht, korkig.

Blätter: Sommergrün, gegenständig, unpaarig gefiedert, bis 30 cm lang, stumpf dunkelgrün, gerieben unangenehmer Geruch; früher Laubaustrieb, später Blattfall ohne Färbung.

Blüten: Rahmweiß, in 10 bis 20 cm breiten Schirmrispen von Juni bis Juli.

Früchte: Glänzend schwarze, runde, sehr saftreiche Steinfrüchte, die bekannten Holunderbeeren.

Wurzel: Flach ausgebreitet, dicht verzweigt.

Standort: Sonnig bis halbschattig.

Boden: Insgesamt anspruchslos, der Holunder bevorzugt frische, bindige, stickstoff- und humusreiche Böden, kalkliebend, gedeiht aber auch auf sandigen, trockenen Substraten.

Eigenschaften: Frosthart, stadtklimafest, hohes

Sambucus nigra

Ausschlagsvermögen, Licht-Halbschattengehölz, Stickstoffzeiger, gegen chronische Einwirkung von Rauchsäuren und Gasen ist er nur wenig empfindlich (EHLERS), sehr resistent gegen salzhaltige Luft und Windeinwirkung (Helgoland, Nordseeküste), verträgt Trockenzeiten (Sommer 1983), Früchte enthalten neben den Vitaminen A, B und C auch viel Invertzucker und Kalium.

Verwendung: Der Holunder ist eine alte Kultur- und Heilpflanze, die in keinem Bauerngarten fehlte. Wertvoller, anspruchsloser Strauch für Schutzgrünpflanzungen im Stadt- und Industriebereich; Bepflanzung von Rohböden, Schuttplätzen, Halden, geeignet auch zur Unterpflanzung halbschattiger Gehölzbestände; in der freien Landschaft für ingenieurbiologische Bauobjekte, zur Abstufung von Windschutzpflanzungen (widersteht permanenten Küstenwinden); Verwendung in ländlichen Siedlungen für erwerbsmäßige Beerenobstanlagen. Holunderblüten-Tee wird erfolgreich gegen Erkältungen und Fieber eingesetzt. Er ist ein bewährtes, schweißtreibendes Hausmittel.

Früchte werden als natürlicher Farbstoff in der Lebensmittel- und Textilfärbung verwendet!

Ökologie: Der Schwarze Holunder ist Nahrung für die Raupen folgender Schmetterlingsarten: Eupithecia tripunctaria, Nachtschwalbenschwanz (Ourapteryx sambucaria) und Flohkrauteule (Melanchra persicariae). Seine Blüten, die bei uns den Beginn des Frühsommers ankündigen, werden gern von Rosenkäfern, Blumenfliegen und vor allem auch von Bienen besucht (gute Bienenweide). Amseln, Stare, Mönchsgrasmücken, aber auch viele Säugetiere nehmen gern die saftigen Beeren an. Der Strauch bietet gute Nistmöglichkeiten für Vögel.

Anmerkung: Steinzeitmenschen haben mit Holunderholz Löcher in ihre Steinbeile, Äxte und sonstigen Gerätschaften gebohrt. Zu diesem Zweck wurden die Hölzer vom Mark befreit und mit scharfem Quarzsand gefüllt. Durch schnelles Drehen und leichten Druck fraß sich der nachfließende Quarzsand in das Gestein. Mit dieser genialen Methode schaffte man in 4 Stunden 1 mm! Zeit spielte damals noch keine Rolle.

Empfehlenswerte Sorten von **Sambucus nigra** sind:

S. nigra 'Aurea', wurde 1826 in England gefunden, Blätter goldgelb mit rötlichen Stielen;

S. nigra 'Haschberg', Selektion aus Klosterneuburg, Österreich, reichtragend, auch schon als junge Pflanze, es werden im Erwerbsanbau bis zu 25 t je ha erzielt.

S. nigra 'Laciniata', um 1650 schon in Deutschland bekannt, Blättchen sehr regelmäßig tief eingeschnitten, jedoch nicht fadenförmig;

S. nigra 'Linearis', in Deutschland um 1853 aufgetaucht (= S. nigra f. dissecta, S. nigra f. ficifolia, S. nigra f. heterophylla), Fiederblättchen unregelmäßig und oft bis zur Mittelrippe eingeschnitten, teilweise fadenförmig!

S. nigra 'Mammut', reichtragende Selektion der Baumschule Berlin-Baumschulenweg GmbH;

S. nigra 'Sampo', Selektion aus Dänemark. Wuchs mittelstark, reichtragend, Fruchtgeschmack sehr gut.

S. racemosa L.,
Trauben-Holunder, Hirsch-Holunder, Roter Holunder

Verbreitung: Europa, Kleinasien, China. Im Norddeutschen Tiefland häufig angepflanzt und verwildert, aber nicht ursprünglich; natürlich vorkommend in Nordrhein-Westfalen, in den Mittelgebirgen und sehr verbreitet in Süddeutschland bis zu den Alpen (bis auf 1800 m). An Wegen, Straßen und Waldrändern, auf Lichtungen, Kahlschlägen, Schutthalden, in Hecken und Gebüschen; auf frischen, nährstoffreichen, meist kalkarmen Lehmböden.

Sambucus racemosa

Wuchs: Breitbuschig und locker aufrechter, mittelhoher Strauch mit straff aufsteigenden Grundstämmen und malerisch überhängender Bezweigung.

Größe: 2 bis 4 m hoch und meist genauso breit.

Rinde: Hellgraubraun, glatt, mit großen, länglichen Korkwarzen, Mark hellbraun bis gelbbraun.

Blätter: Sommergrün, gegenständig, unpaarig gefiedert, Blättchen zu 5 (7), eiförmig-lanzettlich, oberseits frischgrün, unterseits heller, kaum Herbstfärbung.

Blüten: Gelbgrüne, 5 bis 10 cm lange, aufrechte Rispen am Ende vorjähriger Kurztriebe; April bis Mai.

Früchte: Scharlachrote Steinfrüchte, rund, bis 0,5 cm groß; auffallender Fruchtstrauch. Früchte sind roh ungenießbar (früher Brech- und Abführmittel), Steinkerne sind giftig. Fruchtfleisch läßt sich gut zu Marmelade verarbeiten.

Wurzel: Flach ausgebreitet, weitstreichend.

Standort: Halbschattig bis sonnig.

Boden: Der Trauben-Holunder bevorzugt lockere, humose, kalkarme, lehmige oder sandige Böden, frisch bis feucht, ist insgesamt sehr anpassungsfähig und nimmt auch mit ärmeren Standorten vorlieb, kalkmeidend.

Eigenschaften: Frosthart, Halbschatten-Lichtpflanze, Pioniergehölz mit weitstreichendem Wurzelwerk, anspruchsloser als S. nigra.

Verwendung: Ein sehr auffallendes, sommerliches Fruchtschmuckgehölz, das vielseitig verwendet werden kann. Herrlich in Gruppen oder als Einzelgehölz an Gehölzrändern oder als lockerer Unterwuchs in lichtschattigen Baumpartien mit Aruncus, Farnen, Silberkerzen und Schattengräsern, wo sich der schnellwüchsige Trauben-Holunder noch wohler fühlt als auf vollsonnigen Standorten. Mit seinem gut verzweigten, weitstreichenden Wurzelwerk ein Pioniergehölz zur Festlegung von Halden, Rohböden, Böschungen und Schotterhängen. Schöner Strauch zur Waldrandgestaltung, gutes Vogelnistgehölz, die Beeren sind vitaminreiche Wildnahrung.

Ökologie: Die Blätter des Trauben-Holunders sind Nahrung für die Raupen des Skabiosen-Schecken-Falters, während die Blüten von Schwebfliegenarten, Käfern und Bienen besucht werden. Ameisen findet man häufig an den Nektarien. Die roten Beeren werden sehr gern von Rotkehlchen, Hausrotschwanz und anderen Vogelarten angenommen.

Anmerkung: Während das Fruchtfleisch gekocht gut zur Marmeladen- und Musherstellung verwendet werden kann, sind die Steinkerne giftig und müssen entfernt werden. 100 g Fruchtfleisch enthalten 25 bis 65 mg Vitamin C.

Empfehlenswerte Sorten von **Sambucus racemosa** sind:

S. racemosa 'Plumosa Aurea', etwa 1894 in Holland gefunden, Wuchs schwach, Blätter fein federartig bis zur Mitte eingeschnitten, auf sonnigen Plätzen beständig goldgelb, sehr schön als Lichtpunkt und gelber „Dauerblüher" in Staudenbeeten oder in der „Gelben Rabatte".

S. racemosa 'Sutherland' (= 'Sutherland Golden') ähnlich 'Plumosa Aurea', doch sind die Blätter nicht so tief eingeschnitten. Sehr frostharte und gut sonnenverträgliche Sorte.

Sambucus racemosa

SANTOLINA L.
Heiligenblume – Compositae,
Korbblütler

S. chamaecyparissus L.,
Graue Heiligenblume

Immergrüner, buschig und kompakt wachsender, 30 bis 60 (80) cm hoher Halbstrauch. Triebe dicht verzweigt, grauweißfilzig, wie auch die Blätter aromatisch duftend. Blätter wechselständig, fein fiederig zerteilt, etwa 2 bis 4 cm lang, grauweißfilzig. Blüten im Juli/August, gelb, in lang gestielten Köpfchen.

Der aus Südeuropa stammende Halbstrauch ist in unseren Gärten nicht immer zuverlässig winterhart. Bei strengen Frösten frieren die Pflanzen gelegentlich bis zum Boden zurück, treiben jedoch gut wieder durch. Unverzichtbar für den „Grausilbernen Garten", schöner Rosenbegleiter (die gelbe Blütenfarbe aber bitte mit einkalkulieren), wird noch strukturstärker durch rundlichen Formschnitt. Fühlt sich am wohlsten in sonnigwarmer Position auf sehr gut durchlässigen, nicht zu nahrhaften Böden. Gern vor größeren Steinen, an warmen Hauswänden oder

Sasa kurilensis mit Carex muskingumensis

in Trockenmauerfugen. In ungünstigen Lagen – feuchte Winterstandorte, häufige Kahlfröste – sollte man im Sommer Stecklinge schneiden und die Jungpflanzen im Kalthaus überwintern. Da Santolina gut schnittfest ist, wird sie auch recht häufig für Einfassungszwecke verwendet. Sehr schön einzusetzen auch als graue Unterpflanzung in Sommerblumenrabatten.

SASA MAK. & SHIB.
Zwerg-Bambus –
Gramineae (Poaceae),
Süßgräser, Unterfamilie Bambusoideae

S. kurilensis (RUPRECHT)
MAKINO et SHIBATA,
Kurilen-Bambus

Breit- und dichtbuschiger, 1,20 bis 2 m hoher, Ausläufer treibender Bambus. Halme verhältnismäßig dünn, grün, kahl, weiß bemehlt, Halmscheiden kahl. Blätter 20 bis 25 (30) cm lang und 4 bis 5,5 (8) cm breit, dunkelgrün glänzend, unterseits blaugraugrün, sehr fest und ledrig.

links: Sasa kurilensis

Sasa palmata f. nebulosa

S. palmata f. nebulosa
(MAKINO) S. SUZUKI

Breitwüchsiger, 1,5 bis 2 (2,5) m hoher, stark Ausläufer treibender Bambus. Halme schlank, grün, weiß bemehlt, mit unregelmäßigen, ineinanderlaufenden, braunen Flecken. Blätter auffallend groß, 25 bis 37 cm lang und bis 9 cm breit, dunkelgrün, glänzend, ledrig.

Ein imposanter Großblatt-Bambus für flächige Bepflanzungen an Teichen, Wasserläufen oder unter Bäumen. Vor seinem Ausbreitungsdrang möchte ich allerdings warnen und empfehle jedem Gartenbesitzer den Einbau einer Rhizomsperre. Auf den schon nach kurzer Standzeit einsetzenden Eroberungsfeldzügen werden sogar mittelhohe Gehölze, gleich welcher Kampfstärke, überrollt.

S. palmata f. nebulosa ist nicht so frosthart wie S. kurilensis (bis 28 °C). Bei austrocknenden Winden, Frost und Sonneneinwirkung leiden die Blätter in dem Temperaturbereich um minus 16 ° bis minus 18 ° (bis minus 20 °)C. Nach einem Rückschnitt treiben die Halme allerdings gut wieder durch.

Wenn es um höhere, immergrüne Flächenbepflanzungen geht, ist S. kurilensis mein unbestrittener Favorit. Hervorstechendste Merkmale sind der absolut dichte, aber dennoch gräserhafte Aufbau dieser Pflanze, die sehr dekorativen Blätter und die enorme Frosthärte.

Selbst wenn das Laub anderer Bambus-Arten nach tagelangen Ostwinden mit Frost und Sonneneinwirkung braun und unansehnlich wird, sieht der Kurilen-Bambus immer noch makellos aus. Kein Wunder, denn er ist beheimatet in Japan, Korea, auf Sachalin und den Kurilen.

Hier auf diesen Inseln, wo es eisige Stürme und extreme Fröste gibt, ist noch ein weiterer Kämpfer zu Hause, die Kartoffel-Rose, R. rugosa. S. kurilensis erträgt Fröste bis minus 28 °C und gehört damit zu den frosthärtesten Bambus-Arten. Der Kurilen-Bambus ist gut schnittverträglich. Zu hoch gewordene Pflanzen können im Frühjahr bedenkenlos bis auf den Boden zurückgeschnitten werden. Wegen des starken Wachstums empfehle ich den Einbau einer Rhizomsperre.

Sasa palmata f. nebulosa

Sasa palmata f. nebulosa

Orange bis hin zum feurigen Rot. Obwohl es auch in Deutschland einige große Bäume gibt, wie z. B. im Botanischen Garten Berlin oder im Heidelberger Stadtwald, ist Sassafras doch immer noch ein recht seltenes Gehölz in unseren Gärten. Der Hauptgrund ist sicherlich die mangelnde Frosthärte der jungen Pflanze. Obwohl der Baum in seiner Heimat den tiefgründigen, nährstoffreichen, kalkarmen Aueboden bevorzugt, sollten wir ihm einen eher trockeneren und ärmeren Standort zuweisen. Wichtig ist, daß die Triebe auf einem sonnigwarmen Platz bereits im August abschließen und bis zum Winter gut ausreifen. In den ersten Jahren ist ein Winterschutz aus Laub und Tannenreisig empfehlenswert. Man muß bei diesem Gehölz ein wenig Geduld haben. Alte Bäume entwickeln sich zu sehr malerischen, ausdrucksstarken Exemplaren mit kraftvoll geschwungenen Ästen und einer dunkelgrauen, bis 6 cm tiefen, eichenähnlichen Borke. Immer, wenn ich im Bot. Garten Berlin bin, schaue ich nach dem großen Sassafras albidum var. molle. Seine Höhe beträgt wohl gut 20 m, und seine Krone hat einen Durchmesser von 12 m. Man mag es kaum glauben, aber der Stammumfang mißt 2,25 m. Ich kenne in Deutschland keinen größeren Sassafras.

In Amerika wird Sassafras albidum vielfältig genutzt. Die Wurzeln und die aromatische Wurzelrinde liefern Sassafras-Öl (Parfum-Seife) sowie Sassafras-Tee und wurden darüber hinaus als Würze für das bekannte Wurzel-Bier (root beer) verwendet.

Nach meinen Erfahrungen sollte dieser dekorative Bambus ohnehin etwas absonnig und vor allem aber gut windgeschützt stehen. Im lichten Schatten von Bäumen entwickeln sich prächtige, lockere Bestände. Ein herrlicher Bambus für das Thema Blattformen und Kontraste.

S. pumila siehe unter Pleioblastus.

SASSAFRAS NEES. & EBERM.
Lauraceae, Lorbeergewächse

Die Bezeichnung Sassafras wurde schon im 16. Jahrh. von den spanischen und französischen Siedlern in Florida benutzt und ist sicherlich indianischen Ursprungs.

S. albidum (NUTT.) NEES., Sassafras

Für den Gehölzliebhaber ist dieser Baum, der zu den schönsten Herbstfärbern Nordamerikas

zählt, ein absolutes Muß. Er gehört zur Familie der Lorbeergewächse und ist auch der einzige frostharte Vertreter dieser bedeutenden, aber überwiegend in den Tropen verbreiteten Pflanzenfamilie. In seiner nordamerikanischen Heimat wird der sommergrüne Baum 9 bis 15 (bis 20) m hoch. Bei uns gibt es zwar auch 10 bis 20 m hohe Exemplare, doch bleibt er in der Regel niedriger. Seine größte Zierde sind die wechselständigen, sehr unterschiedlich geformten Blätter. So findet man an einem Zweig neben ungeteilten, elliptischen Blättern auch solche mit drei rundlichen Lappen oder nur mit einem Seitenlappen, die dann sehr stark an die Form von Fausthandschuhen erinnern.

Die Laubfärbung muß als spektakulär bezeichnet werden. Sie reicht von leuchtendem Gelb über

Im Tertiär, vor etwa 50 Mio. Jahren, war Sassafras auch in unseren Wäldern vertreten.

Sassafras albidum

Schizophragma hydrangeoides

SCHIZOPHRAGMA S. & Z.
Spalthortensie – Hydrangeaceae,
Hortensiengewächse

(wird aber auch unter Saxifragaceae geführt)
griech.: schizein = spalten, phragma = Wand

S. hydrangeoides S. & Z.,
Spalthortensie

*Sommergrüner Kletterstrauch, auf dem Boden
niederliegend oder mittels Haftwurzeln an
Baumstämmen, Mauern und Pergolen kletternd.*

*Junge Triebe gelbbraun, schwach zottig behaart,
später dunkelgrau, auf der lichtabgewandten
Seite Haftwurzeln ausbildend. Blätter gegenständig, rundlich-eiförmig, oben zugespitzt,
7 bis 12 cm lang, grob gesägt, oberseits mittelgrün, unten weißlichgrün, Blattstiel 3 bis 7 cm*

Semiarundinaria fastuosa

*lang, rötlich. Blüten im Juli, in vielblütigen, fla-
chen Schirmrispen, weiß. Randblüten sind mit
einem etwa 3 cm langen, als Schauapparat die-
nenden, weißen Kelchblatt versehen. Die großen,
blattartigen Randblüten sind ein gutes Unterscheidungsmerkmal zu der sehr ähnlichen Kletter-Hortensie. Auch in den mitteleuropäischen
Gärten ist dieser aus Japan, China und Korea
stammende, interessante Wurzelkletterer ausreichend frosthart.*

*An Bäumen und Mauern werden Wuchshöhen
von 10 m erreicht. Schizophragma bevorzugt,
wie auch die Hortensien, einen frischen bis
feuchten, nahrhaften, sauren bis neutralen Boden in sonniger bis schattiger Position.*

SEMIARUNDINARIA NAKAI
Gramineae (Poaceae),
Süßgräser,

Unterfamilie Bambusoideae, Bambusgräser

S. fastuosa (MITFORD) MAKINO ex
NAKAI,
Säulen-Bambus

Verbreitung: Südwest-Honshu, Japan.

Wuchs: Ausläufer treibend, straff säulenförmig aufrecht, auch im Alter nicht übergeneigt; schnellwüchsig.

Größe: In Deutschland 4 bis 6 (7) m hoch.

Halme: Grün, sonnenseits rötlichbraun, sehr attraktiv, erreichen einen Durchmesser von 2 bis
3 cm, sehr dünnwandig; Halme stehen oft sehr eng
beieinander. Junge Halmscheiden innen glänzend
violett gestreift, sehr dekorativ.

Blätter: Verhältnismäßig groß, bis
20 cm lang und 2,5 (3) cm breit.

Wurzel: Sonnig bis halbschattig.

Boden: Anpassungsfähig, toleriert
alle nicht zu armen Gartenböden,
bevorzugt tiefgründige, frische bis
feuchte, nährstoffreiche, gut durchlässige Substrate, schwach sauer bis
alkalisch. Benötigt während der
Wachstumsphase ausreichend Nährstoffe und Wasser. In ungünstigen
Lagen ärmere Böden (Triebab-
schluß).

Eigenschaften: Gehört nicht zu
den härtesten Bambus-Formen.
Hart bis etwa minus (16°) 18°C.
Bei 2tägigem Frost von minus 20°C
bis minus 24°C ist eine Pflanze im

Semiarundinaria fastuosa

oberen Drittel erfroren (WILLOMEIT). Pflanzen treiben sehr früh und sehr lange (schlechtes Ausreifen!) Auf Grund der dünnwandigen Halme bei Naßschnee bruchgefährdet. Laub nicht sehr windfest, es wird auch häufig von den ersten November-Frösten geschädigt.

Ökologie: Wegen der wirteligen Zweiganordnung beliebtes Nistgehölz.

Verwendung: Ein sehr attraktiver, raschwüchsiger Bambus, der sich nach Winterschäden relativ schnell wieder erholt. Für den norddeutschen Raum aber insgesamt nicht so empfehlenswert, da die Frosthärte kaum ausreicht. Nur für gut geschützte, warme Lagen. Auf Grund seines straffen Wuchses sehr geeignet für schmale Abpflanzungen und Hecken. Junge Sprosse eßbar.

SHIBATAEA MAK. ex NAKAI
Gramineae (Poaceae),
Süßgräser,

Unterfamilie Bambusoideae, Bambusgräser

S. kumasasa (ZOLL. ex STEUD.) MAK. ex NAKAI

Verbreitung: Japan.

Wuchs: Buschig aufrechter, zierlicher Bambus mit kurzer Bezweigung und dekorativer, scheinquirlständiger Belaubung.

Größe: In unseren Gärten 0,8 bis 1,00 m hoch.

Halme: Grün, mit stark verdickten Knoten, Halmscheide rötlich-gelb.

Sinarundinaria murielae

Blätter: Hellgrün, frischgrün, 10 cm lang und 2,5 cm breit.

Wurzel: Schwach Ausläufer treibend.

Standort: Halbschattig, warm.

Boden: Frische bis feuchte, schwach saure bis alkalische (kalkliebend) Substrate.

Eigenschaften: Nur geringe Ausläuferbildung. Hart bis minus 20 (minus 23) °C.

Verwendung: Ein kleiner, liebenswerter Bambus, der durch seine dekorativ angeordneten, verhältnismäßig kurzen und breiten, frischgrünen Blätter besticht. Herrlich im Lebensbereich Gehölzrand, wo man ihn mit Schattenstauden und Farnen gut kombinieren kann.

SINARUNDINARIA NAKAI
Bambus – Gramineae (Poaceae),
Süßgräser, Unterfamilie Bambusoideae

S. murielae (GAMBLE) NAKAI
Heute gültig: Fargesia spathaceae FRANCHET

(= Fargesia murielae (GAMBLE) YI, Thamnocalamus spathaceus, Arundinaria murielae)

Verbreitung: China, Himalaja.

Wuchs: Dicht horstig wachsender Bambus, Halme im ersten Jahr straff aufrecht, nach dem zweiten Jahr bogig übergeneigt, alte Pflanzen breit trichterförmig und malerisch, schirmartig überhängend.

Größe: 2,5 bis 4 m hoch und breit, sehr alte Einzelpflanzen sind nicht selten breiter als hoch; bei 4 m Höhe oft 5 m breit!

Sinarundinaria murielae

Sinarundinaria murielae an einem Gartenbächlein im Bot. Garten Hamburg mit Campanula latifolia var. macrantha, Ligularia palmatiloba und Matteuccia

SINARUNDINARIA

Rinde: Halme stielrund, junge Halme weiß bereift, später olivgrün bis dunkelgrün (bei Nahrungsmangel und sehr sonnigem Stand auch gelblich); junge Halmscheiden im oberen Bereich der Stämme sonnenseits rötlichbraun bis bräunlich-violett, im Basisbereich der Halme gelbgrau oder hell sandfarben, Halmscheiden viel früher abfallend als bei S. nitida.

Blätter: Immergrün, lanzettlich, lang zugespitzt, 7 bis 12 cm lang und 1,2 bis 1,8 (2) cm breit, hellgrün.

Blüten: Ährige Rispen (Gräserblüte), selten blühend, nur in sehr großen Abständen.

Wurzel: Kriechender Wurzelstock mit sehr kurzen Ausläufern, Boden wird intensiv durchwurzelt.

Standort: Halbschattig bis sonnig, windgeschützt.

Boden: Im allgemeinen anspruchslos, auf allen durchlässigen, feuchten bis frischen (mäßig trokkenen), nahrhaften Böden, schwach sauer bis schwach alkalisch. Verträgt keine staunassen Standorte!

Eigenschaften: Frosthart bis minus 28 °C, liebt hohe Luftfeuchtigkeit, vor allem auch im Winter, horstiger Wuchs, nur kurze Ausläufer, rollt bei Trockenheit die Blätter zusammen.

Verwendung: Die Sinarundinaria-Arten gehören zu den allerschönsten immergrünen Pflanzen überhaupt und sind in der Gartengestaltung sehr vielseitig einsetzbar. Innerhalb des Bambus-Sortiments zählen beide Arten zu den absolut frosthärtesten Vertretern diese Pflanzengruppe. Auf Grund ihres streng horstartigen Wuchses können sie auch in Hausgärten und kleineren Gartenräumen verwendet werden. Herrlich wirken sie im Freistand auf Rasenflächen oder noch besser mit passenden Begleitgehölzen und Stauden in Wassernähe. Belebend wirken sie in Rhododendronpflanzungen oder zusammen mit Schattenstauden, Farnen und Gräsern in waldartigen Gehölzpartien. Durch die sehr dichte Halmstellung sind Sinarundinaria-Arten auch ein vorzüglicher Sicht- und Windschutz und können gut als freiwachsende Hecke gepflanzt werden. Besonders reizvoll sind tunnelartig wachsende „Bambus-Alleen", die einreihig, vorteilhafter aber versetzt doppelreihig angelegt werden. Der Pflanzabstand beträgt in der Reihe etwa 3 m. Ein über 100 m langer „Bambus-Tunnel" kann im Geographischen Garten Kolding (Dänemark) bewundert werden.

Da die meisten Bambusarten nach der Blüte vollständig absterben, könnten sehr einseitig bepflanzte Bambus-Gärten nach einer Blühphase oft völlig kahl dastehen. Bambus Pflanzungen sollten daher immer aus verschiedenen Gattungen und Arten zusammengesetzt sein.

Anmerkung: In Gebieten mit trocken-heißen Sommern und entsprechenden Wintern (Kontinentalklima) ist ein halbschattiger Standort empfehlenswert. Passende Gehölz- und Staudennachbarn wären: Acer japonicum und Formen, Acer palmatum und Formen, Prunus laurocerasus und Formen, Hydrangea sargentiana, Hydrangea villosa, Lonicera nitida 'Elegant' (Sockel), Nothofagus antarctica, Paeonien (in China sind Bambus und Paeonien in den Gärten untrennbar), Hedera helix und noch besser H. colchica als Bodendecker, schön auch die Altersform von Efeu zu dem hellgrünen Bambus-Laub, Miscanthus, Hosta, Iris sibirica, Lysimachia clethroides und Diphylleia cymosa.

Weitere Verwendungsmöglichkeiten siehe Phyllostachys aureosulcata.

Ökologie: Sinarundinaria murielae ist das Winterfutter für den seltenen Pandabären, von dem es wildlebend in China nur noch etwa 1000 Exemplare gibt.

Z. Zt. erleben wir die Blüte eines Sinarundinaria murielae-Klons. Die reichlich angesetzte Saat wird gern von den verschiedensten heimischen Vogelarten gefressen. Interessant ist, daß Sperlinge, die in der Nähe blühender bzw. fruchtender Bambuspflanzen ihre Nester haben, die Jungen fast ausschließlich mit „chinesischen Bambussamen" füttern.

Buchfinken bauen nun schon seit Jahren ihre Nester in dem marder-, elster- und katzensicheren Bambus. Im Sommer 1998 entdeckte ich das Nest eines Teichrohrsängers in Sinarundinaria nitida.

Pflegetip: Ganz allgemein kann man sagen, daß in unseren Gärten und Parkanlagen zuerst die gestreßten Pflanzen blühen. Dies hat mehrere Gründe: Standort ungünstig, Staunässe, zu trocken, zu sonnig, nicht ausreichende Nährstoffversorgung, Bestände ungepflegt, d. h. zu dicht, nicht ausgelichtet u. ä. In Blüte gehende Pflanzen sollten **recht-**

Sinarundinaria murielae – Blüte

zeitig (Substanzverlust) direkt über dem Boden zurückgeschnitten werden. Auf eine anschließende gute Wasser- und Stickstoffversorgung ist in jedem Fall zu achten.

Es trifft keinesfalls zu, daß alle blühenden Bambus-Arten absterben. Die Pseudosasa-Blüte hat gezeigt, daß standortgerecht gepflanzte Exemplare bei entsprechender Behandlung die Blühphase durchaus überstehen und sich wieder zu prächtigen Pflanzen entwickeln können. Sehr positiv wirkt sich eine Stickstoff-Düngung über das Blatt aus.

Bei horstig wachsenden Arten ist der Blühstreß sicherlich größer als bei Ausläufer bildenden Pflanzen. Der relativ kleine Bodenraum (z. B. bei F. murielae) ist schnell erschöpft. Die Reservestoffe jedes einzelnen Halmes befinden sich im verdickten Rhizom an der Halmbasis. Bei den Ausläufer trei-

benden Arten kann eine höhere Nährstoffreserve in den langen Rhizomsträngen deponiert werden. Darüber hinaus steht ihnen ein wesentlich größerer Bodenraum zur Verfügung. Aus diesen Gründen haben wohl auch die Ausläufer bildenden Arten eine größere Überlebenschance als die horstig wachsenden Bambusse.

Sämlingssektionen von Sinarundinaria murielae (Fargesia murielae).

Nächste Blüte voraussichtlich in 70 bis 80 Jahren.

'Bimbo' wird 1,5 bis 2 m hoch. Wuchs dichtbuschig aufrecht. Halm dünn, stark überhängend.

'Harewood' erreicht eine Endhöhe von 3, maximal wohl 3,5 m. Wurzel nicht frosthart. Kübelkultur daher problematisch (VAUPEL).

'Jumbo' zeichnet sich durch einen stärkeren

Wuchs aus. Endhöhe 3 bis 4 m. Halme im ersten Jahr aufrecht, später breit überhängend, Wurzel nicht genügend frosthart, Kübelkultur problematisch (VAUPEL).

'Kranich' wird bis 4 m hoch. Guter, dichtbuschig aufrechter Wuchs. Halme im oberen Bereich leicht überhängend. Kommt der alten F. murielae sehr nahe. Selektion von VAUPEL aus **'Temse'**. **'Phoenix'** (= **'Favorit'**) und **'Temse'** haben beinahe identische Wuchseigenschaften und gehören zusammen mit **'Kranich'** zu den belgischen Sämlingsselektionen.

'Simba', älterer bekannter Klon, der 1,5, maximal 2,5 m hoch wird. Halme dünn, stark überhängend. Schwachwüchsig, sonnenempfindlich.

Sinarundinaria murielae 'Jumbo',
Bambusgarten Vaupel

oben: Sinarundinaria murielae 'Kranich', Bambusgarten Vaupel

links: Sinarundinaria murielae 'Simba'

Sinarundinaria nitida 'Nymphenburg' mit Polygonum weyrichii, Rodgersien, Hakonechloa macra, H. macra 'Aureola' und Carex muskingumensis
– Arboretum Ellerhoop-Thiensen

629

S. nitida (MITF.) NAKAI
(= Fargesia nitida (MITF.) P. C. KENG;
Arundinaria nitida MITF.)

Verbreitung: China, Himalaja.

Wuchs: Dicht horstig wachsender Bambus, Halme zunächst straff aufrecht, alte Pflanzen breit schirmartig übergeneigt, nicht so stark überhängend wie S. murielae.

Größe: 2,5 bis 4 m hoch und breit.

Rinde: Halme stielrund, bläulich, hell bereift, alte Stämme sonnenseits olivbraun bis braunviolett, schattenseits dunkeloliv bis dunkelgrün, insgesamt wirken sie dunkler als bei S. murielae, Halmscheiden hellbraun bis leicht rötlichbraun, an jungen Stämmen Halmscheiden behaart, im Basisbereich der Stämme bleiben sie viele Jahre haften (Erkennungsmerkmal gegenüber S. murielae).

Sinarundinaria nitida

Blätter: Immergrün, lanzettlich, lang zugespitzt, 6 bis 9,5 cm lang und 1 bis 1,3 cm breit, dunkelgrün.

Blüten: Sehr selten blühend.

Wurzel: Kriechender Wurzelstock mit sehr kurzen Ausläufern, Boden wird intensiv durchwurzelt.

Standort: Halbschattig bis sonnig, windgeschützt.

Boden: Im allgemeinen anspruchslos, auf allen feuchten bis frischen (mäßig trockenen), nahrhaften Böden, schwach sauer bis schwach alkalisch. Verträgt keine staunassen Standorte.

Eigenschaften: Frosthart bis minus 30 °C, liebt hohe Luftfeuchtigkeit, vor allem auch im Winter, horstartiger Wuchs, nur kurze Ausläufer, rollt bei Trockenheit die Blätter zusammen.

Verwendung: Sinarundinaria nitida ist vielleicht nicht ganz so elegant wie S. murielae, hat aber dafür die größere Frosthärte und ist auch windresistenter. In den Wintermonaten bietet S. nitida – zumindest auf exponierten, sonnigen und offenen Standorten – über längere Zeit das bessere Bild. **S. nitida 'Nymphenburg'** ist eine Form mit sehr feiner, schmaler Belaubung, die sich aber sofort bei starker Luftbewegung, Kälte und Lufttrockenheit zusammenrollt. Besonders häßlich ist das in den Winter- und Frühjahrsmonaten, wo wir gerade das Grün so benötigen. Das Zusammenrollen geschieht keinesfalls nur bei Frost – dafür hätte ich noch Verständnis – nein, auch bei offenem Wetter steht sie häufig eingerollt und nichtssagend herum.

Anmerkung: Blühende Sinarundinaria nitida! Aus England liegen Meldungen über vereinzelt blühende S. nitida vor. Da diese Art einem Blührhythmus von 100 Jahren unterliegt und sie vor etwa 100 Jahren eingeführt wurde, muß damit gerechnet werden, daß auch bei S. nitida in absehbarer Zeit eine Vollblüte einsetzt. Der Bepflanzungsplaner sollte diese Tatsache ernsthaft berücksichtigen.

Sinocalycanthus chinensis, eine aufregende Neuentdeckung aus China

SINOCALYCANTHUS CHENG et CHANG
Calycanthaceae,
Gewürzstrauchgewächse

S. chinensis (CHENG et S. Y. CHANG) CHENG et S. Y. CHANG,
Weißblütiger Gewürzstrauch

Dieses neu entdeckte Gehölz sorgt z. Z. bei Dendrologen und Gehölzliebhabern für allergrößte Aufregung. Es wurde nämlich erst 1964 beschrieben und die ersten Fotos ließen schlagartig deutlich werden, daß es sich hier um etwas ganz Besonderes handelt.

Sinocalycanthus ist in China beheimatet und wächst dort in Gebirgwäldern auf felsigen Standorten in Höhenlagen um 1000 m bei Jahresniederschlägen von 1500 mm. Für dieses Gebiet werden die Minimumtemperaturen im Monat Januar mit minus 7 °C und die Maximumwerte im Juli mit plus 32 °C angegeben.

Der breitbuschig aufrechte Strauch wird etwa 2,5 m hoch, möglicherweise auch noch höher. Im Botanischen Garten Dresden ist eine 5jährige Pflanze etwa 1,2 m hoch. Sehr attraktiv sind die sommergrünen, gegenständigen, 10 bis 15 cm langen und 5 bis 8 cm breiten, elliptischen, frischgrün glänzenden Blätter. Im Juni öffnen sich die endständigen, bis zu 6,5 cm breiten, weißen bis leicht cremeweiß getönten Schalenblüten. Sie sind zusammengesetzt aus zwei spiralig angeordneten Blütenblattkreisen, die je-

weils aus 9 bis 12 einzelnen Blütenblättern bestehen. Während die äußeren 3 cm lang sind, haben die inneren Blütenblätter eine Länge von 1,5 bis 1,8 cm. Die Blüten sind fleischig und schwer. Sinocalycanthus blüht schon als 4 bis 5jährige Pflanze. Die Früchte sind birnenförmig, 4,5 cm lang und 2,3 cm dick. Sie werden auch bei uns in warmen Sommern angesetzt.

Über die Bodenansprüche wissen wir noch nicht viel, aber die Dresdner Pflanze wächst nun schon seit 5 Jahren vorzüglich in einem humosen, gut durchlässigen, schwach sauren Boden. Damit das Holz gut ausreift, sollte Sinocalycanthus sonnig-warm und geschützt gepflanzt werden. (SCHRÖDER, Dresden.).

Mit seinen weißen, ausdrucksstarken, an Magnolia sieboldii erinnernden Schalenblüten und dem glänzend grünen Laub ist dieses Gehölz eine absolut vornehme Erscheinung. Sollte sich die Frosthärte als ausreichend oder sogar befriedigend erweisen – in Dresden ist in den letzten 5 Wintern alles gut gegangen – wird Sinocalycanthus schnell unsere Gärten erobern. Eine etwa 1 m hohe Pflanze hat im Arboretum Thiensen selbst den Winter 96/97 mit Temperaturen von −20 °C (−22 °C) schadlos überstanden. In den holländischen Baumschulen kann man sich diesen wirklich noch ausgefallenen Gehölzwunsch bereits erfüllen.

SINOFRANCHETIA HEMSL.

Lardizabalaceae, Fingerfruchtgewächse
S. chinensis (FRANCH.) HEMSL.

Die monotypische Gattung wurde benannt nach ADRIEN RENÉ FRANCHET vom Pariser Museum für Naturgeschichte. Er war einer der fähigsten Botaniker, die sich jemals mit der Flora Chinas beschäftigt haben. FRANCHET starb am 14. Februar 1900.

Wer die lilafarbenen, bis 2 cm langen, ovalen Früchte das erste Mal unter dem Blätterdach dieser sommergrünen Kletterpflanze hängen sieht, glaubt zunächst, ein tropisches Gewächs vor sich zu haben. Sinofranchetia ist mit ihrer ausgefallenen Fruchtfarbe schlichtweg eine kleine Sensation in unseren nordischen Gärten. Attraktiv sind aber auch die 3teiligen, ein wenig an Bohnen erinnernden Blätter, deren Unterseite zart bläulich gefärbt ist. Im Mai erscheinen kleine, weiße Blüten in achselständigen, etwa 10 cm langen Trauben. Der nur wenig bekannte, aber frostharte und auch bei uns bis 6 (8) m hoch werdende Kletterstrauch hat sein Heimatgebiet in den Gebirgswäldern Zentral- und West-Chinas, wo er in Höhen um 2000 m vorkommt. Entdeckt wurde Sinofranchetia von dem legendären Pflanzensammler ERNEST WILSON, auch „China Wilson" genannt, der die erste Saat an das Arnold Arboretum geschickt hat. 1908 wurde Sinofranchetia nach Europa eingeführt. Der

Skimmia japonica

Skimmia japonica

SINOFRANCHETIA - SKIMMIA - SOPHORA

Sinofranchetia chinensis

raschwüchsige Strauch gedeiht in allen frischen bis feuchten, ausreichend nahrhaften, durchlässigen Böden. Um einen guten Fruchtansatz zu gewährleisten, sollte man der wärmeliebenden Kletterpflanze einen sonnigen, geschützten Platz zuweisen. Dieses hochinteressante Gehölz ist bestens geeignet, um hohe Mauern, große Pergolen und alte Bäume zu beranken. Verwandt ist Sinofranchetia mit Akebia und Decaisnea, die ebenfalls zur kleinen, aber doch etwas außergewöhnlichen Familie der Fingerfruchtgewächse gehören.

SKIMMIA THUNB.
Skimmie – Rutaceae,
Rautengewächse

S. japonica THUNB.

Verbreitung: Japan.

Wuchs: Kleiner, breitbuschiger und dichttriebiger Strauch, langsamwüchsig.

Größe: 0,6 bis 1,4 (1,8) m hoch und im Alter breiter als hoch. Auf einem sehr schattigen Platz in 35 Jahren 1,30 m hoch und 2,50 m breit.

Blätter: Immergrün, wechselständig, elliptisch bis verkehrt eiförmig, 8 bis 12 cm lang, hellgrün, ledrig, an den Triebenden gehäuft, zerrieben duftend.

Blüten: Pflanze ist zweihäusig, weiß, in 5 bis 10 cm langen, aufrechten Rispen, Einzelblüte 4 (bis 5)-zählig!, ca. 1 cm breit, stark duftend; Mai.

Früchte: Hochrot, kugelig bis leicht kantig-rundlich, bis 1 cm dick, erscheinen in großen Mengen und bleiben den ganzen Winter über am Strauch.

Wurzel: Oberflächennah ausgebreitet.

Standort: Schattig bis lichtschattig (absonnig), geschützt.

Boden: Humusreicher, durchlässiger, feuchter und nahrhafter Boden, sauer bis leicht alkalisch, Skimmien sind kalktoleranter, als man allgemein annimmt.

Eigenschaften: Genügend frosthart, stadtklimafest, vertragen tiefsten Schatten, Blüten werden auffallend stark von Bienen, Hummeln und Schwebfliegen besucht.

Verwendung: Schöner Fruchtstrauch für Einzelstellung und Gruppenpflanzungen in schattigen Zwerggehölzrabatten, vor Nadelgehölzen, in Rhododendronanlagen, Trögen, Kübeln und Schalen. Die Früchte widerstehen Frösten von minus 2 °C und bleiben bis weit in das Frühjahr am Strauch haften. Weitere gute Fruchtsorten sind **'Scarlet Queen'** mit großen hellroten Früchten und **'Veitchi'**.

S. japonica 'Rubella'
(= S. japonica 'Foremanii', S. rubella, S. reevesiana 'Rubella')

Hinweis: S. japonica 'Rubella' wird oft unter dem Namen S. japonica 'Foremanii' angeboten, die allerdings nicht mehr in Kultur ist. Möglicherweise sind von S. jap. 'Rubella' unterschiedliche Typen im Handel.

Wuchs: Breit aufrechter, rundlicher Kleinstrauch, vieltriebig, dicht verzweigt, langsam wachsend.

Größe: 0,6 bis 1 m hoch und breit, im Alter breiter als hoch.

Blätter: Immergrün, wechselständig, elliptisch, 6 bis 12 (15) cm lang, dunkelgrün, Blattstiel, Mittelrippe und Adern auf der Unterseite rot gefärbt.

Blüten: In bis zu 10 (13) cm langen, aufrechten Rispen, die im Knospenstadium (Herbst und Winter) auffallend braunrot gefärbt sind, blühend weißrosa, Einzelblüten 4-, sehr selten 5-zählig, April bis Mai.

Früchte: Werden nicht angesetzt, männliche Form.

Wurzel, Standort, Boden und Eigenschaften wie S. japonica.

Verwendung: Immergrüner Kleinstrauch, der durch seine dunkelgraue Belaubung, die rötlichen Blattstiele und braunroten bis bronzefarbenen Blütenknospen auffällt. Einzelstellung, Gruppen, Pflanzschalen und Tröge.

Skimmia japonica 'Rubella'

SOPHORA L.,
Schnurbaum – Papilionaceae (Fabaceae), Schmetterlingsblütler

S. japonica L.,
Japanischer Schnurbaum,
Perlschnurbaum, Honigbaum

Verbreitung: China, Korea, in Japan nur durch Kultur verbreitet.

Wuchs: Mittelgroßer Baum mit rundlicher, später breit gewölbter, sehr lockerer und lichter Krone. Stamm meist kurz, in der Jugend schlank. Hauptäste unregelmäßig, schräg aufsteigend, untere Astpartien beinahe waagerecht, breit auseinanderstrebend; in den ersten Jahren zögernder Wuchs.

Größe: 15 bis 20 (25) m hoch und 12 bis 18

SOPHORA

(20) m breit. Jahreszuwachs in der Höhe 40 cm, in der Breite 35 cm, nach etwa 30 Jahren schächerer Wuchs.

Rinde: Dunkelgrün mit hellbraunen Lentizellen, später grau.

Blätter: Sommergrün, wechselständig, unpaarig gefiedert, bis 25 cm lang, Blättchen 7 bis 17, elliptisch bis eiförmig, bis 5 cm lang, grün, schwach glänzend oder matt, unterseits graugrün, leicht behaart, spät austreibend, lange haftend; meist nur schwachgelbe Herbstfärbung.

Blüten: Gelblichweiße Schmetterlingsblüten in endständigen, lockeren, bis zu 20 (25) cm langen Trauben, Ende Juli bis Ende August. Blüten erscheinen nach etwa 10 bis 15 (20) Jahren.

Früchte: Hängende, rundwandige Hülsen, perlschnurartig gegliedert, werden nur in warmen Sommern ausgebildet (Weinbaugebiete, Kontinentalklima).

Wurzel: Weit ausgebreitet, stark verzweigt.

Standort: Sonnig.

Boden: Gut durchlässige, trockene bis frische Böden, schwach sauer bis stark alkalisch, der Schnurbaum ist sehr anspruchslos und gedeiht auch auf sehr trockenen, armen Standorten.

Eigenschaften: Als ältere Pflanze gut frosthart, verträgt in der Vegetationszeit sehr viel Trockenheit und Hitze (stammt aus einem Areal mit hohen Sommertemperaturen; Durchschnittstemperatur des wärmsten Monats 19,2 bis 30,2 °C, SCHENCK 1939); geeignet für extreme, innerstädtische Pflanzsituationen, Wurzel verträgt leichte Einschüttung; industriefest, rauchhart, bildet gelegentlich trockene Astpartien im Kronenraum.

Verwendung: Wertvoller Straßen- und Alleebaum für extreme, innerstädtische Pflanzsituationen. Hat sich in Gebieten mit trockenen, warmen Sommern gut bewährt. In der Dresdener Innenstadt stehen ca. 200 Bäume, die mehr als 100 Jahre alt sind und deren Früchte in trockenen Herbstwochen ausrei-

Sophora japonica

Sophora japonica

fen. Herrlicher Spätsommerblüher für große Garten-, Park- und Kuranlagen. Auf Grund des sehr späten Austriebs gut mit Frühlingsgeophyten zu unterpflanzen.

Benachbarung: Robinien, Gleditsien, Gymnocladus, Sorbus, Albizia, Ailanthus, Cladrastis, Maackia, Colutea, Crataegus, Caragana, Pinus, Wildrosen, Cotoneaster und Cytisus.

Hinweis: Sophora sollte nicht auf zu nahrhafte und feuchte Böden gesetzt werden; Frostgefährdung durch nicht ausreifendes Holz.

Ökologie: Die verhältnismäßig späte Blüte hat eine große Bedeutung für die heimischen Insektenarten, die diese Pflanze sehr stark besuchen. Sophora ist eine der besten Bienenweiden. Der Honigertrag liegt bei 110 bis 300 kg pro ha.

Anmerkung: Blütenknospen haben Inhaltsstoffe (Rutin [Vit. P], Quercetin), die in China gegen die Ruhr eingesetzt wurden, heute dienen sie der Erprobung gegen Tumore.

S. japonica 'Pendula'

Wuchs: Kleiner Baum, Äste und Zweige in kurzem Bogen kaskadenartig senkrecht bis zum Boden herabhängend. Im Alter sehr malerisch. Langsam wachsend.

Weitere Angaben siehe Wildart.

Verwendung: Hängeform, die schon vor 1927 in England in Kultur war. Sollte nur hochstämmig gezogen werden. Wegen des langsamen Wuchses auch für kleinere Gärten geeignet.

S. japonica 'Regent'

Eine Selektion der PRINCETON Nurseries, USA, 1964.

Wuchs: Mittelgroßer Baum mit breit ovaler Krone

Sophora japonica

Sophora japonica, Früchte

und kräftigem, geradem Stamm. Bildet oft keinen Leittrieb aus. Jugendwachstum beinahe doppelt so stark wie bei anderen Sämlingstypen.

Größe: 15 bis 20 (25) m hoch und 10 bis 15 m breit. Jahreszuwachs ca. 50 bis 60 cm.

Rinde: Dunkelgrün mit hellbraunen Lentizellen, später grau.

Blätter: Sommergrün, wechselständig, unpaarig gefiedert, größer als beim Typ, 18 bis 25 cm lang, Blättchen 9 bis 15, bis 6 cm lang, dunkelgrün, glänzend.

Blüten: In großen, pyramidalen Trauben, cremeweiß; Ende Juli bis Ende August. Die Selektion 'Regent' blüht bereits als 6 bzw. 8jährige Pflanze (DIRR).

Früchte, Wurzel, Standort u. Boden wie S. japonica.

Eigenschaften: Als junge Pflanze frostgefährdet, sonst wie S. japonica.

Verwendung: Guter, schnellwüchsiger Auslesetyp, der aber keinesfalls auf zu tiefgründige, feuchte und nahrhafte Böden gesetzt werden sollte. Triebe reifen schlechter aus, größere Frostgefahr. Wenn kein Leittrieb vorhanden, aufwendiges Stäben erforderlich (TAUCHNITZ). Verwendung sonst wie S. japonica.

Sophora japonica 'Pendula'

SORBARIA

SORBARIA (SER. ex DC.) A. BR.
Fiederspiere – Rosaceae,
Rosengewächse

S. sorbifolia (L.)A. BR.
Sibirische Fiederspiere

Verbreitung: Ural, Kamtschatka, Sachalin und Japan.

Wuchs: Ausläufer treibender Strauch mit straff aufrechten, etwas steifen und wenig verzweigten Trieben, dichte und umfangreiche Kolonien bildend. Schwächer im Wuchs als S. aitchisonii.

Größe: 1,5 bis 3 m hoch, durch Ausläuferbildung sehr schnell breiter als hoch.

Sorbaria sorbifolia

Sorbaria sorbifolia

Rinde: Triebe hellbraun bis rötlichbraun, später grau, fein behaart.

Blätter: Sommergrün, wechselständig, unpaarig gefiedert, bis 25 cm lang, Blättchen 13 bis 23, meist 17, lanzettlich, zugespitzt, mittelgrün, früh austreibend.

Blüten: Cremeweiß, in 10 bis 20 cm langen, sehr dichten, aufrechten, endständigen Rispen, Juni bis Juli.

Früchte: Unscheinbare Balgfrüchte.

Wurzel: Flach, weit ausgebreitet, stark Ausläufer treibend.

Standort: Sonnig bis schattig.

Boden: Toleriert alle durchlässigen, mäßig trockenen bis feuchten Böden, sauer bis alkalisch.

Eigenschaften: Frosthart.

Verwendung: Obwohl die Fiederspiere nicht gera-de zu den herausragenden Persönlichkeiten des Gehölzsortiments zählt, hat sie doch mehrere positive Eigenschaften. Sie ist ein wertvoller Sommerblüher; ihr Fiederlaub und die in großer Fülle erscheinenden, weißen Blütenrispen sind recht dekorativ. Eine sehr angenehme Vorfrühlingsüberraschung ist das junge, frische Grün, das wohl bei kaum einem anderen Gehölz so zeitig erscheint. An Boden und Standort stellt dieser liebenswürdige Wucherer kaum Ansprüche. Geeignet zur Einzelstellung oder in Gruppen in großräumigen Garten- und Parkanlagen, zur Unterpflanzung schattiger Baumpartien mit bodendeckendem Bambus – dem er gewachsen ist –, Aruncus und Dryopteris filixmas. Ferner für Böschungsbegrünung, Abstufung von Gehölzrändern und als Deckstrauch.

Ökologie: Alle Sorbaria-Arten sind wertvolle Insektenfutterpflanzen. Sie werden von Käfern, Bienen, den verschiedensten Fliegenarten, Hummeln und Faltern besucht!

Weitere empfehlenswerte Arten sind:

S. aitchisonii HEMSL., *Afghanische Fiederspiere. Wurde 1879 von Dr. AITCHISON in den Kurram-Bergen, Afghanistan, entdeckt und 1888 von R. ELLIS aus Kashmir nach Europa eingeführt.*

Bis 3 m hoher, breit und locker aufrechter Strauch. Zweige dick, nach außen übergeneigt bis überhängend, diesjährige Triebe noch im August hellgrün (bei S. sorbifolia braun bis rötlichbraun!), Wintertriebe rotbraun bis dunkelgrau. Blätter wechselständig, 26 bis 40 cm lang, Blättchen zu 17 bis 21, bis 8 cm lang, Mittelrippe der Fiederblättchen grün (bei S. sorbifolia braun bis rötlichbraun!), Rand meist einfach gesägt. Blütenrispen aufrecht bis leicht überhängend, 20 bis 25 cm lang, cremeweiß, Juli/August, später als S. sorbifolia.

S. arborea SCHNEID., Baum-Fiederspiere, 4 bis 6 m hoher, betont breitwüchsiger, Ausläufer treibender Strauch. Triebe dünn, sternhaarig, im Winterzustand olivgrün bis olivgrau, glatt, Mark orange (bei S. sorbifolia hellorange, bei S. aitchisonii weiß-rötlich). Austrieb später als bei S. aitchisonii und S. sorbifolia. Blätter bis 40 cm lang, Fiederblättchen zu 13 bis 17, 4 bis 10 cm lang, Rand scharf doppelt gesägt.

Blüten-Rispen 20 bis 40 cm lang, cremeweiß, locker abstehend bis überhängend, Juli/August, gelegentlich mit Nachblüte. Beheimatet in Mittel- und West-China.

Sehr wertvoller, spät blühender, strukturstarker Strauch für Gehölzränder, besonders wirkungsvoll vor dunklen Immergrünen, als Einzelgehölz auf Rasenflächen (Ausbreitungsdrang beachten), stark besuchte Insektenfutterpflanze, Vogel- und Kleintierschutzgehölz. Bevorzugt nahrhafte, lehmige Böden, ist aber allgemein anspruchslos und gedeiht auf allen mäßig trockenen bis feuchten Garten- und Parkböden.

Sorbaria aitchisonii

Sorbaria aitchisonii

SORBUS L.
Eberesche, Mehlbeere, Vogelbeere –
Rosaceae,
Rosengewächse

Die etwa 80 bis 100 Arten umfassende Gattung ist über die gesamte nördliche Halbkugel verbreitet. Es sind sommergrüne Bäume oder Sträucher mit einfachen, fiedrig gelappten oder unpaarig gefiederten Blättern und weißblütigen Schirmrispen.

Eine besondere Zierde sind die in großer Fülle erscheinenden Früchte, die weiß, gelb, orange, rosa und leuchtend rot gefärbt sein können. Beliebt sind die Sorbus-Arten aber auch wegen ihres lockeren, malerischen Wuchses und der teilweise prachtvollen Herbstfärbung, die besonders bei S. aucuparia und S. serotina feurig orange sein kann. Darüber hinaus kommen einige Arten und Sorten auf Grund ihrer Hitze- und Trockenresistenz für die Bepflanzung innerstädtischer Räume in Frage. Eines der windfestesten Gehölze überhaupt ist Sorbus intermedia, die Schwedische Mehlbeere, die selbst permanenten Küstenwinden mit Salzeinwirkung widersteht. Als Pioniergehölz ist Sorbus aucuparia eine wichtige Holzart für Pflanzmaßnahmen in der freien Landschaft. Rohe Sorbus aucuparia-Früchte sind ungenießbar (leicht bis stark reizend). Sie waren vor allem als Abführmittel bekannt. Gekocht sind sie genießbar, sie wurden früher zu Gelee, Kompott und zur Herstellung von Fruchtsäften benutzt. Einen besonders hohen Vitamin C- und Carotin-Gehalt haben die Beeren von S. aucuparia 'Edulis', die auch heute noch erwerbsmäßig kultiviert werden. Alle Sorbus-Arten sind wichtige Insektenfutterpflanzen und Vogelnährgehölze.

S. alnifolia (SIEB. et ZUCC.) K. KOCH,
Erlenblättrige Mehlbeere

(= Crataegus alnifolia SIEB. & ZUCC.; Micromeles alnifolia (SIEB. & ZUCC.) KOEHNE; Pyrus alnifolia, Pyrus miyabei)

Kleiner bis mittelgroßer Baum mit zunächst pyramidaler, später mehr rundlicher, dichtbuschiger, aufrechter Krone und auffallend rotbraun glänzenden Trieben. Blätter eiförmig bis breit elliptisch, kurz zugespitzt, bis 10 cm lang, mit 6 bis 10 (12) deutlich ausgeprägten, parallelen Adernpaaren, Rand gesägt bis doppelt gesägt, oberseits dunkelgrün, seidig glänzend, erinnern an breite Grau-Erlen Blätter. Herbstfärbung spät, orange bis scharlachrot. Blüten im Mai, weiß, Früchte erbsengroß, weinrot bis gelblich, oft etwas blaugrau bereift.

Die in Japan, Korea und China beheimatete Mehlbeere ist in unseren Gärten frosthart und entwickelt sich zu einem 12 bis 15 (20) m hohen Baum. Durch die auffallende Belaubung, die übrigens nicht so recht in das Sorbus-Sortiment passen will, und die rotbraun glänzenden Wintertriebe ein sehr attraktives Gehölz, dem man zukünftig mehr Beachtung schenken sollte. Könnte möglicherweise auch ein guter Stadtbaum sein. Interessant wäre hier die streng aufrechte Kronenform der Sorte **S. alnifolia 'Skyline'**.

S. americana MARSH.,
Amerikanische Eberesche

Verbreitung: Nordamerika; auf feuchten Böden in Tälern, an Hängen und Böschungen, in Nadelwäldern und am Rande von Sümpfen und Mooren.

Sorbus americana

Wuchs: Kleiner Baum, oft mehrstämmig, Grundäste dick, wenig verzweigt, Krone breit aufrecht, langsam wachsend.

Größe: Bis 9 m hoch und 4 bis 6 m breit. Jahreszuwachs ca. 20 bis 30 cm.

Rinde: Zweige rotbraun, glänzend, mit hellen Lentizellen, Borke hellgrau.

Blätter: Sommergrün, wechselständig, unpaarig gefiedert, bis 25 cm lang, Blättchen zu 11 bis 17, oberseits hellgrün bis frischgrün, unterseits graugrün, Herbstfärbung gelb.

Blüten: Weiß, in dichten, 7 bis 13 cm breiten Schirmrispen, Mai bis Juni.

Früchte: Bis 7 mm dick, flachkugelig, leuchtend rot, sehr zahlreich, bitter schmeckend.

Standort: Sonnig.

Boden: Bevorzugt auf mäßig trockenen bis feuchten, nahrhaften Böden, sauer bis alkalisch.

Eigenschaften: Frosthart, langsamwüchsig.

Verwendung: Einzelstellung und Gruppenpflanzung in Garten- und Parkanlagen.

Ökologie: Insektenfutterpflanze und Vogelnährgehölz.

S. aria (L.) CRANTZ,
Mehlbeere

Verbreitung: Mittel- und Südeuropa. In Deutschland liegt die nördliche Verbreitungsgrenze etwa in Höhe Kassel, Kaufunger Wald; häufige Vorkommen im westlichen Hessen, in Rheinland-Pfalz, im Schwarzwald, in der gesamten Schwäbischen Alb und Fränkischen Alb, im Spessart, Odenwald, im Allgäu und in den Bayerischen Alpen, wo die Mehlbeere bis auf 2000 m ansteigt. In sonnigen Laubmischwäldern, an lichten Wald- und Gehölzrändern, auf steinigen, südexponierten Kalkhängen, auf trockenheißen Felsstandorten, in Hecken und Trockengebüschen. Auf trockenen bis mäßig frischen, vorzugsweise kalkreichen bis schwach alkalischen, flach- bis mittelgrundigen, sandigen Lehm- oder Steinböden.

Wuchs: Kleiner Baum mit gleichmäßig aufgebauter, breit kegelförmiger oder kugeliger Krone und meist kurzem Stamm, Äste mehr oder weniger spitzwinklig ansetzend, im Alter breiter und lockerer, langsamwüchsig.

Größe: 6 bis 12 (18) m hoch und 4 bis 7 (12) m breit. Jahreszuwachs in der Höhe 35 cm, in der Breite 25 cm.

Sorbus aria

Sorbus aria

Rinde: Junge Triebe zunächst weißgraufilzig, später olivgrün bis olivbraun, kahl, sonnenseits rötlich überlaufen, Lentizellen deutlich hervortretend, alte Borke grau, längsrissig.

Blätter: Sommergrün, wechselständig, breit elliptisch bis breit eiförmig, 8 bis 12 cm lang, Austrieb weißfilzig, später dunkelgrün, schwach glänzend, unterseits weißfilzig, derb, Herbstfärbung gelblich, lange haftend, auch grün abfallend.

Blüten: Weiß, in bis zu 5 cm breiten Schirmrispen, Mai/Juni.

Früchte: Orange bis rot, kugelig, 1 bis 1,2 cm dick, mehlig, roh genießbar, da parasorbinfrei. Sie wurden früher zu Mus verarbeitet, in Brot eingebacken oder gedörrt.

Wurzel: Tiefes Herzwurzelsystem.

Standort: Sonnig bis absonnig (halbschattig).

Boden: Insgesamt anspruchslos und anpassungsfähig, auf allen trockenen bis mäßig frischen, durchlässigen Böden, schwach sauer bis stark alkalisch, kalkliebend. Optimales Wachstum auf ausreichend nährstoffversorgten Böden.

Eigenschaften: Frosthart, Licht-Halbschatten-Holz, ausgesprochen wärmeliebend, gut abbaubares Laub; Pioniergehölz, um Waldstandorte vorzubereiten, Hitze- und Sommertrockenheit gut vertragend, stadtklimafest, windresistent, gut schnittverträglich, hohes Ausschlagsvermögen, langsamwüchsig, kann bis 200 Jahre alt werden.

Verwendung: Wertvoller Kleinbaum bzw. Großstrauch für trockenheiße, innerstädtische Pflanzsituationen, Südböschungen und Hänge, Schutzgrüngürtel, Verkehrsbegleitgrün, kleinkroniger Allee- und Straßenbaum, Begrünungsmaßnahmen in der freien Landschaft (Vorwaldbaumart), Vogelnährgehölz, Verbreitung beachten. Kübel und Container. Einzelstellung und Gruppen in Parkanlagen.

Die für den Straßenraum immer wieder als lästig empfundenen Früchte (Fruchtfall) sollte man allerdings nicht nur aus so enger Sicht betrachten. Blüten und Früchte bedingen sich gegenseitig und sind ein erheblicher Beitrag zur Ökologie. Als Straßen-

SORBUS

bäume sollten S. aria und die Sorten auf S. intermedia veredelt sein.

Benachbarung: Andere Sorbus-Arten, Pinus sylvestris, Juniperus communis und Formen, Wild- und Parkrosen, Pyracantha, Colutea, Elaeagnus, Pyrus calleryana 'Chanticleer', Cornus mas, Cotoneaster.

In der Natur vergesellschaftet mit: Quercus petraea, Carpinus betulus, Sorbus torminalis, Acer monspessulanum, Corylus avellana, Viburnum lantana.

Anmerkung: S. aria wurde nach 1974 in den USA zur Begrünung auf nährstoffarmen Böden an Kohleflözen erfolgreich eingesetzt. S. aucuparia versagte dagegen an diesen Standorten vollständig. Mit S. intermedia wurden gute Erfolge erzielt.

S. aria 'Lutescens'

Wuchs: Kleiner Baum mit gleichmäßig aufgebauter, kegelförmiger, dichter Krone und meist kurzem Stamm, im Alter breiter werdend, Äste straff aufrecht, langsam wachsend.

Größe: 6 bis 12 (15) m hoch und 4 bis 7 (12) m breit. Jahreszuwachs in der Höhe 35 cm, in der Breite 25 cm.

Rinde: Junge Triebe zunächst weißgrau-filzig, später olivgrün bis olivbraun, kahl.

Blätter: Sommergrün, wechselständig, breit elliptisch bis breit eiförmig, im Austrieb weißlich bis cremegelblich-grün, später wie bei der Art dunkelgrün, schwach glänzend, unterseits weißfilzig, Herbstfärbung gelblich, auch grün abfallend, lange haftend.

Weitere Merkmale und Angaben wie S. aria.

Sorbus aria 'Lutescens'

S. aria 'Magnifica'

1917 von H. HESSE selektiert.

Wuchs: Kleiner Baum mit gleichmäßig aufgebauter, kegelförmiger Krone, Hauptäste straff aufrecht, wenig verzweigt, im Alter breiter, langsam wachsend.

Größe: 6 bis 12 (18) m hoch und 4 bis 7 (12) m breit. Jahreszuwachs in der Höhe 35 cm, in der Breite 25 cm.

Blätter: Sommergrün, wechselständig, breit elliptisch, 10 bis 14 cm lang, derb, im Austrieb weißfilzig, später glänzend dunkelgrün, unterseits weißfilzig, ledrig, Herbstfärbung gelblich, auch grün abfallend, lange haftend.

Früchte: Eiförmig, 1,3 bis 1,6 cm lang und 1 bis 1,4 cm dick, orangerot bis krebsrot, hell bis dunkel gepunktet.

Weitere Merkmale und Angaben wie S. aria.

Verwendung: Ein guter, kleinkroniger Allee- und Straßenbaum für trockenheiße Standorte. S. aria 'Magnifica' zeichnet sich durch straff aufrechten Wuchs und große, dunkelgrün glänzende Blätter aus. Siehe weitere Angaben bei Sorbus aria.

Sorbus aria 'Magnifica'

Sorbus x arnold. 'Red Tip'

S. x arnoldiana-Hybriden

Kreuzung zwischen S. aucuparia x S. discolor.

Sie stehen S. aucuparia sehr nahe, haben aber eine feinere Belaubung und zartrosa sowie weiße Fruchtfarben.

Zu dieser Gruppe werden auch die „Lombarts-Hybriden" gezählt, die um 1950 bei LOMBARTS, Zundert, Holland, aus Kreuzungen zwischen S. aucuparia, S. discolor und S. prattii entstanden sind.

Hauptmerkmale dieser Sämlingsformen sind der kegelförmige, mehr oder weniger kompakte Wuchs, die oft filigrane Belaubung und die sehr ansprechenden, pastellfarbenen Früchte.

Ökologie: Auch die bunten Fruchtformen werden von den Vögeln angenommen.

S. x arnoldiana 'Golden Wonder'

Wuchs: Großstrauch oder kleiner Baum mit breitkegelförmiger Krone, oft mehrstämmig, Grundstämme straff aufrecht, wenig verzweigt, raschwüchsig.

Größe: 7 bis 10 (12) m hoch und bis 5 m breit. Jahreszuwachs ca. 20 cm, sowohl in der Höhe als auch in der Breite.

Blätter: Sommergrün, wechselständig, unpaarig gefiedert, bis 20 cm lang, Blättchen meist zu 11 bis 15, lanzettlich bis elliptisch, 6 bis 9 cm lang und 2 bis 3 cm breit, Blättchen bis auf 1 cm an der Basis grob gesägt, dunkelgrün, Blattstiele rötlichbraun, Herbstfärbung leuchtend gelb bis orangerot.

Blüten: Weiß, in bis zu 15 cm breiten, flachen Rispen; Mai/Juni.

Früchte: Eiförmig, am Kelch abgeflacht, dunkelorange bis orange (RHS 25 A bis 28 B), 1 bis 1,4 cm lang, 0,8 bis 1 cm dick, Fruchtreife oft schon ab August.

Sorbus x arnold. 'Golden Wonder'

Standort: Sonnig.

Boden: Optimales Wachstum auf frischen, nicht zu nährstoffarmen, lockeren, leicht sauren Humusböden, insgesamt aber sehr bodentolerant, gedeiht auch auf armen, sandig-trockenen Standorten, schwach saure Böden bevorzugend, jedoch auch Kalk vertragend.

Eigenschaften: Frosthart, stadtklimafest.

Verwendung: Sehr zierender Fruchtstrauch für Einzelstellung und Gruppenpflanzungen, Pflanzkübel.

S. x arnoldiana 'Kirsten Pink'

Wuchs: Großstrauch, meist mehrstämmig, Grundtriebe aufrecht, wenig verzweigt, langsam wachsend.

Größe: Bis 5 m hoch und 3 m breit. Jahreszuwachs in der Höhe 20 cm, in der Breite 15 cm.

Rinde: Triebe braun, grau überzogen (absterbende Epidermis), Knospen dunkelrotbraun, matt glänzend, dem Trieb anliegend, bis 1,2 cm lang, Knospenschuppen zur Spitze hin grau behaart, teilweise leicht rötlich, nicht klebrig.

Blätter: Sommergrün, wechselständig, unpaarig gefiedert, bis 15 cm lang, Blättchen zu 17 bis 33,

Sorbus x arnold. 'Kirsten Pink'

lanzettlich, 2,5 bis 3,5 cm lang und 0,7 bis 1 cm breit, Rand fast bis zur Basis scharf gesägt, oberseits mittelgrün, unterseits graugrün, sehr schwach behaart, Blattstiel rot, geflügelt, auffallend große

(bis 2 cm) Nebenblätter; Herbstfärbung gelb bis orangerot.

Blüten: Weiß, in flachen Rispen. Mai/Juni.

Früchte: Kugelig bis flachkugelig, rosa, am Stielansatz und um den Kelch gelegentlich dunkler, 0,8 bis 1,2 cm dick.

Standort, Boden und Eigenschaften wie 'Golden Wonder'.

Verwendung: Langsamwüchsige Sorbus-Hybride mit dekorativem, rosa Fruchtbehang. Einzelstellung, Gruppen, Pflanzkübel.

S. x arnoldiana 'Red Tip'

Wuchs: Großstrauch oder kleiner Baum mit kegelförmiger Krone, Äste wenig verzweigt, raschwüchsig.

Größe: 5 bis 7 m hoch und 3 bis 4 m breit. Jahreszuwachs in der Höhe 30 cm, in der Breite 15 cm.

Rinde: Triebe graubraun bis olivgrün, Knospen rostbraun bis leuchtend rot, dem Trieb anliegend, stark filzig-behaart, 1 bis 1,5 cm lang.

Blätter: Sommergrün, wechselständig, unpaarig gefiedert, 15 bis 20 cm lang, Blättchen zu 17 bis 21; 2,5 bis 3,5 cm lang und 0,7 bis 1 cm breit, elliptisch bis länglich lanzettlich, Rand fast bis zur Basis scharf gesägt, oberseits mittelgrün, unten graugrün, kahl, Blattstiele rot, geflügelt; Herbstfärbung orange bis dunkelrotbraun.

Blüten: Weiß, in flachen Rispen, Mai/Juni.

Früchte: Kugelig bis flachkugelig, ohne Kelch, 0,8 bis 1,1 cm dick, weiß bis schwachrosa mit karminroten Flecken, vor allem an Stielansatz und Kelch. Fruchtstielchen rot bis rotbraun.

Standort, Boden und Eigenschaften wie 'Golden Wonder'.

Verwendung: Wüchsige Sorbus-Hybride mit interessanten Früchten. Einzelstellung, Gruppen, Pflanzkübel.

S. aucuparia L.,
Eberesche, Vogelbeere

Früchte wurden früher zum Vogelfang benutzt; lat. „aucupium" = Vogelstellerei, setzt sich zusammen aus „avis" = Vogel und „capere" = fangen.

Verbreitung: Fast in ganz Europa verbreitet, im Gebirge bis auf 2000 m Höhe. Häufig an Waldrändern, in Knicks, am Rande von Mooren, in Gebüschen, auf Weiden und an Feldrainen. Auf sauren bis kalkhaltigen, mäßig trockenen bis frischen, meist nährstoffarmen, humosen, lockeren Lehmböden.

Wuchs: Kleiner bis mittelgroßer Baum mit ovaler, später mehr rundlicher Krone oder mehrstämmiger, wenig verzweigter Strauch, in der Jugend raschwüchsig, Äste zunächst steif aufrecht, im Alter lockerer und leicht überhängend. In den ersten 20 Jahren relativ raschwüchsig, danach stockender Wuchs.

Größe: 6 bis 12 m hoch (gelegentlich auch 20 bis 22 m) und 4 bis 6 m breit. Zuwachs in der Höhe 40 cm, in der Breite 30 cm.

Sorbus aucuparia

Rinde: Triebe dunkelbraun (schokoladenbraun), Lentizellen hell, Endknospen ca. 9 mm lang, weißfilzig behaart, Knospen dem Trieb angedrückt, lichtwärts gebogen, zweitoberste Knospe auffallend klein.

Blätter: Sommergrün, wechselständig, unpaarig gefiedert, oben dunkelgrün, unterseits bläulichgrün, Herbstfärbung prachtvoll gelb bis orangerot.

Blüten: Weiß, in bis 15 cm breiten, flachen Rispen, Mai/Juni.

Früchte: Rund, bis 0,8 cm dick, leuchtend rot, in großer Fülle. Fruchtreife ab Ende August bis Oktober. Roh ungenießbar, enthalten Parasorbinsäure.

Wurzel: Senkerwurzeltyp, bis 2 m tief, Seitenwurzeln flachstreichend, Wurzeln von Mykorrhiza umgeben, die die Nahrungsaufnahme erleichtert (SPETHMANN).

Standort: Sonnig bis halbschattig.

Boden: Optimales Wachstum erreicht die

Sorbus aucuparia

Eberesche auf frischen bis feuchten, nicht zu nährstoffarmen, lockeren, leicht sauren Humusböden, insgesamt ist sie aber sehr bodentolerant und gedeiht auch noch gut auf armen, sandigen, trockenen Standorten, schwach saure Böden bevorzugend, jedoch auch kalkvertragend.

Eigenschaften: Gut frosthart, Pioniergehölz, Licht-Halbschattenbaum, junge Pflanzen auf flachgründigen Standorten dürregefährdet (SPETHMANN), reagiert auf längere sommerliche Trockenheit empfindlich, hitze- und strahlungsempfindlich, hohes Ausschlagsvermögen, Windresistenz durchschnittlich, hohe Standfestigkeit durch Senkerwurzel, unempfindlich sowohl gegen Staunässe als auch zeitweilige Überschwemmungen (EHLERS), auf schlechten Böden relativ frühe Ver-

greisung, in der freien Landschaft verbißgefährdet. Höchstalter 80 bis 100 (150) Jahre.

Verwendung: Wegen ihres lockeren Wuchses, der dekorativen Belaubung und nicht zuletzt wegen des prachtvollen Herbstaspekts eines der schönsten und wichtigsten Gehölze für den Pflanzenverwender. Darüber hinaus ist die Eberesche sehr anspruchslos und anpassungsfähig an Boden und Standort. Sie ist sowohl als anmutiger Solitärbaum wie auch als Gruppengehölz im Straßenbegleitgrün und in Schutzgrüngürteln um Industriebereiche einsetzbar. In Garten- und Parkanlagen schafft die Eberesche gute Übergänge von Nadelgehölzgruppen zu Laubbäumen. Sehr schön zusammen mit Birken, Wildrosen, Strauchrosen, Cotoneaster, Pyracantha und Potentillen. Wichtiges Pioniergehölz für die freie Landschaft. Aufforstungen, Waldrandgestaltung, Autobahnbegrünung, Bodenbefestigung an Hängen und Böschungen, Knickbepflanzung, Windschutz und Lawinenschutz, wo das biegsame Holz dem Schneedruck widersteht. Die für den Straßenraum immer wieder als lästig empfundenen

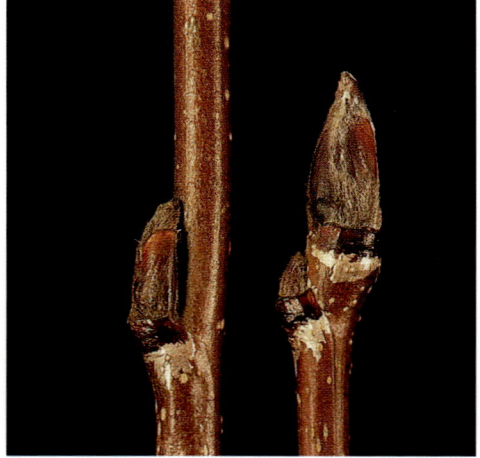

Sorbus aucuparia

Früchte (Fruchtfall) sollte man allerdings nicht nur aus so enger Sicht betrachten. Blüten und Früchte bedingen sich gegenseitig und sind ein erheblicher Beitrag zur Ökologie. Als Straßenbaum nur im Außenbereich der Städte und ausschließlich in unbefestigten Flächen.

Ökologie: S. aucuparia ist Futterpflanze für die Raupen folgender Schmetterlingsarten: Apfelbaumglasflügler (Synanthedon myopaeformis), Silberspinner (Cilix glaucata), Venusia cambrica, Acasis viretata; die Raupe des Baumweißlings überwintert an der Eberesche (in der Bundesrepublik stark gefährdet). Die Blütenrispen werden von vielen Bienenarten, Fliegen und Käfern besucht, die hier Nektar und Pollen finden. Von den Früchten leben zahlreiche Vogel- und Säugetierarten.

Sorbus aucuparia

S. aucuparia 'Edulis',

Mährische Eberesche, Eßbare Eberesche
(= S. aucuparia var. edulis DIECK,
S. aucuparia var. moravica DIPP.,
S. aucuparia var. dulcis KRÄTZL.).

Um 1810 in Spornhau, Mähren, entdeckt.

Wuchs: Mittelgroßer Baum mit gleichmäßig pyramidaler, geschlossener Krone, Äste betont aufstrebend, Krone im Alter lockerer, mehr rundlich-oval. In der Jugend raschwüchsig, später mittelstark wachsend (s. S. aucuparia).

Größe: 10 bis 15 m hoch und bis 6 (7) m breit. Jahreszuwachs in der Höhe ca. 40 bis 50 cm, in der Breite 30 cm.

Rinde: Triebe dicker als bei der Art, glänzend olivbraun mit hellen, länglichen Lentizellen, Knospen auffallend kräftig.

Blätter: Sommergrün, wechselständig, insgesamt derber, größer und dunkler als bei der Art, Blättchen 13 bis 15 (17), Blattspindel braunrot, Herbstfärbung leuchtend gelb bis orangerot.

Blüten: Weiß, in bis zu 20 cm breiten, flachen Rispen, Mai/Juni.

Früchte: Fruchtstände und Einzelbeeren größer als bei der Art, bis 1,3 cm dick; süß-säuerlich, nicht bitter schmeckend; 100 g eßbarer Fruchtanteil enthalten 60 bis 110 mg Vitamin C und 2,5 mg Carotin sowie Gerbstoffe und organische Säuren. Darüber

Sorbus aucuparia 'Edulis'

hinaus enthalten die Früchte 8,5 % Sorbit, einen 6-wertigen Alkohol und Zuckeraustauschstoff für Diabetiker, dessen Süßkraft etwa halb so hoch ist wie die der Saccharose (HECKER). Roh eßbar, da parasorbinfrei!
Wurzel, Standort und Boden wie S. aucuparia.

Eigenschaften: Absolut frosthart.

Sorbus aucuparia 'Edulis'

Verwendung: Wertvoller Fruchtbaum für Obstanlagen, schönes Einzelgehölz für Gärten und Parks, das durch die großen, leuchtend roten Früchte und die dunkelgrüne Belaubung sehr dekorativ ist. Gutes Insekten- und Vogelnährgehölz. Auf ausreichend nährstoffversorgten und genügend offenen Bodenflächen, besonders im dörflichen Siedlungsbereich

Sorbus aucup. var. morav. 'Rosina'

und in Wohnstraßen, auch als Alleebaum verwendbar. Die für den Straßenraum immer wieder als lästig empfundenen Früchte (Fruchtfall) sollte man allerdings nicht nur aus so enger Sicht betrachten. Blüten und Früchte bedingen sich gegenseitig und sind ein erheblicher Beitrag zur Ökologie.

Anmerkung: Die Eßbare Eberesche wird im Volksmund auch als „Zitrone des Nordens" bezeichnet. Wissen sollte man, daß der Vitamin C-Gehalt der Früchte auf sehr trockenen Standorten oft wesentlich geringer ist als auf tiefgründigen, frischen Böden. **'Konzentra'** und **'Rosina'** sind Selektionen aus der Mährischen Eberesche, die sehr große Früchte mit einem noch höheren Vitamin C-Gehalt ausbilden und deshalb mehr Beachtung finden sollten.

S. aucuparia 'Fastigiata',
Säulen-Eberesche

1833 in Nordirland gefunden.

Wuchs: Kleiner Baum mit meist durchgehendem Stamm und schmal-kegelförmiger Krone, Äste und Zweige auffallend dick und steif aufrecht, langsam wachsend.

Größe: 5 bis 8 m hoch und 1,5 bis 2,5 m breit. Jahreszuwachs in der Höhe 15 bis 25 cm, in der Breite 5 cm. Im Arboretum Thiensen hat ein 2,20 m hohes Exemplar eine Breite von 0,65 cm.

Rinde: Triebe auffallend dick.

Blätter: Sommergrün, wechselständig, unpaarig gefiedert, bis 20 (bis 30) cm lang, Blättchen 13 bis

Sorbus aucup. 'Fastigiata'

19, tief dunkelgrün, mattglänzend (!), unterseits bläulichgraugrün, etwas filzig; Herbstfärbung gelb.

Blüten: Weiß, in bis zu 20 cm breiten, flachen Rispen, Mai/Juni.

Früchte: Ab September auffallend große, leuchtend rote (krebsrot) Beeren, die farblich gut mit dem dunklen Laub kontrastieren, lange haftend. Einzelfrüchte kugelig bis flachkugelig, 0,9 bis 1 cm dick.

Weitere Angaben und Merkmale wie bei der Art.

Eigenschaften: Gut frosthart, fruchtet bereits als Jungbaum.

Verwendung: Dieser straff säulenförmige Baum, der im Winter leicht an den dicken Trieben und großen Endknospen zu erkennen ist, eignet sich hervorragend zur Einzelstellung in kleineren Gärten, Innenhöfen und schmalen Pflanzstreifen. Sehr gute, schmale Windschutzhecke, kleinkroniger Baum für besonders enge Straßen und Stadtplätze.

S. aucuparia 'Sheerwater Seedling'

Wuchs: Kleiner Baum mit zunächst schlanker, kegelförmiger Krone, Äste betont aufstrebend, Krone im Alter lockerer und mehr eiförmig.

Größe: 6 bis 12 m hoch und 4 bis 5 m breit.

Blätter: Sommergrün, wechselständig, unpaarig gefiedert, mehr graugrün.

Blüten: Weiße, flache Rispen im Mai/Juni.

Früchte: Große Fruchtstände mit leuchtend orangeroten Einzelbeeren.

Eigenschaften: Gut frostharte und robuste Selektion, nach bisherigen Erkenntnissen mehr oder weniger resistent gegenüber bakteriellen Erkrankungen.

Verwendung: Wie S. aucuparia.

S. cashmiriana HEDL.

Wurde um 1930 nach England eingeführt.

Sorbus aucup. 'Fastigiata'

Sorbus aucup. 'Fastigiata'

Sorbus cashmiriana

Sorbus cashmiriana

Strauch oder kleiner Baum mit offener, lockerer Krone. Blätter unpaarig gefiedert, Blättchen zu 15 bis 19, 2 bis 3 cm lang. Blüten im Mai, knospig rosa, Blütenblätter weiß, schwach rosa überhaucht, Staubbeutel purpurrosa. Früchte verhältnismäßig groß, kugelig, am Kelch etwas zugespitzt, 1 bis 1,5 cm dick, weiß, matt glänzend, noch lange nach dem Laubfall am Baum haftend. Die im Himalaja beheimatete Art ist in Mitteleuropa gut frosthart; sie wächst bei uns langsam, kann sich aber auch zu 3 oder 5 m hohen Exemplaren entwickeln. Ihre größte Zierde sind der lockere Wuchs, die weißrosafarbenen Blüten und die weißen Früchte, die erstaunlich widerstandsfähig gegen Fröste sind und bis weit in den Winter hinein eine Gartenzierde darstellen.

S. chamaemespilus (L.) CRANTZ, Zwerg-Mehlbeere

griech.: chamai = niedrig, mespilos = Mispel

Wird seit dem 16. Jahrh. auch Zwergmispel genannt, was häufig zu Irrtümern führt, da Cotoneaster ebenfalls diesen Namen trägt.

Kleiner, gedrungen-niederliegend und breitbuschig wachsender, 1 bis 1,5, selten bis 3 m hoher Strauch. Triebe anfangs filzig behaart, später kahl, rotbraun. Blätter länglich eiförmig bis elliptisch, 3 bis 7 cm lang, ledrig, oberseits kahl, dunkelgrün, glänzend, unterseits bläulichgrün, anfangs etwas behaart. Blüten im (Mai) Juni/Juli, in filzig-behaarten Schirmrispen, hellrosa bis rot. Früchte länglich-eiförmig, braunrot bis scharlachrot.

Die Zwerg-Mehlbeere ist die kleinste heimische Sorbus-Art. Wir finden diesen in Deutschland seltenen Strauch ausnahmslos im Gebirge, wo er in Höhenlagen von 800 bis 2000 m in Legföhrenbeständen, Zwergstrauchheiden und lichten Lärchen und Zirbel-Kiefernwäldern vorkommt. Vergesellschaftet ist die Zwerg-Mehlbeere mit Erica carnea, Clematis alpina, Rosa pendulina, Daphne mezereum und Lonicera alpigena. Sie wächst auf trockenen bis frischen, kalkhaltigen bis schwach sauren, lockeren, mehr oder weniger flachgründigen, steinig-kiesigen Lehmböden in sonniger bis lichtschattiger Position.

Verwendung findet die Zwerg-Mehlbeere als Pioniergehölz bei Wiederbegrünungsmaßnahmen im Hochgebirge, wobei Langsamwüchsigkeit und Lichthunger dieser eher etwas konkurrenzschwachen Gehölzart beachtet werden sollten. Als Ziergehölz paßt S. chamaemespilus sehr gut in die Kleinstrauchrabatte oder in den Heide- und Steingarten.

S. decora (SARG.) SCHNEID., Schmuck-Eberesche

decorus = geziert, geschmückt

Verbreitung: Nordamerika. Von Ontario östlich bis Newfoundland, südlich bis Connecticut und westlich bis Iowa. In feuchten Tälern, an Böschungen und Abhängen.

Wuchs: Kleiner Baum oder Großstrauch mit rundlicher, in der Jugend kompakter Krone und etwas steifen Trieben.

Größe: 6 bis 10 m hoch und 4 bis 5 m breit.

Sorbus decora

Rinde: Triebe rotbraun bis grau, kahl.

Knospen: Winterknospen dunkelrotbraun bis schwärzlichbraun, kegelförmig mit scharfer Spitze, Terminalknospe ca. 1,3 cm lang.

Blätter: Sommergrün, wechselständig, unpaarig gefiedert, bis 25 cm lang, Fiederblättchen sehr groß, zu 13 bis 15, elliptisch bis eiförmig-länglich, 3 bis 8 cm lang, spitz bis kurz zugespitzt, Blattrand zu zwei Dritteln gleichmäßig gesägt, oberseits blaugrün, unterseits graugrün und sehr schwach behaart bis fast kahl, Blattstiel rotbraun, schwach behaart.

Blüten: Weiß, in lockeren, bis 10 cm breiten, flachen Rispen, Einzelblüte 1 cm breit, Mai/Juni.

Früchte: Fruchtstände bis 16 cm breit, Einzelfrüchte sehr groß, 1 bis 1,2 cm dick, kugelig bis flachkugelig, leuchtend hochrot (knallrot).

Standort: Boden wie S. aucuparia.

Eigenschaften: Frosthart und wenig krankheitsanfällig.

Verwendung: Schönes Solitärgehölz für Einzelstellung in Garten- und Parkanlagen, geeignet auch im Straßenbegleitgrün sowie für Kübel- und Containerbepflanzung. Verdient wegen der dekorativen Früchte und der auffälligen Belaubung mehr Beachtung.

S. domestica L., Speierling (= Pyrus domestica)

domesticus = zum Hause gehörend

Das Wort Speierling geht möglicherweise auf Spirboum, Spyerboym und Spyrboym zurück, Namen, die ab 779 bis ins 14. Jahrh. oftmals bei Flurbezeichnungen, Markbeschreibungen oder Grenzbefestigungen auftauchen.

Verbreitung: Von Ostspanien über Südosteuropa, die Balkan-Halbinsel bis nach Kleinasien. S. domestica ist ein charakteristischer Vertreter des submediterranen Florenelements. In Deutschland konzentriert in den Weinanbaugebieten. Größtes Vorkommen im Maingebiet um Würzburg, am Rande des Steigerwaldes, in der Fränkischen Schweiz, im Kraichgau, Mittelrheingebiet, im Ahr-, Nahe- und Moseltal. Nördlich reichen einige Vorkommen bis zum Harzvorland. Die ursprünglichen Verbreitungsgebiete lassen sich nur schwer abgrenzen, da S. domestica seit alters her wegen der Früchte eine begehrte Kulturpflanze war und vielerorts angepflanzt wurde.

Wuchs: Mittelgroßer Baum mit rundlich gewölbter, im Alter breit ausladender Krone und meist

Sorbus domestica, Früchte

kurzem Stamm, Hauptäste zahlreich, aufstrebend, äußere Astpartien im Alter übergeneigt bis leicht hängend, trägwüchsig.

Größe: Im Freistand 10 bis 15 m hoch und dann meist genauso breit, im Waldbestand unter Seitendruck 15 bis 20 (bis 30) m hoch.

Rinde: Zweige olivgrün bis rotbraun, Knospen eiförmig, grünlichbraun, kahl (bei S. aucuparia schokoladenbraun und weißfilzig behaart!); nach 6 Jahren deutlich aufreißende, grauschuppige Borke.

Blätter: Sommergrün, wechselständig, unpaarig gefiedert, bis 20 cm lang, Fiederblättchen zu 13 bis 19, im unteren Drittel glatt, oben einfach gesägt, stumpfgrün, kahl, unterseits heller und auf den Adern behaart; Herbstfärbung gelb bis orange.

Blüten: Weiß, in 6 bis 10 cm breiten, länglichen Kegelrispen, Einzelblüte bis 1,8 cm breit, Mai/Juni.

Früchte: Je nach Typ birnen- bis apfelförmig, 2 bis 4 cm lang und bis 3 cm dick, grüngelb, sonnenseits leuchtend rot. Fruchtfleisch mit zahlreichen Steinzellen, herbsauer, roh eßbar, da parasorbinfrei! Begehrt als Zusatz von Apfel- und Birnenmost.

Wurzel: Tiefwurzler, bildet reichlich Wurzelbrut. Wurzel ist gegen Austrocknen äußerst empfindlich. Empfehlenswert nur Ballen- oder Containerpflanzung.

Standort: Sonnig bis halbschattig.

Boden: Der Speierling stellt an den Boden größere Ansprüche als Sorbus aucuparia. Er bevorzugt trockene bis mäßig frische, durchlässige, nährstoffreiche, kalkhaltige, warme, tonige Lehm- oder Kalksteinböden.

Eigenschaften: Frosthart, als Jungpflanze frostge-

Sorbus hybrida

fährdet, ausgesprochen wärmebedürftig, anfällig für Rindenkrebs, zumindest auf ungünstigen Standorten, verträgt sommerliche Hitze- und Trockenperioden sehr gut, Halbschattholz, trägwüchsig, konkurrenzschwach, extrem stark verbißgefährdet. Verbißschutz ist bei Pflanzungen in der freien Landschaft zwingend; Speierlinge erreichen ein Alter von 150 bis 200 Jahren.

Sorbus domestica

Verwendung: Der Speierling ist seit alters her im gesamten Mittelmeerraum ein beliebtes und wichtiges Kulturgehölz. In Deutschland hatte er besonders im Mittelalter eine große Bedeutung als Fruchtbaum und gehörte wie Mespilus germanica zum festen Bestandteil der damaligen Kloster- und Bauerngärten. Da es sich um eine konkurrenzschwache Baumart handelt und eine natürliche Verjüngung kaum noch stattfindet, wird diese prachtvolle Gehölzart in unserer Landschaft leider immer seltener. Erst in jüngster Zeit wird die Wiederansiedlung des Speierlings gefördert. Herrlicher Solitärbaum für Gärten, Siedlungsgrün und Parkanlagen, Straßen- und Alleebaum im ländlichen Bereich. Wertvolles Gehölz für die Waldrandgestaltung. Baum für trockenheiße Böschungen und Hänge, besonders im Weinbaugebiet. Nektar- und Pollenspender für Insekten, Früchte sind ein beliebtes Wildfutter. In der Natur vergesellschaftet mit: Sorbus aria, Sorbus torminalis, Viburnum lantana, Quercus pubescens, Amelanchier ovalis, Ligustrum vulgare, Prunus mahaleb, Berberis vulgaris, Colutea arborescens, Lonicera xylosteum, Acer campestre, Buglossoides purpureocoeruleum, Geranium sanguineum, Coronilla emerus und Clematis vitalba.

Sorbus hybrida 'Gibbsii'

Anmerkung: Der Speierling ist heute noch ein begehrtes Obstgehölz zur Herstellung von Speierlingsapfelwein. Ein gut fruchtender Baum kann 5 bis 20 Zentner Früchte tragen.

S. hybrida L., Finnland-Mehlbeere (= S. fennica)

Kleiner Baum mit breit aufrechter, lockerer Krone, Äste im Alter mehr oder weniger waagerecht abstehend. Blätter eiförmig bis schmal eiförmig, oben abgerundet, an der Basis mit 1 bis 2 Paar Fiederblättern, im oberen Teil fiederig gelappt, etwa 10 cm lang, dunkelgrün, derb ledrig, unterseits graufilzig, Blüten weiß, Früchte kugelig, rot, 0,8 bis 1,2 cm dick, süßlich schmeckend, an S. aucuparia 'Moravica' erinnernd. Die Finnland-Mehlbeere hat ihre Naturstandorte in Südfinnland, Schweden, Südnorwegen, kommt aber

noch auf den dänischen, möglicherweise auch auf den deutschen Ostseeinseln vor.

Ich schätze diesen Baum sehr und halte ihn neben S. intermedia für die gesündeste, robusteste und windfesteste Sorbus-Art überhaupt. Wir sollten diesem wirklich wertvollen Gehölz wesentlich größere Beachtung schenken.

*Die Selektion **S. hybrida 'Gibbsii'** hat alle guten Eigenschaften der Art und entwickelt sich zu einem etwa 7 m hohen Baum mit geschlossener Krone und aufrechten Ästen. Blätter größer als beim Typ, bis 15 cm lang, im unteren Teil jederseits mit 1 bis 2 Fiedern, im oberen Bereich fiederig gelappt. Früchte auffallend groß, kugelig bis flachkugelig, teilweise mit Kelch, 1,1 bis 1,3 (1,5) cm dick, kirschrot (johannisbeerrot). Auch bekannt unter S. pinnatifida 'Gibbsii' und Pyrus firma. Soll angeblich feuerbrandresistent sein. Außerordentlich wertvolle Sorte. Sehr guter, kleinkroniger Straßenbaum. Weitere Verwendung siehe S. intermedia.*

S. intermedia (EHRH.) PERS., Schwedische Mehlbeere, Oxelbeere (= S. suecica, S. scandica)

Wahrscheinlich eine erbfeste Hybride zwischen S. aria x S. aucuparia.

Verbreitung: Südschweden, Seeland, Bornholm, Öland, Dagö, Ösel, Estland und Lettland. In Mitteleuropa eingebürgert. Auf nährstoffreichen, gleichmäßig feuchten, aber nicht nassen, kalkhaltigen bis schwach sauren (sauren) Böden.

Wuchs: Mittelgroßer Baum mit zunächst kegelförmiger, später ovaler und im Alter rundlich gewölbter Krone, Äste regelmäßig, aufrecht, dicht verzweigt; langsam wachsend.

Größe: 10 bis 12 m hoch, gelegentlich auch 15 bis 20 m Höhe erreichend. Breite 5 bis 7 m. Jahreszuwachs in der Höhe ca. 30 cm, in der Breite 15 bis 25 cm.

Rinde: Triebe graubraun bis olivbraun, Knospenschuppen rotbraun behaart, Borke lange glatt bleibend, grau bis schwärzlichgrau.

Blätter: Sommergrün, wechselständig, im Umriß eiförmig mit 6 bis 9 rundlichen Seitenlappen, derb ledrig, dunkelgrün, oberseits schwach glänzend, unterseits weißfilzig. Herbstfärbung gelb bis orangegelb, oft aber auch unbedeutend.

Blüten: In weißen, 8 bis 10 cm breiten, endständigen Schirmrispen, Mai/Juni.

Sorbus intermedia

Früchte: Eiförmig bis kugelig, 1 bis 1,3 cm dick, orangerot, lange haftend.

Wurzel: Tiefes Herzwurzelsystem.

Standort: Sonnig.

Boden: Im allgemeinen anpassungsfähig, bevorzugt gleichmäßig feuchte, aber nicht nasse, durchlässige, gut mit Nährstoffen versorgte Böden. Kalkliebend. Die Schwedische Mehlbeere gedeiht aber auch auf trockenen, sauren Sandböden. Baum mit großer Standortamplitude.

Eigenschaften: Sehr frosthart, wärmeliebend, sommerliche Trockenzeiten werden schadlos vertragen, zweifellos eines der windfestesten Gehölze überhaupt (bester Baum auf Helgoland!), wesentlich windresistenter als S. aucuparia, stadtklimafest, rauchhart.

Verwendung: Einer der allerwichtigsten und anspruchslosesten, stadttauglichen Kleinbäume, die wir haben. Unverzichtbar in küstennahen Gebieten

Sorbus intermedia

Sorbus intermedia

Sorbus intermedia an der Nordseeküste, Dänemark

als Alleebaum und Windschutzpflanze, z. B. in Badeorten und Kurgärten, Sanatorien und Freizeitanlagen. Kaum eine andere Baumart kann in diesem Einsatzgebiet mit der Schwedischen Mehlbeere konkurrieren. Gutes Gehölz für Straßenbegleitgrün und Schutzpflanzungen im Industriebereich. Darüber hinaus aber auch dekorativer Einzelbaum für Garten- und Parkanlagen. Die für den Straßenraum immer wieder als lästig empfundenen Früchte (Fruchtfall) sollte man allerdings nicht nur aus so enger Sicht betrachten. Blüten und Früchte bedingen sich gegenseitig und sind ein erheblicher Beitrag zur Ökologie.

Auf der Ostseeinsel Hiddensee ist sie mit Crataegus oxyacantha, Prunus spinosa, Euonymus europaeus, Rhamnus catharticus, Ribes alpinum und Fagus sylvatica vergesellschaftet (DÜLL).

S. 'Joseph Rock'

S. intermedia 'Brouwers'

1956 in Holland selektiert.

Wuchs: Kleiner bis mittelgroßer Baum mit breit pyramidaler Krone und durchgehendem Leittrieb, Äste straff aufrecht, im Alter breiter und lockerer, langsam wachsend.

Größe: 9 bis 12 m hoch und 4 bis 7 m breit. Jahreszuwachs in der Höhe ca. 30 cm, in der Breite 10 bis 25 cm.

Blätter, Blüten, Früchte, Wurzel, Standort und Boden wie S. intermedia.

Eigenschaften: Nach VAN DE LAAR weitgehend resistent gegen Feuerbrand.

Verwendung: Sehr guter, kleinkroniger Straßenbaum. Sonst wie S. intermedia.

S. 'Joseph Rock'

Bot. Zugehörigkeit ungeklärt. Möglicherweise eine Form von S. serotina, wird z. T. aber auch als eigene Art angesehen.

Wuchs: Großstrauch oder kleiner Baum mit schmal-pyramidaler Krone.

Größe: Bei uns wohl 6 bis 8 (10) m hoch. Die Originalpflanze in Wisley Gardens hat eine Höhe von 15 m.

Blätter: Gefiedert, mit 15 bis 19 Blättchen; Herbstfärbung rotorange bis purpur, zierend.

Früchte: Zuerst cremegelb, später leuchtend gelb, bleiben lange am Baum haften.

SORBUS

Verwendung: Sehr attraktive Sorbus-Form für Solitärstellung. Leider noch relativ unbekannt.

S. koehneana SCHNEID.

Verbreitung: Westliches China.

Wuchs: Aufrechter, mehrstämmiger Strauch oder Großstrauch, Zweige feintriebig, im Alter buschig überhängend, langsam wachsend.

Größe: 2 bis 4 (5) m hoch und 2 m breit; eine 30jährige Pflanze hatte eine Höhe von 4 m erreicht! Jahreszuwachs in der Höhe ca. 15 cm, in der Breite ca. 10 cm.

Rinde: Triebe dünn, dunkelbraunrot, Schattenseite grünlich, leicht glänzend, Lentizellen punktförmig oder länglich, Knospenschuppen rötlichbraun, matt glänzend, weißlich behaart, an der Spitze rötliche Behaarung.

Blätter: Sommergrün, wechselständig, unpaarig gefiedert, sehr zierlich, 10 bis 16 cm lang, Blättchen 17 bis 23 (27), lanzettlich bis elliptisch, 1,5 bis 2,8 cm lang und 0,7 bis 1 cm breit, die länglich lanzettlichen Blättchen fast von der Basis an gesägt,

Sorbus koehneana

die elliptischen im unteren Drittel glatt, frischgrün, Herbstfärbung bronzerot bis violett.

Blüten: In bis zu 8 cm breiten Schirmrispen, weiß, Mai/Juni.

Früchte: Weiß, perlig glänzend, flachkugelig, in der Aufsicht leicht 5kantig, Länge 0,7 bis 0,9 cm, Breite 0,8 bis 1,1 cm, ohne Kelch, Fruchtstiele oft rot überlaufen.

Standort: Sonnig bis absonnig.

Boden: Frische, lockere, leicht saure Humusböden, die nicht zu nährstoffarm sein sollten. Insgesamt aber sehr bodentolerant und auch Kalk vertragend.

Sorbus koehneana

Eigenschaften: Frosthart, stadtklimafest.

Verwendung: Sehr schönes, feingliedriges Solitärgehölz für Einzelstellung. Auf Grund des langsamen Wuchses auch für kleine Gartenräume geeignet. Für Gehölzrabatten; durch das filigrane Laub passend zu Heidegärten und als Hintergrund für Stauden-, Gräser- und Rosenpflanzungen mit Potentilla, Cotoneaster, Hypericum, Salix repens ssp. argentea und Lonicera nitida. Sehr dekorativ auch in Gartenkübeln und Hochbeeten, wo der perlweiße Fruchtbehang, besonders vor dunklen Hintergründen, gut zur Geltung kommt.

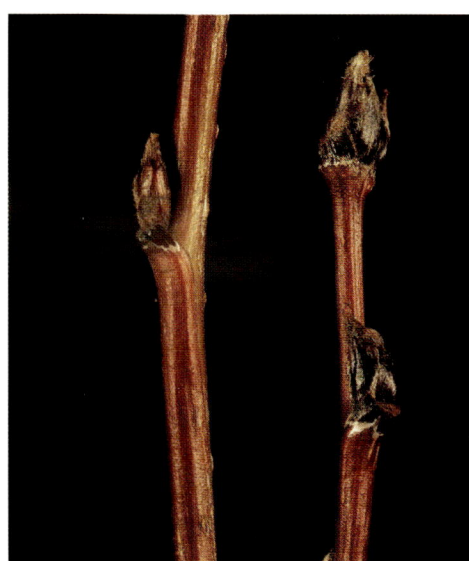

Sorbus koehneana

S. latifolia (LAM.) PERS., Breitblättrige Mehlbeere, Rundblättrige Mehlbeere

Vor 1750 in der Umgebung von Paris zuerst gefunden.

Verbreitung: Eng begrenztes Areal in Mitteleuropa.

Wuchs: Kleiner bis mittelgroßer Baum mit breit kegelförmiger Krone; raschwüchsig.

Größe: 12 bis 15 (bis 20) m hoch und 6 bis 8 (12) m breit.

Blätter: Sommergrün, wechselständig, im Umriß fast kreisrund (bis eirundlich) 7,5 x 8,5 (10) cm, jederseits mit meist 4, mehr oder weniger 3 eckigen, grobgezähnten Lappen, derb ledrig, oben dunkelgrün, glänzend, unterseits dicht gelblichweiß behaart.

Blüten: Weiß, in filzigen Schirmrispen, Einzelblüten 1,5 bis 2 cm breit, Mai/Juni.

Früchte: Braunrot, rundlich, 1 bis 1,5 cm dick, fein punktiert.

Standort: Sonnig bis absonnig.

Boden: Insgesamt anspruchslos und anpassungsfähig, auf allen trockenen bis frischen, durchlässigen Böden; schwach sauer bis stark alkalisch.

Eigenschaften: Frosthart, robust, stadtklimafest.

Verwendung: Leider viel zu wenig bekannter, anspruchsloser und dekorativer Baum für Einzelstellung in Garten- und Parkanlagen. Sehr widerstandsfähig in Industriebereichen, auch für trockene Pflanzpositionen gut verwendbar. Guter Straßenbaum. Die für den Straßenraum immer wieder als lästig empfundenen Früchte (Fruchtfall) sollte man allerdings nicht nur aus so enger Sicht betrachten. Blüten und Früchte bedingen sich gegenseitig und sind ein erheblicher Beitrag zur Ökologie.

S. mougeotii SOY.-WILL & GODR., Berg-Mehlbeere

Verbreitung: Mittel- und Südeuropa, im Gebirge, in Deutschland gelegentlich im Schwarzwald, in der Eifel, im Moselgebiet, im Allgäu und in den Nordalpen.

Wuchs: Großstrauch oder kleiner, gelegentlich auch mittelgroßer Baum mit rundlich-eiförmiger Krone. Langsam wachsend.

Größe: 6 bis 15 (20) m hoch.

Blätter: Sehr ähnlich denen von S. intermedia, 7 bis 12 cm lang, breit elliptisch, Rand mit rundlichen Lappen, jederseits 8 bis 12 Seitenadern, stumpfgrün, unterseits hellgrau bis weißlichfilzig, derb, Herbstfärbung kaum.

Blüten: Weiße Trugdolden wie S. intermedia.

Früchte: Rot, rundlich, 1 bis 1,3 cm dick.

Standort: Sonnig bis lichtschattig.

Boden: Auf allen trockenen bis frischen, bevorzugt auf lehmigen Böden, kalkhaltig, durchlässig.

Verwendung: Seltene heimische Baumart für trockenere Standorte, Hänge, Böschungen, Waldränder.

S. reducta DIELS

Eingeführt von KINGDON WARD im Jahre 1943.

Neben der heimischen Zwerg-Mehlbeere, S. chamaemespilus, gibt es noch eine Reihe weiterer, niedrig bleibender Arten. Die wohl bekannteste und gartenwürdigste dürfte die aus Burma und Westchina stammende S. reducta sein. Ein 30 bis 60 cm hoher, Ausläufer treibender Zwergstrauch mit aufrechten Trieben. Blätter gefiedert, Blättchen zu 7 bis 11 (15), elliptisch bis eiförmig, 2 bis 3 cm lang, Rand ungleichmäßig scharf gesägt und schwach bewimpert, Blattspindel geflügelt, Herbstfärbung gelbgrün bis gelborange und rotorange, sehr attraktiv. Blüten weiß, in endständigen Büscheln, Früchte kugelig bis flachkugelig, ohne Kelch, 0,8 bis 1 cm dick, von blaßrot (venetianerrosa) über rosa bis weißlich-pastellrosa.

S. reducta ist eine außerordentlich zierende Zwergform, die mit ihren erstaunlich großen Früchten und mit der schönen Herbstfärbung ein Kleinod für den Gehölzliebhaber darstellt. Fantastisch paßt sie in den Heidegarten zwischen niedrige Callunen, Eriken, Zwerg-Nadelgehölze, bodendeckende Ginster-Arten, Heide-

Sorbus reducta

nelken und Gräser. Auf sonnigen bis absonnigen Standorten und lockeren, gut durchlässigen Böden entwickelt sie sich aufgrund ihrer Ausläuferbildung zu kleinen Dickichten. Schwere, kalte Böden sagen ihr überhaupt nicht zu. Da dieser Zwerg nicht gerade zu den konkurrenzstarken Pflanzen zählt, sollte man Wucherer von ihm fernhalten. Leider werden unter diesem Namen auch Formen gehandelt, die zwar sehr ähnlich sind, jedoch nur einstämmig wachsen, also keine Ausläufer bilden.

S. sargentiana KOEHNE

Kleiner Baum, 6 bis 9 m hoch, mit etwas steifen Ästen, auffallend dicken Trieben und großen, dunkelroten, klebrigen Winterknospen. Blätter

Sorbus sargentiana

gefiedert, groß, bis 20 cm lang, derb, beinahe ledrig, mit deutlich ausgeprägter Nervatur, Blättchen zu 7 bis 11, lanzettlich, bis 9 (13) cm lang und 2,5 cm breit, Rand fein gesägt, im unteren Drittel nur schwach, bis fast glatt, oberseits mit-

telgrün, kahl, unterseits dichtfilzig, Blattstiele rot überzogen; Herbstfärbung orangebraun oder dunkelrot. Blüten im Mai, Schirmrispen bis 15 cm breit, zottig behaart, Früchte verhältnismäßig klein, bis 0,6 cm dick, scharlachrot, werden in großen Mengen angesetzt, attraktiv.

Mit ihren großen, derben Blättern, der schönen Herbstfärbung und den zahlreichen Früchten gehört S. sargentiana zu den besonders auffallenden Erscheinungen im Sorbus-Sortiment. Die bei uns völlig winterharte Art wurde im Jahre 1903 von E. H. WILSON in West-China gefunden und 1908 eingeführt.

S. serotina KOEHNE,
Späte Vogelbeere

Verbreitung: Japan (Heimatgebiet nicht genau bekannt).

Wuchs: Kleiner Baum, meist aber mehrstämmig wachsender Großstrauch mit schlank aufsteigenden Grundästen und malerisch breit ausladenden Zweigen, im Alter schirmförmig überhängend.

Größe: 5 bis 8 (bis 10) m hoch und 3,5 bis 7 m breit. Jahreszuwachs in der Höhe ca. 25 cm, in der Breite ca. 20 cm.

Rinde: Triebe kahl, rotbraun bis graubraun mit hellen, erhabenen Lentizellen, Knospen 2 cm lang, dunkelrotbraun, Spitzen gelbbräunlich behaart.

Blätter: Sommergrün, wechselständig, unpaarig gefiedert, bis 22 cm lang, Blättchen zu 9 bis 15, meist 13, dunkelgrün, Blattstiele rötlich überlaufen; Herbstfärbung prächtig tief orangerot, oft noch bis Mitte November anhaltend, lange Färbungsdauer!

Sorbus serotina

Sorbus serotina

Blüten: Weiß in flachen Doldenrispen, Mai bis Juni.

Früchte: Kugelig, gelegentlich auch tropfenförmig, verhältnismäßig klein, 0,7 bis 0,8 cm dick, mit Kelchrest, rotorange (flammendrot).

Standort: Sonnig bis absonnig.

Boden: Wie S. aucuparia.

Eigenschaften: Frosthart, stadtklimafest.

Verwendung: Schönster Herbstfärber von allen Ebereschen. Darüber hinaus besticht S. serotina auch durch einen äußerst lockeren, schirmartigen Wuchs. Prädestiniert für Einzelstellung in Garten- und Parkanlagen, für Kübel und Container. Für Rosengärten, in Staudenrabatten mit halbhohen Gräsern, Herbstastern, Aconitum x arendsii, A. carmichaelii, Anemone japonica, Chrysanthemum serotinum, Sedum telephium 'Herbstfreude'. Sehr schön auch in Heidepflanzungen mit späten Calluna-Sorten.

S. x thuringiaca 'Fastigiata',
Thüringische Mehlbeere
(= S. thuringiaca 'Quercifolia', S. hybrida f. fastigiata REHD.)

Kreuzung zwischen S. aria var. longifolia x S. aucuparia. 1907 von BACKHOUSE, England, in den Handel gebracht. Wird fälschlicherweise auch als „S. hybrida" angeboten.

Wuchs: Großstrauch und kleiner Baum mit kompakter, kegelförmiger Krone, im Alter mehr eiförmig breit, langsam wachsend.

Größe: 5 bis 7 m hoch und 2,5 bis 3,5 (4,5) m breit. Jahreszuwachs in der Höhe 25 cm, in der Breite 10 cm.

Rinde: Triebe dick, steif, olivgrün bis bräunlich, mit hellen Lentizellen, Knospen weißlich behaart.

Blätter: Sommergrün, wechselständig, sehr vielgestaltig, eilänglich bis länglich lanzettlich, Spitze stumpf, 12 bis 20 (26) cm lang, an der Basis mit

Sorbus x thuringiaca 'Fastigiata'

1 bis 4 einzelnen Blättchen oder Fiederpaaren, im mittleren Bereich fiederförmig gelappt, zur Spitze hin nur noch tief, unregelmäßig gesägt, derb, mittelgrün, unterseits graufilzig behaart, Blattstiele rötlich überzogen; Herbstfärbung gelb bis orangerot.

Blüten: Weiß, in Schirmrispen, Mai/Juni.

Früchte: Kugelig bis eiförmig mit spitzem Kelch, orangerot (mohnrot, (RHS 33 A), 1,1 bis 1,4 cm lang und 1 bis 1,2 cm dick, sehr zierend und lange haftend.

Standort: Sonnig bis absonnig.

Boden: Auf allen mäßig trockenen bis feuchten, aber durchlässigen, nicht zu nährstoffarmen Böden, schwach sauer bis alkalisch.

Eigenschaften: Frosthart, sommerliche Trockenheit und Wärme gut vertragend, stadtklimafest, rauchhart, windfest.

Verwendung: Ausgezeichneter, säulenförmiger Kleinbaum für schmale Abpflanzungen, beengte Straßen und Plätze, gutes Windschutzgehölz; auf Grund des schlanken und kompakten Wuchses

prädestiniert für lückenartige Schutzpflanzungen, hat sich in der Stadt gut bewährt, dekorativer Raumbildner für formale Gartenanlagen und Pflanzkübel. Die für den Straßenraum immer wieder lästig empfundenen Früchte (Fruchtfall) sollte man allerdings nicht nur aus so enger Sicht betrachten. Blüten und Früchte bedingen sich gegenseitig und sind ein erheblicher Beitrag zur Ökologie.

S. torminalis (L.) CRANTZ, Elsbeere

Verbreitung: Europa, Kleinasien und Nordafrika. In Mitteleuropa schwerpunktmäßig im mitteldeutschen Hügelland. Nördlich des Harzes sehr selten, im Nordosten geht die Elsbeere bis Rügen, Bornholm und Süd-Seeland. An der schleswigholsteinischen Westküste und in der nordwestdeutschen Tiefebene fehlend. Häufig in Süddeutschland und im Alpenvorland, wo man die Elsbeere noch in 900 m Höhe antrifft. In warmen Eichen- und Hainbuchenwäldern, im Buchsbaum-Flaumeichen-Buschwald, aber auch im bodensauren Traubeneichenwald; auf trockenheißen Südhängen, an Waldrändern; auf nährstoffreichen, sowohl kalkhaltigen als auch sauren Gesteinsböden in wintermilder Klimalage.

Wuchs: Mittelgroßer Baum mit geschlossener, eirundlicher Krone; auf trockenen, flachgründigen Hängen oft nur Kleinbaum oder strauchartig. In den ersten 10 bis 20 Jahren relativ raschwüchsig, danach deutlich schwächer.

Sorbus torminalis

Größe: (5) 10 bis 20 (22/25) m hoch (im früheren Westpreußen sogar bis 28 m Höhe, DÜLL). Breite 7 bis 12 (15) m. Jahreszuwachs in den ersten 10 bis 20 Jahren 40 bis 60 cm.

Rinde: Triebe olivbraun, kahl, Winterknospen eirund, an der Spitze stumpflich, 7 bis 9 mm lang, grün mit braunem Rand.

Blätter: Sommergrün, wechselständig, ahornartig gelappt, Spreite im Umriß dreieckig, kreisförmig bis oval, beiderseits mit 3 bis 4 dreieckigen Lappen, Länge 4,5 bis 14 cm (sehr variabel), Blattstiel 2,5 bis 4 cm, oberseits mittelgrün, mattglänzend, kahl, unterseits hellgraugrün, kahl; Herbstfärbung prächtig gelborange, rot bis gelbbraun.

Blüten: Weiß, in 7 bis 12 cm breiten, filzig behaarten Schirmrispen, Mai/Juni.

Früchte: Eiförmig, gelb bis lederbraun, mit großen Lentizellen besetzt, bis 1,5 cm lang, roh eßbar, bei Reife teigig-mehlig. Fruchtreife Oktober.

Sorbus torminalis

Wurzel: Tiefwurzler. Das Wurzelwachstum geht, sobald etwa 50 bis 70 cm Tiefe erreicht sind, verstärkt auf die Ausbildung kräftiger, weitreichender Seitenwurzeln aus. Bei alten Stämmen können Wurzeltiefen von 1 bis 2 m und seitliche Ausdehnungen von mehreren Metern festgestellt werden (SPETHMANN).

Standort: Sonnig bis halbschattig.

Boden: Auf trockenen bis frischen, nährstoffreichen, kalkhaltigen, gut durchlässigen Böden, sie gedeiht auch noch auf leicht sauren Substraten und Böden mittlerer Qualität (s. Verbreitung), auf nassen Böden wie auch auf Sand wächst sie unbefriedigend oder überhaupt nicht.

Eigenschaften: Frosthart, etwas empfindlich gegenüber Frühfrösten, wird im Sommer leicht von einer Pilzkrankheit befallen (Triebe sterben ab), wärmeliebend, relativ lichtbedürftig, trockenheitsresistent, hitzefest, nach 10 bis 20 Jahren langsamwüchsig, nur geringes Ausschlagsvermögen!, konkurrenzschwach, Elsbeeren erreichen erst in 100 Jahren ihre volle Größe, im Höchstfall werden sie 200 bis 300 Jahre alt.

Verwendung: Sehr schöner, interessanter heimischer Baum für Einzelstellung und Gruppen, bedingt auch als Straßenbaum auf trockenwarmen oder heißen Standorten. Bei Gruppen- bzw. Mischpflanzungen Konkurrenzschwäche beachten. Prächtiger Herbstfärber. S. torminalis wird leider viel zu selten angepflanzt. Bei Rekultivierungsmaßnahmen in der freien Landschaft (s. Verbreitung) sollte die Elsbeere häufiger verwendet werden. Geeignet an Wegen, Gehölz- und Waldrändern (lichthungrig!). Futterpflanze für Insekten, Vögel und Kleinsäuger.

Anmerkung: Im Mittelalter war die Elsbeere sehr häufig in Klostergärten und an Straßen anzutreffen. Die Früchte wurden von „armen Leuten" gegessen oder zu alkoholischen Getränken verarbeitet.

Ökologie: Früchte werden gern von Seidenschwanz und Wacholderdrossel verzehrt (BIER).

S. vilmorinii SCHNEID.,
Vielfiedrige Eberesche

Verbreitung: China.

Wuchs: Großstrauch oder kleiner Baum mit lockerer, transparenter, breitrundlicher Krone, Äste und Zweige dünn, ausgebreitet, im Alter überhängend, langsam wachsend.

Größe: 4 bis 6 m hoch und im Alter meist genauso breit.

Sorbus vilmorinii

Sorbus vilmorinii

Rinde: Triebe bräunlicholiv bis dunkelrotbraun. Lentizellen mehr punktartig, weitläufig, Knospen bis 1,5 cm lang, dunkelrotbraun mit rostbraunen Härchen.

Blätter: Sommergrün, wechselständig, unpaarig gefiedert, bis 16 cm lang, Blättchen zu 17 bis 19 (25), elliptisch bis länglich elliptisch, 1,5 bis 3,5 cm lang, Rand bis etwa zur Hälfte scharf gesägt, dunkelgrün, unterseits graugrün, kahl, Blattstiele rötlich, im Austrieb rötlich; Herbstfärbung rötlichbraun, aber auch rot bis purpurn.

Blüten: Weiß, in bis zu 10 cm breiten, lockeren Schirmrispen, Mai/Juni.

Früchte: Kugelig bis flachkugelig, 0,7 bis 1,2 cm dick, ohne Kelch, zunächst kardinalrot (RHS 53 A), dann rosa (RHS 52 D) bis weißlichrosa; außeror-

Sorbus vilmorinii

dentlich zierend; Früchte haften sehr lange am Baum, oft bis Anfang Dezember.

Standort: Sonnig bis absonnig.

Boden: Auf allen frischen bis feuchten, nicht zu nährstoffarmen, lockeren Humusböden, sauer bis schwach alkalisch, bei zu hohem pH-Wert leicht Eisenchlorose.

Eigenschaften: Frosthart, stadtklimafest.

Verwendung: Mit dem lockeren, anmutigen Wuchs, der filigranen, farnartigen Belaubung und dem auffallenden Fruchtschmuck gehört S. vilmorinii zu den schönsten Ebereschen. Herrlicher Solitärbaum im Heidegarten, in Rosenpflanzungen mit Gräsern und Stauden. Wirkt frisch und belebend in Rhododendron-, Azaleen-und Nadelgehölzpflanzungen. Läßt sich gut mit flachen Cotoneaster-Formen, Lonicera pileata, Mahonien, Sorbus koehneana und einem Sockel aus Lespedeza thunbergii verbinden. Die zuletzt rosafarbenen und lange haftenden Früchte passen ausgezeichnet zu dem dunkelpurpurnen Laub von Berberis thunbergii 'Atropurpurea Nana'.

SPARTIUM L.
Binsenginster – Leguminosae, Hülsenfrüchtler

Spartos ist die griech. Bezeichnung für diese Pflanze. Sparton = Seil, Tau, Strick. Die binsenähnlichen Triebe wurden zu Seilen und anderem Flechtwerk verarbeitet.

S. junceum L.,
Binsenginster, Pfriemenginster
(junceus = binsenartig)

Sommergrüner, buschig aufrechter, 1,5 bis 2,5 m hoher Strauch mit runden, graugrünen Trieben. Blätter sehr klein, lanzettlich, etwa 1 cm lang, nur an den jungen Trieben. Blüten ginsterähnlich, groß, goldgelb, in endständigen, lockeren Trauben von Mai bis September, angenehm duftend. Der Binsenginster ist im gesamten Mittelmeergebiet, in Südwesteuropa und auf den Kanarischen Inseln beheimatet und wächst sowohl auf sauren als auch auf kalkhaltigen Böden. Liebhabern kann ich diesen auffällig blühenden Strauch nur empfehlen. Er benötigt zwar einen äußerst geschützten, sonnig-warmen Platz und sollte auch als Jungpflanze Winterschutz erhalten, ist aber insgesamt doch frosthärter als allgemein angenommen wird. Verwendung findet der Binsenginster im „Mittelmeergarten", wo er sich in der auserwählten Gesellschaft von Judasbaum (Cercis siliquastrum), Lavendel, Strand-Kiefer

Spartium junceum

(Pinus pinaster), Zistrose (Cistus laurifolius), Rosmarin, Zypressen (Cupressus sempervirens) und allerlei duftenden Beifuß-Arten wie im Club Mediterranee vorkommt.

SPIRAEA L.
Spierstrauch – Rosaceae, Rosengewächse

Die Spiräen gehören zu den bekanntesten und verbreitetsten Ziersträuchern unserer Gärten, was sicherlich darauf zurückzuführen ist, daß sie neben ihrem lockeren Wuchs und der überreichen Blütenfülle alle recht anspruchslos und robust sind. Sie gedeihen beinahe auf jedem kultivierten Boden und zeichnen sich durch eine gute Winterhärte aus.

Von den rund 100 Wildarten, die in Asien, Europa und Nordamerika beheimatet sind, werden etwa 20 bis 30 Arten und Gartenformen in den mitteleuropäischen Baumschulen gezogen.

Es sind sommergrüne, meist kleinere bis mittelhohe Sträucher. Die weißen oder malvenfarbenen (blauroten) Blüten sind zu sehr attraktiven Rispen, Schirmrispen, Schirmtrauben oder Dolden vereinigt.

Unterschieden werden die Spiräen in frühblühende Arten und Formen, wozu z. B. S. x arguta, S. x cinerea oder S. x vanhouttei gehören, und in Sommerblüher, von denen S. x bumalda 'Anthony Waterer' und die S. japonica-Formen wohl die bekanntesten sind. Alle höheren Arten und Sorten können als Solitär- und Heckensträucher eingesetzt werden. Am schönsten aber wirken sie zu mehreren in lockeren Gruppen und Tuffs. Die niedrigen Arten sind wertvolle, spätblühende Flächenbegrüner, die sich übrigens sehr gut mit anderen Kleingehölzen und Stauden wie Potentillen, Perovskien, Hypericum, Lavendel und Gräsern verbinden lassen. Alle Spiräen vertragen einen scharfen Rückschnitt, doch sollte dabei auf die unterschiedliche Blütezeit geachtet werden. Siehe hierzu den Pflegetip der einzelnen Beschreibungen. Die größte Blütenfülle wird auf vollsonnigen Gartenplätzen erzielt.

Spiraea – Wuchshöhen

0,1 bis 0,5 m

- S. decumbens
- S. japonica 'Alpina' HORT.
- S. japonica 'Little Princess'

0,5 bis 1,5 m

- S. betulifolia
- S. x bumalda 'Anthony Waterer'
- S. x bumalda 'Dart's Red'
- S. x bumalda 'Froebelii'
- S. x bumalda 'Goldflame'
- S. fritschiana
- S. japonica 'Albiflora'
- S. japonica 'Shirobana'
- S. nipponica 'Halward's Silver'
- S. thunbergii

1,5 bis 3 m

- S. x arguta
- S. x billardii 'Triumphans'
- S. x cinerea 'Grefsheim'
- S. nipponica
- S. nipponica 'Snowmound'
- S. prunifolia
- S. x vanhouttei

S. x arguta ZAB.,
Schneespiere, Brautspiere
(= S. multiflora x S. thunbergii)

Vor 1893 von dem deutschen Dendrologen ZABEL gezüchtet.

Spiraea x arguta

Wuchs: Locker und breit aufrechter, dichtbuschiger und sehr feintriebiger Strauch, Seitenzweige und Triebspitzen elegant überhängend, langsam wachsend.

Größe: 1,5 bis 2 m hoch und breit. Jahreszuwachs ca. 15 bis 20 cm. Auf guten Böden gelegentlich auch höher werdend.

Rinde: Junge Triebe hellbraun, Knospen sehr dicht stehend, rundlich; älteres Holz dunkelgrau bis dunkelbraun, etwas brüchig.

Blätter: Sommergrün, wechselständig, zierlich, schmal lanzettlich oder länglich verkehrt eiförmig, 2 bis 4 cm lang, hellgrün, im Laufe des Sommers dunkler, Blattrand scharf, oft doppelt gesägt, Blattbasis keilig, früh austreibend; Herbstfärbung gelblich.

Spiraea Arten- und Sorten-Übersicht

Art/Sorte	Wuchs	Größe in m		Blüten	Eigenschaften/
		Höhe	Breite		Verwendung
S. x arguta	locker aufrecht, feintriebig	1,5–2	1,5–2	weiß	Frühjahrsblüher; Solitär, Gruppen, Hecken
S. betulifolia	breitbuschig, kompakt	0,6–1 (1,2)	1 (1,5)	weiß	Frühjahrsblüher; Flächenbegrüner, Gruppen
S. betulifolia var. aemiliana	buschig, aufrecht	0,5–0,8	(1)	weiß	Frühjahrsblüher; Flächenbegrüner, Gruppen
S. betulifolia 'Tor'	gedrungen, kompakt	0,8	(1)	weiß	Frühjahrsblüher; Flächenbegrüner, Gruppen
S. x billardii 'Triumphans'	straff aufrecht, dichtbuschig	2 1,5	(2)	tiefrosa	Sommerblüher; Deckstrauch, Windschutz, Gruppen
S. x bumalda 'Anthony Waterer'	halbkugelig-horstig, vieltriebig	0,6–0,8	0,6–0,8	blaurot	Sommerblüher; Flächenbegrüner, Gruppen
S. x bumalda 'Dart's Red'	rundlich-horstig, vieltriebig	0,6–0,8	0,6–0,8	tief blaurot	Sommerblüher; Flächenbegrüner, Gruppen
S. x bumalda 'Froebelii'	rundlich-horstig, vieltriebig	0,8–1,2 (1,5)	0,8–1,2 (1,5)	blaurot	Sommerblüher; Flächenbegrüner, Gruppen
S. x bumalda 'Goldflame'	breitbuschig, dichttriebig	0,6–0,9 (1,5)	1–1,2	blaurot	Sommerblüher; Flächenbegrüner, Gruppen, Solitär
S. x bumalda 'Pygmaea Alba'	rundlich-horstiger Zwergstrauch			weiß	Sommerblüher; Flächenbegrüner, Gruppen
S. x cinerea 'Grefsheim'	breitbuschig, aufrecht, eintriebig	1,5–2	1,5–2	schneeweiß	Frühjahrsblüher; Solitär, Gruppen, Hecken
S. decumbens	niederliegender Zwergstrauch	0,25	0,5	weiß	Sommerblüher; Flächenbegrüner, Gruppen
S. fritschiana	aufrecht, breitbuschig	1,2	1,2	weiß	Frühjahrs-/Sommerblüher; Solitär, Gruppen
S. japonica 'Albiflora'	buschiger Zwergstrauch	0,5–0,8 (1,3)	1,5 (2)	weiß	Sommerblüher; Flächenbegrüner, Gruppen
S. japonica 'Alpina'	kompakter, dicht-buschiger Zwergstrauch	0,4 1		lilarosa	Sommerblüher; Flächenbegrüner, Gruppen
S. japonica 'Bullata'	dichtgeschlossener, flachkugeliger Zwergstrauch	0,3–0,4 (0,6)	0,3–0,4 (0,6)	dunkelviolett-rosa	Sommerblüher; Flächenbegrüner, Gruppen
S. japonica 'Goldmound'	gedrungener, flach-kugeliger Zwergstrauch	0,5		lilarosa	Sommerblüher; Flächenbegrüner, Gruppen

Art/Sorte	Wuchs	Größe in m Höhe	Breite	Blüten	Eigenschaften/ Verwendung
S. japonica 'Little Princess'	rundlich-kompakter Zwergstrauch	0,6	1,2	rotlila	Sommerblüher; Flächenbegrüner, Gruppen
S. japonica 'Shirobana'	dichtbuschiger, gedrungener Zwergstrauch	0,6–0,8 (1,2)	0,6–0,8 (1,2)	weiß-rosa-blaurot	Sommerblüher; Flächenbegrüner, Gruppen
S. nipponica	breitbuschig, trichterförmig	1,5–2,5 (3)	1,5–2,5 (3)	weiß	Frühjahrsblüher; Solitär, Gruppen, Hecken
S. nipponica 'Halward's Silver'	breitbuschig, trichterförmig	1 (1,3)	1 (1,3)	weiß	Frühjahrsblüher; Solitär, Gruppen, Hecken
S. nipponica 'Snowmound'	breit aufrecht, Spitzen über-hängend	1,3–2	1,5–2,5	weiß	Frühjahrsblüher; Solitär, Gruppen, Hecken
S. prunifolia	aufrecht, Triebe überhängend	2–3	2–3	weiß, gefüllt	Frühjahrsblüher; Solitär, Gruppen
S. thunbergii	locker aufrecht, dünntriebig, zierlich	1,2	1,2	weiß	Frühjahrsblüher; Solitär, Gruppen, Hecken
S. x vanhouttei	breitbuschig, aufrecht	2,5 (3)	2,5 (3)	weiß	Frühjahrsblüher; Solitär, Gruppen, Hecken

Blüten: Weiß, in großer Fülle vor den Blättern, in kurz gestielten Doldentrauben auf der ganzen Länge der vorjährigen Triebe, streng duftend. Ende April bis Anfang Mai.

Standort: Sonnig.

Boden: Keine besonderen Ansprüche, auf allen kultivierten Gartenböden, sauer bis schwach alkalisch, bevorzugt gleichbleibend frische Substrate. Kalkverträglich.

Eigenschaften: Frosthart, gut schnittverträglich, erstaunlich trockenheitsverträglich.

Verwendung: S. x arguta ist immer noch einer der besten und robustesten weißen Frühjahrsblüher. Herrlicher Blütenstrauch für lockere Gruppen, freiwachsende und geschnittene Blütenhecken sowie zur Abstufung von Gehölzrändern. Passende Gehölznachbarn mit identischer Blütezeit wären: Chaenomeles-Arten und Sorten, Ribes sanguineum, Forsythien, Magnolien, hier insbesondere die rosablütigen Formen von M. stellata und M. x loebneri, weiterhin Prunus cerasifera 'Nigra' und Prunus serrulata-Formen. Weiße Spiräen und blau blühende Stauden sehen zusammen wundervoll aus.

Aubrieta, Muscari armeniacum, Nepeta x faassenii und Omphalodes wären einige Beispiele. Einen himmelblauen Teppich können wir auch mit Myosotis alpestris, dem Vergißmeinnicht, schaffen. Farblich andere Stauden wären: Lunnaria rediviva, Doronicum orientalis, Montia sibirica, Euphorbia polychroma und Wildtulpen. S. x arguta ist ein gutes Treibgehölz.

Pflegetip: Ältere Zweige gefühlvoll nach der Blüte auf Triebverlängerung zurückschneiden oder überalterte, blühfaule Triebe direkt an der Basis entfernen.

S. betulifolia PALL., Birkenblättriger Spierstrauch

Verbreitung: Nordostasien bis Mitteljapan.

Wuchs: Breitbuschig und kompakt wachsender, sehr dichttriebiger Kleinstrauch, Ausläufer bildend.

Größe: 0,6 bis 1 m hoch und breit, durch unterirdische Ausläufer sich stark ausbreitend, im Alter daher breiter als hoch.

Rinde: Triebe rotbraun, kahl.

Blätter: Sommergrün, wechselständig, sehr veränderlich, breit eirund bis fast rund, obere Hälfte grob kerbig gesägt, 2 bis 4,5 cm lang, mittelgrün.

Blüten: Weiß, in 3 bis 6 cm breiten Doldentrauben; Juni.

Spiraea betulifolia

Standort: Sonnig bis halbschattig.

Boden: Anspruchslos, auf allen sauren bis schwach alkalischen, durchlässigen Substraten, optimal auf gleichbleibend frischen Böden.

Eigenschaften: Sehr frosthart (in Finnland viel gepflanzt!), schattenverträglich, gutes Ausschlagsvermögen.

Verwendung: Ein ausgezeichneter, anspruchsloser Kleinstrauch, der auf Grund seines kompakten Wuchses und der Ausläuferbildung hervorragend für Flächenbegrünungen und Unterpflanzung von Bäumen, auch in halbschattigen Gartenpartien, geeignet ist. Leider viel zu unbekannt. Neben der guten Blüte zeichnet sich der Strauch auch durch eine prächtige Herbstfärbung aus.

S. betulifolia 'Tor'

Eine wertvolle, schwedische Selektion mit gedrungenem, kompaktem Wuchs. Dürfte in unseren Gärten eine Höhe von etwa 0,8 m erreichen. Ansprüche und Verwendung wie S. betulifolia.

S. betulifolia var. aemiliana
(SCHNEID.) KOIDZ.
(= S. beauverdiana SCHNEID.)

Buschig aufrechter, 0,5 bis 0,8 (1) m hoher Kleinstrauch. Blätter breit rundlich, gleichmäßig kerbig gesägt, 1,7 bis 2,7 cm lang, derb. Blüten in 2 bis 2,5 cm breiten Ständen, Einzelblüte weiß, 4 bis 5 mm breit, im Mai/Juni. Gesunde und frostharte Form, die in Japan am Vulkan Mori, auf den Kurilen und auf der Halbinsel Kamtschatka beheimatet ist. Ansprüche und Verwendung wie S. betulifolia.

S. x billardii 'Triumphans'

(S. x billardii ist eine Hybride zwischen S. douglasii

x S. salicifolia, sie entstand vor 1854 in Frankreich).

Wuchs: Straff aufrecht wachsender, dichtbuschiger Strauch mit schlanken Trieben, Ausläufer treibend.

Größe: Bis 2 m hoch, durch Ausläuferbildung genauso breit, auf günstigen Standorten dickichtartig und breiter als hoch.

Rinde: Triebe rotbraun, im 3. Jahr graubraun.

Blätter: Sommergrün, wechselständig, elliptisch, lanzettlich, 3 bis 6 cm lang und bis 1,5 cm breit.

Blüten: Tiefrosa, in bis zu 20 cm langen, sehr dichten, kegelförmigen, an der Basis verzweigten Rispen; Juni bis Juli.

Standort: Sonnig bis halbschattig.

Boden: Keine besonderen Ansprüche, auf allen durchlässigen, sauren Substraten, auf Kalk Eisenchlorose.

Eigenschaften: Frosthart, durch Ausläuferbildung sich oft stark vergrößernd, windfest, gutes Ausschlagsvermögen.

Verwendung: Robuster und genügsamer Deckstrauch, der auch in halbschattigen Lagen blüht. Schafft selbst auf schlechteren Böden dichte Gehölzriegel.

Pflegetip: Rückschnitt ist von Zeit zu Zeit notwendig.

S. bullata siehe unter **S. japonica 'Bullata'**

S. x bumalda 'Anthony Waterer',
Rote Sommerspiere
(S. albiflora x S. japonica)
(= S. japonica 'Anthony Waterer')

Wuchs: Halbkugelig-horstig wachsender, dicht verzweigter und vieltriebiger Kleinstrauch, schwachwüchsig.

Größe: 0,6 bis 0,8 m hoch und breit, ältere Pflanzen breiter als hoch.

Blätter: Sommergrün, wechselständig, lanzettlich, zugespitzt, 5 bis 8 cm lang, hellgrün, im Austrieb rötlich, einzelne Partien auch weißlichrosa gestreift.

Blüten: Blaurot (malvenfarben) bis rubinrot (R.H.S. Colour Chart 61 B), in bis zu 15 cm breiten, flachen Schirmrispen, Juli bis September.

Standort: Sonnig bis absonnig.

Boden: Toleriert alle kultivierten Gartenböden, sauer bis alkalisch, bevorzugt frische bis feuchte Substrate.

Spiraea x bumalda 'Anthony Waterer'

Eigenschaften: Frosthart, gut schnittverträglich, blüht am einjährigen Holz.

Verwendung: Beliebter Kleinstrauch für Einzelstellung, Gruppenpflanzungen, Flächenbegrünung, niedrige Hecken und zur Abstufung von Gehölzrändern. Benachbarung: Blaurosafarbene Strauch- oder Kleinstrauchrosen, Rosa glauca, Tamarix ramosissima 'Rubra', Berberis thunbergii 'Atropurpurea Nana', Clematis viticella 'Etoile Violette', C. viticella 'Rubra', Lavatera thuringiaca (Hintergrund mit Rosen), Heuchera micrantha 'Palace Purple', Salvia nemorosa 'Ostfriesland', Sedum spectabile 'Carmen', Clematis integrifolia 'Rosea', Ageratum houstonianum-Hybriden (halbhoch) und Verbena rigida. Herrlich für Trockensträuße, aber auch frische Sträuße halten lange in der Vase.

Pflegetip: Kann regelmäßig im Frühjahr bis auf etwa 15 cm (handbreit) zurückgeschnitten werden, ist besonders empfehlenswert, wenn sie als niedrige Einfassung bzw. Hecke gezogen werden.

Ökologie: Blüten werden sehr stark von Insekten beflogen.

S. x bumalda 'Dart's Red'
(= S. japonica 'Dart's Red')

Wuchs: Rundlich-horstig wachsender, dichtbuschiger und vieltriebiger Kleinstrauch.

Größe: 0,6 bis 0,8 m hoch und breit.

Blätter: Sommergrün, wechselständig, lanzettlich zugespitzt, hellgrün, im Austrieb rötlich.

Blüten: Tief und leuchtend blaurot bis rubinrot in sehr großen, flachen Schirmrispen, Juli bis September.

Spiraea x billardii 'Triumphans'

Standort, Boden und Eigenschaften wie S. x bumalda 'Anthony Waterer'.

Verwendung: Gute Selektion mit dunklerem und intensiverem Farbton und sehr reicher Blütenbildung.

Ökologie: Blüten werden sehr stark von Insekten beflogen.

S. x bumalda 'Froebelii'
(= S. japonica 'Froebelii')

Entstanden 1892 bei FROEBEL in Zürich.

Wuchs: Rundlich-horstig wachsender, dichtbuschiger und vieltriebiger Kleinstrauch, langsamwüchsig, im Alter breit auseinanderstrebend und leicht übergeneigt.

Größe: 0,8 bis 1,2 (1,5) m hoch und breit.

Blätter: Sommergrün, wechselständig, breitlanzettlich, ohne weißlichrosa Färbung.

Blüten: Blaurot (malvenfarben) in flachen Schirmrispen, Juli bis September.

Standort, Boden und Eigenschaften wie S. x bumalda 'Anthony Waterer'.

Ökologie: Blüten werden sehr stark von Insekten beflogen.

Spiraea x bumalda 'Froebelii'

S. x bumalda 'Goldflame'
(= S. japonica 'Goldflame')

Wuchs: Breitbuschiger und dichttriebiger Zwergstrauch, langsam wachsend.

Größe: 0,6 bis 0,9 m hoch und 1 bis 1,20 m breit, ältere Pflanzen oftmals noch breiter.

Blätter: Sommergrün, wechselständig, lanzettlich zugespitzt, 6 bis 8 cm lang und 2 bis 2,5 cm breit, im Austrieb geblich bis gelborange-kufprig, später

Spiraea x bumalda 'Goldflame'

grüngelb mit dunkelgrünen Einfärbungen (marmoriert), Blätter oft halbseitig grün und gelb; Herbstfärbung schön kupfrigorange.

Blüten: Blaurot in flachen Schirmrispen, etwas kleiner als bei 'Anthony Waterer'; Juli bis September.

Standort, Boden und Eigenschaften wie S. x bumalda 'Anthony Waterer'.

Verwendung: Interessante Bumalda-Hybride mit farbigem Austrieb und grüngelber Sommerbelaubung. Partner für spezielle Farbthemen wie z. B. „Goldgelber Garten" o. ä.

Ökologie: Blüten werden sehr stark von Insekten beflogen.

S. x bumalda 'Pygmaea Alba'
(= S. japonica 'Pygmaea Alba')

Bis 0,6 m hoher, rundlich-horstig wachsender, vieltriebiger Zwergstrauch. Blätter lanzettlich zugespitzt, bis 6 cm lang, hellgrün. Blüten weiß, in flachen Schirmrispen, Juli/August (September).

Eine überreich blühende, weiße Form der „Roten Sommerspiere". Zusammen mit Lavendel, Potentilla 'Abbotswood' und Spiraea decumbens ein herrliches Rosenbegleitgehölz.

S. x cinerea 'Grefsheim'
(= S. x arguta 'Grefsheim')

1949 in der GREFSHEIM PLANTESKOLE in Norwegen gefunden.

Wuchs: Breit aufrecht wachsender, dichtbuschiger Strauch, Zweige dünn, zierlich überhängend, sehr ähnlich S. x arguta, doch etwas kräftigeres Holz und stärker im Wuchs.

Spiraea x cinerea 'Grefsheim'

Rinde: Triebe rotbraun, zweijähriges Holz graubraun.

Größe: 1,5 bis 2 m hoch und breit.

Blätter: Sommergrün, wechselständig, lanzettlich, beide Enden spitz, Rand glatt oder mit wenigen Zähnen im oberen Teil, 2 bis 4 (4,5) cm lang und 0,7 bis 1 cm breit, stumpfgrün und fast kahl, unterseits behaart, Herbstfärbung gelblich.

Blüten: Schneeweiß, vorjährige Triebe über und über mit Doldentrauben besetzt, Ende April/Anfang Mai, 10 Tage vor S. x arguta.

Standort, Boden und Pflege wie S. x arguta.

Eigenschaften: Sehr winterhart, kahlt nicht so auf, gutes Ausschlagsvermögen nach Rückschnitt.

Verwendung: Gesunde und wüchsige, überreich blühende Selektion, die sich sowohl für Einzelstellung als auch für Gruppenpflanzungen und robuste Blütenhecken eignet.

S. decumbens W. D. J. KOCH,
Weiße Polster-Spiere

Verbreitung: Krain bis Südtirol.

Wuchs: Dichtbuschiger und feintriebiger Zwergstrauch mit aufsteigenden Grundtrieben und niederliegenden, bodendeckenden Zweigpartien. Durch Bewurzelung und reichliche Ausläuferbildung große, geschlossene Polster bildend; langsamwüchsig.

Größe: Bis 0,25 m hoch und 0,5 m breit.

Blätter: Sommergrün, wechselständig, elliptisch, bis 3 cm lang, Rand doppelt gesägt, hellgrün.

Blüten: Weiße, 5 cm breite Doldentrauben, Juni.

Standort: Sonnig bis absonnig.

Boden: Frische bis mäßig feuchte, nicht zu nähr-

Spiraea decumbens

stoffarme, durchlässige Böden, sauer bis alkalisch, insgesamt aber anspruchslos und anpassungsfähig und für alle normalen Gartenböden geeignet.

Eigenschaften: Frosthart, verträgt warme Pflanzpositionen, gut schnittverträglich (maschinell!).

Verwendung: Hervorragender Flächenbegrüner, der mit seinem hellgrünen Laub und den weißen, schaumigen Blütenständen beinahe staudenhaft wirkt und eine wohltuende Frische in die oft zu eintönige Bodendeckerszene bringt. Wunderbar zusammen mit Lavendel und Campanula poscharskyana als Begleitpflanze für rote oder rosa Strauch- und Kleinstrauchrosen (Schleierkrautersatz!). Weiterhin für Böschungsbegrünung, Einfassungen, Unterpflanzung von Solitärgehölzen, Steingartenanlagen, Heidegärten, Dachbegrünung (wärmeverträglich) und Pflanzkübel. Mich wundert es, daß von S. decumbens noch keinerlei Selektionen auf dem Markt sind, scheinbar ist man rundum zufrieden mit ihr.

S. fritschiana SCHNEID.

Verbreitung: China.

Wuchs: Aufrecht wachsender, breitbuschiger Kleinstrauch mit etwas steifen, rotbraunen, scharfkantigen Grundtrieben.

Größe: Bis 1,2 m hoch und breit, ältere Pflanzen breiter als hoch.

Blätter: Sommergrün, wechselständig, breit elliptisch bis spitz eiförmig, 3 bis 8 cm lang und bis 3,5 cm breit.

Blüten: Weiß, in der Knospe auch rosa, in 4 bis 8 cm breiten, flachen Doldenrispen, Juni.

Standort, Boden wie S. japonica 'Albiflora'.

Verwendung: Winterharter Kleinstrauch für Gruppenpflanzungen, zur Abstufung von Gehölzrändern und zur Unterpflanzung.

S. japonica 'Albiflora',
Weiße Japan-Spiere
(= S. albiflora (MIQ.) ZAB.)

Verbreitung: Japan (Gartenherkunft).

Wuchs: Buschiger Zwergstrauch, Grundtriebe etwas steif aufrecht, doch locker verzweigt und insgesamt zierlich, langsam wachsend.

Größe: 0,5 bis 0,8 (1,3) m hoch und 1,5 (2) m breit.

Blätter: Sommergrün, wechselständig, lanzettlich, zugespitzt, 6 bis 7 cm lang, Rand gesägt, hellgrün.

Blüten: Weiß, in bis zu 7 cm breiten, endständigen, flachen Schirmrispen, außerordentlich zahlreich, Juli bis August (September).

Wurzel: Flach ausgebreitet, dicht verzweigt.

Standort: Sonnig.

Boden: Keine besonderen Ansprüche, toleriert alle kultivierten Gartenböden, sauer bis schwach alkalisch, bevorzugt gleichbleibend frische, nicht zu nährstoffarme Substrate.

Eigenschaften: Frosthart, neigt zu Trockenholzbildung, gut ausschlagsfähig, blüht am einjährigen Holz.

Verwendung: Zwergstrauch für flächige Pflanzungen, Bodendecker, Gehölzränder (Sockel), Kleingehölzrabatten, niedrige Hecken und heckenartige Abgrenzungen, Steingärten; sehr gut kombinierbar mit Stauden, Rosen, Potentilla, Perovskia, Caryopteris, niedrigen Berberis, Hypericum und Lavendel.

Pflegetip: S. albiflora sollte zur Förderung der Blütenbildung regelmäßig nach dem Winter zurückgeschnitten werden.

S. japonica 'Bullata'
(= S. bullata MAXIM.)

Nur aus japanischer Gartenkultur bekannt.

Dichtgeschlossen und flachkugelig wachsender, 30 bis 40 (60) cm hoher und mindestens ebenso breiter Zwergstrauch mit rostbraun behaarten Trieben. Blätter sehr klein, herzförmig, 0,8 bis 1,2 cm lang und 0,7 bis 1 cm breit, dunkelblaugrün und auffallend runzlig, unterseits heller. Blüten im Juli, dunkelviolettrosa, in endständigen, 4 bis 9 cm breiten Doldentrauben. Durch die eigenartige Blattstruktur und den stark gedrungenen Wuchs eine recht interessante Form für Stein- und Heidegärten, Schalen, Tröge und Hochbeete, wo man diesen kleinen Runzel-Zwerg mit niedrig bleibenden Stauden, Gräsern und alpinen Kleingehölzen aus der Felsenwelt zusammenbringen kann. Nach meinen Beob-

achtungen wintern – zumindest junge Pflanzen – auf zu schweren, feuchten Böden aus. S. japonica 'Bullata' fühlt sich wohl in mäßig trockenen bis frischen, gut durchlässigen Substraten. Ein geschützter Pflanzplatz ist ebenfalls von Vorteil.

Spiraea japonica 'Bullata'

S. japonica 'Goldmound'

Rundlich gedrungener, vieltriebiger, bis 0,5 m hoher Zwergstrauch. Blätter elliptisch bis spitzeiförmig, reingelb. Blüten lilarosa, im Juni/Juli.

Die aus Kanada stammende Selektion zeichnet sich durch eine konstant gelbe Laubfärbung aus, die in dieser Intensität bisher nicht im Sortiment vertreten war.

S. japonica 'Little Princess',
Rosa Zwerg-Spiere

Wuchs: Zwergstrauch, rundlich-kompakt, dichtbuschig und gedrungen; langsam wachsend.

Größe: Bis 0,6 m hoch und im Alter doppelt so breit.

Blätter: Sommergrün, wechselständig, elliptisch bis spitz eiförmig, 1,5 bis 3 cm lang und bis 1,7 cm breit, dunkelgrün.

Blüten: Rotlila (R.H.S. 78 D), in flachen, bis 3 (4) cm breiten Doldentrauben, Einzelblüte bis 0,5 cm breit; Juni bis Juli.

Wurzel: Flach ausgebreitet, dicht verzweigt.

Standort: Sonnig.

Boden: Keine besonderen Ansprüche, toleriert alle kultivierten Gartenböden, sauer bis schwach alkalisch, bevorzugt gleichbleibend frische bis feuchte, nicht zu nährstoffarme, durchlässige Substrate.

Spiraea japonica 'Little Princess' wird stark von Insekten besucht

Eigenschaften: Frosthart, gut ausschlagsfähig, verträgt warme Pflanzpositionen, blüht am einjährigen Holz.

Verwendung: Flächenbegrüner, mit dem man sehr schnell volle Bodenbedeckung erreicht, sehr gut für Einfassungen; auch Vorpflanzung bzw. Abstufung (Sockelbildung) vor Kleingehölzen wie Pinus mugo var. pumilio; gute Kombinationsmöglichkeiten mit Potentilla und Rosen; herrliche Bilder schafft man mit 'Little Princess' in Staudenpflanzungen zusammen mit Buddleja, Salvia nemorosa-Sorten, Liatris spicata, Thymus (auch in weiß) und Gräsern; farblich sehr schön in Heidegärten mit Erica cinerea-Sorten und größeren Flächen aus Origanum vulgare 'Compactum'. Bei aller Liebe zu unserer 'Little Princess', aber auf einen Aspekt

Spiraea japonica 'Little Princess'

muß ich doch aufmerksam machen. Wenn sie ohne aufmunternde Begleitung flächig eingesetzt wird, sehen die Pflanzungen nach der 14tägigen Blütezeit mit ihren wochenlang haftenden, graubraunen Blütenständen unendlich trostlos aus.

Ökologie: Blüten werden sehr stark von Insekten beflogen. Insektenmagnet!

S. japonica 'Nana'
(= S. japonica 'Alpina' HORT.,
S. japonica 'Nyewoods')

Rundlich kompakter und dichtbuschiger Zwergstrauch. In 10 Jahren 0,4 m hoch und 1 m breit. Blüten im Farbton etwas intensiver als bei 'Little Princess', lilarosa, in sehr zahlreichen, endständigen Doldentrauben, Juni/Juli. Wertvolles Zwerggehölz für niedrige Einfassungen, kleinere Flächenbegrünungen, Stauden-Gräser-Kombinationen, Rosengärten und Pflanzgefäße.

S. japonica 'Shirobana'
(= S. japonica 'Genpei')

Wuchs: Gedrungen und dichtbuschig wachsender Zwergstrauch, etwas stärker im Wuchs als 'Little Princess', aber vom Habitus sehr ähnlich.

Größe: 0,6 bis 0,8 (1,20) m hoch und breit, im Alter viel breiter als hoch.

Blätter: Sommergrün, wechselständig und 1,4 bis 2 cm breit, elliptisch bis schmal lanzettlich, hell bis dunkelgrün.

Blüten: Farbe wechselt innerhalb der Doldentrauben von weiß über rosa bis blaurot, oft sind auch Einzelblüten mehrfarbig, Knospen ebenfalls unterschiedlich gefärbt. Juli bis August.

Weitere Angaben siehe S. jap.'Albiflora'.

Verwendung: Sehr interessante, mehrfarbige Selektion aus Japan.

Ökologie: Wird sehr stark von Insekten beflogen.

S. nipponica MAXIM.,
Japanische Strauch-Spiere

Verbreitung: Japan.

Wuchs: Breitbuschig-trichterförmig wachsender Strauch mit etwas steif-aufrechten Grundtrieben, Seitenbezweigung und Spitzen weitbogig überhängend, rasch wachsend.

Größe: 1,5 bis 2,5 (3) m hoch und breit.

Rinde: Triebe braun bis dunkelbraun, etwas kantig, ältere Triebe an der Basis hell und dunkel gestreift.

Blätter: Sommergrün, wechselständig, elliptisch bis verkehrt eiförmig, 2 bis 4 (5) cm lang, dunkelgrün, unterseits bläulichgrün.

Spiraea nipponica, Fruchtstände

Blüten: Weiß, in bis zu 7 cm breiten, halbkugeligen Doldentrauben, Einzelblüten bis 0,5 cm breit, in ungeheurer Menge auf der ganzen Länge der vorjährigen Triebe, sehr auffallendes Blütengehölz; Anfang/Mitte Mai bis Juni.

Standort: Sonnig bis halbschattig.

Boden: Toleriert alle Gartenböden, bevorzugt den mehr frischen bis feuchten, nahrhaften Standort, sauer bis alkalisch.

Eigenschaften: Frosthart, erstaunlich schattenverträglich, anspruchslos.

Verwendung: Ein exzellenter Zierstrauch, der zu den wertvollsten Blütengehölzen zählt. Bestens für freiwachsende Blütenhecken, Gruppen und Abpflanzungen. Mit frühblühenden Park- und Wildrosen ergeben sich herrliche Kombinationen. Die leuchtend braunen Fruchtstände können eine schöne Herbst- und Winterzierde sein.

Spiraea japonica 'Shirobana'   655

S. nipponica 'Halward's Silver'

Wuchs: Breitbuschig-trichterförmig und sehr kompakt wachsender Strauch mit steif aufrechten Grundtrieben und übergeneigten Spitzen und Seitenzweigen.

Größe: Bis 1 (1,3) m hoch und breit (in 5 Jahren 80 cm hoch) (KRÜSSMANN).

Blätter: Sommergrün, wechselständig, elliptisch bis verkehrt eiförmig, dunkelgrün.

Blüten: Weiß, in halbkugeligen Doldentrauben auf der ganzen Trieblänge der vorjährigen Zweige; Mai bis Juni.

Weitere Angaben wie S. nipponica.

Verwendung: Eine schwachwüchsige, gedrungene Form der Japanischen Strauch-Spiere, die sich besonders für kleine Gartenräume, niedrige Blütenhecken und Gehölzrandpflanzungen eignet.

S. nipponica 'Snowmound'

Wuchs: Breit aufrechter, dichtbuschiger und kompakter Strauch mit aufrechten Grundtrieben und bogig überhängenden Spitzen, schwächer wachsend als der Typ.

Größe: 1,3 bis 2 (2,2) m hoch, im Alter bis 4 m breit!

Rinde: Älteres Holz ist an der Basis etwas dunkler gestreift als beim Typ.

Blätter: Sommergrün, wechselständig, länglich verkehrt eiförmig, 1 bis 3 cm lang, dunkelgrün.

Blüten: Weiß, in kleinen, halbkugeligen Doldentrauben auf der ganzen Trieblänge, sehr reichblütig. Anfang/Mitte Mai bis Juni.

Standort, Boden und Eigenschaften wie der Typ.

Spiraea nipponica 'Snowmound'

Verwendung: Eine schwachwüchsigere Form, die sich durch Reichblütigkeit und eine sehr gute Winterhärte auszeichnet.

S. prunifolia S. & Z., Pflaumenblättriger Spierstrauch (= S. prunifolia var. plena)

Verbreitung: Japan, China.

Wuchs: Aufrechter Strauch mit locker stehenden, dünnen und etwas überhängenden Trieben, rasch wachsend.

Größe: 2 bis 3 m hoch und breit.

Blätter: Sommergrün, wechselständig, elliptisch, 2 bis 4 cm lang, frischgrün, unterseits grau behaart; Herbstfärbung orange bis rotbraun.

Blüten: Weiß, dicht gefüllt, zu 3 bis 6, Einzelblüte bis 1 cm breit, in sitzenden Doldentrauben am vorjährigen Holz; April bis Mai.

Standort: Sonnig, geschützt und warm.

Boden: Toleriert alle Gartenböden, bevorzugt den mehr frischen bis feuchten, nahrhaften Standort, sauer bis schwach alkalisch, bei zuviel Kalk Chlorose.

Eigenschaften: Friert in starken Wintern zurück, treibt jedoch willig wieder durch.

Verwendung: Schöner Frühlingsblüher für Einzelpflanzung, Gruppen, Zierstrauchhecken, Stauden- und Gehölzrabatten. Gutes Treibgehölz.

S. thunbergii SIEB. ex BL., Frühlings-Spiere, Gras-Spiere

Verbreitung: Japan und China.

Wuchs: Locker und breitbuschig-aufrechter Kleinstrauch, Triebe dünn, zierlich, elegant überhängend; langsam wachsend.

Größe: Bis 1 m hoch und breit.

Blätter: Sommergrün, wechselständig, Blätter sehr fein, grasähnlich, lineallanzettlich, 2 bis 3 (4,5) cm lang, hellgrün, früher Austrieb; Laub haftet ausgesprochen lange, Herbstfärbung gelb bis orangerötlich.

Blüten: Weiß, in meist 5blütigen Dolden vor dem Blattaustrieb, Einzelblüte 8 mm breit, enorm reichblühend; oft schon im März, Hauptblüte April bis Anfang Mai.

Standort: Sonne bis Halbschatten, geschützt.

Boden: Bevorzugt mehr frische, lockere und durchlässige, nicht zu nährstoffarme Böden, sauer

bis schwach alkalisch; kalkverträglich! S. thunbergii ist aber allgemein anpassungsfähig und gedeiht auch auf trockeneren Gartenstandorten.

Eigenschaften: Spätfrostempfindlich, erstaunlich schattenverträglich, sommerliche Trockenheit wird relativ gut ertragen, konkurrenzschwach, empfindliches Wurzelwerk, nicht graben u. ä.

Verwendung: Sehr schöner, lockerwüchsiger und transparent wirkender Vorfrühlingsblüher. Geeignet für Einzelstellung, Gruppen und an geschützten Standorten auch für Blütenhecken. Mit dem hellgrünen, länglichen Blatt und den zierlich überhängenden Trieben hat dieser Strauch beinahe den Charme eines Grases. Bezaubernd auch im lichten Schatten, wo S. thunbergii noch zarter wirkt und sehr gut mit Sinarundinaria nitida 'Nymphenburg' und anderen Bambusgewächsen harmoniert. Gerade in dieser Umgebung wertvoll für das Thema Blattstrukturen. Weiterhin zur Auflockerung und Abstufung von Gehölzrändern (Konkurrenzschwäche beachten!). Sehr schön in Stauden-Gräser-Rabatten (Belaubung hält oft bis in den November, häufig auch flammend orangerötlich gefärbt!). Geeignet für die Frühtreiberei.

Pflegetip: Nach der Blüte gefühlvoll auslichten.

Spiraea x vanhouttei

S. x vanhouttei (BRIOT.) ZAB., Pracht-Spiere (= S. cantoniensis x S. trilobata)

Um 1862 bei BILLARD in Fontenay-aux-Roses, Frankreich, entstanden und nach dem belgischen Gärtner und Züchter LOUIS VAN HOUTTE benannt.

Wuchs: Breitbuschig aufrechter, dichttriebiger Strauch, im Alter bogig überhängend, kräftig wachsend.

Größe: Bis 2,5 (3) m hoch und breit.

Rinde: Triebe glänzend rotbraun bis braunschwarz, an älteren Zweigen abfasernd.

Blätter: Sommergrün, wechselständig, rhombisch-eiförmig, 3- bis 5lappig, 2 bis 4 cm lang, dunkelgrün, unterseits bläulichgrün; Herbstfärbung gelblich.

Blüten: Weiß, in dichten, halbrunden Doldentrauben auf der ganzen Länge der vorjährigen Zweige, außerordentlich zahlreich; Mai bis Anfang Juni.

Standort: Sonnig bis lichter Schatten.

Boden: Keine besonderen Ansprüche, bevorzugt auf allen frischen bis feuchten, nahrhaften Standorten; S. x vanhouttei gedeiht aber auch auf trockeneren und ärmeren Gartenböden, sauer bis alkalisch, kalkverträglich!

Eigenschaften: Frosthart, anspruchslos und robust, sommerliche Trockenheit wird relativ gut ertragen, schnittfest, verträgt leichten Schatten.

Verwendung: Wohl die bekannteste der gesamten Spiräen-Gruppe und von den hochwachsenden Frühlingsblühern immer noch die wertvollste Art. Einzelstellung, Gruppenpflanzung, freiwachsende und geschnittene Hecken, Deckstrauch. Sehr schön mit Zier-Malus, Wildrosen, Weigelien, immergrünen Cotoneaster, Weißdorn, Prunus serrulata 'Shirofugen' und Syringa vulgaris-Formen, wobei die einfach blühenden, zartvioletten Sorten am schönsten zu dem Weiß der Spiräen passen.

Eine duftige, blauweiße Kombination ergibt sich mit S. x vanhouttei als Solitärstrauch, Deutzia gracilis (gruppenweise) und den Stauden Polemonium caeruleum, Geranium himalayense 'Johnson', Geranium x magnificum, Salvia nemorosa 'Mainacht', Campanula latifolia var. macrantha, Campanula glomerata und Phlox divaricata ssp. laphamii.

Pflegetip: Zur Erhaltung der Blühwilligkeit genügt das Herausnehmen des alten Holzes nach der Blüte.

S. veitchii HEMSL.,
Veitchs Spierstrauch

Mir ist unverständlich, warum ein so wertvolles Gehölz, das sich beinahe ein Jahrhundert in europäischer Kultur befindet – es wurde um 1900 aus China eingeführt – in unseren Rosengärten immer noch nicht zu den Klassikern gehört. S. veitchii blüht auffallend spät, nämlich erst Mitte Juni oder Anfang Juli, wenn der erste große Rosenflor beginnt. Der etwa 3 m hohe Strauch bildet mit seinen elegant überhängenden Zweigen, die dicht besetzt sind mit bis zu 6 cm großen, reinweißen Doldentrauben, einen ganz vorzüglichen Hintergrund für Rittersporne, Campanula lactiflora, mittelhohe Gräser und Strauchrosen. Wir sollten wirklich keine Berührungsängste haben, dieses herrliche Blü-

tengehölz ist absolut frosthart, gesund und starkwüchsig und stellt auch an den Standort keine gehobenen Ansprüche. Es ist selbstverständlich auch bereit und in der Lage, Aufgaben des mittleren Dienstes zu übernehmen oder sich an Gruppenarbeit zu beteiligen, wie z. B. in Deckstrauchpflanzungen, freiwachsenden Blütenhecken oder in ganz normalen Mischpflanzungen, wo man S. veitchii allerdings keine absolute Schattenposition zuweisen sollte.

STACHYURUS S. & Z.
Perlschweif – Stachyuraceae, Perlschweifgewächse

S. praecox SIEB. & ZUCC.,
Perlschweif, Schweifähre

Sommergrüner, 1,50 bis 3,50 m hoher Strauch mit aufrechten, rutenartigen, glänzend rotbraunen Trieben. Im Alter leicht übergeneigt. Blätter elliptisch-eiförmig, schlank zugespitzt, 7 bis 15 cm lang, deutlich gesägt, oben kahl, unterseits Nerven behaart. Blüten bereits im März/April, gelb, in bis zu 8 cm langen, auffallend steifen, abwärts gerichteten Ähren. Einzelblüten glockig, 8 mm lang, sehr attraktiv. S. praecox ist auf den japanischen Inseln Kyushu und Hondo beheimatet. Leider ist dieser wunderschöne Vorfrühlingsblüher etwas frostempfindlich. Die Schweifähre verlangt daher im Garten einen gut geschützten, halbschattigen Platz und einen frischen, sandighumosen, gut durchlässigen, schwach sauren bis neutralen (bis leicht alkalischen) Boden. Beinahe hätte ich es vergessen, auf die schöne orangegelbe bis hellbraunorange Herbstfärbung der Schweifähre hinzuweisen. Es ist außerordentlich erfreulich, daß man solche Gartenschätze gelegentlich auch in deutschen Baumschulen entdecken kann.

STAPHYLEA L.
Pimpernuß – Staphyleaceae, Pimpernußgewächse

Die Bezeichnung Pimpernuß kommt vom mittelhochdeutschen „pimpern", „pümpern" = klappern. Bei Wind erzeugen die harten Samen in der Fruchtkapsel ein Klappergeräusch.

Stachyurus praecox, ein Frühlingsblüher

S. colchica STEV.,
Kolchische Pimpernuß, Klappernuß

Verbreitung: Im westlichen Transkaukasien.

Wuchs: Hoher Strauch, Grundtriebe straff aufrecht, wenig verzweigt, im Alter ausladend; langsam wachsend.

Größe: Bis 4 m hoch und 2,50 m breit, im Alter noch breiter werdend.

Rinde: Triebe olivgrün, älteres Holz dunkelbraungrün mit weißlichen Längsstreifen, später hellgrau.

Blätter: Sommergrün, gegenständig, an Langtrieben 5zählig, an Blütentrieben meist 3zählig, Blättchen 3 bis 8 cm lang, eiförmig-länglich, hellgrün, Herbstfärbung gelb.

Blüten: Gelblichweiß bis glasig-weiß, in bis zu 10 cm langen und 5 cm breiten, aufrechten oder nickenden Rispen, Einzelblüten glockig geformt, 1,2 bis 1,5 cm lang, angenehm duftend; Mai.

Früchte: Blasig aufgetriebene Kapsel, verkehrt eiförmig, gelbgrün, Samen erbsengroß, glänzend braun; Kapseln bleiben lange am Strauch haften.

Standort: Sonnig bis halbschattig.

Boden: Feuchte bis mäßig trockene, nahrhafte, humose Substrate, schwach sauer bis alkalisch, kalkliebend.

Bilder rechts: Staphylea colchica

Staphylea pinnata

Eigenschaften: Frosthart bis minus 28 °C, schattenverträglich, wärmeliebend.

Verwendung: Solitärstrauch und Gruppengehölz mit dekorativer Belaubung und interessanten Früchten. Geeignet für schattige Gehölzränder. Vollkommen frosthart. Blütengehölz für den Duftgarten! Eine weitere empfehlenswerte Art ist **S. pinnata** L. mit bis zu 12 cm langen, hängenden Rispen. Die Einzelblüten sind 1 cm lang, weiß, an der Basis grünlich und an den Spitzen gerötet.

Anmerkung: Am Heimatstandort im Kaukasus werden die Blüten, in Essig eingelegt, gegessen.

Ökologie: Staphylea-Blüten werden, besonders in den Abendstunden, häufig von Hornissen beflogen.

STEPHANANDRA SIEB. et ZUCC.
Kranzspiere – Rosaceae,
Rosengewächse

S. incisa (THUNB.) ZAB.,
Kranzspiere

Verbreitung: Japan und Korea.

Wuchs: Breitbuschiger und dichttriebiger Kleinstrauch. Zweige dünn, hin- und hergebogen, weit überhängend, langsam wachsend.

Größe: Bis 1,5 (2) m hoch und breit.

Blätter: Sommergrün, wechselständig, eiförmig, 3lappig mit ausgezogener Spitze, 4 bis 6 cm lang, hellgrün, Herbstfärbung orangebraunrot, sehr früh verfärbend.

Blüten: Grünlichweiß, in 6 cm langen und 4 cm breiten Rispen, zart duftend; Juni bis Anfang Juli.

Standort: Sonnig bis absonnig (halbschattig).

Boden: Bevorzugt feuchte, aber durchlässige, nahrhafte Substrate, sauer bis neutral, kalkmeidend, insgesamt aber anspruchslos und gedeiht auch noch auf mäßig trockenen Standorten.

Eigenschaften: Frosthart, robust, hohes Ausschlagsvermögen, Triebe oft nur kurzlebig, bildet trockenes Holz.

Verwendung: Immer recht ansehnlicher Kleinstrauch für Einzelstellung, Gruppen, zur Flächenbegrünung halbschattiger Gehölzpartien, Abstufung von Gehölzrändern, freiwachsende Hecken und im Straßenbegleitgrün.

Pflegetip: Auf Grund der kurzen Lebensdauer der Triebe ist ein jährlicher Auslichtungsschnitt nach der Blüte ratsam.

Stephanandra incisa 'Crispa'

S. incisa 'Crispa',
Zwerg-Kranzspiere

Wuchs: Zwergstrauch, nestförmig, mit weit ausladenden, bodenaufliegenden und dichtverzweigten Trieben, langsam wachsend.

Größe: 0,5 bis 0,8 m hoch und 1,5 m breit.

Blätter: Sommergrün, wechselständig, 3lappig, Rand scharf gesägt, hellgrün, unterseits behaart, Herbstfärbung gelb bis braunorange.

Blüten: Weiß, in lockeren, endständigen Rispen im Juni/Juli.

Standort: Sonnig bis lichtschattig.

Boden: Eigenschaften wie die Art.

Verwendung: Guter Flächenbegrüner für lichtschattige Standorte. Unterpflanzung, Gruppen, Abstufung von Gehölzrändern.

Stephanandra tanakae

S. tanakae (FRANCH. & SAV.)
FRANCH. & SAV.

Verbreitung: Japan.

Wuchs: Breitbuschig aufrechter Strauch, dicht und regelmäßig verzweigt, die dünnen, rotbraunen Rutentriebe elegant und locker nach allen Seiten überhängend.

Größe: Bis 2 m hoch und breit.

Rinde: Triebe rotbraun, glatt, später dunkelgrau und längsstreifig abfasernd. Auffallende Winterzierde.

Blätter: Sommergrün, wechselständig, im Umriß breit eiförmig bis 3eckig, 3lappig, bis 10 cm lang, Rand grobzähnig gesägt, dunkelgrün; Herbstfärbung orange bis rot.

Blüten: Cremeweiß, alle Triebspitzen sind besetzt mit lockeren, bis 10 cm langen Rispen; Juni/Juli; auffallendes Blütengehölz.

Standort: Sonnig bis absonnig, warm.

Boden: wie S. incisa.

Verwendung: Ein sehr apartes, feines Blütengehölz. Im Juli ist der Strauch von einem schaumigen, weißen Rispenschleier umgeben. S. tanakae ist schöner und eleganter als S. incisa. Einzelstellung und Gruppenpflanzung.

Stephanandra tanakae

STEWARTIA

STEWARTIA L. (Stuartia)
Scheinkamelie, Stewartie – Theaceae,
Teegewächse

Die Gattung wurde nach dem Engländer JOHN
STUART (1713 – 1792) benannt.

In unseren Gärten ist die Stewartie der einzige, vollkommen frostharte Vertreter der berühmten Familie der Teegewächse. Sie wurde 1864 von SIEBOLD
bei uns eingeführt.

S. pseudocamellia MAXIM., Scheinkamelie, Sommerkamelie

Verbreitung: Japan.

Wuchs: Strauch oder baumartiger Großstrauch, oft
einen kurzen Fuß-Stamm bildend, Hauptäste
schlank trichterförmig aufrecht, Seitenäste feintriebig und fächerförmig verzweigt, im Alter locker
und malerisch ausgebreitet; sehr langsam wachsend.

Größe: 4 bis 6 m hoch und 2,5 bis 4,5 (6) m breit,
sehr alte Exemplare (80 Jahre!) erreichen auch bei
uns gelegentlich Höhen von 8 bis 10 m. In England
bis etwa 12 m. Am heimatlichen Standort bis 18 m
hoch.

Stewartia pseudocamellia

Stewartia pseudocamellia, Rinde

Rinde: Triebe graubraun, später rotbraun, Borke
im Alter glatt und sehr dekorativ platanenartig in
den Farben braun, braunorange, gelblich und oliv
ablösend, außergewöhnlich attraktiv. Winterzierde!

Blätter: Sommergrün, wechselständig, elliptisch
lanzettlich bis verkehrt eiförmig, 3 bis 8 cm lang,
mittelgrün; im Herbst prachtvoll dunkelrot oder
gelborange.

Blüten: Weiße, schalenförmige Blüten mit leuchtend orangegelben Staubgefäßen, haben entfernte
Ähnlichkeit mit den Einzelblüten des Pfeifen-
strauchs, Blüten öffnen sich nach und nach, lange
Blühdauer; Juni/Juli bis August.

Früchte: Verholzende, 5klappige Fruchtkapseln.

Wurzel: Oberflächennah ausgebreitet, sehr fein
verzweigt, empfindlich, liebt feuchtkühle Atmosphäre, bei zuviel Sonne Wurzelbereich abdecken.

Standort: Auf genügend feuchten Plätzen auch
sonnig, sonst absonnig bis lichtschattig, warm und
geschützt.

Boden: Gleichbleibend frische bis feuchte, aber
nicht nasse, lockere und durchlässige, humose Böden, schwach sauer bis sauer, Kalk meidend! Wo
Rhododendron und Azaleen gedeihen, wächst auch
die Stewartie.

Eigenschaften: In unseren mitteleuropäischen
Gärten überall genügend hart, treibt früh, daher als
junge Pflanze etwas spätfrostgefährdet, empfindlich
gegenüber sommerlicher Trockenheit, langsamwüchsig, blüht aber schon als 1,20 m hohe Jungpflanze, ältere Exemplare etwas problematisch
beim Verpflanzen.

Ökologie: Blüten werden stark von Insekten besucht.

Verwendung: Für den anspruchsvollen Gehölzliebhaber gehört die Scheinkamelie zu den allergrößten Kostbarkeiten. Bei diesem Gehölz stimmt
aber auch einfach alles. Von der Abstammung
(berühmte Dynastie (Familie) der Tee-Gewächse)
über den edlen, malerischen Wuchs und die apar-
ten, kamelienähnlichen Blüten bis hin zur glühend
dunkelroten Herbstfärbung werden auch die höchsten Ansprüche erfüllt. Daß ein solches Gehölz einen ganz besonderen Einzelplatz verdient, dürfte
nunmehr eine Selbstverständlichkeit sein. Wem
dies immer noch nicht reicht, dem sei verraten,
daß die Scheinkamelie auch noch zu den schönsten Rindenfärbern zählt und eine große Winterzierde darstellt.

Solitärstrauch für absolute Einzelstellung in
Gehölzrabatten, absonnigen Gartenpartien, sehr

Stewartia pseudocamellia, Früchte

schön in Verbindung mit Rhododendron, die der Herbstfärbung einen ruhigen, dunkelgrünen Hintergrund bieten.

Pflegetip: Niemals schneiden! Jungen Pflanzen in starken Wintern einen Wurzelschutz geben und Hauptäste (besonders im Basisbereich) gegen übermäßige Erwärmung durch Wintersonne mit Tannenreisig schattieren.

STRANVAESIA LINDL.
Stranvaesie – Rosaceae,
Rosengewächse

S. davidiana DECNE.,
Stranvaesie,
Lorbeermispel

Verbreitung: Im westlichen China einschließlich Tibet und Himalajagebiet bis auf Höhen um 2500 m.

Wuchs: In der Jugend breitbuschig aufrecht wachsender Strauch, im Alter Hauptäste locker, unregelmäßig ausgebreitet bis waagerecht abstehend, oft sehr eigenwillig und malerisch, langsam wachsend.

Größe: 2 bis 3 (4) m hoch und ausgewachsen genauso breit.

Blätter: Immergrün, wechselständig, ledrig, länglich lanzettlich, zugespitzt, an der Basis keilförmig, ganzrandig, die 1 bis 2 cm langen Blattstiele oft rötlich, Blätter bis 12 cm lang und 2 bis 3 cm breit, dunkelgrün, glänzend; Herbstfärbung der älteren Blätter sehr schön leuchtend orange bis rot.

Blüten: Weiß, in bis zu 8 cm breiten, flachen Doldentrauben, ähnlich Crataegus; Juni.

Früchte: Leuchtend rot, stumpf, etwa erbsengroß, flachkugelig, oft bis zum Frühjahr haftend, schöner Kontrast zu dem dunkelgrünen Laub, eher harmlos, siehe Giftigkeit bei Cotoneaster.

Stranvaesia davidiana im Winter

Wurzel: Hauptwurzeln tiefgehend, dicht verzweigt.

Standort: Sonnig bis halbschattig, geschützt.

Boden: Mehr frischer bis feuchter, nahrhafter und humoser, gut durchlässiger Boden, schwach sauer bis alkalisch; die Stranvaesie gedeiht aber auch noch auf leichteren, sandig-humosen Substraten.

Eigenschaften: Als junge Pflanze etwas frostempfindlich, Schäden an Blättern und Jungtrieben ab minus 20/22 °C, Pflanzen in offener Lage erstaunlich windresistent! Früchte vertragen Fröste bis minus 18 (20) °C und haften lange.

Verwendung: Gehört zu den schönsten immergrünen Fruchtsträuchern, die leuchtend roten Früchte bilden einen guten Kontrast zu dem dunkelgrünen Laub. Entwickelt sich zu ausgesprochenen Solitärgehölzen und ist verwendbar für Gehölz- und Staudenrabatten, Innenhöfe und für das Thema „Immergrüner Garten".

Ökologie: Die Stranvaesie ist ein Insektenmagnet. Sie wird sehr stark von Fliegen, Hummeln, Bienen und Käfern besucht und ist auch ein sehr beliebtes Jagdrevier der Hornissen.

STYRAX L.
Storaxbaum – Styracaceae,
Storaxbaumgewächse

Storax = Bezeichnung für ein wohlriechendes Harz, das aus der Rinde verschiedener Storaxbäume gewonnen wird.

S. japonica SIEB. & ZUCC.,
Japanischer Storaxbaum –„Japanischer Schneeglöckchenbaum"

Sommergrüner, 3 bis 6 (8) m hoher, baumartiger Strauch mit mehr oder weniger horizontal ausgebreiteten Ästen und dichter, feiner Bezweigung. Triebe dünn, anfangs sternfilzig, später kahl, braun bis rotbraun. Blätter wechselstän-

Styrax japonica

dig, verhältnismäßig klein, rundlich elliptisch, 2 bis 4 cm lang, nur an Langtrieben größer, entfernt drüsig gezähnt oder aber ganzrandig, oberseits dunkelgrün, schwach glänzend, unterseits heller, in den Aderwinkeln Achselbärte, Blüten breit-glockenförmig, wachsartig, weiß, zu 3 bis 6 in hängenden Trauben, in großer Fülle entlang der Unterseite der Zweige, duftend. Blütezeit von Juni bis Juli.

Styrax japonica ist in den Gebirgswäldern Japans, Südkoreas und Zentralchinas verbreitet und wurde 1862 von RICHARD OLDHAM nach Europa eingeführt.

Obwohl der ausgewachsene Strauch in unseren mitteleuropäischen Gärten ausreichend frosthart ist, sollten wir ihm doch einen geschützten Standort zuweisen, da Jungpflanzen spätfrostempfindlich sind. Ein leichter Winterschutz ist in den ersten Jahren auf jeden Fall ratsam. Bevorzugt wird ein frischer, humoser, gut durchlässiger, schwach saurer Boden.

Der Japanische Storaxbaum, der in seiner Blütentracht an Halesia erinnert – die Amerikaner nennen ihn deshalb auch den „Jap. Schneeglockenbaum" – ist ein hinreißend schönes Blütengehölz, das einen besonders ausgewählten Einzelplatz verdient. Lichtschattige Gehölzrandsituationen verzaubert der überreich blühende „Jap. Schneeglockenbaum" zusammen mit einer Auswahl feinster, weißer Wildstaudenschönheiten in traumhafte Gartenlandschaften.

S. obassia SIEB. & ZUCC.,
Obassia – Storaxbaum,
Rundblättriger Storaxbaum

Obassia ist die jap. Bezeichnung für dieses Gehölz.

Sommergrüner, 5 bis 7 (10) m hoher Großstrauch oder Kleinbaum. In der Jugend langsamwüchsig. Triebe feinfilzig, später kahl, hellbraun. Blätter wechselständig, auffallend groß, breit eirund bis fast kreisrund, plötzlich zuge-

Stranvaesia davidiana mit Keilfleckfliege

Styrax obassia

spitzt, 8 bis 16 cm lang und 5 bis 14 cm breit, oberhalb der Blattmitte fein grannig gezähnt, dunkelgrün, unterseits grau, dicht sternhaarig. Einzelblüten breit-glockenförmig, weiß, in 10 bis 20 cm langen, hängenden Trauben, im Mai/Juni, angenehm duftend.

Styrax obassia ist in Japan, Korea und China beheimatet und wurde 1879 nach Europa eingeführt. Bodenansprüche und Verwendung wie S. japonica.

Leider ist der ausreichend frostharte Obassia-Storaxbaum, der zu den kostbarsten kleineren Blütenbäumen gehört, nur sehr selten in unseren Gärten anzutreffen.

In mitteleuropäischen Gärten sind gelegentlich noch in Kultur **Styrax americanus**, *der feuchte Böden liebt, und die Art* **Styrax dasyanthus**.

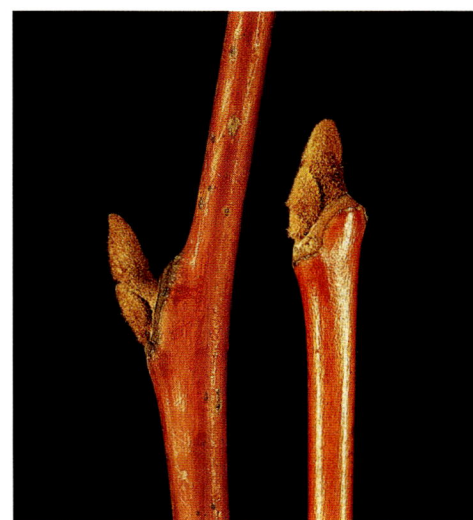

Styrax obassia

SYMPHORICARPOS DUHAM.
Schneebeere – Caprifoliaceae, Geißblattgewächse

Die Gattungsbezeichnung setzt sich zusammen aus dem griech. „symphoros" = vereinigt und „karpos" = Frucht. Gemeint sind die Früchte, die dichtgedrängt zusammenstehen.

Die Gattung umfaßt etwa 15 Arten, die fast ausschließlich in Nordamerika und südlich bis Mexiko vorkommen. Nur S. sinensis REHD. ist in China beheimatet.

Alle Arten sind sommergrüne, überwiegend Ausläufer treibende Sträucher mit gegenständigen, meist ganzrandigen, bisweilen auch schwach gelappten Blättern.

Während die weißen oder rosafarbenen, glockenförmigen und sehr kleinen Blüten eher unauffällig sind, zeichnen sich viele Arten, besonders aber die neueren Gartenformen, durch einen recht attraktiven und lang haftenden Fruchtbehang aus.

Die weißen oder lilarosa gefärbten, beerenartigen Steinfrüchte, die bei den Kindern als sogenannte „Knackbeeren" oder „Knallerbsen" beliebt sind, sollen von ihrer Giftigkeit her nach FROHNE und PFÄNDER eher harmlos sein. Der Verzehr von 3 bis 4 Früchten ruft meist keine Symptome hervor. Bei größeren Mengen soll es, nach einem Bericht aus dem Jahre 1885, zu Bewußtlosigkeit, Leibschmerzen und Erbrechen kommen. Insgesamt aber ist dieser Komplex sehr widersprüchlich. In Amerika, wo die Arten zur heimischen Flora gehören, gelten sie eher als ungiftig.

Für den Pflanzenverwender liegt der große Wert der Schneebeeren in ihrer Robustheit und Anspruchslosigkeit. Sie wachsen auf beinahe allen Böden, nehmen mit sonnigen und halbschattigen Plätzen vorlieb, sind salztolerant und sind allgemein als unverwüstlicher Unterwuchs bekannt. Nur wenige sommergrüne Gehölze besitzen diese Kampfkraft und können sich dauerhaft im Wurzelbereich von intoleranten Bäumen behaupten. Darüber hinaus sind Schneebeeren völlig unempfindlich gegenüber jeglichen Schnittmaßnahmen. Symphoricarpos wird von Kaninchen nicht verbissen!

Die Korallenbeere (S. orbiculatus), die es wert wäre, auf Fruchtansatz und Herbstfärbung selektiert zu werden, hat in der Floristik eine gewisse Bedeutung.

Ökologie: Alle Symphoricarpos-Arten und -Formen werden sehr stark von zahlreichen Insektenarten, insbesondere von Bienen, besucht.

S. albus var. laevigatus (FERN.)
BLAKE, Schneebeere
(= S. racemosus der Baumschulen,
S. rivularis SUKSD.)

Wird im Handel immer als „S. racemosus" angeboten, obwohl die echte Wildart S. racemosus MICHX. = S. albus (L.) BLAKE nicht in Baumschulkultur ist. Die bei uns kultivierten Sträucher werden S. var. laevigatus (FERN.) BLAKE zugeordnet.

Verbreitung: Nordamerika.

Wuchs: Buschig aufrechter, dicht verzweigter Strauch, Triebe dünn, etwas überhängend, durch Wurzelausläufer sich stark ausbreitend.

Symphoricarpos albus var. laevigatus

Größe: Bis 2 m hoch, auf leichten Böden schnell Kolonien bildend und dann breiter als hoch.

Rinde: Triebe grau bis graubraun, kahl! (bei S. albus = S. racemosus MICHX.) fein behaart).

Blätter: Sommergrün, gegenständig, eirundlich, ganzrandig, nur an Langtrieben gelappt, fast kahl, oberseits dunkelgrün, unterseits hellgrün, bleiben lange haften; Herbstfärbung gelblich, unauffällig.

Blüten: Klein, rosaweiß, in end- oder achselständigen Ähren, Einzelblüte glockenförmig, 5 bis 6 mm lang; von Juni bis September.

Früchte: Weiße bis grünlichweiße, kugelige, schwammig aufgetriebene Beeren, die bis in den Winter hinein haften; Einzelfrucht bis 1,7 cm lang und 1,5 cm dick. Giftigkeit siehe Einleitung.

Wurzel: Flach ausgebreitet, dicht verzweigt, sehr weitstreichend, je nach Boden mehr oder weniger starke Ausläuferbildung.

Standort: Sonnig bis halbschattig.

Boden: Keine besonderen Ansprüche, auf allen trockenen bis feuchten, auch nährstoffarmen Böden, gern auch auf leichten, sandigen Standorten, hier starke Ausläuferbildung.

Eigenschaften: Frosthart, gut wärme- bis hitzeverträglich, sommerliche Trockenheit schadlos verkraftend, schattenverträglich, stadtklimafest, behauptet sich im Wurzelbereich von Bäumen, robust und unempfindlich gegenüber mechanischen Einwirkungen, gut schnittverträglich, läßt sich leicht verpflanzen, kann durch Ausläuferbildung lästig werden. Windfest, salzverträglich.

Verwendung: Ungeheuer robuster und anspruchsloser Strauch für Abpflanzungen, Gehölzränder, Unterpflanzung schattiger Baumpartien, freiwachsende und geschnittene Hecken, trockenwarme Böschungen (Bodenfestiger), Verkehrsbegleitgrün. Ein schönes Herbstbild ergeben die Früchte der Schneebeere mit Sorbus serotina im Hintergrund.

Pflegetip: Kann bedenkenlos bis zum Boden zurückgeschnitten werden.

Ökologie: Wertvolle Insektenfutterpflanze. Der Honigertrag liegt bei 20 kg pro ha. Die Früchte werden von Mäusen gefressen. Anlegen von Wintervorräten!

S. albus var. laevigatus 'White Hedge'
(Wird in Holland auch unter S. x doorenbosii 'White Hedge' geführt)

Breitbuschiger, bis 1,5 m hoher Strauch mit straff aufrechten Zweigen und Trieben. Früchte groß, weiß, 1 bis 1,3 cm dick, in aufrechten bis überhängenden Ständen. 'White Hedge' eignet sich auf Grund der Wuchsform sehr gut für freiwachsende Hecken und Abpflanzungen. Ansprüche, Eigenschaften und Standort wie die Art.

S. x chenaultii REHD.,
Bastardkorallenbeere
(= S. microphyllus x S. orbiculatus)

Um 1910 bei CHENAULT, Orléans, Frankreich entstanden.

Wuchs: Aufrechter, dichtbuschiger Kleinstrauch mit zierlichen, bogig überhängenden Zweigen, durch Bewurzelung der Bodentriebe sich ausbreitend.

Größe: 1,5 bis 2 m hoch und breit.

Blätter: Sommergrün, gegenständig, rundlich eiförmig, bis 2 cm lang, mittelgrün, unterseits hellgrün-filzig, früher Austrieb und später Laubfall - (November).

Blüten: Rosa, klein, in end- oder achselständigen Ähren.

Früchte: Überwiegend kugelig, roterübenfarbig über lilarosa bis fast weiß, 5 bis 9 mm dick, glänzend, erscheinen in großen Mengen und sind im Herbst eine langanhaltende Zierde. Giftigkeit siehe Einleitung.

Standort: Sonnig bis schattig.

Boden: Keine besonderen Ansprüche, auf allen trockenen bis feuchten, auch nährstoffarmen Böden.

Eigenschaften: Frosthart, etwas spätfrostempfindlich, stadtklimafest, rauchhart, salztolerant, hohe Schattenverträglichkeit, Wurzeldruck ertragend, hohes Ausschlagsvermögen, schnittfest, Früchte

Symphoricarpos x chenaultii

Symphoricarpos x chenaultii 'Hancock'

nach minus 6 °C (minus 8 °C) noch gut. Wird nicht von Kaninchen verbissen.

Verwendung: Robustes Gruppen- und Heckengehölz, geeignet zur Flächenbegrünung unter größeren, schattenden Bäumen, Gehölzränder (Abstufung von Pflanzungen), Straßenbegleitgrün, Böschungen, ansehnliches Fruchtschmuckgehölz. Ein sehr schöner Winteraspekt ist das lang haftende, frischgrüne Laub. Pflanzung auch unter Kastanien möglich.

Ökologie: Gutes Insektennährgehölz.

S. x chenaultii 'Hancock'

Wuchs: Dichtbuschiger Kleinstrauch, Zweige weit ausgebreitet und niederliegend, durch wurzelnde Bodentriebe sich stark ausdehnend; rasch wachsend.

Größe: Bis 1 m hoch, auf guten Böden auch höher, Breite über 1,5 m.

Blätter, Blüten und Früchte wie die Art.

Standort: Sonnig bis schattig.

Boden: Keine besonderen Ansprüche, auf allen trockenen bis feuchten, auch nährstoffarmen Böden.

Eigenschaften: Frosthart, etwas spätfrostempfindlich, stadtklimafest, rauchhart, hohe Schattenverträglichkeit, Wurzeldruck ertragend, sehr hohes Ausschlagsvermögen, schnittfest, salzverträglich, wird nicht von Kaninchen verbissen.

Verwendung: Zählt neben Cotoneaster 'Skogholm' immer noch zu den unverwüstlichsten Bodendeckern. Auf etwas problematischen Standorten (Schatten, Wurzeldruck) ist er wirklich unübertroffen und wertvoll, doch muß er nicht hektarweise gepflanzt werden. Straßenbegleitgrün, Böschungen, Mauerkronen, Unterpflanzung von Gehölzpartien. Vorsicht bei konkurrenzschwachen Gehölzen! 'Hancock'-Flächen sind heißbegehrte Wohnburgen der Kaninchen (man braucht keine Baue mehr zu graben). Ihre Losung: „My home is my Hancock".

S. x doorenbosii 'Amethyst'

Breitbuschig aufrechter, bis 1,5 m hoher Strauch mit dünnen Zweigen und überhängenden Fruchttrieben. Blätter elliptisch, 2 bis 4 cm lang, dunkelgrün, lange haftend. Blüten glockig, weißlich bis lilarosa überlaufen, in kurzen Trauben von Juni bis August. Früchte groß, rundlich-oval, lilarosa, in dichten Büscheln, gehäuft am Ende der Triebe, bleiben bis in den

Symphoricarpos x doorenbosii 'Amethyst'

November (Dezember) am Strauch hängen. Eine wertvolle neue Sorte, die durch ihren reichen und farblich sehr wirkungsvollen Fruchtbehang besticht. Verwendbar für freiwachsende Hecken, zur Flächenbegrünung, aber auch geeignet als Fruchtschmuck-Gehölz zur Einzelstellung in Gehölz- und Staudenrabatten. Um einen reichen Fruchtansatz zu gewährleisten, ist es ratsam, den Strauch regelmäßig im Frühjahr scharf zurückzuschneiden. Man kann ihn beinahe wie eine Solitärstaude behandeln.

'Amethyst' wurde von den BAUMSCHULEN BERLIN – BAUMSCHULENWEG GmbH in den Handel gebracht.

S. x doorenbosii 'Hecona'

Straff aufrechter, bis 1,5 (2) m hoher, dichtbuschiger Strauch mit gesundem Laub und großen, attraktiven, weißlichen, lilarosa überhauchten Früchten. Diese neue Sorte eignet sich für freiwachsende Hecken, zur Flächenbegrünung und Einzelstellung.

S. x doorenbosii 'Magic Berry'

(S. x doorenbosii KRÜSSM. ist aus einer Kreuzung zwischen S. albus var. laevigatus und S. x chenaultii entstanden.)

Wuchs: Mittelhoher Strauch, breitbuschig aufrecht, sehr dichttriebig, Seitenzweige überhängend, bei Bodenkontakt bewurzelnd, dickichtartige Flächen bildend.

Größe: 1 bis 1,2 (1,5) m hoch, im Alter breiter als hoch.

Rinde: Jahrestriebe hellbraun.

Blätter: Sommergrün, gegenständig, eirund bis elliptisch, 2 bis 3 cm lang, dunkelgrün.

Blüten: Rosa, in kurzen, behaarten Trauben, Einzelblüten glöckchenförmig, 5 bis 7 mm lang, im Juni.

Früchte: Form sehr veränderlich, spitz-eiförmig, eiförmig oder ellipsoid, sonnenseits roterübenfarbig (magenta), schattenseits rosa bis fast weiß, 0,6 bis 1,2 (1,4) cm lang und 0,4 bis 0,9 cm dick. Bleiben lange haften.

Standort: Sonnig bis schattig.

Boden: Keine besonderen Ansprüche, auf allen trockenen bis feuchten Böden.

Eigenschaften: Frosthart, stadtklimafest, hohe Schattenverträglichkeit, Wurzeldruck ertragend, schnittfest. Laub haftet lange, nimmt gelegentlich nach Frühfrösten eine schmutzigbraune Färbung an.

Verwendung: Anspruchsloses, schattenverträgliches Fruchtschmuckgehölz, das sich für Flächenbegrünungen, Heckenpflanzungen, aber auch zur Einzelstellung sehr gut eignet.

Ökologie: Wertvolle Insektenfutterpflanze.

S. x doorenbosii 'Mother of Pearl'

1950 von S.G.A. DOORENBOS, Den Haag, gezüchtet.

Locker aufrechter, nur mäßig verzweigter, bis 2 m hoher Strauch mit überhängenden Fruchttrieben. Früchte groß, kugelig bis eiförmig, 0,8 bis 1,3 cm dick, grünlichweiß bis weiß mit rosa Wange, später einheitlich lila bzw. perlmuttrosa.

'Mother of Pearl' hat die größten Früchte von allen Hybriden. Sie sind aber weniger frostbeständig und erfrieren bei etwa minus 6 °C.

S. orbiculatus MOENCH,
Korallenbeere

Verbreitung: Nordamerika.

Wuchs: Strauch, in der Jugend straff aufrecht, später dichte Büsche bildend mit locker überhängenden, dünntriebigen Zweigen, langsamwüchsig.

Größe: Bis 2 m hoch und breit.

Rinde: Triebe hellbraun (teakholzfarben), im oberen Bereich schwach behaart.

Symphoricarpos orbiculatus

Blätter: Sommergrün, gegenständig, eirundlich bis elliptisch, 1,3 bis 2,5 cm lang und 0,7 bis 1,5 cm breit, stumpfgrün, unterseits hellgraugrünfilzig; Herbstfärbung sehr schön braunrot bis rot (je nach Typ).

Blüten: Gelblichweiß bis grünlichrot, in kleinen Ähren, Einzelblüte glockig, 4 mm lang, Juni/Juli.

Früchte: Mehr oder weniger flachkugelig, gerippt, mit deutlichem Kelch, rubinrot, schattenseits rosa bis fast weiß, glänzend, 3 bis 6 mm dick, in etagenartigen Büscheln entlang der Triebe (korallenähnlich gehäuft), außerordentlich zierend.

Standort: Sonnig bis schattig.

Boden: In jedem kultivierten Boden.

Eigenschaften: Frosthart, Schatten vertragend, widersteht dem Wurzeldruck größerer Bäume, stadtklimafest, rauchhart, salztolerant, hohes Ausschlagsvermögen.

Verwendung: Sehr anspruchsloses Fruchtschmuckgehölz, dem wir viel größere Beachtung schenken sollten. In der Floristik gibt es bereits Selektionen mit ausdrucksvollem Fruchtbehang und intensiver Herbstfärbung. Einzelstellung, Gruppen, Flächenbegrünung unter großen Bäumen, Böschungen, Hecken, Gehölzrändern (Abstufung) und im Verkehrsbegleitgrün. Eine sehr hübsche, zierliche Sorte ist **S. orbiculatus 'Variegatus'** mit fein goldgelb gerandeten und geaderten Blättern. Schön für den „Gelben Garten', beliebt bei den Floristen. Diese Form ist seit 1902 bekannt.

Ökologie: Wertvolle Insektenfutterpflanze. Honigertrag pro ha 67 kg.

SYRINGA L.
Flieder – Oleaceae, Ölbaumgewächse

Die etwa 30 Arten der Gattung Syringa haben ihr Verbreitungsgebiet in Südosteuropa und Ostasien. Es sind laubabwerfende Sträucher oder gelegentlich auch kleinere Bäume mit gegenständigen und überwiegend ungeteilten Blättern. Nur einige wenige Arten wie z. B. S. afghanica, S. laciniata und die Hybride S. x persica haben gelappte bis gefiederte Blätter.

Gegen Ende des 16. Jahrhunderts gelangte die bekannteste Wildart, S. vulgaris, aus dem Balkan nach Mitteleuropa. Aber erst in der zweiten Hälfte des 19. Jahrhunderts begann die große Zeit des Flieders.

Von den vielen hundert Sorten, die damals gezüchtet wurden, entstanden allein bei LEMOINE in Nancy, Frankreich, 180. Heute ist der Flieder aus unseren Gärten nicht mehr wegzudenken. Er zählt zum ganz festen gärtnerischen Kulturgut und ist besonders im ländlichen Raum eine Charakterpflanze der dörflichen Gärten. Der Flieder ist der Inbegriff für den Beginn des Vollfrühlings. Neben den vielen verschiedenen Farben und Blütenformen ist es auch der so typische, betörende Fliederduft, der diese Pflanze berühmt gemacht hat.

Syringa x chinensis – Wir sollten uns wieder mehr um unsere schönen Flieder kümmern.

Neben Syringa vulgaris und den vielen Gartenformen gibt es noch eine Reihe sehr reizvoller, gut frostharter Wildarten und Hybriden. S.-Preston-Hybriden aus Kanada und S. x swegiflexa sind nur einige wenige davon.

Mir ist es unverständlich, warum das Interesse der Pflanzenverwender an diesen wertvollen und dankbaren Blütensträuchern z. Z. so gering ist. Gerade die feinrispigen, zartviolett blühenden Formen der S. vulgaris-Gruppe benötigen unsere Gärten doch so dringend.

S. x chinensis WILLD.,
„Chinesischer Flieder", Königsflieder
(= S. rothomagensis HORT.)

Um 1777 in Frankreich aus einer Kreuzung zwischen S. vulgaris x S. persica entstanden.

Wuchs: Breitbuschig und sehr locker aufrecht, höherer Strauch mit bogig überhängender, dünntriebiger Bezweigung.

Größe: 3 bis 4 (5) m hoch und meist genauso breit.

Blätter: Sommergrün, gegenständig, eiförmig, 6 bis 8 cm lang, dunkelgrün.

Blüten: Hellviolett bis hellblauviolett, in lockeren, 15 bis 30 cm langen, hängenden Rispen, in großer Fülle, süßlich duftend; Mai.

Standort: Sonnig, warme Lage.

Boden: Tiefgründige, möglichst anlehmige, nährstoffreiche und durchlässige Böden, schwach sauer bis alkalisch, kalkliebend; zu schwere, kühle und nasse Böden sind ungeeignet.

Eigenschaften: Frosthart, wärmeliebend, hitzeverträglich, sommerliche Trockenheit gut vertragend, stadtklimafest, rauchhart.

Syringa x chinensis

Verwendung: Mit seinem ausgesprochen lockeren Wuchs und den besonders zur Blütezeit bogig überhängenden Trieben eine der schönsten Gartenformen dieser Gruppe. Obwohl im Freistand am ausdrucksstärksten, ist S. x chinensis auch für Gruppenpflanzungen und freiwachsende Blütenhecken geeignet. Ein herrlicher Partner für Spiraea x vanhouttei. Weitere Benachbarung: Laburnum, Malus in Sorten, Rotdorn, Schneeball und Cytisus x praecox.

S. x chinensis 'Saugeana'
(= S. chinensis rubra)

Wuchs: Dichtbuschig aufrechter Strauch mit locker überhängender Seitenbezweigung, langsam wachsend.

Größe: 3 bis 4 m hoch und breit.

Blätter: Sommergrün, gegenständig, eiförmig, 6 bis 8 cm lang, dunkelgrün.

Blüten: Dunkelviolett, in großen, lockeren, hängenden Rispen, duftend.

Standort, Boden und Eigenschaften wie S. x chinensis.

Verwendung: Eine wertvolle Selektion mit dunkleren Blüten.

S. josikaea JACQ. f. ex REHB.,
Ungarischer Flieder

Verbreitung: Ungarn, Galizien.

Wuchs: Breit aufrechter, dichtbuschiger Großstrauch mit etwas steifen und starkholzigen Trieben, rasch wachsend.

Größe: Bis 4 m hoch und genauso breit. Zuwachs in Höhe und Breite ca. 35 cm.

Blätter: Sommergrün, gegenständig, breit elliptisch, 6 bis 12 cm lang, dunkelgrün, Rand fein gewimpert, unterseits bläulichgrün, Herbstfärbung gelb.

Blüten: Hellila (knospig purpurn), Blütenrispen schmal pyramidal, 10 bis 15 (20) cm lang, Einzelblüte 1,5 bis 1,7 cm, Durchmesser der Krone 0,7 cm, aufrecht bis leicht geneigt, stark duftend, Mai/Juni.

Standort: Sonnig bis leicht halbschattig.

Boden: Auf frischen bis feuchten, nahrhaften und gut durchlässigen Böden, sauer bis schwach alkalisch, schwere Böden ungeeignet. Frostschäden; gedeiht aber auch auf trockeneren Standorten.

Eigenschaften: Frosthart, wärmeliebend, verträgt Trockenheit, etwas schattenverträglich, windfest.

Syringa josikaea

Verwendung: Wertvolles und allgemein anspruchsloses Solitär- und Gruppengehölz, geeignet auch für freiwachsende Hecken, Windschutz in Garten- und Parkanlagen.

S. meyeri 'Palibin',
Zwerg-Duftflieder
(= S. palibiniana HORT., S. microphylla 'Minor')

Darf nicht verwechselt werden mit S. palibiniana NAKAI.

Wuchs: Dichtbuschiger, zierlicher Kleinstrauch mit etwas steif-aufrechten Trieben.

Größe: 1 bis 1,2 m hoch und breit.

Blätter: Sommergrün, gegenständig, elliptisch eiförmig, 3 bis 4 (5) cm lang und 2 bis 2,5 (3,5) cm breit, dunkelgrün, Blattrand gewellt.

SYRINGA

Syringa meyeri 'Palibin'

Blüten: Hellila in endständigen, etwa 8 cm langen, unverzweigten Rispen, sehr zahlreich, stark, aber angenehm duftend, (Mai) Juni.

Standort: Sonnig.

Boden: Nahrhaft, mäßig trocken bis feucht, gut durchlässig, schwach sauer bis schwach alkalisch.

Eigenschaften: Frosthart, trockenresistent, hitzeverträglich, stadtklimafest.

Verwendung: Reizender Kleinstrauch für Rabatten, Terrassen, in Staudenpflanzungen, Hochbeeten, Kübeln und Trögen (trockenresistent). Hierzu einige farblich und standortmäßig gut passende Benachbarungsstauden und Gräser: Allium karataviense, Allium moly, Crambe maritima, Euphorbia polychroma, Euphorbia cyparissias, Nepeta x faassenii, Phlox divaricata ssp. laphamii, Veronica prostrata, Eryngium bourgatii, Salvia nemorosa 'Rügen', Thymus vulgaris und Festuca cinerea (F. glauca).

S. microphylla 'Superba'

Wuchs: Kleinstrauch, breitbuschig, locker aufrecht, Triebe dünn, teilweise etwas überhängend, schwach wachsend.

Größe: 1 bis 1,5 m hoch und breit, im Alter oft breiter als hoch.

Rinde: Junge Triebe dünn, behaart.

Blätter: Sommergrün, gegenständig, rundlich eiförmig, sehr unterschiedlich groß, 1 bis 4, aber auch 4 bis 6 (10) cm lang und 3 bis 5 (6) cm breit, stumpfgrün.

Blüten: Knospig lilarosa, aufgeblüht hellilarosa, Rand der Kronzipfel weißlich, in 10 bis 20 cm langen, verzweigten, aufrechten Blütenrispen, Hauptblüte im Mai, Nachblüte bis in den Oktober!, stark duftend.

Standort: Sonnig.

Boden: Nahrhaft, mäßig trocken bis feucht, gut durchlässig, sauer bis schwach alkalisch, liebt mehr den sauren Standort.

Eigenschaften: Gut frosthart, wärmeliebend, hitzeverträglich, trockenresistent, stadtklimafest.

Verwendung: Anmutiger Kleinstrauch mit langer Blühdauer für Einzelstellung und Gruppenpflanzungen. Innenhöfe, schmale Gehölzrabatten, in Staudenpflanzungen, Hochbeeten, Kübeln und auf Dachgärten. Sehr schön mit Lavendel, Coreopsis, Eryngium, Limonium latifolium 'Blue Cloud' und 'Violetta', Gypsophila repens 'Rosea' und Crambe maritima.

S. patula (PALIB.) NAKAI, Samt-Flieder
(= S. velutina KOMAR., S. palibiniana NAKAI)

Verbreitung: Nordchina, Korea.

Wuchs: Dichtbuschiger und breit-rundlich aufrechter Strauch, schwach wachsend.

Größe: Bis 2 m hoch und breit.

Blätter: Sommergrün, gegenständig, eiförmig, 6 bis 8 cm lang, stumpfgrün, unterseits graufilzig behaart.

Blüten: In bis zu 15 cm langen, fein behaarten Rispen, außen lila, innen fast weiß, duftend, Einzelblüte 0,8 bis 1 cm lang, Mai bis Juni.

Standort: Sonnig.

Boden: Nahrhaft, mäßig trocken bis feucht, gut durchlässig, sauer bis schwach alkalisch.

Eigenschaften: Frosthart.

Syringa microphylla 'Superba'

Verwendung: Einzelstellung, Gruppen und Pflanzkübel.

S. patula 'Miss Kim'

1954 entstanden in der NEW HAMPSHIRE AGRICULTURAL EXPERIMENT STATION, Rochester, U.S.A., als Sämlingsselektion aus S. patula.

Wuchs: Dichtbuschig-aufrechter, mittelhoher Strauch, langsam und gedrungen wachsend.

Größe: Bis 2 m hoch und breit.

Blätter: Sommergrün, gegenständig, eiförmig, 6 bis 8 cm lang, dunkelgrün, im Austrieb bräunlichrot, unterseits graugrün, Herbstfärbung burgunderrot.

Blüten: In 11 bis 15 cm langen, fein behaarten Rispen, knospig tief purpurviolett, geöffnete Blüten purpurviolett mit vereistem Schimmer, Blüten innen weiß, Einzelblüte 1,2 bis 1,4 cm lang, Blütenrispen lilaweiß verblühend, duftend. Mai bis Juni.

Standort: Sonnig.

Boden: Nahrhaft, mäßig trocken bis feucht, gut durchlässig, schwach sauer bis schwach alkalisch.

Eigenschaften: Frosthart, jedes Jahr zuverlässig blühend.

Verwendung: Wenig bekannte, reichblühende Sorte des Samt-Flieders. Sehr gut geeignet für kleinste Gartenräume, Mixedborders und Pflanzkübel.

S. x prestoniae 'Elinor'

Die Preston-Hybriden entstanden nach 1920 in Ottawa (Kanada). Sie wurden zu Ehren von Mrs. ISABELLA PRESTON benannt, die diesen sehr wertvollen, doch leider viel zu wenig bekannten Formenkreis von Gartenfliedern und Kreuzungen zwischen Syringa reflexa x Syringa villosa schuf.

Hauptmerkmale sind eine sehr große Frosthärte – sie übertrifft die unserer S. vulgaris Hybriden –, ein

Syringa x prestoniae 'Elinor'

lockerer Wuchs und riesengroße, schlanke Blütenrispen mit einer späten Blütezeit.

Wuchs: Locker und breit aufrechter Großstrauch, Äste und Triebe auffallend dick, Seitenbezweigung etwas übergeneigt, rasch wachsend.

Größe: 3 bis 4 (5) m hoch und im Alter meist genauso breit.

Blätter: Sommergrün, gegenständig, spitz eiförmig, verhältnismäßig groß, dunkelgrün, derb.

Blüten: Bis 25 cm lange, verzweigte, schlanke Blütenrispen, innen hellviolett, außen blaßlila, Anfang/Mitte Juni, Verlängerung der S. vulgaris-Blüte.

Standort: Sonne.

Boden: Auf frischen bis feuchten, gut durchlässigen, nahrhaften Böden, allgemein anpassungsfähig, gedeiht auch auf mäßig trockenen Substraten, kalkmeidend, sauer bis neutral.

Eigenschaften: Sehr frosthart, stadtklimafest.

Verwendung: Außerordentlich auffallendes Blütengehölz, für das einfach mehr geworben werden müßte! Neben der schönen 'Elinor' warten noch **'Coral'**, **'Nocturne'**, **'Isabella'** und **'Romeo'** auf den Einzug in die Gärten, um uns den Fliederblütenzauber für weitere Wochen, bis in den Juli hinein, zu erhalten.

Syringa reflexa

S. reflexa SCHNEID.,
Bogen-Flieder, Hänge-Flieder

Verbreitung: China.

Wuchs: Großstrauch, breit trichterförmig aufrecht, Seitenbezweigung etwas überhängend, rasch wachsend.

Größe: 3 bis 4 (5) m hoch und im Alter genauso breit.

Blätter: Sommergrün, gegenständig, spitz eiförmig, verhältnismäßig groß, 12 bis 15 cm lang, dunkelgrün, derb, unterseits graugrün; Herbstfärbung gelblich.

Blüten: Knospig karminrosa, aufgeblüht außen rosa, innen weißlich, in endständigen, 10 bis 25 cm langen, überhängenden, walzenförmigen Rispen; Juni.

Standort: Sonne.

Boden: Auf frischen bis feuchten, gut durchlässigen, nahrhaften Böden, sauer bis neutral, kalkmeidend.

Eigenschaften: Frosthart, wärmebedürftig, stadtklimafest.

Verwendung: Wegen der sehr reizvollen, kontrastreichen Blütenfarben und der späten Blütezeit eine Ausnahmeerscheinung im Syringen-Sortiment. Einzelstellung und Gruppen.

Ökologie: S. reflexa wird auffallend stark von Bienen und anderen Insekten besucht.

S. x swegiflexa HESSE,
Perlen-Flieder

1935 in der Baumschule HESSE entstanden.

Wuchs: Trichterförmig aufrecht wachsender Großstrauch mit bogig überhängenden Seitenzweigen, rasch wachsend.

Syringa x swegiflexa

Größe: Bis 4 m hoch und fast genauso breit.

Blätter: Sommergrün, gegenständig, eiförmig, 10 bis 15 cm lang, derb, oberseits dunkelgrün, unterseits graugrün, Herbstfärbung gelblich.

Blüten: Knospen tiefrot, aufgeblüht dunkelrosa, in bis zu 30 cm langen, dichten, überhängenden Rispen.

Standort, Boden wie S. reflexa.

Verwendung: Einzelstellung, Gruppen, Pflanzkübel.

Syringa vulgaris

S. vulgaris L.,
Gewöhnlicher Flieder

Verbreitung: Südosteuropa.

Wuchs: Aufrechter, dicht verzweigter und etwas steiftriebiger Großstrauch, stark Ausläufer treibend.

Größe: 4 bis 6 m hoch und 3,5 bis 5 m breit, Jahreszuwachs in der Höhe 20, in der Breite 15 cm.

Blätter: Sommergrün, gegenständig, breit oval bis herzförmig, 5 bis 12 cm lang, frischgrün, etwas derb, keine Herbstfärbung.

Blüten: Violett, in bis zu 15 cm langen, aufrechten Rispen, stark duftend, Mai/Anfang Juni.

Wurzel: Hauptwurzeln tief, Seitenwurzeln weitstreichend, sehr dicht verzweigt. Oberboden wird filzartig durchwurzelt, stark Ausläufer treibend.

Standort: Sonnig bis absonnig.

Boden: Optimal auf mäßig trockenen bis frischen, nährstoffreichen, sandig-humosen und gut durchlässigen, sommerwarmen und sommertrockenen Lehmböden, (sauer) schwach sauer bis stark alkalisch, kalkliebend; insgesamt ist S. vulgaris aber anspruchslos und anpassungsfähig und gedeiht auch noch auf ärmeren Sandböden.

Syringa vulgaris

SYRINGA

Eigenschaften: Absolut frosthart, wärmeliebend, hitzeverträglich, stadtklimafest, rauchhart, Ausläufer treibend, hohes Ausschlagsvermögen, windresistent (Windschutzhecken in Schleswig-Holstein).

Verwendung: Bekannter und beliebter Blütenstrauch unserer Gärten. Einzelstellung, Gruppenpflanzungen, Blütenhecken, Windschutzwälle, Abpflanzungen, Deckstrauch, wegen intensiver Durchwurzelung guter Bodenfestiger an Böschungen (Stadtautobahnen, Schnellstraßen u. ä.), Uferbefestigung.

Benachbarungsgehölze für Syringa vulgaris-Hybriden: Laburnum, Cytisus x praecox, Spiraea in weißblühenden Arten und Sorten, Zier-Malus, Schneeball (Viburnum opulus 'Roseum'), Clematis alpina, Clematis montana 'Rubens' (in den Flieder pflanzen!), Crataegus monogyna, Cytisus scoparius, Deutzia gracilis, Staphylea colchica, Prunus cerasifera, Tamarix parviflora.

Passende Stauden: Isatis tinctoria (schöne Nachbarschaft zu dunkelpurpurroten Sorten), Thalictrum aquilegifolium (violettrosa), Allium christophii und Allium giganteum (lila und lilarosa). Eine schöne Kombination ergibt sich mit weißem Flieder und blauen Bartiris. Zum Schluß ein Traumpaar: Dunkelvioletter Flieder und weiße oder cremegelbe Staudenlupinen im Vordergrund!

Syringa vulgaris-Sorten

Sorte	Blütenfarbe	Blütenform	Bemerkungen
'Andenken an Ludwig Späth'	dunkelpurpurrot	einfach, Rispe bis 30 cm lang	Benachbarung: rosa Strauchrosen, Geranium endressii, G. macrorrhizum 'Spessart'
'Charles Joly'	purpurrot	gefüllt, Rispe gedrungen	sehr reichblühend
'Katherine Havemeyer'	kobaltlila mit rosa Anflug	halb bis dicht gefüllt, Rispen breit kegelförmig	guter, starker Wuchs, in USA sehr hoch bewertet
'Leon Gambetta'	lilarosa	gefüllt	frühblühend
'Marie Legraye'	reinweiß	einfach, Rispen mittelgroß	gute Treibsorte
'Maximowicz'	lilablau	halbgefüllt	sehr lange Rispen
'Michel Buchner'	lila, innen weiß	gefüllt, große Einzelblüten	guter Wachser
'Mme. Antoine Buchner'	zart malvenrosa	gefüllt	spätblühend
'Mme. Florentine Stepmann'	weiß	einfach	wohl die beste weiße Treibsorte
'Mme. Lemoine'	reinweiß	gefüllt, dichte Rispen	wichtige Treibsorte
'Mr. Edward Harding'	hellpurpurrot	gefüllt	sehr gute Sorte
'Primrose'	hellgelb	einfach	erste gelbe Sorte!
'Ruhm von Horstenstein'	tieflilarot	einfach	reichblühend

Syringa 'Charles Joly'

Syringa 'Mme. Lemoine'

Syringa 'Primrose'

TAMARIX L.
Tamariske – Tamaricaceae,
Tamariskengewächse

T. parviflora DC.,
Frühlings-Tamariske
(= T. tetrandra var. purpurea HORT.)

Verbreitung: Mittelmeergebiet, von Ostdalmatien bis zum westlichen Kleinasien.

Wuchs: Breitbuschiger, locker ausladender Großstrauch mit dünnen, weich überhängenden Trieben, rasch wachsend.

Größe: 3 bis 4 (5) m hoch und 3 m breit.

Rinde: Triebe dünn, tief rotbraun, im Winter beinahe schwarz.

Blätter: Sommergrün, schuppenartig, eiförmig zugespitzt, halb stengelumfassend.

Blüten: Rosa, in schmalen, etwa 4 cm langen Trauben an den vorjährigen Trieben; Mai/Anfang Juni.

Wurzel: Flach und tief ausgebreitet, verträgt Überflutung.

Standort: Sonne.

Boden: Auf trockenen bis frischen, durchlässigen, mäßig nährstoffreichen Böden, neutral bis stark alkalisch, insgesamt nicht wählerisch, gedeiht auch auf armen Rohböden und Salzstandorten.

Eigenschaften: Frosthart, trocken- und hitzeresistent, stadtklimafest, hohe Salztoleranz!, außerordentlich windfest (bewährt an der Küste), verträgt Überflutung, etwas problematisch beim Verpflanzen.

Verwendung: Dekorativer Großstrauch, in klimatisch begünstigten Gebieten auch kurzstämmiger Kleinbaum. Einzelstellung oder Gruppenpflanzungen. Benachbarung: Elaeagnus angustifolia, E. commutata, Buddleja alternifolia, Caryopteris, Perov-

Tamarix parviflora

skia, Potentilla frut. var. mandshurica, Pyrus salicifolia und an Stauden: Artemisia ludoviciana 'Silver Queen', Artemisia pontica, Nepeta x faassenii und Helictotrichon sempervirens. T. parviflora ist die schönste der Frühlingstamarisken.

Ökologie: Tamarix wird stark von Schwebfliegen und Bienen besucht.

T. ramosissima LEDEB.
(= T. odessana STEV.)

Tamarix ramosissima

Verbreitung: Südosteuropa.

Wuchs: Mittelhoher Strauch mit aufstrebenden Grundtrieben und locker ausladenden Seitenzweigen. Triebe schlank, wenig verzweigt und weich überhängend.

Größe: 2 bis 3 m hoch und breit.

Rinde: Triebe grün, im Winter gelblich bis gelblichbraun.

Blätter: Sommergrün, schuppenartig, oval, graugrün, im Herbst etwas gelblich verfärbend.

Blüten: Hellrosa, in 3 cm langen Trauben, die zu langen Rispen vereinigt sind, von (Juni) Juli bis September.

Wurzel: Flach ausgebreitet und tiefgehend (besitzt die Fähigkeit, sich aus größeren Tiefen mit Wasser zu versorgen).

Standort: Sonnig.

Boden: Toleriert viele Standorte, Boden sollte durchlässig und nicht zu schwer sein, trocken bis frisch (naß), sauer bis stark alkalisch; gedeiht noch gut auf sehr trockenen, sandigen, armen Böden.

Eigenschaften: Frosthart, trocken- und hitzeresistent, sehr salzverträglich, außerordentlich windfest, verträgt Überflutung, etwas problematisch beim Verpflanzen.

Verwendung: Aparter Spätsommerblüher für Einzelstellung und Gruppenpflanzungen. Auch sehr gut als Pionierpflanze für Sandaufspülungen, Halden und Rohbodenstandorte (nicht in der freien Landschaft).

Weitere Verwendung siehe auch Tamarix 'Pink Cascade'.

Ökologie: Tamarix wird stark von Schwebfliegen und Bienen besucht.

T. ramosissima 'Pink Cascade'

Wuchs: Breit aufrechter, wenig verzweigter und lockerer Strauch mit bogig ausladenden Zweigen, rasch wachsend.

Größe: 3 bis 4 m hoch und 2 bis 3 m breit.

Blätter: Sommergrün, schuppenartig, eilanzettlich, blaugrün.

Blüten: Rosa, Juli bis September, in Doppeltrauben, aus 3 bis 8 cm langen, lockeren Trauben zusammengesetzt.

Wurzel: Flach und tief ausgebreitet, verträgt Überflutung.

Standort: Sonne.

Boden: Auf trockenen bis frischen, durchlässigen, mäßig nährstoffreichen Böden, neutral bis alkalisch, insgesamt nicht wählerisch, gedeiht auch auf ärmeren Rohböden.

Eigenschaften: Frosthart, trocken- und hitzeresistent, stadtklimafest, salztolerant, außerordentlich windfest, etwas problematisch beim Verpflanzen.

Verwendung: Mit ihren kaskadenartig überhängenden Zweigen, dem zarten, rosafarbenen Blütenschleier und der heidekrautähnlichen Belaubung sind die

Tamarix ramosissima 'Pink Cascade'

Tamarisken eine ungemein elegante und aparte Ausnahmeerscheinung im Gehölzsortiment. Sie wirken ein wenig fremd, haben aber dennoch ein feines, anziehendes Wesen. Es ist nicht leicht, mit ihnen umzugehen. Sie verlangen wohlüberlegte Plätze und einfühlsame Nachbarn. Wundervoll wirken sie vor einer dunkelviolettbraunen Ziegelmauer oder als Riesenschleierkraut in karmesinfarbenen Rosenpflanzungen zusammen mit Hippophae rhamnoides, Cotinus coggygria 'Royal Purple', Berberis thunbergii 'Atropurpurea Nana' (gruppenweise Vordergrund), Pyrus salicifolia (Solitär im Hintergrund), Perovskien, Potentilla 'Abbotswood', Rosa glauca, Juniperus virginiana 'Grey Owl', Helictotrichon sempervirens, Eryngium alpinum 'Blue Star', Buddleja-Hybriden, Caryopteris und Ceanothus. Tamarisken passen auch in heidegartenähnliche Pflanzungen mit Juniperus-Formen, Cytisus und Genista-Arten und -Sorten. Sehr schön auch mit Polygonum amplexicaule 'Roseum', Eupatorium fistulosum 'Atropurpureum', Rosa glauca und Atriplex hortensis 'Red Spire'.

Ökologie: Wird stark von Schwebfliegen und Bienen besucht.

T. ramosissima 'Rosea'
(= T. hispida aestivalis)

Wuchs: Breit aufrechter, lockerer Strauch.

Größe: 3 bis 4 m hoch und 2 bis 3 m breit.

Blätter: Sommergrün, schuppenartig, hellblaugrün.

Blüten: Hellrosa in großen Trauben.

Verwendung: Wohl die schönste Sorte. Eine duftige, romantische Farbkomposition ergibt sich mit Tamarix (Hintergrund), rosa bis rosavioletten Rosen, Wolken aus weißem und rosafarbenem Schleierkraut, das übrigens wundervoll mit den Blütenrispen der Tamariske harmoniert, Malva moschata und Centranthus ruber (weiß und rosa).

T. ramosissima 'Rubra'
(= T. pentandra 'Summer Glow' HORT., T. pentandra 'Rubra' HORT.)

Um 1935 bei BARBIER, Orléans, entstanden.

Wuchs: Breit aufrechter, wenig verzweigter und lockerer Strauch, mit bogig ausladenden Zweigen, rasch wachsend.

Größe: 3 bis 4 m hoch und 2 bis 3 m breit.

Blätter: Sommergrün, schuppenartig, eilanzettlich, blaugrün.

Blüten: Dunkelrosarot, Juli bis September.

Wurzel, Standort, Boden und Eigenschaften wie 'Pink Cascade'.

Verwendung: Selektion mit dunkleren Blüten. Verwendung wie 'Pink Cascade'.

T. tetrandra PALL.

Verbreitung: Östlicher Mittelmeerraum.

Wuchs: Locker aufrechter Strauch mit rutenförmigen, überhängenden Zweigen.

Größe: Bis 3 m.

Zweige: Fast schwarzrindig.

Blätter: Sommergrün, eilanzettlich, zur Basis verschmälert, Rand durchscheinend.

Blüten: Rosa, in 4 bis 5 cm langen, büscheligen Trauben, Kronblätter über 2 mm lang, bei T. parviflora unter 2 mm, mit 3 oder 4 Griffeln, bei T. parviflora 3. Blütezeit Mai/Anfang Juni.

Standort, Boden und Eigenschaften wie T. ramosissima.

Verwendung: Frühjahrsblüher, blüht zur gleichen Zeit wie T. parviflora, siehe auch dort Verwendung.

Ökologie: Wird stark von Schwebfliegen und Bienen besucht.

TEUCRIUM L.
Gamander – Labiatae,
Lippenblütler

T. chamaedrys L.,
Edelgamander

Sommergrüner, 25 cm hoher, stark Wurzelausläufer treibender Halbstrauch. Junge Triebe vierkantig, Blätter kreuzweise gegenständig, eirundlich bis länglich-eiförmig, 0,8 bis 2,5 cm lang. Blüten rosa bis violett, in endständigen Scheinähren, Juli bis September (Oktober).

*Die Wildart ist in Mittel- und Südeuropa verbreitet und kommt häufig auf kalkhaltigen, trockenen Felshängen vor, wo sich die Pflanzen mit ihren Wurzelausläufern oft teppichartig ausbreiten. Was allerdings bei uns im Handel unter T. chamaedrys geführt wird, ist entweder **T. massiliense** oder eine Kreuzung mit T. lucidum (= **Teucrium x lucidrys**). Die Gartenform ist immergrün, bildet kaum Ausläufer und kann bis 40 cm hoch werden.*

Mit seiner feinen Blatt-Textur und den violetten Blüten paßt der Edelgamander sehr schön in den Heidegarten oder zusammen mit Gräsern und Zwergsträuchern in die alpine Steinanlage. Auf Grund der guten Schnittfestigkeit wird er auch sehr gern für niedrige Einfassungen in Kräuter- oder Bauerngärten verwendet. Zurückgefrorene Pflanzen treiben im Frühjahr stets willig wieder durch.

Ökologie: Teucrium wird auffallend stark von Bienen, Hummeln, Schwebfliegen und anderen Insektenarten besucht.

Thamnocalamus L., siehe unter Sinarundinaria

TILIA L.
Linde – Tiliaceae,
Lindengewächse

Tilia ist der alte römische Name für die Linde.

Die Gattung Tilia umfaßt etwa 50 Arten. Ihr Verbreitungsgebiet liegt in Europa (nördlich bis Südschweden und Rußland), Vorderasien, Ostasien (südlich bis Indochina), in den großen Waldgebieten des südöstlichen Nordamerikas und in Mexiko. Es sind oft große, stattliche Bäume mit wechselständigen, meist dekorativen, herzförmigen Blättern. Die im Gegensatz zu anderen heimischen Baumarten sehr spät einsetzende Lindenblüte ist bei uns ein Inbegriff für den beginnenden Hochsommer. Linden gehören seit alters her zu den wertvollsten Trachtpflanzen überhaupt. Im Mittelalter waren sie deshalb gebannt und durften nicht angetastet werden.

Wohl kaum ein anderer heimischer Baum spielte im Volksgut eine so große Rolle wie die Linde. Unter Linden hat man sich versammelt, und Linden waren auch Ort der Rechtsprechung. An vielen Stätten finden wir heute noch die berühmten Luther- und Goethe-Linden. Der Baum wurde in Märchen und Gedichten beschrieben und in zahlreichen Liedern besungen.

Leider wurden unsere Wälder immer lindenärmer, und nicht zuletzt durch die moderne Forstwirtschaft ist diese wertvolle, konkurrenzschwache Baumgattung fast völlig aus den Beständen verdrängt worden. Erst in jüngster Zeit wird der Linde wieder mehr Beachtung geschenkt.

Im Garten- und Landschaftsbau hat die Linde eine große Bedeutung als stattlicher Schattenspender, Allee- und Parkbaum. Aufgrund ihres sehr hohen Ausschlagsvermögens, ihrer Langlebigkeit und sprichwörtlichen Vitalität eignet sie sich besonders gut für geschnittene Baumwände, Dach- und Kastenformen.

Wuchs: Stattlicher Großbaum mit breit kegelförmiger, dichter Krone, später hochgewölbt-rundlich, Äste im Freistand tief ansetzend und schräg aufsteigend, starkastig, im Alter auseinanderstrebend und im Außenbereich der Krone überhängend, trägwüchsig bis mittelstark wachsend.

Größe: 18 bis 25 (30) m hoch und 10 bis 12/15 (20) m breit. Jahreszuwachs in der Höhe ca. 30 cm, in der Breite 25 cm.

Rinde: Triebe glänzend, unbehaart, anfangs rotbraun, schattenseits hellbraun, später kupferbraun, schattenseits olivbraun; Äste kurzgeknickt und verzweigt, Knospen 6 mm, Endknospen 7 mm, stark glänzend, rotviolett, meist nur 2 Knospenschuppen sichtbar.

Blätter: Sommergrün, wechselständig, schief herzförmig bis rundlich, 3 bis 10 cm lang und genauso breit, Blattstiel 2 bis 5 cm, dunkelgrün, leicht muldenförmig nach oben gewölbt, unterseits bläulich graugrün, entlang der Mittelrippe und in den Aderwinkeln rotbraune Achselbärte (bei T. platyphyllos grau); Herbstfärbung gelb, oft leuchtendgelb.

Blüten: Gelblichweiß, in 5 bis 11blütigen Trugdolden, Blüte mit dem Hochblatt verwachsen, süßlich duftend, ab Anfang Juli.

Früchte: Braunfilzig behaarte, ovale bis kugelige, dünnschalige! Nüßchen mit nur schwach ausgeprägten Rippen.

Wurzel: In den ersten sieben bis acht Jahren wird eine Pfahlwurzel gebildet, später kräftiges, unregel-

Tilia cordata

mäßiges Herzwurzelsystem, Feinwurzelanteil sehr hoch; sie wurzelt intensiver als Eiche, Hainbuche, Rotbuche, Birke, Esche, Schwarzerle und Ulme und ähnelt am ehesten dem Berg-Ahorn (KÖSTLER, BRÜCKNER, BIBEL-RIETHER).

Standort: Sonnig bis halbschattig.

Boden: Auf mäßig trockenen bis frischen, nährstoffreichen, schwach sauren bis alkalischen Böden. Die Winter-Linde ist aber anpassungsfähig und gedeiht auch noch auf ärmeren Standorten, wenn diese nicht ausgesprochen trocken sind. Tilia cordata ist anspruchsloser als T. platyphyllos, sie benötigt weniger Nährstoffe und Bodenfeuchtigkeit.

Eigenschaften: Sehr frosthart, Halbschattenbaumart, wärmeliebend, verträgt warme und trockene Luft (hitzetolerant), stadtklimaverträglich, verträgt sehr gut zeitweise Trockenheit des Bodens (OLBRICH), hohes Ausschlagsvermögen, windfest, Tilia cordata wird nicht so stark von Blattläusen befallen wie Tilia platyphyllos (weniger Honigtau) (MITCHEL/WILKINSON), Winter-Linden können über 1000 Jahre alt werden, beste Honig-Linde. Linden sind gut verpflanzbar.

Verwendung: Bekannter, stattlicher Großbaum, beliebt als Einzelbaum in Parkanlagen. Dorf- und Hofbaum, Straßen- und Alleebaum, Schutzpflanzungen, freiwachsende und geschnittene Hecken, Baumwände (in historischen Anlagen), wichtiger Baum für die freie Landschaft, Windschutzanlagen, Baumhecken, bodenpflegliche Baumart unserer Wälder, Laub verrottet sehr schnell, es enthält bedeutende Mengen Eiweiß und Kalk und ist arm an organischen Säuren (NAMWAR, SPETHMANN), wegen der starken Wurzelausbildung für Bodenfestigung geeignet.

Tilia cordata, ca. 100 Jahre alt

Anmerkung: Winter-Linden bringen im Juni/Juli einen sehr hohen Blütenhonigertrag (1000 kg pro ha), darüber hinaus können nach BUESGEN auf einer großen Linde etwa 24 kg Blatthonig lagern. Das Lindenholz ist mittelschwer und hat eine mittlere Biegefestigkeit und wenig Neigung zum Reißen und Werfen. Es wurde verwendet für Schnitzarbeiten (mittelalterliche Plastiken und Altäre), Zeichenbretter, Bilderrahmen, Holzschuhe, Zündhölzer und Möbelbau. Die Lindenrinde liefert Bast für die Flechtindustrie.

T. cordata 'Erecta'
(= T. cordata 'Select')

Wuchs: Mittelgroßer Baum mit regelmäßiger, schmal eiförmiger bis breit eiförmiger, dicht verzweigter Krone, Äste kurzbogig straff aufrecht, mittelstark wachsend.

Größe: 18 bis 20 m hoch und 8/10 bis 12/14 m breit. Jahreszuwachs in der Höhe 25 bis 30 cm, in der Breite 20 cm.

Blätter: Sommergrün, wechselständig, schief herzförmig, bis 11 cm lang, dunkelgrün, Herbstfärbung gelb.

Weitere Merkmale und Angaben wie T. cordata.

Verwendung: Schmalkronige und langsam bis mittelstark wachsende Selektion der Winter-Linde. Sehr gut geeignet für den städtischen Straßenraum, schmale Schutzpflanzungen, freiwachsende und geschnittene Baumhecken, Windschutz, Bodenfestiger.

T. cordata 'Greenspire'

Selektion der PRINCETON NURSERIES, USA, 1961.

Wuchs: Mittelgroßer Baum mit regelmäßiger, breit ovaler, dicht geschlossener Krone, Stammverlängerung weit in die Krone reichend, Äste schräg aufsteigend, Zweige im unteren Bereich hängend, rasch wachsend.

Größe: 15 bis 20 m hoch und 10 bis 12 m breit. Jahreszuwachs in der Höhe 40 cm, in der Breite 20 cm.

Blätter: Sommergrün, wechselständig, schief herzförmig bis rundlich, 6 bis 10 cm lang und genauso breit, das ganze Jahr über dunkelgrün glänzend, ledrig, leicht muldenförmig nach oben gewölbt, Herbstfärbung gelb.

Weitere Merkmale und Angaben wie bei T. cordata.

Eigenschaften: Frosthart, verträgt sehr gut Wärme und trockene Luft, gut hitzetolerant, stadtklimafest, nicht anfällig für Rotpusteln (BLAUERMEL), insgesamt wohl etwas anspruchsloser als T. cordata.

Verwendung: Eine sehr wertvolle, schmal- und kompaktkronige Selektion der Winter-Linde, die sich auf Grund ihrer Eigenschaften (Spiegelglanz der Blätter, festere Blattspreite) gut als Straßenbaum für den innerstädtischen Bereich eignet.

T. cordata 'Lico'

Wuchs: Kleiner Baum mit kugeliger, sehr dicht- und feinverzweigter Krone.

Größe: 4 bis 5 m hoch.

Blätter: Klein.

Sonstige Angaben wie bei T. cordata und 'Greenspire'.

T. cordata 'Ranchow', Kleinkronige Winter-Linde

Selektiert von E. SCANLON, Ohio, USA, 1961.

Wuchs: Kleiner Baum mit schmal kegelförmiger bis eiförmiger, sehr dicht verzweigter Krone und betont aufrechten Ästen, langsam wachsend.

Größe: 8 bis 12 (15) m hoch und 4 bis 6 (8) m breit.

Blätter: Sommergrün, wechselständig, schief herzförmig, schmaler als bei T. cordata, 5 bis 6 cm lang, dunkelgrün glänzend, derb; Herbstfärbung buttergelb, später Blattfall (November).

Sonstige Merkmale und Angaben wie bei T. cordata und 'Greenspire'.

Eigenschaften: Sehr windfest, sonst wie T. cordata.

Verwendung: Schmalkroniger und langsam wachsender Kleinbaum, der sich auf Grund seiner guten Eigenschaften hervorragend für den innerstädtischen Straßenraum eignet.

T. cordata 'Roelvo'

Wuchs: Kleiner bis mittelgroßer Baum mit pyramidaler Krone und durchgehendem Leittrieb, mittelstark bis rasch wachsend.

Verwendung: Gut geeignet im städtischen Straßenraum.

T. cordata 'Sheridan'

Wuchs: Mittelgroßer Baum, Krone eiförmig bis breit kegelförmig, sehr stark verzweigt, mittelstark wachsend.

Größe: Sicherlich 12 bis 15 (20) m hoch.

Verwendung: Für mittelgroße Standräume (SPELLERBERG).

T. cordata 'Wega'

Wuchs: Mittelgroßer Baum, Krone eiförmig bis breit kegelförmig, locker aufgebaut, mittelstark wachsend.

Größe: Endgrößen nicht bekannt, aber sicherlich 12 bis 15 (20) m hoch.

Verwendung: Für mittelgroße Standräume (SPELLERBERG).

T. x euchlora K. KOCH, Krim-Linde

(= Vermutlich eine Kreuzung aus T. cordata x T. dasystyla)

Tilia x euchlora

Wuchs: Mittelgroßer Baum mit stumpfkegelförmiger Krone und gerade durchgehendem Stamm, im Alter eiförmig hochgewölbt, Äste nur mäßig stark, im oberen Kronenbereich aufstrebend bis waagerecht, unten schleppenartig, im Freistand bis zum Boden durchhängend, mittelstark bis rasch wachsend.

Größe: 15 bis 20 m hoch und 10 bis 12 m breit. Jahreszuwachs in der Höhe ca. 25 bis 35 cm, in der Breite 20 cm.

Rinde: Wintertriebe grünoliv bis braungrünoliv, Schattentriebe auffallend giftgrün bis smaragdgrün, später grau, Borke hellgrau bis schwärzlich, Knospen gelblichgrün bis rotbraun, glänzend.

Tilia x euchlora

Blätter: Sommergrün, wechselständig, rundlich eiförmig, kurz zugespitzt, Basis schief herzförmig, oberseits glänzend dunkelgrün, Herbstfärbung gelb.

Blüten: Gelb, zu 3 bis 7, in hängenden Trugdolden, Juli.

Früchte: Fast kugelig bis eiförmig, filzig, schwach fünfrippig, lange haftend.

Wurzel: Herzwurzelsystem, Oberboden wird intensiv durchwurzelt.

Standort: Sonnig.

Boden: Ansprüche ähnlich wie T. cordata. Auf mäßig trockenen bis frischen, nährstoffreichen, schwach sauren bis alkalischen Böden.

Eigenschaften: Frosthart, wärmeliebend, Hitze und zeitweilige Trockenheit vertragend, stadtklimafest, leidet auf geeigneten Standorten nur wenig unter Insekten (OLBRICH), gut windresistent!

Verwendung: Durch die rundlich gewölbte, kompakte Krone und die schleppenartig bis zum Boden durchhängenden Äste ein sehr malerischer Baum mit charakteristischem Winterbild. Sehr ausdrucksstark als Einzelbaum oder als Gruppengehölz in Großstadtanlagen. Auf Grund seiner Widerstandsfähigkeit geeignet für Schutzgrüngürtel und im Straßenbegleitgrün. Beim Einsatz als Allee- und Straßenbaum sind die stark hängenden Äste von Nachteil. Der Hängewuchs ist durch Schnittmaßnahmen nur bedingt zu korrigieren.

Tilia x flavescens 'Glenleven'

T. x flavescens 'Glenleven'
(= Selektion aus T. americana x T. cordata)

Eingeführt von SHERIDAN NURSERIES, Ontario, Kanada, 1962.

Wuchs: Großer Baum mit gleichmäßigem Astaufbau und breit ausladender, rundlicher Krone, Stamm gerade durchgehend bis zum Wipfel, rasch wachsend.

Größe: 18 bis 25 (30) m hoch und 12 bis 15 (20) m breit. Jahreszuwachs in der Höhe ca. 40 bis 45 cm, in der Breite ca. 30 cm.

Blätter: Sommergrün, wechselständig, rundlich bis herzförmig, 6 bis 10 cm lang, dunkelgrün glänzend, lange grün bleibend.

Standort: Sonnig bis halbschattig.

Boden: Auf mäßig trockenen bis feuchten, nährstoffreichen, schwach sauren bis alkalischen Böden. Ist anpassungsfähig.

Eigenschaften: Frosthart, wärmeliebend, stadtklimaverträglich.

Verwendung: Gesunder Großbaum, der sich für den innerstädtischen Straßenraum eignet. Einzelstellung, Gruppen.

T. platyphyllos SCOP., Sommer-Linde
(= T. grandifolia EHRH.)

Verbreitung: West-, Mittel-, Süd- und Südosteuropa. In Deutschland vor allem südlich der Mittelgebirge. In Norddeutschland war die Sommer-Linde in den Zwischen-und Nacheiszeiten ebenfalls verbreitet. Ihr Areal reicht nicht so weit nach Norden und Osten wie das der Winter-Linde. In der Vertikalverbreitung finden wir T. platyphyllos im Erzgebirge auf 600 m, im Bayerischen Wald auf 950 m und in den Bayerischen Alpen auf 1360 m ü. NN. In krautreichen Ulmen-Ahorn-Eschen-Schluchtwäldern und in Buchen-Linden-Bergwäldern. Auf gleichbleibend frischen, lockeren, humosen, mittel- bis tiefgründigen, nährstoffreichen, oft kalkhaltigen bis schwach sauren Lehmböden in wintermilder, humider Klimalage.

Wuchs: Mächtiger, heimischer Großbaum mit zunächst breit eiförmiger, später mehr rundlicher, gewölbter Krone und im Freistand kurzem, kräftigem Stamm, Äste spitzwinklig und sehr tief ansetzend, Hauptäste weit in die Krone aufsteigend, Bezweigung im unteren Bereich hängend, in der Jugendphase (bis 20 Jahre) rasch wachsend. Größer und gewaltiger als die Winter-Linde.

Größe: 30 bis 35 (40) m hoch und 18 bis 25 m breit. Jahreszuwachs in der Höhe etwa 45 cm, in der Breite 30/35 cm.

Rinde: Triebe auf der Sonnenseite rotviolett, schattenseits hellrotbraun, anfangs dünnzottig behaart, später werden sie braun und schattenseits oliv, Wintertriebe kahl, an den Spitzen gelegentlich noch schwach behaart. Knospen 6 mm, rotviolett glänzend, meist von 3 sichtbaren Schuppen umgeben.

Tilia platyphyllos

Blätter: Sommergrün, wechselständig, schief eiförmig bis schief herzförmig, kurz zugespitzt, scharf und unregelmäßig gesägt, 8 bis 15 cm lang, bis 12 cm breit, lebhaft gelblichgrün, oben zunächst behaart, später kahl, unten weich behaart, in den Aderwinkeln weißgraue Achselbärte (bei T. cordata rotbraun), treibt früher aus als die Winter-Linde, Herbstfärbung gelb, oft früher Laubfall.

Blüten: Gelb, in 3- (bis 5) blütigen Trugdolden, süßlich duftend, Juni/Juli. Blüht nach etwa 15 bis 20 Jahren.

Früchte: Spitzeiförmige bis ovale oder kugelige, stark verholzte, dickschalige, braune Nüßchen mit 5 ausgeprägten Rippen.

Wurzel: Wie T. cordata.

Standort: Sonnig bis halbschattig, in kühlfeuchter Klimalage.

Boden: Ansprüche sind allgemein größer als die der Winter-Linde. Sie liebt gleichbleibend frische bis feuchte, nährstoffreiche, tiefgründige Böden, alkalisch bis schwach sauer, kalkliebend.

Eigenschaften: Frosthart, durch früheren Austrieb spätfrostgefährdeter als T. cordata, wärmeliebend, Luft- und Bodentrockenheit schlecht vertragend, Halbschattenbaumart, Luftfeuchte benötigend, empfindlich gegen Luftverunreinigung, salzempfindlich, anfällig gegen Rote Spinne, sehr gute Bienenweide, Laub wirkt stark bodenverbessernd, es verrottet schnell, enthält bedeutende Mengen an Eiweiß und Kalk und ist arm an organischen Säuren (NAMWAR, SPETHMANN), ergibt gute gärtnerische Erden (EHLERS), wegen der starken Wurzelbildung für Bodenfestigung geeignet, hohes Ausschlagsvermögen, windfest, erreicht ein Alter von 1000 bis 1500 Jahren.

Tilia platyphyllos

Verwendung: Majestätischer Baum für großräumige Parkanlagen und das Siedlungsgrün; Dorfbegrünung, beliebter Hofbaum, Allee- und Straßenbaum im Außenbereich der Städte und im ländlichen Bereich (genügend großer und offener Wurzelraum ist Vorbedingung), für freiwachsende und geschnittene Hecken und Baumwände, wichtiger Baum für den Waldbau, wirkt bodenverbessernd, wegen intensiver Wurzelbildung guter Bodenfestiger, sehr gute Bienenweide (800 kg Honig pro ha).

Ökologie: Linden sind Wirtspflanzen für die Raupen des Lindenschwärmers (Mimas tiliae), eines in ganz Europa verbreiteten, bei uns aber selteneren Nachtschmetterlings. Früher in Lindenwäldern, heute in Alleen, Parkanlagen und alten Gärten oder in Mischwäldern, in denen Linden stehen.

T. platyphyllos 'Örebroe'

Wuchs: Mittelgroßer Baum, Krone schmal eiförmig, stark verzweigt, gering bis mittelstark wachsend.

Größe: Endhöhe unbekannt, sicherlich aber 15 m hoch.

Blätter: Sommergrün, wechselständig, schief herzförmig, 10 cm lang und 9 cm breit, mittelgrün bis dunkelgrün.

Verwendung: Eine Sommer-Linde für den kleineren Standraum (SPELLERBERG).

T. platyphyllos 'Rubra',
Korallenrote Sommer-Linde

Wuchs: Großer Baum, Aufbau gleichmäßig breit kegelförmig, später mehr breit eiförmig, Krone hochgewölbt, Stamm gerade, Äste locker, ausladend, raschwüchsig.

Größe: 30 bis 35 m hoch und 15 bis 20 m breit. Jahreszuwachs in der Höhe ca. 45 cm, in der Breite 30 bis 35 cm.

Rinde: Triebe im Winter auffallend orange bis korallenrot.

Blätter: Sommergrün, wechselständig, schief eiförmig bis schief herzförmig, kurz zugespitzt, 8 bis 15 cm lang, bis 12 cm breit, lebhaft gelblichgrün, Herbstfärbung gelb.

Weitere Merkmale und Angaben wie T. platyphyllos.

Verwendung: Selektion der Sommer-Linde mit auffallend korallenroten Wintertrieben. Einzelstellung, Gruppen, Allee- und Straßenbaum, Bienenweide.

Weitere Verwendung wie T. platyphyllos.

T. tomentosa MOENCH,
Silber-Linde
(= T. alba AIT. non K. KOCH, T. argentea DESF.)

Verbreitung: Südosteuropa, Kleinasien.

Wuchs: Großer Baum mit regelmäßiger, breit kegelförmiger, geschlossener Krone, Hauptäste spitzwinklig ansetzend, oft fächerförmig gestellt, straff aufrecht, Neigung zu Gabelwuchs, einzelne stärkere Seitenäste bogig herabhängend, im Alter mehr rundliche, hochgewölbte Krone, raschwüchsig.

Größe: 25 bis 30 m hoch und 15 bis 20 m breit. Jahreszuwachs in der Höhe ca. 40 cm, in der Breite ca. 30 cm.

Rinde: Triebe grün, dicht graufilzig behaart, Zweige olivgrün, im Alter glatt und grau.

Tilia tomentosa

Blätter: Sommergrün, herzförmig, 11 bis 16 cm lang und 6,5 bis 12 cm breit, Oberseite im Bereich der Adern sandfarben behaart, nur schwach glänzend, unterseits weißfilzig, Herbstfärbung leuchtend gelb.

Blüten: Gelblich, in 5- bis 10blütigen Trugdolden, stark duftend. Mitte/Ende Juli bis 1. Woche August.

Früchte: Spitz eiförmig, bis 1 cm lang (sie haben die Form einer Zitrone!), gerippt.

Standort: Sonnig.

Boden: (Mäßig) trockener bis frischer, nährstoffreicher Boden, schwach sauer bis alkalisch, T. tomentosa gedeiht auch auf ärmeren, trockeneren Substraten. Optimal auf frischen, lehmigen Böden.

Eigenschaften: Frosthart, wärmeliebend, hitzeresistent, übersteht sommerliche Luft- und Bodentrockenheit besser als andere Linden, stadtklimafest, bedingt rauchhart, weitgehend widerstandsfähig gegen Insekten und Krankheiten (OLBRICH), wenig Honigtauabsonderung.

Verwendung: Einzelstellung, Gruppen, Straßenbegleitgrün, Alleebaum.

Ökologie: Wertvolles Insektennährgehölz. Der Honigertrag liegt bei 1200 kg pro ha. Nach den neuesten wissenschaftlichen Untersuchungen von Prof. Dr. BERNHARD SURHOLT, Universität Münster, enthält der Nektar von T. tomentosa keine Mannose oder andere toxisch wirkenden Zucker. Auch beim Verdauungsvorgang entstehen keinerlei Giftstoffe.

T. tomentosa 'Argentea'

Wuchs: Großer Baum mit breit kegelförmiger Krone, Stamm gerade, Leittrieb durchgehend, Äste bogig aufrecht, dicht verzweigt, raschwüchsig. Bildet im Gegensatz zur Art kaum Quirle.

Größe: Bis 25 m hoch und bis 12 m breit. Jahreszuwachs in der Höhe ca. 40 bis 50 cm, in der Breite ca. 35 cm.

Rinde: Olivgrün, später grau.

Blätter: Sommergrün, wechselständig, rundlich herzförmig, 6 bis 10 cm lang, dunkelgrün, unterseits weiß, Herbstfärbung gelb.

Blüten: Gelblich, zu 7 bis 10, in hängenden Trugdolden, Juli.

Früchte: Rund, graugrün.

Standort: Sonnig.

Boden: (Mäßig) trocken bis frisch, nahrhaft, sauer bis alkalisch.

Eigenschaften: Frosthart, stadtklimafest, wenig Honigtauabsonderung.

Verwendung: Einzelstellung, Gruppen, Straßenbaum.

T. tomentosa 'Brabant'

Wuchs: Großer Baum mit dichter, breit kegelförmiger, regelmäßig aufgebauter Krone, Stamm gerade, Leittrieb gut ausgebildet, durchgehend bis zum Wipfel, raschwüchsig.

Größe: 20 bis 25 (30) m hoch und 12 bis 18 (20) m breit. Jahreszuwachs in der Höhe ca. 40 cm, in der Breite ca. 30 cm.

Blätter: Sommergrün, wechselständig, herzförmig, mattgrün, unterseits weißfilzig, Herbstfärbung leuchtend gelb.

Weitere Merkmale und Angaben wie T. tomentosa.

Verwendung: Sehr wüchsige, gesunde Form der Silberlinde mit konstant breit kegelförmiger, regelmäßig aufgebauter Krone. Herrlicher Einzelbaum für großräumige Garten-und Parkanlagen. Besitzt die wertvollen Eigenschaften der Wildart und ist daher ein ausgezeichneter Straßenbaum für die Stadt.

Tilia tomentosa

Tilia x vulgaris

T. x vulgaris HAYNE,
Holländische Linde, Bastard-Linde
(= T. x intermedia, T. x europaea)

Wuchs: Großer Baum mit gleichmäßig aufgebauter, kegelförmiger Krone, im Alter stumpfkegelförmig, hochgewölbt, untere Astpartien schwach hängend, rasch wachsend.

Größe: 25 bis 35 (40) m hoch und 12/15 bis 18/20 (22) m breit. Jahreszuwachs in der Höhe 40 bis 45 cm, in der Breite 25 bis 30 cm.

Rinde: Triebe rotbraun, schattenseits braunorange bis braunoliv, später graubraun, Triebspitzen kahl (Merkmal von T. cordata), Knospen 5 mm, Endknospen 8 mm, dunkelrot bis violettrot, häufig mit 3 sichtbaren Schuppen (ESCHRICH).

Blätter: Sommergrün, wechselständig, schief herzförmig, Blattspreite meist waagerecht stehend, 6 bis 10 cm lang, dunkelgrün, kahl, unterseits heller, Achselbärte gelblich oder weißlich, Herbstfärbung gelb.

Blüten: Gelb, 3 bis 7blütig, in hängenden Trugdolden, Juni/Juli, etwa 1 Woche nach T. platyphyllos, duftend.

Früchte: Kugelig, filzig, undeutlich gerippt, hartschalig.

Wurzel: Herzwurzelsystem, Oberboden wird intensiv durchwurzelt (s. T. cordata).

Standort: Sonnig.

Boden: Nährstoffreich, tiefgründig, mäßig trocken bis frisch, optimal frisch bis feucht, schwach sauer bis alkalisch.

Eigenschaften: Frosthart, wärmeliebend, verträgt zeitweise Trockenheit des Bodens, stadtklimaverträglich, hohes Ausschlagsvermögen, windfest, sonst wie T. cordata.

Verwendung: Guter Stadtbaum für Einzelstellung, Gruppen, Alleen und Straßen.

Sommer-Linde in Speck, Müritz-Nationalpark, ihr Alter wird auf 700 Jahre geschätzt

T. x vulgaris 'Pallida',
Kaiser-Linde
(= T. x intermedia, T. x europaea)

Wuchs: Prachtvoller Großbaum mit gleichmäßig kegelförmiger Krone, geradem Stamm und durchgehendem Leittrieb, rasch wachsend.

Größe: 30 bis 35 (40) m hoch und 12 bis 18 (20) m breit. Jahreszuwachs in der Höhe ca. 40 cm, in der Breite ca. 25 bis 30 cm.

Rinde: Triebe und Knospen im Herbst auffallend rot gefärbt.

Blätter: Sommergrün, wechselständig, schief herzförmig, größer als bei T. x intermedia, Blattgrund waagerecht, frischgrün, leicht glänzend, Herbstfärbung gelb, lange haftend.

Blüten: Gelblich, in Trugdolden, duftend, Juni/Juli.

Wurzel: Herzwurzelsystem, Oberboden wird intensiv durchwurzelt (s. T. cordata).

Boden: Nährstoffreich, tiefgründig, mäßig trocken bis frisch, optimal frisch bis feucht, schwach sauer bis alkalisch.

Tilia x vulgaris 'Pallida'

Eigenschaften: Frosthart, wärmeliebend, verträgt zeitweise Trockenheit des Bodens gut, stadtklimafest, hohes Ausschlagsvermögen, windfest, früher Austrieb. T. x intermedia 'Pallida' steht T. cordata näher als T. platyphyllos. Blätter haben leichten Spiegelglanz, Strahlung wird reflektiert. Stäube halten sich nicht. Dadurch bedingt geringere Blatterwärmung und Verdunstung. Gut für den städtischen Straßenraum geeignet.

Verwendung: Einzelstellung, Gruppen, Allee- und Straßenbaum, Bienenweide.

Von T. x vulgaris 'Pallida' sind folgende Typen in Kultur:

T. x vulgaris 'Pallida Jubilee', Krone kegel- bis eiförmig, kein Blütenansatz, für mittelgroßen Standraum.

T. x vulgaris 'Pallida Typ Lappen', Krone breit eiförmig, stark wachsend, für großen Standraum.

TOONA (ENDL.) M. J. ROEM.
Surenbaum – Meliaceae,
Zederachgewächse

Toona ist ein indischer Pflanzenname.

T. sinensis (A. JUSS.) M. ROEMER,
Chinesischer Surenbaum
(= Cedrela sinensis A. JUSS.)

Aus einiger Entfernung betrachtet, könnte man den Surenbaum leicht mit dem Ailanthus verwechseln. Er baut sich ähnlich auf und hat ebenfalls die dicken, starken, wenig verzweigten, etwas sparrig-kandelaberartigen Triebe und die auffallend langen, wechselständig angeordneten, unpaarig gefiederten Blätter, bei denen jedoch das Endblättchen meist nicht ausgebildet wird.

Toona sinensis

Den 5 bis 12 cm langen Blättchen fehlen allerdings die mit Öldrüsen besetzten Zähnchen an der Basis, die für den Götterbaum ein so sicheres Erkennungsmerkmal sind. Blättchen meist ganzrandig oder nur entfernt schwach gezähnt, eiförmig- lanzettlich, oben kahl, unterseits nur anfangs schwach behaart, hellgrün, im Herbst schön gelb. Blüten im Juni/Juli in 30 bis 40 cm langen, hängenden grünlichweißen Rispen, duf-

tend. Sehr dekorativ sind die 2 bis 3 cm langen, holzigen Fruchtkapseln. Sie öffnen sich 5klappig und nehmen dann die Form einer schlanken Glockenblumenblüte an. In Trockensträußen gut verwendbar.

Der Chinesische Surenbaum, der auch bei uns 12 bis 15 m hoch werden kann, ist zwar als junge

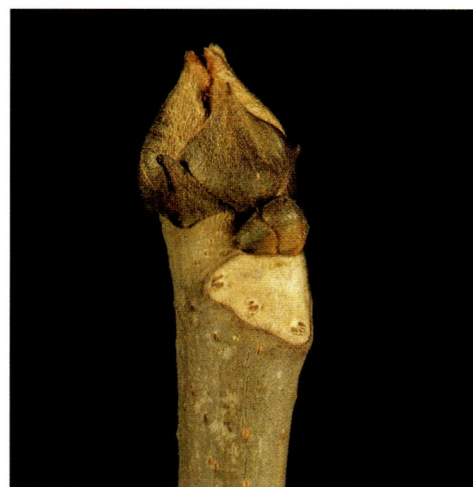

Toona sinensis

Pflanze etwas empfindlich, jedoch ausgewachsen völlig problemlos. Mit seiner dekorativen Belaubung ein schöner, übrigens auch stadtklimafester Baum. Ist in Paris als Straßenbaum zu bewundern. Wenn sich dort herumgesprochen hat, daß man in China die gekochten Jungtriebe als Gemüse verzehrt, wird man ihn vielleicht zukünftig ganz gezielt als „Straßen-Gemüse-Baum" vor die Restaurants pflanzen. Das ständige Pinzieren würde ihm nicht schaden, da seine Krone ohnehin sehr breit und ausladend wird.

Sein dauerhaftes und leicht bearbeitbares Holz ist das „Chinesische Mahagoni" (EISELT/SCHRÖDER).

*Vor 1930 wurde in Australien die Sorte **'Flamingo'** selektiert. Der junge Austrieb ist leuchtend rosa und wechselt dann über creme nach grün.*

Trochodendron aralioides

TRACHYCARPUS WENDL.
Hanfpalme – Palmae,
Palmengewächse

Die äußerst zähen Fasern wurden zu Tauwerk,
Bürsten, Vorlegern, Matten und Regenumhängen
verarbeitet.

T. fortunei (HOOK.) WENDL.,
Chinesische Hanfpalme, Chinesische
Fächerpalme
(= Chamaerops excelsa, C. fortunei)

*Wenn ich im Rahmen dieses Buches über winter-
harte Garten- und Landschaftsgehölze berichte,
so wird es sicherlich einige verwundern, daß
hier eine Palme auftaucht. Gewiß, ein Grenzfall,
aber Kenner der Szene wissen schon lange: die
aus den Gebirgsregionen Japans, Burmas und
Chinas stammende Hanfpalme ist so hart, daß
sie mit ein wenig Schutz in bevorzugten Klimalagen Mitteleuropas durchhält. Schon seit Jahrzehnten kann man sie in den Vorgärten Bonns
oder etwa in Geisenheim bewundern. Pracht-
exemplare stehen auch im Botanischen Garten
Köln und in den Gärten am Bodenseeufer. Bei
der Neuanlage des Botanischen Gartens Hamburg
habe ich an sorgfältig ausgewählten Plätzen
ebenfalls mehrere Hanfpalmen gepflanzt, die
unter Schutzvorrichtungen auch den strengen
Winter 1978/79 überlebt haben.*

*Eine so exotisch anmutende Pflanze paßt natür-
lich nicht in jedes Gartenbild und sollte daher
nur in Sonderbereichen wie z. B. „Mittelmeergarten", „Tropicarium" (war übrigens früher
sehr beliebt) oder „Terrassengarten" verwendet
werden.*

*Zum Auspflanzen eignen sich sehr gut mehr-
jährige Kübelpflanzen, die schon den charakte-
ristischen, braunfaserigen Stamm gebildet haben.
Das empfindliche Palmenherz ist damit sozusagen aus dem Gröbsten heraus, denn es befindet sich nicht mehr in der feuchtkalten
Bodenfrostzone. Empfehlenswert sind nur die
absolut gegen Nord- und Ostwinde geschützten,
sonnigwarmen Plätze. Der Boden sollte anlehmig
und nahrhaft sein und eine gute Drainage-
wirkung haben. Um auf alle Witterungsunbil-
den gut vorbereitet zu sein, wäre es vorteilhaft,
noch bei frostfreiem Wetter eine kuppelförmi-
ge Stahlbügelkonstruktion aus zwei sich kreu-
zenden Rundeisen, die an vier Holzpfählen
befestigt werden, zu installieren. Ein entsprechend großes Stück Milchfolie kann abroll-
bereit seitwärts befestigt werden. In klimatisch
besonders bevorzugten Gebieten oder in geschützten Innenhöfen ist dieser Umstand meist
nicht erforderlich. Einen Wurzelschutz aus*

*Laub oder strohigem Stalldünger würde ich
aber auch hier empfehlen.*

*Nun zu meinen Frosthärte-Erfahrungen. Bis
minus 10 °C bestehen keinerlei Gefahren. Fällt
das Thermometer für längere Zeit unter diesen
Wert, sollte man die ersten Vorkehrungen treffen.
T. fortunei verträgt Fröste bis minus 14 (minus
15) °C und kurzfristig auch bis minus 17 °C.*

Ein dringender Ratschlag!

*Bitte schneiden bzw. sägen Sie Ihre „scheinbar"
erfrorene Palme nicht unmittelbar nach dem
Winter oder im Frühjahr ab. Entfernen Sie die
erfrorenen Blätter und warten Sie geduldig.
Stark beschädigte Hanfpalmen treiben oft erst in
der zweiten Jahreshälfte wieder aus.*

*Man darf den Lebenswillen dieser bewunderns-
werten Pflanze nicht unterschätzen. Sie ist auf
jeden Fall frosthärter als die Mittelmeerpalme,
Chamaerops humilis L., von der sie sich
durch ihre dunkelgrün glänzenden Fächerblätter
(Chamaerops grau bis bläulich) und die kleineren
Blattstieldornen unterscheidet. C. humilis bleibt
insgesamt niedriger und wächst im Gegensatz
zu T. fortunei oft vielstämmig. Beide Palmen
sind sehr beliebte, außerordentlich robuste und
dekorative Kübelpflanzen. Für den Freiland-
versuch kommt nach meinen Erfahrungen
jedoch nur T. fortunei in Frage.*

*In den heute immer häufiger anzutreffenden,
gut geschützten, teilweise sogar leicht tempe-
rierten Innenhöfen an großen Verwaltungs- und
Bürohäusern können beide Arten sehr gut verwendet werden. Zusammen mit Kamelien, Lor-
beerbäumen, Zimtbaum und Zypressen verbreiten gerade die Palmen einen Hauch von
südlicher Atmosphäre und wecken Südsehnsucht,
der sich kaum jemand zu entziehen vermag.*

Chamaerops humilis am Naturstandort

TROCHODENDRON S. & Z.
Radbaum – Trochodendraceae,
Radbaumgewächse

T. aralioides SIEB. & ZUCC.

*Entwicklungsgeschichtlich ist dieses Gehölz au-
ßerordentlich interessant. Es handelt sich hier um
eine sehr alte, ursprüngliche Pflanzengruppe, die
sozusagen zu den „Blütenpflanzen der ersten
Stunde" gehört. Früher, im Tertiär, besiedelte diese Familie ein großes Areal, heute gibt es nur noch
eine rezente Art, die in Japan, auf der Insel Taiwan und in Korea vorkommt. Am heimatlichen
Standort, in den Bergwäldern Ostasiens, entwickelt sich Trochodendron aralioides zu einem
20 m hohen Baum. In unseren mitteleuropäischen Gärten können wir schon sehr stolz sein,
wenn das Gehölz eine Höhe von 3 bis 5 m erreicht.
Die immergrünen, wechselständig angeordneten
Blätter sind eiförmig bis verkehrt eiförmig, 8 bis
15 cm lang, ledrig und können sowohl glänzend
grün als auch stumpfgrün sein. An den Trieb-
den stehen die Blätter zu Scheinquirlen gehäuft.
Die grünlichen, 6 bis 8 cm langen Blütenrispen
öffnen sich im Juni. Interessant ist die radförmige
Anordnung der Staubgefäße um die kreisrunden
Narben. Die Blüten des Radbaumes werden vom
Wind bestäubt, ihnen fehlen daher die Kelch- und
Kronblätter. Zweifellos ist Trochodendron eines
der seltensten und aufregendsten Gehölze, die wir
bei uns kultivieren können. Der etwas empfindliche Strauch gedeiht allerdings nur in ausreichend
wintermilder und genügend luftfeuchter Klimalage. Sehr schöne Exemplare stehen im Botanischen
Garten Hamburg und im Arboretum Marienhof
in Hamburg-Poppenbüttel. Halbschattige, gut geschützte Pflanzplätze und ein frischer, humoser,
durchlässiger und schwach saurer Boden sind die
wichtigsten Voraussetzungen für eine erfolgreiche
Kultur. Darüber hinaus sollte die spätfrostempfind-
findliche Pflanze auch vor der gefährlichen Wintersonne geschützt werden. Nach meinen Erfahrungen ist die Form mit dem großen, glänzenden
Blatt härter als die mit dem wesentlich kleineren,
stumpfen Blatt. Möglicherweise handelt es sich
hier um eine Alters- bzw. Jugendform.*

*Es ist außerordentlich begrüßenswert, daß es im-
mer noch einige Baumschulbetriebe gibt, die dieses ebenso interessante wie attraktive, immergrüne Gehölz anbieten.*

ULEX L.
Stechginster Papilionaceae,
Schmetterlingsblütler

U. europaeus L.

Verbreitung: Atlantisches Westeuropa. In Mitteleuropa nur eingebürgert, in Deutschland finden wir den Stechginster häufiger im Küstengebiet. Charakterpflanze der Atlantischen Heiden. An Waldrändern, Waldwegen, auf Böschungen, in Heidegebieten, an der Nordseeküste im Dünenbereich. Bevorzugt besiedelt der Stechginster humose, mäßig trockene bis frische, mehr oder weniger nährstoffreiche, saure, gut durchlässige, sandigsteinige Lehmböden.

Ulex europaeus

Wuchs: Sparriger und dichtbuschiger, locker aufrechter Strauch mit steifen Zweigen und kräftigen, spitzen Dornen.

Größe: 1 (bis 2) m hoch und breit.

Rinde: Triebe grün, kantig.

Blätter: Wechselständig, klein, 3zählig, an den Zweigspitzen oft zu mehrteiligen Dornen umgewandelt, die ganz empfindlich stechen können.

Blüten: Tiefgelbe Schmetterlingsblüten, von April bis Juni.

Früchte: Kleine, schwarzbraune Hülsen.

Wurzel: Tiefwurzler.

Standort: Sonnig, völlig frei.

Boden: Mäßig trockene bis frische, kalkarme Böden, auf Kalk Eisenchlorose.

Eigenschaften: Frostempfindlich, friert im Winter oft bis zum Boden zurück, lichthungrig, längere sommerliche Trockenzeiten nicht gut vertragend, salztolerant, windfest, gute Bienenweide, in milden Gegenden oft monatelang blühend.

Ulex europaeus

Verwendung: Interessantes Gehölz für den Heide- und Steingarten. Der Stechginster sollte aber immer vollsonnig und völlig frei stehen (extrem lichthungrig). Rekultivierungsmaßnahmen in der Landschaft (Dünen, Böschungen). Kräftiger Rückschnitt wird gut vertragen und ist von Zeit zu Zeit empfehlenswert.

Die gefüllt blühende Form, **Ulex europaeus 'Plenus'**, ist in England sehr beliebt.

ULMUS L.
Ulme, Rüster – Ulmaceae,
Ulmengewächse

Zur Gattung Ulmus gehören etwa 45 Arten, die alle in der nördlich gemäßigten Zone beheimatet sind. Nur drei davon, U. carpinifolia, U. glabra und U. laevis kommen in Mitteleuropa vor und besiedeln hier bevorzugt frische bis feuchte Standorte.

Alle Vertreter dieser Gattung sind große, sommergrüne Bäume, seltener halbimmergrüne Sträucher. Charakteristisch sind die hin- und hergebogenen Zweige und die wechselständigen, asymmetrischen, zweizeilig angeordneten Blätter mit ihrer oft sehr derben, rauhen Blattstruktur. Die bräunlichen bis rotvioletten Blüten, die in Büscheln beisammenstehen, werden oft gar nicht wahrgenommen, weil sie meist oben in der Krone der alten Bäume sitzen, und weil man so früh im Jahr, im (Februar) März/April, keine Gehölzblüte vermutet. Auffälliger sind dagegen die in Massen ausgebildeten, kreisrunden Flügelfrüchte, die von vielen Menschen als früher Laubaustrieb gedeutet werden.

Neben den Linden gehörten die Ulmen noch vor einigen Jahrzehnten zu den bekanntesten und verbreitetsten Großbäumen. Schon im Mittelalter hat man diese majestätischen Bäume gern als schnell-

Ulex europaeus 'Plenus'

wüchsige Straßen- und Schattenbäume verwendet. Stattliche Ulmenwälder prägten einst den Charakter vieler Landschaften, besonders stark waren sie in den feuchten Niederungsgebieten vertreten. Durch das seit 1919 in Schüben auftretende Ulmensterben wurde diese herrliche Baumart stark dezimiert. Es darf dabei aber nicht übersehen werden, daß durch allgemeine Grundwasserabsenkungen und falsche Standortwahl die Empfänglichkeit für die Holländische Ulmenkrankheit gefördert worden ist.

Aus der intensiven Resistenzzüchtung sind mehrere als hochresistent geltende Klone hervorgegangen, die heute für den Anbau in Mitteleuropa empfohlen werden können. Ob sie in der Resistenz gegen neue aggressive Pilzrassen voll befriedigen, wird die Zukunft erweisen.

Die Ursache für das Ulmensterben ist der Pilz **Ceratocystis ulmi,** der wohl ursprünglich in Asien beheimatet ist. Verbreitet wird er durch den Kleinen und Großen Ulmensplintkäfer, die sich mit den Pilzsporen infizieren und sie bei ihren Fraßflügen auf gesunde Bäume übertragen. Der Pilz breitet sich sehr rasch in den wasserführenden Gefäßen aus und verursacht durch Ausscheiden von Welketoxinen und durch Verstopfung der Leitungsbahnen gravierende Störungen im Wasserhaushalt der Ulme. Der Baum versucht sich dagegen zu wehren und schottet die Leitungsbahnen durch sog. Thyllenbildung ab. Mit dieser Gegenreaktion, den Pilz zu isolieren, begeht der Baum einen schwerwiegenden Fehler, denn dadurch wird der Transport des Wassers noch zusätzlich erschwert.

Die ersten Anzeichen für eine Erkrankung sind welkende Blätter an einigen Zweigen im oberen Kronenbereich. Schnell werden die Blätter stumpfgrün, dann gelb und später braun. Viele Bäume sterben bereits 4 Wochen nach der Infektion, andere, die den Angriff des Pilzes durch Neubildung von Zellen und durch seine Isolierung etwas aufhalten können, welken langsam, und der Todeskampf kann 1 bis 2 Jahre dauern.

Die einzige Möglichkeit, besonders wertvolle und historisch bedeutsame Bäume zu erhalten, besteht z. Z. wohl nur darin, pilztötende Mittel über Hochdruckinjektionen in den Stamm einzubringen.

U. glabra HUDS.,
Berg-Ulme
(= U. montana, U. scabra)

Verbreitung: Nord- und Mitteleuropa sowie Westasien. In Schluchtwäldern und kühlfeuchten Hangwäldern, in Auenwäldern; vom Tiefland bis in die Alpen, bekannte Vorkommen befinden sich auf der schleswig-holsteinischen Geest, in den Elbe- und Weserniederungen, im Spreewald, im Hauptsmoorwald bei Bamberg, an der Donau bei Donauwörth und im Oberrheintal. Bevorzugt die montane Stufe (bis 1350 m ansteigend).

Wuchs: Stattlicher Großbaum mit rundlicher und breit ausladender, dichter Krone, Stamm gerade und sehr weit in die Krone hineinreichend, Hauptäste stark, im unteren Bereich hängend, raschwüchsig.

Größe: 25 bis 35 (40) m hoch und bis 20 m breit. Jahreszuwachs in der Höhe ca. 45 cm, in der Breite ca. 30 cm.

Rinde: Triebe zunächst grüngrau, dünn weißlich behaart, später hellgrau, Knospen kegelförmig, 3,5 mm, kaffeebraun, Blütenknospen rund, 5 mm.

Blätter: Sommergrün, wechselständig, breiteiförmig, stark asymmetrisch, verhältnismäßig groß, 10

Ulmus glabra

bis 16 cm lang, oberseits dunkelgrün, sehr rauh. Blätter sind allgemein sehr veränderlich! Herbstfärbung gelb.

Blüten: Braunviolett, in Büscheln vor dem Austrieb im März/April.

Früchte: Ringsum geflügelte Nuß, breit elliptisch bis rundlich-eiförmig, 1,7 bis 2,5 cm lang, Nüßchen in der Mitte sitzend, Windverbreitung (Scheibenflieger).

Wurzel: Tiefwurzelnd, in der Jugend wird eine Pfahlwurzel entwickelt, im Alter ein Herz-Pfahl-Wurzelsystem bis auf 1,50/1,60 m Tiefe, bildet Stockausschlag, aber keine Ausläufer.

Standort: Sonnig bis absonnig (halbschattig), in den ersten Jahren Schatten größerer Bäume ertragend.

Boden: Anspruchsvoll an Nährstoff- und Wasserversorgung. Frische bis feuchte, lockere, tiefgründige und sehr nährstoffreiche Böden, schwach sauer bis stark alkalisch, kalkliebend.

Eigenschaften: Frosthart, stellt geringe Ansprüche an Lufttemperatur, Halbschattholzart, weniger lichtbedürftig als andere Ulmen, hat gewissen Pioniercharakter; verträgt kurzzeitige Überflutung, durch Stockausschlag trägt sie zur Bodenfestigung bei (Schuttböden), durch schnelle Laubverrottung bodenpflegliche Baumart. Erreicht ein Alter von 400 Jahren.

Verwendung: Mächtiger Baum für Einzelstellung in großräumigen Parkanlagen, Windschutzpflanzungen in der freien Landschaft, besonders im Küstenbereich, Straßenbaum in ländlichen Gebieten, Befestigung von Ufern, Hängen (Steinschuttböden), als bodenbiologisch pflegliche Mischbaumart im Waldbau, Vorwaldbaumart mit Pioniercharakter.

Anmerkung: Angesichts der Bedrohung durch das

Ulmus glabra 'Camperdownii'

Ulmensterben sollte die Ulme nur in kleineren Gruppen, besser jedoch nur einzeln gesetzt werden.

Ökologie: Ulmen-Pollen ist im März die erste Bienennahrung. Die Ulme ist Futterpflanze für die Raupen sehr vieler heimischer Schmetterlingsarten (siehe U. minor).

U. glabra 'Camperdownii',
Lauben-Ulme
(= U. montana 'Pendula' KIRCHN. non LOUD., U. Hybride 'Camperdownii')

Wuchs: Kleiner Baum mit beinahe halbkugeliger Krone, Zweige kurz im Bogen abwärts gerichtet und oft bis zum Boden herabhängend.

U. glabra 'Pendula',
Hänge-Ulme
(= U. montana var. pendula,
U. montana horizontalis)

Wuchs: Kleiner Baum mit dachartiger, dicht verzweigter Hängekrone, Äste flach, schirmartig ausgebreitet, Zweige und Triebspitzen im Außenbereich überhängend.

Größe: Bis 5 m hoch und oft doppelt so breit.

Blätter: Sehr groß, dunkelgrün.

Weitere Merkmale und Angaben wie bei U. glabra.

Verwendung: Einzelbaum für schattige Sitzplätze in Kurgärten, an Promenaden, für Sonderbereiche in Parkanlagen, Pflanze des Bauerngartens.

U. x hollandica 'Groeneveld'

(Ulmus x hollandica ist eine Kreuzung zwischen U. minor x U. glabra).

Wuchs: Mittelgroßer Baum mit etwas gedrungener, dichter, regelmäßiger und gut verzweigter Krone, Stamm durchgehend bis zum Wipfel, langsam wachsend.

Größe: 12 bis 15 m hoch und bis 8 m breit, Zuwachs in der Höhe ca. 20 cm, in der Breite 10 bis 15 cm.

Blätter: Sommergrün, wechselständig, herzförmig, bis 10 cm lang, Rand grob gesägt, hellgrün, Herbstfärbung gelb.

Blüten: Bräunlichviolett, in Büscheln vor dem Laubaustrieb (Februar) März/April.

Früchte: Elliptisch, mit breitem Flügelrand.

Wurzel: Tiefwurzler (s. U. carpinifolia).

Standort: Sonnig.

Boden: Anspruchsvoll. Mäßig trockene bis frische (optimal frische bis feuchte), lockere, tiefgründige und sehr nährstoffreiche Böden, schwach sauer bis stark alkalisch.

Eigenschaften: Frosthart, wärmeliebend, verträgt zeitweise Überflutung, windfest, blüht und fruchtet auffallend stark, ist nicht resistent gegen Ulmenkrankheit, jedoch auf eigener Wurzel widerstandsfähiger. Dasselbe gilt für **U. x hollandica 'Commelin'**.

Ulmus x hollandica 'Groeneveld'

Verwendung: Einzelstellung, lockere Gruppen, Schutzgrünpflanzungen im Stadt- und Industriebereich, Straßenbaum, Windschutz.

U. laevis PALL., Flatter-Ulme (= U. effusa)

Lat. laevis = glatt, bezieht sich auf die Blattoberseite.

Verbreitung: Mitteleuropa bis Osteuropa, im Bereich der großen Stromtäler, in Bruch- und Auenwäldern; auf frischen bis nassen, oft länger überschwemmten, sandigen oder nassen Lehm- und Tonböden, seltener auf mäßig trockenen, tiefgründigen Schwarzerdeböden.

Wuchs: Großer Baum mit breiter, eirundlicher, lockerer Krone, relativ rasch wachsend. An den Stämmen häufig besenartige Austriebe. Erkennungszeichen!

Größe: 15 bis 25 (35) m hoch und 10 bis 20 (25) m breit. Jahreszuwachs in der Höhe 40 bis 50 cm, in der Breite 30 cm.

Rinde: Triebe olivbraun, schattenseits gelblichgrün, später hellgraubraun. Triebspitzen behaart.

Blätter: Sommergrün, wechselständig, Blattgrund stark asymmetrisch, eiförmig bis rundlich, 10 bis 12 cm lang, Rand doppelt gesägt, derb, oberseits schwach glänzend grün, verkahlend (glatt), unterseits weich behaart, Herbstfärbung gelb.

Blüten: Rötlichviolett bis grünlichviolett, in kurz gestielten Büscheln, vor dem Laubaustrieb, März/April.

Früchte: Rundliche bis breitelliptische Flügelfrüchte, 1 bis 1,4 cm lang, am Rand bewimpert, Nüßchen ± in der Mitte.

Wurzel: Tiefwurzler mit Bildung von Wurzelbrut und Ausläufern, oft mit sehr ausgeprägter Brettwurzel.

Standort: Sonnig bis halbschattig.

Boden: Anspruchsvoll. Optimal auf frischen bis nassen, lockeren, nährstoffreichen Böden, gedeiht auch auf mäßig trockenen, tiefgründigen oder anmoorigen Substraten, schwach sauer bis alkalisch.

Eigenschaften: Frosthart, sehr wärmeliebend, verträgt Überflutung, bildet Wurzelbrut, Ausläufer und Brettwurzeln, windfest, wird etwa 250 Jahre alt, erreicht mit 75 Jahren Endhöhe.

Anmerkung: Wird zwar von der Ulmenkrankheit befallen, doch ist die Bedrohung in den für sie günstigen Lebensräumen (genügend feucht!) weniger stark (HECKER).

Ulmus laevis mit typischen Brettwurzeln

Verwendung: Charakteristische heimische Baumart der Auen- und Bruchwälder mit etwa den gleichen Bodenansprüchen wie die Schwarz-Erle. Einzelstellung und lockere Gruppen in genügend feuchten Parkanlagen, Windschutzpflanzungen in der Landschaft, Waldrandgestaltung, durch Stockausschlagfähigkeit auch für Niederwaldwirtschaft.

Ökologie: Trotz Windblütigkeit wertvolle Insektenfutterpflanze, da sie früh blüht.

U. Hybride 'Dodoens'

Wuchs: Mittelgroßer Baum mit zunächst lockerer, schlank aufrechter, später breit kegelförmiger,

Ulmus Hybride 'Dodoens'

Ulmus laevis (Flatter-Ulme) am Naturstandort, Heukenlock, Elbe

trichterförmiger Krone, Äste dünntriebig, leicht überhängend, raschwüchsig.

Größe: 12 bis 15 m hoch und 5 bis 6 (8) m breit. Jahreszuwachs in der Höhe ca. 35 bis 40 cm, in der Breite ca. 25 cm.

Blätter: Sommergrün, länglich eiförmig, 6 bis 10 cm lang, Rand grob gesägt, dunkelgrün, glatt, leicht glänzend, Herbstfärbung gelb.

Wurzel: Kräftig, Hauptwurzeln weit und tiefgehend, dicht verzweigt.

Standort: Sonnig bis absonnig.

Boden: Mäßig trockene bis feuchte, lockere, tiefgründige und sehr nährstoffreiche Böden, schwach sauer bis stark alkalisch.

Eigenschaften: Widerstandsfähig gegen die Ulmenkrankheit, besonders auf eigener Wurzel (Versuch läuft in den Niederlanden).

Verwendung: Einzelstellung, lockere Gruppen, Straßenbaum, Windschutz.

U. Hybride 'Jacqueline Hillier'
(= U. elegantissima 'Jacq. Hillier',
U. x hollandica 'Jacqueline Hillier',
U. minor 'Jacqueline Hillier')

1966 in einem Privatpark bei Birmingham, England, gefunden und von HILLIER in den Handel gebracht.

Wuchs: Breitbuschig und etwas unregelmäßig aufrecht wachsender Strauch (Großstrauch), in der Jugend dicht und kurz verzweigt, Hauptstamm und Nebenäste später malerisch gedreht und gewunden, alte Exemplare entwickeln eine offene, halbrunde bis schirmartige Krone, langsam wachsend.

Ulmus Hybride 'Jacqueline Hillier'

Größe: In 9 Jahren ca. 1,80 m hoch und breit, ein etwa 25jähriges Exemplar hatte eine Höhe von 3,50 m und eine Breite von 5 m!

Blätter: Sommergrün, wechselständig, auffallend klein, spitz eiförmig, Blattgrund asymmetrisch, 2,3 bis 3,5 cm lang und 1 bis 1,8 cm breit, Rand doppelt gesägt, dunkelgrün, oberseits rauh behaart, unten heller, Blätter auffallend dicht stehend.

Standort: Sonnig bis absonnig.

Boden: Mäßig trocken bis feucht, nährstoffreich und tiefgründig, schwach sauer bis alkalisch.

Eigenschaften: Frosthart.

Verwendung: Durch den ausgesprochen kompakten, langsamen Wuchs und die sehr kleinen, regelmäßig angeordneten Blätter eine äußerst dekorative Form, die sich über viele Jahre wie ein Zwergstrauch benimmt, sich aber dann mehr und mehr zu einem malerischen Strauch (Großstrauch) mit gedrehtem Stamm und gewundenen Ästen entwickelt. Einzelstellung, in Rabatten, Innenhöfen und größeren Kübeln.

U. Hybride 'Lobel',
Schmalkronige Stadt-Ulme

Wuchs: Mittelgroßer, betont aufrecht wachsender Baum, Krone in der Jugend schmal säulenartig, später mehr kegelförmig bis breit kegelförmig, geschlossen, Stamm durchgehend bis zum Wipfel, Äste straff schräg aufsteigend, Triebe kurz und dichtstehend, langsam wachsend.

Größe: 12 bis 15 m hoch und 4 bis 5 m breit. Jahreszuwachs in der Höhe ca. 30 cm, in der Breite ca. 15 cm.

Blätter: Sommergrün, wechselständig, verhältnismäßig klein, spitz eiförmig, bis 8,5 (9,5) cm lang und 3,5 bis 5 cm breit, mattgrün, nicht glänzend, glatt, derb, lange haftend, Färbung gelb.

Standort: Sonnig bis absonnig.

Boden: Anspruchsvoll. Mäßig trockene, optimal frische bis feuchte, lockere, tiefgründige und nahrhafte Böden, schwach sauer bis alkalisch.

Eigenschaften: Frosthart, Wärme und Luftfeuchte liebend, gut windfest.

Anmerkung: Gilt als relativ widerstandsfähig gegen die Ulmenkrankheit, wenn sie auf eigner Wurzel steht!

Ulmus minor-Typ mit starken Korkleisten

U. Hybride 'Plantijn'

Wuchs: Mittelgroßer Baum, Krone anfangs schmal eiförmig, später kegelförmig bis breit oval, Stamm mehr oder weniger durchgehend, Äste spitzwinklig ansteigend, dicht verzweigt, schnellwüchsigste Sorte innerhalb der „resistenten" Ulmen-Hybriden.

Größe: Bis 15 (20?) m hoch und 6 bis 8 m breit. Jahreszuwachs in der Höhe ca. 40 bis 45 cm, in der Breite ca. 25 cm.

Blätter: Sommergrün, wechselständig, eiförmig, bis 16 cm lang, graugrün, Herbstfärbung gelb.

Standort: Sonnig bis absonnig.

Boden: Anspruchsvoll. Mäßig trockene, optimal frische bis feuchte, lockere, tiefgründige und nahrhafte Böden, schwach sauer bis alkalisch.

Eigenschaften: Frosthart, Wärme und Luftfeuchte liebend, nicht so windfest wie andere Sorten.

Anmerkung: Gilt als relativ widerstandsfähig gegen das Ulmensterben, wenn sie auf eigener Wurzel steht!

Verwendung: Einzelstellung, lockere Gruppen in Parkanlagen, Straßenbaum, Ufer- und Böschungsbefestigung an Kanälen und Wasserläufen.

U. minor MILL.,
Feld-Ulme, Feld-Rüster
(= U. carpinifolia, U. campestris,
U. diversifolia, U. foliacea)

Verbreitung: Europa bis zum Mittelmeer, Nordafrika und Westasien. In Auen-Wäldern, in sonnigen Hangwäldern; in den Stromtälern von Weichsel, Oder, Elbe, Rhein, Donau und Main. Auf mäßig trockenen bis feuchten, gelegentlich auch überfluteten, meist kalkhaltigen Böden.

Wuchs: Großer Baum mit hochgewölbter, dichter Krone und meist kurzem Stamm, Äste aufrecht, im Alter breit ausladend, raschwüchsig.

VACCINIUM L.
Heidelbeere, Preiselbeere – Ericaceae, Heidekrautgewächse

V. corymbosum L.,
Garten-Heidelbeere, Amerikanische Heidelbeere, Sumpf-Heidelbeere

Verbreitung: Östliches Nordamerika auf feuchten bis nassen, sauren Böden, in Sümpfen, Mooren, Wäldern, Niederungen und auf nassen Wiesen.

Wuchs: Kleiner, straff aufrechter, dicht verzweigter Strauch, im Alter breitbuschig mit vielen Basistrieben, langsam wachsend.

Größe: 1 bis 2 m hoch und breit.

Blätter: Sommergrün, wechselständig, eiförmig bis lanzettlich, frischgrün, Herbstfärbung gelb bis leuchtend orangerot.

Blüten: Weiß bis rosa, krugförmig, in dichten Büscheln, Mai.

Früchte: Kugelig, bis 1,5 cm dick, blauschwarz, bereift, süß, angenehm schmeckend.

Wurzel: Oberflächennah ausgebreitet, hoher Anteil an Feinwurzeln, verfilzend.

Standort: Sonnig bis halbschattig.

Boden: Frischer bis feuchter (bis nasser), humoser Boden, sehr gut wachsen sie auf humosen Heidesandböden, die auch anmoorig sein können, der pH-Wert sollte im Bereich von 4,0 bis 5,0 liegen, sie gedeihen aber auch noch bei pH 3,0, der Stickstoffbedarf ist bei V. corymbosum sehr gering.

Eigenschaften: Frosthart, lieben kühlfeuchte Lagen.

Anmerkung: Bei übermäßiger N-Düngung Triebsterben.

Verwendung: Gruppenpflanzungen, Rhododendronpflanzungen, Heidegärten, Nutzgärten, Plantagen. Herrliches Herbstfärbergehölz!

Selektierte Fruchtsorten:

Sorte	Fruchtgröße	Farbe	Reifezeit
'Berkeley'	bis 1,5 cm dick	hellblau	spät
'Bluecrop'	bis 1 cm dick	hellblau	mittelfrüh
'Blueray'	bis 1,5 cm dick	hellblau	mittelfrüh
'Coville'	bis 2 cm dick	dunkelblau	spät
'Earliblue'	bis 1 cm dick	dunkelblau	früh
'Goldtraube'	bis 1,5 cm dick	hellblau	spät
'Jersey'	bis 1 cm dick	hellblau	mittelfrüh
'Patriot'	bis 1,5 cm dick	dunkelblau	mittelfrüh

V. macrocarpon AIT.,
Großfrüchtige Moosbeere

Verbreitung: Östliches Nordamerika in Sphagnum-Mooren; in Nordasien; auf den holländischen Nordseeinseln (Terschelling) in den Dünen verwildert.

Wuchs: Niedriger, bodendeckender Zwergstrauch mit kriechenden, langen und dünnen Trieben, im Alter dichte und feste Matten bildend.

Größe: 10 bis 30 cm hoch.

Blätter: Immergrün, wechselständig, klein, elliptisch länglich, 0,5 bis 1,5 cm lang, oben hellgrün bis mittelgrün, schwach glänzend, hart und ledrig, unterseits hellgraugrün, kahl, in den Wintermonaten rötlichbraun verfärbend.

Blüten: Weißlich-rosa Glöckchen, Mai/Juni.

Früchte: Kugelig bis ellipsoid, 1 bis 1,3 cm dick, kirschrot, mit graublauem Wachshauch, im August, bei Reife dunkelrot bis schwarzrot, glänzend, sind eine große Zierde. Bei Fruchtsorten wie z. B. **'Crowley'** oder **'Pilgrim'** sind die Früchte bis 1,9 cm dick!

Standort: Sonnig.

Boden: Sandig-humose, genügend feuchte, auch nasse, lockere Böden, sauer bis schwach sauer.

Verwendung: Wertvoller, anspruchsloser Bodendecker, dessen Früchte ab August eine zusätzliche Zierde sind. Paßt sehr gut in den Heidegarten, kann aber auch vor niedrige Rhododendron und Azaleen gesetzt werden. Die Sorte **'Pilgrim'** bildet eine sehr feste, mattenartige Bodendecke und zeichnet sich durch reichen Fruchtbehang aus.

Anmerkung: Früchte enthalten viel Vitamin C, bedeutend mehr als die Preiselbeeren. In USA, Polen (Wojewodschaften Danzig und Köslin) und in Holland wird Vaccinium macrocarpon erwerbsmäßig angebaut. Verwendet werden die Früchte zur Herstellung von Marmeladen, Gelees, Mus und alkoholischen Getränken.

Ökologie: Früchte haften oft bis Februar/März und werden von verschiedenen Vogelarten gefressen.

V. myrtillus L.,
Heidelbeere

Sommergrüner, straff aufrechter, 0,2 bis 0,5 m hoher, stark Ausläufer treibender Zwergstrauch. Junge Triebe grün, kahl, kantig. Blätter wechselständig, elliptisch bis zugespitzt eiförmig, 1 bis 2,5 cm lang und 1 bis 1,5 cm breit. Blüten einzeln, blattachselständig, krugförmig, grünlich, oft rötlich überlaufen, Mai/Juni. Früchte kugelig, dunkelblau bereift, wohlschmeckend.

Die Heidelbeere ist im gesamten Europa bis nach Mittelsibirien und südöstlich bis zum Kaukasus verbreitet. Wir finden sie in lichten Laub- und Nadelwäldern, in Heidemooren und Zwergstrauchheiden, auf frischen, humusreichen, lockeren und kalkfreien Böden. Heidelbeeren haben durch die wohlschmeckenden Früchte eine große wirtschaftliche Bedeutung. Die grünen Triebe sind in der Floristik sehr beliebt.

Vaccinium corymbosum 'Bluecrop'

Vaccinium macrocarpon

VACCINIUM

Vaccinium vitis-idaea

Ökologie: *Die Blüten werden von Bienen, Wildbienen und Hummeln bestäubt. Der reichlich angebotene Nektar enthält 20 % Zucker. Die Vitamin C-reichen Früchte bieten vielen heimischen Vogelarten und Kleinsäugern Nahrung. Die Blätter sind Raupennahrung für das Kleine Nachtpfauenauge, den Braunfleckigen Permutterfalter und den Violetten Silberfleckbläuling.*

V. oxycoccus L.,
Moosbeere

griech.: oxys = sauer, kokkus (lat. coccus) = Beere

Vaccinium oxycoccus

Immergrüner, auf dem Boden kriechender Halbstrauch mit bis zu 1 m langen, fadenförmigen, wurzelnden Trieben. Blätter wechselständig, sehr klein, länglich eiförmig bis lanzettlich, 0,4 bis 1 cm lang, dunkelgrün, glänzend, im Winter rötlich, unterseits blaugrün bereift, Blattrand nach unten eingerollt. Blüten klein, rosa, zu 1 bis 4 an aufrechten Sproßspitzen, Kronblätter tief gespalten und turbanartig zurückgeschlagen, Mai/Juli. Früchte rund, etwa 1 cm dick, erst weißlich, später rot, Geschmack säuerlich (Apfel- und Zitronensäure). Sie sind in Rußland geschätzt und werden dort nach der Frosteinwirkung gesammelt. Besonders in Nordrußland und Finnland, wo die Pflanzen in riesigen Mengen vorkommen, wird aus den Beeren ein erfrischendes, schwach alkoholisches Getränk („Kwass") hergestellt. Es wurde früher in Petersburg überall zu geringen Preisen angeboten. Unter dem Namen „Báccae Oxycóccus" wurden die Beeren als Heilmittel gegen Entzündungen und gegen Skorbut gehandelt.

Die Moosbeere ist in den europäischen, nordasiatischen und nordamerikanischen Hochmooren verbreitet. Verwendung findet dieser zierliche Bodendecker in genügend feuchten Moor- und Heidegärten.

Ökologie: *Die Blütenbestäubung erfolgt durch Bienen, Käfer und Hummeln. Die Früchte werden vor allem durch Heidepieper, Seidenschwanz und Tannenhäher verbreitet (HEGI).*

V. uliginosum L.,
Rauschbeere, Moorbeere, Trunkelbeere

lat.: uliginosus = sumpfig, morastig

Sommergrüner, 0,2 bis 0,7 (0,9) m hoher, buschig verzweigter, Ausläufer treibender Kleinstrauch. Triebe rund, grau bis rotbraun. Blätter wechselständig, verkehrt eiförmig bis elliptisch, 1,5 bis 3 cm lang und 0,8 bis 1,5 cm breit, beiderseits bläulichgrün, Herbstfärbung gelborange. Blüten klein, glockenförmig, weiß bis rosa, in wenigblütigen Trauben, Mai/Juni/Juli.

Früchte kugelig, schwarzblau, bereift, Geschmack fad bis süßlich, Fruchtsaft nicht färbend wie bei der Heidelbeere. Früchte giftig (giftverdächtig). Nach dem Verzehr größerer Mengen kann es zu rauschartigen Erregungszuständen, Schwindelgefühl, Pupillenerweiterung und Erbrechen kommen. Verantwortlich dafür ist wahrscheinlich ein schmarotzender Pilz (Sclerotina megalospora) ROTH, DAUNDERER, KORMANN.

V. uliginosum ist in Europa, Nordasien und Nordamerika verbreitet. Wir finden die Rauschbeere in Hochmooren, Kiefern-, Birken- und Heidemooren, im Bergland in Moorwiesen, im Gebirge auch zwischen Geröll in schneefreien, windexponierten Lagen und an der Nordseeküste in feuchten Dünentälern (Dänemark). Sie wächst auf nassen bis frischen, nährstoffarmen, sauren, anmoorigen oder sandig-humosen Böden. Verwendung findet die Rauschbeere bei Rekultivierungsmaßnahmen in der Landschaft oder als Ziergehölz in Heide- und Moorgärten.

Vaccinium uliginosum

V. vitis-idaea L.,
Preiselbeere

Verbreitung: Nordeuropa bis Sibirien und Japan sowie im arktischen Nordamerika. Im Unterwuchs trockener Kiefernwälder, auf Hoch- und Zwischenmooren und im Gebirge in Zwergstrauchhecken. Auf sandigen, kiesigen, humusreichen und an Nährsalzen armen, sauren Böden.

Wuchs: Niedriger Zwergstrauch mit unterirdischen, wurzelnden Kriechtrieben, langsam wachsend.

Größe: 10 bis 30 cm hoch.

Blätter: Immergrün, wechselständig, klein, eiförmig, ledrig, oberseits glänzend, mittelgrün, unterseits heller.

Blüten: Weiß bis rosa, in kleinen, endständigen Trauben, Einzelblüte glockig mit 4 nicht umgebogenen Zipfeln, Mai/Juni, Nachblüte im Spätsommer.

Früchte: Hochrot, kugelig, erbsengroß, Geschmack herbsauer, vielseitig verwendbar.

Wurzel: Oberflächennah, langtriebig, dünn, wenig verzweigt, Ausläufer treibend.

Standort: Sonnig bis halbschattig.

Boden: Sandig-humose oder torfige, frische bis nasse, saure Substrate. Bedarf an Stickstoff ist sehr gering.

Eigenschaften: Frosthart, Ausläufer treibend, Pflanzen werden nach KANNGIESSER etwa 13 Jahre alt, Früchte reifen sehr ungleichmäßig.

Verwendung: Sehr hübscher kleiner Bodendecker für Heidegärten und Rhododendronanlagen, gedeiht noch im Wurzelbereich von Birke und Kiefer, wenn der Standort nicht zu trocken ist. Benachbarung: Calluna, Gaultheria procumbens (mit der sie sich gut vergesellschaftet), Cornus canadensis, Empetrum nigrum, Erica in Arten und Sorten, Vaccinium myrtillus, Pernettya (Hintergrund), Arctostaphylos uva-ursi, Festuca ovina, Festuca scoparia, Veronica prostrata und Origanum vulgare 'Compactum'.

Anmerkung: Die Preiselbeeren vertragen Mineraldünger sehr schlecht, bei Nährstoffmangel sollten sie besser organisch gedüngt werden.

Ökologie: Die Blüten werden sehr gern von Hummeln und Bienen beflogen; die Früchte sind Nahrung für Auerhuhn, Birkhuhn, Schneehuhn, Steinhuhn, Haselhuhn, Wacholderdrossel, Seidenschwanz, Heidepieper u. a. Vogelarten.

V. vitis-idaea 'Koralle'

1969 von H. VAN DER SMIT, Holland, selektiert.

Wuchs: Niedriger, dichtbuschiger Zwergstrauch mit unterirdischen, wurzelnden Kriechtrieben, langsam wachsend.

Größe: 20 bis 30 cm hoch.

Blätter: Immergrün, wechselständig, klein, ei-elliptisch, 1,5 bis 2,2 (2,5) cm lang und 0,7 bis 1,3 cm breit, hellgrün bis mittelgrün, derb, glänzend.

Blüten: Weiß bis rosa, in kleinen, endständigen Trauben, Einzelblüte glockig, Mai/Juni, im Spätsommer Nachblüte.

Früchte: Hochrot, rundlich eiförmig, 1,0 bis 1,2 cm lang und 0,8 bis 1,0 cm dick, außerordentlich reichtragend.

Weitere Angaben und Merkmale wie die Art.

Empfehlenswerte Sorten sind weiterhin **'Erntedank'**, **'Erntekrone'**, **'Erntesegen'** und **'Red Pearl'**.

Bild links:
Vaccinium vitis-idaea 'Erntesegen'

VIBURNUM L.
Schneeball, Schlinge, Caprifoliaceae, Geißblattgewächse

Viburnum war bei Vergil der Name für einen Schlingstrauch.

Die über 150 Arten der Gattung Viburnum sind in den gemäßigten und subtropischen Zonen der nördlichen Halbkugel verbreitet. Besonders viele Vertreter finden wir in Nordamerika und Asien; in Mitteleuropa sind dagegen nur zwei Arten heimisch, nämlich Viburnum lantana und Viburnum opulus.

In der Gattung gibt es sowohl immergrüne als auch laubabwerfende Sträucher. Ihre Blätter sind einfach oder gelappt und gegenständig, gelegentlich aber auch quirlig angeordnet. Die Blütenformen sind außerordentlich vielgestaltig. Sie erinnern mit ihren tellerförmigen Schirmrispen, ihren zu Schauapparaten umfunktionierten Randblüten und den ballförmigen, sterilen Blüten sehr stark an die Hortensien. Tatsächlich hat diese Ähnlichkeit in der systematischen Botanik zu Irrtümern und Fehlbenennungen geführt.

Der große Wert der „Schneebälle" liegt aber nicht allein nur in ihrer überschwenglichen Blütenfülle. Eine Reihe von Arten und Hybriden gehört zu unseren markantesten Vorfrühlingsblühern und Duftpflanzen. Bemerkenswerte Herbstfärbung und Fruchtschmuck finden wir bei Viburnum plicatum, Viburnum lantana, Viburnum betulifolium und Viburnum opulus 'Compactum'.

Über die Giftigkeit der Schneeballfrüchte ist besonders im letzten Jahrhundert viel berichtet worden. Nach FROHNE und PFÄNDER scheinen sie allerdings nur gesundheitliche Störungen (Erbrechen, Durchfall) hervorzurufen, wenn sie im unreifen Zustand oder in größeren Mengen gegessen werden. Andere Autoren halten alle Virburnum-Früchte für giftig. Rinden und Blätter einiger Arten enthalten giftige Verbindungen (Cumarine, Diterpene).

Vaccinium vitis-idaea 'Koralle'

Viburnum davidii

Viburnum – Übersicht

Sommergrüne Arten/Sorten

V. x bodnantense 'Dawn'	V. nudum
V. x carlcephalum	V. opulus
V. x carlesii	V. opulus 'Compactum'
V. x carlesii 'Aurora'	V. opulus 'Roseum'
V. farreri	V. plicatum
V. lantana	V. plicatum 'Mariesii'
V. lentago	V. plicatum f. tomentosum
V. macrocephalum	V. plicatum 'Watanabe'
	V. prunifolium

Immergrüne – Wintergrüne Arten/Sorten

V. x burkwoodii	V. rhytidophyllum
V. davidii	V. tinus
V. 'Pragense'	

Besonders stark duftende Arten/Sorten

V. x bodnantense 'Dawn'	V. carlesii
V. x burkwoodii	V. carlesii 'Aurora'
V. x carlcephalum	V. farreri

V. x bodnantense 'Dawn'
(= V. farreri x V. grandiflorum)

Um 1933 in Bodnant, Wales, entstanden.

Wuchs: Mittelhoher, dichtbuschiger Strauch, Grundtriebe zunächst straff aufrecht, sparrig verzweigt, später breit auseinanderstrebend, ältere Äste im Außenbereich weitbogig übergeneigt bis leicht überhängend, sehr malerisch; Ausläufer bildend, bei sehr alten Pflanzen bis 1 m von der Basis entfernt, langsam wachsend, aber stärker als Viburnum farreri.

Größe: Bis 2,5 (3) m hoch und breit.

Rinde: Einjähriges Holz dunkelbraun, ältere Stämme ebenfalls dunkelbraun (dunkler als bei V. farreri), Rinde sich wenig lösend (grindig).

Blätter: Sommergrün, gegenständig, länglich elliptisch oder lanzettlich, sehr unterschiedlich, 6,5 bis 9,5 cm lang und 3 bis 4 cm breit, Blattstiel rot, bis 2 cm lang, mittelgrün, mit 6 (7) vertieft liegenden Adernpaaren. Zerrieben unangenehm riechend, V. farreri nicht so stark, Herbstfärbung rot bis dunkelviolett.

Blüten: Knospen tiefrosa, aufgeblüht weißlichrosa, in endständigen Rispen, außerordentlich früh, oft schon im November beginnend, Hauptblüte im März/April, sehr stark duftend.

Standort: Sonnig bis absonnig, geschützt.

Boden: Mäßig trockene bis frische, kultivierte Gartenböden, sauer bis schwach alkalisch; anpassungsfähig an Boden und pH-Wert. „Schneebälle" lieben allgemein einen mehr frischen als zu trockenen Boden.

Eigenschaften: Frosthart, wärmeliebend, stadtklimafest, schwache Ausläuferbildung.

Viburnum x bodnantense 'Dawn'

Verwendung: Eine Ausnahmeerscheinung im Gehölzsortiment! Nur wenige Blütengehölze werden so bewundert wie V. x bonantense 'Dawn'. Für Wochen, und bei entsprechender Witterung sogar für Monate, kann er der Mittelpunkt des Gartens sein. Es dürfte überhaupt keinen Hausgarten-Plan ohne diesen wichtigen Winterblüher geben.

Vorteilhaft sind geschützte Gartenplätze in Sichtnähe, wobei dem im Alter sehr malerisch weit übergeneigten Strauch genügend Raum geboten werden sollte. Viel zu selten gepflanzt auf Stadtplätzen, in Fußgängerstraßen, im Erholungsgrün der Krankenhäuser, Fabriken und Betriebe. Wirkungsvoll auch in großen Kübeln mit dunkelgrünem Efeu als Bodendecke! Wichtiger Strauch für den Duft-Garten.

In dieser Zeit blühen: Prunus subhirtella 'Autumnalis', Chaenomeles-Hybriden, Corylopsis, Daphne mezereum, Erica carnea, Jasminum nudiflorum, Rhododendron praecox, Abeliophyllum distichum (weißrosa!), Hamamelis-Hybriden, Pulmonaria rubra, Galanthus elwesii, Crocus tommasinianus. Für mich ein unerreichtes Traumpaar in rosa und hellporzellanblau: V. x bodnantense 'Dawn' und Scilla tubergeniana. Es ist nicht zu fassen, diese anmutige Scilla-Art soll heute S. mischtschenkoana genannt werden. So ein Mischt!

Ökologie: Dieser Schneeball wird im November von den letzten und im Frühjahr von den ersten Insekten besucht.

V. x burkwoodii BURKW. et SKIPW.
(= V. carlesii x V. utile)

1924 bei BURKWOOD & SKIPWITH in England entstanden.

Viburnum x burkwoodii

Viburnum x burkwoodii

Wuchs: Mittelhoher Strauch, in der Jugend breitbuschig – rundlich, im Alter etwas unregelmäßig locker aufrecht, gelegentlich sparrig, Triebe bogig überhängend, langsam wachsend.

Größe: 2 bis 3,5 m hoch und breit.

Blätter: Wintergrün, gegenständig, elliptisch bis eiförmig-elliptisch, 4 bis 7 cm lang, dunkelgrün, glänzend, unterseits graugrün, filzig, Herbstfärbung bei einem Teil des Laubes gelb bis orange- und weinrot.

Blüten: In der Knospe rosa, später weiß, in ballförmigen Trugdolden, sehr starker, aber angenehm süßlicher Duft. April/Mai, Nachblüte im Herbst (Dezember).

Standort: Sonnig bis absonnig, geschützt.

Boden: Mäßig trockene bis frische, nährstoffreiche und gut durchlässige Gartenböden, ist anpassungsfähig an den pH-Wert, bevorzugt aber ein schwach saures Substrat.

Eigenschaften: Nicht überall ganz hart, im Norden und Nordwesten gut, verträgt Luftverschmutzung, stadtklimaverträglich, hitzetolerant (DIRR).

Verwendung: Eine der besten Viburnum-Arten, obwohl V. x burkwoodii nicht zu den am stärksten duftenden gehört. Sowohl für den sonnigen als auch halbschattigen Gartenplatz geeignet. Herrlicher Solitärstrauch für die Gehölz- und Staudenrabatte und den Duftgarten. Sehr schön mit kleinlaubigen Ilex-Arten, Farnen und Gräsern wie Polystichum polyblepharum, Polystichum aculeatum und Carex morrowii oder mit Kirschlorbeer, Mahonia bealei, Rhododendron (großblättrig), Leucothoë walteri und Bambus (Thema Blattstruktur).

Pflegetip: Sollte als Jungpflanze in ungünstigen Lagen einen Wurzelschutz erhalten. Vorsichtiger und gefühlvoller Formschnitt kann vorteilhaft sein und wird gut vertragen.

V. x carlcephalum BURKSW. ex PIKE, Großblumiger Duft-Schneeball
(= V. carlesii x V. macrocephalum f. keteleerii)

Seit 1932 in Kultur.

Wuchs: Mittelhoher Strauch, breitbuschig und locker aufrecht, etwas sparrig verzweigt, auf sonnigem Stand rundliche Umrißform, langsam wachsend.

Größe: Bis 2,5 (3) m hoch und breit. In 20 Jahren ca. 2,20 m hoch und breit.

Blätter: Sommergrün, gegenständig, breit eiförmig, 6 bis 9 (12) cm lang, stumpfgrün, beidseitig behaart, etwas rauh, im Herbst gelb bis orangerot.

Viburnum x carlcephalum

Blüten: Knospig rosa, aufgeblüht weiß, in bis zu 13 cm großen, kugeligen Trugdolden, herrlich duftend, Anfang bis Ende Mai.

Standort: Sonnig bis leicht absonnig.

Boden: Mäßig trocken bis feucht, nährstoffreich und gut durchlässig, sauer bis schwach alkalisch; ungemein anpassungsfähig und auf allen kultivierten Gartenböden gedeihend.

Eigenschaften: Frosthart, sehr regelmäßig und reich blühend.

Verwendung: Einer der anspruchslosesten und zuverlässigsten Duft-Schneebälle, dessen großer Gartenwert immer noch nicht genügend erkannt ist. Wunderschön in Gartenräumen zusammen mit Gruppen von Strauchpfingstrosen, denen er mit seinem verschwenderischen Duft ein wenig aushilft und sie noch wertvoller erscheinen läßt. Farblich

sehr gut mit Iberis sempervirens und Tuffs aus Polemonium caeruleum, Phlox divaricata ssp. laphamii (schwach hellblau), Polemonium reptans, Nepeta mussinii und eingestreut Allium neapolitanum (weiße Blütenköpfe!). Weitere blaue Partner wären: Muscari armeniacum 'Blue Spike', Iris pumila, Iris Barbata-Nana-Gruppe, Geranium himalayense 'Johnson', Scilla hispanica und Omphalodes verna (Blütezeit beginnt). Paeonia officinalis und Paeonia Lactiflora-Hybriden haben ebenfalls die gleiche Blütezeit und passen ausgezeichnet zum Großblumigen Duft-Schneeball. Gehölznachbarn mit identischer Blütezeit: Chaenomeles-Hybriden, Cytisus-Arten und Hybriden, Daphne x burkwoodii 'Somerset' (herrlicher Partner für das Thema „Duftgarten"), Fothergilla-Arten, Zier-Malus (besonders effektvoll sind die rosarotblütigen als Hintergrund) und Syringa vulgaris-Hybriden, die in das Blütenkonzert etwas später einstimmen, dafür aber für einen langen Ausklang und guten Übergang zu anderen Höhepunkten sorgen.

V. carlesii HEMSL.,
Korea-Duft-Schneeball

Verbreitung: Korea.

Wuchs: Kleiner Strauch, breitbuschig bis kugelig aufgebaut, im Alter oft mit schirmförmiger Krone, langsam wachsend.

Größe: 1 bis 1,5 m hoch und breit.

Blätter: Sommergrün, gegenständig, breit eiförmig, 6 bis 10 cm lang, stumpf grüngrau, unterseits heller, dicht behaart, Herbstfärbung orange bis rötlich und rotbraun.

Blüten: Im Aufblühen rosa, später weiß, in flachen, 5 bis 7 cm breiten Trugdolden, intensiv süßlich duftend, April/Mai.

Standort: Sonnig bis halbschattig, geschützt.

Viburnum carlesii

Boden: Optimal auf frischen bis feuchten, nährstoffreichen und gut durchlässigen Substraten, sauer bis neutral, gedeiht aber auch auf mäßig trockenen Böden. Pflanzplatz sollte dann aber vorzugsweise im Halbschatten liegen.

Eigenschaften: Frosthart; bei zu trockenem Stand, großer Wärme und geringer Luftfeuchtigkeit fallen die Blätter vorzeitig ab, Austrieb wird gelegentlich von Läusen befallen.

Verwendung: Unverzichtbarer Blüten- und Duftstrauch, der selbst noch in kleinsten Gartenräumen verwendet werden kann. Auf leicht halbschattigen Plätzen an Terrassen, Gartenwegen, in Gehölz- und niedrigen Staudenrabatten wäre dieser wertvolle Solitärstrauch bestens untergebracht. Aubrieta-Hybriden, Arabis procurrens, niedrige Polsterphloxe und Blumenzwiebeln eignen sich zur Unterpflanzung.

V. carlesii 'Aurora'

Wuchs: Kleiner Strauch, breitbuschig bis kugelig aufgebaut, vieltriebig, etwas sparrig verzweigt, langsam wachsend.

Größe: 1 bis 1,8 (bis 2) m hoch und breit. In 10 Jahren 1,50 m hoch und breit.

Blätter: Sommergrün, gegenständig, breit eiförmig, 6 bis 9 (11) cm lang, 5 bis 6,5 cm breit, dunkelgrün, stumpf, etwas rauh, Herbstfärbung sehr schön orangerot und später dunkelrot.

Blüten: Knospig leuchtend rosarot, aufgeblüht rosaweiß, in flachen Trugdolden, intensiv süßlich duftend, April/Mai.

Standort, Boden wie die Art.

Eigenschaften: Frosthart, 'Aurora' ist insgesamt gesünder und wüchsiger als die Art.

Verwendung: Selektion mit auffallend rosaroten Knospen und gesünderen Blättern.

V. davidii FRANCH.,
Immergrüner Kissen-Schneeball

Verbreitung: Westchina.

Wuchs: Zwergstrauch, Triebe waagerecht ausgebreitet bis bodenaufliegend, dicht und regelmäßig verzweigt, im Alter kompakt-rundliche bis flachkugelige Umrißform, langsam wachsend.

Größe: 0,5 bis 0,8 m hoch und ausgewachsen oft doppelt so breit, in günstigen Lagen auch wesentlich höher, auf der Insel Mainau 1,70 m hoch und 4 m breit!

Blätter: Immergrün, gegenständig, elliptisch, 7 bis

Viburnum davidii

15 cm lang und bis 8 cm breit, derb ledrig, dunkelgrün, mit 3 auffallend tiefliegenden, fast parallel laufenden Hauptadern, sehr dekoratives Blatt.

Blüten: Weißlichrosa, in 8 cm breiten Trugdolden, Juni.

Früchte: Länglich-rundlich, bis 6 mm lang, im Herbst herrlich stahlblau gefärbt. Giftigkeit siehe Einleitung.

Standort: (Sonnig), absonnig bis halbschattig, unbedingt geschützt vor austrocknenden Ostwinden und morgendlicher Wintersonne.

Boden: Mäßig trockene bis frische (bis feuchte), mäßig nährstoffreiche, humosig-lehmige, gut durchlässige Substrate, sauer bis (leicht) alkalisch.

Eigenschaften: Nicht immer zuverlässig frosthart, auf vollsonnigen Standorten häufig Brandflecken, Fruchtbildung nicht eindeutig geklärt, Pflanze ist aber nicht zweihäusig.

Verwendung: Eine Kostbarkeit für den immergrünen Garten. V. davidii besticht durch das ungemein dekorative, leicht glänzende Blatt mit der ausgeprägten Aderung und mit seinem stahlblauen Fruchtbehang. Bestens geeignet zur Benachbarung mit Rododendron, Azaleen, Leucothoë, Kalmien und anderen Immergrünen. Sehr schön auch an geschützten, absonnigen Orten in größeren Pflanzgefäßen mit Taxus x media-Formen, Ilex, Cotoneaster salicifolius var. floccosus und Euonymus fortunei-Formen und Efeu als Bodendecker.

In genügend wintermildem Klima kann V. davidii auch als exklusiver Flächenbegrüner eingesetzt werden. Lonicera pileata, Cornus canadensis und Vinca minor wären z. B. geeignete Nachbarn.

Anmerkung: Der Fruchtansatz ist bei Einzelpflanzen unbefriedigend, es sollten daher mehrere Exemplare zusammengepflanzt werden. Noch besser machen es die Engländer, sie zeichnen gute Frucht- und Bestäuber-Klone aus.

V. farreri STEARN,
Duft-Schneeball
(= V. fragrans)

Verbreitung: Nordchina.

Wuchs: Mittelhoher, dichtbuschiger Strauch, Grundtriebe straff aufrecht, etwas sparrig verzweigt, später etwas übergeneigt, Ausläufer bildend und dadurch im Alter sehr umfangreich mit vielen Bodentrieben, langsam wachsend.

Größe: Bis 2 (2,5/3) m hoch und breit.

Rinde: Einjähriges Holz rotbraun bis braun, leicht glänzend (heller als bei V. x bodnantense 'Dawn'),

Viburnum farreri

mehrjährige Triebe braun, Rinde lang abfasernd (bei 'Dawn' grindig).

Blätter: Sommergrün, gegenständig, länglich elliptisch bis lanzettlich, veränderlich, 6 bis 8 cm lang und 2,5 bis 4 cm breit, Blattstiel rot, bis 2 cm lang, mittelgrün, heller als bei 'Dawn', mit 6 vertieft liegenden Adernpaaren, zerrieben etwas riechend, aber nicht so unangenehm wie 'Dawn'; Blätter an Langtrieben etwas glänzend, Herbstfärbung rot bis dunkelviolett.

Blüten: Knospen rosa, aufgeblüht weiß, in endständigen Rispen, außerordentlich früh, oft schon (Ende Oktober) November, Hauptblütezeit März/April.

Standort: Sonnig bis absonnig, geschützt.

Boden: Mäßig trockene bis frische, kultivierte Gartenböden, sauer bis schwach alkalisch, allgemein anpassungsfähig an Boden und pH-Wert. „Schneebälle" lieben einen mehr frischen als zu trockenen Boden.

Eigenschaften: Frosthart, wärmeliebend, stadtklimafest, schwache Ausläuferbildung.

Verwendung: Wertvoller Winterblüher, etwas schwächer wachsend und kleinere Blüten als V. x bodnantense 'Dawn', dafür aber früher blühend.

693

V. lantana L.,
Wolliger Schneeball

Die Artbezeichnung bezieht sich auf Lantana, das trop. Wandelröschen, das sehr ähnliche Blätter hat.

Verbreitung: Europa, Nordafrika, Kleinasien bis Transkaukasien. In Deutschland von der Ebene bis ins Gebirge, in den Alpen noch auf 1900 m anzutreffen. An sonnig-warmen Waldrändern, in lichten, warmen Eichen-Kiefernwäldern; auf nährstoffreichen, meist kalkhaltigen, steinig-sandigen oder reinen Ton- und Lehmböden.

Wuchs: Aufrechter, reich verzweigter, buschiger Großstrauch, bildet zahlreiche Basistriebe, in der Jugend raschwüchsig, später stagnierend.

Größe: 1,5 bis 3,5 (5) m hoch und breit.

Rinde: Grau, dichtfilzig.

Blätter: Sommergrün, gegenständig, eiländlich bis breiteiförmig, 8 bis 12 cm lang, oben runzlig, stumpfgrün, unterseits wollig graugrün; Herbstfärbung gelb, aber auch rötlichbraun.

Blüten: Weiß, in 10 cm breiten, halbkugeligen Schirmrispen, streng duftend; Anfang bis Ende Mai.

Früchte: Eiländlich, oft schon ab Mitte Juli leuchtend rot, bei Vollreife schwarzblau. Giftigkeit siehe Einleitung.

Wurzel: Flach ausgebreitet, intensiv und dicht verzweigt, Wurzelkörper insgesamt sehr umfangreich, bildet Wurzelschößlinge.

Standort: Sonnig bis lichtschattig (halbschattig).

Boden: Auf allen trockenen bis frischen, auch armen, sandig-steinigen Böden, schwach sauer bis stark alkalisch, kalkliebend! Verträgt keine nassen Standorte.

Viburnum lantana

Viburnum lantana

Eigenschaften: Frosthart, wärmeliebend, Hitze und sommerliche Trockenheit gut vertragend, Licht-Halbschattenholz, gut windresistent, industrie- und stadtklimafest, hohes Ausschlagsvermögen. Rückschnitt wird gut vertragen.

Verwendung: Ein robuster, anspruchsloser Strauch für Einzel- und Gruppenpflanzungen an sonnigen Gehölzrändern, auf trockenheißen, südexponierten Böschungen, gut für Schutzpflanzungen aller Art. Im Verkehrsbegleitgrün, Hecken (auch noch möglich als Unterpflanzung lichtschattiger! Gehölzpartien), wertvoll für Begrünungsmaßnahmen in der freien Landschaft, Autobahn, Waldrandgestaltung, Bodenbefestigung. Gutes Vogelnist- und -nährgehölz, wichtige Insektenfutterpflanze. In der Natur vergesellschaftet mit: Carpinus betulus, Corylus avellana, Ligustrum vulgare, Sorbus torminalis, Prunus spinosa, Cornus sanguinea, Cornus mas, Sorbus aria, Crataegus monogyna, Berberis vulgaris und verschiedenen Rosenarten.

Ökologie: Die streng duftenden Blüten werden von zahlreichen Insektenarten wie z. B. Bienen, Honigkäfern und Fliegen besucht. Auf den Blättern lebt der Schneeballblattkäfer. Die Früchte sind Nahrung von Drosseln, Mönchsgrasmücken, Kernbeißer, Seidenschwanz und Rötelmaus.

V. lentago L.,
Kanadischer Schneeball

Sommergrüner, oft auch Ausläufer treibender, 3,50 bis 5 (8) m hoher, raschwüchsiger Großstrauch oder Kleinbaum. Triebe dünn, braun, etwas schorfig, elegant bogig überhängend. Blätter gegenständig, eiförmig bis elliptisch verkehrt eiförmig, 5 bis 10 cm lang, Rand fein gezähnt, im Austrieb gelbgrün, später mittelgrün, Blattstiel wellig geflügelt, Herbstfärbung sehr schön purpurrot bis rotbraun, gelegentlich aber auch grün abfallend. Blüten cremeweiß, in 6 bis 12 cm breiten Schirmrispen, Mitte Mai bis Juni; Blütezeit oft nur 10 Tage. Früchte oval, blauschwarz, bereift, bis 1,5 cm lang. Die in Kanada und in Nordamerika südlich bis Georgia beheimatete Art gehört zu den schönsten Herbstfärbern der Gruppe. Sie eignet sich sowohl für Einzelstellung als auch für den Hintergrund in gemischten Pflanzungen. V. lentago hat eine sehr weite Standortamplitude und gedeiht sowohl auf trockeneren als auch auf feuchten Böden, in sonnigen Positionen sowie im Schatten. Die im Handel unter der Bezeichnung 'Pink Beauty' angebotene Sorte muß V. nudum zugerechnet werden.

Ökologie: *Die lang haftenden Früchte sind eine wertvolle Winternahrung für Kleinsäuger und Vögel.*

V. macrocephalum, FORT.,
Chinesischer Schneeball
(= V. macrocephalum 'Sterile', V. macrocephalum f. sterile DIPP.)

*Sommergrüner, in milden Klimalagen teils auch halbimmergrüner, etwa 1,50 (3,5) m hoher, locker und etwas sparrig aufgebauter Strauch. Blätter oval bis elliptisch, 5 bis 10 cm lang, oberseits dunkelgrün, kahl, unterseits sternhaarig. Blüten im Mai, grünlichweiß, in 8 bis 15 cm breiten, ballförmigen Blütenständen. Eine sehr attraktive, sterile Gartenform aus China, die allerdings etwas empfindlich und ausgesprochen wärmebedürftig ist. In den kälteren Gegenden Englands pflanzt man sie vorzugsweise an eine sonnig-warme Gartenmauer. **V. macrocephalum f. keteleerii** (CARR.) REHD. ist eine Wildform mit flachen Schirmrispen, die in ihrer Mitte fruchtbare Blüten und am Rand die sterilen Blüten aufweist.*

V. nudum L.

Sommergrüner, 1,5 bis 3,5 (5) m hoher, aufrechter Strauch mit beinahe horizontal ausgebreiteten Seitenästen und offener Krone. Jungtriebe etwas schorfig, ältere Triebe rotbraun, später grünlich-

braun. Winterknospen rotbraun mit rostfarbenen Schuppen. *Blätter breit elliptisch bis oval, aber auch annähernd elliptisch, 5 bis 12 cm lang und 2,5 bis 5,5 cm breit, glänzend dunkelgrün, im Herbst sehr auffallend und lange scharlachrot bis dunkelbraunrot gefärbt. Blüten im Juni/Juli, weiß. Früchte oval, blauschwarz, etwa 0,8 cm lang.*

Ein sehr bemerkenswerter Herbstfärber, der im östlichen Nordamerika beheimatet ist und dort auf tiefgründigen, feuchten Böden am Rande von Sümpfen, Flüssen und Küsten wächst. **V. nudum var. angustifolium** *hat meist nur 5 cm lange und 1,2 cm breite Blätter.*

V. opulus L.,

Gewöhnlicher Schneeball, Wasser-Schneeball, Wasserholder

Die Artbezeichnung bezieht sich möglicherweise auf die heimische Ahornart, A. opulus, die ähnliche Blätter hat.

Viburnum opulus

Verbreitung: Fast ganz Europa, Nordafrika, von Kleinasien über den Kaukasus bis Sibirien. Häufig in Auenwäldern, an Fluß- und Bachufern, an feuchten Waldrändern zusammen mit Schwarz-Erle und Faulbaum, in Knicks und Gebüschen. Auf frischen bis nassen, nährstoffreichen, schwach sauren, meist aber kalkhaltigen, humosen Lehm- und Tonböden.

Wuchs: Breit ausladender, unregelmäßig locker aufgebauter Großstrauch, im Alter Außenzweige etwas überhängend, Stockausschläge bildend, rasch wachsend.

Größe: Bis 4 m hoch, gelegentlich auch höher und z. T. auch stammbildend (OLBRICH), Breite 3 bis 4 m.

Viburnum opulus

Blätter: Sommergrün, gegenständig, vom Grundriß her ahornähnlich, 3 bis 5lappig, 8 bis 12 cm lang, hellgrün, unterseits graugrün behaart, Herbstfärbung weinrot bis orangerot.

Blüten: Rahmweiße, 8 bis 10 cm breite, tellerförmige Schirmrispen, die von einem Kranz steriler Randblüten umgeben sind; Mai/Juni.

Früchte: Leuchtend rot, bis 1 cm dick, glänzend, sie bleiben oft den ganzen Winter am Strauch und sind besonders in der Schneelandschaft eine große Zierde. Ungenießbar, aber reif nicht giftig, früher zu Gelee und Marmelade verarbeitet. Siehe auch Einleitung Viburnum.

Wurzel: Flach ausgebreitet, intensiv und dicht verzweigt, bildet Ausläufer, verträgt Überschwemmungen.

Standort: Sonnig bis halbschattig, gute Luftbewegung, da sonst verstärkt von Blattläusen befallen.

Boden: Bevorzugt frische bis nasse, nährstoffreiche Substrate, schwach sauer bis stark alkalisch, kalkliebend.

Eigenschaften: Frosthart, Hitze und Sommertrockenheit schlecht vertragend, Feuchte-Zeiger, Halbschatten-Lichtpflanze, auf zu trockenen Standorten häufig Befall von schwarzen Blattläusen, Winterwirtspflanze für die Schwarze Rüben- oder Bohnenlaus (Vergilbungskrankheiten und andere Schäden an Rüben), windfest, Ausläufer bildend, hohes Regenerationsvermögen.

Verwendung: Einzelstellung und Gruppenpflanzungen auf genügend feuchten und nährstoffreichen Böden in Grün- und Parkanlagen, wüchsiges Gehölz für die freie Landschaft, feuchte Knicks, Windschutzpflanzungen, an feuchten Böschungen

und Ufern von Bächen und Flüssen zur Bodenbefestigung und lokalen Entwässerung (pumpende Gehölzart), zur Unterpflanzung lichtschattiger Standorte. Am natürlichen Standort vergesellschaftet mit: Euonymus europaeus, Sambucus nigra, Prunus padus, Alnus glutinosa, Salix-Arten, Rubus idaeus, Ribes nigrum, Hedera helix, Clematis vitalba, Humulus lupulus, Rhamnus frangula und Fraxinus excelsior.

Ökologie: Auf die Blätter hat sich der Schneeballblattkäfer spezialisiert. Die Blüten werden von den verschiedensten Fliegen, Käfern, Blumenwanzen und Schmetterlingsarten besucht, während die reifen Früchte wegen verschiedener Inhaltsstoffe (Saponine, Gerbstoffe, Viburnin) von unseren heimischen Vogelarten nur ungern angenommen werden. Sie haften oft noch im Frühjahr an den Sträuchern. Viburnum opulus wird auch stark von Ameisen besucht. Der Grund ist die reichliche Nektarproduktion der Blattstielnektarien (HECKER).

Anmerkung: Nach ROTH, DAUNDERER u. KORMANN („Giftpflanzen Pflanzengifte", 1994) sind Rinde, Blätter (Beeren?) giftig.

V. opulus 'Compactum'

Wuchs: Dichtbuschiger, breitrundlich gedrungener Strauch, in der Jugend sehr langsamwüchsig.

Größe: 1 bis 1,50 m hoch und etwa 2 m breit, alte Exemplare erreichen aber auch eine Höhe von 2,5 m und eine Breite von 4 m (Berggarten Hannover-Herrenhausen).

Blätter: Sommergrün, gegenständig, 3 bis 5lappig, insgesamt kleiner als beim Typ.

Viburnum opulus 'Compactum'

Blüten: Rahmweiße, tellerförmige Schirmrispen in großer Fülle, Mai/Juni.

Früchte: Leuchtend hellrot (heller als beim Typ), bis 1 cm dick, glänzend, werden auffallend reich angesetzt.

Weitere Angaben wie bei V. opulus.

Eigenschaften: Blüht und fruchtet bereits als kleinste Jungpflanze.

Verwendung: Schwachwüchsiges, heimisches Ziergehölz, das auch in kleineren Gartenräumen und Naturgärten verwendet werden kann. Besonders auffallend ist der äußerst frühe Blütenansatz und der überreiche Fruchtbehang. Eine weitere schwachwüchsige Form ist **V. opulus 'Nanum'**, die aber kaum blüht. In 40 Jahren 70 cm hoch und 1,20 m breit. Geeignet für Gartenteich-Ränder, Kleingehölzrabatten und Pflanzgefäße. Zierend sind die orangeroten Wintertriebe.

V. opulus 'Roseum',
Gefüllter Schneeball
(= V. opulus 'Sterile')

Wuchs: Breit aufrechter, locker aufgebauter Großstrauch, im Alter Außenzweige leicht überhängend, rasch wachsend, etwas schwächer als der Typ, doch im Alter genauso hoch.

Größe: Bis 4 m hoch und breit.

Blätter: Sommergrün, gegenständig, 3 bis 5lappig, hellgrün, Herbstfärbung weinrot bis dunkelrot.

Blüten: In überreicher Fülle erscheinende, bis 8 cm große, weiße, ballförmige Blütenstände, im Verblühen leicht rosa; Mai/Juni.

Weitere Merkmale und Angaben wie bei V. opulus.

Viburnum opulus 'Roseum'

Verwendung: V. opulus 'Roseum' verkörpert den Inbegriff des Schneeballs überhaupt. Er ist bereits seit 1594 als Zierpflanze bekannt. Keine andere Schneeballart wird so lange in unseren Gärten kultiviert. Auf genügend feuchten, nahrhaften Böden und bei ausreichender Luftbewegung ein unerhört reich blühendes, sehr wirkungsvolles Gehölz. Beliebte und weit verbreitete Pflanze der bäuerlichen Gärten. An Bachläufen, Teichrändern und auf feuchten Staudenwiesen kann man Traumbilder schaffen, wenn man Schneeballgruppen mit der blauen Himmelsleiter, Polemonium caeruleum, und großen Feldern aus Iris sibirica 'Dreaming Spires', 'Libelle' und 'White Horse' unterpflanzt. Diese weißblaue Blütenmelodie könnte weiterklingen mit Geranium x magnificum, Aquilegia vulgaris und Camassia leichtlinii, der wüchsigen Präriekerze, die sich auf feuchten Gartenböden besonders üppig entwickelt.

Nach wie vor passen aber auch Goldregen, Rotdorn und Syringa vulgaris-Hybriden zum Gefüllten Schneeball.

Anmerkung: An die neue Bezeichnung V. opulus 'Roseum' kann ich mich immer noch nicht gewöhnen. Wenn auch V. opulus 'Sterile' nicht gerade berauschend klingt, so ist dieser alte Name doch zumindest weniger irreführend.

Viburnum plicatum

V. plicatum THUNB.,
Gefüllter Japan-Schneeball
(= V. tomentosum 'Sterile', V. tomentosum var. sterile)

Verbreitung: China, Japan, nur in Kultur bekannt.

Wuchs: Breitrunder und kompakter, mittelhoher Strauch mit waagerecht ausgebreiteten Zweigpartien, langsam wachsend.

Größe: 2 bis 3 m hoch und breit.

Viburnum plicatum

Blätter: Sommergrün, gegenständig, breit eiförmig, 4 bis 10 cm lang, kurz zugespitzt, charakteristisch sind die 8 bis 12 geraden, deutlich hervortretenden Blattadernpaare, oberseits dunkelgrün, unterseits heller; Herbstfärbung dunkelweinrot bis violett, oft sehr apartes Farbspiel.

Blüten: Weiß, in ballförmigen, bis 10 cm großen Trugdolden, außerordentlich reichblühend, im Verblühen zartrosa färbend; Mai bis Juni.

Standort: Sonnig bis absonnig (leicht halbschattig).

Boden: Frische bis feuchte, genügend nährstoffreiche, humose Substrate, sauer bis alkalisch.

Eigenschaften: Frosthart, Hitze und trockene Luft werden schlecht vertragen, Gehölz mit langer Blütezeit.

Verwendung: Schönster ballförmiger Viburnum für Einzelstand und Gruppenpflanzung in Garten- und Parkanlagen. Benachbarungsgehölze: Acer palmatum 'Atropurpureum', Cornus kousa var. chinensis, Zierkirschen und Syringen. Zur Unterpflanzung eignen sich Geranium x magnificum (herrlich blau!), Polemonium caeruleum, Scilla campanulata, Aquilegia vulgaris und Lupinus polyphyllus-Hybriden.

V. plicatum 'Mariesii',
Japanischer Etagen-Schneeball

Wuchs: Mittelhoher, betont breitwüchsiger Strauch mit waagerechten, sehr ausgeprägten Zweigetagen; japanisch anmutendes Formelement!; langsam wachsend.

Größe: 1,5 bis 2 m hoch und bis 3 m breit.

Blätter: Sommergrün, gegenständig, breit eiförmig, 4 bis 10 cm lang, hellgrün, Herbstfärbung dunkelweinrot bis violett.

Blüten: Cremeweiß, bis zu 15 cm breite, flache Schirmrispen, die von einem Kranz reinweißer Randblüten umgeben werden, Mai bis Juni, später als V. plicatum.

Früchte: Kaum fruchtend.

Weitere Angaben wie V. plicatum.

V. rhytidophyllum HEMSL.,
Immergrüner Großblatt-Schneeball

Verbreitung: China.

Wuchs: Etwas steif aufrechter, breitbuschiger, monumentaler Großstrauch, im Alter breit auseinanderstrebend, Äste bogig überhängend, rasch wachsend.

Größe: 3 bis 5 m hoch und beinahe genauso breit, in der Jugend (10 bis 15 Jahre) höher als breit.

Blätter: Immergrün, gegenständig, länglich eiförmig bis elliptisch, 8 bis 18 (25) cm lang, stark runzelig, oberseits dunkelgrün, glänzend bis seidigmatt glänzend, unterseits dicht braunfilzig behaart, Blattstiel bis 4 cm lang.

Blüten: Cremeweiß, in bis zu 20 cm breiten, flachen Schirmrispen, Mai bis Juni.

Früchte: Eiförmig, 0,7 cm lang, im August leuchtend rot, reif schwarz, glänzend, Giftigkeit siehe Gattungsbeschreibung Viburnum.

Wurzel: Flach ausgebreitet, dicht verzweigt.

Standort: Sonnig bis schattig, windgeschützt.

Boden: Frische bis feuchte, nährstoffreiche, humose Substrate, sauer bis stark alkalisch, V. rhytidophyllum gedeiht aber auch auf trockeneren Böden.

Viburnum rhytidophyllum

Eigenschaften: Frosthart, sehr schattenverträglich, stadtklimafest, industriefest.

Verwendung: Mit den unverwechselbaren, runzeligen Riesenblättern eines unserer markantesten immergrünen Gehölze. Wenn ich ganz ehrlich bin, so gefällt mir dieser Schneeball auf sonnigen Standorten, z. B. vor Gebäuden oder in Vorgärten, nicht so recht. Hier hängen seine Blätter oft schlaff herunter und die Pflanze macht dann einen etwas trübsinnigen Eindruck. Aber auf halbschattigen Plätzen,

z. B. unter Bäumen oder in sehr schattigen Innenhöfen, wo seine Blätter sich wegen des geringen Lichteinfalls anmutig aufrichten und die Zweige auch viel lockerer gestellt sind, kommt endlich Bewegung in diesen Koloß. Hier wird der Großblatt-Schneeball zu einem herrlichen Blattschmuckgehölz, das kaum zu übertreffen ist. Unverzichtbar für das Thema Blattstruktur. **Benachbarung:** Mahonia bealei, Prunus laurocerasus-Formen, Bambus, Rhododendron, Ilex aquifolium, Ilex crenata, Hydrangea aspera 'Macrophylla', Hydrangea sargentiana, Hedera helix, Hedera helix 'Arborescens', Lonicera pileata, Leucothoë walteri, Pieris japonica, Pachysandra, Farne sommergrün und immergrün, Carex morrowii, Deschampsia cespitosa, Festuca gigantea, Carex pendula, Luzula sylvatica.

Ökologie: Blüten werden sehr stark von Insekten, insbesondere auch Bienen, besucht.

Viburnum rhytidophyllum

V. tinus L.,
Mittelmeer-Schneeball,
Laurustinus (alte, überlieferte Bezeichnung)

Verbreitung: Südeuropa, Mittelmeergebiet, als Unterholz in immergrünen Eichenwäldern mit Quercus ilex, Erica arborea, Arbutus unedo und Myrtus communis.

Bild rechts: Viburnum tinus

Viburnum tinus

Wuchs: Breit aufrecht wachsender, sehr dichtbuschiger, mittelhoher Strauch.

Größe: 1,5 bis 2,5 (4) m hoch und breit.

Blätter: Immergrün, gegenständig, schmal eiförmig, 3 bis 10 cm lang, dunkelgrün, leicht glänzend.

Blüten: Knospig rosa-weiß, aufgeblüht weiß bis weißlichrosa, in 5 bis 7 cm breiten Schirmrispen, etwas duftend; März bis April, als Kübelpflanze oft schon von November an blühend.

Früchte: Eiförmig, stahlblau, später fast schwarz.

Standort: Sonnig bis halbschattig.

Boden: Mäßig trockene bis frische, nährstoffreiche Substrate, schwach sauer bis alkalisch, V. tinus ist allgemein anspruchslos und anpassungsfähig und gedeiht auch auf trockeneren Böden.

Eigenschaften: Im allgemeinen bei uns nicht winterhart, nur in sehr geschützten Lagen und im Weinbauklima im Freien aushaltend; hohes Ausschlagsvermögen, schnittfest, starker Rückschnitt wird gut vertragen; V. tinus ist wärmeliebend und hitzeverträglich.

Verwendung: V. tinus wurde schon 1650 als Kübelpflanze in unseren Wintergärten gezogen und gehört heute wegen seiner Anspruchslosigkeit, der dekorativen Belaubung und üppigen Blüte zum Standard-Sortiment. Sehr gute Dekorationspflanze für Ausstellungen; kann zu Kugeln, Pyramiden und Säulen geschnitten werden. Als Freilandpflanze nur in milden Gegenden zu verwenden.

VINCA L.
Immergrün – Apocynaceae,
Hundsgiftgewächse

V. major L.,
Großblättriges Immergrün

Verbreitung: Südeuropa, Kleinasien.

Wuchs: Mattenförmiger, immergrüner Halbstrauch mit langen, zunächst aufrechten, dann niederliegenden Trieben.

Größe: 0,25 bis 0,35 m hoch und über 0,8 m breit.

Blätter: Immergrün, gegenständig, eiförmig, 3 bis 7 cm lang, glänzend dunkelgrün und gewimpert, ledrig.

Vinca major

Blüten: Blau, 3 bis 4 cm breit, Kelchzipfel gewimpert, Mai bis September.

Standort: Sonnig bis schattig.

Boden: Toleriert alle kultivierten Gartenböden, bevorzugt mäßig trockene bis feuchte, humose, sehr lockere, nährstoffreiche Substrate, schwach sauer bis alkalisch, doch allgemein anpassungsfähig an den pH-Wert.

Eigenschaften: Nicht zuverlässig frosthart, friert in strengen Wintern zurück, treibt jedoch nach Rückschnitt gut wieder durch.

Verwendung: Dekorativer, reinblau blühender, immergrüner Bodendecker, vorzugsweise für geschützte Standorte.

V. minor L.,
Kleinblättriges Immergrün, Singrün

Verbreitung: Süd- und Mitteleuropa. In Laubwäldern, an Waldrändern, Mauern und Weinbergen.

Wuchs: Teppichbildender, immergrüner Halbstrauch mit langen, niederliegenden und wurzelnden Trieben, langsam wachsend.

Größe: 0,1 bis 0,3 m hoch und über 0,5 m breit.

Blätter: Immergrün, gegenständig, elliptisch, dunkelgrün glänzend, ledrig.

Blüten: Reinblau mit 5zähliger Krone, Mai, Nachblüte bis September.

Standort: Sonnig bis schattig.

Boden: Toleriert alle kultivierten Gartenböden, bevorzugt mäßig trockene bis feuchte, humose, sehr lockere, nährstoffreiche Substrate, schwach sauer bis alkalisch, doch allgemein anpassungsfähig an den pH-Wert.

Eigenschaften: Frosthart, stadtklimaresistent, außerordentlich empfindlich gegen Bodenverdichtung, Mullbodenpflanze!

Vinca minor

Verwendung: Ein unverzichtbarer Bodendecker, bildet dichte, glänzend dunkelgrüne Blätterteppiche. Guter Rasenersatz in schattigen Gartenpartien, sehr schön auch zur flächigen Einfassung von edleren Kleinstauden- und Gehölzrabatten. Vinca-Flächen können sehr gut mit Herbstkrokussen bepflanzt werden.

V. minor 'Alba'
(= V. minor f. alba)

Wuchs: Teppichbildender, immergrüner Halbstrauch mit langen, niederliegenden und wurzelnden Trieben, langsam wachsend.

Blüten: Weiß mit 5zähliger Krone, Mai. Nachblüte bis September.

Weitere Merkmale und Angaben wie bei V. minor.

Verwendung: Reinweiß blühende Form des Immergrün, die neben dem bekannten Einsatzgebiet dieser seit alters her beliebten Gartenpflanze auch für spezielle Farbthemen verwendet werden kann. Ausgesprochen vornehm wirkt Vinca minor 'Alba' zusammen mit dem filigranen Nadelwerk von Taxus cuspidata 'Nana', beide sind prädestiniert für das Thema „Weiße Blüten – dunkelgrünes Blattwerk".

VISCUM L.
Mistel – Loranthaceae, Mistelgewächse

V. album L.,
Mistel, Drudenfuß, Weiße Mistel

Viscum album

Immergrüner, dicht verzweigter, kugelig-nestartig wachsender Halbparasit auf Bäumen, gelegentlich auch auf Sträuchern parasitierend. Triebe gelblichgrün, gabelig verzweigt, biegsam, aber doch leicht brechend. Giftig! Blätter gegenständig, ledrig, spatelförmig, ganzrandig. Giftig! Pflanze zweihäusig. Blüten im März/April, klein, unscheinbar, gelblichgrün. Staubgefäße mit Blütenblättern verwachsen. Weibliche Blüten mit 1 mm langer Blütenhülle. Früchte erbsengroße, weißliche oder gelblichweiße, glasige Scheinbeeren. Vogelverbreitung.

Die Mistel ist in Europa, Asien und Nordafrika verbreitet. Sie läßt sich in 3 Unterarten aufgliedern, die jeweils auf speziellen Wirtspflanzen parasitieren.

***1. Viscum album ssp. album**, Laubholz-Mistel. Wirtspflanzen sind hauptsächlich Pappeln, Weiden, Linden, Birken, Apfelbäume, seltener Eichen und Walnußbäume. Interessant ist, daß man die Laubholz-Mistel recht häufig auf den nordamerikanischen Rot-Eichen, den nordamerikanischen Walnuß-Arten und vor allem auf dem Silber-Ahorn (A. saccharinum) findet, der ebenfalls aus Nordamerika stammt. Auch auf der nordamerikanischen Robinia pseudoacacia siedelt sich die Laubholz-Mistel sehr gerne an. Warum besonders die nordamerikanischen Gehölzarten so bevorzugt werden, ist bisher ungeklärt.*

***2. Viscum album ssp. abietis**, Tannen-Mistel. Diese Unterart parasitiert vor allem auf der Weiß-Tanne (Abies alba) und der Japanischen Lärche (Larix kaempferi). Auf unserer heimischen Lärchen-Art ist die Tannen-Mistel noch nicht beobachtet worden!*

***3. Viscum album ssp. austriacum**, Kiefern-Mistel. Wirtspflanzen dieser Unterart sind vor allem die Wald-Kiefer (Pinus sylvestris), seltener Schwarz-Kiefer und Berg-Kiefer. Beobachtet wurde auch der Befall der Sal-Weide (Salix caprea).*

Die Verbreitung der im November reifen Früchte erfolgt durch Misteldrosseln, Amseln, Singdrosseln und Seidenschwänze. Meist verzehrt der Vogel nur das weiche, stark klebrige Fruchtfleisch, und der am Schnabel haftende Mistelsamen wird an Zweigen und Ästen abgestreift, wobei sich der zusammenziehende und eintrocknende, viscinhaltige Beerenschleim als vortreffliches Anheftungsmittel erweist. Selbst nach der Darmpassage bleibt die Klebfähigkeit der unverdaulichen Mistelkerne erhalten.

Mistel-Freunde, die gern eine solche Pflanze im eigenen Garten ansiedeln möchten, können im Frühjahr (März, die Saat benötigt eine längere Nachruhe) Samen an 2 bis 3jährige Zweige einer entsprechenden Wirtspflanze „anschmieren".

Die glasig-weißen Früchte werden mit dem Daumen gegen den Zweig gedrückt, so daß die Samenkerne dabei heraustreten und mit ihrer Viscin-Hülle an der Rinde haften bleiben. Vorteilhaft sind die seitlichen Zweigpartien oder sogar die Unterseiten der Äste, da die Samen so vor Austrocknung und Vogelfraß geschützt sind. Ein Anritzen oder Einschneiden der Rinde ist unnötig.

Die keimenden Samen entwickeln zunächst ein wurzelähnliches Gebilde, das sich bei Berührung mit der Zweigrinde zu einer Saugscheibe (Haustorium) verbreitert. Aus der Mitte dieser Saugscheibe entspringt dann die eigentliche Senkerwurzel. Um überhaupt durch die zähe Rinde in das Innere des Astes zu gelangen, scheidet die Senkerwurzel Enzyme aus, die das Rindengewebe auflösen. Nun durchbricht die kleine Wurzel die Rindenzellen und dringt bis zu den Wasserleitungsbahnen vor.

Erst im darauffolgenden Jahr, wenn der Wasseranschluß sozusagen installiert ist, erscheinen zwei winzige Keimblättchen. Der Wirtspflanze entzieht die Mistel Wasser und die darin gelösten, organischen Nährstoffe. Im Gegensatz zu den chlorophyllosen Vollschmarotzern ist die Mistel in der Lage, diese Nährstoffe selbst zu assimilieren.

Schon in der antiken und germanischen Mythologie spielte die Mistel eine sehr große Rolle. Auch heute noch gilt sie in einigen Gegenden als dämonenabwehrende Pflanze. In der Volksmedizin wurden der Mistel Heilkräfte bei der „Fallenden Sucht", der Epilepsie, bei Schwindelanfällen, Asthma-, Lungen- und Leberleiden zugeschrieben. In neuester Zeit werden Mistel-Präparate bei der Tumorbekämpfung erprobt.

Misteln können auch eine Bedrohung für Bäume sein. Trotz Entfernung der Misteln ist eine Acer saccharinum-Allee in Dresden zugrunde gegangen. Die von den Misteln-Senkern durchzogenen Holzpartien werden brüchig.

VITEX L.
Mönchspfeffer – Verbenaceae, Eisenkrautgewächse

V. agnus-castus L.,
Mönchspfeffer, Keuschbaum

Sommergrüner, locker aufrechter Strauch mit 4kantigen, graufilzigen, stark aromatisch duftenden Trieben. Blätter gegenständig, handförmig geteilte Spreite mit 5 bis 7 schmal lanzettlichen, 5 bis 10 cm langen Blättchen, oben dunkelgraugrün, kahl bis schwach behaart, unterseits weißfilzig, Blüten in endständigen, bis 20 cm langen, rispenähnlichen Ständen, violett, rosaviolett oder blau, duftend. Blütezeit sehr spät, September/Oktober. Früchte kugelig, 3 bis 4 mm dick, scharf schmeckend, sie werden in südlichen Ländern als Pfefferersatz genutzt. Die Verbreitungsgebiete von V. agnus-castus liegen in Mittelasien und im Mittelmeergebiet, wo dieser Strauch in den austrocknenden Bach- und Flußbetten zusammen mit Oleander und verschiedenen Tamarix-Arten vorkommt.

Mit seinem lockeren Aufbau, den gegenständigen Blättern und den blauvioletten Blütenrispen erinnert er ein wenig an den Sommerflieder und sollte auch wie dieser in der Bepflanzungsplanung eingesetzt werden. Lavendel, Ceanothus, Caryopteris sowie graulaubige Stauden und Gräser wären eine ideale Benachbarung. Sonnigwarme Plätze mit gutem Wasserabzug sind unerläßliche Voraussetzungen für eine erfolgreiche Kultur dieses leider nicht zuverlässig frostharten Gehölzes. Am wohlsten fühlt sich der Mönchspfeffer im sonnenreichen und milden Weinbauklima. Doch auch hier frieren die Pflanzen gelegentlich bis zum Boden zurück, treiben jedoch meist wieder von unter durch. Seit alters her gilt die Pflanze als Symbol der Keuschheit. Den Früchten wird eine den Geschlechtstrieb hemmende Wirkung nachgesagt. **Vitex negundo** hat lavendelblaue Blüten, ist aber etwas empfindlicher als V. agnus-castus.

VITIS L.
Rebe – Vitaceae, Rebengewächse

Vitis war die römische Bezeichnung für den Weinstock.

V. coignetiae PULLIAT ex PLANCH
(= V. kaempferi)

Verbreitung: Nordjapan, Korea.

Wuchs: Starkwüchsiger Kletterstrauch mit rostbraunfilzigen Trieben.

Größe: 6 bis 8 m hoch.

Rinde: Triebe rostbraun-filzig.

Blätter: Sommergrün, wechselständig, auffallend groß, etwa 20 bis 30 cm breit, im Umriß rundlich bis eiförmig, schwach gelappt, aber auch deutlich 3 bis 5lappig, Basis tief herzförmig, oben stumpfgrün, unterseits rostig-filzig; im Herbst prächtig gelborange bis leuchtend rot oder orangebraunrot.

Blüten: Blütenstände 6 bis 12 cm lang, rostrot-filzig.

Früchte: Schwarz und purpurn bereift, etwa 0,8 bis 1 cm dick.

Vitis coignetiae

Standort: Sonnig bis absonnig, warme Position (Färbung).

Boden: Frische bis mäßig trockene, nährstoffreiche Lehm- oder Sandböden, schwach sauer bis alkalisch (bodentolerant).

Eigenschaften: Frosthart.

Verwendung: Durch seine großen, äußerst dekorativen Blätter und den üppigen Wuchs eine imposante Kletterpflanze, die sehr schnell Pergolen, Spaliere, Lauben, aber auch Bäume erobert. Mit der ungemein prachtvollen Herbstfärbung kann sich nur noch der Wilde Wein messen. Leider wird dieser wertvolle Kletterstrauch viel zu wenig verwendet.

Vitis coignetiae

WEIGELA

WEIGELA THUNB.
Weigelie – Caprifoliaceae,
Geißblattgewächse

Benannt nach CHRISTIAN EHRENFRIED VON WEIGEL, Arzt, Chemiker und Botaniker, Greifswald, 1748 – 1831.

Die etwa 12 Arten der Gattung Weigela haben ihr Verbreitungsgebiet in Japan, Korea, China und der Mandschurei. Es sind sommergrüne, hohe Sträucher mit verhältnismäßig großen, meist eiförmigen und gegenständig angeordneten Blättern. Ihre Blüten sind sehr attraktiv und erinnern mit ihren glockigen bis trichterförmigen Kronröhren an die schon etwas exotisch anmutenden Trompetenblumengewächse.

Bereits seit 1845 wird W. florida in unseren Gärten kultiviert, sie ist auch heute noch die am meisten verbreitete Art.

L. VAN HOUTTE, BILLARD und LEMOINE begannen Ende des 19. Jahrhunderts mit der Züchtung großblumiger und verschiedenfarbiger Sorten. Um 1890 brachte RATHKE in Praust bei Danzig die berühmte und immer noch beliebte, dunkelrote 'Eva Rathke' heraus. Weitere Züchtungen entstanden in jüngerer Zeit in der Proefstation in Boskoop. Von den 170 bis 200 bekanntesten Sorten werden in unseren Baumschulen wohl etwa 20 angeboten.

Wenn die Blütenexplosion im Frühjahr mit den Zierkirschen, Zieräpfeln und Syringen abgeklungen ist, beginnt der Flor der Weigelien. Gerade diese relativ späte und sehr lange Blütezeit in Verbindung mit den in großer Fülle erscheinenden, ausdrucksstarken Blüten machen die Weigelien zu besonders wertvollen Ziergehölzen, die unbedingt zum Grundgerüst der Blütenstrauchpflanzungen gehören sollten. Darüber hinaus zeichnen sie sich durch eine vorbildliche Frosthärte, allgemeine Robustheit und Anpassungsfähigkeit an Boden und Standort aus. Die Schnittmaßnahmen beschränken sich auf das Herausnehmen der alten, blühunwilligen Triebe.

Ökologie: Weigelien werden auffallend stark von Hummeln, aber auch von anderen Insekten besucht.

'Bristol Ruby'

1941 bei CUMMINGS, Bristol, USA, entstanden.

Wuchs: Mittelhoher Strauch, buschig aufrecht, ältere Pflanzen breit überhängend, insgesamt aufrechter und starkwüchsiger als 'Eva Rathke'. Triebe braun.

Größe: 2,5 bis 3 m hoch und dann im Freistand 3,5 m breit.

Blüten: Kronröhre außen rubinrot (R. H. S. C. Ch. 60 A), sehr schwach glänzend, innen blaurot (R.H.S. C. Ch. 59 D), Kronröhre innen gelegentlich mit gelborangerotem Fleck, Einzelblüte ca. 3,5 bis

Weigela 'Bristol Ruby'

3,8 cm lang, Kelchzipfel groß, bis 1,5 cm lang, Blütenstiele grünlich ('Eva Rathke' bräunlich), Narbe weiß, nicht so auffallend wie bei 'Eva Rathke', 4 mm lang und 2 mm breit, zweiteilig. Blütezeit Ende Mai/Anfang Juni beginnend, bis Juli, dann Nachblüten. Standort, Boden und Verwendung wie Weigela florida.

Weigela 'Bristol Ruby'

Weigela 'Candida'

'Candida'
(THIBAULT & KETELEER 1879)

Wuchs: Mittelhoher Strauch, buschig aufrecht, im Alter Zweige überhängend.

Blätter: Hellgrün.

Blüten: Reinweiß, knospig grünlichweiß, Einzelblüte bis 3 cm breit, Blüten insgesamt zierlicher als bei anderen Sorten.

Standort, Boden und Verwendung wie Weigela florida.

'Carnaval'
(= 'Courtalor')

Wuchs: Mittelhoher, buschig aufrechter Strauch.
Blüten: Hellrosa bis dunkelrosa.
Französische Sorte (KORDES).

'Eva Rathke'

Um 1890 bei RATHKE in Praust bei Danzig entstanden.

Wuchs: Mittelhoher Strauch, buschig aufrecht, ältere Pflanzen breit ausladend und sehr überhängend, mittelstark wachsend. Triebe mehr grau.

Größe: Bis 2 m hoch und dann im Freistand 3 m breit.

Blüten: Kronröhre außen blaurot (R. H. S. C. Ch. 59 B), glänzend, innen geringfügig heller (R.H.S. C. Ch. 59 C), Einzelblüte ca. 4 bis 4,3 cm lang, Blütenstiele bräunlich, meist kahl, Narbe weiß, leuchtet sehr schön aus den dunkelroten Blüten heraus, 4 mm breit und 4 mm hoch, geformt wie ein

Weigela 'Eva Rathke'

„Blumenkohlkopf", größer und auffälliger als bei 'Bristol Ruby', Kelchzipfel 0,9 bis 1,2 cm lang, bräunlich. Juni bis August, dann Nachblüten.

Standort, Boden und Verwendung wie Weigela florida.

'Eva Supreme'

Wuchs: Mittelhoher Strauch, kräftig wachsend.

Blüten: Reinrot, schwach glänzend, Kronröhre innen etwas heller.

'Evita'

Wuchs: Kleiner, aufrechter Strauch mit überhängenden Zweigen.

Blüten: Blaurot, knospig schwarzrot.

Verwendung: Interessante Zwergform.

'Floréal'

LEMOINE 1901

Wuchs: Mittelhoher Strauch, breitbuschig aufrecht.

Blüten: Blaurosa, Kronröhre innen weißlichrosa, großblumig und reichblühend. Blütezeit früh.

W. florida (Bge.) A. DC., Liebliche Weigelie

1845 nach Europa eingeführt.

Verbreitung: Nordchina, südöstliche Mandschurei und Korea.

Wuchs: Mittelhoher Strauch, buschig aufrecht, Außentriebe bei älteren Pflanzen leicht überhängend, starkwüchsig.

Größe: Meist höher als die Hybride, etwa 3 bis 3,5 m hoch und im Freistand dann breiter als hoch.

Weigela florida

Rinde: Triebe mit vollem Mark.

Blüten: Kronröhre rosaweiß (R.H.S. C. Ch. 62 C) mit rosa (bis blauroten) Einfärbungen, im Verblühen dunkler werdend!, Einzelblüte 2,5 bis 3 cm, Kelchzipfel bis 1 cm lang, sehr reichblühend; Mitte/Ende Mai bis Juni, dann Nachblüte.

Blätter: Sommergrün, gegenständig, elliptisch, 6 bis 10 cm lang, hellgrün, unterseits behaart, lange haftend.

Wurzel: Flach ausgebreitet.

Standort: Sonnig bis absonnig.

Boden: Toleriert alle Gartenböden, bevorzugt frische bis feuchte, nährstoffreiche und durchlässige Substrate, sauer bis schwach alkalisch.

Eigenschaften: Frosthart, robust, leicht verpflanzbar, auch ältere Pflanzen; schattenverträglich, aber dann weniger Blüten, kaum krankheitsanfällig.

Verwendung: Wertvolles, relativ spät blühendes Blütengehölz für Einzelstellung, Gruppenpflanzung und Blütenhecken. Benachbarung: Philadelphus-Zwerg-Sorten, Deutzia, vor allem auch Deutzia gracilis (als weißer Saum), Campanula glomerata, Polemonium caeruleum, Geranium himalayense 'Johnson', Salvia nemorosa 'Mainacht' u. a. Sorten, Clematis integrifolia und Aquilegia vulgaris sowie Aquilegia-Hybriden in blau.

Pflegetip: Zur Erhaltung ihrer Blühfreudigkeit sollte das abgeblühte Altholz regelmäßig herausgenommen werden. Radikaler Rückschnitt wird zwar vertragen, führt aber zu schlechtem, instabilem Aufbau.

Ökologie: Weigelien werden stark von Bienen und Hummeln beflogen.

W. florida 'Korea'

Wurde 1976 in Korea im Gebirge zwischen 1600 und 1650 m Höhe nahe der Grenze zu Nord-Korea gefunden (KORDES).

Wuchs: Mittelhoher, breitwüchsiger und dichtbuschiger Strauch.

Blätter: Dunkelgrün, auffallend dick.

Blüten: Dunkelrosa.

Eigenschaften: Sehr frosthart.

W. florida 'Purpurea'

Wuchs: Kleiner Strauch, breitbuschig aufrecht, dicht geschlossen, langsam wachsend.

Größe: 1 bis 1,5 m hoch und 1,5 m breit.

Blätter: Sommergrün, gegenständig, elliptisch bis eilänglich, 6 bis 8 cm lang, braunrot, später rotgrün, braungrün, lange haftend.

Blüten: Dunkelrosa, Kronröhre innen heller mit hellgelbem Fleck (innen R.H.S. C. Ch. 63 C, außen 59 D); Juni bis Juli.

Standort, Boden und Verwendung wie Weigela florida.

Weigela florida 'Purpurea'

W. florida 'Victoria'

Wuchs: Kleiner, aufrechter, dichtbuschig und geschlossen wachsender Strauch.

Blätter: Breit elliptisch, bronzebraunrot.

Blüten: Krone außen purpurrot, Kronröhre innen blaurosa.

'Lucifer'
(= 'Courtared')

Wuchs: Mittelhoher, buschig aufrechter Strauch.

Blüten: Rot, Durchmesser der Krone bis 4 cm. Farbe nicht verblassend. Französische Sorte (KORDES).

Weigela middendorffiana

Weigela 'Nana Variegata'

Weigela 'Newport Red'

W. middendorffiana

(TRAUTV. & C. A. MEY.) K. KOCH,
Gelbe Weigelie

Mittelhoher, buschig aufrechter, 1,2 bis 1,5 (1,8) m hoher und ebenso breiter, dicht- und feintriebiger Strauch. Im Alter Zweige überhängend. Junge Triebe graubraun, Rinde abblätternd. Blätter sommergrün, gegenständig, eiförmig lanzettlich, 5 bis 8 cm lang, frischgrün. Blüten im Mai/Juni, Krone schwefelgelb, innen mit orangefarbenen Punkten und Flecken.

Die gelbe Weigelie ist eine kostbare Ausnahmeerscheinung innerhalb des Sortiments. Sie benötigt frische, humose, kalkfreie Böden in kühlfeuchter Lage. Ein Traumpaar ergibt sich durch die Benachbarung mit der ebenfalls gelb blühenden Kaukasus-Pfingstrose, Paeonia mlokosewitschii, die man unbedingt mit himmelblauen Vergißmeinnicht verbinden sollte. In England würde man die duftigen, dunkelblauen Rispen von Ceanothus arboreus 'Trewithen Blue' als Hintergrund wählen. Die Gärtner dort sind wirklich zu beneiden.

'Minuet'

Wuchs: Kleiner, buschig aufrechter, kompakter Strauch.

Größe: Bis 0,8 m hoch.

Blätter: Frischgrün.

Blüten: Zweifarbig, dunkles Blaurot bis hellrosa. Neuheit aus Kanada (KORDES).

'Nana Variegata'

Wuchs: Breitbuschig kompakt, schwach bis mittelstark wachsend.

Größe: 1,5 bis 1,8 (2) m hoch und 2,5 m breit.

Blätter: Sommergrün, gegenständig, elliptisch bis breit elliptisch, sehr attraktiv, sahneweiß bis grünlichgelb gerandet, hoher Blattschmuckwert!

Blüten: Von weißrosa (R.H.S. C. Ch. 63 C) bis malvenrosa (R.H.S. C. Ch. 63 C), Einzelblüten verhältnismäßig klein, bis 2,5 cm lang; Ende Mai/Juni/Juli.
Standort, Boden und Verwendung wie Weigela florida.

'Newport Red'

Wuchs: Mittelhoher Strauch, buschig aufrecht, ältere Pflanzen breit überhängend, rasch wachsend.

Größe: Bis 3 m hoch und breit.

Blüten: Karminrot bis violettrot, Einzelblüten bis 3 cm lang; Juni bis Juli.

Standort, Boden und Verwendung wie Weigela florida.

'Red Prince'

Wuchs: Mittelhoher, breitbuschig aufrecht wachsender Strauch, Zweige überhängend.

Größe: 1,5 m hoch, im Alter breiter als hoch.

Blätter: Frischgrün.

Blüten: Leuchtend hellrot, Mai/Juni.

Wurde 1980 von der JOWA STATE UNIVERSITY, USA, selektiert (KORDES).

'Snowflake'

Wuchs: Mittelhoher Strauch, breitbuschig aufrecht.

Größe: Bis 2 (2,5) m hoch und 2,5 m breit.

Blätter: Hellgrün bis gelbgrün.

Blüten: Weiß, Kronröhre am Ansatz schwach rosastreifig, Kronzipfel außen gelegentlich ganz zartrosa, Einzelblüte 3 cm lang, Durchmesser 3,5 cm, Kelchzipfel bis 1 cm lang, Anfang Juni bis Juli.

Standort, Boden und Verwendung wie Weigela florida.

'Styriaca'

Weigela 'Styriaca'

Wuchs: Mittelhoher Strauch, locker aufrecht, ältere Pflanzen im Freistand breit auseinanderfallend, rasch wachsend.

Größe: 2 bis 2,5 m hoch und 3 m breit.

Blätter: Hellgrün.

Blüten: Im Aufblühen rosa (R.H.S. C. Ch. 63 C), Einzelblüte 2,5 bis 3 cm lang, Blütenform etwas abweichend, mehr trichterförmig-flach, im Verblühen dunkelrosa; Ende Mai/Juni.

Standort, Boden und Verwendung wie Weigela florida.

WISTERIA NUTT.
Blauregen, Glyzine – Papilionaceae, Schmetterlingsblütler

W. floribunda (WILLD.) DC.,
Japanischer Blauregen
(= W. brachybotrys)

Wurde 1856 von SIEBOLD nach Holland eingeführt.

Verbreitung: Japan.

Wuchs: Sommergrüne, sehr starkwüchsige und hoch windende Kletterpflanze.

Größe: 6 bis 8 (10/12) m hoch und 4 bis 6 (8) m breit.

Triebe: Rechtswindend!

Blätter: Sommergrün, wechselständig, unpaarig gefiedert. Blättchen zu 11 bis 19, elliptisch bis eilänglich, 4 bis 8 cm lang, anfangs behaart, später kahl, Herbstfärbung gelb.

Blüten: Violett, in 20 bis 50 cm langen Trauben, allmählich vom Ansatz der Traube zur Spitze hin sich öffnend, niemals alle gleichzeitig blühend, Blüten mit den Blättern erscheinend; Ende Mai/Juni.

Früchte: Eine längliche, grüne, mehrsamige Hülse. Giftig!

Wurzel: Fleischig, kräftig, sehr weit ausgebreitet, auf Sandböden auch sehr tief.

Standort: Sonnig bis absonnig, geschützt.

Boden: Mäßig trockener, optimaler jedoch frischer bis feuchter, nährstoffreicher, lockerer und durchlässiger Boden!, sauer bis neutral (schwach alka-

Wisteria floribunda 'Blue Dream', als Hochstamm gezogen, mit Eremurus robustus, Allium aflatunense 'Purple Sensation' und blauer Akelei im Arboretum Thiensen.

Wisteria mit Blauer Holzbiene

Wisteria floribunda mit blauer Akelei und Hosta

lisch), Glyzinen lieben den mehr sauren Bereich; sie vertragen keine stehende Nässe und Bodenverdichtung.

Eigenschaften: Im allgemeinen frosthart, aber spätfrostempfindlich, wärmeliebend, hitzeverträglich, stadtklimafest, haben im Sommer einen hohen Wasserbedarf; auf alkalischen Böden Eisenchlorose. Die stark schlingenden Triebe können Regenrohre und Dachrinnen zusammendrücken! Wurzeln werden im Winter sehr gern von Mäusen gefressen, Vorsicht bei Jungpflanzen, da Totalschäden möglich sind.

Hinweis: Sämlingspflanzen blühen meist weniger reich und erst nach vielen Jahren. Es ist unbedingt empfehlenswert, nur vegetativ vermehrte Nachkommen von ausgesuchten Mutterpflanzen zu verwenden!

Verwendung: Es gibt überhaupt keinen Zweifel, der Blauregen ist das schönste und beeindruckendste Klettergehölz in unseren Gärten. Hauswände, Pergolen, Rankgerüste, Gartenmauern und alte Bäume werden im Mai/Juni in blaue Kaskaden verwandelt. Ein herrlicher Partner ist der Goldregen, er ist auch das einzige Gehölz, das mit seiner Blütenmasse dagegenhalten kann. Blaue Farben sind in unseren Gärten selten, und wenn wir Ton in Ton arbeiten wollen, empfehle ich folgende Auswahl: Rhododendron-Hybride 'Susan' (amethystviolett), Clematis alpina 'Pamela Jackman', C. alpina 'Frances Rivis', Clematis macropetala, Syringa vulgaris, Lupinus polyphyllus-Hybriden, Aconitum napellus, Baptisia australis (schließt mit seiner aufregend blauen Schmetterlingsblüte an), Geranium x magnificum, Camassia leichtlinii-Sorten; aus der Iris Barbata-Nana-Gruppe z. B. die Sorten 'Cyanea' (dunkelblau), 'Blautopf' oder 'Jan Maat' (mittelblau), Iris Barbata-Elatior-Gruppe (schließt

an) und Veronica gentianoides 'Robusta'. Ein guter Farbbegleiter ist auch Allium aflatunense.

Sehr schön sind auch Blauregen-Hochstämme, die man zu einer kleinen Allee oder einem Blauregentunnel zusammenpflanzen kann. Passend dazu wäre eine flächige Untermalung mit Aquilegia vulgaris und Polemonium caeruleum. Orangefarbener Goldlack ist hier der richtige Gegenspieler. Hochstämme müssen aber mindestens zweimal im Jahr beschnitten werden (Frühjahr, nach der Blüte und im Juli/August). Empfehlenswerte Sorten sind: **'Alba'**, Blüten weiß, in 25 bis 35 cm langen Trauben; **'Blue Dream'**, sehr reichblühende, hellviolettblaue, gut duftende Selektion (K. Münster, Bullendorf); **'Kuchi-beni-fuji'**, knospig rosa, später weiß, schwach duftend; **'Longissima Alba'**, weiß, in 60 bis 70 cm langen Trauben; **'Macrobotrys'**, 45 bis 80 (bis 100) cm lange, blauviolette Trauben; **'Purple Patches'**, dunkelpurpurviolette Trauben; **'Violacea Plena'**, bis 30 cm lange Trauben, rötlichviolett, gefüllt, bei Regen anfällig.

Pflegetip: Zur Erhöhung der Blühfreudigkeit sollte man zumindest die jungen Pflanzen nach der Blüte zurückschneiden. Darüber hinaus ist auch ein Sommerschnitt (Einkürzen der Triebe um mindestens zwei Drittel) im Juli/August empfehlenswert. Auch alte Stämme von 30 cm Durchmesser treiben nach Rückschnitt gut wieder durch.

Anmerkung: Glyzinen sind beim Umpflanzen etwas problematisch, oft treiben sie erst nach Johanni aus. Bitte in Ruhe abwarten und die vermeintlich toten Pflanzen nicht vorschnell entfernen.

Ökologie: Knospen werden im Frühjahr gern von Sperlingen u. a. Vogelarten gefressen. Blüten sind Insektenmagneten.

W. floribunda 'Rosea'

Wuchs: Sommergrüne, sehr starkwüchsige und hoch windende Kletterpflanze.

Größe: 6 bis 8 (10/12) m hoch und 4 bis 6 (8) m breit.

Triebe: Rechtswindend.

Blüten: Hellrosa, in bis zu 35 cm langen Trauben, Spitzen des Schiffchens und der Flügel purpurn, duftend, Ende Mai/Juni.

Standort, Boden und Eigenschaften wie W. floribunda.

Verwendung: Glyzine mit hellrosa Blütentrauben und gutem Duft. Sie entspricht allerdings nicht meinem Geschmack, denn ein Blauregen sollte schließlich auch blau blühen.

W. floribunda 'Snow Showers'
(= W. floribunda 'Murasaki Naga Fuji')

Wuchs: Sommergrüne, sehr starkwüchsige und hoch windende Kletterpflanze, rasch wachsender als die Art.

Größe: 6 bis 8 (12/15) m hoch und 4 bis 6 (10) m breit.

Triebe: Rechtswindende Pflanze, Triebe sehr dick.

Blüten: Weiß, in langen, dichten Trauben, blüht etwas später als die blaue Wildart.

Standort, Boden wie W. floribunda.

Eigenschaften: Durch den etwas späteren Blühtermin ist die Spätfrostgefahr geringer.

Verwendung: Sehr wüchsige, weiß blühende Glyzine, die an dunkelbraunroten Hauswänden oder Gartenmauern sehr apart wirkt.

W. x formosa REHD.
(= W. floribunda x W. sinensis)

Wuchs: Sommergrüne, starkwüchsige, hochwindende Kletterpflanze.

Größe: 6 bis 10 m hoch.

Triebe: Linkswindend, seidig behaart.

Blättchen: 9 bis 15, meist 13.

Blüten: Fahne blaßviolett, Flügel dunkelviolett, duftend.

Verwendung: Diese Hybride wurde 1905 in Massachusetts erzielt. Die Sorte '**Issai**' hat 18 bis 25 cm lange, hellilablaue Blütentrauben. Wertvoll auch wegen des Duftes.

W. sinensis (SIMS) SWEET.,
Chinesischer Blauregen

Verbreitung: China.

Wuchs: Sommergrüne, sehr starkwüchsige und hoch windende Kletterpflanze.

Größe: 8 bis 10 (15) m hoch und 4 bis 8 (10) m breit.

Triebe: Linkswindende Pflanze!

Blätter: Sommergrün, wechselständig, unpaarig gefiedert, Blättchen zu 7 bis 13, eiländlich bis eilanzettlich, 5 bis 10 cm lang, anfangs behaart, später kahl; Herbstfärbung gelb.

Blüten: Violettblau in 15 bis 30 cm langen, dichten Trauben, Blüten einer Traube fast gleichzeitig blühend, duftend, Blüten erscheinen vor den Blättern!, Mai/Juni.

Früchte: Eine längliche, grüne, mehrsamige Hülse. Giftig!

Wurzel: Fleischig, kräftig, sehr weitstreichend, mehr flach, aber auf Sandböden auch tief.

Standort: Sonnig bis absonnig, geschützt.

Boden: Optimal auf frischen bis feuchten, nährstoffreichen, lockeren und durchlässigen Substraten, sauer bis neutral (schwach alkalisch), Glyzinen lieben den mehr sauren Bereich; sie vertragen keine stehende Nässe und Bodenverdichtung.

Eigenschaften: Im allgemeinen frosthart, aber spätfrostempfindlich (insbesondere wegen des frühen Blühtermins); wärmeliebend, hitzeverträglich, stadtklimafest, haben im Sommer einen hohen Wasserbedarf; auf alkalischen Böden Eisenchlorose. Die stark schlingenden und kräftigen Triebe können Regenrohre und Dachrinnen zusammendrücken. Wurzeln werden im Winter gern von Mäusen gefressen, daher Vorsicht bei Jungpflanzen, Totalschäden sind möglich.

Hinweis: Sämlingspflanzen blühen meist weniger reich und oft erst nach vielen Jahren. Es ist deshalb unbedingt empfehlenswert, nur vegetativ vermehrte Nachkommen von ausgezeichneten Mutterpflanzen zu verwenden.

Verwendung: Wisteria sinensis blüht etwas früher (vor dem Laubaustrieb!) und ist dadurch geringfügig spätfrostgefährdeter, entschädigt aber durch die blauere Blüte. Benachbarung und Pflege siehe W. floribunda. Empfehlenswerte Sorten: '**Alba**', 15 bis 30 cm lange weiße Trauben; '**Prematura**', schön violettblaue, dichte Trauben.

Ökologie: W. sinensis wird stark von Bienen, Hummeln u. anderen Insektenarten beflogen.

XANTHOCERAS BUNGE
Gelbhorn – Sapindaceae,
Seifenbaumgewächse

Griech.: xanthos = gelb, keras = Horn, gemeint sind die 5 hornartigen Fortsätze am Rande des Blütenbechers.

X. sorbifolium BUNGE,
Ebereschenblättriges Gelbhorn

Dem ernsthaft interessierten Gehölzliebhaber kann ich nur empfehlen, sich die alten Jahrbücher der Deutschen Dendrologischen Gesellschaft zu beschaffen. Sie sind eine wahre Fundgrube und enthalten hochinteressante, auch heute immer noch absolut aktuelle Daten und Beobachtungen über das Gehölzreich. Für mich gehören sie zur lehrreichsten und auch spannendsten Lektüre auf diesem Gebiet. Es ist beeindruckend, mit welcher Genauigkeit und Konsequenz Pflanzen früher beschrieben und beobachtet wurden. Gleichzeitig spürt man auch noch die echte Begeisterung und Liebe zu den Bäumen und Sträuchern.

1931 hat B. VOIGTLÄNDER in einem Aufsatz mit dem Titel „Schöne und seltene Gehölze, von denen wenig gesprochen wird" zu Recht auf das immer noch unbekannte Gelbhorn hingewiesen, obwohl es doch zur damaligen Zeit bereits seit gut 60 Jahren in Kultur war.

Xanthoceras sorbifolium wurde 1866 von dem franz. Missionar ARMAND DAVID nach Europa eingeführt. Beheimatet ist das Gehölz in Nordchina und der Mongolei, wo es auf mittelhohen, verhältnismäßig trockenen Berghängen am Rande von Wüsten vergesellschaftet mit verschiedenen Wacholder-Arten, Caragana und Rosa xanthina vorkommt. Bei uns entwickelt es sich zu einem 2 bis 3 m hohen, rundlich-buschigen Strauch, in milden Klimalagen gelegentlich auch bis zu einem 6 m hohen Kleinbaum. Blätter wechselständig, gefiedert, bis 30 cm lang, Blättchen zu 9 bis 17, lanzettlich, 3 bis 5 cm lang, glänzend grün, ein wenig an die Eberesche erinnernd. Die glockenförmigen, 2 bis 3 cm breiten, weißen Blüten sind zu 10 bis 25 cm langen, mehr

Xanthoceras sorbifolium, Arboretum Diamant, Duisburg-Rumeln

oder weniger aufrechten Trauben vereint, ihre zarten, fast kreppartigen Kronblätter zeigen am Grunde zunächst eine grüngelbe Färbung, die sich später zu einem recht attraktiven, rotbraunen Basalfleck entwickelt; Mai/Juni. In warmen Jahren werden auch bei uns die 4 bis 6 cm langen Fruchtkapseln gebildet, in denen sich braune, kastanienartige, 1 cm dicke Samen befinden.

Warme, sonniggeschützte Plätze und ein trockener bis mäßig trockener, gut durchlässiger Boden sind wichtige Voraussetzungen für eine erfolgreiche Kultur dieses schönen Blütenstrauches. Obwohl das Gelbhorn kalkliebend ist, gedeiht es auch in schwach sauren Substraten. Auf zu schweren und zu feuchten Standorten reifen die Jahrestriebe schlecht aus. Frostschäden wären die Folge. Wer Pflanzen aus Saat heranzieht, sollte wissen, daß junge Sämlinge nässeempfindlich sind. Überhaupt ist der junge Strauch in den ersten Jahren ein wenig sensibel, ältere Pflanzen sind jedoch ausreichend hart und sollen selbst Fröste von minus 26,5 °C überstehen. Ihr Heimatstandort wird geprägt durch lange, kalte Winter und heiße Sommer. Auch im Jahre 1998, also 60 Jahre nach dem Artikel von VOIGTLÄNDER, gehört Xanthoceras sorbifolium immer noch zu den wenig bekannten Gartenschätzen. Vielleicht wird diesem schönen und edlen Blütengehölz der endgültige Durchbruch im neuen Jahrtausend gelingen. Ich hoffe sehr, daß alle Leserinnen und Leser es dabei aktiv unterstützen.

XANTHORRHIZA MARSH.
Gelbwurz – Ranunculaceae,
Hahnenfußgewächse

Sommergrüner, buschig aufrechter, 0,6 bis 1 m hoher, Ausläufer bildender Zwergstrauch. Triebe dünn, wenig verzweigt. Zweig- und Wurzelrinde gelb, bitter schmeckend.

Blätter wechselständig, langgestielt, gefiedert, bis 30 cm lang, Blättchen meist zu 5, eiförmig bis länglich, 3 bis 9 cm lang und bis 4,5 cm breit, eingeschnitten gesägt bis 3teilig. Blüten mehr oder weniger unscheinbar im April/Mai vor Blattaustrieb, in 5 bis 10 cm langen, zarten, überhängenden Trauben, rotbraun.

Wenig bekannter, frostharter Zwergstrauch, der im östlichen Nordamerika beheimatet ist. Guter Flächenbegrüner auf sonnigen bis absonnigen (halbschattigen) Standorten. Als Einzelpflanze sollte man der Gelbwurz genügend Platz lassen, da sie sich durch kräftige Ausläuferbildung schnell vergrößert. In 8 Jahren besiedelt eine Pflanze 4 m². Diesem Gehölz, dessen dekorativ gefiedertes Laub sich im Herbst schön gelb und violett färbt und Fröste von −8 °C völlig schadlos übersteht, sollte größere Aufmerksamkeit geschenkt werden.

YUCCA L.
Palmlilie – Agavaceae

Y. filamentosa L.
(= Y. angustifolia HORT.)

Stammloser Strauch mit unterirdisch verholztem Grundstamm, Blätter blaugrün, steif aufrecht, bis 50 (75) cm lang und 2,5 cm breit, Spitze stechend, Blattränder mit derben, lockig aufgedrehten Fäden besetzt. Blütenrispen 1,3 m hoch, Einzelblüte glockig, grünlichweiß, Juli/August. Y. filamentosa **'Elegantissima'** *hat größere Blütenstände und einen kräftigen Wuchs.*

Y. flaccida HAW. unterscheidet sich von Y. filamentosa durch die dünnen, überhängenden oder in der Mitte geknickten Blätter. Die Randfäden der Blätter sind nicht gekräuselt, sondern gerade. Y. glauca NUTT. ex FRAS. bildet im Alter Stämme, ihre Blätter sind steif, scharfspitzig

Yucca flaccida

und blaugrün. Eine sehr ausdrucksstarke Art für trockene, geschützte Standorte. Y. gloriosa L. bildet dicke, hin und wieder auch verzweigte Stämme. Blätter 40 bis 60 cm lang, stachelspitzig, blaugrün. Blütenrispen über 1 m hoch. In milden Klimalagen kann Y. gloriosa Jahrzehnte im Freien überwintern. Bei minus 14 °C noch keine Schäden. Auch Y. aloifolia ist härter als man glaubt, bei minus 14 °C ebenfalls noch keine Probleme. Im Winter 78/79 ist im Botanischen Garten Bonn Y. aloifolia bei minus 22 °C bis zum Boden erfroren, trieb aber wieder aus der Wurzel aus.

Für den Bepflanzungsplaner gehören die Yucca-Arten zu den strukturstärksten Pflanzen, die auch im Winter ein Gartenbild bestimmen können. Wenn man sie mit dem filigranen Blattwerk von Santolina, Acaena, verschiedenen Artemisien oder mit dem wolligen Blatt-Teppich von Stachys 'Silver Carpet' zusammenbringt, kommen ihre betont grafisch geformten, schopfigen Blattrosetten noch besser zur Geltung. Kaum eine andere Pflanze vermag die trockenheiße Felssteppe so eindringlich zu charakterisieren wie gerade die Palmlilien. Alle Arten stammen aus den wüstenähnlichen Steppengebieten Nordamerikas, wo sie vergesellschaftet mit Oenothera missouriensis, Eschscholzia California, verschiedenen Beifuß-Arten und Opuntien vorkommen. Im Garten benötigen sie vollsonnige Plätze und einen absolut durchlässigen, vorzugsweise kalkhaltigen Boden. Der Schutz vor Winternässe hat einen großen Einfluß auf die Lebensdauer der Pflanzen. Unmittelbar nach der Blüte sollte der Schaft tief abgeschnitten werden. Es bilden sich dann sehr bald junge Nebenrosetten.

ZANTHOXYLUM L.
Stachelesche – Rutaceae,
Rautengewächse

Griech.: xanthos = gelb, xylon = Holz

Z. simulans HANCE,
Täuschende Stachelesche

Sommergrüner, aufrechter, 3 bis 4,5 (6) m hoher Großstrauch mit behaarten Trieben, starken Hauptästen und auffallend großen, rundlich verdickten Stacheln. Rinde dunkelbraun bis schwärzlich, Stacheln bis 2,5 cm lang und an der Basis 2 bis 2,5 (bis 3) cm dick. Blätter wechselständig, unpaarig gefiedert, Blättchen zu 7 bis 11, 1,5 bis 5 cm lang, spitz eiförmig. Blüten gelblich, in 3 bis 5 cm langen Rispen im Juni. Früchte eiförmig bis rund, 5 bis 6 mm lang und 4 bis 6 mm dick, rötlich, mit kleinen Warzen besetzt, unangenehm riechend.

Zanthoxylum simulans

Dieses aus China stammende und bei uns völlig frostharte und anspruchslose Gehölz wird gelegentlich in den Baumschulen angeboten. Am beeindruckendsten ist wohl das Rindenbild mit den langen und breiten, ständig mitwachsenden und im Alter zitzenartig ausgebildeten Stacheln. Ältere Stämme erinnern dadurch an den Panzer eines Ur-Reptils. Ein interessantes Gehölz zur Einzelstellung, das sich aber auch als absolut undurchdringliche, freiwachsende, hohe Hecke eignet.

Ökologie: *Die Blüten der Stachelesche werden sehr stark von Bienen und Fliegen besucht.*

Zanthoxylum simulans

ZELKOVA SPACH
Zelkove – Ulmaceae,
Ulmengewächse

Zelkova bedeutet im Kaukasus „Steinholz". Dieser Ausdruck bezieht sich auf das harte, fein gemaserte Holz des Baumes.

Z. carpinifolia (PALL.) K. KOCH,
Kaukasische Zelkove
(= Z. crenata, Z. ulmoides)

Mittelgroßer bis großer Baum mit rundlich-eiförmiger, geschlossener Krone, meist kurzem Hauptstamm und vielen, oft dicht gedrängt und steil aufsteigenden Ästen. Borke grau, glatt, der Rotbuche sehr ähnlich, im Alter in kleinen Schuppen abblätternd. Triebe dünn, behaart, rot-

Zelkova carpinifolia

bis hellbraun, mit orangefarbenen Lentizellen. Blätter sommergrün, wechselständig, elliptisch bis eiförmig, 3 bis 8 (bis 13) cm lang und 2 bis 4 cm breit, jederseits mit 6 bis 8 (11) Seitenadern, grob kerbig gesägt, oberseits dunkelgrün, rauh, unterseits auf den Adern behaart. Nach C. K. SCHNEIDER sind die Blätter an jungen Pflanzen oben bleibend rauh, an älteren glatt.

Blattstiel (1) 2 bis 4 mm lang, dicht weißlich behaart; Herbstfärbung oft sehr schön braungelb. Frucht eine 5 mm große, schief-eiförmige Steinfrucht. Frostharter, sehr eindrucksvoller Parkbaum für frische bis feuchte, nährstoffreiche Böden. Leidet auch unter dem „Ulmensterben".

In der Heimat, im Kaukasus, wird das Laub wie Heu getrocknet und als Viehfutter in den Wintermonaten verwendet.

Z. serrata (THUNB.) MAK.,
Japanische Zelkove
(= Z. keaki, Z. acuminata)

Die Holzart wird in Japan „Keaki" genannt.

Mittelgroßer bis großer Baum mit meist kurzem Stamm, schräg ansteigenden und oft weit ausladenden Hauptästen. Krone im Alter breit und abgeflacht. Triebe dünn, kahl, braun, glänzend mit weitläufig stehenden Lentizellen. Zweige graubraun, überhängend. Borke lange glatt bleibend, grau, im Alter in Schuppen abblätternd.

Blätter sommergrün, wechselständig, elliptisch bis eilänglich, 6 bis 12 cm lang, 2 bis 5 cm breit, jederseits mit 6 bis 13 Seitenadern, scharf gesägt, Zähne lang und scharf zugespitzt, oberseits dunkelgrün, weich behaart, glatt, unterseits kahl, Blattstiel 0,4 bis 0,6 (bis 1) cm lang, kahl. Herbstfärbung spät, braungelb, aber auch leuchtend rot. Frucht 4 mm dick.

Die Japanische Zelkove ist in unseren mitteleuropäischen Gärten völlig winterhart und entwickelt sich zu einem 20 bis 25 m hohen, sehr imposanten Parkbaum. Leider bleibt auch diese Art nicht vom Ulmensterben verschont. In Japan und Korea ist Z. serrata ein wertvoller Holzlieferant. Das feste, fein gemaserte Holz wird gern für den Tempelbau verwendet. Wegen seines Ölgehalts ist es sehr beständig gegenüber Nässeeinwirkung. Die Jap. Zelkove wird in ihrer Heimat auch als Straßenbaum im Stadtbereich eingesetzt.

ZENOBIA D. DON
Ericaceae,
Heidekrautgewächse

Zenobia war die Königin von Palmyra (antike Stadt im Nordosten von Damaskus in einer Oase der syrischen Wüste), sie gelangte 266 n. Chr. an die Macht.

Z. pulverulenta (WILLD.) POLLARD,
Zenobie

Kleiner, buschig aufrechter, 0,5 bis 0,8 (1,2) m hoher Strauch. Junge Triebe grünlich, leicht bläulich bereift, später bräunlich und verholzend. Blätter sommer- bis wintergrün,

Zenobia pulverulenta

schmal eiförmig bis länglich elliptisch, 2,5 bis 7 cm lang und 1,3 bis 2,5 cm breit, fein gekerbt, hellgrün, etwas ledrig, beiderseits fein bläulich bereift. Blüten in langen, traubenartigen Blütenständen, Einzelblüte glockig, bis 1 cm breit, weiß, Mai/Juni. Früchte kugelige, 5klappige, verholzende Kapseln.

Die Zenobie ist im südöstlichen Nordamerika beheimatet und wächst dort in lichten, sandig-humosen Kiefernwäldern. Mit ihren reinweißen, wachsartigen Glockenblüten, die an den Blütenstand eines Riesenmaiglöckchens erinnern, und den blau überhauchten Trieben und Blättern ist sie eine wahrhaft königliche Erscheinung, der man den Adel schon rein äußerlich ansieht. Unaufdringliche, feinlaubige Heidekrautgewächse wie Eriken, Callunen, Daboecien und Chamaedaphne würden ihrer Persönlichkeit am wenigsten schaden und wären die geeignetste Dienerschaft. Ihr zu Füßen könnte sich teppichartig die Niederliegende Rebhuhnbeere, Gaultheria procumbens, ausbreiten. In einem gut geschützten Gartenreich fühlt sich die etwas empfindliche „Königin von Palmyra" besonders wohl.

Z. pulverulenta f. nitida
(MICHX.) FERN.
(= Z. speciosa)

Kleiner, buschig aufrechter, 0,6 bis 1,3 m hoher Strauch. Blätter meist nur sommergrün, beiderseits glänzend grün, elliptisch bis breit elliptisch, ohne bläulichen Reifüberzug! Blüten glockig, wachsartig, weiß. Bis auf den fehlenden Reifüberzug der Art sehr ähnlich. Erwähnenswert sind die im Herbst leuchtend orangefarbenen Blätter.

Wie alle Heidekrautgewächse benötigt auch die Zenobie den nicht zu trockenen, humosen, auf jeden Fall kalkfreien Boden und einen sonnigen bis absonnigen (halbschattigen), geschützten Standort.

Eine Wald-Kiefer (Pinus sylvestris) auf dem berühmten Teufelstisch, einem imposanten Buntsandsteinblock im Pfälzer Wald.

Die Kiefer lebt von dem angewehten Humus, den Verwitterungsmaterialien und den wenigen Niederschlägen, die sich auf der ca 50 m² großen und bis zu 3,30 m dicken Buntsandsteinplatte halten. Ihr Alter beträgt etwa 150 Jahre (GUNDACKER, FRÖHLICH). Das Bild dieser Kiefer demonstriert sehr eindringlich den gewaltigen Lebenswillen eines Baumes.

Nadelgehölze

Abies koreana, Korea-Tanne, weibliche Blüten

ABIES MILL.
Tanne – Pinaceae,
Kieferngewächse

Mit ihrem regelmäßig-kegelförmigen Kronenaufbau und den kerzengeraden Stämmen gehören die Tannen zu den imposantesten Nadelgehölzen der Erde. Abies alba, die einzige mitteleuropäische Tannenart, zählt zweifellos zu unseren schönsten und markantesten Waldbäumen. Ihre Wuchshöhen, die bei 60 bis 70 m liegen können, werden von keiner anderen heimischen Baumart erreicht. Leider gehören die Weiß-Tannen mit ihren hohen Ansprüchen an Boden- und Luftfeuchte sowie an Luftreinheit auf Grund der heutigen Umweltbedingungen nicht mehr zu den vitalsten Bäumen.

Von den etwa 40 Tannenarten, die überwiegend in der nördlich gemäßigten Zone beheimatet sind, gedeihen in unseren Garten- und Parkanlagen nur die weniger anspruchsvollen Arten. Sie stammen zumeist aus Vorderasien, Ostasien und viele auch aus Nordamerika.

Die sehr dekorativen, flachen Tannennadeln sind bei den meisten Arten oberseits glänzend dunkelgrün und unterseits mit weißen Stomatabändern versehen. Bei einigen, speziell an Gebirgsstandorte angepaßten Arten finden wir auch silbergraue bis blaugraue Nadeln wie z. B. bei A. arizonica und A. concolor.

Die Nadeln sitzen mit einer verbreiterten Basis dem Zweig auf. Sie können leicht vom Trieb gelöst werden und hinterlassen dabei eine fast kreisrunde Narbe. Tannenzapfen stehen aufrecht und zerfallen zur Reifezeit bis auf die stark verholzte Zapfenspindel, die noch für eine längere Zeit am Baum verbleibt.

In unseren Garten- und Parkanlagen gedeihen die Tannen am optimalsten auf gleichbleibend feuchten, nahrhaften Böden. Ihre volle Schönheit aber erreichen sie nur im absoluten Freistand.

A. alba MILL.,
Weiß-Tanne
(= A. pectinata)

Verbreitung: Gebirge von Mittel- und Südeuropa. In Deutschland hauptsächlich im Schwarzwald, Alpenvorland, in den Alpen, im Bayerischen Wald, Frankenwald, Thüringer Wald, Erzgebirge und in Sachsen; in Höhenlagen zwischen 400 bis 1000 m; auf frischen, meist mittelgründigen, kalkarmen und kalkreichen Lehm- und Tonböden, in niederschlagsreicher, sommerwarmer, luftfeuchter und spätfrostgeschützter Klimalage.

Wuchs: Hoher Baum mit regelmäßiger, kegelförmiger Krone und kerzengeradem Stamm, Äste quirlständig. Krone im Alter nestartig abgeflacht.

Abies Übersicht (wichtige Arten und Sorten)

Art/Sorte	Wuchs	Höhe (in m)	Breite (in m)	Benadelung
A. alba	Großbaum	30 – 50	8 – 12	dunkelgrün
A. alba 'Pendula'	Großbaum, Hängeform	30 – 50	8 – 12	dunkelgrün
A. balsamea 'Nana'	Zwergform, flachkugelig	0,8 – 1	2 (2,5)	dunkelgrün
A. balsamea 'Piccolo'	Zwergform	0,8 – 1	2 (2,5)	dunkelgrün
A. concolor	Großbaum	20 – 25 (40)	7 – 9 (10)	graue bis blaugrüne Nadeln, sehr lang
A. concolor 'Aurea'	Großbaum	20 – 25 (40)	7 – 9 (10)	goldgelb
A. concolor 'Archer's Dwarf'	Zwergform			
A. concolor 'Compacta'	Zwergform			
A. concolor 'Gable's Weeping'	flachwüchsig			
A. concolor 'Globosa'	Zwergform, kugelig			
A. concolor 'Piggelmee'	Zwergform	0,4		blaugrün
A. concolor 'Violacea'				blauweiß
A. concolor 'Wintergold'				gelb bis grüngelb
A. grandis	Großbaum	30 – 50	5 – 7	glänzend grün, sehr lang
A. grandis 'Aurea'	Großbaum	30 – 50	5 – 7	goldgelb
A. grandis 'Compacta'	Zwergform			
A. grandis 'Pendula'	Hängeform			
A. homolepis	Großbaum	20 – 30	6 – 8 (10)	frischgrün
A. koreana Sämlinge	Kleinbaum	10 (12)	3 – 4,5	dunkelgrün
A. koreana Veredlung	Großstrauch/Kleinbaum	4 – 7 (9)	3 – 4	dunkelgrün
A. koreana 'Blauer Pfiff'	Großstrauch/Kleinbaum	4 – 7 (9)	3 – 4	blaugrün
A. koreana 'Blue Standard'	Großstrauch/Kleinbaum	4 – 7 (9)	3 – 4	blaugrün
A. koreana 'Compact Dwarf'	„Zwergform", flachwachsend mit aufrechten Spitzentrieben			
A. koreana 'Fliegende Untertasse'	Strauchform, flachwachsend	0,3	1,30	hellgrün
A. koreana 'Horstmanns Silberlocke'	Großstrauch/Kleinbaum	4 – 7 (9)	3 – 4	dunkelgrün mit silbriger Unterseite, lockig gedreht
A. koreana 'Piccolo'	Strauchform, breit- und flachwüchsig	1,5	0,30	
A. koreana 'Silver Show'	Großstrauch/Kleinbaum			
A. koreana 'Taiga'	Strauchform, flachwachsend	0,4		dunkelgrün
A. koreana 'Tundra'	Zwergform	0,4	0,6	dunkelgrün
A. lasiocarpa 'Compacta'	Strauch/Zwergform	3	2 – 2,5	blaugrün bis silberblau
A. lasiocarpa 'Green Globe'	Strauch/Zwergform, kugelförmig	1		dunkelgrün
A. nordmanniana	Großbaum	25 – 30	7 – 9 (10)	dunkelgrün
A. pinsapo 'Kelleriis'	Kleinbaum bis mittelgroßer Baum	10 – 15 (20)	5 – 7 (9)	blaugrün
A. procera 'Blaue Hexe'	Zwergform, breit und flachkugelig			blauweiß
A. procera 'Glauca'	mittelgroßer Baum	15 – 20	6 – 8	blauweiß
A. procera 'Glauca Prostrata'	Zwergform, flach ausgebreitet	0,8 – 1		graublau
A. procera 'Nobel'	Zwergform, flachwüchsig			blau
A. veitchii	Großbaum	15 – 25 (30)	5 – 6	tiefgrün

713

Größe: 30 bis 50 (65) m hoch.

Rinde: Triebe hell- oder graubraun, bleibend behaart, Winterknospen eiförmig, harzfrei oder leicht beharzt. Rinde glatt, grau, im Alter flachschuppig.

Nadeln: Kammförmig gescheitelt, die oberen kürzer, Spitze rundlich, gekerbt oder 2spitzig, 2 bis 3,5 cm lang, oben dunkelgrün glänzend, gefurcht, unterseits mit 2 weißen Spaltöffnungslinien und erhabener Mittelrippe.

Zapfen: Aufrecht, braun, 10 bis 15 cm lang, zylindrisch.

Wurzel: Tiefwurzler.

Standort: Sonne bis Schatten, in der Jugend gern schattig, benötigt luftfeuchte Lagen.

Boden: Frische bis feuchte, tiefgründige, schwach saure bis alkalische Lehm- und Tonböden. Anspruchsvoll.

Eigenschaften: Frosthart, aber spätfrostgefährdet, windresistent, reagiert – wie keine andere Baumart – äußerst empfindlich auf Luft- und Bodenverschmutzung, verträgt kein Freistellen der Stämme, erreicht ein Alter von 500 bis 600 Jahren.

Verwendung: Wichtiger Waldbaum in unseren Gebirgen, im Stadt- oder Siedlungsbereich wegen der sehr ausgeprägten Ansprüche und Empfindlichkeit gegenüber Umwelteinflüssen wohl kaum verwendbar. **A. alba 'Pendula'** ist eine skurrile Hängeform mit zunächst geradem, aufrechten Stamm, der sich dann später mehr und mehr überneigt, und von dem die Seitenzweige senkrecht herabhängen.

Das Holz der Weiß-Tanne wird als Bau- und Konstruktionsholz, aber auch für den Musikinstrumentenbau (Orgelpfeifen) verwendet.

A. balsamea 'Nana',
Zwerg-Balsam-Tanne
(= A. balsamea nana globosa)

Wuchs: Langsam und flachkugelig wachsende Zwergform der Balsam-Tanne. Äste ausgebreitet und sehr dicht stehend, langsam wachsend.

Größe: 0,8 bis 1 m hoch und dabei bis 2 (bis 2,5) m breit werdend.

Nadeln: Auffallend kurz, 4 bis 10 mm lang und 1 mm

breit, oben dunkelgrün, unterseits mit 2 weißen Stomabändern, radial angeordnet, dichtstehend.

Wurzel: Flach ausgebreitet.

Standort: Sonnig bis schattig.

Boden: Liebt saure bis leicht alkalische, nahrhafte, eher feuchte als zu trockene Böden. In der Heimat steht die Wildart oft in Sümpfen.

Eigenschaften: Sehr frosthart, empfindlich gegenüber Trockenheit und Hitze, außerordentlich schattenverträglich.

Verwendung: Eine vollkommen frostharte Zwergkonifere für den Einzelstand in Steingärten, Zwergstauden- und Gehölzrabatten, Heideanlagen; gut geeignet für Grab- und Trogbepflanzungen.

A. balsamea 'Piccolo' wächst ähnlich, Zweige jedoch mehr aufrecht stehend, Nadeln dunkelgrün.

A. concolor (GORD. et GLEND.) LINDL. ex HILDEBR.,
Kolorado-Tanne, Grau-Tanne, White Fir

Der Deutsche A. FENDLER entdeckte diesen Baum 1872.

Verbreitung: Auf feuchten, tiefgründigen, basenreichen Gebirgsstandorten in Höhenlagen von 650 bis 3400 m im pazifischen Nordamerika von Oregon und Idaho bis Nordmexiko. Bevorzugt werden Lagen zwischen 2400 und 3000 m, wo sie häufig mit der Douglasie vergesellschaftet auftritt. A. concolor wächst aber auch auf armseligen, exponierten und trockenen Standorten (SCHENCK).

Wuchs: Hoher, raschwüchsiger Baum mit zunächst etwas steifer, schmal kegelförmiger, später aber mehr lockerer Krone. Äste in regelmäßigen Scheinquirlen, waagerecht abstehend; freistehende Kolorado-Tannen sind meist bis zum Boden beastet, rasch wachsend.

Größe: 20 bis 25 (bis 40) m hoch. In ihrer Heimat, in Kalifornien, wurde ein Exemplar von 59 m Höhe und 2,70 m Stammdurchmesser gefunden. Breite 7 bis 9 (10) m. Jahreszuwachs in der Höhe in den ersten 10 Jahren ca. 35 bis 55 cm, in der Breite 15 cm, dann weniger.

Rinde: Hellgrau und lange glatt bleibend, auffällig sind die vielen Harzblasen; im Alter stark korkig und längsgefurcht; an der Basis kann die Borke bis 15 cm (!) dick werden. Triebe graugrün bis oliv, fast kahl, Knospen harzig.

Nadeln: Auffallend groß, aber doch von sehr unterschiedlicher Länge, 4 bis 6 (bis 8) cm lang und bis zu 2,5 mm breit. Die beiderseits grau- bis blaugrünen Nadeln sind unregelmäßig gestellt, kammförmig abstehend bzw. sichelförmig aufwärts gekrümmt. Lebensdauer 8 bis 10 Jahre.

Zapfen: Zylindrisch, an den Enden abgerundet, 8

Abies concolor

bis 15 cm lang und 3 bis 5 cm dick, zuerst grün oder purpurn überlaufen, im ausgereiften Zustand hellbraun.

Wurzel: Wird sehr unterschiedlich beurteilt und ist sicherlich vom jeweiligen Boden abhängig. Das Wurzelwerk kann sowohl flach und ausgebreitet als auch ausgesprochen tiefgehend sein.

Standort: Sonnig bis absonnig.

Boden: Entwickelt sich am optimalsten auf tiefgründigen, frischen, nährstoffreichen, sauren bis schwach alkalischen, gut durchlässigen, sandiglehmigen Böden. Ton- und Kleiböden werden gemieden. Gedeiht aber noch gut auf flachgründigen, mäßig trockenen Standorten.

Eigenschaften: Verträgt wie kaum eine andere Tanne Hitze, sommerliche Trockenheit und geringe Luftfeuchtigkeit. Reagiert allerdings empfindlich auf Bodennässe. Neigt auf feuchten Böden zur Wurzelfäule. Bemerkenswert ist ihre große Widerstandsfähigkeit gegen Winterkälte und städtische Luftverschmutzung; Bäume treiben sehr spät aus. Kolorado-Tannen können bis zu 500 Jahre alt werden.

Verwendung: Wegen ihrer wertvollen Eigenschaften und ihres stattlichen Erscheinungsbildes eine der wichtigsten Tannenarten für den Pflanzenverwender. Geeignet für Einzelstand und Gruppenpflanzungen in großen Gärten, städtischen Parkanlagen und Friedhöfen. Kann mit Erfolg überall da angepflanzt werden, wo Boden und Klima für die heimische Tanne zu trocken oder zu kalt sind (SCHENCK).

Abies balsamea 'Nana'   Abies concolor

Bekannte Sorten sind:

A. concolor 'Aurea', diese wüchsige, im Austrieb goldgelbe Form wurde vor 1906 von dem Hamburger Gärtner ANSORGE selektiert.

A. concolor 'Archer's Dwarf', Zwergform aus Amerika.

A. concolor 'Compacta', Zwergform mit unregelmäßigem Wuchs.

A. concolor 'Gable's Weeping', eine flachwüchsige Form mit leicht hängenden Zweigpartien, im Alter teils aufgerichtet.

A. concolor 'Globosa', kugelige Zwergform, Nadeln jedoch nicht so blau wie beim Typ.

A. concolor 'Piggelmee', entstanden als Hexenbesen, wird kaum über 40 cm hoch. Nadeln sehr dicht stehend, etwa 2 bis 3 cm lang, blaugrün.

A. concolor 'Violacea', Nadeln auffallend blauweiß.

A. concolor 'Wintergold', 1959 von der Baumschule HORSTMANN, Schneverdingen, selektiert, Nadeln konstant gelb bis grüngelb.

A. grandis (DOUGL. ex D. DON) LINDL., Riesen-Tanne, Große Küsten-Tanne, „Grand Fir"

Wurde 1825 von D. DOUGLAS im Mündungsgebiet des Columbia River entdeckt und 1830 nach England eingeführt.

Verbreitung: Westliches Nordamerika: British Columbia, Vancouver Island, Washington, West-Montana, Idaho, Kalifornien (Küstennähe) und Oregon. Auf Küstenstandorten und im Gebirge, in Höhenlagen zwischen 500 und 1500 m, in warmen und geschützten Südlagen bis auf 2300 m ansteigend. Häufig an Seen und entlang der Bäche und Flüsse. Vergesellschaftet mit Pseudotsuga, Larix occidentalis, Pinus monticola, Cornus nuttallii, Pinus ponderosa, Thuja plicata, Picea sitchensis und Tsuga heterophylla; an der kalifornischen Küste zusammen mit Sequoia sempervirens vorkommend.

Wuchs: Großer Baum mit schlank kegelförmiger Krone, Äste in regelmäßigen Quirlen angeordnet, auch im Alter bis zum Boden reichend. Schnellwüchsig. Übertrifft an Wuchsleistung fast alle anderen heimischen und fremdländischen Waldbaumarten.

Größe: 30 bis 50 m hoch und 5 bis 7 m breit, in seltenen Fällen auch höher. Höhenzuwachs in der Jugend 40 bis 60 (80) cm. Aus England, Schottland und Dänemark werden Jahreszuwächse von 1 m gemeldet. Kann bei uns in 40 Jahren Höhen von 18 bis 22 m erreichen. In Amerika wird A. grandis bis 70 m hoch; an einem solchen Exemplar wurde 1973 ein Stammdurchmesser von 2 m ermittelt.

Rinde: Glatt, tiefbraun mit vielen Harzbeulen. Junge Triebe zunächst olivgrün, dann braungelb, fein behaart, Knospen klein, kugelig oder eiförmig, 3 bis 7 mm lang, harzig.

Nadeln: Deutlich kammförmig gescheitelt, 1,7 bis 2,5 (3) mm breit, Nadeln der Trieboberseite meist 2 cm lang, die unteren 2,5 bis 5,5 (6) cm, glänzend grün; Nadeln unterseits mit 2 weißen Stomabändern, Nadelspitze gekerbt. Von A. grandis gibt es auch weniger attraktive Sämlingstypen mit kurzen und hellgrünen Nadeln!

Zapfen: Zylindrisch, 5 bis 10 cm lang, 4 cm dick, vor der Reife grünlich, später rötlichbraun mit Harzflecken.

Wurzel: Hauptwurzel tiefgehend.

Standort: Sonnig bis halbschattig, luftfeuchte Lagen liebend.

Boden: Optimal auf tiefgründigen, frischen bis feuchten, nahrhaften, gut drainierten, schwach sauren bis leicht alkalischen Böden.

Eigenschaften: Gut frosthart, erträgt Temperaturen bis minus 25 (28) °C, am heimatlichen Standort sogar bis minus 30 (34,4; 36,6) °C. A. grandis hat in Mitteleuropa den schweren Winter 1928/29, in dem A. alba geschädigt wurde, relativ gut überstanden. Die Selektion frostharter Klimarassen sollte jedoch angesichts des sehr großen und klimatisch unterschiedlichen Verbreitungsgebietes nicht vernachlässigt werden. Treibt sehr spät aus! Bastardiert leicht mit anderen Abies-Arten.

A. grandis gilt in Amerika als kurzlebig. Bäume von mehr als 300 Jahren sind nicht bekannt (SCHENCK).

Verwendung: Imposante, schnellwüchsige Tannenart, die durch ihren gleichmäßigen Wuchs und die auffallend langen und breiten Nadeln besticht. Herrlicher Solitärbaum für große Garten-, Park- und Friedhofsanlagen. Findet auch Verwendung als Weihnachtsbaum, große Kulturen in Dänemark.

Fast vergessene Sorten sind: **A. grandis 'Aurea',** Nadeln goldgelb; **A. grandis 'Compacta',** eine Zwergform, die vor 1891 bei HESSE entstand; **A. grandis 'Pendula',** selektiert von der Baumschule SPÄTH um 1896, Hängeform mit stark abwärts gerichteten Zweigen.

A. homolepis SIEB. et ZUCC., Nikko-Tanne, Scheitel-Tanne (= A. brachyphylla)

Bereits vor 100 Jahren eingeführt und heute sehr verbreitet.

Verbreitung: Japan; in Wäldern zusammen mit Larix kaempferi, Fagus crenata und anderen Tannenarten in einem kleinen, durch hohe Sommerniederschläge gekennzeichneten Areal; bis auf 1800 m ansteigend.

Wuchs: Hoher Baum mit regelmäßig aufgebauter, pyramidaler Krone, die bis ins Alter ihre Form behält, im Freistand bis unten beastet, mittelstark wachsend.

Größe: 20 bis 30 m hoch und 6 bis 8 (10) m breit. Jahreszuwachs ca. 35 bis 45 cm in der Höhe und ca. 15 cm in der Breite.

Abies homolepis

Rinde: Junge Triebe tiefgefurcht, hell gelbbraun, ältere Rinde grau, schuppig. Knospen eikegelförmig, stumpf, harzig.

Nadeln: Steif, schräg aufwärts gerichtet, dichtstehend, (1,5) 2 bis 3 cm lang, frischgrün, unterseits silbrigweiß.

Zapfen: Zylindrisch, bis 10 cm lang, 4 cm dick, grünviolett, später braun.

Wurzel: Flach bis tief.

Standort: In der Jugend Schatten benötigend, dann sonnig bis absonnig, luftfeuchte Lagen!

Abies homolepis

Boden: Frische bis feuchte, nahrhafte Substrate, sauer bis neutral, im allgemeinen aber sehr anpassungsfähig und anspruchslos; etwas kalkverträglich (ZU JEDDELOH). Versagt auf zu trockenen Standorten.

Eigenschaften: Frosthart und widerstandsfähig, etwas spätfrostempfindlich, empfindlich gegen Hitze und Lufttrockenheit, Ruß und Staub relativ gut vertragend (EISELT/SCHRÖDER), leidet nicht unter den gefürchteten Tannen-Triebläusen, „Tanne des Stadtklimas" (SCHÜTT, LANG, SCHUCK).

Verwendung: Eine sehr zuverlässige, widerstandsfähige und sturmsichere Tannenart; Einzelstellung, lockere Gruppen.

A. koreana WILS., Korea-Tanne, **Sämlinge**

Wurde 1905 von dem Missionar E. TAQUET entdeckt.

Wuchs: Kleiner bis mittelhoher Baum von regelmäßiger, pyramidaler Gestalt, Äste etagenförmig, waagerecht abstehend, leicht aufwärts gerichtet. Sämlingspflanzen wachsen insgesamt zügiger als Veredlungen.

Größe: Bis 10 (12) m hoch und 3 bis 4,5 m breit.

Zapfen: Zylindrisch, 4 bis 7 cm lang und bis 2,5 cm dick; vor der Reife violettpurpur, stahlblau oder grünlich; werden in der Regel später angesetzt als bei veredelten Pflanzen, erscheinen dann aber auch sehr zahlreich.

Weitere Merkmale und Angaben wie bei A. koreana-Veredlungen.

A. koreana WILS., Korea-Tanne, **Veredlungen**

Verbreitung der Wildart: Auf humusarmen Granit- und Gneisverwitterungsböden der Gebirge Südkoreas, wo sie in Höhenlagen von 1000 bis 1800 m zusammen mit Picea jezoensis, Pinus koraiensis und verschiedenen Laubholzarten vergesellschaftet auftritt.

Wuchs: Kleiner bis mittelhoher, langsam wachsender Baum; in der Jugend breit kegelförmiger Aufbau, oft etwas unregelmäßig, im Alter von sehr schöner, gleichmäßig pyramidaler Gestalt; Beastung etagenförmig, Zweige dicht stehend, leicht aufwärts gerichtet.

Größe: 4 bis 7 (9) m hoch und 3 bis 4 m breit.

Abies koreana

Rinde: Triebe gelblich, schwach behaart, später kahl und rötlich, Knospen rundlich, rotbraun, dünn beharzt.

Nadeln: Bürstenartig, dichtstehend, 1 bis 2 cm lang und bis 2 mm breit, oben dunkelgrün glänzend, unten kalkweiß bis auf die grüne Mittelrippe.

Zapfen: Zylindrisch, 4 bis 7 cm lang und bis 2,5 cm dick; vor der Reife sind sie prächtig violettpurpur, stahlblau, an einigen Exemplaren aber auch grünlich gefärbt. Auffallend und besonders zierend ist der überreiche Zapfenansatz an den noch relativ jungen Pflanzen.

Standort: Sonnig bis absonnig.

Boden: Außerordentlich standorttolerant, wächst in jedem kultivierten, sauren bis schwach alkalischen, nicht zu trockenen Boden, etwas Kalk vertragend.

Eigenschaften: Treibt spät aus, gut frosthart, widerstandsfähig gegen Luftverschmutzung und daher für den Stadtgarten verwendbar.

Verwendung: Wegen des frühen Zapfenschmucks, der geringen Bodenansprüche und nicht zuletzt auch wegen ihres zierlichen Wuchses ist die Korea-Tanne ein beliebtes und kostbares Solitärgehölz in unseren Hausgärten. Gut geeignet für Steingärten, Gehölz- und Staudenrabatten, kleinste Innenhöfe, Heidegärten und Kübelbepflanzung; interessantes Lehrobjekt für Schulgärten; Kinder können die Blüten- und Zapfenentwicklung in Augenhöhe miterleben.

Ökologie: Abies koreana wird in den Sommermonaten sehr stark von Insekten, vor allem aber von Wespen und Bienen besucht (Nadelhonig). Der Fitis-Laubsänger geht hier sehr gerne auf Insektenjagd (vor allem Läuse).

Bekannte Sorten sind:

A. koreana 'Blauer Pfiff', erzielt von WITTBOLDT-MÜLLER durch Kobaltbestrahlung, Nadeln blaugrün.

A. koreana 'Blue Standard', 1962 selektiert von J. D. ZU JEDDELOH, Zapfen tiefviolettblau.

A. koreana 'Compact Dwarf', flach wachsende Form, die allerdings im Alter stärkere, aufrechte Spitzentriebe bildet, keine echte Zwergform.

A. koreana 'Fliegende Untertasse'. Wuchs: Auffallend flachwüchsige Strauchform mit feinen, hellgrünen und kürzeren Nadeln. In 15 Jahren etwa 30 cm hoch und bis 1,30 cm breit! Wurde um 1978 von der Fa. WITTBOLD-MÜLLER selektiert.

A. koreana 'Horstmanns Silberlocke'. Wuchs wie der Typ, Nadeln aber stark lockig aufwärts gedreht, so daß die silbrige Unterseite sichtbar wird. Dieses Merkmal ist jedoch nur im Terminalbereich ausgeprägt, größere, ältere Pflanzen uninteressant.

A. koreana 'Piccolo', eine breit- und flachwüchsige Strauchform, bei 1,5 m Höhe etwa 30 cm hoch.

A. koreana 'Silver Show', eine Selektion von WITTBOLDT-MÜLLER, die große Ähnlichkeit mit 'Horstmanns Silberlocke' hat.

A. koreana 'Taiga', flachwachsende Strauchform mit dunkelgrünen, kurzen und breiten Nadeln. Endhöhe etwa 40 cm (H. HACHMANN 1984).

A. koreana 'Tundra', entstanden aus einem Hexenbesen, alte Pflanzen 40 cm hoch und 60 cm breit, gedrungener im Wuchs als 'Taiga'.

A. lasiocarpa 'Compacta', Zwerg-Kork-Tanne (= A. arizonica 'Glauca Compacta')

Verbreitung der Wildart: Zerstreut in Gebirgen von Alaska bis Oregon und Neumexiko. Tanne der Waldgrenze, in Höhenlagen von 1200 bis 2600 m mit Picea engelmannii, Pinus contorta und Tsuga mertensiana.

Wuchs: Breit kegelförmig gedrungen wachsende Zwergform mit dicht stehenden und aufstrebenden Ästen.

Größe: Bis 3,00 m hoch und 2 bis 2,5 m breit.

Rinde: Auffallend stark verkorkt, weich, gelblich-weiß. Triebe grau, meist behaart, Knospen klein, eiförmig, stark harzig.

Abies lasiocarpa 'Compacta'

Nadeln: Prächtig blaugrün bis silberblau, dicht stehend, leicht aufwärts gebogen und nach vorne gerichtet, oben mit einem weißen Stomaband, unterseits mit zwei Bändern, 2,5 bis 4 cm lang.

Standort: Sonnig.

Boden: Entwickelt sich optimal auf tiefgründigen, frischen bis feuchten, sauren bis alkalischen Böden in genügend luftfeuchter und sonniger Lage, ist aber insgesamt anpassungsfähig und toleriert alle kultivierten Gartenböden.

Eigenschaften: Gut frosthart, aber etwas spätfrostgefährdet, verträgt gut Trockenheit.

Verwendung: Sehr ansprechende, wertvolle Zwergkonifere für Einzelstand und Gruppenpflanzung in Gärten und Parkanlagen. Unverzichtbar in Stein- und Heidegärten, läßt sich gut einbinden in Gräser- und Rosenpflanzungen; sehr schön mit kleinblättrigen Azaleen und Hochgebirgsrhododendren wie Rhod. Yakushimanum-Hybriden, Rhod. Impeditum-Hybriden und Rhod. Russatum-Hybriden. Sehr schön auch als Solitärgehölz in Stauden-Rosenpflanzungen (Grauton). Wertvoll für die Binderei, Nadeln duften wundervoll, halten sich lange und verlieren kaum die Farbe.

Eine wertvolle Sorte ist **A. lasiocarpa 'Green Globe'**, Wuchs kegelförmig, Endhöhe etwa 1 m. Nadeln dunkelgrün, von feiner Textur.

A. nordmanniana (STEV.) SPACH, Nordmanns Tanne, Kaukasus-Tanne

Abies nordmanniana

Verbreitung: In Bergwäldern des westlichen Kaukasus auf humosen, gut drainierten Lehmböden in Höhenlagen von 1000 bis 2000 m; am natürlichen Standort vergesellschaftet mit Fagus orientalis, Picea orientalis, Pinus sylvestris und Taxus baccata.

Wuchs: Stattlicher Baum mit breit pyramidalem Kronenaufbau; Äste in regelmäßigen Quirlen angeordnet, weit ausgebreitet bis herabhängend und auch im Alter stets bis zum Boden reichend. In der Jugend trägwüchsig, später rasch wachsend.

Abies nordmanniana

Größe: 25 bis 30 m hoch und 7 bis 9 (10) m breit. Jahreszuwachs in der Höhe 25 bis 30 cm, in der Breite 15 cm, nach 10 bis 15 Jahren Zuwachs in der Höhe ca. 50 cm.

Rinde: Anfangs glatt, grau, im Alter mehr graubraune bis schwarzgraue Plattenborke. Junge Triebe gelb bis graugelb, zweijährige Triebe hellbraun. Knospen eiförmig, völlig harzfrei.

Nadeln: Dicht, bürstenförmig nach vorn bzw. schräg nach oben gerichtet, nicht gescheitelt, nur an stark beschatteten Trieben zweizeilig; Nadeln starr, aber nicht stechend, am Ende spitz, stumpf oder mitunter gekerbt; 2 bis 3,5 cm lang und 2 bis 2,5 mm breit, oberseits glänzend dunkelgrün, unterseits mit 2 weißen Stomabändern.

Zapfen: 15 (bis 20) cm lang, 5 cm dick, jung grünlich, reif dunkelbraun.

Wurzel: Hauptwurzeln tiefgehend.

Standort: Sonnig bis absonnig.

Boden: Optimal sind tiefgründige, frische bis feuchte, nährstoffreiche, saure bis alkalische Böden in genügend luftfeuchten Lagen; insgesamt wenig empfindlicher Baum, der auch auf ärmeren Standorten gut gedeiht.

Eigenschaften: Völlig winterhart, erträgt Temperaturen bis minus 29 °C (Winter 1928/29), etwas empfindlich gegen zu große Lufttrockenheit und Hitze; nicht geeignet für Gebiete mit starker Luftbelastung; treibt spät aus; daher nicht spätfrostgefährdet. In genügend luftfeuchten Lagen auch windfest. Leidet in milden Lagen unter der Trieblaus (SCHENCK). In der Heimat kann der Baum bis zu 60 m hoch werden und ein Alter von 500 Jahren erreichen.

Verwendung: Raschwüchsige Tannenart, die sich auf ihr zusagenden Standorten zu wuchtigen und sehr dekorativen Exemplaren entwickeln kann. Bestechend sind der regelmäßige Wuchs und das glänzend dunkelgrüne Nadelkleid. Geeignet für Einzel- und Gruppenpflanzungen in großen Gärten, Parkanlagen und auf Friedhöfen. In jüngster Zeit als Weihnachtsbaum sehr gefragt.

A. pinsapo 'Kelleriis', Spanische Blau-Tanne

Selektiert von D. T. POULSEN, Kelleriis, Dänemark.

Wuchs: Breit aufrecht wachsende Tanne, in der Jugend Äste etwas unregelmäßig angeordnet, später jedoch sehr zügig und gleichmäßig wachsende Selektion, Krone im Alter sehr dicht verzweigt.

Größe: 10 bis 15 (20) m hoch und 5 bis 7 (9) m breit. Jahreszuwachs in der Höhe 25 (bis 30) cm, in der Breite 15 cm.

Nadeln: 2 bis 3 cm lang, bis 2,5 mm breit, starr, radial abstehend, blaugrün.

Zapfen: Zylindrisch, 10 bis 15 cm lang, 4 bis 5 cm dick, hellbraun.

Abies pinsapo 'Kelleriis'

Standort: Sonnig (bis absonnig).

Boden: Mäßig trockene bis frische, nahrhafte Substrate, schwach sauer bis stark alkalisch, kalkliebend, A. pinsapo ist allgemein anspruchslos und gedeiht auch gut auf trockenen Böden.

Eigenschaften: Ausreichend frostharte Selektion, angepaßt an sommerliche Trockenzeiten, besonders als junge Pflanze empfindlich gegen Wintersonne, bedingt stadtklimaverträglich.

Verwendung: Sehr dekorative Tannenart mit ungemein attraktiver Benadelung. Einzelstellung, lockere Gruppen.

A. procera 'Glauca',
Edel-Tanne, Silber-Tanne
(= A. procera f. glauca; A. nobilis 'Glauca')

Verbreitung der Wildform: Feuchte, tiefgründige, nährstoffreiche und kalkfreie Böden in Gebirgsgegenden mit kurzer, kühler Vegetationszeit und schneereichen Wintern, in Höhenlagen von 700 bis 2100 m; vergesellschaftet mit Douglasien, Tsuga mertensiana, Abies amabilis und Pinus strobiformis; westliches Nordamerika; Kaskadengebirge von Washington und Oregon bis zum Siskiyou-Gebirge von Kalifornien.

Wuchs: Im Alter wüchsiger Baum mit breit kegelförmiger Krone; oft auch mehrtriebig, dann sehr malerisch wachsend; Äste kräftig, unregelmäßig angeordnet; alte Bäume (Sämlingspflanzen) mit kerzengeradem, walzenförmigem Stamm und

mächtiger, pyramidaler, im hohen Alter mehr abgeflachter Krone.

Größe: 15 bis 20 (bis 35) m hoch und 6 bis 8 m breit. In ihrer Heimat 50 bis 65 m hoch mit Stammdurchmessern von 1,50 bis 2,50 m! Im Gifford Pinchof National Forest hat der größte Baum eine Höhe von 85 m und einen Stammumfang von 8,60 m erreicht! Jahreszuwachs in der Höhe 30 bis 40 cm, in der Breite 10 bis 15 cm.

Rinde: Braun bis olivgrün, mit Harzbeulen, alte Stämme mit 2,5 cm dicker, graubrauner bis rotbrauner Schuppenborke.

Nadeln: Prachtvoll blauweiß, 2,5 bis 3,5 cm lang und 1,5 mm breit, unten kammförmig gescheitelt, oben sehr dicht gestellt. Knospen kugelig, von Nadeln verdeckt, obere Schuppen mit leichtem Harzüberzug, Basalschuppen harzlos.

Zapfen: Auffallend groß, zylindrisch-länglich, 14 bis 25 cm lang(!); 7 bis 8 cm dick, jung grün, später purpurbraun. Sehr dekorativ sind auch die weit vorragenden, umgeschlagenen, gelbgrünen Deckschuppen. A. procera hat die größten Zapfen aller Tannenarten.

Abies procera 'Glauca'

Standort: Sonnig, in der Jugend leichter Halbschatten vorteilhaft.

Boden: Optimal auf tiefgründigen, gut mit Wasser versorgten, humosen, nicht zu kalkhaltigen Böden; verträgt keine stagnierende Nässe, liebt zumindest im Alter den vollsonnigen Platz, als junge Pflanze Schatten gut vertragend.

Eigenschaften: Bei uns vollkommen frosthart, durch den späten Austrieb auch keine Spätfrostschäden; verträgt bzw. liebt als junge Pflanze Halbschatten. Langlebigste aller Tannenarten, kann bis zu 700 Jahre alt werden.

Verwendung: Durch die blauweißen Nadeln und

die immer wieder faszinierenden „Riesenzapfen" eine der kostbarsten Tannenarten überhaupt. Geeignet für Einzelstellung in Garten- und Parkanlagen. Herrlich passend zu grau- und silberlaubigen Stauden- und Gehölzpflanzungen; schönes Solitärgehölz für Rosen-, Steingarten- und Heideanlagen; liefert hervorragendes Schmuckreisig für Bindereizwecke.

Anmerkung: Der berühmte Forstmann und Dendrologe Dr. C. A. SCHENCK schreibt 1939 in seinem Buch „Fremdländische Wald- und Parkbäume": „Anbauversuche mit A. nobilis (= A. procera) großen Stils sind dringend zu empfehlen, und zwar insbesondere in den Gegenden des deutschen Tannensterbens."

Weitere Sorten sind: **A. procera 'Blaue Hexe'**, 1972 entstanden aus einem Hexenbesen in der Baumschule BÖHLJE, Wuchs breit und flachkugelig, Triebe sehr kurz, dicht verzweigt. Wohl die beste Zwergform von A. procera.

A. procera 'Glauca Prostrata', Wuchs flach ausgebreitet, wird auch nach vielen Jahren kaum über 80 cm bis 1 m hoch. Bildet jedoch im Alter gelegentlich stärkere Spitzentriebe, die unbedingt entfernt werden sollten. Nadeln herrlich graublau.

A. procera 'Nobel', flachwüchsige Form aus dem Golden Gate Park in San Francisco, Nadeln sehr dicht, beiderseits schön blau, bildet wie 'Glauca Prostrata' im Alter Gipfeltriebe.

A. veitchii LINDL.,
Veitchs Tanne

Verbreitung: Auf nährstoffreichen, mittel- bis tiefgründigen, kalkarmen Böden, in Gebirgslagen zwischen 1300 und 2500 m; Japan, Honshu und Shikoku. Am natürlichen Standort vergesellschaftet mit Betula ermanii, Larix kaempferi und Picea jezoensis.

Wuchs: Mittelhoher, stattlicher Baum mit schmal kegelförmiger, im Alter mehr säulenförmiger Krone; Äste relativ kurz, regelmäßig in Scheinquirlen angeordnet, im oberen Kronenbereich horizontal abstehend, in Bodennähe schräg aufwärts gerichtet, rasch wachsend.

Größe: 15 bis 25 (bis 30) m hoch und 5 bis 6 m breit. Jahreszuwachs in der Höhe ca. 30 bis 35 cm, in der Breite ca. 15 cm.

Rinde: Hellgraue bis graugrüne, glatte Rinde, ringförmige Rindenfalten um die Äste; Borke an älteren Stämmen gefurcht, dunkelgrau. Triebe rötlichbraun bis gelbbraun, auch bräunlichrosa, dicht behaart, Knospen rotbraun, harzig.

Nadeln: Gehäuft, oben bürstenartig nach vorn gerichtet und dabei meist aufwärts gestellt, unten gescheitelt, linealisch, 1 bis 2,5 cm lang, oben glän-

Abies veitchii

zend tiefgrün, unten mit 2 auffallend kalkweißen Stomabändern.

Zapfen: Zylindrisch, 6 bis 7 cm lang, 3 cm breit, jung bläulichpurpurn, später braun.

Standort: Sonnig, in der Jugend schattenliebend.

Boden: Toleriert die meisten kultivierten Böden, gedeiht optimal auf frischen bis feuchten, nährstoffreichen Substraten, sauer bis neutral.

Eigenschaften: Robuste, absolut frostharte Tanne, unempfindlich gegen Spätfröste, verhältnismäßig rauchhart; verträgt bzw. benötigt in den ersten 5 Jahren Schatten, Freistellung sollte langsam erfolgen; empfindlich gegen Trockenheit und Hitze.

Verwendung: Eine sehr schöne, wüchsige Tanne, die durch ihre hellgraue Borke und die silberweiße Nadelunterseite ganz besonders zierend wirkt. Gut geeignet als Solitärbaum, aber auch für Gruppen- und Abpflanzungen verwendbar. Mittelgroße Gärten, Park- und Friedhofsanlagen.

ARAUCARIA JUSS.
Schmucktanne – Araucariaceae

A. araucana (MOL.) K. KOCH,
Araukarie, Andentanne,
Chilenische Schmucktanne

Verbreitung: Auf nährstoffreichen, gleichmäßig frischen und gut drainierten Böden in luftfeuchten Gebirgslagen der Anden, in Höhenlagen zwischen 600 bis 1800 m; Chile und Südwestargentinien.

Wuchs: Bizarrer, immergrüner Baum mit kegel-

förmiger, im Alter mehr rundlicher, schirmartiger Krone; die wenig verzweigten, walzenförmigen Äste sind in regelmäßigen Quirlen angeordnet, im unteren Bereich oft bis zum Boden herabhängend.

Größe: Weibliche Bäume 30 bis 35 (bis 50) m, männliche dagegen nur 15 bis 18 m hoch.

Rinde: Schuppenförmige Blattbasen bleiben sehr lange sichtbar, später schwärzlichgraue bis graubraune, dicke Schuppenborke.

Nadeln: Schraubig angeordnete, lederartige, starre, dreieckige bis eiförmig-lanzettliche Blätter mit steifer, scharfer Spitze, beidseitig glänzend dunkelgrün; Lebensdauer 10 bis 15 Jahre.

Zapfen: Kugelig, 15 cm dick, braun.

Standort: Sonnig, geschützt vor Wintersonne und Ostwind.

Wurzel: Oft ausgeprägte, mehrere tiefgehende Hauptwurzeln.

Boden: Tiefgründige, aber gut durchlässige, lockere und nicht zu kalkreiche Böden in genügend luftfeuchter Lage; bei zu hohem Kalkgehalt wird sie stark chlorotisch und kümmert.

Eigenschaften: Nicht zuverlässig frosthart, hitzeverträglich, aber Luftfeuchte liebend, alte Pflanzen windfest, stadtklimaverträglich.

Verwendung: Mit ihrem reptilienartigen, schuppigen Blätterkleid und ihrem bizarren Wuchs erregt die Araukarie immer wieder großes Aufsehen. In ihrem ganzen Erscheinungsbild erinnert sie an die „Ur-Bäume" aus den Anfängen der Pflanzenentwicklungsgeschichte. Es ist erstaunlich, wieviele Liebhaber die Andentanne hat. Ein außergewöhnliches Solitärgehölz. Jungpflanzen sollten in den ersten Jahren gegen austrocknende Ostwinde, Wintersonne und gegen ein Durchfrieren des Wurzelbereichs geschützt werden. In wintermilden, luftfeuchten Küstengebieten können die Araukarien

auch in Deutschland zu herrlichen Exemplaren heranwachsen.

Anmerkung: Im Mesozoikum kamen die Araukarien auch in Mitteleuropa vor. Seit 70 Mio. Jahren sind sie nur noch auf der Südhalbkugel verbreitet. Die Samen (Pinones) sind 3 bis 4,5 cm lang; sie werden in Südamerika gern gegessen. Frosthärteversuche im Botanischen Garten Hamburg mit verschiedenen ostandinen Gebirgsrassen sind sehr vielversprechend. Von den etwa 25 Jahre alten Pflanzen gibt es seit 1997 die ersten Sämlingsnachzuchten.

Araucaria araucana

CALOCEDRUS

CALOCEDRUS KURZ
Weihrauchzeder – Cupressaceae,
Zypressengewächse

Griech.: kalos = schön, lat. cedrus = Zeder

Wurde um 1846 von J. C. FREMONT entdeckt.

C. decurrens (TORREY) FLORIN,
Weihrauchzeder, Rauchzypresse,
Incense Cedar (= Libocedrus decurrens)

Calocedrus decurrens

Verbreitung: Pazifisches Nordamerika, im Gebirge
des südlichen Oregon und der kalifornischen Sierra
Nevada, auf frischen bis feuchten, nährstoffreichen,
gut durchlässigen, sandig-lehmigen Böden, in
Höhenlagen zwischen 700 und 2000 m. Vergesellschaftet mit Pinus ponderosa, Pinus lambertiana,
Abies concolor, Pseudotsuga und Sequoiadendron
giganteum. Auf ärmeren und kälteren Standorten
zusammen mit Picea breweriana, Tsuga mertensiana
und Pinus monticola. In den tiefen Lagen der Sierra
und der kalifornischen Gebirge, wo Calocedrus an
Bachläufen vorkommt, ist sie vereint mit Alnus rubra
und Acer macrophyllum.

Wuchs: Mittelgroßer bis großer Baum mit zypressen-
artiger, schmal säulenförmiger Krone und auffallend verbreiterter Stammbasis. Im Alter oft etagenförmig ausgeprägte Astpartien. Raschwüchsig.

Größe: 15 bis 25 (bis 30) m hoch. In 20 Jahren
etwa 8 bis 10 m hoch, in 50 Jahren 16 bis 20 m. An
verschiedenen Orten in Deutschland haben 70- bis
80jährige Exemplare eine Höhe von etwa 24 bis
26 m erreicht. Im Exotenwald in Weinheim gibt es
100jährige Bäume, die heute 30 m hoch sind.

Calocedrus decurrens

Rinde: Leuchtend dunkelrotbraun, in Streifen
abblätternd, im Alter längsgefurcht, dekorativ.

Blätter: Schuppenförmig, zu viert in Scheinquirlen,
dunkelgrün, flach.

Früchte: Eiförmig länglich, 2 bis 2,5 cm lang,
hängend, hellbraun, zur Reife (schon im 1. Jahr!)
glockenartig auseinandergespreizt.

Standort: Sonnig bis halbschattig.

Boden: Auf allen mäßig trockenen bis frischen
(feuchten), gern nährstoffreichen, gut durchlässigen!
Böden. Die Weihrauchzeder ist aber insgesamt
nicht wählerisch, sie verträgt Kalk und Trockenheit,
aber keine Staunässe!

Eigenschaften: Frosthart, verträgt Hitze und
Lufttrockenheit. In Athen steht ein 21 m hohes Exemplar! Gut windfest. Erreichen ein Alter von 500
bis 1000 Jahren. Holz ist sehr elastisch, etwa 3 m
hohe Pflanzen lassen sich fast zum Boden biegen.

Verwendung: Wohl der schönste und höchste,
immergrüne Säulenbaum, den wir bei uns pflanzen
können. **C. decurrens 'Aureovariegata'** ist eine
bunte Form, bei der goldgelbe Zweige ungleichmäßig über den ganzen Baum verstreut sind.

Anmerkung: War vor den Eiszeiten in unseren
Braunkohlewäldern vertreten. Liefert ein gutes
Holz, das unter anderem sehr geeignet ist für die
Herstellung von Bleistiften. Das leicht zu bearbei-
tende Holz duftet so intensiv, daß die Arbeiter über
Kopfschmerzen klagen.

Calocedrus decurrens

CEDRUS TREW
Zeder – Pinaceae,
Kieferngewächse

C. atlantica 'Aurea',
Gold-Zeder

Wuchs: Kleiner bis mittelgroßer Baum mit
zunächst kegelförmiger Krone, Äste waagerecht abstehend, im Alter unregelmäßiger, lockerer Aufbau,
langsam wachsend.

Größe: Bis 10 m hoch und dann 6 m breit. Jahreszuwachs in der Höhe ca. 15 (20) cm, in der
Breite ca. 10 cm.

Nadeln: 2 bis 2,5 cm lang, an Kurztrieben in
Büscheln, im Austrieb goldgelb, später gelblichgrün mit grauem Schimmer, im 2. Jahr vergrünend.

Zapfen: Tonnenförmig, 4 bis 7 cm lang und bis
4 cm breit.

Standort: Sonnig bis absonnig, geschützt vor
Mittagssonne und gegen Ostwinde.

Boden: Wie C. atlantica 'Glauca'.

Eigenschaften: Nicht zuverlässig frosthart,
Nadeln leiden oft unter Sonnenbrand.

Verwendung: Liebhaberpflanze für spezielle
Gartenthemen, z. B. „Goldgelber Garten", und zur
Belebung und Kontrastierung von immer-
grünen Pflanzungen.

Cedrus atlantica 'Aurea'

Cedrus libani am Heimatstandort, im Hintergrund der Egredir-See und die schneebedeckten Gipfel des Taurus

CEDRUS

C. atlantica 'Glauca',
Blaue Atlas-Zeder

Verbreitung der Wildart: Waldbildend im marokkanischen und algerischen Atlas-Gebirge, Nordafrika, in Höhenlagen von 1500 bis 2000 m.

Wuchs: Großer, raschwachsender Baum mit zunächst breit kegelförmigem Kronenaufbau, Äste unregelmäßig ansetzend, in der Jugend steil ansteigend, im Alter mit breit ausladenden, flachen, schirmförmigen Astpartien.

Größe: 15 bis 25 (bis 40) m hoch und (8) 10 bis 15 (20) m breit. In der Heimat können die Zedern 50 m hoch werden. Jahreszuwachs in der Höhe 30 bis 50 cm, in der Breite 25 cm.

Rinde: Dunkelschwarzgraue, längsrissige Platten- oder Schuppenborke.

Nadeln: Prächtig graublau, 2 bis 2,5 cm lang, an Langtrieben spiralig und einzeln stehend, an Kurztrieben in dichten, rosettenähnlichen Büscheln.

Zapfen: Tonnenförmig, 5 bis 7 cm lang, 4 cm breit, erst im 2. oder 3. Jahr reif.

Wurzel: Herzwurzler.

Standort: Sonnig, Freistand.

Boden: Mäßig trockene bis frische (feuchte), nährstoffreiche, gut durchlässige, kalkhaltige Böden sagen ihr am meisten zu; insgesamt sind die Atlas-Zedern aber bodentolerant und gedeihen auch auf schwachsauren, sandigen Standorten; benötigt Winterniederschläge, hat ein hohes Wärmebedürfnis im Sommer und liebt den völligen Freistand.

Eigenschaften: Gut frosthart, in Extremwintern geschädigte Nadeln werden mit dem Frühjahrsaustrieb wieder ersetzt; verträgt gut Hitze und sommerliche Lufttrockenheit, widerstandsfähig gegen Immissionen, Zedern sind windbruchgefährdet. Jüngere Pflanzen mit dichten Kronen sollten in windexponierten Lagen ausgelichtet werden! Solitärpflanzen müssen über mehrere Jahre gut verankert werden, Wurzelsystem sehr flach, besonders auf nährstoffreichen und undurchlässigen Böden; Windwurf häufig.

Cedrus atlantica 'Glauca'

Cedrus atlantica 'Glauca'

Verwendung: Sehr dekorative, edle Solitärkonifere mit beeindruckender Kronenarchitektur. Ausgezeichnet als Leitbaum in Rosen-, Stauden- und Gräserpflanzungen. Ideale Partner: Pinus parviflora 'Glauca', Pinus pumila 'Glauca', Juniperus-Arten, vor allem die graulaubigen Sorten, Pyrus salicifolia 'Pendula', Buddleja-Arten und Sorten, Caryopteris, Perovskia. Bedenkenlos kann man auch rosa Kletterrosen wie 'New Dawn' oder Clematis viticella-Hybriden in Blau-Zedern setzen. Passende Stauden wären: Cerastium tomentosum var. columnae, Asphodeline lutea, Asphodelus albus, Artemisia absinthium, Artemisia pontica, Artemisia ludoviciana 'Silver Queen', Stachys byzantina 'Silver Carpet' und Allium giganteum.

Pflegetip: Nach der Pflanzung fallen oft die gesamten Nadeln ab, sie werden aber, wie auch nach sehr starken Wintern, mit dem Neuaustrieb wieder ersetzt.

Empfehlenswert ist bei Zedern die Frühjahrspflanzung.

Anmerkung: Die blaunadelige Atlas-Zeder ist keine unnatürliche oder sogar künstliche Form. In ihrer Heimat, im Atlas-Gebirge, findet man oberhalb einer bestimmten Höhenstufe nur diesen Typ (Anpassung an Kälte und Trockenheit).

Cedrus atlantica 'Glauca'

Cedrus atlantica 'Glauca Pyramidalis'

Cedrus atlantica 'Glauca Pendula'

C. atlantica 'Glauca Pendula', Hänge-Blau-Zeder

Wuchs: Hängeform der Atlas-Zeder, Äste bogig überhängend, Seitenbezweigung dicht mähnenartig, senkrecht herabhängend, langsam wachsend.

Größe: Bei aufgebundenem Mitteltrieb Höhe von 4,5 bis 6 (7) m möglich, oft aber auch nur 2 m hoch und dann mit rundlicher Krone.

Nadeln, Zapfen, Boden und Eigenschaften wie C. atlantica 'Glauca'.

Verwendung: Eindrucksvolle Hängeform, die durch Aufbinden und Abstützen der Seitenäste zu riesigen, baldachinartigen Baumgestalten heranwachsen kann. Schattenbaum für größere Sitzplätze und Terrassen, Einzelbaum auf Rasenflächen, an Wasserflächen, in großen Heidegärten mit kleinblättrigen Wildrhododendron, Azaleen und Gräsern. Solitärgehölz in Rosenpflanzungen und Staudenanlagen. Begleitpflanzen wie bei C. atlantica 'Glauca'.

C. atlantica 'Glauca Pyramidalis'

Wuchs: Mittelgroßer Baum mit säulenförmig bis schlank kegelförmiger Krone, Äste im Alter (nach 20 bis 25 Jahren) auseinanderstrebend, Krone dann nicht mehr so kompakt, mittelstark wachsend.

Größe: 10 bis 12 (15) m hoch und 3 (3,5) bis 5,5 m breit. Jahreszuwachs in der Höhe ca. 20 cm, in der Breite ca. 10 cm.

Nadeln, Standort, Boden und Eigenschaften wie C. atlantica 'Glauca'.

Verwendung: Aufrechte und geschlossene Form der Blau-Zeder, die sich für beengte Standorte und zur Betonung der Vertikalen gut eignet. Einzelstellung in Rosenpflanzungen, Heidegärten, graulaubigen Steppengärten und Staudenpflanzungen.

C. brevifolia (HOOK. f.) HENRY, Zypern-Zeder
(= C. libani var. brevifolia)

Verbreitung: Gebirgswälder auf Zypern, in Höhenlagen zwischen 1200 und 1500 m.

Wuchs: Langsamwüchsiger, kleiner bis mittelgroßer Baum mit breit-kegelförmiger Krone, im Alter schirmförmig.

Größe: 10 bis 15 (18) m hoch.

Nadeln: Auffallend kurz, 5 bis 8 (12) mm lang, dick, leicht gekrümmt, graugrün bis blaugrün, aber auch bläulich, bereift.

Zapfen: Faßförmig, bis 8 cm lang.

Standort: Sonnig, Freistand.

Boden wie C. atlantica 'Glauca'.

Eigenschaften: Als Jungpflanze empfindlich, ältere Exemplare sind ausreichend hart.

Verwendung: Einzelstellung, Rasen, Heidegärten. In Kultur befinden sich zum Teil sehr attraktive, blaunadlige Typen. Im Botanischen Garten Hamburg stehen zwei herrliche Exemplare.

C. deodara (D. DON) G. DON, Himalaja-Zeder

Wurde 1822 nach Europa eingeführt.

Verbreitung: Waldbildend, im westlichen Himalaja in Höhenlagen um 2000 m (und höher); westlich reicht ihr Areal bis in die semiariden Himalaja-Ausläufer Afghanistans, östlich bis in die vom Monsun beeinflußten Lagen des Punjab.

Wuchs: Mittlerer bis hoher, raschwachsender Baum mit durchgehendem Stamm und in der Jugend breit kegelfömigem Kronenaufbau; Äste waagerecht abstehend, Seitenbezweigung und Triebspitzen mehr oder weniger bogig überhängend.

Cedrus deodara

Größe: Bei uns 15 (bis 20) m, in England über 30 m, in der Heimat 50 bis 60 m hoch und dann bis zu 3 m Stammdurchmesser. Breite 6 bis 10 (12) m.

Rinde: Junge Triebe behaart, hellbraun, alte Borke schwärzlich.

Nadeln: Weicher und länger als bei anderen Zedern, blaugrün, zu etwa 30 in Büscheln, 3 bis 5 cm lang.

Zapfen: Ei- bis tonnenförmig, 7 bis 10 cm lang und 5 bis 6 cm breit, an der Spitze abgerundet und bläulich bereift, später rotbraun.

Standort: Sonnig bis absonnig, geschützt gegen Wintersonne und Ostwind.

Boden: Optimal auf tiefgründigen, nährstoffreichen, mäßig trockenen bis feuchten, gut durchlässigen, sauren bis neutralen Böden, bei zu hohem pH-Wert chlorotisch; sonnige bis absonnige, windgeschützte Lage.

Eigenschaften: Nicht zuverlässig frosthart. Stadtklimafest, Luftverschmutzung wird erstaunlich gut ertragen; sehr früher Austrieb, daher sehr spätfrostgefährdet. Das Holz der Himalaja-Zeder ist dauerhaft und termitenfest.

Verwendung: Zweifellos gehört die Himalaja-Zeder zu den allerschönsten und begehrtesten Solitär-Nadelgehölzen. Bestechend sind ihr anmutiger, malerischer Wuchs und die frischgrüne, lange Benadelung. In klimatisch nicht so günstigen Gebieten sollten die frosthärteren Auslesetypen gepflanzt werden. 'Eisregen' hat hellblaugraue Nadeln und hängt nicht so ausgeprägt wie der Typ. Wurde von

Cedrus deodara

G. HORSTMANN aus Sämlingen der „Paktia-Herkunft" selektiert. Hat neben C. libani var. stenocoma als einzige Zeder den Winter 1978/79 bei minus 26,6 °C überstanden. Wohl. z. Z. der winterhärteste Klon von C. deodara. **'Karl Fuchs'** ist eine ebenfalls winterharte, blaue Selektion aus der Paktia-Herkunft.

Pflegetip: Junge Pflanzen sollten im Wurzelbereich gegen Durchfrieren mit Laub geschützt werden. Sehr ratsam ist ein Schutz gegen Wintersonne.

C. deodara 'Golden Horizon'

1975 aus Sämlingen in Boskoop selektiert.

Wuchs: Gelbnadelige, flach und gedrungen wachsende Form, Äste waagerecht ausgebreitet bis leicht ansteigend. Seitenzweige und Triebspitzen bogig überhängend, im Alter auch mit durchgehendem, aufrechtem Leittrieb, mittelstark wachsend.

Größe: Endgültige Höhe noch nicht bekannt, wird aber sicherlich wesentlich höher als bei dieser „Zwergform" vermutet. Jahreszuwachs nach 5 Jahren Standzeit 40 cm!

Nadeln: An Langtrieben 2 bis 2,5 cm lang, an Kurztrieben bis 4 cm lang, gelbgrün, weicher und dünner als bei anderen Arten.

Standort, Boden und Eigenschaften wie C. deodara.

Verwendung: Einzelstellung in Heide- und Rhododendrongärten.

Cedrus deodara 'Golden Horizon'

CEDRUS

Cedrus libani in Kew Gardens

C. libani A. RICH., Libanon-Zeder

Wurde bereits 1638 nach Europa eingeführt.

Verbreitung: In den Gebirgswäldern des Taurus und Antitaurus auf 1400 bis 2100 m (Baumgrenze), im Libanon seit Jahrtausenden dezimiert, so daß es dort nur noch kümmerliche Restbestände gibt.

Wuchs: Großer Baum mit zunächst kegelförmiger Krone und nur schwach aufsteigenden Seitenästen (bei C. atlantica steiler ansteigend), später Äste weit ausladend und locker übereinander stehende, plattenförmige, horizontale Etagen bildend, Krone im Alter schirmartig abgeflacht. Raschwüchsig.

Größe: 20 bis 25 (bis 30) m hoch und dann oftmals genauso breit.

Rinde: Junge Zweige kahl oder nur sehr schwach behaart. Borke schwarzgrau, rissig.

Blätter: Immergrün, zu 10 bis 35 (bis 40) in rosettenartigen Büscheln beisammen, 2,2 bis 3 (bis 3,5) cm lang, dunkelgrün, im Austrieb mittelgrün (bei C. atlantica Nadeln insgesamt kürzer, heller und im Austrieb hellgrün).

Früchte: Zapfen faßförmig, 7,5 bis 10 cm lang, 4 bis 6 cm breit, oben abgeflacht.

Wurzel: Herzwurzler.

Standort: Sonnig, Freistand.

Boden: Mäßig trocken bis frische (feuchte), nährstoffreiche, gut durchlässige, kalkhaltige bis schwach saure Böden. Benötigt Winterniederschläge!, hat hohes Wärmebedürfnis.

Cedrus libani

Eigenschaften: Die vor etwa 30 Jahren von Dr. F. MEYER eingeführte Saat aus den Hochlagen des Taurus hat sehr wüchsige und absolut winterfeste Pflanzen erbracht, die in ihrer Frosthärte genauso einzustufen sind wie die Atlas-Zedern. Zedern aus unbekannter Herkunft sind meist unzureichend hart oder nur für mildeste Gebiete geeignet. Libanon-Zedern können bis 900 Jahre alt werden.

Verwendung: Es gibt wohl kaum einen anderen Nadelbaum, der eine so ausgeprägte Kronen-Architektur aufweist. Ein herrliches Gehölz, das aber unbedingt freistehen muß, so z. B. auf Rasenflächen oder vor Gehölzrändern. Die schönste und gewaltigste Libanon-Zeder Deutschlands steht im Schloßpark zu Weinheim an der Bergstraße. Sie wurde 1710 gepflanzt und hat heute einen Stammdurchmesser von etwa 1,50 m.

Anmerkung: Das Zedernholz war im Mittelmeerraum seit Jahrtausenden hoch begehrt. Es ist ein sehr zähes, dauerhaftes Holz, das durch seinen Reichtum an verschiedenen Harzen auch noch nach Jahrzehnten wunderbar duftet. Wer einmal am Heimatstandort der Zedern ein Sägewerk besucht hat, wird diesen Duft kaum wieder vergessen können. Aus der Geschichte wissen wir, daß der berühmte Tempel von König Salomo aus Zedernholz gebaut wurde. Die Ägypter balsamierten ihre Leichen mit Zedern-Harz ein und betteten die Mumien in Särge aus Zedern-Holz. Die Libanon-Zeder ist das Staatswappen des Libanon.

Cedrus libani var. stenocoma (SCHWARZ) DAVIS kommt in Südwestanatolien vor und hat eine schmale, schlanke Krone. Ihre Frosthärte ist ausgezeichnet.

Cedrus libani

CEPHALOTAXUS S. & Z.
Kopfeibe – Cephalotaxaceae,
Kopfeibengewächse

C. harringtonia var. drupacea (S. & Z.) KOIDZ.
(= C. drupacea)

Verbreitung: Bergwälder in Japan, Zentral- und Westchina.

Wuchs: Mittelhoher bis hoher Strauch mit waagerecht ausgebreiteten, quirlständigen, weichen und biegsamen Zweigen.

Größe: 2,5 bis 3,5 (5) m hoch.

Rinde: Grau, in Streifen ablösend, Triebe zunächst grün, später rotbraun.

Nadeln: Streng 2zeilig, schräg aufrecht, im Querschnitt V-förmig, 2,5 bis 3,5 cm lang und 2 bis 3 mm breit, unterseits mit 2 grauen Spaltöffnungslinien, Nadeln verhältnismäßig weich, mittelgrün.

Früchte: Samen 3 cm lang, verkehrt eiförmig.

Standort: Absonnig, geschützt.

Boden: Genügend frische, sandig-humose, saure bis alkalische Böden.

Eigenschaften: Junge Pflanzen etwas empfindlich.

Verwendung: Dekoratives Solitärgehölz mit strukturstarker Benadelung.

C. harringtonia 'Fastigiata'
(= C. buergeri, Podocarpus koraiana)

Wuchs: Säulenförmiger Strauch, Äste straff aufrecht, wenig verzweigt, sehr dicht stehend, im Alter mehr trichterförmig offen oder rundlich-tonnenförmig, erinnert an eine dunkelgrüne, grobnadelige Säulen-Eibe, langsam wachsend.

Cephalotaxus harringtonia 'Fastigiata'

Größe: Endhöhe nicht genau bekannt, sicherlich aber 2 bis 3 m hoch und 1,2 (1,5) bis 2,5 m breit. Bei einer Höhe von 1,5 m ca. 0,7 m breit. Jahreszuwachs 8 bis 10 cm.

Blätter: Nadelförmig, spiralig stehend, 4,5 bis 6,5 cm lang und 4 bis 5 mm breit, dunkelgrün, glänzend, sehr dekorativ.

Standort: (Sonnig) absonnig bis halbschattig, luftfeuchte, milde und geschützte Lage.

Boden: Genügend frische, sandig-humose, saure bis alkalische Böden.

Eigenschaften: Junge Pflanzen etwas frostempfindlich, gutes Regenerationsvermögen nach Winterschäden, schattenverträglich, ziemlich unempfindlich gegenüber Ruß und Rauch (BÄRTELS).

Verwendung: Außerordentlich interessantes Solitärgehölz, das mit seinen auffallend breiten Nadeln an die berühmte Pflanzenfamilie der Podocarpaceae erinnert, andererseits aber auch einem dunkelgrünen Säulen-Taxus ähnlich ist. Gehölz für das Thema Blattstrukturen in einem immergrünen Garten. Heide-Gärten, Rhododendronpflanzungen, Gehölzrabatten.

C. harringtonia 'Gnom' ist eine flachwüchsige Zwergform mit kurzen Trieben und radiär angeordneten Blättern. Strukturstarkes Nadelgehölz!

Chamaecyparis-Formen

CHAMAECYPARIS SPACH
Scheinzypresse – Cupressaceae,
Zypressengewächse

Scheinzypressen werden von vielen Menschen als Friedhofsgewächse und als gartenunwürdige Pflanzen abgelehnt. Mit diesem pauschalen Vorurteil wird man dieser großen und vielfältigen Pflanzengruppe, die in ihrer Verwendung sicherlich etwas problematisch ist, aber nicht gerecht. In städtischen Gärten und Parkanlagen richtig eingesetzt, können wir mit Scheinzypressen überzeugende Gartenbilder schaffen. Man denke dabei nur an die Wildformen von Chamaecyparis nootkatensis oder C. pisifera, die im Freistand zu ausdrucksstarken, lockeren Baumgestalten heranwachsen können.

Von den 6 Arten, die in Nordamerika, Japan und Taiwan beheimatet sind, werden ungefähr 4 in unseren mitteleuropäischen Gärten kultiviert. Sie entwickeln sich alle zu mehr oder weniger kegelförmigen Bäumen mit durchgehenden Stämmen und überhängenden Gipfeltrieben und Zweigspitzen. Ihre Nadeln sind schuppenförmig und unterseits oft weißlich gezeichnet. Während die männlichen Blüten oft massenweise angesetzt werden und auch sehr attraktiv sein können (C. lawsoniana), sitzen die weiblichen Blüten einzeln und unauffällig an seitlichen Zweiglein. Die Zapfen sind klein, kugelig, hart und werden mit Ausnahme von C. nootkatensis schon im ersten Jahr reif.

Da Chamaecyparis-Arten sehr mutationswillig sind, haben Gärtner und Liebhaber in den letzten 100 Jahren eine beinahe unübersehbare Fülle von Farb- und Formvarianten zusammengetragen. Die nordamerikanischen Arten C. lawsoniana und C. nootkatensis liefern ein sehr dauerhaftes Holz, das dem Angriff von Insekten und holzzerstörenden Pilzen lange widersteht.

Ökologie: Die Samen von Chamaecyparis, insbesondere von C. lawsoniana und deren Sorten, werden in den Wintermonaten sehr gern von Meisen-Arten, Buchfinken u. a. heimischen Vögeln angenommen.

Chamaecyparis lawsoniana – männliche (rot) und weibliche Blüten

Chamaecyparis Übersicht

Art/Sorte	Wuchs	Größe in m Höhe	Breite	Blätter/Nadeln
C. lawsoniana 'Alumii'	mittelhoher Baum, säulenförmig	(8) 10–15	(2,5) 3–4	graublau
C. lawsoniana 'Alumigold'	Kleinbaum, säulenförmig	(6) 8–10	2–3	goldgelb bis gelbgrün
C. lawsoniana 'Blaue Bautzener'	Zwergform, kugelig	0,6	0,5g	graublaugrün
C. lawsoniana 'Blue Surprise'	Strauch/Großstrauch, säulenförmig	2–3,50,	6–1,2	silberblau
C. lawsoniana 'Columnaris'	Kleinbaum, säulenförmig	6–10	1–1,5 (2)	stahlblau bis blaugrün
C. lawsoniana 'Dart's Blue Ribbon'	Kleinbaum, säulenförmig	6–10	1–1,5	leuchtend stahlblau
C. lawsoniana 'Ellwoodii'	Strauch/Großstrauch, kegelförmig	2–3,5	0,6–1,2 (1,5)	stahlblau
C. lawsoniana 'Ellwood's Gold'	Strauch/Großstrauch, säulenförmig	2–3,5	0,6–1,5	goldgelb
C. lawsoniana 'Ellwood's Pillar'	Strauch/Großstrauch, säulenförmig	2–3	0,5–1,2	blaugrün
C. lawsoniana 'Gimbornii'	Zwergform, beinahe kugelig	0,8–1	1–1,20	blaugrün
C. lawsoniana 'Glauca Spek'	Kleinbaum, breit kegelförmig	8–10 (15)	(2,5) 3–4	graublau
C. lawsoniana 'Golden Triumph'	Kleinbaum, säulenförmig	(6) 8–10	2–3	goldgelb
C. lawsoniana 'Golden Wonder'	Kleinbaum, breit kegelförmig	5–7	2,5–3	goldgelb bis hellgelb
C. lawsoniana 'Howarth's Gold'	Kleinbaum, gedrungen kegelförmig	6–8 (10)	2–3	hellgrüngelb
C. lawsoniana 'Imbricata Pendula'	Kleinbaum, breit säulenförmig	6–8	3	grün
C. lawsoniana 'Kelleriis Gold'	Kleinbaum, schmal säulenförmig	6–8 (10)	2–3	gelblichgrün
C. lawsoniana 'Lane'	Kleinbaum, schlank säulenförmig	5–8	2–2,5	goldgelb bis grüngelb
C. lawsoniana 'Little Spire'	Kleinbaum, säulenförmig	6–8	1,5–2	bläulichgrün
C. lawsoniana 'Minima Aurea'	Zwergform, zunächst kugelig, später kompakt säulenförmig	0,8	0,45	hellgelb
C. lawsoniana 'Minima Glauca'	Zwergform, flachkugelig	1–2	1–2	blaugrün bis mattblau

C. lawsoniana 'Pixie'	Zwergform, kugelig bis leicht eiförmig	0,8	0,6–0,7	blaugrün
C. lawsoniana 'Pygmaea Argenta'	Zwergform, flachkugelig, Zweigspitzen später kuppelförmig bis breit-eiförmig	0,5–0,8 (1)	0,6–0,8 (1)	dunkelgrün, weißgelb gerandet
C. lawsoniana 'Silver Queen'	Kleinbaum, kegelförmig	6–10 (12)	2,5–4	silbrig, im Innern gelblichgraugrün
C. lawsoniana 'Stardust'	Kleinbaum, säulenförmig	7	3	goldgelb bis grüngelb
C. lawsoniana 'Stewartii'	Kleinbaum, schmal kegelförmig	(6) 8–10	2,5–3,5	goldgelb
C. lawsoniana 'Tharandtensis Caesia'	Zwergform, kugelig bis kegelförmig	1–2 (3,5)	2–2,5 (3)	blaugrau, bereift
C. lawsoniana 'Triomf van Boskoop'	kleiner bis mittelgroßer Baum, kegelförmig	12–15 (20)	1,5–3,5 (4)	blaugrün, silbrig bereift
C. lawsoniana 'Van Pelt's Blue'	Kleinbaum, schlank kegelförmig	5–8 (10)	1,2–1,5 (1,8)	leuchtend stahlblau
C. lawsoniana 'White Spot'	Kleinbaum/ Großstrauch	5 (10)	2 (3,5)	grün mit rahmweißen Spitzen
C. lawsoniana 'Wisselii'	Kleinbaum, kegelförmig	5–10	1,2–1,5 (2)	blaugrün
C. nootkatensis 'Aurea'	mittelgroßer Baum, kegelförmig	15–20	5 (7)	hellgelb bis hellgrün
C. nootkatensis 'Glauca'	mittelgroßer Baum, kegelförmig	15–20	5–6 (7)	blaugrün
C. nootkatensis 'Pendula'	Kleinbaum/ mittelgroßer Baum	10–15	3,5–5,5	dunkelgrün
C. obtusa 'Contorta'	Zwergform, breit kegelförmig	1–2	0,7–1,5	mittelgrün
C. obtusa 'Coralliformis'	Zwergform, rundlich-buschig	0,5	0,6	glänzend bläulichgrün mit braunen Flecken
C. obtusa 'Crippsii'	Großstrauch, kegelförmig	5	–	goldgelb, im Innern gelbgrün
C. obtusa 'Drath'	Kleinbaum, kegel- bis säulenförmig	4–6 (7)	2–3,5	blaugrün
C. obtusa 'Filicoides'	Strauch/Kleinbaum, pyramidal, oft auch zwergig bleibend	3–6–10 (15)	–	blaugrün
C. obtusa 'Kosteri'	Zwergform, kegelförmig	0,8–1,2	0,5–0,7	hellgrün
C. obtusa 'Lycopodioides'	Strauch, rundlich	2–2,5	2–2,5	blaugrün
C. obtusa 'Lycopodioides Aurea'	Strauch, rundlich	2–2,5	2–2,5	gelb

C. obtusa 'Nana Gracilis'	Zwergform, kegel- bis kugelförmig	1,5 – 2 (3)	1 – 1,5 (2)	dunkelgrün
C. obtusa 'Pygmaea'	Strauchform, kugelig	2 – 3,5	1 – 2,5	frischgrün, im Winter bräunlich
C. obtusa 'Rigid Dwarf'	Zwergform, säulenförmig bis breit kegelförmig	3	1,50 – 1,70	dunkelgrün
C. pisifera 'Boulevard'	Strauch/Groß-strauch, kegelförmig	5	1,2 – 2	silberblau bis graublau
C. pisifera 'Filifera Aurea Nana'	Zwergform, kugelig	1,5	2 – 3	leuchtend goldgelb
C. pisifera 'Filifera Nana'	Zwergform, flachkugelig bis kugelig	2	4	gelbgrün
C. pisifera 'Plumosa'	Kleinbaum, breit kegelförmig	8 – 10 (15)	3 – 5	grün
C. pisifera 'Plumosa Aurea'	Kleinbaum, breit kegelförmig	8 – 10 (15)	3 – 5	goldgelb
C. pisifera 'Plumosa Compressa'	Zwergform, rundlich bis kissenförmig	0,4 – 0,6	0,5 – 0,6 (0,7)	gelblichgrün mit graubläulichen Einfärbungen
C. pisifera 'Plumosa Flavescens'	Zwergform, kugelig bis breit kegelförmig	1	1 – 1,3	gelblich, zum Herbst vergrünend
C. pisifera	Zwergform, kugelig bis kegelförmig	1	1,5	Austrieb weiß, später leuchtend gelb
C. pisifera 'Squarrosa'	mittelgroßer Baum, breit kegelförmig	10 – 20	4 – 6 (8)	blaugrün
C. pisifera 'Sungold'	Zwergform	1	2	goldgelb

Cham. laws. am Naturstandort Port Orford, Oregon

Chamaecyparis lawsoniana

C. lawsoniana 'Alumii',
die Wildart wird in Amerika Port Orford Cedar genannt

Wurde 1854 von LAWSONS Baumschulen, Edinburgh, eingeführt.

Verbreitung der Wildart: Von luftfeuchten, küstennahen Standorten bis zu 1700 m hoch ansteigenden Gebirgslagen eines 200 km langen und 50 bis 65 km breiten Steifens an der nordamerikanischen Pazifikküste. Am Heimatstandort vergesellschaftet mit Pseudotsuga mensiesii, Tsuga heterophylla, Abies grandis, Picea sitchensis und Thuja plicata.

Wuchs: In der Jugend säulenförmiger, im Alter schmal kegelförmiger, mittelhoher Baum, Gipfeltrieb und Seitenbezweigung leicht überhängend, Zweige dicht, flach, kurz, bis unten beastet.

Chamaecyparis lawsoniana 'Alumii'

Größe: (8) 10 bis 15 m hoch, in englischen Gärten gibt es über 20 m hohe Exemplare. Breit (2,5) 3 bis 4 m. Jahreszuwachs in der Höhe 20 bis 25 cm, in der Breite 10 cm.

Blätter: Schuppenförmig, gegenständig in 4 Längsreihen, dicht anliegend, schön blau bereift, später mehr graublau.

Zapfen: Kugelig, bis 0,8 cm, 8 Schuppen mit zusammengedrückten Höckerchen.

Wurzel: Flachstreichend, hoher Anteil an Feinwurzeln.

Standort: Sonnig bis absonnig (halbschattig), windgeschützt.

Boden: Wächst auf jedem kultivierten, nicht zu trockenen Gartenboden, entwickelt sich am optimalsten auf frischen bis feuchten, nährstoffreichen, sandig-lehmigen Substraten, sauer-alkalisch, Kalk vertragend.

Eigenschaften: Absolut winterhart bei uns, sehr schattenverträglich, auf zu trockenen Winterstandorten leidet sie unter Frosttrocknis, schnittverträglich.

Verwendung: Robustes Nadelgehölz für Einzelstellung, Gruppenpflanzung und Hecken, in Parkanlagen, Gärten und auf Friedhöfen. C. lawsoniana 'Alumii' ist wohl einer der meistgepflanzten Nadelbäume.

Ökologie: Die Samen werden sehr gern von Meisen-Arten, Buchfinken u. a. heimischen Vögeln angenommen.

C. lawsoniana 'Alumigold'

Seit 1966 im Handel, entstanden als Mutation an 'Alumii'.

Wuchs: Geschlossen säulenförmiger bis schmal kegelförmiger, kleiner Baum mit aufstrebenden Ästen und flachen, vertikal gestellten Zweigen.

Größe: (6) 8 bis 10 m hoch und 2 bis 3 m breit. Jahreszuwachs in der Höhe 15 bis 20 cm, in der Breite 5 bis 10 cm.

Blätter: Schuppenförmig, im Austrieb auffallend goldgelb bis schwefelgelb, später gelbgrün.

Zapfen, Wurzel, Standort, Boden und Eigenschaften wie C. lawsoniana 'Alumii'.

Verwendung: Gute, gelbbunte Säulenform von 'Alumii'. Einzelstellung, Gruppen.

C. lawsoniana 'Blaue Bautzener'

Wuchs: Kugelig, dicht geschlossen, später mehr pyramidal.

Größe: Etwa 60 cm hoch und 50 cm breit.

Blätter: Schuppenförmig, graublaugrün.

Verwendung: Absolut frostharte Zwergform für Stein-, Heidegärten und gemischte Rabatten.

C. lawsoniana 'Blue Surprise'

Bei P. J. DE BEER in Tilburg, Holland, entstanden.

Wuchs: Schmale, dicht geschlossene und fein verzweigte Säulenform. Äste und Zweiglein straff aufrecht, langsam wachsend, jedoch stärker als 'Ellwoodii'.

Größe: 2 bis 3,5 m hoch, sehr alte Pflanzen können sicherlich noch höher werden. Breite 0,6 bis 1,2 (1,5) m.

Blätter: Nadelförmig, sehr fein, auffallend silberblau.

Standort: Sonnig bis absonnig, geschützt.

Boden: Wie bei C. lawsoniana 'Alumii'.

Verwendung: Völlig frostharte und farblich sehr wirkungsvolle Säulenform. Für Steingärten und Heideanlagen; attraktiv als Solitär in Rosen- und Gräserpflanzungen.

C. lawsoniana 'Columnaris',
Blaue Säulenzypresse
(= C. lawsoniana columnaris glauca)

Chamaecyparis lawsoniana 'Columnaris'

Wuchs: Schmale, dicht verzweigte, bis unten beastete Säulenform, Äste straff aufrecht, Zweiglein flach mit anliegenden Nadeln, auch im Alter eine kompakte und geschlossene Form behaltend.

Größe: 6 bis 10 m hoch und 1 bis 1,5 (2) m breit. Jahreszuwachs in der Höhe 20 cm, in der Breite 5 cm.

Blätter: Schuppenförmig, dicht anliegend, stahlblau bereift, später mehr blaugrün.

Eigenschaften: Sehr gut winterhart, ausreichend industriefest, verträgt viel Schatten.

Verwendung: Eine der bewährtesten und heute wohl auch am häufigsten kultivierten Formen. Ausgezeichnete Pflanze für Einzelstand oder Gruppenpflanzung in Gärten und Parkanlagen; gutes Forelement, um streng geometrische Akzente zu setzen; dekorativer Raumbildner zur Betonung der Vertikalen; wertvolle Heckenpflanze, Abpflanzungen auf Friedhöfen, gutes Bindematerial.

Weitere Angaben und Merkmale wie bei C. lawsoniana 'Alumii'.

Bild rechts: Chamaecyparis lawsoniana 'Blue Surprise'

CHAMAECYPARIS

C. lawsoniana 'Dart's Blue Ribbon'

Wuchs: Schmale, dichte und geschlossene Säulenform mit straff aufrechten Ästen.

Größe: 6 bis 10 m hoch und 1 bis 1,5 m breit.

Blätter: Schuppenförmig, leuchtend stahlblau.

Verwendung: Eine sehr robuste Säulenform, die vom Wuchs her an C. lawsoniana 'Columnaris Glauca' erinnert, die Nadeln haben jedoch ein intensiveres Blau.

C. lawsoniana 'Ellwoodii'

1929 als Sämling im Swanmore Park, England, entstanden und nach dem Gärtner ELLWOOD benannt.

Wuchs: Schmal kegelförmig, dicht geschlossene Form mit straff aufrecht stehenden Ästen und Zweigen, Triebspitzen etwas knickend, langsam wachsend.

Größe: 2 bis 3,5 m hoch, sehr alte Pflanzen können sicherlich noch höher werden. Breite 0,6 bis 1,2 (1,5) m.

Blätter: Nadelförmig, fedrig, blaugrau, im Herbst stahlblau.

Standort: Sonnig bis absonnig, geschützt.

Boden: Wie bei C. lawsoniana 'Alumii'.

Verwendung: Einzelpflanze oder auch für Gruppen- und kleine Heckenpflanzungen; gut geeignet für Stein- und Heidegärten, Rosen- und Staudenpflanzungen. 'Ellwoodii' ist eine ausgeprägt langsamwüchsige, immer kompakt und geschlossen bleibende Säulenform, die auch für kleinere Gartenräume geeignet ist. Wird heute vielfach als Topfpflanze gehandelt.

Chamaecyparis lawsoniana 'Ellwoodii'

Chamaecyparis lawsoniana 'Ellwood's Gold'

C. lawsoniana 'Ellwood's Gold'

Als Mutation an C. lawsoniana 'Ellwoodii' entstanden.

Wuchs: Schmale, fein verzweigte Säulenform, Zweiglein nicht so ausgeprägt straff aufrecht wie bei 'Ellwoodii', langsam wachsend.

Größe: 2 bis 3,5 m hoch und 0,6 bis 1,5 m breit.

Blätter: Nadelförmig, Triebspitzen im Frühling und Sommer lebhaft goldgelb; zum Winter hin verblassend.

Standort: Sonnig bis absonnig, geschützt!

Boden: Wie bei C. lawsoniana 'Alumii'.

Verwendung: Gelbe, langsam wachsende Säulenform, der man allerdings einen geschützten Platz zuweisen sollte.

C. lawsoniana 'Ellwood's Pillar'

Wuchs: Ausgesprochen schmale und extrem dicht verzweigte, geschlossene Säulenform, Äste und Zweige etwas starr, straff aufrecht, sehr langsam wachsend.

Größe: 2 bis 3 m hoch und 0,5 bis 1,2 m breit.

Blätter: Nadelförmig, fedrig, blaugrün.

Standort: Sonnig bis absonnig, geschützt!

Boden: Wie bei C. lawsoniana 'Alumii'.

Verwendung: Wertvolle Säulenform, die sich von 'Ellwoodii' durch einen schlankeren und niedrigeren Wuchs unterscheidet. Für Steingärten, Heideanlagen, Gehölzrabatten, Tröge und Schalen.

C. lawsoniana 'Gimbornii'

1937 als Sämling im Arboretum VON GIMBORN entstanden.

Wuchs: Zwergform, dicht gedrungen, beinahe kugelig, im Alter oft mit mehreren spitzkuppelförmigen Auswüchsen, Äste steif aufrecht, sehr langsam wachsend.

Größe: Etwa 0,8 bis 1 m hoch und 1 m bis 1,20 m breit. Endhöhe nicht bekannt, evtl. bis 1,5 (2) m hoch?

Blätter: Schuppenförmig, blaugrün, bereift.

Verwendung: Wertvolle, äußerst langsam wüchsige Zwergform für Heide- und Steingärten wie auch zur Strukturierung von gemischten Rabattenpflanzungen.

C. lawsoniana 'Glauca Spek'
(= C. lawsoniana 'Spek')

1920 bei SPEK in Boskoop, Holland, entstanden.

Wuchs: Aufrecht, breit kegelförmig mit kräftigen, dicken Ästen und leicht überhängenden Triebspitzen, rasch wachsend.

Größe: 8 bis 10 (15) m hoch und (2,5) 3 bis 4 m breit. Jahreszuwachs in der Höhe 20 bis 25 cm, in der Breite 10 cm.

Blätter: Schuppenförmig, dicht anliegend, gleichmäßig graublau, bereift.

Standort: Sonnig bis absonnig.

Boden: Wie bei C. lawsoniana 'Alumii'.

Eigenschaften: Frosthart, rauchhart.

Verwendung: Robustes Nadelgehölz für Einzelstellung und Gruppenpflanzung in Gärten, Parkanlagen und Friedhöfen.

Bild rechts: Chamaecyparis lawsoniana 'Glauca Spek'

CHAMAECYPARIS

C. lawsoniana 'Golden Triumph'

Wuchs: Straff aufrechte Säulenform.

Größe: (6) 8 bis 10 m hoch und 2 bis 3 m breit.

Blätter: Schuppenförmig, goldgelb, sonnenbeständig.

Verwendung: Sehr schöne neue, gelbnadelige Sorte, die 1972 in Holland in den Handel gebracht wurde.

C. lawsoniana 'Golden Wonder'

1963 von SPEK, Boskoop, Holland, eingeführt.

Wuchs: Breit kegelförmig wachsender, kleiner Baum, fächerförmig verzweigt, dichtbuschig.

Größe: 5 bis 7 m hoch und 2,5 bis 3 m breit. Jahreszuwachs in der Höhe ca. 15 cm, in der Breite ca. 10 cm.

Blätter: Schuppenförmig, anliegend, im Austrieb goldgelb, später hellgelb, auch im Winter nicht vergrünend.

Standort: Sonnig bis absonnig, geschützt.

Boden: Wie bei C. lawsoniana 'Alumii'.

Eigenschaften: Frosthart.

Verwendung: Eine sehr gesunde und dekorative Form. Einzelstellung.

Chamaecyparis lawsoniana 'Golden Wonder'

C. lawsoniana 'Howarth's Gold'

Wuchs: Gedrungen kegelförmig, Triebe straff aufrecht, Zweiglein in einer Ebene stehend.

Größe: 6 bis 8 (10) m hoch und etwa 2 bis 3 m breit.

Blätter: Schuppenförmig, hellgrüngelb.

Verwendung: Diese aus England stammende Neuheit gilt z. Z. als eine der besten gelbnadeligen Sorten. Sie ist unempfindlich gegen Sonnenbrand.

C. lawsoniana 'Imbricata Pendula'

Um 1930 als Sämling in Neuseeland entstanden.

Wuchs: Breit säulenförmig aufrecht, sehr locker und unregelmäßig beastet, Äste leicht ansteigend bis waagerecht ausgebreitet, Seitenzweige fadenförmig, lang ausgezogen, kaskadenartig herabhängend.

Größe: 6 bis 8 m hoch und etwa 3 m breit.

Blätter: Schuppenförmig, grün.

Eigenschaften: Frosthart.

Verwendung: Diese ungewöhnlich locker und transparent wirkende Scheinzypresse ist eine sehr auffallende Erscheinung im C. lawsoniana-Sortiment. Herrlich für das Thema Blatt-Texturen. Wirkt wie ein Riesengras in immergrünen Pflanzungen. Wundervoll zu Bambus, japanischen Ahornen und Solitärgräsern, ist bei Rauhreif eine ganz besondere winterliche Gartenzierde.

C. lawsoniana 'Kelleriis Gold'
(= C. lawsoniana aurea 'Kelleriis')

Wuchs: Schmal säulenförmiger, kleiner Baum, mit straff aufrechten, dichtstehenden Ästen und dünnen Zweigen.

Größe: 6 bis 8 (10) m hoch und 2 bis 3 m breit. Jahreszuwachs in der Höhe ca. 15 cm, in der Breite ca. 10 cm.

Blätter: Schuppenförmig, dicht anliegend, gelblichgrün bis stumpfgrün, im Winter mehr grünlich.

Standort: Sonnig bis absonnig.

Boden: Wie bei C. lawsoniana 'Alumii'.

Eigenschaften: Sehr winterhart.

Verwendung: Einzelstellung.

Chamaecyparis lawsoniana 'Kelleriis Gold'

C. lawsoniana 'Lane'

Vor 1945 in LANES NURSERIES, England, entstanden.

Wuchs: Aufrechte, schlanke, säulenförmige Scheinzypresse mit locker abstehender Bezweigung und dünnen, fiederförmigen Trieben; mäßig stark wachsend.

Größe: 5 bis 8 m hoch und 2 bis 2,5 m breit. Jahreszuwachs in der Höhe 20 cm, in der Breite 10 cm.

Blätter: Schuppenförmig, dicht anliegend, oberseits goldgelb, unterseits mehr gelbgrün.

Standort: Frei, sonnig, geschützt.

Boden: Wie bei C. lawsoniana 'Alumii'.

Eigenschaften: Gut frosthart, eine der besten, wertvollsten Lawsoniana-Formen mit beständig goldgelber Färbung.

Verwendung: Wahrscheinlich die bekannteste gelbe Säulenform. Sehr wirkungsvolle Solitärkonifere für Einzelstellung, zur Belebung und Kontrastierung von dunkelgrünen oder blaunadeligen Koniferenpflanzungen.

Chamaecyparis lawsoniana 'Lane'

C. lawsoniana 'Little Spire'

Kreuzung zwischen C. lawsoniana 'Fletscheri' und C. lawsoniana 'Wisselii'. Wurde 1972 in den Handel gebracht.

Wuchs: Säulenförmig, Äste aufrecht, Zweige leicht gedreht, erinnert an 'Wisselii', wächst jedoch insgesamt straffer, raschwüchsig.

Größe: 6 bis 8 m hoch und 1,5 bis 2 m breit.

Blätter: Schuppenförmig, bläulichgrün.

Verwendung: Interessante, straff aufrechte Scheinzypresse für Einzelstellung.

C. lawsoniana 'Minima Aurea'

Wuchs: Zwergform, zunächst kugelig, im Alter kompakt säulenförmig bis eiförmig, Äste und Zweige sehr dichtstehend, langsamwüchsig.

Größe: Etwa 80 cm hoch und 45 cm breit.

Blätter: Schuppenförmig, hellgelb, auch im Innern der Pflanze gut durchgefärbt.

Verwendung: Eine bekannte, sehr wertvolle Zwergform. Interessant zur Strukturierung einer gelben Rabatte.

C. lawsoniana 'Minima Glauca'

Wuchs: Flachkugelig und kompakt wachsende Zwergform; Äste und Zweige dichtstehend, aufrecht, Zweiglein dekorativ muschelförmig gedreht.

Größe: 1 bis 2 m hoch und breit. Jahreszuwachs in Höhe und Breite ca. 5 cm.

Blätter: Klein, schuppenförmig und dicht anliegend; blaugrün bis mattblau.

Chamaecyparis lawsoniana 'Minima Glauca'

Standort: Sonnig bis absonnig, geschützt.

Boden: Wie bei C. lawsoniana 'Alumii'.

Eigenschaften: Gut winterhart, schnittfest.

Verwendung: Sehr schöne Zwergkonifere für Einzelstellung in Stein- und Heidegärten, Rabatten, Grab- und Trogbepflanzung. Kann zur Betonung von Wegeinfassungen, Treppeneingängen u. ä. eingesetzt werden (Buxusersatz).

C. lawsoniana 'Pixie'

Um 1975 als Sämlingsselektion in Boskoop entstanden.

Wuchs: Zwergform, kugelig bis leicht eiförmig, dicht und kompakt, erinnert an 'Minima Glauca', hat jedoch eine feinere Benadelung.

Größe: Etwa 80 cm hoch und 60 bis 70 cm breit.

Blätter: Schuppenförmig, fein, blaugrün.

Verwendung: Robuste Zwergform für Stein- und Heidegärten, geeignet auch für große Schalen und Tröge.

C. lawsoniana 'Pygmaea Argentea'

Wuchs: Zwergform, zunächst flachkugelig, später mehr kuppelförmig bis breit eiförmig, sehr langsam wachsend.

Größe: 0,5 bis 0,8 (1) m hoch und 0,6 bis 0,8 (1) m breit.

Blätter: Schuppenförmig, dunkelgrün, Zweigspitzen ganzjährig weißgelb gerandet.

Verwendung: Kostbare Zwerg-Scheinzypresse für Mini-Gärten, Schalen und Tröge.

C. lawsoniana 'Silver Queen'

In Deutschland schon vor 1891 bekannt.

Wuchs: Kegelförmige Scheinzypresse mit lockerem, offenem Kronenaufbau, Äste waagerecht bis leicht ansteigend, Triebspitzen und Seitenzweige übergeneigt bis hängend, rasch wachsend.

Größe: 6 bis 10 (bis 12) m hoch und 2,5 bis 4 m breit. Jahreszuwachs in der Höhe 20 bis 25 cm, in der Breite 10 cm.

Blätter: Schuppenförmig, dicht anliegend, silbrig schimmernd, im Inneren mehr gelblich-graugrün.

Standort: Sonnig bis absonnig.

Boden: Wie bei C. lawsoniana 'Alumii'.

Eigenschaften: Gut frosthart, wüchsig.

Verwendung: Eine gesunde, altbewährte Säulenform, die vor allem im Frühjahr durch den creme-weißen und silbrig schimmernden Austrieb auffällt. Einzelstellung, Gruppenpflanzung.

C. lawsoniana 'Stardust'

Vor 1965 in der Baumschule LANGENBERG, Boskoop, entstanden.

Chamaecyparis lawsoniana 'Stardust'

Wuchs: Breit kegelförmige und recht dicht verzweigte Säulenform mit leicht übergeneigten Triebspitzen.

Größe: Bis 7 m hoch und 3 m breit. Jahreszuwachs in der Höhe ca. 15 cm, in der Breite ca. 10 cm.

Standort: Sonnig bis absonnig.

Boden: Wie bei C. lawsoniana 'Alumii'.

Eigenschaften: Besonders winterhart.

Verwendung: Eine neuere Gartenform mit auffallend dichtem Säulenwuchs. Erhielt als Neuheit ein Wertzeugnis.

C. lawsoniana 'Stewartii'

Um 1900 bei D. STEWART & SON in England entstanden.

Wuchs: Kleiner, schmal kegelförmig wachsender Baum mit lockerer, aufsteigender, später horizontaler Beastung, Gipfeltrieb und Zweigspitzen leicht überhängend.

Größe: (6) 8 bis 10 (bis 15) m hoch und 2,5 bis 3,5 (4,5) m breit. Jahreszuwachs in der Höhe 20 cm, in der Breite 10 cm.

Chamaecyparis lawsoniana 'Stewartii'

Blätter: Schuppenförmig, dicht anliegend, lebhaft goldgelb, im Inneren mehr gelbgrün.

Standort: Sonnig bis absonnig.

Eigenschaften: Besonders frostharte Form, die auch im Winter die Farbe behält.

Verwendung: Einzelstand, Gruppenpflanzung.

C. lawsoniana 'Tharandtensis Caesia'

Im Arboretum Tharandt entstanden.

Wuchs: In der Jugend kugelförmig, im Alter breit-kegelförmig mit rundlicher Spitze, Zweige zahlreich, dicht gestellt, etwas kraus, sehr schwachwüchsig.

Größe: 1 bis 2 m hoch, sehr alte Exemplare können bis 3,5 m hoch werden. Breite 2 bis 2,5 (3) m.

Blätter: Schuppenförmig, klein, locker angedrückt, blaugrau, bereift.

Standort: Sonnig bis absonnig.

Eigenschaften: Härter als 'Tharandtensis'. Im Schatten vergrünend.

Verwendung: Ausgesprochen gesunde, kleinwüchsige Form der Scheinzypresse, die seit über 100 Jahren in Kultur ist. Gehört zu den wertvollsten Kleinkoniferen. Für Steingärten, Heideanlagen, Formgehölz für Japan-Gärten, Gehölzrabatten, Friedhofsanlagen und Tröge.

Chamaecyparis lawsoniana 'Tharandtensis Caesia'

C. lawsoniana 'Triomf van Boskoop'

1890 bei D. GROOTENDORST in Boskoop entstanden.

Wuchs: Kleiner bis mittelgroßer, kegelförmig wachsender Baum mit lockerer Beastung und elegant überhängenden, fächerig zerteilten Triebspitzen, rasch wachsend.

Größe: 12 bis 15 (bis 20) m hoch und 2,5 bis 3,5 (4) m breit. Jahreszuwachs in der Höhe 20 cm, in der Breite 10 cm.

Blätter: Schuppenförmig, dicht anliegend, blaugrün, silbrig bereift.

Standort: Sonnig bis absonnig.

Boden: Wie bei C. lawsoniana 'Alumii'.

Eigenschaften: Sehr frostharte und rauchfeste Form.

Verwendung: Diese sehr widerstandsfähige Solitärkonifere ist bereits seit über 100 Jahren in Kultur und immer noch sehr empfehlenswert. Geeignet für Einzelstellung, Gruppenpflanzungen und hohe, immergrüne Hecken.

Chamaecyparis lawsoniana 'Triomf van Boskoop'

C. lawsoniana 'Van Pelt's Blue'

Wuchs: Schlank kegelförmig, Äste straff aufrecht, ähnlich C. lawsoniana 'Columnaris Glauca'.

Größe: 5 bis 8 (10) m hoch und 1,2 bis 1,5 (1,8) m breit.

Blätter: Schuppenförmig, dicht anliegend, leuchtend stahlblau, bereift.

Verwendung: Gilt z. Z. als die blaueste Säulen-Scheinzypresse.

C. lawsoniana 'White Spot'

Wuchs: Schmale, dicht verzweigte Säulenform mit straff aufrechten Ästen, zierlichen Zweigen und leicht überhängenden Triebspitzen, langsam wachsend.

Größe: Bis 5 (bis 10) m hoch und 2 (3,5) m breit. Jahreszuwachs in der Höhe ca. 15 cm, in der Breite ca. 10 cm.

Blätter: Schuppenförmig, dicht anliegend, im Austrieb rahmweiße Spitzen, im Sommer vergrünend.

Standort: Sonnig.

Boden: Wie bei C. lawsoniana 'Alumii'.

Verwendung: Einzelstellung in Gärten und Parkanlagen.

C. lawsoniana 'Wisselii'

Wuchs: Schmal kegelförmig, im Alter mehr eine Säule bildend, Äste aufstrebend, später auch locker kandelaberartig. Zweiglein farnartig, zum Teil auch hahnenkammförmig verwachsen.

Größe: 5 bis 10 m hoch und 1,2 bis 1,5 (2) m breit.

Blätter: Schuppenförmig, sehr klein, dichtstehend, blaugrün.

Verwendung: Die „alte Wisselii" – sie stammt aus dem Jahre 1885 – hat von ihrer Faszination bis heute nichts verloren. Mit ihren farnartigen Zweigen ist sie immer noch eine der interessantesten Erscheinungen im Nadelgehölz-Sortiment.

C. nootkatensis 'Aurea',
Goldgelbe Nootkazypresse, Goldgelbe Alaskazypresse;
(= C. nootkatensis var. lutea)

Bezeichnung der Wildart in Amerika: Alaska Cedar, Yellow Cedar

Verbreitung der Wildart: Auf tiefgründigen, kühlfeuchten, überwiegend sauren Küstenstandorten im westlichen Nordamerika, von Oregon bis zum südlichen Alaska. Im Gebirge bis auf 2500 m Höhe ansteigend. Vergesellschaftet mit Picea sitchensis und Tsuga heterophylla.

Wuchs: Mittelgroßer, aufrechter Baum mit regelmäßig geformter, kegelförmiger Krone und im Alter auffallend starkem, geradem Stamm, Äste kräftig, aufsteigend bis ausgebreitet, dicht, Gipfeltriebe und Seitenzweige leicht überhängend; rasch wachsend.

Größe: 15 bis 20 m hoch, sehr alte Exemplare können sicherlich noch höher werden. Die Wildart erreicht in ihrer Heimat Höhen von 30 bis 40 m. Breite 5 (7) m. Jahreszuwachs in der Höhe ca. 25 bis 30 cm, in der Breite ca. 15 cm.

Chamaecyparis nootkatensis

Blätter: Schuppenförmig, anliegend (bis abstehend); im Austrieb hellgelb, später hellgrün. Zweiglein fühlen sich sehr rauh an und riechen zerrieben nach Terpentin.

Zapfen: Kugelig, 1 cm dick, braun, aus 4 (bis 6) dornigen Schuppen, Zapfen reifen erst im 2. Jahr.

Wurzel: Flachwurzelnd.

Standort: Sonnig bis absonnig.

Boden: Insgesamt ist die Nootkazypresse sehr standorttolerant, sie benötig aber genügend Boden- bzw. Luftfeuchtigkeit, das Nährstoffangebot ist bei ausreichender Wasserversorgung zweitrangig. Kalkböden meidend (MITCHEL/ WILKINSON).

Eigenschaften: In Mitteleuropa überall völlig winterhart; die hängende Bezweigung (bei der Wildart stark ausgeprägt!) deutet darauf hin, daß sie an extreme Schneefälle angepaßt ist. Durch das flachstreichende Wurzelwerk könnte es bei jungen Pflanzen auf sehr trockenen Winterstandorten zu Frosttrocknis kommen.

Anmerkung: Das Holz der Nootkazypresse ist harzreich und dauerhaft. Die Indianer haben daraus Boote, Paddel und aus den Stämmen Zeremonienmasken hergestellt. Auch heute noch wird es im Bootsbau, Möbelbau und für Dachschindeln verwendet und wird als Yellow Cedar oder Alaska Yellow Cedar gehandelt.

C. nootkatensis 'Glauca',
Blaue Nootkazypresse, Blaue Alaskazypresse

Wurde vor 1900 in Petersburg aus Sämlingen selektiert.

Wuchs: Mittelgroßer, aufrechter Baum mit regelmäßig geformter, kegelförmiger Krone; Äste sehr kräftig, aufsteigend bis ausgebreitet, dicht, Zweige und Triebe dicker als bei anderen Formen, oft stark überhängend, rasch wachsend.

Größe: 15 bis 20 m hoch, sehr alte Exemplare können sicherlich noch höher werden. Breite 5 bis 6 (7) m. Jahreszuwachs in der Höhe ca. 25 bis 30 cm, in der Breite ca. 15 cm.

Blätter: Schuppenförmig, anliegend (bis abstehend), ausgeprägt blaugrün, rauh, stechend.

WeitereAngaben wie C. nootkatensis 'Aurea'.

Eigenschaften: Sehr winterhart, erstaunlich immissionsfest, fruchtet bereits als junge Pflanze.

Verwendung: Durch Wuchsform, Farbe und Zweigstruktur ein sehr elegantes Nadelgehölz für Einzelstellung und Gruppenpflanzung in Hausgärten, Parkanlagen und Friedhöfen. Die Nootkazypresse wird leider viel zu selten angepflanzt.

Chamaecyparis nootkatensis 'Glauca'

C. nootkatensis 'Pendula',
Hänge-Nootkazypresse, Hänge-Alaskazypresse

Wuchs: Aufrecht wachsende Hängeform mit geradem, bis zur Spitze durchgehendem Mitteltrieb; Hauptäste locker und unregelmäßig, waagerecht ausgebreitet, im Alter mehr kandelaberartig durchhängend; Seitenbezweigung mähnenartig, senkrecht herabhängend. In der Jugend zögernder Wuchs, später rasch wachsend.

Größe: 10 bis 15 m hoch und 3,5 bis 5,5 m breit. Jahreszuwachs in der Höhe 20 cm, in der Breite 10 cm.

Blätter: Sommer und Winter gleichmäßig dunkelgrün.

Weitere Angaben und Merkmale wie C. nootkatensis 'Aurea'.

Verwendung: Ein sehr ausdrucksstarker, malerischer Hängebaum, dessen ganze Schönheit erst im Freistand voll zur Geltung kommt. Rasenflächen, Vorgärten, flache Stauden- und Gehölzrabatten, Innenhöfe (auch als Gruppenpflanze von größter Wirkung!), Friedhöfe und Grünanlagen.

Chamaecyparis nootkatensis 'Pendula'

C. obtusa 'Contorta'

Sämlingsselektion aus Saat von C. obtusa 'Nana Gracilis', wurde 1945 in den Handel gegeben.

Wuchs: Zwergsorte, breit kegelförmig, mit locker gestellten, kurzen, gedrehten Ästen und bizarren, dicken, fadenförmigen Trieben.

Größe: 1 bis 2 m hoch und 0,7 bis 1,5 m breit, in der Jugend oft genauso breit wie hoch.

Blätter: Schuppenförmig, mittelgrün.

Verwendung: Interessante, locker und offen wachsende Zwergform für Stein- und Heidegärten.

C. obtusa 'Coralliformis'

Vor 1909 entstanden.

Wuchs: Zwergform, rundlich-buschig wachsend, Zweige dünn, fadenförmig, ein wenig wirr und locker durcheinander wachsend, transparent, Zweiglein dick mit korallenförmigen Verwachsungen.

Größe: Etwa 50 cm hoch und 60 cm breit, im Alter sicherlich höher und schlanker.

Blätter: Glänzend bläulichgrün mit braunen, unregelmäßigen Flecken.

Verwendung: Langsam wachsende, sehr transparente Form mit auffallend feiner Blatt-Textur. Benachbarung: Hebe-Arten, Gräser, Paxistima, Zwerg-Azaleen und feinlaubige Heidepflanzen.

C. obtusa 'Crippsii'

Vor 1901 entstanden.

Wuchs: Breit kegelförmig aufrecht, Äste und Zweige locker gestellt, auffallend abstehend, Zweigspitzen elegant überhängend, Zweiglein fächerförmig.

Größe: Bis 5 m hoch, im Alter wohl noch höher werdend.

Blätter: Schuppenförmig, Zweigspitzen goldgelb, im Innern mehr gelbgrün.

Standort: (Sonnig) lichtschattig, geschützt.

Boden: Wie bei C. obtusa 'Nana Gracilis'.

Eigenschaften: Etwas empfindliche Form, benötigt als Jungpflanze Winterschutz.

Verwendung: Durch ihre sehr lockere Form, die farnartige Bezweigung und die leuchtende Farbe eine ausgesprochen dekorative Solitärkonifere. Geeignet zur farblichen Auflockerung immergrüner Gehölzpflanzungen, Solitärgehölz in Rosen- und Staudenpflanzungen, Hintergrund für den „Gelben Garten".

Chamaecyparis obtusa 'Crippsii'

C. obtusa 'Drath'

Selektiert von H. J. DRATH, Barmstedt.

Wuchs: Kegelförmig bis säulenförmig, zunächst geschlossen wachsend, im Alter etwas lockerer werdend. Triebe dicklich, Spitzen oft mit hahnenkammartigen Verbänderungen.

Größe: 6 bis 7 (8)? m hoch und 2 bis 3 m breit. In 15 Jahren 5,5 m hoch und 2 m breit (Arboretum Thiensen).

Blätter: Schuppenförmig, auffallend grob, dunkelseegrün bis blaugrün, an 'Lycopodioides' erinnernd.

Verwendung: Absolut winterharte Zierform. Auf Grund der strukturstarken Benadelung sehr interessante Form.

C. obtusa 'Filicoides'

Wurde um 1860 von SIEBOLD und etwa 1 Jahr später von VEITCH aus Japan importiert.

Wuchs: Strauch oder kleiner Baum mit pyramidaler Krone und sehr dekorativen, farnwedelartigen Zweigen. Langsam wachsend.

Größe: Von 3 bis 6 bis 10 (15) m Höhe, oft aber auch zwergig bleibend.

Blätter: Schuppenförmig, klein, blaugrün.

Verwendung: Äußerst attraktive Zierform der Hinoki-Scheinzypresse. Sehr gut geeignet für das Thema Blatt-Texturen. Schön mit Gräsern, strukturstarken Wildstauden und Farnen.

C. obtusa 'Kosteri'
(= C. obtusa nana kosteri HORNIBR.)

Um 1915 von M. KOSTER & ZOON in den Handel gebracht.

Wuchs: Gedrungen kegelige Zwergform, im Alter lockerer, etwas unregelmäßig, Zweiglein dekorativ muschelförmig gedreht, sehr langsam wachsend.

Größe: 0,8 bis 1,2 m hoch und 0,5 bis 0,7 m breit.

Blätter: Schuppenförmig, fest angepreßt, hellgrün.

Standort, Boden und Eigenschaften wie C. obtusa 'Nana Gracilis'.

Verwendung: Eine wertvolle, sehr langsamwüchsige Zwergform für Steingärten, Heideanlagen, Friedhöfe, Terrassen, Japan-Gärten und Trogbepflanzung.

Chamaecyparis obtusa 'Kosteri'

C. obtusa 'Lycopodioides'

Wurde um 1861 von SIEBOLD aus Japan eingeführt.

Wuchs: Rundliche Strauchform mit unregelmäßig angeordneten Ästen, dicklichen Zweigen und hahnenkammartig gekrausten Spitzen.

Größe: Etwa 2 bis 2,5 m hoch und meist genauso breit.

Blätter: Spiralig oder undeutlich 4reihig angeordnet, blaugrün.

Verwendung: Monströse Form, Liebhabersorte. **C. obtusa 'Lycopodioides Aurea'** wächst etwas schwächer und hat gelbe Nadeln.

CHAMAECYPARIS

C. obtusa 'Nana Gracilis', Zwerg-Muschelzypresse

Verbreitung der Wildart: Auf nährstoffreichen, feuchten, gut durchlässigen, kalkfreien Böden in kühlen, regen- und luftfeuchten Gebirgswäldern Japans, wo sie vergesellschaftet mit Chamaecyparis pisifera auftritt.

Chamaecyparis obtusa 'Nana Gracilis'

Wuchs: Langsam wachsende Zwergform; Jungpflanzen unregelmäßig kugel- bis kegelförmig; im Alter breit kegelig; Zweige dekorativ muschel- bis tütenförmig gedreht.

Größe: 1,5 bis 2,5 (3) m hoch und 1 bis 1,5 (2) m breit. Jahreszuwachs in der Höhe 5 cm, in der Breite 3 cm.

Blätter: Schuppenförmig, dicklich, fest angepreßt, dunkelgrün, glänzend.

Standort: (Sonnig) lichtschattig bis halbschattig.

Boden: Humoser, frischer bis feuchter, gut durchlässiger, nährstoffreicher, saurer bis schwach alkalischer Boden.

Eigenschaften: Gut winterhart, liebt kühlfeuchte Standorte, leidet auf sonnigen Plätzen bei zu geringer Boden- und Luftfeuchte, wächst zufriedenstellend in innerstädtischen Grünanlagen, verträgt sehr viel Schatten. Die Wildart ist ein in Japan sehr geschätzter Waldbaum mit dauerhaftem Holz. Gehört neben Chamaecyparis pisifera, Sciadopitys verticillata, Thuja standishii und Thujopsis dolabrata zu den fünf heiligen Bäumen des Shintoismus.

Chamaecyparis obtusa 'Pygmaea'

Verwendung: Gehört wegen des dekorativen und langsamen Wuchses zu den beliebtesten Zwergnadelgehölzen. Vorgärten, Rabatten, Terrassen, Innenhöfe (schattig), Stein- und Heidegärten, Japan-Motiv.

C. obtusa 'Pygmaea'

1861 aus Japan importiert.

Wuchs: Breit kugelig wachsende Zwergform, im Alter mehr rundlich hochgewölbt, langsam wachsend.

Größe: 2 bis 3,5 m hoch und 1 bis 2,5 m breit. In 45 Jahren 3,20 m hoch und 2,50 m breit (Arboretum Thiensen).

Blätter: Schuppenförmig, dicklich, frischgrün, im Winter etwas bräunlich, Zweiglein auffällig rotbraun.

Standort, Boden und Eigenschaften wie C. obtusa 'Nana Gracilis'.

Verwendung: Zwergform für Steingärten, Heideanlagen, Friedhöfe, Gehölzrabatten, Innenhöfe und Japan-Gärten.

C. obtusa 'Rigid Dwarf'

Wurde in England selektiert.

Wuchs: Zwergform, zunächst säulenförmig, im Alter geschlossen breit kegelförmig mit straff aufrechten, steifen Ästen und fingerförmig abstehenden Zweiglein, langsam wachsend.

Größe: In 25 Jahren etwa 90 cm hoch. Endhöhe wohl um 3 m, Breite dann 1,50 m bis 1,70 m.

Blätter: Schuppenförmig, dunkelgrün.

Verwendung: 'Rigid Dwarf' zählt zu den schönsten Sorten der Hinoki-Scheinzypresse. Die besonders dunkelgrüne Kegelform kann sehr gut als strukturgebendes Formelement in Innenhöfen und Rabattenpflanzungen verwendet werden.

C. pisifera 'Boulevard'

Verbreitung der Wildart: In sommerfeuchten Mittelgebirgslagen auf mittel- bis tiefgründigen, feuchten, nährstoffreichen Böden; Japan.

Wuchs: Kegelförmig aufrecht, in der Jugend kompakt und dicht geschlossen, typisch sind die abstehenden, etwas nickenden, silberblauen Triebspitzen, die der Pflanze ein lebhaftes Aussehen verleihen, im Alter lockerer und offener, in der Jugend sehr langsam wachsend, später mittelstark.

Größe: Über 5 m hoch und 1,2 bis 2 m breit.

Blätter: Nadelförmig, dicht, weich, 5 bis 6 mm lang, fein zugespitzt, einwärts gekrümmt, im Sommer silber-blau, im Winter mehr graublau; sehr dekorativ.

Chamaecyparis pisifera 'Boulevard'

Standort: Sonnig bis absonnig.

Boden: Standorttolerant, wächst in jedem kultivierten, durchlässigen Gartenboden; bevorzugt frische bis feuchte, nahrhafte Substrate, sauer bis schwach alkalisch.

Eigenschaften: Winterhart und anspruchslos, ausreichend industriefest, verträgt längere Hitze- und Trockenperioden schlecht.

Verwendung: Durch die lebhafte Zweigstruktur und die moosartige, leuchtend silberblaue bis blaugrüne Benadelung eine immer beliebter werdende Gartenform. Sehr gut geeignet für Stein- und Heidegärten, flache Rabatten, Trog- und Grabbepflanzung. 'Boulevard' ist keine Zwergkonifere!

C. pisifera 'Filifera Aurea Nana', Gelbe Fadenzypresse

Wuchs: Sehr langsam wachsende, kissenförmige bis kugelige Zwergform mit fadenförmiger, überhängender, dichter Bezweigung.

Größe: Bis 1,5 m hoch und dann oft doppelt so breit.

Blätter: Schuppen- bis pfriemförmig, leuchtend goldgelb, behält auch im Winter die Farbe.

Standort: (Sonnig) lichtschattig.

Boden: Bevorzugt frisches bis feuchtes, nahrhaftes Substrat, sauer bis alkalisch; anpassungsfähig.

Verwendung: Zur farblichen Belebung von Gehölzrabatten, Steingärten, Heideanlagen und Trogbepflanzungen.

Chamaecyparis pisifera 'Filifera Aurea Nana'

C. pisifera 'Filifera Nana', Grüne Fadenzypresse

Wuchs: Flachkugelig bis kugelig und sehr dicht wachsende Gartenform mit zierlich überhängenden, fadenförmigen Zweigspitzen; langsam wachsend.

Größe: In 35 Jahren ca. 2 m hoch und dabei 4 m breit.

Blätter: Schuppen- bis pfriemförmig, frisch gelbgrün, etwas stechend.

Standort: Sonnig bis absonnig.

Boden: Bevorzugt frisches bis feuchtes, nahrhaftes Substrat, sauer bis alkalisch, anpassungsfähig.

Chamaecyparis pisifera 'Filifera Nana'

Eigenschaften: Extrem winterhart, stadtklimaverträglich!

Verwendung: Sehr gefällige Zwergform für Einzelstellung an Terrassen, in Stein- und Heidegärten, Gehölzrabatten, Staudenpflanzungen und Rosen sowie für Grab- und Trogbepflanzung.

C. pisifera 'Plumosa', Federzypresse

1861 von VEITCH aus Japan eingeführt.

Wuchs: Raschwüchsige, breit kegelförmige, dicht geschlossene Form mit bogig abstehenden Ästen und fedrigkrausen Zweigen, rasch wachsend.

Größe: 8 bis 10 (bis 15) m hoch und 3 bis 5 m breit. Jahreszuwachs in der Höhe 15 bis 20 cm, in der Breite 10 bis 15 cm.

Blätter: Nadelförmig, spitz, 3 bis 4 mm lang; grün, im Winter gelegentlich etwas bräunlich.

Standort: Sonnig bis absonnig.

Boden: Bevorzugt frisches bis feuchtes, nahrhaftes Substrat, sauer bis alkalisch, anpassungsfähig.

Eigenschaften: Gut winterhart, industriefest.

Verwendung: Anspruchsloses, sehr geschätztes Nadelgehölz, für Einzelstellung und Hecken; wertvolles Bindegrün.

Chamaecyparis pisifera 'Plumosa'

Chamaecyparis pisifera 'Plumosa'

C. pisifera 'Plumosa Aurea', Gold-Federzypresse

1861 von FORTUNE aus Japan eingeführt.

Wuchs: Raschwüchsige, breit kegelförmige, dicht geschlossene Form mit bogig abstehenden Ästen und fedrig-krausen Zweiglein, rasch wachsend.

Größe: 8 bis 10 (bis 15) m hoch und 3 bis 5 m breit. Jahreszuwachs in der Höhe 15 bis 20 cm, in der Breite 10 bis 15 cm.

Blätter: Nadelförmig, ganzjährig goldgelb, im Winter oft noch kräftiger.

Standort: Sonnig, geschützt vor Wintersonne.

Boden: Bevorzugt frisches bis feuchtes, nahrhaftes Substrat, sauer bis alkalisch, anpassungsfähig.

Eigenschaften: Winterhärteste gelbe Form, industriefest.

Verwendung: Sehr beliebtes Nadelgehölz zur Belebung und Kontrastierung von Pflanzungen. Ausgezeichnet z. B. in Rosenpflanzungen und Sommerblumengärten; idealer gelber Hintergrund für das Thema „Gelber Garten". Wichtiger Schmuckreisiglieferant.

Chamaecyparis pisifera 'Plumosa Aurea'

C. pisifera 'Plumosa Compressa'

Vor 1929 als Mutation an 'Squarrosa' entstanden.

Wuchs: Zwergform, zunächst rundlich-kompakt, später unregelmäßig kissenförmig. Zweige sehr dicht stehend, Zweiglein zum Teil kraus.

Größe: 40 bis 60 cm hoch und 50 bis 60 (70) cm breit.

Blätter: Gelblichgrün mit graubläulichen Einfärbungen, leidet etwas unter Sonnenbrand.

Verwendung: Extrem langsam wachsende Form für Stein- und Heidegärten, die durch ihren kissenförmigen Wuchs und die außergewöhnlich dichte Oberfläche besticht.

C. pisifera 'Plumosa Flavescens'

Wuchs: Zwergform, in der Jugend kugelig, später breit kegelförmig, Äste dichtstehend, leicht ansteigend, langsam wachsend.

Größe: Bis 1 m hoch und 1,5 m breit. Jahreszuwachs in der Höhe 5 cm, in der Breite 10 cm.

Blätter: Immergrün, nadelartig, leicht abstehend, im Austrieb weiß, später leuchtend gelb, im Herbst gelbgrün.

Standort: Sonnig, geschützt.

Boden: Bevorzugt frisches bis feuchtes, nahrhaftes Substrat, sauer bis alkalisch, anpassungsfähig.

Eigenschaften: Frosthart.

Verwendung: Einzelstellung, Steingärten, Heideanlagen, Gräber.

Chamaecyparis pisifera 'Plumosa Flavescens'

Chamaecyparis pisifera 'Squarrosa'

C. pisifera 'Squarrosa', Mooszypresse

Wuchs: Mittelgroßer Baum, in der Jugend breit kegelförmig, später mit unregelmäßig gestellten, weit ausgebreiteten Ästen und lockerer Krone, an den Zweigenden dichtbuschig, Triebspitzen etwas überhängend.

Größe: 10 bis 20 m hoch und 4 bis 6 (8) m breit. Jahreszuwachs in der Höhe ca. 25 cm, in der Breite 10 bis 15 cm.

Rinde: An älteren Exemplaren leuchtend rotbraun.

Blätter: Alle nadelförmig, dichtstehend, moosartig kraus und weich, oben blaugrün, unten silberweiß.

Standort: Sonnig bis absonnig.

Boden: Optimal auf frischen bis feuchten, sandig-humosen, nicht zu nahrhaften Böden (bessere Ausfärbung!), sauer bis alkalisch.

Eigenschaften: Auf zu trockenen Standorten leicht Frostschäden.

Verwendung: C. pisifera 'Squarrosa' kann im Alter zu ausdrucksstarken Baumgestalten heranwachsen. Einzelstellung, aber auch in Gruppen oder für Abpflanzung z. B. von Gräberfeldern; wertvolles Schnittgrün.

Chamaecyparis pisifera 'Squarrosa'

C. pisifera 'Sungold'

Wuchs: Flachkugelig wachsende Zwergform mit fadenförmiger, überhängender, dichter Bezweigung, langsam wachsend.

Größe: Bis 1 m hoch und dann oft doppelt so breit.

Blätter: Schuppen- bis pfriemförmig, sonnenbeständige, goldgelbe Färbung, die auch im Winter nicht nachläßt.

Standort: Sonnig bis lichtschattig.

Boden: Bevorzugt frisches bis feuchtes, nahrhaftes Substrat, sauer bis alkalisch, anpassungsfähig.

Eigenschaften: Außerordentlich frosthart.

Verwendung: Gelbe Fadenzypresse, deren Benadelung auf sonnigen Standorten nicht verbrennt. Einzelstellung an Terrassen, in Stein- und Heidegärten, Gehölzrabatten, Staudenpflanzungen, Rosenanlagen, Trögen und Dachgärten.

Chamaecyparis pisifera 'Sungold'

C. thyoides (L.) B.S.P.,
Weißzeder,
Atlantic White-cedar, Swamp-cedar
(= C. sphaeroidea)

Wurde 1739 nach Europa eingeführt.

Verbreitung: Küstengebiete des atlantischen Nordamerikas, von Maine bis ins nördliche Florida und südwestlich bis Mississippi. In Frischwassersümpfen und feuchten Wäldern häufig in der Nähe von Flußmündungen, jedoch immer außerhalb des Tideeinflusses; auf torfigen, sauren Böden. Reinbestände bildend oder vergesellschaftet mit Acer rubrum, Nyssa aquatica, Nyssa sylvatica var. biflora, Taxodium distichum, Magnolia virginiana und Cephalanthus occidentalis.

Wuchs: Am Heimatstandort Großbaum mit pyramidaler Krone und horizontal ausgebreiteten Ästen. Langsam wachsend.

Größe: Erreicht in Amerika Höhen von 15 bis 27 m und Stammstärken von 1 m. In Mitteleuropa 8 bis 10 (15) m hoch. Im Wörlitzer Park wurden die ersten Weißzedern wohl vor 1800 angepflanzt. „Sie hatten 15 m Höhe und 0,60 m Durchmesser erreicht, mußten aber in den letzten Jahren zum größten Teil gefällt werden". (LEIN, 1973).

Rinde: Borke rötlichbraun, lang abfasernd, dünn. Zweiglein zierlicher und kürzer als bei den anderen amerikanischen Scheinzypressen, nicht in einer Ebene stehend, sondern nach allen Seiten ausgerichtet.

Blätter: Schuppenförmig, dunkelblaugrün, auffallend klein, erinnern an Juniperus virginiana; Kantenblätter dicht anliegend, nur an den Spitzen der Langtriebe etwas abstehend, Flächenblätter mit großen, rundlichen Harzdrüsen, aromatisch duftend.

Zapfen: Unscheinbar, sehr klein, kugelig, 4 bis 5 (6) mm dick, bestehend aus 4 bis 6 Schuppen, Zapfen ausgereift dunkelrotbraun.

Wurzel: Flachstreichend, am heimatlichen Sumpfstandort durch Windwurf gefährdet.

Standort: Sonnig bis absonnig, warme Lage, windgeschützt.

Boden: Frische bis nasse, schwach saure bis saure, auch torfige Böden.

Eigenschaften: Frosthart, wärmeliebend, in kühlen Lagen nur wenig Zuwachs. Verträgt längere Überschwemmungen. Kann in Amerika über 1000 Jahre alt werden.

Verwendung: Sehr interessanter Baum für die Themen Sumpfgarten oder Wasserwald. Mit Taxodien, Magnolia virginiana, Nyssa sylvatica var. biflora, Cephalanthus occidentalis im Flachwasserbe-

reich und C. thyoides als immergrünes, vertikales Element auf Inseln und sumpfigen Landzungen kann man traumhafte Wasserlandschaften verwirklichen. Ein besonderer Höhepunkt in diesem Wasserparadies ist der Herbst mit der brillanten, scharlachroten Färbung des Tupelobaumes, durch die das Grün der Weißzedern und Sumpf-Magnolien noch eine Steigerung erfährt.

C. thyoides 'Andelyensis' ist eine kegelförmige, bis 3 m hohe Sämlingsselektion, die häufiger in Kultur ist als die Wildart.

C. thyoides 'Glauca' hat blaugraue Nadeln; diese Form wächst säulenartig, gedrungen, im Alter entwickelt sie sich mehr locker strauchförmig.

Anmerkung: Für die Siedler des 17. Jahrhunderts hatte das Holz der Weißzeder eine große Bedeutung. Seine beste Eigenschaft war seine Dauerhaftigkeit im Freien (SCHENCK). Man benutzte es zur Herstellung von Blockhäusern, Schindeln, Telegraphenstangen, Eimern, Ölfässern, Wasserleitungsrohren und Orgelpfeifen.

CRYPTOMERIA D. DON
Sicheltanne – Taxodiaceae,
Sumpfzypressengewächse

C. japonica D. DON,
Sicheltanne, in Japan „Sugi" genannt

Wurde 1692 von E. KAEMPFER in Japan entdeckt. 1842 kam die erste Saat aus China nach England. 1879 gelangten Samen aus japanischen Beständen nach Europa.

Cryptomeria japonica

Cryptomeria japonica

Verbreitung: Südchina und Japan, in Japan überall angebaut und hier beinahe 50 % der gesamten Forstfläche bildend. Durch die intensive Nutzung ist das ursprüngliche Verbreitungsgebiet kaum noch feststellbar. Die ältesten Bestände gibt es auf der Insel Yakushima in Höhen um 1000 bis 1500 m. Jährlicher Niederschlag 3000 bis 4000 mm.

Wuchs: Kleiner bis mittelgroßer Baum, in der Jugend schlank kegelförmig, im Alter breit pyramidal, zuletzt mit unregelmäßiger, lockerer Krone, besonders in der Jugend rasch wachsend.

Größe: 10 bis 15 (20/25) m hoch und 4,5 bis 7 (9) m breit. Jahreszuwachs in der Höhe 0,50 bis 0,80 (bis 1) m, in der Breite 25 bis 40 cm; nach 20 Jahren geringer. Im Arboretum Thiensen in ca. 10

Cryptomeria japonica

CRYPTOMERIA

Jahren 7 m hoch und 3,5 bis 4 m breit. In der Heimat 30 bis 40 (50) m hoch. Höchster Baum in Japan 64 m hoch (KRUSE 1968). In England ebenfalls gut 30 m Höhe erreichend.

Rinde: Borke dick, weich und faserig, löst sich in langen, dünnen Streifen ab; wird z. T. als Dachdeckungsmaterial genutzt.

Blätter: Immergrün, nadelartig, spiralig in Reihen angeordnet und sichelförmig einwärts gebogen, 6 bis 12 mm lang, dunkelgrün, Lebensdauer (3) 4 bis 5 Jahre, nicht einzeln abfallend, sondern mit den Trieben.

Blüten: Männliche Blüten einzeln, ährenförmig an Jungtrieben, weibliche Blüten endständig, kugelig, an kurzen Trieben. Blütezeit Februar/März.

Früchte: 1,5 bis 3 cm dicke, kugelförmige Zapfen, im 1. Jahr reifend.

Wurzel: Auf zu guten Böden oft instabil, dann Krone entlasten.

Standort: Sonnig bis absonnig, geschützt, Jungpflanzen durch Wintersonne gefährdet, bevorzugt wintermilde, luftfeuchte, niederschlagsreiche Lagen (Seeklima).

Boden: Frische bis feuchte, tiefgründige, vorzugsweise lehmige Böden, sauer.

Eigenschaften: Als Jungpflanze empfindlich, ältere Exemplare (gut verholzt) ausreichend frosthart in Mitteleuropa; liebt sehr hohe Luftfeuchte, verträgt keine scharfen Winde, schneebruchgefährdet, auf zu guten Böden schlechtes Ausreifen und Windwurf durch mangelnde Verankerung, Anhäufung von braunen Zweigen und Kurztrieben im Innern der Krone, auch am Naturstandort zu beobachten, gut schnittfest, regenerierfähig. Die Pflanze wird nicht von Schädlingen befallen.

Verwendung: Interessantes Nadelgehölz, das mit dem Mammutbaum, Sequoiadendron, große Ähnlichkeit hat. Solitärbaum für größere, gut eingewachsene, geschützte Garten- und Parkanlagen.

Anmerkung: Die Sicheltanne ist in Japan das wichtigste Forstgehölz. Das Holz ist fest, dauerhaft, elastisch und harzfrei. Man verwendet es vor allem für den Bau von Tempeln (Bauholz). Die Borke wird z. T. als Dachdeckungsmaterial genutzt. Die Japaner behaupten, daß eine Sicheltanne auf der Insel Yakushima der älteste Baum der Welt sei. Er hat einen Stammumfang von 17 m und soll nach Prüfung mittels Radiocarbon-Methode durch die Universität Kagoshima 7200 Jahre alt sein!

Cryptomeria japonica 'Compacta'

C. japonica 'Compacta'

(Wird mitunter auch als 'Lobbii Compacta' bezeichnet). 1877 bei RHIBAULT & KETELEER entstanden.

Wuchs: Kleiner bis mittelgroßer Baum mit kegelförmiger, dicht verzweigter und geschlossener Krone, im Alter etwas lockerer.

Größe: 8 bis 10 (15) m hoch und 2,5 bis 4,5 m breit.

Blätter: Nadelartig, kurz, derb, blaugrün.

Standort, Boden wie bei C. japonica.

Verwendung: Eine geschlossen kegelförmig wachsende Form der Sicheltanne, die aufgrund ihrer großen Widerstandsfähigkeit auch in ungünstigeren Lagen angepflanzt werden kann. Schöner Baum für Einzelstellung.

C. japonica 'Cristata',
Hahnenkamm-Sicheltanne
(= C. japonica 'Sekka-Sugi')

Um 1900 aus Japan nach Deutschland eingeführt.

Cryptomeria japonica 'Cristata'

Wuchs: In der Jugend schmal kegelförmig aufrecht, später lockerer und unregelmäßig, breit pyramidal, mittelstark wachsend.

Größe: Bis 8 (bis 15) m hoch und 3,5 (bis 5) m breit.

Blätter: Nadelförmig, frischgrün, Triebe oft mit breiten, hahnenkammartigen Verbänderungen, stark verbänderte Zweigpartien fallen später meist ab.

Standort und Boden wie bei C. japonica.

Eigenschaften: Ausreichend hart.

Verwendung: Außergewöhnliche Form durch die oft handgroßen Zweigverbänderungen. Solitärkonifere für Liebhaber.

C. japonica 'Elegans Viridis'
Verbreitung der Wildart: Japan und Südchina.

Cryptomeria japonica 'Elegans Viridis'

Wuchs: Breit kegelförmig aufrecht, etwas unregelmäßig, Äste waagerecht, etagenförmig angeordnet, sehr dichtbuschig, von der Nadelstruktur her an Chamaecyparis pisifera 'Squarrosa' erinnernd; langsam wachsend.

Größe: Oft buschiger Kleinbaum, dann bis 10 m hoch, meist jedoch 4 bis 6 (8) m hoch und bis 4 m breit.

Blätter: Nadelartig, abstehend, weich, bläulichgrün, im Gegensatz zu C. japonica 'Elegans' im Winter nicht rotbraun verfärbend, sondern frischgrün bleibend.

Standort: Sonnig bis absonnig, geschützt.

Boden: Frische bis feuchte Böden, sauer, allgemein anpassungsfähig.

Eigenschaften: Nicht überall zuverlässig frosthart, Wurzel oft etwas instabil, junge Pflanze muß angepfählt werden, empfindlich gegen zu geringe Luft- und Bodenfeuchte, Jugendform, nicht sehr langlebig (EISELT/SCHRÖDER).

Verwendung: Eine interessante, krausnadelige Jugendform der Sicheltanne, die aber im Winter nicht rotbraun verfärbt, sondern frischgrün bleibt. Einzelstellung. Thema: „Immergrüner Garten" und „Blattstruktur".

Pflegetip: Naßschnee entfernen, Bruchgefahr. Junge Pflanzen mit Laubschütte im Winter schützen, Durchfrieren auf jeden Fall verhindern.

C. japonica 'Globosa Nana'

Wuchs: Zwergform, gedrungen-kugelig, im Alter oft etwas unregelmäßig rundlich, aber immer kompakt dicht und gut geschlossen bleibend.

Größe: 1,2 bis 2 m hoch, in milderen Gebieten auch gelegentlich doppelt so hoch; bei 2 m Höhe etwa 2,50 bis 3 m breit.

Blätter: Nadeln kurz, sehr dicht stehend, gelbgrün, im Winter mehr bläulichgrün.

Verwendung: Eine bekannte, gut winterharte Cryptomerien-Zwergform.

C. japonica 'Vilmoriniana'

1890 von VILMORIN aus Japan unter der Bezeichnung „Juniperus japonica" eingeführt.

Wuchs: Kugelige Zwergform mit kurzen und steifen Zweigen, in der Jugend etwas unregelmäßig, sehr dichtbuschig und absolut geschlossen, langsam wachsend.

Größe: 0,6 bis 0,8 (1) m hoch und breit.

Blätter: Nadelförmig, hellgrün, im Winter bräunlich färbend.

C. jap. 'Vilmoriniana' (links), C. jap. (rechts)

Standort: Absonnig, unbedingt gegen Wintersonne geschützt, sonnig nur in milden Gebieten.

Boden: Frischer, lockerer und saurer Boden, nicht zu nahrhaft.

Eigenschaften: Nicht überall zuverlässig frosthart.

Verwendung: Eine bezaubernde, sehr langsam wachsende, „echte" Kugel-Zwergform.

CUNNINGHAMIA B. BR.
Spiesstanne – Taxodiaceae,
Sumpfzypressengewächse

C. lanceolata (LAMB.) HOOK.

Verbreitung: Süd- und Zentralchina, in Bergwäldern.

Wuchs: Kegelförmiger Baum mit gerade durchgehendem Stamm, Äste bei jungen Pflanzen deutlich in Quirlen angeordnet, waagerecht abstehend, im Alter Aststellung unregelmäßig, untere Astpartien meist absterbend, aufkahlend.

Größe: In unseren Gärten 4 bis 6 (8) m hoch.

Borke: Hellbraun, in Streifen ablösend.

Blätter: Nadelartig, auffallend lang und breit, linealisch lanzettlich, bis 7 cm lang und 0,5 cm breit, mit stechender Spitze, Nadeln leicht gebogen, unterseits mit 2 deutlichen, weißblauen Stomabändern.

Standort: Halbschattig, zumindest absonnig, vor Wind und Wintersonne gut geschützt. Keine Spätfrostlagen.

Boden: Frisch, humos, locker und gut durchlässig, auf feuchten, schweren Böden Frostgefährdung, schwach sauer.

Eigenschaften: Nicht zuverlässig frosthart. Nadeln werden bei der grünen Wildform bei minus 14 (minus 15)°C geschädigt.

Verwendung: Durch die langen, breiten und sehr dicht stehenden Nadeln eine imposante Erscheinung. Empfehlenswert ist die frosthärtere Form **C. lanceolata 'Glauca'** mit graublauen Nadeln. Das schönste Exemplar, das ich kenne, steht im Bot. Garten Köln. Auch im Hamburger Bot. Garten steht eine mehrere Meter hohe Pflanze.

Die unangenehme Neigung der Cunninghamie, trockene Zweig- und Nadelpartien zu bilden und sich damit auch noch eine längere Zeit „zu schmücken", habe ich auch am heimatlichen Standort in China beobachten können.

X CUPRESSOCYPARIS DALL.
Bastardzypresse – Cupressaceae,
Zypressengewächse

x C. leylandii
(= Cupressus macrocarpa x Chamaecyparis nootkatensis)

1911 in England entstanden.

Wuchs: Schnellwüchsiger, schlank-kegelförmiger bis säulenförmiger Baum mit gleichmäßigem, dichtem Kronenaufbau und bis zum Boden herabreichenden Ästen.

Bild rechts: Cunninghamia lanceolata 'Glauca'

x Cupressocyparis leylandii

Größe: 15 bis 20 (30) m hoch. Im Jugendstadium kann der jährliche Zuwachs bis zu 1 Meter (!) betragen. Breite 3 bis 5,5 (7) m. Jahreszuwachs in der Höhe 40 cm, in der Breite 20 cm.

Blätter: Schuppenförmig, frischgrün bis dunkelgrün.

Standort: Sonnig bis absonnig.

Boden: Sehr standort- und bodentolerant, gedeiht optimal auf nährstoffreichen, frischen, sauren bis alkalischen Standorten.

Eigenschaften: Ausreichend frosthart, ungemein frohwüchsig, robust, weitgehend krankheitsresistent, verträgt sommerliche Trockenheit, gut windfest, relativ widerstandsfähig gegen Immissionen. x Cupressocyparis leylandii ist nicht einheitlich, es sind Klone mit unterschiedlichen Wuchsmerkmalen im Handel.

Verwendung: Robuste und dekorative Großkonifere für die verschiedensten Verwendungszwecke. Einzelstellung, Gruppenpflanzung in großen Gärten und Parkanlagen; Sichtschutzpflanzung, Windschutzhecken, schnellwachsendes Nadelgehölz für immergrüne Abpflanzungen.

Pflegetip: Dem starken, oberirdischen Wachstum kann die Wurzel oft nicht standhalten, Pflanzen müssen unbedingt angepfählt werden, da in der Jugendphase instabil.

x C. leylandii 'Castlewellan Gold'

1963 aus Saat von x Cupressocyparis im Castlewellan Forest Park entstanden.

Wuchs: Kleiner Baum mit schmal säulenförmiger Krone, Äste gut verzweigt, feintriebig und dicht, im Alter mehr lockere Kegelform, schwachwüchsiger als die Hybride.

Größe: 7 bis 12 (15) m hoch und 2 bis 3 m breit.

Blätter: Schuppenförmig, goldgelb, im Winter bronzegelb.

Standort, Boden wie die Hybride.

X CUPRESSOCYPARIS

Eigenschaften: Etwas empfindlicher als die grüne Form.

Verwendung: Einzelstellung, Gruppen, gute Heckenpflanze.

x Cupressocyparis leylandii 'Castlewellan Gold'

CUPRESSUS L.
Zypresse – Cupressaceae,
Zypressengewächse

C. arizonica 'Fastigiata'

Verbreitung: Die Wildart stammt aus dem westlichen Nordamerika.

Wuchs: Straff aufrechte, dicht gedrungene Säulenform.

Größe: 4 bis 6 (8)? m hoch.

Rinde: An jüngeren Stämmen sehr attraktiv braunrotbraunschuppig.

Nadeln: Blaugrau.

Zapfen: Kugelig, aus 6 bis 8 bedornten Schuppen bestehend, bis 2,5 cm breit, mehrere Jahre geschlossen bleibend.

Standort: Sonnig, Freistand, geschützt.

Boden: Sehr standorttolerant, frische bis feuchte, sandig-lehmige, gut durchlässige Substrate, schwach sauer bis leicht alkalisch.

Eigenschaften: Ausreichend winterhart.

Verwendung: Wohl die härteste Cupressus-Art für unsere mitteleuropäischen Gärten.

Eine weitere Sorte ist **C. arizonica 'Glauca'**, von aufrechtem Wuchs und mit silbergrauen Nadeln.

Cupressus arizonica 'Fastigiata'

Erstaunlich hart ist auch **Cupressus bakeri,** die Modoc-Zypresse. Ihr Heimatgebiet liegt auch im westlichen Nordamerika, wo sie in den Siskiyou Mountains in Höhenlagen zwischen 1100 und 1800 m zusammen mit Pinus ponderosa auf trockenen, vulkanischen Böden wächst.

Cupressus macrocarpa

Cupressus macrocarpa wird man in unseren Gärten kaum finden. Zumindest kenne ich keine größeren Exemplare. Ihre ausgesprochen malerischen Kronen können wir in England oder in den Gärten am Mittelmeer bewundern. Die Sorten **C. macrocarpa 'Goldcrest'** und **'Lutea'** werden häufig als Topf- oder Kübelpflanzen angeboten.

Cupressus sempervirens, die echte Mittelmeer-Zypresse, hält nur in den allermildesten Gebieten Deutschlands aus. Ich kenne größere Exemplare in Bonn, auf der Mainau und in dem vom Fördeklima geprägten alten Botanischen Garten Kiel. C. sempervirens ist hart bis minus 18 °C, bei Temperaturen um minus 20 °C treten starke Zweig- und Astschäden auf.

EPHEDRA L.
Meerträubel – Ephedraceae,
Meerträubelgewächse

Meerträubelgewächse zählen nicht zu den Nadelgehölzen. Sie gehören aber wie diese zu den Gymnospermen, den sogenannten nacktsamigen Pflanzen. Die Gattung Ephedra besteht aus 40 Arten, die meist sandige, felsige Standorte wie Wüsten, Steppen oder Gebirge besiedeln.

E. distachya L.
(= E. vulgaris)

Verbreitung: Von Südeuropa bis in die russischen Steppengebiete.

Wuchs: Immergrüner, Ausläufer treibender Strauch mit niederliegender Grundachse und steif aufrechten, an Schachtelhalm erinnernden Trieben.

Größe: Bis 0,5 m hoch und meist doppelt so breit.

Triebe: Blaugrün, steif aufrecht, drehrund, etwa 2 mm dick.

Blätter: Gegenständig, stark zurückgebildet (Anpassung an trockenheiße Standorte), Photosynthese findet größtenteils in den grünen Zweigen statt.

Blüten: Unscheinbare Blütenzäpfchen, Pflanzen sind meist zweihäusig.

Früchte: Kugelige, etwa erbsengroße, leuchtend rote Scheinbeeren. Zierend!

Standort: Vollsonnig.

Wurzel: Tiefgehend, kräftig entwickelt (dringt am Naturstandort bis zum Grundwasser vor).

Boden: Anspruchslos, gedeihen auf allen extrem trockenen bis trockenen, gut durchlässigen Standorten.

Eigenschaften: Frosthart, extrem hitze- und trockenresistent, da Spaltöffnungen auf den Zweigen tief eingesenkt liegen und die Zweige selbst von einer dicken Kutikula umgeben sind.

Verwendung: Wer Ephedra das erste Mal sieht, wird diese Pflanze zunächst für eine feingliedrige Schachtelhalmart halten. Tatsächlich haben ihre runden, blaugrünen und fein gestreiften Triebe eine sehr große Ähnlichkeit mit Equisetum.

Zusammen mit Yucca, Opuntien, Artemisien, Stipa-Arten und Caragana jubata ist Ephedra eine Charakterpflanze der trockenheißen Felssteppe. Sehr schön zu verwenden auch in Kübeln, Trögen, Hochbeeten oder oberhalb von Mauern, von denen sie malerisch herabhängen. Möglicherweise auch interessant für das Thema Dachbegrünung. In Kopenhagen sah ich Ephedra großflächig als Bodendecker auf sonnigen Beetflächen. Um allerdings den Fruchtschmuck genießen zu können, müssen beide Geschlechter gepflanzt werden.

Ephedra distachya, weibliche Pflanze mit Früchten

Über 1000 Jahre alter Ginkgo mit starker Tschitschi-Bildung, Sendai, Japan. Der Ginkgo hatte 1972 eine Höhe von 32 m und in Brusthöhe einen Stammumfang von 7,70 m (BÄRTELS). Beim Betrachten der unteren Stammpartien glaubt man kaum, vor einem Lebewesen zu stehen, sondern fühlt sich versetzt in die steinerne, geheimnisvolle Welt einer von Stalaktiten überladenen Tropfsteinhöhle. Über Entstehung und Funktion der Tschitschis, die man nur an sehr alten Bäumen findet, ist bisher wenig bekannt. Nach Erreichen des Bodens können die auch an Luftwurzeln erinnernden Auswüchse Wurzeln und neue Sprosse (vielleicht auch Stämme) bilden. Sind es Lebenserneurungsorgane, wie z.B. Nebenstämme, die aus Adventivwurzeln entstehn können, oder die Überbleibsel stützwurzelähnlicher Gebilde längst ausgestorbener Ginkgo-Arten? Konnten sich die Ginkgos vor 50 oder 200 Mio. Jahren neben ihrer etwas komplizierten generativen Vermehrung auch über die stalaktitenartigen Organe verjüngen und ausbreiten? Ungeklärt ist auch ein weiteres Phänomen beim Ginkgo. An wenigen Bäumen in Europa und Japan hat man die Bildung von Samenanlagen auf den Blättern beobachten können.

Ginkgo biloba

GINKGO L.
Ginkgobaum, Fächerblattbaum – Ginkgo-aceae, Ginkgobaumgewächse

Der Name Ginkgo ist auf das chinesische Wort Ginkyo zurückzuführen, was soviel wie Silber-Pflaume bedeutet, denn seine Früchte sehen aus wie langgestielte Mirabellen. Im Pflanzenreich nimmt der Ginkgo eine Sonderstellung ein. Er zählt weder zu den Nadelhölzern noch zu den bedeckt-samigen Blütenpflanzen und gilt heute mit Recht als das berühmteste lebende Fossil, da er noch im späten Tertiär, vor ca. 30 Millionen Jahren, auch bei uns in Mitteleuropa weit verbreitet war. Die Eiszeiten haben diesen interessanten Baum in ein kleines Areal nach China verdrängt.

Seine Geschichte begann im Perm, vor 250 Millionen Jahren, als Nord- und Mitteldeutschland noch vom Urmeer überflutet waren. Erst 100 Millionen Jahre nach dem Ginkgo traten die ersten Laubbäume auf. Er erlebte die Entwicklung der Saurier, der ersten Vögel und das Kommen und Gehen des Mammuts. Über das interessante zweigeteilte Blatt, das übrigens sehr stark an Adiantum erinnert, schrieb Goethe am 27. September 1815 ein Gedicht. Er wurde später im West-Östlichen Divan veröffentlicht.

Ginkgo biloba – Männliche Blüte

Ginkgo biloba – Gruppe im Park Wilhelmshöhe, Kassel; die Bäume wurden vor 1822 gepflanzt

G. biloba L.,
Ginkgobaum

Verbreitung: China; auf tiefgründigen, nährstoff-reichen, sauren bis alkalischen Böden in Laub- und Nadelmischwäldern in einem 25 km² großen Areal; Grenzgebiet der Provinzen Anhui, Guizhou und Zhejiang.

Wuchs: Stattlicher, sommergrüner Baum mit viel-gestaltigem Habitus, Krone zunächst kegelförmig, im Alter breiter mit oft unregelmäßigen, etwas steif ausladenden, wenig verzweigten Ästen. In der Jugend oft trägwüchsig.

Größe: 15 bis 20 bis 30 (35) m hoch und 10 bis 15 (bis 20) m breit. Jahreszuwachs in der Höhe 35 bis 40 cm, in der Breite 25 cm.

Rinde: Grau, längsrissig, an alten Stämmen oft stark gefurcht.

Blätter: Fächerförmig, langgestielt, oft eingeschnit-ten oder gelappt, parallel- und gabelnervig, derb ledrig, frischgrün, im Herbst leuchtend goldgelb.

Blüten: Pflanze ist zweihäusig. Männliche Blüten in Kätzchen, weibliche einzeln, langgestielt, mit dem Laubaustrieb April/Mai. An alten männlichen Pflan-zen gelegentlich auch fruchtende Zweige.

Früchte: Mirabellenähnlich, fleischig mit Steinkern; im reifen Zustand unangenehmer Geruch

nach Buttersäure. Befruchtung im September, erst an den abgefallenen Früchten beginnt die Entwick-lung des Embryos!

Wurzel: Kräftig, Hauptwurzeln tief. Herzwurzler.

Standort: Sonnig bis absonnig.

Boden: Sehr standorttolerant, gedeiht auf jedem kultivierten Boden, (mäßig trocken) frisch bis feucht, liebt tiefgründige, gut durchlässige, nähr-hafte Substrate, sauer bis alkalisch, pH-tolerant, von pH 5–7.

Eigenschaften: Gut frosthart. Als Jungpflanze, be-sonders auf zu nahrhaften Böden, etwas spätfrost-empfindlich. Wärmeliebend, hitzeverträglich, stadt-klimafest, widerstandsfähig gegen stärkste Luftver-schmutzung, wird in Europa nicht von Krankheiten befallen, erstaunlich windfest (Föhr). Ältere Bäume entwickeln auf der Unterseite starker Äste, aber auch am Stamm, wurzelartige, zitzenförmige Aus-wüchse, die meterlang werden können. Man nennt diese luftwurzelähnlichen Gebilde, die auch ein we-nig an die Stalaktiten der Tropfsteinhöhlen erin-nern, „Tschitschi". Über ihre Bedeutung ist bisher wenig bekannt. Da sie senkrecht zum Erdboden wachsen, könnten es „Überbleibsel" stützwurzel-ähnlicher Organe von längst ausgestorbenen Gink-go-Arten sein, die in sumpfigen Wäldern beheima-tet waren.

Ginkgo biloba – Triebe und Früchte

Verwendung: Ein hervorragender Baum auch für schwierigste Standortsituationen im innerstädtischen Bereich; herrlicher Einzelbaum für große Gärten und Parkanlagen, wo er durch seine interessante Wuchsform und die prächtige Herbstfärbung auffällt. In Nordamerika zählt der Ginkgo zu den widerstandsfähigsten Straßenbäumen überhaupt. In Amerika Erwerbsanbau für medizinische Zwecke. Größte Plantage hat 500 ha. Es werden mehr als 2000 Pflanzen pro ha gesetzt. Jährlicher Rückschnitt, Blattgewinnung maschinell.

Anmerkung: Männliche und weibliche Bäume sind vor der Blüte nicht mit Sicherheit zu definieren!

Wurzeln und Rinde im Basisbereich werden sehr stark von Mäusen angefressen. Schäden können bis zum Totalverlust führen. Vorsicht beim Abdecken der Baumscheiben mit Mulchmaterial. Mäuse sind den ganzen Winter über aktiv!

G. biloba 'Autumn Gold'

Amerikanische Selektion.

Wuchs: Mittelgroßer bis großer Baum, Krone breit-kegelförmig-aufrecht. Äste etwas steif, wenig verzweigt, in der Jugend schwachwüchsig.

Größe: (12) 15 bis 20 (30) m hoch und 6 bis 8 (10) m breit, im Alter fast so breit wie hoch.

Rinde: Grau, längsrissig, an alten Stämmen oft stark gefurcht.

Blätter: Fächerförmig, langgestielt, oft eingeschnitten oder gelappt, parallel- und gabelnervig, derb, mattgrün, leuchtend goldgelb.

Früchte: Werden nicht angesetzt, männliche Form.

Standort und Boden wie die Normalform.

Eigenschaften: Nicht fruchtend, guter Herbstfärber, krankheitsfrei.

Verwendung: Als Straßenbaum besonders empfehlenswert, da keine Früchte angesetzt werden.

G. biloba 'Fastigiata'

Sammelbezeichnung für eine Reihe schmalkroniger Selektionen.

Wuchs: Mittelgroßer Baum, Krone schlank säulenförmig aufrecht, Äste etwas steif, wenig verzweigt, in der Jugend schwachwüchsig.

Größe: (12) 15 bis 20 (30) m hoch und 4 bis 6 (8) m breit.

Rinde: Grau, längsrissig, an alten Stämmen oft stark gefurcht.

Blätter: Fächerförmig, langgestielt, oft eingeschnitten oder gelappt, parallel- und gabelnervig, derb, mattgrün, im Herbst gelb.

Früchte: Werden nicht angesetzt, männliche Form.

Standort, Boden und Eigenschaften wie die Normalform.

Verwendung: Wertvolle Straßenbaumselektion, die sich auf Grund ihrer Schmalkronigkeit auch in beengten Räumen einsetzen läßt.

G. biloba 'Lakeview'
(E. H. SCANLON, 1962)

Amerikanische Selektion.

Wuchs: Mittelgroßer bis großer Baum, Krone kompakt, spitz kegelförmig, Äste etwas steif, wenig verzweigt, in der Jugend schwachwüchsig.

Größe: 12 bis 15 (20) m hoch und 4 bis 5 (6) m breit.

Rinde: Grau, längsrissig, an alten Stämmen oft stark gefurcht.

Blätter: Fächerförmig, langgestielt, oft eingeschnitten oder gelappt, parallel- und gabelnervig, derb, mattgrün, im Herbst goldgelb.

Früchte: Werden nicht angesetzt, männliche Form.

Standort, Boden und Eigenschaften wie die Normalform.

Verwendung: Amerikanische Selektion mit kompakter, kegelförmiger Krone. Besonders als Straßenbaum geeignet. Männliche Form. Eine weitere, schmalkronige Selektion der Baumschule SCANLON ist **G. biloba 'Mayfield'**.

G. biloba 'Princeton Sentry'
(PRINCETON NURSERIES, 1967)

Wuchs: Mittelgroßer bis großer Baum, Krone in der Jugend betont schmal säulenförmig, gleichmäßig aufgebaut, Äste alle aufwärts gerichtet, etwas steif, in den ersten Jahren schwachwüchsig.

Größe: 12 bis 15 m hoch und 3 bis 4 (5) m breit.

Rinde, Blätter wie die Normalform.

Früchte: Werden nicht angesetzt, männliche Form.

Standort und Boden wie die Normalform.

Eigenschaften: Sehr widerstandsfähig gegenüber Ozon und Schwefeldioxyd (KARNOSKY 1979).

Verwendung: Wohl die beste aller amerikanischen Ginkgo-Selektionen. Hervorragender, schlank säulenförmiger Straßenbaum. Männliche Form.

G. biloba 'Tremonia'

Der Mutterbaum ist ein Sämling, der 1930 gepflanzt wurde. 1970 hat der Botanische Garten Dortmund diese wertvolle Form in den Handel gebracht.

Wuchs: Krone schmal und straff aufrecht, säulenförmig.

Größe: In 40 Jahren etwa 12 m hoch und 80 cm breit!

Blätter: Wie die Normalform, gute Herbstfärbung.

Verwendung: Beengte Straßenräume, schmale Abpflanzungen, gutes Formelement, um streng geometrische Akzente zu setzen, Betonung der Vertikalen.

Bild links: Bildung von Samenanlagen auf Ginkgo-Blättern. Dieses Phänomen wurde nur an wenigen Bäumen in Japan und Europa beobachtet.

JUNIPERUS

JUNIPERUS L.
Wacholder – Cupressaceae,
Zypressengewächse

Die Gattung Juniperus umfaßt etwa 60 Arten, die in der Nordhemisphäre von der Arktis bis zu den tropischen Gebirgen beheimatet sind. Die meisten Arten entwickeln sich zu kleinen, bisweilen auch mittelgroßen, oft mehrstämmigen Bäumen, viele bleiben aber auch strauchförmig oder gehören in die Gruppe der flachwüchsigen Zwergsträucher. Ihre immergrünen Blätter sind nadel- oder schuppenförmig und kreuzweise gegenständig oder zu 3 wirtelig angeordnet. Die Blüten sind eingeschlechtig und meist zweihäusig verteilt. Abweichend von allen anderen Vertretern der Cupressaceae bilden die Juniperus-Arten fleischige, kugelrunde, oft sehr schön graublau bereifte Beerenzapfen, die allgemein als Wacholderbeeren bezeichnet werden.

Für den Verwender stellen die Wacholder eine ganz besonders reizvolle Pflanzengruppe dar. Von der straff aufrechten Säule über die kraftvoll ausladenden Wuchsformen der J. chinensis Gruppe bis hin zu den sockel- und teppichbildenden Kleinsträuchern ist einfach alles vorhanden. Eines aber sollte man immer beherzigen: Alle Arten sind lichthungrig und lieben die offene, sonnige Freifläche. Im Schattendruck von Bäumen kümmern sie und verlieren schnell ihren angeborenen Wacholder-Charme. Sie gehören nicht nur zusammen mit Calluna, Eriken und Kiefern in den braven Heidegarten, sondern lassen sich z. B. auch hervorragend mit Rosen, Stauden und Gräsern verbinden.

Hinweis: Alle Pflanzenteile von **J. chinensis, J. x media, J. sabina** und **J. virginiana** (einschließlich deren Gartenformen) sind sehr stark giftig!

Ökologie: Die Beerenzapfen aller Juniperus-Formen, insbesondere von J. chinensis und J. virginiana, sind im Winter eine beliebte Vogelnahrung.

J. chinensis 'Blaauw'
(= J. chinensis 'Blaauw's Varietät';
J. x media 'Blaauw')

Um 1924 von J. BLAAUW & Co. aus Japan eingeführt.

Wuchs: Strauchig verzweigte, trichterförmig wachsende Zwergform mit schräg ansteigenden oder auch steif säulenförmig stehenden Ästen und fiederartig angeordneten Zweigen, langsam wachsend.

Größe: 2 bis 2,5 m hoch und 1,5 (2) m breit. Jahreszuwachs in der Höhe 10 cm, in der Breite 5 cm.

Juniperus chinensis, Wildform in China

Blätter: Schuppenförmig, dicht, graublau.

Standort: Sonnig bis leicht absonnig.

Boden: Boden- und standorttolerant; gedeiht auf allen kultivierten Böden von sauer bis alkalisch, wächst optimal auf humosen, feuchten und nährstoffreichen Standorten. Sehr anpassungsfähig an den pH-Wert.

Eigenschaften: Frosthart, stadtklimafest, widerstandsfähig gegen Immissionen.

Verwendung: Eine ansprechende Zierform, die um 1924 aus Japan eingeführt wurde. Einzelstellung in Rabatten, Stein- und Heidegärten, sehr gut mit silberlaubigen Stauden und Gräsern zu Rosenpflanzungen; ideale Nachbarn z. B. Acer palmatum 'Dissectum Nigrum', Unterbepflanzung Juniperus horizontalis 'Glauca' oder Acaena buchananii.

links: Juniperus chinensis 'Blaauw'

Juniperus communis – Wuchsformen am Naturstandort Lüneburger Heide

Juniperus Übersicht

Art/Sorte	Wuchs	Größe in m		Benadelung
		Höhe	Breite	
J. chinensis 'Blaauw'	Strauchform, mittelhoch, trichterförmig	2 – 2,5	1,5 (2)	graublau
J. chinensis 'Blue Alps'	Strauchform, Großstrauch	2,5 – 4	1 – 2	frischgrün, unterseits silbrig
J. chinensis 'Kaizuka'	Strauchform, Kleinbaum	3 (4) – 6 (8)	2,5 – 3,5 (4,5)	mittelgrün
J. chinensis 'Keteleerii'	Kleinbaum, schlank säulenförmig	10	1 – 1,5	grün
J. chinensis 'Monarch'	Strauchform, Kleinbaum	4 – 6	1,5 – 2	blaugrün
J. chinensis 'Obelisk'	Strauchform, Kleinbaum	5 – 7	4,5	grünblau
J. chinensis 'Robusta Green'	Strauch, säulenförmig	2 – 3	–	blaugrün
J. chinensis 'Spartan'	säulenförmig, später pyramidaler Strauch	6	–	sattgrün
J. communis	Großstrauch, säulenförmig	5 – 8	sehr variabel	grün bis bläulichgrün
J. communis 'Barmstedt'	Strauch, säulenförmig	2,2	0,3	grün bis bläulichgrün
J. communis 'Bruns'	Großstrauch, säulenförmig	3 – 5	1 – 1,2	blaugrün
J. communis 'Compressa'	Zwergform, säulenartig	0,8 – 1	0,25 – 0,35	dunkelgrün
J. communis 'Depressa Aurea'	Strauchform, flachwachsend	0,6 – 1	2	gelb bis bronze
J. communis 'Hibernica'	Großstrauch, säulenförmig	3 – 5	1 – 1,2	bläulichgrün
J. communis 'Hornibrookii'	Zwergform, mattenförmig	0,3 – 0,5 (0,6)	2 – 3	hellgrün mit silberweißen Stomalinien
J. communis 'Horstmann'	Großstrauch	3 – 4,5 (5)	3 – 4,5 (5)	blaugrün
J. communis 'Meyer'	Großstrauch, säulenförmig	3 – 5	1 – 1,2	blaugrün
J. communis ssp. nana	Strauchform, niederliegend bis mattenförmig	0,3 – 0,6 (0,8)	2	grün mit weißem Stomaband
J. communis 'Nana Aurea'	Zwergform, flachwachsend	0,5	2	goldgelb, im Winter bronze
J. communis 'Oblonga Pendula'	Strauch/Großstrauch, locker aufrecht	3 – 5	2,5 – 3	mittelgrün

J. communis 'Repanda'	Zwergform, flach	0,3 – 0,5 (0,7)	2 – 2,5 (3)	dunkelgrün
J. communis 'Suecica'	Großstrauch, säulenförmig	3 – 5	1 – 1,2 (1,6)	bläulichgrün
J. horizontalis 'Andorra Compact'	Zwergform, flach wachsend	0,4	2	graugrün, im Winter violett
J. horizontalis 'Blue Chip'	Zwergform, flach ausgebreitet	0,4 – 0,5	–	silberblau
J. horizontalis 'Glacier'	Zwergform, niederliegend und locker mattenförmig	0,3 – 0,4	2,5	weißlichblau
J. horizontalis 'Glauca'	Zwergstrauch, flach	0,3	2,5	stahlblau
J. horizontalis 'Hughes'	Zwergform, flach, mattenförmig	0,4 (0,5)	2	silbrigblau
J. horizontalis 'Jade River'	Zwergform, dicht mattenförmig ausgebreitet	0,4	2,5	silbriggrau-blau, im Winter purpurn überlaufen
J. horizontalis 'Prince of Wales'	Zwergstrauch, flach	0,3	2,5	blau
J. horizontalis 'Wiltonii'	Zwergstrauch, flach teppichförmig ausgebreitet	0,1 – 0,15	2	silberblau
J. x media 'Gold Coast'	Strauchform, breitbuschig flach	1	3	Triebspitzen goldgelb
J. x media 'Mint Julep'	Strauchform, mittelhoch	1,5 – 2 (2,5)	3 – 4	mittelgrün
J. x media 'Old Gold'	Strauchform, mittelhoch	1 – (2)	2,5 – 3	goldgelb
J. x media 'Pfitzeriana'	Großstrauch	3 – 4	4 – 6 (8)	blaugrün
J. x media 'Pfitzeriana Aurea'	Strauchform/ Großstrauch	2,5 – 3,5	3,5 – 5	goldgelb
J. x media 'Pfitzeriana Compacta'	Strauchform, flachwachsend	0,5 (0,8)	2,5 (3)	graugrün
J. x media 'Plumosa Aurea'	Strauchform, mittelhoch	2 – 3	3 – 4	goldgelb bis bronzegelb
J. procumbens 'Nana'	Zwergform, flach ausgebreitet	0,4	1 – 1,5	bläulichgrün
J. rigida	Großstrauch	4 – 6	4 – 6 (7)	frischgrün bis mittelgrün
J. sabina 'Femina'	Kleinstrauch	1 – 1,5	4 – 5 (6)	dunkelgrün
J. sabina 'Mas'	Kleinstrauch bis mittelhoher Strauch	1,5 – 2	5 – 7 (8)	grün
J. sabina 'Rockery Gem'	Strauchform, niedrig, flach	0,4 – 0,5	2 – 3,5	blaugrün
J. sabina 'Tamariscifolia'	Zwergstrauch, flach	0,5 – 0,8	2 – 2,5	bläulichgrün

J. scopulorum 'Blue Haven'	Strauchform	2,5 (3)	–	graugrünblau
J. scopulorum 'Moonglow'	Großstrauch, breite Säulenform	4 (6) – 7 (8)	1 – 1,2 (1,5)	silbrigblau
J. scopulorum 'Skyrocket'	Großstrauch, Kleinbaum, säulenförmig	6 – 8	0,8 – 1	blaugrau
J. scopulorum 'Wichita Blue'	Großstrauch, Säulenform	4 – 6	1,5	leuchtend silbrigblau
J. squamata 'Blue Carpet'	Zwergstrauch, flachwüchsig	0,3 – 0,5	1,5 – 2,5 (3)	stahlblau
J. squamata 'Blue Star'	Kleinstrauch	1	1,5 (2)	silberblau
J. squamata 'Loderi'	Strauch, breitbuschig, säulenförmig	1,5	0,8 – 1	blaugrün
J. squamata 'Meyeri'	Großstrauch	3 – 5 (6)	2 – 3	silberblau
J. virginiana 'Canaertii'	Großstrauch, säulenförmig	6 – 8	2 – 3	tiefgrün
J. virginiana 'Glauca'	Großstrauch, säulenförmig	6 – 10	(1,5) 2 – 4	stahlblau
J. virginiana 'Grey Owl'	Strauchform, mittelhoch	2 – 3	5 – 7 (8)	graugrün bis graublau

J. chinensis 'Blue Alps'

Wuchs: Buschig aufrecht wachsende Strauchform mit kräftigen Hauptästen und leicht überhängenden Triebspitzen, oft auch mit durchgehendem Leittrieb.

Größe: 2,5 bis 4 m hoch und 1 bis 2 m breit.

Blätter: Nadelförmig, bis 1 cm lang, sehr steif, grob und stechend, prächtig frischgrün, unterseits leuchtend silbrig. Attraktives Nadelkleid.

Standort: Sonnig.

Boden: Trocken bis frisch, mäßig nährstoffreich, sauer bis alkalisch.

Verwendung: Einzelstellung, Gruppenpflanzung, herrlich als Solitär in Rosenpflanzungen.

Anmerkung: Eine sehr wertvolle, gesunde Neuheit, die auf der Herfstweelde 1978 in Boskoop eine Goldmedaille erhielt.

J. chinensis 'Kaizuka', „Hollywood Juniper"

(= J. chinensis var. torulosa; J. sheppardii var. torulosa)

Ursprünglich eine japanische Selektion; sie wurde um 1920 aus USA nach Europa eingeführt.

Wuchs: Strauchform oder kleiner Baum, breit auf-recht und auffallend locker beastet, Äste aufstei-gend bis waagerecht ausgebreitet und unregel-mäßig mit kurzen, oft gehäuft stehenden Seiten-zweigen besetzt. Ausdrucksstark!

Größe: (3) 4 bis 6 (8) m hoch und 2,5 bis 3,5 (4,5) m breit.

Blätter: Schuppenförmig, mittelgrün.

Verwendung: Wacholder-Form mit sehr eigenwil-liger, äußerst dekorativer Kronenarchitektur. Leidet jedoch bei uns in strengen Wintern. Ist gelegentlich pilzanfällig.

J. chinensis 'Keteleerii'

Seit 1910 in Kultur.

Wuchs: Schlanke, säulenförmige Gartenform mit ansteigenden Ästen und dichtem, im Alter etwas lockerem, aber dennoch geschlossenem, male-rischem Aufbau.

Größe: Bis 10 m hoch und 1 bis 1,5 m breit.

Blätter: Schuppenförmig, sehr spitz, grün, leicht bläulich bereift.

Früchte: Pflanze ist weiblich, zum Winter über-reich mit kugeligen, 12 bis 15 mm dicken, bläulich bereiften Beerenzapfen besetzt.

Standort: Sonnig bis absonnig.

Boden: Auf allen trockenen bis frischen, mäßig nährstoffreichen Substraten, sauer bis stark alka-lisch.

Verwendung: Diese Sorte ist bereits seit 1910 in Kultur, sie zählt aber immer noch zu den besten und härtesten Säulenformen des Wacholder-Sorti-ments. Robustes Nadelgehölz für Einzelstellung und Gruppenpflanzung, dekorativer Raumbildner, mit dem man ohne aufwendigen Formschnitt streng geometrische Akzente setzen kann.

Ökologie: Die Früchte werden im Winter sehr gern von unseren heimischen Vögeln gefressen. 'Keteleerii' ist ein ausgezeichnetes, katzensicheres Nistgehölz.

J. chinensis 'Monarch'

Selektion der Baumschule GROOTENDORST, Boskoop.

Wuchs: Schmal kegelförmig, Äste und Zweige auf-recht, im Alter eine breite Säule bildend.

Größe: Etwa 4 bis 6 m hoch und dann 1,50 bis 2,00 m breit.

Blätter: Nadeln blaugrün, scharf zugespitzt.

Verwendung: Schöne aufrechte Form, die im Alter durch ihre etwas lockere Bezweigung sehr lebendig wirkt.

J. chinensis 'Obelisk'

1930 von der Baumschule GROOTENDORST aus japanischer Saat gezogen und 1964 in den Handel gebracht.

Wuchs: In der Jugend geschlossen säulenförmig, Äste und Zweige aufstrebend, im Alter unregelmäßig, oft auch tonnenförmig, jedoch nicht auseinanderfallend.

Größe: Etwa 5 bis 7 m hoch. Im Arboretum Thiensen ist eine 40jährige Pflanze 5,50 m hoch und gut 4,50 m breit.

Blätter: Nadelförmig, grünblau, hell bereift.

Verwendung: Bekannte Zierform, die allerdings im Alter nicht mehr streng säulenförmig wächst.

J. chinensis 'Plumosa Aurea' siehe J. x media 'Plumosa Aurea'

J. chinensis 'Robusta Green'

Wuchs: Säulenform mit aufstrebenden, aber unregelmäßig und sehr locker stehenden, bizarren Ästen.

Größe: Etwa 2 bis 3 m hoch.

Blätter: Blaugrün.

Verwendung: Sehr gesunde und eigenwillige Form für Liebhaber.

J. chinensis 'Spartan'
(= J. virginiana 'Helle')

1961 durch MONROVIA NURSERIES eingeführt.

Wuchs: Aufrecht, zunächst säulenförmig, später mehr breit pyramidale, etwas gedrungene Form, rasch wachsend.

Größe: Bis 6 m hoch.

Blätter: Nadelförmig, auffallend sattgrün.

Standort: Sonnig bis leicht absonnig.

Boden: Anspruchslos, auf allen trockenen bis frischen, mäßig nährstoffreichen Substraten, sauer bis alkalisch.

Eigenschaften: Sehr gut frosthart.

Verwendung: Ausgezeichnete Form, die durch ihre gesunde, sattgrüne Benadelung auffällt. Einzelstellung.

J. communis L., Gewöhnlicher Wacholder

Verbreitung: Vorwiegend auf mäßig trockenen, mildsauren, humosen, meist nährstoffarmen Lehm, Ton-, Sand- oder Torfböden. Verbreitet auf sonnigen Magerweiden, in lichten Wäldern, Zwergstrauchheiden, an felsigen Hängen und auf trockenen Sandfluren. Dünenstandorte werden gemieden. Der Gewöhnliche Wacholder hat das größte Areal aller Nadelgehölze und ist beheimatet in weiten Teilen der Nordhalbkugel: Europa, Vorder- und Zentralasien, Nordamerika und in Nordafrika.

Wuchs: Strauch- oder säulenförmiger, sehr dichter, oft mehrstämmiger Busch oder kleiner Baum. Im Alter fallen die Säulen oft auseinander, und es entwickeln sich dann z. T. sehr skurrile Baumgestalten. Langsam wachsend.

Größe: 5 bis 8 m hoch, gelegentlich aber auch bis 15 m Höhe erreichend. Breite sehr unterschiedlich. Jahreszuwachs in der Höhe ca. 10 bis 15 cm, in der Breite ca. 5 cm.

Juniperus communis

links: Juniperus chinensis 'Spartan'

Rinde: Graubraun, zunächst glatt, später rissig, in Fasern längsstreifig ablösend.

Blätter: Nadelförmig, zu 3 in Wirteln, 15 mm lang, 1 bis 2 mm breit, grün bis bläulichgrün, Oberseite vertieft mit breitem, weißem Stomaband, stechend.

Früchte: Schwarzbraune, kugelige Beerenzapfen, die erst im 2. oder 3. Jahr reif werden. Sie sind ungiftig, allerhöchstens schwachgiftig.

Wurzel: Tiefwurzler.

Standort: Sonnig.

Boden: Gedeiht auf jedem trockenen bis feuchten, armen, sauren bis alkalischen Boden, dessen Grundwasserstand nicht anhaltend hoch sein darf.

Eigenschaften: Sehr frosthart, Gehölz mit großer Standortamplitude, verträgt Sommerdürre, leichten Schatten (Unterholz) tolerierend, empfindlich gegen Rauchschäden. Das Holz ist sehr zäh, dauerhaft und elastisch und war sehr begehrt für Drechslerarbeiten. J. communis ist Wirtspflanze für den Birnen-Gitterrost.

Verwendung: Charakterpflanze unserer norddeutschen Heidelandschaften und der mehr im Süden verbreiteten Magerweiden. Heimisches Gehölz für Rekultivierungsmaßnahmen entsprechender Standorte in der freien Landschaft; Waldrandgestaltung, Unterpflanzung magerer Eichen-Birkenwälder, wichtiges Vogelnähr- und -schutzgehölz. In Gärten und Parkanlagen, geeignet für Einzelstellung in Heide-und Steingartenanlagen.

Anmerkung: Im Volksglauben gehört der Wacholder zusammen mit Hasel und Holunder zu den am meisten sagenumwobenen Gehölzen. Steinhäger, Gin und Genever verdanken ihren unverwechselbaren, typischen Geschmack dem ätherischen Öl der Wacholderbeeren. **Ökologische Bedeutung:** Der Pollen der Wacholderblüten ist für Bienen und andere Insekten sehr wertvoll; die reifen Beerenzapfen werden von verschiedenen heimischen Vogelarten, wie z. B. Sing-, Mistel-, Wacholder- und Ringdrossel, aber auch Alpenkrähe, Birk- und Schneehuhn gefressen.

J. communis 'Barmstedt'

Selektion der Baumschule H. HACHMANN, Barmstedt.

Wuchs: Schlank säulenförmig, dicht und geschlossen.

Größe: In 25 Jahren 2,2 m hoch und nur 30 cm breit.

Blätter: Nadelförmig, grün bis bläulichgrün.

Verwendung: Robuste und sehr gesunde Säulenform.

J. communis 'Bruns'

Um 1930 von HEINR. BRUNS aus Schweden eingeführt.

Wuchs: Straff aufrechte Säulenform, die an 'Suecica' erinnert, im Terminalbereich jedoch lockerer bezweigt.

Größe: 3 bis 5 m hoch und 1 bis 1,2 m breit.

Blätter: Nadeln blaugrün, glänzend.

Verwendung: Wertvolle Säulenform.

J. communis 'Compressa'

Juniperus communis 'Compressa'

Wuchs: Schmal-säulenförmige Zwergform, Zweige steif und straff aufrecht, extrem dicht und gleichmäßig, geschlossen; sehr langsam wachsend.

Größe: 0,8 bis 1 m hoch und 25 bis 35 cm breit. Jahreszuwachs in der Höhe ca. 2 bis 3 cm.

Blätter: Nadelförmig, sehr fein, 4 bis 6 mm lang, dünn, hellgrün, oberseits mit einem deutlichen weißen Stomaband, unten dunkelgrün.

Standort: Sonnig bis absonnig, geschützt!

Boden: Wie J. communis.

Eigenschaften: Etwas empfindlich, ab minus 15°C Winterschutz (ZU JEDDELOH).

Verwendung: Sehr wertvolle Zwergkonifere für Stein-, Trog- und Miniaturgärten.

J. communis 'Depressa Aurea'

Wuchs: Flach wachsend, Hauptäste leicht ansteigend und gleichmäßig nach außen gerichtet.

Größe: Bis 60 cm hoch, im Alter auch bis zu 1 m Höhe erreichend und dann 2 m breit.

Blätter: Nadeln an den Zweigspitzen im Frühjahr gelb, später bronze.

Verwendung: Gelbbunte Zwergform für Heide- und Steingärten. Farblich die schönere Sorte ist allerdings 'Nana Aurea'.

J. communis 'Hibernica',
Irischer Säulen-Wacholder

Ursprünglich aus Irland, doch jetzt in Kultur weit verbreitet.

Wuchs: Schmale, sehr dicht verzweigte Säulenform, Triebspitzen steif aufrecht, nicht nickend wie bei 'Suecica'; langsam wachsend.

Größe: 3 bis 5 m hoch und 1 bis 1,2 m breit. Jahreszuwachs in der Höhe 10 bis 15 cm, in der Breite 5 cm.

Blätter: Alle nadelartig, scharf zugespitzt, jedoch nicht stechend, beiderseits bläulichgrün.

Standort: Sonne.

Früchte: Kugelige bis eirunde Beerenzapfen, anfangs grün, zur Reife schwarzblau bereift.

Wurzel: Tiefgehend, wenig verzweigt.

Boden: Auf allen trockenen bis frischen (feuchten), durchlässigen, auch sehr armen Böden, sauer bis alkalisch.

Verwendung: Einzelstellung oder Gruppenpflanzung in Heide-, Stein- und Naturgärten, auch sehr schön in Wildstauden- und Gräserpflanzungen, zur Betonung der Vertikalen in Pflanzbeeten, Innenhöfen, Dachgärten; Friedhofsanlagen, Grabbepflanzung.

Weitere Merkmale und Angaben siehe J. communis.

J. communis 'Hornibrookii'

Vor 1923 von M. HORNIBROOK in Westirland gefunden. Heute sehr verbreitet.

Wuchs: Flachwachsende, Matten bildende Zwergform, Zweigpartien dicht, etagenförmig übereinanderliegend, Triebspitzen leicht ansteigend, langsam wachsend.

Größe: 0,3 bis 0,5 (0,6) m hoch und 2 bis 3 m breit.

Blätter: Blätter nadelartig, dichtstehend, 5 bis 6 mm lang, stechend(!), hellgrün, mit silberweißem Stomaband.

Standort: Sonnig bis leicht absonnig.

Boden: Anspruchslos, auf allen trockenen bis frischen (feuchten), auch sehr armen Böden, sauer bis alkalisch.

Juniperus communis 'Hornibrooki'

Eigenschaften: Unempfindlich, sehr gut frosthart, anspruchslos.

Verwendung: Wertvolle Form für Flächenbegrünung; Heide- und Steingärten, Friedhofsanlagen, Böschungen und Bekleidung von Treppenläufen.

links: Juniperus communis 'Hibernica'

Juniperus communis 'Horstmann'

J. communis 'Horstmann'

1982 von G. HORSTMANN in den Handel gegeben.

Wuchs: Hauptäste aufrecht, Seitenäste horizontal ausgebreitet, Spitzen bogig übergeneigt, Zweige mähnenartig herabhängend. Hat im Wuchs gewisse Ähnlichkeit mit J. rigida.

Größe: Etwa 3 bis 4,5(5)? m hoch und meist genauso breit.

Blätter: Nadelförmig, blaugrün.

Verwendung: Malerische Wacholderform. Mitteltrieb sollte unbedingt gestäbt werden. Naßschnee kann zu erheblichen Schäden führen, da die waagerechten Seitenäste leicht ausbrechen.

J. communis 'Meyer'

Um 1945 von ERICH MEYER, Barmstedt, selektiert.

Wuchs: Breit und locker aufrechte, dichtbuschiggeschlossene Säulenform. Triebspitzen etwas überhängend.

Größe: 3 bis 5 m hoch und 1 bis 1,2 m breit. Jahreszuwachs in der Höhe 15 cm, in der Breite 5 cm.

Blätter: Alle Blätter nadelförmig, spitz, stechend, silbriggrün bis intensiv blaugrün.

Eigenschaften: Robuster und sehr frostharter, natürlich wachsender Auslesetyp.

Wurzel, Standort, Boden und Verwendung wie J. communis 'Hibernica'.

J. communis ssp. nana SYME, Berg-Wacholder

Die rangmäßige Einstufung dieser Wacholder-Form ist ungeklärt. Es gibt Autoren, die diesen Wacholder als eigenständige Art betrachten. Hier einige Synonyme: (= J. sibirica BURGSD.; J. communis var. montana AIT.; J. communis var. saxatilis PALL.; J. nana WILLD.).

Juniperus communis ssp. nana

Verbreitung: Hochgebirge von Europa, Kleinasien, Sibirien und Nordamerika.

Wuchs: Strauchform, niederliegend bis mattenförmig mit dichtstehenden Ästen und kurzen, dicken Zweigen. Langsam wachsend.

Größe: 30 bis 60 (80) cm hoch und etwa 2 m breit.

Blätter: Nadeln nicht abgespreizt wie bei J. communis, sondern den gelbbraunen Zweigen mehr anliegend, grün, weißes Stomaband gut sichtbar.

Standort: Vollsonnig.

Boden: Auf allen mäßig trockenen bis frischen, sauren bis alkalischen, gut drainierten Substraten.

Eigenschaften: Frosthart bis minus 40°C, absolut windfest!

Verwendung: Sehr wertvolle, robuste Wacholder-Form. Pionierpflanze im Hochgebirge. Da es sehr unterschiedliche Wuchstypen gibt, sollte die Selektion gut bodendeckender, extrem dichttriebiger Formen vorangetrieben werden. Diesem Wacholder muß mehr Bedeutung beigemessen werden.

J. communis 'Nana Aurea'

Wuchs: Niedrig bleibende, gleichmäßig flach wachsende Zwergform.

Größe: Bis 50 cm hoch und etwa 2 m breit.

Blätter: Nadelförmig, den ganzen Sommer über goldgelb, in den Wintermonaten bronzefarben.

Verwendung: Wohl die schönste gelbe Kissenform im Juniperus-Sortiment. Sie besticht vor allem durch den leuchtenden Frühjahrsaustrieb.

J. communis 'Oblonga Pendula' (= J. communis f. oblongopendula)

Schon vor 1898 in Kultur.

Wuchs: Breit-rundlich und locker aufrecht, Äste zunächst aufsteigend, Triebspitzen und Seitenzweige dann aber elegant mähnenartig überhängend.

Größe: 3 bis 5 m hoch und 2,5 bis 3 m breit.

Blätter: Nadelförmig, 1,5 bis 2 cm lang, dünn, steif, stechend, mittelgrün.

Standort: Sonnig bis absonnig, geschützt!

Boden: Wie J. communis.

Eigenschaften: Als Jungpflanze empfindlich.

Verwendung: Durch die locker aufsteigenden Hauptäste und die dekorativ überhängende Seitenbezweigung eine sehr aparte Gartenform. Solitärgehölz für Steingartenanlagen, Gräser-, Stauden- und Rosenpflanzungen.

J. communis 'Repanda'

1934 von M. KOSTER, Boskoop, eingeführt; heute eine der wichtigsten Gartenformen.

Wuchs: Flach wachsende Zwergform, Zweigpartien sich horizontal gleichmäßig nach allen Seiten ausbreitend und ein rundes Bouquet bildend, langsamwüchsig.

Größe: 0,3 bis 0,5 (0,7) m hoch und 2 bis 2,5 (3) m breit.

Blätter: Alle Blätter nadelartig, weich, dicht, dunkelgrün, oben silbrig gestreift, im Winter braungrün verfärbend.

Standort: Sonnig bis leicht absonnig.

Boden: Anspruchslos, auf allen trockenen bis frischen (feuchten), durchlässigen, auch sehr armen Böden, sauer bis alkalisch.

Verwendung: Herrlicher, robuster Bodendecker, ausgeprägter „Horizontaltyp" für die pflanzliche

Juniperus communis 'Repanda'

Ausgestaltung kleinerer Gartenmotive. Einzelstellung, Flächenbegrünung, Heide- und Steingarten, Friedhofsanlagen, Rabatten, Tröge und Dachgärten.

Anmerkung: Nur horizontal gehaltene Pflanzflächen wirken einfallslos und langweilig. „Horizontaltypen" verlangen geradezu nach „aufrechten" Gesprächspartnern.

Juniperus communis 'Suecica'

J. communis 'Suecica',
Schwedischer Säulen-Wacholder

Wuchs: Straff aufrechte, dicht geschlossene Säulenform mit nickenden Zweigspitzen.

Größe: 3 bis 5 m hoch und 1 bis 1,2 (1,6) m breit. Jahreszuwachs in der Höhe 10 bis 15 cm, in der Breite 5 cm.

Blätter: Alle Blätter nadelartig, spitz, stechend, bläulichgrün bis hellgrün.

Standort, Boden und Verwendung wie J. communis 'Hibernica'.

J. horizontalis 'Andorra Compact'

Amerikanische Selektion.

Wuchs: Plattrunder, kissenförmiger Zwergwacholder, Zweige sehr dicht stehend, von der Mitte

Juniperus horizontalis 'Andorra Compacta'

gleichmäßig nach außen gerichtet und dabei leicht ansteigend, im Alter mehrere Zweigpartien übereinanderliegend.

Größe: Bis 2 m breit und etwa 40 cm hoch.

Blätter: Schuppenförmig, sehr schmal, im Sommer graugrün, im Winter violett verfärbend.

Standort: Sonnig bis leicht absonnig.

Boden: Auf allen trockenen bis frischen, gut durchlässigen, auch armen Böden, sauer bis alkalisch.

Eigenschaften: Gesunde und frostharte Selektion.

Verwendung: Einzelpflanze, Gruppen, hervorragende Flächenbegrünung.

J. horizontalis 'Blue Chip'

(Wird fälschlicherweise auch unter J. horizontalis 'Blue Moon' geführt)

Wuchs: Flach ausgebreitet, Äste bodenaufliegend, Triebspitzen leicht ansteigend.

Juiperus horizontalis 'Blue Chip'

Größe: 40 bis 50 cm hoch.

Blätter: Nadelförmig, silberblau.

Verwendung: Ist mit seinem intensiven Silberblau eine der attraktivsten Bodendeckerformen aus dem J. horizontalis-Sortiment.

J. horizontalis 'Glacier'

Entstanden im GLACIER-NATIONALPARK in den Rocky Mountains.

Wuchs: Niederliegend, locker mattenförmig.

Größe: Etwa 30 bis 40 cm hoch und 2,5 m breit.

Blätter: Benadelung intensiv weißlichblau.

Verwendung: Gilt z. Z. als der beste blaue Kriech-Wacholder.

Juniperus horizontalis 'Glauca'

J. horizontalis 'Glauca',
Blauer Teppich-Wacholder

(Wird von einigen Autoren auch unter J. horizontalis 'Wiltonii' geführt)

Verbreitung der Wildart: Auf flach- bis mittelgründigen, meist nährstoffarmen Sandböden, häufig anzutreffen auf Dünenstandorten an den Großen Seen, aber auch in felsigen Gebirgslagen, auf kiesigen, kalkhaltigen Abhängen, in Felsenklippen an der Küste und gelegentlich auch in Sümpfen vorkommend. Nördliches Nordamerika.

Wuchs: Flach ausgebreiteter, dichte, geschlossene Matten bildender Zwergstrauch, Äste dem Boden aufliegend, im Alter in mehreren Lagen übereinanderliegend, langsam wachsend.

Größe: Bis 0,3 m hoch und 2,5 m breit.

Blätter: Schuppenförmig, gegenständig oder in 3-zähligen Wirteln, im Sommer und Winter intensiv stahlblau.

Standort: Sonnig (bis leicht absonnig).

Boden: Auf allen trockenen bis frischen, gut durchlässigen, auch armen Böden, sauer bis alkalisch.

Eigenschaften: Gut winterhart, industrie- und stadtklimafest, übersteht sommerliche Dürrezeiten.

Verwendung: Ein unentbehrlicher, immergrüner Bodendecker, der zu den wunderschönsten Horizontalformen im Juniperus-Sortiment gehört. Sehr gut geeignet für die pflanzliche Ausgestaltung auch kleinerer Gartenmotive. Ideale Gesprächspartner wären alle Säulen-Wacholder, Säulen-Scheinzypressen oder Säulen-Taxus. Natürlich kann man auch andere, nicht zu gewaltig wachsende Solitärgehölze mit J. horizontalis 'Glauca' unterpflanzen. Der Einsatzbereich ist unendlich groß. Böschungsbegrünung, schön in Heide- und Steingärten, Bekleidung von Mauerkronen, farblich sehr belebend in Schalen- und Trogbepflanzungen, besonders im Winter, gut geeignet für Grabbepflanzungen.

Juniperus horizontalis 'Hughes'

J. horizontalis 'Hughes'

Wuchs: Flach und mattenförmig wachsender Kriech-Wacholder, raschwüchsig.

Größe: Bis 2 m breit und 40 (bis 50) cm hoch.

Blätter: Schuppenförmig, auffallend silbrigblau. Standort und Boden wie J. horizontalis 'Glauca'.

Eigenschaften: Gesund und frosthart.

Verwendung: Ein raschwüchsiger Bodendecker für Einzelstellung und Gruppenpflanzung.

J. horizontalis 'Jade River'

Wuchs: Dicht mattenförmig ausgebreitet, hat von der Wuchsform her große Ähnlichkeit mit J. horizontalis 'Glauca'. Raschwüchsig.

Größe: Etwa 40 cm hoch und 2,5 cm breit.

Blätter: Intensiv silbriggraublau, im Winter leicht purpurn überlaufen.

Verwendung: Wertvolle neue Selektion aus Nordamerika.

J. horizontalis 'Prince of Wales'

Eine neue Form aus Kanada.

Wuchs: Flach ausgebreiteter, dichte und geschlossene Matten bildender Zwergstrauch, Äste bodenaufliegend, im Alter übereinander geschichtet, langsam wachsend.

Größe: Bis 0,3 m hoch und 2,5 m breit.

Blätter: Schuppenförmig, dicht anliegend, blau, im Herbst/Winter rötlich verfärbend.

Standort: Sonnig bis leicht absonnig.

Boden: Auf allen trockenen bis frischen, gut durchlässigen, auch armen Böden, sauer bis alkalisch.

Eigenschaften: Besonders winterhart.

Verwendung: Wie J. horizontalis 'Glauca'.

J. horizontalis 'Wiltonii'
(= J. horizontalis 'Blue Wiltonii'; J. horizontalis 'Wilton Carpet'; J. horizontalis 'Blue Rug')

Wuchs: Flach teppichförmig ausgebreitet, sehr dicht verzweigt, langsam wachsend.

Größe: Etwa 10 bis 15 cm hoch und 2 m breit.

Blätter: Nadeln sehr klein, silberblau.

Verwendung: Wegen des schwachen Wuchses und der attraktiven silberblauen Benadelung besonders geeignet für kleinflächige Bepflanzungen, Tröge, Stein- und Heidegärten.

Juniperus x media 'Gold Coast'

J. x media 'Gold Coast'
(= J. chinensis 'Gold Coast')

Wuchs: Kompakt und breitbuschig flach wachsende Strauchform, Hauptäste horizontal ausgebreitet bis leicht ansteigend, dicht verzweigt, Triebspitzen übergeneigt.

Größe: Sicherlich 3 m breit und 1 m hoch.

Blätter: Schuppen- bis nadelförmig, Triebspitzen goldgelb, im Winter dunkler.

Standort: Sonnig bis leicht absonnig.

Boden: Anspruchslos, auf allen trockenen bis feuchten Böden, sauer bis alkalisch.

Eigenschaften: Gut frosthart, gesunde Selektion.

Verwendung: Einzelstellung, Gruppen.

J. x media 'Mint Julep'
(= J. chinensis 'Mint Julep')

Wuchs: Breit aufrechte Strauchform mit bogig auseinanderstrebenden Ästen und elegant überhängenden Zweigspitzen; erinnert sehr stark an einen intensiv grünen, kompakt wachsenden „Pfitzer".

Juniperus x media 'Mint Julep'

Größe: 1,5 bis 2 (2,5) m hoch und in 30 bis 40 Jahren 3 bis 4 m breit. Jahreszuwachs in der Höhe 10 cm, in der Breite 15 cm.

Blätter: Schuppenförmig, auffallend leuchtendes Mittelgrün.

Standort: Sonnig bis leicht absonnig.

Boden: Auf allen trockenen bis frischen, mäßig nährstoffreichen Substraten, sauer bis alkalisch.

Eigenschaften: Anspruchslose, gesunde und gut winterharte Form, industrie- und stadtklimafest.

Verwendung: Wegen des eleganten Wuchses und der leuchtend grünen Farbe eine wertvolle Bereicherung des Sortiments. Kann von der Wuchsform überall da eingesetzt werden, wo der gute alte Pfitzer einfach zu groß wird. Einzelstellung und Gruppenpflanzung in Garten- und Parkanlagen; Vorgärten, Rabatten, an Terrassen, Heide- und Steingartenanlagen; sehr gut geeignet für Flächenbegrünungen, Böschungen, Kübelbepflanzung.

J. x media 'Old Gold'
(= J. chinensis 'Old Gold')

Mutation an 'Pfitzeriana Aurea', entstanden um 1958.

Wuchs: Langsam und sehr kompakt wachsende Strauchform mit ausgebreiteter, dichter Bezweigung, flacher und langsamer im Wuchs als 'Pfitzeriana Aurea'.

Größe: Bis 1 (bis 2) m hoch und etwa 2,5 bis 3 m breit. Jahreszuwachs in der Höhe 5 cm, in der Breite 15 cm.

Juniperus x media 'Old Gold'

759

JUNIPERUS

Blätter: Schuppen- bis nadelförmig, wunderschön goldgelb, auch im Winter.

Standort: Sonnig bis leicht absonnig.

Boden: Auf allen mäßig trockenen bis frischen Substraten, sauer bis stark alkalisch.

Eigenschaften: Extrem winterhart, anspruchslos, widerstandsfähig gegen Immissionen, stadtklimafest.

Verwendung: Besonders gut geeignet zur Belebung und Kontrastierung von Pflanzungen, Einzelstellung, Gruppenpflanzungen und Flächenbegrünung, für größere Steingarten- und Heideanlagen.

J. x media 'Pfitzeriana',
Grüner Pfitzer-Wacholder
(= J.chinensis 'Pfitzeriana')

Wohl die bekannteste und am weitesten verbreitete aller Sorten. Wird auch als „Großvater" der Juniperus-Formen bezeichnet. 1899 von L. SPÄTH in den Handel gegeben.

Wuchs: Starkwüchsiger, breit ausladender, malerischer Strauch, Äste weit trichterförmig gestellt, untere Zweigetagen waagerecht bis bodenaufliegend, rasch wachsend.

Größe: 3 bis 4 m hoch und 4 bis 6 m breit, im Alter bis 8 m breit.

Blätter: Teils schuppen-, teils nadelförmig, blaugrün.

Standort: Sonnig bis absonnig (halbschattig).

Früchte: Männliche Pflanze.

Boden: Anspruchslos, auf allen trockenen bis feuchten Böden, sauer bis alkalisch.

Eigenschaften: Extrem frosthart, widerstandsfähig gegen Immissionen, stadtklimafest, verträgt auch trockene, halbschattige Standorte unter Bäumen, schnittfest, Rückschnitt problemlos.

Verwendung: Kraftvolle Schönheit und Unverwüstlichkeit sind in dieser Pflanze vereint. Freistehende Exemplare entwickeln sich zu sehr ausdrucksstarken, malerischen Pflanzengestalten (auch in öffentlichen Parkanlagen!). Noch schöner wirken J. chinensis 'Pfitzeriana', wenn man sie mit aufstrebenden, säulenförmigen Koniferen zu ausgewogenen Gruppen verbindet. Hochgebunden können sie auch als robuste, immergrüne Abpflanzungen verwendet werden. Beliebt und gern gepflanzt als „Bewacher" von Hauseingängen.

Anmerkung: Dieser Pflanze hätte man auf Grund ihrer großen Gartenverdienste längst eine Auszeichnung verleihen müssen.

Juniperus x media 'Pfitzeriana Aurea'

J. x media 'Pfitzeriana Aurea',
Gelber Pfitzer-Wacholder

1923 bei D. HILL in Amerika entstanden und 1937 eingeführt.

Wuchs: Breit ausladender Strauch, Äste bogig abstehend, trichterförmig gestellt, untere Zweigetagen waagerecht bis bodenaufliegend, rasch wachsend.

Größe: 2,5 bis 3,5 m hoch und 3,5 bis 5 m breit, im Alter 6 bis 7 m breit.

Blätter: Teils schuppen-, teils nadelförmig, scharf zugespitzt, junge Triebe goldgelb, später gelbgrün.

Standort: Sonnig bis absonnig.

Boden: Anspruchslos, auf allen trockenen bis feuchten Böden, sauer bis alkalisch.

Eigenschaften: Extrem frosthart, widerstandsfähig gegen Immissionen, stadtklimafest, verträgt auch trockene Standorte, schnittfest, Rückschnitt problemlos.

Verwendung: Einzelstellung, Gruppen, Flächen.

J. x media 'Pfitzeriana Compacta'
(= J. chinensis 'Pfitzeriana Compacta')

Um 1930 bei BOBBINK & ATKINS, Rutherford, USA, entstanden. In Amerika als 'Nick's Compact' im Handel.

Wuchs: Gedrungen und flach wachsende Form, Äste auffallend horizontal ausgebreitet, dicht verzweigt, schwächer im Wuchs als 'Pfitzeriana'.

Größe: In 12 Jahren etwa 1,8 m breit, aber nur 30 bis 50 cm hoch (KRÜSSMANN). Sicher 0,8 m hoch und 2,5 bis 3 m breit.

Blätter: Anteil der Nadelblätter höher als bei 'Pfitzeriana', graugrün.

Standort und Boden wie 'Pfitzeriana'.

Eigenschaften: Ebenso hart und anspruchslos wie 'Pfitzeriana'.

Verwendung: Im Ausbreitungsdrang gemäßigter,

sozusagen ein „zahmer" 'Pfitzer', den man noch sehr gut in kleineren Gartenräumen verwenden kann, ohne daß er in Kürze Eingänge, Wege, Treppen und Sitzplätze hoffnungslos versperrt. J. chinensis 'Pfitzeriana Compacta' ist auch ein wertvoller Flächenbegrüner.

J. x media 'Plumosa Aurea',
Gelber Moos-Wacholder
(= J. chinensis 'Plumosa Aurea', J. chinensis procumbens aurea)

Wuchs: Aufrecht und breitbuschig wachsende Zwergform, Äste unregelmäßig, trichterförmig ansteigend, Spitzen übergeneigt, Seitenzweige dicht, kurz, etwas fächerartig stehend, langsam wachsend.

Juniperus x media 'Plumosa Aurea'

Größe: 2 bis 3 m hoch und 3 bis 4 m breit (in 30 bis 40 Jahren). Jahreszuwachs in der Höhe 5 bis 8 cm, in der Breite 10 cm.

Blätter: Leuchtend goldgelb, im Winter bronzegelb, schuppenförmig.

Standort: Sonnig bis leicht absonnig.

Boden: Auf allen mäßig trockenen bis frischen Böden, sauer bis alkalisch.

Eigenschaften: Sehr frosthart, industriefest, Nadeln können bei starker Sonneneinstrahlung leiden.

Verwendung: Die schönste und farbenprächtigste Form in dieser Gruppe, die überall da eingesetzt werden kann, wo Belebung und Kontrast in der Pflanzung gewünscht werden. Einzelstellung; Stein-

und Heidegärten, Gehölzrabatten, Tröge und Grabbepflanzungen. Herrlich z. B. in einem Teppich aus Juniperus horizontalis 'Glauca', Ajuga reptans 'Atropurpurea' oder dunkelgrünlaubigen Erica carnea-Sorten.

J. procumbens 'Nana'

Die Wildart ist in den japanischen Gebirgen beheimatet.

Wuchs: Niederliegender, mattenartiger Zwergstrauch, Äste steif, flach ausgebreitet, dicht besetzt mit schräg-aufrechten Kurztrieben.

Größe: 1 bis 1,5 m breit und 40 cm hoch.

Blätter: Nadelartig, in Quirlen zu 3, 6 bis 8 mm lang, scharf zugespitzt, bläulichgrün.

Standort: Sonnig bis leicht absonnig.

Boden: Auf allen trockenen bis frischen, gut durchlässigen, auch armen Böden, sauer bis alkalisch.

Eigenschaften: Gesund und frosthart.

Verwendung: Eine sehr schöne, wertvolle Kriechform, für Steingärten, Felspartien, Kübel, Hochbeete, Mauern und Tröge.

Juniperus procumbens 'Nana'

J. rigida S. & Z.,
Mähnen-Wacholder, Nadel-Wacholder

Wurde 1861 von VEITSCH nach Europa eingeführt.

Verbreitung: Japan, Korea, Mandschurei. In Japan häufig in der Umgebung von Tempeln gepflanzt.

Wuchs: Strauch oder kleiner Baum mit aufrechten Hauptstämmen und horizontal weit ausgebreiteten

Juniperus rigida im Botanischen Garten Greifswald

Seitenästen, Bezweigung mähnenartig herabhängend, sehr malerisch.

Größe: 4 bis 6 m hoch, im Alter meist etwas breiter als hoch.

Blätter: Immergrün, Nadeln quirlig zu dritt stehend, 15 bis 25 mm lang, sehr steif, spitz und stechend, frischgrün bis mittelgrün, im Winter auch etwas bräunlich verfärbend.

Früchte: Kugelige Beerenzapfen, 6 bis 8 mm dick, schwarzblau, bereift, reifen im zweiten Jahr.

Standort: Sonnig, Freistand!

Boden: Nicht anspruchsvoll, auf allen trockenen bis feuchten, sauren bis alkalischen Substraten.

Eigenschaften: Ausreichend frosthart.

Verwendung: Mit seinen horizontalen Ästen und den mähnenartig herabhängenden Zweigen eine ausgesprochen malerische Erscheinung. Dieser ausdrucksstarke Wacholder sollte viel mehr beachtet werden. Die Engländer haben ihn längst für sich entdeckt. Die erste Bekanntschaft mit diesem schönen Gehölz machte ich als Student in den sechziger Jahren bei meinen KARL FOERSTER-Besuchen in Potsdam-Bornim. Unweit des Hauses stand ein mit Festuca scoparia und flachen Stauden unterpflanztes Exemplar. Ein weiterer Mähnen-Wacholder, der meinen beruflichen Weg kreuzte, war eine schon sehr alte Pflanze, die wir mit einem Riesenaufwand, aber auch erfolgreich, 1976 vom alten Botanischen Garten Hamburg in die neu geschaffene Anlage verpflanzten, wo sie kaum angewachsen, nochmals den Platz wechseln mußte. Im Arboretum des Botanischen Gartens Greifswald entdeckte ich 1992 eine schön gewachsene Gruppe dieser herrlichen Wacholder-Art.

J. sabina 'Femina', Weiblicher Sadebaum

Verbreitung der Wildart: Gebirge von Süd-Europa und dem südlichen Mitteleuropa, Kleinasien, Kaukasus und Sibirien. Auf kalkhaltigen Felsböden, in Steppenrasen, lichten Kiefern- und Lärchenwäldern. Besiedelt im Alpenbereich Trockentäler und Trockenrasengebiete.

Wuchs: Breitbuschig wachsender, niedriger Strauch, Äste ausgebreitet, niederliegend bis schräg ansteigend, langsam wachsend.

Größe: 1 bis 1,5 m hoch und 4 bis 5 (6) m breit.

Blätter: Meist schuppenförmig, dicht anliegend, dunkelgrün; Blätter gerieben scharf und unangenehm riechend.

Früchte: Kugelige bis eirunde Beerenzapfen, 5 bis 7 mm dick, blauschwarz, bereift, reifen im Herbst des 1. oder Frühjahr des 2. Jahres.

Standort: Sonnig bis absonnig (halbschattig).

Boden: Anspruchslos, auf allen trockenen bis frischen, durchlässigen, auch ärmeren Böden, sauer bis alkalisch.

Eigenschaften: Völlig frosthart, trockenresistent, stadtklimafest, schattenverträglich, gut schnittfest, Rückschnitt problemlos.

Verwendung: Einzelstellung, Gruppenpflanzung, Flächenbegrünung in Stein-, Heide- und Naturgärten.

Anmerkung: Der Sadebaum ist in allen Teilen sehr giftig! Hauptwirkstoff ist ein ätherisches Öl. Es enthält 20% Sabinen, 40% Sabinylacetat und Thujon.

J. sabina 'Mas', Männlicher Sadebaum

Wuchs: Die männliche Form des Sadebaumes wird höher und wächst weit ausgebreitet, dichtbuschig,

Äste schräg aufsteigend mit übergeneigten Triebenden, mäßig stark wachsend.

Größe: 1,5 bis 2 m hoch und 5 bis 7 (8) m breit. Jahreszuwachs in der Höhe 10 cm, in der Breite 20 cm.

Blätter: Meist nadelförmig, stechend, oben bläulich, unten grün, im Winter mit etwas purpurnem Anflug.

Standort, Boden, Eigenschaften und Verwendung wie J. sabina 'Femina'.

Anmerkung: Dieser Typ wird als männliche Pflanze angesehen, obwohl an alten Pflanzen vereinzelt Früchte gebildet werden.

J. sabina 'Rockery Gem' (= J. x media 'Rockery Gem')

Wuchs: Niedrige, gleichmäßig flach wachsende Form, Zweige sehr dicht, waagerecht abstehend und teilweise dem Boden aufliegend, rasch wachsend.

Juniperus sabina 'Rockery Gem'

Größe: 2 bis 3,5 m breit und 40 bis 50 cm hoch. In 8 Jahren 2,8 m breit und 40 cm hoch.

Blätter: Nadelförmig bis schuppenförmig, stechend, blaugrün.

Standort und Boden wie 'Pfitzeriana'.

Eigenschaften: Sehr robust, frosthart und anspruchslos. Leider gelegentlich auch pilzanfällig.

Verwendung: Steingärten, Heideanlagen; sehr wüchsiger Flächenbegrüner.

J. sabina 'Tamariscifolia', Tamarisken-Wacholder

Wuchs: Niedrige, flach wachsende Form, Äste waagerecht ausgebreitet, sich in mehreren Schichten etagenförmig überdeckend, Zweiglein gedrängt, kurz, schräg aufwärts gerichtet.

Juniperus sabina 'Tamariscifolia'

Größe: 0,5 bis 0,8 m hoch und 2 bis 2,5 m breit. Jahreszuwachs in der Höhe 3 cm, in der Breite 10 bis 15 cm.

Blätter: Nadelartig, kurz, scharfspitzig, hellgrün bis bläulichgrün.

Standort: Sonnig.

Boden: Anspruchslos, auf allen trockenen bis frischen, durchlässigen, auch ärmeren Böden, sauer bis alkalisch.

Eigenschaften: Besonders frosthart, verträgt Hitze und Trockenheit, ist industrie- und stadtklimafest, wird leider in letzter Zeit von einer Pilzkrankheit befallen.

Verwendung: Eine wunderschöne Horizontalform, die einen herrlichen, blaugrünen Sockel unter Wacholder- und Scheinzypressen-Säulen bildet. Einzelstellung, Gruppenpflanzung, Flächenbegrünung, Heide-, Stein- und Dachgärten, Bekleidung von Treppenläufen, Begrünung von Böschungen, Trog- und Grabbepflanzung.

J. scopulorum 'Blue Haven'

(Von den PLUMFIELD NURSERIES, Fremont, Nebraska, vor 1963 selektiert)

Wuchs: Aufrechte, locker und regelmäßig wachsende Kegelform.

Größe: Etwa 2,5 (3) m hoch.

Blätter: Benadelung das ganze Jahr über attraktiv graugrünblau.

Verwendung: Sehr robuste und absolut frostharte, auffallend reichfruchtende Form.

J. scopulorum 'Moonglow'
(= J. virginiana 'Moonglow')

Wuchs: Gleichmäßig aufrechte, breite Säulenform.

Größe: 4 (6) bis 7 (8) m hoch und 1 bis 1,2 (1,50) m breit.

Blätter: Benadelung silberblau.

Eigenschaften: Extrem frosthart, in Kanada bis minus 36 °C vertragend (HACHMANN).

Verwendung: Sehr wertvolle, konstant silbrigblaue Säulenform.

J. scopulorum 'Skyrocket',
Raketen-Wacholder, Blauer Zypressen-Wacholder
(= J. virginiana 'Skyrocket')

1949 in der Natur aufgefunden.

Wuchs: Eine straff aufrecht wachsende, extrem schmale Säulenform mit senkrecht ansteigenden Ästen und dichter, anliegender Bezweigung.

Größe: 6 bis 8 m hoch und 0,8 bis 1 m breit. Jahreszuwachs in der Höhe 20 cm, in der Breite 5 cm.

Blätter: Schuppen- bis nadelförmig, sehr schön blaugrau.

Standort: Sonnig.

Boden: Anspruchslos, auf allen trockenen bis frischen, nicht zu nährstoffreichen Substraten.

Eigenschaften: Zuverlässig winterhart, stadtklimafest.

Verwendung: Der Zypressen-Wacholder ist sicherlich die eindeutigste Säulenform aller Nadelgehölze. Wir können ihn bestens verwenden als klares, raumbestimmendes Element. Mit seinem schmalen Wuchs erinnert er uns an die schlanken Zypressen des Südens und ist daher auch ein wichtiger Partner für das südländische Gartenmotiv. Lavendel, Rosmarin und die immer beliebter werdenden Kübelpflanzen gehören in seine Nähe. Sehr schön aber auch in Rosengärten mit teppichbildenden Wacholdern, Gräsern und Polsterstauden. Sollte möglichst immer in Gruppen gepflanzt werden.

Anmerkung: Damit die schöne Säulenform auch im Alter dicht, geschlossen und gegen Schneedruck stabil bleibt, wird ein Pinzieren der Seitenzweige empfohlen. Bitte nicht auf zu schwere, feuchte und nahrhafte Böden setzen, Wurzelsystem dann sehr instabil, größere Pflanzen benötigen lange eine Halterung.

J. scopulorum 'Wichita Blue'

Wuchs: Aufrechte, dicht verzweigte Säulenform, im Alter mehr breit und locker pyramidal.

Größe: Etwa 4 bis 6 m hoch und bis 1,5 m breit.

Blätter: Benadelung konstant leuchtend silbrigblau.

Eigenschaften: Extrem frosthart.

Verwendung: Eine der besten amerikanischen J. scopulorum-Selektionen, deren Benadelung auch in den Wintermonaten intensiv silbrigblau gefärbt ist.

J. squamata 'Blue Carpet'

Juniperus squamata 'Blue Carpet'

Vor 1972 entstanden bei SCHOEMAKER, Holland.

Wuchs: Zwergstrauch, flach ausgebreitet, Zweige langtriebig, dicht, unregelmäßige Kissen bildend, Triebspitzen leicht abwärts geneigt, langsam wachsend.

Größe: 0,3 bis 0,5 m hoch und 1,5 bis 2,5 (3) m breit. Jahreszuwachs in der Höhe 3 cm, in der Breite 10 (20) cm.

Blätter: Nadelartig, dichtstehend, 6 bis 10 mm lang und bis 1,5 mm breit, intensiv stahlblau.

Standort: Sonnig.

Boden: Anspruchslos, auf allen trockenen bis frischen, durchlässigen, auch ärmeren Böden, sauer bis alkalisch.

Juniperus scopulorum 'Skyrocket'

Eigenschaften: Frosthart.

Verwendung: Wertvolle Zwergform, die 1976 auf der Flora-Nova in Boskoop mit einer Goldmedaille ausgezeichnet wurde. Einzelstellung, Gruppenpflanzung, Flächenbegrünung, Heide-, Stein- und Dachgärten, sehr attraktiv in Schalen und Trögen.

Juniperus squamata 'Blue Star'

J. squamata 'Blue Star'

Entstanden aus einem Hexenbesen an J. squamata 'Meyeri' um 1950.

Wuchs: Dichtbuschig und kompakt wachsende Zwergform, die sich im Alter unregelmäßig breitkugelig entwickelt, langsam wachsend.

Größe: Bis 1 m hoch und 1,5 (bis 2) m breit. Jahreszuwachs in der Höhe 3 cm, in der Breite 6 cm.

Blätter: Nadelartig, 6 bis 10 mm lang und bis 1,5 mm breit; sehr dicht stehend, scharf zugespitzt, herrlich silberblau.

Standort: Sonnig.

Boden: Anspruchslos, trockener bis frischer, gut durchlässiger Boden, sauer bis alkalisch.

Eigenschaften: Besonders winterhart.

Verwendung: Kostbare, auffallend silberblaue Zwergform, die sich hervorragend für die pflanzliche Ausgestaltung und farbliche Belebung auch kleinster Gartenmotive eignet. Heide-, Stein- und Dachgärten, Gräber, sehr ansprechend in winterlicher Schalen- und Trogbepflanzung.

J. squamata 'Loderi'
(= J. x pingii 'Loderi')

Um 1926 bei SIR EDMUND LODER entstanden.

Juniperus squamata 'Loderi'

Wuchs: Niedrige, etwas breitbuschige Säulenform, in der Jugend schlank kegelförmig, später lockerer, Äste und Zweige dicht stehend, aufrecht, im Alter gelegentlich strauchig.

Größe: Bis 1,5 m hoch und 0,8 bis 1 m breit.

Blätter: Nadelförmig, spitz, blaugrün.

Standort: Sonnig.

Boden: Anspruchslos, trockener bis frischer, gut durchlässiger Boden, sauer bis alkalisch.

Verwendung: Einzelstellung in Steingärten und Heideanlagen.

J. squamata 'Meyeri', Blauzeder-Wacholder

Juniperus squamata 'Meyeri'

Wuchs: Aufrechter Großstrauch mit unregelmäßig trichterförmig aufsteigenden, kräftigen Hauptästen und zahlreichen kurzen Seitentrieben, Zweigspitzen überhängend, im Alter sehr locker und offen, langsam wachsend.

Größe: 3 bis 5 (bis 6) m hoch und 2 bis 3 m breit.

Blätter: Nadelartig, 6 bis 10 mm lang, bis 1,5 mm breit, sehr dicht stehend, ausgeprägt silberblau.

Standort: Sonnig bis absonnig.

Boden: Anspruchslos, auf allen mäßig trockenen bis frischen Substraten, sauer bis alkalisch.

Eigenschaften: Sehr frosthart, hitzeverträglich, stadtklimafest, schnittverträglich.

Verwendung: Einzelstand, Gruppenpflanzung in Hausgärten und Parkanlagen.

Anmerkung: Um ein Verkahlen zu verhindern, wird ein regelmäßiger Rückschnitt oder ein Verjüngungsschnitt in gewissen Zeitabständen empfohlen.

J. virginiana 'Canaertii', die Wildart wird in Amerika Eastern Red Cedar genannt

Verbreitung der Wildart: Von flachgründigen, trockenen, armen Kalkfelsböden bis hin zu Überschwemmungsebenen und sumpfigen Standorten, häufig auch als Pioniergehölz in zerstreuten Reinbeständen auf nicht mehr bewirtschafteten Ländereien. Von Nord-Dakota und Minnesota bis Maine; südlich bis Texas und Nord-Florida.

Juniperus virginiana 'Canaertii'

Wuchs: Schlank und dicht aufstrebender, hoher Strauch, im Alter lockere, aber dennoch geschlossene, mehr ovale Säulen bildend, Äste straff aufrecht, Zweige kurz und dicht gedrängt mit überhängenden Triebspitzen. Die Wildform, J. virginiana, wird auch bei uns baumförmig bis 15 m hoch.

Größe: 6 bis 8 m hoch und 2 bis 3 m breit. In 30 Jahren etwa 5 m hoch, Endhöhe sicherlich um 10 m. Jahreszuwachs in der Höhe 20 cm, in der Breite 8 (bis 10) cm.

Blätter: In Jungtrieben schuppenförmig, an älteren vielfach pfriemlich, 5 bis 7 mm lang mit scharfer, nicht stechender Spitze, auffallend tiefgrün.

Früchte: Sehr zahlreich, klein, blauweiß, bereift; sie bilden einen sehr schönen Kontrast zu den tiefgrünen Nadeln.

Boden: Toleriert alle Böden, auch sehr ungünstige Standortsituationen, gleich, ob trocken-sandig, nährstoffarm, kiesig oder lehmig; gedeiht sowohl in sauren wie auch in stark kalkhaltigen Böden; liebt tiefgründige, nährstoffreiche, gut durchlässige Standorte in offener, sonniger Lage.

Eigenschaften: Sehr winterhart, anpassungsfähig gegen Immissionen, sehr widerstandsfähig, übersteht Dürreperioden schadlos, hitzeverträglich, verträgt Schatten nur in der Jugend.

Verwendung: Sehr schönes, edles Nadelgehölz, das durch seinen malerischen Säulenwuchs, die auffallend tiefgrüne Farbe und die dekorativen, perlenartigen Beerenzapfen besticht. Eine sehr gute Vertikalform für Einzelstellung und Gruppenpflanzung; bestens geeignet, um streng geometrische Akzente zu setzen; dekorativer Raumbildner. Gute Gesprächspartner wären hier z. B. J. chinensis 'Pfitzeriana Compacta', J. chinensis 'Mint Julep', aber auch flachwachsende Taxus-Formen, die durch ihre eindeutige Horizontalgestalt das rechte Gegengewicht zu den Säulen bilden. Ganz ausgezeichnet ließen sich derartige Koniferengruppen mit Rosen, Stauden, Gräsern und polsterartigen Bodendeckern zu überzeugenden Gartenbildern verbinden.

Anmerkung: Der Virginische Wacholder ist in allen Teilen giftig!

J. virginiana 'Glauca',
Virginischer Blau-Wacholder

Wuchs: Säulenförmiger Großstrauch, zunächst geschlossen aufrecht, später lockerer und offener, Äste unregelmäßig aufrecht bis schräg abstehend.

Größe: 6 bis 10 m hoch und (1,5) 2 bis 5 m breit. Jahreszuwachs in der Höhe 25 cm, in der Breite 10 cm.

Blätter: Schuppenförmig, klein, angedrückt, im

Juniperus virginiana 'Glauca'

Innern der Pflanze auch nadelförmig, intensiv stahlblau.

Früchte: 6 mm dick, rund, blaubereift.

Boden: Wie J. virginiana 'Canaertii'.

Verwendung: Eine völlig harte, anspruchslose, durch Farbe und Wuchs sehr wirkungsvolle Solitärkonifere, die zur farblichen Belebung und Kontrastierung, besonders von immergrünen Pflanzungen, beiträgt.

J. virginiana 'Grey Owl'

Wurde 1949 von der Baumschule J. GROOTENDORST eingeführt.

Wuchs: Breitwüchsige Strauchform mit kräftigen, schräg aufsteigenden bis waagerecht ausgebreiteten Ästen und überhängenden Triebspitzen. Im Wuchs ähnlich wie J. chinensis 'Pfitzeriana'.

Größe: 2 bis 3 m hoch und 5 bis 7 (8) m breit. Jahreszuwachs in der Höhe 10 cm, in der Breite 20 cm.

Blätter: Schuppenförmig, anliegend, im Inneren der Pflanze auch nadelförmig, graugrün bis graublau.

Standort: Sonnig.

Boden: Wie J. virginiana 'Canaertii'.

Eigenschaften: Frosthart, hitzeverträglich, stadtklimafest.

Verwendung: Eine der schönsten und makellosesten Strauchformen des Juniperus-Sortiments mit großen Einsatzmöglichkeiten. Einzelstellung und Gruppenpflanzungen in Garten- und Parkanlagen.

Juniperus virginiana 'Grey Owl'

Ausgezeichnet als Abstufung und Sockel für stark wachsende Koniferensäulen wie Chamaecyparis oder Thuja. Kann genauso wie der altbewährte Pfitzer als „Bewacher" von Hauseingängen eingesetzt werden. Wegen des gefälligen, natürlichen Wuchses und der stahlgraublauen Nadelfärbung gerade in Rosen-, Stauden- und Heidegärten ein wichtiger Partner. Fantastischer Hintergrund für orangefarbene und rote Knap Hill-Azaleen. Sehr schön zusammen mit Buddleja alternifolia, Pyrus salicifolia, Salix helvetica, Caryopteris und Perovskia.

J. virginiana 'Hetz'
(= J. chinensis Hetzii; J. x media 'Hetzii', J. chinensis glauca 'Hetz')

Eingeführt um 1930 aus den USA.

Juniperus virginiana 'Hetz'

Wuchs: Kraftvoll breit ausladender Großstrauch mit zunächst horizontalen, später schräg aufsteigenden Hauptästen und locker abstehender Bezweigung, rasch wachsend.

Größe: 3 bis 5 m hoch und mindestens ebenso breit, im Alter (nach 30 bis 40 Jahren) 5 bis 7 m breit! Jahreszuwachs in der Höhe 20 bis 25 cm, in der Breite 30 cm.

Blätter: Meist schuppenförmig, klein, ausgesprochen graublau.

Standort: Sonne.

Boden: Anspruchslos, auf allen trockenen bis frischen, auch nährstoffärmeren Substraten, sauer bis stark alkalisch.

Eigenschaften: Frosthart, gesund und anspruchslos, stadtklimafest, verträgt sommerliche Hitze und Trockenheit erstaunlich gut.

Verwendung: Einzelstellung, aber auch sehr gut für größere Gruppen und Flächenbegrünungen in Parkanlagen und Friedhöfen.

Larix decidua, 600-800jährige Bäume im Stafelwald, 1980 m hoch, Saas Fee, Schweiz

LARIX

LARIX MILL.
Lärche – Pinaceae,
Kieferngewächse

L. decidua MILL.,
Europäische Lärche
(= L. europaea)
Lat. deciduus = hinfällig, abfallend,
bezieht sich auf die Nadeln

Larix decidua

Verbreitung: Auf nährstoffreichen, frischen, durchlässigen und gut durchlüfteten Böden, sowohl auf Kalk- als auch auf Urgestein in der hochmontanen und subalpinen Nadelwaldstufe der Alpen, wo sie bis auf 2400 m emporsteigt und meist mit Pinus cembra, seltener mit Pinus mugo, Picea abies, Abies alba und Fagus sylvatica vergesellschaftet auftritt.

Wuchs: Sommergrüner, hoher Baum mit regelmäßiger, meist schmal kegelförmiger Krone und gerade durchgehendem Stamm, Äste waagerecht ausgebreitet oder ansteigend, Zweige relativ dünn und oft lang herabhängend, rasch wachsend.

Größe: 25 bis 35 (45) m hoch und (8) 12 bis 15 (20) m breit. Jahreszuwachs in der Höhe 45/50 cm, in der Breite 25/30 cm.

Rinde: Junge Triebe kahl, gelblich, im Alter dunkelrotbraune Schuppenborke, bis 10 cm dick.

Blätter: Sommergrün, nadelförmig, zu 30 bis 40 im Büschel, 10 bis 30 mm lang, zart, hellgrün, Herbstfärbung spät, leuchtend gelb bis goldgelb.

Blüten: Weibliche Blüten eiförmig, 1 bis 1,5 cm lang, aufrecht, rosa bis purpurrot, männliche

Larix decidua – eine stattliche, etwa 200 Jahre alte Lärchenallee in Schwerin

Blüten walzen- bis eiförmig, 0,5 bis 1 cm lang, schwefelgelb, Lärchenblüten sind außerordentlich attraktiv; April.

Früchte: Eiförmig, braun, 2,5 bis 4 cm lang mit 40 bis 50 Samenschuppen, deren Rand nicht umgebogen ist (Gegensatz zu L. kaempferi).

Wurzel: In der Regel ein tiefreichendes, intensives Herzwurzelsystem, auf Ton- und Naßböden flach.

Standort: Sonnig, frei! Benötigt zur vollen Kronenentwicklung reichlich Standraum und volles Licht, liebt rege Luftbewegung und relativ geringe Luftfeuchtigkeit.

Boden: Bevorzugt nährstoffreiche, tiefgründige, gut belüftete, frische bis mäßig trockene Böden, ist anpassungsfähig an den pH-Wert, gedeiht sowohl auf Kalk als auch auf Urgestein (schwach sauer bis alkalisch). Am Naturstandort meist auf lehmig-tonigen, aber auch mittelgründigen, sandigen Böden. Begnügt sich mit Jahresniederschlägen um 450 mm!

Eigenschaften: Sehr frosthart, als Hochgebirgsbaum benötigt sie wenig Wärme, Dürrezeiten werden aufgrund des tiefreichenden Wurzelwerkes gut überstanden, sie besitzt deshalb auch große Sturmfestigkeit; junge Pflanzen gut schnittfest. Lär-

Larix decidua

Larix decidua

chennadeln sind sauer und zersetzen sich sehr langsam; Rinde ist stark gerbstoffhaltig; das Holz ist harzreich, schwer, zäh und elastisch. Es ist das härteste und dauerhafteste Holz unserer Nadelbäume, außerordentlich widerstandsfähig gegen Nässe, im Unterwasserbau genauso wertvoll wie Eiche. Ihr Alter liegt zwischen 200 bis 400 Jahren. Lärchen können aber auch bis 800 Jahre alt werden. Im berühmten Stafelwald in Saas Fee, Schweiz, stehen 600 bis 800jährige Bäume.

Verwendung: Lärchen sind die anmutigsten und

"freundlichsten" Nadelgehölze. Sie sind zur Zeit des Frühjahrsaustriebes und der prächtigen Herbstfärbung von unvergleichlicher Zartheit und Schönheit. Herrlicher Nadelbaum für Einzelstellung und Gruppenpflanzung in größeren Gärten und Parkanlagen. Gutes Bindeglied zwischen immergrünen Nadelbäumen und Laubgehölzen. Wegen der tiefgehenden Wurzeln und der sehr lichtdurchlässigen Krone eine ideale Begleitpflanze für die Vergesellschaftung mit Rhododendron, schattenliebenden Blütengehölzen, Wildstauden, Gräsern, Farnen und Blumenzwiebeln. Baum für Waldwirtschaft

und freie Landschaft. Bei fachgerechter Pflege ein herrliches Heckengehölz. Lärchenhecken sind zwar sehr pflegeaufwendig, gehören aber zu den allerschönsten lebenden Raumteilern (Sommerschnitt).

Anmerkung: Beste Pflanzzeit für Lärchen sind die Monate März/April, kurz vor dem Austrieb. Lärchen sind lichthungrig. Zur vollen Entwicklung benötigen sie genügend Standraum! Unter dem Seitendruck anderer Bäume gibt es unweigerlich Kronenschäden.

Ökologie: Habicht und Sperber bevorzugen als Horstbäume Lärchen (BIER).

L. decidua 'Pendula', Hänge-Lärche

Wuchs: Mittelgroßer Baum, mitunter aber auch flach ausgebreitet, Hauptstamm unregelmäßig aufsteigend, oft schiefwüchsig mit mehreren Gipfeltrieben, Äste und Seitenzweige malerisch überhängend, an alten Exemplaren sehr dekorative Schleppen bildend. Rasch wachsend.

Größe: Sehr unterschiedlich, je nach Wuchsform, kann bis 15 m hoch werden.

Blätter: Sommergrün, nadelartig, zu 30 bis 40 im Büschel, 10 bis 30 mm lang, zart, hellgrün, Herbstfärbung spät, leuchtend gelb bis goldgelb.

Weitere Merkmale wie L. decidua.

Verwendung: Äußerst dekorative Hängeform für absolute Einzelstellung. Herrliches Herbstfärbergehölz.

L. kaempferi (LAMBERT) CARR., Japanische Lärche (= L. leptolepis)

Benannt nach dem deutschen Arzt und Botaniker E. KAEMPFER (1651–1716)

Verbreitung: Japan (Hondo), auf vulkanischen Bergabhängen in kalten und wintertrockenen Gebirgslagen bei Höhen um 1200 bis 2000 m.

Wuchs: Hoher, sommergrüner Nadelbaum mit breit ausladender, kegelförmiger Krone, Äste auffallend waagerecht abstehend (nicht überhängend!).

Größe: 25 bis 30 m hoch und 10 bis 15 m breit. Jahreszuwachs in der Höhe ca. 50 cm, in der Breite ca. 25 cm.

Rinde: Jungtriebe rötlichbraun, gefurcht, oft bereift, behaart bis kahl, im Alter rotbraune bis graubraune, tiefgefurchte Schuppenborke.

Blätter: Sommergrün, nadelförmig, 20 bis 35 mm lang, weich, beiderseits blaugrün, Herbstfärbung goldgelb, spät.

Blüten: Weibliche Blüten eiförmig, gelblich, Deckschuppen mit schmalem, purpurfarbenem Rand, männliche Blüten walzen- bis eiförmig, klein, gelblich.

Früchte: Zapfen anfangs eirund, etwa 2 bis 3 cm lang, später durch die stark zurückgerollten(!) (nach außen gebogenen) Samenschuppen rosettenartig werdend.

Wurzel: Tiefgehend.

Standort: Sonnig, frei!

Boden: Benötigt frische bis feuchte, tiefgründige, nährstoffreiche Böden; steht genug Wasser zur Verfügung, gedeiht sie auch auf sauren Standorten, Staunässe wird gemieden; L. kaempferi braucht hohe Sommerniederschläge und viel Luftfeuchtig-

keit während der Vegetationszeit; sie gedeiht deshalb auch im Küstenbereich sehr gut. Auf zu trockenen Standorten versagt sie.

Eigenschaften: Bei genügend Boden- und Luftfeuchtigkeit ist sie allen anderen Lärchen-Arten überlegen, widerstandsfähig gegen Lärchenkrebs, gewisse Empfindlichkeit gegen Früh- und Spätfröste, Regenerationsvermögen bei mechanischen Verletzungen ist sehr stark ausgeprägt, schnittfest, gewisse Dürreempfindlichkeit.

Verwendung: Vorzüglicher Garten- und Parkbaum für Einzelstellung und Gruppenpflanzung. Überwältigende Gartenbilder ergeben sich, wenn man die hellgelbe bis warmgoldgelbe Herbstfarbe der Japanischen Lärche als Hintergrund für den zur selben Zeit feuerrot gefärbten Acer palmatum 'Osakazuki' benutzt.

Weitere Angaben siehe L. decidua.

L. kaempferi 'Blue Dwarf'

Von J. D. ZU JEDDELOH 1987 benannt und in den Handel gebracht. Entstanden aus einem Hexenbesen.

Wuchs: Niedrige, ballförmig bis breitrundlich gedrungen wachsende Zwergform, auch im Alter noch sehr dichtbuschig und kompakt.

Rinde: Junge Zweige orangebraun bis rosabraun, weiß bereift.

Blätter: Sommergrün, nadelförmig, sehr kurz, 3 bis 4 cm lang, blaugrau.

Standort: Sonnig bis leicht absonnig.

Boden: Wie L. kaempferi.

Eigenschaften: Sehr langsam wachsend, hart.

Verwendung: Zwerggehölz für Steingartenanlagen, Rhododendron- und Azaleengärten, Stauden- und Kleingehölzrabatten, größere Schalen, Tröge, Hochbeete und Friedhofsanlagen. Sehr dekorativ auch als veredeltes Kronenbäumchen.

L. kaempferi 'Diana', Korkenzieher-Lärche

Wuchs: Kleiner (bis mittelgroßer?) Baum, Äste und Zweige leicht korkenzieherartig gedreht, zunächst langsamwüchsig, dann stärker.

Größe: 8 bis 10 m hoch und 3 bis 5 m breit. Jahreszuwachs in der Höhe 25 cm, in der Breite 15 cm. In 15 bis 20 Jahren 7 m hoch.

Blätter: Sommergrün, nadelförmig, weich, Herbstfärbung goldgelb, spät.

Larix kaempferi

Larix kaempferi 'Diana'

Blüten, Früchte, Wurzel, Standort und Boden wie L. kaempferi.

Verwendung: Interessante Form der Japanischen Lärche mit korkenzieherartig gedrehten Zweigen. Einzelstellung, in größeren Pflanzgefäßen sehr dekorativ.

Man sollte die Wuchsstärke dieser Zierform nicht unterschätzen. Alte Exemplare erreichen sicherlich Höhen von 15 m.

L. kaempferi 'Grey Pearl'

Entstanden aus einem Hexenbesen. 1987 in Holland benannt.

Wuchs: Kompakte, kugelig wachsende Zwergform. Triebe sehr dicht stehend, im Alter unregelmäßig, langsamwüchsig.

Rinde: Junge Zweige orangebraun, violettweiß bereift, später mehr bräunlichgrau.

Blätter: Sommergrün, nadelförmig, 3 bis 4 cm lang, graugrün.

Standort: Sonnig bis leicht absonnig.

Boden: Wie L. kaempferi.

Verwendung: Sehr dekorative Kleinkonifere für Steingartenanlagen, Kleingehölz- und Staudenrabatten, Schalen, Tröge und Friedhofsanlagen. Geeignet als Kugelbäumchen.

L. kaempferi 'Little Blue Star'

Holländische Selektion, entstanden aus einem Hexenbesen. Wurde 1987 benannt.

Wuchs: Niedrige, kugelförmig bis breitrundlich gedrungen wachsende Zwergform.

Rinde: Junge Zweige orangebraun, violettweiß bereift, später grau.

Blätter: Sommergrün, nadelförmig, 3 bis 4 (bis 5,5) cm lang, blaugrau.

Standort: Sonnig bis leicht absonnig.

Boden: Wie L. kaempferi.

Verwendung: Eine sehr langsam wachsende Zwergform, die große Ähnlichkeit mit L. kaempferi 'Blue Dwarf' hat, aber etwas schwächer wächst und dadurch kompakter bleibt.

Erhielt 1990 auf der Herfstweelde in Boskoop eine Goldmedaille.

Larix kaempferi 'Pendula'

L. kaempferi 'Pendula', Japanische Hänge-Lärche

Wuchs: Dekorative Hängeform, Haupttrieb meist ausgeprägt, schräg aufsteigend oder durch Aufbinden gerade, Seitenäste unregelmäßig ansteigend, dann weit überhängend mit schleppenartig herabhängenden Zweigen, in der Jugend langsamwüchsig, später rasch wachsend.

Größe: 6 bis 10 m hoch und 3 bis 6 m breit. Jahreszuwachs in der Höhe 25 cm, in der Breite 10 bis 15 (25) cm.

Blätter, Blüten, Standort, Boden und Eigenschaften wie L. kaempferi.

Verwendung: Sehr vielgestaltiges, malerisches Na-

delgehölz, das im Alter mit seinen weit ausgreifenden Seitenästen ganze Gartenpartien überspannen kann.

L. kaempferi 'Wolterdingen'

1970 gefunden von G. HORSTMANN, Schneverdingen.

Wuchs: Zwergform, unregelmäßig flachrundlich, in der Regel mehr breit als hoch. Langsam wachsend.

Größe: In 10 Jahren etwa 50 cm hoch und 70 cm breit.

Blätter: Nadeln 3,5 cm lang, leicht gedreht, blaugrün.

Verwendung: Sehr wertvolle Zwergform der Japanischen Lärche. Wunderbar für kleinräumige Heide- und Steingartenmotive sowie für gemischte Rabatten mit Gräsern, Farnen, zierlichen Wildstauden und anderen Kleingehölzen.

L. laricina (DU ROI) K. KOCH, Amerikanische Lärche (= L. americana MICHX.)

Verbreitung: In den Sümpfen Nordamerikas, vom Polarkreis in Alaska und Kanada nach Süden sich ausbreitend bis N-Pennsylvania, Minnesota und Illinois. Am Naturstandort vergesellschaftet mit den frosthärtesten Gehölzen Nordamerikas wie Picea glauca, Abies balsamea, Thuja occidentalis, Fraxinus nigra, Acer rubrum, Populus tremuloides und Picea mariana.

Wuchs: Mittelgroßer, sommergrüner Nadelbaum mit kegelförmiger Krone, im Alter Hauptäste malerisch ausladend, im unteren Bereich durchhängend.

Größe: 12 bis 20 m hoch, am Heimatstandort 25 bis 33 m.

Rinde: Langtriebe glänzend rötlichgelb bis stumpfbraun.

Blätter: Sommergrün, nadelförmig, an Kurztrieben pinselartig zu 12 bis 30, 22 bis 30 mm lang, hellgrün. Herbstfärbung leuchtend gelb.

Zapfen: Auffallend klein, eiförmig, 1 bis 1,5 cm lang, jung violettrot, attraktiv, zur Reifezeit braun.

Wurzel: Am sumpfigen Standort flach mit langen, dünnen Seitenwurzeln, auf Normalböden tiefer.

Standort: Sonnig, frei.

Boden: Frisch bis naß, sumpfig.

Eigenschaften: Sehr frosthart, verträgt hohe Wasserstände.

Verwendung: Interessanter Baum zur Gestaltung von Wasserlandschaften, Bepflanzung von Uferpartien, Sumpfgärten oder Inseln in Teichen und Wasserläufen, wo die späte, sich im Wasser spiegelnde Herbstfärbung ein besonders reizvolles Bild darstellt.

Anmerkung: Die Indianer benutzten die langen und zähen Wurzelfasern als Bindfäden und Stricke, so beispielsweise beim Zusammennähen ihrer Birkenrindenkanus (SCHENCK).

METASEQUOIA MIKI ex HU & CHENG
Urweltmammutbaum – Taxodiaceae, Sumpfzypressengewächse

Dieses interessante, laubabwerfende Nadelgehölz war schon geraume Zeit als fossile Art aus Tertiär-Ablagerungen bekannt, bevor es erst 1941 in China als lebender Baum entdeckt wurde. Seit 1947 wird Metasequoia in unseren Garten- und Parkanlagen, aber auch im forstlichen Versuchsanbau kultiviert.

M. glyptostroboides HU & CHENG,

in China auch Wasserlärche oder Wassertanne genannt

Griech. meta = hinter, danach; sequoia = Nadelholzgattung in Nordamerika; es soll bedeuten, daß Metasequoia entwicklungsgeschichtlich jünger ist.

Metasequoia Früchte rechts, Taxodium links

Metasequoia glyptostroboides

Verbreitung: In feuchtschattigen Gebirgswäldern, in Höhen zwischen 700 bis 1350 m, auf tiefgründigen, nahrhaften, gut drainierten, sauren oder basischen Lehmböden. Vergesellschaftet mit Cunninghamia, Cephalotaxus, Liquidambar und Castanea. China, Hubei und Sichuan.

Wuchs: Sommergrüner, raschwüchsiger Baum mit gleichmäßig kegelförmiger, dicht beasteter Krone. Stamm gerade, bis zur Spitze durchgehend, an der Basis auffallend leistenförmig verbreitert und nach oben sich stark verjüngend. Äste in der Jugend schräg aufsteigend, bei älteren Pflanzen waagerecht ausgebreitet, im unteren Bereich leicht hängend, rasch wachsend.

Größe: 25 bis 35 (40) m hoch und 7 bis 10 m breit. Jahreszuwachs kann in der Jugend über 1 m liegen, nach 10 Jahren 40 bis 60 cm, später nur 30 bis 40 cm.

Rinde: An jungen Ästen rotbraun, alte Borke ebenfalls rotbraun oder graubraun, längsrissig, in langen Streifen ablösend.

Metasequoia glyptostroboides

Blätter: Sommergrün, nadelförmig, auffallend hellgrün, bis 20 mm lang, im Herbst Nadeln mitsamt den Kurztrieben abfallend. Nadeln im Gegensatz zu Taxodium gegenständig! Herbstfärbung von gelb bis hin zum warmen Rotbraun.

METASEQUOIA - MICROBIOTA

Metasequoia glyptostroboides, Allee in Boskoop, Holland

Blüten: Männliche Blüten in 5 bis 10 cm langen, kätzchenartigen Ähren, weibliche Blüten 5 bis 6 mm lang, endständig, gelbgrün, Mai.

Früchte: Zapfen eiförmig bis kugelig, 2 bis 2,5 cm lang.

Standort: Sonnig bis lichtschattig.

Boden: Bevorzugt frische bis feuchte (nasse), nährstoffreiche, saure bis alkalische Böden, gedeiht aber auch auf mäßig trockenen Sandböden, wo der Zuwachs allerdings nur gering ist.

Eigenschaften: Hat sich als zuverlässig frosthart erwiesen, bodentolerant, stadtklimafest, auf guten Standorten Höhenzuwachs über 100 cm, guter Humusbildner, verträgt Überflutung, d. h. die Pflanzen vertragen auch dauerhaft Standorte im flachen Wasser.

Verwendung: Interessantes, stattliches Nadelgehölz für Einzelstellung in genügend großen Gärten. Herrlich aber auch in lockeren Gruppen vor Gehölzrändern, auf Rasenflächen oder in Wassernähe von weiträumigen Parkanlagen. Im Randbereich der Städte und in nicht versiegelten Flächen auch als schmalkroniger Straßenbaum verwendbar! In Korea beliebter Alleebaum.

Anmerkung: Im Jahre 1940 fand der japanische Botaniker MIKI in tertiären Tonablagerungen von Ususawa die Reste eines bis dahin unbekannten Nadelgehölzes. 1941 veröffentlichte er seine Untersuchungen und gab dieser Konifere den Gattungsnamen 'Metasequoia'. Im gleichen Jahr entdeckte der chinesische Professor T. KAN im Grenzgebiet der Provinzen Szechuan und Hupeh einen laubabwerfenden Nadelbaum, der bislang in China nicht bekannt war und den die Einheimischen „Shuihsa", Wasserlärche oder Wassertanne, nannten. Professor T. KAN ahnte damals nicht, daß es sich um dasselbe Gehölz handelte, das der Japaner MIKI nach fossilen Funden Metasequoia genannt hatte. Es ist in der Entdeckungsgeschichte der Pflanzen schon ein einmaliger Zufall, daß eine bislang unbekannte Pflanze in ein und demselben Jahr anhand fossiler Funde beschrieben, benannt und gleichzeitig auch noch lebend entdeckt wurde.

MICROBIOTA KOMAR
Cupressaceae –
Zypressengewächse

M. decussata KOMAR

Lat. decussatus = kreuzgegenständig, bezieht sich auf die Schuppenblätter.

Verbreitung: Auf felsigen Böden oberhalb der Baumgrenze im südöstlichen Sibirien.

Wuchs: Immergrüner, flach ausgebreitet wachsender, dicht verzweigter Strauch, junge Triebe flach bogenförmig ansteigend, Spitzen überhängend, ältere Zweige waagerecht, in mehreren Lagen übereinander, langsam wachsend.

Größe: 30 bis 40 (bis 60) cm hoch, ältere Pflanzen können leicht einen Durchmesser von 2 m erreichen. Jahreszuwachs in der Höhe ca. 3 cm, in der Breite 7 bis 10 cm.

Blätter: Immergrüne Schuppenblätter, kreuzgegenständig, dachziegelartig angeordnet, im Sommer frischgrün, im Winter nehmen sie einen warmen, kupfrigbraunen Farbton an.

Blüten: Unscheinbar.

Früchte: Zapfen aus 2 bis 4 Schuppen mit jeweils einem Samen.

Standort: Sonnig bis schattig.

Boden: Toleriert jeden kultivierten Boden, bevorzugt frische Substrate, sauer bis alkalisch.

Eigenschaften: Frosthart, gelegentlich spätfrostempfindlich, da sie, wie alle Pflanzen Sibiriens, sehr früh Saft ziehen, trittfest, schnittverträglich.

Verwendung: Im Nadelholzsortiment ist Microbiota wohl die größte Entdeckung der letzten Jahre. Ein Bodendecker mit hervorragenden Eigenschaften. Weiterhin für Mauerbekleidung, schmiegt sich an Findlinge, hängt elegant über Steinkanten und Trogränder, geeignet für Grabbepflanzungen und Dachgärten.

Anmerkung: Microbiota decussata wurde 1921 entdeckt, gelangte aber erst 1968 nach W-Europa. 1974 wurde dieses noch weithin unbekannte Nadelgehölz auf der Chelsea Flower Show in London mit der zweithöchstmöglichen Auszeichnung bedacht. 1976 erhielt Microbiota eine Goldmedaille auf der Flora-Nova in Boskoop.

Microbiota decussata

Fichten-Harfe auf der Insel Bornholm, wo man dieses Naturdenkmal auch "Die sieben Schwestern" nennt. Der Harfenwuchs, den man besonders ausgeprägt bei Fichten und Tannen beobachten kann, entsteht an umgestürzten, aber nicht entwurzelten Bäumen. Während sich der Gipfeltrieb in der Regel immer aufrichtet (Phototropismus), entwickeln sich die Tochterstämme auf dem Rücken des liegenden Stammes entweder aus jungen, sich aufrichtenden Seitentrieben oder aus schlafenden Knospen an der Basis der Astquirle. Daher rührt auch der auffallend gleichmäßige Abstand der Stämme.

PICEA

PICEA A. DIETR.
Fichte – Pinaceae, Kieferngewächse

Kaum eine andere Nadelgehölzgattung hat so geringe Wärmeansprüche und dringt soweit nach Norden vor wie die Fichte. Jenseits des Polarkreises bildet sie die nördlichsten Wälder unserer Erde. Alle 50 Fichtenarten sind in den kühlen Zonen der nördlichen Halbkugel beheimatet. Ihr Hauptverbreitungsgebiet liegt in den Gebirgen West- und Mittelchinas. Von ihrer Wuchsform und ihrem Nadelkleid her sehen sie sich alle sehr ähnlich und sind oft schwer zu unterscheiden. Fichten sind in der Regel große Bäume mit schlanker, kegelförmiger Krone und geradschäftigen Stämmen, die sich nach oben hin gleichmäßig verjüngen. Die Nadeln sind im Querschnitt nicht flach wie bei der Gattung Abies, sondern mehr oder weniger 4kantig, oft sehr starr und spitzstechend. Charakteristisch sind auch die kleinen, bräunlichen Blattstielchen, die nach dem Nadelfall auf dem Blattkissen am Zweig sitzenbleiben und ihm eine rauhe, raspelähnliche Oberflächenstruktur geben. Die männlichen Blüten sind gelb, die weiblichen stehen meist aufrecht und sind oft rot oder purpurn gefärbt. Fichten haben hängende Zapfen, die im 1. Jahr reifen und dann als Ganzes abfallen.

Neben P. abies, P. breweriana, P. omorika und P. orientalis, die sich auf Grund ihrer ausdrucksstarken Wuchsformen für die Einzelstellung eignen, haben aber die breitkegelförmigen und rundlichen Zwergformen von Picea abies den größten Anteil am Sortiment. In Heide- und Steingärten, Rhododendronpflanzungen, Stauden-, Gehölz- und Rosenrabatten, in der Kübel- und Trogbepflanzung und im Friedhofsgrün werden sie am häufigsten eingesetzt.

Picea Übersicht

Art/Sorte	Wuchs	Größe in m Höhe	Breite	Benadelung
P. abies	Großbaum	30 – 50	6 – 8	dunkelgrün
P. abies 'Acrocona'	Strauch oder Großstrauch, breit kegelförmig	2 – 3 (5)	2 – 4	dunkelgrün
P. abies 'Acrocona Push'	Zwergform	0,6 (0,8) – 1	1	dunkelgrün
P. abies 'Columnaris'	Kleinbaum bis mittelgroßer Baum, säulenförmig	15	1,5	dunkelgrün
P. abies 'Echiniformis'	Zwergform, kugelig-kissenförmig	0,3 (0,4)	0,3 (0,4)	dunkelgrün
P. abies 'Inversa'	Kleinbaum, Hängeform	6 – 8	2 – 2,5	dunkelgrün
P. abies 'Little Gem'	Zwergform, breit kissenförmig	0,3 (0,5)	1	hellgrün
P. abies 'Maxwellii'	Zwergform, kugelig bis kissenförmig	1 (1,5)	2	gelblichgrün
P. abies 'Nidiformis'	Zwergform, rundlich-flach	1,2 (1,3)	2,5	hellgrün
P. abies 'Ohlendorfii'	Großstrauch/ Kleinbaum, breit kegelförmig	6 – 8 (9)	2,5 – 4	glänzend
P. abies 'Procumbens'	Zwergform, flach ausgebreitet	0,7 (1)	4 – 5	frischgrün
P. abies 'Pumila Glauca'	Zwergform, flach-rundlich	1	5 (6)	leicht bläulich
P. abies 'Pygmaea'	Zwergform, kugelig bis breit kegelförmig	1 (1,5)	2 – 3	frischgrün
P. abies 'Virgata'	Mittelgroßer Baum, bizarr, Äste schlangenförmig	12 – 15	4 – 6	dunkelgrün
P. abies 'Wills Zwerg'	Zwergform, schmal kegelförmig	2	0,6 – 0,8	dunkelgrün
P. breweriana	Kleinbaum, breitpyramidal, Zweige mähnenartig	10 (15)	5 – 6	dunkelgrün
P. glauca 'Alberta Globe'	Zwergform, kugelförmig	0,5 – 1	1	frischgrün
P. glauca 'Conica'	Zwergform, spitz kegelförmig	3 – 4	2	hellgrün
P. glauca 'Echiniformis'	Zwergform, kissenförmig bis kugelig	0,6	1	graublaugrün
P. glauca 'Zuckerhut'	Zwergform,	ca. 1,5	0,5 – 0,8	hellgrün, grün

P. mariana 'Nana'	Zwergform, flach, kissenförmig	0,4–0,5	0,8–1	blaugrün
P. omorika	mittelgroßer bis großer Baum, schlank kegelförmig	15–20	(30) 2,5–4	dunkelgrün
P. omorika 'Nana'	Großstrauch, breit kegelförmig	4–5	3	dunkelgrün
P. omorika 'Pendula Bruns'	Kleinbaum, Hängeform	10	1–1,5	dunkelgrün
P. omorika 'Treblitzsch'	Zwergform	0,3	0,5	dunkelgrün
P. orientalis	Großbaum, schmal kegelförmig	20–30	6–8	dunkelgrün
P. orientalis 'Aurea'	kleiner bis mittelgroßer Baum, breit kegelförmig	10–12 (15)	4,5–5,5	Austrieb gelb,
P. orientalis 'Nutans'	mittelgroßer Baum, Hängeform	18–20	5–7 (10)	dunkelgrün
P. pungens	mittelgroßer Baum, regelmäßig breit kegelförmig	15–20	6–8	grün bis bläulichgrün
P. pungens 'Glauca'	mittelgroßer Baum, regelmäßig breit kegelförmig	15–20	6–8	stahlblau
P. pungens 'Glauca Globosa'	Zwergform, breit kegelförmig	1,5–2	2–3	silbrigblau
P. pungens 'Hoopsii'	mittelgroßer Baum, breit kegelförmig	12–15	3–4,5	hellsilberblau
P. pungens 'Koster'	mittelgroßer Baum, kegelförmig	10–15 (20)	4–5	silberblau
P. pungens 'Oldenburg'	mittelgroßer Baum, kegelförmig	12–15–20	5–7–8	stahlblau
P. purpurea	mittelgroßer Baum, 15 (20) breit kegelförmig	4–6 (7)		dunkelgrün
P. sitchensis	Großbaum, breit pyramidal	25–40	7–9	glänzend grün, unten silbrigweiß

P. abies, (L.) KARST.,
Fichte, Rottanne

Picea abies

Verbreitung: Baum mit großer ökologischer Amplitude. Auf frischen bis nassen, basenreichen bis stark sauren, modrig-torfigen, steinigen und sandigen Lehm- und Tonböden in kühl-humider, winterkalter Klimalage. Nord-, Mittel- bis Osteuropa.

Wuchs: Großer Baum mit regelmäßig kegelförmiger, mehr oder weniger spitzer Krone und geradem, bis zur Spitze durchgehendem Stamm, Äste in gleichmäßigen Quirlen, im Freistand bis zum Boden beastet.

Größe: 30 bis 50 m hoch und 6 bis 8 m breit. Jahreszuwachs in der Höhe 50 cm, in der Breite 15 cm.

Blätter: Immergrün, nadelartig, 1 bis 2 cm lang, 4kantig, dunkelgrün.

Blüten: Weibliche Blüten aufrecht, ziemlich groß, leuchtend purpur, männliche Blüten in geschlossenem Zustand rot, beim Stauben gelb. April/Mai.

Früchte: Zapfen hängend, zylindrisch, 10 bis 15 cm lang, 3 bis 4 cm dick.

Wurzel: Flach, weitstreichend und dicht verzweigt, auf schweren, nassen Böden tellerförmig, auf gut durchlüfteten Böden unregelmäßig, oft tiefgehend, dann auch sturmsicher.

Standort: Sonnig bis halbschattig.

Boden: Die Fichte liebt kühle, luftfeuchte Lagen und mindestens 600 mm Niederschlag pro Jahr, nur auf Böden mit guter Wasserversorgung kann die 600-mm-Grenze unterschritten werden. An den

Picea abies, Kleinwalsertal

Picea abies

Boden werden keine speziellen Anforderungen gestellt; sie liebt frische, sandig-lehmige Standorte mit einem pH-Wert zwischen 4 und 5, toleriert aber auch neutrale und kalkreiche Böden. Für den forstlichen Anbau scheiden trockene, flachgründige und tonige Böden aus, Windwurfgefahr und Borkenkäferbefall drohen auf schweren Böden. Stark kalkarme Böden sollten nur in Verbindung mit anderen Holzarten bepflanzt werden (Absinken des pH-Wertes durch Rohhumusbildung).

Eigenschaften: Länger andauernde Hitze und Trockenperioden werden schlecht vertragen, Fichten fördern sehr stark die Rohhumusbildung, dadurch Verschlechterung der Bodenqualität; nicht genügend windfest, wird von anderen Arten übertroffen; empfindlich gegen Immissionen, nicht rauchhart. Fichten können 200 bis 600 Jahre alt werden.

Verwendung: Einzelstand und Gruppenpflanzung in Garten- und Parkanlagen, heimisches Gehölz für die freie Landschaft, Vogelschutzgehölz, wichtiger Waldbaum. Windschutzpflanzungen. Topf-Fichten für Schalen- und Balkonbepflanzung.

Ökologie: Samen sind Nahrung für verschiedene heimische Säugetierarten, beliebtes Vogelfutter (z. B. Fichtenkreuzschnabel); wichtige Bienenweide, über Nacht liefert ein Baum 10 bis 15 l Nadelhonig (DENGLER). Fichten sind beliebte Nistgehölze für verschiedene Meisenarten, auch Heckenbraunelle und Dompfaff nisten gern in ihnen.

Anmerkung: Von Natur aus wächst unsere heimische Fichte nur in den Gebirgen und im Bergland oberhalb von 600 m. Sie benötigt zum guten Gedeihen kühle, luftfeuchte Lagen und mindestens 600 mm Niederschlag. Durch die forstliche Nutzung ist sie heute allgemein verbreitet und wird

leider auch häufig auf ihr nicht zusagenden Standorten und Böden kultiviert. Die Folge sind allgemeine Schwächung, Nadelerkrankungen, Windwurfgefahr und übermäßiger Borkenkäferbefall. Es bleibt nur zu hoffen, daß sich der in Deutschland zur Zeit 40 %ige Flächenanteil der Fichte zugunsten ökologisch wertvollerer Mischwälder verändert.

P. abies 'Acrocona',
Zapfen-Fichte

Vor 1890 in einem Wald bei Uppsala gefunden, heute sehr verbreitet.

Wuchs: Malerisch wachsende Form, breit kegel-

Picea abies 'Acrocona'

förmig mit unregelmäßig ansteigenden Ästen und bogig überhängenden Zweigen, schon als junge Pflanze reichlich Zapfen ansetzend! Langsam wachsend.

Größe: 2 bis 3 (bis 5) m hoch und 2 bis 4 m breit. Jahreszuwachs in der Höhe 10 cm, in der Breite 8 cm.

Blüte: Weibliche Blüten gehäuft an den Spitzen der Triebe, attraktiv.

Früchte: Zapfen werden auffallend früh angesetzt; an den Seitenzweigen normal ausgebildet, an den Triebspitzen langgestreckte, monströse Zapfen. Sehr große Zierde, besonders die jungen, unreifen, leuchtend roten Zapfen.

Boden, Standort, Eigenschaften wie P. abies.

Verwendung: Ein interessantes Einzelgehölz, das aufgrund seines langsamen Wuchses auch für die pflanzliche Ausgestaltung kleinerer Gartenräume in Frage kommt. Schulgartengehölz, Blütenbiologie.

P. abies 'Acrocona Push' ist eine Zwergform von P. abies 'Acrocona'. Höhe 0,6 (0,8) bis 1 m, Breite etwa 1 m.

P. abies 'Columnaris',
Säulen-Fichte

Wuchs: Schmal säulenförmiger, sehr dichttriebiger, mittelhoher Baum, langsam wachsend.

Größe: Bis 15 m hoch und 1,5 cm breit.

Blätter: Immergrün, nadelartig, 4kantig, dunkelgrün.

Standort, Boden und Eigenschaften wie P. abies.

Verwendung: Einzelstellung, Gruppen.

P. abies 'Echiniformis',
Igel-Fichte

Wuchs: Kugelige bis kissenförmige, etwas unregelmäßig wachsende Zwergform, Zweige kurz, dick, sehr dichtstehend, sehr langsamwüchsig.

Größe: 0,3 (0,4) m hoch und breit.

Blätter: Immergrün, nadelförmig, radial angeordnet, an der Spitze besonders dichtstehend (sternförmig), hart und spitzstechend, dunkelgrün.

Standort: Sonnig bis absonnig.

Boden: Frische bis feuchte, mäßig nährstoffreiche, sandig-humose Substrate, sauer bis alkalisch, einen gewissen Kalkgehalt liebend (ZU JEDDELOH).

Eigenschaften: Frosthart.

Verwendung: Ein echter Zwerg unter den Fichten. Für kleinste Gartenräume und Pflanzsituationen, Stein- und Heidegärten, Schalen- und Trogbepflanzung.

Picea abies 'Echiniformis'

Picea abies 'Inversa'

P. abies 'Inversa',
Hänge-Fichte

Wuchs: Hängeform der Fichte; bei aufgebundenem Mitteltrieb schmaler, fast säulenförmiger Baum, Spitzentriebe später bogig übergeneigt, Äste und Zweige senkrecht herabhängend und dem Stamm dicht anliegend, untere Zweigpartien schleppenartig den Boden bedeckend, langsam wachsend.

Größe: 6 bis 8 m hoch und 2 bis 2,5 m breit. Jahreszuwachs in der Höhe 15 cm.

Standort: Sonnig bis halbschattig.

Boden: Frische bis feuchte, mäßig nährstoffreiche, sandig-lehmige Substrate, sauer bis alkalisch, allgemein anspruchslos und anpassungsfähig.

Verwendung: Eine wirklich kuriose Hängeform, die sich zu ganz abstrakten Baumgestalten entwickeln kann. Einzelstellung: Atriumgärten, Rabatten, Pflanzbeete, Felsgärten, Natursteinmauern.

P. abies 'Little Gem'

Vor 1960 als Mutation an P. abies 'Nidiformis' entstanden.

Wuchs: Breit kissenförmige Zwergfichte mit kurzen, von der Mitte aus schräg ansteigenden Zweigen und nestartiger Vertiefung, Triebe dünn, dichtstehend, sehr langsam wachsend.

Größe: Bis 0,3 (0,5) m hoch und sicherlich 1 m

Picea abies 'Little Gem'

breit. Jahreszuwachs in der Höhe 2 cm, in der Breite 3 cm.

Blätter: Immergrün, nadelförmig, sehr dichtstehend, den ganzen Trieb bedeckend, nur 2 bis 5 mm lang, sehr dünn, hellgrün.

Standort: Sonnig bis halbschattig.

Boden: Frische bis feuchte, mäßig nährstoffreiche, sandig-humose-lehmige Substrate, sauer bis alkalisch.

Verwendung: Sehr gefällige, lockere Zwergfichte für Stein- und Heidegärten, Tröge, Gräber, Rabatten.

Picea abies 'Maxwellii'

P. abies 'Maxwellii'

Wuchs: Flach kugelig bis kissenförmig wachsende Zwergform, Triebe sehr zahlreich, kurz und verhältnismäßig dick, langsam wachsend.

Größe: Bis 1 (1,5) m hoch und bis 2 m breit. Jahreszuwachs in der Höhe 5 cm, in der Breite 10 cm.

Blätter: Immergrün, nadelartig, radial angeordnet, dichtstehend, hart und spitz, gelblichgrün.

Standort: Sonnig bis halbschattig.

Boden: Frische bis feuchte, mäßig nährstoffreiche, sandig-humose-lehmige Substrate, sauer bis alkalisch.

Eigenschaften: Gut frosthart.

Verwendung: Einzelstellung, Steingärten, Heideanlagen, Friedhofsgrün, Pflanzkübel.

P. abies 'Nidiformis',
Nest-Fichte

Vor 1904 in der Baumschule RULEMANN-GRISSON in Hamburg-Saselheide gefunden.

Wuchs: Ausgesprochene Zwergfichte; rundlich-flach ausgebreitet mit typischer, nestartiger Vertiefung, Zweigspitzen leicht abwärts gebogen, später unregelmäßig halbkugelig ausgebreitet, im Alter leichter Etagenwuchs erkennbar, sehr langsamwüchsig.

Größe: Bis 1,2 (1,3) m hoch und 2,5 m breit. In 35 Jahren genau 1 m hoch und 2 m breit. Jahreszuwachs in der Höhe 3 bis 4 cm, in der Breite ca. 5 bis 8 cm.

Blätter: Immergrün, nadelartig, 7 bis 10 mm lang, nur unvollkommen radial, unterseits mehr oder weniger gescheitelt, hellgrün, früher Austrieb.

Picea abies 'Nidiformis'

Standort: Sonnig bis halbschattig.

Boden: Anspruchslos, auf jedem frischen bis feuchten, mäßig nährstoffreichen Boden, sauer bis alkalisch.

Verwendung: Sehr bekannte, robuste und anspruchslose Zwergfichte, die vielseitig einsetzbar ist. Einzelstellung, Gruppenpflanzung, Flächenbegrünung, breite, immergrüne Einfassungen, Grabfelder, Stein- und Heidegärten, Trogbepflanzung.

P. abies 'Ohlendorffii',
Kegel-Fichte

Picea abies 'Ohlendorffii'

Picea abies 'Ohlendorffii'

Wuchs: „Zwergform", breit kugelig, später breit kegelförmig, Äste ausgebreitet, leicht ansteigend, Zweige dicht, unregelmäßig, in der Jugend langsam wachsend, im Alter stärker.

Größe: Ausgewachsen 6 bis 8 (9) m hoch und 2,5 bis 4 m breit (nach Jahrzehnten). Jahreszuwachs in der Höhe ca. 5 cm, in der Breite 5 bis 7 cm, im Alter stärkerer Zuwachs.

Blätter: Immergrün, nadelförmig, radial angeordnet, spitz, grün, glänzend.

Standort: Sonnig bis halbschattig.

Boden: Anspruchslos, auf jedem frischen bis feuchten, mäßig nährstoffreichen Boden, sauer bis alkalisch.

Verwendung: „Zwerg-Fichte" für größere Gärten und Anlagen, da nach Jahrzehnten immerhin eine Höhe von 6 und 8 m erreicht wird.

P. abies 'Procumbens'

Wuchs: Zwergform, flach ausgebreitet, Astpartien übereinandergeschoben, in der Mitte hochgewölbt, unterste Zweige dem Boden aufliegend, langsam wachsend.

Größe: 0,7 (1) m hoch und 4 bis 5 m breit (in 40 Jahren). Jahreszuwachs in der Höhe 3 cm, in der Breite 10 cm.

Blätter: Immergrün, nadelförmig, dichtstehend, steif, spitz, frischgrün.

Standort: Sonnig bis halbschattig.

Boden: Anspruchslos, auf jedem frischen bis feuchten, mäßig nährstoffreichen Boden, sauer bis alkalisch.

Verwendung: Einzelstellung, Gruppen. Ältere, gut bekannte und bewährte Form.

Picea abies 'Procumbens'

P. abies 'Pumila Glauca'

Wuchs: Langsam wachsende Zwergfichte; in der Jugend gedrungen-plattkugelig, Pflanzenmitte im Alter hochgewölbt, während die unteren Zweigpartien schleppenartig, flach und weit ausgezogen den Boden bedecken, langsam wachsend.

Größe: Bis 1 m hoch und 5 (6) m breit. In 30 Jahren 70 cm hoch und etwa 4 m breit. Jahreszuwachs in der Höhe 3 cm, in der Breite 10 cm.

Blätter: Immergrün, nadelartig, halbradial stehend, sehr dicht beisammen, 8 bis 12 mm lang, leicht bläulicher Ton.

Standort: Sonnig bis halbschattig.

Boden: Anspruchslos, auf jedem frischen bis feuchten, mäßig nährstoffreichen Boden, sauer bis alkalisch.

Verwendung: Einzelstellung.

P. abies 'Pygmaea'

Wuchs: Zwergform; kugelig bis breit kegelförmig mit sehr dicht stehenden, kurzen, schräg aufgerichteten Trieben, langsam wachsend.

Größe: Gewöhnlich bis 1 m hoch (sehr alte Pflanzen auch höher, bis 1,5 m) und 2 bis 3 m breit. Jahreszuwachs in der Höhe 4 cm, in der Breite 6 cm.

Blätter: Immergrün, nadelartig, 5 bis 8 mm lang, an starken Trieben radial, sonst auch spiralig gedreht, frischgrün.

Standort: Sonnig bis halbschattig.

Boden: Anspruchslos, auf jedem frischen bis feuchten, mäßig nährstoffreichen Boden, sauer bis alkalisch.

Verwendung: Besonders im Alter eine sehr malerische Zwergfichte, die sich für Einzelstellung in Stein-, Heide- und Naturgärten hervorragend eignet. Weiterhin für Terrassen, Rabatten mit Zwergstauden, Pflanzbeete, Dachgärten, Gräber und Tröge.

P. abies 'Virgata',
Schlangen-Fichte

Wuchs: Mittelgroßer (hoher), bizarrer Baum, Stamm durchgehend bis zur Spitze, Äste unregelmäßig ansetzend, keine ausgeprägten Quirle bildend, im oberen Kronenbereich aufgerichtet, sonst waagerecht bis hängend, schlangenförmig hin- und hergebogen, sehr wenig verzweigt, wirre, pendelnde Zöpfe bis zum Boden reichend.

Größe: 12 bis 15 m hoch und 4 bis 6 m breit. Jahreszuwachs in der Höhe 35 cm, in der Breite 15 (20) cm.

Picea abies 'Virgata'

Blätter: Immergrün, nadelförmig, radial angeordnet, dick, spitz, dunkelgrün.

Standort: Sonnig.

Boden: Anspruchslos, auf allen frischen bis feuchten, mäßig nährstoffreichen Böden, sauer bis alkalisch.

Verwendung: Ein „Monster" im Nadelgehölz-Sortiment. Übrigens im Alter hervorragend geeignet als Klettergerüst für Clematis viticella 'Rubra', die sich ausgesprochen gerne in die „immergrünen Seile" hängt. Liebhaber- und Sammlerpflanze für Einzelstellung.

P. abies 'Wills Zwerg'

1936 von der Baumschule H. WILL, Aspern bei Barmstedt, Holstein, in den Handel gebracht.

Wuchs: Gedrungen wachsende, schmal kegelförmige Zwergfichte, Haupttrieb gerade durchgehend, Äste kurz, leicht schräg nach oben gestellt, dicht verzweigt, langsam wachsend.

Größe: In 30 Jahren 2 m hoch und 0,6 bis 0,8 m breit. Endgültig wohl mehrere Meter hoch.

Blätter: Nadelartig, 4kantig, dunkelgrün, Johannistrieb sehr schön hellgrün (Kontrast).

Standort: Sonnig bis halbschattig.

Boden und Eigenschaften wie P. abies.

Picea abies 'Wills Zwerg'

Verwendung: Interessante, schwachwüchsige Kegelform der heimischen Fichte. Geeignet für kleine Gartenräume, heckenartige Abpflanzungen, Sicht- und Windschutz, Heide- und Rhododendrongärten.

P. breweriana S. WATS., Siskiyou-Fichte, Mähnen-Fichte

Wurde 1891 nach England eingeführt.

Verbreitung: Auf trockenen, felsigen Hängen des Siskiyou-Gebirges in SW-Oregon und NW-Kalifor-

Picea breweriana

nien in Höhen zwischen 1006 und 2286 m; westliches Nordamerika.

Wuchs: Mittlerer bis hoher Baum mit gleichmäßig breitpyramidalem Kronenaufbau, Hauptäste zunächst waagerecht, bei alten Pflanzen malerisch durchhängend, Seitenbezweigung wunderschön mähnenartig lang herabhängend, in der Jugend langsamwüchsig.

Größe: Bis 10 (bis 15) m hoch, in der Heimat 25 bis 35 m. Breite 5 bis 6 m. Jahreszuwachs in der Höhe 15 (bis 20) m, in der Breite 10 cm.

Blätter: Immergrün, nadelartig, meist radial stehend, 20 bis 25 mm lang, oben rund, dunkelgrün, glänzend, unten flach und mit je 5 bis 6 weißen Stomalinien.

Früchte: Zapfen zylindrisch, 8 bis 10 cm lang, 2 bis 3 cm dick.

Standort: Sonnig, bevorzugt in luftfeuchten Lagen!

Boden: Anspruchslos, normale, kultivierte Gartenböden, sauer bis alkalisch, liebt wie unsere heimische Fichte frische bis feuchte, durchlässige Substrate.

Eigenschaften: Frosthart, benötigt als Jungpflanze oft mehrere Jahre, bis sie einen stabilen Mitteltrieb bildet, empfindlich gegenüber Immissionen.

Verwendung: Die schönste aller Fichten, eine wirklich einmalige Erscheinung, der ein ganz besonderer Platz in unserem Garten zusteht. Ob im Winter oder zur Zeit des Frühjahrsaustriebs, immer ist sie Mittelpunkt und wird von allen Gartenfreunden tief bewundert. Auf Rasenflächen, im Vordergrund von Koniferengruppen, herrlich im Gräsergarten über gelbblühenden Sedumflächen, schön wirkt auch ihr dunkles Grün in Rosen- und Azaleenpflanzungen.

Picea breweriana

P. glauca 'Alberta Globe'

Mutation an P. glauca 'Conica', 1967 entstanden.

Picea glauca 'Alberta Globe'

Wuchs: Zwergform, kugelförmig, dichttriebig und geschlossen, langsam wachsend.

Größe: 0,5 bis 1 m hoch und etwa 1 m breit. Jahreszuwachs 10 cm in der Höhe, in der Breite ca. 2 bis 3 cm.

Blätter: Immergrün, nadelförmig, weich, dichtstehend, frischgrün, sehr dekoratives Nadelkleid.

Standort: Sonnig.

Boden: Anspruchslos, auf jedem sandig-humosen-lehmigen, frischen bis feuchten Boden, sauer bis alkalisch.

Verwendung: Sehr ansprechende, langsamwüchsige Kugelform für Heidegärten, alpine Anlagen, Gehölz- und Staudenrabatten, Grabbepflanzungen, Schalen und Tröge.

P. glauca 'Conica',
Zuckerhut-Fichte
(= P. albertiana conica)

Wurde 1904 von A. REHDER und J. G. JACK in den Bergen Kanadas wildwachsend gefunden. Auch heute noch eine sehr beliebte Zwergkonifere.

Wuchs: Regelmäßig spitzkegelförmig, dicht und geschlossen wachsende Zwergform, langsamwüchsig.

Größe: 3 bis 4 m hoch und 2 m breit. In 35 Jahren etwa 3,60 m hoch, erreicht aber nicht auf allen Standorten diesen Zuwachs, älteste Pflanze in Europa (bei CHENAULT, Orléans) war 60jährig etwa

4 m hoch. Jahreszuwachs in der Höhe 6 bis 10 cm, in der Breite 3 bis 5 cm.

Blätter: Immergrün, nadelförmig, radial, locker stehend, 10 mm lang, hellgrün, sehr weich.

Standort: Sonnig bis absonnig.

Boden: Auf allen frischen bis feuchten, mäßig nährstoffreichen Böden, sauer bis alkalisch.

Eigenschaften: Frosthart, für Stadtklima ungeeignet, bei Trockenheit sehr leicht Befall von Roter Spinne.

Verwendung: Sehr ausgeprägte Kegelform, mit der man streng geometrische Akzente setzen kann, dekoratives, raumbestimmendes Element, besonders, wenn in Gruppen gepflanzt; sehr wirkungsvoll in dunkelgrünen, ganz flachen Bodendeckern; für Friedhofsanlagen, Heidegärten, Innenhöfe, Rabatten.

Picea glauca 'Conica'

P. glauca 'Echiniformis',
Blaue Igel-Fichte

Vor 1955 in Frankreich entstanden.

Wuchs: Sehr flache, kissenförmige bis kugelige Zwerg-Fichte, Triebe kurz, dicht verzweigt, langsamwüchsig.

Größe: Bis 0,6 m hoch und 1 m breit. Jahreszuwachs in der Höhe 2 cm, in der Breite 3 cm.

Blätter: Immergrün, nadelförmig, radial angeordnet, 5 bis 7 mm lang, sehr schmal, die gelbgrüne Grundfarbe tritt durch den graublaugrünen Reifbelag zurück.

Picea glauca 'Echiniformis'

Standort: Sonnig.

Boden: Allgemein anspruchslos, auf allen frischen bis feuchten, (mäßig) nährstoffreichen Böden, sauer bis alkalisch.

Eigenschaften: Zuverlässig winterhart.

Verwendung: Eine sehr dekorative Zwerg-Fichte, die aufgrund ihrer blaugrünen Benadelung sehr gut zu alpinen Zwergstauden paßt. Herrlich auch in Steingärten inmitten flacher Teppiche aus graugrünen Aubrieta, Sedum oder Cerastium. Weiterhin geeignet für Heidegärten, Tröge und Grabbepflanzungen.

P. glauca 'Zuckerhut'

Wuchs: Spitzkegelförmig und sehr kompakt wachsende Zwergform, Zweige und Triebe sehr fein, dicht und geschlossen stehend, sehr langsamwüchsig; ist von der Wuchsstärke her zwischen P. glauca 'Laurin' und P. glauca 'Conica' einzuordnen.

Größe: Endgültige Höhe noch nicht bekannt, wohl etwa 1,5 m hoch und 0,5 bis 0,8 m breit. Jahreszuwachs ca. 3 bis 5 cm.

Blätter: Nadelförmig, radial stehend, hellgrün, sehr weich.

Standort: Sonnig bis absonnig.

Boden: Auf allen frischen bis feuchten, mäßig nährstoffreichen Böden, sauer bis alkalisch.

Verwendung: Zwergnadelgehölz für kleine Gartenanlagen, Tröge, Steingärten und Gräber.

P. mariana 'Nana'
(= P. mariana var. nana)

Wuchs: Flach kissenförmige, rundlich wachsende Zwergform, Äste waagerecht ausgebreitet, regelmäßig und sehr dicht verzweigt, langsamwüchsig.

Größe: 0,4 bis 0,5 m hoch und im Alter meist doppelt so breit.

Blätter: Nadelförmig, sehr dichtstehend, mehr oder weniger radial, 5 bis 7 mm lang, blaugrün.

Standort: Sonnig bis absonnig.

Boden: Sehr anpassungsfähig, bevorzugt auf frischen, humosen, sauren bis alkalischen Böden, gedeiht aber auch auf trockeneren Substraten. In ihrem Verbreitungsgebiet kommt die Wildart auf feuchten, sumpfigen Böden, gelegentlich aber auch auf sehr trockenen Felsstandorten vor.

Picea mariana 'Nana'

Eigenschaften: Zuverlässig frosthart, verträgt sehr nasse Standorte.

Verwendung: Eine der schönsten Zwergfichten für Steingärten, Kleingehölzrabatten, Heide- und Rhododendronanlagen.

P. omorika (PANC.) PURK., Serbische Fichte, Omorika-Fichte

Omorika ist der bosnische Name für die Fichte

Verbreitung: Auf Kalkverwitterungsböden in sommerkühler, luftfeuchter und schneereicher Klimalage, in Höhen um 700 bis 1500 m. Das verhältnismäßig engbegrenzte Areal liegt im Tara-Gebirge des mittleren und oberen Drina-Laufes. 1877 von Prof. PANCIC erstmalig aufgefunden. Heute überall weit verbreitet und eines der am häufigsten angepflanzten Nadelgehölze.

Wuchs: Mittelgroßer bis großer, kerzengerader Baum mit schlank kegelförmiger bis fast säulenförmiger Krone, Äste waagerecht, im unteren Bereich malerisch durchhängend, mit ansteigender Spitze, im Freistand bis zum Boden beastet.

Größe: 15 bis 25 bis 30 m hoch und 2,5 bis 4 m breit. Jahreszuwachs in der Höhe 35 cm, in der Breite 15 cm.

Blätter: Immergrün, nadelförmig, 8 bis 18 mm lang, unten mit 2 breiten, weißen Stomabändern, oben glänzend dunkelgrün.

Blüten: Männliche Blüten sehr zahlreich, hellrötlichgelb, weibliche Blüten länglich-eiförmig, aufrecht, purpurrot; Mai.

Früchte: Zapfen eiförmig-länglich, 3 bis 6 cm lang, etwa 1 cm dick, jung violettpurpur, später glänzend zimtbraun, an jüngeren Pflanzen schon sehr zahlreich.

Wurzel: Flachwurzler, etwas tiefer als P. abies.

Standort: Sonnig, luftfeuchte Lagen liebend.

Boden: Gedeiht beinahe in jedem Boden, mäßig trocken bis feucht, stellt nur geringe Ansprüche, wächst sowohl auf Kalk als auch auf Urgestein, verträgt allerdings weder verdichtete Böden noch Staunässe! Die Serbische Fichte wächst optimal auf genügend tiefgründigen, wasserdurchlässigen Substraten.

Eigenschaften: Absolut frosthart, gegenüber Krankheiten wenig empfindlich, leiden in Neubaugebieten (Bodenverdichtung) unter Magnesiummangel, Abhilfe schafft Frühjahrsdüngung mit Magnesiumsulfat (Bittersalz), stadtklimafest, verträgt weniger Schatten als P. abies, durch flache Wurzel sind Solitärpflanzen windwurfgefährdet (Anpfählen!).

Verwendung: Wertvolle, elegante Fichte für Einzelstand und Gruppenpflanzung in Gärten, Parkanlagen und auf Friedhöfen. Leider wird sie auch in Pflanzungen verwendet, wo sie von ihrer Physiognomie her gar nicht hineingehört.

Ökologie: An den herabhängenden Zweigen befestigt die Beutel-Meise gern ihr Nest.

Picea omorika

Picea omorika

P. omorika 'Nana'

Um 1930 als Mutation in Boskoop bei GOUDKADE entstanden.

Wuchs: Zwergform der Omorika-Fichte mit breit kegelförmigem, dichtem, geschlossenem Wuchs, im Alter etwas lockerer und natürlicher werdend, langsam wachsend.

Größe: 4 bis 5 m hoch und 3 m breit. In 35 Jahren 4 m hoch. Jahreszuwachs in der Höhe (5) 15 cm, in der Breite 5 cm.

Standort, Boden und Eigenschaften wie P. omorika.

Verwendung: Kleinwüchsiger Nadelbaum für Einzelstand in Stein- und Heidegärten, Rabatten, Rhododendren- und Azaleenpflanzungen.

Ökologie: Beliebtes Nistgehölz.

Picea omorika 'Nana'

Picea omorika 'Pendula Bruns'

P. omorika 'Pendula Bruns'

Wuchs: Hängeform, Mitteltrieb aufrecht, Äste und Zweige stark hängend, dicht verzweigt, langsam wachsend.

Größe: Bis 10 m hoch und 1 bis 1,5 m breit. Jahreszuwachs in der Höhe 10 cm, in der Breite 3 cm.

Blätter: Immergrün, nadelartig, dunkelgrün glänzend, unterseits mit 2 weißen, breiten Stomabändern.

Standort: Sonnig.

Eigenschaften: Frosthart, stadtklimafest.

Verwendung: Interessante Hängeform der Serbischen Fichte. Einzelstellung, Pflanzkübel.

P. omorika 'Treblitzsch'

Als Hexenbesen in der ehemaligen DDR entdeckt.

Wuchs: Breitkugelige Zwergform, kurztriebig, langsam wachsend.

Größe: Etwa 30 cm hoch und 50 cm breit.

Blätter: Kurznadelig.

Verwendung: Zwergigste aller P. omorika-Formen. Wertvoll.

P. orientalis (L). LINK., Orient-Fichte

Verbreitung: Kaukasus und nördliches Kleinasien; im Gebirge, wo die Orient-Fichte in Höhenlagen von 600 bis 2100 m vergesellschaftet mit Pinus sylvestris, Abies nordmanniana und Fagus orientalis auftritt.

Wuchs: Großer Baum mit regelmäßig aufgebauter,

PICEA

Picea orientalis

schmal kegelförmiger Krone, im Freistand reichen die Äste bis zum Boden herab, in der Jugend trägwüchsig.

Größe: In der Heimat 40 bis 60 m hoch, bei uns sicherlich nur 20 bis 30 m. Die größten Bäume in England haben eine Höhe von 30 m. Breite 6 bis 8 m. Jahreszuwachs in der Höhe 20 bis 25 cm, in der Breite 10 cm.

Rinde: Dunkelbraune, dünne Schuppenborke.

Blätter: Immergrün, nadelförmig, auffallend dunkelgrün, stark glänzend, nur 6 bis 8 mm(!) lang; es sind die kürzesten Nadeln der Gattung.

Blüten: Männliche Blüten eirund, oft in Mengen, rot, weibliche purpurviolett, 2 bis 2,5 cm lang; Mai.

Früchte: Zapfen zylindrisch eiförmig, 5 bis 8 cm lang, 2 bis 3 cm dick, vor der Reife violett, reif braun.

Wurzel: Flach.

Standort: Sonnig bis absonnig (halbschattig).

Boden: Sehr bodentolerant, keine besonderen Ansprüche, die Orient-Fichte liebt frische bis feuchte, nährstoffreiche, saure bis alkalische Böden.

Eigenschaften: In Mitteleuropa gut hart (in Skandinavien unsicher, friert dort oft zurück), in extrem kalten Wintern kann gelegentlich Nadelbräune auftreten, schattenverträglich, zumindest in der Jugend; hitzeverträglich, ausreichend stadtklimafest, rauchhart.

Verwendung: Bis ins hohe Alter ein sehr dekorativer Solitärbaum mit attraktiver, dunkelgrün glänzender Benadelung.

Picea orientalis

P. orientalis 'Aurea', Orientalische Gold-Fichte (= P. orientalis 'Aureospicata')

Wuchs: Kleiner bis mittelgroßer Nadelbaum mit breit kegelförmiger Krone, Äste locker, unregelmäßig angeordnet, Seitenbezweigung zierlich herabhängend, langsam wachsend.

Picea orientalis, 60 m hoch, am Naturstandort in der Türkei

Picea orientalis 'Aurea'

Größe: 10 bis 12 (15) m hoch und 4,5 bis 5,5 m breit. Jahreszuwachs in der Höhe 15 cm, in der Breite 5 cm.

Blätter: Immergrün, nadelförmig, junger Austrieb leuchtend schwefelgelb, im Laufe des Sommers vergrünend, sonst wie die Art.

Blüten, Früchte, Standort, Boden und Eigenschaften wie die Art.

Verwendung: Sehr auffallender Solitärbaum, der im Frühjahr eine ungeheure farbliche Belebung in die Pflanzung bringt. Einzelstand in Garten- und Parkanlagen.

P. orientalis 'Nutans'

Wuchs: Hängeform der Orient-Fichte; mittel-

Picea orientalis 'Aurea'

großer, breit kegelförmiger Baum, Äste unregelmäßig und sparrig, weit abstehend und überhängend; in der Jugend trägwüchsig, später raschwachsend.

Größe: 18 bis 20 m hoch und etwa 5 bis 7 (bis 10) m breit. Jahreszuwachs in der Höhe 20 bis 30 cm, in der Breite 15 cm.

Blätter: Immergrün, nadelartig, dicht gestellt, steif, kurz, dunkelgrün glänzend.

Blüten, Zapfen, Standort, Boden und Eigenschaften wie die Art.

Verwendung: Einzelstellung, Gruppen, Kübel.

P. pungens ENGELM., Stech-Fichte

Verbreitung: In Gebirgslagen der Rocky Mountains, Nordamerika, in Höhenlagen zwischen 2000 bis 3300 m, auf feuchten, teils sogar nassen Kies- und Lehmböden.

Wuchs: Mittelgroßer Baum mit regelmäßig kegelförmigem Kronenaufbau, Äste sehr kräftig, quirlständig, waagerecht ausgebreitet.

Größe: 15 bis 20 m hoch, in der Heimat erreichen die Stech-Fichten Höhen von 30 bis 40 (bis 50) m. Breite 6 bis 8 m. Jahreszuwachs in der Höhe 30 cm, in der Breite 15 cm.

Rinde: Graubraune bis schwarzgraue, tief gefurchte Schuppenborke.

Blätter: Immergrün, nadelartig, radial stehend, starr, 2 bis 3 cm lang, abstehend, sehr stechend, bläulichgrün, selten ganz grün.

Früchte: Zapfen länglich zylindrisch, 6 bis 10 cm lang, hellbraun.

Standort: Sonnig.

Boden: Anspruchslos und anpassungsfähig, auf allen (trockenen) mäßig trockenen bis frischen Böden, sauer bis alkalisch.

Eigenschaften: Sehr frosthart, nicht spätfrostgefährdet, toleriert mehr Trockenheit als andere Fichten, verträgt einen gewissen Grad an Luftverschmutzung, stadtklimaverträglich, da gegenüber Lufttrockenheit und Wärme nicht so empfindlich; wird von der Sitka-Röhrenlaus befallen.

Verwendung: Robuster und weit verbreiteter Nadelbaum. Einzelstellung.

P. pungens 'Glauca', Blaue Stech-Fichte

Aus Samen gezogene Pflanzen, die sich durch eine schöne, intensiv stahlblaue Nadelfärbung auszeichnen.

Wuchs: Mittelgroßer Baum mit regelmäßig kegelförmiger Krone, Stamm durchgehend bis zur Spitze, geradschäftig, Äste ausgeprägt quirlständig, waagerecht ausgebreitet, gleichmäßige Etagen bildend; rasch wachsend.

Größe: 15 bis 20 m hoch und 6 bis 8 m breit. Jahreszuwachs in der Höhe 30 cm, in der Breite 15 cm.

Blätter: Immergrün, nadelförmig, stahlblau.

Standort, Boden und Eigenschaften wie die Art.

Verwendung: Einzelstellung, Gruppen, Weihnachtsbaum.

Picea pungens 'Glauca'

Picea orientalis 'Nutans'

P. pungens 'Glauca Globosa'

1937 aus Samen entstanden, 1955 in den Handel gebracht.

Picea pungens 'Glauca Globosa'

Wuchs: Zwergform; in der Jugend locker und unregelmäßig, später breit kegelförmig bis flachkugelig und sehr dicht.

Größe: 1,5 bis 2 m hoch und 2 bis 3 m breit. Jahreszuwachs in der Höhe 8 cm, in der Breite 10 cm.

Blätter: Immergrün, nadelartig, dichtstehend, unvollständig radial, leicht sichelförmig, silbrigblau, 10 bis 12 mm lang und 1 mm dick.

Standort: Sonnig.

Boden und Eigenschaften wie P. pungens.

Verwendung: Stein- und Heidegärten, Stauden- und Rosenpflanzungen, Gräber, Pflanzkübel. Paßt hervorragend zu Natursteinanlagen aus graublauem Schiefer zusammen mit silbergrauen Gehölzen und Stauden wie Pyrus salicifolia, Buddleja alternifolia, Salix helvetica, Artemisia pontica, Artemisia ludoviciana, Perovskia und Caryopteris.

P. pungens 'Hoopsii', Silber-Fichte

Wuchs: Mittelgroßer Baum mit regelmäßigem, breit kegelförmigem Kronenaufbau, Äste sehr dicht gestellt, breit abstehend, Spitzen leicht ansteigend.

Größe: 12 bis 15 m hoch und 3 bis 4,5 m breit. Jahreszuwachs in der Höhe (20) 30 cm, in der Breite 10 cm.

Blätter: Immergrün, nadelartig, hellsilberblau, sehr dichtstehend, steif, spitz.

Standort, Boden und Eigenschaften wie P. pungens.

Picea pungens 'Hoopsii'

Verwendung: Die beliebteste und sicherlich auch schönste silberblaue Gartenform. Einzelstellung, Gruppen.

P. pungens 'Koster'

Bekannteste aller Blau-Fichten-Gartenformen, seit 1885 im Handel.

Wuchs: Mittelgroßer Baum mit kegelförmiger, dichter Krone; in der Jugend oft ein wenig unregel-

Picea pungens 'Koster'

mäßig ohne geraden Mitteltrieb, später gleichmäßige, etwas steife Astetagen bildend.

Größe: 10 bis 15 (bis 20) m hoch und 4 bis 5 m breit. Jahreszuwachs in der Höhe (20) 30 cm, in der Breite 12 bis 15 cm.

Blätter: Immergrün, nadelförmig, radial angeordnet, leicht sichelförmig, sehr dichtstehend, spitz, stechend, silberblau.

Standort: Sonnig.

Boden und Eigenschaften wie P. pungens.

Verwendung: Einzelstand und Gruppenpflanzung(!) in größeren Gärten und Parkanlagen. Man sollte die Blau-Fichte endlich aus ihrer „Vorgarten-Einzelhaft" befreien! Sie wäre z. B. ein hervorragendes Gruppengehölz für das Thema „Strauchrosenpflanzung", wo man die Blau-Fichte als Leitbaum und raumbestimmendes Element einsetzen könnte. Die richtige Stimmung kommt auf, wenn wir weitere graulaubige Gesprächspartner, wie z. B. Ölweide, Sanddorn, Weidenblättrige Birne und Buddleja-Formen ihr zur Seite stellen. Zu silbergrauen Gehölzen und Strauchrosen passend wären z. B. Kugeldisteln, Wermut, große Wolken von Schleierkraut, Salbei, Teppiche aus Hornkraut und natürlich viele Gräser.

P. pungens 'Oldenburg'

Um 1970 von J. D. ZU JEDDELOH selektiert.

Wuchs: Mittelgroßer Baum mit gleichmäßig aufgebauter, kegelförmiger Krone, Leittrieb schon bei jungen Pflanzen auffallend gerade durchgehend bis zur Spitze, kräftiger Wuchs.

Größe: 12 bis 15 bis 20 m hoch und 5 bis 7 bis 8 m breit. Jahreszuwachs in der Höhe 30 bis 35 cm, in der Breite 15 cm.

Blätter: Nadelartig, sehr kräftig, betont abstehend, stahlblau.

Standort, Boden und Eigenschaften wie P. pungens.

Verwendung: Eine sehr wertvolle Selektion, die nach dem Veredeln sehr schnell einen geraden Mitteltrieb ausbildet. Einzelstellung, Gruppen.

P. purpurea MAST., Purpur-Fichte (= P. likiangensis var. purpurea)

Verbreitung: In den Gebirgen Westchinas, wo sie bis auf 3000 bis 4000 m ansteigt.

Wuchs: Mittelgroßer Baum mit meist breit kegelförmiger, dichtbuschiger Krone, Stamm durchgehend bis zur Spitze, Äste verhältnismäßig dick, weit horizontal ausgebreitet; langsam wachsend.

Picea purpurea

Größe: 15 (20) m hoch und 4 bis 6 (7) m breit. Jahreszuwachs in der Höhe 25 cm, in der Breite 10 cm.

Blätter: Immergrün, nadelartig, dichtstehend, auffallend kurz, 0,8 bis 1,2 cm lang, oberseits glänzend dunkelgrün und deutliche weiße Stomalinien auf der Unterseite.

Früchte: Zapfen klein, 4 bis 6 cm lang, vor der Reife purpurviolett.

Standort: Sonnig bis absonnig.

Boden: Auf allen (mäßig trockenen) frischen bis feuchten, durchlässigen Böden, sauer bis alkalisch.

Eigenschaften: Frosthart.

Verwendung: Die Purpur-Fichte fällt durch ihren dichtbuschigen Wuchs und ihre ansprechende, dunkelgrünsilbrige, sehr kurze Benadelung auf. Eine langsam wachsende Wildart, die auch für kleinere Gartenräume geeignet ist.

P. sitchensis (BONG.) CARR.,
Stech-Fichte, Sitka-Fichte,
Sitka Spruce

Verbreitung: In niederschlagsreichen, kühlen, luftfeuchten Gebirgslagen, auf tiefgründigen, feuchten bis nassen, oft nährstoffarmen, sauren Lehm- oder Sandböden. Pazifik-Küste von S-Alaska bis NW-Kalifornien, Nordamerika.

Wuchs: Großer Baum mit zunächst schmaler, im Alter breit pyramidaler, offener Krone und oft mächtigem, kerzengeradem Stamm, Äste relativ dünn, waagerecht ausgebreitet.

Größe: Bei uns 25 bis 40 m hoch, in der Heimat 40 bis 60 m, in Ausnahmen sogar bis 80 m hoch. Breite 7 bis 9 m. Jahreszuwachs in der Höhe 40 cm, in der Breite 15 cm. Bei jungen Pflanzen sind auch auf ärmeren Standorten Jahrestriebe von 1 m möglich!

Rinde: Dunkelrotbraun, dünn abblätternd.

Blätter: Immergrün, nadelartig, steif, 15 bis 25 mm lang, radial an waagerechten Trieben, auf der Triebunterseite gescheitelt, mit scharf stechender Nadelspitze, oben glänzend grün, unten silbrigweiß.

Früchte: Zapfen zylindrisch länglich, 6 bis 10 cm lang, blaßrötlich oder gelblichbraun.

Wurzel: Flach, weitstreichend.

Boden: Ist sehr bodentolerant und genügsam, sie gedeiht sowohl auf mäßig trockenen wie auch auf feuchten, anmoorigen Standorten, meidet aber Staunässe, auf zu trockenen Bodenarten und in einem trockenen Klima versagt sie. Liebt ausgeglichene Temperaturen und hohe Luftfeuchtigkeit, Küstenstandorte sagen ihr daher sehr zu, allerdings zeigt sie auch keine gute Entwicklung in trockenen Sandkehlen hinter den Küstendünen (SCHENCK), der optimale pH-Wert dürfte bei 4,0 bis 5,7 liegen.

Eigenschaften: Zuverlässig frosthart, außerordentlich windfest, sehr hoher forstwirtschaftlicher Wert; die Stech-Fichte erreicht ein Höchstalter von 800 Jahren.

Verwendung: Sie ist die größte aller Fichten und kann auch bei uns mächtige, imposante Stämme bilden. Wichtiger Baum im Küstenbereich, wo sie als Windschutzgehölz immer noch unübertroffen ist.

Anmerkung: P. sitchensis ist anfällig gegen die Sitka-Laus.

PINUS L.
Kiefer – Pinaceae,
Kieferngewächse

Die Kiefern, nach denen auch die größte Nadelgehölzfamilie benannt worden ist, stellen mit etwa 100 Arten die umfangreichste Gattung innerhalb der Nadelbäume dar. Das natürliche Verbreitungsgebiet ist außerordentlich groß. Wir finden die Gattung vom Polarkreis bis zur Südhemisphäre, wo sie noch auf Java und Sumatra mit einigen Arten vertreten ist. Die meisten Arten haben aber, ähnlich wie die Fichten und Tannen, nur geringe Wärmeansprüche und gehören deshalb zu den Hauptbaumarten, die an der Bildung der Waldgrenze beteiligt sind. Das größte Vorkommen der Kiefern liegt daher auch in den kühleren Gegenden der nördlichen Halbkugel. Es sind immergrüne, große Bäume, seltener strauchartige Wuchsformen, mit nadelförmigen Blättern, die zu 2, 3 oder 5 an den stark gestauchten Kurztrieben beisammenstehen. Eine interessante Ausnahme bildet P. monophylla, hier entspringt dem Kurztrieb jeweils nur 1 Nadel. Selten sind auch 5 bis 8nadelige Arten. Die bekannteste Vertreterin ist wohl die Montezuma-Kiefer (Pinus montezumae), die nach dem gleichnamigen Inka-König benannt wurde und von vielen als schönste Kiefer überhaupt gepriesen wird. Leider ist sie bei uns nicht ausreichend winterhart. Viele Kiefern bilden im Gegensatz zu den Fichten und Tannen eine oft sehr attraktive Schuppen- oder Plattenborke aus. Das Schönste und Faszinierendste, was es auf diesem Gebiet überhaupt gibt, finden wir bei der chinesischen Bunges-Kiefer, die zukünftig viel häufiger als bisher gepflanzt werden sollte.

Der Pflanzenverwender zieht die Kiefern vielen anderen Nadelgehölzgattungen vor, weil sie sich durch einen lockeren und dekorativen Aufbau auszeichnen. Nur in der Jugend wachsen die baumförmigen Arten streng regelmäßig quirlständig. Im Alter bilden sie wunderschöne, malerische Kronen aus, die von Fichten und Tannen völlig abweichen und eher an die Wuchsformen von Laubgehölzen erinnern. Darüber hinaus eignen sich gerade die Kiefern mit ihrem lichtdurchlässigen Kronengerüst und ihrer tiefgehenden Wurzel wie kaum eine andere Baumart für die Unterpflanzung mit Gehölzen und Stauden. Neben den Eichen sind sie die besten Partner für Rhododendron, Azaleen und andere Heidekrautgewächse.

Alle Kiefernarten haben ein ausgeprägtes Lichtbedürfnis und sollten daher frei und unbeschattet stehen. An Mineralgehalt und Feuchtigkeit des Standortes stellen sie nur geringe Ansprüche. Die Kiefer wird deshalb auch als „Baum des Sandbodens" bezeichnet.

links: Picea sitchensis

Pinus nigra ssp. pallasiana am Heimatstandort in Anatolien

Pinus Übersicht

| Art/Sorte | Wuchs | Größe in m | | Benadelung |
		Höhe	Breite	
P. aristata	Strauchform/Großstrauch	3	2	dunkelgrün
P. bungeana	mittelhoher Baum, pyramidale Krone	10 (20)	2	dunkelgrün
P. cembra	mittelgroßer Baum, pyramidale Krone	(10) 15 – 20 (25)	(3) 4 – 5 (8)	dunkelgrün
P. cembra 'Glauca'	mittelgroßer Baum, pyramidale Krone	(10) 15 – 20	(3) 4 – 5	silbrigblau
P. contorta	Kleinbaum/mittelgroßer Baum	10 – 20 (25)	6 – 8	dunkelgrün
P. contorta 'Compacta'	Strauchform	–	–	dunkel- bis gelbgrün
P. densiflora 'Pumila'	Zwergform/strauch-artig, breitkugelig	2 – 4 (5)	1,5 – 3,5	frischgrün
P. flexilis 'Glauca'	Kleinbaum/mittelgroßer Baum	8 – 10 (15)	3 – 5	blaugrün
P. koraiensis 'Glauca'	Kleinbaum, kegelförmig	8 – 10 (12)	3 – 5	graublau
P. leucodermis	mittelgroßer Baum, kegelförmig	8 – 10 – 15	4,5 – 7 – 8,5	dunkelgrün
P. leucodermis 'Compact Gem'	Strauchform, breit pyramidal	3,5	2	dunkelgrün
P. leucodermis 'Schmidtii'	Zwergform, kuppelförmig bis rundlich eiförmig	1,2 (1,5) – 3	1,2 – 2	dunkelgrün
P. monticola	mittelgroßer Baum, Krone kegelförmig	10 – 15 (20)	4,5 – 6,5	olivgrün
P. monticola 'Ammerland'	kleiner bis mittelgroßer Baum, Krone kegelförmig	10 – 15 (20)	4,5 – 6,5	silbrigblau
P. monticola 'Glauca'	kleiner bis mittelgroßer Baum, kegelförmig	10 – 15 (20)	4,5 – 6,5	blaugrün
P. mugo	Großstrauch	4 – 5 – 6	4 – 5	dunkelgrün
P. mugo 'Columnaris'	Strauchform	–	–	tiefgrün
P. mugo 'Gnom'	Strauchform/Großstrauch	2 – 3 (5)	1,5 – 2 (3)	dunkelgrün
P. mugo 'Humpy'	Strauchform, kugelig, gedrungen	0,8 – 1	1,5 (2)	tiefgrün
P. mugo 'Mini Mops'	Zwergform, kissenförmig	0,3	1	dunkelgrün
P. mugo 'Mops'	Strauchform	1,5 – 2	1,5 – 2	dunkelgrün
P. mugo var. mughus	Strauchform	2 – 3	2 – 3	dunkelgrün
P. mugo var. pumilio	Kleinstrauch	1 (1,5)	2 – 3	dunkelgrün
P. mugo 'Wintergold'	Zwergform	0,6 – 1	–	im Sommer grün, im Winter hellgelb bis goldgelb
P. nigra ssp. nigra	Großbaum	20 – 30 (45)	8 – 10 (15)	schwarzgrün
P. nigra 'Nana'	Strauchform, breit aufrecht	3	3	dunkelgrün
P. nigra ssp. pallasiana	Großbaum mit breiter, dichter Krone	20 – 30 (45)	8 – 10 (15)	dunkelgrün
P. nigra ssp. pallasiana var. pyramidata	Säulenform	–	–	dunkelgrün
P. nigra ssp. pallasiana var. seneriana	Kleinbaum	–	–	dunkelgrün
P. nigra 'Select'	Kleinbaum, breit kegelförmig	7	3	schwarzgrün

P. parviflora 'Glauca'	Kleinbaum	6 – 10 (12)	5 – 7 (9)	blaugrün
P. parviflora 'Negishi'	Großstrauch, breit kegelförmig	4 – 6	3,5 – 5	graublau
P. parviflora 'Tempelhof'	Kleinbaum	6 – 10 (12)	5 – 7 (9)	blaugrün
P. peuce	mittelhoher Baum, Krone kegelförmig	10 – 15 (20)	4,5 – 7	grün bis graugrün
P. ponderosa	Großbaum, Krone breit kegelförmig	15 – 20 (25)	6 – 8	dunkelgrün
P. pumila 'Glauca'	Strauchform, unregelmäßig rundlich	1 – 1,5	3	grau bis blaugrün
P. pumila 'Nana'	Strauchform, unregelmäßig rundlich	1 – 1,5	1 – 1,5	blaugrün
P. x schwerinii	mittelhoher Baum, breit kegelförmig	12 – 20	7 – 10	dunkelgrün bis bläulichgrün
P. strobus	Großbaum, Krone kegelförmig	25 – 30	8 – 10 – 15	blaugrün
P. strobus 'Krügers Liliput'	Zwergform, strauchig, kugelig	1 – 1,5	3	blaugrau
P. strobus 'Macopin'	Strauchform, buschig, kegelförmig	1,5 – 2,5	1,5 – 2,5	blaugrün
P. strobus 'Radiata'	strauchig bis Großstrauch, kugelig-kegelig	3,5	3,5	blaugrün
P. sylvestris	Großbaum	10 – 30 (40)	7 – 10 (15)	blau- bis graugrün
P. sylvestris 'Fastigiata'	Kleinbaum, säulenförmig	8 – 10 (15)	1,3 – 1,5	graublaugrün
P. sylvestris 'Glauca'	mittelhoher Baum	10 – 15	5 – 8	silbrigblau
P. sylvestris 'Globosa Viridis'	Zwergform, kugelig-bienenkorbförmig	2 – 2,8 (3,5)	1,5 – 1,8	mittelgrün
P. sylvestris 'Nana Hibernica'	Zwergform, breit kegelförmig bis flachkugelig	1 – 1,5	2	silbrigblau
P. sylvestris 'Typ Norwegen'	mittelgroßer Baum	10 – 12 (15/20)	5 – 7 (8)	blaugrau
P. sylvestris 'Watereri'	Großstrauch	4 – 5 (6)	5 – 6	graublau bis stahlblau
P. uncinata u. Sorten	Kleinbaum bis Großbaum	10 – 20 (25)	4 – 6,5	dunkelgrün
P. wallichiana	Großbaum, Krone breitpyramidal	15 – 25 (30)	8 – 15 (20)	bläulichgrün
P. wallichiana 'Densa Hill'	Kleinbaum, Krone kegelförmig	7	2,5	bläulichgrün
P. wallichiana 'Nana'	Zwergform, buschig, kugelig	1,5 (2)	1,5 (2)	bläulichgrün

Pinus aristata

P. aristata ENGELM., Grannen-Kiefer

Lat. aristatus = begrannt, bezieht sich auf die grannenartigen Dornen der Zapfen.

1861 wurde die Grannen-Kiefer entdeckt.

Verbreitung: Auf trockenen Gebirgshängen, in Höhenlagen zwischen 2500 und 3400 m; Colorado, New Mexico, O-Kalifornien.

Wuchs: Kleiner Baum oder mehrstämmiger Strauch mit pyramidaler und etwas unregelmäßiger Krone, Äste in der Jugend aufsteigend, oft kandelaberartig wachsend, im Alter mit sehr lockerer Krone und mehr hängenden Ästen, langsam wachsend.

Größe: In der Heimat 6 bis 12 m hoch. Bei uns sind 40 Jahre alte Exemplare 3 m hoch und 2 m breit (Karlsaue). Jahreszuwachs in der Höhe 15 cm, in der Breite 5 cm.

Rinde: Zunächst weißlichgrau, später mehr rotbraune Schuppenborke.

Blätter: Immergrün, nadelartig, auffallend kurz für eine Kiefer und mit weißen Harzflöckchen besetzt; sie sind das sicherste Erkennungszeichen für diese interessante Art. Nadeln zu 5, nur 2 bis 4 cm lang, dunkelgrün, Innenseite bläulichweiß.

Früchte: Zapfen sitzend, zylindrisch eiförmig, 4 bis 9 cm lang. Auf den Schuppen 8 mm langer, feiner Dorn.

Standort: Sonnig, offene Lagen.

Boden: Außerordentlich genügsam, wachsen auf jedem durchlässigen Gartenboden, bevorzugen trockene Standorte, mäßig nährstoffreich, sauer bis alkalisch.

Eigenschaften: Sehr frosthart, hitzeverträglich, verträgt lange Trockenzeiten, Lebensdauer der Nadeln beträgt am Heimatstandort 12 bis 15 Jahre.

Pinus longaeva am Naturstandort in den White Mountains, Kalifornien. Hier wurden Exemplare dieser Kiefernart nachgewiesen, die über 4000 Jahre alt sind. Ein Baum hat sogar das legendäre Alter von 4600 Jahren. P. longaeva gehört somit zu den ältesten Lebewesen auf unserer Erde.

Verwendung: Hochinteressante, kleinwüchsige und sehr malerische Kiefer für den Einzelstand im Stein- und Heidegarten, geeignet auch für Rabatten, Innenhöfe, Dachgärten und Tröge.

Anmerkung: Sehr nahe verwandt mit P. aristata ist die in Utah, Nevada und O-Kalifornien beheimatete **P. longaeva** (= P. aristata var. longaeva), die nur 3 cm lange und harzlose(!) Nadeln aufweist. In den White Mountains wurden Exemplare dieser Kiefernart nachgewiesen, die über 4000 Jahre alt sind. Ein Baum hat sogar das legendäre Alter von 4600 Jahren. Somit gehören diese Kiefern zu den ältesten Lebewesen auf unserer Erde.

P. bungeana ZUCC. ex ENDL.,
Silber-Kiefer, Tempel-Kiefer, Bunges-Kiefer

1831 sammelte erstmals der Russe ALEXANDER VON BUNGE diese Kiefer. 1846 führte der Schotte ROBERT FORTUNE sie nach Europa ein.

Verbreitung: Ursprünglich wohl in mehreren Provinzen Chinas beheimatet.

Wuchs: Mittelhoher Baum mit schlankem Stamm oder Kleinbaum mit vielen gleichstarken Grundästen. In der Jugend regelmäßig pyramidal, im Alter mit sehr lockerer und lichter, malerischer Krone; langsam wachsend.

Größe: 10 bis 20 m hoch. Im Botanischen Garten Bonn steht ein 20 m hohes Exemplar, das vor etwa 100 Jahren von L. BEISSNER gepflanzt wurde. Der Stammdurchmesser betrug 1983 in 1 m Höhe 34 cm.

Rinde: Junge Triebe graugrün, glatt. Bei Stamm- und Astdicken ab 10 cm Durchmesser blättert die Borke platanenartig ab. Es entsteht dann ein sehr attraktives, buntscheckiges Rindenbild in den Farben Silbrigweiß, Hellgrün, Olivgrün, Ockergelb und Braunrot. Nach etwa 100 Jahren werden die Stämme und Hauptäste herrlich silbrigweiß. In Klimaregionen mit heißen Sommern und kühlen Wintern entwickelt sich das Rindenbild am schönsten.

In der Jugend ist der Stamm von P. bungeana sehr farbenfroh, im Alter wird er silbrigweiß bis fast reinweiß. Um die „Weißheit" zu erlangen, benötigt dieser Baum gut 100 Jahre.

Pinus bungeana mit auffallend buntscheckiger Borke

Blätter: Immergrün, nadelartig, Nadeln zu 3 sehr locker an den Zweigen verteilt, 5 bis 9 cm lang, zerrieben sehr aromatisch duftend.

Früchte: Zapfen stumpfeiförmig, 5 bis 6 cm lang, 4 bis 5 cm dick.

Wurzel: Kräftig, mehr oder weniger flach streichend.

Standort: Sonnig, warm, geschützt.

Boden: Auf allen (trockenen) mäßig trockenen bis frischen, gut durchlässigen, (sauren) schwach sauren bis leicht alkalischen Substraten. Gesunde, über 80 Jahre alte Exemplare in Berlin-Schöneberg auf humosem Sand bei pH 6,5. Toleriert oder liebt sogar Kalk im Untergrund. Boden nicht zu nährstoffreich.

Eigenschaften: Im Alter ausreichend hart. Junge Pflanzen bis 2 (5) m Höhe frost- bzw. spätfrostempfindlich, Grenze um -22° C; treibt früh; pilzanfällig, besonders Sämlinge, wird auch von Kiefernschütte befallen. Schneebruchgefährdet, da Triebe leicht brechen.

Verwendung: Diese wunderbare Kiefer mit ihrem unglaublich schönen Rindenbild kann einem schon schlaflose Nächte bereiten. Interessant ist auch der sich langsam vollziehende Wechsel von der farbenfrohen Jugend bis hin zum völlig silbrigweißen Altersbild. Dieser Baum benötigt also gut 100 Jahre, um Weißheit zu erlangen. Vielleicht wurde er deshalb von den chinesischen Kaisern so geschätzt und immer wieder in die Tempel- und Klostergärten gepflanzt. Leider wird P. bungeana nur sehr selten angeboten, und größere Exemplare gibt es in den Baumschulen schon gar nicht.

P. cembra L., Zirbel-Kiefer, Arve

Verbreitung: Auf sauren, humosen, mäßig nährstoffreichen Steinböden in kalt kontinentaler Klimalage, in Höhen zwischen 1300 und 2750 m; Alpen und Karpaten bis zur Baumgrenze, außerdem im nördlichen Rußland und Sibirien.

Wuchs: Mittelgroßer Baum, in der Jugend schmal pyramidale, dicht geschlossene, regelmäßig geformte Krone, im Alter unregelmäßig, offen, oft sehr malerisch, langsam wachsend.

Größe: (10) 15 bis 20 (25) m hoch und (3) 4 bis 5 (8) m breit. Jahreszuwachs in der Höhe 15 (bis 25) cm, in der Breite 10 cm.

Rinde: Gerieft, braunorange-hellrehbraun, dichtfilzig behaart (612 C 5). Knospen harzlos oder harzig.

Blätter: Immergrün, nadelartig zu 5, in dichten, pinselartigen Büscheln, 3 bis 5 Jahre lebend, 5 bis 8 (bis 12) cm lang, dunkelgrün, Innenseiten mit blauweißen Stomabändern, Nadeln am Jahrestrieb eng anliegend, steif aufrecht.

Früchte: Zapfen erscheinen erst nach 60 bis 80 Jahren, eiförmig, 6 bis 8 cm lang, 5 cm breit, jung violett, reif braun, Samen groß, eßbar (Zirbelnuß).

Standort: Sonnig, völlig frei, liebt kühle, luftfeuchte Lagen.

Wurzel: Meist tiefgehend und weitstreichend.

Boden: Auf allen mäßig trockenen bis frischen (feuchten), durchlässigen Böden, P. cembra gedeiht auch auf ärmeren, trockenen Substraten, sauer bis alkalisch, pH-tolerant.

Eigenschaften: Extrem frosthart, 70 frostfreie Tage im Jahr reichen für ihr Gedeihen, Lichtholzart, verträgt nur in der Jugend Schatten, stadtklimaverträglich, ausgesprochen wind- und sturmfest, wird gelegentlich von Wolläusen befallen, stark verbißgefährdet, Rohhumuskeimer, wächst in der Jugend ausgesprochen langsam; liefert wertvolles Holz und eßbare Samen (Zirbelnüsse). P. cembra kann bis 1000 Jahre alt werden.

li.o.: Spektakuläre Umpflanzaktion einer ca. 25 Jahre alten und 7,5 m hohen Pinus bungeana im Jahre 2000. An ihrem Standort im ehemaligen Garten des berühmten Dendrologen G. KRÜSSMANN (Bad Salzuflen)) mußte leider weichen und ohne Vorbereitung in einer ungünstigen Jahreszeit, nämlich im Januar, herausgenommen werden. Die 5-stämmige, 1,2 t schwere Bunges-Kiefer wurde aufrecht stehend mit einem Teleskop-Kran aus dem beengten Innenhof gehoben.

An ihrem neuen Platz im Arboretum Thiensen sorgte eine Bodenheizung für schnellere Neuwurzelbildung. Zur Herabsetzung der Transpiration hatten unsere tüchtigen Gärtner einen Sonnen- u. Windschutzvorhang installiert, der nach der Anwachsphase nur bei extremen Wetterlagen vorgezogen wurde. Besucher vermuteten darin ein dezentrales Kunstobjekt der Expo.

Mit dieser Kiefer ging der größte Baumwunsch meines Lebens in Erfüllung.

Verwendung: Die Zirbel-Kiefer ist ein sehr ansprechender, schlank pyramidal wachsender Nadelbaum, der sich auf Grund seiner Langsamwüchsigkeit auch für kleine Gartenräume eignet. Sehr anmutig zu mehreren in Gruppen oder als Solitär. Sie darf aber nie unter Schatten- und Wurzeldruck stehen!

Ökologie: In der Natur ein wertvolles Nährgehölz für Säuger und Vogelarten, wichtiger Baum für den Hochgebirgswald, Hangbefestigung, Schutzgehölz. Die Zirbelnüsse sind die Hauptnahrungsquelle des Tannenhähers, der bereits im August mit der „Ernte" beginnt und die Samen in seinem bis zu 120 Nüsse fassenden Kehlsack transportiert, um damit oft weit entfernt liegende Futterverstecke anzulegen. In flachen Erdlöchern versteckt er meist 3 bis 4, gelegentlich aber auch bis zu 20 Samen. In guten Samenjahren legt ein Vogel über 10000 solcher Verstecke an, in denen dann bis zu 100000 Zirbelnüsse liegen können. Es ist schon erstaunlich, daß 80 % der Futterverstecke wieder entleert werden. Selbst unter einer 50 cm hohen Schneedecke findet der Tannenhäher sein Versteck wieder. Da er die Zirbelnüsse auch auf baumlosen, offenen Flächen außerhalb der geschlossenen Kiefernbestände versteckt, sorgt er auf diese Weise für die Ausbreitung des Arven-Waldes.

Pinus cembra

Pinus contorta

Pinus contorta 'Compacta'

P. cembra 'Glauca',
Blaue Zirbel-Kiefer

Wuchs: Mittelgroßer Baum, in der Jugend schmal pyramidale, dicht geschlossene Krone, im Alter lockerer; langsam wachsend.

Größe: (10) 15 bis 20 m hoch und (3) 4 bis 5 m breit. Jahreszuwachs in der Höhe 15 (bis 20) cm, in der Breite 5 bis 10 cm.

Blätter: Immergrün, nadelartig, im Gegensatz zum Wildtyp kräftig silbrigblau.

Weitere Merkmale und Angaben wie bei P. cembra.

Verwendung: Sehr schöne, silbrigblaue Selektion der Zirbel-Kiefer.

P. cembra 'Nana'

Siehe bitte unter **P. pumila 'Nana'**.

P. contorta DOUGL. ex LOUD.,
Dreh-Kiefer, Lodgepole Pine
Lat. contortus = gewunden, bezieht sich auf die gedrehten Nadeln.

Wurde 1825 von D. DOUGLAS entdeckt.

Pinus contorta

Verbreitung: Auf sandigen und sumpfigen Küstenstandorten und im Gebirge auf sauren, mittel- bis tiefgründigen, gut wasserdurchlässigen Böden, in Höhenlagen zwischen 1800 und 3600 m. Westliches Nordamerika.

Wuchs: Kleiner bis mittelgroßer Baum mit kegelförmiger, oft buschiger Krone, Äste unregelmäßig, in der Jugend aufsteigend, später malerisch ausgebreitet und im unteren Kronenbereich stark hängend, sehr unterschiedlich im Wuchsbild, oft auch nur strauchförmig mit mehreren Stämmen.

Größe: 10 bis 20 (25) m, in der Heimat bis 30 m hoch. In englischen Gärten gibt es ebenfalls 30 m hohe Exemplare. Breite 6 bis 8 m. Jahreszuwachs in der Höhe 25 cm, in der Breite 10 cm.

Rinde: Hellbraune, dünne Schuppenborke oder dunkelrotbraun, tiefgefurcht (Küstenform).

Blätter: Immergrün, nadelartig, dunkelgrün bis gelbgrün, 2-nadelig, gedreht, 3 bis 5 cm lang.

Früchte: Zapfen eiförmig, meist gebogen, 3 bis 6 cm lang; bleiben im geschlossenen Zustand oft bis zu 10 Jahren am Baum, ohne daß die Keimfähigkeit der Samen darunter leidet, am heimatlichen Standort öffnen sie sich erst nach Waldbränden.

Standort: Sonnig.

Boden: Äußerst standorttolerantes Nadelgehölz, das sowohl auf nährstoffarmen, trockenen Sanden als auch auf moorigen, feuchten Böden gedeiht, bevorzugt durchlässige, saure, mäßig nährstoffreiche Substrate.

Eigenschaften: Zuverlässig frosthart, Gehölz mit großer Standortamplitude. Pioniergehölz, Erstbesiedler auf Brandflächen, kommt mit kurzer Vegetationsperiode aus, stadtklimafest, sturm- und windfest.

Verwendung: Vielseitig einsetzbare, außerordent-

lich malerische Kiefer mit sehr eigenwilligem Wuchs. Kann überall dort eingesetzt werden, wo die riesige Schwarzkiefer den Gartenraum zu sprengen droht; unersetzlich für Gärten und Anlagen im Küstenbereich.

P. contorta 'Compacta'

Wuchs: Strauchig aufrecht und gedrungen, mit buschig verzweigter, dichter Krone, schächer wachsend als die Wildart.

Blätter: Nadelartig, dunkelgrün bis gelbgrün, 2-nadelig, gedreht, 3 bis 5 cm lang.

Größe: Endgültige Höhe nicht bekannt.

Früchte: Eiförmige Zapfen.

Standort: Sonnig.

Boden und Eigenschaften wie P. contorta.

Verwendung: Strauchform, im Alter wohl auch Großstrauch. Geeignet für kleine Heideanlagen, Rhododendron- und Azaleengärten, Solitär in naturhaften Rosen- und Kleingehölzpflanzungen.

P. densiflora 'Umbraculifera'
(= P. densiflora 'Pumila' HORT.)

Wuchs: Langsam wachsende, breitkugelige und dicht verzweigte, strauchartige Zwergform der Japanischen Rot-Kiefer, Krone im Alter schirmartig ausgebreitet.

Größe: 2 bis 4 (bis 5) m hoch und 3 bis 6 m breit.

Rinde: Hellbraun bis orangebraun, erinnert an die Rindenfarbe unserer Wald-Kiefer.

Blätter: Immergrün, nadelartig, an den Triebenden pinselförmig, 2-nadelig, 6 bis 12 cm lang, frischgrün.

PINUS

Früchte: Zapfen einzeln oder zu mehreren, ei- bis kegelförmig, 3 bis 5 cm lang.

Standort: Sonnig, warm.

Boden: Gut durchlässige, nicht zu feuchte Böden, sauer bis alkalisch.

Eigenschaften: Frosthart, pilzanfällig auf zu schweren, nassen Böden.

Verwendung: Eine wunderschöne Kiefer, die sich besonders gut für das japanische Gartenmotiv eignet. Ausgewachsene Exemplare zeichnen sich durch eine attraktive, orangerotbraune Rinde und die typische Schirmkrone aus.

P. flexilis 'Glauca',
Blaue Nevada-Kiefer

Wuchs: Kleine bis mittelhohe Kiefer mit zunächst kegelförmiger, im Alter zunehmend breitrunder Krone, Äste kandelaberartig aufsteigend, sehr biegsam, bei alten Bäumen mehr hängend, oft sehr breit.

Größe: 8 bis 10 (15) m hoch und 3 bis 5 m breit. Jahreszuwachs in der Höhe 25 cm, in der Breite 10 cm.

Rinde: Bei alten Stämmen dunkelgrau, gefurcht, junge Triebe gelbgrün, kahl oder behaart.

Blätter: Immergrün, nadelartig, 5-nadelig, an den Triebenden gehäuft, nach vorn gerichtet, steif, 3 bis 7,5 cm lang, auf allen Seiten mit Stomalinien, blaugrün.

Früchte: Zapfen 7 bis 15 cm lang, 4 bis 6 cm breit, hellbraun, glänzend.

Standort: Sonnig, völlig frei.

Boden: Gedeiht am optimalsten in feuchten, gut drainierten Böden. P. flexilis ist aber sehr anpassungsfähig und kommt auch gut auf armen, sehr trockenen Standorten (Felsböden) voran.

Eigenschaften: Frosthart. Leider wird P. flexilis gelegentlich vom Blasenrost befallen.

Verwendung: Eine sehr attraktive und elegante Kiefer für Einzelstellung in Garten- und Parkanlagen.

P. koraiensis 'Glauca',
Blaue Korea-Kiefer

Wuchs: Kleiner Baum mit kegelförmiger Krone, Äste waagerecht abstehend, wenig verzweigt, lockerwüchsig, erinnert im Kronenaufbau an die Zirbelkiefer, mittelstark wachsend.

Größe: 8 bis 10 (12) m hoch und 3 bis 5 m breit. Jahreszuwachs in der Höhe 25 m, in der Breite 10 cm.

Blätter: Immergrün, nadelartig, Nadeln zu 5, bis

Pinus densiflora 'Umbraculifera' – die schräg aufwärts gestellten Äste sehen aus wie die Speichen eines halbgeöffneten Regenschirms. Ein ungemein attraktives Formgehölz, das besonders im Alter durch seine ausgeprägte Schirmkrone besticht.

8 cm lang, dichtstehend, graublau.

Früchte: Zapfen stumpf kegelförmig, gelbbraun, springen bei Reife nicht auf, Samen eirund, groß, flügellos, eßbar.

Standort: Sonnig, völlig frei!

Boden: Auf allen trockenen bis frischen, mäßig nährstoffreichen, durchlässigen Böden, sauer bis alkalisch.

Eigenschaften: Frosthart, werden im Alter sehr transparent.

Verwendung: Einzelstellung, lockere Gruppen.

P. leucodermis ANT.,
Schlangenhaut-Kiefer
(= P. heldreichii var. leucodermis)
Griech. leukos = weiß, derma = Haut, bezieht sich auf die jungen Zweige.

Verbreitung: Auf extrem trockenen Kalkverwitterungsböden, seltener auf Dolomit und Serpentin, in Höhenlagen zwischen 800 und 2000 m; Südosteuropa.

Wuchs: Mittelgroßer, gerade wachsender Baum mit schlank kegelförmiger Krone, Stamm durchgehend bis zum Wipfel, Äste im Alter (nach 30 Jahren) bogenförmig ansteigend, Kegelform auch im

hohen Alter erkennbar, im Freistand bis zum Boden beastet, unterste Astpartien leicht durchhängend.

Größe: 8 bis 10 bis 15 m hoch, in der Heimat auch 20 m Höhe erreichend. Breite 4,5 bis 7 bis 8,5 m. In 40 Jahren ca. 9 bis 10 m hoch. Jahreszuwachs in der Höhe 20 bis 25 cm, in der Breite 10 cm.

Rinde: Nach dem Abfallen der Nadelbüschel schlangenhautartig gefeldert, grauweiß, ältere Borke schuppenartig.

Blätter: Immergrün, nadelartig, auffallend dunkelgrün, 2-nadelig, sehr dicht gedrängt stehend und

Pinus leucodermis

pinselartig an den Triebenden gehäuft, steif, scharf zugespitzt.

Früchte: Zapfen länglich eiförmig, in der Jugend schwarz(!), 5 bis 7,5 cm lang, kurz gestielt, stumpfbraun.

Wurzel: Kräftige, tiefgehende Hauptwurzel.

Standort: Vollsonnig, frei!

Boden: Außerordentlich standorttolerant, gedeiht selbst auf den trockensten, ärmsten Böden, schwach sauer bis stark alkalisch, verträgt aber keine Staunässe.

Eigenschaften: Zuverlässig frosthart, hitzefest, trockenresistent, P. leucodermis ist die anspruchsloseste aller Kiefern, sie erträgt monatelange Dürrezeiten, stadtklimafest, windresistent, relativ langsam wachsend.

Verwendung: Für den Pflanzenverwender eine der schönsten und wertvollsten Kiefern. Ihr dunkles, massives Erscheinungsbild hat die gleiche Ausstrahlung wie die Schwarz-Kiefer, die jedoch für kleinere Gartenräume nicht in Frage kommt. Herrlicher Hintergrund für Rosen, Stauden, Azaleen und Rhododendron. Weiterhin für Innenhöfe und Dachgärten.

P. leucodermis 'Compact Gem'

Wuchs: Breit pyramidale, langsam und gedrungen wachsende Gartenform mit dichter Verzweigung und geschlossenem Aufbau.

Pinus leucodermis 'Compact Gem'

Größe: In der Jugend sehr langsamwüchsig, kann im Alter sicher 3,5 m erreichen. Zuwachs 10 bis 15 cm. In 10 Jahren 2 m hoch und 1,8 m breit (Arboretum Thiensen).

Blätter: Nadelartig, dunkelgrün, 2-nadelig.

Standort: Vollsonnig, frei.

Boden: Wie P. leucodermis.

Eigenschaften: Sehr frosthart, hitzefest und trockenresistent, stadtklimafest.

Verwendung: Äußerst wertvolle und schöne Form für kleine Heidegärten, Rosen-, Gräser- und Staudenpflanzungen.

P. leucodermis 'Schmidtii'

Wurde 1926 von E. SCHMIDT, dem seinerzeitigen Sekretär der Tschechoslowakischen Dendrologischen Gesellschaft im Balkan gefunden.

Wuchs: Zwergform, kuppelförmig bis rundlich eiförmig, dicht und gedrungen, langsam wachsend.

Größe: Etwa 1,5 bis 3 m hoch und genauso breit.

Blätter: Benadelung dunkelgrün.

Verwendung: Sehr wertvolle, langsamwüchsige Zwergform für Heidegärten und alpine Anlagen.

P. monticola DOUGL. ex D. DON, Westamerikanische Weymouths-Kiefer, Western White Pine

Wuchs: Kleiner bis mittelhoher Baum, Krone kegelförmig, Stamm durchgehend bis zur Spitze, Äste leicht bogenförmig ansteigend, geschlossen, an das Wuchsbild von P. cembra erinnernd, rasch wachsend.

Pinus monticola

Größe: 10 bis 15 (20) m hoch und 4,5 bis 6,5 m breit. Junge Triebe bräunlich, junge Stämme hellbraun, glatt.

Rinde: Borke alter Bäume in quadratische Schuppen gespalten.

Blätter: Immergrün, nadelartig, Nadeln zu 5, 4 bis 10 (12) cm lang, olivgrün, Lebensalter 3 bis 4 Jahre, dichtstehend, steif.

Früchte: Zapfen zu 2 bis 5, walzenförmig, 10 bis 25 cm lang.

Standort: Sonnig.

Boden: Bevorzugt frische bis feuchte Böden, gedeiht allerdings auch auf trockeneren Standorten, schwach sauer bis alkalisch.

Eigenschaften: Frosthart, leider sehr anfällig gegen Blasenrost.

Verwendung: Solitär-Kiefer, die als junge Pflanze Ähnlichkeit mit P. strobus hat. Geeignet für Einzelstellung und Gruppen.

P. monticola 'Ammerland'

Wuchs: Kleiner bis mittelgroßer Baum, Krone kegelförmig, Stamm durchgehend bis zum Wipfel, Äste leicht bogenförmig ansteigend, dicht verzweigt, geschlossen; rasch wachsend.

Größe: 10 bis 15 (20) m hoch und 4,5 bis 6,5 m breit.

Blätter: Immergrün, nadelartig, Nadeln zu 5, 10 bis 12 (15) cm lang, dichtstehend, steif, silbrigblau.

Weitere Merkmale wie P. monticola.

Eigenschaften: Frosthart, sehr stark wachsend.

Verwendung: Sehr gute, wüchsige Selektion der Westamerikanischen Weymouths-Kiefer. Sollte zur Unterstützung eines guten Aufbaues in der Jugend etwas geschnitten werden (ZU JEDDELOH).

P. monticola 'Glauca'

Von ZU JEDDELOH selektiert.

Wuchs: Kleiner bis mittelgroßer Baum mit kegelförmiger Krone, Äste leicht bogenförmig ansteigend und dicht verzweigt, ein wenig an P. cembra erinnernd, Nadeln aber länger und hängend, rasch wachsend.

Größe: 10 bis 15 (20) m hoch und 4,5 bis 6,5 m breit.

Blätter: Nadelartig, Nadeln zu 5, 4 bis 10 (12) cm lang, blaugrün.

Standort, Boden und Eigenschaften wie P. monticola.

Verwendung: Einzelstellung, Gruppen.

P. mugo, TURRA.,
Berg-Kiefer, Latsche, Leg-Föhre
(= P. montana)

mugo = italienischer Name dieser Kiefer.

Pinus mugo

Verbreitung: Montane und subalpine Stufe der Gebirge, auf alkalischen bis stark sauren, humosen, sandigen, felsigen oder torfigen Böden; große Reinbestände bildend oder vergesellschaftet mit Alnus viridis, Rhod. ferrugineum, Rohd. hirsutum, Vaccinium und anderen Gebirgssträuchern. Gebirge von Mittel- und Südeuropa.

Wuchs: Vielstämmiger, weit ausgebreiteter, oft niederliegender Strauch/Großstrauch mit bogig ansteigenden Ästen oder kleiner, breit kegelförmger Baum mit durchgehendem Stamm und lockerer Krone.

Größe: 4,5 bis 6 m hoch (baumförmig kann die Berg-Kiefer aber auch bis 20 m hoch werden).

Pinus mugo

Breite 4 bis 5 m. Jahreszuwachs in der Höhe 15 cm, in der Breite 12 cm.

Rinde: Graubraune bis schwarzgraue, kleingefelderte Schuppenborke.

Blätter: Immergrün, nadelartig, Nadeln zu 2, häufig sichelförmig zum Trieb gekrümmt, oft auch leicht gedreht, 3 bis 4 cm lang, dunkelgrün.

Blüten: Männliche Blüten oft sehr zahlreich, walzenförmig, gelb, weibliche Blüten fast am Ende der Langtriebe, rosarot, Juni/Juli.

Früchte: Eiförmig bis mehr kegelförmig, 2 bis 6 cm lang, 1,5 bis 4 cm breit, gelbbraun bis dunkelbraun.

Wurzel: Keine Pfahlwurzel, flach ausgebreitet, stark verzweigt.

Standort: Sonnig bis absonnig.

Boden: Sehr standorttolerant, auf allen (trockenen) mäßig trockenen bis feuchten, auch nährstoffarmen Böden, anpassungsfähig an den pH-Wert, von sauer bis alkalisch.

Eigenschaften: Sehr frosthartes Gehölz mit großer Standortamplitude, gedeiht auf stark vernäßten, sauren, nährstoffarmen Hochmoorflächen wie auch auf Dünengelände an der Küste, widerstandsfähig gegen Schneedruck, das weitstreichende Wurzelwerk legt Geröllhänge fest, industriefest, stadtklimafest, etwas schattenverträglich, windresistent.

Verwendung: Sehr wichtiges, immergrünes Nadelgehölz für die vielseitigsten Verwendungsbereiche des Garten- und Landschaftsbaues. Einzelstellung, Gruppen, Flächenbegrünung, Hangbefestigung, Windschutzhecken, Stein- und Heidegärten, Trogbepflanzung.

Anmerkung: P. mugo kann auch als „Heckenpflanze" verwendet werden, da sie schnittfest ist. Junge Triebe vor der Nadelentfaltung (Mai/Juni) um zwei Drittel einkürzen. Winterschnitt auch möglich. Vorsichtiger Rückschnitt bis ins alte Holz ist ebenfalls erfolgreich.

P. mugo 'Columnaris'

Wuchs: Schmal kegelförmige, langsam und gedrungen wachsende Form der Berg-Kiefer, Äste aufrecht, dicht verzweigt.

Größe: Endgültige Höhe nicht bekannt.

Blätter: Nadelartig, Nadeln zu 2, radial stehend, tiefgrün.

**Wurzel, Standort, Boden und Eigenschaften wie die Art.

Verwendung: Einzelstellung und Gruppenpflanzung. Stein- und Heidegärten, Rosen-, Kleingehölz- und Staudenpflanzungen.

P. mugo 'Gnom'

Pinus mugo 'Gnom'

Wuchs: Kugelig und sehr dicht wachsender Strauch, im Alter mehr breitpyramidal mit meist durchgehendem Mitteltrieb, in der Jugend langsamwüchsig, später mittelstark.

Größe: 2 bis 3 m hoch, alte Exemplare auch noch höher. Breite 1,5 bis 2 (3) m. Jahreszuwachs in der Höhe 15 cm, in der Breite 10 cm.

Blätter: Immergrün, nadelartig, Nadeln zu 2, bis 5,5 cm lang, glänzend dunkelgrün.

Weitere Merkmale und Angaben wie P. mugo.

Verwendung: Geeignet für Heide- und Steingärten, Hecken, Dachterrassen und Kübel.

P. mugo 'Humpy'

Pinus mugo 'Humpy'

Wuchs: Kugelig und gedrungen wachsende Zwergform, Äste und Triebe kurz, sehr dicht stehend, extrem langsamwüchsig, im Alter breiter als hoch.

Größe: 0,4 bis 0,8 m hoch und etwa 1 m breit. Jahreszuwachs in der Höhe 3 bis 4 cm!

Blätter: Nadelartig, Nadeln zu 2, sehr kurz, tiefgrün, Winterknospen rotbraun.

Wurzel, Standort, Boden und Eigenschaften wie die Art.

Verwendung: Eine Zwergform, die sich gut zur Bepflanzung von Trögen, Schalen und Minigärten eignet.

P. mugo 'Mini Mops'

Als Hexenbesen an P. mugo 'Mops' gefunden.

Pinus mugo 'Mini Mops'

Wuchs: Flach ausgebreitet wachsender, kissenförmiger Zwergstrauch, Zweige kurz, aufwärts gerichtet, sehr dicht stehend, sehr langsam wachsend.

Größe: Bis 0,4 (0,6?) m hoch und 1 m breit. Jahreszuwachs in der Höhe 2 cm, in der Breite 3 cm.

Blätter: Immergrün, nadelartig, Nadeln zu 2, bis 2 cm lang, kräftig, spitz, sehr dichtstehend, dunkelgrün.

Standort, Boden, Eigenschaften wie P. mugo.

Verwendung: Eine „echte" Zwerg-Kiefer, die sich für allerkleinste Pflanzflächen in Steingärten, Heideanlagen, an Terrassen, in Töpfen, Schalen und Trögen eignet.

P. mugo 'Mops'

Wuchs: Kugelige, später unregelmäßige, breit kissenförmige Zwergform mit kurzer, dichter Bezweigung, in der Jugend langsam wachsend.

Größe: 1,5 bis 2 m hoch und breit. Jahreszuwachs in der Höhe 10 cm, in der Breite 10 cm.

Blätter: Immergrün, nadelartig, Nadeln zu 2, an den jungen Trieben sehr kurz, 2 bis 4,5 cm lang, dunkelgrün.

Pinus mugo 'Mops'

Weitere Merkmale und Angaben wie bei P. mugo.

Verwendung: Gesunde, strauchförmig bleibende Kiefernform für Stein- und Heidegärten, Einfassungen, Gräber, Pflanzkübel.

Die Sorte **P. mugo 'Winzig'** wurde von der Fa. HACHMANN als Hexenbesen an 'Mops' gefunden. Sie ist wesentlich kompakter und dichter verzweigt.

P. mugo var. mughus (SCOP.) ZENARI., Krummholz-Kiefer

Verbreitung: Charakteristisches Gehölz der Alpen, wo es oberhalb der Waldgrenze im Krummholzgürtel mit Alpenrosen vergesellschaftet auftritt.

Pinus mugo var. mughus

Wuchs: Strauch mit niederliegenden Stämmen und kniefförmig gebogenen, aufsteigenden Ästen, langsam wachsend.

Größe: 2 bis 3 m hoch und meist viel breiter als hoch. Jahreszuwachs in der Höhe 10 cm, in der Breite 15 cm.

Blätter: Immergrün, nadelartig, Nadeln zu 2, bis 4 cm lang, dichtstehend, dunkelgrün.

Weitere Merkmale und Angaben wie bei P. mugo.

Verwendung: Unentbehrliches, hartes und anspruchsloses Gehölz für Einzelstellung, Gruppenpflanzung und Flächenbegrünung.

P. mugo var. pumilio (HAENKE) ZENARI., Zwerg-Kiefer

Verbreitung: Gebirge, Mittel- und Osteuropa, bis auf 2600 m ansteigend.

Wuchs: Flachkugelig bis kissenförmig wachsender Kleinstrauch, im Alter weit ausgebreitet, niedergestreckt, Äste sehr dicht gestellt mit aufsteigenden Zweigen.

Größe: 1 (1,5) m hoch und 2 bis 3 m breit. Jahreszuwachs in der Höhe 5 cm, in der Breite 12 cm.

Blätter: Immergrün, nadelartig, Nadeln zu 2, in der Länge sehr unterschiedlich, dunkelgrün.

Standort, Boden und Eigenschaften wie P. mugo.

Verwendung: Bestens geeignet für alpine Anlagen, Heidegärten, Einfassungen, Böschungsbegrünung, Gräber, Dachgärten und Trogbepflanzung. Zwerg-Kiefern können durch regelmäßiges Einkürzen der jungen Jahrestriebe niedrig, dicht und geschlossen gehalten werden.

Pflegetip: Der beste Schnittermin wäre Mitte Juni, es ist aber auch möglich, die Kiefern im Frühjahr kurz vor dem Austrieb einzukürzen.

Pinus mugo var. pumilio, geschnitten

P. mugo 'Wintergold'

Wuchs: Zwergform, breit aufrecht, Zweige locker gestellt, im Alter gedrungener wachsend.

Größe: Bis 1,5 m hoch und 1,8 (2?) m breit. In 12 Jahren 0,95 m hoch und 1,6 m breit (CALIEBE). In 28 Jahren 1,2 m hoch und 1,8 m breit.

Blätter: Nadeln im Sommer grün, in den Wintermonaten leuchtend hellgelb bis goldgelb.

Verwendung: Durch die intensive goldgelbe Nadelfärbung eine sehr auffallende winterliche Gartenzierde.

P. nigra ssp. nigra ARNOLD., Österreichische Schwarz-Kiefer (= P. nigra var. austriaca, P. austriaca)

Verbreitung: Von Österreich bis Mittelitalien, Griechenland und Jugoslawien, auf mittel- bis flachgründigen, mäßig nährstoffreichen, gut durchlässigen Sand- oder Lehmböden, häufig auf Kalkgestein.

Wuchs: Imposanter, großer Nadelbaum, in der Jugend breit kegelförmig mit kandelaberartigen, gleichmäßigen Astetagen, im Alter mit malerischer, weit ausladender, oft schirmförmig abgeflachter Krone, rasch wachsend.

Größe: 20 bis 30 (45) m hoch und 8 bis 10 (15) m breit. Jahreszuwachs in der Höhe 40 cm, in der Breite 20 cm.

Rinde: Tief und grob gefurcht, grauschwarze Schuppenborke, im Alter sehr dekorativ.

Blätter: Immergrün, nadelartig, Nadeln zu 2, auffallend dunkelgrün und starr, stechend, 8 bis 16 cm lang.

Früchte: Zapfen 5 bis 9 cm lang, fast symmetrisch; hellbraun, leere Zapfen im Frühjahr abfallend.

Standort: Sonnig.

Wurzel: Hauptwurzeln kräftig, tiefgehend.

Boden: Anspruchslos, auf allen trockenen bis feuchten, gut durchlässigen, auch nährstoffarmen Substraten, sauer bis stark alkalisch, gedeiht selbst auf humuslosem, trockenem, heißem Kalkgestein (Karstgebiete am Mittelmeer).

Eigenschaften: Zuverlässig frosthart, sehr ausgeprägte Windresistenz, relativ salzunempfindlich, Hitze und sommerliche Dürre werden ungewöhn-

Pinus nigra ssp. nigra

lich gut ertragen, unempfindlich gegen chronische Luftverunreinigung durch SO_2, stadtklimafest.

Verwendung: Mächtiger, kompakt und massiv wirkender Nadelbaum, der zu den beeindruckendsten Koniferen gehört. Auf Grund seiner Unempfindlichkeit gegenüber Sturm, Sandschliff, Salzgischt, Hitze und Industrieabgasen ist er unbestritten der wichtigste Nadelbaum für Pflanzungen im Küstenbereich und in der Stadt.

P. nigra 'Nana'

Wuchs: Strauchartige Form der Schwarz-Kiefer, im Alter breit-aufrecht, langsam wachsend.

Größe: Wohl bis 3 m hoch und ebenso breit, Jahreszuwachs sehr gering.

Pinus nigra ssp. nigra

Pinus nigra ssp. pallasiana var. şeneriana   Pinus nigra ssp. pallasiana var. şeneriana   Pinus nigra ssp. pallasiana var. pyramidata

Blätter: Nadelartig, Nadeln zu 2, dunkelgrün, starr und stechend.

Standort, Boden und Eigenschaften wie bei P. nigra.

Pinus nigra 'Nana'

Verwendung: Niedrige, buschige Form mit allen guten Eigenschaften der Wildart. Geeignet für Extremstandorte im Stadt- und Küstenbereich. Unempfindlich gegenüber Trockenheit, Hitze, Wind und Salzluft.

P. nigra ssp. pallasiana (D. DON) HOLMBOE, Taurische Kiefer (= P. nigra var. caramanica)

Verbreitung: Balkan, Anatolien, Süd-Karpaten, Krim.

Wuchs: Großer Baum mit aufsteigenden Ästen und breiter, dichter Krone, im Alter malerisch.

Triebe: Junge Triebe schmutzig gelb.

Blätter: Nadeln zu 2, 8 bis 18 cm lang, sehr starr, dunkelgrün.

Früchte: Zapfen bis 12 cm lang.

Eigenschaften: Frosthart.

Verwendung: Von der Taurischen Kiefer gibt es eine Reihe hochinteressanter Formen bzw. Varietäten.

P. nigra ssp. pallasiana var. pyramidata ist eine ausgeprägte Säulenform, die in Anatolien oft ganze Wälder bildet. Die Selektion schneebruchsicherer, extrem schmaler, kurzastiger Typen müßte allerdings dringend durchgeführt werden. In einem türkischen Forstbetrieb sah ich sehr vielversprechende Versuchsanpflanzungen.

P. nigra ssp. pallasiana var. şeneriana kommt in der westlichen Türkei vor und bildet sowohl absolut kugelrunde Kronen als auch mehrstämmige, langsamwüchsige Kleinbäume mit malerischen Schirmkronen. Von einigen besonders ausgeprägten Formen habe ich Vermehrungsmaterialien aus der Türkei mitgebracht. Auf die Entwicklung dieser Formen bin ich sehr gespannt. Sicherlich sehr interessant für das Thema Form-Gehölze.

P. nigra 'Select'

Wuchs: Kleiner Baum mit breit kegelförmiger Krone, Äste kurz, waagerecht abstehend, dicht verzweigt, langsam wachsend.

Größe: Bis 7 m hoch und 3 m breit. Jahreszuwachs in der Höhe 15 cm, in der Breite 10 cm.

Blätter: Immergrün, nadelförmig, Nadeln zu 2, bis 10 cm lang, steif, scharf zugespitzt, stechend, gerade bis leicht gebogen, schwarzgrün.

Wurzel, Standort, Boden und Eigenschaften wie P. nigra.

Verwendung: Schwachwüchsige Form der SchwarzKiefer, die sich für Einzelstellung und Gruppenpflanzung eignet.

P. parviflora 'Glauca', Blaue Mädchen-Kiefer

Verbreitung der Wildart: Gebirgswälder in Japan.

Wuchs: Kleiner, zierlicher und vielgestaltiger Baum; in der Jugend kegelförmig, im Alter mit breiter, malerisch lockerer Krone, Astetagen unregelmäßig, flach ausgebreitet, im unteren Kronenbereich Äste etwas hängend, langsam wachsend.

Größe: 6 bis 10 (12) m hoch und 5 bis 7 (9) m breit. Jahreszuwachs in der Höhe 15 cm, in der Breite 10 cm. In der Jugend oft genauso breit wie hoch!

Rinde: Junge Triebe grünlichbraun, dann hellgrau, Borke schwarzgrau.

Pinus parviflora 'Glauca'

Blätter: Immergrün, nadelartig, Nadeln zu 5, blaugrün, zart, an den Triebenden pinselförmig gedrängt, stark gekrümmt und gedreht, Innenseiten intensiv blauweiß.

Früchte: Zapfen werden bereits nach etwa 10 Jahren angesetzt, eiförmig bis zylindrisch, 5 bis 10 cm lang, 3 bis 4 cm breit, 6 bis 7 Jahre an den Ästen bleibend.

Standort: Sonnig, völliger Freistand.

Boden: Auf allen mäßig trockenen bis frischen (feuchten), gut durchlässigen, mäßig nährstoffreichen Böden; ein zu hoher pH-Wert wie auch zu trockene Standorte sind ungünstig.

Eigenschaften: Zuverlässig winterhart, stadtklimafest, langsam wachsend, empfindlich gegen Trockenheit.

Verwendung: Erlesene Kostbarkeit für Einzelstellung in Garten- und Parkanlagen. Ihr Blaugrün und der malerische Wuchs beleben jede Koniferenpflanzung. Wunderschöner Leitbaum für Stauden- und Rosenrabatten. Herrlich auch in dunkelgrünen oder silbergrauen Heideflächen. Am schönsten aber mit dem Roten Fächer-Ahorn, Azaleen und flachen Moospolstern im japanischen Gartenmotiv, wo sie sich wie „zu Hause" fühlt.

P. parviflora 'Negishi'

Japanische Selektion.

Pinus parviflora 'Negishi'

Wuchs: Breitkegelförmig aufrecht, in der Jugend gleichmäßig, dichtbuschig kompakt, im Alter Kronenaufbau lockerer, etwas unregelmäßig; schwachwüchsiger als die Normalform.

Größe: Endgültige Höhe nicht bekannt, wohl 4 bis 6 m hoch und 3,5 bis 5 m breit. Im Arboretum Thiensen in 8 Jahren 1,60 m hoch und 2 m breit, Zuwachs dann in der Höhe 20 bis 23 cm!

Blätter: Nadelartig, Nadeln zu 5, 5 bis 5,5 cm lang, auffallend graublau, sehr zierend.

Standort, Boden und Eigenschaften wie P. parviflora 'Glauca'.

Verwendung: Schöne Selektion mit blauen Nadeln, die insgesamt langsamer wächst als P. parviflora 'Glauca'. Äußerst wertvoll für kleinere Heidegärten, prachtvolles Solitärgehölz für Rosen-, Stauden- und Gräserpflanzungen.

P. parviflora 'Tempelhof'

Wuchs: Kleiner, malerischer Baum mit lockerem, aufrechtem Wuchs, Äste unregelmäßig gestellt, waagerecht ausgebreitet, Mittelstamm kräftig ausgebildet, raschwüchsiger als P. parviflora 'Glauca'.

Größe: 6 bis 10 (12) m hoch und 5 bis 7 (9) m breit. Jahreszuwachs in der Höhe 15 bis 22 cm, in der Breite 10 cm. In 25 Jahren 3,50 m hoch und ebenso breit.

Blätter: Nadelartig, Nadeln zu 5, blaugrün, etwas gedreht, 4,5 bis 6,5 cm lang.

Standort, Boden und Eigenschaften wie P. parviflora 'Glauca'.

Verwendung: Einzelstellung.

P. peuce GRISEB., Mazedonische Kiefer, Rumelische Kiefer

Wurde 1839 von GRISEBACH, deutscher Botaniker, entdeckt.

Verbreitung: Vorwiegend auf Urgestein, aber auch auf Kalk in Gebirgslagen zwischen 1500 und 2200 m. S-Jugoslawien, Albanien, Griechenland.

Wuchs: Mittelhoher Nadelbaum mit schlanker, kegelförmiger, im Freistand bis zum Boden beasteter Krone. Im Wuchsbild sehr stark an P. cembra erinnernd. Äste regelmäßig quirlig, waagerecht ausgebreitet oder ansteigend, in der Jugend sehr raschwüchsig.

Größe: 10 bis 15 (bis 20) m hoch und 4,5 bis 7 m breit. Jahreszuwachs in der Höhe 25 bis 30 cm, in der Breite 15 cm.

Rinde: Jahrestriebe olivgrün, seidig glänzend,

Pinus peuce

kahl, Knospen graubraun, nicht so spitz wie bei P. strobus, 2 jähriger Trieb graubraun mit einem kleinen Stich oliv. Rinde glatt, graubraun, an alten Bäumen kleinschuppig.

Blätter: Immergrün, nadelartig, Nadeln zu 5, an den Triebenden pinselartig gehäuft, 7 bis 10 cm lang, gerade und ziemlich steif, grün bis graugrün.

Früchte: Zapfen abstehend bis hängend, 8 bis 15 cm lang, 2 bis 3 cm breit, zylindrisch, hellbraun, harzig.

Wurzel: Tiefgehend.

Standort: Sonnig, völlig frei!

Boden: Toleriert alle kultivierten, nicht zu trockenen Böden, gedeiht gut auf frischen, mäßig nährstoffreichen, humosen, durchlässigen, sauren bis schwach alkalischen Standorten.

Eigenschaften: Zuverlässig winterhart, standorttolerant, ist weniger anfällig gegen Blasenrost als P. strobus, unempfindlich gegen Wollaus (ZU JEDELOH), stadtklimafest.

Verwendung: Sehr zierende Kiefer für Einzelstellung und Gruppenpflanzung in Garten und Parkanlagen. Der schmale Wuchs prädestiniert sie auch für die Verwendung in kleineren Gartenräumen und Anlagen. Leider wird diese frostharte und gesunde Kiefer zu selten gepflanzt.

P. ponderosa DOUGL. ex P. et C. LAWS., Gelb-Kiefer

Verbreitung: Auf gut wasserdurchlässigen, kiesigen oder sandigen Lehmböden, vom südlichen British Columbia bis Zentralmexiko, östlich bis Dakota, Nebraska und Texas; westliches Nordamerika.

Pinus ponderosa

Wuchs: Großer, stattlicher Nadelbaum mit breiter, offener, kegelförmiger Krone, Stamm gerade durchgehend, Hauptäste in der Jugend schräg aufwärts, im Alter Äste dichter, besonders im unteren Bereich hängend. Stark wachsend.

Größe: 15 bis 20 (bis 25) m hoch, in der Heimat 30 bis 50 m, gelegentlich auch bis 80 m hoch. Breite 6 bis 8 m. Jahreszuwachs in der Höhe 25 cm, in der Breite 15 cm.

Rinde: Triebe bräunlich oder grünlich, niemals bereift(!), dunkelrotbraune, 5 bis 10 cm dicke, tief längsrissige Plattenborke.

Blätter: Immergrün, nadelartig, Nadeln zu 3, auffallend lang und kräftig, an den Triebspitzen dicht gedrängt, 12 bis 25 cm lang, dunkelgrün, 1,5 mm breit, mit horniger, scharfer Spitze.

Früchte: Zapfen einzeln oder auch zu 3 und 5, symmetrisch, eiförmig bis mehr länglich, 8 bis 15 cm lang, 3,5 bis 5 cm breit, hellbraun und glänzend.

Pinus ponderosa

Wurzel: Tiefgehend.

Standort: Sonnig, völlig frei!

Boden: Gedeiht optimal in einem tiefgründigen, frischen bis feuchten, gut wasserdurchlässigen, sandigen Lehm, toleriert alkalische Böden, ist insgesamt anpassungsfähig und wächst auch auf ärmeren, trockenen Standorten.

Eigenschaften: Zuverlässig frosthart, nicht krankheitsanfällig, dürreresistent, stadtklimafest.

Verwendung: Mit seiner dichten und auffallend langen Benadelung ein sehr imposanter Baum für Einzelstellung in größeren Garten- und Parkanlagen.

P. pumila 'Glauca',
Blaue Kriech-Kiefer

Wuchs: Langsam wachsende Zwerg-Kiefer mit breit niederliegenden Hauptästen und bogig aufsteigenden Seitenzweigen, im Alter dichtbuschige, unregelmäßig rundliche Strauchformen bildend; langsam wachsend.

Größe: 1 bis 1,50 m hoch und bis 3 m breit. Sehr alte Exemplare auch bis 3 m hoch. Jahreszuwachs in der Höhe 3 cm, in der Breite 7 cm.

Blätter: Grau bis blaugrün, 5-nadelig, sehr dicht stehend, 4 bis 7 (bis 10) cm lang.

Früchte: Zapfen zu mehreren beisammen, eiförmig, 3,5 bis 4,5 cm lang und etwa 2,5 cm breit, jung purpurviolett, reif rötlich oder gelblichbraun.

Standort: Sonnig, luftfeuchte Lagen liebend.

Boden: Anspruchslos, auf allen mäßig trockenen bis frischen, mäßig nährstoffreichen, lockeren, gut durchlässigen Böden, sauer bis schwach alkalisch.

Eigenschaften: Zuverlässig frosthart, etwas schattenverträglich, langsam wachsend, nässeempfindlich, stadtklimafest.

Verwendung: Gehört zu den kostbarsten Zwerg-Kiefern unserer Gärten. Ein sehr reizvolles Farb-

Pinus pumila 'Glauca'

spiel ergibt sich aus den zahlreichen tiefroten, männlichen Blüten und der zierlichen, graublauen Benadelung. Besonders geeignet für Stein- und Heidegärten, Rabatten, Terrassen, Dachgärten, Trog- und Grabbepflanzung.

P. pumila 'Nana'

Wird fälschlicherweise oft unter P. cembra 'Nana' geführt.

Wuchs: Dichtbuschiger, kompakter Strauch, im Alter etwas unregelmäßige, aber stets geschlossene, rundliche Strauchformen bildend, langsam wachsend.

Größe: 1 bis 1,5 m hoch und breit. Jahreszuwachs in der Höhe 3 cm, in der Breite 3 cm.

Blätter: Immergrün, nadelartig, Nadeln zu 5, sehr dichtstehend, blaugrün, bis 5 cm lang.

Früchte, Standort, Boden und Eigenschaften wie P. pumila 'Glauca'.

Verwendung: Einzelstellung, Gruppen.

P. x schwerinii FITSCHEN,
Schwerin-Kiefer
(= P. wallichiana x P. strobus)

Um 1905 entstanden im Park des GRAFEN SCHWERIN in Wendisch-Wilmersdorf bei Berlin.

Wuchs: Mittelhoher Baum, Krone in der Jugend breit kegelförmig, Stamm durchgehend bis zum

Pinus x schwerinii

Pinus x schwerinii

Wipfel, Äste waagerecht, weit ausgebreitet, Spitzen leicht ansteigend, Äste innerhalb eines Quirls oft unterschiedlich lang!, im Alter sehr dekorative, unregelmäßige, lockere Kronenform, rasch wachsend.

Größe: 12 bis 20 m hoch und 7 bis 10 m breit.

Rinde: Junge Triebe 3 bis 4 mm dick, grün, bereift.

Blätter: Immergrün, nadelförmig, Nadeln zu 5, 8 bis 11 (15) cm lang, dünn, hängend, dunkelgrün mit bläulichweißen Stomalinien.

Früchte: Zapfen zu mehreren beisammen, 8 bis 15 cm lang, braun bis grau, mit vielen Harztropfen bedeckt, fruchtet bereits als junge Pflanze.

Wurzel: Mäßig tief.

Standort: Sonnig.

Boden: Anspruchslos, auf allen mäßig trockenen bis feuchten, nährstoffarmen und nährstoffreichen, durchlässigen Böden, sauer bis neutral.

Eigenschaften: Frosthart, sehr früh fruchtend.

Verwendung: Eine sehr wertvolle Kiefer mit dekorativem, unregelmäßigem Kronenaufbau und hängenden, dünnen Nadeln. Erinnert an P. wallichiana, ist aber weniger empfindlich. Einzelstellung, Gruppen.

PINUS

P. strobus L.,
Weymouths-Kiefer, Strobe,
Eastern White Pine

Wurde um 1705 in Europa eingeführt.

Verbreitung: Auf tiefgründigen, sandig-lehmigen, gut drainierten Böden, aber auch am Rande von Sümpfen in kühl-humider Klimalage. Östliches Nordamerika.

Wuchs: Hoher Baum mit schlank kegelförmiger Krone und kerzengeradem Stamm, in der Jugend regelmäßige, waagerecht ausgebreitete Astetagen bildend, im Alter sehr locker und breit malerisch.

Größe: 25 bis 30 m hoch und 8 bis 10 bis 15 m breit. Jahreszuwachs 35 bis 50 cm. In der Heimat kann diese imposante Kiefer – sie ist die größte Konifere des östlichen Nordamerikas – Höhen von 60 bis 70 m erreichen.

Rinde: Junge Triebe auffallend dünn, graubraunoliv, seidig glänzend, Triebspitzen leicht bereift, Knospen lang und spitz, braun. Rinde bleibt lange Zeit glatt und grün, im hohen Alter längsrissig, dunkel.

Blätter: Immergrün, nadelartig, auffallend dünn, weich, 5-nadelig, nicht gedreht, blaugrün.

Früchte: Zapfen hängend, schmal zylindrisch, 8 bis 20 cm lang, bis 4 cm breit, braun.

Wurzel: Nach KÖSTLER/BRÜCKNER/BIBELRIETHER: In den ersten 10 bis 15 Jahren eine Pfahlwurzel, mit 30 bis 40 Jahren dominieren kräftige, flachstreichende, brettartig geformte Hauptseitenwurzeln mit beträchtlicher Reichweite. Vertikalwurzeln bis etwa 1,2 m tief.

Boden: Die Strobe ist insgesamt sehr standorttolerant und gedeiht auf Böden geringerer Qualität, optimal auf tiefgründigen, nährstoffreichen und sandig-lehmigen Standorten mit guter Wasserversorgung, sauer bis neutral, meidet stagnierende Nässe und heiße Lagen.

Eigenschaften: Zuverlässig frosthart, etwas schattenverträglich, sturmfest (wegen der kräftigen Wurzelausbildung kaum durch Windwurf gefährdet), hohe Empfindlichkeit gegenüber Blasenrost, verliert durch Schneebruch gelegentlich die Spitzen und wird dann sehr breit, verbißgefährdet, gegen Raucheinwirkung sehr empfindlich, wird bis 500 Jahre alt.

Verwendung: Raschwüchsiger, sehr stattlicher Nadelbaum, der sich im Freistand zu malerischen, eindrucksvollen Baumgestalten entwickeln kann.

Ökologie: Samen werden gern von Eichhörnchen gefressen (Beobachtung März/April 96).

P. strobus 'Krügers Liliput'

Selektion aus P. strobus 'Radiata'.

Wuchs: Rundlich und dicht geschlossen wachsende Zwergform, in der Jugend flach ausgebreitet bis kissenförmig, im Alter rundlich bis breit kegelförmig und lockerer und dann sehr stark P. strobus 'Radiata' ähnelnd, langsamwüchsig, in der Jugend schwächer als 'Radiata'.

Größe: 1 bis 1,5 m hoch, wohl doppelt so breit.

Blätter: Immergrün, nadelförmig, Nadeln zu 5, bis 10 cm lang, weich, blaugrau.

Standort, Boden und Eigenschaften wie P. strobus.

Verwendung: In der Jugend sehr langsam wachsende Zwergform, später rundlich bis kegelförmig. Einzelstellung, Gruppen.

P. strobus 'Macopin'

Von GOTELLI, USA, als Hexenbesen gefunden.

Wuchs: Buschige Strauchform, unregelmäßig rundlich bis kegelförmig, im Alter lockerer und breitwüchsiger.

Pinus strobus

Pinus strobus

Pinus strobus 'Macopin'

Größe: Sicherlich 1,5 bis 2,5 m hoch und ebenso breit.

Blätter: Nadelförmig, blaugrün, 5-nadelig.

Standort: Sonnig bis absonnig, kühlfeucht!

Boden: Wie P. strobus.

Eigenschaften: Trägt bereits als Jungpflanze Zapfen.

Verwendung: Eine interessante, breitbuschige Form der Strobe, die sich als Solitärgehölz für Heide- und Rhododendrongärten eignet.

P. strobus 'Radiata'
(= P. strobus 'Nana')

Wuchs: Langsam wachsende, unregelmäßig kugelige bis breit kegelförmige Zwergform mit dicht geschlossener Bezweigung, langsam wachsend.

Größe: In 25 Jahren 3,5 m hoch und 3 m breit. Jahreszuwachs in der Höhe 15 cm, in der Breite 8 (10) cm.

Blätter: Immergrün, nadelartig, intensiv blaugrün, 5-nadelig, bis 10 cm lang, an den Triebenden gehäuft stehend.

Standort, Boden und Eigenschaften wie P. strobus.

Verwendung: Hübsche Zwergform für Einzelstellung in Stein- und Heidegärten, Rabatten, Rosen-, Stauden- und Gräserpflanzungen, Dachgärten.

Ökologie: Beliebtes Nistgehölz für Buschbrüter.

P. sylvestris L.,
Gewöhnliche Kiefer, Wald-Kiefer, Föhre

Verbreitung: Europa bis Ostasien. P. sylvestris hat von allen heimischen Baumarten die größte geographische Verbreitung. Vom Tiefland bis in die Alpen auf 1600 m. Von Natur aus nur bestandsbildend auf laubholzfeindlichen Standorten: Dünen, Mooren, Felsen und Schotterflächen.

Wuchs: Hoher Baum, in der Jugend locker kegelförmig, im Alter oft mit einseitiger, breit schirmförmiger Krone und meist geradem, langschäftigem Stamm.

Größe: 10 bis 30 (40) m hoch und 7 bis 10 (15) m breit, junge Kiefern im Freistand oft genauso breit wie hoch. Jahreszuwachs in der Höhe 30 bis 40 cm, in der Breite 15 (40) cm.

Rinde: Rinde im oberen Stamm- und Kronenbereich herrlich fuchsrot, in dünnen Blättchen ablösend. Diese sogenannte „Spiegelrinde" ist charakteristisch für P. sylvestris. Alte Stämme mit braunroter bis schwärzlicher, längsgefurchter Plattenborke.

Blätter: Immergrün, nadelartig, Nadeln zu 2, ge-

Pinus sylvestris

wöhnlich etwas gedreht, 4 bis 7 cm lang, blau- oder graugrün.

Früchte: Zapfen eikegelförmig, 2,5 bis 7 cm lang, 2 bis 3,5 cm breit, graubraun.

Standort: Sonnig (auf guten, zusagenden Standorten geringfügig schattenverträglich).

Wurzel: Auf tonigen, grundwassernahen, moorigen oder Ortssteinböden flach, gewöhnlich aber entwickelt sie eine Pfahlwurzel.

Boden: Bezüglich Standort und Wasserversorgung außerordentlich anspruchslos, wächst auf den ärmsten Sandböden und besiedelt selbst saure Hochmoorstandorte. Versagt allerdings auf humuslosen, offenen, weißen Sanden (EHLERS). Sonst auf allen trockenen bis nassen, sauren bis alkalischen Substraten. Optimal auf tiefgründigen, frischen, sauren Böden.

Eigenschaften: Extrem frosthart, unempfindlich gegen Früh- und Spätfröste, Hitze und Trockenheit, windfest, stadtklimafest; empfindlich gegenüber Auftausalzen und Luftverunreinigung, wird bis zu 500 Jahre alt, wichtiger Harzlieferant, Nadelerde ist nährstoffarm und hat einen pH-Wert von 3,0 bis 4,5 (EHLERS).

Verwendung: Entwickelt sich zu malerischen, oft sehr breiten, ausdrucksstarken Pflanzengestalten. Herrlicher Solitärbaum für größere Gärten und Parkanlagen. Wohl der beste Überbau für Rhododendren und Azaleen. P. sylvestris hat ein ausgeprägtes Lichtbedürfnis, verlangt völligen Freistand und leidet unter Beschirmung und Seitendruck.

P. sylvestris 'Fastigiata',
Säulen-Kiefer

War schon vor 1856 bekannt, Fundorte in Frankreich, Finnland, Norwegen, Deutschland und anderen Ländern.

Pinus sylvestris 'Fastigiata'

Wuchs: Straff aufrecht wachsende, schmale Säulenform der Waldkiefer, Stamm bis zur Spitze durchgehend, oft aber auch mehrstämmig, langsam wachsend.

Größe: 8 bis 10 (bis 15) m hoch und 1,2 m breit. In 25 Jahren 5,5 m hoch und 1,3 m breit. Jahreszuwachs in der Höhe 20 cm, in der Breite 5 cm.

Blätter: Immergrün, nadelartig, Nadeln zu 2, auffallend graublaugrün, steif, etwas dicker.

Früchte: Zapfen klein, eiförmig, werden reichlich angesetzt.

Standort: Sonnig, frei!

Boden und Eigenschaften wie die Art.

Verwendung: Ausgeprägte Säulenform, dekorativer Raumbildner für Gruppenpflanzung. Solitärbaum in Rosenpflanzungen, Heidegärten u. ä.

Pflegetip: Sollte in der Jugend leicht formiert werden (ZU JEDDELOH).

P. sylvestris 'Glauca'

Wuchs: Mittelhoher Baum, in der Jugend breit kegelförmig, später unregelmäßig, mit weit ausgebreiteten Astetagen, dicht verzweigt, mittelstark wachsend.

Größe: 10 bis 15 m hoch und 5 bis 8 m breit. Jahreszuwachs in der Höhe 25 cm, in der Breite 15 cm.

Blätter: Immergrün, nadelartig, Nadeln zu 2, bis 5 cm lang, steif, dichtstehend, leicht gedreht, silbrigblau.

Früchte, Standort, Boden und Eigenschaften wie die Art.

Verwendung: Sehr schöne, mittelstark wachsende Form mit silbrigblauen Nadeln. Einzelstellung und Gruppen.

P. sylvestris 'Globosa Viridis'

Wuchs: Langsam wachsende Zwergform, in der Jugend unregelmäßig kugelig, später mehr hochgewölbt, bienenkorbförmig, Zweige und Triebe dichtstehend, die untersten auf dem Boden ausgebreitet.

Größe: 2 bis 2,8 (3,5) m hoch und 1,5 bis 1,8 m breit. In 17 Jahren 2,10 m hoch und 1,5 m breit (Arboretum Thiensen). Jahrestrieb 10 cm, im Alter 15 cm.

Blätter: Nadelartig, Nadeln zu 2, gedreht, 5,5 bis 8 (10) cm lang, mittelgrün.

Standort und Boden wie P. sylvestris.

Eigenschaften: Bildet im Sommer nochmals kurzen Nachtrieb. Etwas anfällig gegen Wollaus.

Verwendung: Sehr langsamwüchsige Strauchform der Wald-Kiefer. Für Heidegärten, Steingartenanlagen und Kleingehölzrabatten.

P. sylvestris 'Nana Hibernica'

Wuchs: Zwergform, breit kegelförmig bis flach kugelig, Äste flach abstehend, dicht verzweigt, langsam wachsend.

Größe: 1 bis 1,5 m hoch und bis 2 m breit. Jahreszuwachs in Höhe und Breite 5 cm.

Blätter: Immergrün, Nadeln bis 3 cm lang, zweinadelig, schmal, steif, spitz, leicht gedreht, silbrigblau.

Standort: Sonnig.

Boden und Eigenschaften wie P. sylvestris.

Verwendung: Einzelstellung, Gruppen, Pflanzkübel.

P. sylvestris 'Typ Norwegen'
(= P. sylvestris 'Norske Typ')

Skandinavische Selektion.

Wuchs: Mittelgroßer Baum mit kompakter, aber malerisch aufgebauter Krone, Äste unregelmäßig

angeordnet, auffallend dicht gestellt und reich verzweigt.

Größe: 10 bis 12 (15/20) m hoch und 5 bis 7 (8) m breit.

Blätter: Nadelförmig, Nadeln zu 2, etwas kürzer und kräftiger als beim Typ, blaugrau, gedreht.

Standort: Sonnig.

Boden: Wie P. sylvestris.

Eigenschaften: Gut frosthart, sehr trockenresistent, stadtklimafest und besonders industriefest; sonst wie die Normalform.

Verwendung: Eine sehr wertvolle, kompakt und malerisch wachsende Selektion, der eine größere Industriefestigkeit nachgesagt wird.

P. sylvestris 'Watereri',
Strauch-Wald-Kiefer
(= P. sylvestris 'Waterer',
P. sylvestris f. pumila)

Wuchs: In der Jugend breit kegelförmige, später mehr unregelmäßige, dicht geschlossene Strauchform, alte Pflanzen mit lockerer, schirmartiger, sehr malerischer Krone und fuchsrot gefärbten Stämmen.

Größe: 4 bis 5 (bis 6) m hoch und 5 bis 6 m breit. Jahreszuwachs in Höhe und Breite 12 cm.

Blätter: Nadeln graublau bis stahlblau.

Pinus sylvestris 'Watereri'

Standort: Sonnig.

Boden und Eigenschaften wie die Art.

Verwendung: Fantastische, kleinwüchsige Kiefer für Heideanlagen, Rosen- und Steingärten, nach Formschnitt bestens geeignet für das Japangarten-Motiv, Rabatten, Innenhöfe, Dachgärten, große Kübel. Alte Pflanzen, die von unten aufgeastet werden, eignen sich hervorragend zum Unterpflanzen mit Stauden.

Pflegetip: Kann durch Herausnehmen von Astpartien und Aufasten der Stämme zu herrlichen, transparenten Formen erzogen werden, die an die malerischen Kronen alter Kiefern erinnern. Diese Schnittmaßnahmen vermindern ganz erheblich die Schneebruchgefahr.

Pinus sylvestris 'Watereri' mit Cyclamen hederifolium unterpflanzt – Arboretum Thiensen

links: Pinus sylvestris

P. uncinata MILL. ex MIRB.,
Haken-Kiefer, Berg-Spirke,
Aufrechte Berg-Föhre
(= P. montana var. uncinata;
P. montana var. arborea)

Verbreitung: Pyrenäen, Westalpen, Schweizer Zentralalpen und im Französischen Zentralmassiv.

Wuchs: Kleiner bis mittelgroßer, gelegentlich auch großer Baum, erinnert stark an P. mugo, bildet jedoch meist einen geraden Hauptstamm aus.

Größe: 10 bis 20 (25) m hoch und 4 bis 6,5 m breit.

Rinde: Schuppenborke, schwarzgrau, Stämme können bis zu 50 cm dick werden.

Blätter: Nadeln wie P. mugo.

Früchte: Zapfen schief, unsymmetrisch, 4 bis 6 cm lang, Schuppenschilde häufig mit einem zurückgebogenen Dorn (Haken) versehen.

Wurzel, Standort, Boden und Eigenschaften wie P. mugo.

Verwendung: Für den Bepflanzungsplaner sind vor allem die von G. HORSTMANN, Schneverdingen, aus Hexenbesen gezogenen Zwergsorten interessant.

Besonders empfehlenswert sind: 'Grüne Welle', eine niedrige, sehr schwachwüchsige Sorte, die im Alter wellig geformte Kissen bildet.

'Ofenpaß', zuckerhutartig wachsende Zwergform mit dunkelgrünen Nadeln.

'Paradekissen', der kleinste und zierlichste Kiefern-Zwerg, der mir je begegnet ist. Bildet extrem flache und dichte, dunkelgrüne Polster. In 10 Jahren 10 cm hoch und 30 cm breit. Jahrestriebe 3 bis 4 cm; Nadeln 3 cm lang. G. HORSTMANN fand das 'Paradekissen' an einem Schotterhang im südlichen Ofen-Gebiet, Graubünden, Schweiz. Die Mutterpflanze schätzte er auf 500 Jahre, das „dunkelgrüne Kissen" hatte eine Breite von 70 cm und eine Höhe von 15 cm.

P. wallichiana A. B. JACKS.,
Tränen-Kiefer
(= P. excelsa, P. griffithii)

Wurde 1823 von LAMBERT nach Europa eingeführt.

Verbreitung: In feuchten bis trockenen Gebirgslagen des Himalaja, in Höhen zwischen 1800 und 4000 m, wo sie vergesellschaftet mit der Himalaja-Zeder und der Himalaja-Tanne große, dichte Wälder bildet. Nepal, Bhutan, Nordburma und Westchina.

Pinus wallichiana

Pinus wallichiana

Wuchs: Großer, dekorativer Baum mit sehr lockerer, transparenter, breitpyramidaler Krone und horizontal ausgebreiteten Ästen, bleibt im Freistand bis zum Boden beastet.

Größe: 15 bis 25 (bis 30) m, in der Heimat bis 50 m hoch und 8 bis 15 (20) m breit. Jahreszuwachs in der Höhe 35 /40 (60) cm, in der Breite 15/20 cm.

Rinde: In der Jugend glatt, dunkelgrau, im Alter dunkelaschgrau, zuletzt rissig und in Platten abblätternd.

Blätter: Immergrün, nadelartig, auffallend lang, relativ dünn und an den jüngeren Trieben schlaff herabhängend, 12 bis 20 cm lang, 5-nadelig, grün mit bläulichweißen Spaltöffnungslinien.

Früchte: Zapfen in der Jugend aufgerichtet, im 2. Jahr hängend, zylindrisch, 15 bis 25 cm lang, hellbraun, mit zahlreichen Harztropfen besetzt.

Wurzeln: Kräftig, mehr oder weniger flachstreichend.

Standort: Sonnig, frei, benötigt zumindest in der Jugend einen gegen Wind und Wintersonne geschützten Platz.

Boden: Wächst auf jedem kultivierten, auch trockenen Boden, entwickelt sich optimal auf genügend feuchtem, nahrhaftem, aber gut durchlässigem Substrat, sauer bis neutral.

Eigenschaften: In der Jugend etwas frostempfindlich, bedingt stadtklimafest, verträgt permanente Winde schlecht, schneebruchgefährdet, Holz sprö-

de, erreicht kein sehr hohes Alter. Empfindlichkeit gegenüber Blasenrost, wird unterschiedlich beurteilt.

Verwendung: Mit ihrer transparenten Krone und den langen, seidigen Nadeln ist sie eine der schönsten Kiefern. Es ist der Baum mit der „berühmten Träne", die hier als großer, glänzender Harztropfen an den jungen, blaugrünen Zapfen hängt. Diese Tränen haben ihm auch den gefühlsbetonten, aber zutreffenden Namen eingebracht. Wundervoller Baum für den Einzelstand in größeren Gärten und Parkanlagen.

P. wallichiana 'Densa Hill'

Wuchs: Kleiner Baum mit kegelförmiger Krone, Äste bogig aufrecht, dicht verzweigt, gleichmäßig, langsam bis mittelstark wachsend.

Größe: Bis 7 m hoch und bis 2,5 m breit. Jahreszuwachs in der Höhe ca. 15 cm, in der Breite 10 cm.

Blätter: Immergrün, nadelartig, Nadeln zu 5, bis 10 cm lang, dünn, hängend, bläulichgrün mit weißen Stomabändern.

Früchte, Standort, Boden und Eigenschaften wie die Art.

Verwendung: Eine schöne, langnadelige Kiefer, die sich für kleine Gärten eignet. Einzelstellung.

P. wallichiana 'Nana'

Selektion von J. D. ZU JEDDELOH.

Wuchs: Zwergform, buschig-kugelig, nach einigen Jahren mehr breit gedrungen wachsend.

Größe: Sicherlich 1,5 (bis 2) m hoch und ebenso breit werdend.

Pinus wallichiana 'Nana'

Blätter: Nadelartig, kürzer als beim Typ, jedoch auch dekorativ herabhängend, sehr schön bläulichgrün.

Standort: Sonnig bis absonnig, frei, gegen Wind und Wintersonne geschützten Platz!

Boden: Wie P. wallichiana.

Eigenschaften: In der Jugend empfindlich.

Verwendung: Bringt den Charme der Tränen-Kiefer auch in den kleinsten Gartenraum. Weiterhin geeignet für größere Kübel und Tröge.

PODOCARPUS L'HéRIT. ex PERS.
Steineibe – Podocarpaceae

Die Gattung Podocarpus ist mit etwa 100 Arten die umfangreichste Nadelholzgattung der südlichen Halbkugel. Es sind immergrüne Bäume und Sträucher mit schraubig angeordneten, linealischen, lanzettlichen oder eiförmigen Blättern. Während in England Arten wie **P. macrophyllus** *oder* **P. neriifolius** *angepflanzt werden können, hält in unseren mitteleuropäischen Gärten nur P. nivalis dauerhaft aus.*

P. nivalis HOOK.

Verbreitung: Neuseeland.

Wuchs: Niederliegender Kleinstrauch mit kurzen, grünrindigen Zweigen und taxusähnlichen Nadeln.

Größe: In der Heimat 1 bis 3 m hoch, bei uns meist nur bis 0,5 m, aber dann oft doppelt so breit.

Blätter: Schraubig angeordnet, linealisch, 5 bis 15 mm lang und 2 bis 4 mm breit, steif, ledrig, mittelgrün.

Blüten: Kätzchenartig, Pflanzen sind zweihäusig.

Früchte: Samen eiförmig, 4 bis 6 mm lang, sitzt auf einem fleischigen, roten Fuß.

Podocarpus nivalis

Standort: Absonnig, geschützt.

Boden: Frisch bis feucht, gut durchlässig, schwach sauer bis alkalisch, in England auch auf Kalk gut wachsend.

Eigenschaften: Als Jungpflanze empfindlich, später ausreichend hart.

Verwendung: Botanisch hochinteressantes, immergrünes Gehölz für den Heidegarten, in geschützter Postition auch als Bodendecker verwendbar.

PSEUDOLARIX GORD.
Goldlärche – Pinaceae, Kieferngewächse

P. amabilis (E. J. NELSON) REHDER (= P. kaempferi)

Wurde 1854 von FORTUNE nach Europa eingeführt.

Pseudolarix amabilis

Pseudolarix amabilis

Verbreitung: China, in den Gebirgen der küstennahen Provinzen Chekiang und Kiangsi, in Höhenlagen zwischen 500 bis 1500 m.

Wuchs: Mittelgroßer, lärchenähnlicher Nadelbaum mit lockerem, lichtdurchlässigem Kronenaufbau, in der Jugend kegelförmig, Äste in Quirlen, horizontal abstehend oder leicht nach oben gerichtet, Krone im Alter unregelmäßig, die unteren Äste tief herabhängend, sehr malerischer Wuchs, langsam wachsend.

Pseudolarix amabilis, junge Zapfen

Größe: 10 bis 20 (25) m hoch und 8 bis 12 (15) m breit. Jahreszuwachs in der Höhe 25 cm, in der Breite 15 cm.

Rinde: Rotbraun bis braun, alte Borke in Schuppen abblätternd.

Blätter: Sommergrün, nadelartig, 3 bis 7 cm lang,

Pseudolarix amabilis

verhältnismäßig breit, sehr weich, hellgrün, Nadeln sehr viel größer als bei Lärchen; Herbstfärbung prächtig gelb, gelborange bis gelbbraun.

Früchte: Zapfen jung bläulich bereift, aufrecht, erinnern in ihrem rosettenförmigen Aufbau an Spervivum, 5 bis 7 cm lang, 4 bis 5 cm breit, im Reifezustand rotbraun und bald zerfallend (bei Larix als Ganzes abfallend!).

Wurzel: Hauptwurzeln bis 1,5 m tief, in unterschiedlicher Höhe waagerecht ausgebreitet, verhältnismäßig wenig Feinwurzeln.

Standort: Sonnig, völlig frei, aber geschützt.

Boden: Benötigt frische bis feuchte, gut durchlässige, nährstoffreiche Böden, sauer bis neutral, kalkempfindlich.

Eigenschaften: Frosthart, nur als junge Pflanze etwas frostempfindlich.

Verwendung: Die Goldlärche ist für mich ein Baum mit ganz besonderer Ausstrahlung, eine Ausnahmeerscheinung unter den Nadelgehölzen und aus der Gruppe der Sommergrünen sicherlich die kostbarste Gattung. Auch 150 Jahre nach ihrer Einführung ist sie immer noch eine Seltenheit in unseren Garten- und Parkanlagen, was sicherlich auch auf die etwas schwierige Anzucht zurückzuführen ist. Die Goldlärche gehört auf Grund ihres lockeren Aufbaues, der langen, weichen Nadeln und ihrer auffälligen Herbstfärbung zu den wertvollsten Solitärkoniferen. Wegen der lichtdurchlässigen Krone und des tiefgehenden, toleranten Wurzelwerks ist eine Unterpflanzung mit Gehölzen und Stauden sehr gut möglich. Wichtig ist aber ein völlig freier Stand.

Hinweis: Sämlingspflanzen garantieren einen guten Kronenaufbau, während veredelte Pflanzen oft schiefwüchsig sind und meist keine lange Lebensdauer haben.

Anmerkung: Rinde von Pseudolarix hat fungizide Inhaltsstoffe. Sie wurde in China seit Jahrhunderten gegen Zecken verwendet.

PSEUDOTSUGA CARR.
Douglasfichte – Pinaceae, Kieferngewächse

P. menziesii var. caesia
(SCHWER.) FRANCO, Douglasie, Douglasfichte, Oregon Pine

Verbreitung: In Gebirgstälern der Rocky Mountains auf Höhen zwischen 600 und 2600 m, nordwestliches Nordamerika.

Wuchs: Großer, rasch wachsender Baum; in der Jugend gleichmäßig kegelförmig mit geradem, bis zur Spitze durchgehendem Stamm, im Alter dicke Stämme bildend, Krone breit ausladend mit starken, waagerechten Astetagen, relativ rasch wachsend.

Größe: 30 bis 50 m hoch, in der Heimat höher, Küstenformen haben Höhen von 90 bis 100 m und einen Stammdurchmesser von 5 m erreicht. Breite bei uns 8 bis 10 (12) m. Jahreszuwachs in der Höhe 40 cm, in der Breite 20 cm.

Rinde: Rinde bei jungen Bäumen dunkelgrau, glatt, mit Harzbeuteln, an alten Stämmen beinahe schwarzgraue, bis zu 25 cm dicke, tief zerfurchte Schuppenborke.

Blätter: Immergrün, nadelartig, kammförmig gescheitelt, 3 cm lang, graugrün, gerieben leicht duftend.

Früchte: Zapfen länglich eiförmig, 5 bis 10 cm lang, 2 bis 3,5 cm dick. Deckschuppen dreizipflig, weit zwischen den Samenschuppen herausragend.

Wurzel: Auf normalen Böden typischer Herzwurzler. Boden wird halbkugelig bis zu einer Tiefe von 1 bis 1,4 m gut erschlossen. Wurzelraum wird intensiv von Feinwurzeln durchzogen. Auf mäßig dichtem Lehm flacheres Wurzelwerk (KÖSTLER/BRÜCKNER/BIEBELRIETHER).

Standort: Sonnig bis absonnig.

Boden: Optimal auf allen frischen bis feuchten, tiefgründigen, gut drainierten, humosen Lehm- oder sandigen Lehmböden, gedeiht aber auch auf mäßig trockenen Standorten, sauer bis schwach alkalisch; meidet zu trockene und staunasse Böden.

Eigenschaften: In Mitteleuropa überall winterhart, leidet gelegentlich unter Spätfrösten, deren Schäden – wie auch andere Verletzungen – dank ihres sehr großen Regenerationsvermögens schnell ausheilen, mäßig Schatten ertragend, empfindlich gegen Immissionen, kein Rohhumusbildner wie unsere Fichte. Kronenäste schneebruchgefährdet, Holz ist hochwertig, Höchstalter liegt zwischen 500 und 700 Jahren. Nach den Mammutbäumen, die Höhen von 80 bis 110 m erreichen, sind die Douglasien die höchsten und gewaltigsten Bäume Nordamerikas.

Verwendung: Mächtiger, raschwüchsiger Nadelbaum für genügend große Garten- und Parkanlagen. Einzelbaum, Gruppenpflanzung, Sicht- und Windschutz, wichtiger und sehr erfolgreicher Forstbaum, Schmuckreisiggewinnung (nadelt nicht!).

Anmerkung: Der schottische Arzt und Botaniker ARCHIBALD MENZIES, der 1792 den Kapitän VANCOUVER als Schiffsarzt auf einer Forschungsreise nach Nordwestamerika begleitete, entdeckte in den Urwäldern der Westküste von Vancouver Island diesen wertvollen Nadelbaum.

Pseudotsuga menziesii var. caesia

Sciadopitys verticillata

SCIADOPITYS SIEB. et ZUCC.
Schirmtanne – Taxodiaceae,
Sumpfzypressengewächse

S. verticillata SIEB. et ZUCC.
Lat. verticillatus = quirlblättrig

Wurde 1775 von THUNBERG entdeckt. 1859 schickte SIEBOLD Samen nach Holland.

Verbreitung: Im Gebirge, Honshu, Shikoku, Kyushu, aber häufig auch angepflanzt; Japan.

Wuchs: Kleiner bis mittelhoher Baum mit schmal kegelförmiger, dichter Krone und quirlständigen Ästen, Stamm gewöhnlich durchgehend, Krone im Alter lockerer, aber immer säulenförmig bleibend, langsam wachsend.

Größe: 10 bis 20 m, in der Heimat bis 40 m hoch, in englischen Gärten gibt es Exemplare, die bereits über 20 m hoch sind. Breite 2,5 bis 4 m. Jahreszuwachs in der Höhe 20 bis 25 cm, in der Breite 10 cm.

Blätter: Immergrün, Nadeln auffallend in ausgebreiteten Quirlen, schirmspeichenartig angeordnet, 8 bis 12 cm lang und 5 bis 7 mm breit, glänzend, grün.

Früchte: Zapfen länglich eiförmig, 6 bis 10 cm lang, bis 5 cm dick, graubraun, Rand der Samenschuppen abstehend oder etwas umgerollt.

Standort: Absonnig, auf zusagenden Plätzen (genügend bodenfeucht) auch sonnig. Geschützt.

Boden: Anspruchsvoll, frische bis feuchte, sandig-humose, lockere, nährstoffreiche Böden, sauer bis neutral, bei zuviel Kalk Kümmerwuchs und Chlorose.

Eigenschaften: Frosthart, trockenheitsempfindlich, Luftfeuchte liebend, wenig windverträglich, zumindest in der Jugend schattenliebend, schnittverträglich.

Verwendung: Ein apartes Gehölz, das mit seinen langen und breiten, schirmartig gestellten „Doppelnadeln" Gartenbesuchern sofort ins Auge fällt. Einzelstellung in Gärten und Parkanlagen; schön zu Rhododendron, herrlich im Halbschattenbereich mit Gräsern, Farnen, Bambus und Wildstauden, gehört zum Japangarten-Motiv, raumbestimmendes Element in Atriumgärten und absonnigen Innenhöfen. In Japan als Tempelbaum verehrt.

Anmerkung: War in den sog. Braunkohlewäldern der Tertiärzeit bei uns in Mitteleuropa weit verbreitet. Die Schirmtanne gehörte neben Sequoia, Taxodium, Metasequoia und verschiedenen Kiefernarten zu den bedeutendsten Kohlebildnern. Die Nadeln von Sciadopitys bilden mitunter in der Braunkohle ganze Lagen. Da ihre langen Nadeln wie Grasblätter aussehen, nennt man diese Kohleschichten auch Graskohle.

SEQUOIA ENDL.
Küstensequoie, Redwood – Taxodiaceae,
Sumpfzypressengewächse

Die Gattung wurde benannt nach Häuptling SEQUOIAH (1770 – 1843), einem Halbindianer, der für die Cherokees eine Laut-Silbenschrift erfand.

S. sempervirens (D. DON) ENDL.
(= Taxodium sempervirens)

Verbreitung: Pazifisches Nordamerika, Küste von Südwest-Oregon bis Süd-Kalifornien im Küstengebirge zwischen 500 bis 1000 m Höhe. Auf tiefgründigen, feuchten, aber gut durchlässigen, nährstoffreichen Böden, in sommerkühlen und wintermilden, niederschlags- und nebelreichen Gebirgslagen.

Wuchs: Großer Baum mit schlank-kegelförmiger Krone, geradem, bis zur Spitze durchgehendem, am Grunde verbreitertem Stamm.

Größe: Am Heimatstandort 65 bis 110 m hoch und dann bis zu 5 m Stammdurchmesser. Kronenbreite bis 22,5 m. In Deutschland hat ein etwa 115 Jahre altes Exemplar im Exotenwald in Weinheim eine Höhe von ca. 23 m und einen Stammdurchmesser von 1,10 m.

Rinde: Junge Triebe grün, alte Borke rotbraun, langfaserig, tief gefurcht, kann bis 30 cm dick werden, ist nicht brennbar (Schutz vor Waldbränden!).

Blätter: Immergrün, nadelförmig, wechselständig, an den Leittrieben spiralig stehend, an Seitentrieben 2zeilig, 6 bis 20 mm lang, 1 bis 2,5 mm breit.

Früchte: Zapfen klein, nur 1,5 bis 3 cm lang, hängend.

Standort: Sonnig bis absonnig, in genügend luftfeuchter, absolut geschützter Lage. Schutz vor austrocknenden Winden und Wintersonne. Junge Pflanzen schattenbedürftig. Liebt Nebellagen!

Boden: Optimal auf tiefgründigen, frischen bis feuchten, nicht zu armen, sandigen Lehmböden, vorzugsweise auf Kalk. Auf zu feuchten und zu nährstoffreichen Böden Frostgefährdung.

Eigenschaften: Nicht zuverlässig frosthart. Treibt früh! Nachzuchten aus harten Gebirgsprovenienzen sind sehr erfolgversprechend, sie ertrugen Fröste um minus 2 °C. Ein großes Verdienst gebührt E. J. und J. MARTIN, die auf diesem Gebiet wertvolle Pionierarbeit leisteten. Sequoien haben ein großes Luftfeuchtebedürfnis und ein starkes Regenerationsvermögen.

Verwendung: Interessanter, beeindruckender Baum für entsprechend günstige Klimalagen.

Anmerkung: Die Gattung Sequoia war im Tertiär auch in unseren Wäldern vertreten. Sie gehörte zu den wichtigsten Braunkohlebildnern. Die heute noch in Amerika vorhandenen Riesenexemplare (65 bis 110 m hoch) wurden zum Nationaleigentum erklärt. Sie haben ein Alter von bis zu 2000 Jahren, 800 bis 1000jährige Bäume sind keine Seltenheit. Der höchste lebende Baum, er wurde 1972 im Humboldt Redwood State Park/Kalifornien vermessen, hat eine Höhe von 110,35 m, einen Stammdurchmesser von 5,10 m und eine Kronenbreite von 22,55 m (HECKER). Der Küstenmammutbaum gehört somit zu den größten Lebewesen der Erde.

Das Redwood zählt zu den wertvollsten Nutzhölzern des amerikanischen Westens. Aus der Geschichte wissen wir, daß die Wälder, besonders in den Gründerjahren, rücksichtslos geplündert wurden. Das Holz gilt als dauerhaft, ist schwer entflammbar und wird angeblich auch nicht von Termiten zerstört. Wegen der guten Witterungsbeständigkeit verwendet man es für den Balkonbau, für Fensterläden, Wand- und Garagentorverkleidungen sowie in Schwimmhallen und Badezimmern. Weiterhin benutzt man es im Flugzeug- und Klavierbau, wo es als Resonanzholz sehr geschätzt ist.

Sequoiadendron giganteum, ca. 95jährige Allee in Benmore, Schottland

Sequoiadendron giganteum im Yosemite National Park, Kalifornien.
Durch die hohe Porigkeit und Isolierwirkung der 30 bis 60 cm dicken Borke sind die älteren Mammutbäume sehr gut gegen die häufigen Naturfeuer geschützt.

SEQUOIADENDRON

SEQUOIADENDRON BUCHH.
Mammutbaum – Taxodiaceae,
Sumpfzypressengewächse

S. giganteum (LINDL.) BUCHH.,
Mammutbaum, Bergmammutbaum,
Big Tree
(= Wellingtonia gigantea, Sequoia gigantea)

Verbreitung: Auf den westlichen Hängen der Sierra Nevada von Placer County bis Tulare County, in 1500 bis 2500 m Höhe, zusammen mit Gelb-, Zucker- und Dreh-Kiefer, Riesen- und Colorado-Tanne. Westliches Nordamerika. Heute nur noch in 72 isolierten „Groves" vorkommend.

Wuchs: Sehr imposanter Großbaum, in der Jugend breit kegelförmig, bis unten beastet, Stamm gerade, bis zur Spitze durchgehend, Krone im Alter sehr locker, mit kräftigen, hängenden Ästen, die oft erst in großer Höhe ansetzen, alte Stämme säulenförmig, Stammbasis auffällig verbreitert, rasch wachsend.

Größe: 30 bis 50 m, in der Heimat über 80 m hoch und dann Stammdurchmesser von 8 bis 9 m, an der Stammbasis noch stärker. Breite 8 bis 10 bis 12 m. Jahres-zuwachs in der Höhe unterschiedlich, von 35 bis 50 cm, in der Jugend auch 80 cm.

Rinde: Hellrotbraun, schwammig-rissig, in langen Streifen ablösend, an alten Exemplaren Borke 30 bis 60 cm dick (Anpassung an Naturfeuer).

Blätter: Schuppenförmig bis lanzettlich oder pfriemförmig, scharf zugespitzt, dicht angepreßt, blaugrün.

Früchte: Zapfen eiförmig, 5 bis 8 cm lang, rotbraun.

Standort: Sonnig bis absonnig, freie, aber gegen kalte Winde geschützte Lage.

Wurzel: In den ersten Jahren Pfahlwurzel, später Herzwurzel mit weitstreichenden Ernährungswurzeln. Oberboden wird in 10 cm Tiefe intensiv durchwurzelt, Pfahlwurzel selten tiefer als 1 m. Boden wird stärker durchwurzelt als bei der Buche. 120jähriges Exemplar, das nur 0,6 m von einem Haus entfernt stand, richtete keine Schäden am Mauerwerk an. 1000jähriges Exemplar hatte eine 0,6 ha große Fläche durchwurzelt (FUCHS).

Sequoiadendron giganteum

Boden: Gedeiht in allen normalen, kultivierten Böden, hat optimalen Zuwachs in tiefgründigen, frischen bis feuchten, nährstoffreichen, sandigen Lehmböden, sauer bis alkalisch.

Eigenschaften: In der Jugend nicht zuverlässig frosthart, verträgt zwar tiefe Temperaturen, aber keine starken Schwankungen, extrem sturmsicher, junge Triebe werden gelegentlich von Botrytis befallen. Mammutbäume können etwa 3000 bis 4000 Jahre alt werden.

Verwendung: Wird als mächtigster Baum der Erde immer wieder ehrfurchtsvoll bewundert. Auch in Deutschland gibt es heute zahlreiche große Exemplare. Das höchste steht in Lorch und mißt 47 m. Es wurde 1866 gepflanzt. Einzelbaum oder Gruppengehölz in weiträumigen Garten- und Parkanlagen. Herrlicher Alleebaum, man muß nur den Mut besitzen, ihn auch zu verwenden. 1979 habe ich im Botanischen Garten Hamburg eine solche Allee gepflanzt. Die Bäume waren damals von 1,25 m bis etwa 2,00 m hoch und wurden im Abstand von 8,50 m gesetzt. Heute haben sie die stattliche Höhe von 10 bis 13 m. Ihr Stammumfang beträgt in 1,30 m Höhe 1,95 m!

Anmerkung: Das größte Lebewesen der Erde ist der „General Sherman", ein Mammutbaum, der im Sequoia National Park steht. 1975 hatte er eine Höhe von 83,82 m, der Stammdurchmesser an der Basis betrug ungefähr 10 m. Der Stamminhalt wurde mit 1500 Kubikmetern angegeben, und sein Alter schätzt man auf 2500 bis 3000 Jahre.

1500- bis 2000jährige Bäume findet man in den amerikanischen Groves noch relativ häufig.

Sequoiadendron giganteum 'Glaucum'

S. giganteum 'Glaucum',
Blauer Mammutbaum

Wuchs: Großbaum, in der Jugend kegelförmig, bis unten beastet, Stamm gerade, bis zur Spitze durchgehend, im Unterschied zur Normalform Krone sehr lange schlank bleibend, im Alter lockerer mit kräftigen, etwas hängenden Ästen, rasch wachsend.

Größe: 30 bis 40 m hoch und 6 bis 8 bis 12 m breit.

Blätter: Schuppenförmig, deutlich graublau.

Weitere Angaben wie bei S. giganteum.

S. giganteum 'Pendulum'

Wuchs: Pflanze zunächst schmal säulenförmig aufrecht, Seitenzweige anliegend, Mitteltrieb dann oft horizontal bis überhängend wachsend und sich wieder aufrichtend, Zweige mähnenartig herabhängend.

Eigenschaften: Nicht zuverlässig frosthart, sollte nicht auf Sequoia sempervirens veredelt werden.

Verwendung: Solitärbaum mit skurriler Wuchsform. Die frostharte ungarische Sorte **'Barabits Requiem'** bildet einen geraden Stamm, von dem die Seitenzweige locker herabhängen.

Sequoiadendron giganteum

Bild rechts:
Sequoiadendron giganteum 'Pendulum'

TAXODIUM L. C. RICH.
Sumpfzypresse – Taxodiaceae,
Sumpfzypressengewächse

T. distichum (L.) L. C. RICH.,
Sumpfzypresse, Baldzypress

Wurde um 1640 von TRADESCANT nach Europa eingeführt.

Verbreitung: In Sümpfen und an Flußufern im südöstlichen Nordamerika.

Wuchs: Sommergrüner, hoher Baum mit regelmäßig kegelförmigem Kronenaufbau. Im Alter breit kegelförmig, gelegentlich auch unregelmäßig offen mit einzelnen starken, weit ausgebreiteten Ästen, langsam wachsend.

Größe: 30 bis 40 (50) m hoch und 8 bis 10 bis 12 m breit. Jahreszuwachs in der Höhe 25 bis 35 cm, in der Breite 15 bis 20 cm.

Rinde: Dünn, glatt, rotbraun, rissig.

Blätter: Sommergrün, nadelförmig, wechselständig(!) im Gegensatz zu Metasequoia, wo die Nadeln gegenständig angeordnet sind, frisches Hellgrün, im Herbst rotbraun, Nadeln fallen zusammen mit den Kurztrieben ab.

Früchte: Zapfen eirund bis kugelig, 2 bis 3 cm groß, grün, reif braun.

Standort: Sonnig, freie Lage, geschützt.

Wurzel: Bodenabhängig, meist wohl herzwurzelähnlich, aber auch mit starken, brettartigen Hauptwurzeln und vielen, flach verlaufenden, schwächeren Seitenwurzeln; auf Wasserstandorten, zumindest anfangs, kräftige Pfahlwurzel. Bei einer 20 bis 25 Jahre alten, 5,5 m hohen und 4,5 m breiten Pflanze auf feuchtem Lehmuntergrund betrug der Durchmesser des Wurzelwerks ca. 5 m. Interessant sind die sogenannten Atemknie, bis 30 cm dicke und bis

Taxodium distichum

Taxodium distichum

zu 1 m hohe (am Heimatstandort bis zu 3 m über dem Lagunenboden), kegelförmige, aus dem Wasser oder aus dem feuchten Boden herausragende Kniewurzeln. Sie sind ausgefüllt mit grob strukturiertem Durchlüftungsgewebe. Wahrscheinlich sind sie neben ihrer Stützfunktion auch für den Sauerstoffaustausch verantwortlich, denn sie werden nur von Bäumen ausgebildet, die entweder im Wasser oder in feuchten, schlammigen Böden stehen.

Boden: Obwohl die Sumpfzypresse am heimatlichen Standort nur im Wasser oder in morastigen, feuchten Böden wächst, gedeiht sie bei uns erstaunlicherweise auch auf mäßig trockenen Standorten (Sand). Optimal sind allerdings feuchte bis nasse, nährstoffreiche Sand-, Lehm- oder Tonböden, sauer bis neutral; auf Böden mit zu hohem pH-Wert werden sie chlorotisch und kümmern. Taxodium versagt auf reinen Torfböden.

Eigenschaften: Allgemein frosthart, junge Pflanzen frostgefährdet, ziehen früh Saft und schließen auf zu guten Böden sehr spät ab, außergewöhnlich windfest (DIRR), können ganzjährig im Wasser stehen, widerstandfähig gegen Immissionen, stadtklimafest. Am Heimatstandort gibt es 700-jährige Bäume, das Höchstalter liegt bei etwa 1200 Jahren.

Verwendung: Prachtvoller, interessanter Baum für die Bepflanzung und Gestaltung wassernaher Standorte. Einzelstellung, außerordentlich wirkungsvoll aber auch in größeren Gruppen am Rande von Seen und Teichen sowie auf Rasenflächen. Passende

Taxodium distichum u. Metasequoia - Wasserstandort im Arboretum Thiensen

Stauden: Eupatorium fistulosum 'Atropurpureum', Osmunda regalis, Hemerocallis, Peltiphyllum peltatum, Polygonatum-Hybride 'Weihenstephan' (gelbe Herbstfärbung paßt schön zum Braun der Sumpfzypressen), Lysichiton americanum, Polygonum weyrichii, Hosta-Arten, Rodgersia-Arten, Amsonia (gelbe Herbstfärbung).

Holzverwendung: Die aus sehr leichtem und weichem Holz bestehenden Wurzelknie wurden von den Indianern als Bienenkörbe und zur Herstellung von Fischnetz-Schwimmern genutzt. Das Stammholz gilt als sehr dauerhaft und termitenfest. Es wird bevorzugt für den Bau von Gewächshäusern, Booten, Wäschereigeräten sowie zur Herstellung von Fässern, Silos und Wasserbauten verwendet.

Pflegetip: Taxodien-Ballenpflanzen können im Frühjahr unmittelbar in 20 bis 30 cm tiefes Wasser gesetzt werden. Wichtig ist eine gute Verankerung (Wind). Zuwachs allerdings geringer als bei Landpflanzung. Da die Stämme früh Saft ziehen, sollten Jungpflanzen auf der Sonnenseite mit Tanne schattiert werden. (Stämme reißen leicht!).

Anmerkung: Taxodien gehörten in der Braunkohlenzeit (Tertiär) zu den wichtigsten Kohlebildnern. Sie waren in Mitteleuropa weit verbreitet.

In Santa Maria del Tule steht ein 27 m hohes Exemplar von **Taxodium mucronatum** (bei uns nicht hart), das mit rund 16,50 m Stammdurchmesser der dickste Baum der Welt ist. Sein Alter wurde von A. VON HUMBOLDT auf 4000 Jahre geschätzt.Nach neueren Untersuchungen dürfte er wohl „nur" 700 Jahre alt sein.

T. distichum var. imbricarium CROOM
(= T. ascendens BRONGN.)

Sommergrüner, 20 bis 25 m hoher Baum mit verhältnismäßig kurzen, nach oben gerichteten (ascendens) Trieben und dicker, gefurchter Borke (bei T. distichum dünn und glatt).

Nadeln pfriemlich, 5 bis 10 mm lang, schraubig gedreht bzw. gebogen, dem Trieb anliegend, hellgrün. Etwas empfindlicher als T. distichum.

T. distichum 'Nutans' wächst mehr schlank kegelförmig. Zweiglein sehr dicht stehend, zunächst aufrecht, später nickend. Nadeln 5 mm lang. Gut frosthart.

T. distichum 'Pendens', Äste locker und unregelmäßig angeordnet, oft waagerecht ausgebreitet und gedreht bis leicht abwärts geneigt. Triebspitzen überhängend. Interessante, harte Form.

TAXUS L.
Eibe – Taxaceae,
Eibengewächse

Die Gattung Taxus ist mit etwa 7 bis 10 Arten (zum Teil als Subspezies bezeichnet) auf der nördlichen Halbkugel vertreten. Die Vorkommen liegen im westlichen und östlichen Nordamerika, in Europa, N-Afrika, Kleinasien bis nach N-Iran und in Ostasien.

Meist sind es kleine Bäume, seltener Strauchformen mit immergrünen, nadelartigen Blättern. Eiben gehören zu den ganz seltenen zweihäusigen Nadelbäumen. Die männlichen Blüten sind kätzchenähnliche, runde, gelbliche Köpfchen, die auf kurzen Stielchen in den Blattachseln sitzen. Die weiblichen Blüten sind 1 bis 1,5 mm groß und unscheinbar.

In ihrer Fruchtausbildung unterscheiden sich die Eiben, zusammen mit wenigen weiteren Gattungen, wie z. B. Torreya, grundsätzlich von allen anderen Nadelgehölzen. Sie entwickeln keine verholzenden Zapfen. Aus einem ringförmigen Wulst an der Basis der Samenanlage bildet sich ein leuchtend roter, fleischiger Samenmantel, der sogenannte Arillus, der den Samen becherförmig umgibt. Der fleischige Samenmantel schmeckt süßlich und ist nicht giftig. Alle anderen Pflanzenteile enthalten

Taxus Übersicht

| Art/Sorte | Wuchs | Größe in m | | Benadelung |
		Höhe	Breite	
T. baccata	Kleiner bis mittelgroßer Baum oder Großstrauch	(6) 10 – 15 (18)	(6) 8 – 12 (15)	dunkelgrün
T. baccata 'Aurea'	Großstrauch oder kleiner Baum	3,5 – 5 (8)	3,5 – 5 (8)	gelb/hellgelb
T. baccata 'Dovastoniana' (flach)	Strauch oder Großstrauch	2	5 – 8 (10)	dunkelgrün
T. baccata 'Dovastoniana' (aufrecht)	Großstrauch oder Kleinbaum	6 – 8	5 – 7	dunkelgrün
T. baccata 'Dovastonii Aurea' (flach)	Strauch oder Großstrauch	1,7	4 – 6	grün mit goldgelbem Rand
T. baccata 'Dovastonii Aurea' (aufrecht)	Großstrauch	5 – 7	3,5 – 5,5	grün mit goldgelbem Rand
T. baccata 'Fastigiata'	Großstrauch, säulenförmig	4 – 7	1,5 – 2,5 (3)	schwarzgrün
T. baccata 'Fastigiata Aureomarginata'	Großstrauch, säulenförmig	3 – 5	1,5 – 2,5	dunkelgrün mit goldgelbem Rand
T. baccata 'Fastigiata Robusta'	Großstrauch, säulenförmig	4 – 8	0,8 – 1,5 (2,5)	frischgrün

Alter Taxus baccata im Schloßpark Haseldorf

T. baccata 'Nissens Corona'	Strauchform, mittelhoch	1,5−2,5	6−8−10	dunkelgrün
T. baccata 'Nissens Präsident'	Strauchform bis Großstrauch	2−3 (4)	6−8 (10)	tiefgrün
T. baccata 'Overeynderi'	Großstrauch, breit kegelförmig	4−5	2−3	dunkelgrün
T. baccata 'Repandens'	Kleinstrauch, flach ausgebreitet	0,6−0,8	3−4	dunkelgrün
T. baccata 'Semperaurea'	Strauchform, breit aufrecht	3 (4)	4−5	goldgelb bis grüngelb
T. baccata 'Summergold'	Zwergform, flach ausgebreitet	1	2−3 (4)	gelb
T. baccata 'Washingtonii'	Strauchform, breit rundlich	2−3	3−5	grüngelb
T. cuspidata	Strauchform oder Großstrauch	2,5−3,5	2,5−3,5 (5)	tiefgrün
T. cuspidata 'Farmen'	Strauchform, breitbuschig	2	3,5	dunkelgrün
T. cuspidata 'Nana'	(„Zwergform") Strauchform	1−2	2−3 (5)	stumpfgrün
T. x media 'Brownii'	Strauchform, rundlich-aufrecht	2,5	3−4	dunkelgrün
T. x media 'Densiformis'	Strauchform, flach ausgebreitet	1,5	3	hellgrün
T. x media 'Hicksii'	Großstrauch, breit säulenförmig	3−5	3−4	dunkelgrün
T. x media 'Hillii'	Großstrauch, breit pyramidal	3−5	2−3,5	hellgrün
T. x media 'Strait Hedge'	Großstrauch, säulenförmig	3−5	1−1,5 (2)	dunkelgrün

neben dem bekannten Taxin noch weitere Gifte wie z. B. Myricylalkohol und Taxicatin. Die tödliche Dosis soll bei 50 bis 100 g Blattmasse liegen (HECKER). Bekannt ist, daß die Toxidität von T. cuspidata noch höher sein soll als diejenige von T. baccata. Die Japan-Eibe ist wiederholt Ursache tödlicher Tiervergiftungen in Nordamerika gewesen (FROHNE/PFÄNDER).

Für den Pflanzenverwender gibt es wohl kaum eine wertvollere Nadelbaumgattung. Die Eibe ist auf Grund so herausragender Eigenschaften wie extrem hoher Schattenverträglichkeit, Widerstands-kraft gegenüber Wurzeldruck größerer Bäume und unübertroffenen Ausschlagsvermögens ein kaum ersetzbares Gehölz. Ihr großer Wert war schon den Gartengestaltern früherer Jahrhunderte bekannt, und so wurde sie in den historischen Anlagen als robustes und äußerst langlebiges Heckengehölz und Formelement verwendet.

Noch interessanter und vielseitiger wird das Eibensortiment durch eine große Auswahl flachwüchsiger, säulenförmiger und kompaktbuschiger Sorten, die für die verschiedensten Einsatzbereiche der Bepflanzungsplanung zur Verfügung stehen.

T. baccata L.,
Gewöhnliche Eibe

Taxus war der römische Name der Eibe; lat. baccata = beerentragend.,

Verbreitung: Gedeiht meist im Schutz lichter Buchen-, Ahorn-, Linden-, Tannen- oder Eschenwälder in der submontanen und montanen Stufe, auf frischen bis feuchten, locker humosen, kalkhaltigen Böden in luftfeuchter, wintermilder Klimalage. Europa, N-Afrika, Kleinasien, Kaukasus bis nach Nordpersien.

Wuchs: Kleiner bis mittelgroßer Baum oder

Eine beeindruckende Eibe in der Normandie. Ihr Alter wird unterschiedlich beurteilt. Während die französischen Schätzungen bei 1.800-2.500 Jahren liegen, ermittelten englische Experten ein Alter von über 3000 Jahren. Der Baum hat eine Höhe von 15-17 m und einen Stammumfang von ca. 8 m (Stiftung INTERNATIONALES BAUMARCHIV, Winterthur).

Taxus baccata

Strauch mit eiförmiger oder unregelmäßig kugeliger Krone und kurzen, oft verwachsenen Stämmen, Äste waagerecht abstehend bis aufsteigend, Zweige oft tief herabhängend. Freistehende Bäume sind meist bis zum Boden beastet. Insgesamt sind die Wuchsformen sehr unterschiedlich.

Größe: (6) 10 bis 15 (18) m hoch und (6) 8 bis 12 (15) m breit. Jahreszuwachs in der Höhe 25 cm, in der Breite 20 cm.

Rinde: Dünn, rotbraun, an alten Stämmen graubraun, sich in Schuppen ablösend.

Blätter: Immergrün, nadelförmig, schwarzgrün, 2zeilig, linealisch, allmählich kurz zugespitzt, 1 bis 3 cm lang.

Taxus baccata

818

TAXUS

Taxus baccata

Blüten: Pflanze ist zweihäusig. Männliche Blüten in gelben Köpfchen, weibliche Blüten unscheinbar. März/April.

Standort: Sonnig bis halbschattig (Vollschatten).

Früchte: Roter, fleischiger Arillus, der die 6 bis 7 mm langen und 3,5 mm breiten Samen umschließt.

Wurzel: Sehr tiefliegende Bewurzelung (EHLERS). Dicht verzweigt, hoher Anteil an Feinwurzeln.

Boden: Die Eibe liebt frische bis feuchte, gut durchlässige, nährstoffreiche, kalkhaltige Böden, sie ist aber insgesamt standorttolerant und gedeiht auch auf mäßig trockenen, ärmeren, schwach sauren Standorten, stark saure Böden kaum vertragend.

Taxus baccata

Taxus baccata

Eigenschaften: Frosthart, auf ungünstigen Standorten kann sie allerdings in Extremwintern leiden, etwas spätfrostempfindlich, besitzt die geringsten Lichtansprüche unter den heimischen Bäumen, liebt hohe Luftfeuchtigkeit, hohes Ausschlagsvermögen, stockausschlagfähig, widerstandsfähig gegenüber Wurzeldruck großer Bäume, stadtklimafest, windverträglich, leidet aber auf sonnigen, trockenen Standorten im Winter. Besonders auf feuchten, verdichteten Böden nimmt Taxus eine bräunliche Winterfärbung an, die durch Umpflanzen noch verstärkt wird. Pflanzen werden ganz allmählich wieder grün. Eiben können über 1000 Jahre alt werden.

Verwendung: Wohl das wichtigste Nadelgehölz für den Pflanzenverwender, ohne Taxus läuft nichts in der immergrünen Bepflanzung. Ein Gehölz mit ungeheuer vielseitigen Verwendungsmöglichkeiten. Einzelstand, Gruppenpflanzung, Hecken und Figuren, Abpflanzungen, Unterpflanzung von Bäumen.

Ökologie: Die Früchte sind sehr beliebt bei unseren heimischen Vogelarten; der Baum bietet gute Nistmöglichkeiten.

Gifthinweis: Alle Pflanzenteile, mit Ausnahme des roten Samenmantels, enthalten neben dem bekannten Taxin noch weitere Gifte wie Myricylalkohol und Taxicatin. Die tödliche Dosis soll bei 50 bis 100 g Blattmasse liegen (HECKER). Bei den Tieren sind besonders die Einhufer gefährdet.

Anmerkung: Bis auf wenige Restbestände und einige alte Exemplare ist die Eibe aus unseren Wäldern leider verschwunden. Ein Grund dafür

Taxus baccata

dürfte wohl das begehrte Holz sein, das zu den wertvollsten, schwersten und dichtesten Hölzern zählt. Sicherlich haben aber auch falsche Waldbaumethoden zum Rückgang dieser schönen Baumart beigetragen.

Wegen der außerordentlich hohen Elastizität war das Eibenholz der wichtigste Baustoff für Armbrüste und Schießbögen. Aus der Geschichte wissen wir, daß es im Mittelalter eine regelrechte Bogenholzausfuhr von Mitteleuropa nach England und in die Niederlande gab. Als Mitte des 17. Jahrh. die Feuerwaffen den Bogen ablösten – die letzten englischen Bogenschützen wurden 1627 bei der Belagerung von Rey eingesetzt – waren die Eibenbestände in unseren Wäldern auch erschöpft.

Wie begehrt das Eibenholz in früherer Zeit war, läßt sich daraus erkennen, daß im 17. und 18. Jahrhundert die Landbevölkerung in den Ostkarpaten ihre Steuern mit Taxus-Stämmen bezahlte.

T. baccata 'Aurea'

Seit 1855 bekannt.

Wuchs: Großer Strauch, gelegentlich auch kleiner Baum, gedrungen, buschig aufrecht, im Alter rundlich bis breiteiförmig, langsam wachsend.

Größe: 3,5 bis 5 (8) m hoch und meist ebenso breit.

Blätter: Nadelförmig, dicht gestellt, gelb oder hellgelb gerandet.

Früchte: Weibliche Form.

Standort: Sonnig bis leicht absonnig.

Boden und Eigenschaften wie T. baccata.

Verwendung: Gesunde und harte Eibenform mit schönem, goldgelbem Austrieb. Geeignet zur Belebung von Pflanzungen. Wirkungsvoll in völlig freiem Stand auf Rasenflächen oder in niedrigen Rabatten.

T. baccata 'Dovastoniana', Adlerschwingen-Eibe Flach gezogen

Wuchs: Strauch oder Großstrauch, Äste lang, horizontal ausgebreitet bis leicht ansteigend, Spitzen überhängend, Seitenbezweigung senkrecht herabhängend, alte Exemplare dichtbuschige Sockel bildend.

Größe: Bis 2 m hoch und 5–8 (10) m breit. Jahreszuwachs in der Höhe 5 bis 10 cm, in der Breite 20 cm.

Blätter: Immergrün, nadelartig, dunkelgrün.

Sonstige Angaben und Merkmale wie T. baccata.

Verwendung: Einzelstellung, Gruppen, Flächen, große Pflanzgefäße.

Taxus baccata 'Dovastoniana'

T. baccata 'Dovastoniana', Adlerschwingen-Eibe Aufrecht gezogen

Wuchs: Breit kegelförmiger Großstrauch oder kleiner Baum, Mittelstamm oder Haupttriebe straff aufrecht, Äste waagerecht ausgebreitet, Spitzen überhängend, Bezweigung senkrecht herabhängend.

Größe: 6 bis 8 m hoch und 5 bis 7 m breit. Jahreszuwachs in der Höhe 25 cm, in der Breite 20 cm.

Blätter: Immergrün, nadelartig, dunkelgrün.

Sonstige Angaben und Merkmale wie T. baccata.

Verwendung: Eine sehr malerische Taxus-Form für Einzelstellung in Gärten und Parkanlagen.

T. baccata 'Dovastonii Aurea', Gelbe Adlerschwingen-Eibe Flach gezogen

Wuchs: Strauch oder Großstrauch, Äste lang, horizontal ausgebreitet bis leicht ansteigend, Spitzen überhängend, Seitenbezweigung senkrecht herabhängend, alte Exemplare sehr breite, dichtbuschige Sockel bildend, langsam wachsend.

Größe: Bis 1,7 m hoch und 4 bis 6 m breit. Jahreszuwachs in der Höhe 5 cm, in der Breite 15 cm.

Blätter: Immergrün, nadelartig, dunkelgrün mit goldgelbem Rand, unterseits gelblichgrün.

Standort: Sonnig bis absonnig.

Weitere Angaben und Merkmale wie T. baccata.

Verwendung: Sehr ausdrucksstarke, breitwüchsige Taxus-Form mit gelbbunter Benadelung. Einzelstellung, Gruppen und große Pflanzgefäße.

T. baccata 'Dovastonii Aurea', Gelbe Adlerschwingen-Eibe Aufrecht gezogen

Wuchs: Großstrauch, Mittelstamm oder Haupttriebe straff aufrecht, Äste waagerecht ausgebreitet, Spitzen überhängend, Zweige senkrecht herabhängend, langsam wachsend.

Größe: 5 bis 7 m hoch und 3,5 bis 5,5 m breit. Jahreszuwachs in der Höhe 20 cm, in der Breite 15 cm.

Blätter: Immergrün, nadelartig, dunkelgrün, mit breitem, goldgelbem Rand, unterseits gelblichgrün.

Standort: Sonnig bis absonnig.

Weitere Angaben und Merkmale wie T. baccata.

Verwendung: Einzelstellung, Gruppen.

Taxus baccata 'Dovastonii Aurea'

T. baccata 'Fastigiata', Säulen-Eibe

Um 1780 in Irland wild gefunden.

Wuchs: Aufrecht wachsende Eibenform; in der Jugend schmal säulenförmig, später breiter, Grundtriebe steif aufrecht, Äste sehr dichtstehend mit kurzen Zweigen besetzt, alte Pflanzen mit fast eiförmigem, aber dennoch geschlossenem Wuchs, langsam wachsend.

Größe: 4 bis 7 m hoch und 1,5 bis 2,5 (3) m breit. Sehr alte Pflanzen noch breiter werdend! Jahreszuwachs in der Höhe 12 cm, in der Breite 3 cm.

Blätter: Immergrün, nadelartig, auffallend radial stehend, nach unten gekrümmt, schwarzgrün.

Alter Taxus bacc. 'Fastigiata', Insel Mainau

Früchte: Weibliche Form, fruchtet stark.

Standort: Sonnig bis absonnig, geschützt!

Weitere Merkmale und Angaben wie T. baccata.

Eigenschaften: Etwas frostempfindlich, leidet in starken Wintern unter Sonnenbrand.

Verwendung: Als ausgeprägte Vertikalform sehr gut geeignet, um streng geometrische Akzente zu setzen, dekorativer Raumbildner. Einzelstellung in Heidegärten, Rosenanlagen, Rabatten, Friedhofsanlagen.

T. baccata 'Fastigiata Aureomarginata', Gelbe Säulen-Eibe

Um 1880 in Sheffield gefunden.

Wuchs: Schmal säulenförmiger Strauch, Haupttriebe steif aufrecht, Äste dichtstehend, wenig ver-

Taxus baccata 'Fastigiata Aureomarginata'

zweigt, aber mit vielen Kurztrieben besetzt, im Alter breit eiförmig, langsam wachsend.

Größe: 3 bis 5 m hoch und 1,5 bis 2,5 m breit. Jahreszuwachs in der Höhe 10 cm, in der Breite 5 cm.

Blätter: Immergrün, nadelartig, dunkelgrün, mit breitem, goldgelbem Rand, Nadeln im Laufe des Jahres hellgrün.

Früchte: Weibliche Form.

Standort: Sonnig bis absonnig, geschützt.

Eigenschaften: Etwas frostempfindlich.

Weitere Angaben wie T. baccata.

Verwendung: Wirkt im Frühjahr z. Z. des Austriebs sehr belebend und bildet einen guten Kontrast zu grünnadeligen Koniferen. Gutes Formelement für den „goldgelben Garten". Einzelstellung und Gruppenpflanzungen in Garten- und Parkanlagen.

T. baccata 'Fastigiata Robusta'

Wuchs: Besonders straff aufrecht wachsende, schlanke und stets geschlossene Säulenform, Äste sehr dichtstehend, wenig verzweigt, aber mit vielen Kurztrieben besetzt, stärker im Wuchs als 'Fastigiata'.

Größe: 4 bis 8 m hoch und 0,8 bis 1,5 (2,5) m breit.

Blätter: Immergrün, nadelartig, auffallend radial stehend, breit, nach unten gekrümmt, frischgrün, heller als bei 'Fastigiata'.

Weitere Angaben und Merkmale wie T. baccata.

Eigenschaften: Bleibt auch als alte Pflanze geschlossen; frosthärter und insgesamt weniger anfällig als 'Fastigiata'.

Taxus baccata 'Fastigiata Robusta'

Verwendung: Beste Säulen-Eibe! Einzelpflanze, Gruppenpflanzung in Garten- und Parkanlagen.

T. baccata 'Nissens Corona'

Um 1937 bei JOH. NISSEN in Wuppertal-Aprath selektiert.

Wuchs: Strauchform, Äste flach ausgebreitet, Zweige schräg aufsteigend, Triebspitzen leicht überhängend, sehr schöne, rundliche Sockel bildend.

Größe: 1,5 bis 2,5 m hoch, 6 bis 8 bis 10 m breit. In 30 Jahren 1,80 m hoch und etwa 10 m breit. Jahreszuwachs in der Höhe 5 bis 10 cm, in der Breite 20 cm.

Blätter: Nadeln hellgrün.

Weitere Angaben und Merkmale wie T. baccata.

Eigenschaften: Sehr frosthart, robust.

Verwendung: Vielseitig einsetzbar, Einzelpflanzung, Gruppen, Flächenbegrünung in großen Anlagen, Unterpflanzung von Bäumen.

T. baccata 'Nissens Präsident'

Wuchs: Sehr starkwüchsige, breit ausladende Strauchform mit leicht trichterförmig gestellten Ästen und überhängenden Triebspitzen.

Größe: 2 bis 3 (4) m hoch und 6 bis 8 (10) m breit. Jahreszuwachs in der Höhe 8 bis 10 cm, in der Breite 20 cm. In 30 Jahren 3 m hoch und etwa 6 bis 8 m breit.

Blätter: Gesunde, tiefgrüne Benadelung.

Weitere Merkmale und Angaben wie T. baccata.

Eigenschaften: Frosthart und robust.

Verwendung: Einzelstellung, Gruppen.

T. baccata 'Overeynderi', Kegel-Eibe

Um 1860 bei C. G. OVEREYNDER in Boskoop als Sämling von 'Fastigiata' gefunden und auch heute noch immer sehr verbreitet.

Wuchs: Breit kegelförmiger Großstrauch, Äste und Zweige aufrecht, sehr dicht verzweigt, auch im Alter geschlossen, nicht auseinanderfallend.

Größe: 4 bis 5 m hoch und 2 bis 3 m breit. Jahreszuwachs in der Höhe 10 bis 15 cm, in der Breite 5 bis 8 cm.

Blätter: Nadeln oben dunkelgrün, unten mattgrün, 2 cm lang, spitz, etwas gebogen.

Taxus baccata 'Overeynderi'

Weitere Angaben und Merkmale wie T. baccata.

Verwendung: Sehr alte, aber gut bewährte, breit-aufrechte Säulenform. Einzelpflanze, Gruppen, Hecken und breite Abpflanzungen; auch ohne Schnitt immer geschlossen bleibend.

T. baccata 'Repandens', Kissen-Eibe, Tafel-Eibe

1887 von PARSONS, USA, in den Handel gebracht.

Wuchs: Niedrige Zwergform mit ganz flach ausgebreiteten, waagerechten Ästen, dichter Bezweigung und überhängenden Triebspitzen. Im Alter gleichmäßig rundliche, kompakte Sockel bildend.

Größe: 0,6 bis 0,8 m hoch und 3 bis 4 m breit. Jahreszuwachs in der Höhe 3 cm, in der Breite 12 cm.

Taxus baccata 'Repandens'

Blätter: Nadeln auffallend dunkelgrün, 2 bis 3 cm lang, sichelförmig, schräg aufwärts gerichtet.

Früchte: Weibliche Form.

Weitere Angaben und Merkmale wie T. baccata.

Eigenschaften: Sehr frosthart, außerordentlich robust und schattenverträglich, verträgt großen Wurzeldruck und vorübergehende Trockenheit, unempfindlich gegenüber Tropfenfall.

Verwendung: Hervorragender, anspruchsloser und ganz harter Flächenbegrüner für schattige Baumpartien, wo er sich auch unter dem Wurzeldruck der Bäume gut behauptet. Pflanze mit sehr vielseitiger Verwendung. Einzelstand, Gruppenpflanzung; Mauerkronen, Bekleidung häßlicher Treppenläufe, Stein- und Heidegärten, Gräber, Friedhofsanlagen, Tröge und Kübel.

T. baccata 'Semperaurea'

Wuchs: Breit aufrechte, gedrungen und dichtbuschig wachsende Strauchform, im Alter sehr schöne, kompakte Büsche bildend, langsam wachsend.

Taxus baccata 'Semperaurea'

Größe: Bis 3 (bis 4) m hoch und mindestens genauso breit, im Alter 4 bis 5 m breit. Jahreszuwachs in der Höhe 10 cm, in der Breite 15 cm.

Blätter: Nadeln im Austrieb leuchtend goldgelb, danach frisch grüngelb, auch im Winter!

Standort: Sonnig bis leicht absonnig.

Weitere Angaben wie T. baccata.

Eigenschaften: Sehr frosthart.

Verwendung: Geeignet zur Belebung und Kontrastierung von Pflanzungen. Besonders wirkungsvoll vor dunklen Nadelgehölzgruppen. Bestens für den „goldenen Garten" geeignet.

T. baccata 'Summergold'

Sämlingsselektion, entstanden vor 1967 bei J. V. RAVENSBERG, Hazerswoude, Holland.

Wuchs: Flach ausgebreitet wachsende Zwergform. Äste horizontal abstehend, Spitzen überhängend, im Wuchs an T. baccata 'Repandens' erinnernd, Haupttriebe jedoch etwas mehr ansteigend, langsam wachsend.

Größe: Bis 1 m hoch und 2 bis 3 (4) m breit.

Blätter: Nadeln sichelförmig, 2 bis 3 m lang, Rand gelb, im Sommer ganz gelb, sonnenbeständig.

Taxus baccata 'Summergold'

Weitere Angaben wie bei T. baccata.

Eigenschaften: Frosthart, Nadeln auch in voller Sonne nicht verbrennend.

Verwendung: Gesunde und wüchsige Form für Einzelstellung, Gruppen und Flächen.

T. baccata 'Washingtonii'

Seit 1874 in Kultur.

Wuchs: Lockere, aufstrebende, breit und rundlich wachsende Strauchform mit leicht ansteigenden Ästen und überhängenden Spitzen, langsamwüchsig.

Größe: 2 bis 3 m hoch und 3 bis 5 m breit. Jahreszuwachs in der Höhe 12 bis 15 cm, in der Breite 15 bis 20 cm.

Blätter: Nadeln im Sommer grünlichgelb mit

Taxus baccata 'Washingtonii'

schmalem, gelbem Rand, im Winter mehr bronze-gelb, Nadeln sichelförmig nach oben gebogen.

Weitere Angaben wie bei T. baccata.

Eigenschaften: Zuverlässig winterhart.

Verwendung: Einzelstellung in Garten- und Park-anlagen in möglichst sonniger Position.

T. cuspidata SIEB. et ZUCC., Japanische Eibe

Verbreitung: Japan, auf der Insel Hondo in Höhenlagen von 1000 bis 2000 m, auf Shikoku von 1400 bis 2400 m ansteigend.

Wuchs: Strauch oder gelegentlich auch Groß-strauch, Äste abstehend oder aufsteigend, dicht ver-zweigt mit vielen Kurztrieben besetzt, langsam wachsend.

Größe: 2,5 bis 3,5 m hoch und mindestens ebenso breit, im Alter breiter als hoch, in 40 Jahren bis 6 (8) m breit.

Blätter: Immergrün, nadelartig, Nadeln unregel-mäßig 2-zeilig, linealisch, plötzlich zugespitzt, mit kleiner Stachelspitze, tiefgrün, insgesamt aber etwas heller und dicker als bei T. baccata.

Früchte: Arillus kugelig, rot, Samen leicht 3- bis 4kantig.

Standort: Sonnig bis halbschattig.

Boden: Optimal auf frischen bis feuchten, nähr-stoffreichen, gut durchlässigen Böden, sauer bis alkalisch, anpassungsfähig.

Eigenschaften: Frosthärter als T. baccata, stadt-klimafest, hohes Ausschlagsvermögen, windfest.

Verwendung: Sehr harte und robuste Art für ungünstige Lagen. Einzelstellung, Gruppen und Heckenpflanzungen.

Gifthinweis: T. cuspidata ist noch giftiger als T. baccata!

T. cuspidata 'Farmen'

Wuchs: Strauchform mit kompaktem, regelmäßig breitbuschigem Wuchs, Zweige dünn, dicht-stehend, langsam wachsend.

Größe: Bis 2 m hoch und bis 3,5 m breit. Jahreszuwachs in der Höhe 10 cm, in der Breite 15 cm.

Blätter: Immergrün, breit, kräftig, kurz zugespitzt, radial stehend, dunkelgrün.

Standort: Sonnig bis absonnig.

Boden: Auf allen frischen bis feuchten, nahrhaften, durchlässigen Böden, sauer bis alkalisch.

Eigenschaften: Sehr frosthart, robust, stadtklima-fest.

Verwendung: Einzelstellung, Gruppen, Hecken.

T. cuspidata 'Nana'
(= T. baccata brevifolia, T. cuspidata compacta)

Wuchs: Zwergform der Japanischen Eibe mit un-regelmäßigem, niedrigem Wuchs; Äste nieder-liegend bis aufgerichtet, im Alter breit ausladende, flache Astpartien mit leicht ansteigenden Trieb-spitzen, langsam wachsend.

Größe: 1 bis 2 m hoch und 2 bis 3 (5) m breit.

Blätter: Nadeln verhältnismäßig kurz, 2 bis 2,5 cm lang, plötzlich zugespitzt, stumpfgrün, meist radial angeordnet und dichtstehend.

Boden: Auf allen frischen bis feuchten, nahrhaften, humosen und durchlässigen Böden, sauer bis stark alkalisch, sehr bodentolerant.

Eigenschaften: Frosthart, als Jungpflanze gelegent-lich spätfrostempfindlich, widerstandsfähig gegen Immissionen, stadtklimafest, hohes Ausschlagsver-mögen, windfest.

Verwendung: Einzelstand, Gruppenbepflanzung, Flächenbegrünung, Stein- und Heidegärten, Trog-bepflanzung, Dachgartenbegrünung.

Taxus cuspidata 'Nana'

T. x media 'Brownii'

Wuchs: Breit aufrechte bis rundliche Strauchform, Äste bogig aufsteigend, dicht verzweigt, mit vielen Kurztrieben besetzt, langsam wachsend.

Größe: Bis 2,5 m hoch und 3 bis 4 m breit. Jahreszuwachs in der Höhe 10 cm, in der Breite 15 cm.

Blätter: Immergrün, nadelartig, breit, kräftig, sichelförmig nach oben gebogen, dunkelgrün.

Standort: Sonnig bis halbschattig.

Boden: Auf allen frischen bis feuchten, nahr-haften und durchlässigen Böden, sauer bis stark alkalisch.

Eigenschaften: Sehr frosthart, robust, stadtklima-fest.

Verwendung: Einzelstellung, Gruppen, Hecken.

T. x media 'Densiformis'

Wuchs: Rundliche, dichtbuschige Strauchform, Äste flach ausgebreitet, dicht verzweigt, mit vielen Kurztrieben besetzt, langsam wachsend.

Größe: Bis 1,5 m hoch und 3 m breit. Jahreszuwachs in der Höhe 10 cm, in der Breite 15 cm.

Blätter: Immergrün, nadelartig, radial stehend, kräftig, kurz zugespitzt, hellgrün.

Standort: Sonnig bis absonnig.

Boden: Auf allen frischen bis feuchten, nahrhaften, durchlässigen Böden, sauer bis stark alkalisch.

Eigenschaften: Sehr frosthart, robust, stadtklimafest.

Verwendung: Einzelstellung, Gruppen, Hecken.

T. x media 'Hicksii'

Um 1900 in HICKS NURSERIES, Westbury, USA, entstanden.

Wuchs: Breit aufrecht wachsende Säulenform, Äste lang, aufstrebend, dicht verzweigt, im Alter locker, vasenförmig, langsamwüchsig.

Größe: 3 bis 5 m hoch und 3 bis 4 m breit. Jahreszuwachs in der Höhe 15 cm, in der Breite 10 cm.

Blätter: Immergrün, nadelartig, glänzend dunkelgrün mit erhabenem Mittelnerv, an aufrechten Trieben radial, an Seitentrieben deutlich 2-zeilig, 2,5 bis 3 cm lang.

Früchte: Weibliche Form, werden sehr zahlreich angesetzt.

Taxus x media 'Hicksii'

Standort: Sonnig bis absonnig.

Boden: Auf allen frischen bis feuchten, nahrhaften, durchlässigen Böden, sauer bis stark alkalisch.

Eigenschaften: Außerordentlich frosthart und robust, stadtklimafest.

Verwendung: Sehr gute, anspruchslose Taxus-Form für den Einzelstand im Heide- und Steingarten, in Rabatten, größeren Grabfeldern, ausgezeichnet für freiwachsende Hecken und Abpflanzungen, für geschnittene Hecken weniger gut geeignet.

T. x media 'Hillii'
(= T. x media pyramidalis hillii)

Um 1914 entstanden.

Taxus x media 'Hillii'

Wuchs: Dicht und kompakt wachsender, breit pyramidaler Großstrauch, Äste straff aufrecht, Zweige dichtstehend, Seitentriebe kurz, im Alter oft vasenförmig auseinanderstrebend, sehr malerisch, langsamwüchsig.

Größe: 3 bis 5 m hoch und 2 bis 3,5 m breit. Jahreszuwachs in der Höhe 10 bis 15 cm, in der Breite 10 cm.

Blätter: Immergrün, nadelartig, glänzend hellgrün, unten grasgrün, 2 bis 2,2 cm lang und etwa 2,5 mm breit, kurz zugespitzt.

Früchte: Kein Fruchtansatz, männliche Form.

Standort: Sonnig bis absonnig.

Boden: Auf allen frischen bis feuchten, nahrhaften, durchlässigen Böden, sauer bis stark alkalisch.

Eigenschaften: Sehr frosthart und robust.

Verwendung: Zuverlässig winterharte Taxus-Sorte, geeignet für Einzelstand in Heidegärten und Rosenanlagen, sehr gut für immergrüne Abpflanzungen und freiwachsende Hecken, für geschnittene Hecken weniger gut geeignet.

T. x media 'Strait Hedge'

Wuchs: Aufrechter Großstrauch, in der Jugend sehr schmal säulenförmig, Äste straff aufsteigend, kurz verzweigt, dichtstehend, Spitzentriebe herausragend, im Alter lockerer und ganz leicht auseinanderstrebend, langsam wachsend.

Größe: 3 bis 5 m hoch und 1 bis 1,5 (2) m breit. Jahreszuwachs in der Höhe 15 cm, in der Breite 6 cm.

Blätter: Immergrün, nadelartig, breit, an den Spitzen radial stehend, sonst zweizeilig, dicht, dunkelgrün.

Früchte: Weibliche Form, werden zahlreich angesetzt, auch schon an jungen Pflanzen.

Standort: Sonnig bis absonnig.

Boden: Auf allen frischen bis feuchten, nahrhaften, durchlässigen Böden, sauer bis stark alkalisch.

Eigenschaften: Sehr frosthart, robust, stadtklimafest.

Verwendung: Einzelstellung, Gruppen, Hecken und Pflanzkübel.

Thuja Übersicht

Art/Sorte	Wuchs	Größe in m		Blätter
		Höhe	Breite	
T. occidentalis	mittelhoher Baum, Krone kegelförmig	15–20	3–4 (6)	dunkelgrün
T. occidentalis 'Brabant'	mittelhoher Baum, kegelförmig	15–20	3–4 (6)	frischgrün
T. occidentalis 'Columna'	Kleinbaum, Krone säulenförmig	5–8 (10)	1,5	dunkelgrün
T. occidentalis 'Danica'	Zwergform, flachkugelig	0,6 (0,8)	1	frischgrün bis bräunlichgrün
T. occidentalis 'Europe Gold'	Großstrauch, kegelförmig	4	1–1,2	leuchtend goldgelb
T. occidentalis 'Holmstrup'	Großstrauch, kegelförmig	3–4	0,8–1 (1,2)	lebhaft grün
T. occidentalis 'Recurva Nana'	Zwergform, kugelig bis breit kegelig	2	2	mattgrün
T. occidentalis 'Rheingold'	(„Zwergfom") Strauch bis Großstrauch	2–4(5)	1,5 bis 3 (4)	goldgelb bis bronzegelb
T. occidentalis 'Smaragd'	Großstrauch, kegelförmig	4–6	1–1,8	frischgrün
T. occidentalis 'Sunkist'	Großstrauch, kegelförmig	3–5	1–2	goldgelb
T. occidentalis 'Tiny Tim'	Zwergform, breitkugelig	0,5–1	1–1,5	dunkelgrün
T. orientalis	Großstrauch oder kleiner Baum, kegelförmig	5–8 (10)	1,5–2	mittelgrün
T. orientalis 'Aurea'	Großstrauch, schmal säulenförmig	2,5–4 (6)	0,8–1,5	goldgelb
T. plicata	mittelgroßer Baum, kegelförmig	15	3–5	glänzend grün
T. plicata 'Atrovirens'	mittelgroßer Baum, kegelförmig	15	3–5	tiefgrün
T. plicata 'Aurescens'	mittelgroßer Baum, kegelförmig	8–12 (15)	3–4	grünlichgelb, weißlich gestreift
T. plicata 'Excelsa'	mittelgroßer Baum, kegelförmig	12–15	3–5	dunkelgrün
T. standishii	Kleinbaum/mittel- großer Baum	8–12 (20)	4–7	gelbgrün

THUJA L.
Lebensbaum, Thuja, Cupressaceae, Zypressengewächse

Thuja occidentalis

Die Lebensbäume entwickeln sich ähnlich wie die Scheinzypressen zu sehr regelmäßigen, kegelförmigen Bäumen. Auf den ersten Blick sind beide Gattungen gar nicht so leicht voneinander zu unterscheiden. Charakteristisch ist bei den Thuja-Wildarten der aufrechte Gipfeltrieb und der von den großen Öldrüsen ausgehende, typische „Lebensbaumgeruch". Die sichersten Unterscheidungsmerkmale sind allerdings die Form der Flächen- und Kantenblätter sowie der unterschiedliche Zapfenaufbau. Während die Zapfen bei Chamaecyparis kugelig geformt sind und an kleine, echte Zypressenzapfen erinnern, ist der Thuja-Zapfen mehr oder weniger eiförmig-länglich und besteht aus mehreren übereinandergreifenden, lederartigen Schuppen. Interessant ist, daß auch die Gattung Thuja nur aus 6 Arten besteht, die, ebenso wie die Scheinzypressen, in Nordamerika und Ostasien beheimatet sind.

Lebensbäume sind insgesamt nicht so „farbenprächtig" und variationsfreudig wie die Scheinzypressen, doch dürften sie für den Verwender die wertvollere Pflanzengruppe sein. Besonders die T. occidentalis-Formen zeichnen sich durch gute Frosthärte und eine enorme Windfestigkeit aus.

Hinzu kommt ein hohes Ausschlagsvermögen, das sie vor allem auch als Heckenpflanzen prädestiniert. Sicherlich ist T. occidentalis nach wie vor eine der am häufigsten verwendeten immergrünen Heckenpflanzen. Obwohl Lebensbäume, wie die meisten anderen Nadelgehölze auch, eine höhere Luftfeuchtigkeit vorziehen, gedeihen sie noch gut im städtischen Bereich. Wertvoll sind sie hier als schlanke, immergrüne Sicht- und Windschutzpflanzen. Lebensbäume sind allgemein anspruchslos an Standort und Klima, sie gedeihen optimal in einem frischen bis feuchten, nahrhaften Boden.

Ökologie: Die Samen werden in den Wintermonaten von verschiedenen Meisenarten, Buchfinken und anderen heimischen Vögeln gefressen. Lebensbäume sind beliebte, katzensichere Nistgehölze.

T. occidentalis L., Abendländischer Lebensbaum, Northern White Cedar

Um 1536 nach Europa eingeführt.

Verbreitung: Auf kalten, sumpfigen Böden im kühlhumiden Nordosten Amerikas und in Kanada. Baum des borealen Nadelwaldes.

Wuchs: Mittelhoher Baum mit schmaler, kegelförmiger Krone und kurzen, waagerecht abstehenden oder leicht aufwärts gerichteten Ästen, Krone im Alter lockerer und unregelmäßig.

Größe: 15 bis 20 m hoch und 3 bis 4 (6) m breit. Jahreszuwachs in der Höhe 25 bis 30 cm, in der Breite 10 cm.

Rinde: Äste und Stämme braun oder rotbraun, sich in schmalen Streifen ablösend.

Blätter: Immergrün, schuppenförmig, dicht dachziegelartig angeordnet, dunkelgrün, im Winter bronzebraun.

Blüten: Männliche Blüten zahlreich, 1,5 bis 2 mm lang, gelbbraun, weibliche Blüten unscheinbar, April/Mai.

Früchte: Zapfen länglich elliptisch, 8 bis 12 mm lang, zunächst gelbgrün, im reifen Zustand bräunlich.

Wurzel: Flach bis oberflächennah ausgebreitet, fein verzweigt, einige Hauptwurzeln tiefgehend.

Standort: Sonnig bis absonnig (halbschattig), auch windexponiert.

Boden: Ist allgemein anpassungsfähig, wenn der Standort genügend feucht ist. Obwohl kalkliebend, gedeiht T. occidentalis bei guter Wasserversorgung auch in sauren Böden, optimal in frischen bis nassen, nährstoffreichen, sandig-lehmigen, kalkhaltigen Böden.

Eigenschaften: Extrem frosthart, windresistent, schattenverträglich, verträgt nasse, sumpfige und moorige Standorte, empfindlich gegenüber längeren Trockenzeiten, hohes Ausschlags- und Regenerationsvermögen, widerstandsfähig gegen Immissionen, stadtklimafest; das Holz ist dauerhaft und leicht, Thuja kann weit über 1500 Jahre alt werden.

Verwendung: Außerordentlich wertvolles, anspruchsloses Gehölz für Hecken, Sichtschutz-und Windschutzpflanzungen. Das absolut härteste immergrüne Gehölz zur Begrünung von sumpfigen und morastigen Frostlöchern.

Anmerkung: Alle Pflanzenteile sind stark giftig. Ursache ist vor allem das Monoterpen-Thujon (FROHNE/PFÄNDER).

T. occidentalis 'Brabant'

Wuchs: Mittelhoher Baum mit kegelförmiger Krone und gerade durchgehendem Hauptstamm, Äste waagerecht ansetzend bis bogenförmig aufrecht, sehr dicht verzweigt; stärker wachsend als die Wildform.

Größe: 15 bis 20 m hoch und 3 bis 4 (6) m breit. Jahreszuwachs in der Höhe ca. 30 cm, in der Breite 10 cm.

Blätter: Schuppenförmig, dicht dachziegelartig angeordnet, frischgrün, auch im Winter nicht verfärbend.

Wurzel, Standort, Boden und Eigenschaften wie T. occidentalis.

Verwendung: Sehr gesunde, frischgrüne Säulenform, die auch im Winter ihre Nadelfarbe behält. Einzelstellung, Gruppen, Hecken.

T. occidentalis 'Columna', Säulen-Lebensbaum

1904 von SPÄTH aus Amerika eingeführt.

Wuchs: Außerordentlich schmale, regelmäßige, dichtaufstrebende Säulenform mit kurzen, waagerecht abstehenden Ästen und sehr gedrängt stehenden, fächerförmigen Zweiglein.

Größe: 5 bis 8 (10) m hoch und bis 1,5 m breit. Jahreszuwachs in der Höhe 15 cm, in der Breite 5 cm.

Blätter: Immergrün, schuppenförmig, dicht dachziegelartig angeordnet, dunkelgrün, glänzend, Farbe auch im Winter behaltend.

Standort: Sonnig bis absonnig.

Boden: Auf allen frischen bis feuchten (nassen), nahrhaften Böden, sauer bis alkalisch.

Eigenschaften: Sehr frosthart, windfest, stadtklimafest, gut schnittfest.

Verwendung: Eines der besten, immergrünen Heckengehölze, aber auch eine ausgezeichnete, robuste Säulenform für Einzelstellung und Gruppenpflanzung.

Thuja occidentalis 'Danica'

T. occidentalis 'Danica'

1948 von A. JENSEN aus Samen gezogen.

Wuchs: Flachkugelige, dicht geschlossene Zwergform mit feiner Benadelung und senkrecht stehenden Zweiglein, ausgesprochen langsam wachsend.

Größe: Bis 0,6 (0,8) m hoch und 1 m breit. In 20 Jahren etwa 50 cm hoch.

Blätter: Immergrün, schuppenförmig, sehr dicht stehend, glänzend frischgrün, im Winter bräunlichgrün verfärbend.

Standort: Sonnig bis absonnig.

Boden: Wie T. occidentalis 'Columna'.

Verwendung: Eine der allerbesten und schönsten Zwergformen, Einzelstellung oder Gruppenpflanzung in Stein- und Troggärten, Heideanlagen.

T. occidentalis 'Europe Gold'

1974 von den DARTHUIZER BOOMWEKERIJEN eingeführt.

Wuchs: Sehr schmale, gedrungen-pyramidale, gleichmäßig aufgebaute Kegelform, Äste kurz und waagerecht, Zweige dichtstehend, langsam wachsend.

Größe: Bis 4 m hoch und 1 bis 1,2 m breit. Jahreszuwachs in der Höhe 10 cm, in der Breite 5 cm.

Blätter: Immergrün, schuppenförmig, dicht anliegend, auch im Winter leuchtend goldgelb, Triebspitze leicht orange getönt.

Standort und Boden wie T. occidentalis 'Columna'.

Verwendung: Zur farblichen Belebung und Kontrastierung von immergrünen Gehölzpflanzungen. Einzelstellung, Gruppenpflanzung, Rabatten, Heidegärten und Friedhöfe.

T. occidentalis 'Holmstrup'
(= T. occidentalis holmstrupii)

1951 von A. M. JENSEN, Holmstrup, Dänemark, eingeführt.

Wuchs: Schlank aufrechter Großstrauch mit regelmäßig kegelförmigem und ausgesprochen dichtem, gedrungenem Wuchs, Äste waagerecht, Zweige gedrängt, fächerförmig angeordnet, langsam wachsend.

Größe: 3 bis 4 m hoch und 0,8 bis 1 (1,2) m breit. Jahreszuwachs in der Höhe 12 cm, in der Breite 4 cm.

Blätter: Immergrün, schuppenförmig, dicht dachziegelartig angeordnet, lebhaft grün, auch im Winter.

Standort und Boden wie T. occidentalis 'Columna'.

Eigenschaften: Besonders winterhart, robust, gutes Ausschlagsvermögen, windresistent.

Thuja occidentalis 'Holmstrup'

Verwendung: Sehr wertvolles Gehölz für niedrige und halbhohe Hecken, auch ohne Schnitt gut formbeständig. Weiterhin verwendbar für Einzelstellung und Gruppenpflanzung.

Thuja occidentalis 'Recurva Nana'

T. occidentalis 'Recurva Nana'

Wuchs: Zwergform mit regelmäßig-kugeligem, später breit kegelförmigem Wuchs und dichten, aufrechten bis ausgebreiteten Ästen und übergebogenen, etwas gedrehten Zweigspitzen, sehr langsam wachsend.

Größe: Bis 2 m hoch und ebenso breit. Jahreszuwachs in Höhe und Breite 5 cm.

Blätter: Immergrün, schuppenförmig, dicht dachziegelartig angeordnet, mattgrün, im Winter bräunlich verfärbend.

Standort und Boden wie T. occidentalis 'Columna'.

Eigenschaften: Gut frosthart, robust, stadtklimafest, windresistent.

T. occidentalis 'Rheingold'
(= T. occidentalis 'Ellwangeriana Rheingold')

Um 1900 bei VOLLERT in Lübeck entstanden, aber erst 1904 benannt.

Wuchs: „Zwergform"; in der Jugend gedrungen kugelig, später breit säulenförmig mit ausgebildetem Mitteltrieb. Sorte mit sehr unterschiedlichen Wuchsformen, langsam wachsend.

Größe: 2 bis 4 (bis 5) m hoch und 1,5 bis 3 (4) m breit.

Blätter: Immergrün, nadelartig, im Alter auch schuppenförmig, sehr zierliche, fast moosartige Zweiglein, die im Austrieb schön rosa, im Sommer leuchtend goldgelb bis orangegelb gefärbt sind und im Winter einen bronzenen Farbton annehmen.

Standort und Boden wie T. occidentalis 'Columna'.

Eigenschaften: Frosthart. Durch nicht einheitliches Vermehrungsmaterial sehr unterschiedliche Wuchstypen.

Verwendung: Eine farblich sehr schöne, gesunde Zwergkonifere, die in Heide- und Steingärten, Rabatten und Koniferenpflanzungen sehr belebend wirkt. Guter Partner für den „Gelben Garten".

Thuja occidentalis 'Rheingold'

T. occidentalis 'Smaragd', Smaragd-Lebensbaum

Wuchs: Sehr schmale, gedrungene, gleichmäßig aufgebaute Kegelform mit senkrecht gestellten, sehr dichten Zweigen, langsam wachsend.

Größe: 4 bis 6 m hoch und 1 bis 1,8 m breit. Jahreszuwachs in der Höhe 10 cm, in der Breite 4 cm.

Blätter: Immergrün, ganzjährig glänzend frischgrün, schuppenförmig, dicht dachziegelartig angeordnet.

Standort und Boden wie T. occidentalis 'Columna'.

Eigenschaften: Zuverlässig frosthart, anspruchslos und sehr gesund, stadtklimafest, windresistent, gut schnittfest.

Verwendung: Dies wäre die richtige Heckenpflanze zu dem berühmten KARL FOERSTER-Thema: „Gärten für intelligente Faule". Jahrelang braucht

Thuja occidentalis 'Smaragd'

man an den extrem schmal und gedrungen wachsenden Pflanzen nichts zu tun. Weiterhin geeignet als Solitärgehölz in Heide- und Steingärten, ausgeprägte Vertikalform, um geometrische Akzente zu setzen, Raumteiler, Raumbildner.

T. occidentalis 'Sunkist'

Wuchs: Kegelförmiger Großstrauch, sehr dicht verzweigt, regelmäßig, Zweigfächer sehr dekorativ, senkrecht, etwas muschelförmig gedreht, in der Jugend langsam, später rascher wachsend.

Größe: 3 bis 5 m hoch und 1 bis 2 m breit.

Thuja occidentalis 'Sunkist'

Blätter: Immergrün, goldgelb, im Austrieb leuchtend gelb, im Winter bronze; schuppenförmig, dicht dachziegelartig angeordnet.

Standort und Boden wie T. occidentalis 'Columna'.

Eigenschaften: Zuverlässig frosthart, stadtklimafest, windverträglich, schnittfest.

Verwendung: Zur farblichen Belebung und Kontrastierung von immergrünen Pflanzungen vorzüglich geeignet. Einzelstellung; Rabatten, Heidegärten, Koniferengruppen.

T. occidentalis 'Teddy', Kuschel-Lebensbaum

Gefunden von H. PIERSKALLA, Bad Berka, Thüringen

Wuchs: Ovale, dichtgeschlossene Zwergform, sehr langsam wachsend.

Größe: In 3 Jahren etwa 30 cm hoch, endgültige Höhe nicht bekannt.

Blätter: Immergrün, nadelartig (Jugendform).

Eigenschaften: Ausreichend frosthart, möglicherweise schneebruchgefährdet.

Verwendung: Interessante, weichnadelige Zwergform für Heidegärten, Friedhofsanlagen, Kübel und Tröge.

T. occidentalis 'Tiny Tim'

1955 von BULK & CO., Boskoop, aus Kanada eingeführt.

Wuchs: Breitkugelige Zwergform, Äste und Zweige aufrecht, kurz, dicht und fein verzweigt, leicht muschelförmig gedreht, langsam wachsend.

Größe: 0,5 bis 1 m hoch und 1 bis 1,5 m breit. In 8 bis 10 Jahren etwa 30 cm hoch und 40 cm breit.

Blätter: Immergrün, dunkelgrün, im Winter bräunlich; schuppenförmig, dicht dachziegelartig angeordnet.

Standort und Boden wie T. occidentalis 'Columna'.

Eigenschaften: Gut frosthart, stadtklimafest.

Verwendung: Schöne Zwergkonifere für Einzelstellung in Stein- und Heidegärten, gut verwendbar auch für Gruppen, Einfassungen, Hecken, Tröge.

T. orientalis L., Morgenländischer Lebensbaum

Verbreitung: China, Mandschurei, Nordiran.

Wuchs: Großstrauch oder kleiner Baum mit kegelförmiger Krone, im Alter mehr breitrundlich mit locker und unregelmäßig angeordneten Ästen.

Größe: 5 bis 8 bis 10 m hoch.

Blätter: Immergrün, schuppenförmig, gegenständig, dicht dachziegelartig angeordnet, mittelgrün, insgesamt feiner und zierlicher als bei T. occidentalis, an Seitentrieben 1,5 bis 2,5 mm lang.

Blüten: Männliche Blüten zahlreich, 2 mm groß, hellgelb. Weibliche Blüten sehr klein, unscheinbar.

Früchte: Zapfen an kurzen Zweigen aufrecht, 1 bis 2 cm lang, eiförmig bis kugelig, blaugrün, zur Reife braun, meist aus 6 Schuppen bestehend, die bei Vollreife weit auseinanderspreizen. Samen nicht geflügelt.

Standort: Sonnig bis absonnig.

Boden: Mäßig trocken bis frisch (bis feucht), durchlässig, gern auf lehmigen Böden, auf keinen Fall nasse Standorte, wie sie T. occidentalis besiedelt, schwach sauer bis alkalisch, pH-tolerant.

Eigenschaften: Nicht so frosthart wie T. occidentalis, auch windempfindlicher.

Verwendung: Für günstige Lagen eine locker und transparent wirkende Lebensbaumart. Hecken, Einzelstellung, wegen des grazilen Wuchses sehr schön mit Bambus und Kirschlorbeer (Blatt-Textur!). Wertvoll auch im städtischen Raum, da unempfindlich gegenüber Luftverschmutzung.

Thuja orientalis 'Aurea'

T. orientalis 'Aurea'

Wuchs: Schmal säulenförmiger Großstrauch, Äste und Zweige kurz, dicht, fächerförmig verzweigt, langsam wachsend.

Größe: 2,5 bis 4 (6) m hoch und 0,8 bis 1,5 m breit. Jahreszuwachs in der Höhe 10 cm, in der Breite 5 cm.

Blätter: Immergrün, schuppenförmig, dichtstehend, intensiv goldgelb, auch im Winter.

Standort: Sonnig bis leicht absonnig, gut geschützt, auch gegen Wintersonne.

Boden: Auf jedem (mäßig trockenen) frischen bis feuchten, mäßig nährstoffreichen Boden, schwach sauer bis stark alkalisch.

Eigenschaften: Nicht zuverlässig frosthart, junge Pflanzen benötigen Winterschutz, wärmeverträglich.

Verwendung: Sehr dekorative Form, die leider nicht vollkommen winterhart ist, sich aber in milden Gegenden prächtig entwickelt. Vorzüglich für Einzelstellung und lockere Gruppen.

T. plicata J. DONN ex D. DON, Riesen-Lebensbaum, Western Red Cedar

Lat. plicatus = gefaltet, bezieht sich auf die Schuppenblätter.

Verbreitung: Pazifisches Nordamerika, von S-Alaska bis N-Kalifornien. Auf feuchten bis nassen, auch sumpfigen, meist schwachsauren Böden an Flußläufen, in Senken und schattigen Hangwäldern, in niederschlagsreicher, luftfeuchter Klimalage mit kühlen Sommern und relativ milden Wintern. Am Heimatstandort vergesellschaftet mit Pinus monticola, Tsuga heterophylla, Pseudotsuga menziesii, Larix occidentalis, Chamaecyparis lawsoniana, Abies grandis und anderen Nadelbäumen.

Wuchs: Schnellwüchsiger Nadelbaum, in der Jugend spitzkegelförmig mit sehr dicht gestellten und streng aufwärts strebenden Ästen und Zweigen, Kegelform bleibt auch im Alter erhalten, wird aber breiter.

Größe: Bis 15 m hoch und 3 bis 5 m breit. Jahreszuwachs in der Höhe 30 cm, in der Breite 10 cm.

Blätter: Immergrün, schuppenförmig, gegenständig, glänzend grün.

Früchte: Zapfen länglich eirund, 12 mm lang, im Sommer grün, im Winter braun.

Standort: Sonnig bis absonnig.

Boden: Gedeiht auf jedem normalen, kultivierten, sauren bis alkalischen Boden; erreicht sein optimales Wachstum auf tiefgründigen Standorten, ist anpassungsfähig an den pH-Wert, insbesondere auch dann, wenn genügend Bodenfeuchtigkeit vorhanden ist.

Eigenschaften: Frosthart, stadtklimafest, windfest, schnittverträglich. Höchstalter 500 bis 600 (1000 Jahre).

Verwendung: Einzelstellung, Gruppenpflanzung und sehr gut geeignet für Hecken und Sichtschutzpflanzungen.

Anmerkung: Die Indianer der Westküste bauten ihre Kriegskanus aus riesigen, ausgehöhlten Stämmen dieses Lebensbaumes. Auch ihre Totempfähle fertigten sie aus dem leichten, sehr dauerhaften und witterungsbeständigen Holz.

T. plicata 'Atrovirens'

Wuchs: Mittelgroßer, kegelförmig wachsender Baum.

Blätter: Tiefgrün, glänzend.

Verwendung: Gut frosthartе Selektion mit besonders tiefgrünen Nadeln.

T. plicata 'Aurescens'

Wuchs: Mittelgroßer, spitz kegelförmig wachsender Baum, Äste bogig aufrecht, Zweige sehr dicht stehend, Triebspitzen leicht überhängend, im Alter Krone etwas breiter, bleibt aber bis zum Boden beastet und dicht, raschwüchsig.

Thuja plicata 'Aurescens'

Größe: 8 bis 12 (15) m hoch und 3 bis 4 m breit. Jahreszuwachs in der Höhe 20 bis 30 cm, in der Breite 10 bis 15 cm.

Blätter: Immergrün, schuppenförmig, junge Triebspitzen grünlichgelb, später auch weißlich gestreift, glänzend.

Wurzel: Flach ausgebreitet, dicht verzweigt.

Standort: Sonnig bis absonnig.

Boden: Auf allen (mäßig trockenen) frischen bis feuchten, nährstoffreichen, durchlässigen Böden, sauer bis alkalisch.

Eigenschaften: Ausreichend frosthart, stadtklimafest, windfest, gutes Ausschlagsvermögen, schattenverträglich, bevorzugt hohe Luftfeuchtigkeit, leidet im Winter auf bodentrockenen Standorten.

Verwendung: Eine ausgezeichnete Hecken- und Sichtschutzpflanze; ist aber auch geeignet für Einzelstellung und Gruppenpflanzung in Gärten, Innenhöfen und auf Friedhofsanlagen.

T. plicata 'Excelsa'

Wuchs: Mittelgroßer, kegelförmig wachsender Baum, Stamm bis zur Spitze durchgehend, Äste waagerecht abstehend, Zweige sehr locker gestellt, im unteren Bereich bogig aufrecht, raschwüchsig.

Größe: 12 bis 15 m hoch und 3 bis 5 m breit. Jahreszuwachs in der Höhe 30 cm, in der Breite 10 cm.

Thuja plicata 'Excelsa'

Blätter: Glänzend dunkelgrün, Zweiglein auffallend derb, wesentlich größer als bei der Wildart, schuppenförmig, dicht dachziegelartig angeordnet.

Standort: Sonnig bis absonnig.

Boden: Auf allen (mäßig trockenen) frischen bis feuchten, nährstoffreichen, durchlässigen Böden, pH-tolerant, sauer bis alkalisch.

Eigenschaften: Gesund und winterhart, stadtklimafest, verträgt Schnitt sehr gut, windfest.

Verwendung: Einzelstellung, Gruppenpflanzung in Gärten und Parkanlagen; ausgezeichnet für hohe Hecken, Abpflanzungen, Wandbekleidung, Wind- und Lärmschutzanlagen.

T. standishii (GORD.) CARR.,
Japanischer Lebensbaum

Thuja standishii

Verbreitung: Zentral-Japan; im Gebirge von 900 bis 1800 m ansteigend.

Wuchs: Kleiner bis mittelgroßer, breit kegelförmig wachsender Baum, Äste unregelmäßig verteilt, horizontal abstehend, später locker kandelaberartig aufrecht, Triebe anmutig überhängend, mittelstark wachsend.

Größe: 8 bis 12 (20) m hoch und 4 bis 7 m breit. Jahreszuwachs in der Höhe 25 cm, in der Breite 10 cm.

Blätter: Immergrün, schuppenförmig, gelbgrün, scharfer Geruch nach Fichtenharz (abweichend von den anderen Arten!).

Früchte: Zapfen eiförmig, hellbraun, mit 8 bis 10 Schuppen.

Standort: Sonnig bis absonnig, geschützt.

Boden: Frische bis feuchte, nährstoffreiche Böden, sauer bis alkalisch.

Eigenschaften: Als junge Pflanze etwas empfindlich, spätfrostgefährdet.

Verwendung: Auf Grund der sehr lockeren, anmutigen Wuchsform eine äußerst dekorative Thuja-Art für Einzelstellung und Gruppenpflanzung in geschützten Garten- und Parkanlagen.

THUJOPSIS S. & Z.,
Hiba – Cupressaceae,
Zypressengewächse

T. dolabrata,
Hibalebensbaum

Lat. dolabratus = beilförmig, bezieht sich auf die Kantenblätter.
Wurde 1853 nach Europa eingeführt.

Verbreitung: Als Unterholz in feuchtkühlen Gebirgswäldern, in Höhenlagen um 3000 m; Japan.

Wuchs: Langsam wachsender, kleiner Baum oder auch mehrstämmiger Strauch mit kegelförmiger, dichter Krone; Äste waagerecht oder bogig aufsteigend, Stamm relativ dünn, meist bis zum Boden beastet. In Kultur sind oft nur die buschförmigen Typen!

Größe: In England 18 bis 20 m, in der Heimat bis 35 m hoch, in unseren Gärten sicherlich bis 10 m hoch und 4 bis 5 m breit. Jahreszuwachs in der Höhe 15 (25) cm, in der Breite 8 (12) cm.

TORREYA - TSUGA

Blätter: Immergrün, schuppenförmig, Zweiglein flach und in einer Ebene stehend, Schuppenblätter auffallend breit, ledrig und auf der Unterseite weißgefleckt.

Früchte: Zapfen breit eiförmig, 12 bis 15 mm lang, jung blaugrün, reif braun.

Standort: Sonnig bis absonnig, in der Jugend etwas schattenbedürftig.

Boden: Tiefgründige, genügend frische, sandighumose, saure bis alkalische Böden.

Eigenschaften: Völlig frosthart, verlangt hohe Luftfeuchtigkeit.

Verwendung: Prächtige, sehr dekorative Pflanze, die durch ihre glänzend grüne Farbe und die außerordentlich breiten Schuppenblätter sofort ins Auge fällt. Leider wird sie zu selten gepflanzt. Einzelstellung, Gruppenpflanze, Gärten, Parkanlagen, Friedhöfe. Thujopsis-Zweige sind ein sehr schöner, winterlicher Vasenschmuck, der sich gut mit anderen Blüten (z. B. Nelken) kombinieren läßt.

Anmerkung: Sämlingspflanzen bilden sofort einen starken Mitteltrieb, sind schnellwüchsig und entwickeln sich baumartig mit einem lockeren, kegelförmigen Aufbau.

Bekannte Sorten sind: **T. dolabrata 'Nana',** flachkugelige, dichtbuschige Zwergform, die etwa 50 bis 70 cm hoch wird.

T. dolabrata 'Variegata' ist eine langsamwüchsige Sorte mit weißbunten Nadeln. Schlägt häufig in die grüne Form zurück.

TORREYA ARN.
Nußeibe – Taxaceae,
Eibengewächse

Die Gattung wurde benannt nach J. TORREY (1796 – 1873), einem amerikanischen Botaniker.

T. nucifera (L.) SIEB. et. ZUCC.,
Japanische Nußeibe

Wurde 1712 von dem deutschen Arzt und Botaniker E. KAEMPFER gefunden. 1746 brachte Kapitän CORNWALL die Jap. Nußeibe nach England.

Verbreitung: Auf den japanischen Inseln Hondo, Shikoku und Kyushu, in luftfeuchter Klimalage der Gebirge zwischen 500 und 1000 m.

Wuchs: Immergrüner Baum mit breit kegelförmiger bis eiförmiger Krone. Äste in regelmäßigen Scheinquirlen stehend, oft ganz waagerecht ausgebreitet. In unseren Gärten meist nur Großstrauch bis Kleinbaum. In der Jugend an Taxus erinnernd. Langsamwüchsig.

Torreya nucifera, Knospen spitz eiförmig, braun

Torreya nucifera

Größe: Am Heimatstandort 20 bis 25 m hoch, in englischen Gärten bis 13 m, bei uns bis 7 (bis 10) m hoch, meist jedoch nur 3 bis 5 m.

Rinde: Junge Zweige grün, später rotbraun.

Blätter: Nadelförmig, linealisch, 1,5 bis 2,5 (3) cm lang und bis 3 mm breit, oben glänzend dunkelgrün, unterseits mit 2 bläulichen Stomalinien. Nadelspitze dornig, Nadeln bei Cephalotaxus weich, nicht stechend und nicht harzig duftend! Nadeln zerrieben aromatisch harzig duftend.

Früchte: 2,5 bis 3 cm lange, ellipsoide, grüne, olivenähnliche Früchte. Der braune, eßbare Kern ist von einem fleischigen Samenmantel (Arillus) umgeben.

Standort: Absonnig bis halbschattig, gut geschützt.

Boden: Auf frischen bis feuchten, nicht zu nährstoffarmen, locker-humosen, gut durchlässigen, schwach sauren bis alkalischen Böden.

Eigenschaften: Meist ausreichend frosthart, in der Jugend empfindlich, treiben aber nach Frostschäden aus dem alten Holz wieder aus (EISELT/SCHRÖDER). Temperaturen von minus 20 °C werden schadlos überstanden.

Verwendung: Interessantes Nadelgehölz für den halbschattigen Gartenraum. Die aus Amerika stammende Art, **T. californica** TORR. und die chinesische Nußeibe, **T. grandis** FORT., trifft man gelegentlich auch in deutschen Gärten und Parkanlagen an. Sie sind jedoch nicht so frosthart wie die Japanische Nußeibe.

Anmerkung: In Japan sind die Samen eine Delikatesse und werden dort als sogenannte Kayanüsse gehandelt, die allerdings aus chinesischen Anbauten stammen sollen. Ihr Geschmack ist angenehm. Das Öl der Samen wird in der japanischen Küche verwendet.

TSUGA CARR.
Hemlocktanne – Pinaceae,
Kieferngewächse

T. canadensis (L.) CARR.,
Kanadische Hemlocktanne,
Eastern Hemlock

1736 nach Europa eingeführt.

Verbreitung: Nordöstliches Nordamerika. In feuchter Klimalage, sehr gern in kühlen Tälern und schattigen Schluchten; auf tiefgründigen, nährstoffreichen, gut dränierten Böden.

Wuchs: Mittelhoher bis großer Baum mit breit pyramidaler Krone, Stamm durchgehend bis zur Spitze, oft aber auch mehrstämmig wachsend, Äste waagerecht, Zweige sehr elegant überhängend, Krone im Alter offener, teilweise auch abgeflacht.

Größe: 15 bis 20 m hoch und 6 bis 8 bis 12 m breit. Jahreszuwachs in der Höhe 30 cm, in der Breite 15 cm.

Rinde: Junge Triebe gelblich bis graubraun mit kurzer, weicher Behaarung, Knospen hellbraun, spitz eiförmig.

Blätter: Immergrün, nadelförmig, fast regelmäßig zweizeilig, 1 bis 1,8 cm lang, bis 1,5 mm breit, Spitze abgerundet, dunkelgrün glänzend, unterseits mit 2 weißen Stomabändern, grüner Rand ist breiter als die Bänder.

Früchte: Zapfen kurz gestielt, eiförmig, stumpf, 1,5 bis 2 cm lang.

Wurzel: Zunächst Ausbildung einer tiefgehenden Hauptwurzel, im Alter aber insgesamt ein flaches, oberflächennahes Wurzelsystem.

Standort: Sonnig bis halbschattig, kühl und luftfeucht, vor Winden geschützt!

Tsuga canadensis im Arboretum Marienhof

Größe: Etwa 2 m hoch und 2,50 m breit.

Blätter: Nadeln 6 bis 8 mm lang, dunkelgrün.

Verwendung: Eine sehr zierliche, äußerst dekorative Zwergform für Stein- und Heidegärten, Gehölzrabatten und Rhododendronpflanzungen.

T. canadensis 'Jeddeloh'

Um 1950 von J. D. ZU JEDDELOH gefunden.

Wuchs: Zwergform, gleichmäßig halbkugelig, Zweige spiralig angeordnet, in der Mitte trichterförmig vertieft. Sehr langsam wachsend.

Größe: Etwa 1 m hoch und gut 1,50 m breit.

Blätter: Nadeln grob, hellgrün bis frisch-mittelgrün.

Verwendung: Eine der beliebtesten Zwergformen von T. canadensis, die sich auch für kleinste Gartenräume eignet.

Tsuga canadensis 'Nana'

Boden: Frische bis feuchte, aber gut durchlässige, nicht zu schwere, nährstoffreiche Böden, sauer bis neutral (kalkempfindlich!).

Eigenschaften: Frosthart, verlangt kühlfeuchte Lagen (siehe Naturstandort, Verbreitung),Trockenheit und Hitze werden schlecht vertragen, auf trockenheißen Standorten Kümmerwuchs, empfindlich gegenüber Luftverschmutzung, permanente Windeinwirkung verursacht starke Nadel- und Triebschäden, verträgt Vollschatten, ist gut schnittverträglich (im Frühling oder Sommer).

Verwendung: Ihr außergewöhnlich lockerer, transparenter Wuchs und die feine Benadelung machen die Hemlocktanne zum elegantesten Nadelbaum für unsere Gärten und Parkanlagen. Besonders ausdrucksstark als Einzelpflanze, aber auch sehr wirkungsvoll in lockeren Gruppen. Herrlich zu Rhododendron und Azaleen, die sich wohl kaum eine bessere Schirmherrin wünschen können. Beachtet werden sollte, daß sie in der Jugend Schatten benötigt.

T. canadensis 'Gracilis Oldenburg'

Wuchs: Zwergform, halbkugelig, junge Pflanzen mit nestartiger Mulde in der Mitte, Zweige und Triebspitzen bogig überhängend. Langsam wachsend.

Tsuga canadensis

T. canadensis 'Nana'

Wuchs: Zwergform mit niederliegenden, waagerecht ausgebreiteten Ästen, Mitte oft nestartig vertieft, Zweige anmutig überhängend, langsam wachsend.

Größe: Bis etwa 1 m hoch und 1,5 bis 2 m breit. Jahreszuwachs in der Höhe 3 cm, in der Breite 5 cm.

Blätter: Immergrün, nadelartig, fast regelmäßig zweizeilig, kurz, dichtstehend, dunkelgrün, glänzend.

Weitere Angaben und Merkmale wie T. canadensis.

Verwendung: Einzelstellung in Stein- und Heidegärten, sehr schön in Rhododendron- und Azaleenanlagen, geeignet auch für Grabbepflanzungen, flache Gehölz- und Staudenrabatten.

TSUGA

Tsuga canadensis 'Pendula'

T. canadensis 'Pendula',
Hänge-Hemlocktanne

(Sammelname für Hängeformen mit breitaufrechtem Habitus)

Wuchs: Strauchige oder auch baumartig wachsende Hängeform, Äste bogig abstehend bis stark übergeneigt, Zweige beinahe senkrecht herabhängend und sich im Alter kaskadenartig in mehreren Lagen übereinander schiebend.

Größe: 2,5 bis 3,5 (5) m hoch und breit.

Blätter: Immergrün, nadelartig, kurz, dichtstehend, zweizeilig angeordnet, dunkelgrün, glänzend.

Standort: Sonnig bis absonnig.

Boden und Eigenschaften wie T. canadensis.

Verwendung: Äußerst dekorative Hängeform für Einzelstellung.

T. diversifolia (MAXIM.) MAST., Nordjapanische Hemlocktanne

Verbreitung: Japan.

Wuchs: Sehr dekorativer Großstrauch oder kleiner Baum mit kegelförmiger Krone, Äste waagerecht ausgebreitet, nach außen überhängend, im Alter breit pyramidale, etwas kompaktbuschige Formen bildend, langsamwüchsig.

Größe: 5 bis 7 (12) m hoch und 4 bis 6 (8) m breit. Jahreszuwachs in der Höhe 15 bis 20 cm, in der Breite 10 bis 15 cm (oft sind die Pflanzen genauso breit wie hoch).

Rinde: Junge Triebe gelblichorange bis rotbraun, schwach kurz behaart.

Blätter: Immergrün, nadelartig, Nadeln sehr dicht, lineallänglich, zur Spitze hin leicht verbreitert, 0,5 bis 1,5 cm lang, bis 2,4 mm breit, gescheitelt, ungleich groß, Seiten ganzrandig, glänzend dunkelgrün, unterseits mit 2 kreideweißen Stomabändern.

Früchte: Zapfen hängend, breit eiförmig bis kugelig, 2 cm lang, dunkelbraun.

Tsuga diversifolia

Standort: Absonnig bis halbschattig, kühlfeuchte Lagen liebend.

Boden: Frische bis feuchte, nährstoffreiche, gut durchlässige Böden, sauer bis neutral, kalkfeindlich!

Eigenschaften: Frosthärteste und windunempfindlichste Art.

Verwendung: Eine herrliche, langsam wachsende Hemlocktanne, die erstaunlich anspruchslos und robust ist. Obwohl sie die etwas halbschattige Lage bevorzugt, gedeiht sie auch auf vollsonnigen, freien Plätzen. Ein schönes Exemplar steht im Botanischen Garten Moskau (ZU JEDDELOH).

T. heterophylla (RAF.) SARG., Westamerikanische Hemlocktanne, Western Hemlock

1851 nach Europa eingeführt.

Verbreitung: Bedeutender Waldbaum im pazifischen Nordamerika. Gehölz der nassen, luftfeuchten Zone!

Wuchs: Mittelhoher bis großer Baum mit kegelförmiger Krone und lang überhängendem Gipfeltrieb, Stamm gerade, durchgehend bis zur Spitze, Äste waagerecht ausgebreitet, Zweigspitzen elegant bogig überhängend, rasch wachsend.

Größe: 15 bis 25 (35) m hoch und 8 bis 12 (15) m breit. Jahreszuwachs in der Höhe 45 cm, in der Breite 20 cm.

Rinde: Triebe gelbbraun bis rotbraun, zottig, bleibend behaart, Knospen eiförmig bis kugelig, klein, behaart.

Blätter: Immergrün, nadelförmig, Nadeln meist locker gestellt, linealisch, 0,5 bis 2 cm lang, Rand fein gezähnt, Spitze stumpf abgerundet, oben glänzend dunkelgrün, unten mit 2 Stomabändern, der grüne Rand ist nur sehr schmal.

Früchte: Zapfen sitzend, oval, 2 bis 2,5 cm lang und 1 bis 2 cm breit, hellbraun bis rotbraun.

Standort: Absonnig, kühlfeuchte Lagen, absolut windgeschützt, in der Jugend schattig (Schirm). Sie haßt die Sonne wie kaum ein anderes Nadelgehölz.

Boden: Frische bis feuchte, nährstoffreiche, gut durchlässige Böden, sauer bis neutral. Verträgt keine Kalkböden.

Eigenschaften: Ausreichend frosthart, leidet gelegentlich unter Frühfrösten, gegenüber Spätfrösten ist sie allgemein weniger empfindlich, verlangt kühlfeuchte Lagen, Trockenheit und Hitze werden nicht vertragen, empfindlich gegenüber Luftverschmutzung, sehr windempfindlich, schattenverträglich, schattenliebend. Wird bis 400 Jahre alt.

Verwendung: Noch schöner und eleganter als T. canadensis, aber leider auch anspruchsvoller. Freie, vollsonnige Lagen sind völlig ungeeignet. Junge Pflanzen sollten unter einem lockeren Schirm heranwachsen. In genügend kühlfeuchten Lagen auch als Jungpflanze im Freistand möglich. Hat in Amerika eine große wirtschaftliche Bedeutung. Ihr Holz ist wertvoller als das von T. canadensis.

T. mertensiana (BONG.) CARR., Berg-Hemlocktanne

Verbreitung: Nordwestliches Nordamerika. In sehr hohen Gebirgslagen, aber auch im Küstengebiet, auf feuchten, felsigen Böden, in geschützten Tälern oder auf sehr exponierten Gebirgskämmen.

Wuchs: Schmal kegelförmig wachsender Kleinbaum, Äste in der Jugend relativ kurz, Krone ausgeprägt schlank und spitz aufgebaut, später mehr ausgebreitet, im Alter unregelmäßige Etagen bildend, Äste besonders im unteren Kronenbereich stark hängend, im Freistand bis zum Boden beastet, langsamwüchsig.

Größe: 8 bis 10 bis 15 m hoch und 4 bis 6 bis 8 (10) m breit.

Rinde: Ältere Borke grau bis dunkelbraun, tief gefurcht.

Blätter: Immergrün, nadelartig, blaugrün bis grau, Nadeln alle rings um den Trieb stehend (!), 1 bis 2 cm lang, 1 bis 1,2 mm breit, Nadelbild zedernartig.

Früchte: Zapfen länglich bis zylindrisch, an beiden Enden etwas verjüngt, 5 bis 8 cm lang, jung blaupurpurn, reif braun.

Standort: Sonnig bis absonnig, luftfeuchte Lagen liebend.

Boden: Bevorzugt frische bis feuchte, tiefgründige, aber gut durchlässige Böden, schwach sauer bis sauer.

Eigenschaften: Gut frosthart, etwas schattenverträglich, liebt, wie auch Tsuga canadensis, kühlfeuchte Lagen, ist aber windfester.

Tsuga mertensiana an der Elbchaussee in Hamburg

Verwendung: Die Berg-Hemlocktanne ist mit ihrem schlanken Wuchs und der zedernhaften Benadelung eine erlesene Kostbarkeit für unsere Gärten. Auf Grund ihrer ausgeprägten Langsamwüchsigkeit kann sie auch als „Zedernersatz" in kleineren Gärten verwendet werden.

T. mertensiana 'Glauca'

Wuchs: Schlank kegelförmig wachsende Form der Berg-Hemlocktanne mit gerade durchgehendem Haupttrieb und verhältnismäßig kurzen, waagerecht ausgebreiteten Ästen, Seitenbezweigung dicht, malerisch überhängend, im Alter Hauptäste elegant durchhängend, Seitenäste oft schleppenartig ausgebildet; langsamer wachsend als die Normalform.

Größe: 6 bis 8 m hoch und 1,5 bis 2 m breit. Jahreszuwachs in der Höhe 15 bis 20 cm, in der Breite 5 bis 8 cm.

Blätter: Nadelartig. Nadeln rings um den Trieb stehend (!), 1 bis 1,7 (2) cm lang und bis 1,5 mm breit, auffallend graublau bis blaugrün, stark blauweiß bereift.

Früchte: Zapfen länglich bis zylindrisch, an beiden Enden etwas verjüngt, 5 bis 8 cm lang, jung blaupurpurn, reif braun.

Standort: Sonnig bis leicht halbschattig, luftfeuchte Lagen bevorzugend.

Boden: Frische bis feuchte, tiefgründige, aber gut durchlässige Böden, schwach sauer bis sauer.

Eigenschaften: Gut frosthart, etwas schattenverträglich, liebt, wie auch Tsuga canadensis, kühlfeuchte Lagen, ist aber windfester als diese.

Verwendung: Die blaunadelige Form der Berg-Hemlocktanne wächst noch langsamer als die Wildform und ist daher besonders für kleinste Gartenräume geeignet. Eines der allerschönsten Nadelgehölze für Heidegärten, Rhododendron- und Azaleenpflanzungen. Solitärgehölz für Rosen-, Stauden- und Gräserpflanzungen. Herrliche Pflanze für den „Blauen Garten".

Tsuga mertensiana 'Glauca'

T. sieboldii CARR.,
Südjapanische Hemlocktanne,
Araragi-Hemlocktanne

Um 1853 von SIEBOLD nach Europa eingeführt.

Verbreitung: Im Gebirge Mitteljapans (35. Breitengrad) nur bis auf Höhen von 800 m ansteigend. Das Hauptverbreitungsgebiet dieser anspruchsvollen Baumart liegt in den feuchtwarmen Gebirgswäldern von Süd-Hondo und den Inseln Shikoku und Kyushu. Am üppigsten entwickeln sich die T. sieboldii-Bestände auf der regenreichen, südjapanischen Insel Yaku Shima, wo sie noch in Höhen um 1500 m vorkommen. Wir finden sie dort vergesellschaftet mit Cryptomeria japonica, Stewartia pseudocamellia und Trochodendron aralioides.

Wuchs: In der Heimat bis 28 m hoher, kegelförmiger Baum, bei uns jedoch nur Strauch oder mehrwipfeliger Kleinbaum mit buschig verzweigter Krone und oft tief ansetzenden, auffallend starken Seitenästen. Langsam wachsend.

Größe: In 40 Jahren etwa (4) 6 bis 8 (9,5) m hoch.

Rinde: Junge, ausgereifte Triebe hellbraun (braungelb), kahl! Knospen eiförmig, stumpf zugespitzt, kahl, gelbbraun.

Blätter: Immergrün, nadelförmig, Nadeln fast zweizeilig stehend, linealisch, gleich breit, Ränder glatt, 0,6 bis 2,3 cm lang, 3 mm breit, oben dunkelgrün glänzend, gefurcht, unterseits mit 2 mehr oder weniger unscheinbaren Stomabändern. (Nadeln von T. sieboldii 0,5 bis 1 cm länger als die von T. diversifolia, Unterseite nicht so kreideweiß wie bei T. diversifolia).

Früchte: Zapfen an 4 mm langen Stielen, eirund, 2 bis 2,5 cm lang.

Standort: Absonnig bis schattig, luftfeuchte, warme Lagen, windgeschützt.

Boden: Frische bis feuchte, nährstoffreiche, gut durchlässige Substrate, sauer bis neutral.

Eigenschaften: In den meisten Gebieten Mitteleuropas ausreichend frosthart, anspruchsvolle Baumart, benötigt zum guten Gedeihen luftfeuchte, warme Lagen, Schattholzart.

Verwendung: Langsam wachsende, oftmals nur buschig-gedrungene Hemlocktanne mit unregelmäßig ausgebreiteten Ästen und meist mehreren Wipfeltrieben. Geeignet für Einzelstellung und Gruppenpflanzungen. Nach meinen Erfahrungen wohl doch mehr ein Nadelgehölz für Liebhaber. Möglicherweise ergibt die Saat von ausgesuchten mitteljapanischen Klimarassen wüchsigere und robustere Pflanzen.

Berg-Ahorn, *Acer pseudoplatanus*

Junge Berg-Ahorn-Sämlinge an einem überschwemmten Seeufer

Crataegus x lavallei 'Carrierei', Leder-Weißdorn

Erlenzweige über dem Wasser (beide Abb.)

Wintermerkmale

– Knospen, Rinde und Früchte –
– Faszination von Formen und Farben –

Auszubildende, Studenten der Landschaftsarchitektur und Landschaftsentwicklung, Gärtner, Gartenarchitekten und Forstleute sollten in der Lage sein, die wichtigsten Bäume und Sträucher anhand ihrer Wintermerkmale zu erkennen. Denn gerade zur Pflanzzeit, in der man mit den Gehölzen am intensivsten umgeht, befinden sich die meisten von ihnen in unbelaubtem Zustand. Aber auch für den Garten- und Pflanzenliebhaber kann das Studium der Wintermerkmale sehr spannend sein.

Der Gehölzfachmann wird zwar viele Bäume im Winter bereits an ihren Wuchsformen, d.h. am Stammaufbau, ihrer Kronenarchitektur und der speziellen Verzweigungsart, erkennen können. Doch diese Merkmale sind je nach Standort und Umwelteinflüssen sehr unterschiedlich ausgeprägt und führen nicht immer zu einer sicheren Identifizierung.

Die wichtigste Grundlage für eine genaue Bestimmung im Winter sind das Rindenbild sowie Gestalt und Ausprägung der Knospen und Zweige.

Schon der berühmte Baumwissenschaftler CAMILLO SCHNEIDER hat 1903 im Vorwort zu seinem Buch 'Dendrologische Winterstudien' gesagt: „Bei meinen dendrologischen Untersuchungen lasse ich mich immer von dem Gedanken leiten, dass ein Bild die schnelle und sichere Erkennung einer Sache stärker fördert, als die beste Beschreibung. . . ." Auch ich habe diese Erfahrung gemacht und mich daher auf klare, aussagekräftige fotografische Abbildungen und mikroskopische Darstellungen ohne lange Begleittexte beschränkt.

Für die Identifizierung der einzelnen Gattungen, Arten und Sorten ist es einfacher und informativer, wenn die Abbildungen der Wintertriebe und weiterer Detailmerkmale unmittelbar nebeneinander stehend verglichen werden können. Sie wurden deshalb nicht in den allgemeinen, beschreibenden Teil eingearbeitet, sondern auf neutralem Hintergrund in übersichtlichen Tafeln als Anhang zusammengefaßt.

Fraxinus ornus,
Endknospen

Chamaecyparis lawsoniana,
Oberseite Zweigdetail

Juglans cinerea,
Triebe olivgrün bis bräunlichgrün

Natürlich gibt es bei einigen Baumarten gewisse Schwierigkeiten in der Darstellung der Wintertriebe, da die Merkmale von Jahr zu Jahr, aber auch von Standort zu Standort unterschiedlich ausgeprägt sein können. Darüber hinaus kann insbesondere die Rindenfärbung innerhalb einer Art sehr verschieden sein und deshalb bei der Bestimmung zu Irritationen führen. In solchen Fällen habe ich mich daher bemüht, mehrere Beispiele aufzuzeigen. Auch Größe und Stärke der Jahrestriebe variieren erheblich. Da es insofern keine festen Maßeinheiten gibt, wurden bei den Abbildungen Durchschnittswerte zugrunde gelegt.

Die Triebe der Laubgehölze wurden in der Regel in **zweifacher natürlicher Größe** abgebildet, End- und Seitenknospen erscheinen häufig in einem noch größeren Maßstab (ohne Größenangaben), um wichtige Detailmerkmale sichtbar zu machen. Die feste Bezugsgröße bleibt immer die zweifache Vergrößerung des Gesamttriebes.

Die Nadelgehölze werden durchgehend in **natürlicher** oder **halber natürlicher Größe** abgebildet; bei Abies und Picea sind Nadelober- und -unterseite in **4,5facher Vergrößerung** dargestellt.

Anmerken möchte ich, daß es sich bei den vorliegenden Tafeln lediglich um einen Einstieg in diese interessante Thematik handelt. Aus Platzgründen war im Rahmen dieser Auflage nur die Behandlung einer begrenzten Anzahl von Gehölzen möglich. Eine Fortsetzung ist geplant.

Dennoch hoffe ich, daß die über 400 Detailaufnahmen und mikroskopischen Abbildungen nicht nur eine wichtige Bestimmungshilfe sind, sondern auch die Vielfalt der Formen und Farben erkennen lassen und Sie, liebe Leser, an die Schönheit der Gehölze im Winter heranführen. Erst die Makroaufnahmen machen eine wunderbare und faszinierende Welt sichtbar, die wir sonst nur selten wahrnehmen.

Der Zimt-Ahorn, Acer griseum, gehört zu den schönsten Rindenfärbern

Acer cappadocicum,
Triebspitze u. Seitenknospe

Acer cappadocicum,
Kolchischer Ahorn, (2 fach)

Acer x conspicuum,
'Phoenix', (2 fach)

Acer ginnala,
Triebspitze

Acer campestre,
Triebspitze

Acer ginnala,
Feuer-Ahorn, (2 fach)

Acer campestre,
Feld-Ahorn, (2 fach)

Acer x conspicuum,
'Phoenix'
mehrjähriger Zweig

Acer monspessulanum,
Seitenknospen

Acer monspessulanum,
Burgen-Ahorn, (2 fach)

Acer palmatum,
älterer Zweig

Acer palmatum,
Seitenknospen

Acer palmatum,
Fächer-Ahorn,
Endknospen

Acer japonicum,
Endknospen

Acer japonicum,
Japan-Ahorn, (2 fach)

Acer griseum,
Zimt-Ahorn, (2 fach)

Acer griseum,
Rinde

Acer x neglectum 'Annae',
Färbung Winterausgang,
(2 fach)

Acer x neglectum 'Annae',
Färbung Winterbeginn,
(2 fach)

Acer x neglectum 'Annae',
(2 fach)

Acer saccharum,
Seitenknospen

Acer saccharum,
Endknospen

Acer triflorum,
Dreiblütiger Ahorn, (2 fach)

Acer triflorum,
Rinde

Acer saccharum,
Zucker-Ahorn, (2 fach)

Acer maximowiczianum,
Nikko-Ahorn, (2 fach)

Acer maximowiczianum,
Triebspitze

Acer negundo,
Eschen-Ahorn, (2 fach)

Acer negundo,
Eschen-Ahorn,
die Früchte bleiben bis
zum Frühjahr am Baum

Acer saccharinum,
Endknospen

Acer saccharinum,
Silber-Ahorn, (2 fach)

**Aesculus flava,
Gelbe Pavie, (2 fach)**

**Aesculus parviflora,
Endknospe**

**Aesculus parviflora,
Zweigspitze, (2 fach)**

**Aesculus parviflora,
Strauch-Roßkastanie, (2 fach)**

**Aesculus flava,
Triebspitze**

**Aesculus hippocastanum,
Roßkastanie**

**Aesculus x neglecta 'Georgiana',
(2 fach)**

**Aesculus x neglecta 'Georgiana',
Seitenknospen**

**Aesculus x neglecta 'Georgiana',
Frucht**

Alnus glutinosa,
Seitenknospe deutlich gestielt

Alnus glutinosa, Schwarz-Erle,
Triebe kahl, (2fach)

Alnus incana,
Seitenknospe
kurz gestielt

Alnus incana, Grau-Erle,
Triebe filzig behaart, (2fach)

Alnus incana 'Aurea',
Gold-Erle

Alnus cordata,
männliche Kätzchen

Alnus incana 'Aurea',
männliche Kätzchen

Alnus cordata,
Triebspitze

Alnus cordata,
Herzblättrige Erle,
(2fach)

Alnus viridis,
Grün-Erle, (2fach)

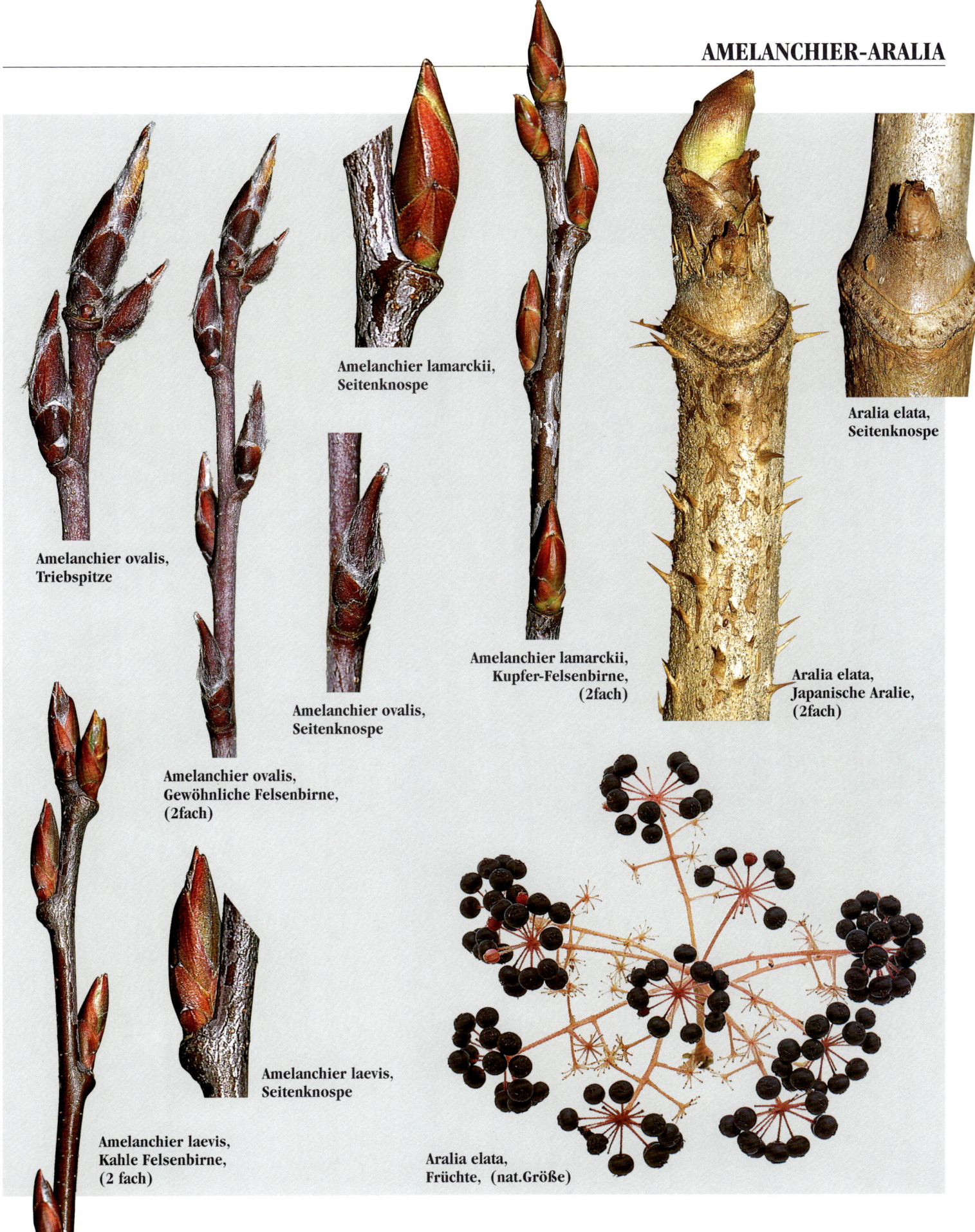

Amelanchier ovalis,
Triebspitze

Amelanchier lamarckii,
Seitenknospe

Amelanchier ovalis,
Seitenknospe

Amelanchier ovalis,
Gewöhnliche Felsenbirne,
(2fach)

Amelanchier lamarckii,
Kupfer-Felsenbirne,
(2fach)

Aralia elata,
Seitenknospe

Aralia elata,
Japanische Aralie,
(2fach)

Amelanchier laevis,
Seitenknospe

Amelanchier laevis,
Kahle Felsenbirne,
(2 fach)

Aralia elata,
Früchte, (nat.Größe)

ARISTOLOCHIA

Aristolochia durior, Querschnitt
durch einen 1-jährigen Trieb

Aristolochia durior,
Pfeifenwinde, (2fach)

Aristolochia durior, Querschnitt durch
einen 3-jährigen Trieb, Leitbündel sind
deutlich von einem breiten Markstrahl
abgesetzt, Leitbündel bei Aristolochia
schon mit bloßem Auge erkennbar

Aristolochia durior,
Blüten

Aristolochia durior,
Triebe kahl

Aristolochia durior,
Früchte

Aristolochia tomentosa,
Triebe behaart

Aristolochia tomentosa,
Blüten

Clematis vitalba,
Gewöhnliche Waldrebe,

Aristolochia tomentosa,
(2fach)

Clematis vitalba, Querschnitt
durch einen Sproß, Leitbündel sternförmig angeordnet

Clematis vitalba,
die federigen Fruchtstände
überdauern den Winter

847

Callicarpa bodinieri 'Profusion',
Früchte, (nat.Größe)

Callicarpa bodinieri
'Profusion',
Endknospe

Callicarpa bodinieri
'Profusion',
Schönfrucht, (2fach)

Callicarpa bodinieri
'Profusion',
Seitenknospen

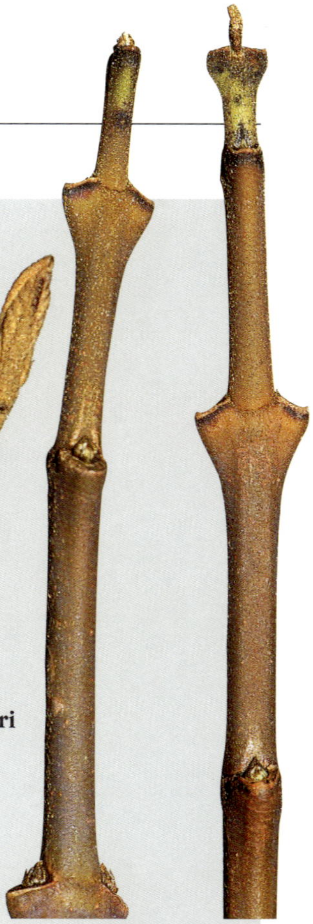

Calycanthus floridus,
Echter Gewürzstrauch,
(2fach)

Calycanthus floridus,
Blüte

Caragana arborescens,
leere Fruchthülse, (2fach)

Calycanthus floridus,
Frucht

Caragana arborescens,
Erbsenstrauch, (2fach)

Caragana arborescens,
Triebspitze, (2fach)

Castanea sativa,
Frucht

Chionanthus virginicus,
Schneeflockenstrauch,
(2fach)

Chionanthus virginicus,
Seitenknospen

Castanea sativa,
Edelkastanie, Triebe und Knospen sehr variabel, (2fach)

Castanea sativa,
leicht angetrieben, (2fach)

Hinweis:
Catalpa siehe
Paulownia

Clerodendrum trichotomum
var.fargesii, Wintertrieb kahl,
(2fach)

Clerodendrum trichotomum,
Losbaum, Wintertrieb kurz
behaart, (2fach)

Clerodendrum trichotomum,
Seitenknospe

Clerodendrum trichotomum,
Sommertrieb stark behaart

Clerodendrum trichotomum
var.fargesii, Sommertrieb kahl

Clerodendrum trichotomum
var.fargesii, Früchte,
(nat.Größe)

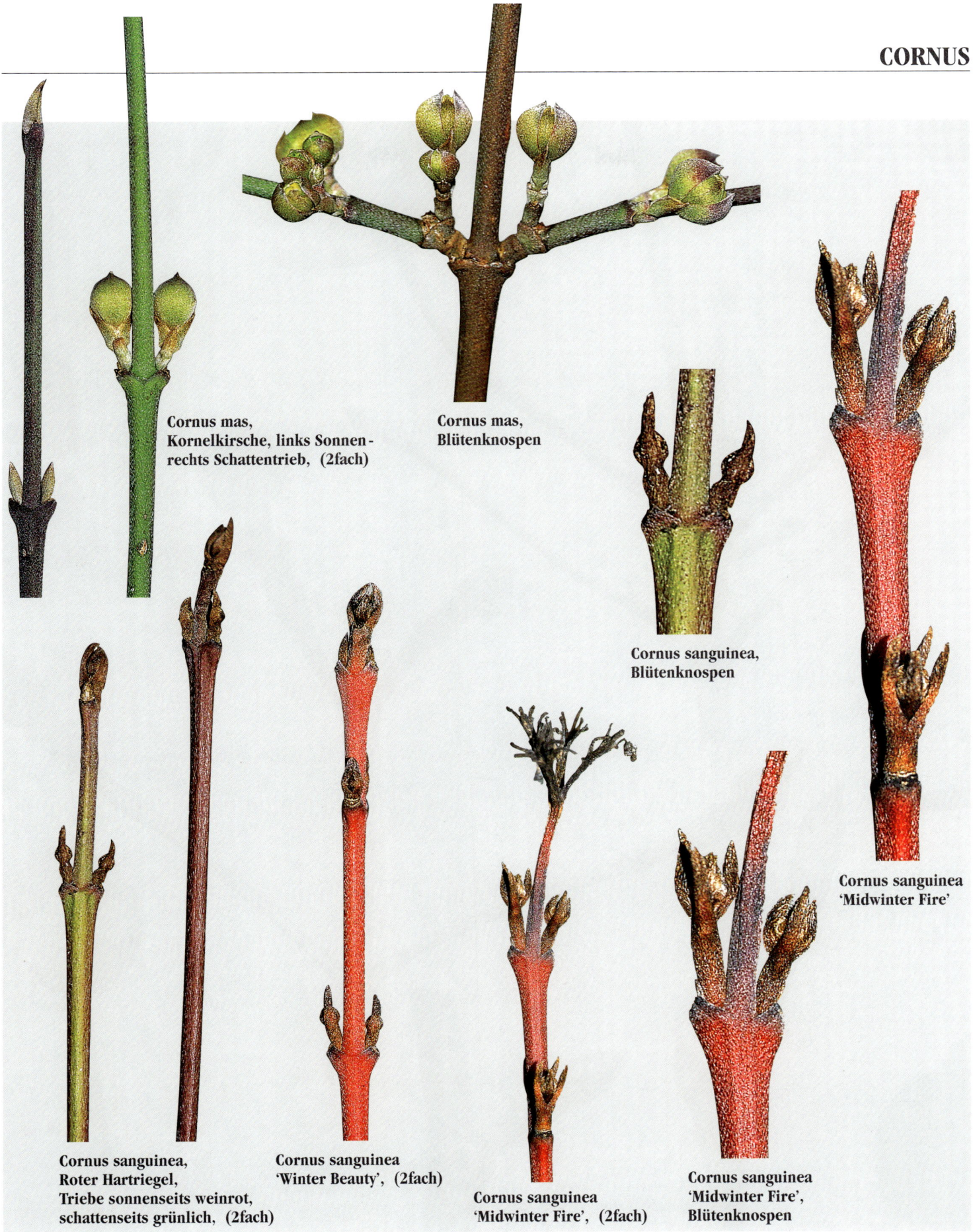

Cornus mas,
Kornelkirsche, links Sonnen-
rechts Schattentrieb, (2fach)

Cornus mas,
Blütenknospen

Cornus sanguinea,
Blütenknospen

Cornus sanguinea
'Midwinter Fire'

Cornus sanguinea,
Roter Hartriegel,
Triebe sonnenseits weinrot,
schattenseits grünlich, (2fach)

Cornus sanguinea
'Winter Beauty', (2fach)

Cornus sanguinea
'Midwinter Fire', (2fach)

Cornus sanguinea
'Midwinter Fire',
Blütenknospen

Cornus florida,
Blütenknospen, (2fach)

Cornus florida 'Cherokee Chief',
(2fach)

Cornus kousa,
Japanischer Blumen-Hartriegel,
(2fach)

Davidia involucrata
var.vilmoriniana,
Taubenbaum, (2fach)

Davidia involucrata,
var.vilmoriniana,
Knospe an Kurztrieb

Cornus kousa,
Frucht, (nat. Größe)

Davidia involucrata
var.vilmoriniana,
Frucht, (nat. Größe)

Decaisnea fargesii,
Früchte,
(nat. Größe)

Decaisnea fargesii,
Blauschotenstrauch,
(2 fach)

Euonymus sanguineus,
Seitenknospen

Euonymus sanguineus,
Blut-Spindelstrauch, (2fach)

Euonymus europaea,
Endknospe

Euonymus oxyphyllus,
Fruchtkapseln rund

Euonymus planipes,
Fruchtkapseln 5 flügelig,

Euonymus europaea,
Seitenknospen

Euonymus europaea,
Pfaffenhütchen, (2fach)

Euonymus planipes,
Großfrüchtiges Pfaffenhütchen,
Grundfarbe der Triebe olivgrün, sonnenseits
bräunlichrot überlaufen, (2fach)

Euonymus oxyphyllus,
Spitzblättriger Spindelstrauch,
(2fach)

853

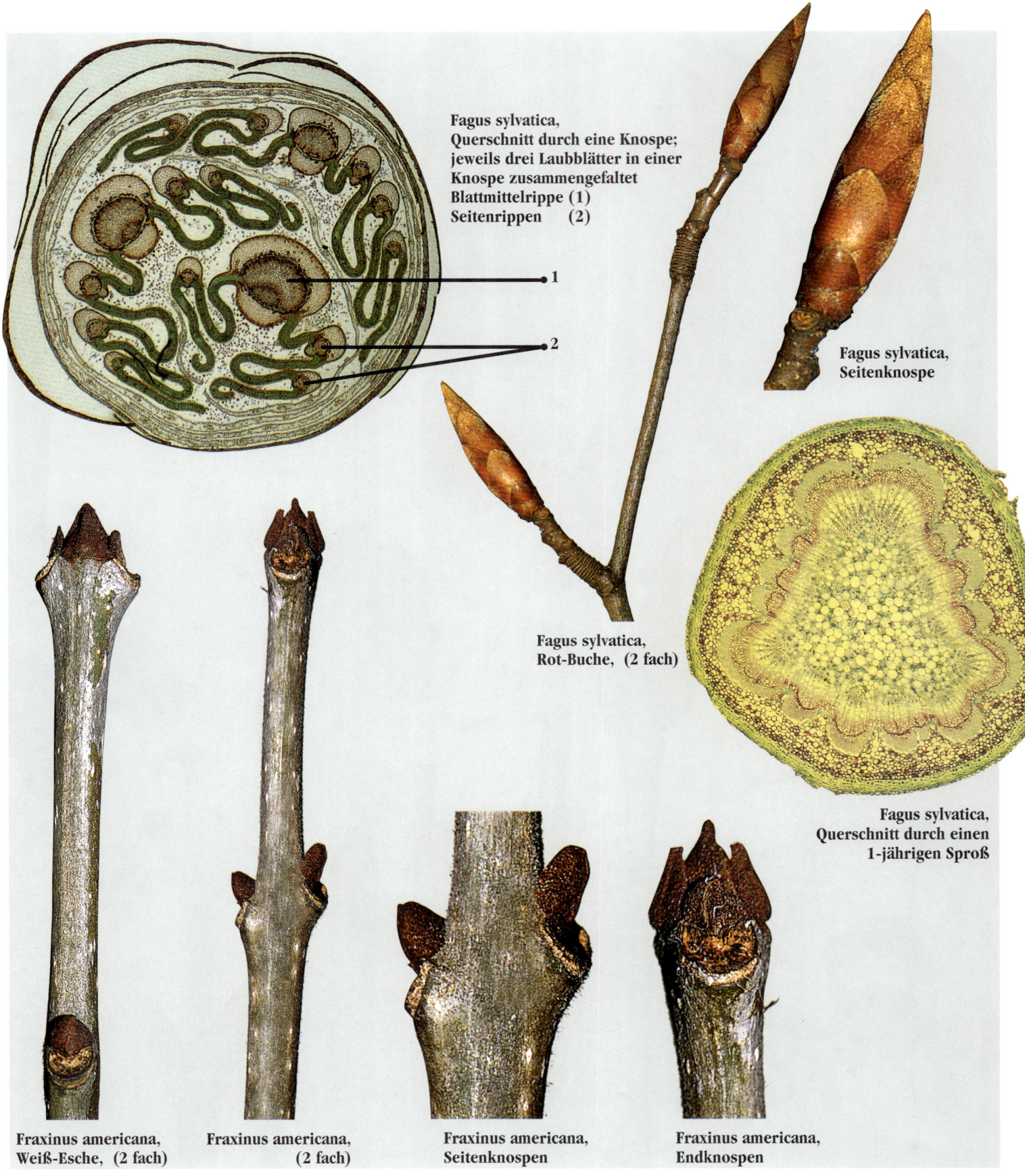

Fagus sylvatica,
Querschnitt durch eine Knospe;
jeweils drei Laubblätter in einer
Knospe zusammengefaltet
Blattmittelrippe (1)
Seitenrippen   (2)

Fagus sylvatica,
Seitenknospe

Fagus sylvatica,
Rot-Buche, (2 fach)

Fagus sylvatica,
Querschnitt durch einen
1-jährigen Sproß

Fraxinus americana,
Weiß-Esche, (2 fach)

Fraxinus americana,
(2 fach)

Fraxinus americana,
Seitenknospen

Fraxinus americana,
Endknospen

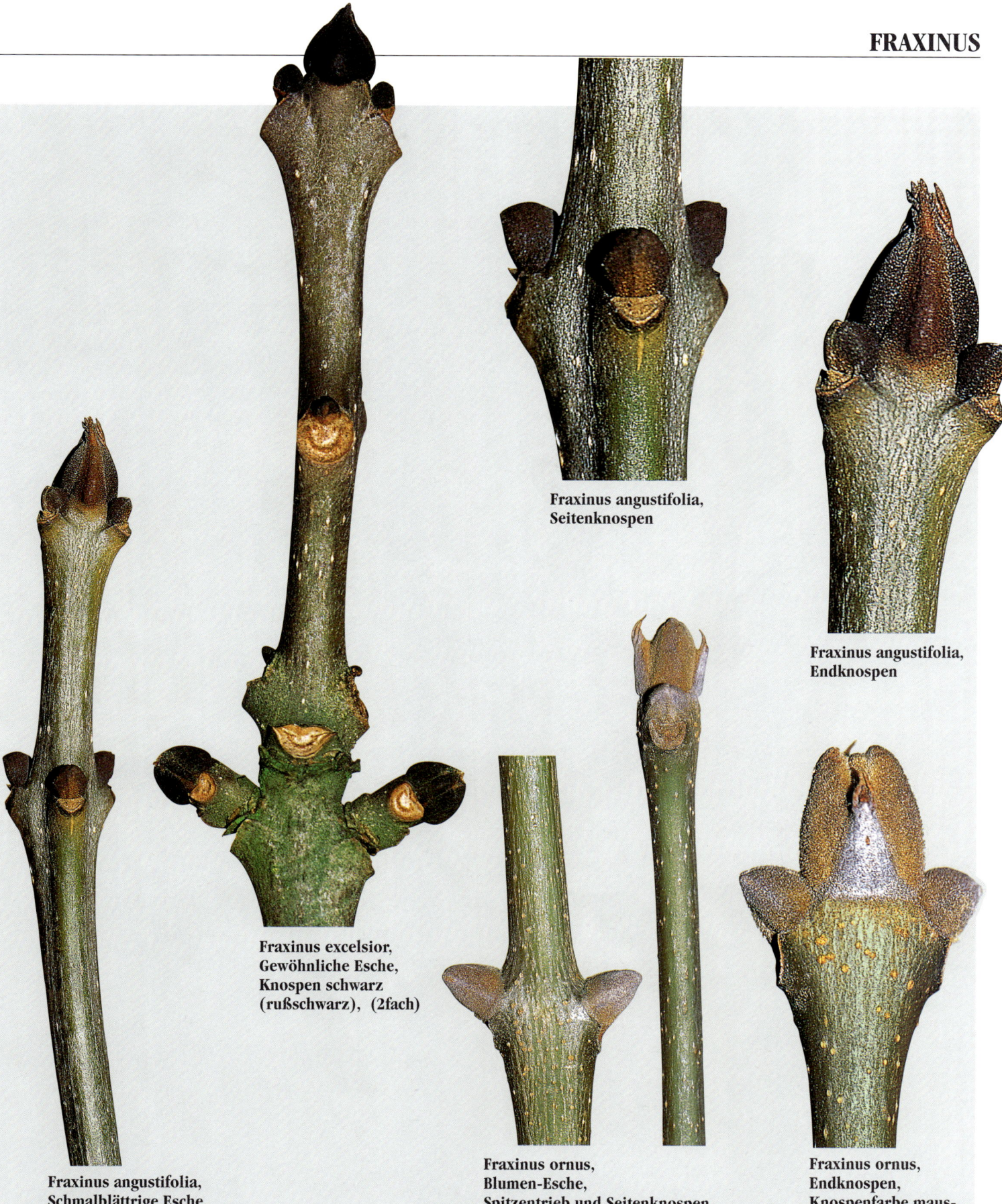

Fraxinus angustifolia,
Seitenknospen

Fraxinus angustifolia,
Endknospen

Fraxinus excelsior,
Gewöhnliche Esche,
Knospen schwarz
(rußschwarz), (2fach)

Fraxinus angustifolia,
Schmalblättrige Esche,
(2fach)

Fraxinus ornus,
Blumen-Esche,
Spitzentrieb und Seitenknospen,
(2fach)

Fraxinus ornus,
Endknospen,
Knospenfarbe maus-
grau bis braungrau

**Hippophae rhamnoides,
Früchte**

**Hippophae rhamnoides,
Sanddorn, weibliche Blü-
tenknospen, (2fach)**

**Hippophae rhamnoides,
weibliche Blütenknospen**

**Hippophae rhamnoides,
männliche Blütenknospen**

**Hydrangea petiolaris,
Kletter-Hortensie, (2fach)**

**Hydrangea aspera
'Macrophylla',
Sommertrieb**

**Hydrangea sargentiana,
Sommertrieb**

**Hydrangea sargentiana,
Samt-Hortensie, Triebe dicht
mit zottigen Haaren besetzt,
(etwa 2fach)**

**Hydrangea aspera 'Macrophylla',
Triebe nur schwach behaart,
(etwa 2fach)**

Koelreuteria paniculata,
Blasenbaum, (2fach)

Juglans nigra,
Schwarznuß, (2fach)

Juglans cinerea,
Triebe olivgrün bis bräunlichgrün,
siehe linker Trieb, (2fach)

•männliche Blütenstände

Juglans cinerea,
Butternuß, Seiten-u. Endknospen, (2fach)

Juglans regia,
Walnuß, (2fach)

Juglans regia,
Triebe haben gekammertes Mark

Liriodendron tulipifera,
Endknospe entenschna-
belförmig zusammenge-
drückt

Laburnum x watereri 'Vossii',
Goldregen, (2fach)

Liriodendron tulipifera,
(2fach)

Kalopanax septemlobus,
Kurztriebe und Seitenknospen,
(2fach)

Kalopanax septemlobus,
Baumaralie, (2fach)

Maackia
amurensis,
Seitenknospe

Liriodendron tulipifera,
Fruchtstand im Raureif

Liriodendron tulipifera,
unreifer Fruchtstand

Maackia amurensis,
(2fach)

Liriodendron tulipifera,
Tulpenbaum, (2fach)

**Liquidambar formosana,
Chinesischer Amberbaum,
(2fach)**

**Liquidambar orientalis,
Orientalischer Amberbaum,
(2fach)**

**Liquidambar orientalis,
bildet auch Korkleisten aus**

**Liquidambar orientalis,
Herbstblatt**

**Liquidambar styraciflua,
bei einigen Typen starke
Korkleistenbildung, (2fach)**

**Liquidambar styraciflua,
ältere Korkleisten**

**Liquidambar styraciflua,
Früchte, (nat.Größe)**

**Liquidambar styraciflua,
Amberbaum, (2fach)**

859

MAGNOLIA

Magnolia sieboldii,
Sommer-Magnolie,
(2fach)

Magnolia sieboldii,
Frucht

Magnolia hypoleuca,
(2fach)

Magnolia x loebneri
'Merrill', (2fach)

Magnolia kobus,
Kobushi-Magnolie, äterer Zweig
u. Blütenknospe, (2fach)

Magnolia x soulangeana,
Tulpen-Magnolie, (2fach)

Magnolia tripetala,
Schirm-Magnolie,
Endknospe, (2fach)

Magnolia x soulangeana,
Kurztrieb mit Blütenknospe

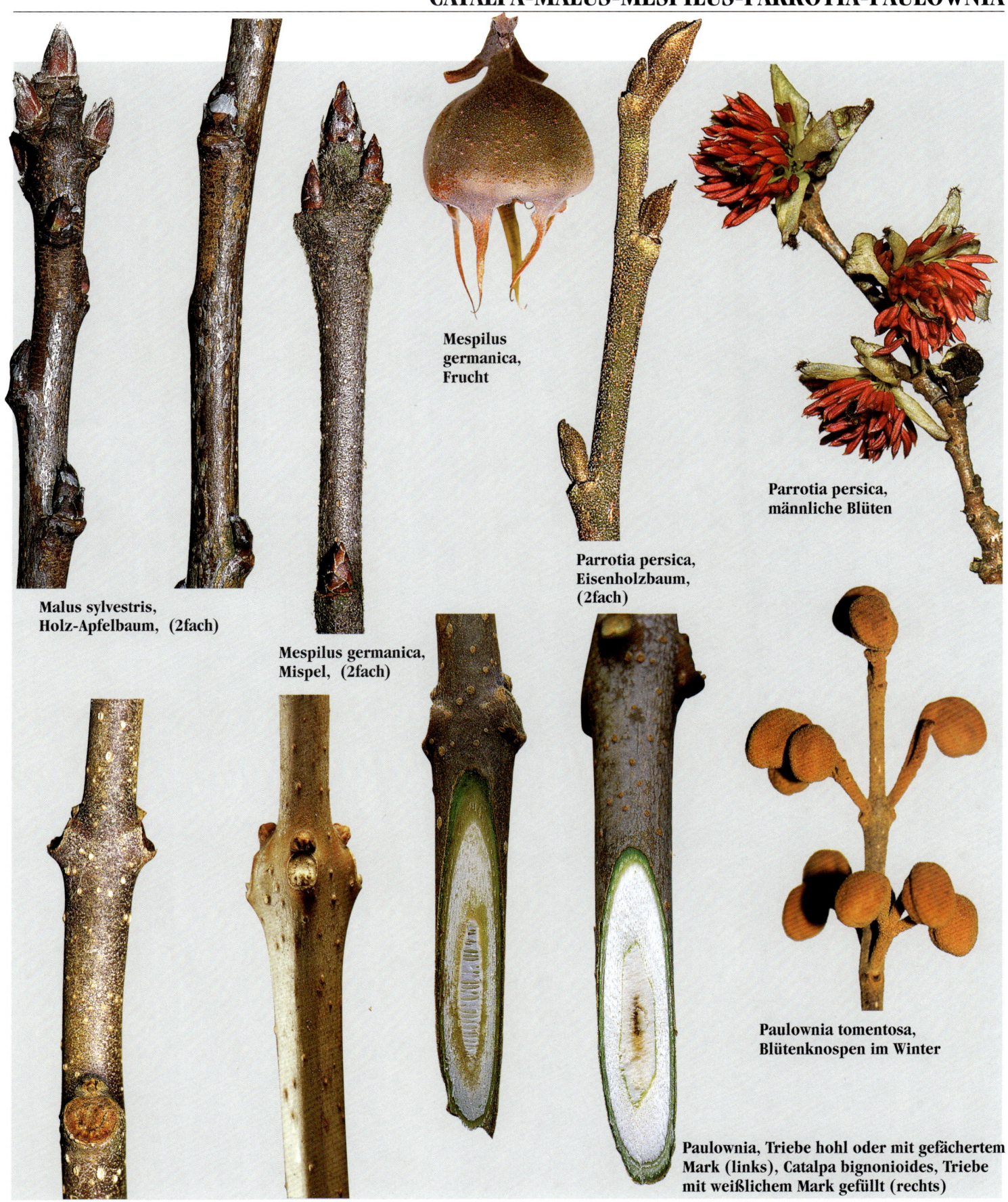

Malus sylvestris,
Holz-Apfelbaum, (2fach)

Mespilus germanica,
Mispel, (2fach)

Mespilus
germanica,
Frucht

Parrotia persica,
Eisenholzbaum,
(2fach)

Parrotia persica,
männliche Blüten

Paulownia tomentosa,
Blütenknospen im Winter

Paulownia, Triebe hohl oder mit gefächertem
Mark (links), Catalpa bignonioides, Triebe
mit weißlichem Mark gefüllt (rechts)

Paulownia tomentosa,
Blauglockenbaum, Knospen
gegenständig, (2fach)

Zum Vergleich:
Bei Catalpa bignonioides Knospen meist in Quirlen zu 3

861

Phellodendron amurense,
Borke

Phellodendron amurense,
Endknospen

Pterocarya fraxinifolia
hat gekammertes Mark

Pterocarya fraxinifolia,
Knospen nackt
überwinternd

Phellodendron amurense,
Korkbaum, (2fach)

Poncirus trifoliata,
Blätter

Platanus x hispanica,
Endknospe

Platanus orientalis,
Endknospe

Poncirus trifoliata,
Bitterorange,
(nat.Größe)

Platanus x hispanica,
Platane, Seitenknospe,
(2 fach)

Platanus orientalis,
End-u. Seitenknospe, (2 fach)

Populus x canadensis 'Robusta',
Endknospe

Populus x canadensis 'Robusta',
Holz-Pappel, (2 fach)

**Populus balsamifera,
Balsam-Pappel, Knospen klebrig,
Harzüberzug aromatisch duftend, (2 fach)**

**Populus alba 'Nivea',
Silber-Pappel**

**Populus wilsonii,
Wilson-Pappel, Rinde
olivgrün, glänzend, kahl,
Knospen kahl, klebrig**

**Populus lasiocarpa,
Großblatt-Pappel,
Rinde helloliv, filzig
behaart bis fast kahl,
untere Knospen-
schuppen lang
behaart, Knospen
schwach klebrig,
(2 fach)**

**Populus wilsonii,
Kurztrieb, (2fach)**

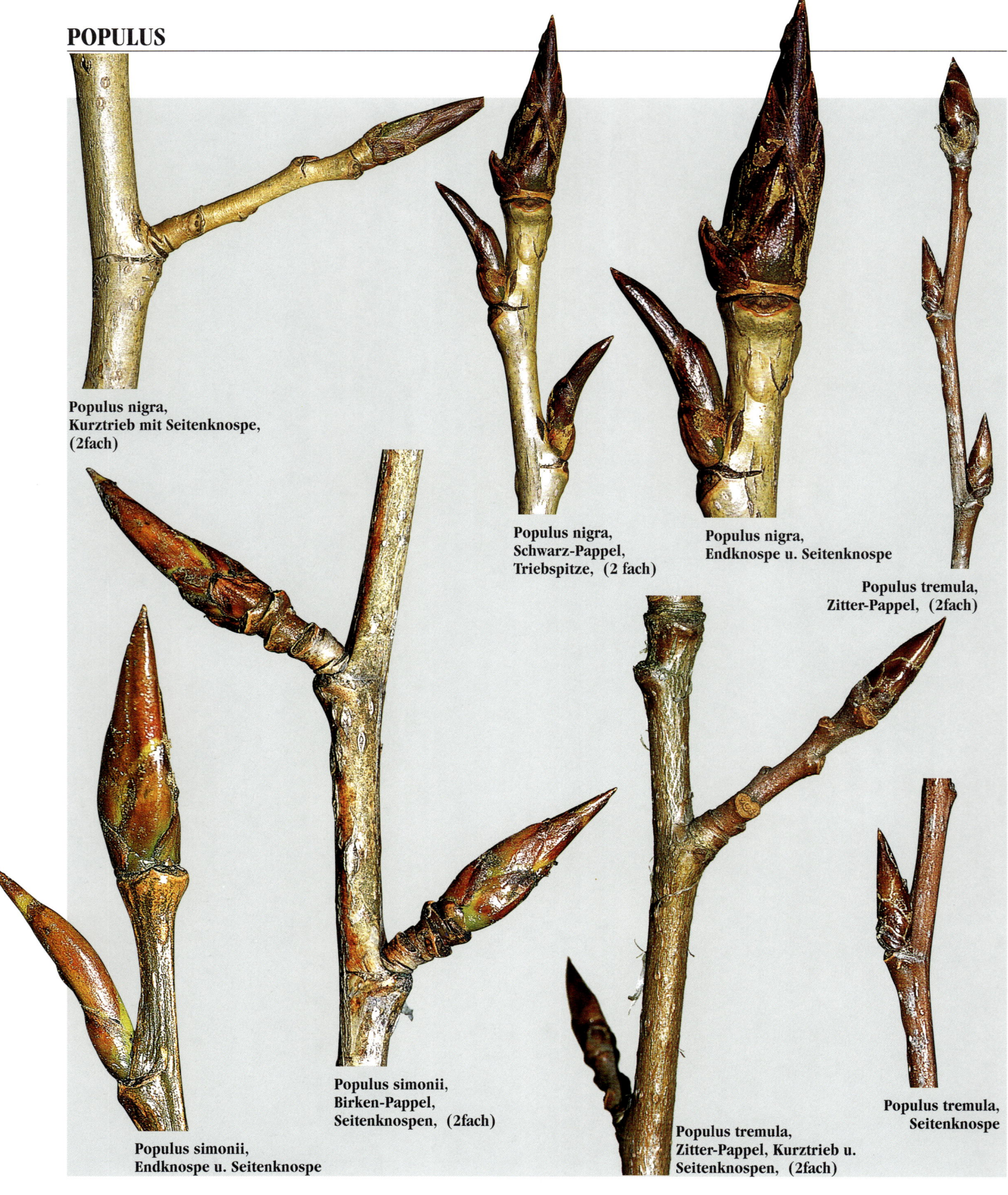

**Populus nigra,
Kurztrieb mit Seitenknospe,
(2fach)**

**Populus nigra,
Schwarz-Pappel,
Triebspitze, (2 fach)**

**Populus nigra,
Endknospe u. Seitenknospe**

**Populus tremula,
Zitter-Pappel, (2fach)**

**Populus simonii,
Birken-Pappel,
Seitenknospen, (2fach)**

**Populus simonii,
Endknospe u. Seitenknospe**

**Populus tremula,
Zitter-Pappel, Kurztrieb u.
Seitenknospen, (2fach)**

**Populus tremula,
Seitenknospe**

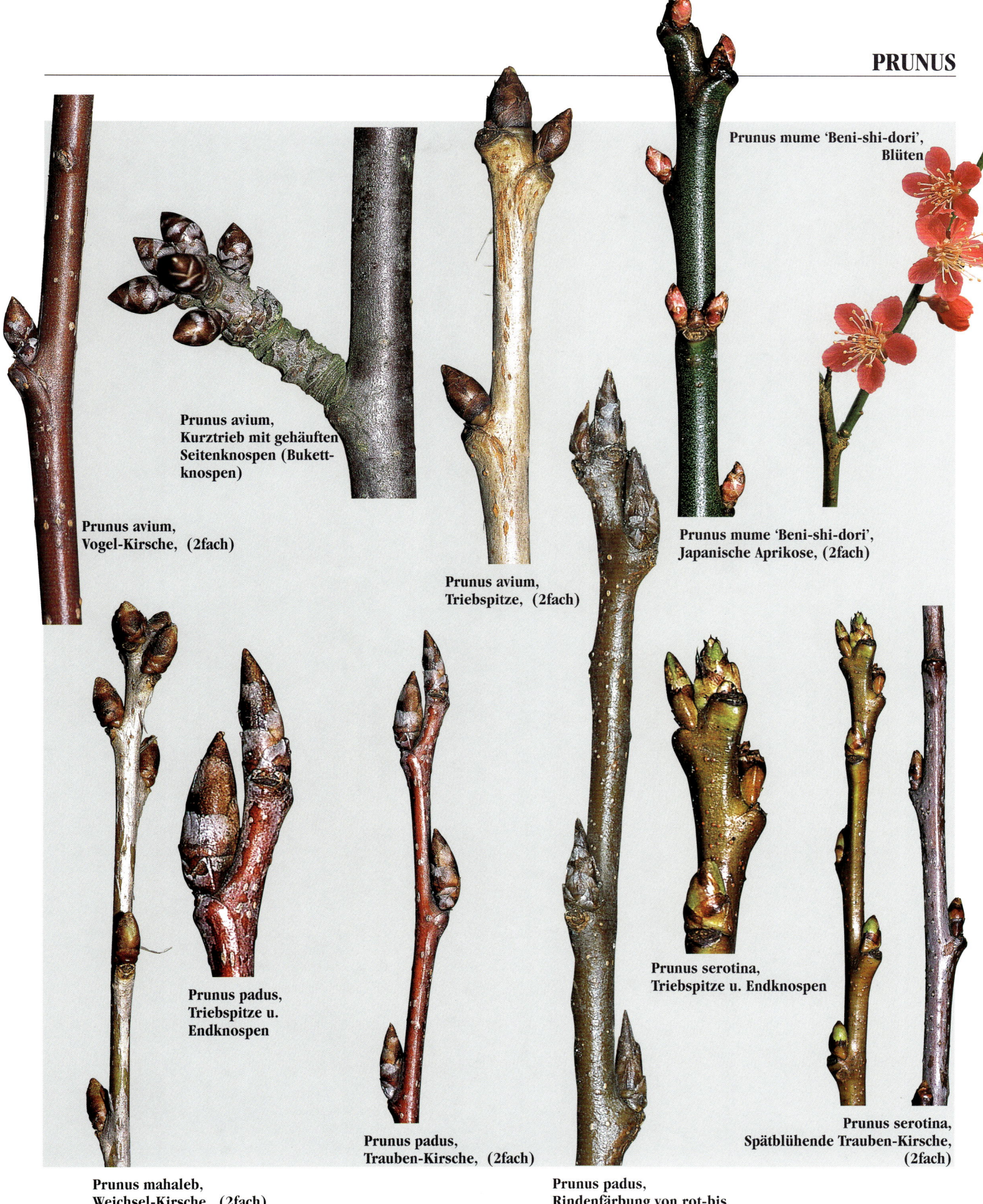

**Prunus mume 'Beni-shi-dori',
Blüten**

**Prunus avium,
Kurztrieb mit gehäuften
Seitenknospen (Bukett-
knospen)**

**Prunus avium,
Vogel-Kirsche, (2fach)**

**Prunus avium,
Triebspitze, (2fach)**

**Prunus mume 'Beni-shi-dori',
Japanische Aprikose, (2fach)**

**Prunus padus,
Triebspitze u.
Endknospen**

**Prunus serotina,
Triebspitze u. Endknospen**

**Prunus padus,
Trauben-Kirsche, (2fach)**

**Prunus serotina,
Spätblühende Trauben-Kirsche,
(2fach)**

**Prunus mahaleb,
Weichsel-Kirsche, (2fach)**

**Prunus padus,
Rindenfärbung von rot-bis
dunkelbraun, (2fach)**

865

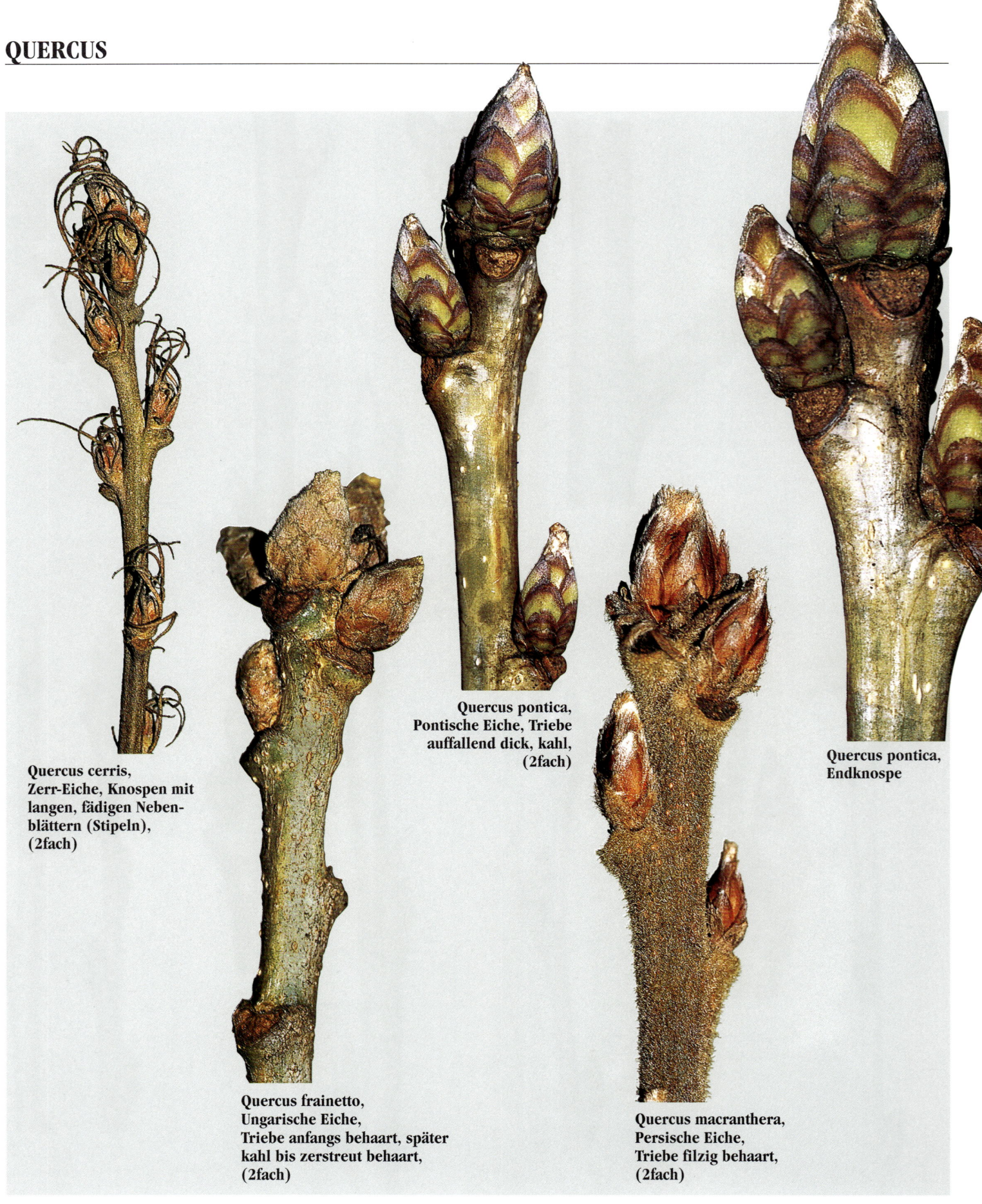

**Quercus cerris,
Zerr-Eiche, Knospen mit
langen, fädigen Neben-
blättern (Stipeln),
(2fach)**

**Quercus frainetto,
Ungarische Eiche,
Triebe anfangs behaart, später
kahl bis zerstreut behaart,
(2fach)**

**Quercus pontica,
Pontische Eiche, Triebe
auffallend dick, kahl,
(2fach)**

**Quercus macranthera,
Persische Eiche,
Triebe filzig behaart,
(2fach)**

**Quercus pontica,
Endknospe**

866

Quercus petraea, Terminalknospen, (2fach)

Quercus petraea, Terminalknospen

Quercus petraea, Triebspitze mit Seitenknospen, Endknospen bis 12 mm lang, meist größer als Seitenknospen (2fach)

Quercus petraea, Trauben-Eiche, Terminalknospen sehr variabel, spitz-eiförmig, länglich-eiförmig bis kegelförmig, (2fach)

Quercus robur, Stiel-Eiche, Knospen bauchig-eiförmig, oben leicht zugespitzt oder rundlich, (2fach)

Quercus robur, Querschnitt durch einen 1-jährigen Sproß, Holz- u. Siebteil sternförmig angeordnet, (5-eckig)

Quercus robur, verschiedene Knospenformen, Endknospen kürzer und meist rundlicher und gedrungener als bei Q. petraea, (2fach)

Quercus robur, weibliche Blüte

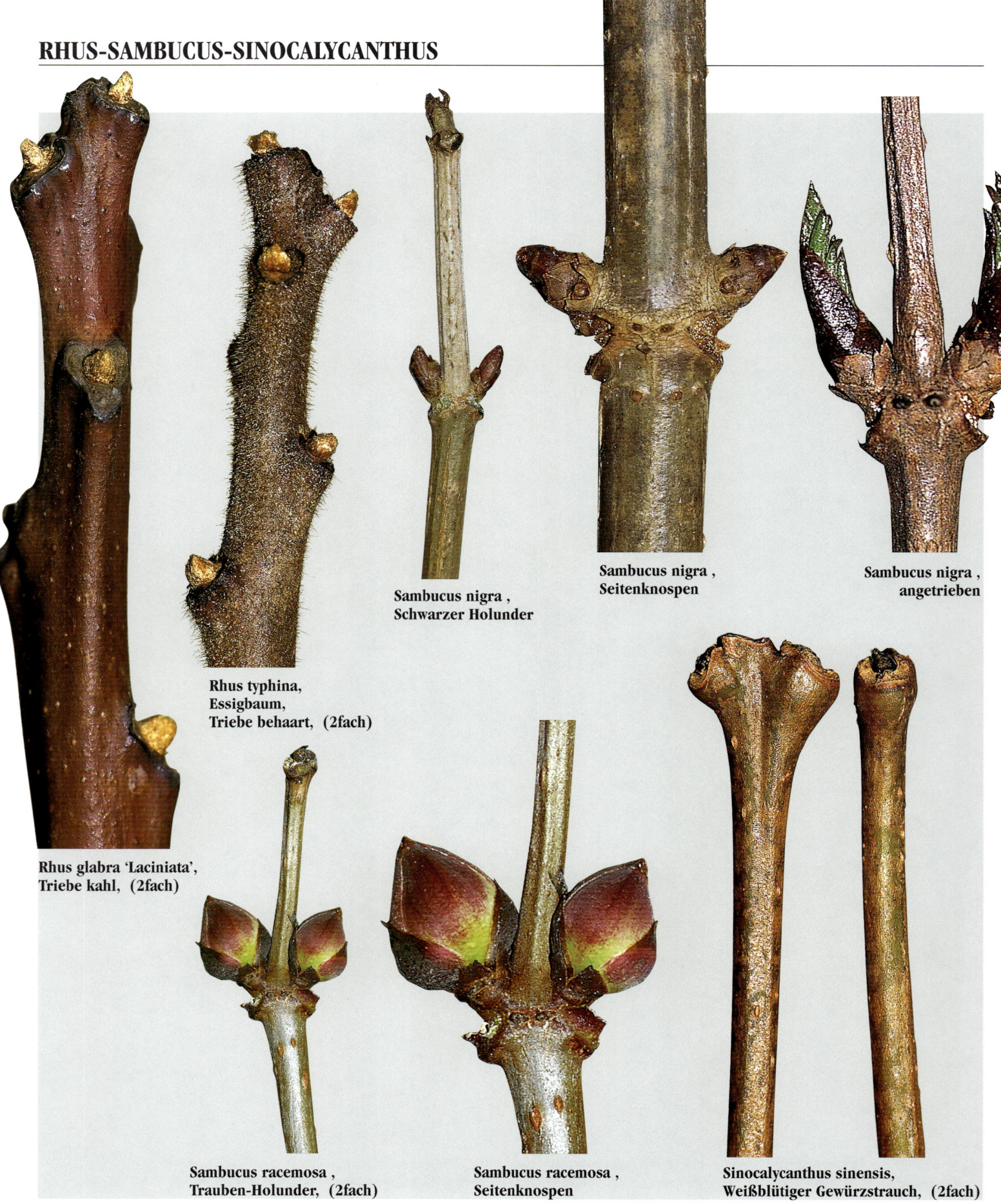

Rhus typhina,
Essigbaum,
Triebe behaart, (2fach)

Rhus glabra 'Laciniata',
Triebe kahl, (2fach)

Sambucus nigra ,
Schwarzer Holunder

Sambucus nigra ,
Seitenknospen

Sambucus nigra ,
angetrieben

Sambucus racemosa ,
Trauben-Holunder, (2fach)

Sambucus racemosa ,
Seitenknospen

Sinocalycanthus sinensis,
Weißblütiger Gewürzstrauch, (2fach)

**Sorbus alnifolia,
Früchte weinrot
bis gelblich, oft
blaugrau bereift,
haften sehr lange,
(nat.Größe)**

**Sorbus aria,
Mehlbeere, (2fach)**

**Sorbus aria,
Seitenknospe**

**Sorbus alnifolia, Erlenblätt-
rige Mehlbeere, (2fach)**

**Sorbus intermedia,
Schwedische Mehlbeere,
(2fach)**

**Sorbus domestica,
Früchte je nach Typ
birnen- bis apfelförmig, (nat.Größe)**

**Sorbus domestica,
Speierling, (2fach)**

**Sorbus decora,
Schmuck-Eberesche, (2fach)**

**Sorbus serotina,
Späte Vogelbeere,
(2fach)**

Staphylea colchica,
Früchte

Staphylea colchica,
Endknospen

Staphylea colchica,
Kolchische Pimpernuß,
Triebspitze u. Seitenknospen,
(2fach)

Syringa vulgaris,
End- und Seitenknospen

Syringa vulgaris,
Gewöhnlicher Flieder,
(2fach)

Staphylea pinnata,
Früchte

Viburnum lantana,
Früchte, unreif rot,
reif schwarz

Staphylea pinnata,
Gewöhnliche Pimpernuß,
Triebspitze u. Seitenknospe, (2fach)

Viburnum opulus,
Gewöhnlicher Schneeball,
Triebe kantig, (2fach)

Viburnum lantana,
Wolliger Schneeball,
(2fach)

Sorbus alnifolia,
Früchte weinrot
bis gelblich, oft
blaugrau bereift,
haften sehr lange,
(nat.Größe)

Sorbus aria,
Mehlbeere, (2fach)

Sorbus aria,
Seitenknospe

Sorbus alnifolia, Erlenblätt-
rige Mehlbeere, (2fach)

Sorbus intermedia,
Schwedische Mehlbeere,
(2fach)

Sorbus domestica,
Früchte je nach Typ
birnen- bis apfelförmig, (nat.Größe)

Sorbus serotina,
Späte Vogelbeere,
(2fach)

Sorbus domestica,
Speierling, (2fach)

Sorbus decora,
Schmuck-Eberesche, (2fach)

869

Staphylea colchica,
Früchte

Staphylea colchica,
Endknospen

Staphylea colchica,
Kolchische Pimpernuß,
Triebspitze u. Seitenknospen,
(2fach)

Syringa vulgaris,
End- und Seitenknospen

Syringa vulgaris,
Gewöhnlicher Flieder,
(2fach)

Staphylea pinnata,
Früchte

Staphylea pinnata,
Gewöhnliche Pimpernuß,
Triebspitze u. Seitenknospe, (2fach)

Viburnum opulus,
Gewöhnlicher Schneeball,
Triebe kantig, (2fach)

Viburnum lantana,
Wolliger Schneeball,
(2fach)

Viburnum lantana,
Früchte, unreif rot,
reif schwarz

Cephalotaxus harringtonia var. drupacea, Kopfeibe

Abies alba, Weiß-Tanne, Oberseite, (halbe nat. Größe)

Abies alba, junge Triebe bleibend stark behaart

A. alba, Endknospen harzfrei oder leicht beharzt

Abies alba, Unterseite, (halbe nat. Größe)

A. alba, Nadelober-u.-unterseite, (4,5fach)

Abies balsamea, Unterseite,
(halbe nat. Größe)

Abies balsamea,
Nadelober- u. -unterseite,
(4,5fach)

Abies balsamea, Balsam-Tanne, Oberseite, (halbe nat. Größe)

Abies balsamea, Knospen beharzt

Abies balsamea, Stomabänder auf der Nadelunterseite

Abies balsamea, junge Triebe zerstreut behaart

Abies bornmuelleriana, (sehr nahe verwandt mit Abies nordman-niana), Oberseite, (halbe nat. Größe)

Abies bornmuelleriana, Unterseite, (halbe nat. Größe)

Abies bornmuelleriana, Nadelober- u. -unterseite, (4,5fach)

Abies bornmuelleriana, junge Triebe kahl

Abies koreana (Wildform), Korea-Tanne, Oberseite, (halbe nat. Größe)

Abies koreana , Unterseite, (halbe nat. Größe)

Abies koreana, junge Triebe kahl, Knospen harzig

Abies koreana, Nadelober- u. -unterseite, (4,5fach)

Abies koreana, Korea-Tanne, weibliche Blüten

Abies koreana, weibliche Blüte

Abies koreana, männliche Blüte

Abies nordmanniana, Nordmanns Tanne, Oberseite, (halbe nat. Größe)

Abies nordmanniana, Unterseite, (halbe nat. Größe)

Abies nordmanniana, Nadelober- u. -unterseite, (4,5fach)

Abies nordmanniana, junge Triebe behaart oder kahl, Knospen harzlos

Abies pinsapo, Spanische Tanne, Oberseite, junge Triebe kahl, Knospen sehr harzig, (halbe nat. Größe)

Abies pinsapo, Unterseite, (halbe nat. Größe)

Abies pinsapo, Nadelober- u. -unterseite, Spitze kaum stechend, (4,5fach)

Abies pinsapo, Stomabänder auf der Nadelunterseite

Abies pinsapo, Spanische Tanne, junge Triebe kahl

Abies pinsapo, weibliche Blüte

Abies veitchii, Veitchs Tanne, Oberseite, (halbe nat. Größe)

Abies veitchii, Unterseite, auffallend kalkweiß, (halbe nat. Größe)

Abies veitchii, Oberseite, junge Triebe dicht und kurz behaart

Abies veitchii, Knospen harzig

Abies veitchii, Nadelober- u. -unterseite, (4,5fach)

Abies veitchii, Unterseite, junge Triebe dicht und kurz behaart

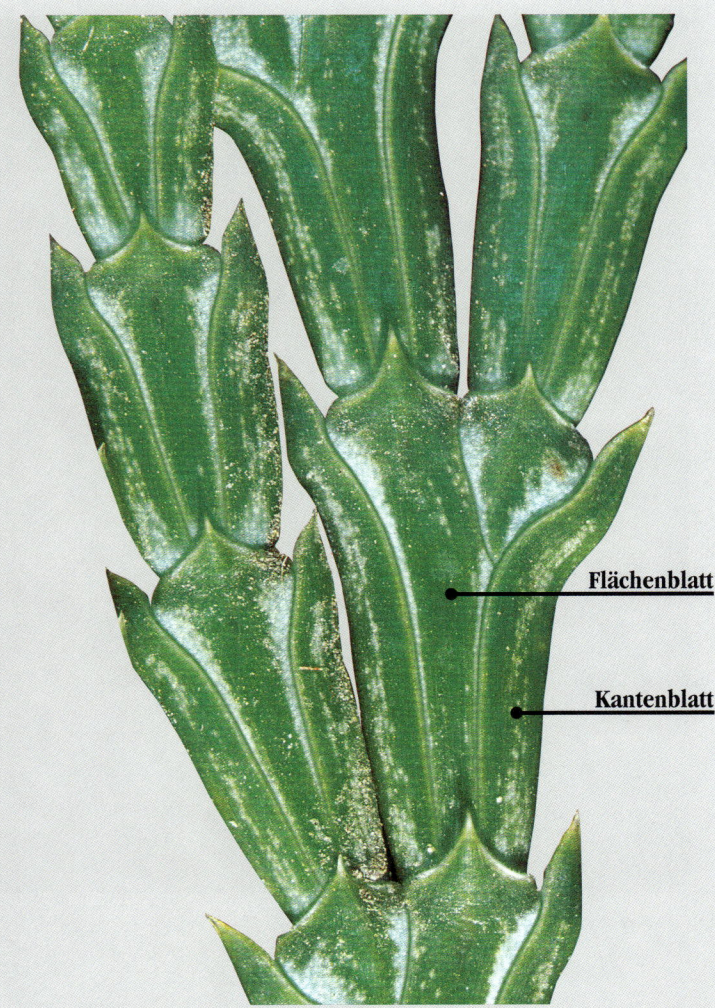

Flächenblatt

Kantenblatt

Calocedrus decurrens, Weihrauchzeder, Zweigoberseite, (nat. Größe)

Calocedrus decurrens, Zweigdetail, Flächen- und Kantenblätter etwa gleich lang, Kantenblätter sich auf der Fläche nicht berührend

Calocedrus decurrens, Früchte, (nat. Größe)

Calocedrus decurrens, Rinde

Cephalotaxus harringtonia var. drupacea, Kopfeibe, Zweigoberseite, (halbe nat. Größe)

Cephalotaxus harringtonia var. drupacea, Zweigdetail

Cephalotaxus harringtonia var. drupacea, Triebspitze, Knospen rundlich-kuppelförmig mit zahlreichen, bleibenden Schuppen, grün, bei Torreya Knospen spitz eiförmig, bräunlich!

Cephalotaxus harringtonia var. drupacea, Nadeln ähnlich Taxus, in der Regel jedoch länger und durch zwei Stomabänder unterseits grauweiß, im Vergleich zu Torreya Nadeln nicht starr und stechend und zerrieben nicht scharf aromatisch riechend, (4,5fach)

Chamaecyparis lawsoniana, Lawsons Scheinzypresse, Zweigoberseite, (nat. Größe)

Öldrüse

Flächenblatt

Kantenblatt

Chamaecyparis lawsoniana, Oberseite Zweigdetail, Flächen- u. Kantenblätter meist mit einer Oldrüse, Spitzen frei

Chamaecyparis lawsoniana, Zapfen kugelig, aus 8 Schuppen bestehend, (nat. Größe)

Chamaecyparis lawsoniana, männliche Blüten rot, weibliche Blüten grünlich

Chamaecyparis lawsoniana, Unterseite weißlich gezeichnet

Chamaecyparis obtusa, Hinoki-Scheinzypresse, Zweigoberseite, (nat. Größe)

Flächenblatt

Kantenblatt

Chamaecyparis nootkatensis, Zweigdetail, Flächen- und Kantenblätter scharf zugespitzt, Spitzen der Kantenblätter etwas abstehend, zerrieben unangenehm riechend

Flächenblatt

Kantenblatt

Chamaecyparis obtusa, Oberseite Zweigdetail, Blätter dick, Kantenblätter gedrungen, dicht anliegend, unterseits mit deutlichen, weißen Linien

Chamaecyparis nootkatensis, Nutka-Scheinzypresse, Zweigoberseite, (nat. Größe)

886

Chamaecyparis pisifera, Zweigoberseite mit männlichen Blüten, (nat. Größe)

Flächenblatt

Kantenblatt

Chamaecyparis pisifera, Oberseite Zweigdetail, Kantenblätter scharf zugespitzt, Spitzen deutlich abstehend

Flächenblatt

Kantenblatt

Chamaecyparis pisifera, Unterseite Zweigdetail, Flächenblätter jeweils mit 2 weißen Flecken, Kantenblätter mit je einem Fleck

Chamaecyparis pisifera, Zweigunterseite mit männlichen Blüten, (nat. Größe)

Flächenblatt

Öldrüse

Kantenblatt

Chamaecyparis thyoides, Zweigdetail, Blätter mit deutlichen Öldrüsen, Kantenblätter dicht anliegend, aromatisch duftend

Chamaecyparis thyoides, Weißzeder, (nat. Größe)

Cryptomeria japonica, Sicheltanne, Zweigoberseite mit männlichen Blütenständen, (nat. Größe)

Cryptomeria japonica, Nadeln spiralig in Reihen, sichelförmig einwärts gebogen, Zapfen kugelig, aus 20–30 Schuppen bestehend, (nat. Größe)

Cunninghamia lanceolata 'Glauca', Spiesstanne, (halbe nat. Größe)

Cunninghamia lanceolata 'Glauca', Nadeln linealisch-lanzettlich, bis 7 cm lang, Spitze stechend

Picea excelsa, Fichte, Zweigoberseite, (halbe nat. Größe)

Picea abies, weibliche Blüten

Picea abies, Nadel, (4,5fach)

Larix decidua, Zapfen eiförmig, Rand
der Samenschuppen nicht umgebogen
(Gegensatz zu Larix kaempferi)

Larix decidua,
weibliche Blüten

Larix decidua,
Europäische Lärche,
junge Triebe kahl,
gelblich, (2fach)

Larix decidua, 1-jähriger Trieb
mit Endknospe (links); 2-jähriger
Trieb, Knospen dunkelbraun, leicht
grau bereift (rechts), (2fach)

Larix kaempferi,
weibliche Blüten

Larix kaempferi, Zapfen
anfangs eirund, später
durch die stark nach
außen gebogenen Samen-
schuppen rosettenartig

Larix kaempferi, Japanische
Lärche, Junge Triebe behaart
bis kahl, rötlich braun, oft
bereift, (2fach)

Pseudolarix amabilis,
Goldlärche, Junge Triebe kahl,
hellbraun, im 2. Jahr dunkler

Pseudolarix amabilis,
Zapfen bei der Reife zerfallend
(bei Larix als Ganzes abfallend!)

Pseudolarix
amabilis,
Zweig mit
Kurztrieben,
(2fach)

Larix kaempferi, 1-jähriger Trieb mit
Endknospen, Spitzen oft blaugrau bis
bläulichweiß bereift (links), 1-jähriger
Trieb (Mitte), 2-jähriger Trieb (rechts)

Sequoia sempervirens, Küstensequoie, Zweigoberseite, (halbe nat. Größe)

Sequoia sempervirens, Nadeln immergrün

Sequoiadendron giganteum, immergrün, Nadeln schuppenförmig oder pfriemförmig, spitz

Sequoidendron giganteum, Mammutbaum, (nat. Größe)

Taxus baccata, Eibe, Zweigoberseite, (halbe nat. Größe)

Taxus baccata, Eibe, Zweigunterseite, (halbe nat. Größe)

Taxus baccata, Früchte

Taxus baccata, Oberseite Zweigdetail

Taxus baccata, Nadelquerschnitt

**Taxus cuspidata, Japanische Eibe, Zweigoberseite,
(halbe nat. Größe)**

**Taxus cuspidata, Japanische Eibe, Zweigunterseite,
(halbe nat. Größe)**

Taxus cuspidata, Frucht

Taxus cuspidata, Zweigdetail

Thuja koraiensis, Oberseite Zweigdetail, glänzend grün,
Kantenblätter dicht anliegend

Flächenblatt

Kantenblatt

Thuja koraiensis, Zweigoberseite, (nat. Größe)

Thuja koraiensis, Unterseite Zweigdetail, auffallend kalkweiß

Thuja koraiensis, Zweigunterseite, (nat. Größe)

Thujopsis dolabrata, Oberseite Zweigdetail, dunkelgrün, glänzend, Kanten- u. Flächenblätter sehr groß,
fächerförmig angeordnet, Spitzen der Kantenblätter
frei, einwärts gebogen

Thujopsis dolabrata, Hibalebensbaum, Zweigoberseite; Schuppenblätter auffallend breit und flach
(nat. Größe)

Thujopsis dolabrata, Unterseite Zweigdetail, Kanten- u.
Flächenblätter schneeweiß, Ränder deutlich grün abgesetzt

Thujopsis dolabrata, Zweigunterseite, (nat. Größe)

Torreya californica, Kalifornische Nußeibe, Zweigoberseite, (halbe nat. Größe)

Torreya californica, Knospen spitz eiförmig, nur aus wenigen Schuppen bestehend, braun; Knospen bei Cephalotaxus rundlich-kuppelförmig mit zahlreichen Schuppen

Torreya californica, Oberseite Zweigdetail

Torreya californica, Nadeln dunkelgrün, glänzend, steif, Spitze stechend, gerieben scharf aromatisch riechend, Nadeln bei Cephalotaxus nicht stechend und nicht aromatisch, (4,5fach)

Torreya nucifera, Japanische Nußeibe, Zweigoberseite,
(halbe nat. Größe)

Torreya nucifera, Zweigunterseite

Torreya nucifera, Nadeln ähnlich Taxus, aber unterseits mit
grauweißen Spaltöffnungsbändern und im Gegensatz zu Taxus
starr und stechend, zerrieben scharf aromatisch duftend,
(4,5fach)

Torreya nucifera, Knospen spitz eiförmig, braun

Tsuga canadensis, Zweigunterseite, (nat. Größe)

Tsuga canadensis, Nadeln etwa von der Mitte an sich nach vornhin verschmälernd, (4,5fach)

Tsuga canadensis, Kanadische Hemlocktanne, Zweigoberseite, (nat. Größe)

Tsuga canadensis, Zapfen (nat. Größe)

Tsuga canadensis, Knospen spitz eiförmig

Tsuga canadensis, Unterseite Zweigdetail, junge Zweige mit kurzer, weicher Behaarung

Tsuga diversifolia, seitlich sitzende Nadeln deutlich kürzer als die auf der Oberseite des Triebes, zur Spitze hin häufig etwas breiter, Oberseite dunkelgrün, lackglänzend, (4,5fach)

Tsuga diversifolia, Nordjapanische Hemlocktanne, Zweigoberseite, (nat. Größe)

Tsuga diversifolia, Zweigunterseite, (nat. Größe)

Tsuga diversifolia, Zapfen, (nat. Größe)

Tsuga diversifolia, Knospen rundlich, dunkelbraun

Tsuga diversifolia, Zweigspitze Unterseite, junge Zweige schwach kurz behaart

Tsuga heterophylla, Zweigunterseite, (nat. Größe)

Tsuga heterophylla, Westamerikanische Hemlocktanne,
Zweigoberseite, (nat. Größe)

Tsuga heterophylla, Zapfen, (nat. Größe)

Tsuga heterophylla, Knospen eiförmig bis
kugelig, klein, behaart

Tsuga heterophylla, Unterseite Zweigdetail,
junge Zweige deutlich lang behaart

Tsuga heterophylla, Nadeln
linealisch, verschmälern
sich von der Mitte zur
Spitze hin nicht oder nur
gering, Spitze abgerundet,
(4,5fach)

Tsuga
mertensiana,
Zapfen,
(nat. Größe)

**Tsuga mertensiana, Berg-Hemlocktanne, Zweigoberseite,
(nat. Größe)**

Tsuga mertensiana, Zweigunterseite, (nat. Größe)

Tsuga mertensiana, Knospen spitz eiförmig

**Tsuga mertensiana, Zweigdetail, junge Zweige
rotbraun, dicht behaart, Nadeln bläulichgrün,
rings um den Trieb stehend, (3fach)**

**Tsuga mertensiana, Nadelober- u.
-unterseite, (4,5fach)**

Deutsch-Botanisches Wörterverzeichnis

Abelie		Abelia		
–,	Korea-	Abelia	mosanensis	
Ackerbeere		Rubus	caesius	
Ahorn		Acer		
–,	Berg-	Acer	pseudoplatanus	
–,	Burgen-	Acer	monspessulanum	
–,	Dreiblütiger	Acer	triflorum	
–,	Dreilappiger	Acer	monspessulanum	
–,	Dunkelroter Schlitz-	Acer	palmatum	'Dissectum Garnet'
–,	Eisenhutblättriger Japan-	Acer	japonicum	'Aconitifolium'
–,	Eschen--	Acer	negundo	
–,	Fächer-	Acer	palmatum	
–,	Feuer-	Acer	ginnala	
–,	Flamingo-	Acer	negundo	'Flamingo'
–,	Französischer	Acer	monspessulanum	
–,	Geschlitzter Silber-	Acer	saccharinum	'Laciniatum Wieri'
–,	Goldeschen--	Acer	negundo	'Aureo Variegatum'
–,	Großblättriger	Acer	macrophyllum	
–,	Grüner Schlitz-	Acer	palmatum	'Dissectum'
–,	Hainbuchen-	Acer	carpinifolium	
–,	Italienischer	Acer	opalus	
–,	Kolchischer	Acer	cappadocicum	
–,	Kolchischer Blut-	Acer	cappadocicum	'Rubrum'
–,	Korallenrinden-	Acer	palmatum	'Sango-kaku'
–,	Kugel-	Acer	platanoides	'Globosum'
–,	Rostbart-	Acer	rufinerve	
–,	Rot-	Acer	rubrum	
–,	Roter Fächer-	Acer	palmatum	'Atropurpureum'
–,	Roter Schlitz-	Acer	palmatum	'Dissectum Atropurpureum'
–,	Rotstieliger Schlangenhaut-	Acer	capillipes	
–,	Schneeballblättriger	Acer	opalus	
–,	Schwarzroter Schlitz-	Acer	palmatum	'Dissectum Nigrum'
–,	Silber-	Acer	saccharinum	
–,	Silbereschen--	Acer	negundo	'Variegatum'
–,	Spitz-	Acer	platanoides	
–,	Streifen-	Acer	pensylvanicum	
–,	Weinblatt-	Acer	circinatum	
–,	Zimt-	Acer	griseum	
–,	Zoeschenser	Acer	neglectum (x)	
–,	Zucker-	Acer	saccharum	
Ährenheide		Bruckenthalia	spiculifolia	
Akebie		Akebia		
–,	Dreiblättrige	Akebia	trifoliata	
–,	Fingerblättrige	Akebia	quinata	

Alaskazypresse		Chamaecyparis	nootkatensis	
–,	Blaue	Chamaecyparis	nootkatensis	'Glauca'
–,	Goldgelbe	Chamaecyparis	nootkatensis	'Aurea'
–,	Hänge-	Chamaecyparis	nootkatensis	'Pendula'
Almrausch		Rhododendron	hirsutum	
Alpenazalee		Loiseleuria	procumbens	
Alpenheide		Loiseleuria		
Alpenrose		Rhododendron		
–,	Behaarte	Rhododendron	hirsutum	
–,	Echte	Rhododendron	ferrugineum	
–,	Rauhhaarige	Rhododendron	hirsutum	
–,	Rostblättrige	Rhododendron	ferrugineum	
–,	Vorfrühlings-	Rhododendron		'Praecox'
–,	Zwerg-	Rhodothamnus		
Amberbaum		Liquidambar		
–,	Chinesischer	Liquidambar	formosana	
–,	Orientalischer	Liquidambar	orientalis	
Andentanne		Araucaria	araucana	
Apfel		Malus		
–,	Holz-	Malus	sylvestris	
–,	Vielblütiger	Malus	floribunda	
–,	Zier-	Malus		
Apfelbeere		Aronia		
–,	Erdbeerbaumblättrige	Aronia	arbutifolia	
–,	Rote	Aronia	arbutifolia	
–,	Schwarzfrüchtige	Aronia	melanocarpa	
Aprikose		Prunus	armeniaca	
–,	Japanische	Prunus	mume	
Aralie		Aralia		
–,	Japanische	Aralia	elata	
Araukarie		Araucaria	araucana	
Arve		Pinus	cembra	
Aspe		Populus	tremula	
´Aufwiedersehenbaum´		Davidia	involucrata	var. vilmoriniana
Aukube		Aucuba		
Azalee		Rhododendron		
–,	Pontische	Rhododendron	luteum	
Bambus		Arundinaria		
Bambus		Bashania		
Bambus		Chusquea		
Bambus		Indocalamus		
Bambus		Pleioblastus		
Bambus		Pseudosasa		
Bambus		Sasa		

Bambus		Semiarundinaria		
Bambus		Sinarundinaria		
−,	Flachrohr-	Phyllostachys		
−,	Holz-	Phyllostachys	bambusoides	
−,	Knoten-	Phyllostachys	aurea	
−,	Kranichknie-	Phyllostachys	aurea	
−,	Kurilen-	Sasa	kurilensis	
−,	Moos-	Phyllostachys	heterocycla	f. pubescens
−,	Riesenblatt-	Indocalamus	tesselatus	
−,	Säulen-	Semiarundinaria	fastuosa	
−,	Schildkrötenpanzer-	Phyllostachys	heterocycla	f. heterocycla
−,	Schwarzer-	Phyllostachys	nigra	
−,	Zwerg-	Sasa		
Bärentraube		Arctostaphylos		
- −,	Rotfrüchtige	Arctostaphylos	uva-ursi	
Bartblume		Caryopteris	clandonensis (x)	
Bastardindigo		Amorpha	fruticosa	
Bastardkorallenbeere		Symphoricarpos	chenaultii (x)	
Bastardzypresse		Cupressocyparis (x)	leylandii	
Baumaralie		Kalopanax		
Baumschlinge		Periploca		
−,	Griechische	Periploca	graeca	
−,	Orient-	Periploca	graeca	
Baumwürger		Celastrus		
−,	Amerikanischer	Celastrus	scandens	
−,	Kantiger	Celastrus	angulatus	
−,	Rundblättriger	Celastrus	orbiculatus	
Berberitze		Berberis		
−,	Buchsbaumblättrige	Berberis	buxifolia	'Nana'
−,	Gewöhnliche	Berberis	vulgaris	
−,	Schneeige	Berberis	candidula	
−,	Warzen-	Berberis	verruculosa	
Berglorbeer		Kalmia		
−,	Großer	Kalmia	latifolia	
−,	Kleiner	Kalmia	angustifolia	
Besenginster		Cytisus	scoparius	
Besenheide		Calluna	vulgaris	
Binsenginster		Spartium		
Birke		Betula		
−,	Blut-	Betula	pendula	'Purpurea'
−,	Chinesische	Betula	albosinensis	
−,	Ermans-	Betula	ermanii	
−,	Fluß-	Betula	nigra	
−,	Gold-	Betula	ermanii	

–,	Hänge-	Betula	pendula	'Tristis'
–,	Japanische Weiß-	Betula	platyphylla	var. japonica
–,	Kupfer-	Betula	albosinensis	
–,	Lindenblättrige	Betula	maximowicziana	
–,	Moor-	Betula	pubescens	
–,	Ornäs-	Betula	pendula	'Dalecarlica'
–,	Papier-	Betula	papyrifera	
–,	Sand-	Betula	pendula	
–,	Säulen-	Betula	pendula	'Fastigiata'
–,	Schwarz-	Betula	nigra	
–,	Strauch-	Betula	humilis	
–,	Trauer-	Betula	pendula	'Youngii'
–,	Warzen-	Betula	pendula	
–,	Weiß-	Betula	pendula	
–,	Weißrindige Himalaja-	Betula	utilis	'Doorenbos'
–,	Zwerg-	Betula	nana	
Birne		Pyrus		
–,	Chinesische Wild-	Pyrus	calleryana	'Chanticleer'
–,	Gemeine	Pyrus	communis	
–,	Holz-	Pyrus	pyraster	
–,	Weidenblättrige	Pyrus	salicifolia	
–,	Wild-	Pyrus	pyraster	
Bitternuß		Carya	cordiformis	
Bitterorange		Poncirus		
„Black Jack"		Quercus	marilandica	
Blasenbaum		Koelreuteria	paniculata	
Blasenesche		Koelreuteria	paniculata	
Blasenspiere		Physocarpus	opulifolius	
Blasenstrauch		Colutea		
–,	Gewöhnlicher	Colutea	arborescens	
Blauglockenbaum		Paulownia	tomentosa	
Blauheide		Phyllodoce		
Blauraute		Perovskia	abrotanoides	
Blauregen		Wisteria		
–,	Chinesischer	Wisteria	sinensis	
–,	Japanischer	Wisteria	floribunda	
Blauschotenstrauch		Decaisnea		
Bleibusch		Amorpha		
Bocksdorn		Lycium		
–,	Chinesischer	Lycium	barbarum	
–,	Gewöhnlicher	Lycium	barbarum	
Brombeere		Rubus		
–,	Gewöhnliche	Rubus	fruticosus	
–,	Wilde	Rubus	fruticosus	

Buche		Fagus		
–,	Fieder-	Fagus	sylvatica	'Laciniata'
–,	Hänge-	Fagus	sylvatica	'Pendula'
–,	Hänge-Blut-	Fagus	sylvatica	'Purpurea Pendula'
–,	Orient-	Fagus	orientalis	
–,	Rot-	Fagus	sylvatica	
–,	Säulen-	Fagus	sylvatica	'Dawyck'
–,	Süntel-	Fagus	sylvatica	var. suentelensis
–,	Veredelte Blut-	Fagus	sylvatica	'Atropunicea'
Buchsbaum		Buxus		
–,	Chilenischer	Escallonia	rubra	var. macrantha
–,	Einfassungs-	Buxus	sempervirens	'Suffruticosa'
–,	Gewöhnlicher	Buxus	sempervirens	var. arborescens
Buddleia		Buddleja		
Buschklee		Lespedeza	thunbergii	
Buxus	Kleinblättriger	Buxus	microphylla	
Deutzie		Deutzia		
–,	Zierliche	Deutzia	gracilis	
Dickmännchen		Pachysandra	terminalis	
Diervilla		Diervilla		
Doppelblüte		Disanthus		
Doppelschild		Dipelta	floribunda	
Douglasie		Pseudotsuga	menziesii	var. caesia
Duftblüte		Osmanthus		
Duftesche		Euodia		
Eberesche		Sorbus		
–,	Amerikanische	Sorbus	americana	
–,	Eßbare	Sorbus	aucuparia	'Edulis'
–,	Mährische	Sorbus	aucuparia	'Edulis'
–,	Säulen-	Sorbus	aucuparia	'Fastigiata'
–,	Schmuck-	Sorbus	decora	
–,	Vielfiedrige	Sorbus	vilmorinii	
Eberraute		Artemisia	abrotanum	
Edelkastanie		Castanea	sativa	
Efeu		Hedera		
–,	Gewöhnlicher	Hedera	helix	
–,	Irischer	Hedera	hibernica	
–,	Kolchischer	Hedera	colchica	
–,	Persischer	Hedera	colchica	
–,	Riesenblättriger	Hedera	colchica	'Dentata'
–,	Strauch-	Hedera	helix	'Arborescens'
–,	Strauchiger Kaukasus-	Hedera	colchica	'Arborescens'
Eibe		Taxus		
–,	Adlerschwingen-	Taxus	baccata	'Dovastoniana'

–,	Gelbe Adlerschwingen-	Taxus	baccata	'Dovastonii Aurea'
–,	Gelbe Säulen-	Taxus	baccata	'Fastigiata Aureomarginata'
–,	Gewöhnliche	Taxus	baccata	
–,	Japanische	Taxus	cuspidata	
–,	Kegel-	Taxus	baccata	'Overeynderi'
–,	Kissen-	Taxus	baccata	'Repandens'
–,	Säulen-	Taxus	baccata	'Fastigiata'
–,	Tafel-	Taxus	baccata	'Repandens'
Eibisch		Hibiscus		
–,	Garten-	Hibiscus	syriacus	
–,	Strauch-	Hibiscus	syriacus	
Eiche		Quercus		
–,	Amerikanische Rot-	Quercus	rubra	
–,	Armenische	Quercus	pontica	
–,	Flaum-	Quercus	pubescens	
–,	Japanische Kaiser-	Quercus	dentata	
–,	Persische	Quercus	macranthera	
–,	Pontische	Quercus	pontica	
–,	Pyramiden-	Quercus	robur	'Fastigiata'
–,	Säulen-	Quercus	robur	'Fastigiata'
–,	Scharlach-	Quercus	coccinea	
–,	Schwarz-	Quercus	marilandica	
–,	Sommer-	Quercus	robur	
–,	Stiel-	Quercus	robur	
–,	Sumpf-	Quercus	palustris	
–,	Sumpf-Weiß-	Quercus	bicolor	
–,	Trauben-	Quercus	petraea	
–,	Ungarische	Quercus	frainetto	
–,	Weiden-	Quercus	phellos	
–,	Weiß-	Quercus	alba	
–,	Winter-	Quercus	petraea	
–,	Wintergrüne-	Quercus	turneri (x)	'Pseudoturneri'
–,	Zerr-	Quercus	cerris	
–,	Zweifarbige	Quercus	bicolor	
Eisenholzbaum		Parrotia	persica	
Elsbeere		Sorbus	torminalis	
Erbsenstrauch		Caragana		
–,	Gewöhnlicher	Caragana	arborescens	
–,	Mähnen-	Caragana	jubata	
Erle		Alnus		
–,	Bambus--	Alnus	glutinosa	'Imperialis'
–,	Gold-	Alnus	incana	'Aurea'
–,	Grau-	Alnus	incana	
–,	Grün-	Alnus	viridis	

–,	Herzblättrige	Alnus	cordata	
–,	Italienische	Alnus	cordata	
–,	Rot-	Alnus	glutinosa	
–,	Schwarz-	Alnus	glutinosa	
–,	Weiß-	Alnus	incana	
Esche		Fraxinus		
–,	Alpen-	Fraxinus	viridis	
–,	Blumen-	Fraxinus	ornus	
–,	Einblatt-	Fraxinus	excelsior	'Diversifolia'
–,	Gewöhnliche	Fraxinus	excelsior	
–,	Grün-	Fraxinus	viridis	
–,	Hänge-	Fraxinus	excelsior	'Pendula'
–,	Kugel-	Fraxinus	excelsior	'Nana'
–,	Manna-	Fraxinus	ornus	
–,	Purpur-	Fraxinus	oxycarpa	'Raywood'
–,	Schmalblättrige-	Fraxinus	oxycarpa	'Raywood'
Eskallonie		Escallonia	rubra	var. macrantha
Espe		Populus	tremula	
–,	Säulen-	Populus	tremula	'Erecta'
Essigbaum		Rhus		
Eßkastanie		Castanea	sativa	
Eucalyptus	Schnee-	Eucalyptus	pauciflora	
Fächerblattbaum		Ginkgo	biloba	
Fächerpalme	Chinesische	Trachycarpos	fortunei	
Fadenzypresse	Gelbe	Chamaecyparis	pisifera	'Filifera Aurea Nana'
–,	Grüne	Chamaecyparis	pisifera	'Filifera Nana'
Falscher Jasmin		Philadelphus		
Farnmyrte		Comptonia		
Faulbaum		Rhamnus		
–,	Gemeiner	Rhamnus	frangula	
Federbuschstrauch		Fothergilla		
–,	Erlenblättriger	Fothergilla	gardenii	
–,	Großer	Fothergilla	major	
Federzypresse		Chamaecyparis	pisifera	'Plumosa'
–,	Gold-	Chamaecyparis	pisifera	'Plumosa Aurea'
Feige		Ficus		
Feigenbaum		Ficus	carica	
Felsenbirne		Amelanchier		
–,	Gewöhnliche	Amelanchier	ovalis	
–,	Kahle	Amelanchier	laevis	
–,	Kupfer-	Amelanchier	lamarckii	
Felsenmispel	Filzige	Cotoneaster	tomentosus	
–,	Gewöhnliche	Cotoneaster	integerrimus	
–,	Graue	Cotoneaster	dielsianus	

Felsenröschen		Loiseleuria	procumbens	
Feuerdorn		Pyracantha		
Fichte		Picea		
–,	Blaue Igel-	Picea	glauca	'Echiniformis'
–,	Blaue Stech-	Picea	pungens	'Glauca'
–,	Hänge-	Picea	abies	'Inversa'
–,	Igel-	Picea	abies	'Echiniformis'
–,	Kegel-	Picea	abies	'Ohlendorfii'
–,	Mähnen-	Picea	breweriana	
–,	Nest-	Picea	abies	'Nidiformis'
–,	Omorika-	Picea	omorika	
–,	Orient-	Picea	orientalis	
–,	Orientalische Gold-	Picea	orientalis	'Aurea'
–,	Purpur-	Picea	purpurea	
–,	Rot-	Picea	abies	
–,	Säulen-	Picea	abies	'Columnaris'
–,	Schlangen-	Picea	abies	'Virgata'
–,	Serbische	Picea	omorika	
–,	Silber-	Picea	pungens	'Hoopsii'
–,	Siskiyou-	Picea	breweriana	
–,	Sitka-	Picea	sitchensis	
–,	Stech-	Picea	pungens	
–,	Stech-	Picea	sitchensis	
–,	Zapfen-	Picea	abies	'Acrocona'
–,	Zuckerhut-	Picea	glauca	'Conica'
–,	Zwerghut-	Picea	glauca	'Conica'
Fiederspiere		Sorbaria		
–,	Afghanische	Sorbaria	aitchisonii	
–,	Baum-	Sorbaria	arborea	
–,	Sibirische	Sorbaria	sorbifolia	
Fingeraralie		Acanthopanax	sieboldianus	
–,	Weißbunte	Acanthopanax	sieboldianus	'Variegatus'
Fingerfruchtgewächs		Sinofranchetia		
Fingerstrauch		Potentilla		
Flieder		Syringa		
–,	Chinesischer	Syringa	chinensis (x)	
–,	Bogen-	Syringa	reflexa	
–,	Gewöhnlicher	Syringa	vulgaris	
–,	Hänge-	Syringa	reflexa	
–,	Königs-	Syringa	chinensis (x)	
–,	Perlen-	Syringa	swegiflexa (x)	
–,	Samt-	Syringa	velutina	
–,	Ungarischer	Syringa	josikaea	
–,	Zwerg-Duft-	Syringa	meyeri	'Palibin'

911

Fliederbeere		Sambucus	nigra	
Flügelnuß		Pterocarya	fraxinifolia	
Flügelstorax		Pterostyrax		
Föhre		Pinus	sylvestris	
–,	Aufrechte Berg-	Pinus	uncinata	
–,	Leg-	Pinus	mugo	
Forsythie		Forsythia		
–,	Weiße	Abeliophyllum	distichum	
Franklinie		Franklinia		
Fuchsie		Fuchsia		
Fünffingerstrauch		Potentilla	fruticosa	
Gagelstrauch		Myrica	gale	
Gamander		Teucrium		
–,	Edel-	Teucrium	chamaedrys	
Geißblatt		Lonicera		
–,	Echtes	Lonicera	caprifolium	
–,	Immergrünes	Lonicera	henryi	
–,	Wald-	Lonicera	periclymenum	
Geißklee		Cytisus		
–,	Niederliegender	Cytisus	decumbens	
–,	Purpur-	Cytisus	purpureus	
Gelbholz		Cladrastis		
–,	Amerikanisches	Cladrastis	lutea	
–,	Asiatisches	Cladrastis	amurensis	
Gelbhorn		Xanthoceras		
–,	Eschenblättriges	Xanthoceras	sorbifolium	
Gelbwurz		Xanthorrhiza		
Geweihbaum		Gymnocladus	dioicus	
Gewürzstrauch		Calycanthus		
–,	Echter	Calycanthus	floridus	
–,	Fruchtbarer	Calycanthus	fertilis	
–,	Weißblütiger	Sinocalycanthus	chinensis	
Ginkgobaum		Ginkgo	biloba	
Ginster		Genista		
–,	Behaarter	Genista	pilosa	
–,	Besen-	Cytisus	scoparius	
–,	Deutscher	Genista	germanica	
–,	Elfenbein-	Cytisus	praecox (x)	
–,	Englischer	Genista	anglica	
–,	Färber-	Genista	tinctoria	
–,	Flügel-	Genista	sagittalis	
–,	Gefüllter Färber-	Genista	tinctoria	'Plena'
–,	Goldland-	Genista	lydia	
–,	Heide-	Genista	pilosa	

912

–,	Kopf-Zwerg-	Cytisus	supinus	
–,	Kriech-	Cytisus	decumbens	
–,	Purpur-	Cytisus	purpureus	
–,	Regensburger	Cytisus	ratisbonensis	
–,	Sand-	Genista	pilosa	
–,	Schwarzer	Cytisus	nigricans	
–,	Strahlen-	Genista	radiata	
–,	Zwergelfenbein-	Cytisus	kewensis (x)	
Glanzmispel		Photinia		
–,	Scharlach-	Photinia	villosa	
Gleditschie		Gleditsia		
–,	Gold-	Gleditsia	triacanthos	'Sunburst'
Glockenhasel		Corylopsis	pauciflora	
Glyzine		Wisteria		
Goldglöckchen		Forsythia		
Goldlärche		Pseudolarix		
Goldregen		Laburnum		
–,	Gewöhnlicher	Laburnum	anagyroides	
Götterbaum		Ailanthus	altissima	
Gränke		Andromeda	polifolia	
Hainbuche		Carpinus		
–,	Eichenblättrige	Carpinus	betulus	'Quercifolia'
–,	Pyramiden-	Carpinus	betulus	'Fastigiata'
Hanfpalme		Trachycarpos		
–,	Chinesische	Trachycarpos	fortunei	
Hartheu		Hypericum		
Hartriegel		Cornus		
–,	Blumen-	Cornus	florida	
–,	Chinesischer Blumen-	Cornus	kousa	var. chinensis
–,	Gelbbunter	Cornus	alba	'Spaethii'
–,	Gelbholz-	Cornus	stolonifera	'Flaviramea'
–,	Japanischer Blumen-	Cornus	kousa	
–,	Nuttalls Blüten-	Cornus	nuttallii	
–,	Pagoden-	Cornus	controversa	
–,	Roter	Cornus	sanguinea	
–,	Roter Blumen-	Cornus	florida	'Rubra'
–,	Tatarischer	Cornus	alba	
–,	Teppich-	Cornus	canadensis	
–,	Wechselblättriger	Cornus	alternifolia	
–,	Weißer	Cornus	alba	
Hasel	Baum-	Corylus	colurna	
–,	Blut-	Corylus	maxima	'Purpurea'
–,	Gewöhnliche	Corylus	avellana	
–,	Korkenzieher-	Corylus	avellana	'Contorta'

–,	Türkische	Corylus	colurna	
–,	Weiße	Corylus	maxima	
Haselnuß		Corylus		
Heckenkirsche		Lonicera		
–,	Alpen-	Lonicera	alpigena	
–,	Baum-	Lonicera	maackii	
–,	Blaue	Lonicera	caerulea	
–,	Gewöhnliche	Lonicera	xylosteum	
–,	Kalifornische	Lonicera	ledebourii	
–,	Kriechende	Lonicera	acuminata	
–,	Rote	Lonicera	xylosteum	
–,	Schirm-	Lonicera	maackii	
–,	Tatarische	Lonicera	tatarica	
–,	Winter-Duft-	Lonicera	purpursii(x)	
Heide		Erica		
–,	Cornwall-	Erica	vagans	
–,	Glocken-	Erica	tetralix	
–,	Grau-	Erica	cinerea	
–,	Irische	Daboecia	cantabrica	
–,	Moor-	Erica	tetralix	
–,	Schnee-	Erica	carnea	
Heidelbeere		Vaccinium		
–,	Garten-	Vaccinium	corymbosum	
–,	Gewöhnliche	Vaccinium	myrtillus	
Heiligenblume		Santolina		
–,	Graue	Santolina	chamaecyparissus	
Hemlocktanne		Tsuga		
–,	Araragi-	Tsuga	sieboldii	
–,	Berg-	Tsuga	mertensiana	
–,	Hänge-	Tsuga	canadensis	'Pendula'
–,	Kanadische	Tsuga	canadensis	
–,	Nordjapanische	Tsuga	diversifolia	
–,	Südjapanische	Tsuga	sieboldii	
–,	Westamerikanische	Tsuga	heterophylla	
Herlitze		Cornus	mas	
Hibalebensbaum		Thujopsis	dolabrata	
Hickorynuß		Carya		
–,	Schindelborkige	Carya	ovata	
Himbeere		Rubus	idaeus	
–,	Oregon-	Rubus	leucodermis	
–,	Wohlriechende	Rubus	odoratus	
–,	Zimt-	Rubus	odoratus	
Holunder		Sambucus		
–,	Großfrüchtiger	Sambucus	canadensis	'Maxima'

–,	Hirsch-	Sambucus	racemosa	
–,	Kanadischer Gold-	Sambucus	canadensis	'Aurea'
–,	Roter	Sambucus	racemosa	
–,	Schwarzer	Sambucus	nigra	
–,	Trauben-	Sambucus	racemosa	
„Hollywood Juniper"		Juniperus	chinensis	'Kaizuka'
Hopfen		Humulus		
Hopfen	Gewöhnlicher	Humulus	lupulus	
Hopfenbuche		Ostrya		
–,	Gewöhnliche	Ostrya	carpinifolia	
Hortensie		Hydrangea		
–,	Bauern-	Hydrangea	macrophylla	
–,	Eichenblatt-	Hydrangea	quercifolia	
–,	Garten-	Hydrangea	macrophylla	
–,	Kletter-	Hydrangea	petiolaris	
–,	Rauhe	Hydrangea	aspera	
–,	Riesenblatt-	Hydrangea	aspera	'Macrophylla'
–,	Rispen-	Hydrangea	paniculata	'Grandiflora'
–,	Samt-	Hydrangea	sargentiana	
Hülse		Ilex		
–,	Japanische	Ilex	crenata	
Igelkraftwurz		Oplopanax	horridus	
Immergrün		Vinca		
–,	Großblättriges	Vinca	major	
–,	Kleinblättriges	Vinca	minor	
Indigostrauch		Indigofera		
Jasmin		Jasminum		
–,	Falscher	Philadelphus		
–,	Winter-	Jasminum	nudiflorum	
Johannisbeere		Ribes		
–,	Alpen-	Ribes	alpinum	
–,	Blut-	Ribes	sanguineum	
–,	Gold-	Ribes	aureum	
–,	Schwarze	Ribes	nigrum	
Johanniskraut		Hypericum		
–,	Niedriges	Hypericum	calycinum	
Judasbaum		Cercis		
–,	Amerikanischer	Cercis	canadensis	
–,	Gewöhnlicher	Cercis	siliquastrum	
Judasblatt		Cercidiphyllum	japonicum	
Jungfernrebe		Parthenocissus		
Kalmie		Kalmia		
Kamelie		Camellia		
–,	Japanische	Camellia	japonica	

915

Kastanie	Eßbare	Castanea	sativa	
Katsurabaum		Cercidiphyllum	japonicum	
Kellerhals		Daphne	mezereum	
Kerrie		Kerria		
–,	Gefüllte	Kerria	japonica	'Pleniflora'
Keuschbaum		Vitex	agnus-castus	
Kiefer		Pinus		
–,	Berg-	Pinus	mugo	
–,	Blaue Korea-	Pinus	koraiensis	'Glauca'
–,	Blaue Kriech-	Pinus	pumila	'Glauca'
–,	Blaue Mädchen-	Pinus	parviflora	'Glauca'
–,	Blaue Nevada-	Pinus	flexilis	'Glauca'
–,	Blaue Zirbel-	Pinus	cembra	'Glauca'
–,	Bunges-	Pinus	bungeana	
–,	Dreh-	Pinus	contorta	
–,	Gelb-	Pinus	ponderosa	
–,	Gewöhnliche	Pinus	sylvestris	
–,	Grannen-	Pinus	aristata	
–,	Haken-	Pinus	uncinata	
–,	Krummholz-	Pinus	mugo	var. mughus
–,	Mazedonische	Pinus	peuce	
–,	Österreichische Schwarz-	Pinus	nigra	ssp. nigra
–,	Rumelische	Pinus	peuce	
–,	Säulen-	Pinus	sylvestris	'Fastigiata'
–,	Schlangenhaut-	Pinus	leucodermis	
–,	Schwerin-	Pinus	schwerinii (x)	
–,	Silber-	Pinus	bungeana	
–,	Strauch-Wald-	Pinus	sylvestris	'Watereri'
–,	Taurische	Pinus	nigra	ssp. pallasiana
–,	Tempel-	Pinus	bungeana	
–,	Tränen-	Pinus	wallichiana	
–,	Wald-	Pinus	sylvestris	
–,	Westamerikanische Weymouths-	Pinus	monticola	
–,	Weymouths-	Pinus	strobus	
–,	Zirbel-	Pinus	cembra	
–,	Zwerg-	Pinus	mugo	var. pumilio
Kirsche		Prunus		
–,	Hängende Nelken-	Prunus	serrulata	'Kiku-shidare-zakura'
–,	Immergrüne Lorbeer-	Prunus	laurocerasus	
–,	Kugel-Steppen-	Prunus	fruticosa	'Globosa'
–,	Kurilen-	Prunus	kurilensis	'Brillant'
–,	Mahagoni-	Prunus	serrula	
–,	Nelken-	Prunus	serrulata	'Kanzan'
–,	Scharlach-	Prunus	sargentii	

—,	Spätblühende Trauben-	Prunus	serotina	
—,	Tokyo-	Prunus	yedoensis (x)	
—,	Trauben-	Prunus	padus	
—,	Vogel-	Prunus	avium	
—,	Weichsel-	Prunus	mahaleb	
—,	Zwerg-Sand-	Prunus	pumila	var. depressa
Kiwi		Actinidia	chinensis	
Kleeulme		Ptelea	trifoliata	
Klettertrompete		Campsis		
—,	Gelbe	Campsis	radicans	'Flava'
Knopfbusch		Cephalanthus		
Knöterich		Polygonum		
—,	Kletter-	Polygonum	aubertii	
—,	Schling-	Polygonum	aubertii	
Kolkwitzie		Kolkwitzia	amabilis	
Kopfeibe		Cephalotaxus		
Korallenbeere		Symphoricarpos	orbiculatus	
Korkbaum		Phellodendron		
—,	Amur-	Phellodendron	amurense	
Korkspindel		Euonymus	alatus	
Kornelkirsche		Cornus	mas	
Kraftwurz		Kalopanax	septemlobus	
Krähenbeere		Empetrum		
—,	Schwarze	Empetrum	nigrum	
Kranzspiere		Stephanandra	incisa	
—,	Zwerg-	Stephanandra	incisa	'Crispa'
Kratzbeere		Rubus	caesius	
Kreuzdorn		Rhamnus		
—,	Echter	Rhamnus	catharticus	
—,	Purgier-	Rhamnus	catharticus	
Kronwicke		Coronilla		
—,	Skorpions-	Coronilla	emerus	
—,	Strauch-	Coronilla	emerus	
Kuchenbaum		Cercidiphyllum	japonicum	
Küstensequoie		Sequoia		
Lambertsnuß		Corylus	maxima	
Lärche		Larix		
—,	Europäische	Larix	decidua	
—,	Hänge-	Larix	decidua	'Pendula'
—,	Japanische	Larix	kaempferi	
—,	Japanische Hänge-	Larix	kaempferi	'Pendula'
—,	Korkenzieher-	Larix	kaempferi	'Diana'
Latsche		Pinus	mugo	
Laublatsche		Alnus	viridis	

Laurustinus		Viburnum	tinus	
Lavendel		Lavandula		
Lavendelheide		Andromeda		
Lavendelheide		Pieris		
–,	Echte	Andromeda	polifolia	
–,	Japanische	Pieris	japonica	
–,	Vielblütige	Pieris	floribunda	
Lebensbaum		Thuja		
–,	Abendländischer	Thuja	occidentalis	
–,	Japanischer	Thuja	standishii	
–,	Morgenländischer	Thuja	orientalis	
–,	Riesen-	Thuja	plicata	
–,	Säulen-	Thuja	occidentalis	'Columna'
–,	Smaragd-	Thuja	occidentalis	'Smaragd'
Lederhülsenbaum		Gleditsia		
–,	Dreidorniger	Gleditsia	triacanthos	
Lederstrauch		Ptelea	trifoliata	
Liebesperlenstrauch		Callicarpa	bodinieri	var. giraldii
Liguster		Ligustrum		
–,	Busch-	Ligustrum	obtusifolium	var. regelianum
–,	Gewöhnlicher	Ligustrum	vulgare	
–,	Gold-	Ligustrum	ovalifolium	'Aureum'
–,	Kugel-	Ligustrum	delavayanum	
–,	Ovalblättriger	Ligustrum	ovalifolium	
–,	Zwerg-	Ligustrum	vulgare	'Lodense'
Linde		Tilia		
–,	Amerikanische	Tilia	americana	
–,	Bastard-	Tilia	intermedia (x)	
–,	Holländische	Tilia	intermedia (x)	
–,	Kaiser-	Tilia	intermedia (x)	'Pallida'
–,	Kleinkronige Winter-	Tilia	cordata	'Rancho'
–,	Korallenrote Sommer-	Tilia	platyphyllos	'Rubra'
–,	Krim-	Tilia	euchlora (x)	
–,	Silber-	Tilia	tomentosa	
–,	Sommer-	Tilia	platyphyllos	
–,	Winter-	Tilia	cordata	
Lorbeerkirsche	Portugiesische	Prunus	lusitanica	
Lorbeermispel		Stranvaesia	davidiana	
Lorbeerrose		Kalmia		
–,	Breitblättrige	Kalmia	latifolia	
–,	Schmalblättrige	Kalmia	angustfolia	'Rubra'
Losbaum		Clerodendrum		
Magnolie		Magnolia		
–,	Großblütige	Magnolia	grandiflora	

918

–,	Gurken-	Magnolia	acuminata	
–,	Kobushi-	Magnolia	kobus	
–,	Purpur-	Magnolia	liliiflora	'Nigra'
–,	Schirm-	Magnolia	tripetala	
–,	Siebolds	Magnolia	sieboldii	
–,	Sommer-	Magnolia	sieboldii	
–,	Stern-	Magnolia	stellata	
–,	Sumpf-	Magnolia	virginiana	
–,	Tulpen-	Magnolia	soulangiana (x)	
Mahonie		Mahonia		
–,	Gewöhnliche	Mahonia	aquifolium	
–,	Lederblatt-	Mahonia	bealei	
–,	Schmuckblatt-	Mahonia	bealei	
Maiblumenstrauch		Deutzia	gracilis	
Mammutbaum		Sequoiadendron	giganteum	
–,	Blauer	Sequoiadendron	giganteum	'Glaucum'
Mandel	Russische Zwerg-	Prunus	tenella	
Mandelbaum		Prunus	dulcis	
Mandelbäumchen		Prunus	triloba	
Mannsblut		Hypericum	androsaemum	
Marone		Castanea	sativa	
Maulbeerbaum		Morus		
–,	Schwarzer	Morus	nigra	
–,	Weißer	Morus	alba	
Meerträubel		Ephedra		
Mehlbeere		Sorbus	aria	
–,	Erlenblättrige	Sorbus	alnifolia	
–,	Finnland-	Sorbus	hybrida	
–,	Schwedische	Sorbus	intermedia	
–,	Thüringische	Sorbus	thuringiaca (x)	'Fastigiata'
–,	Zwerg-	Sorbus	chamaemespilus	
Menziesie		Menziesia		
Mispel		Mespilus	germanica	
Mistel		Viscum		
–,	Kiefern-	Viscum	album	ssp. austriacum
–,	Laubholz-	Viscum	album	ssp. album
–,	Tannen-	Viscum	album	ssp. abietis
–,	Weiße	Viscum	album	
Mönchspfeffer		Vitex		
–,		Vitex	agnus-castus	
Mondsame		Menispermum		
Moorbeere		Vaccinium	uliginosum	
Moosbeere		Vaccinium	oxycoccus	
–,	Großfrüchtige	Vaccinium	macrocarpon	

Moosglöckchen		Linnaea		
Mooszypresse		Chamaecyparis	pisifera	'Squarrosa'
Muschelzypresse	Zwerg-	Chamaecyparis	obtusa	'Nana Gracilis'
Myrobalane		Prunus	cerasifera	
Nootkazypresse		Chamaecyparis	nootkatensis	
−,	Blaue	Chamaecyparis	nootkatensis	'Glauca'
−,	Goldgelbe	Chamaecyparis	nootkatensis	'Aurea'
−,	Hänge-	Chamaecyparis	nootkatensis	'Pendula'
Nußeibe		Torreya		
−,	Japanische	Torreya	nucifera	
Nymphenbaum		Nyssa	sylvatica	
Ölweide		Elaeagnus		
−,	Buntlaubige	Elaeagnus	pungens	'Maculata'
−,	Schmalblättrige	Elaeagnus	angustifolia	
−,	Silber-	Elaeagnus	commutata	
−,	Vielblütige	Elaeagnus	multiflora	
Omorika		Picea	omorika	
Orangenkirsche		Aucuba	japonica	
−,		Idesia		
Orient-Buche		Fagus	orientalis	
Osagedorn		Maclura		
Osageorange		Maclura	pomifera	
Oxelbeere		Sorbus	intermedia	
Paeonie		Paeonia		
−,	Delavays	Paeonia	delavayi	
−,	Gelbe Strauch-	Paeonia	lutea	
−,	Strauch-	Paeonia	suffruticosa	
Palmlilie		Yucca		
Papiermaulbeerbaum		Broussonetia	papyrifera	
Pappel		Populus		
−,	Balsam-	Populus	balsamifera	
−,	Berliner Lorbeer-	Populus	berolinensis (x)	
−,	Birken-	Populus	simonii	
−,	Grau-	Populus	canescens (x)	
−,	Großblatt-	Populus	lasiocarpa	
−,	Holz-	Populus	euramericana (x)	'Robusta'
−,	Pyramiden-	Populus	nigra	'Italica'
−,	Robusta-	Populus	euramericana (x)	'Robusta'
−,	Säulen -	Populus	nigra	'Italica'
−,	Säulen-Zitter-	Populus	tremula	'Erecta'
−,	Schwarz-	Populus	nigra	
−,	Silber-	Populus	alba	'Nivea'
−,	Zitter-	Populus	tremula	
Parrotie		Parrotia		

Paulownie		Paulownia	tomentosa	
Pavie	Dunkelrote	Aesculus	pavia	'Atrosanguinea'
–,	Gelbe	Aesculus	flava	'Vestita'
Pekannuß		Carya	illinoensis	
Perlschweif		Stachyurus		
Perückenstrauch		Cotinus		
–,	Amerikanischer	Cotinus	obovatus	
–,	Grüner-	Cotinus	coggygria	
–,	Roter-	Cotinus	coggygria	'Royal Purple'
Pfaffenhütchen		Euonymus	europaea	
–,	Geflügeltes	Euonymus	alatus	
–,	Großfrüchtiges	Euonymus	planipes	
Pfeifenblume		Aristolochia		
Pfeifenstrauch		Philadelphus		
–,	Europäischer	Philadelphus	coronarius	
–,	Großblütiger	Philadelphus	inodorus	var. grandiflorus
Pfeifenwinde		Aristolochia	macrophylla	
Pfingstrose		Paeonia		
–,	Strauch-	Paeonia	suffruticosa	
Pfirsichbaum		Prunus	persica	
Pflaume		Prunus		
–,	Blut-	Prunus	cerasifera	'Nigra'
–,	Kirsch-	Prunus	cerasifera	
–,	Zwerg-Blut-	Prunus	cistena (x)	
Pfriemenginster		Spartium	junceum	
Pimpernuß		Staphylea		
–,	Kolchische	Staphylea	colchica	
Platane		Platanus		
–,	Ahornblättrige	Platanus	acerifolia (x)	
–,	Morgenländische	Platanus	orientalis	
Porst		Ledum		
–,	Labrador-	Ledum	groenlandicum	
–,	Sumpf-	Ledum	palustre	
Prachtglocke		Enkianthus	campanulatus	
Preiselbeere		Vaccinium	vitis - idaea	
Prunkspiere		Exochorda		
Pulverholz		Rhamnus	frangula	
Quitte		Cydonia	oblonga	
Radbaum		Trochodendron		
Radspiere		Exochorda		
–,	Chinesische	Exochorda	racemosa	
Rainweide		Ligustrum	vulgare	
Ranunkelstrauch		Kerria		
–,	Gefüllter	Kerria	japonica	'Pleniflora'

Rauchzypresse		Calocedrus		
Rauschbeere		Empetrum		
–,		Vaccinium	uliginosum	
Rebe		Vitis		
Rebhuhnbeere		Gaultheria		
–,	Hohe	Gaultheria	shallon	
–,	Niederliegende	Gaultheria	procumbens	
Redwood		Sequoia		
Rhododendron		Rhododendron		
–,	Metternichs	Rhododendron	metternichii	
Robinie		Robinia		
–,	Borstige	Robinia	hispida	'Macrophylla'
–,	Einblättrige	Robinia	pseudoacacia	'Unifoliola'
–,	Gold-	Robinia	pseudoacacia	'Frisia'
–,	Korkenzieher-	Robinia	pseudoacacia	'Tortuosa'
–,	Kugel-	Robinia	pseudoacacia	'Umbraculifera'
Rose		Rosa		
–,	Alpen-	Rosa	pendulina	
–,	Apfel-	Rosa	villosa	
–,	Apotheker -	Rosa	gallica	'Officinalis'
–,	Bibernell-	Rosa	pimpinellifolia	
–,	Blau-Grüne	Rosa	vosagiaca	
–,	Blut-	Rosa	moyesii	
–,	Carolina-	Rosa	carolina	
–,	Chinesische Gold-	Rosa	hugonis	
–,	Dünen-	Rosa	pimpinellifolia	
–,	Eschen-	Rosa	blanda	
–,	Essig-	Rosa	gallica	
–,	Feld-	Rosa	arvensis	
–,	Filz-	Rosa	tomentosa	
–,	Gemeine Hecken-	Rosa	canina	
–,	Glanz-	Rosa	nitida	
–,	Hecht-	Rosa	glauca	
–,	Hunds-	Rosa	canina	
–,	Kartoffel-	Rosa	rugosa	
–,	Kragen-	Rosa	multibracteata	
–,	Kriech-	Rosa	arvensis	
–,	Mai-	Rosa	majalis	
–,	Mandarin-	Rosa	moyesii	
–,	Rauhblättrige	Rosa	jundzillii	
–,	Rotblättrige	Rosa	glauca	
–,	Schottische Zaun-	Rosa	rubiginosa	
–,	Vielblütige	Rosa	multiflora	
–,	Virginische-	Rosa	virginiana	

–,	Wein-	Rosa	rubiginosa	
–,	Wiesen-	Rosa	carolina	
Rosmarinheide		Andromeda	polifolia	
Rosmarinweide		Itea		
–,	Amerikanische	Itea	virginica	
Roßkastanie		Aesculus	hippocastanum	
–,	Gefülltblühende	Aesculus	hippocastanum	'Baumannii'
–,	Kugel-	Aesculus	hippocastanum	'Globosum'
–,	Rotblühende	Aesculus	carnea (x)	
–,	Scharlach-	Aesculus	carnea (x)	'Briotii'
–,	Strauch-	Aesculus	parviflora	
Rotdorn	Echter	Crataegus	laevigata	'Paul's Scarlet'
Rot-Fichte		Picea	abies	
Rüster		Ulmus		
–,	Feld-	Ulmus	carpinifolia	
Säckelblume		Ceanothus		
Sadebaum		Juniperus	sabina	
–,	Männlicher	Juniperus	sabina	'Mas'
–,	Weiblicher	Juniperus	sabina	'Femina'
Salzstrauch		Halimodendron		
Sanddorn		Hippophae	rhamnoides	
Sandmyrte		Leiophyllum		
Sauerbaum		Oxydendrum		
Sauerdorn		Berberis	vulgaris	
Schattengrün		Pachysandra		
Schaumspiere		Holodiscus	discolor	var. ariifolius
Scheinakazie		Robinia		
Scheinbeere		Gaultheria		
Scheinbuche		Nothofagus	antarctica	
Scheineller		Clethra		
Scheinhasel		Corylopsis		
–,	Ährige	Corylopsis	spicata	
Scheinkamelie		Stewartia	pseudocamellia	
Scheinkerrie		Rhodotypos	scandens	
Scheinparrotie		Parrotiopsis	jacquemontiana	
Scheinrebe		Ampelopsis		
–,	Ussuri-	Ampelopsis	brevipedunculata	
Scheinspiere		Holodiscus		
Scheinzypresse		Chamaecyparis		
Schirmtanne		Sciadopitys		
Schlehe		Prunus	spinosa	
Schmucktanne		Araucaria		
–,	Chilenische	Araucaria	araucana	
Schneeball		Viburnum		

—,	Chinesischer	Viburnum	macrocephalum	
—,	Duft-	Viburnum	farreri	
—,	Gefüllter	Viburnum	opulus	'Roseum'
—,	Gefüllter Japan-	Viburnum	plicatum	
—,	Gewöhnlicher	Viburnum	opulus	
—,	Großblumiger Duft-	Viburnum	carlcephalum (x)	
—,	Immergrüner Großblatt-	Viburnum	rhytidophyllum	
—,	Immergrüner Kissen-	Viburnum	davidii	
—,	Japanischer	Viburnum	plicatum	f. tomentosum
—,	Japanischer Zwerg-	Viburnum	plicatum	'Watanabe'
—,	Japanischer Etagen-	Viburnum	plicatum	'Mariesii'
—,	Kanadischer	Viburnum	lentago	
—,	Korea-Duft-	Viburnum	carlesii	
—,	Mittelmeer-	Viburnum	tinus	
—,	Prager	Viburnum		'Pragense'
—,	Wolliger	Viburnum	lantana	
Schneebeere		Symphoricarpos		
Schneeflockenstrauch		Chionanthus		
Schneeforsythie		Abeliophyllum	distichum	
Schneeglöckchenbaum		Halesia		
Schnurbaum		Sophora		
—,	Japanischer	Sophora	japonica	
Schönfrucht		Callicarpa	bodinieri	var. giraldii
Schuppenheide		Cassiope		
—,	Zypressen-	Cassiope	tetragona	
Schwarzdorn		Prunus	spinosa	
Schwarznuß		Juglans	nigra	
Seidelbast		Daphne	mezereum	
—,	Rosmarin-	Daphne	cneorum	
—,	Weißer	Daphne	mezereum	'Alba'
Seidenbaum		Albizia		
Sicheltanne		Cryptomeria	japonica	
—,	Hahnenkamm-	Cryptomeria	japonica	'Cristata'
Silberstrauch		Perovskia	abrotanoides	
Singrün		Vinca	minor	
Skimmie		Skimmia		
Sommerflieder		Buddleja		
—,	Wechselblättriger	Buddleja	alternifolia	
Sommerkamelie		Stewartia		
Spalthortensie		Schizophragma		
Speierling		Sorbus	domestica	
Spiere		Spiraea		
—,	Braut-	Spiraea	arguta (x)	
—,	Frühlings-	Spiraea	thunbergii	

–,	Gras-	Spiraea	thunbergii	
–,	Japanische Strauch-	Spiraea	nipponica	
–,	Pracht-	Spiraea	vanhouttei (x)	
–,	Rosa Zwerg-	Spiraea	japonica	'Little Princess'
–,	Rote Sommer-	Spiraea	bumalda (x)	'Anthony Waterer'
–,	Schnee-	Spiraea	arguta (x)	
–,	Weiße Japan-	Spiraea	japonica	'Albiflora'
–,	Weiße Polster-	Spiraea	decumbens	
Spierstrauch		Spiraea		
–,	Pflaumenblättriger	Spiraea	prunifolia	
–,	Veitchs	Spiraea	veitchii	
Spießtanne		Cunninghamia		
Spindelbaum		Euonymus		
Spindelstrauch	Japanischer	Euonymus	japonicus	
–,	Kletter-	Euonymus	fortunei	
–,	Kork-	Euonymus	phellomanus	
–,	Spitzblättriger	Euonymus	oxyphyllus	
Spirke	Berg-	Pinus	uncinata	
Spottnuß		Carya	tomentosa	
Stachelbeere		Ribes		
–,	Sparrige	Ribes	divaricatum	
–,	Wilde	Ribes	uva-crispa	
Stachelesche		Zanthoxylum		
–,	Täuschende	Zanthoxylum	simulans	
Stachelkraftwurz		Acanthopanax	sieboldianus	
Stechginster		Ulex		
Stechpalme		Ilex		
–,	Großblatt-	Ilex	altaclarensis (x)	'Belgica Aurea'
Steineibe		Podocarpus		
Steinweichsel		Prunus	mahaleb	
Stewartie		Stewartia		
Stinkesche		Euodia		
–,	Hupeh-	Euodia	hupehensis	
–,	Koreanische	Euodia	daniellii	
Storaxbaum		Styrax		
–,	Japanischer	Styrax	japonica	
–,	Obassia-	Styrax	obassia	
–,	Rundblättriger	Styrax	obassia	
Strahlengriffel		Actinidia		
–,	Chinesischer	Actinidia	chinensis	
–,	Flamingo-	Actinidia	kolomikta	
–,	Scharfzähniger	Actinidia	arguta	
Stranvaesie		Stranvaesia	davidiana	
Strauchminze		Prostanthera	cuneata	

Strauchveronica		Hebe			
Strobe		Pinus	strobus		
Südbuche		Nothofagus	antarctica		
Sumach		Rhus			
–,	Farnwedel-	Rhus	typhina	'Dissecta'	
–,	Hirschkolben-	Rhus	typhina		
–,	Scharlach-	Rhus	glabra		
Sumpfzypresse		Taxodium	distichum		
Surenbaum		Toona			
–,	Chinesischer	Toona	sinensis		
Tamariske		Tamarix			
–,	Frühlings-	Tamarix	parviflora		
Tanne		Abies			
–,	Edel-	Abies	procera	'Glauca'	
–,	Grau-	Abies	concolor		
–,	Große Küsten-	Abies	grandis		
–,	Kaukasus-	Abies	nordmanniana		
–,	Kolorado-	Abies	concolor		
–,	Korea-	Abies	koreana		
–,	Nikko-	Abies	homolepis		
–,	Nordmanns-	Abies	nordmanniana		
–,	Riesen-	Abies	grandis		
–,	Scheitel-	Abies	homolepis		
–,	Silber-	Abies	procera	'Glauca'	
–,	Spanische Blau-	Abies	pinsapo	'Kelleriis'	
–,	Veitchs-	Abies	veitchii		
–,	Weiß-	Abies	alba		
–,	Zwerg-Balsam-	Abies	balsamea	'Nana'	
–,	Zwerg-Kork-	Abies	lasiocarpa	'Compacta'	
Taschentuchbaum		Davidia	involucrata	var. vilmoriniana	
Taubenbaum		Davidia			
Teufelskeule		Oplopanax			
Thuja		Thuja			
Torfmyrthe		Pernettya			
Traubenheide		Leucothoe	walteri		
Traubenspiere		Neillia			
Trompetenbaum		Catalpa	bignonioides		
–,	Gold-	Catalpa	bignonioides	'Aurea'	
–,	Prächtiger	Catalpa	speciosa		
Trompetenblume		Campsis			
–,	Amerikanische	Campsis	radicans		
–,	Chinesische	Campsis	grandiflora		
Tulpenbaum		Liriodendron	tulipifera		
Tupelobaum		Nyssa	sylvatica		

–,	Sumpf-	Nyssa	sylvatica	var. biflora
–,	Wasser-	Nyssa	aquatica	
Ulme		Ulmus		
–,	Berg-	Ulmus	glabra	
–,	Feld-	Ulmus	carpinifolia	
–,	Flatter-	Ulmus	laevis	
–,	Gold-	Ulmus	carpinifolia	'Wredei'
–,	Hänge-	Ulmus	glabra	'Pendula'
–,	Lauben-	Ulmus	glabra	'Camperdownii'
–,	Schmalkronige Stadt-	Ulmus	hybride	'Lobel'
Urweltmammutbaum		Metasequoia	glyptostroboides	
Vogelbeere		Sorbus	aucuparia	
–,	Späte	Sorbus	serotina	
Wacholder		Juniperus		
–,	Berg-	Juniperus	communis	ssp. nana
–,	Blauer Teppich-	Juniperus	horizontalis	'Glauca'
–,	Blauer Zypressen-	Juniperus	virginiana	'Skyrocket'
–,	Blauzeder-	Juniperus	squamata	'Meyeri'
–,	Gelber Moos-	Juniperus	chinensis	'Plumosa Aurea'
–,	Gelber Pfitzer-	Juniperus	chinensis	'Pfitzeriana Aurea'
–,	Gewöhnlicher	Juniperus	communis	
–,	Grüner Pfitzer-	Juniperus	chinensis	'Pfitzeriana'
–,	Irischer Säulen-	Juniperus	communis	'Hibernica'
–,	Mähnen-	Juniperus	rigida	
–,	Nadel-	Juniperus	rigida	
–,	Raketen-	Juniperus	virginiana	'Skyrocket'
–,	Schwedischer Säulen-	Juniperus	communis	'Suecica'
–,	Tamarisken-	Juniperus	sabina	'Tamariscifolia'
–,	Virginischer Blau-	Juniperus	virginiana	'Glauca'
Waldrebe		Clematis		
–,	Akelei-	Clematis	macropetala	
–,	Alpen-	Clematis	alpina	
–,	Anemonen-	Clematis	montana	'Rubens'
–,	Gewöhnliche	Clematis	vitalba	
–,	Gold-	Clematis	tangutica	
–,	Herbst-	Clematis	paniculata	
–,	Italienische	Clematis	viticella	
–,	Orientalische	Clematis	orientalis	
Walnuß		Juglans	regia	
Weide		Salix		
–,	Asch-	Salix	cinerea	
–,	Bruch-	Salix	fragilis	
–,	Engadin-	Salix	hastata	'Wehrhahnii'
–,	Grau-	Salix	cinerea	

–,	Hanf-	Salix	viminalis	
–,	Hänge-	Salix	alba	'Tristis'
–,	Hänge-Kätzchen-	Salix	caprea	'Pendula'
–,	Hänge-Purpur-	Salix	purpurea	'Pendula'
–,	Japanische Drachen-	Salix	sachalinensis	'Sekka'
–,	Kätzchen-	Salix	caprea	'Mas'
–,	Knack-	Salix	fragilis	
–,	Korb-	Salix	viminalis	
–,	Korkenzieher-	Salix	matsudana	'Tortuosa'
–,	Kübler-	Salix	smithiana (x)	
–,	Kugel-	Salix	purpurea	'Nana'
–,	Lavendel-	Salix	rosmarinifolia	
–,	Lorbeer-	Salix	pentandra	
–,	Myrten-	Salix	myrsinites	
–,	Netz-	Salix	reticulata	
–,	Ohr-	Salix	aurita	
–,	Öhrchen-	Salix	aurita	
–,	Pracht-	Salix	magnifica	
–,	Purpur-	Salix	purpurea	
–,	Reif-	Salix	daphnoides	
–,	Sal-	Salix	caprea	
–,	Sand-Kriech -	Salix	repens	ssp. argentea
–,	Schimmel-	Salix	daphnoides	
–,	Schwarze Kätzchen-	Salix	melanostachys	
–,	Schweizer-	Salix	helvetica	
–,	Silber-	Salix	alba	
–,	Spitz-	Salix	acutifolia	'Pendulifolia'
–,	Trauer-	Salix	alba	'Tristis'
–,	Weiß-	Salix	alba	
–,	Woll-	Salix	lanata	
–,	Zwerg-Purpur-	Salix	purpurea	'Nana'
Weigelie		Weigela		
–,	Liebliche	Weigela	florida	
Weihrauchzeder		Calocedrus		
Wein	Engelmanns-	Parthenocissus	quinquefolia	'Engelmannii'
–,	Wilder-	Parthenocissus	quinquefolia	
Weinbeere	Japanische	Rubus	phoenicolasius	
Weißbuche		Carpinus	betulus	
Weißdorn		Crataegus		
–,	Eingriffliger	Crataegus	monogyna	
–,	Hahnensporn-	Crataegus	crus-galli	
–,	Orientalischer	Crataegus	laciniata	
–,	Pflaumenblättriger	Crataegus	prunifolia(x)	'Splendens'
–,	Scharlach-	Crataegus	coccinea	

−,	Zweigriffliger	Crataegus	laevigata	
Welschnuß		Juglans	regia	
Wermut		Artemisia	absinthium	
Winterbeere	Rote	Ilex	verticillata	
Winterblüte		Chimonanthus	praecox	
Zaubernuß		Hamamelis		
−,	Chinesische	Hamamelis	mollis	
−,	Herbstblühende	Hamamelis	virginiana	
−,	Japanische	Hamamelis	japonica	
−,	Virginische	Hamamelis	virginiana	
Zeder		Cedrus		
−,	Blaue Atlas-	Cedrus	atlantica	'Glauca'
−,	Gold-	Cedrus	atlantica	'Aurea'
−,	Hänge-Blau-	Cedrus	atlantica	'Glauca Pendula'
−,	Himalaya-	Cedrus	deodara	
−,	Libanon-	Cedrus	libani	
−,	Zypern-	Cedrus	brevifolia	
Zelkove		Zelkova		
−,	Japanische	Zelkova	serrata	
−,	Kaukasische	Zelkova	carpinifolia	
Zierquitte		Chaenomeles		
−,	Japanische	Chaenomeles	japonica	
Zistrose		Cistus		
−,	Lorbeerblättrige	Cistus	laurifolius	
Zitrone	Dreiblatt-	Poncirus	trifoliata	
Zürgelbaum		Celtis		
−,	Nordamerikanischer	Celtis	occidentalis	
−,	Südlicher	Celtis	australis	
Zwerg-Bambus		Sasa	pumila	
Zwerglorbeer		Chamaedaphne		
Zwergmispel		Cotoneaster		
−,	Fächer-	Cotoneaster	horizontalis	
−,	Nan-Shan-	Cotoneaster	praecox	
−,	Niedrige	Cotoneaster	adpressus	
−,	Runzlige	Cotoneaster	bullatus	
−,	Sparrige	Cotoneaster	divaricatus	
−,	Vielblütige	Cotoneaster	multiflorus	
−,	Weidenblättrige	Cotoneaster	salicifolius	var. floccosus
Zypresse		Cupressus		
−,	Mittelmeer-	Cupressus	sempervirens	
−,	Modoc-	Cupressus	bakeri	

LITERATURVERZEICHNIS

ALBRECHT, H.-J., und SOMMER, S.:
Rhododendron.
Deutscher Landwirtschaftsverlag, Berlin 1991.

ALTHAUS, C.:
Fassadenbegrünung.
Patzer Verlag, Berlin u. Hannover 1987.

BARTELS, H.:
Gehölzkunde.
Verlag Eugen Ulmer, Stuttgart 1993.

BÄRTELS, A.:
Gartengehölze.
Verlag Eugen Ulmer, Stuttgart 1991.

BEAN, W. J.:
Trees & Shrubs Hardy in the British Isles.
Bd. I-V. Verlag John Murray, London.

BERG, J., und HEFT, L.:
Rhododendron und immergrüne Laubgehölze.
2. Aufl. Verlag Eugen Ulmer, Stuttgart 1979.

BOERNER, F.:
Nadelgehölze für Garten und Park.
Deutsche Verlagsanstalt
(Verlag Stichnote), Stuttgart 1969.

BOERNER, F.:
Taschenbuch der botanischen Pflanzennamen.
4. Aufl., überarbeitet und erweitert von G. KUNKEL.
Verlag Paul Parey, Berlin und Hamburg 1989.

BOERNER, F., und SCHELLER, H.:
Blütengehölze für Garten und Park.
3. Aufl. Verlag Eugen Ulmer, Stuttgart 1985.

CHMELAR, J. und MEUSEL, W.:
Die Weiden Europas.
A. Ziemsen Verlag, Wittenberg Lutherstadt 1976.

DAHMS, K.-G.:
Nordamerikanische Exporthölzer.
DRW-Verlag, Stuttgart 1991.

DAJUN, WANG u. SHAO-JIN, SHEN:
Bamboo of China.
Timber Press, 1987.

DARTHUIZER BOOMWEKERIJEN B. V.:
darthuizer vademecum.

DENKEWITZ, L.:
Heidegärten.
Verlag Eugen Ulmer, Stuttgart 1987.

DEUTSCHE DENDROLOGISCHE GESELLSCHAFT:
Gehölzinventur in Parkanlagen und Botanischen Gärten
West-, Nord- und Mitteleuropas.
MDDG 73, 1981.

DIRR, M. A.:
Manual of Woody Landscape Plants.
Stipes Publishing Company. Illinois.

DIRR, R.:
Hamamelis und andere Zaubernußgewächse.
Verlag Eugen Ulmer, Stuttgart 1994.

EBERTS, W.:
Bambus-Kataloge div.
Baumschule Eberts, Baden Baden.

EHLERS, M. u. BITTMANN, E.:
Baum und Strauch in der Gestaltung und Pflege der Landschaft.
Verlag Paul Parey, Berlin u. Hamburg 1986.

EISELT, M. G., u. SCHRÖDER, R.:
Nadelgehölze.
Neumann Verlag, Radebeul 1974.

EISELT, M. G., u. SCHRÖDER, R.:
Laubgehölze.
Neumann Verlag, Leipzig - Radebeul 1977.

ELLENBERG, H.:
Vegetation Mitteleuropas mit den Alpen.
2. Aufl. Verlag Eugen Ulmer, Stuttgart 1978.

FARRELLY, D.:
The Book of Bamboo.
Sierra Club Books, San Francisco 1984.

FEININGER, A.:
Wunderbare Welt der Bäume und Wälder.
Econ-Verlag, Wien und Düsseldorf 1968.

FINTEL, F. von:
Bodendeckende Gehölze als Rasenersatz an Straßen.
Diss. Techn. Univ. Hannover 1977.

FINTEL, F. von:
Probleme der Anlage und Erhaltung von Gehölzflächen.
Vortrag VII. Osnabrücker Kontaktstudientage 1978.

FISCHER, P.:
Kamelien.
Verlag Fröhlig, Celle 1986.

FITSCHEN, J.:
Gehölzflora.
9. Aufl., bearbeitet von F.-H. MEYER, U. HECKER,
H. R. HÖSTER und F.-G. SCHROEDER.
Quelle und Meyer Verlag, Heidelberg 1990.

FRANK, R.:
Päonien.
Verlag Eugen Ulmer, Stuttgart 1989.

FROHNE, D., und PFÄNDER, H. J.:
Giftpflanzen.
3. Aufl. Wissenschaftliche Verlagsgesellschaft, Stuttgart 1987.

GARDINER, J. M.:
Magnolias.
Cassell, Artillery House, London.

GELDEREN, D. M. van:
Juniperus-Keuringsrapport.
Dendroflora 21, 3 - 38, 1984.

GELDEREN, D. M. van u. HOEY SMITH, J. R. P. van:
Das große Buch der Koniferen.
Verlag Paul Parey, Berlin u. Hamburg, 1986.

GLASAU, F.:
Sommergrüne Ziergehölze.
Verlag Paul Parey, Berlin u. Hamburg 1967.

GÖRITZ, H.:
Laub- und Nadelgehölze für Garten und Landschaft.
5. Aufl. VEB Deutscher Landwirtschaftsverlag, Berlin 1986.

GROOTENDORST, H. J.:
Spiraea.
Dendroflora 13/14, 50 - 61, 1977.

GROOTENDORST, H. J.:
Hamamelis-Keuringsrapport.
Dendroflora 17, 9 – 17, 1980.

GROOTENDORST, H. J.:
Magnolias in Nederland.
Dendroflora 18, 17 - 40, 1980.

HACHMANN, H.:
Baumschulkatalog,
Barmstedt 1995/98.

HARDING, A.:
The Peony.
Sagapress, Inc./Timber Press, Inc.
Wilshire, Portland, Oregon, 1993.

HARDT, H., und SCHROEDER, F. G.:
Register der Mitteilungen
der Deutschen Dendrologischen Gesellschaft 1926 – 1974
(B. 36 – 67). MDDG 68, 28 – 320, 1976.

HECKER, U.:
Nadelgehölze, wildwachsende und häufig angepflanzte Arten.
BLV Verlagsgesellschaft, München 1985.

HECKER, U.:
Laubgehölze, wildwachsende Bäume, Sträucher und Zwerggehölze.
BLV Verlagsgesellschaft, München 1985.

HEGI, G., 1927 – 1981:
Illustrierte Flora von Mitteleuropa, div. Bände.
Verlag Paul Parey, Berlin u. Hamburg.

HEINZE, W.:
Tilia flaccidea in Baumschulen.
Deutsche Baumschule 7/1998

HERTLE, F.:
Paeonia-Lutea-Hybriden von Prof. Saunders.
Gartenpraxis 12/1997
Verlag Eugen Ulmer, Stuttgart.

HEYWOOD, V. H.:
Blütenpflanzen der Welt.
Birkhäuser Verlag, Basel, Boston, Stuttgart 1987.

HILLIER NURSERIES:
The Hillier Manual of Trees & Shrubs. – 6th ed.

JAYNES, R. A.:
Kalmia, The Laurel Book II.
Timber Press, 1988.

JOHNSON, HUGH:
Das große Buch der Bäume.
Hallwag Verlag, Bern u. Stuttgart 1975.

KIERMEIER, P.:
Wildgehölze des mitteleuropäischen Raumes.
BdB-Handbuch VIII. Fördergesellschaft »Grün ist Leben«,
Baumschulen mbH.,
Pinneberg 1987.

KIERMEIER, P.:
Bäume und Grün . . . natürlich geplant.
Lorenz von Ehren, Katalog 1991.

KÖSTLER, J. N., BRÜCKNER, E., BIBELRIETHER, H.:
Die Wurzeln der Waldbäume.
Verlag Paul Parey, Berlin u. Hamburg 1968.

KORDES JUNGPFLANZEN:
Baumschulkatalog.
Bilsen 1994 /95, 96/97.

KORDES' SÖHNE, W.:
Rosenkatalog.
Klein Offenseth-Sparrieshoop 1997

KRÜSSMANN, G.:
Taschenbuch der Gehölzverwendung.
2. Aufl. Verlag Paul Parey, Berlin u. Hamburg 1970.

KRÜSSMANN, G.:
Handbuch der Nadelgehölze.
2. Auflage von H.-D. WARDA,
Berlin u. Hamburg 1983.

KRÜSSMANN, G.:
Handbuch der Laubgehölze.
2. Aufl. in 3 Bd. Verlag Paul Parey, Berlin u. Hamburg 1976 - 1978.

KRÜSSMANN, G.:
Die Nadelgehölze.
3. Aufl. Verlag Paul Parey, Berlin u. Hamburg 1979.

LAAR, H. J. van de:
Heidegärten.
Verlag Paul Parey, Berlin und Hamburg 1976.

LAAR, H. J. van de:
Naamlist van houtige Gewassen.
Proefstation voor de Bommteldt es het stedelijk Groen, Boskoop 1989.

LAAR, H. J. van de, JONG, P. C. de:
Naamlist van houtige Gewassen.
1995.

LANCASTER, R.:
Shrubs Through the Seasons.
Harper Collins Publishers, 1991.

LANCASTER, R.:
Travels in China.
Antique Collectors' Club, Woodbridge, Suffolk.

LAWSON, A. H.:
Bamboos, A Gardener's Guide to their Cultivation in Temperate Climates.
Taplinger Publishing, New York, 1968.

LITTLE, E. L.:
Field Guide to North American Trees, Eastern u. Western Region.
Alfred A. Knopf, Inc., New York 1980.

MEYER, F. H.:
Bäume in der Stadt.
2. Aufl. Verlag Eugen Ulmer, Stuttgart 1982.

NOACK, H.:
Wild- und Parkrosen.
Verlag Neumann-Neudamm, Melsungen 1989.

OBERDORFER, E. u. MÜLLER, TH.:
Pflanzensoziologische Exkursionsflora.
Verlag Eugen Ulmer, 1983.

OLBRICH, G.:
Bäume und Großsträucher.

OLBRICH, G.:
Zier- und Blütensträucher.
Patzer-Verlag, Hannover, Berlin, Sarstedt 1960.

PARDATSCHER, G.:
Magnolien.
Verlag Eugen Ulmer, Stuttgart 1995.

PRITSCH, G., und ALBRECHT, H. J.:
Bienenweidegehölze.
VEG Saatzucht-Baumschulen, Dresden o. J.

PROUDLEY, B., und PROUDLEY, V.:
Heidekräuter in Landschaft und Garten.
Verlag J. Neumann-Neudamm, Melsungen, Berlin, Basel, Wien 1977.

RECHT, D., und WETTERWALD, M. F.:
Bambus.
Verlag Eugen Ulmer, Stuttgart 1988.

REHDER, A.:
Manual of cultivated trees and shrubs.
Macmillian Company, New York 1927 u. 1951,
reprinted by Dioscorides Press, Wilshire 1990.

RIVIÈRE, M.:
Prachtvolle Päonien.
Verlag Eugen Ulmer, Stuttgart 1995

ROTH, DAUNDERER, KORMANN:
Giftpflanzen – Pflanzengifte.
ecomed, 4. Auflage, 1994.

ROSE, P.:
Efeu.
Verlag Eugen Ulmer, Stuttgart 1982.

SARGENT, C. S.:
Manual of the Trees of North America. Band 1 u. 2.
Dover Publications, INC., New York.

SCHENCK, C. A.: Fremdländische Wald- und Parkbäume. Bd. I – III.
Verlag Paul Parey, Berlin u. Hamburg, 1939.

SCHMALSCHEIDT, W.:
Rhododendron- und Azaleenzüchtung in Deutschland.
Selbstverlag, Oldenburg 1989.

SCHNEIDER, C.:
Illustriertes Handbuch der Laubholzkunde.
Verlag Gustav Fischer, Jena 1906.

STÄNDIGE KONFERENZ DER GARTENAMTSLEITER:
Straßenbaumliste der Gartenamtsleiter,
Stand 1995.

SUZUKI, S.:
Index to Japanese Bambusaceae.
Gakken Co., Ltd. Tokyo, Japan.

VAUPEL, F. u. STECKHAN, K.:
Bambus
bambus buch Verlag 1998.

WARDA, H.-D.:
Rohwer Baumschulkatalog,
1991.

WARDA, H.-D.:
Bruns Sortimentskatalog 1997/98.

WARDA, H.-D.:
Umgang der Baumschulen mit wissenschaftlichen Pflanzenbezeichnungen –
Gültige Namen und ihre Synonyme.
Meyer Taschenbuch 1994.

WARDA, H.-D.:
Ökologische Funktion nichteinheimischer Gehölz- und Staudenarten.
XXV. Osnabrücker Kontaktstudientage 1996.

BILDNACHWEIS

Bildautoren:	Anzahl der verwendeten Bilder
ALBRECHT, HANS-JOACHIM	2
ARNDT, KONRAD; WESTERMANN, SILVIA – FACHHOCHSCHULE OSNABRÜCK	148
BÄRTELS, ANDREAS	248
BORSTELL, URSEL	1
BRUNS, JOHANN	54
DÖNIG, GERHARD	2
EGGERS, PETER	22
EHSEN, HORST	25
FUCHS, KARL	1
HACHMANN, HANS	1
V. HOEY SMITH, J. R. P.	54
KOHSTALL, HANS	63
KRAMER, KURT	5
MAETHE, HELMUT	153
MEYER, FRANZ H.	12
MÜNSTER, KLAUS	2
MÜNSTERMANN, DIETMAR – FACHHOCHSCHULE OSNABRÜCK	6
NICKIG, MARION	3
OSNABRÜCKER INSTITUT FÜR BAUMPFLEGE	58
RIECK, GOTTLOB	3
SCHMIDT, ERIKA	2
SCHRÖDER, MARTIN	131
SEIDL, SEBASTIAN	92
STEHLING, WOLFRAM	1
WARDA, HANS-DIETER	1.411
WEDDIGE, RÜDIGER	1

Bildautoren:	Anzahl der verwendeten Bilder

Großformatbilder:

ARNDT, KONRAD; WESTERMANN, SILVIA – FACHHOCHSCHULE OSNABRÜCK	1
BÄRTELS, ANDREAS	1
BLUMENSTEIN, SIGRID	1
EGGMANN, VERENA – STIFTUNG INTERNATIONALES BAUMARCHIV, WINTERTHUR	1
FRÖHLICH, HANS-JOACHIM KURATORIUM 'ALTE LIEBENSWERTE BÄUME IN DEUTSCHLAND'	1
FUCHS, KARL	2
MEYER, FRANZ H.	1
WARDA, HANS-DIETER	alle übrigen

Tierfotos:

WARDA, HANS-DIETER

Schutzumschlag – Entwurf und Fotos:

LITHO NIEMANN + STEGGEMANN GMBH und WARDA, HANS-DIETER

INHALT